DAS GROSSE BILDWÖRTERBUCH

Deutsch, Englisch, Französisch, Spanisch und Italienisch

PONS GmbH
Stuttgart

DANKSAGUNGEN (QA INTERNATIONAL)

Unserer besonderer Dank gilt allen Personen, Organisationen und Firmen, die uns bei der Erstellung des *Bildwörterbuchs* die aktuellsten technischen Informationen zur Verfügung gestellt haben.

Canadian Space Agency (Réjean Lemieux, Danièle Laroque, Antoinette Cickello); Claude Arsenault (president, Association des moulins du Québec); Michel Ballarin (soccer coach); Pierre Boulé (president, Confort Expert); Centre de formation professionnelle de Sorel-Tracy (Alain Boucher, Jacques Doyon, Andrée-Anne Martin); Pierre Chastenay (Montréal Planetarium); Ève Christian (meteorologist); Luc Cockenpot (Institut du tourisme et de l'hôtellerie du Québec); Jacques Dancosse (Montréal Biodome); Patrice Desbiens (nuclear engineer); Laval Dupuis (École des métiers de l'équipement motorisé de Montréal); Entreprise Garant (Julie Nolet, Stéphanie Lacroix); Fédération de basketball de France (Julien Guérineau); Quebec Basketball Federation (Daniel Grimard, Isabelle Watier); Fédération d'haltérophilie du Québec (Augustin Brassard); Caroline Gagné (Studio du Verre); Jacqueline Goy (Institut océanographique de Paris); Christian Guibourt (technical director, Badminton Québec); Michel J. Houle (Hewitt); Hydro-Québec (terminology); Robert Lacerte (sports commentator, Radio-Canada); Robert Lamontagne (Université de Montréal); Lozeau (Alexandre Gagné, Frédéric Montpetit); Olivier-Louis Robert (science journalist); Iris Sautier (silk screen printing); Société Radio-Canada, Service linguistique et Direction générale des communications et images de marque (Annie Nociti Dubois, assistant, internal and institutional communications); Gilles Taillon (executive director, Baseball Québec); Pierre Turcotte (agronomist-phytogenetics specialist).

The Visual Dictionary, 4th Edition wurde von QA International entwickelt und hergestellt.
QA International, a division of
Les Éditions Québec Amérique inc.
329 de la Commune Street West, 3rd Floor
Montreal, Quebec, Canada H2Y 2E1
T +1 514.499.3000 F +1 514.499.3010
www.ikonet.com
www.qa-international.com

Französischer Ausgangstext von Jean-Claude Corbeil und Ariane Archambault

Gedruckt in Singapur.
978-3-12-517876-2
10 9 8 7 6 5 4 3 2 1   14 13 12 11
465 Version 1.0

VERLAG

QA International, a division of
Les Éditions Québec Amérique Inc.
Geschäftsführer: Jacques Fortin
Geschäftsführer (stv.): Caroline Fortin

Redaktionsleiter: Martine Podesto
Grafik: Johanne Plante

REDAKTION

Projektleitung: Anne Rouleau
Redakteure:
Myriam Caron Belzile
Jeanne Dompierre
Catherine Gendreau

TERMINOLOGIE

Beratung: Jean-Claude Corbeil
Sophie Ballarin
Carole Brunet
Hélène Mainville
Kathe Roth
Locordia Communications

ILLUSTRATIONEN

Leitung: Anouk Noël
Manuela Bertoni
Marthe Boisjoly
Érica Charest
Jocelyn Gardner
Guillaume Grégoire
Anik Lafrenière
Alain Lemire
Raymond Martin
Jordi Vinals

HERSTELLUNG

Leitung: Claude Laporte
Projektmanagement: Salvatore Parisi

LAYOUT

Leitung: Pascal Goyette
Edgar Abarquez
Karine Lévesque
Fernando Salvador Marroquín
Julie Villemaire

PROGRAMMIERUNG

Leitung: Gabriel Trudeau-St-Hilaire
Alex Gagnon
Ronald Santiago

DATENVERARBEITUNG

Patrick Mercure

REVISION

Liliane Michaud
Veronica Schami Editorial Services Inc.

PREPRESS

Benjamin Dubé
François Hénault

MITARBEIT

QA International möchte folgenden Personen für ihre Mitarbeit am *Bildwörterbuch* danken:

Jean-Yves Ahern, Danielle Bader, Stéphane Batigne, Jean Beaumont, Sylvain Bélanger, Pascal Bilodeau, Yan Bohler, Mélanie Boivin, Guy Bonin, Catherine Briand, Julie Cailliau, Jessie Daigle, Serge D'Amico, François Fortin, Éric Gagnon, Hélène Gauthier, Mélanie Giguère-Gilbert, Benoît Grégoire, Nathalie Guillo, Martin Lemieux, Rielle Lévesque, Véronique Loranger, Émilie McMahon, Philippe Mendes Campeau, Tony O'Riley, Carl Pelletier, Sylvain Robichaud, Michel Rouleau, Claude Thivierge, François Turcotte-Goulet, Gilles Vézina, Kathleen Wynd.

Jean-Claude Corbeil and Ariane Archambault, die den französischen Ausgangstext entwickelten und bei der Bestimmung der Inhalte und der Weiterentwicklung der ersten drei Ausgaben eine entscheidende Rolle spielten, möchte Québec Amérique ausdrücklich danken.

Präsentation

Das *Bildwörterbuch*, Rückblick auf 25 Jahre Geschichte

Im Erscheinungsjahr der vorliegenden vierten Ausgabe des *Bildwörterbuches* feiert das 1986 zum ersten Mal veröffentlichte Nachschlagewerk sein 25-jähriges Jubiläum. Die Idee zu diesem Wörterbuch entstand anlässlich eines zufälligen Treffens zwischen dem Herausgeber Jacques Fortin und dem Linguisten Jean-Claude Corbeil 1982 in Paris. Dieses Treffen führte zur Entwicklung eines originären Projekts, das ein Team, bestehend aus Terminologen, Linguisten, Forschern, Übersetzern und Illustratoren zusammenbrachte und vier Jahre später in der Veröffentlichung des ersten Thematischen *Bildwörterbuches* seinen Höhepunkt hatte. Wie im Vorwort zur ersten Ausgabe beschrieben, bestand das Ziel darin, mit dem „ersten Basiswörterbuch mit fachsprachlichem Fokus" eine Lücke im Bereich der Nachschlagewerke zu füllen und „in einem Band Tausende allgemein- und fachsprachlicher Begriffe zusammenzufassen, die heutzutage von einer Gesellschaft verwendet werden, für die Wissenschaft, Technik und ihre Produkte Teil des täglichen Lebens geworden sind." Ein weiteres grundlegendes Element war das Design, durch welches dem Benutzer, anhand von Abbildungen, die die Rolle der schriftlichen Definitionen in den herkömmlichen Wörterbüchern übernahmen, alle Begriffe veranschaulicht werden konnten. Abbildungen wurden Fotografien vorgezogen, da sie es ermöglichten, „die wesentlichen Details eines Gegenstandes hervorzuheben und alles Nebensächliche und Zufällige wegzulassen [...]. Die Bilder waren einfacher und reduzierter und aufgrund ihrer größeren Klarheit besser in der Lage, einen Begriff wiederzugeben." Die erste Ausgabe wurde teilweise von Hand hergestellt: Die Illustrationen entstanden schwarz-weiß auf einem Zeichenbrett, und die zugehörigen Bezeichnungen wurden ausgedruckt und an die entsprechende Stelle geklebt.

Die darauffolgenden Ausgaben des *Bildwörterbuches* profitierten von Fortschritten in der Mikrocomputertechnik. Mit der zweiten Ausgabe des *Bildwörterbuches*, die 1992 erschien, bereitete QA International der konzertierten Verwendung von Design-, Layout- und Datenverwaltungs-Software den Weg, wodurch die Arbeitsabläufe standardisiert und eine automatisierte Veröffentlichung fremdsprachlicher Ausgaben möglich wurde. In jener zweiten vollfarbigen Ausgabe des *Bildwörterbuches* konnten die Abbildungen enger zum jeweiligen Text in Beziehung gesetzt werden, wodurch eines der Hauptziele des Buches erreicht war. Mit der Zeit wurde immer mehr und leistungsstärkere Software verfügbar, so dass sich die dritte und vierte Ausgabe des *Bildwörterbuches* von 2002 bzw. 2011 durch noch größere Präzision und Realitätsnähe auszeichneten.

Die Zunahme des Wissens und der technische Fortschritt der letzten 25 Jahre hatten inhaltliche Änderungen des Wörterbuches zur Folge. Themen tauchten auf und verschwanden, gewannen oder verloren an Bedeutung. In der Ausgabe von 1986 war z. B. die Funktionsweise eines Fernschreibers dargestellt, eines Gegenstandes, der in der zweiten Ausgabe schon nicht mehr vorkam. An seine Stelle trat das Mobiltelefon, das in den beiden Folgeausgaben zunehmend an Raum gewann: Die aktuelle Ausgabe widmet den verschiedenen Typen von Mobiltelefonen eine ganze Seite, und der Mikrocomputer, der 1986 auf wenigen Seiten nur kurz besprochen wurde, nimmt inzwischen ein ganzes Kapitel ein.

Kurz gesagt war das *Bildwörterbuch* im Verlauf seiner 25-jährigen Geschichte einer Vielzahl von Veränderungen, sowohl inhaltlicher als auch produktionstechnischer Art, unterworfen. Das Ziel blieb jedoch immer das gleiche: Die Fachbegriffe, die man braucht, um die heutige Welt, in den unterschiedlichen Bereichen, die unseren Alltag ausmachen, zu beschreiben, in einem Band zusammenzufassen.

Redaktion

Wie seine Vorgänger entspricht das aktuelle *Bildwörterbuch* einer Bestandsaufnahme der greifbaren technologisierten Umwelt des heutigen Menschen, der eine Vielzahl von Fachbegriffen aus einem großen Spektrum an Bereichen kennen und anwenden muss. Für die Allgemeinheit gedacht, dient es den unterschiedlichsten privaten oder beruflichen Zwecken – Übersetzen, Werbung, Sprachunterricht (Muttersprache, Zweitsprache, Fremdsprache), als zusätzliches Unterrichtsmaterial etc. – indem es dem Benutzer ermöglicht, die entsprechenden exakten und richtigen Begriffe zu finden und die Bedeutung eines Wortes abzuklären.

Aufbau des *Bildwörterbuches*

Das Buch besteht aus drei Teilen: der Einführung mit der Themenliste und dem Inhaltsverzeichnis,

1986

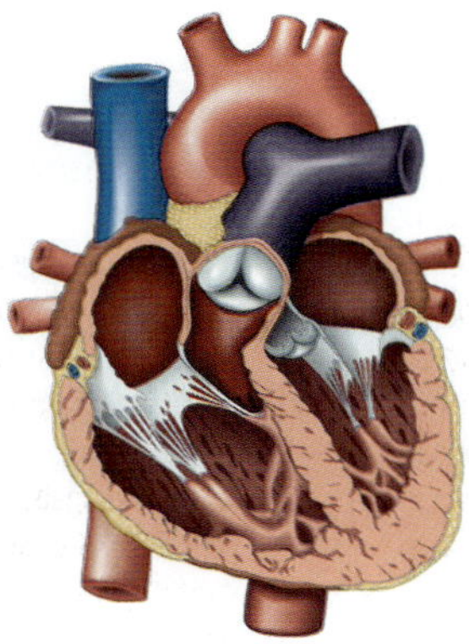

1992

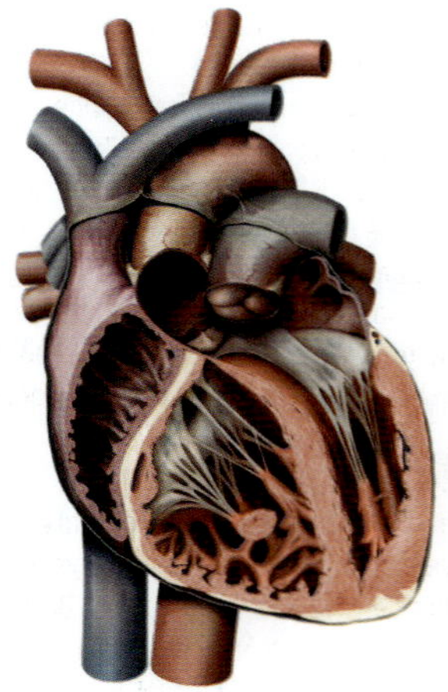

2011

dem Hauptteil, d.h. der ausführlichen Behandlung der einzelnen Themen, und dem alphabetischen Index. Die Informationen sind hierarchisch, d.h. vom Allgemeinen zum Besonderen, gegliedert: Thema, Unterthema, Titel, Untertitel, Abbildung, Begriff. Inhaltlich ist das *Bildwörterbuch* in 18 THEMEN unterteilt, die ihrerseits in noch speziellere UNTER-THEMEN gegliedert sind. Das Thema Astronomie ist z. B. in die drei Unterthemen Himmelskörper, astronomische Beobachtung und Raumfahrt unterteilt. Der TITEL hat mehrere Aufgaben: Er benennt die Abbildung eines bestimmten Gegenstandes, dessen Hauptbestandteile dargestellt sind (z. B. Außentür) und vereint unter sich mehrere Abbildungen, die dem gleichen Begriffsfeld angehören, aber eine Vielzahl von Elementen mit jeweils eigener Bezeichnung und eigener Terminologie darstellen (z. B. sind unter dem Titel Haushaltsgeräte ein Kühlschrank, eine Tiefkühltruhe etc. dargestellt).
Manchmal sind unter einem UNTERTITEL nur die Hauptvertreter einer Gattung, jeweils mit Namen aber ohne Detailbezeichnungen, abgebildet (unter dem Untertitel Sessel finden sich z. B. unterschiedliche Modelle von Sesseln).
Die ABBILDUNGEN stellen Gegenstände, Abläufe oder Phänomene und die jeweiligen charakteristischen Einzelheiten, die sie ausmachen, realistisch und genau dar. Sie dienen der Veranschaulichung der einzelnen Begriffe.

Terminologie

Jeder einzelne Begriff des *Bildwörterbuches* wurde anhand erstklassiger Quellen, dem jeweiligen Spezialisierungsgrad entsprechend, sorgfältig ausgewählt.
Es kommt vor, dass ein und derselbe Gegenstand in verschiedenen Quellen unterschiedlich bezeichnet wird. In solchen Fällen wurde der Begriff gewählt, der von den renommiertesten Autoren am häufigsten verwendet wird.
Im INDEX sind alle wesentlichen Begriffe des Wörterbuches in alphabetischer Reihenfolge aufgeführt. Viele Begriffe wurden zusammengefasst, um die Suche nach bestimmten Abbildungen oder Wörtern zu erleichtern. Z. B. wurden die Begriffe Vogelmorphologie und Vogelskelett unter einem einzigen Indexeintrag – Vogel – mit Verweis auf die entsprechenden Seiten im Buch zusammengefasst.

Möglichkeiten der Benutzung

Der Benutzer hat verschiedene Möglichkeiten, um auf den Inhalt des *Bildwörterbuches* zuzugreifen:

- Mittels der THEMEN-Liste auf dem Buchrücken und am Ende der Einführung oder über die INHALTSANGABE in der Einführung und zu Beginn eines jeden Themas.
- Mithilfe des INDEX kann der Benutzer einen Begriff im *Bildwörterbuch* nachschlagen oder sich anhand der Abbildung eine genaue Vorstellung von dessen Bedeutung machen.
- Die größte Besonderheit des *Bildwörterbuches* besteht darin, dass die Abbildungen und der hierarchische Aufbau nach Themen es dem Benutzer ermöglichen, einen Begriff selbst dann zu finden, wenn er nur eine vage Vorstellung davon hat, um was es sich dabei handelt. In dieser Hinsicht ist das Wörterbuch einzigartig, da die Handhabung eines jeden anderen Wörterbuches voraussetzt, dass der Benutzer das Wort bereits kennt.

Eine überarbeitete und erweiterte Ausgabe

Als Folge des internationalen Erfolges der letzten Ausgabe des *Bildwörterbuches* von 2002 begann man, an einer neuen Ausgabe zu arbeiten.
Alle bereits enthaltenen Themen wurden auf ihre Relevanz und ihre Repräsentativität hin überprüft. Das Thema Fotografie wurde z. B. völlig neugestaltet, um der Verbreitung der digitalen Fotografie Rechnung zu tragen. Viele Geräte aus dem Bereich der Informationstechnologie wurden neu gezeichnet, um die Entwicklungen auf diesem Gebiet wiederzugeben. Das Sonnensystem wurde entsprechend der neuen Klassifizierung der Himmelskörper aktualisiert.
Viele Themen wurden auch erweitert. Dies erfolgte dadurch, dass Vertreter einer Gattung neu aufgenommen wurden (z. B. Fische, Früchte, Kleidung, Fahrzeug- und Fahrradarten etc.), dass zuvor nicht existierende oder wenig verbreitete Gegenstände abgebildet wurden (Smartphones mit Berührungsbildschirm, Tablet-Computer etc.), oder dass Diagramme zur Veranschaulichung von Phänomenen oder Prozessen aufgenommen wurden (z. B. der Reproduktionszyklus von Pflanzen oder die digitale Bildbearbeitung).
Neue Themen, wie das Satellitennavigationssystem (GPS), Erdgas, alternative Brennstoffe und neue medizinische Untersuchungsgeräte sind ebenfalls enthalten.
Aus dem ehemals einen Thema Kommunikationstechnik und Büroautomatisierung, wurden angesichts der großen Bedeutung im täglichen Leben zwei Themen, um den jeweiligen Inhalt besser unterteilen zu können.
Konsequenterweise enthält die Ausgabe von 2011 neue Abbildungen, so dass den 6000 der vorherigen Ausgabe nun insgesamt 8000 gegenüberstehen. Viele andere Abbildungen wurden komplett neu gezeichnet oder überarbeitet, um ihnen ein modernes Aussehen zu verleihen. Alle Abbildungen halten sich jedoch treu an das Motto, das das *Bildwörterbuch* zu einem Erfolg gemacht hat: Realitätsnähe und Klarheit. Ein weiteres Indiz für den größeren Informationsgehalt des Wörterbuches besteht darin, dass die neue Ausgabe im Vergleich zur vorhergehenden 4000 neu aufgenommene oder aktualisierte Einträge enthält.

2011

1992

1986

Benutzung

Unterthema

Die Themen gliedern sich in Unterthemen.

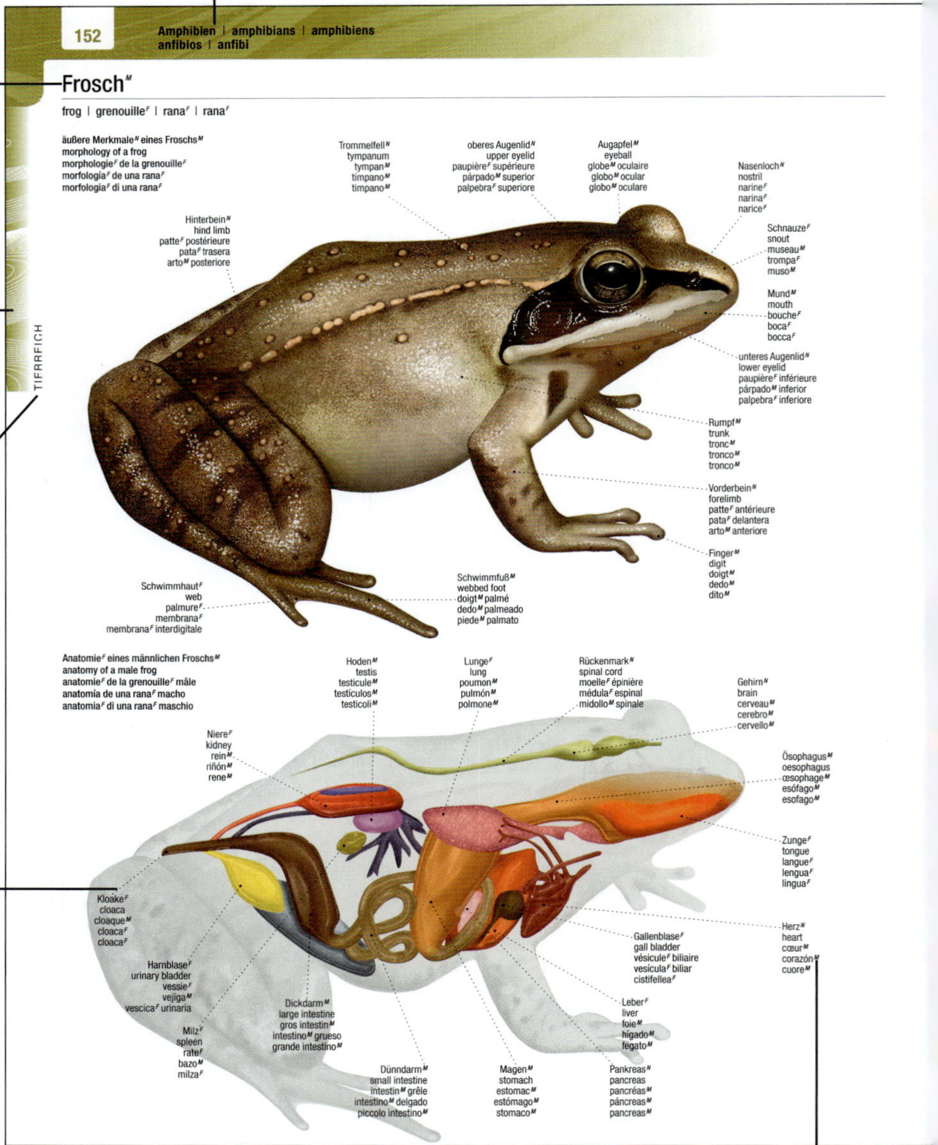

Titel

Er ist in der deutschen Sprache angegeben und darunter in kleinerer Schrift in den jeweils anderen Sprachen. Wenn ein Thema mehrere Seiten umfasst, steht der Titel in Grau auf allen Folgeseiten.

Farbregister

Es kennzeichnet und begleitet die einzelnen Themen, um ein schnelles Auffinden eines bestimmten Abschnittes im Buch zu ermöglichen.

Thema

Es ist immer einsprachig. Das Pendant in den anderen Sprachen befindet sich auf der Einführungsseite zu Beginn eines jeden Themas.

Dünne Linien

Sie verbinden den Begriff mit dem bezeichneten Gegenstand. Wo zu viele Linien das Lesen erschwert hätten, wurden sie durch farbige Codes mit einer Legende, oder – in seltenen Fällen – durch Zahlen ersetzt.

Geschlechtsangabe

F: Femininum
M: Maskulinum
N: Neutrum

Das Geschlecht eines jeden Wortes innerhalb eines Begriffes ist für die Sprachen angegeben, in denen eine solche Unterscheidung gemacht wird. Bezeichnungen für Funktionen, die von Männern als auch von Frauen ausgefüllt werden können, können oft beide Geschlechter haben. In diesen Fällen hängt das dem Wort zuzuordnende Geschlecht von der Figur ab, die in der Abbildung dargestellt ist.

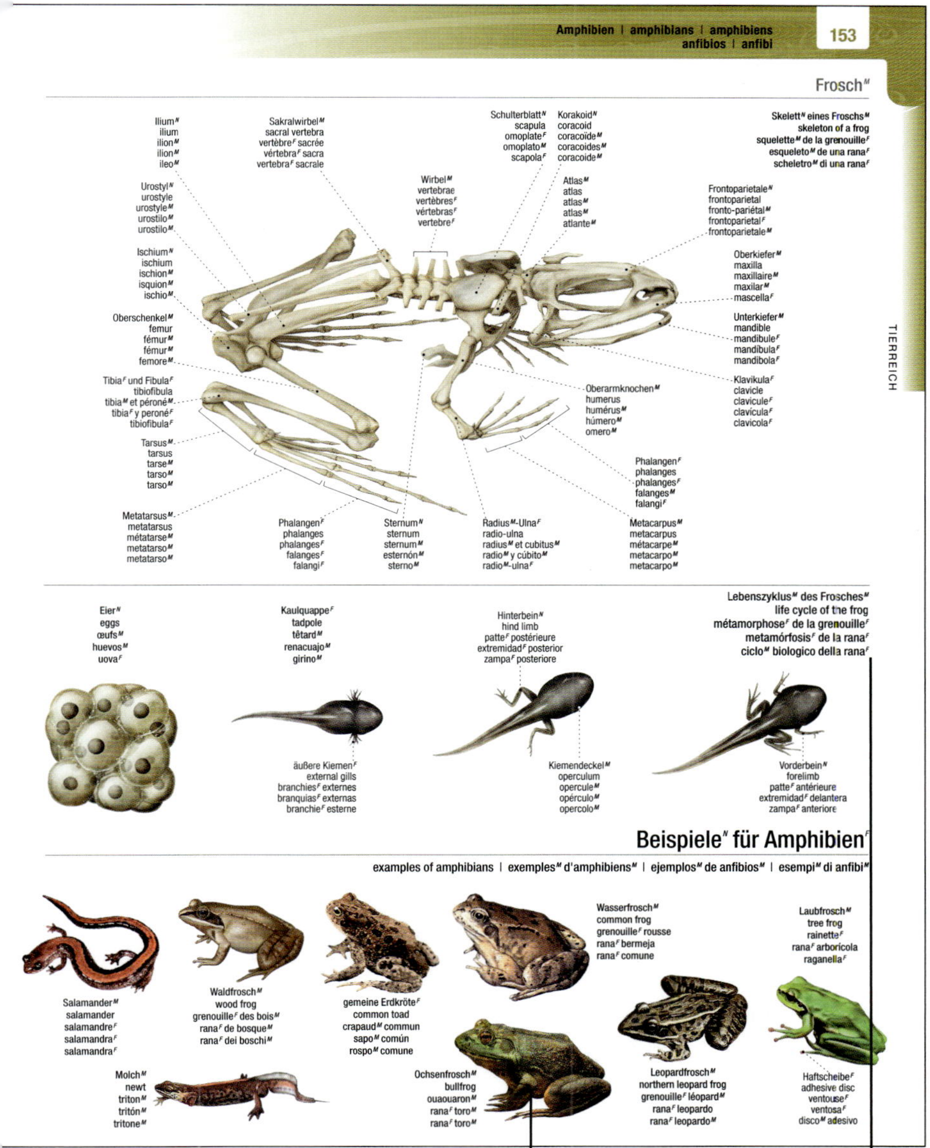

Abbildung

Sie dient der Veranschaulichung des zugehörigen Begriffes.

Untertitel

Er vereinigt unter sich Abbildungen von Gegenständen, die derselben Gattung angehören.

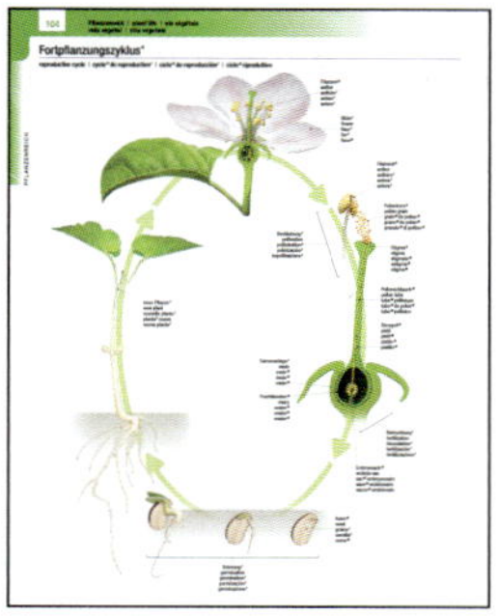

Diagramm

Abstraktere Naturerscheinungen oder Prozesse werden durch Diagramme veranschaulicht. Farbige Pfeile stellen Verbindungen zwischen den einzelnen Elementen eines Diagramms her.

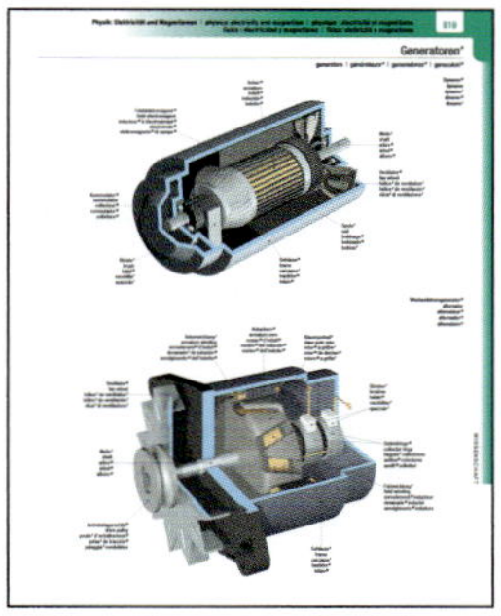

Abschnitt

In bestimmten Fällen, in denen es für wichtig gehalten wurde, Details der inneren Teile des dargestellten Gegenstandes hervorzuheben, wurden die Schnittlinien blau nachgezeichnet, um Unklarheiten hinsichtlich des tatsächlichen Aussehens des jeweiligen Gegenstandes zu vermeiden.

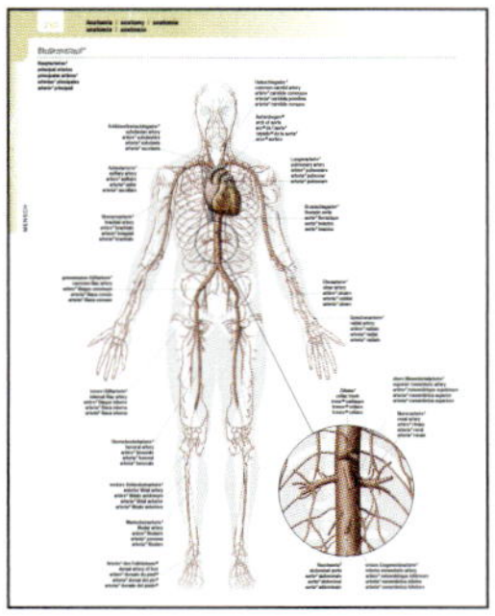

Lupe und Zoom

Sie vergrößern bestimmte Bereiche einer komplexen Abbildung, um die Hauptbestandteile besser sichtbar zu machen.

Inhaltsverzeichnis

ASTRONOMIE 12

Himmelskörper 14
Sonnensystem, Planeten, Monde und Plutoiden, Sonne, Mond, Meteorit, Komet, Stern, Galaxie

Beobachtung des Weltraums 20
Planetarium, Sternbilder der südlichen Halbkugel, Sternbilder der nördlichen Halbkugel, Koordinatensystem der Himmelskugel, Linsenfernrohr, Spiegelteleskop, Radioteleskop, Weltraumteleskop, Sternwarte

Raumfahrt 30
Raumsonde, Raumanzug, internationale Raumstation Raumfähre, Trägerrakete

ERDE 40

Geographie 42
Koordinatensystem der Erdkugel, Kartendarstellungen, Lage der Kontinente, topografische Kartografie, politische Kartografie, Fernerkundung

Geologie 66
Erdaufbau, Erdoberfläche, geologische Phänomene, Minerale

Meteorologie 79
Erdatmosphäre im Querschnitt, Jahreszeiten, Wettervorhersage, Wetterkarte, Stationsmodell, internationale Wettersymbole, Wetterstation, meteorologische Messinstrumente, Wettersatellit, Klimate der Welt, Wolken, Tornado und Wasserhose, tropischer Wirbelsturm, Niederschlag

Umwelt 92
Vegetationszonen, Arten von Vegetation, Nahrungskette, Aufbau der Biosphäre, Wasserkreislauf, Kohlenstoff-Sauerstoff-Zyklus, natürlicher Treibhauseffekt, anthropogener Treibhauseffekt, Luftverschmutzung, Bodenverschmutzung, Wasserverschmutzung, saurer Regen, Mülltrennung

PFLANZENREICH 100

Pflanzenwelt 102
Pflanzenzelle, Photosynthese, Nährstoffversorgung, Fortpflanzungszyklus, Pflanzenwachstum

Einfache Pflanzen 106
Flechte, Moos, Alge, Farn, Pilz

Pflanze 109
Pflanzenaufbau, Wurzel, Sprossachse, Blatt, Blüte, Frucht, Rebe, Baum, Nadelbaum

Industrielle Nutzung 122
Getreideindustrie, Textilindustrie, Kautschukindustrie, Papierindustrie

TIERREICH 126

Evolution des Lebens 128
Entstehung und Entwicklung der Arten, biologische Klassifikation

Primitive Lebewesen 133
tierische Zelle, Einzeller, Schwamm, Qualle, Seestern, Beispiele für primitive Lebewesen

Weichtiere 136
einschalige Muschel, zweischalige Muschel, Schnecke, Tintenfisch

Krebse 139
Hummer

Insekten und Spinnentiere 140
Schmetterling, Honigbiene, Spinne, Beispiele für Insekten, Beispiele für Spinnentiere

Knorpelfische 148
Hai, Beispiele für Knorpelfische

Knochenfische 149
Flussbarsch, Beispiele für Knochenfische

Amphibien 152
Frosch, Beispiele für Amphibien

Reptilien 154
Schlange, Schildkröte, Beispiele für Reptilien

Vögel 158
Vogel, Beispiele für Wasser- und Watvögel, Beispiele für Landvögel

Insektenfresser 164
Maulwurf, Beispiele für Insektenfresser

Nagetiere 165
Ratte, Beispiele für Nagetiere

Hasentiere 167
Kaninchen, Beispiele für Hasentiere

Huftiere 168
Pferd, Beispiele für Hufe, Beispiele für Huftiere

Raubtiere 174
Hund, Beispiele für Hunde, Katze, Beispiele für Katzen, Beispiele für Raubtiere

Meeressäugetiere 182
Delphin, Beispiele für Meeressäugetiere

Primaten 184
Gorilla, Beispiele für Primaten

Fledertiere 186
Fledermaus, Beispiele für Fledertiere

Beuteltiere 188
Känguru, Beispiele für Beuteltiere

MENSCH 190

Menschlicher Körper 192
Mann, Frau

Anatomie 196
Muskeln, Skelett, Zähne, Gelenke, Blutkreislauf, Luftwege, Verdauungsapparat, Harnapparat, Nervensystem, Fortpflanzungssystem, Hormonsystem, lymphatisches System

Sinnesorgane 231
Geruchs- und Geschmackssinn, Gehör, Tastsinn, Sehsinn

NAHRUNGSMITTEL UND KÜCHE 240

Versorgung 242
Herkunft der Nahrungsmittel, Bauernhof

Pflanzliche Nahrungsmittel 244
Pilze, Meeresalgen, Zwiebelgemüse, Knollengemüse, Blattgemüse, Fruchtgemüse, Stängel- und Sprossengemüse, Wurzelgemüse, blühende Gemüsesorten, Hülsenfrüchte, Obst, Gewürze, Kräuter, Getreide, Kaffee und Tee

Tierische Nahrungsmittel ... 265
Mollusken, Krebstiere, Meeresfische, Süßwasserfische, Fischformen, Eier, Fleisch

Verarbeitete Lebensmittel ... 277
Spezialitäten, Getreideprodukte, Milchprodukte, Teigwaren, asiatische Teigwaren, Reis, Sojaprodukte, Fette und Öle, Zucker, Schokolade, Würzen

Lebensmittelbranche ... 288
Supermarkt, Restaurant, Selbstbedienungsrestaurant, Lebensmittellagerung

Küche ... 296
Küche: Gesamtansicht

Geschirr und Besteck ... 297
Gläser, Messer, Löffel, Gabel, Gedeckzubehör, Geschirr, gedeckter Tisch

Küchenzubehör ... 306
Küchenutensilien, Kochgeräte, kleine Haushaltsgeräte

HAUS 320

Anlage ... 322
Außenansicht eines Hauses, Schwimmbecken

Bestandteile eines Hauses ... 325
Haustür, Schloss, Fenster

Konstruktion eines Hauses ... 328
Lageplan, Haupträume, Rahmen, Dachbinder, Fundament, Parkettboden, textile Bodenbeläge, Treppe

Heizung ... 336
Holzbeheizung, Warmluftsystem mit Zwangsumlauf, Warmwasserheizung mit Zwangsumlauf, Zusatzheizung, Wärmepumpe

Luftaufbereitung ... 342
Steuergeräte, Klimageräte

Sanitärinstallation ... 344
Sanitärinstallationssystem, Schmutzwasserhebeanlage, Versitzgrube, Badezimmer, Toilette, Wasserheizkessel, Armaturen, Fittings, Beispiele für Anschlüsse

Elektrizität ... 354
Verteilerkasten, Kilowattstundenzähler, Hausanschluss, Kontaktelemente, Beleuchtung

Möbel ... 360
Armlehnstuhl, Stuhl, Sitzmöbel, Tisch, Bett, Aufbewahrungsmöbel, Kindermöbel, Dekorationen, Lampen, Haushaltsgeräte, Haushaltsgegenstände

HEIMWERKEN UND GARTENARBEIT 382

Baustoffe ... 384
die wichtigsten Baumaterialien, Verkleidungsmaterialien, Isoliermaterialien, Holz

Zimmerei ... 387
Zubehör, Mess- und Markierungswerkzeuge, Hämmer, Schraubendreher, Sägen, Bohrer, Schleifmaschinen, Zangen und Schlüssel

Klempnerei und Maurerhandwerk ... 402
Klempnerwerkzeug, Maurerwerkzeug

Elektrotechnik ... 404
Elektrikerwerkzeug

Löten ... 406
Lötzubehör

Anstreichen und Lackieren ... 408
Malerwerkzeug

Leitern und Stehleitern ... 409
Leitern, Stehleitern

Ziergarten ... 410
Garten

Gärtnergeräte ... 411
verschiedene Geräte, Geräte zur Erdbewegung, Gießgeräte, Schneidwerkzeuge, Handwerkzeuge, Werkzeuge zum Säen und Pflanzen, Rasenpflege

Schneeräumen ... 421
Schneeräumgeräte

KLEIDUNG 422

Textilien ... 424
Fasern, Webstoffe, Wasch- und Pflegesymbole

Historische Kleidung ... 426
Beispiele für historische Kleidung, Beispiele für traditionelle Kleidung

Herrenkleidung ... 430
Jackett und Weste, Hemd, Hose, Socke, Unterwäsche, Mäntel und Jacken

Unisex-Kleidung ... 437
Pullover

Damenkleidung ... 438
Kleider, Röcke, Oberteile, Hosen, Westen und Jacken, Mäntel und Jacken, Unterwäsche, Strümpfe, Nachtbekleidung

Spezialkleidung ... 448
Kinderbekleidung, Sportbekleidung

Design und Fertigung ... 452
Taschen, Ärmel, Bundfalte, Krägen, Ausschnitte, Ausschnittarten

Kopfbedeckungen ... 457
Herrenkopfbedeckungen, Damenkopfbedeckungen, Unisex-Kopfbedeckungen

Schuhe ... 459
Herrenschuhe, Damenschuhe, Unisex-Schuhe, Zubehör

Kleidungszubehör ... 464
Handschuhe, verschiedenes Zubehör

PERSÖNLICHE AUSSTATTUNG 466

Schmuck und Schönheitspflege ... 468
Schmuck, Maniküre, Make-up, Körperpflege, Haarpflege

Persönliche Artikel ... 479
Rasur, Brille, Kontaktlinsen, Zahnpflege, Raucherbedarf, Lederwaren, Handtaschen, Gepäck, Schirm und Stock, Kinderzubehör, Haustierzubehör

KUNST UND ARCHITEKTUR 496

Architektur der Antike ... 498
Pyramide, griechisches Theater, griechischer Tempel, Baustile, römisches Wohnhaus, römisches Amphitheater

Militärarchitektur ... 504
Burg, Festung

Westliche Architektur ... 506
gotischer Dom, romanische Kirche, Renaissance-Villa, Barockkirche, Art-déco-Gebäude, Wolkenkratzer im Internationalen Stil

Asiatische und präkolumbische Architektur ... 513
Pagode, aztekischer Tempel

Architekturelemente ... 514
Beispiele für Bögen, Beispiele für Türen, Beispiele für Dächer, Beispiele für Fenster, Rolltreppe, Aufzug

Häuser ... 520
traditionelle Wohnhäuser, Häuserformen in der Stadt

Bildende Künste ... 522
Museum, Malen und Zeichnen, Holzschnitzerei

Grafische Künste ... 532
Drucken, Hochdruckverfahren, Tiefdruckverfahren, Lithografie, Siebdruck, Handbuchbinderei

Darstellende Künste 540
Theater, Aufnahmebühne, Kino

Musik 545
Sinfonieorchester, Beispiele für Instrumentalgruppierungen, Saiteninstrumente, Blasinstrumente, Tasteninstrumente, Schlaginstrumente, elektronische Musik, traditionelle Musikinstrumente, Musiknotation, Musikzubehör

Kunstgewerbe 565
Stickerei, Nähen, Stricken, Weben, Töpferei, Klöppelspitze, Glasmalerei

KOMMUNIKATION 580

Sprachen der Erde 582
wichtigste Sprachgruppen

Schriftliche Kommunikation 584
Schrift, Typografie, Zeichen und Symbole, Postdienstleistungssystem, Zeitung

Fotografie 591
Analogkameras, fotografische Filme, analoge Spiegelreflexkamera, Digitalkamera ohne Spiegelreflex, digitale Spiegelreflexkamera, Speicherkarten, Batterien, fotografisches Zubehör, Objektive, digitale Bildverwaltung, Filmentwicklung, Diavorführung

Telekommunikation 602
Satellitenübertragungstechnik, Fernmeldesatelliten, Telekommunikation über Nachrichtensatellit

Radio 604
Sprecher- und Regieraum, Mikrofone und Zubehör

Fernsehen 605
Programmproduktion, Programmempfang, Camcorder

Tonwiedergabesystem 614
Elemente einer Stereoanlage, Mini-HiFi-System, tragbare Tonwiedergabesysteme

Drahtlose Kommunikation 621
Walkie-Talkie, Pager, CB-Funkanlage

Telefonie 622
Handy, Beispiele für Telefone

BÜROTECHNIK 626

Computer-Ausrüstung 628
All-in-One-Computer, Tower-Computer, Laptop, Verbindungsgeräte, Verbindungskabel, Eingabegeräte, Ausgabegeräte, Speichergeräte, Schutzgeräte, diverse Computer-Tools

Netzwerk 640
Beispiele für Netzwerke, Internet, Internet-Nutzungen

Büro 644
Büroorganisation, Büromöbel, Fotokopierer, Schreibwaren

TRANSPORT UND FAHRZEUGE 656

Straßenverkehr 658
Straßenbau, starre Brücken, bewegliche Brücken, Straßentunnel, Verkehrszeichen

Straßentransport 668
Tankstelle, Auto, Elektrofahrzeug, Hybridfahrzeug, Bremsen, Motortypen, Kühler, Zündkerze, Reifen, Batterie, Zubehör, Wohnwagen, Bus, Lastkraftfahrzeuge, Motorrad, 4x4-Geländemotorrad

Transport mit Fahrrad 698
Fahrrad

Schienenverkehr 703
Bahnhof, Bahnhof, Personenzüge: Wagentypen, dieselelektrische Lokomotive, Hochgeschwindigkeitszug, Rangierbahnhof, Güterwagen, Eisenbahn-Oberbau, schienengleicher, gesicherter Bahnübergang

Städtischer Schienenverkehr 714
U-Bahn, Straßenbahn

Schifffahrt 718
Hafen, Kanalschleuse, historische Schiffe, traditionelle Boote, Beispiele für Segel, Beispiele für Riggs, Viermastbark, Beispiele für Boote und Schiffe, Anker, Rettungsgeräte, Navigationsinstrumente, Seezeichen, Betonnungssystem

Luftverkehr 740
Flughafen, Langstrecken-Düsenflugzeug, Beispiele für Flugzeuge, Beispiele für Leitwerke, Tragflügelformen, Bewegungen eines Flugzeugs, auf Flugzeuge wirkende Kräfte, Hubschrauber, Beispiele für Hubschrauber

Handhabung 754
Gebrauchsgeräte, Kräne, Container

Schwermaschinen 758
Planierraupe, Radlader, Schrapper, Hydraulik-Hochlöffelbagger, Straßenhobel, Muldenkipper, Asphaltierwalze, Planierwalze, Schneefräse, Straßenkehrmaschine, Traktor, landwirtschaftliche Maschinen

ENERGIE 768

Geothermie 770
Elektrizitätserzeugung aus geothermischer Energie, geothermisches Haus

Fossile Energie 771
Kohlebergwerk, Wärmeenergie, Erdöl, Erdgas, alternative Brennstoffe

Elektrizität aus Wasserkraft 785
Wasserkraftwerk, Einzelschritte bei der Elektrizitätserzeugung, Beispiele für Staudämme, Elektrizitätsverteilung, Gezeitenkraftwerk

Kernenergie 795
Elektrizitätserzeugung aus Kernenergie, Kernkraftwerk, Brennstabbeschickung, Brennstabbündel, Kernreaktor, Arten von Reaktoren

Sonnenenergie 802
Solarzelle, Flachkollektor, Solarzellensystem, Sonnenofen, Elektrizitätserzeugung aus Sonnenenergie, Solarhaus

Windenergie 806
Windmühlen, Windkraftwerke und Elektrizitätserzeugung

WISSENSCHAFT 808

Chemie 810
Materie, chemische Elemente, Laborgeräte

Physik: Mechanik 816
Zahnradgetriebe, einfacher Flaschenzug, Hebel

Physik: Elektrizität und Magnetismus 817
Magnetismus, elektrische Schaltung, Generatoren, Trockenelemente, Elektronik

Physik: Optik 821
elektromagnetisches Spektrum, Welle, Farbmischung, Lichtbrechung, Linsen, Spiegel, optische Instrumente

Messinstrumente 827
Temperaturmessung, Zeitmessung, Wiegen, Entfernungsmessung, Dickemessung, Längenmessung, Winkelmessung

Wissenschaftliche Symbole 834
Chemie, Biologie, Internationales Einheitensystem (SI), römische Ziffern, Geometrie, Mathematik, grafische Darstellung

GESELLSCHAFT 840

Stadt 842
Ballungsgebiet, Innenstadt, Straße, Bürogebäude, Einkaufszentrum, Kaufhaus, Kongresszentrum, Hotel, allgemeine Zeichen

Wirtschaft und Finanzwesen 858
Bankfiliale, Beispiele für Währungsabkürzungen, Geld und Zahlungsmodalitäten

Justiz 862
Gericht, Justizvollzugsanstalt

Bildung 866
Bibliothek, Schule

SPORT UND SPIELE 930

Sporteinrichtungen 932
Sportanlagen, Anzeigetafel, Wettkampf

Leichtathletik 934
Stadion, Sprungwettbewerbe, Wurfgeräte

Ballsportarten 938
Baseball, Softball, Cricket, Hockey, Fußball, Lacrosse, Rugby, American Football, kanadischer Football, Korbball, Basketballspiel, Volleyballspiel, Handball

Spiele mit Schlägern 961
Tischtennis, Badminton, Racquetballspiel, Squash, Tennis

Kunstturnen 969
Geräteturnen, rhythmische Sportgymnastik, Trampolin

Wassersport 974
Wasserballspiel, Schwimmen, Kunstspringen, Segelsport, Surfbrett, Rudern und Skullen, Kanu, Kanu-Kajak: Flachwasserrennen, Kajak, Wasserskisport, Surfen, Tauchen

Kampfsportarten 990
Boxen, Ringen, Judo, Karate, Taekwondo, Kendo, Sumo, Kung-Fu, Jujutsu, Aikido, Fechtsport

Kraftsport 999
Gewichtheben, Fitnessgeräte

Reitsport 1002
Springreiten, Reiten, Dressurreiten, Pferderennen, Polo

Präzisionssport 1009
Bogenschießen, Wurftaubenschießen, Gewehrschießen, Pistolenschießen, Billard, Boule, Pétanque, Bowling, Golfspiel

Radsport 1020
Straßenradsport, Mountainbike, Bahnradsport, BMX

Motorsport 1022
Autorennen, Motorradsport, Jetski, Schneemobil

Wintersport 1027
Curling, Eishockey, Eiskunstlauf, Eisschnelllauf, Bobschlitten, Rennrodel, Skeleton, Bobbahn, Skigebiet, Snowboarden, alpines Skilaufen, Freestyle, Skispringen, Speedski, Skilanglauf, Biathlon, Schneeschuhwandern

Rollsport 1044
Skateboarding, Inlineskating

Luftsport 1046
Fallschirmspringen, Drachenfliegen, Segelflugzeug, Freiballonsport

Klettersport 1050
Bergsteigen

Freizeit in der Natur 1052
Camping, Knoten, Sportfischerei

Spiele 1062
Würfel und Dominosteine, Spielkarten, Brettspiele, Puzzle, Mah-Jongg, Videospiele, Roulette, Dartspiel, Tischfußball, einarmiger Bandit, Frisbee, Flipperautomat, Drachen

ASTRONOMIE 12
ERDE 40
PFLANZENREICH 100
TIERREICH 126
MENSCH 190
NAHRUNGSMITTEL UND KÜCHE 240
HAUS 320
HEIMWERKEN UND GARTENARBEIT 382
KLEIDUNG 422
PERSÖNLICHE AUSSTATTUNG 466
KUNST UND ARCHITEKTUR 496
KOMMUNIKATION 580
BÜROTECHNIK 626
TRANSPORT UND FAHRZEUGE 656
ENERGIE 768
WISSENSCHAFT 808
GESELLSCHAFT 840
SPORT UND SPIELE 930
REGISTER 1072

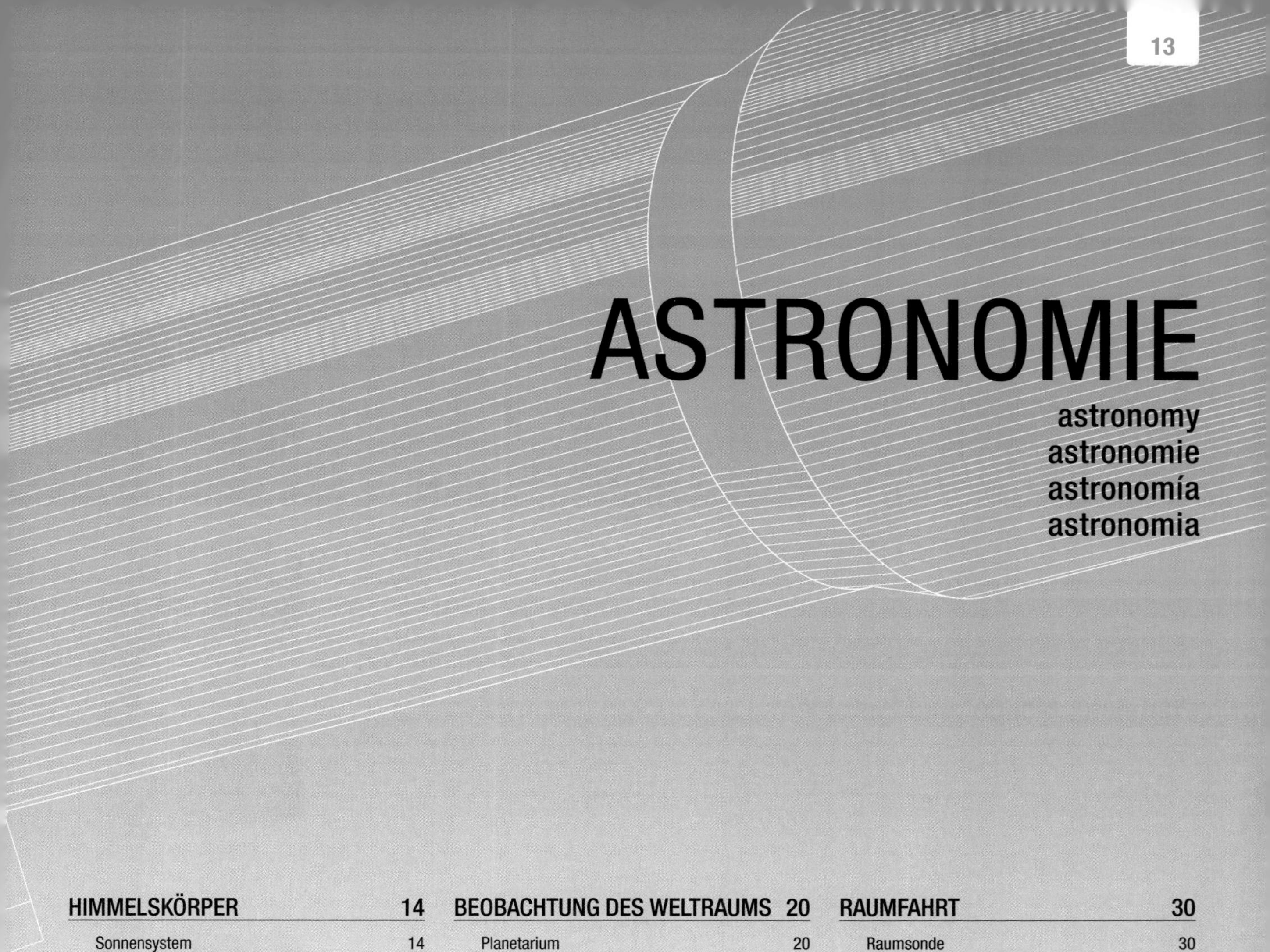

ASTRONOMIE

astronomy
astronomie
astronomía
astronomia

HIMMELSKÖRPER 14

Sonnensystem	14
Planeten, Monde und Plutoiden	14
Sonne	16
Mond	17
Meteorit	18
Komet	18
Stern	18
Galaxie	19

BEOBACHTUNG DES WELTRAUMS 20

Planetarium	20
Sternbilder der südlichen Halbkugel	20
Sternbilder der nördlichen Halbkugel	22
Koordinatensystem der Himmelskugel	23
Linsenfernrohr	24
Spiegelteleskop	25
Radioteleskop	26
Weltraumteleskop	27
Sternwarte	28

RAUMFAHRT 30

Raumsonde	30
Raumanzug	33
internationale Raumstation	34
Raumfähre	36
Trägerrakete	39

Sonnensystem^N

solar system | système^M solaire | sistema^M solar | sistema^M solare

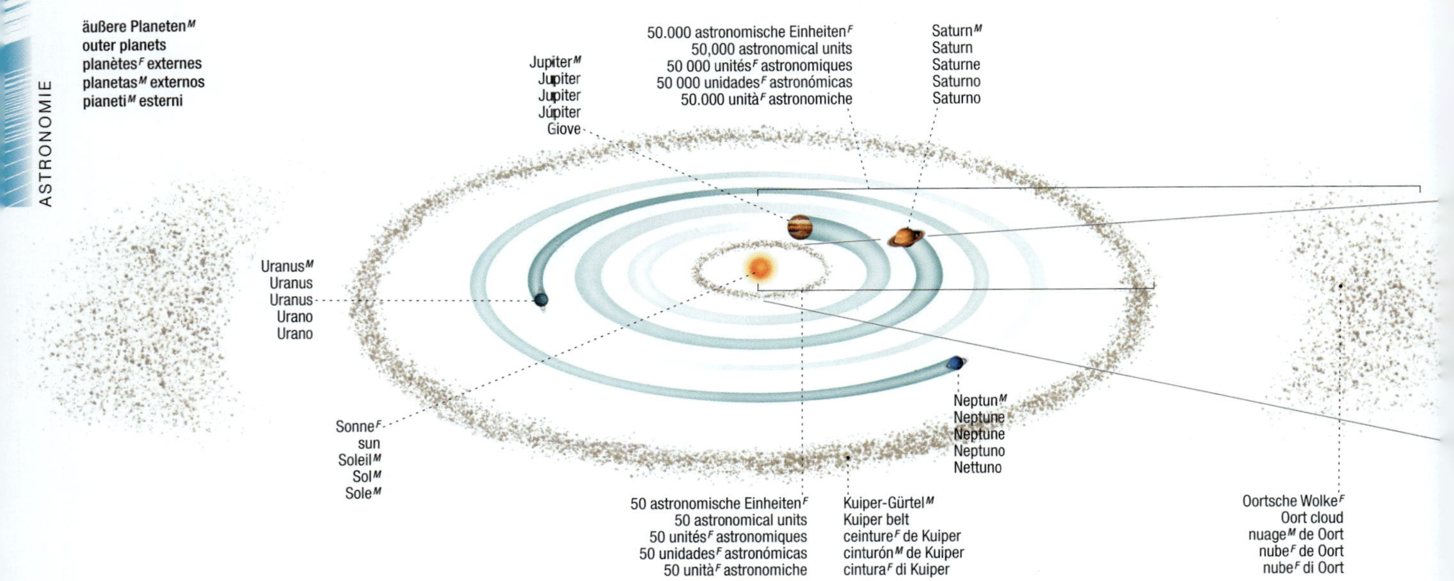

Planeten^M, Monde^M und Plutoiden^M

planets, satellites and plutoids | planètes^F, satellites^M et plutoïdes^M | planetas^M, satélites^M y plutoides^M | pianeti^M, satelliti^M e plutoidi^M

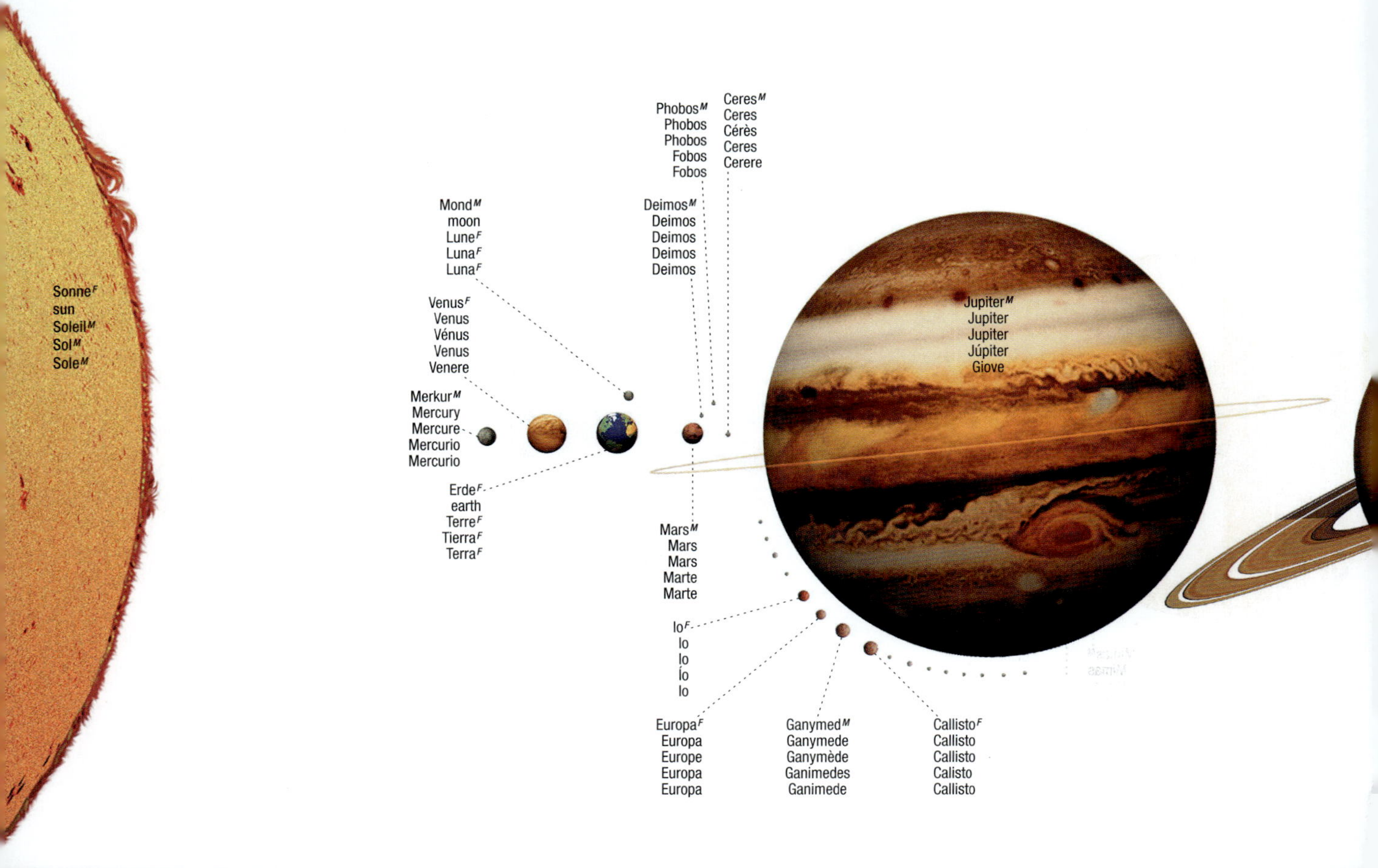

Sonnensystem[N]

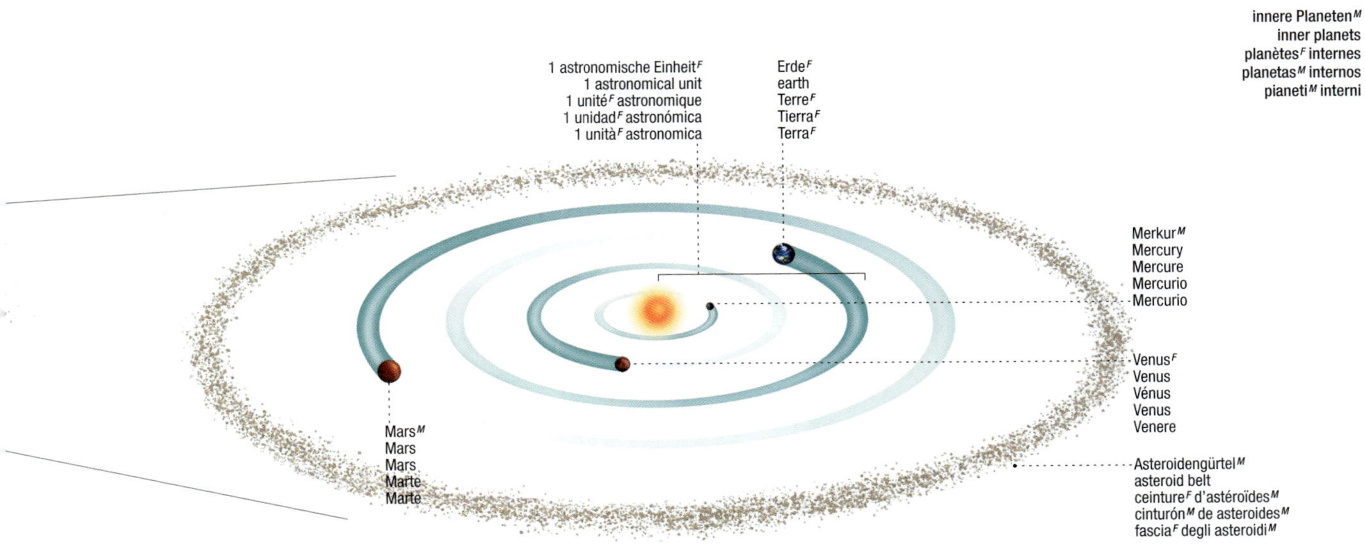

Planeten[M], Monde[M] und Plutoiden[M]

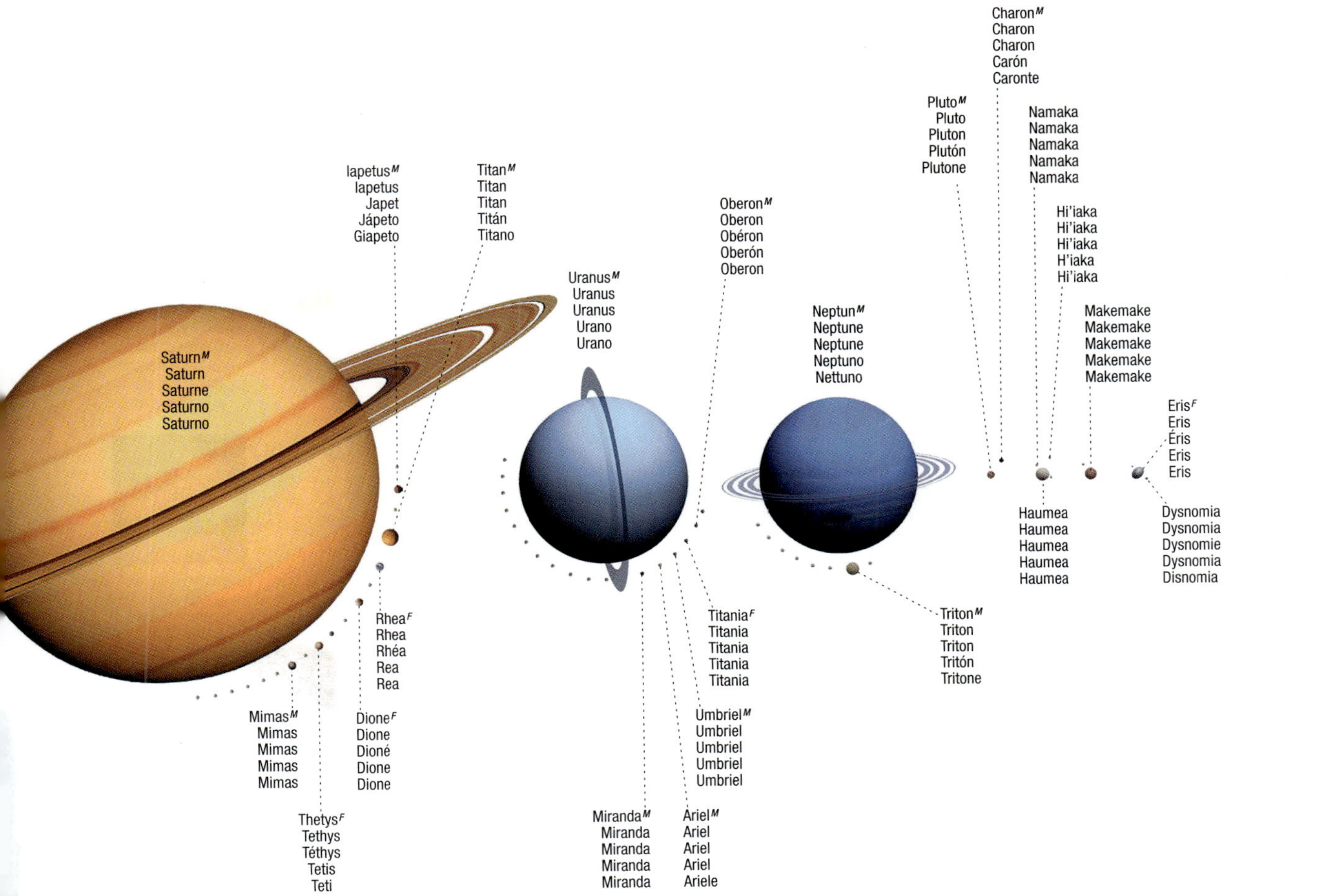

Sonne^{F}

sun | Soleil^{M} | Sol^{M} | Sole^{M}

Aufbau^{M} der Sonne^{F}
structure of the sun
structure^{F} du Soleil^{M}
estructura^{F} del Sol^{M}
struttura^{F} del Sole^{M}

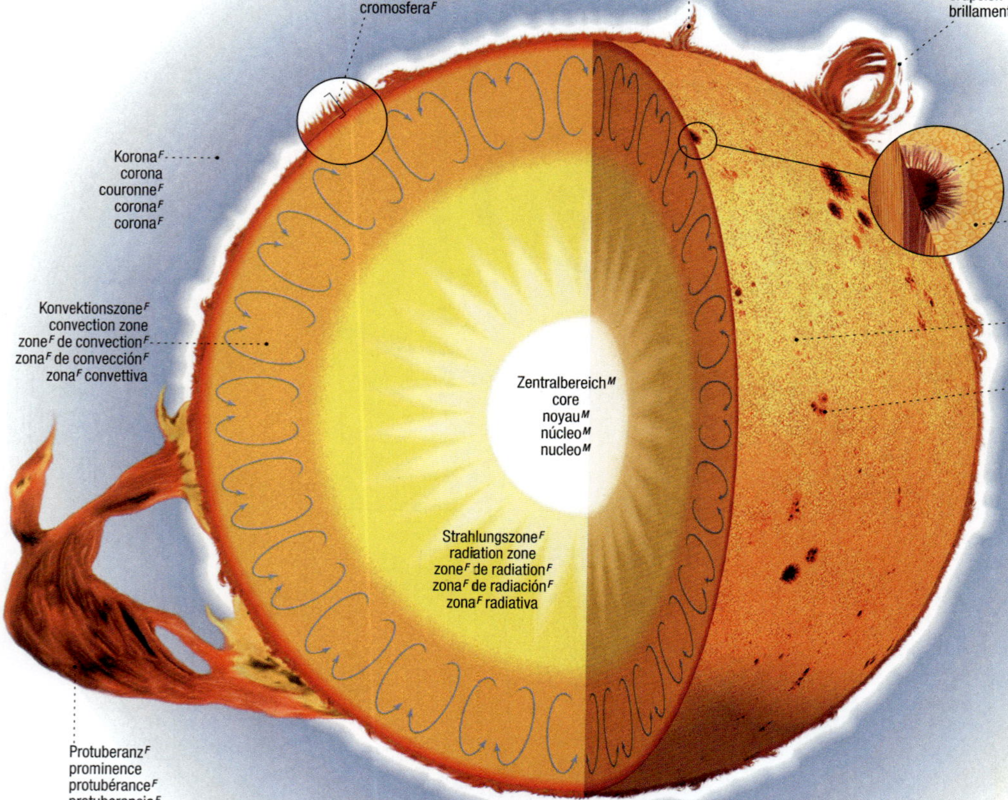

Finsternisarten^{F}
types of eclipses
types^{M} d'éclipses^{F}
tipos^{M} de eclipses^{M}
tipi^{M} di eclissi^{F}

ringförmige Finsternis^{F}
annular eclipse
éclipse^{F} annulaire
eclipse^{M} anular
eclissi^{F} anulare

partielle Finsternis^{F}
partial eclipse
éclipse^{F} partielle
eclipse^{M} parcial
eclissi^{F} parziale

totale Finsternis^{F}
total eclipse
éclipse^{F} totale
eclipse^{M} total
eclissi^{F} totale

Sonnenfinsternis^{F}
solar eclipse
éclipse^{F} de Soleil^{M}
eclipse^{M} solar
eclissi^{F} di Sole^{M}

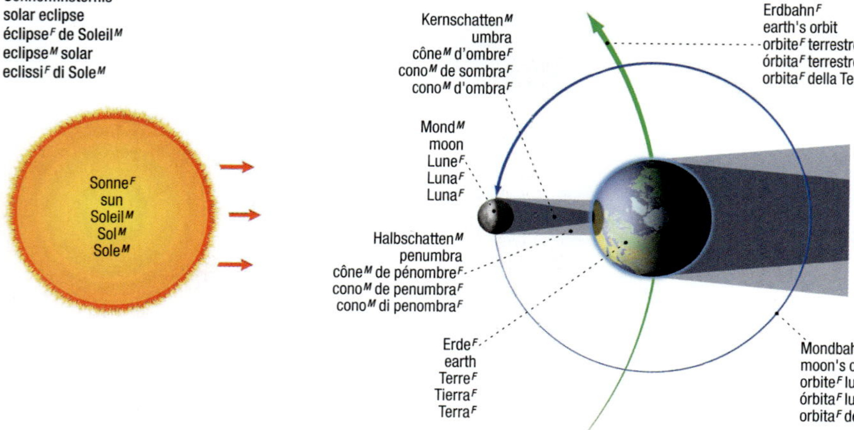

Mond[M]

moon | Lune[F] | Luna[F] | Luna[F]

Finsternisarten[F]
types of eclipses
types[M] d'éclipses[F]
tipos[M] de eclipses[M]
tipi[M] di eclissi[F]

partielle Finsternis[F]
partial eclipse
éclipse[F] partielle
eclipse[M] parcial
eclissi[F] parziale

totale Finsternis[F]
total eclipse
éclipse[F] totale
eclipse[M] total
eclissi[F] totale

Oberflächenformationen[F] des Mondes[M]
lunar features
relief[M] lunaire
superficie[F] lunar
caratteristiche[F] della Luna[F]

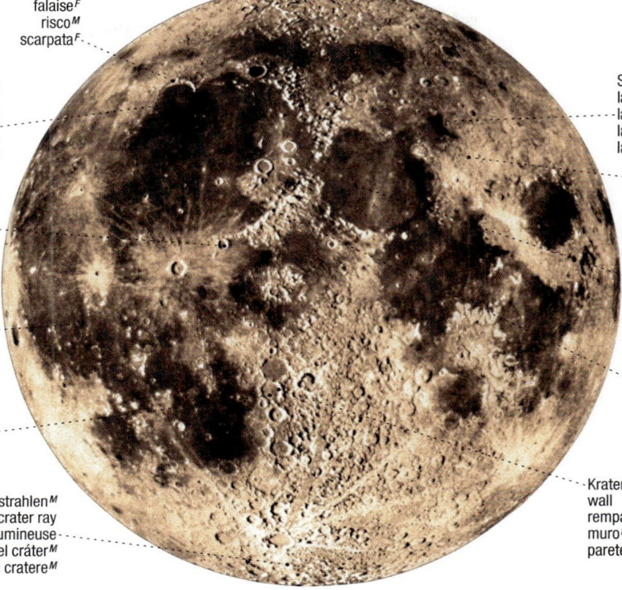

Mondfinsternis[F]
lunar eclipse
éclipse[F] de Lune[F]
eclipse[M] de Luna[F]
eclissi[F] di Luna[F]

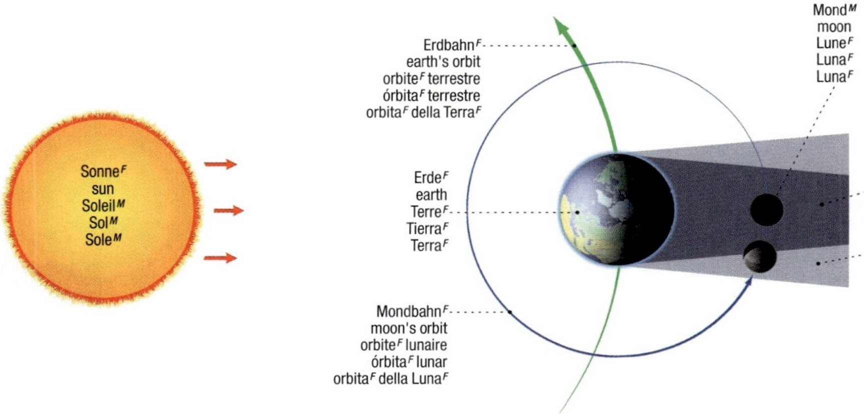

Mondphasen[F]
phases of the moon
phases[F] de la Lune[F]
fases[F] de la Luna[F]
fasi[F] della Luna[F]

Neumond[M]
new moon
nouvelle Lune[F]
Luna[F] nueva
Luna[F] nuova

Mondsichel[F] (zunehmender Mond[M])
new crescent
premier croissant[M]
Luna[F] creciente
Luna[F] crescente

Halbmond[M] (erstes Viertel[N])
first quarter
premier quartier[M]
cuarto[M] creciente
primo quarto[M]

zunehmender Mond[M]
waxing gibbous
gibbeuse[F] croissante
quinto octante[M]
Luna[F] gibbosa crescente

Vollmond[M]
full moon
pleine Lune[F]
Luna[F] llena
Luna[F] piena

abnehmender Mond[M]
waning gibbous
gibbeuse[F] décroissante
tercer octante[M]
Luna[F] gibbosa calante

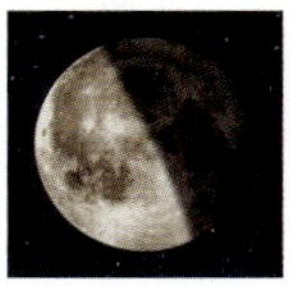

Halbmond[M] (letztes Viertel[N])
last quarter
dernier quartier[M]
cuarto[M] menguante
ultimo quarto[M]

Mondsichel[F] (abnehmender Mond[M])
old crescent
dernier croissant[M]
Luna[F] menguante
Luna[F] calante

Meteorit^{M}

meteorite | météorite^{F} | meteorito^{M} | meteorite$^{F/M}$

Eisenmeteorit^{M}
iron meteorite
météorite^{F} ferreuse
meteorito^{M} ferroso
meteorite$^{F/M}$ ferrosa

Steineisenmeteorit^{M}
stony-iron meteorite
météorite^{F} métallorocheuse
meteorito^{M} pétreo-ferroso
meteorite$^{F/M}$ ferro-rocciosa

Steinmeteoriten^{M}
stony meteorites
météorites^{F} rocheuses
meteoritos^{M} pétreos
meteoriti$^{F/M}$ rocciose

Chondrit^{M}
chondrite
chondrite^{F}
condrito^{M}
condrite^{F}

Achondrit^{M}
achondrite
achondrite^{F}
acondrito^{M}
acondrite^{F}

Komet^{M}

comet | comète^{F} | cometa^{M} | cometa^{F}

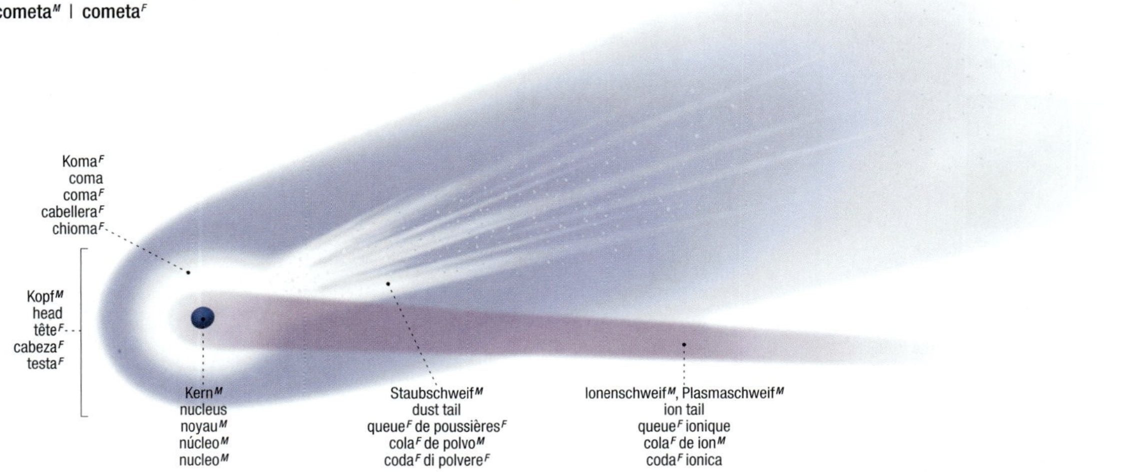

Stern^{M}

star | étoile^{F} | estrella^{F} | stella^{F}

kleine Sterne^{M}
low-mass stars
étoiles^{F} de faible masse^{F}
estrellas^{F} de baja magnitud^{F}
stelle^{F} di massa^{F} minore

massereiche Sterne^{M}
massive stars
étoiles^{F} massives
estrellas^{F} de alta magnitud^{F}
stelle^{F} di massa^{F} maggiore

Supernova^{F}
supernova
supernova^{F}
supernova^{F}
supernova^{F}

Schwarzes Loch^{N}
black hole
trou^{M} noir
agujero^{M} negro
buco^{M} nero

Roter Riese^{M}
red giant
géante^{F} rouge
gigante^{F} roja
gigante^{F} rossa

Brauner Zwerg^{M}
brown dwarf
naine^{F} brune
enana^{F} parda
nana^{F} bruna

Schwarzer Zwerg^{M}
black dwarf
naine^{F} noire
enana^{F} negra
nana^{F} nera

Weißer Zwerg^{M}
white dwarf
naine^{F} blanche
enana^{F} blanca
nana^{F} bianca

Pulsar^{M}
pulsar
pulsar^{M}
pulsar^{M}
pulsar^{F}

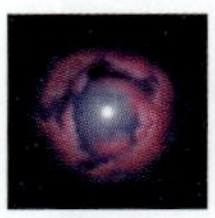

planetarischer Nebel^{M}
planetary nebula
nébuleuse^{F} planétaire
nebulosa^{F} planetaria
nebulosa^{F} planetaria

Nova^{F}
nova
nova^{F}
nova^{F}
nova^{F}

Hauptreihenstern^{M}
main-sequence star
étoile^{F} de la séquence^{F} principale
estrella^{F} de secuencia^{F} principal
stella^{F} della sequenza^{F} principale

Neutronenstern^{M}
neutron star
étoile^{F} à neutrons^{M}
estrella^{F} de neutrones^{M}
stella^{F} di neutroni^{M}

Überriese^{M}
supergiant
supergéante^{F}
supergigante^{M}
supergigante^{F}

Galaxie[F]

galaxy | galaxie[F] | galaxia[F] | galassia[F]

Hubblesche Klassifikation[F]
Hubble's classification
classification[F] de Hubble
clasificación[F] de Hubble
classificazione[F] di Hubble

elliptische Galaxie[F]
elliptical galaxy
galaxie[F] elliptique
galaxia[F] elíptica
galassia[F] ellittica

linsenförmige Galaxie[F]
lenticular galaxy
galaxie[F] lenticulaire
galaxia[F] lenticular
galassia[F] lenticolare

normale Spiralgalaxie[F]
normal spiral galaxy
galaxie[F] spirale normale
galaxia[F] espiral normal
galassia[F] a spirale[F] normale

Balkenspiralgalaxie[F]
barred spiral galaxy
galaxie[F] spirale barrée
galaxia[F] espiral barrada
galassia[F] a spirale[F] barrata

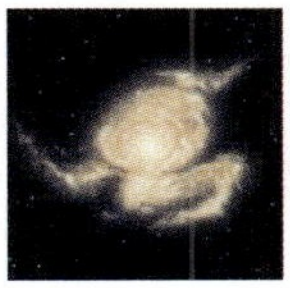

irreguläre Galaxie[F] Typ[M] I
type I irregular galaxy
galaxie[F] irrégulière de type[M] I
galaxia[F] irregular de tipo[M] I
galassia[F] irregolare di tipo[M] I

irreguläre Galaxie[F] Typ[M] II
type II irregular galaxy
galaxie[F] irrégulière de type[M] II
galaxia[F] irregular de tipo[M] II
galassia[F] irregolare di tipo[M] II

Milchstraße[F]
Milky Way
Voie[F] lactée
Vía[F] Láctea
Via[F] Lattea

Milchstraße[F]: Ansicht[F] von oben
Milky Way: seen from above
Voie[F] lactée : vue[F] de dessus[M]
Vía[F] Láctea: vista[F] desde arriba[F]
Via[F] Lattea: vista[F] dall'alto

Milchstraße[F]: Seitenansicht[F]
Milky Way: side view
Voie[F] lactée : vue[F] de profil[M]
Vía[F] Láctea : vista[F] lateral
Via[F] Lattea: vista[F] laterale

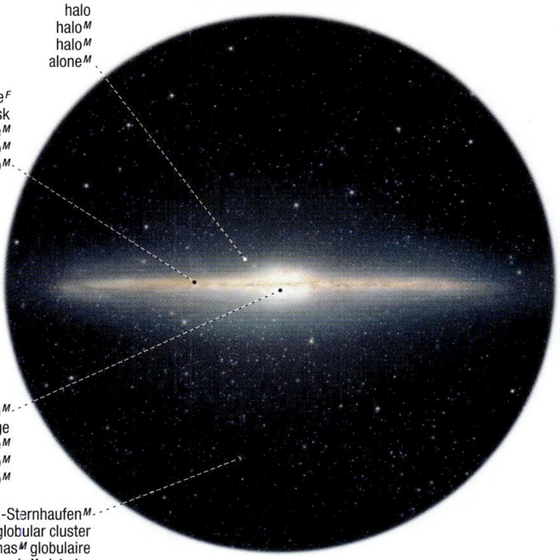

Planetarium[N]

planetarium | planétarium[M] | planetario[M] | planetario[M]

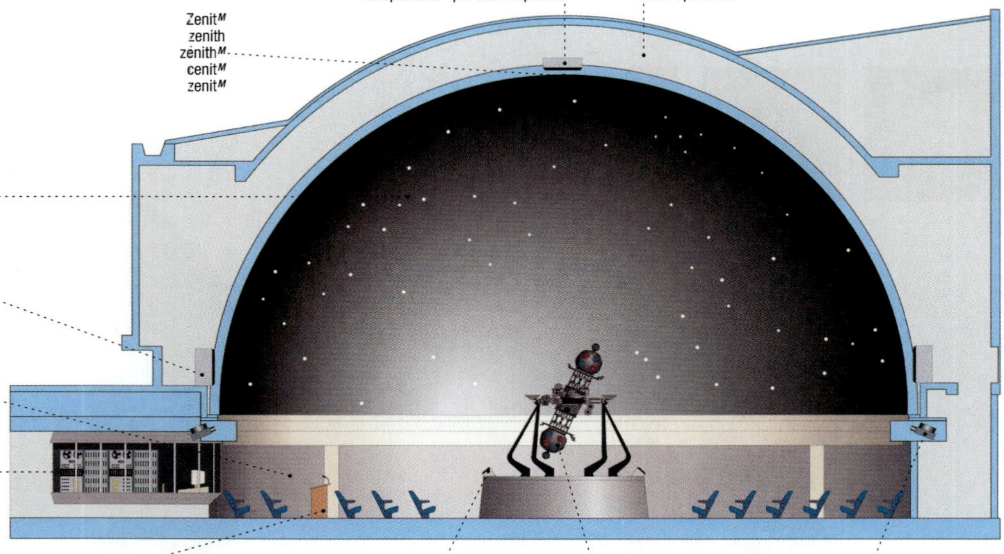

Sternbilder[N] der südlichen Halbkugel[F]

constellations of the southern hemisphere | constellations[F] de l'hémisphère[M] austral | constelaciones[F] del hemisferio[M] austral | costellazioni[F] dell'emisfero[M] meridionale

1 Walfisch[M] / Whale / Baleine[F] / Ballena[F] / Balena[F]

2 Wassermann[M] / Water Bearer / Verseau[M] / Acuario[M] / Acquario[M]

3 Adler[M] / Eagle / Aigle[M] / Águila[F] / Aquila[F]

4 Steinbock[M] / Sea Goat / Capricorne[M] / Capricornio[M] / Capricorno[M]

5 Mikroskop[N] / Microscope / Microscope[M] / Microscopio[M] / Microscopio[M]

6 Südlicher Fisch[M] / Southern Fish / Poisson[M] austral / Pez[M] Austral / Pesce[M] Australe

7 Kranich[M] / Crane / Grue[F] / Grulla[M] / Gru[F]

8 Bildhauer[M] / Sculptor's Tools / Atelier[M] du Sculpteur[M] / Taller[M] de Escultor[M] / Strumenti[M] dello Scultore[M]

9 Eridanus[M] / River Eridanus / Éridan / Erídano[M] / Eridano

10 Ofen[M] / Furnace / Fourneau[M] / Horno[M] / Fornace[F]

11 Pendeluhr[F] / Clock / Horloge[F] / Reloj[M] / Orologio[M]

12 Phönix[M] / Phoenix / Phénix[M] / Fénix[M] / Fenice[F]

13 Tukan[M] / Toucan / Toucan[M] / Tucán[M] / Tucano[M]

14 Pfau[M] / Peacock / Paon[M] / Pavo[M] / Pavone[M]

15 Inder[M] / Indian / Indien[M] / Indio[M] / Indiano[M]

16 Fernrohr[N] / Telescope / Télescope[M] / Telescopio[M] / Telescopio[M]

17 Südliche Krone[F] / Southern Crown / Couronne[F] australe / Corona[F] Austral / Corona[F] Australe

18 Schütze[M] / Archer / Sagittaire[M] / Sagitario[M] / Sagittario[M]

19 Schild[N] / Shield / Écu[M] / Escudo[M] / Scudo[M]

20 Skorpion[M] / Scorpion / Scorpion[M] / Escorpión[M] / Scorpione[M]

21 Winkelmaß[N] / Carpenter's Square / Règle[F] / Regla[F] / Squadra[F]

22 Altar[M] / Altar / Autel[M] / Altar[M] / Altare[M]

23 Südliches Dreieck[N] / Southern Triangle / Triangle[M] austral / Triángulo[M] Austral / Triangolo[M] Australe

24 Paradiesvogel[M] / Bird of Paradise / Oiseau[M] de Paradis[M] / Ave[F] del Paraíso[M] / Uccello[M] del Paradiso[M]

25 Oktant[M] / Octant / Octant[M] / Octante[M] / Ottante[M]

26 Kleine Wasserschlange[F] / Sea Serpent / Hydre[F] mâle / Hidra[F] macho / Idra[F] Maschio

27 Tafelberg[M] / Table Mountain / Table[F] / Mesa[F] / Mensa[F]

28 Netz[N] / Net / Réticule[M] / Retículo[M] / Reticolo[M]

Sternbilder^{N} der südlichen Halbkugel^{F}

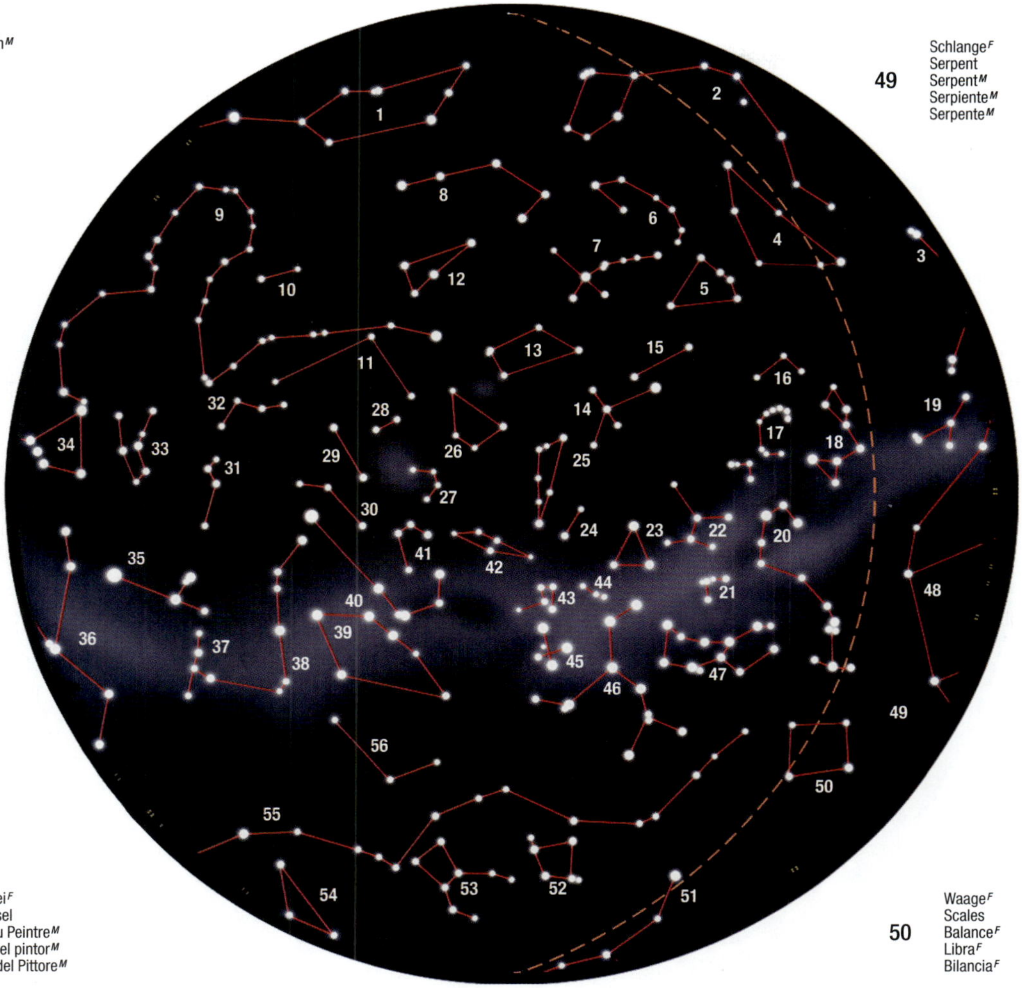

29 Schwertfisch^{M}
Swordfish
Dorade^{F}
Dorado^{M}
Dorado^{M}

30 Malerstaffelei^{F}
Painter's Easel
Chevalet^{M} du Peintre^{M}
Caballete^{M} del pintor^{M}
Cavalletto^{M} del Pittore^{M}

31 Taube^{F}
Dove
Colombe^{F}
Paloma^{F}
Colomba^{F}

32 Grabstichel^{M}
Chisel
Burin^{M}
Buril^{M}
Bulino^{M}

33 Hase^{M}
Hare
Lièvre^{M}
Liebre^{M}
Lepre^{F}

34 Orion^{M}
Orion
Orion
Orión^{M}
Orione

35 Großer Hund^{M}
Big Dog
Grand Chien^{M}
Can^{M} Mayor
Cane^{M} Maggiore

36 Einhorn^{N}
Unicorn
Licorne^{F}
Unicornio^{M}
Unicorno^{M}

37 Achterschiff^{N}
Ship's Stern
Poupe^{F}
Popa^{F}
Poppa^{F}

38 Zirkel^{M}
Compass
Boussole^{F}
Brújula^{F}
Bussola^{F}

39 Schiffssegel^{N}
Ship's Sails
Voiles^{F}
Vela^{F}
Vela^{F}

40 Schiffskiel^{M}
Ship's Keel
Carène^{F}
Carena^{F}
Carena^{F}

41 Fliegender Fisch^{M}
Flying Fish
Poisson^{M} volant
Pez^{M} Volador
Pesce^{M} Volante

42 Chamäleon^{N}
Chameleon
Caméléon^{M}
Camaleón^{M}
Camaleonte^{M}

43 Fliege^{F}
Fly
Mouche^{F}
Mosca^{F}
Mosca^{F}

44 Kompass^{M}
Pair of Compasses
Compas^{M}
Compás^{M}
Compasso^{M}

45 Kreuz^{N} des Südens^{M}
Southern Cross
Croix^{F} du Sud^{M}
Cruz^{F} del Sur
Croce^{F} del Sud^{M}

46 Zentaurus^{M}
Centaur
Centaure^{M}
Centauro^{M}
Centauro^{M}

47 Wolf^{M}
Wolf
Loup^{M}
Lobo^{M}
Lupo^{M}

48 Schlangenträger^{M}
Serpent Bearer
Ophiuchus
Ofiuco^{M}
Ofiuco

49 Schlange^{F}
Serpent
Serpent^{M}
Serpiente^{M}
Serpente^{M}

50 Waage^{F}
Scales
Balance^{F}
Libra^{F}
Bilancia^{F}

51 Jungfrau^{F}
Virgin
Vierge^{F}
Virgo^{F}
Vergine^{F}

52 Rabe^{M}
Crow
Corbeau^{M}
Cuervo^{M}
Corvo^{M}

53 Becher^{M}
Cup
Coupe^{F}
Copa^{F}
Cratere^{M}

54 Sextant^{M}
Sextant
Sextant^{M}
Sextante^{M}
Sestante^{M}

55 Südliche Wasserschlange^{F}
Water Monster
Hydre^{F} femelle
Hidra^{F} Hembra
Idra^{F} Femmina

56 Luftpumpe^{F}
Air Pump
Machine^{F} pneumatique
Máquina^{F} Pneumática
Macchina^{F} Pneumatica

Sternbilder^N der nördlichen Halbkugel^F

constellations of the northern hemisphere | constellations^F de l'hémisphère^M boréal | constelaciones^F del hemisferio^M boreal | costellazioni^F dell'emisfero^M settentrionale

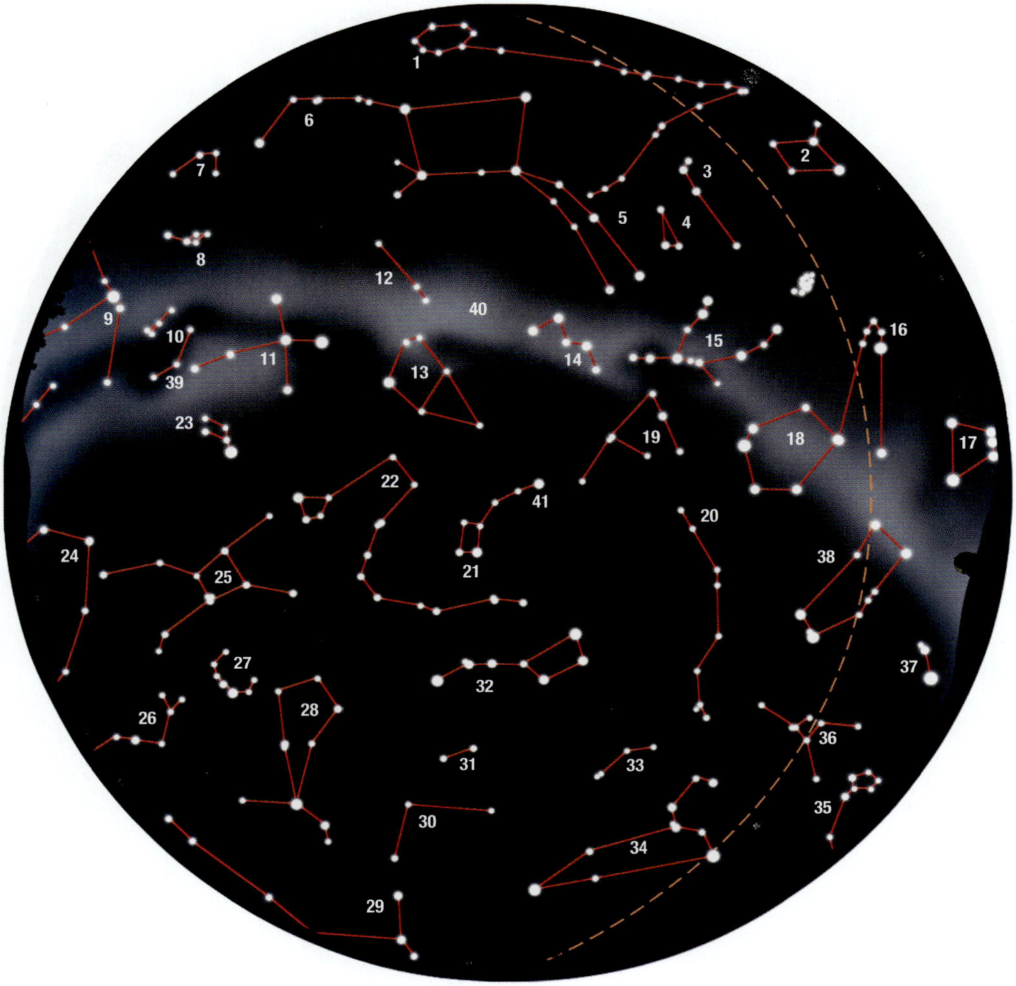

1 Fische^M / Fishes / Poissons^M / Piscis^M / Pesci^M

2 Walfisch^M / Whale / Baleine^F / Ballena^F / Balena^F

3 Widder^M / Ram / Bélier^M / Aries^M / Ariete^M

4 Dreieck^N / Triangle / Triangle^M / Triángulo^M / Triangolo^M Boreale

5 Andromeda^F / Andromeda / Andromède / Andrómeda^F / Andromeda^F

6 Pegasus^M / Pegasus / Pégase^M / Pegaso^M / Pegaso^M

7 Füllen^N / Little Horse / Petit Cheval^M / Caballo^M Menor / Cavalluccio^M

8 Delphin^M / Dolphin / Dauphin^M / Delfín^M / Delfino^M

9 Adler^M / Eagle / Aigle^M / Águila^F / Aquila^F

10 Pfeil^M / Arrow / Flèche^F / Flecha^F / Saetta^F

11 Schwan^M / Swan / Cygne^M / Cisne^M / Cigno^M

12 Eidechse^F / Lizard / Lézard^M / Lagarto^M / Lucertola^F

13 Kepheus^M / Cepheus / Céphée / Cefeo^M / Cefeo

14 Kassiopeia^F / Cassiopeia / Cassiopée / Casiopea^F / Cassiopea

15 Perseus^M / Perseus / Persée / Perseo^M / Perseo

16 Stier^M / Bull / Taureau^M / Tauro^M / Toro^M

17 Orion^M / Orion / Orion / Orión^M / Orione

18 Fuhrmann^M / Charioteer / Cocher^M / Cochero^M / Cocchiere^M

19 Giraffe^F / Giraffe / Girafe^F / Jirafa^F / Giraffa^F

20 Luchs^M / Lynx / Lynx^M / Lince^M / Lince^F

21 Kleiner Bär^M / Little Bear / Petite Ourse^F / Osa^F Menor / Orsa^F Minore

Sternbilder[N] der nördlichen Halbkugel[F]

22 Drache[M]
Dragon
Dragon[M]
Dragón[M]
Dragone[M]

23 Leier[F]
Harp
Lyre[F]
Lira[F]
Lira[F]

24 Schlangenträger[M]
Serpent Bearer
Ophiuchus
Ofiuco[M]
Ofiuco

25 Herkules[M]
Hercules
Hercule
Hércules[M]
Ercole

26 Schlange[F]
Serpent
Serpent[M]
Serpiente[F]
Serpente[M]

27 Nördliche Krone[F]
Northern Crown
Couronne[F] boréale
Corona[F] Boreal
Corona[F] Boreale

28 Bärenhüter[M]
Herdsman
Bouvier[M]
Boyero[M]
Boote

29 Jungfrau[F]
Virgin
Vierge[F]
Virgo[F]
Vergine[F]

30 Haar[N] der Berenike[F]
Berenice's Hair
Chevelure[F] de Bérénice
Cabellera[F] de Berenice
Chioma[F] di Berenice

31 Jagdhunde[M]
Hunting Dogs
Chiens[M] de Chasse[F]
Lebreles[M]
Levrieri[M]

32 Großer Bär[M]
Great Bear
Grande Ourse[F]
Osa[F] Mayor
Orsa[F] Maggiore

33 Kleiner Löwe[M]
Little Lion
Petit Lion[M]
León[M] Menor
Leoncino[M]

34 Löwe[M]
Lion
Lion[M]
León[M]
Leone[M]

35 Nördliche Wasserschlange[F]
Water Monster
Hydre[F] femelle
Hidra[F] Hembra
Idra[F] Femmina

36 Krebs[M]
Crab
Cancer[M]
Cáncer[M]
Cancro[M]

37 Kleiner Hund[M]
Little Dog
Petit Chien[M]
Can[M] Menor
Cane[M] Minore

38 Zwillinge[M]
Twins
Gémeaux[M]
Géminis[F]
Gemelli[M]

39 Füchslein[M]
Fox
Petit Renard[M]
Zorra[F]
Volpetta[F]

40 Milchstraße[F]
Milky Way
Voie[F] lactée
Vía[F] Láctea
Via[F] Lattea

41 Polarstern[M]
Pole Star
Étoile[F] Polaire
Estrella[F] Polar
Stella[F] Polare

Koordinatensystem[N] der Himmelskugel[F]

celestial coordinate system | coordonnées[F] célestes | sistema[M] de coordenadas[F] astronómicas | sistema[M] di coordinate[F] celesti

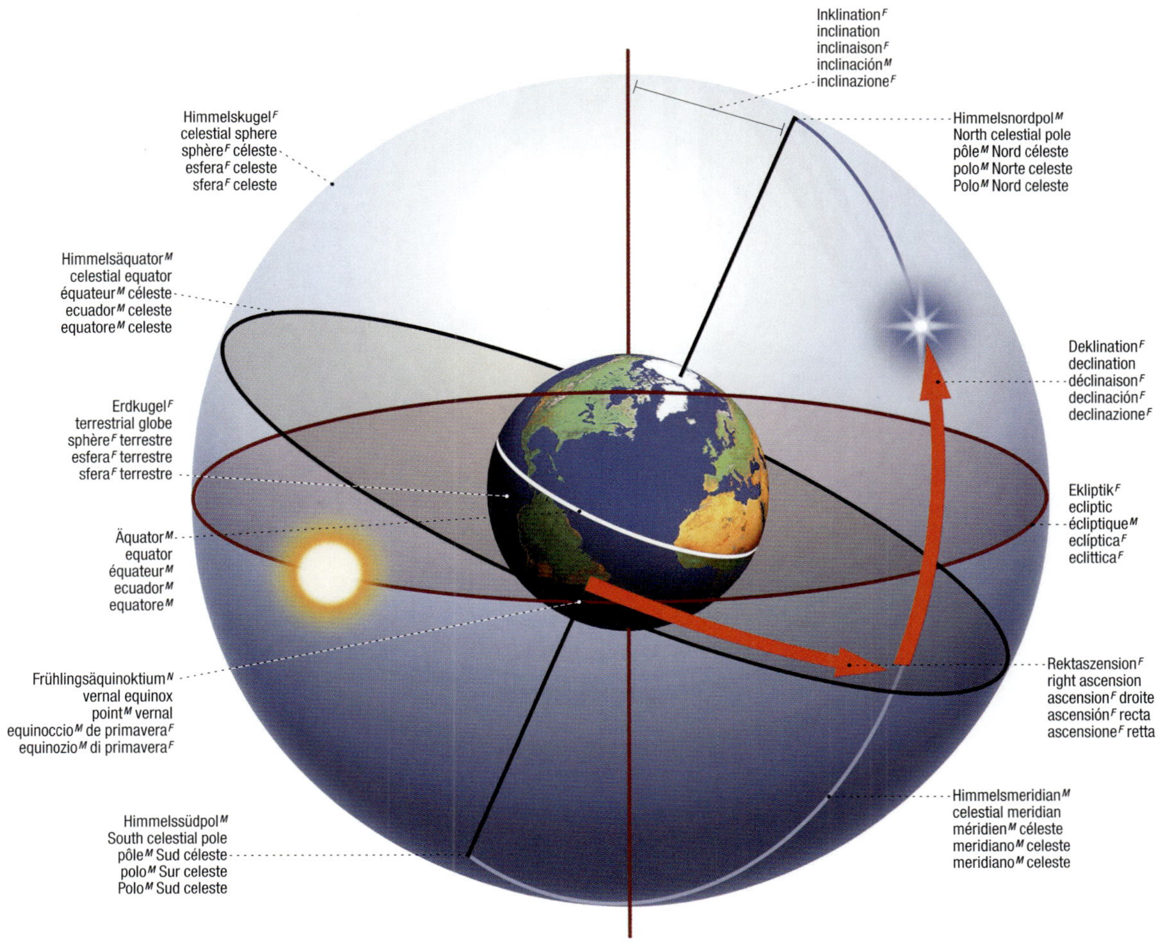

Linsenfernrohr[N]

refracting telescope | lunette[F] astronomique | telescopio[M] refractor | cannocchiale[M]

**Gesamtansicht[F]
general view
vue[F] d'ensemble[M]
vista[F] general
visione[F] di insieme[M]**

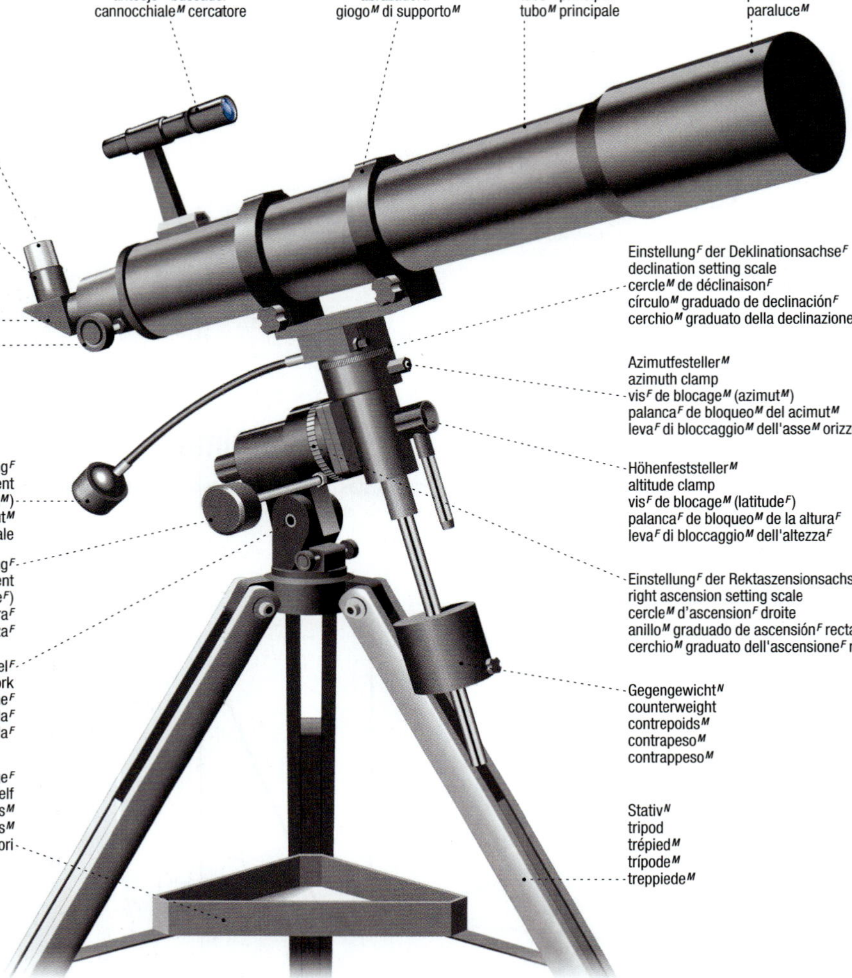

**Linsenfernrohr[N] im Querschnitt[M]
section of a refracting telescope
coupe[F] d'une lunette[F] astronomique
sección[F] transversal de un telescopio[M] refractor
sezione[F] di un cannocchiale[M]**

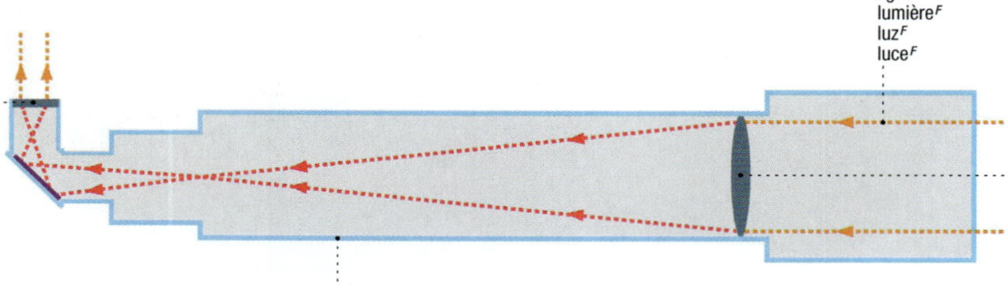

Spiegelteleskop[N]

reflecting telescope | télescope[M] | telescopio[M] reflector | telescopio[M]

Gesamtansicht[F]
general view
vue[F] d'ensemble[M]
vista[F] general
visione[F] di insieme[M]

Halterung[F]
support
support[M] de fixation[F]
soporte[M]
supporto[M]

Suchfernrohr[N]
finderscope
chercheur[M]
anteojo[M] buscador
cannocchiale[M] cercatore

Okular[N]
eyepiece
oculaire[M]
ocular[M]
oculare[M]

Wiege[F]
cradle
bride[F] de fixation[F]
abrazadera[F]
giogo[M] di supporto[M]

Tubus[M]
main tube
tube[M]
tubo[M] principal
tubo[M] principale

Scharfeinstellung[F]
focusing knob
bouton[M] de mise[F] au point[M]
botón[M] de enfoque[M]
manopola[F] della messa[F] a fuoco[M]

Einstellung[F] der Deklinationsachse[F]
declination setting scale
cercle[M] de déclinaison[F]
anillo[M] graduado de declinación[F]
cerchio[M] graduato della declinazione[F]

Azimutfeststeller[M]
azimuth clamp
vis[F] de blocage[M] (azimut[M])
palanca[F] de bloqueo[M] del acimut[M]
leva[F] di bloccaggio[M] dell'asse[M] orizzontale

Höhenfeststeller[M]
altitude clamp
vis[F] de blocage[M] (latitude[F])
palanca[F] de bloqueo[M] de la altura[F]
leva[F] di bloccaggio[M] dell'altezza[F]

Einstellung der Rektaszensionsachse[F]
right ascension setting scale
cercle[M] d'ascension[F] droite
anillo[M] graduado de ascensión[F] recta
cerchio[M] graduato dell'ascensione[F] retta

Azimutfeineinstellung[F]
azimuth fine adjustment
réglage[M] micrométrique (azimut[M])
ajuste[M] fino del acimut[M]
regolazione[F] micrometrica dell'asse[M] orizzontale

Höhenfeineinstellung[F]
altitude fine adjustment
réglage[M] micrométrique (latitude[F])
ajuste[M] fino de la altura[F]
regolazione[F] micrometrica dell'altezza[F]

Spiegelteleskop[N] im Querschnitt[M]
section of a reflecting telescope
coupe[F] d'un télescope[M]
sección[F] transversal de un telescopio[M] reflector
sezione[F] di un telescopio[M]

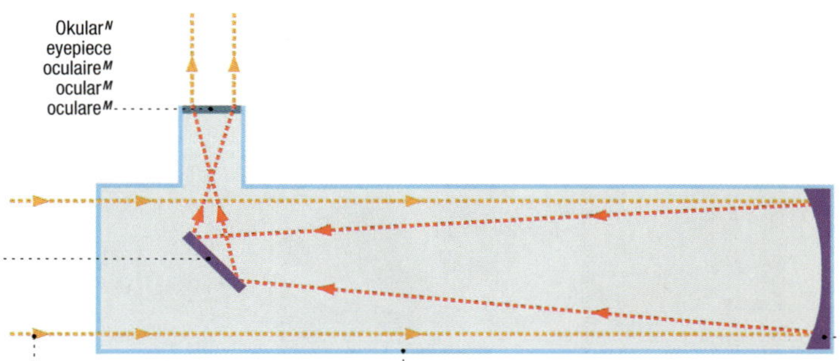

Okular[N]
eyepiece
oculaire[M]
ocular[M]
oculare[M]

Sekundärspiegel[M]
secondary mirror
miroir[M] secondaire
espejo[M] secundario
specchio[M] secondario

Hauptspiegel[M]
concave primary mirror
miroir[M] primaire concave
espejo[M] cóncavo primario
specchio[M] primario concavo

Licht[N]
light
lumière[F]
luz[F]
luce[F]

Tubus[M]
main tube
tube[M]
tubo[M] principal
tubo[M] principale

Radioteleskop^{N}

radio telescope | radiotélescope^{M} | radiotelescopio^{M} | radiotelescopio^{M}

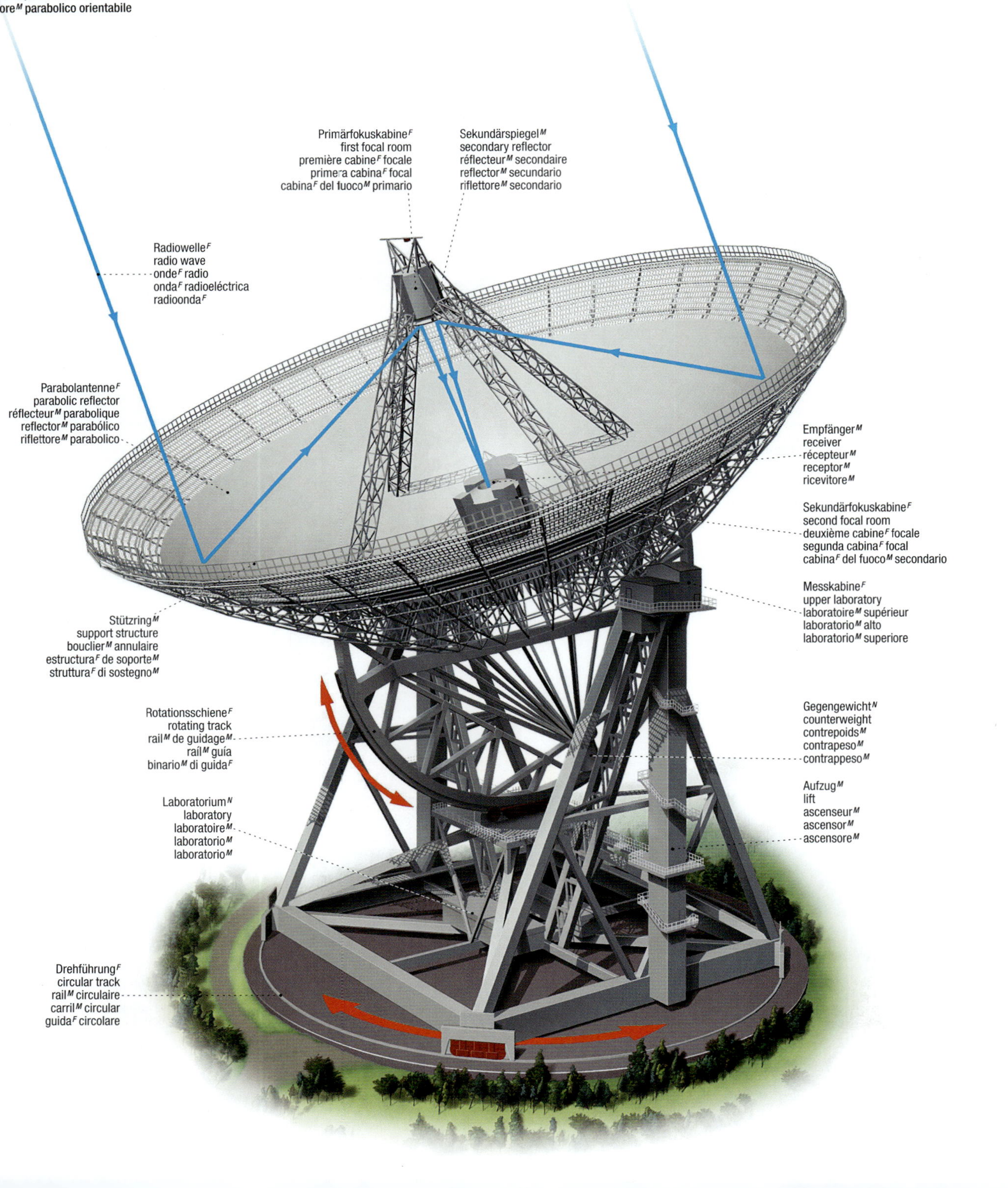

Weltraumteleskop^N

space telescope | télescope^M spatial | telescopio^M espacial | telescopio^M spaziale

Hubble-Weltraumteleskop^N
Hubble Space Telescope
télescope^M spatial Hubble
telescopio^M espacial Hubble
telescopio^M spaziale Hubble

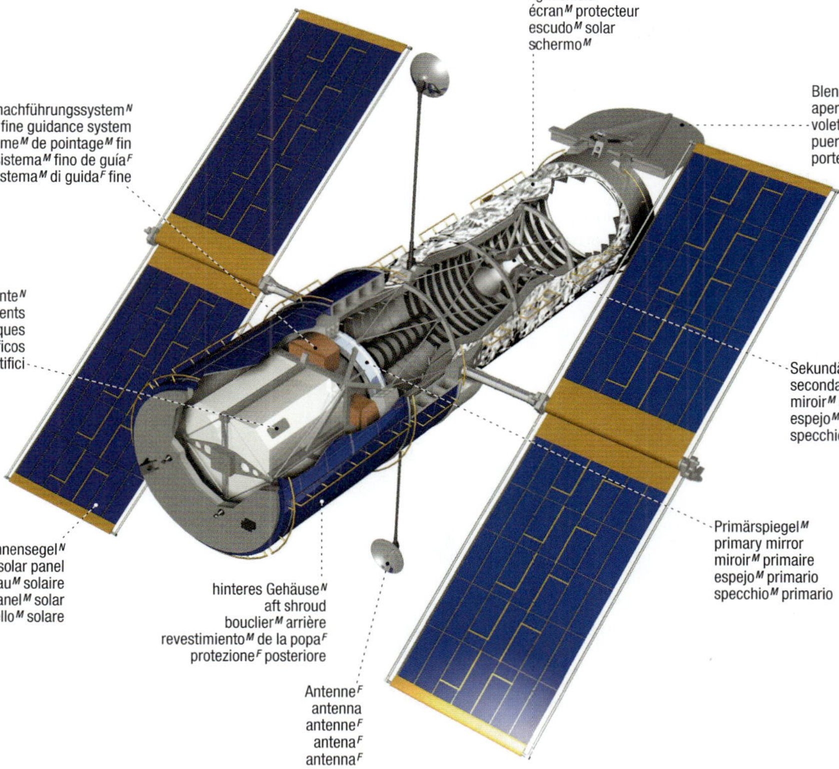

James-Webb-Weltraumteleskop^N
James Webb Space Telescope
télescope^M spatial James Webb
telescopio^M espacial James Webb
telescopio^M spaziale James Webb

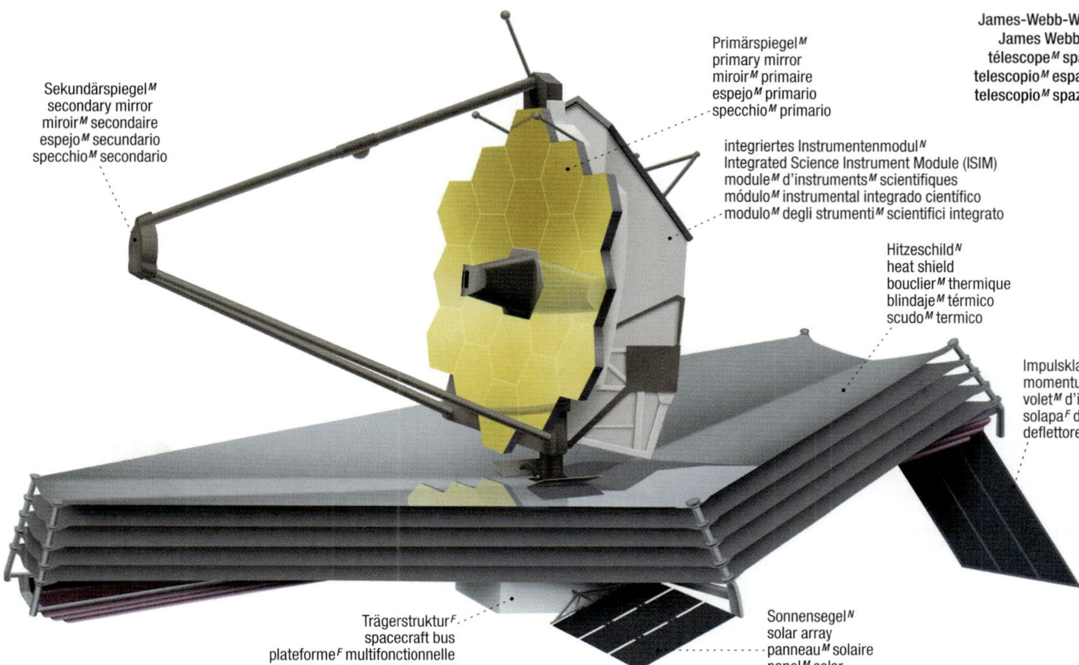

Sternwarte[F]

astronomical observatory | observatoire[M] astronomique | observatorio[M] astronómico | osservatorio[M] astronomico

Querschnitt[M] durch eine Sternwarte[F]
section of an astronomical observatory
coupe[F] d'un observatoire[M] astronomique
corte[M] de un observatorio[M] astronómico
sezione[F] di un osservatorio[M] astronomico

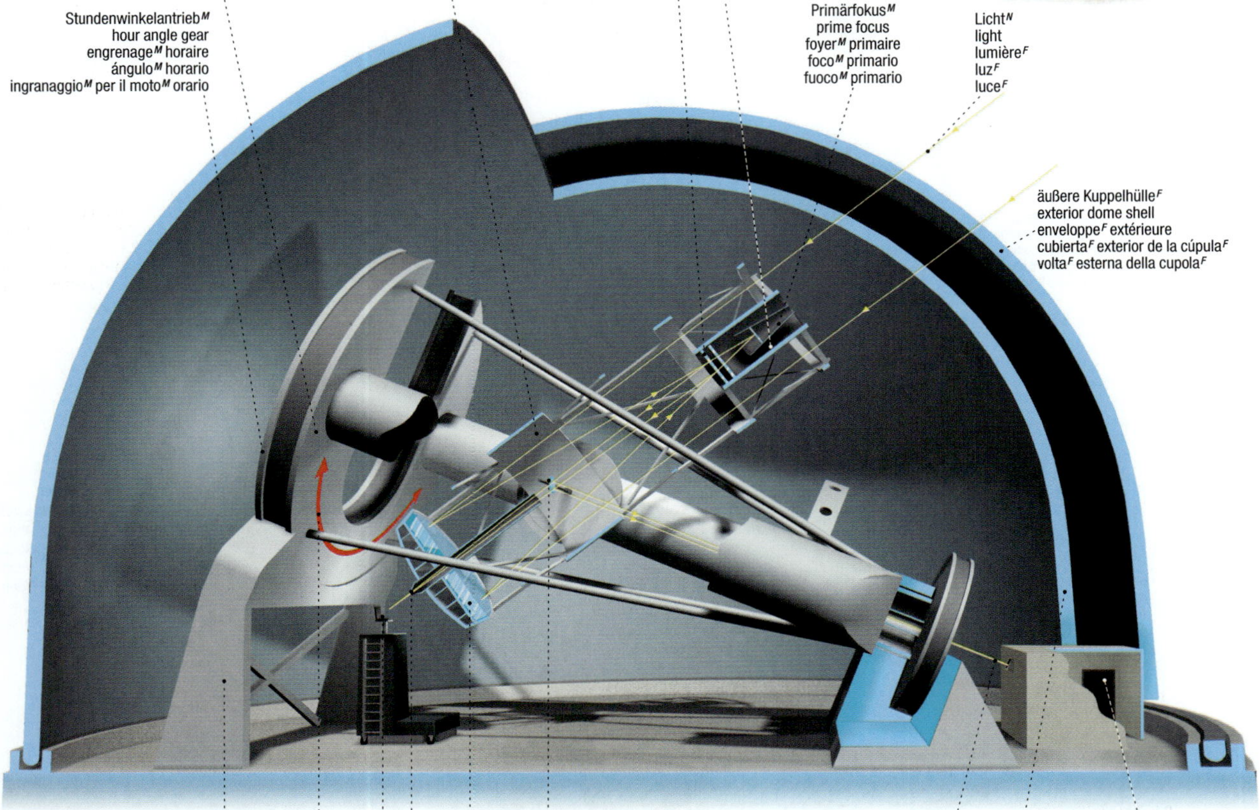

Außenansicht[F]
exterior view
vue[F] extérieure
vista[F] externa
vista[F] esteriore

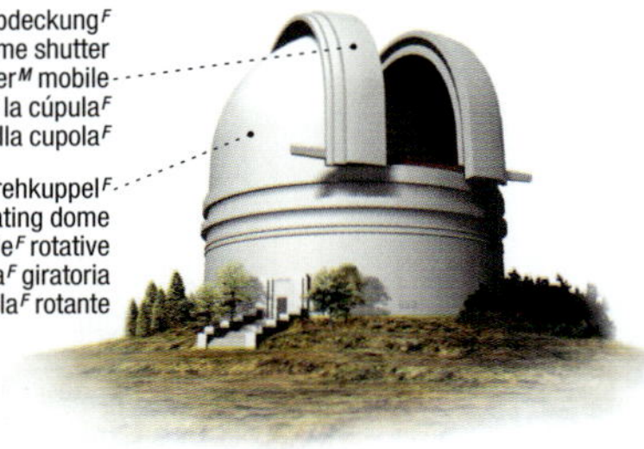

Sternwarte^F

Mount-Graham-Binokularteleskop^N
Mount Graham binocular telescope
télescope^M binoculaire du Mont Graham
telescopio^M binocular Mount Graham
telescopio^M binoculare Mount Graham

Außenansicht^F
external view
vue^F extérieure
vista^F externa
vista^F esteriore

Binokularteleskop^N
binocular telescope
télescope^M binoculaire
telescopio^M binocular
telescopio^M binoculare

Raumsonde^F

space probe | sonde^F spatiale | sonda^F espacial | sonda^F spaziale

Beispiele^N für Raumsonden^F
examples of space probes
exemples^M de sondes^F spatiales
ejemplos^M de sondas^F espaciales
esempi^M di sonde^F spaziali

Luna 1 (Mond^M, 1959)
Luna 1 (Moon, 1959)
Luna 1 (Lune^F, 1959)
Luna 1 (Luna^F, 1959)
Luna 1 (Luna^F, 1959)

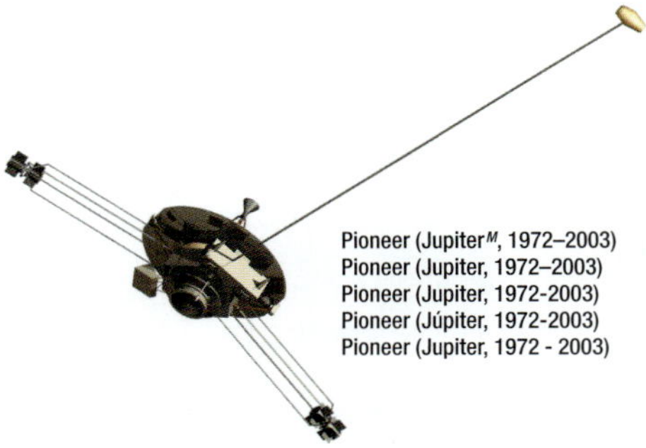

Pioneer (Jupiter^M, 1972–2003)
Pioneer (Jupiter, 1972–2003)
Pioneer (Jupiter, 1972-2003)
Pioneer (Júpiter, 1972-2003)
Pioneer (Jupiter, 1972 - 2003)

Mariner (Merkur^M, 1973–1975)
Mariner (Mercury, 1973–1975)
Mariner (Mercure, 1973-1975)
Mariner (Mercurio, 1973-1975)
Mariner (Mercurio, 1973 - 1975)

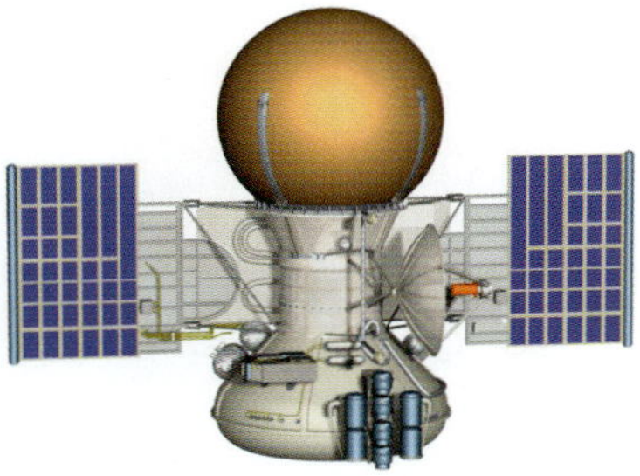

Venera (Venus^F, 1975)
Venera (Venus, 1975)
Venera (Vénus, 1975)
Venera (Venus, 1975)
Venera (Venere, 1975)

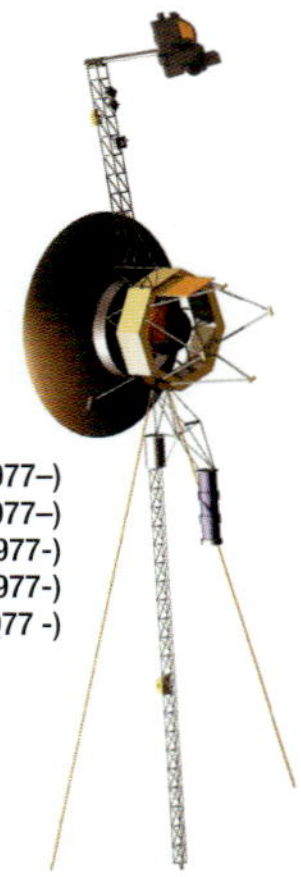

Voyager (Gasplaneten^M, 1977–)
Voyager (gas planets, 1977–)
Voyager (planètes^F gazeuses, 1977-)
Voyager (planetas^M gaseosos, 1977-)
Voyager (pianeti^M gassosi, 1977 -)

Giotto (Halleyscher Komet^M, 1985–1992)
Giotto (Halley's comet, 1985–1992)
Giotto (comète^F de Halley, 1985-1992)
Giotto (cometa^M Halley, 1985-1992)
Giotto (cometa^F di Halley, 1985 - 1992)

Magellan (Venus^F, 1989–1994)
Magellan (Venus, 1989–1994)
Magellan (Vénus, 1989-1994)
Magallanes (Venus, 1989-1994)
Magellan (Venere, 1989 - 1994)

Galileo (Jupiter^M, 1989–2003)
Galileo (Jupiter, 1989–2003)
Galileo (Jupiter, 1989-2003)
Galileo (Júpiter, 1989-2003)
Galileo (Jupiter, 1989 - 2003)

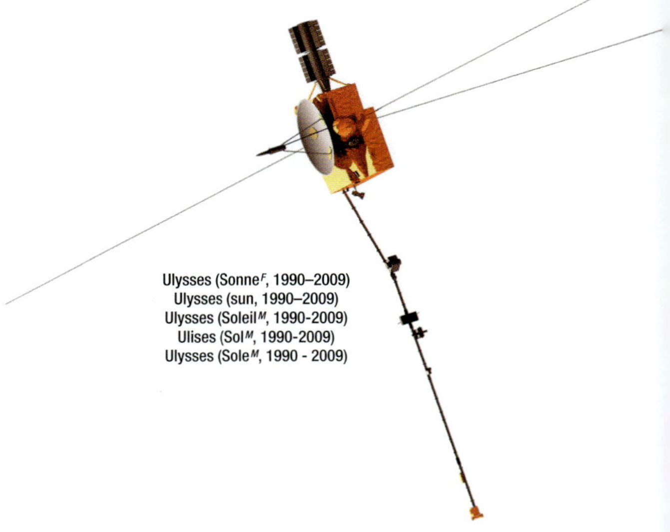

Ulysses (Sonne^F, 1990–2009)
Ulysses (sun, 1990–2009)
Ulysses (Soleil^M, 1990-2009)
Ulises (Sol^M, 1990-2009)
Ulysses (Sole^M, 1990 - 2009)

Raumsonde^{F}

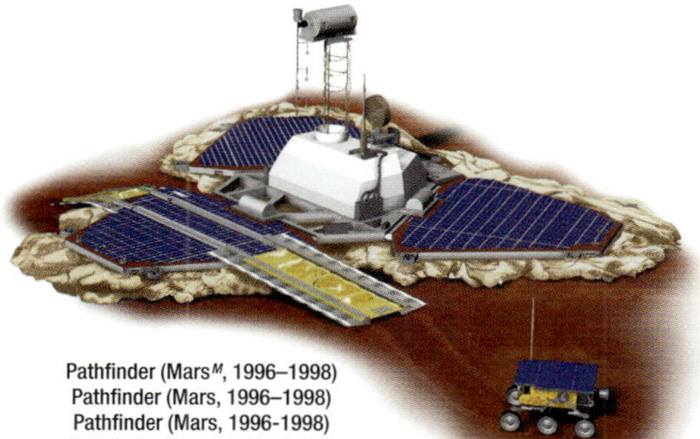

Pathfinder (Mars^{M}, 1996–1998)
Pathfinder (Mars, 1996–1998)
Pathfinder (Mars, 1996-1998)
Pathfinder (Marte, 1996-1998)
Pathfinder (Marte, 1996 - 1998)

Huygens (Titan^{M}, 1997–2005)
Huygens (Titan, 1997–2005)
Huygens (Titan, 1997-2005)
Huygens (Titán, 1997-2005)
Huygens (Titano, 1997 - 2005)

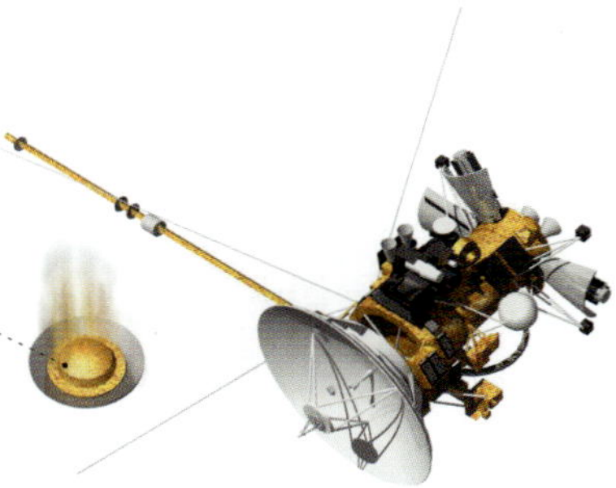

Cassini (Saturn^{M}, 1997–)
Cassini (Saturn, 1997–)
Cassini (Saturne, 1997-)
Cassini (Saturno, 1997-)
Cassini (Saturno, 1997 -)

Mars Reconnaissance Orbiter (Mars^{M}, 2005–)
Mars Reconnaissance Orbiter (Mars, 2005–)
Mars Reconnaissance Orbiter (Mars, 2005-)
Mars Reconnaissance Orbiter (Marte, 2005-)
Mars Reconnaissance Orbiter (Marte, 2005 -)

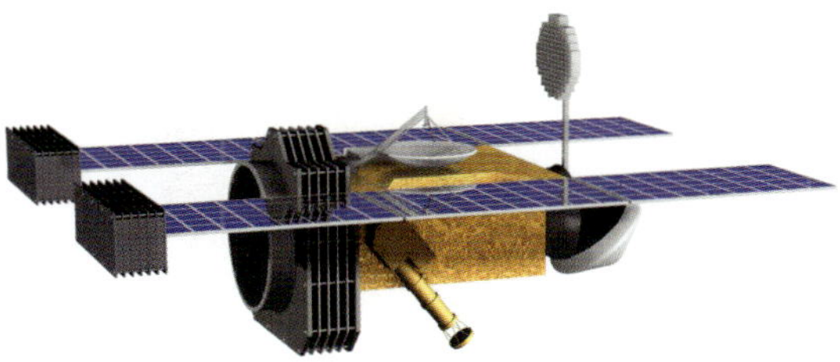

Stardust (Komet^{M} Wild-2, 1999–2006)
Stardust (Wild-2 comet, 1999–2006)
Stardust (comète^{F} Wild-2, 1999-2006)
Stardust (cometa^{M} Wild-2, 1999-2006)
Stardust (cometa^{F} Wild-2, 1999 - 2006)

NEAR Shoemaker (Asteroid^{M} Eros, 1996–2001)
NEAR Shoemaker (Eros asteroid, 1996–2001)
NEAR Shoemaker (astéroïde^{M} Éros, 1996-2001)
NEAR Shoemaker (asteroide^{M} Eros, 1996-2001)
NEAR Shoemaker (asteroide^{M} Eros, 1996 - 2001)

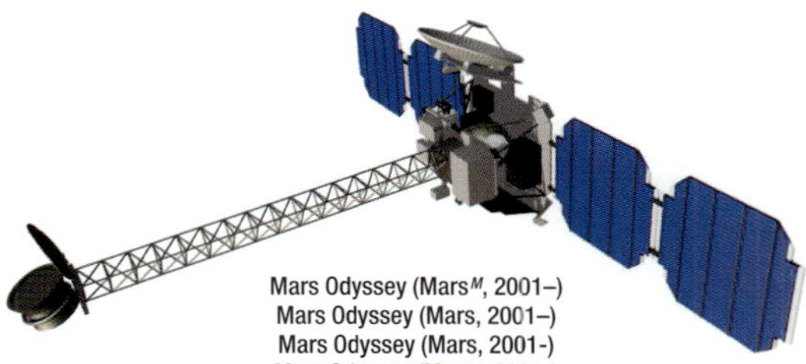

Mars Odyssey (Mars^{M}, 2001–)
Mars Odyssey (Mars, 2001–)
Mars Odyssey (Mars, 2001-)
Mars Odyssey (Marte, 2001-)
Mars Odyssey (Marte, 2001 -)

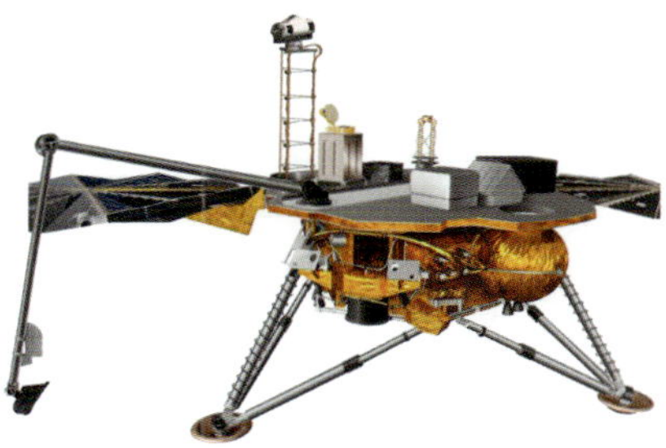

Phoenix (Mars^{M}, 2007–2008)
Phoenix (Mars, 2007–2008)
Phoenix (Mars, 2007-2008)
Phoenix (Marte, 2007-2008)
Phoenix (Marte, 2007 - 2008)

Impaktor^{M}
impactor
impacteur^{M}
impactador^{M}
impattatore^{M}

Deep Impact (Komet^{M} Tempel-1, 2005)
Deep Impact (Tempel-1 comet, 2005)
Deep Impact (comète^{F} Tempel-1, 2005)
Deep Impact (cometa^{M} Tempel-1, 2005)
Deep Impact (cometa^{F} Tempel-1, 2005)

New Horizons (Pluto^{M}, 2006–)
New Horizons (Pluto, 2006–)
New Horizons (Pluton, 2006-)
New Horizons (Plutón, 2006-)
New Horizons (Plutone, 2006 -)

Raumsonde[F]

Orbiter[M] (Viking, 1976–1980)
orbiter (Viking, 1976–1980)
orbiteur[M] (Viking, 1976-1980)
módulo[M] orbital (Viking, 1976-1980)
modulo[M] orbitante (Viking, 1976 - 1980)

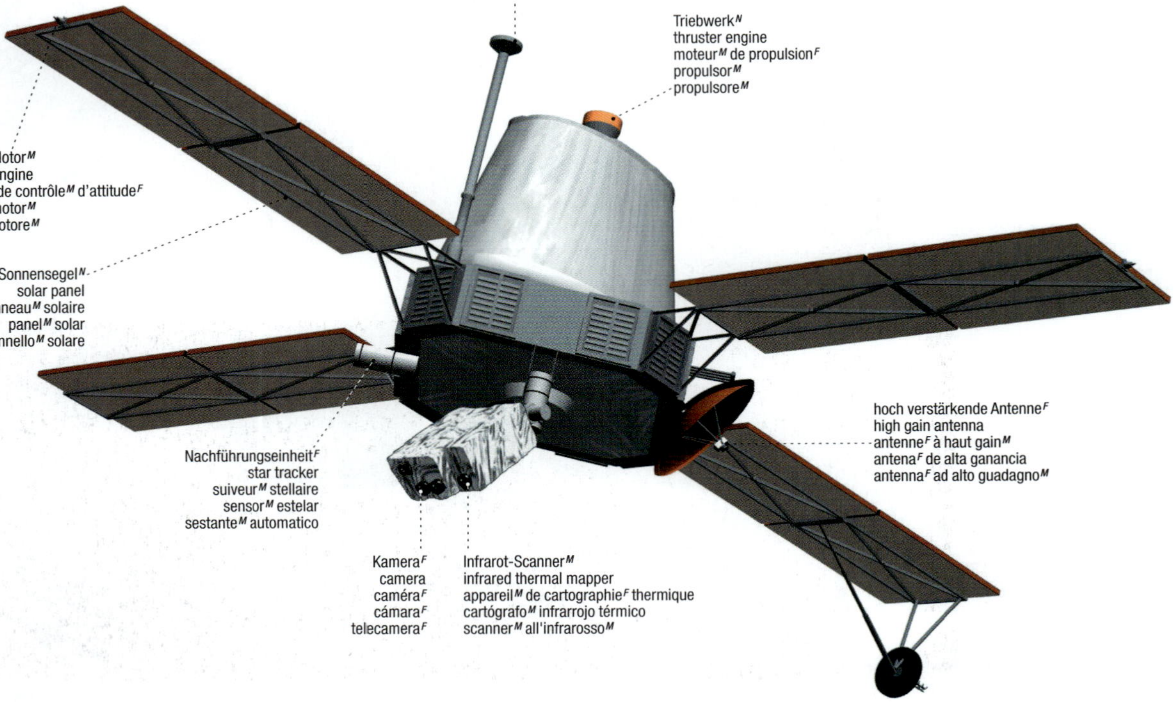

Landemodul[N] (Viking)
lander (Viking)
atterrisseur[M] (Viking)
módulo[M] de aterrizaje[M] (Viking)
modulo[M] di atterraggio[M] (Viking)

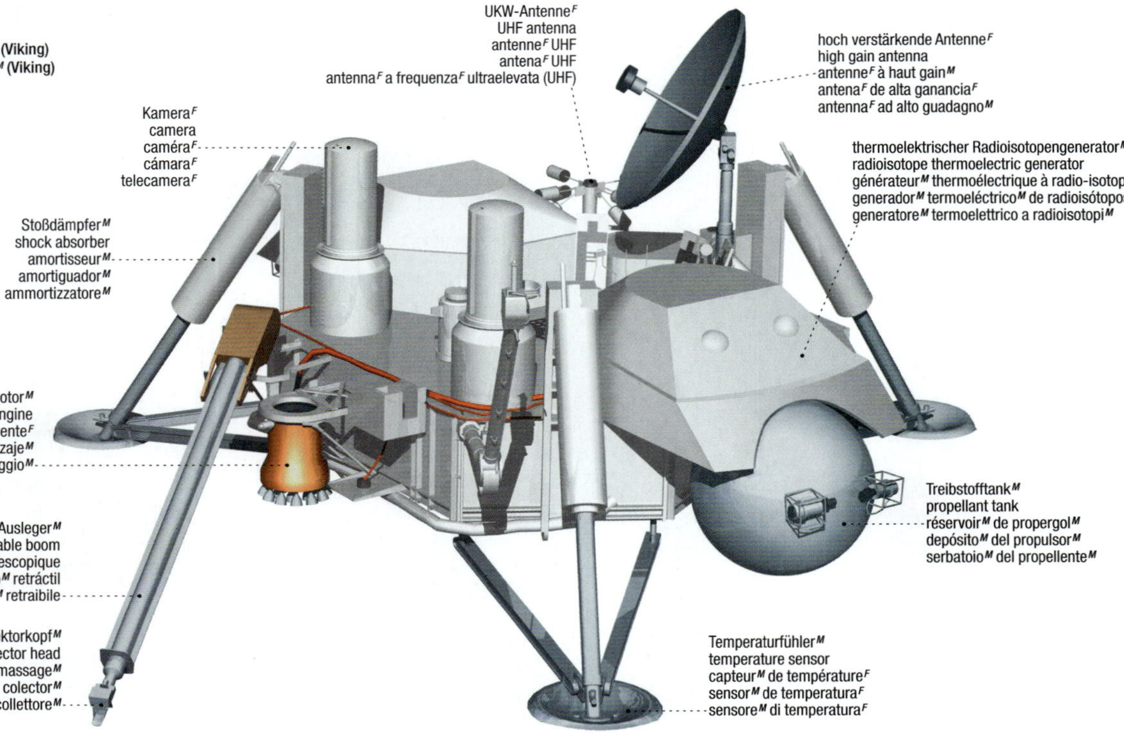

Raumanzug^{M}

spacesuit | scaphandre^{M} spatial | traje^{M} espacial | tuta^{F} spaziale

ASTRONOMIE

internationale Raumstation^F

international space station | station^F spatiale internationale | estación^F espacial internacional | stazione^F spaziale internazionale

Gesamtansicht^F
general view
vue^F d'ensemble^M
vista^F general
visione^F di insieme^M

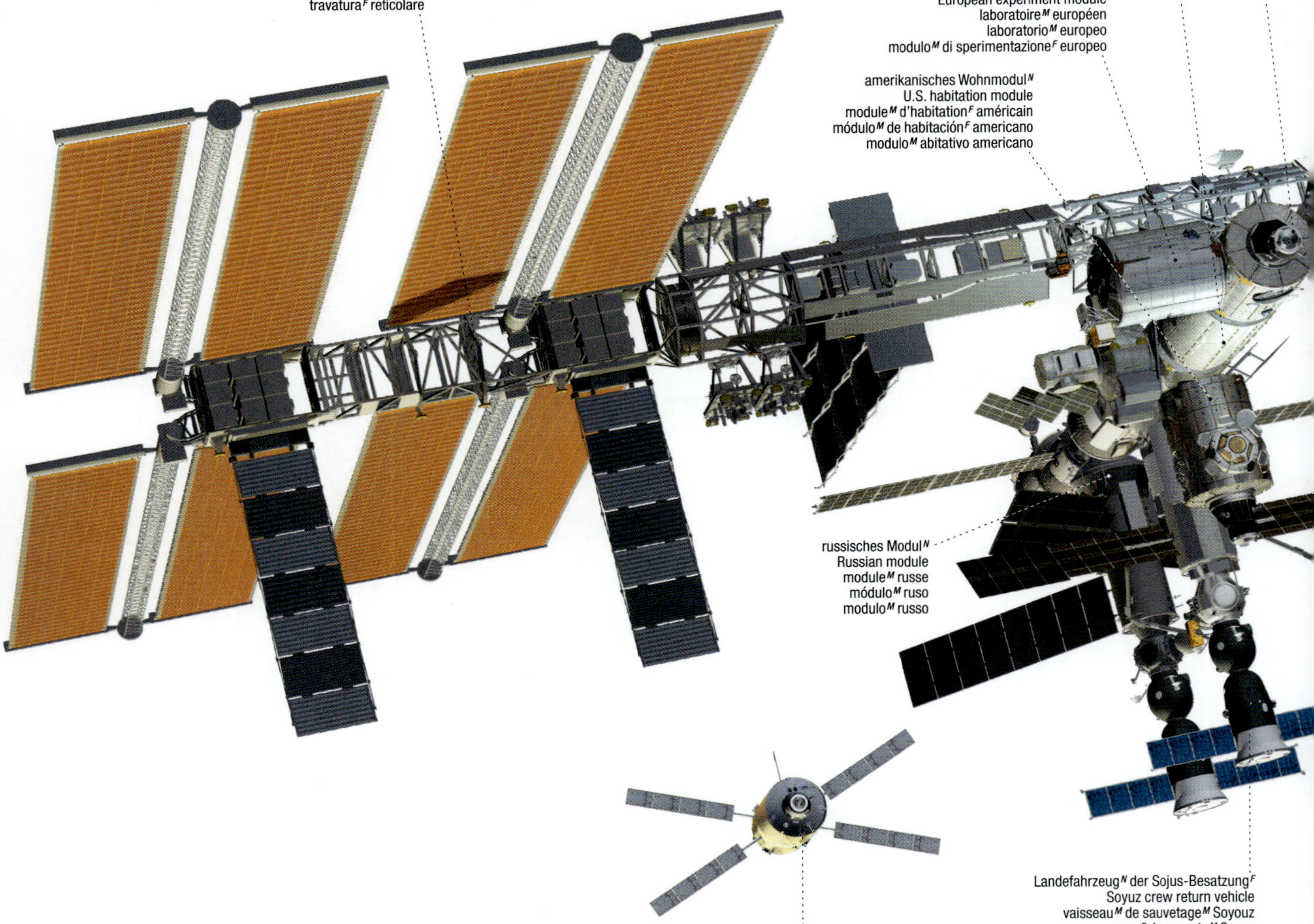

internationale Raumstation[F]

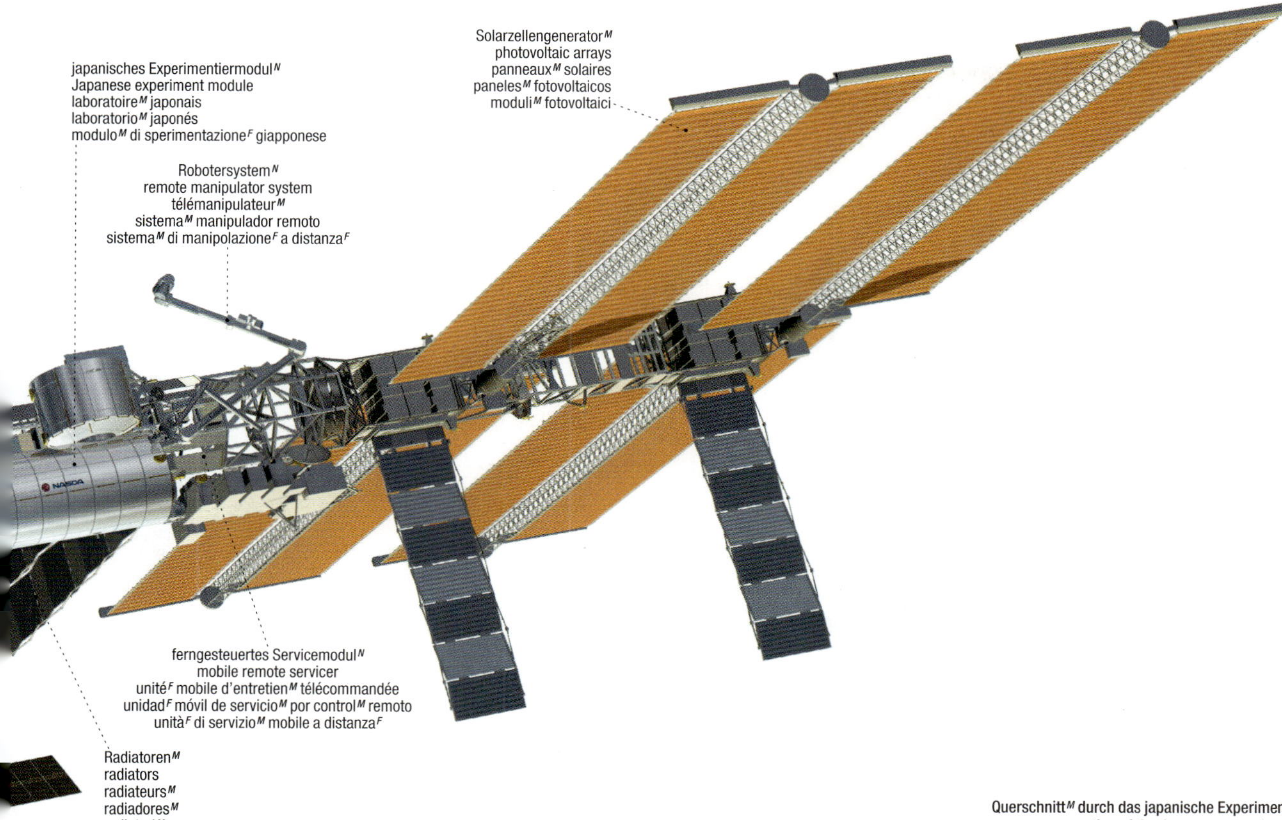

Querschnitt[M] durch das japanische Experimentalmodul[N]
section of the Japanese experiment module
coupe[F] du laboratoire[M] japonais
sección[F] del módulo[M] experimental japonés
sezione[F] del modulo[M] sperimentale giapponese

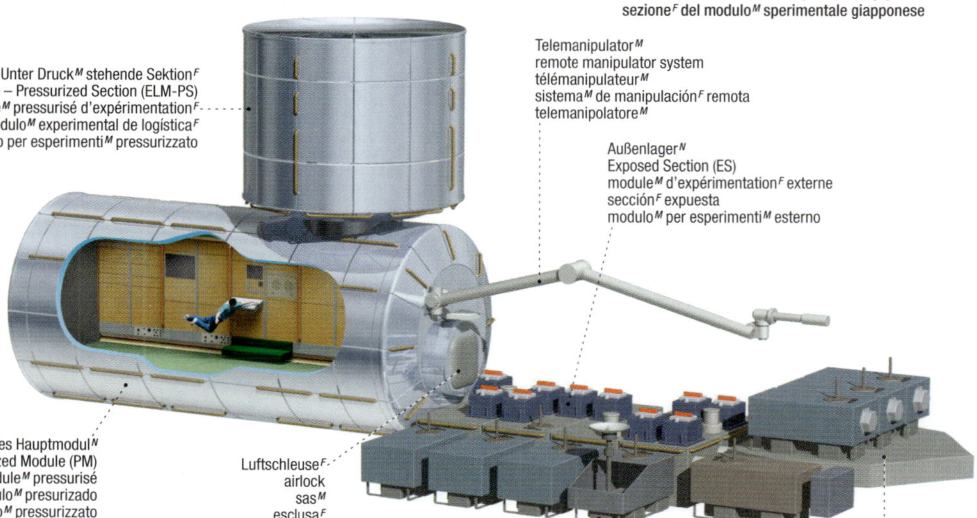

Raumfähre^{F}

spaceship | vaisseau^{M} d'exploration^{F} spatiale | nave^{F} espacial | navetta^{F} spaziale

Raumfähre^{F} beim Start^{M}
space shuttle at takeoff
navette^{F} spatiale au décollage^{M}
transbordador^{M} espacial en posición^{F} de lanzamiento^{M}
navetta^{F} spaziale al decollo^{M}

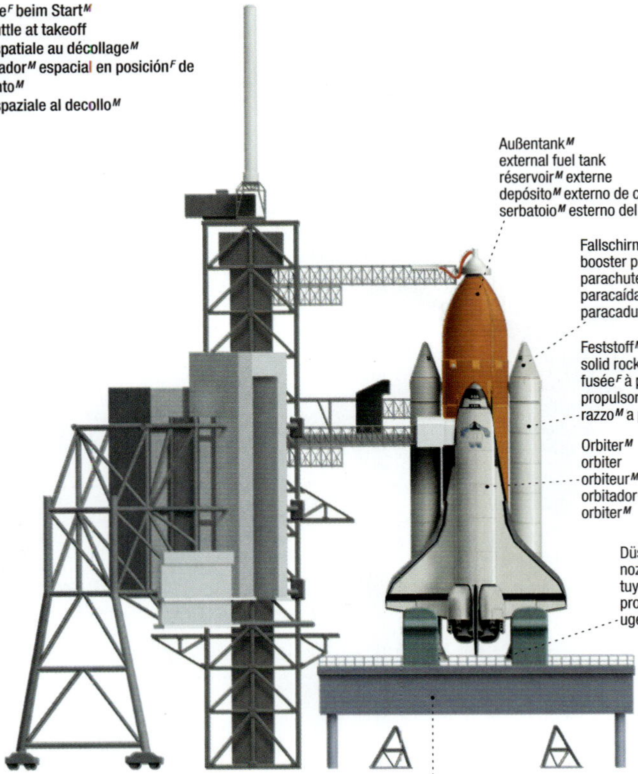

Außentank^{M}
external fuel tank
réservoir^{M} externe
depósito^{M} externo de combustible^{M}
serbatoio^{M} esterno del combustibile^{M}

Fallschirm^{M} für die Feststoffrakete^{F}
booster parachute
parachute^{M}
paracaídas^{M} auxiliar
paracadute^{M} del booster^{M}

Feststoff^{M}-Booster^{M}
solid rocket booster
fusée^{F} à propergol^{M} solide
propulsor^{M} sólido
razzo^{M} a propellente^{M} solido

Orbiter^{M}
orbiter
orbiteur^{M}
orbitador^{M}
orbiter^{M}

Düse^{F}
nozzle
tuyère^{F}
propulsor^{M}
ugello^{M}

Startrampe^{F}
launch pad
rampe^{F} de lancement^{M}
plataforma^{F} de lanzamiento^{M}
rampa^{F} di lancio^{M}

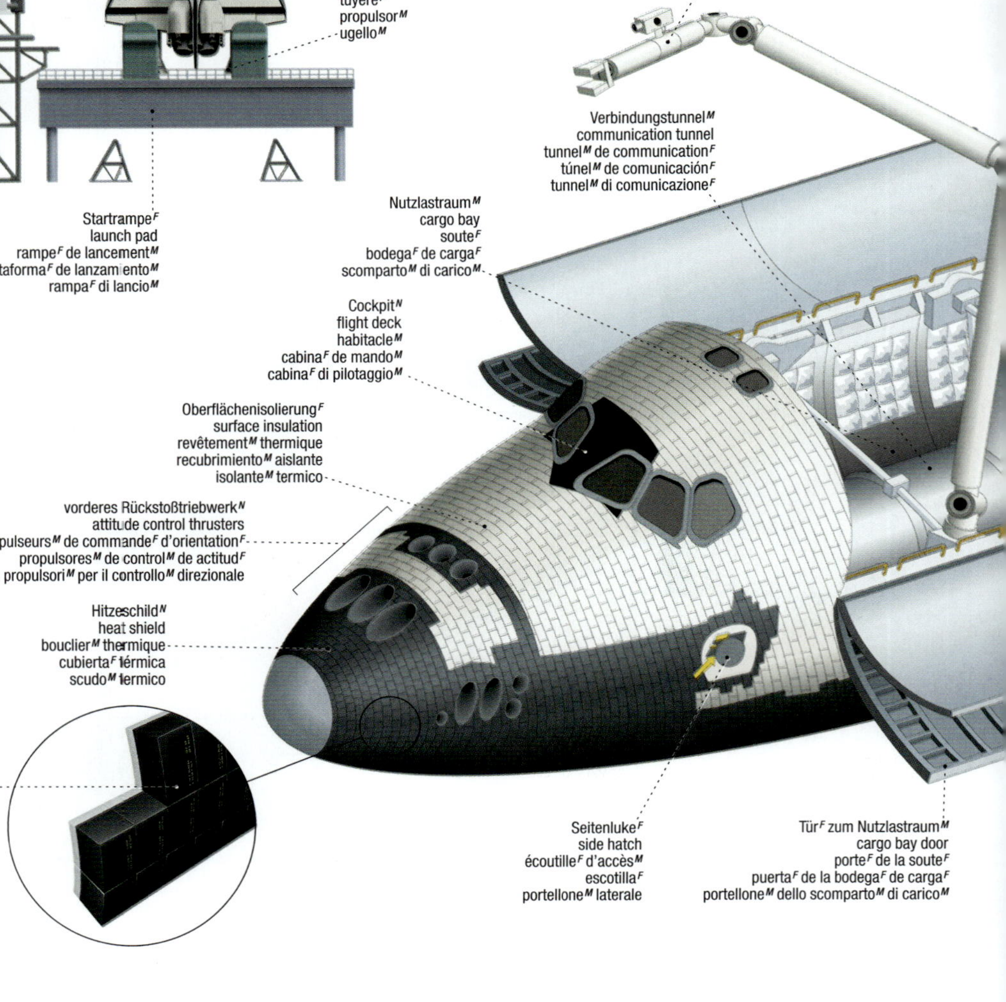

Roboterarm^{M}
remote manipulator system
télémanipulateur^{M}
sistema^{M} manipulador remoto
braccio^{M} manipolatore^{M} telecomandato

Verbindungstunnel^{M}
communication tunnel
tunnel^{M} de communication^{F}
túnel^{M} de comunicación^{F}
tunnel^{M} di comunicazione^{F}

Nutzlastraum^{M}
cargo bay
soute^{F}
bodega^{F} de carga^{F}
scomparto^{M} di carico^{M}

Cockpit^{N}
flight deck
habitacle^{M}
cabina^{F} de mando^{M}
cabina^{F} di pilotaggio^{M}

Oberflächenisolierung^{F}
surface insulation
revêtement^{M} thermique
recubrimiento^{M} aislante
isolante^{M} termico

vorderes Rückstoßtriebwerk^{N}
attitude control thrusters
propulseurs^{M} de commande^{F} d'orientation^{F}
propulsores^{M} de control^{M} de actitud^{F}
propulsori^{M} per il controllo^{M} direzionale

Hitzeschild^{N}
heat shield
bouclier^{M} thermique
cubierta^{F} térmica
scudo^{M} termico

Kachel^{F}
tile
tuile^{F}
loseta^{F}
piastrella^{F}

Seitenluke^{F}
side hatch
écoutille^{F} d'accès^{M}
escotilla^{F}
portellone^{M} laterale

Tür^{F} zum Nutzlastraum^{M}
cargo bay door
porte^{F} de la soute^{F}
puerta^{F} de la bodega^{F} de carga^{F}
portellone^{M} dello scomparto^{M} di carico^{M}

Raumfähre^F

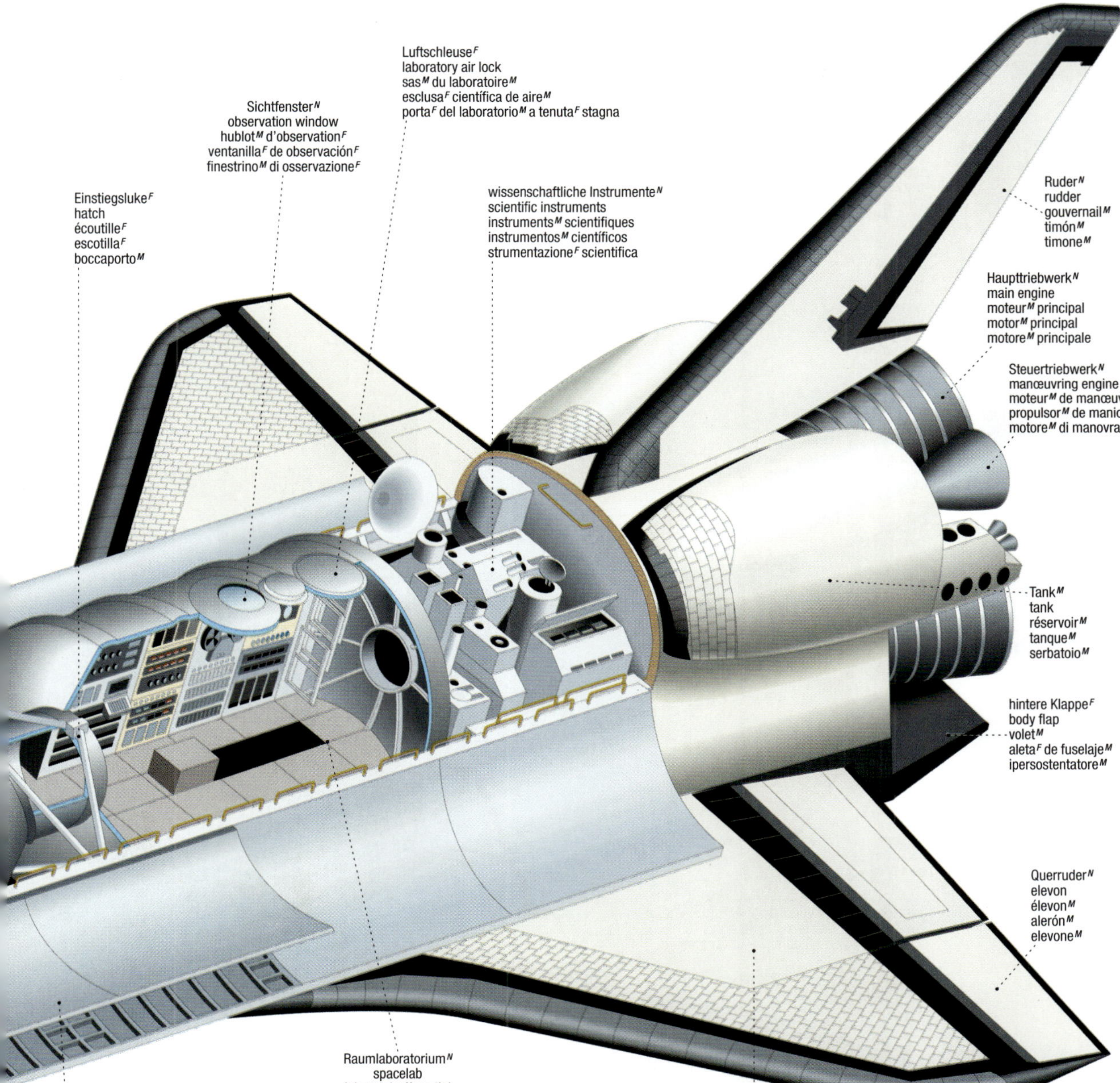
Orbiter^M
orbiter
orbiteur^M
orbitador^M
orbiter^M
Luftschleuse^F
laboratory air lock
sas^M du laboratoire^M
esclusa^F científica de aire^M
porta^F del laboratorio^M a tenuta^F stagna
Sichtfenster^N
observation window
hublot^M d'observation^F
ventanilla^F de observación^F
finestrino^M di osservazione^F
Einstiegsluke^F
hatch
écoutille^F
escotilla^F
boccaporto^M
wissenschaftliche Instrumente^N
scientific instruments
instruments^M scientifiques
instrumentos^M científicos
strumentazione^F scientifica
Ruder^N
rudder
gouvernail^M
timón^M
timone^M
Haupttriebwerk^N
main engine
moteur^M principal
motor^M principal
motore^M principale
Steuertriebwerk^N
manœuvring engine
moteur^M de manœuvre^F
propulsor^M de maniobras^F
motore^M di manovra^F
Tank^M
tank
réservoir^M
tanque^M
serbatoio^M
hintere Klappe^F
body flap
volet^M
aleta^F de fuselaje^M
ipersostentatore^M
Querruder^N
elevon
élevon^M
alerón^M
elevone^M
Radiatoren^M
radiator panel
panneau^M de refroidissement^M
panel^M radiador
radiatore^M
Raumlaboratorium^N
spacelab
laboratoire^M spatial
laboratorio^M espacial
laboratorio^M spaziale
Tragflügel^M
wing
aile^F
ala^F
ala^F

Raumfähre^{F}

Beispiele^{N} für Raumfahrzeuge^{N}
examples of spaceships
exemples^{M} de vaisseaux^{M}
ejemplos^{M} de transbordadores^{M} espaciales
esempi^{M} di navette^{F} spaziali

Sojus (1967–)
Soyuz (1967–)
Soyouz (1967-)
Soyuz (1967-)
Soyuz (1967 -)

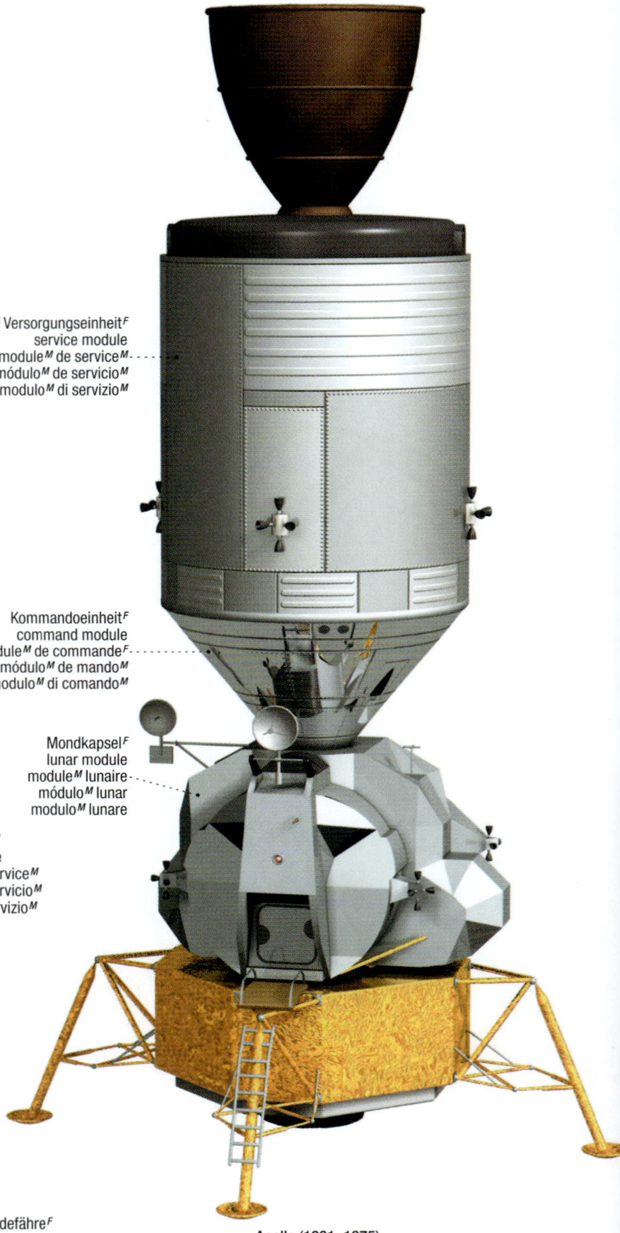

Apollo (1961–1975)
Apollo (1961–1975)
Apollo (1961-1975)
Apolo (1961-1975)
Apollo (1961 - 1975)

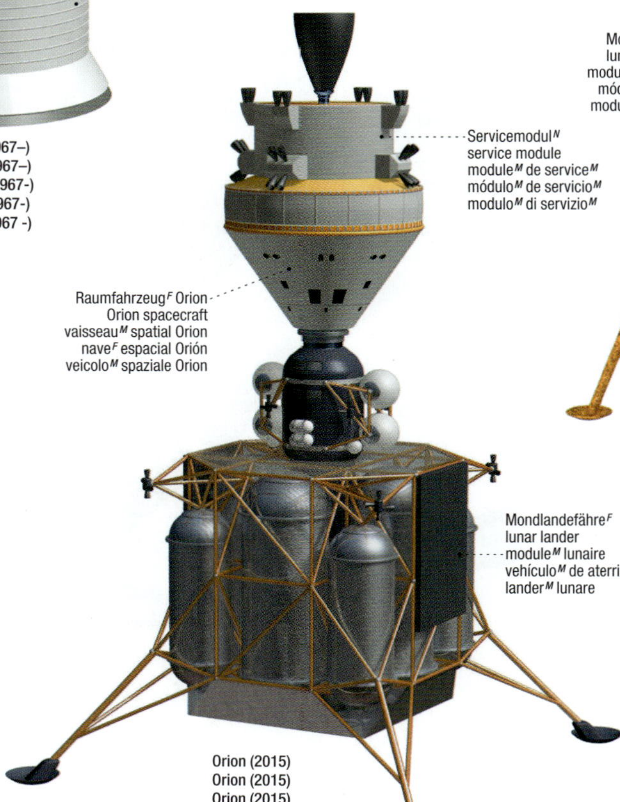

Orion (2015)
Orion (2015)
Orion (2015)
Orión (2015)
Orion (2015)

Trägerrakete^{F}

space launcher | lanceur^{M} spatial | cohete^{M} espacial | razzo^{M} spaziale

Beispiele^{N} für Trägerraketen^{F}
examples of space launchers
exemples^{M} de lanceurs^{M} spatiaux
ejemplos^{M} de lanzadores^{M} espaciales
esempi^{M} di razzi^{M} spaziali

Ariane IV (1988–2003)
Ariane IV (1988–2003)
Ariane IV (1988-2003)
Ariane IV (1988-2003)
Ariane IV (1988 - 2003)

Sojus (1966–)
Soyuz (1966–)
Soyouz (1966-)
Soyuz (1966-)
Soyuz (1966 -)

Saturn V (1967–1973)
Saturn V (1967–1973)
Saturn V (1967-1973)
Saturno V (1967-1973)
Saturn V (1967 - 1973)

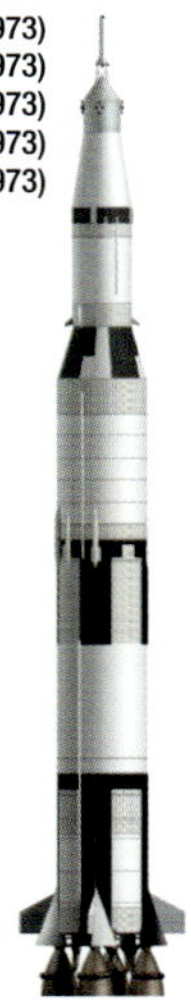

Titan IV (1989–2005)
Titan IV (1989–2005)
Titan IV (1989-2005)
Titan IV (1989-2005)
Titan IV (1989 - 2005)

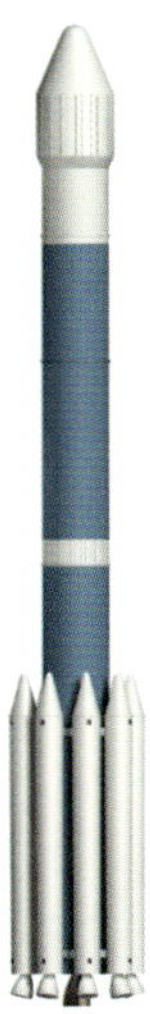

Delta II (1990–)
Delta II (1990–)
Delta II (1990-)
Delta II (1990-)
Delta II (1990 -)

Querschnitt^{M} durch eine Trägerrakete^{F} (Ariane V, 1996–)
section of a space launcher (Ariane V, 1996–)
coupe^{F} d'un lanceur^{M} spatial (Ariane V, 1996-)
sección^{M} transversal de un lanzador^{M} espacial (Ariane V, 1996-)
sezione^{F} trasversale di un razzo^{M} spaziale (Ariane V, 1996 -)

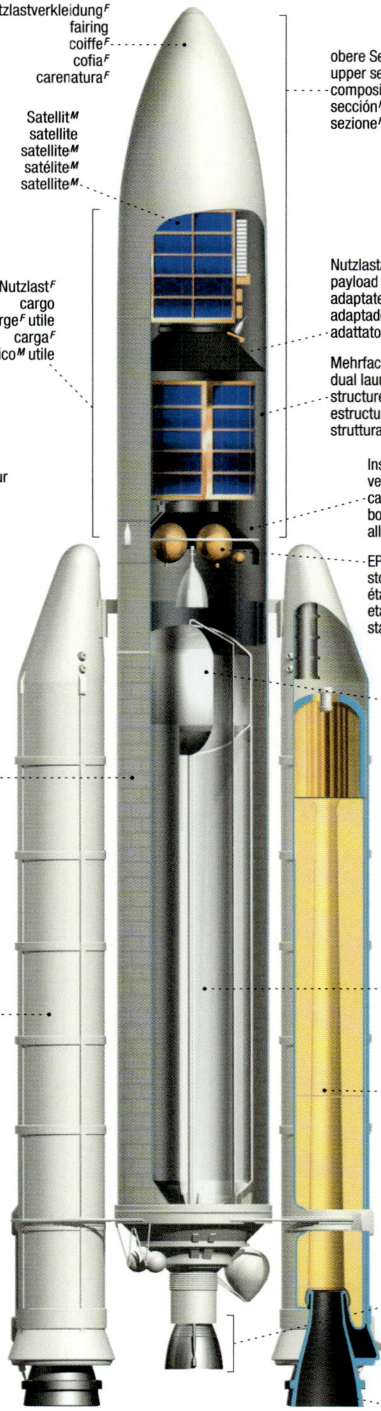

Nutzlastverkleidung^{F}
fairing
coiffe^{F}
cofia^{F}
carenatura^{F}

obere Sektion^{F}
upper section
composite^{M} supérieur
sección^{M} superior
sezione^{F} superiore

Satellit^{M}
satellite
satellite^{M}
satélite^{M}
satellite^{M}

Nutzlastadapter^{M}
payload adaptor
adaptateur^{M} de charge^{F} utile
adaptador^{M} de carga^{F} útil
adattatore^{M} del carico^{M} utile

Nutzlast^{F}
cargo
charge^{F} utile
carga^{F}
carico^{M} utile

Mehrfachstartstruktur^{F}
dual launch structure
structure^{F} de lancement^{M} multiple
estructura^{F} de lanzamiento^{M} doble
struttura^{F} di lancio^{M} doppia

untere Sektion^{F}
lower section
composite^{M} inférieur
sección^{M} inferior
sezione^{F} inferiore

Instrumentenring^{M}
vehicle equipment bay
case^{F} à équipements^{M}
bodega^{F} de equipos^{M}
alloggiamento^{M} della strumentazione^{F}

EPS-Oberstufe^{F}
storable propellant upper stage
étage^{M} à propergol^{M} stockable
etapa^{F} superior del tanque^{M} de propergol^{M}
stadio^{M} superiore a propellente^{M} di riserva^{F}

Flüssigsauerstofftank^{M}
liquid oxygen tank
réservoir^{M} d'oxygène^{M} liquide
tanque^{M} de oxígeno^{M} líquido
serbatoio^{M} dell'ossigeno^{M} liquido

kryogene Hauptstufe^{F}
main cryogenic stage
étage^{M} principal cryotechnique
etapa^{F} principal criogénica
stadio^{M} criogenico principale

Flüssigwasserstofftank^{M}
liquid hydrogen tank
réservoir^{M} d'hydrogène^{M} liquide
tanque^{M} de hidrógeno^{M} líquido
serbatoio^{M} dell'idrogeno^{M} liquido

Festtreibstoffstufe^{F}
solid booster stage
étage^{M} d'accélération^{F} à poudre^{F}
etapa^{F} del propergol^{M} sólido
stadio^{M} a propellente^{M} solido

Feststoff^{M}-Booster^{M}
solid rocket booster
fusée^{F} à propergol^{M} solide
cohete^{M} de combustible^{M} sólido
razzo^{M} a propellente^{M} solido

Raketentriebwerk^{N}
rocket engine
moteur^{M}-fusée^{F}
motor^{M} del cohete^{M}
motore^{M} a razzo^{M}

Düse^{F}
nozzle
tuyère^{F}
tobera^{F}
ugello^{M}

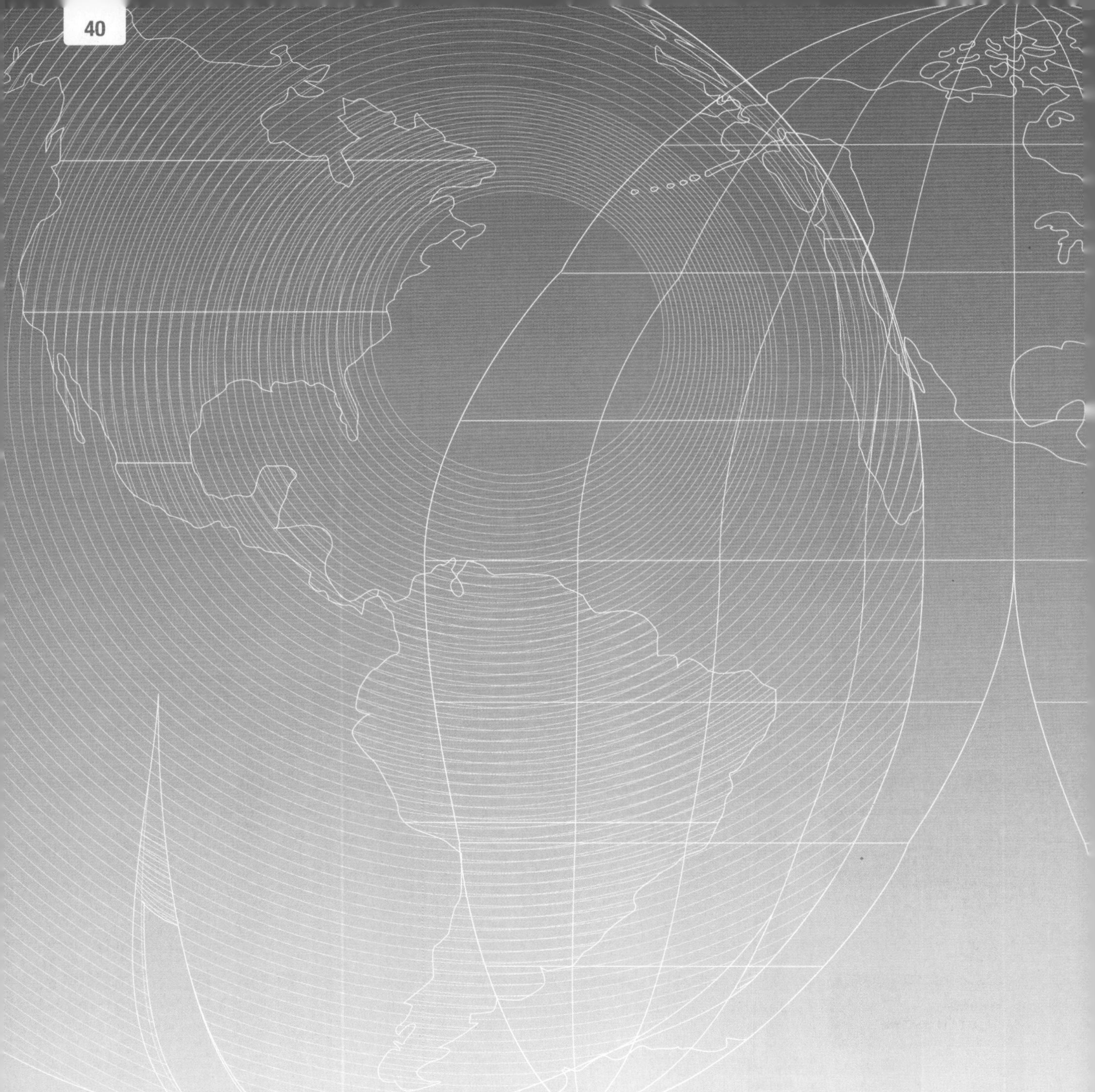

ERDE

Earth
Terre
Tierra
Terra

GEOGRAPHIE 42

Koordinatensystem der Erdkugel 42
Kartendarstellungen 43
Lage der Kontinente 44
topografische Kartografie 45
politische Kartografie 53
Fernerkundung 63

GEOLOGIE 66

Erdaufbau 66
Erdoberfläche 70
geologische Phänomene 75
Minerale 78

METEOROLOGIE 79

Erdatmosphäre im Querschnitt 79
Jahreszeiten 80
Wettervorhersage 80
Wetterkarte 81
Stationsmodell 81
internationale Wettersymbole 82
Wetterstation 84
meteorologische Messinstrumente 84
Wettersatellit 86
Klimate der Welt 87
Wolken 88
Tornado und Wasserhose 89
tropischer Wirbelsturm 89
Niederschlag 90

UMWELT 92

Vegetationszonen 92
Arten von Vegetation 93
Nahrungskette 94
Aufbau der Biosphäre 94
Wasserkreislauf 95
Kohlenstoff-Sauerstoff-Zyklus 95
natürlicher Treibhauseffekt 96
anthropogener Treibhauseffekt 96
Luftverschmutzung 97
Bodenverschmutzung 97
Wasserverschmutzung 98
saurer Regen 98
Mülltrennung 99

Koordinatensystem[N] der Erdkugel[F]

earth coordinate system | coordonnées[F] terrestres | sistema[M] de coordenadas[F] terrestres | sistema[M] di coordinate[F] terrestri

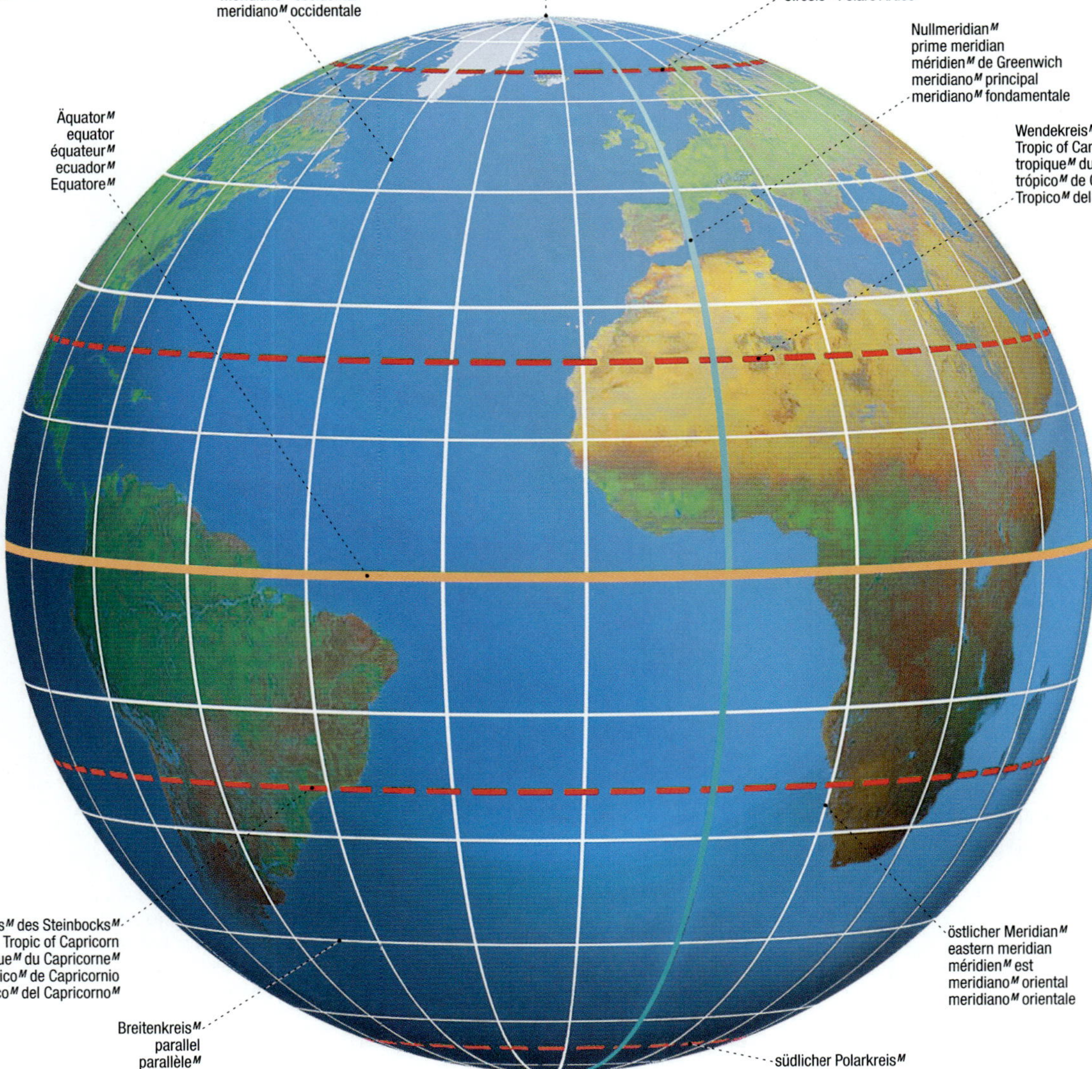

Koordinatensystem^N der Erdkugel^F

Hemisphären^F
hemispheres
hémisphères^M
hemisferios^M
emisferi^M

nördliche Hemisphäre^F
Northern hemisphere
hémisphère^M boréal
hemisferio^M Norte
emisfero^M settentrionale

südliche Hemisphäre^F
Southern hemisphere
hémisphère^M austral
hemisferio^M Sur
emisfero^M meridionale

westliche Hemisphäre^F
Western hemisphere
hémisphère^M occidental
hemisferio^M occidental
emisfero^M occidentale

östliche Hemisphäre^F
Eastern hemisphere
hémisphère^M oriental
hemisferio^M oriental
emisfero^M orientale

Kartendarstellungen^F

map projections | projections^F cartographiques | proyecciones^F cartográficas | proiezioni^F cartografiche

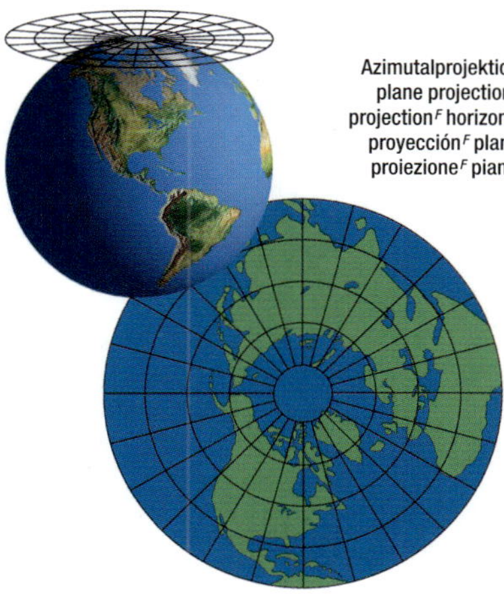

Azimutalprojektion^F
plane projection
projection^F horizontale
proyección^F plana
proiezione^F piana

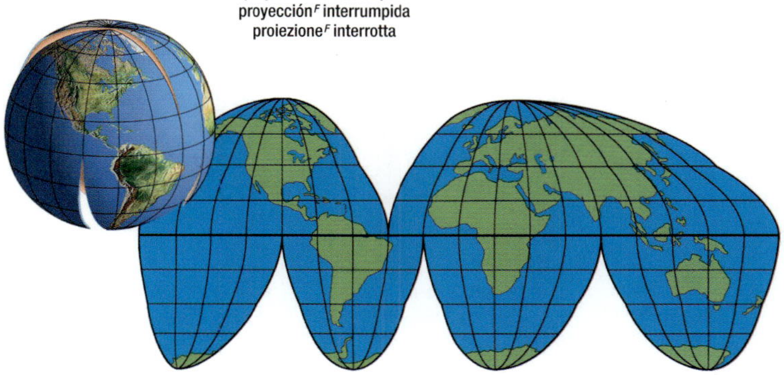

zerlappte Projektion^F
interrupted projection
projection^F interrompue
proyección^F interrumpida
proiezione^F interrotta

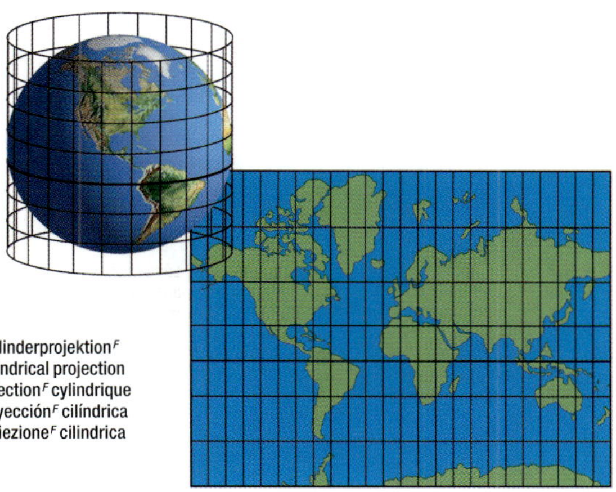

Zylinderprojektion^F
cylindrical projection
projection^F cylindrique
proyección^F cilíndrica
proiezione^F cilindrica

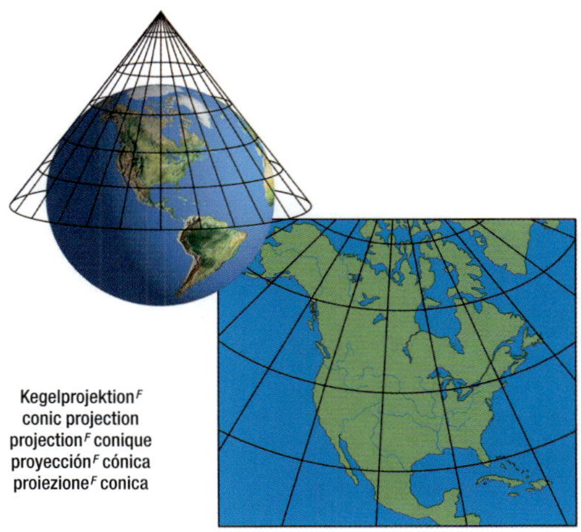

Kegelprojektion^F
conic projection
projection^F conique
proyección^F cónica
proiezione^F conica

Lage^{F} der Kontinente^{M}

configuration of the continents | configuration^{F} des continents^{M} | configuración^{F} de los continentes^{M} | carta^{F} dei continenti^{M}

Erdoberfläche^{F}
planisphere
planisphère^{M}
planisferio^{M}
planisfero^{M}

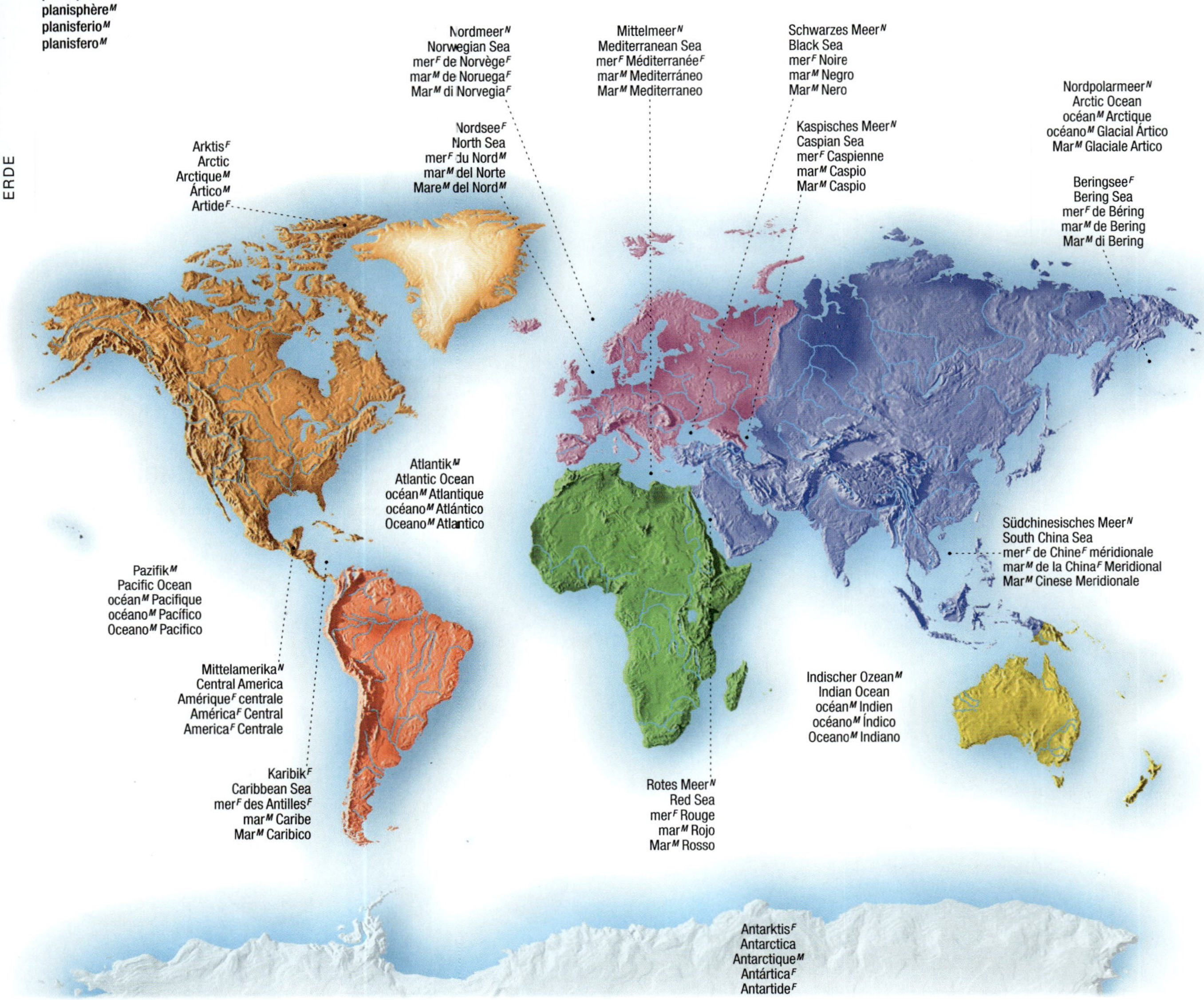

Nordamerika^{N}
North America
Amérique^{F} du Nord^{M}
América^{F} del Norte
America^{F} Settentrionale

Südamerika^{N}
South America
Amérique^{F} du Sud^{M}
América^{F} del Sur
America^{F} Meridionale

Ozeanien^{N}
Oceania
Océanie^{F}
Oceanía^{F}
Oceania^{F}

Europa^{N}
Europe
Europe^{F}
Europa^{F}
Europa^{F}

Asien^{N}
Asia
Asie^{F}
Asia^{F}
Asia^{F}

Afrika^{N}
Africa
Afrique^{F}
África^{F}
Africa^{F}

Eurasien^{N}
Eurasia
Eurasie^{F}
Eurasia^{F}
Eurasia^{F}

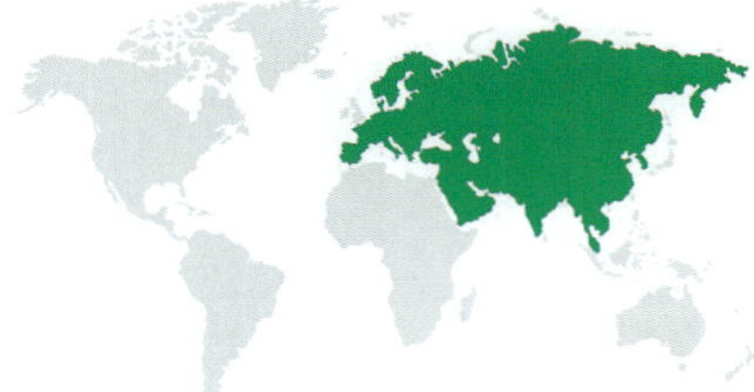

topografische Kartografie^F

physical cartography | cartographie^F physique | cartografía^F física | cartografia^F fisica

Legende^F einer topografischen Karte^F
physical map legends
légendes^F d'une carte^F physique
letreros^M de mapas^M físicos
legende^F mappa^F fisica

topografische Kartografie[F]

Arktis[F]
Arctic
Arctique[M]
Ártico[M]
Artico[M]

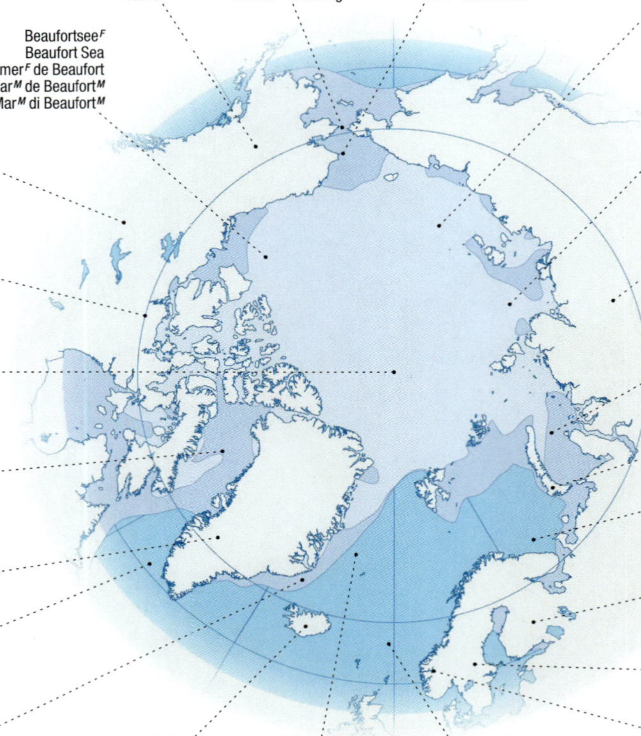

Antarktis[F]
Antarctica
Antarctique[M]
Antártica[F]
Antartide[F]

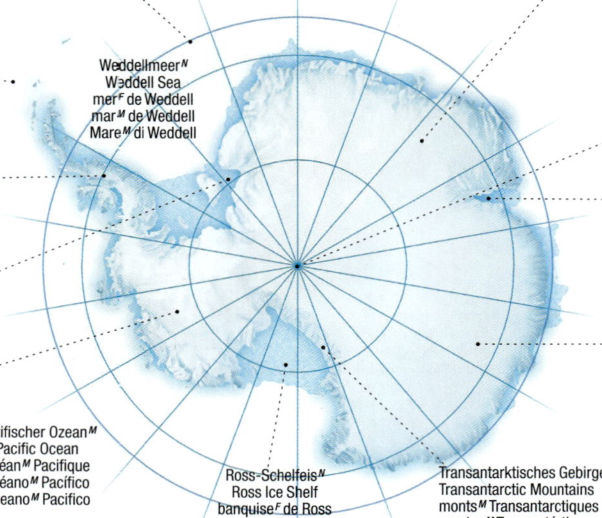

topografische Kartografie[F]

topografische Kartografie[F]

topografische Kartografie[F]

Europa[N]
Europe
Europe[F]
Europa[F]
Europa[F]

ERDE

topografische Kartografie[F]

Afrika[N]
Africa
Afrique[F]
África[F]
Africa[F]

topografische Kartografie[F]

Asien[N]
Asia
Asie[F]
Asia[F]
Asia[F]

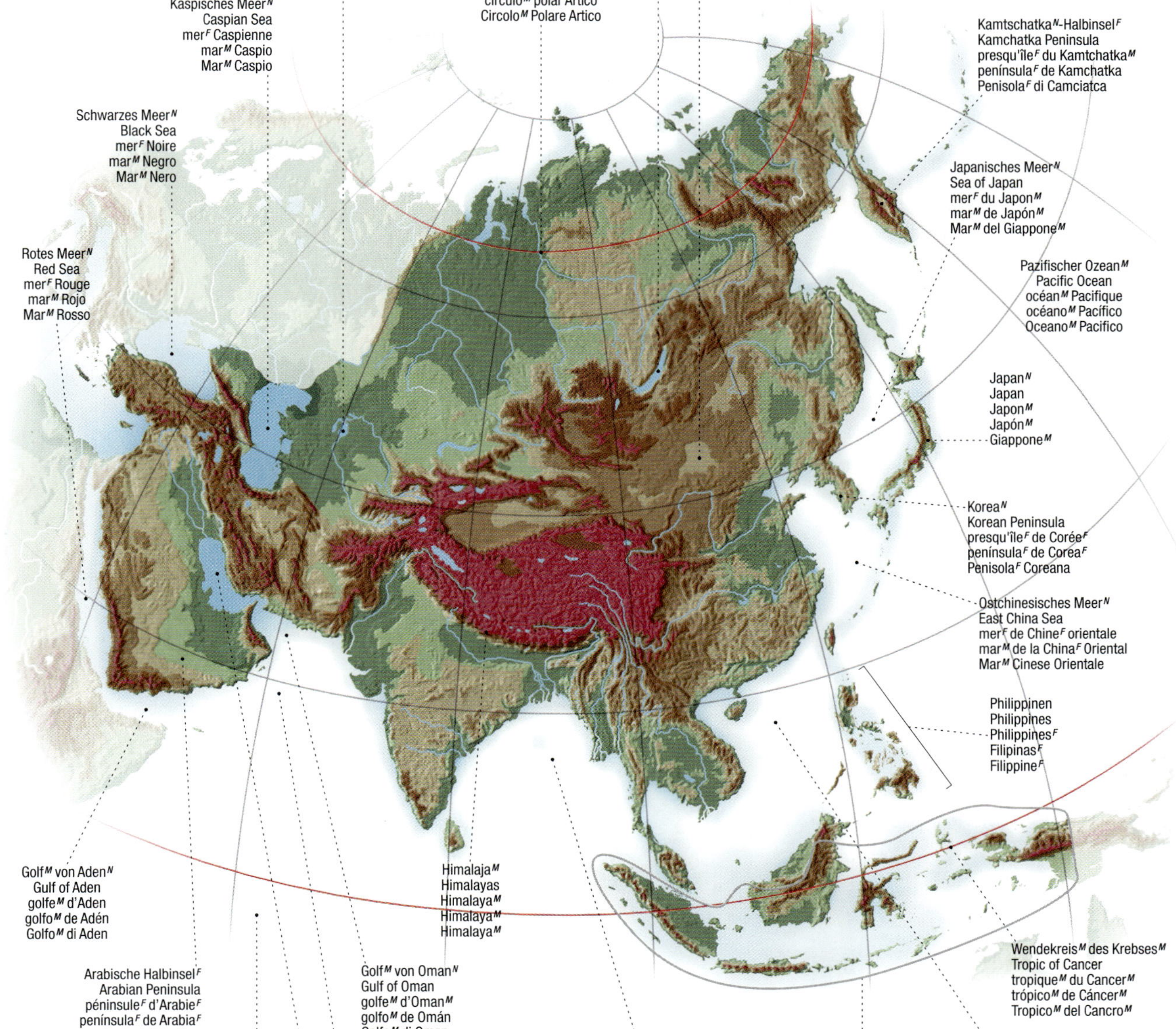

topografische Kartografie^{F}

Ozeanien^{N}
Oceania
Océanie^{F}
Oceanía^{F}
Oceania^{F}

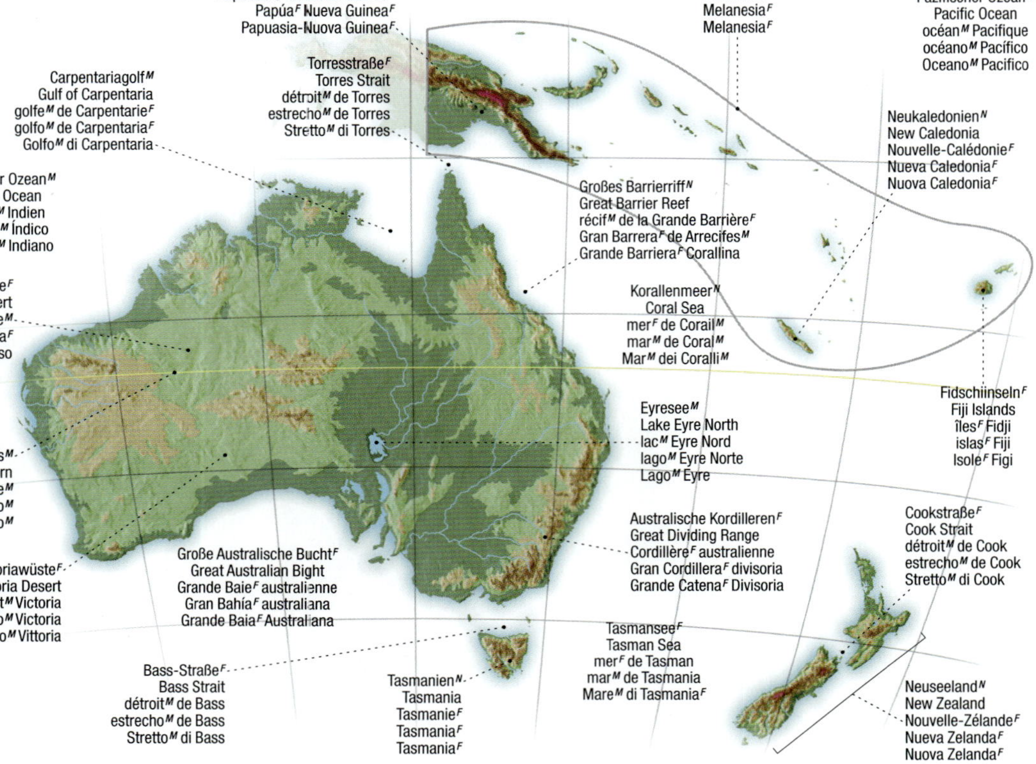

Papua-Neuguinea^{N}
Papua New Guinea
Papouasie-Nouvelle-Guinée^{F}
Papúa^{F} Nueva Guinea^{F}
Papuasia-Nuova Guinea^{F}

Melanesien^{N}
Melanesia
Mélanésie^{F}
Melanesia^{F}
Melanesia^{F}

Pazifischer Ozean^{M}
Pacific Ocean
océan^{M} Pacifique
océano^{M} Pacífico
Oceano^{M} Pacifico

Carpentariagolf^{M}
Gulf of Carpentaria
golfe^{M} de Carpentarie^{F}
golfo^{M} de Carpentaria^{F}
Golfo^{M} di Carpentaria

Torresstraße^{F}
Torres Strait
détroit^{M} de Torres
estrecho^{M} de Torres
Stretto^{M} di Torres

Neukaledonien^{N}
New Caledonia
Nouvelle-Calédonie^{F}
Nueva Caledonia^{F}
Nuova Caledonia^{F}

Indischer Ozean^{M}
Indian Ocean
océan^{M} Indien
océano^{M} Índico
Oceano^{M} Indiano

Großes Barrierriff^{N}
Great Barrier Reef
récif^{M} de la Grande Barrière^{F}
Gran Barrera^{F} de Arrecifes^{M}
Grande Barriera^{F} Corallina

Große Sandwüste^{F}
Great Sandy Desert
Grand Désert^{M} de Sable^{M}
Gran Desierto^{M} de Arena^{F}
Gran Deserto^{M} Sabbioso

Korallenmeer^{N}
Coral Sea
mer^{F} de Corail^{M}
mar^{M} de Coral^{M}
Mar^{M} dei Coralli^{M}

Fidschiinseln^{F}
Fiji Islands
îles^{F} Fidji
islas^{F} Fiji
Isole^{F} Figi

Eyresee^{M}
Lake Eyre North
lac^{M} Eyre Nord
lago^{M} Eyre Norte
Lago^{M} Eyre

Wendekreis^{M} des Steinbocks^{M}
Tropic of Capricorn
tropique^{M} du Capricorne^{M}
trópico^{M} de Capricornio^{M}
Tropico^{M} del Capricorno^{M}

Australische Kordilleren^{F}
Great Dividing Range
Cordillère^{F} australienne
Gran Cordillera^{F} divisoria
Grande Catena^{F} Divisoria

Cookstraße^{F}
Cook Strait
détroit^{M} de Cook
estrecho^{M} de Cook
Stretto^{M} di Cook

Große Victoriawüste^{F}
Great Victoria Desert
Grand Désert^{M} Victoria
Gran Desierto^{M} Victoria
Gran Deserto^{M} Vittoria

Große Australische Bucht^{F}
Great Australian Bight
Grande Baie^{F} australienne
Gran Bahía^{F} australiana
Grande Baia^{F} Australiana

Tasmansee^{F}
Tasman Sea
mer^{F} de Tasman
mar^{M} de Tasmania
Mare^{M} di Tasmania^{F}

Bass-Straße^{F}
Bass Strait
détroit^{M} de Bass
estrecho^{M} de Bass
Stretto^{M} di Bass

Tasmanien^{N}
Tasmania
Tasmanie^{F}
Tasmania^{F}
Tasmania^{F}

Neuseeland^{N}
New Zealand
Nouvelle-Zélande^{F}
Nueva Zelanda^{F}
Nuova Zelanda^{F}

Legende^{F} eines Stadtplans^{M}
urban map legends
légendes^{F} d'un plan^{M} urbain
letreros^{M} de mapas^{M} urbanos
legende^{F} mappe^{F} urbane

Eisenbahn^{F}
railway
chemin^{M} de fer^{M}
vía^{F} férrea
ferrovia^{F}

Bahnhof^{M}
railway station
gare^{F}
estación^{F} del ferrocarril^{M}
stazione^{F} ferroviaria

Brücke^{F}
bridge
pont^{M}
puente^{M}
ponte^{M}

Park^{M}
park
parc^{M}
parque^{M}
parco^{M}

Vorort^{M}
suburb
banlieue^{F}
zona^{F} residencial (de las afueras^{F})
sobborghi^{M}

Friedhof^{M}
cemetery
cimetière^{M}
cementerio^{M}
cimitero^{M}

Fluss^{M}
river
fleuve^{M}
río^{M}
fiume^{M}

Denkmal^{N}
monument
monument^{M}
monumento^{M}
monumento^{M}

Wald^{M}
woods
bois^{M}
bosques^{M}
bosco^{M}

Straße^{F}
street
rue^{F}
calle^{F}
via^{F}

Umgehungsstraße^{F}
ring road
boulevard^{M} périphérique
circunvalación^{F}
circonvallazione^{F}

Autobahn^{F}
motorway
autoroute^{F}
autopista^{F}
autostrada^{F}

Kreisverkehr^{M}
roundabout
rond-point^{M}
rotonda^{F}
rotatoria^{F}

Stadtteil^{M}
district
arrondissement^{M}
distrito^{M}
quartiere^{M}

Allee^{F}
avenue
avenue^{F}
avenida^{F}
avenue^{F}

öffentliches Gebäude^{N}
public building
édifice^{M} public
edificio^{M} público
edificio^{M} pubblico

Boulevard^{M}
boulevard
boulevard^{M}
bulevar^{M}
boulevard^{M}

topografische Kartografie^{F}

Legende^{F} einer Straßenkarte^{F}
road map legends
légendes^{F} d'une carte^{F} routière
letreros^{M} de mapas^{M} de carreteras^{F}
legende^{F} mappe^{F} stradali

Autobahn^{F}
motorway
autoroute^{F}
autopista^{F}
autostrada^{F}

Straße^{F}
road
route^{F}
carretera^{F}
strada^{F}

Autobahnnummer^{F}
motorway number
numéro^{M} d'autoroute^{F}
número^{M} de la autopista^{F}
numero^{M} di autostrada^{F}

Straßennummer^{F}
road number
numéro^{M} de route^{F}
número^{M} de la carretera^{F}
numero^{M} di strada^{F}

Rastplatz^{M}
rest area
aire^{F} de repos^{M}
área^{F} de descanso^{M}
area^{F} di sosta^{F}

Flughafen^{M}
airport
aéroport^{M}
aeropuerto^{M}
aeroporto^{M}

Raststätte^{F}
service area
aire^{F} de service^{M}
área^{F} de servicio^{M}
area^{F} di servizio^{M}

Nationalpark^{M}
national park
parc^{M} national
parque^{M} nacional
parco^{M} nazionale

Ringautobahn^{F}
ring road
autoroute^{F} de ceinture^{F}
cinturón^{M}
raccordo^{M} anulare

landschaftlich schöne Strecke^{F}
scenic route
parcours^{M} pittoresque
ruta^{F} pintoresca
strada^{F} panoramica

Nebenstraße^{F}
secondary road
route^{F} secondaire
carretera^{F} secundaria
strada^{F} secondaria

Sehenswürdigkeit^{F}
point of interest
curiosité^{F}
punto^{M} de interés^{M}
punto^{M} di interesse^{M}

politische Kartografie^{F}

political cartography | cartographie^{F} politique | cartografía^{F} política | cartografia^{F} politica

Legende^{F} einer politischen Karte^{F}
political map legends
légendes^{F} d'une carte^{F} politique
letreros^{M} de mapas^{M} políticos^{M}
legende^{F} mappe^{F} politiche

Provinz^{F}
province
province^{F}
provincia^{F}
provincia^{F}

Provinzgrenze^{F}
internal boundary
division^{F} territoriale
frontera^{F} interna
confine^{M} interno

Stadt^{F}
city
grande ville^{F}
ciudad^{F}
città^{F}

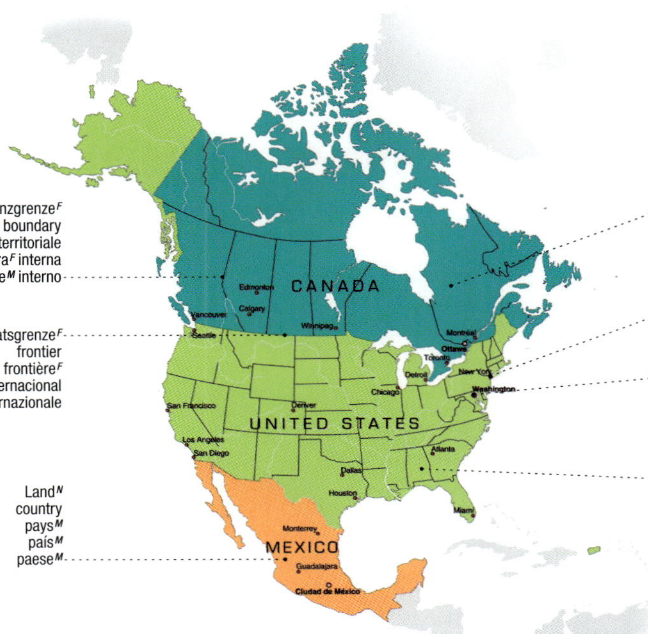

Staatsgrenze^{F}
frontier
frontière^{F}
frontera^{F} internacional
confine^{M} internazionale

Hauptstadt^{F}
capital
capitale^{F}
capital^{F}
capitale^{F}

Bundesstaat^{M}
state
État^{M}
estado^{M}
stato^{M}

Land^{N}
country
pays^{M}
país^{M}
paese^{M}

politische Kartografie[F]

Nordamerika[N] und Zentralamerika[N]
North America and Central America
Amérique[F] du Nord[M] et Amérique[F] centrale
América[F] del Norte[M] y América[F] Central
America[F] del Nord e America[F] Centrale

politische Kartografie[F]

Südamerika[N]
South America
Amérique[F] du Sud[M]
América[F] del Sur[M]
America[F] Meridionale

politische Kartografie[F]

Europa[N]
Europe
Europe[F]
Europa[F]
Europa[F]

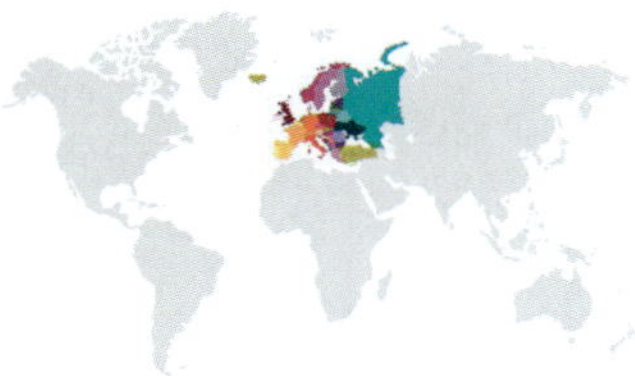

politische Kartografie^{F}

politische Kartografie[F]

Asien[N]
Asia
Asie[F]
Asia[F]
Asia[F]

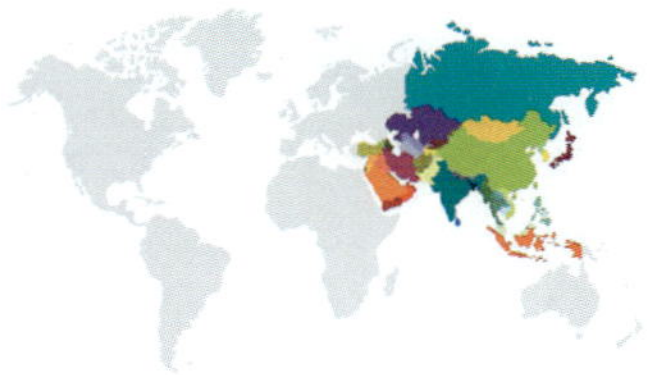

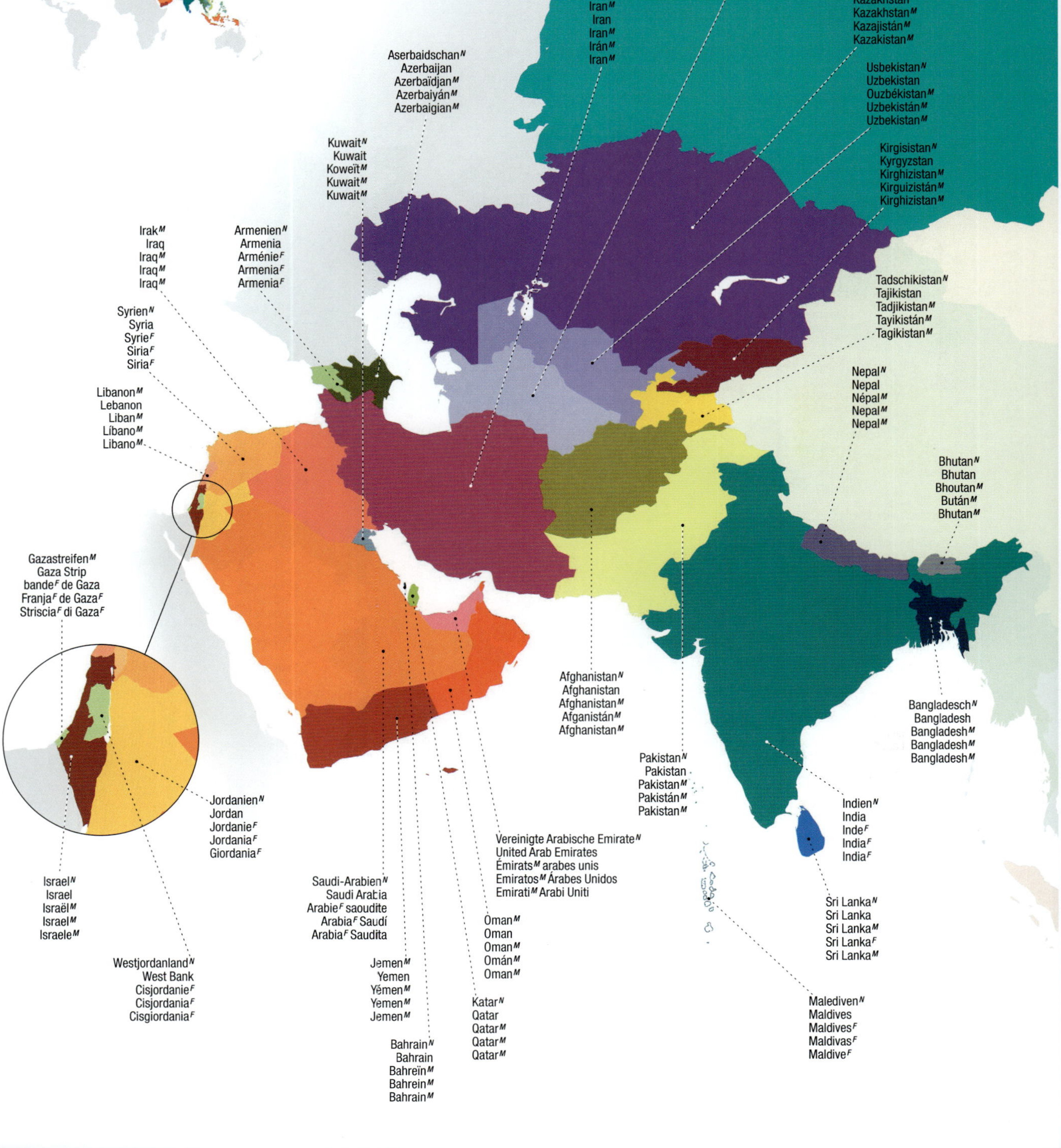

politische Kartografie^F

politische Kartografie^{F}

Afrika^{N}
Africa
Afrique^{F}
África^{F}
Africa^{F}

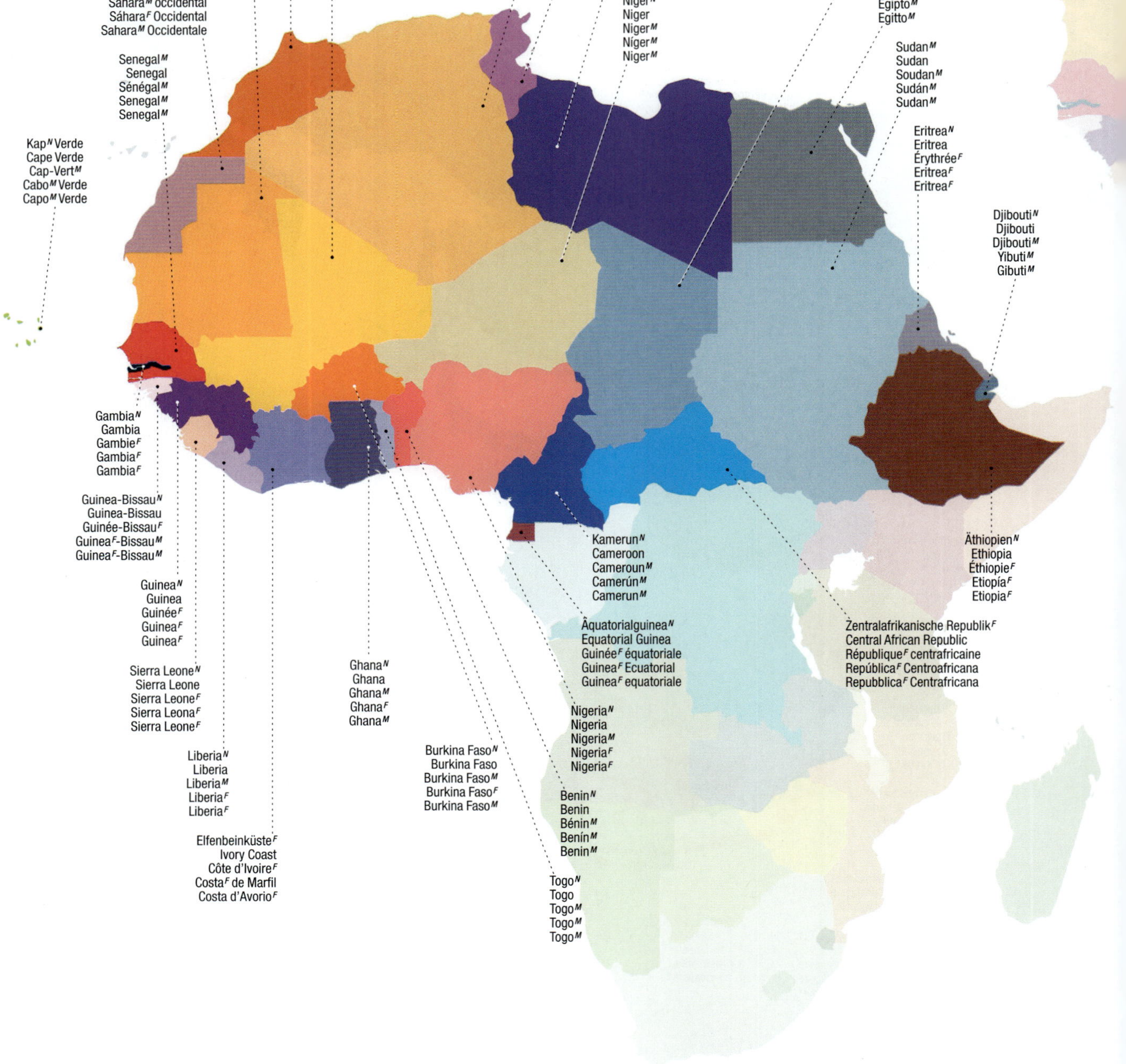

politische Kartografie[F]

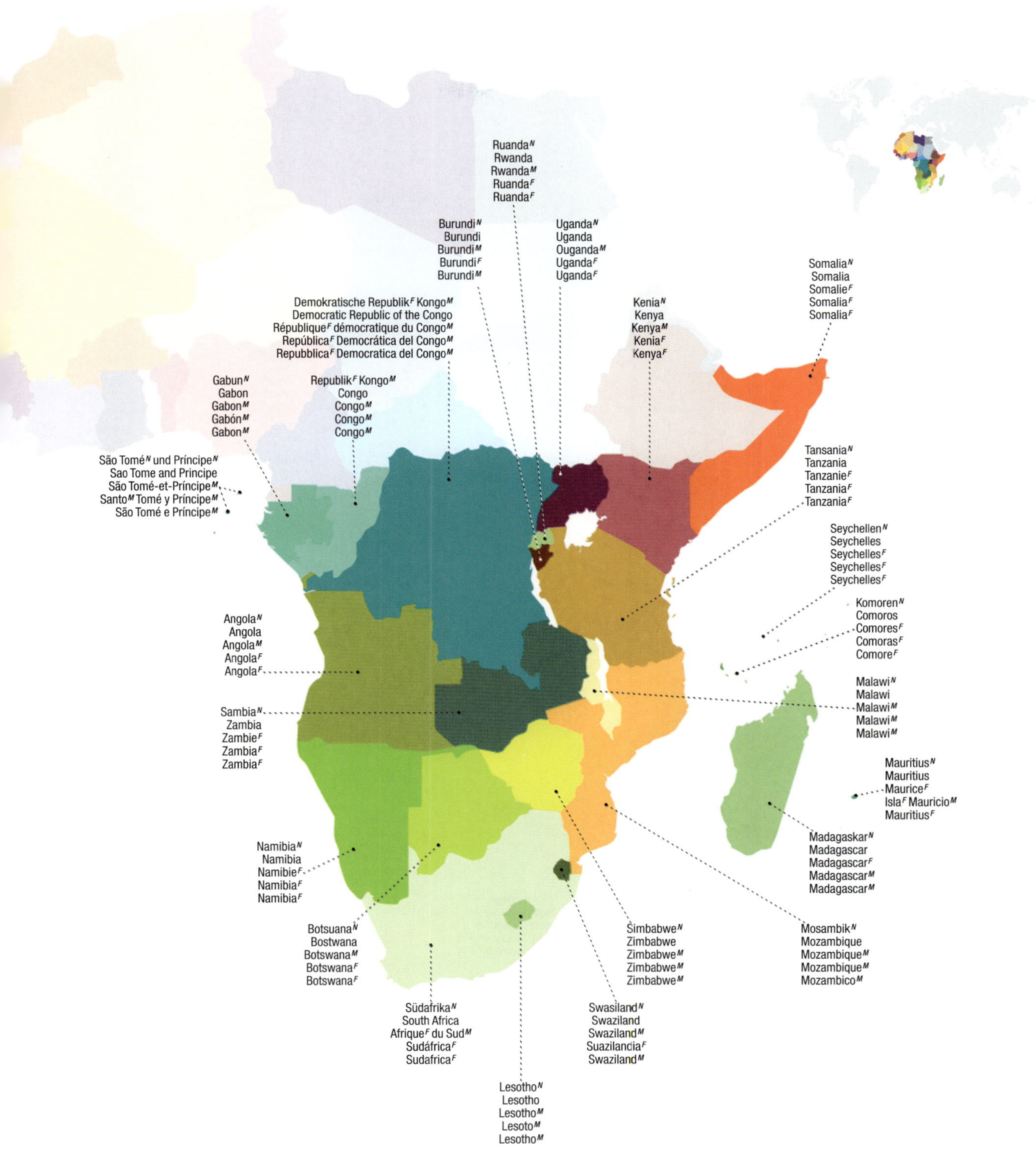

politische Kartografie[F]

Ozeanien[N]
Oceania
Océanie[F]
Oceanía[F]
Oceania[F]

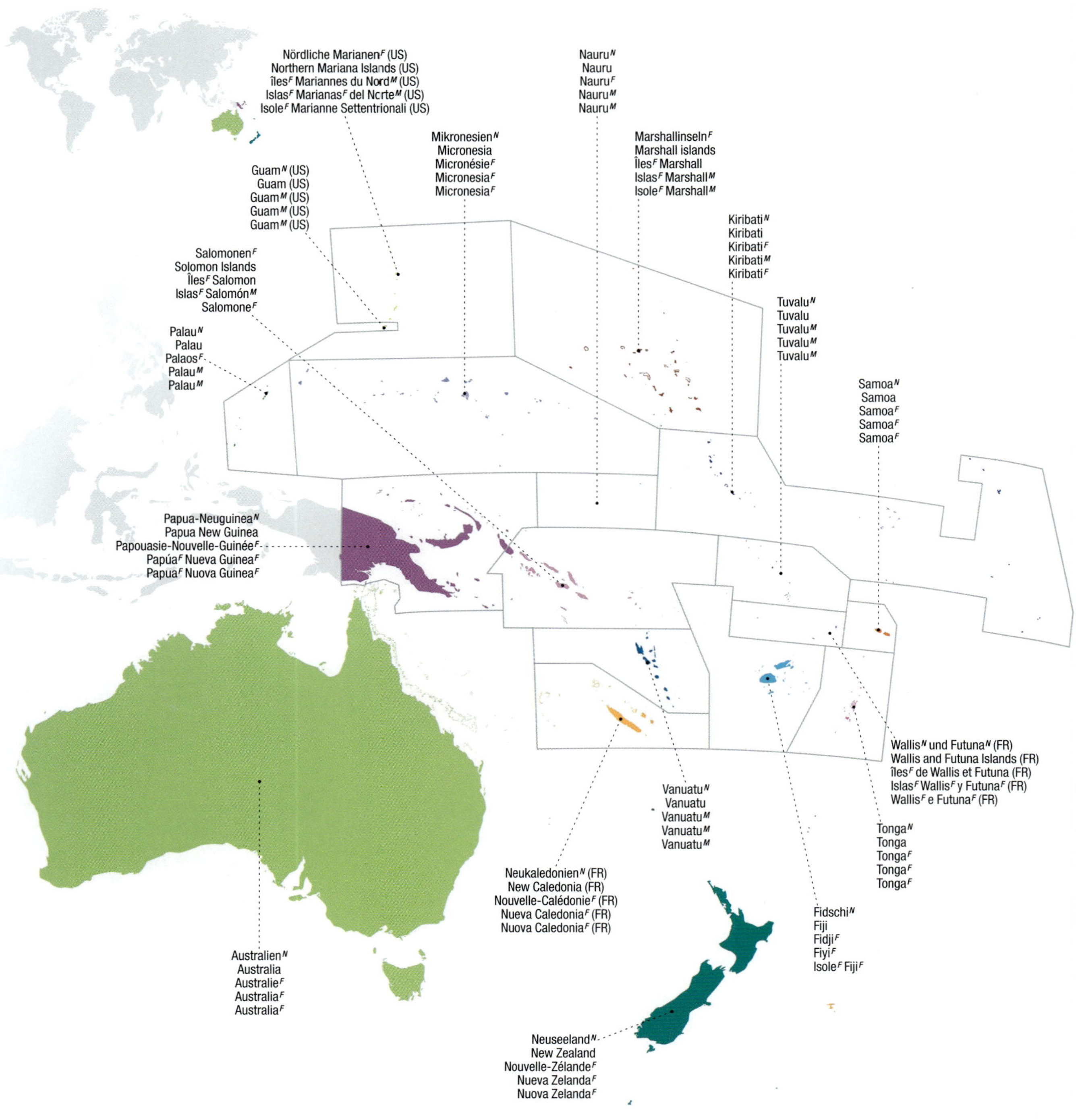

Fernerkundung^F

remote sensing | télédétection^F | teledetección^M | telerilevamento^M

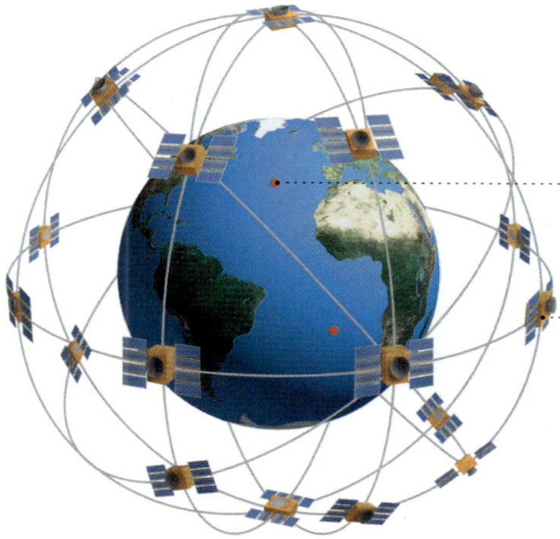

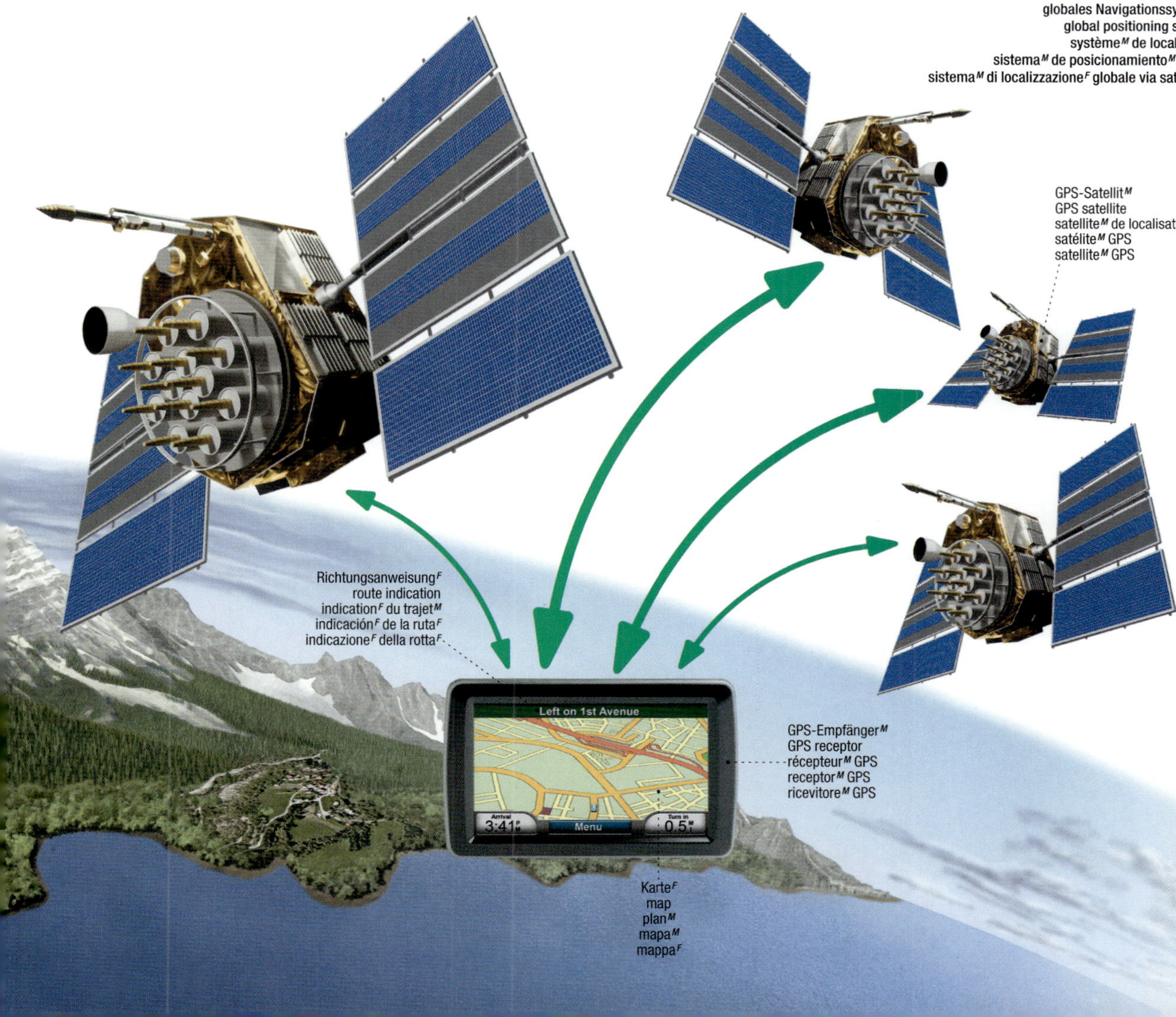

Fernerkundung^{F}

Radar$^{M/N}$
radar
radar^{M}
radar^{M}
radar^{M}

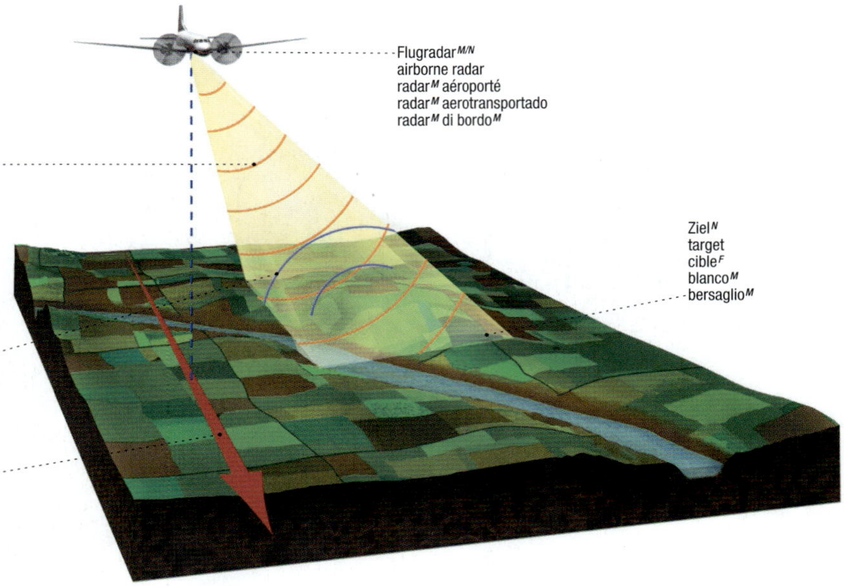

Radarsat^{M}
Radarsat satellite
satellite^{M} Radarsat
satélite^{M} Radarsat
satellite^{M} radarsat

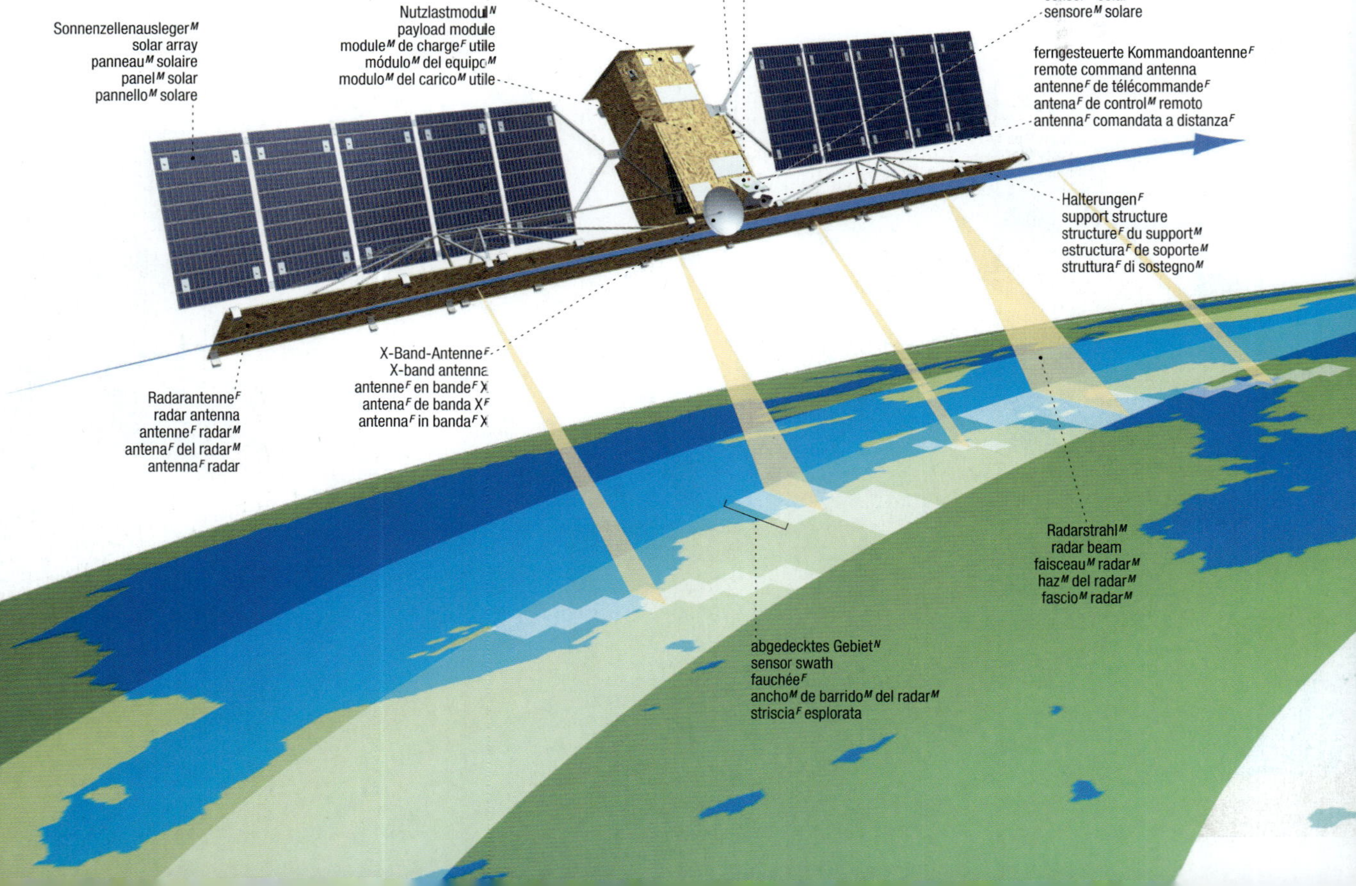

Fernerkundung^F

Sonar^N
sonar
sonar^M
sonar^M
sonar^M

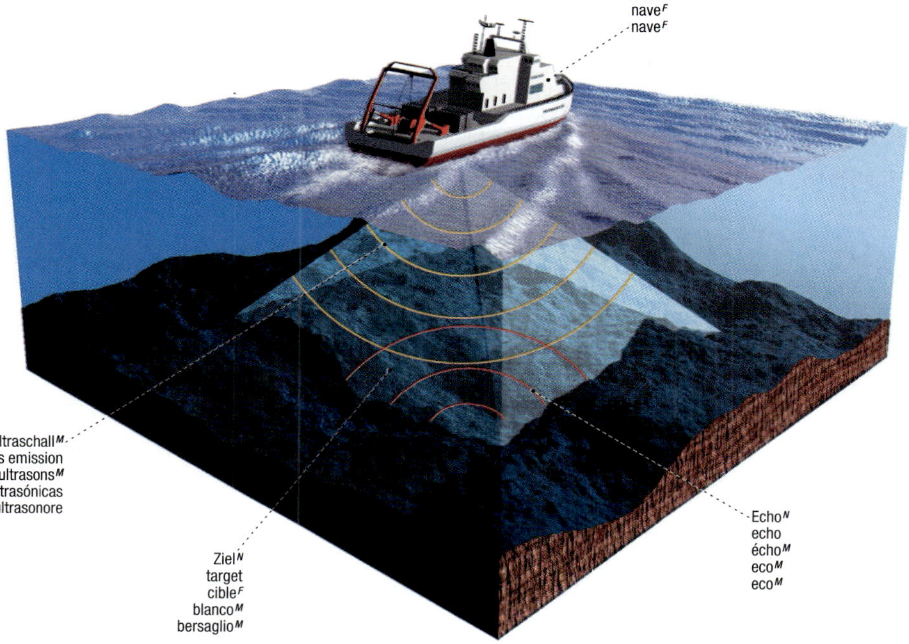

Satelliten^M-Fernerkundung^F
satellite remote sensing
télédétection^F par satellite^M
teledetección^M por satélite^M
telerilevamento^M mediante satellite^M

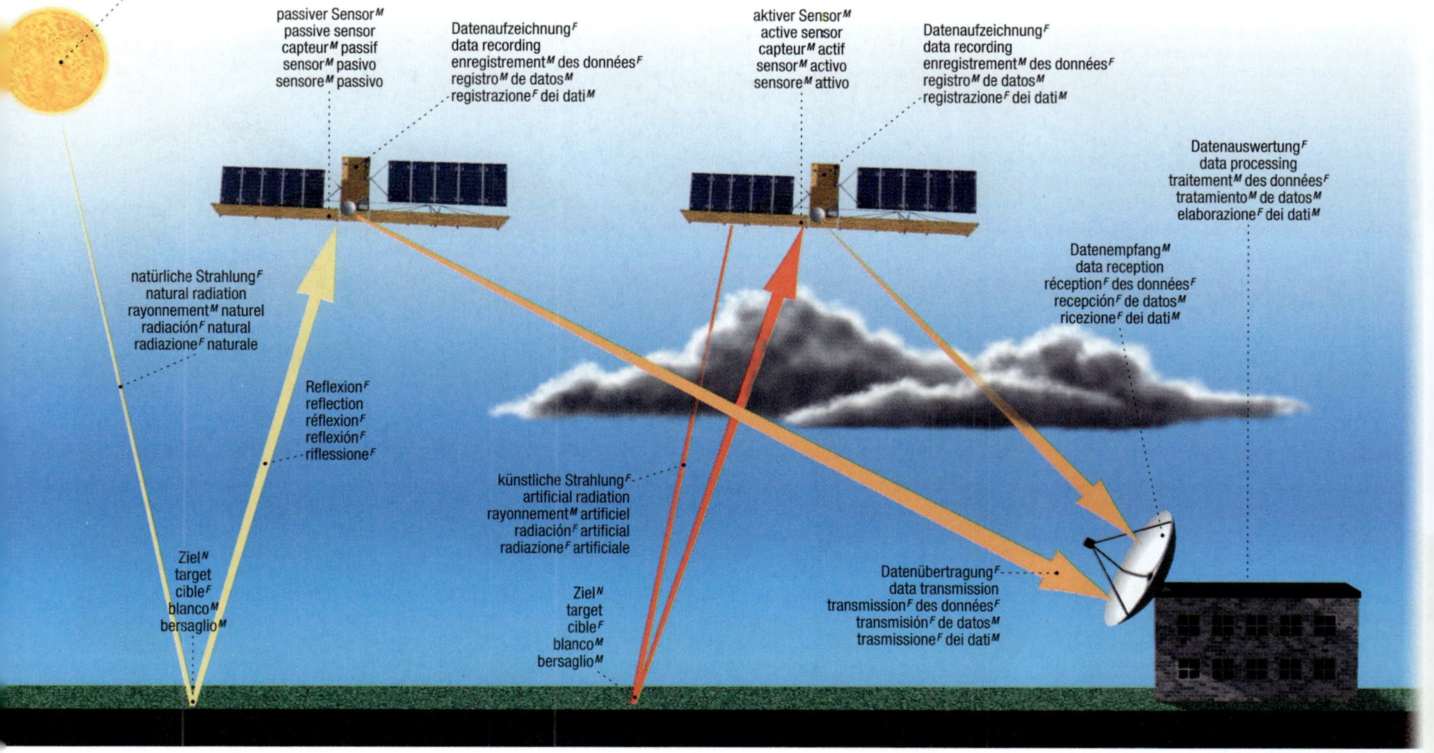

Erdaufbau[M]

structure of the earth | structure[F] de la Terre[F] | estructura[F] de la Tierra[F] | struttura[F] della Terra[F]

Erde[F] im Querschnitt[M]
section of the earth
coupe[F] de la Terre[F]
corte[M] de la Tierra[F]
sezione[F] della Terra[F]

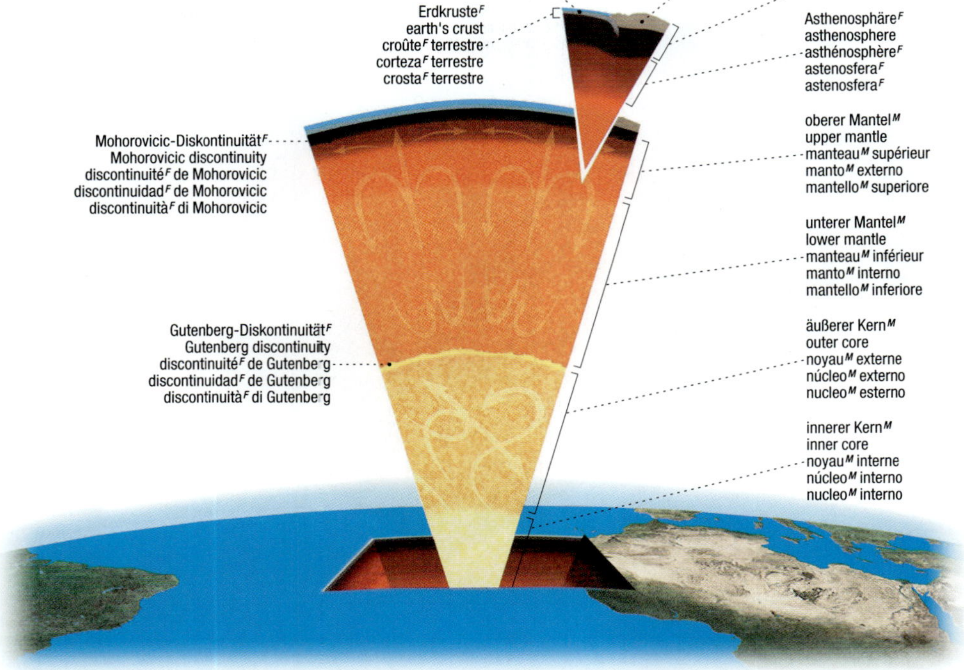

Erdkruste[F] im Querschnitt[M]
section of the earth's crust
coupe[F] de la croûte[F] terrestre
corte[M] de la corteza[F] terrestre
sezione[F] della crosta[F] terrestre

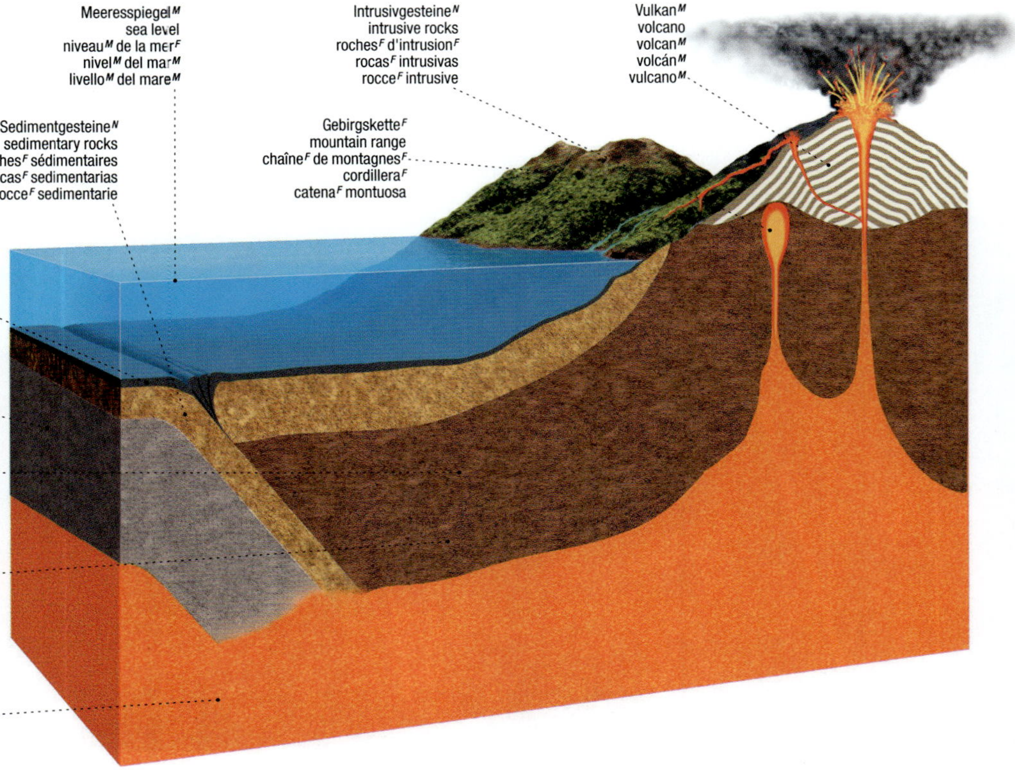

Erdaufbau[M]

Meeresboden[M]
ocean floor
fond[M] de l'océan[M]
fondo[M] oceánico
fondale[M] oceanico

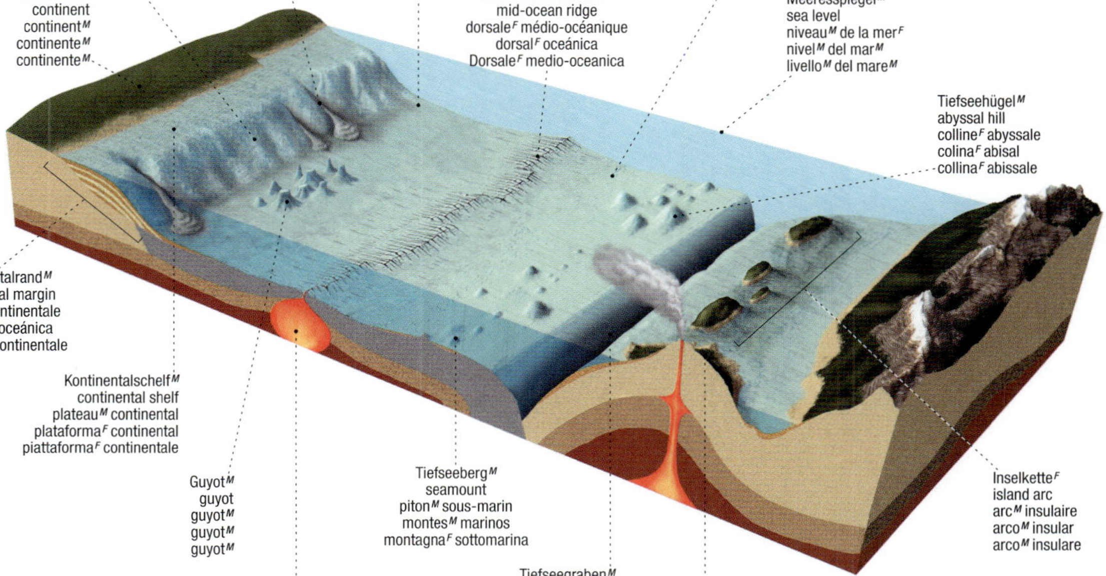

Höhle[F]
cave
grotte[F]
gruta[F]
grotta[F]

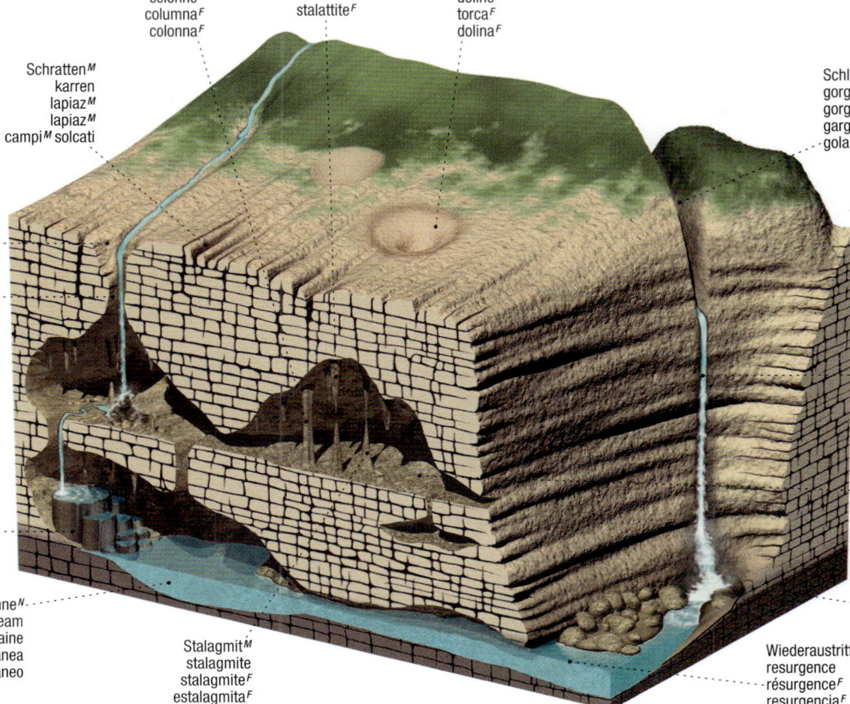

Erdaufbau[M]

tektonische Platten[F]
tectonic plates
plaques[F] tectoniques
placas[F] tectónicas
placche[F] tettoniche

Cocos-Platte[F]
Cocos Plate
plaque[F] des îles[F] Cocos
placa[F] de Cocos
placca[F] delle Cocos

Arabische Platte[F]
Arabian Plate
plaque[F] arabique
placa[F] Arábiga
placca[F] araba

Pazifische Platte[F]
Pacific Plate
plaque[F] pacifique
placa[F] del Pacífico
placca[F] del Pacifico[M]

Karibische Platte[F]
Caribbean Plate
plaque[F] des Caraïbes[F]
placa[F] del Caribe[M]
placca[F] caribica

Nordamerikanische Platte[F]
North American Plate
plaque[F] nord-américaine
placa[F] norteamericana
placca[F] nordamericana

Eurasiatische Platte[F]
Eurasian Plate
plaque[F] eurasiatique
placa[F] euroasiática
placca[F] euroasiatica

Philippinen-Platte[F]
Philippine Plate
plaque[F] philippine
placa[F] de Filipinas
placca[F] filippina

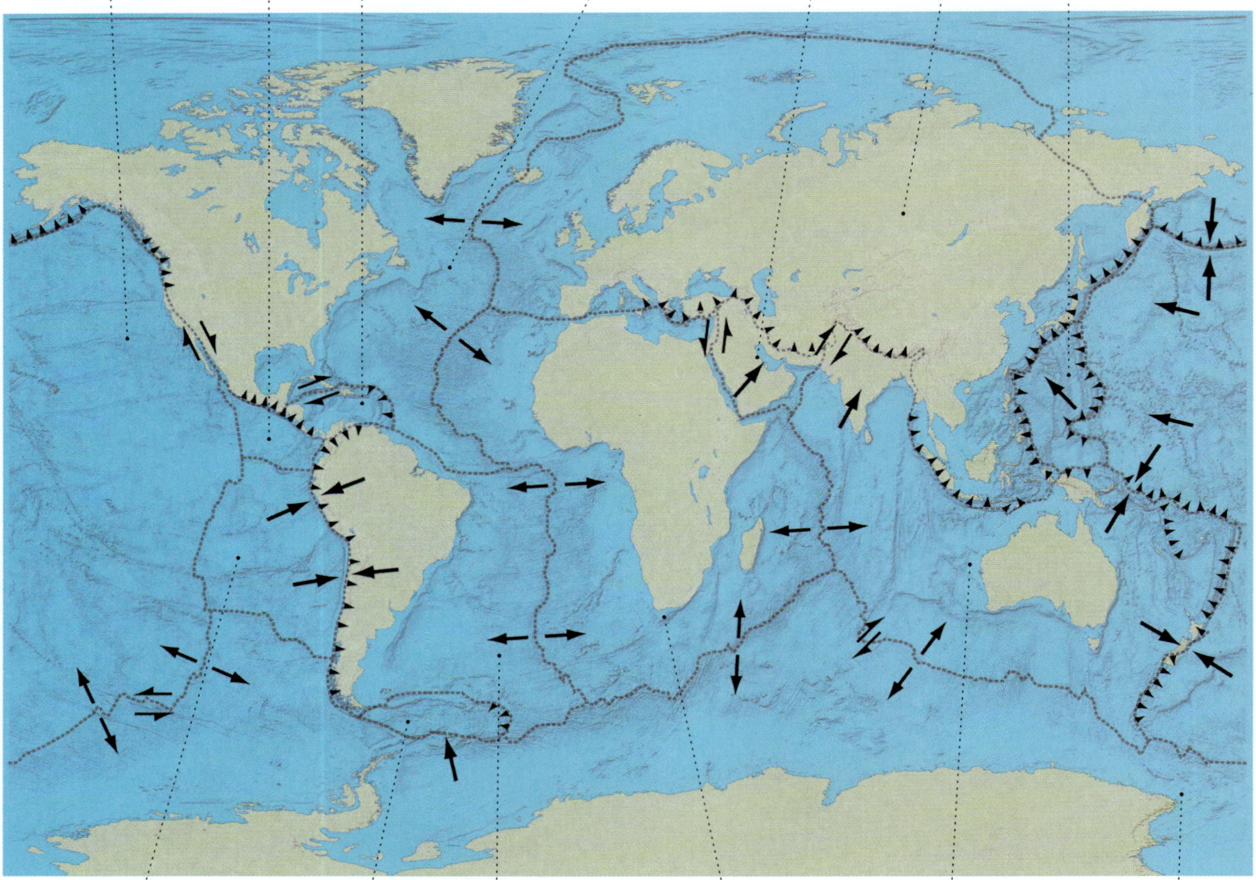

Nazca-Platte[F]
Nazca Plate
plaque[F] Nazca
placa[F] de Nazca
placca[F] di Nazca

Scotia-Platte[F]
Scotia Plate
plaque[F] Scotia
placa[F] de Escocia
placca[F] di Scozia[F]

Südamerikanische Platte[F]
South American Plate
plaque[F] sud-américaine
placa[F] sudamericana
placca[F] sudamericana

Afrikanische Platte[F]
African Plate
plaque[F] africaine
placa[F] africana
placca[F] africana

Indisch-Australische Platte[F]
Australian-Indian Plate
plaque[F] indo-australienne
placa[F] indoaustraliana
placca[F] indoaustraliana

Antarktische Platte[F]
Antarctic Plate
plaque[F] antarctique
placa[F] antártica
placca[F] antartica

Subduktionszone[F]
subduction
subduction[F]
subducción[F]
subduzione[F]

Transformstörungen[F]
transform plate boundaries
plaques[F] transformantes
fallas[F] transformantes
placche[F] trasformi

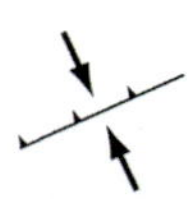

konvergierende Plattengrenzen[F]
convergent plate boundaries
plaques[F] convergentes
placas[F] convergentes
placche[F] convergenti

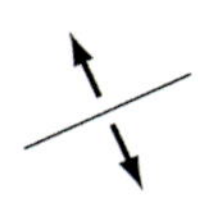

divergierende Plattengrenzen[F]
divergent plate boundaries
plaques[F] divergentes
placas[F] divergentes
placche[F] divergenti

Erdaufbau^{M}

ozeanische Rücken^{M} und Gräben^{M}
ocean trenches and ridges
fosses^{F} et dorsales^{F} océaniques
fosas^{F} y dorsales^{F} oceánicas
fosse^{F} e dorsali^{F} oceaniche

Puerto-Rico^{N}-Graben^{M}
Puerto Rico Trench
fosse^{F} de Porto Rico
fosa^{F} de Puerto^{M} Rico
Fossa^{F} di Puerto Rico^{M}

Marianengraben^{M}
Mariana Trench
fosse^{F} des Mariannes
fosa^{F} de las Marianas^{F}
Fossa^{F} delle Marianne^{F}

Aleutengraben^{M}
Aleutian Trench
fosse^{F} des Aléoutiennes
fosa^{F} de las Aleutianas^{F}
Fossa^{F} delle Aleutine^{F}

Europa^{N}
Europe
Europe^{F}
Europa^{F}
Europa^{F}

Ryukyugraben^{M}
Ryukyu Trench
fosse^{F} des Ryukyu
fosa^{F} Ryukyu
Fossa^{F} delle Ryukyu^{F}

Japangraben^{M}
Japan Trench
fosse^{F} du Japon^{M}
fosa^{F} de Japón^{M}
Fossa^{F} del Giappone^{M}

Nordamerika^{N}
North America
Amérique^{F} du Nord^{M}
América^{F} del Norte
America^{F} Settentrionale

Mittelatlantischer Rücken^{M}
Mid-Atlantic Ridge
dorsale^{F} médio-atlantique
dorsal^{F} del Atlántico^{M} medio
Dorsale^{F} Medio-Atlantica

Asien^{N}
Asia
Asie^{F}
Asia^{F}
Asia^{F}

Kurilengraben^{M}
Kuril Trench
fosse^{F} des Kouriles
fosa^{F} de Kuril
Fossa^{F} delle Curili^{F}

ERDE

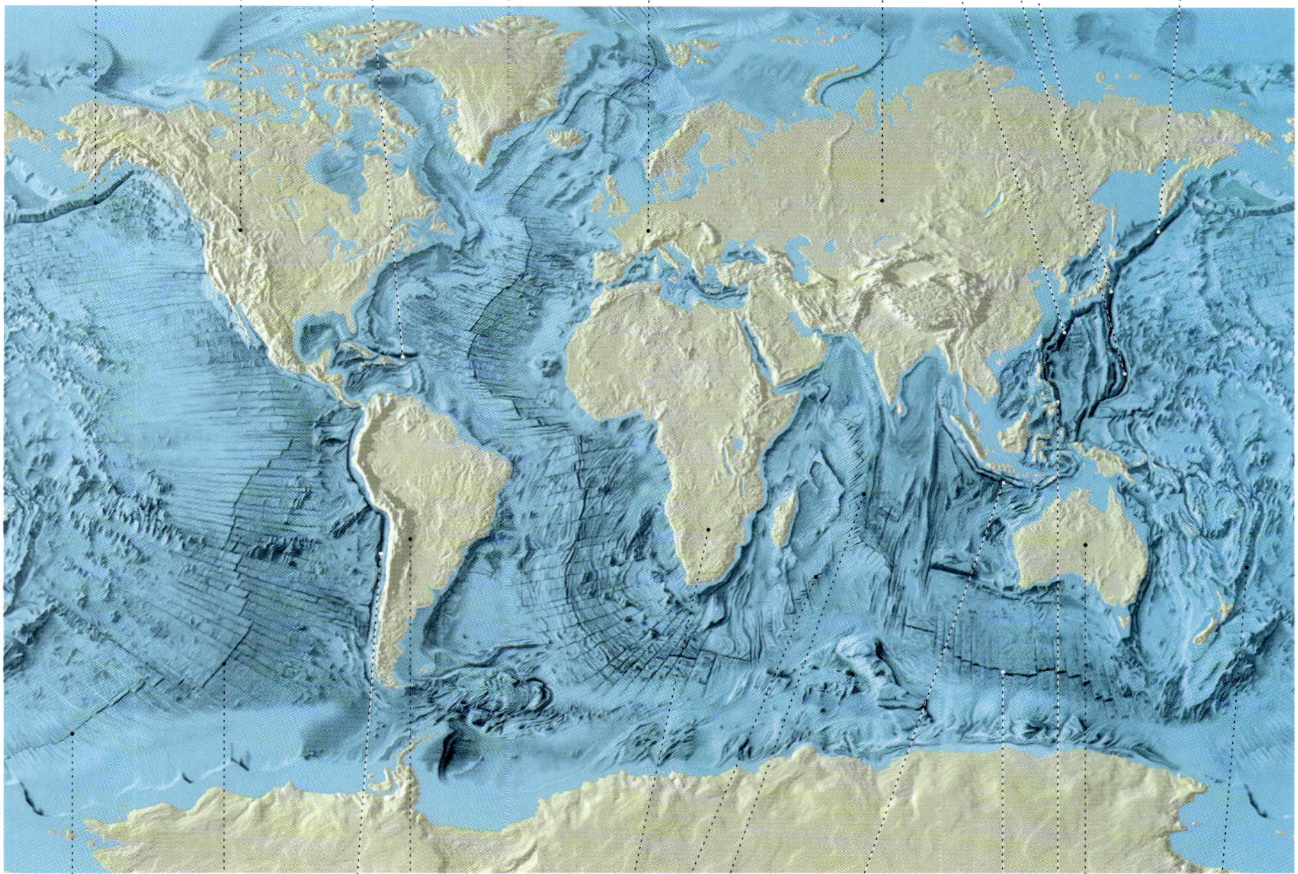

Ostpazifischer Rücken^{M}
East Pacific Rise
dorsale^{F} du Pacifique^{M} Est
dorsal^{F} del Pacífico^{M} oriental
Dorsale^{F} Pacifico-Orientale

Afrika^{N}
Africa
Afrique^{F}
África^{F}
Africa^{F}

Javagraben^{M}
Java Trench
fosse^{F} de Java
fosa^{F} de Java
Fossa^{F} di Giava^{F}

Kermadec-Tonga^{N}-Graben^{M}
Kermadec-Tonga Trench
fosse^{F} des Tonga^{F}-Kermadec
fosa^{F} de Kermadec-Tonga^{M}
Fossa^{F} di Kermadec-Tonga

Indisch-Antarktischer Rücken^{M}
Pacific-Antarctic Ridge
dorsale^{F} Pacifique^{M}-Antarctique^{F}
dorsal^{F} del Pacífico-Antártico
Dorsale^{F} Pacifico-Antartica

Westlicher Indischer Rücken^{M}
Southwest Indian Ridge
dorsale^{F} Sud-Ouest-indienne
dorsal^{F} del Índico suroeste
Dorsale^{F} Sud Occidentale Indiana

Östlicher Indischer Rücken^{M}
Southeast Indian Ridge
dorsale^{F} Sud-Est-indienne
dorsal^{F} del Índico^{M} sureste
Dorsale^{F} Sud Orientale Indiana

Australien^{N}
Australia
Australie^{F}
Australia^{F}
Australia^{F}

Peru^{N}-Chile^{N}-Graben^{M}
Peru-Chile Trench
fosse^{F} Pérou^{M}-Chili^{M}
fosa^{M} Perú-Chile
Fossa^{F} Perù-Cile

Zentralindischer Rücken^{M}
Mid-Indian Ridge
dorsale^{F} médio-indienne
dorsal^{F} del Índico medio
Dorsale^{F} Medio-Indiana

Philippinengraben^{M}
Philippine Trench
fosse^{F} des Philippines^{F}
fosa^{F} de las Filipinas^{F}
Fossa^{F} delle Filippine^{F}

Südamerika^{N}
South America
Amérique^{F} du Sud^{M}
América^{F} del Sur
America^{F} Meridionale

Erdoberfläche^{F}

Earth features | relief^{M} de la Terre^{F} | características^{F} de la Tierra^{F} | caratteristiche^{F} della Terra^{F}

typische Küstenformen^{F}
common coastal features
configuration^{F} du littoral^{M}
configuración^{F} del litoral^{M}
caratteristiche^{F} della costa^{F}

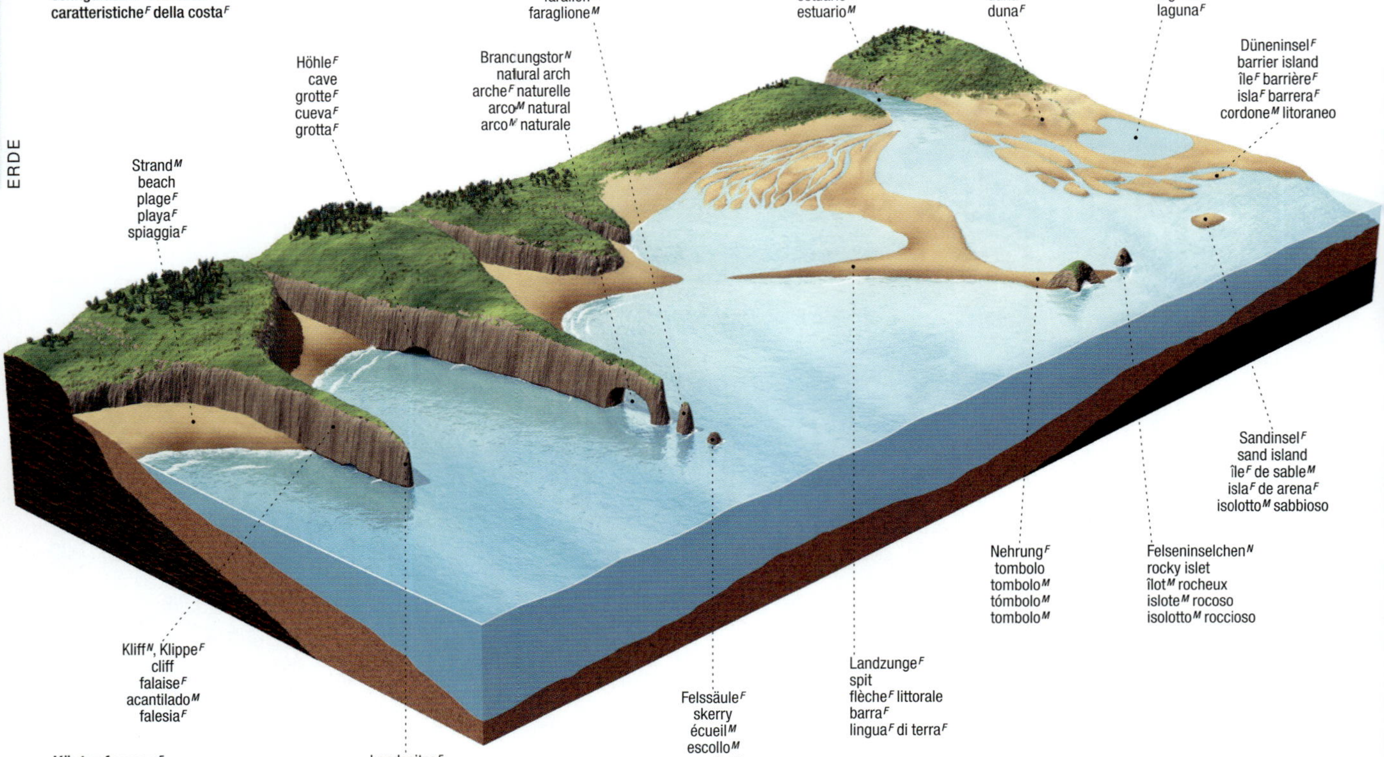

Küstenformen^{F}
examples of shorelines
exemples^{M} de côtes^{F}
ejemplos^{M} de costas^{F}
esempi^{M} di linee^{F} di costa^{F}

Riffküste^{F}
barrier beach
cordon^{M} littoral
cordón^{M} litoral
cordone^{M} litorale

Fjordküste^{F}
fjords
fjords^{M}
fiordo^{M}
fiordi^{M}

Steilküste^{F}
shore cliff
falaise^{F} côtière
acantilado^{M}
falesia^{F} costiera

Delta^{N}
delta
delta^{M}
delta^{M}
delta^{M}

Atoll^{N}
atoll
atoll^{M}
atolón^{M}
atollo^{M}

Riasküste^{F}
rias
rias^{F}
rías^{F}
costa^{F} a rias^{F}

Erdoberfläche[F]

Berg[M]
mountain
montagne[F]
montaña[F]
montagna[F]

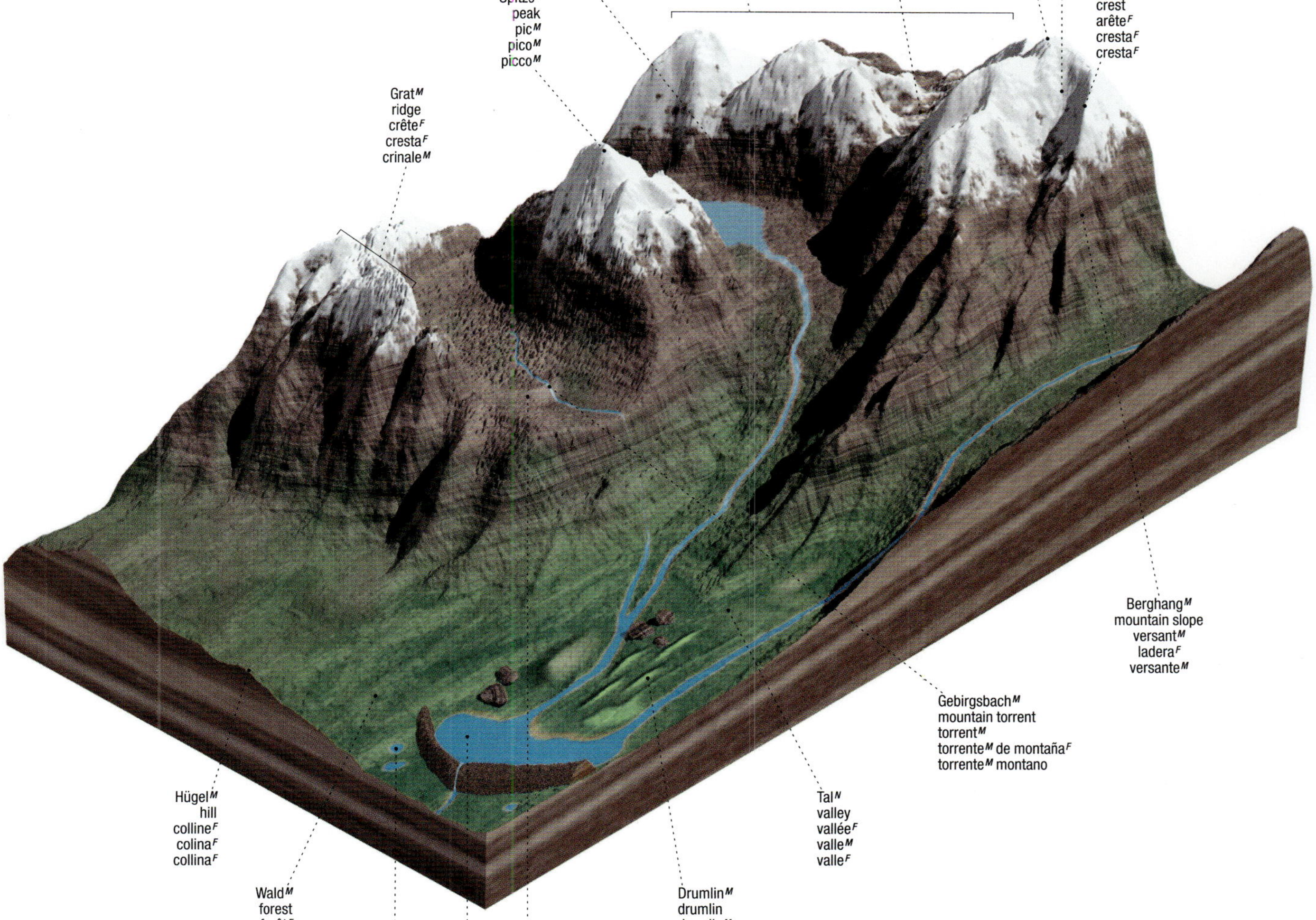

Erdoberfläche^F

Gletscher^M
glacier
glacier^M
glaciar^M
ghiacciaio^M

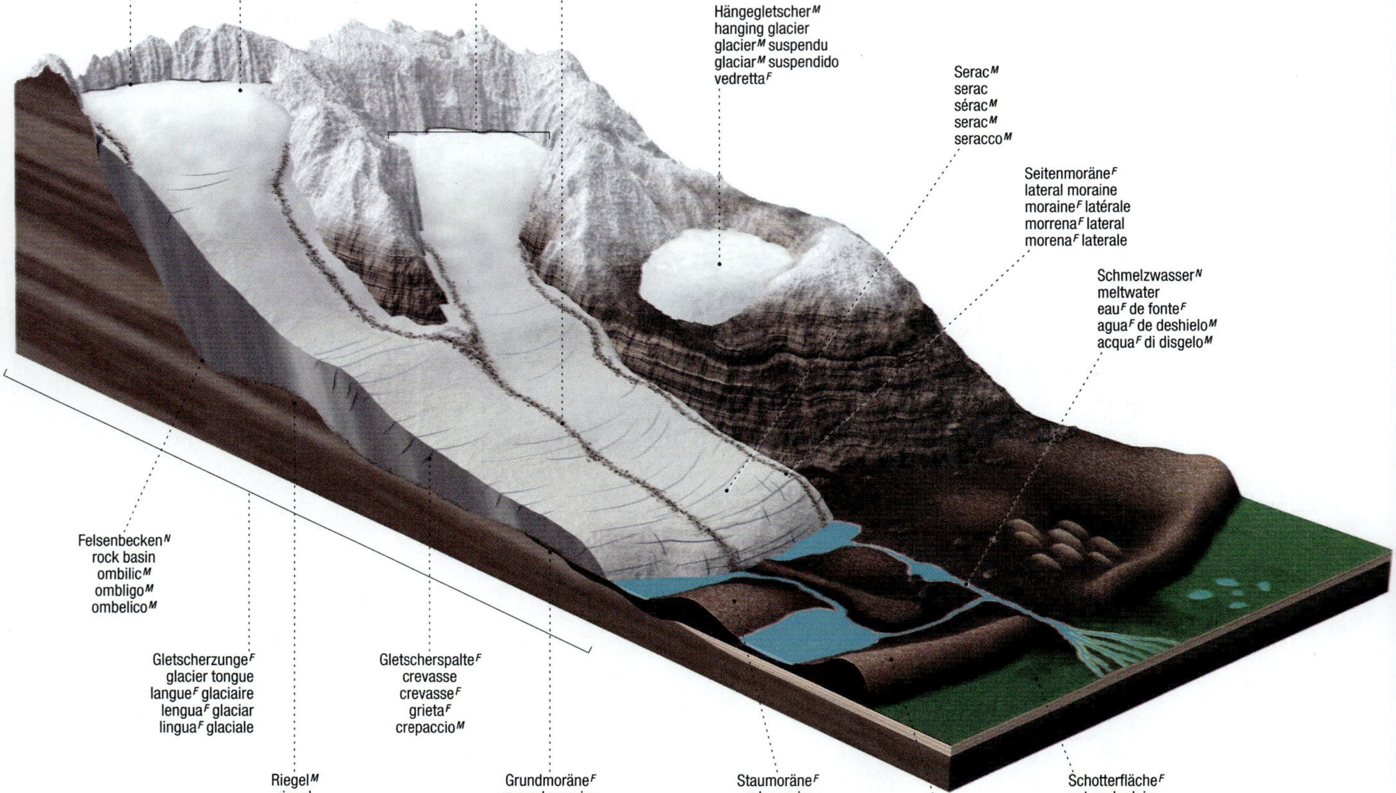

Erdoberfläche^{F}

Flusslandschaft^{F}
watercourse
cours^{M} d'eau^{F}
corriente^{F} de agua^{F}
corso^{M} d'acqua^{F}

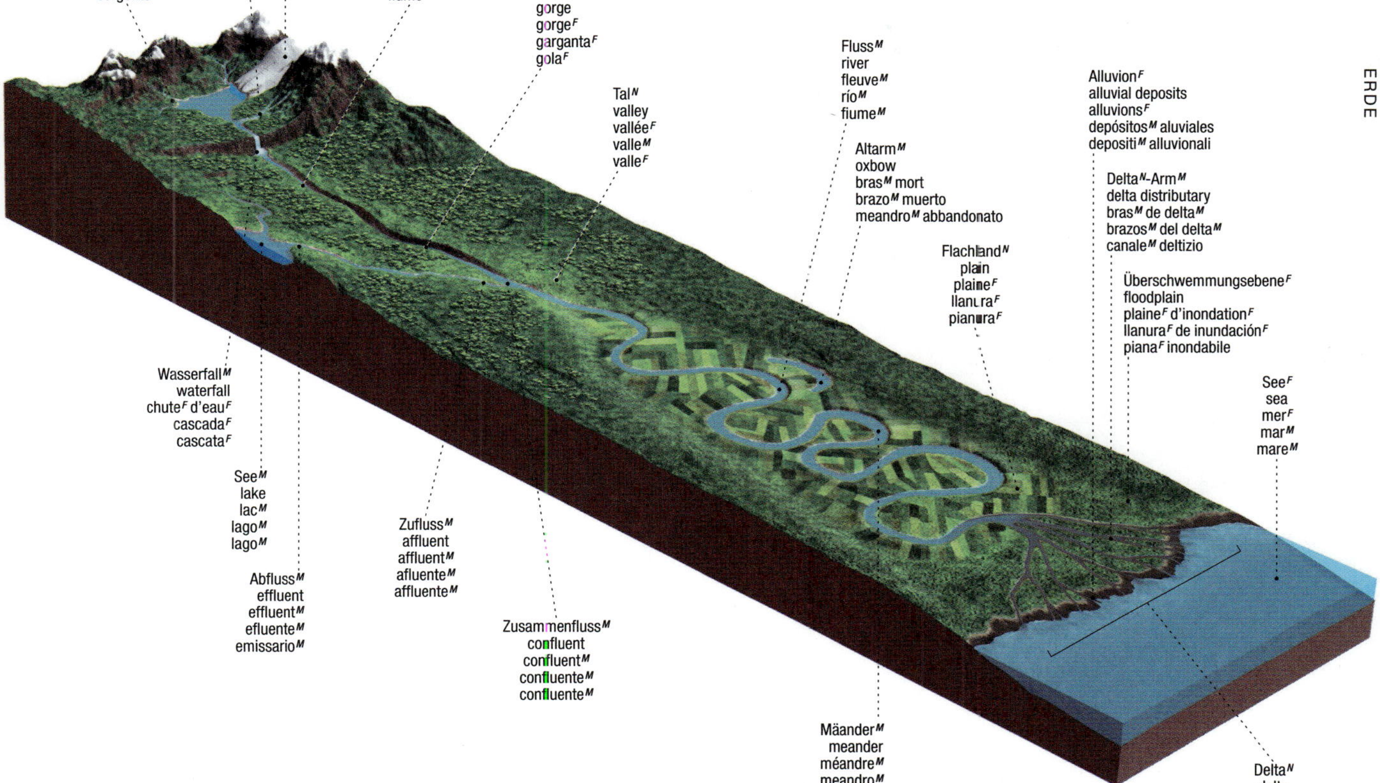

Beispiele^{N} für Seen^{M}
examples of lakes
exemples^{M} de lacs^{M}
ejemplos^{M} de lagos^{F}
esempi^{M} di laghi^{M}

Gletschersee^{M}
glacial lake
lac^{M} d'origine^{F} glaciaire
lago^{M} glaciar
lago^{M} glaciale

vulkanischer See^{M}
volcanic lake
lac^{M} d'origine^{F} volcanique
lago^{M} volcánico
lago^{M} vulcanico

tektonischer See^{M}
tectonic lake
lac^{M} d'origine^{F} tectonique
lago^{M} tectónico
lago^{M} tettonico

Altarm^{M}
oxbow lake
lac^{M} en croissant^{M}
lago^{M} de brazo^{M} muerto
lago^{M} di meandro^{M} abbandonato

Oase^{F}
oasis
oasis^{F}
oasis^{M}
oasi^{F}

künstlicher See^{M}
artificial lake
lac^{M} artificiel
embalse^{M}
lago^{M} artificiale

ERDE

Erdoberfläche[F]

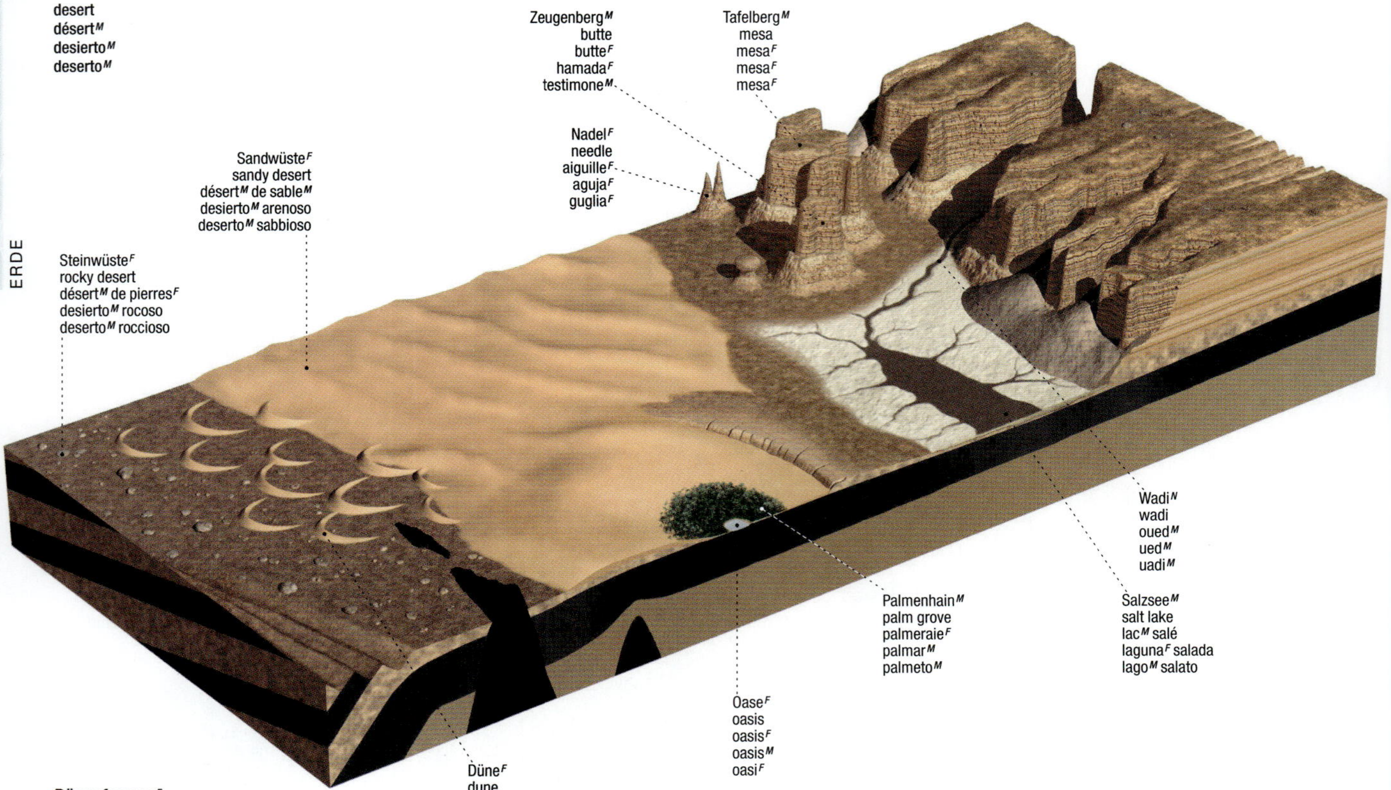

Dünenformen[F]
examples of dunes
exemples[M] de dunes[F]
ejemplos[M] de dunas[F]
esempi[M] di dune[F]

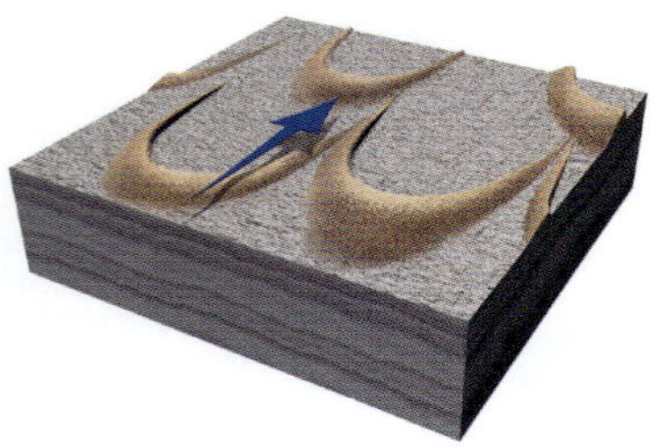

Sicheldüne[F]
crescentic dune
dune[F] en croissant[M]
barján[M]
barcana[F]

Sterndüne[F]
star dune
dune[F] complexe
duna[F] en estrella[F]
duna[F] a stella[F]

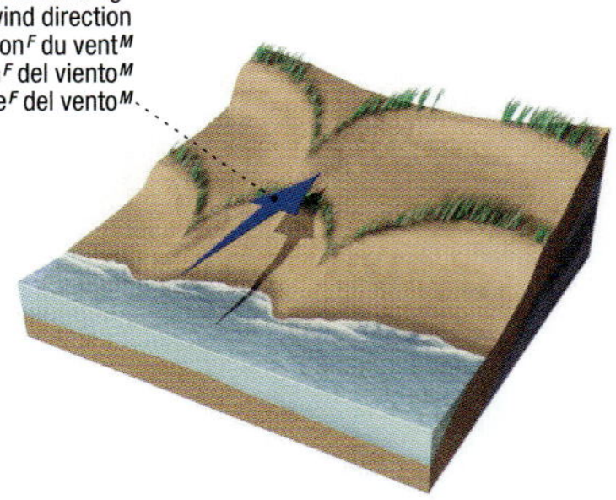

Parabeldüne[F]
parabolic dune
dune[F] parabolique
duna[F] parabólica
duna[F] parabolica

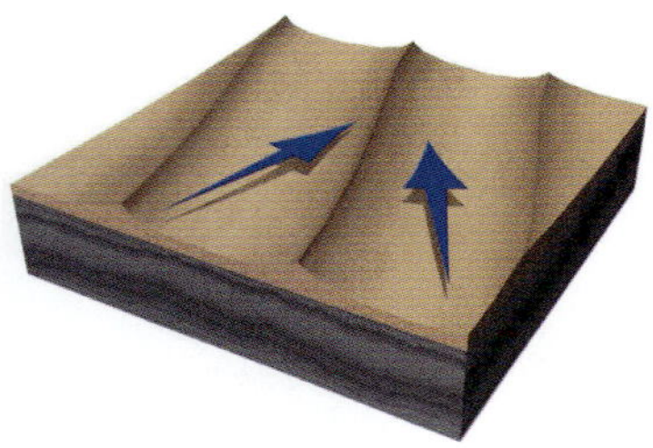

Längsdünen[F]
longitudinal dunes
dunes[F] longitudinales
dunas[F] longitudinales
dune[F] longitudinali

Querdünen[F]
transverse dunes
dunes[F] transversales
dunas[F] transversales
dune[F] trasversali

Dünenzug[M]
chain of dunes
cordon[M] de dunes[F]
cadena[F] de dunas[F]
catena[F] di dune[F]

geologische Phänomene^{N}

geological phenomena | phénomènes^{M} géologiques | fenómenos^{M} geológicos | fenomeni^{M} geologici

Vulkan^{M}
volcano
volcan^{M}
volcán^{M}
vulcano^{M}

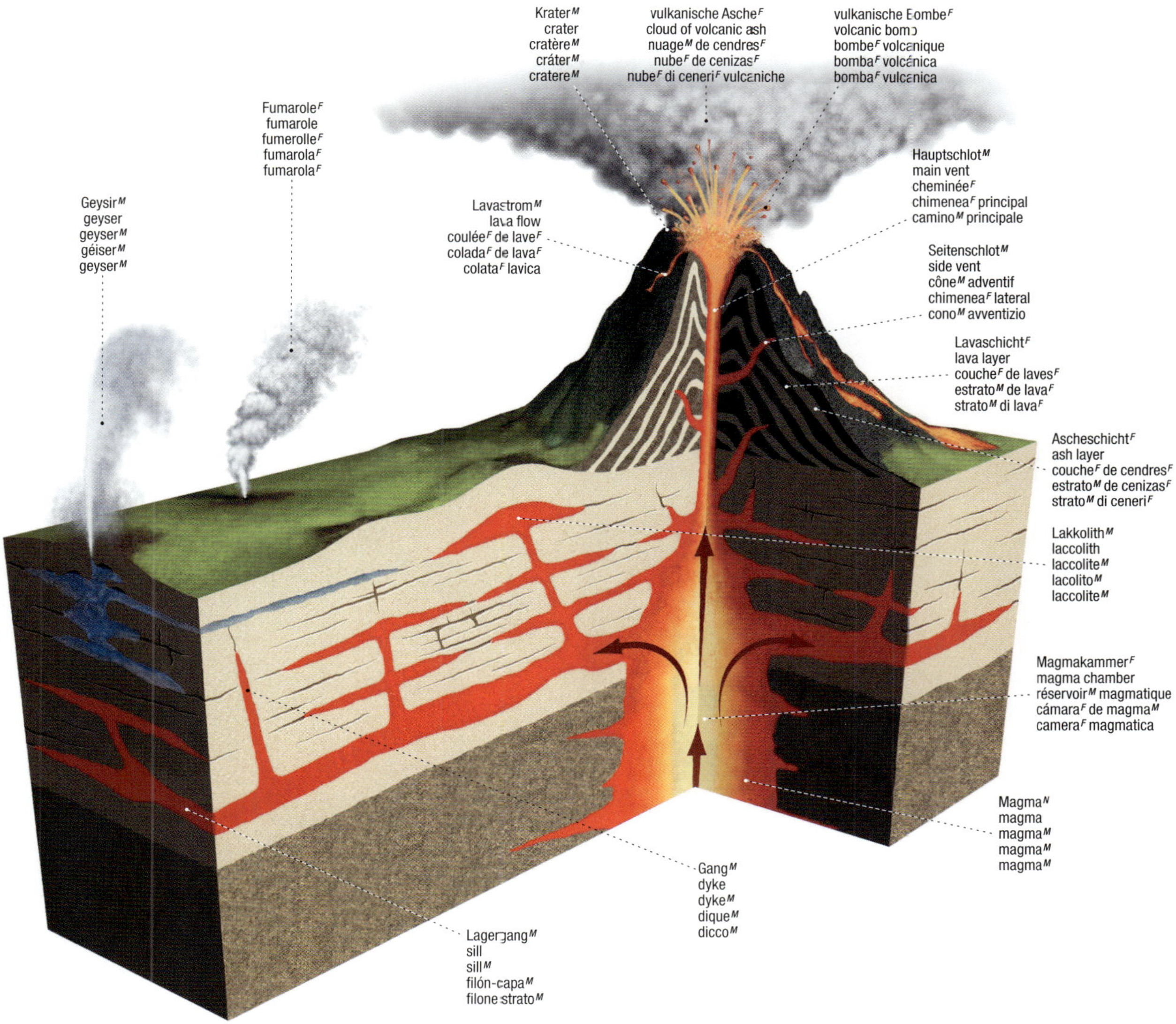

Vulkantypen^{M}
examples of volcanoes
exemples^{M} de volcans^{M}
ejemplos^{M} de volcanes^{M}
esempi^{M} di vulcani^{M}

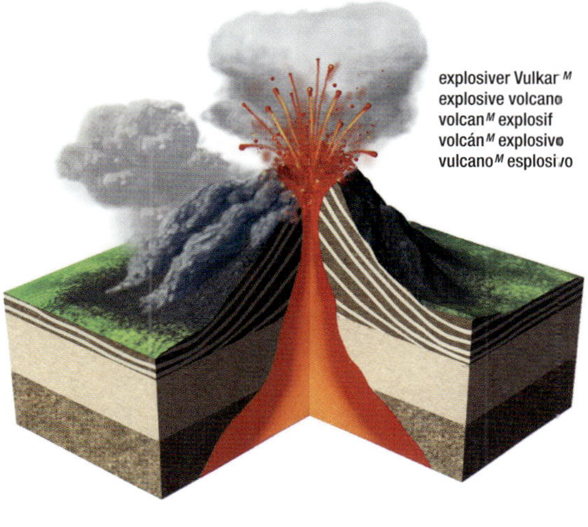

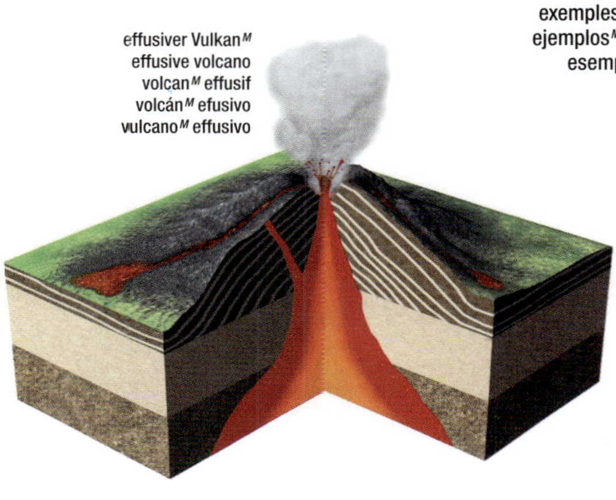

geologische Phänomene[N]

Erdbeben[N]
earthquake
séisme[M]
terremoto[M]
terremoto[M]

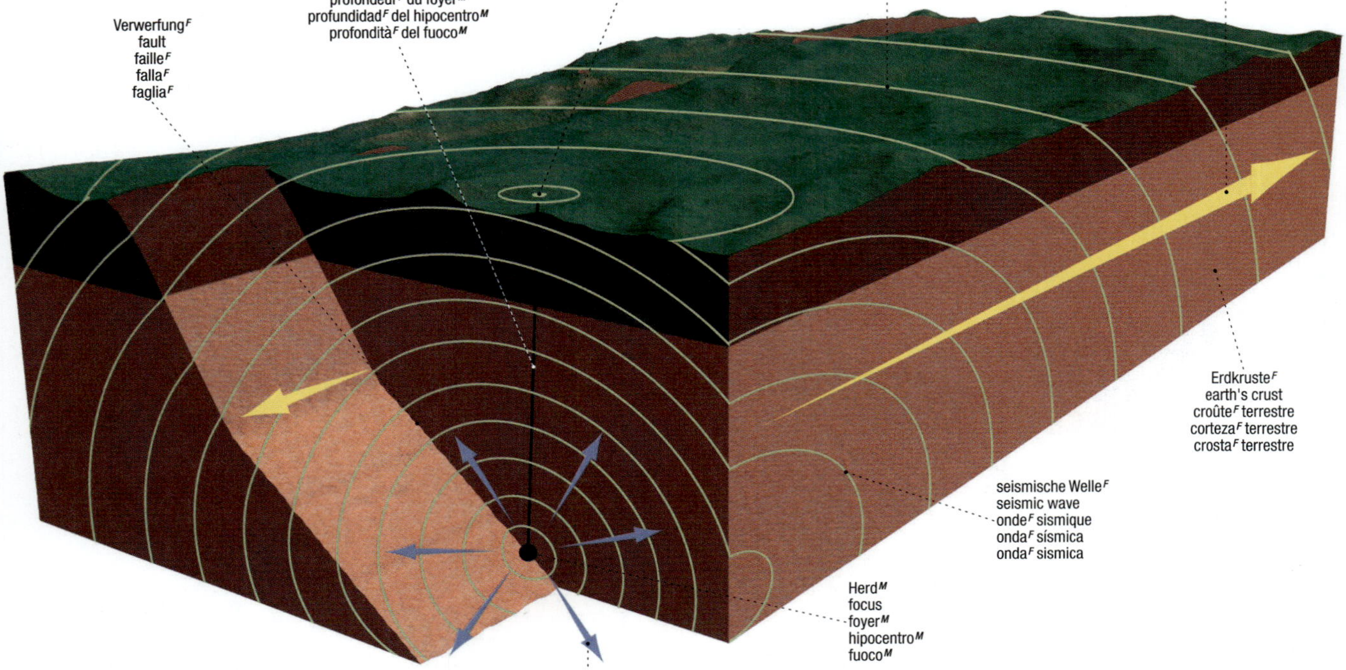

Seismographen[M]
seismographs
sismographes[M]
sismógrafos[M]
sismografi[M]

Vertikalseismograph[M]
vertical seismograph
sismographe[M] vertical
sismógrafo[M] vertical
sismografo[M] verticale

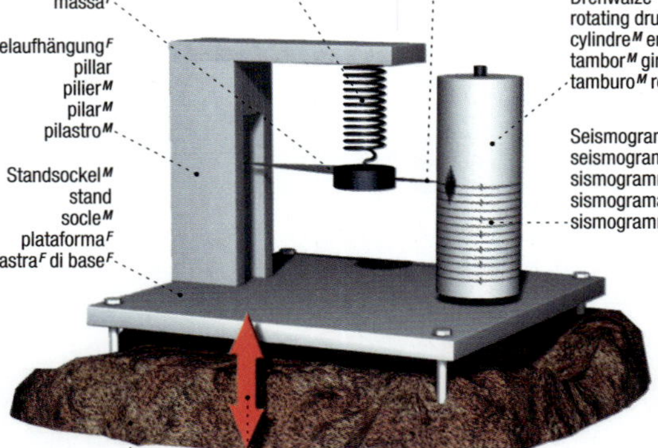

Horizontalseismograph[M]
horizontal seismograph
sismographe[M] horizontal
sismógrafo[M] horizontal
sismografo[M] orizzontale

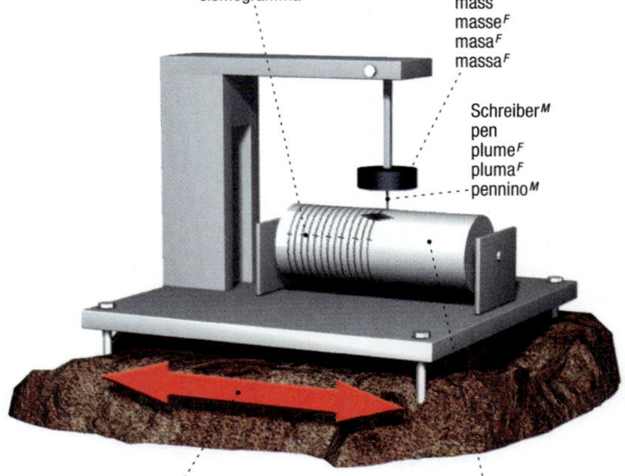

geologische Phänomene[N]

Tsunami[M]
tsunami
tsunami[M]
tsunami[M]
tsunami[M]

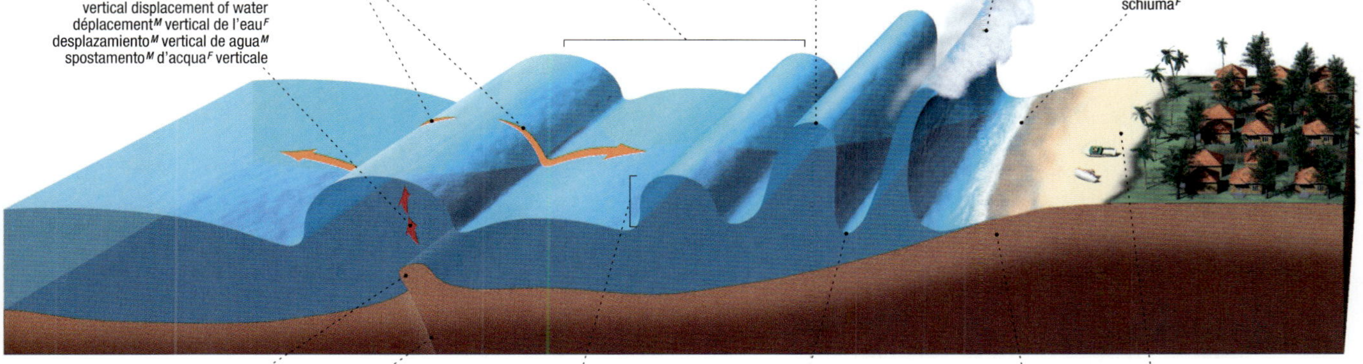

Bodenbewegungen[F]
landslides
mouvements[M] de terrain[M]
desprendimientos[M] de tierras[F]
movimenti[M] del terreno[M]

Steinschlag[M]
rockslide
éboulement[M]
derrumbamiento[M]
frana[F]

Schlammfluss[M]
mudflow
coulée[F] de boue[F]
corrimiento[M]
colata[F] di fango[M]

Bodenkriechen[N]
creep
reptation[F]
reptación[F]
reptazione[F]

Erdrutsch[M]
earthflow
glissement[M] de terrain[M]
desprendimiento[M]
smottamento[M]

Minerale^{N}

minerals | minéraux^{M} | minerales^{M} | minerali^{M}

Beispiele^{N} häufiger reiner Minerale^{N}
examples of common pure minerals
exemples^{M} de minéraux^{M} purs usuels
ejemplos^{M} de minerales^{M} puros comunes
esempi^{M} di comuni minerali^{M} puri

Quecksilber^{N}
mercury
mercure^{M}
mercurio^{M}
mercurio^{M}

Chrom^{N}
chromium
chrome^{M}
cromo^{M}
cromo^{M}

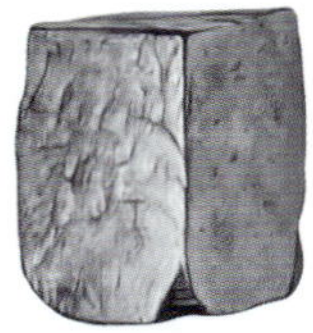

Platin^{N}
platinum
platine^{M}
platino^{M}
platino^{M}

Silber^{N}
silver
argent^{M}
plata^{F}
argento^{M}

Asbest^{N}
asbestos
amiante^{M}
asbesto^{M}
amianto^{M}

Aluminium^{N}
aluminium
aluminium^{M}
aluminio^{M}
alluminio^{M}

Blei^{N}
lead
plomb^{M}
plomo^{M}
piombo^{M}

Uran^{N}
uranium
uranium^{M}
uranio^{M}
uranio^{M}

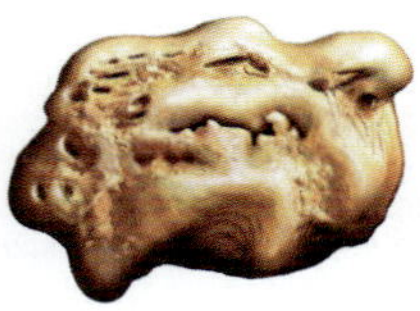

Gold^{N}
gold
or^{M}
oro^{M}
oro^{M}

Nickel^{N}
nickel
nickel^{M}
níquel^{M}
nichel^{M}

Eisen^{N}
iron
fer^{M}
hierro^{M}
ferro^{M}

Kupfer^{N}
copper
cuivre^{M}
cobre^{M}
rame^{M}

Zinn^{N}
tin
étain^{M}
estaño^{M}
stagno^{M}

Zink^{N}
zinc
zinc^{M}
zinc^{M}
zinco^{M}

Titan^{N}
titanium
titane^{M}
titanio^{M}
titanio^{M}

Beispiele^{N} für Metalllegierungen^{F}
examples of metal alloys
exemples^{M} d'alliages^{M} métalliques
ejemplos^{M} de aleaciones^{F} de metales^{M}
esempi^{M} di leghe^{F} di metalli^{M}

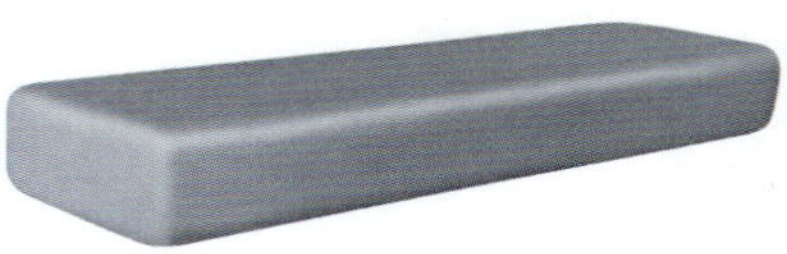

Stahl^{M} = Eisen^{N} + Kohlenstoff^{M}
steel = iron + carbon
acier^{M} = fer^{M} + carbone^{M}
acero^{M} = hierro^{M} + carbono^{M}
acciaio^{M} = ferro^{M} + carbone^{M}

Bronze^{F} = Kupfer^{N} + Zinn^{N}
bronze = copper + tin
bronze^{M} = cuivre^{M} + étain^{M}
bronce^{M} = cobre^{M} + estaño^{M}
bronzo^{M} = rame^{M} + stagno^{M}

Blech^{N} = Kupfer^{N} + Zink^{N}
brass = copper + zinc
laiton^{M} = cuivre^{M} + zinc^{M}
latón^{M} = cobre^{M} + zinc^{M}
ottone^{M} = rame^{M} + zinco^{M}

Erdatmosphäre^{F} im Querschnitt^{M}

profile of the earth's atmosphere | coupe^{F} de l'atmosphère^{F} terrestre | corte^{M} de la atmósfera^{F} terrestre | profilo^{M} dell'atmosfera^{F} terrestre

Temperaturskala^{F}
temperature scale
échelle^{F} des températures^{F}
escala^{F} de temperaturas^{F}
scala^{F} delle temperature^{F}

Höhenskala^{F}
altitude scale
échelle^{F} des altitudes^{F}
escala^{F} de altitud^{F}
scala^{F} delle altitudini^{F}

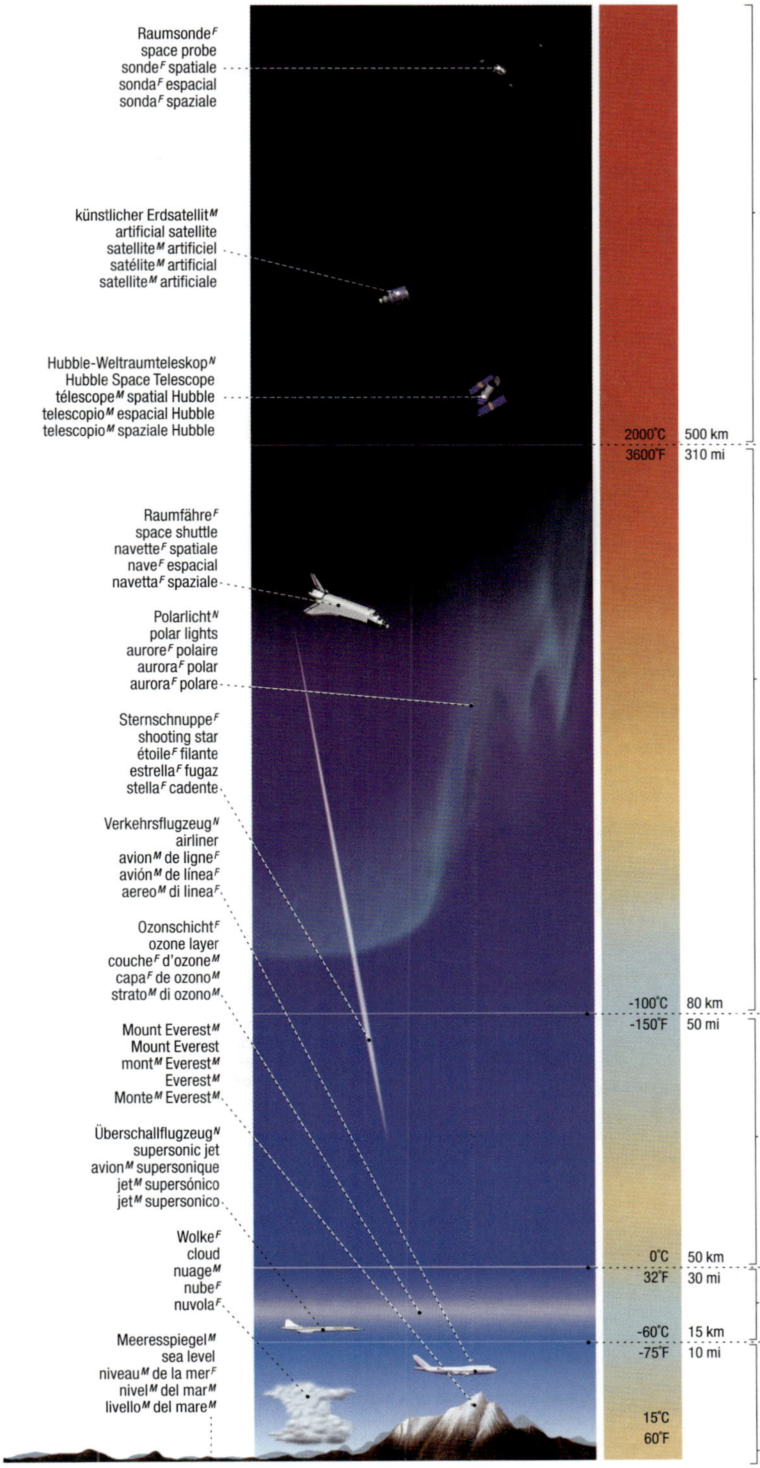

Raumsonde^{F}
space probe
sonde^{F} spatiale
sonda^{F} espacial
sonda^{F} spaziale

künstlicher Erdsatellit^{M}
artificial satellite
satellite^{M} artificiel
satélite^{M} artificial
satellite^{M} artificiale

Hubble-Weltraumteleskop^{N}
Hubble Space Telescope
télescope^{M} spatial Hubble
telescopio^{M} espacial Hubble
telescopio^{M} spaziale Hubble

Raumfähre^{F}
space shuttle
navette^{F} spatiale
nave^{F} espacial
navetta^{F} spaziale

Polarlicht^{N}
polar lights
aurore^{F} polaire
aurora^{F} polar
aurora^{F} polare

Sternschnuppe^{F}
shooting star
étoile^{F} filante
estrella^{F} fugaz
stella^{F} cadente

Verkehrsflugzeug^{N}
airliner
avion^{M} de ligne^{F}
avión^{M} de línea^{F}
aereo^{M} di linea^{F}

Ozonschicht^{F}
ozone layer
couche^{F} d'ozone^{M}
capa^{F} de ozono^{M}
strato^{M} di ozono^{M}

Mount Everest^{M}
Mount Everest
mont^{M} Everest^{M}
Everest^{M}
Monte^{M} Everest^{M}

Überschallflugzeug^{N}
supersonic jet
avion^{M} supersonique
jet^{M} supersónico
jet^{M} supersonico

Wolke^{F}
cloud
nuage^{M}
nube^{F}
nuvola^{F}

Meeresspiegel^{M}
sea level
niveau^{M} de la mer^{F}
nivel^{M} del mar^{M}
livello^{M} del mare^{M}

Exosphäre^{F}
exosphere
exosphère^{F}
exosfera^{F}
esosfera^{F}

Thermopause^{F}
thermopause
thermopause^{F}
termopausa^{F}
termopausa^{F}

Thermosphäre^{F}
thermosphere
thermosphère^{F}
termosfera^{F}
termosfera^{F}

Mesopause^{F}
mesopause
mésopause^{F}
mesopausa^{F}
mesopausa^{F}

Mesosphäre^{F}
mesosphere
mésosphère^{F}
mesosfera^{F}
mesosfera^{F}

Stratopause^{F}
stratopause
stratopause^{F}
estratopausa^{F}
stratopausa^{F}

Stratosphäre^{F}
stratosphere
stratosphère^{F}
estratosfera^{F}
stratosfera^{F}

Tropopause^{F}
tropopause
tropopause^{F}
tropopausa^{F}
tropopausa^{F}

Troposphäre^{F}
troposphere
troposphère^{F}
troposfera^{F}
troposfera^{F}

Jahreszeiten[F]

seasons of the year | cycle[M] des saisons[F] | estaciones[F] del año[M] | stagioni[F] dell'anno[M]

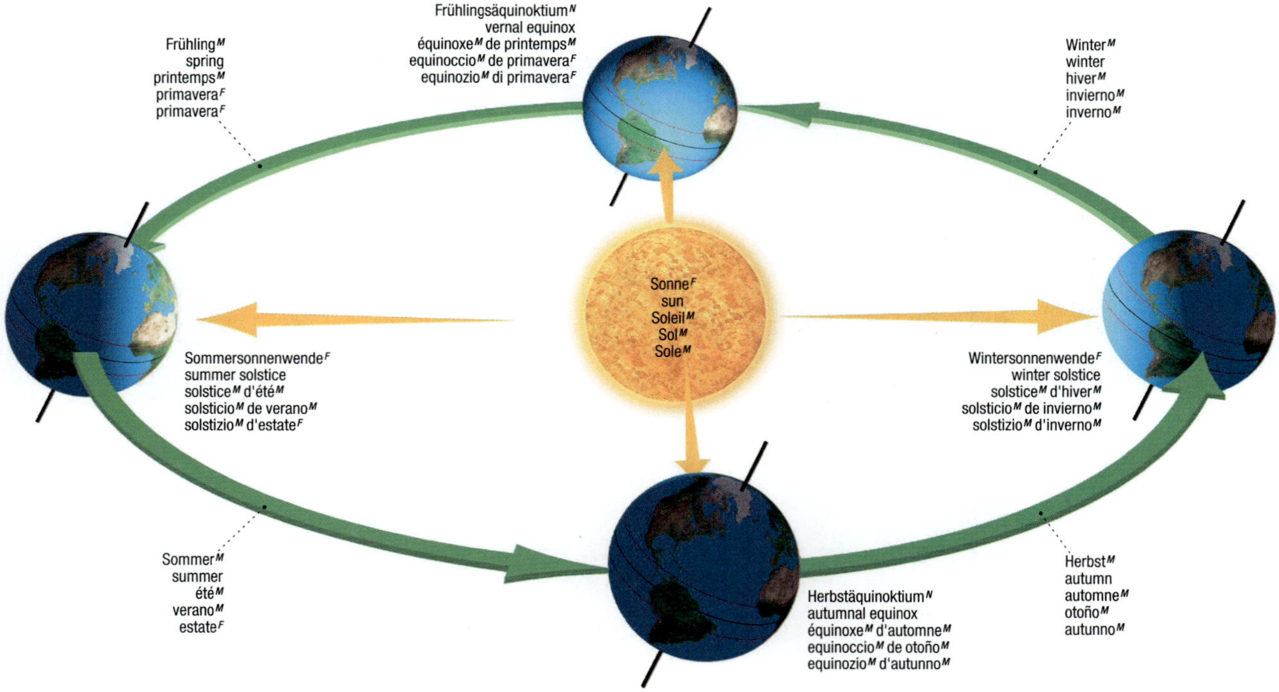

Wettervorhersage[F]

meteorological forecast | prévision[F] météorologique | previsión[F] meteorológica | previsioni[F] meteorologiche

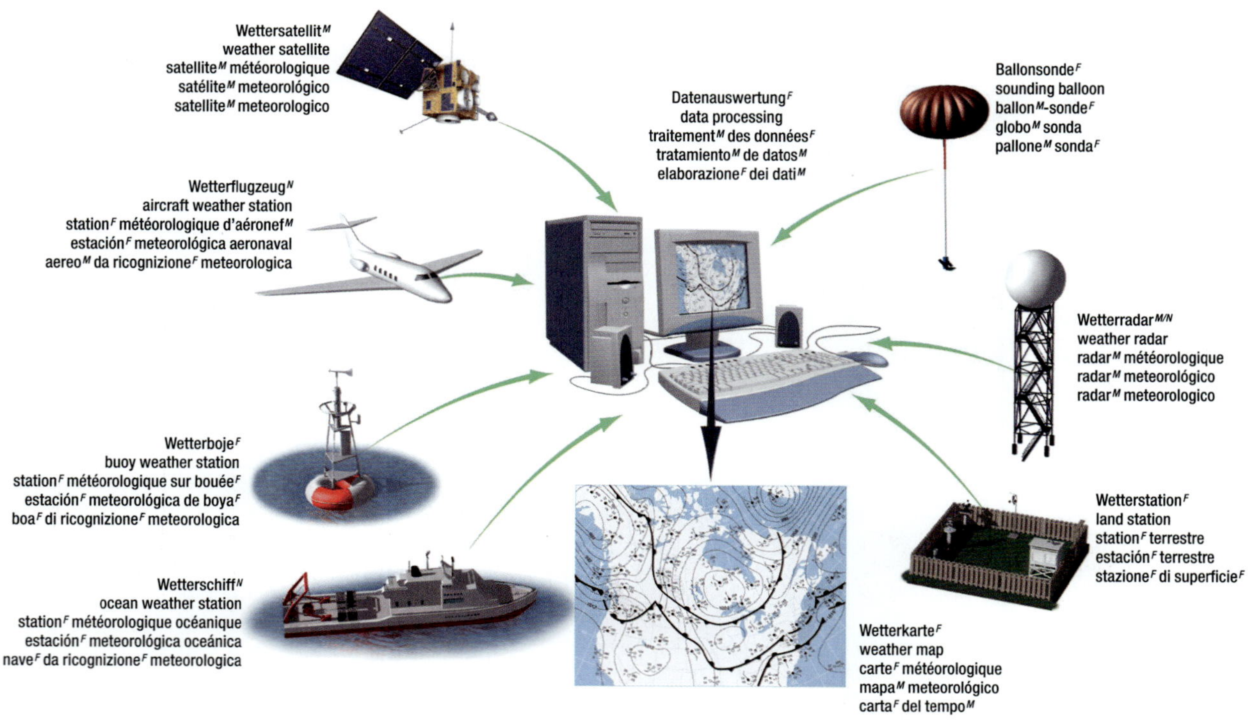

Wetterkarte^{F}

weather map | carte^{F} météorologique | mapa^{M} meteorológico | carta^{F} del tempo^{M}

Windrichtung^{F} und Windgeschwindikeit^{F}
wind direction and speed
direction^{F} et force^{F} du vent^{M}
dirección^{F} y velocidad^{F} del viento^{M}
direzione^{F} e forza^{F} del vento^{M}

Luftdruck^{M}
barometric pressure
pression^{F} barométrique
presión^{F} barométrica
pressione^{F} atmosferica

Isobare^{F}
isobar
isobare^{F}
isobara^{F}
isobara^{F}

Tiefdruckgebiet^{N}
depression
dépression^{F}
depresión^{F}
centro^{M} di bassa pressione^{F}

Niederschlagsgebiet^{N}
precipitation area
zone^{F} de précipitation^{F}
zona^{F} de precipitación^{F}
area^{F} di precipitazione^{F}

Trog^{M}
trough
creux^{M} barométrique
depresión^{F} barométrica
saccatura^{F}

Luftmasse^{F}
type of air mass
type^{M} de la masse^{F} d'air^{M}
masa^{F} de aire^{M}
tipo^{M} di massa^{F} d'aria^{F}

Hochdruckgebiet^{N}
anticyclone
anticyclone^{M}
anticiclón^{M}
centro^{M} di alta pressione^{F}

Stationsmodell^{N}

station model | disposition^{F} des informations^{F} d'une station^{F} | modelo^{M} de estación^{F} | modello^{M} di stazione^{F}

Art der hohen Wolken^{F}
type of high cloud
type^{M} de nuage^{M} élevé
tipo^{M} de nube^{F} alta
tipo^{M} di nube^{F} alta

Windgeschwindigkeit^{F}
wind speed
force^{F} du vent^{M}
velocidad^{F} del viento^{M}
forza^{F} del vento^{M}

Lufttemperatur^{F}
air temperature
température^{F} de l'air^{M}
temperatura^{F} ambiente
temperatura^{F} dell'aria^{F}

Windrichtung^{F}
wind direction
direction^{F} du vent^{M}
dirección^{F} del viento^{M}
direzione^{F} del vento^{M}

gegenwärtige Wetterlage^{F}
present state of weather
état^{M} présent du temps^{M}
estado^{M} actual del tiempo^{M}
stato^{M} presente del tempo^{M}

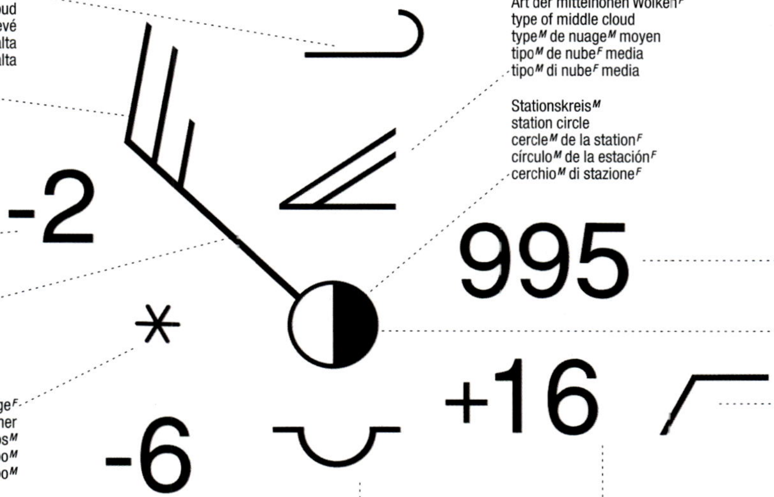

Art der mittelhohen Wolken^{F}
type of middle cloud
type^{M} de nuage^{M} moyen
tipo^{M} de nube^{F} media
tipo^{M} di nube^{F} media

Stationskreis^{M}
station circle
cercle^{M} de la station^{F}
círculo^{M} de la estación^{F}
cerchio^{M} di stazione^{F}

Luftdruck^{M} in Meereshöhe^{F}
sea-level pressure
pression^{F} au niveau^{M} de la mer^{F}
presión^{F} barométrica a nivel^{M} del mar^{M}
pressione^{F} a livello^{M} del mare^{M}

Himmelsbedeckung^{F}
sky coverage
nébulosité^{F}
proporción^{F} de nubes^{F}
copertura^{F} del cielo^{M}

Drucktendenz^{F}
barometric tendency
tendance^{F} barométrique
tendencia^{F} barométrica
tendenza^{F} barometrica

Taupunkttemperatur^{F}
temperature of dew point
température^{F} du point^{M} de rosée^{F}
temperatura^{F} del punto^{M} de rocío^{M}
temperatura^{F} di rugiada^{F}

Art der tiefen Wolken^{F}
type of low cloud
type^{M} de nuage^{M} bas
tipo^{M} de nube^{F} baja
tipo^{M} di nube^{F} bassa

Luftdruckänderung^{F}
pressure change
évolution^{F} de la pression^{F}
cambio^{M} de presión^{F}
variazione^{F} di pressione^{F}

internationale Wettersymbole[N]

international weather symbols | symboles[M] météorologiques internationaux | símbolos[M] meteorológicos internacionales | simboli[M] meteorologici internazionali

Wind[M]
wind
vent[M]
viento[M]
vento[M]

Windstille[F]
calm
air[M] calme
sosegado[M]
calma[F]

Pfeil[M]
shaft
hampe[F]
brisa[F] leve
segmento[M] orientato

ganzer Querstrich[M]
barb
barbule[F]
viento[M] moderado
barbetta[F]

Windstärkefähnchen[N]
wind arrow
flèche[F] du vent[M]
flecha[F] indicadora de la dirección[F] del viento[M]
freccia[F] del vento[M]

halber Querstrich[M]
half barb
demi-barbule[F]
viento[M] suave
mezza barbetta[F]

Fähnchen[N]
pennant
fanion[M]
tempestad[F]
banderuola[F]

Fronten[F]
fronts
fronts[M]
frentes[M]
fronti[M]

Kaltfront[F] am Boden[M]
surface cold front
front[M] froid en surface[F]
frente[M] frío de superficie[F]
fronte[M] freddo al suolo[M]

Warmfront[F] am Boden[M]
surface warm front
front[M] chaud en surface[F]
frente[M] cálido de superficie[F]
fronte[M] caldo al suolo[M]

Okklusion[F]
occluded front
front[M] occlus
frente[M] ocluido
fronte[M] occluso al suolo[M]

Höhenkaltfront[F]
upper cold front
front[M] froid en altitude[F]
frente[M] frío en las alturas[F]
fronte[M] freddo in quota[F]

Höhenwarmfront[F]
upper warm front
front[M] chaud en altitude[F]
frente[M] cálido en las alturas[F]
fronte[M] caldo in quota[F]

stationäre Front[F]
stationary front
front[M] stationnaire
frente[M] estacionario
fronte[M] stazionario

Bedeckungsgrad[M]
sky coverage
nébulosité[F]
nubosidad[F]
nuvolosità[F]

stark bewölkter Himmel[M]
very cloudy sky
ciel[M] très nuageux
cielo[M] muy nuboso
cielo[M] molto nuvoloso

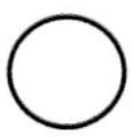

wolkenloser Himmel[M]
cloudless sky
ciel[M] sans nuages[M]
cielo[M] despejado
cielo[M] sereno

heiterer Himmel[M]
slightly covered sky
ciel[M] peu nuageux
cielo[M] ligeramente nuboso
cielo[M] poco nuvoloso

bedeckter Himmel[M]
overcast sky
ciel[M] couvert
cielo[M] completamente nuboso
cielo[M] coperto

klarer Himmel[M]
clear sky
ciel[M] clair
cielo[M] sereno
cielo[M] limpido

bewölkter Himmel[M]
cloudy sky
ciel[M] nuageux
cielo[M] medio nuboso
cielo[M] nuvoloso

nicht angebbar (da nicht erkennbar)
obscured sky
ciel[M] complètement obscurci
cielo[M] no observable
cielo[M] invisibile

Wolken[F]
clouds
nuages[M]
nubes[M]
nuvole[F]

Stratus[M]
stratus
stratus[M]
estrato[M]
strato[M]

Altostratus[M]
altostratus
altostratus[M]
altostrato[M]
altostrato[M]

Zirrus[M]
cirrus
cirrus[M]
cirro[M]
cirro[M]

Kumulonimbus[M]
cumulonimbus
cumulonimbus[M]
cumulonimbo[M]
cumulonembo[M]

Nimbostratus[M]
nimbostratus
nimbostratus[M]
nimbostrato[M]
nembostrato[M]

Zirrostratus[M]
cirrostratus
cirrostratus[M]
cirrostrato[M]
cirrostrato[M]

Kumulus[M]
cumulus
cumulus[M]
cúmulo[M]
cumulo[M]

Altokumulus[M]
altocumulus
altocumulus[M]
altocúmulo[M]
altocumulo[M]

Zirrokumulus[M]
cirrocumulus
cirrocumulus[M]
cirrocúmulo[M]
cirrocumulo[M]

Stratokumulus[M]
stratocumulus
stratocumulus[M]
estratocúmulo[M]
stratocumulo[M]

internationale Wettersymbole[N]

Niederschläge[M]
present weather
météores[M]
fenómenos[M] atmosféricos
meteore[F]

Sand- oder Staubsturm[M]
sandstorm or dust storm
tempête[F] de sable[M] ou de poussière[F]
tormenta[F] de polvo[M] y arena[F]
tempesta[F] di sabbia[F] o di polvere[F]

Rauch[M]
smoke
fumée[F]
humo[M]
fumo[M]

Gewitter[N]
thunderstorm
orage[M]
tormenta[F]
temporale[M]

starkes Gewitter[N]
heavy thunderstorm
orage[M] fort
tormenta[F] eléctrica
temporale[M] forte

Blitz[M]
lightning
éclair[M]
relámpago[M]
fulmine[M]

tropischer Sturm[M]
tropical storm
tempête[F] tropicale
tormenta[F] tropical
tempesta[F] tropicale

Orkan[M]
hurricane
ouragan[M]
huracán[M]
uragano[M]

Tornado[M]
tornado
tornade[F]
tornado[M]
tornado[M]

zeitweise leichter Regen[M]
light intermittent rain
pluie[F] intermittente faible
lluvia[F] ligera intermitente
pioggia[F] leggera intermittente

zeitweise leichter Sprühregen[M]
light intermittent drizzle
bruine[F] intermittente faible
llovizna[F] ligera intermitente
pioviggine[F] leggera intermittente

zeitweise leichter Schneefall[M]
light intermittent snow
neige[F] intermittente faible
nieve[F] ligera intermitente
neve[F] leggera intermittente

zeitweise mäßiger Regen[M]
moderate intermittent rain
pluie[F] intermittente modérée
lluvia[F] moderada intermitente
pioggia[F] moderata intermittente

zeitweise mäßiger Sprühregen[M]
moderate intermittent drizzle
bruine[F] intermittente modérée
llovizna[F] moderada intermitente
pioviggine[F] moderata intermittente

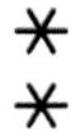
zeitweise mäßiger Schneefall[M]
moderate intermittent snow
neige[F] intermittente modérée
nieve[F] moderada intermitente
neve[F] moderata intermittente

zeitweise starker Regen[M]
heavy intermittent rain
pluie[F] intermittente forte
lluvia[F] intensa intermitente
pioggia[F] forte intermittente

zeitweise dichter Sprühregen[M]
thick intermittent drizzle
bruine[F] intermittente forte
llovizna[F] fuerte intermitente
pioviggine[F] spessa intermittente

zeitweise starker Schneefall[M]
heavy intermittent snow
neige[F] intermittente forte
nieve[F] fuerte intermitente
neve[F] forte intermittente

anhaltend leichter Regen[M]
light continuous rain
pluie[F] continue faible
lluvia[F] ligera continua
pioggia[F] leggera continua

anhaltend leichter Sprühregen[M]
light continuous drizzle
bruine[F] continue faible
llovizna[F] ligera continua
pioviggine[F] leggera continua

anhaltend leichter Schneefall[M]
light continuous snow
neige[F] continue faible
nieve[F] ligera continua
neve[F] leggera continua

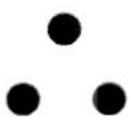
anhaltend mäßiger Regen[M]
moderate continuous rain
pluie[F] continue modérée
lluvia[F] moderada continua
pioggia[F] moderata continua

anhaltend mäßiger Sprühregen[M]
moderate continuous drizzle
bruine[F] continue modérée
llovizna[F] moderada continua
pioviggine[F] moderata continua

anhaltend mäßiger Schneefall[M]
moderate continuous snow
neige[F] continue modérée
nieve[F] moderada continua
neve[F] moderata continua

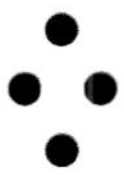
anhaltend starker Regen[M]
heavy continuous rain
pluie[F] continue forte
lluvia[F] fuerte continua
pioggia[F] forte continua

anhaltend dichter Sprühregen[M]
thick continuous drizzle
bruine[F] continue forte
llovizna[F] fuerte continua
pioviggine[F] spessa continua

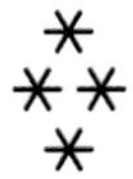
anhaltend starker Schneefall[M]
heavy continuous snow
neige[F] continue forte
nieve[F] fuerte continua
neve[F] forte continua

Schneeregen[M]
sleet
grésil[M]
aguanieve[F]
nevischio[M]

Dunst[M]
mist
brume[F]
neblina[F]
bruma[F] umida

Schneeschauer[M]
snow shower
averse[F] de neige[F]
chubasco[M] de nieve[F]
rovesci[M] di neve[F]

Schneefegen[N]
drifting snow low
chasse-neige[F] basse
viento[M] fuerte invernal alto
scaccianeve[M] basso

Nebel[M]
fog
brouillard[M]
niebla[F]
nebbia[F]

Regenschauer[M]
rain shower
averse[F] de pluie[F]
chubasco[M]
rovesci[M] di pioggia[F]

Schneetreiben[N]
drifting snow high
chasse-neige[F] haute
viento[M] fuerte invernal bajo
scaccianeve[M] alto

Dunst[M]
haze
brume[F] sèche
neblina[F]
foschia[F]

Hagelschauer[M]
hail shower
averse[F] de grêle[F]
granizada[F]
rovesci[M] di grandine[F]

Eisregen[M]
freezing rain
pluie[F] verglaçante
lluvia[F] helada
pioggia[F] congelantesi

gefrierender Sprühregen[M]
freezing drizzle
bruine[F] verglaçante
llovizna[F] helada
pioviggine[F] congelantesi

Bö[F]
squall
grain[M]
chaparrón[M F]
groppo[M]

ERDE

Wetterstation[F]

meteorological station | station[F] météorologique | estación[F] meteorológica | stazione[F] meteorologica

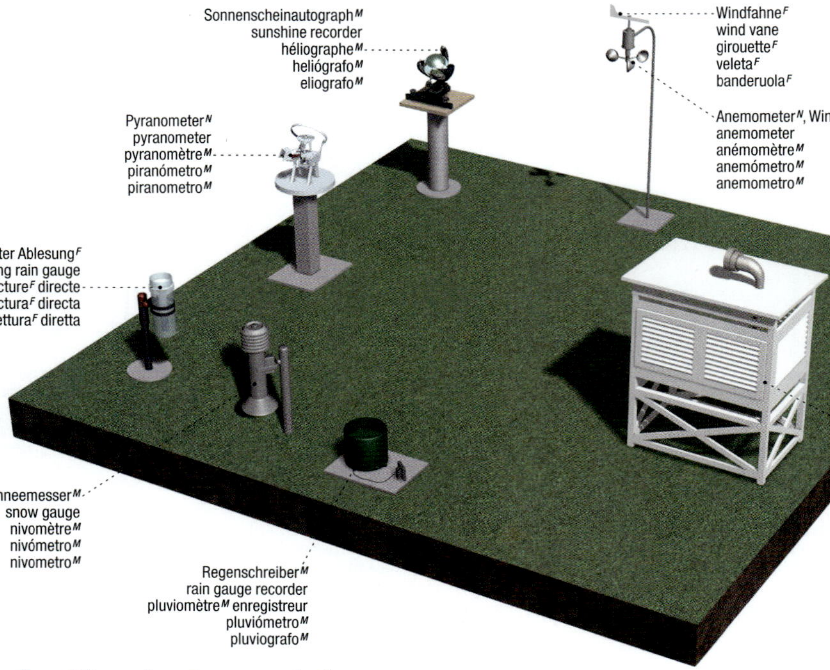

meteorologische Messinstrumente[N]

meteorological measuring instruments | instruments[M] de mesure[F] météorologique | instrumentos[M] de medición[F] meteorológica | strumenti[M] di misurazione[F] meteorologica

**Messung[F] der Sonneneinstrahlung[F]
measurement of sunshine
mesure[F] de l'ensoleillement[M]
medición[F] de la insolación[F]
misurazione[F] della luce[F] solare**

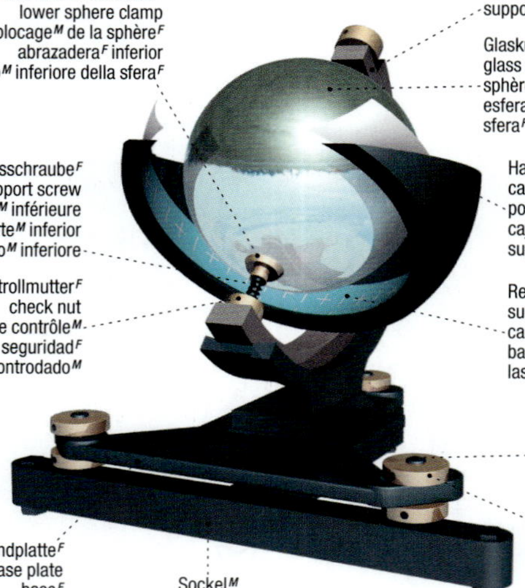

**Messung[F] der Himmelsstrahlung[F]
measure of sky radiation
mesure[F] du rayonnement[M] du ciel[M]
medida[F] de radiación[F] del cielo[M]
misurazione[F] delle radiazioni[F] solari**

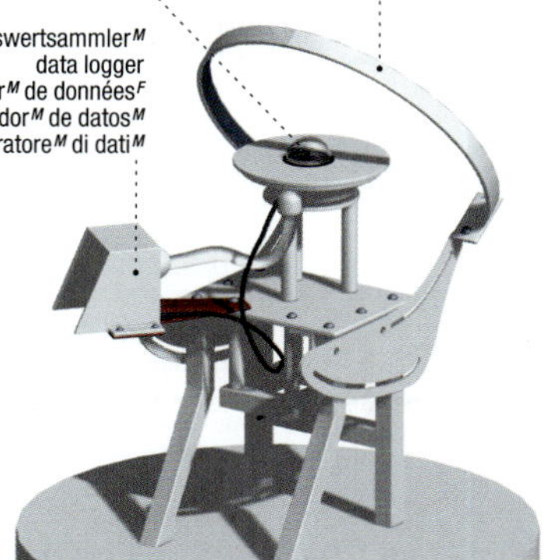

meteorologische Messinstrumente[N]

selbst schreibender Regenmesser[M]
direct-reading rain gauge
pluviomètre[M] à lecture[F] directe
pluviómetro[M] de lectura[F] directa
pluviometro[M] a lettura[F] diretta

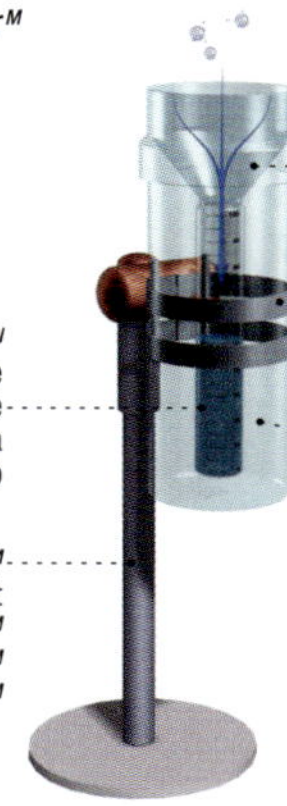

Sammeltrichter[M]
collecting funnel
entonnoir[M] collecteur
embudo[M] colector
imbuto[M] collettore

Schelle[F]
tightening band
collier[M] de serrage[M]
banda[F] de tensión[F]
fascetta[F] di fissaggio[M]

Messrohr[N]
measuring tube
éprouvette[F] graduée
probeta[F] graduada
tubo[M] graduato

Behälter[M]
container
récipient[M]
recipiente[M] de vertido[M]
contenitore[M]

Ständer[M]
support
support[M]
soporte[M]
sostegno[M]

Niederschlagsschreiber[M]
rain gauge recorder
pluviomètre[M] enregistreur
pluviómetro[M]
pluviografo[M]

Messung[F] der Regenmenge[F]
measurement of rainfall
mesure[F] de la pluviosité[F]
medición[F] de la lluvia[F]
misurazione[F] delle precipitazioni[F]

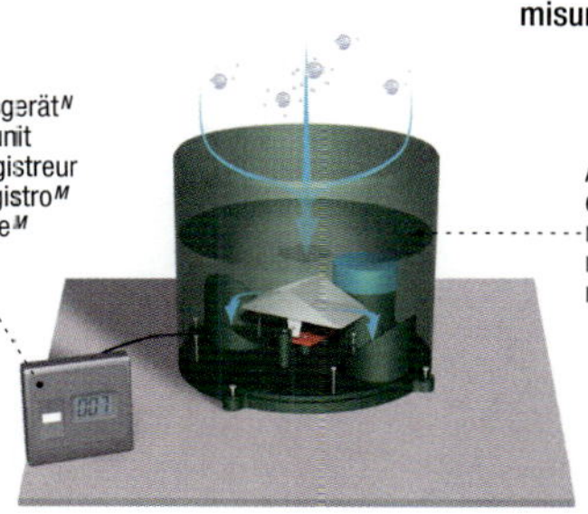

Aufzeichnungsgerät[N]
recording unit
appareil[M] enregistreur
unidad[F] de registro[M]
registratore[M]

Auffanggefäß[N]
collecting vessel
récipient[M] collecteur
recipiente[M] de acumulación[F]
recipiente[M] di raccolta[F]

Messung[F] in der oberen Atmosphäre[F]
upper-air sounding
sondage[M] en altitude[F]
sondeo[M] en altitud[F]
scandagliamento[M] ad alta quota[F]

Ballonsonde[F]
sounding balloon
ballon[M]-sonde[F]
globo[M] sonda
pallone[M]-sonda[F]

Radiosonde[F]
radiosonde
radiosonde[F]
radiosonda[F]
radiosonda[F]

Messung[F] der Windrichtung[F]
measurement of wind direction
mesure[F] de la direction[F] du vent[M]
medición[F] de la dirección[F] del viento[M]
misurazione[F] della direzione[F] del vento[M]

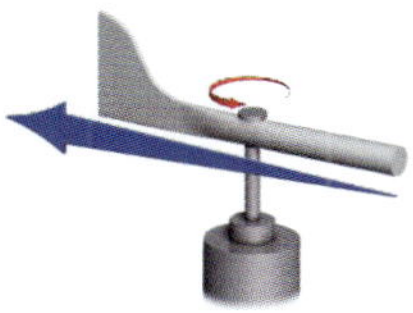

Windfahne[F]
wind vane
girouette[F]
veleta[F]
banderuola[F]

Messung[F] der Windstärke[F]
measurement of wind strength
mesure[F] de la vitesse[F] du vent[M]
medición[F] de la fuerza[F] del viento[M]
misurazione[F] della forza[F] del vento[M]

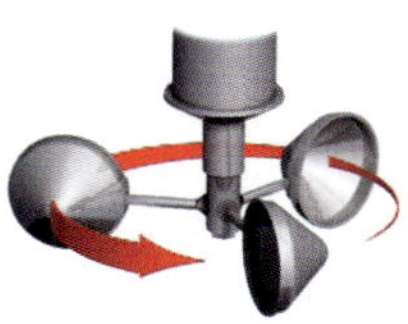

Anemometer[N]
anemometer
anémomètre[M]
anemómetro[M]
anemometro[M]

Messung[F] des Luftdrucks[M]
measurement of air pressure
mesure[F] de la pression[F]
medición[F] de la presión[F] del aire[M]
misurazione[F] della pressione[F] dell'aria[F]

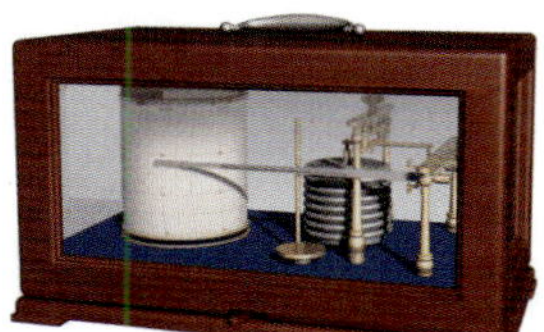

Barograph[M]
barograph
baromètre[M] enregistreur
barógrafo[M]
barografo[M]

Quecksilberbarometer[N]
mercury barometer
baromètre[M] à mercure[M]
barómetro[M] de mercurio[M]
barometro[M] a mercurio[M]

Messung[F] der Luftfeuchtigkeit[F]
measurement of humidity
mesure[F] de l'humidité[F]
medición[F] de la humedad[F]
misurazione[F] dell'umidità[F]

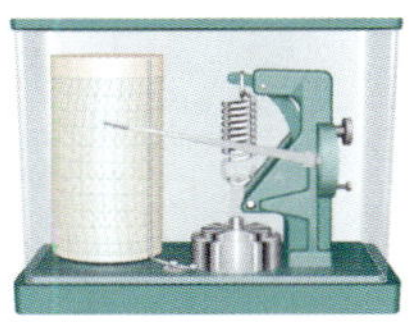

Hygrograph[M]
hygrograph
hygromètre[M] enregistreur
higrógrafo[M]
igrografo[M]

Psychrometer[N]
psychrometer
psychromètre[M]
psicrómetro[M]
psicrometro[M]

Messung[F] der Wolkenhöhe[F]
measurement of cloud ceiling
mesure[F] de la hauteur[F] des nuages[M]
medición[F] de la altura[F] de las nubes[F]
misurazione[F] dell'altezza[F] delle nubi[F]

Theodolit[M]
theodolite
théodolite[M]
teodolito[M]
teodolite[M]

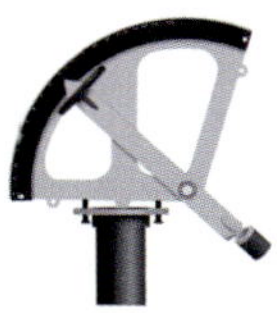

Alhidade[F]
alidade
alidade[F]
alidada[F]
alidada[F]

Messung[F] des Schneefalls[M]
measurement of snowfall
mesure[F] de la chute[F] de neige[F]
medición[F] de nevadas[F]
misurazione[F] delle precipitazioni[F] nevose

Schneemesser[M]
snow gauge
nivomètre[M]
nivómetro[M]
nivometro[M]

Messung[F] der Temperatur[F]
measurement of temperature
mesure[F] de la température[F]
medición[F] de la temperatura[F]
misurazione[F] della temperatura[F]

Maximal- und Minimalthermometer[N]
maximum and minimum thermometer
thermomètre[M] à maximum[M] et à minimum[M]
termómetro[M] al máximo[M] y mínimo[M]
termometro[M] massimo e minimo

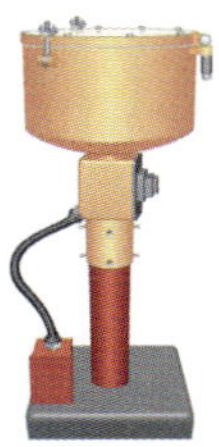

Wolkenhöhenmesser[M]
ceiling projector
projecteur[M] de plafond[M]
proyector[M] de altura[F] máxima
proiettore[M] per determinare l'altezza[F] delle nubi[F]

Wettersatellit^{M}

weather satellites | satellites^{M} météorologiques | satélite^{M} meteorológico | satelliti^{M} meteorologici

polar umlaufender Satellit^{M}
polar-orbiting satellite
satellite^{M} à défilement^{M}
satélite^{M} de órbita^{F} polar
satellite^{M} in orbita^{F} polare

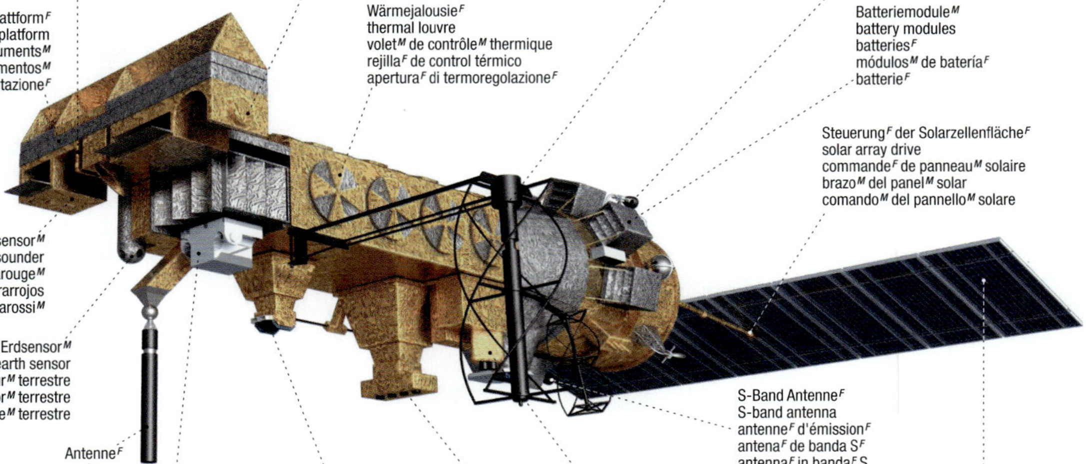

Sonnensensor^{M}
sun sensor
détecteur^{M} solaire
sensor^{M} solar
sensore^{M} solare

Radiometer^{N}
radiometer
radiomètre^{M}
radiómetro^{M}
radiometro^{M}

Such- und Rettungsantennen^{F}
search-and-rescue antennas
capteur^{M} de signaux^{M} de détresse^{F}
antenas^{F} de exploración^{F} y rescate^{M}
antenne^{F} per ricerca^{F} e soccorso^{M}

Reaktionstriebwerk^{N}
reaction engine
moteur^{M}-fusée^{F}
motor^{M} a reacción^{F}
propulsore^{M} a reazione^{F}

Instrumentenplattform^{F}
instrument platform
compartiment^{M} des instruments^{M}
plataforma^{F} de instrumentos^{M}
piattaforma^{F} di strumentazione^{F}

Wärmejalousie^{F}
thermal louvre
volet^{M} de contrôle^{M} thermique
rejilla^{F} de control térmico
apertura^{F} di termoregolazione^{F}

Batteriemodule^{M}
battery modules
batteries^{F}
módulos^{M} de batería^{F}
batterie^{F}

Steuerung^{F} der Solarzellenfläche^{F}
solar array drive
commande^{F} de panneau^{M} solaire
brazo^{M} del panel^{M} solar
comando^{M} del pannello^{M} solare

Infrarotsensor^{M}
infrared sounder
détecteur^{M} à infrarouge^{M}
resonador^{M} de rayos^{M} infrarrojos
rilevatore^{M} agli infrarossi^{M}

Erdsensor^{M}
earth sensor
détecteur^{M} terrestre
sensor^{M} terrestre
sensore^{M} terrestre

S-Band Antenne^{F}
S-band antenna
antenne^{F} d'émission^{F}
antena^{F} de banda S^{F}
antenna^{F} in banda^{F} S

Antenne^{F}
antenna
antenne^{F}
antena^{F}
antenna^{F}

Erdstrahlungsscanner^{M}
earth radiation scanner
scanneur^{M} de radiations^{F} terrestres
explorador^{M} de radiaciones^{F} terrestres
scanner^{M} delle radiazioni^{F} terrestri

Ultraviolett-Spektrometer^{N}
ultraviolet spectrometer
spectromètre^{M} à ultraviolet^{M}
espectrómetro^{M} de rayos^{M} ultravioletas
spettrometro^{M} agli ultravioletti^{M}

Solarzellenfläche^{F}
solar array
panneau^{M} solaire
panel^{M} solar
pannello^{M} solare

Mikrowellenscanner^{M}
microwave scanner
scanneur^{M} à hyperfréquences^{F}
explorador^{M} de microondas^{F}
scanner^{M} a microonde^{F}

Erdstrahlungssensor^{M}
earth radiation sensor
capteur^{M} de radiations^{F} terrestres
sensor^{M} de radiaciones^{F} terrestres
sensore^{M} delle radiazioni^{F} terrestri

geostationärer Satellit^{M}
geostationary satellite
satellite^{M} géostationnaire
satélite^{M} geoestacionario
satellite^{M} geostazionario

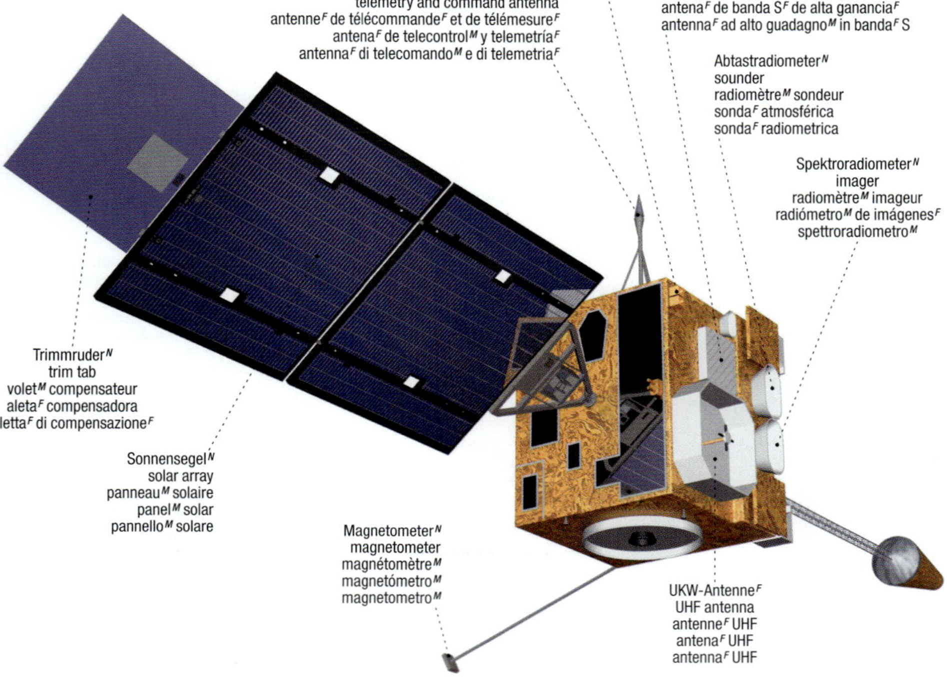

Erdsensor^{M}
earth sensor
détecteur^{M} terrestre
sensor^{M} terrestre
sensore^{M} terrestre

Steuer- und Telemetrie^{F}-Antenne^{F}
telemetry and command antenna
antenne^{F} de télécommande^{F} et de télémesure^{F}
antena^{F} de telecontrol^{M} y telemetría^{F}
antenna^{F} di telecomando^{M} e di telemetria^{F}

hochverstärkende S-Band-Antenne^{F}
S-band high gain antenna
antenne^{F} d'émission^{F} à haut gain^{M}
antena^{F} de banda S^{F} de alta ganancia^{F}
antenna^{F} ad alto guadagno^{M} in banda^{F} S

Abtastradiometer^{N}
sounder
radiomètre^{M} sondeur
sonda^{F} atmosférica
sonda^{F} radiometrica

Spektroradiometer^{N}
imager
radiomètre^{M} imageur
radiómetro^{M} de imágenes^{F}
spettroradiometro^{M}

Trimmruder^{N}
trim tab
volet^{M} compensateur
aleta^{F} compensadora
aletta^{F} di compensazione^{F}

Sonnensegel^{N}
solar array
panneau^{M} solaire
panel^{M} solar
pannello^{M} solare

Magnetometer^{N}
magnetometer
magnétomètre^{M}
magnetómetro^{M}
magnetometro^{M}

UKW-Antenne^{F}
UHF antenna
antenne^{F} UHF
antena^{F} UHF
antenna^{F} UHF

Umlaufbahn^{F} der Satelliten^{M}
orbit of the satellites
orbite^{F} des satellites^{M}
órbita^{F} de los satélites^{M}
orbita^{F} dei satelliti^{M}

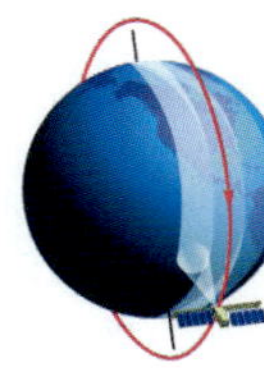

polare Umlaufbahn^{F}
polar orbit
orbite^{F} polaire
órbita^{F} polar
orbita^{F} polare

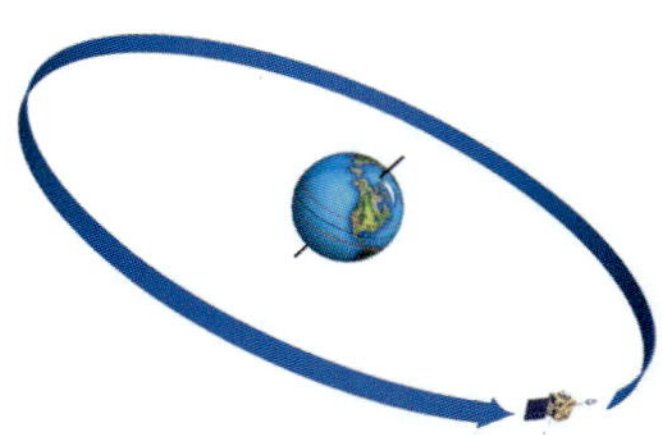

geostationäre Umlaufbahn^{F}
geostationary orbit
orbite^{F} géostationnaire
órbita^{F} geoestacionaria
orbita^{F} geostazionaria

Klimate^{N} der Welt^{F}

climates of the world | climats^{M} du monde^{M} | climas^{M} del mundo^{M} | climi^{M} del mondo^{M}

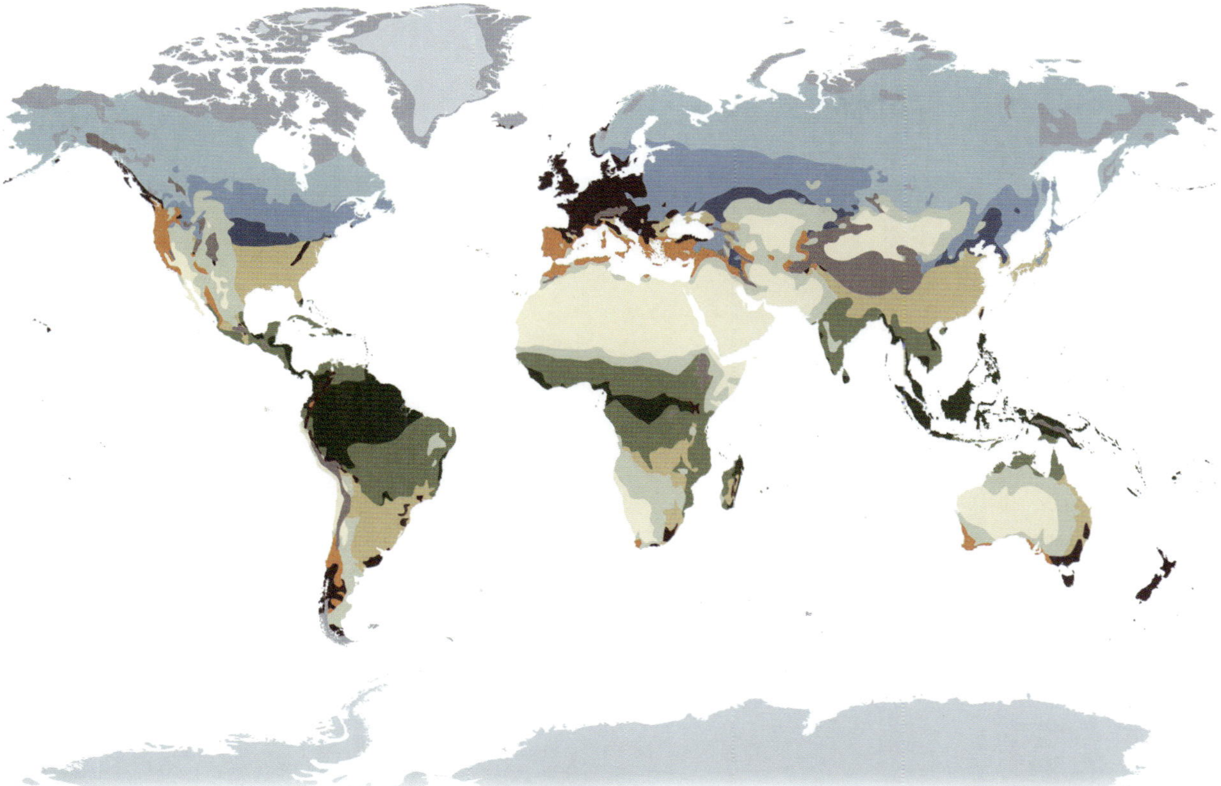

tropische Klimate^{N}
tropical climates
climats^{M} tropicaux
climas^{M} tropicales
climi^{M} tropicali

tropischer Regenwald^{M}
tropical rain forest
tropical humide
tropical^{M} lluvioso
tropicale della foresta^{F} pluviale

tropisch feucht und trocken (Savanne^{F})
tropical wet-and-dry (savannah)
tropical humide et sec (savane^{F})
tropical^{M} húmedo y seco (sabana^{F})
tropicale umido e secco (savana^{F})

kaltgemäßigte Klimate^{N}
cold temperate climates
climats^{M} tempérés froids
climas^{M} templados fríos
climi^{M} temperati freddi

feucht-kontinental - heißer Sommer^{M}
humid continental - hot summer
continental humide, à été^{M} chaud
continental^{M} húmedo - verano^{M} tórrido
continentale umido - estate^{F} torrida

feucht-kontinental - warmer Sommer^{M}
humid continental - warm summer
continental humide, à été^{M} frais
continental^{M} húmedo - verano^{M} fresco
continentale umido - estate^{F} calda

subarktisch
subarctic
subarctique
subártico
subartico

warmgemäßigte Klimate^{N}
warm temperate climates
climats^{M} tempérés chauds
climas^{M} templados cálidos
climi^{M} temperati caldi

feuchte Subtropen
humid subtropical
subtropical humide
subtropical húmedo
subtropicale umido

mediterrane Subtropen
Mediterranean subtropical
méditerranéen
subtropical mediterráneo
subtropicale mediterraneo

maritim
marine
océanique
marítimo
marino

Trockenklimate^{N}
dry climates
climats^{M} arides
climas^{M} áridos
climi^{M} aridi

Steppe^{F}
steppe
steppe^{F}
estepario
steppico

Wüste^{F}
desert
désert^{M}
desértico
desertico

Polarklimate^{N}
polar climates
climats^{M} polaires
climas^{M} polares
climi^{M} polari

Polartundra^{F}
polar tundra
toundra^{F}
tundra^{F}
della tundra^{F} polare

Eiskappe^{F}
polar ice cap
calotte^{F} glaciaire
hielos^{M} perpetuos
della calotta^{F} polare

Hochlandklimate^{N}
highland climates
climats^{M} de montagne^{F}
climas^{M} de alta montaña^{F}
climi^{M} di montagna^{F}

Hochgebirge^{N}
highland
climats^{M} de montagne^{F}
climas^{M} de montaña^{F}
di montagna^{F}

Wolken[F]

clouds | nuages[M] | nubes[F] | nuvole[F]

hohe Wolken[F]
high clouds
nuages[M] de haute altitude[F]
nubes[F] altas
nubi[F] alte

Zirrostratus[M]
cirrostratus
cirrostratus[M]
cirrostrato[M]
cirrostrato[M]

Zirrokumulus[M]
cirrocumulus
cirrocumulus[M]
cirrocúmulo[M]
cirrocumulo[M]

Zirrus[M]
cirrus
cirrus[M]
cirros[M]
cirro[M]

mittelhohe Wolken[F]
middle clouds
nuages[M] de moyenne altitude[F]
nubes[F] medias
nubi[F] medie

Altostratus[M]
altostratus
altostratus[M]
altostrato[M]
altostrato[M]

Altokumulus[M]
altocumulus
altocumulus[M]
altocúmulo[M]
altocumulo[M]

tiefe Wolken[F]
low clouds
nuages[M] de basse altitude[F]
nubes[F] bajas
nubi[F] basse

Stratokumulus[M]
stratocumulus
stratocumulus[M]
estratocúmulo[M]
stratocumulo[M]

Nimbostratus[M]
nimbostratus
nimbostratus[M]
nimbostrato[M]
nembostrato[M]

Stratus[M]
stratus
stratus[M]
estratos[M]
strato[M]

Quellwolken[F]
clouds with vertical development
nuages[M] à développement[M] vertical
nubes[F] de desarrollo[M] vertical
nubi[F] a sviluppo[M] verticale

Kumulus[M]
cumulus
cumulus[M]
cúmulos[M]
cumulo[M]

Kumulonimbus[M]
cumulonimbus
cumulonimbus[M]
cumulonimbo[M]
cumulonembo[M]

Tornado[M] und Wasserhose[F]

tornado and waterspout | tornade[F] et trombe[F] marine | tornado[M] y tromba[F] marina | tornado[M] e tromba[F] marina

Wasserhose[F]
waterspout
trombe[F] marine
tromba[F] marina
tromba[F] marina

Tornado[M]
tornado
tornade[F]
tornado[M]
tornado[M]

tropischer Wirbelsturm[M]

tropical cyclone | cyclone[M] tropical | ciclón[M] tropical | ciclone[M] tropicale

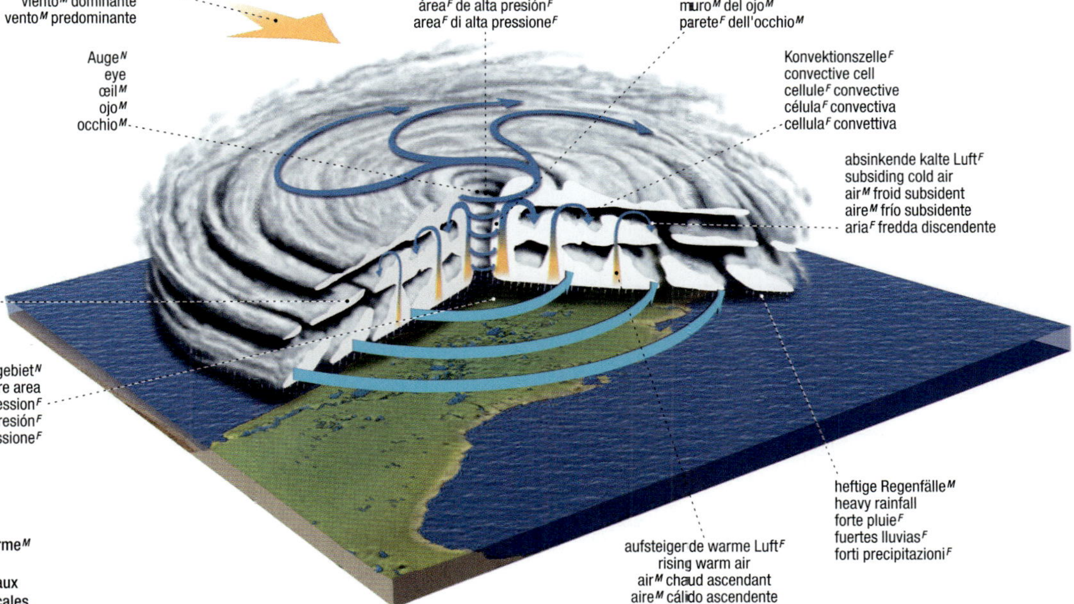

Bezeichnungen[F] tropischer Wirbelstürme[M]
tropical cyclone names
dénominations[F] des cyclones[M] tropicaux
denominación[F] de los ciclones[M] tropicales
denominazione[F] dei cicloni[M] tropicali

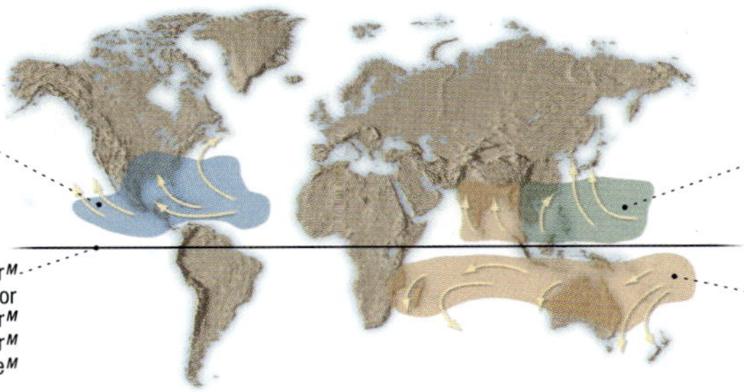

Niederschlag[M]

precipitation | précipitations[F] | precipitación[F] | precipitazione[F]

Regenarten[F]
rain forms
formes[F] de pluie[F]
formas[F] de lluvia[F]
tipologie[F] di pioggia[F]

Sprühregen[M]
drizzle
bruine[F]
llovizna[F]
pioviggine[F]

leichter Regen[M]
light rain
pluie[F] faible
lluvia[F] ligera
pioggia[F] leggera

mäßiger Regen[M]
moderate rain
pluie[F] modérée
lluvia[F] moderada
pioggia[F] moderata

starker Regen[M]
heavy rain
pluie[F] forte
lluvia[F] intensa
pioggia[F] forte

Art[F] von Winterniederschlägen[M]
winter precipitation forms
précipitations[F] hivernales
formas[F] de precipitaciones[F] invernales
forme[F] di precipitazioni[F] invernali

warme Luft[F]
warm air
air[M] chaud
aire[M] caliente
aria[F] calda

kalte Luft[F]
cold air
air[M] froid
aire[M] frío
aria[F] fredda

Regen[M]
rain
pluie[F]
lluvia[F]
pioggia[F]

gefrierender Regen[M]
freezing rain
pluie[F] verglaçante
lluvia[F] helada
pioggia[F] congelantesi

Schneeregen[M]
sleet
grésil[M]
aguanieve[M]
nevischio[M]

Schnee[M]
snow
neige[F]
nieve[F]
neve[F]

Schneekristalle[M]
snow crystals
cristaux[M] de neige[F]
cristales[M] de nieve[F]
cristalli[M] di neve[F]

Nadel[F]
needle
aiguille[F]
aguja[F]
ago[M]

bedeckte Säule[F]
capped column
colonne[F] avec capuchon[M]
columna[F] con capuchón[M]
colonna[F] con lamelle[F] terminali

Eiskörnchen[N]
sleet
grésil[M]
cellisca[F]
nevischio[M]

Reif- und Frostgraupel[F]
snow pellet
neige[F] roulée
copo[M] de nieve[F]
pallottoline[F] di neve[F]

Hagel[M]
hail
grêlon[M]
granizo[M]
grandine[F]

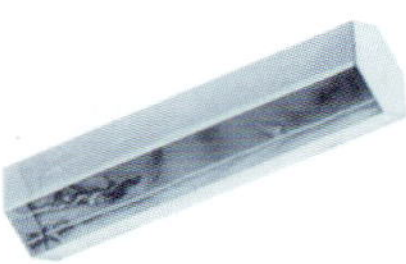

Säule[F]
column
colonne[F]
columna[F]
colonna[F]

Plättchen[N]
plate crystal
plaquette[F]
placa[F] de hielo[M]
cristallo[M] lamellare

räumlicher Dendrit[M]
spatial dendrite
dendrite[F] spatiale
dendrita[F] espacial
cristallo[M] dendritico spaziale

irreguläres Aggregat[N]
irregular crystal
cristaux[M] irréguliers
cristales[M] irregulares
cristallo[M] irregolare

Stern[M]
stellar crystal
étoile[F]
estrella[F]
cristallo[M] stellare

Niederschläge[M]

stürmischer Himmel[M]
stormy sky
ciel[M] d'orage[M]
cielo[M] turbulento
cielo[M] tempestoso

Wolke[F]
cloud
nuage[M]
nube[F]
nube[F]

Blitz[M]
lightning
éclair[M]
rayo[M]
fulmine[M]

Regenbogen[M]
rainbow
arc-en-ciel[M]
arco[M] iris
arcobaleno[M]

Regen[M]
rain
pluie[F]
lluvia[F]
pioggia[F]

Tau[M]
dew
rosée[F]
rocío[M]
rugiada[F]

Reif[M]
rime
givre[M]
escarcha[F]
brina[F]

Dunst[M]
mist
brume[F]
neblina[F]
foschia[F]

Nebel[M]
fog
brouillard[M]
niebla[F]
nebbia[F]

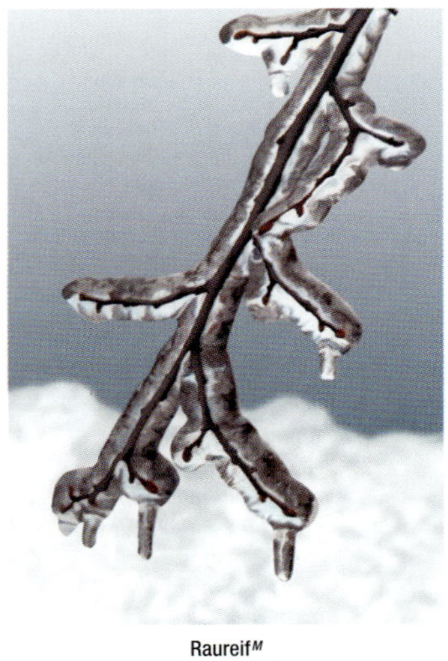

Raureif[M]
glazed frost
verglas[M]
hielo[M]
vetrone[M]

Vegetationszonen^{F}

vegetation regions | distribution^{F} de la végétation^{F} | distribución^{F} de la vegetación^{F} | distribuzione^{F} della vegetazione^{F}

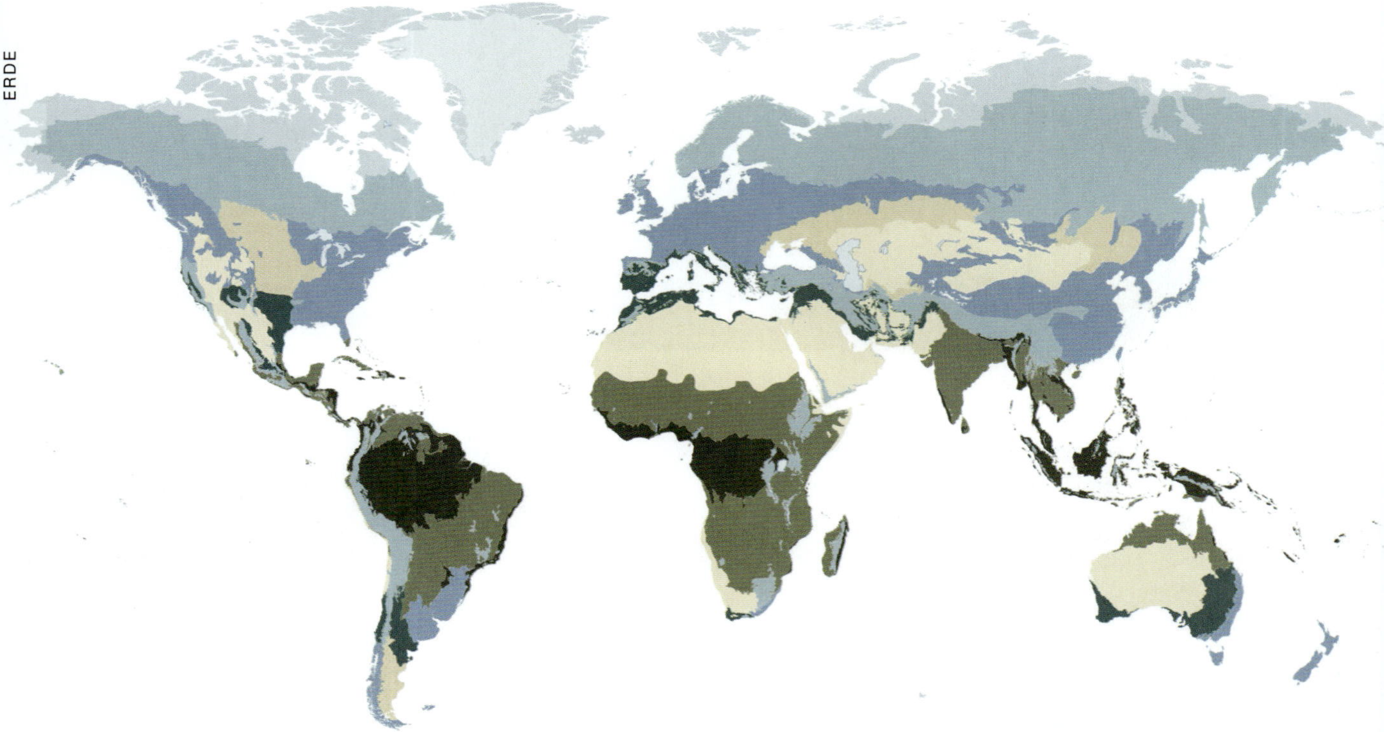

Tundra^{F}
tundra
toundra^{F}
tundra^{F}
tundra^{F}

tropischer Regenwald^{M}
tropical rain forest
forêt^{F} tropicale humide
bosque^{M} tropical húmedo
foresta^{F} pluviale tropicale

Büsche^{M}
scrub
maquis^{M}
monte^{M} bajo
boscaglia^{F}

borealer Wald^{M}
boreal forest
forêt^{F} boréale
bosque^{M} boreal
foresta^{F} boreale

gemäßigtes Grasland^{N}
temperate grassland
prairie^{F} tempérée
praderas^{F} templadas
praterie^{F} temperate

Wüste^{F}
desert
désert^{M}
desierto^{M}
deserto^{M}

gemäßigter Wald^{M}
temperate forest
forêt^{F} tempérée
bosque^{M} templado
foresta^{F} temperata

Savanne^{F}
savannah
savane^{F}
sabana^{F}
savana^{F}

Fels^{M} und Eis^{N}
rock and ice
roche^{F} et glace^{F}
roca^{F} y hielo^{M}
roccia^{F} e ghiaccio^{M}

Arten^{F} von Vegetation^{F}

types of vegetation | types^{M} de végétation^{F} | tipos^{M} de vegetación^{F} | tipi^{M} di vegetazione^{F}

borealer Wald^{M}
boreal forest
forêt^{F} boréale
bosque^{M} boreal
foresta^{F} boreale

gemäßigter Wald^{M}
temperate forest
forêt^{F} tempérée
bosque^{M} templado
foresta^{F} temperata

tropischer Regenwald^{M}
tropical rainforest
forêt^{F} tropicale humide
bosque^{M} tropical
foresta^{F} pluviale tropicale

Savanne^{F}
savanna
savane^{F}
sabana^{F}
savana^{F}

Busch^{M}
scrubland
maquis^{M}
monte^{M} bajo
boscaglia^{F}

gemäßigtes Grasland^{N}
temperate grassland
prairie^{F} tempérée
praderas^{F} templadas
praterie^{F} temperate

Wüste^{F}
desert
désert^{M}
desierto^{M}
deserto^{M}

Tundra^{F}
tundra
toundra^{F}
tundra^{F}
tundra^{F}

Nahrungskette[F]

food chain | chaîne[F] alimentaire | cadena[F] alimentaria | catena[F] alimentare

Nahrungspyramide[F]
ecological pyramid
pyramide[F] écologique
pirámide[F] ecológica
piramide[F] ecologica

Beispiel[N] einer Nahrungskette[F]
example of food chain
exemple[M] de chaîne[F] alimentaire
ejemplo[M] de cadena[F] alimentaria
esempio[M] di catena[F] alimentare

Aufbau[M] der Biosphäre[F]

structure of the biosphere | structure[F] de la biosphère[F] | estructura[F] de la biosfera[F] | struttura[F] della biosfera[F]

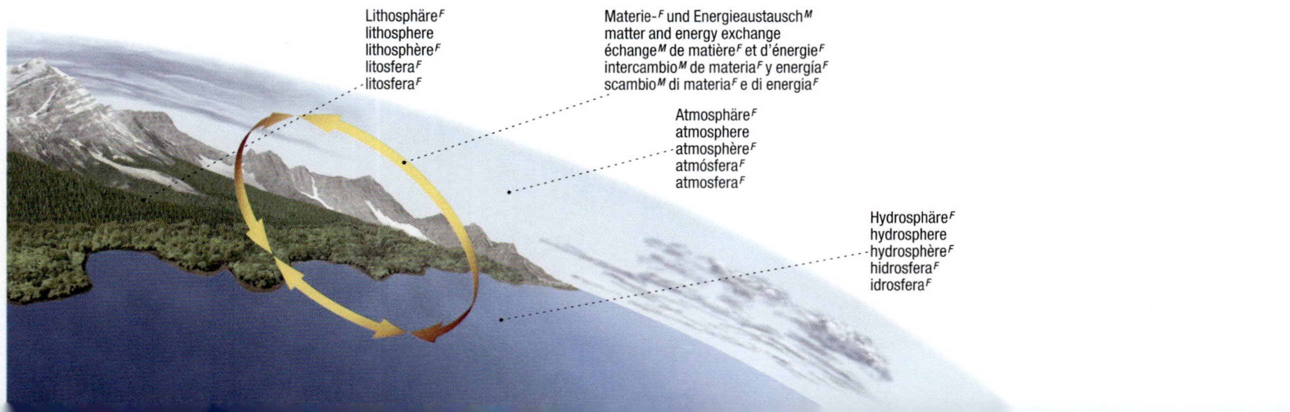

Wasserkreislauf[M]

hydrologic cycle | cycle[M] de l'eau[F] | ciclo[M] hidrológico | ciclo[M] idrologico

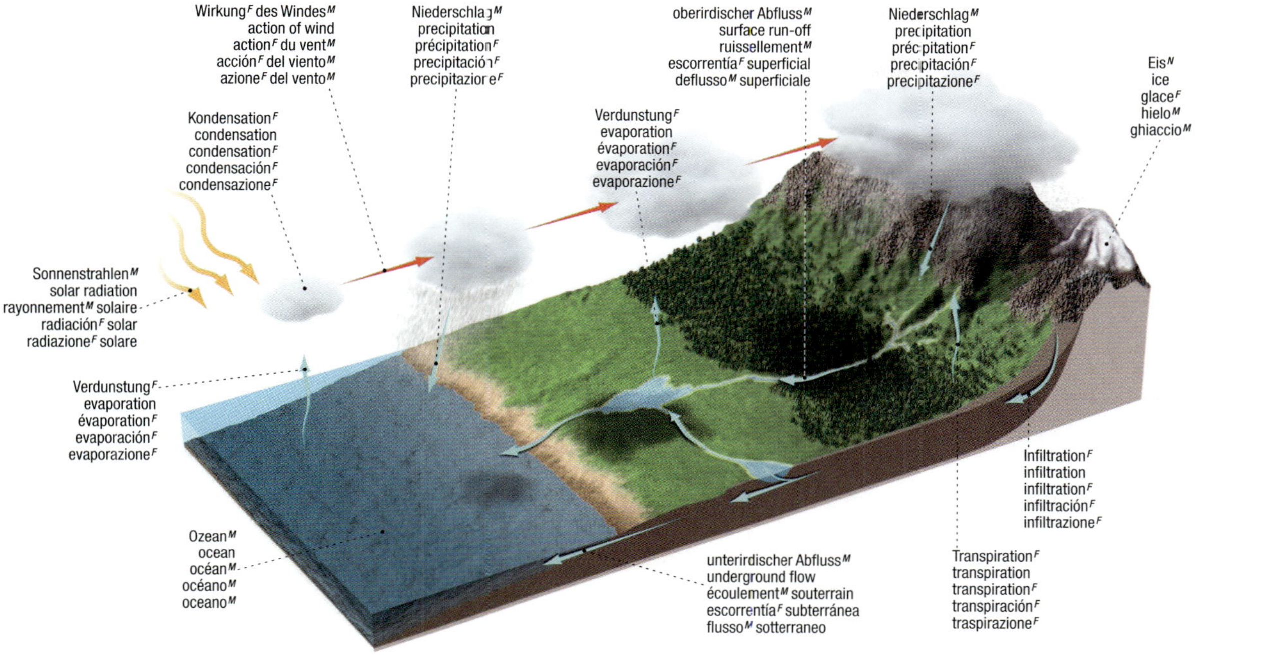

Kohlenstoff-Sauerstoff-Zyklus[M]

carbon-oxygen cycle | cycle[M] du carbone[M] et de l'oxygène[M] | ciclo[M] del carbono[M]-oxígeno[M] | ciclo[M] carbonio[M]-ossigeno[M]

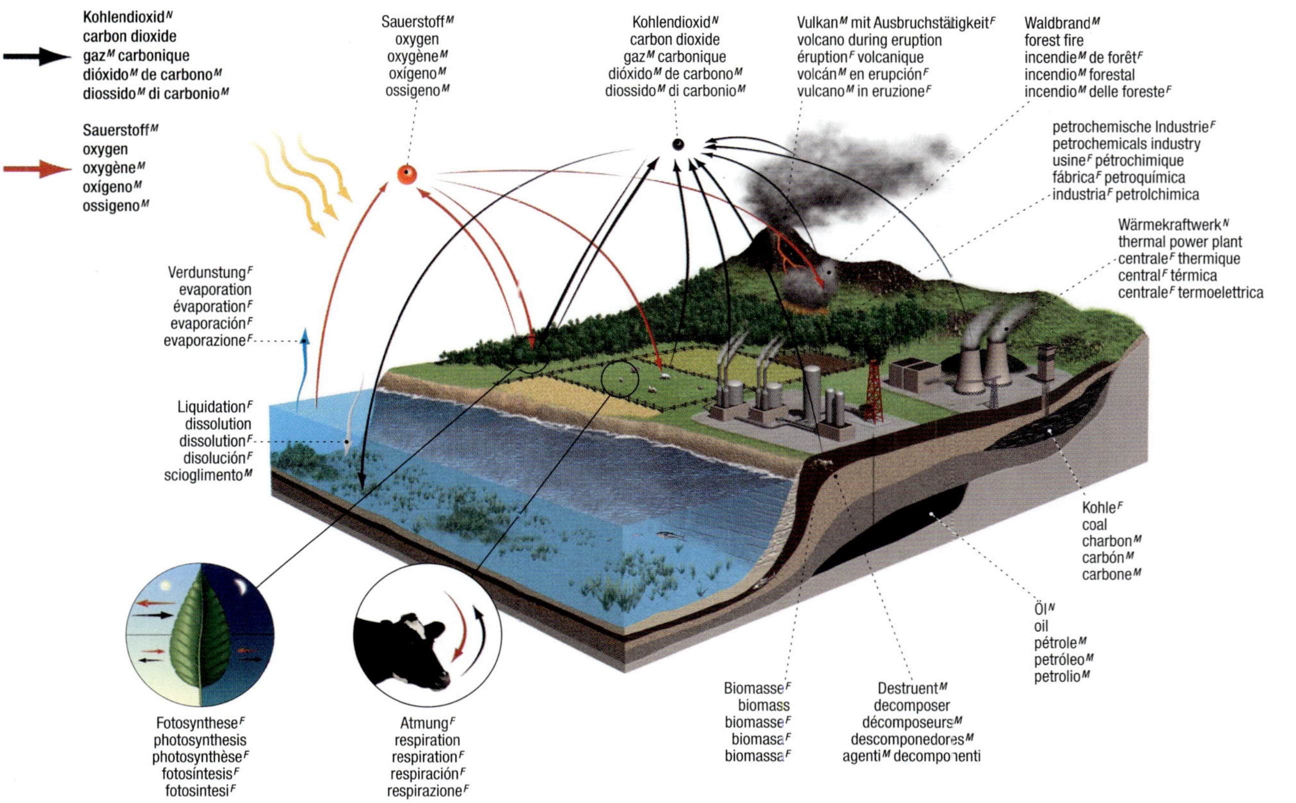

natürlicher Treibhauseffekt[M]

natural greenhouse effect | effet[M] de serre[F] naturel | efecto[M] invernadero[M] natural | effetto[M] serra[F] naturale

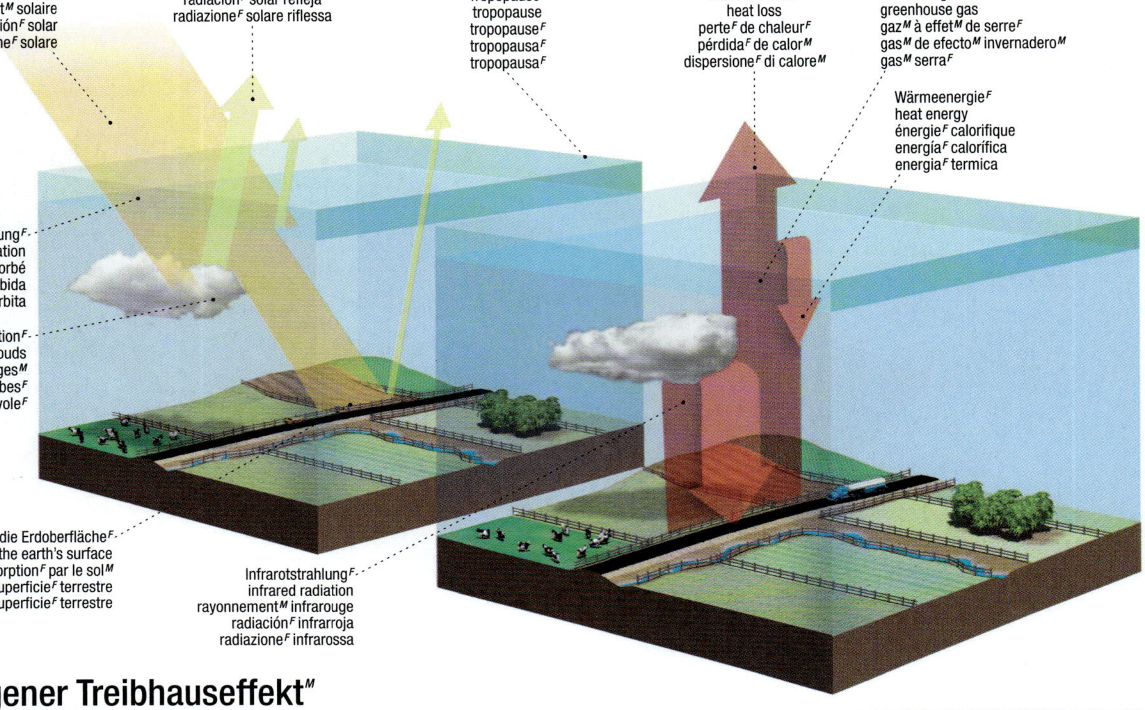

anthropogener Treibhauseffekt[M]

enhanced greenhouse effect | augmentation[F] de l'effet[M] de serre[F] | aumento[M] del efecto[M] invernadero[M] | incremento[M] dell'effetto[M] serra[F]

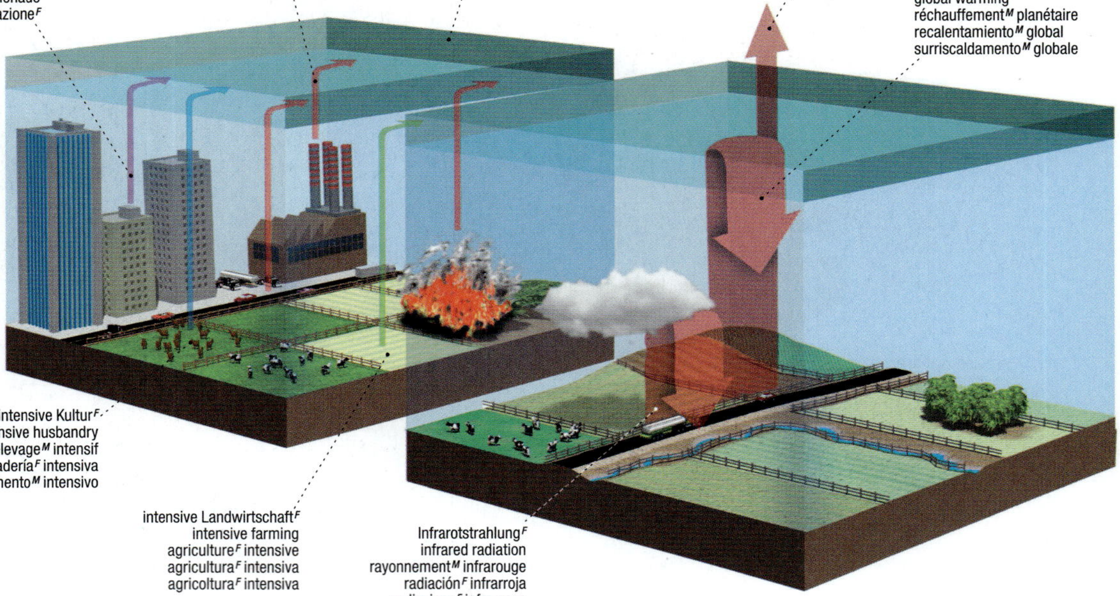

Luftverschmutzung^F

air pollution | pollution^F de l'air^M | contaminación^F del aire^M | inquinamento^M dell'aria^F

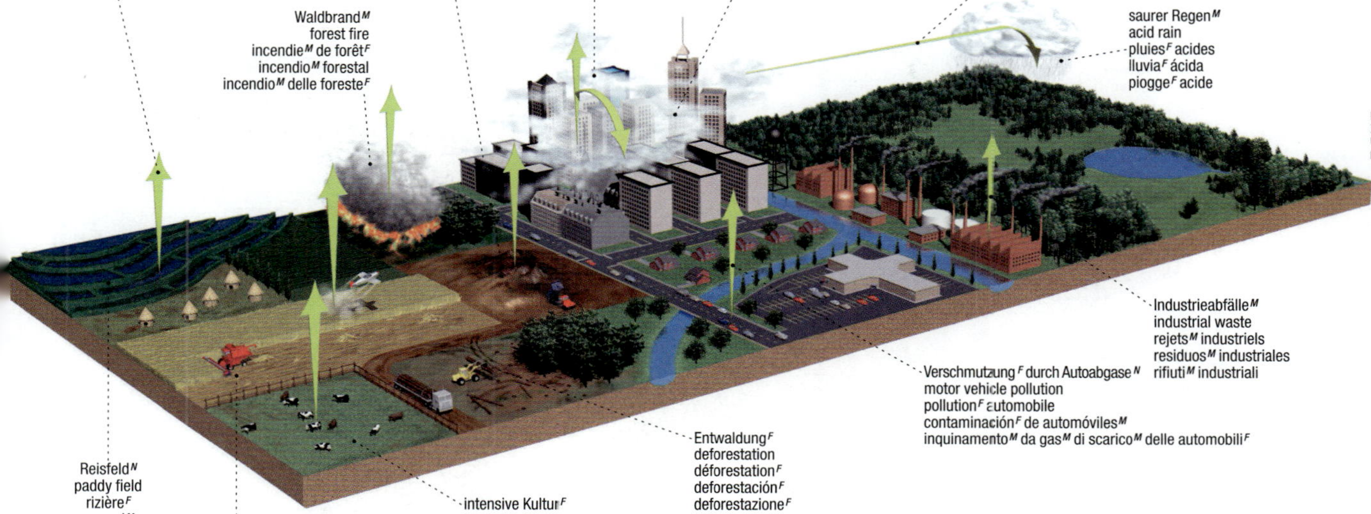

Bodenverschmutzung^F

land pollution | pollution^F du sol^M | contaminación^F del suelo^M | inquinamento^M del suolo^M

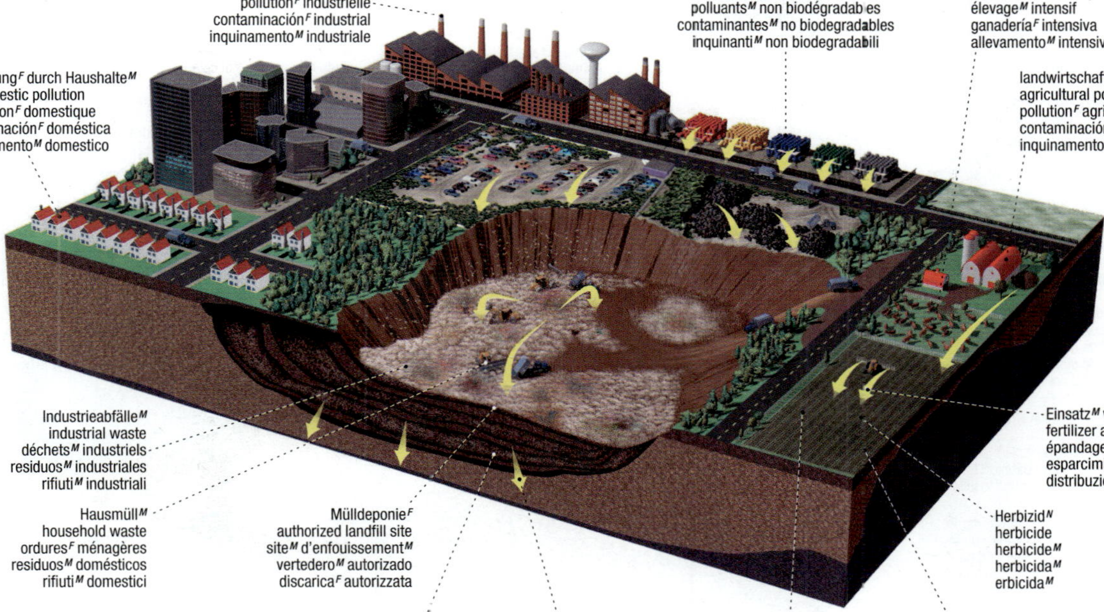

Wasserverschmutzung[F]

water pollution | pollution[F] de l'eau[F] | contaminación[F] del agua[F] | inquinamento[M] dell'acqua[F]

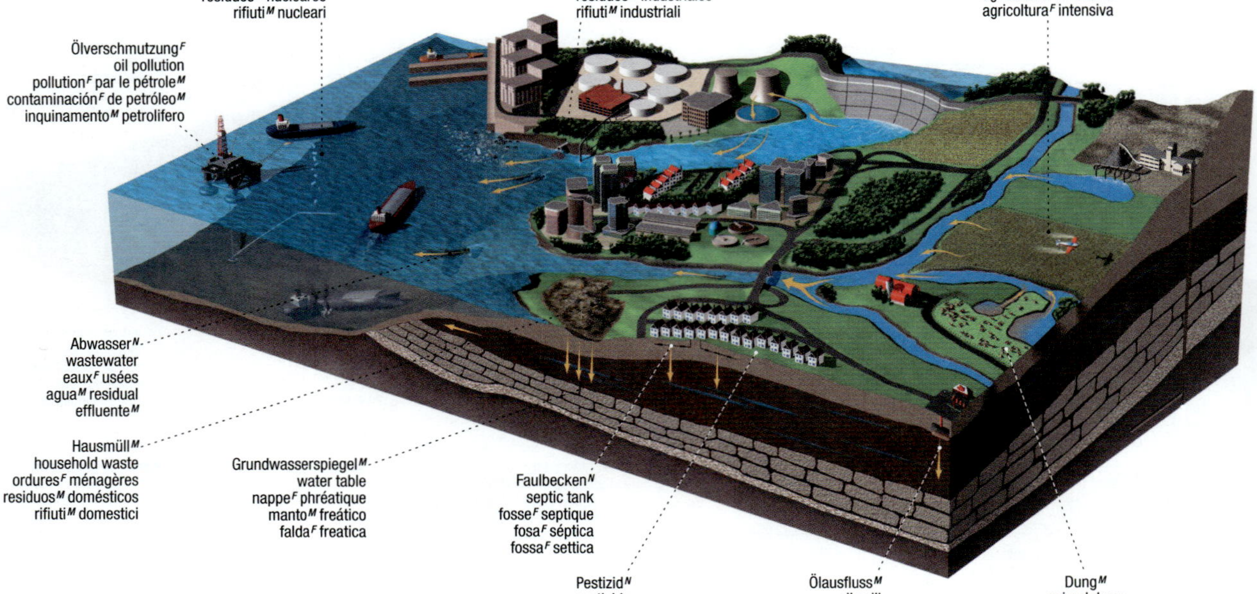

saurer Regen[M]

acid rain | pluies[F] acides | lluvia[F] ácida | piogge[F] acide

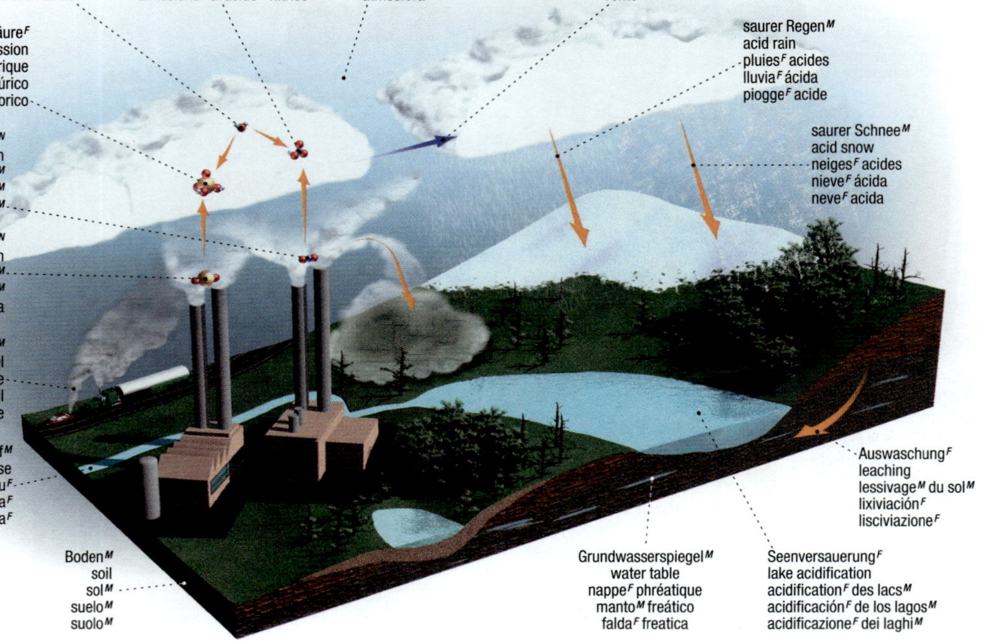

Mülltrennung[F]

selective sorting of waste | tri[M] sélectif des déchets[M] | separación[F] selectiva de residuos[M] | smistamento[M] selettivo dei rifiuti[M]

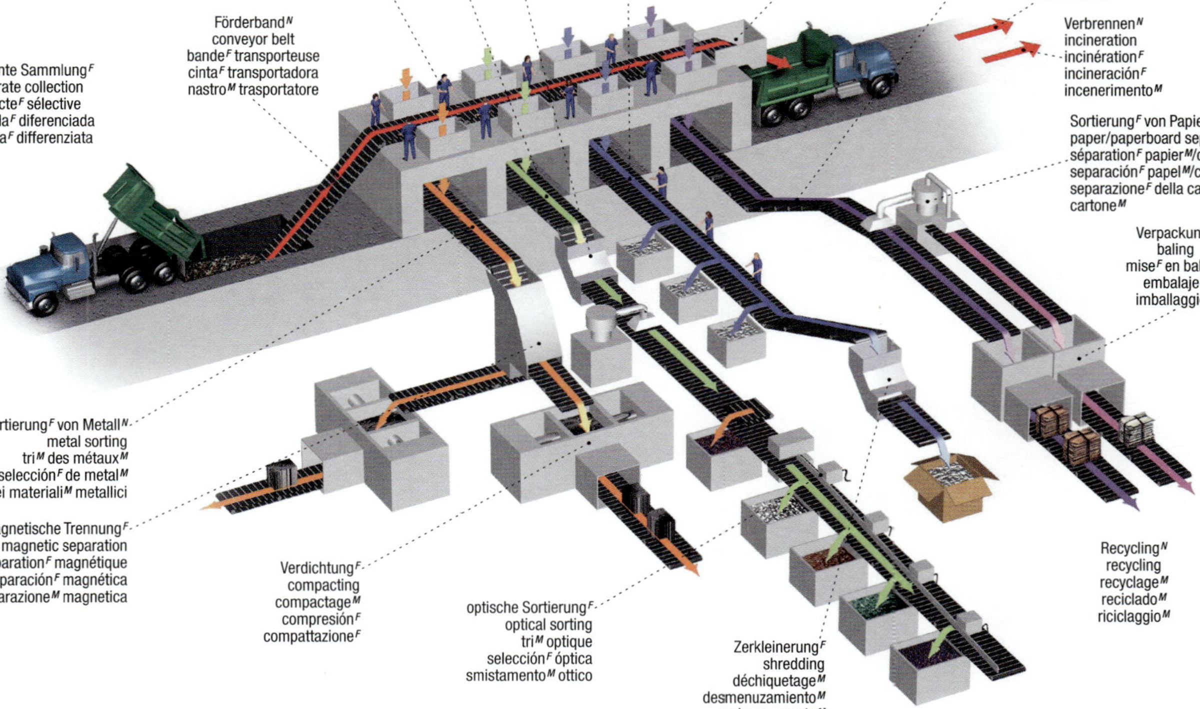

Zerkleinerer[M]
crusher
broyeur[M]
trituradora[F]
frantumatrice[F]

Sortieranlage[F]
sorting plant
centre[M] de tri[M]
planta[F] de separación[F] selectiva
impianto[M] di smistamento[M]

Sortierung[F] von Glas[N]
glass sorting
tri[M] du verre[M]
selección[F] de vidrio[M]
smistamento[M] del vetro[M]

Sortierung[F] von Kunststoff[M]
plastics sorting
tri[M] du plastique[M]
clasificación[F] de plásticos[M]
smistamento[M] della plastica[F]

nicht wieder verwertbarer Restmüll[M]
non-reusable residue waste
résidus[M] non recyclables
residuos[M] no reciclables
rifiuti[M] non riciclabili

Sortierung[F] von Papier[N]/Pappe[F]
paper/paperboard sorting
tri[M] du papier[M]/carton[M]
selección[F] de papel[M]/cartón[M]
smistamento[M] della carta[F]/del cartone[M]

Nachsortierung[F] von Hand[F]
manual sorting
tri[M] manuel
selección[F] manual
smistamento[M] manuale

Endlagerung[F]
burial
enfouissement[M]
enterramiento[M]
interramento[M]

Förderband[N]
conveyor belt
bande[F] transporteuse
cinta[F] transportadora
nastro[M] trasportatore

Verbrennen[N]
incineration
incinération[F]
incineración[F]
incenerimento[M]

getrennte Sammlung[F]
separate collection
collecte[F] sélective
recogida[F] diferenciada
raccolta[F] differenziata

Sortierung[F] von Papier[N]/Pappe[F]
paper/paperboard separation
séparation[F] papier[M]/carton[M]
separación[F] papel[M]/cartón[M]
separazione[F] della carta[F]/del cartone[M]

Verpackung[F]
baling
mise[F] en balles[F]
embalaje[M]
imballaggio[M]

Sortierung[F] von Metall[N]
metal sorting
tri[M] des métaux[M]
selección[F] de metal[M]
smistamento[M] dei materiali[M] metallici

magnetische Trennung[F]
magnetic separation
séparation[F] magnétique
separación[F] magnética
separazione[M] magnetica

Verdichtung[F]
compacting
compactage[M]
compresión[F]
compattazione[F]

optische Sortierung[F]
optical sorting
tri[M] optique
selección[F] óptica
smistamento[M] ottico

Zerkleinerung[F]
shredding
déchiquetage[M]
desmenuzamiento[M]
sminuzzamento[M]

Recycling[N]
recycling
recyclage[M]
reciclado[M]
riciclaggio[M]

Wertstoff[M]-Sammelbehälter[M]
recycling containers
conteneurs[M] de collecte[F] sélective
contenedores[M] de reciclaje[M]
contenitori[M] per la raccolta[F] differenziata

Altpapier[N]-Sammelbehälter[M]
paper recycling container
conteneur[M] à papier[M]
contenedor[M] de reciclado[M] de papel[M]
bidone[M] carrellato per il riciclaggio[M] della carta[F]

Altglas[N]-Sammelbehälter[M]
glass recycling container
conteneur[M] à verre[M]
contenedor[M] de reciclado[M] de vidrio[M]
bidone[M] carrellato per il riciclaggio[M] del vetro[M]

Altaluminium[N]-Sammelbehälter[M]
aluminium recycling container
conteneur[M] à boîtes[F] métalliques
contenedor[M] de reciclado[M] de aluminio[M]
bidone[M] carrellato per il riciclaggio[M] dell'alluminio[M]

Altpapier[N]-Container[M]
paper collection unit
colonne[F] de collecte[F] du papier[M]
contenedor[M] de recogida[F] de papel[M]
campana[F] per la raccolta[F] della carta[F]

Bioabfallbehälter[M]
recycling bin
bac[M] de recyclage[M]
cubo[M] de basura[F] reciclable
contenitore[M] per il riciclaggio[M]

Altglas[N]-Container[M]
glass collection unit
colonne[F] de collecte[F] du verre[M]
contenedor[M] de recogida[F] de vidrio[M]
campana[F] per la raccolta[F] del vetro[M]

PFLANZENWELT 102

PFLANZENREICH

plant kingdom
règne végétal
reino vegetal
regno vegetale

EINFACHE PFLANZEN	106
Flechte	106
Moos	106
Alge	107
Farn	107
Pilz	108

PFLANZE	109
Pflanzenaufbau	109
Wurzel	110
Sprossachse	110
Blatt	111
Blüte	112
Frucht	114
Rebe	117
Baum	118
Nadelbaum	120

INDUSTRIELLE NUTZUNG	122
Getreideindustrie	122
Textilindustrie	123
Kautschukindustrie	124
Papierindustrie	124

Pflanzenzelle[F]

plant cell | cellule[F] végétale | célula[F] vegetal | cellula[F] vegetale

Photosynthese[F]

photosynthesis | photosynthèse[F] | fotosíntesis[F] | fotosintesi[F]

Nährstoffversorgung[F]

source of life | source[F] de vie[F] | origen[M] de vida[F] | fonte[F] di vita[F]

Beispiele[N] für parasitäre Pflanzen[F]
examples of parasitic plants
exemples[M] de plantes[F] parasites
ejemplos[M] de plantas[F] parásitas
esempi[M] di piante[F] parassite

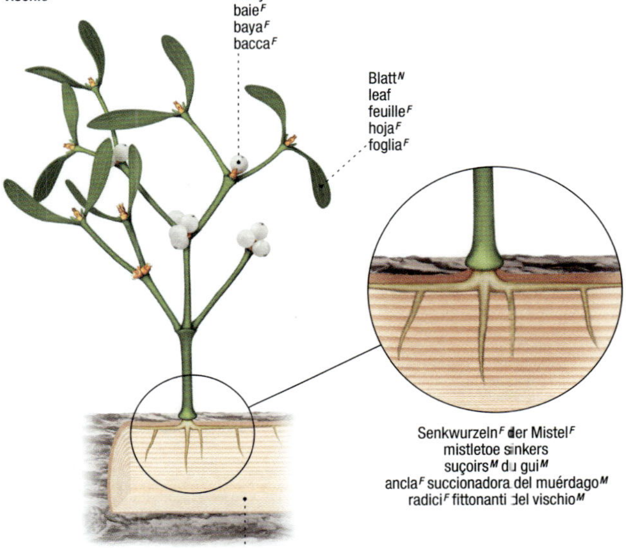

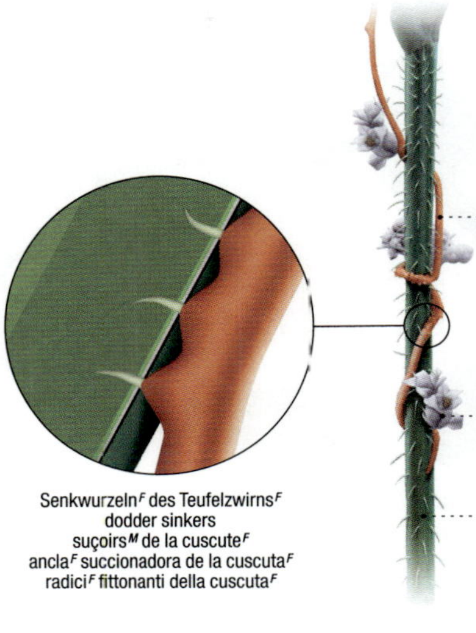

Beispiele[N] für fleischfressende Pflanzen[F]
examples of carnivorous plants
exemples[M] de plantes[F] carnivores
ejemplos[M] de plantas[F] carnívoras
esempi[M] di piante[F] carnivore

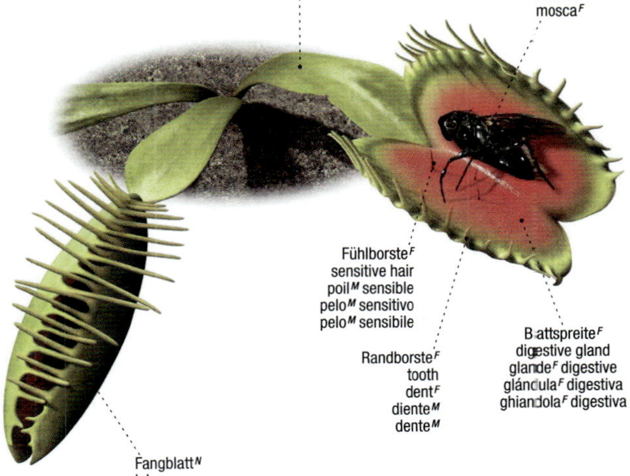

Fortpflanzungszyklus^M

reproductive cycle | cycle^M de reproduction^F | ciclo^M de reproducción^F | ciclo^M riproduttivo

Pflanzenwachstum[N]

plant growth | croissance[F] d'une plante[F] | crecimiento[M] de una planta[F] | crescita[F] di una pianta[F]

Samen[M] im Querschnitt[M]
section of a seed
coupe[F] d'une graine[F]
corte[M] de una semilla[F]
sezione[F] di un seme[M]

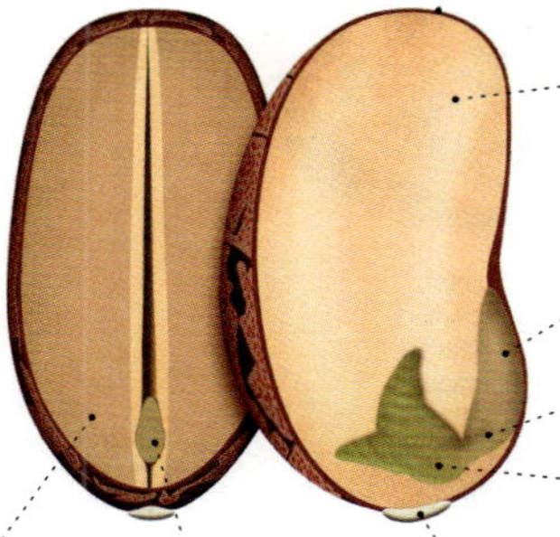

Zwiebel[F] im Querschnitt[M]
section of a bulb
coupe[F] d'un bulbe[M]
corte[M] de un bulbo[M]
sezione[F] di un bulbo[M]

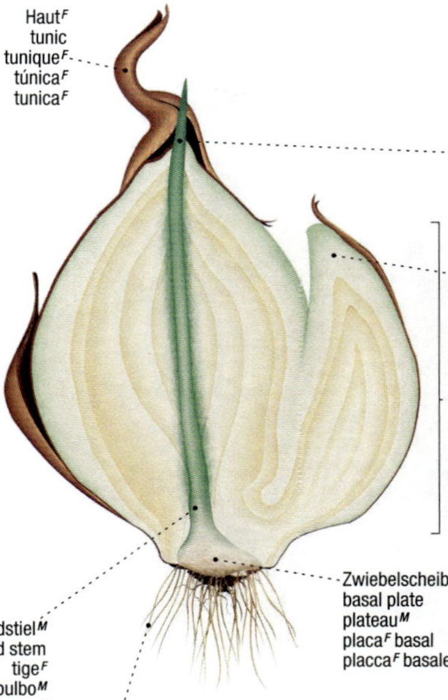

Keimung[F]
germination
germination[F]
germinación[F]
germinazione[F]

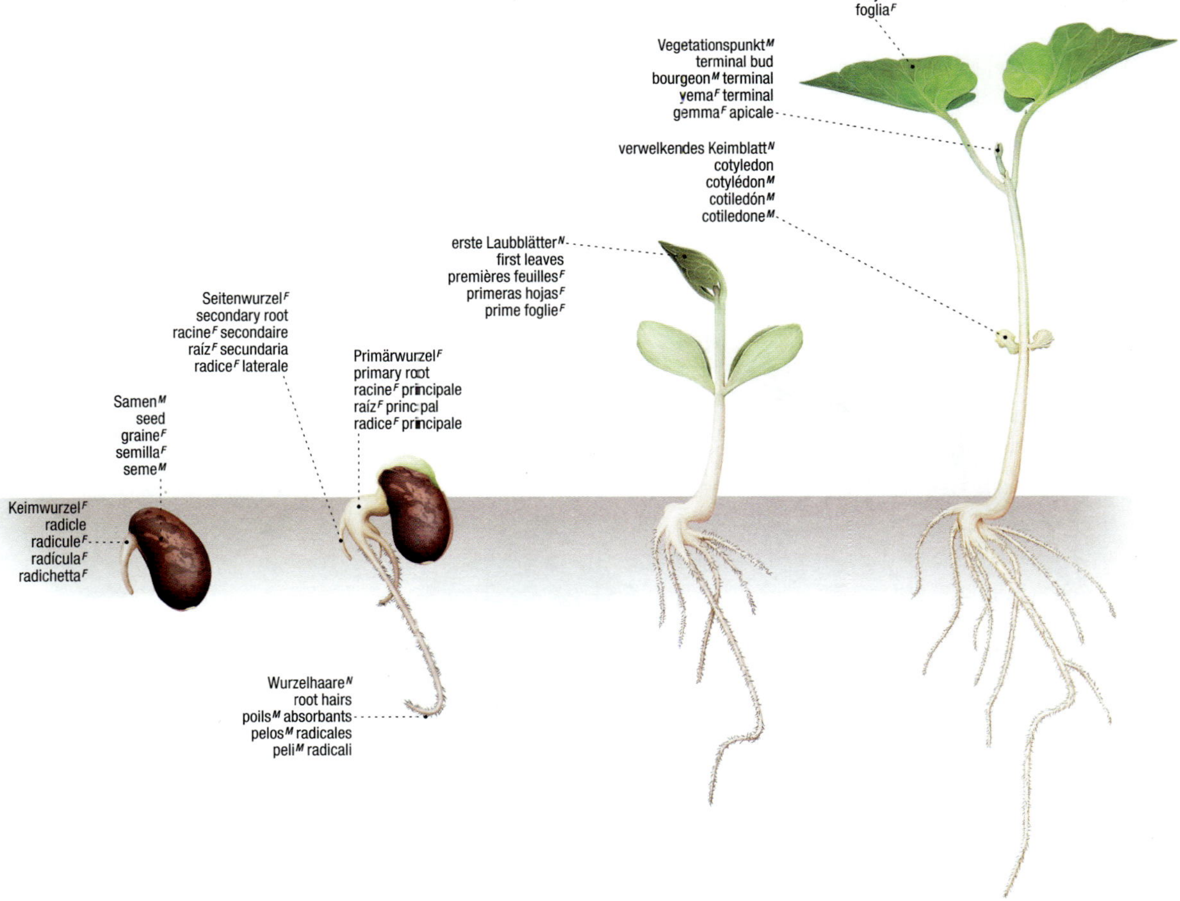

Flechte[F]

lichen | lichen[M] | liquen[M] | lichene[M]

Aufbau[M] einer Flechte[F]
structure of a lichen
structure[F] d'un lichen[M]
estructura[F] de un liquen[M]
struttura[F] di un lichene[M]

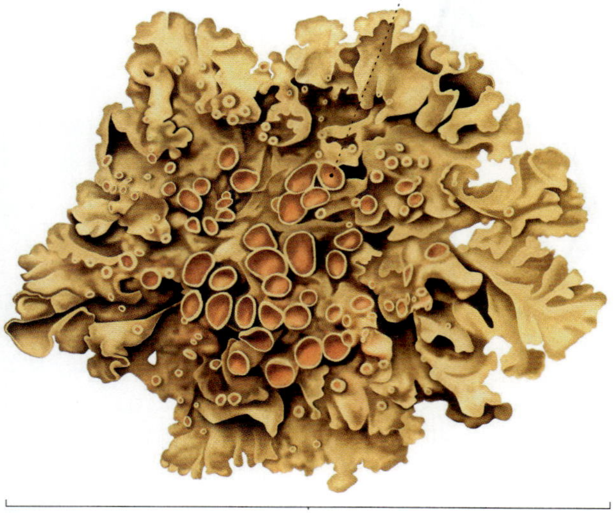

Beispiele[N] für Flechten[F]
examples of lichens
exemples[M] de lichens[M]
ejemplos[M] de líquenes[M]
esempi[M] di licheni[M]

Krustenflechte[F]
crustose lichen
lichen[M] crustacé
liquen[M] custráceo
lichene[M] crostoso

Laubflechte[F]
foliose lichen
lichen[M] foliacé
liquen[M] foliáceo
lichene[M] fogliaceo

Strauchflechte[F]
fruticose lichen
lichen[M] fruticuleux
liquen[M] fruticuloso
lichene[M] fruticoso

Moos[N]

moss | mousse[F] | musgo[M] | muschio[M]

Aufbau[M] eines Mooses[N]
structure of a moss
structure[F] d'une mousse[F]
estructura[F] de un musgo[M]
struttura[F] di un muschio[M]

Beispiele[N] für Moose[N]
examples of mosses
exemples[M] de mousses[F]
ejemplos[M] de musgos[M]
esempi[M] di muschi[M]

Torfmoos[N]
sphagnum
sphaigne[F] squarreuse
musgo[M] esfagnáceo
sfagno[M]

gemeines Widertonmoos[N]
common hair cap moss
polytric[M] commun
polítrico[M]
politrico[M] comune

Alge^{F}

alga | algue^{F} | alga^{F} | alga^{F}

Aufbau^{M} einer Alge^{F}
structure of an alga
structure^{F} d'une algue^{F}
estructura^{F} de un alga^{F}
struttura^{F} di un'alga^{F}

Beispiele^{N} für Algen^{F}
examples of algae
exemples^{M} d'algues^{F}
ejemplos^{M} de algas^{F}
esempi^{M} di alghe^{F}

Rotalge^{F}
red alga
algue^{F} rouge
alga^{F} roja
alga^{F} rossa

Grünalge^{F}
green alga
algue^{F} verte
alga^{F} verde
alga^{F} verde

Braunalge^{F}
brown alga
algue^{F} brune
alga^{F} parda
alga^{F} bruna

Farn^{M}

fern | fougère^{F} | helecho^{M} | felce^{F}

Aufbau^{M} eines Farns^{M}
structure of a fern
structure^{F} d'une fougère^{F}
estructura^{F} de un helecho^{M}
struttura^{F} di una felce^{F}

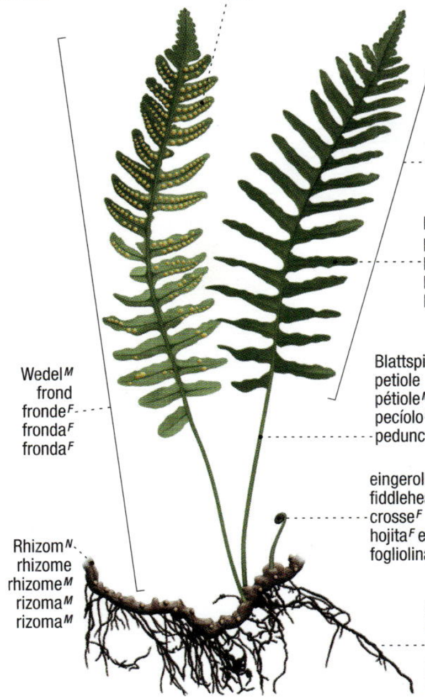

Beispiele^{N} für Farne^{M}
examples of ferns
exemples^{M} de fougères^{F}
ejemplos^{M} de helechos^{M}
esempi^{M} di felci^{F}

Baumfarn^{M}
tree fern
fougère^{F} arborescente
helecho^{M} arbóreo
felce^{F} arborea

gemeiner Tüpfelfarn^{M}
common polypody
polypode^{M} commun
polipodio^{M} común
polipodio^{M} comune

Nestfarn^{M}
bird's nest fern
fougère^{F} nid^{M} d'oiseau^{M}
helecho^{M} nido^{M} de pájaro^{M}
lingua^{F} di cervo^{M}

Pilz[M]

mushroom | champignon[M] | hongo[M] | fungo[M]

Aufbau[M] eines Pilzes[M]
structure of a mushroom
structure[F] d'un champignon[M]
anatomía[F] de un hongo[M]
struttura[F] di un fungo[M]

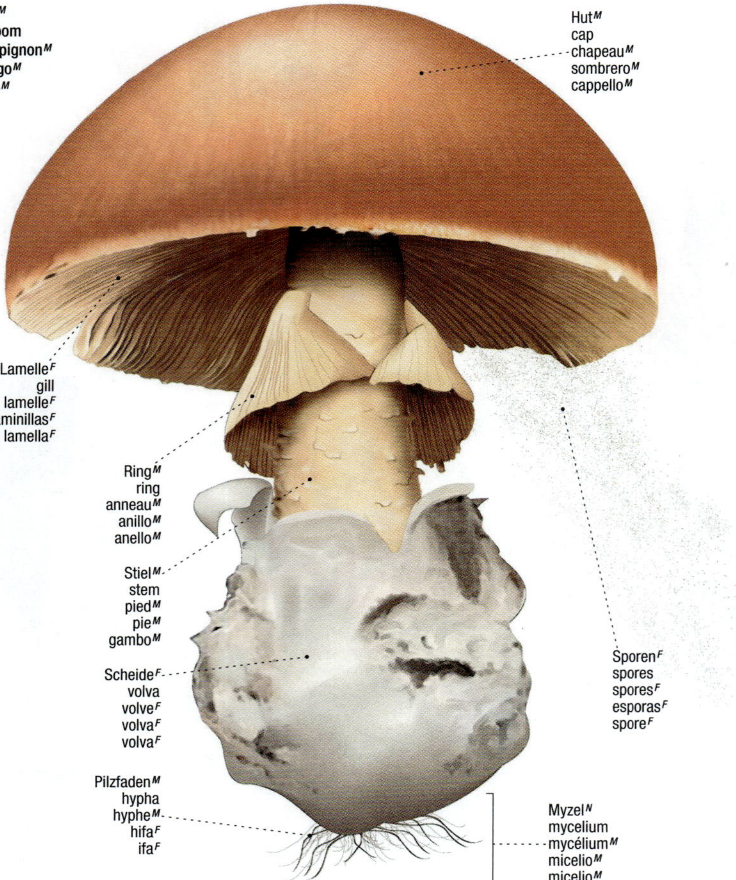

Beispiele[N] für essbare Pilze[M]
examples of edible mushrooms
exemples[M] de champignons[M] comestibles
ejemplos[M] de setas[F] comestibles
esempi[M] di funghi[M] commestibili

Morchel[F]
morel
morille[F]
morel[M]
spugnola[F]

Steinpilz[M]
edible boletus
cèpe[M]
cep[M]
boleti[M] commestibili

Beispiele[N] für giftige Pilze[M]
examples of poisonous mushrooms
exemples[M] de champignons[M] vénéneux
ejemplos[M] de setas[F] venenosas
esempi[M] di funghi[M] velenosi

Satansröhrling[M]
Satan's mushroom
bolet[M] Satan
boletus[M] satanás[M]
porcino[M] malefico

Fliegenpilz[M]
fly agaric
amanite[F] tue-mouche
amanita[F] muscaria
amanita[F] muscaria

Beispiele[N] für tödlich giftige Pilze[M]
examples of deadly poisonous mushrooms
exemples[M] de champignons[M] mortels
ejemplos[M] de setas[F] venenosas mortales
esempi[M] di funghi[M] mortali

Stinkschirmling[M]
star dapperling
lépiote[F] brune
lepiota[F] cristata
lepiota[F] brunneoincarnata

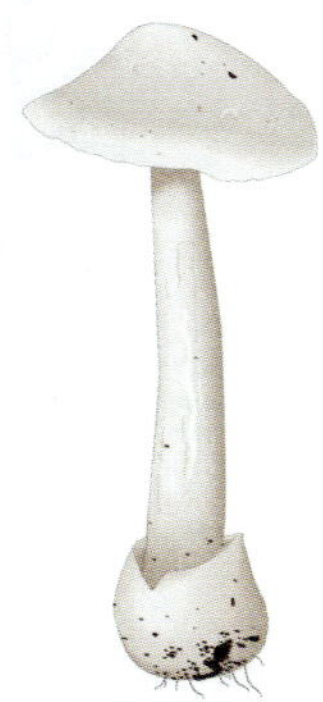

Knollenblätterpilz[M]
destroying angel
amanite[F] vireuse
amanita[F] virosa
amanita[F] virosa

Pflanzenaufbau^{M}

parts of a plant | éléments^{M} d'une plante^{F} | partes^{F} de una planta^{F} | parti^{F} di una pianta^{F}

Aufbau^{M} einer Pflanze^{F}
structure of a plant
structure^{F} d'une plante^{F}
anatomía^{F} de una planta^{F}
struttura^{F} di una pianta^{F}

Bodenprofil^{N}
soil profile
profil^{M} du sol^{M}
perfil^{M} del suelo^{M}
profilo^{M} del suolo^{M}

Wurzel[F]

root | racine[F] | raíz[F] | radice[F]

Aufbau[M] einer Wurzel[F]
structure of a root
structure[F] d'une racine[F]
estructura[F] de una raíz[F]
struttura[F] di una radice[F]

Verzweigungsbereich[M]
ramification zone
zone[F] de ramification[F]
zona[F] de ramificación[F]
zona[F] di ramificazione[F]

Seitenwurzel[F]
secondary root
racine[F] secondaire
raíz[F] secundaria
radice[F] secondaria

Wurzelhaarbereich[M]
feeder root zone
zone[F] pilifère
zona[F] pilífera
zona[F] pilifera

Wurzelhaare[N]
root hairs
poils[M] absorbants
pelos[M] de la raíz[F]
peli[M] assorbenti

Wachstumsbereich[M]
growth zone
zone[F] de croissance[F]
zona[F] de crecimiento[M]
zona[F] di crescita[F]

Vegetationspunkt[M]
growing point
point[M] végétatif
punto[M] vegetativo
punto[M] vegetativo

Wurzelspitze[F]
root cap
coiffe[F]
pilorriza[F]
cuffia[F] radicale

Beispiele[N] für Wurzeln[F]
examples of roots
exemples[M] de racines[F]
ejemplos[M] de raíces[F]
esempi[M] di radici[F]

Haftwurzeln[F]
claspers
racines[F]-crampons[M]
raíz[F] fúlcrea
radici[F] aggrappanti[F]

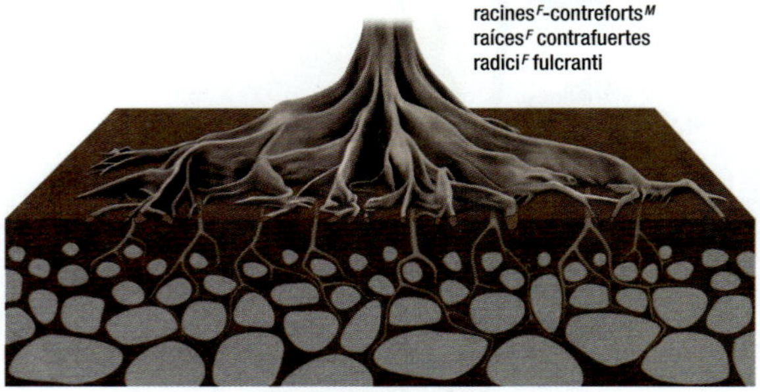

Wurzelausläufer[M]
buttress roots
racines[F]-contreforts[M]
raíces[F] contrafuertes
radici[F] fulcranti

Sprossachse[F]

stem | tige[F] | tallo[M] | stelo[M]

Sprossachse[F] im Querschnitt[M]
section of a stem
coupe[F] d'une tige[F]
corte[M] de un tallo[M]
sezione[F] di uno stelo[M]

Rindenparenchym[N]
bark parenchyma
parenchyme[M] cortical
parénquima[M] de la corteza[F]
parenchima[M] corticale

Cuticula[F]
cuticle
cuticule[F]
cutícula[F]
cuticola[F]

Leitbündel[N]
vascular bundle
faisceau[M] vasculaire
haz[M] conductor
fascio[M] vascolare

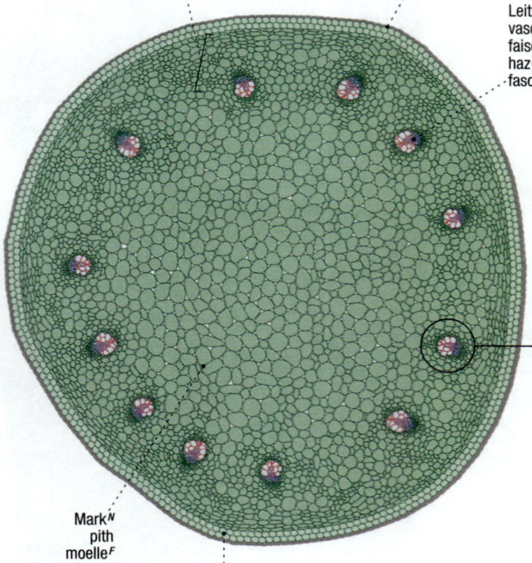

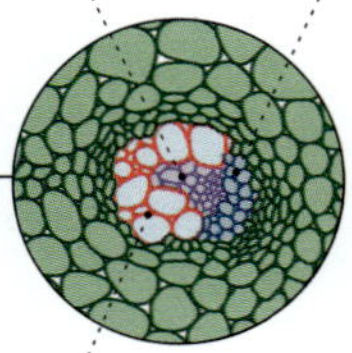

Kambium[N]
cambium
cambium[M]
cambium[M]
cambio[M]

Phloem[N]
phloem
phloème[M]
líber[M]
floema[M]

Xylem[N]
xylem
xylème[M]
xilema[M]
xilema[M]

Mark[N]
pith
moelle[F]
médula[F]
albedo[F]

Epidermis[F]
epidermis
épiderme[M]
epidermis[F]
epidermide[F]

Beispiele[N] für Sprossachsen[F]
examples of stems
exemples[M] de tiges[F]
ejemplos[M] de tallos[M]
esempi[M] di steli[M]

Rhizom[N]
rhizome
rhizome[M]
rizoma[M]
rizoma[M]

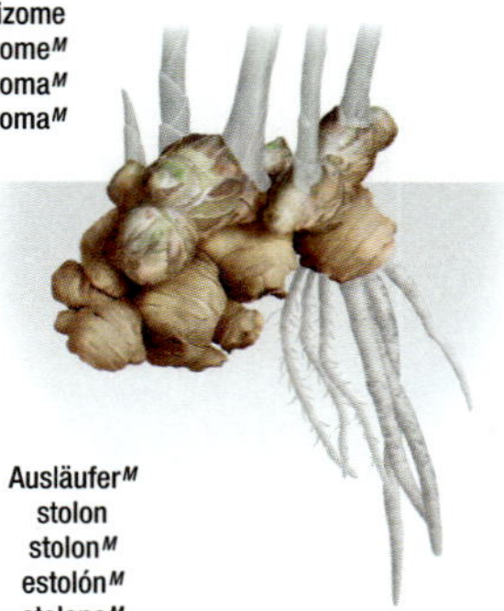

Ausläufer[M]
stolon
stolon[M]
estolón[M]
stolone[M]

Blatt[N]

leaf | feuille[F] | hoja[F] | foglia[F]

**einfache Blätter[N]
simple leaves
feuilles[F] simples
hojas[F] simples
foglie[F] semplici**

herzförmig
cordate
cordée
acorazonada
cordata

nierenförmig
reniform
réniforme
reniforme
reniforme

rund
orbiculate
arrondie
orbicular
orbicolare

spatelförmig
spatulate
spatulée
espatulada
spatolata

linealisch
linear
linéaire
acicular
lineare

pfeilförmig
hastate
hastée
astada
astata

eiförmig
ovate
ovoïde
aovada
ovata

lanzettförmig
lanceolate
lancéolée
lanceolada
lanceolata

schildförmig
peltate
peltée
peltada
peltata

Aufbau[M] eines Blatts[N]
structure of a leaf
structure[F] d'une feuille[F]
estructura[F] de una hoja[F]
struttura[F] di una foglia[F]

Spitze[F]
tip
pointe[F]
punta[F]
apice[M]

Blattader[F]
vein
nervure[F] secondaire
nervadura[F] secundaria
nervatura[F]

Blattrand[M]
margin
bord[M]
borde[M]
margine[M]

Mittelrippe[F]
midrib
nervure[F] principale
nervadura[F] principal
nervatura[F] centrale

Spreite[F]
blade
limbe[M]
hoja[F]
lamina[F]

Blattstiel[M]
petiole
pétiole[M]
pecíolo[M]
picciolo[M]

Blattansatz[M]
stipule
stipule[F]
estípula[F]
stipola[F]

Blattscheide[F]
sheath
gaine[F]
vaina[F]
guaina[F]

Blattachsel[F]
leaf axil
point[M] d'attache[F]
axila[F] de la hoja[F]
ascella[F] fogliare

**zusammengesetzte Blätter[N]
compound leaves
feuilles[F] composées
hojas[F] compuestas
foglie[F] composte**

dreizählig
trifoliate
trifoliée
trifoliada
trifogliata

fiederteilig
pinnatifid
pennée
pinatífida
pennatifida

handförmig
palmate
palmée
palmeada
palmata

paarig gefiedert
paripinnate
paripennée
paripinnada
paripennata

unpaarig gefiedert
odd pinnate
imparipennée
imparipinnada
imparipennata

**Blattränder[M]
leaf margins
bords[M] de feuilles[F]
bordes[M] de hojas[F]
margini[M] delle foglie[F]**

gesägt
serrate
denté
dentada
dentato

doppelt gesägt
doubly toothed
doublement denté
doble dentada
doppiamente dentato

gekerbt
crenate
crénelé
festoneada
crenato

gewimpert
ciliate
cilié
ciliada
ciliato

ganzrandig
entire
entier
entera
liscio

gebuchtet
lobate
lobé
lobulada
lobato

PFLANZENREICH

Blüte^{F}

flower | fleur^{F} | flor^{F} | fiore^{M}

Aufbau^{M} einer Blume^{F}
structure of a flower
structure^{F} d'une fleur^{F}
estructura^{F} de una flor^{F}
struttura^{F} di un fiore^{M}

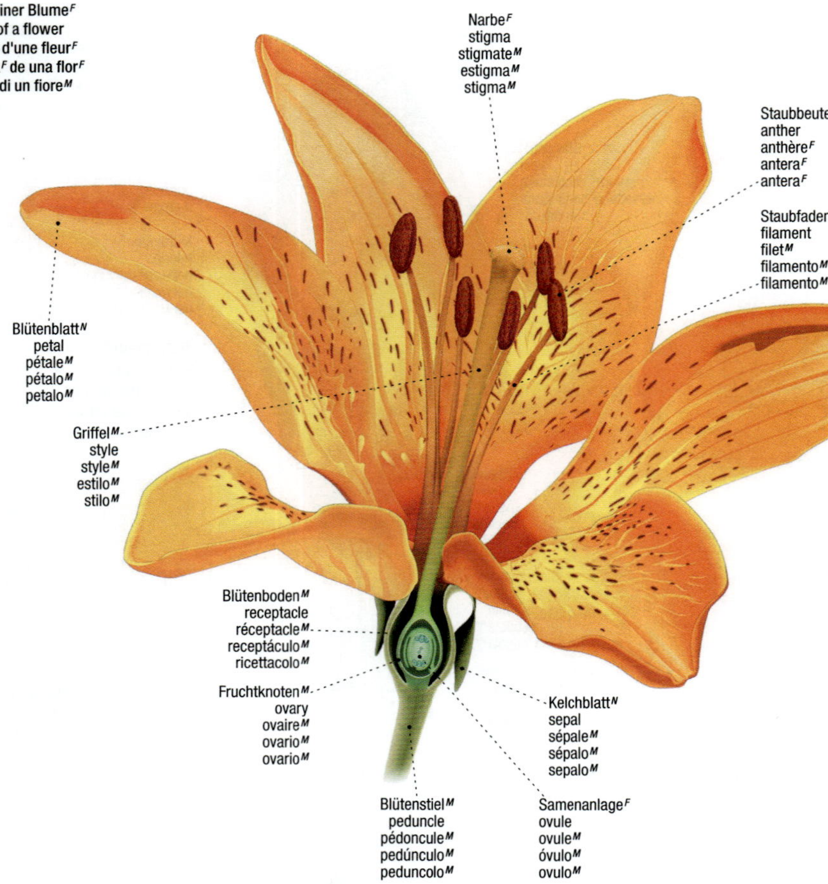

Stempel^{M}
pistil
pistil^{M}
pistilo^{M}
pistillo^{M}

Blumenkrone^{F}
corolla
corolle^{F}
corola^{F}
corolla^{F}

Staubblatt^{N}
stamen
étamine^{F}
estambre^{M}
stame^{M}

Blütenkelch^{M}
calyx
calice^{M}
cáliz^{M}
calice^{M}

Arten^{F} von Blütenständen^{M}
types of inflorescence
modes^{M} d'inflorescence^{F}
variedades^{F} de inflorescencias^{F}
tipi^{M} di infiorescenze^{F}

geschlossene Traube^{F}
raceme
grappe^{F}
racimo^{M}
racemo^{M}

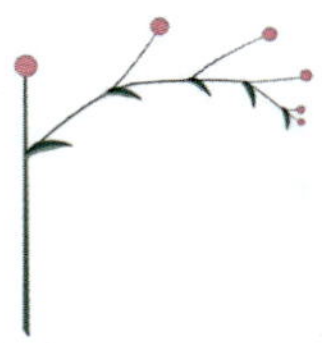

eingliedrige Trugdolde^{F}
uniparous cyme
cyme^{F} unipare
cima^{F} unípara
cima^{F} unipara

Dolde^{F}
umbel
ombelle^{F}
umbela^{F}
ombrella^{F}

Körbchen^{N}
capitulum
capitule^{M}
cabezuela^{F}
capolino^{M}

Ähre^{F}
spike
épi^{M}
espiga^{F}
spiga^{F}

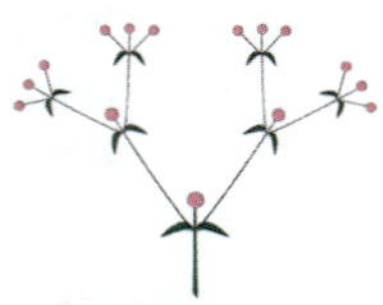

zweigliedrige Trugdolde^{F}
biparous cyme
cyme^{F} bipare
cima^{F} bípara
cima^{F} bipara

Doldentraube^{F}
corymb
corymbe^{M}
corimbo^{M}
corimbo^{M}

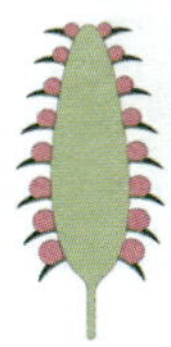

Kolben^{M}
spadix
spadice^{M}
espádice^{M}
spadice^{M}

Blüte[F]

Beispiele[N] für Blumen[F]
examples of flowers
exemples[M] de fleurs[F]
ejemplos[M] de flores[F]
esempi[M] di fiori[M]

Tulpe[F]
tulip
tulipe[F]
tulipán[M]
tulipano[M]

Maiglöckchen[N]
lily of the valley
muguet[M]
muguete[M]
mughetto[M]

Nelke[F]
carnation
œillet[M]
clavel[M]
garofano[M]

Rose[F]
rose
rose[F]
rosa[F]
rosa[F]

Orchidee[F]
orchid
orchidée[F]
orquídea[F]
orchidea[F]

Begonie[F]
begonia
bégonia[M]
begonia[F]
begonia[F]

Lilie[F]
lily
lis[M]
azucena[F]
giglio[M]

Veilchen[N]
violet
violette[F]
violeta[F]
viola[F]

Krokus[M]
crocus
crocus[M]
croco[M]
croco[M]

Narzisse[F]
daffodil
jonquille[F]
narciso[M]
trombone[M]

Mohn[M]
poppy
coquelicot[M]
amapola[F]
papavero[M]

Distel[F]
thistle
chardon[M]
cardo[M]
cardo[M]

Stiefmütterchen[N]
pansy
pensée[F]
pensamiento[M]
violacea[F]

Hahnenfuß[M]
buttercup
bouton[M] d'or[M]
botón[M] de oro[M]
ranuncolo[M]

Gänseblümchen[N]
daisy
marguerite[F]
margarita[F]
margherita[F]

Schlüsselblume[F]
primrose
primevère[F]
prímula[F]
primula[F]

Geranie[F]
geranium
géranium[M]
geranio[M]
geranio[M]

Löwenzahn[M]
dandelion
pissenlit[M]
diente[M] de león[M]
dente[M] di leone[M]

Sonnenblume[F]
sunflower
tournesol[M]
girasol[M]
girasole[M]

Frucht[F]

fruit | fruit[M] | fruta[F] | frutta[F]

fleischige Frucht[F]: Beere[F]
fleshy fruit: berry fruit
fruit[M] charnu : baie[F]
fruto[M] carnoso: baya[F]
frutto[M] carnoso: bacca[F]

Weintraube[F] im Querschnitt[M]
section of a grape
coupe[F] d'un raisin[M]
corte[M] de una uva[F]
sezione[F] di un acino[M]

wissenschaftliche Bezeichnungen[F]
scientific terms
termes[M] techniques
términos[M] técnicos
termini[M] tecnici

gebräuchliche Bezeichnungen[F]
popular terms
termes[M] familiers
términos[M] familiares
termini[M] comuni

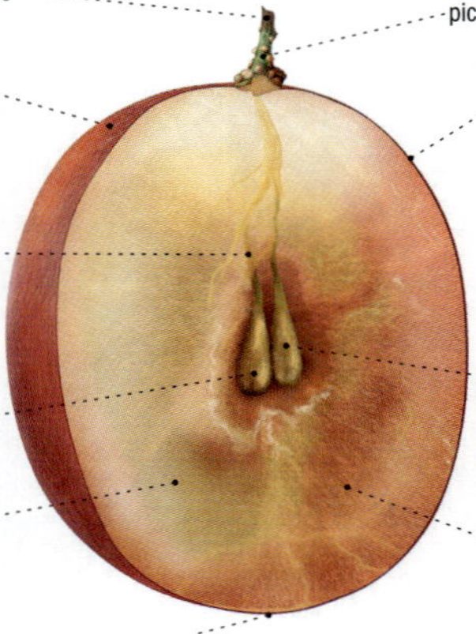

Himbeere[F] im Querschnitt[M]
section of a raspberry
coupe[F] d'une framboise[F]
corte[M] de una frambuesa[F]
sezione[F] di un lampone[M]

Erdbeere[F] im Querschnitt[M]
section of a strawberry
coupe[F] d'une fraise[F]
corte[M] de una fresa[F]
sezione[F] di una fragola[F]

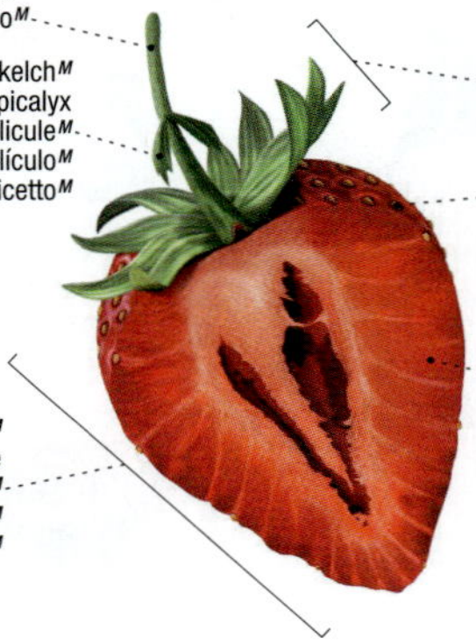

fleischige Frucht[F]: Zitrusfrucht[F]
fleshy fruit: citrus fruit
fruit[M] charnu : agrume[M]
fruto[M] carnoso: cítrico[M]
frutto[M] carnoso: agrume[M]

Orange[F] im Querschnitt[M]
section of an orange
coupe[F] d'une orange[F]
corte[M] de una naranja[F]
sezione[F] di un'arancia[F]

wissenschaftliche Bezeichnungen[F]
scientific terms
termes[M] techniques
términos[M] técnicos
termini[M] tecnici

gebräuchliche Bezeichnungen[F]
popular terms
termes[M] familiers
términos[M] familiares
termini[M] comuni

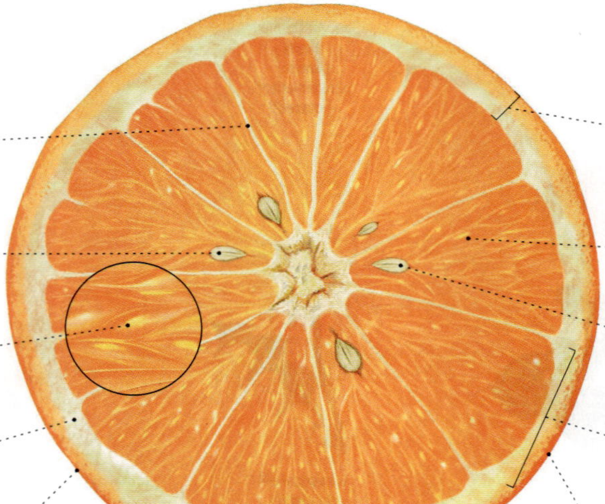

Frucht[F]

fleischige Apfelfrucht[F]
fleshy pome fruit
fruit[M] charnu à pépins[M]
pomo[M] carnoso
frutto[M] carnoso: mela[F]

Apfel[M] im Querschnitt[M]
section of an apple
coupe[F] d'une pomme[F]
corte[M] de una manzana[F]
sezione[F] di una mela[F]

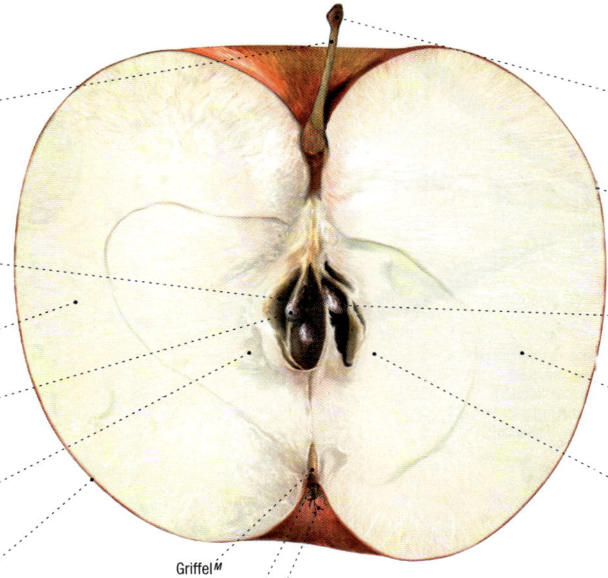

wissenschaftliche Bezeichnungen[F]
scientific terms
termes[M] techniques
términos[M] técnicos
termini[M] tecnici

Stiel[M]
peduncle
pédoncule[M]
pedúnculo[M]
peduncolo[M]

Fruchtknotenfach[N]
loculus
loge[F]
lóculo[M]
loculo[M]

Mesokarp[N]
mesocarp
mésocarpe[M]
mesocarpio[M]
mesocarpo[M]

Samen[M]
seed
graine[F]
semilla[F]
seme[M]

Endokarp[N]
endocarp
endocarpe[M]
endocarpio[M]
endocarpo[M]

Exokarp[N]
exocarp
épicarpe[M]
epicarpio[M]
esocarpo[M]

Griffel[M]
style
style[M]
estilo[M]
stilo[M]

Staubblatt[N]
stamen
étamine[F]
estambre[M]
stame[M]

Sepalum[N]
sepal
sépale[M]
sépalo[M]
sepalo[M]

gebräuchliche Bezeichnungen[F]
popular terms
termes[M] familiers
términos[M] familiares
termini[M] comuni

Stiel[M]
stalk
queue[F]
rabillo[M]
picciolo[M]

Schale[F]
skin
peau[F]
piel[F]
buccia[F]

Kern[M]
pip
pépin[M]
pepita[F]
seme[M]

Fruchtfleisch[N]
flesh
pulpe[F]
pulpa[F]
polpa[F]

Kerngehäuse[N]
core
cœur[M]
corazón[M]
torsolo[M]

fleischige Steinfrucht[F]
fleshy stone fruit
fruit[M] charnu à noyau[M]
drupa[F]
drupa[F]

Pfirsich[M] im Querschnitt[M]
section of a peach
coupe[F] d'une pêche[F]
corte[M] de un melocotón[M]
sezione[F] di una pesca[F]

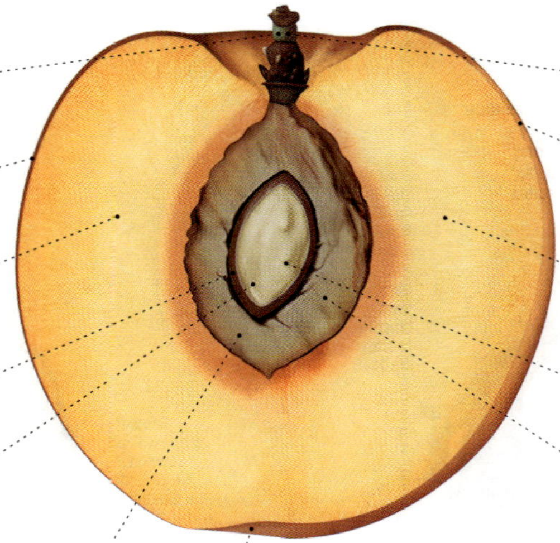

wissenschaftliche Bezeichnungen[F]
technical terms
termes[M] techniques
términos[M] técnicos
termini[M] tecnici

Stiel[M]
peduncle
pédoncule[M]
pedúnculo[M]
peduncolo[M]

Exokarp[N]
exocarp
épicarpe[M]
epicarpio[M]
esocarpo[M]

Mesokarp[N]
mesocarp
mésocarpe[M]
mesocarpio[M]
mesocarpo[M]

Samenmantel[M]
seed coat
tégument[M] de la graine[F]
tegumento[M] de la semilla[F]
tegumento[M] del seme[M]

Samen[M]
seed
graine[F]
semilla[F]
seme[M]

Endokarp[N]
endocarp
endocarpe[M]
endocarpio[M]
endocarpo[M]

Griffel[M]
style
style[M]
estilo[M]
stilo[M]

gebräuchliche Bezeichnungen[F]
usual terms
termes[M] familiers
términos[M] familiares
termini[M] comuni

Stiel[M]
stalk
queue[F]
rabillo[M]
picciolo[M]

Haut[F]
skin
peau[F]
piel[F]
buccia[F]

Fruchtfleisch[N]
flesh
pulpe[F]
pulpa[F]
polpa[F]

Kern[M]
kernel
amande[F]
almendra[F]
mandorla[F]

Stein[M]
stone
noyau[M]
hueso[M]
nocciolo[M]

Frucht^{F}

Beispiele^{N} für Trockenfrüchte^{F}
examples of dry fruits
exemples^{M} de fruits^{M} secs
ejemplos^{M} de frutos^{M} secos
esempi^{M} di frutti^{M} secchi

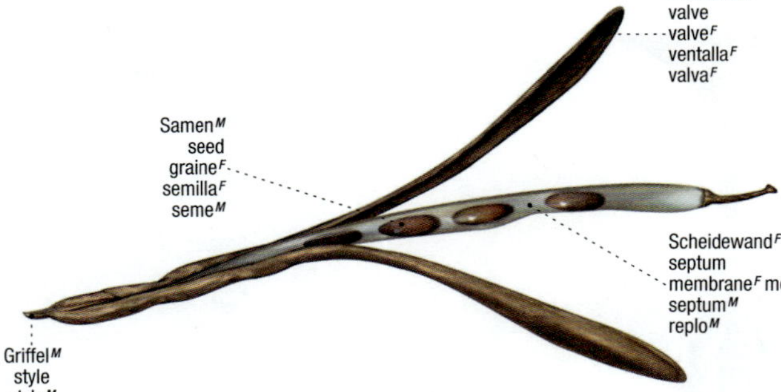

Schote^{F} (Senf^{M}) im Querschnitt^{M}
section of a silique (mustard)
coupe^{F} d'une silique^{F} (moutarde^{F})
corte^{M} de una vaina^{F} (mostaza^{F})
sezione^{F} di un siliqua^{F} (senape^{F})

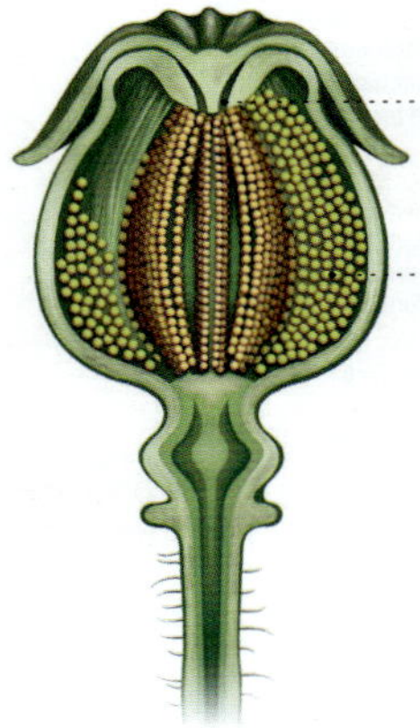

Kapsel^{F} (Mohn^{M}) im Querschnitt^{M}
section of a capsule (poppy)
coupe^{F} d'une capsule^{F} (pavot^{M})
corte^{M} de una cápsula^{F} (amapola^{F})
sezione^{F} di una capsula^{F} (papavero^{M})

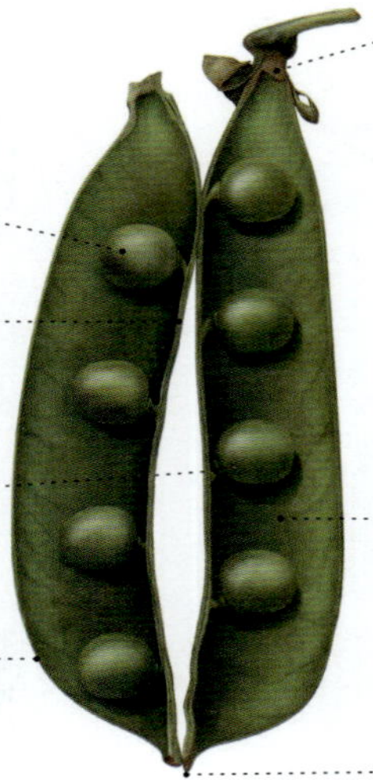

Hülsenfrucht^{F} (Erbse^{F}) im Querschnitt^{M}
section of a legume (pea)
coupe^{F} d'une gousse^{F} (pois^{M})
corte^{M} de una legumbre^{F} (guisante^{M})
sezione^{F} di un legume^{M} (pisello^{M})

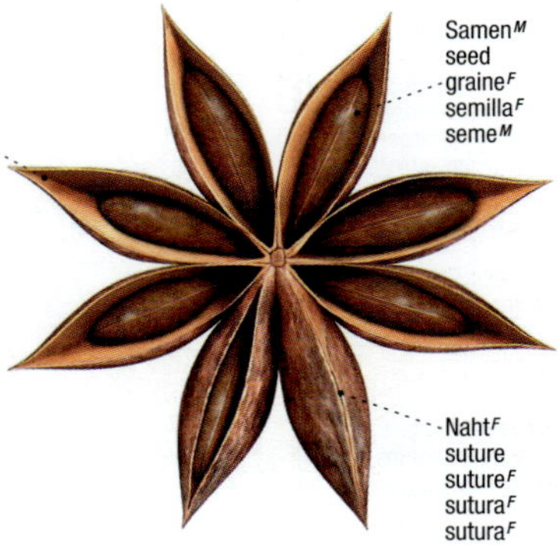

Balgfrucht^{F} (Sternanis^{M}) im Querschnitt^{M}
section of a follicle (star anise)
coupe^{F} d'un follicule^{M} (anis^{M} étoilé)
corte^{M} de un folículo^{M} (anís^{M} estrellado)
sezione^{F} di un follicolo^{M} (anice^{M} stellato)

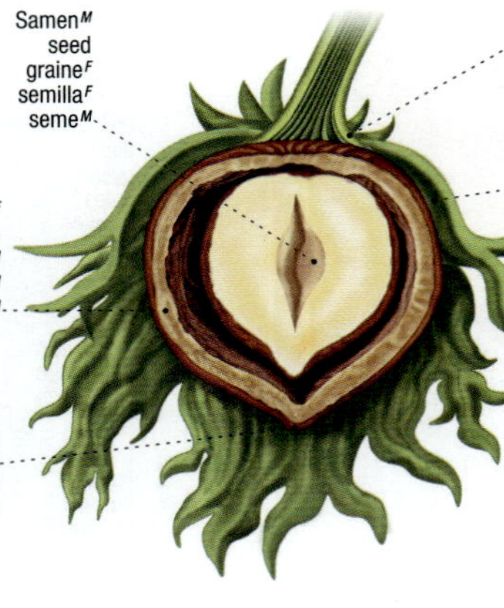

Längsschnitt^{M} durch eine Haselnuss^{F}
section of a hazelnut
coupe^{F} d'une noisette^{F}
corte^{M} de una avellana^{F}
sezione^{F} di una nocciola^{F}

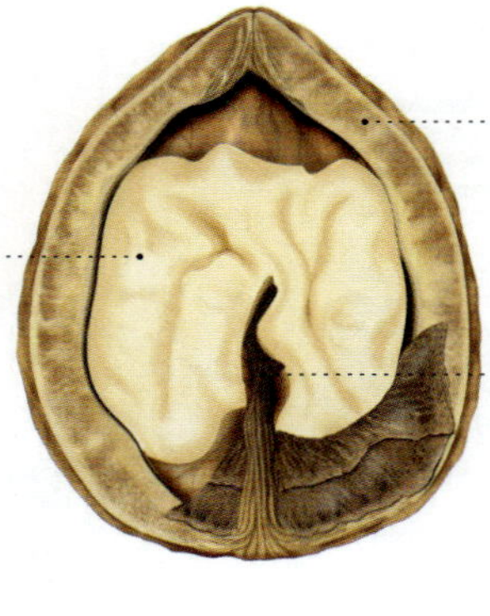

Längsschnitt^{M} durch eine Walnuss^{F}
section of a walnut
coupe^{F} d'une noix^{F}
corte^{M} de una nuez^{F}
sezione^{F} di una noce^{F}

Rebe[F]

grape | vigne[F] | uva[F] | vite[F]

Stufen[F] der Reife[F]
steps to ripeness
étapes[F] de maturation[F]
etapas[F] de la maduración[F]
stadi[M] di maturazione[F]

Blüte[F]
flowering
floraison[F]
floración[F]
fioritura[F]

Fruchtbildung[F]
fruiting
nouaison[F]
fructificación[F]
fruttificazione[F]

Reifeprozess[M]
ripening
véraison[F]
envero[M]
maturazione[F]

Vollreife[F]
ripeness
maturité[F]
madurez[F]
maturità[F]

Baum[M]

tree | arbre[M] | árbol[M] | albero[M]

Aufbau[M] eines Baumes[M]
structure of a tree
structure[F] d'un arbre[M]
anatomía[F] de un árbol[M]
struttura[F] di un albero[M]

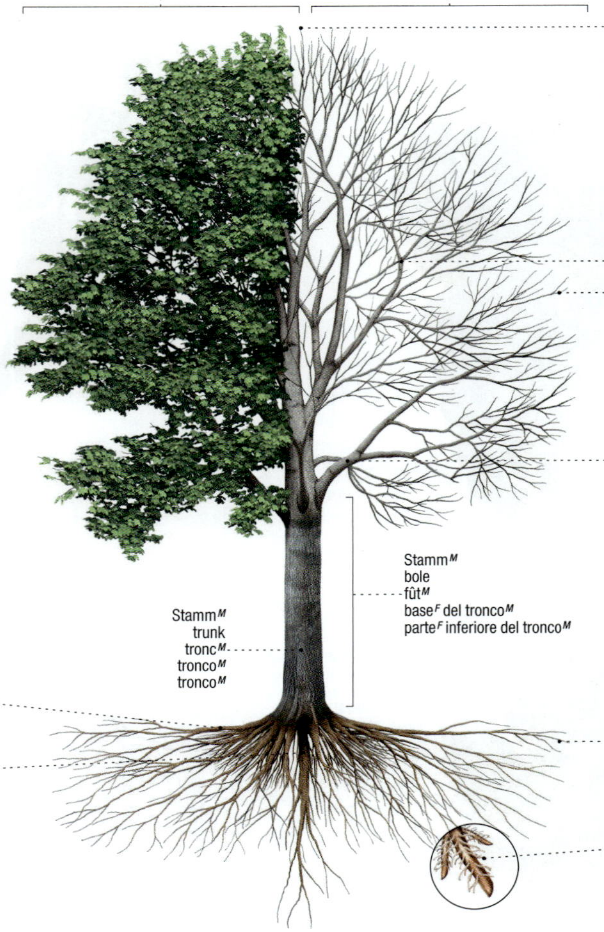

Baumstamm[M] im Querschnitt[M]
cross section of a trunk
coupe[F] transversale du tronc[M]
corte[M] transversal de un tronco[M]
sezione[F] trasversale di un tronco[M]

Stumpf[M]
stump
souche[F]
tocón[M]
ceppo[M]

Baum[M]

Beispiele[N] für Laubhölzer[N]
examples of broadleaved trees
exemples[M] d'arbres[M] feuillus
ejemplos[M] de latifolios[M]
esempi[M] di latifoglie[F]

Eiche[F]
oak
chêne[M]
roble[M]
quercia[F]

Birke[F]
birch
bouleau[M]
abedul[M]
betulla[F]

Trauerweide[F]
weeping willow
saule[M] pleureur
sauce[M] llorón
salice[M] piangente

Pappel[F]
poplar
peuplier[M]
álamo[M]
pioppo[M]

Palme[F]
palm tree
palmier[M]
palmera[F]
palma[F]

Ahorn[M]
maple
érable[M]
arce[M]
acero[M]

Buche[F]
beech
hêtre[M]
haya[F]
faggio[M]

Walnuss[F]
walnut
noyer[M]
nogal[M]
noce[M]

Baum^{M}

Beispiele^{N} für Laubhölzer^{N}

Esche^{F}
ash tree
frêne^{M}
fresno^{M}
frassino^{M}

Linde^{F}
linden
tilleul^{M}
tilo^{M}
tiglio^{M}

Ulme^{F}
elm
orme^{M}
olmo^{M}
olmo^{M}

Olivenbaum^{M}
olive tree
olivier^{M}
olivo^{M}
olivo^{M}

Affenbrotbaum^{M}
baobab
baobab^{M}
baobab^{M}
baobab^{M}

Nadelbaum^{M}

conifer | conifère^{M} | conífera^{F} | conifera^{F}

Fortpflanzungsformen^{F}
reproduction mode
mode^{M} de reproduction^{F}
modo^{M} de reproducción^{F}
modalità^{F} di riproduzione^{F}

Pinienkern^{M}
pine seed
pignon^{M}
piñón^{M}
pinolo^{M}

Zapfen^{M}
cone
cône^{M}
piña^{F}
cono^{M}

Ast^{M}
branch
rameau^{M}
rama^{F}
ramo^{M}

weibliche Blütenstände^{M}
female cone
cône^{M} femelle
cono^{M} femenino
cono^{M} femminile

männliche Blütenstände^{M}
male cone
cône^{M} mâle
cono^{M} masculino
cono^{M} maschile

Beispiele^{N} für Nadelblätter^{N}
examples of leaves
exemples^{M} de feuilles^{F}
ejemplos^{M} de hojas^{F}
esempi^{M} di foglie^{F}

Kiefernnadeln^{F}
pine needles
aiguilles^{F} de pin^{M}
agujas^{F} del pino^{M}
aghi^{M} di pino^{M}

Fichtennadeln^{F}
spruce needles
aiguilles^{F} d'épicéa^{M}
agujas^{F} de pícea^{F}
aghi^{M} di picea^{F}

Tannennadeln^{F}
fir needles
aiguilles^{F} de sapin^{M}
agujas^{F} del abeto^{M}
aghi^{M} d'abete^{M}

Zypressennadeln^{F}
scale-like leaves of the cypress
écailles^{F} de cyprès^{M}
hojas^{F} escamadas del ciprés^{M}
foglie^{F} squamiformi del cipresso^{M}

Nadelbaum^{M}

Beispiele^{N} für Nadelhölzer^{N}
examples of conifers
exemples^{M} de conifères^{M}
ejemplos^{M} de coníferas^{F}
esempi^{M} di conifere^{F}

Pinie^{F}
umbrella pine
pin^{M} parasol^{M}
pino^{M} piñonero
pino^{M} domestico

Libanonzeder^{F}
cedar of Lebanon
cèdre^{M} du Liban^{M}
cedro^{M} del Líbano^{M}
cedro^{M} del Libano^{M}

Zypresse^{F}
cypress
cyprès^{M}
ciprés^{M}
cipresso^{M}

Fichte^{F}
spruce
épicéa^{M}
pícea^{F}
picea^{F}

Lärche^{F}
larch
mélèze^{M}
alerce^{M}
larice^{M}

Mammutbaum^{M}
redwood
séquoia^{M}
secuoya^{F}
sequoia^{F}

Weymouthskiefer^{F}
Eastern white pine
pin^{M} blanc
pino^{M} blanco
pino^{M} bianco

Tanne^{F}
fir
sapin^{M}
abeto^{M}
abete^{M}

Getreideindustrie[F]

grain industry | industrie[F] céréalière | industria[F] de cereales[M] | industria[F] dei cereali[M]

wichtige Getreidepflanzen[F]
main grain plants
principales plantes[F] céréalières
principales plantas[F] de cereales[M]
principali piante[F] di cereali[M]

Buchweizen[M]
buckwheat
sarrasin[M]
trigo[M] sarraceno
grano[M] saraceno

Buchweizen[M]: Doldenrispe[F]
buckwheat: raceme
sarrasin[M] : grappe[F]
trigo[M] sarraceno: racimo[M]
grano[M] saraceno: racemo[M]

Weizen[M]
wheat
blé[M]
trigo[M]
grano[M]

Weizen[M]: Ähre[F]
wheat: spike
blé[M] : épi[M]
trigo[M] : espiga[F]
grano[M]: spiga[F]

Längsschnitt[M] durch ein Weizenkorn[N]
section of a grain of wheat
coupe[F] d'un grain[M] de blé[M]
corte[M] de un grano[M] de trigo[M]
sezione[F] di un chicco[M] di grano[M]

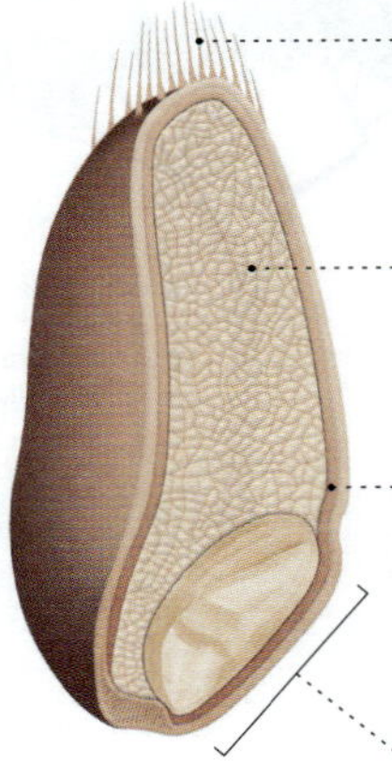

Reis[M]
rice
riz[M]
arroz[M]
riso[M]

Reis[M]: Rispe[F]
rice: panicle
riz[M] : panicule[F]
arroz[M]: panícula[F]
riso[M]: pannocchia[F]

Gerste[F]
barley
orge[F]
cebada[F]
orzo[M]

Gerste[F]: Ähre[F]
barley: spike
orge[F] : épi[M]
cebada[F] : espiga[F]
orzo[M]: spiga[F]

Roggen[M]
rye
seigle[M]
centeno[M]
segale[F]

Roggen[M]: Ähre[F]
rye: spike
seigle[M] : épi[M]
centeno[M] : espiga[F]
segale[F]: spiga[F]

Hafer[M]
oats
avoine[F]
avena[F]
avena[F]

Hafer[M]: Ährchen[N]
oats: panicle
avoine[F] : panicule[F]
avena[F] : panícula[F]
avena[F]: pannocchia[F]

Mohrenhirse[F]
sorghum
sorgho[M]
sorgo[M]
sorgo[M]

Mohrenhirse[F]: Rispe[F]
sorghum: panicle
sorgho[M] : panicule[F]
sorgo[M] : panícula[F]
sorgo[M]: pannocchia[F]

Hirse[F]
millet
millet[M]
mijo[M]
miglio[M]

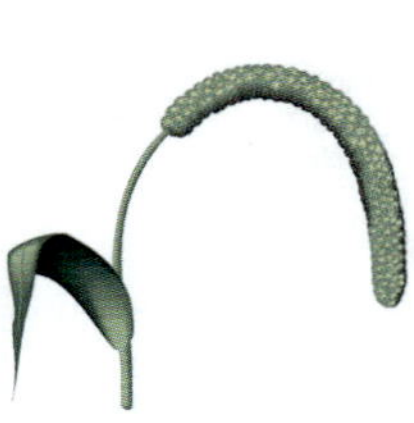

Hirse[F]: Ährenrispe[F]
millet: spike
millet[M] : épi[M]
mijo[M] : espiga[F]
miglio[M]: spiga[F]

Mais[M]
sweet corn
maïs[M]
maíz[M]
mais[M]

Mais[M]: Kolben[M]
corn: cob
maïs[M] : épi[M]
maíz[M] : mazorca[F]
mais[M]: pannocchia[F]

Getreideindustrie[F]

Beispiele[N] für Produkte[N]
examples of products
exemples[M] de produits[M]
ejemplos[M] de productos[M]
esempi[M] di prodotti[M]

Brot[N]
bread
pain[M]
pan[M]
pane[M]

Nudeln[F]
pasta
pâtes[F] alimentaires
pasta[F]
pasta[F]

Gebäck[N]
pastries
viennoiseries[F]
pasteles[M]
brioches[F]

Grieß[M]
semolina
semoule[F]
sémola[F]
semola[F]

Zerealien[F]
cereals
céréales[F]
cereales[M]
cereali[M]

Mehl[N]
flour
farine[F]
harina[F]
farina[F]

Couscous[M]
couscous
couscous[M]
cuscús[M]
couscous[M]

Pflanzenöl[N]
vegetable oil
huile[F] végétale
aceite[M] vegetal
olio[M] vegetale

Textilindustrie[F]

textile industry | industrie[F] textile | fábrica[F] textil | industria[F] tessile

Beispiele[N] für Faserpflanzen[F]
examples of fibre plants
exemples[M] de plantes[F] textiles
ejemplos[M] de fibras[F] vegetales
esempi[M] di piante[F] tessili

Flachs[M]
linen
lin[M]
lino[M]
lino[M]

Hanf[M]
hemp
chanvre[M]
cáñamo[M]
canapa[F]

Baumwollpflanze[F]
cotton plant
cotonnier[M]
algodón[M]
pianta[F] di cotone[M]

Beispiele[N] für Produkte[N]
examples of products
exemples[M] de produits[M]
ejemplos[M] de productos[M]
esempi[M] di prodotti[M]

Kleidung[F]
cloth
vêtement[M]
ropa[F]
abito[M]

Seil[N]
rope
cordage[M]
cuerda[F]
corda[F]

Wattestäbchen[N]
cotton bud
coton[M]-tige[F]
bastoncillo[M] de algodón[M]
bastoncino[M] di cotone[M]

Kautschukindustrie^{F}

rubber industry | industrie^{F} du caoutchouc^{M} | industria^{F} del caucho^{M} | industria^{F} della gomma^{F}

pflanzliche Rohstoffquelle^{F}
plant source
source^{F} végétale
origen^{M} vegetal
fonte^{F} vegetale

Kautschukbaum^{M}
rubber tree
hévéa^{M}
árbol^{M} de caucho^{M}
albero^{M} della gomma^{F}

Kautschukernte^{F}
latex harvest
récolte^{F} du latex^{M}
recogida^{F} de látex^{M}
raccolta^{F} del lattice^{M}

Beispiele^{N} für Produkte^{N}
examples of products
exemples^{M} de produits^{M}
ejemplos^{M} de productos^{M}
esempi^{M} di prodotti^{M}

Ball^{M}
ball
ballon^{M}
pelota^{F}
pallone^{M}

Reifen^{M}
tyre
pneu^{M}
neumático^{M}
pneumatico^{M}

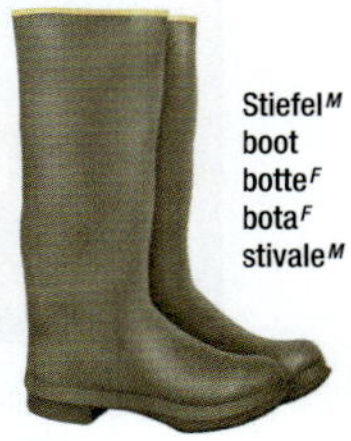

Stiefel^{M}
boot
botte^{F}
bota^{F}
stivale^{M}

Papierindustrie^{F}

paper industry | industrie^{F} papetière | industria^{F} papelera^{F} | industria^{F} della carta^{F}

Faser-Rohstoffquellen^{F}
fibre sources
sources^{F} de fibres^{F}
fuentes^{M} de fibra^{F}
fonti^{F} di fibre^{F}

Schwarzfichte^{F}
black spruce
épicéa^{M} noir
abeto^{M} negro
abete^{M} nero

Altkleidung^{F}
rags
guenilles^{F}
trapos^{M}
stracci^{M}

Beispiele^{N} für Produkte^{N}
examples of products
exemples^{M} de produits^{M}
ejemplos^{M} de productos^{M}
esempi^{M} di prodotti^{M}

Briefpapier^{N}
stationery
papier^{M} de correspondance^{F}
papelería^{F}
carta^{F} da lettera^{F}

Tageszeitung^{F}
newsprint
papier^{M} journal
papel^{M} de periódico^{M}
carta^{F} da giornale^{M}

Karton^{M}
carton
carton^{M}
cartón^{M}
cartone^{M}

Papierindustrie[F]

Papierherstellung[F]
papermaking
fabrication[F] du papier[M]
fabricación[F] de papel[M]
produzione[F] di carta[F]

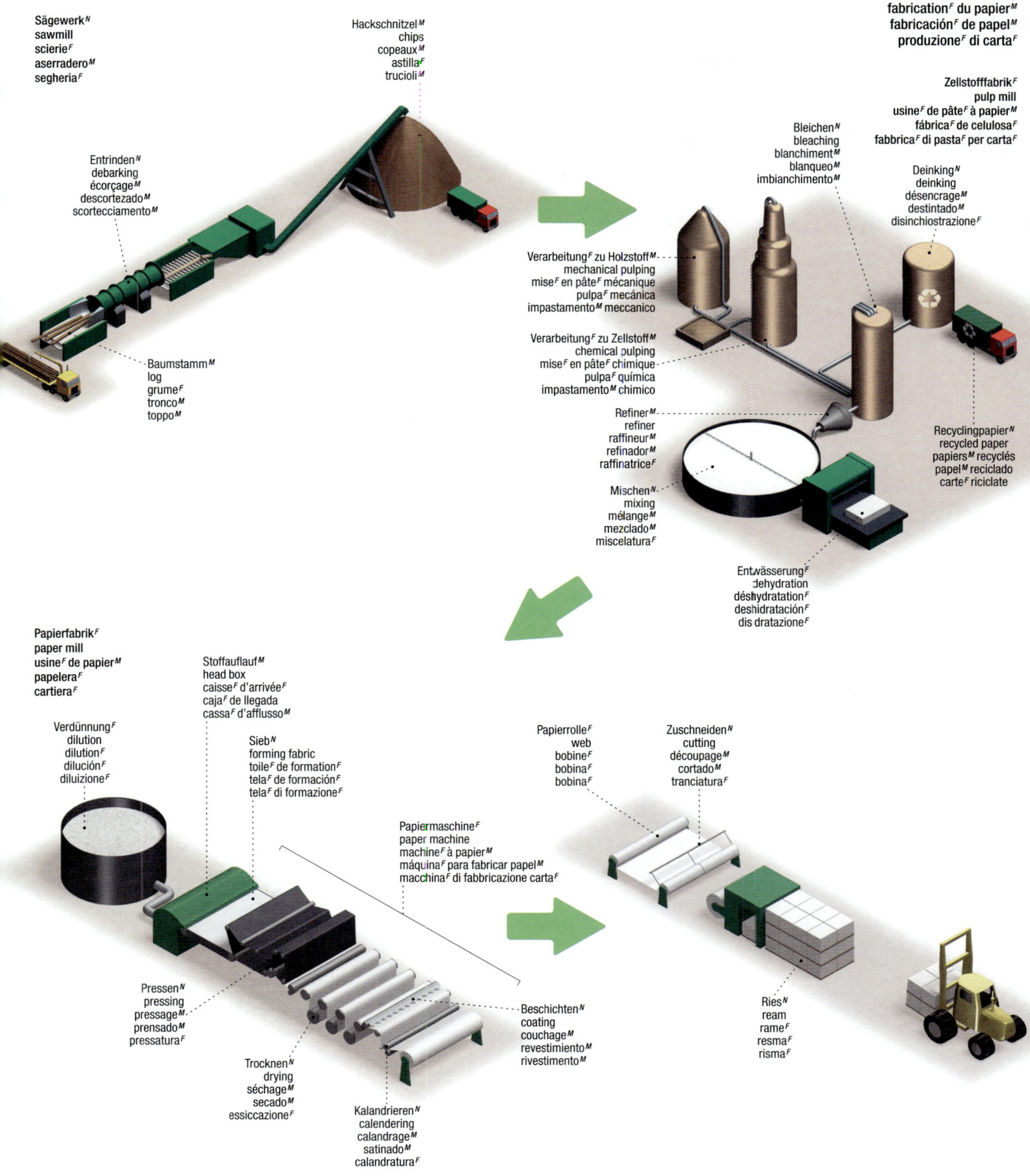

EVOLUTION DES LEBENS 128

Entstehung und Entwicklung der Arten 128
biologische Klassifikation 132

PRIMITIVE LEBEWESEN 133

tierische Zelle 133
Einzeller 133
Schwamm 134
Qualle 134
Seestern 135
Beispiele für primitive Lebewesen 135

WEICHTIERE 136

einschalige Muschel 136
zweischalige Muschel 136
Schnecke 137
Tintenfisch 138

KREBSE 139

Hummer 139

INSEKTEN UND SPINNENTIERE 140

Schmetterling 140
Honigbiene 142
Spinne 145
Beispiele für Insekten 146
Beispiele für Spinnentiere 147

KNORPELFISCHE 148

Hai 148
Beispiele für Knorpelfische 148

KNOCHENFISCHE 149

Flussbarsch 149
Beispiele für Knochenfische 150

TIERREICH

animal kingdom
règne animal
reino animal
regno animale

AMPHIBIEN 152
- Frosch 152
- Beispiele für Amphibien 153

REPTILIEN 154
- Schlange 154
- Schildkröte 155
- Beispiele für Reptilien 156

VÖGEL 158
- Vogel 158
- Beispiele für Wasser- und Watvögel 161
- Beispiele für Landvögel 162

INSEKTENFRESSER 164
- Maulwurf 164
- Beispiele für Insektenfresser 164

NAGETIERE 165
- Ratte 165
- Beispiele für Nagetiere 166

HASENTIERE 167
- Kaninchen 167
- Beispiele für Hasentiere 167

HUFTIERE 168
- Pferd 168
- Beispiele für Hufe 171
- Beispiele für Huftiere 172

RAUBTIERE 174
- Hund 174
- Beispiele für Hunde 176
- Katze 178
- Beispiele für Katzen 179
- Beispiele für Raubtiere 180

MEERESSÄUGETIERE 182
- Delphin 182
- Beispiele für Meeressäugetiere 183

PRIMATEN 184
- Gorilla 184
- Beispiele für Primaten 185

FLEDERTIERE 186
- Fledermaus 186
- Beispiele für Fledertiere 187

BEUTELTIERE 188
- Känguru 188
- Beispiele für Beuteltiere 189

Entstehung[F] und Entwicklung[F] der Arten[F]

origin and evolution of species | origine[F] et évolution[F] des espèces[F] | origen[M] y evolución[F] de las especies[F] | origine[F] ed evoluzione[F] delle specie[F]

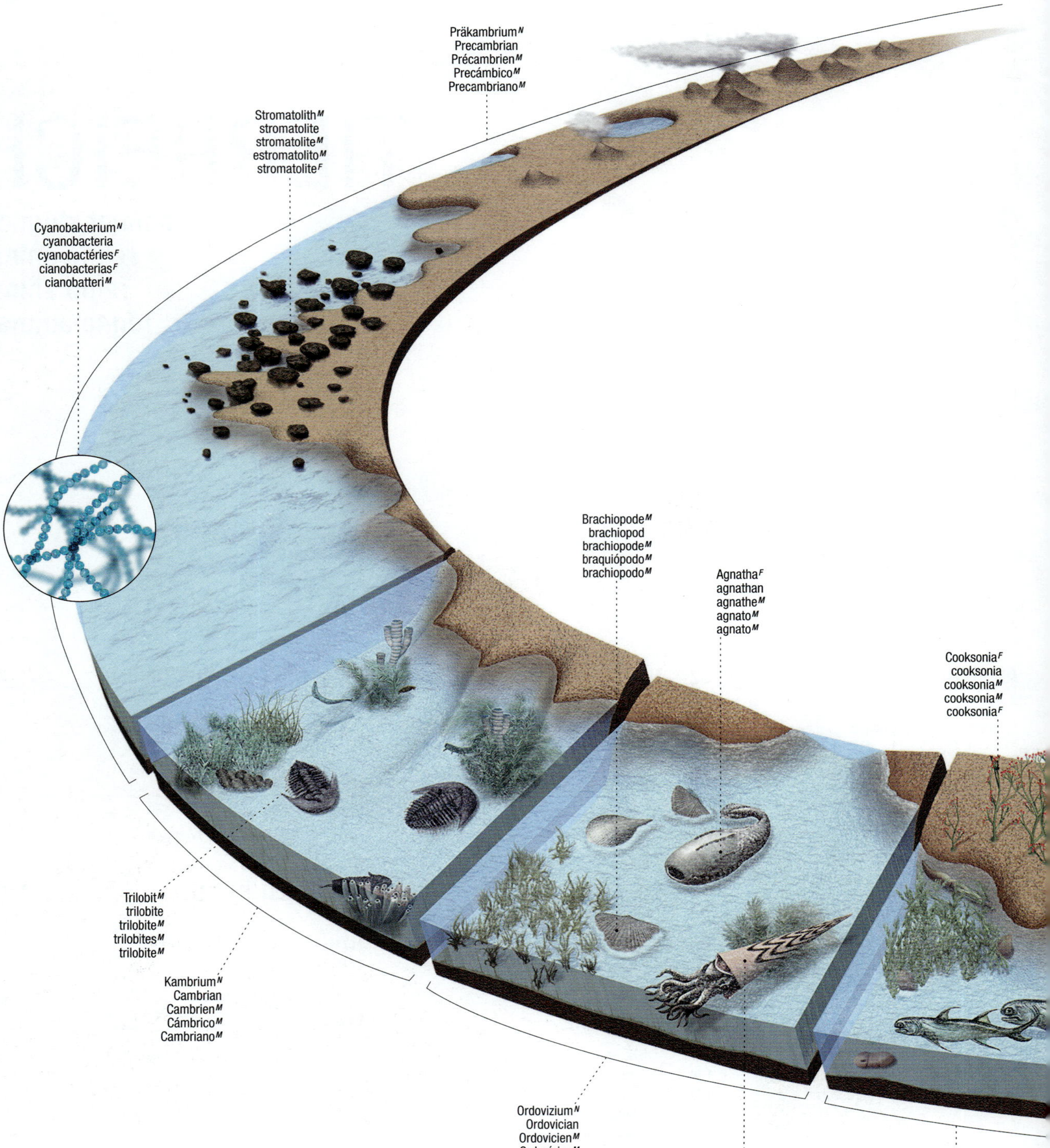

Entstehung^{F} und Entwicklung^{F} der Arten^{F}

Entstehung[F] und Entwicklung[F] der Arten[F]

Entstehung^{F} und Entwicklung^{F} der Arten^{F}

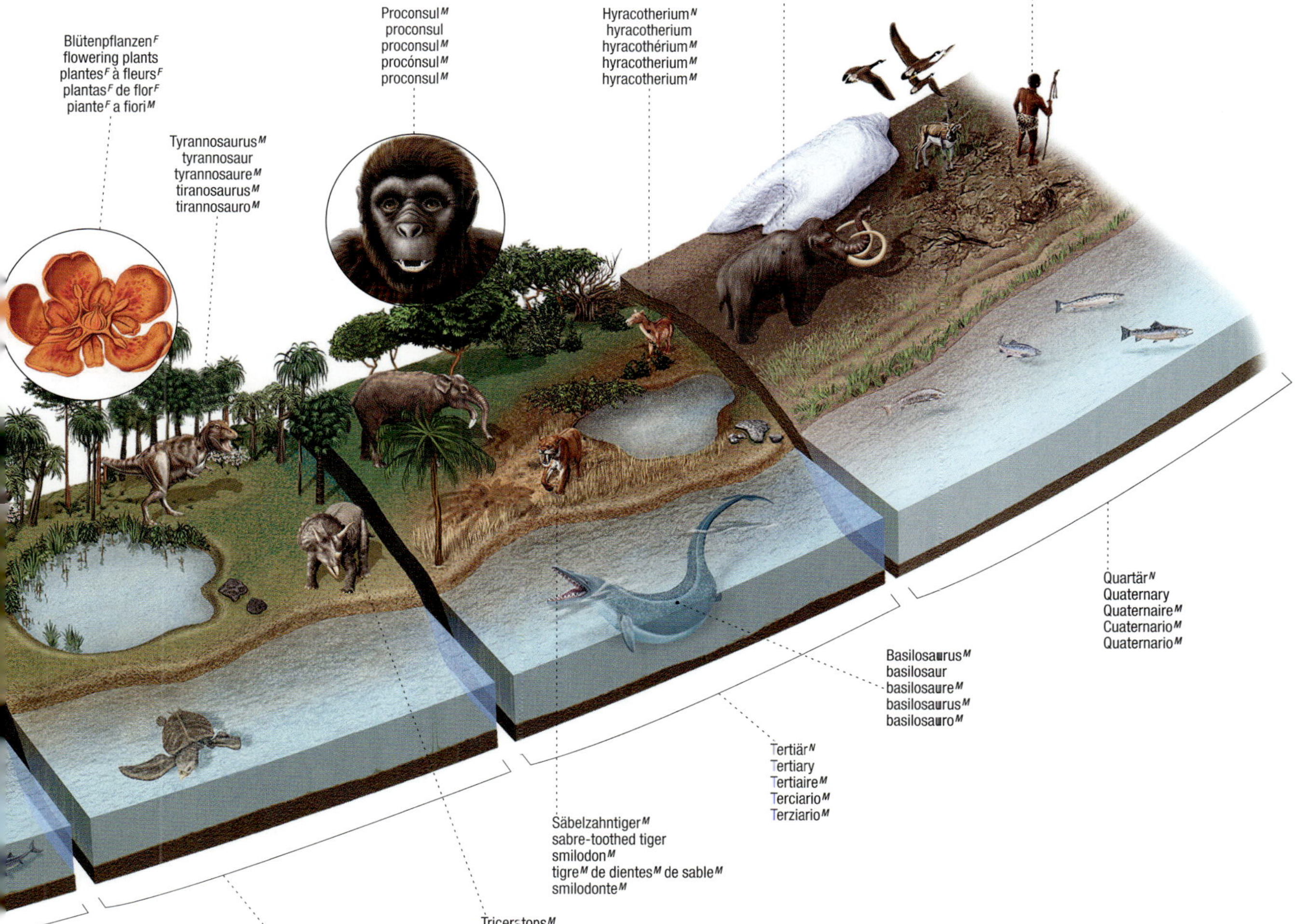

biologische Klassifikation^{F}

biological classification | classification^{F} des espèces^{F} | clasificación^{M} biológica | classificazione^{F} biologica

Beispiel^{N} für eine Klassifikation^{F}: Katze^{F}
example of classification: cat
exemple^{M} de classification^{F} : chat^{M}
ejemplos^{M} de clasificación ^{F} : gato^{M}
esempio^{M} di classificazione^{F}: gatto^{M}

tierische Zelle^{F}

animal cell | cellule^{F} animale | célula^{F} animal | cellula^{F} animale

Einzeller^{M}

unicellular organisms | organismes^{M} unicellulaires | organismos^{M} unicelulares | organismi^{M} unicellulari

Amöbe^{F}
amoeba
amibe^{F}
ameba^{F}
ameba^{F}

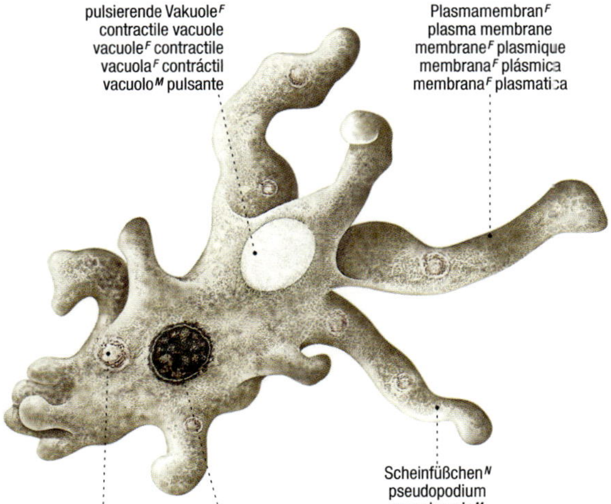

Paramecium^{N}
paramecium
paramécie^{F}
paramecio^{M}
paramecio^{M}

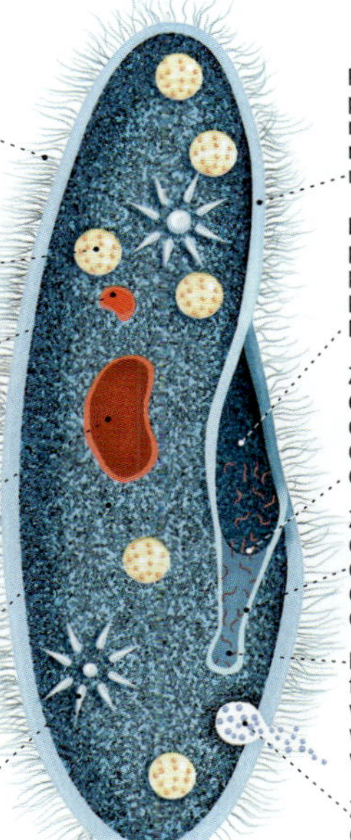

Schwamm^{M}

sponge | éponge^{F} | esponja^{F} | spugna^{F}

Morphologie^{F} eines Schwamms^{M}
morphology of a sponge
morphologie^{F} de l'éponge^{F}
morfología^{F} de una esponja^{F}
morfologia^{F} di una spugna^{F}

Anatomie^{F} eines Schwamms^{M}
anatomy of a sponge
anatomie^{F} de l'éponge^{F}
anatomía^{F} de una esponja^{F}
anatomia^{F} di una spugna^{F}

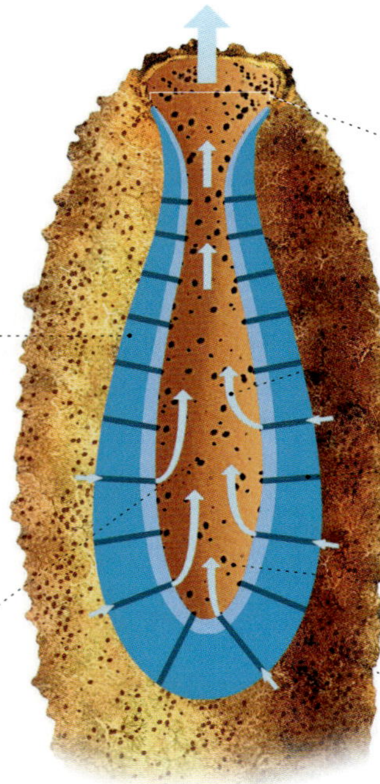

Qualle^{F}

jellyfish | méduse^{F} | medusa^{F} | medusa^{F}

Morphologie^{F} einer Qualle^{F}
morphology of a jellyfish
morphologie^{F} de la méduse^{F}
morfología^{F} de una medusa^{F}
morfologia^{F} di una medusa^{F}

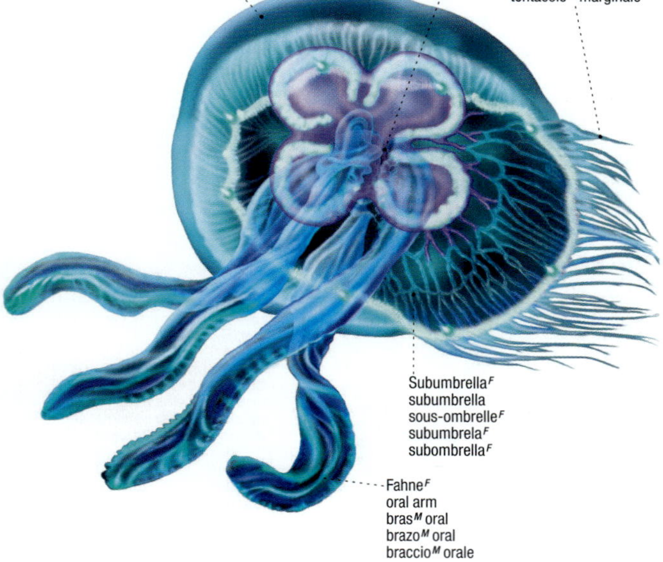

Anatomie^{F} einer Qualle^{F}
anatomy of a jellyfish
anatomie^{F} de la méduse^{F}
anatomía^{F} de una medusa^{F}
anatomia^{F} di una medusa^{F}

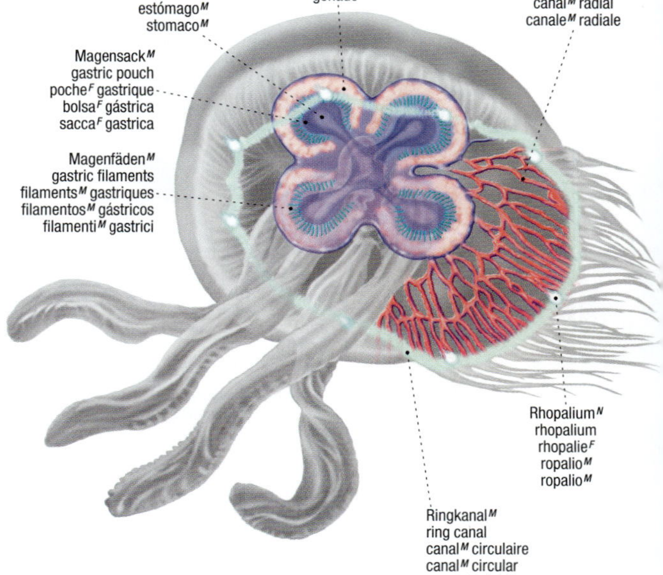

Seestern^{M}

starfish | étoile^{F} de mer^{F} | estrella^{F} de mar^{M} | stella^{F} marina

äußere Merkmale^{N} eines Seesterns^{M}
morphology of a starfish
morphologie^{F} de l'étoile^{F} de mer^{F}
morfología^{F} de una estrella^{F} de mar^{M}
morfologia^{F} di una stella^{F} marina

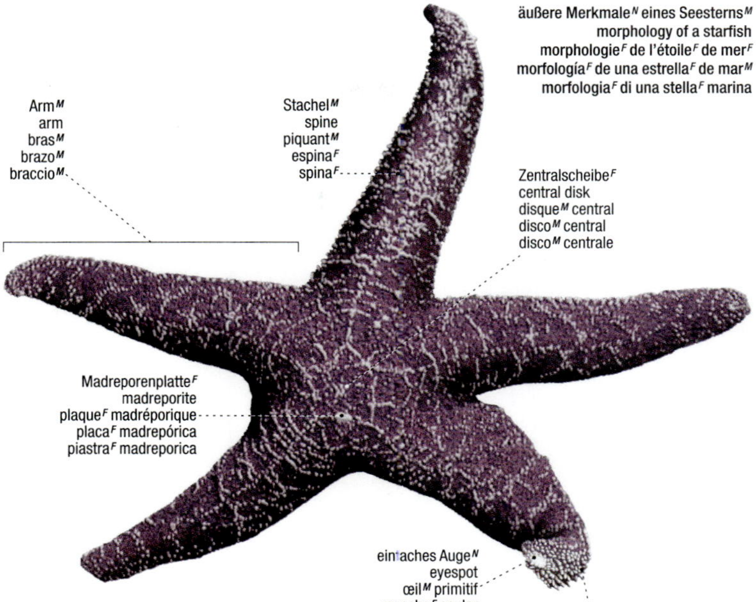

Anatomie^{F} eines Seesterns^{M}
anatomy of a starfish
anatomie^{F} de l'étoile^{F} de mer^{F}
anatomía^{F} de una estrella^{F} de mar^{M}
anatomia^{F} di una stella^{F} marina

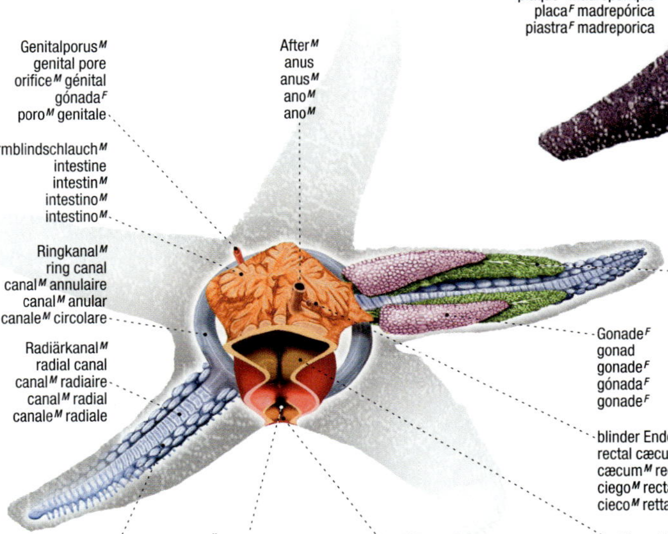

Beispiele^{N} für primitive Lebewesen^{N}

examples of primitive animals | exemples^{M} d'animaux^{M} primitifs | ejemplos^{M} de animales^{M} primitivos | esempi^{M} di animali^{M} primitivi

Regenwurm^{M}
earthworm
lombric^{M}
gusano^{M} de tierra^{F}
lombrico^{M}

Hundertfüßer^{M}
centipede
mille-pattes^{M}
ciempiés^{M}
millepiedi^{M}

Anemone^{F}
anemone
anémone^{F}
anémona^{F}
anemone^{M}

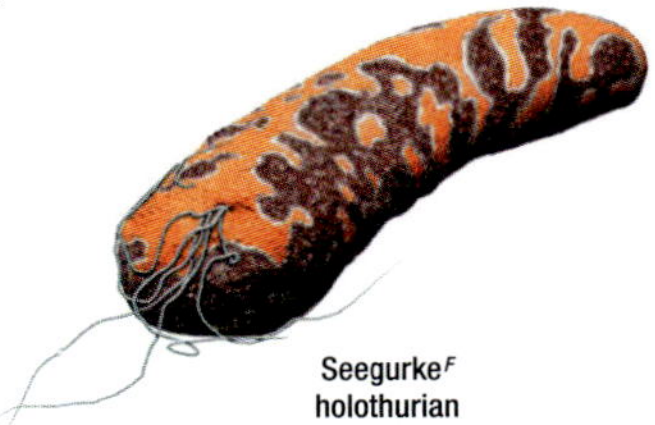

Seegurke^{F}
holothurian
holothurie^{F}
holoturias^{F}
oloturia^{F}

Seeigel^{M}
sea urchin
oursin^{M}
erizo^{M} de mar^{M}
riccio^{M} di mare^{M}

einschalige Muschel[F]

univalve shell | coquillage[M] univalve | concha[F] univalva | conchiglia[F] univalve

äußere Merkmale[N] einer einschaligen Muschel[F]
morphology of a univalve shell
morphologie[F] du coquillage[M] univalve
morfología[F] de una concha[F] univalva
morfologia[F] di una conchiglia[F] univalve

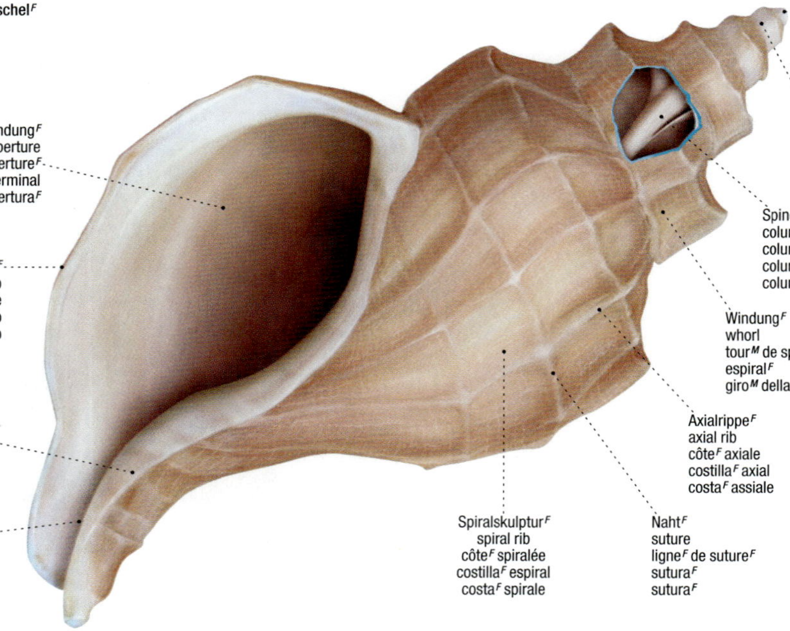

Mündung[F]
aperture
ouverture[F]
apertura[F] terminal
apertura[F]

Außenlippe[F]
outer lip
bord[M] externe
labio[M] externo
labbro[M] esterno

Innenlippe[F]
inner lip
bord[M] interne
labio[M] interno
labbro[M] interno

Siphonalkanal[M]
siphonal canal
canal[M] siphonal
canal[M] del sifón[M]
canale[M] del sifone[M]

Apex[M]
apex
apex[M]
ápice[M]
apice[M]

Embryonalgewinde[N]
nuclear whorl
tour[M] embryonnaire
espira[F] embrionaria
giro[M] embrionale

Spindel[F]
columella
columelle[F]
columela[F]
columella[F]

Windung[F]
whorl
tour[M] de spire[F]
espira[F]
giro[M] della spira[F]

Axialrippe[F]
axial rib
côte[F] axiale
costilla[F] axial
costa[F] assiale

Spiralskulptur[F]
spiral rib
côte[F] spiralée
costilla[F] espiral
costa[F] spirale

Naht[F]
suture
ligne[F] de suture[F]
sutura[F]
sutura[F]

zweischalige Muschel[F]

bivalve shell | coquillage[M] bivalve | concha[F] bivalva | conchiglia[F] bivalve

Anatomie[F] einer zweischaligen Muschel[F]
anatomy of a bivalve shell
anatomie[F] du coquillage[M] bivalve
anatomía[F] de una concha[F] bivalva
anatomia[F] di una conchiglia[F] bivalve

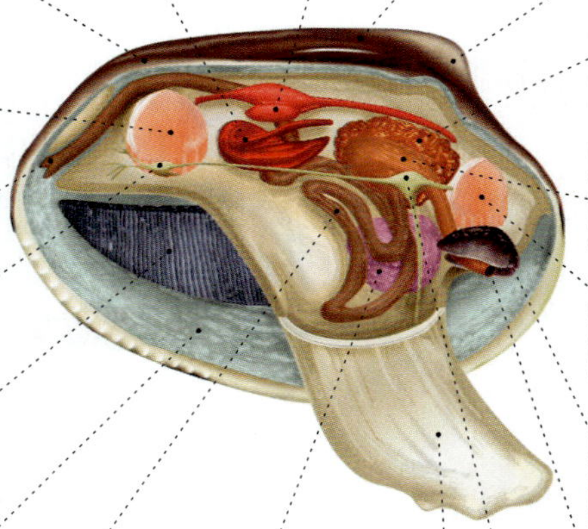

Herz[N]
heart
cœur[M]
corazón[M]
cuore[M]

Schale[F]
shell
coquille[F]
concha[F]
conchiglia[F]

Schlossband[N]
ligament
ligament[M]
ligamento[M]
legamento[M]

Niere[F]
kidney
rein[M]
riñón[M]
rene[M]

Wirbel[M]
umbo
crochet[M]
umbo[M]
cerniera[F]

hinterer Schließmuskel[M]
posterior adductor muscle
muscle[M] adducteur postérieur
músculo[M] aductor posterior
muscolo[M] adduttore posteriore

Mitteldarmdrüse[F]
digestive gland
glande[F] digestive
glándula[F] digestiva
ghiandola[F] digestiva

After[M]
anus
anus[M]
ano[M]
ano[M]

Magen[M]
stomach
estomac[M]
estómago[M]
stomaco[M]

Eingeweideganglion[N]
visceral ganglion
ganglion[M] viscéral
ganglio[M] visceral
ganglio[M] viscerale

vorderer Schließmuskel[M]
anterior adductor muscle
muscle[M] adducteur antérieur
músculo[M] aductor anterior
muscolo[M] adduttore anteriore

Kiemen[F]
gills
branchies[F]
branquias[F]
branchie[F]

Lippentaster[M]
labial palp
palpe[M]
palpo[M]
palpo[M]

Mantel[M]
mantle
manteau[M]
manto[M]
mantello[M]

Gonade[F]
gonad
gonade[F]
gónada[F]
gonade[F]

Mundöffnung[F]
mouth
bouche[F]
boca[F]
bocca[F]

Darm[M]
intestine
intestin[M]
intestino[M]
intestino[M]

Fuß[M]
foot
pied[M]
pie[M]
piede[M]

Kopfganglion[N]
cerebropleural ganglion
ganglion[M] cérébropleural
ganglio[M] cerebropleural
ganglio[M] cerebropleurale

äußere Merkmale[N] einer zweischaligen Muschel[F]
morphology of a bivalve shell
morphologie[F] du coquillage[M] bivalve
morfología[F] de una concha[F] bivalva
morfologia[F] di una conchiglia[F] bivalve

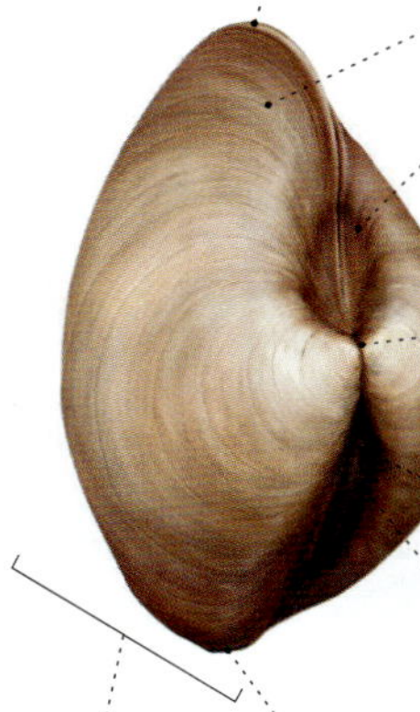

vorderes Ende[N]
anterior end
bord[M] antérieur
extremo[M] anterior
margine[M] anteriore

Zuwachsstreifen[M]
growth line
ligne[F] de croissance[F]
línea[F] de crecimiento[M]
linea[F] di accrescimento[M]

Lunula[F]
lunule
lunule[F]
lúnula[F]
lunula[F]

Wirbel[M]
umbo
crochet[M]
umbo[M]
umbone[M]

Schlossband[N]
ligament
ligament[M]
ligamento[M]
legamento[M]

Schildchen[N]
escutcheon
écusson[M]
placa[F] calcárea
scutello[M]

Klappe[F]
valve
valve[F]
valva[F]
valva[F]

hinteres Ende[N]
posterior end
bord[M] postérieur
extremo[M] posterior
margine[M] posteriore

Schnecke[F]

snail | escargot[M] | caracol[M] | chiocciola[F]

äußere Merkmale[N] einer Schnecke[F]
morphology of a snail
morphologie[F] de l'escargot[M]
morfología[F] de un caracol[M]
morfologia[F] di una chiocciola[F]

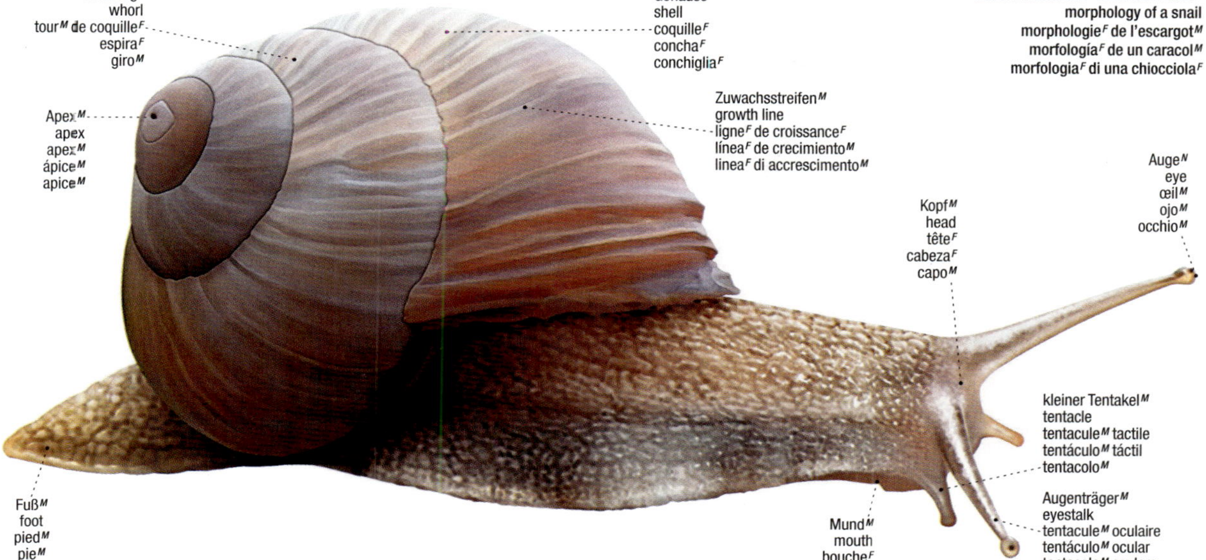

Anatomie[F] einer Schnecke[F]
anatomy of a snail
anatomie[F] de l'escargot[M]
anatomía[F] de un caracol[M]
anatomia[F] di una chiocciola[F]

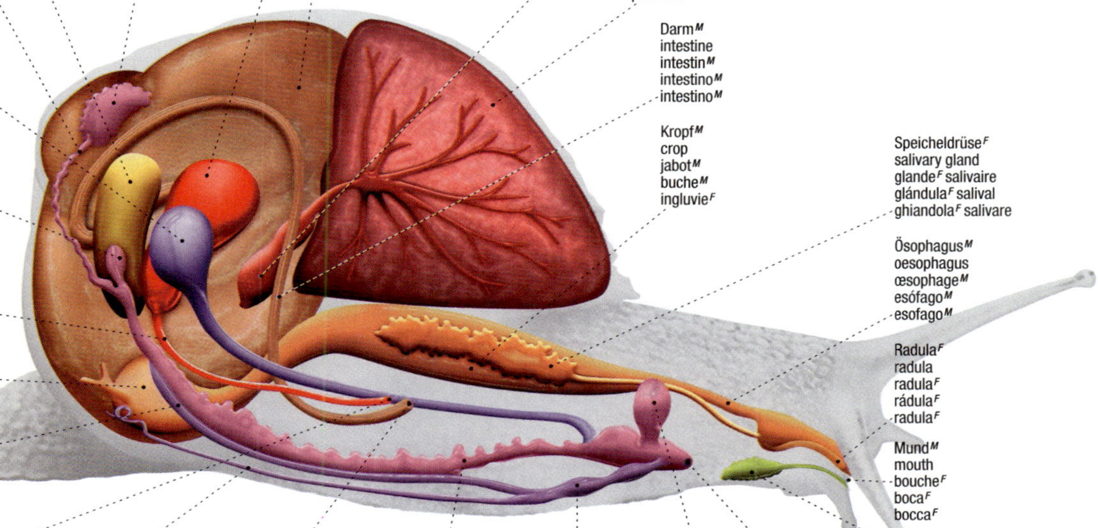

Tintenfisch[M]

octopus | pieuvre[F] | pulpo[M] | polpo[M]

äußere Merkmale[N] eines Tintenfischs[M]
morphology of an octopus
morphologie[F] de la pieuvre[F]
morfología[F] de un pulpo[M]
morfologia[F] di un polpo[M]

Anatomie[F] eines Tintenfischs[M]
anatomy of an octopus
anatomie[F] de la pieuvre[F]
anatomía[F] de un pulpo[M]
anatomia[F] di un polpo[M]

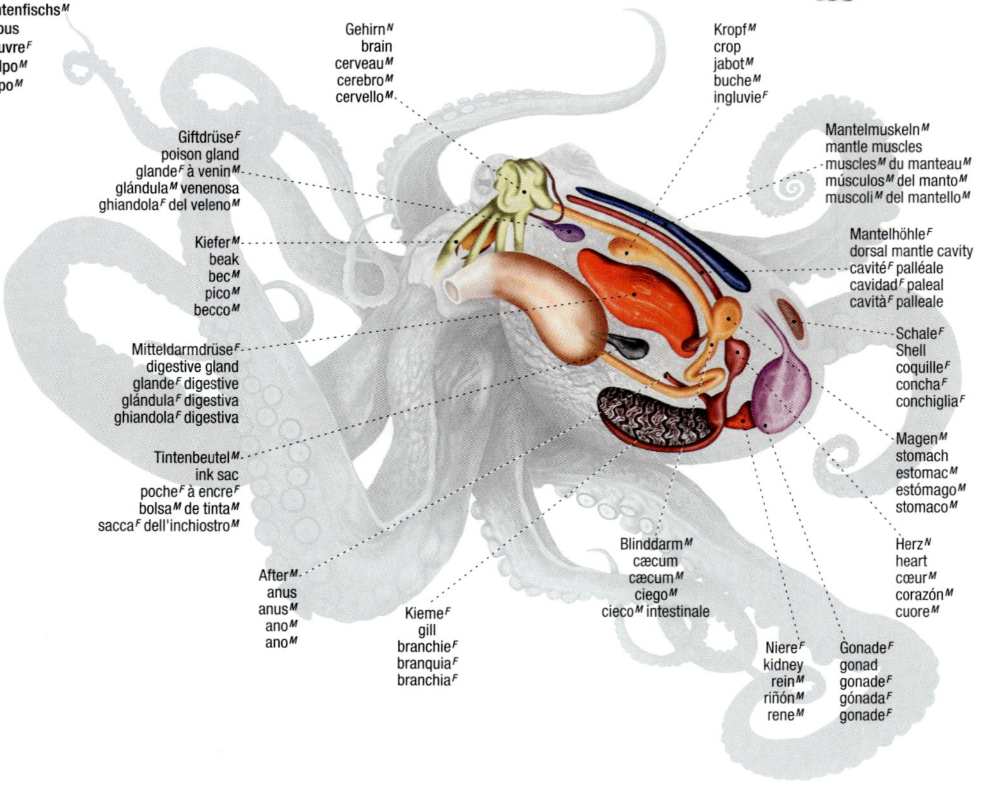

Hummer[M]

lobster | homard[M] | bogavante[M] | astice[M]

äußere Merkmale[N] eines Hummers[M]
morphology of a lobster
morphologie[F] du homard[M]
morfología[F] de un bogavante[M]
morfologia[F] di un astice[M]

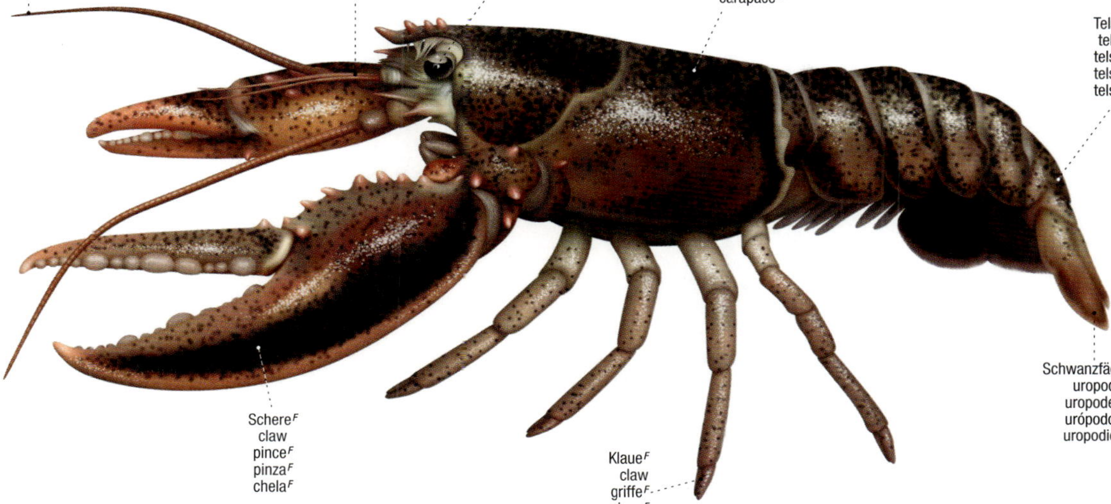

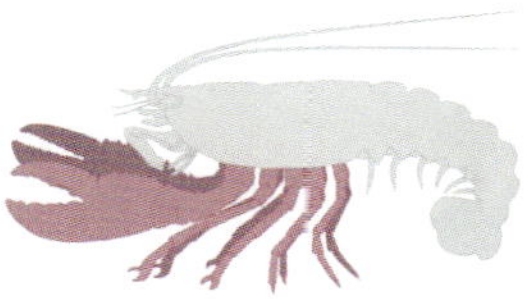

Brustbeine[N]
thoracic legs
pattes[F] thoraciques
apéndices[M] torácicos
arti[M] toracici

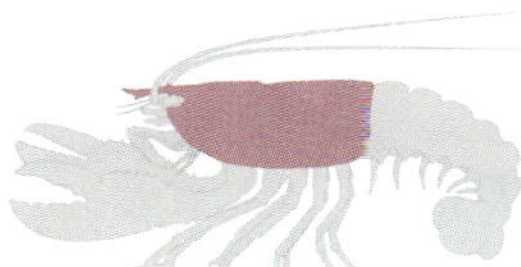

Kopfbruststück[N]
cephalothorax
céphalothorax[M]
cefalotórax[M]
cefalotorace[M]

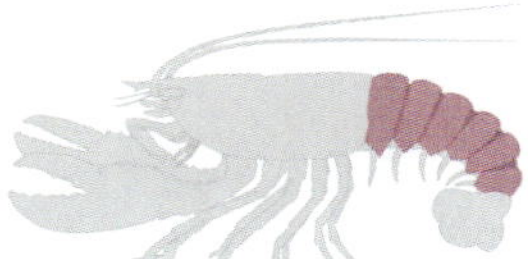

Hinterleib[N]
abdomen
abdomen[M]
abdomen[M]
addome[M]

Schwanz[M]
tail
nageoire[F] caudale
cola[F]
coda[F]

Anatomie[F] eines Hummers[M]
anatomy of a lobster
anatomie[F] du homard[M]
anatomía[F] de un bogavante[M]
anatomia[F] di un astice[M]

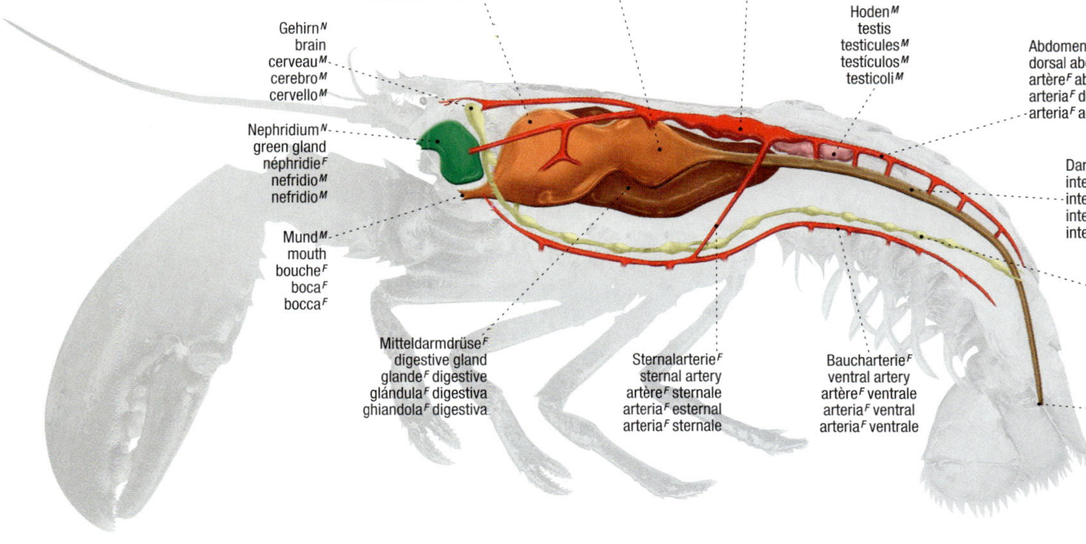

Schmetterling[M]

butterfly | papillon[M] | mariposa[F] | farfalla[F]

äußere Merkmale[N] eines Schmetterlings[M]
morphology of a butterfly
morphologie[F] du papillon[M]
morfología[F] de una mariposa[F]
morfologia[F] di una farfalla[F]

Hinterbein[N]
hind leg
patte[F] postérieure
pata[F] trasera
zampa[F] posteriore

Schmetterling[M]

Anatomie[F] eines weiblichen Schmetterlings[M]
anatomy of a female butterfly
anatomie[F] du papillon[M] femelle
anatomía[M] de una mariposa[F] hembra[F]
anatomia[F] di una farfalla[F] femmina

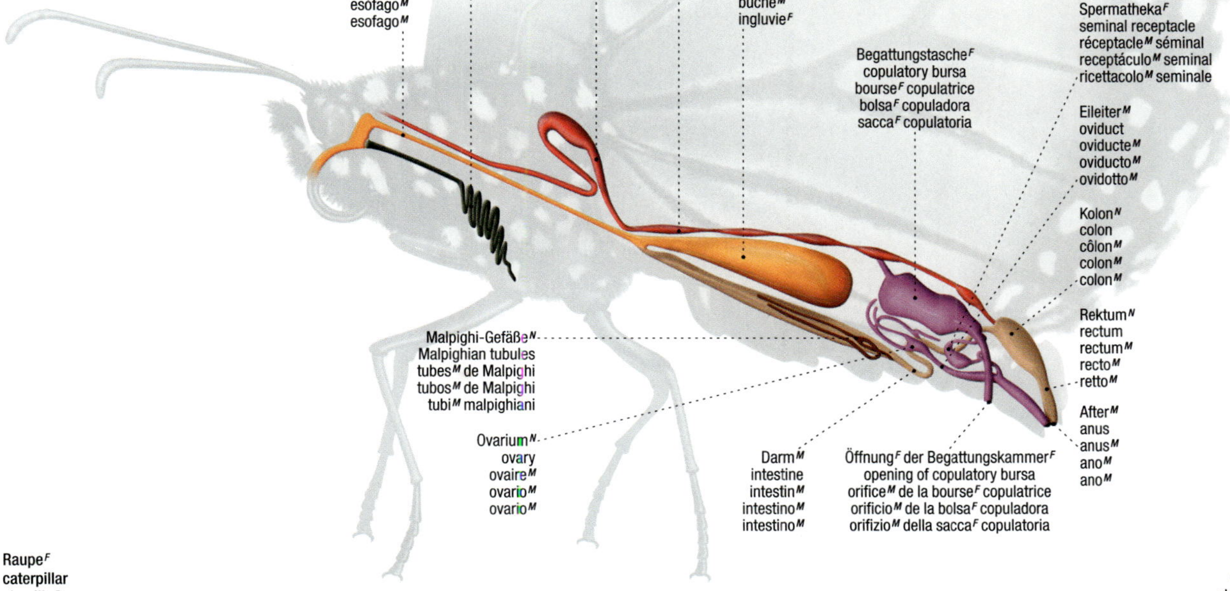

Raupe[F]
caterpillar
chenille[F]
oruga[F]
bruco[M]

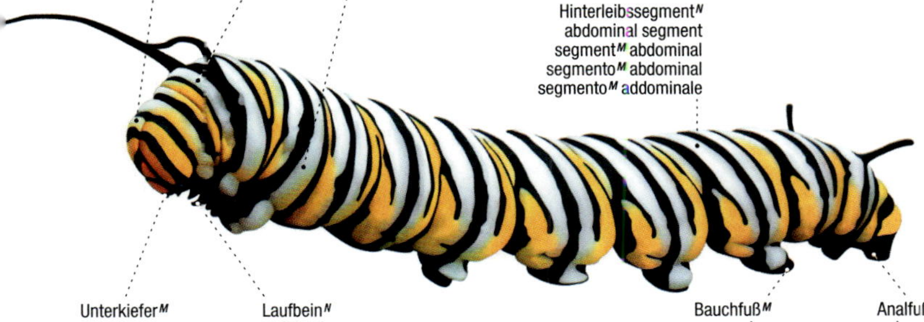

Puppe[F]
chrysalis
chrysalide[F]
crisálida[F]
crisalide[F]

Honigbiene^{F}

honeybee | abeille^{F} | abeja^{F} | ape^{F}

äußere Merkmale^{N} einer Honigbiene^{F}: Arbeiterin^{F}
morphology of a honeybee: worker
morphologie^{F} de l'abeille^{F} : ouvrière^{F}
morfología^{F} de una abeja^{F} trabajadora
morfologia^{F} di un'ape^{F}: operaia

Hinterbein^{N} (Innenseite^{F})
hind leg (inner surface)
patte^{F} postérieure (face^{F} interne)
pata^{F} trasera (superficie^{F} interior)
zampa^{F} posteriore (superficie^{F} interna)

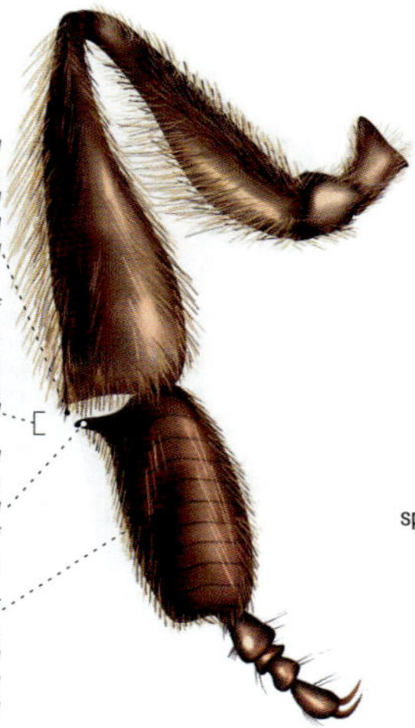

Mittelbein^{N} (Außenseite^{F})
middle leg (outer surface)
patte^{F} médiane (face^{F} externe)
pata^{F} media (superficie^{F} exterior)
zampa^{F} mediana (superficie^{F} esterna)

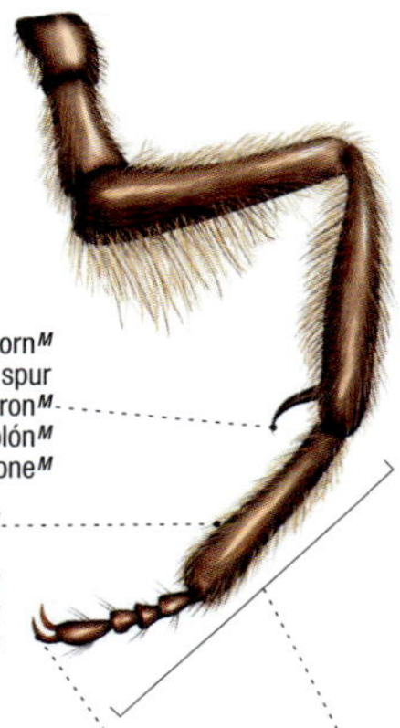

Vorderbein^{N} (Außenseite^{F})
foreleg (outer surface)
patte^{F} antérieure (face^{F} externe)
pata^{F} delantera (superficie^{F} exterior)
zampa^{F} anteriore (superficie^{F} esterna)

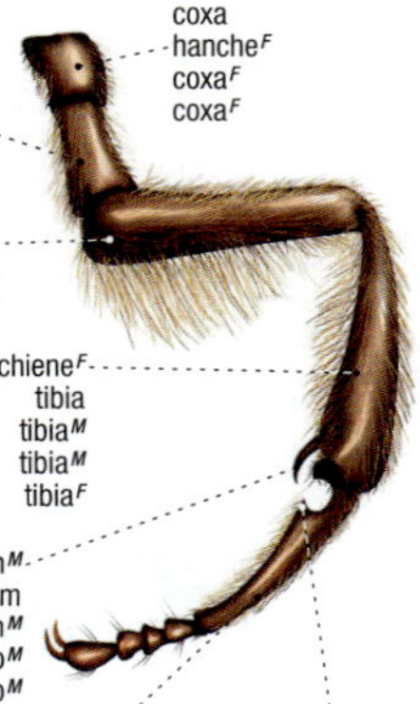

Honigbiene[F]

Anatomie[F] einer Honigbiene[F]
anatomy of a honeybee
anatomie[F] de l'abeille[F]
anatomía[F] de una abeja[F]
anatomia[F] di un'ape[F]

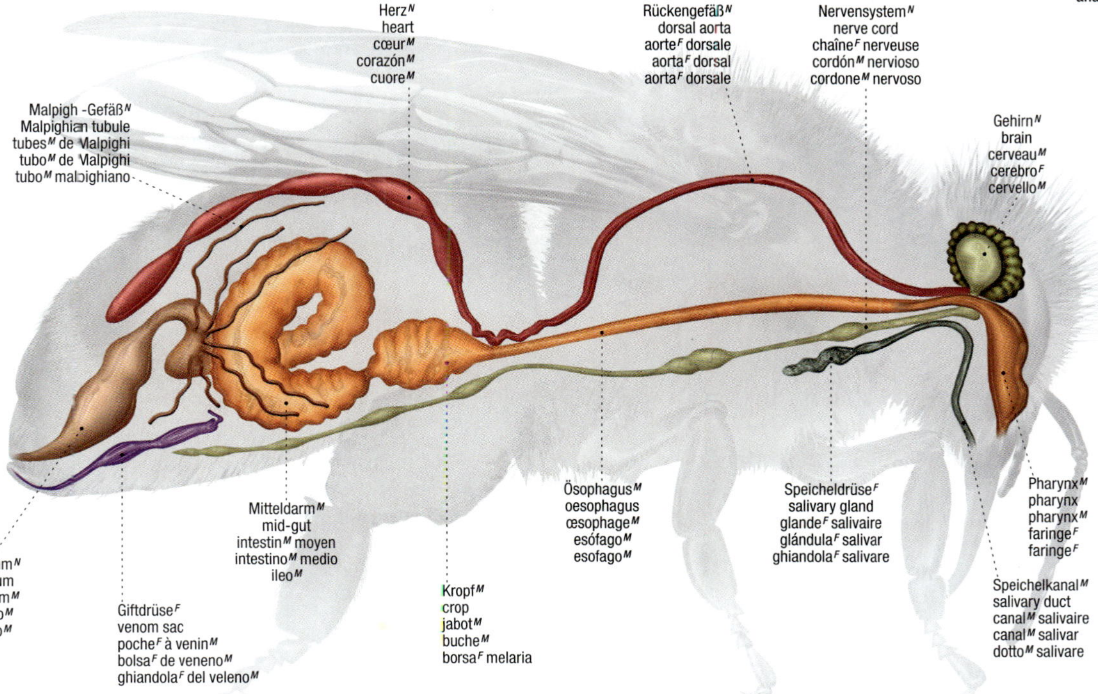

Kopf[M]
head
tête[F]
cabeza[F]
capo[M]

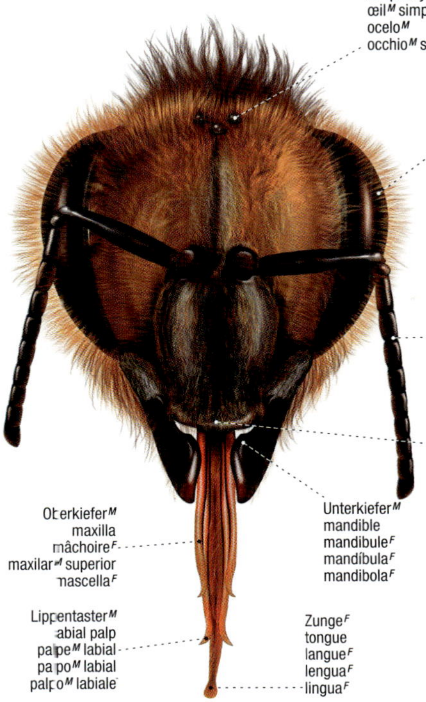

Kasten[F]
castes
castes[F]
castas[F]
caste[F]

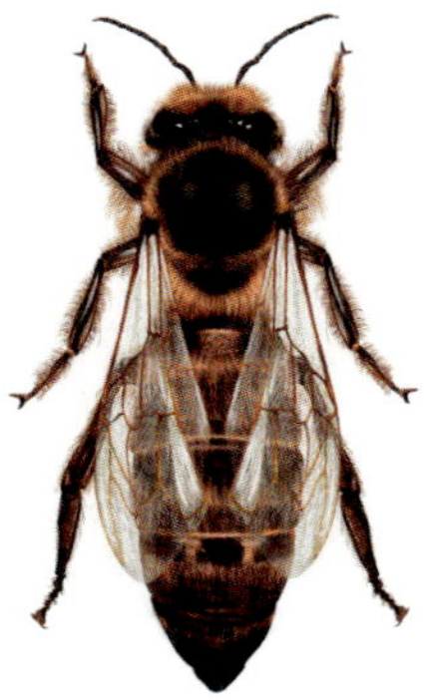

Königin[F]
queen
reine[F]
reina[F]
ape[F] regina

Arbeiterin[F]
worker
ouvrière[F]
obrera[F]
ape[F] operaia

Drohne[F]
drone
faux bourdon[M]
zángano[M]
fuco[M]

Honigbiene^{F}

Bienenstock^{M}
hive
ruche^{F}
colmena^{F}
arnia^{F}

Honigwabe^{F} im Querschnitt^{M}
section of a honeycomb
coupe^{F} d'un rayon^{M} de miel^{M}
corte^{M} de un panal^{M}
sezione^{F} di un nido^{M} d'ape^{F}

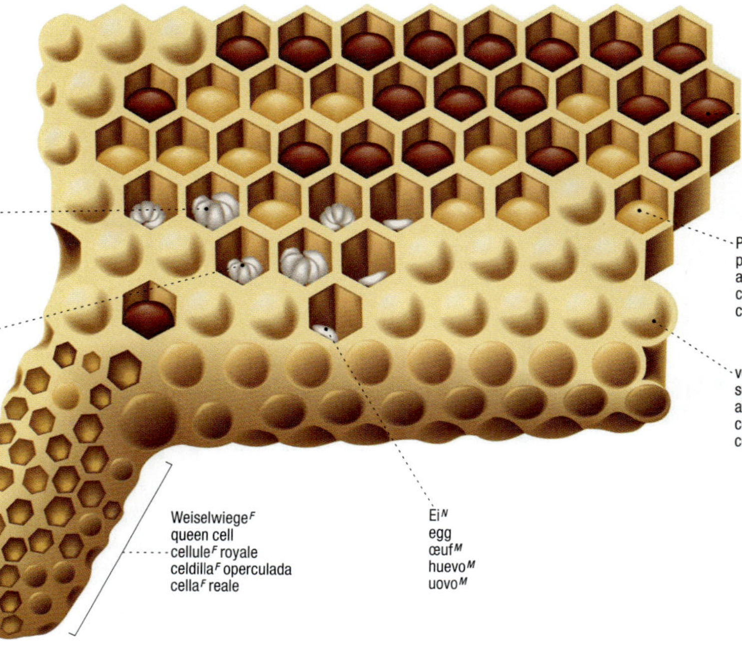

Spinne^F

spider | araignée^F | araña^F | ragno^M

Spinnennetz^N
spider web
toile^F d'araignée^F
tela^F de araña^F
ragnatela^F

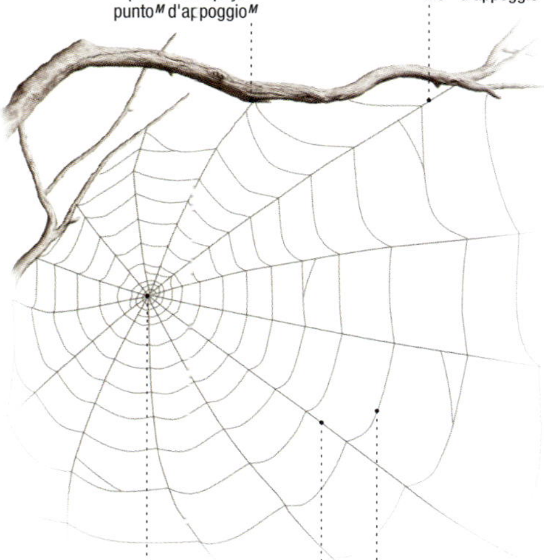

äußere Merkmale^N einer Spinne^F
morphology of a spider
morphologie^F de l'araignée^F
morfología^F de una araña^F
morfologia^F di un ragno^M

Anatomie^F einer weiblichen Spinne^F
anatomy of a female spider
anatomie^F de l'araignée^F femelle
anatomía^F de una araña^F hembra
anatomia^F di un ragno^M femmina

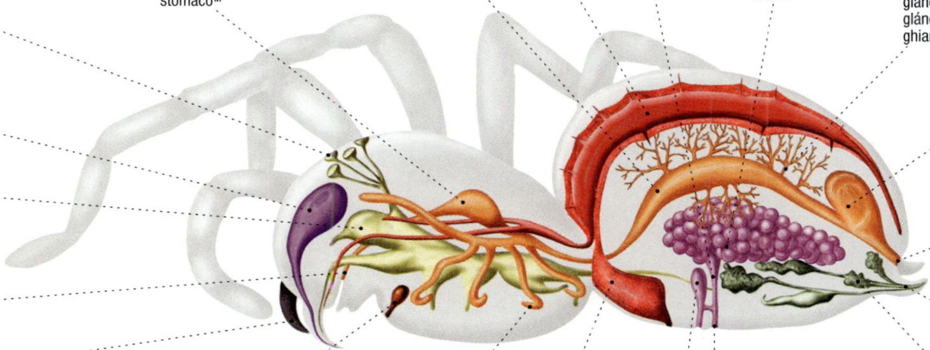

Beispiele[N] für Insekten[N]

examples of insects | exemples[M] d'insectes[M] | ejemplos[M] de insectos[M] | esempi[M] di insetti[M]

Floh[M]
flea
puce[F]
pulga[F]
pulce[F]

Laus[F]
louse
pou[M]
piojo[M]
pidocchio[M]

Termite[F]
termite
termite[M]
termita[F]
termite[F]

Moskito[M]
mosquito
moustique[M]
mosquito[M]
zanzara[F]

Tsetsefliege[F]
tsetse fly
mouche[F] tsé-tsé
mosca[F] tsetsé
mosca[F] tse-tse

Bockkäfer[M]
furniture beetle
petite vrillette[F]
carcoma[F]
tarlo[M]

Marienkäfer[M]
ladybird
coccinelle[F]
mariquita[F]
coccinella[F]

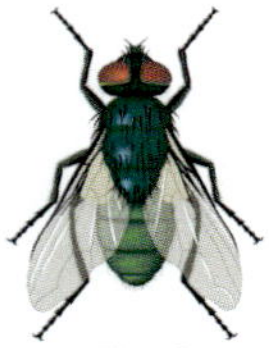

Fliege[F]
fly
mouche[F]
mosca[F]
mosca[F]

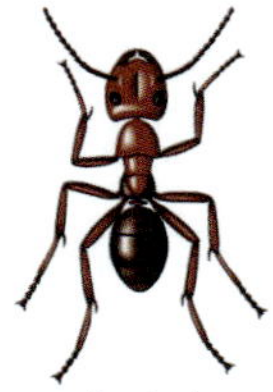

Ameise[F]
ant
fourmi[F]
hormiga[F]
formica[F]

Totengräber[M]
sexton beetle
nécrophore[M]
escarabajo[M] necróforo
necroforo[M]

Wespe[F]
wasp
guêpe[F]
avispa[F]
vespa[F]

Hornisse[F]
hornet
frelon[M]
avispón[M]
calabrone[M]

Bremse[F]
horsefly
taon[M]
tábano[M]
tafano[M]

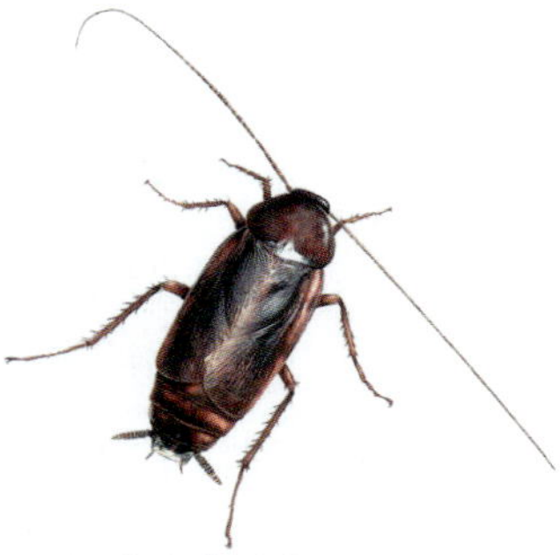

orientalische Schabe[F]
oriental cockroach
blatte[F] orientale
cucaracha[F] oriental
blatta[F] orientale

Ohrwurm[M]
earwig
perce-oreille[M]
tijereta[F]
forbicina[F]

Stinkwanze[F]
stink bug
punaise[F] rayée
chinche[F]
cimice[F] delle piante[F]

Wasserkäfer[M]
water bug
punaise[F] d'eau[F]
chinche[F] acuática
cimice[F] d'acqua[F]

Kleidermotte[F]
clothes moth
mite[F]
polilla[F]
tignola[F] dei panni[M]

Maikäfer[M]
cockchafer
hanneton[M]
escarabajo[M]
maggiolino[M]

Hummel[F]
bumblebee
bourdon[M]
abejorro[M]
bombo[M]

Pillendreher[M]
scarab beetle
scarabée[M]
escarabajo[M]
scarabeo[M]

Beispiele^N für Insekten^N

Atlasspinner^M
atlas moth
atlas^M
oruga^F de polilla^F
Vanessa atalanta^F

Monarchfalter^M
monarch butterfly
monarque^M
mariposa^F monarca^M
monarca^F

Zikade^F
cicada
cigale^F
cigarra^F
cicala^F

Gottesanbeterin^F
mantid
mante^F religieuse
mantis^F religiosa
mantide^F religiosa

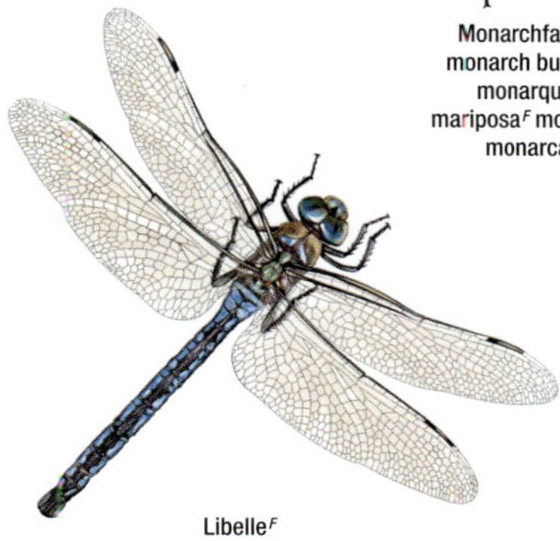

Libelle^F
dragonfly
libellule^F
libélula^F
libellula^F

Birkenspanner^M
peppered moth
phalène^F du bouleau^M
polilla^F de abedul^M
falena^F della betulla^F

Nachtigall^F-Grashüpfer^M
bow-winged grasshopper
criquet^M mélodieux
grillo^M campestre
cavalletta^F

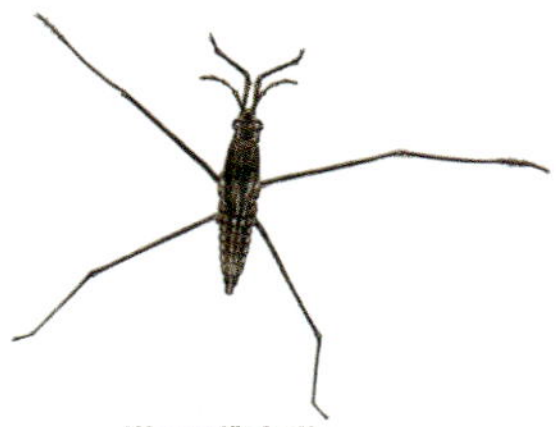

Wasserläufer^M
water strider
patineur^M d'eau^F
opilión^M
opilione^M

Laubheuschrecke^F
great green bush-cricket
grande sauterelle^F verte
saltamontes^M verde
cavalletta^F verde

Beispiele^N für Spinnentiere^N

examples of arachnids | exemples^M d'arachnides^M | ejemplos^M de arácnidos^M | esempi^M di aracnidi^M

Krabbenspinne^F
crab spider
araignée^F-crabe^M
araña^F cangrejo
ragno^M-granchio^M

Schwarze Witwe^F
black widow
veuve^F noire
viuda^F negra
vedova^F nera

Skorpion^M
scorpion
scorpion^M
escorpión^M
scorpione^M

Zecke^F
tick
tique^F
garrapata^F
zecca^F

Wasserspinne^F
water spider
argyronète^F
araña^F de agua^F
ragno^M acquatico

Gartenkreuzspinne^M
garden spider
épeire^F
epeira^F
epeira^F

Mexikanische Rotknievogelspinne^F
red-kneed tarantula
mygale^F du Mexique^M
migala^F
migale^F del Messico^M

Hai^{M}

shark | requin^{M} | tiburón^{M} | squalo^{M}

äußere Merkmale^{N} eines Hais^{M}
morphology of a shark
morphologie^{F} du requin^{M}
morfología^{F} de un tiburón^{M}
morfologia^{F} di uno squalo^{M}

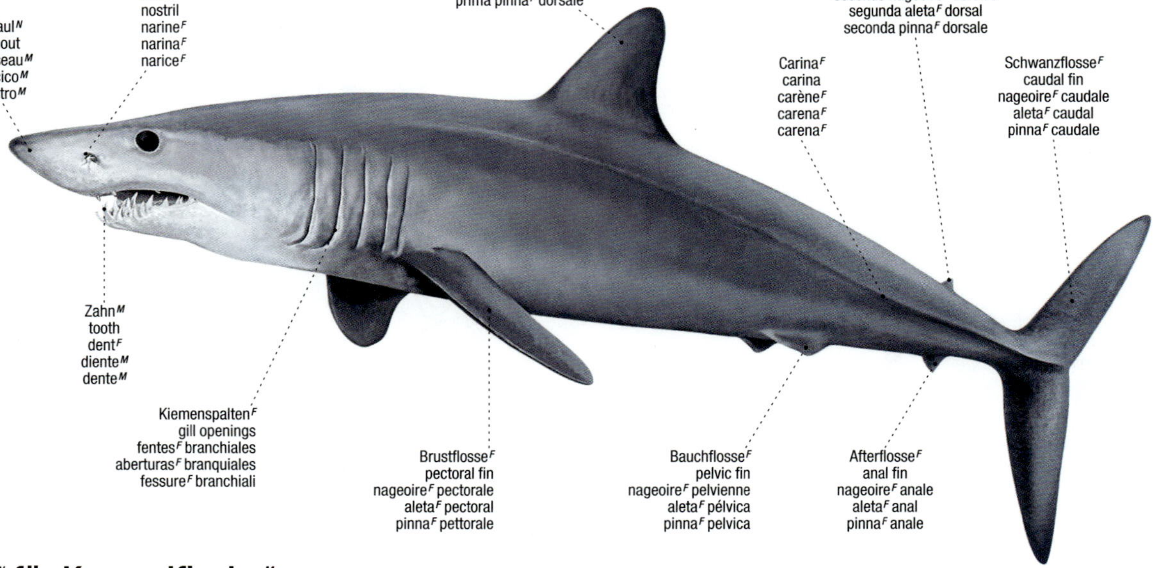

Beispiele^{N} für Knorpelfische^{M}

examples of cartilaginous fishes | exemples^{M} de poissons^{M} cartilagineux | ejemplos^{M} de peces^{M} cartilaginosos | esempi^{M} di pesci^{M} cartilaginei

Dornhai^{M}
spiny dogfish
aiguillat^{M} commun
mielga^{F}
spinarolo^{M}

Rochen^{M}
skate
raie^{F}
raya^{F}
razza^{F}

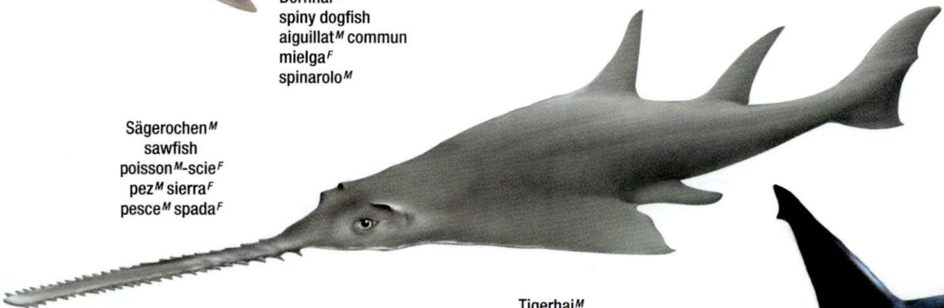

Sägerochen^{M}
sawfish
poisson^{M}-scie^{F}
pez^{M} sierra^{F}
pesce^{M} spada^{F}

Tigerhai^{M}
tiger shark
requin^{M}-tigre^{M}
tiburón^{M} tigre^{M}
squalo^{M} tigre^{F}

Weißer Hai^{M}
great white shark
grand requin^{M} blanc
gran tiburón^{M} blanco
grande squalo^{M} bianco

Flussbarsch[M]

perch | perche[F] | perca[F] | persico[M]

Anatomie[F] eines Flussbarschs[M]
anatomy of a perch
anatomie[F] de la perche[F]
anatomía[M] de una perca[F]
anatomia[F] di un persico[M]

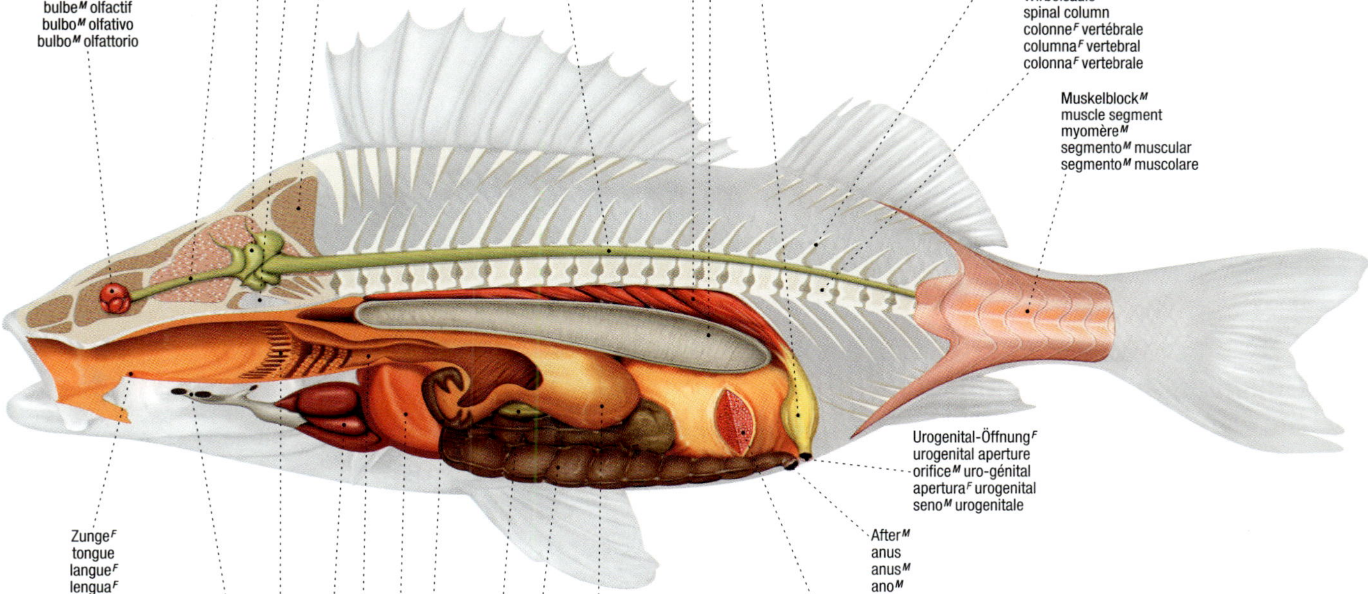

erste Rückenflosse[F]
first dorsal fin
première nageoire[F] dorsale
aleta[F] dorsal anterior
prima pinna[F] dorsale

zweite Rückenflosse[F]
second dorsal fin
seconde nageoire[F] dorsale
aleta[F] dorsal posterior
seconda pinna[F] dorsale

Flussbarsch[M]

äußere Merkmale[N] eines Flussbarschs[M]
morphology of a perch
morphologie[F] de la perche[F]
morfología[F] de una perca[F]
morfologia[F] di un persico[M]

Beispiele[N] für Knochenfische[M]

examples of bony fishes | exemples[M] de poissons[M] osseux | ejemplos[M] de peces[M] óseos | esempi[M] di pesci[M] ossei

Goldfisch[M]
goldfish
poisson[M] rouge
pez[M] de colores[M]
pesce[M] rosso

Piranha[M]
piranha
piranha[M]
piraña[F]
piranha[M]

Clownfisch[M]
clown fish
poisson[M]-clown[M]
pez[M] payaso[M]
pesce[M] pagliaccio[M]

Mondfisch[M]
sunfish
poisson[M]-lune[F]
perca[F]
pesce[M] luna[F]

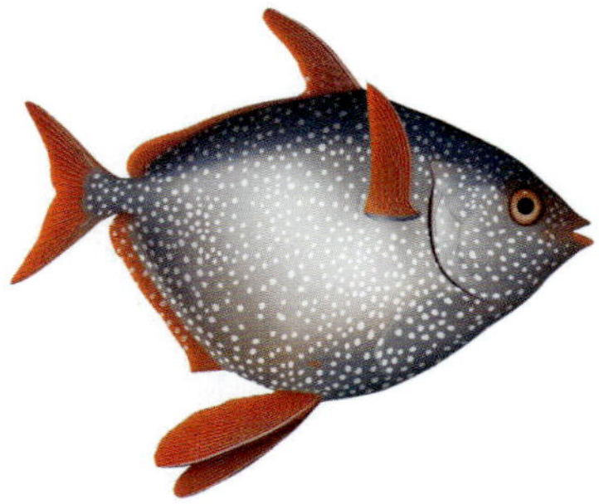

Blauer Marlin[M]
blue marlin
marlin[M] bleu
aguja[F] azul
marlin[M] blu

Beispiele^{N} für Knochenfische^{M}

Fliegender Fisch^{M}
flying fish
exocet^{M}
pez^{M} volador^{M}
esoceto^{M}

Diskusbuntbarsch^{M}
discus
discus^{M}
discus^{M}
pesce^{M} discus^{M}

Tiefsee-Anglerfisch^{M}
deep-sea anglerfish
baudroie^{F} abyssale
rape^{M} abisal
rana^{F} pescatrice abissale

Kugelfisch^{M}
blowfish
poisson^{M}-globe^{M}
pez^{M} globo^{M}
pesce^{M} palla^{F}

Lungenfisch^{M}
lungfish
protoptère^{M}
pez^{M} pulmonado
protottero^{M}

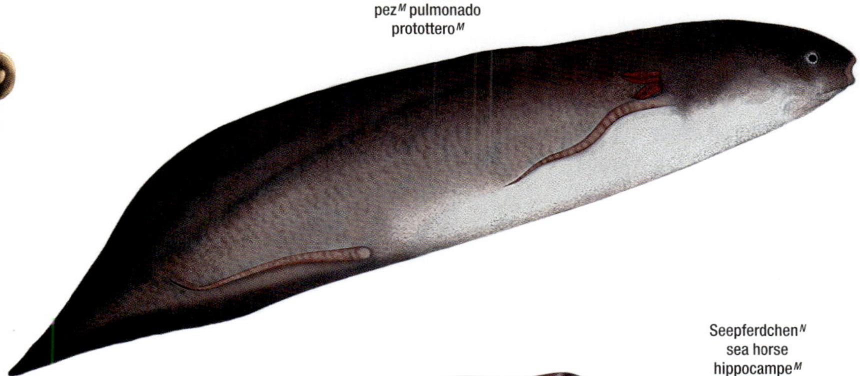

Welsartiger^{M}
catfish
poisson^{M}-chat^{M}
pez^{M} gato^{M}
pesce^{M} gatto^{M}

Laternenfisch^{M}
lantern fish
poisson^{M}-lanterne^{F}
pez^{M} linterna^{F}
pesce^{M} lanterna^{F}

Seepferdchen^{N}
sea horse
hippocampe^{M}
caballito^{M} de mar^{M}
cavalluccio^{M} marino

Gemeiner Putzerfisch^{M}
bluestreak cleaner wrasse
labre^{M} nettoyeur
pez^{M} limpiador
labride^{M} pulitore

Papageienfisch^{M}
parrot fish
scare^{M}
pez^{M} loro^{M}
pesce^{M} pappagallo^{M}

Zitteraal^{M}
electric eel
gymnote^{M}
anguila^{F} eléctrica
anguilla^{F} elettrica

Frosch^{M}

frog | grenouille^{F} | rana^{F} | rana^{F}

äußere Merkmale^{N} eines Froschs^{M}
morphology of a frog
morphologie^{F} de la grenouille^{F}
morfología^{F} de una rana^{F}
morfologia^{F} di una rana^{F}

Anatomie^{F} eines männlichen Froschs^{M}
anatomy of a male frog
anatomie^{F} de la grenouille^{F} mâle
anatomía de una rana^{F} macho
anatomia^{F} di una rana^{F} maschio

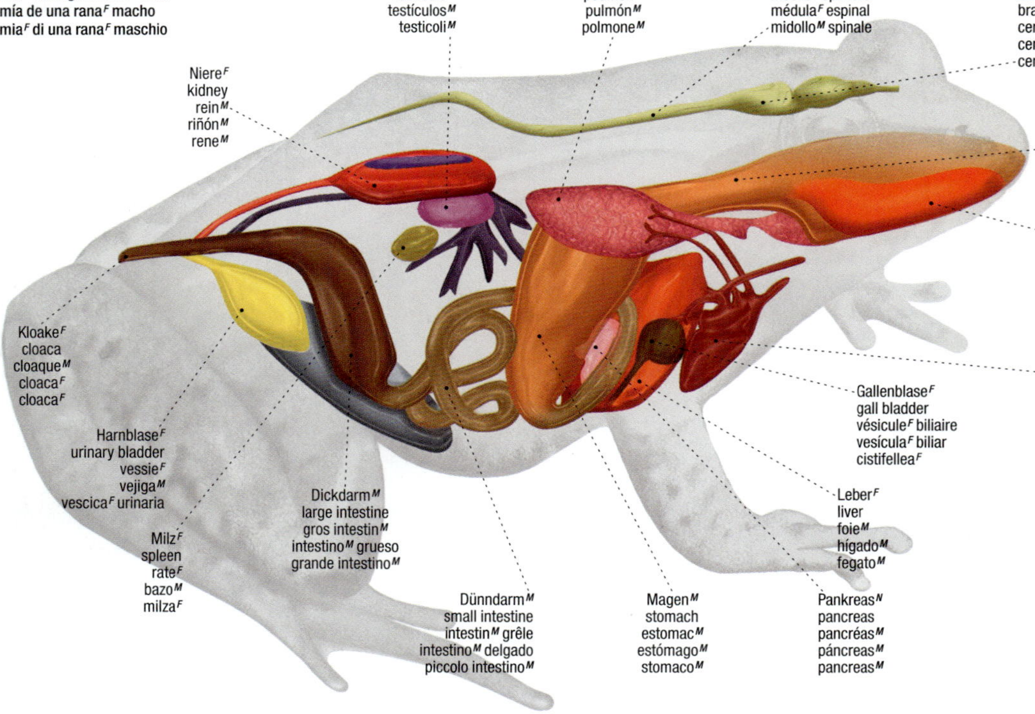

Frosch[M]

Skelett[N] eines Froschs[M]
skeleton of a frog
squelette[M] de la grenouille[F]
esqueleto[M] de una rana[F]
scheletro[M] di una rana[F]

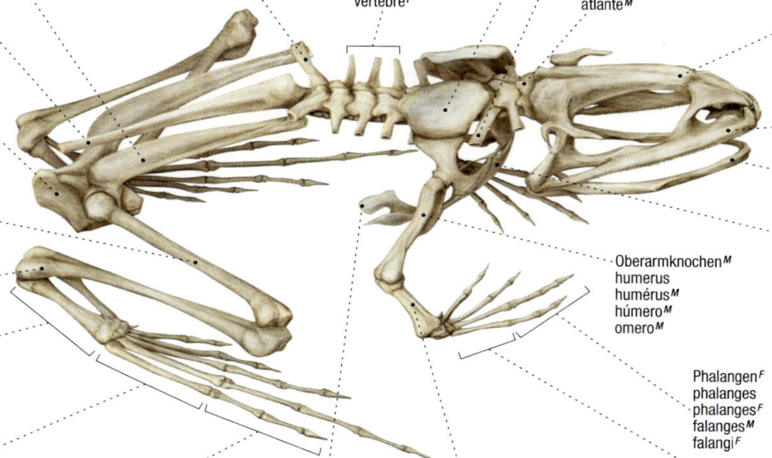

Lebenszyklus[M] des Frosches[M]
life cycle of the frog
métamorphose[F] de la grenouille[F]
metamórfosis[F] de la rana[F]
ciclo[M] biologico della rana[F]

Eier[N]
eggs
œufs[M]
huevos[M]
uova[F]

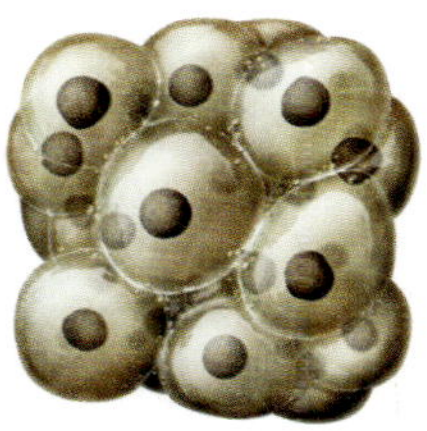

Kaulquappe[F]
tadpole
têtard[M]
renacuajo[M]
girino[M]

Hinterbein[N]
hind limb
patte[F] postérieure
extremidad[F] posterior
zampa[F] posteriore

Beispiele[N] für Amphibien[F]

examples of amphibians | exemples[M] d'amphibiens[M] | ejemplos[M] de anfibios[M] | esempi[M] di anfibi[M]

Salamander[M]
salamander
salamandre[F]
salamandra[F]
salamandra[F]

Waldfrosch[M]
wood frog
grenouille[F] des bois[M]
rana[F] de bosque[M]
rana[F] dei boschi[M]

gemeine Erdkröte[F]
common toad
crapaud[M] commun
sapo[M] común
rospo[M] comune

Wasserfrosch[M]
common frog
grenouille[F] rousse
rana[F] bermeja
rana[F] comune

Laubfrosch[M]
tree frog
rainette[F]
rana[F] arborícola
raganella[F]

Leopardfrosch[M]
northern leopard frog
grenouille[F] léopard[M]
rana[F] leopardo
rana[F] leopardo[M]

Ochsenfrosch[M]
bullfrog
ouaouaron[M]
rana[F] toro[M]
rana[F] toro[M]

Molch[M]
newt
triton[M]
tritón[M]
tritone[M]

Schlange^F

snake | serpent^M | serpiente^F | serpente^M

äußere Merkmale^N einer Giftschlange^F: Kopf^M
morphology of a venomous snake: head
morphologie^F du serpent^M venimeux : tête^F
morfología^F de una serpiente^F venenosa: cabeza^F
morfologia^F di un serpente^M velenoso: testa^F

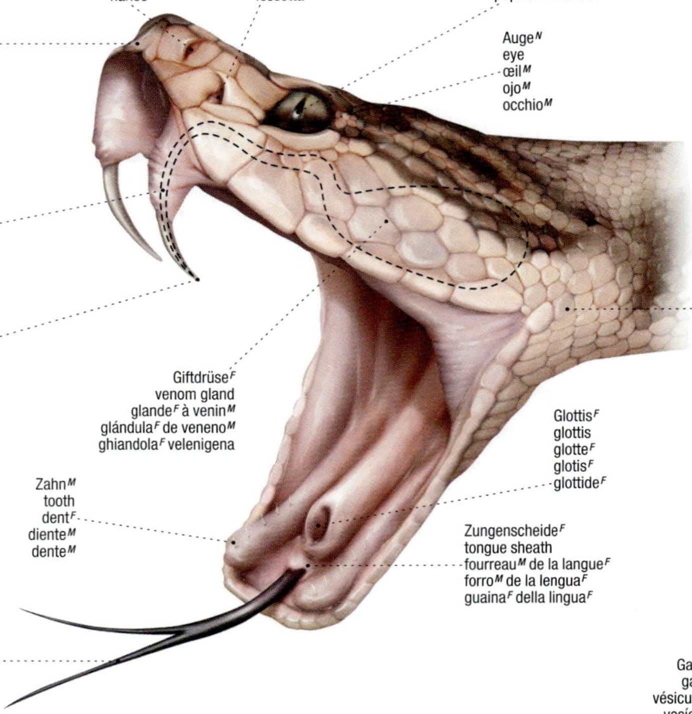

Anatomie^F einer Giftschlange^F
anatomy of a venomous snake
anatomie^F du serpent^M venimeux
anatomía^F de una serpiente^F venenosa
anatomia^F di un serpente^M velenoso

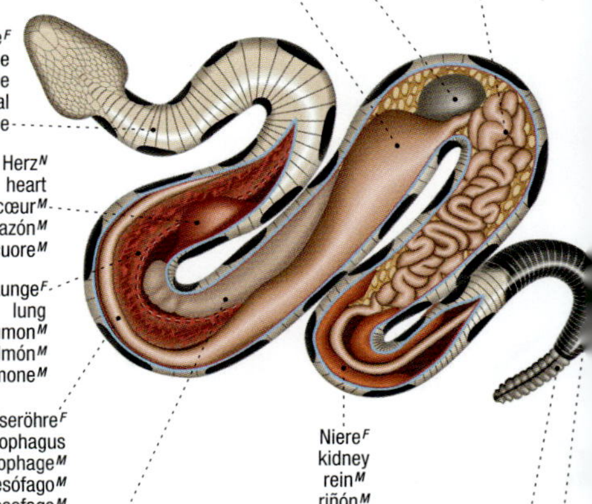

Skelett^N einer Giftschlange^F
skeleton of a venomous snake
squelette^M du serpent^M venimeux : tête^F
esqueleto^M de una serpiente^F venenosa
scheletro^M di un serpente^M velenoso

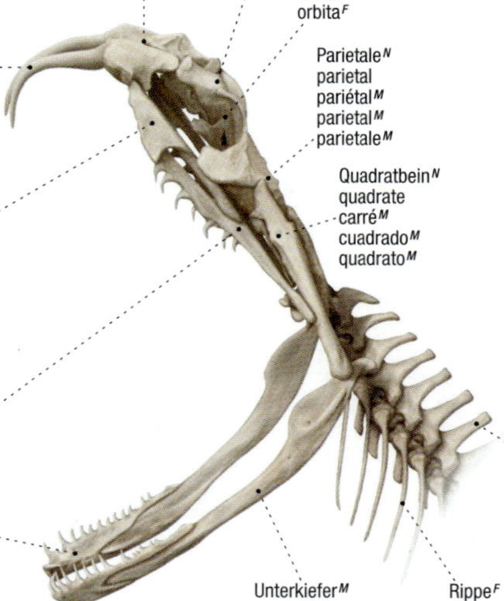

Schildkröte F

turtle | tortue F | tortuga F | tartaruga F

äußere Merkmale N einer Schildkröte F
morphology of a turtle
morphologie F de la tortue F
morfología F de una tortuga F
morfologia F di una tartaruga F

Anatomie F einer Schildkröte F
anatomy of a turtle
anatomie F de la tortue F
anatomía F de una tortuga F
anatomia F di una tartaruga F

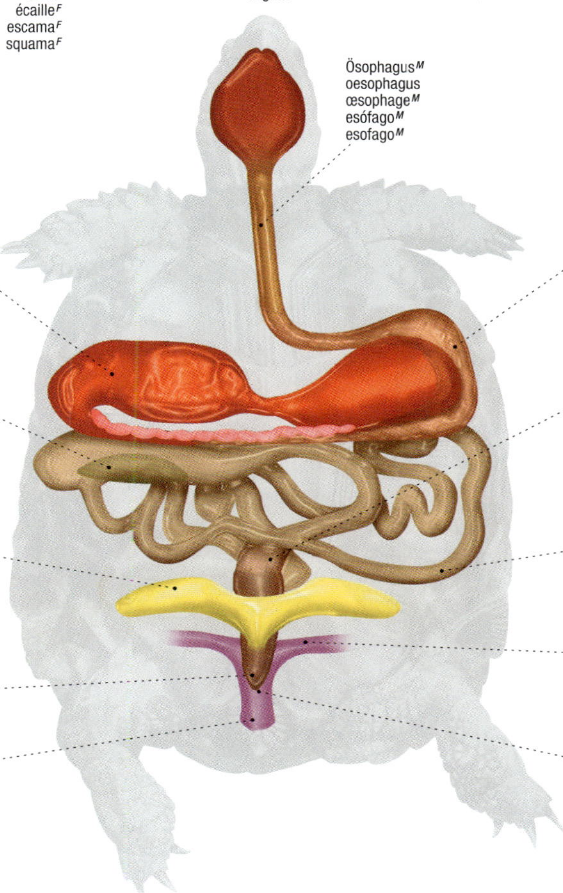

Beispiele^{N} für Reptilien^{N}

examples of reptiles | exemples^{M} de reptiles^{M} | ejemplos^{M} de reptiles^{M} | esempi^{M} di rettili^{M}

Kobra^{F}
cobra
cobra^{M}
cobra^{F}
cobra^{M}

Viper^{F}
viper
vipère^{F}
víbora^{F}
vipera^{F}

Ringelnatter^{F}
garter snake
couleuvre^{F} rayée
serpiente^{F} de jarretera^{F}
serpente^{M} giarrettiera

Korallennatter^{F}
coral snake
serpent^{M} corail^{M}
serpiente^{F} coral
serpente^{M} corallo

Boa^{F}
boa
boa^{M}
boa^{F}
boa^{M}

Klapperschlange^{F}
rattlesnake
serpent^{M} à sonnette^{F}
serpiente^{F} de cascabel^{M}
serpente^{M} a sonagli^{M}

Python^{M}
python
python^{M}
pitón^{F}
pitone^{M}

Anakonda^{F}
anaconda
anaconda^{M}
anaconda^{F}
anaconda^{M}

Beispiele[N] für Reptilien[N]

Gecko[M]
gecko
gecko[M]
geco[M]
geco[M]

Eidechse[F]
lizard
lézard[M]
lagarto[M]
lucertola[F]

Waran[M]
monitor lizard
varan[M]
varano[M]
varano[M]

Chamäleon[N]
chameleon
caméléon[M]
camaleón[M]
camaleonte[M]

Leguan[M]
iguana
iguane[M]
iguana[F]
iguana[F]

Kaiman[M]
caiman
caïman[M]
caimán[M]
caimano[M]

Alligator[M]
alligator
alligator[M]
aligátor[M]
alligatore[M]

Krokodil[N]
crocodile
crocodile[M]
cocodrilo[M]
coccodrillo[M]

Vogel[M]

bird | oiseau[M] | ave[F] | uccello[M]

äußere Merkmale[N] eines Vogels[M]
morphology of a bird
morphologie[F] de l'oiseau[M]
morfología[F] de un pájaro[M]
morfologia[F] di un uccello[M]

Konturfeder[F]
contour feather
penne[F]
pluma[F]
penna[F] del contorno[M]

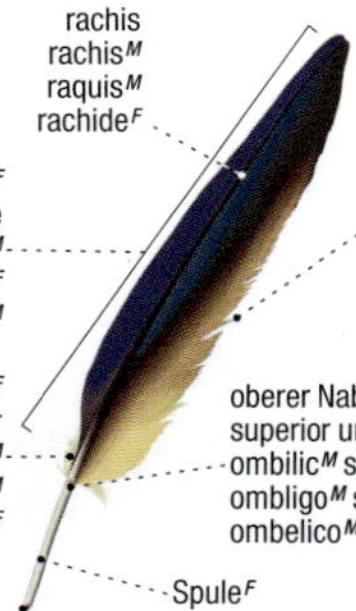

Kopf[M]
head
tête[F]
cabeza[F]
capo[M]

Flügel[M]
wing
aile[F]
ala[F]
ala[F]

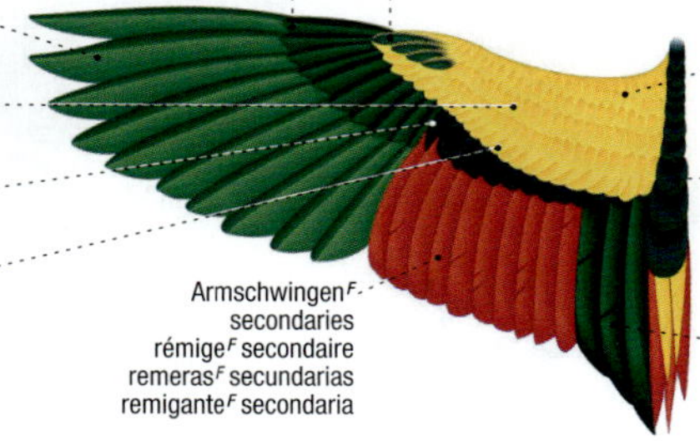

Vogel^M

Skelett^N eines Vogels^M
skeleton of a bird
squelette^M de l'oiseau^M
esqueleto^M de un pájaro^M
scheletro^M di un uccello^M

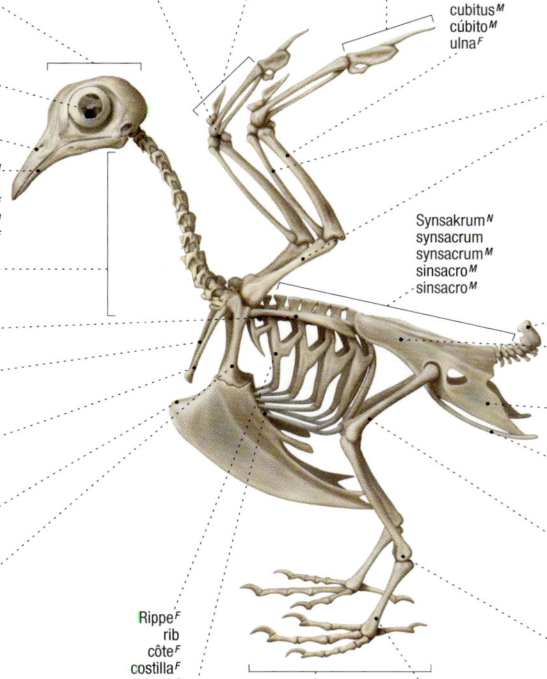

Anatomie^F eines Vogels^M
anatomy of a bird
anatomie^F de l'oiseau^M
anatomía^F de un pájaro^M
anatomia^F di un uccello^M

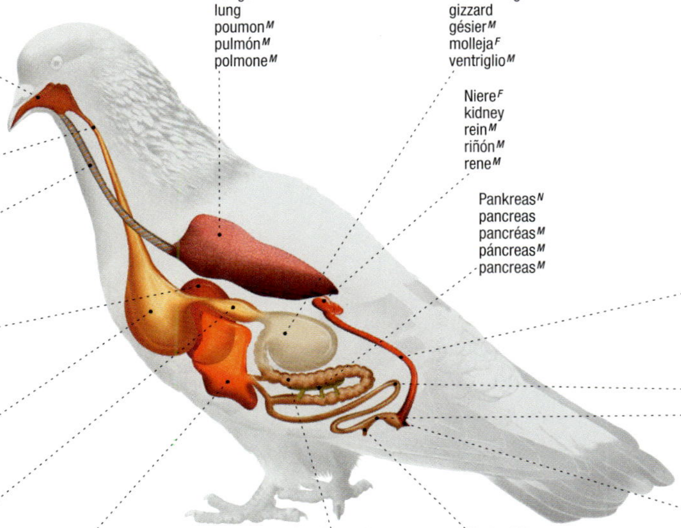

Vogel^{M}

Ei^{N}
egg
œuf^{M}
huevo^{M}
uovo^{M}

Dotterhaut^{N}
vitelline membrane
membrane^{F} vitelline
membrana^{F} vitelina
membrana^{F} vitellina

Schale^{F}
shell
coquille^{F}
cascarón^{M}
guscio^{M}

Keimscheibe^{F}
blastodisc
germe^{M}
blastodisco^{M}
blastodisco^{M}

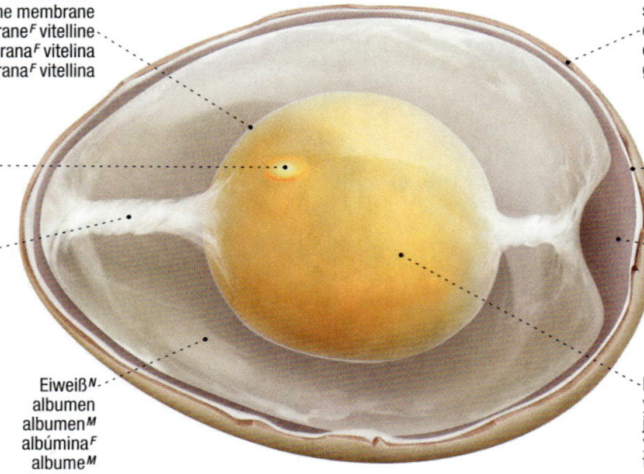

Schalenhaut^{F}
shell membrane
membrane^{F} coquillière
membrana^{F} del cascarón^{M}
membrana^{F} testacea

Hagelschnur^{F}
chalaza
chalaze^{F}
chalaza^{F}
calaza^{F}

Luftkammer^{F}
air space
chambre^{F} à air^{M}
cámara^{F} de aire^{M}
camera^{F} d'aria^{F}

Eiweiß^{N}
albumen
albumen^{M}
albúmina^{F}
albume^{M}

Eigelb^{N}
yolk
jaune^{M}
yema^{F}
tuorlo^{M}

Beispiele^{N} für Vogelschnäbel^{M}
examples of bills
exemples^{M} de becs^{M}
ejemplos^{M} de picos^{M}
esempi^{M} di becchi^{M}

Wasservogel^{M}
aquatic bird
oiseau^{M} aquatique
ave^{F} acuática
uccello^{M} acquatico

Körnerfresser^{M}
granivorous bird
oiseau^{M} granivore
ave^{F} granívora
uccello^{M} granivoro

Insektenfresser^{M}
insectivorous bird
oiseau^{M} insectivore
ave^{F} insectívora
uccello^{M} insettivoro

Raubvogel^{M}
bird of prey
oiseau^{M} de proie^{F}
ave^{F} de rapiña^{F}
uccello^{M} predatore

Watvogel^{M}
wading bird
oiseau^{M} échassier
ave^{F} zancuda
uccello^{M} trampoliere

Beispiele^{N} für Vogelfüße^{M}
examples of feet
exemples^{M} de pattes^{F}
ejemplos^{M} de patas^{F}
esempi^{M} di zampe^{F}

Greifvogel^{M}
bird of prey
oiseau^{M} de proie^{F}
aves^{F} de rapiña^{F}
uccello^{M} predatore

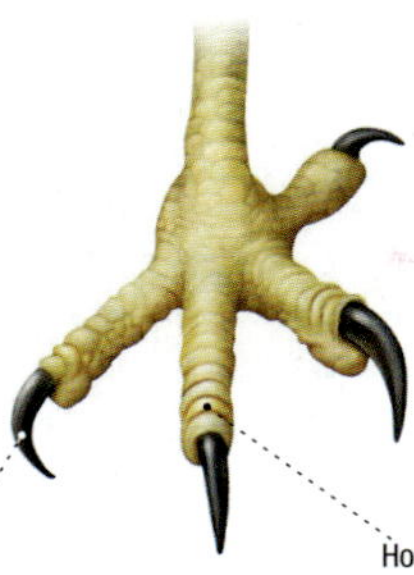

Kralle^{F}
talon
serre^{F}
garra^{F}
artiglio^{M}

Hornschuppe^{F}
scale
écaille^{F}
escama^{F}
squama^{F}

Baumvogel^{M}
perching bird
oiseau^{M} percheur
aves^{F} paseriformes
uccello^{M} passeriforme

Zehe^{F}
toe
doigt^{M}
dedo^{M}
dito^{M}

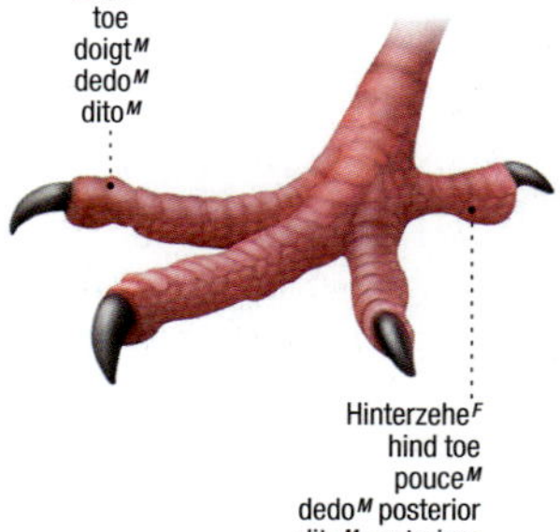

Hinterzehe^{F}
hind toe
pouce^{M}
dedo^{M} posterior
dito^{M} posteriore

Wasservogel^{M}
aquatic bird
oiseau^{M} aquatique
aves^{F} acuáticas
uccello^{M} acquatico

Schwimmhautzeh^{M}
webbed toe
doigt^{M} palmé
dedo^{M} de pata^{F} palmípeda
dito^{M} palmato

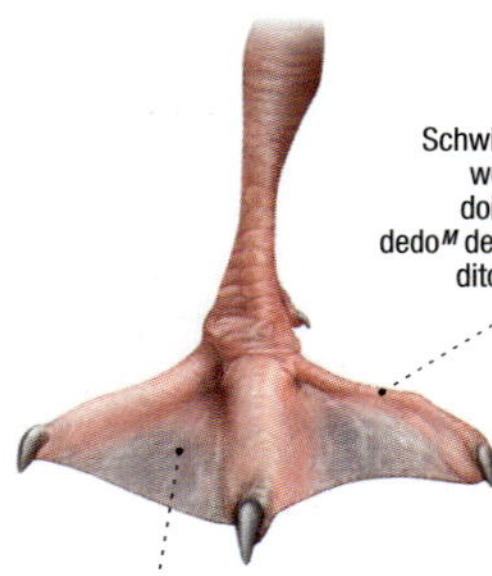

Schwimmhaut^{F}
web
palmure^{F}
membrana^{F} interdigital
membrana^{F} interdigitale

Wasservogel^{M}
aquatic bird
oiseau^{M} aquatique
aves^{F} acuáticas
uccello^{M} acquatico

Lappen^{M}
lobe
lobe^{M}
lóbulo^{M}
lobo^{M}

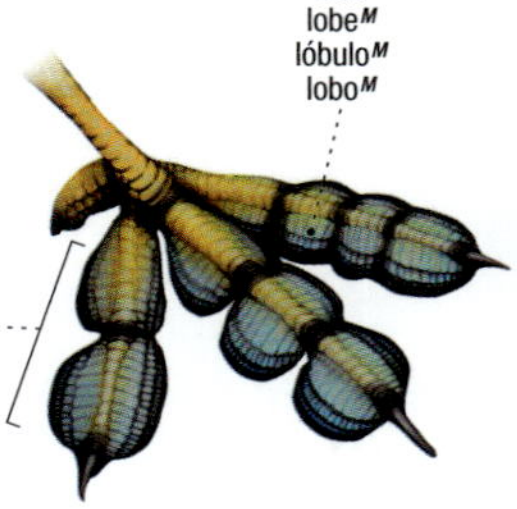

gelappter Zeh^{M}
lobed toe
doigt^{M} lobé
dedo^{M} lobulado
dito^{M} lobato

Beispiele^{N} für Wasser- und Watvögel^{M}

examples of aquatic b rds and waders | exemples^{M} d'oiseaux^{M} aquatiques et de rivage^{M} | ejemplos^{M} de aves^{F} acuáticas y costeras | esempi^{M} di uccelli^{M} acquatici e marini

Seeschwalbe^{F}
tern
sterne^{F}
golondrina^{F} de mar
rondine^{F} di mare^{M}

Ente^{F}
duck
canard^{M}
pato^{M}
anatra^{F}

Alk^{M}
auk
pingouin^{M}
alca^{F}
alca^{F}

Möwe^{F}
gull
goéland^{M}
gaviota^{F}
gabbiano^{M}

Eisvogel^{M}
kingfisher
martin-pêcheur^{M}
martín^{M} pescador
martin pescatore^{M}

Austernfischer^{M}
oystercatcher
huîtrier^{M} pie^{F}
ostrero^{M}
beccaccia^{F} di mare^{M}

Pelikan^{M}
pelican
pélican^{M}
pelícano^{M}
pellicano^{M}

Albatros^{M}
albatross
albatros^{M}
albatros^{M}
albatros^{M}

Schwan^{M}
swan
cygne^{M}
cisne^{M}
cigno^{M}

Reiher^{M}
heron
héron^{M}
garza^{F}
airone^{M}

Pinguin^{M}
penguin
manchot^{M}
pingüino^{M}
pinguino^{M}

Storch^{M}
stork
cigogne^{F}
cigüeña^{F}
cicogna^{F}

Flamingo^{M}
flamingo
flamant^{M}
flamenco^{M}
fenicottero^{M}

Beispiele^N für Landvögel^M

examples of terrestrial birds | exemples^M d'oiseaux^M terrestres | ejemplos^M de pájaros^M terrestres | esempi^M di uccelli^M terrestri

Gimpel^M
bullfinch
bouvreuil^M
pardillo^M
ciuffolotto^M

Goldzeisig^M
American goldfinch
chardonneret^M
jilguero^M
cardellino^M

Mauersegler^M
swift
martinet^M
vencejo^M
rondone^M

Kolibri^M
hummingbird
colibri^M
colibrí^M
colibrì^M

Sperling^M
sparrow
moineau^M
gorrión^M
passerotto^M

Eichelhäher^M
jay
geai^M
arrendajo^M
ghiandaia^F

Nachtigall^F
nightingale
rossignol^M
ruiseñor^M
usignolo^M

Kiebitz^M
lapwing
vanneau^M
avefría^F
pavoncella^F

Rotkehlchen^N
European robin
rouge-gorge^M
petirrojo^M
pettirosso^M

Fink^M
finch
pinson^M
pinzón^M
fringuello^M

Tukan^M
toucan
toucan^M
tucán^M
tucano^M

Schwalbe^F
swallow
hirondelle^F
golondrina^F
rondine^F

Truthahn^M
turkey
dindon^M
pavo^M
tacchino^M

Kardinal^M
cardinal
cardinal^M
cardenal^M
cardinale^M

Pfau^M
peacock
paon^M
pavo^M real
pavone^M

Perlhuhn^N
guinea fowl
pintade^F
pintada^F
faraona^F

Strauß^M
ostrich
autruche^F
avestruz^F
struzzo^M

Beispiele^{N} für Landvögel^{M}

Ara^{M}
macaw
ara^{M}
guacamayo^{M}
macao^{M}

Wachtel^{F}
quail
caille^{F}
codorniz^{F}
quaglia^{F}

Star^{M}
starling
étourneau^{M}
estornino^{M}
stornello^{M}

Taube^{F}
pigeon
pigeon^{M}
paloma^{F}
piccione^{M}

Würger^{M}
shrike
pie^{F}
alcaudón^{M}
averla^{F}

Sägekauz^{M}
northern saw-whet owl
petite nyctale^{F}
lechuza^{F} norteña
civetta^{F} acadica

Specht^{M}
woodpecker
pic^{M}
pájaro^{M} carpintero
picchio^{M}

Kakadu^{M}
cockatoo
cacatoès^{M}
cacatúa^{F}
cacatua^{M}

Falke^{M}
falcon
faucon^{M}
halcón^{M}
falco^{M}

Geier^{M}
vulture
vautour^{M}
buitre^{M}
avvoltoio^{M}

TIERREICH

Kondor^{M}
condor
condor^{M}
cóndor^{M}
condor^{M}

Rabe^{M}
raven
corbeau^{M}
cuervo^{M}
corvo^{M}

Rebhuhn^{N}
partridge
perdrix^{F}
perdiz^{F}
pernice^{F}

Fasan^{M}
pheasant
faisan^{M}
faisán^{M}
fagiano^{M}

Uhu^{M}
great horned owl
grand duc^{M} d'Amérique^{F}
búho^{M} real
gufo^{M} reale

Gans^{F}
goose
oie^{F}
oca^{F}
oca^{F}

Huhn^{N}
hen
poule^{F}
gallina^{F}
gallina^{F}

Küken^{N}
chick
poussin^{M}
polluelo^{M}
pulcino^{M}

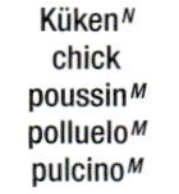

Hahn^{M}
rooster
coq^{M}
gallo^{M}
gallo^{M}

Adler^{M}
eagle
aigle^{M}
águila^{F}
aquila^{F}

Maulwurf[M]

mole | taupe[F] | topo[M] | talpa[F]

äußere Merkmale[N] eines Maulwurfs[M]
morphology of a mole
morphologie[F] de la taupe[F]
morfología[F] de un topo[M]
morfologia[F] di una talpa[F]

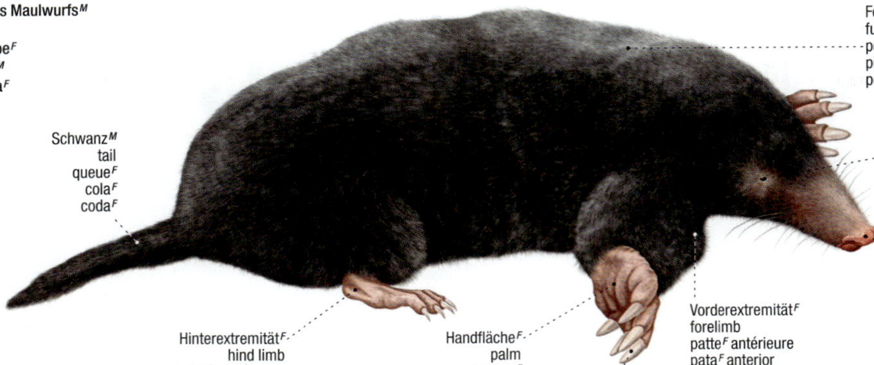

Skelett[N] eines Maulwurfs[M]
skeleton of a mole
squelette[M] de la taupe[F]
esqueleto[M] de un topo[M]
scheletro[M] di una talpa[F]

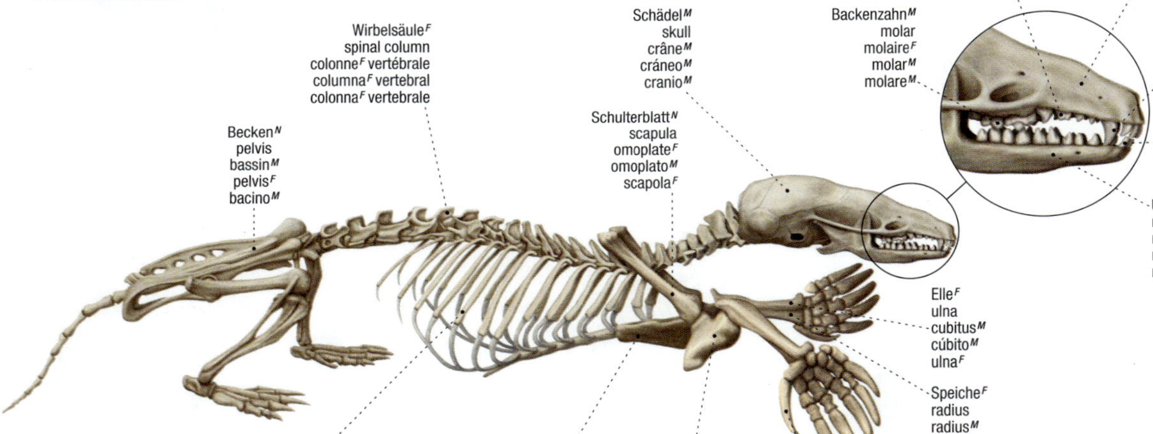

Beispiele[N] für Insektenfresser[M]

examples of insectivorous mammals | exemples[M] de mammifères[M] insectivores | ejemplos[M] de mamíferos[M] insectívoros | esempi[M] di mammiferi[M] insettivori

Ratte^{F}

rat | rat^{M} | rata^{F} | ratto^{M}

äußere Merkmale^{N} einer Ratte^{F}
morphology of a rat
morphologie^{F} du rat^{M}
morfología^{F} de una rata^{F}
morfologia^{F} di un ratto^{M}

Skelett^{N} einer Ratte^{F}
skeleton of a rat
squelette^{M} du rat^{M}
esqueleto^{M} de una rata^{F}
scheletro^{M} di un ratto^{M}

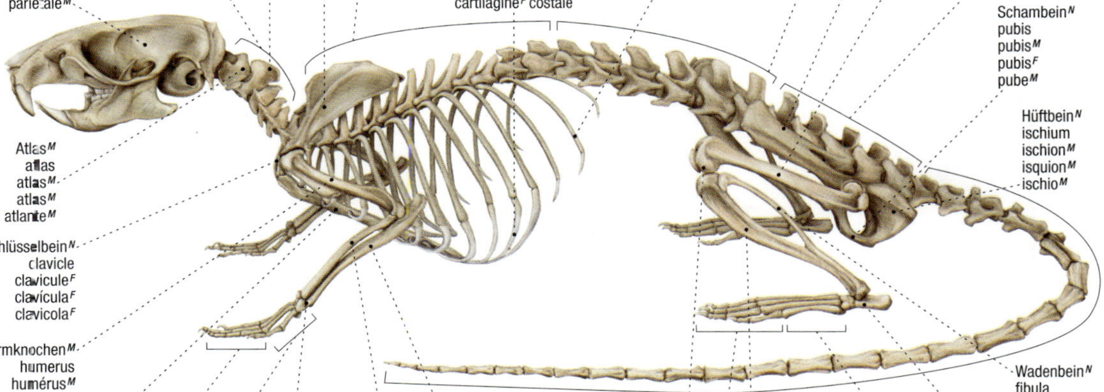

Ratte[F]

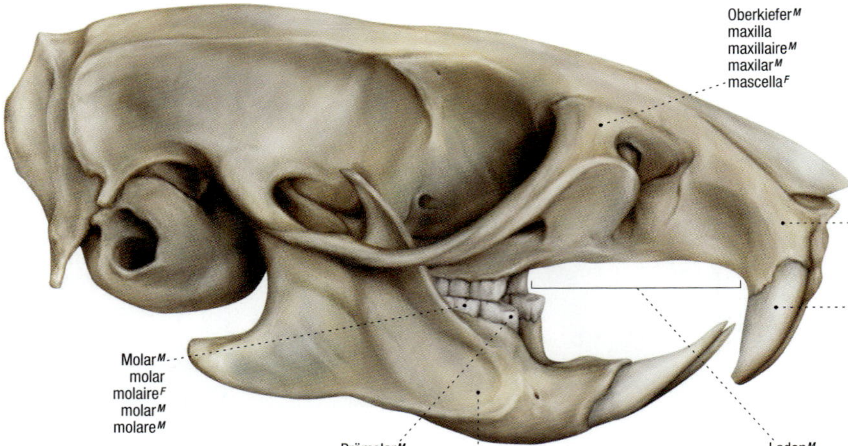

Beispiele[N] für Nagetiere[N]

examples of rodents | exemples[M] de mammifères[M] rongeurs | ejemplos[M] de roedores[M] | esempi[M] di roditori[M]

Feldmaus[F]
field mouse
mulot[M]
ratón[M] de campo[M]
topo[M] campagnolo

Backenhörnchen[N]
chipmunk
tamia[M]
ardilla[F] listada
tamia[M]

Hamster[M]
hamster
hamster[M]
hámster[M]
criceto[M]

Waldmurmeltier[N]
groundhog
marmotte[F]
marmota[F]
marmotta[F]

Ratte[F]
rat
rat[M]
rata[F]
ratto[M]

Wüstenspringmaus[F]
jerboa
gerboise[F]
jerbo[M]
gerboa[M]

Eichhörnchen[N]
squirrel
écureuil[M]
ardilla[F]
scoiattolo[M]

Biber[M]
beaver
castor[M]
castor[M]
castoro[M]

Meerschweinchen[N]
guinea pig
cochon[M] d'Inde
cobaya[F]
cavia[F]

Stachelschwein[N]
porcupine
porc-épic[M]
puerco[M] espín
porcospino[M]

Kaninchen^{N}

rabbit | lapin^{M} | conejo^{M} | coniglio^{M}

Morphologie^{F} eines Kaninchens^{N}
morphology of a rabbit
morphologie^{F} du lapin^{M}
morfología^{F} de un conejo^{M}
morfologia^{F} di un coniglio^{M}

Kiefer^{M} eines Kaninchens^{N}
rabbit's jaw
mâchoire^{F} du lapin^{M}
mandíbula^{F} de un conejo^{M}
mascella^{F} di un coniglio^{M}

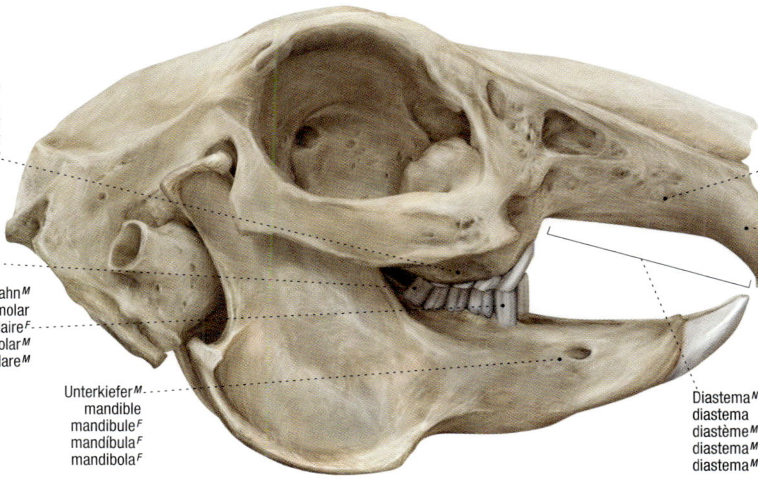

Beispiele^{N} für Hasentiere^{N}

examples of lagomorphs | exemples^{M} de mammifères^{M} lagomorphes^{M} | ejemplos^{M} de lagomorfos^{M} | esempi^{M} di lagomorfi^{M}

Hase^{M}
hare
lièvre^{M}
liebre^{F}
lepre^{F}

Kaninchen^{N}
rabbit
lapin^{M}
conejo^{M}
coniglio^{M}

Pfeifhase^{M}
pika
pika^{M}
pica^{F}
lepre^{F} fischiante

Pferd[N]

horse | cheval[M] | caballo[M] | cavallo[M]

äußere Merkmale[N] eines Pferdes[N]
morphology of a horse
morphologie[F] du cheval[M]
morfología[F] de un caballo[M]
morfologia[F] di un cavallo[M]

Gangarten[F]
gaits
allures[F]
andaduras[F]
andature[F]

Schritt[M]
walk
pas[M]
paso[M]
passo[M]

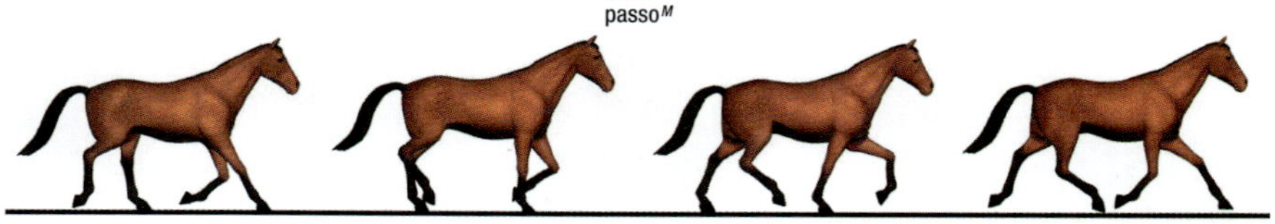

Trab[M]
trot
trot[M]
trote[M]
trotto[M]

Pferd[N]

Anatomie[F] eines Pferdes[N]
anatomy of a horse
anatomie[F] du cheval[M]
anatomía[F] de un caballo[M]
anatomia[F] di un cavallo[M]

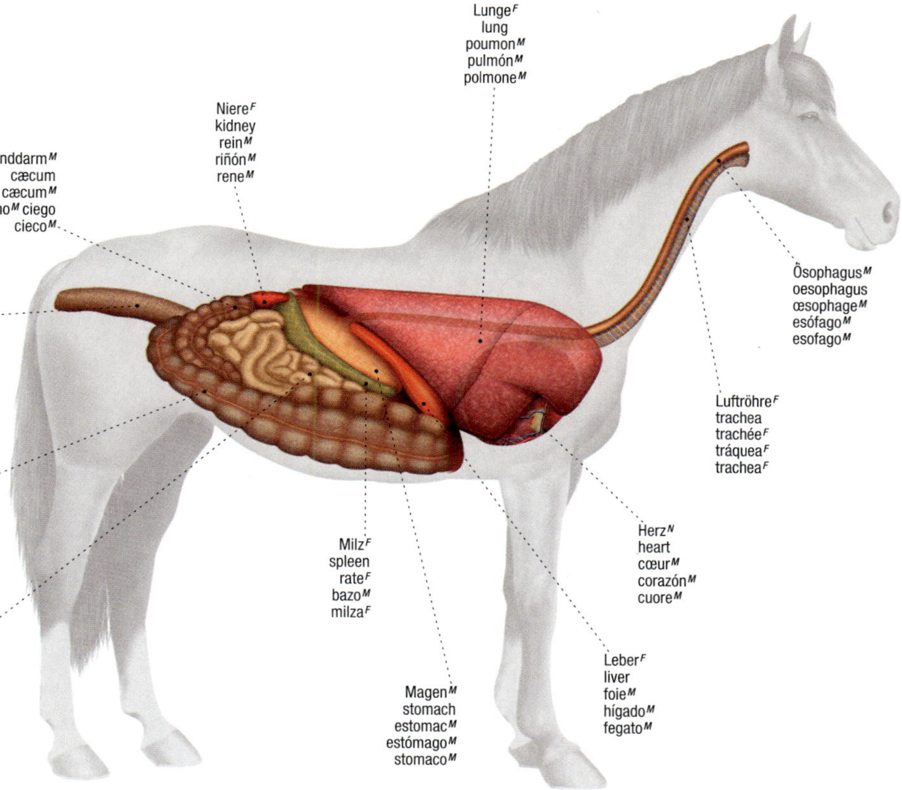

Gangarten[F]

Passgang[M]
amble
amble[M]
portante[M]
ambio[M]

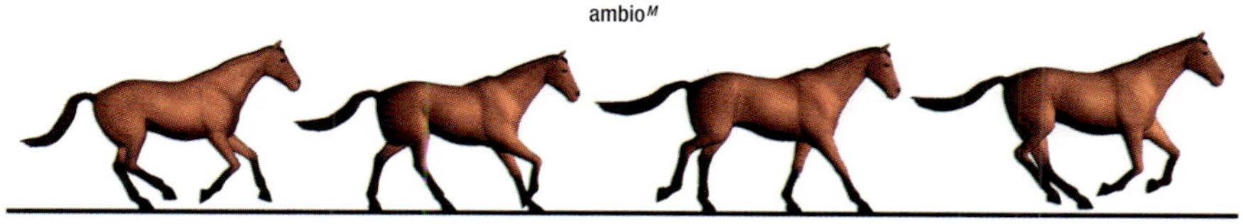

Galopp[M]
gallop
galop[M]
galope[M]
galoppo[M]

Pferd^{N}

Skelett^{N} eines Pferdes^{N}
skeleton of a horse
squelette^{M} du cheval^{M}
esqueleto^{M} de un caballo^{M}
scheletro^{M} di un cavallo^{M}

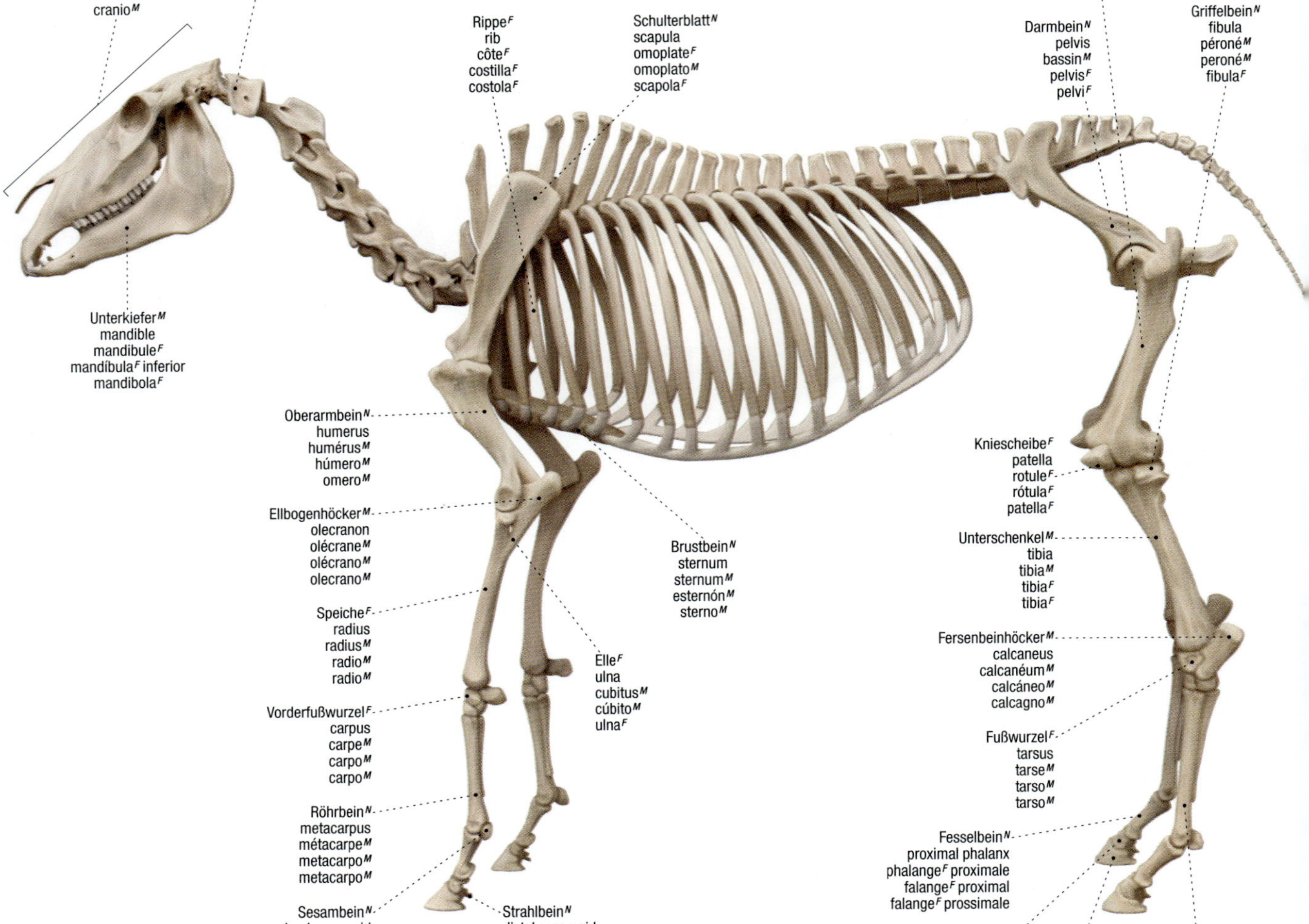

Halswirbel^{M}
cervical vertebrae
vertèbres^{F} cervicales
vértebras^{F} cervicales
vertebre^{F} cervicali

Brustwirbel^{M}
thoracic vertebrae
vertèbres^{F} thoraciques
vértebras^{F} torácicas
vertebre^{F} toraciche

Lendenwirbel^{M}
lumbar vertebrae
vertèbres^{F} lombaires
vértebras^{F} lumbares
vertebre^{F} lombari

Kreuzbeinwirbel^{M}
sacral vertebrae
vertèbres^{F} sacrées
vértebras^{F} sacras
vertebre^{F} sacrali

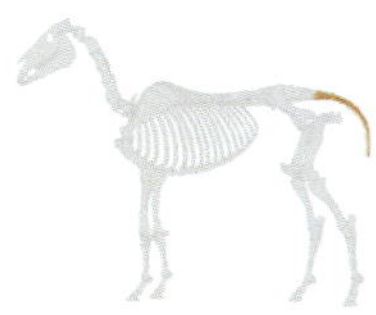

Schwanzwirbel^{M}
caudal vertebrae
vertèbres^{F} coccygiennes
vértebras^{F} caudales
vertebre^{F} coccigee

Pferd^{N}

Huf^{M}: Fußsohlenseite^{F}
hoof: plantar surface
sabot^{M} : face^{F} plantaire
casco^{M} : superficie^{F} plantar
zoccolo^{M}: superficie^{F} plantare

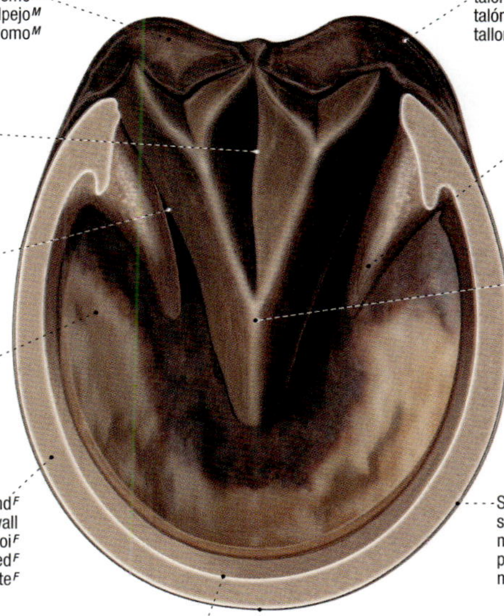

Hufeisen^{N}
horseshoe
fer^{M} à cheval^{M}
herradura^{F}
ferro^{M} di cavallo^{M}

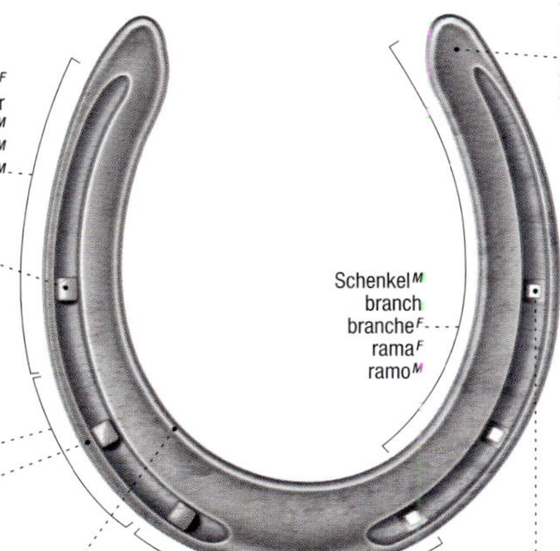

Huf^{M}
hoof
sabot^{M}
casco^{M}
zoccolo^{M}

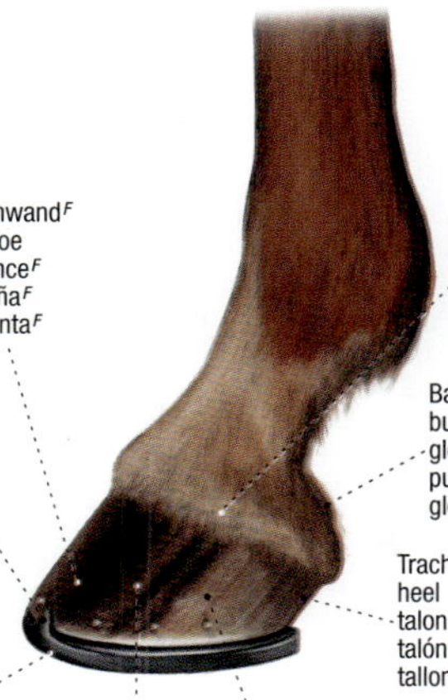

TIERREICH

Beispiele^{N} für Hufe^{M}

examples of hoofs | exemples^{M} de sabots^{M} | ejemplos^{M} de pezuñas^{F} | esempi^{M} di zoccoli^{M}

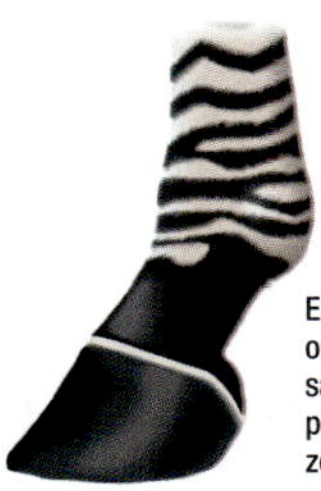

Ein-Zehenhuf^{M}
one-toe hoof
sabot^{M} à un doigt^{M}
pezuña^{F} de un pesuño^{M}
zoccolo^{M} monodattilo

Zwei-Zehenhuf^{M}
two-toed hoof
sabot^{M} à deux doigts^{M}
pezuña^{F} de dos pesuños^{M}
zoccolo^{M} bidattilo

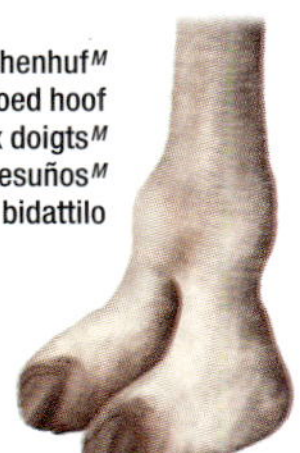

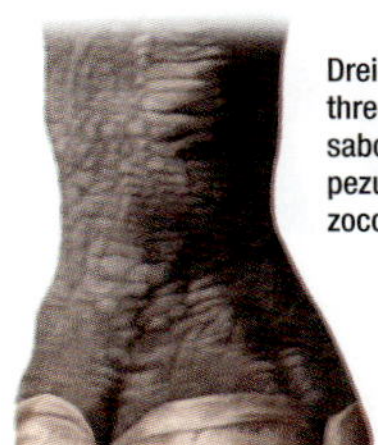

Drei-Zehenhuf^{M}
three-toed hoof
sabot^{M} à trois doigts^{M}
pezuña^{F} de tres pesuños^{M}
zoccolo^{M} tridattilo

Vier-Zehenhuf^{M}
four-toed hoof
sabot^{M} à quatre doigts^{M}
pezuña^{F} de cuatro pesuños^{M}
zoccolo^{M} tetradattilo

Beispiele^{N} für Huftiere^{N}

examples of ungulate mammals | exemples^{M} de mammifères^{M} ongulés | ejemplos^{M} de mamíferos^{M} ungulados | esempi^{M} di mammiferi^{M} ungulati

Nabelschwein^{N}
peccary
pécari^{M}
pécari^{M}
pecari^{M}

Wildschwein^{N}
wild boar
sanglier^{M}
jabalí^{M}
cinghiale^{M}

Schwein^{N}
pig
porc^{M}
cerdo^{M}
maiale^{M}

Schaf^{N}
sheep
mouton^{M}
oveja^{F}
pecora^{F}

Okapi^{N}
okapi
okapi^{M}
okapi^{M}
okapi^{M}

Antilope^{F}
antelope
antilope^{F}
antílope^{M}
antilope^{F}

Ziege^{F}
goat
chèvre^{F}
cabra^{F}
capra^{F}

Weißwedelhirsch^{M}
white-tailed deer
cerf^{M} de Virginie^{F}
ciervo^{M} de Virginia^{F}
cervo^{M} dalla coda^{F} bianca

Lama^{N}
llama
lama^{M}
llama^{F}
lama^{M}

Elch^{M}
elk
élan^{M}
alce^{M}
alce^{F}

Mufflon^{M}
mouflon
mouflon^{M}
muflón^{M}
muflone^{M}

Rentier^{N}
reindeer
renne^{M}
reno^{M}
renna^{F}

Wapitihirsch^{M}
Canadian elk
cerf^{M} du Canada
uapití^{M}
wapiti^{M}

Esel^{M}
ass
âne^{M}
asno^{M}
asino^{M}

Maultier^{N}
mule
mulet^{M}
mula^{F}
mulo^{M}

Pferd^{N}
horse
cheval^{M}
caballo^{M}
cavallo^{M}

Zebra^{N}
zebra
zèbre^{M}
cebra^{F}
zebra^{F}

Beispiele^{N} für Huftiere^{N}

Kuh^{F}
cow
vache^{F}
vaca^{F}
mucca^{F}

Ochse^{M}
ox
bœuf^{M}
buey^{M}
bue^{M}

Kalb^{N}
calf
veau^{M}
ternero^{M}
vitello^{M}

Yak^{M}
yak
yack^{M}
yak^{M}
yak^{M}

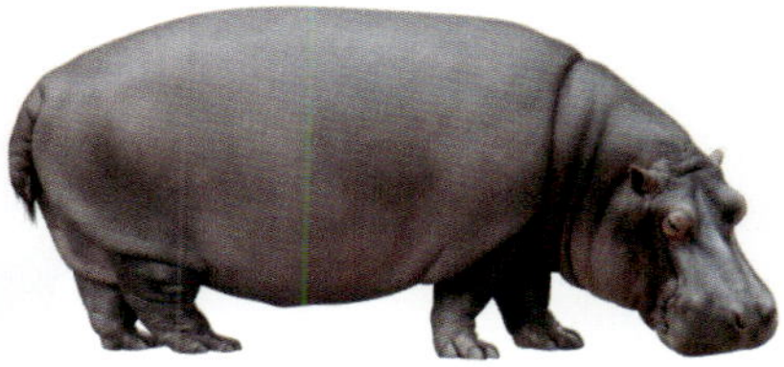

Nilpferd^{N}
hippopotamus
hippopotame^{M}
hipopótamo^{M}
ippopotamo^{M}

Nashorn^{N}
rhinoceros
rhinocéros^{M}
rinoceronte^{M}
rinoceronte^{M}

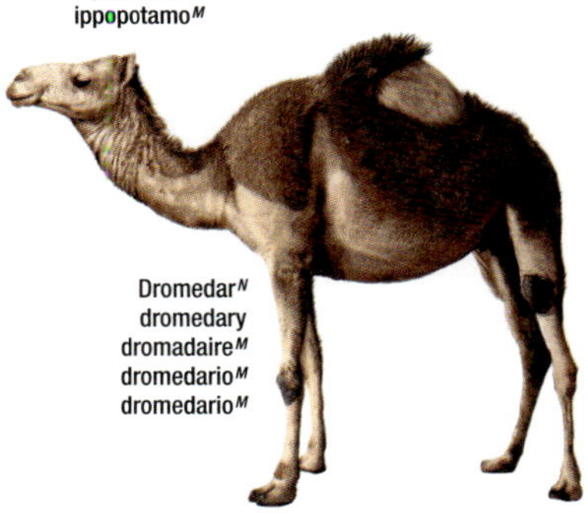

Dromedar^{N}
dromedary
dromadaire^{M}
dromedario^{M}
dromedario^{M}

Trampeltier^{N}
Bactrian camel
chameau^{F}
camello^{M} Bactriano
cammello^{M}

Afrikanischer Büffel^{M}
Cape buffalo
buffle^{M}
búfalo^{M} africano
bufalo^{M} cafro

Giraffe^{F}
giraffe
girafe^{F}
jirafa^{F}
giraffa^{F}

Elefant^{M}
elephant
éléphant^{M}
elefante^{M}
elefante^{M}

Bison^{M}
bison
bison^{M}
bisonte^{M}
bisonte^{M}

Hund[M]

dog | chien[M] | perro[M] | cane[M]

äußere Merkmale[N] eines Hundes[M]
morphology of a dog
morphologie[F] du chien[M]
morfología[F] de un perro[M]
morfologia[F] di un cane[M]

Kopf[M] eines Hundes[M]
head of a dog
tête[F] du chien[M]
cabeza[F] de un perro[M]
testa[F] di un cane[M]

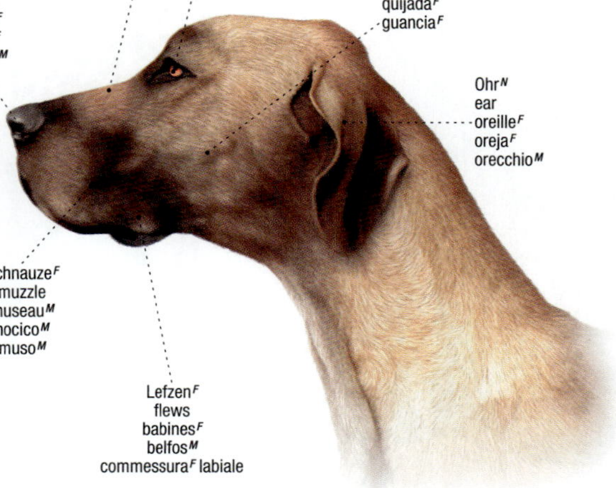

Vorderpfote[F] des Hundes[M]
dog's forepaw
patte[F] antérieure
pata[F] delantera del perro[M]
zampa[M] anteriore di un cane[M]

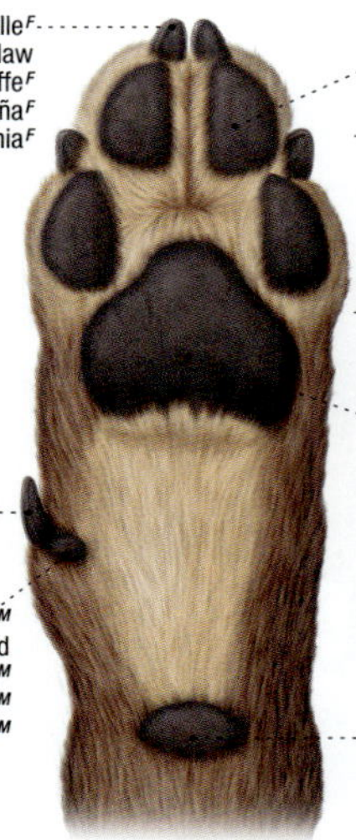

Hund[M]

Skelett[N] eines Hunds[M]
skeleton of a dog
squelette[M] du chien[M]
esqueleto[M] de un perro[M]
scheletro[M] di un cane[M]

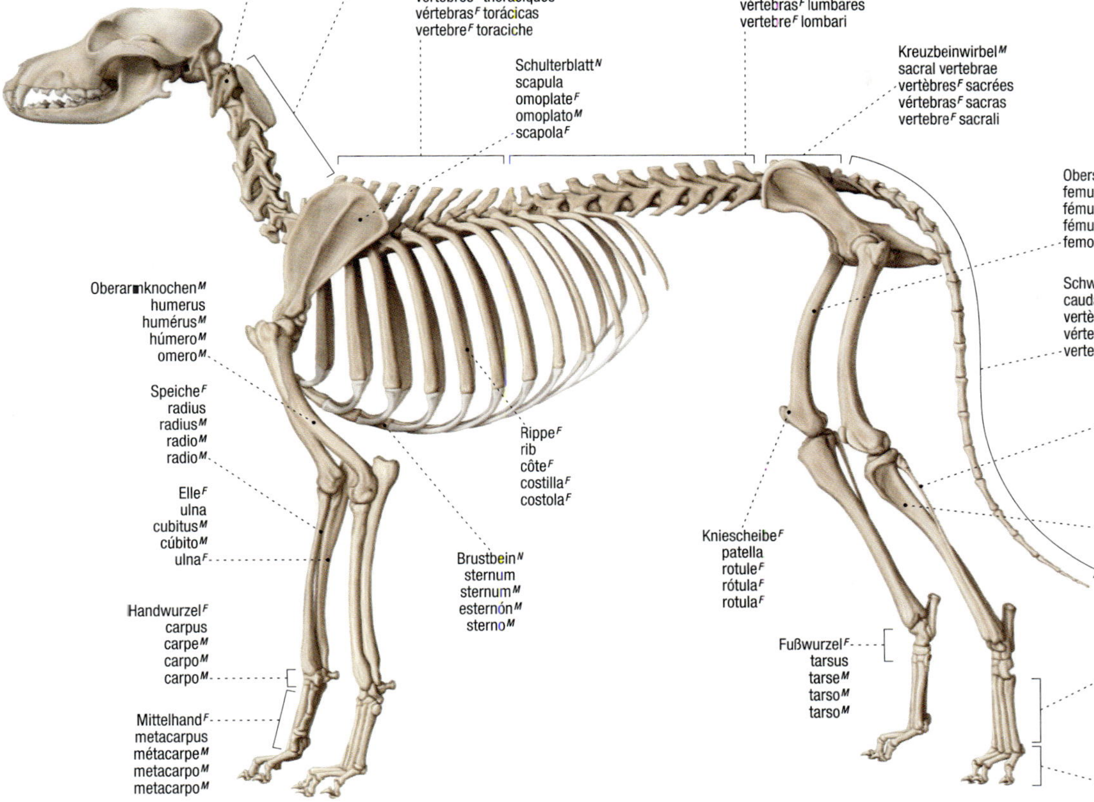

Schädel[M] eines Hundes[M]
skull of a dog
crâne[M] du chien[M]
cráneo[F] de un perro[M]
scheletro[M] di un cane[M]

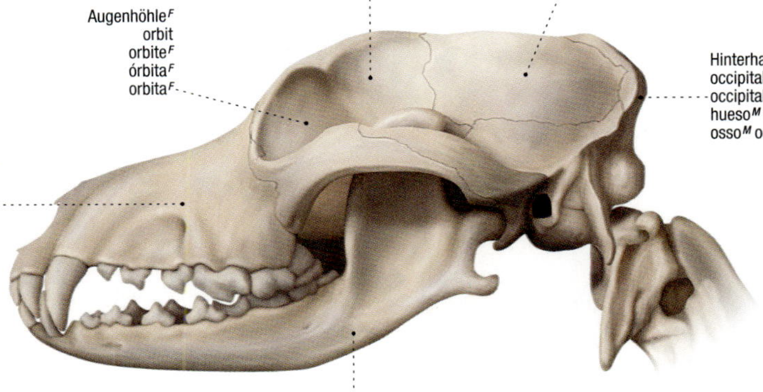

Beispiele[N] für Hunde[M]

examples of dogs | exemples[M] de chiens[M] | ejemplos[M] de perros[M] | esempi[M] di cani[M]

Spaniel[M]
spaniel
épagneul[M]
spaniel[M]
spaniel[M]

Pudel[M]
poodle
caniche[M]
caniche[M]
barbone[M]

Foxterrier[M]
fox terrier
fox-terrier[M]
fox terrier[M]
fox terrier[M]

Schnauzer[M]
schnauzer
schnauzer[M]
schnauzer[M]
schnauzer[M]

Chow-Chow[M]
Chow Chow
chow-chow[M]
chow chow[M]
chow-chow[M]

Collie[M]
collie
colley[M]
collie[M]
collie[M]

Dalmatiner[M]
Dalmatian
dalmatien[M]
dálmata[M]
dalmata[M]

Yorkshireterrier[M]
Yorkshire terrier
yorkshire-terrier[M]
yorkshire terrier[M]
Yorkshire terrier[M]

Pomeranian[M]
Pomeranian
poméranien[M]
pomerania[M]
Pomerano[M]

Bulldogge[F]
bulldog
bouledogue[M]
buldog[M]
bulldog[M]

Beispiele^{N} für Hunde^{M}

Windhund^{M}
greyhound
lévrier^{M}
lebrero^{M}
levriero^{M}

Deutscher Schäferhund^{M}
German shepherd
berger^{M} allemand
pastor^{M} alemán
pastore^{M} tedesco

Labrador Retriever^{M}
Labrador retriever
labrador^{M}
labrador retriever^{M}
labrador retriever^{M}

Golden Retriever^{M}
golden retriever
golden retriever^{M}
golden retriever^{M}
golden retriever^{M}

Bernhardiner^{M}
Saint Bernard
saint-bernard^{M}
San Bernardo^{M}
sanbernardo^{M}

Dänische Dogge^{F}
Great Dane
danois^{M}
Gran Danés^{M}
alano^{M}

Katze^{F}

cat | chat^{M} | gato^{M} doméstico | gatto^{M}

Kopf^{M} einer Katze^{F}
head of a cat
tête^{F} du chat^{M}
cabeza^{F} de un gato^{M}
testa^{F} di un gatto^{M}

äußere Merkmale^{N} einer Katze^{F}
morphology of a cat
morphologie^{F} du chat^{M}
morfología^{F} de un gato^{M}
morfologia^{F} di un gatto^{M}

eingezogene Kralle^{F}
retracted claw
griffe^{F} rétractée
uña^{F} retraída
unghia^{F} retratta

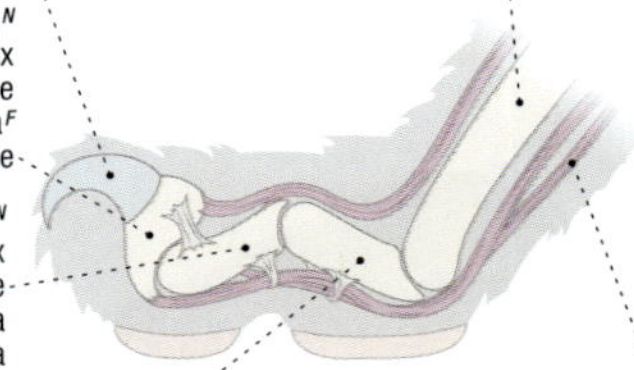

ausgestreckte Kralle^{F}
extended claw
griffe^{F} abaissée
uña^{F} extendida
unghia^{F} protratta

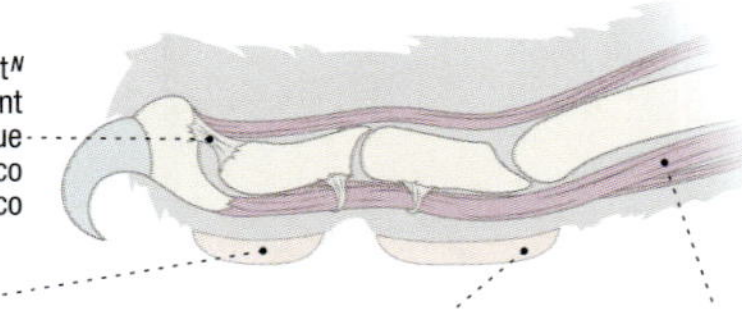

Beispiele[N] für Katzen[F]

examples of cats | exemples[M] de chats[M] | ejemplos[M] de gatos[M] | esempi[M] di gatti[M]

Sphynx[F]
sphynx
sphynx[M]
esfinge[F]
sphynx[M]

Abessinierkatze[F]
Abyssinian
abyssin[M]
abisinio[M]
abissino[M]

Siamkatze[F]
Siamese
siamois[M]
siamés[M]
siamese[M]

Norwegische Waldkatze[F]
Norwegian forest cat
norvégien[M]
gato[M] bosque[M] de Noruega[F]
gatto[M] delle foreste[F] norvegesi

Russisch Blau[F]
Russian blue
bleu[M] russe
azul ruso[M]
Blu[M] di Russia[F]

Manxkatze[F]
Manx
chat[M] de l'île[F] de Man
Manx[M]
gatto[M] dell'isola[F] di Man

Perserkatze[F]
Persian
persan[M]
persa[M]
persiano[M]

Amerikanische Kurzhaarkatze[F]
American shorthair
américain[M] à poil[M] court
American[M] shorthair
gatto[M] americano a pelo[M] corto

Maine Coon[F]
Maine Coon
Maine coon[M]
Maine Coon[M]
gatto[M] del Maine[M]

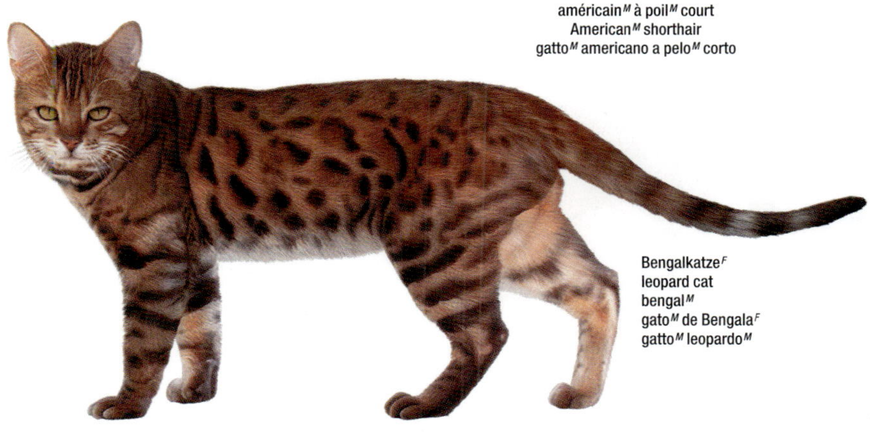

Bengalkatze[F]
leopard cat
bengal[M]
gato[M] de Bengala[F]
gatto[M] leopardo[M]

Beispiele[N] für Raubtiere[N]

examples of carnivorous mammals | exemples[M] de mammifères[M] carnivores | ejemplos[M] de mamíferos[M] carnívoros | esempi[M] di mammiferi[M] carnivori

Wiesel[N]
weasel
belette[F]
comadreja[F]
donnola[F]

Steinmarder[M]
stone marten
fouine[F]
garduña[F]
faina[F]

Nerz[M]
mink
vison[M]
visón[M]
visone[M]

Mungo[M]
mongoose
mangouste[F]
mangosta[F]
mangusta[F]

Frettchen[N]
ferret
furet[M]
hurón[M]
furetto[M]

Stinktier[N]
skunk
moufette[F]
mofeta[F]
moffetta[F]

Marder[M]
marten
martre[F]
marta[F]
martora[F]

Seeotter[M]
river otter
loutre[F] de rivière[F]
nutria[F] de río[M]
lontra[F] comune

Dachs[M]
badger
blaireau[M]
tejón[M]
tasso[M]

Wüstenfuchs[M]
fennec
fennec[M]
fenec[M]
volpe[F] del deserto[M]

Hyäne[F]
hyena
hyène[F]
hiena[F]
iena[F]

Fuchs[M]
fox
renard[M]
zorro[M]
volpe[F]

Waschbär[M]
raccoon
raton[M] laveur
mapache[M]
procione[M]

Puma[M]
puma
puma[M]
puma[M]
puma[M]

Luchs[M]
lynx
lynx[M]
lince[M]
lince[F]

Vielfraß[M]
wolverine
glouton[M]
glotón[M]
ghiottone[M]

Beispiele[N] für Raubtiere[N]

Leopard[M]
leopard
léopard[M]
leopardo[M]
leopardo[M]

Tiger[M]
tiger
tigre[M]
tigre[M]
tigre[F]

Wolf[M]
wolf
loup[M]
lobo[M]
lupo[M]

Jaguar[M]
jaguar
jaguar[M]
jaguar[M]
giaguaro[M]

Löwe[M]
lion
lion[M]
león[M]
leone[M]

Gepard[M]
cheetah
guépard[M]
guepardo[M]
ghepardo[M]

Schwarzbär[M]
black bear
ours[M] noir
oso[M] negro
orso[M] bruno

Eisbär[M]
polar bear
ours[M] polaire
oso[M] polar
orso[M] polare

Delphin^{M}

dolphin | dauphin^{M} | delfín^{M} | delfino^{M}

äußere Merkmale^{N} eines Delphins^{M}
morphology of a dolphin
morphologie^{F} du dauphin^{M}
morfología^{F} de un delfín^{M}
morfologia^{F} di un delfino^{M}

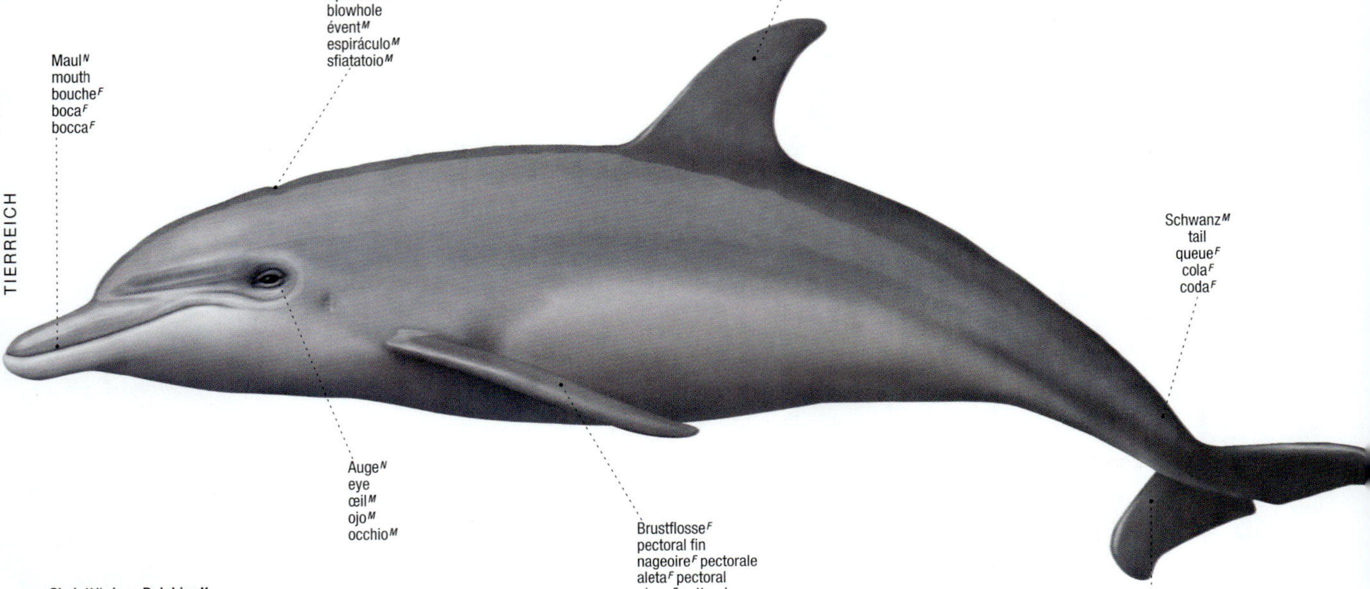

Skelett^{N} eines Delphins^{M}
skeleton of a dolphin
squelette^{M} du dauphin^{M}
esqueleto^{M} de un delfín^{M}
scheletro^{M} di un delfino^{M}

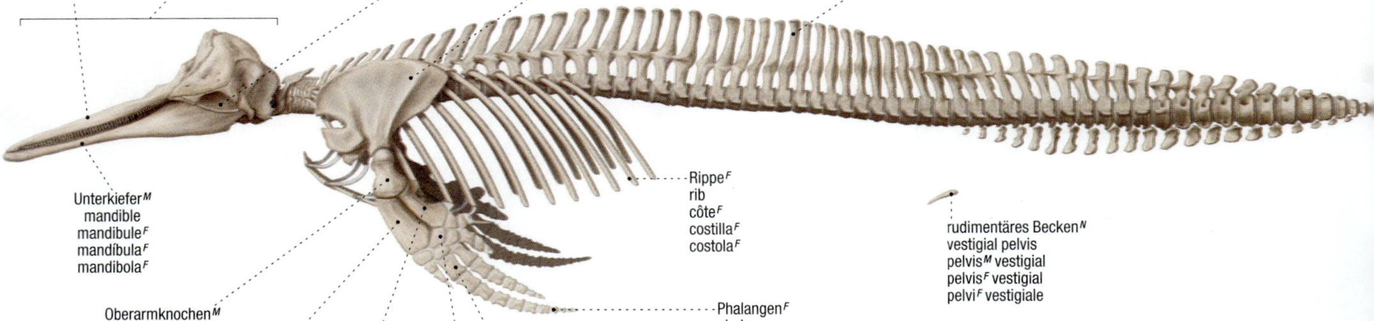

Beispiele[N] für Meeressäugetiere[N]

examples of marine mammals | exemples[M] de mammifères[M] marins | ejemplos[M] de mamíferos[M] marinos | esempi[M] di mammiferi[M] marini

Walross[N]
walrus
morse[M]
morsa[F]
tricheco[M]

Seelöwe[M]
sea lion
otarie[F]
otaria[F]
leone[M] marino

Seehund[M]
seal
phoque[M]
foca[F]
foca[F]

Narwal[M]
narwhal
narval[M]
narval[M]
narvalo[M]

Delphin[M]
dolphin
dauphin[M]
delfín[M]
delfino[M]

Tümmler[M]
porpoise
marsouin[M]
marsopa[F]
focena[F]

Schwertwal[M]
killer whale
orque[F]
orca[F]
orca[F]

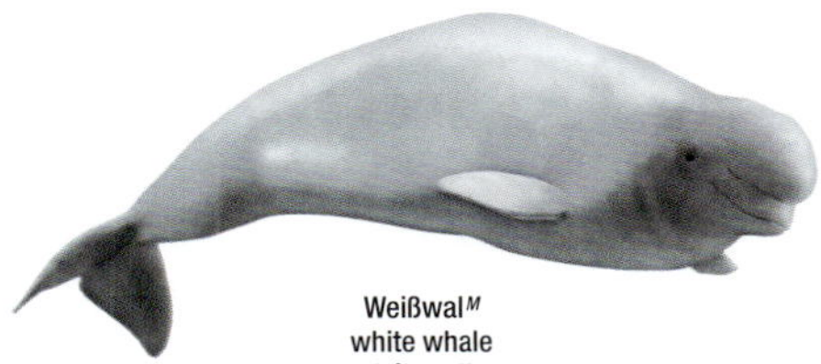

Weißwal[M]
white whale
béluga[M]
ballena[F] blanca
balena[F] bianca

Buckelwal[M]
humpback whale
baleine[F] à bosses[F]
ballena[F] jorobada
megattera[F]

Nordkaper[M]
northern right whale
baleine[F] franche
ballena[F] franca del norte[M]
balena[F] franca boreale

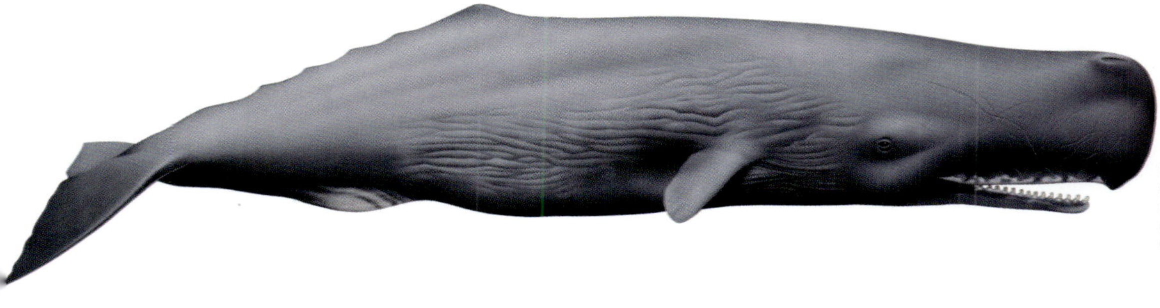

Pottwal[M]
sperm whale
cachalot[M]
cachalote[M]
capodoglio[M]

Gorilla^{M}

gorilla | gorille^{M} | gorila^{M} | gorilla^{M}

Skelett^{N} eines Gorillas^{M}
skeleton of a gorilla
squelette^{M} du gorille^{M}
esqueleto^{M} de un gorila^{M}
scheletro^{M} di un gorilla^{M}

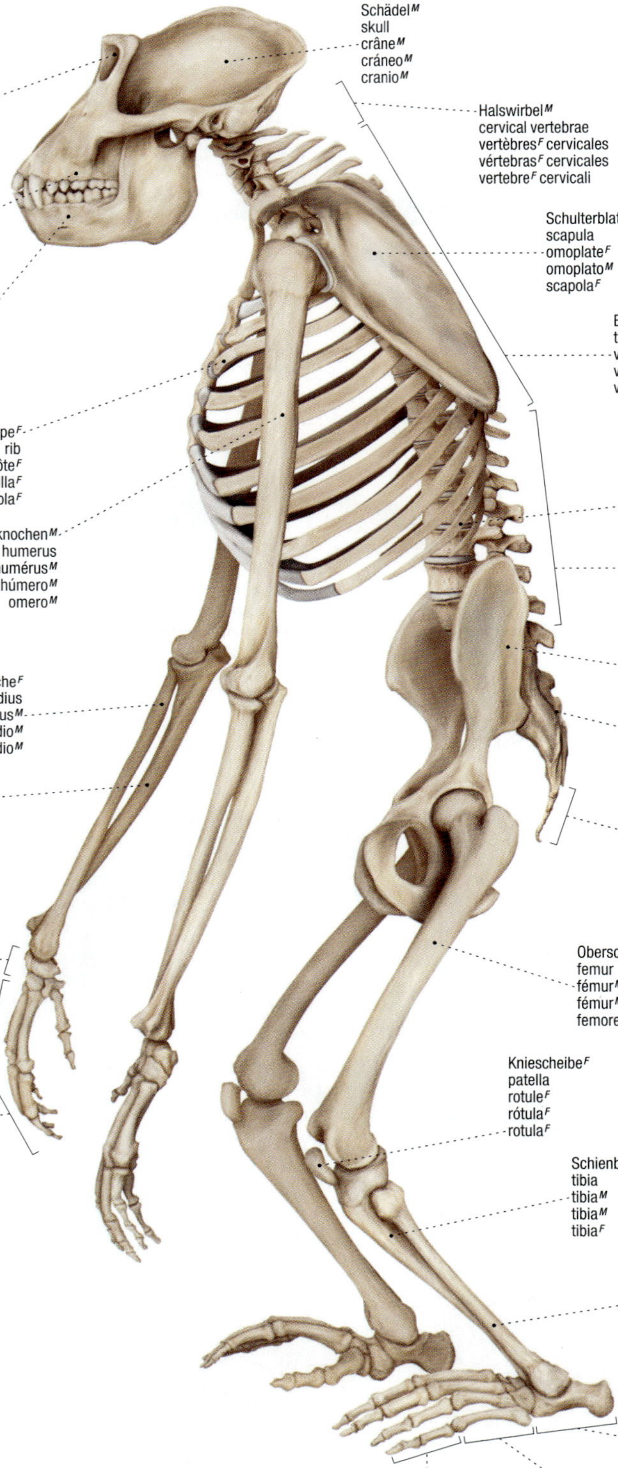

Augenhöhle^{F}
orbit
orbite^{F}
órbita^{M}
orbita^{F}

Oberkiefer^{M}
maxilla
maxillaire^{M}
maxilar^{M}
mascella^{F}

Unterkiefer^{M}
mandible
mandibule^{F}
mandíbula^{M}
mandibola^{F}

Rippe^{F}
rib
côte^{F}
costilla^{F}
costola^{F}

Oberarmknochen^{M}
humerus
humérus^{M}
húmero^{M}
omero^{M}

Speiche^{F}
radius
radius^{M}
radio^{M}
radio^{M}

Elle^{F}
ulna
cubitus^{M}
cúbito^{M}
ulna^{F}

Handwurzel^{F}
carpus
carpe^{M}
carpo^{M}
carpo^{M}

Mittelhand^{F}
metacarpus
métacarpe^{M}
metacarpo^{M}
metacarpo^{M}

Phalangen^{F}
phalanges
phalanges^{F}
falanges^{F}
falangi^{F}

Schädel^{M}
skull
crâne^{M}
cráneo^{M}
cranio^{M}

Halswirbel^{M}
cervical vertebrae
vertèbres^{F} cervicales
vértebras^{F} cervicales
vertebre^{F} cervicali

Schulterblatt^{N}
scapula
omoplate^{F}
omoplato^{M}
scapola^{F}

Brustwirbel^{M}
thoracic vertebrae
vertèbres^{F} thoraciques
vértebras^{F} torácicas
vertebre^{F} toraciche

falsche Rippe^{F}
floating rib
côte^{F} flottante
costilla^{F} flotante
costola^{F} fluttuante

Lendenwirbel^{M}
lumbar vertebrae
vertèbres^{F} lombaires
vértebras^{F} lumbares
vertebre^{F} lombari

Becken^{N}
pelvis
bassin^{M}
pelvis^{F}
bacino^{M}

Kreuzbein^{N}
sacrum
sacrum^{M}
sacro^{M}
sacro^{M}

Schwanzwirbel^{M}
caudal vertebrae
vertèbres^{F} coccygiennes
vértebras^{F} coccígeas
vertebre^{F} coccigee

Oberschenkelknochen^{M}
femur
fémur^{M}
fémur^{M}
femore^{M}

Kniescheibe^{F}
patella
rotule^{F}
rótula^{F}
rotula^{F}

Schienbein^{N}
tibia
tibia^{M}
tibia^{M}
tibia^{F}

Wadenbein^{N}
fibula
péroné^{M}
peroné^{M}
fibula^{F}

Fußwurzel^{F}
tarsus
tarse^{M}
tarso^{M}
tarso^{M}

Phalangen^{F}
phalanges
phalanges^{F}
falanges^{F}
falangi^{F}

Mittelfuß^{M}
metatarsus
métatarse^{M}
metatarso^{M}
metatarso^{M}

Gorilla[M]

äußere Merkmale[N] eines Gorillas[M]
morphology of a gorilla
morphologie[F] du gorille[M]
morfología[F] de un gorila[M]
morfologia[F] di un gorilla[M]

TIERREICH

Beispiele[N] für Primaten[M]

examples of primates | exemples[M] de mammifères[M] primates[M] | ejemplos[M] de primates[M] | esempi[M] di primati[M]

Schimpanse[M]
chimpanzee
chimpanzé[M]
chimpancé[M]
scimpanzé[M]

Tamarin[M]
tamarin
tamarin[M]
tamarino[M]
tamarino[M]

Gibbon[M]
gibbon
gibbon[M]
gibón[M]
gibbone[M]

Kapuzineraffe[M]
capuchin
capucin[M]
capuchino[M]
cebo[M]

Pinseläffchen[N]
marmoset
ouistiti[M]
tití[M]
uistitì[M]

Lemure[M]
lemur
lémurien[M]
lémur[M]
lemure[M]

Pavian[M]
baboon
babouin[M]
babuino[M]
babbuino[M]

Makak[M]
macaque
macaque[M]
macaco[M]
macaco[M]

Orang-Utan[M]
orangutan
orang-outan[M]
orangután[M]
orangotango[M]

Fledermaus[F]

bat | chauve-souris[F] | murciélago[M] | pipistrello[M]

äußere Merkmale[N] einer Fledermaus[F]
morphology of a bat
morphologie[F] de la chauve-souris[F]
morfología[F] de un murciélago[M]
morfologia[F] di un pipistrello[M]

Flügel[M]
wings
ailes[F]
alas[F]
ali[F]

Fledermaus^{F}

Skelett^{N} einer Fledermaus^{F}
skeleton of a bat
squelette^{M} de la chauve-souris^{F}
esqueleto^{M} de un murciélago^{M}
scheletro^{M} di un pipistrello^{M}

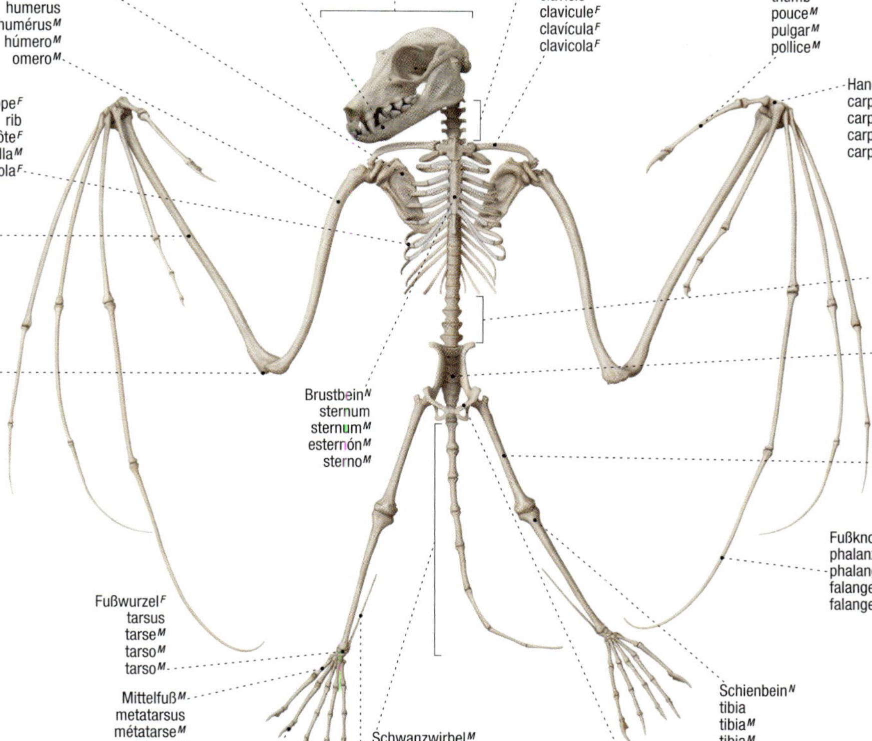

Beispiele^{N} für Fledertiere^{N}

examples of flying mammals | exemples^{M} de mammifères^{M} volants | ejemplos^{M} de mamíferos^{M} voladores | esempi^{M} di mammiferi^{M} volanti

Vampir^{M}
vampire bat
vampire^{M} commun
murciélago^{M} vampiro
pipistrello^{M} vampiro

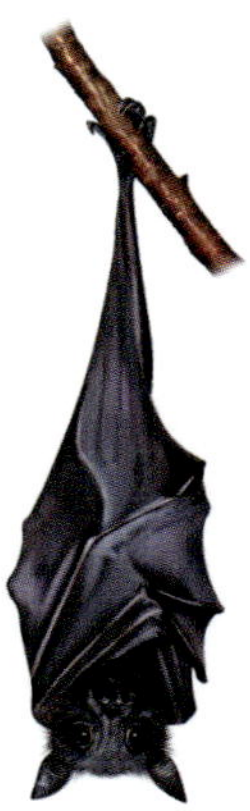

Flugfuchs^{M}
black flying fox
roussette^{F} noire
zorro^{M} volador
volpe^{F} volante nera

Spießblattnase^{F}
spear-nosed bat
chauve-souris^{F} fer^{M}-de-lance^{F}
murciélago^{M} hoja de lanza^{F}
vampiro^{M} dalla lancia^{F}

Känguru[N]

kangaroo | kangourou[M] | canguro[M] | canguro[M]

Skelett[N] eines Kängurus[N]
skeleton of a kangaroo
squelette[M] du kangourou[M]
esqueleto[M] de un canguro[M]
scheletro[M] di un canguro[M]

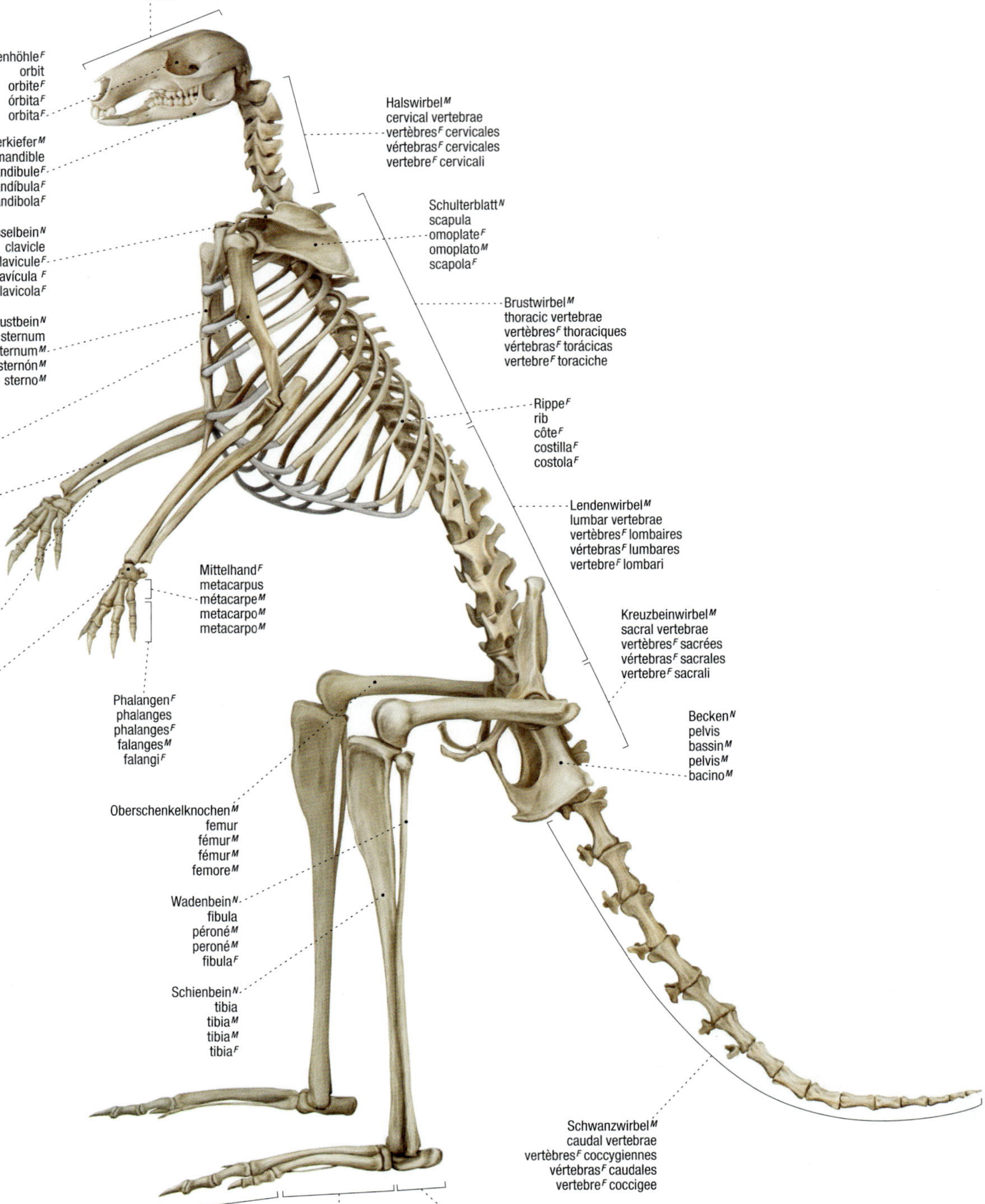

Känguru[N]

äußere Merkmale[N] eines Kängurus[N]
morphology of a kangaroo
morphologie[F] du kangourou[M]
morfología[F] de un canguro[M]
morfologia[F] di un canguro[M]

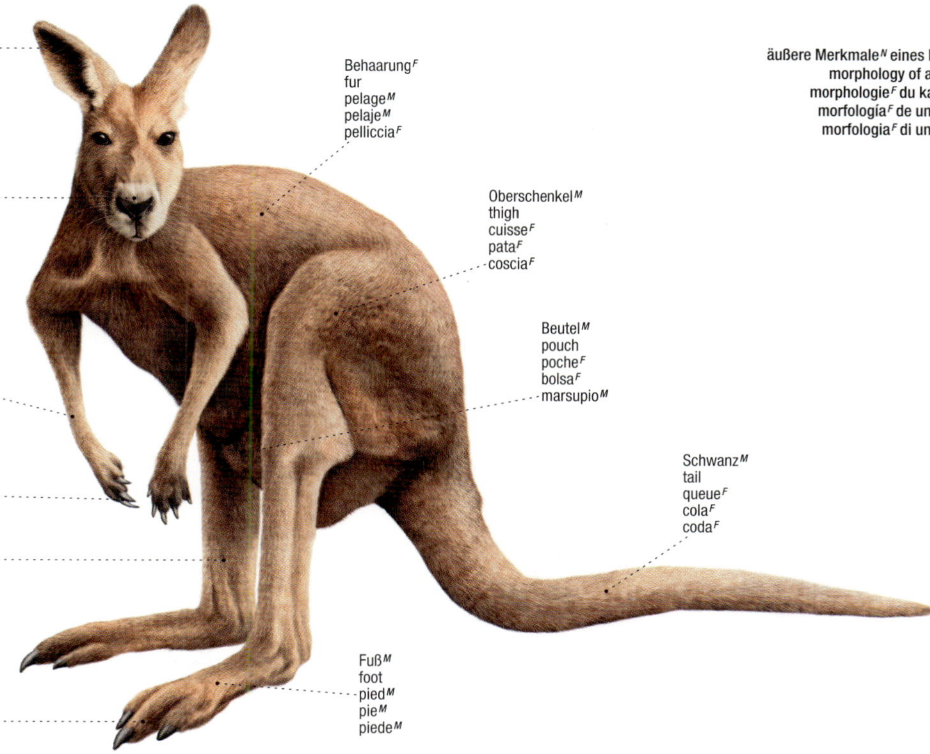

Beispiele[N] für Beuteltiere[N]

examples of marsupial mammals | exemples[M] de mammifères[M] marsupiaux | ejemplos[M] de mamíferos[M] marsupiales | esempi[M] di mammiferi[M] marsupiali

Opossum[N]
opossum
opossum[M]
opósum[M]
opossum[M]

Wallaby[N]
wallaby
wallaby[M]
walaby[M]
wallaby[M]

Tasmanischer Teufel[M]
Tasmanian devil
diable[M] de Tasmanie[F]
diablo[M] de Tasmania[F]
diavolo[M] della Tasmania[F]

Koala[M]
koala
koala[M]
koala[F]
koala[M]

Känguru[N]
kangaroo
kangourou[M]
canguro[M]
canguro[M]

MENSCH

human being
être humain
ser humano
essere umano

MENSCHLICHER KÖRPER 192

- Mann 192
- Frau 194

ANATOMIE 196

- Muskeln 196
- Skelett 199
- Zähne 206
- Gelenke 207
- Blutkreislauf 209
- Luftwege 214
- Verdauungsapparat 216
- Harnapparat 218
- Nervensystem 220
- Fortpflanzungssystem 226
- Hormonsystem 229
- lymphatisches System 230

SINNESORGANE 231

- Geruchs- und Geschmackssinn 231
- Gehör 234
- Tastsinn 236
- Sehsinn 238

Mann^{M}

man | homme^{M} | hombre^{M} | uomo^{M}

Vorderansicht^{F}
anterior view
face^{F} antérieure
vista^{F} anterior
vista^{F} anteriore

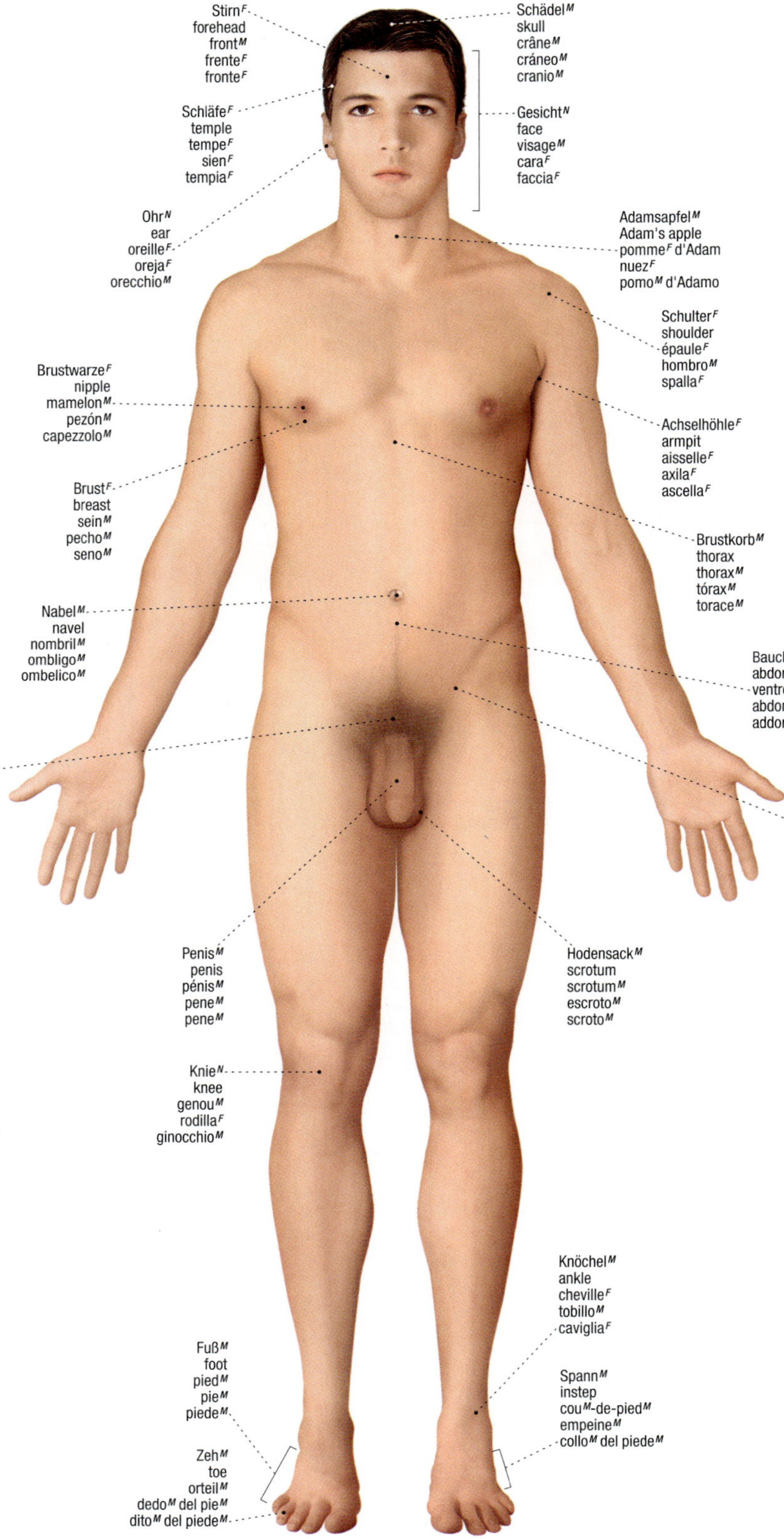

Mann^M

Rückenansicht^F
posterior view
face^F postérieure
vista^F posterior
vista^F posteriore

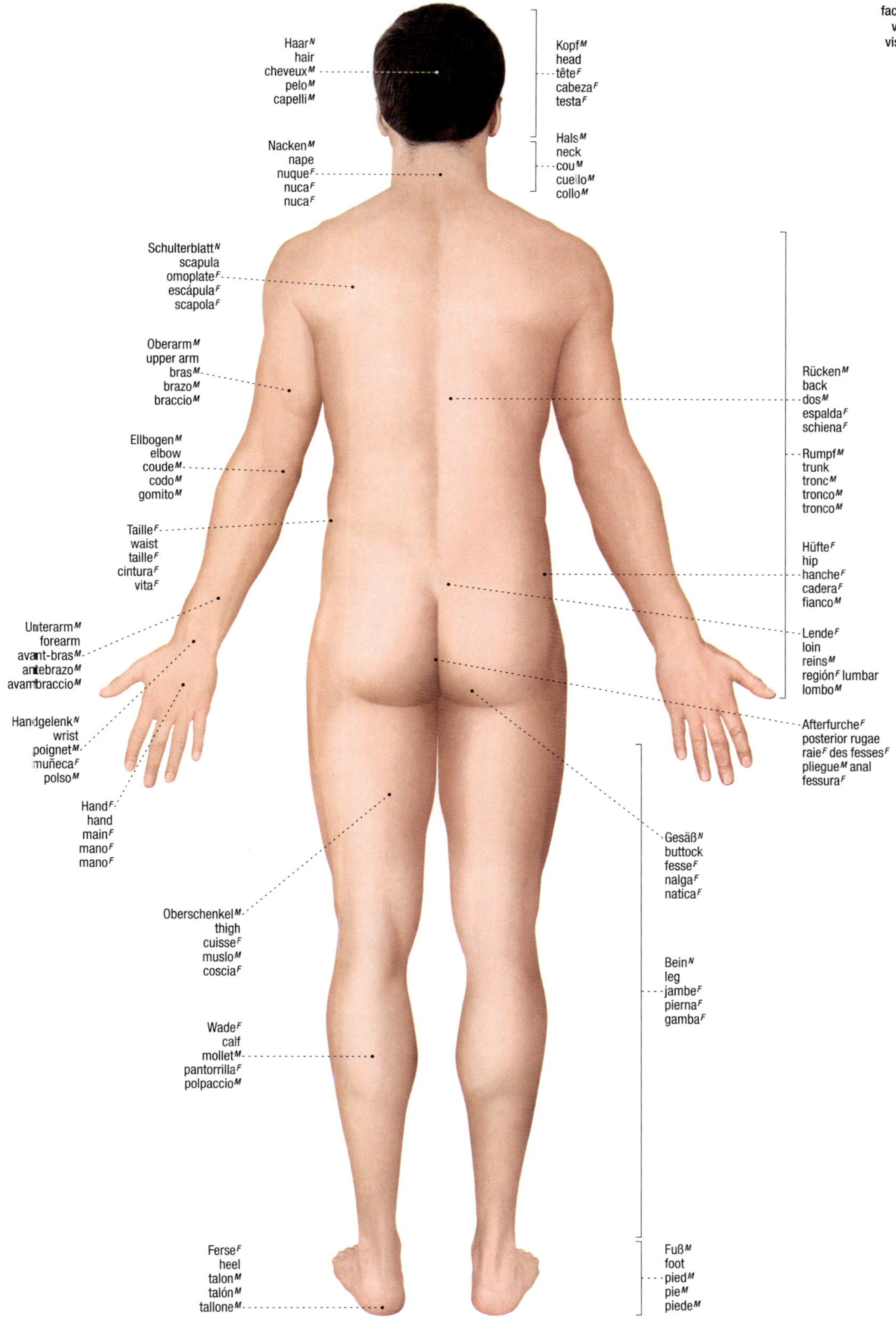

Frau[F]

woman | femme[F] | mujer[F] | donna[F]

Vorderansicht[F]
anterior view
face[F] antérieure
vista[F] anterior
vista[F] anteriore

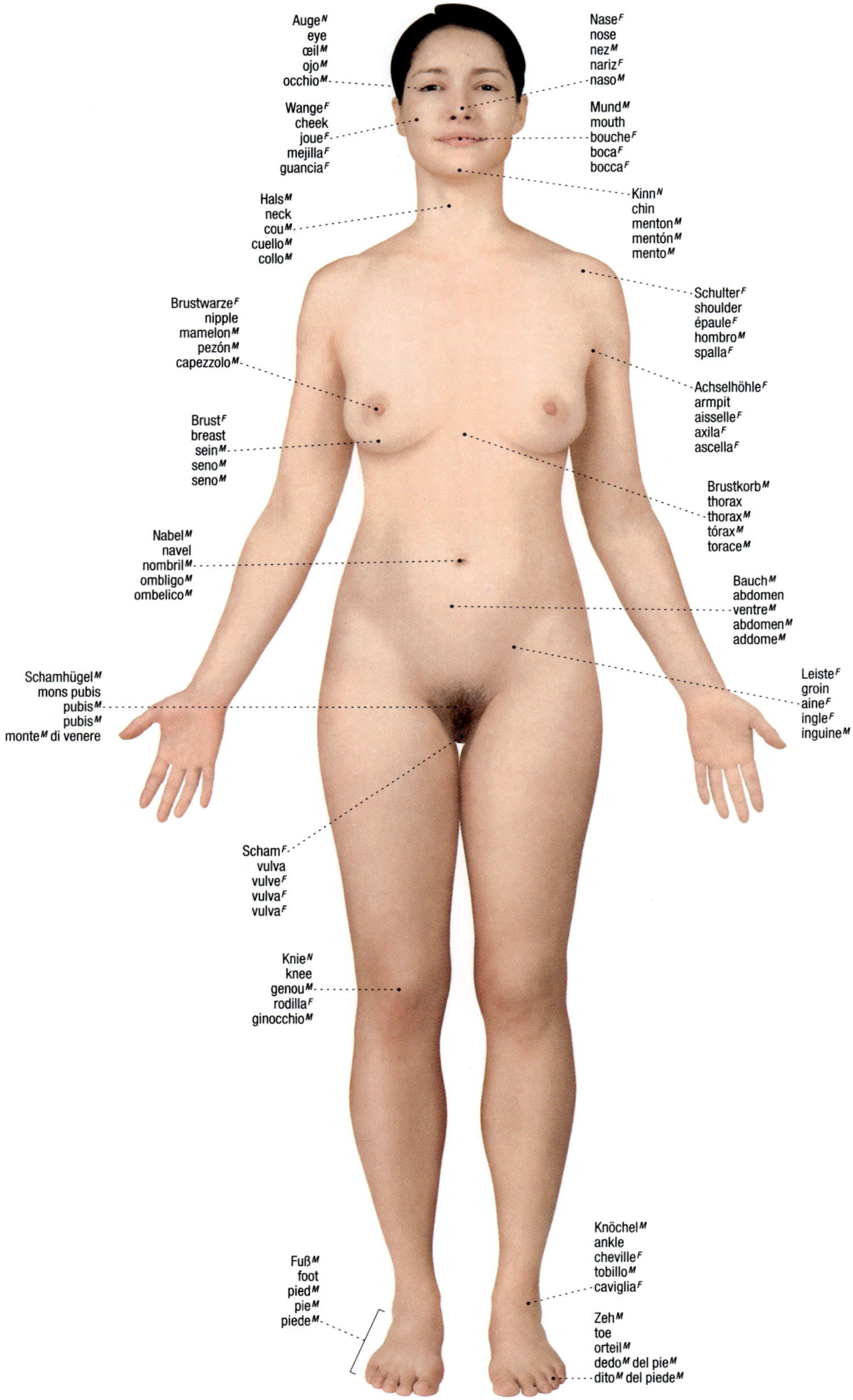

Frau[F]

Rückenansicht[F]
posterior view
face[F] postérieure
vista[F] posterior
vista[F] posteriore

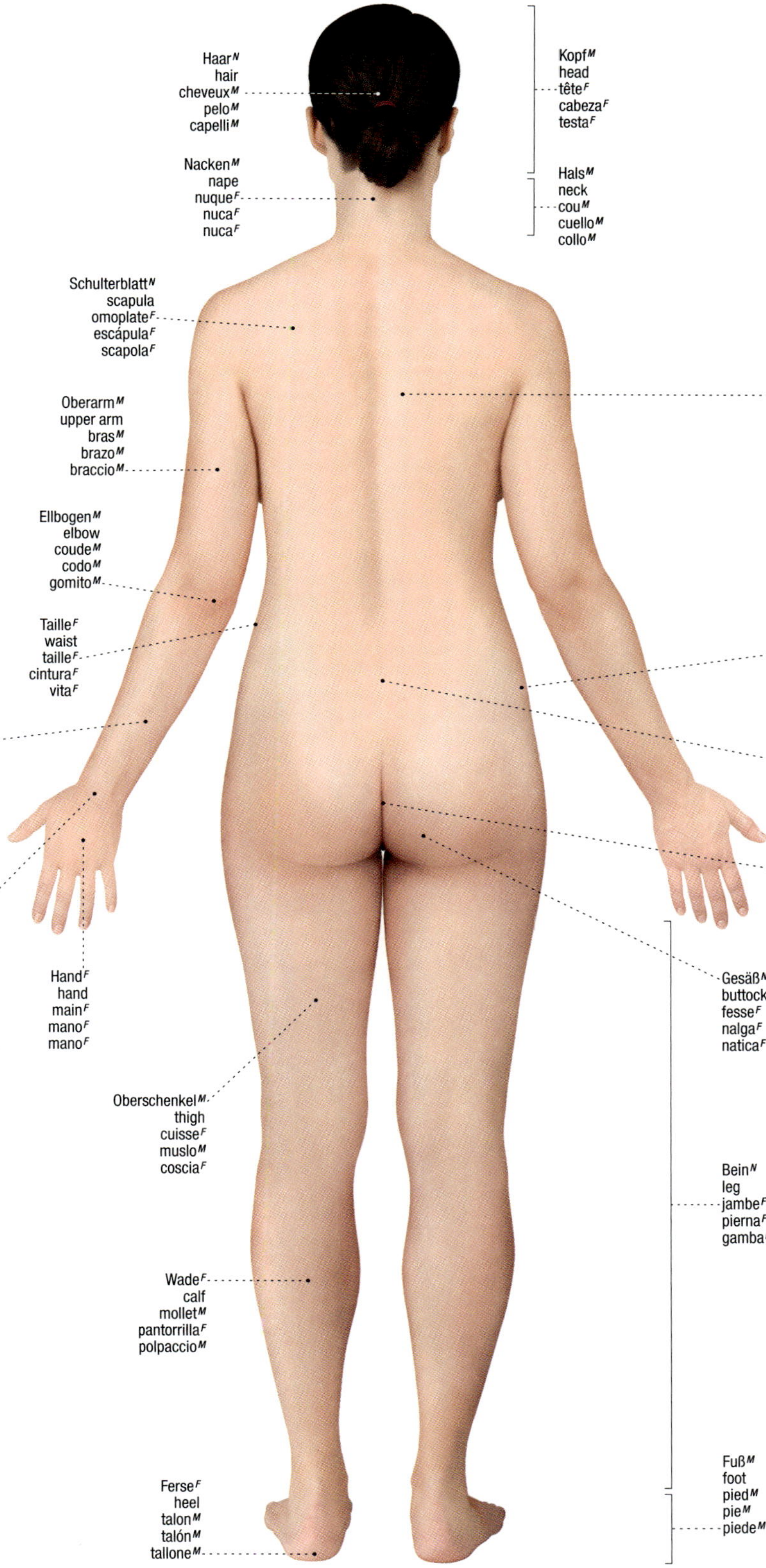

Muskeln^{M}

muscles | muscles^{M} | músculos^{M} | muscoli^{M}

MENSCH

Vorderansicht^{F}
anterior view
face^{F} antérieure
vista^{F} anterior
vista^{F} anteriore

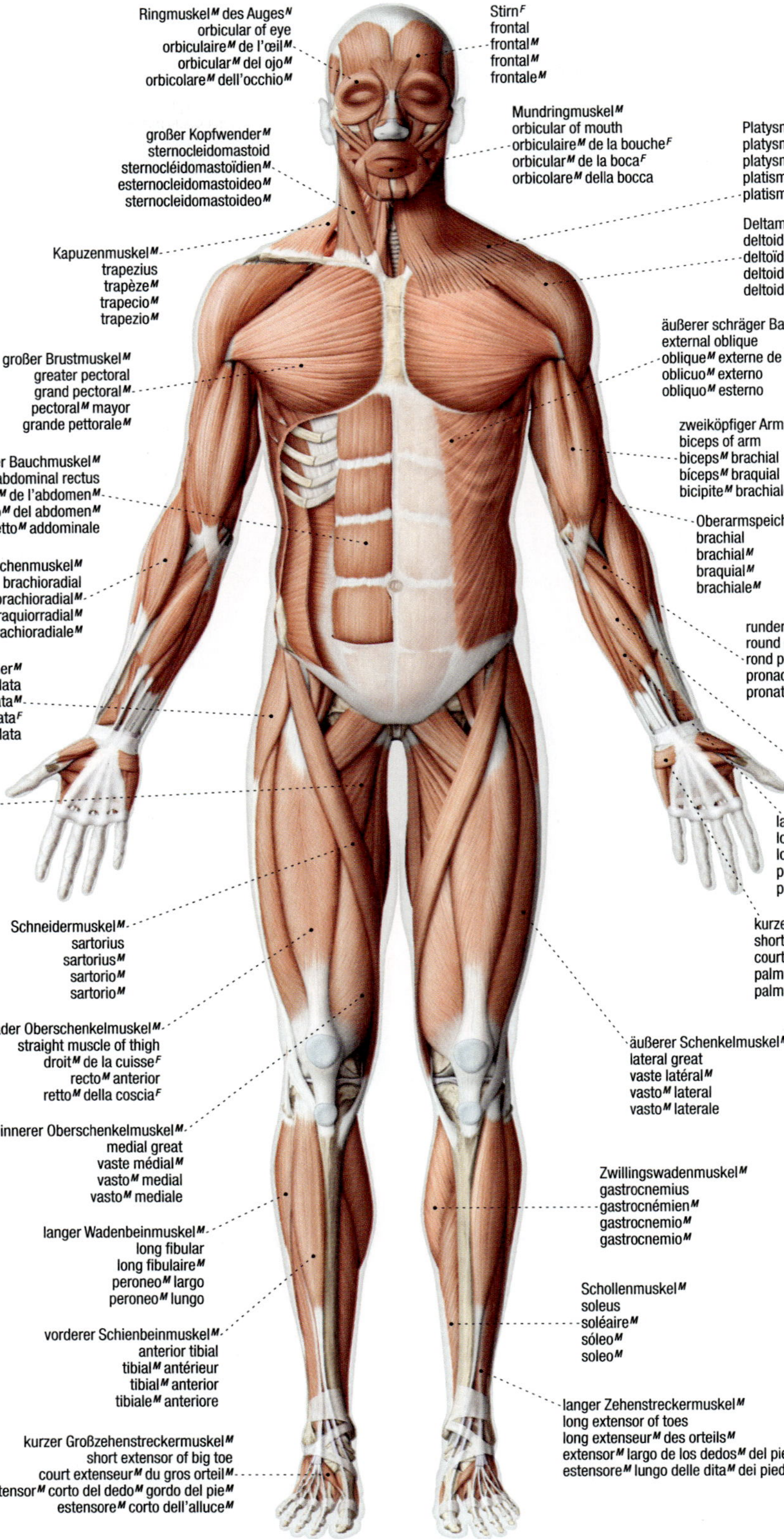

Ringmuskel^{M} des Auges^{N}
orbicular of eye
orbiculaire^{M} de l'œil^{M}
orbicular^{M} del ojo^{M}
orbicolare^{M} dell'occhio^{M}

großer Kopfwender^{M}
sternocleidomastoid
sternocléidomastoïdien^{M}
esternocleidomastoideo^{M}
sternocleidomastoideo^{M}

Kapuzenmuskel^{M}
trapezius
trapèze^{M}
trapecio^{M}
trapezio^{M}

großer Brustmuskel^{M}
greater pectoral
grand pectoral^{M}
pectoral^{M} mayor
grande pettorale^{M}

gerader Bauchmuskel^{M}
abdominal rectus
droit^{M} de l'abdomen^{M}
recto^{M} del abdomen^{M}
retto^{M} addominale

Oberarmspeichenmuskel^{M}
brachioradial
brachioradial^{M}
braquiorradial^{M}
brachioradiale^{M}

Schenkelbindenspanner^{M}
tensor of fascia lata
tenseur^{M} du fascia lata^{M}
tensor^{M} de la fascia lata^{F}
tensore^{M} della fascia^{F} lata

großer Oberschenkelanzieher^{M}
long adductor
long adducteur^{M}
aductor^{M} mayor
grande adduttore^{M}

Schneidermuskel^{M}
sartorius
sartorius^{M}
sartorio^{M}
sartorio^{M}

gerader Oberschenkelmuskel^{M}
straight muscle of thigh
droit^{M} de la cuisse^{F}
recto^{M} anterior
retto^{M} della coscia^{F}

innerer Oberschenkelmuskel^{M}
medial great
vaste médial^{M}
vasto^{M} medial
vasto^{M} mediale

langer Wadenbeinmuskel^{M}
long fibular
long fibulaire^{M}
peroneo^{M} largo
peroneo^{M} lungo

vorderer Schienbeinmuskel^{M}
anterior tibial
tibial^{M} antérieur
tibial^{M} anterior
tibiale^{M} anteriore

kurzer Großzehenstreckermuskel^{M}
short extensor of big toe
court extenseur^{M} du gros orteil^{M}
extensor^{M} corto del dedo^{M} gordo del pie^{M}
estensore^{M} corto dell'alluce^{M}

Stirn^{F}
frontal
frontal^{M}
frontal^{M}
frontale^{M}

Mundringmuskel^{M}
orbicular of mouth
orbiculaire^{M} de la bouche^{F}
orbicular^{M} de la boca^{F}
orbicolare^{M} della bocca

Platysma^{N}
platysma
platysma^{M}
platisma^{F}
platisma^{M}

Deltamuskel^{M}
deltoid
deltoïde^{M}
deltoides^{M}
deltoide^{M}

äußerer schräger Bauchmuskel^{M}
external oblique
oblique^{M} externe de l'abdomen^{M}
oblicuo^{M} externo
obliquo^{M} esterno

zweiköpfiger Armstrecker^{M}
biceps of arm
biceps^{M} brachial
bíceps^{M} braquial
bicipite^{M} brachiale

Oberarmspeichenmuskel^{M}
brachial
brachial^{M}
braquial^{M}
brachiale^{M}

runder Einwärtsdreher^{M}
round pronator
rond pronateur^{M}
pronador^{M} redondo
pronatore^{M} rotondo

radialer Handgelenkbeuger^{M}
radial flexor of wrist
fléchisseur^{M} radial du carpe^{M}
flexor^{M} radial del carpo^{M}
flessore^{M} radiale del carpo^{M}

lange Handmuskeln^{M}
long palmar
long palmaire^{M}
palmar^{M} largo
palmare^{M} lungo

kurzer Hohlhandmuskel^{M}
short palmar
court palmaire^{M}
palmar^{M} corto
palmare^{M} breve

äußerer Schenkelmuskel^{M}
lateral great
vaste latéral^{M}
vasto^{M} lateral
vasto^{M} laterale

Zwillingswadenmuskel^{M}
gastrocnemius
gastrocnémien^{M}
gastrocnemio^{M}
gastrocnemio^{M}

Schollenmuskel^{M}
soleus
soléaire^{M}
sóleo^{M}
soleo^{M}

langer Zehenstreckermuskel^{M}
long extensor of toes
long extenseur^{M} des orteils^{M}
extensor^{M} largo de los dedos^{M} del pie^{M}
estensore^{M} lungo delle dita^{M} dei piedi^{M}

Muskeln[M]

Rückansicht[F]
posterior view
face[F] postérieure
vista[F] posterior
vista[F] posteriore

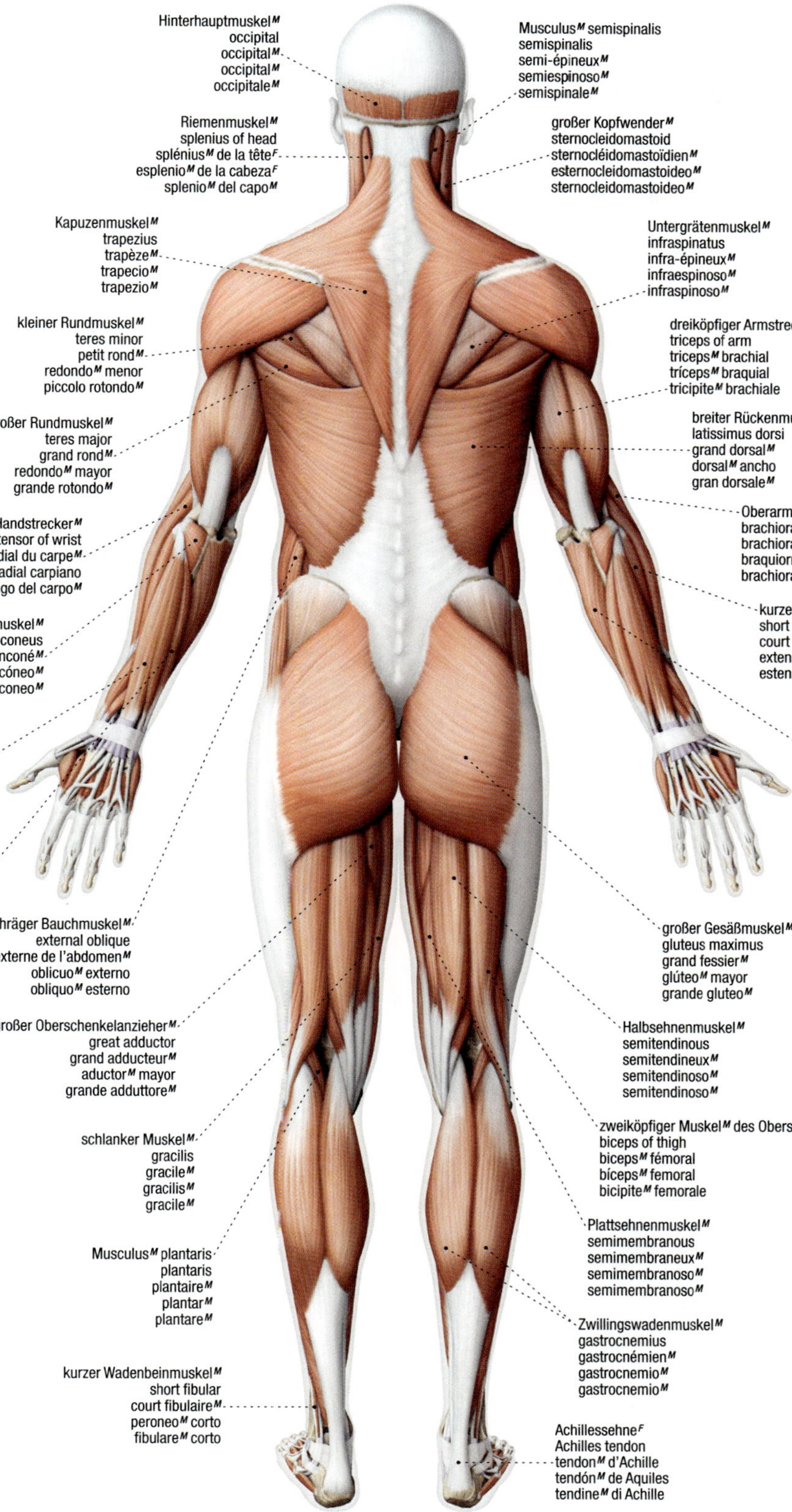

Muskeln^M

Muskelgewebe^N
muscle tissue
tissu^M musculaire
tejido^M muscular
tessuto^M muscolare

quergestreifter Muskel^M
striated muscle
muscle^M strié
músculo^M estriado
muscolo^M striato

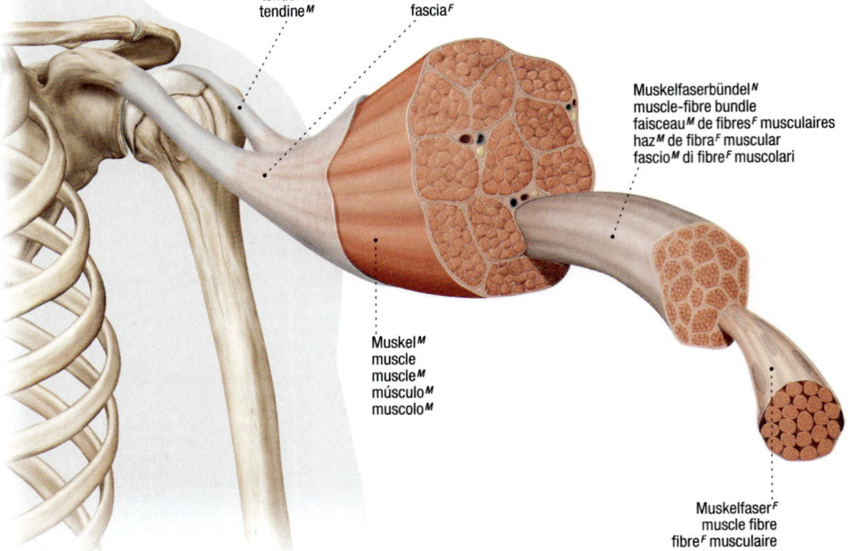

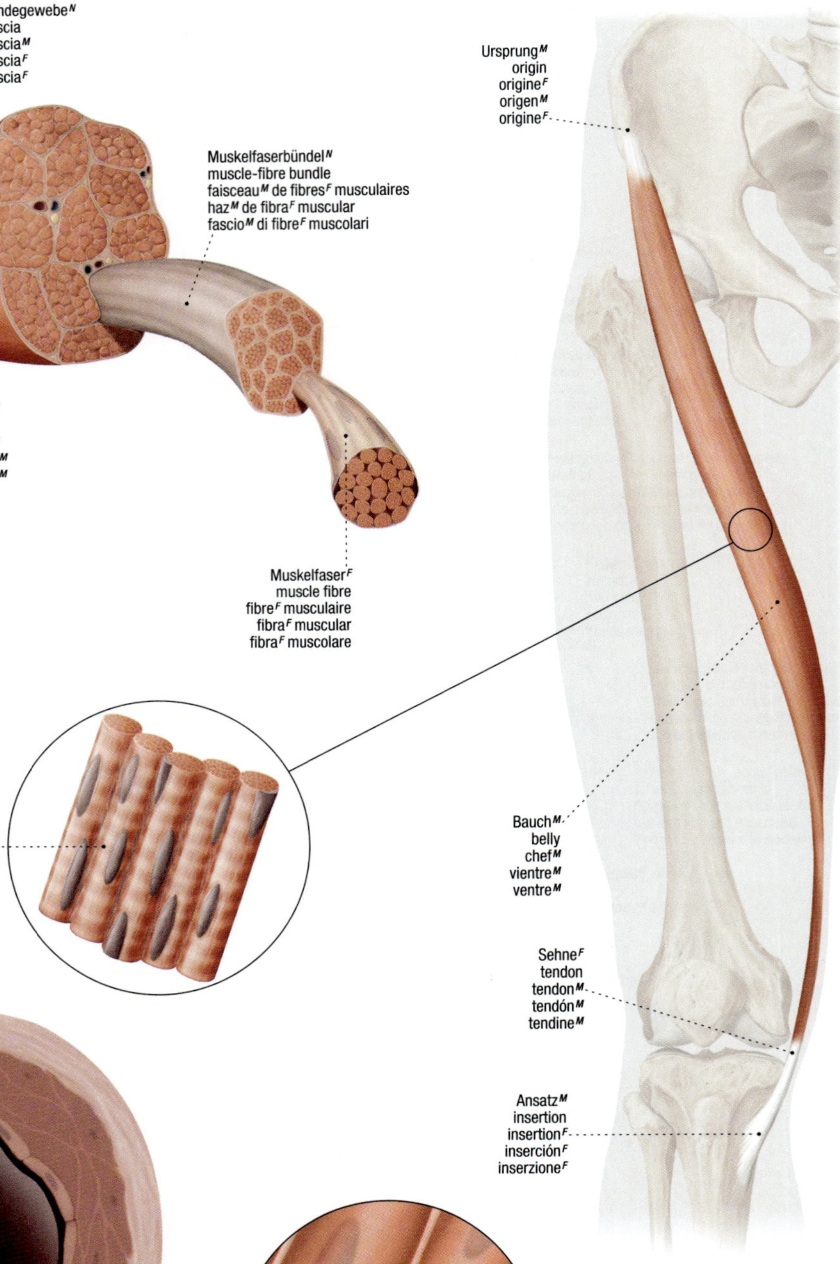

glatter Muskel^M
smooth muscle
muscle^M lisse
músculo^M liso
muscolo^M liscio

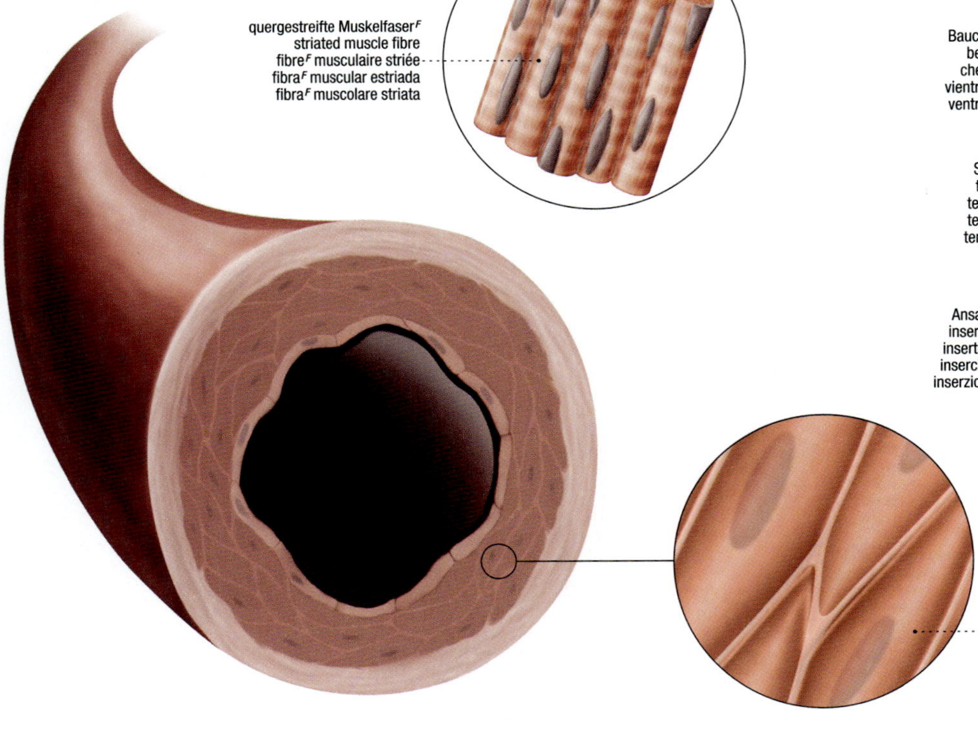

Skelett^{N}

skeleton | squelette^{M} | esqueleto^{M} | scheletro^{M}

Knochenarten^{F}
types of bones
types^{M} d'os^{M}
tipos^{M} de huesos^{M}
tipi^{M} di ossa^{F}

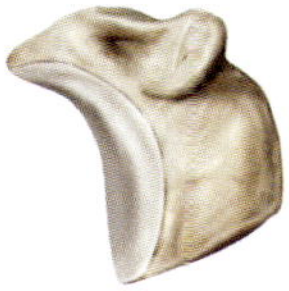

kurzer Knochen^{M}
short bone
os^{M} court
hueso^{M} corto
osso^{M} corto

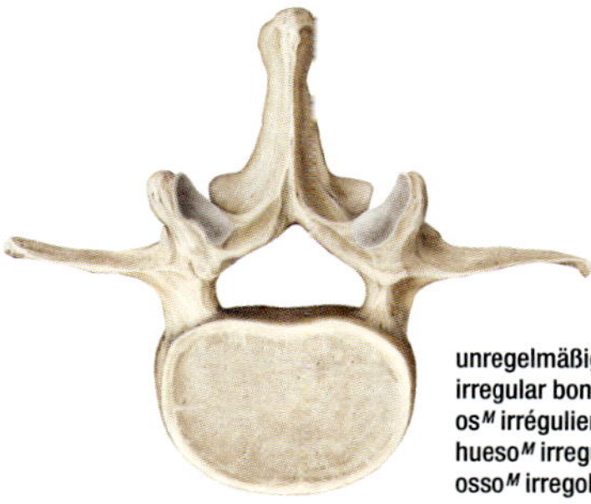

unregelmäßiger Knochen^{M}
irregular bone
os^{M} irrégulier
hueso^{M} irregular
osso^{M} irregolare

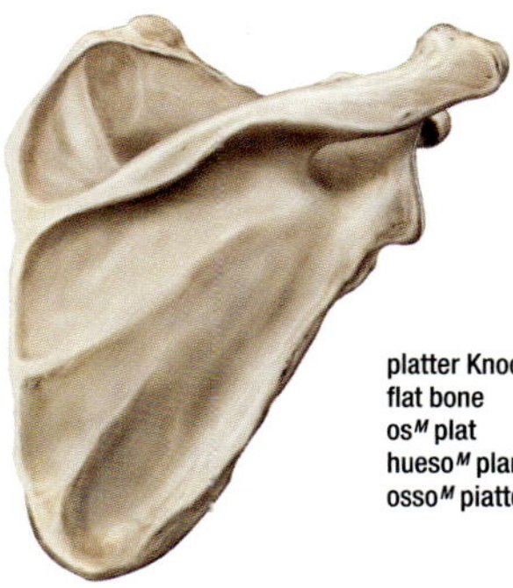

platter Knochen^{M}
flat bone
os^{M} plat
hueso^{M} plano
osso^{M} piatto

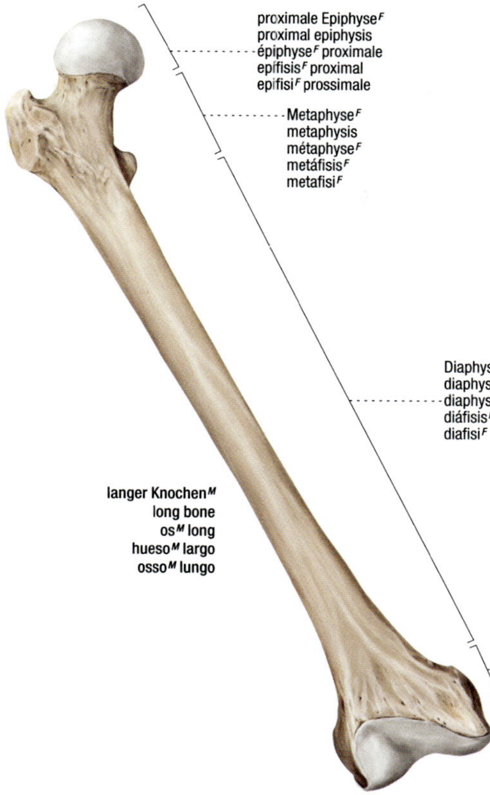

langer Knochen^{M}
long bone
os^{M} long
hueso^{M} largo
osso^{M} lungo

proximale Epiphyse^{F}
proximal epiphysis
épiphyse^{F} proximale
epífisis^{F} proximal
epifisi^{F} prossimale

Metaphyse^{F}
metaphysis
métaphyse^{F}
metáfisis^{F}
metafisi^{F}

Diaphyse^{F}
diaphysis
diaphyse^{F}
diáfisis^{F}
diafisi^{F}

Metaphyse^{F}
metaphysis
métaphyse^{F}
metafisis^{F}
metafisi^{F}

distale Epiphyse^{F}
distal epiphysis
épiphyse^{F} distale
epífisis^{F} distal
epifisi^{F} distale

Aufbau^{M} eines langen Knochens^{M}
structure of a long bone
structure^{F} d'un os^{M} long
estructura^{M} de un hueso^{M} largo
struttura^{F} di un osso^{M} lungo

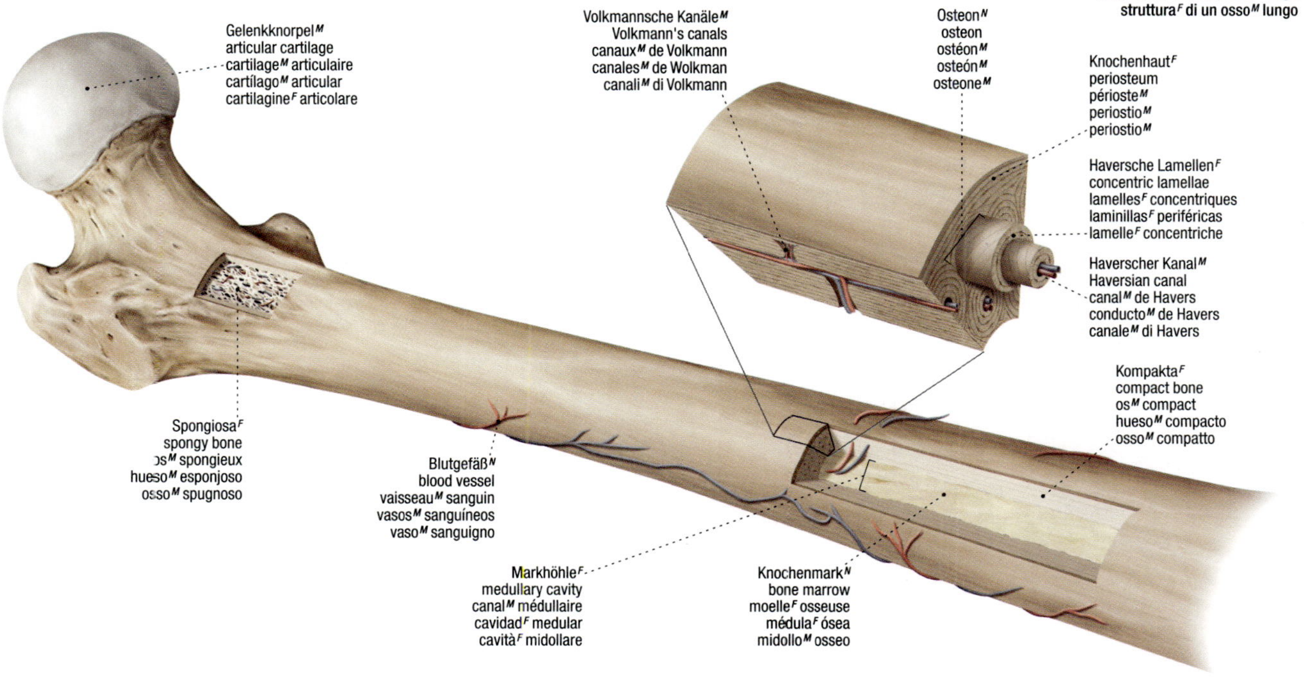

MENSCH

Skelett[N]

Vorderansicht[F]
anterior view
vue[F] antérieure
vista[F] anterior
vista[F] anteriore

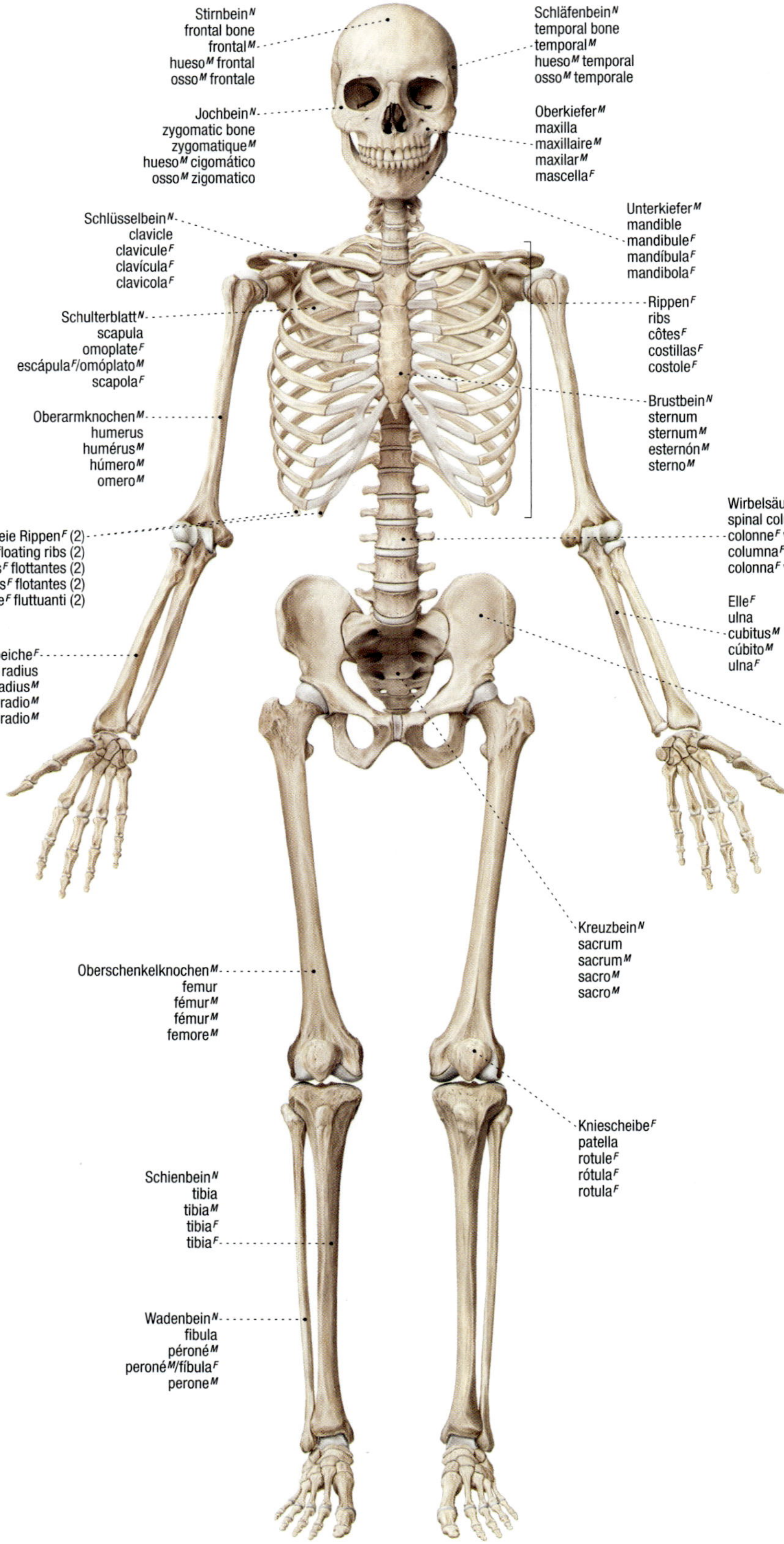

Skelett[N]

Rückansicht[F]
posterior view
vue[F] postérieure
vista[F] posterior
vista[F] posteriore

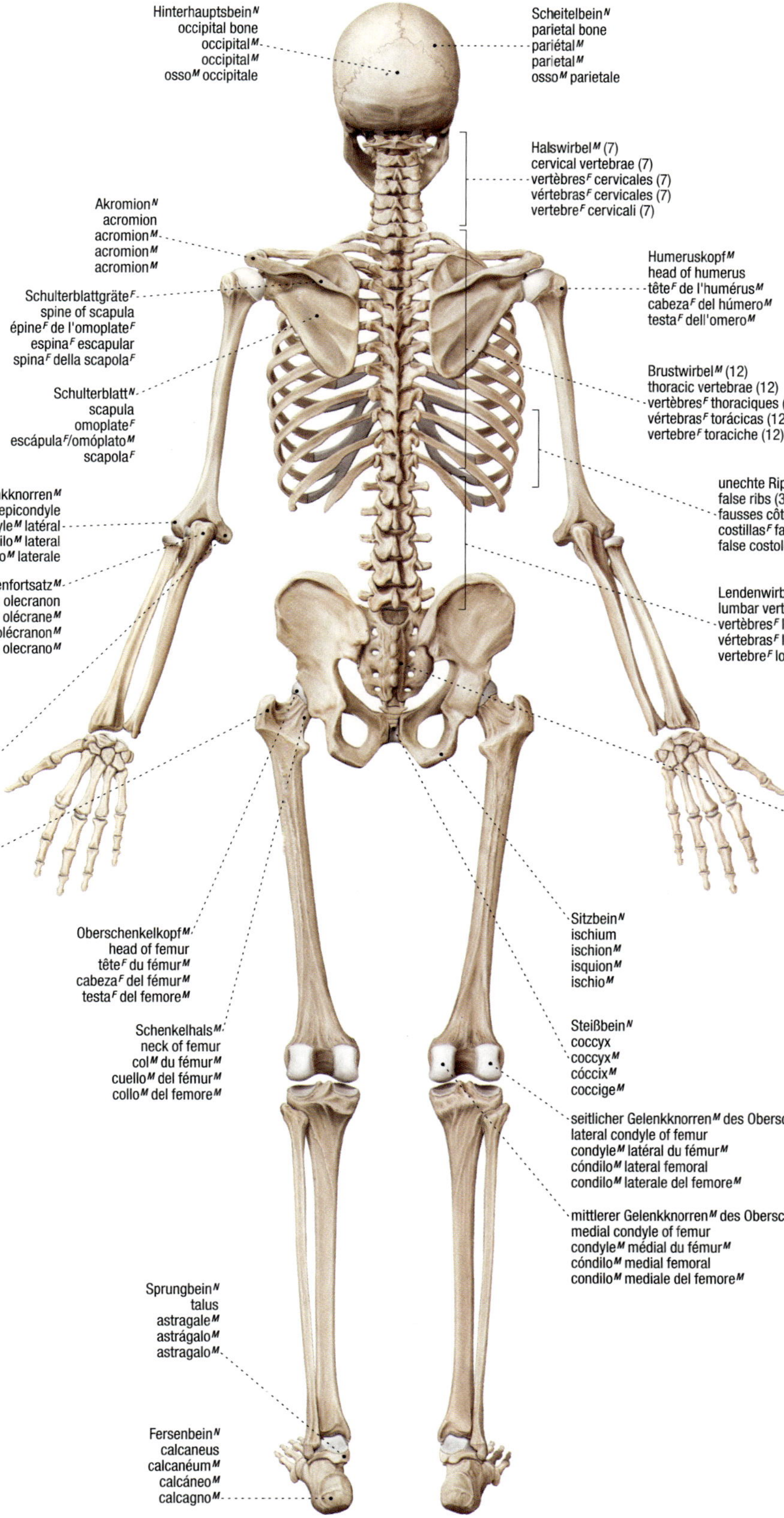

Skelett^N

Handknochen^M
bones of hand
main^F
huesos^M de la mano^F
ossa^F della mano^F

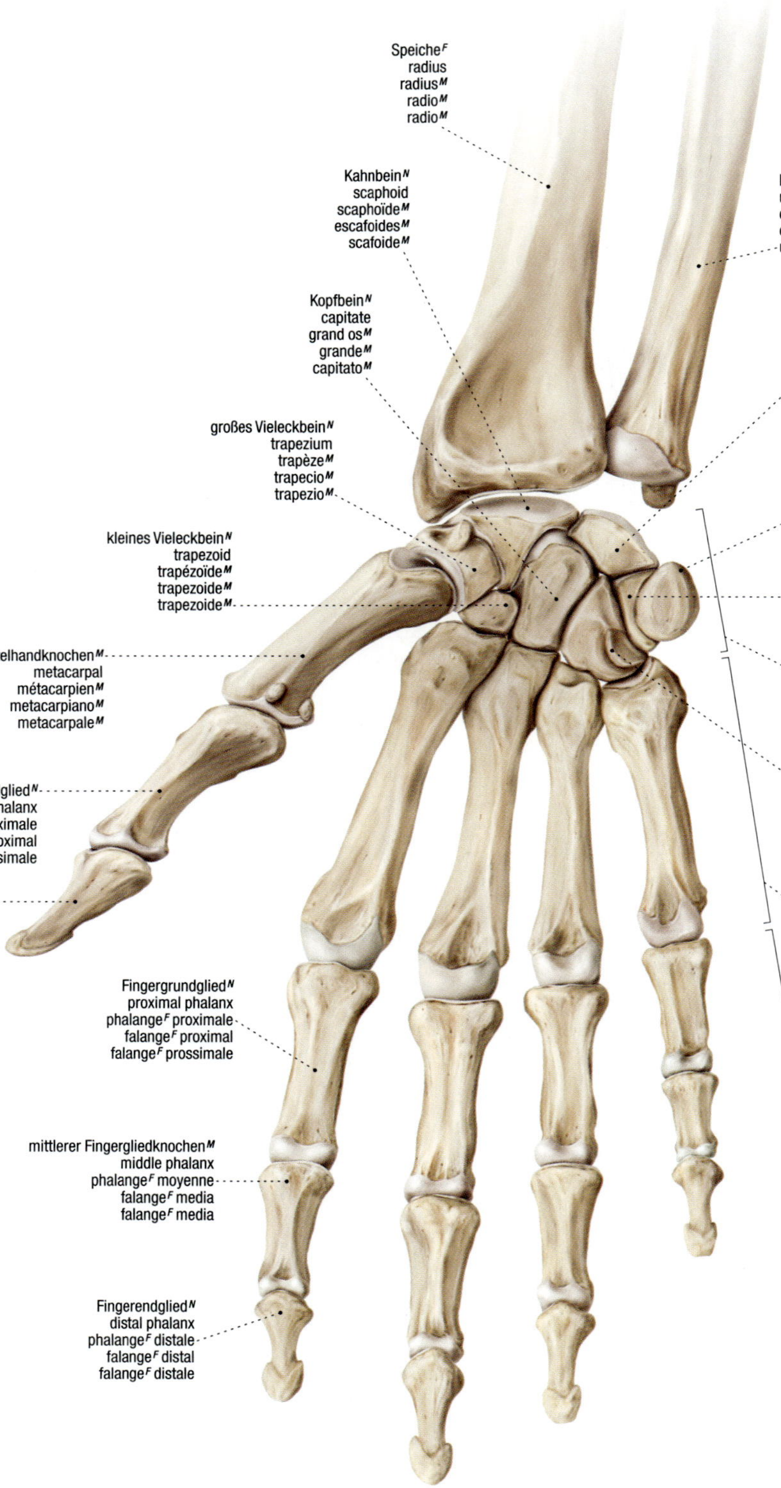

MENSCH

Skelett[N]

Fuß[M]: Vorderansicht[F]
foot: anterior view
pied[M] : vue[F] antérieure
pie[M] : vista[F] frontal
piede[M]: vista[F] anteriore

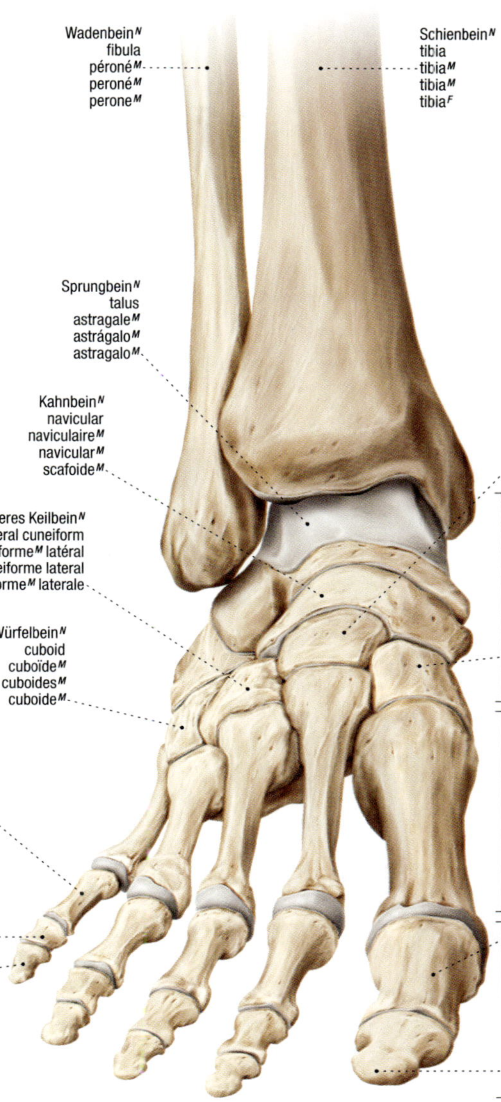

Fuß[M]: Seitenansicht[F]
foot: lateral view
pied[M] : vue[F] latérale
pie[M] : vista[F] lateral
piede[M]: vista[F] laterale

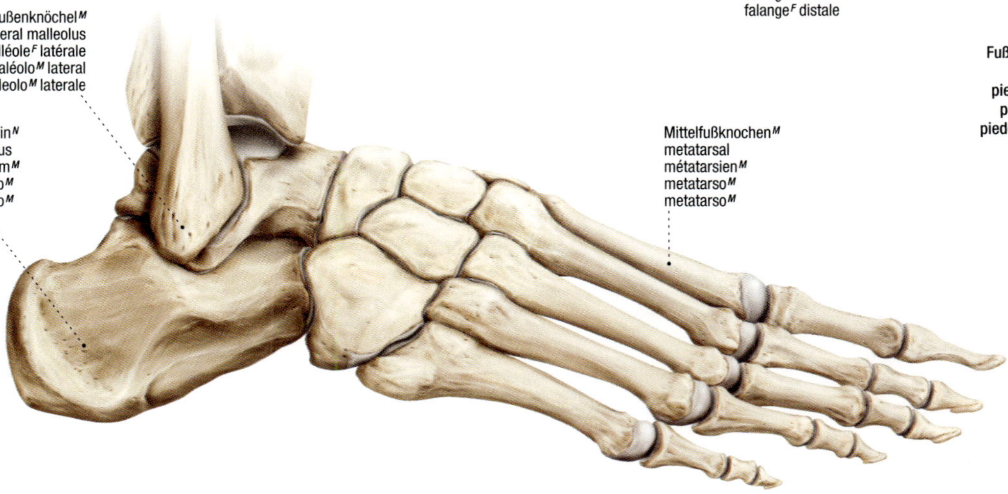

Skelett^{N}

Wirbelsäule^{F}
spinal column
colonne^{F} vertébrale
columna^{F} vertebral
colonna^{F} vertebrale

Seitenansicht^{F}
lateral view
vue^{F} latérale
vista^{F} lateral
vista^{F} laterale

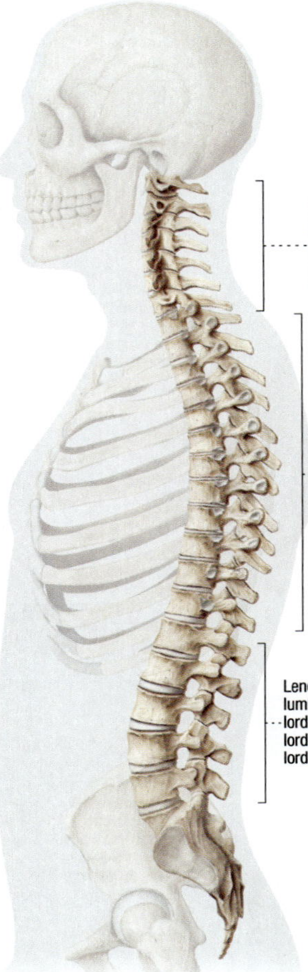

Vorderansicht^{F}
anterior view
vue^{F} antérieure
vista^{F} frontal
vista^{F} anteriore

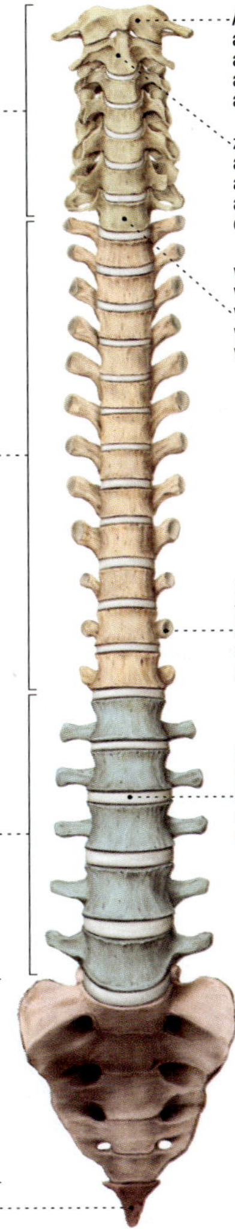

Brustwirbel^{M}
thoracic vertebra
vertèbre^{F} thoracique
vértebra^{F} torácica
vertebra^{F} toracica

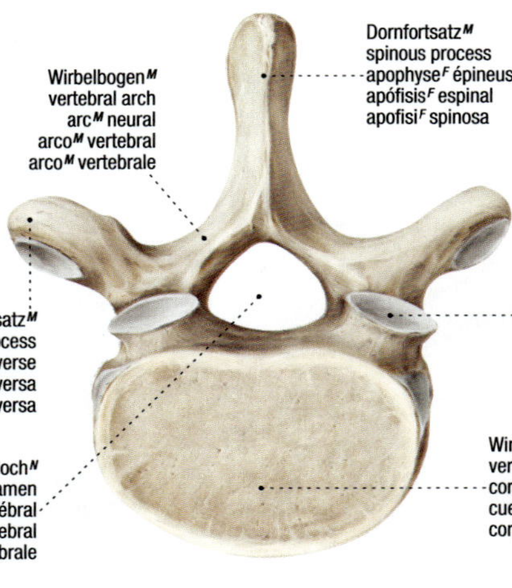

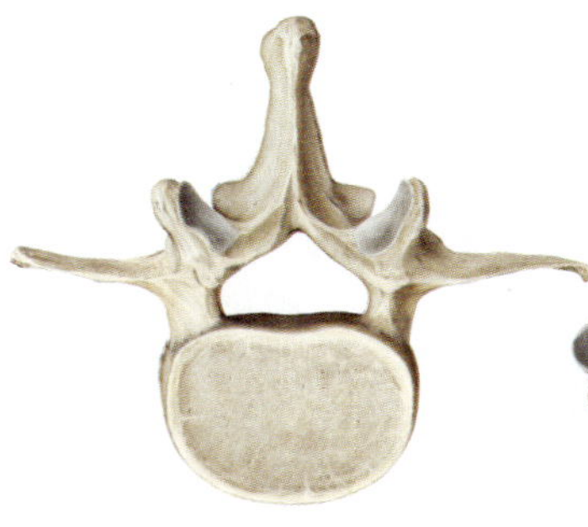

Lendenwirbel^{M}
lumbar vertebra
vertèbre^{F} lombaire
vértebra^{F} lumbar
vertebra^{F} lombare

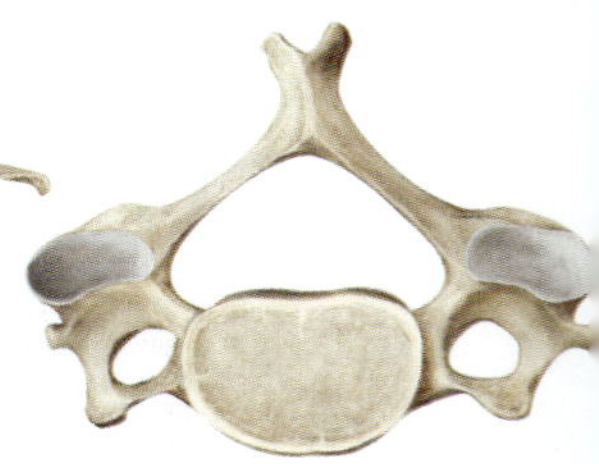

Halswirbel^{M}
cervical vertebra
vertèbre^{F} cervicale
vértebra^{F} cervical
vertebra^{F} cervicale

Skelett[N]

Schädel[M]: Seitenansicht[F]
skull: lateral view
crâne[M] : vue[F] latérale
cráneo[M] : vista[F] lateral
cranio[M]: vista[F] laterale

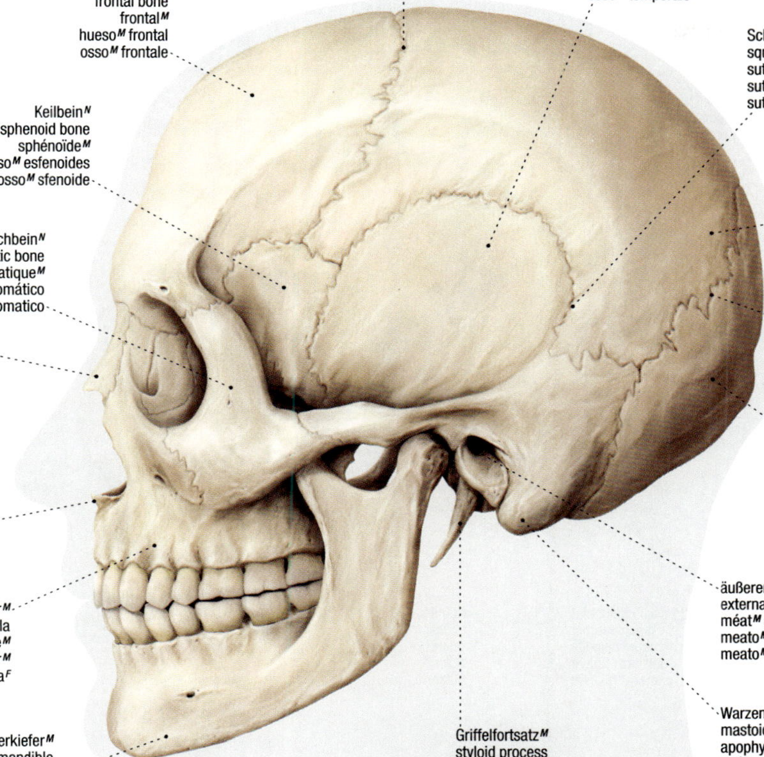

Schädel[M] eines Kindes[N]: Seitenansicht[F]
child's skull: lateral view
crâne[M] d'enfant[M] : vue[F] latérale
cráneo[M] de un niño[M] : vista[F] lateral
cranio[M] di un bambino[M]: vista[F] laterale

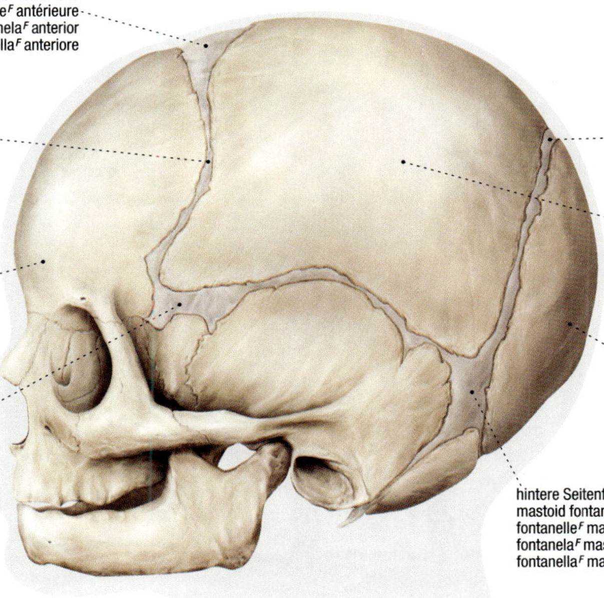

Zähne[M]

teeth | dents[F] | dientes[M] | denti[M]

**menschliches Gebiss[N]
human denture
denture[F] humaine
dentadura[F] humana
dentatura[F] nell'uomo[M]**

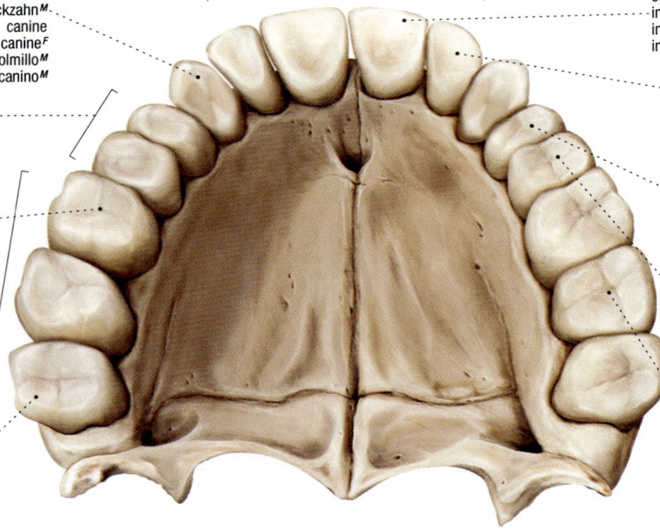

**Molar[M] im Querschnitt[M]
section of a molar
coupe[F] d'une molaire[F]
corte[M] de un molar[M]
sezione[F] di un molare[M]**

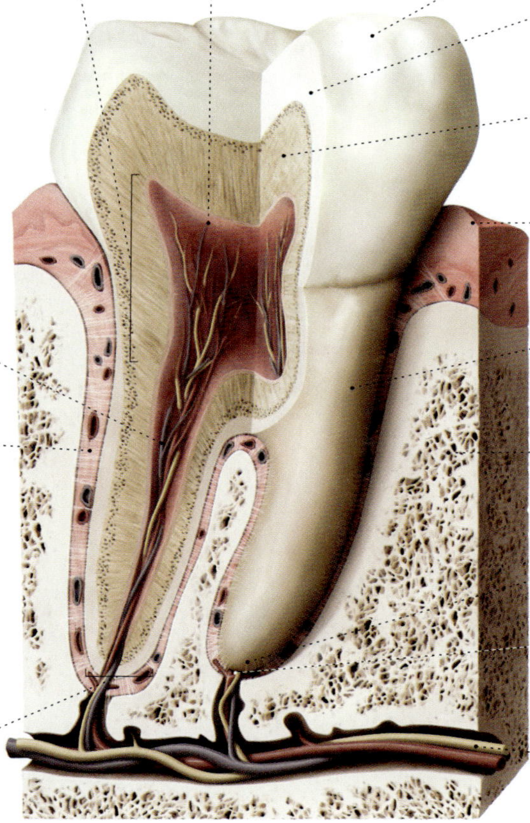

Gelenke^{N}

joints | articulations^{F} | articulaciones^{F} | articolazioni^{F}

echtes Gelenk^{N} im Querschnitt^{M}
section of a synovial joint
coupe^{F} d'une articulation^{F} synoviale
corte^{M} de una articulación^{F} sinovial
sezione^{F} di un'articolazione^{F} sinoviale

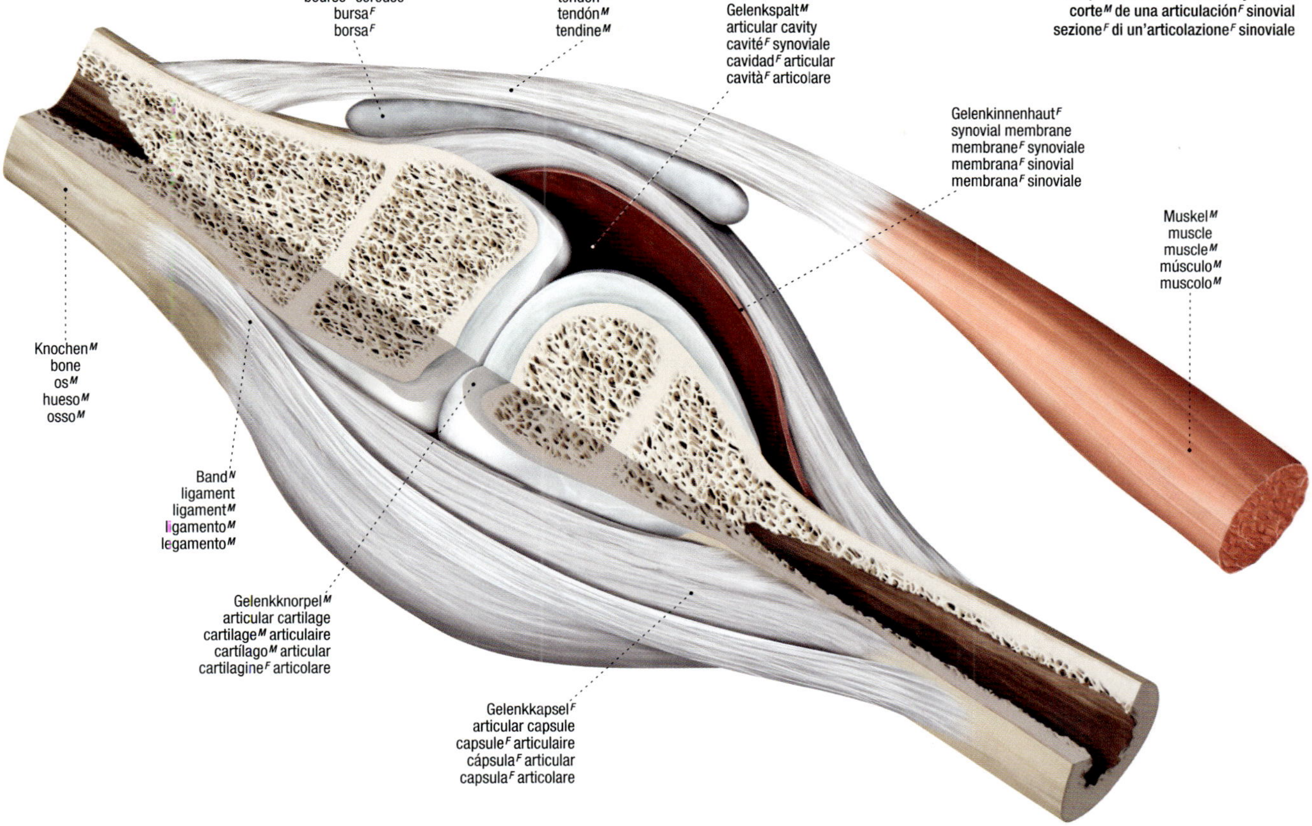

MENSCH

Beispiele^{N} für echte Gelenke^{N}
examples of synovial joints
exemples^{M} d'articulations^{F} synoviales
ejemplos^{M} de articulaciones^{F} sinoviales
esempi^{M} di articolazioni^{F} sinoviali

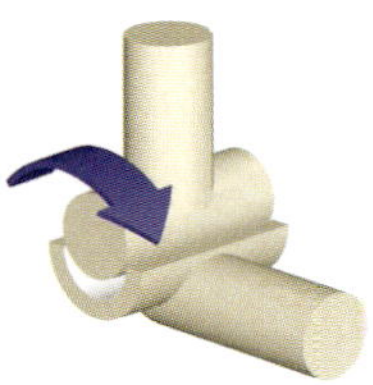

Ellbogen^{M} elbow coude^{M} codo^{M} gomito^{M}

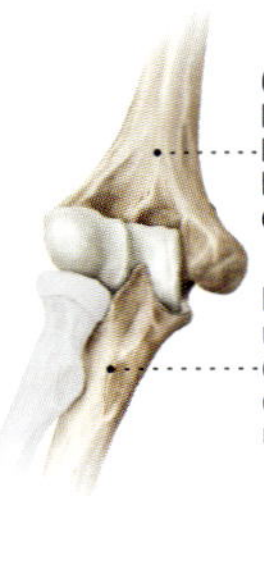

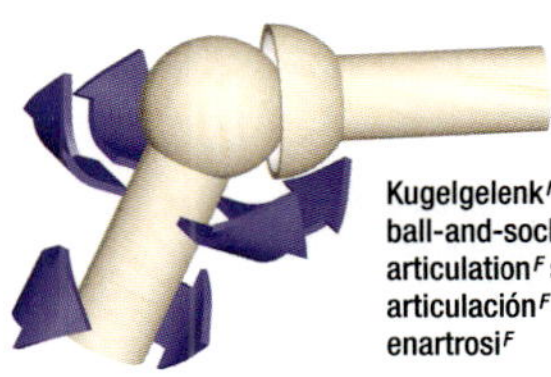

Schulter^{F} shoulder épaule^{F} hombro^{M} spalla^{F}

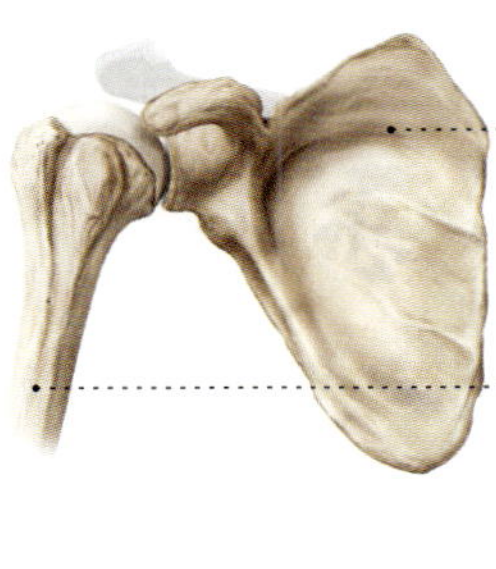

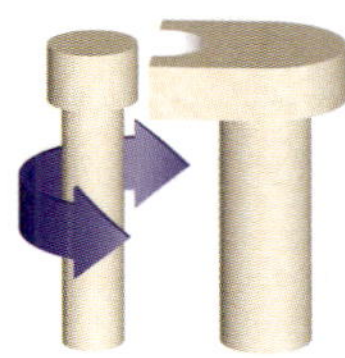

Bein^{N} leg jambe^{F} pierna gamba^{F}

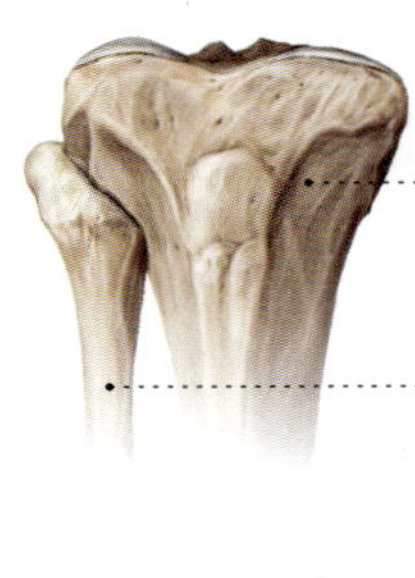

Gelenke[N]

Beispiele[N] für echte Gelenke[N]

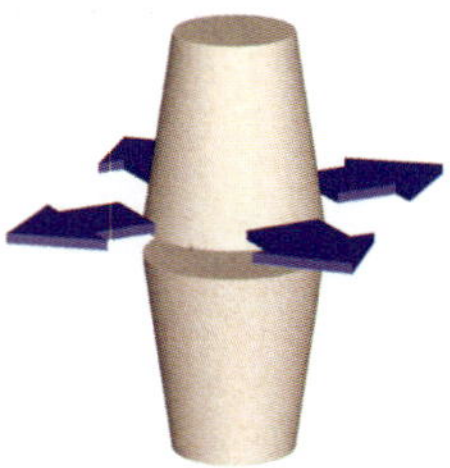

ebenes Gelenk[N]
gliding joint
articulation[F] à glissement[M]
articulación[F] plana/artrodial
articolazione[F] artrodiale

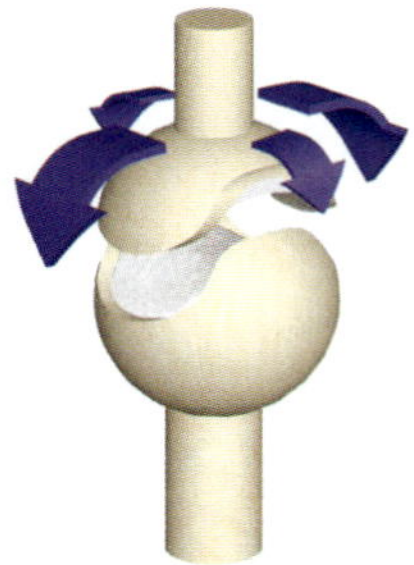

Sattelgelenk[N]
saddle joint
articulation[F] en selle[F]
articulación[F] en silla[F] de montar
articolazione[F] a sella[F]

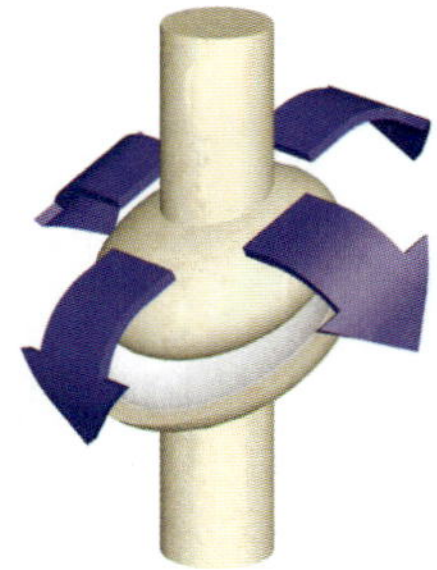

Ellipsoidgelenk[N]
condyloid joint
articulation[F] ellipsoïdale
articulación[F] condilar
articolazione[F] condiloidea

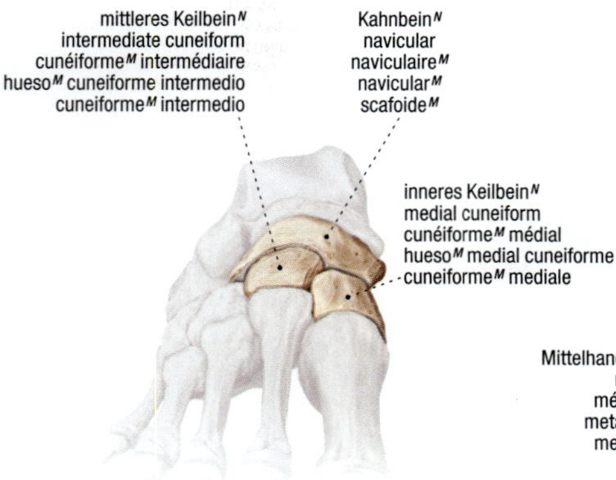

Fußwurzel[F]
tarsus
tarse[M]
tarso[M]
tarso[M]

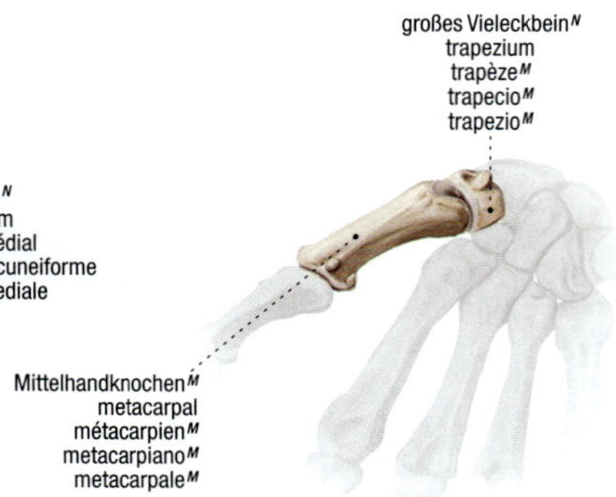

Daumen[M]
thumb
pouce[M]
pulgar[M]
pollice[M]

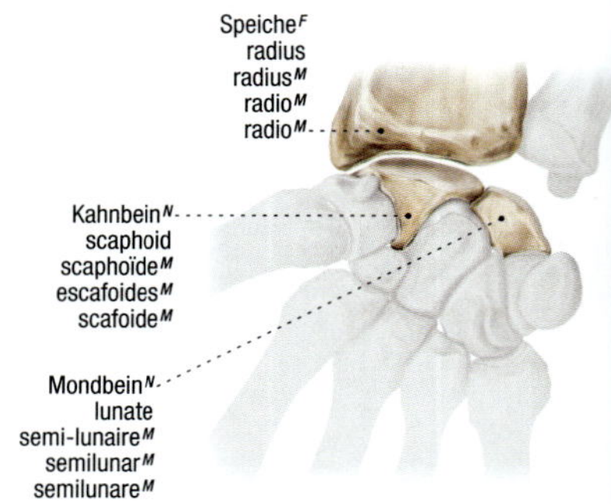

Handgelenk[N]
wrist
poignet[M]
muñeca[F]
polso[M]

Beispiel[N] für ein Fasergelenk[N]
example of fibrous joint
exemple[M] d'articulation[F] fibreuse
ejemplos[M] de articulaciones[F] fibrosas
esempio[M] di articolazione[F] fibrosa

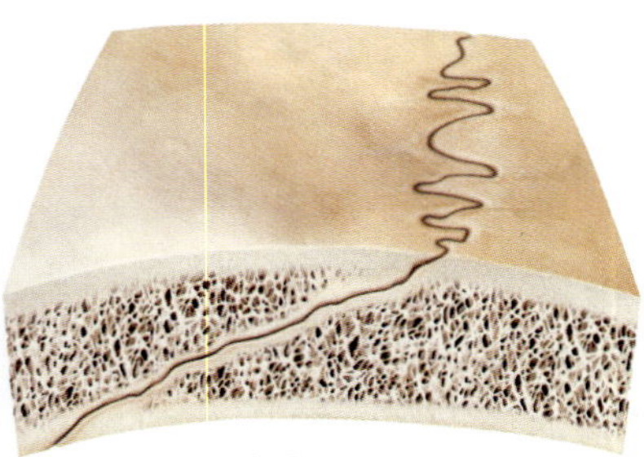

Schädelnaht[F]
cranial suture
suture[F] crânienne
sutura[F] craneal
sutura[F] cranica

Beispiele[N] für Knorpelgelenke[N]
examples of cartilaginous joints
exemples[M] d'articulations[F] cartilagineuses
ejemplos[M] de articulaciones[F] cartilaginosas
esempi[M] di articolazioni[F] cartilaginee

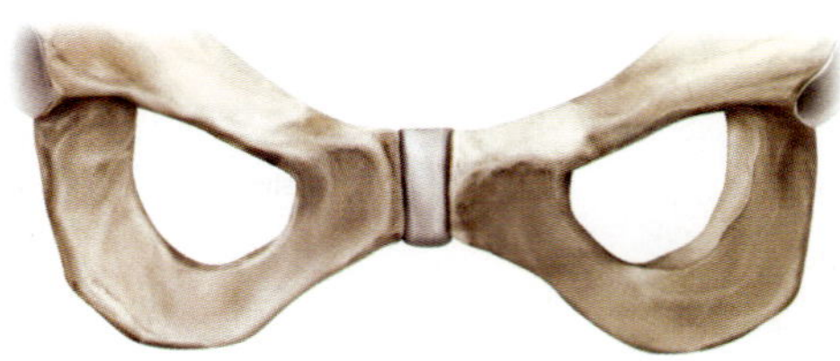

Schamfuge[F]
pubic symphysis
symphyse[F] pubienne
sínfisis[F] púbica
sinfisi[F] pubica

Bandscheibe[F]
intervertebral disk
disque[M] intervertébral
disco[M] intervertebral
disco[M] intervertebrale

Blutkreislauf[M]

blood circulation | circulation[F] sanguine | circulación[F] sanguínea | circolazione[F] del sangue[M]

Blutbestandteile[M]
composition of the blood
composition[F] du sang[M]
composición[F] de la sangre[F]
composizione[F] del sangue[M]

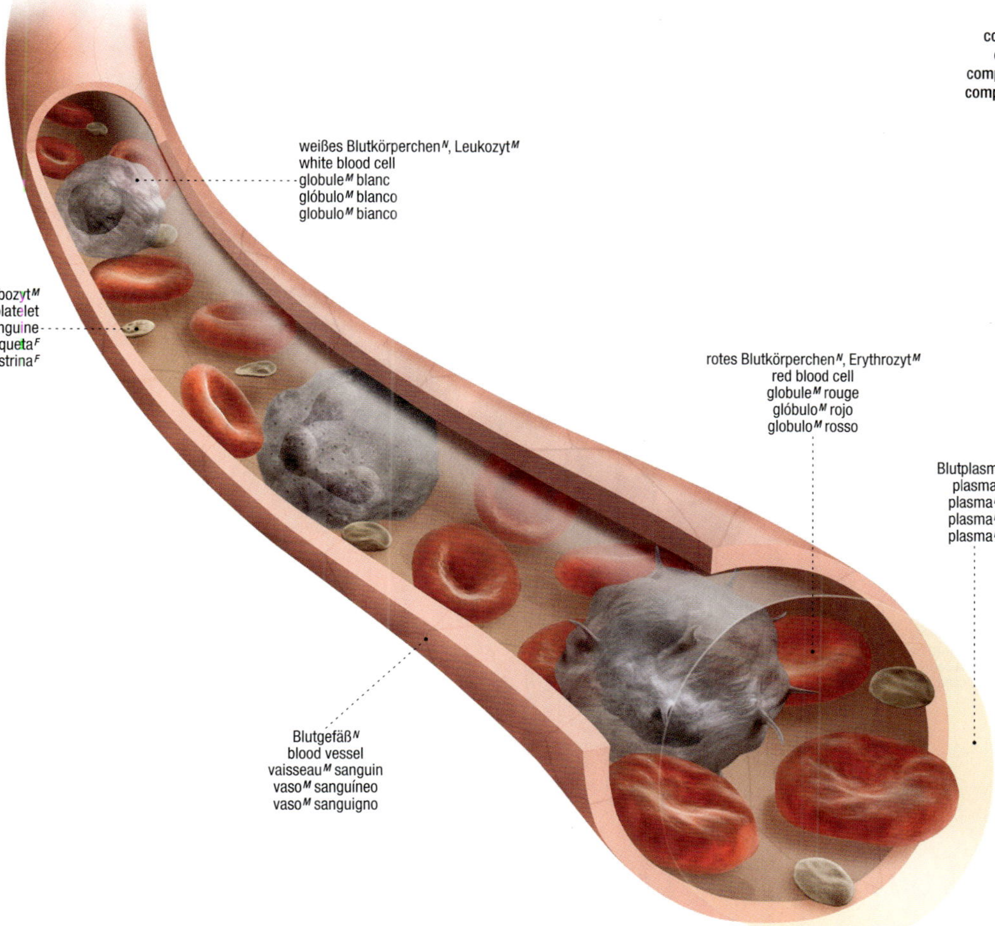

Vene[F] im Querschnitt[M]
section of a vein
coupe[F] d'une veine[F]
corte[M] de una vena[F]
sezione[F] di una vena[F]

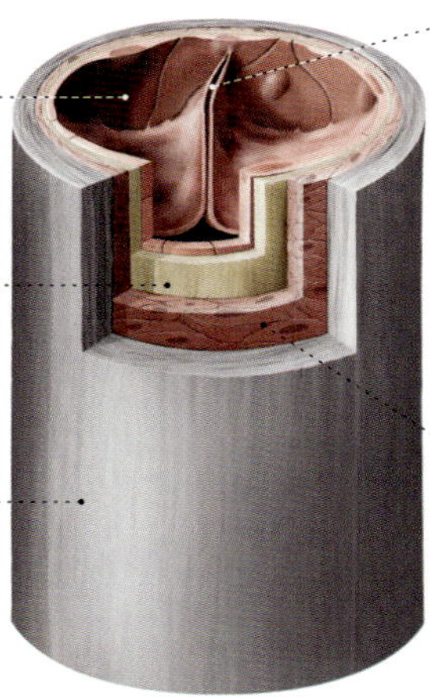

Arterie[F] im Querschnitt[M]
section of an artery
coupe[F] d'une artère[F]
corte[M] de una arteria[F]
sezione[F] di un'arteria[F]

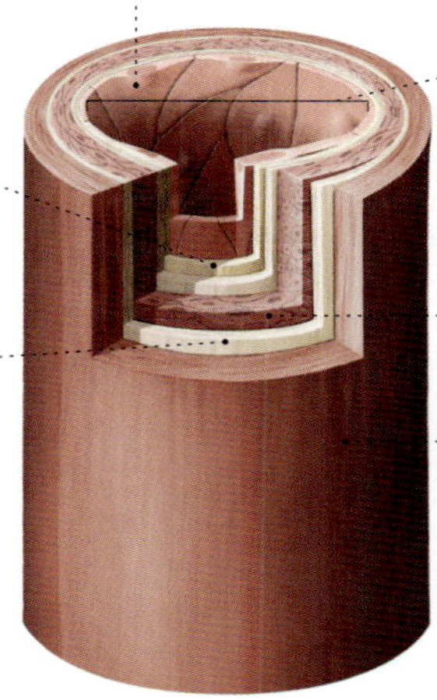

Blutkreislauf[M]

Hauptarterien[F]
principal arteries
principales artères[F]
arterias[F] principales
arterie[F] principali

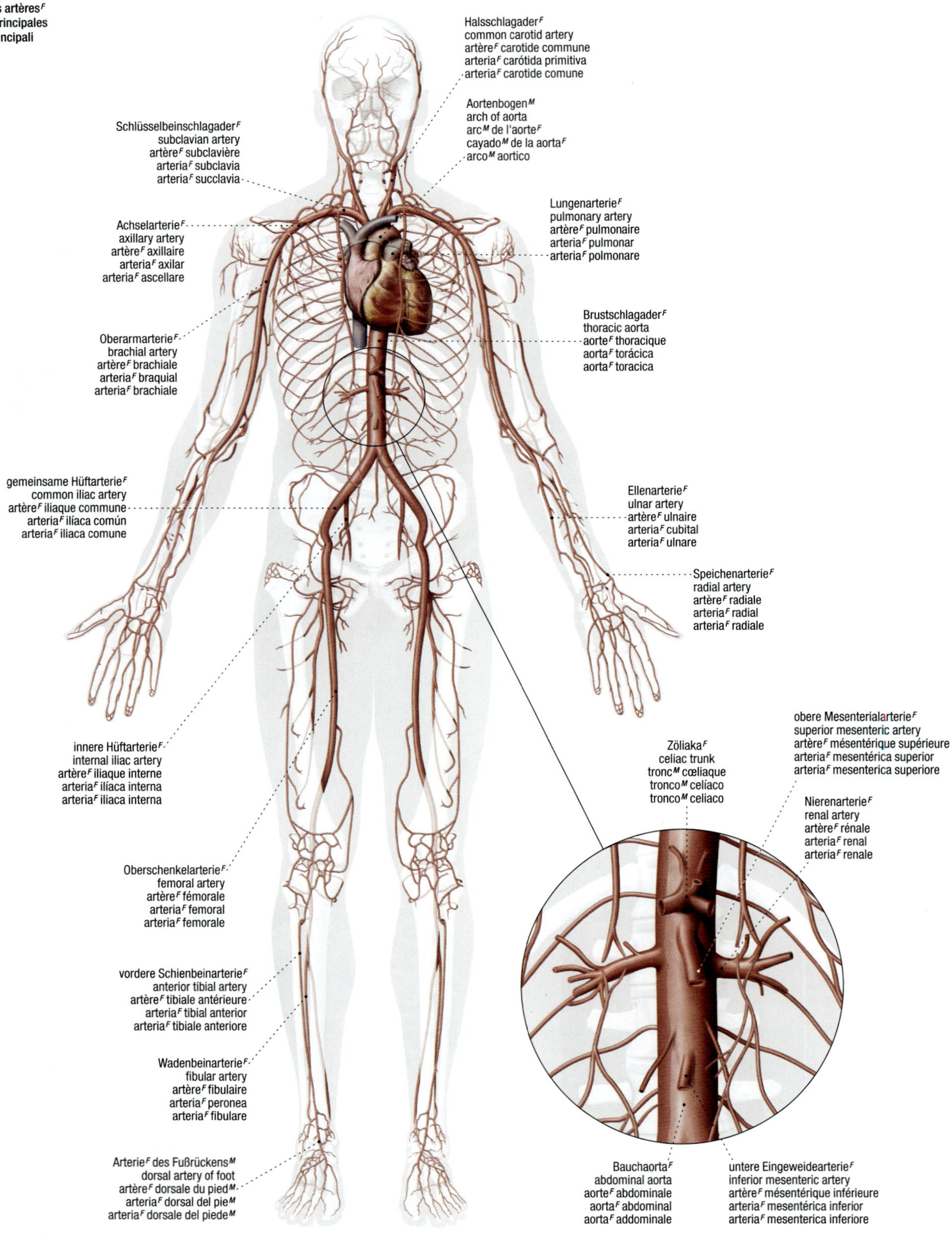

Blutkreislauf^{M}

Hauptvenen^{F}
principal veins
principales veines^{F}
venas^{F} principales
vene^{F} principali

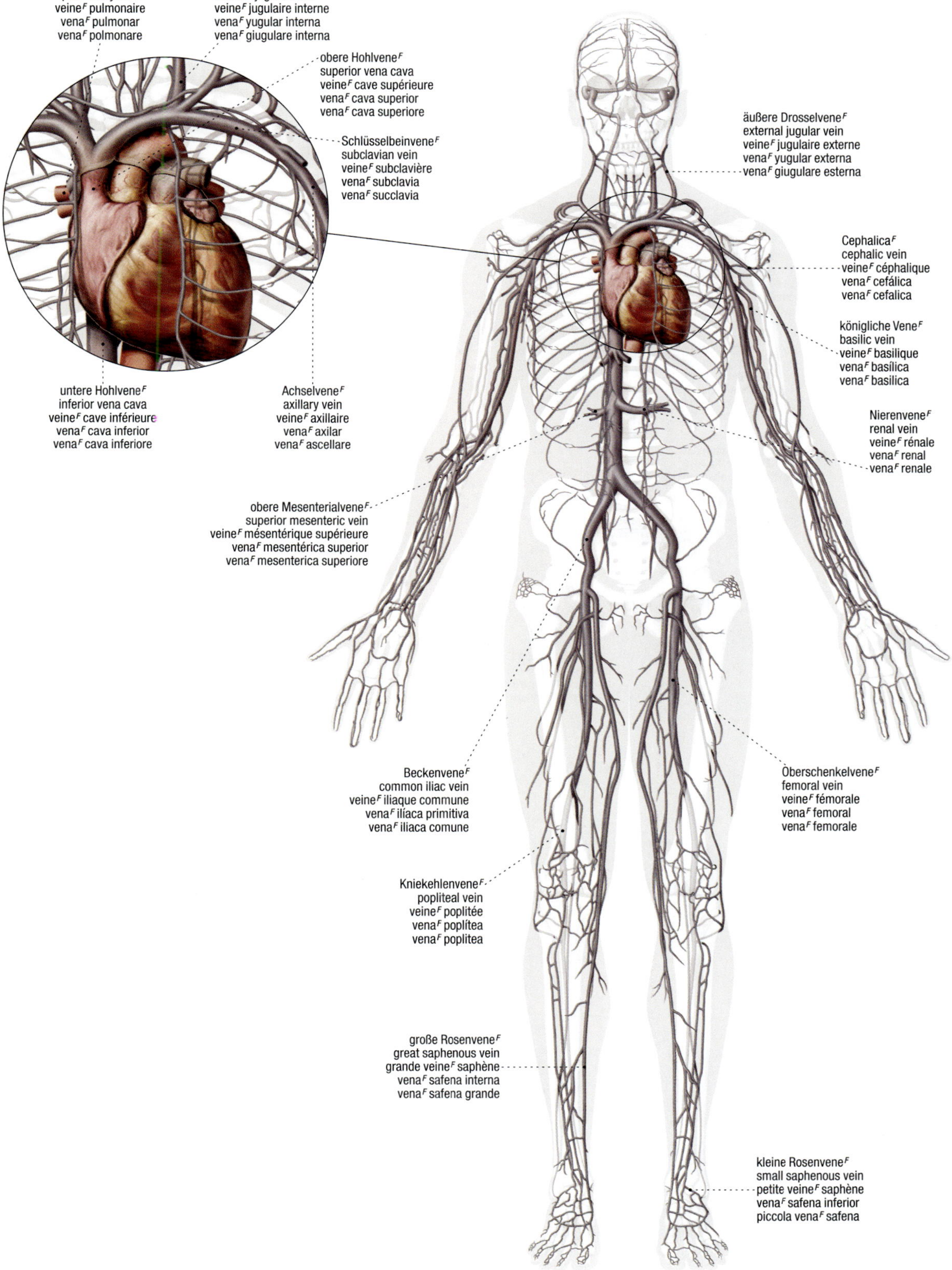

Blutkreislauf^{M}

**großer Blutkreislauf^{M}
systemic circulation
circulation^{F} générale
circulación^{F} sistémica
circolazione^{F} sistemica**

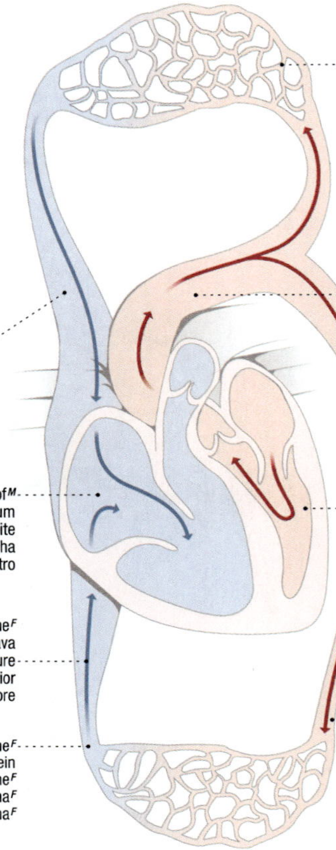

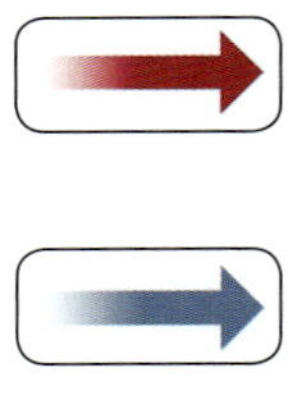

**Arterienblut^{N}
arterial blood
sang^{M} artériel
sangre^{F} arterial
sangue^{M} arterioso**

**Venenblut^{N}
venous blood
sang^{M} veineux
sangre^{F} venosa
sangue^{M} venoso**

**Lungenkreislauf^{M}
pulmonary circulation
circulation^{F} pulmonaire
circulación^{F} pulmonar
circolazione^{F} polmonare**

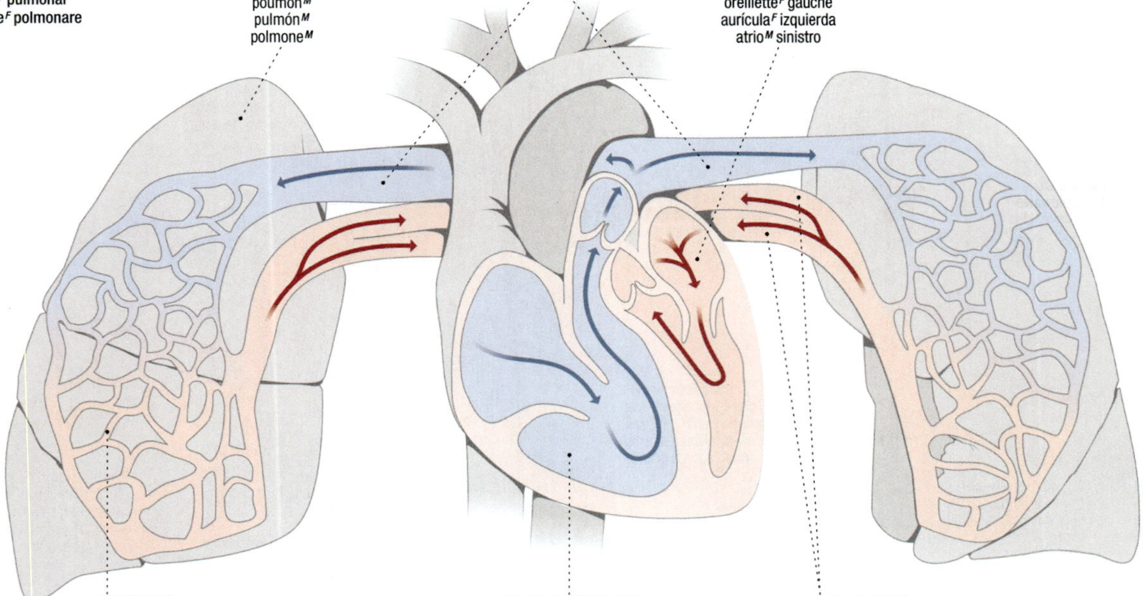

Blutkreislauf^M

Herz^N
heart
cœur^M
corazón^M
cuore^M

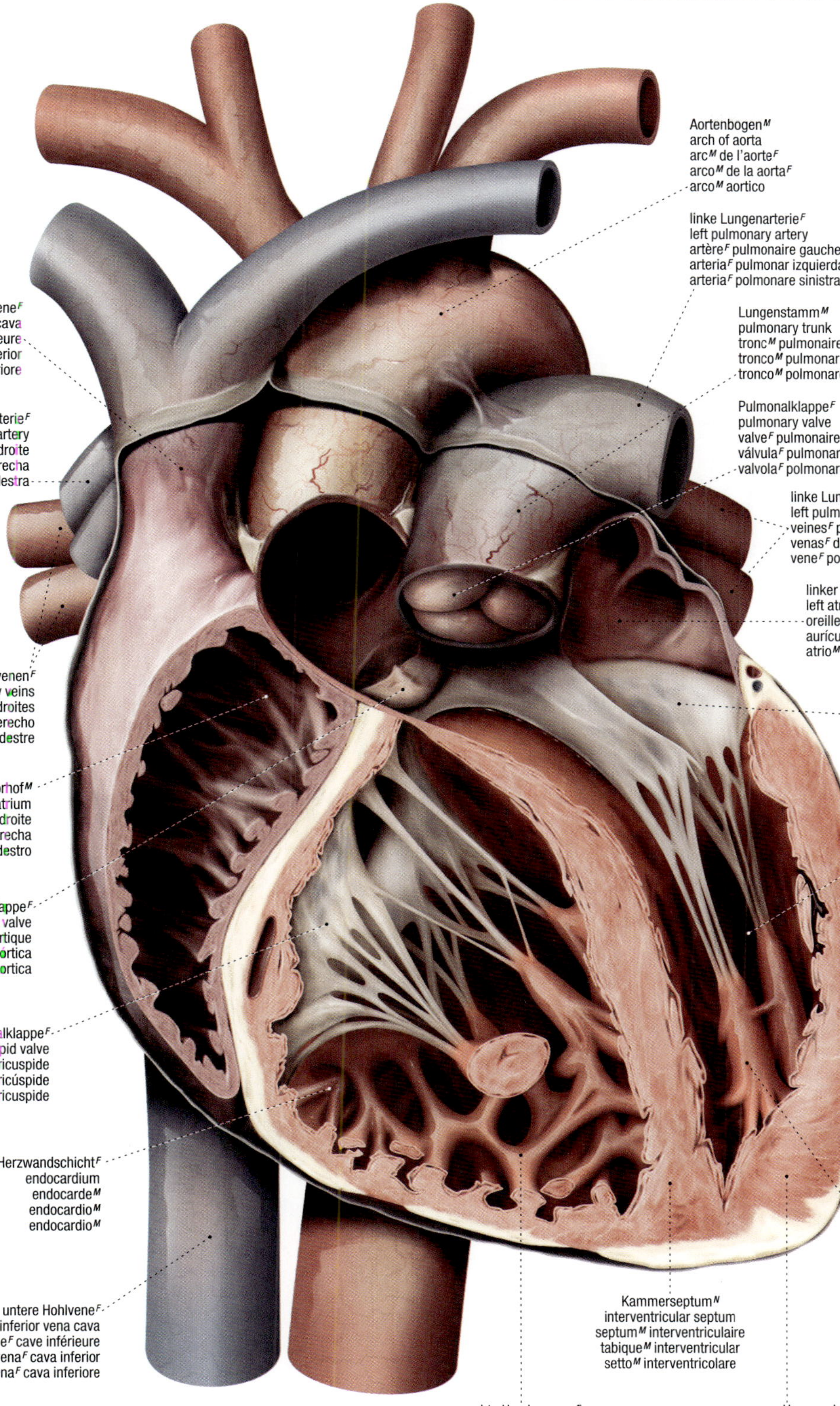

Luftwege^M

respiratory system | appareil^M respiratoire | aparato^M respiratorio | apparato^M respiratorio

Hauptorgane^N
main organs
principaux organes^M
órganos^M principales
organi^M principali

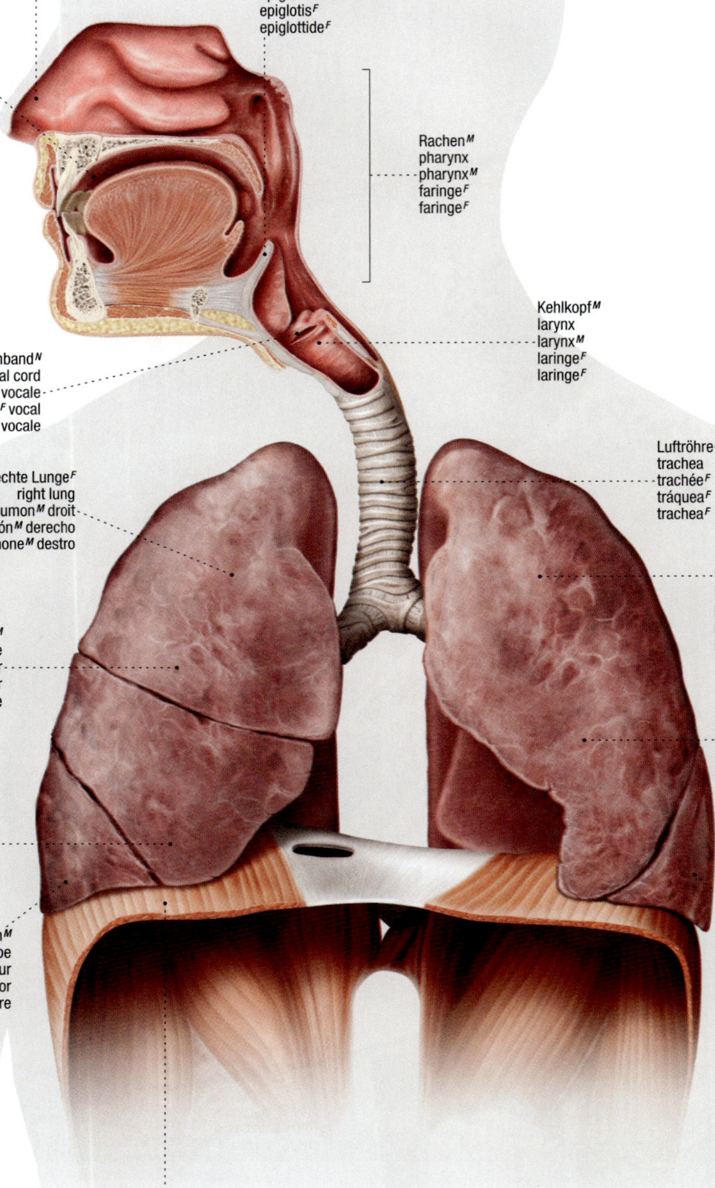

Luftwege^M

Lungen^F
lungs
poumons^M
pulmones^M
polmoni^M

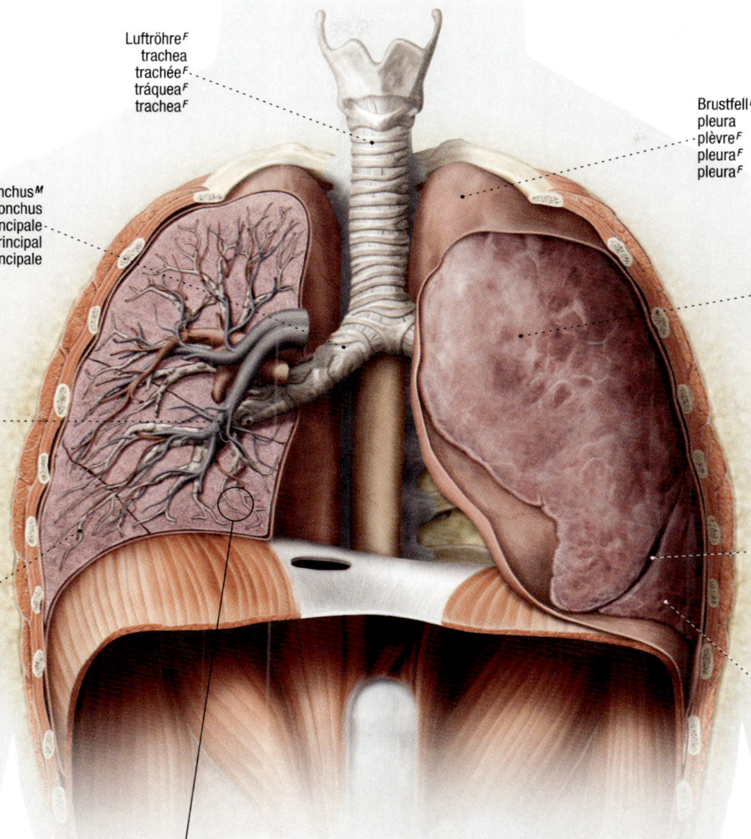

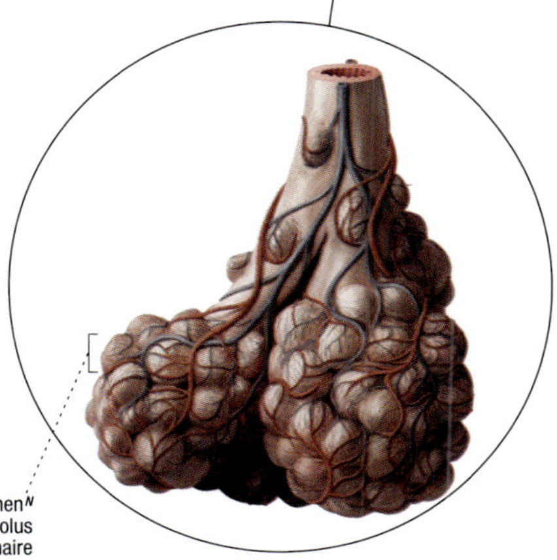

Brustfell^N
pleura
plèvre^F
pleura^F
pleura^F

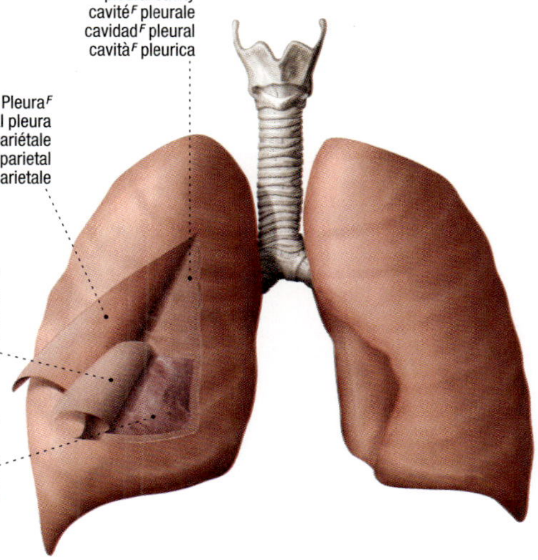

MENSCH

Verdauungsapparat^M

digestive system | appareil^M digestif | aparato^M digestivo | apparato^M digerente

Hauptorgane^N
main organs
principaux organes^M
órganos^M principales
organi^M principali

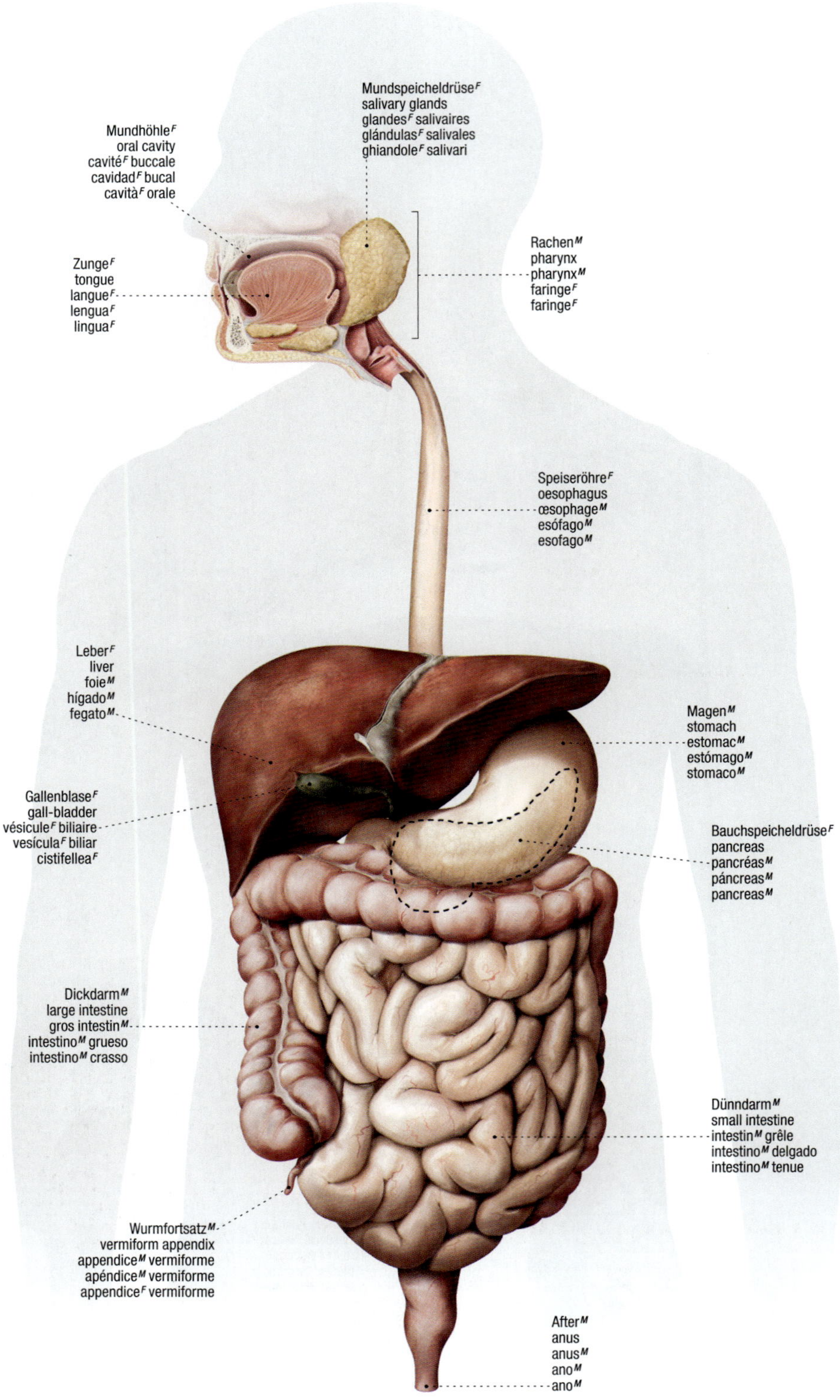

Verdauungsapparat[M]

Dickdarm[M]
large intestine
gros intestin[M]
intestino[M] grueso
intestino[M] crasso

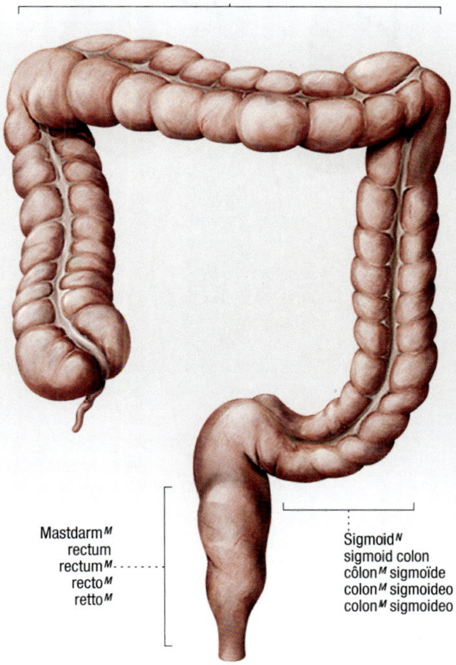

Dünndarm[M]
small intestine
intestin[M] grêle
intestino[M] delgado
intestino[M] tenue

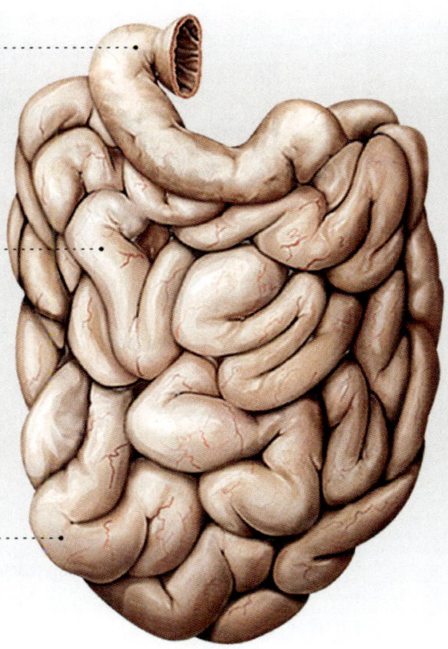

Harnapparat[M]

urinary system | appareil[M] urinaire | aparato[M] urinario | apparato[M] urinario

Hauptorgane[N]
main organs
principaux organes[M]
órganos[M] principales
organi[M] principali

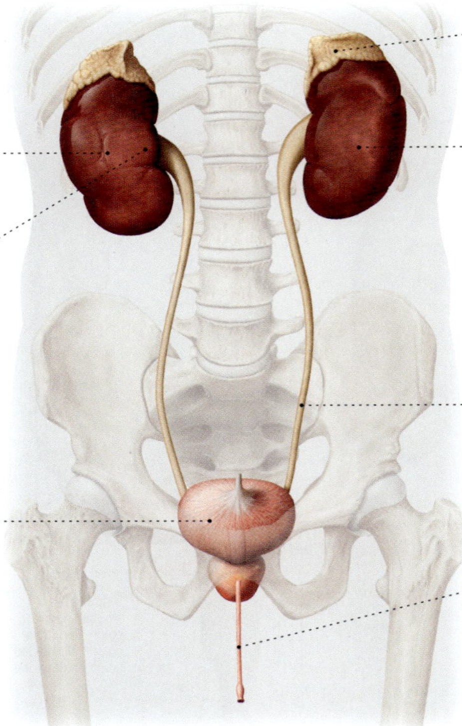

Harnblase[F]: Frontalschnitt[M]
urinary bladder: frontal section
vessie[F] : coupe[F] frontale
vejiga[F] : corte[M] frontal
vescica[F]: sezione[F] frontale

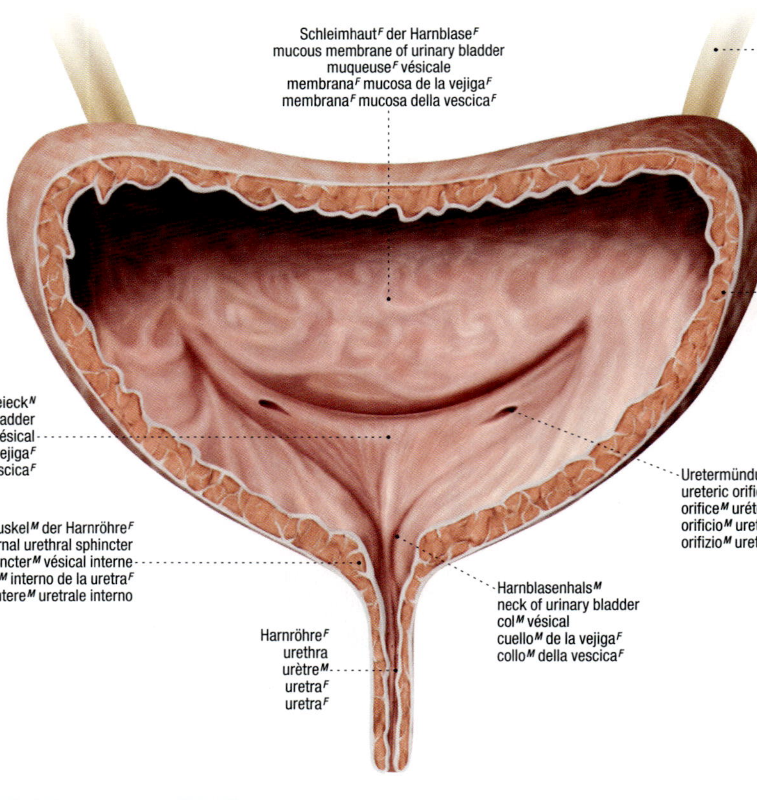

Harnapparat^M

Nieren^F
kidneys
reins^M
riñones^M
reni^M

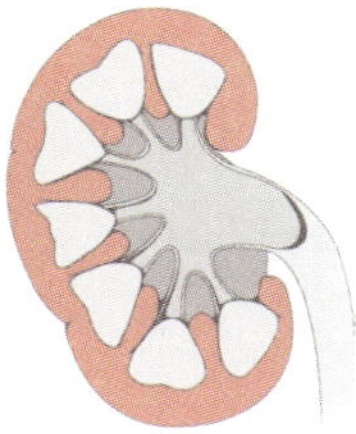

Nierenrinde^F
renal cortex
cortex^M rénal
corteza^F renal
corteccia^F renale

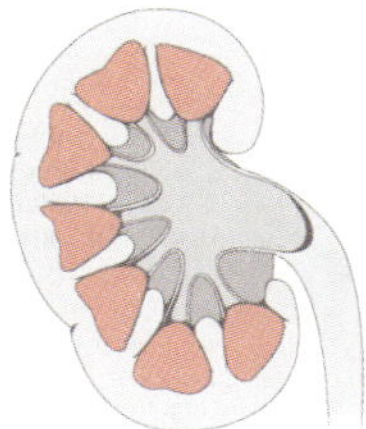

Nierenmark^N
renal medulla
médulla^F rénale
médula^F renal
midollo^M renale

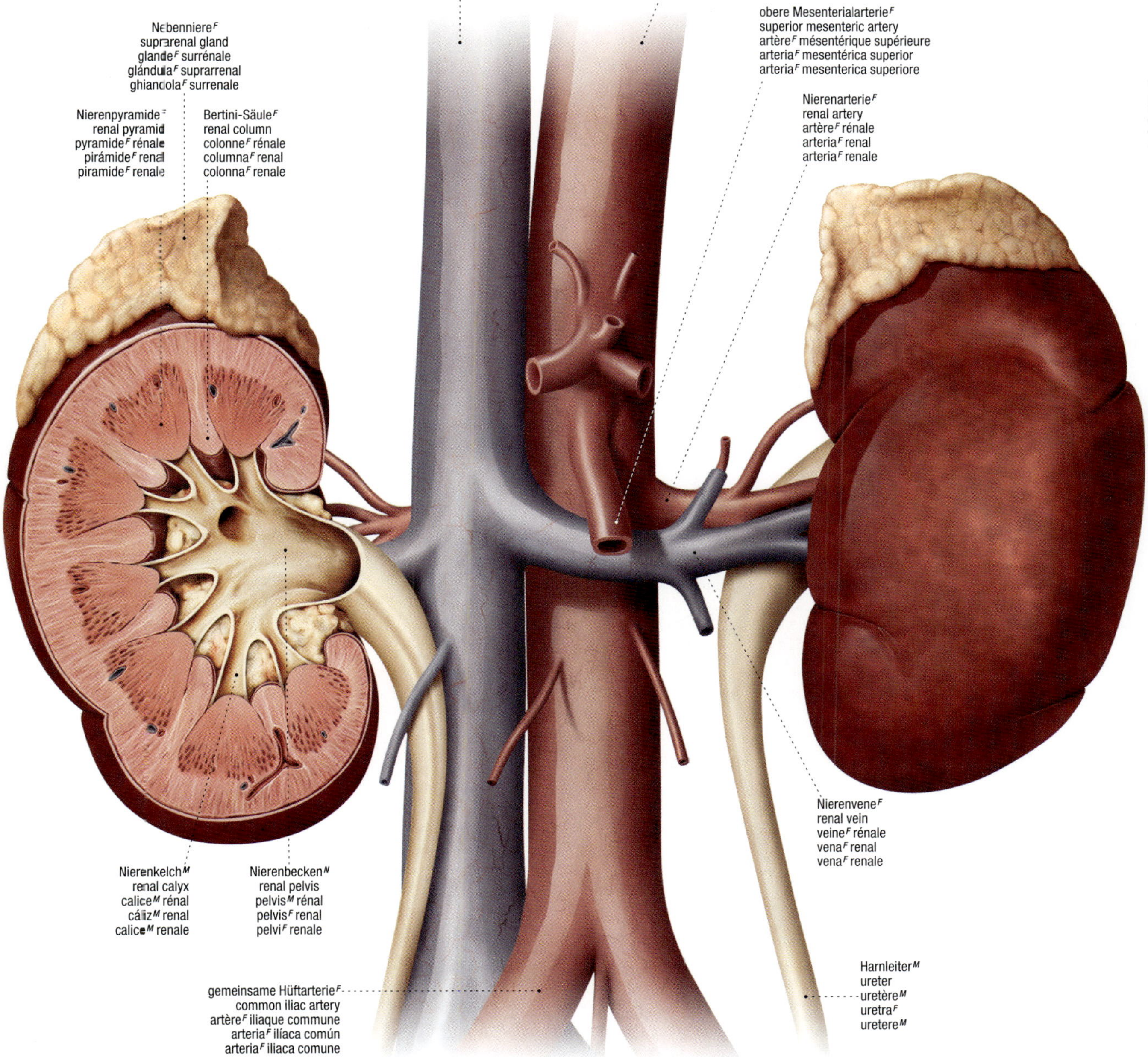

MENSCH

Nervensystem^N

nervous system | système^M nerveux | sistema^M nervioso | sistema^M nervoso

Struktur^F des Nervensystems^N
structure of nervous system
structure^F du système^M nerveux
estructura^F del sistema^M nervioso
struttura^F del sistema^M nervoso

Zentralnervensystem^N
central nervous system
système^M nerveux central
sistema^M nervioso central
sistema^M nervoso centrale

peripheres Nervensystem^N
peripheral nervous system
système^M nerveux périphérique
sistema^M nervioso periférico
sistema^M nervoso periferico

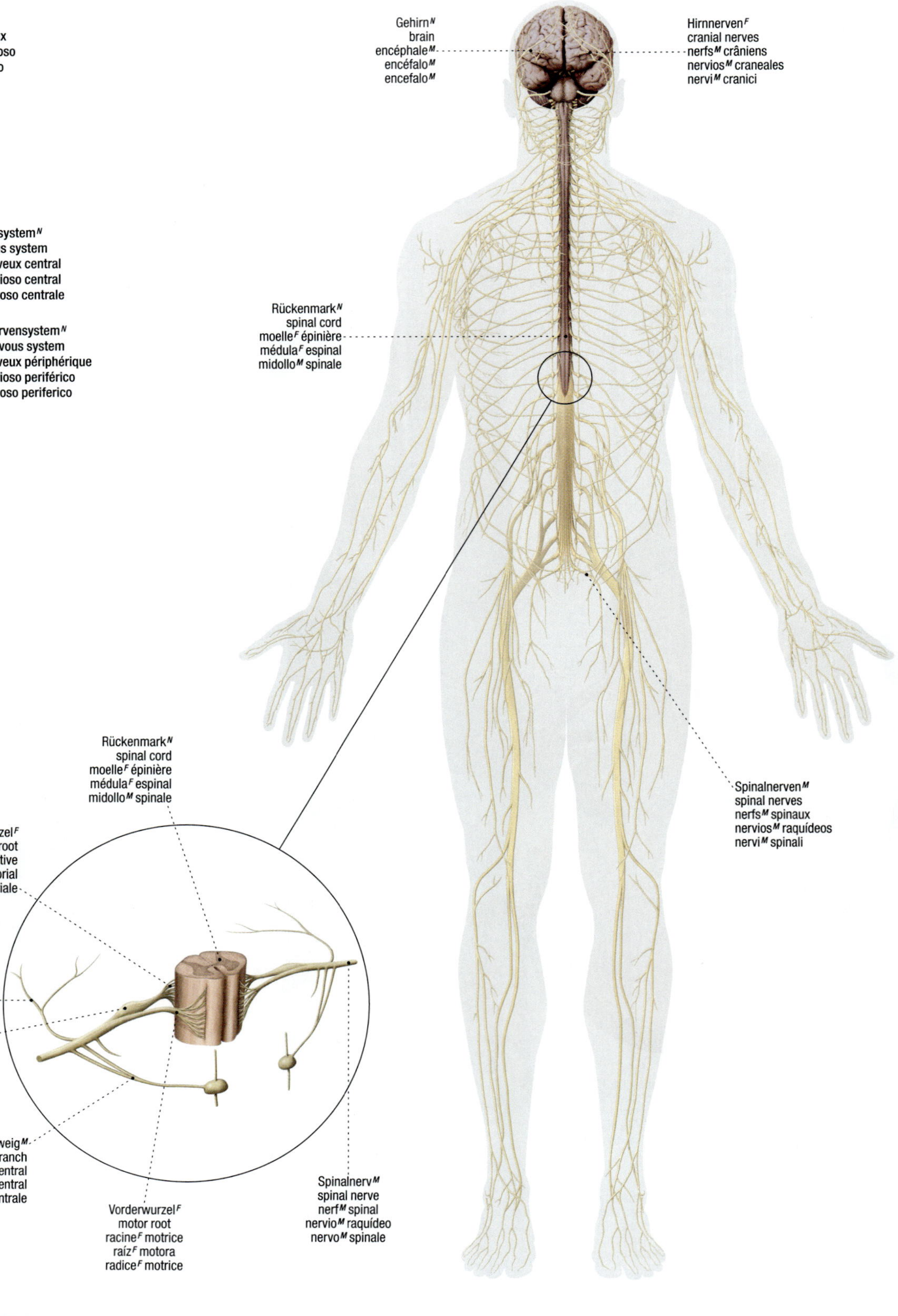

Nervensystem^N

Nervenzelle^F
neuron
neurone^M
neurona^F
neurone^M

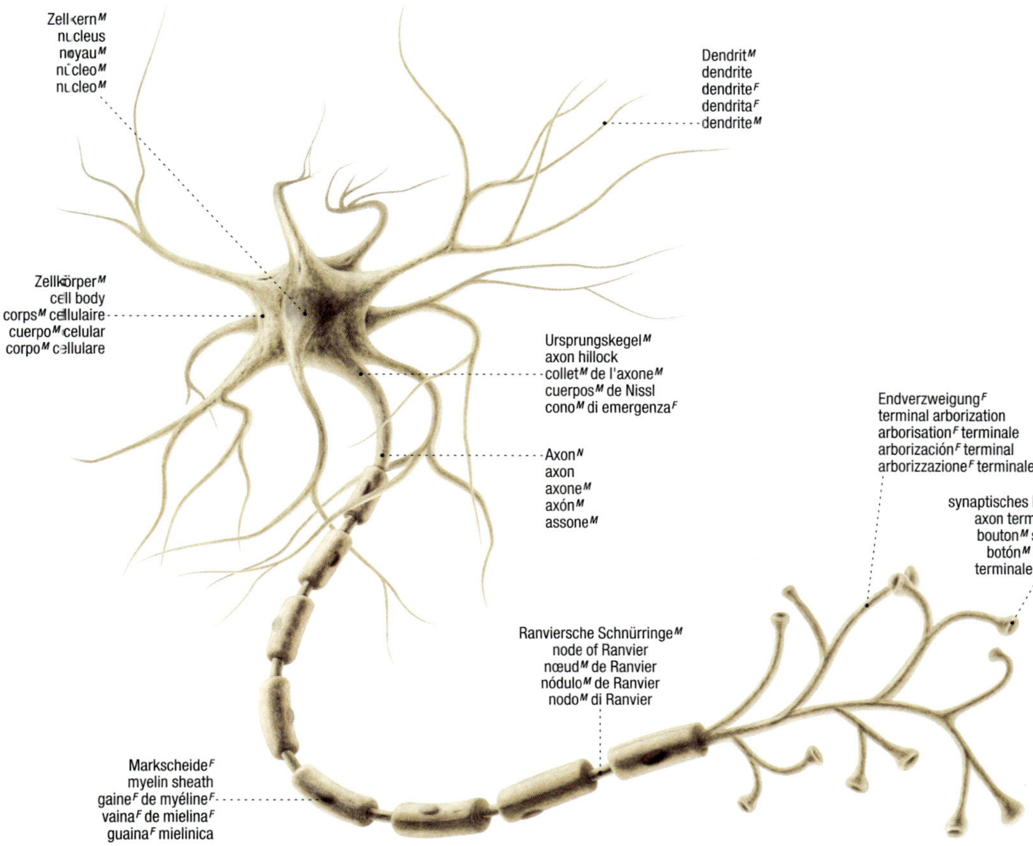

Nervenimpuls^M
sensory impulse
influx^M nerveux
impulso^M nervioso
impulso^M sensoriale

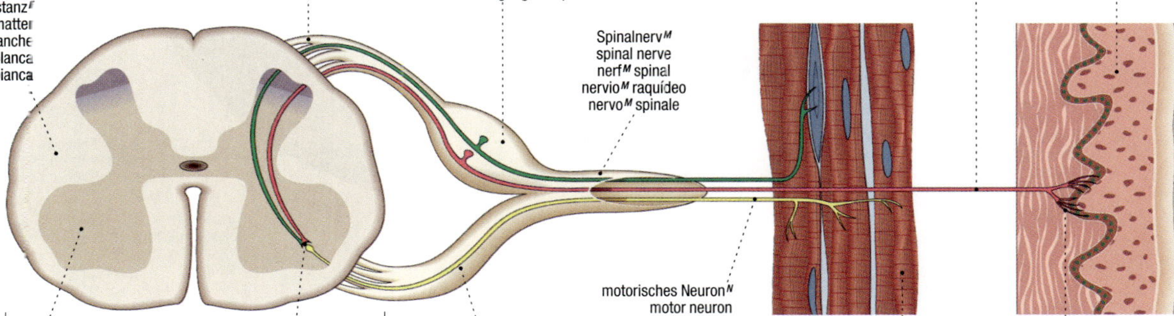

Nervensystem[N]

Gehirn[N]
brain
encéphale[M]
encéfalo[M]
encefalo[M]

Frontalschnitt[M]
frontal section
coupe[F] frontale
corte[M] frontal
sezione[F] frontale

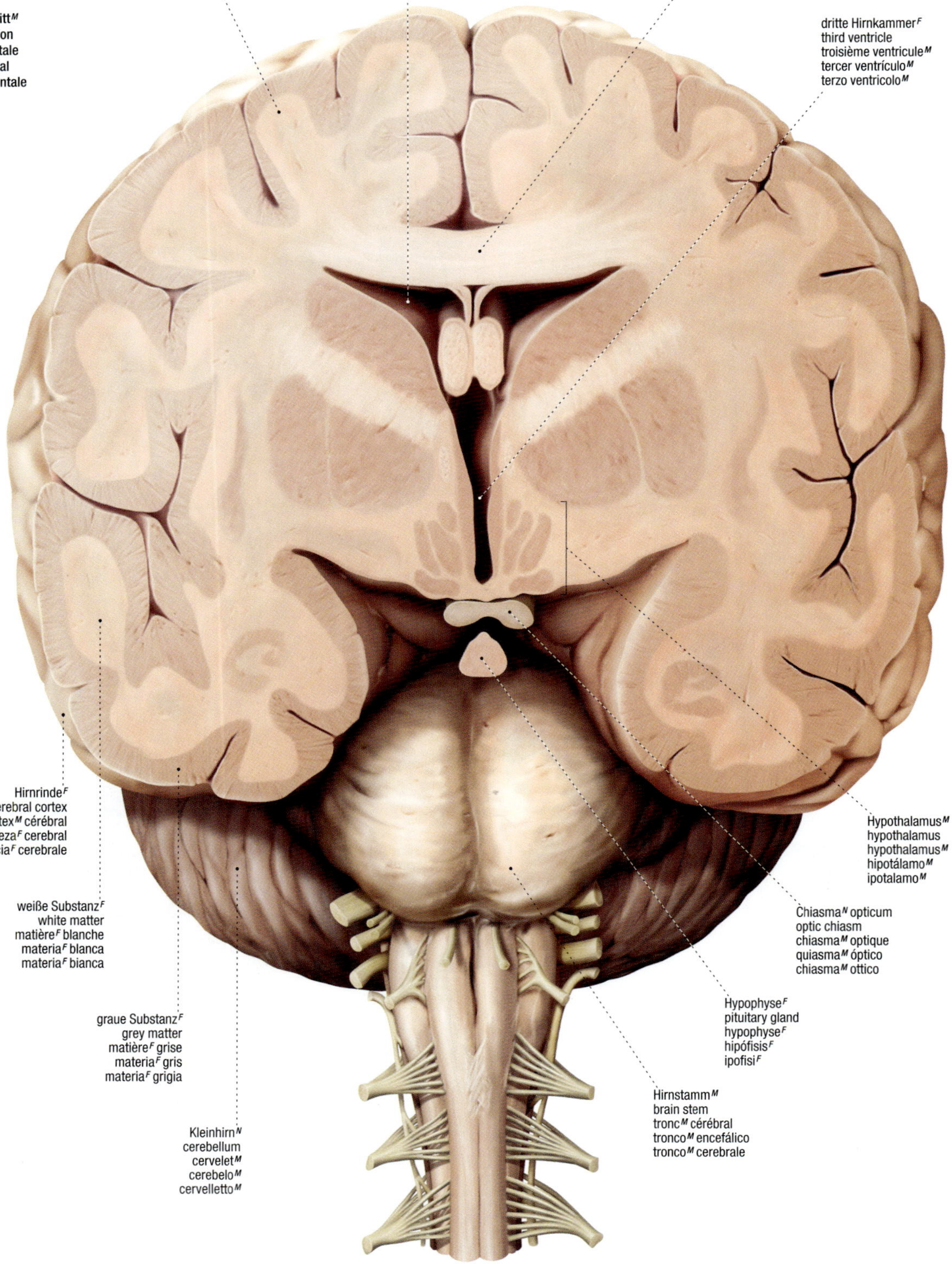

Nervensystem^N

Großhirn^N: Ansicht^F von oben
cerebrum: superior view
cerveau^M : vue^F supérieure
cerebro^M : vista^F superior
cervello^M: vista^F superiore

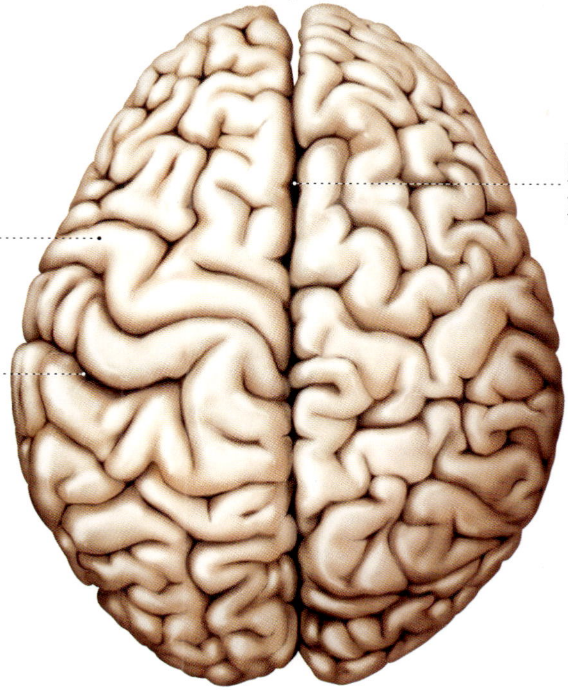

Großhirn^N: Seitenansicht^F
cerebrum: lateral view
cerveau^M : vue^F latérale
cerebro^M : vista^F lateral
cervello^M: vista^F laterale

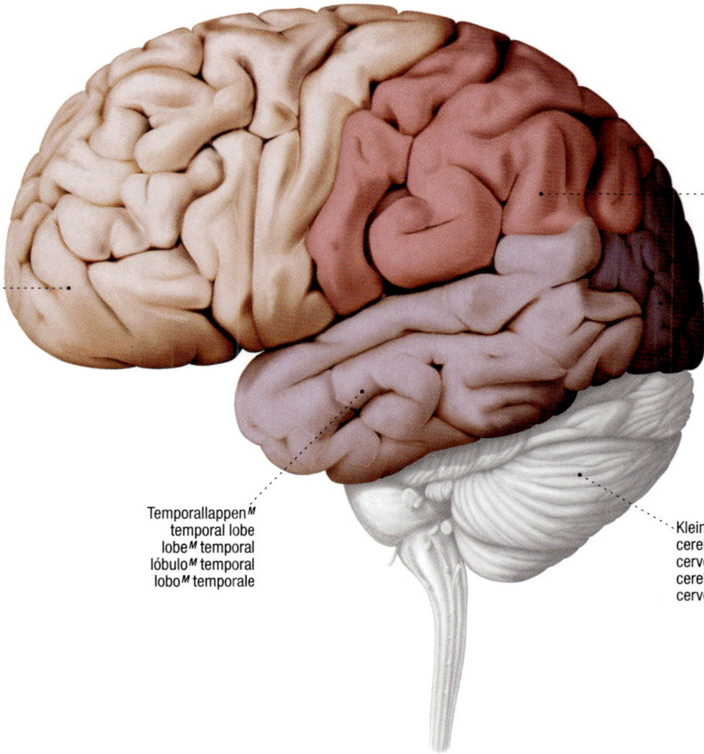

Nervensystem[N]

Rückenmark[N]
spinal cord
moelle[F] épinière
médula[F] espinal
midollo[M] spinale

Aufbau[M] des Rückenmarks[N]
structure of the spinal cord
structure[F] de la moelle[F] épinière
estructura[F] de la médula[F] espinal
struttura[F] del midollo[M] spinale

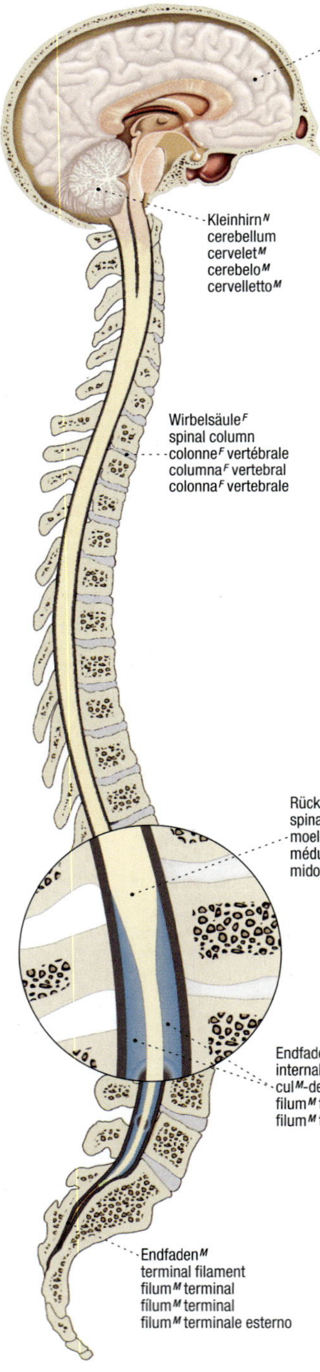

Wirbelsäule[F]: Querschnitt[M]
spinal column: cross section
colonne[F] vertébrale : coupe[F] transversale
columna[F] vertebral : corte[M]
colonna[F] vertebrale: sezione[F] trasversale

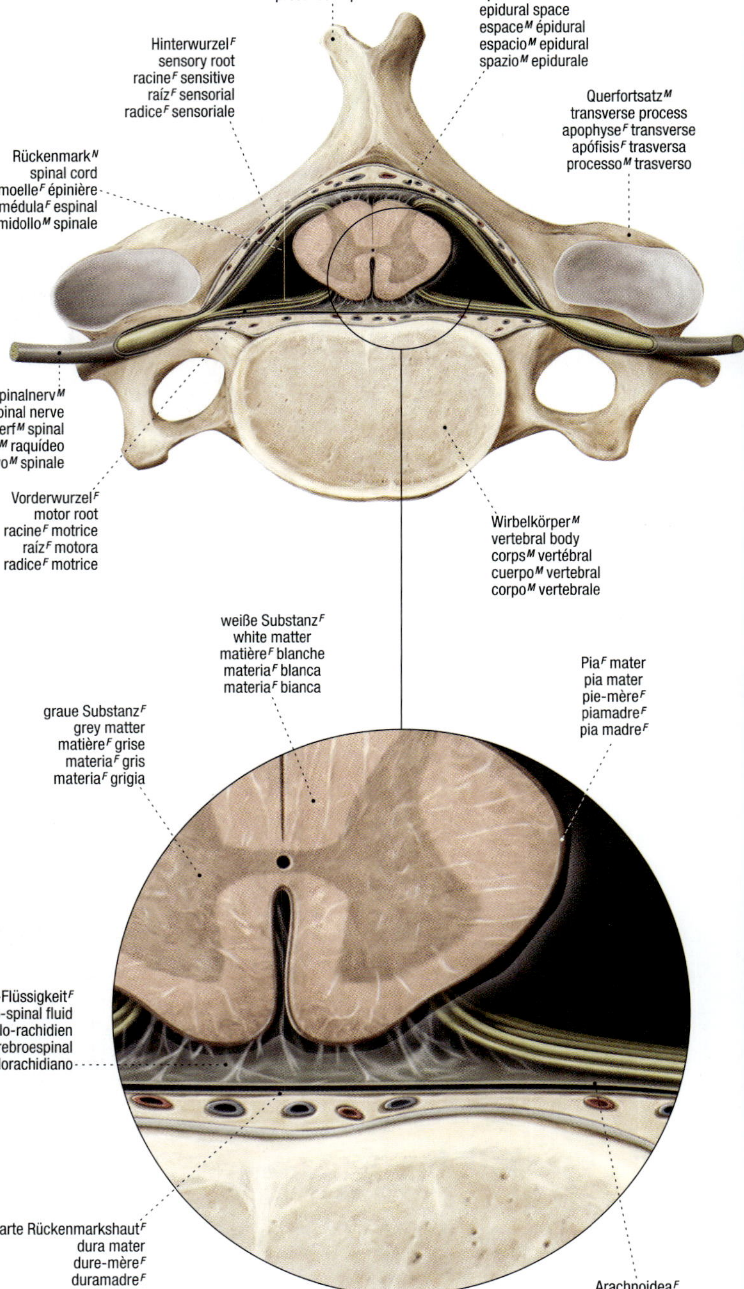

Nervensystem^{N}

Hauptnerven^{M}
main nerves
principaux nerfs^{M}
nervios^{M} principales
nervi^{M} principali

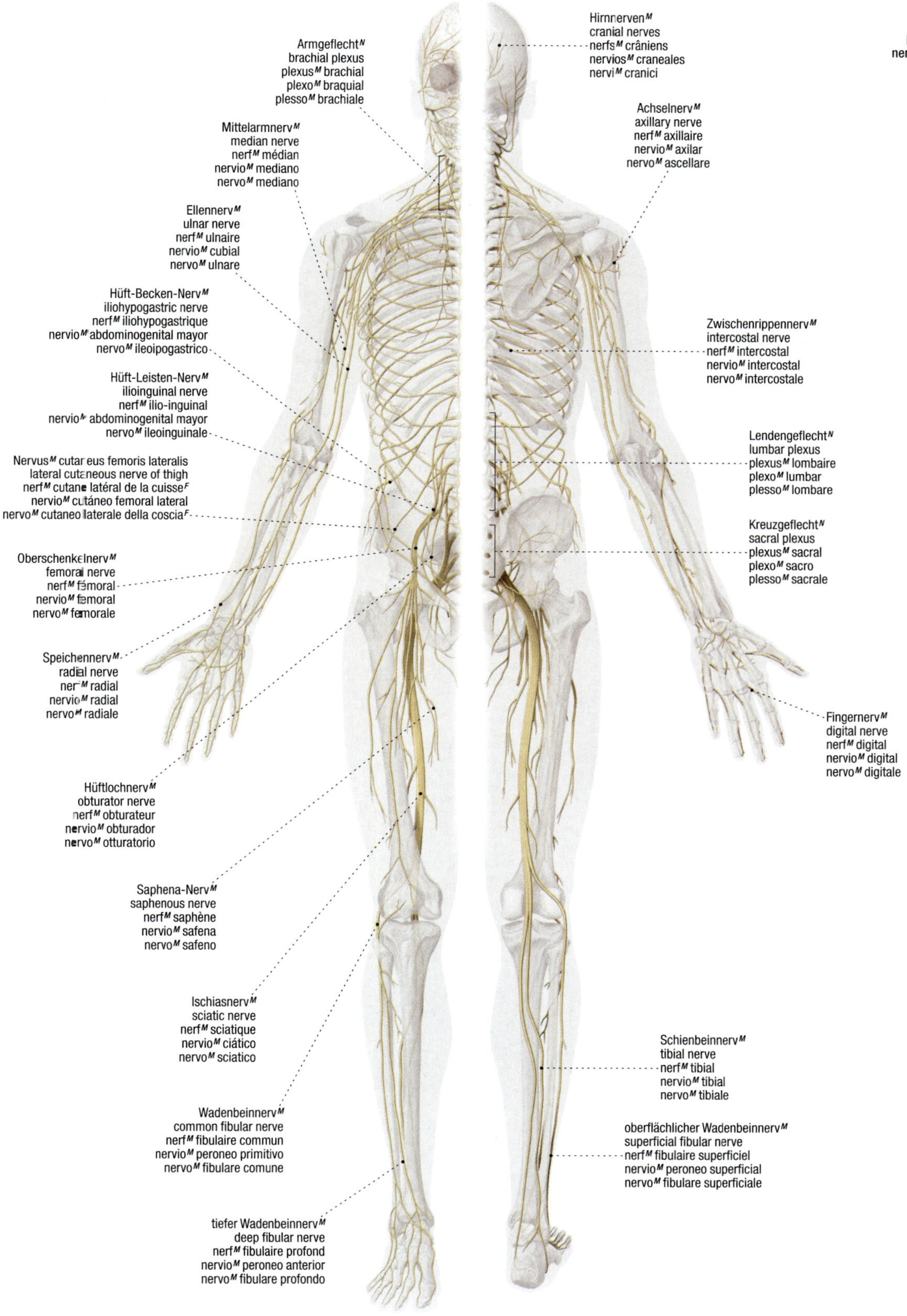

Fortpflanzungssystem[N]

reproductive system | appareil[M] reproducteur | sistema[M] reproductivo | sistema[M] riproduttivo

weibliche Geschlechtsorgane[N]
female genital organs
organes[M] génitaux féminins
órganos[M] genitales femeninos
organi[M] genitali femminili

Sagittalschnitt[M]
sagittal section
coupe[F] sagittale
sección[F] sagital
sezione[F] sagittale

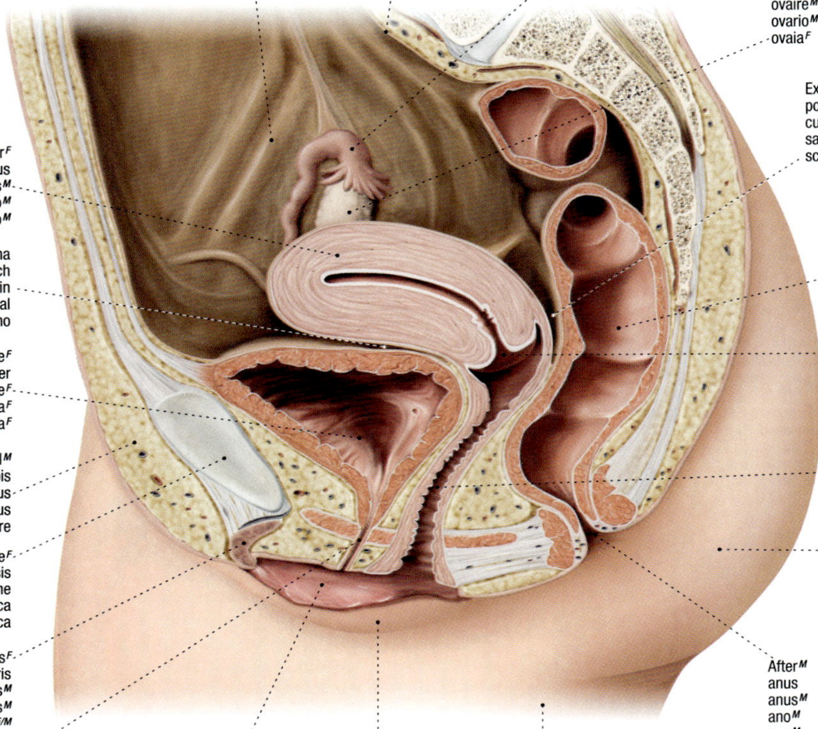

Bauchhöhle[F]
abdominal cavity
cavité[F] abdominale
cavidad[F] abdominal
cavità[F] addominale

Bauchfell[N]
peritoneum
péritoine[M]
peritoneo[M]
peritoneo[M]

Eileiter[M]
fallopian tube
trompe[F] de Fallope
trompa[F] de Falopio
tuba[F] di Falloppio

Eierstock[M]
ovary
ovaire[M]
ovario[M]
ovaia[F]

Excavatio[F] recto-uterina
pouch of Douglas
cul[M]-de-sac[M] de Douglas
saco[M] de Douglas
scavo[M] di Douglas

Gebärmutter[F]
uterus
utérus[M]
útero[M]
utero[M]

Mastdarm[M]
rectum
rectum[M]
recto[M]
retto[M]

Excavatio[F] vesico-uterina
uterovesical pouch
cul[M]-de-sac[M] vesico-utérin
saco[M] uterovesical
scavo[M] vescico-uterino

Gebärmutterhals[M]
cervix of uterus
col[M] de l'utérus[M]
cuello[M] del útero[M]
collo[M] dell'utero[M]

Harnblase[F]
urinary bladder
vessie[F]
vejiga[F]
vescica[F]

Scheide[F]
vagina
vagin[M]
vagina[F]
vagina[F]

Schamhügel[M]
mons pubis
mont[M] de Vénus
monte[M] de Venus
monte[M] di Venere

Schamfuge[F]
pubic symphysis
symphyse[F] pubienne
sínfisis[F] púbica
sinfisi[F] pubica

Gesäß[N]
buttock
fesse[F]
nalga[F]
natica[F]

Klitoris[F]
clitoris
clitoris[M]
clítoris[M]
clitoride[F/M]

After[M]
anus
anus[M]
ano[M]
ano[M]

Harnröhre[F]
urethra
urètre[M]
uretra[F]
uretra[F]

kleine Schamlippe[F]
labium minus
petite lèvre[F]
labio[M] menor
piccolo labbro[M]

große Schamlippe[F]
labium majus
grande lèvre[F]
labio[M] mayor
grande labbro[M]

Oberschenkelbereich[M]
thigh
cuisse[F]
muslo[M]
coscia[F]

Eizelle[F]
egg
ovule[M]
óvulo[M]
ovulo[M]

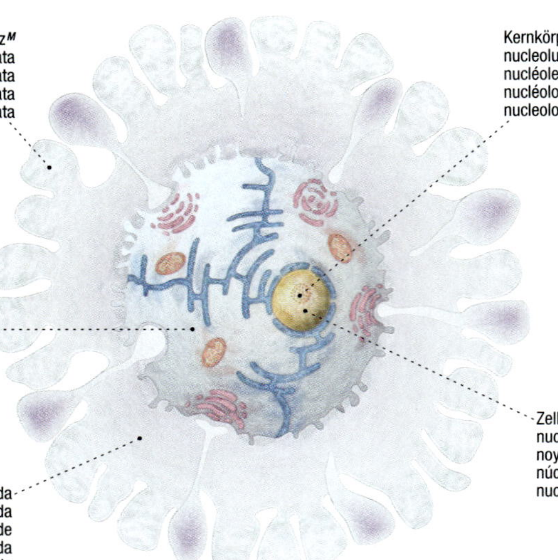

Stabkranz[M]
corona radiata
corona[F] radiata
corona[F] radiata
corona[F] radiata

Kernkörperchen[N]
nucleolus
nucléole[M]
nucléolo[M]
nucleolo[M]

Zytoplasma[N]
cytoplasm
cytoplasme[M]
citoplasma[M]
citoplasma[M]

Zellkern[M]
nucleus
noyau[M]
núcleo[M]
nucleo[M]

Zona[F] pellucida
zona pellucida
membrane[F] pellucide
zona[F] pelúcida
zona[F] pellucida

Fortpflanzungssystem[N]

Frontalschnitt[M]
frontal section
coupe[F] frontale
corte[M] frontal
sezione[F] frontale

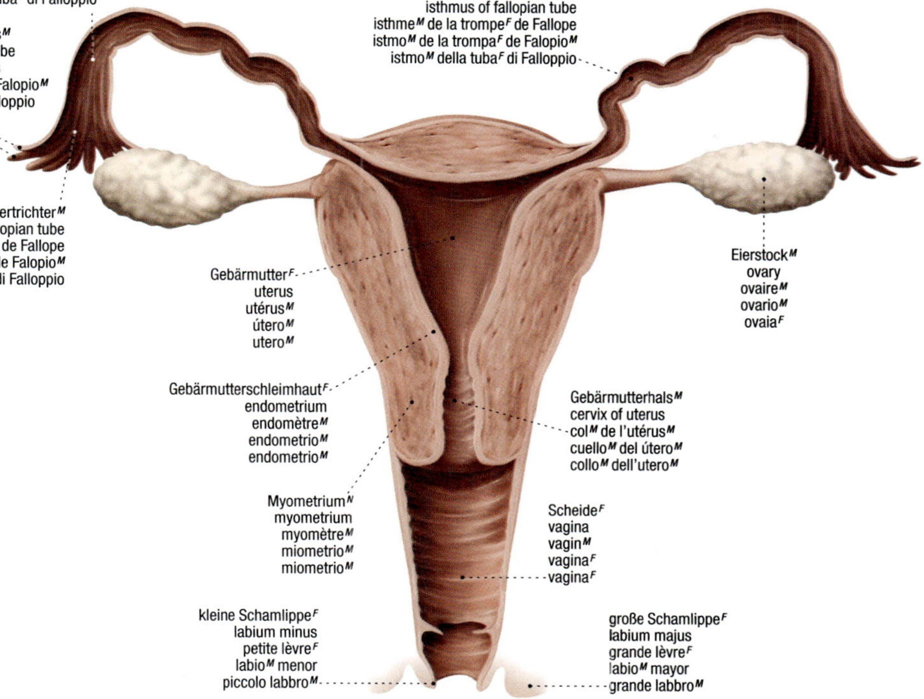

Brust[F]
breast
sein[M]
seno[M]
seno[M]

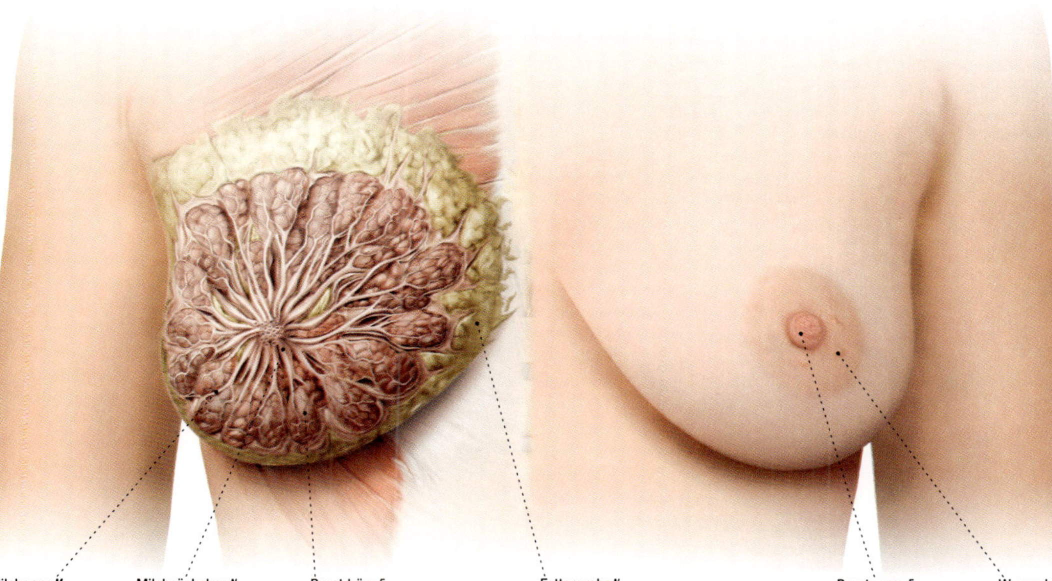

Fortpflanzungssystem^N

männliche Geschlechtsorgane^N
male genital organs
organes^M génitaux masculins
órganos^M genitales masculinos
organi^M genitali maschili

Sagittalschnitt^M
sagittal section
coupe^F sagittale
sección^F sagital
sezione^F sagittale

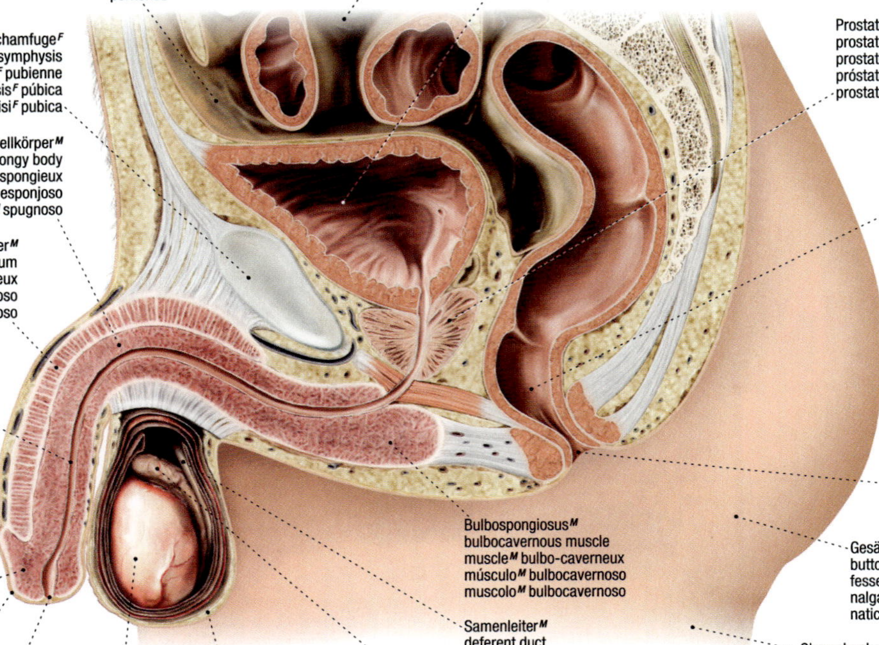

Spermium^N
spermatozoon
spermatozoïde^M
espermatozoide^M
spermatozoo^M

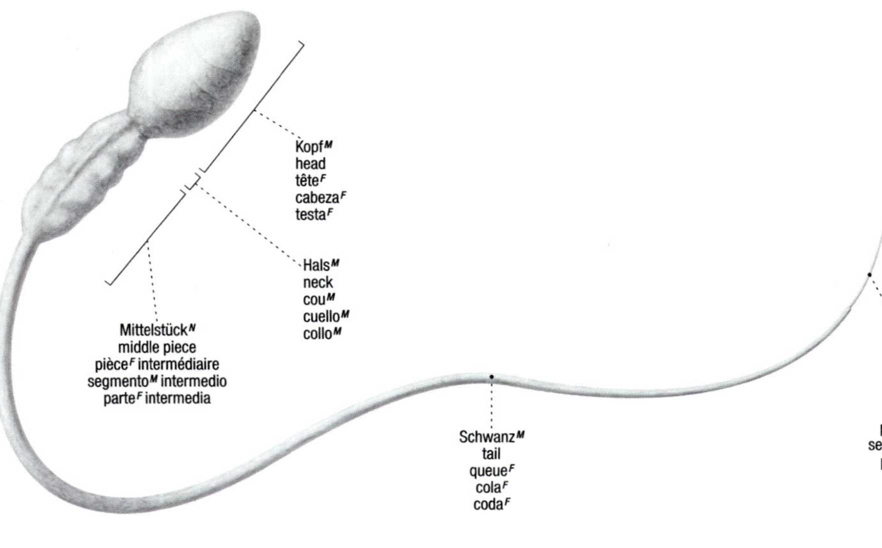

MENSCH

Hormonsystem[N]

endocrine system | système[M] endocrinien | sistema[M] endocrino | sistema[M] endocrino

endokrine Drüsen[F]
endocrine glands
glandes[F] endocrines
glándulas[F] endocrinas
ghiandole[F] endocrine

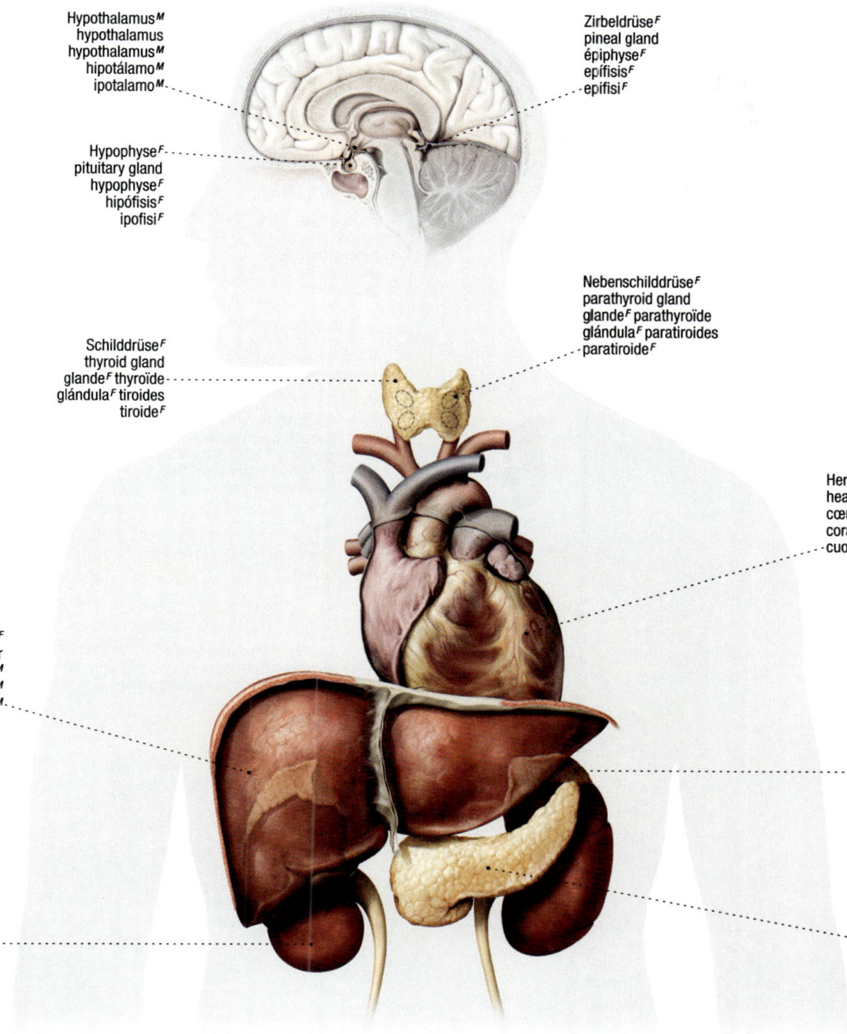

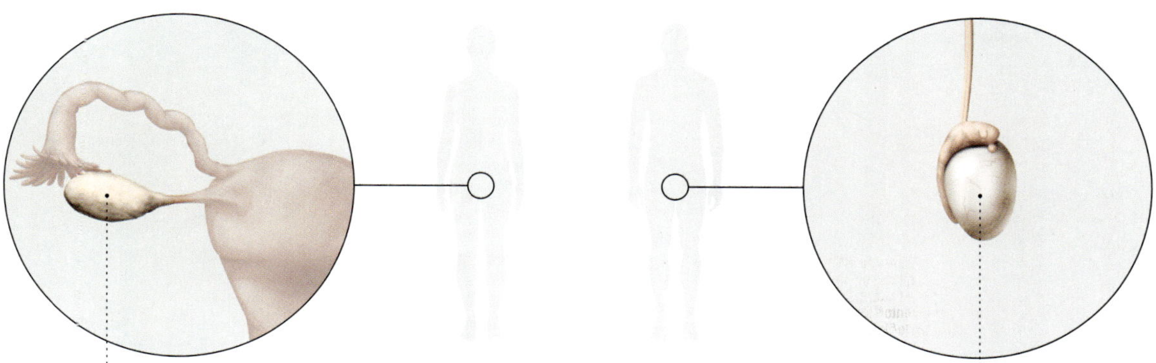

lymphatisches System[N]

lymphatic system | système[M] lymphatique | sistema[M] linfático | sistema[M] linfatico

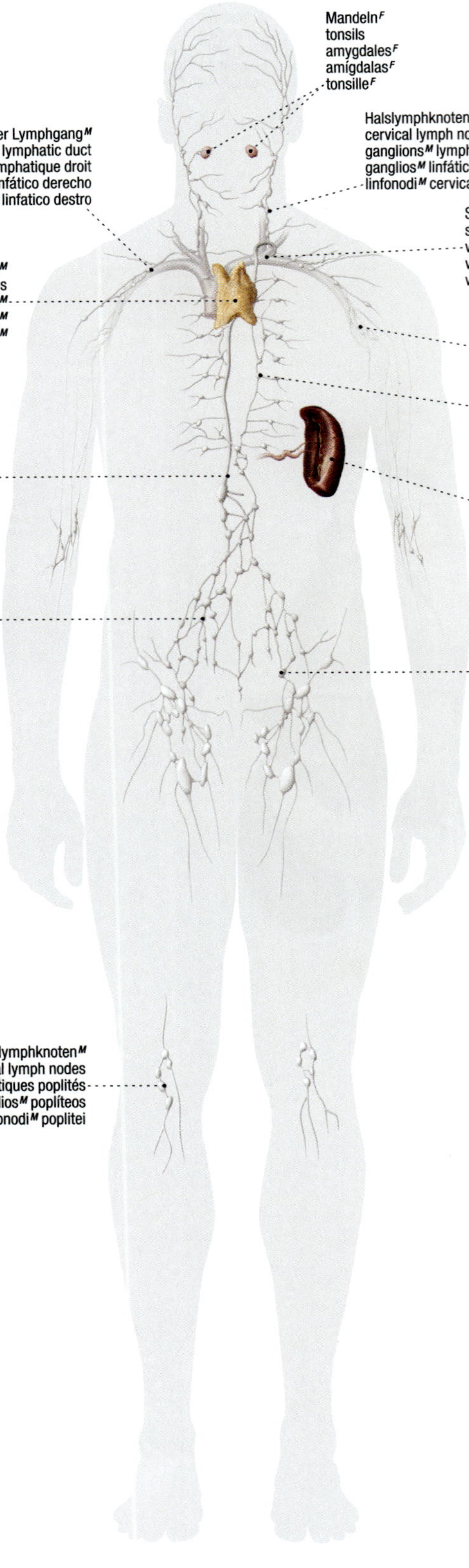

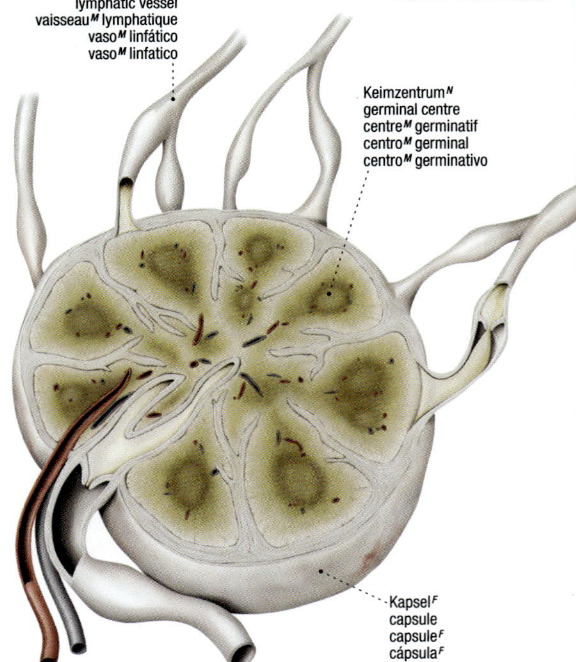

Geruchs-^{M} und Geschmackssinn^{M}

smell and taste | **odorat^{M} et goût^{M}** | **olfato^{M} y gusto^{M}** | **olfatto^{M} e gusto^{M}**

Mund^{M}
mouth
bouche^{F}
boca^{F}
bocca^{F}

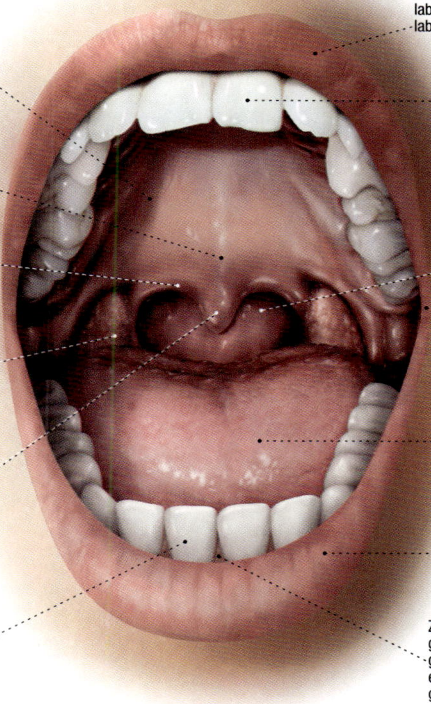

Nase^{F}
nose
nez^{M}
nariz^{F}
naso^{M}

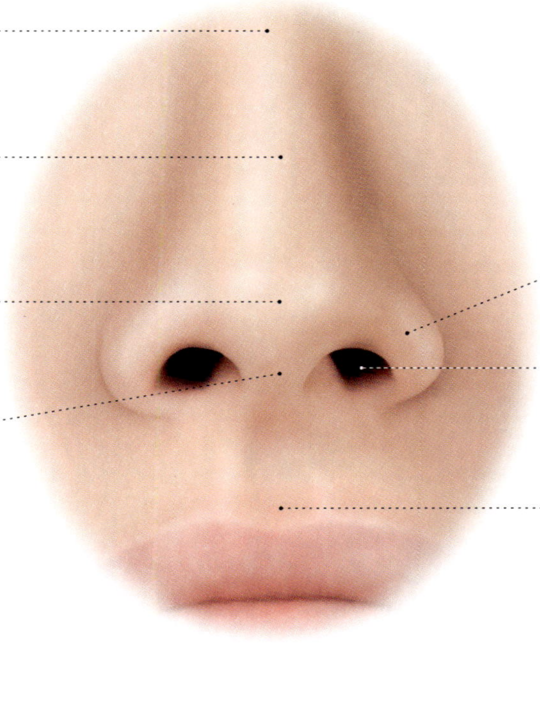

Geruchs-[M] und Geschmackssinn[M]

Nasenhöhle[F]
nasal cavities
fosses[F] nasales
fosas[F] nasales
fosse[F] nasali

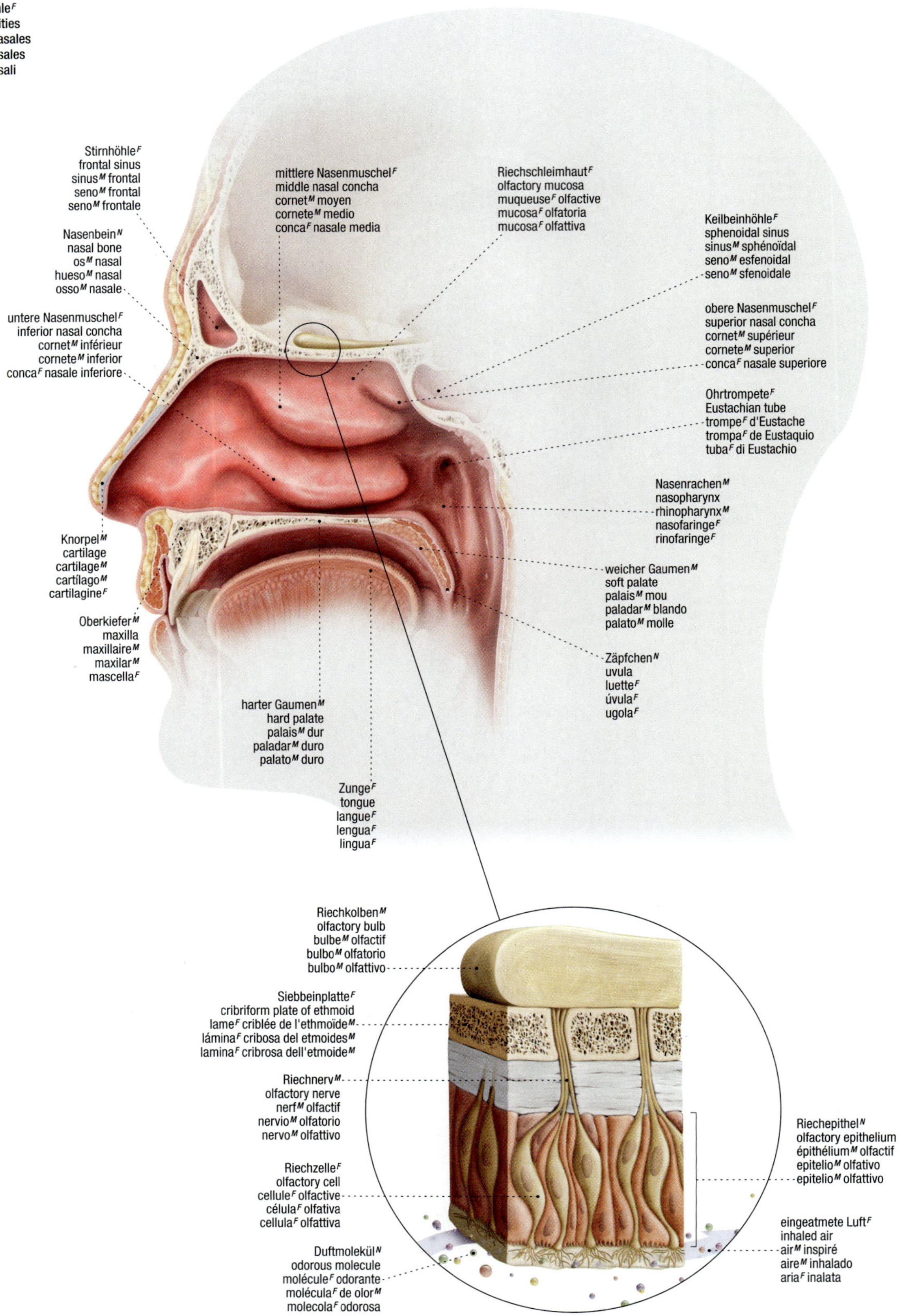

Geruchs-ᴹ und Geschmackssinnᴹ

Zungeᶠ: Ansichtᶠ von oben
tongue: superior view
langueᶠ : vueᶠ supérieure
linguaᶠ : vistaᶠ superior
linguaᶠ: vistaᶠ superiore

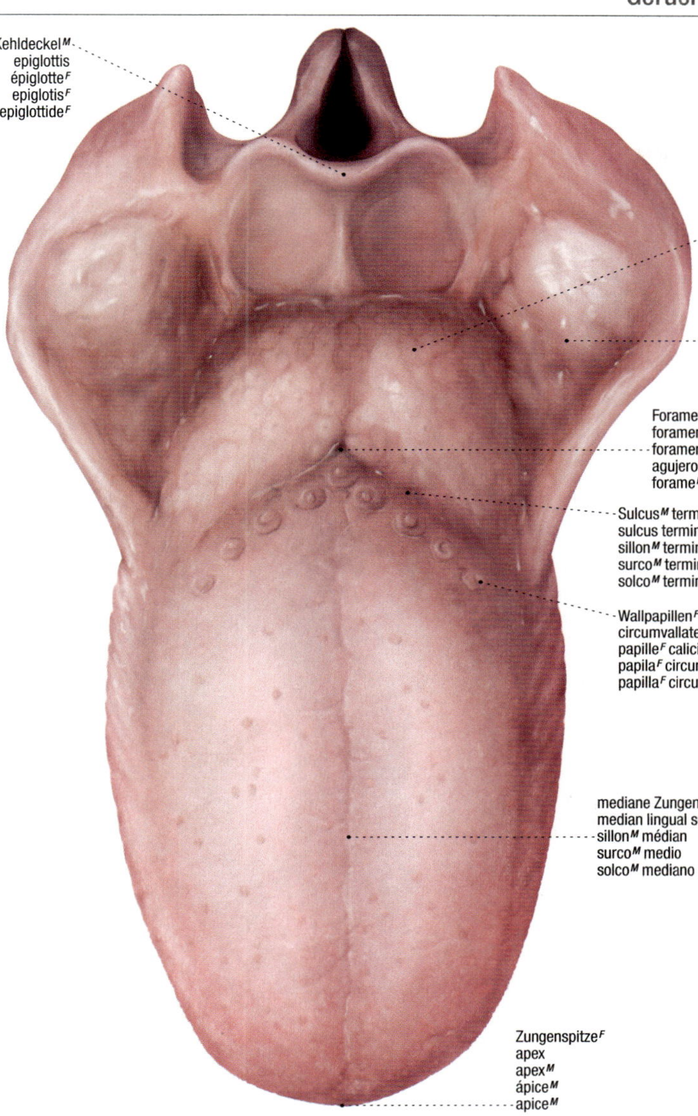

Geschmacksrezeptorenᴹ
taste receptors
récepteursᴹ du goûtᴹ
receptoresᴹ gustativos
recettoriᴹ gustativi

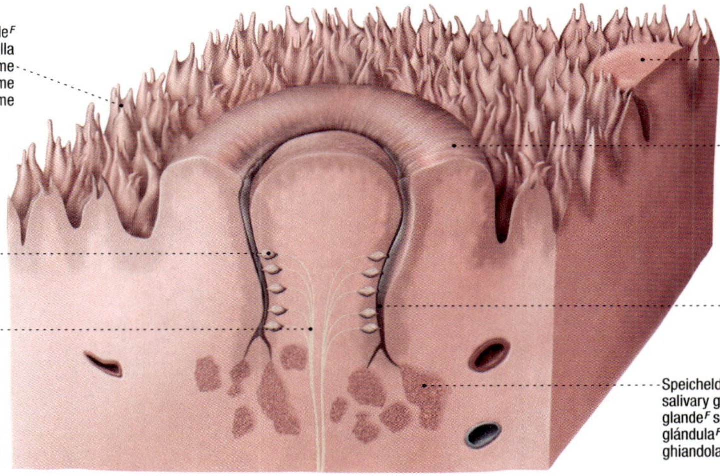

Gehör^{N}

hearing | ouïe^{F} | oído^{M} | udito^{M}

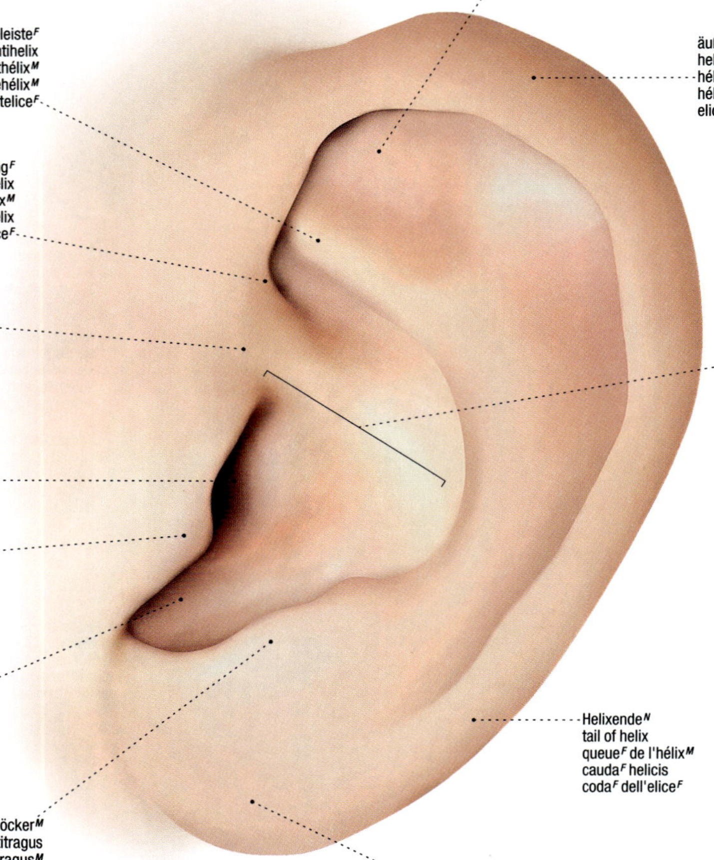

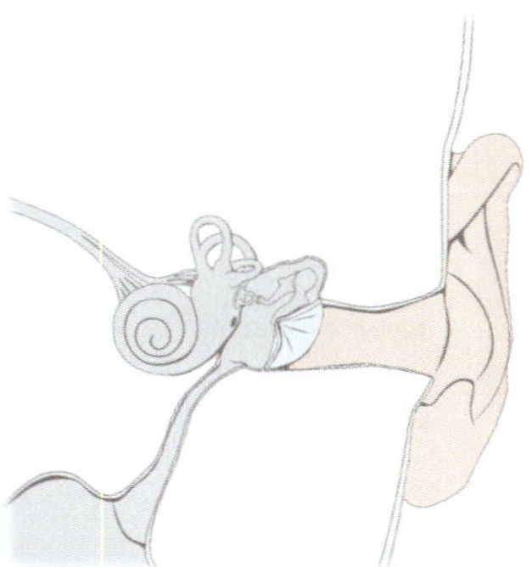

äußeres Ohr^{N}
external ear
oreille^{F} externe
oreja^{F}
orecchio^{M} esterno

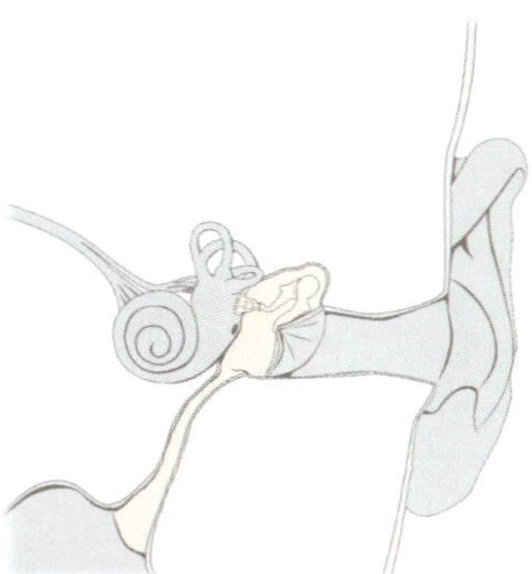

Mittelohr^{N}
middle ear
oreille^{F} moyenne
oído^{M} medio
orecchio^{M} medio

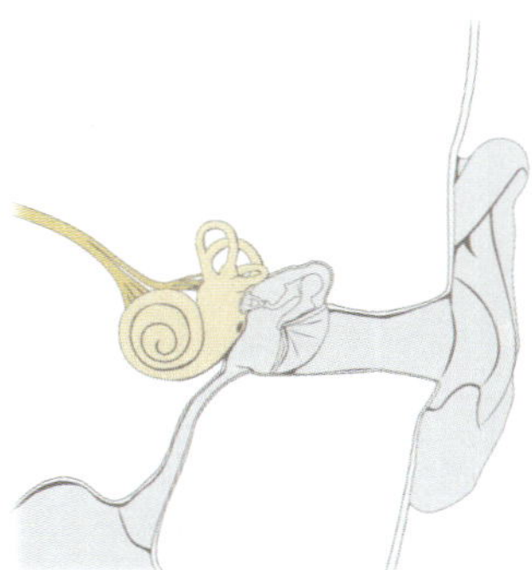

Innenohr^{N}
internal ear
oreille^{F} interne
oído^{M} interno
orecchio^{M} interno

Gehör[N]

Aufbau[M] des Ohres[N]
structure of the ear
structure[F] de l'oreille[F]
estructura[F] del oído[M]
struttura[F] dell'orecchio[M]

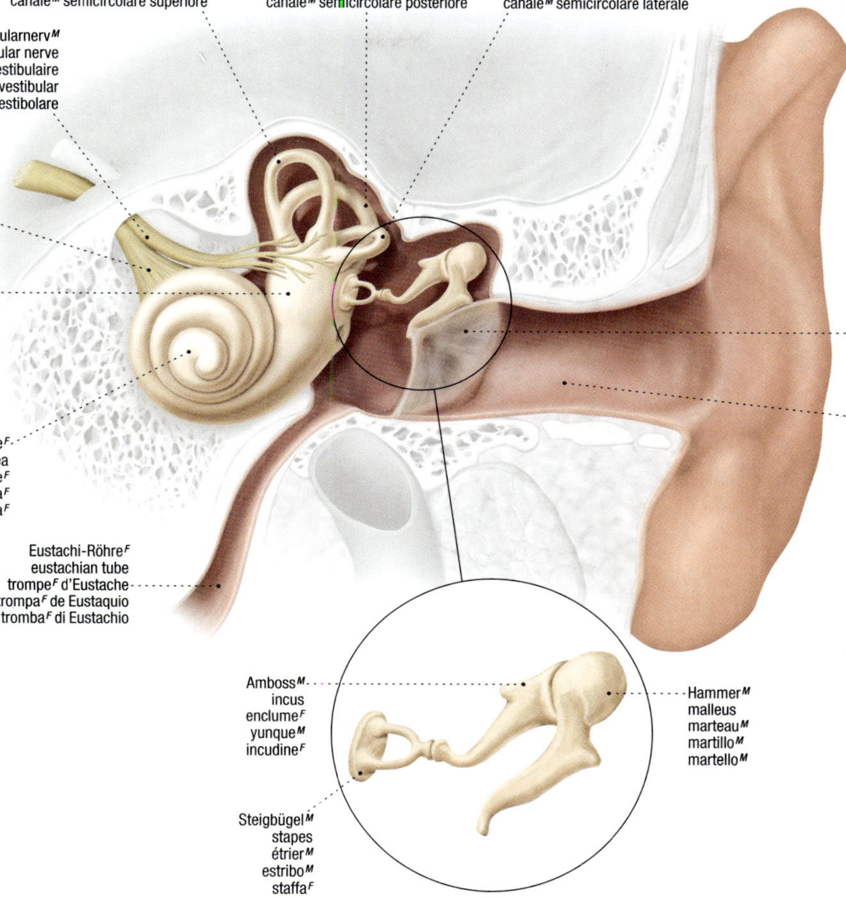

Gehörknöchelchen[N]
auditory ossicles
osselets[M]
huesillos[M] auditivos
ossicini[M] dell'udito[M]

Hörmechanismus[M]
mechanism of hearing
mécanisme[M] de l'ouïe[F]
mecanismo[M] auditivo
meccanismo[M] dell'udito[M]

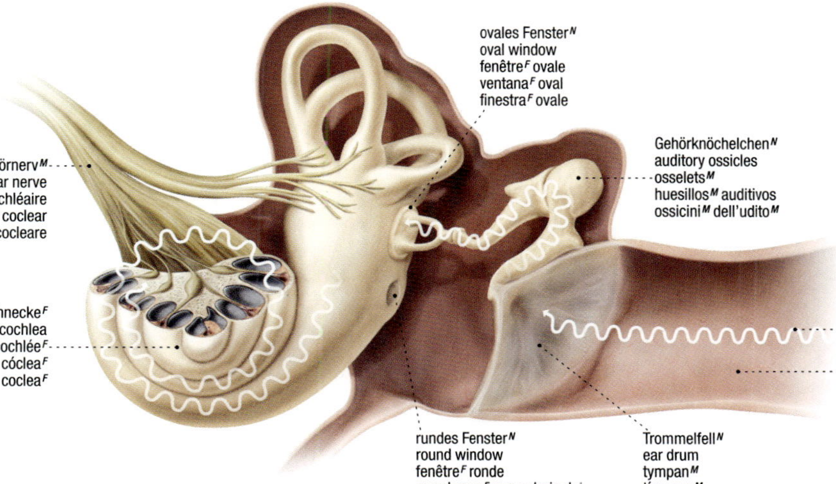

Tastsinn[M]

touch | toucher[M] | tacto[M] | tatto[M]

MENSCH

Haut[F]
skin
peau[F]
piel[F]
pelle[F]

Haarkutikula[F]
cuticle
cuticule[F]
cutícula[F]
cuticola[F]

Haarschaft[M]
hair shaft
tige[F] du poil[M]
tallo[M] del pelo[M]
scapo[M]

Hornschicht[F]
horny layer
couche[F] cornée
estrato[M] córneo
strato[M] corneo

Körnerschicht[F]
granular layer
couche[F] granuleuse
estrato[M] granuloso
strato[M] granulare

Keimschicht[F]
spinous layer
couche[F] épineuse
estrato[M] espinoso
strato[M] spinoso

Basalschicht[F]
basal layer
couche[F] basale
estrato[M] basal
strato[M] basale

Talg[M]
sebum
sébum[M]
sebo[M]
sebo[M]

Talgdrüse[F]
sebaceous gland
glande[F] sébacée
glándula[F] sebácea
ghiandola[F] sebacea

Ruffini-Körperchen[N]
Ruffini's corpuscle
corpuscule[M] de Ruffini
corpúsculo[M] de Ruffini
corpuscolo[M] di Ruffini

Haarwurzel[F]
hair root
racine[F] du poil[M]
raíz[F] capilar
radice[F] del pelo[M]

Haarbalg[M]
hair bulb
bulbe[M]
bulbo[M] capilar
bulbo[M] pilifero

Schuppe[F]
squame
squame[F]
escama[F]
squama[F]

Oberhaut[F]
epidermis
épiderme[M]
epidermis[F]
epidermide[F]

Meissner-Körperchen[N]
Meissner's corpuscle
corpuscule[M] de Meissner
corpúsculo[M] de Meissner
corpuscolo[M] di Meissner

Lederhaut[F]
dermis
derme[M]
dermis[F]
derma[M]

Krause-Endkolben[M]
bulboid corpuscle
bulbe[M] de Krause
bulbo[M] de Krause
corpuscolo[M] di Krause

Subkutis[F]
subcutaneous tissue
hypoderme[M]
tejido[M] subcutáneo
tessuto[M] sottocutaneo

Bindegewebe[N]
connective tissue
tissu[M] conjonctif
tejido[M] conjuntivo
tessuto[M] connettivo

Haaraufrichtemuskel[M]
arrector pili muscle
muscle[M] arrecteur
músculo[M] erector del pelo[M]
muscolo[M] erettore del pelo[M]

Fettgewebe[N]
adipose tissue
tissu[M] adipeux
tejido[M] adiposo
tessuto[M] adiposo

Haarfollikel[N]
hair follicle
follicule[M] pileux
folículo[M] capilar
follicolo[M] pilifero

Vater-Pacini-Körperchen[N]
Pacinian corpuscle
corpuscule[M] de Pacini
corpúsculo[M] de Pacini
corpuscolo[M] di Pacini

Nervenfaser[F]
nerve fibre
fibre[F] nerveuse
tejido[F] nervioso
fibra[F] nervosa

Tastsinn[M]

Hand[F]
hand
main[F]
mano[F]
mano[F]

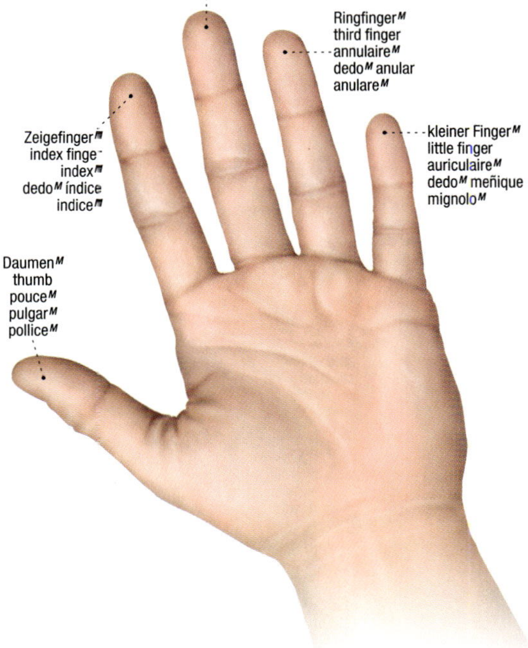

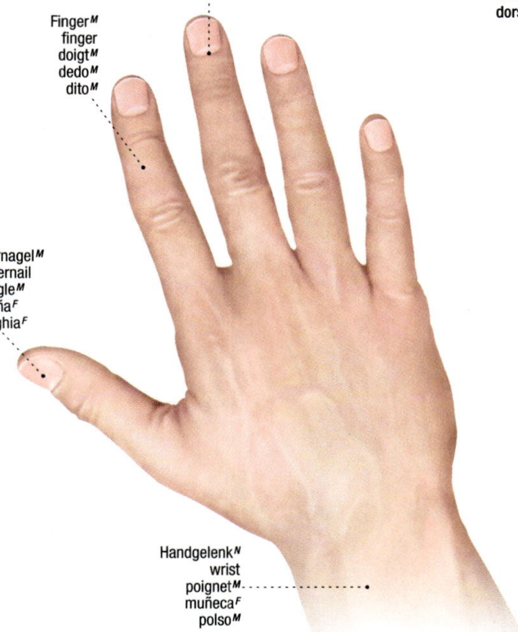

Finger[M] im Querschnitt[M]
section of a finger
coupe[F] d'un doigt[M]
corte[M] de un dedo[M]
sezione[F] di un dito[M]

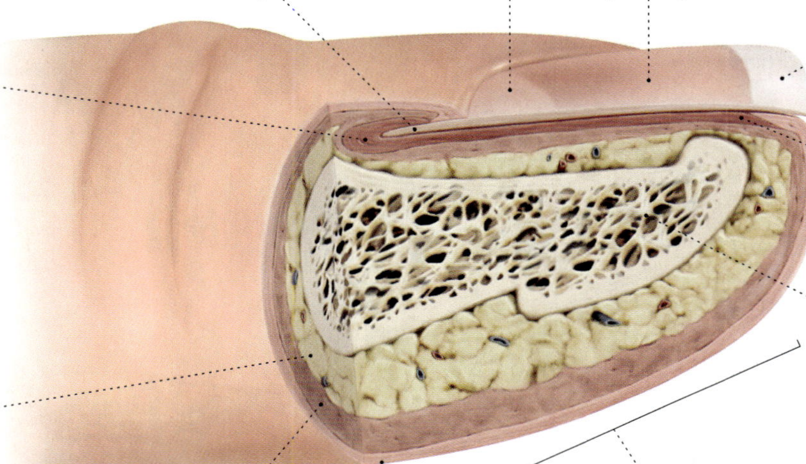

Sehsinn[N]

sight | vue[F] | vista[F] | vista[F]

Auge[N]
eye
œil[M]
ojo[M]
occhio[M]

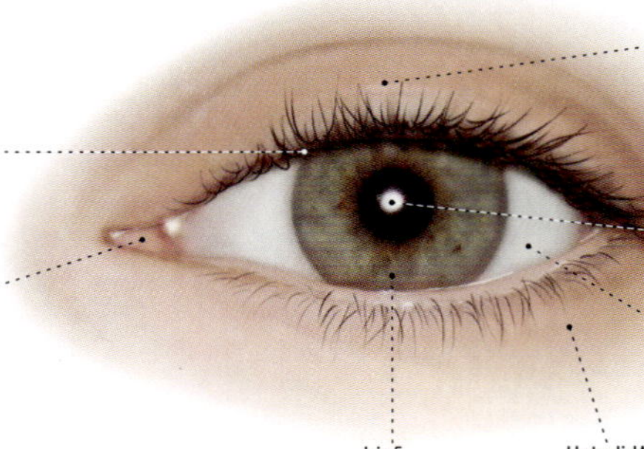

Augapfel[M]
eyeball
globe[M] oculaire
globo[M] ocular
globo[M] oculare

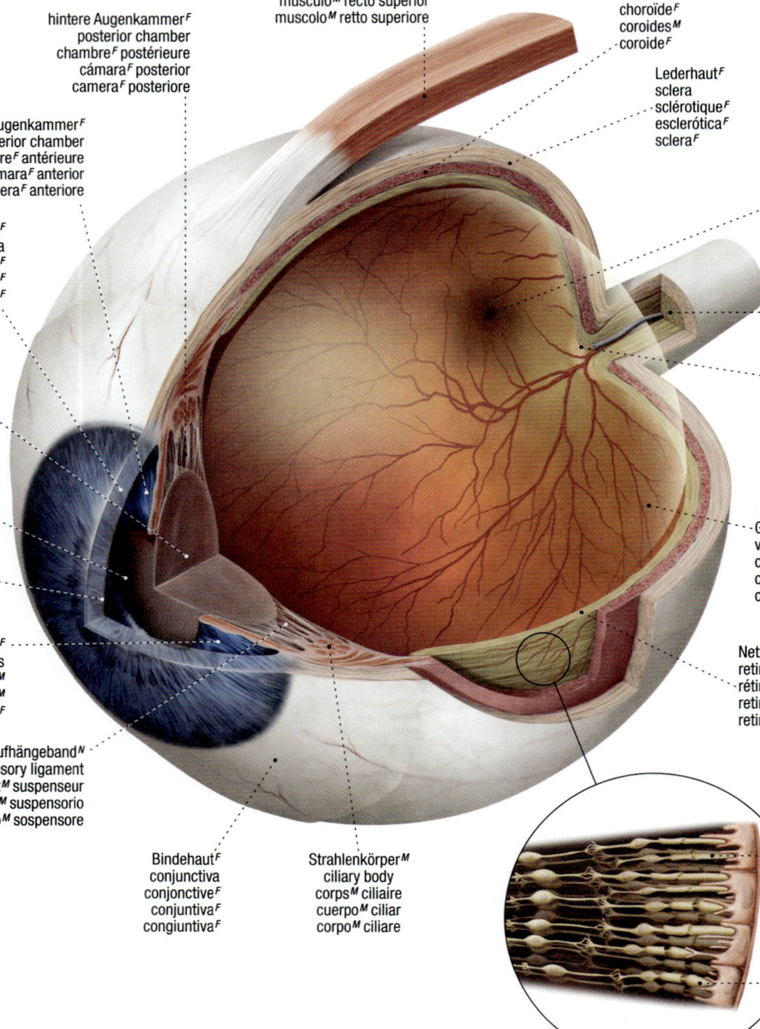

Sehsinn[N]

Normalsichtigkeit[F]
normal sight
vision[F] normale
visión[F] normal
vista[F] normale

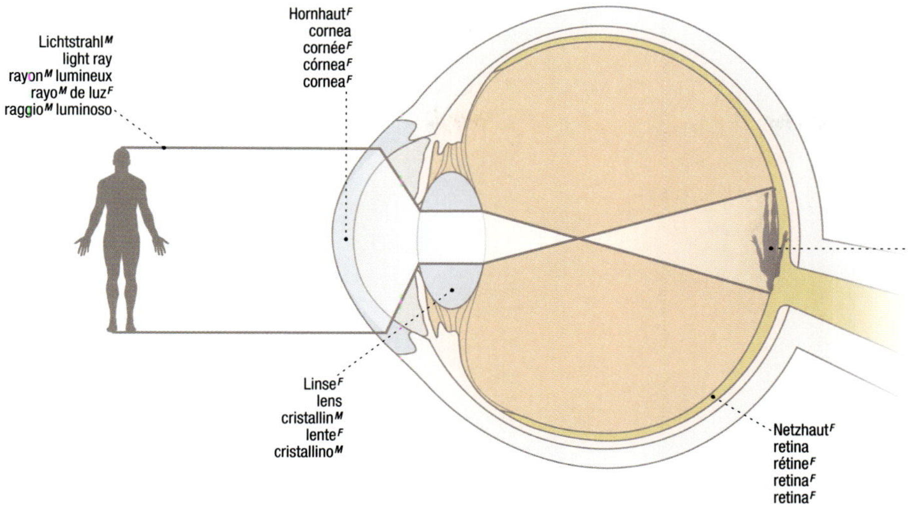

Sehfehler[M]
vision defects
défauts[M] de la vision[F]
defectos[M] de la visión[F]
difetti[M] della vista[F]

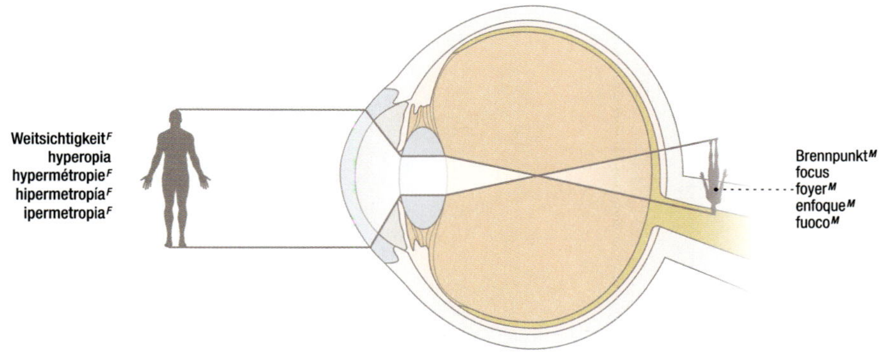

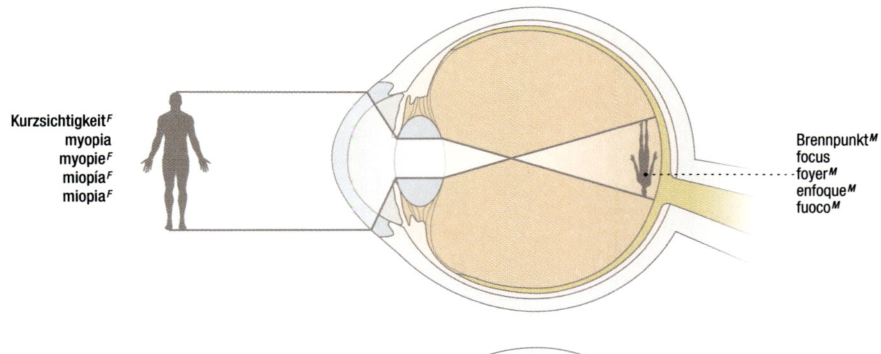

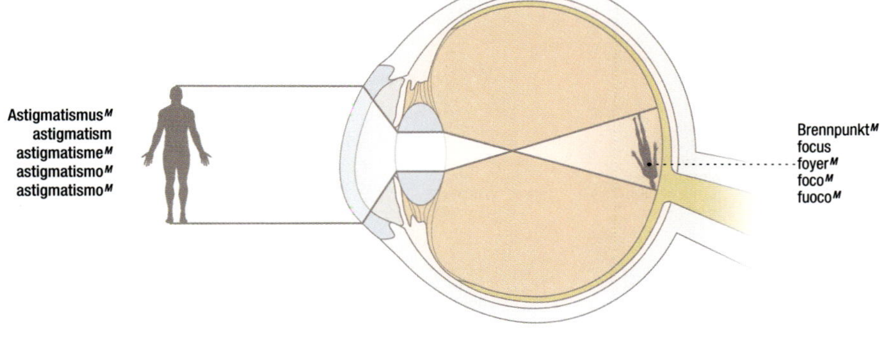

NAHRUNGSMITTEL UND KÜCHE

food and kitchen
alimentation et cuisine
productos alimenticios y de cocina
generi alimentari e cucina

VERSORGUNG 242

Herkunft der Nahrungsmittel 242
Bauernhof 243

PFLANZLICHE NAHRUNGSMITTEL 244

Pilze 244
Meeresalgen 244
Zwiebelgemüse 245
Knollengemüse 245
Blattgemüse 246
Fruchtgemüse 248
Stängel- und Sprossengemüse 250
Wurzelgemüse 251
blühende Gemüsesorten 251
Hülsenfrüchte 252
Obst 254
Gewürze 260
Kräuter 262
Getreide 263
Kaffee und Tee 264

TIERISCHE NAHRUNGSMITTEL 265

Mollusken 265
Krebstiere 266
Meeresfische 266
Süßwasserfische 269
Fischformen 270
Eier 270
Fleisch 271

VERARBEITETE LEBENSMITTEL 277

Spezialitäten 277
Getreideprodukte 278
Milchprodukte 280
Teigwaren 282
asiatische Teigwaren 283
Reis 283
Sojaprodukte 284
Fette und Öle 284
Zucker 285
Schokolade 285
Würzen 286

LEBENSMITTELBRANCHE 288

Supermarkt 288
Restaurant 290
Selbstbedienungsrestaurant 292
Lebensmittellagerung 294

KÜCHE 296

Küche: Gesamtansicht 296

GESCHIRR UND BESTECK 297

Gläser 297
Messer 298
Löffel 299
Gabel 300
Gedeckzubehör 301
Geschirr 301
gedeckter Tisch 304

KÜCHENZUBEHÖR 306

Küchenutensilien 306
Kochgeräte 312
kleine Haushaltsgeräte 314

Herkunft^F der Nahrungsmittel^N

origin of food | origine^F des aliments^M | origen^M de alimento^M | origine^F degli alimenti^M

Nutztierhaltung^F
animal husbandry
élevage^M
ganadería^F
allevamento^M

Ernte^F
gathering
cueillette^F
recogida^F
raccolta^F

Jagd^F
hunting
chasse^F
caza^F
caccia^F

Ackerbau^M
cultivation
culture^F
cultivo^M
coltivazione^F

Fischerei^F
fishing
pêche^F
pesca^F
pesca^F

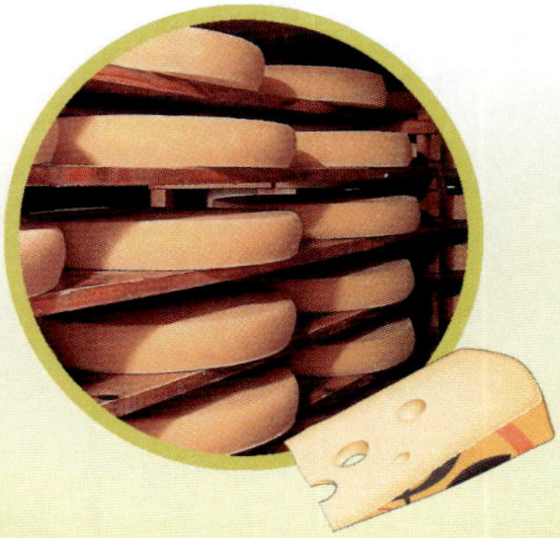

Lebensmittelindustrie^F
food industry
industrie^F alimentaire
industria^F alimentaria
industria^F alimentare

Supermarkt^M
supermarket
supermarché^M
supermercado^M
supermercato^M

Bauernhof[M]

farmstead | ferme[F] | granja[F] | fattoria[F]

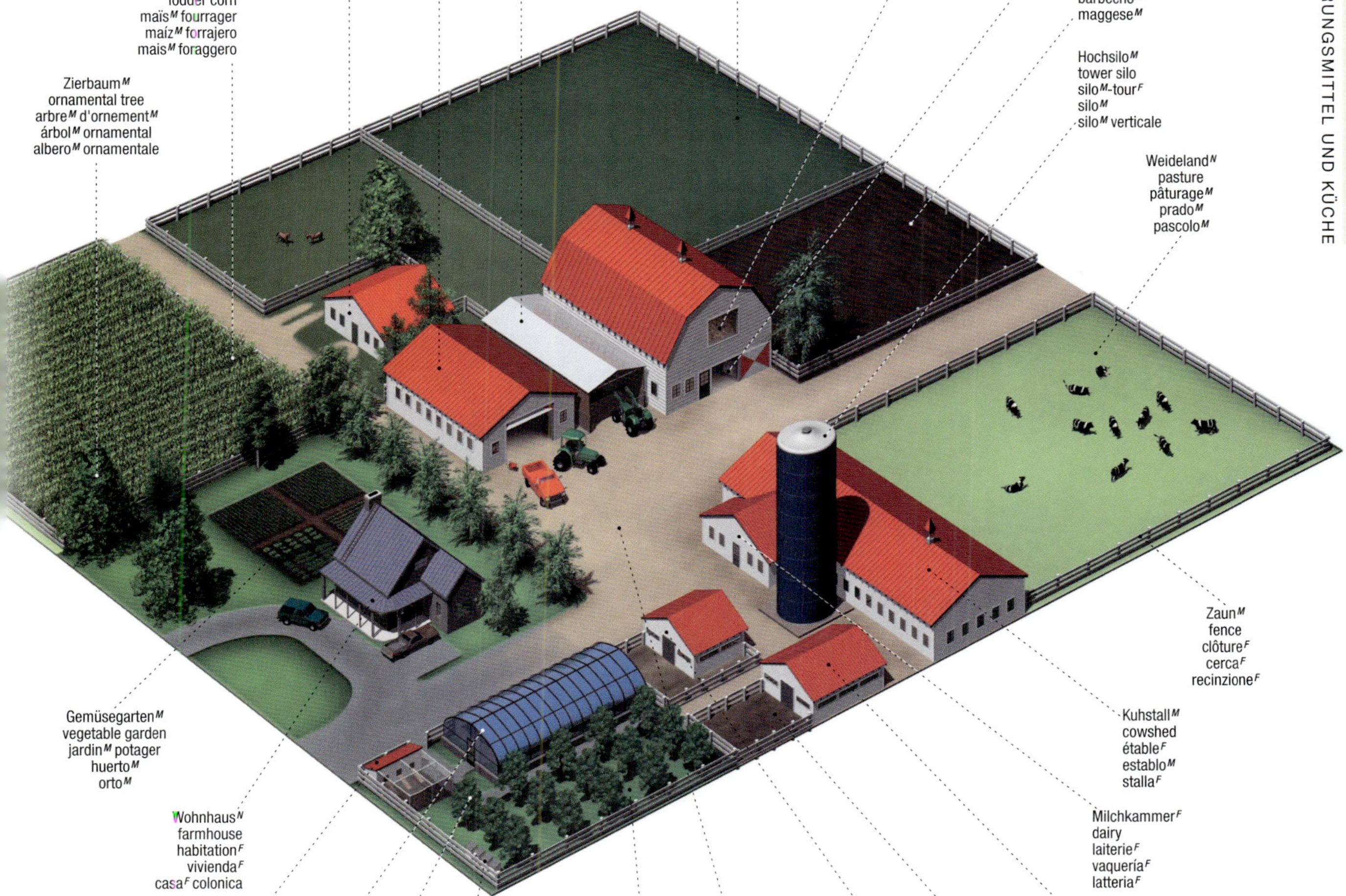

Pilze^{M}

mushrooms | champignons^{M} | hongos^{M} | funghi^{M}

Trüffel^{F}
truffle
truffe^{F}
trufa^{F}
tartufo^{M}

Mu-Err^{M}
wood ear
oreille^{F}-de-Judas^{M}
hongo^{M} oreja^{F} de madera^{F}
orecchio^{M} di Giuda

Kaiserling^{M}
royal agaric
oronge^{F} vraie
oronja^{F}
ovolo^{M} buono

Edelreizker^{M}
saffron milk cap
lactaire^{M} délicieux
níscalo^{M}
lattario^{M} delizioso

Enoki^{M}
enoki mushroom
collybie^{F} à pied^{M} velouté
seta^{F} enoki
collibia^{F}

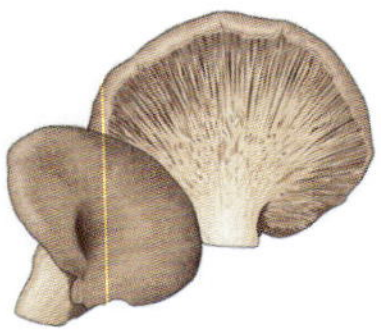
Austernseitling^{M}
oyster mushroom
pleurote^{M} en forme^{F} d'huître^{F}
orellana^{F}
gelone^{M}

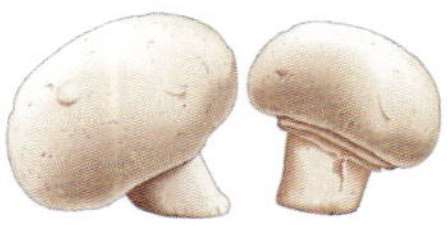
Zuchtchampignon^{M}
cultivated mushroom
champignon^{M} de couche^{F}
champiñón^{M}
fungo^{M} coltivato

grasgrüner Täubling^{M}
green russula
russule^{F} verdoyante
rusula^{F} verde
verdone^{M}

Morchel^{F}
morel
morille^{F}
morilla^{F}
spugnola^{F}

Steinpilz^{M}
porcini
cèpe^{M}
porcini^{M}
porcino^{M}

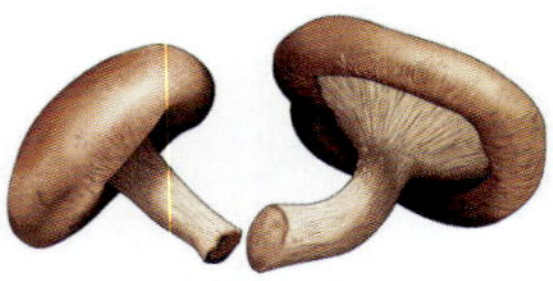
Shiitake^{M}
shiitake
shiitake^{M}
shitake^{M}
shiitake^{M}

Pfifferling^{M}
chanterelle
chanterelle^{F} commune
rebozuelo^{M}
cantarello^{M}

Zuchtchampignon^{M}
portobello
portobello^{M}
portobello^{M}
portobello^{M}

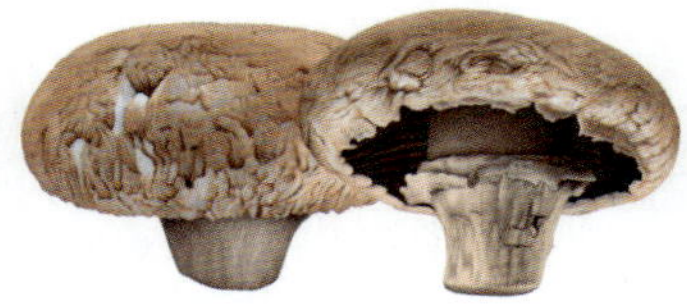
Egerling^{M}
cremini mushroom
champignon^{M} café
champiñon^{M} café
prataiolo^{M} marrone

Meeresalgen^{F}

seaweed | algues^{F} | algas^{F} | alga^{F} marina

Arame^{F}
arame
aramé^{M}
arame^{M}
arame^{F}

Wakame^{F}
wakame
wakamé^{M}
wakame^{M}
wakame^{F}

Kombu^{F}
kombu
kombu^{M}
kombu^{M}
kombu^{F}

Spirulina^{F}
spirulina
spiruline^{F}
espirulina^{F}
spirulina^{F}

Irisch Moos^{N}
Irish moss
mousse^{F} d'Irlande^{F}
Irish moss^{M}
muschio^{M} d'Irlanda^{F}

Hijiki^{F}
hijiki
hijiki^{M}
hijiki^{M}
hijiki^{F}

Meersalat^{M}
sea lettuce
laitue^{F} de mer^{F}
lechuga^{F} marina
lattuga^{F} marina

Agar^{M}
agar
agar-agar^{M}
agar^{M}
agar-agar^{M}

Nori^{N}
nori
nori^{M}
nori^{M}
nori^{F}

Dulse^{F}
dulse
rhodyménie^{M} palmé
dulse^{M}
dulse^{F}

Zwiebelgemüse^{N}

bulb vegetables | légumes^{M} bulbes^{M} | bulbos^{M} | ortaggi^{M} da bulbo^{M}

Wassernuss^{F}
water chestnut
châtaigne^{F} d'eau^{F}
castaña^{F} de agua
castagna^{F} d'acqua^{F}

Schalotte^{F}
shallot
échalote^{F}
chalote^{M}
scalogno^{M}

Schnittlauch^{M}
chive
ciboulette^{F}
cebollino^{M}
erba^{F} cipollina

Knoblauch^{M}
garlic
ail^{M}
ajo^{M}
aglio^{M}

Frühlingszwiebel^{F}
spring onion
ciboule^{F}
cebolla^{F} tierna
cipolla^{F} d'inverno^{M}

Frühlingszwiebel^{F}
green onion
oignon^{M} vert
cebolla^{F} tierna
cipolla^{F} verde

Lauch^{M}
leek
poireau^{M}
puerro^{M}
porro^{M}

Perlzwiebel^{F}
pickling onion
oignon^{M} à mariner
cebolleta^{F}
cipollina^{F}

weiße Zwiebel^{F}
white onion
oignon^{M} blanc
cebolla^{F} blanca
cipolla^{F} bianca

rote Zwiebel^{F}
red onion
oignon^{M} rouge
cebolla^{F} roja
cipolla^{F} rossa

Gemüsezwiebel^{F}
yellow onion
oignon^{M} jaune
cebolla^{F} amarilla
cipolla^{F} di Spagna^{F}

Knollengemüse^{N}

tuber vegetables | légumes^{M} tubercules^{M} | tubérculos^{M} | ortaggi^{M} da tubero^{M}

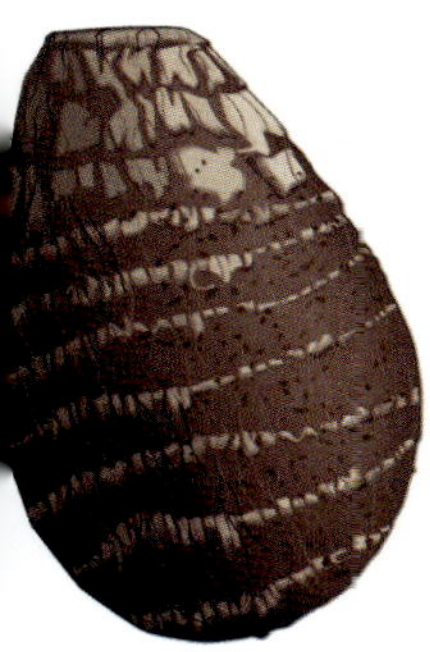

japanischer Rettich^{M}
malanga
malanga^{M}
malanga^{F}
malanga^{F}

Jicama^{F}
jicama
jicama^{M}
jícama^{F}
jicama^{F}

Taro^{M}
taro
taro^{M}
taro^{M}
taro^{M}

Knollenziest^{M}
crosne
crosne^{M}
crosne^{M}
crosne^{M}

Maniok^{M}
cassava
manioc^{M}
mandioca^{F}
manioca^{F}

Kartoffel^{F}
potato
pomme^{F} de terre^{F}
patata^{F}
patata^{F}

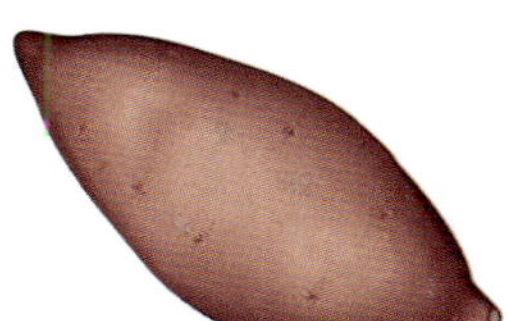

Süßkartoffel^{F}
sweet potato
patate^{F}
batata^{F}
patata^{F} americana

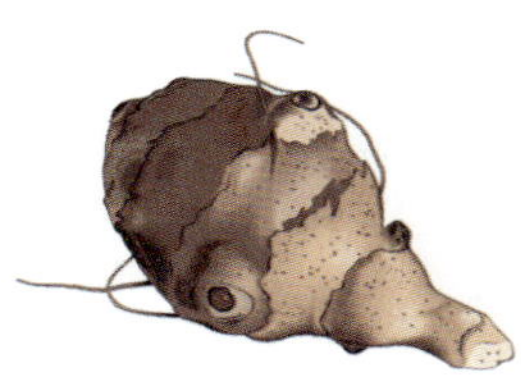

Topinambur$^{M/F}$
Jerusalem artichoke
topinambour^{M}
aguaturma^{F}
topinambur^{M}

Süßkartoffel^{F}
sweet potato
igname^{F}
batata^{F}
igname^{M}

Blattgemüse^{N}

leaf vegetables | légumes^{M} feuilles^{F} | verduras^{F} de hojas^{F} | ortaggi^{M} da foglia^{F}

krause Endivie^{F}
curly endive
chicorée^{F} frisée
escarola^{F} rizada
indivia^{F} riccia

Spargelsalat^{M}
celtuce
laitue^{F} asperge^{F}
lechuga^{F} de tallo^{M}
lattuga^{F} asparago^{M}

Radicchio^{M}
radicchio
chicorée^{F} de Trévise
achicoria^{F} de Treviso
radicchio^{M}

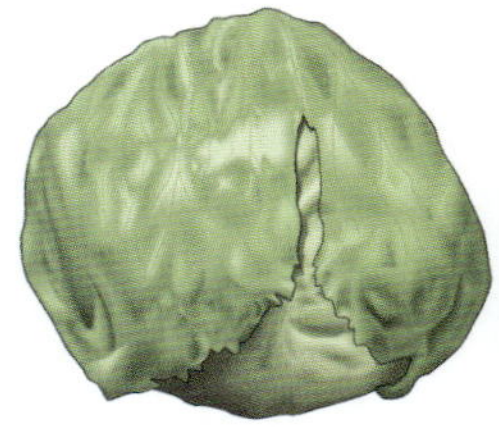

Eisbergsalat^{M}
iceberg lettuce
laitue^{F} iceberg^{M}
lechuga^{F} iceberg
lattuga^{F} iceberg^{M}

Romagna-Salat^{M}
cos lettuce
romaine^{F}
lechuga^{F} romana
lattuga^{F} romana

Eskariol^{M}
escarole
scarole^{F}
escarola^{F}
scarola^{F}

Kopfsalat^{M}
butterhead lettuce
laitue^{F} pommée
lechuga^{F} de cogollo^{M}
lattuga^{F} cappuccina

Friséesalat^{M}
leaf lettuce
laitue^{F} frisée
lechuga^{F} rizada
insalata^{F} riccia

Blattkohl^{M}
collards
chou^{M} cavalier^{M}
berzas^{F}
gramigna^{F} crestata

Grünkohl^{M}
curly kale
chou^{M} frisé
col^{F} rizada
cavolo^{M} riccio

Pak-Choi^{M}
pak-choi
pak-choï^{M}
pak-choi^{M}
pak-choi^{M}

Chinakohl^{M}
pe-tsai
pe-tsaï^{M}
col^{F} china
pe-tsai^{M}

Rosenkohl^{M}
Brussels sprout
chou^{M} de Bruxelles
col^{M} de Bruselas
cavolini^{M} di Bruxelles

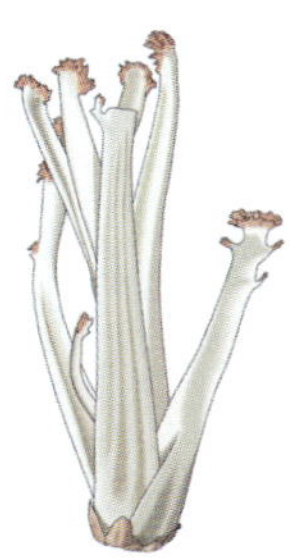

Meerkohl^{M}
sea kale
chou^{M} marin
col^{F} marina
cavolo^{M} marittimo

Zierkohl^{M}
ornamental kale
chou^{M} laitue^{F}
col^{F} ornamental
cavolo^{M} ornamentale

Blattgemüse^{N}

Wirsing^{M}
Savoy cabbage
chou^{M} de Milan
col^{F} rizada de otoño^{M}
cavolo^{M} verzotto

Kohl^{M}
green cabbage
chou^{M} pommé vert
col^{F} verde/repollo^{M} verde
cavolo^{M} verza^{F}

Rotkohl^{M}
red cabbage
chou^{M} pommé rouge
col^{F} lombarda
cavolo^{M} rosso

Weißkohl^{M}
white cabbage
chou^{M} pommé blanc
col^{F}/repollo^{M}
cavolo^{M} bianco

Spinat^{M}
spinach
épinard^{M}
espinaca^{F}
spinacio^{M}

Rauke^{F}
rocket
roquette^{F}
ruqueta^{F}
rucola^{F}

Feldsalat^{M}
corn salad
mâche^{F}
colleja^{F}
valerianella^{F}

Löwenzahn^{M}
dandelion
pissenlit^{M}
diente^{M} de león
dente^{M} di leone^{M}

Gartenkresse^{F}
garden cress
cresson^{M} alénois
berros^{M} de jardín
crescione^{M} d'orto^{M}

Nessel^{F}
nettle
ortie^{F}
ortiga^{F}
ortica^{F}

Brunnenkresse^{F}
watercress
cresson^{M} de fontaine^{F}
berro^{M}
crescione^{M}

Portulak^{M}
purslane
pourpier^{M}
verdolaga^{F}
porcellana^{F}

Garten-Sauerampfer^{M}
garden sorrel
oseille^{F}
acedera^{F}
acetosa^{F}

Weinblatt^{N}
vine leaf
feuille^{F} de vigne^{F}
hoja^{F} de parra^{F}
pampino^{M}

Chicorée$^{M/F}$
chicory
endive^{F}
endivia^{F}
insalata^{F} belga

Fruchtgemüse[N]

fruit vegetables | légumes[M] fruits[M] | hortalizas[F] de fruto[M] | ortaggi[M] da frutto[M]

Kirschtomate[F]
cherry tomato
tomate[F] cerise[F]
tomate[M] cherry
pomodoro[M] ciliegino

Olive[F]
olive
olive[F]
aceituna[F]
oliva[F]

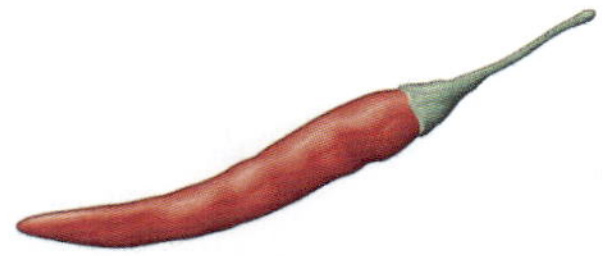

Pfefferschote[F]
chilli
piment[M]
chile[M]
peperoncino[M]

Okraschote[F]
okra
gombo[M]
gombo[M], quingombó[M]
gombo[M]

Tomatillo[F]
tomatillo
tomatille[F]
tomatillo[M]
tomatillo[M]

Eiertomate[F]
Italian tomato
tomate[F] italienne
tomate[M] italiano
pomodoro[M] italiano

Tomate[F]
tomato
tomate[F]
tomate[M]
pomodoro[M]

Cocktailtomate[F]
vine tomato
tomate[F] en grappe[F]
tomate[M] en rama[F]
pomodoro[M] a grappolo[M]

Avocado[F]
avocado
avocat[M]
aguacate[M]
avocado[M]

gelber Paprika[M]
yellow sweet pepper
poivron[M] jaune
pimiento[M] dulce amarillo
peperone[M] giallo

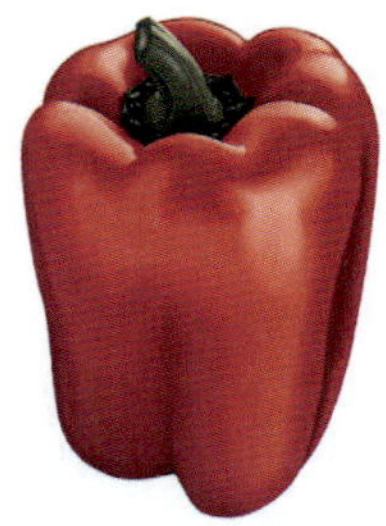

roter Paprika[M]
red sweet pepper
poivron[M] rouge
pimiento[M] dulce rojo
peperone[M] rosso

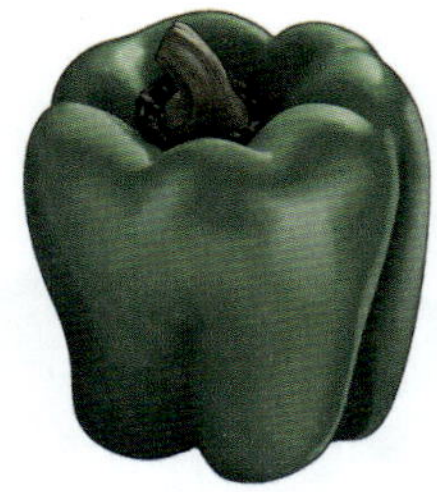

grüner Paprika[M]
green sweet pepper
poivron[M] vert
pimiento[M] dulce verde
peperone[M] verde

Gurke[F]
cucumber
concombre[M]
pepino[M]
cetriolo[M]

kernlose Salatgurke[F]
seedless cucumber
concombre[M] sans pépins[M]
pepino[M] sin pepitas[F]
cetriolo[M] senza semi[M]

Einlegegurke[F]
gherkin
cornichon[M]
pepinillo[M]
cetriolino[M]

Bittermelone[F]
bitter melon
margose[F]
pepino[M] amargo
melone[M] amaro

Wachskürbis[M]
wax gourd
melon[M] d'hiver[M] chinois
calabaza[F] de China
zucca[F] bianca

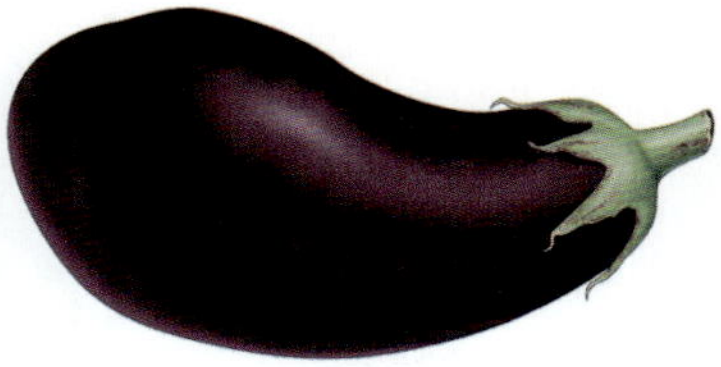

Aubergine[F]
aubergine
aubergine[F]
berenjena[F]
melanzana[F]

Fruchtgemüse^{N}

Sommerkürbisse^{M}
summer squashes
courges^{F} d'été^{M}
calabazas^{F} de verano^{M}
zucche^{F} estive

gelbe Zucchini^{F}
straightneck squash
courge^{F} à cou^{M} droit
calabaza^{F} de cuello largo
zucca^{F} a collo^{M} allungato

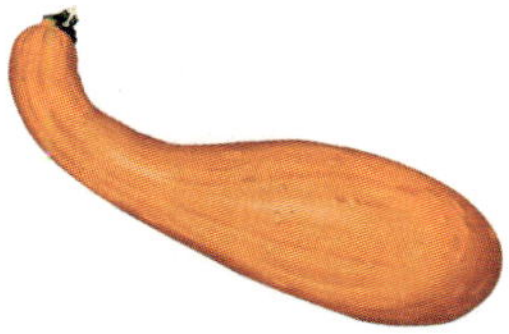

Krummhalskürbis^{M}
crookneck squash
courge^{F} à cou^{M} tors
calabaza^{F} de cuello retorcido
zucca^{F} torta^{F}

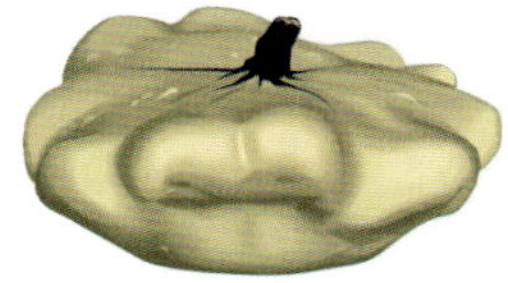

Patisson^{M}
pattypan squash
pâtisson^{M}
calabaza^{F} bonetera amarilla
zucca^{F} pasticcina

Zucchini^{F}
courgette
courgette^{F}
calabacín^{M}
zucchina^{F}

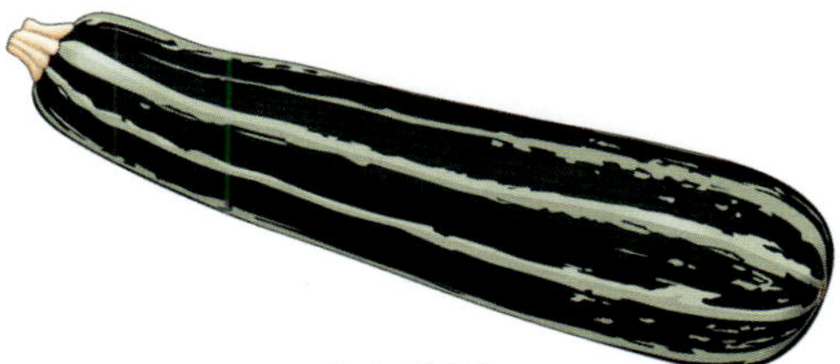

Gartenkürbis^{M}
marrow squash
courge^{F} à moelle^{F}
calabacín^{M}
zucchina^{F}

Chayote^{F}
chayote
chayote^{F}
chayote^{M}
chayote^{F}

Winterkürbisse^{M}
winter squashes
courges^{F} d'hiver^{M}
calabazas^{F} de invierno^{M}
zucche^{F} invernali

Kürbis^{M}
pumpkin
citrouille^{F}
calabaza^{F} común
zucca^{F}

Spaghettikürbis^{M}
spaghetti squash
courge^{F} spaghetti^{M}
calabaza^{F} romana
zucca^{F} spaghetti^{M}

Eichelkürbis^{M}
acorn squash
courgeron^{M}
calabaza^{F} bonetera
zucchetta^{F}

Moschuskürbis^{M}
buttercup squash
potiron^{M}
calabaza^{F} botón^{M} de oro^{M}
zucca^{F} berettina

Stängel- und Sprossengemüse[N]

stalk vegetables | légumes[M] tiges[F] | hortalizas[F] de tallos[M] | ortaggi[M] da fusto[M]

Spargel[M]
asparagus
asperge[F]
espárrago[M]
asparago[M]

Spitze[F]
tip
pointe[F]
punta[F]
punta[F]

Stange[F]
spear
turion[M]
turión[M]
turione[M]

Bund[N]
bundle
botte[F]
manojo[M]
mazzo[M]

Mangold[M]
Swiss chard
bette[F] à carde[F]
acelga[F]
bietola[F] da coste[F]

Blatt[N]
leaf
feuille[F]
hoja[F]
foglia[F]

Rippe[F]
rib
carde[F]
tallo[M]
costa[F]

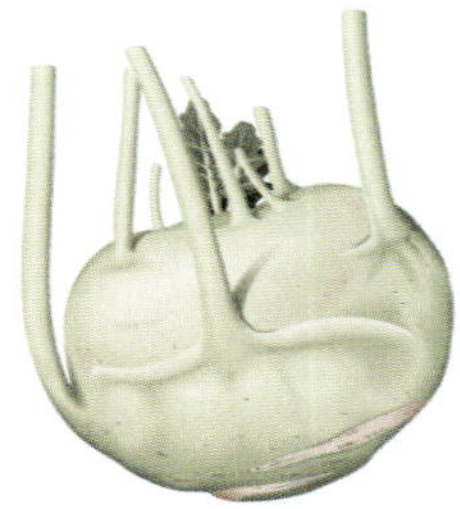

Kohlrabi[M]
kohlrabi
chou[M]-rave[F]
colinabo[M]
cavolo[M] rapa[F]

Kardone[F]
cardoon
cardon[M]
cardo[M]
cardo[M]

Bambussprosse[F]
bamboo shoot
pousse[F] de bambou[M]
brote[M] de bambú[M]
germoglio[M] di bambù[M]

Fenchel[M]
fennel
fenouil[M]
hinojo[M]
finocchio[M]

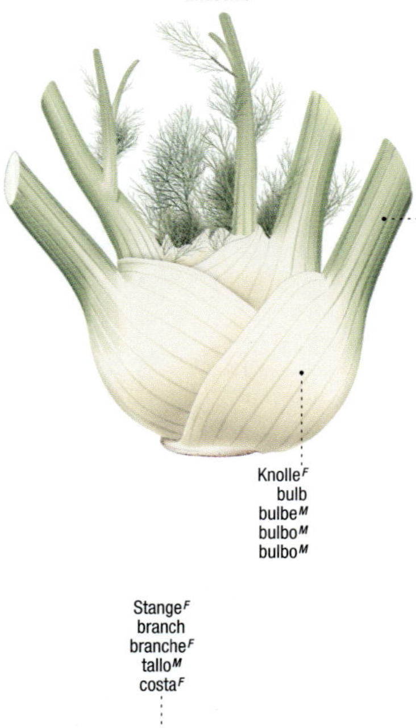

Stiel[M]
stalk
tige[F]
tallo[M]
fusto[M]

Knolle[F]
bulb
bulbe[M]
bulbo[M]
bulbo[M]

Farnspitze[F]
fiddlehead fern
crosse[F] de fougère[F]
helecho[M] canela
fronda[F] arrotolata

Stangensellerie[M/F]
celery
céleri[M]
apio[M]
sedano[M]

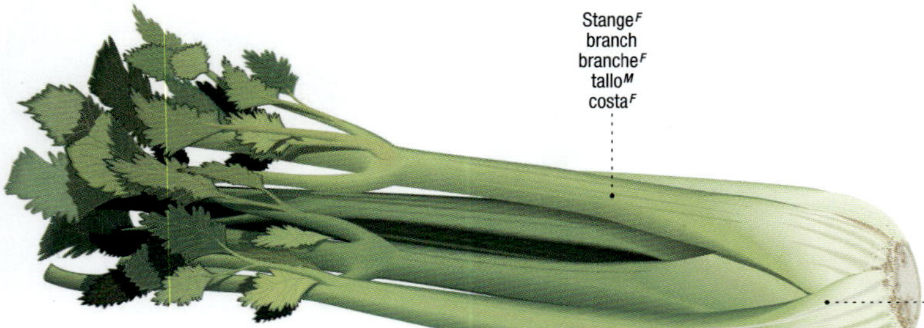

Stange[F]
branch
branche[F]
tallo[M]
costa[F]

Stielgrund[M]
head
pied[M]
base[F]
cespo[M]

Rhabarber[M]
rhubarb
rhubarbe[F]
ruibarbo[M]
rabarbaro[M]

Wurzelgemüse^{N}

root vegetables | légumes^{M} racines^{F} | raíces^{F} | ortaggi^{M} da radice^{F}

Meerrettich^{M}
horseradish
raifort^{M}
rábano^{M} blanco
barbaforte^{M}

Schwarzrettich^{M}
black radish
radis^{M} noir
rábano^{M} negro
ravanello^{M} nero

Radieschen^{N}
radish
radis^{M}
rábano^{M}
ravanello^{M}

Haferwurz^{F}
salsify
salsifis^{M}
salsifí^{M}
salsefica^{F}

Karotte^{F}
carrot
carotte^{F}
zanahoria^{F}
carota^{F}

Schwarzwurzel^{F}
black salsify
scorsonère^{F}
escorzonera^{F}
scorzonera^{F}

Pastinake^{F}
parsnip
panais^{M}
chirivía^{F}
pastinaca^{F}

Rettich^{M}
daikon
radis^{M} oriental
rábano^{M} daikon
rafano^{M} giapponese

Klettenwurzel^{F}
burdock
bardane^{F}
bardana^{F}
bardana^{F}

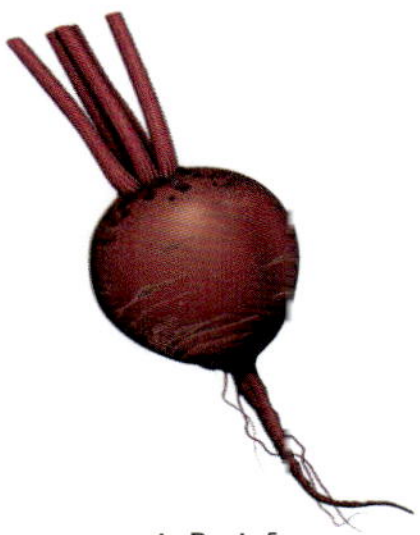

rote Beete^{F}
beetroot
betterave^{F}
remolacha^{F}
barbabietola^{F}

Rübe^{F}
turnip
navet^{M}
nabo^{M}
rapa^{F}

Knollensellerie^{F}
celeriac
céleri^{M}-rave^{F}
apio^{M} nabo
sedano^{M} rapa^{F}

Kohlrübe^{F}
swede
rutabaga^{M}
nabo^{M} sueco
navone^{M}

blühende Gemüsesorten^{F}

inflorescence vegetables | légumes^{M} fleurs^{F} | hortalizas^{F} | verdure^{F} da fiore^{M}

Blumenkohl^{M}
cauliflower
chou^{M}-fleur^{F}
coliflor^{F}
cavolfiore^{M}

Broccoli^{M}
broccoli
brocoli^{M}
brécol^{M}
broccolo^{M}

Kai-lan^{M}
gai lan
gai lon^{M}
brócoli^{M} chino
broccolo^{M} cinese

Rübenspross^{M}
broccoli raab
brocoli^{M} italien
nabiza^{F}
cime^{F} di rapa^{F}

Artischocke^{F}
artichoke
artichaut^{M}
alcachofa^{F}
carciofo^{M}

Hülsenfrüchte[F]

legumes | légumineuses[F] | legumbres[F] | legumi[M]

Hülsenfrüchte[F]
miscellaneous legumes
légumineuses[F] diverses
legumbres[F] variadas
legumi[M] vari

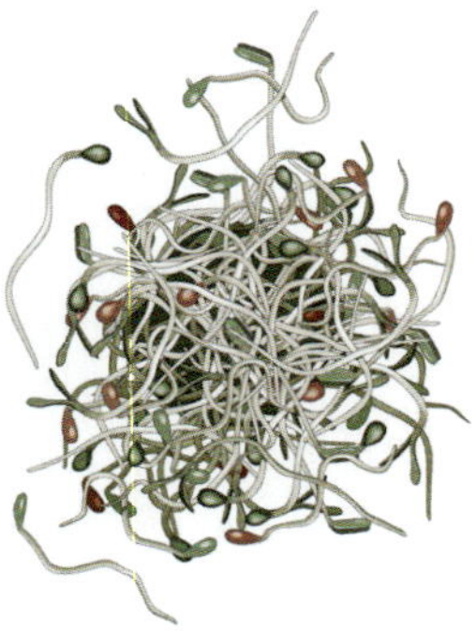

blaue Luzerne[F]
alfalfa
luzerne[F]
alfalfa[F]
erba[F] medica

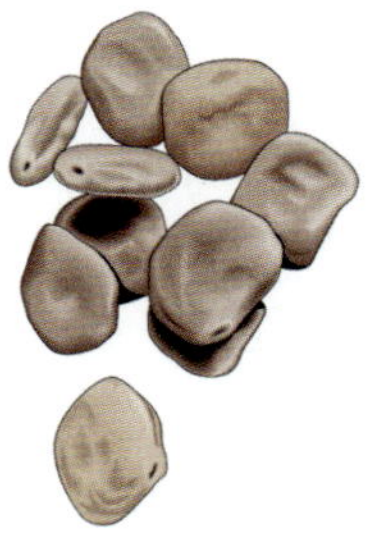

Lupine[F]
lupine
lupin[M]
altramuz[M]
lupino[M]

Linse[F]
lentil
lentille[F]
lenteja[F]
lenticchia[F]

Erdnuss[F]
peanut
arachide[F]
cacahuete[M]
arachide[F]

Ackerbohne[F]
broad bean
fève[F]
haba[F]
fava[F]

Erbsen[F]
peas
pois[M]
guisantes[M]
piselli[M]

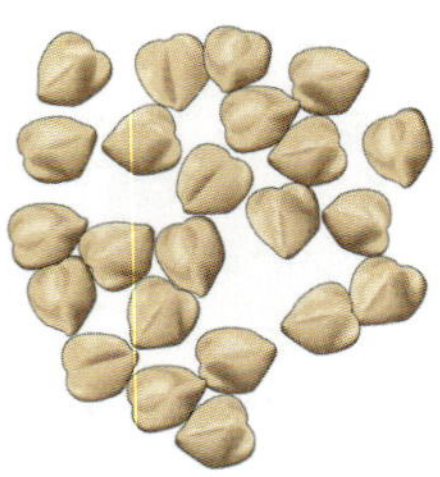

Kichererbse[F]
chickpea
pois[M] chiche
garbanzo[M]
cece[M]

Schälerbse[F]
split pea
pois[M] cassé
guisante[M] partido
pisello[M] secco spaccato

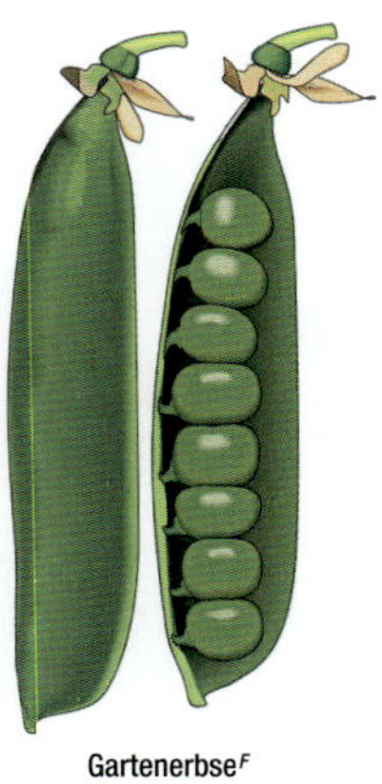

Gartenerbse[F]
green pea
petit pois[M]
guisante[M] verde
pisello[M]

Zuckererbse[F]
snow pea
pois[M] mange-tout[M]
guisante[M] arveja[F]
pisello[M] mangiatutto

Bohnen[F]
dolichos beans
doliques[M]
dolichos[M]
dolichi[M]

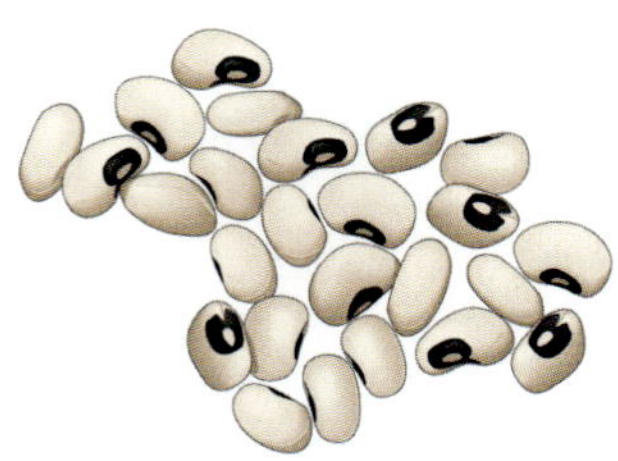

schwarzäugige Bohne[F]
black-eyed pea
dolique[M] à œil[M] noir
judía[F] de ojo
fagiolo[M] dall'occhio[M] nero

Helmbohne[F]
lablab bean
dolique[M] d'Égypte[F]
judía[F] de Egipto
fagiolo[M] egiziano

Spargelbohne[F]
yard-long bean
dolique[M] asperge[F]
judía[F] china larga
fagiolo[M] asparagio[M]

Hülsenfrüchte[F]

Bohnen[F]
beans
haricots[M]
judías[F]
fagioli[M]

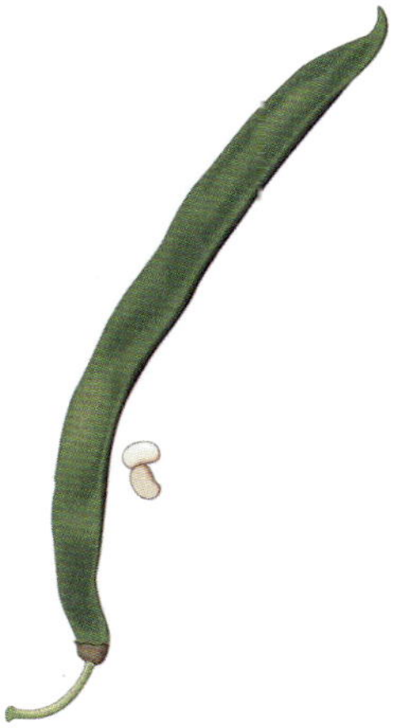

grüne Bohne[F]
green bean
haricot[M] vert
judía[F] verde
fagiolino[M]

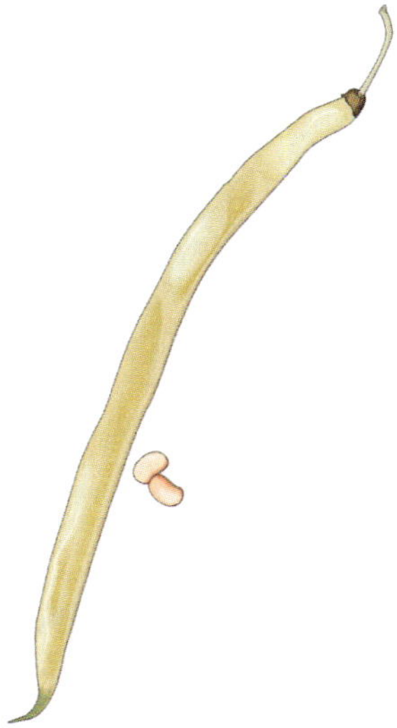

Wachsbohne[F]
wax bean
haricot[M] jaune
judía[F] amarilla
fagiolino[M] giallo

römische Bohne[F]
roman bean
haricot[M] romain
judía[F] romana
fagiolo[M] romano

Pintobohne[F]
pinto bean
haricot[M] pinto
judía[F] roja
fagiolo[M] pinto

Feuerbohne[F]
scarlet runner bean
haricot[M] d'Espagne[F]
ayocote[M]
fagiolo[M] da brodo[M]

Asukibohne[F]
adzuki bean
haricot[M] adzuki
judía[F] adzuki
fagiolo[M] adzuki

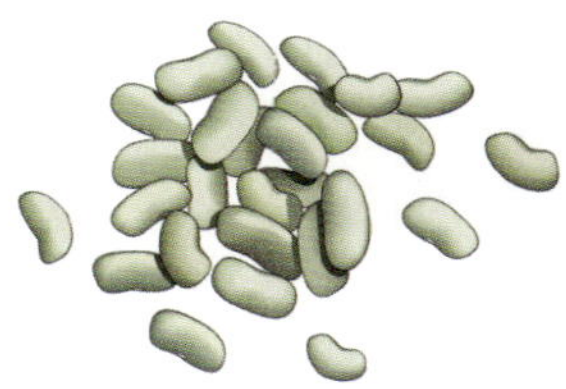

Flageolet-Bohne[F]
flageolet
flageolet[M]
frijol[M]
fagiolo[M] cannellino

Mungobohne[F]
mung bean
haricot[M] mungo
judía[F] mungo
fagiolo[M] mungo

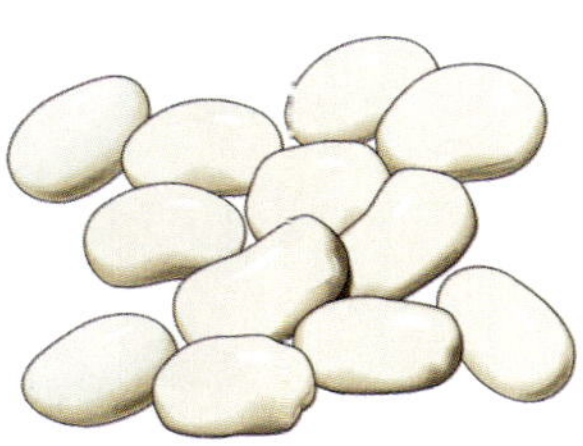

Limabohne[F]
Lima bean
haricot[M] de Lima
judía[F] de Lima
fagiolo[M] di Lima

schwarze Bohne[F]
black bean
haricot[M] noir
judía[F] negra
fagiolo[M] nero

schwarze Mungobohne[F]
black gram
haricot[M] mungo à grain[M] noir
judía[F] mungo negra
fagiolo[M] mungo nero

rote Kidneybohne[F]
red kidney bean
haricot[M] rouge
judía[F] roja
fagiolo[M] borlotto

Obst[N]

fruits | fruits[M] | frutas[F] | frutti[M]

Beeren[F]
berries
baies[F]
bayas[F]
bacche[F]

Johannisbeere[F]
redcurrant
groseille[F] à grappes[F]
grosella[F]
ribes[M]

schwarze Johannisbeere[F]
blackcurrant
cassis[M]
grosella[F] negra
ribes[M] nero

Stachelbeere[F]
gooseberry
groseille[F] à maquereau[M]
grosella[F] espinosa
uvaspina[F]

Weintraube[F]
grape
raisin[M]
uva[F]
uva[F]

Gartenheidelbeere[F]
blueberry
myrtille[F] d'Amérique[F]
arándano[M]
mirtillo[M]

Waldheidelbeere[F]
bilberry
myrtille[F]
arándano[M] negro
mirtillo[M]

rote Heidelbeere[F]
red whortleberry
airelle[F]
arándano[M] rojo
mirtillo[M] rosso

Gojibeere[F]
wolfberry
Goji[M]
gogi[M]
bacca[F] di Goji

Physalis[F]
Cape gooseberry
alkékenge[M]
grosella[M] amarilla
ribes[M] del capo[M]

Großfrüchtige Moosbeere[F]
cranberry
canneberge[F]
arándano[M] agrio
mirtillo[M] palustre

Himbeere[F]
raspberry
framboise[F]
frambuesa[F]
lampone[M]

Brombeere[F]
blackberry
mûre[F]
moras[F]
mora[F]

Erdbeere[F]
strawberry
fraise[F]
fresa[F]
fragola[F]

Steinfrüchte[F]
stone fruits
fruits[M] à noyau[M]
drupas[F]
drupe[F]

Pflaume[F]
plum
prune[F]
ciruela[F]
prugna[F]

Pfirsich[M]
peach
pêche[F]
melocotón[M]
pesca[F]

Nektarine[F]
nectarine
nectarine[F]
nectarina[F]
nettarina[F]

Aprikose[F]
apricot
abricot[M]
albaricoque[M]
albicocca[F]

Kirsche[F]
cherry
cerise[F]
cereza[F]
ciliegia[F]

Dattel[F]
date
datte[F]
dátil[M]
dattero[M]

Obst^N

Trockenfrüchte^F
dry fruits
fruits^M secs
frutas^F secas
frutti^M secchi

Macadamianuss^F
macadamia nut
noix^F de macadamia^M
nuez^F de macadamia^F
noce^F di macadamia^F

Ginkgonuss^F
ginkgo nut
noix^F de ginkgo^M
nuez^F de ginkgo
noce^F di ginco^M

Pistazie^F
pistachio nut
pistache^F
pistacho^M
pistacchio^M

Pinienkern^M
pine nut
pignon^M
piñón^M
pinolo^M

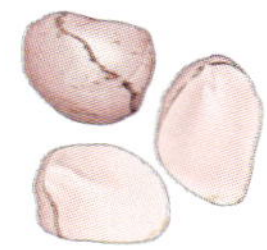

Kolanuss^F
cola nut
noix^F de cola^M
nuez^F de cola
noce^F di cola^F

Pecannuss^F
pecan nut
noix^F de pacane^F
pacana^F
noce^F di pecan^M

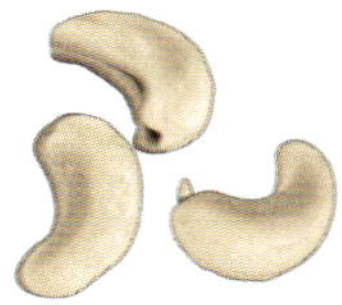

Cashewkern^M
cashew
noix^F de cajou^M
anacardo^M
noce^F di acagiù^M

Mandel^F
almond
amande^F
almendra^F
mandorla^F

Haselnuss^F
hazelnut
noisette^F
avellana^F
nocciola^F

Walnuss^F
walnut
noix^F
nuez^F
noce^F

Kokosnuss^F
coconut
noix^F de coco^M
coco^M
noce^F di cocco^M

Esskastanie^F
chestnut
marron^M
castaña^F
castagna^F

Buchecker^F
beechnut
faîne^F
hayuco^M
faggiola^F

Paranuss^F
Brazil nut
noix^F du Brésil^M
nuez^F del Brasil^M
noce^F del Brasile^M

Apfelfrüchte^F
pome fruits
fruits^M à pépins^M
frutas^F pomo
pomi^M

Birne^F
pear
poire^F
pera^F
pera^F

Quitte^F
quince
coing^M
membrillo^M
mela^F cotogna

Apfel^M
apple
pomme^F
manzana^F
mela^F

japanische Wollmispel^F
loquat
nèfle^F du Japon^M
níspero^M
nespola^F

Obst[N]

Zitrusfrüchte[F]
citrus fruits
agrumes[M]
cítricos[M]
agrumi[M]

Clementine[F]
clementine
clémentine[F]
clementina[M]
clementina[F]

Kumquat[F]
kumquat
kumquat[M]
naranja[F] china
kumquat[M]

Limette[F]
lime
lime[F]
lima[F]
limetta[F]

Mandarine[F]
tangerine
tangerine[F]
mandarina[F]
tangerino[M]

Zitrone[F]
lemon
citron[M]
limón[M]
limone[M]

Orange[F]
orange
orange[F]
naranja[F]
arancia[F]

Blutorange[F]
blood orange
orange[F] sanguine
naranja[F] sanguina
arancia[F] rossa

Mandarine[F]
mandarin
mandarine[F]
mandarina[F]
mandarino[M]

Bergamotte[F]
bergamot
bergamote[F]
bergamota[F]
bergamotto[M]

Grapefruit[F]
grapefruit
pomelo[M]
toronja[F]
pompelmo[M]

Pampelmuse[F]
pomelo
pamplemousse[M]
pomelo[M]
pomelo[M]

Zitronatzitrone[F]
citron
cédrat[M]
limón[M]
cedro[M]

Obst^{N}

Melonen^{F}
melons
melons^{M}
melones^{M}
meloni^{M}

Honigmelone^{F}
cantaloupe
cantaloup^{M}
melón^{M} cantalupo
cantalupo^{M}

Casabamelone^{F}
casaba melon
melon^{M} Casaba
melón^{M} invernal
melone^{M} invernale

Honigmelone^{F}
honeydew melon
melon^{M} miel^{M}
melón^{M} de miel
melone^{M} mieloso

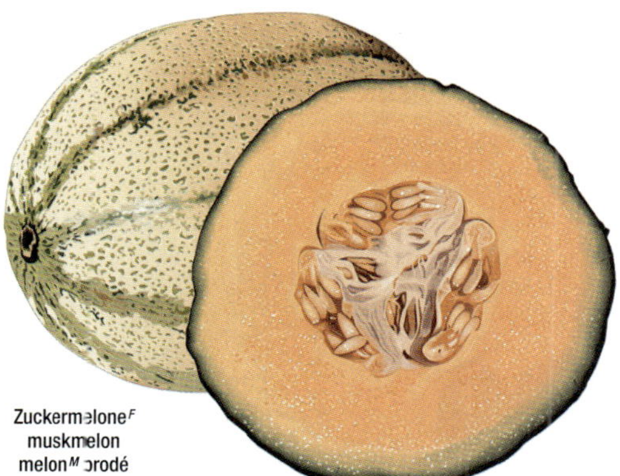

Zuckermelone^{F}
muskmelon
melon^{M} brodé
melón^{M} escrito
melone^{M} retato

Honigmelone^{F}
Canary melon
melon^{M} d'Espagne^{F}
melón^{M}
melone^{M} giallo canario

Wassermelone^{F}
watermelon
pastèque^{F}
sandía^{F}
cocomero^{M}

Ogenmelone^{F}
Ogen melon
melon^{M} d'Ogen
melón^{M} de Ogen
melone^{M} Ogen

Obst^{N}

Südfrüchte^{F}
tropical fruits
fruits^{M} tropicaux
frutas^{F} tropicales
frutti^{M} tropicali

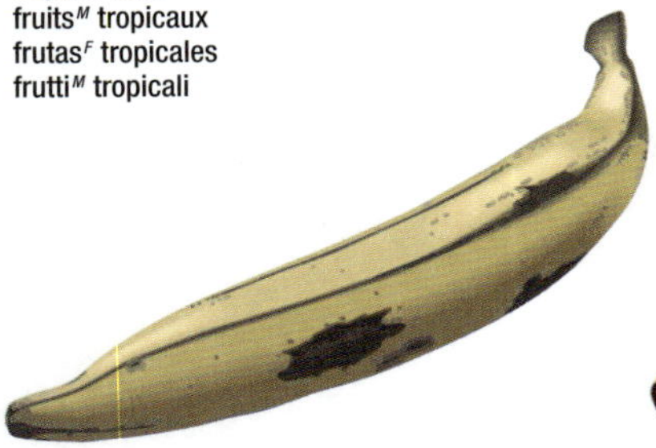

Plantainbanane^{F}
plantain
banane^{F} plantain^{M}
plátano^{M}
banana^{F} plantain

Banane^{F}
banana
banane^{F}
banana^{F}
banana^{F}

Longanfrucht^{F}
longan
longane^{M}
longan^{M}
longan^{M}

Baumtomate^{F}
tamarillo
tamarillo^{M}
tamarillo^{M}
tamarillo^{M}

Passionsfrucht^{F}
passion fruit
fruit^{M} de la Passion^{F}
fruta^{F} de la pasión^{F}
maracuja^{F}

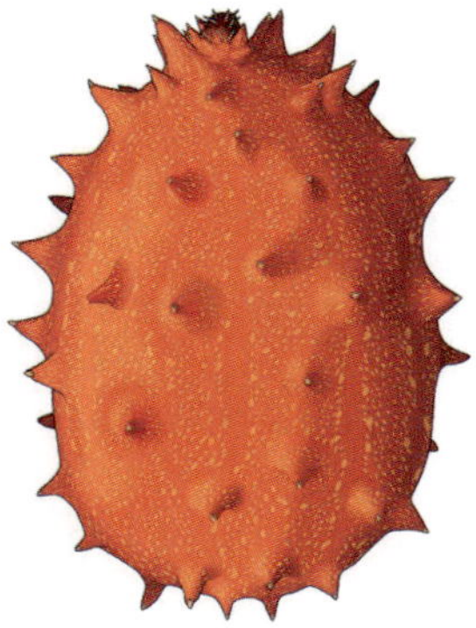

Kiwano^{F}
horned melon
melon^{M} à cornes^{F}
kiwano^{M}
kiwano^{M}

Mangostane^{F}
mangosteen
mangoustan^{M}
mangostán^{M}
mangostano^{M}

Kiwi^{F}
kiwi
kiwi^{M}
kiwi^{M}
kiwi^{M}

Granatapfel^{M}
pomegranate
grenade^{F}
granada^{F}
melograno^{M}

Chirimoya^{F}
cherimoya
chérimole^{F}
chirimoya^{F}
cerimolia^{F}

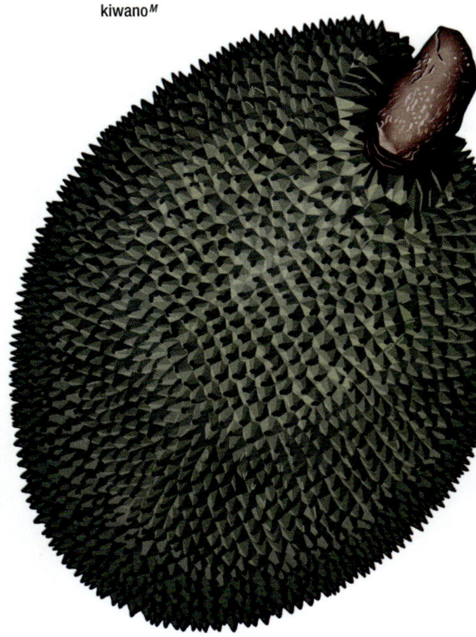

Jackfrucht^{F}
jackfruit
jaque^{M}
fruta^{F} de jack
frutto^{M} del jack

Ananas^{F}
pineapple
ananas^{M}
piña^{F}
ananas^{M}

Obst^{N}

Jaboticaba^{F}
jaboticaba
jaboticaba^{M}
jaboticaba^{F}
jaboticaba^{F}

Litschi^{F}
lychee
litchi^{M}
lichi^{M}
litchi^{M}

Feige^{F}
fig
figue^{F}
higo^{M}
fico^{M}

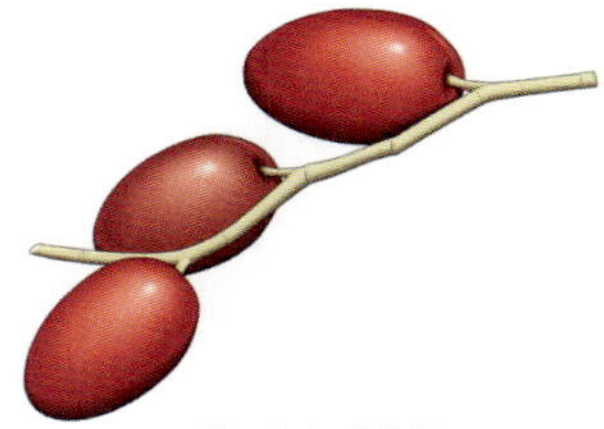

chinesische Dattel^{F}
jujube
jujube^{M}
jojoba^{F}
giuggiola^{F}

Breiapfel^{M}
sapodilla
sapotille^{F}
zapote^{M}
sapotiglia^{F}

Guave^{F}
guava
goyave^{F}
guayaba^{F}
guaiava^{F}

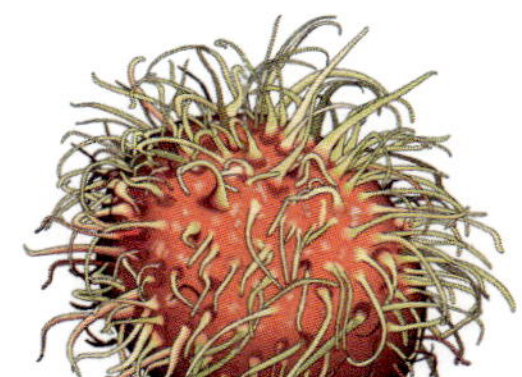

Rambutan^{F}
rambutan
ramboutan^{M}
rambután^{M}
rambutan^{M}

Kaki^{F}
Japanese persimmon
kaki^{M}
caqui^{M}
cachi^{M}

Kaktusfeige^{F}
prickly pear
figue^{F} de Barbarie
higo^{M} chumbo
fico^{M} d'India^{F}

Sternfrucht^{F}
carambola
carambole^{F}
carambola^{F}
carambola^{F}

asiatische Birne^{F}
Asian pear
pomme^{F} poire^{F}
pera^{F} asiática
nashi^{M}

Mango^{F}
mango
mangue^{F}
mango^{M}
mango^{M}

Durianfrucht^{F}
durian
durian^{M}
durión^{M}
durian^{M}

Papaya^{F}
papaya
papaye^{F}
papaya^{F}
papaia^{F}

Birnenmelone^{F}
pepino
pepino^{M}
pepino^{M} dulce
pepino^{M}

Ananasguave^{F}
feijoa
feijoa^{M}
feijoa^{F}
feijoa^{F}

Gewürze[N]

spices | épices[F] | especias[F] | spezie[F]

Wacholderbeere[F]
juniper berry
baie[F] de genièvre[M]
bayas[F] de enebro[M]
bacca[F] di ginepro[M]

Gewürznelke[F]
clove
clou[M] de girofle[M]
clavo[M]
chiodo[M] di garofano[M]

Jamaikapfeffer[M]
allspice
piment[M] de la Jamaïque[F]
pimienta[F] de Jamaica
pepe[M] della Giamaica[F]

weiße Senfkörner[N]
white mustard
moutarde[F] blanche
mostaza[F] blanca
senape[F] bianca

schwarze Senfkörner[N]
black mustard
moutarde[F] noire
mostaza[F] negra
senape[F] nera

schwarzer Pfeffer[M]
black pepper
poivre[M] noir
pimienta[F] negra
pepe[M] nero

weißer Pfeffer[M]
white pepper
poivre[M] blanc
pimienta[F] blanca
pepe[M] bianco

rosa Pfeffer[M]
pink pepper
poivre[M] rose
pimienta[F] rosa
pepe[M] rosa

grüner Pfeffer[M]
green pepper
poivre[M] vert
pimienta[F] verde
pepe[M] verde

Muskatnuss[F]
nutmeg
noix[F] de muscade[F]
nuez[F] moscada
noce[F] moscata

Kümmel[M]
caraway
carvi[M]
alcaravea[F]
carvi[M]

Kardamom[M/N]
cardamom
cardamome[F]
cardamomo[M]
cardamomo[M]

Zimtstangen[M]
cinnamon
cannelle[F]
canela[F]
cannella[F]

Safran[M]
saffron
safran[M]
azafrán[M]
zafferano[M]

Kreuzkümmel[M]
cumin
cumin[M]
comino[M]
cumino[M]

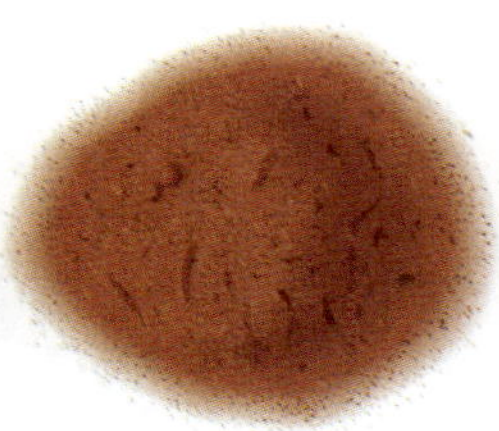

Curry[N]
curry
curry[M]
curry[M]
curry[M]

Kurkuma[N]
turmeric
curcuma[M]
cúrcuma[F]
curcuma[F]

Bockshornkleesamen[M]
fenugreek
fenugrec[M]
fenogreco[M]
fieno[M] greco

Gewürze[N]

Jalapeño-Chili[M]
jalapeño chilli
piment[M] Jalapeño
chile[M] jalapeño
peperoncino[M]

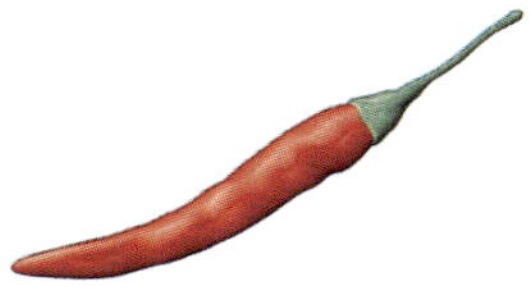

Vogelaugenchili[M]
bird's eye chilli
piment[M] oiseau[M]
guindilla[F]
peperoncino[M] rosso

zerkleinerter Chili[M]
crushed chilli
piment[M] broyé
pimienta[F] roja machacada
peperoncino[M] tritato

getrockneter Chili[M]
dried chilli
piment[M] séché
pimienta[F] roja seca
peperoncino[M] secco

Cayennepfeffer[M]
cayenne pepper
piment[M] de Cayenne
pimienta[F] cayena[F]
peperoncino[M] di cayenna

gemahlener Pfeffer[M]
ground pepper
poivre[M] moulu
pimienta[F] molida
pepe[M] macinato

Ajowan[N]
ajowan
ajowan[M]
ajowán[M]
ajowan[M]

Teufelsdreck[M]
asafœtida
asa-fœtida[F]
asafétida[F]
assafetida[F]

Garam Masala[N]
garam masala
garam masala[M]
garam masala[M]
garam masala[M]

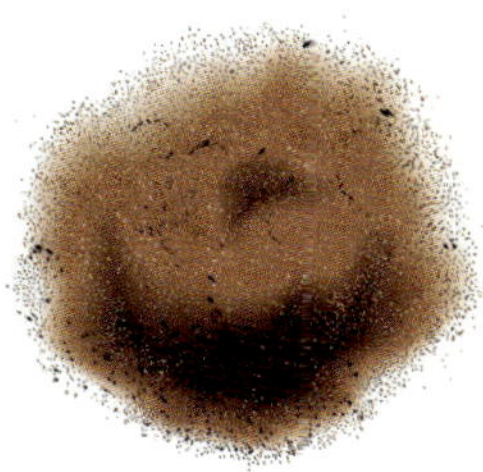

Cajun-Gewürzmischung[F]
cajun spice seasoning
mélange[M] d'épices[F] cajun
condimento[M] de especias[F] cajún
condimento[M] alle spezie[F] cajun

Mariniergewürze[N]
marinade spices
épices[F] à marinade[F]
especias[F] para salmuera[F]
spezie[F] marinate

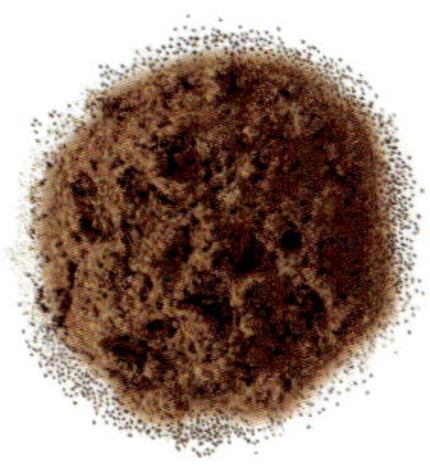

Fünf-Kräuter[N]-Gewürz[N]
five spice powder
cinq-épices[M] chinois
cinco especias[F] chinas
miscela[F] di cinque spezie[F]

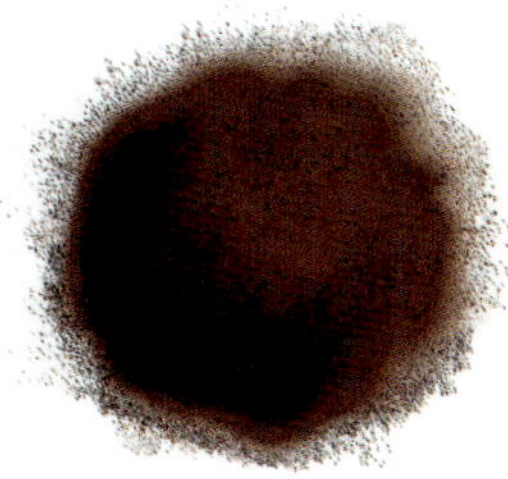

Chilipulver[N]
chilli powder
assaisonnement[M] au chili[M]
guindilla[F] molida
peperoncino[M] in polvere[F]

Paprika[M]
paprika
paprika[M]
pimentón[M]
paprika[F]

Ras-El-Hanout[N]
ras el hanout
ras-el-hanout[M]
ras el hanout[M]
ras el hanout[M]

Sumach[M]
sumac
sumac[M]
zumaque[M]
sumac[M]

Mohnsamen[M]
poppy seeds
graines[F] de pavot[M]
semillas[F] de adormidera[F]
semi[M] di papavero[M]

Ingwer[M]
ginger
gingembre[M]
jengibre[M]
zenzero[M]

Kräuter[N]

herbs | fines herbes[F] | hierbas[F] aromáticas | piante[F] aromatiche

Dill[M]
dill
aneth[M]
eneldo[M]
aneto[M]

Anis[M]
anise
anis[M]
anís[M]
anice[M]

Lorbeer[M]
bay
laurier[M]
laurel[M]
alloro[M]

Oregano[M]
oregano
origan[M]
orégano[M]
origano[M]

Estragon[M]
tarragon
estragon[M]
estragón[M]
dragoncello[M]

Basilikum[N]
basil
basilic[M]
albahaca[F]
basilico[M]

Salbei[M]
sage
sauge[F]
salvia[F]
salvia[F]

Thymian[M]
thyme
thym[M]
tomillo[M]
timo[M]

Minze[F]
mint
menthe[F]
hierbabuena[F]
menta[F]

Petersilie[F]
parsley
persil[M]
perejil[M]
prezzemolo[M]

Kerbel[M]
chervil
cerfeuil[M]
perifollo[M]
cerfoglio[M]

Koriander[M]
coriander
coriandre[F]
cilantro[M]
coriandolo[M]

Rosmarin[M]
rosemary
romarin[M]
romero[M]
rosmarino[M]

Ysop[M]
hyssop
hysope[F]
hisopo[M]
issopo[M]

Boretsch[M]
borage
bourrache[F]
borraja[F]
borragine[F]

Liebstöckel[M/N]
lovage
livèche[F]
alheña[F]
sedano[M] di monte[M]

Bohnenkraut[N]
savoury
sarriette[F]
ajedrea[F]
santoreggia[F]

Zitronenmelisse[F]
lemon balm
mélisse[F]
melisa[F]
melissa[F]

Getreide[N]

cereals | céréales[F] | cereales[M] | cereali[M]

Reis[M]
rice
riz[M]
arroz[M]
riso[M]

Wildreis[M]
wild rice
riz[M] sauvage
arroz[M] silvestre
riso[M] nero selvatico

Dinkel[M]
spelt wheat
épeautre[M]
escanda[F] común
farro[M]

Weizen[M]
wheat
blé[M]
trigo[M]
frumento[M]

Hafer[M]
oats
avoine[F]
avena[F]
avena[F]

Roggen[M]
rye
seigle[M]
centeno[M]
segale[F]

Hirse[F]
millet
millet[M]
mijo[M]
miglio[M]

Mais[M]
corn
maïs[M]
maíz[M]
mais[M]

Gerste[F]
barley
orge[F]
cebada[F]
orzo[M]

Buchweizen[M]
buckwheat
sarrasin[M]
trigo[M] sarraceno
grano[M] saraceno

Reismelde[F]
quinoa
quinoa[M]
quinua[F]
quinoa[M]

Amarant[M]
amaranth
amarante[F]
amaranto[M]
amaranto[M]

Triticale[M]
triticale
triticale[M]
triticale[M]
triticale[M]

Kaffee[M] und Tee[M]

coffee and infusions | café[M] et infusions[F] | café[M] e infusiones[F] | caffè[M] e infusi[M]

Kräutertees[M]
herbal teas
tisanes[F]
tisanas[F]
tisane[F]

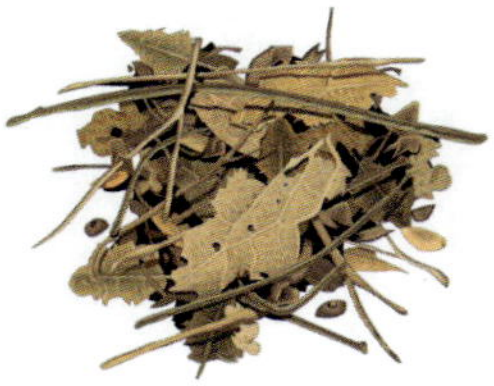

Linde[F]
linden
tilleul[M]
tila[F]
tiglio[M]

Kamille[F]
chamomile
camomille[F]
manzanilla[F]
camomilla[F]

Verbene[F]
verbena
verveine[F]
verbena[F]
verbena[F]

Minze[F]
mint
menthe[F]
menta[F]
menta[F]

Kaffee[M]
coffee
café[M]
café[M]
caffè[M]

Rohkaffee[F]
green coffee beans
grains[M] de café[M] verts
granos[M] verdes de café[M]
chicchi[M] di caffè[M] verdi

geröstete Kaffeebohnen[F]
roasted coffee beans
grains[M] de café[M] torréfiés
granos[M] torrefactos de café[M]
chicchi[M] di caffè[M] tostati

gemahlener Kaffee[M]
ground coffee
café[M] moulu
café[M] molido
caffè[M] macinato

Tee[M]
tea
thé[M]
té[M]
tè[M]

grüner Tee[M]
green tea
thé[M] vert
té[M] verde
tè[M] verde

schwarzer Tee[M]
black tea
thé[M] noir
té[M] negro
tè[M] nero

Oolong-Tee[M]
oolong tea
thé[M] oolong
té[M] oolong
tè[M] oolong

Mollusken^{F}

molluscs | mollusques^{M} | moluscos^{M} | molluschi^{M}

Krake^{M}
octopus
pieuvre^{F}
pulpo^{M}
polpo^{M}

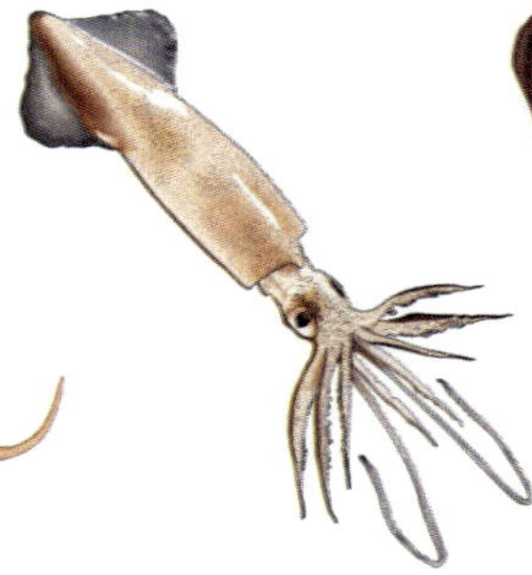

Kalmar^{M}
squid
calmar^{M}
calamar^{M}
calamaro^{M}

Tintenfisch^{M}
cuttlefish
seiche^{F}
sepia^{F}
seppia^{F}

Kammmuschel^{F}
scallop
pétoncle^{M}
venera^{F}
pettine^{M}

Kreuzmuster^{N}-Teppichmuschel^{F}
hard-shell clam
palourde^{F}
almeja^{F}
tartufo^{M} di mare^{M}

Sandklaffmuschel^{F}
soft-shell clam
mye^{F}
mya^{F} arenaria
cappa^{F} molle

Meerohr^{N}
abalone
ormeau^{M}
oreja^{F} de mar^{M}
orecchia^{F} di mare^{M}

Jakobsmuschel^{F}
great scallop
coquille^{F} Saint-Jacques
vieira^{F}
capasanta^{F}

Schnecke^{F}
snail
escargot^{M}
caracol^{M} terrestre
chiocciola^{F}

Napfschnecke^{F}
limpet
patelle^{F}
lapa^{F}
patella^{F}

Strandschnecke^{F}
common periwinkle
bigorneau^{M}
bígaro^{M}
littorina^{F}

Venusmuschel^{F}
clam
praire^{F}
almeja^{F}
vongola^{F}

Herzmuschel^{F}
cockle
coque^{F}
berberecho^{M}
cardio^{M}

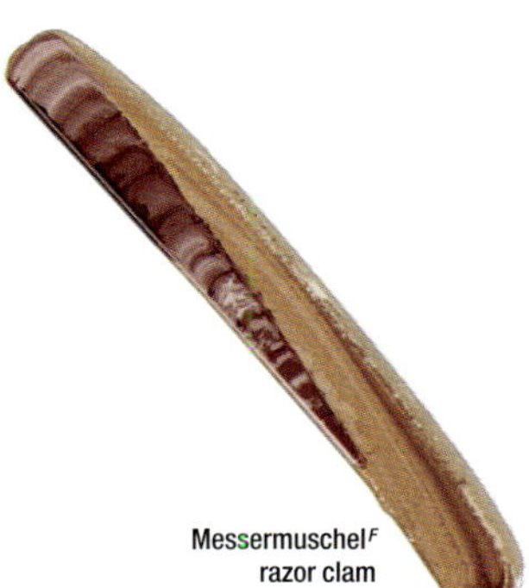

Messermuschel^{F}
razor clam
couteau^{M}
navaja^{F}
cannolicchio^{M}

Auster^{F}
oyster
huître^{F} plate
ostra^{F}
ostrica^{F}

Auster^{F}
oyster
huître^{F} creuse du Pacifique^{M}
ostra^{F}
ostrica^{F}

Miesmuschel^{F}
blue mussel
moule^{F}
mejillón^{M}
mitilo^{M}

Wellhornschnecke^{F}
whelk
buccin^{M}
buccino^{M}
buccino^{M}

Krebstiere[N]

crustaceans | crustacés[M] | crustáceos[M] | crostacei[M]

Hummer[M]
lobster
homard[M]
bogavante[M]
astice[M]

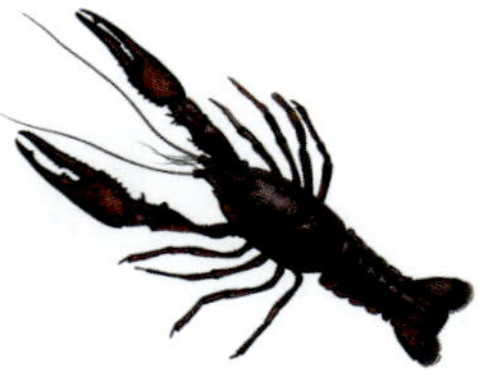

Flusskrebs[M]
crayfish
écrevisse[F]
cangrejo[M] de río[M]
gambero[M] di acqua[F] dolce

Languste[F]
spiny lobster
langouste[F]
langosta[F] marina
aragosta[F]

Garnele[F]
prawn
crevette[F]
gamba[F]
gamberetto[M]

Kaisergranat[M]
langoustine
langoustine[F]
langostino[M]
scampo[M]

Krabbe[F]
crab
crabe[M]
cangrejo[M] de mar[M]
granchio[M]

Meeresfische[M]

sea fishes | poissons[M] de mer[F] | peces[M] de mar[M] | pesci[M] di mare[M]

groß gefleckter Katzenhai[M]
larger spotted dogfish
grande roussette[F]
alitán[M]
gattuccio[M] stellato

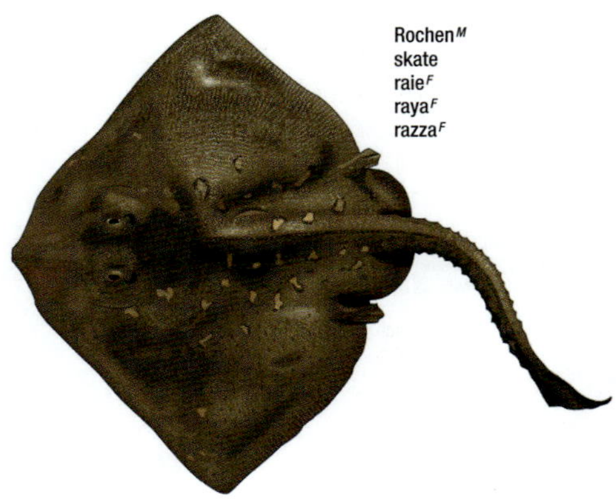

Rochen[M]
skate
raie[F]
raya[F]
razza[F]

Hundshai[M]
smooth hound
émissole[F]
musola[F]
palombo[M] liscio

Stör[M]
sturgeon
esturgeon[M]
esturión[M]
storione[M]

Meeresfische[M]

Sardelle[F]
anchovy
anchois[M]
boquerón[M]
acciuga[F]

Sardine[F]
sardine
sardine[F]
sardina[F]
sardina[F]

Hering[M]
herring
hareng[M]
arenque[M]
aringa[F]

Stint[M]
smelt
éperlan[M]
eperlano[M]
sperlano[M]

Goldbrasse[F]
sea bream
dorade[F]
dorada[F]
orata[F]

rote Meerbarbe[F]
goatfish
rouget[M] barbet[M]
salmonete[M]
triglia[F]

Alse[F]
shad
alose[F]
sábalo[M]
alosa[F]

Makrele[F]
mackerel
maquereau[M]
caballa[F]
sgombro[M]

Seeteufel[M]
monkfish
baudroie[F]
rape[M]
pesce[M] rospo[M]

Knurrhahn[M]
gurnard
grondin[M]
rubio[M]
pesce[M] cappone[M]

Blaufisch[M]
bluefish
tassergal[M]
anjova[F]
ballerino[M]

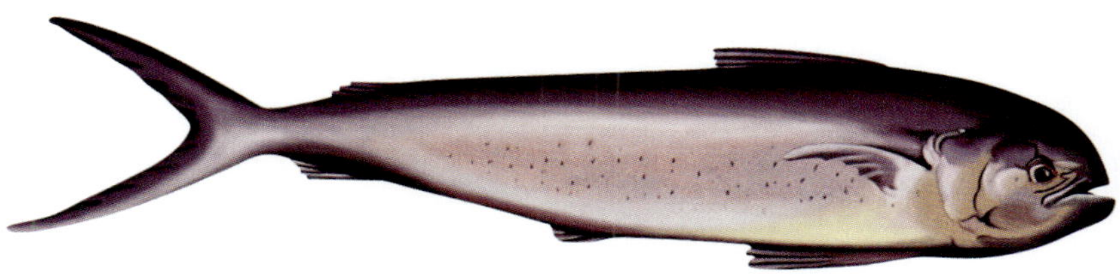

Goldmakrele[F]
dorado
mahi mahi[M]
dorado[M]
mahi mahi[M]

Schwertfisch[M]
swordfish
espadon[M]
pez[M] espada
pesce[M] spada[F]

Meeresfische[M]

Scholle[F]
sole
sole[F]
lenguado[M]
sogliola[F]

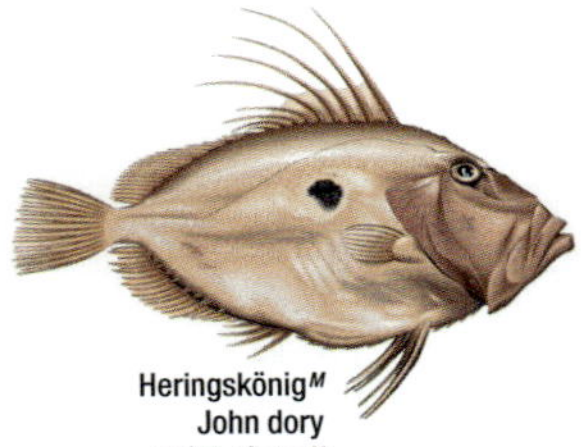

Heringskönig[M]
John dory
saint-pierre[M]
pez[M] de San Pedro
pesce[M] San Pietro

Flunder[F]
common plaice
plie[F] commune
platija[F]
passera[F] di mare[M]

Weißfisch[M]
whiting
merlan[M]
merlán[M]
merlano[M]

Rotbarsch[M]
redfish
sébaste[M]
gallineta[F]
salmone[M] rosso

Schellfisch[M]
haddock
églefin[M]
eglefino[M]
eglefino[M]

Seebarsch[M]
sea bass
bar[M] commun
lubina[F]
branzino[M]

atlantischer Lachs[M]
Atlantic salmon
saumon[M] de l'Atlantique[M]
salmón[M] del Atlántico[M]
salmone[M] dell'Atlantico[M]

Seelachs[M]
pollack
lieu[M] noir
abadejo[M]
merlano[M]

pazifischer Lachs[M]
Pacific salmon
saumon[M] du Pacifique[M]
salmón[M] del Pacífico[M]
salmone[M] del Pacifico[M]

Thunfisch[M]
tuna
thon[M]
atún[M]
tonno[M]

atlantischer Kabeljau[M]
Atlantic cod
morue[F] de l'Atlantique[M]
bacalao[M] del Atlántico[M]
merluzzo[M] dell'Atlantico[M]

Heilbutt[M]
halibut
flétan[M]
halibut[M]
ippoglosso[M]

Steinbutt[M]
turbot
turbot[M]
rodaballo[M]
rombo[M]

Süßwasserfische[M]

freshwater fishes | poissons[M] d'eau[F] douce | peces[M] de agua[M] dulce | pesci[M] d'acqua[F] dolce

Aal[M]
eel
anguille[F]
anguila[F]
anguilla[F]

Barsch[M]
bass
perche[F] truitée
róbalo[M]
persico[M] trota[F]

Flussbarsch[M]
perch
perche[F]
perca[F]
persico[M]

Forelle[F]
trout
truite[F]
trucha[F]
trota[F]

Karpfen[M]
carp
carpe[F]
carpa[F]
carpa[F]

Zander[M]
pike perch
sandre[M]
lucioperca[M]
lucioperca[F]

Tilapia[M]
tilapia
tilapia[M]
tilapia[F]
tilapia[F]

Bachsaibling[M]
brook char
omble[M] de fontaine[F]
salvelino[M]
salmerino[M] di fontana[F]

Hecht[M]
pike
brochet[M]
lucio[M]
luccio[M]

Fischformen[F]

fish presentation | modes[M] de présentation[F] du poisson[M] | presentación[F] de pescado[M] | modi[M] di presentazione[F] del pesce[M]

Stockfisch[M]
salt fish
poisson[M] salé
pescado[M] salado
pesce[M] salato

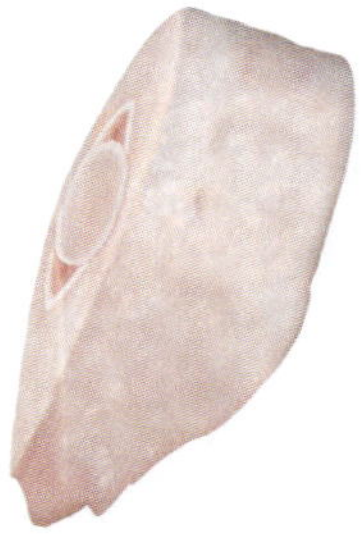

Fischstück[N]
tronçon
tronçon[M]
rodaja[F]
trancio[M]

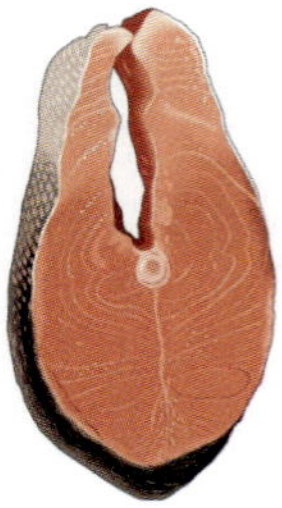

Fischsteak[N]
fish steak
darne[F]
filete[M] de pescado[M]
trancio[M] di pesce[M]

Filet[N]
fillet
filet[M]
filete[M]
filetto[M]

Räucherfisch[M]
smoked fish
poisson[M] fumé
pescado[M] ahumado
pesce[M] affumicato

marinierter Fisch[M]
marinated fish
poisson[M] mariné
pescado[M] marinado
pesce[M] marinato

Meeresfrüchteplatte[F]
seafood platter
plateau[M] de fruits[M] de mer[F]
plato[M] de mariscos[M]
vassoio[M] di frutti[M] di mare[M]

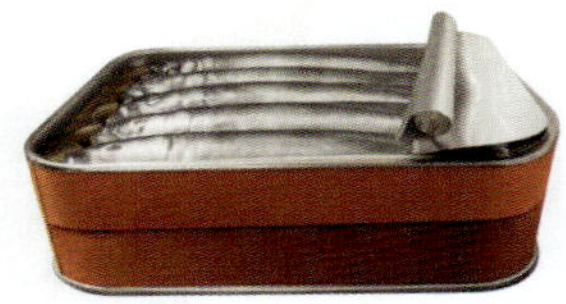

Dosenfisch[M]
tinned fish
poisson[M] en conserve[F]
conservas[F] de pescado[M]
pesce[M] in scatola[F]

Eier[N]

eggs | œufs[M] | huevos[M] | uova[F]

Straußenei[N]
ostrich egg
œuf[M] d'autruche[F]
huevo[M] de avestruz[M]
uovo[M] di struzzo[M]

Gänseei[N]
goose egg
œuf[M] d'oie[F]
huevo[M] de oca[F]
uovo[M] di oca[F]

Wachtelei[N]
quail egg
œuf[M] de caille[F]
huevo[M] de codorniz[F]
uovo[M] di quaglia[F]

Fasanenei[N]
pheasant egg
œuf[M] de faisane[F]
huevo[M] de faisán[M]
uovo[M] di fagiano[M]

Entenei[N]
duck egg
œuf[M] de cane[F]
huevo[M] de pato[M]
uovo[M] di anatra[F]

Hühnerei[N]
hen egg
œuf[M] de poule[F]
huevo[M] de gallina[F]
uovo[M] di gallina[F]

Fleisch[N]

meat | viande[F] | carne[F] | carne[F]

Geflügel[N]
poultry
volaille[F]
aves[F] de corral[M]
volatili[M]

Cornwall-Huhn[N]
Cornish hen
poulet[M] de Cornouailles
pollo[M] de Cornualles[M]
gallina[F] della Cornovaglia

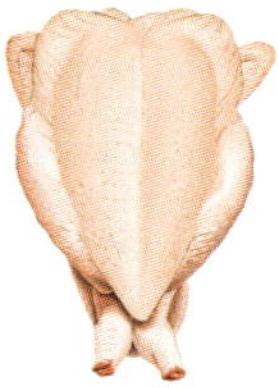

Huhn[N]
chicken
poulet[M]
pollo[M]
pollo[M]

Ente[F]
duck
canard[M]
pato[M]
anatra[F]

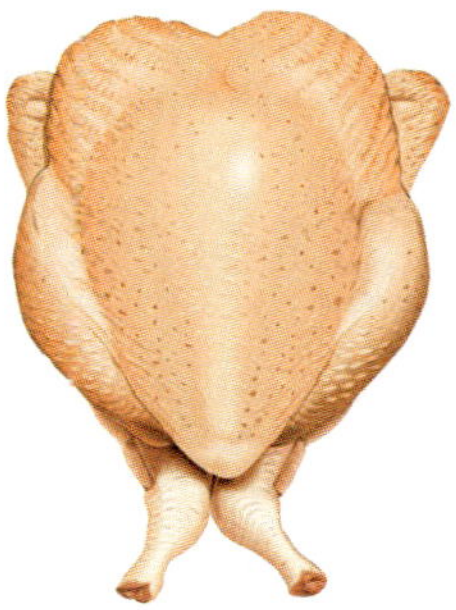

Kapaun[M]
capon
chapon[M]
capón[M]
cappone[M]

Puter[M]
turkey
dinde[F]
pavo[M]
tacchino[M]

Gans[F]
goose
oie[F]
oca[F]
oca[F]

Wild[N]
game
gibier[M]
caza[F]
selvaggina[F]

Hase[M]
hare
lièvre[M]
liebre[F]
lepre[F]

Kaninchen[N]
rabbit
lapin[M]
conejo[M]
coniglio[M]

Wachtel[F]
quail
caille[F]
codorniz[F]
quaglia[F]

Rebhuhn[N]
partridge
perdrix[F]
perdiz[F]
pernice[F]

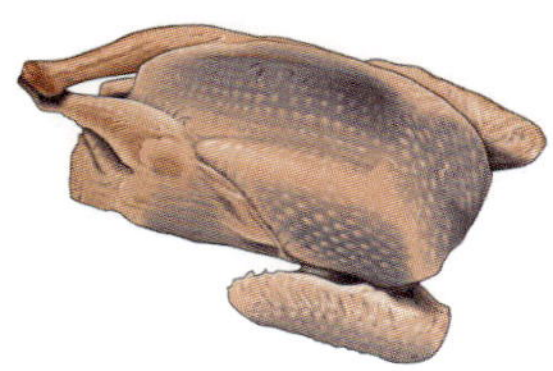

Taube[F]
pigeon
pigeon[M]
pichón[M]
piccione[M]

Perlhuhn[N]
guinea fowl
pintade[F]
pintada[F]
faraona[F]

Fasan[M]
pheasant
faisan[M]
faisán[M]
fagiano[M]

Fleisch[N]

Rindfleisch[N]
cuts of beef
découpe[F] du bœuf[M]
cortes[M] de vacuno[M]
tagli[M] di manzo[M]

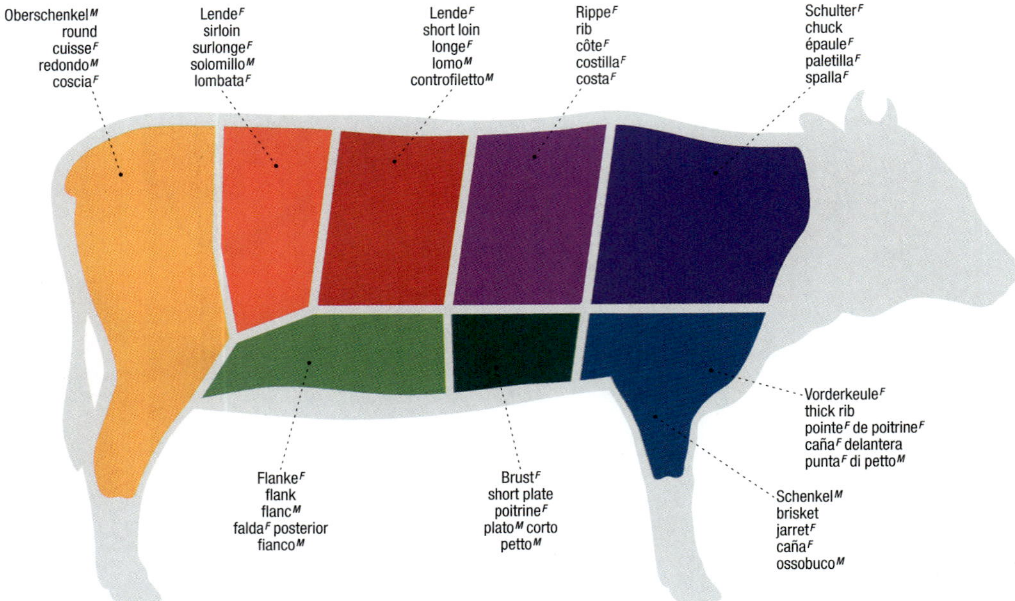

Beispiele[N] für Fleischstücke[N]
examples of pieces
exemples[M] de pièces[F]
ejemplos[M] de piezas[F]
esempi[M] di pezzi[M]

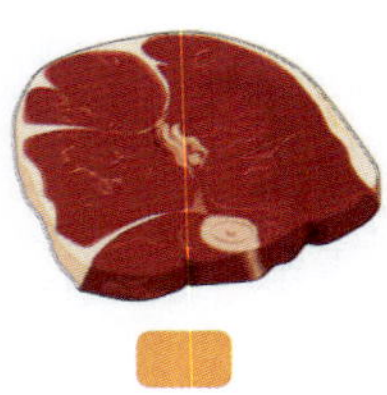

Keulensteak[N]
round steak
bifteck[M] de ronde[F]
carne[M] para asar
girello[M]

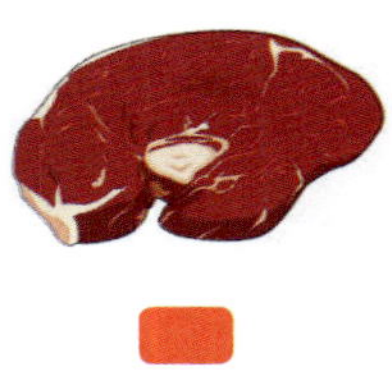

Lendensteak[N]
sirloin steak
bifteck[M] de surlonge[F]
solomillo[M]
costata[F] di manzo[M]

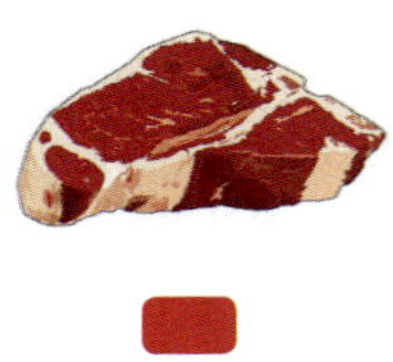

T-Bone-Steak[N]
T-bone steak
bifteck[M] d'aloyau[M]
chuletón[M] de costilla[F]
bistecca[F] con l'osso[M]

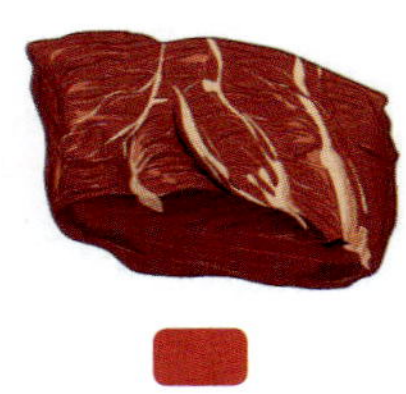

Chateaubriand [N]
Chateaubriand
châteaubriand[M]
solomillo[M] Chateaubriand
chateaubriand[M]

Filetbraten[N]
tenderloin roast
rôti[M] de filet[M]
solomillo[M] asado
arrosto[M] di filetto

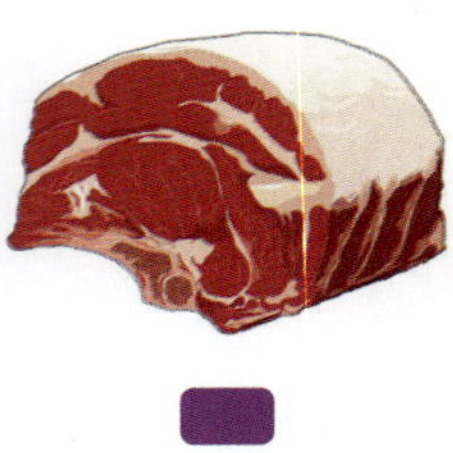

hohe Rippe[F]
rib roast
rôti[M] de côtes[F]
chuletón[M]
costate[F]

Querrippe[F]
back ribs
côtes[F] levées de dos[M]
costillar[M]
costine[F]

Zwischenrippenbraten[M]
cross rib roast
rôti[M] de côtes[F] croisées
asado[M] de costilla[F]
arrosto[M] di costata[F]

Flankensteak[N]
flank steak
bavette[F]
falda[F]
costata[F] di manzo[M]

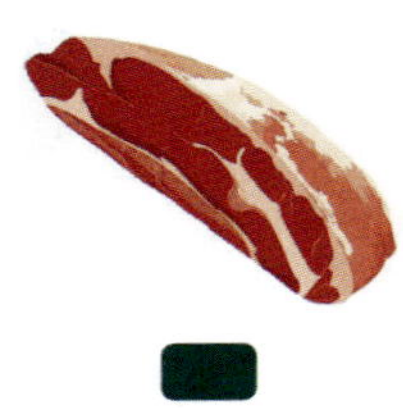

Brustknorpelstück[N]
skirt steak
tendron[M]
churrasco[M]
bianco costato[M]

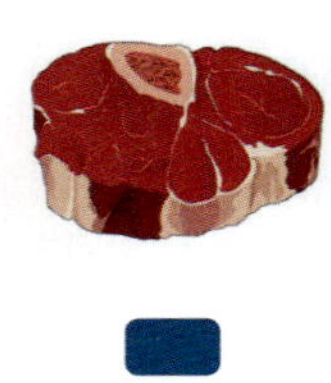

Beinscheibe[F]
shank
jarret[M]
morcillo[M]
ossobuco[M]

Fleisch^N

Kalbsfleisch^N
cuts of veal
découpe^F du veau^M
cortes^M de ternera^F
tagli^M di vitello^M

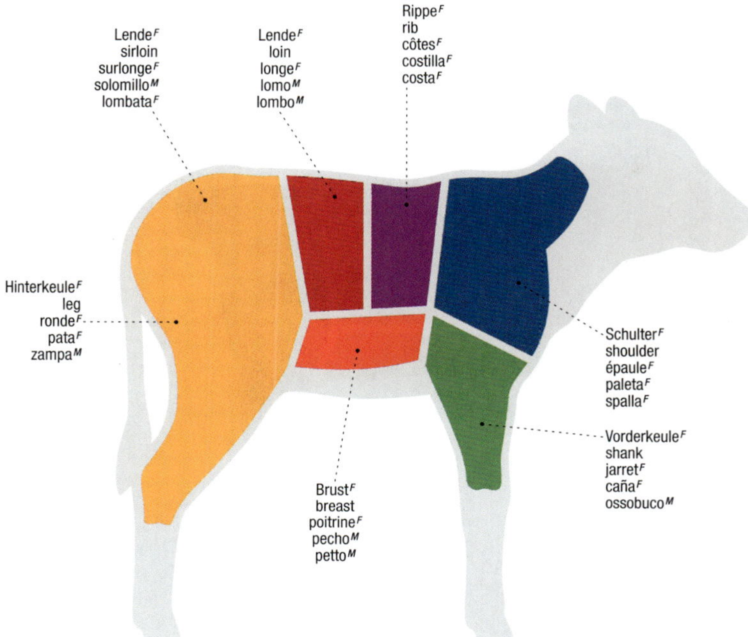

Beispiele^N für Fleischstücke^N
examples of pieces
exemples^M de pièces^F
ejemplos^M de piezas^F
esempi^M di pezzi^M

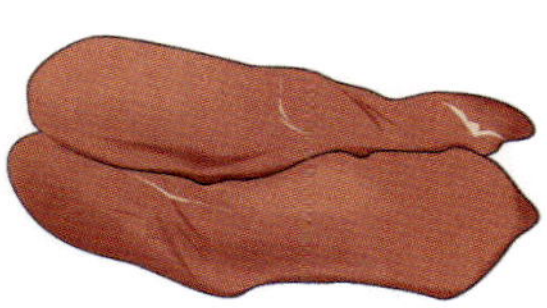

Kotelett^N
cutlet
escalope^F
chuleta^F
cotoletta^F

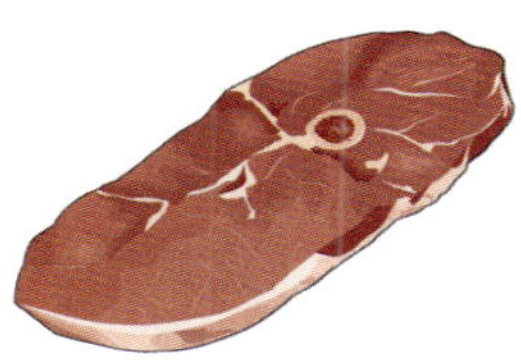

Keulensteak^N
round steak
tranche^F de ronde^F
carne^M para asar
girello^M

Lendenstück^N
loin chop
côte^F de longe^F
chuleta^F de lomo^M
lonza^F

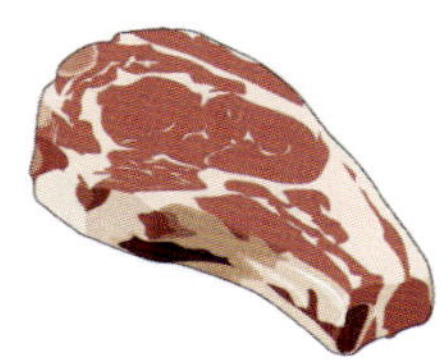

Rippenstück^N
rib chop
côtelette^F de côte^F
chuleta^F de aguja^F
cotoletta^F di costata^F

Schulterstück^N
blade roast
rôti^M de palette^F
paletilla^F
arrosto^M di spalla^F

Schulterstück^N ohne Knochen^M
boneless shoulder roast
rôti^M d'épaule^F désossé
paletilla^F deshuesada
arrosto^M di spalla^F disossato

Brust^F
breast
poitrine^F
pecho^M
petto^M

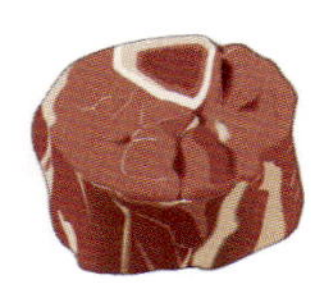

Beinscheibe^F
shank
jarret^M
paleta^F
ossobuco^M

Fleisch^{N}

Lammfleisch^{N}
cuts of lamb
découpe^{F} de l'agneau^{M}
cortes^{M} de cordero^{M}
tagli^{M} di agnello^{M}

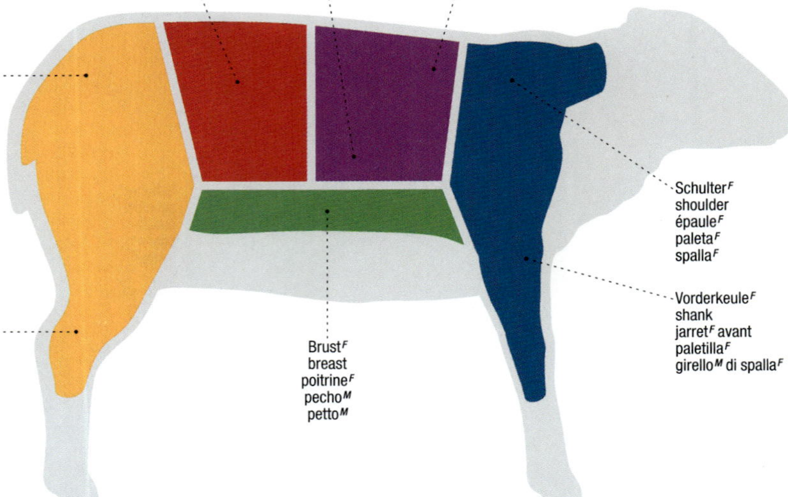

Beispiele^{N} für Fleischstücke^{N}
examples of pieces
exemples^{M} de pièces^{F}
ejemplos^{M} de piezas^{F}
esempi^{M} di pezzi^{M}

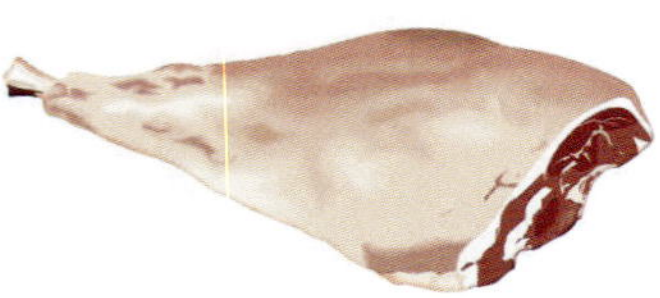

Keule^{F} auf französische Art^{F}
French leg roast
gigot^{M} à la française
pierna^{F} al estilo^{M} francés
cosciotto^{M} alla francese

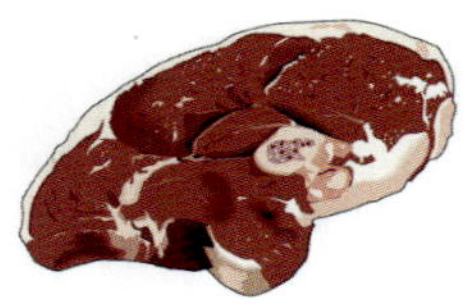

Lendenstück^{N}
strip sirloin
tranche^{F} de surlonge^{F}
tira^{F} de solomillo^{M}
lombatina^{F}

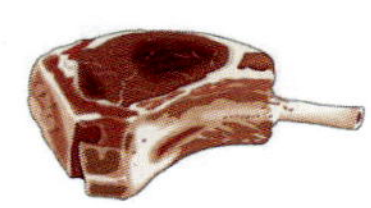

Rippenstück^{N}
rib chop
côtelette^{F} de côte^{F}
chuleta^{F} de aguja^{F}
cotoletta^{F} di costata^{F}

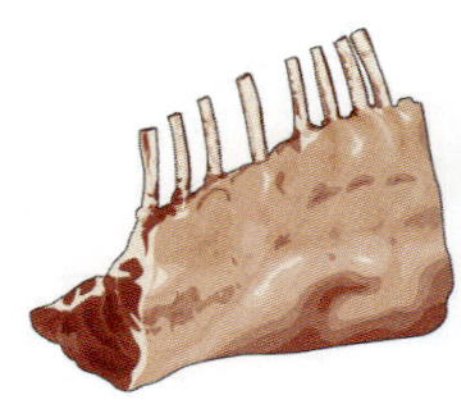

Rippenbraten^{M}
rack of lamb
carré^{M}
costillas^{M}
costate^{F}

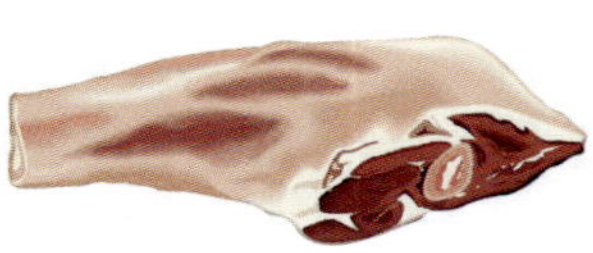

Vorderbein^{N}
shank
jarret^{M}
paletilla^{F}
stinco^{M}

Schulterstück^{N} ohne Knochen^{M}
rolled shoulder
rôti^{M} d'épaule^{F} désossé
paletilla^{F} deshuesada
arrosto^{M} di spalla^{F} disossato

Brustrollbraten^{M}
rolled breast
poitrine^{F} roulée
rotí^{F} de panceta^{F}
petto^{M} arrotolato

Fleisch[N]

Schweinefleisch[N]
cuts of pork
découpe[F] du porc[M]
cortes[M] de cerdo[M]
tagli[M] di maiale[M]

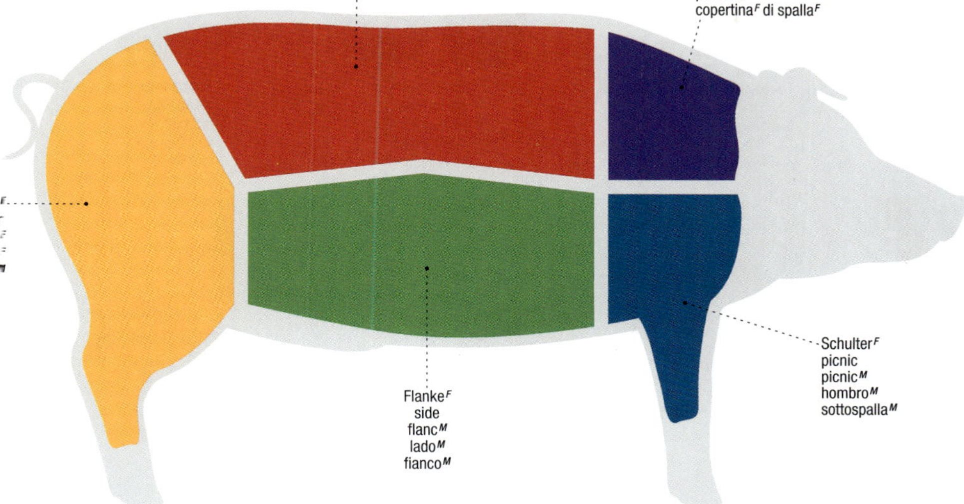

Beispiele[N] für Fleischstücke[N]
examples of pieces
exemples[M] de pièces[F]
ejemplos[M] de piezas[F]
esempi[M] di pezzi[M]

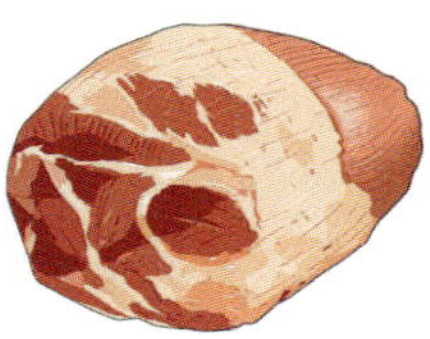

Räucherschinken[M]
smoked ham
jambon[M] fumé
jamón[M] ahumado
prosciutto[M] affumicato

Eisbein[N]
hock
jarret[M]
codillo[M]
piedino[M]

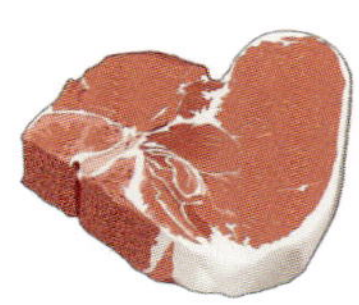

Kotelett[N]
loin chop
côtelette[F]
chuleta[F]
lonza[F]

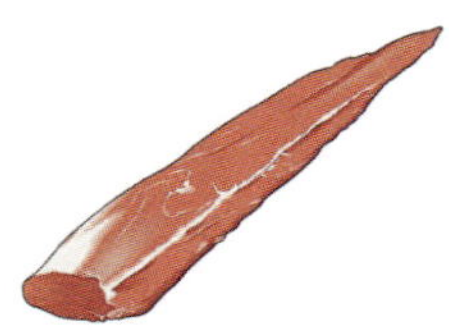

Filet[N]
tenderloin
filet[M]
solomillo[M]
filetto[M]

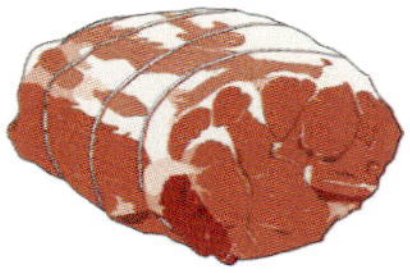

Schulterstück[N]
rolled shoulder
rôti[M] de soc[M]
paletilla[F]
arrosto[M] di spalla[F]

Spareribs/Schälrippchen[N]
spareribs
travers[M]
costillar[M]
costolette[F]

geräucherter Vorderschenkel[M]
smoked picnic roast
rôti[M] picnic fumé
asado[M] picnic[M] ahumado
arrosto[M] di spalla affumicato

Fleisch[N]

Fleischformen[F]
meat presentation
modes[M] de présentation[F] de la viande[F]
presentación[F] de carne[F]
modi[M] di presentazione[F] della carne[F]

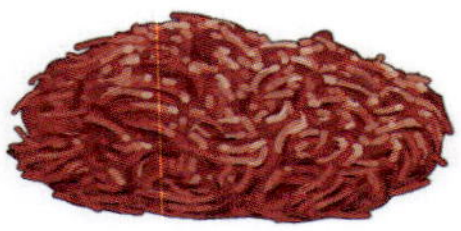

Hackfleisch[N]
minced meat
viande[F] hachée
carne[M] picada
carne[F] macinata

Fleischklößchen[N]
meatballs
boulettes[F] de viande[F]
albóndigas[F]
polpette[F]

Medaillons[N]
médaillons
médaillons[M]
medallones[M]
medaglioni[M]

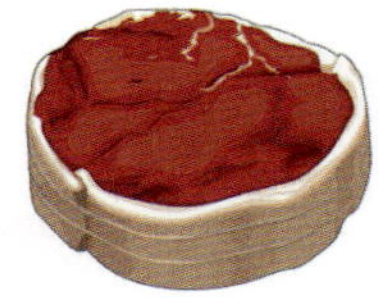

Tournedos[N]
tournedos
tournedos[M]
medallones[M]
tournedos[M]

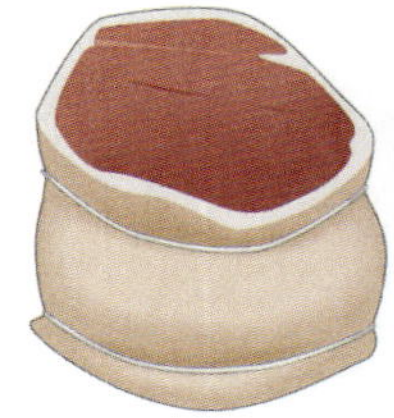

Kalbsnuss[F]
short tenderloin
grenadin[M]
granadina[F]
grenadin[M]

Filetscheibe[F]
aiguillette
aiguillette[F]
cuadril[M]
aiguillette[F]

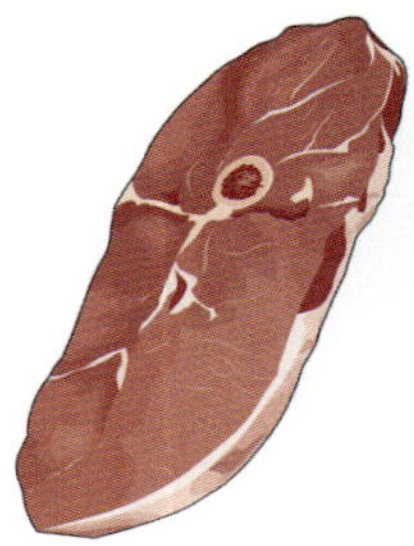

Keulensteak[N]
round steak
rouelle[F]
carne[M] para asar
girello[M]

Roulade[F]
paupiette
paupiette[F]
popieta[F]
paupiette[F]

Steak[N]
steak
tranche[F]
filete[M]
bistecca[F]

Würfel[M]
cubes
cubes[M]
tacos[M]
cubetti[M]

Innereien[F]
offal
abats[M]
despojos[M]
interiora[F]

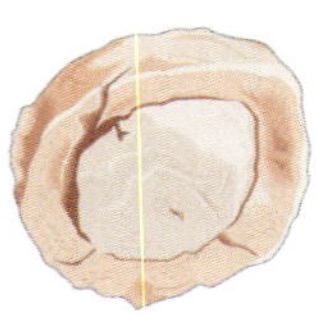

Mark[N]
marrow
moelle[F]
médula[F]
midollo[M]

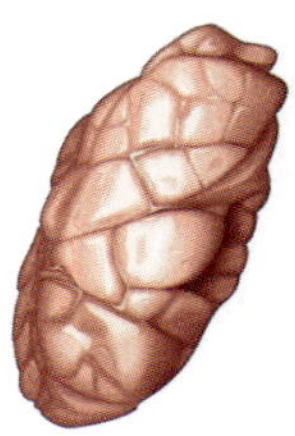

Gekröse[N]
sweetbreads
ris[M]
mollejas[F]
animelle[F]

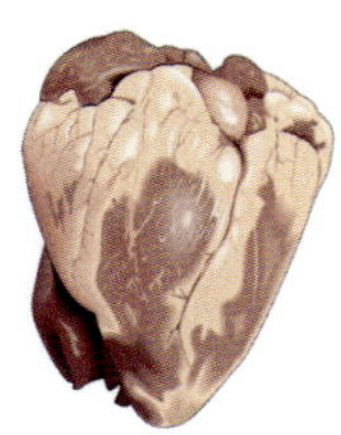

Herz[N]
heart
cœur[M]
corazón[M]
cuore[M]

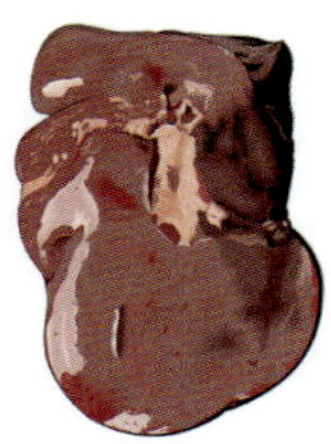

Leber[F]
liver
foie[M]
hígado[M]
fegato[M]

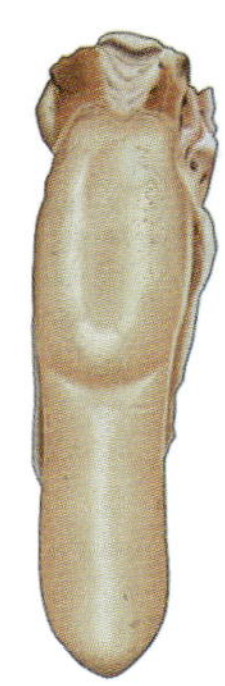

Zunge[F]
tongue
langue[F]
lengua[F]
lingua[F]

Niere[F]
kidney
rognons[M]
riñones[M]
rognone[M]

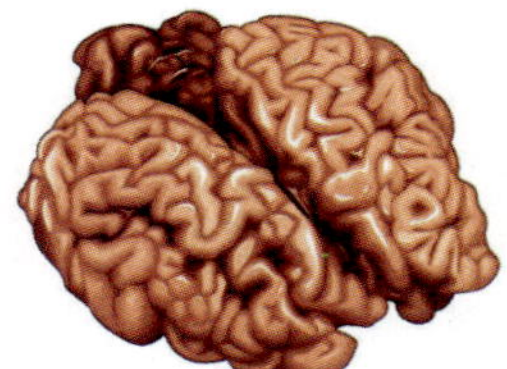

Hirn[N]
brains
cervelle[F]
sesos[M]
cervella[F]

Kaldaune[F]
tripe
tripes[F]
tripa[F]
trippa[F]

Spezialitäten^{F}

delicatessen | charcuterie^{F} | charcutería^{F} | gastronomia^{F}

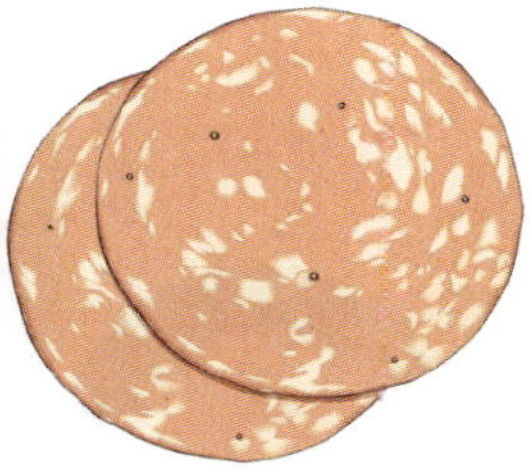

Mortadella^{F}
mortadella
mortadelle^{F}
mortadela^{F}
mortadella^{F}

Krakauer^{F}
kielbasa
saucisson^{M} kielbasa
salchicha^{F} kielbasa
salsiccia^{F} kielbasa

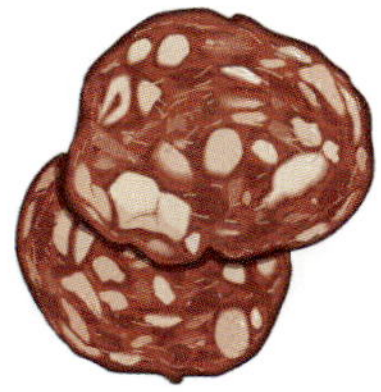

grobe Salami^{F}
Genoa salami
salami^{M} de Gênes
salami^{M} de Génova
salame^{M} di Genova

Stopfleber^{F}
foie gras
foie^{M} gras
foie gras^{M}
foie-gras^{M}

Rillettes^{F}
rillettes
rillettes^{F}
rillettes^{F}
ciccioli^{M}

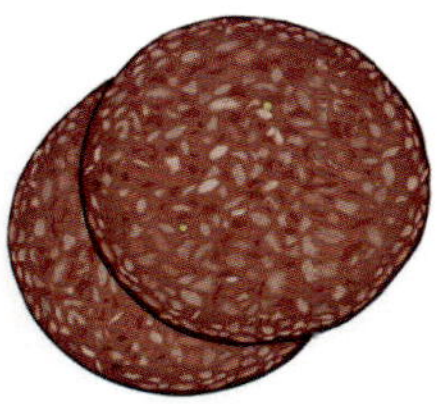

feine Salami^{F}
German salam
salami^{M} allemand
salami^{M} alemán
salame^{M} tedesco

Blutwurst^{F}
black pudding
boudin^{M}
morcilla^{F}
sanguinaccio^{M}

Weißwurst^{F}
white pudding
boudin^{M} blanc
morcilla^{F} blanca
sanguinaccio^{M} bianco

Pepperoniwurst^{F}
pepperoni
pepperoni^{M}
pepperoni^{M}
salsiccia^{F} piccante

Chorizo-Wurst^{F}
chorizo
chorizo^{M}
chorizo^{M}
chorizo^{M}

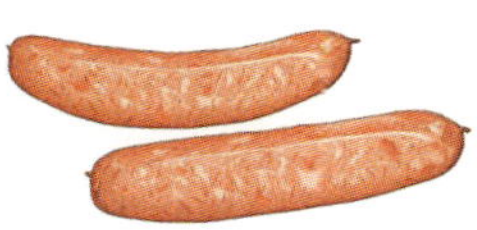

Toulouser Wurst^{F}
Toulouse sausage
saucisse^{F} de Toulouse
salchicha^{F} de Toulouse
salame^{M} di Tolosa

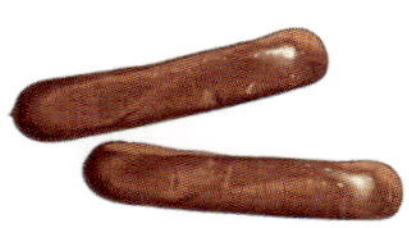

Bratwurst^{F}
merguez
merguez^{F}
merguez^{M}
merguez^{F}

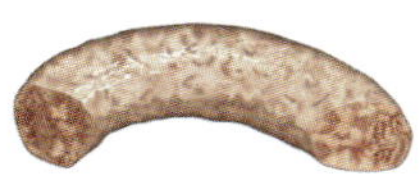

Kuttelwurst^{F}
andouillette
andouillette^{F}
andouillete^{F}
salsiccia^{F} di trippa^{F}

Chipolata^{F}
chipolata
chipolata^{F}
chipolata^{F}
salsiccia^{F} alle cipolle^{F}

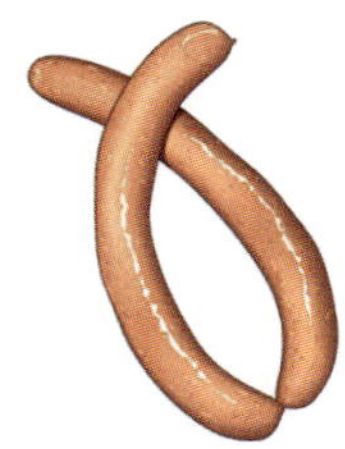

Frankfurter Würstchen^{N}
frankfurter
saucisse^{F} de Francfort
salchicha^{F} de Frankfurt
salsiccia^{F} di Francoforte

Bauchspeck^{M}
pancetta
pancetta^{F}
panceta^{F}
pancetta^{F}

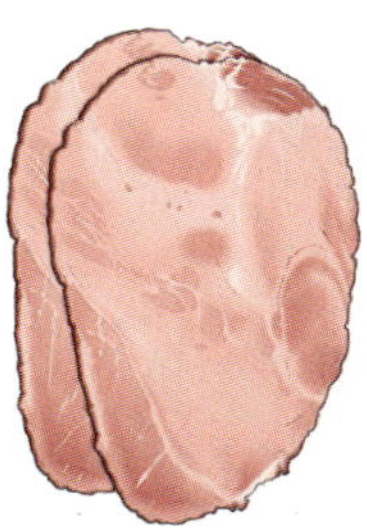

gekochter Schinken^{M}
cooked ham
jambon^{M} cuit
jamón^{M} de York
prosciutto^{M} cotto

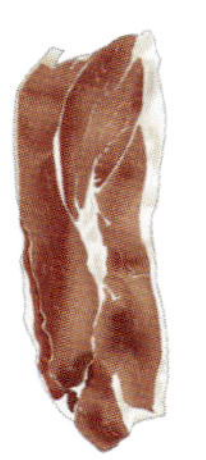

roher Schinken^{M}
prosciutto
prosciutto^{M}
jamón^{M} serrano
prosciutto^{M}

kanadischer Bacon^{M}
Canadian bacon
bacon^{M} canadien
bacón^{M} canadiense
bacon^{M} canadese

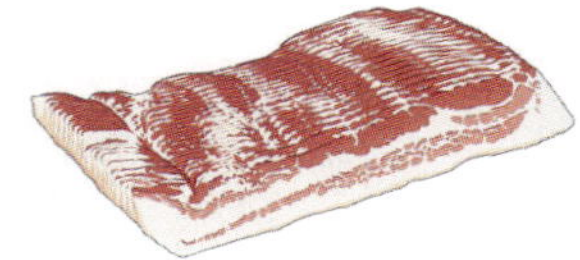

amerikanischer Bacon^{M}
American bacon
bacon^{M} américain
bacón^{M} americano
bacon^{M} americano

Getreideprodukte^{N}

cereal products | produits^{M} céréaliers | cereales^{M} | prodotti^{M} cerealicoli

Mehl^{N} und Grieß^{M}
flour and semolina
farine^{F} et semoule^{F}
harina^{F} y sémola^{F}
farina^{F} e semolino^{M}

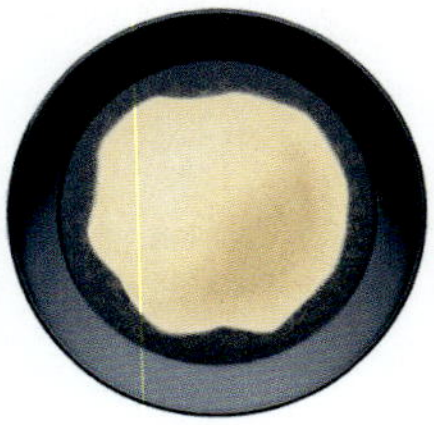

Grieß^{M}
semolina
semoule^{F}
sémola^{F}
semolino^{M}

Haushaltsmehl^{N}
plain flour
farine^{F} tout usage^{M}
harina^{F} común
farina^{F} semplice

Vollkornmehl^{N}
whole wheat flour
farine^{F} de blé^{M} complet
harina^{F} integral
farina^{F} integrale

ungebleichtes Mehl^{N}
unbleached flour
farine^{F} non blanchie
harina^{F} sin blanquear
farina^{F} non trattata

Maismehl^{N}
corn-flour
farine^{F} de maïs^{M}
harina^{F} de maíz^{M}
farina^{F} di mais^{M}

Weizenkeime^{M}
wheatgerm
germe^{M} de blé^{M}
germen^{M} de trigo^{M}
germe^{M} di grano^{M}

Couscous^{N}
couscous
couscous^{M}
cuscús^{M}
cuscus^{M}

Weizengrütze^{F}
bulgar
boulgour^{M}
bulgur^{M}
bulgur^{M}

Buchweizenmehl^{N}
buckwheat flour
farine^{F} de sarrasin^{M}
harina^{F} de trigo^{M} sarraceno
farina^{F} di grano^{M} saraceno

Hafermehl^{N}
oat flour
farine^{F} d'avoine^{F}
harina^{F} de avena^{F}
farina^{F} di avena^{F}

Brot^{N}
bread
pain^{M}
pan^{M}
pane^{M}

Nan^{N}
nan
pain^{M} naan
naan^{M}
pane^{M} naan

Chapati^{N}
chapati
pain^{M} chapati
chapati^{M}
pane^{M} chapati

Tortilla^{F}
tortilla
tortilla^{F}
tortilla^{F}
tortilla^{F}

Pittabrot^{N}
pitta bread
pain^{M} pita
pan^{M} de pita^{F}
pane^{M} pita

ungesäuertes Brot^{N}
unleavened bread
pain^{M} azyme
pan^{M} ácimo
pane^{M} azzimo

dänisches Roggenbrot^{N}
Danish rye bread
pain^{M} de seigle^{M} danois
pan^{M} danés de centeno^{M}
pane^{M} di segale^{F} danese

Bauernbrot^{N}
farmhouse loaf
pain^{M} de campagne^{F}
pan^{M} campesino
pane^{M} casereccio

russischer Pumpernickel^{M}
Russian black bread
pain^{M} noir russe
pan^{M} negro ruso
Pumpernickel^{M} russo

Getreideprodukte^{N}

Baguette^{N}
French bread
pain^{M} parisien
baguette^{F}
baguette^{F}

Baguette^{N}
baguette
baguette^{F}
baguette^{F}
baguette^{F}

Ährenbrot^{N}
ear loaf
baguette^{F} épi^{M}
pan^{M} espiga^{F}
spiga^{F}

Kringel^{M}
bagel
bagel^{M}
rosquilla^{F}
ciambella^{F}

dunkles Roggenbrot^{N}
black bread
pain^{M} de seigle^{M} noir
pan^{M} de centeno^{M} negro
pane^{M} nero di segale^{F}

Challa^{F}
challah
pain^{M} tchallah
pan^{M} jalá
pane^{M} ebraico

Croissant^{N}
croissant
croissant^{M}
cruasán^{M}
croissant^{M}

Maisbrot^{N}
cornbread
pain^{M} de maïs^{M}
pan^{M} de maíz^{M}
pane^{M} di mais^{M}

Vollkornbrot^{N}
wholemeal bread
pain^{M} complet
pan^{M} integral
pane^{M} integrale

Mehrkornbrot^{N}
multigrain bread
pain^{M} multicéréales
pan^{M} multicereales
pane^{M} multicereali

deutsches Roggenbrot^{N}
German rye bread
pain^{M} de seigle^{M} allemand
pan^{M} alemán de centeno^{M}
pane^{M} di segale^{F} tedesco

Brioche^{F}
egg bread
pain^{M} brioché
pan^{M} de huevo^{M}
pan^{M} brioche^{F}

Kastenbrot^{N}
batch bread
pain^{M} de mie^{F}
pan^{M} inglés
pane^{M} in cassetta^{F}

irisches Brot^{N}
Irish soda bread
pain^{M} irlandais
pan^{M} irlandés
pane^{M} irlandese

griechisches Brot^{N}
Greek bread
pain^{M} grec
pan^{M} griego
pane^{F} greco

Paniermehl^{N}
breadcrumbs
chapelure^{F}
migas^{F} de pan^{M}
briciole^{F} di pane^{M}

Weißbrot^{N}
white bread
pain^{M} blanc
pan^{M} blanco
pane^{M} bianco

Roggenknäckebrot^{N}
rye crispbread
cracker^{M} de seigle^{M}
pan^{M} de centeno^{M}
galletta^{F} di segale^{F}

Knäckebrot^{N}
crispbread
cracker^{M}
pan^{M} crujiente
galletta^{F}

Filo^{M}
filo
pâte^{F} phyllo^{F}
pasta^{F} filo^{M}
sfoglia^{F}

Milchprodukte^{N}

dairy products | produits^{M} laitiers | productos^{M} lácteos | prodotti^{M} caseari

Joghurt^{M}
yogurt
yaourt^{M}
yogur^{M}
yogurt^{M}

Ghee^{N}
ghee
ghee^{M}
mantequilla^{F} clarificada
ghi^{M}

Butter^{F}
butter
beurre^{M}
mantequilla^{F}
burro^{M}

Sahne^{F}
cream
crème^{F}
nata^{F}
panna^{F}

Schlagsahne^{F}
whipping cream
crème^{F} épaisse
nata^{F} de montar
panna^{F} da montare

saure Sahne^{F}
sour cream
crème^{F} aigre
nata^{F} agria
panna^{F} acida

Milch^{F}
milk
lait^{M}
leche^{F}
latte^{M}

Kuhmilch^{F}
cow's milk
lait^{M} de vache^{F}
leche^{F} de vaca^{F}
latte^{M} vaccino

Ziegenmilch^{F}
goat's milk
lait^{M} de chèvre^{F}
leche^{F} de cabra^{F}
latte^{M} di capra^{F}

Milcharten^{F}
milk forms
états^{M} du lait^{M}
estados^{M} de leche^{F}
stati^{M} del latte^{M}

homogenisierte Milch^{F}
homogenized milk
lait^{M} homogénéisé
leche^{F} homogeneizada
latte^{M} omogeneizzato

Buttermilch^{F}
buttermilk
babeurre^{M}
suero^{M} de la leche^{F}
latticello^{M}

Kondensmilch^{F}
evaporated milk
lait^{M} concentré
leche^{F} evaporada
latte^{M} evaporato

Milchpulver^{N}
powdered milk
lait^{M} en poudre^{F}
leche^{F} en polvo^{M}
latte^{M} in polvere^{F}

Ziegenkäse^{M}
goat's-milk cheeses
fromages^{M} de chèvre^{F}
quesos^{M} de cabra^{F}
formaggi^{M} di capra^{F}

Ziegenkäse^{M}
chèvre
chèvre^{M} frais
queso^{M} de cabra^{F}
formaggio^{M} di capra^{F}

Crottin de Chavignol^{M}
Crottin de Chavignol
crottin^{M} de Chavignol
Crottin^{M} de Chavignol
crottin^{M} de chavignol

Feta^{M}
feta
féta^{F}
feta^{M}
feta^{F}

Frischkäse^{M}
fresh cheeses
fromages^{M} frais
quesos^{M} frescos
formaggi^{M} freschi

Hüttenkäse^{M}
cottage cheese
cottage^{M}
queso^{M} cottage
cottage cheese^{M}

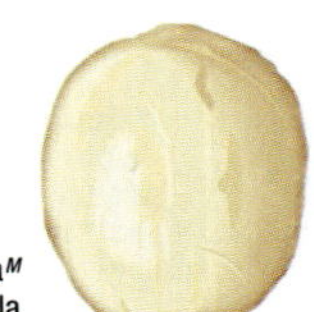

Mozzarella^{M}
mozzarella
mozzarella^{F}
mozzarella^{F}
mozzarella^{F}

Ricotta^{M}
ricotta
ricotta^{F}
ricotta^{F}
ricotta^{F}

Streichkäse^{M}
cream cheese
fromage^{M} à la crème^{F}
queso^{M} cremoso
formaggio^{M} cremoso

Milchprodukte^{N}

Hartkäse^{M}
pressed cheeses
fromages^{M} à pâte^{F} pressée
quesos^{M} prensados
formaggi^{M} a pasta^{F} dura

Edamer^{M}
Edam
édam^{M}
Edam^{M}
Edam^{M}

Emmentaler^{M}
Emmenthal
emmenthal^{M}
emmenthal^{M}
emmental^{M}

Pecorino Romano^{M}
Romano
romano^{M}
pecorino romano^{M}
pecorino^{M} romano

Raclette^{M}
Raclette
raclette^{F}
raclette^{F}
raclette^{F}

Gouda^{M}
Gouda
gouda^{M}
Gouda^{M}
Gouda^{M}

Cheddar^{M}
Cheddar
cheddar^{M}
Cheddar^{M}
Cheddar^{M}

Gruyèrekäse^{M}
Gruyère
gruyère^{M}
gruyère^{M}
groviera$^{M/F}$

Jarlsberg^{M}
Jarlsberg
jarlsberg^{M}
jarlsberg^{M}
jarlsberg^{M}

Oka-Käse^{M}
Oka cheese
oka^{M}
queso^{M} Oka^{F}
Oka^{M}

Parmesan^{M}
Parmesan
parmesan^{M}
parmesano^{M}
parmigiano^{M}

Edelpilzkäse^{M}
blue-veined cheeses
fromages^{M} à pâte^{F} persillée
quesos^{M} azules
formaggi^{M} erborinati

Roquefort^{M}
Roquefort
roquefort^{M}
roquefort^{M}
roquefort^{M}

Stilton^{M}
Stilton
stilton^{M}
stilton^{M}
stilton^{M}

Danish Blue^{M}
Danish Blue
bleu^{M} danois
azul danés^{M}
danish blue^{M}

Gorgonzola^{M}
Gorgonzola
gorgonzola^{M}
gorgonzola^{M}
gorgonzola^{M}

Weichkäse^{M}
soft cheeses
fromages^{M} à pâte^{F} molle
quesos^{M} blandos
formaggi^{M} a pasta^{F} molle

Pont-l'Évêque^{M}
Pont-l'Évêque
pont-l'évêque^{M}
Pont-l'Évêque^{M}
pont-l'évêque^{M}

Coulommiers^{M}
Coulommiers
coulommiers^{M}
coulommiers^{M}
coulommiers^{M}

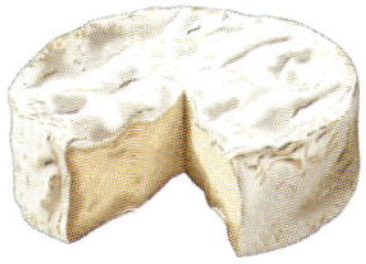

Camembert^{M}
Camembert
camembert^{M}
camembert^{M}
camembert^{M}

Brie^{M}
Brie
brie^{M}
brie^{M}
brie^{M}

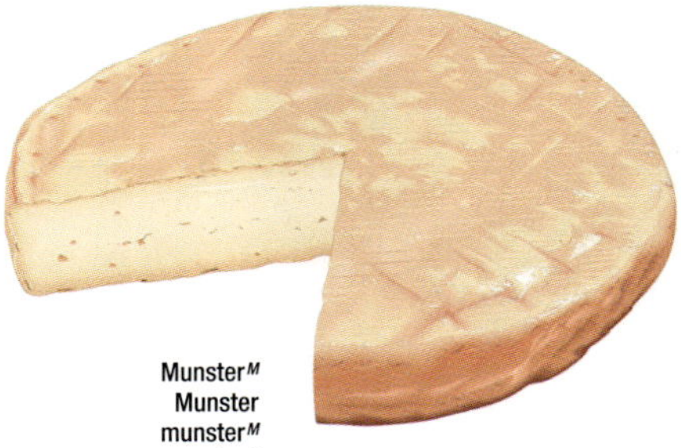

Munster^{M}
Munster
munster^{M}
munster^{M}
munster^{M}

Teigwaren^{F}

pasta | pâtes^{F} alimentaires | pasta^{F} | pasta^{F}

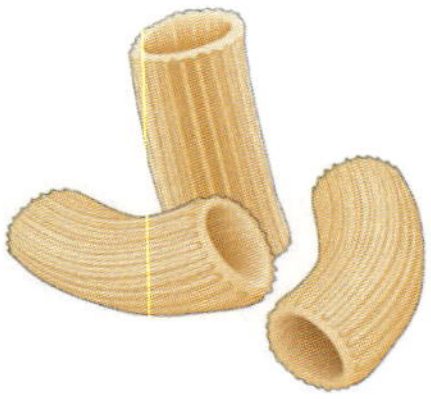

Rigatoni^{M}
rigatoni
rigatoni^{M}
rigatoni^{M}
rigatoni^{M}

Ravioli^{M}
ravioli
ravioli^{M}
raviolis^{M}
ravioli^{M}

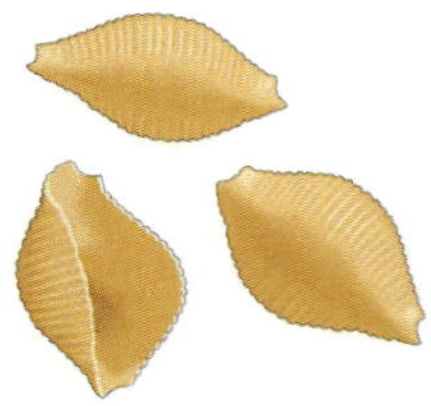

Conchiglie^{F}
conchiglie
conchiglie^{F}
conchitas^{F}
conchiglie^{F}

Fusilli^{M}
fusilli
fusilli^{M}
fusilli^{M}
fusilli^{M}

Spaghetti^{M}
spaghetti
spaghetti^{M}
espagueti^{M}
spaghetti^{M}

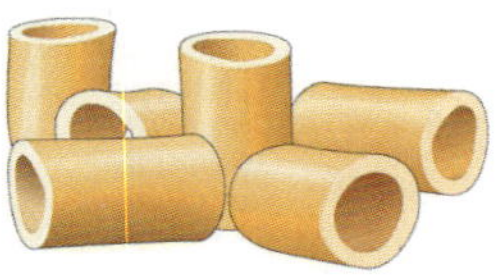

Ditali^{M}
ditali
ditali^{M}
dedalitos^{M}
ditali^{M}

Rotini^{M}
rotini
rotini^{M}
sacacorchos^{M}
eliche^{F}

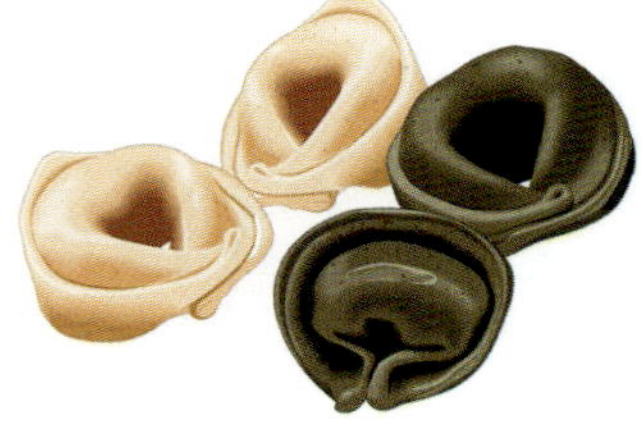

Tortellini^{M}
tortellini
tortellini^{M}
tortellini^{M}
tortellini^{M}

Spaghettini^{M}
spaghettini
spaghettini^{M}
fideos^{M}
spaghettini^{M}

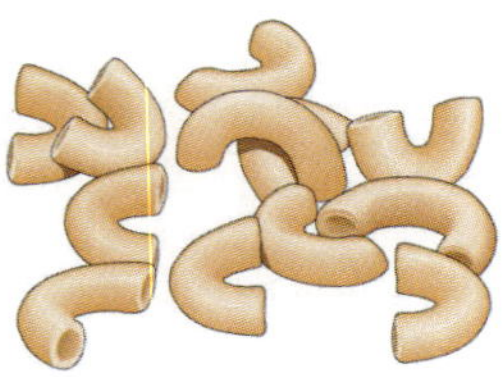

Hörnchennudeln^{F}
elbows
coudes^{M}
tiburones^{M}
gomiti^{M}

Penne^{F}
penne
penne^{F}
penne^{M}
penne^{F}

Cannelloni^{M}
cannelloni
cannelloni^{M}
canelones^{M}
cannelloni^{M}

Lasagne^{F}
lasagne
lasagne^{F}
lasañas^{F}
lasagne^{F}

Gnocchi^{M}
gnocchi
gnocchi^{M}
ñoquis^{M}
gnocchi^{M}

Spinattagliatelle^{F}
spinach tagliatelle
tagliatelle^{F} aux épinards^{M}
tagliatelle^{M} de espinacas^{F}
tagliatelle^{F} verdi

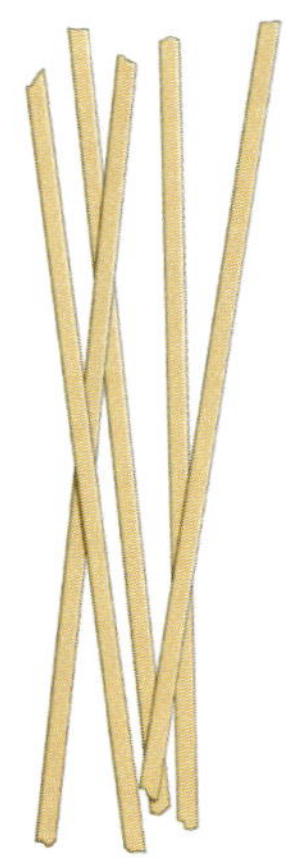

Fettuccine^{F}
fettucine
fettucine^{M}
fetuchinas^{F}
fettuccine^{F}

asiatische Teigwaren^{F}

Asian noodles | nouilles^{F} asiatiques | fideos^{M} asiáticos | spaghetti^{M} asiatici

Soba^{F}
soba
nouilles^{F} soba
fideos^{M} soba
soba

Somennudeln^{F}
somen noodles
nouilles^{F} somen
fideos^{M} de somen^{M}
spaghetti^{M} somen

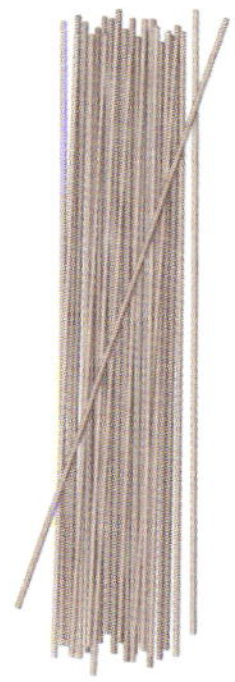

Udon^{F}
udon
nouilles^{F} udon
fideos^{M} udón
udon^{M}

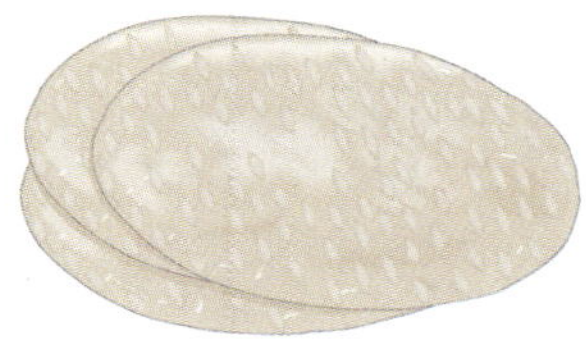

Reispapier^{N}
rice papers
galettes^{F} de riz^{M}
galletas^{F} de arroz^{M}
gallette^{F} di riso^{M}

Reisnudeln^{F}
rice noodles
nouilles^{F} de riz^{M}
fideos^{M} de arroz^{M}
spaghetti^{M} di riso^{M}

Glasnudeln^{F}
bean threads
nouilles^{F} de haricots^{M} mungo
fideos^{M} de frijol^{M}
fagioli^{M} mungo

Chow-Mein-Nudeln^{F}
chow mein noodles
nouilles^{F} aux œufs^{M}
fideos^{M} chow mein
spaghetti^{M} alle uova^{F}

Reisfadennudeln^{F}
rice vermicelli
vermicelles^{M} de riz^{M}
vermicelli^{M} de arroz^{M}
vermicelli^{M} di riso^{M}

Wan Tan^{F}
wonton
pâtes^{F} won-ton
wonton^{M}
pasta^{F} wonton

Ramen^{F}
ramen
nouilles^{F} ramen
ramen^{M}
ramen^{M}

Reis^{M}

rice | riz^{M} | arroz^{M} | riso^{M}

weißer Reis^{M}
white rice
riz^{M} blanc
arroz^{M} blanco
riso^{M} bianco

brauner Reis^{M}
brown rice
riz^{M} complet
arroz^{M} integral
riso^{M} integrale

Parboiled Reis^{M}
parboiled rice
riz^{M} étuvé
arroz^{M} vaporizado
riso^{M} parboiled

Basmatireis^{M}
basmati rice
riz^{M} basmati
arroz^{M} basmati
riso^{M} basmati

Sojaprodukte^{N}

food business | produits^{M} du soja^{M} | productos^{M} de soja^{F} | prodotti^{M} della soia^{F}

Sojaöl^{N}
soybean oil
huile^{F} de soja^{M}
aceite^{M} de soja^{F}
olio^{M} di semi^{M} di soia^{F}

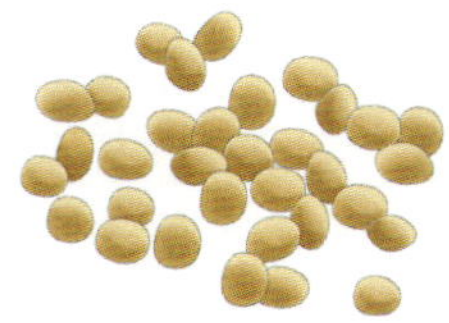

Sojabohnen^{F}
soybeans
graines^{F} de soja^{M}
soja^{F}
semi^{M} di soia^{F}

Sojamilch^{F}
soybean milk
jus^{M} de soja^{M}
leche^{M} de soja^{F}
latte^{M} di soia^{F}

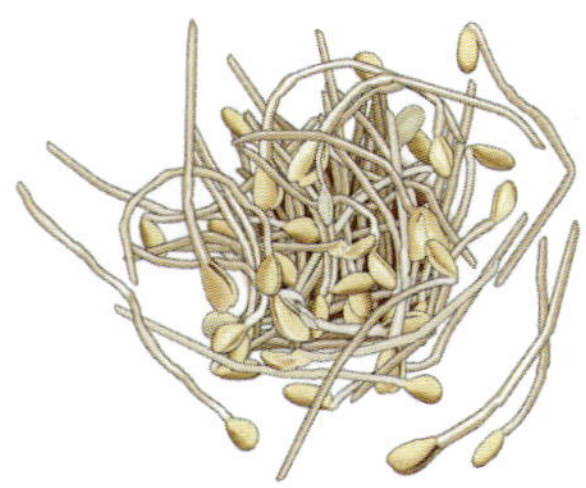

Sojasprossen^{F}
soybean sprouts
germes^{M} de soja^{M}
brotes^{M} de soja^{F}
germogli^{M} di soia^{F}

Tofu^{M}
tofu
tofu^{M}
tofu^{M}
tofu^{M}

Fette^{N} und Öle^{N}

fats and oils | huiles^{F} et matières^{F} grasses | grasas^{F} y aceites^{M} | grassi^{M} e oli^{M}

Maisöl^{N}
corn oil
huile^{F} de maïs^{M}
aceite^{M} de maíz^{M}
olio^{M} di mais^{M}

Olivenöl^{N}
olive oil
huile^{F} d'olive^{F}
aceite^{M} de oliva^{F}
olio^{M} d'oliva^{F}

Sonnenblumenöl^{N}
sunflower-seed oil
huile^{F} de tournesol^{M}
aceite^{M} de girasol^{M}
olio^{M} di semi ^{M} di girasole^{M}

Erdnussöl^{N}
peanut oil
huile^{F} d'arachide^{F}
aceite^{M} de cacahuete^{M}
olio^{M} di arachidi^{F}

Sesamöl^{N}
sesame oil
huile^{F} de sésame^{M}
aceite^{M} de sésamo^{M}
olio^{M} di sesamo^{M}

Backfett^{N}
shortening
saindoux^{M}
grasa^{F} para cocinar
grasso^{M} alimentare

Schweinespeck^{M}
lard
lard^{M}
manteca^{F} de cerdo^{M}
lardo^{M}

Margarine^{F}
margarine
margarine^{F}
margarina^{F}
margarina^{F}

Zucker^{M}

sugar | sucre^{M} | azúcar^{M} | zucchero^{M}

Kristallzucker^{M}
granulated sugar
sucre^{M} granulé
azúcar^{M} granulado
zucchero^{M} in grani^{M}

Puderzucker^{M}
powdered sugar
sucre^{M} glace^{F}
azúcar^{M} glas
zucchero^{M} a velo^{M}

Streuzucker^{M}
caster sugar
sucre^{M} semoule^{F}
azúcar^{M} en polvo^{M}
zucchero^{M} raffinato

Melasse^{F}
molasses
mélasse^{F}
melazas^{F}
melassa^{F}

Maissirup^{M}
corn syrup
sirop^{M} de maïs^{M}
jarabe^{M} de maíz^{M}
sciroppo^{M} di mais^{M}

Vanillinzucker^{M}
vanilla sugar
sucre^{M} vanillé
azúcar^{M} de vainilla^{F}
zucchero^{M} vanigliato

brauner Zucker^{M}
brown sugar
cassonade^{F}
azúcar^{M} moreno
zucchero^{M} di canna^{F}

Honig^{M}
honey
miel^{M}
miel^{F}
miele^{M}

Ahornsirup^{M}
maple syrup
sirop^{M} d'érable^{M}
jarabe^{M} de arce^{M}
sciroppo^{M} d'acero^{M}

Kandiszucker^{M}
rock candy
sucre^{M} candi
azúcar^{M} candi
zucchero^{M} candito

Schokolade^{F}

chocolate | chocolat^{M} | chocolate^{M} | cioccolato^{M}

Bitterschokolade^{F}
dark chocolate
chocolat^{M} noir
chocolate^{M} amargo
cioccolato^{M} fondente

Milchschokolade^{F}
milk chocolate
chocolat^{M} au lait^{M}
chocolate^{M} con leche^{F}
cioccolato^{M} al latte^{M}

weiße Schokolade^{F}
white chocolate
chocolat^{M} blanc
chocolate^{M} blanco
cioccolato^{M} bianco

Kakao^{M}
cocoa
cacao^{M}
cacao^{M}
cacao^{M}

Würzen^F

condiments | condiments^M | condimentos^M | condimenti^M

Tabasco®-Soße^F
Tabasco® sauce
sauce^F Tabasco®^{M}
salsa^F Tabasco®
salsa^F Tabasco®^{M}

Miso^F
miso
miso^M
miso^M
miso^M

Worcestershire-Soße^F
Worcestershire sauce
sauce^F Worcestershire
salsa^F Worcertershire
salsa^F Worcestershire

Kaper^F
caper
câpres^F
alcaparra^F
cappero^M

Vanille-Extrakt^M
vanilla extract
extrait^M de vanille^F
extracto^M de vainilla^F
estratto^M di vaniglia^F

Tamarindenmark^N
tamarind paste
pâte^F de tamarin^M
salsa^F de tamarindo^M
pasta^F di tamarindo^M

Tomatenmark^N
tomato paste
concentré^M de tomate^F
concentrado^M de tomate^M
concentrato^M di pomodoro^M

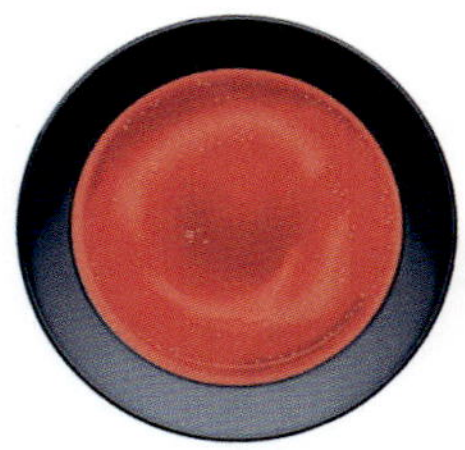

Passierte Tomaten^F
tomato coulis
coulis^M de tomate^F
salsa^F de tomate^M
passata^F di pomodoro^M

Hummus^M
hummus
hoummos^M
hummus^M
hummus^M

Tahinisoße^F
tahini
tahini^M
tajín^M
tahini^M

Hoisinsoße^F
hoisin sauce
sauce^F hoisin
salsa^F hoisin
salsa^F hoisin

Sojasoße^F
soy sauce
sauce^F soja^M
salsa^F de soja^F
salsa^F di soia^F

Würze^F
relish
relish^F
condimento^M
relish^M

Senfpulver^N
mustard powder
moutarde^F en poudre^F
mostaza^F en polvo^M
senape^F in polvere^F

Dijon-Senf^M
Dijon mustard
moutarde^F de Dijon
mostaza^F de Dijon
senape^F di Digione

deutscher Senf^M
German mustard
moutarde^F allemande
mostaza^F alemana
senape^F tedesca

englischer Senf^M
English mustard
moutarde^F anglaise
mostaza^F inglesa
senape^F inglese

amerikanischer Senf^M
American mustard
moutarde^F américaine
mostaza^F americana
senape^F americana

Senfkörner^N
wholegrain mustard
moutarde^F à l'ancienne^F
mostaza^F en grano^M
senape^F in granuli^M

Würzen^{F}

Ketchup^{M}
ketchup
ketchup^{M}
ketchup^{M}
ketchup^{M}

Pflaumensoße^{F}
plum sauce
sauce^{F} aux prunes^{F}
salsa^{F} de ciruelas^{F}
salsa^{F} di prugne^{F}

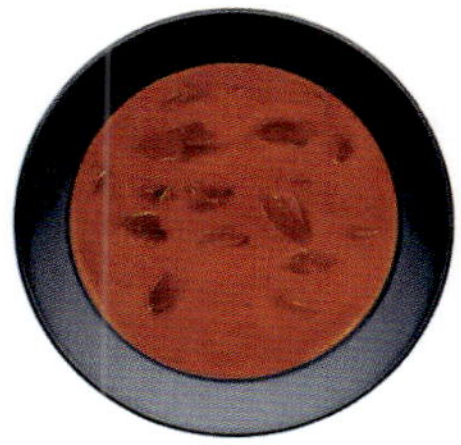

Mangochutney^{N}
mango chutney
chutney^{M} à la mangue^{F}
chutney^{M} de mango^{M}
chutney^{M} al mango^{M}

Harissasoße^{F}
harissa
harissa^{F}
harissa^{F}
harissa^{F}

Sambal Oelek^{M}
sambal oelek
sambal oelek^{M}
sambal oelek^{M}
sambal oelek^{M}

Chilisoße^{F}
chilli sauce
sauce^{F} chili
salsa^{F} picante
salsa^{F} chili

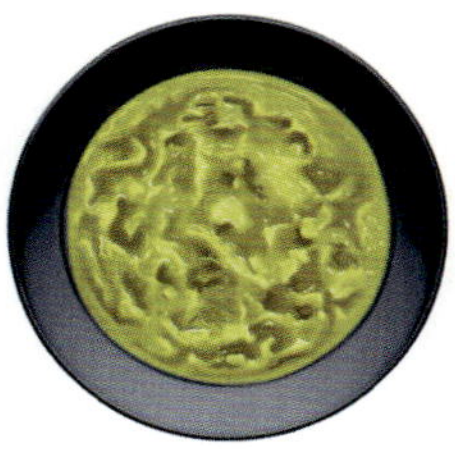

Wasabipaste^{F}
wasabi
wasabi^{M}
wasabi^{M}
wasabi^{M}

Tafelsalz^{N}
table salt
sel^{M} fin
sal^{F} de mesa^{F}
sale^{M} fino

grobes Salz^{N}
coarse salt
gros sel^{M}
sal^{F} gorda
sale^{M} grosso

Meersalz^{N}
sea salt
sel^{M} marin
sal^{F} marina
sale^{M} marino

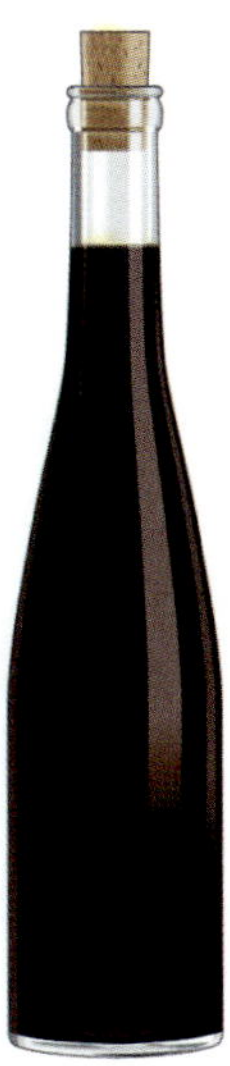

Balsamessig^{M}
balsamic vinegar
vinaigre^{M} balsamique
vinagre^{M} balsámico
aceto^{M} balsamico

weißer Balsamessig^{M}
white balsamic vinegar
vinaigre^{M} balsamique blanc
vinagre^{M} balsámico blanco
aceto^{M} balsamico bianco

Apfelessig^{M}
cider vinegar
vinaigre^{M} de cidre^{M}
vinagre^{M} de manzana^{F}
aceto^{M} di mele^{F}

Malzessig^{M}
malt vinegar
vinaigre^{M} de malt^{M}
vinagre^{M} de malta^{F}
aceto^{M} di malto^{M}

Weinessig^{M}
wine vinegar
vinaigre^{M} de vin^{M}
vinagre^{M} de vino^{M}
aceto^{M} di vino^{M}

Reisessig^{M}
rice vinegar
vinaigre^{M} de riz^{M}
vinagre^{M} de arroz^{M}
aceto^{M} di riso^{M}

Weißweinessig^{M}
white vinegar
vinaigre^{M} blanc
vinagre^{M} blanco
aceto^{M} bianco

Supermarkt[M]

supermarket | supermarché[M] | supermercado[M] | supermercato[M]

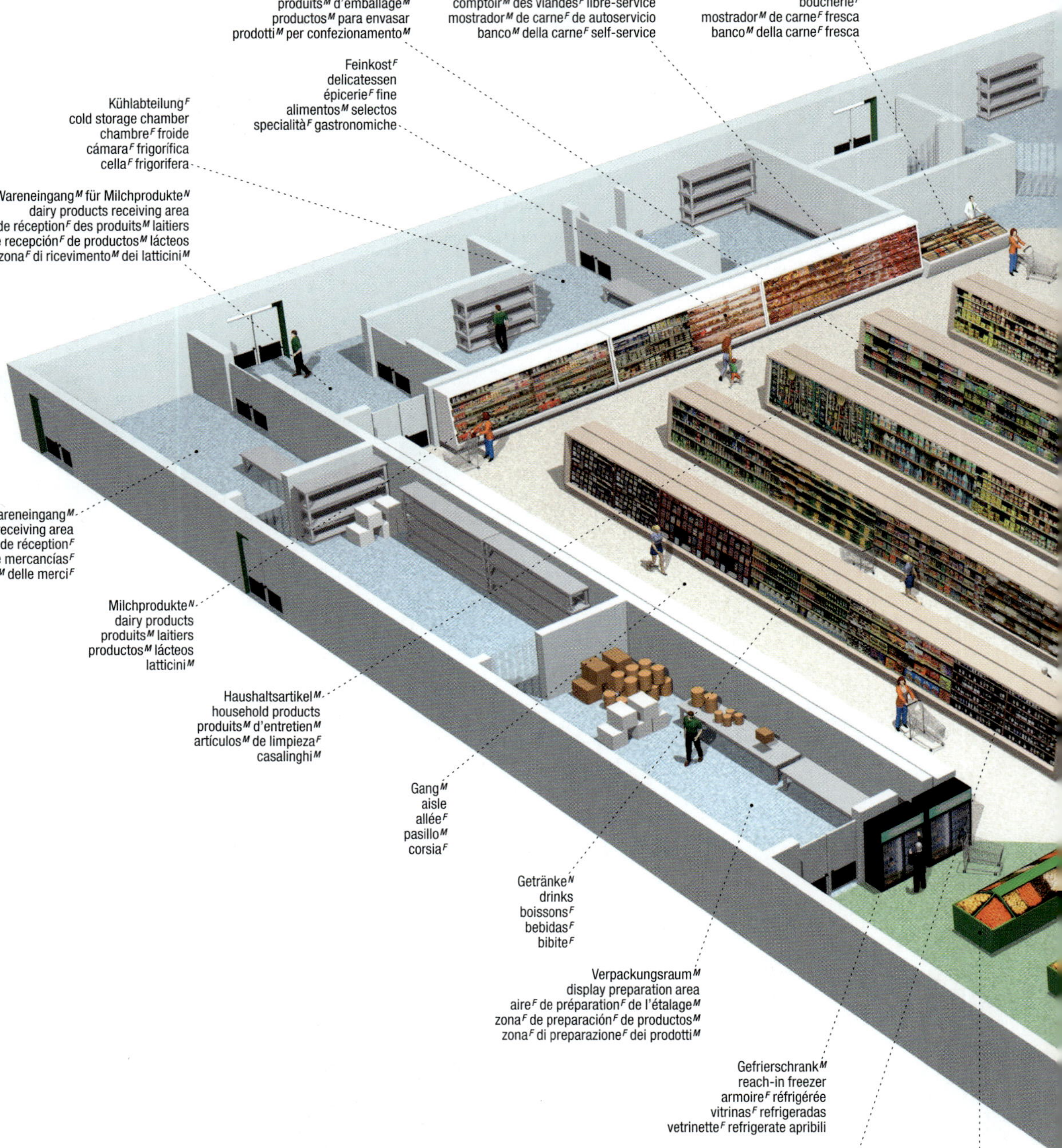

Supermarkt^{M}

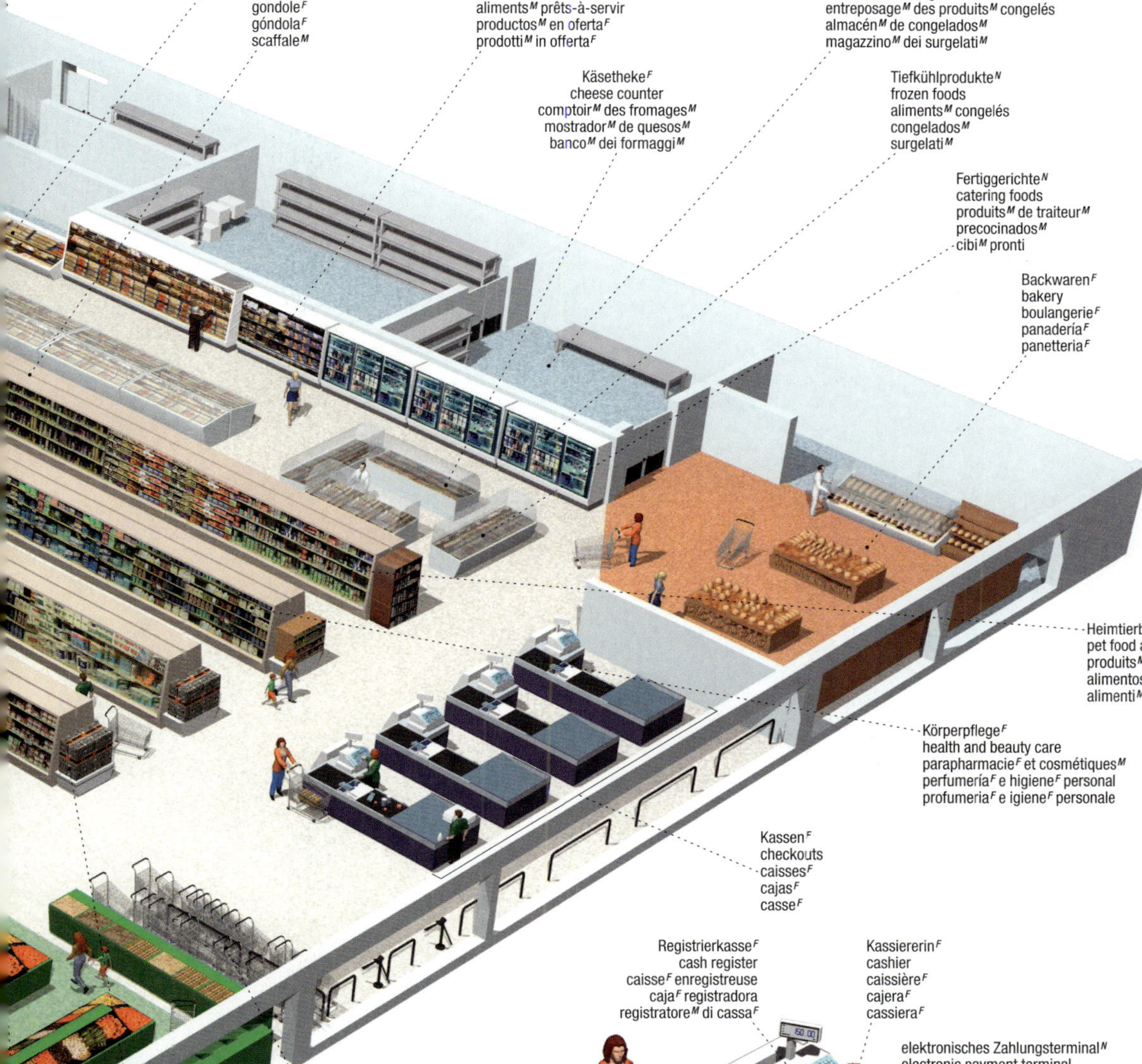

Kasse^{F}
checkout
caisse^{F}
caja^{F}
cassa^{F}

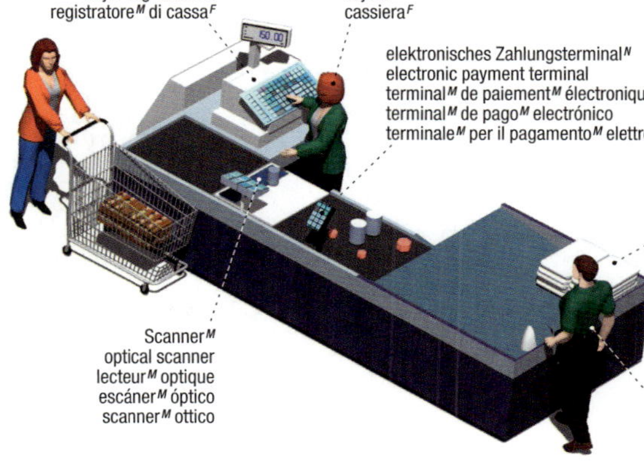

Restaurant[M]

restaurant | restaurant[M] | restaurante[M] | ristorante[M]

Gesamtansicht[F]
general view
vue[F] d'ensemble[M]
vista[F] general
vista[F] generale

Lagerraum[M]
storeroom
salle[F] d'entreposage[M]
despensa[F]
magazzino[M]

Büro[N]
office
bureau[M]
oficina[F]
ufficio[M]

Kühlvitrine[F]
refrigerated display case
présentoir[M] réfrigéré
mostrador[M] frigorífico
armadio[M] frigorifero

Weinkellner[M], Sommelier[M]
wine waiter
sommelier[M]
sumiller[M]
sommelier[M]

Kühlschrank[M]
refrigerator
réfrigérateur[M]
frigorífico[M]
frigorifero[M]

Weinkeller[M]
wine cellar
cave[F] à vins[M]
bodega[F]
cantina[F] dei vini[M]

Toiletten[F]
toilets
toilettes[F]
aseos[M]
toilette[F]

Serviertisch[M]
service table
table[F] de service[M]
mesa[F] de servicio[M]
tavolo[M] di servizio[M]

Gefrierschrank[M]
freezer
congélateur[M]
congelador[M]
congelatore[M]

Gästegarderobe[F]
customers' cloakroom
vestiaire[M] des clients[M]
guardarropa[M] de los clientes[M]
guardaroba[M] dei clienti[M]

Buffet[N]
buffet
buffet[M]
bufet[M]
buffet[M]

Oberkellner[M]
maître d'hôtel
maître[M] d'hôtel[M]
maître[M]
maître[M]

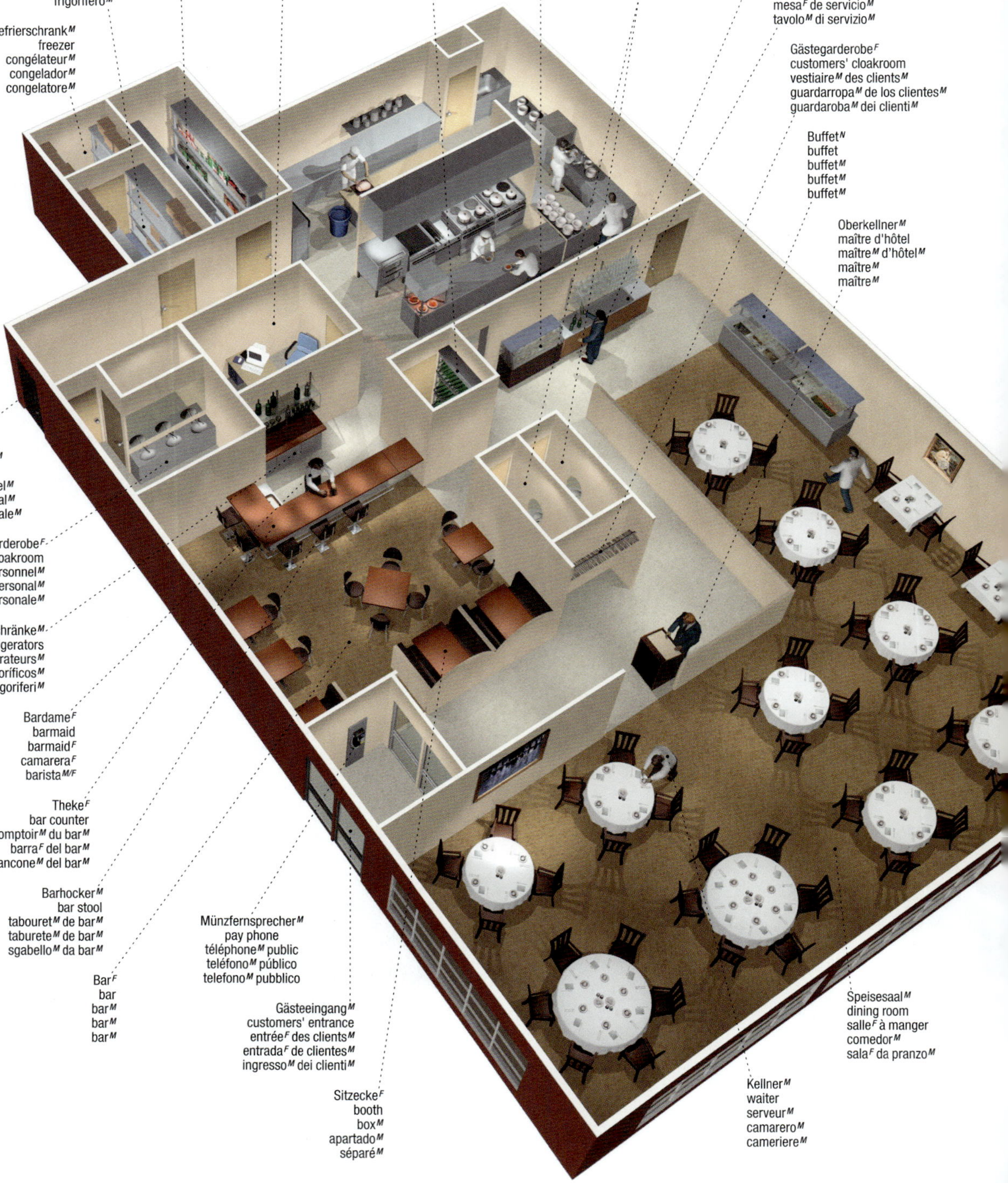

Personaleingang[M]
staff entrance
entrée[F] du personnel[M]
entrada[F] del personal[M]
ingresso[M] del personale[M]

Personalgarderobe[F]
staff cloakroom
vestiaire[M] du personnel[M]
guardarropa[M] del personal[M]
guardaroba[M] del personale[M]

Kühlschränke[M]
refrigerators
réfrigérateurs[M]
frigoríficos[M]
frigoriferi[M]

Bardame[F]
barmaid
barmaid[F]
camarera[F]
barista[M/F]

Theke[F]
bar counter
comptoir[M] du bar[M]
barra[F] del bar[M]
bancone[M] del bar[M]

Barhocker[M]
bar stool
tabouret[M] de bar[M]
taburete[M] de bar[M]
sgabello[M] da bar[M]

Bar[F]
bar
bar[M]
bar[M]
bar[M]

Münzfernsprecher[M]
pay phone
téléphone[M] public
teléfono[M] público
telefono[M] pubblico

Gästeeingang[M]
customers' entrance
entrée[F] des clients[M]
entrada[F] de clientes[M]
ingresso[M] dei clienti[M]

Sitzecke[F]
booth
box[M]
apartado[M]
séparé[M]

Kellner[M]
waiter
serveur[M]
camarero[M]
cameriere[M]

Speisesaal[M]
dining room
salle[F] à manger
comedor[M]
sala[F] da pranzo[M]

Restaurant^M

Küche^F
kitchen
cuisine^F
cocina^F
cucina^F

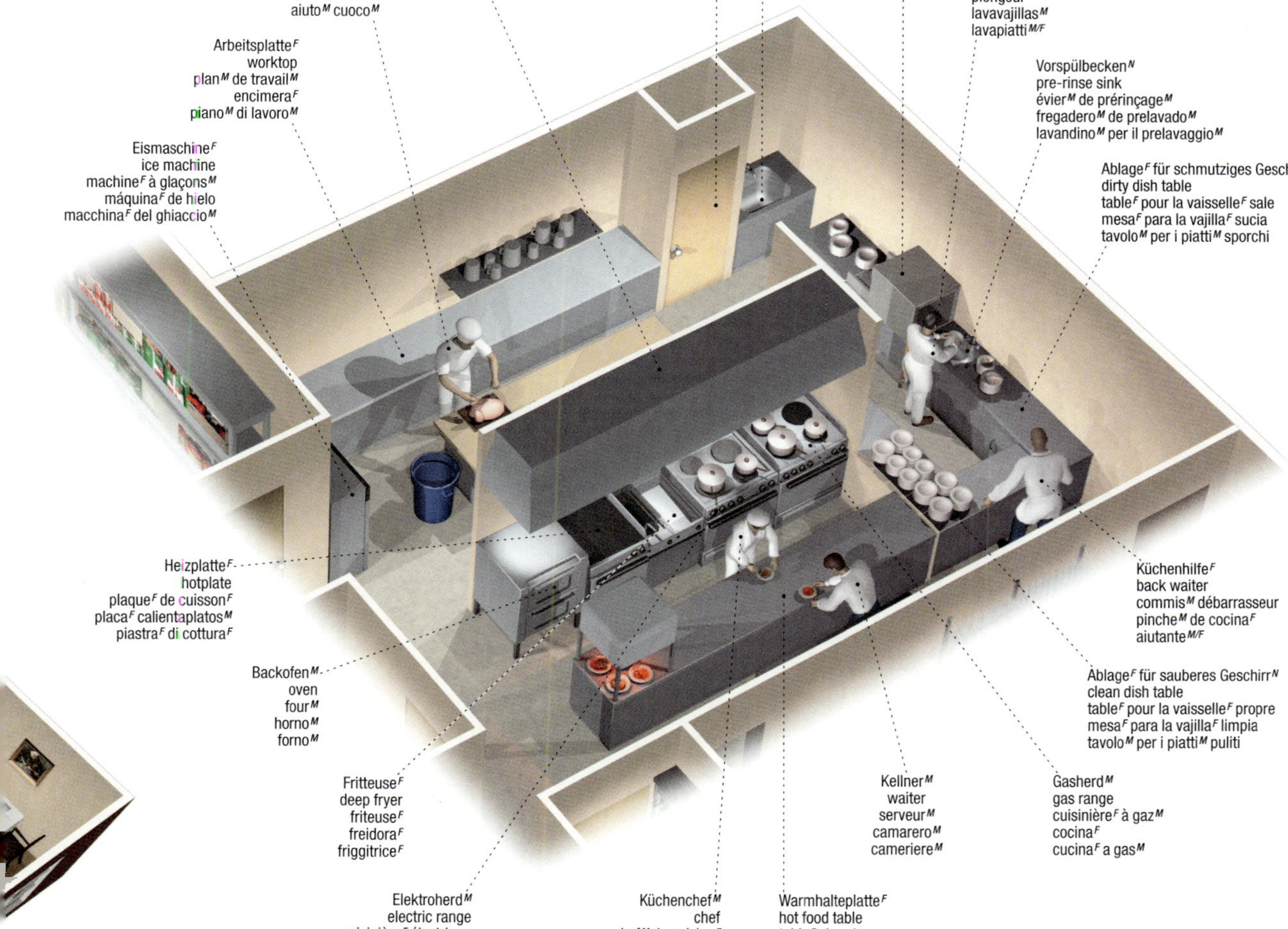

Speisekarte^F
menu
menu^M
menú^M
menu^M

Weinkarte^F
wine list
carte^F des vins^M
carta^F de vinos^M
lista^F dei vini^M

Rechnung^F
bill
addition^F
cuenta^F
conto^M

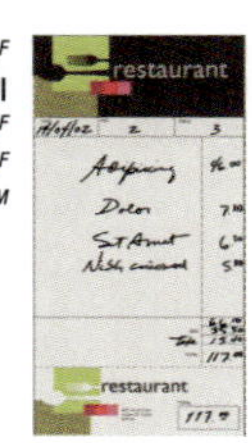

Selbstbedienungsrestaurant[N]

self-service restaurant | restaurant[M] libre-service | restaurante[M] de autoservicio[M] | self-service[M]

Gesamtansicht[F]
general view
vue[F] d'ensemble[M]
vista[F] general
vista[F] generale

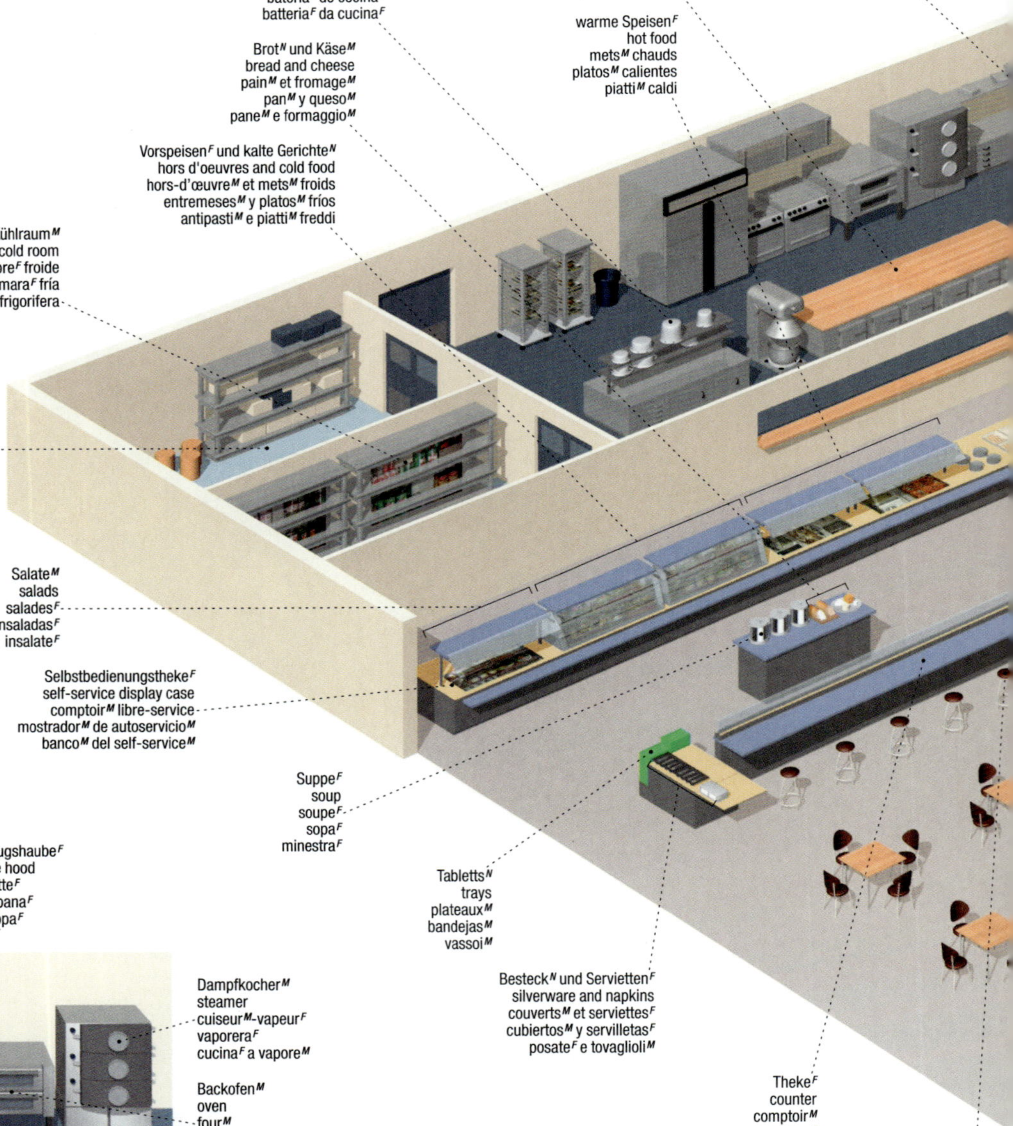

Kochbereich[M]
cooking area
centre[M] de cuisson[F]
área[F] de cocina[F]
zona[F] cottura

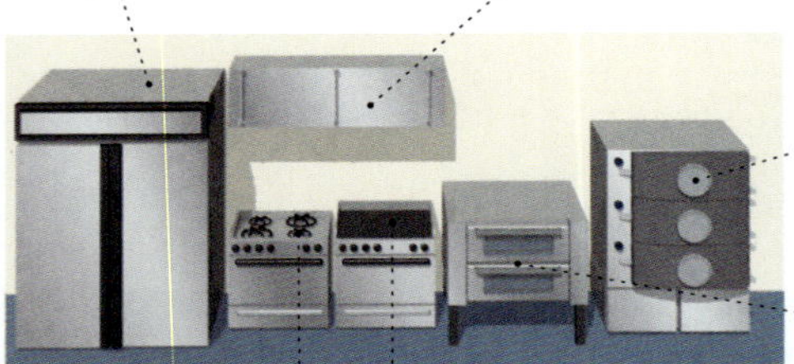

Selbstbedienungsrestaurant[N]

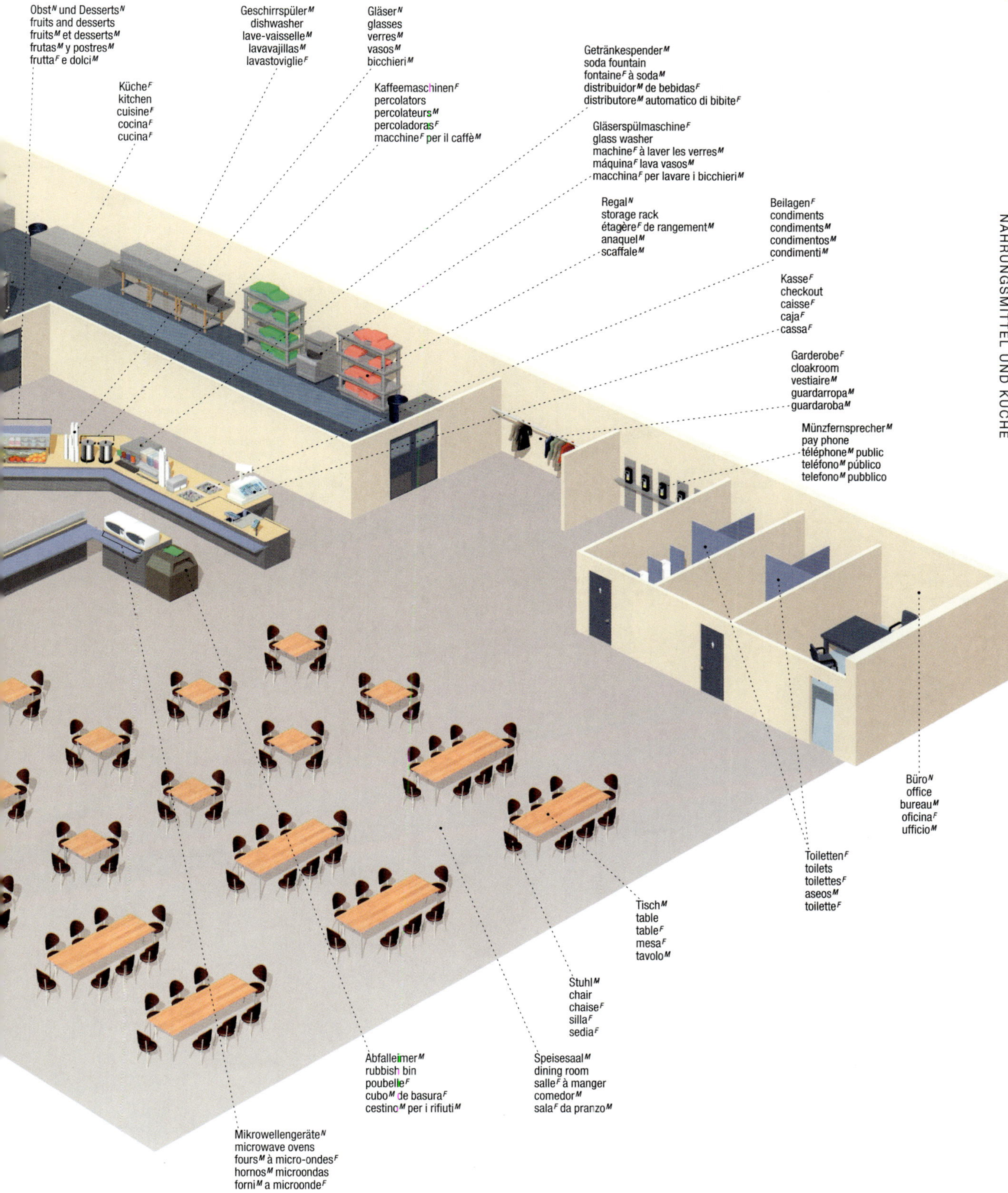

Lebensmittellagerung^{F}

food presentation | présentation^{F} des aliments^{M} | presentación^{F} de alimentos^{M} | presentazione^{F} degli alimenti^{M}

Papier^{N} und Folien^{F}
wrap and lining
papier^{M}
envoltorios^{M}
incartamento^{M} e rivestimento^{M}

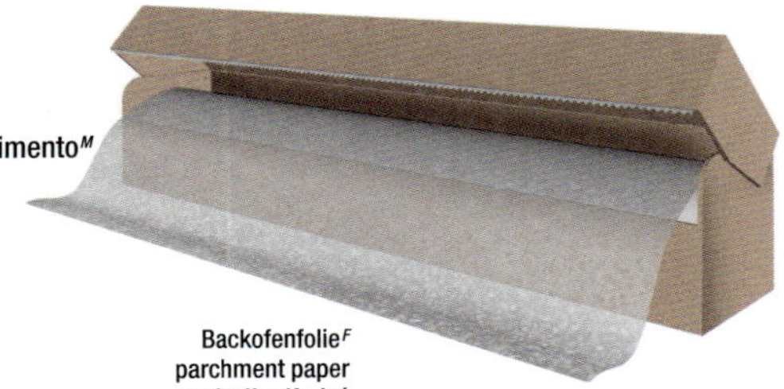

Backofenfolie^{F}
parchment paper
papier^{M} sulfurisé
papel^{M} para el horno^{M}
carta^{F} da forno^{M}

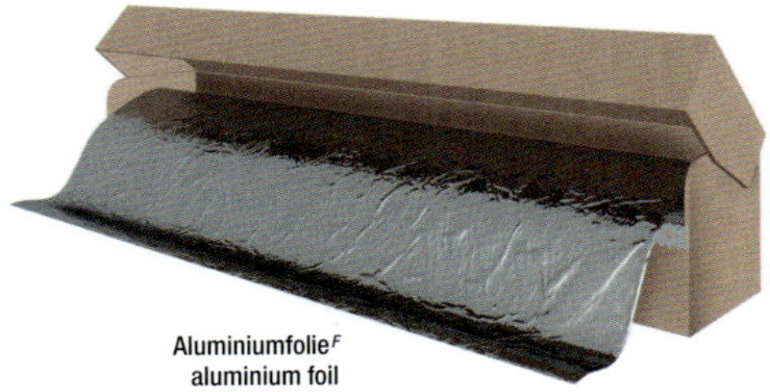

Aluminiumfolie^{F}
aluminium foil
papier^{M} aluminium^{M}
papel^{M} de aluminio^{M}
pellicola^{F} d'alluminio^{M}

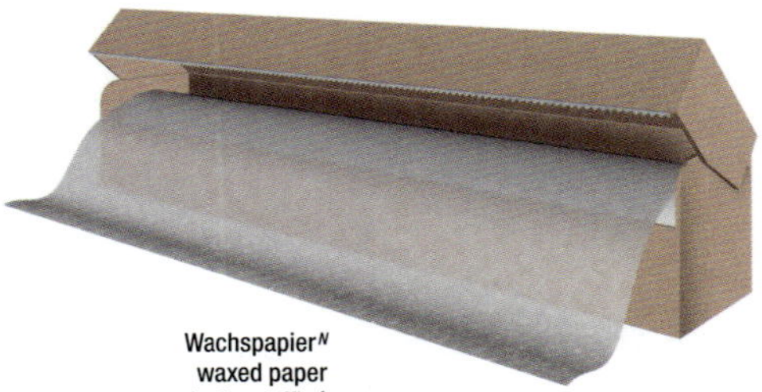

Wachspapier^{N}
waxed paper
papier^{M} paraffiné
papel^{M} encerado
carta^{F} cerata

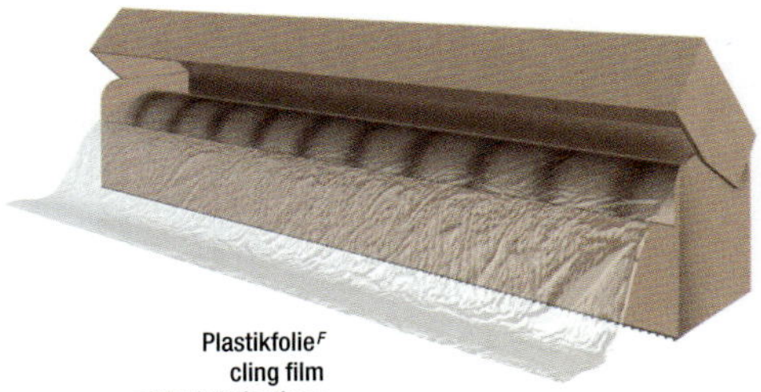

Plastikfolie^{F}
cling film
pellicule^{F} plastique
envoltorio^{M} de plástico^{M}
pellicola^{F} trasparente

Behälter^{M}
container
contenant^{M}
recipiente^{M}
contenitore^{M}

Plastikbehälter^{M}
plastic food container
boîte^{F} alimentaire en plastique^{M}
fiambrera^{F} de plástico^{M}
contenitore^{M} per alimenti^{M} in plastica^{F}

heißversiegelte Folie^{F}
heat-sealed film
opercule^{M} thermoscellé
película^{F} termosoldada
pellicola^{F} sigillata a caldo^{M}

Becher^{M}
cup
pot^{M}
copa^{F}
vasetto^{M}

Beutel^{M}
pouch
sachet^{M}
bolsa^{F}
sacchetto^{M}

Kiste^{F}
small crate
caissette^{F}
caja^{F}
cassetta^{F}

Vorratsdosen^{F}
canisters
boîtes^{F} alimentaires
botes^{M} herméticos
barattoli^{M}

Netz^{N}
mesh bag
sac^{M}-filet^{M}
bolsa^{F} de malla^{F}
rete^{F} per alimenti^{M}

Holzkiste^{F}
small open crate
cageot^{M}
caja^{F} abierta
cassetta^{F} aperta

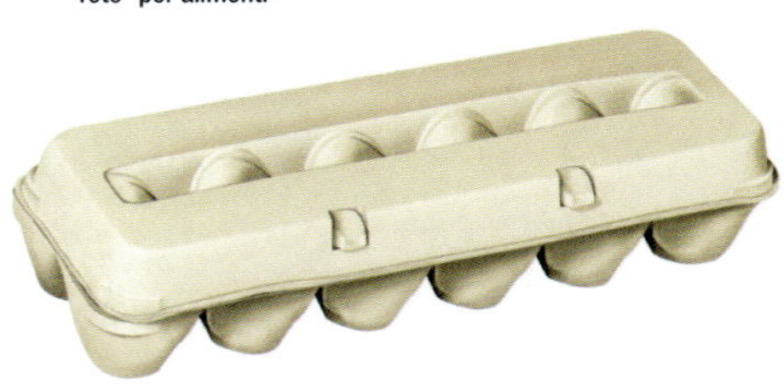

Eierkarton^{M}
egg carton
boîte^{F} à œufs^{M}
caja^{F} de cartón^{M} para huevos^{M}
confezione^{F} in cartone^{M} per uo

Lebensmittellagerung[F]

Snackbeutel[M]
snack bag
sac[M] à collation[F]
bolsa[F] para aperitivo[M]
porta-merenda[M]

Frühstücksbeutel[M]
sandwich bag
sac[M] à sandwich[M]
bolsa[F] para bocadillo[M]
busta per panino[M]

Gemüsebeutel[M]
vegetable bag
sac[M] à légumes[M]
bolsa[F] para verduras[F]
busta[F] per verdure[F]

Gefrierbeutel[M]
freezer bag
sac[M] de congélation[F]
bolsa[F] para congelados[M]
sacchetto[M] per freezer[M]

Dose[F]
tin
boîte[F] de conserve[F]
lata[F]
lattina[F]

Glasflasche[F]
glass bottle
bouteille[F] en verre[M]
botella[F] de vidrio[M]
bottiglia[F] di vetro[M]

Schraubverschluss[M]
screw cap
capsule[F] à vis[F]
tapón[M] de rosca[F]
tappo[M] a vite[F]

Packung[F]
package
paquet[M]
paquete[M]
pacchetto[M]

Einmachglas[N]
mason jar
bocal[M] à conserve[F]
bote[M] de conservas[F]
barattolo[M] sottovuoto

Tube[F]
tube
tube[M]
tubo[M]
tubetto[M]

Mehrstückpackung[F]
multipack
pack[M]
multipack[M]
confezione[F] multipla

Dosenöffner[M]
ring pull
onglet[M]
tirador[M]
anello[M] a strappo[M]

Getränkedose[F]
beverage can
cannette[F]
lata[F]
lattina[F]

Trinkpackung[F]
drink box
briquette[F]
brick[M] pequeño
brick[M]

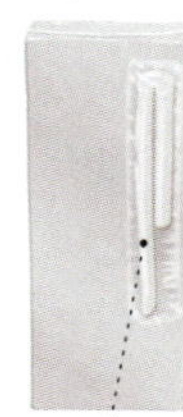
Strohhalm[M]
straw
paille[F]
pajita[F]
cannuccia[F]

Giebel[M]
gabletop
pignon[M]
cierre[M] en relieve[M]
chiusura[F] in rilievo[M]

Getränkekarton[M]
carton
carton[M]
cartón[M]
cartone[M]

Portionspackung[F]
butter cup
godet[M] de beurre[M]
terrina[F] para mantequilla[F]
vaschetta[F] per burro[M]

Teebeutel[M]
teabag
sachet[M] de thé[M]
bolsa[F] de té[M]
bustina[F] di tè[M]

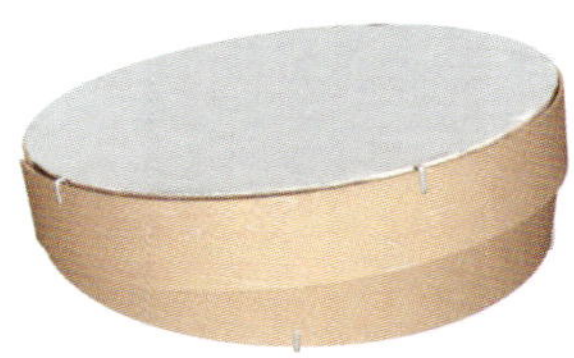
Käseschachtel[F]
cheese box
boîte[F] à fromage[M]
caja[F] para queso[M]
scatola[F] per formaggio[M]

Kleiner Getränkekarton[M]
small carton
berlingot[M]
cartón[M] pequeño
cartone[M] piccolo

Milch-/Sahnebecher[M]
milk/cream cup
godet[M] de lait[M]/crème[F]
miniporción[F] de leche[F]/nata[F]
coppetta[F] per latte[M]/panna[F]

Schale[F]
food tray
barquette[F]
barqueta[F]
vaschetta[F] per alimenti[M]

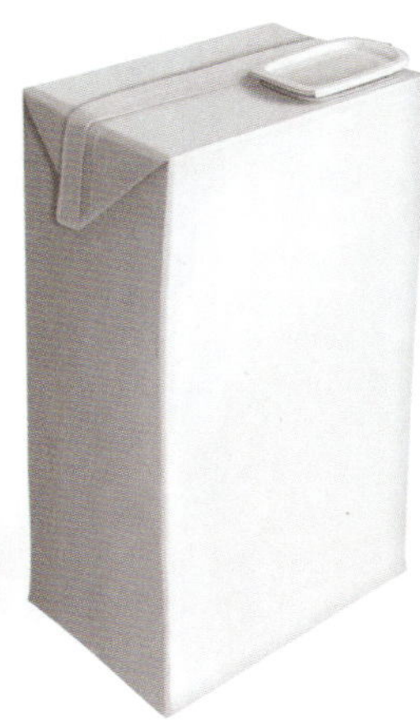
Getränkekarton[M]
brick carton
brique[F]
brick[M]
brick[M] a tappo[M]

Küche^{F}: Gesamtansicht^{F}

kitchen: general view | cuisine^{F} : vue^{F} d'ensemble^{M} | cocina^{F} : vista^{F} general | cucina^{F}: vista^{F} generale

Gläser^{N}

glassware | verres^{M} | cristalería^{F} | cristalleria^{F}

Likörglas^{N}
liqueur glass
verre^{M} à liqueur^{F}
copa^{F} para licores^{M}
bicchierino^{M} da liquore^{M}

Portweinglas^{N}
port glass
verre^{M} à porto^{M}
copa^{F} para oporto^{M}
bicchiere^{M} da porto^{M}

Sektschale^{F}
champagne glass
coupe^{F} à mousseux^{M}
copa^{F} de champaña^{F}
coppa^{F} da spumante^{M}

Kognakschwenker^{M}
brandy glass
verre^{M} à cognac^{M}
copa^{F} para brandy^{M}
bicchiere^{M} da brandy^{M}

Elsässer Weinglas^{M}
hock glass
verre^{M} à vin^{M} d'Alsace^{F}
copa^{F} para vino^{M} de Alsacia
bicchiere^{M} da vino^{M} alsaziano

Rotweinglas^{N}
burgundy glass
verre^{M} à bourgogne^{M}
copa^{F} para vino^{M} de Borgoña
bicchiere^{M} da Borgogna^{M}

Bordeauxglas^{N}
bordeaux glass
verre^{M} à bordeaux^{M}
copa^{F} para vino^{M} de Burdeos
bicchiere^{M} da Bordeaux^{M}

Weißweinglas^{N}
white wine glass
verre^{M} à vin^{M} blanc
copa^{F} para vino^{M} blanco
bicchiere^{M} da vino^{M} bianco

Wasserglas^{N}
water goblet
verre^{M} à eau^{F}
copa^{F} de agua^{F}
bicchiere^{M} da acqua^{F}

Cocktailglas^{N}
cocktail glass
verre^{M} à cocktail^{M}
copa^{F} de cóctel^{M}
calice^{M} da cocktail^{M}

Longdrinkglas^{N}
tall tumbler
verre^{M} à gin^{M}
vaso^{M} largo
bicchiere^{M} da bibita^{F}

Whiskyglas^{M}
whisky tumbler
verre^{M} à whisky^{M}
vaso^{M} corto
tumbler^{M}

Sektkelch^{M}
champagne flute
flûte^{F} à champagne^{M}
copa^{F} de flauta^{F}
flûte^{M}

Bierkrug^{M}
beer glass
chope^{F} à bière^{F}
jarra^{M} de cerveza^{F}
boccale^{M} da birra^{F}

kleine Karaffe^{F}
carafe
carafon^{M}
decantador^{M}
caraffa^{F}

Karaffe^{F}
decanter
carafe^{F}
garrafa^{F}
bottiglia^{F} da tavola^{F}

Messer^{N}

knife | couteau^{M} | cuchillo^{M} | coltello^{M}

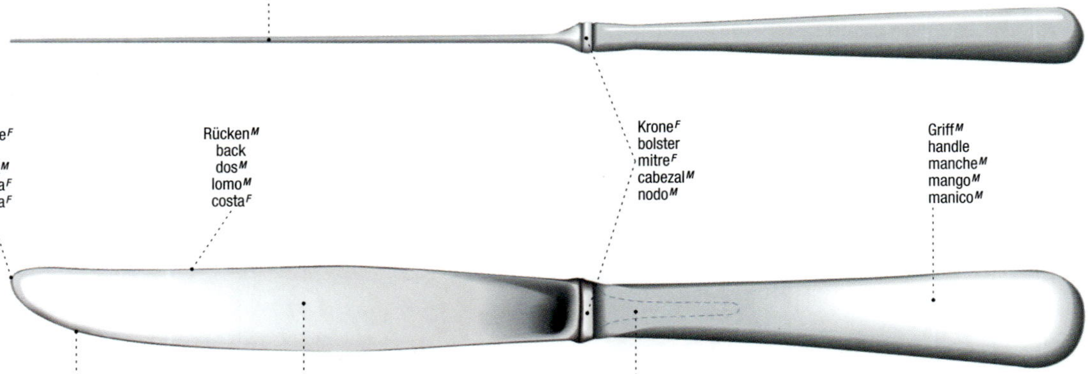

Beispiele^{N} für Messer^{N}
examples of knives
exemples^{M} de couteaux^{M}
ejemplos^{M} de cuchillos^{M}
esempi^{M} di coltelli^{M}

Buttermesser^{N}
butter knife
couteau^{M} à beurre^{M}
cuchillo^{M} de mantequilla^{F}
coltello^{M} da burro^{M}

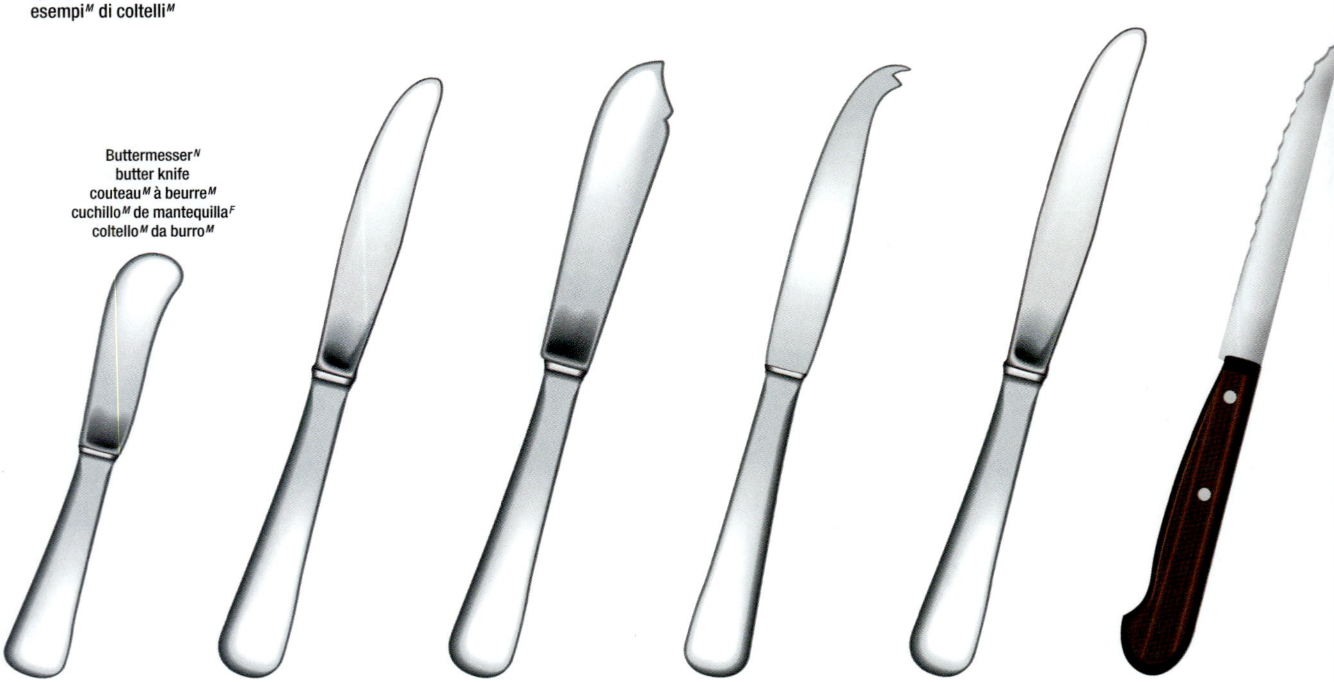

Dessertmesser^{N}
dessert knife
couteau^{M} à dessert^{M}
cuchillo^{M} de postre^{M}
coltello^{M} da dessert^{M}

Fischmesser^{N}
fish knife
couteau^{M} à poisson^{M}
cuchillo^{M} de pescado^{M}
coltello^{M} da pesce^{M}

Käsemesser^{N}
cheese knife
couteau^{M} à fromage^{M}
cuchillo^{M} de queso^{M}
coltello^{M} da formaggio^{M}

Menümesser^{N}
dinner knife
couteau^{M} de table^{F}
cuchillo^{M} de mesa^{F}
coltello^{M} da tavola^{F}

Steakmesser^{N}
steak knife
couteau^{M} à bifteck^{M}
cuchillo^{M} de carne^{F}
coltello^{M} da bistecca^{F}

Löffel^M

spoon | cuiller^F | cuchara^F | cucchiaio^M

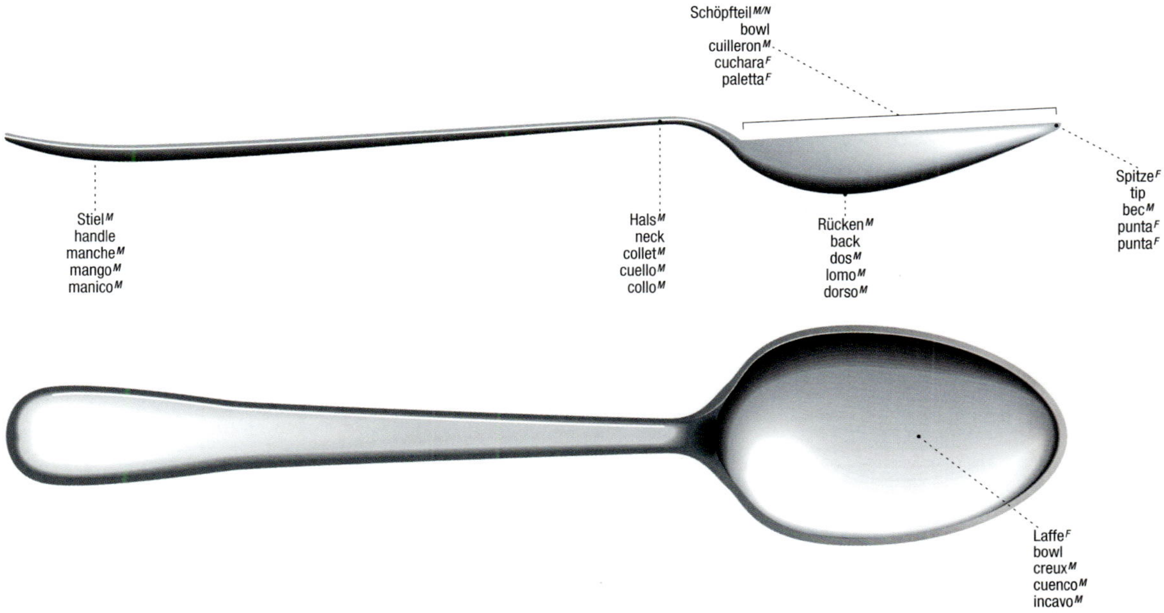

Beispiele^N für Löffel^M
examples of spoons
exemples^M de cuillers^F
ejemplos^M de cucharas^F
esempi^M di cucchiai^M

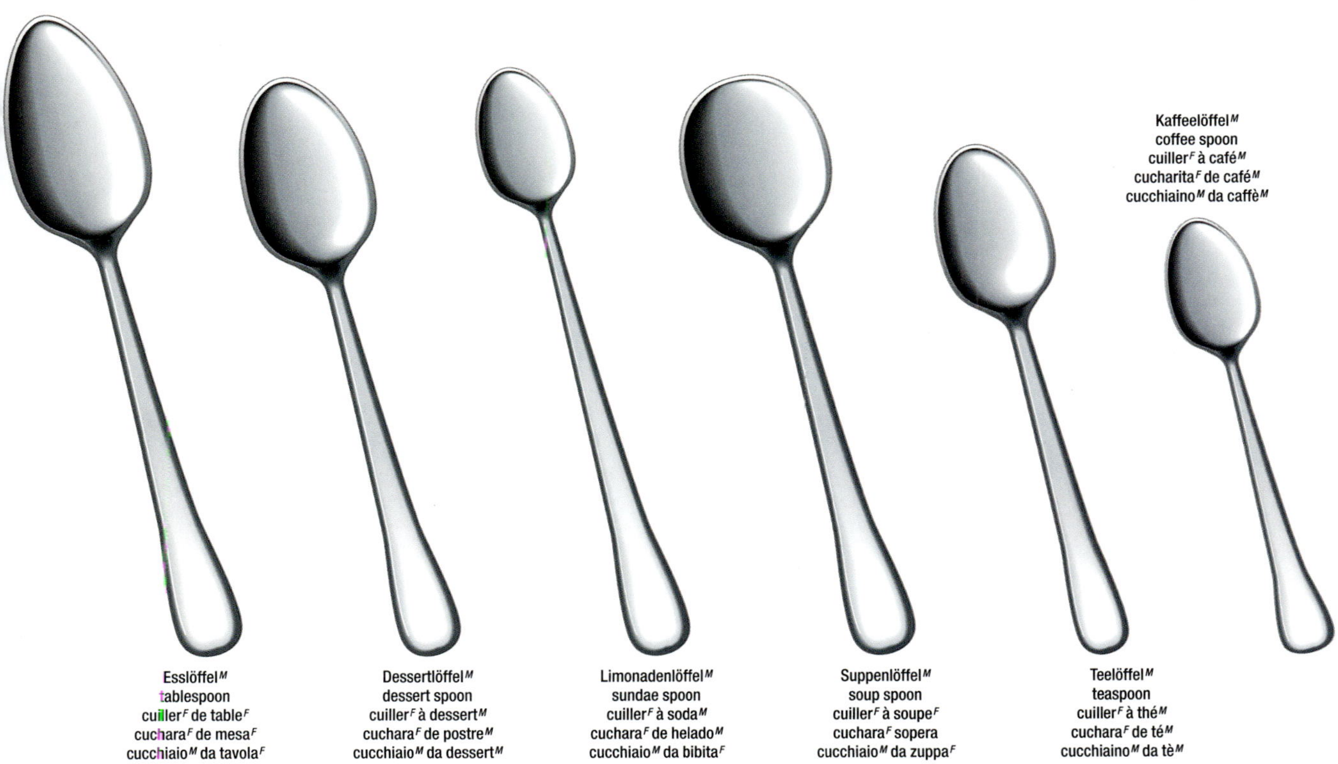

Gabel[F]

fork | fourchette[F] | tenedor[M] | forchetta[F]

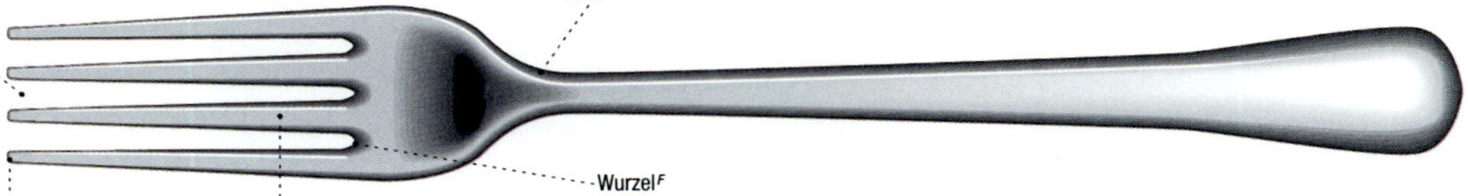

Beispiele[N] für Gabeln[F]
examples of forks
exemples[M] de fourchettes[F]
ejemplos[M] de tenedores[M]
esempi[M] di forchette[F]

Austerngabel[F]
oyster fork
fourchette[F] à huîtres[F]
tenedor[M] de ostras[F]
forchetta[F] da ostriche[F]

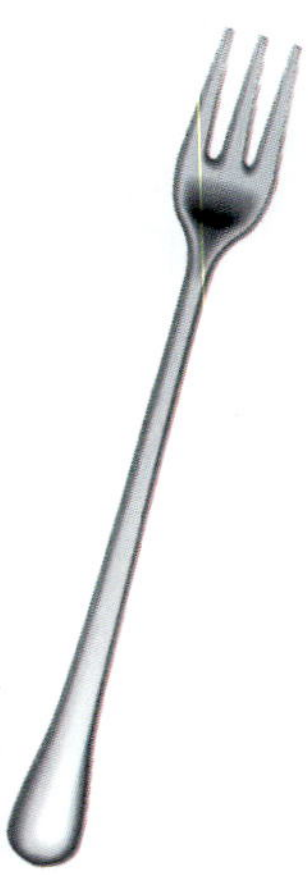

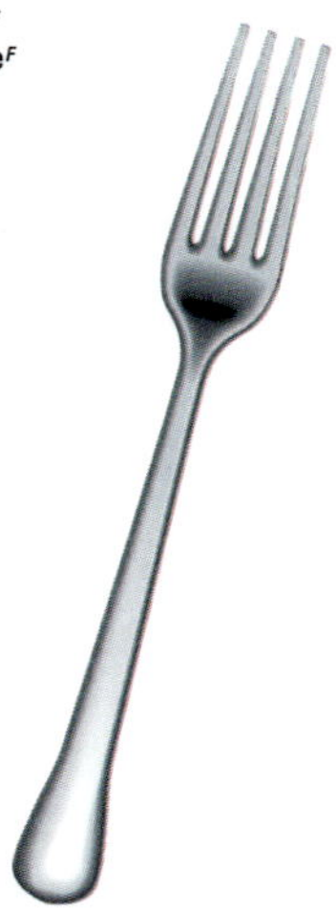

Dessertgabel[F]
dessert fork
fourchette[F] à dessert[M]
tenedor[M] de postre[M]
forchetta[F] da dessert[M]

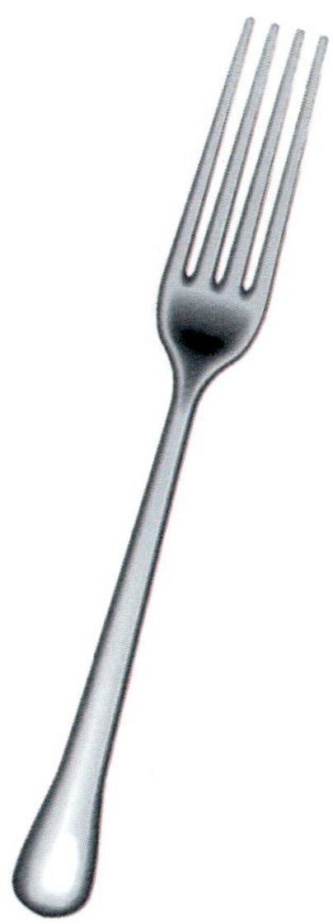

Salatgabel[F]
salad fork
fourchette[F] à salade[F]
tenedor[M] de ensalada[F]
forchetta[F] da insalata[F]

Fischgabel[F]
fish fork
fourchette[F] à poisson[M]
tenedor[M] de pescado[M]
forchetta[F] da pesce[M]

Menügabel[F]
dinner fork
fourchette[F] de table[F]
tenedor[M] de mesa[F]
forchetta[F] da tavola[F]

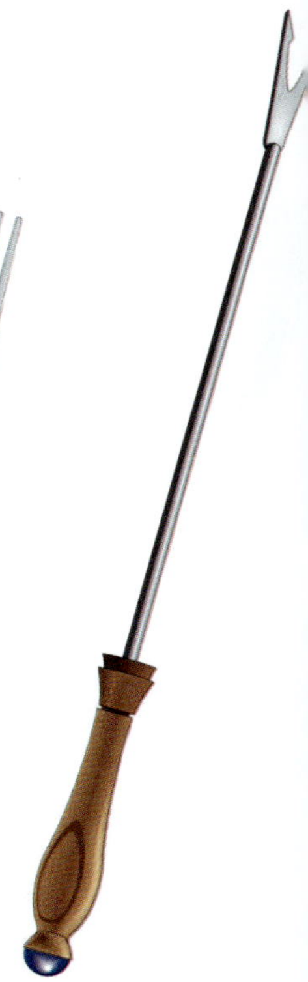

Fonduegabel[F]
fondue fork
fourchette[F] à fondue[F]
tenedor[M] de fondue[F]
forchetta[F] da fonduta[F]

Gedeckzubehör^{N}

cutlery accessories | accessoires^{M} du couvert^{M} | accesorios^{M} de cubertería^{F} | accessori^{M} per coperto^{M}

Serviette^{F}
napkin
serviette^{F} de table^{F}
servilleta^{F}
tovagliolo^{M} da tavola^{F}

Serviettenring^{M}
napkin ring
rond^{M} de serviette^{F}
servilletero^{M}
portatovagliolo^{M}

Messerablage^{F}
knife rest
porte-couteau^{M}
reposa-cuchillos^{M}
porta-coltelli^{M}

Geschirr^{N}

crockery | vaisselle^{F} | vajilla^{F} y servicio^{M} de mesa^{F} | vasellame^{M} da tavola^{F}

Becher^{M}
coffee mug
chope^{F} à café^{M}
jarra^{F} para café^{M}
tazza^{F} alta da caffè^{M}

Tasse^{F}
tea cup
tasse^{F} à thé^{M}
taza^{F}
tazza^{F} da tè^{M}

Mokkatasse^{F}
demitasse
tasse^{F} à café^{M}
tacita^{F} de café^{M}
tazzina^{F} da caffè^{M}

Wasserkrug^{M}
water jug
pichet^{M}
jarra^{F} de agua^{F}
caraffa^{F}

Teekanne^{F}
teapot
théière^{F}
tetera^{F}
teiera^{F}

Milchkännchen^{N}
cream jug
crémier^{M}
jarrita^{F} de leche^{F}
bricco^{M} del latte^{M}

Zuckerdose^{F}
sugar bowl
sucrier^{M}
azucarero^{M}
zuccheriera^{F}

Geschirr^{N}

Salzstreuer^{M}
saltcellar
salière^{F}
salero^{M}
saliera^{F}

Pfefferstreuer^{M}
pepperpot
poivrière^{F}
pimentero^{M}
pepaiola^{F}

Auflaufförmchen^{N}
ramekin
ramequin^{M}
cuenco^{M} de queso^{M} blando
formina^{F} da forno^{M}

Sauciere^{F}
gravy boat
saucière^{F}
salsera^{F}
salsiera^{F}

Butterdose^{F}
butter dish
beurrier^{M}
mantequera^{F}
burriera^{F}

Suppenschale^{F}
soup bowl
bol^{M}
escudilla^{F}
scodella^{F}

Kuchenteller^{M}
dessert plate
assiette^{F} à dessert^{M}
plato^{M} de postre^{M}
piatto^{M} da dolce^{M}

Untertasse^{F}
saucer
soucoupe^{F}
platillo^{M}
sottocoppa^{F}

Salatteller^{M}
salad plate
assiette^{F} à salade^{F}
plato^{M} de postre^{M}
piatto^{M} frutta^{F} / insalata^{F}

flacher Teller^{M}
dinner plate
assiette^{F} plate
plato^{M} llano
piatto^{M} piano

Suppenteller^{M}
rim soup bowl
assiette^{F} creuse
plato^{M} sopero
piatto^{M} fondo

Geschirr[N]

Gemüseterrine[F]
vegetable dish
légumier[M]
fuente[F] de verdura[F]
legumiera[F]

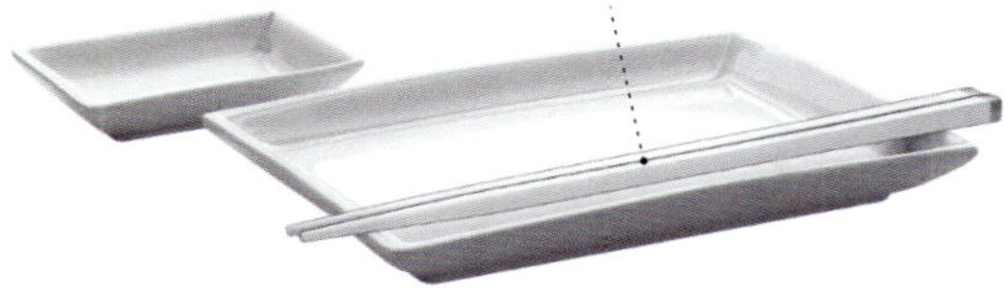

Sushi-Satz[M]
sushi set
ensemble[M] à sushi[M]
combinado[M] de sushi[M]
set[M] per sushi[M]

Reisschüssel[F]
rice bowl
bol[M] à riz[M]
cuenco[M] para arroz[M]
ciotola[F] per riso[M]

Schneckenpfännchen[N]
snail dish
plat[M] à escargots[M]
plato[M] para caracoles[M]
tegamino[M] per chiocciole[F]

Hors-d'Oeuvre-Schale[F]
hors d'œuvre dish
ravier[M]
bandeja[F] para los entremeses[M]
antipastiera[F]

Suppenterrine[F]
soup tureen
soupière[F]
sopera[F]
zuppiera[F]

Salatschale[F]
salad dish
bol[M] à salade[F]
bol[M] para ensalada[F]
coppetta[F] per l'insalata[F]

Salatschüssel[F]
salad bowl
saladier[M]
ensaladera[F]
insalatiera[F]

Servierplatte[F]
serving dish
plat[M] ovale
fuente[F] de servir
piatto[M] da portata[F]

Fischplatte[F]
fish dish
plat[M] à poisson[M]
fuente[F] para pescado[M]
piatto[M] per il pesce[M]

Käseplatte[F]
cheese platter
plateau[M] à fromages[M]
plato[M] de queso[M]
tagliere[M] per formaggi[M]

gedeckter Tisch[M]

place setting | table[F] dressée | mesa[F] puesta | tavola[F] apparecchiata

im französischen Stil[M]
French style
à la française
estilo[M] francés
alla francese

im englischen Stil[M]
English style
à l'anglaise
estilo[M] inglés
all'inglese

gedeckter Tisch[M]

im amerikanischen Stil[M]
American style
à l'américaine
estilo[M] americano
all'americana

im chinesischen Stil[M]
Chinese style
à la chinoise
estilo[M] chino
alla cinese

Küchenutensilien[N]

kitchen utensils | ustensiles[M] de cuisine[F] | utensilios[M] de cocina[F] | utensili[M] da cucina[F]

Küchenmesser[N]
kitchen knife
couteau[M] de cuisine[F]
cuchillo[M] de cocina[F]
coltello[M] da cucina[F]

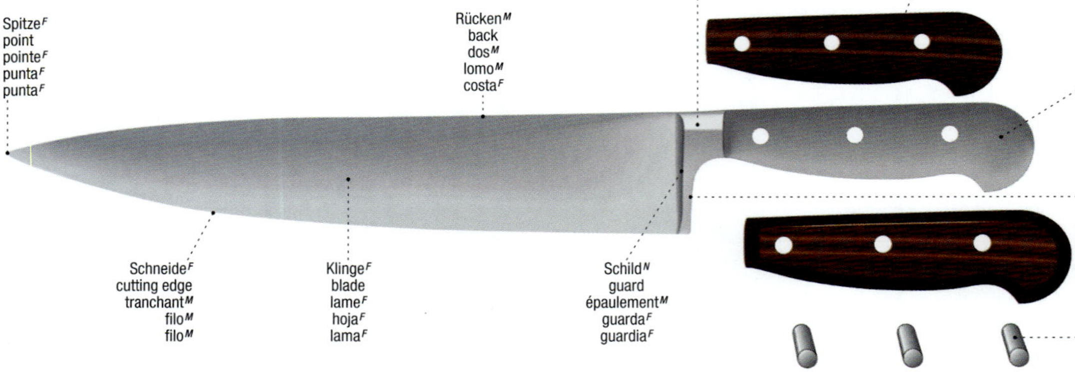

Beispiele[N] für Küchenmesser[N]
examples of kitchen knives
exemples[M] de couteaux[M] de cuisine[F]
ejemplos[M] de cuchillos[M] de cocina[F]
esempi[M] di coltelli[M] da cucina[F]

Kochmesser[N]
cook's knife
couteau[M] de chef[M]
cuchillo[M] de carnicero[M]
coltello[M] da cucina[F]

Küchenbeil[N]
cleaver
couperet[M]
hacha[F] de cocinero[M]
mannaia[F]

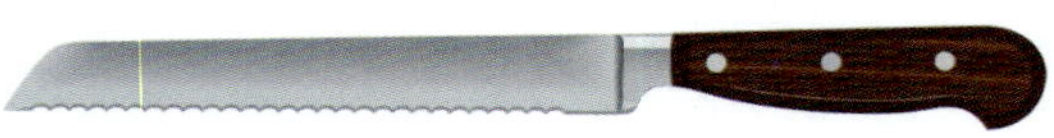

Brotmesser[N]
bread knife
couteau[M] à pain[M]
cuchillo[M] de pan[M]
coltello[M] da pane[M]

Tranchiermesser[N]
carving knife
couteau[M] à découper
cuchillo[M] de trinchar
trinciante[M]

Schinkenmesser[N]
ham knife
couteau[M] à jambon[M]
cuchillo[M] para jamón[M]
coltello[M] da prosciutto[M]

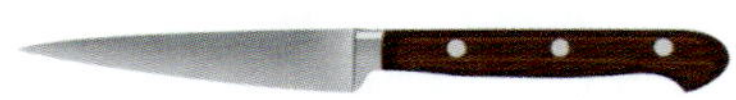

Schälmesser[N]
paring knife
couteau[M] d'office[M]
cuchillo[M] de pelar
spelucchino[M]

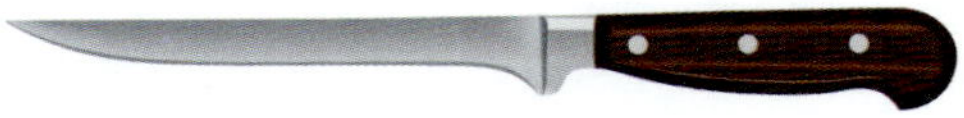

Filiermesser[N]
filleting knife
couteau[M] à filets[M] de sole[F]
cuchillo[M] filetero
coltello[M] per affettare

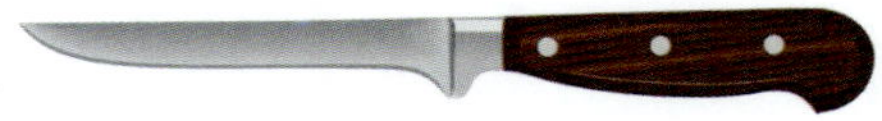

Ausbeinmesser[N]
boning knife
couteau[M] à désosser
cuchillo[M] para deshuesar
coltello[M] per disossare

Grapefruitmesser[N]
grapefruit knife
couteau[M] à pamplemousse[M]
cuchillo[M] para pomelos[M]
coltello[M] da pompelmo[M]

Austernmesser[N]
oyster knife
couteau[M] à huîtres[F]
cuchillo[M] para ostras[F]
coltello[M] da ostriche[F]

Zitronenschaber[M]
zester
couteau[M] à zester
rallador[M]
sbuccialimoni[M]

Küchenutensilien^N

zum Öffnen^N
for opening
pour ouvrir
utensilios^M para abrir y descorchar
per aprire

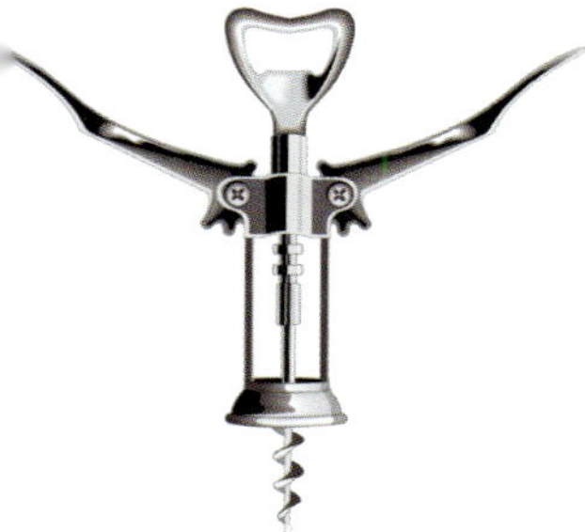

Hebel-Korkenzieher^M
lever corkscrew
tire-bouchon^M à levier^M
sacacorchos^M con brazos^M
cavatappi^M a leva^F

Kellnerbesteck^N
wine waiter corkscrew
tire-bouchon^M de sommelier^M
sacacorchos^M
cavatappi^M da cameriere^M

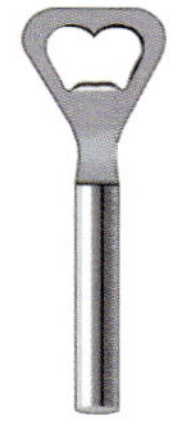

Flaschenöffner^M
bottle opener
décapsuleur^M
abrebotellas^M
apribottiglie^M

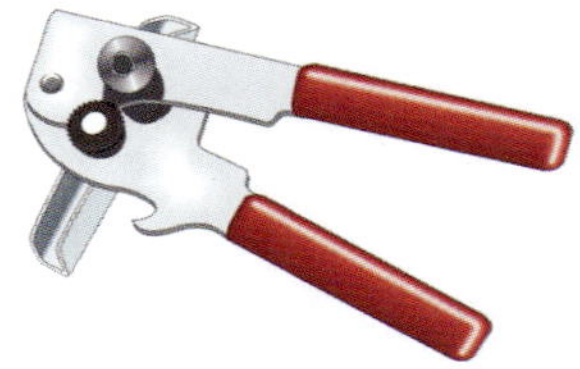

Büchsenöffner^M
tin opener
ouvre-boîtes^M
abrelatas^M
apriscatole^M

zum Zerkleinern^N und Zerreiben^N
for grinding and grating
pour broyer et râper
para moler y rallar
per macinare e grattugiare

Nussknacker^M
nutcracker
casse-noix^M
cascanueces^M
schiaccianoci^M

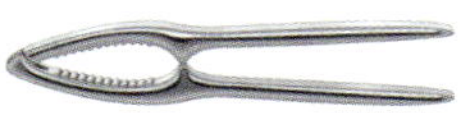

Mörser^M
mortar
mortier^M
almirez^M
mortaio^M

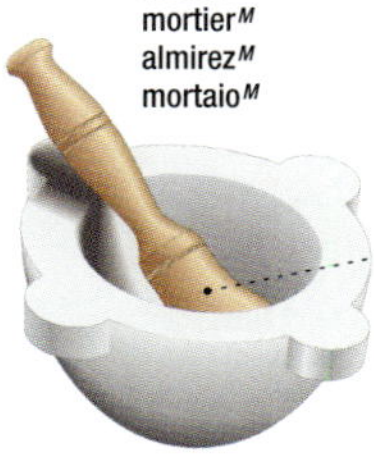

Stößel^M
pestle
pilon^M
mano^F
pestello^M

Fleischwolf^M
mincer
hachoir^M
picadora^F de carne^F
tritacarne^M

Knoblauchpresse^F
garlic press
presse-ail^M
triturador^M de ajos^M
spremiaglio^M

Handkaffeemühle^F
manual coffee grinder
moulin^M à café^M manuel
molinillo^M manual de café^M
macinacaffè^M manuale

Zitronenpresse^F
lemon squeezer
presse-agrumes^M
exprimidor^M
spremiagrumi^M

Muskatnussreibe^F
nutmeg grater
râpe^F à muscade^F
rallador^M de nuez^F moscada
grattugia^F per noce^F moscata

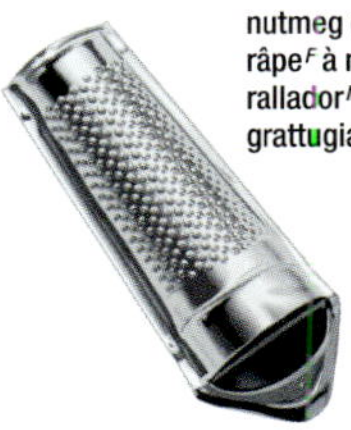

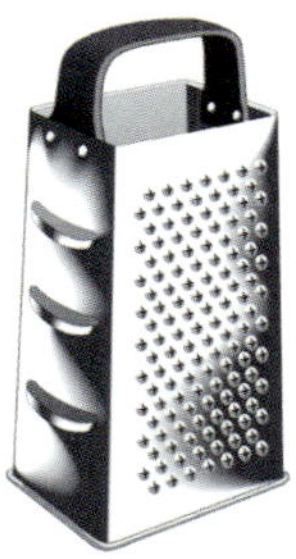

Reibe^F
grater
râpe^F
rallador^M
grattugia^F

Pfeffermühle^F
pepper mill
moulin^M à poivre^M
molinillo^F de pimienta^F
macinapepe^M

Käsereibe^F
rotary cheese grater
râpe^F à fromage^M cylindrique
rallador^M cilíndrico de queso^M
grattugiaformaggio^M

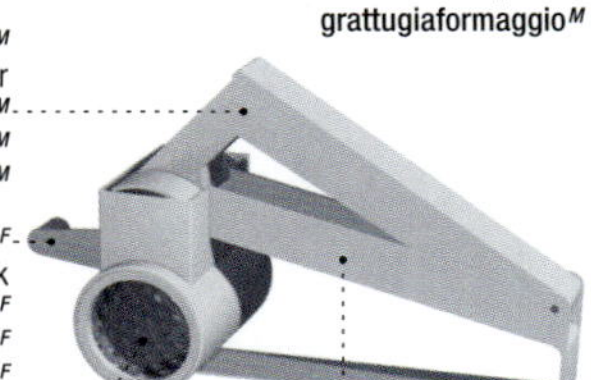

Presshebel^M
pusher
poussoir^M
empujador^M
pigiatore^M

Kurbel^F
crank
manivelle^F
manivela^F
levetta^F

Trommel^F
drum
tambour^M
tambor^M
tamburo^M

Griff^M
handle
poignée^F
mango^M
impugnatura^F

Nudelmaschine^F
pasta maker
machine^F à faire les pâtes^F
máquina^F para hacer pasta^F italiana
macchina^F per fare la pasta^F

Passiergerät^N
food mill
moulin^M à légumes^M
pasapurés^M
passaverdure^M

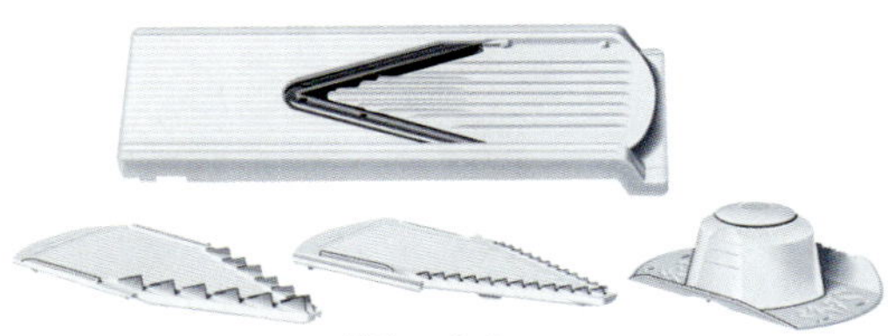

Küchenreibe^F
mandoline
mandoline^F
mandolina^F
affettaverdure^M

Küchenutensilien[N]

zum Messen[N]
for measuring
pour mesurer
utensilios[M] para medir
per misurare

Maß[N]
measuring jug
tasse[F] à mesurer
jarra[F] medidora
tazza[F] graduata

Fleischthermometer[N]
meat thermometer
thermomètre[M] à viande[F]
termómetro[M] para carne[F]
termometro[M] per carne[F]

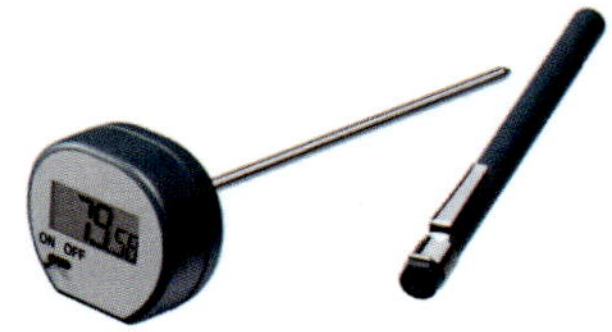

digitales Bratenthermometer[N]
instant-read thermometer
thermomètre[M] à mesure[F] instantanée
termómetro[M] de medida[F] instantánea
termometro[M] a lettura[F] istantanea

Einmachthermometer[N]
sugar thermometer
thermomètre[M] à sucre[M]
termómetro[M] de azúcar[M]
termometro[M] per zucchero[M]

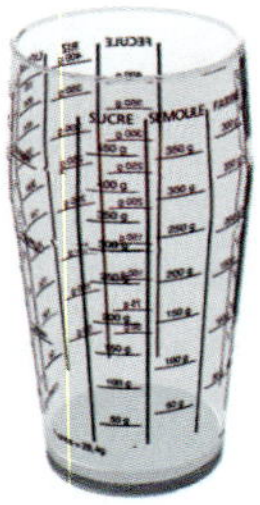

Messbecher[M]
measuring beaker
verre[M] à mesurer
vaso[M] medidor
recipiente[M] graduato

Messlöffel[M]
measuring spoons
cuillers[F] doseuses
cucharas[F] dosificadoras
cucchiai[M] dosatori

Eieruhr[F]
egg timer
sablier[M]
reloj[M] de arena[F]
clessidra[F] per uova[F] alla coque

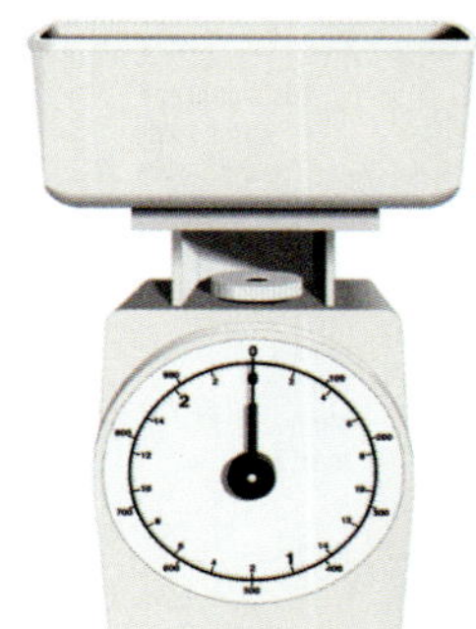

Küchenwaage[F]
kitchen scale
balance[F] de cuisine[F]
báscula[F] de cocina[F]
bilancia[F] da cucina[F]

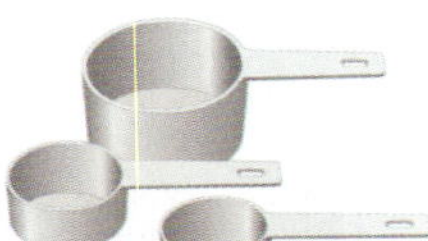

Messbecher[M]
measuring cups
mesures[F]
tazas[F] medidoras
misurini[M]

Kurzzeitwecker[M]
kitchen timer
minuteur[M]
minutero[M]
contaminuti[M]

Backofenthermometer[N]
oven thermometer
thermomètre[M] de four[M]
termómetro[M] de horno[M]
termometro[M] del forno[M]

zum Sieben[N] und Abtropfen[N]
for straining and draining
pour passer et égoutter
coladores[M] y escurridores[M]
per scolare e filtrare

Passiersieb[N]
mesh strainer
passoire[F] fine
colador[M] fino
colino[M]

Spitzsieb[N]
chinois
chinois[M]
chino[M]
chinois[M]

Musselin[M]
muslin
mousseline[F]
muselina[F]
mussolina[F]

Trichter[M]
funnel
entonnoir[M]
embudo[M]
imbuto[M]

Seiher[M]
colander
passoire[F]
escurridor[M]
colapasta[M]

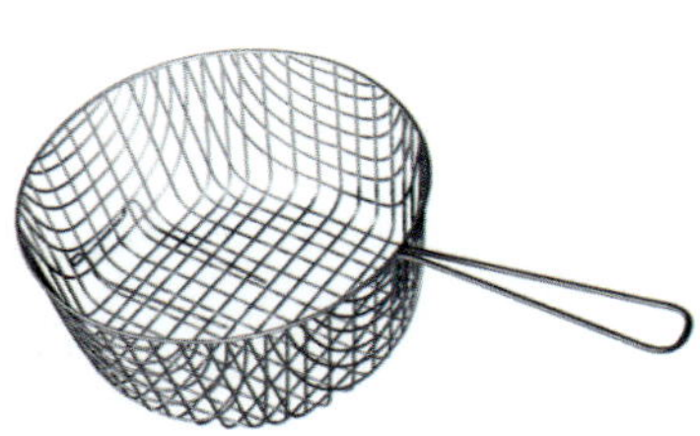

Frittierkorb[M]
frying basket
panier[M] à friture[F]
cesta[F] de freír
cestello[M] per friggere

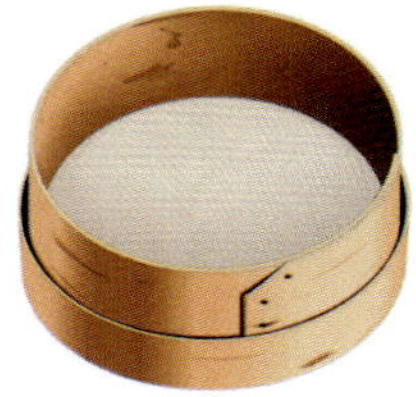

Mehlsieb[N]
sieve
tamis[M]
tamiz[M]
setaccio[M]

Salatschleuder[F]
salad spinner
essoreuse[F] à salade[F]
secadora[F] de ensalada[F]
centrifuga[F] scolainsalata

Küchenutensilien[N]

verschiedene Utensilien[N]
miscellaneous utensils
ustensiles[M] divers
utensilios[M] diversos
utensili[M] vari

Entsteiner[M]
stoner
dénoyauteur[M]
deshuesador[M]
snocciolatore[M]

Spicknadel[F]
larding needle
aiguille[F] à piquer
aguja[F] picadora
lardatoio[M]

Kerngehäuseausstecher[M]
apple corer
vide-pomme[M]
descorazonador[M]
cavatorsoli[M]

Melonenlöffel[M]
melon baller
cuiller[F] parisienne
vaciador[M]
scavamelone[M]

Dressiernadel[F]
trussing needle
aiguille[F] à brider
aguja[F] de coser
ago[M] per legare

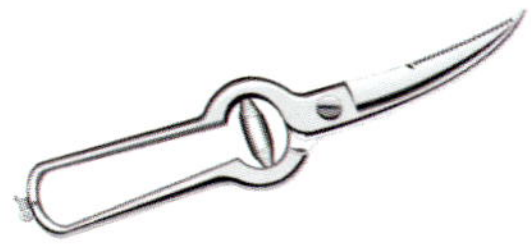

Geflügelschere[F]
poultry shears
cisaille[F] à volaille[F]
tijeras[F] para aves[F]
trinciapollo[M]

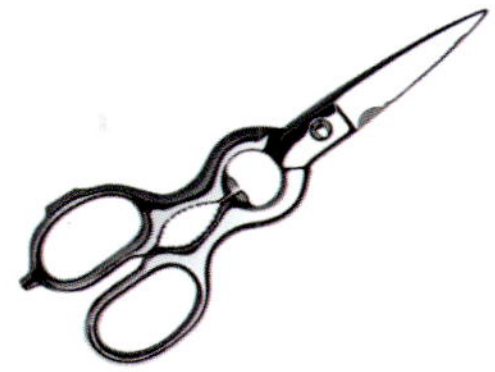

Küchenschere[F]
kitchen shears
ciseaux[M] de cuisine[F]
tijeras[F] de cocina[F]
forbici[F] da cucina[F]

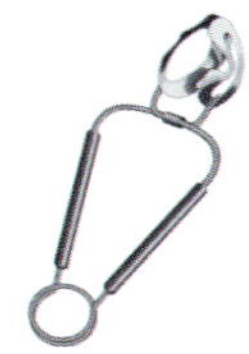

Schneckenzange[F]
snail tongs
pince[F] à escargots[M]
pinzas[F] para caracoles[M]
molle[F] per chiocciole[F]

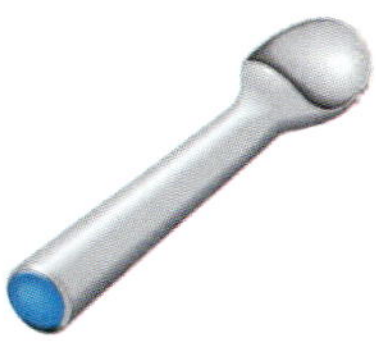

Eisportionierer[M]
ice-cream scoop
cuiller[F] à glace[F]
cuchara[F] de helado[M]
cucchiaio[M] per gelato[M]

Tee-Ei[N]
tea infuser
boule[F] à thé[M]
esfera[F] de té[M]
filtro[M] per il tè[M]

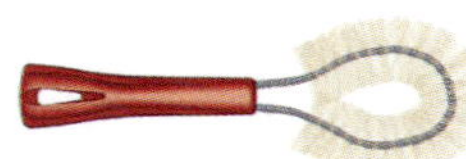

Gemüsebürste[F]
vegetable brush
brosse[F] à légumes[M]
cepillo[M] para verduras[F]
spazzola[F] per verdura[F]

Eierschneider[M]
egg slicer
coupe-œuf[M]
cortador[M] de huevos[M] duros
affettauova[M]

Probierlöffel[M]
tasting spoon
cuiller[F] à goûter
cuchara[F] de degustación[F]
cucchiaio[M] da assaggio[M]

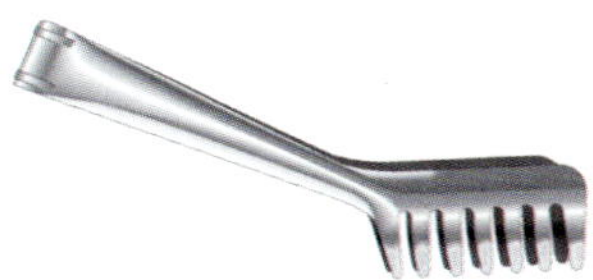

Spaghettizange[F]
spaghetti tongs
pince[F] à spaghettis[M]
pinzas[F] para espagueti[M]
molle[F] per spaghetti[M]

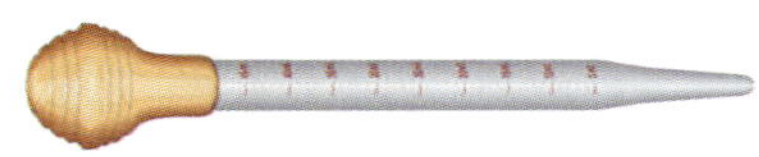

Fettgießer[M]
baster
poire[F] à jus[M]
engrasador[M]
peretta[F] per ingrassare

Zange[F]
tongs
pince[F]
pinzas[F]
molle[F]

Pilzbürste[F]
mushroom brush
brosse[F] à champignon[M]
cepillo[M] de setas[F]
spazzola[F] per funghi[M]

Tranchiergabel[F]
carving fork
fourchette[F] à découper
tenedor[M] de trinchar
forchettone[M]

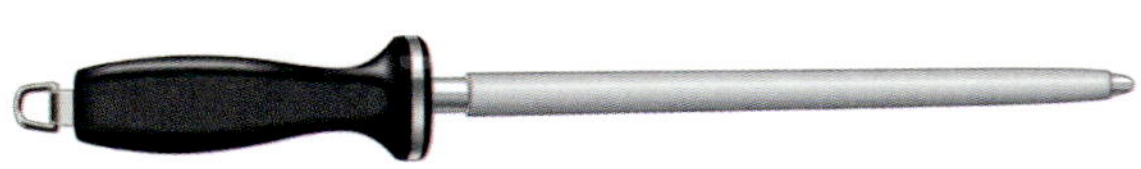

Wetzstahl[M]
sharpening steel
fusil[M]
afilador[M]
acciaiolo[M]

Pizzaschneider[M]
pizza cutter
roulette[F] à pizza[F]
cortador[M] de pizza[F]
rotella[F] per pizza[F]

Wetzstein[M]
sharpening stone
pierre[F] à affûter
piedra[F] de afilar
pietra[F] affilacoltelli

Schneidbrett[N]
cutting board
planche[F] à découper
tabla[F] de cortar
tagliere[M]

Saftrinne[F]
groove
rainure[F]
ranura[F]
scanalatura[F]

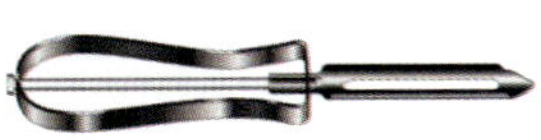

Schäler[M]
peeler
éplucheur[M]
pelapatatas[M]
sbucciatore[M]

Butterroller[M]
butter curler
coquilleur[M] à beurre[M]
rizador[M] de mantequilla[F]
arricciaburro[M]

Küchenutensilien^{N}

Backgerät^{N}
baking utensils
pour la pâtisserie^{F}
utensilios^{M} para repostería^{F}
utensili^{M} per dolci^{M}

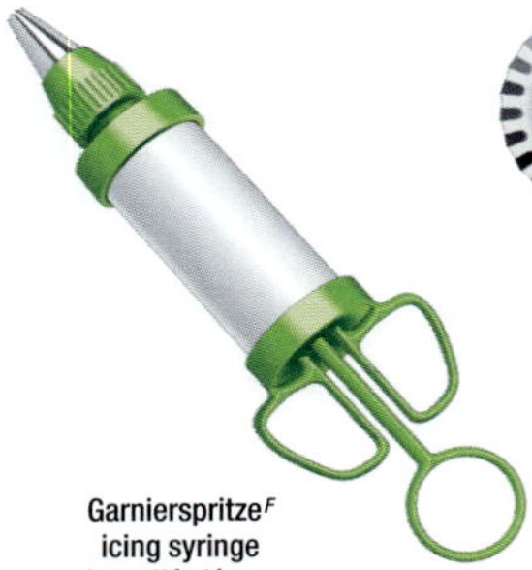

Garnierspritze^{F}
icing syringe
piston^{M} à décorer
jeringa^{F} de decoración^{F}
siringa^{F} per decorazioni^{F}

Teigrädchen^{N}
pastry cutting wheel
roulette^{F} de pâtissier^{M}
cortapastas^{M}
rotella^{F} tagliapasta

Kuchenpinsel^{M}
pastry brush
pinceau^{M} à pâtisserie^{F}
pincel^{M} de repostería^{F}
pennello^{M} per dolci^{M}

Rad-Schneeschläger^{M}
egg beater
batteur^{M} à œufs^{M}
batidor^{M} mecánico
frullino^{M}

Schneebesen^{M}
whisk
fouet^{M}
batidor^{M}
frusta^{F}

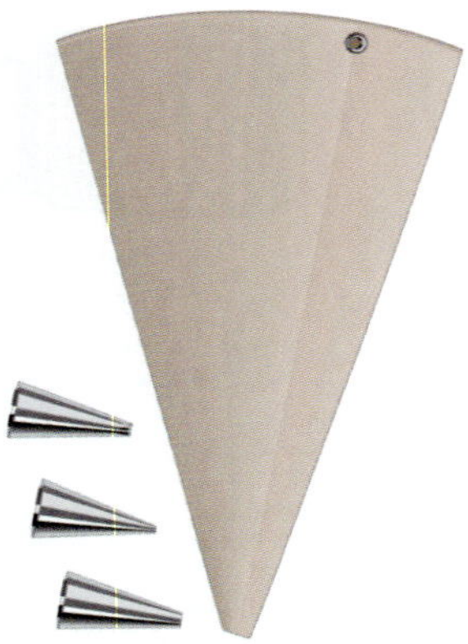

Spritzbeutel^{M} mit Tüllen^{F}
pastry bag and nozzles
poche^{F} à douilles^{F}
manga^{F} y boquillas^{F}
tasca^{F} e bocchette^{F}

Shaker^{M}
shaker
saupoudreuse^{F}
mezclador^{M}
spargisale^{M}

Mehlsieb^{N}
sifter
tamis^{M} à farine^{F}
tamiz^{M}
setaccio^{M}

Backblech^{N}
baking sheet
plaque^{F} à pâtisserie^{F}
bandeja^{F} de pastelería^{F}
teglia^{F} da forno^{M}

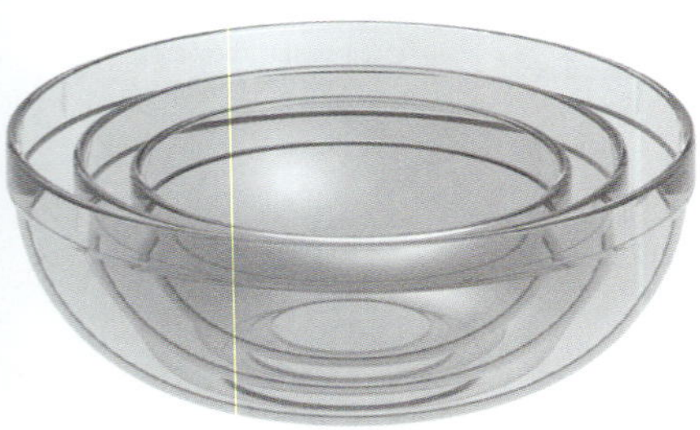

Rührschüsseln^{F}
mixing bowls
bols^{M} à mélanger
boles^{M} para batir
ciotole^{F} per mescolare

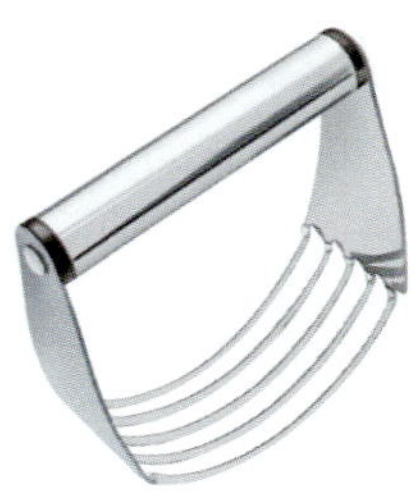

Teigmischer^{M}
pastry blender
mélangeur^{M} à pâtisserie^{F}
mezclador^{M} de pastelería^{F}
miscelatore^{M} per dolci^{M}

Ausstechformen^{F}
biscuit cutters
emporte-pièces^{M}
moldes^{M} de pastas^{F}
tagliabiscotti^{M}

Nudelholz^{N}
rolling pin
rouleau^{M} à pâtisserie^{F}
rodillo^{M}
matterello^{M}

Souffléform^{F}
soufflé dish
moule^{M} à soufflé^{M}
molde^{M} de soufflé^{M}
tegamino^{M} per sufflè^{M}

Küchenutensilien^{N}

Kuchenform^{F}
cake tin
moule^{M} à gâteau^{M}
molde^{M} para bizcocho^{M}
tortiera^{F}

Kuchenform^{F}
pie plate
moule^{M} à tarte^{F}
molde^{F} para tartas^{F}
stampo^{M} per torta^{F}

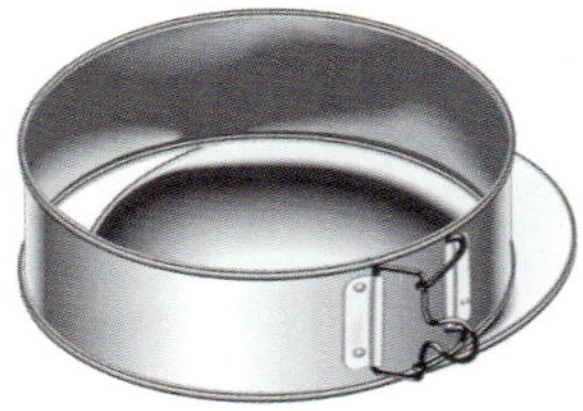

Springform^{F}
removable-bottomed tin
moule^{M} à fond^{M} amovible
molde^{M} redondo con muelles^{M}
teglia^{F} con fondo^{M} staccabile

Obstkuchenform^{F}
tart pan
moule^{M} à quiche^{F}
molde^{F} para quiche^{F}
tortiera^{F}

Brotform^{F}
bread pan
moule^{M} à pain^{M}
bandeja^{F} de pan^{F}
stampo^{M} per pane^{M}

Charlottenform^{F}
charlotte mould
moule^{M} à charlotte^{F}
molde^{M} de carlota^{F}
stampo^{M} per charlotte^{F}

Muffinform^{F}
bun tin
moule^{M} à muffins^{M}
molde^{M} para magdalenas^{F}
stampini^{M} per dolci^{M}

Küchenzubehörsatz^{M}
set of kitchen utensils
jeu^{M} d'ustensiles^{M} de cuisine^{F}
conjunto^{M} de utensilios^{M} de cocina^{F}
set^{M} di utensili^{M} da cucina^{F}

Abseihkelle^{F}
skimmer
écumoire^{F}
espumadera^{F}
schiumaiola^{F}

Abseihlöffel^{M}
draining spoon
cuiller^{F} à égoutter
escurridera^{F}
cucchiaio^{M} forato

Palette^{F}
spatula
spatule^{F}
espátula^{F}
spatola^{F}

Pfannenwender^{M}
slice
pelle^{F}
paleta^{F}
paletta^{F}

Schöpflöffel^{M}
ladle
louche^{F}
cazo^{M}
mestolo^{M}

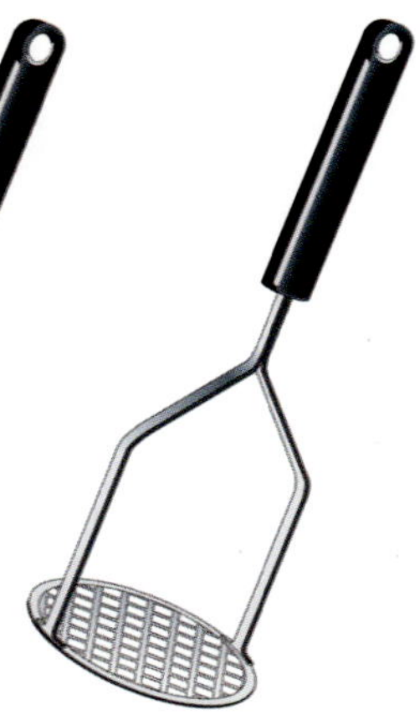

Kartoffelstampfer^{M}
potato masher
pilon^{M}
pasapuré^{M}
schiacciapatate^{M}

Kochgeräte[N]

cooking utensils | batterie[F] de cuisine[F] | utensilios[M] de cocina[F] | utensili[M] per cucinare

Wok-Set[N]
wok set
wok[M]
wok[M]
servizio[M] da wok[M]

Deckel[M]
lid
couvercle[M]
tapa[F]
coperchio[M]

Gittereinsatz[M]
rack
grille[F]
rejilla[F]
griglia[F]

Wok[M]
wok
wok[M]
wok[M]
wok[M]

Aufsatz[M]
burner ring
collier[M]
quemador[M]
bruciatore[M] a corona[F]

Tajine[F]
tajine
tajine[M]
tajina[F]
tajina[F]

Fondue-Set[N]
fondue set
service[M] à fondue[F]
servicio[M] para fondue[F]
servizio[M] da fonduta[F]

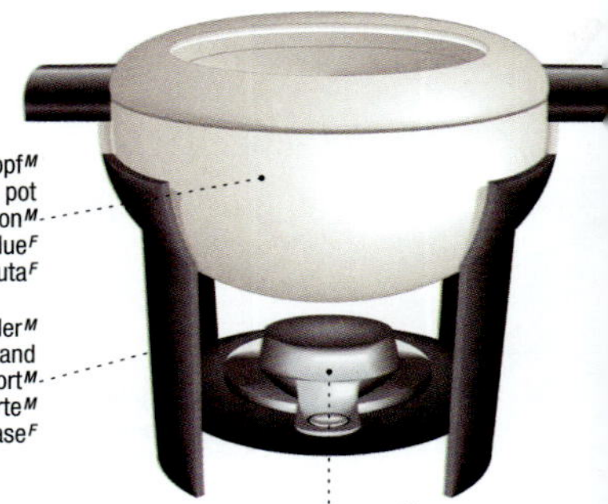

Fonduetopf[M]
fondue pot
caquelon[M]
cacerola[F] para fondue[F]
tegame[M] per fonduta[F]

Ständer[M]
stand
support[M]
soporte[M]
base[F]

Brenner[M]
burner
réchaud[M]
quemador[M]
fornellino[M]

Fischkochtopf[M]
fish kettle
poissonnière[F]
besuguera[F]
pesciera[F]

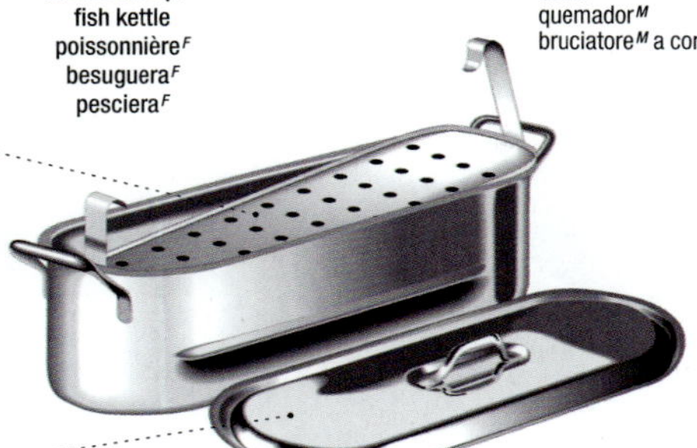

Gittereinsatz[M]
strainer
grille[F]
rejilla[F] desmontable
griglia[F]

Deckel[M]
lid
couvercle[M]
tapa[F]
coperchio[M]

Auffangschale[F]
drip pan
lèchefrite[F]
bandeja[F] de horno[M]
leccarda[F]

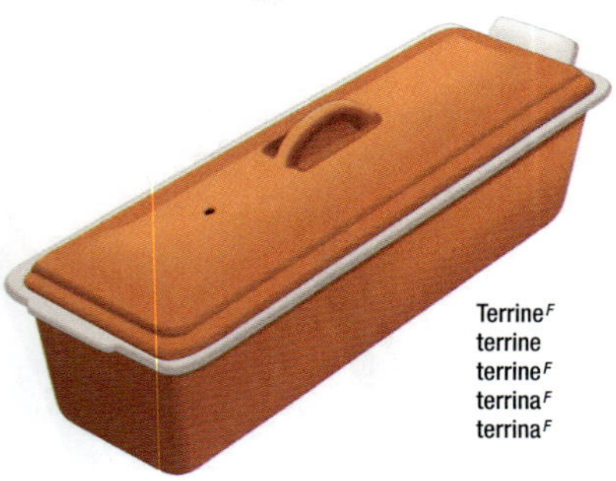

Terrine[F]
terrine
terrine[F]
terrina[F]
terrina[F]

Schnellkochtopf[M]
pressure cooker
autocuiseur[M]
olla[F] a presión[F]
pentola[F] a pressione[F]

Überdruckventil[N]
pressure regulator
régulateur[M] de pression[F]
regulador[M] de presión[F]
regolatore[M] di pressione[F]

Sicherheitsventil[N]
safety valve
soupape[F]
válvula[F] de seguridad[F]
valvola[F] di sicurezza[F]

Bräter[M]
roasting pans
plats[M] à rôtir
asadores[M]
teglie[F] da forno[M]

Kochgeräte^N

flacher Bratentopf^M
Dutch oven
faitout^M
cacerola^F refractaria
casseruola^F

Suppentopf^M
stock pot
marmite^F
olla^F
pentola^F

Couscoustopf^M
couscous kettle
couscoussier^M
olla^F para cuscús^M
pentola^F per cuscus^M

Bratpfanne^F
frying pan
poêle^F à frire
sartén^F
padella^F per friggere

Kasserolle^F aus Gusseisen^N
cast-iron casserole
cocotte^F en fonte^F
cazuela^F de hierro^M fundido
tegame^F di ghisa^F

Dampfkochtopf^M
steamer
cuit-vapeur^M
cazuela^F vaporera
pentola^F a vapore^M

Schmorpfanne^F
sauté pan
sauteuse^F
sartén^F honda
padella^F per rosolare

Eipochierer^M
egg poacher
pocheuse^F
escalfador^M de huevos^M
tegame^M per uova^F in camicia^F

Römertopf^M
diable
diable^M
sartén^F doble
padella^F doppia

Crêpe-Pfanne^F
pancake pan
poêle^F à crêpes^F
sartén^F para crepes^M
padella^F per crêpe^F

Pfanne^F
small saucepan
poêlon^M
sartén^F pequeña
piccolo tegame^M

Dämpfeinsatz^M
steamer basket
panier^M cuit-vapeur^M
cesto^M de cocción^F al vapor^M
cestello^M per la cottura^F a vapore^M

Wasserbadtopf^M
double boiler
bain-marie^M
cacerola^F para baño^M María
pentola^F per cucinare a bagnomaria

Stielkasserolle^F
saucepan
casserole^F
cacerola^F
tegame^M

Pizzablech^N
pizza pan
plaque^F à pizza^F
bandeja^F de pizza^F
tegame^M per pizza^F

kleine Haushaltsgeräte[N]

small kitchen appliances | petits appareils[M] électroménagers | pequeños[M] electrodomésticos[M] | piccoli elettrodomestici[M]

zum Mixen[N] und Kneten[N]
for mixing and blending
pour mélanger et battre
para mezclar y batir
per frullare e miscelare

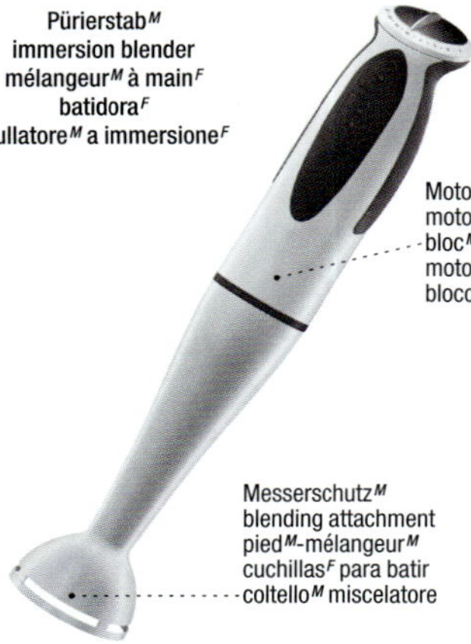

Rührbesen[M]
beaters
fouets[M]
tipos[M] de varillas[F]
fruste[F]

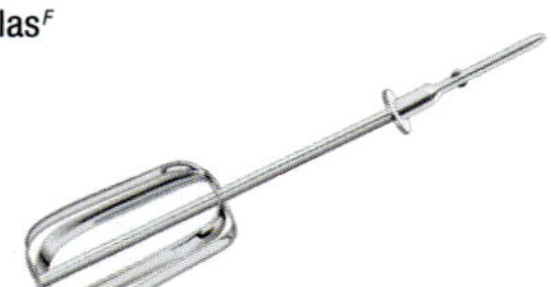

Rührbesen[M]
four-blade beater
fouet[M] quatre pales[F]
de aspas[F]
frusta[F] a quattro bracci[M]

Spiralkneter[M]
spiral beater
fouet[M] en spirale[F]
en espiral[F]
frusta[F] a spirale[F]

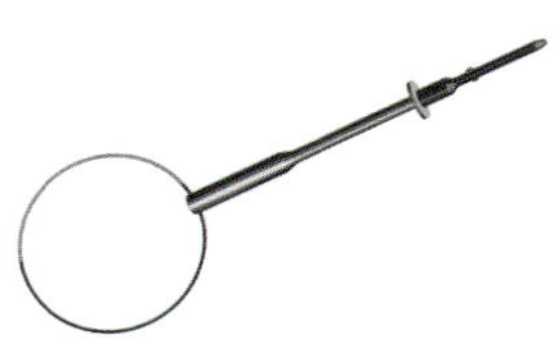

Drahtbesen[M]
wire beater
fouet[M] à fil[M]
circular
frusta[F] ad anello[M]

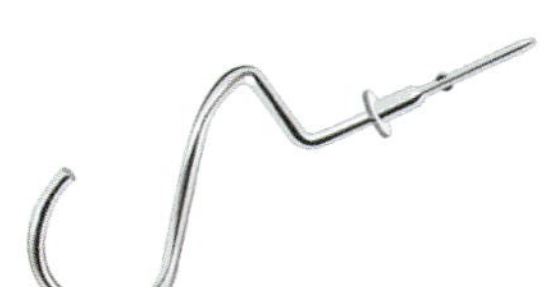

Knethaken[M]
dough hook
crochet[M] pétrisseur
de gancho[M]
gancio[M] per l'impasto[M]

kleine Haushaltsgeräte[N]

Küchenmaschine[F]
food processor
robot[M] de cuisine[F]
robot[M] de cocina[F]
robot[M] da cucina[F]

Einfüllschacht[M]
feed tube
entonnoir[M]
tubo[M] de entrada[F]
bocchetta[F]

Deckel[M]
lid
couvercle[M]
tapa[F]
coperchio[M]

Schüssel[F]
bowl
bol[M]
bol[M]
cestello[M]

Antriebswelle[F]
spindle
arbre[M]
eje[M]
asse[M] di trasmissione[F] del motore[M]

Schneidmesser[N]
blade
couteau[M]
cuchilla[F]
lama[F]

Griff[M]
handle
poignée[F]
asa[F]
impugnatura[F]

Motorblock[M]
motor unit
bloc[M]-moteur[M]
motor[M]
blocco[M] motore[M]

zum Schneiden[N]
for cutting
pour couper
para cortar
per tagliare

Scheiben[F]
discs
disques[M]
disco[M]
dischi[M]

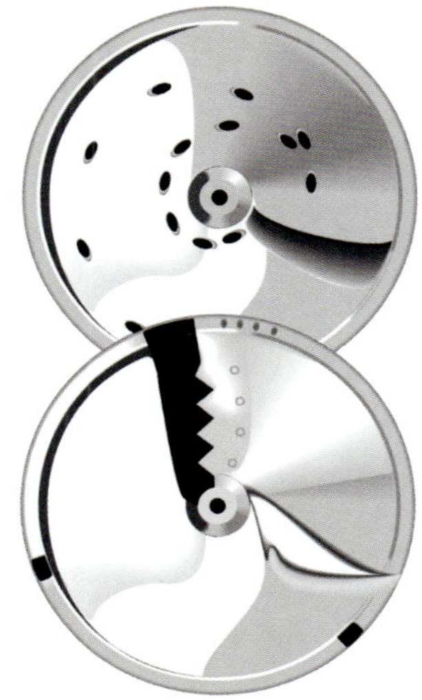

Elektromesser[N]
electric knife
couteau[M] électrique
cuchillo[M] eléctrico
coltello[M] elettrico

Netzkabel[N]
power cord
cordon[M] d'alimentation[F]
cordón[M] de alimentación[F]
cavo[M] d'alimentazione[F]

Ein- und Ausschalter[M]
on-off switch
interrupteur[M]
interruptor[M]
interruttore[M]

Klinge[F]
blade
lame[F]
cuchilla[F]
lama[F]

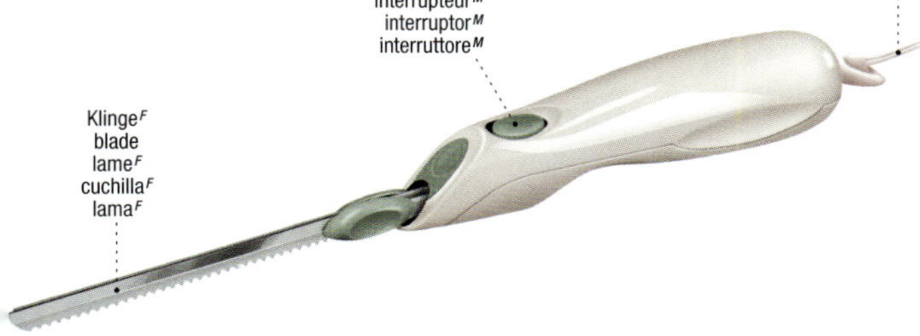

zum Auspressen[N]
for juicing
pour presser
para exprimir
per spremere

Zitruspresse[F]
lemon squeezer
presse-agrumes[M]
exprimidor[M] de cítricos[M]
spremiagrumi[M] elettrico

Kegel[M]
dome
toupie[F]
exprimidor[M]
cono[M] di spremitura[F]

Sieb[N]
strainer
passoire[F]
colador[M]
vaschetta[F] filtrante

Behälter[M] mit Gießer[M]
bowl with serving spout
bol[M] verseur
recipiente[M] con vertedor[M]
vaschetta[F] con beccuccio[M]

Motorblock[M]
motor unit
bloc[M]-moteur[M]
motor[M]
blocco[M] motore[M]

kleine Haushaltsgeräte^N

zum Kochen^N
for cooking
pour cuire
para cocinar
per cucinare

Mikrowellengerät^N
microwave oven
four^M à micro-ondes^F
horno^M microondas
forno^M a microonde^F

Tür^F
door
porte^F
puerta^F
sportello^M

Sichtfenster^N
window
hublot^M
ventana^F
finestra^F di controllo^M

Zeitschalter^M
clock timer
horloge^F programmatrice
reloj^M programador
orologio^M contaminuti^M

Bedienblende^F
control panel
tableau^M de commande^F
panel^M de mandos^M
quadro^M di comando^M

Riegel^M
latch
loquet^M
seguro^M
chiusura^F a scatto^M

Waffeleisen^N
waffle iron
gaufrier^M-gril^M
gofrera^F
griglia^F elettrica

Griff^M
handle
poignée^F
asa^F
maniglia^F

Platte^F
plate
plaque^F
parrilla^F
piastra^F

Deckel^M
lid
couvercle^M
plancha^F superior
coperchio^M

Scharnier^N
hinge
charnière^F
bisagra^F
cerniera^F

Platte^F
plate
plaque^F
parrilla^F
piastra^F

Temperaturwähler^M
temperature selector
sélecteur^M de température^F
selector^M de temperatura^F
selettore^M della temperatura^F

Toaster^M
toaster
grille-pain^M
tostador^M
tostapane^M

Brothalter^M
bread guide
guide^M
rejilla^F
guida^F per il pane^M

Schlitz^M
slot
fente^F
ranura^F para el pan^M
feritoia^F

Hebel^M
lever
manette^F
palanca^F
leva^F

Thermostat^N
thermostat
thermostat^M
termostato^M
termostato^M

Fritteuse^F
deep fryer
friteuse^F
freidora^F
friggitrice^F

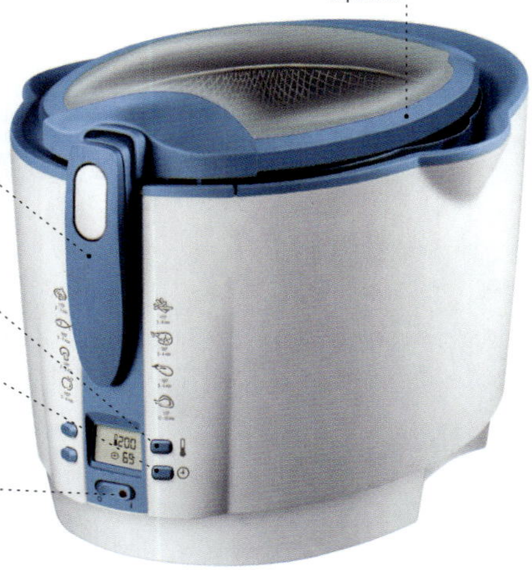

Deckel^M
lid
couvercle^M
tapa^F
coperchio^M

Griff^M
handle
poignée^F
empuñadura^F
maniglia^F

Thermostat^M
thermostat
thermostat^M
termostato^M
termostato^M

Zeituhr^F
timer
minuterie^F
reloj^M
contaminuti^M

Leuchtanzeige^F
indicator light
voyant^M
indicador^M luminoso
indicatore^M luminoso

Mini-Backofen^M
toaster oven
mini-four^M
horno^M de sobremesa^F
mini forno^M

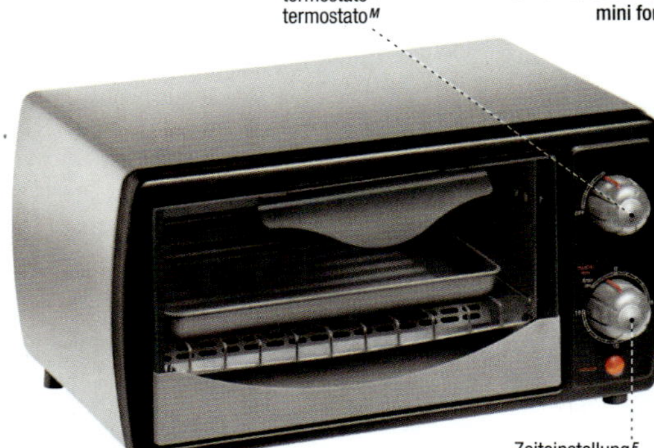

Thermostat^N
thermostat
thermostat^M
termostato^M
termostato^M

Zeiteinstellung^F
timer
minuterie^F
temporizador^M
timer^M

kleine Haushaltsgeräte[N]

Bräter[M]
slow cooker
mijoteuse[F]
olla[F] de cocción[F] lenta
pentola[F] elettrica

Deckel[M]
lid
couvercle[M]
tapa[F]
coperchio[M]

herausnehmbarer Topf[M]
insert
pot[M] amovible
gres[M] extraíble
terrina[F] amovibile

Griff[M]
handle
poignée[F]
asa[M]
manico[M]

Bedienfeld[N]
control pad
panneau[M] de commande[F]
panel[M] de control[M]
pannello[M] di controllo[M]

Heizbehälter[M]
heating base
base[F] chauffante
base[F] de calefacción[F]
base[F] scaldante

Dampfgargerät[N]
electric steamer
cuit-vapeur[M] électrique
vaporera[F] eléctrica
pentola[F] a vapore[M] elettrica

Deckel[M]
lid
couvercle[M]
tapa[F]
coperchio[M]

Fischplatte[F]
fish tray
plateau[M] poisson[M]
bandeja[F] de pescado[M]
vassoio[M] pesce[M]

Einsätze[M]
cooking dishes
bols[M] de cuisson[F]
platos[M] de cocción[F]
piatti[M] di cottura[F]

Fettfänger[M]
juice tray
récupérateur[M] à jus[M]
bandeja[F] de zumo[M]
raccoglisucco[M]

Basis[F]
base
base[F]
base[F]
base[F]

Leuchtanzeige[F]
indicator light
voyant[M]
indicador[M] luminoso
indicatore[M] luminoso

Wasserstandsanzeiger[M]
water level indicator
indicateur[M] de niveau[M] d'eau[F]
indicador[M] del nivel[M] del agua[F]
indicatore[M] del livello[M] d'acqua[F]

Zeitschaltuhr[F]
timer
minuterie[F]
minutero[M]
contaminuti[M]

Brotbackautomat[M]
bread maker
robot[M] boulanger[M]
amasadora[F]
impastatrice[F]

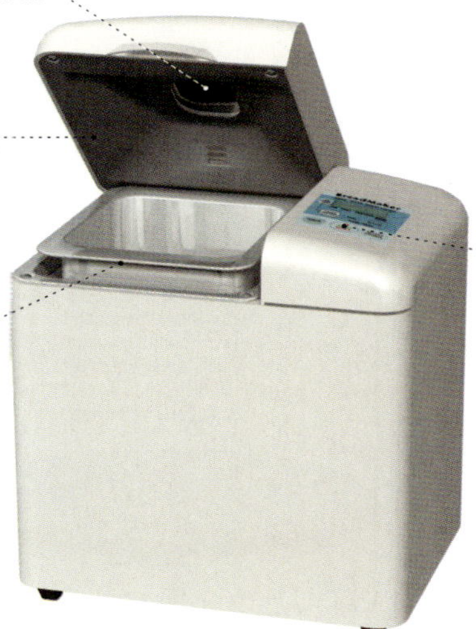

Sichtfenster[N]
window
hublot[M]
ventana[F]
finestra[F] di controllo[M]

Deckel[M]
lid
couvercle[M]
tapa[F]
coperchio[M]

Backform[F]
loaf pan
moule[M] à pain[M]
molde[M] de pan[M]
stampo[M] per pane[M]

Bedienungsfeld[N]
control panel
tableau[M] de commande[F]
panel[M] de mandos[M]
quadro[M] di comando[M]

Raclette-Grill[M]
raclette grill
raclette[F]-gril[M]
parrilla[F] raclette
raclette[F] grill[M]

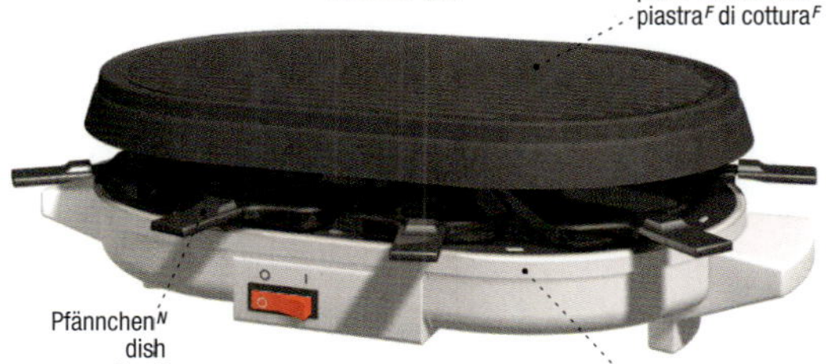

Grillplatte[F]
cooking plate
surface[F] de cuisson[F]
placa[F] de cocción[F]
piastra[F] di cottura[F]

Pfännchen[N]
dish
poêlon[M]
bandeja[F]
piatto[M]

Unterteil[M/N]
base
socle[M]
base[F]
base[F]

Grillplatte[F]
griddle
gril[M] électrique
plancha[F] eléctrica
piastra[F] elettrica

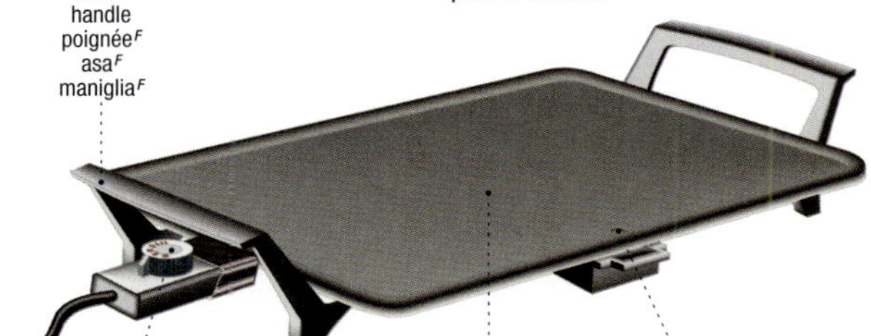

Griff[M]
handle
poignée[F]
asa[F]
maniglia[F]

abziehbarer Temperaturregler[M]
detachable control
commande[F] amovible
enchufe[M] y selector[M] desmontables
regolatore[M] staccabile

Kochfeld[N]
cooking surface
surface[F] de cuisson[F]
plancha[F]
piano[M] di cottura[F]

Fettauffangschale[F]
grease well
collecteur[M] de graisse[F]
colector[M] de grasa[F]
bacinella[F] raccogligrasso

Elektrischer Tischgrill[M]
indoor electric grill
gril[M] barbecue[M]
parrilla[F] eléctrica
griglia[F] elettrica per interni[M]

wärmeisolierter Griff[M]
insulated handle
poignée[F] isolante
asa[F] aislante
maniglia[F] isolata

Grillfläche[F]
cooking surface
surface[F] de cuisson[F]
superficie[F] de cocción[F]
piano[M] di cottura[F]

Fettpfanne[F]
dripping pan
bac[M] ramasse-jus[M]
grasera[F]
leccarda[F]

Thermostat[N]
thermostat
thermostat[M]
termostato[M]
termostato[M]

kleine Haushaltsgeräte^{N}

verschiedene Geräte^{N}
miscellaneous appliances
appareils^{M} divers
aparatos^{M} diversos
elettrodomestici^{M} vari

Wasserkocher^{M}
kettle
bouilloire^{F}
hervidor^{M}
bollitore^{M}

Entsafter^{M}
juice extractor
centrifugeuse^{F}
licuadora^{F}
centrifuga^{F}

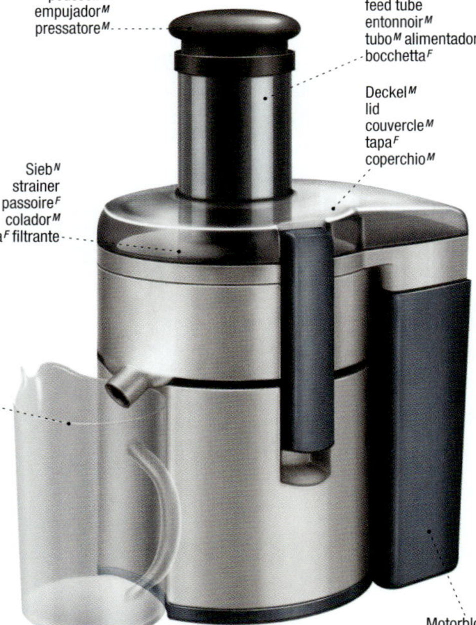

Dosenöffner^{M}
tin opener
ouvre-boîtes^{M}
abrelatas^{M}
apriscatole^{M}

elektrische Kaffeemühle^{F}
electric coffee grinder
moulin^{M} à café^{M} électrique
molinillo^{M} eléctrico de café^{M}
macinacaffè^{M} elettrico

Eismaschine^{F}
ice-cream maker
sorbetière^{F}
heladera^{F}
gelatiera^{F}

kleine Haushaltsgeräte[N]

Kaffeemaschinen[F]
coffee makers
cafetières[F]
cafeteras[F]
macchine[F] del caffè[M]

Kaffeemaschine[F]
automatic filter coffee maker
cafetière[F] filtre[M]
cafetera[F] de filtro[M] automática
macchina[F] da caffè[M] a filtro[M]

Neapolitanische Tropfkanne[F]
Neapolitan coffee maker
cafetière[F] napolitaine
cafetera[F] napolitana
caffettiera[F] napoletana

Espressomaschine[F]
espresso machine
machine[F] à espresso[M]
máquina[F] de café[M] exprés
macchina[F] per espresso[M]

Vakuum-Kaffeemaschine[F]
vacuum coffee maker
cafetière[F] à infusion[F]
cafetera[F] de infusión[F]
caffettiera[F] a infusione[F]

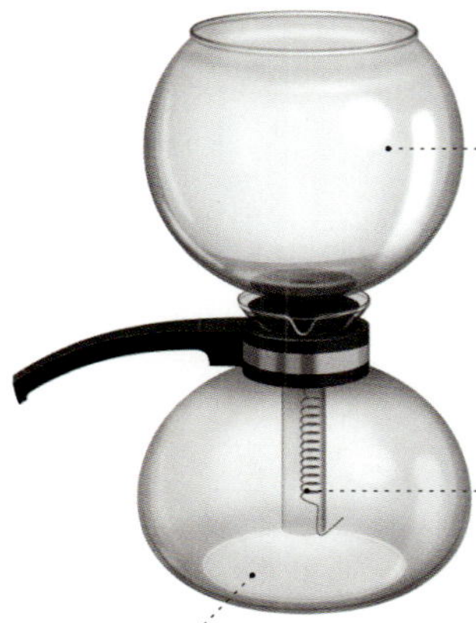

Pressfilterkanne[F]
cafetière with plunger
cafetière[F] à piston[M]
cafetera[F] de émbolo[M]
caffettiera[F] a pistone[M]

Espressomaschine[F]
espresso maker
cafetière[F] espresso[M]
cafetera[F] expreso
caffettiera[F] per espresso[M]

Kaffee-Filterkanne[M]
percolator
percolateur[M]
percoladora[F]
caffettiera[F] a filtro[M]

HAUS

house
maison
casa
casa

ANLAGE 322

- Außenansicht eines Hauses 322
- Schwimmbecken 324

BESTANDTEILE EINES HAUSES 325

- Haustür 325
- Schloss 326
- Fenster 327

KONSTRUKTION EINES HAUSES 328

- Lageplan 328
- Haupträume 328
- Rahmen 332
- Dachbinder 333
- Fundament 333
- Parkettboden 334
- textile Bodenbeläge 334
- Treppe 335

HEIZUNG 336

- Holzbeheizung 336
- Warmluftsystem mit Zwangsumlauf 338
- Warmwasserheizung mit Zwangsumlauf 339
- Zusatzheizung 340
- Wärmepumpe 341

LUFTAUFBEREITUNG 342

- Steuergeräte 342
- Klimageräte 342

SANITÄRINSTALLATION 344

- Sanitärinstallationssystem 344
- Schmutzwasserhebeanlage 345
- Versitzgrube 345
- Badezimmer 346
- Toilette 347
- Wasserheizkessel 348
- Armaturen 350
- Fittings 351
- Beispiele für Anschlüsse 352

ELEKTRIZITÄT 354

- Verteilerkasten 354
- Kilowattstundenzähler 355
- Hausanschluss 356
- Kontaktelemente 358
- Beleuchtung 359

MÖBEL 360

- Armlehnstuhl 360
- Stuhl 361
- Sitzmöbel 361
- Tisch 362
- Bett 363
- Aufbewahrungsmöbel 364
- Kindermöbel 366
- Dekorationen 367
- Lampen 372
- Haushaltsgeräte 374
- Haushaltsgegenstände 381

Außenansicht^F eines Hauses^N

exterior of a house | extérieur^M d'une maison^F | exterior^M de una casa^F | esterno^M di una casa^F

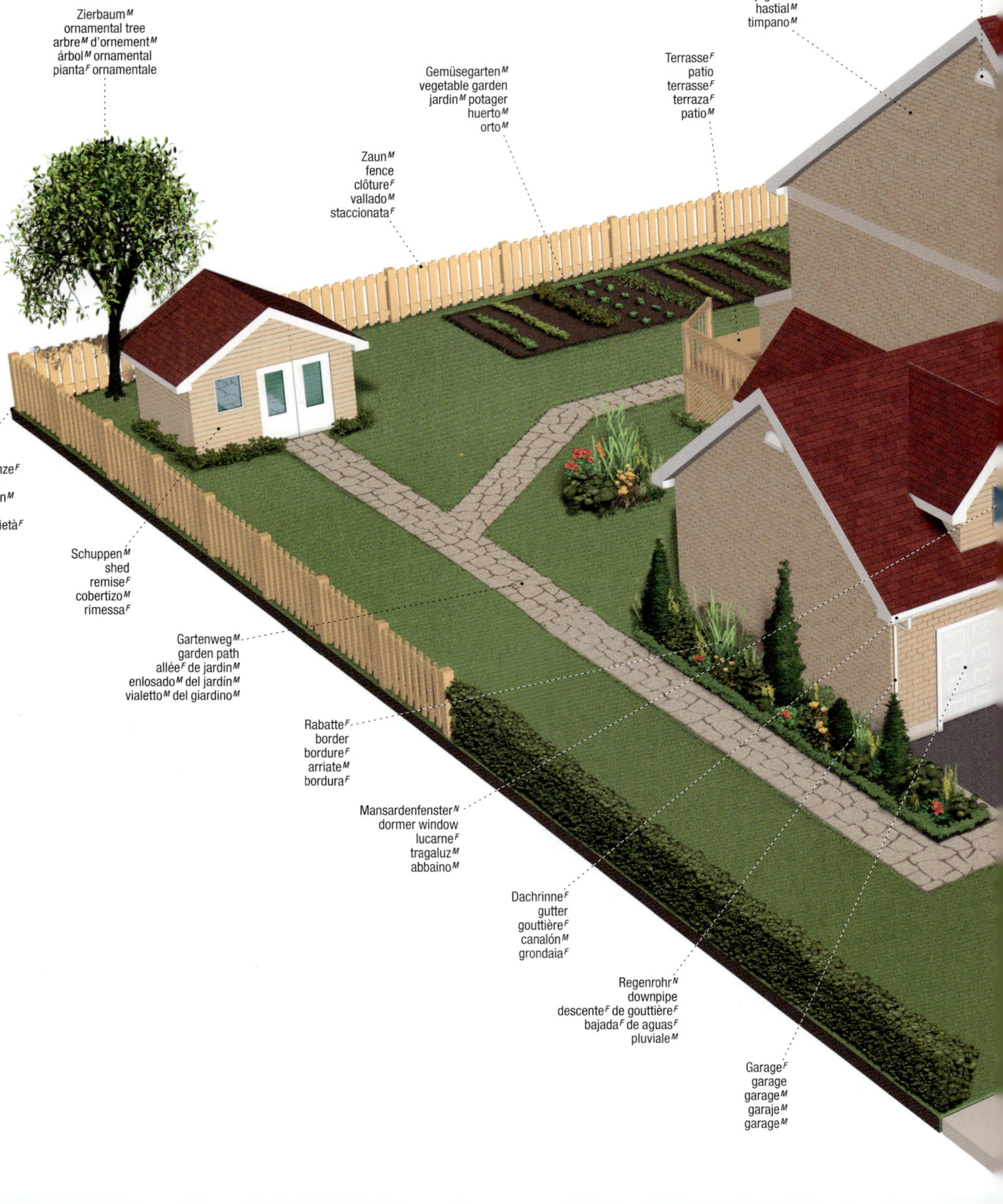

Außenansicht[F] eines Hauses[N]

Schwimmbecken[N]

pool | piscine[F] | piscina[F] | piscina[F]

Whirlpool[M]
hot tub
spa[M]
jacuzzi[M]
idromassaggio[M]

freistehendes Schwimmbecken[N]
above-ground swimming pool
piscine[F] hors sol[M]
piscina[F] para el exterior[M]
piscina[F] fuori terra[F]

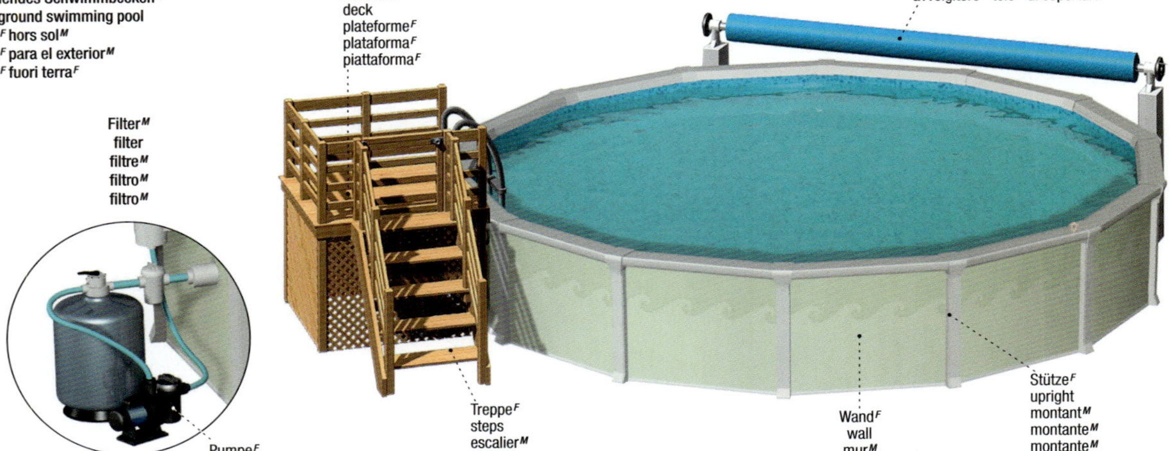

Plattform[F]
deck
plateforme[F]
plataforma[F]
piattaforma[F]

Rollladenschwimmbeckenabdeckung[F]
pool cover reel
enrouleur[M] de bâche[F]
cobertor[M] de piscinas[F]
avvolgitore[M] telo[M] di copertura[F]

Filter[M]
filter
filtre[M]
filtro[M]
filtro[M]

Pumpe[F]
pump
pompe[F]
bomba[F]
pompa[F]

Treppe[F]
steps
escalier[M]
escalera[F]
gradini[M]

Wand[F]
wall
mur[M]
muro[M]
parete[F]

Stütze[F]
upright
montant[M]
montante[M]
montante[M]

in den Boden[M] eingelassenes Schwimmbecken[N]
in-ground swimming pool
piscine[F] enterrée
piscina[F]
piscina[F] interrata

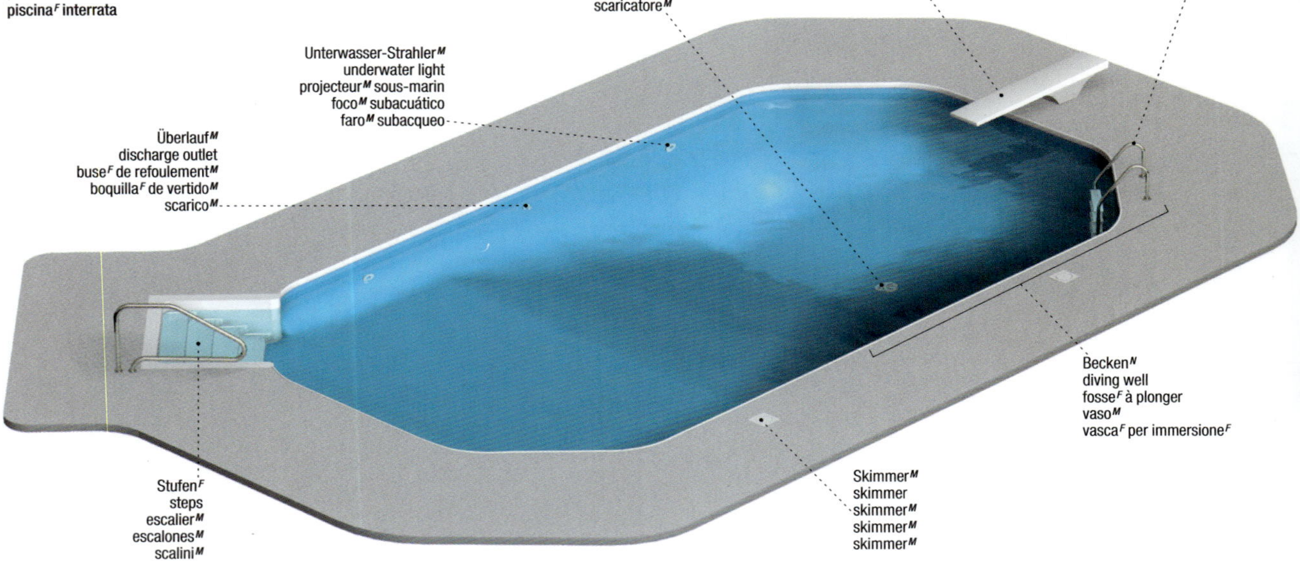

Bodenablauf[M]
main drain
bonde[F] de fond[M]
desagüe[M] de fondo[M]
scaricatore[M]

Sprungbrett[N]
diving board
tremplin[M]
trampolín[M]
trampolino[M]

Badeleiter[F]
ladder
échelle[F]
escalera[F]
scaletta[F]

Unterwasser-Strahler[M]
underwater light
projecteur[M] sous-marin
foco[M] subacuático
faro[M] subacqueo

Überlauf[M]
discharge outlet
buse[F] de refoulement[M]
boquilla[F] de vertido[M]
scarico[M]

Becken[N]
diving well
fosse[F] à plonger
vaso[M]
vasca[F] per immersione[F]

Stufen[F]
steps
escalier[M]
escalones[M]
scalini[M]

Skimmer[M]
skimmer
skimmer[M]
skimmer[M]
skimmer[M]

Haustür[F]

exterior door | porte[F] extérieure | puerta[F] de entrada[F] | porta[F] esterna

HAUS

Schloss[N]

lock | serrure[F] | cerrajería[F] | serratura[F]

Gesamtansicht[F]
general view
vue[F] d'ensemble[M]
vista[F] general
visione[F] di insieme[M]

Einsteckschloss[N] mit Dreh- und Verriegelungsmechanik[F]
tubular lock
serrure[F] tubulaire
cerradura[F] tubular con seguro[M]
serratura[F] premi-apri

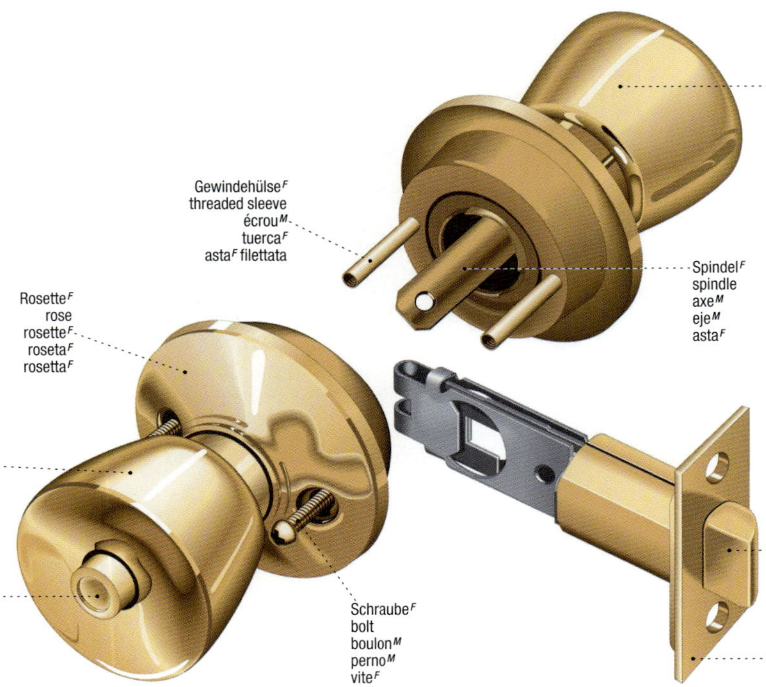

Schloss^N

Zylinderschloss^N
mortise lock
serrure^F à mortaiser
cerradura^F embutida
serratura^F a pomolo^M

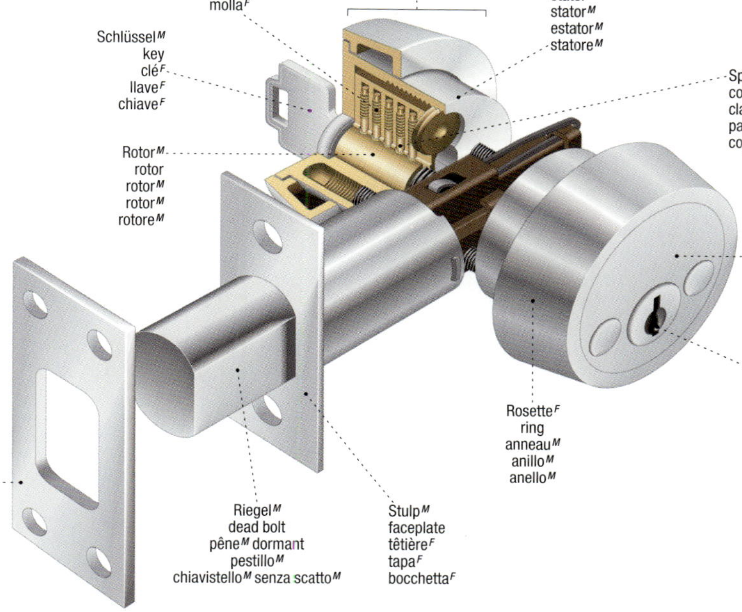

Fenster^N

window | fenêtre^F | ventana^F | finestra^F

Lageplan^M

site plan | plan^M du terrain^M | plano^M del terreno^M | pianta^F

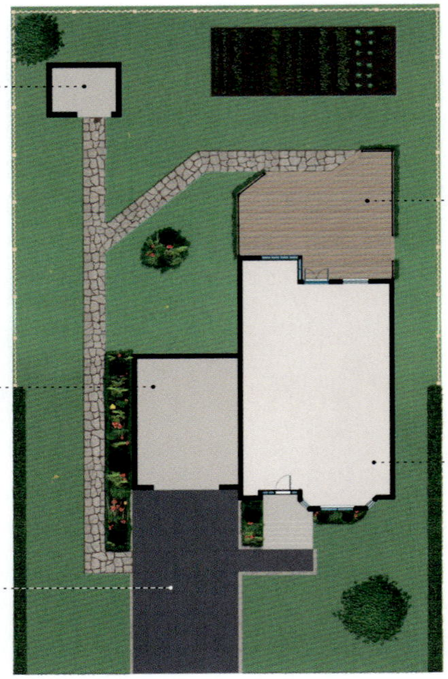

Haupträume^M

main rooms | principales pièces^F d'une maison^F | habitaciones^F principales | stanze^F principali

Ansicht^F
elevation
élévation^F
alzado^M
prospetto^M

Haupträume[M]

Erdgeschoss[N]
ground floor
rez-de-chaussée[M]
planta[F] baja
pianterreno[M]

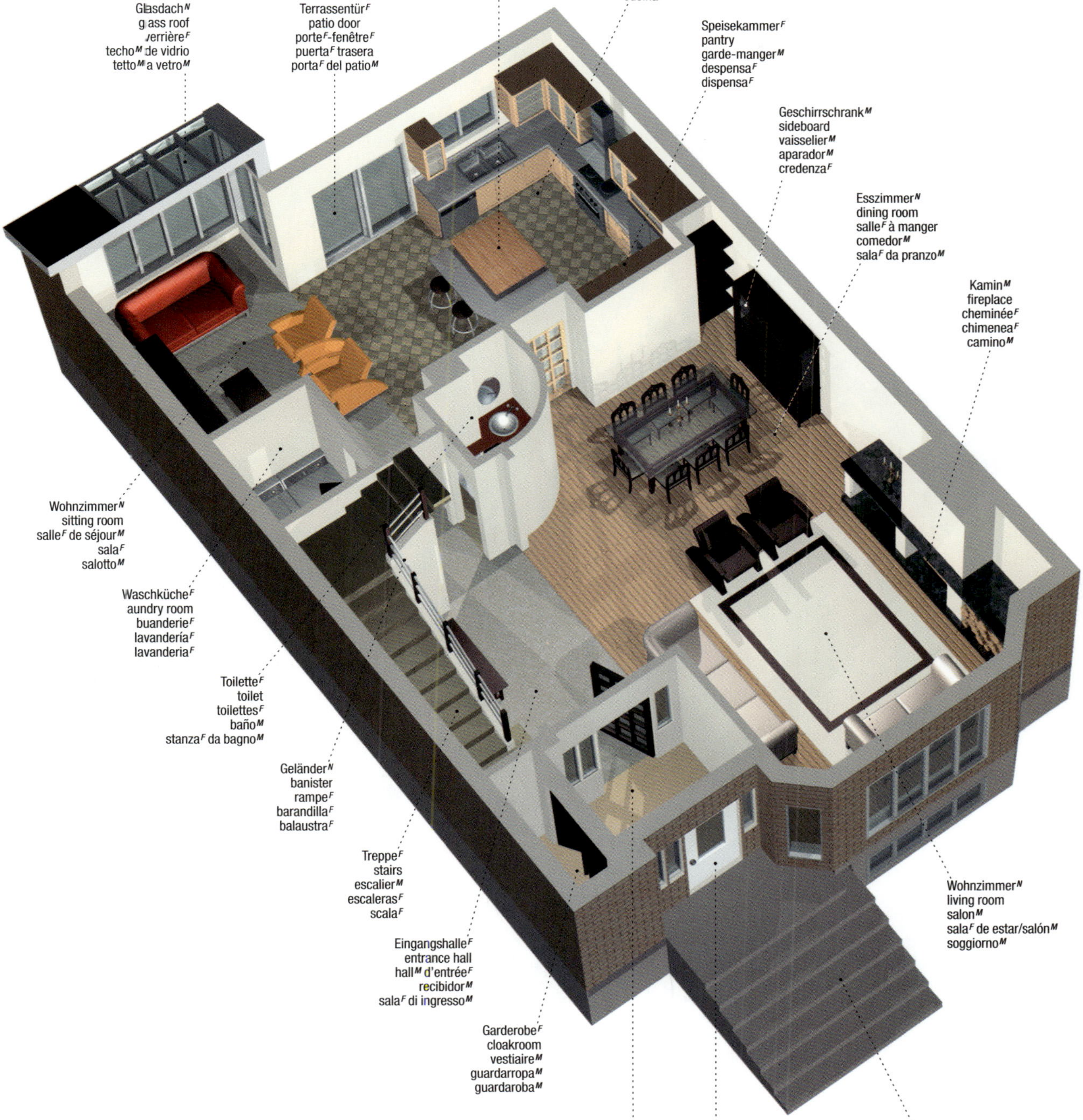

Haupträume[M]

erster Stock[M]
first floor
étage[M]
planta[F] alta
primo piano[M]

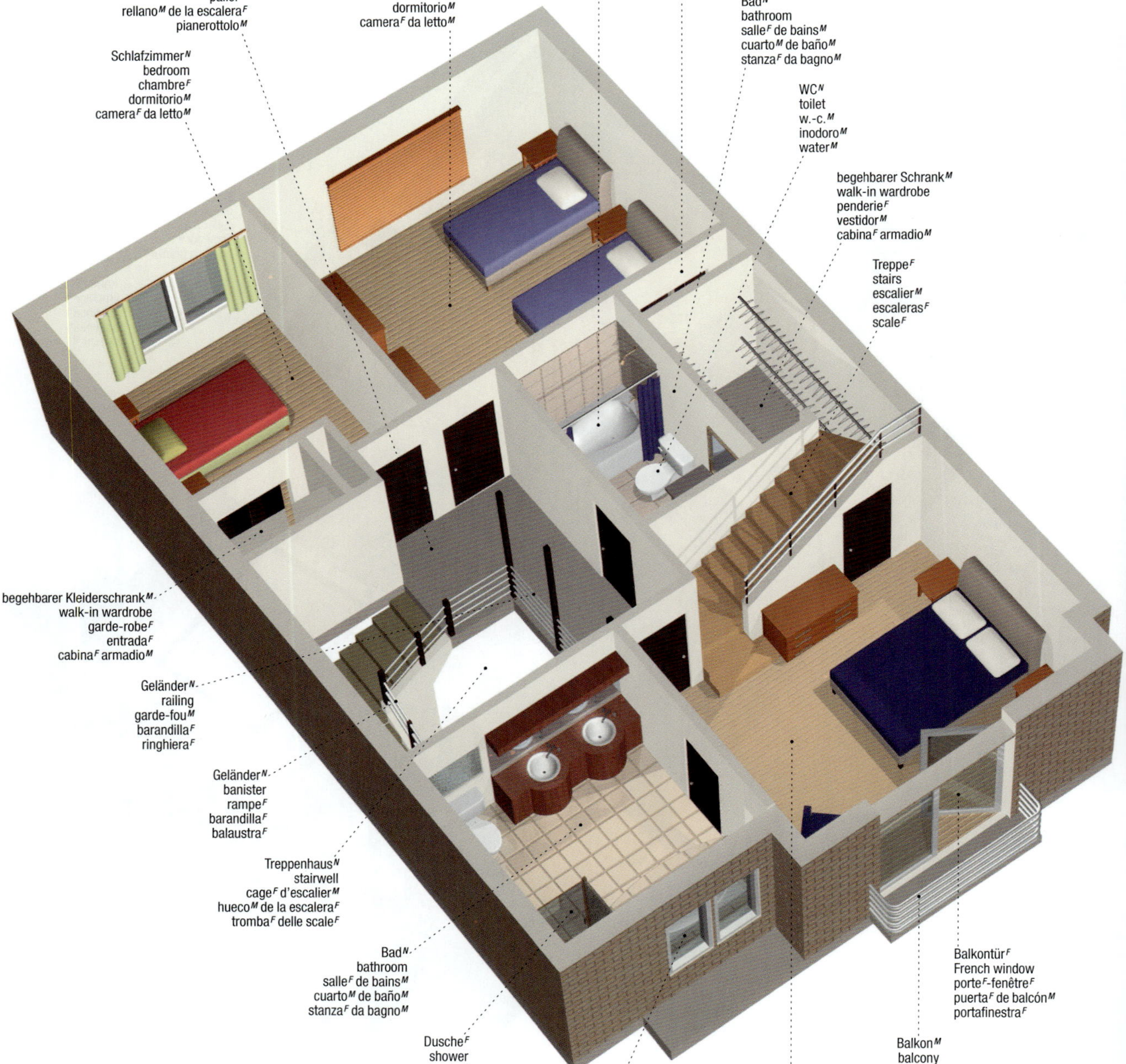

Haupträume[M]

Zwischengeschoss[N]
mezzanine floor
mezzanine[F]
entresuelo[M]
piano[M] mansardato

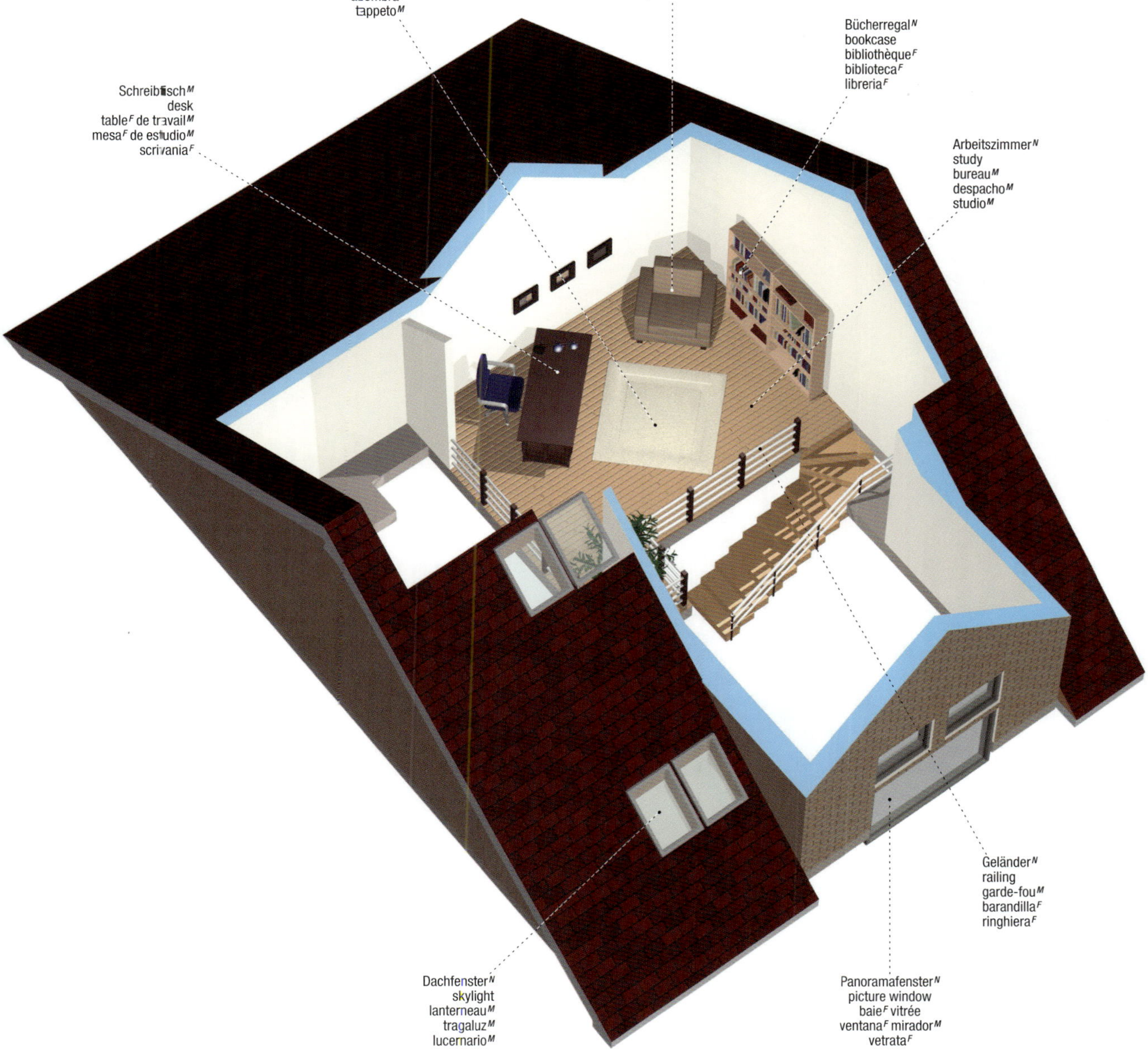

Rahmen[M]

timber frame | charpente[F] | armazón[M] | struttura[F]

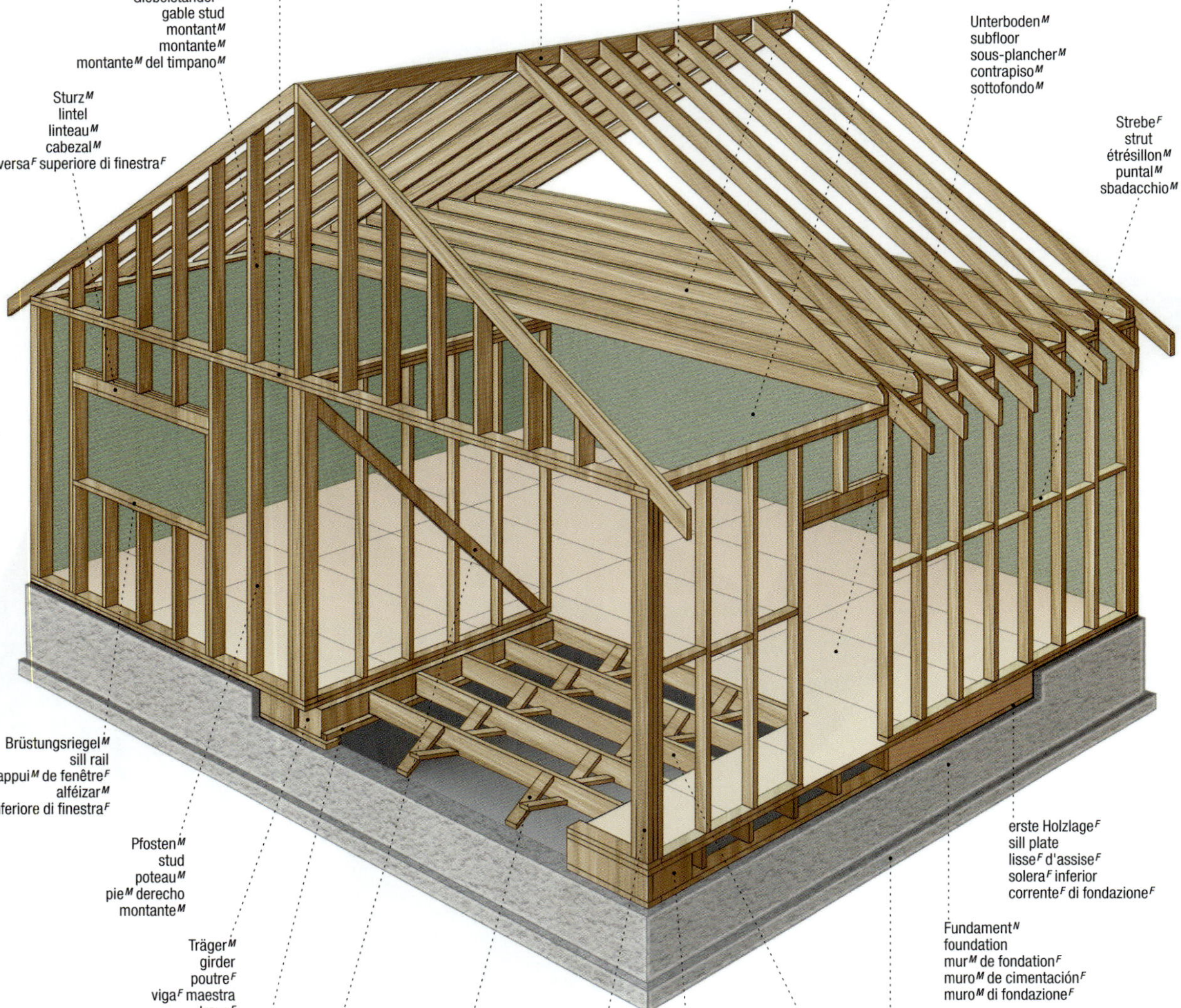

Dachbinder[M]

roof truss | ferme[F] de toit[M] | armadura[F] del techo[M] | capriata[F]

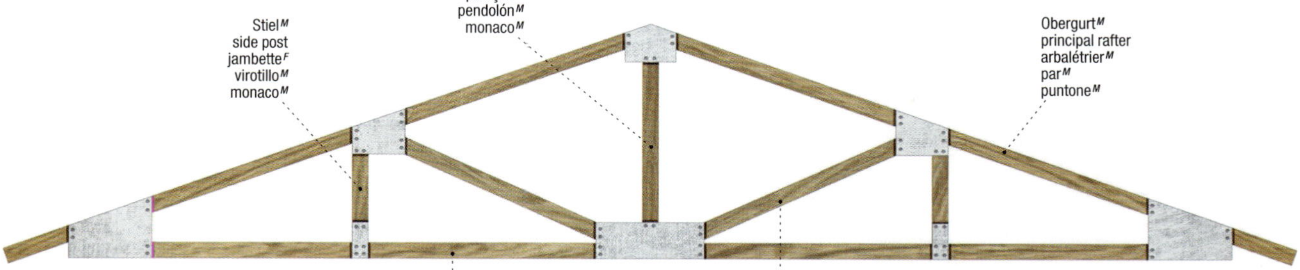

Fundament[N]

foundations | fondations[F] | cimientos[M] | fondazioni[F]

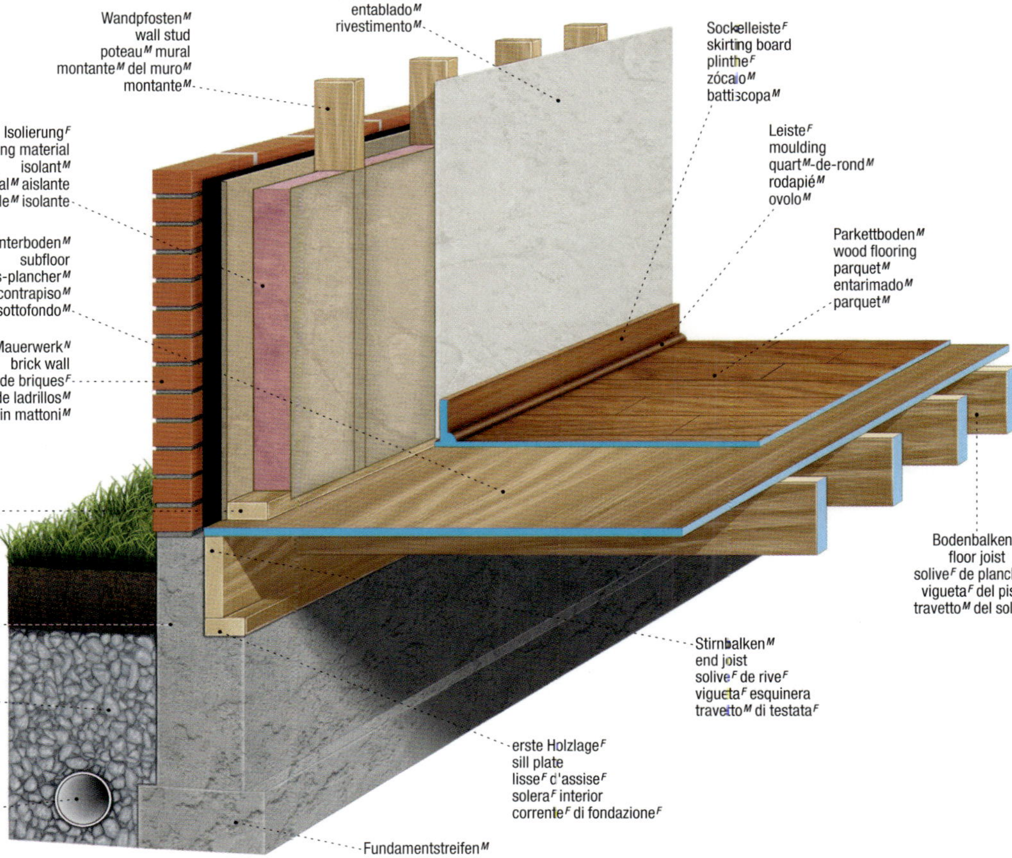

Parkettboden[M]

wood flooring | parquet[M] | pisos[M] de madera[F] | parquet[M]

Parkettboden[M] auf Zementestrich[M]
wood flooring on cement screed
parquet[M] sur chape[F] de ciment[M]
parqué[M] sobre base[F] de cemento[M]
parquet[M] su sottofondo[M] di cemento[M]

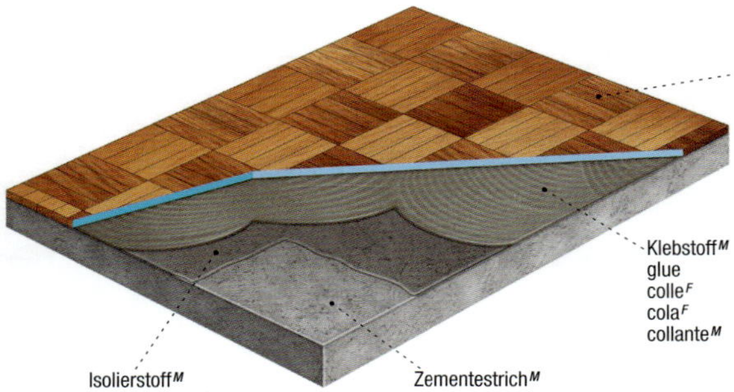

Parkettboden[M] auf Holzunterbau[M]
wood flooring on wooden base
parquet[M] sur ossature[F] de bois[M]
entarimado[M] sobre estructura[F] de madera[F]
parquet[M] su struttura[F] lignea

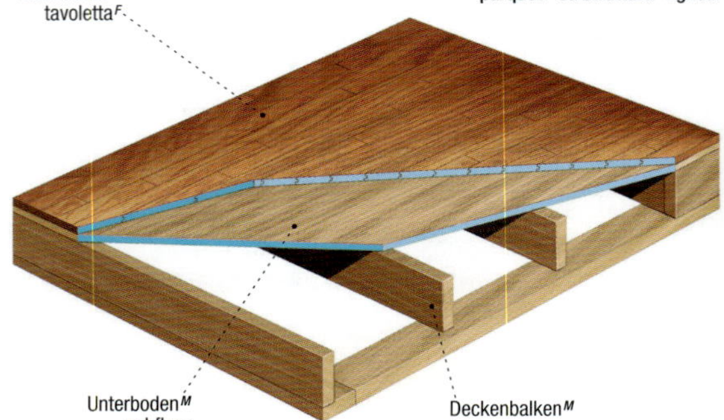

Parkettmuster[N]
wood flooring types
arrangements[M] des parquets[M]
tipos[M] de parqué[M]
tipi[M] di parquet[M]

Stabparkett[N] im Schiffsbodenverband[M]
woodstrip flooring
parquet[M] à coupe[F] perdue
parqué[M] sobrepuesto
parquet[M] a listoni[M]

Stabparkett[N]
brick-bond woodstrip flooring
parquet[M] à coupe[F] de pierre[F]
parqué[M] alternado a la inglesa
parquet[M] a listelli[M]

Fischgrätparkett[N]
herringbone parquet
parquet[M] à bâtons[M] rompus
parqué[M] espinapez[M]
parquet[M] a spina[F] di pesce[M]

Fischgrätmuster[N]
herringbone pattern
parquet[M] en chevrons[M]
parqué[M] en punta[F] de Hungría
parquet[M] a spina[F] di pesce[M]

Mosaikparkett[N]
inlaid parquet
parquet[M] mosaïque[F]
parqué[M] de mosaico
parquet[M] a mosaico[M]

Würfelmusterparkett[N]
basket weave pattern
parquet[M] en vannerie[F]
parqué[M] de cestería[F]
parquet[M] a tessitura[F] di vimini[M]

Arenberg-Parkett[N]
Arenberg parquet
parquet[M] d'Arenberg
parqué[M] Arenberg
parquet[M] Arenberg

Chantilly-Parkett[N]
Chantilly parquet
parquet[M] Chantilly
parqué[M] Chantilly
parquet[M] Chantilly

Versailles-Parkett[N]
Versailles parquet
parquet[M] Versailles
parqué[M] Versalles
parquet[M] Versailles

textile Bodenbeläge[M]

textile floor coverings | revêtements[M] de sol[M] textiles | revestimientos[M] textiles del suelo[M] | rivestimenti[M] in tessuto[M] per pavimento[M]

Teppich[M]
rug
tapis[M]
alfombra[F]
tappeto[M]

Teppichboden[M]
pile carpet
moquette[F]
moqueta[F]
moquette[F]

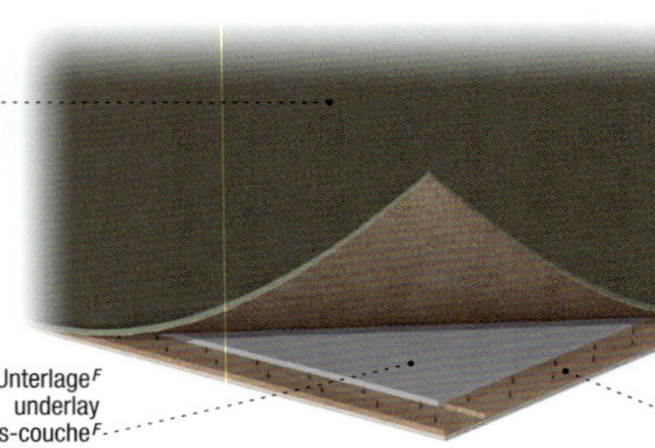

Treppe^F

stairs | escalier^M | escalera^F | scale^F

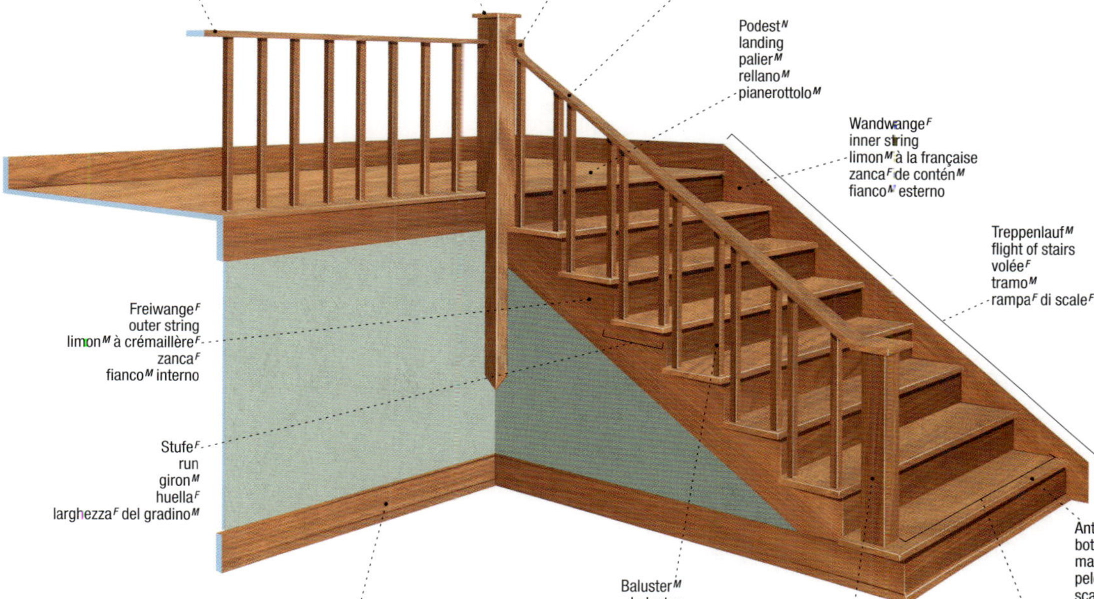

Treppenstufe^F
step
marche^F
peldaño^M
gradino^M

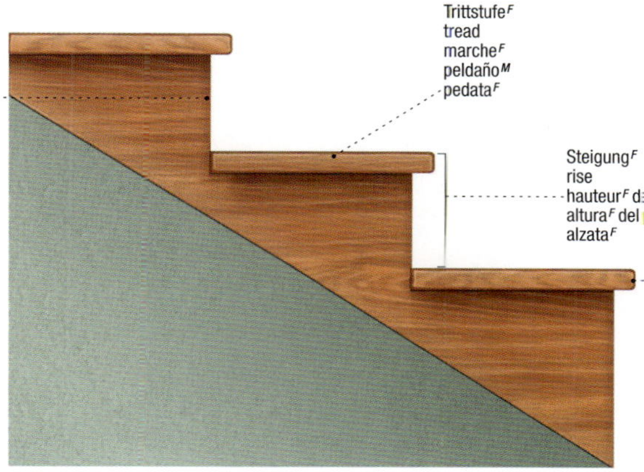

Holzbeheizung[F]

wood firing | chauffage[M] au bois[M] | calefacción[F] de leña[F] | riscaldamento[M] a legna[F]

Kamin[M]
fireplace
cheminée[F] à foyer[M] ouvert
chimenea[F]
camino[M]

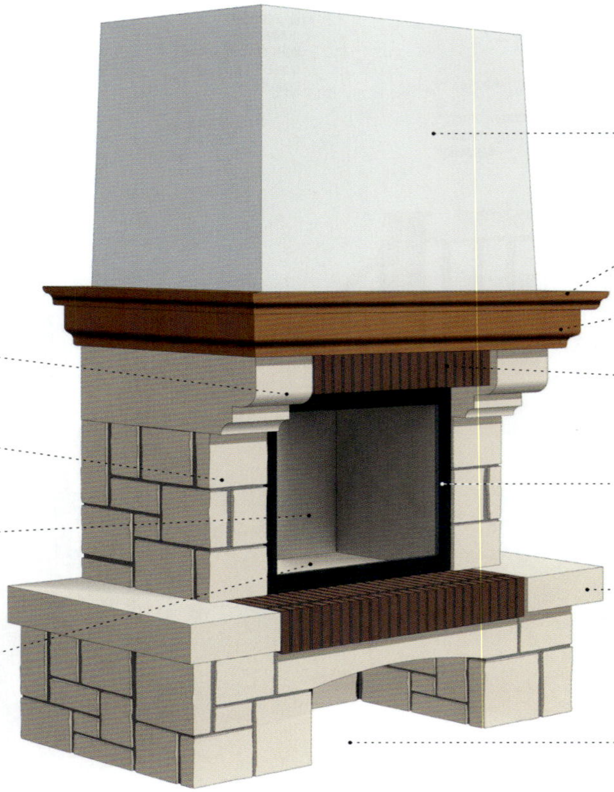

Dauerbrandofen[M]
slow-burning stove
poêle[M] à combustion[F] lente
estufa[F] de leña[F] a fuego[M] lento
stufa[F] a combustione[F] lenta

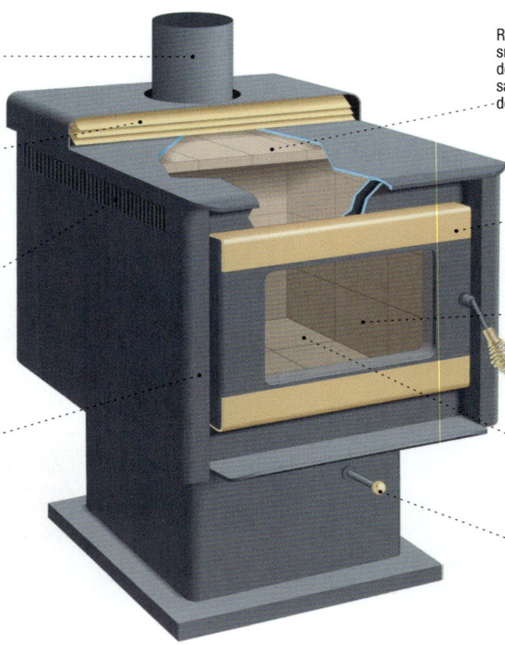

Holzbeheizung^F

Kamin^M
chimney
cheminée^F
chimenea^F
camino^M

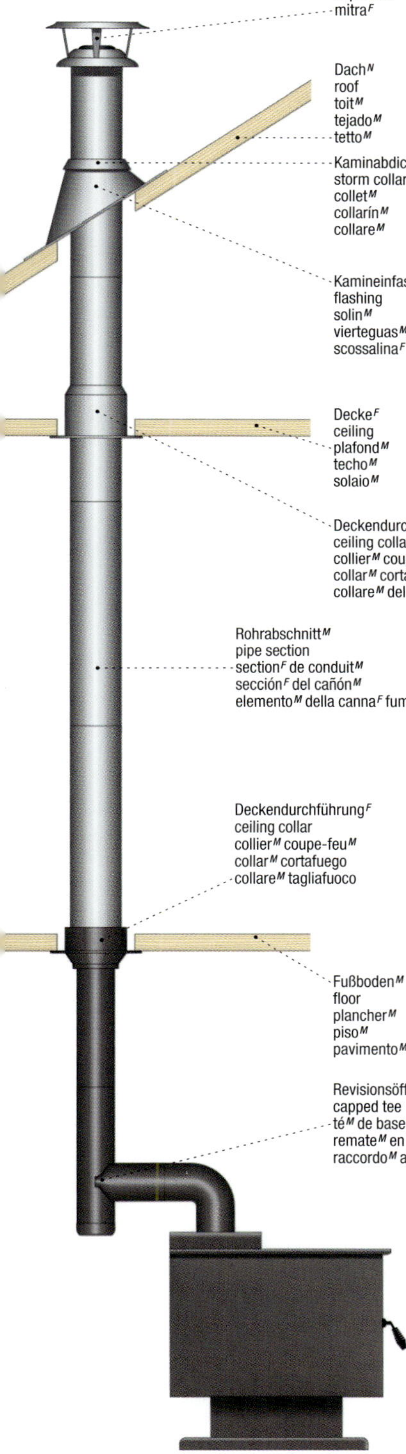

Kaminbesteck^N
fire irons
accessoires^M de foyer^M
utensilios^M para la chimenea^F
ferri^M per il camino^M

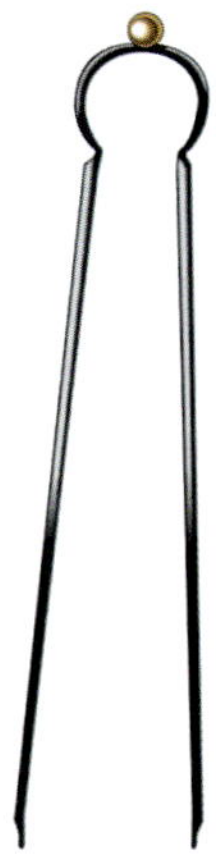
Feuerzange^F
tongs
pince^F
tenazas^F
molle^F

Schürhaken^M
poker
tisonnier^M
atizador^M
attizzatoio^M

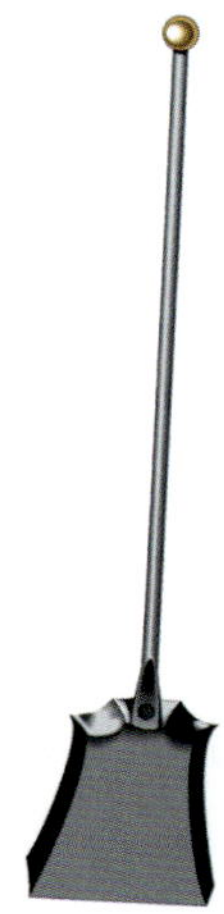
Kohlenschaufel^F
shovel
pelle^F
pala^F
paletta^F

Besen^M
broom
balai^M
escobilla^F
scopa^F

Feuerbock^M
andirons
chenets^M
morillos^M
alari^M

Holzträger^M
log carrier
porte-bûches^M
portaleños^M
portaceppi^M

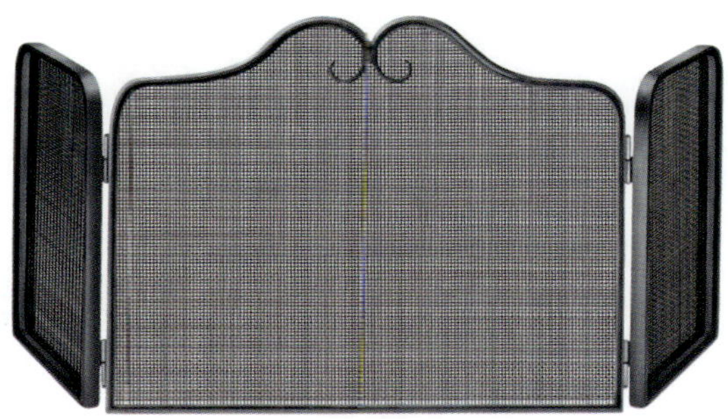
Kamingitter^N
fireplace screen
pare-feu^M
pantalla^F
parafuoco^M

Warmluftsystem[N] mit Zwangsumlauf[M]

forced warm-air system | installation[F] à air[M] chaud pulsé | sistema[M] de aire[M] caliente a presión[F] | impianto[M] di riscaldamento[M] ad aria[F] calda

Systemmodell[N]
plan of a system
schéma[M] d'une installation[F]
plano[M] de una instalación[M]
schema[M] di un'installazione[F]

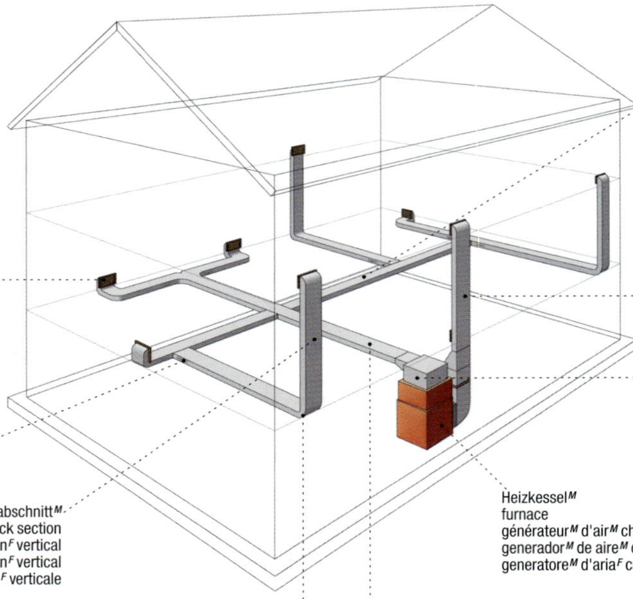

Abzweigkanal[M]
branch duct
gaine[F] de dérivation[F]
conducto[M] secundario
condotto[M] di derivazione[F]

Luftschacht[M]
register
bouche[F]
salida[F]
attacco[M]

Umluft[F]
return air
reprise[F] d'air[M]
recuperación[F] de aire[M]
condotto[M] dell'aria[F] di ritorno[M]

Mischkammer[F]
plenum
plénum[M]
plenum[M]
camera[F] di pressione[F]

Regulierklappe[F]
damper
registre[M] de réglage[M]
rejilla[F] regulable
registro[M] di regolazione[F]

Kanalabschnitt[M]
wall stack section
conduit[M] de distribution[F] vertical
conducto[M] de distribución[F] vertical
condotto[M] di distribuzione[F] verticale

Heizkessel[M]
furnace
générateur[M] d'air[M] chaud
generador[M] de aire[M] caliente
generatore[M] d'aria[F] calda

Hauptverteilleitung[F]
main duct
gaine[F] principale
conducto[M] principal
condotto[M] principale

Bogen[M]
elbow
coude[M]
codo[M]
gomito[M]

elektrischer Heizkessel[M]
electric furnace
générateur[M] d'air[M] chaud électrique
generador[M] eléctrico de aire[M] caliente
generatore[M] d'aria[F] calda elettrico

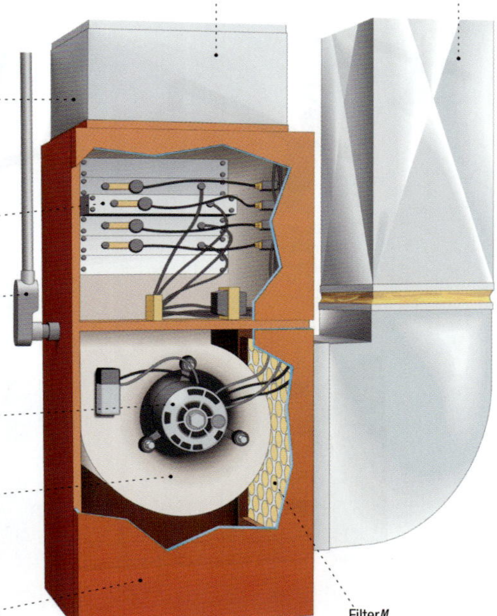

Warmluftaustritt[M]
warm-air outflow
sortie[F] d'air[M] chaud
salida[F] de aire[M] caliente
efflusso[M] dell'aria[F] calda

Umluft[F]
return air
reprise[F] d'air[M]
recuperación[F] de aire[M]
condotto[M] dell'aria[F] di ritorno[M]

Mischkammer[F]
plenum
plénum[M]
plenum[M]
camera[F] di pressione[F]

Heizelement[N]
heating element
élément[M] de chauffe[F]
elemento[M] calorífero
elemento[M] riscaldante

Stromanschluss[M]
mains connection
entrée[F] électrique
conexión[F] eléctrica
collegamento[M] elettrico

Gebläsemotor[M]
blower motor
moteur[M]
motor[M] del ventilador[M]
motore[M] del ventilatore[M]

Gebläse[N]
blower
ventilateur[M]
ventilador[M]
ventilatore[M]

Revisionstür[F]
access panel
panneau[M] d'accès[M]
panel[M] de acceso[M]
pannello[M] di accesso[M]

Filter[M]
filter
filtre[M] à air[M]
filtro[M]
filtro[M]

verschiedene Abzüge[M]
types of outlets
types[M] de bouches[F]
tipos[M] de rejillas[F]
tipi[M] di bocchette[F]

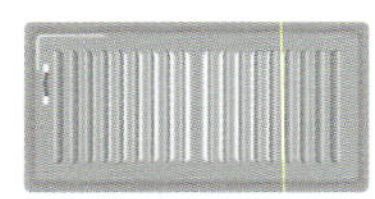

Lüftungsgitter[N]
skirting outlet
bouche[F] de soufflage[M]
rejilla[F] de piso[M]
bocchetta[F] di immissione[F]

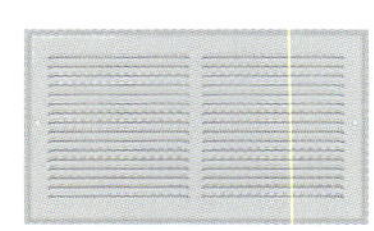

Wandgitter[N]
wall grille
bouche[F] d'extraction[F]
rejilla[F] de pared[F]
bocchetta[F] di estrazione[F]

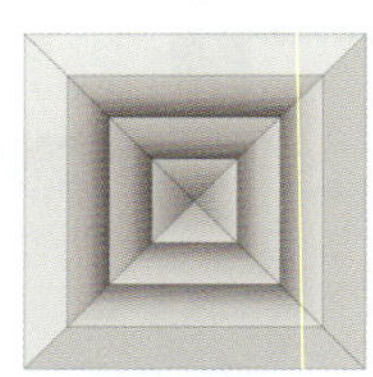

Deckendurchlass[M]
ceiling outlet
bouche[F] à induction[F]
rejilla[F] de techo[M]
bocchetta[F] a soffitto[M]

Warmwasserheizung[F] mit Zwangsumlauf[M]

pumped hot-water system | installation[F] à eau[F] chaude | sistema[M] de agua[F] caliente a presión[F] | impianto[M] di riscaldamento[M] ad acqua[F] calda

Systemmodell[N]
plan of a system
schéma[M] d'une installation[F]
plano[M] de una instalación[M]
schema[M] di un'installazione[F]

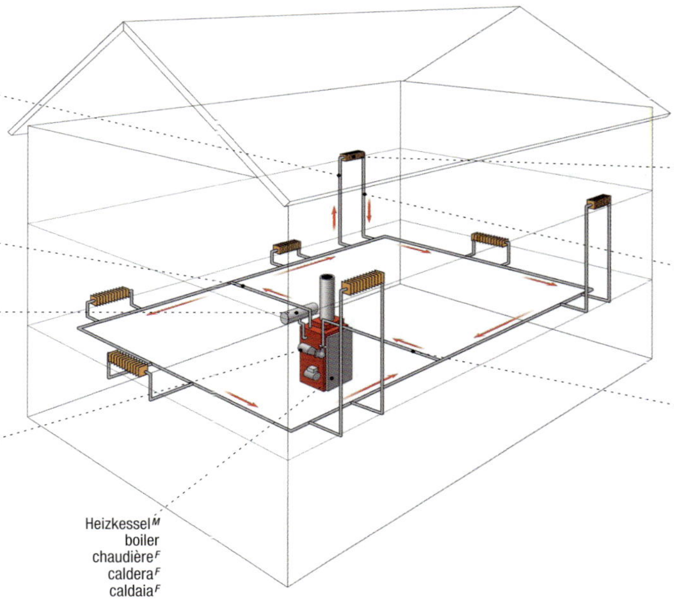

Ölfeuerung[F]
oil boiler
chaudière[F] à mazout[M]
caldera[F] de aceite[M]
forno[M] a nafta[F]

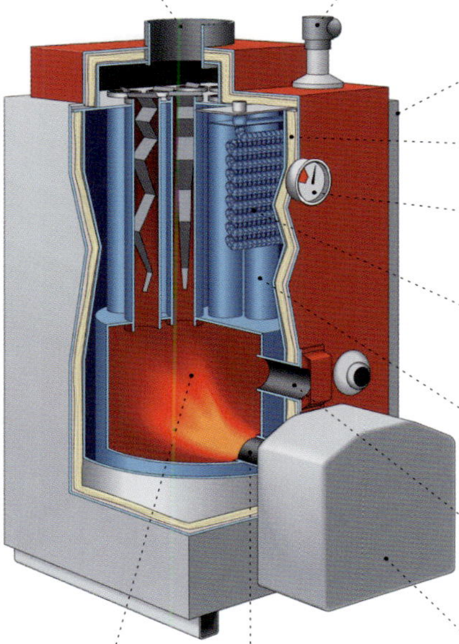

Ölbrenner[M]
oil burner
brûleur[M] à mazout[M]
calentador[M] de petróleo[M]
bruciatore[M] per combustibile[M] liquido

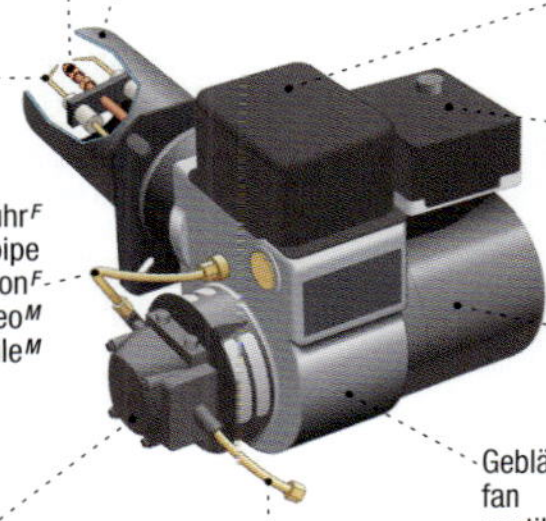

Plattenheizkörper[M]
gilled-tube radiator
radiateur[M] à colonnes[F]
radiador[M] tubular
radiatore[M] a colonne[F]

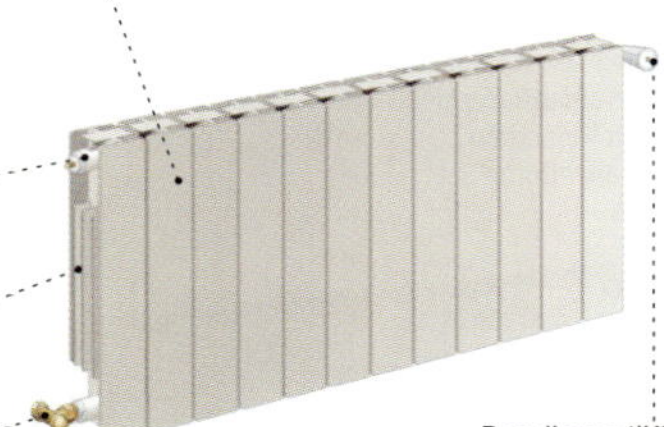

Warmwasserheizung[F] mit Zwangsumlauf[M]

gasbefeuerter Boiler[M]
gas-fired boiler
chaudière[F] à gaz[M]
calentador[M] de gas[M]
caldaia[F] a gas[M]

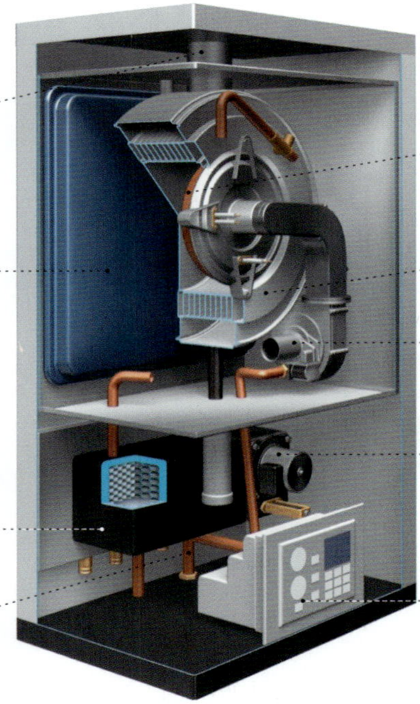

Abluftkanal[M]
exhaust duct
conduit[M] d'évacuation[F]
conducto[M] de evacuación[F]
condotto[M] di scarico[M]

Ausgleichsbehälter[M]
expansion tank
vase[M] d'expansion[F]
tanque[M] de expansión[M]
vaso[M] di espansione[F]

plattenförmiger Wärmetauscher[M]
plate-type heat exchanger
échangeur[M] de chaleur[F] à plaques[F]
intercambiador[M] de calor[M] de placas[F]
scambiatore[M] di calore[M] a piastre[F]

Gas-[M] und Wasseranschluss[M]
gas and water connections
raccords[M] de gaz[M] et hydrauliques
conexiones[M] de gas[M] y agua[M]
raccordi[M] del gas[M] e dell'acqua[F]

Brenner[M]
burner
brûleur[M]
quemador[M]
bruciatore[M]

Wärmetauscher[M]
heat exchanger
échangeur[M] de chaleur[F]
intercambiador[M] de calor[M]
scambiatore[M] di calore[M]

Verbrennungsluftgebläse[N]
combustion fan
turbine[F] d'air[M] de combustion[F]
turbina[F] de aire[M] de combustión[F]
ventola[F] dell'aria[F] di combustione[F]

Umwälzpumpe[F]
circulating pump
pompe[F] de circulation[F]
bomba[F] de circulación[F]
pompa[F] di circolazione[F]

digitale Boiler[M]-Kontrolleinheit[F]
digital boiler control unit
régulation[F] numérique de la chaudière[F]
regulador[M] digital[F] del calentador[M]
regolazione[F] digitale della caldaia[F]

Gasbrenner[M]
gas burner
brûleur[M] à gaz[M]
quemador[M] de gas[M]
bruciatore[M] a gas[M]

Zusatzheizung[F]

auxiliary heating | chauffage[M] d'appoint[M] | calefacción[F] auxiliar | mezzi[M] integrativi di riscaldamento[M]

Konvektor[M]
convector heater
convecteur[M]
radiador[M] de convexión[F]
convettore[M]

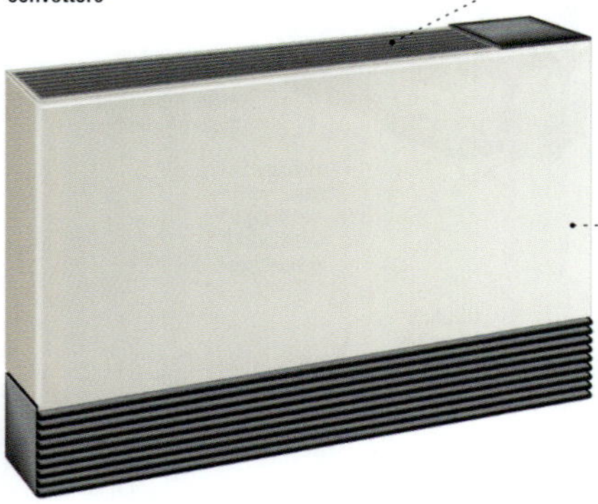

Luftaustrittsöffnung[F]
outlet grille
grillage[M]
rejilla[F] de salida[F]
griglia[F] di uscita[F] dell'aria[F]

Gehäuse[N]
casing
carter[M]
cubierta[F]
involucro[M] di copertura[F]

Heizstrahler[M]
radiant heater
radiateur[M] rayonnant
calefactor[M] eléctrico a infrarrojos[M]
stufa[F] radiante

Heizlüfter[M]
fan heater
radiateur[M] soufflant
ventilador[M] de aire[M] caliente
termoventilatore[M]

ölgefüllter Heizkörper[M]
oil-filled radiator
radiateur[M] bain[M] d'huile[F]
calefactor[M] de aceite[M]
radiatore[M] elettrico a olio[M]

Elektrokonvektor[M]
floor-level electric convector
plinthe[F] chauffante électrique
radiador[M] eléctrico
termoconvettore[M]

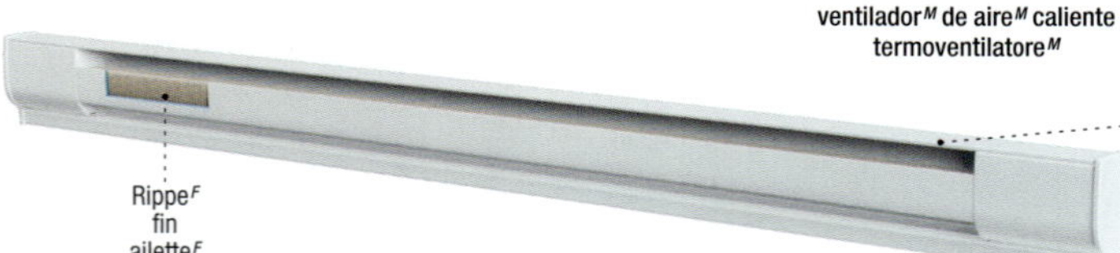

Rippe[F]
fin
ailette[F]
aleta[F]
aletta[F] radiante

Deflektor[M]
deflector
déflecteur[M]
deflector[M]
deflettore[M]

Wärmepumpe^{F}

heat pump | pompe^{F} à chaleur^{F} | sistema^{M} de bomba^{F} de calor^{M} | pompa^{F} di calore^{M}

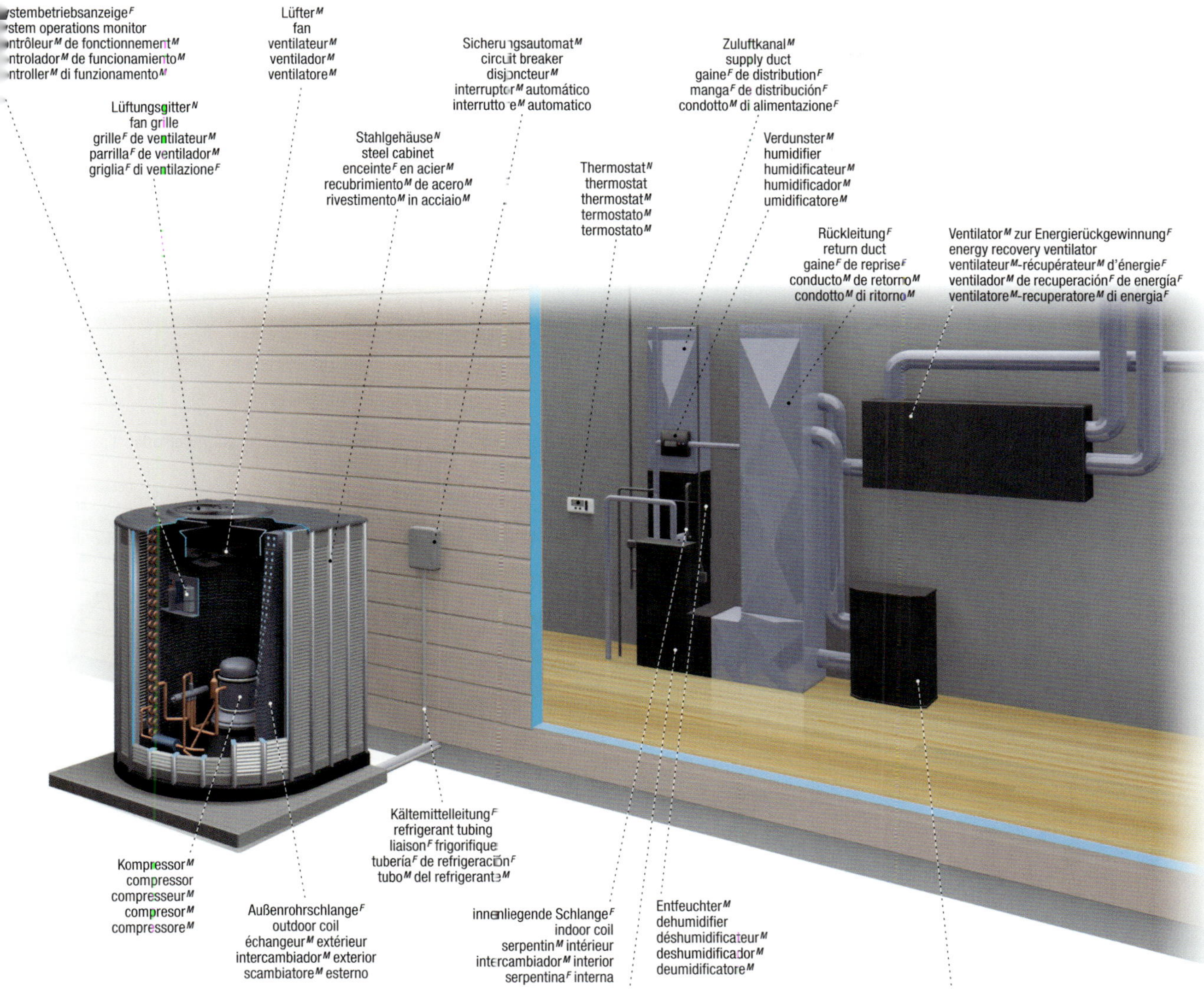

Außeneinheit^{F}
outdoor unit
module^{M} extérieur
unidad^{F} exterior
unità^{F} esterna

Inneneinheit^{F}
indoor unit
module^{M} intérieur
unidad^{F} interior
unità^{F} interna

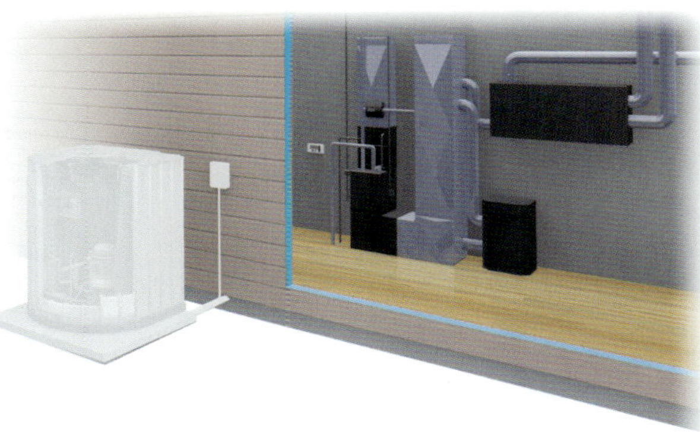

Steuergeräte^{N}

control devices | dispositifs^{M} de contrôle^{M} | dispositivos^{M} de control^{M} | dispositivi^{M} di controllo^{M}

programmierbarer Thermostat^{M}
programmable thermostat
thermostat^{M} programmable
termostato^{M} programable
termostato^{M} programmabile

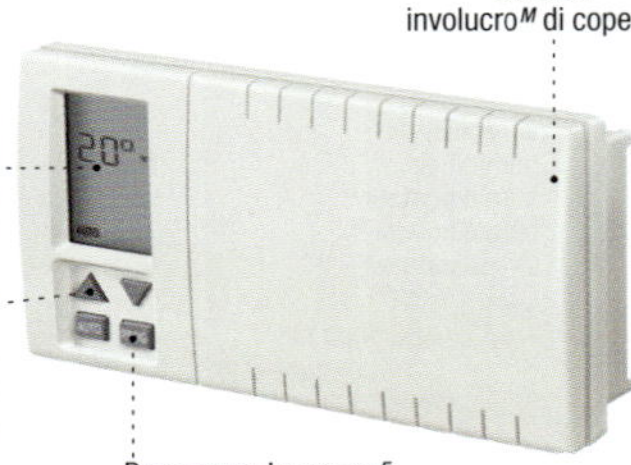

Gehäuse^{N}
housing
boîtier^{M}
carcasa^{M}
involucro^{M} di copertura^{F}

Display^{N}
display
afficheur^{M}
display^{M}
display^{M}

Pfeiltaste^{F}
arrow key
touche^{F} de déplacement^{M}
tecla^{F} de dirección^{F}
tasto^{M} di direzione^{F}

Programmsteuerung^{F}
programming control
contrôle^{M} de programmation^{F}
programador^{M}
comando^{M} programmabile

Raumthermostat^{M}
room thermostat
thermostat^{M} d'ambiance^{F}
termostato^{M}
termostato^{M} ambiente^{M}

Abdeckung^{F}
cover
couvercle^{M}
tapa^{F}
involucro^{M} di copertura^{F}

Temperaturregler^{M}
temperature control
réglage^{M} de la température^{F}
control^{M} de temperatura^{F}
regolazione^{F} della temperatura^{F}

tatsächliche Temperatur^{F}
actual temperature
température^{F} ambiante
temperatura^{F} real
temperatura^{F} ambiente^{M}

Solltemperatur^{F}
desired temperature
température^{F} désirée
temperatura^{F} deseada
temperatura^{F} desiderata

Zeiger^{M}
pointer
aiguille^{F}
aguja^{F} indicadora
indice^{M}

Klimageräte^{N}

air conditioning appliances | appareils^{M} de conditionnement^{M} de l'air^{M} | aparatos^{M} acondicionadores^{M} | apparecchi^{M} per il condizionamento^{M} dell'aria^{F}

Luftentfeuchter^{M}
dehumidifier
déshumidificateur^{M}
deshumidificador^{M}
deumidificatore^{M}

Hygrostat^{M}
humidistat
hygrostat^{M}
higróstato^{M}
igrostato^{M}

Frontgitter^{N}
front grille
grille^{F}
rejilla^{F} frontal
griglia^{F} anteriore

Tank^{M}
bucket
réservoir^{M}
recipiente^{M}
serbatoio^{M}

Wasserstand^{M}
water level
niveau^{M} d'eau^{F}
nivel^{M} del agua^{F}
livello^{M} dell'acqua^{F}

Deckenventilator^{M}
ceiling fan
ventilateur^{M} de plafond^{M}
ventilador^{M} de techo^{M}
ventilatore^{M} da soffitto^{M}

Stange^{F}
rod
tige^{F}
flecha^{F}
stelo^{M}

Motor^{M}
motor
moteur^{M}
motor^{M}
motore^{M}

Blatt^{N}
blade
pale^{F}
aspa^{F}
pala^{F}

Luftreiniger^{M}
air purifier
purificateur^{M} d'air^{M}
purificador^{M} de aire^{M}
depuratore^{M} d'aria^{F}

Hygrometer^{N}
hygrometer
hygromètre^{M}
higrómetro^{M}
igrometro^{M}

Temperatur^{F}
temperature
température^{F}
temperatura^{F}
temperatura^{F}

Luftfeuchtigkeit^{F}
humidity
humidité^{F}
humedad^{F} del aire^{M}
umidità^{F}

tragbarer Verdunster^{M}
portable humidifier
humidificateur^{M} portatif
humidificador^{M} portátil
umidificatore^{M} portatile

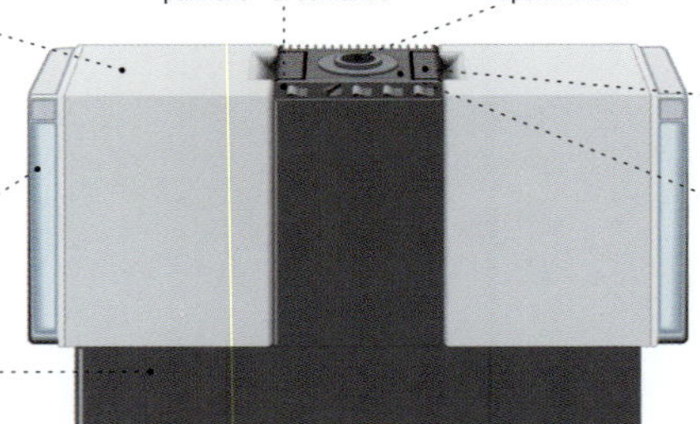

Schalttafel^{F}
control panel
panneau^{M} de commande^{F}
tablero^{M} de control^{M}
pannello^{M} di comando^{M}

Verdampfer^{M}
vaporizer
vaporiseur^{M}
vaporizador^{M}
vaporizzatore^{M}

Wasserbehälter^{M}
water tank
réservoir^{M} d'eau^{F}
recipiente^{M} de agua^{F}
serbatoio^{M} dell'acqua^{F}

Wasserstand^{M}
water level
niveau^{M} d'eau^{F}
nivel^{M} de agua^{F}
livello^{M} dell'acqua^{F}

Kondenssammler^{M}
tray
plateau^{M}
bandeja^{F}
bacinella^{F} di raccolta^{F} della condensa^{F}

Luftfilter^{M}
air filter
filtre^{M} à air^{M}
filtro^{M} de aire^{M}
filtro^{M} dell'aria^{F}

Verdampfungsgitter^{N}
vaporizing grille
grille^{F} de vaporisation^{F}
rejilla^{F} de vaporización^{F}
griglia^{F} di vaporizzazione^{F}

Klimageräte^{N}

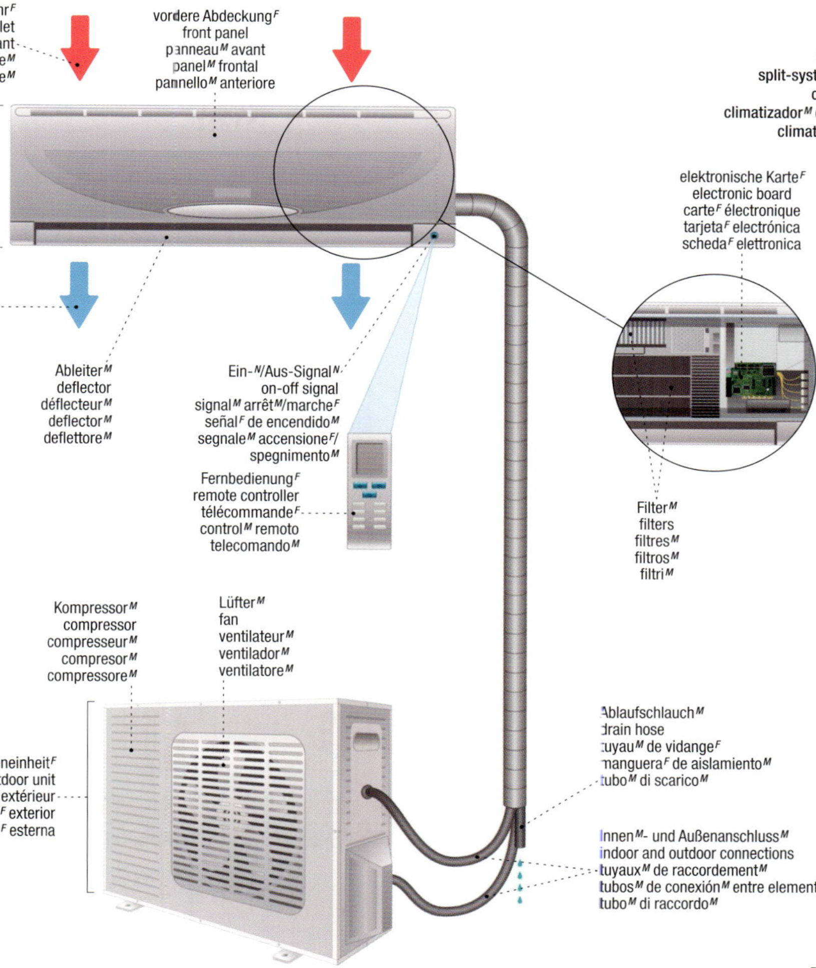

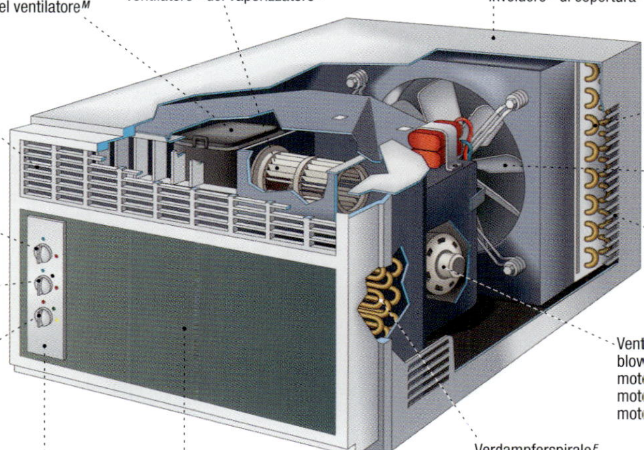

Sanitärinstallationssystem^N

plumbing system | circuit^M de plomberie^F | cañerías^F | impianto^M idraulico

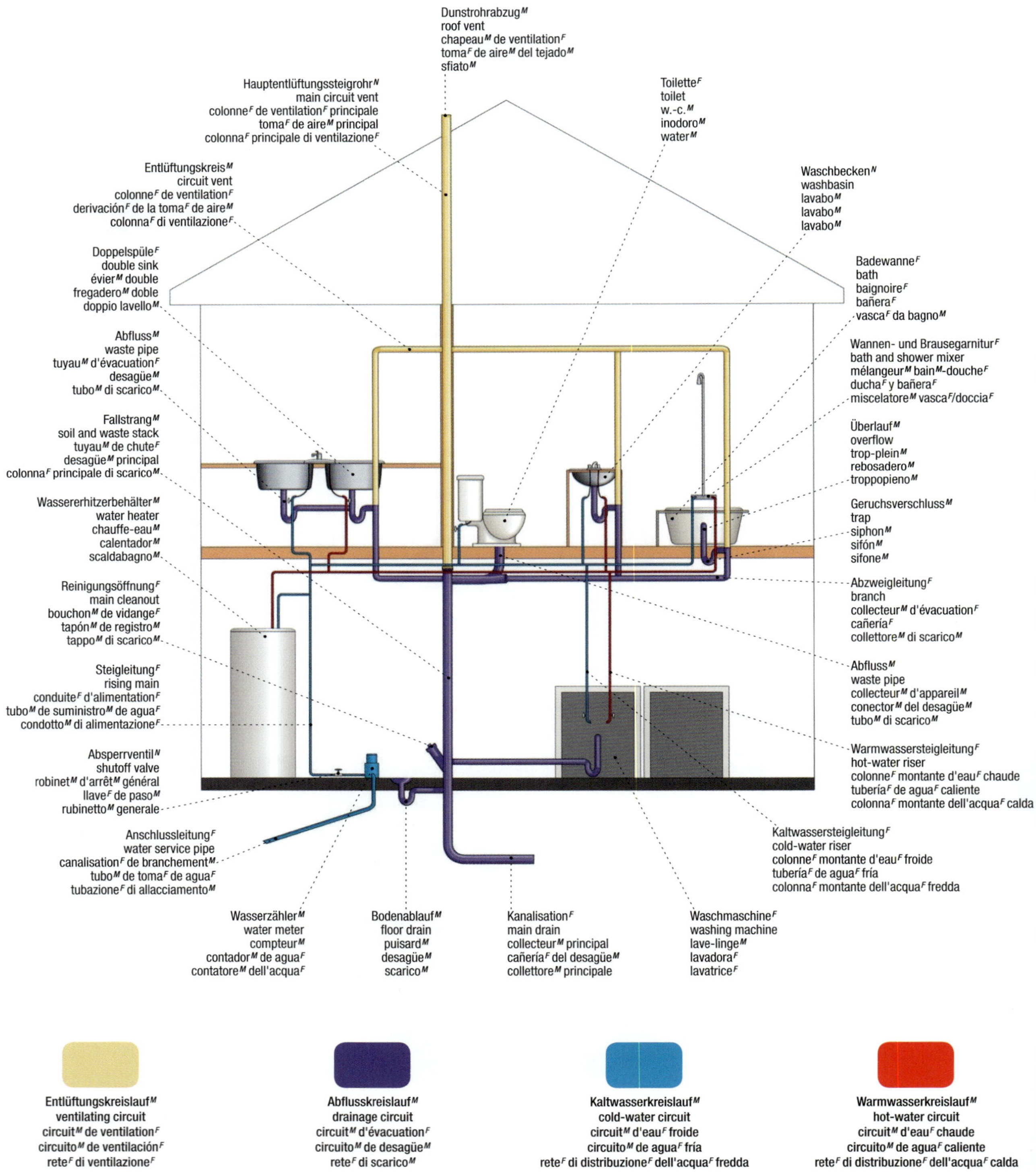

Schmutzwasserhebeanlage^F

pedestal-type cesspit pump | pompe^F de puisard^M | bomba^F tipo^M pedestal^M para sumidero^M | pompa^F di spurgo^M

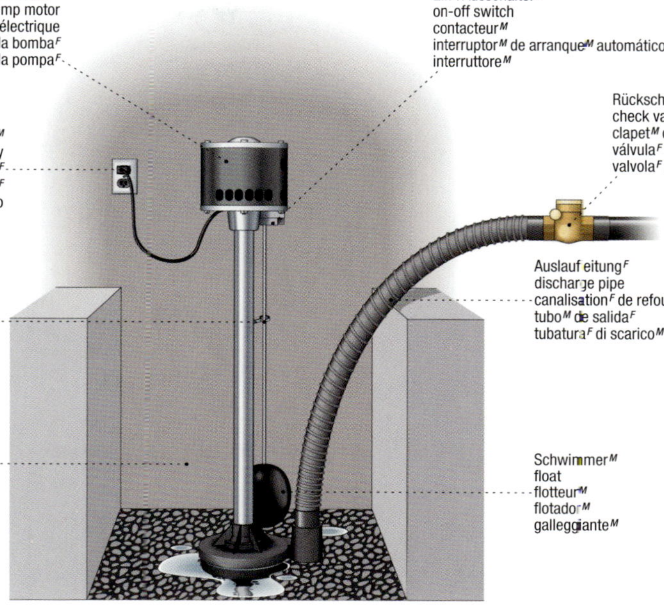

Versitzgrube^F

septic tank | fosse^F septique | fosa^F séptica | fossa^F biologica

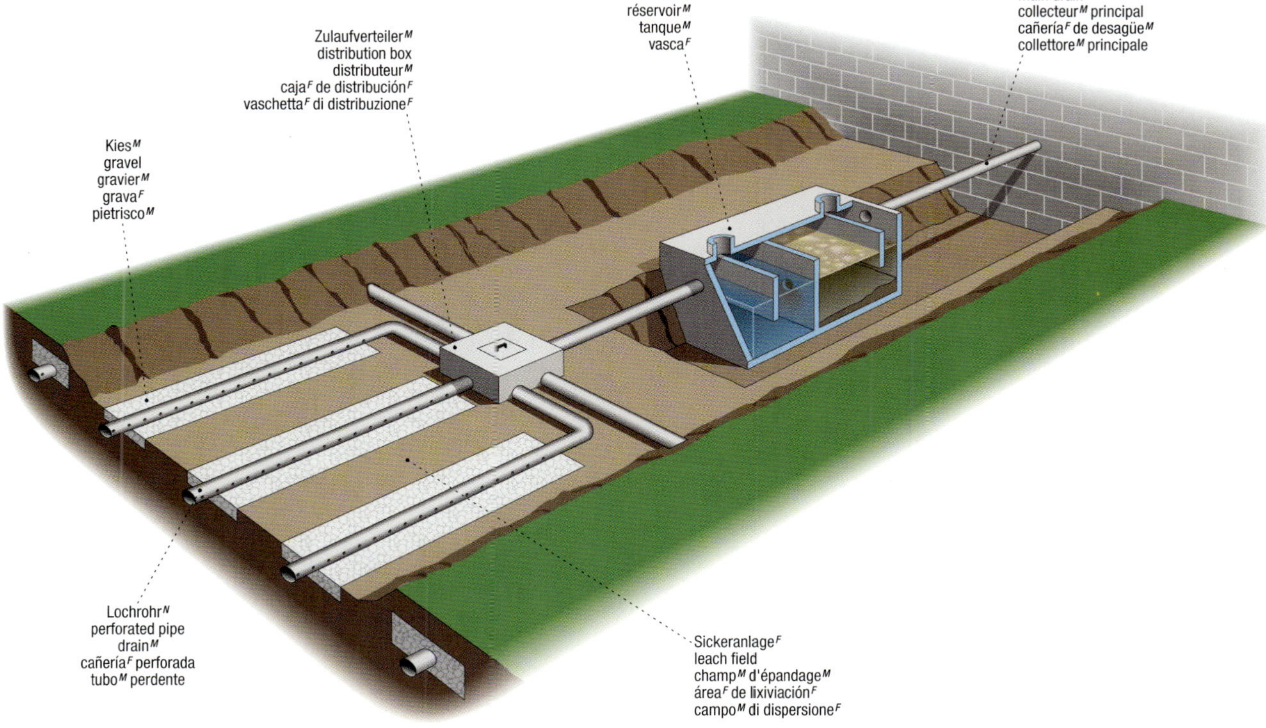

Badezimmer[N]

bathroom | salle[F] de bains[M] | cuarto[M] de baño[M] | stanza[F] da bagno[M]

Brauseschlauch[M]
shower hose
flexible[M]
manguera[F]
tubo[M] flessibile

Brausenkopf[M]
shower head
pomme[F] de douche[F]
alcachofa[F] de la ducha[F]
doccia[F]

Handbrause[F]
portable shower head
douchette[F]
ducha[F] de teléfono[M]
doccia[F] a telefono[M]

Überlauf[M]
overflow
trop-plein[M]
desagüe[M]
troppopieno[M]

Schiebetür[F]
sliding door
porte[F] coulissante
puerta[F] plegable
porta[F] scorrevole

Duschkabine[F]
shower cubicle
cabine[F] de douche[F]
cabina[F] de la ducha[F]
box[M] doccia[F]

Wasserhahn[M]
tap
robinet[M]
grifo[M]
rubinetto[M]

Spiegel[M]
mirror
miroir[M]
espejo[M]
specchio[M]

Toilettenpapierhalter[M]
tissue holder
porte-rouleau[M]
portarrollos[M] de papel[M] higiénico
portarotolo[M]

Podest[N]
bath platform
banquette[F]
zócalo[M] de la bañera[F]
piattaforma[F] della vasca[F]

Waschbecken[N]
washbasin
lavabo[M]
lavabo[M]
lavandino[M]

Handtuchhalter[M]
towel rail
porte-serviettes[M]
toallero[M]
portasciugamano[M]

Spülkasten[M]
cistern
réservoir[M] de chasse[F] d'eau[F]
cisterna[F] del inodoro[M]
sciacquone[M]

Bidet[N]
bidet
bidet[M]
bidé[M]
bidè[M]

Badewanne[F]
bath
baignoire[F]
bañera[F]
vasca[F] da bagno[M]

Einbauwaschtisch[M]
vanity cabinet
coiffeuse[F]
armario[M] del lavabo[M]
mobile[M] portaccessori

Toilette[F]
toilet
w.-c.[M]
inodoro[M]
water[M]

Toilettenbrille[F]
seat cover
couvercle[M]
tapa[F] del inodoro[M]
coperchio[M] del sedile[M]

Toilette^F

toilet | w.-c.^M | inodoro^M | water^M

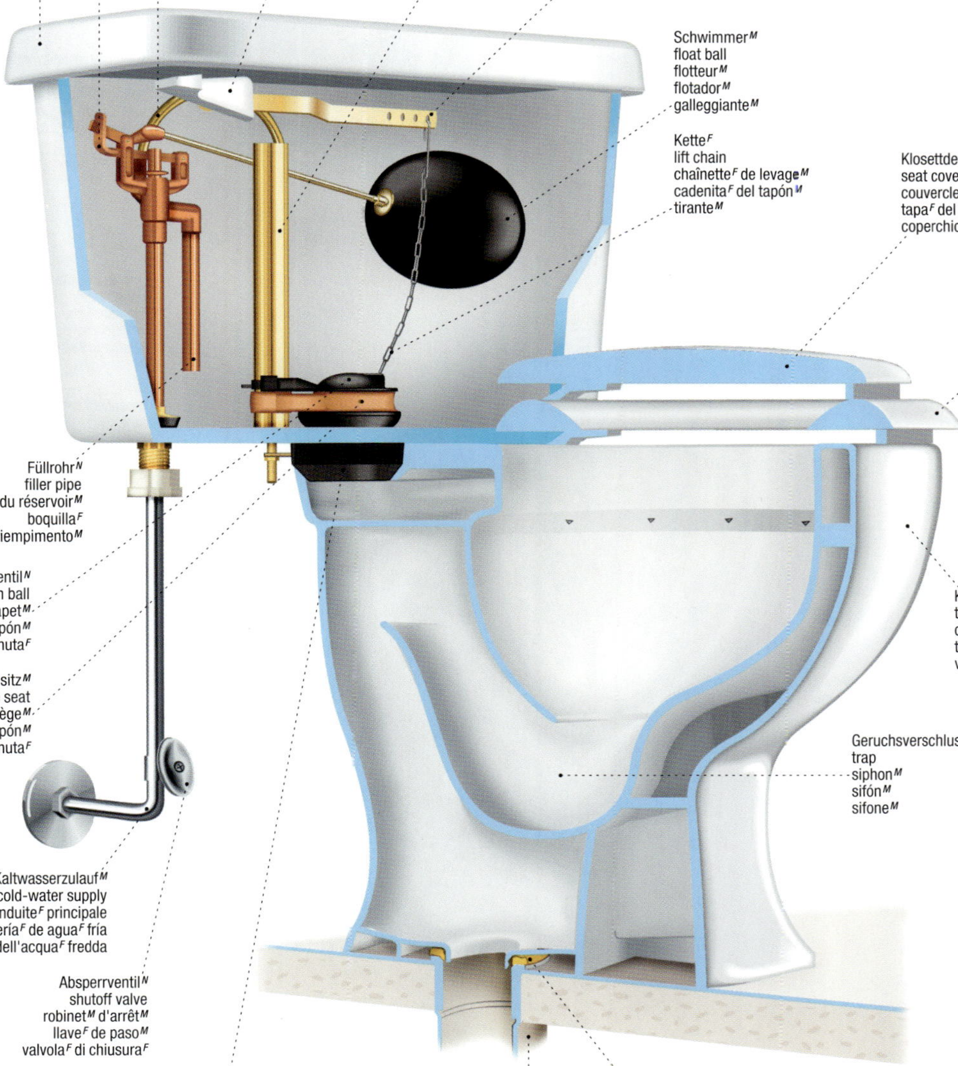

Wasserheizkessel[M]

water-heater tank | chauffe-eau[M] | calentador[M] de agua[F] eléctrico | scaldabagno[M]

elektrischer Heißwasserbereiter[M]
electric water-heater tank
chauffe-eau[M] électrique
calentador[M] eléctrico
scaldabagno[M] elettrico

Wasserheizkessel[M]

Gaswarmwasserbereiter[M]
geyser
chauffe-eau[M] au gaz[M]
caldera[F] de gas[M]
scaldabagno[M] a gas[M]

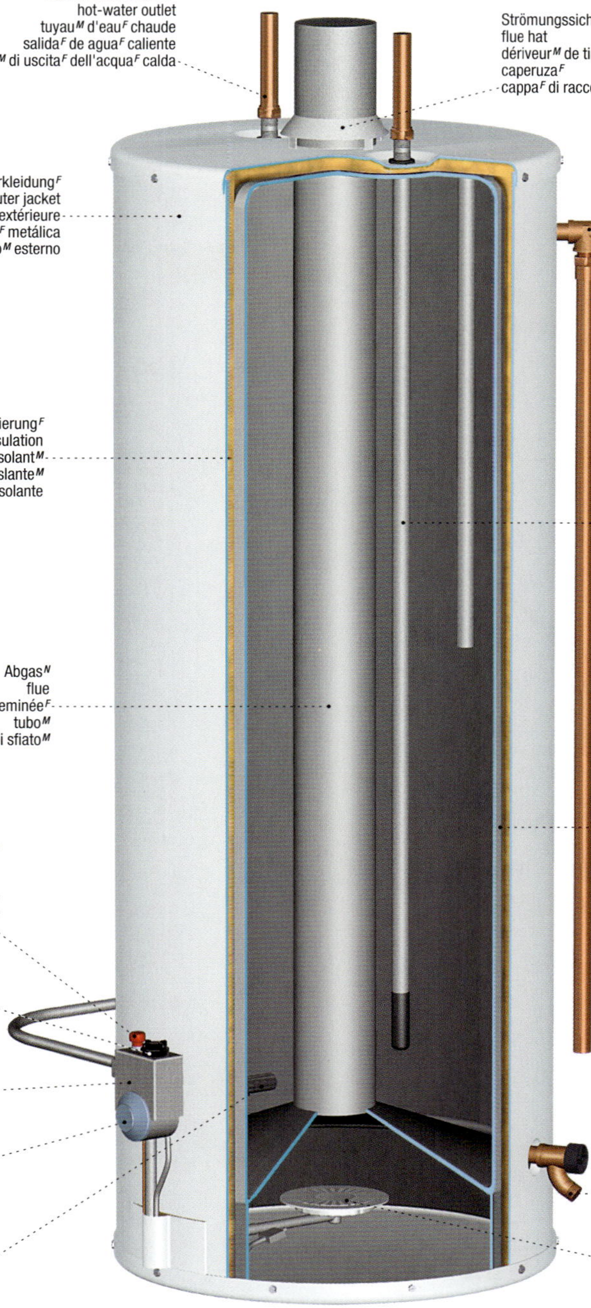

Armaturen[F]

taps | robinet[M] et mitigeurs[M] | grifos[M] y mezcladores[M] | rubinetti[M] e miscelatori[M]

Wandauslaufventil[N]
bib tap
robinet[M]
grifo[M] de plato[M]
rubinetto[M] a valvola[F]

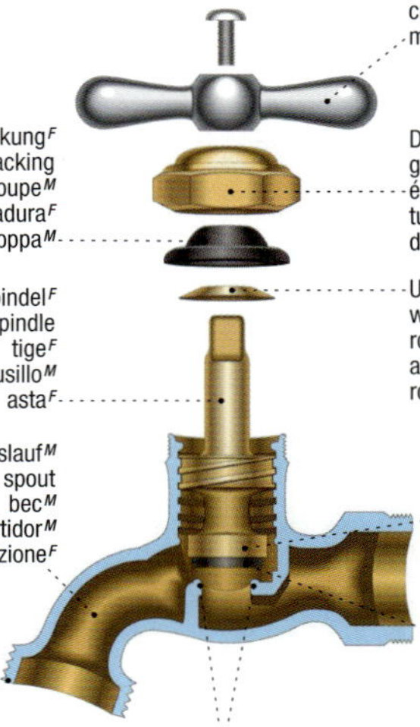

Mischbatterie[F] mit Keramikdichtung[F]
disc mixer
mitigeur[M] à disque[M]
mezclador[M] de disco[M]
miscelatore[M] a disco[M]

Mischbatterie[F] mit Kugeldichtung[F]
ball-type mixer tap
mitigeur[M] à bille[F] creuse
grifo[M] de bola[F]
miscelatore[M] a sfera[F]

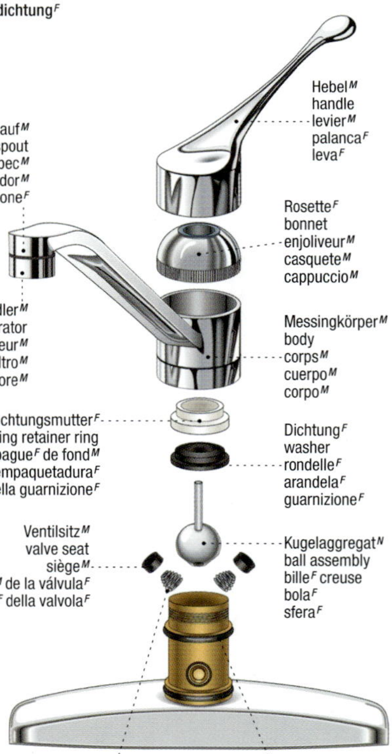

Mischbatterie[F] mit Kartuschendichtung[F]
cartridge mixer
mitigeur[M] à cartouche[F]
grifo[M] de cartucho[M]
miscelatore[M] a cartuccia[F]

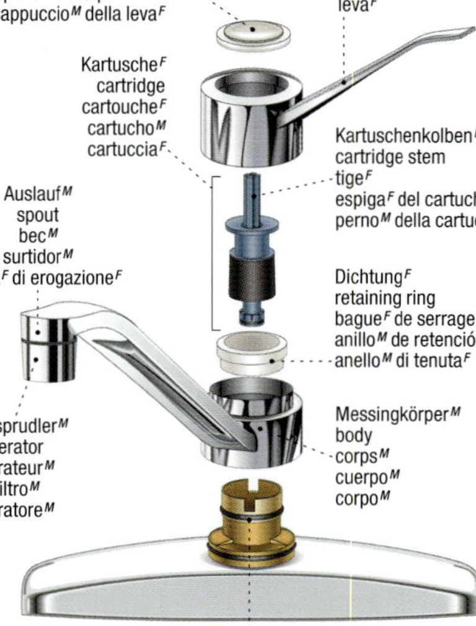

Fittings[N]

fittings | adaptateurs[M] et raccords[M] | conexiones[F] | adattatori[M] e raccordi[M]

Beispiele[N] für Übergangsfittings[N]
examples of transition fittings
exemples[M] d'adaptateurs[M]
ejemplos[M] de adaptadores[M]
esempi[M] di adattatori[M]

Plastik[N] und Stahl[M]
plastic to steel
plastique[M] et acier[M]
de plástico[M] a acero[M]
plastica[F] e acciaio[M]

Kupfer[N] auf Kunststoff[M]
copper to plastic
plastique[M] et cuivre[M]
de cobre[M] a plástico[M]
rame[M]-plastica[F]

Kupfer[N] auf Stahl[M]
copper to steel
cuivre[M] et acier[M]
de cobre[M] a acero[M]
rame[M]-acciaio[M]

Beispiele[N] für Fittings[N]
examples of fittings
exemples[M] de raccords[M]
ejemplos[M] de racores[M]
esempi[M] di raccordi[M]

Etagenbogen[M]
offset
coude[M] de renvoi[M]
codo[M] de cambio[M] de eje[M]
deviatore[M]

Strömungs-T[N]
tee connector
té[M]
derivación[F] en T
raccordo[M] a T

Abzweig[M] 45°
Y-branch
culotte[F]
derivación[F] en Y
raccordo[M] a Y

Siphonwinkel[M]
trap
siphon[M]
sifón[M]
sifone[M]

Kappe[F]
cap
bouchon[M] femelle
tapón[M]
tappo[M] femmina

Doppelbogen[M]
U-bend
coude[M] à 180°
derivación[F] en U
raccordo[M] a U

Gewindekappe[F]
threaded cap
bouchon[M] femelle à visser
tapón[M] hembra[F]
tappo[M] femmina a vite[F]

90°-Knie[N]
90° elbow
coude[M] à 90°
codo[M] de 90°
raccordo[M] a gomito[M] di 90°

Winkel[M] 45°
45° elbow
coude[M] à 45°
codo[M] de 45°
raccordo[M] a gomito[M] di 45°

Rohrverschraubung[F]
pipe coupling
manchon[M]
unión[F]
manicotto[M]

Sechskantreduzierhülse[F]
hexagon bushing
réduction[F] mâle-femelle hexagonale
reductor[M] con cabeza[F] hexagonal
riduzione[F] esagonale

Muffe[F]
flush bushing
réduction[F] mâle-femelle
reductor[M]
riduzione[F] maschio/femmina

Nippel[M]
nipple
mamelon[M] double
entrerrosca[F]
nipplo[M]

Reduziermuffennippel[M]
reducing coupling
raccord[M] de réduction[F]
reductor[M] de calibre[M]
manicotto[M] di riduzione[F]

Vierkantstopfen[M]
square head plug
bouchon[M] mâle sans bourrelet[M]
tapón[M] macho[M]
tappo[M] maschio a testa[F] quadra

mechanische Verbindungen[F]
mechanical connections
raccords[M] mécaniques
racores[M] mecánicas
raccordi[M] meccanici

Verschraubung[F]
union
raccord[M] union[F]
unión[F]
raccordo[M] per unione[F] meccanica

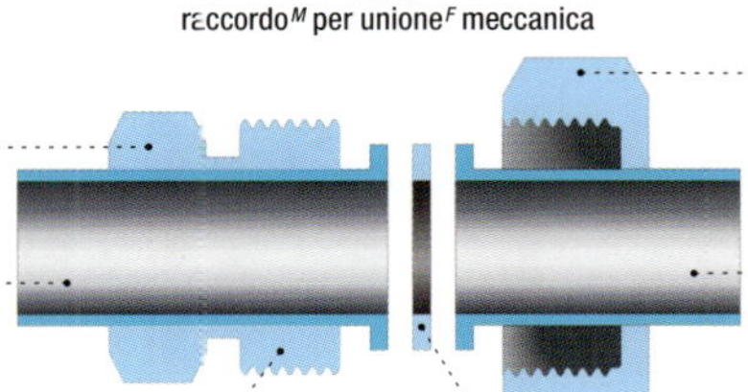

Ringmutter[F]
ring nut
écrou[M] de serrage[M]
anilla[F] de la tuerca[F]
dado[M] di serraggio[M]

Verschraubungsmutter[F]
female union nut
raccord[M] femelle
tuerca[F] de ajuste[M]
raccordo[M] femmina

Rohr[N] A
pipe A
tube[M] A
tubo[M] A
tubo[M] A

Rohr[N] B
pipe B
tube[M] B
tubo[M] B
tubo[M] B

Verschraubungsmutter[F]
male union nut
raccord[M] mâle
tuerca[F] de ajuste[M]
raccordo[M] maschio

Dichtung[F]
gasket
rondelle[F] de fibre[F]
junta[F]
guarnizione[F]

Quetschverschraubung[F]
compression fitting
raccord[M] à compression[F]
racor[M] por compresión[F]
raccordo[M] a compressione[F]

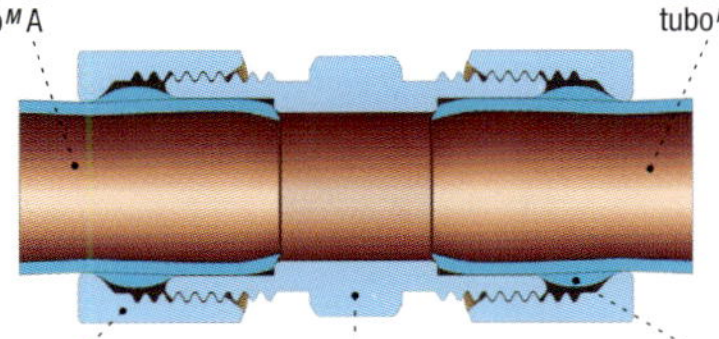

Rohr[N] A
pipe A
tube[M] A
tubo[M] A
tubo[M] A

Rohr[N] B
pipe B
tube[M] B
tubo[M] B
tubo[M] B

Mutter[F]
nut
écrou[M]
tuerca[F]
ghiera[F]

Verschraubung[F]
connector
raccord[M]
conector[M]
manicotto[M]

Dichtung[F]
gasket
garniture[F]
junta[F]
guarnizione[F]

Bördelverbindung[F]
flare joint
raccord[M] à collet[M] repoussé
racor[M] abocinado
raccordo[M] a collarino[M] pressato

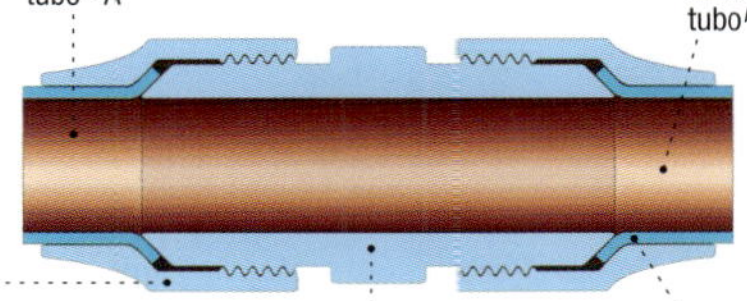

Rohr[N] A
pipe A
tube[M] A
tubo[M] A
tubo[M] A

Rohr[N] B
pipe B
tube[M] B
tubo[M] B
tubo[M] B

Mutter[F]
nut
écrou[M]
tuerca[F]
ghiera[F]

Verschraubung[F]
connector
raccord[M]
conector[M]
manicotto[M]

Rohrende[N]
pipe end
collet[M] repoussé
extremo[M] abocinado
collarino[M]

Beispiele[N] für Anschlüsse[M]

examples of branching | exemples[M] de branchement[M] | ejemplos[M] de conexiones[F] | esempi[M] di allacciamento[M]

Spüle[F] mit Müllschlucker[M]
sink with waste disposal unit
évier[M]-broyeur[M]
fregadero[M] con triturador[M] de basura[F]
lavello[M] con tritarifiuti[M]

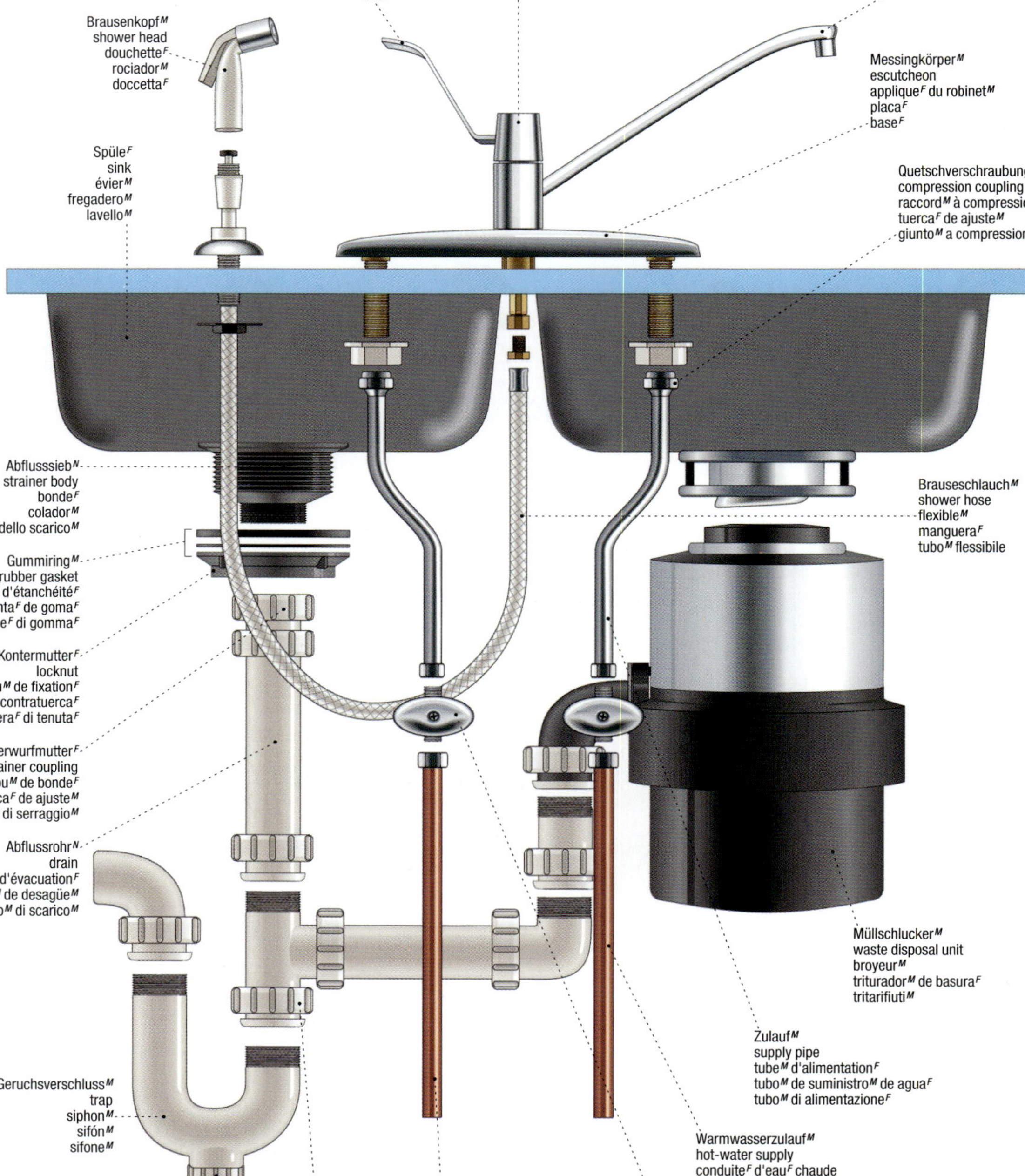

Beispiele^{N} für Anschlüsse^{M}

Waschmaschine^{F}
washing machine
lave-linge^{M}
lavadora^{F}
lavatrice^{F}

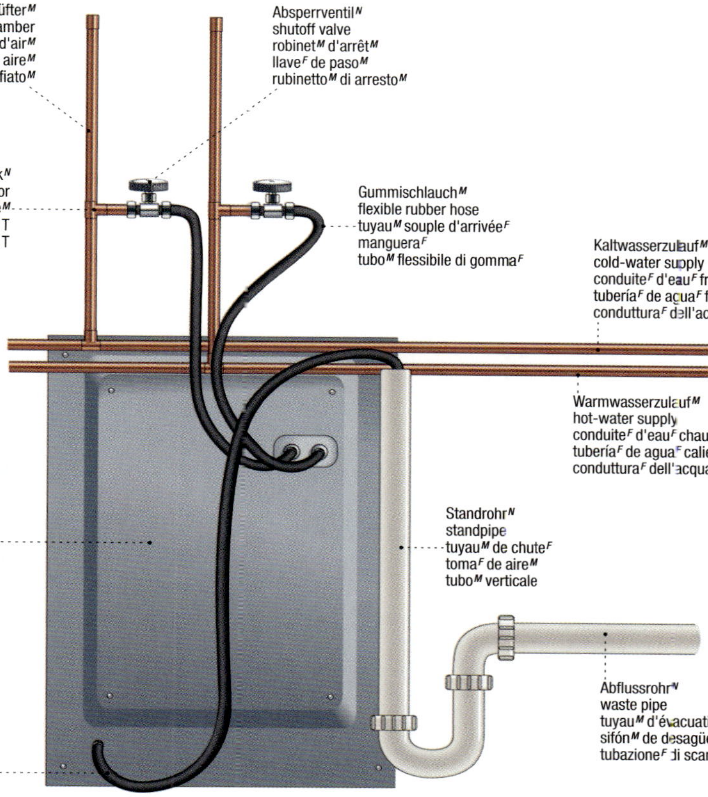

Geschirrspülmaschine^{F}
dishwasher
lave-vaisselle^{M}
lavavajillas^{F}
lavastoviglie^{F}

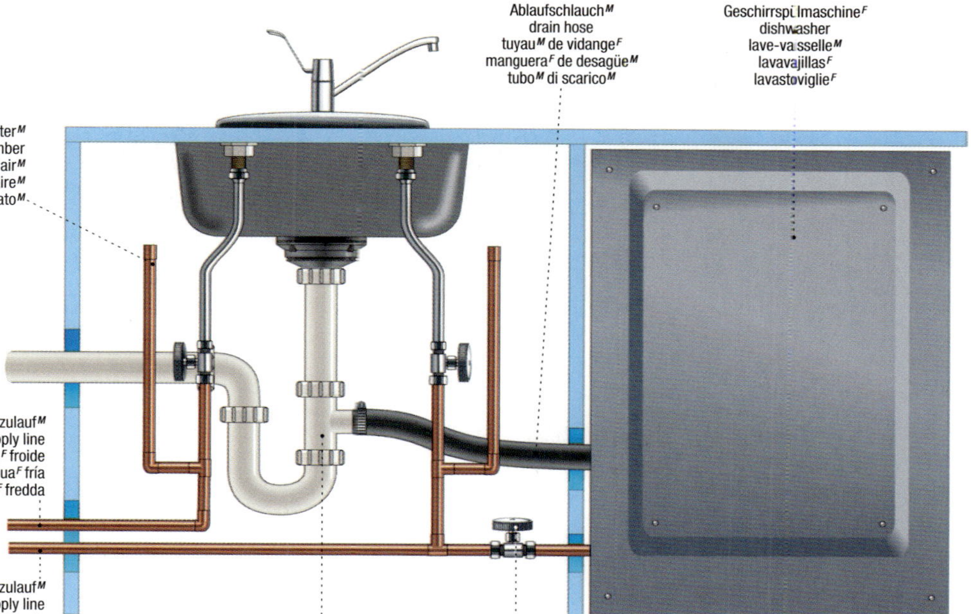

Verteilerkasten[M]

distribution panel | panneau[M] de distribution[F] | cuadro[M] de distribución[F] | pannello[M] di distribuzione[F]

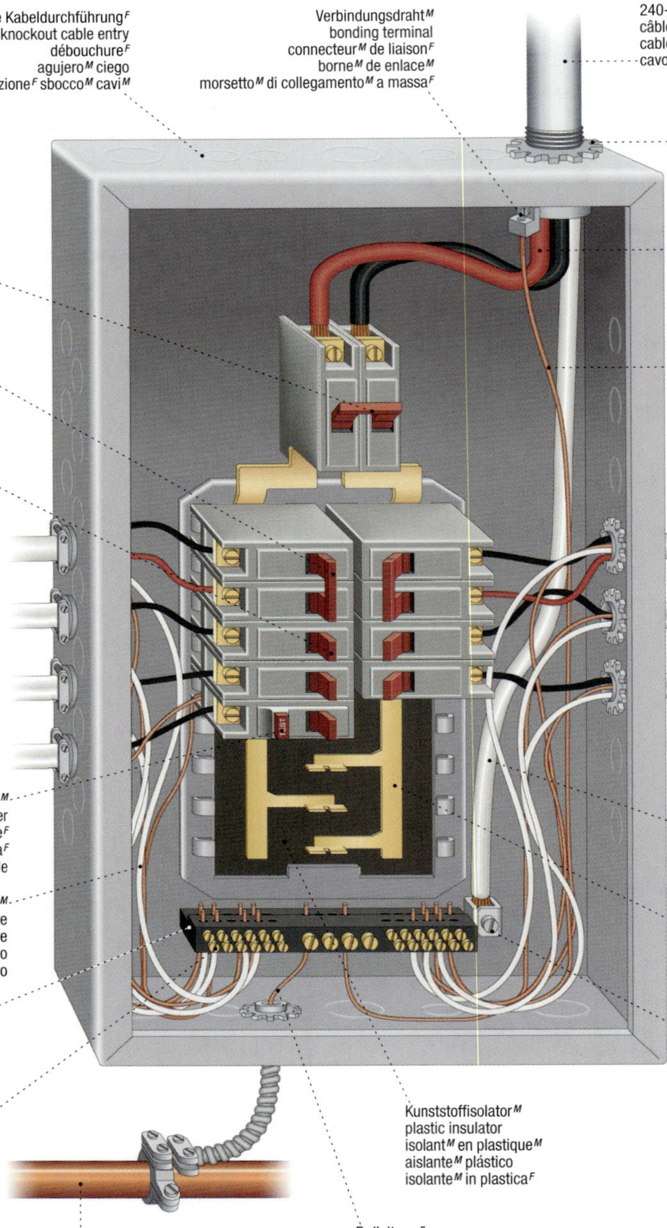

Verteilerkasten^{M}

Beispiele^{N} für Sicherungen^{F}
examples of fuses
exemples^{M} de fusibles^{M}
ejemplos^{M} de fusibles
esempi^{M} di fusibili^{M}

Patronensicherung^{F}
cartridge fuse
fusible^{M}-cartouche^{F}
fusible^{M} de cartucho^{M}
fusibile^{M} a cartuccia^{F}

Stöpselsicherung^{F}
plug fuse
fusible^{M} à culot^{M}
fusible^{M} de rosca^{F}
fusibile^{M} a tappo^{M}

Messersicherung^{F}
knife-blade cartridge fuse
fusible^{M}-cartouche^{F} à lames^{F}
fusible^{M} de bayoneta^{F}
fusibile^{M} a cartuccia^{F} con terminali^{M} a coltello^{M}

Kilowattstundenzähler^{M}

watt-hour meter | compteur^{M} d'électricité^{F} | contador^{M} de kilovatio-hora | contatore^{M} di kilowattora^{M}

Abdeckung^{F}
cover
couvercle^{M}
tapa^{F}
calotta^{F}

Vollbelastungsstellschraube^{F}
full-load adjustment screw
vis^{F} de réglage^{M} de grand débit^{M}
tornillo^{M} de regulación^{F} para carga^{F} completa
vite^{F} di regolazione^{F} a pieno carico^{M}

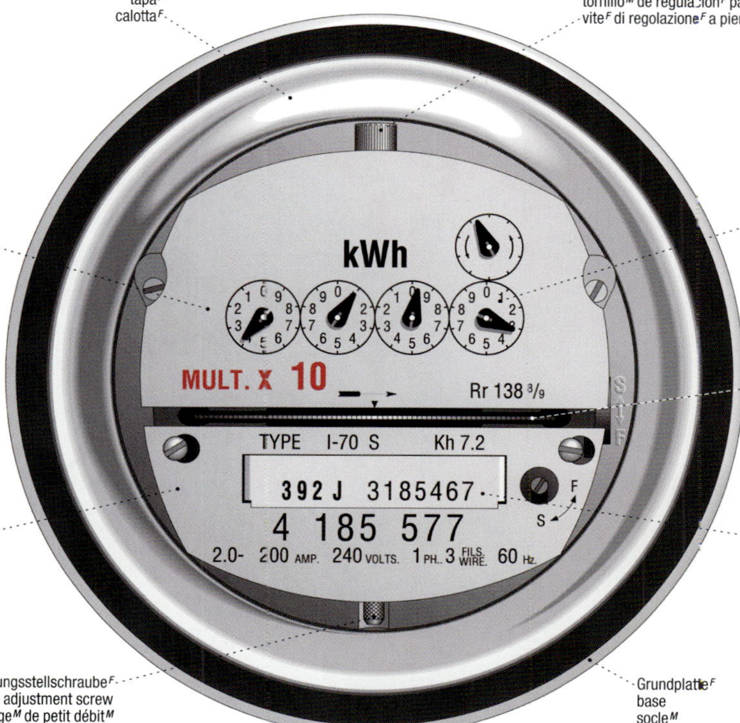

Registriereinheit^{F}
register
minuterie^{F}
registro^{M}
numeratore^{M}

Ziffernblatt^{N}
dial
cadran^{M}
cuadrante^{M}
quadrante^{M}

Drehscheibe^{F}
disc
disque^{M}
disco^{M}
disco^{M}

Kennplakette^{F}
name plate
plaque^{F} signalétique
placa^{F} indicadora
piastrina^{F} dei dati^{M}

Stromverbrauchernummer^{F}
consumer number
numéro^{M} de l'abonné^{M}
número^{M} del consumidor^{M}
numero^{M} dell'utente^{M}

Leichtbelastungsstellschraube^{F}
light-load adjustment screw
vis^{F} de réglage^{M} de petit débit^{M}
tornillo^{M} de regulación^{F} para carga^{F} ligera
vite^{F} di regolazione^{F} a basso carico^{M}

Grundplatte^{F}
base
socle^{M}
base^{F}
base^{F}

Hausanschluss^M

network connection | branchement^M au réseau^M | conexión^F a la red^F | allacciamento^M alla rete^F

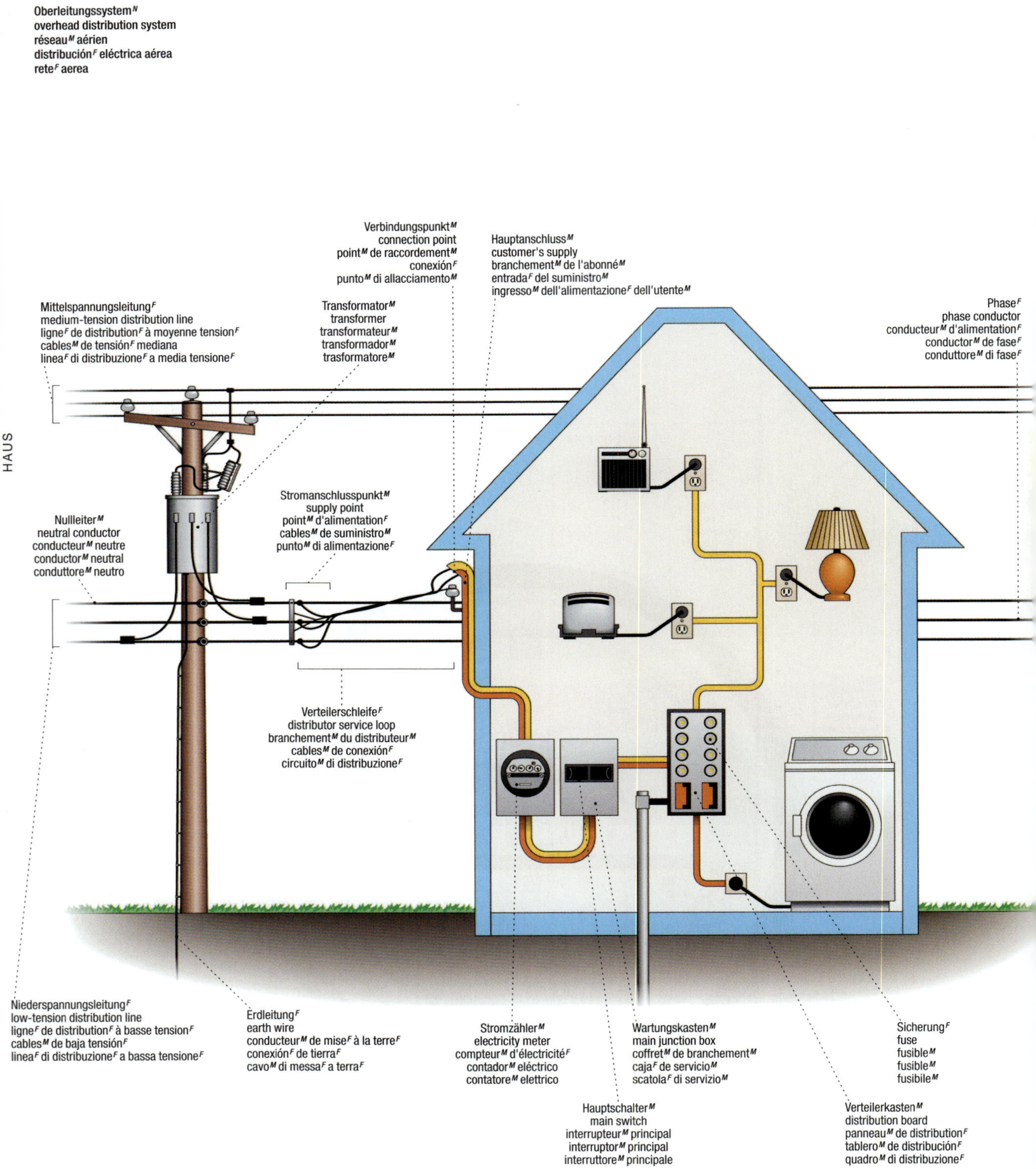

Hausanschluss^{M}

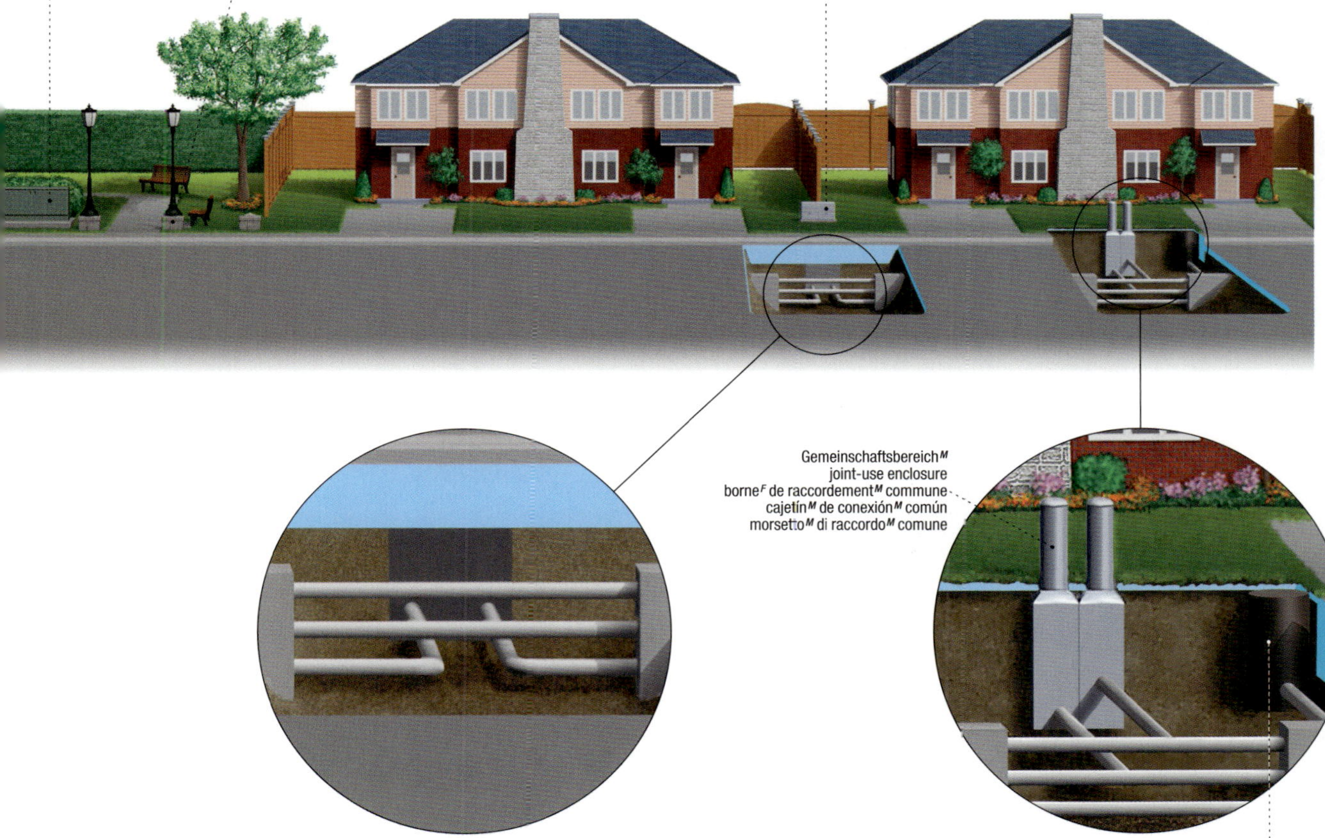

Kontaktelemente^{N}

contact devices | dispositifs^{M} de contact^{M} | dispositivos^{M} de contacto^{M} | dispositivi^{M} di contatto^{M}

Schukostecker^{M}
European plug
fiche^{F} européenne
enchufe^{M} de tipo^{M} europeo
spina^{F} europea

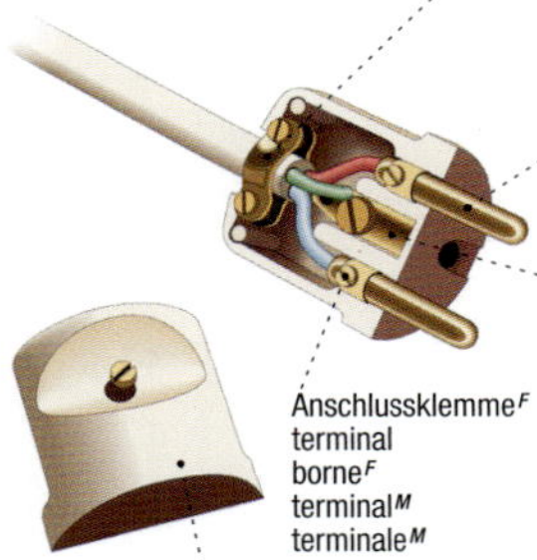

Zugentlastungsklemme^{F}
clamp
étrier^{M}
abrazadera^{F}
morsetto^{M}

Stift^{M}
pin
broche^{F}
contacto^{M}
spinotto^{M}

Erdungsklemme^{F}
earth terminal
contact^{M} de terre^{F}
terminal^{M} de tierra^{F}
terminale^{M} di messa^{F} a terra^{F}

Anschlussklemme^{F}
terminal
borne^{F}
terminal^{M}
terminale^{M}

Kappe^{F}
cover
couvercle^{M}
tapa^{F}
coperchio^{M}

Schukosteckdose^{F}
European outlet
prise^{F} de courant^{M} européenne
clavija^{F} europea
presa^{F} europea

Steckbuchse^{F}
socket-contact
alvéole^{F}
alveolo^{M}
alveolo^{M} della presa^{F}

Schutzkontaktbügel^{M}
male grounding pin
contact^{M} de terre^{F}
conector^{M} de tierra^{F} macho
maschio^{M} della messa^{F} a terra^{F}

amerikanische Steckdose^{F}
American outlet
prise^{F} de courant^{M} américaine
enchufe^{M} americano
presa^{F} di corrente^{F} americana

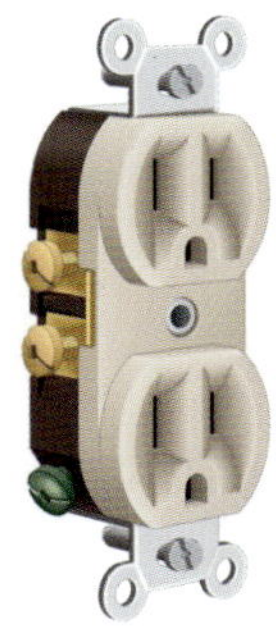

dreipoliger, amerikanischer Stecker^{M}
American plug
fiche^{F} américaine
clavija^{F} de tipo^{M} americano
spina^{F} americana

Spannungsstift^{M}
pin
lame^{F}
contacto^{M}
spinotto^{M}

Erdungsstift^{M}
earthing pin
contact^{M} de terre^{F}
contacto^{M} de conexión^{F} a tierra^{F}
spinotto^{M} di messa^{F} a terra^{F}

Teile$^{M/N}$ einer Lampenfassung^{F}
parts of a lamp socket
éléments^{M} d'une douille^{F} de lampe^{F}
componentes^{F} del portalámpara^{M}
componenti^{M} del portalampada^{M}

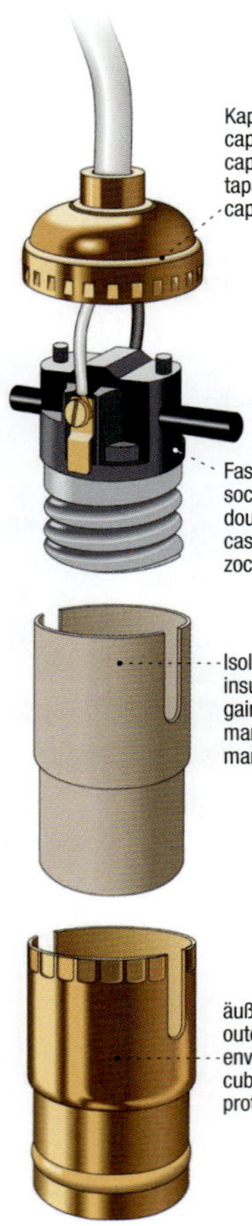

Kappe^{F}
cap
capuchon^{M}
tapa^{F}
cappellotto^{M}

Fassung^{F}
socket
douille^{F}
casquillo^{M}
zoccolo^{M}

Isolierhülse^{F}
insulating sleeve
gaine^{F} isolante
manga^{F} de aislamiento^{M}
manicotto^{M} isolante

äußere Hülse^{F}
outer shell
enveloppe^{F}
cubierta^{F}
protezione^{F} esterna

Adapter^{M}
plug adapter
adaptateur^{M} de fiche^{F}
adaptador^{M} de enchufes^{M}
adattatore^{M}

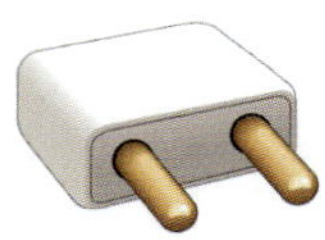

Schraubfassung^{F}
screw cap
culot^{M} à vis^{F}
bombilla^{F} de rosca^{F}
attacco^{M} a vite^{F}

Bajonettfassung^{F}
bayonet cap
culot^{M} à baïonnette^{F}
bombilla^{F} de bayoneta^{F}
attacco^{M} a baionetta^{F}

Schalter^{M}
switch
interrupteur^{M}
interruptor^{M}
interruttore^{M}

Lampenfassung^{F}
lamp-holder
douille^{F} de lampe^{F}
portalámparas^{M}
portalampada^{M}

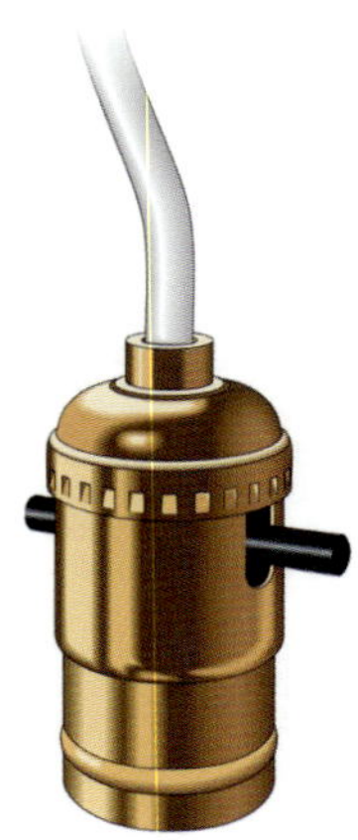

Schalterabdeckplatte^{F}
escutcheon plate
plaque^{F} de commutateur^{M}
placa^{F} del interruptor^{M}
placca^{F} dell'interruttore^{M}

Dimmerschalter^{M}
dimmer switch
gradateur^{M}
conmutador^{M} de intensidad^{F}
reostato^{M}

Buchsenhalter^{M}
electrical box
boîte^{F} d'encastrement^{M}
caja^{F} de conexiones^{F}
scatola^{F} da incasso^{M}

Beleuchtung[F]

lighting | éclairage[M] | iluminación[F] | illuminazione[F]

Wolfram-Halogenlampe[F]
tungsten-halogen bulb
lampe[F] à halogène[M]
lámpara[F] halógena
lampada[F] alogena al tungsteno[M]

Glühlampe[F]
incandescent light bulb
lampe[F] à incandescence[F]
bombilla[F] incandescente
lampadina[F] a incandescenza[F]

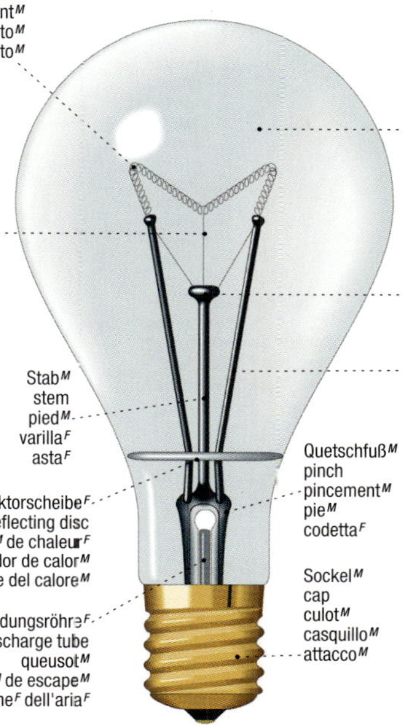

Leuchtstoffröhre[F]
fluorescent tube
tube[M] fluorescent
tubo[M] fluorescente
tubo[M] fluorescente

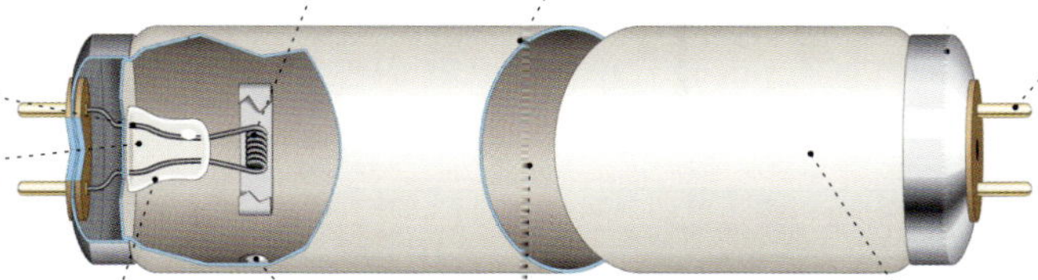

Mini-Halogenlampe[F]
mini halogen lamp
mini lampe[F] à halogène[M]
mini lámpara[F] halógena
lampadina[F] alogena

Kompaktleuchtstofflampe[F]
compact fluorescent lamp
lampe[F] fluocompacte
lámpara[F] fluorescente
lampada[F] fluorescente compatta

LED-Lampe[F]
light-emitting diode (LED) lamp
lampe[F] à DEL
lámpara[F] de LED[M]
lampada[F] a LED[M]

Armlehnstuhl[M]

armchair | fauteuil[M] | silla[F] de brazos[M] | poltrona[F]

Teile[M] eines Sessels[M]
parts of an armchair
parties[F] d'un fauteuil[M]
partes[F] de un sofá[M]
parti[F] di una poltrona[F]

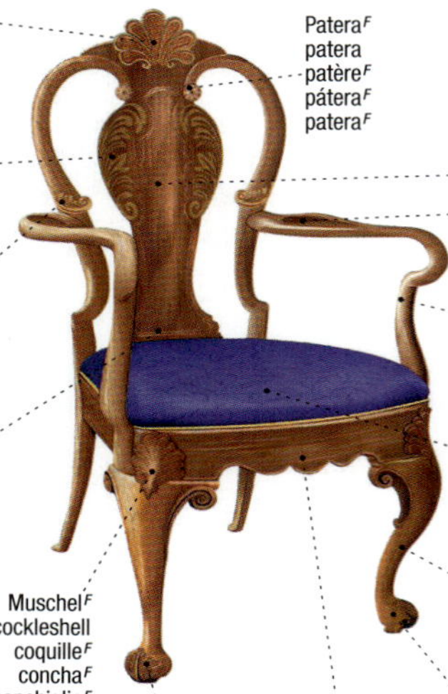

Beispiele[N] für Armstühle[M]
examples of armchairs
exemples[M] de fauteuils[M]
ejemplos[M] de divanes[M] y butacas[F]
esempi[M] di poltrone[F] e divani[M]

Wassily-Stuhl[M]
Wassily chair
fauteuil[M] Wassily
silla[F] Wassily
poltrona[F] Wassily

Regiestuhl[M]
director's chair
fauteuil[M] metteur[M] en scène[F]
silla[F] plegable de lona[F]
sedia[F] da regista[M]

kleiner Lehnstuhl[M]
cabriole chair
cabriolet[M]
silla[F] cabriolé
cabriolet[F]

Schaukelstuhl[M]
rocking chair
berceuse[F]
mecedora[F]
sedia[F] a dondolo[M]

Sitzliege[F]
chair bed
fauteuil[M]-lit[M]
sofá[M] cama[F]
poltrona[F]-letto[M]

Clubsessel[M]
club chair
fauteuil[M] club[M]
butaca[F]
poltrona[F] da salotto[M]

BergŹre[F]
bergère
bergère[F]
silla[F] poltrona
bergère[F]

Voltaire-Sessel[M]
Voltaire chair
fauteuil[M] Voltaire
sillón[M] Voltaire
poltrona[F] Voltaire

Armstuhl[M]
squat chair
fauteuil[M] crapaud[M]
sillón[M] clásico
poltrona[F] crapaud

Chaiselongue[F]
meridienne
méridienne[F]
meridiano[M]
meridienne[F]

Zweisitzer[M]
two-seater settee
causeuse[F]
sofá[M] de dos plazas[F]
divano[M] a due posti[M]

Sofa[N]
sofa
canapé[M]
sofá[M]
divano[M]

Chesterfieldsofa[N]
chesterfield
canapé[M] capitonné
chesterfield[M]
divano[M] Chesterfield

Chaiselongue[N]
chaise longue
récamier[M]
sofá[M] tipo[M] imperio
agrippina[F]

Stuhl^{M}

side chair | chaise^{F} | silla^{F} sin brazos^{M} | sedia^{F}

Teile^{M} eines Beistellstuhls^{M}
parts of a side chair
parties^{F} d'une chaise^{F}
partes^{F} de una silla^{F}
parti^{F} di una sedia^{F}

Beispiele^{N} für Stühle^{M}
examples of chairs
exemples^{M} de chaises^{F}
ejemplos^{M} de sillas^{F}
esempi^{M} di sedie^{F}

Windsor-Stuhl^{M}
Windsor chair
chaise^{F} Windsor
silla^{F} Windsor
sedia^{F} Windsor

Schaukelstuhl^{M}
rocking chair
chaise^{F} berçante
mecedora^{F}
sedia^{F} a dondolo^{M}

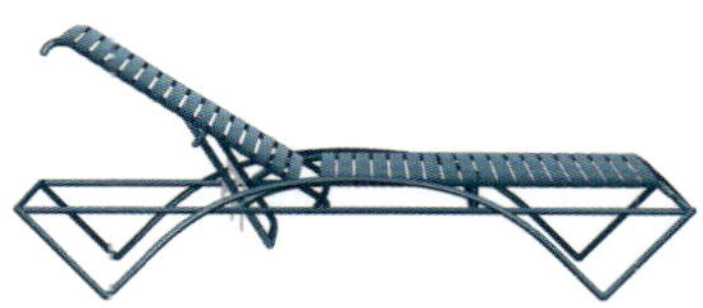
Liegestuhl^{M}
recliner
chaise^{F} longue
tumbona^{F}
sedia^{F} a sdraio^{M}

Stapelstühle^{M}
stacking chairs
chaises^{F} empilables
sillas^{F} apilables
sedie^{F} impilabili

Klappstuhl^{M}
folding chair
chaise^{F} pliante
silla^{F} plegable
sedia^{F} pieghevole

Sitzmöbel^{N}

seats | sièges^{M} | asientos^{M} | sedili^{M}

Hocker^{M}
footstool
tabouret^{M}
escabel^{M}
sgabello^{M}

Barhocker^{M}
bar stool
tabouret^{M}-bar^{M}
taburete^{M}
sgabello^{M}

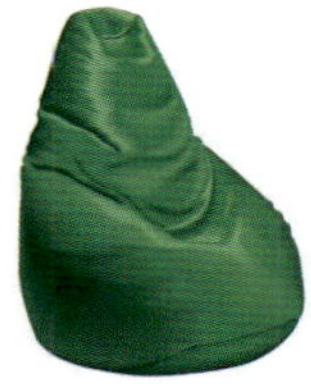
Sitzsack^{M}
beanbag chair
fauteuil^{M}-sac^{M}
puf^{M}
poltrona^{F} a sacco^{M}

Puff^{M}
ottoman
pouf^{M}
puf^{M}
pouf^{M}

Sitztruhe^{F}
storage bench
banc^{M}-coffre^{M}
sillón^{M} baúl^{M}
cassapanca^{F}

Bank^{F}
bench
banc^{M}
banco^{M}
panchina^{F}

Sitzbank^{F}
banquette
banquette^{F}
banqueta^{F}
divanetto^{M}

Tritthocker^{M}
step chair
chaise^{F}-escabeau^{M}
silla^{F} escalera^{F}
sedia^{F} scala^{F}

Tisch^M

table | table^F | mesa^F | tavolo^M

ausziehbarer Tisch^M
gateleg table
table^F à abattants^M
mesa^F extensible
tavolo^M a ribalta^F

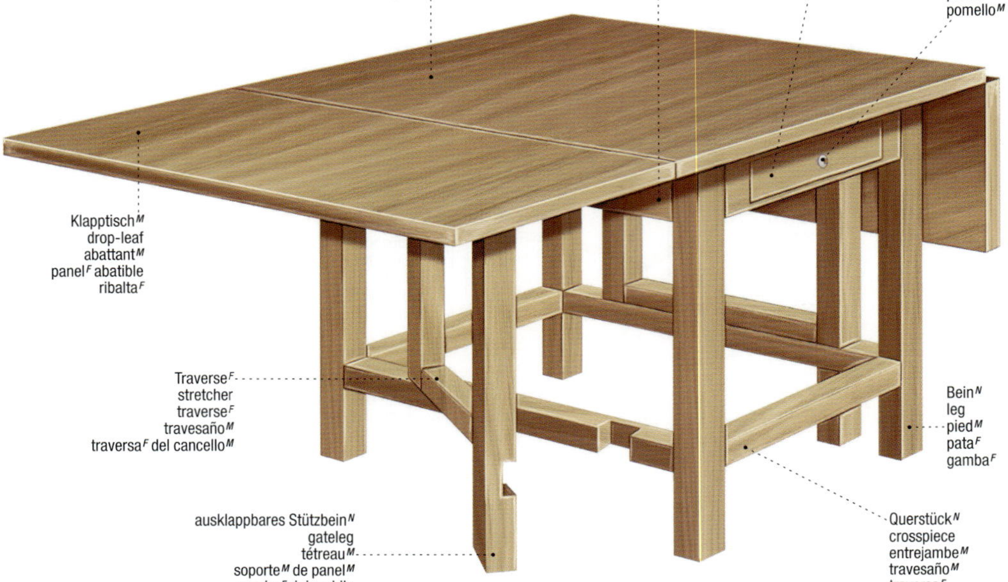

Beispiele^N für Tische^M
examples of tables
exemples^M de tables^F
ejemplos^M de mesas^F
esempi^M di tavoli^M

Schachteltisch^M
nesting tables
tables^F gigognes
mesas^F acoplables
tavolini^M a incastro^M

Servierwagen^M
serving trolley
desserte^F
mesita^F de servicio^M
carrello^M portavivande

Ausziehtisch^M
extending table
table^F à rallonges^F
mesa^F plegable
tavolo^M allungabile

Kaffeetisch^M
coffee table
table^F basse
mesa^F centro
tavolino^M

Bett^{N}

bed | lit^{M} | cama^{F} | letto^{M}

Teile^{M} eines Betts^{N}
parts of a bed
parties^{F} d'un lit^{M}
partes^{F} de una cama^{F}
parti^{F} di un letto^{M}

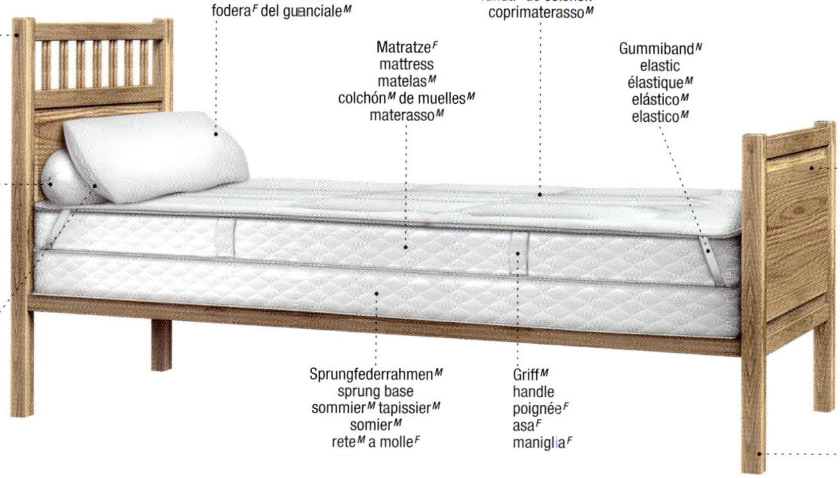

Bettwäsche^{F}
bed linen
literie^{F}
ropa^{F} de cama^{F}
biancheria^{F} da letto^{M}

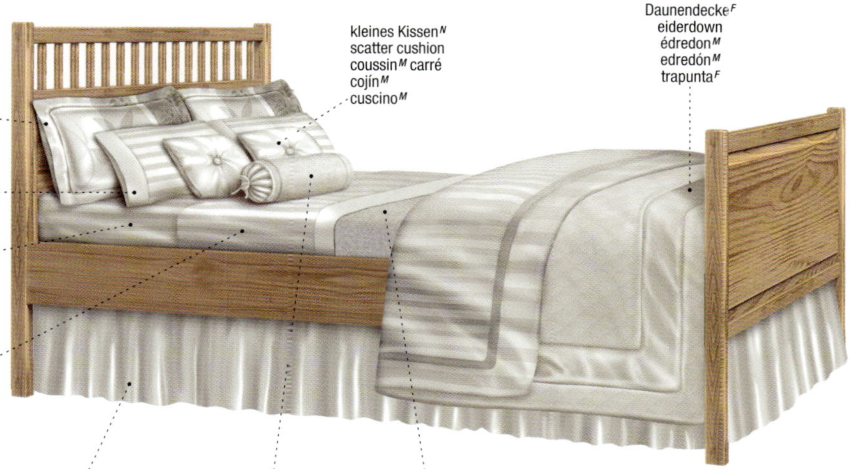

Schlafcouch^{F}
futon
canapé^{M} convertible
futón^{M}
futon^{M}

Aufbewahrungsmöbel[N]

storage furniture | meubles[M] de rangement[M] | muebles[M] contenedores | mobili[M] contenitori

Kleiderschrank[M]
armoire
armoire[F]
armario[M]
armadio[M]

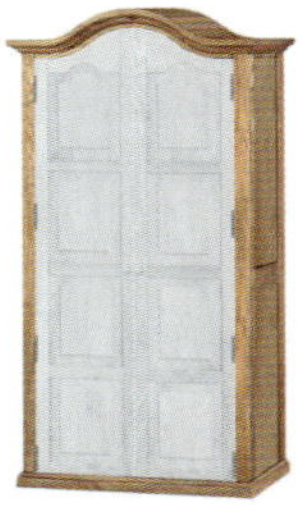

Rahmen[M]
frame
bâti[M]
armazón[M]
telaio[M]

Tür[F]
door
vantail[M]
puerta[F]
porta[F]

Sekretär[M]
bureau
secrétaire[M]
bufete[M]
secrétaire[M]

Truhe[F]
linen chest
coffre[M]
baúl[M]
cassapanca[F]

Kommode[F]
dressing table
commode[F]
cómoda[F]
comò[M]

Aufbewahrungsmöbel^{N}

Schminktisch^{M}
dressing table
coiffeuse^{F}
tocador^{M}
comò^{M}

Nachttisch^{M}
bedside table
table^{F} de chevet^{M}
mesita^{F} de noche^{F}
comodino^{M}

Weinschrank^{M}
wine cabinet
cellier^{M}
alacena^{F}
dispensa^{F}

Kleiderschrank^{M}
wardrobe
armoire^{F}-penderie^{F}
ropero^{M}
guardaroba^{M}

Eckschrank^{M}
corner cupboard
encoignure^{F}
rinconera^{F}
angoliera^{F}

Chiffonière^{F}
chiffonier
chiffonnier^{M}
chifonier^{M}
cassettiera^{F}

Vitrine^{F}
display cabinet
vitrine^{F}
vitrina^{F}
vetrina^{F}

HAUS

Cocktailbar^{F}
cocktail cabinet
bar^{M}
mueble^{M} bar^{M}
mobile^{M} bar^{M}

Büfett^{N}
sideboard
buffet^{M}
aparador^{M}
credenza^{F}

Vitrinenschrank^{M}
glass-fronted display cabinet
buffet^{M}-vaisselier^{M}
aparador^{M} con vitrina^{F}
credenza^{F} con vetrina^{F}

Kindermöbel[N]

children's furniture | meubles[M] d'enfants[M] | muebles[M] infantiles | mobili[M] per bambini[M]

Reisebett[N] mit Wickelauflage[F]
nursery
lit[M] pliant
cuna[F] plegable
lettino[M] pieghevole con fasciatoio[M]

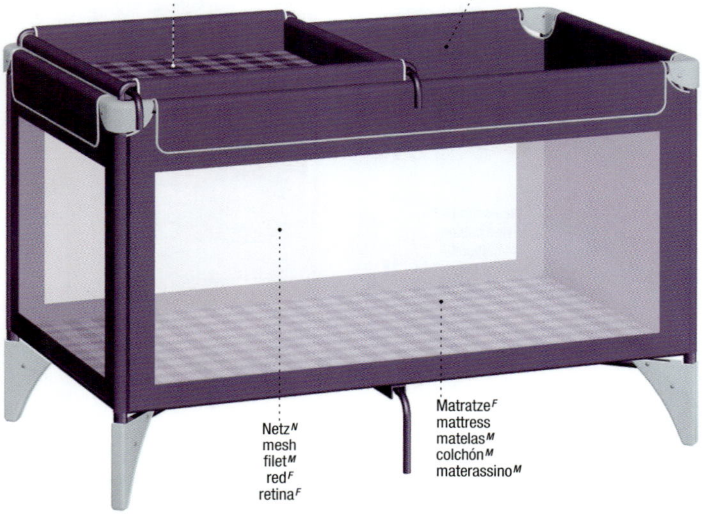

Kindersessel[M]
booster seat
rehausseur[M]
silla[F] alzadora
poltroncina[F] per bambini[M]

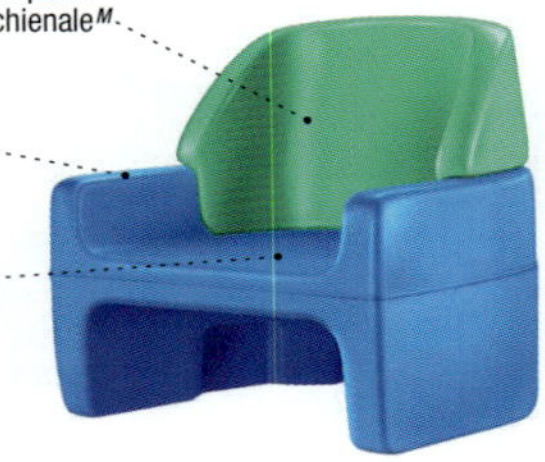

Wickelkommode[F]
changing table
table[F] à langer
cambiador[M]
fasciatoio[M]

Hochstuhl[M]
high chair
chaise[F] haute
trona[F]
seggiolone[M]

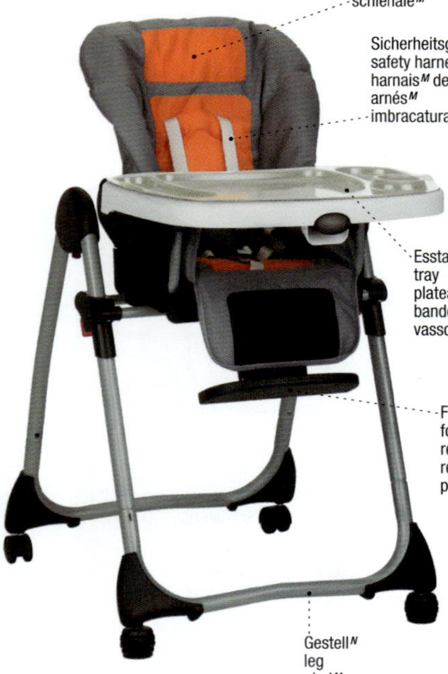

Gitterbett[N]
cot
lit[M] à barreaux[M]
cuna[F]
lettino[M] a sponde[F]

Dekorationen^{F}

window accessories | parures^{F} de fenêtre^{F} | accesorios^{M} para las ventanas^{F} | accessori^{M} per finestre^{F}

Gardinenstangen^{F}
poles
tringles^{F}
varillas^{F}
bastoni^{M} da tenda^{F}

einfache Stange^{F}
plain pole
barre^{F} lisse
barra^{F} lisa
bastone^{M} liscio

Vollmessingstange^{F}
fluted pole
barre^{F} cannelée
barra^{F} acanalada
bastone^{M} scanalato

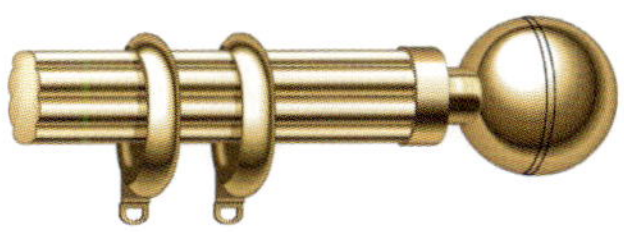

Gardinenstange^{F}
curtain pole
tringle^{F}-barre^{F}
barra^{F} de cortina^{F}
bastone^{M} da tenda^{F}

Stange^{F}
pole
barre^{F}
barra^{F}
bastone^{M}

runder Träger^{M}
support bracket
support^{M} de fixation^{F}
abrazadera^{F}
supporto^{M}

Ring^{M}
ring
anneau^{M}
anillo^{M}
anello^{M}

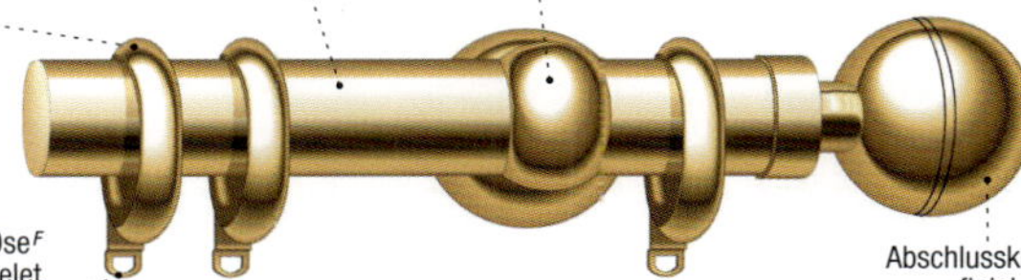

Öse^{F}
eyelet
œillet^{M}
ojete^{M}
occhiolo^{M}

Abschlussknopf^{M}
finial
embout^{M}
tope^{M}
pomolo^{M} di chiusura^{F}

einläufige Gardinenstange^{F}
single curtain rail
tringle^{F} simple
barra^{F} de varilla^{F} simple
binario^{M} semplice

zweiläufige Gardinenstange^{F}
double curtain rail
tringle^{F} double
barra^{F} de varilla^{F} doble
binario^{M} doppio

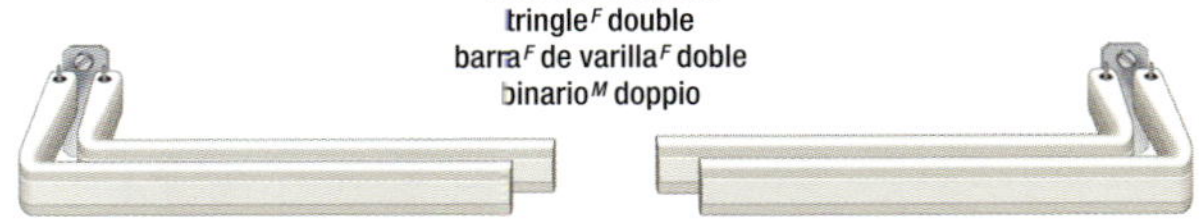

Gardinenschiene^{F}
curtain track
tringle^{F}-rail^{M}
riel^{M}
binario^{M} da tenda^{F}

Wandträger^{M}
wall bracket
support^{M} mural
soporte^{M} de pared^{F}
piastra^{F} di fissaggio^{M} a muro^{M}

Rolle^{F}
roller
galet^{M}
corredera^{F}
rullo^{M}

Schiene^{F}
track
rail^{M}
riel^{M}
binario^{M}

Deckenträger^{M}
ceiling bracket
support^{M} de plafond^{M}
soporte^{M} de techo^{M}
piastra^{F} di fissaggio^{M} a soffitto^{M}

Feststeller^{M}
end stop
butoir^{M}
tope^{M}
fermo^{M}

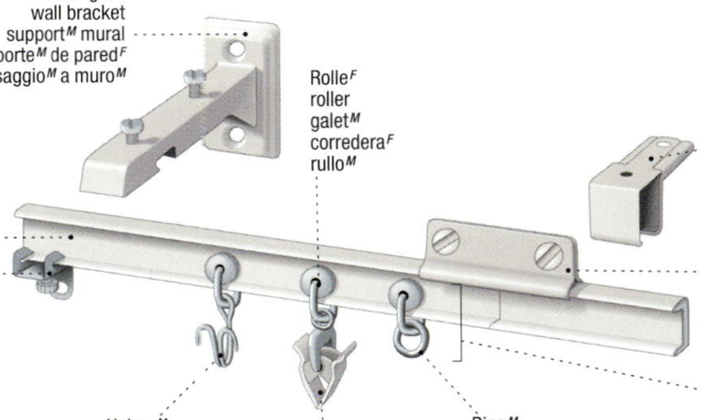

Brücke^{F}
bridge
bride^{F} de raccord^{M}
puente^{M}
ponte^{M} di raccordo^{M}

Laufwagen^{M}
glider
chariot^{M}
carro^{M}
carrello^{M}

Haken^{M}
hook
agrafe^{F}
gancho^{M}
gancio^{M}

Klammer^{F}
clip
pince^{F}
clip^{M}
pinza^{F}

Ring^{M}
ring
anneau^{M}
anilla^{F}
anello^{M}

Kopfschiene^{F}
traverse rod
tringle^{F} extensible
cortina^{F} de riel^{M}
riloga^{F} estensibile

Endträger^{M}
end bracket
support^{M} d'extrémité^{F}
tope^{M}
staffa^{F} di blocco^{M} finale

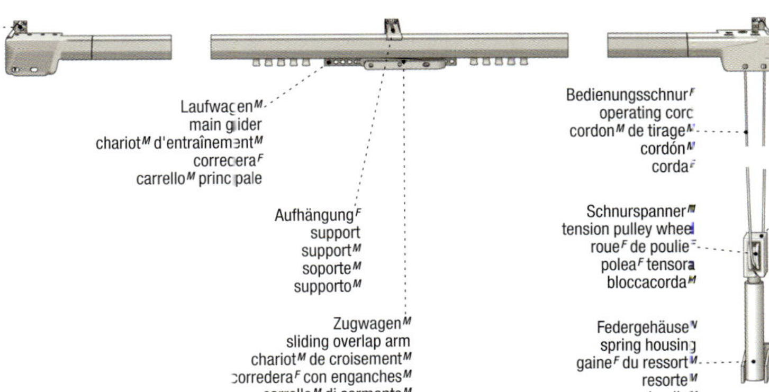

Laufwagen^{M}
main glider
chariot^{M} d'entraînement^{M}
corredera^{F}
carrello^{M} principale

Bedienungsschnur^{F}
operating cord
cordon^{M} de tirage^{M}
cordón^{M}
corda^{F}

Anschluss^{M}
yoke
chape^{F}
balancín^{M}
morsetto^{M}

Aufhängung^{F}
support
support^{M}
soporte^{M}
supporto^{M}

Schnurspanner^{M}
tension pulley wheel
roue^{F} de poulie^{F}
polea^{F} tensora
bloccacorda^{M}

Schnurwelle^{F}
pulley
poulie^{F}
polea^{F}
carrucola^{F}

Zugwagen^{M}
sliding overlap arm
chariot^{M} de croisement^{M}
corredera^{F} con enganches^{M}
carrello^{M} di sormonto^{M}

Federgehäuse^{N}
spring housing
gaine^{F} du ressort^{M}
resorte^{M}
coprimolla^{M}

Feststellvorrichtung^{F}
fastening device
fixation^{F}
sujeción^{F}
dispositivo^{M} di fissaggio^{M}

HAUS

Dekorationen^F

Fenstergardine^F
window curtain
rideau^M de vitrage^M
cortina^F de ventana^F
tenda^F per finestra^F

Vorhang^M
curtain
rideau^M
cortina^F
tenda^F

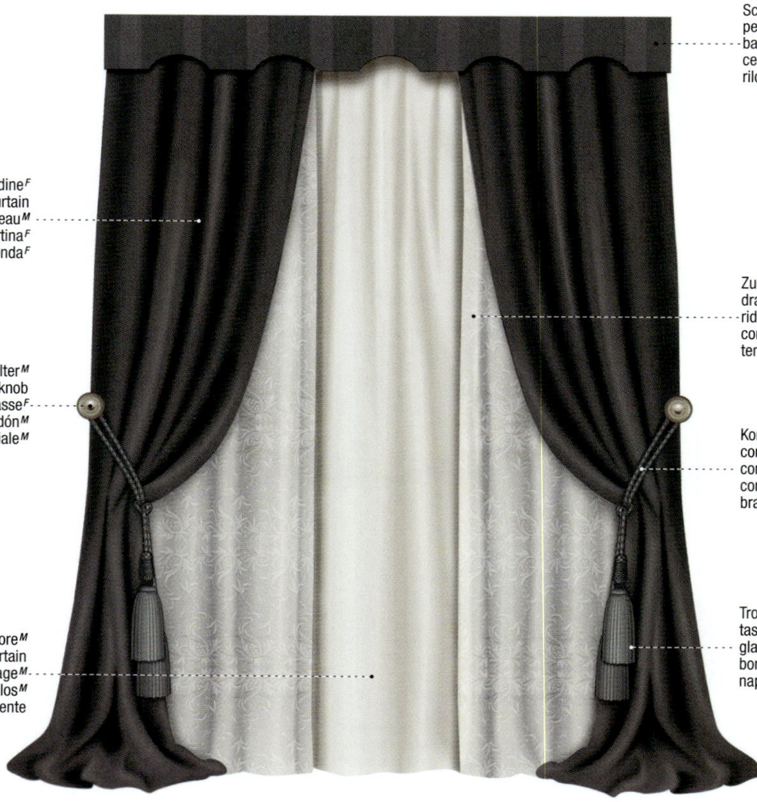

Dekorationen[F]

Beispiele[N] für Vorhänge[M]
examples of curtains
exemples[M] de rideaux[M]
ejemplos[M] de cortinas[F]
esempi[M] di tende[F]

Raffgardine[F]
crisscross curtains
rideaux[M] croisés
cortinas[F] cruzadas
tende[F] con sormonto[M] totale

Spanner[M]
attached curtain
rideau[M] coulissé
cortina[F] sujeta de doble barra[F]
tenda[F] a vetro[M]

loser Vorhang[M]
loose curtain
rideau[M] flottant
cortina[F] suelta corrediza
tenda[F] a strappo[M]

Wolkenstore[M]
balloon curtain
rideau[M] ballon[M]
cortina[F] abombada
tenda[F] a palloncino[M]

Beispiele[N] für Vorhangköpfe[M]
examples of headings
exemples[M] de têtes[F]
ejemplos[M] de cenefas[F]
esempi[M] di fettucce[F]

Ösenvorhang[M]
grommet curtain
tête[F] à œillets[M]
cortina[F] con ojales[M]
tenda[F] a occhielli[M]

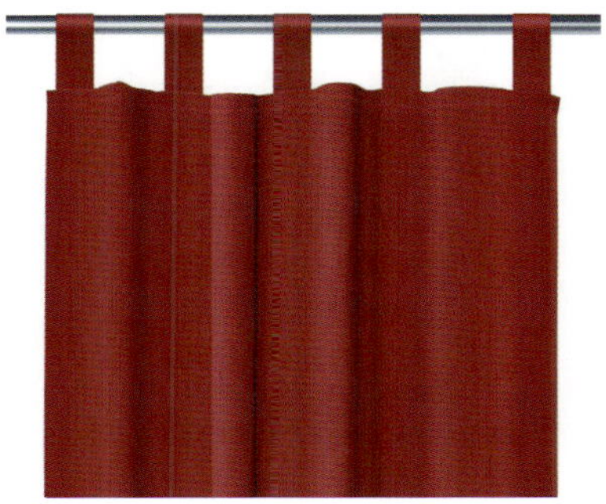

Schlaufenvorhang[M]
tab top heading
tête[F] à passants[M]
cortina[F] con pasadores[M]
tenda[F] con passanti[M]

Freihand-Dekoration[F]
draped swag
cantonnière[F] drapée
cenefa[F] drapeada
festone[M] drappeggiato

Kirschband[N]
pinch-pleated heading
tête[F] plissée
cenefa[F] plisada
fettuccia[F] plissettata

Bleistiftfaltenband[N]
pencil-pleated heading
fronçage[M] tuyauté
cenefa[F] plisada de canotillo[M]
arricciatura[F] a cannoncino[M]

Durchzug[M]
shirred heading
tête[F] froncée
cenefa[F] fruncida
fettuccia[F] arricciata

Dekorationen^F

Beispiele^N für Kräuselfalten^F
examples of pleats
exemples^M de plis^M
ejemplos^M de fruncidos^M
esempi^M di arricciature^F

Schachtelfalte^F
box pleat
pli^M creux
pliegue^M de cajón^M
sfondo^M piega^F

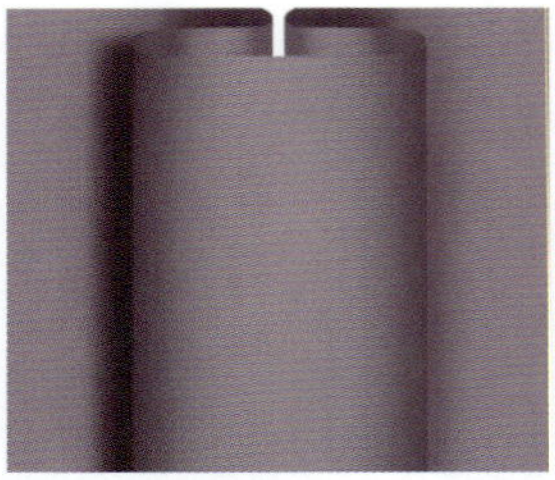

eingelegte Falte^F
inverted pleat
pli^M rond
pliegue^M de cajón^M invertido
cannone^M

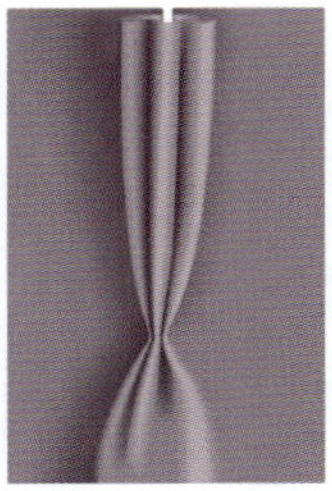

Kirsorfalte^F
pinch pleat
pli^M pincé
pliegue^M de pinza^F
arricciatura^F a pince^F

Innenläden^M
indoor shutters
volets^M d'intérieur^M
postigos^M interiores
imposte^F ripiegabili

Rollo^N und Jalousie^F
blinds
stores^M
persianas^F enrollables
tende^F avvolgibili

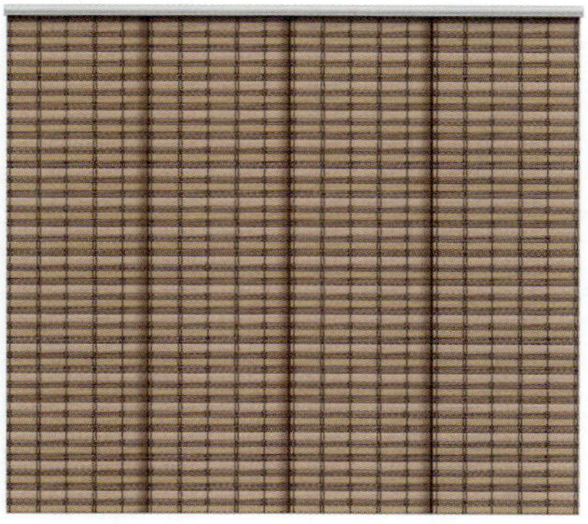

japanisches Rollo^N
Japanese blind
store^M japonais
estor^M japonés
tenda^F giapponese

Lamellenvorhang^M
vertical blinds
store^M vertical
estor^M vertical
veneziana^F verticale

Dekorationen^{F}

Rollo^{N}
roller blind
store^{M} à enroulement^{M} automatique
persiana^{F} enrollable automática
tenda^{F} avvolgibile

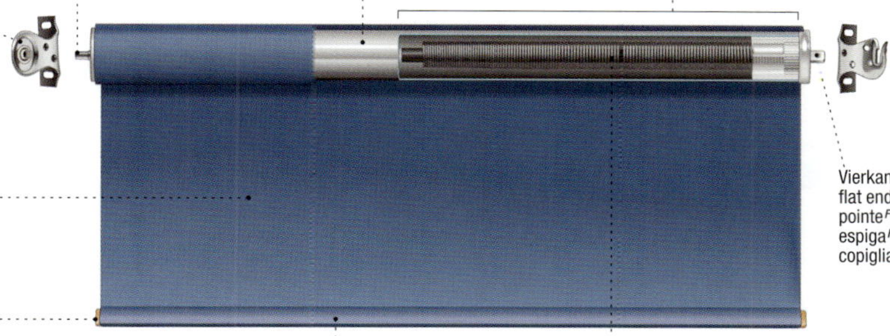

Jalousie^{F}
venetian blinds
store^{M} vénitien
estor^{M} veneciano
veneziana^{F}

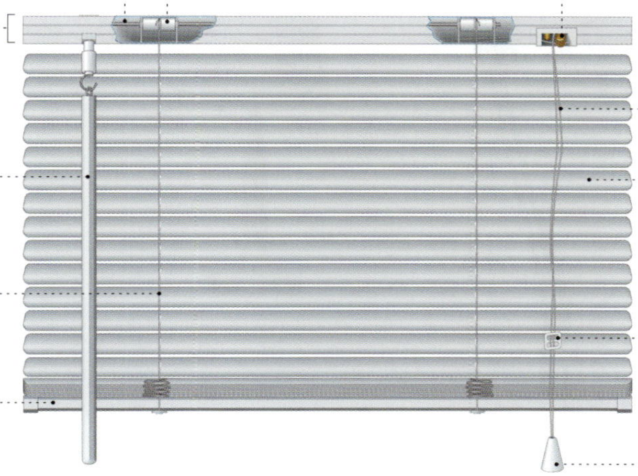

Zugrollo^{N}
roll-up blind
store^{M} à enroulement^{M} manuel
persiana^{F} enrollable
tenda^{F} avvolgibile

Raffrollo^{N}
Roman blind
store^{M} bateau^{M}
persiana^{F} romana
tenda^{F} a pacchetto^{M}

Lampen^{F}

lights | luminaires^{M} | lámparas^{F} | luci^{F}

Klemmspot^{M}
clamp spotlight
spot^{M} à pince^{F}
lámpara^{F} de pinza^{F}
faretto^{M} a pinza^{F}

Leseleuchte^{F}
bed lamp
lampe^{F} liseuse
lámpara^{F} de cabecera^{F}
lampada^{F} da lettura^{F}

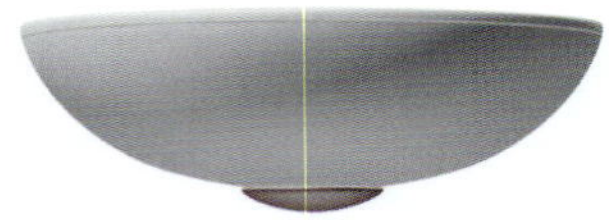

Deckenleuchte^{F}
ceiling fitting
plafonnier^{M}
plafón^{M}
plafoniera^{F}

Hängeleuchte^{F}
hanging pendant
suspension^{F}
lámpara^{F} de techo^{M}
lampada^{F} a sospensione^{F}

Arbeitsleuchte^{F}
adjustable lamp
lampe^{F} d'architecte^{M}
flexo^{M}
lampada^{F} a braccio^{M} regolabile

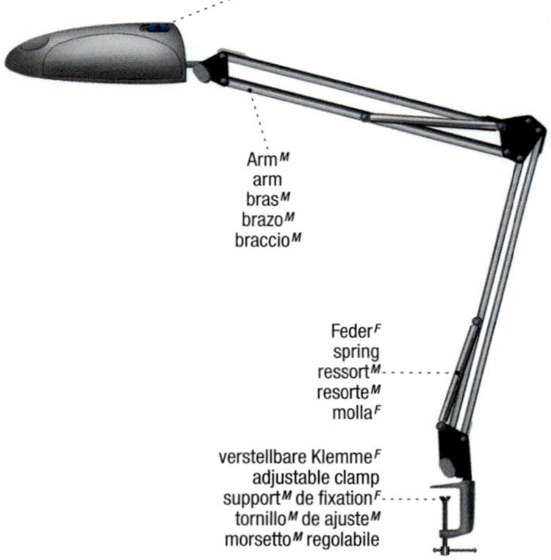

Tischleuchte^{F}
table lamp
lampe^{F} de table^{F}
lámpara^{F} de mesa^{F}
lampada^{F} da tavolo^{M}

Standleuchte^{F}
standard lamp
lampadaire^{M}
lámpara^{F} de pie^{M}
lampada^{F} a stelo^{M}

Halogen^{N}-Tischleuchte^{F}
halogen desk lamp
lampe^{F} de bureau^{M} halogène
lámpara^{F} de despacho^{M} halógena
lampada^{F} alogena da tavolo^{M}

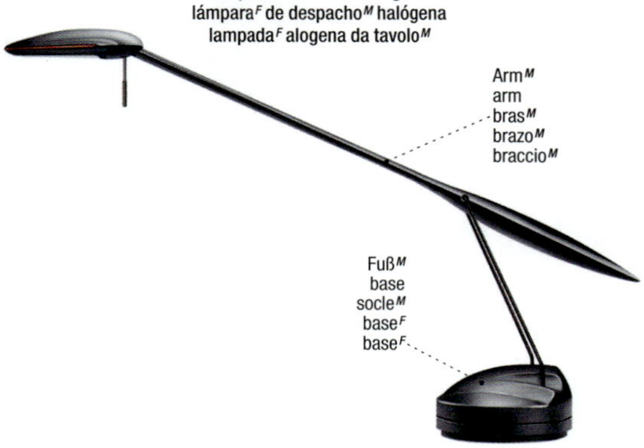

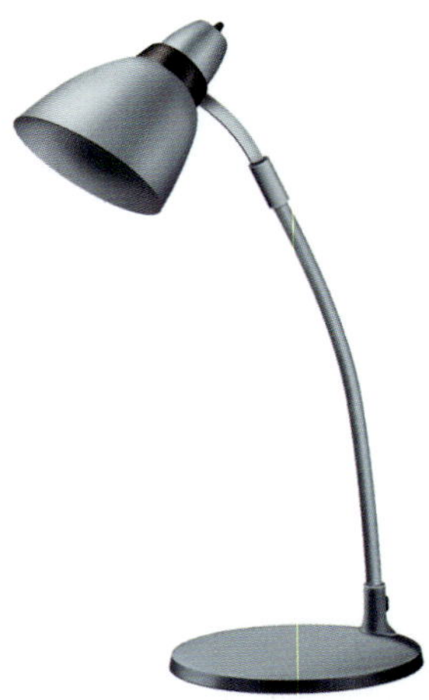

Schreibtischleuchte^{F}
desk lamp
lampe^{F} de bureau^{M}
lámpara^{F} de escritorio^{M}
lampada^{F} da tavolo^{M}

Lampen[F]

Straßenlaterne[F]
post lantern
lanterne[F] de pied[M]
farola[F]
lampione[M]

Kronleuchter[M]
chandelier
lustre[M]
araña[F]
lampadario[M]

Teller[M]
sconce
coupelle[F]
arandela[F]
coppetta[F]

Kristalltropfen[M]
crystal drop
pendeloque[F]
colgante[M]
goccia[F] di cristallo[M]

Mittelsäule[F]
column
fût[M]
columna[F]
colonna[F]

Koppen[M]
crystal button
pampille[F]
gota[F]
perlina[F] di cristallo[M]

Wandlaterne[F]
wall lantern
lanterne[F] murale
farol[M]
lampione[M] da parete[F]

Beleuchtungsschiene[F]
track lighting
rail[M] d'éclairage[M]
riel[M] de iluminación[F]
faretto[M] da binario[M]

Schiene[F]
track frame
gouttière[F]
armazón[M]
binario[M]

Spot[M]
spot
spot[M]
foco[M]
faretto[M] orientabile

Transformator[M]
transformer
transformateur[M]
transformador[M]
trasformatore[M]

Wandleuchte[F]
wall light
applique[F]
aplique[M]
lampada[F] da parete[F]

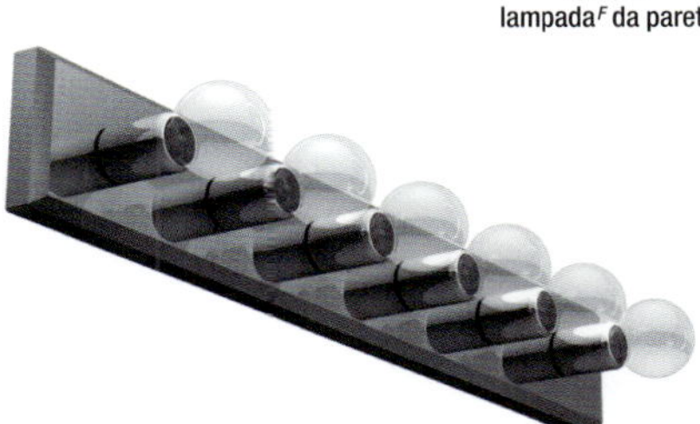

Lampenreihe[F]
multiple light fitting
rampe[F] d'éclairage[M]
lámparas[F] en serie[F]
lampade[F] in serie[F]

Scherenleuchte[F]
swivel wall lamp
applique[F] orientable
lámpara[F] orientable de pared[F]
lampada[F] da parete[F] con braccio[M] estensibile

Haushaltsgeräte^{N}

home appliances | appareils^{M} électroménagers | aparatos^{M} electrodomésticos | elettrodomestici^{M}

Dampfbügeleisen^{N}
steam iron
fer^{M} à vapeur^{F}
plancha^{F} de vapor^{M}
ferro^{M} da stiro^{M} a vapore^{M}

Akku-Mini-Staubsauger^{M}
hand vacuum cleaner
aspirateur^{M} à main^{F}
aspirador^{M} manual
miniaspiratutto^{M}

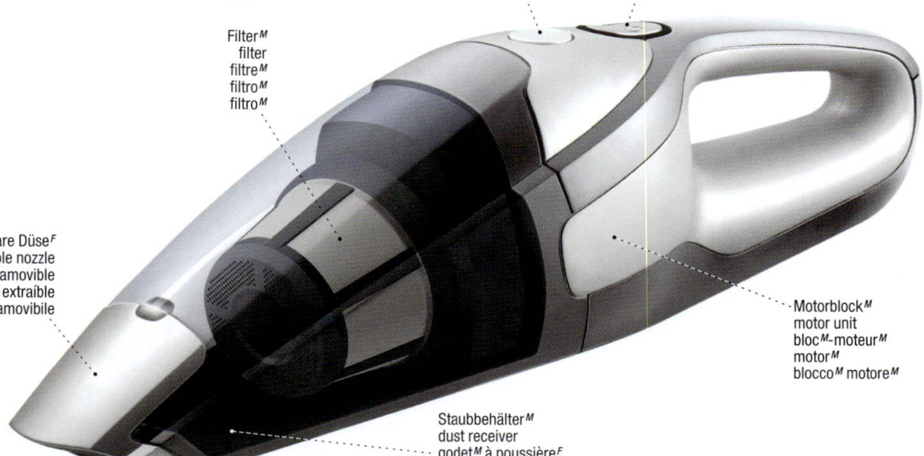

Haushaltsgeräte^{N}

Handstaubsauger^{M}
upright vacuum cleaner
aspirateur^{M}-balai^{M}
escoba^{F} eléctrica
aspirapolvere^{M} verticale

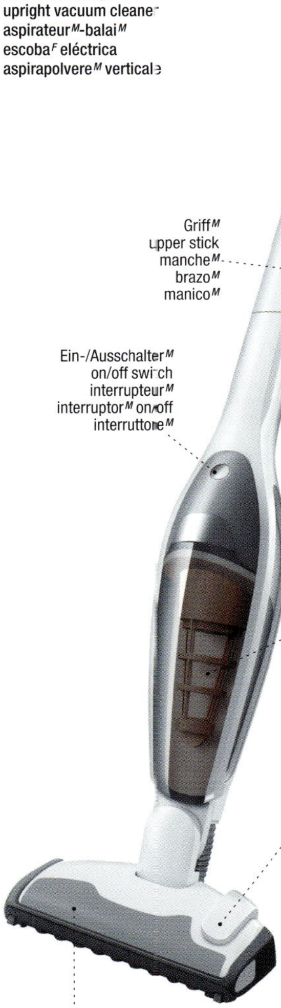

Ein-^{M}/Ausschaltknopf^{M}
power regulation
réglage^{M} de la puissance^{F}
regulador^{M} de potencia^{F}
regolazione^{F} di potenza^{F}

Kabelhalterung^{F}
cord holder
support^{M} de câble^{M}
soporte^{M} del cable^{M}
supporto^{M} per cavo^{M}

Griff^{M}
upper stick
manche^{M}
brazo^{M}
manico^{M}

Ein-/Ausschalter^{M}
on/off switch
interrupteur^{M}
interruptor^{M} on/off
interruttore^{M}

Beutelfach^{N}
bag compartment
compartiment^{M} de sac^{M}
cajetín^{M} portabolsa
scomparto^{M} del sacchetto^{M}

Höhenverstellung^{F}
cleaner height adjustment knob
sélecteur^{M} de hauteur^{F}
palanca^{F} de regulación^{F} de altura^{F}
manopola^{F} di regolazione^{F} dell'altezza^{F}

Teppich-^{F}/Hartbodendüse^{F}
carpet/hard floor nozzle
suceur^{M} pour tapis^{M} et sols^{M} durs
boquilla^{F} de alfombra^{F} o suelo^{M} duro
ugello^{M} per tappeti^{M} e pavimenti^{M} duri

Bodenstaubsauger^{M}
cylinder vacuum cleaner
aspirateur^{M}-traîneau^{M}
aspirador^{M}
aspirapolvere^{M}

Verschluss^{M}
locking device
système^{M} de verrouillage^{M}
seguro^{M}
dispositivo^{M} di bloccaggio^{M}

flexibler Schlauch^{M}
flexible hose
tuyau^{M} flexible
tubo^{M} flexible
tubo^{M} flessibile

Saugrohr^{N}
rigid tube
tube^{M} droit
tubo^{M} rígido
tubo^{M} rigido

Ansatzrohr^{N}
extension tube
rallonge^{F}
tubo^{M} de extensión^{F}
tubo^{M} rigido di prolunga^{F}

Stoßleiste^{F}
bumper
pare-chocs^{M}
tope^{M} amortiguador
protezione^{F} antiurto

Haube^{F}
hood
capot^{M}
tapa^{F}
calotta^{F}

Regelung^{F} der Saugstärke^{F}
suction control
variateur^{M} de puissance^{F}
regulador^{M} de aspiración^{F}
variatore^{M} di potenza^{F}

Luftaustrittsschlitz^{M}
ventilating grille
grille^{F} de ventilation^{F}
rejilla^{F} del ventilador^{M}
griglia^{F} di ventilazione^{F}

Lenkrolle^{F}
caster
roulette^{F}
ruedecilla^{F}
ruota^{F} orientabile

Bodendüse^{F}
carpet and floor brush
suceur^{M} à tapis^{M} et planchers^{M}
boquilla^{F} para suelos^{M} y alfombras^{F}
spazzola^{F} per tappeti^{M} e pavimenti^{M}

Tragegriff^{M}
handle
poignée^{F}
asa^{F}
maniglia^{F}

Ein-/Ausschalter^{M}
on-off switch
interrupteur^{M}
interruptor^{M}
interruttore^{M}

Staubsaugerzubehör^{N}
vacuum cleaner accessories
accessoires^{M} d'aspirateur^{M}
accesorios^{M} para aspirador^{F}
accessori^{M} per aspirapolvere^{M}

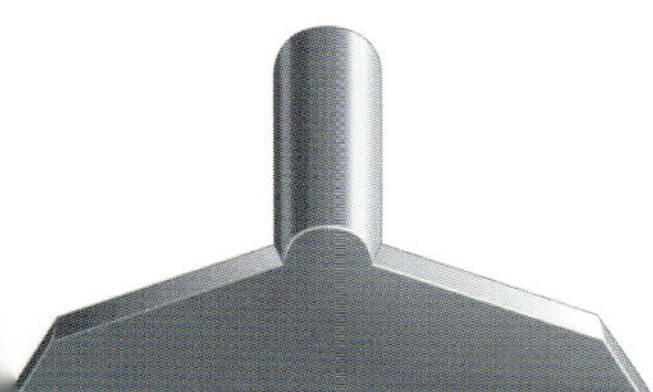

Polsterdüse^{F}
upholstery nozzle
suceur^{M} triangulaire à tissus^{M}
boquilla^{F} para tapicería^{F}
bocchetta^{F} per tappezzeria^{F}

Saugbürste^{F}
dusting brush
brosse^{F} à épousseter
cepillo^{M}-plumero^{M}
spazzola^{F} a pennello^{M}

Fugendüse^{F}
crevice tool
suceur^{M} plat
boquilla^{F} rinconera
bocchetta^{F} per fessure^{F}

Bürste^{F}
floor brush
brosse^{F} à planchers^{M}
cepillo^{M} para suelos^{M}
spazzola^{F} per pavimenti^{M}

Haushaltsgeräte^{N}

Dunstabzugshaube^{F}
extractor hood
hotte^{F}
campana^{F}
cappa^{F}

Filter^{M}
filter
filtre^{M}
filtro^{M}
filtro^{M}

Elektroherd^{M}
electric cooker
cuisinière^{F} électrique
cocina^{F} eléctrica
cucina^{F} elettrica

Kochfeld^{N}
cooking unit
table^{F} de cuisson^{F}
elemento^{M} de cocción^{F}
elemento^{M} di cottura^{F}

Schaltuhr^{F}
clock timer
horloge^{F} programmatrice
reloj^{M}
contaminuti^{M}

Kochmulde^{F}
hob
surface^{F} de cuisson^{F}
encimera^{F}
piano^{M} di cottura^{F}

Herdkante^{F}
hob edge
rebord^{M}
borde^{M}
bordo^{M} del piano^{M} di cottura^{F}

Bedienleiste^{F}
control panel
tableau^{M} de commande^{F}
panel^{M} de mandos^{M}
quadro^{M} di comando^{M}

Schalter^{M}
control knob
bouton^{M} de commande^{F}
botón^{M} de mando^{M}
manopola^{F}

Backofen^{M}
oven
four^{M}
horno^{M}
forno^{M}

Griff^{M}
handle
poignée^{F}
asa^{F}
maniglia^{F}

Sichtfenster^{N}
window
hublot^{M}
visor^{M}
finestra^{F} di controllo^{M}

Rost^{M}
shelf
grille^{F}
parrilla^{F}
griglia^{F}

Auszug^{M}
drawer
tiroir^{M}
cajón^{M} calientaplatos
cassetto^{M}

Gasherd^{M}
gas cooker
cuisinière^{F} à gaz^{M}
cocina^{F} de gas^{M}
cucina^{F} a gas^{M}

Brenner^{M}
burner
brûleur^{M}
quemador^{M}
bruciatore^{M}

Rost^{M}
grate
grille^{F}
rejilla^{F}
griglia^{F}

Regelschalter^{M}
burner control knobs
robinets^{M}
mandos^{M} de los quemadores^{M}
manopole^{F} di comando^{M} dei bruciatori^{M}

Kochmulde^{F}
hob
table^{F} de travail^{M}
encimera^{F}
piano^{M} di cottura^{F}

Bedienleiste^{F}
control panel
tableau^{M} de commande^{F}
panel^{M} de mandos^{M}
quadro^{M} di comando^{M}

Backofen^{M}
oven
four^{M}
horno^{M}
forno^{M}

Griff^{M}
handle
poignée^{F}
tirador^{M}
maniglia^{F}

Back-/Grillrost^{M}
rack
grille^{F}
parrilla^{F}
griglia^{F}

Frontscheibe^{F}
window
hublot^{M}
visor^{M}
finestra^{F} di controllo^{M}

Backofentür^{F}
door
porte^{F}
puerta^{F}
sportello^{M}

Haushaltsgeräte^{N}

Gefriertruhe^{F}
chest freezer
congélateur^{M} coffre^{M}
arcón^{M} congelador
congelatore^{M} orizzontale

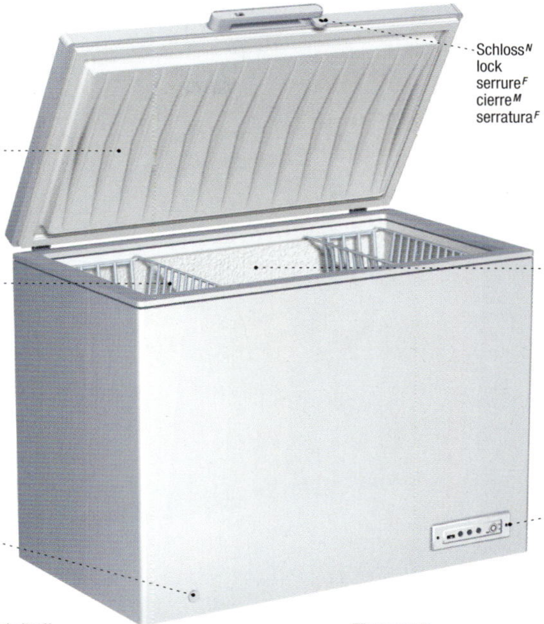

Kühlschrank^{M}
refrigerator
réfrigérateur^{M}
frigorífico^{M}
frigorifero^{M}

Haushaltsgeräte^{N}

Waschmaschine^{F} (Frontlader^{M})
front-load washing machine
lave-linge^{M} à chargement^{M} frontal
lavadora^{F} de carga^{F} frontal
lavabiancheria^{F} a carica^{F} frontale

Programmwähler^{M}
control knob
programmateur^{M}
programador^{M}
programmatore^{M}

Tür^{F}
door
porte^{F}
puerta^{F}
portello^{M}

Bedienleiste^{F}
control panel
tableau^{M} de commande^{F}
panel^{M} de control^{M}
quadro^{M} di comando^{M}

Wasserstandsregler^{M}
water-level selector
sélecteur^{M} de niveau^{M} d'eau^{F}
selector^{M} de nivel^{M} de agua^{F}
selettore^{M} del livello^{M} dell'acqua^{F}

Temperaturwähler^{M}
temperature selector
sélecteur^{M} de température^{F}
selector^{M} de temperatura^{F}
termostato^{M}

Funktion^{F} einer Toplader-Waschmaschine^{F}
top-loading washer mechanism
mécanisme^{M} d'un lave-linge^{M} à chargement^{M} vertical
mecanismo^{M} de una lavadora^{F} de carga^{F} superior
meccanismo^{M} di una lavatrice^{F} con carica^{F} dall'alto

Blende^{F}
backguard
dosseret^{M}
alzado^{M}
alzata^{F}

Trommel^{F}
drum
panier^{M} de lavage^{M}
tambor^{M}
cestello^{M}

Flusensieb^{N}
lint filter
filtre^{M} à charpie^{F}
filtro^{M} de pelusa^{F}
filtro^{M} per lanugine^{F}

Getriebe^{N}
transmission
transmission^{F}
transmisión^{F}
trasmissione^{F}

Feder^{F}
spring
ressort^{M} de suspension^{F}
resorte^{M}
molla^{F}

Motor^{M}
motor
moteur^{M}
motor^{M}
motore^{M}

Drehmomentwandler^{M}
torque converter
convertisseur^{M} de couple^{M}
convertidor^{M} de tensión^{F}
convertitore^{M} di coppia^{F}

Keilriemen^{M}
drive belt
courroie^{F} d'entraînement^{M}
correa^{F} del tambor^{M}
cinghia^{F} di tramissione^{F}

Deckel^{M}
lid
couvercle^{M}
tapa^{F}
coperchio^{M}

Beweger^{M}
agitator
agitateur^{M}
agitador^{M} de aspas^{F}
centrifuga^{F}

Gehäuse^{N}
cabinet
carrosserie^{F}
armazón^{M}
struttura^{F} esterna

Laugenbottich^{M}
tub
cuve^{F}
cuba^{F}
vasca^{F}

Schwingungsdämpfer^{M}
suspension arm
bras^{M} de suspension^{F}
brazo^{M} de suspensión^{F}
braccio^{M} di sospensione^{F}

Ablaufschlauch^{M}
drain hose
tuyau^{M} d'évacuation^{F}
manguera^{F} de desagüe^{M}
tubo^{M} di drenaggio^{M}

Entleerungsschlauch^{M}
emptying hose
tuyau^{M} de vidange^{F}
manguera^{F} de vaciado^{M}
tubo^{M} di scarico^{M}

Pumpe^{F}
pump
pompe^{F}
bomba^{F}
pompa^{F}

Nivellierfuß^{M}
levelling foot
pied^{M} de nivellement^{M}
pie^{M} ajustable
piedino^{M} regolabile

Haushaltsgeräte^{N}

Wäschetrockner^{M}
dryer
sèche-linge^{M}
secadora^{F}
asciugatrice^{F}

Programmwähler^{M}
program selector
programmateur^{M}
programador^{M}
programmatore^{M}

Einschalter^{M}
start switch
interrupteur^{M} de démarrage^{M}
interruptor^{M}
pulsante^{M} di accensione^{F}

Tür^{F}
door
porte^{F}
puerta^{F}
portello^{M}

Bedienleiste^{F}
control panel
tableau^{M} de commande^{F}
panel^{M} de control^{M}
quadro^{M} di comando^{M}

Temperaturwähler^{M}
temperature selector
sélecteur^{M} de température^{F}
selector^{M} de temperatura^{F}
termostato^{M}

Funktion^{F} eines Wäschetrockners^{M}
dryer mechanism
mécanisme^{M} d'un sèche-linge^{M}
mecanismo^{M} de una secadora^{F}
meccanismo^{M} di un'asciugatrice^{F}

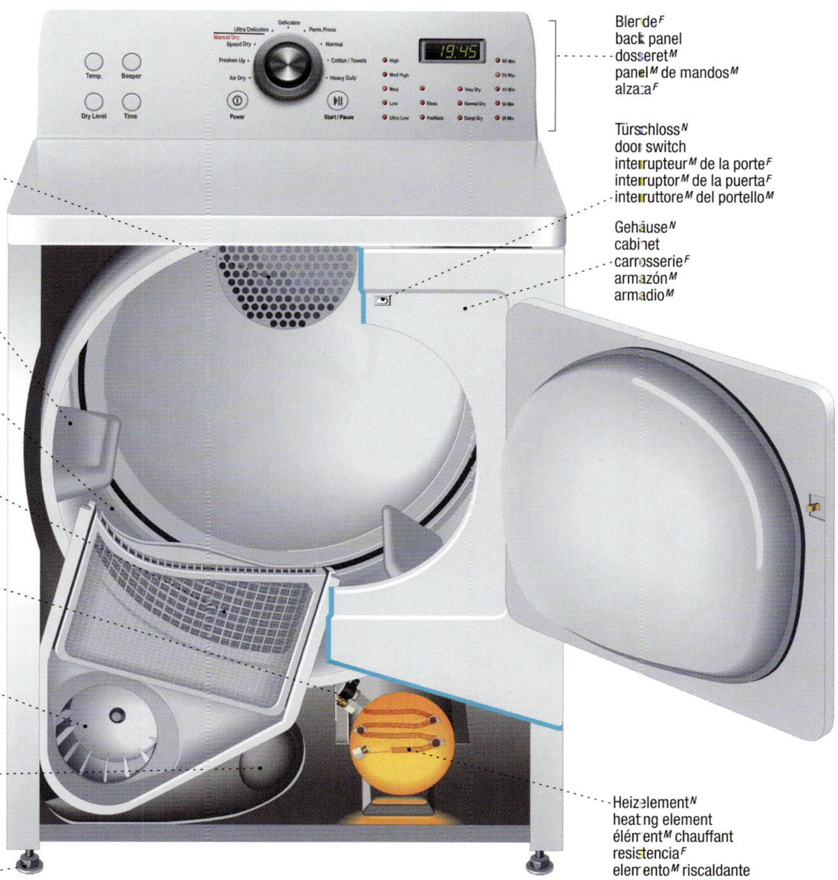

Warmluftzufuhr^{F}
heating duct
conduit^{M} de chauffage^{M}
conducto^{M} de aire^{M} caliente
condotto^{M} di riscaldamento^{M}

Mitnehmerrippe^{F}
vane
ailette^{F}
aleta^{F}
pala^{F}

Trommel^{F}
drum
tambour^{M}
tambor^{M}
tamburo^{M}

Fusselfilter^{M}
fluff trap
filtre^{M} à charpie^{F}
filtro^{M} de pelusa^{F}
filtro^{M} per lanugine^{F}

Sicherheitsthermostat^{M}
safety thermostat
limiteur^{M} de surchauffe^{F}
termostato^{M} de seguridad^{F}
termostato^{M} di sicurezza^{F}

Gebläse^{N}
fan
ventilateur^{M}
ventilador^{M}
ventilatore^{M}

Motor^{M}
motor
moteur^{M}
motor^{M}
motore^{M}

Nivellierfuß^{M}
levelling foot
pied^{M} de nivellement^{M}
pie^{M} ajustable
piedino^{M} regolabile

Blende^{F}
back panel
dosseret^{M}
panel^{M} de mandos^{M}
alzata^{F}

Türschloss^{N}
door switch
interrupteur^{M} de la porte^{F}
interruptor^{M} de la puerta^{F}
interruttore^{M} del portello^{M}

Gehäuse^{N}
cabinet
carrosserie^{F}
armazón^{M}
armadio^{M}

Heizelement^{N}
heating element
élément^{M} chauffant
resistencia^{F}
elemento^{M} riscaldante

Haushaltsgeräte[N]

Geschirrspülmaschine[F]: Bedienfeld[N]
dishwasher: control panel
lave-vaisselle[M] : tableau[M] de commande[F]
lavavajillas[F] : panel[M] de control[M]
lavastoviglie: pannello[M] di controllo[M]

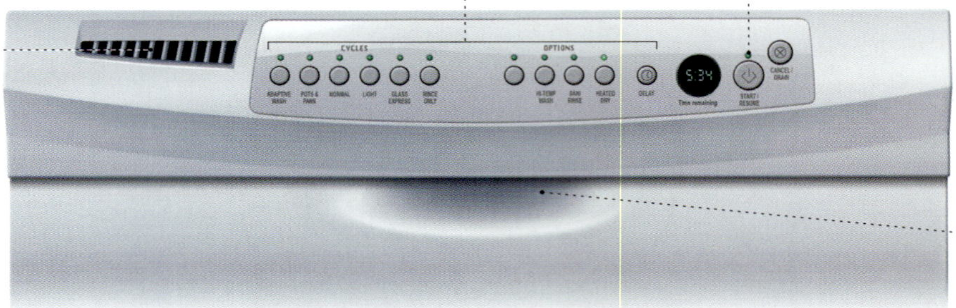

Funktion[F] einer Geschirrspülmaschine[F]
dishwasher mechanism
mécanisme[M] d'un lave-vaisselle[M]
mecanismo[M] de un lavavajillas[F]
meccanismo[M] di una lavastoviglie[F]

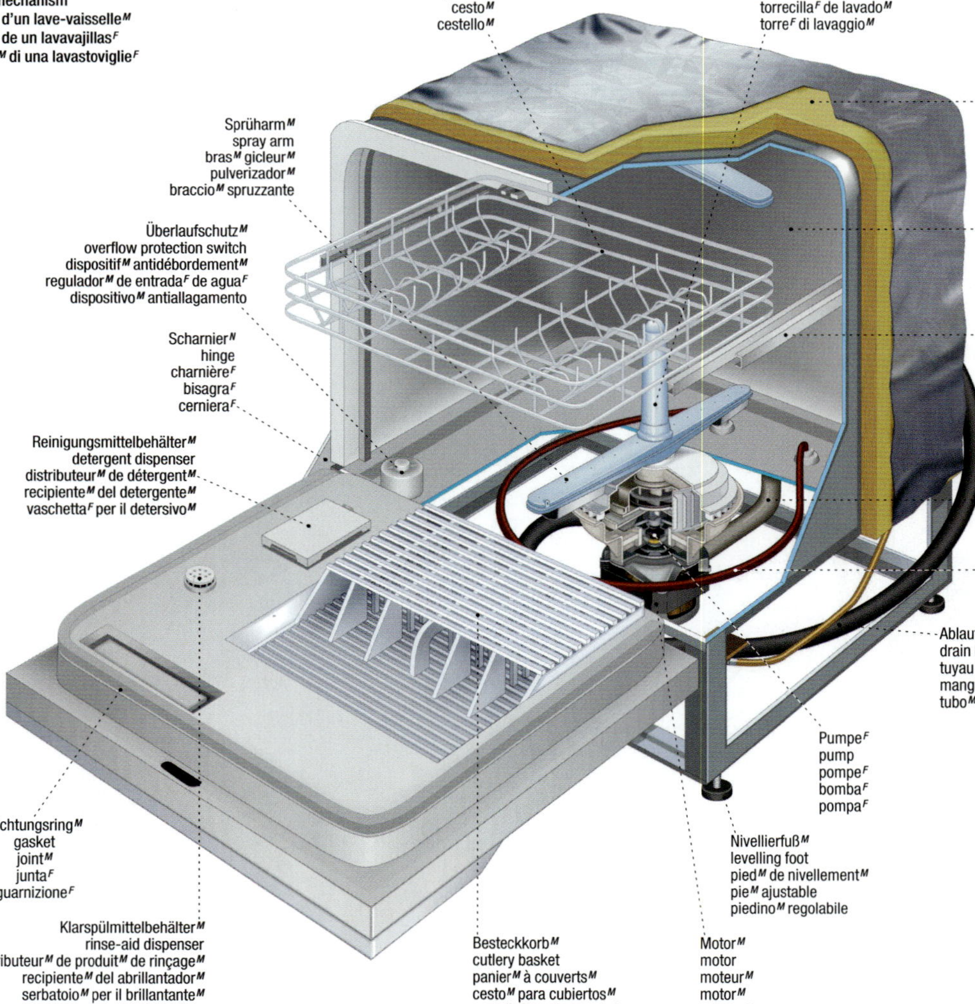

Haushaltsgegenstände^{M}

household equipment | articles^{M} ménagers | artículos^{M} de limpieza^{F} | attrezzi^{M} domestici

Geschirrtuch^{N}
kitchen towel
torchon^{M}
bayeta^{F} de cocina^{F}
strofinaccio^{M} da cucina^{F}

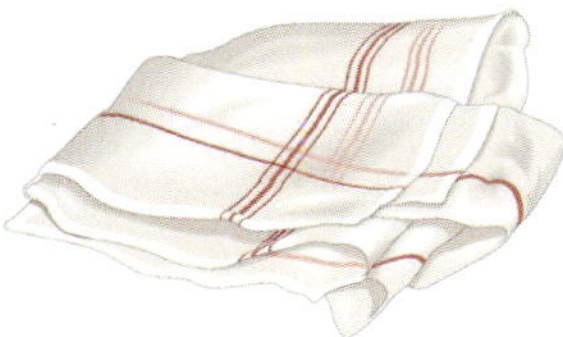

Staubwedel^{M}
feather duster
plumeau^{M}
plumero^{M}
piumino^{M}

Besen^{M}
broom
balai^{M}
escoba^{F}
scopa^{F}

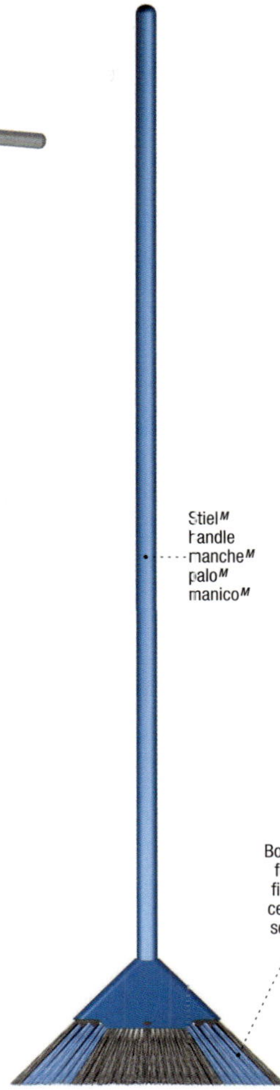

Mopp^{M}
mop
balai^{M} à franges^{F}
fregona^{F}
scopa^{F} a frangia^{F}

Bürste^{F}
brush
brosse^{F}
cepillo^{M}
spazzola^{F}

Putzschwamm^{M}
scouring pad
éponge^{F} à récurer
estropajo^{M} con esponja^{F}
spugna^{F} abrasiva

Kehrschaufel^{F}
dustpan
pelle^{F} à poussière^{F}
recogedor^{M}
paletta^{F}

Abfalleimer^{M}
refuse container
poubelle^{F}
cubo^{M} de basura^{F}
bidone^{M} dei rifiuti^{M}

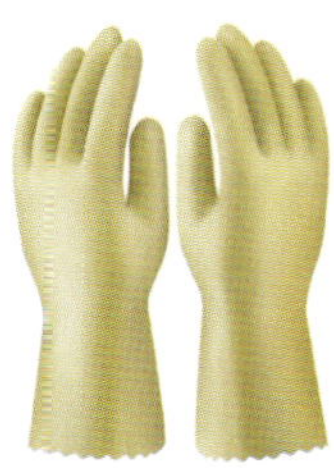

Gummihandschuhe^{M}
rubber gloves
gants^{M} en caoutchouc^{M}
guantes^{M} de goma^{F}
guanti^{M} di gomma^{F}

Eimer^{M}
bucket
seau^{M}
cubo^{M}
secchio^{M}

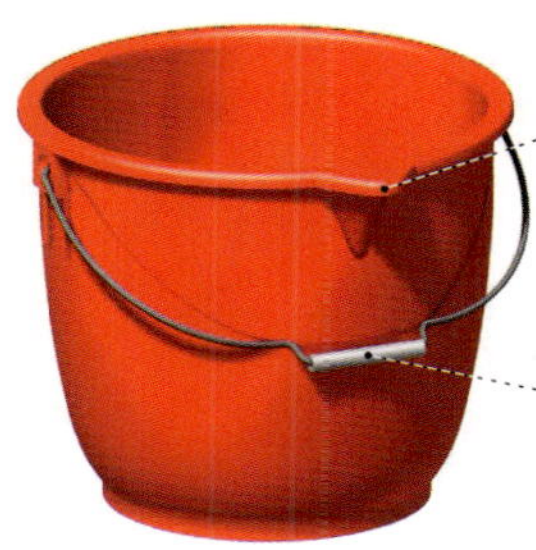

HEIMWERKEN UND GARTENARBEIT

do-it-yourself and gardening
bricolage et jardinage
bricolaje y jardinería
fai da te e giardinaggio

BAUSTOFFE 384

die wichtigsten Baumaterialien 384
Verkleidungsmaterialien 385
Isoliermaterialien 385
Holz 386

ZIMMEREI 387

Zubehör 387
Mess- und Markierungswerkzeuge 387
Hämmer 388
Schraubendreher 390
Sägen 391
Bohrer 394
Schleifmaschinen 396
Zangen und Schlüssel 399

KLEMPNEREI UND MAURERHANDWERK 402

Klempnerwerkzeug 402
Maurerwerkzeug 403

ELEKTROTECHNIK 404

Elektrikerwerkzeug 404

LÖTEN 406

Lötzubehör 406

ANSTREICHEN UND LACKIEREN 408

Malerwerkzeug 408

LEITERN UND STEHLEITERN 409

Leitern 409
Stehleitern 409

ZIERGARTEN 410

Garten 410

GÄRTNERGERÄTE 411

verschiedene Geräte 411
Geräte zur Erdbewegung 412
Gießgeräte 414
Schneidwerkzeuge 416
Handwerkzeuge 418
Werkzeuge zum Säen und Pflanzen 418
Rasenpflege 419

SCHNEERÄUMEN 421

Schneeräumgeräte 421

die wichtigsten Baumaterialien^{N}

basic building materials | matériaux^{M} de base^{F} | materiales^{M} básicos | materiali^{M} da costruzione^{F} di base^{F}

Ziegelstein^{M}
brick
brique^{F}
ladrillo^{M}
mattone^{M}

Vollziegel^{M}
solid brick
brique^{F} pleine
ladrillo^{M} macizo
mattone^{M} pieno

Lochziegel^{M}
perforated brick
brique^{F} perforée
ladrillo^{M} perforado
mattone^{M} perforato

Hohlziegel^{M}
hollow brick
brique^{F} creuse
ladrillo^{M} hueco
mattone^{M} forato

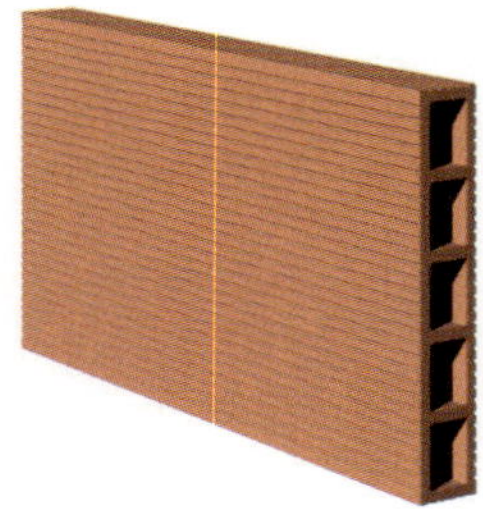

Tonhohlplatte^{F}
partition tile
brique^{F} plâtrière
ladrillo^{M} tabiquero
mattone^{M} forato per tramezzo^{M}

Mörtel^{M}
mortar
mortier^{M}
mortero^{M}
malta^{F}

Ziegelmauer^{F}
brick wall
mur^{M} de briques^{F}
muro^{M} de ladrillos^{M}
muro^{M} di mattoni^{M}

Mörtel^{M}
mortar
mortier^{M}
mortero^{M}
malta^{F}

feuerfester Ziegel^{M}
firebrick
brique^{F} réfractaire
ladrillo^{M} refractario
mattone^{M} refrattario

Stein^{M}
stone
pierre^{F}
piedra^{F}
pietra^{F}

Pflasterstein^{M}
flagstone
dalle^{F} de pierre^{F}
losa^{F} de piedra^{F}
pietra^{F} da lastrico^{M}

Bruchstein^{M}
rubble
moellon^{M}
morrillo^{M}
pietra^{F} da costruzione^{F}

Haustein^{M}
cut stone
pierre^{F} de taille^{F}
piedra^{M} tallada
pietra^{F} da taglio^{M}

Steinmauer^{F}
stone wall
mur^{M} de pierres^{F}
muro^{M} de piedras^{F}
muro^{M} di pietra^{F}

Beton^{M} und Stahl^{M}
concrete and steel
béton^{M} et acier^{M}
hormigón^{M} y acero^{M}
calcestruzzo^{M} e acciaio^{M}

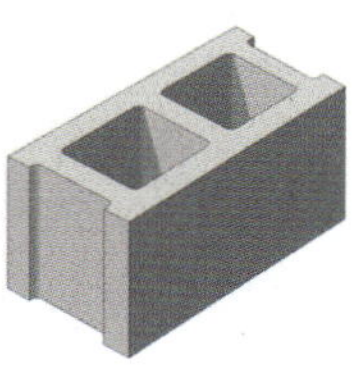

Betonblock^{M}
concrete block
bloc^{M} de béton^{M}
bloque^{M} de hormigón^{M}
blocco^{M} di calcestruzzo^{M}

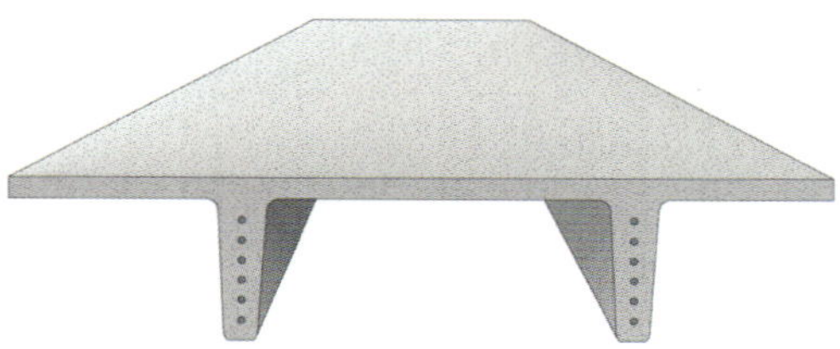

Spannbeton^{M}
prestressed concrete
béton^{M} précontraint
hormigón^{M} pretensado
calcestruzzo^{M} precompresso

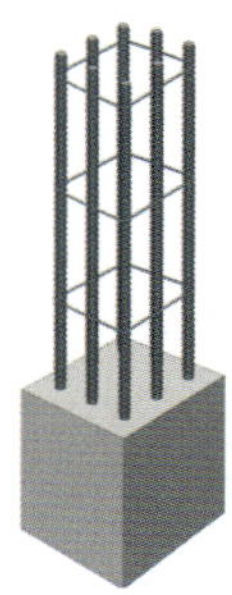

Stahlbeton^{M}
reinforced concrete
béton^{M} armé
hormigón^{M} armado
cemento^{M} armato

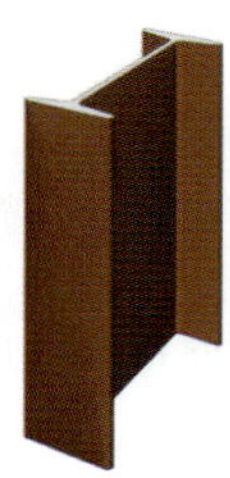

Stahl^{M}
steel
acier^{M}
acero^{M}
acciaio^{M}

Verkleidungsmaterialien^{N}

covering materials | matériaux^{M} de revêtement^{M} | materiales^{M} de revestimiento^{M} | materiali^{M} di rivestimento^{M}

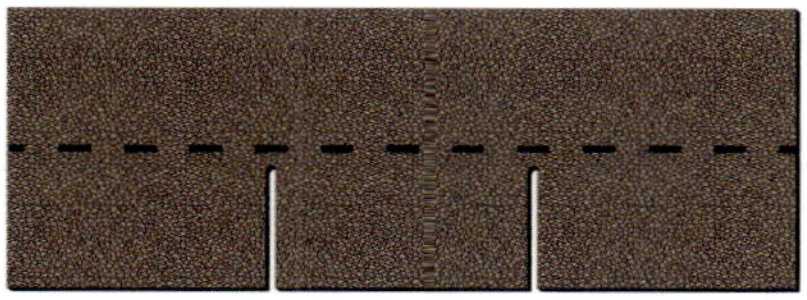

Asphaltschindel^{F}
asphalt shingle
bardeau^{M} d'asphalte^{M}
teja^{F} de asfalto^{M}
listello^{M} di cartonfeltro^{M} bitumato

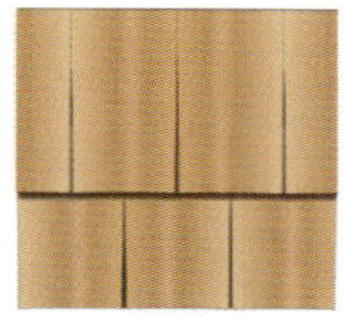

Schindel^{F}
shingle
bardeau^{M}
ripia^{F}
scandola^{F}

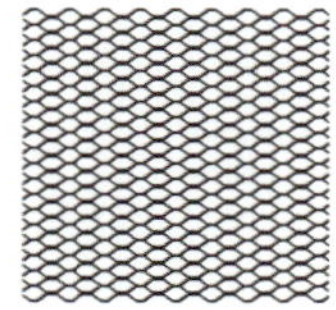

Streckmetall^{N}-Unterlage^{F}
expanded metal lath
lattis^{M} métallique à losanges^{M}
mallas^{F} de metal^{M} expandido
reticella^{F} metallica a maglie^{F} esagonali

Teerpappe^{F}
roofing felt
papier^{M} goudronné
fieltro^{M} asfáltico
carta^{F} catramata

Dachziegel^{M}
tile
tuile^{F}
teja^{F}
tegola^{F}

Gipskartonplatte^{F}
gypsum tile
carreau^{M} de plâtre^{M}
panel^{M} de yeso^{M}
piastrella^{F} di gesso^{M}

Fliese^{F}
tile
carreau^{M}
teja^{F}
tegola^{F}

Trockenmauer^{F}
plasterboard
plaque^{F} de plâtre^{M}
paneles^{M} de yeso^{M}
muro^{M} a secco^{M}

Isoliermaterialien^{N}

insulating materials | matériaux^{M} d'isolation^{F} | materiales^{M} aislantes | materiali^{M} isolanti

lose Dämmstoffe^{M}
loose-fill insulation
isolant^{M} en vrac^{M}
aislante^{M} granulado
isolante^{M} sciolto

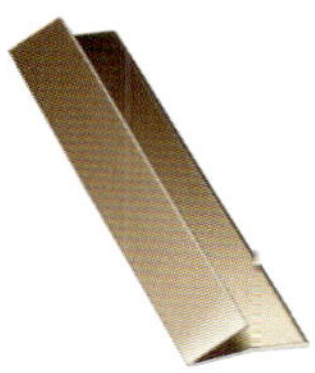

Metallbandisolierung^{F}
sprung strip metal insulation
isolant^{M} en ruban^{M} métallique
cinta^{F} metálica
isolante^{M} a lamina^{F} metallica elastica

Vinylisolierung^{F}
vinyl insulation
isolant^{M} en vinyle^{M}
aislante^{M} vinílico
isolante^{M} vinilico

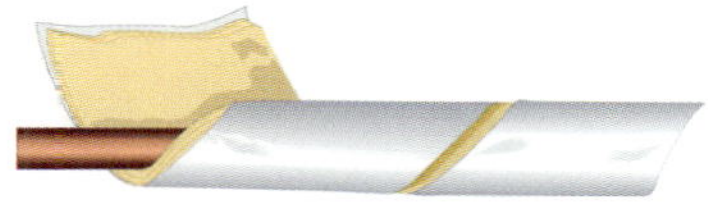

Rohrummantelung^{F}
pipe-wrapping insulation
isolant^{M} en ruban^{M}
cinta^{F} aislante para tubería^{F}
rivestimento^{M} isolante per tubi^{M}

vorgeformte Rohrummantelung^{F}
moulded insulation
isolant^{M} en coquille^{F}
aislante^{M} premoldeado
isolante^{M} preformato

Schaumgummiisolierung^{F}
foam-rubber insulation
isolant^{M} en caoutchouc^{M}-mousse^{F}
aislante^{M} de gomaespuma^{F}
isolante^{M} di gomma^{F} espansa

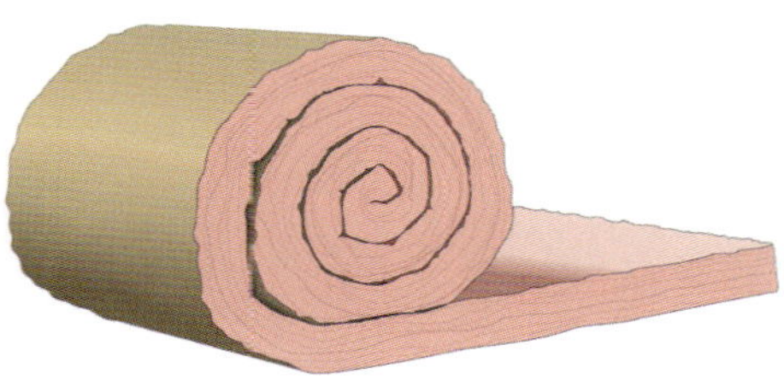

Mattenisolierung^{F}
blanket insulation
isolant^{M} en rouleau^{M}
lana^{F} de vidrio^{M} aislante
isolante^{M} in rotolo^{M}

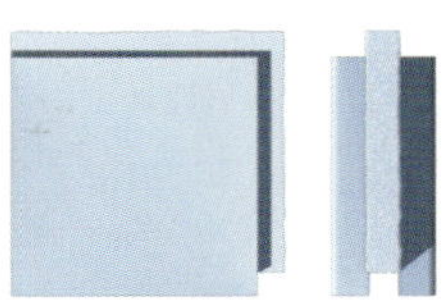

Plattenisolierung^{F}
board insulation
isolant^{M} en panneau^{M}
tablero^{M} rígido aislante
pannelli^{M} isolanti

Bauschaumisolierung^{F}
foam insulation
isolant^{M} moussé
espuma^{F} aislante^{M}
schiuma^{F} isolante^{M}

Holz[N]

wood | bois[M] | madera[F] | legno[M]

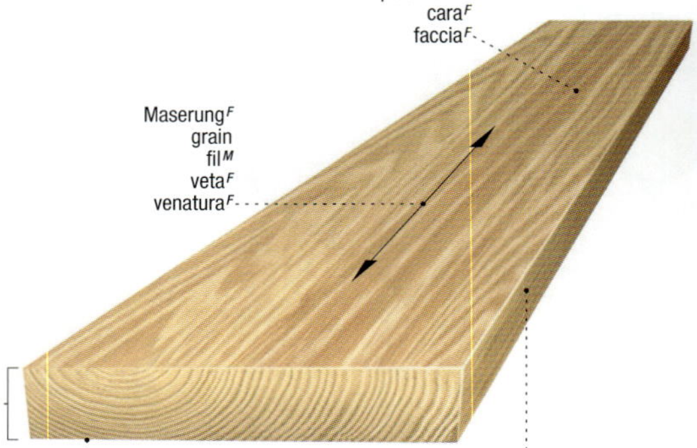

Holzwerkstoffe[M]
wood-based materials
dérivés[M] du bois[M]
láminas[F] y tableros[M]
materiali[M] derivati dal legno[M]

Schälfurnier[N]
peeled veneer
placage[M] déroulé
chapa[F] de madera[F] de desenrollo[M]
impiallacciatura[F]

Sperrholz[N]
plywood
contreplaqué[M]
contrachapado[M]
compensato[M]

Stabplatte[F]
blockboard
panneau[M] à âme[F] lattée
tablero[M] alistonado
pannello[M] di compensato[M] impiallacciato

Stäbchenplatte[F]
laminboard
panneau[M] à âme[F] lamellée
tablero[M] laminado
pannello[M] laminato in legno[M]

Grobspanplatte[F]
waferboard
panneau[M] de copeaux[M]
tablero[M] de partículas[F] waferboard
pannello[M] di truciolato[M] grezzo

Hartfaserplatte[F]
hardboard
panneau[M] de fibres[F]
tablero[M] de fibra[F] de madera[F]
pannello[M] di truciolato[M]

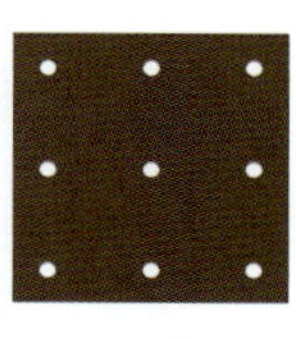

gelochte Hartfaserplatte[F]
perforated hardboard
panneau[M] de fibres[F] perforé
tablero[M] de fibra[F] de madera[F] perforada
pannello[M] di truciolato[M] forato

Spanplatte[F]
chipboard
panneau[M] de particules[F]
aglomerado[M]
pannello[M] di particelle[F]

plastikbeschichtete Spanplatte[F]
plastic-laminated chipboard
panneau[M] de particules[F] lamifié
aglomerado[M] plastificado
pannello[M] di particelle[F] laminato in plastica[F]

Zubehör^N

accessories | accessoires^M | accesorios^M | accessori^M

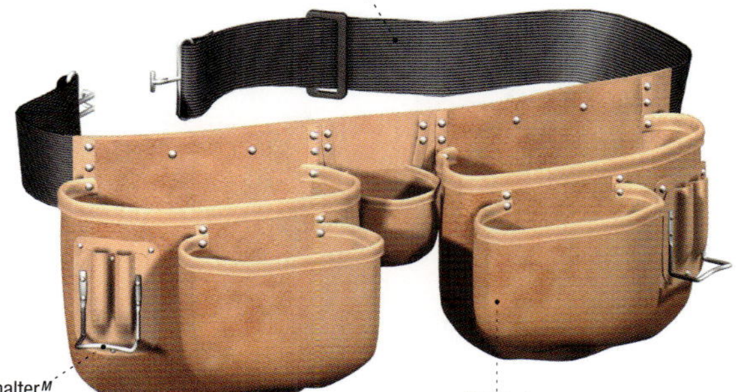

Mess- und Markierungswerkzeuge^N

measuring and marking tools | instruments^M de traçage^M et de mesure^F | herramientas^F de medida^F y marcado^M | strumenti^M di misurazione^F e tracciamento^M

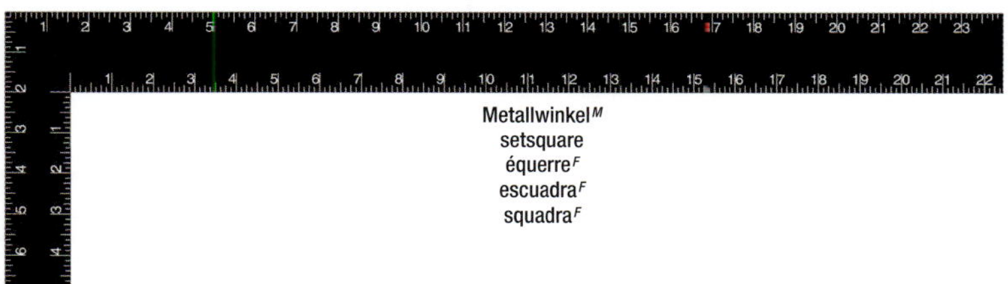

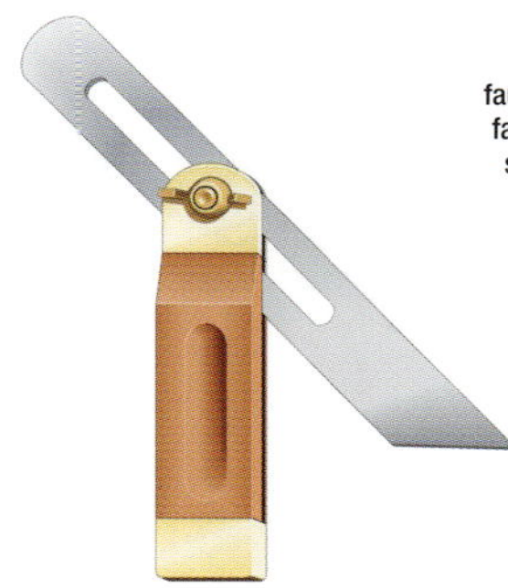

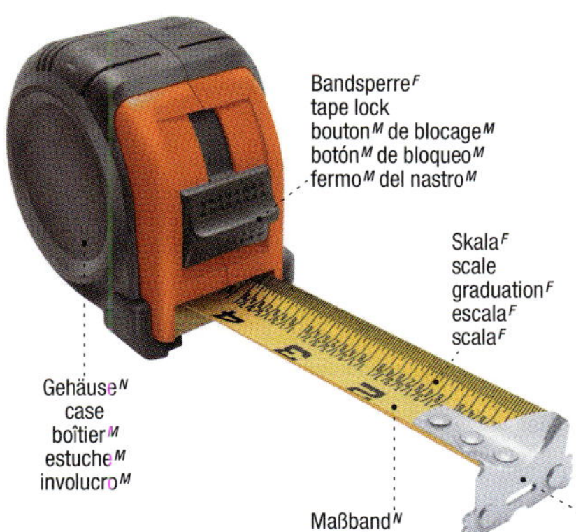

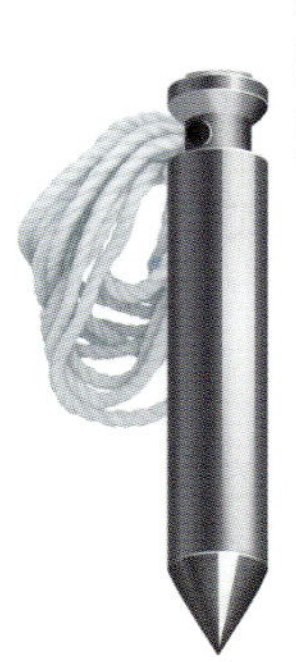

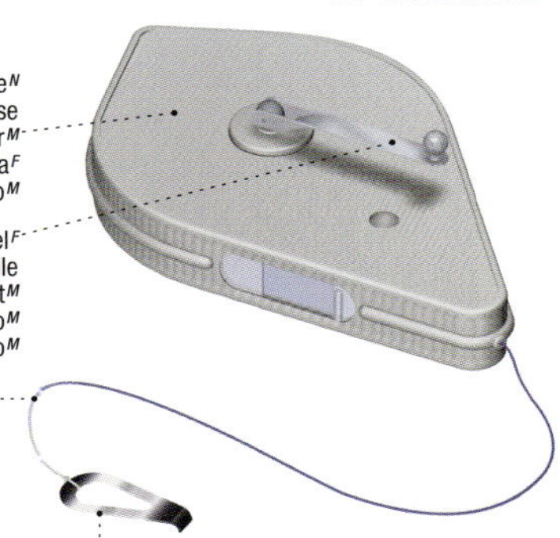

Hämmer^{M}

nailing tools | outils^{M} pour clouer | herramientas^{F} de clavado^{M} | attrezzi^{M} per chiodare

Zimmermannshammer^{M}
claw-hammer
marteau^{M} de charpentier^{M}
martillo^{M} de uña^{F}
martello^{M} da falegname^{M}

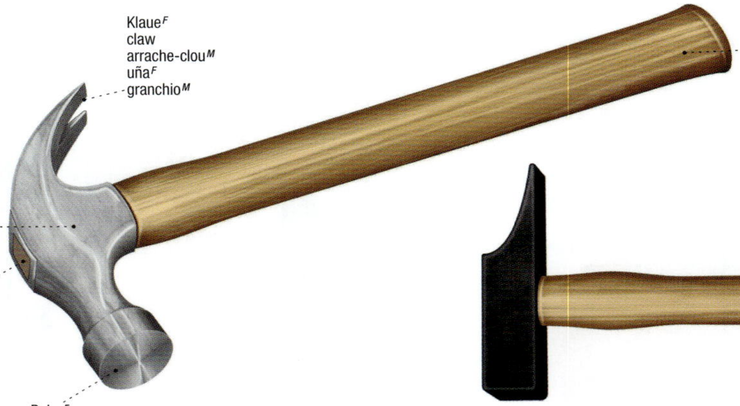

Klaue^{F}
claw
arrache-clou^{M}
uña^{F}
granchio^{M}

Stiel^{M}
handle
manche^{M}
mango^{M}
manico^{M}

Wange^{F}
cheek
joue^{F}
cotillo^{M}
guancia^{F}

Auge^{N}
eye
œil^{M}
ojo^{M}
occhio^{M}

Bahn^{F}
face
tête^{F} de frappe^{F}
boca^{F}
bocca^{F}

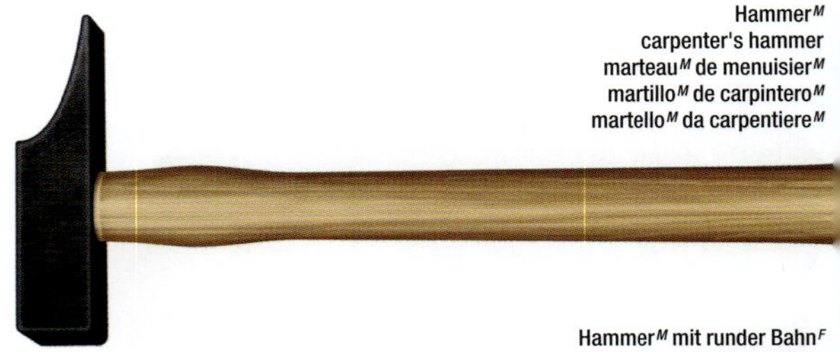

Hammer^{M}
carpenter's hammer
marteau^{M} de menuisier^{M}
martillo^{M} de carpintero^{M}
martello^{M} da carpentiere^{M}

Hammer^{M} mit runder Bahn^{F}
ball-peen hammer
marteau^{M} à panne^{F} ronde
martillo^{M} de bola^{F}
martello^{M} a penna^{F} tonda

runde Bahn^{F}
ball peen
panne^{F} ronde
bola^{F}
penna^{F} tonda

Körner^{M}
nail set
chasse-clou^{M}
botador^{M}
punzone^{M}

Hebeleisen^{N}
crowbar
levier^{M} plat
palanca^{F}
palanchino^{M}

Holzhammer^{M}
mallet
maillet^{M}
mazo^{M}
mazzuolo^{M}

Kopf^{M}
head
tête^{F}
cabeza^{F}
testa^{F}

Nagel^{M}
nail
clou^{M}
clavo^{M}
chiodo^{M}

Kopf^{M}
head
tête^{F}
cabeza^{F}
testa^{F}

Schaft^{M}
shank
tige^{F}
vástago^{M}
gambo^{M}

Spitze^{F}
tip
pointe^{F}
punta^{F}
punta^{F}

Beispiele^{N} für Nägel^{M}
examples of nails
exemples^{M} de clous^{M}
ejemplos^{M} de clavos^{M}
esempi^{M} di chiodi^{M}

gewöhnlicher Nagel^{M}
common nail
clou^{M} commun
clavo^{M} común
chiodo^{M} comune

Spiralnagel^{M}
spiral nail
clou^{M} à tige^{F} spiralée
clavo^{M} helicoidal
chiodo^{M} a spirale^{F}

Versenknagel^{M}
finishing nail
clou^{M} à tête^{F} homme^{M}
clavo^{M} sin cabeza^{F}
chiodo^{M} di finitura^{F}

Mauernagel^{M}
masonry nail
clou^{M} à maçonnerie^{F}
clavo^{M} de albañil^{M}
chiodo^{M} da muratore^{M}

Zwecke^{F}
tack
semence^{F}
tachuela^{F}
bulletta^{F}

geschnittener Nagel^{M}
cut nail
clou^{M} coupé
clavo^{M} cortado
chiodo^{M} troncato

Hämmer^M

**Druckluftnagler^M
cordless nailer
cloueuse^F sans fil^M
clavadora^M de batería^F
chiodatrice^F senza fili^M**

Motor^M
motor
moteur^M
motor^M
motore^M

Riegel^M zur Nagelstaubeseitigung^F
jam-clearing latch
loquet^M de dégagement^M
desatascador^M
dispositivo^M di rilascio^M dei chiodi^M incastrati

Kontaktauslöser^M
contact trip
déclencheur^M par contact^M
seguro^M por contacto^M
sicura^F a contatto^M

Schalter^M
trigger switch
interrupteur^M à gâchette^F
interruptor^M de gatillo^M
interruttore^M a grilletto^M

Magazin^N
magazine
chargeur^M
cargador^M
caricatore^M

Akku^M
battery pack
bloc^M-piles^F
batería^F
batteria^F

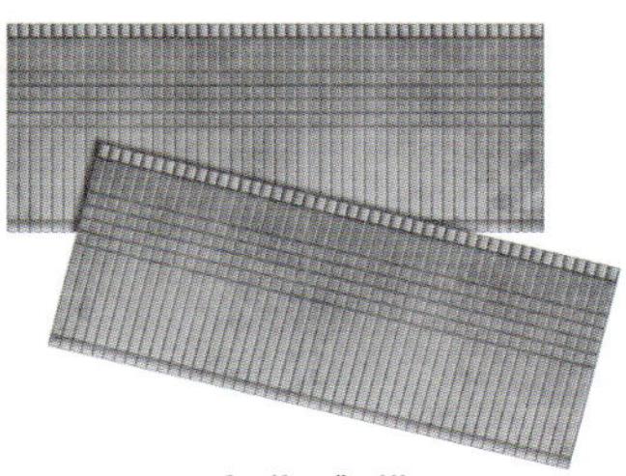

**Streifennägel^M
strip nails
clous^M en bande^F
banda^F de puntas^F
cartuccia^F di chiodi^M**

**elektrisches Klammergerät^N
electric stapler
agrafeuse^F électrique
grapadora^F eléctrica
cucitrice^F elettrica**

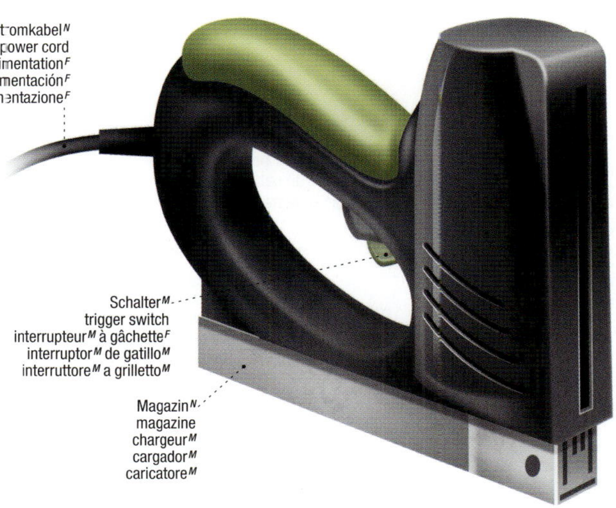

Stromkabel^N
power cord
cordon^M d'alimentation^F
cable^M de alimentación^F
cavo^M d'alimentazione^F

Schalter^M
trigger switch
interrupteur^M à gâchette^F
interruptor^M de gatillo^M
interruttore^M a grilletto^M

Magazin^N
magazine
chargeur^M
cargador^M
caricatore^M

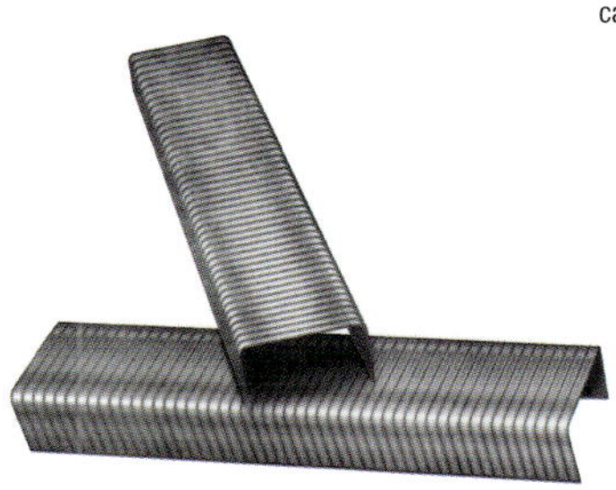

**Heftklammerstreifen^M
strip of staples
agrafes^F en bande^F
banda^F de grapas^F
cartuccia^F di punti^M metallici**

Schraubendreher^{M}

screwdriving tools | outils^{M} pour visser | herramientas^{F} de atornillado^{M} | utensili^{M} per avvitare

Schraubenzieher^{M}
screwdriver
tournevis^{M}
destornillador^{M}
cacciavite^{M}

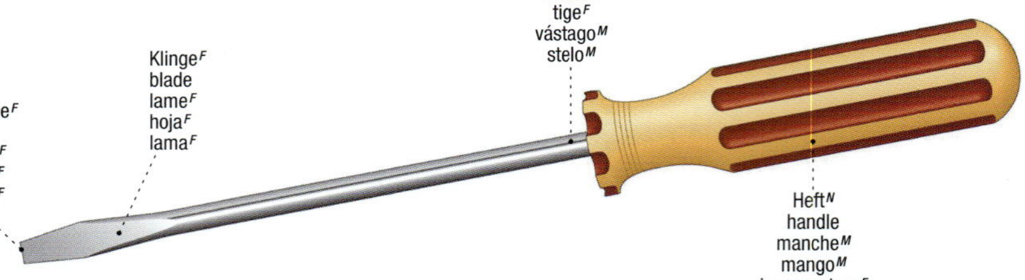

Drillschraubenzieher^{M}
spiral screwdriver
tournevis^{M} à spirale^{F}
destornillador^{M} de trinquete^{M}
cacciavite^{M} automatico

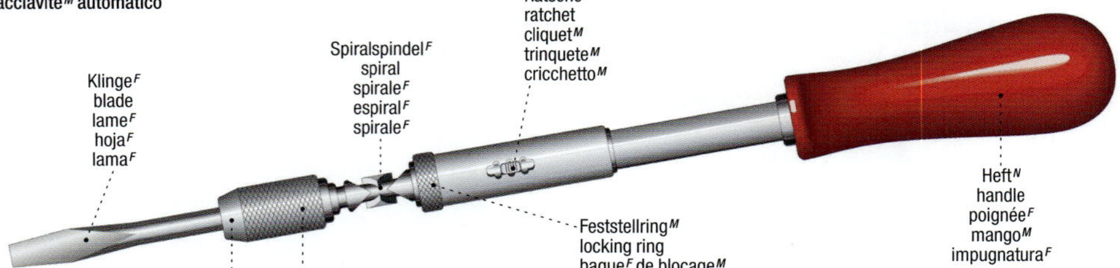

Batterie-Schraubendreher^{M}
cordless screwdriver
tournevis^{M} sans fil^{M}
destornillador^{M} inalámbrico
cacciavite^{M} con batteria^{F} incorporata

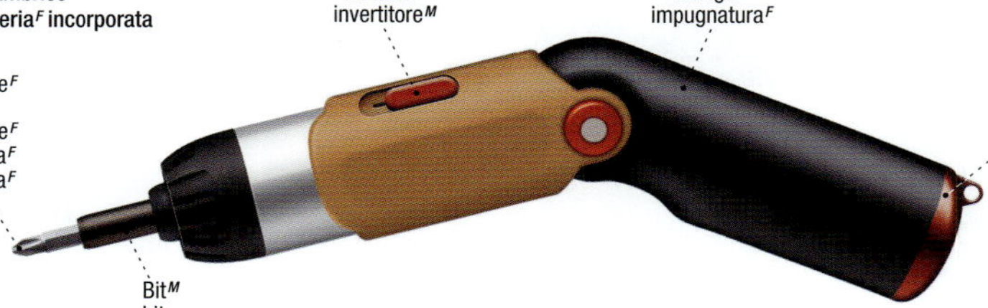

Schraube^{F}
screw
vis^{F}
tornillo^{M}
vite^{F}

Kopfarten^{F}
examples of heads
exemples^{M} de têtes^{F}
tipos^{M} de cabeza^{F}
tipi^{M} di teste^{F}

Senkkopf^{M} mit Schlitz^{M}
countersunk head
tête^{F} plate
tornillo^{M} de cabeza^{F} avellanada
testa^{F} piatta

Rundkopf^{M} mit Schlitz^{M}
round head
tête^{F} ronde
tornillo^{M} de cabeza^{F} redonda
testa^{F} tonda

Sicherungskopf^{M}
one way head
tête^{F} à sens^{M} unique
tornillo^{M} de un solo sentido^{M}
testa^{F} non svitabile

Senkkopf^{M} mit Kreuzschlitz^{M}
cross head
tête^{F} cruciforme
tornillo^{M} cruciforme (Phillips)
testa^{F} a croce^{F}

Senkkopf^{M} mit Inbus^{M}
socket head
tête^{F} creuse
tornillo^{M} de caja^{F} cuadrada
testa^{F} concava

Linsenkopf^{M} mit Schlitz^{M}
raised head
tête^{F} bombée
tornillo^{M} de cabeza^{F} achaflanada
testa^{F} bombata

Klingenarten^{F}
examples of tips
exemples^{M} de pointes^{F}
tipos^{M} de puntas^{F}
tipi^{M} di punte^{F}

Einsatz^{M} für Inbusschrauben^{F}
square-headed tip
pointe^{F} carrée
punta^{F} de caja^{F} cuadrada
punta^{F} a testa^{F} quadra

Einsatz^{M} für Kreuzschlitzschrauben^{F}
cross-headed tip
pointe^{F} cruciforme
punta^{F} cruciforme
punta^{F} a croce^{F}

Einsatz^{M} für Schlitzschrauben^{F}
flat tip
pointe^{F} plate
punta^{F} de hoja^{F} plana
punta^{F} piana

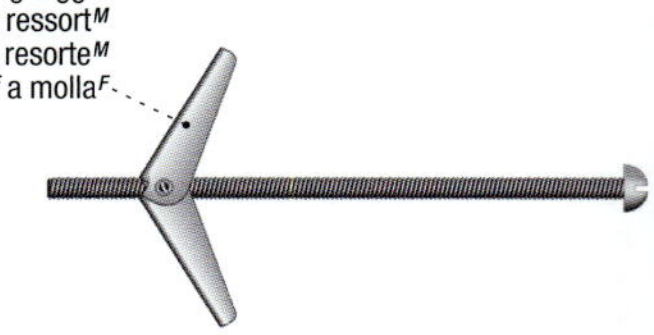

Knebelbolzen^{M}
toggle bolt
boulon^{M} à ailettes^{F}
perno^{M} para falso plafón^{M}
ancora^{F} a scatto^{M}

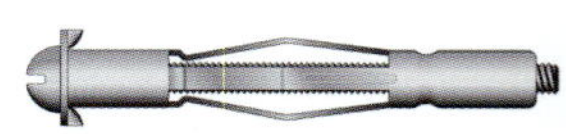

Spreizdübel^{M}
expansion bolt
boulon^{M} à gaine^{F} d'expansion^{F}
perno^{M} de expansión^{F}
bullone^{M} a espansione^{F}

Sägen^{F}

sawing tools | outils^{M} pour scier | herramientas^{F} de serrado^{M} | utensili^{M} per segare

Laubsäge^{F}
coping saw
scie^{F} à chantourner
sierra^{F} de marquetería^{F}
seghetto^{M} da traforo^{M}

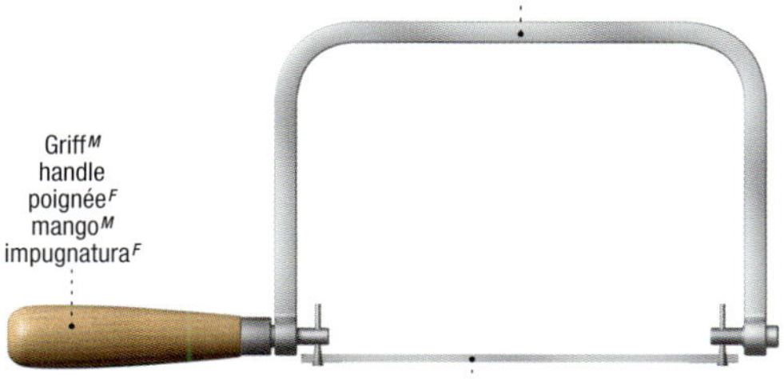

Bügelsäge^{F}
hacksaw
scie^{F} à métaux^{M}
sierra^{F} para metales^{M}
seghetto^{M}

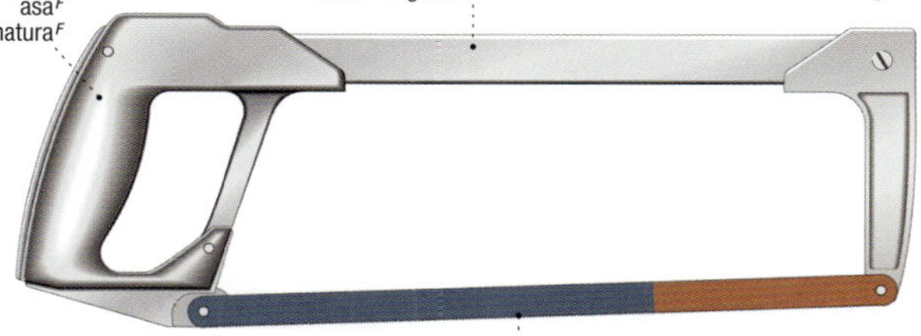

Stichsäge^{F}
compass saw
scie^{F} à guichet^{M}
serrucho^{M} de punta^{F}
gattuccio^{M}

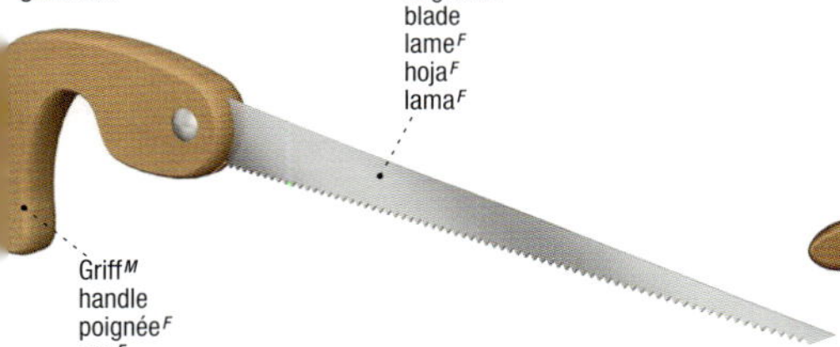

Fuchsschwanz^{M}
handsaw
scie^{F} égoïne
serrucho^{M}
saracco^{M}

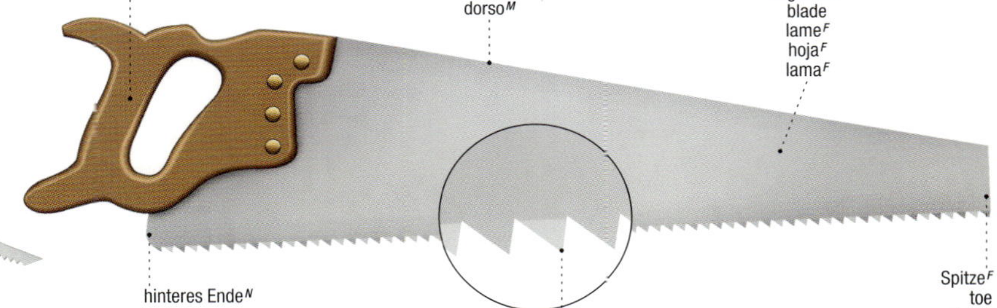

Feinsäge^{F}
back saw
scie^{F} à dos^{M}
cotilla^{F}
sega^{F} a dorso^{M}

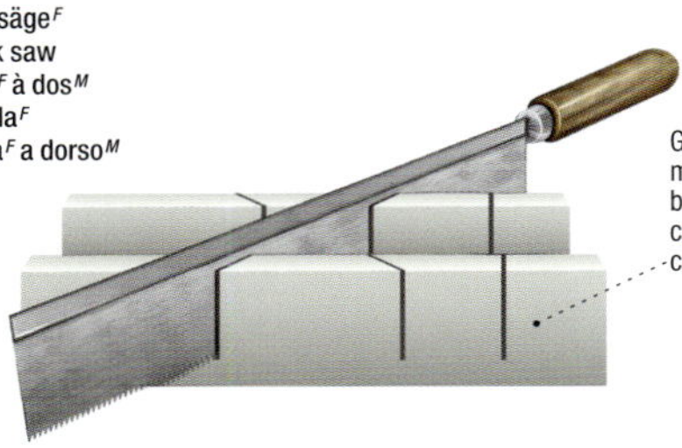

Hand-Gehrungssäge^{F}
hand mitre saw
scie^{F} à onglet^{M} manuelle
sierra^{F} de ingletes^{M}
sega^{F} per augnatura^{F} manuale

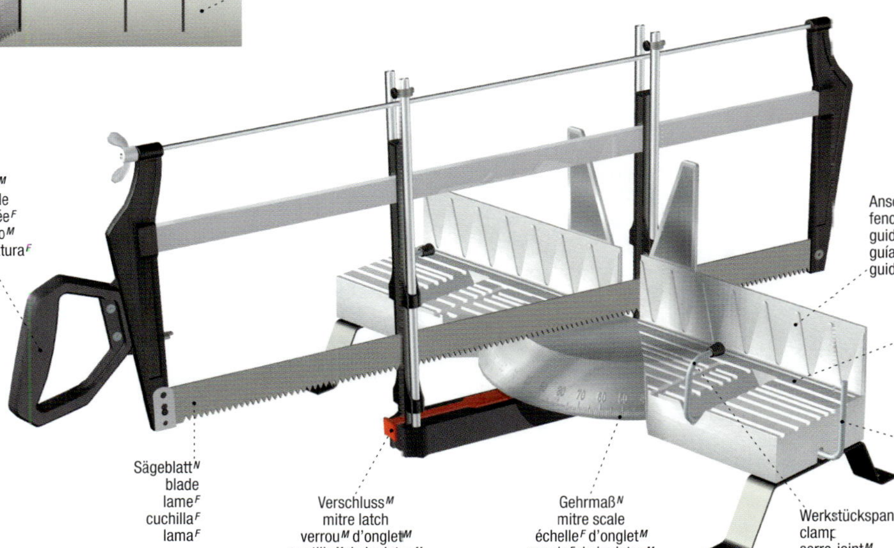

Sägen[F]

Handkreissäge[F]
circular saw
scie[F] circulaire
sierra[F] circular de mano[F]
sega[F] circolare

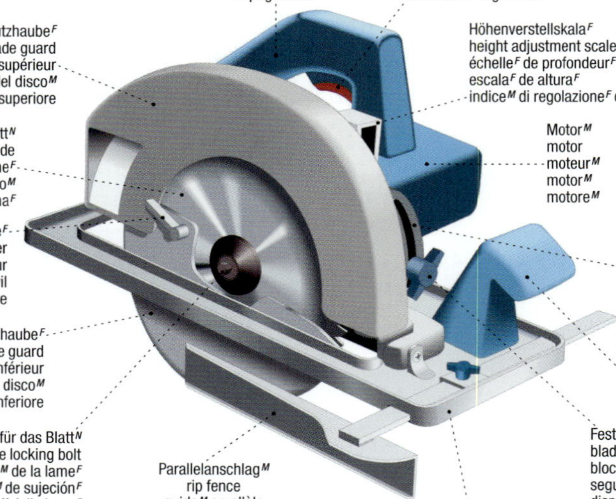

Kreissägeblatt[N]
circular saw blade
lame[F] de scie[F] circulaire
disco[M]
lama[F] di sega[F] circolare

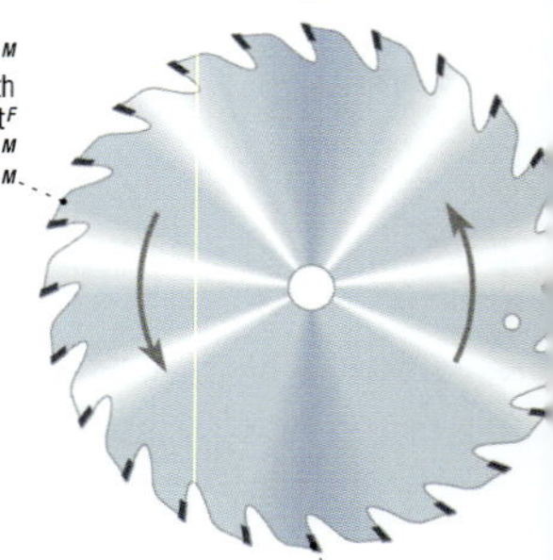

elektrische Gehrungssäge[F]
electric mitre saw
scie[F] à onglet[M] électrique
sierra[F] ingletadora eléctrica
sega[F] per augnatura[F] elettrica

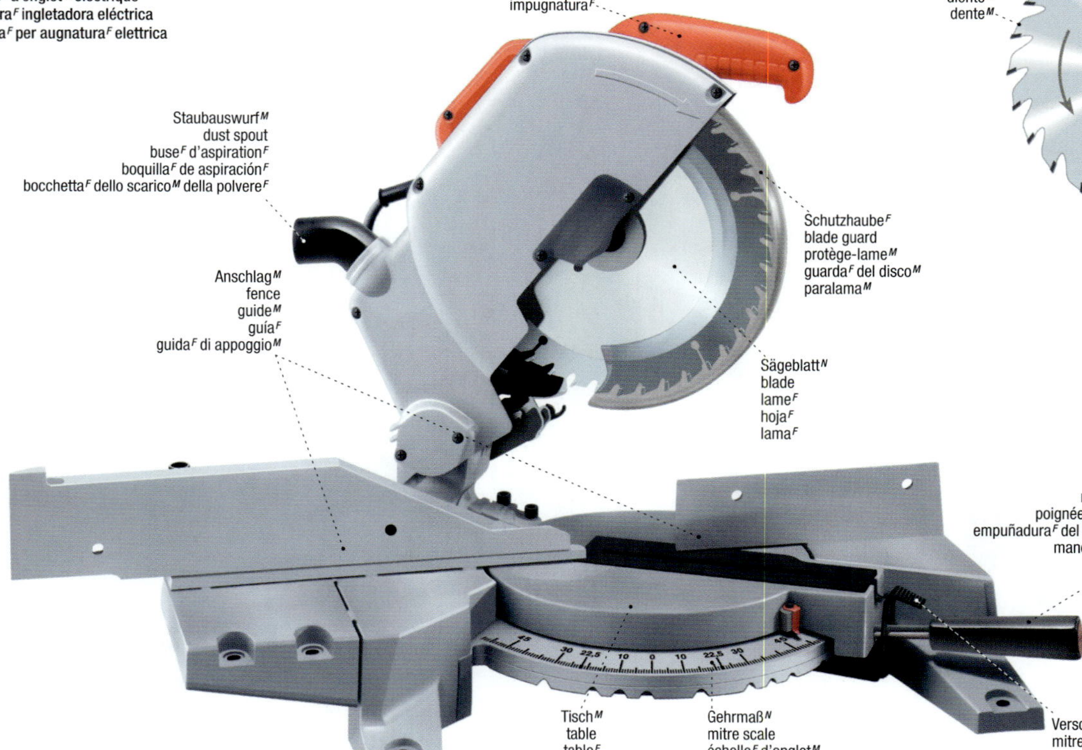

Sägen^F

Stichsäge^F
jigsaw
scie^F sauteuse
sierra^F de calado^M
seghetto^M alternativo

Tischkreissäge^F
table saw
scie^F circulaire à table^F
sierra^F circular de mesa^F
sega^F da banco^M

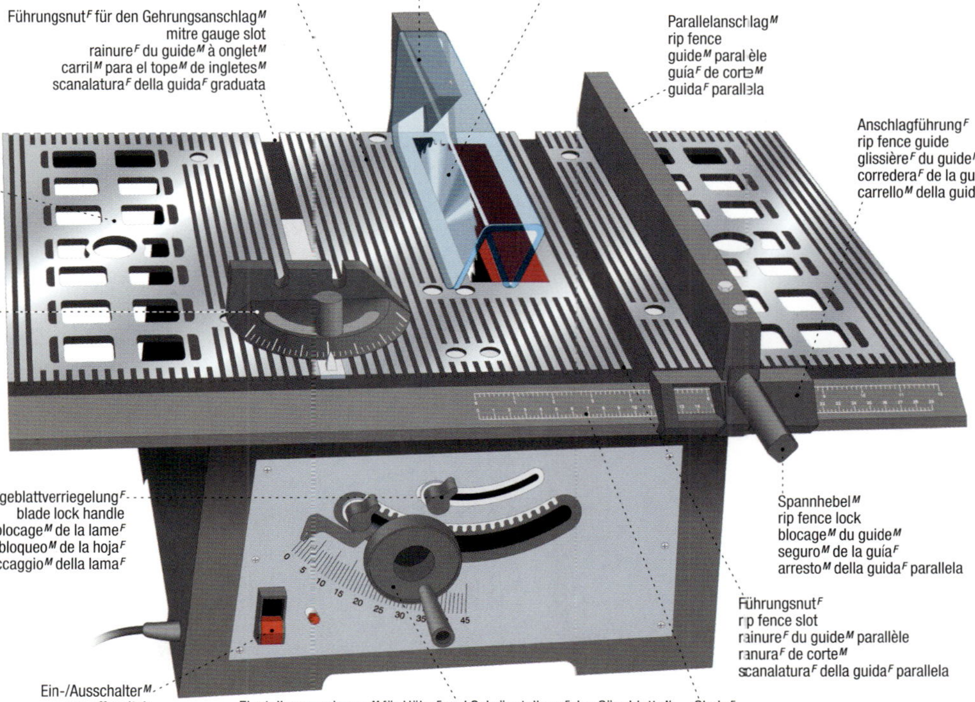

Bohrer[M]

drilling tools | outils[M] pour percer | herramientas[F] de taladrado[M] | attrezzi[M] per trapanare

Akkubohrer[M] und -schrauber[M]
cordless drill/driver
perceuse[F]-visseuse[F] sans fil[M]
taladro[M] de batería[F]
perforatore[M]/avvitatore[M] senza fili[M]

Drehzahlschalter[M]
speed selector switch
sélecteur[M] de vitesse[F] de rotation[F]
selector[M] de velocidad[F]
selettore[M] di velocità[F]

Drehmoment[M]-Einstellring[M]
torque adjustment collar
bague[F] de réglage[M] du couple[M] de serrage[M]
anillo[M] de reglaje[M] del par[M] de apriete[M]
anello[M] di regolazione[F] della coppia[F] di serraggio[M]

Schrauberbit[M]
screwdriver bit
embout[M] de vissage[M]
broca[F] de atornillado[M]
mecchia[F]

Schnellspannbohrfutter[N]
keyless chuck
mandrin[M] autoserrant
mandril[M] de sujeción[F]
mandrino[M] autoserrante

Druckschalter[M]
trigger switch
interrupteur[M] à gâchette[F]
interruptor[M] de gatillo[M]
interruttore[M] a grilletto[M]

Umschalter[M]
reversing switch
inverseur[M] de marche[F]
inversor[M]
invertitore[M]

Akku[M]
battery pack
batterie[F]
batería[F]
batteria[F]

Akku[M]
battery pack
batterie[F]
batería[F]
batteria[F]

Ladegerät[N]
charger
chargeur[M]
cargador[M]
caricabatteria[M]

Bohrfutterschlüssel[M]
chuck key
clé[F] de mandrin[M]
llave[F] del mandril[M]
chiave[F] del mandrino[M]

elektrische Bohrmaschine[F]
electric drill
perceuse[F] électrique
taladro[M] eléctrico
trapano[M] elettrico

Backen[F]
jaw
mors[M]
mordaza[F]
griffa[F]

Bohrfutter[N]
chuck
mandrin[M]
mandril[M]
mandrino[M]

Gehäuse[N]
housing
boîtier[M]
cárter[M]
carcassa[F]

Tiefenstopp[M]
depth stop
butée[F] de profondeur[F]
tope[M] de profundidad[F]
indice[M] di profondità[F]

Sicherheitshinweisschild[N]
warning plate
plaque[F] d'instructions[F]
placa[F] de advertencias[F]
targhetta[F] delle avvertenze[F]

Pistolengriff[M]
pistol grip handle
poignée[F]-pistolet[M]
mango[M]
impugnatura[F] a pistola[F]

Druckschalter[M]
trigger switch
interrupteur[M] à gâchette[F]
interruptor[M] de gatillo[M]
interruttore[M] a grilletto[M]

Feststellknopf[M]
switch lock
blocage[M] de l'interrupteur[M]
seguro[M] del interruptor[M]
dispositivo[M] di blocco[M]
dell'interruttore[M]

zusätzlicher Griff[M]
auxiliary handle
poignée[F] auxiliaire
mango[M] auxiliar
impugnatura[F] laterale

Kabelhülse[F]
cord sleeve
manchon[M] de cordon[M]
protector[M] de cable[M]
manicotto[M] del cordone[M]

Stromkabel[N]
power cord
cordon[M] d'alimentation[F]
cable[M] de alimentación[F]
cavo[M] d'alimentazione[F]

Beispiele[N] für Bits[M] und Bohrer[M]
examples of bits and drills
exemples[M] de mèches[F] et de forets[M]
ejemplos[M] de brocas[F] y barrenas[F]
esempi[M] di mecchie[F] e punte[F] da trapano[M]

Spiralbohrer[M]
twist bit
mèche[F] hélicoïdale
broca[F] helicoidal
mecchia[F] elicoidale

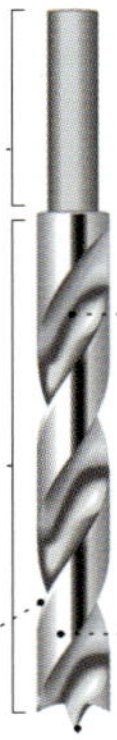

Schaft[M]
shank
queue[F]
talón[M]
codolo[M]

Spangang[M]
flute
goujure[F]
canal[M]
scanalatura[F]

Bohrkörper[M]
body
corps[M]
cuerpo[M]
corpo[M]

Fase[F]
land
listel[M]
borde[M] del lomo[M]
faccetta[F]

Rücken[M]
fluted land
lèvre[F]
lomo[M] con canal[M]
faccetta[F] scanalata

Zentrierspitze[F]
centring point
pointe[F] de centrage[M]
borde[M] de la punta[F]
punta[F] di centratura[F]

Schneckenbohrer[M]
solid centre auger bit
mèche[F] hélicoïdale à âme[F] centrale
broca[F] helicoidal central
mecchia[F] a tortiglione[M]

Schaft[M]
shank
queue[F]
talón[M]
codolo[M]

Spirale[F]
twist
torsade[F]
torsión[F]
elica[F]

Vorschneider[M]
spur
traçoir[M]
espolón[M]
tagliente[M]

Zentrierspitze[F]
centring point
pointe[F] de centrage[M]
tornillo[M] guía
punta[F] di centratura[F]

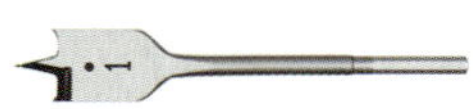

Flachfräsbohrer[M]
spade bit
mèche[F] à centre[M] plat
broca[F] de pala[F]
mecchia[F] a lancia[F]

Schlangenbohrer[M] mit doppeltem Gewindega
double-twist auger bit
mèche[F] hélicoïdale à double torsade[F]
broca[F] salomónica de canal[M] angosto
mecchia[F] a doppia elica[F]

Steinbohrer[M]
masonry drill
foret[M] de maçonnerie[F]
barrena[F] de muro[M]
punta[F] da muro[M]

Spiralbohrer[M]
twist drill
foret[M] hélicoïdal
broca[F] helicoidal
punta[F] elicoidale

Bohrer[M]

Handbohrer[M]
hand drill
chignole[F]
taladro[M] de mano[F]
trapano[M] a mano[F]

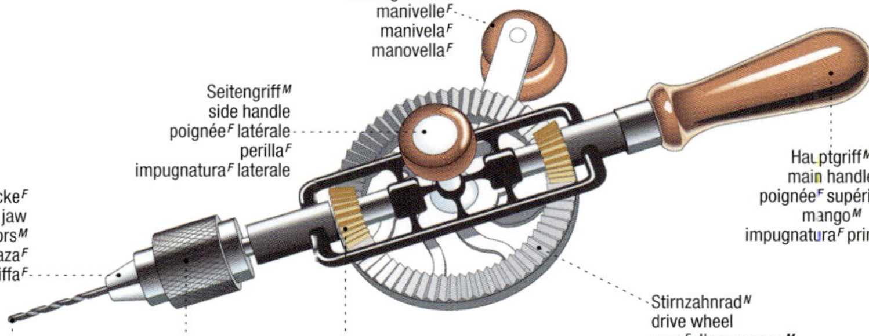

Bohrwinde[F]
brace
vilebrequin[M]
berbiquí[M]
girabecchino[M]

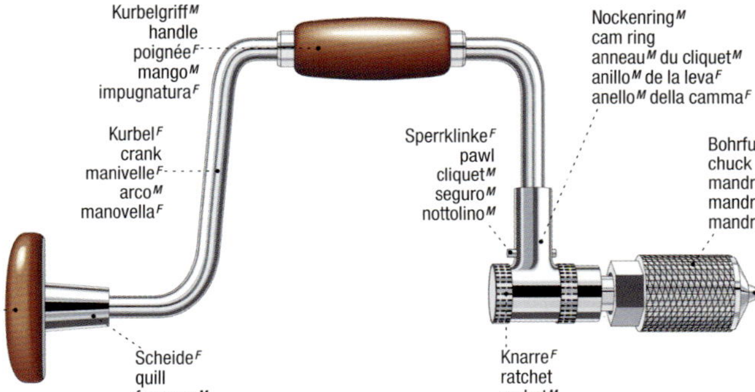

Ständerbohrmaschine[F]
pillar drill
perceuse[F] à colonne[F]
taladro[M] vertical
trapano[M] a colonna[F]

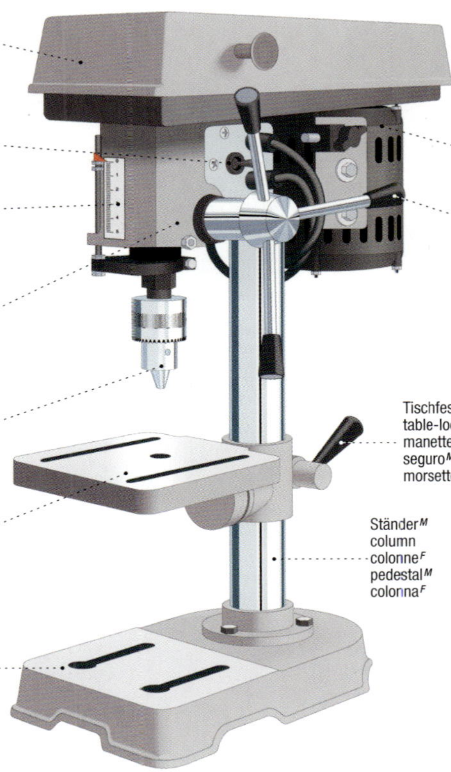

HEIMWERKEN UND GARTENARBEIT

Schleifmaschinen[F]

shaping tools | outils[M] pour façonner | herramientas[F] de lijado[M] | attrezzi[M] per sagomare

Exzenterschleifer[M]
random orbit sander
ponceuse[F] excentrique
lijadora[F] excéntrica
smerigliatrice[F] eccentrica

Winkelschleifer[M]
angle grinder
meuleuse[F] d'angle[M]
amoladora[F] de ángulo
molatrice[F] angolare

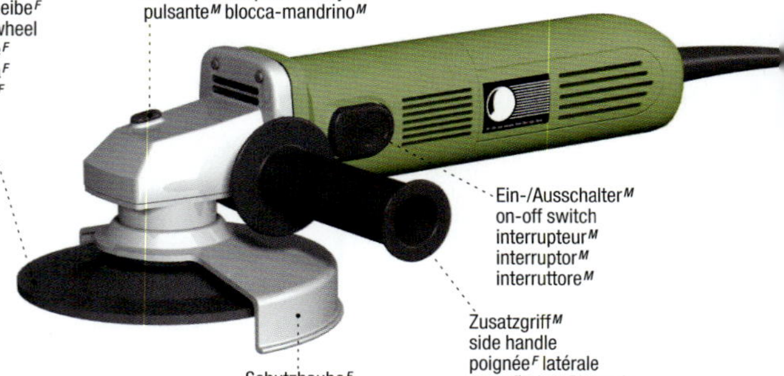

Bandschleifmaschine[F]
belt sander
ponceuse[F] à bande[F]
lijadora[F] de banda[F]
smerigliatrice[F] a nastro[M]

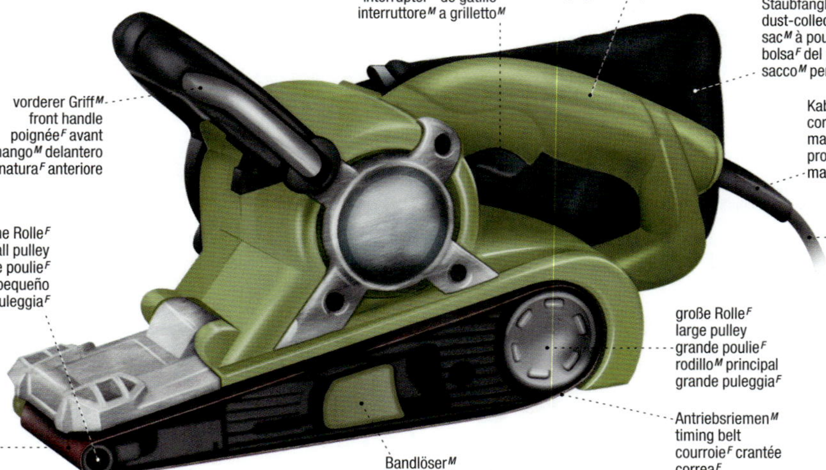

Schleifmaterialien[N]
shaping materials
matériel[M] de façonnage[M]
material[M] de lijado[M]
attrezzatura[F] per sagomatura[F]

Schleifscheibe[F]
grinding wheel
meule[F]
muela[F]
mola[F]

Schleifblatt[N]
sanding disc
disque[M] abrasif
disco[M] abrasivo
disco[M] abrasivo

Sandpapier[N]
sandpaper
papier[M] de verre[M]
papel[M] de lija[F]
carta[F] vetrata

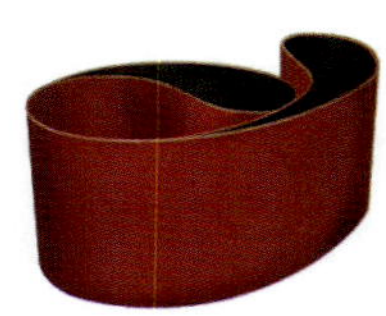

Schleifband[N]
abrasive belt
bande[F] abrasive
banda[F] de lija[F]
banda[F] abrasiva

Schleifmaschinen[F]

Langhobel[M]
jointer plane
varlope[F]
garlopa[F]
pialla[F] lunga

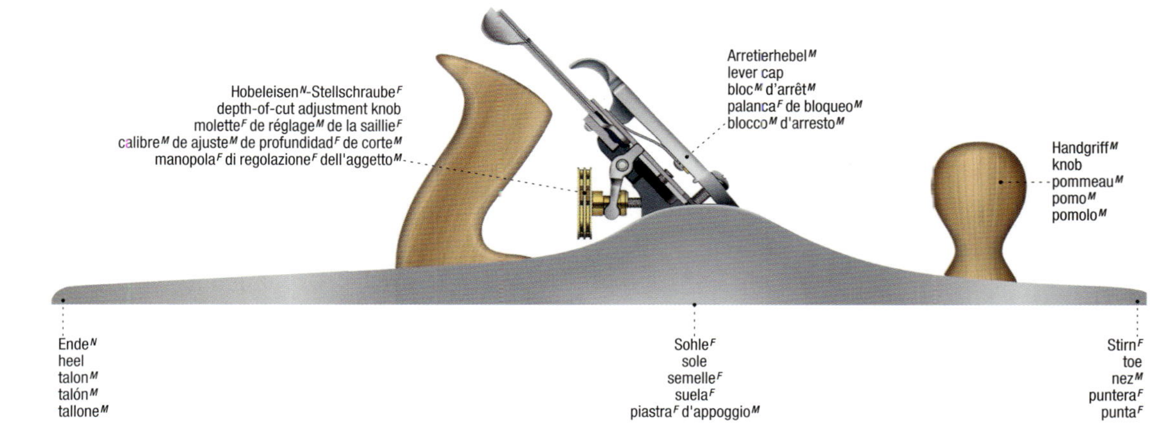

Hobel[M]
plane
rabot[M]
cepillo[M]
pialla[F]

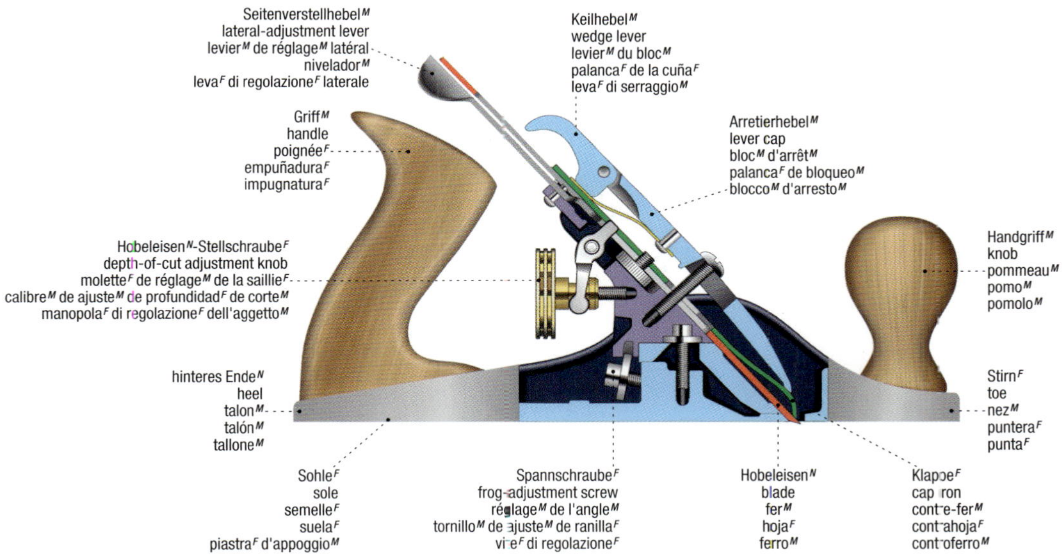

Elektrohobel[M]
electric plane
rabot[M] électrique
cepilladora[F] eléctrica
pialla[F] elettrica

Schleifmaschinen[F]

Raspel[F]
rasp
râpe[F]
escofina[F]
raspa[F]

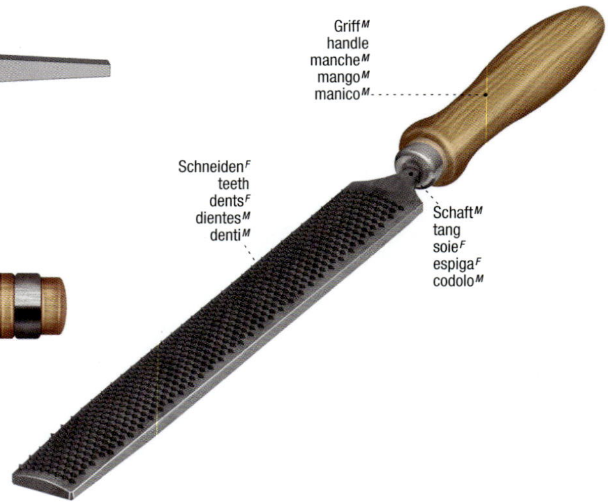

Flachfeile[F]
file
lime[F]
lima[F]
lima[F]

Stemmeisen[N]
wood chisel
ciseau[M] à bois[M]
escoplo[M]
scalpello[M] da falegname[M]

Oberfräse[F]
router
défonceuse[F]
fresadora[F]
fresatrice[F] verticale

Beispiele[N] für Fräser[M]
examples of bits
exemples[M] de fraises[F]
ejemplos[F] de fresas[F]
esempi[M] di frese[F]

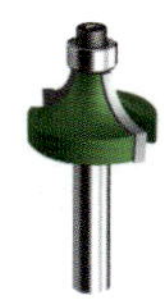

Rundbohrer[M]
rounding-over bit
fraise[F] à quart[M]-de-rond[M]
fresa[F] de redondeo[M]
fresa[F] a quarto[M] di anello[M]

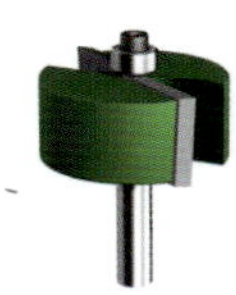

Falzfräser[M]
rabbet bit
fraise[F] à feuillure[F]
fresa[F] de acanalar
fresa[F] per scanalare

Hohlkehlfräser[M]
core box bit
fraise[F] à gorge[F]
fresa[F] de enrasar
fresa[F] a corona[F]

Zinkenfräser[M]
dovetail bit
fraise[F] à queue[F] d'aronde[F]
fresa[F] de cola[F] de milano[M]
fresa[F] a coda[F] di rondine[F]

Hohlkehlfräser[M] mit Anlaufzapfen[N]
cove bit
fraise[F] à congé[M]
fresa[F] de caveto[M]
fresa[F] di raccordo[M]

Faserfräser[M]
chamfer bit
fraise[F] à chanfrein[M]
fresa[F] de biselar
fresa[F] per smussare

Zangen^F und Schlüssel^M

gripping and tightening tools | outils^M pour serrer | herramientas^F de agarre^M | attrezzi^M di serraggio^M

Zangen^F
pliers
pinces^F
alicates^M
pinze^F

Wasserpumpenzange^F
groove joint pliers
pince^F multiprise
alicates^M regulables
pinze^F multipresa

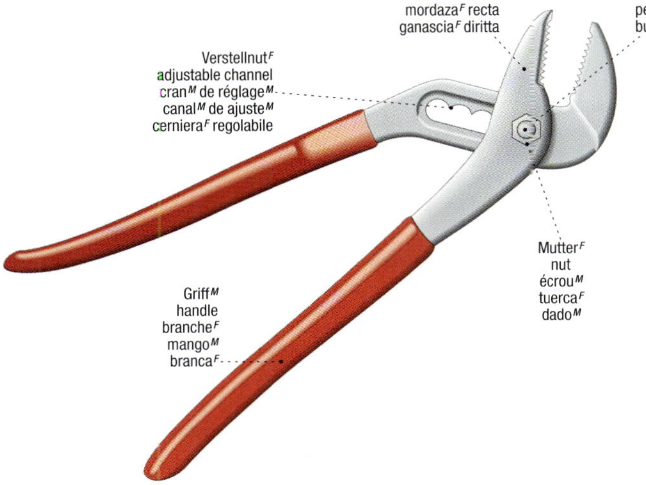

gerade Greifbacke^F
straight jaw
mâchoire^F droite
mordaza^F recta
ganascia^F diritta

Bolzen^M
bolt
boulon^M
perno^M
bullone^M

Verstellnut^F
adjustable channel
cran^M de réglage^M
canal^M de ajuste^M
cerniera^F regolabile

Mutter^F
nut
écrou^M
tuerca^F
dado^M

Griff^M
handle
branche^F
mango^M
branca^F

Kombizange^F
slip joint pliers
pince^F à joint^M coulissant
pinzas^F universales
pinza^F a giunto^M scorrevole

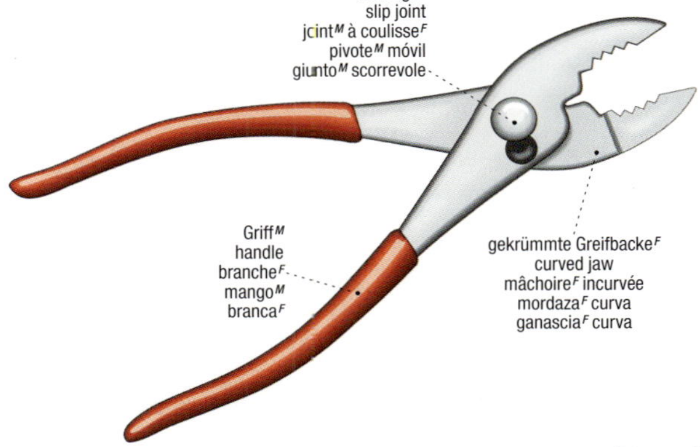

Gleitfuge^F
slip joint
joint^M à coulisse^F
pivote^M móvil
giunto^M scorrevole

Griff^M
handle
branche^F
mango^M
branca^F

gekrümmte Greifbacke^F
curved jaw
mâchoire^F incurvée
mordaza^F curva
ganascia^F curva

Gripzange^F
mole wrench
pince^F-étau^M
alicates^M de presión^F
pinza^F a scatto^M

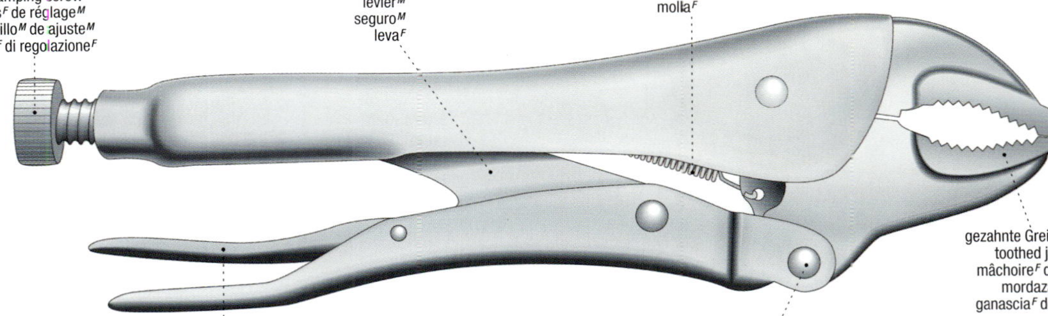

Verstellung^F
clamping screw
vis^F de réglage^M
tornillo^M de ajuste^M
vite^F di regolazione^F

Hebel^M
lever
levier^M
seguro^M
leva^F

Feder^F
spring
ressort^M
resorte^M
molla^F

gezahnte Greifbacke^F
toothed jaw
mâchoire^F dentée
mordaza^F
ganascia^F dentata

Löshebel^M
release lever
levier^M de dégagement^M
liberador^M del seguro^M
leva^F di sbloccaggio^M

Niete^F
rivet
rivet^M
remache^M
rivetto^M

Unterlegscheiben^F
washers
rondelles^F
arandelas^F
rosette^F

innengezahnte Fächerscheibe^F
internal tooth spring washer
rondelle^F à denture^F intérieure
arandela^F de presión^F de dientes^M internos
rosetta^F a dentatura^F interna

außengezahnte Fächerscheibe^F
external tooth spring washer
rondelle^F à denture^F extérieure
arandela^F de presión^F de dientes^M externos
rosetta^F a dentatura^F esterna

Federring^M
spring washer
rondelle^F à ressort^M
arandela^F de presión^F
rosetta^F elastica

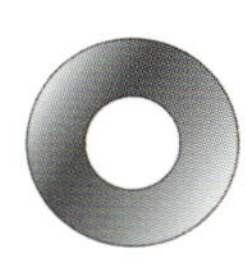

Unterlegscheibe^F
flat washer
rondelle^F plate
arandela^F plana
rosetta^F piatta

Zangen[F] und Schlüssel[M]

Schlüssel[M]
wrenches
clés[F]
llaves[F]
chiavi[F]

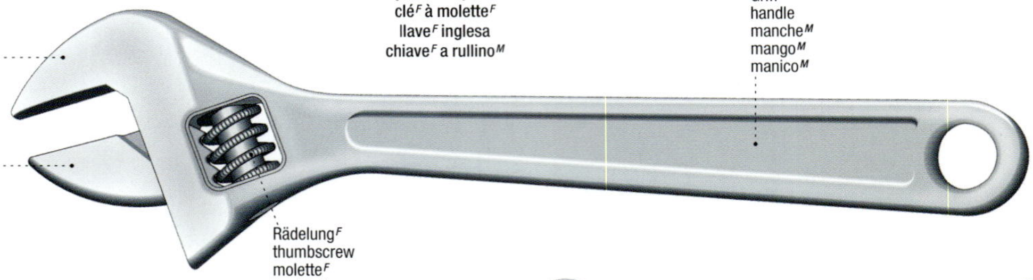

Rollgabelschlüssel[M]
adjustable spanner
clé[F] à molette[F]
llave[F] inglesa
chiave[F] a rullino[M]

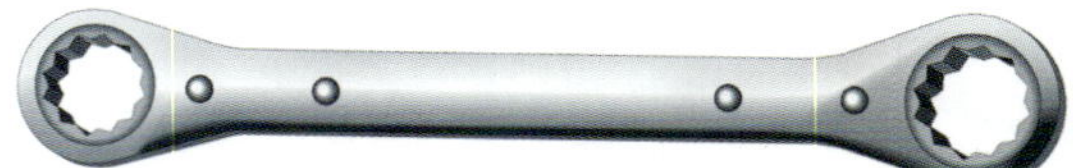

Ratschenringschlüssel[M]
ratchet ring spanner
clé[F] polygonale à cliquet[M]
llave[F] de estrella[F] hexagonal
chiave[F] poligonale a cricco[M]

offener Doppelringschlüssel[M]
flare nut spanner
clé[F] polygonale à têtes[F] fendues
llave[F] de estrella[F] abierta
chiave[F] poligonale doppia ad anello[M] aperto

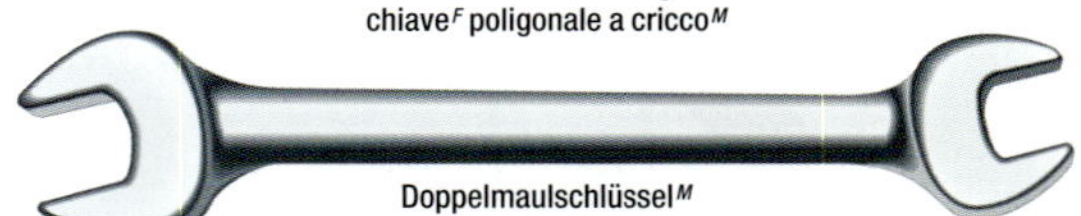

Doppelmaulschlüssel[M]
open-ended spanner
clé[F] à fourches[F]
llave[F] de tuercas[F] española
chiave[F] a forchetta[F] doppia

Doppelringschlüssel[M]
ring spanner
clé[F] polygonale
llave[F] de estrella[F] común
chiave[F] poligonale doppia

Maul-Ringschlüssel[M]
combination spanner
clé[F] mixte
llave[F] combinada
chiave[F] combinata

Knarre[F]
ratchet socket wrench
clé[F] à douille[F] à cliquet[M]
llave[F] de carraca[F]
chiave[F] a bussola[F] a cricchetto[M]

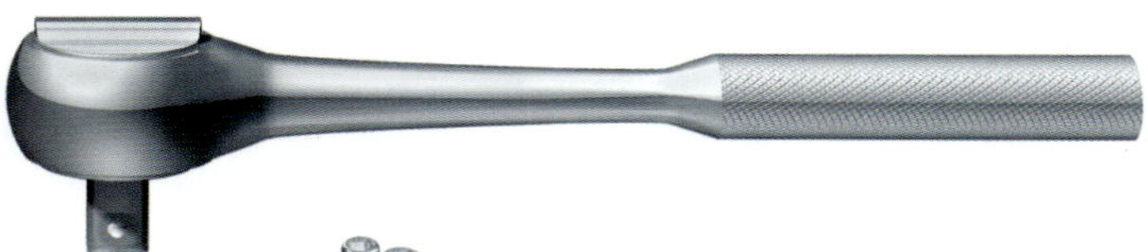

Steckschlüsselsatz[M]
socket set
jeu[M] de douilles[F]
juego[M] de casquillos[M]
set[M] di bussole[F]

Muttern[F]
nuts
écrous[M]
tuercas[F]
dadi[M]

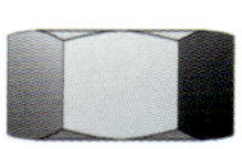

Sechskantmutter[F]
hexagon nut
écrou[M] hexagonal
tuerca[F] hexagonal
dado[M] esagonale

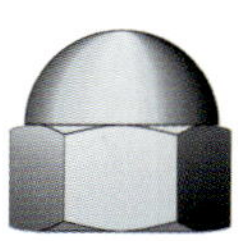

Hutmutter[F]
cap nut
écrou[M] borgne
tuerca[F] cerrada
dado[M] cieco

Flügelmutter[F]
wing nut
écrou[M] à oreilles[F]
tuerca[F] de mariposa[F]
galletto[M]

Schrauben[F]
bolts
boulons[M]
pernos[M]
bulloni[M]

Schraubenbolzen[M]
bolt
boulon[M]
perno[M]
bullone[M]

Schraubenbolzen[M] mit Ansatz[M]
shoulder bolt
boulon[M] à épaulement[M]
perno[M] con collarín[M]
bullone[M] di spallamento[M]

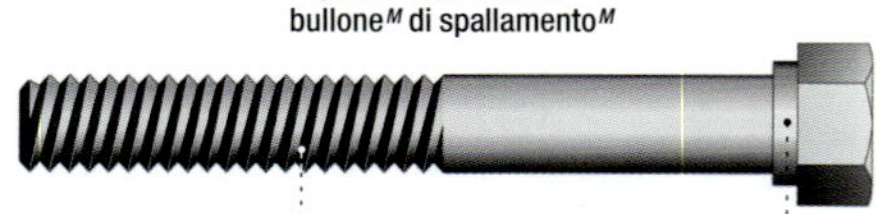

Zangen^{F} und Schlüssel^{M}

Schraubstock^{M}
vice
étau^{M}
torno^{M} de banco^{M}
morsa^{F}

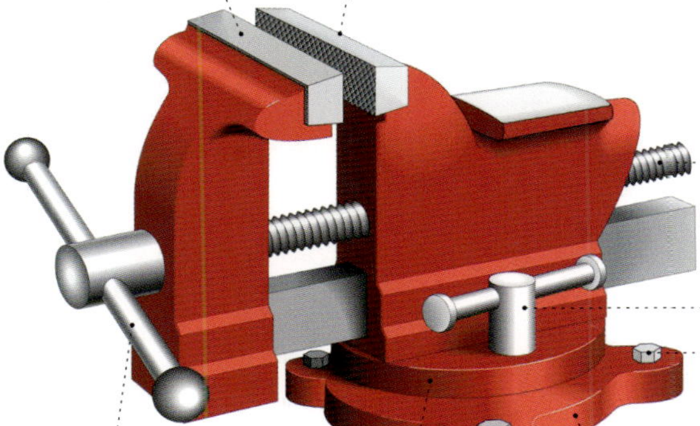

Zwinge^{F}
G-clamp
serre-joint^{M}
prensa^{F} en C
morsetto^{M} a C

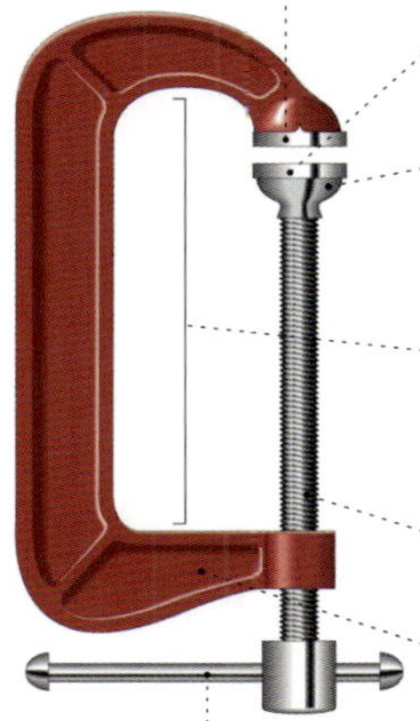

Rohrschraubstock^{M}
pipe clamp
serre-joint^{M} à tuyau^{M}
sargento^{M}
morsa^{F} serratubi^{M}

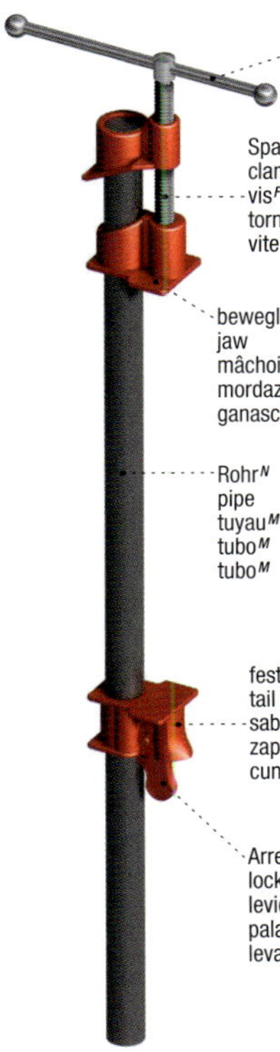

Werkbank^{F} mit Schraubstock^{M}
workbench and vice
établi^{M} étau^{M}
banco^{M} de trabajo^{M} con tornillo^{M}
banco^{M} morsa^{F}

Klempnerwerkzeug^{N}

plumbing tools | outils^{M} de plomberie^{F} | herramientas^{F} de fontanería^{F} | attrezzi^{M} idraulici

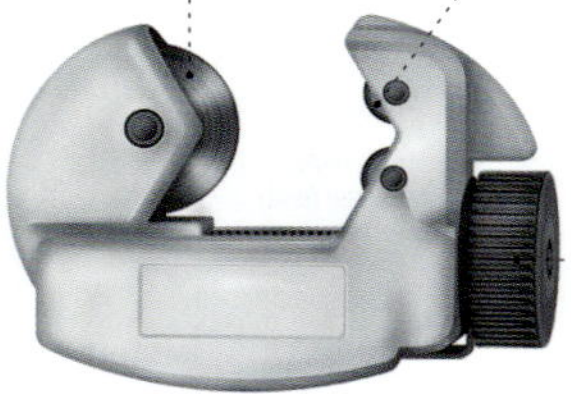

Schneidrad^{N}
cutting wheel
molette^{F}
cuchilla^{F} de corte^{M}
rondella^{F} di taglio^{M}

Führungsrad^{N}
guide wheel
rouleau^{M} de guidage^{M}
rodillo^{M} guía
rullo^{M} di guida^{F}

Drehknopf^{M}
knob
vis^{F}
regulador^{M}
pomolo^{M}

Rohrschneider^{M}
pipe cutter
coupe-tuyau^{M} de cuivre^{M}
cortatubos^{M}
tagliatubi^{M}

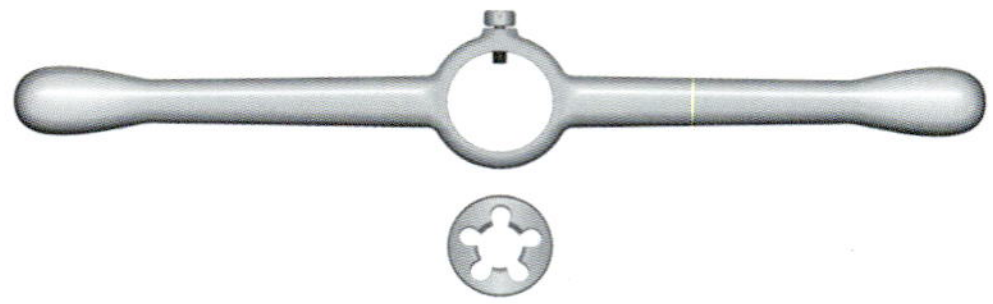

Gewindeschneider^{M}
pipe threader
filière^{F}
terraja^{F}
filiera^{F} per tubi^{M}

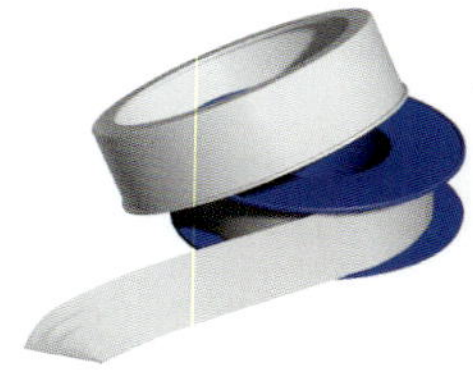

Teflonband®^{N}
Teflon® tape
ruban^{M} de Téflon®^{M}
cinta^{F} de Teflón®^{M}
nastro^{M} di Teflon®^{M}

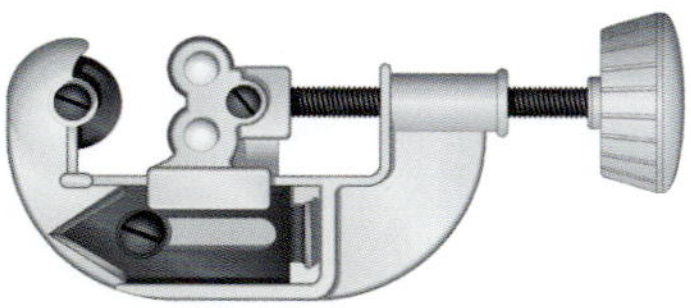

Rohrabschneider^{M}
pipe cutter
coupe-tube^{M}
cortatubos^{M}
tagliatubi^{M}

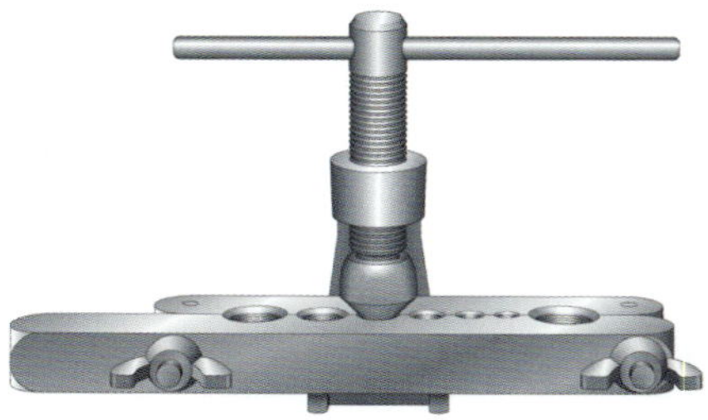

Bördelgerät^{N}
tube flaring tool
évaseur^{M}
avellanador^{M} de tubos^{M}
allargatubi^{M}

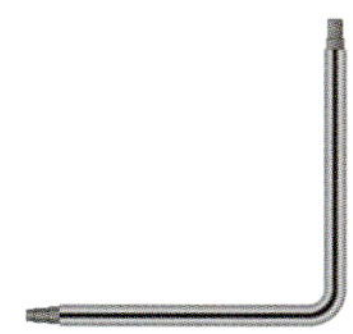

Ventilsitzzange^{F}
valve seat wrench
lève-soupape^{M}
llave^{M} allen
chiave^{F} a brugola^{F}

Ausgussreiniger^{M}
plunger
ventouse^{F}
desatascador^{M}
sturalavandini^{M}

Punktbrenner^{M}
pencil point tip
brûleur^{M} flamme^{F} crayon^{M}
boquilla^{F} del soplete^{M}
ugello^{M}

Einweg-Brennstoffflasche^{F}
disposable gas cylinder
cartouche^{F} jetable
bombona^{F} de gas^{M}
bombola^{F} del gas^{M}

Lötlampe^{F}
blowtorch
lampe^{F} à souder
soplete^{M}
saldatore^{M}

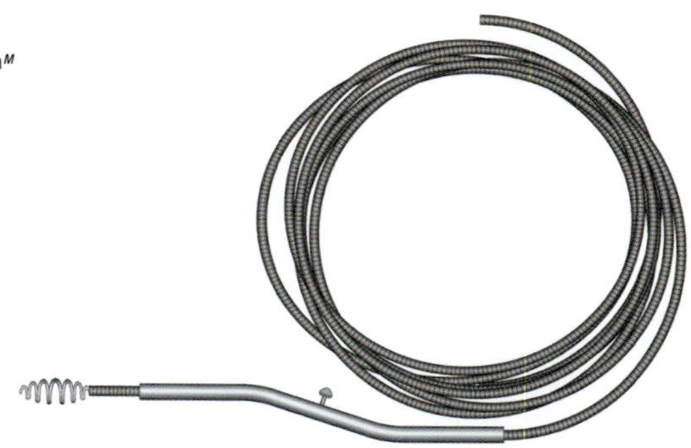

Reinigungswelle^{F}
plumber's snake
furet^{M} de dégorgement^{M}
sonda^{F} destapacaños^{M}
molla^{F} sturatrice per scarichi^{M}

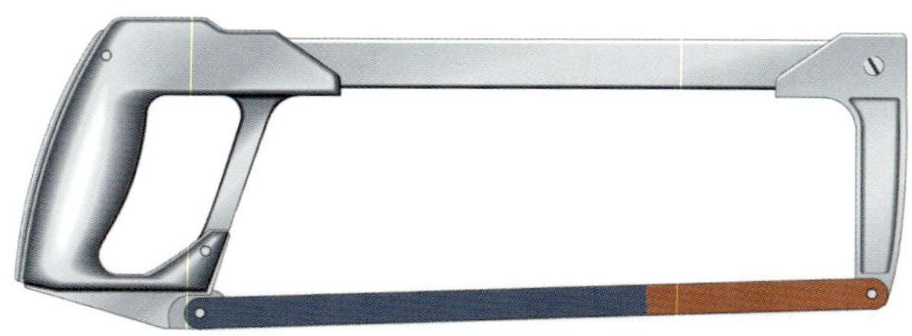

Bügelsäge^{F}
hacksaw
scie^{F} à métaux^{M}
sierra^{F} para metales^{M}
seghetto^{M}

Klempnerwerkzeug^N

Rohrzangen^F
wrenches
clés^F
llaves^F
chiavi^F

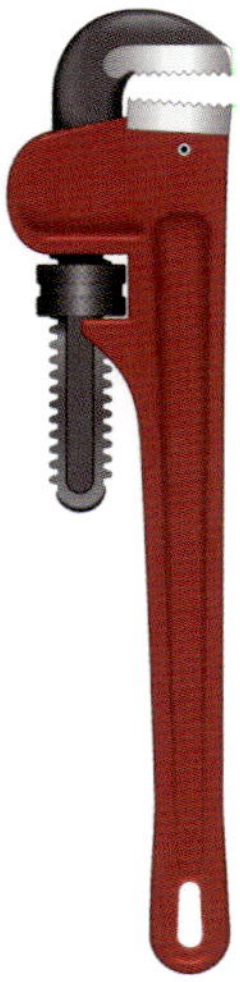

Einhand-Rohrzange^F
pipe wrench
clé^F à tuyau^M
llave^F inglesa
giratubi^M

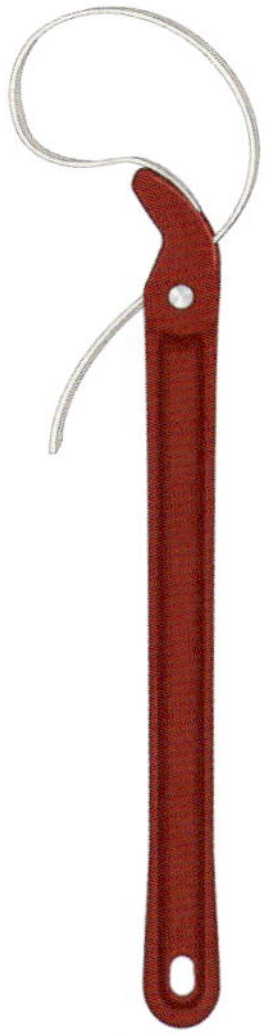

Bandschlüssel^M
strap wrench
clé^F à sangle^F
llave^F de cincho^M
chiave^F a nastro^M

Kettenrohrzange^F
chain pipe wrench
clé^F à chaîne^F
llave^F de cadena^F
chiave^F a catena^F

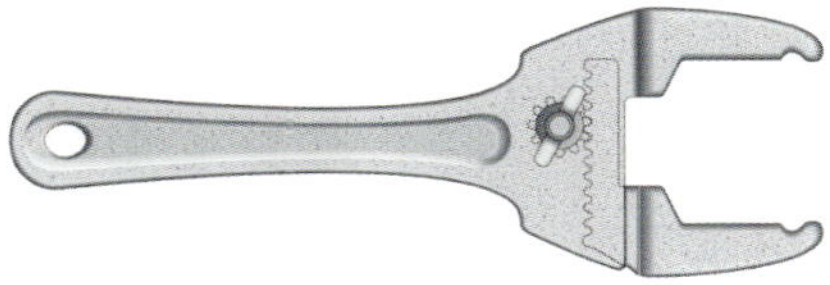

Rollgabelschlüssel^M für Vierkant
square-jawed adjustable spanner
clé^F à crémaillère^F
llave^F ajustable
chiave^F regolabile

Standhahn-Mutternschlüssel^M
plumbing wrench
clé^F coudée à tuyau^M
llave^F de fontanero^M
chiave^F regolabile da lavandino^M

Maurerwerkzeug^N

masonry tools | outils^M de maçonnerie^F | herramientas^F de albañilería^F | attrezzi^M da muratore^M

Maurerhammer^M
bricklayer's hammer
marteau^M de maçon^M
martillo^M de albañil^M
martello^M da muratore^M

Kartuschenpistole^F
caulking gun
pistolet^M à calfeutrer
pistola^F para calafateo^M
pistola^F turapori

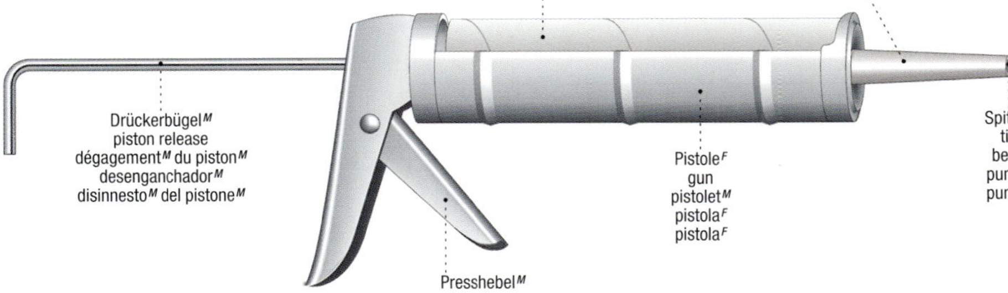

Aufziehbrett^F
hawk
taloche^F
esparavel^M
sparviero^M

Fugenkelle^F
joint filler
tire-joint^M
paleta^F de relleno^M
paletta^F riempigiunti

Putzkelle^F
square trowel
truelle^F de plâtrier^M
llana^F
frattazzo^M

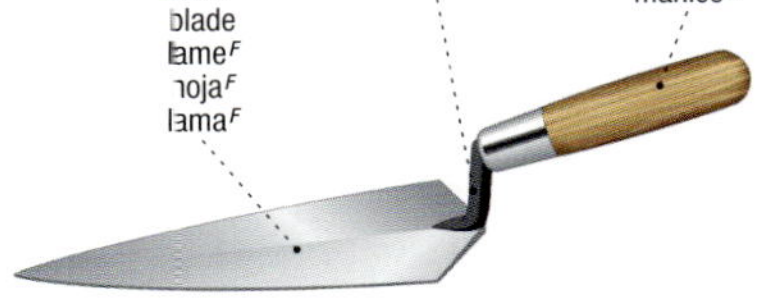

Maurerkelle^F
mason's trowel
truelle^F de maçon^M
paleta^F de albañil^M
cazzuola^F da muratore^M

Elektrikerwerkzeug^{N}

electricity tools | outils^{M} d'électricien^{M} | herramientas^{F} de electricista^{F} | attrezzatura^{F} elettrica

Multimeter^{N}
multimeter
multimètre^{M}
voltímetro^{M}
multimetro^{M}

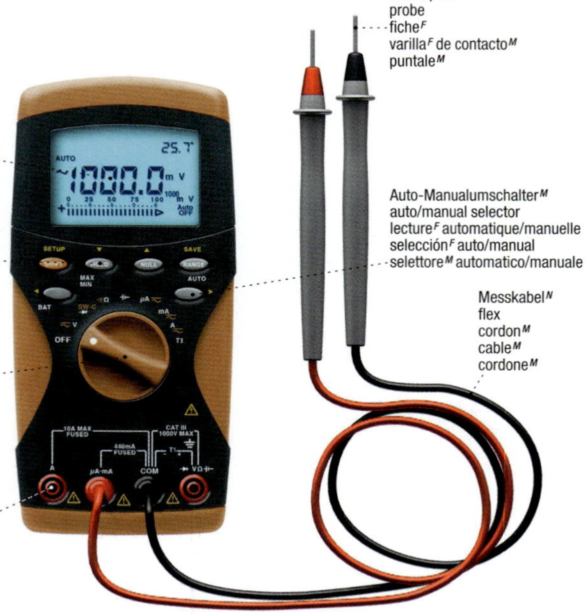

Spannungsprüfer^{M}
tester screwdriver
vérificateur^{M} de tension^{F}
detector^{M} de tensión^{F}
cercafase^{M}

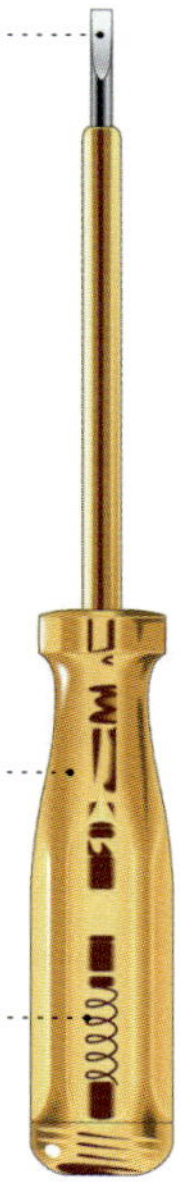

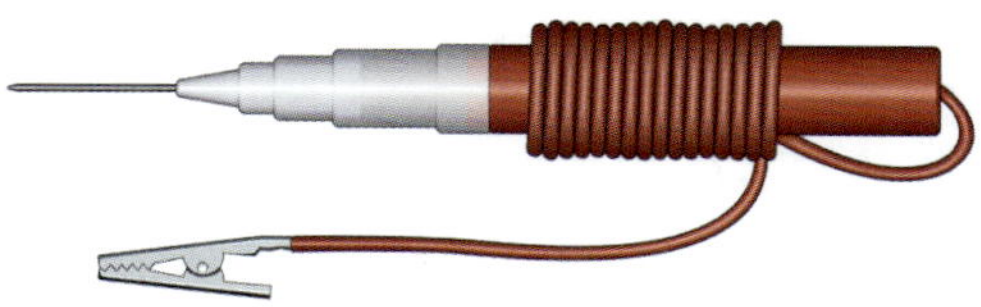

Durchgangsprüfer^{M}
continuity tester
vérificateur^{M} de continuité^{F}
detector^{M} de continuidad^{F}
tester^{M} di continuità^{F}

Prüflampe^{F}
test-lamp
vérificateur^{M} de circuit^{M}
lámpara^{F} de prueba^{F} de neón^{M}
lampada^{F} provacircuiti

Steckdosenprüfer^{M}
socket tester
vérificateur^{M} de prise^{F} de courant^{M}
probador^{M} de contactos^{M} con tierra^{F}
tester^{M} di presa^{F}

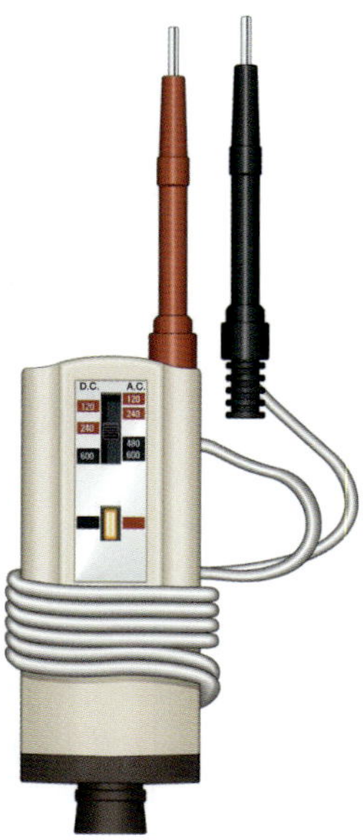

Hochspannungsprüfer^{M}
high-voltage tester
vérificateur^{M} de haute tension^{F}
detector^{M} de alta tensión^{F}
tester^{M} dell'alta^{F} tensione^{F}

Ausleuchtlampe^{F}
droplight
baladeuse^{F}
lámpara^{F} portátil
lampada^{F} portatile

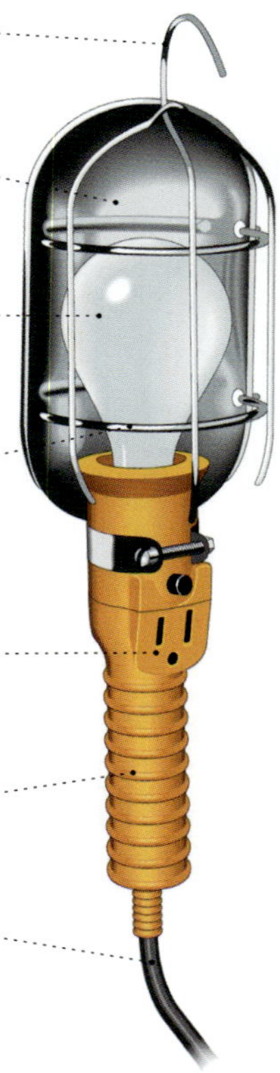

Elektrikerwerkzeug[N]

Sicherungszieher[M]
fuse puller
pince[F] à fusible[M]
extractor[M] de fusibles[M]
pinza[F] per fusibili[M]

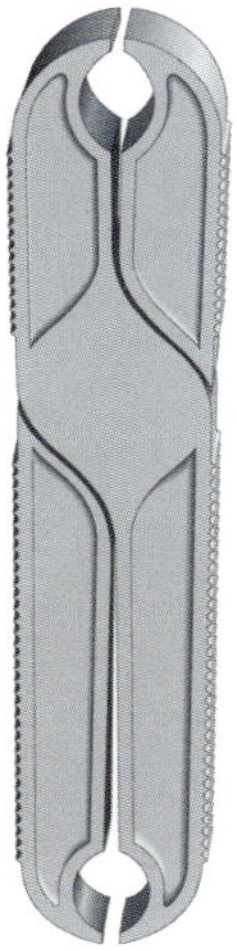

Spitzzange[F]
needle-nose pliers
pince[F] à long bec[M]
alicates[M] de punta[F]
pinza[F] a becchi[M] lunghi

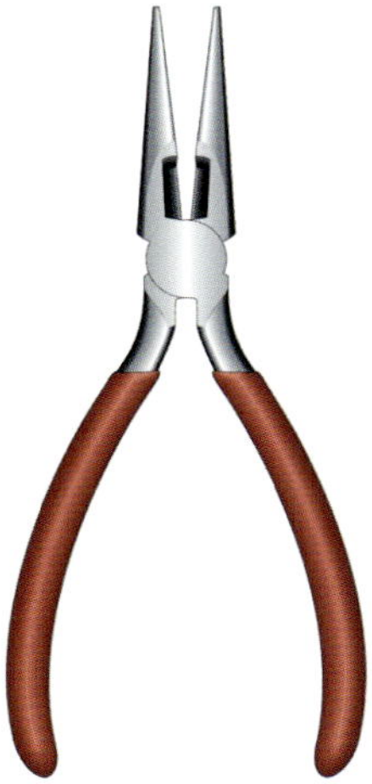

Abisolierzange[F]
wire stripper
pince[F] à dénuder
pinzas[F] pelacables
pinza[F] spelafili

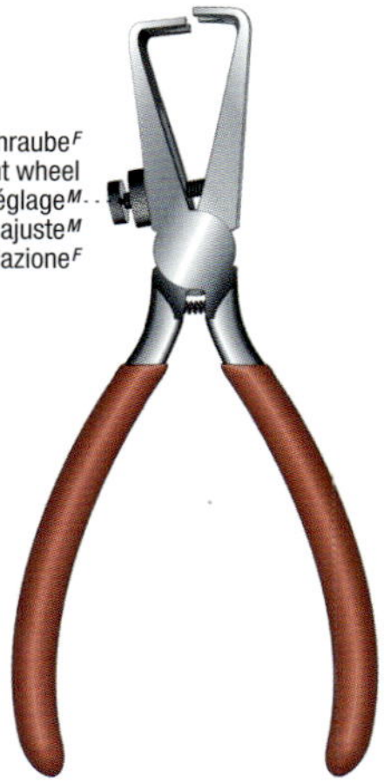

Kombizange[F]
combination pliers
pince[F] d'électricien[M]
alicates[M] de electricista[M]
pinza[F] universale

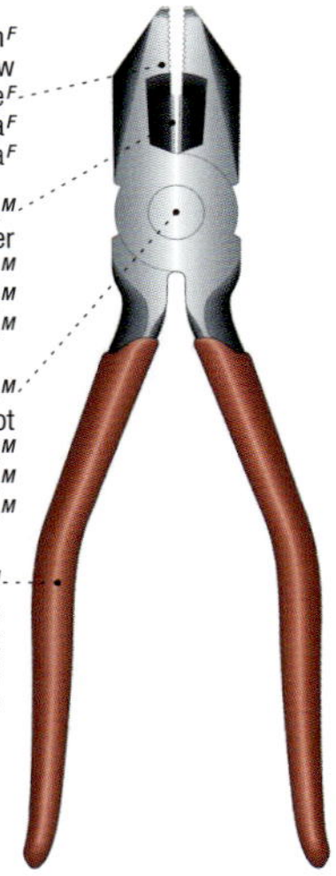

Messer[N]
cutter
couteau[M] d'électricien[M]
cuchilla[F]
coltello[M]

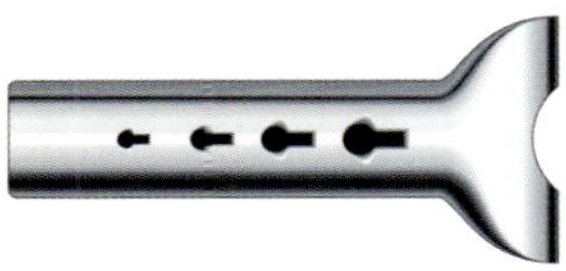

Kabelabisolierer[M]
wire stripper
dénudeur[M] de fil[M]
pelacables[M]
spelafili[M]

Kabeltülle[F]
wire nut
capuchon[M] de connexion[F]
capuchón[M] de plástico[M]
proteggicavo[M]

Hammer[M]
hammer
marteau[M] d'électricien[M]
martillo[M]
martello[M]

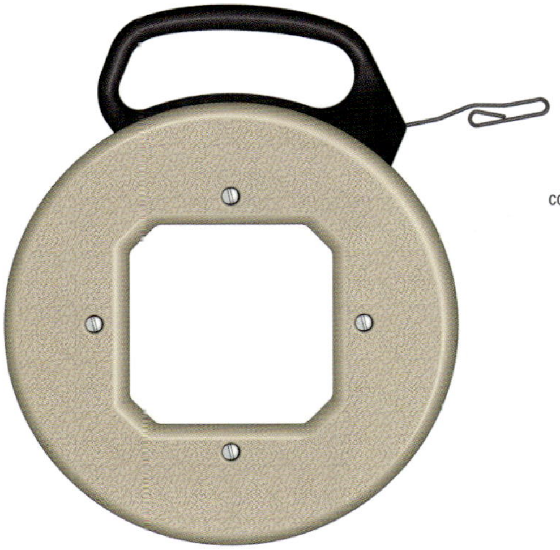

Einziehdraht[M]
fish wire
câble[M] de traction[F]
guía[F] pasacables
cavo[M] di trazione[F]

Mehrzweckzange[F]
multipurpose tool
pince[F] universelle
pinzas[F] multiuso
pinza[F] multiuso

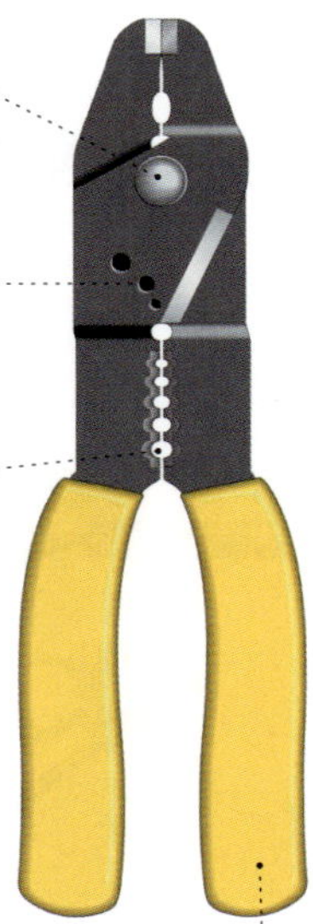

Lötzubehör[N]

soldering materials | matériel[M] de soudage[M] | material[M] de soldadura[M] | materiale[M] per saldatura[F]

Lötpistole[F]
soldering gun
pistolet[M] à souder
pistola[F] para soldar
saldatore[M] a pistola[F]

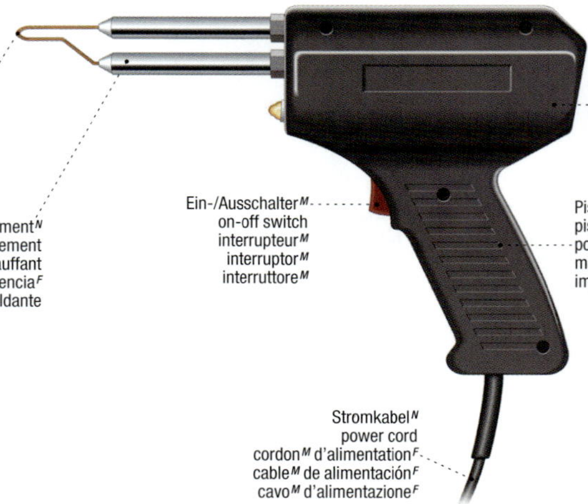

Lötspitze[F]
tip
panne[F]
punta[F]
punta[F]

Heizelement[N]
heating element
élément[M] chauffant
resistencia[F]
elemento[M] riscaldante

Ein-/Ausschalter[M]
on-off switch
interrupteur[M]
interruptor[M]
interruttore[M]

Gehäuse[N]
housing
boîtier[M]
caja[F]
cassa[F]

Pistolengriff[M]
pistol grip handle
poignée[F]-pistolet[M]
mango[M]
impugnatura[F] a pistola[F]

Stromkabel[N]
power cord
cordon[M] d'alimentation[F]
cable[M] de alimentación[F]
cavo[M] d'alimentazione[F]

Lötkolben[M]
soldering iron
fer[M] à souder
soldador[M]
saldatore[M] elettrico

Lötzinn[M]
solder
soudure[F]
estaño[M] de soldar
filo[M] per saldatura[F]

Düsenreiniger[M]
nozzle cleaners
aiguilles[F] de nettoyage[M]
limpiador[M] de boquillas[F]
alesatori[M] per la pulizia[F] degli ugelli[M]

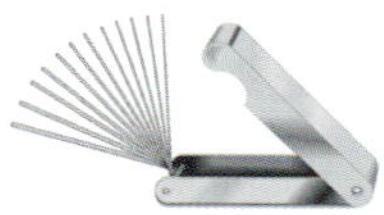

Schutzschirm[M]
welding curtain
écran[M] de soudeur[M]
biombo[M] para soldar
schermo[M] di protezione[F]

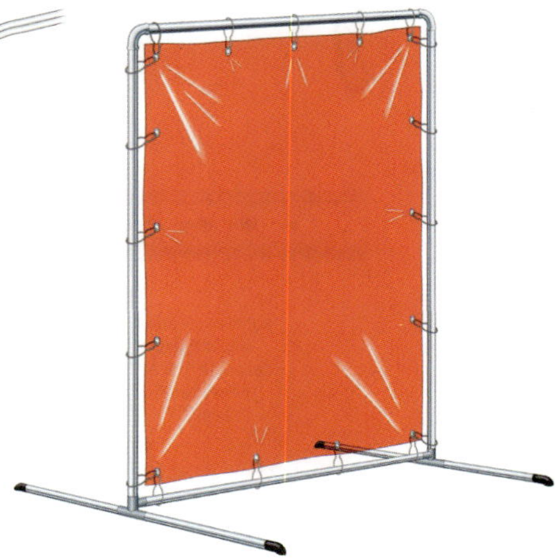

Anzünder[M]
striker
briquet[M]
encendedor[M]
acciarino[M]

Reibefläche[F]
friction strip
frottoir[M]
frotador[M]
striscia[F] di sfregamento[M]

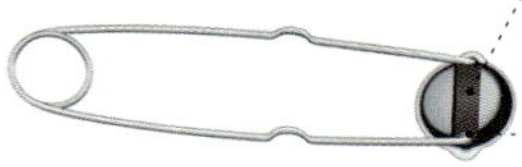

Feuerstein[M]
flint
pierre[F]
pedernal[M]
pietra[F] focaia

Elektroschweißen[N]
arc welding
soudage[M] à l'arc[M]
equipo[M] de soldadura[F] eléctrica
saldatura[F] ad arco[M]

Elektrodenhalter[M]
electrode holder
porte-électrode[M]
pinza[F] del electrodo[M]
portaelettrodo[M]

Elektrodenkabel[N]
electrode lead
câble[M] d'alimentation[F] de l'électrode[F]
cable[M] de corriente[F]
cavo[M] di alimentazione[F] dell'elettrodo[M]

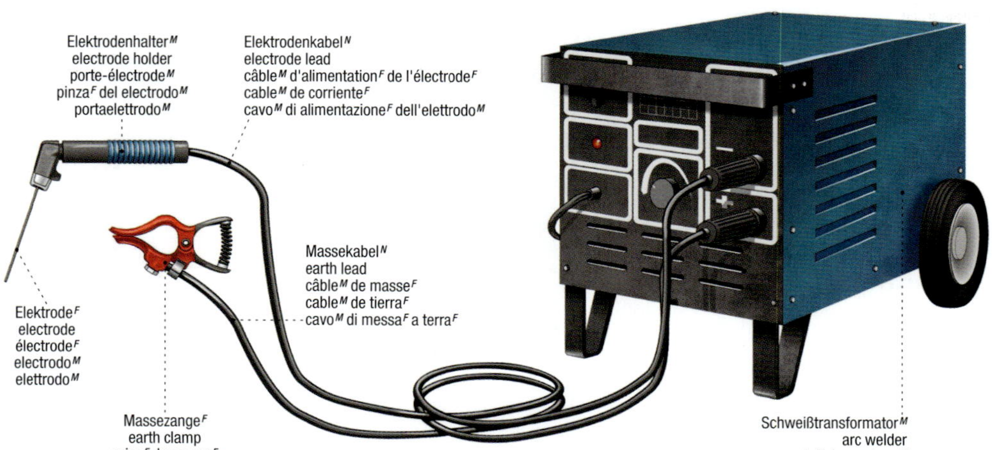

Massekabel[N]
earth lead
câble[M] de masse[F]
cable[M] de tierra[F]
cavo[M] di messa[F] a terra[F]

Elektrode[F]
electrode
électrode[F]
electrodo[M]
elettrodo[M]

Massezange[F]
earth clamp
prise[F] de masse[F]
pinza[F] de conexión[F] a tierra[F]
morsetto[M] di messa[F] a terra[F]

Schweißtransformator[M]
arc welder
poste[M] de soudage[M]
máquina[F] de soldar eléctrica
saldatrice[F] ad arco[M]

Schutzkleidung[F]
protective clothing
équipement[M] de protection[F]
ropa[F] de protección[M]
abbigliamento[M] antinfortunistico

Schutzbrille[F]
goggles
lunettes[F]
gafas[F] protectoras
occhiali[M] di protezione[F]

Gesichtsschutz[M]
helmet
casque[M]
careta[F]
maschera[F] da saldatore[M]

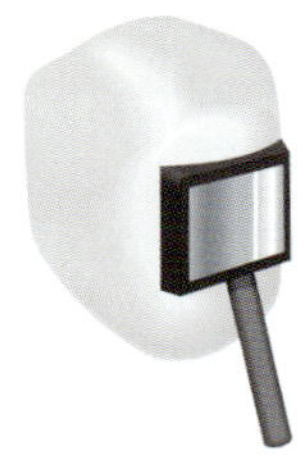

Handschild[N]
hand shield
écran[M] à main[F]
careta[F] de mano[F]
schermo[M] a impugnatura[F]

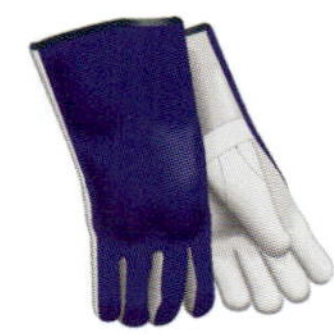

fünffingriger Schweißerhandschuh[M]
gauntlet
gant[M] à crispin[M]
guantes[M]
guanti[M] di protezione[F]

Fausthandschuh[M]
mitten
moufle[F]
manoplas[F]
manopole[F]

Lötzubehör[N]

Schweißbrenner[M]
welding torch
chalumeau[M] soudeur
soplete[M] de soldadura[F] autógena
cannello[M] per saldare

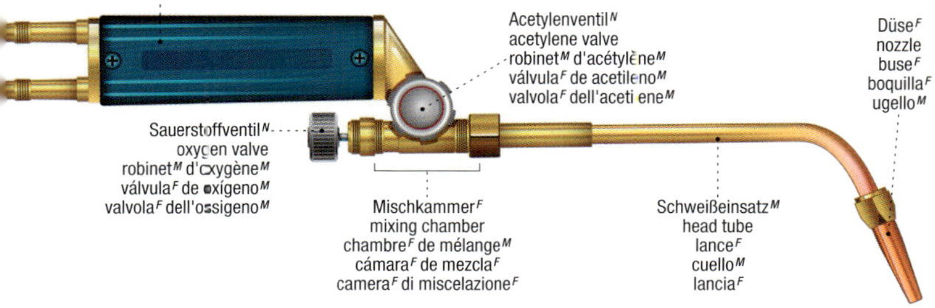

Schweißbrenner[M] mit Schneideeinsatz[M]
cutting torch
chalumeau[M] coupeur
soplete[M] de corte[M]
cannello[M] per tagliare

Druckminderer[M] (Sauerstoff[M])
pressure regulator (oxygen)
régulateur[M] de pression[F] (oxygène[M])
regulador[M] de presión[F] (oxígeno[M])
regolatore[M] della pressione[F] (ossigeno[M])

Autogenschweißgerät[N]
oxyacetylene welding and cutting
soudage[M] et coupage[M] oxyacétylénique
grupo[M] de soldadura[F] y corte[M] oxiacetilénico
saldatura[F] e taglio[M] ossiacetilenico

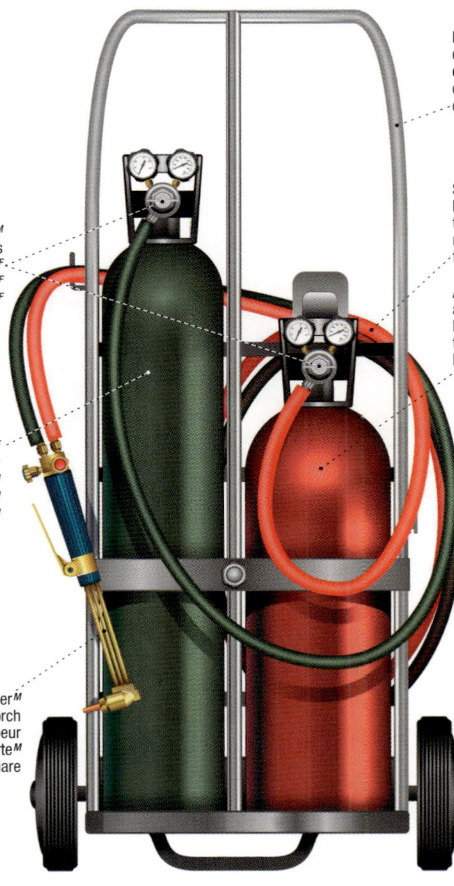

Lötlampe[F]
blowtorch
lampe[F] à souder
soplete[M]
lampada[F] per saldare

Farbabbrennervorsatz[M]
flame spreader
brûleur[M] bec[M] plat
boquilla[F] para expandir la llama[F]
diffusore[M] della fiamma[F]

Malerwerkzeug^N

painting material | matériel^M de peinture^F | material^M de pintura^F | materiale^M di pittura^F

Spritzpistole^F
spray gun
pistolet^M à peinture^F
pistola^F de pintar
pistola^F per verniciatura^F a spruzzo^M

Düse^F
nozzle
buse^F à fluide^M
boquilla^F
ugello^M

Lufteinlass^M
air cap
bouchon^M d'air^M
anillo^M de ajuste^M
cappellotto^M dell'aria^F

Druckabzug^M
trigger
gâchette^F
gatillo^M
grilletto^M

Entlüftung^F
vent hole
orifice^M d'aération^F
orificio^M de entrada^F de aire^M
sfiatatoio^M

Einstellventil^N für die Strahlbreite^F
spreader adjustment screw
soupape^F de réglage^M du fluide^M
válvula^F de ajuste^M
vite^F di regolazione^F dello spruzzo^M

Einstellventil^N für die Flüssigkeitsmenge^F
fluid adjustment screw
réglage^M du pointeau^M du fluide^M
regulador^M de fluidos^M
vite^F di regolazione^F del fluido^M

Luftventil^N
air valve
soupape^F à air^M
válvula^F de aire^M
valvola^F dell'aria^F

Pistolengriff^M
gun handle
corps^M du pistolet^M
empuñadura^F de pistola^F
impugnatura^F della pistola^F

Druckluftanschluss^M
air hose connection
raccord^M d'arrivée^F d'air^M
conexión^F para la manguera^F de aire^M
attacco^M del tubo^M dell'aria^F

Behälter^M
container
godet^M
depósito^M de pintura^F
serbatoio^M

Malerpinsel^M
paintbrush
pinceau^M
brocha^F
pennello^M

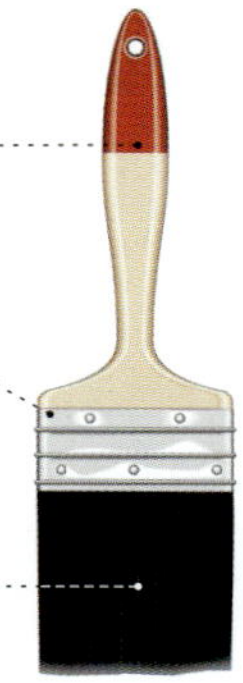

Griff^M
handle
manche^M
mango^M
manico^M

Stock^M
ferrule
virole^F
collar^M
ghiera^F

Borsten^F
bristles
soies^F
cerdas^F
setole^F

Schaber^M
scraper
grattoir^M
rasqueta^F
raschietto^M

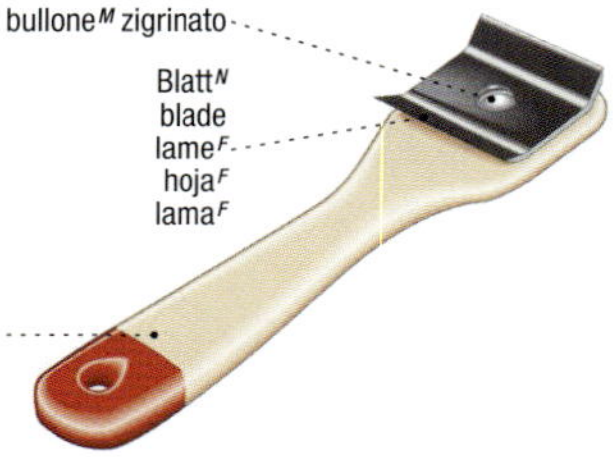

Rändelbolzen^M
knurled bolt
bouton^M moleté
tornillo^M
bullone^M zigrinato

Blatt^N
blade
lame^F
hoja^F
lama^F

Griff^M
handle
manche^M
mango^M
manico^M

Kompressor^M
air compressor
compresseur^M d'air^M
compresor^M de aire^M
compressore^M d'aria^F

Pumpe^F
pump
pompe^F
bomba^F
pompa^F

Motor^M
motor
moteur^M
motor^M
motore^M

Griff^M
handle
poignée^F
empuñadura^F
impugnatura^F

Druckluftbehälter^M
air tank
réservoir^M
tanque^M de aire^M
serbatoio^M d'aria^F

Rad^N
wheel
roue^F
rueda^F
ruota^F

Heißluftpistole^F
heat gun
décapeur^M thermique
pistola^F de calor^M
pistola^F per sverniciatura^F

Düse^F
nozzle
buse^F
boquilla^F
ugello^M

Ein-/Ausschalter^M
on-off switch
interrupteur^M
interruptor^M
interruttore^M

Wanne^F
tray
bac^M
bandeja^F de pintura^F
vaschetta^F

Farbroller^M
paint roller
rouleau^M
rodillo^M de pintor^M
rullo^M

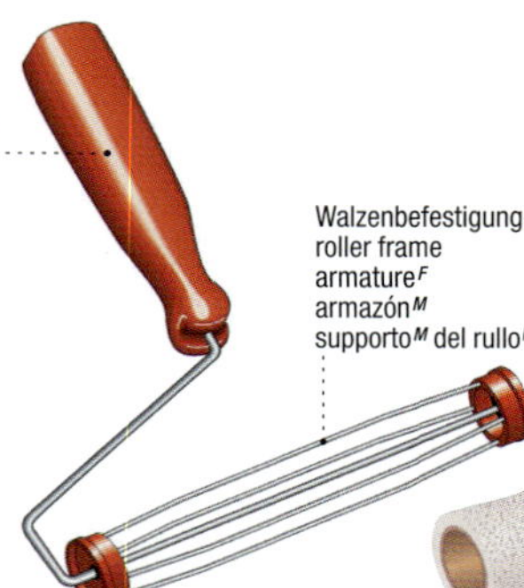

Griff^M
handle
poignée^F
mango^M
manico^M

Walzenbefestigung^F
roller frame
armature^F
armazón^M
supporto^M del rullo^M

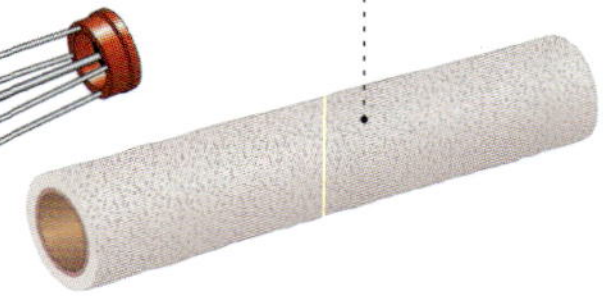

Walze^F
roller sleeve
manchon^M
rodillo^M
rullo^M

Leitern^{F}

ladders | échelles^{F} | escaleras^{F} | scale^{F}

Dachbodenleiter^{F}
loft ladder
échelle^{F} escamotable
escalera^{F} extensible de buhardilla^{F}
scala^{F} retrattile

Anlegeleiter^{F}
straight ladder
échelle^{F} droite
escalera^{F} común
scala^{F} a pioli^{M}

Einhängeleiter^{F}
hook ladder
échelle^{F} à crochets^{M}
escalera^{F} de gancho^{M}
scala^{F} a pioli^{M} con ganci^{M}

Ausziehleiter^{F}
extension ladder
échelle^{F} coulissante
escalera^{F} extensible
scala^{F} estensibile

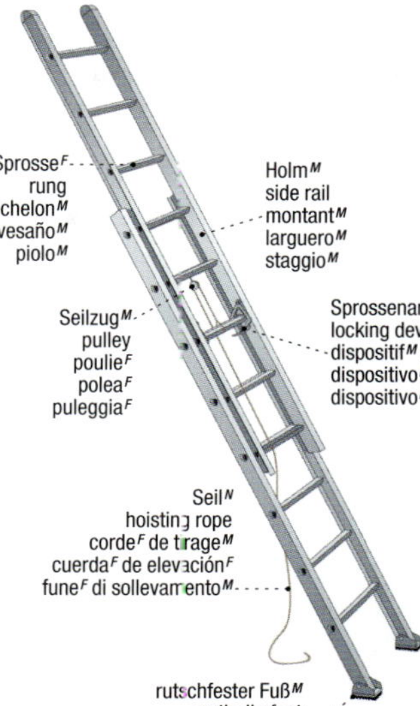

Sprosse^{F}
rung
échelon^{M}
travesaño^{M}
piolo^{M}

Holm^{M}
side rail
montant^{M}
larguero^{M}
staggio^{M}

Seilzug^{M}
pulley
poulie^{F}
polea^{F}
puleggia^{F}

Sprossenarretierung^{F}
locking device
dispositif^{M} de blocage^{M}
dispositivo^{M} de bloqueo^{M}
dispositivo^{M} di blocco^{M}

Seil^{N}
hoisting rope
corde^{F} de tirage^{M}
cuerda^{F} de elevación^{F}
fune^{F} di sollevamento^{M}

rutschfester Fuß^{M}
anti-slip foot
patin^{M} antidérapant
zapata^{F} antideslizante
piedino^{M} snodato antiscivolo

Rollenleiter^{F}
rolling ladder
échelle^{F} roulante
escalera^{F} rodante
scala^{F} a palchetto^{M} con ruote^{F}

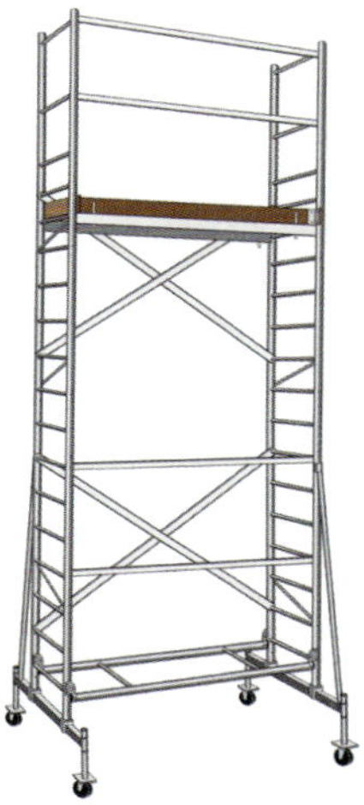

Leitergerüst^{N}
ladder scaffold
échelle^{F} d'échafaudage^{M}
andamio^{M} sobre ruedas^{F}
trabattello^{M}

landwirtschaftliche Nutzleiter^{F}
fruit-picking ladder
échelle^{F} fruitière
escalera^{F} de recolección^{F} de fruta^{F}
scala^{F} per agricoltura^{F}

Mehrzweckleiter^{F}
multi-purpose ladder
échelle^{F} transformable
escalera^{F} multiuso
scala^{F} multiuso

Strickleiter^{F}
rope ladder
échelle^{F} de corde^{F}
escalera^{F} de cuerda^{F}
biscaglina^{F}

Stehleitern^{F}

stepladders | escabeaux^{M} | escalera^{F} de mano^{F} | scale^{F} a pioli^{M}

Stehleiter^{F}
stepladder
escabeau^{M}
escalera^{F} de tijera^{F}
scala^{F} a libretto^{M}

Podest^{N}
top
plateau^{M}
parte^{F} superior
cima^{F}

Arbeitsbrett^{N}
tool shelf
tablette^{F} porte-outil^{M}
bandeja^{F} para herramientas^{F}
mensola^{F} portautensili

Stufe^{F}
step
marche^{F}
peldaño^{M}
gradino^{M}

Ausklapparretierung^{F}
brace
entretoise^{F}
tirante^{M}
braccio^{M} distanziatore

Trittleiter^{F}
platform ladder
marchepied^{M}
escalera^{F} de plataforma^{F}
scala^{F} con piattaforma^{F}

Sicherheitsholm^{M}
safety rail
garde-corps^{M}
barandilla^{F}
barra^{F} d'appoggio^{M}

Ablage^{F}
shelf
tablette^{F}
entrepaño^{M}
ripiano^{M}

Gestell^{N}
frame
piètement^{M}
armazón^{M}
montante^{M}

Trittfläche^{F}
platform
plateforme^{F}
plataforma^{F}
piattaforma^{F}

Gummistöpsel^{M}
rubber stopper
embout^{M}
zapata^{F} de goma^{F}
piedino^{M} di gomma^{F}

Tritt^{M}
step
marche^{F}
peldaño^{M}
gradino^{M}

Tritthocker^{M}
step stool
tabouret^{M}-escabeau^{M}
taburete^{M} escalera
scala^{F} sgabello^{M}

Garten[M]

garden | jardin[M] | jardín[M] | giardino[M]

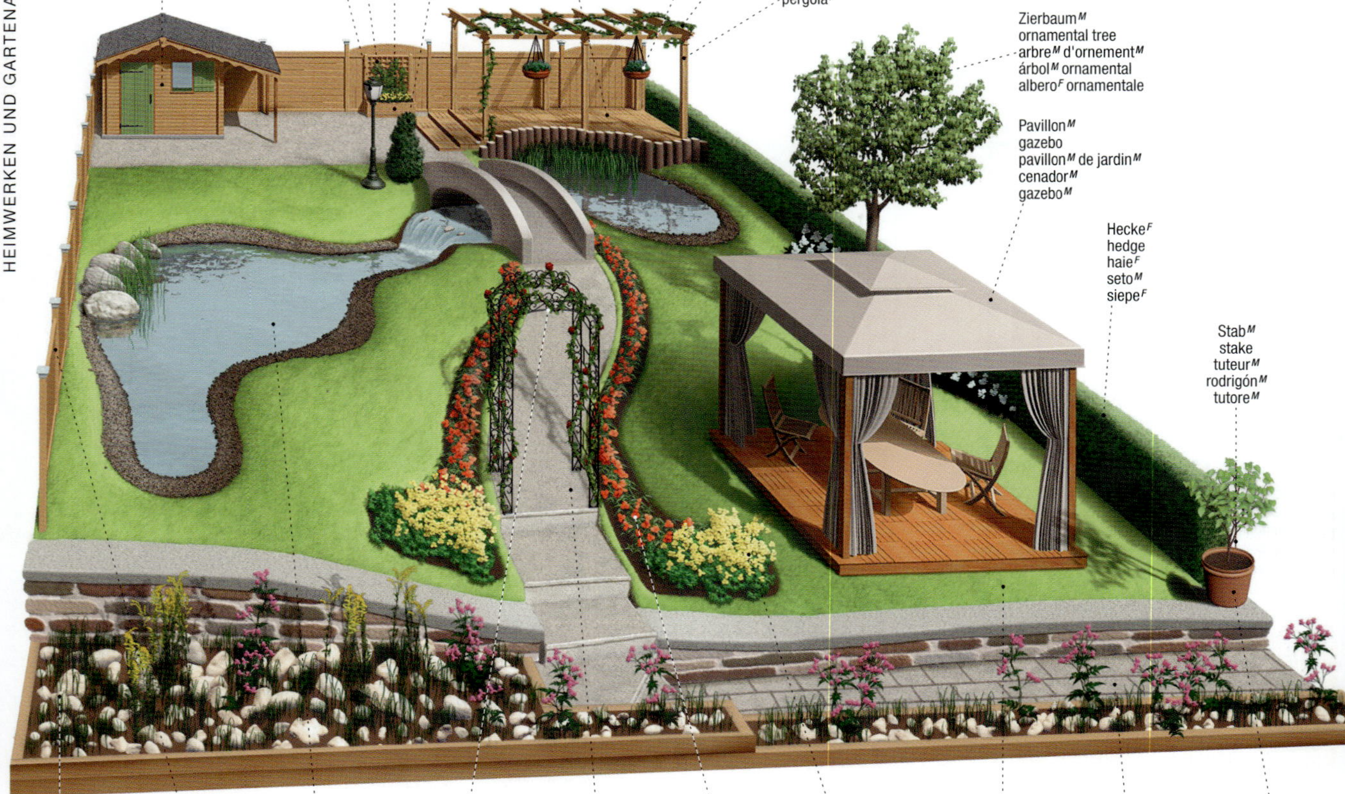

verschiedene Geräte^{N}

miscellaneous equipment | équipement^{M} divers | equipamiento^{M} vario | attrezzatura^{F} varia

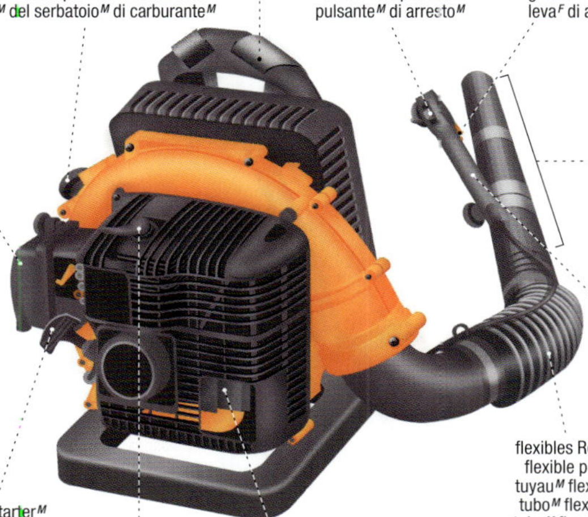

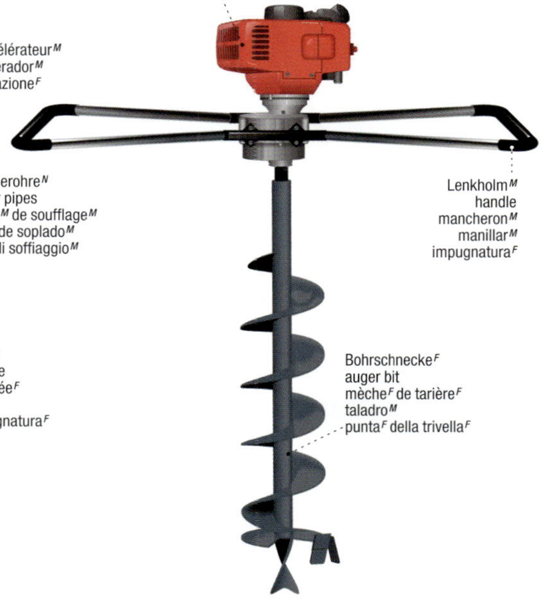

Geräte[N] zur Erdbewegung[F]

tools for loosening the earth | outils[M] pour remuer la terre[F] | herramientas[F] para remover la tierra[F] | attrezzi[M] per smuovere la terra[F]

Grabschaufel[F]
shovel
pelle[F]
pala[F]
badile[M]

Spaten[M]
spade
bêche[F]
laya[F]
vanga[F]

Grabgabel[F]
digging fork
fourche[F] à bêcher
horca[F]
forcone[F]

Kantenstecher[M]
lawn edger
coupe-bordures[M]
cuchilla[F] para delimitar el césped[M]
tagliabordi[M]

Handkultivator[M]
weeding hoe
sarcloir[M]
cultivador[M]
coltivatore[M]

Kombihacke[F]
hoe-fork
serfouette[F]
azuela[F]
zappetta[F] tridente

Rübenhacke[F]
draw hoe
binette[F]
azada[F]
sarchiello[M]

Ziehhacke[F]
scuffle hoe
ratissoire[F]
azada[F] de doble filo[M]
sarchio[M]

Geräte^{N} zur Erdbewegung^{F}

Rechen^{M}
rake
râteau^{M}
rastrillo^{M}
rastrello^{M}

Krail^{M}
hook
croc^{M} à défricher
garabato^{M}
zappa^{F} a quattro denti^{M}

Rodehacke^{F}
hoe
houe^{F}
azadón^{M}
zappa^{F}

Kreuzhacke^{F}
pick
pioche^{F}
pico^{M}
piccone^{M}

Gartenfräse^{F}
Rotavator
motoculteur^{M}
motocultor^{M}
motocoltivatore^{M}

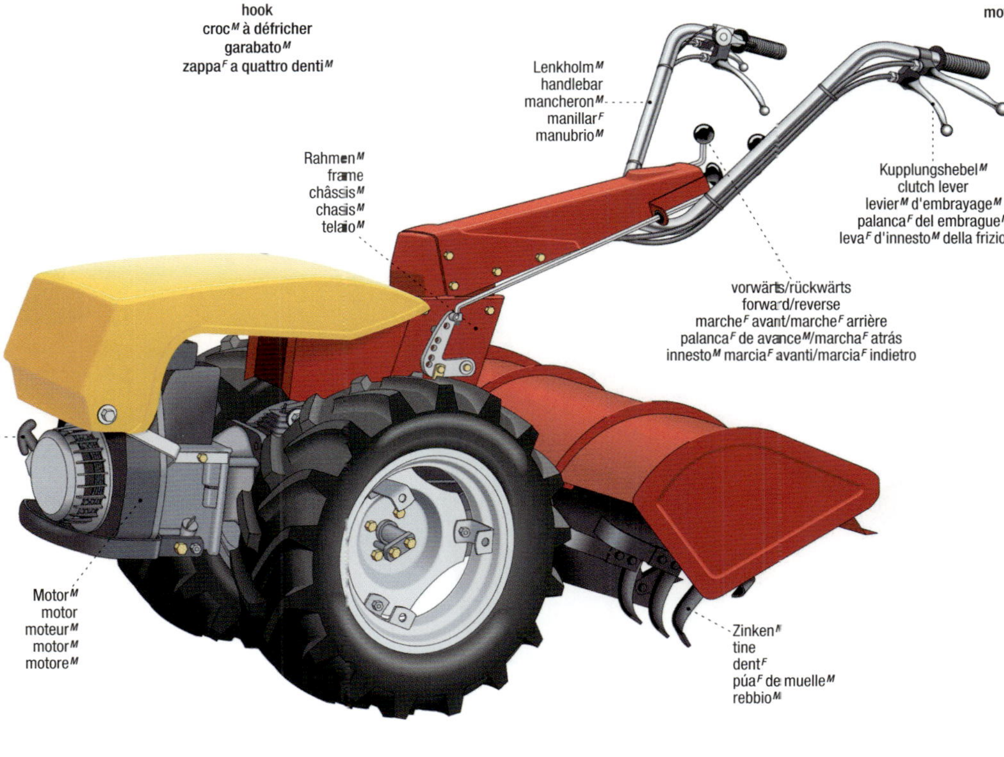

Gießgeräte^{N}

watering tools | outils^{M} pour arroser | herramientas^{F} para regar | attrezzi^{M} per annaffiare

Schlauchwagen^{M}
hose reel cart
dévidoir^{M} sur roues^{F}
carro^{M} de enrollado^{M} de manguera^{F}
avvolgitubo^{M}

Gartenschlauch^{M}
garden hose
tuyau^{M} d'arrosage^{M}
manguera^{F}
tubo^{M} flessibile

Handkurbel^{F}
hand crank
manivelle^{F}
manivela^{F}
manovella^{F}

Trommel^{F}
reel
dévidoir^{M}
carrete^{M}
carrello^{M}

Schlauchkupplung^{F}
hose connector
raccord^{M} de robinet^{M}
toma^{F}
attacco^{M} del tubo^{M} di alimentazione^{F} dell'acqua^{F}

Schlauchdüse^{F}
hose nozzle
embout^{M} d'arrosage^{M}
boquilla^{F} de riego^{M}
ugello^{M} di annaffiamento^{M}

Regnerschlauch^{M}
sprinkler hose
tuyau^{M} perforé
manguera^{F} de riego^{M}
tubo^{M} per irrigazione^{F}

Sprühflasche^{F}
sprayer
vaporisateur^{M}
pulverizador^{M}
spruzzatore^{M}

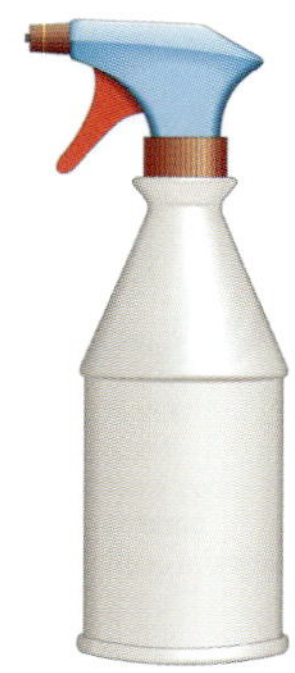

Gießkanne^{F}
watering can
arrosoir^{M}
regadera^{F}
annaffiatoio^{M}

Brause^{F}
rose
pomme^{F}
roseta^{F}
cipolla^{F}

Griff^{M}
handle
anse^{F}
asa^{F}
manico^{M}

Gartenspritze^{F}
pump sprayer
pulvérisateur^{M}
pulverizador^{M}
atomizzatore^{M}

Gießgeräte^N

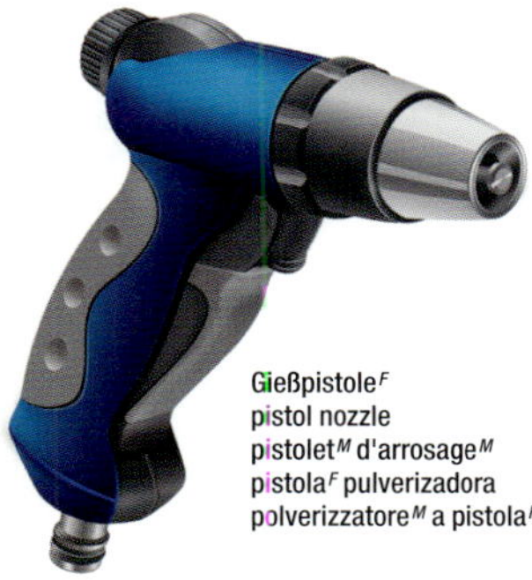

Gießpistole^F
pistol nozzle
pistolet^M d'arrosage^M
pistola^F pulverizadora
polverizzatore^M a pistola^F

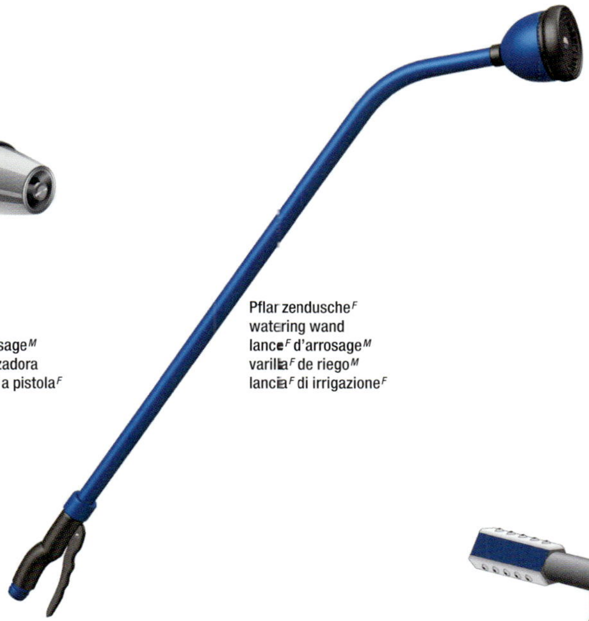

Pflanzendusche^F
watering wand
lance^F d'arrosage^M
varilla^F de riego^M
lancia^F di irrigazione^F

Gießbrause^F
spray nozzle
pistolet^M arrosoir^M
boquilla^F pulverizadora
nebulizzatore^M

Kreisregner^M
revolving sprinkler
arroseur^M rotatif
irrigador^M giratorio
irrigatore^M rotativo a pioggia^F

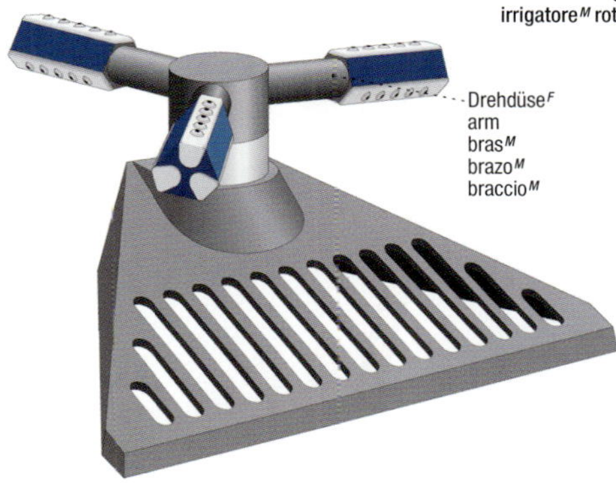

Viereckregner^M
oscillating sprinkler
arroseur^M oscillant
irrigador^M oscilante
irrigatore^M oscillante

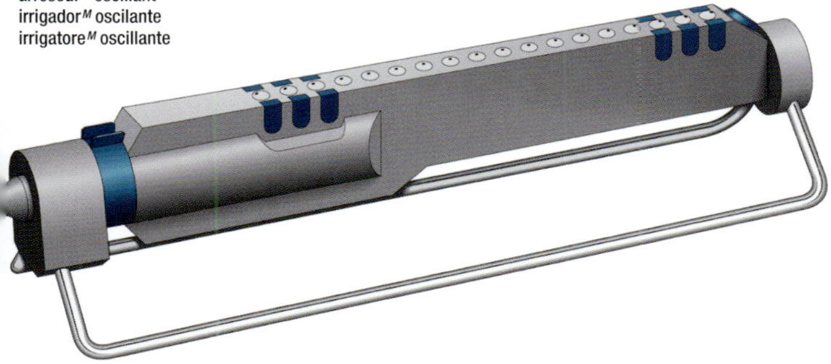

Impulsregner^M
impulse sprinkler
arroseur^M canon^M
irrigador^M de impulso^M
irrigatore^M a impulsi^M

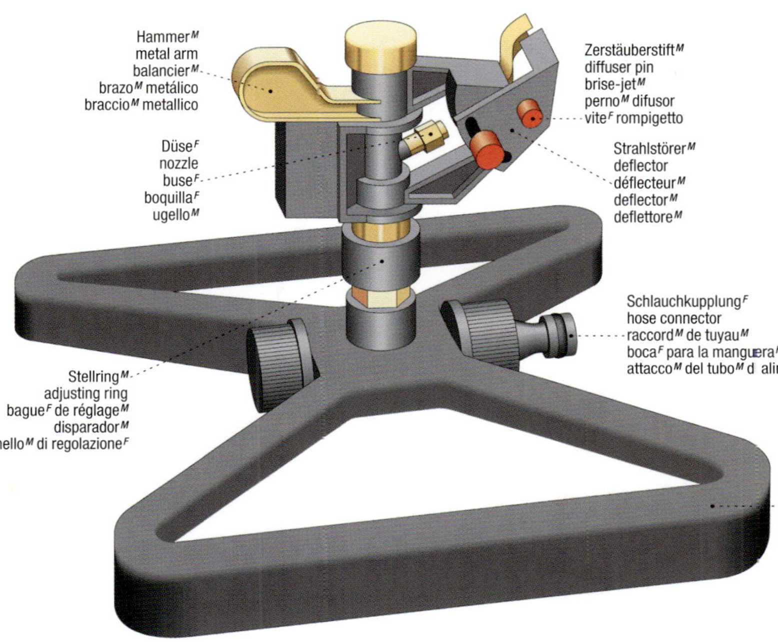

Schneidwerkzeuge^N

pruning and cutting tools | outils^M pour couper | herramientas^F para cortar | attrezzi^M per potare e tagliare

Heckenschere^F
garden shears
cisaille^F à haies^F
cizallas^F para setos^M
forbici^F tagliasiepi

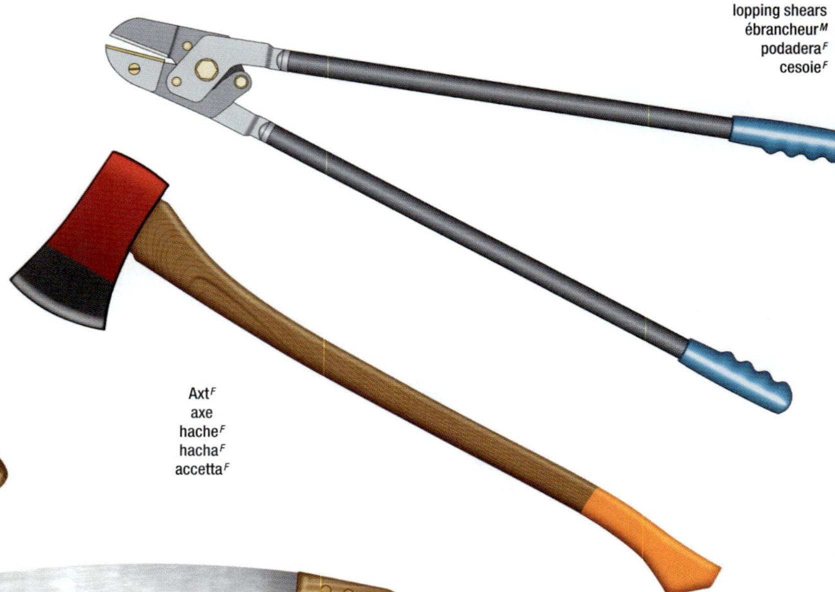

Astschere^F
lopping shears
ébrancheur^M
podadera^F
cesoie^F

Axt^F
axe
hache^F
hacha^F
accetta^F

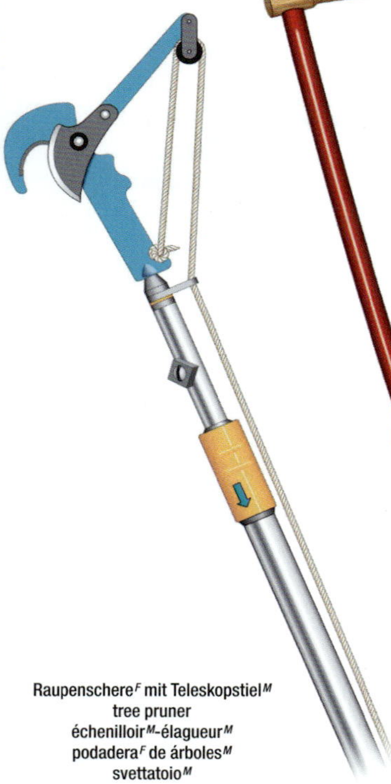

Raupenschere^F mit Teleskopstiel^M
tree pruner
échenilloir^M-élagueur^M
podadera^F de árboles^M
svettatoio^M

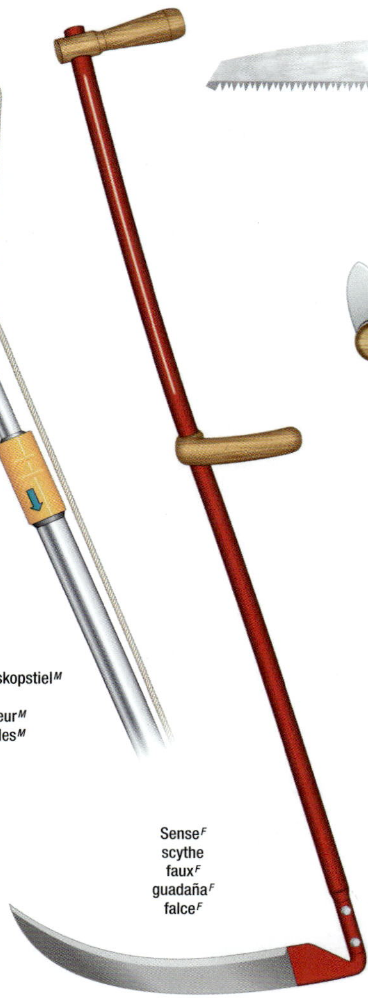

Sense^F
scythe
faux^F
guadaña^F
falce^F

Baumsäge^F
pruning saw
scie^F d'élagage^M
sierra^F de podar
sega^F da giardiniere^M

Baumschere^F
secateurs
sécateur^M
tijeras^F de podar
cesoie^F da giardino^M

Veredelungsmesser^N
grafting knife
greffoir^M
navaja^F de injertar
innestatoio^M

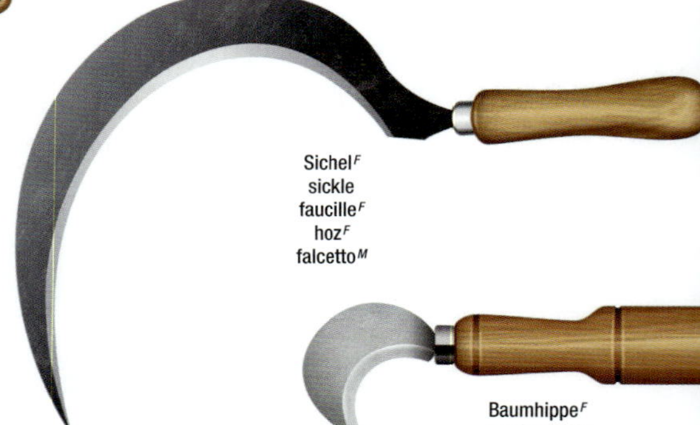

Sichel^F
sickle
faucille^F
hoz^F
falcetto^M

Baumhippe^F
pruning knife
serpette^F
podón^M
potatoio^M

Hippe^F
billhook
serpe^F
navaja^F jardinera
roncola^F

Schneidwerkzeuge[N]

elektrische Heckenschere[F]
hedge trimmer
taille-haies[M]
cortasetos[M] eléctrico
tagliasiepi[M/F]

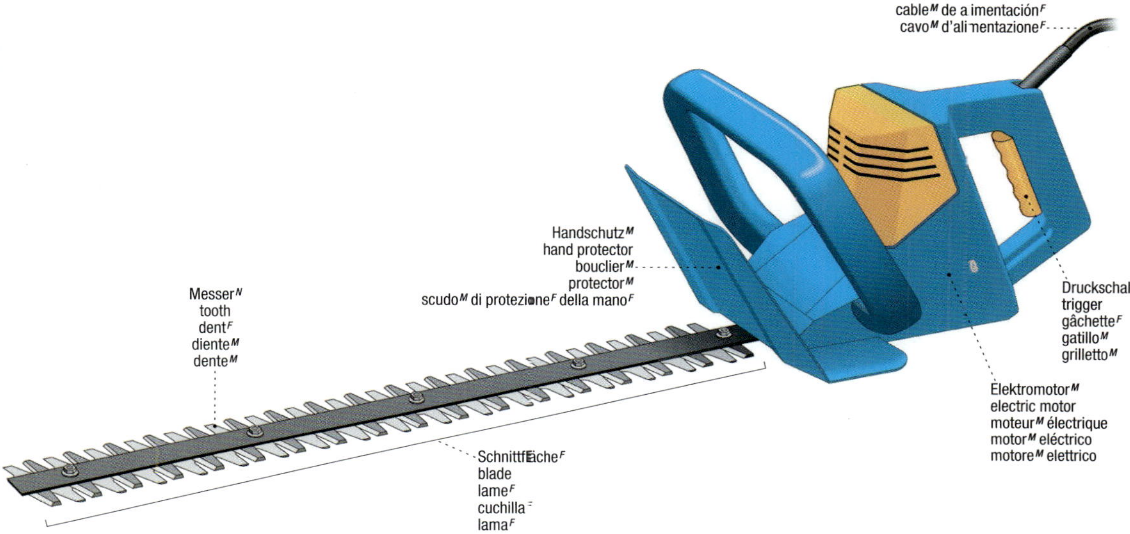

Kettensäge[F]
chainsaw
tronçonneuse[F]
sierra[F] de cadena[F]
motosega[F]

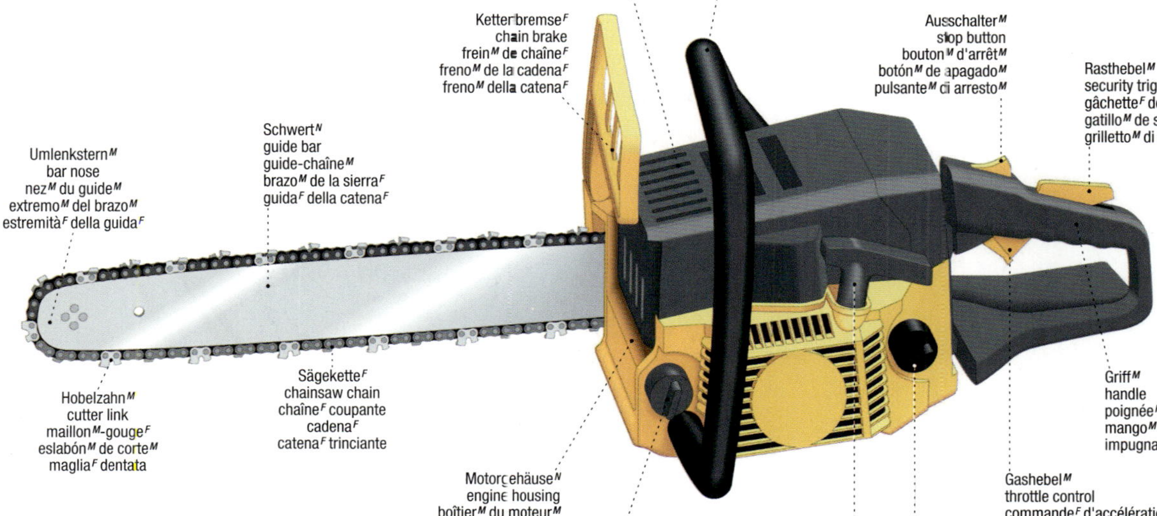

Handwerkzeuge^{N}

hand tools | jeu^{M} de petits outils^{M} | juego^{M} de pequeñas herramientas^{F} | attrezzi^{M} per piccoli lavori^{M} di giardinaggio^{M}

Kralle^{F}
small hand cultivator
griffe^{F} à fleurs^{F}
cultivador^{M} de mano^{F}
sarchiello^{M} a mano^{F}

Pflanzkelle^{F}
trowel
transplantoir^{M}
desplantador^{M}
trapiantatoio^{M}

Unkrautstecher^{M}
weeder
tire-racine^{M}
desyerbador^{M}
estirpatore^{M}

Handgabel^{F}
hand fork
fourche^{F} à fleurs^{F}
horquilla^{F} de mano^{F}
piccola forca^{F} a mano^{F}

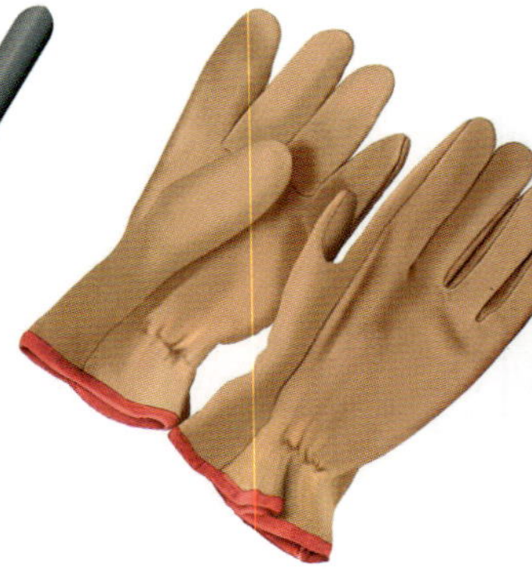

Gartenhandschuhe^{M}
gardening gloves
gants^{M} de jardinage^{M}
guantes^{M} de jardinería^{F}
guanti^{M} da giardinaggio^{M}

Werkzeuge^{N} zum Säen^{N} und Pflanzen^{N}

seeding and planting tools | outils^{M} pour semer et planter | herramientas^{F} para sembrar y plantar | attrezzi^{M} per seminare e piantare

Düngerstreuer^{M}
spreader
épandeur^{M}
esparcidora^{F} de abono^{M}
spandiconcime^{M}

Säkelle^{F}
seeder
semoir^{M} à main^{F}
sembradora^{F} de mano^{F}
seminatoio^{M} a mano^{F}

Pflanzlochstecher^{M}
bulb dibber
plantoir^{M} à bulbes^{M}
plantador^{M} de bulbos^{M}
piantabulbi^{M}

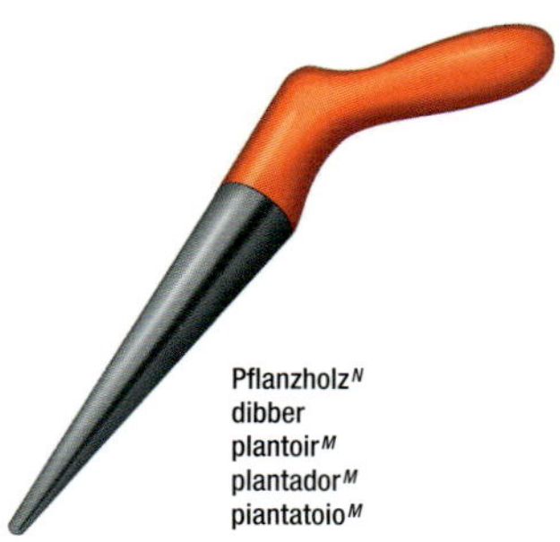

Pflanzholz^{N}
dibber
plantoir^{M}
plantador^{M}
piantatoio^{M}

Baumstütze^{F}
stake
tuteur^{M}
rodrigón^{M}
tutore^{M}

Pflanzschnur^{F}
garden line
cordeau^{M}
cuerda^{F}
filo^{M} da giardino^{M}

Rasenpflege^{F}

lawn care | soins^{M} de la pelouse^{F} | cuidado^{M} del césped^{M} | cura^{F} del prato^{M}

Rasentrimmer^{M}
trimmer
taille-bordures^{M}
podadora^{F} de bordes^{M}
tagliabordi^{M}

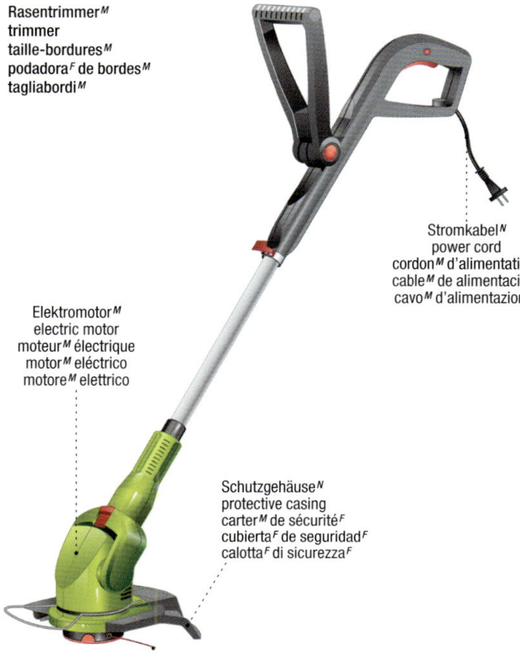

Handmäher^{M}
reel mower
tondeuse^{F} mécanique
cortacésped^{M}
tosatrice^{F} meccanica

Motorrasenmäher^{M}
power mower
tondeuse^{F} à moteur^{M}
cortacésped^{M} con motor^{M}
motofalciatrice^{F}

Rasenpflege^F

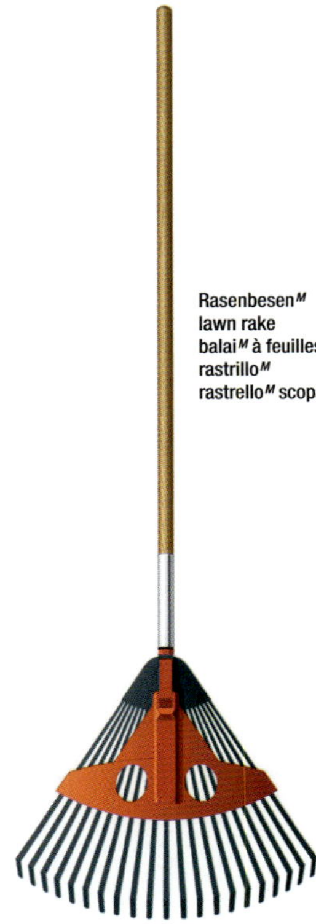

Aufsitzmäher^M
lawn tractor
tondeuse^F autoportée
tractor^M cortacésped
trattore^M tosaerba^M

Schneeräumgeräte[N]

snow-removal tools | matériel[M] de déneigement[M] | herramientas[F] de retirada[F] de nieve[F] | attrezzi[M] per rimuovere la neve[F]

Schneewanne[F]
snow scoop
pelle[F]-traîneau[M]
paleador[M] de nieve[F]
pala[F] con slitta[F]

Schneeschieber[M]
snow pusher
grattoir[M] à neige[F]
pala[M] de arrastre[M] de nieve[F]
raschietto[M] per neve[F]

Schneeräumgerät[N]
mountain mover snow shovel
pelle[F]-grattoir[M]
pala[F] quitanieves
pala[F] con raschietto[M]

Schneeschaufel[F]
snow shovel
pelle[F] à neige[F]
pala[F] de nieve[F]
pala[F] da neve[F]

Eisstecher[M]
ice cutter
coupe-glace[M]
cortador[M] de hielo[M]
tagliaghiaccio[M]

Streusalz[N]
ice melter
déglaçant[M]
celerante[M] de fundido[M] de hielo[M]
sciogli-ghiaccio[M]

Schneefräse[F]
snowblower
fraise[F] à neige[F]
quitanieves[M]
fresa[F] da neve[F]

KLEIDUNG

clothing
vêtements
vestido
abbigliamento

TEXTILIEN 424

- Fasern 424
- Webstoffe 424
- Wasch- und Pflegesymbole 425

HISTORISCHE KLEIDUNG 426

- Beispiele für historische Kleidung 426
- Beispiele für traditionelle Kleidung 429

HERRENKLEIDUNG 430

- Jackett und Weste 430
- Hemd 431
- Hose 432
- Socke 433
- Unterwäsche 434
- Mäntel und Jacken 435

UNISEX-KLEIDUNG 437

- Pullover 437

DAMENKLEIDUNG 438

- Kleider 438
- Röcke 439
- Oberteile 440
- Hosen 441
- Westen und Jacken 442
- Mäntel und Jacken 442
- Unterwäsche 444
- Strümpfe 446
- Nachtbekleidung 447

SPEZIALKLEIDUNG 448

- Kinderbekleidung 448
- Sportbekleidung 450

DESIGN UND FERTIGUNG 452

- Taschen 452
- Ärmel 452
- Bundfalte 454
- Krägen 454
- Ausschnitte 456
- Ausschnittarten 456

KOPFBEDECKUNGEN 457

- Herrenkopfbedeckungen 457
- Damenkopfbedeckungen 458
- Unisex-Kopfbedeckungen 458

SCHUHE 459

- Herrenschuhe 459
- Damenschuhe 460
- Unisex-Schuhe 462
- Zubehör 463

KLEIDUNGSZUBEHÖR 464

- Handschuhe 464
- verschiedenes Zubehör 465

Fasern[F]

fibres | fibres[F] | fibras[F] | fibre[F]

Naturfasern[F]
natural fibres
fibres[F] naturelles
fibras[F] naturales
fibre[F] naturali

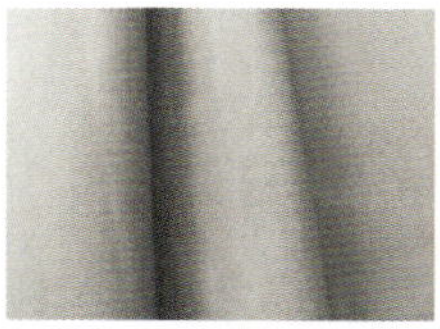

Baumwolle[F]
cotton
coton[M]
algodón[M]
cotone[M]

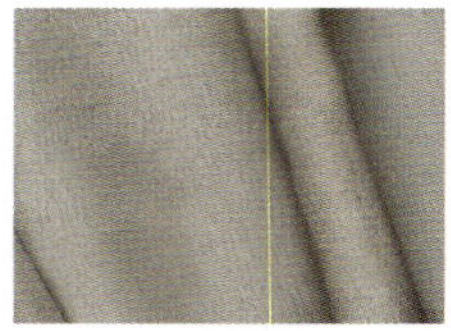

Flachs[M]
linen
lin[M]
lino[M]
lino[M]

Hanf[M]
hemp
chanvre[M]
cáñamo[M]
canapa[F]

Jute[F]
jute
jute[M]
yute[M]
iuta[F]

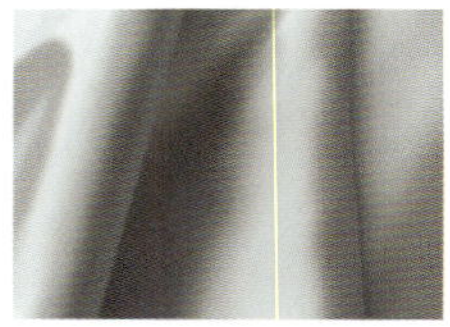

Seide[F]
silk
soie[F]
seda[F]
seta[F]

Wolle[F]
wool
laine[F]
lana[F]
lana[F]

Kunstfasern[F]
synthetic fibres
fibres[F] synthétiques
fibras[F] sintéticas
fibre[F] sintetiche

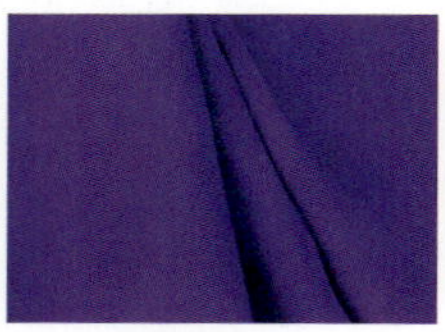

Polyester[N]
polyester
polyester[M]
poliéster[M]
poliestere[M]

Viskose[F]
rayon
viscose[F]
viscosa[F]
viscosa[F]

Nylon[N]
nylon
nylon[M]
nailon[M]
nylon[M]

Acryl[N]
acrylic
acrylique[M]
fibra[F] acrílica
fibra[F] acrilica

Elastan[N]
spandex
lycra[M]
spandex[M]
spandex[M]

Webstoffe[M]

woven fabrics | tissus[M] | tejidos[M] | tessuti[M]

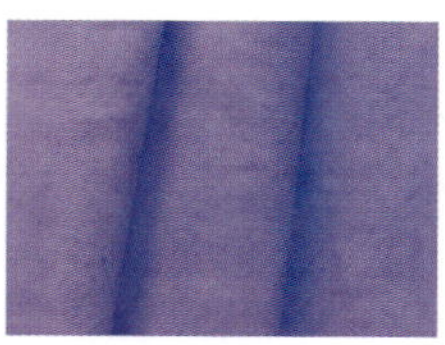

Flanell[M]
flannel
flanelle[F]
franela[F]
flanella[F]

Jeansstoff[M]
denim
denim[M]
tela[F] vaquera
denim[M]

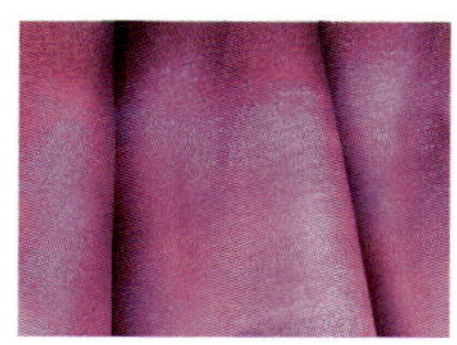

Satin[N]
satin
satin[M]
satén[M]
raso[M]

Serge[F]
serge
serge[F]
sarga[F]
serge[F]

Tüll[M]
tulle
tulle[M]
tul[M]
tulle[M]

Samt[M]
velvet
velours[M]
terciopelo[M]
velluto[M]

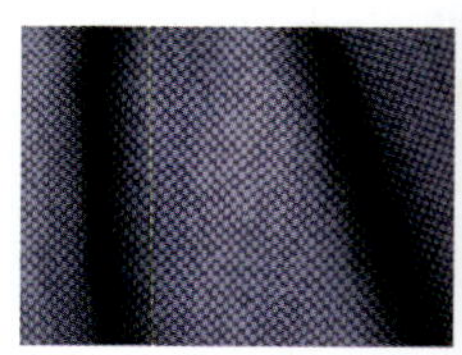

Tweed[M]
tweed
tweed[M]
tweed[M]
tweed[M]

Wasch- und Pflegesymbole^{N}

fabric care symbols | symboles^{M} d'entretien^{M} des tissus^{M} | símbolos^{M} del cuidado^{M} de los tejidos^{M} | simboli^{M} delle istruzioni^{F} sui tessuti^{M}

Waschen^{N}
washing
lavage^{M}
lavado^{M}
lavaggio^{M}

nicht waschen
do not wash
ne pas laver
no lavar
non lavare

Handwäsche^{F}, handwarme
hand wash in lukewarm water
laver à la main^{F} à l'eau^{F} tiède
lavar a mano^{F} con agua^{F} tibia
lavare a mano^{F} in acqua^{F} tiepida

Maschinenwäsche^{F}, Schonwaschgang^{M}, 40 Grad
machine wash in lukewarm water at a gentle setting/reduced agitation
laver à la machine^{F} à l'eau^{F} tiède avec agitation^{F} réduite
lavar a máquina^{F} con agua^{F} tibia en el ciclo^{M} para ropa^{F} delicada
lavare in lavatrice^{F} in acqua^{F} tiepida e velocità^{F} ridotta

Maschinenwäsche^{F}, Schonwaschgang^{M}, 60 Grad
machine wash in warm water at a gentle setting/reduced agitation
laver à la machine^{F} à l'eau^{F} chaude avec agitation^{F} réduite
lavar a máquina^{F} con agua^{F} caliente en el ciclo^{M} para ropa^{F} delicada
lavare in lavatrice^{F} in acqua^{F} calda e velocità^{F} ridotta

Maschinenwäsche^{F}, Normalwaschgang^{M}, 60 Grad
machine wash in warm water at a normal setting
laver à la machine^{F} à l'eau^{F} chaude avec agitation^{F} normale
lavar a máquina^{F} con agua^{F} caliente, en el ciclo^{M} normal
lavare in lavatrice^{F} in acqua^{F} calda e velocità^{F} normale

Maschinenwäsche^{F}, Normalwaschgang^{M}, 90 Grad
machine wash in hot water at a normal setting
laver à la machine^{F} à l'eau^{F} très chaude avec agitation^{F} normale
lavar en lavadora^{F} con agua^{F} muy caliente, en el ciclo^{M} normal
lavare in lavatrice^{F} in acqua^{F} molto calda e velocità^{F} normale

Chlorbleiche nicht möglich
do not use chlorine bleach
ne pas utiliser de chlorure^{M} décolorant
no blanquear con cloro
non candeggiare

Chlorbleiche möglich
use chlorine bleach as directed
utiliser un chlorure^{M} décolorant suivant les indications^{F}
blanquear con cloro^{M}, siguiendo las indicaciones^{F}
usare il candeggiante^{M} secondo le istruzioni^{F}

Trocknen^{N}
drying
séchage^{M}
secado^{M}
asciugatura^{F}

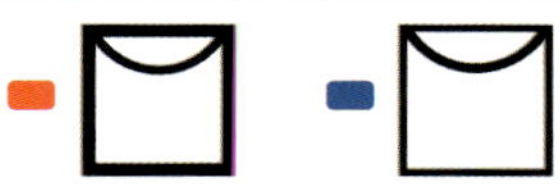

zum Trocknen^{N} hängen
hang to dry
suspendre pour sécher
colgar al aire^{M} libre después de escurrir
appendere per asciugare

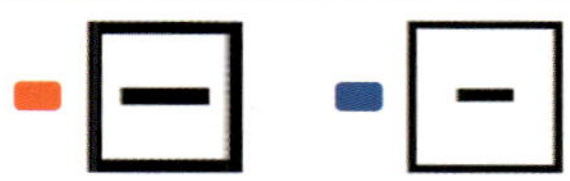

zum Trocknen^{N} legen
dry flat
sécher à plat
secar extendido sobre una toalla^{F} después de escurrir
distendere per asciugare

Nicht in die Trockenmaschine^{F} geben
do not tumble dry
ne pas sécher par culbutage^{M}
no secar en secadora^{F} mecánica
non centrifugare

Bei mittlerer Temperatur^{F} in den Wäschetrockner^{M} geben
tumble dry at medium temperature
sécher par culbutage^{M} à moyenne température^{F}
secar en secadora^{F} a temperatura^{F} media
centrifugare a temperatura^{F} media

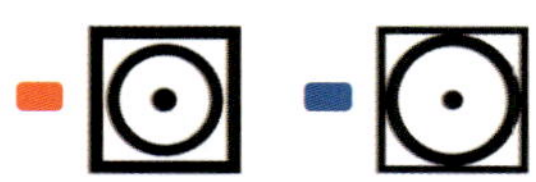

Bei niedriger Temperatur^{F} in den Wäschetrockner^{M} geben
tumble dry at low temperature
sécher par culbutage^{M} à basse température^{F}
secar en secadora^{F} a baja temperatura^{F}
centrifugare a bassa temperatura^{F}

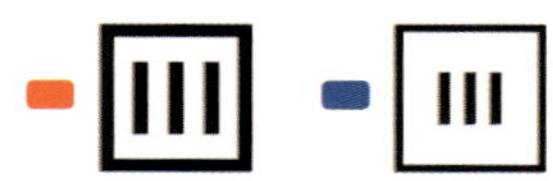

tropfnass hängen
drip dry
suspendre pour sécher sans essorer
secar sin escurrir
appendere senza strizzare

Bügeln^{N}
ironing
repassage^{M}
planchado^{M}
stiratura^{F}

nicht bügeln
do not iron
ne pas repasser
no planchar
non stirare

bei niedriger Temperatur^{F} bügeln
iron at low setting
repasser à basse température^{F}
usar plancha^{F} tibia
stirare a bassa temperatura^{F}

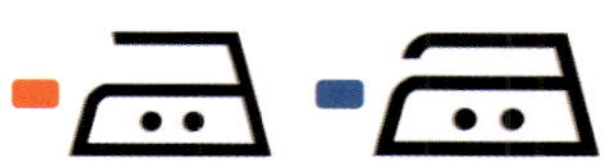

bei mittlerer Temperatur^{F} bügeln
iron at medium setting
repasser à moyenne température^{F}
usar plancha^{F} caliente
stirare a media temperatura^{F}

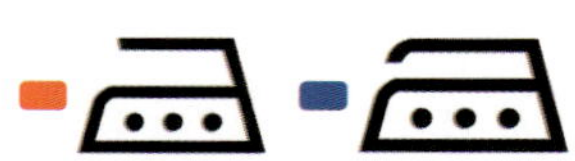

bei hoher Temperatur^{F} bügeln
iron at high setting
repasser à haute température^{F}
usar plancha^{F} muy caliente
stirare ad alta temperatura^{F}

amerikanische Symbole^{N}
American symbols
symboles^{M} américains
símbolos^{M} americanos
simboli^{M} americani

europäische Symbole^{N}
European symbols
symboles^{M} européens
símbolos^{M} europeos
simboli^{M} europei

Beispiele^{N} für historische Kleidung^{F}

examples of ancient costumes | exemples^{M} de costumes^{M} anciens | ejemplos^{M} de trajes^{M} antiguos | esempi^{M} di costumi^{M} antichi

Peplos^{M}
peplos
péplos^{M}
peplo^{M}
peplo^{M}

Fibel^{F}
fibula
fibule^{F}
fíbula^{F}
fibula^{F}

Umschlag^{M}
fold
repli^{M}
pliegue^{M}
piega^{F}

Lendenschutz^{M}
loincloth
shenti^{F}
taparrabos^{M}
perizoma^{M}

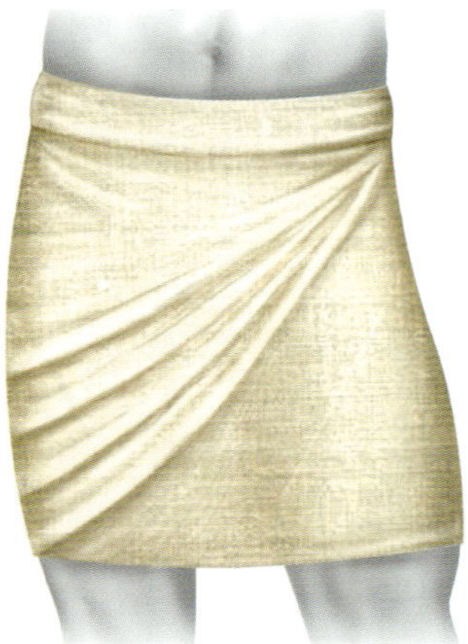

Toga^{F}
toga
toge^{F}
toga^{F}
toga^{F}

Sinus^{M}
sinus
sinus^{M}
seno^{M}
seno^{M}

Purpursaum^{M}
purple border
bande^{F} de pourpre^{F}
orla^{F} de púrpura^{F}
bordo^{M} di porpora^{F}

Stola^{F}
stola
stola^{F}
stola^{F}
stola^{F}

Palla^{F}
palla
palla^{F}
palla^{F}
palla^{F}

Chlamys^{F}
chlamys
chlamyde^{F}
clámide^{F}
clamide^{F}

Chiton^{M}
chiton
chiton^{M}
quitón^{M}
chitone^{M}

Beispiele[N] für historische Kleidung[F]

Cotardie[F]
cotehardie
cotardie[F]
túnica[F] de manga[F] larga
cottardita[F]

Reifrock[M]
farthingale
vertugadin[M]
verdugado[M]
guardinfante[F]

Kleid[N] mit Krinolinenrock[M]
dress with crinoline
robe[F] à crinoline[F]
vestido[M] con crinolina[F]
abito[M] con crinolina[F]

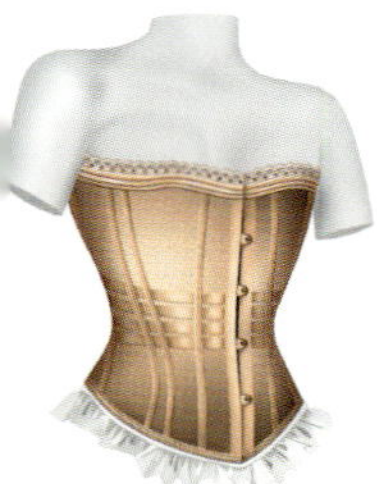

Korsett[N]
corset
corset[M]
corsé[M]
corsetto[M]

Unterrock[M]
underskirt
jupon[M]
enaguas[F]
sottogonna[F]

Schal[M]
shawl
châle[M]
chal[M]
scialle[M]

Überkleid[N]
surcoat
surcot[M]
sobreveste[M]
sopravveste[F]

Kleid[N] mit flachem Reifrock[M]
dress with panniers
robe[F] à paniers[M]
vestido[M] con miriñaque[M]
abito[M] con panieri[M]

Kleid[N] mit Turnüre[F]
dress with bustle
robe[F] à tournure[F]
vestido[M] con polisón[M]
abito[M] con sellino[M]

Beispiele[N] für historische Kleidung[F]

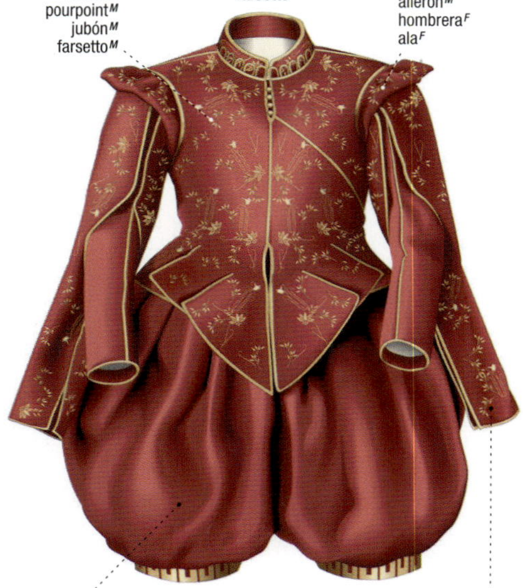

Beispiele[N] für historische Kleidung[F]

Gamasche[F]
gaiter
guêtre[F]
polaina[F]
ghetta[F]

Absatzschuh[M]
heeled shoe
soulier[M] à talon[M]
zapato[M] de tacón[M]
scarpa[F] con tacco[M]

Holzschuh[M]
clog
sabot[M]
zueco[M]
zoccolo[M]

Dreispitz[M]
tricorne
tricorne[M]
tricornio[M]
tricorno[M]

Zweispitz[M]
bicorne
bicorne[M]
bicornio[M]
bicorno[M]

Schnabelschuh[M]
crakow
soulier[M] à la poulaine[F]
zapato[M] a la polaca
scarpa[F] alla polacca

kleiner Kragen[M]
collaret
collerette[F]
cuello[M] de Holanda[F]
collaretto[M]

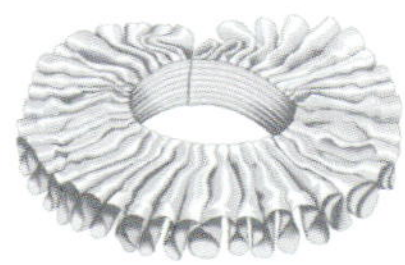

Halskrause[F]
ruff
fraise[F]
gorguera[F]
gorgiera[F]

Hennin[M]
hennin
hennin[M]
cofia[F] cónica
cappello[M] a cono[M]

Beispiele[N] für traditionelle Kleidung[F]

examples of traditional clothing | exemples[M] de vêtements[M] traditionnels | ejemplos[M] de ropa[F] tradicional | esempi[M] di abiti[M] tradizionali

Boubou[M]
boubou
boubou[M]
boubou[M]
boubou[M]

Kaftan[M]
caftan
cafetan[M]
caftán[M]
caffettano[M]

Hidschab[M]
hijab
hidjab[M]
hiyab[M]
hijab[M]

Fes[M]
fez
fez[M]
fez[M]
fez[M]

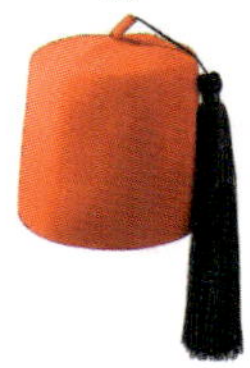

Turban[M]
turban
turban[M]
turbante[M]
turbante[M]

Wickelrock[M]
loincloth
pagne[M]
pareo[M]
pareo[M]

Kippa[F]
yarmulke
kippa[F]
yarmulke[M]
kippah[F]

Qipao[N]
qipao
qipao[F]
qipao[M]
qipao[M]

Kimono[M]
kimono
kimono[M]
quimono[M]
chimono[M]

Mokassin[M]
moccasin
mocassin[M]
mocasín[M]
mocassino[M]

Sari[M]
sari
sari[M]
sari[M]
sari[M]

Sombrero[M]
sombrero
sombrero[M]
sombrero[M]
sombrero[M]

Jackett[N] und Weste[F]

jackets | veston[M] et veste[F] | chaquetas[F] y chalecos[M] | giacche[F] e gilè[M]

**Zweireiher[M]
double-breasted jacket
veston[M] croisé
chaqueta[F] cruzada
giacca[F] a doppiopetto[M]**

**zweireihiger Sakko[M]: Rückseite[F]
double-breasted jacket: back
veston[M] croisé : dos[M]
chaqueta[F] cruzada : espalda[F]
giacca[F] a doppiopetto[M]: dietro[M]**

**Weste[F]
waistcoat
gilet[M]
chaleco[M]
gilè[M]**

**Einreiher[M]
single-breasted jacket
veste[F] droite
chaqueta[F] recta
giacca[F] a un petto[M]**

**einreihiger Sakko[M]: Rückseite[F]
single-breasted jacket: back
veste[F] droite : dos[M]
chaqueta[F] sin cruzar : espalda[F]
giacca[F] monopetto[M]: dietro[M]**

Hemd[N]

shirt | chemise[F] | camisa[F] | camicia[F]

Beispiele[N] für Krägen[M]
examples of collars
exemples[M] de cols[M]
ejemplos[M] de cuellos[M]
esempi[M] di colli[M]

Button-down-Kragen[M]
button-down collar
col[M] à pointes[F] boutonnées
cuello[M] con puntas[F] abotonadas
collo[M] button-down

gespreizter Kragen[M]
spread collar
col[M] italien
cuello[M] italiano
collo[M] a camicia[F]

Elemente[N] eines Hemdes[N]
parts of a shirt
parties[F] d'une chemise[F]
partes[F] de una camisa[F]
parti[F] di una camicia[F]

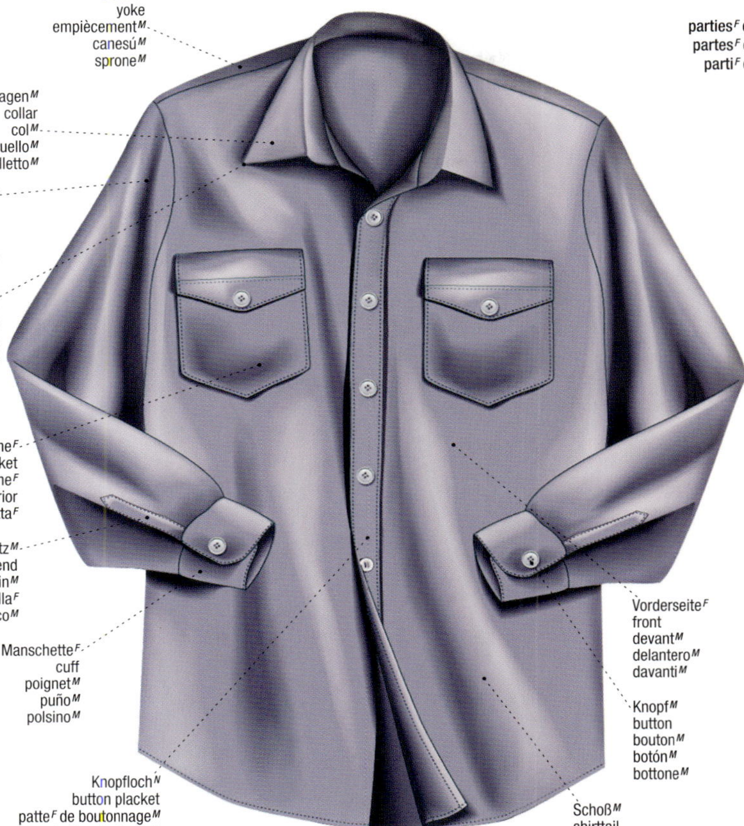

Zubehör[N]
accessories
accessoires[M]
accesorios[M]
accessori[M]

Krawattenschal[M]
cravat
ascot[F]
corbata[F] inglesa
lavallière[F]

Fliege[F]
bow tie
nœud[M] papillon[M]
pajarita[F]
papillon[M]

Krawatte[F]
necktie
cravate[F]
corbata[F]
cravatta[F]

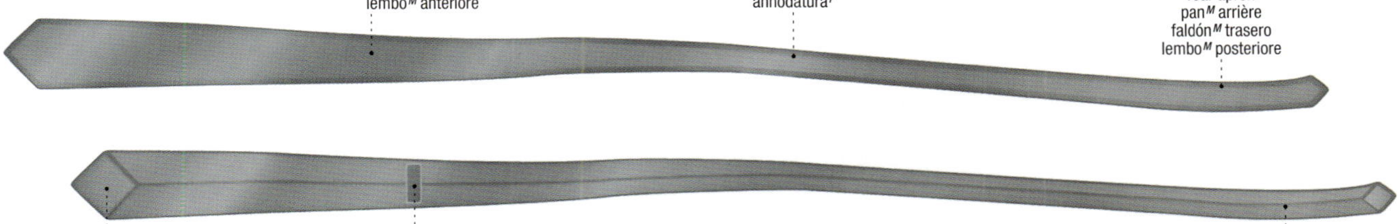

Hose^{F}

trousers | pantalon^{M} | pantalones^{M} | pantaloni^{M}

Elemente^{N} einer Hose^{F}
parts of trousers
parties^{F} d'un pantalon^{M}
partes^{F} de pantalones^{M}
parti^{F} di un pantalone^{M}

Bundverlängerung^{F}
waistband extension
patte^{F} boutonnée
trabilla^{F} de la pretina^{F}
abbottonatura^{F} della cintura^{F}

einfache Falte^{F}
knife pleat
pli^{M} plat
pinza^{F}
piega^{F} piatta

Hosenschlitz^{M}
fly
braguette^{F}
bragueta^{F}
patta^{F}

Bügelfalte^{F}
crease
pli^{M}
raya^{F}
piega^{F}

Aufschlag^{M}
turn-up
revers^{M}
vuelta^{F}
risvolto^{M}

Gürtelschlaufe^{F}
belt loop
passant^{M}
trabilla^{F}
passante^{M}

Flügeltasche^{F}
front top pocket
poche^{F} cavalière
bolsillo^{M} delantero
tasca^{F} anteriore

Hosenbund^{M}
waistband
ceinture^{F} montée
pretina^{F}
cintura^{F}

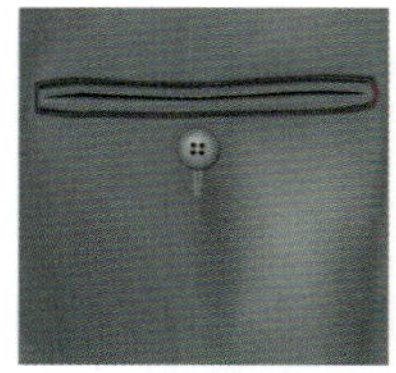

Gesäßtasche^{F}
back pocket
poche^{F}-revolver^{M}
bolsillo^{M} trasero
tasca^{F} posteriore

Hosenträger^{M}
braces
bretelles^{F}
tirantes^{M}
bretelle^{F}

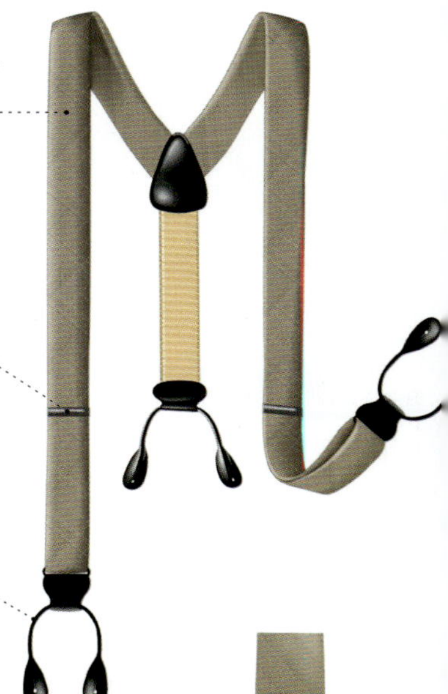

Gummiband^{N}
elastic webbing
bande^{F} élastique
banda^{F} elástica
tessuto^{M} elastico

Versteller^{M}
adjustment slide
coulisse^{F}
corredera^{F} de ajuste^{M}
cursore^{M}

Lederstrippe^{F}
leather end
patte^{F}
lengüeta^{F} de cuero^{M}
laccio^{M} di pelle^{F}

Knopflasche^{F}
button loop
boutonnière^{F}
presilla^{F}
asola^{F}

Klips^{M}
brace clip
pince^{F}
pinza^{F}
fermaglio^{M}

Gürtel^{M}
belt
ceinture^{F}
cinturón^{M}
cintura^{F}

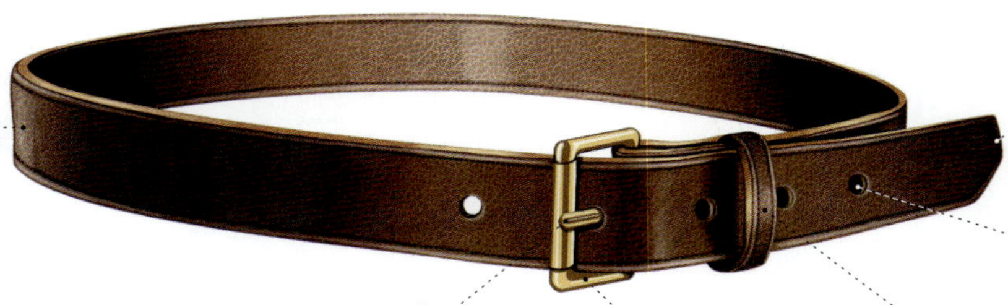

Gürtelband^{N}
panel
croûte^{F} de cuir^{M}
cuero^{M}
fascia^{F} di cuoio^{M}

Gürtelspitze^{F}
tip
pointe^{F}
punta^{F}
punta^{F}

gestanztes Loch^{N}
punch hole
cran^{M}
ojete^{M}
foro^{M}

Dorn^{M}
tongue
ardillon^{M}
pasador^{M}
ardiglione^{M}

Gürtelschnalle^{F}
buckle
boucle^{F}
hebilla^{F}
fibbia^{F}

Gürtelschlaufe^{F}
belt loop
passant^{M}
trabilla^{F}
passante^{M}

Hose[F]

Beispiele[N] für Hosen[F]
examples of trousers
exemples[M] de pantalons[M]
ejemplos[M] de pantalones[M]
esempi[M] di pantaloni[M]

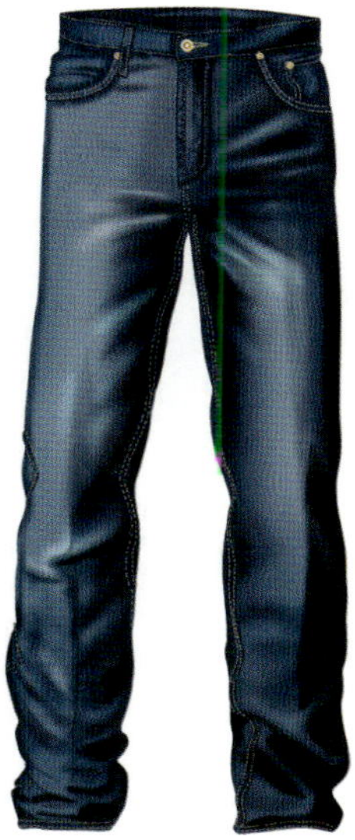
Jeans[F]
jeans
jean[M]
vaqueros[M]
jeans[M]

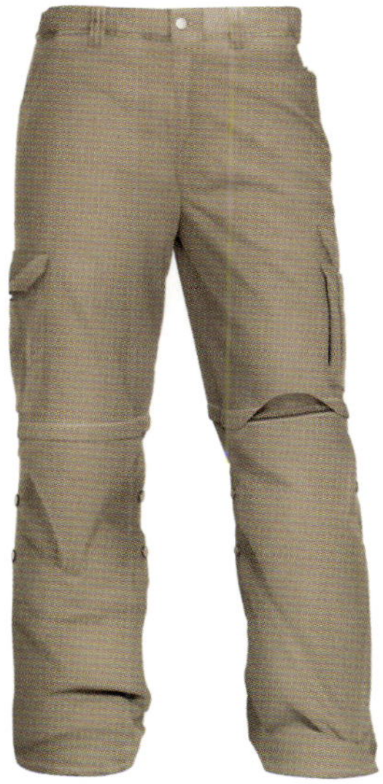
Zip-Off-Hose[F]
convertible trousers
pantalon[M] convertible
pantalones[M] convertibles
pantaloni[M] convertibili

Bermudas[F]
Bermuda shorts
bermuda[M]
bermudas[F]
bermuda[M]

kurze Hose[F]
shorts
short[M]
pantalones[M] cortos
shorts[M]

Unterhose[F]
knickerbockers
knickers[M]
bragas[F]
knicker[M]

Socke[F]

sock | chaussette[F] | calcetín[M] | calza[M]

Elemente[N] einer Socke[F]
parts of a sock
parties[F] d'une chaussette[F]
partes[F] de un calcetín[M]
parti[F] di una calza[F]

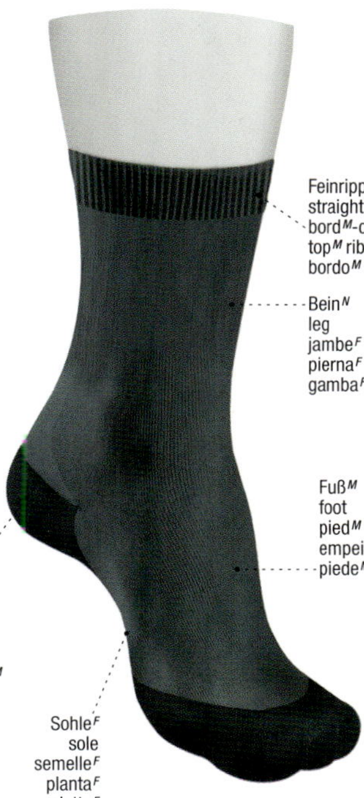

Beispiele[N] für Socken[F]
examples of socks
exemples[M] de chaussettes[F]
ejemplos[M] de calcetines[M]
esempi[M] di calze[F]

Kniestrumpf[M]
knee-length sock
mi-bas[M]
calcetín[M] largo ejecutivo
calzino[M] lungo

Knöchelsocke[F]
ankle sock
mi-chaussette[F]
calcetín[M] corto
calzino[M] corto

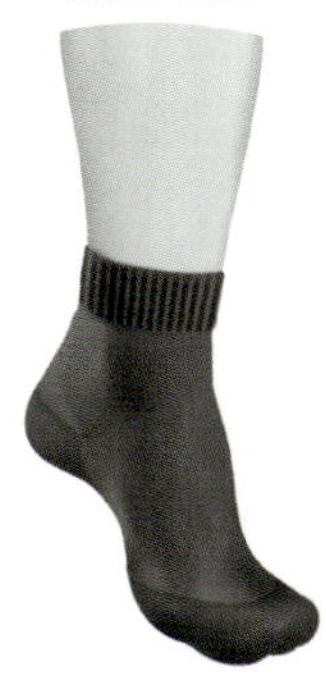

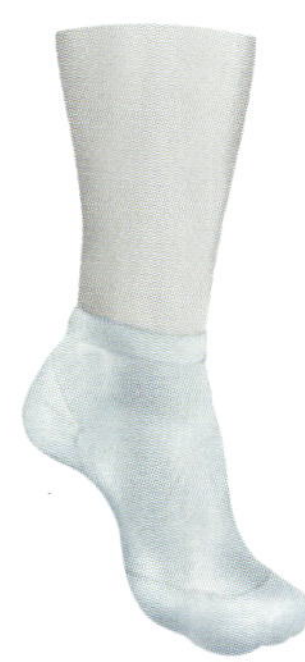
Sneakersocke[F]
ankle sock
socquette[F]
tobillera[M]
calzerotto[M]

Wadenstrumpf[M]
mid-calf length sock
chaussette[F]
calcetín[M] a media pantorrilla[F]
calzerotto[M]

Unterwäsche[F]

underwear | sous-vêtements[M] | ropa[F] interior | biancheria[F] intima

Trägerhemd[N]
vest
maillot[M] de corps[M]
camiseta[F]
canottiera[F]

Halsausschnitt[M]
neck-hole
encolure[F]
cuello[M]
scollo[M]

Armausschnitt[M]
armhole
emmanchure[F]
sisa[F]
scalfo[M]

Slip[M]
briefs
slip[M]
calzoncillos[M]
mutande[F]

Bündchen[N]
waistband
ceinture[F] élastique
pretina[F] elástica
elastico[M]

Schlitz[M]
fly
braguette[F]
bragueta[F]
apertura[F]

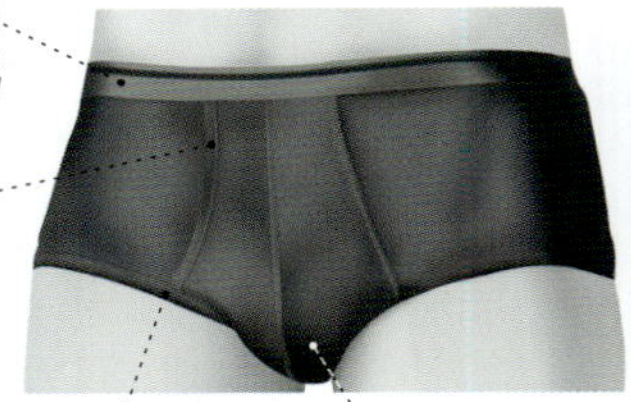

elastischer Beinausschnitt[M]
elasticised leg opening
jambe[F] élastique
pierna[F] elástica
sgambatura[F] elasticizzata

Schritt[M]
crotch
entrejambe[M]
entrepierna[F]
cavallo[M]

Hemdhose[F]
combinations
combinaison[F]
pijama[M] de una pieza[F]
combinazione[F]

lange Unterhose[F]
long johns
caleçon[M] long
calzoncillos[M] largos
mutandoni[M]

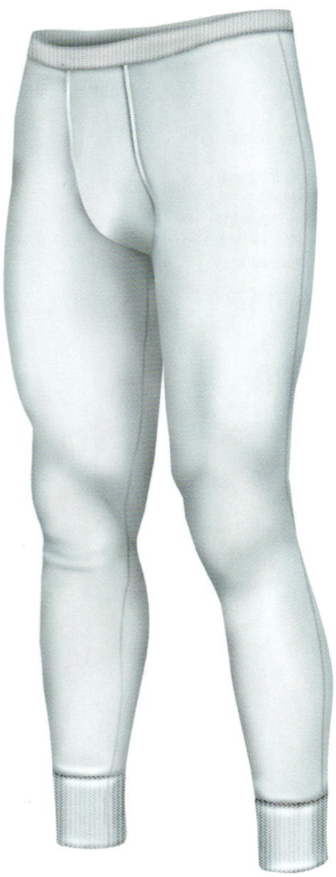

Minislip[M]
mini briefs
minislip[M]
slip[M]
slip[M]

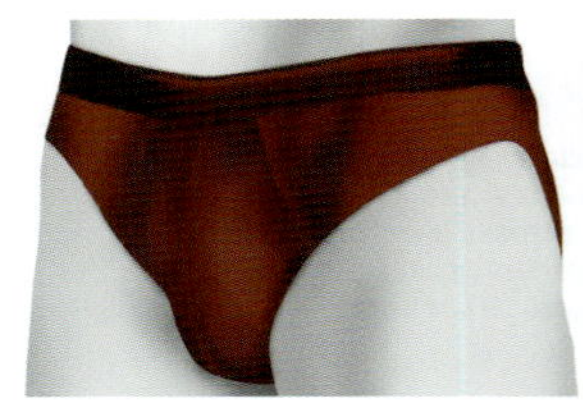

Boxershorts[F]
boxer shorts
caleçon[M]
calzoncillos[M]
boxer[M]

Mäntel^{M} und Jacken^{F}

coats | manteaux^{M} et blousons^{M} | abrigos^{M} e impermeables^{F} | esempi^{M} di giacconi^{M} e cappotti^{M}

Regenmantel^{M}
raincoat
imperméable^{M}
impermeable^{M}
impermeabile^{M}

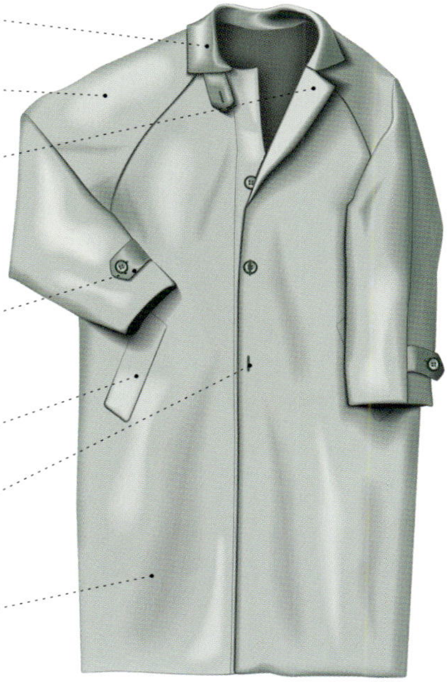

Kragen^{M}
collar
col^{M}
cuello^{M}
collo^{M}

Raglanärmel^{M}
raglan sleeve
manche^{F} raglan
manga^{F} raglán
manica^{F} alla raglan

abfallendes Revers^{N}
notched lapel
revers^{M} cranté
solapa^{F} con ojal^{M}
revers^{M}

Spange^{F}
tab
patte^{F}
lengüeta^{F}
linguetta^{F}

schräge Pattentasche^{F}
broad welt side pocket
poche^{F} raglan
bolsillo^{M} de ribete^{M} ancho
tasca^{F} interna con aletta^{F}

Knopfloch^{N}
buttonhole
boutonnière^{F}
ojal^{M}
occhiello^{M}

Seitenteil$^{M/N}$
side panel
pan^{M}
paño^{M} lateral
falda^{F}

Mantel^{M}
overcoat
pardessus^{M}
abrigo^{M}
cappotto^{M}

abfallendes Revers^{N}
notched lapel
revers^{M} cranté
solapa^{F} con ojal^{M}
revers^{M}

Brusttasche^{F}
breast pocket
poche^{F} poitrine^{F}
bolsillo^{M} superior
taschino^{M}

Taillenabnäher^{M}
breast dart
pince^{F} de taille^{F}
pinza^{F}
ripresa^{F}

Klappentasche^{F}
flap pocket
poche^{F} à rabat^{M}
bolsillo^{M} con cartera^{F}
tasca^{F} profilata con aletta^{F}

KLEIDUNG

Trenchcoat^{M}
trench coat
trench^{M}
trinchera^{F}
trench^{M}

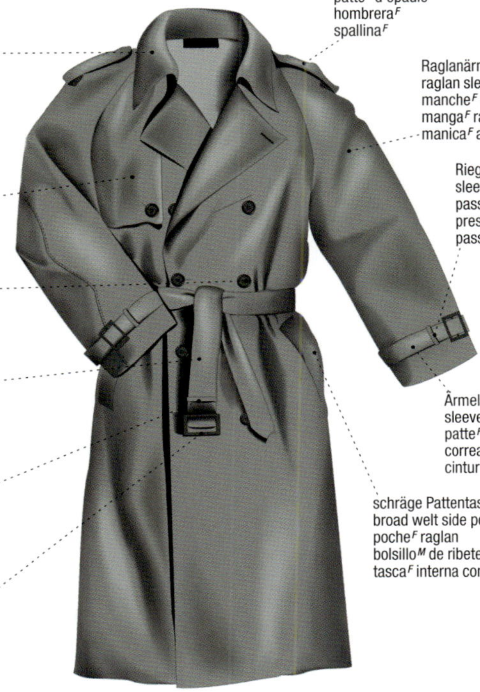

Wendekragen^{M}
two-way collar
col^{M} transformable
cuello^{M} de doble vista^{F}
collo^{M}

Koller^{N}
gun flap
bavolet^{M}
protector^{M}
aletta^{F} staccata

zweireihig
double-breasted buttoning
double boutonnage^{M}
botonadura^{F} cruzada
abbottonatura^{F} a doppiopetto^{M}

Gürtel^{M}
belt
ceinture^{F}
cinturón^{M}
cintura^{F}

Gürtelschlaufe^{F}
belt loop
passant^{M}
presilla^{F} del cinturón^{M}
passante^{M} della cintura^{F}

Schnalle^{F}
buckle
boucle^{F} de ceinture^{F}
hebilla^{F}
fibbia^{F}

Schulterklappe^{F}
epaulet
patte^{F} d'épaule^{F}
hombrera^{F}
spallina^{F}

Raglanärmel^{M}
raglan sleeve
manche^{F} raglan
manga^{F} raglán
manica^{F} alla raglan

Riegel^{M}
sleeve strap loop
passant^{M}
presilla^{F} de la manga^{F}
passante^{M} del cinturino^{M}

Ärmellasche^{F}
sleeve strap
patte^{F} de serrage^{M}
correa^{F} de la manga^{F}
cinturino^{M} della manica^{F}

schräge Pattentasche^{F}
broad welt side pocket
poche^{F} raglan
bolsillo^{M} de ribete^{M} ancho
tasca^{F} interna con aletta^{F}

dreiviertellange Jacke^{F}
three-quarter coat
paletot^{M}
abrigo^{M} de tres cuartos
trequarti^{M}

Mäntel^{M} und Jacken^{F}

Parka^{M}
parka
parka^{F}
parka^{F}
parka^{M}

Lammfelljacke^{F}
sheepskin jacket
canadienne^{F}
zamarra^{F}
montone^{M}

Dufflecoat^{M}
duffle coat
duffle-coat^{M}
trenca^{F}
montgomery^{M}

Blouson^{M}
windcheater
blouson^{M} court
cazadora^{F}
giacca^{F} a vento^{M}

Windjacke^{F}
windcheater
blouson^{M} long
cazadora^{F}
giacca^{F} a vento^{M}

Pullover^{M}

sweaters | tricots^{M} | jerseys^{M} | maglioni^{M}

Pullunder^{M}
slipover
débardeur^{M}
chaleco^{M} de punto^{M}
gilè^{M}

Poloshirt^{N}
polo shirt
polo^{M}
polo^{M}
polo^{F}

Rollkragenpullover^{M}
polo-neck sweater
col^{M} roulé
jersey^{M} de cuello^{M} de tortuga^{F}
maglione^{M} dolcevita^{M}

Pullover^{M} mit halsnahem Ausschnitt^{M}
crew neck sweater
ras-de-cou^{M}
jersey^{M} de cuello^{M} redondo
maglione^{M} girocollo^{M}

Strickjacke^{F}
cardigan
cardigan^{M}
chaqueta^{F} de punto^{M}
cardigan^{M}

Kleider[N]

dresses | robes[F] | vestidos[M] | abiti[M] da donna[F]

Schlauchkleid[N]
sheath dress
robe[F] fourreau[M]
recto[M] entallado
tubino[M]

Prinzesskleid[N]
princess dress
robe[F] princesse[F]
corte[M] princesa[F]
princesse[F]

Mantelkleid[N]
coat dress
robe[F]-manteau[M]
traje[M] cruzado
robe-manteau[F/M]

Unterkleid[N]
shift dress
robe[F] tube[M]
vestido[M] tubo[M]
tubino[M]

Cocktailkleid[N]
cocktail dress
robe[F] de cocktail[M]
vestido[M] de fiesta[F]
abito[M] da cocktail[M]

Hemdblusenkleid[N]
shirtwaist dress
robe[F] chemisier[M]
vestido[M] camisero
chemisier[M]

Kleid[N] mit angesetztem Schoß[M]
drop waist dress
robe[F] taille[F] basse
vestido[M] de talle[M] bajo
abito[M] a vita[F] bassa

Kleid[N] in Trapez-Form[F]
A-line dress
robe[F] trapèze[M]
vestido[M] acampanado
abito[M] a trapezio[M]

leichtes Sonnenkleid[N]
sundress
robe[F] bain[M]-de-soleil[M]
vestido[M] de tirantes[M]
prendisole[M]

Wickelkleid[N]
wrap-over dress
robe[F] enveloppe[F]
vestido[M] cruzado
abito[M] a vestaglia[F]

Tunikakleid[N]
tunic dress
robe[F] tunique[F]
túnica[F]
abito[M] a tunica[F]

Trägerrock[M]
pinafore
chasuble[F]
pichi[M]
scamiciato[M]

Röcke[M]

skirts | jupes[F] | faldas[F] | gonne[F]

Stufenrock[M]
ruffled skirt
jupe[F] à volants[M] étagés
falda[F] de volantes[M]
gonna[F] a balze[F]

Hosenrock[M]
culottes
jupe[F]-culotte[F]
falda[F] pantalón[M]
gonna[F] pantalone[M]

Sattelrock[M]
yoke skirt
jupe[F] à empiècement[M]
falda[F] acampanada
gonna[F] con baschina[F]

Raffrock[M]
gathered skirt
jupe[F] froncée
falda[F] fruncida
gonna[F] arricciata

Bleistiftrock[M]
pencil skirt
jupe[F] fourreau[M]
falda[F] recta
gonna[F] a tubo[M]

Skort[M]
skort
jupe[F]-short[M]
falda[F] short[M]
gonna-pantalone[F]

gerader Rock[M]
straight skirt
jupe[F] droite
falda[F] recta
gonna[F] diritta

Bahnenrock[M]
gored skirt
jupe[F] à lés[M]
falda[F] de piezas[F]
gonna[F] a teli[M]

Schottenrock[M]
kilt
kilt[M]
falda[F] escocesa
kilt[M]

Sarong[M]
sarong
paréo[M]
falda[F] sarong[M]
sarong[M]

Wickelrock[M]
wrap-over skirt
jupe[F] portefeuille[M]
falda[F] cruzada
gonna[F] a portafoglio[M]

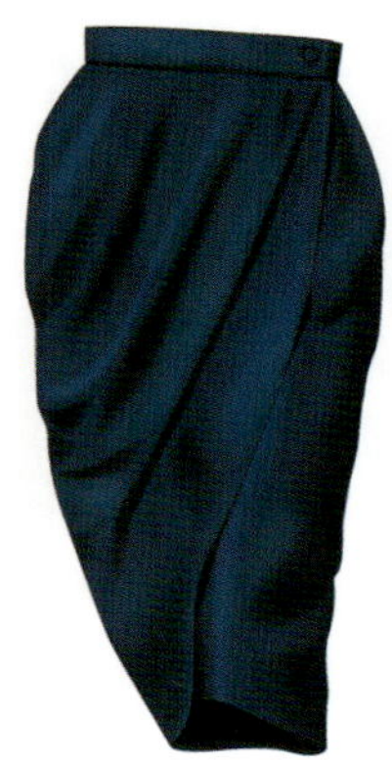

Oberteile[N]

tops | corsages[M] | tops[M] | corpetti[M]

Bodyshirt[N]
body
corsage[M]-culotte[F]
body[M]
body[M]

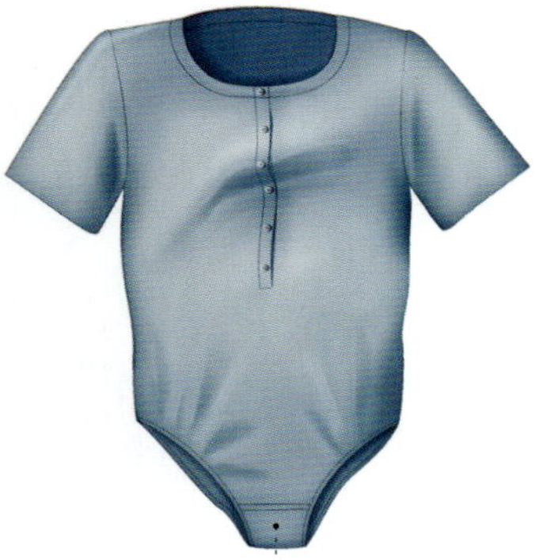

Schritt[M]
crotch piece
patte[F] d'entrejambe[M]
entrepierna[F]
cavallo[M]

Matrosenbluse[F]
sailor tunic
marinière[F]
camisa[F] marinera
maglietta[F] alla marinara

Kamisol[N]
camisole
débardeur[M]
camisola[F]
top[M]

klassische Bluse[F]
classic blouse
chemisier[M] classique
camisera[F] clásica
camicetta[F] classica

Kräuselfalte[F]
gather
fronce[F]
fruncido[M]
arricciatura[F]

Sattel[M]
yoke
empiècement[M]
canesú[M]
carré[M]

Kittelbluse[F]
button-through smock
tablier[M]-blouse[F]
blusón[M]
sopravveste[F] a grembiule[M]

Hosenbluse[F]
overshirt
liquette[F]
camisa[F]
camicione[M]

Arbeitskittel[M]
smock
tunique[F]
blusón[M] con tirilla[F]
camiciotto[M]

Wickelbluse[F]
Wrap-over top
cache-cœur[M]
chaqueta[F] cruzada
camicetta[F] incrociata

Polohemd[N]
polo shirt
polo[M]
polo[M]
polo[F]

Überbluse[F]
overblouse
casaque[F]
casaca[F]
casacca[F]

KLEIDUNG

Hosen^{F}

trousers | pantalons^{M} | pantalones^{M} | pantaloni^{M}

Kniebundhose^{F}
knickerbockers
knicker^{M}
bombachos^{M}
pantaloni^{M} alla zuava

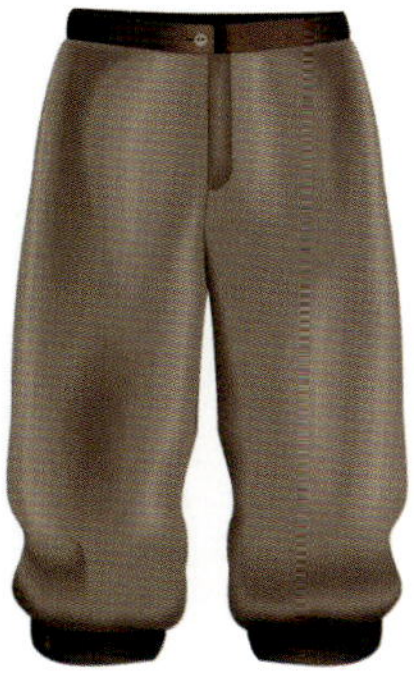

Caprihose^{F}
pedal pushers
corsaire^{M}
pirata^{M}
pantaloni^{M} alla pescatora

Bermudashorts^{F}
Bermuda shorts
bermuda^{M}
bermudas^{M}
bermuda^{M}

Shorts^{F}
shorts
short^{M}
pantalón^{M} corto
shorts^{M}

Steghose^{F}
ski pants
fuseau^{M}
pantalones^{M} de tubo^{M}
fuseau^{M}

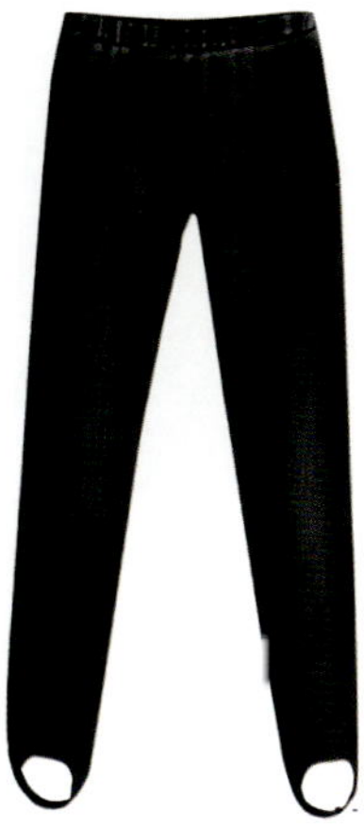

Steg^{M}
foot strap
sous-pied^{M}
trabilla^{F}
staffa^{F}

Jeans^{F}
jeans
jean^{M}
vaqueros^{M}
jeans^{M}

Latzhose^{F}
dungarees
salopette^{F}
pantalón^{M} peto^{M}
salopette^{F}

Overall^{M}
jumpsuit
combinaison^{F}-pantalon^{M}
mono^{M}
tuta^{F}

Schlaghose^{F}
bell bottoms
pantalon^{M} pattes^{F} d'éléphant^{M}
pantalones^{M} acampanados
pantaloni^{M} a zampa^{F} di elefante^{M}

Cargohose^{F}
cargo trousers
pantalon^{M} cargo^{M}
pantalones^{M} cargo
pantaloni^{M} cargo^{M}

Caprihose^{F}
cropped trousers
pantalon^{M} capri
pantalones^{M} capri
pantaloni^{M} capri

Röhrenhose^{F}
cigarette pants
pantalon^{M}-cigarette^{F}
pantalones^{M} pitillo^{M}
pantaloni^{M} a sigaretta^{F}

Westen^{F} und Jacken^{F}

waistcoats and jackets | vestes^{F} et pulls^{M} | chalecos^{M}, jerseys^{M} y chaquetas^{F} | esempi^{M} di giacche^{F} e pullover^{M}

Bolero^{M}
bolero
boléro^{M}
bolero^{M}
bolero^{M}

Safarijacke^{F}
safari jacket
saharienne^{F}
sahariana^{F}
sahariana^{F}

Blasebalgtasche^{F}
gusset pocket
poche^{F} soufflet^{M}
bolsillo^{M} de fuelle^{M}
tasca^{F} applicata a soffietto^{M}

Spenzer^{M}
spencer
spencer^{M}
bolero^{M} con botones^{M}
spencer^{M}

Cardigan^{M}
cardigan
cardigan^{M}
chaqueta^{F} de punto^{M}
cardigan^{M}

Pullover^{M} mit halsnahem Ausschnitt^{M}
crew neck sweater
ras-de-cou^{M}
jersey^{M} de cuello^{M} redondo
maglia^{F} girocollo^{M}

Twinset^{N}
twinset
tandem^{M}
conjunto^{M}
twin-set^{M}

Pullover^{M}
pullover
pull^{M}
jersey^{M}
maglione^{M}

Weste^{F}
waistcoat
gilet^{M}
chaleco^{M}
gilè^{M}

Blazer^{M}
blazer
blazer^{M}
americana^{F}
blazer^{M}

Mäntel^{M} und Jacken^{F}

coats | manteaux^{M} | chaquetones^{M} y abrigos^{M} | esempi^{M} di giacche^{F} e cappotti^{M}

Redingote^{F}
riding coat
redingote^{F}
abrigo^{M} redingote
redingote^{F}

Parka^{M}
parka
parka^{F}
parka^{F}
parka^{M}

Kapuze^{F}
hood
capuchon^{M}
capucha^{F}
cappuccio^{M}

Reißverschluss^{M}
zip
fermeture^{F} à glissière^{F}
cremallera^{F}
chiusura^{F} lampo

Dufflecoat^{M}
duffel coat
duffle-coat^{M}
trenca^{F}
montgomery^{M}

Mäntel[M] und Jacken[F]

Kostüm[N]
suit
tailleur[M]
traje[M] de chaqueta[F]
tailleur[M]

Jacke[F]
jacket
veste[F]
chaqueta[F]
giacca[F]

Rock[M]
skirt
jupe[F]
falda[F]
gonna[F]

Raglanmantel[M]
raglan
raglan[M]
abrigo[M] raglán
cappotto[M] alla raglan

Raglanärmel[M]
raglan sleeve
manche[F] raglan
manga[F] raglán
manica[F] alla raglan

verdeckte Knopfleiste[F]
fly front closing
boutonnage[M] sous patte[F]
pestaña[F]
finta[F]

schräge Pattentasche[F]
broad welt side pocket
poche[F] raglan
bolsillo[M] de ribete[M] ancho
tasca[F] interna con aletta[F]

Blazer[M]
jacket
veste[F]
chaquetón[M]
giacca[F]

Poncho[M]
poncho
poncho[M]
poncho[M]
poncho[M]

Autocoat[M]
car coat
paletot[M]
chaquetón[M] de tres cuartos
giaccone[M]

Cabanjacke[F]
pea jacket
caban[M]
chaquetón[M] marinero
giacca[F] alla marinara

Schneiderkragen[M]
tailored collar
col[M] tailleur[M]
cuello[M] hechura[F] sastre[M]
collo[M] a uomo[M]

Mufftasche[F]
hand warmer pocket
poche[F] repose-bras[M]
bolsillo[M] de ojal[M]
tasca[F] tagliata in verticale

blinde Tasche[F]
mock pocket
fausse poche[F]
bolsillo[M] simulado
tasca[F] finta

Pelerine[F]
pelerine
pèlerine[F]
abrigo[M] con esclavina[F]
cappotto[M] con pellegrina[F]

Pelerine[F]
pelerine
pèlerine[F]
esclavina[F]
pellegrina[F]

Nahttasche[F]
seam pocket
poche[F] prise dans une couture[F]
bolsillo[M] disimulado
tasca[F] inserita nella cucitura[F]

Cape[N]
cape
cape[F]
capa[F]
mantella[F]

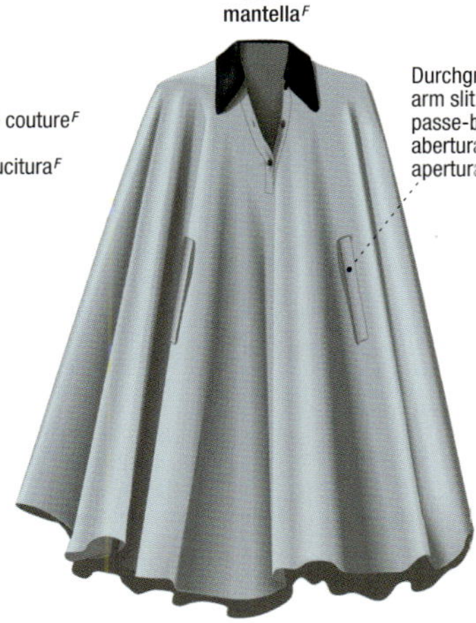

Durchgrifftasche[F]
arm slit
passe-bras[M]
abertura[F] para el brazo[M]
apertura[F] per le braccia[F]

Mantel[M]
overcoat
manteau[M]
abrigo[M]
cappotto[M]

Unterwäsche[F]

underwear | sous-vêtements[M] | ropa[F] interior | biancheria[F] intima

Korselett[N]
corselette
combiné[M]
faja[F] con sostén[M]
modellatore[M] aperto

Camisol[N]
camisole
caraco[M]
camisola[F]
top[M]

Teddy[M]
teddy
teddy[M]
canesú[M]
pagliaccetto[M]

Body[M]
bodysuit
body[M]
body[M]
body[M]

Panty-Korselett[N]
panty corselette
combiné[M]-culotte[F]
faja[F] corsé[M]
modellatore[M] sgambato

Unterrock[M]
half-slip
jupon[M]
falda[F] combinación[F]
sottogonna[F]

Vollachsel-Unterkleid[N]
foundation slip
fond[M] de robe[F]
combinación[F]
sottoveste[F]

Unterkleid[N]
slip
combinaison[F]-jupon[M]
combinación[F] con sujetador[M]
sottoveste[F] con reggiseno[M]

Unterwäsche[F]

Torselett[N]
wasp-waisted corset
guêpière[F]
corsé[M] de cintura[F] de avispa[F]
guepière[F]

trägerloser Büstenhalter[M]
strapless brassiere
bustier[M]
sujetador[M] sin tirantes[M]
reggiseno[M] a bustino[M]

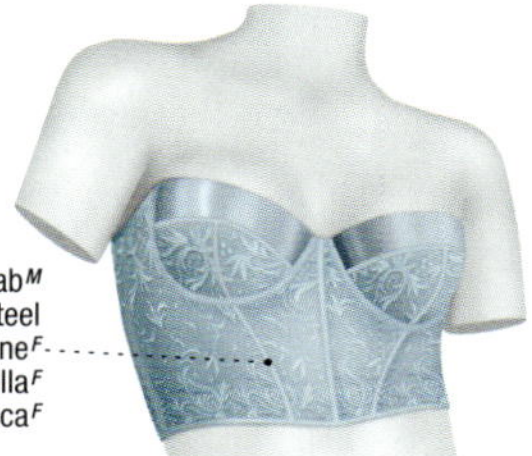

Dirndl-BH[M]
push-up bra
soutien-gorge[M] balconnet[M]
sujetador[M] de aros[M]
reggiseno[M] a balconcino[M]

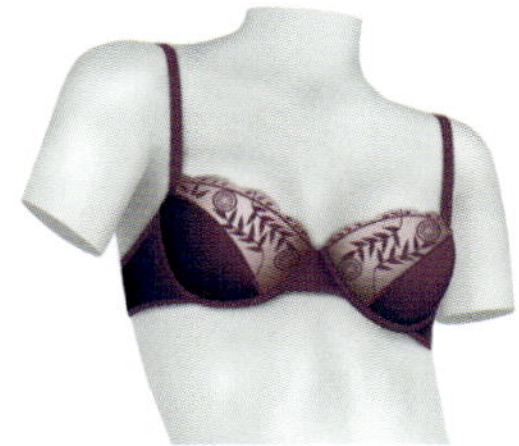

BH[M]
bra
soutien-gorge[M]
sujetador[M]
reggiseno[M]

Halbschale[F]
décolleté bra
soutien-gorge[M] corbeille[F]
sujetador[M] de escote[M] bajo
reggiseno[M] décolleté[M]

Mieder[N]
girdle
gaine[F]
faja[F]
panciera[F]

Slip[M]
briefs
culotte[F]
braga[F]
mutandina[F]

Miederhose[F]
panty girdle
gaine[F]-culotte[F]
faja[F] braga
mutandina[F] elastica

Korsett[N]
corset
corset[M]
faja[F] con liguero[M]
corsetto[M]

Strumpfhaltergürtel[M]
suspender belt
porte-jarretelles[M]
liguero[M]
reggicalze[M]

String-Tanga[M]
G-string
string[M]
tanga[F]
perizoma[M]

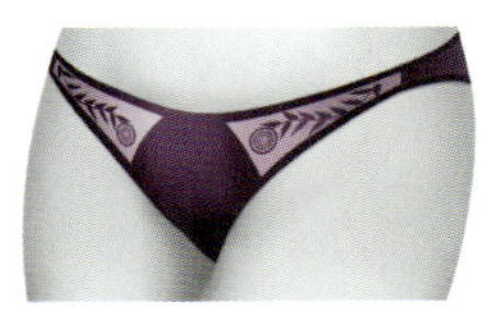

Tanga[M]
tanga
tanga[M]
tanga[F] brasileño
tanga[M]

Strümpfe[M]

hose | bas[M] | medias[F] | calze[F]

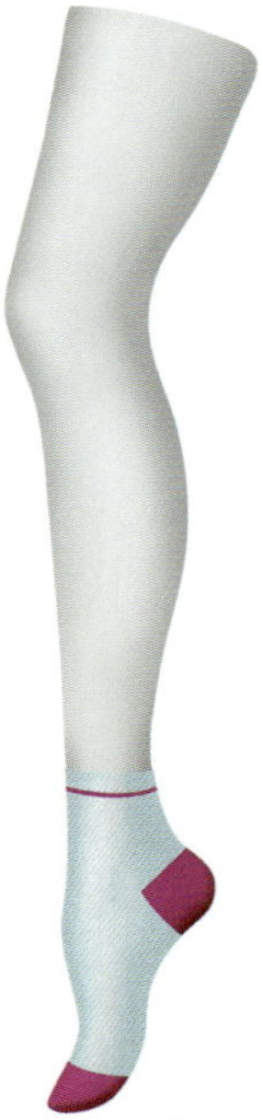

Kurzsocke[F]
short sock
socquette[F]
calcetín[M]
calzino[M]

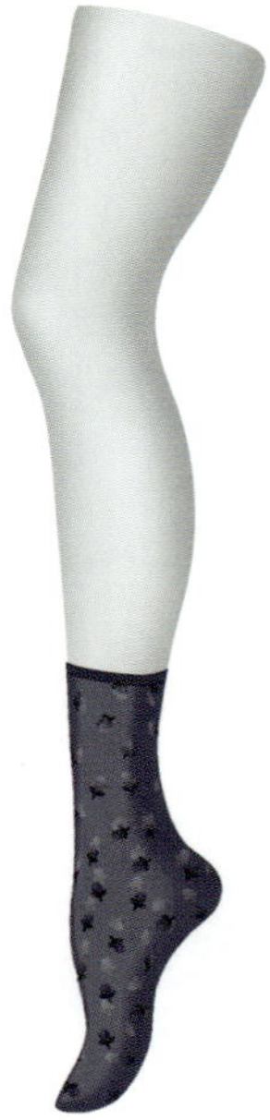

Söckchen[N]
ankle sock
mi-chaussette[F]
tobillera[F]
calzerotto[M]

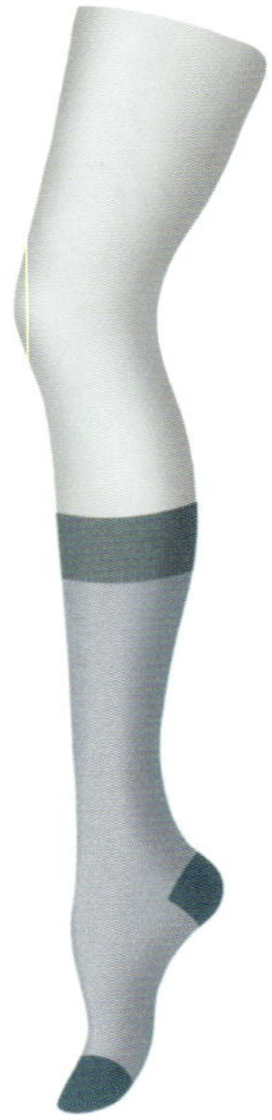

Socke[F]
sock
chaussette[F]
calcetín[M]
gambaletto[M]

Kniestrumpf[M]
knee sock
mi-bas[M]
calcetín[M] largo
calzettone[M]

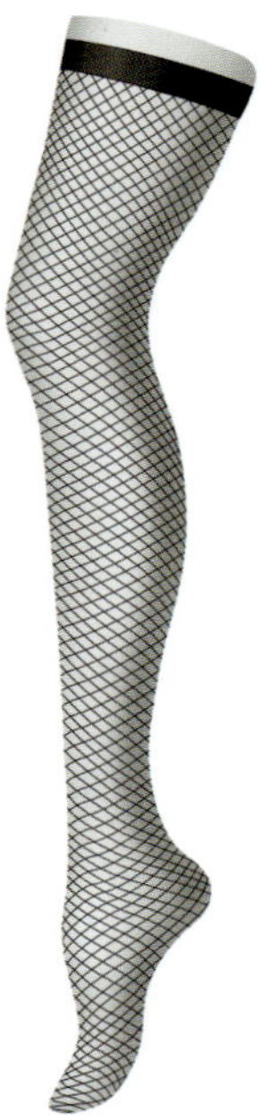

Netzstrumpf[M]
fishnet stocking
bas[M] résille[F]
media[F] de malla[F]
calza[F] a rete[F]

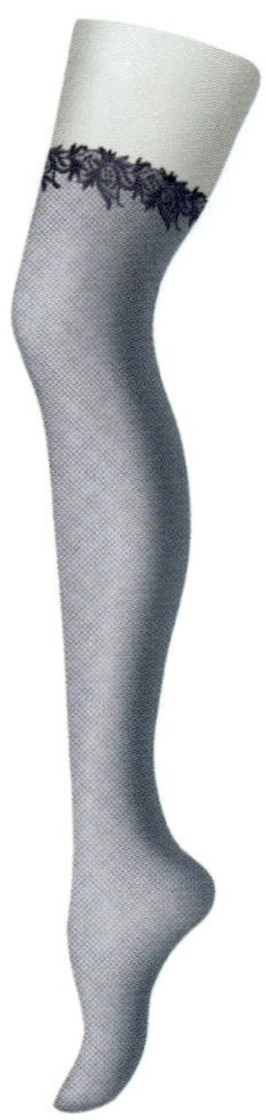

Overknee-Strumpf[M]
thigh stocking
bas[M]-cuissarde[F]
media[F] antideslizante
calza[F] autoreggente

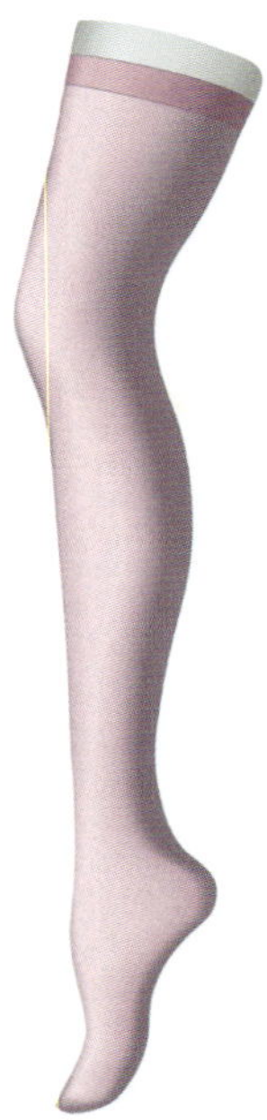

Strumpf[M]
stocking
bas[M]
media[F]
calza[F]

Strumpfhose[F]
tights
collant[M]
pantis[M]/medias[F]
collant[M]

Nachtbekleidung[F]

nightclothes | vêtements[M] de nuit[F] | ropa[F] de dormir | abiti[M] da notte[F]

Bademantel[M]
bathrobe
peignoir[M]
albornoz[M]
accappatoio[M]

Nachthemd[N]
nightgown
chemise[F] de nuit[F]
camisón[M]
camicia[F] da notte[F]

Baby-Doll[N]
baby doll
nuisette[F]
picardía[M]
baby-doll[M]

Schlafanzug[M]
pyjamas
pyjama[M]
pijama[M]
pigiama[M]

Negligé[N]
negligee
déshabillé[M]
bata[F]
vestaglia[F]

Kinderbekleidung[F]

children's clothing | vêtements[M] d'enfant[M] | ropa[F] de niños[M] | vestiti[M] per bambini[M]

Strampelhöschen[N]
rompers
grenouillère[F]
pantalón[M] de peto[M]
salopette[F] a tutina[F]

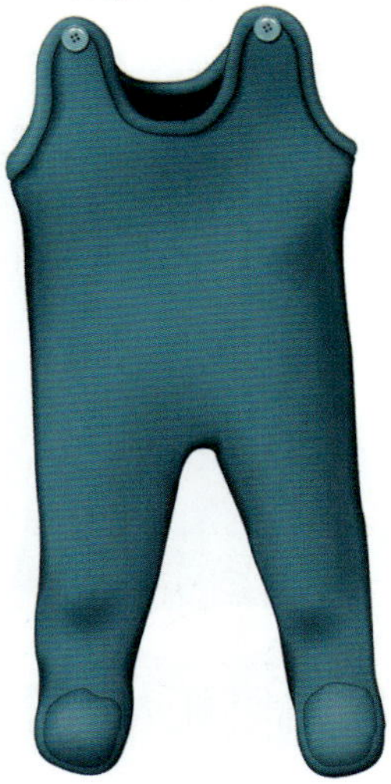

Kapuze[F]
hood
capuche[F]
capuchón[M]
cappuccio[M]

Paspel[F]
false tuck
biais[M]
falsa doblez[F]
profilo[M] sbieco

Badetuch[N] mit Kapuze[F]
hooded towelling robe
cape[F] de bain[M]
toalla[F] con capuchón[M]
telo[M] di spugna[F] con cappuccio[M]

Body[M]
bodysuit
body[M]
body[M]
body[M]

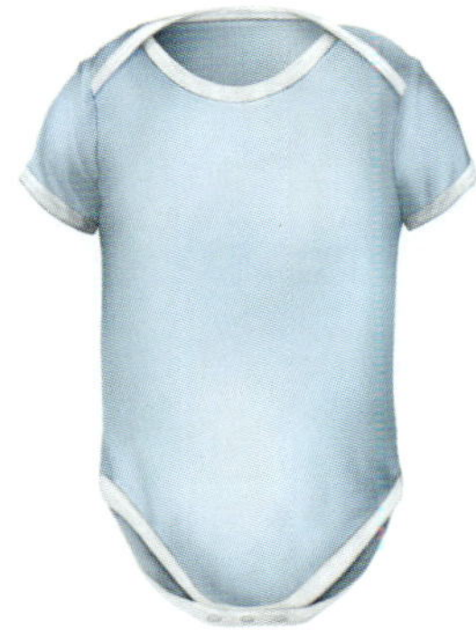

Schneesack[M]
snuggle suit
nid[M] d'ange[M]
saco[M] portabebé[M]
tutina[F] a sacco[M]

Babyhaube[F]
newborn hat
bonnet[M] de nouveau-né[M]
gorro[M] de bebé[M]
berretto[M] da neonato[M]

Fäustling[M]
mittens
moufles[F]
manoplas[F]
manopole[F]

Babyschuh[M]
bootees
chaussons[M]
botín[M]
scarponcino[M]

Schlafanzug[M]
sleepsuit
combinaison[F] de nuit[F]
pelele[M]
pigiamino[M]

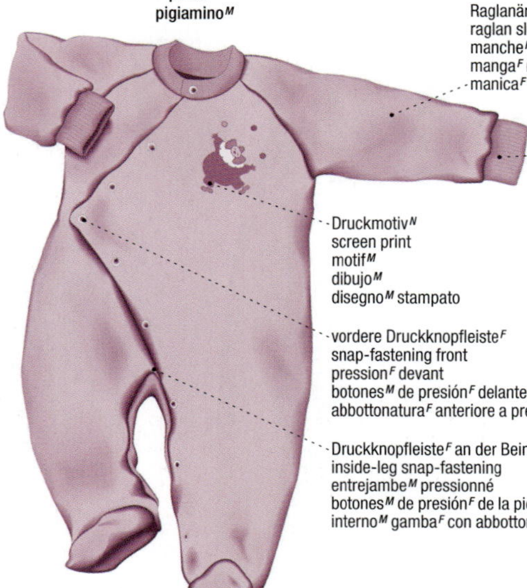

Raglanärmel[M]
raglan sleeve
manche[F] raglan
manga[F] raglán
manica[F] alla raglan

Rippenbündchen[N]
ribbing
bord[M]-côte[F]
tirilla[F] elástica
bordo[M] a coste[F]

Druckmotiv[N]
screen print
motif[M]
dibujo[M]
disegno[M] stampato

vordere Druckknopfleiste[F]
snap-fastening front
pression[F] devant
botones[M] de presión[F] delanteros
abbottonatura[F] anteriore a pressione[F]

Druckknopfleiste[F] an der Beininnenseite[F]
inside-leg snap-fastening
entrejambe[M] pressionné
botones[M] de presión[F] de la pierna[F]
interno[M] gamba[F] con abbottonatura[F] a pressione[F]

Latzhose[F] mit hohem Rückenteil[M/N]
high-back dungarees
salopette[F] à dos[M] montant
pantalón[M] de peto[M]
salopette[F]

verstellbarer Träger[M]
adjustable strap
bretelle[F] réglable
tirante[M] ajustable
bretella[F] regolabile

Lätzchen[N]
bib
bavette[F]
peto[M]
pettorina[F]

aufgesetzte Tasche[F]
patch pocket
poche[F] plaquée
bolsillo[M] de parche[M]
tasca[F] applicata

Zier-Steppnaht[F]
top stitching
surpiqûre[F]
pespunte[M]
impuntura[F]

Druckknopfleiste[F] an der Beininnenseite[F]
inside-leg snap-fastening
entrejambe[M] pressionné
botón[M] de presión[F]
interno[M] gamba[F] con abbottonatura[F] a pressione[F]

Kinderbekleidung[F]

Lätzchen[N]
bib
bavoir[M]
babero[M]
bavaglino[M]

Einwegwindel[F]
disposable nappy
couche[F] jetable
pañal[M] desechable
pannolino[F] usa e getta

Klebeband[N]
adhesive tab
attache[F] repositionnable
adhesivo[M]
etichetta[F] adesiva

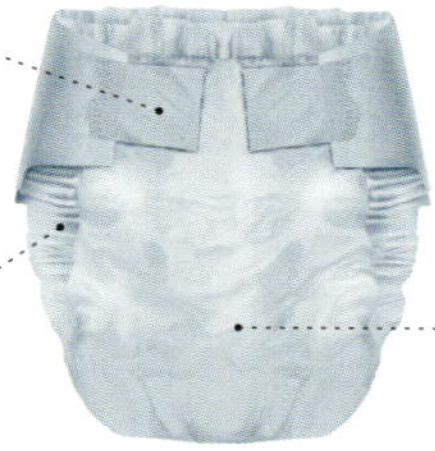

Auslaufstopp[M]
anti-leak guard
élastique[M] antifuite
protector[M] impermeable
elastico[M] antifuoriuscita

wasserdichte Abdeckung[F]
moisture-proof cover
revêtement[M] imperméable
cubierta[F] antihumedad[F]
rivestimento[M] impermeabile

Windel[F]
nappy
couche[F]
pañal[M]
pannolino[M]

Hemdchen[N]
shirt
brassière[F]
camiseta[F]
maglietta[F] intima

Schlafanzug[M]
sleep sack
gigoteuse[F]
saco[M] de dormir
sacconanna[M]

Spielanzug[M]
rompers
barboteuse[F]
ranita[F]
pagliaccetto[M]

Latzhose[F] mit gekreuzten Rückenträgern[M]
dungarees with crossover back straps
salopette[F] à bretelles[F] croisées
pantalones[M] de peto[M]
salopette[F] con bretelle[F] incrociate

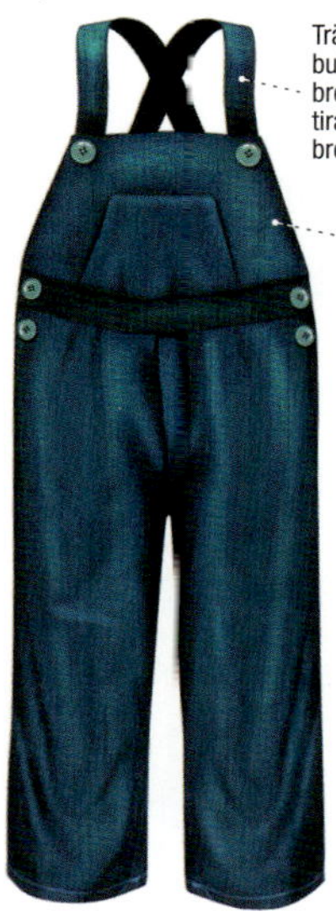

Träger[M] mit Knopf[M]
button strap
bretelle[F] boutonnée
tirante[M] con botones[M]
bretella[F] abbottonabile

Lätzchen[N]
bib
bavette[F]
peto[M]
pettorina[F]

Pyjama[M]
pyjamas
pyjama[M]
pijama[M]
pigiama[M]

Schneeanzug[M]
snowsuit
habit[M] de neige[F]
traje[M] para nieve[F]
tuta[F] da sci[M]

Kapuze[F]
drawstring hood
capuchon[M]
capucha[F]
cappuccio[M]

Latzhose[F]
dungarees
salopette[F]
pantalón[M] peto[M]
salopette[F]

KLEIDUNG

Sportbekleidung^{F}

sportswear | vêtements^{M} de sport^{M} | ropa^{M} de deporte^{M} | abbigliamento^{M} sportivo

Joggingschuh^{M}
running shoe
chaussure^{F} de sport^{M}
zapatilla^{F} deportiva
scarpa^{F} da corsa^{F}

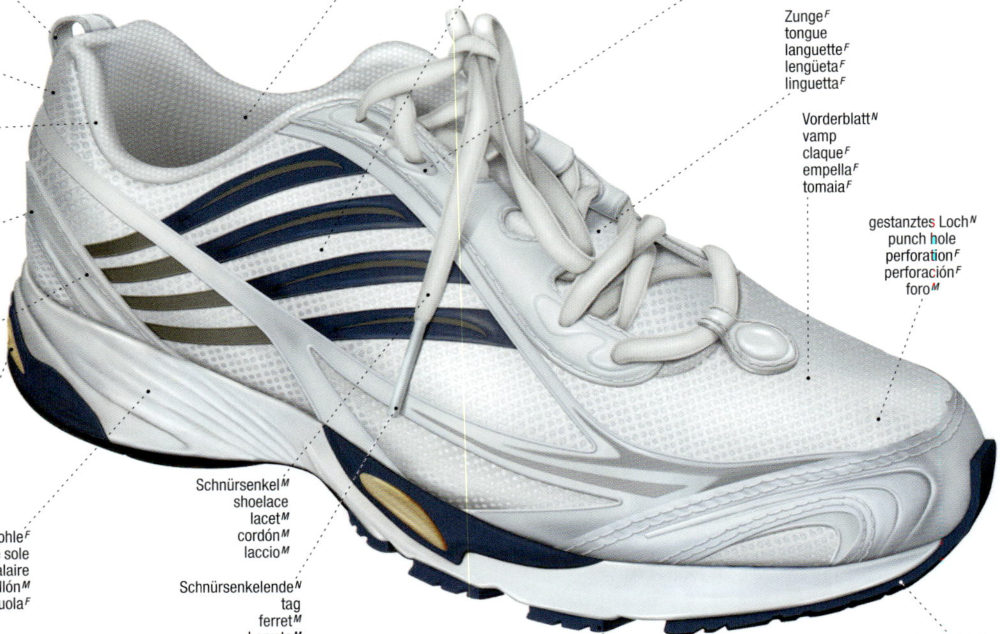

Schlaufe^{F}
loop
tirant^{M}
trabilla^{F}
tirante^{M}

Futter^{N}
lining
doublure^{F}
forro^{M}
fodera^{F}

Vorderteil$^{M/N}$
nose of the quarter
aile^{F} de quartier^{M}
ala^{F} del cuarto^{M}
parte^{F} anteriore del quartiere^{M}

Öse^{F}
eyelet
œillet^{M}
ojete^{M}
occhiello^{M}

Hinterkappe^{F}
counter
contrefort^{M}
contrafuerte^{M}
rinforzo^{M} del calcagno^{M}

Zunge^{F}
tongue
languette^{F}
lengüeta^{F}
linguetta^{F}

Fersenrand^{M}
collar
col^{M}
ribete^{M}
collo^{M}

Vorderblatt^{N}
vamp
claque^{F}
empella^{F}
tomaia^{F}

Quartier^{N}
quarter
quartier^{M}
cuarto^{M}
quartiere^{M}

gestanztes Loch^{N}
punch hole
perforation^{F}
perforación^{F}
foro^{M}

Naht^{F}
stitching
surpiqûre^{F}
pespunteado^{M}
impuntura^{F}

Absatz^{M}
heel
talon^{M}
talón^{M}
tallone^{M}

Schnürsenkel^{M}
shoelace
lacet^{M}
cordón^{M}
laccio^{M}

Zwischensohle^{F}
middle sole
semelle^{F} intercalaire
cambrillón^{M}
intersuola^{F}

Schnürsenkelende^{N}
tag
ferret^{M}
herrete^{M}
puntale^{M}

Stollen^{M}
stud
crampon^{M}
montante^{M}
tacchetto^{M}

Laufsohle^{F}
outsole
semelle^{F} d'usure^{F}
suela^{F}
suola^{F}

T-Shirt^{N}
T-shirt
T-shirt^{M}
camiseta^{F}
T-shirt^{F}

Trägerhemd^{N}
vest
débardeur^{M}
camiseta^{F}
canottiera^{F}

Badeanzug^{M}
swimsuit
maillot^{M} de bain^{M}
traje^{M} de baño^{M}
costume^{M} da bagno^{M}

Badekappe^{F}
swim cap
bonnet^{M} de bain^{M}
gorro^{M} de natación^{F}
cuffia^{F} da nuoto^{M}

Sandale^{F}
sandal
sandale^{F}
chándal^{M}
sandalo^{M}

Shorts^{F}
running shorts
short^{M} boxeur^{M}
pantalón^{M} de boxeo^{M}
pantaloncini^{M} da corsa^{F}

Radhose^{F}
shorts
cuissard^{M}
pantalón^{M} ciclista^{M}
pantaloncini^{M} da ciclista^{F}

Badehose^{F}
swimming trunks
slip^{M} de bain^{M}
traje^{M} de baño^{M}
slip^{M} da bagno^{M}

Wanderschuh^{M}
hiking boot
botte^{F} de randonnée^{F}
bota^{F} de montaña^{F}
pedula^{F}

Sportbekleidung^{F}

Trainingsanzug^{M}
training suit
survêtement^{M}
traje^{M} de entrenamiento^{M}
tuta^{F} sportiva

Sweatshirt^{N}
sweatshirt
pull^{M} molletonné
sudadera^{F}
felpa^{F}

Anorak^{M}
anorak
anorak^{M}
anorak^{M}
k-way^{M}

Fleece-Jacke^{F}
fleece jacket
veste^{F} polaire
chaqueta^{F} polar
giacca^{F} in pile^{M}

Sporthose^{F}
sweatpants
pantalon^{M} molletonné
pantalón^{M} de chándal^{M}
pantaloni^{M} felpati

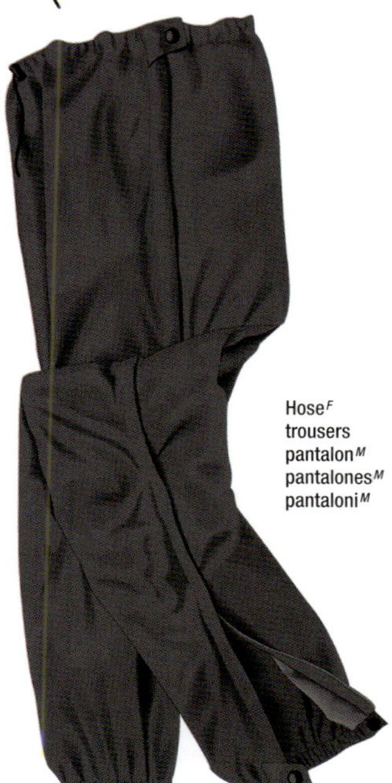

Hose^{F}
trousers
pantalon^{M}
pantalones^{M}
pantaloni^{M}

Kapuzenshirt^{N}
hooded sweatshirt
blouson^{M} molletonné
sudadera^{F} con capucha^{F}
felpa^{F} con cappuccio^{M}

Taschen[F]

pockets | poches[F] | bolsillos[M] | tasche[F]

Blasebalgtasche[F]
gusset pocket
poche[F] soufflet[M]
bolsillo[M] de fuelle[M]
tasca[F] applicata a soffietto[M]

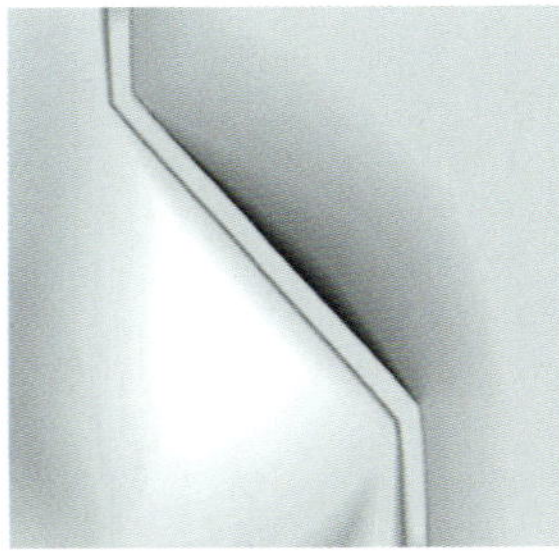

eingesetzte Tasche[F]
inset pocket
poche[F] prise dans une découpe[F]
bolsillo[M] simulado
tasca[F] sagomata

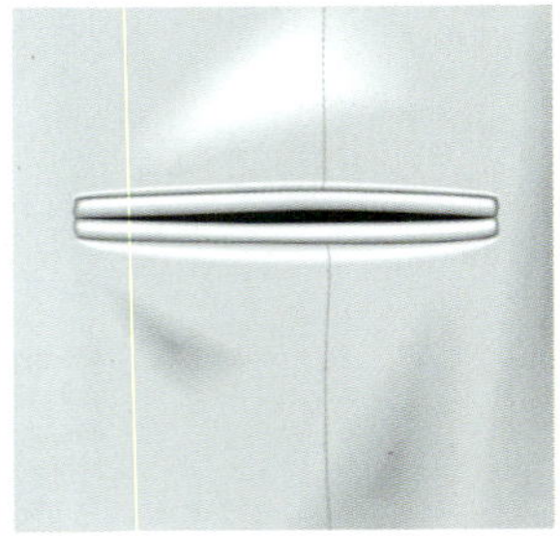

Paspeltasche[F]
welt pocket
poche[F] passepoilée
bolsillo[M] de ojal[M] de sastre[M]
tasca[F] profilata

Nahttasche[F]
seam pocket
poche[F] prise dans une couture[F]
bolsillo[M] disimulado
tasca[F] inserita nella cucitura[F]

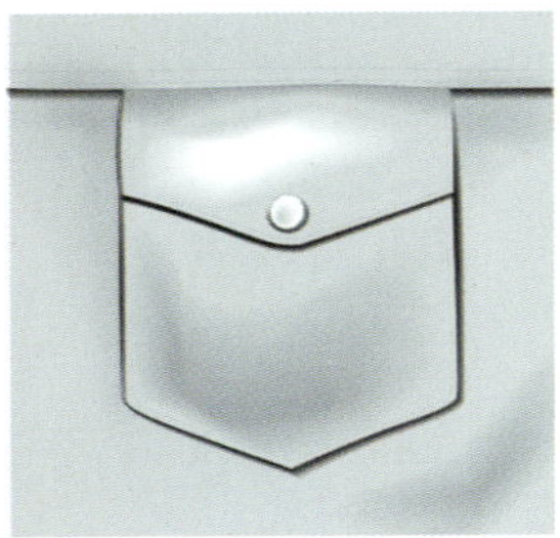

Klappentasche[F]
flap pocket
poche[F] à rabat[M]
bolsillo[M] de parche[M] con cartera[F]
tasca[F] applicata con aletta[F]

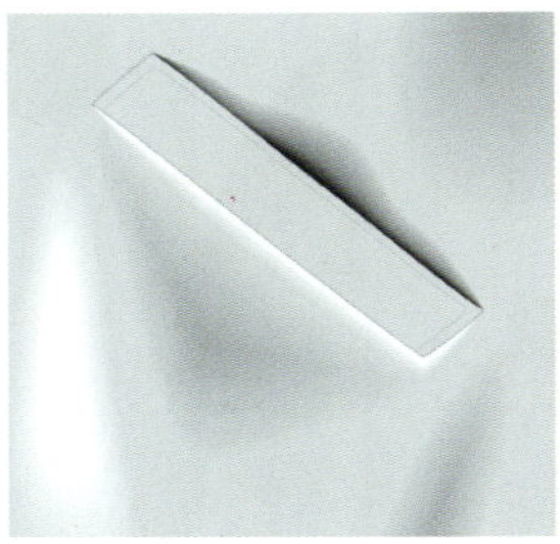

schräge Pattentasche[F]
broad welt side pocket
poche[F] raglan
bolsillo[M] de ojal[M] con ribete[M]
tasca[F] interna con aletta[F]

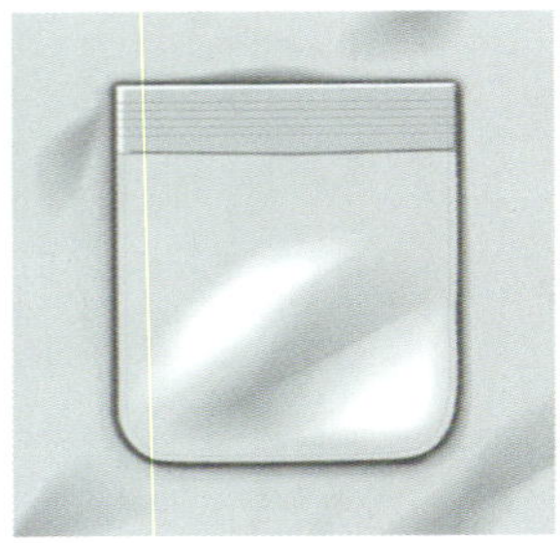

aufgesetzte Tasche[F]
patch pocket
poche[F] plaquée
bolsillo[M] de parche[M]
tasca[F] applicata

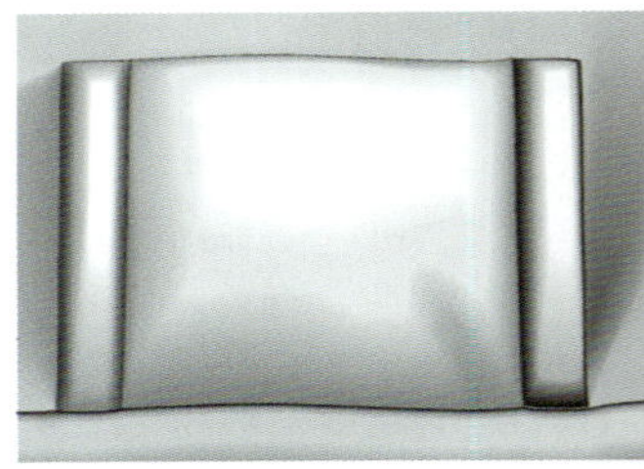

Mufftasche[F]
hand warmer pouch
poche[F] manchon[M]
bolsillo[M] de manguito[M]
manicotto[M]

Ärmel[M]

sleeves | manches[F] | mangas[F] | maniche[F]

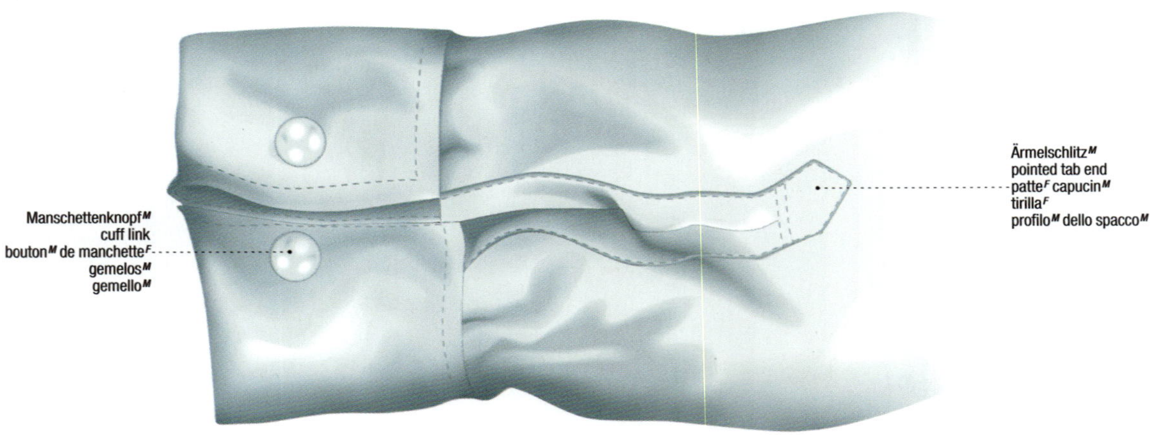

Doppelmanschette[F]
French cuff
poignet[M] mousquetaire[M]
puño[M] para gemelos[M]
polsino[M] doppio

Ärmel[M]

Puffärmel[M]
puff sleeve
manche[F] ballon[M]
manga[F] farol
manica[F] a palloncino[M]

Keulenärmel[M]
leg-of-mutton sleeve
manche[F] gigot[M]
manga[F] de jamón[M]
manica[F] a prosciutto[M]

Bauschärmel[M]
bishop sleeve
manche[F] bouffante
manga[F] común fruncida
manica[F] da vescovo[M]

Dreiviertelarm[M]
three-quarter sleeve
manche[F] trois-quarts
manga[F] recta de tres cuartos[M]
manica[F] a tre quarti[M]

Fledermausärmel[M]
batwing sleeve
manche[F] chauve-souris[F]
manga[F] de murciélago[M]
manica[F] a pipistrello[M]

angeschnittener Ärmel[M]
cap sleeve
mancheron[M]
manga[F] corta sencilla
manica[F] ad aletta[F]

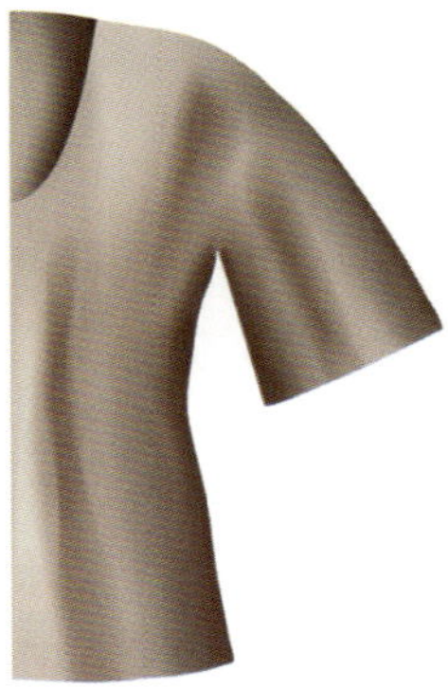

Kimonoärmel[M]
kimono sleeve
manche[F] kimono[M]
manga[F] kimono[M]
manica[F] a kimono[M]

Shirtärmel[M]
saddle sleeve
manche[F] marteau[M]
manga[M] japonesa
manica[F] a martello[M]

Raglanärmel[M]
raglan sleeve
manche[F] raglan
manga[F] raglán
manica[F] alla raglan

Hemdsärmel[M]
shirtsleeve
manche[F] chemisier[M]
manga[F] de camisa[F]
manica[F] della camicia[F]

Pagodenärmel[M]
pagoda sleeve
manche[F] pagode[F]
manga[F] de pagoda[F]
manica[F] a pagoda[F]

Schneiderärmel[M]
tailored sleeve
manche[F] tailleur[M]
manga[F] de hechura[F] sastre[M]
manica[F] a giro[M]

Bundfalte[F]

pleats | plis[M] | pliegues[M] | pieghe[F]

einfache Falte[F]
knife pleat
pli[M] plat
tablas[F]
piega[F] a coltello[M]

aufgesteppte Naht[F]
topstitched pleat
pli[M] surpiqué
pliegue[M] pespunteado
piega[F] impunturata

Bahnenplissee[N]
accordion pleat
plissé[M] accordéon[M]
plisada
plissé[M]

Kellerfalte[F]
inverted pleat
pli[M] creux
tabla[F] delantera
piega[F] invertita

Gehfalte[F]
kick pleat
pli[M] d'aisance[F]
tabla[F] abierta
piega[F] sovrapposta

Krägen[M]

collars | cols[M] | cuellos[M] | colletti[M]

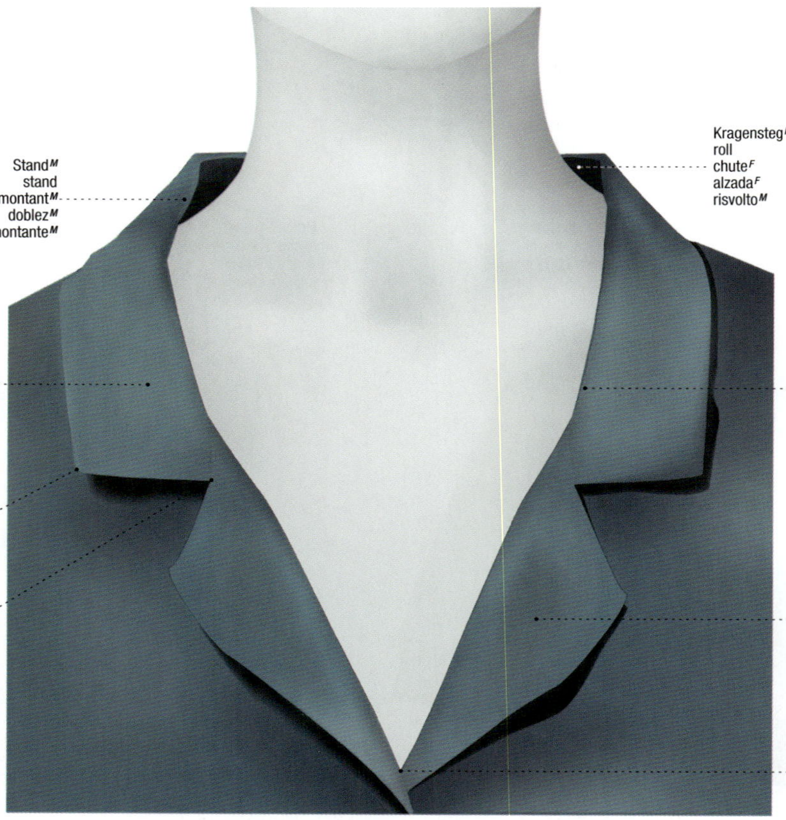

Elemente[N] eines Kragens[M]
parts of a collar
parties[F] d'un col[M]
partes[F] de un cuello[M]
parti[F] di un colletto[M]

Krägen^{M}

Beispiele^{N} für Kragen^{M}
examples of collars
exemples^{M} de cols^{M}
ejemplos^{M} de cuellos^{M}
esempi^{M} di colli^{M}

Halskrause^{F}
collaret
collerette^{F}
cuello^{M} de volantes^{M}
collaretto^{M}

Berthe^{F}
bertha collar
col^{M} berthe^{F}
cuello^{M} Berta
berta^{F}

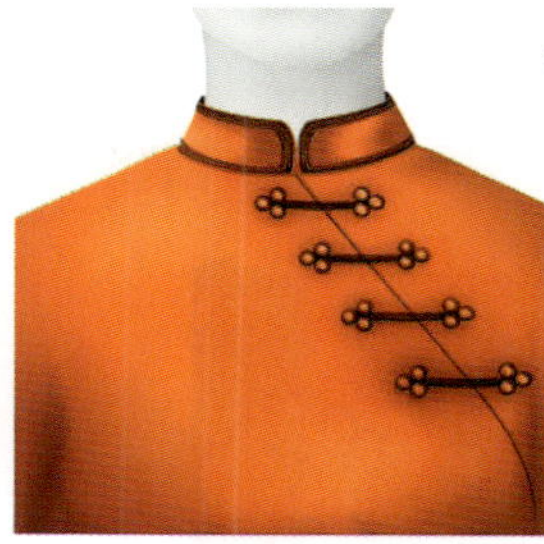

Chinesenkragen^{M}
mandarin collar
col^{M} chinois
cuello^{M} chino
collo^{M} alla coreana^{F}

Dackelohrkragen^{M}
dog-ear collar
col^{M} banane^{F}
cuello^{M} mariposa^{F}
colletto^{M} con punte^{F} arrotondate

Schalkragen^{M}
shawl collar
col^{M} châle^{M}
cuello^{M} de chal^{M}
collo^{M} a scialle^{M}

Bubikragen^{M}
Peter Pan collar
col^{M} Claudine
cuello^{M} plano tipo^{M} Peter Pan
collo^{M} alla Peter Pan

Hemdblusenkragen^{M}
shirt collar
col^{M} chemisier^{M}
cuello^{M} camisero
collo^{M} a camicia^{F}

Schneiderkragen^{M}
tailored collar
col^{M} tailleur^{M}
cuello^{M} de hechura^{F} de sastre^{M}
collo^{M} a uomo^{M}

Schleifenkragen^{M}
bow collar
col^{M} cravate^{F}
cuello^{M} de lazo^{M}
collo^{M} con sciarpa^{F}

Jabot^{N}
jabot
jabot^{M}
chorrera^{F}
jabot^{M}

Matrosenkragen^{M}
sailor collar
col^{M} marin^{M}
cuello^{M} marinero
collo^{M} alla marinara

Rollkragen^{M}
turtleneck
col^{M} roulé
cuello^{M} de tortuga^{F}
dolcevita^{M}

Kuttenkragen^{M}
cowl neck
col^{M} cagoule^{F}
cuello^{M} tipo cogulla^{F}
collo^{M} a cappuccio^{M}

Polokragen^{M}
polo collar
col^{M} polo^{M}
cuello^{M} de polo^{M}
collo^{M} a polo^{F}

Stehbundkragen^{M}
stand-up collar
col^{M} officier^{M}
cuello^{M} Mao
collo^{M} a listino^{M}

Ausschnitte[M]

necks | encolures[F] | cuellos[M] | colli[M]

U-Boot-Ausschnitt[M]
boat neck
encolure[F] bateau[M]
escote[M] de barco[M]
scollo[M] a barchetta[F]

runder Ausschnitt[M]
round neck
encolure[F] ras-de-cou[M]
cuello[M] redondo
girocollo[M]

drapierter Kragen[M]
draped neck
encolure[F] drapée
cuello[M] drapeado
girocollo[M] drappeggiato

Ausschnittarten[F]

necklines | décolletés[M] | escotes[M] | scollature[F]

V-Ausschnitt[M]
V-shaped neck
décolleté[M] en V[M]
escote[M] de pico[M]
scollatura[F] a V

viereckiger Ausschnitt[M]
square neck
décolleté[M] carré
escote[M] cuadrado
scollatura[F] quadrata

drapierter Ausschnitt[M]
draped neckline
décolleté[M] drapé
descote[M] rapeado
scollatura[F] drappeggiata

spitzes Dekolleté[N]
plunging neckline
décolleté[M] plongeant
escote[M] bajo
scollatura[F] profonda a V

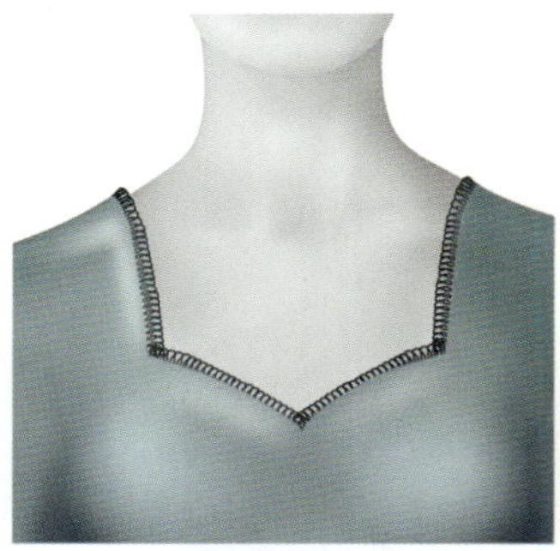

Coeur-Dekolleté[N]
sweetheart neckline
décolleté[M] en cœur[M]
escote[M] de corazón[M]
scollatura[F] a cuore[M]

Herrenkopfbedeckungen[F]

men's headgear | coiffures[F] d'homme[M] | sombreros[M] de hombre[M] | copricapi[M] maschili

Filzhut[M]
trilby
chapeau[M] de feutre[M]
sombrero[M] de fieltro[M]
cappello[M] di feltro[M]

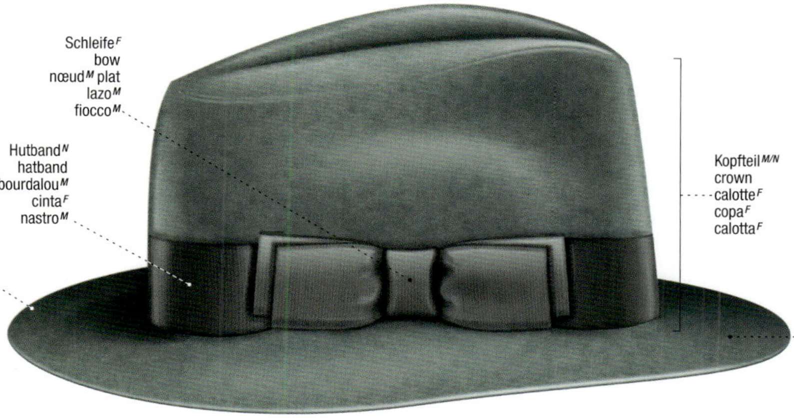

Strohhut[M]
boater
canotier[M]
canotier[M]
paglietta[F]

Käppchen[N]
skullcap
calotte[F]
solideo[M]
papalina[F]

Schirmmütze[F]
cap
casquette[F]
gorra[F]
berretto[M]

Fellmütze[F]
astrakhan cap
calot[M]
gorra[F] de cuartel[M]
bustina[F]

Zylinder[M]
top hat
haut-de-forme[M]
chistera[F]
cilindro[M]

Kosakenmütze[F]
shapka
chapska[M]
chapka[F]
colbacco[M]

Jagdkappe[F]
hunting cap
casquette[F] norvégienne
gorra[F] noruega
berretto[M] da cacciatore[M]

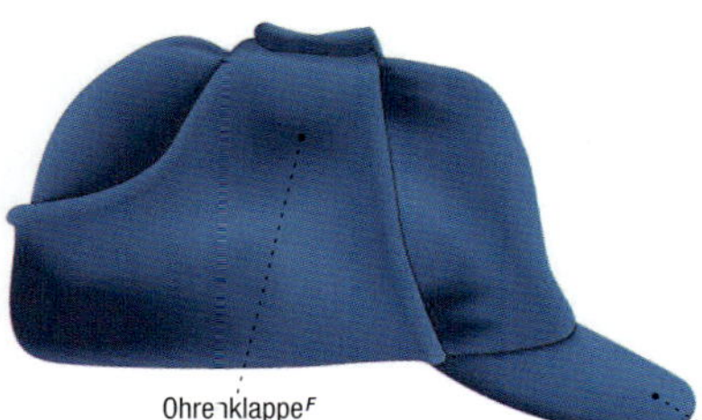

Melone[F]
bowler
melon[M]
sombrero[M] de hongo[M]
bombetta[F]

Panamahut[M]
panama
panama[M]
panamá[M]
panama[M]

Damenkopfbedeckungen[F]

women's headgear | coiffures[F] de femme[F] | sombreros[M] de mujer[F] | copricapi[M] femminili

Topfhut[M]
cloche
cloche[F]
sombrero[M] de campana[F]
cloche[F]

Wagenradhut[M]
cartwheel hat
capeline[F]
pamela[F]
cappello[M] a falda[F] larga

Pillbox[F]
pillbox hat
tambourin[M]
sombrero[M] sin alas[F]
tocco[M]

Toque[F]
toque
toque[F]
toca[F]
toque[F]

Turban[M]
turban
turban[M]
turbante[M]
turbante[M]

Regenhut[M]
sailor's hat
bob[M]
gorro[M] de marinero[M]
cappello[M] da marinaio[M]

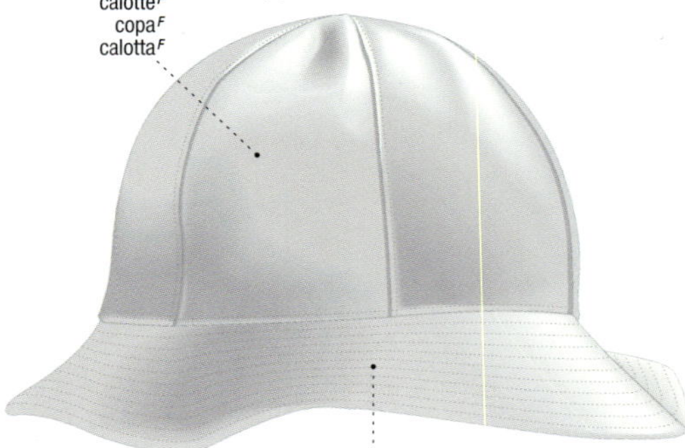

Südwester[M]
sou'wester
suroît[M]
sueste[M]
berretto[M] impermeabile

Unisex-Kopfbedeckungen[F]

unisex headgear | coiffures[F] unisexes | sombreros[M] unisex | copricapi[M] unisex

Kappe[F]
cap
casquette[F]
gorra[F]
berretto[M]

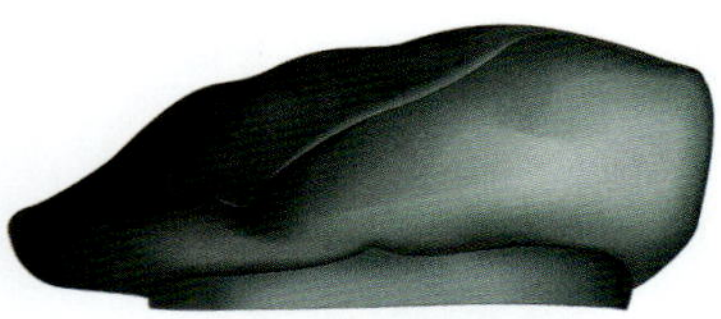

Baskenmütze[F]
beret
béret[M]
boina[F]
basco[M]

Strickmütze[F]
stocking cap
bonnet[M] à pompon[M]
gorro[M]
berretto[M] con pompon[M]

Sturmhaube[F]
balaclava
passe-montagne[M]
pasamontañas[F]
passamontagna[M]

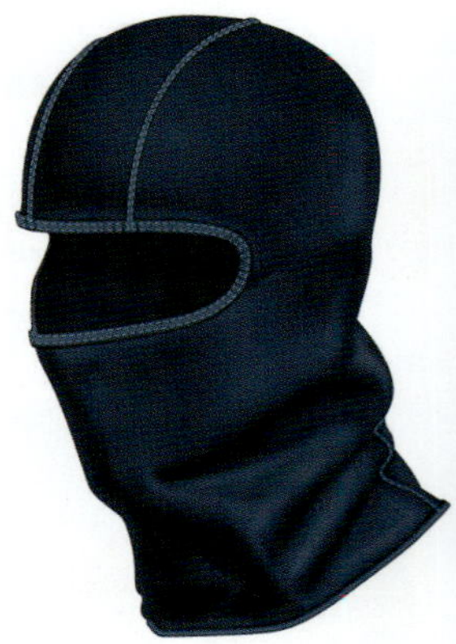

Mundschutz[F]
face mask
cagoule[F]
máscara[F]
cagoule[F]

KLEIDUNG

Herrenschuhe[M]

men's shoes | chaussures[F] d'homme[M] | zapatos[M] de hombre[M] | scarpe[F] da uomo[M]

Beispiele[N] für Schuhe[M]
examples of shoes
exemples[M] de chaussures[F]
ejemplos[M] de zapatos[M]
esempi[M] di scarpe[F]

Halbstiefel[M]
bootee
bottillon[M]
botín[M]
scarponcino[M]

Oxford-Schuh[M]
balmoral
richelieu[M]
Balmoral[M]
richelieu[M]

Schnürschuh[M]
lace-up
derby[M]
zapato[M] de cordones[M]
scarpa[F] stringata

Cowboystiefel[M]
cowboy boot
botte[F] de cowboy[M]
bota[F] de cowboy[M]
stivale[M] da cowboy[M]

Boot[M]
chukka
chukka[M]
media bota[F]
scarpa[F] a collo[M] alto

Arbeitsschuh[M]
work boot
brodequin[M] de travail[M]
bota[F] de trabajo[M]
scarpone[M] da lavoro[M]

Überziehschuh[M]
galosh
claque[F]
chanclo[M] de goma[F]
galoscia[F]

Damenschuhe^M

women's shoes | chaussures^F de femme^F | zapatos^M de mujer^F | scarpe^F da donna^F

Beispiele^N für Schuhe^M
examples of shoes
exemples^M de chaussures^F
ejemplos^M de zapatos^M
esempi^M di scarpe^F

Stegspangenschuh^M
T-strap shoe
salomé^M
zapato^M de correa^F
scarpa^F con cinturino^M a T

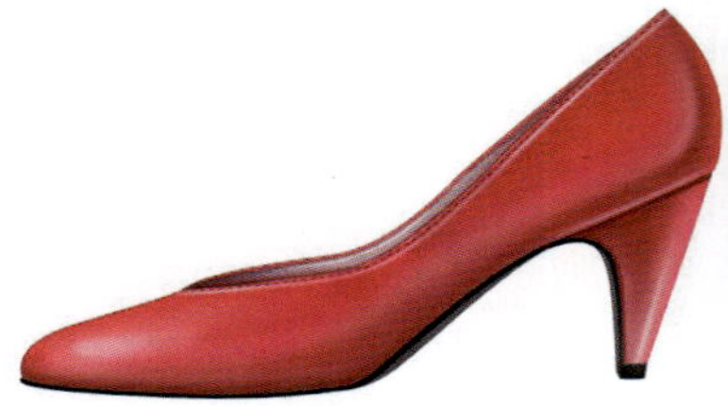

Pumps^M
court
escarpin^M
zapato^M de salón^M
scarpa^F décolleté^M

Overknee^M
thigh boot
cuissarde^F
bota^F de caña^F alta
stivale^M alla coscia^F

Riemen^M
strap
bride^F
correa^F
cinturino^M

Mary Jane^M
Mary Jane shoe
Charles IX^M
zapato^F Mary Jane
scarpa^F Carlo IX

Absatz^M
heel
talon^M
tacón^M
tacco^M

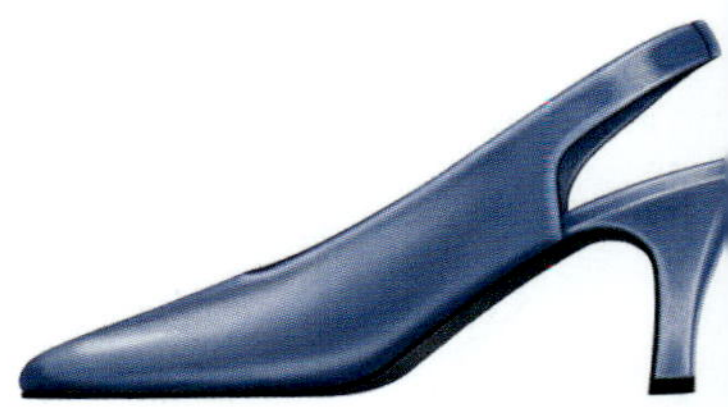

Slingpumps^M
slingback shoe
escarpin^M-sandale^F
zapato^M de talón^M abierto
scarpa^F chanel

Straßenschuh^M
casual shoe
trotteur^M
zapato^M con cordones^M
francesina^F

knöchelhohe Stiefelette^F
ankle boot
bottine^F
botín^M
polacchina^F

Damenschuhe[M]

Stiefel[M]
boot
botte[F]
bota[F]
stivale[M]

Espadrille[F]
espadrille
espadrille[F]
alpargata[F]
espadrille[F]

Pantolette[F]
clog
socque[M]
chancleta[F]
zoccolo[M]

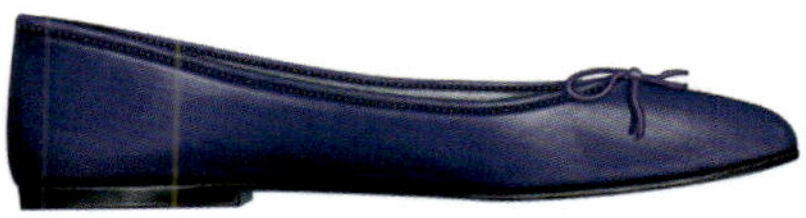

Ballerinaschuh[M]
pump
ballerine[F]
bailarina[F]
ballerina[F]

Sandalette[F] mit Fersenriemen[M]
ankle-strap
sandale[F]
sandalia[F]
sandalo[M]

Beispiele[N] für Absätze[M]
examples of heels
exemples[M] de talons[M]
ejemplos[M] de tacones[M]
esempi[M] di tacchi[M]

Pfennigabsatz[M]
spike heel
talon[M] aiguille
tacón[M] de aguja[F]
tacco[M] a spillo

flacher Absatz[M]
flat heel
talon[M] chiquet
tacón[M] plano
tacco[M] piatto

Keilabsatz[M]
wedge heel
talon[M] compensé
cuña[F]
tacco[M] a zeppa[F]

Kitten-Heel-Absatz[M]
kitten heel
talon[M] bobine
medio tacón[M]
tacco[M] a rocchetto[M]

niedriger Absatz[M]
low heel
talon[M] plat
tacón[M] bajo
tacco[M] basso

Unisex-Schuhe[M]

unisex shoes | chaussures[F] unisexes | calzado[M] unisex | scarpe[F] unisex

Pantoffel[M]
mule
mule[F]
pantufla[F]
pianella[F]

Tennisschuh[M]
plimsoll
tennis[M]
zapatilla[F] de tenis[M]
scarpa[F] da tennis[M]

Sandale[F] mit Zehenriemchen[N]
toe-strap
nu-pied[M]
sandalia[F]
sandalo[M] indiano

Römerpantolette[F]
flip-flop
tong[M]
chancleta[F] playera
infradito[M]

Sandale[F]
sandal
sandalette[F]
sandalia[F]
sandalo[M]

Slipper[M]
slip-on
loafer[M]
mocasín[M]
mocassino[M] classico

Mokassin[M]
moccasin
mocassin[M]
mocasín[M]
mocassino[M]

Regenstiefel[M]
wellington boot
botte[F] de pluie[F]
bota[F] de agua[F]
stivale[M] da pioggia[F]

Wanderschuh[M]
hiking boot
brodequin[M] de randonnée[F]
bota[F] de montaña[F]
pedula[F]

Zubehör^N

accessories | accessoires^M | accesorios^M | accessori^M

Schuhputzzeug^N
shoeshine kit
nécessaire^M à chaussures^F
juego^M limpiabotas^M
kit^M per la pulizia^F delle scarpe^F

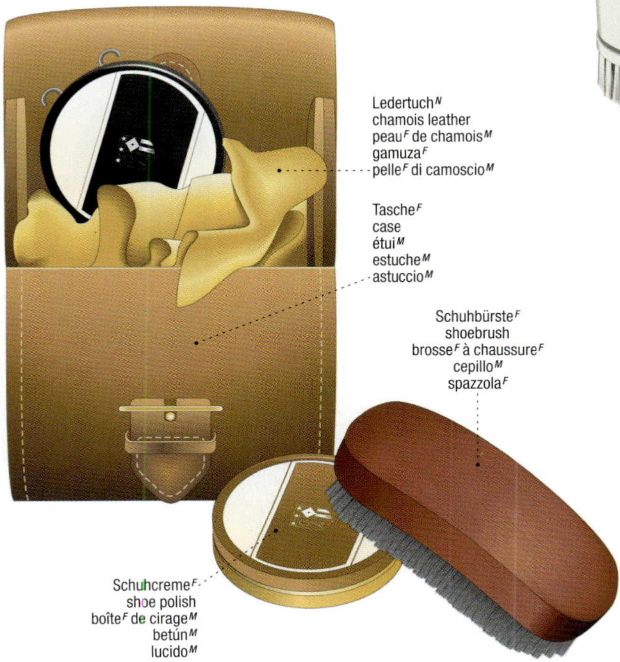

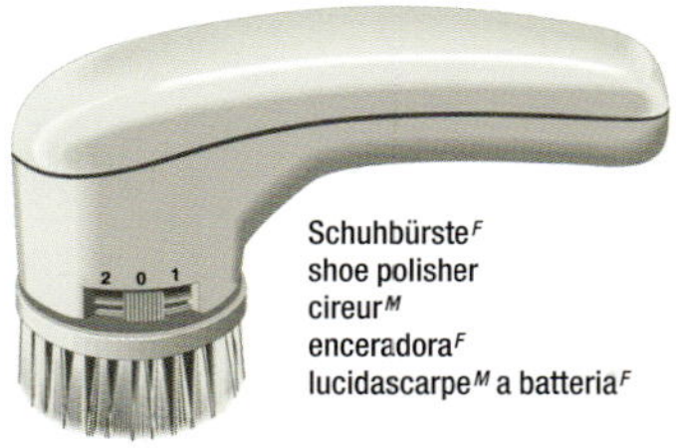

Schuhbürste^F
shoe polisher
cireur^M
enceradora^F
lucidascarpe^M a batteria^F

Schuhlöffel^M
shoehorn
chausse-pied^M
calzador^M
calzascarpe^M

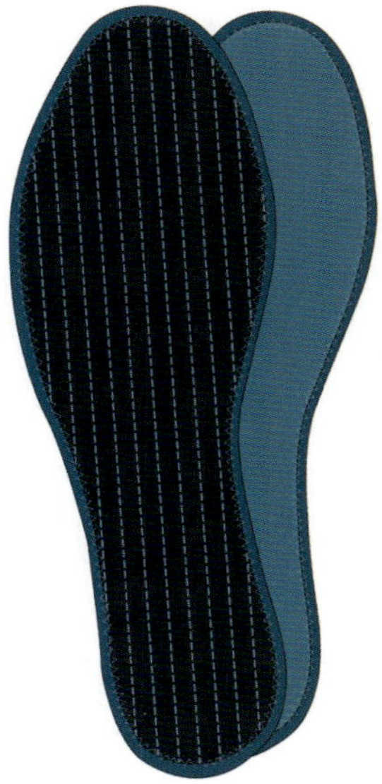

Einlegesohle^F
insole
semelle^F
plantilla^F
soletta^F

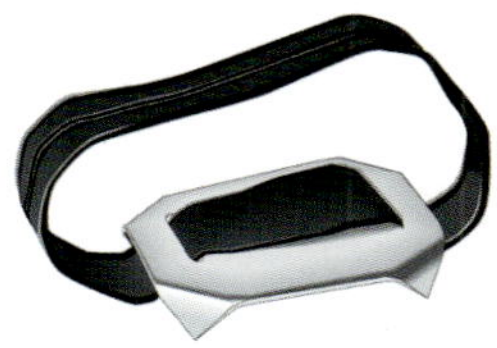

Steigeisen^N
climbing iron
crampon^M
trepadora^F
rampone^M

Schuhständer^M
shoe rack
porte-chaussures^M
zapatero^M de alambre^M
scarpiera^F

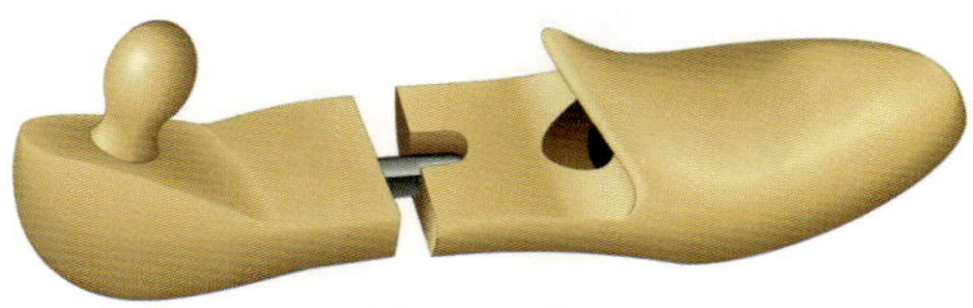

Schuhspanner^M
shoetree
embauchoir^M
horma^F
forma^F

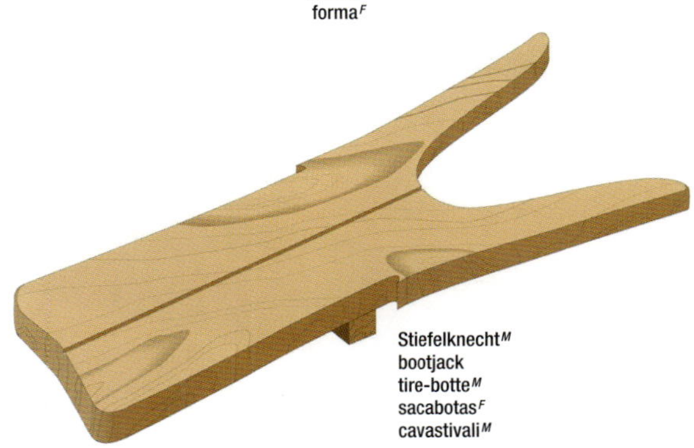

Stiefelknecht^M
bootjack
tire-botte^M
sacabotas^F
cavastivali^M

Handschuhe[M]

gloves | gants[M] | guantes[M] | guanti[M]

Herrenhandschuhe[M]
men's gloves
gants[M] d'homme[M]
guantes[M] de hombre[M]
guanti[M] da uomo[M]

Handschuh[M]-Außenseite[F]
back of a glove
dos[M] d'un gant[M]
dorso[M] de un guante[M]
dorso[M] del guanto[M]

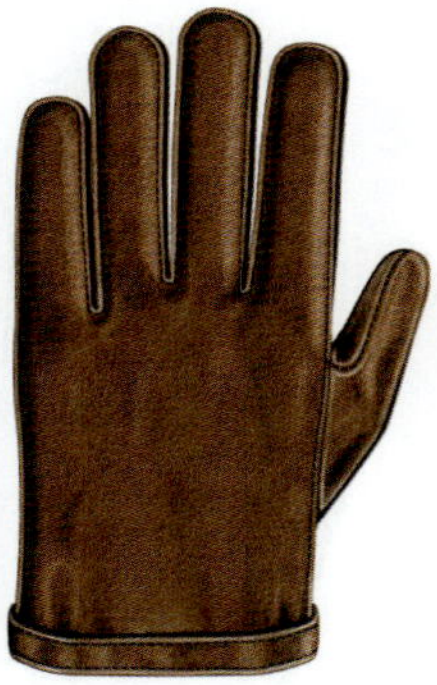

Handschuh[M]-Innenseite[F]
palm of a glove
paume[F] d'un gant[M]
palma[F] de un guante[M]
palmo[M] del guanto[M]

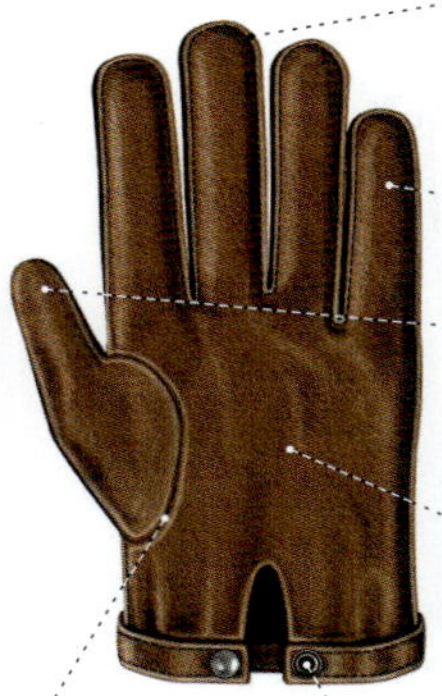

Keil[M]
fourchette
fourchette[F]
horquilla[F]
linguella[F]

Finger[M]
glove finger
doigt[M]
dedo[M]
dito[M] del guanto[M]

Daumen[M]
thumb
pouce[M]
pulgar[M]
pollice[M]

Innenfläche[F]
palm
paume[F]
palma[F]
palmo[M]

Naht[F]
seam
couture[F] d'assemblage[M]
costura[F]
cucitura[F]

Druckknopf[M]
snap fastener
bouton[M]-pression[F]
botón[M] de presión[F]
bottone[M] a pressione[F]

Öffnung[F]
opening
fenêtre[F]
aberturas[F] para los nudillos[M]
apertura[F]

Perforierung[F]
perforation
perforation[F]
perforaciones[F]
foro[M]

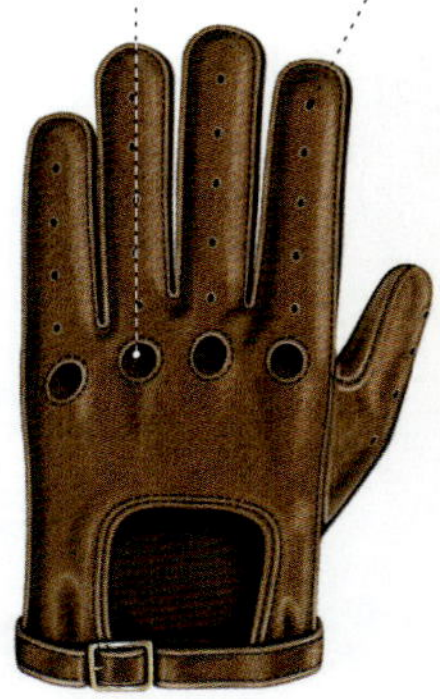

Autohandschuh[M]
driving glove
gant[M] de conduite[F]
guante[M] para conducir
guanto[M] da guida[F]

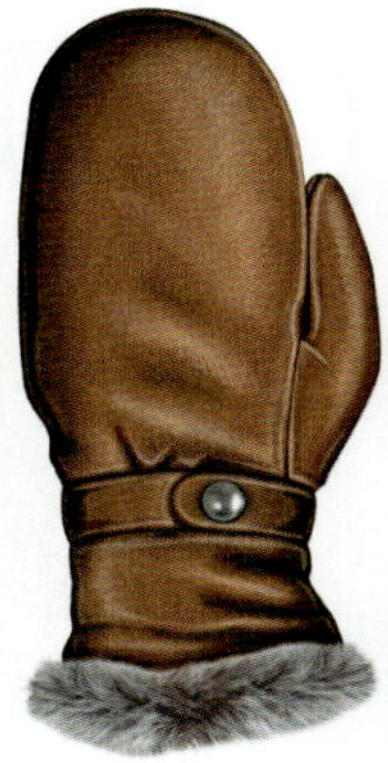

Fäustling[M]
mitten
moufle[F]
manopla[F]
muffola[F]

Damenhandschuhe[M]
women's gloves
gants[M] de femme[F]
guantes[M] de mujer[F]
guanti[M] da donna[F]

Stulpenhandschuh[M]
gauntlet
gant[M] à crispin[M]
manopla[F]
guanto[M] alla scudiera

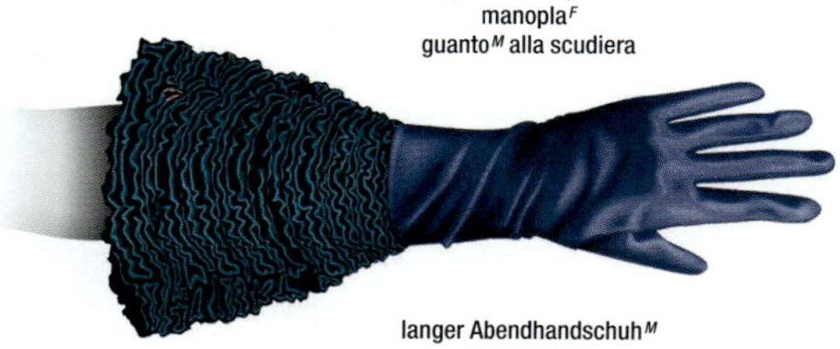

langer Abendhandschuh[M]
evening glove
gant[M] long
guante[M] largo
guanto[M] da sera[F]

fingerloser Spitzenhandschuh[M]
fingerless mitt
mitaine[F]
mitón[M] largo
mezzoguanto[M]

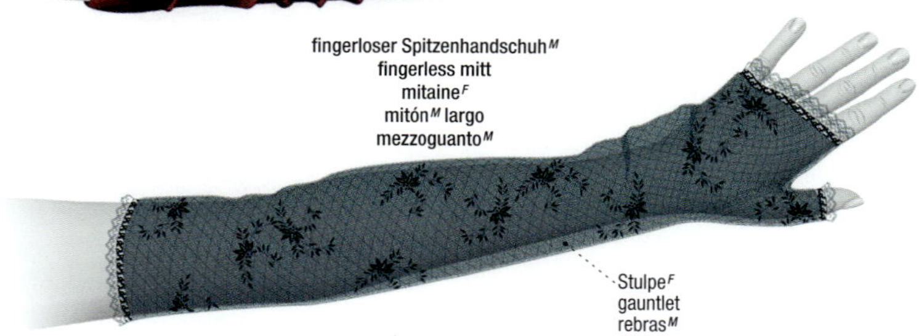

Stulpe[F]
gauntlet
rebras[M]
brazo[M]
manopola[F]

Fäustling[M]
mitten
moufle[F]
mitón[M]
muffola[F]

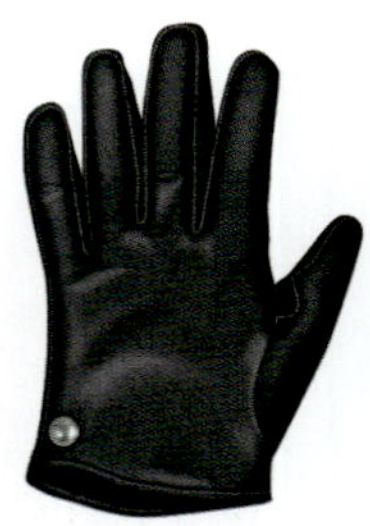

Kurzhandschuh[M]
short glove
gant[M] court
guante[M] corto
guanto[M] corto

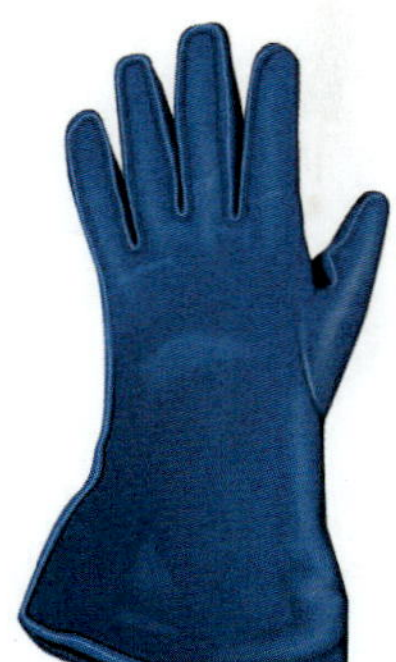

Langhandschuh[M]
wrist-length glove
gant[M] saxe
guante[M] a la muñeca[F]
guanto[M] lungo

KLEIDUNG

verschiedenes Zubehör^{N}

miscellaneous accessories | accessoires^{M} divers | accesorios^{M} diversos | accessori^{M} vari

Schal^{M}
scarf
écharpe^{F}
bufanda^{F}
sciarpa^{F}

Fransen^{F}
fringe
frange^{F}
fleco^{M}
frangia^{F}

Tuch^{N}
shawl
châle^{M}
chal^{M}
scialle^{M}

Feder^{F}
feather
plume^{F}
pluma^{F}
piuma^{F}

Boa^{F}
boa
boa^{M}
boa^{F}
boa^{M}

Halswärmer^{M}
neck warmer
cache-cou^{M}
braga^{F} de cuello^{M}
scaldacollo^{M}

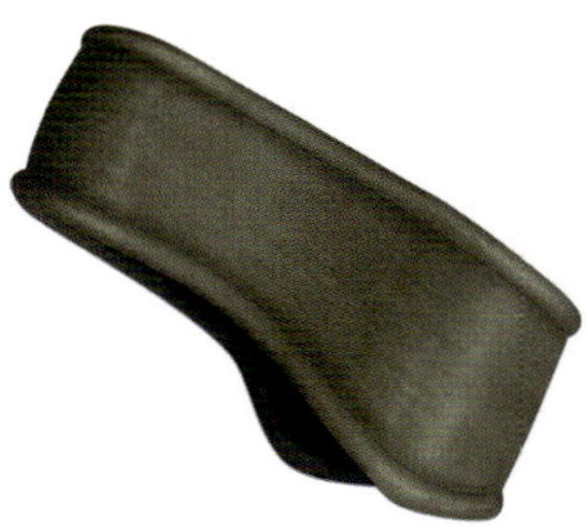

Stirnband^{N}
headband
bandeau^{M}
cinta^{F} de pelo^{M}
fascia^{F}

Haarband^{N}
headband
serre-tête^{M}
cinta^{F} de pelo^{M}
fascia^{F}

Ohrenbedeckung^{F}
ear covering
oreillette^{F}
orejera^{F}
copriorecchie^{M}

Ohrenschützer^{M}
earmuffs
cache-oreilles^{M}
orejera^{F}
paraorecchie^{M}

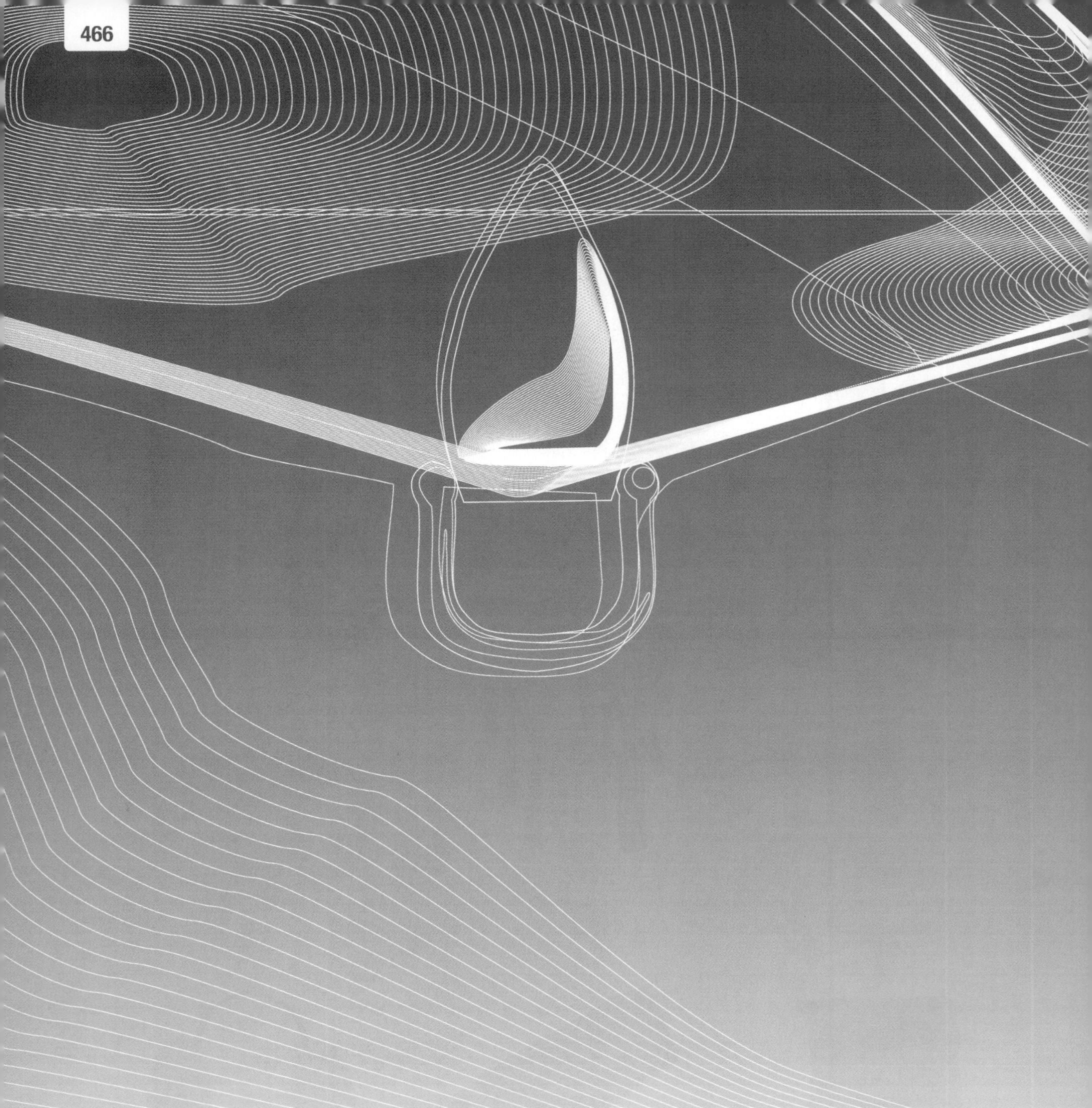

PERSÖNLICHE AUSSTATTUNG

personal adornment and articles
parure et objets personnels
accesorios y artículos personales
accessori e articoli personali

SCHMUCK UND SCHÖNHEITSPFLEGE 468

Schmuck 468
Maniküre 472
Make-up 473
Körperpflege 474
Haarpflege 476

PERSÖNLICHE ARTIKEL 479

Rasur 479
Brille 480
Kontaktlinsen 481
Zahnpflege 482
Raucherbedarf 483
Lederwaren 484
Handtaschen 486
Gepäck 488
Schirm und Stock 490
Kinderzubehör 491
Haustierzubehör 493

Schmuck^{M}

jewellery | bijouterie^{F} | joyería^{F} | gioielli^{M}

Ohrringe^{M}
earrings
boucles^{F} d'oreille^{F}
pendientes^{M}
orecchini^{M}

Klips^{M}
clip earrings
boucles^{F} d'oreille^{F} à pince^{F}
pendientes^{M} de clip^{M}
orecchini^{M} a clip^{F}

Ohrstecker^{M}
ear studs
boucles^{F} d'oreille^{F} à tige^{F}
pendientes^{M} de espiga^{F}
orecchini^{M} a perno^{M}

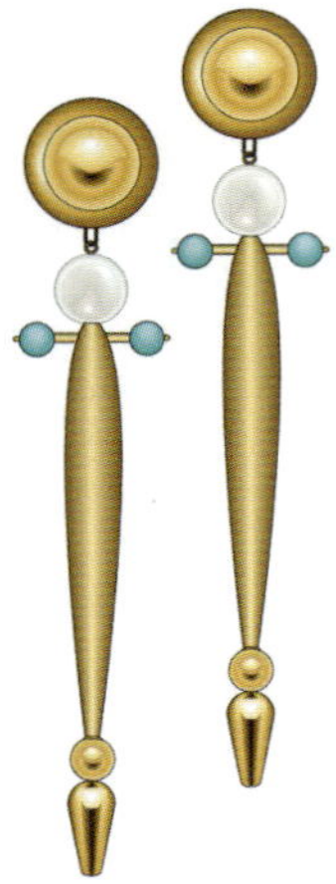

Ohrgehänge^{N}
drop earrings
pendants^{M} d'oreille^{F}
pendientes^{M}
orecchini^{M} pendenti

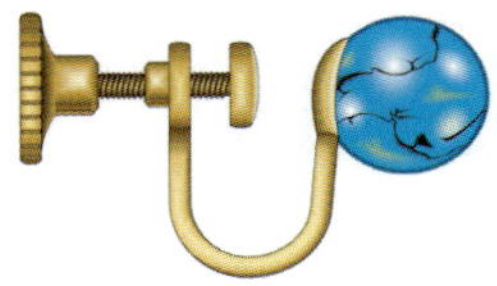

Ohrringe^{M} mit Schraubverschluss^{M}
screw-back earrings
boucles^{F} d'oreille^{F} à vis^{F}
pendientes^{M} de tuerca^{F}
orecchini^{M} a vite^{F}

Kreolen^{F}
hoop earrings
anneaux^{M}
pendientes^{M} de aro^{M}
orecchini^{M} ad anello^{M}

Halsketten^{F}
necklaces
colliers^{M}
collares^{M}
collane^{F}

Halskette^{F} in Matineelänge^{F}
matinee-length necklace
collier^{M} de perles^{F}, longueur^{F} matinée^{F}
collar^{M} de una vuelta^{F}, matinée^{F}
collana^{F}

Samtkropfband^{N}
velvet-band choker
collier^{M}-de-chien^{M}
gargantilla^{F} de terciopelo^{M}
collarino^{M} di velluto^{M}

Anhänger^{M}
pendant
pendentif^{M}
pendiente^{M}
pendenti^{M}

Endlosperlenkette^{F}
rope
sautoir^{M}
lazo^{M}
collana^{F} lunga alla vita^{F}

Halskette^{F} in Opernlänge^{F}
opera-length necklace
sautoir^{M}, longueur^{F} opéra^{M}
collar^{M} de una vuelta^{F}, ópera^{F}
collana^{F} lunga

mehrreihige Halskette^{F}
bib necklace
collier^{M} de soirée^{F}
collar^{M} de 5 vueltas^{F}, peto^{M}
collana^{F} a cinque giri^{M}

Chokerkette^{F}
choker
ras-de-cou^{M}
gargantilla^{F}
girocollo^{M}

Medaillon^{N}
locket
médaillon^{M}
medallón^{M}
medaglione^{M}

Schmuck^{M}

Facetten^{F} des Brillantschliffs^{M}
brilliant cut facets
taille^{F} d'un diamant^{M}
talla^{F} brillante de un diamante^{M}
sfaccettature^{F} del taglio^{M} a brillante^{M}

Seitenansicht^{F}
side face
profil^{M}
perfil^{M}
sfaccettatura^{F} laterale

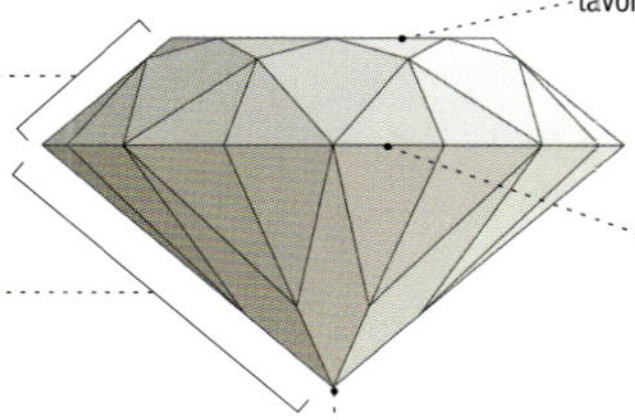

Rückseite^{F}
bottom face
face^{F} inférieure
cara^{F} inferior
sfaccettatura^{F} inferiore

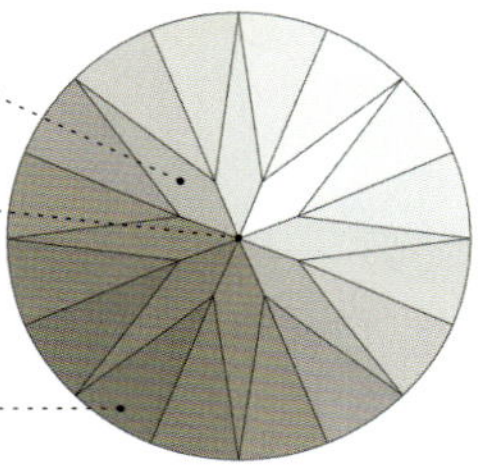

Vorderseite^{F}
top face
face^{F} supérieure
cara^{F} superior
sfaccettatura^{F} superiore

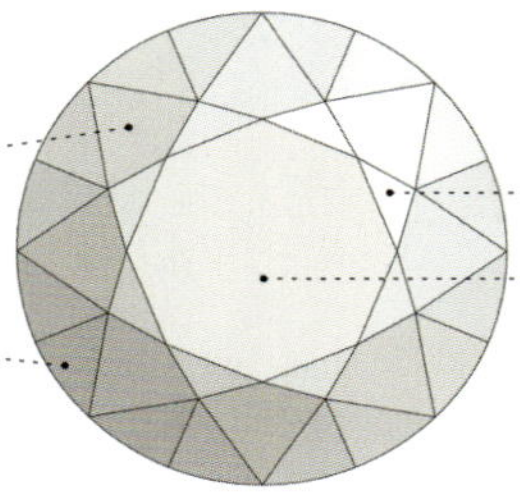

Schliffformen^{F} für Edelsteine^{M}
cut for gemstones
taille^{F} des pierres^{F}
tallas^{F} de piedras^{F} preciosas
tagli^{M} di pietre^{F} preziose

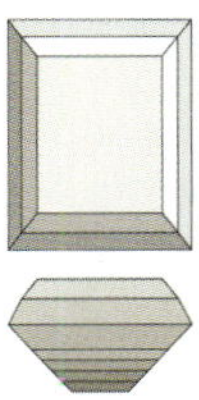

Treppenschliff^{M}
step cut
taille^{F} en escalier^{M}
talla^{F} escalonada
taglio^{M} a gradini^{M}

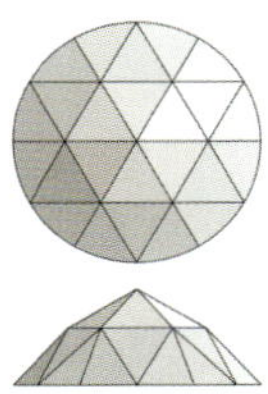

Rosenschliff^{M}
rose cut
taille^{F} en rose^{F}
talla^{F} en rosa^{F} holandesa
taglio^{M} a rosetta^{F}

Tafelschliff^{M}
table cut
taille^{F} en table^{F}
talla^{F} en tabla^{F}
taglio^{M} a tavola^{F}

Cabochonschliff^{M}
cabochon cut
taille^{F} cabochon^{M}
talla^{F} en cabujón^{M}
taglio^{M} a cabochon^{M}

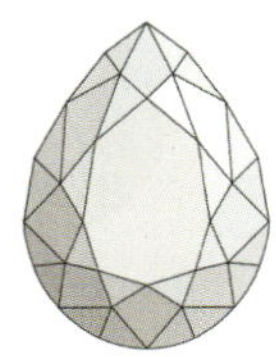

Pendeloque-Schliff^{M}
pear-shaped cut
taille^{F} en poire^{F}
talla^{F} en pera^{F}
taglio^{M} a pera^{F}

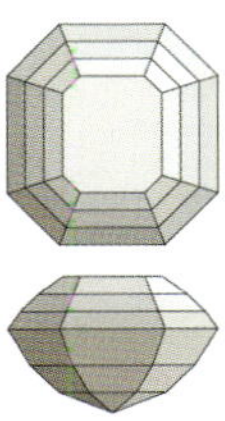

Emeraldcut^{M}
emerald cut
taille^{F} émeraude^{F}
esmeralda^{F}
taglio^{M} a smeraldo^{M}

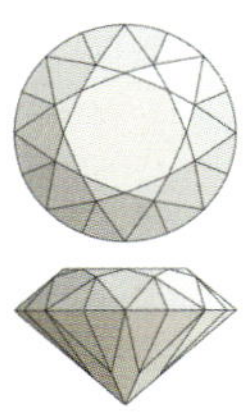

Vollbrillantschliff^{M}
brilliant full cut
taille^{F} brillant^{M}
brillante^{M}
taglio^{M} a brillante^{M}

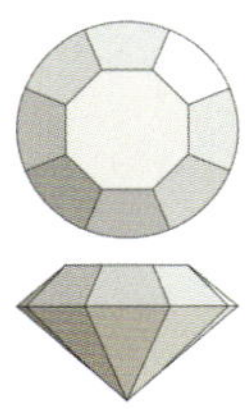

Achtkantschliff^{M}
eight cut
taille^{F} huit facettes^{F}
talla^{F} octógono
taglio^{M} ottagonale

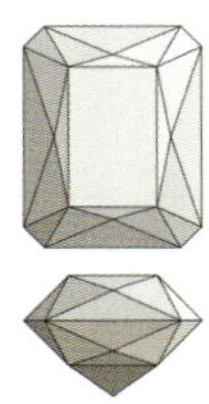

Scherenschliff^{M}
scissors cut
taille^{F} en ciseaux^{M}
en tijera^{F}
taglio^{M} a forbice^{F}

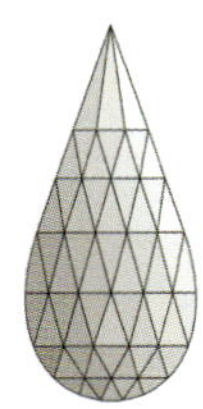

Briolettschliff^{M}
briolette cut
taille^{F} en goutte^{F}
talla^{F} en briolette^{F}
taglio^{M} a briolette

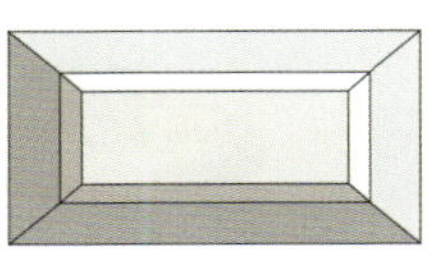

Baguetteform^{F}
baguette cut
taille^{F} baguette^{F}
talla^{F} en baguette^{F}
taglio^{M} a baguette^{F}

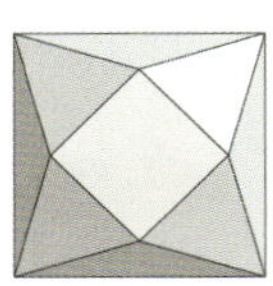

Frenchcut^{M}
French cut
taille^{F} française
talla^{F} francesa
taglio^{M} francese

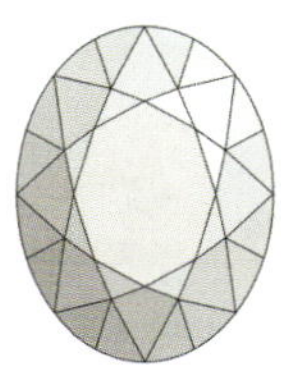

ovale Form^{F}
oval cut
taille^{F} ovale
talla^{F} oval
taglio^{M} ovale

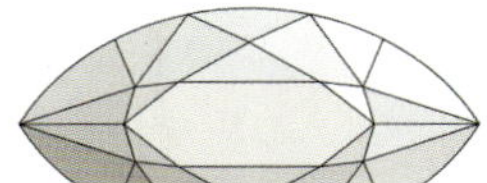

Navette^{F}
navette cut
taille^{F} marquise^{F}
marquesa^{F}
taglio^{M} a marquise^{F}

Schmuck^M

Halbedelsteine^M
semiprecious stones
pierres^F fines
piedras^F semipreciosas
pietre^F semipreziose

Amethyst^M
amethyst
améthyste^F
amatista^F
ametista^F

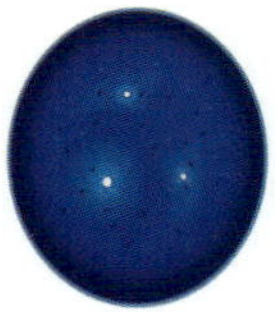

Lapislazuli^M
lapis lazuli
lapis-lazuli^M
lapislázuli^M
lapislazzuli^M

Aquamarin^M
aquamarine
aigue-marine^F
aguamarina^F
acquamarina^F

Topas^M
topaz
topaze^F
topacio^M
topazio^M

Turmalin^M
tourmaline
tourmaline^F
turmalina^F
tormalina^F

Opal^M
opal
opale^F
ópalo^M
opale^M

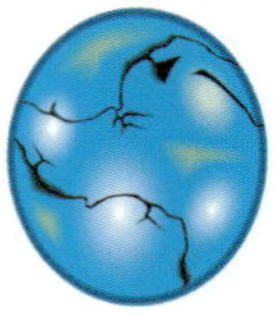

Türkis^M
turquoise
turquoise^F
turquesa^F
turchese^M

Granat^M
garnet
grenat^M
granate^M
granato^M

Edelsteine^M
precious stones
pierres^F précieuses
piedras^F preciosas
pietre^F preziose

Smaragd^M
emerald
émeraude^F
esmeralda^F
smeraldo^M

Saphir^M
sapphire
saphir^M
zafiro^M
zaffiro^M

Diamant^M
diamond
diamant^M
diamante^M
diamante^M

Rubin^M
ruby
rubis^M
rubí^M
rubino^M

Ringe^M
rings
bagues^F
anillos^M
anelli^M

Teile^M/N eines Rings^M
parts of a ring
parties^F d'une bague^F
partes^M de un anillo^M
componenti^M di un anello^M

Bandring^M
band ring
jonc^M
alianza^F
anello^M a fascia^F

Collegering^M
class ring
bague^F de finissant^M
anillo^M de graduación^F
anello^M studentesco

Herrenring^M
signet ring
chevalière^F
sortija^F de sello^M
anello^M con sigillo^M

Verlobungsring^M
engagement ring
bague^F de fiançailles^F
anillo^M de compromiso^M
anello^M di fidanzamento^M

Ehering^M
wedding ring
alliance^F
alianza^F
fede^F nuziale

Solitärring^M
solitaire ring
bague^F solitaire^M
solitario^M
solitario^M

Schmuck^{M}

Armbänder^{N}
bracelets
bracelets^{M}
brazaletes^{M}
bracciali^{M}

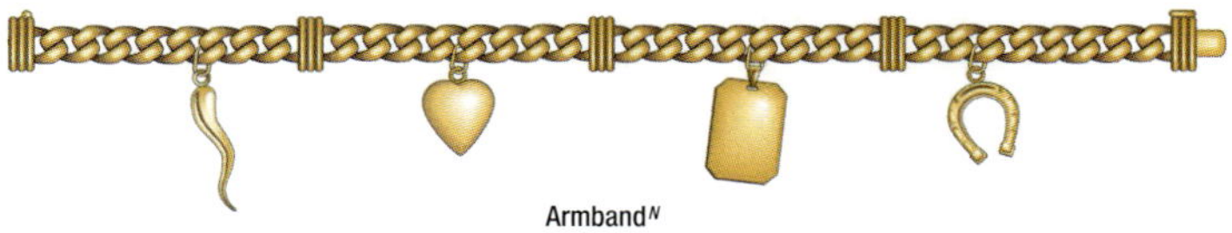

Armband^{N}
charm bracelet
gourmette^{F}
pulsera^{F} de dijes^{M}
bracciale^{M} con ciondoli^{M}

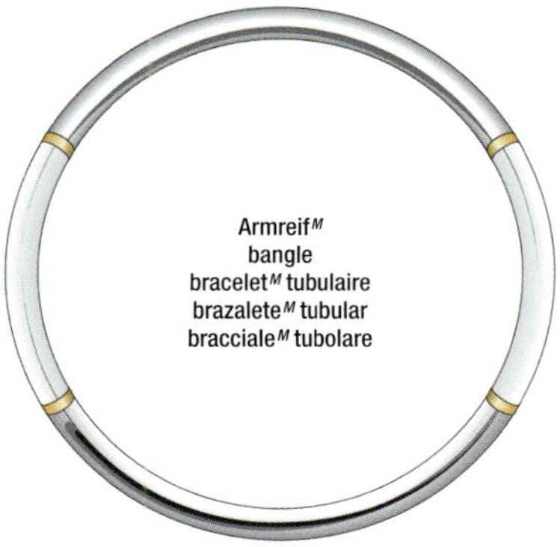

Armreif^{M}
bangle
bracelet^{M} tubulaire
brazalete^{M} tubular
bracciale^{M} tubolare

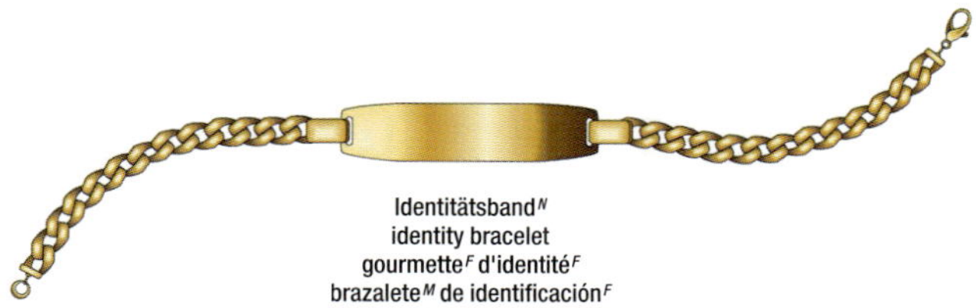

Identitätsband^{N}
identity bracelet
gourmette^{F} d'identité^{F}
brazalete^{M} de identificación^{F}
bracciale^{M} con piastrina^{F}

Anstecknadeln^{F}
pins
épingles^{F}
alfileres^{M}
spille^{F}

Krawattenklemme^{F}
tieclip
pince^{F} à cravate^{F}
pisacorbatas^{M}
fermacravatta^{M}

Krawattennadel^{F}
tiepin
épingle^{F} à cravate^{F}
alfiler^{M} de corbata^{F}
spillo^{M} fermacravatta^{M}

Kragenklammer^{F}
tiepin
tige^{F} pour col^{M}
yugo^{M}
fermacolletto^{M}

Sticker^{M}
stickpin
broche^{F} épingle^{F}
alfiler^{M} de corbata^{F}
spillone^{M}

Brosche^{F}
brooch
broche^{F}
broche^{M}
spilla^{F}

Anhänger^{M}
charms
breloques^{F}
dijes^{M}
ciondoli^{M}

Gravurplatte^{F}
nameplate
plaque^{F} d'identité^{F}
placa^{F} de identificación^{F}
piastrina^{F} d'identità^{F}

Horn^{N}
horn
corne^{F}
cuerno^{M}
corno^{M}

Hufeisen^{N}
horseshoe
fer^{M} à cheval^{M}
herradura^{F}
ferro^{M} di cavallo^{M}

Maniküre[F]

manicure | manucure[F] | manicura[F] | manicure[F]

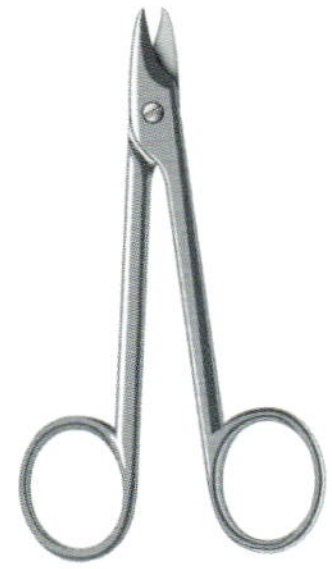

Fußnagelschere[F]
toenail scissors
ciseaux[M] de pédicure[F]
tijeras[F] de pedicura[F]
forbici[F] per unghie[F] dei piedi[M]

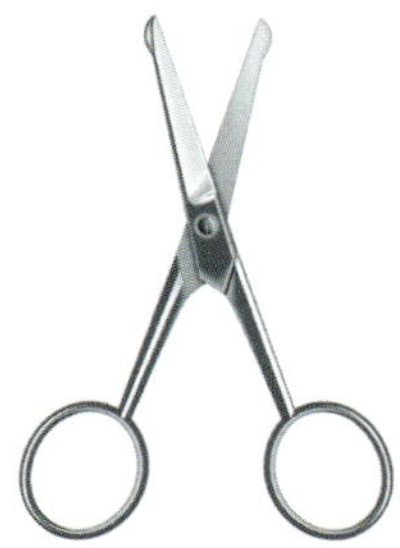

Nasen-Bartschere[F]
safety scissors
ciseaux[M] de sûreté[F]
tijeras[F] de punta[F] roma
forbici[F] di sicurezza[F]

Nagelknipser[M]
nail clippers
coupe-ongles[M]
cortaúñas[M]
tronchesina[F] per unghie[F]

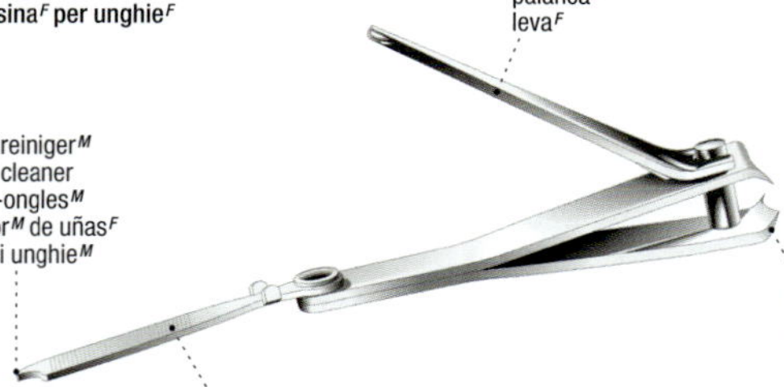

Nagelfeile[F]
nail file
polissoir[M] d'ongles[M]
lima[F] de uñas[F]
lucidaunghie[M]

Nagellack[M]
nail polish
vernis[M] à ongles[M]
esmalte[M] de uñas[F]
smalto[M]

Nagelweißstift[M]
nail whitener pencil
crayon[M] blanchisseur d'ongles[M]
lápiz[M] blanco para uñas[F]
matita[F] sbiancante per unghie[F]

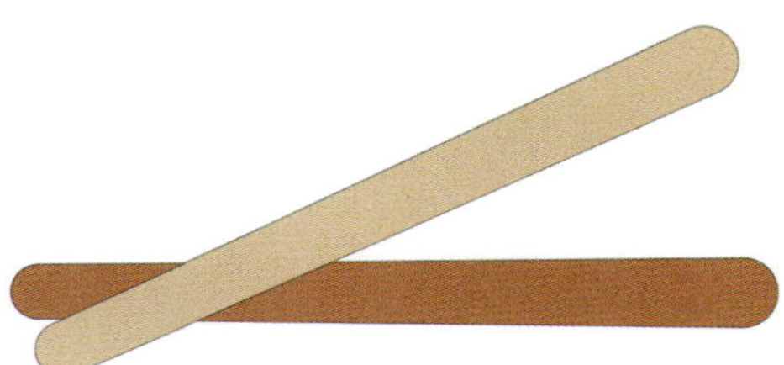

Sandblattfeilen[F]
emery boards
limes[F]-émeri[M]
lima[F] de uñas[F]
limetta[F] di cartoncino[M] vetrato

Nagellackentferner[M]
nail polish remover
dissolvant[M] de vernis[M] à ongles[M]
quitaesmaltes[M]
solvente[M] per unghie[F]

Make-up^{N}

make-up | maquillage^{M} | maquillaje^{M} | trucco^{M}

Gesichts-Make-up^{N}
facial make-up
maquillage^{M} du visage^{M}
maquillaje^{M}
trucco^{M} per il viso^{M}

Puderdose^{F}
compact
poudrier^{M}
polvera^{F}
portacipria^{M}

Kompaktpuder^{M}
pressed powder
poudre^{F} pressée
polvo^{M} compacto
cipria^{F} compatta

Rougepinsel^{M}
blusher brush
pinceau^{M} pour fard^{M} à joues^{F}
brocha^{F} aplicadora de colorete^{M}
pennello^{M} da fard^{M}

Puderrouge^{N}
powder blusher
fard^{M} à joues^{F} en poudre^{F}
colorete^{M} en polvo^{M}
fard^{M} in polvere^{F}

Puderkissen^{N}
powder puff
houppette^{F}
borla^{F}
piumino^{M} da cipria^{F}

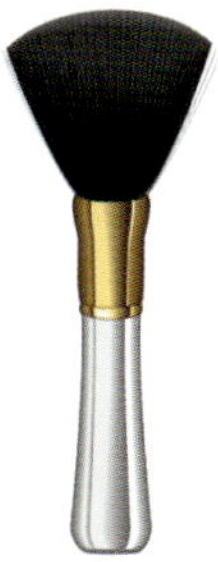

flüssige Grundierung^{F}
liquid foundation
fond^{M} de teint^{M} liquide
base^{F} líquida
fondotinta^{M} fluido

Puderpinsel^{M}
loose powder brush
pinceau^{M} pour poudre^{F} libre
brocha^{F}
pennello^{M} da cipria^{F} in polvere^{F}

loser Puder^{M}
loose powder
poudre^{F} libre
polvos^{M} sueltos
cipria^{F} in polvere^{F}

Kunstschwamm^{M}
synthetic sponge
éponge^{F} synthétique
esponja^{F} sintética
spugna^{F} sintetica

Fächerpinsel^{M}
fan brush
pinceau^{M} éventail^{M}
brocha^{F} en forma^{F} de abanico^{M}
pennello^{M} a ventaglio^{M}

Augen-Make-up^{N}
eye make-up
maquillage^{M} des yeux^{M}
maquillaje^{M} para ojos^{M}
trucco^{M} per gli occhi^{M}

Brauenbürstchen^{N} und Wimpernkämmchen^{N}
brow brush and lash comb
brosse^{F}-peigne^{M} pour cils^{M} et sourcils^{M}
cepillo^{M} para cejas^{F} y pestañas^{F}
pettinino^{M} per ciglia^{F} e spazzolino^{M} per sopracciglia^{F}

Abdeckstift^{M}
concealer
cache-cernes^{M}
corrector^{M}
correttore^{M}

Augenbrauenstift^{M}
eyebrow pencil
crayon^{M} à sourcils^{M}
lápiz^{M} de cejas^{F}
matita^{F} per sopracciglia^{F}

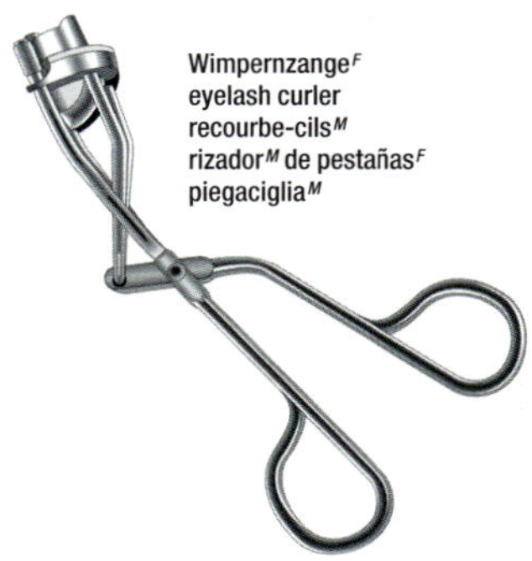

Wimpernzange^{F}
eyelash curler
recourbe-cils^{M}
rizador^{M} de pestañas^{F}
piegaciglia^{M}

flüssiger Eyeliner^{M}
liquid eyeliner
eye-liner^{M} liquide
delineador^{M}
eye-liner^{M}

flüssiges Mascara^{N}
liquid mascara
mascara^{M} liquide
rímel^{M} líquido
mascara^{M} liquido

Mascarabürstchen^{N}
mascara brush
brosse^{F} à mascara^{M}
cepillo^{M} aplicador de rímel^{M}
spazzolino^{M} per mascara^{M}

Mascarastein^{M}
cake mascara
mascara^{M} en pain^{M}
rímel^{M} en pasta^{F}
mascara^{M} compatto

Schwammstäbchen^{N}
sponge-tipped applicator
applicateur^{M}-mousse^{F}
aplicador^{M} de esponja^{F}
applicatore^{M} a spugnetta^{F}

Lidschatten^{M}
eyeshadow
ombre^{F} à paupières^{F}
sombra^{F} de ojos^{M}
ombretto^{M}

Make-up^{N}

Lippen-Make-up^{N}
lip make-up
maquillage^{M} des lèvres^{F}
maquillaje^{M} labial
trucco^{M} per le labbra^{F}

Lippenkonturenstift^{M}
lip liner
crayon^{M} contour^{M} des lèvres^{F}
delineador^{M} de labios^{M}
matite^{F} per il contorno^{M} delle labbra^{F}

Lippenstift^{M}
lipstick
rouge^{M} à lèvres^{F}
pintalabios^{M}
rossetto^{M}

Lipgloss^{M}
lip gloss
brillant^{M} à lèvres^{F}
barra^{F} de labios^{M}
lucido^{M} per labbra^{F}

Lippenpinsel^{M}
lip brush
pinceau^{M} à lèvres^{F}
pincel^{M} para labios^{F}
pennellino^{M} per labbra^{F}

Körperpflege^{F}

body care | soins^{M} du corps^{M} | cuidado^{M} personal | cura^{F} del corpo^{M}

Watte^{F}
cotton wool
coton^{M} hydrophile
algodón^{M}
cotone^{M} assorbente

Wattestäbchen^{N}
cotton bud
coton^{M}-tige^{F}
bastoncillo^{M} de algodón^{M}
bastoncino^{M} di cotone^{M}

Deodorant^{N}
deodorant
déodorant^{M}
desodorante^{M}
deodorante^{M}

Eau de parfum^{N}
eau de parfum
eau^{F} de parfum^{M}
agua^{F} de perfume^{M}
profumo^{M}

Eau de toilette^{N}
eau de toilette
eau^{F} de toilette^{F}
agua^{F} de colonia^{F}
eau de toilette^{F}

Wattepad^{N}
make-up remover pad
tampon^{M} démaquillant
discos^{M} desmaquillantes
dischetto^{M} struccante

Toilettenseife^{F}
toilet soap
savon^{M} de toilette^{F}
jabón^{M} de tocador^{M}
saponetta^{F}

Peeling^{N}
exfoliant
exfoliant^{M}
exfoliante^{M}
scrub^{M}

Badesalz^{N}
bath salts
sels^{M} de bain^{M}
sales^{F} de baño^{M}
sali^{M} da bagno^{M}

Feuchtigkeitscreme^{F}
moisturiser
hydratant^{M}
crema^{F} hidratante
idratante^{M}

Haarfarbe^{F}
hair colouring
colorant^{M} capillaire
tinte^{M} capilar
tinta^{F} per capelli^{M}

Körperpflege^{F}

Shampoo^{N}
shampoo
shampooing^{M}
champú^{M}
shampoo^{M}

Haarspülung^{F}
hair conditioner
revitalisant^{M} capillaire
acondicionador^{M}
balsamo^{M} per capelli^{M}

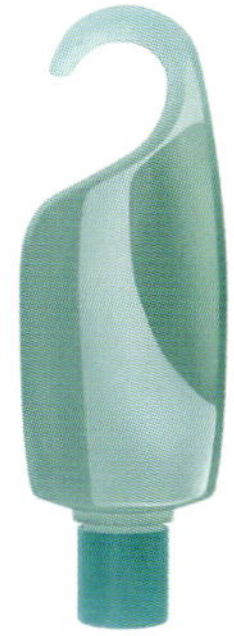

Duschgel^{N}
shower gel
gel^{M} pour la douche^{F}
gel^{M} de ducha^{F}
gel^{M} doccia^{F}

Schaumbad^{N}
bubble bath
bain^{M} moussant
gel^{M} de baño^{M}
bagnoschiuma^{M}

Lippenpflegestift^{M}
lip balm
baume^{M} pour les lèvres^{F}
bálsamo^{M} labial
stick^{M} labbra^{F}

Badetuch^{N}
bath sheet
drap^{M} de bain^{M}
toalla^{F} de baño^{M}
asciugamano^{M} da bagno^{M}

Handtuch^{N}
bath towel
serviette^{F} de toilette^{F}
toalla^{F} de lavabo^{M}
asciugamano^{M}

Badebürste^{F}
bath brush
brosse^{F} pour le bain^{M}
cepillo^{M} de baño^{M}
spazzola^{F} da bagno^{M}

Naturschwamm^{M}
natural sponge
éponge^{F} de mer^{F}
esponja^{F} natural
spugna^{F} naturale

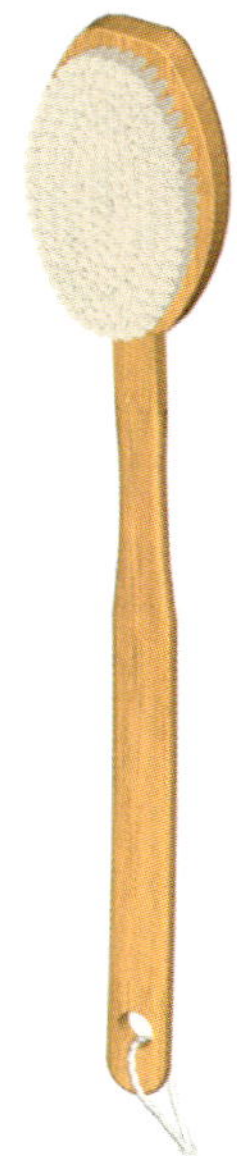

Massagebürste^{F}
back brush
brosse^{F} pour le dos^{M}
cepillo^{M} de espalda^{F}
spazzola^{F} per la schiena^{F}

Waschhandschuh^{M}
face flannel
gant^{M} de toilette^{F}
manopla^{F} de baño^{M}
manopola^{F}

Waschlappen^{M}
face flannel
débarbouillette^{F}
toalla^{F} para la cara^{F}
ospite^{M}

Massagehandschuh^{M}
massage glove
gant^{M} de crin^{M}
guante^{M} de crin^{M}
guanto^{M} di crine^{M}

Luffaschwamm^{M}
loofah
éponge^{F} végétale
esponja^{F}
spugna^{F} vegetale

Haarpflege[F]

hairdressing | coiffure[F] | peinado[M] | articoli[M] per acconciatura[F]

Haarbürsten[F]
hairbrushes
brosses[F] à cheveux[M]
cepillos[M]
spazzole[F] per capelli[M]

flache Frisierbürste[F]
flat-back brush
brosse[F] pneumatique
cepillo[M] con base[F] de goma[F]
spazzola[F] a dorso[M] piatto

Rundbürste[F]
round brush
brosse[F] ronde
cepillo[M] redondo
spazzola[F] rotonda

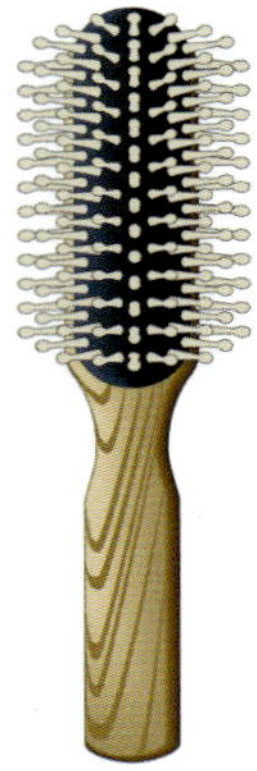

Drahtbürste[F]
quill brush
brosse[F] anglaise
cepillo[M] de púas[F]
spazzola[F] antistatica

Skelettbürste[F]
vent brush
brosse[F]-araignée[F]
cepillo[M] de esqueleto[M]
spazzola[F] ragno

Kämme[M]
combs
peignes[M]
peines[M]
pettini[M]

Strähnenkamm[M]
Afro pick
peigne[M] afro
peine[M] afro
pettine[M] afro

Toupierkamm[M]
teaser comb
peigne[M] à crêper
peine[M] de cardar
pettine[M] per cotonare

Stielkamm[M]
tail comb
peigne[M] à tige[F]
peine[M] de mango[M]
pettine[M] a coda[F]

Haarschneidekamm[M]
barber comb
peigne[M] de coiffeur[M]
peine[M] de peluquero[M]
pettine[M] da barbiere[M]

Haarliftkamm[M]
pitchfork comb
combiné[M] 2 dans 1
peine[M] combinado
pettine[M] a forchetta[F]

Griffkamm[M]
rake comb
démêloir[M]
peine[M] para desenredar
pettine[M] rado

Lockenwickler[M]
hair roller
bigoudi[M]
rulo[M] para el cabello[M]
bigodino[M]

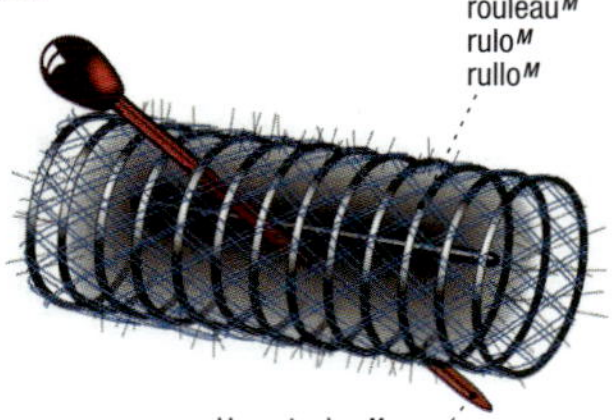

Wickler[M]
roller
rouleau[M]
rulo[M]
rullo[M]

Haarstecker[M]
hair roller pin
épingle[F] à bigoudi[M]
alfiler[M]
spillone[M]

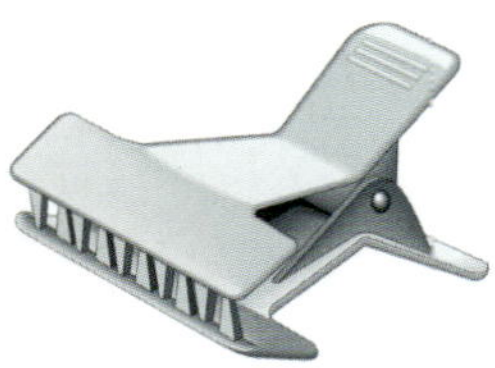

Abteilklammer[F]
wave clip
pince[F] à boucles[F] de cheveux[M]
pinza[F] para rizar
pinza[F] per capelli[M]

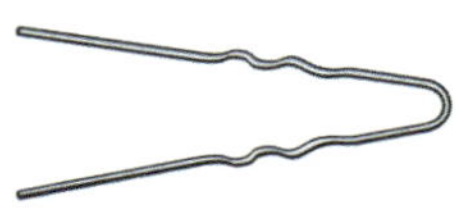

Lockennadel[F]
hairpin
épingle[F] à cheveux[M]
horquilla[F] de moño[M]
forcina[F]

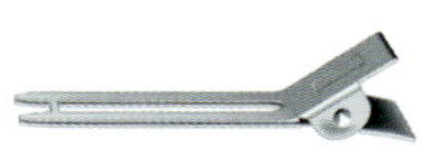

Haarclip[M]
hair clip
pince[F] de mise[F] en plis[M]
pinza[F] para el cabello[M]
beccuccio[M]

Haarklemme[F]
hair grip
pince[F] à cheveux[M]
horquilla[F]
molletta[F]

Haarspange[F]
hair slide
barrette[F]
pasador[M]
fermacapelli[M]

Haarpflege[F]

Scheren[F]
scissors
ciseaux[M]
tijeras[F]
forbici[M]

Haarschneideschere[F]
haircutting scissors
ciseaux[M] de coiffeur[M]
tijeras[F] de peluquero[M]
forbici[F] da parrucchiere[M]

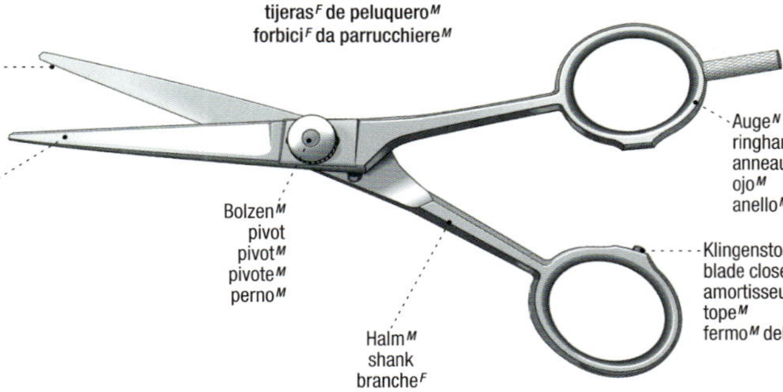

einseitig gezahnte Effilierschere[F]
notched single-edged thinning scissors
ciseaux[M] sculpteurs
tijeras[F] con filo[M] simple para entresacar
forbice[F] sfoltitrice a lama[F] singola dentellata

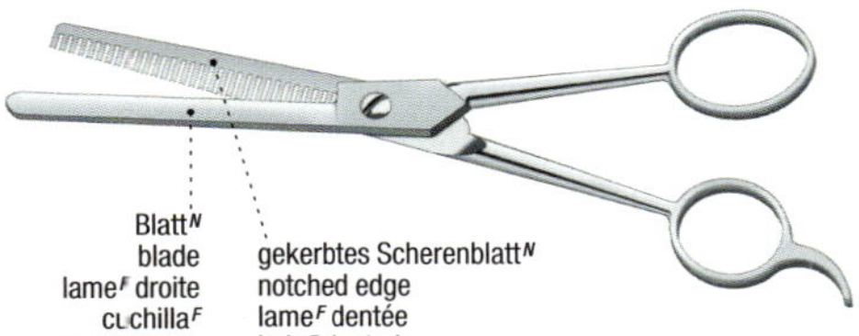

zweiseitig gezahnte Effilierschere[F]
notched double-edged thinning scissors
ciseaux[M] à effiler
tijeras[F] con doble filo[M] para entresacar
forbice[F] sfoltitrice a doppia lama[F] dentellata

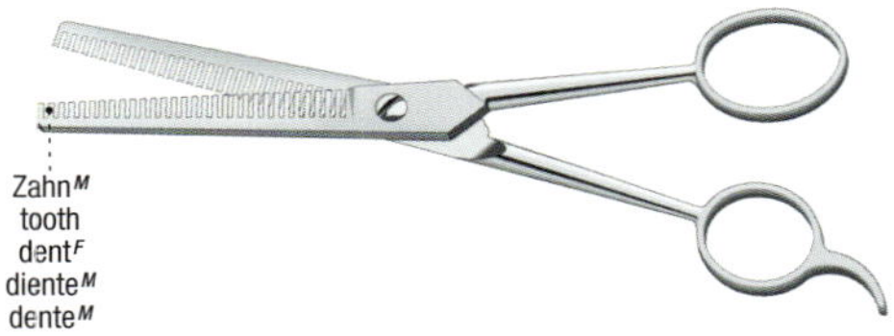

verschiedenes Zubehör[N]
miscellaneous accessories
accessoires[M] divers
accesorios[M] diversos
accessori[M] vari

Fön[M]
hair dryer
sèche-cheveux[M]
secador[M] de mano[F]
asciugacapelli[M]

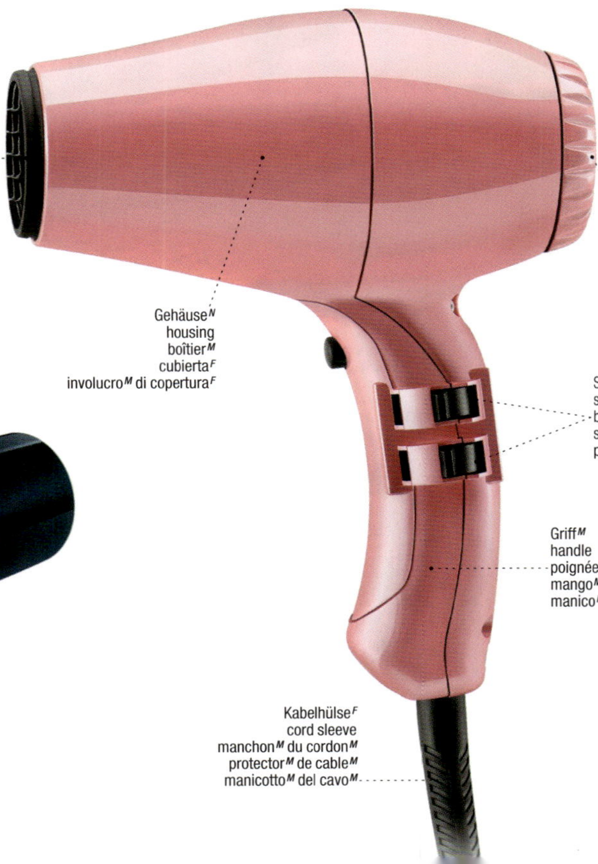

Diffusor[M]
diffuser
diffuseur[M]
difusor[M]
diffusore[M]

Haarpflege[F]

beleuchteter Spiegel[M]
illuminated mirror
miroir[M] lumineux
espejo[M] luminoso
specchio[M] luminoso

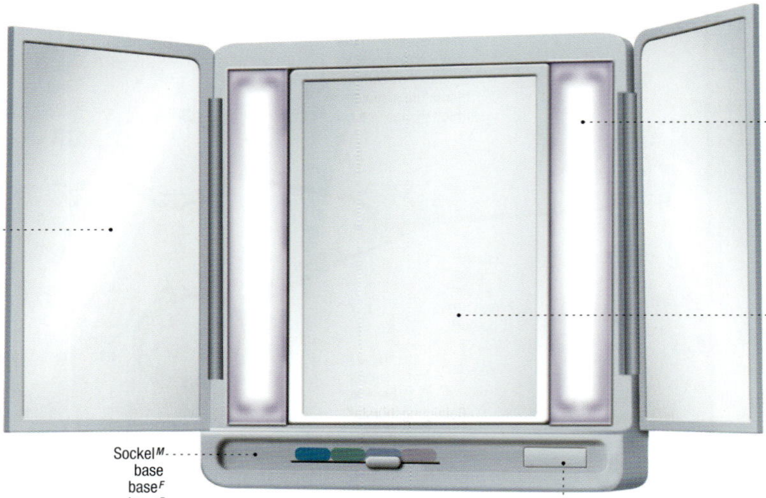

Seitenspiegel[M]
side mirror
miroir[M] latéral
espejo[M] lateral
specchio[M] laterale

Beleuchtung[F]
lighting
éclairage[M]
iluminación[F]
luce[F]

Drehspiegel[M]
dual swivel mirror
miroir[M] double pivotant
espejo[M] doble giratorio
specchio[M] doppio girevole

Sockel[M]
base
base[F]
base[F]
base[F]

Schalter[M]
on-off switch
interrupteur[M] d'éclairage[M]
interruptor[M]
interruttore[M]

Effiliermesser[M]
thinning razor
rasoir[M] effileur
navaja[F] para entresacar
rasoio[M] sfoltitore

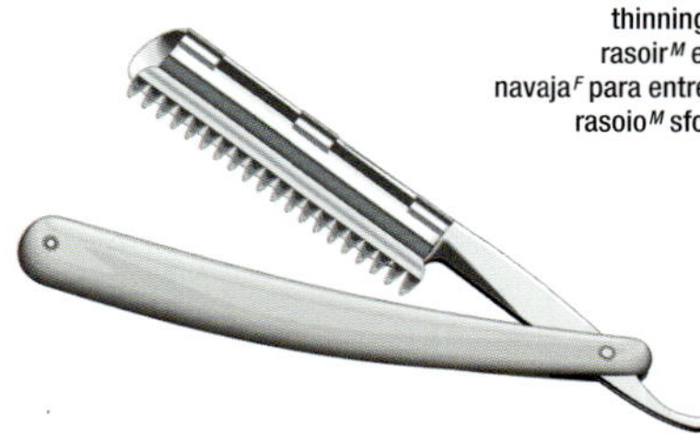

Heißluftwickler[M]
heated hair roller
bigoudis[M] chauffants
bigudís[M] con calor[M]
bigodini[M] riscaldanti

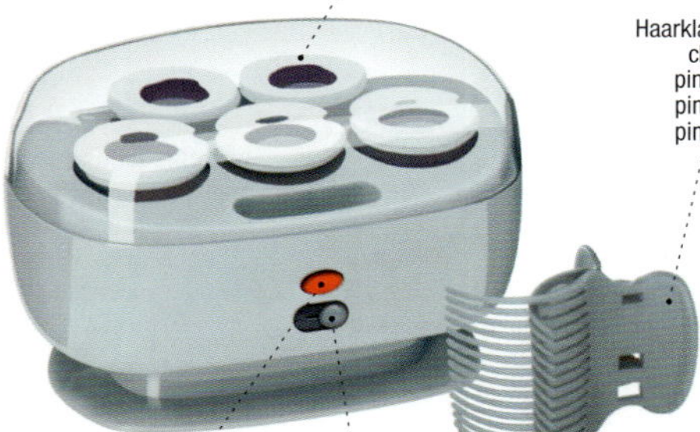

Lockenwickler[M]
hair roller
bigoudi[M]
rulo[M] para el cabello[M]
bigodino[M]

Haarklammer[F]
clip
pince[F]
pinza[F]
pinza[F]

Leuchtanzeige[F]
indicator light
voyant[M]
indicador[M] luminoso
indicatore[M] luminoso

Ein-/Ausschalter[M]
on-off switch
interrupteur[M]
interruptor[M]
interruttore[M]

Haarglätter[M]
straightening iron
pince[F] à défriser
plancha[F] de pelo[M]
piastra[F] stiracapelli

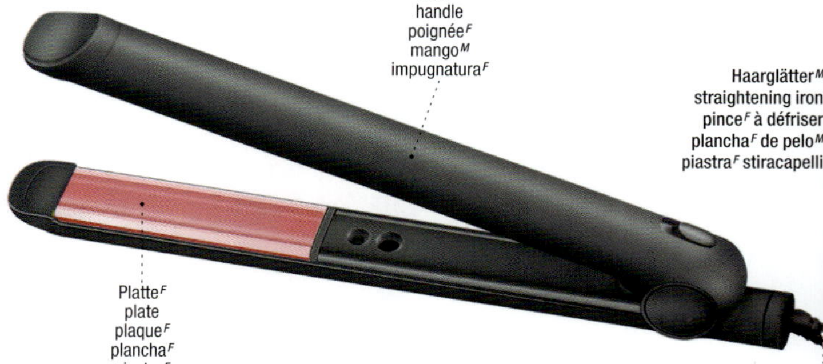

Griff[M]
handle
poignée[F]
mango[M]
impugnatura[F]

Platte[F]
plate
plaque[F]
plancha[F]
piastra[F]

Kabelhülse
cord sleeve
manchon[M] du cordon
protector[M] de cable
manicotto[M] del cavo

Lockenstab[M]
curling iron
fer[M] à friser
tenacillas[F]
arricciacapelli[M]

Hebel[M] für den Klemmbügel[M]
clamp lever
levier[M]
palanca[F]
leva[F] della pinza[F]

Schalter[M]
on-off switch
interrupteur[M]
interruptor[M]
interruttore[M]

Klemmbügel[M]
clamp
pince[F]
pinza[F]
pinza[F]

nicht wärmeleitende Spitze[F]
cool tip
embout[M] isolant
punta[F] de plástico[M]
punta[F] fredda

Zylinder[M]
barrel
tube[M]
varilla[F] rizadora
rullo[M]

Ständer[M]
stand
support[M]
soporte[M]
supporto[M]

Griff[M]
handle
poignée[F]
asa[M]
impugnatura[M]

Stromkabel[N]
power cord
cordon[M] d'alimentation[F]
cable[M] de alimentación[F]
cavo[M] d'alimentazione[F]

Haarschneider[M]
clippers
tondeuse[F]
maquinilla[F] para cortar el cabello[M]
macchinetta[F]

Rasur[F]

shaving | rasage[M] | afeitado[M] | rasatura[F]

Rasierschaum[M]
shaving foam
mousse[F] à raser
espuma[F] de afeitar
schiuma[F] da barba[F]

Netzkabel[N]
flex
cordon[M] d'alimentation[F]
cable[M] de alimentación[F]
cordone[M] dell'alimentazione[F]

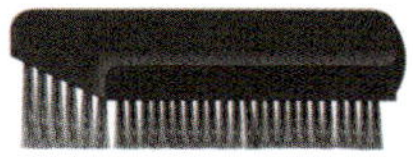

Reinigungsbürste[F]
cleaning brush
brosse[F] de nettoyage[M]
escobilla[F] limpiadora
spazzolino[M] di pulizia[F]

Elektrorasierer[M]
electric razor
rasoir[M] électrique
máquina[F] de afeitar eléctrica
rasoio[M] elettrico

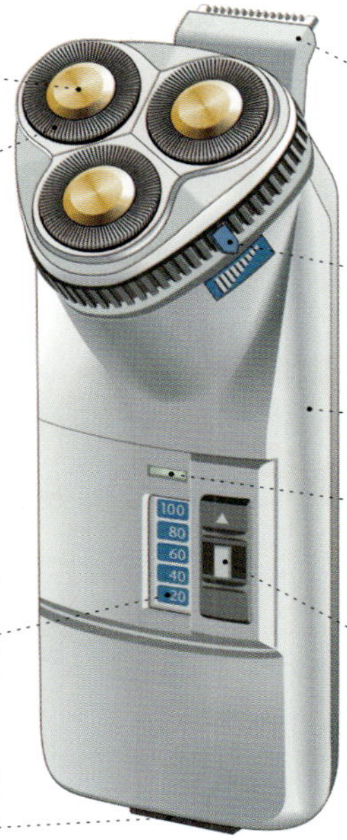

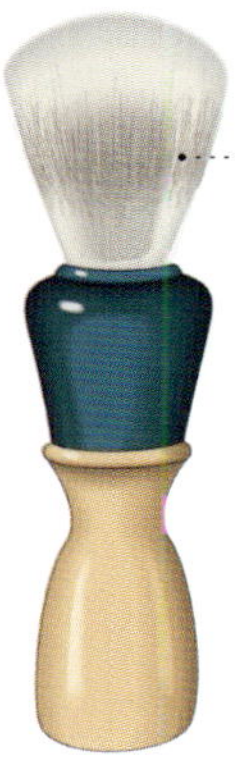

Rasierpinsel[M]
shaving brush
blaireau[M]
brocha[F] de afeitar
pennello[M] da barba[F]

Rasiermesser[N]
cut-throat razor
rasoir[M] à manche[M]
navaja[F] de barbero[M]
rasoio[M] a mano[F] libera

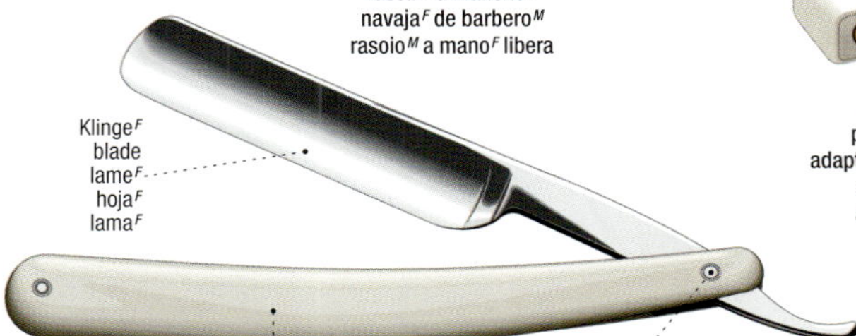

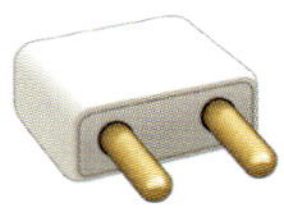

Adapter[M]
plug adapter
adaptateur[M] de fiche[F]
adaptador[M]
adattatore[M]

zweischneidige Klinge[F]
double-edged razor blade
lame[F] à double tranchant[M]
hoja[F] de afeitar
lametta[F] a due tagli[M]

Klingendose[F]
blade dispenser
distributeur[M] de lames[F]
distribuidor[M] de hojas[F] de afeitar
caricatore[M] di lamette[F]

Mehrfachklingenrasierer[M]
multi-edge razor
rasoir[M] à tranchant[M] multiple
rasuradora[F] multi-hojas[F]
rasoio[M] multitaglio

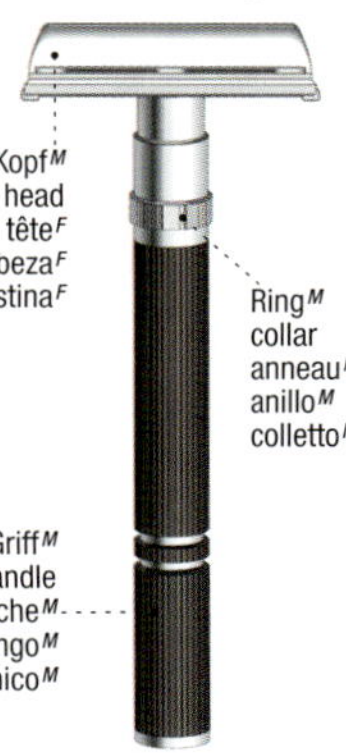

Einwegrasierer[M]
disposable razor
rasoir[M] jetable
maquinilla[F] desechable
rasoio[M] usa e getta

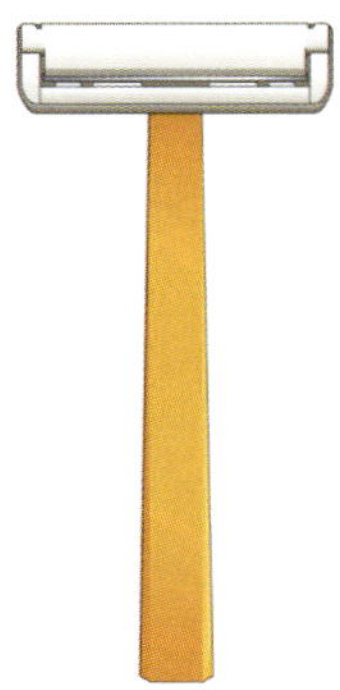

Aftershave[N]
aftershave
après-rasage[M]
loción[M] para después del afeitado[M]
dopobarba[M]

Seifenbecher[M]
shaving mug
bol[M] à raser
jabonera[F]
tazza[F] per sapone[M] da barba[F]

Brille^{F}

spectacles | lunettes^{F} | gafas^{F} | occhiali^{M}

Teile$^{M/N}$ der Brille^{F}
parts of spectacles
parties^{F} des lunettes^{F}
gafas^{F}: partes^{F}
parti^{F} degli occhiali^{M}

Glas^{N}
lens
verre^{M}
lente^{F}
lente^{F}

Bügelrundung^{F}
bend
coude^{M}
codo^{M}
curvatura^{F}

Brücke^{F}
bridge
pont^{M}
puente^{M}
ponticello^{M}

Steg^{M}
bar
barre^{F}
barra^{F}
barretta^{F}

Bügel^{M}
sidepiece
branche^{F}
patilla^{F}
stanghetta^{F}

Backe^{F}
end-piece
tenon^{M}
espiga^{F}
attacco^{M}

Bügelanschlag^{M}
butt-strap
talon^{M}
extremo^{M}
copricerniera^{M}

Bügelende^{N}
earpiece
cambre^{F}
gafa^{F}
terminale^{M}

Seitensteg^{M}
nose pad
plaquette^{F}
plaqueta^{F}
nasello^{M}

Stegplättchen^{N}
pad plate
support^{M} de plaquette^{F}
soporte^{M} de la plaqueta^{F}
placchetta^{F} del portanasello^{M}

Stegstütze^{F}
pad arm
bras^{M} de plaquette^{F}
brazo^{M} de la plaqueta^{F}
portanasello^{M}

Rand^{M}
rim
cercle^{M}
aro^{M}
montatura^{F}

Fassungen^{F}
frames
monture^{F}
montura^{F}
montatura^{F}

Brillenzubehör^{N}
glasses accessories
accessoires^{M} de lunettes^{F}
accesorios^{M} de gafas^{F}
accessori^{M} per occhiali^{M}

Sonnenbrillen-Clip^{M}
clip-on sunglasses
clip^{M} solaire
gafas^{F} de sol^{M} de clip^{M}
occhiali^{M} da sole^{M} clip-on

Brillenputztuch^{N}
lens cleaning cloth
chiffon^{M} à lentilles^{F}
gamuza^{F} para limpiar lentes^{F}
panno^{M} pulisci-occhiali

Brillenband^{N}
glasses retainer
cordon^{M} à lunettes^{F}
cordón^{M} de gafas^{F}
cordoncino^{M} per occhiali^{M}

Brillenetui^{N}
glasses case
étui^{M} à lunettes^{F} rigide
funda^{F} de gafas^{F}
astuccio^{M} per occhiali^{M}

Brille^{F}

Beispiele^{N} für Augengläser^{N}
examples of spectacles
exemples^{M} de lunettes^{F}
ejemplos^{M} de gafas^{F}
esempi^{M} di occhiali^{M}

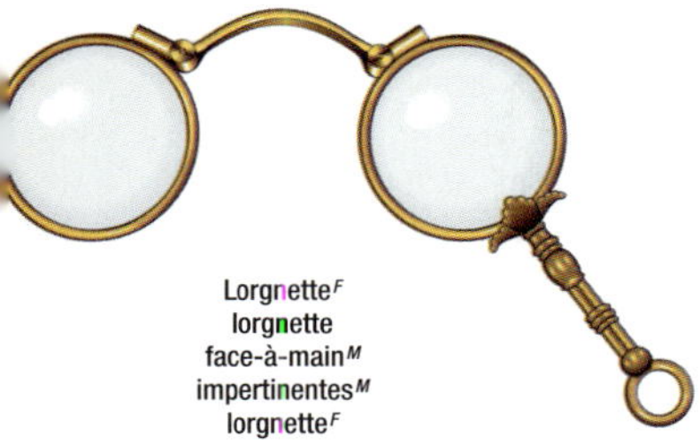

Lorgnette^{F}
lorgnette
face-à-main^{M}
impertinentes^{M}
lorgnette^{F}

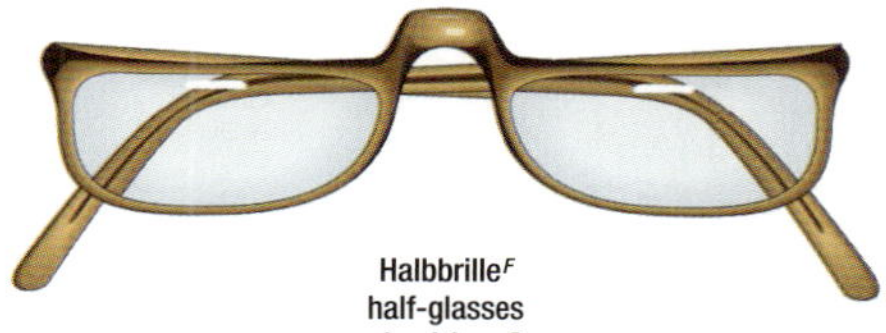

Halbbrille^{F}
half-glasses
demi-lune^{F}
media luna^{F}
mezzi occhiali^{M}

Kneifer^{M}
pince-nez
bésicles^{F} à pont^{M} élastique
quevedos^{M}
pince-nez^{M}

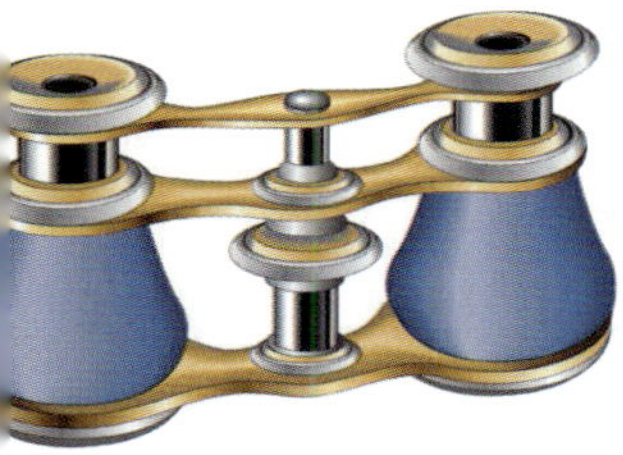

Opernglas^{N}
opera glasses
lorgnette^{F}
gemelos^{M} de teatro^{M}
binocolo^{M} da teatro^{M}

Monokel^{N}
monocle
monocle^{M}
monóculo^{M}
monocolo^{M}

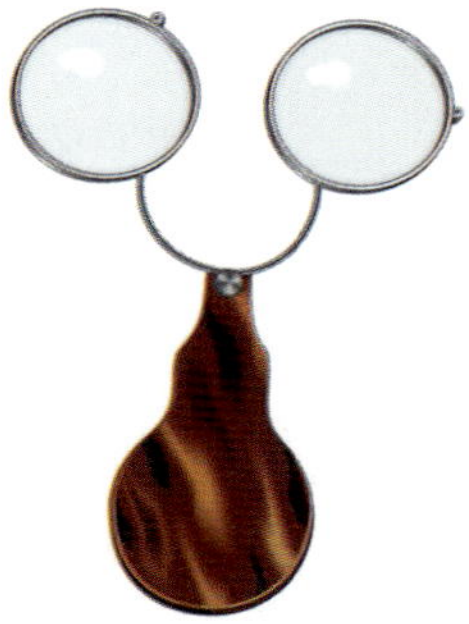

Scherenbrille^{F}
scissors-glasses
binocle^{M}
binóculos^{M} de tijera^{F}
occhiali^{M} a forbice^{F}

Sonnenbrille^{F}
sunglasses
lunettes^{F} de soleil^{M}
gafas^{F} de sol^{M}
occhiali^{M} da sole^{M}

Kontaktlinsen^{F}

contact lenses | lentilles^{F} de contact^{M} | lentes^{F} de contacto^{M} | lenti^{F} a contatto^{M}

Kombi-Pflegelösung^{F}
multi-purpose solution
solution^{F} multifonctions
solución^{F} multipropósito
soluzione^{F} multiuso

Einwegkontaktlinse^{F}
disposable contact lens
lentille^{F} jetable
lentes^{F} de contacto^{M} desechables
lente^{F} a contatto^{M} monouso

weiche Kontaktlinse^{F}
soft contact lens
lentille^{F} souple
lentes^{F} de contacto^{M} blandas
lente^{F} a contatto^{M} morbida

harte Kontaktlinse^{F}
hard contact lens
lentille^{F} rigide
lentes^{F} de contacto^{M} duras
lente^{F} a contatto^{M} rigida

linke Seite^{F}
left side
logement^{M} gauche
lado^{M} izquierdo
lato^{M} sinistro

rechte Seite^{F}
right side
logement^{M} droit
lado^{M} derecho
lato^{M} destro

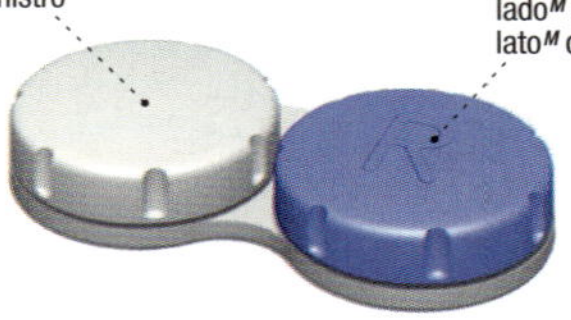

Kontaktlinsenbehälter^{M}
lens case
étui^{M} à lentilles^{F}
estuche^{M} portalentes
portalenti^{M}

Tropfen^{M} für trockene Augen^{N}
lubricant eye drops
gouttes^{F} ophtalmiques lubrifiantes
gotas^{F} oftalmológicas lubricantes
gocce^{F} oftalmiche lubrificanti

Zahnpflege[F]

dental care | hygiène[F] dentaire | higiene[F] dental | igiene[F] orale

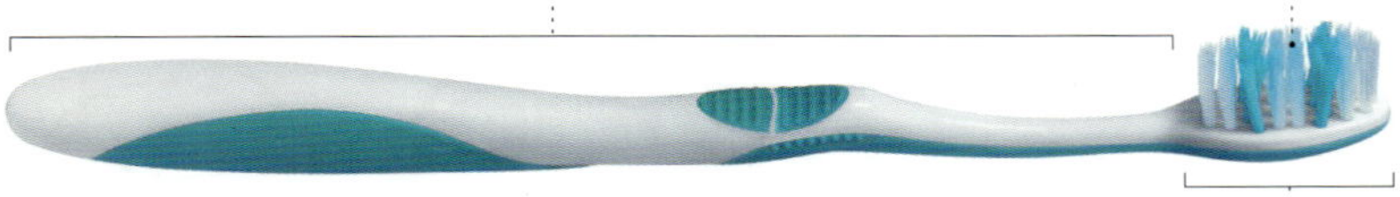

Handzahnbürste[F]
manual toothbrush
brosse[F] à dents[F] manuelle
cepillo[M] de dientes[M] manual
spazzolino[M] manuale

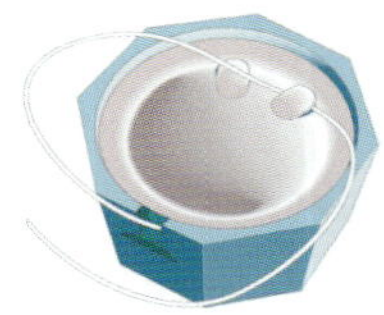

Zahnseide[F]
dental floss
fil[M] dentaire
hilo[M] dental
filo[M] interdentale

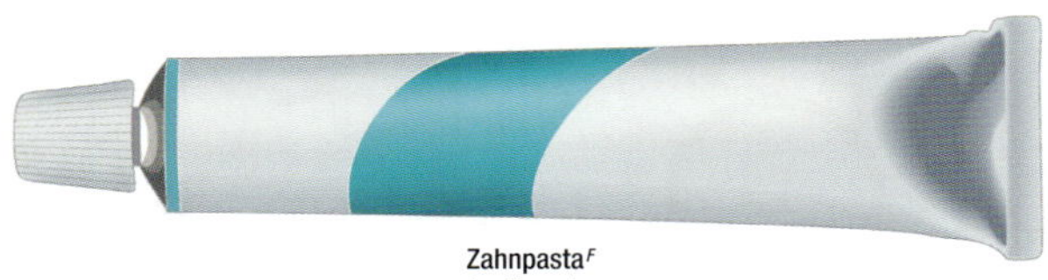

Zahnpasta[F]
toothpaste
dentifrice[M]
dentífrico[M]
dentifricio[M]

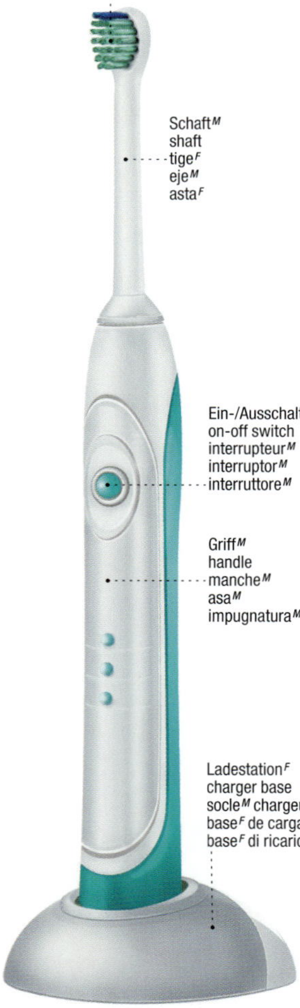

elektrische Zahnbürste[F]
power toothbrush
brosse[F] à dents[F] électrique
cepillo[M] de dientes[M] eléctrico
spazzolino[M] elettrico

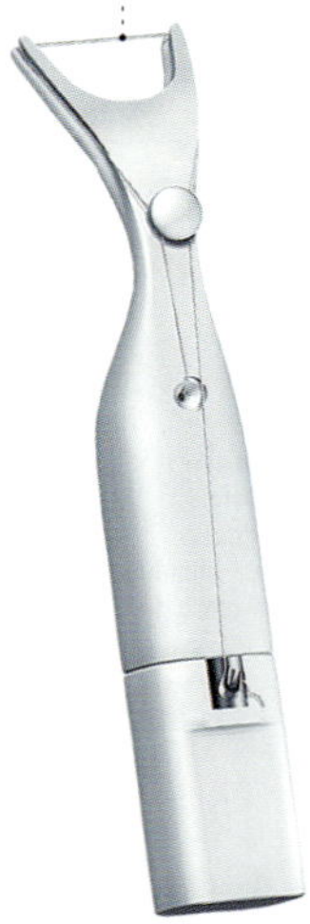

Zahnseidenhalter[M]
dental floss holder
porte-fil[M] dentaire
estuche[M] de hilo[M] dental
contenitore[M] per filo[M] interdentale

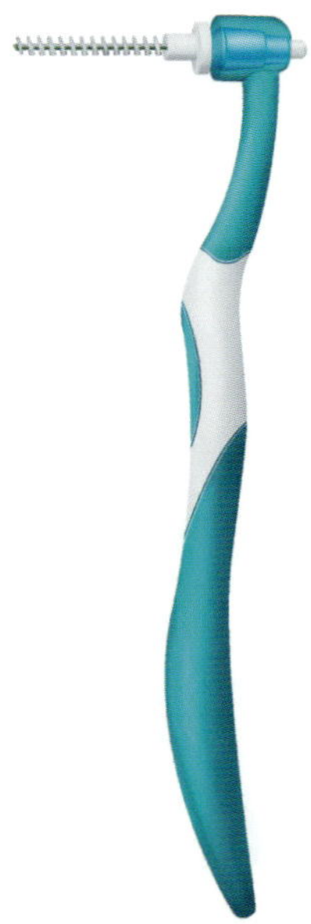

Interdentalbürste[F]
interdental brush
brossette[F] interdentaire
cepillo[M] interdental
spazzolino[M] interdentale

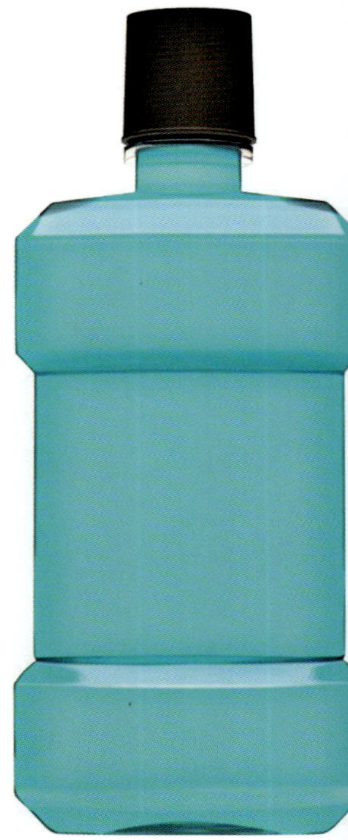

Mundwasser[N]
mouthwash
eau[F] dentifrice[M]
colutorio[M]
collutorio[M]

Raucherbedarf[M]

smoking accessories | articles[M] de fumeur[M] | artículos[M] de fumador[M] | accessori[M] per fumatori[M]

Pfeife[F]
pipe
pipe[F]
pipa[F]
pipa[F]

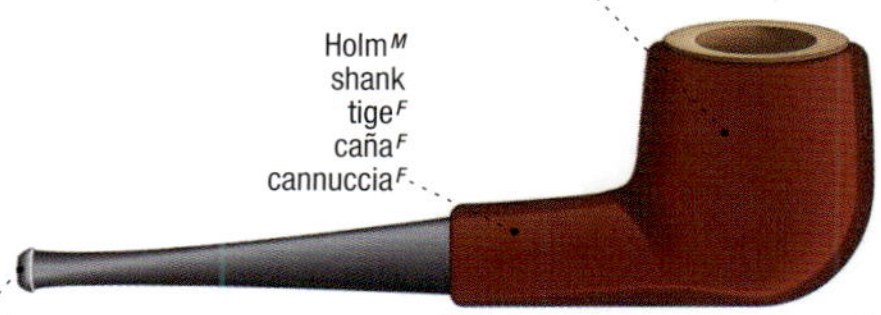

Pfeifenkopf[M]
bowl
talon[M]
cazoleta[F]
fornello[M]

Holm[M]
shank
tige[F]
caña[F]
cannuccia[F]

Biss[M]
bit
lentille[F]
boquilla[F]
dente[M]

Pfeifenmundstück[N]
stem
tuyau[M]
cañón[M]
bocchino[M]

Pfeifenstummel[M]
stummel
tête[F]
barba[F]
testa[F]

Pfeife[F] im Querschnitt[M]
section of a pipe
coupe[F] d'une pipe[F]
corte[M] de una tubería[F]
sezione[F] di una pipa[F]

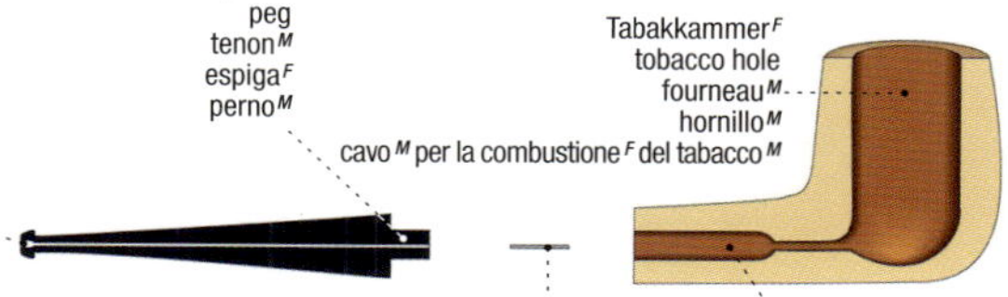

Zapfen[M]
peg
tenon[M]
espiga[F]
perno[M]

Tabakkammer[F]
tobacco hole
fourneau[M]
hornillo[M]
cavo[M] per la combustione[F] del tabacco[M]

Luftloch[N]
air hole
trou[M] de l'embout[M]
tiraje[M]
foro[M] per l'aria[F]

Filter[M]
filter
système[M] filtre[M]
filtro[M]
filtro[M]

Zapfenloch[N]
mortise
mortaise[F]
tiro[F]
mortasa[F]

Gasfeuerzeug[N]
gas lighter
briquet[M] à gaz[M]
encendedor[M]
accendino[M] a gas[M]

Abdeckkappe[F]
cover
couvercle[M]
tapa[F]
coperchio[M]

Zahnrädchen[N]
striker wheel
molette[F]
ruedecilla[F] de la piedra[F]
rotella[F] della pietrina[F]

Flammenregulierung[F]
flame adjustment wheel
molette[F] de réglage[M] de la flamme[F]
ajuste[M] de la llama[F]
regolatore[M] della fiamma[F]

Butangastank[M]
gas tank
réservoir[M]
depósito[M] de gas[M]
serbatoio[M] del gas[M]

Zigarre[F]
cigar
cigare[M]
puro[M]
sigaro[M]

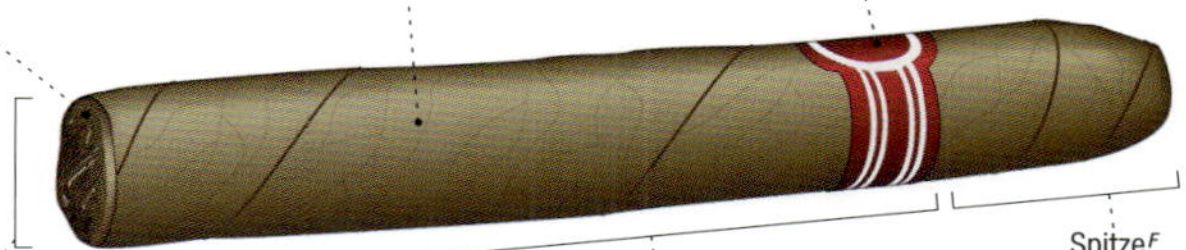

Deckblatt[N]
wrapper
cape[F]
capa[F]
fascia[F]

Banderole[F]
cigar band
bague[F]
vitola[F]
fascetta[F] del sigaro[M]

Tabak[M]
tobacco
tabac[M]
tabaco[M]
tabacco[M]

Einlage[F]
filler
tripe[F]
tripa[F]
ripieno[M]

Endstück[N]
tuck
pied[M]
punta[F]
piede[M]

Mittelstück[N]
bunch
corps[M]
cuerpo[M]
corpo[M]

Spitze[F]
head
tête[F]
cabeza[F]
testa[F]

Streichholzheftchen[N]
book of matches
pochette[F] d'allumettes[F]
carterita[F] de cerillas[F]
bustina[F] di fiammiferi[M]

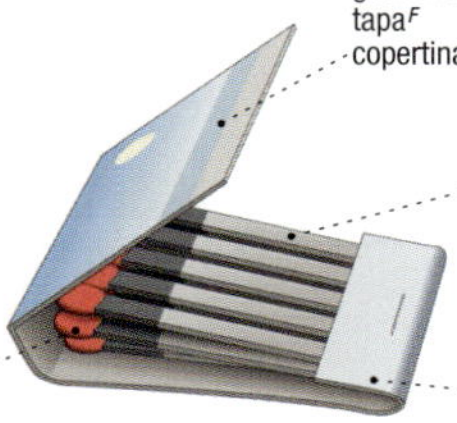

Deckel[M]
cover
grand rabat[M]
tapa[F]
copertina[F]

Streichholz[N]
matchstick
tige[F]
cerilla[F]
fiammifero[M] minerva

Kopf[M]
head
tête[F]
cabeza[F]
capocchia[F]

Vorderfläche[F]
front flap
petit rabat[M]
solapa[F]
aletta[F] frontale

Zigarette[F]
cigarette
cigarette[F]
cigarrillo[M]
sigaretta[F]

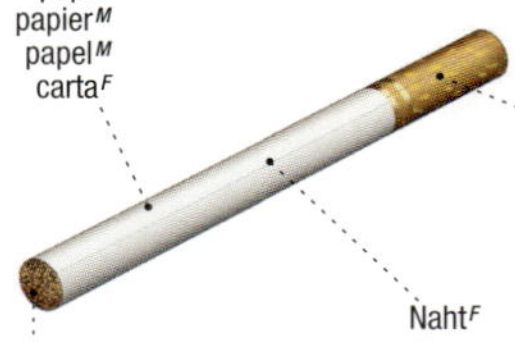

Papier[N]
paper
papier[M]
papel[M]
carta[F]

Filterspitze[F]
filter tip
bout[M]-filtre[M]
filtro[M]
filtro[M]

Tabak[M]
tobacco
tabac[M]
tabaco[M]
tabacco[M]

Naht[F]
seam
couture[F]
costura[F]
giuntura[F]

Streichholzschachtel[F]
matchbox
boîte[F] d'allumettes[F]
caja[F] de cerillas[F]
scatola[F] di fiammiferi[M]

Sicherheitsstreichholz[N]
safety match
allumette[F] de sûreté[F]
cerillas[F] de seguridad[F]
fiammifero[M] svedese

Aschenbecher[M]
ashtray
cendrier[M]
cenicero[M]
portacenere[M]

Stummel[M]
butt
mégot[M]
colilla[F]
mozzicone[M]

Asche[F]
ash
cendre[F]
ceniza[F]
cenere[F]

Lederwaren^{F}

leather goods | articles^{M} de maroquinerie^{F} | artículos^{M} de marroquinería^{F} | articoli^{M} di pelletteria^{F}

Aktenkoffer^{M}
attaché case
mallette^{F} porte-documents^{M}
maletín^{M}
ventiquattrore^{F}

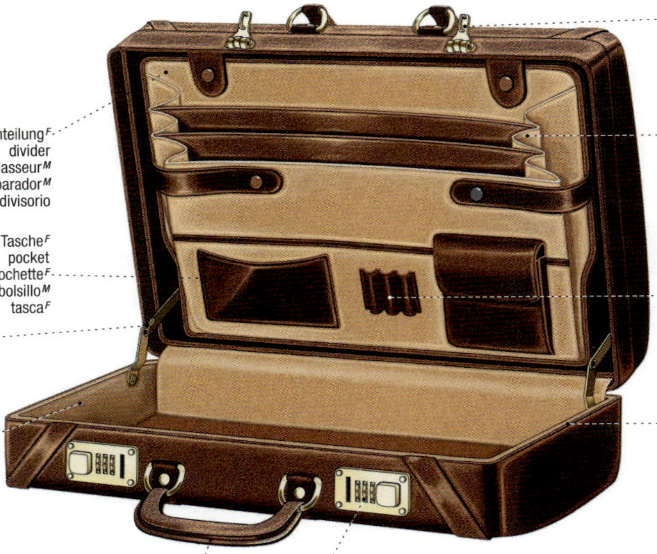

Schnappschloss^{N}
clasp
fermoir^{M}
broche^{M}
chiusura^{F}

Einteilung^{F}
divider
séparation^{F}-classeur^{M}
separador^{M}
pannello^{M} divisorio

Ziehharmonikafach^{N}
expandable file pouch
classeur^{M} à soufflets^{M}
clasificador^{M} de fuelle^{M}
scomparto^{M} portadocumenti

Tasche^{F}
pocket
pochette^{F}
bolsillo^{M}
tasca^{F}

Stifthalter^{M}
pen holder
porte-stylo^{M}
portaplumas^{M}
portapenne^{M}

Scharnier^{N}
hinge
charnière^{F}
bisagra^{F}
reggicoperchio^{M}

Rahmen^{M}
frame
cadre^{M}
bastidor^{M}
telaio^{M}

Futter^{N}
lining
doublure^{F}
forro^{M}
fodera^{F}

Griff^{M}
handle
poignée^{F}
asa^{F}
manico^{M}

Zahlenschloss^{N}
combination lock
serrure^{F} à combinaison^{F}
cerradura^{F} de combinación^{F}
serratura^{F} a combinazione^{F}

Kollegmappe^{F} mit Griff^{M}
bottom-fold document case
porte-documents^{M} à soufflet^{M}
cartera^{F} de fondo^{M} plegable
portacarte^{M} a soffietto^{M}

ausziehbarer Griff^{M}
retractable handle
poignée^{F} rentrante
asa^{F} extensible
manico^{M} a scomparsa^{F}

Außentasche^{F}
exterior pocket
poche^{F} extérieure
bolsillo^{M} delantero
tasca^{F} esterna

Aktentasche^{F}
briefcase
serviette^{F}
cartera^{F}
borsa^{F} a soffietto^{M}

Lasche^{F}
tab
patte^{F}
lengüeta^{F}
linguetta^{F}

Schlüsselschloss^{N}
key lock
serrure^{F} à clé^{F}
cerradura^{F}
serratura^{F} a chiave^{F}

Keil^{M}
gusset
soufflet^{M}
fuelle^{M}
soffietto^{M}

Etui^{N} für Taschenrechner^{M} und Scheckheft^{N}
calculator/cheque book holder
portefeuille^{M} chéquier^{M}
chequera^{F} con calculadora^{F}
portassegni^{M}/portacalcolatrice^{M}

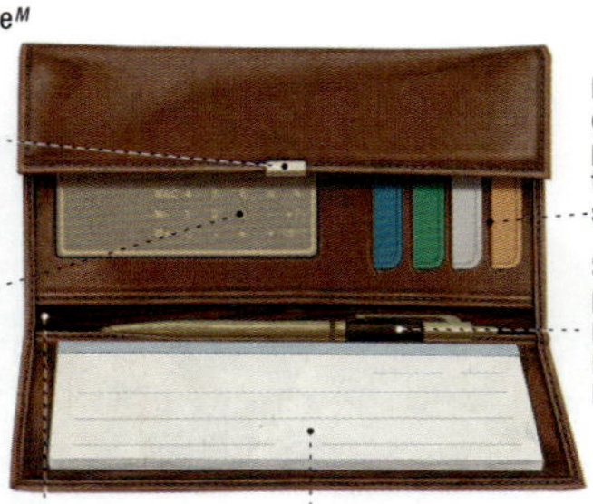

Druckverschluss^{M}
snap fastener
grébiche^{F}
broche^{M} automático
chiusura^{F} metallica a pressione^{F}

Kreditkartenfach^{N}
credit card wallet
porte-cartes^{M}
tarjetero^{M}
scomparto^{M} per carte^{F} di credito^{M}

Taschenrechner^{M}
calculator
calculette^{F}
calculadora^{F}
calcolatrice^{F}

Stifthalter^{M}
pen holder
porte-stylo^{M}
portaplumas^{M}
portapenne^{M}

Unterfach^{N}
hidden pocket
poche^{F} secrète
bolsillo^{M} secreto
tasca^{F} nascosta

Scheckheft^{N}
cheque book
chéquier^{M}
talonario^{M} de cheques^{M}
libretto^{M} degli assegni^{M}

Kreditkartenetui^{N}
credit card wallet
porte-cartes^{M}
tarjetero^{M}
portafoglio^{M} per carte^{F} di credito^{M}

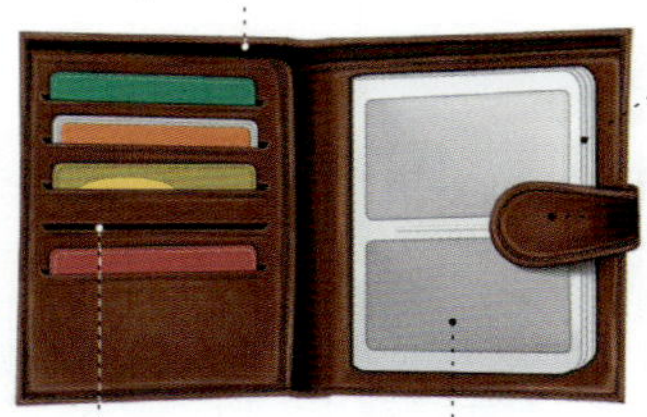

Geldscheinfach^{N}
wallet section
poche^{F} américaine
billetera^{F}
scomparto^{M} per banconote^{F}

Klarsichthüllen^{F}
transparent pockets
feuillets^{M}
plásticos^{M} transparentes
bustine^{F} trasparenti

Lasche^{F}
tab
patte^{F}
lengüeta^{F}
linguetta^{F}

Fach^{N}
Slot
fente^{F}
ranura^{F}
fessura^{F}

Klarsichtfenster^{N}
window
volet^{M} transparent
plástico^{M} transparente
riquadro^{M}

Lederwaren^{F}

Brieftasche^{F}
wallet
portefeuille^{M}
billetero^{M}
portafoglio^{M}

Brieftasche^{F}
wallet
porte-coupures^{M}
billetera^{F}
portafoglio^{M}

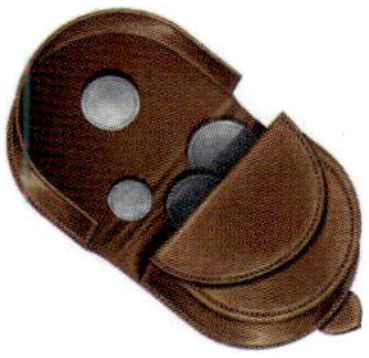

Geldbeutel^{M} für Münzen^{F}
coin purse
porte-monnaie^{M}
portamonedas^{M}
portamonete^{M}

Schlüsseletui^{N}
key case
porte-clés^{M}
llavero^{M}
portachiavi^{M}

Geldbeutel^{M}
purse
bourse^{F} à monnaie^{F}
monedero^{M}
borsellino^{M}

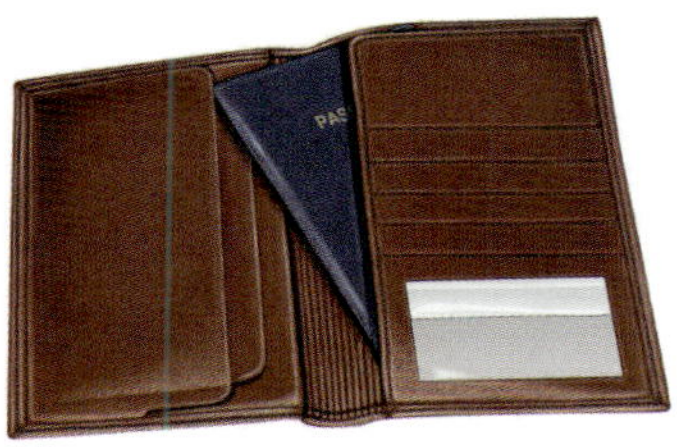

Brieftasche^{F}
passport case
porte-passeport^{M}
porta pasaportes^{M}
portapassaporto^{M}

Brillenetui^{N}
spectacles case
étui^{M} à lunettes^{F}
funda^{F} de gafas^{F}
astuccio^{M} per occhiali^{M}

Scheckhülle^{F}
cheque book cover
porte-chéquier^{M}
talonario^{M} de cheques^{M}
portassegni^{M}

Unterarmmappe^{F}
underarm briefcase
porte-documents^{M} plat
cartera^{F} portadocumentos^{M}
busta^{F} portadocumenti

Schreibmappe^{F}
writing case
écritoire^{F}
agenda^{F}
portablocco^{M}

Handtaschen[F]

handbags | sacs[M] à main[F] | bolsos[M] | borse[F]

Beuteltasche[F]
drawstring bag
sac[M] seau[M]
bolso[M] tipo cubo[M]
secchiello[M] con cordoncino[M]

Aktentasche[F]
satchel bag
sac[M] cartable[M]
bolso[M] clásico
cartella[F]

Einkaufstasche[F]
tote bag
sac[M] fourre-tout[M]
bolsa[F] de lona[F]
sporta[F]

Einkaufstasche[F]
shopping bag
sac[M] à provisions[F]
bolso[M] de la compra[F]
borsa[F] della spesa[F]

Boxtasche[F]
box bag
sac[M] boîte[F]
bolso[M] de vestir
borsa[F] a telaio[M] rigido

kleine Beuteltasche[F]
small drawstring bag
balluchon[M]
bolso[M] saco
secchiello[M] piccolo con cordoncino[M]

Kuriertasche[F]
messenger bag
sac[M] messager[M]
bolsa[F] de mensajero[M]
borsello[M]

Matchbeutel[M]
duffle bag
sac[M] marin[M]
saco[M] de marinero[M]
sacca[F] da marinaio[M]

Handtaschen^F

Geldgürtel^M
money belt
pochette^F de sécurité^F
cinturón^M porta dinero^M
portamonete^M

Gürteltasche^F
bumbag
sac^M banane^F
riñonera^F
marsupio^M

Mufftasche^F
muff
manchon^M
bolso^M manguito^M
borsa^F a manicotto^M

Umhängetasche^F mit Dehnfalte^F
accordion bag
sac^M accordéon^M
bolso^M de fuelle^M
borsa^F da postino^M

große Einkaufstasche^F
shopping bag
cabas^M
capazo^M
borsa^F della spesa^F

Herrentasche^F
men's bag
pochette^F d'homme^M
bolso^M de hombre
borsello^M

geräumige Tasche^F
holdall
sac^M polochon^M
bolso^M de viaje^M
borsone^M da viaggio^M

Schultertasche^F
shoulder bag
sac^M à bandoulière^F
bolso^M de bandolera^F
borsa^F a tracolla^F

Umhängetasche^F mit Reißverschluss^M
shoulder bag with zip
sac^M besace^F
morral^M
sacca^F a tracolla^F

Gepäck[N]

luggage | bagages[M] | equipaje[M] | bagagli[M]

Reisetasche[F]
travel bag
bagage[M] à main[F]
bolso[M] de viaje[M]
borsa[F] da viaggio[M]

Griff[M]
handle
poignée[F]
asa[F]
manico[M]

Schulterriemen[M]
shoulder strap
bandoulière[F]
bandolera[F]
tracolla[F]

Außentasche[F]
exterior pocket
poche[F] extérieure
bolsillo[M] exterior
tasca[F] esterna

Kulturbeutel[M]
toilet bag
trousse[F] de toilette[F]
neceser[M]
trousse[F]

Flugtasche[F]
flight bag
sac[M] fourre-tout[M]
maletín[M]
bagaglio[M] a mano[F]

Kleidersack[M]
suit carrier
housse[F] à vêtements[M]
portatrajes[M]
portabiti[M]

Reißverschluss[M]
zip
fermeture[F] à glissière[F]
cremallera[F]
cerniera[F] lampo

Koffer[M]
suitcase
valise[F] pullman[M]
maleta[F] clásica
valigia[F]

Griff[M]
handle
poignée[F]
asa[F]
manico[M]

Gepäckanhänger[M]
identity tag
porte-adresse[M]
etiqueta[F] de identificación[F]
etichetta[F] portaindirizzo

Rahmen[M]
frame
cadre[M]
bastidor[M]
telaio[M]

Zugriemen[M]
pull strap
dragonne[F]
correa[F]
maniglia[F] di traino[M]

Blende[F]
trim
garniture[F]
guarnición[F]
bordo[M] di rifinitura[F]

Rolle[F]
wheel
roulette[F]
ruedecilla[F]
ruota[F]

Überseekoffer[M]
trunk
malle[F]
baúl[M]
baule[M]

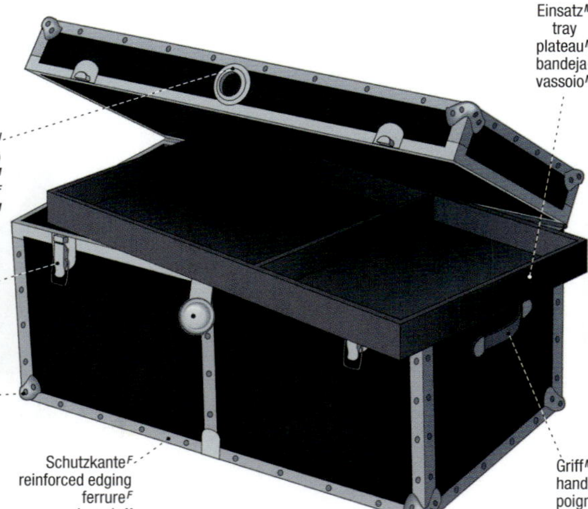

Überfallschloss[N]
hasp
moraillon[M]
aldabilla[F]
chiusura[F] a occhiello[M]

Riegel[M]
latch
crampon[M] de fermeture[F]
abrazadera[F]
gancio[M] di chiusura[F]

Eckstück[N]
cornerpiece
cantonnière[F]
contera[F]
angolare[M]

Schutzkante[F]
reinforced edging
ferrure[F]
herraje[M]
bandella[F] di rinforzo[M]

Einsatz[M]
tray
plateau[M]
bandeja[F]
vassoio[M]

Griff[M]
handle
poignée[F]
asa[F]
maniglia[F]

Gepäckroller[M]
luggage trolley
porte-bagages[M]
carrito[M] portamaletas[M]
carrello[M] portabagagli

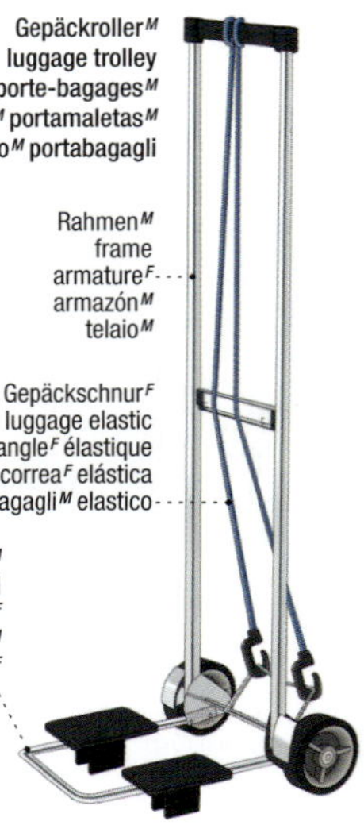

Rahmen[M]
frame
armature[F]
armazón[M]
telaio[M]

Gepäckschnur[F]
luggage elastic
sangle[F] élastique
correa[F] elástica
legabagagli[M] elastico

Ständer[M]
stand
béquille[F]
soporte[M]
base[F]

Gepäck^{N}

Kleidertasche^{F}
garment bag
sac^{M} à vêtements^{M}
bolsa^{F} de ropa^{F}
portabiti^{M}

Ausziehgriff^{M}
retractable handle
poignée^{F} escamotable
asa^{M} retráctil
manico^{M} a scomparsa^{F}

Tragegriff^{M} oben
top carrying handle
poignée^{F} de transport^{M}
asa^{F} superior
maniglia^{F} di trasporto^{M}

Vorderfach^{N}
front pocket
pochette^{F} avant
bolsillo^{M} delantero
tasca^{F} frontale

Rucksack^{M}
backpack
sac^{M} à dos^{M}
mochila^{F}
zaino^{M}

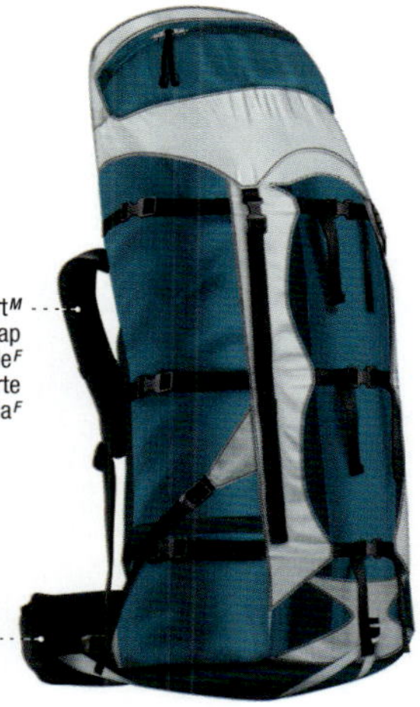

Schultergurt^{M}
shoulder strap
bretelle^{F}
correa^{F} de transporte
tracolla^{F}

Bauchgurt^{M}
hip belt
ceinture^{F}
cinturón^{M}
cinghia^{F} ventrale

Wochenendkoffer^{M}
weekend case
valise^{F} fin^{F} de semaine^{F}
maleta^{F} de fin^{M} de semana^{F}
quarantottore^{F}

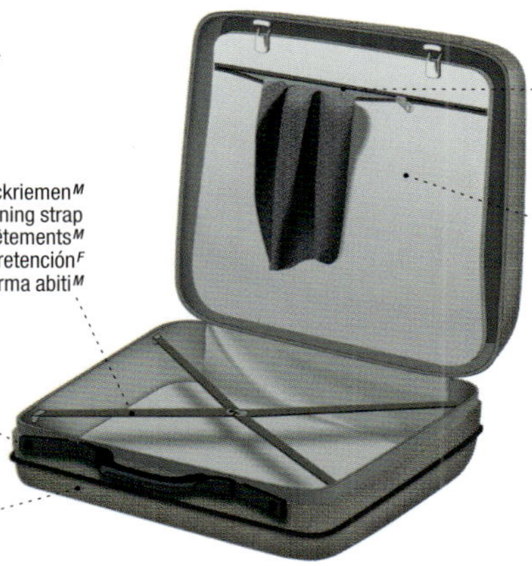

Innentasche^{F}
interior pocket
poche^{F} intérieure
bolso^{M} interior
tasca^{F} interna

Trennklappe^{F}
divider
panneau^{M} de séparation^{F}
panel^{M} de separación^{F}
pannello^{M} divisorio

Packriemen^{M}
retaining strap
sangle^{F} serre-vêtements^{M}
correa^{F} de retención^{F}
elastico^{M} ferma abiti^{M}

Schloss^{N}
lock
serrure^{F}
cerradura^{F}
serratura^{F}

Schale^{F}
shell
coque^{F}
tapa^{F}
guscio^{M}

Trolley^{M}
upright suitcase
valise^{F} verticale
maleta^{F} vertical
trolley^{M}

Teleskopgriff^{M}
retractable handle
poignée^{F} escamotable
mango^{M} retractable
maniglia^{F} retrattile

Laptop^{M}-Tasche^{F}
laptop computer briefcase
mallette^{F} d'ordinateur^{M} portable
maletín^{M} para ordenador^{M} portátil
valigetta^{F} per il computer^{M} portatile

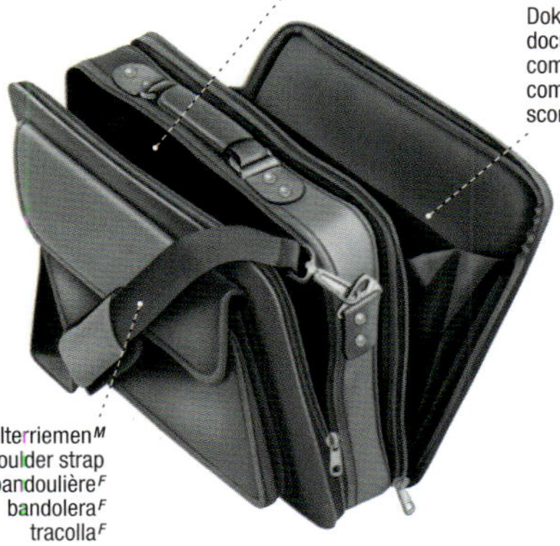

Computerfach^{N}
computer compartment
compartiment^{M} pour ordinateur^{M}
compartimiento^{M} para ordenador^{M}
scomparto^{M} per il computer^{M}

Dokumentenfach^{N}
document compartment
compartiment^{M} pour documents^{M}
compartimiento^{M} de documentos^{M}
scomparto^{M} per i documenti^{M}

Schulterriemen^{M}
shoulder strap
bandoulière^{F}
bandolera^{F}
tracolla^{F}

Reisetasche^{F}
duffel bag
sac^{M} de sport^{M}
bolsa^{F} de lona^{F}
borsone^{M} da viaggio^{M}

Schirm[M] und Stock[M]

umbrella and stick | parapluie[M] et canne[F] | paraguas[M] y bastones[M] | ombrello[M] e bastone[M]

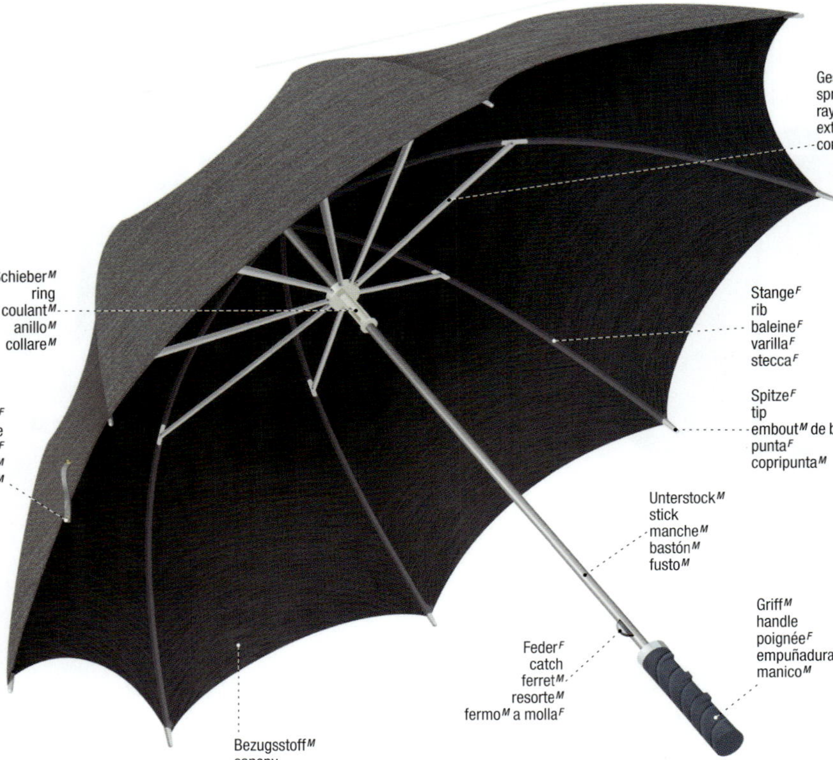

Schirmständer[M]
umbrella stand
porte-parapluies[M]
paragüero[M]
portaombrelli[M]

Taschenschirm[M]
telescopic umbrella
parapluie[M] télescopique
paraguas[M] plegable
ombrello[M] pieghevole

Spazierstock[M]
walking stick
canne[F]
bastón[M]
bastone[M] da passeggio[M]

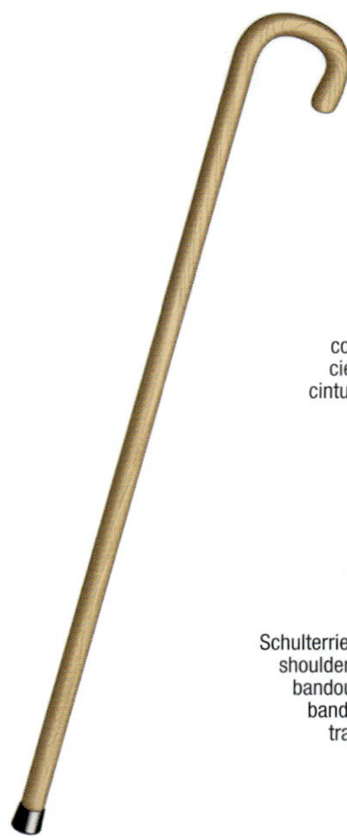

Stockschirm[M]
stick umbrella
parapluie[M]-canne[F]
paraguas[M] de bastón[M]
ombrello[M] a bastone[M]

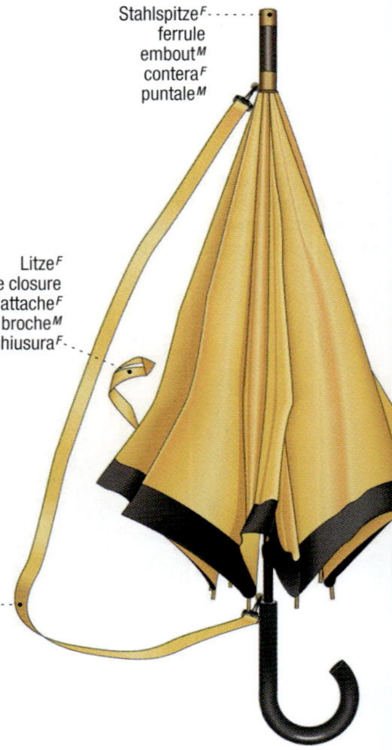

PERSÖNLICHE AUSSTATTUNG

Kinderzubehör[N]

childcare | soin[M] des enfants[M] | cuidado[M] de niños[M] | cura[F] del bambino[M]

Kindersitz[M]
infant car seat
siège[M] d'auto[F] pour bébé[M]
silla[F] portabebés[M] de coche[M]
seggiolino[M] per auto[F]

Tragegriff[M]
carrying handle
poignée[F] de transport[M]
asa[F] de transporte[M]
maniglia[F] di trasporto[M]

Sonnenschutz[M]
hood
pare-soleil[M]
capota[F]
parasole[M]

Grundgestell[N]
stay-in-car base
base[F] pour le véhicule[M]
base[M] de silla[F] portabebés[M] de coche[M]
base[F] fissa seggiolino[M] per auto[F]

Gurt[M]
harness
harnais[M]
arnés[M]
imbracatura[F]

Babytrage[F]
cloth baby carrier
porte-bébé[M] souple
portabebés[M] de tela[F]
porta-bebè[M] morbido

Tragetuch[N]
wrap baby carrier
écharpe[F] porte-bébé[M]
fular[M] portabebés[M]
fascia[F] porta-bebè[M]

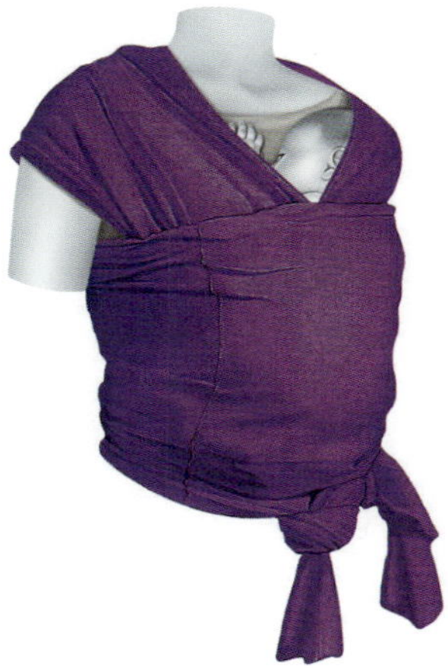

Tragerucksack[M]
backpack baby carrier
porte-bébé[M] à armature[F] rigide
mochila[F] portabebés[M]
zaino[M] porta-bebè

Sonnenschutz[M]
hood
pare-soleil[M]
capota[F]
parasole[M]

Kopfstütze[F]
headrest
appui-tête[M]
reposacabezas[F]
poggiatesta[M]

Schultergurt[M]
shoulder strap
bretelle[F]
correa[F] de transporte
tracolla[F]

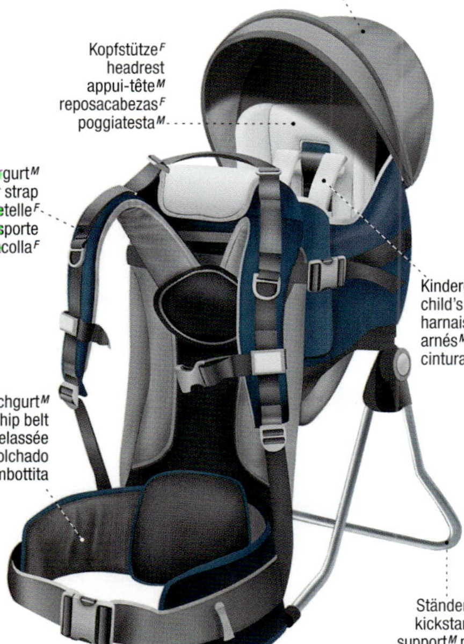

Kindergurt[M]
child's harness
harnais[M] pour l'enfant[M]
arnés[M] de niño[M]
cintura[F] per bambino[M]

gepolsterter Bauchgurt[M]
padded hip belt
ceinture[F] matelassée
cinturón[M] acolchado
cinghia[F] ventrale imbottita

Ständer[M]
kickstand
support[M] pliant
pata[F] de cabra[F]
supporto[M] pieghevole

Kinderwagen[M]
pram
poussette[F]
cochecito[M]
passeggino[M]

Griff[M]
handle
poignée[F]
asa[M]
impugnatura[M]

Sonnenschutz[M]
hood
pare-soleil[M]
capota[F]
parasole[M]

Gurt[M]
harness
harnais[M]
arnés[M]
imbracatura[F]

Korb[M]
basket
panier[M] de rangement[M]
cesta[F]
vano[M] portaoggetti

Kinderzubehör^{N}

Schnuller^{M}
baby's dummy
sucette^{F}
chupete^{M}
ciuccio^{M}

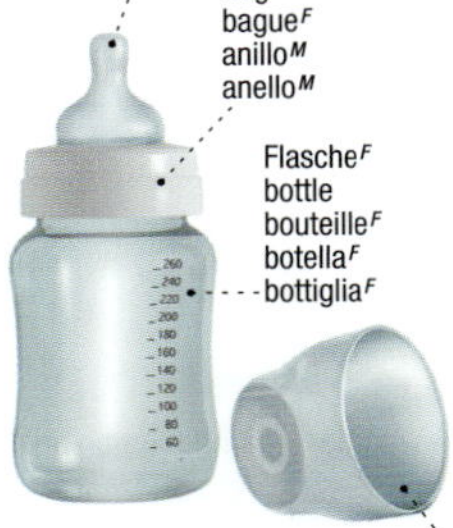

Babyflasche^{F}
baby bottle
biberon^{M}
biberón^{M}
biberon^{M}

tragbare Wickelunterlage^{F}
portable changing pad
matelas^{M} à langer portable
cambiador^{M} de viaje^{M}
fasciatoio^{M} portatile

Schnullerkette^{F}
clip for baby's dummy
attache-sucette^{M}
clip^{M} de chupete^{M}
clip^{F} per ciuccio^{M}

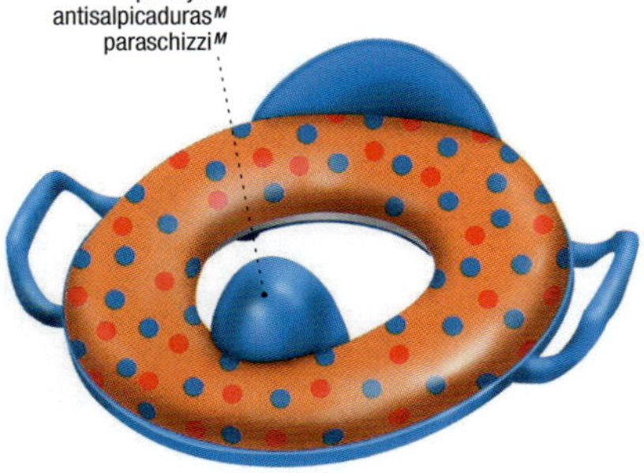

Kindertoilettensitz^{M}
toilet seat reducer
réducteur^{M} de siège^{M} de toilette^{F}
reductor^{M} de asiento^{M} de inodoro^{M}
riduttore^{M} per WC

Wickeltasche^{F}
nappy bag
sac^{M} à langer
bolsa^{F} para pañales^{M}
borsa^{F} porta pannolini^{M}

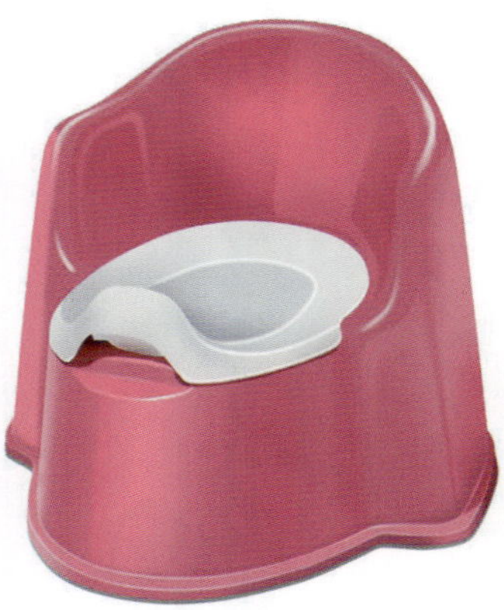

Kindertoilette^{F}
potty-chair
chaise^{F} percée
bacinilla^{F}
vasino^{M}

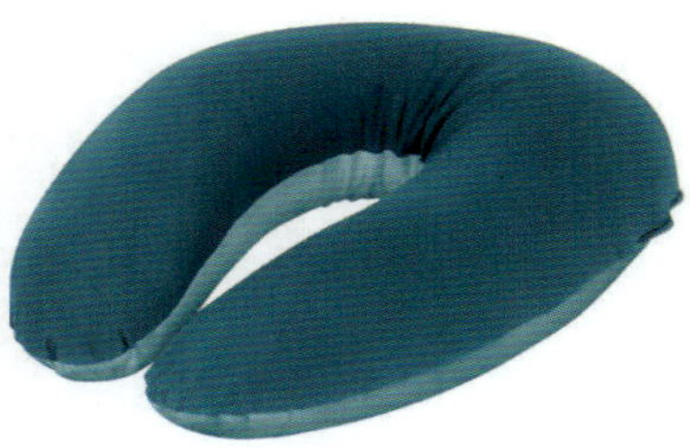

Stillkissen^{N}
nursing pillow
coussin^{M} d'allaitement^{M}
almohada^{F} de maternidad^{F}
cuscino^{M} da allattamento^{M}

Babytragekorb^{M}
bassinet
moïse^{M}
moisés^{M}
culla^{F}

Haustierzubehör^{N}

pet care | soin^{M} des animaux^{M} domestiques | cuidado^{M} de mascotas^{M} | cura^{F} degli animali^{M} domestici

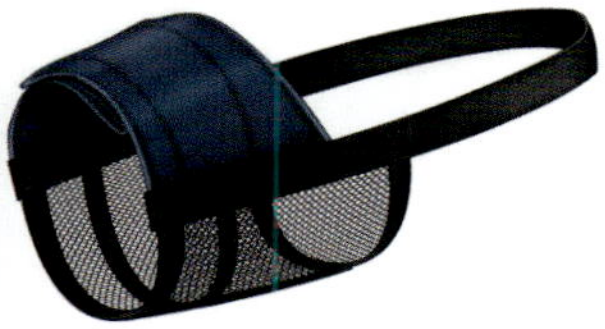

Maulkorb^{M}
muzzle
muselière^{F}
bozal^{M}
museruola^{F}

Leine^{F}
lead
laisse^{F}
correa^{F}
guinzaglio^{M}

zweiseitige Haustierbürste^{F}
two-sided brush
brosse^{F} double
cepillo^{M} doble
spazzola^{F} doppia

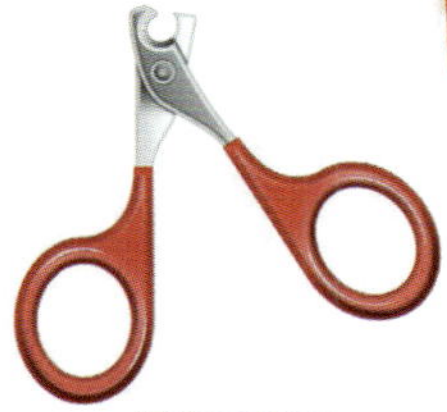

Krallenschere^{F}
nail clipper
coupe-griffes^{M}
cortaúñas^{F}
tagliaunghie^{M}

Marke^{F}
tag
médaille^{F}
chapa^{F}
medaglietta^{F}

Halsband^{N}
collar
collier^{M}
collar^{F}
collare^{M}

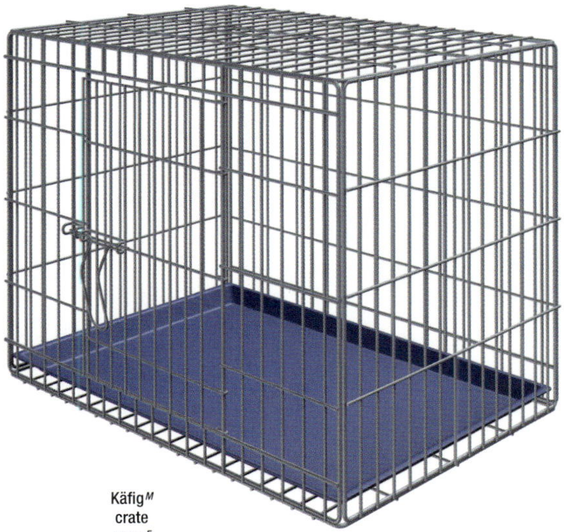

Käfig^{M}
crate
cage^{F}
cajón^{M}
gabbia^{F}

Transportbox^{F}
pet carrier
cage^{F} de transport^{M}
portamascotas^{M}
trasportino^{M}

Kiste^{F}
box
bac^{M}
caja^{F}
vaschetta^{F}

Schaufel^{F}
scoop
pelle^{F}
pala^{F}
paletta^{F}

Streu^{N}
litter
litière^{F}
basura^{F}
lettiera^{F}

Haustiertoilette^{F}
litter box
bac^{M} à litière^{F}
caja^{F} de arena^{F}
vaschetta^{F} per lettiera^{F}

Napf^{M}
bowl
bol^{M}
recipiente^{M}
ciotola^{F}

Korb^{M}
bed
lit^{M}
cama^{F}
cuccia^{F}

Haustierzubehör^N

Vogelkäfig^M
birdcage
cage^F à oiseau^M
jaula^F
gabbia^F per uccelli^M

Kleintierkäfig^M
small animal cage
cage^F pour rongeur^M
jaula^F de animal^M pequeña
gabbia^F per roditori^M

Haustierzubehör^{N}

Terrarium^{N}
terrarium
terrarium^{M}
terrario^{M}
terrario^{M}

Aquarium^{N}
aquarium
aquarium^{M}
acuario^{M}
acquario^{M}

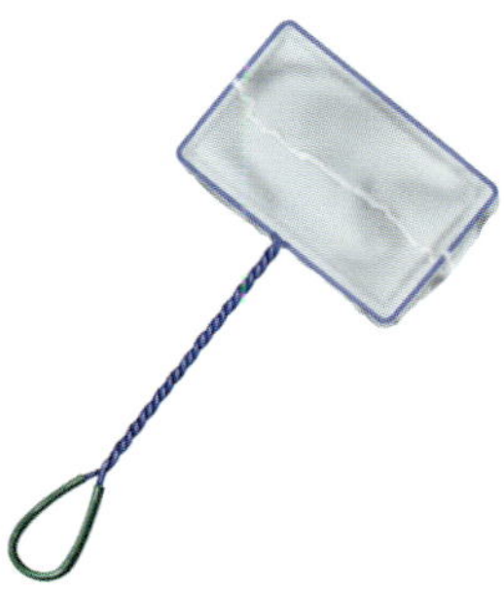

ARCHITEKTUR DER ANTIKE 498

Pyramide 498
griechisches Theater 498
griechischer Tempel 499
Baustile 500
römisches Wohnhaus 502
römisches Amphitheater 503

MILITÄRARCHITEKTUR 504

Burg 504
Festung 505

WESTLICHE ARCHITEKTUR 506

gotischer Dom 506
romanische Kirche 508
Renaissance-Villa 509
Barockkirche 510
Art-déco-Gebäude 511
Wolkenkratzer im Internationalen Stil 512

ASIATISCHE UND PRÄKOLUMBISCHE ARCHITEKTUR 513

Pagode 513
aztekischer Tempel 513

ARCHITEKTURELEMENTE 514

Beispiele für Bögen 514
Beispiele für Türen 515
Beispiele für Dächer 516
Beispiele für Fenster 518
Rolltreppe 518
Aufzug 519

HÄUSER 520

traditionelle Wohnhäuser 520
Häuserformen in der Stadt 521

KUNST UND ARCHITEKTUR

arts and architecture
arts et architecture
arte y arquitectura
arte e architettura

BILDENDE KÜNSTE 522

- Museum 522
- Malen und Zeichnen 524
- Holzschnitzerei 531

GRAFISCHE KÜNSTE 532

- Drucken 532
- Hochdruckverfahren 533
- Tiefdruckverfahren 534
- Lithografie 535
- Siebdruck 536
- Handbuchbinderei 537

DARSTELLENDE KÜNSTE 540

- Theater 540
- Aufnahmebühne 542
- Kino 544

MUSIK 545

- Sinfonieorchester 545
- Beispiele für Instrumentalgruppierungen 546
- Saiteninstrumente 547
- Blasinstrumente 550
- Tasteninstrumente 552
- Schlaginstrumente 556
- elektronische Musik 558
- traditionelle Musikinstrumente 560
- Musiknotation 562
- Musikzubehör 564

KUNSTGEWERBE 565

- Stickerei 565
- Nähen 566
- Stricken 570
- Weben 572
- Töpferei 576
- Klöppelspitze 578
- Glasmalerei 579

Pyramide^{F}

pyramid | pyramide^{F} | pirámide^{F} | piramide^{F}

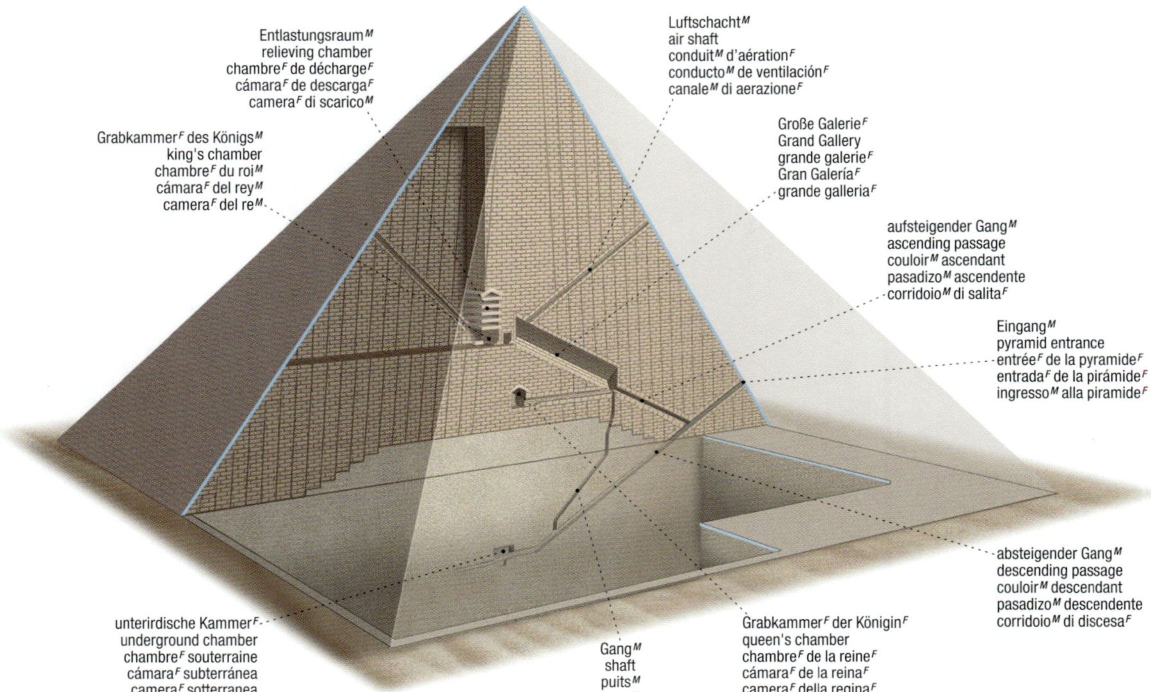

griechisches Theater^{N}

Greek theatre | théâtre^{M} grec | teatro^{M} griego | teatro^{M} greco

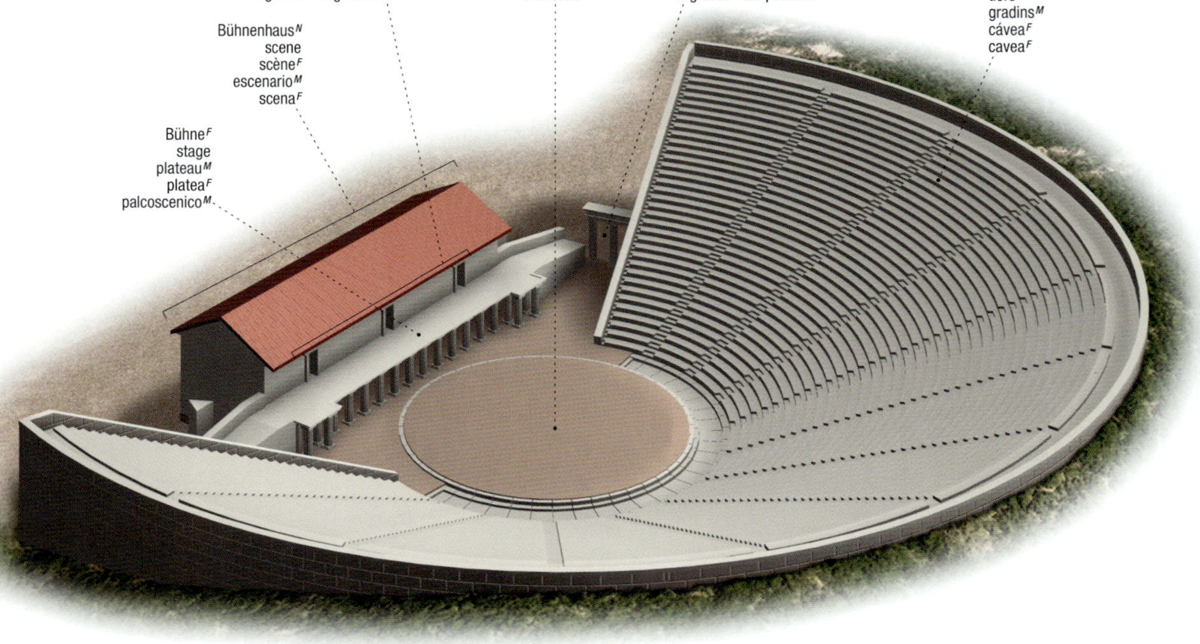

griechischer Tempel[M]

Greek temple | temple[M] grec | templo[M] griego | tempio[M] greco

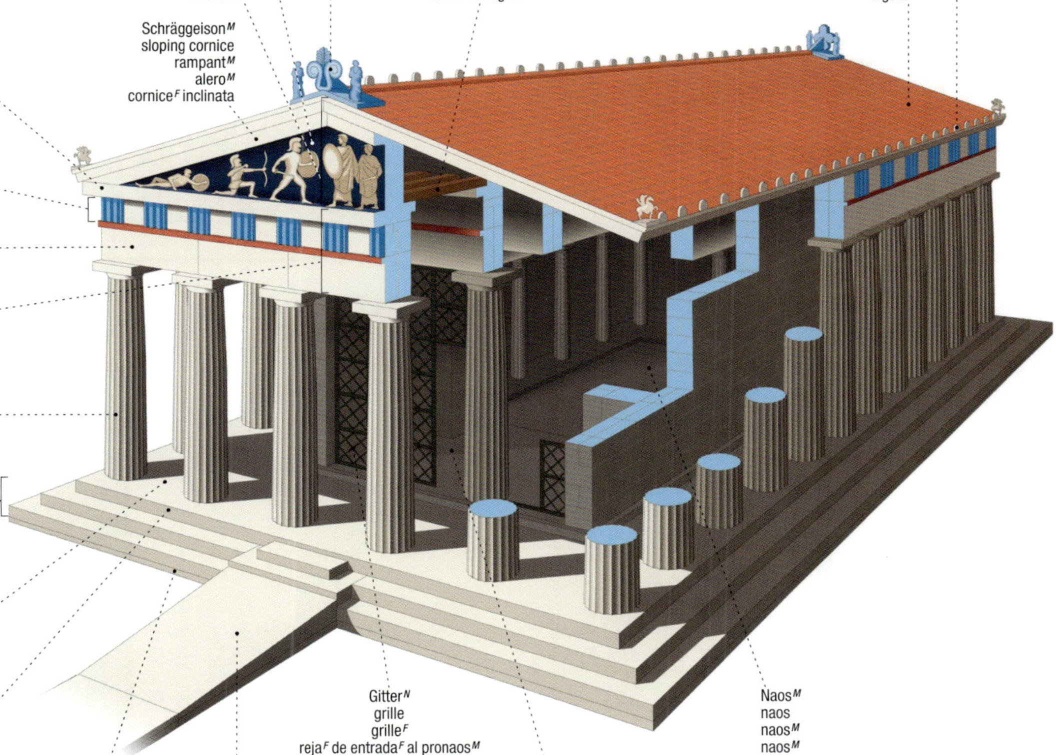

Plan[M] eines griechischen Tempels[M]
plan of a Greek temple
plan[M] d'un temple[M] grec
plano[M] de un templo[M] griego
pianta[F] di un tempio[M] greco

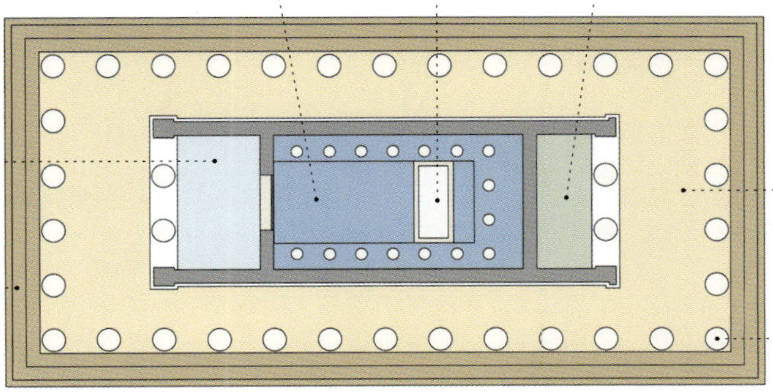

Baustile[M]

architectural styles | styles[M] d'architecture[F] | estilos[M] arquitectónicos | stili[M] architettonici

dorische Säulenordnung[F]
Doric order
ordre[M] dorique
orden[M] dórico
ordine[M] dorico

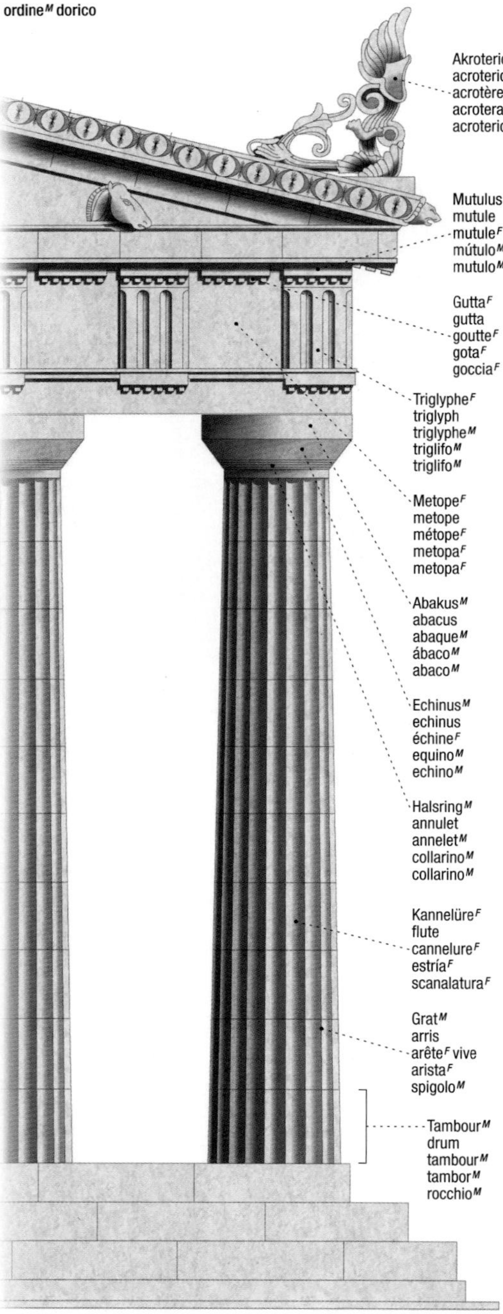

ionische Säulenordnung[F]
Ionic order
ordre[M] ionique
orden[M] jónico
ordine[M] ionico

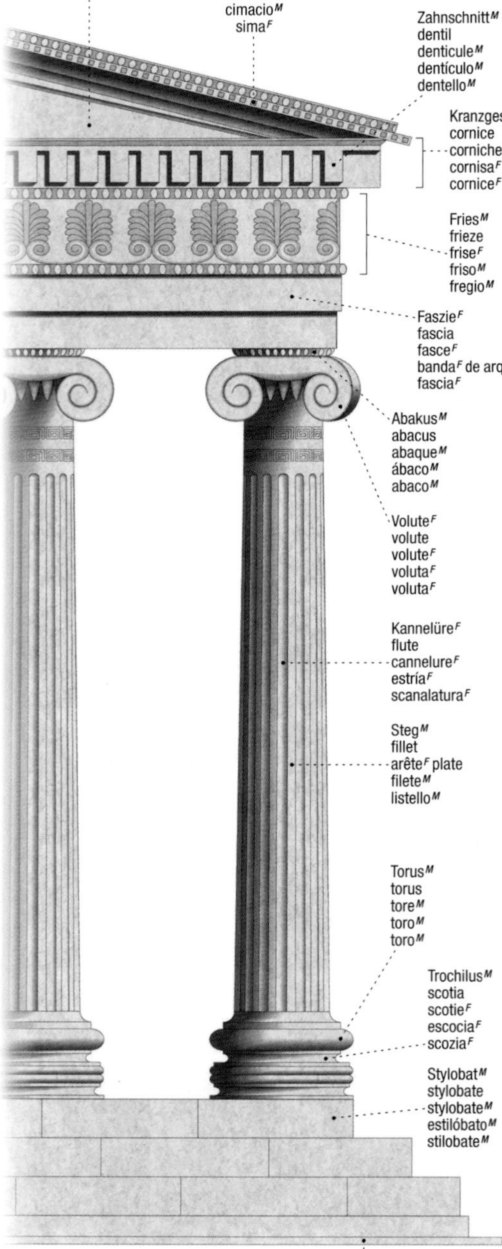

Baustile[M]

korinthische Säulenordnung[F]
Corinthian order
ordre[M] corinthien
orden[M] corintio
ordine[M] corinzio

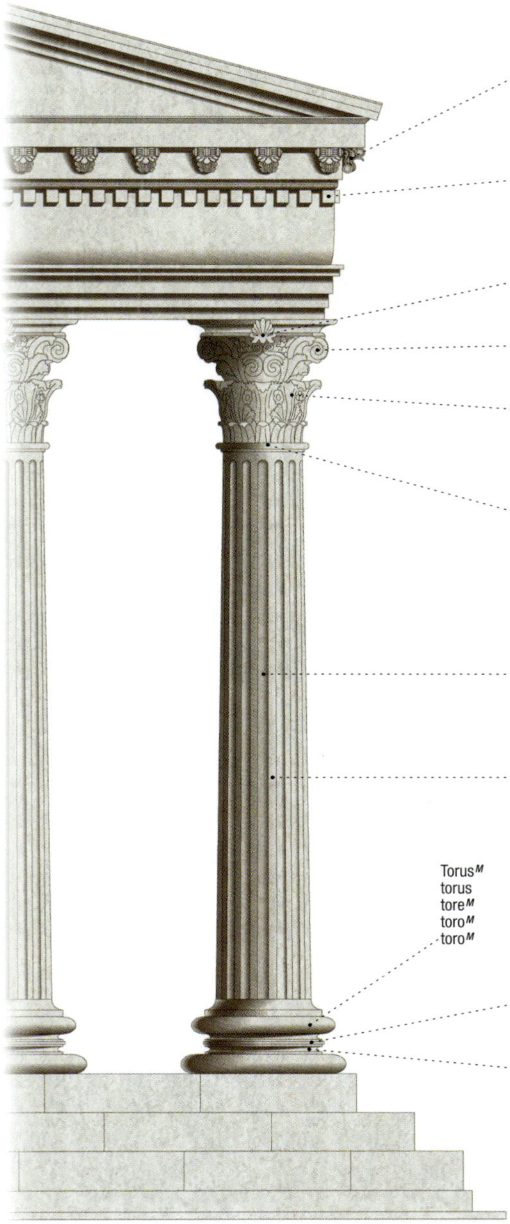

römisches Wohnhaus^N

Roman house | maison^F romaine | casa^F romana | casa^F romana

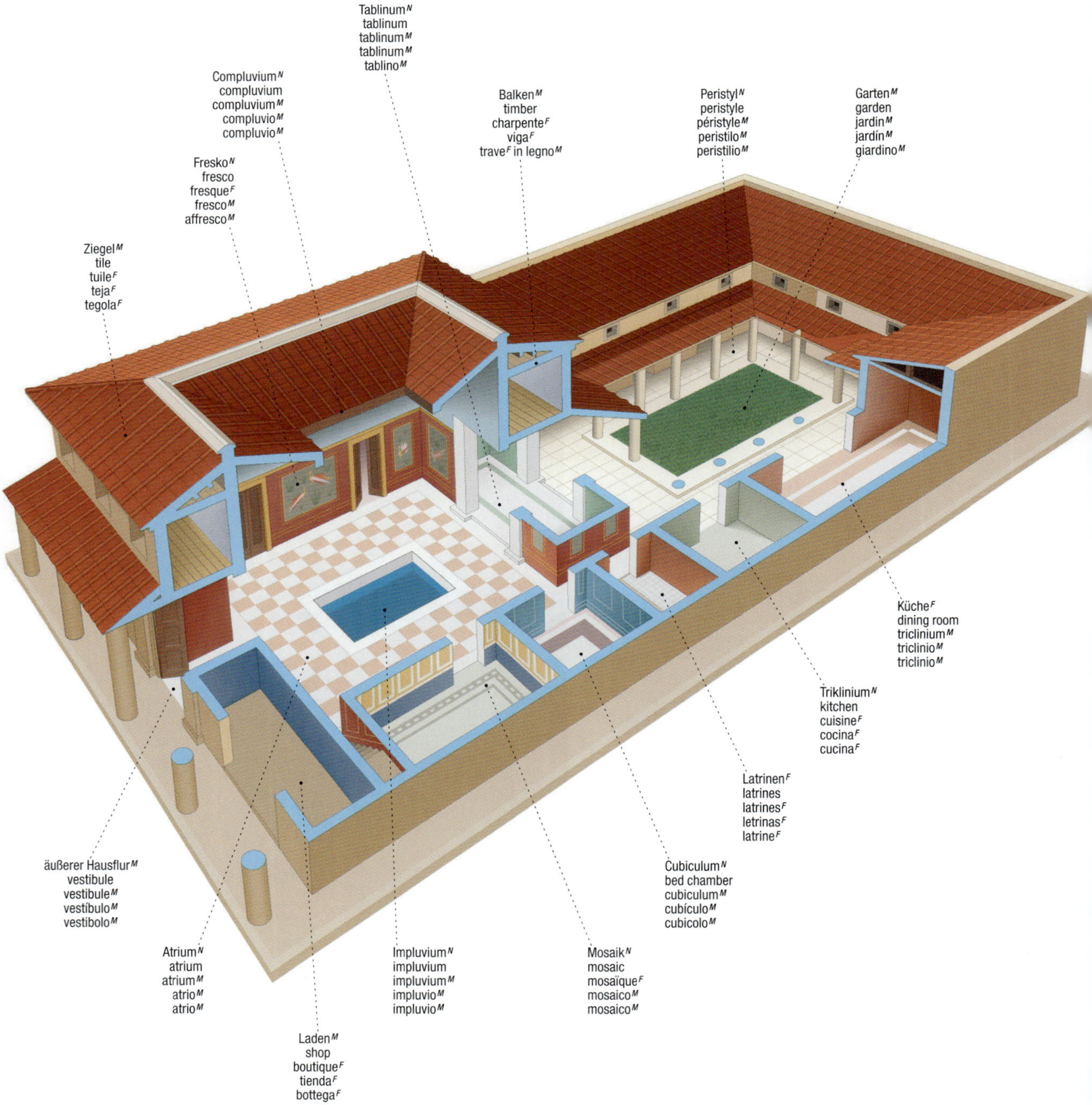

römisches Amphitheater[N]

Roman amphitheatre | amphithéâtre[M] romain | anfiteatro[M] romano | anfiteatro[M] romano

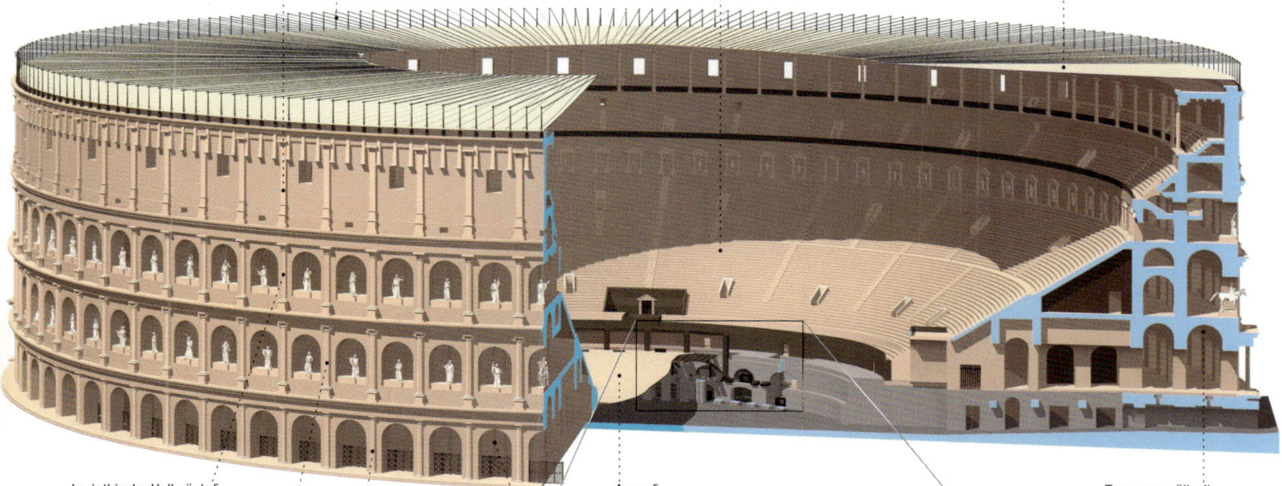

Burg F

castle | château M fort | castillo M | castello M

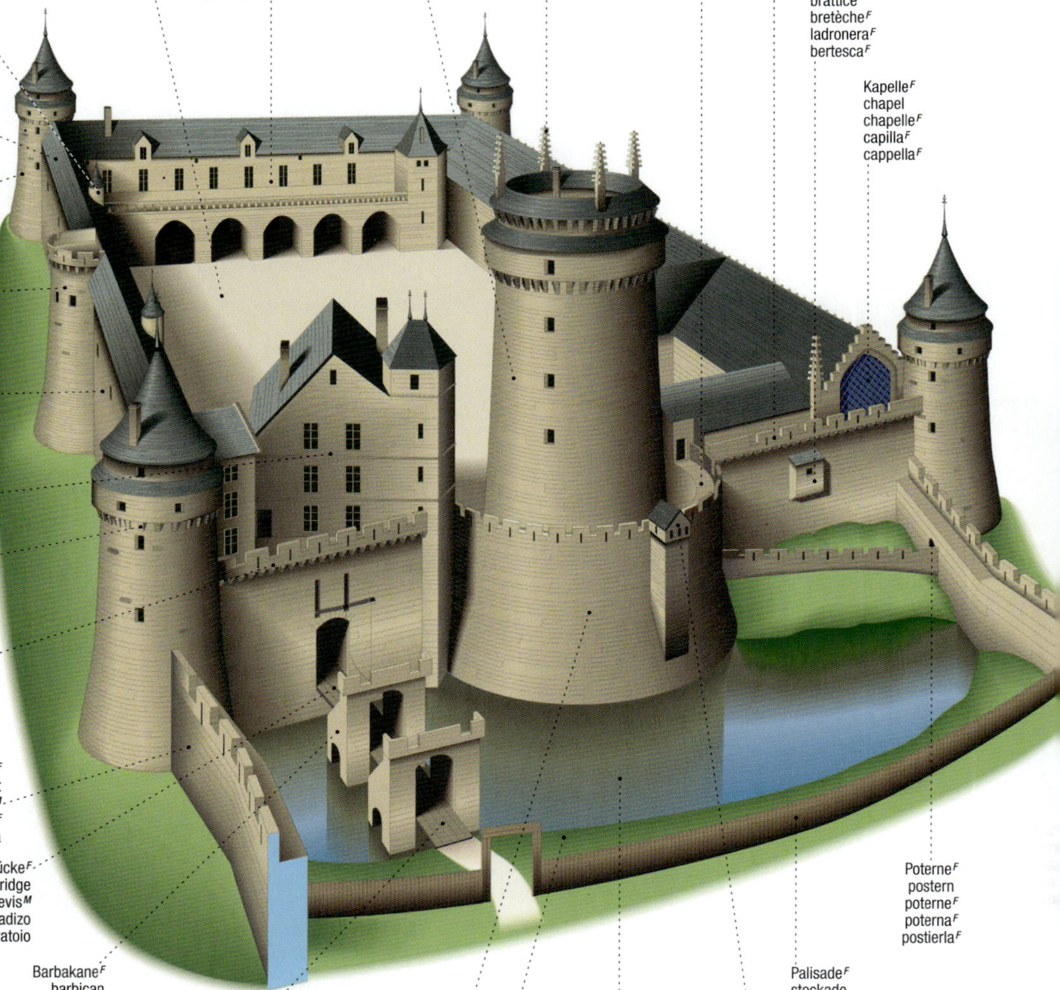

Festung^F

Vauban fortification | fortification^F à la Vauban | fortificación^F de Vauban | fortificazione^F alla Vauban

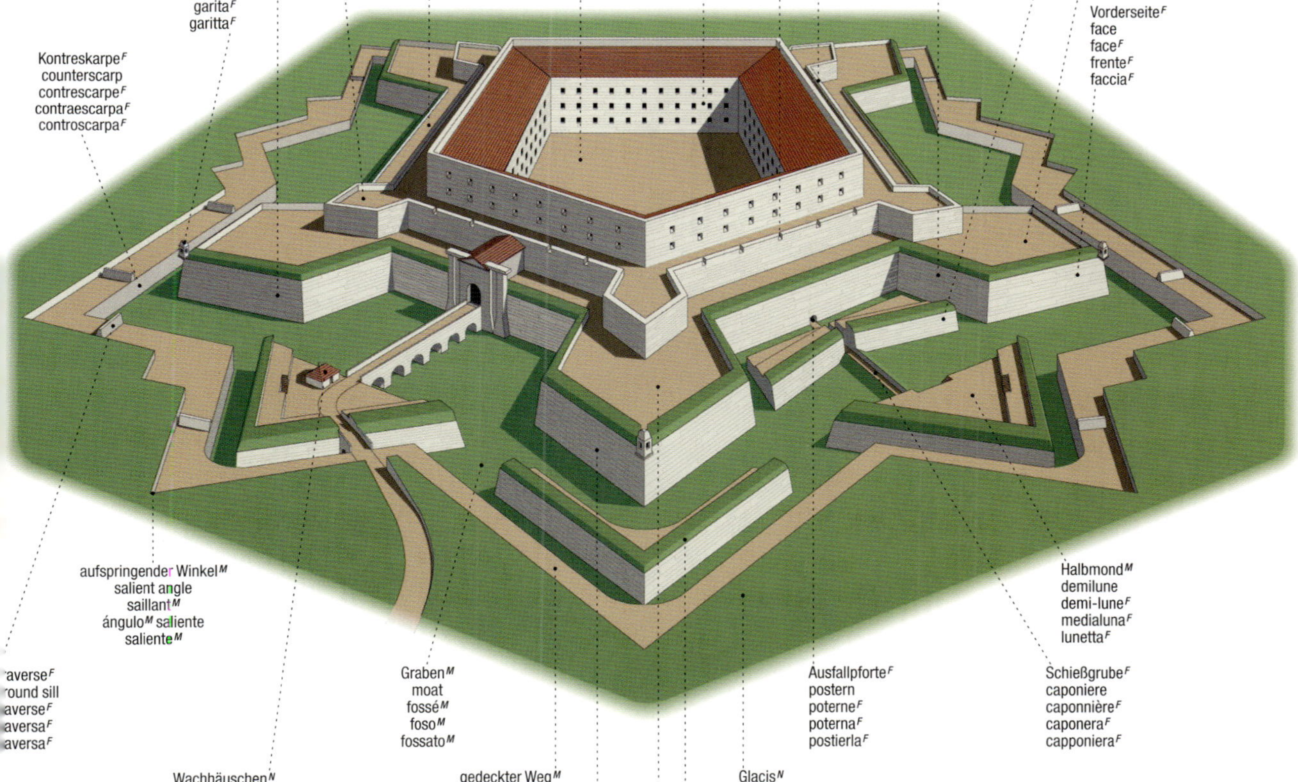

gotischer Dom^{M}

Gothic cathedral | cathédrale^{F} gothique | catedral^{F} gótica | cattedrale^{F} gotica

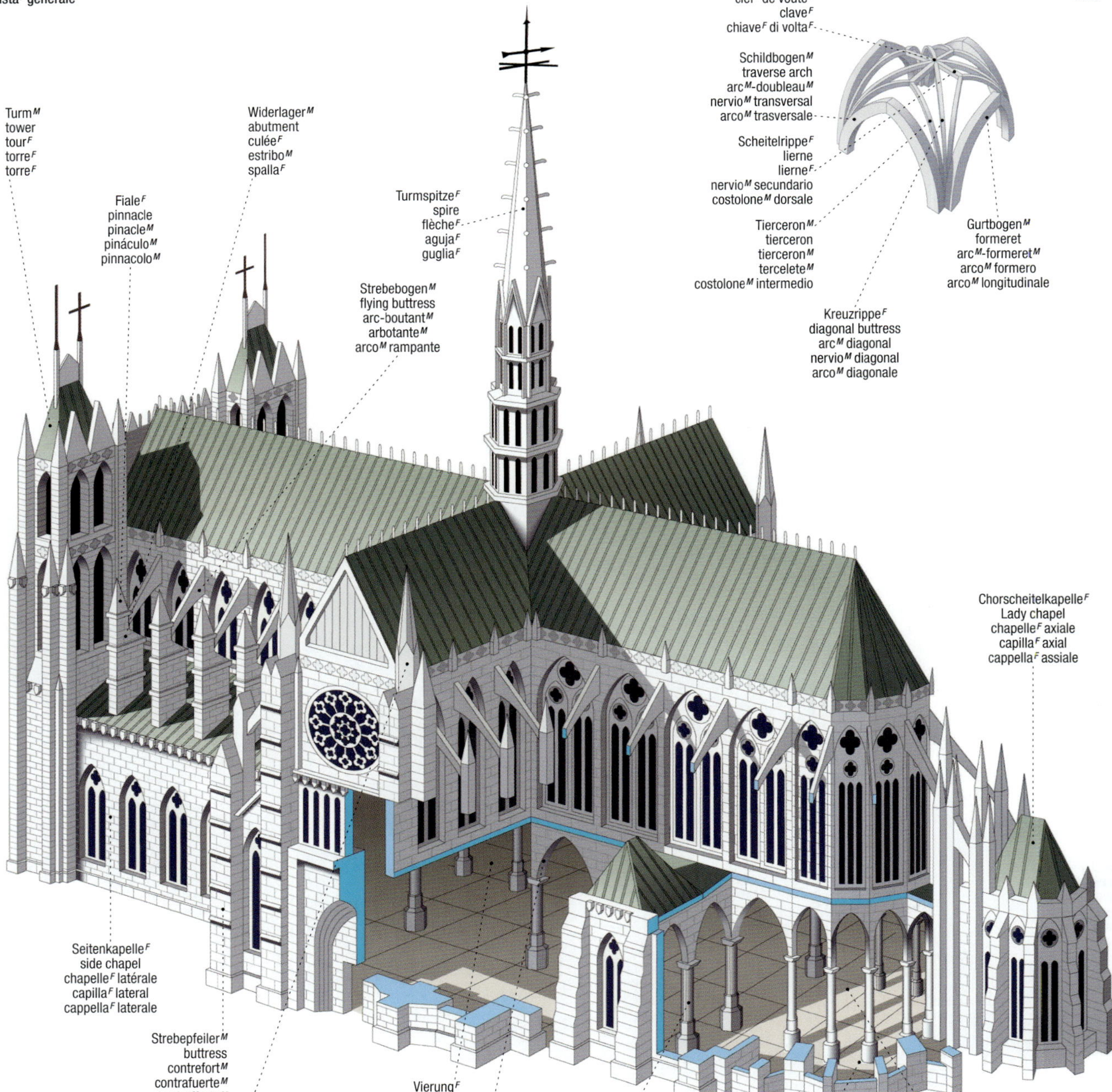

gotischer Dom^{M}

Plan^{M} eines gotischen Doms^{M}
plan of a Gothic cathedral
plan^{M} d'une cathédrale^{F} gothique
plano^{M} de una catedral^{F} gótica
pianta^{F} di una cattedrale^{F} gotica

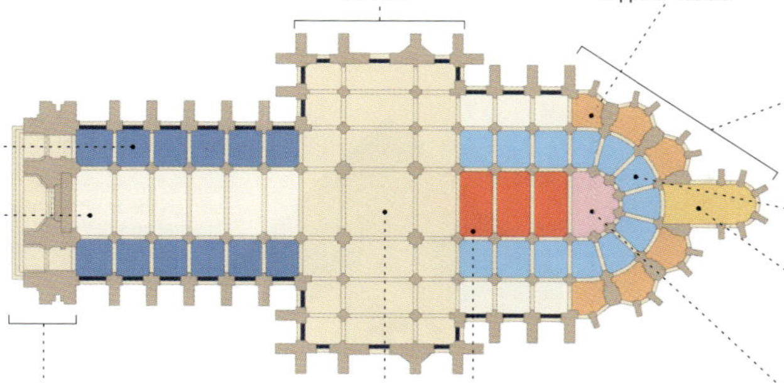

Vorderseite^{F} eines gotischen Doms^{M}
façade of a Gothic cathedral
façade^{F} d'une cathédrale^{F} gothique
fachada^{F} de una catedral^{F} gótica
facciata^{F} di una cattedrale^{F} gotica

romanische Kirche^F

Romanesque church | église^F romane | iglesia^F románica | chiesa^F romanica

Vorderseite^F einer romanischen Kirche^F
façade of a Romanesque church
façade^F d'une église^F romane
fachada^F de una iglesia^F románica
facciata^F di una chiesa^F romanica

Renaissance-Villa^F

Renaissance villa | villa^F Renaissance | casa^F renacentista | villa^F rinascimentale

Vorderseite^F einer Renaissance-Villa^F
façade of a Renaissance villa
façade^F d'une villa^F Renaissance
fachada^F de casa^F renacentista
facciata^F di una villa^F rinascimentale

Barockkirche[F]

Baroque church | église[F] baroque | iglesia[F] barroca | chiesa[F] barocca

Vorderseite[F] einer Barockkirche[F]
façade of a Baroque church
façade[F] d'une église[F] baroque
fachada[F] de una iglesia[F] barroca
facciata[F] di una chiesa[F] barocca

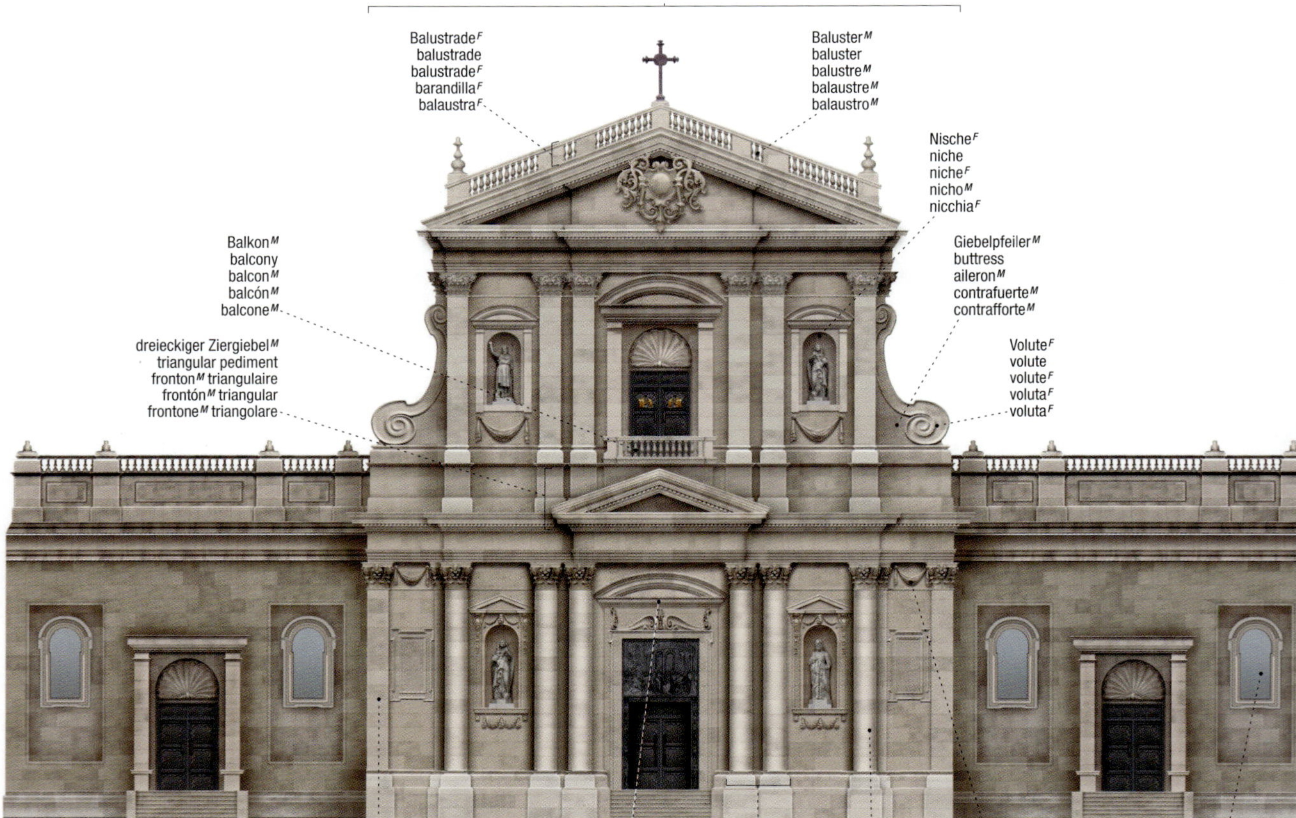

Art-déco-Gebäude^N

art deco building | édifice^M art^M déco | edificio^M art deco | edificio^M Art Déco

Wolkenkratzer^M im Internationalen Stil^M

international style skyscraper | gratte-ciel^M de style^M international | rascacielos^M de estilo^M internacional | gratacielo^M stile^M internazionale

Vorderseite^F eines Wolkenkratzers^M im Internationalen Stil^M
façade of an international style skyscraper
façade^F d'un gratte-ciel^M de style^M international
fachada^F de rascacielos^M de estilo^M internacional
facciata^F di un gratacielo^M stile^M internazionale

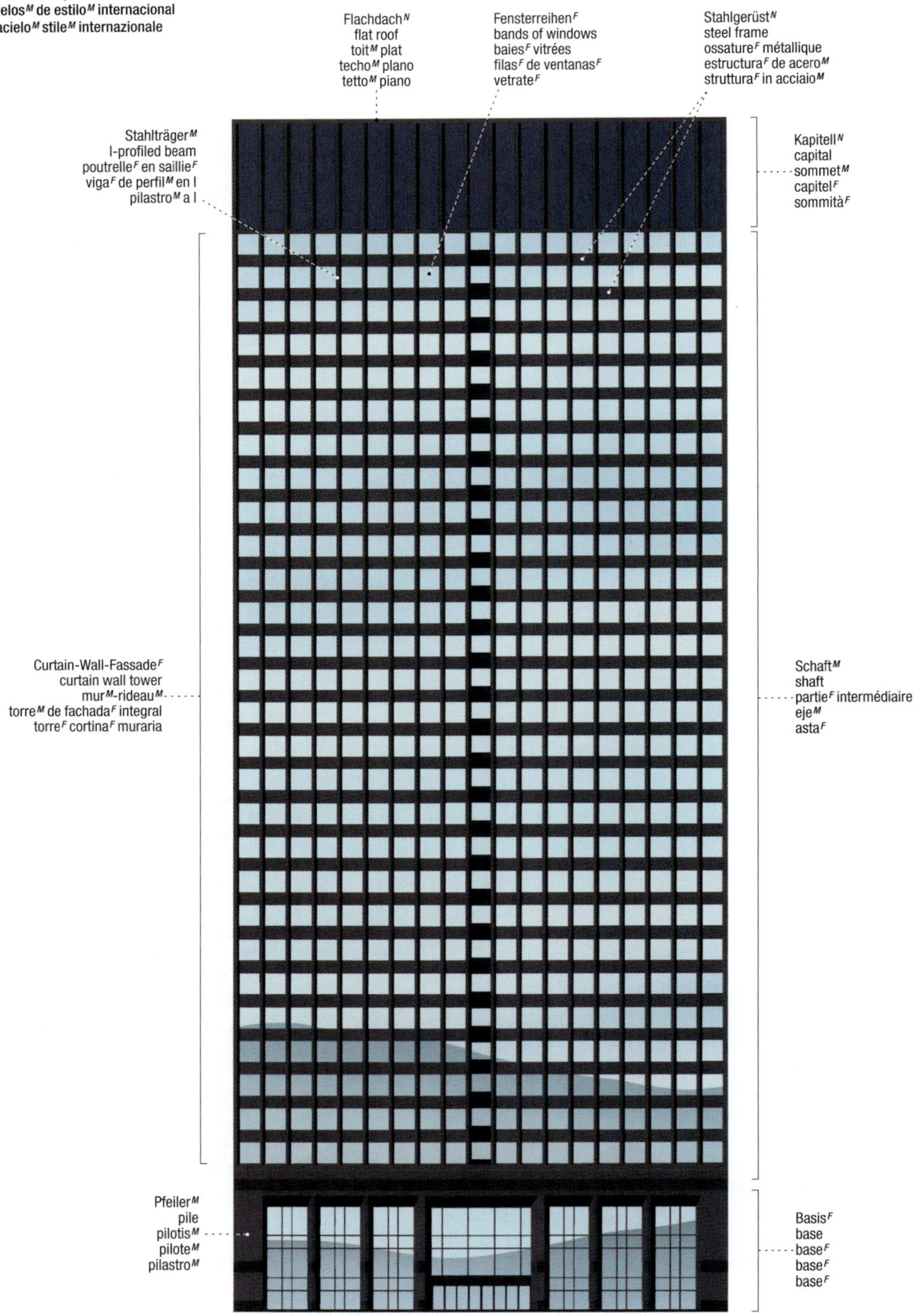

Pagode^{F}

pagoda | pagode^{F} | pagoda^{F} | pagoda^{F}

aztekischer Tempel^{M}

Aztec temple | temple^{M} aztèque | templo^{M} azteca | tempio^{M} azteco

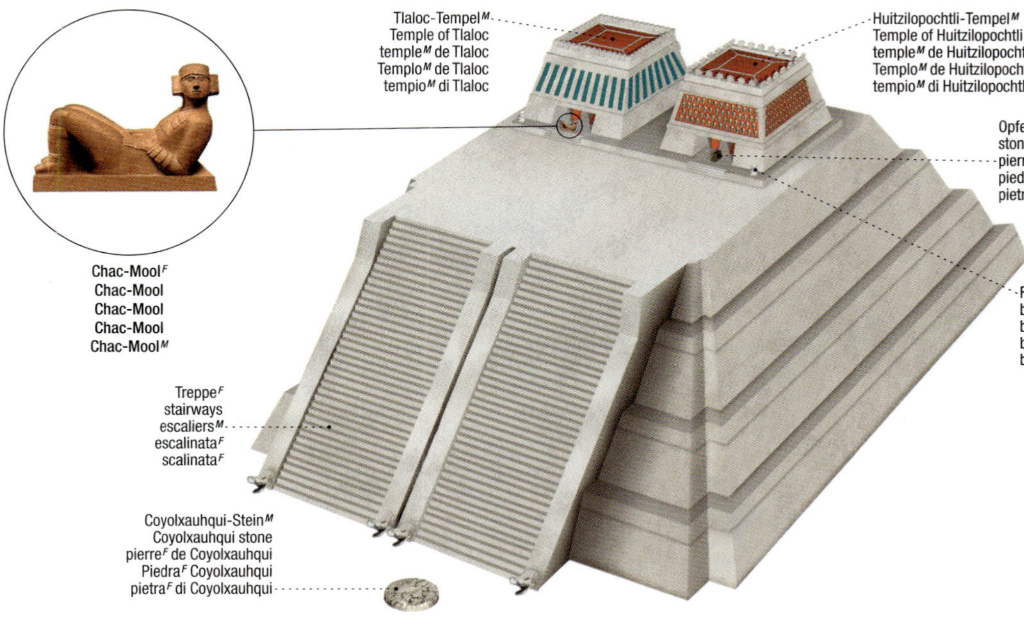

Beispiele[N] für Bögen[M]

examples of arches | exemples[M] d'arcs[M] | ejemplos[M] de arcos[M] | esempi[M] di archi[M]

Rundbogen[M]
semicircular arch
arc[M] en plein cintre[M]
arco[M] de medio punto[M]
arco[M] a tutto sesto

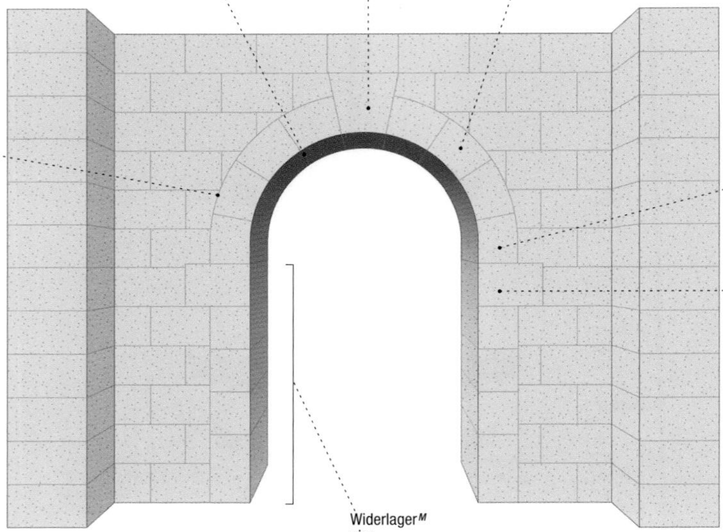

gleichseitiger Spitzbogen[M]
equilateral arch
arc[M] en ogive[F]
arco[M] ojival
arco[M] ogivale

Lanzettbogen[M]
lancet arch
arc[M] en lancette[F]
arco[M] lanceolado
arco[M] a lancetta[F]

Kielbogen[M]
ogee arch
arc[M] en accolade[F]
arco[M] conopial
arco[M] inflesso

Hufeisenbogen[M]
horseshoe arch
arc[M] en fer[M] à cheval[M]
arco[M] de herradura[F]
arco[M] a ferro[M] di cavallo[M]

Korbbogen[M]
basket handle arch
arc[M] surbaissé
arco[M] rebajado
arco[M] ribassato

gestelzter Bogen[M]
stilted arch
arc[M] surhaussé
arco[M] peraltado
arco[M] a sesto[M] rialzato

Tudorbogen[M]
Tudor arch
arc[M] Tudor
arco[M] Tudor
arco[M] Tudor

Kleeblattbogen[M]
trefoil arch
arc[M] trilobé
arco[M] trebolado
arco[M] trilobato

Beispiele^{N} für Türen^{F}

examples of doors | exemples^{M} de portes^{F} | ejemplos^{M} de puertas^{F} | esempi^{M} di porte^{F}

Drehtür^{F}
manual revolving door
porte^{F} à tambour^{M} manuelle
puerta^{F} giratoria manual
porta^{F} girevole manuale

Gehäusedach^{N}
canopy
couronne^{F}
tambor^{M}
cappello^{M}

Flügel^{M}
wing
vantail^{M}
hoja^{F}
battente^{M}

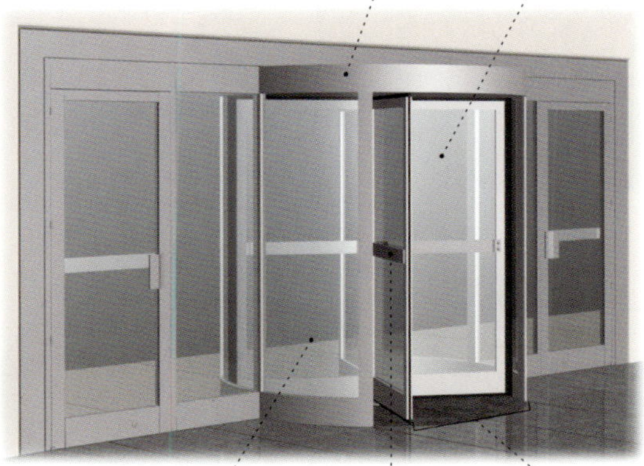

Drehgehäuse^{N}
enclosure
sas^{M}
estructura^{F} interior
alloggiamento^{M}

Handgriff^{M}
push bar
barre^{F} de poussée^{F}
tirador^{M}
maniglia^{F} di spinta^{F}

Zelle^{F}
compartment
compartiment^{M}
compartimiento^{M}
vano^{M}

Bewegungsmelder^{M}
motion detector
détecteur^{M} de mouvement^{M}
sensor^{M} de movimiento^{M}
rilevatore^{M} di movimento^{M}

automatische Schiebetür^{F}
automatic sliding door
porte^{F} coulissante automatique
puerta^{F} corredera automática
porta^{F} scorrevole automatica

Flügel^{M}
wing
vantail^{M}
hoja^{F}
battente^{M}

Drehflügeltür^{F}
conventional door
porte^{F} classique
puerta^{F} convencional
porta^{F} a un battente^{M}

Falttür^{F}
folding door
porte^{F} pliante
puerta^{F} plegable
porta^{F} a libro^{M}

Streifen^{M}
strip
lanière^{F}
tira^{F}
banda^{F}

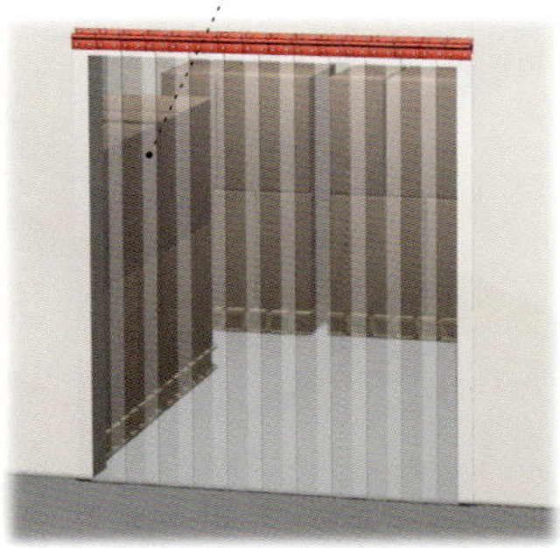

Streifenvorhang^{M}
strip door
porte^{F} à lanières^{F}
puerta^{F} de tiras^{F}
porta^{F} a bande^{F} verticali

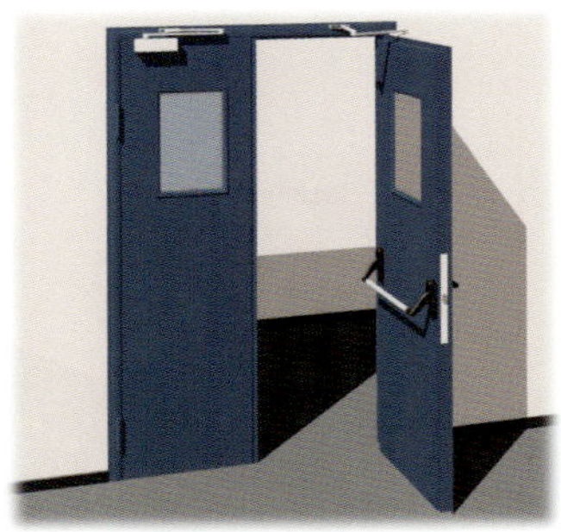

Feuerschutztür^{F}
fire door
porte^{F} coupe-feu^{M}
puerta^{F} cortafuegos
porta^{F} antincendio

Harmonikatür^{F}
concertina-type folding door
porte^{F} accordéon^{M}
puerta^{F} de librillo^{M}
porta^{F} a fisarmonica^{F}

Schiebetür^{F}
sliding door
porte^{F} coulissante
puerta^{F} corredera
porta^{F} scorrevole

Sektionalgaragentor^{N}
sectional garage door
porte^{F} de garage^{M} sectionnelle
puerta^{F} de garaje^{M} seccional
porta^{F} sezionale del garage^{M}

Schwinggaragentor^{N}
up-and-over garage door
porte^{F} de garage^{M} basculante
puerta^{F} basculante de garaje^{M}
porta^{F} basculante del garage^{M}

Beispiele^N für Dächer^N

roofs | exemples^M de toits^M | cubiertas^F | esempi^M di tetti^M

Satteldach^N
pitched roof
toit^M en pente^F
cubierta^F en pendiente^F
tetto^M a capanna^F

steiles Satteldach^N
gable roof
toit^M à pignon^M
cubierta^F de dos aguas^F
tetto^M a ghimberga^F

Walmdach^N
hip roof
toit^M à deux croupes^F
cubierta^F de cuatro aguas^F
tetto^M a padiglione^M

Pultdach^N
lean-to roof
toit^M en appentis^M
cubierta^F de vertiente^F simple
tetto^M a falda^F unica

Flachdach^N
flat roof
toit^M plat
plano^M
tetto^M piano

Dach^N mit Firstlaterne^F
monitor roof
toit^M avec lanterneau^M
cubierta^F de linternilla^F
tetto^M con lucernario^M

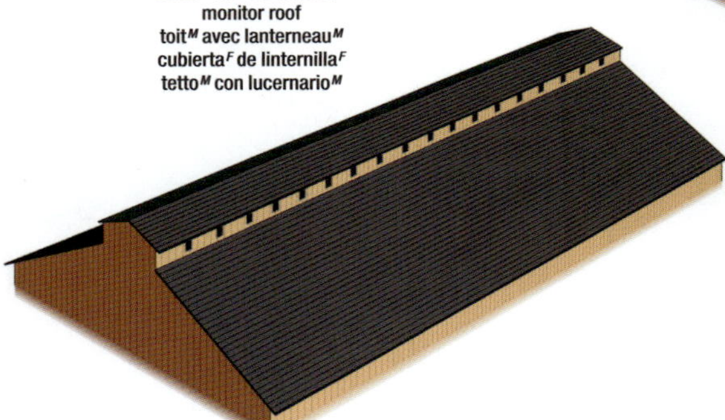

Sheddach^N
sawtooth roof
toit^M à redans^M
cubierta^F en diente^M de sierra^F
tetto^M a shed^M

Kaiserdach^N
imperial roof
toit^M à l'impériale^F
cubierta^F imperial
tetto^M a schifo^M

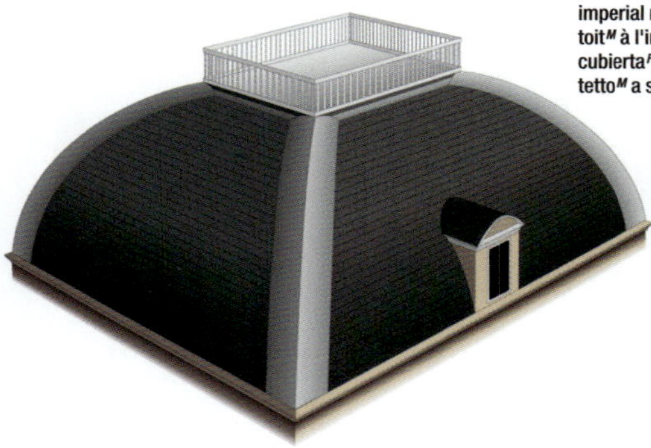

Mansardendach^N
mansard roof
toit^M mansardé
cubierta^F mansarda
tetto^M a mansarda^F

Beispiele[N] für Dächer[N]

Kegeldach[N]
conical broach roof
toit[M] en poivrière[F]
cubierta[F] cónica
tetto[M] a cono[M]

Faltkegeldach[N]
sloped turret
toit[M] à tourelle[F] à pans[M]
cubierta[F] de torrecilla[F]
torretta[F] spiovente

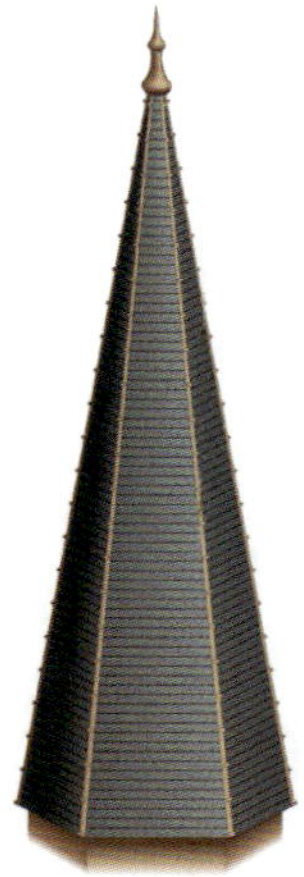

Helmdach[N]
helm roof
toit[M] en flèche[F]
cubierta[F] piramidal
tetto[M] a padiglione[M] da torre[F]

Glockendach[N]
bell roof
toit[M] en coupole[F]
cubierta[F] de cúpula[F] peraltada
cupola[F] ovoide rialzata

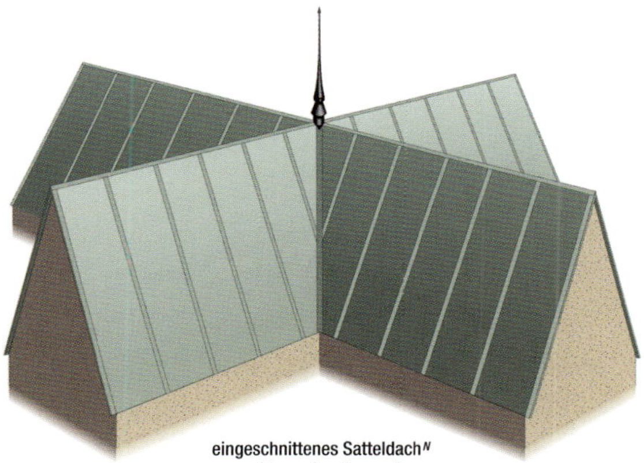

eingeschnittenes Satteldach[N]
gable-and-valley roof
toit[M] à quatre ailes[F]
cubierta[F] de cuatro aguas[F] con canalera[F]
tetto[M] a bracci[M]

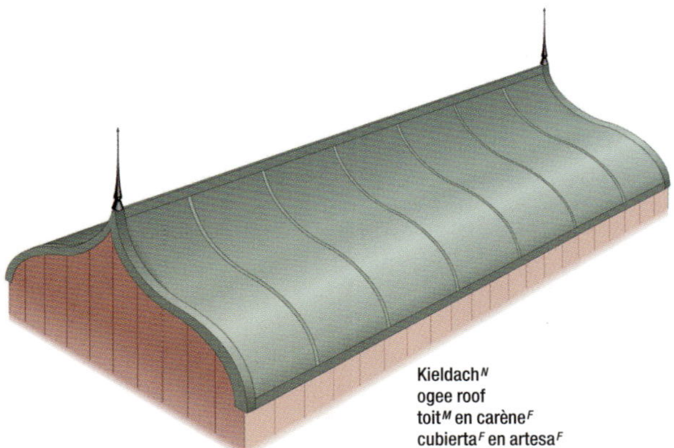

Kieldach[N]
ogee roof
toit[M] en carène[F]
cubierta[F] en artesa[F]
tetto[M] a carena[F]

Kuppeldach[N]
dome roof
toit[M] en dôme[M]
cúpula[F]
cupola[F]

Pyramidendach[N]
rotunda roof
toit[M] en rotonde[F]
cubierta[F] de rotonda[F]
tetto[M] a ombrello[M]

Pavillondach[N]
pavilion roof
toit[M] en pavillon[M]
cubierta[F] de pabellón[M]
tetto[M] a piramide[F]

Beispiele^N für Fenster^N

examples of windows | exemples^M de fenêtres^F | ejemplos^M de ventanas^F | esempi^M di finestre^F

Faltfenster^N
sliding folding window
fenêtre^F en accordéon^M
ventana^F de librillo^M
finestra^F a libro^M

Drehflügel^M nach innen
casement window opening inwards
fenêtre^F à la française^F
ventana^F a la francesa^F
finestra^F a battenti^M con apertura^F all'interno^M

Drehflügel^M nach außen
casement window
fenêtre^F à l'anglaise^F
ventana^F a la inglesa^F
finestra^F a battenti^M

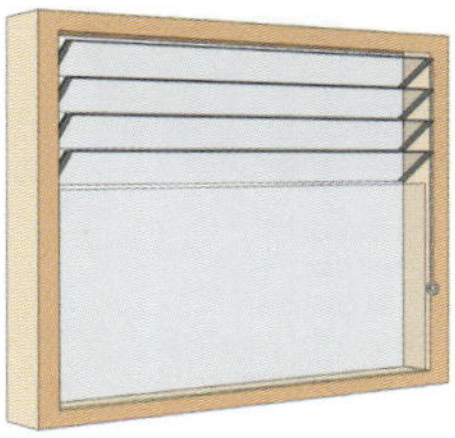

Jalousiefenster^N
louvred window
fenêtre^F à jalousies^F
ventana^F de celosía^F
finestra^F a gelosia^F

horizontales Schiebefenster^N
sliding window
fenêtre^F coulissante
ventana^F corredera
finestra^F scorrevole

vertikales Schiebefenster^N
sash window
fenêtre^F à guillotine^F
ventana^F de guillotina^F
finestra^F a ghigliottina^F

Schwingflügel^M
horizontal pivoting window
fenêtre^F basculante
ventana^F basculante
finestra^F a bilico^M orizzontale

Wendeflügel^M
vertical pivoting window
fenêtre^F pivotante
ventana^F pivotante
finestra^F a bilico^M verticale

Rolltreppe^F

escalator | escalier^M mécanique | escalera^F mecánica | scala^F mobile

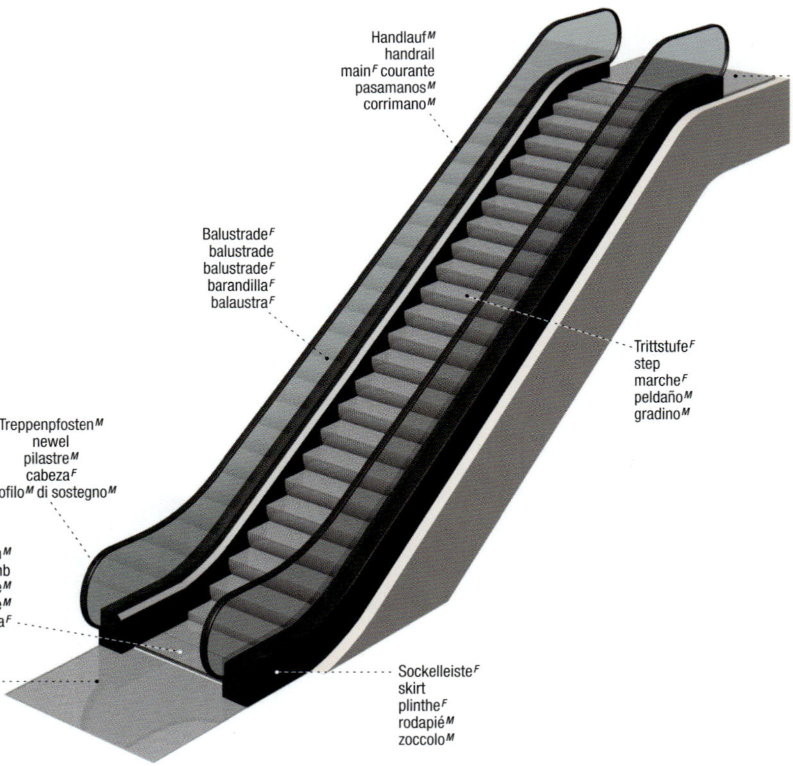

Aufzug[M]

lift | ascenseur[M] | ascensor[M] | ascensore[M]

Funktion[F] eines Aufzugs[M]
elevator mechanism
mécanisme[M] de l'ascenseur[M]
mecanismo[M] del ascensor[M]
meccanismo[M] dell'ascensore[M]

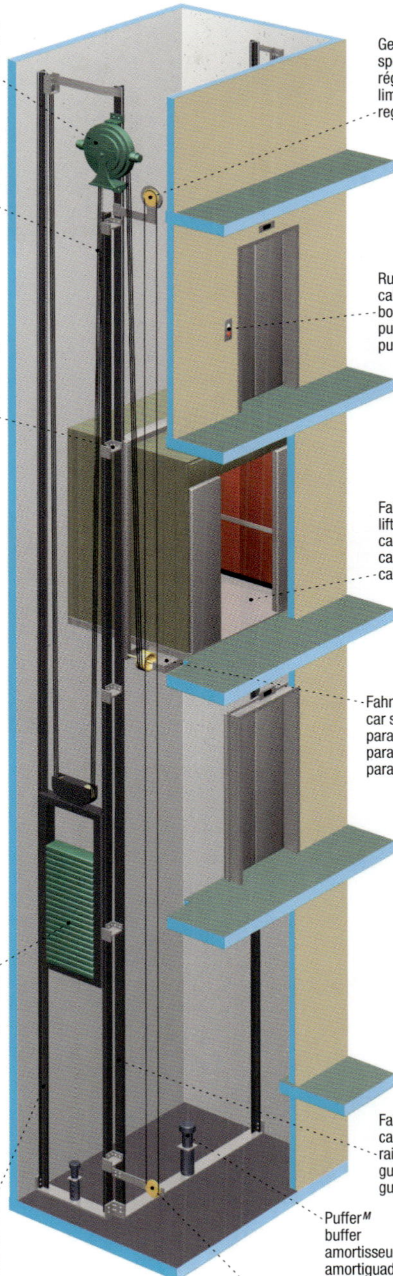

traditionelle Wohnhäuser[N]

traditional dwellings | maisons[F] traditionnelles | viviendas[F] tradicionales | case[F] tradizionali

Iglu[M]
igloo
igloo[M]
iglú[M]
igloo[M]

Jurte[F]
yurt
yourte[F]
yurta[F]
iurta[F]

Strohhütte[F]
(straw) hut
hutte[F]
choza[F] indígena
capanna[F] di paglia[F]

Wigwam[M]
wigwam
wigwam[M]
wigwam[M]
wigwam[M]

Lehmhütte[F]
(mud) hut
case[F]
choza[F]
capanna[F] di fango[M]

Isba[F]
isba
isba[F]
isba[F]
isba[F]

Tipi[N]
tepee
tipi[M]
tipi[M]
tepee[M]

Pfahlbau[M]
pile dwelling
maison[F] sur pilotis[M]
palafito[M]
palafitta[F]

Backsteinhaus[N]
adobe house
maison[F] en adobe[M]
casa[F] de adobes[M]
casa[F] in mattoni[M] cotti

Balken[M]
beam
poutre[F]
viga[F]
trave[F]

Leiter[F]
ladder
échelle[F]
escalera[F]
scala[F]

Häuserformen^{F} in der Stadt^{F}

town houses | maisons^{F} de ville^{F} | viviendas^{F} urbanas | abitazioni^{F} urbane

zweistöckiges Haus^{N}
two-storey house
maison^{F} à étage^{M}
casa^{F} de dos plantas^{F}
casa^{F} a due piani^{M}

einstöckiges Haus^{N}
one-storey-house
maison^{F} de plain-pied^{M}
casa^{F} de una planta^{F}
casa^{F} a un piano^{M}

Doppelhaus^{N}
semi-detached houses
maison^{F} jumelée
casas^{F} pareadas
villetta^{F} bifamiliare

Reihenhaus^{N}
terraced houses
maisons^{F} en rangée^{F}
casas^{F} adosadas
case^{F} a schiera^{F}

Eigentumswohnungen^{F}
freehold flats
appartements^{M} en copropriété^{F}
viviendas^{F} plurifamiliares
palazzo^{M} in condominio^{M}

Wohnblock^{M}
high-rise block
tour^{F} d'habitation^{F}
bloque^{M} de apartamentos^{M}
casatorre^{F}

Museum^N

museum | musée^M | museo^M | museo^M

Gesamtansicht^F
general view
vue^F d'ensemble^M
vista^F general
vista^F generale

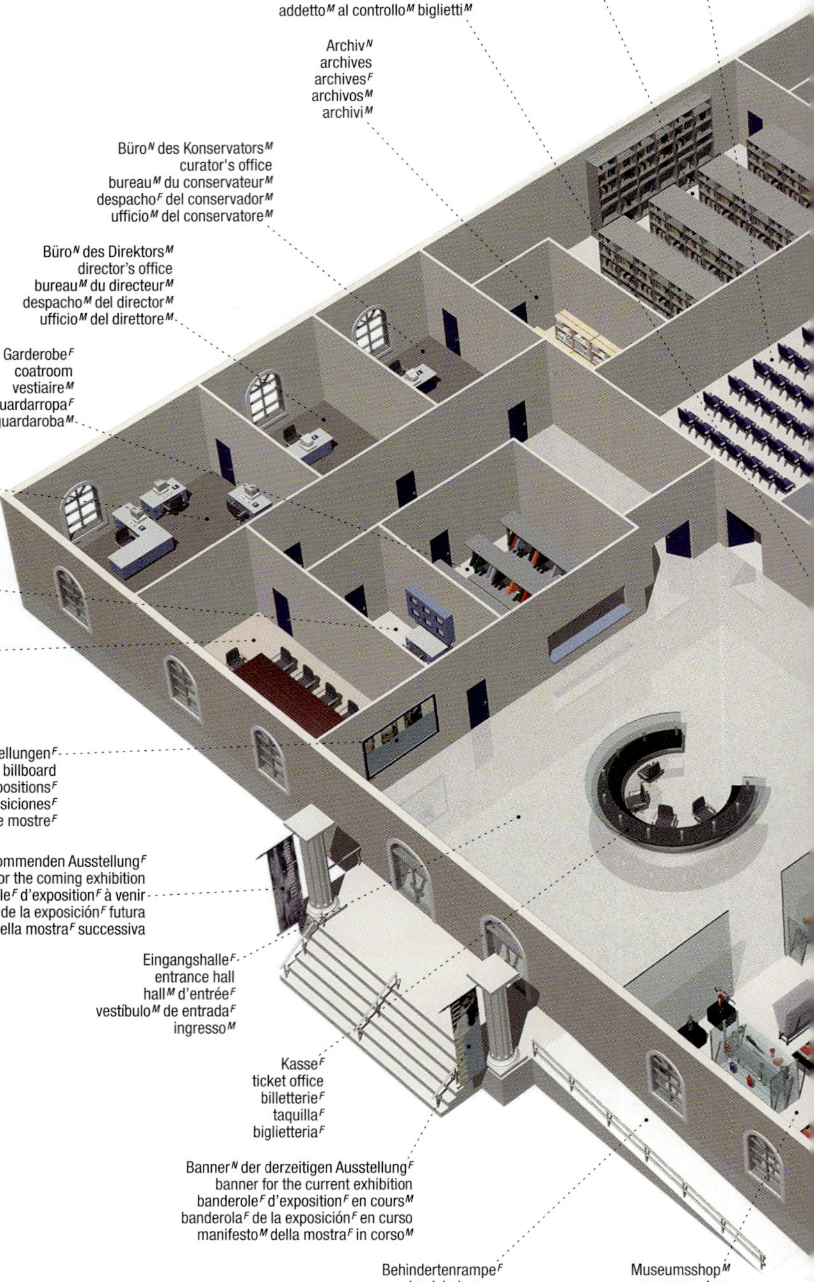

Dokumentationsraum^M
documentation centre
centre^M de documentation^F
centro^M de documentación^F
centro^M di documentazione^F

Hörsaal^M
auditorium
auditorium^M
auditorio^M
auditorium^M

Kartenkontrolleur^M
ticket collector
préposé^M au contrôle^M des billets^M
controlador^M de entradas^F
addetto^M al controllo^M biglietti^M

Archiv^N
archives
archives^F
archivos^M
archivi^M

Büro^N des Konservators^M
curator's office
bureau^M du conservateur^M
despacho^F del conservador^M
ufficio^M del conservatore^M

Büro^N des Direktors^M
director's office
bureau^M du directeur^M
despacho^M del director^M
ufficio^M del direttore^M

Garderobe^F
coatroom
vestiaire^M
guardarropa^F
guardaroba^M

Verwaltung^F
administration
administration^F
administración^F
amministrazione^F

Überwachungsraum^M
control centre
poste^M de surveillance^F
puesto^M de control^M
postazione^F di sorveglianza^F

Sitzungssaal^M
meeting room
salle^F de réunion^F
sala^F de reuniones^F
sala^F riunioni^F

Anschlagtafel^F der Ausstellungen^F
exhibition billboard
tableau^M d'affichage^M des expositions^F
cartelera^F de las exposiciones^F
tabellone^M d'affissione^F delle mostre^F

Banner^N der kommenden Ausstellung^F
banner for the coming exhibition
banderole^F d'exposition^F à venir
banderola^F de la exposición^F futura
manifesto^M della mostra^F successiva

Eingangshalle^F
entrance hall
hall^M d'entrée^F
vestíbulo^M de entrada^F
ingresso^M

Kasse^F
ticket office
billetterie^F
taquilla^F
biglietteria^F

Banner^N der derzeitigen Ausstellung^F
banner for the current exhibition
banderole^F d'exposition^F en cours^M
banderola^F de la exposición^F en curso
manifesto^M della mostra^F in corso^M

Behindertenrampe^F
wheelchair ramp
rampe^F d'accès^M pour fauteuils^M roulants
rampa^F para sillas^F de ruedas^F
rampa^F per sedie^F a rotelle^F

Museumsshop^M
museum shop
boutique^F du musée^M
tienda^F del museo^M
negozio^M del museo^M

Audioführer^M
audioguide
audioguide^M
audioguía^F
audioguida^F

KUNST UND ARCHITEKTUR

Museum[N]

Entladerampe[F]
unloading dock
quai[M] de déchargement[M]
muelle[M] de carga[F]
banchina[F] di scarico[M]

Annahmebereich[M]
receiving area
aire[F] de réception[F]
área[F] de recepción[F]
area[F] di ricevimento[M]

Konservierungslabor[N]
conservation laboratory
laboratoire[M] de conservation[F]
laboratorio[M] de conservación[F]
laboratorio[M] di conservazione[F]

Überwachungskamera[F]
surveillance camera
caméra[F] de surveillance[F]
cámara[F] de vigilancia[F]
telecamera[F] di sorveglianza[F]

Skulptur[F]
sculpture
sculpture[F]
escultura[F]
scultura[F]

interaktive Terminals[N]
interactive terminals
bornes[F] interactives
terminales[M] interactivos
terminali[M] interattivi

Installation[F]
installation work
installation[F]
instalación[F]
installazione[F]

Wanderausstellungsräume[M]
temporary exhibition rooms
salles[F] d'expositions[F] temporaires
salas[F] de exposición[F] temporal
stanze[F] della mostra[F] temporanea

Gemälde[N]
painting
tableau[M]
pintura[F]
quadro[M]

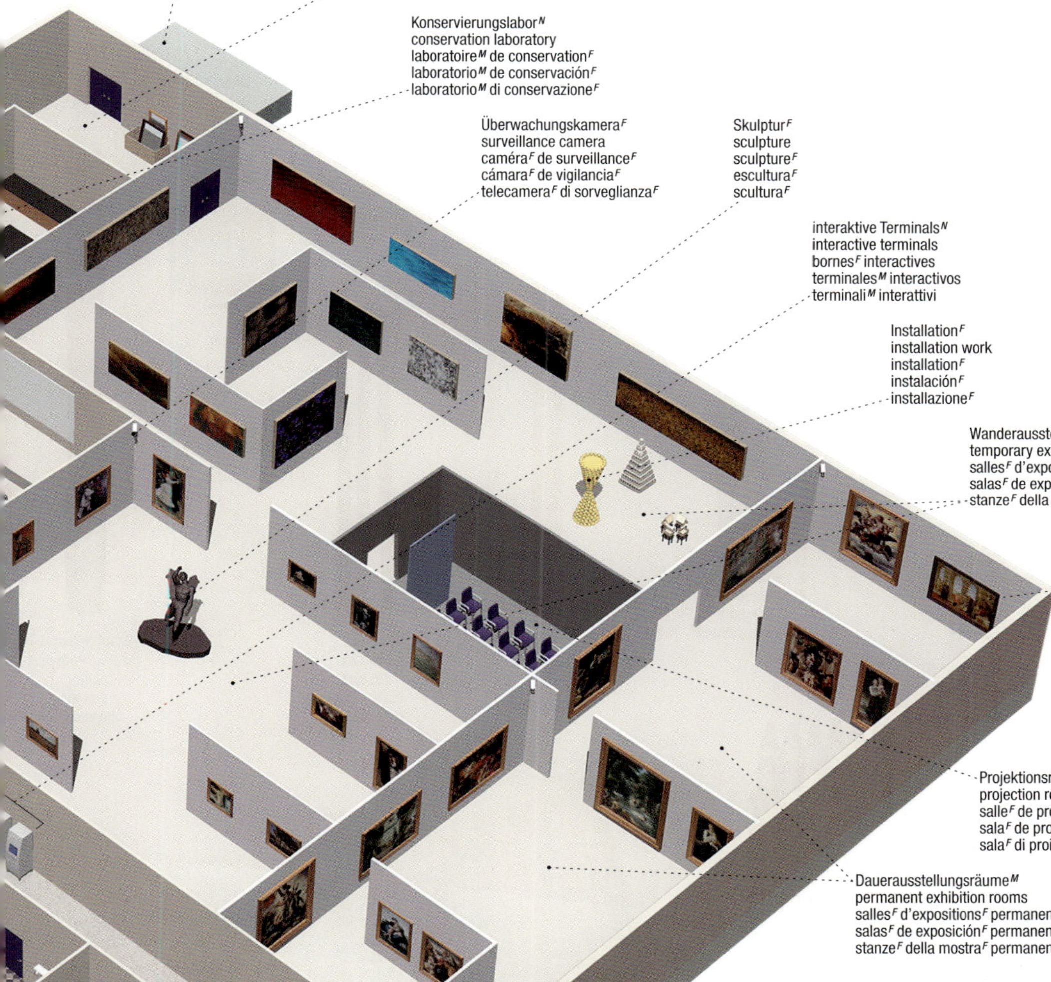
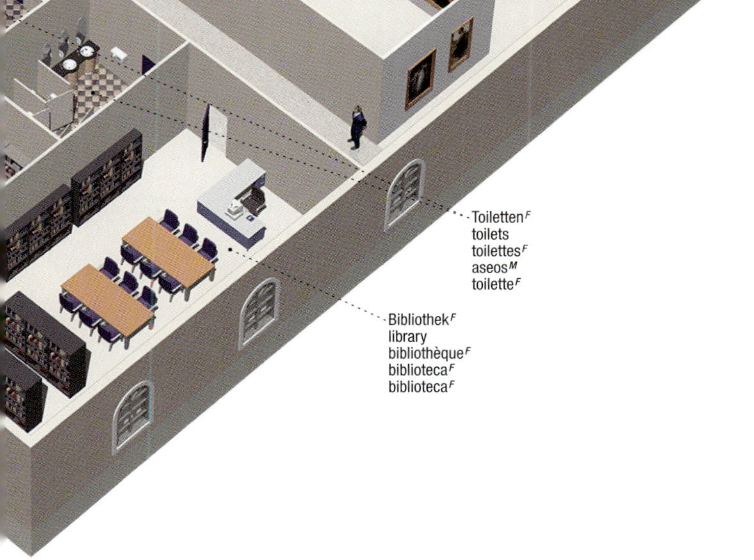

Projektionsraum[M]
projection room
salle[F] de projection[F]
sala[F] de proyección[F]
sala[F] di proiezione[F]

Dauerausstellungsräume[M]
permanent exhibition rooms
salles[F] d'expositions[F] permanentes
salas[F] de exposición[F] permanente
stanze[F] della mostra[F] permanente

Toiletten[F]
toilets
toilettes[F]
aseos[M]
toilette[F]

Bibliothek[F]
library
bibliothèque[F]
biblioteca[F]
biblioteca[F]

Rahmen[M]
frame
cadre[M]
marco[M]
cornice[F]

Gemälde[N]
painting
tableau[M]
pintura[F]
quadro[M]

Beschreibung[F]
label
cartel[M]
etiqueta[F]
etichetta[F]

Malen[N] und Zeichnen[N]

painting and drawing | peinture[F] et dessin[M] | pintura[F] y dibujo[M] | disegno[M] e pittura[F]

Zeichenutensilien[F]
drawing materials
matériel[M] de dessin[M]
material[M] de dibujo[M]
strumenti[M] da disegno[M]

roter Ockerstift[M]
red ochre pencil
sanguine[F]
sanguina[F]
matita[F] di ematite[F]

Conté-Stift[M]
Conté crayon
crayon[M] Conté
carboncillo[M] conté
gesso[M]

Wischer[M]
stump
estompe[F]
estaca[F]
piolo[M]

Marker[M]
marker pen
marqueur[M]
marcador[M]
evidenziatore[M]

Filzstift[M]
felt-tip pen
feutre[M]
rotulador[M]
pennarello[M]

Tinte[F]
ink
encre[F]
tinta[F] china
inchiostro[M]

Kohle[F]
charcoal
fusain[M]
carboncillo[M]
carboncino[M]

Graphosfeder[F]
reservoir-nib pen
plume[F]
pluma[F]
pennino[M]

Ölpastell[N]
oil pastel
pastels[M] gras
pastel[M] al óleo[M]
pastelli[M] a olio[M]

Wachsfarbstifte[M]
wax crayons
crayons[M] de cire[F]
ceras[F]
pastelli[M] a cera[F]

Pastell[N]
soft pastel
pastels[M] secs
pastel[M]
pastelli[M] morbidi

Buntstifte[M]
colouring pencils
crayons[M] de couleur[F]
lápices[M] de colores[M]
matite[F] colorate

Malen^{N} und Zeichnen^{N}

Malerutensilien^{F}
painting materials
matériel^{M} de peinture^{F}
material^{M} de pintura^{F}
materiale^{M} di pittura^{F}

Palette^{F} mit Palettstecker^{M}
palette with dipper
palette^{F} avec godet^{M}
paleta^{F} con tarrito^{M}
tavolozza^{F} con vasetto^{M}

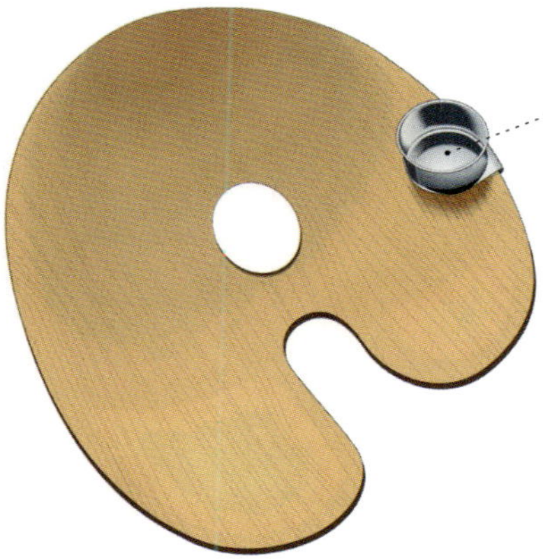

Palettstecker^{M}
dipper
godet^{M}
tarrito^{M} para pincel^{M}
vasetto^{M}

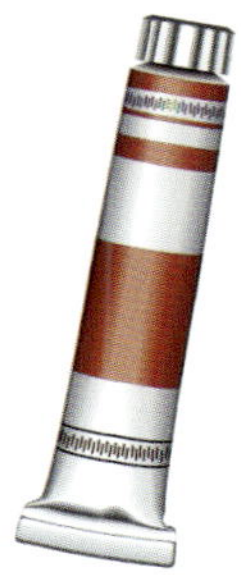

Ölfarbe^{F}
oil paint
couleur^{F} à l'huile^{F}
óleo^{M}
colore^{M} a olio^{M}

Tube^{F} mit Aquarellfarbe^{F}/Gouachefarbe^{F}
watercolour/gouache tube
tube^{M} d'aquarelle^{F}/gouache^{F}
tubo^{M} de acuarela^{F}/de guache^{M}
tubo^{M} d'acquerello^{M}/guazzo^{M}

Näpfchen^{N} mit Aquarellfarbe^{F}/Gouachefarbe^{F}
watercolour/gouache cakes
pastilles^{F} d'aquarelle^{F}/gouache^{F}
pastillas^{F} de acuarela^{F}/de guaches^{M}
pastiglie^{F} d'acquerello^{M}/guazzo^{M}

Palette^{F} mit Vertiefungen^{F}
palette with hollows
palette^{F} à alvéoles^{F}
paleta^{F} con huecos^{M} para pintura^{F}
tavolozza^{F} con vaschette^{F}

Pinsel^{M}
brush
pinceau^{M}
pincel^{M}
pennello^{M}

Japanpinsel^{M}
sumi-e brush
pinceau^{M} à sumi-e^{M}
sumie^{M}
pennello^{M} sumi-e

Flachpinsel^{M}
flat brush
brosse^{F}
pincel^{M} plano
pennello^{M} piatto^{M}

Fächerpinsel^{M}
fan brush
brosse^{F} éventail^{M}
brocha^{F}
pennello^{M} a ventaglio^{M}

Malspachtel^{M}
painting knife
couteau^{M} à peindre
cuchillo^{M} paleta^{F}
mestichino^{M}

Palettenmesser^{N}
palette knife
couteau^{M} à palette^{F}
espátula^{F}
spatola^{M}

Malen^N und Zeichnen^N

verschiedenes Zubehör^N
miscellaneous accessories
accessoires^M divers
accesorios^M diversos
accessori^M vari

Farbtafel^F
colour chart
nuancier^M
gama^F de colores^M
tabella^F dei colori^M

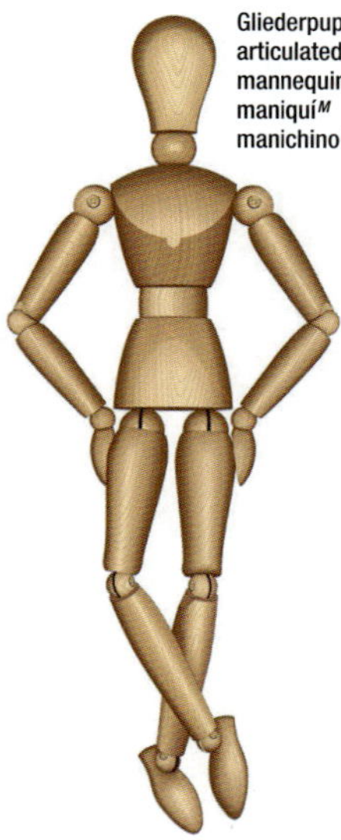
Gliederpuppe^F
articulated mannequin
mannequin^M articulé
maniquí^M
manichino^M snodabile

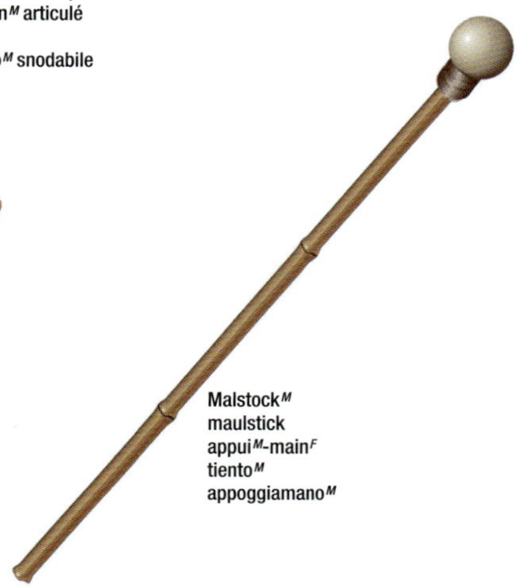
Malstock^M
maulstick
appui^M-main^F
tiento^M
appoggiamano^M

Staffelei^F
easel
chevalet^M
caballete^M
cavalletto^M

Malen^{N} und Zeichnen^{N}

Spritzpistole^{F}
airbrush
aérographe^{M}
aerógrafo^{M}
aerografo^{M}

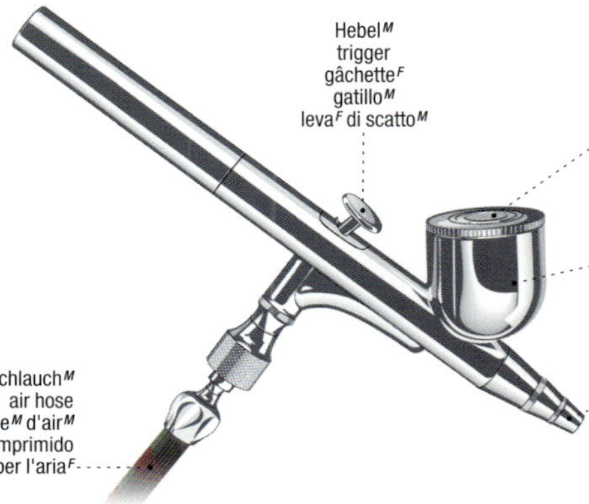

Spritzpistole^{F} im Querschnitt^{M}
section of an airbrush
coupe^{F} d'un aérographe^{M}
corte^{M} de un aerógrafo^{F}
sezione^{F} di un aerografo^{M}

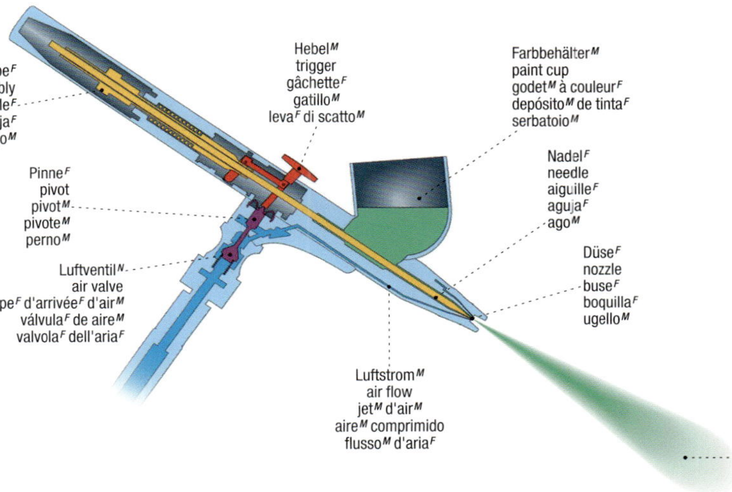

Hilfsmittel^{N}
useful liquids
liquides^{M} d'appoint^{M}
líquidos^{M} accesorios
liquidi^{M} utilizzabili

Malen[N] und Zeichnen[N]

Farbkreis[M]
colour circle
cercle[M] des couleurs[F]
círculo[M] de los colores[M]
cerchio[M] dei colori[M]

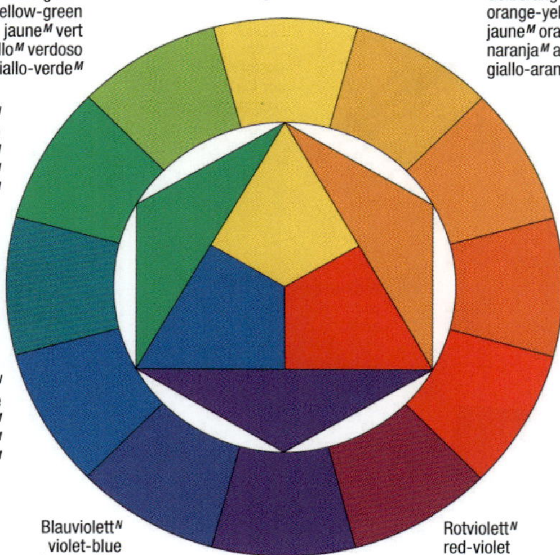

Gelb[N]
yellow
jaune[M]
amarillo[M]
giallo[M]

Gelborange[N]
orange-yellow
jaune[M] orangé
naranja[M] amarillento
giallo-arancio[M]

Orange[N]
orange
orange[M]
naranja[M]
arancio[M]

Rotorange[N]
orange-red
rouge[M] orangé
naranja[M] rojizo
rosso-arancio[M]

Rot[N]
red
rouge[M]
rojo[M]
rosso[M]

Rotviolett[N]
red-violet
rouge[M] violet
rojo[M] violeta
rosso-viola[M]

Violett[N]
violet
violet[M]
violeta[M]
viola[M]

Blauviolett[N]
violet-blue
bleu[M] violet
azul violeta[M]
blu-viola[M]

Blau[N]
blue
bleu[M]
azul[M]
blu[M]

Blaugrün[N]
blue-green
bleu[M] vert
azul[M] verdoso
blu-verde[M]

Grün[N]
green
vert[M]
verde[M]
verde[M]

Gelbgrün[N]
yellow-green
jaune[M] vert
amarillo[M] verdoso
giallo-verde[M]

Farben[F] erster Ordnung[F]
primary colours
couleurs[F] primaires
colores[M] primarios
colori[M] primari

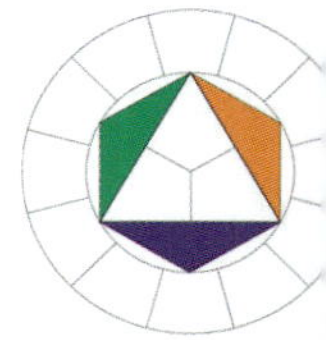

Farben[F] zweiter Ordnun
secondary colours
couleurs[F] secondaire
colores[M] secundarios
colori[M] secondari

Farben[F] dritter Ordnung[F]
tertiary colours
couleurs[F] tertiaires
colores[M] terciarios
colori[M] terziari

die wichtigsten Techniken[F]
principal techniques
principales techniques[F]
técnicas[F] principales
tecniche[F] principali

Gouache[F]
gouache
gouache[F]
guache[M]
pittura[F] a guazzo[M]

Aquarell[N]
watercolour
aquarelle[F]
acuarela[F]
acquerello[M]

Ölmalerei[F]
oil painting
peinture[F] à l'huile[F]
pintura[F] al óleo[M]
pittura[F] a olio[M]

Kohlezeichnung[F]
charcoal drawing
dessin[M] au fusain[M]
dibujo[M] al carboncillo[M]
disegno[M] a carboncino[M]

Tuschezeichnung[F]
ink drawing
dessin[M] à l'encre[F]
dibujo[M] de tinta[F] china
disegno[M] a inchiostro[M]

Wachsmalerei[F]
wax crayon drawing
dessin[M] au crayon[M] de cire[F]
dibujo[M] a la cera[F]
disegno[M] a pastelli[M] a cera[F]

Buntstiftzeichnung[F]
coloured pencil drawing
dessin[M] au crayon[M] de couleur[F]
dibujo[M] de lápices[M] de colores[M]
disegno[M] a matite[F] colorate

Ölpastell[N]
oil pastel drawing
dessin[M] au pastel[M] gras
pintura[F] al pastel[M] al óleo[M]
disegno[M] a pastelli[M] a olio[M]

Trockenpastell[N]
soft pastel drawing
dessin[M] au pastel[M] sec
pintura[F] al pastel[M] blando
disegno[M] a pastelli[M] secchi

Filzstiftzeichnung[F]
felt-tip pen drawing
dessin[M] au feutre[M]
pintura[F] con rotuladores[M]
disegno[M] a pennarelli[M]

Malen[N] und Zeichnen[N]

wichtigste Unterlagen[F]
main supports
principaux supports[M]
soportes[M] principales
supporti[M] principali

Platte[F]
panel
panneau[M]
tabla[F]
pannello[M]

Leinwand[F]
canvas
toile[F]
lienzo[M]
tela[F]

Malpappe[F]
cardboard
carton[M]
cartón[M]
cartoncino[M]

Papier[N]
paper
papier[M]
papel[M]
carta[F]

Malerei[F]: Beispiele[N] für Stile[M]
painting: examples of styles
peinture[F] : exemples[M] de styles[M]
pintura[F]: ejemplos[M] de estilos[M]
pittura[F]: esempi[M] di stile[M]

Barock[M]
Baroque
baroque[M]
barroco[M]
barocco[M]

Klassizismus[M]
classicism
classicisme[M]
clasicismo[M]
classicismo[M]

Malen^N und Zeichnen^N

Malerei^F: Beispiele^N für Stile^M

Impressionismus^M
impressionism
impressionnisme^M
impresionismo^M
impressionismo^M

Expressionismus^M
expressionism
expressionnisme^M
expresionismo^M
espressionismo^M

Kubismus^M
cubism
cubisme^M
cubismo^M
cubismo^M

abstrakte Kunst^F
abstract art
art^M abstrait
arte^M abstracto
arte^F astratta

Naive Kunst^F
naive art
art^M naïf
naïf^M
arte^F naive

Realismus^M
realism
réalisme^M
realismo^M
realismo^M

Holzschnitzerei^F

wood carving | sculpture^F sur bois^M | talla^F en madera^F | scultura^F in legno^M

Schritte^M
steps
étapes^F
etapas^F
fasi^F

Zeichnen^N
drawing
traçage^M
diseño^M
tracciatura^F

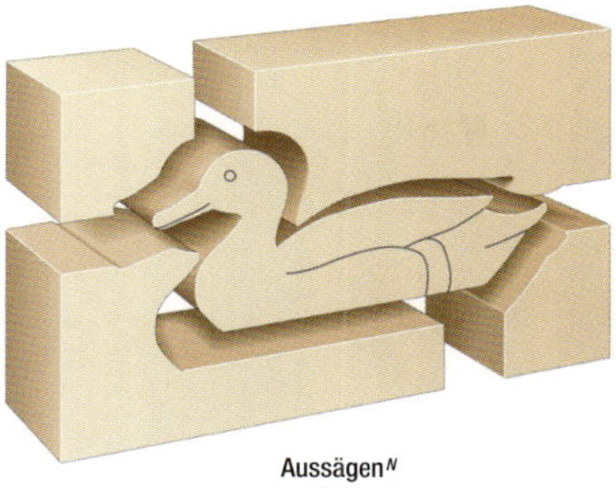

Aussägen^N
roughing out
dégrossissage^M
desbaste^M
sgrossatura^F

Schnitzen^N
carving
sculpture^F
talla^F
intaglio^M

Herausarbeiten^N
finishing
finition^F
acabado^M
finitura^F

Beispiele^N für Schnitzerwerkzeuge^N
examples of carving tools
exemples^M d'outils^M de sculpture^F
ejemplos^M de herramientas^F para tallar
strumenti^M di scultura^F

gerades Balleisen^N
firmer chisel
fermoir^M
formón^M
unghia^F

Messer^N
knife
couteau^M
cuchillo^M de contornear
coltello^M

gerades Hohleisen^N
burin
burin^M
escoplo^M redondo
bulino^M

Riffelfeile^F
riffler
rifloir^M
bruñidor^M con rascador^M
lima^F curva^F

Kasteneisen^N
U-shaped chisel
fluteroni^M
escoplo^M de acanalar
sgorbia^F diritta

gebogenes Hohleisen^N
macaroni
macaroni^M
escoplo^M de macarrón^M
sgorbia^F incurvata

Hohlbeitel^M
gouge
gouge^F
gubia^F
sgorbia^F

Raspel^F
rasp
râpe^F
escofina^F
raspa^F

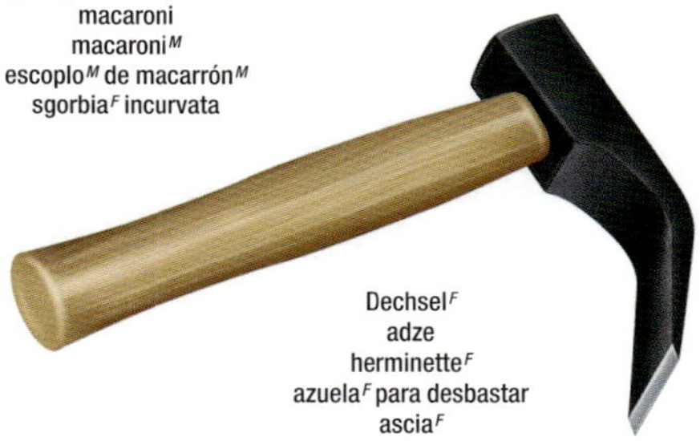

Dechsel^F
adze
herminette^F
azuela^F para desbastar
ascia^F

die wichtigsten Schnitzeisen^N
principal types of carving blade
principales formes^F de lames^F
principales tipos^M de cuchillas^F
tipi^M principali di lame^F

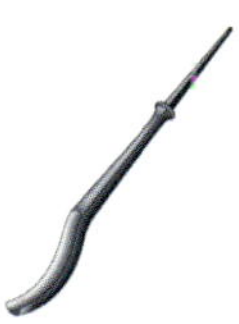

Löffeleisen^N
spoon blade
lame^F en cuiller^F
cuchara^F
lama^F a cucchiaio^M

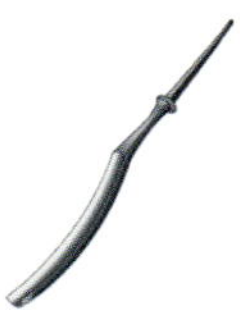

gebogenes Eisen^N
bent blade
lame^F coudée
curvada
lama^F ricurva

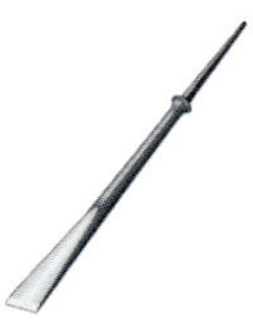

Eisen^N mit zwei schrägen Seiten^F
blade with two bevelled edges
lame^F à deux biseaux^M
escoplo^M
lama^F smussata

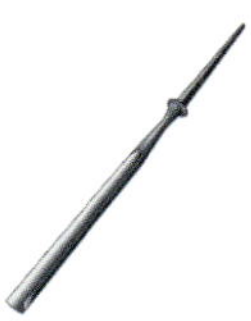

gerades Eisen^N
straight blade
lame^F droite
plana
lama^F diritta

Schnitzereizubehör^N
carving accessories
accessoires^M de sculpture^F
accesorios^M para tallar
accessori^M di scultura^F

Bock^M
stand
sellette^F
taburete^M
trespolo^M

Schnitzbankschraube^F
carver's bench screw
queue^F-de-cochon^M
tornillo^M de banco^M
vite^F di banco^M da scultore^M

Prägung^F und Muster^N
punch and pattern
poinçon^M et fond^M
punteo^M
punzone^M e motivo^M

Schlägel^M
mallet
maillet^M
mazo^M
mazzuolo^M

Drucken^{N}

printing | impression^{F} | impresión^{F} | stampa^{F}

Hochdruck^{M}
relief printing
impression^{F} en relief^{M}
impresión^{F} en relieve^{M}
stampa^{F} in rilievo^{M}

Tiefdruck^{M}
intaglio printing
impression^{F} en creux^{M}
huecograbado^{M}
stampa^{F} in cavo^{M}

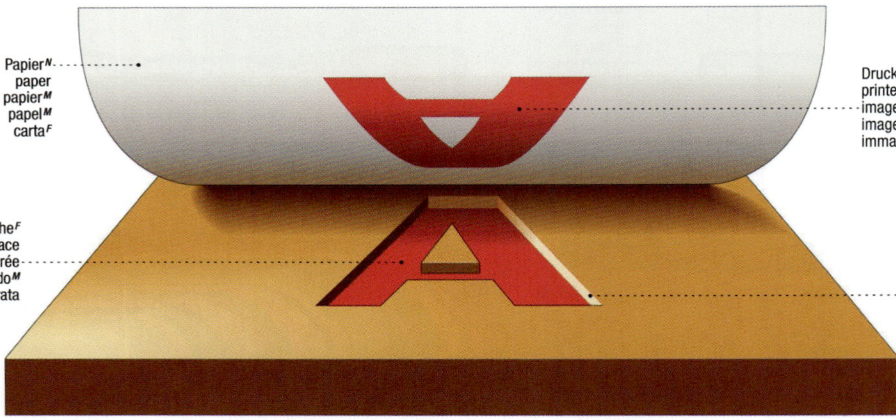

Lithografie^{F}
lithographic printing
impression^{F} à plat^{M}
impresión^{F} litográfica
litografia^{F}

Hochdruckverfahren[N]

relief printing process | gravure[F] en relief[M] | impresión[F] en relieve[M] | metodo[M] di stampa[F] in rilievo[M]

Ausstattung[F]
equipment
matériel[M]
equipo[M]
attrezzatura[F]

Schlägel[M]
mallet
maillet[M]
maza[F]
mazzuolo[M]

Rundeisen[N]
U-shaped gouge
gouge[F] creuse
gubia[F]
sgorbia[F] a U

Geißfuß[M]
V-shaped gouge
gouge[F] en V[M]
cincel[M] de rincón[M]
sgorbia[F] a V

Beitel[M]
chisel
ciseau[M]
escoplo[M]
scalpello[M]

gerades Hohleisen[N]
burin
burin[M]
buril[M]
bulino[M]

Messer[N]
knife
canif[M]
cuchillo[M] de contornear
coltello[M]

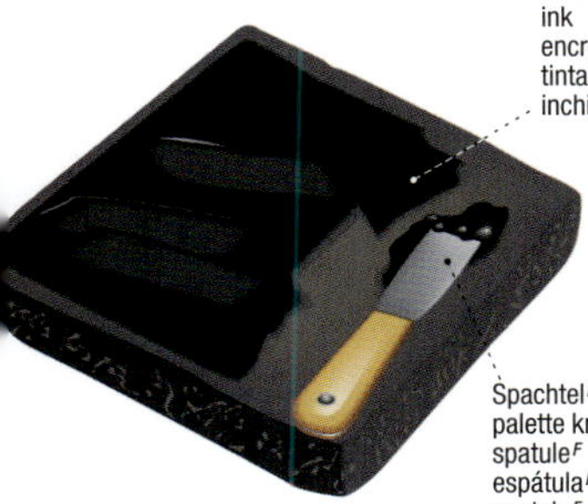

Farbstein[M]
inking slab
marbre[M]
plancha[F] de entintado[M]
lastra[F] inchiostratrice

Farbe[F]
ink
encre[F]
tinta[F]
inchiostro[M]

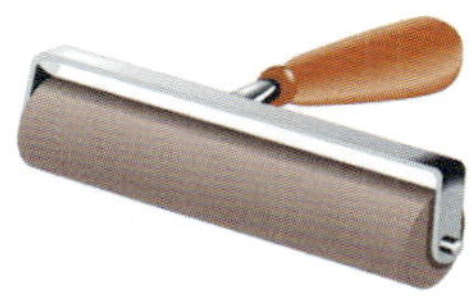

Farbwalze[F]
ink roller
rouleau[M] d'encrage[M]
rodillo[M] entintador
rullo[M] inchiostratore

Baren[M]
baren
baren[M]
frotador[M]
tampone[M]

Andruckpresse[F]
proof press
presse[F] à épreuves[F]
prensa[F] de pruebas[F]
tirabozze[M]

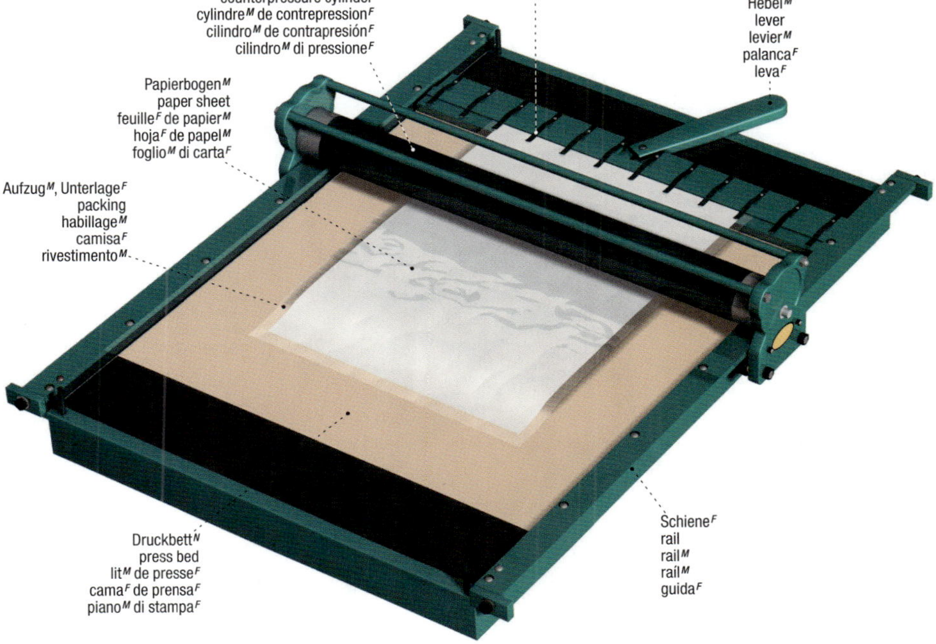

Holzstock[M]
woodcut
gravure[F] sur bois[M] de fil[M]
bloque[M] de madera[F] grabado
xilografia[F] di filo[M]

Holzschnitt[M]
wood engraving
gravure[F] sur bois[M] debout
bloque[M] de madera[F] para grabar
xilografia[F] di testa[F]

Tiefdruckverfahren^{N}

intaglio printing process | gravure^{F} en creux^{M} | impresión^{F} en huecograbado^{M} | metodo^{M} di stampa^{F} in cavo^{M}

Ausstattung^{F}
equipment
matériel^{M}
equipo^{M}
attrezzatura^{F}

Pinsel^{M}
brush
pinceau^{M}
bruza^{F}
pennello^{M}

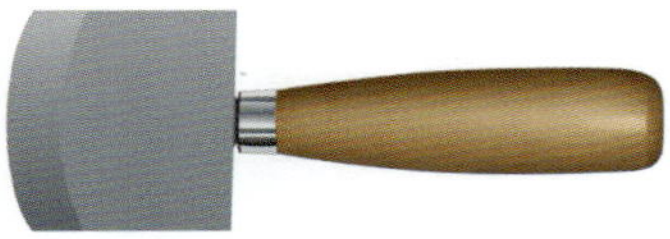

Wiegestahl^{M}
rocking tool
berceau^{M}
graneador^{M}
rocker^{M}

Roulette^{F}
roulette
roulette^{F}
ruedecilla^{F}
roulette^{F}

Kupferplatte^{F}
copperplate
plaque^{F} de cuivre^{M}
placa^{F} de cobre^{M}
lastra^{F} di rame^{M}

Kaltnadel^{F}
etching point
pointe^{F} à graver
punto^{M} de grabado^{M}
punto^{M} di intaglio^{M}

Polierstahl^{M}
burnisher
brunissoir^{M}
bruñidor^{M}
brunitoio^{M}

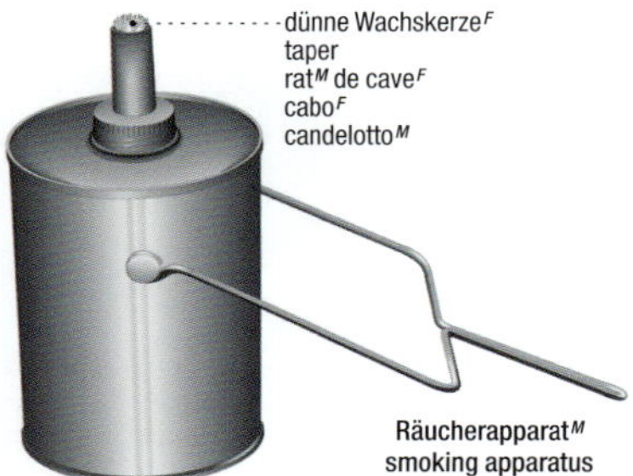

Räucherapparat^{M}
smoking apparatus
enfumoir^{M}
ahumador^{M}
bruciatore^{M}

Plattenhalter^{M}
hand vice
étau^{M}
pinza^{F}
morsetto^{M} a mano^{F}

Schaber^{M}
scraper
ébarboir^{M}
rascador^{M}
raschietto^{M}

Tampon^{M}
dabber
tampon^{M}
tampón^{M}
tampone^{M}

Tarlatan^{M}
tarlatan
tarlatane^{F}
tarlatana^{M}
tarlatana^{F}

Zylinderdruckpresse^{F}
etching press
presse^{F} à taille-douce^{F}
prensa^{F} de aguafuerte^{F}
torchio^{M} di stampa^{F} a due cilindri^{M}

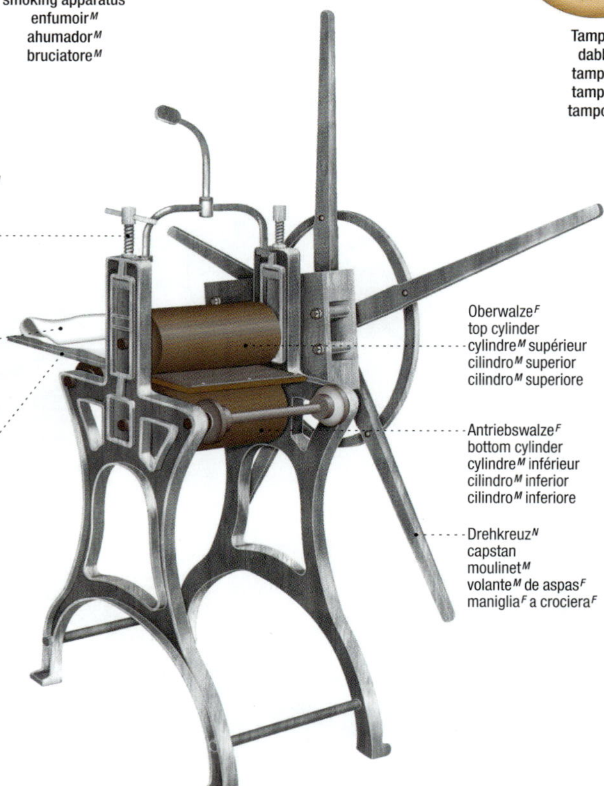

Ölstein^{M}
oilstone
pierre^{F} à aiguiser
piedra^{F} al aceite^{M}
pietra^{F} da cote^{F}

Lackwalze^{F}
varnish roller
rouleau^{M} à vernir
rodillo^{M} para barnizar
rullo^{M} per verniciare

Lithografie[F]

lithography | lithographie[F] | litografía[F] | litografia[F]

Ausstattung[F]
equipment
matériel[M]
equipo[M]
attrezzatura[F]

Lithostift[M]
litho pencil
crayon[M] lithographique
lápiz[M] litográfico
matita[F] litografica

Graviernadel[F]
dry point
pointe[F] à graver
punta[F] seca
puntasecca[F]

Bimsstein-Korrekturstift[M]
pumice correcting pencil
crayon[M] de pierre[F] ponce
lápiz[M] corrector de piedra[F] pómez
matita[F] correttrice di pomice[F]

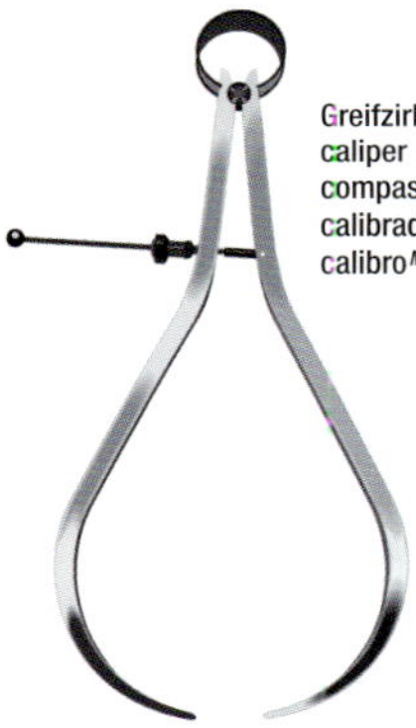

Greifzirkel[M]
caliper
compas[M] d'épaisseur[F]
calibrador[M]
calibro[M]

Lithokreide[F]
litho crayon
bâton[M] de craie[F]
carboncillo[M] litográfico
pastello[M] litografico

lithografische Tusche[F]
lithographic tusche
encre[F] lithographique
tinta[F] litográfica
inchiostro[M] litografico

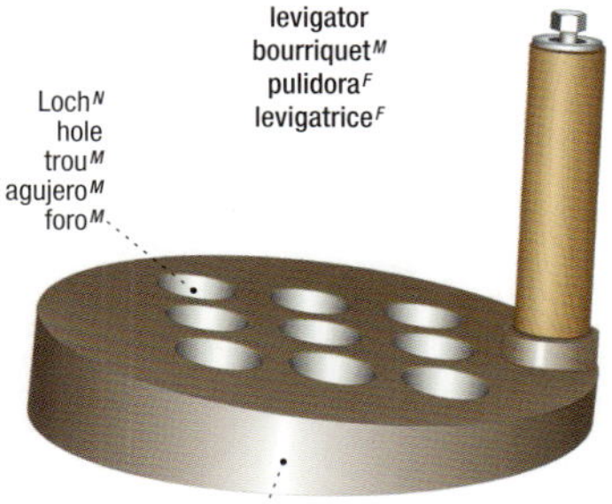

Schleifscheibe[F]
levigator
bourriquet[M]
pulidora[F]
levigatrice[F]

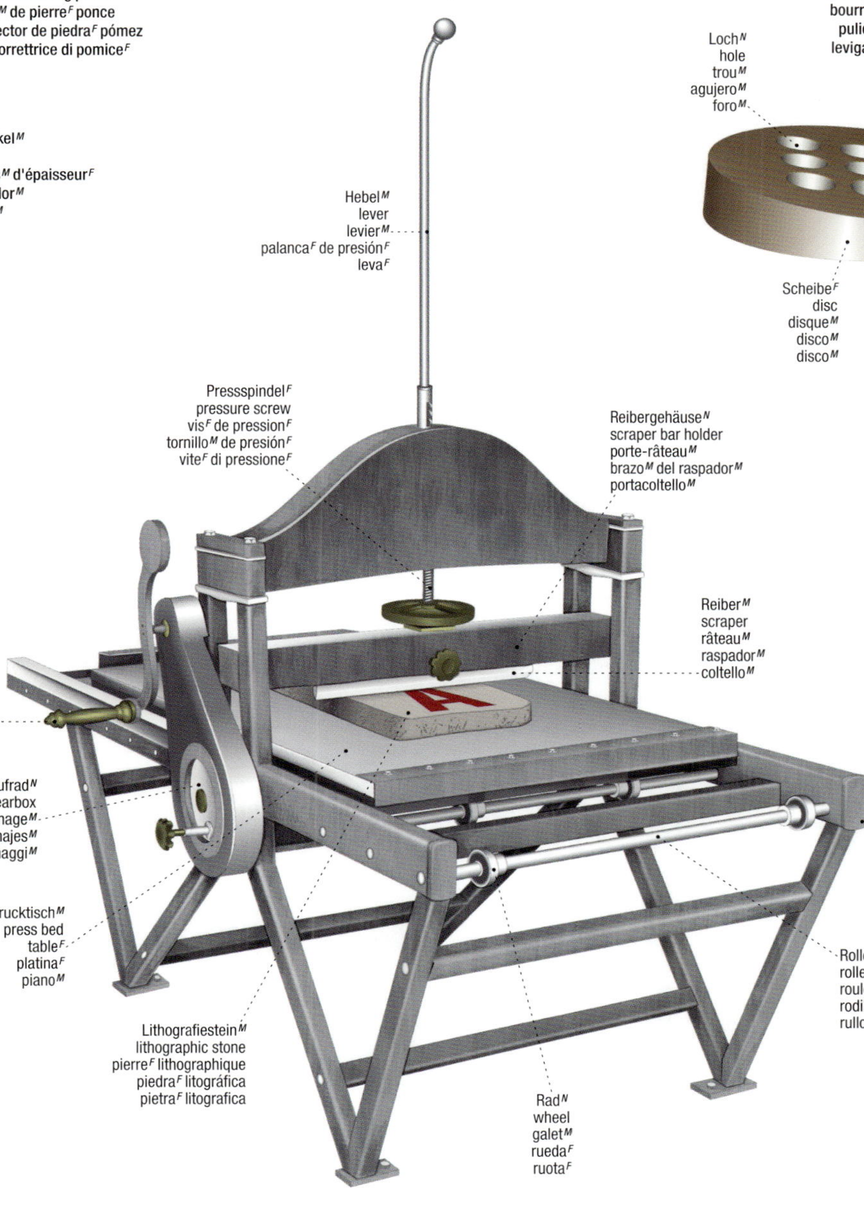

Steindruckpresse[F]
lithographic press
presse[F] lithographique
prensa[F] litográfica
torchio[M] litografico

Siebdruck[M]

screen printing | sérigraphie[F] | impresión[F] de pantalla[F] | serigrafia[F]

Utensilien[F]
equipment
matériel[M]
equipo[M]
attrezzatura[F]

Fotoemulsion[F]
photo emulsion
émulsion[F] photosensible
emulsión[F] fotográfica
emulsione[F] fotosensibile

Schablone[F]
stencil
typon[M]
matriz[F]
stencil[M]

Quetschwalze[F]
squeegee
racle[F] d'impression[F]
escobilla[F] para secar
prosciugatoio[M]

Siebdrucktinte[F]
screen printing ink
encre[F] sérigraphique
tinta[F] de impresión[F] en pantalla[F]
inchiostro[M] serigrafico

Sensibilisator[M]
sensitizer
sensibilisateur[M]
sensibilizante[M]
sensibilizzatore[M]

Siebdruckrahmen[M]
silk screen frame
écran[M] sérigraphique
marco[M] de pantalla[F] de seda[F]
schermo[M] serigrafico

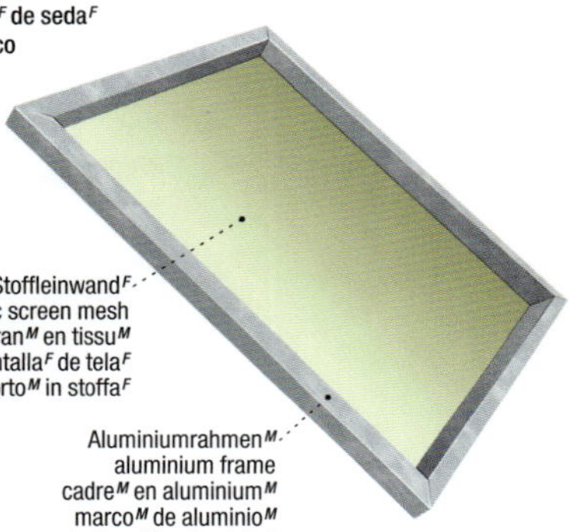

Stoffleinwand[F]
fabric screen mesh
écran[M] en tissu[M]
malla[F] de pantalla[F] de tela[F]
supporto[M] in stoffa[F]

Aluminiumrahmen[M]
aluminium frame
cadre[M] en aluminium[M]
marco[M] de aluminio[M]
struttura[F] in alluminio[M]

Textildruckpre
textile printing p
carrousel[M] d'impression[F] te
prensa[F] de impresión[F]
pressa[F] tipografica in tess

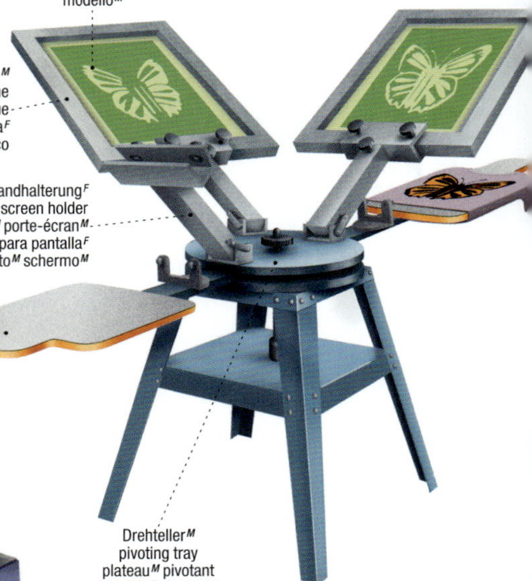

Druckmotiv[N]
design
modèle[M]
diseño[M]
modello[M]

Siebdruckrahmen[M]
silk screen frame
écran[M] sérigraphique
marco[M] de pantalla[F] de seda[F]
schermo[M] serigrafico

Leinwandhalterung[F]
screen holder
bras[M] porte-écran[M]
soporte[M] para pantalla[F]
supporto[M] schermo[M]

abnehmbare Ablage[F]
removable pallet
jeannette[F] amovible
palé[M] extraíble
pallet[M] rimovibile

Drehteller[M]
pivoting tray
plateau[M] pivotant
bandeja[F] pivotante
vassoio[M] girevole

Hohlwalze[F]
scoop coater
raclette[F] creuse
aplicador[M] de emulsiones[F]
spatola[F] serigrafica

Vakuum-Siebdrucktisch[M]
vacuum printing table
table[F] d'impression[F] à base[F] aspirante
tabla[F] de impresión[F] en vacío[M]
tavolo[M] di stampa[F] aspirante

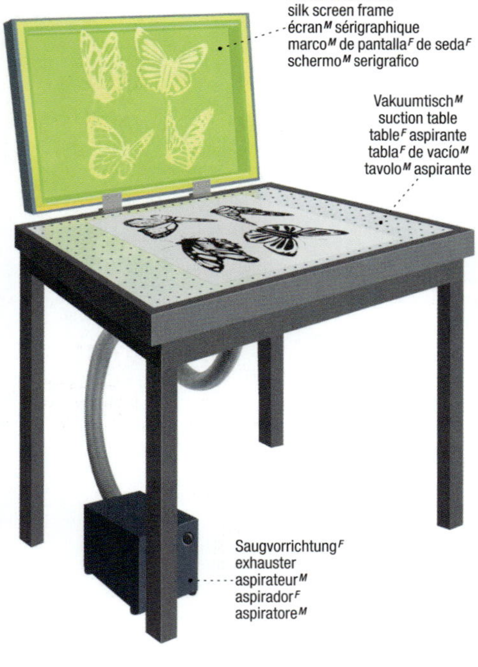

Siebdruckrahmen[M]
silk screen frame
écran[M] sérigraphique
marco[M] de pantalla[F] de seda[F]
schermo[M] serigrafico

Vakuumtisch[M]
suction table
table[F] aspirante
tabla[F] de vacío[M]
tavolo[M] aspirante

Saugvorrichtung[F]
exhauster
aspirateur[M]
aspirador[F]
aspiratore[M]

Belichtungstisch[M]
exposure table
table[F] d'exposition[F]
tabla[F] de exposición[F]
tavolo[M] d'esposizione[F]

Gummideckel[M]
rubber lid
couvercle[M] en caoutchouc[M]
tapa[F] de caucho[M]
coperchio[M] in gomma[F]

transparente Arbeitsfläche[F]
transparent working surface
verre[M] transparent
superficie[F] de trabajo[M] transparente
superficie[F] di lavoro[M] trasparente

Leuchtstoffröhre[F]
fluorescent lamp
tube[M] fluorescent
luz[F] fluorescente
lampada[F] fluorescente

Saugvorrichtung[F]
exhauster
aspirateur[M]
aspirador[F]
aspiratore[M]

Handbuchbinderei[F]

fine bookbinding | reliure[F] d'art[M] | encuadernación[F] a mano[F] | rilegatura[F] a mano[F]

Zusammentragen[N]
gathering
plaçure[F]
cosido[M]
raccolta[F]

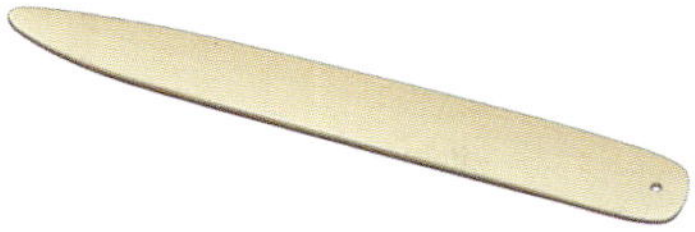

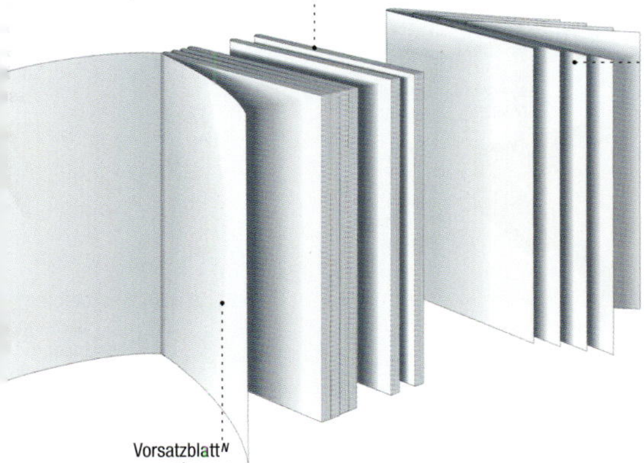

Einsägen[N]
sawing-in
grecquage[M]
ensamblaje[M] a espiga[F]
grecaggio[M]

Schneiden[N]
trimming
ébarbage[M]
guillotina[F]
rifilatura[F]

Pappschere[F]
board cutter
cisaille[F]
cizalla[F]
taglierina[F]

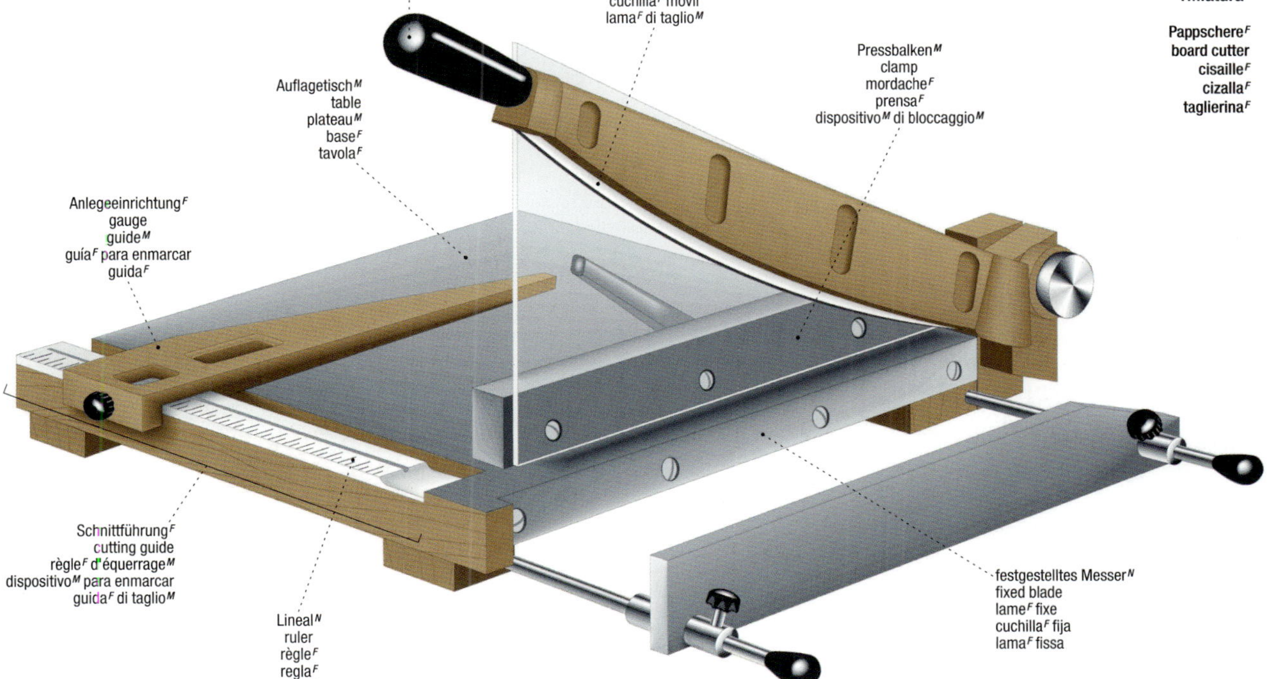

Handbuchbinderei^{F}

Heften^{N}
sewing
couture^{F}
encuadernación^{F} en rústica^{F}
cucitura^{F}

Heftlade^{F}
sewing frame
cousoir^{M}
bastidor^{M} de coser
telaio^{M} di cucitura^{F}

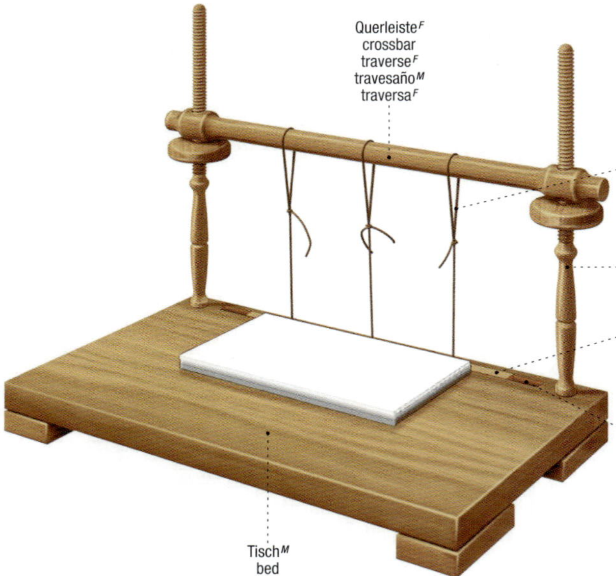

Pressen^{N}
pressing
mise^{F} en presse^{F}
prensa^{F}
pressatura^{F}

Stockpresse^{F}
standing press
presse^{F} à percussion^{F}
prensa^{F} de tornillo^{M}
pressa^{F} verticale

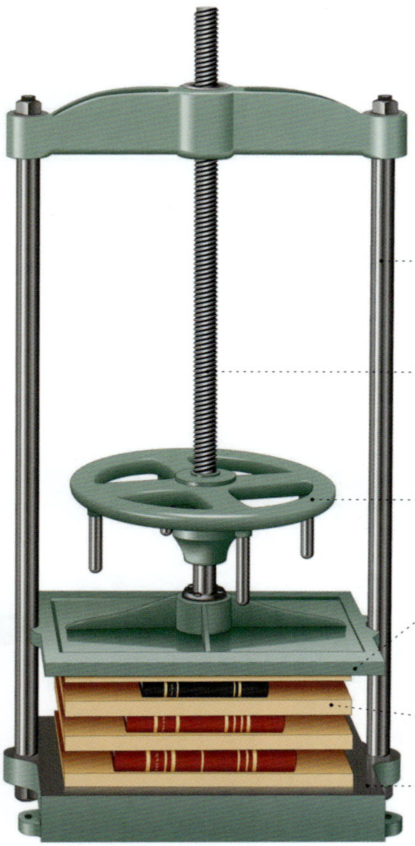

Buchrückenbearbeitung^{F}
backing
endossure^{F}
enlomado^{M}
indorsatura^{F}

Buchrückenpresse^{F}
backing press
étau^{M} à endosser
prensa^{F} de cajos^{M}
pressa^{F} per indorsatura^{F}

Hammer^{M} zum Rundklopfen^{N}
backing hammer
marteau^{M} à endosser
martillo^{M} de encuadernador^{M}
martello^{M} da rilegatore^{M}

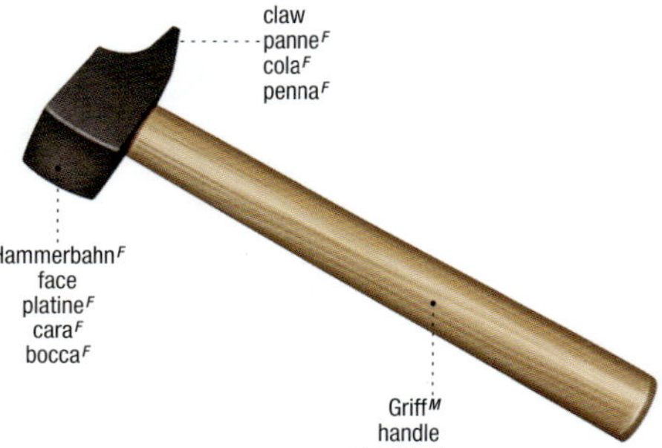

Handbuchbinderei^F

Einbinden^N
covering
couvrure^F
cubierta^F
rivestimento^M

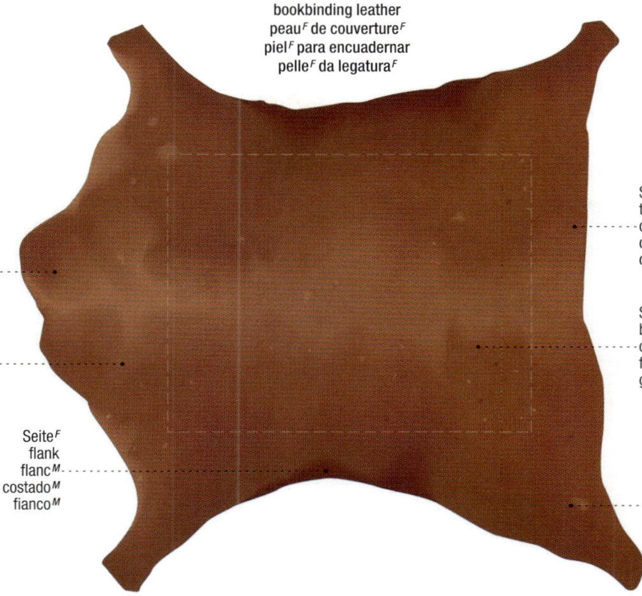

gebundenes Buch^N
bound book
livre^M relié
libro^M encuadernado
libro^M rilegato

Theater[N]

theatre | salle[F] de spectacle[M] | teatro[M] | teatro[M]

Gesamtansicht[F]
general view
vue[F] d'ensemble[M]
vista[F] general
vista[F] generale

Theater[N]

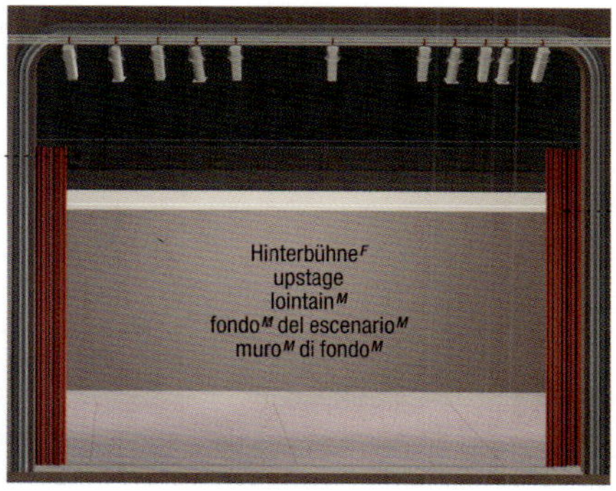
Bühne[F]
stage
scène[F]
escenario[M]
palcoscenico[M]
Rampenlicht[N]
footlights
rampe[F]
proyectores[M]
ponte[M] luce[F]
Soffitte[F]
border
frise[F]
reborde[M]
cieletto[M]
Hinterbühne[F]
upstage
lointain[M]
fondo[M] del escenario[M]
muro[M] di fondo[M]
Hauptvorhang[M]
stage curtain
rideau[M] de scène[F]
telón[M] de boca[F]
sipario[M]
rechts
prompt side
côté[M] jardin[M]
derecha[F] del actor[M]
lato[M] di sinistra[F]
links
opposite prompt side
côté[M] cour[F]
derecha[F] del espectador[M]
lato[M] di destra[F]

Scheinwerfer[M]
spotlights
projecteurs[M]
focos[M]
proiettori[M]
Akustikdecke[F]
acoustic ceiling
plafond[M] acoustique
techo[M] acústico
soffitto[M] acustico
Regieraum[M]
control room
régie[F]
cabina[F] de control[M]
cabina[F] di regia[F]
Bar[F]
bar
bar[M]
bar[M]
bar[M]
Foyers[N]
foyers
foyers[M]
foyer[M]
foyer[M]
Treppe[F]
stair
escalier[M]
escaleras[F]
scala[F]
Zuschauerraum[M]
house
salle[F]
sala[F]
sala[F]
Garderobe[F]
dressing room
loge[F] d'artiste[M]
camerino[M]
camerino[M]

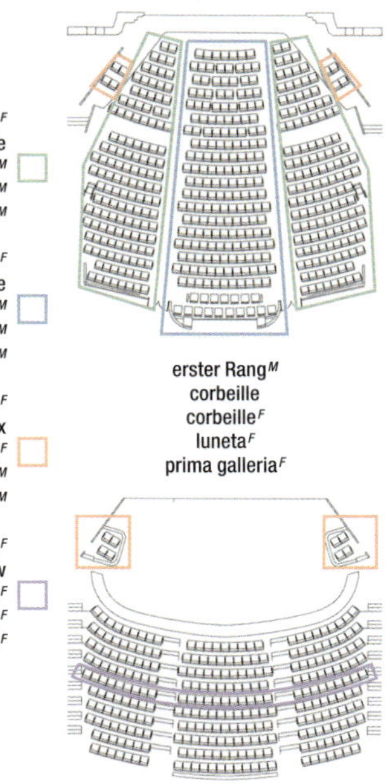
Parterre[N]
parterre
parterre[M]
platea[F]
platea[F]
Seite[F]
side
côté[M]
lado[M]
lato[M]
Mitte[F]
centre
centre[M]
centro[M]
centro[M]
erster Rang[M]
corbeille
corbeille[F]
luneta[F]
prima galleria[F]
Loge[F]
box
loge[F]
palco[M]
palchetto[M]
Reihe[F]
row
rangée[F]
fila[F]
fila[F]

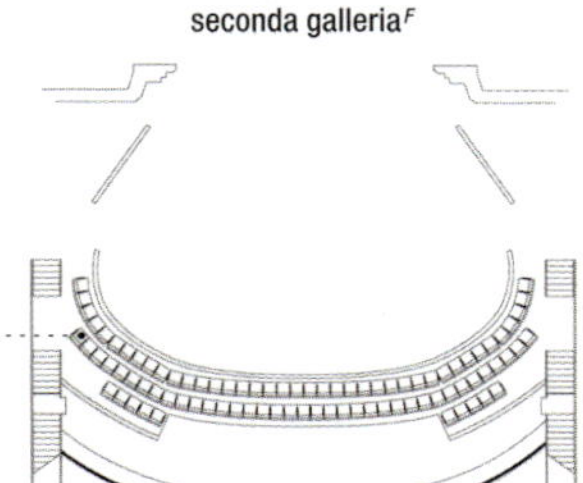
erster Rang[M]
dress circle
balcon[M]
balcón[M]
seconda galleria[F]
Sitzplätze[M]
seats
fauteuil[M]
butacas[F]
posti[M] a sedere

Aufnahmebühne[F]

shooting stage | plateau[M] de tournage[M] | plató[M] de rodaje[M] | set[M] delle riprese[F]

Gesamtansicht[F]
general view
vue[F] d'ensemble[M]
vista[F] general
vista[F] generale

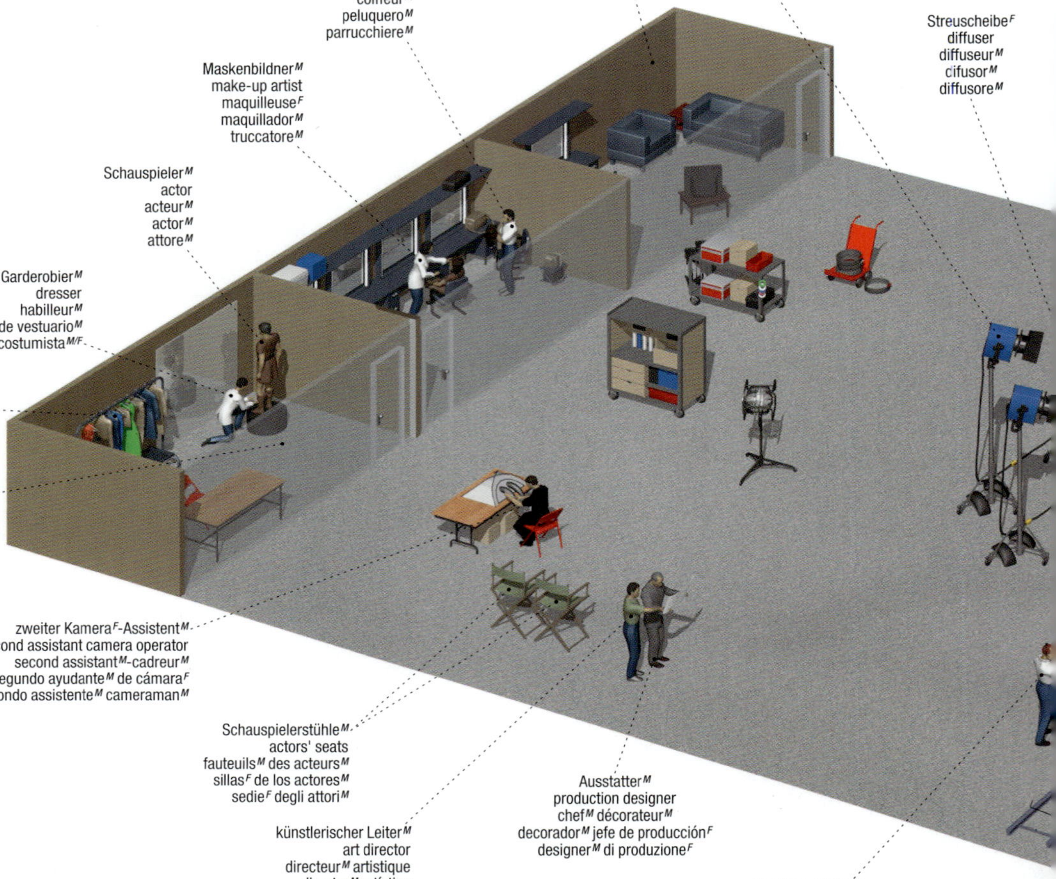

Kamerateam[N]
camera crew
groupe[M] caméra[F]
grupo[M] de cámaras[F]
gruppo [M] degli operatori[M] alle macchine[F] da presa[F]

Aufnahmebühne^{F}

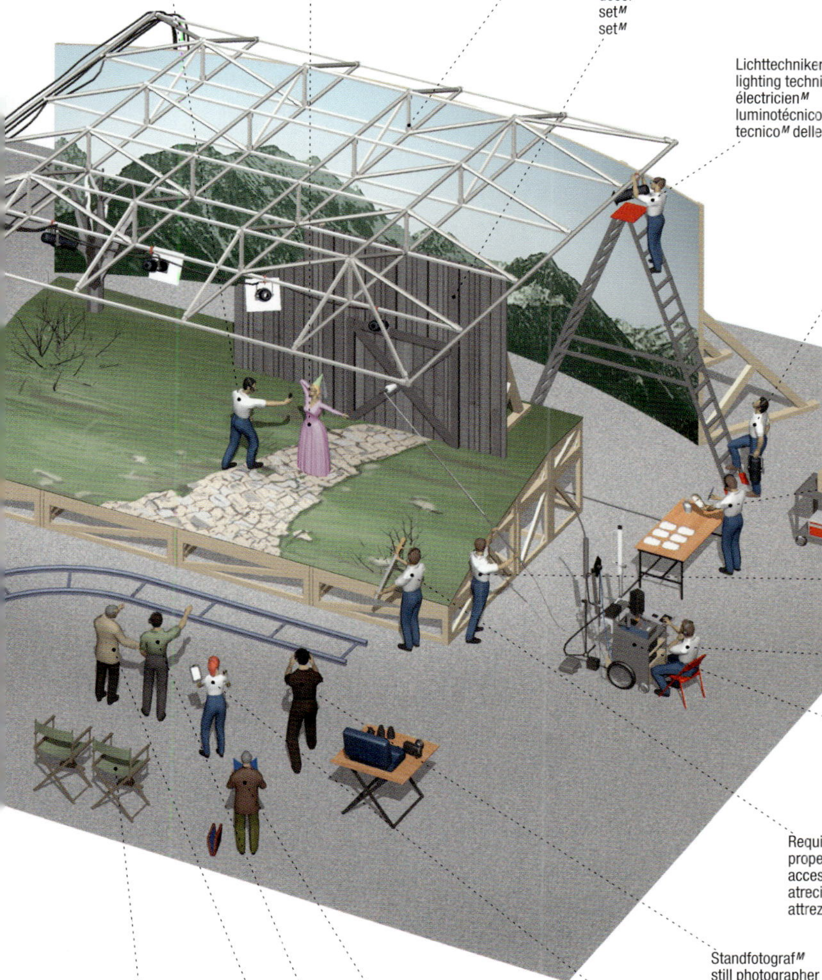

Kino^{N}

cinema | cinéma^{M} | cine^{M} | cinema^{M}

Kinoleinwand^{F}
projection screen
écran^{M} de projection^{F}
pantalla^{F} de proyección^{F}
schermo^{M} di proiezione^{F}

Kinosaal^{M}
projection room
salle^{F} de projection^{F}
sala^{F} de proyección^{F}
sala^{F} di proiezione^{F}

Sitzplatz^{M}
seat
fauteuil^{M}
butaca^{F}
posto^{M} a sedere

Münzfernsprecher^{M}
pay phone
téléphone^{M} public
teléfono^{M} público
telefono^{M} pubblico

Treppe^{F}
stair
escalier^{M}
escaleras^{F}
scala^{F}

Lautsprecher^{M}
speaker
haut-parleur^{M}
altavoz^{M}
cassa^{F} acustica

Kartenkontrolleur^{M}
ticket collector
préposé^{M} au contrôle^{M} des billets^{M}
controlador^{M} de entradas^{F}
addetto^{M} al controllo^{M} biglietti^{M}

Projektor^{M}
projector
projecteur^{M}
proyector^{M}
proiettore^{M}

Plakat^{N}
poster
affiche^{F}
cartel^{M}
manifesto^{M}

Vorführraum^{M}
projection booth
cabine^{F} de projection^{F}
cabina^{F} de proyección^{F}
cabina^{F} di proiezione^{F}

Herrentoilette^{F}
men's toilet
toilettes^{F} pour hommes^{M}
servicios^{M} para caballeros^{M}
toilette^{F} uomini^{M}

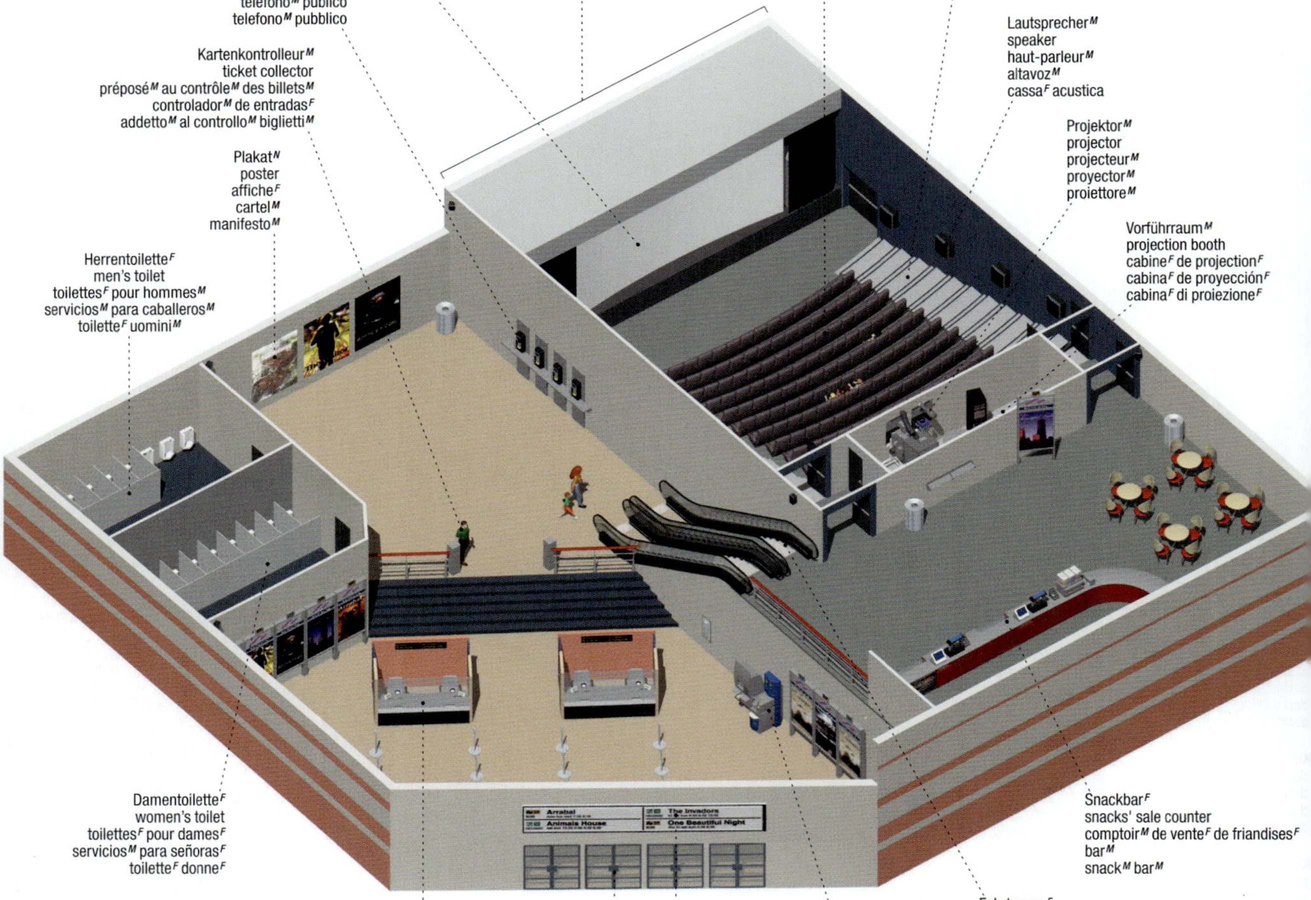

Damentoilette^{F}
women's toilet
toilettes^{F} pour dames^{F}
servicios^{M} para señoras^{F}
toilette^{F} donne^{F}

Snackbar^{F}
snacks' sale counter
comptoir^{M} de vente^{F} de friandises^{F}
bar^{M}
snack^{M} bar^{M}

Kasse^{F}
box office
billetterie^{F}
taquilla^{F}
biglietteria^{F}

Eintrittskartenautomat^{M}
quick ticket system
billetterie^{F} express
taquilla^{F} automática
biglietteria^{F} automatica

Fahrtreppe^{F}
escalator
escalier^{M} mécanique
escalera^{F} mecánica
scala^{F} mobile

Eingangstüren^{F}
entrance doors
portes^{F} d'entrée^{F}
puertas^{F} de entrada^{F}
porte^{F} d'ingresso^{M}

Filmtitel^{M} und Vorführzeiten^{F}
movie titles and schedules
titres^{M} et horaires^{M} des films^{M}
cartelera^{F} y horarios^{M} de películas^{F}
titoli^{M} dei film^{M} e programmazione^{F}

Sinfonieorchester^N

symphony orchestra | orchestre^M symphonique | orquesta^F sinfónica | orchestra^F sinfonica

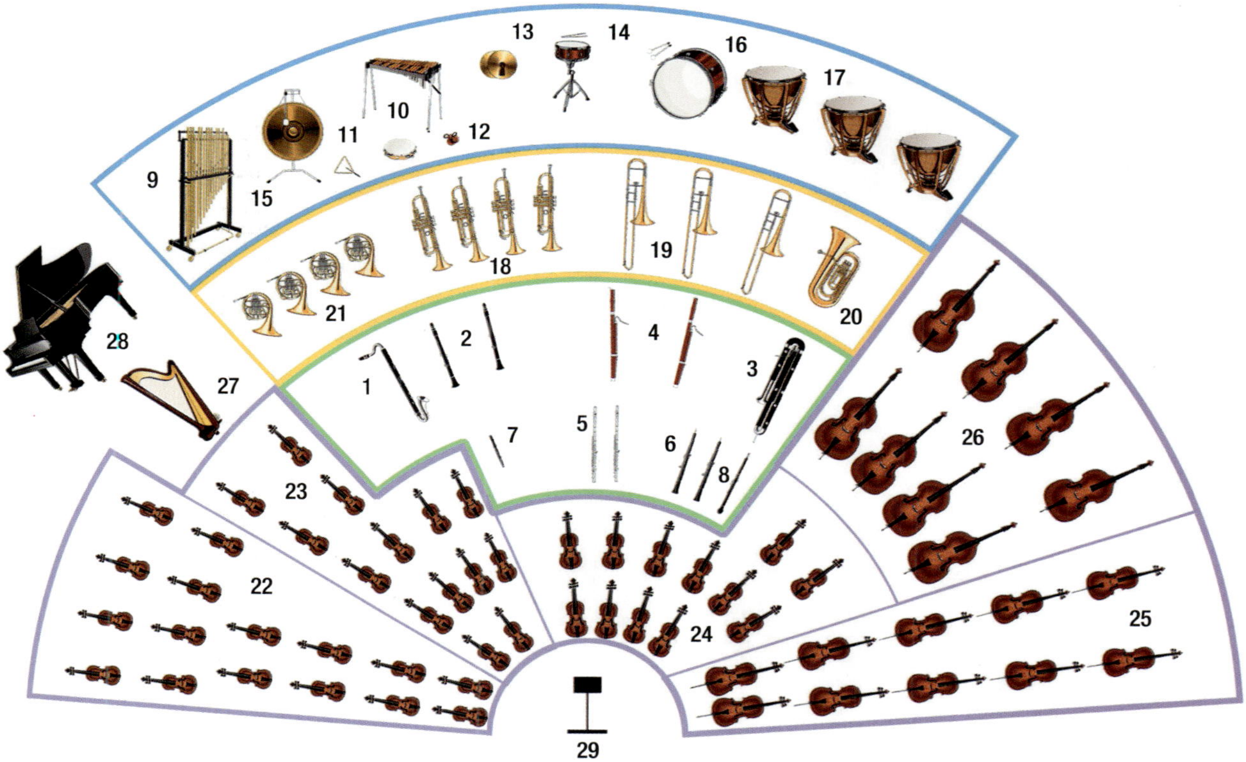

ilie^F der Holzblasinstrumente^N
odwind family
ille^F des bois^M
ilia^F de instrumentos^M de madera^F
iglia^F dei legni^M

Bassklarinette^F
bass clarinet
clarinette^F basse
clarinete^M bajo
clarinetto^M basso

Klarinetten^F
clarinets
clarinettes^F
clarinetes^M
clarinetti^M

Kontrafagott^N
contrabassoon
contrebasson^M
contrafagot^M
controfagotto^M

Fagotte^N
bassoons
bassons^M
fagotes^M
fagotti^M

Querflöten^F
flutes
flûtes^F
flautas^F traveseras
flauti^M

Oboen^F
oboes
hautbois^M
oboes^M
oboi^M

7 Pikkoloflöte^F
piccolo
piccolo^M
píccolo^M
ottavino^M

8 Englischhorn^N
English horn
cor^M anglais
cuerno^M inglés
corno^M inglese

Schlaginstrumente^N
percussion instruments
instruments^M à percussion^F
instrumentos^M de percusión^F
strumenti^M a percussione^F

9 Röhrenglocken^F
tubular bells
carillon^M tubulaire
campanas^F tubulares
campane^F tubolari

10 Xylophon^N
xylophone
xylophone^M
xilófono^M
xilofono^M

11 Triangel^M
triangle
triangle^M
triángulo^M
triangolo^M

12 Kastagnetten^F
castanets
castagnettes^F
castañuelas^F
nacchere^F

13 Becken^N
cymbals
cymbales^F
platillos^M
piatti^M

14 kleine Trommel^F
snare drum
caisse^F claire
caja^F clara
cassa^F chiara

15 Gong^M
gong
gong^M
gong^M
gong^M

16 Basstrommel^F
bass drum
grosse caisse^F
bombo^M
grancassa^F

17 Pauken^F
timpani
timbales^F
timbales^M
timpani^M

27 Harfe^F
harp
harpe^F
arpa^F
arpa^F

Familie^F der Blechbläser^M
brass family
famille^F des cuivres^M
familia^F de los metales^M
famiglia^F degli ottoni^M

18 Trompeten^F
trumpets
trompettes^F
trompetas^F
trombe^F

19 Posaunen^F
trombones
trombones^M
trombones^M
tromboni^M

20 Tuba^F
tuba
tuba^M
tuba^F
tuba^F

21 Waldhörner^N
French horns
cors^M d'harmonie^F
cornos^M franceses/trompas^F
corni^M

28 Flügel^M
piano
piano^M
piano^M
pianoforte^M

Geigenfamilie^F
violin family
famille^F du violon^M
familia^F de los violines^M
famiglia^F degli archi^M

22 erste Violinen^F
first violins
premiers violons^M
primeros violines^M
primi violini^M

23 zweite Violinen^F
second violins
seconds violons^M
segundos violines^M
secondi violini^M

24 Bratschen^F
violas
altos^M
violas^F
viole^F

25 Celli^N
cellos
violoncelles^M
violoncelos^M
violoncelli^M

26 Kontrabasse^M
double basses
contrebasses^F
contrabajos^M
contrabbassi^M

29 Dirigentenpult^N
conductor's podium
pupitre^M du chef^M d'orchestre^M
estrado^M del director^M
podio^M del direttore^M d'orchestra^F

Beispiele[N] für Instrumentalgruppierungen[F]

examples of instrumental groups | exemples[M] de groupes[M] instrumentaux | ejemplos[M] de conjuntos[M] instrumentales | esempi[M] di gruppi[M] strumentali

Duo[N]
duo
duo[M]
dúo[M]
duo[M]

Trio[N]
trio
trio[M]
trío[M]
trio[M]

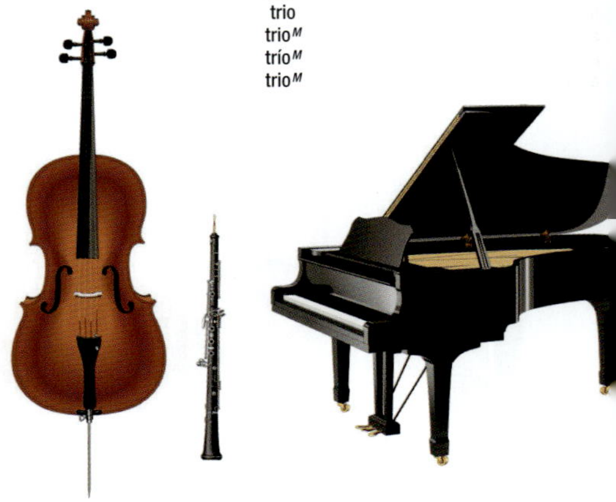

Quartett[N]
quartet
quatuor[M]
cuarteto[M]
quartetto[M]

Quintett[N]
quintet
quintette[M]
quinteto[M]
quintetto[M]

Sextett[N]
sextet
sextuor[M]
sexteto[M]
sestetto[M]

Jazzband[F]
jazz band
formation[F] de jazz[M]
banda[F] de jazz[M]
jazz-band[F]

Saiteninstrumente[N]

stringed instruments | instruments[M] à cordes[F] | instrumentos[M] de cuerda[F] | strumenti[M] a corde[F]

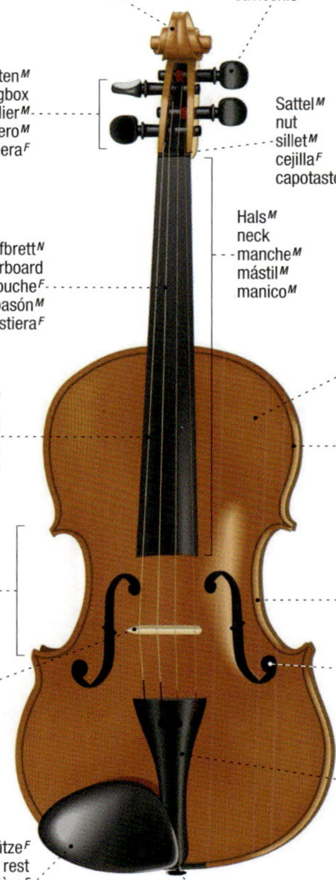

Violinfamilie[F]
violin family
famille[F] du violon[M]
familia[F] de los violines[M]
famiglia[F] degli archi[M]

Saiteninstrumente[N]

Harfe[F]
harp
harpe[F]
arpa[F]
arpa[F]

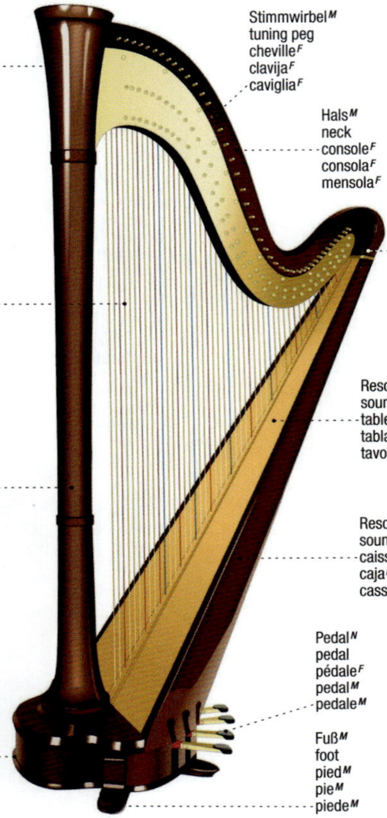

akustische Gitarre[F]
acoustic guitar
guitare[F] acoustique
guitarra[F] clásica
chitarra[F] acustica

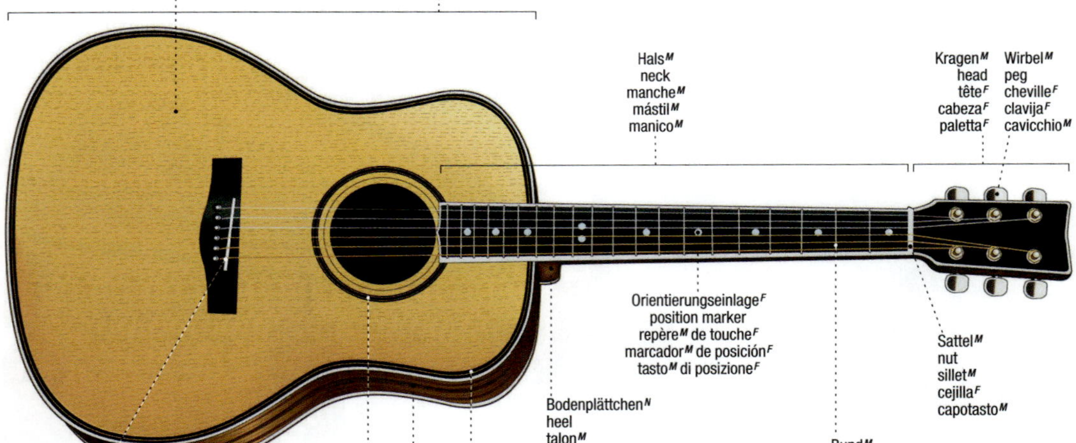

Saiteninstrumente[N]

elektrische Gitarre[F]
electric guitar
guitare[F] électrique
guitarra[F] eléctrica
chitarra[F] elettrica

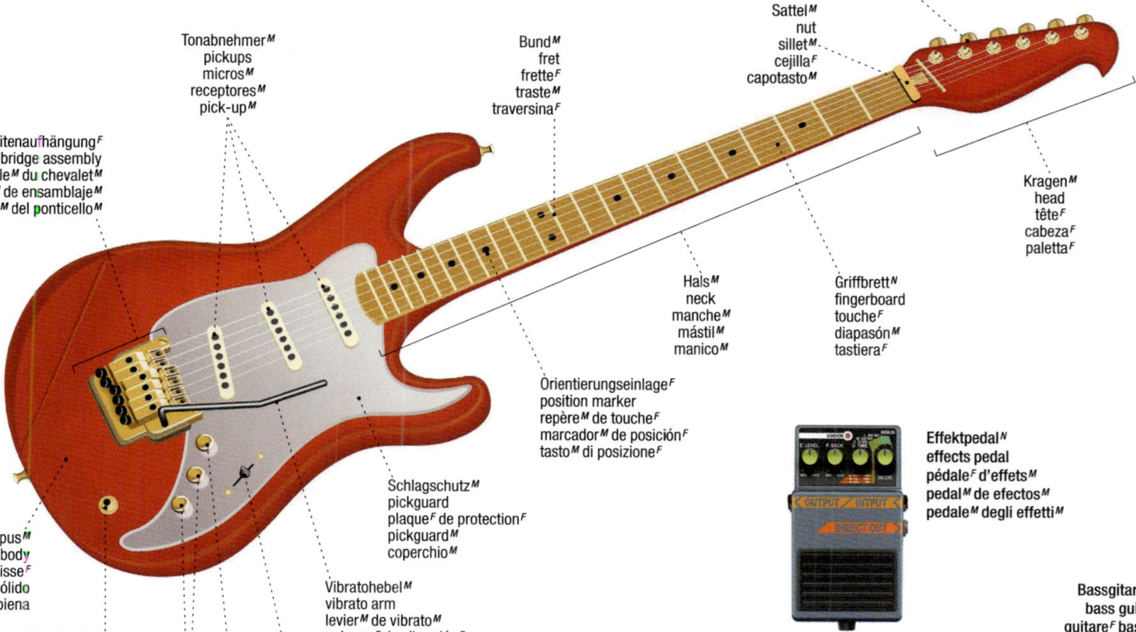

Effektpedal[N]
effects pedal
pédale[F] d'effets[M]
pedal[M] de efectos[M]
pedale[M] degli effetti[M]

Bassgitarre[F]
bass guitar
guitare[F] basse
bajo[M]
chitarra[F] basso

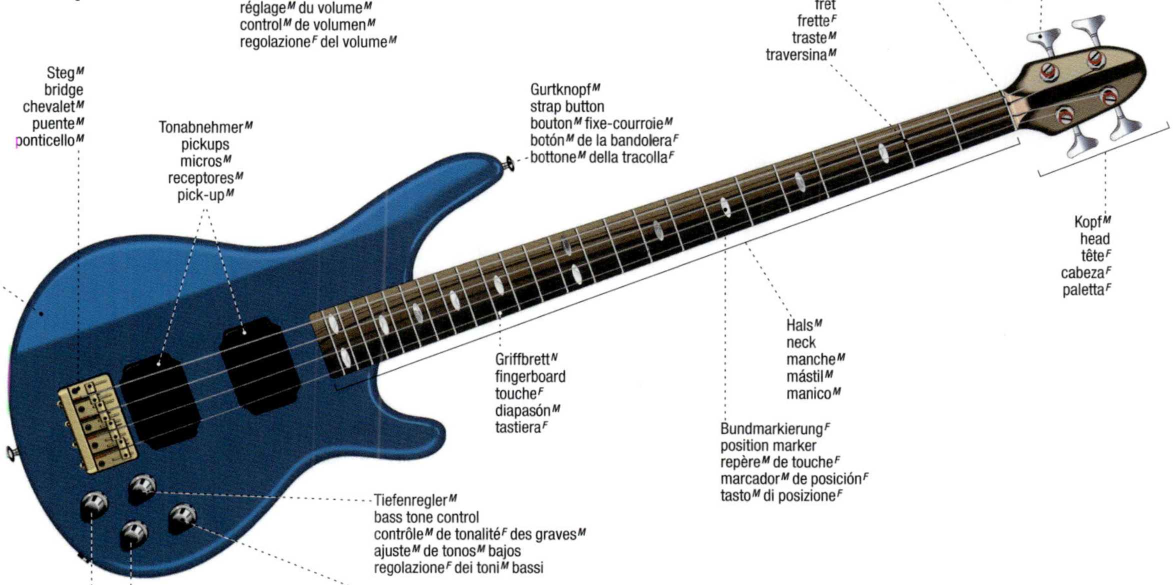

Blasinstrumente^{N}

wind instruments | instruments^{M} à vent^{M} | instrumentos^{M} de viento^{M} | strumenti^{M} a fiato^{M}

Saxophon^{N}
saxophone
saxophone^{M}
saxofón^{M}
sassofono^{M}

Doppelblatt^{N}
double reed
anche^{F} double
doble caña^{F}
ancia^{F} doppia

Rohrblatt^{N}
single reed
anche^{F} simple
caña^{F} simple
ancia^{F} semplice

Pikkoloflöte^{F}
piccolo
piccolo^{M}
píccolo^{M}
ottavino^{M}

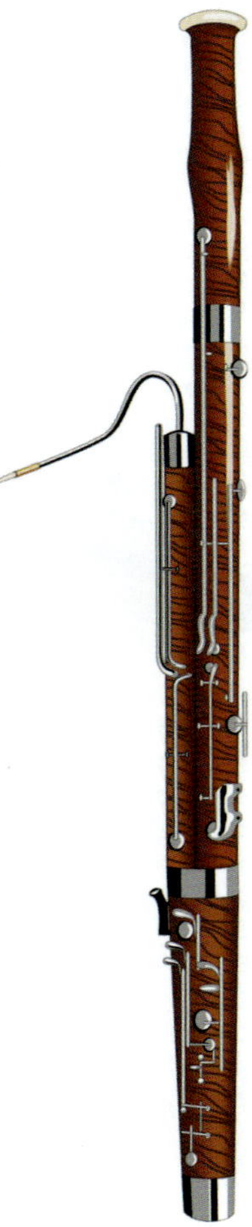

Fagott^{N}
bassoon
basson^{M}
fagot^{M}
fagotto^{M}

Klarinette^{F}
clarinet
clarinette^{F}
clarinete^{M}
clarinetto^{M}

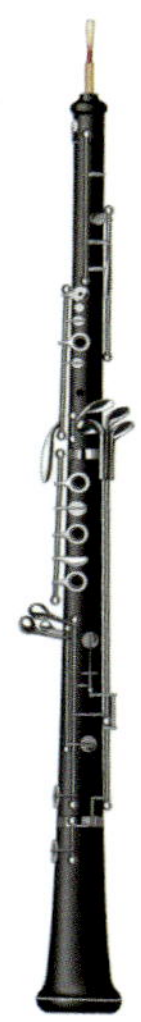

Oboe^{F}
oboe
hautbois^{M}
oboe^{M}
oboe^{M}

Querflöte^{F}
tranverse flute
flûte^{F} traversière
flauta^{F} travesera
flauto^{M} traverso

Englischhorn^{N}
cor anglais
cor^{M} anglais
corno^{M} inglés
corno^{M} inglese

Blasinstrumente[N]

Trompete[F]
trumpet
trompette[F]
trompeta[F]
tromba[F]

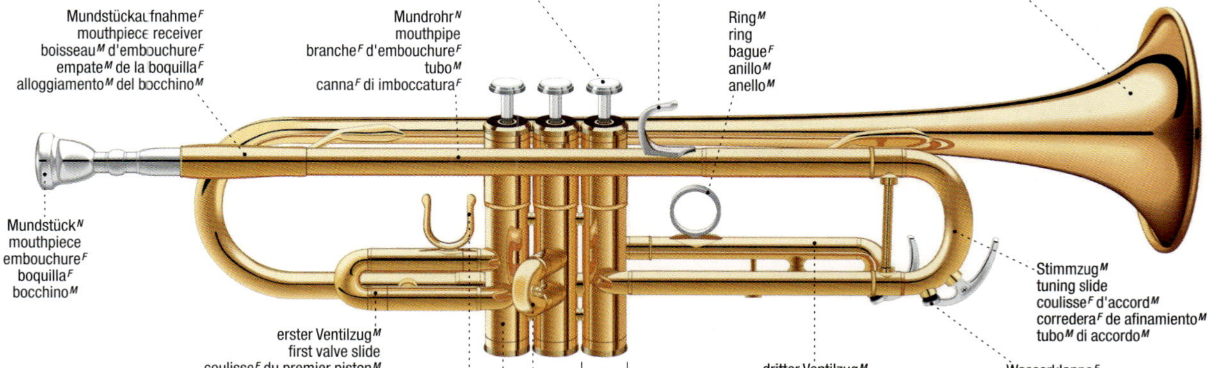

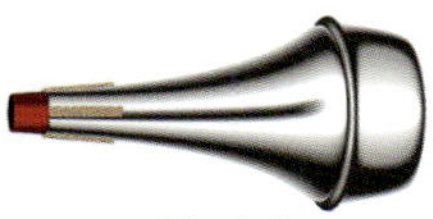
Dämpfer[M]
mute
sourdine[F]
sordina[F]
sordina[F]

Kornett[N]
cornet
cornet[M] à pistons[M]
cornetín[M]
cornetta[F]

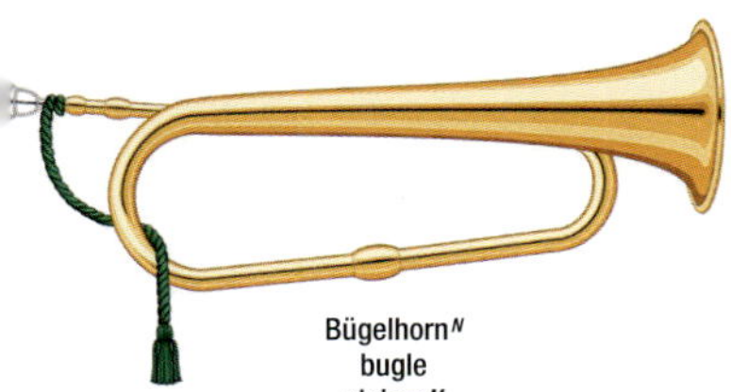
Bügelhorn[N]
bugle
clairon[M]
clarín[M]
tromba[F] militare

Posaune[F]
trombone
trombone[M]
trombón[M]
trombone[M]

Saxhorn[N]
saxhorn
saxhorn[M]
bombardino[M]
saxhorn[M]

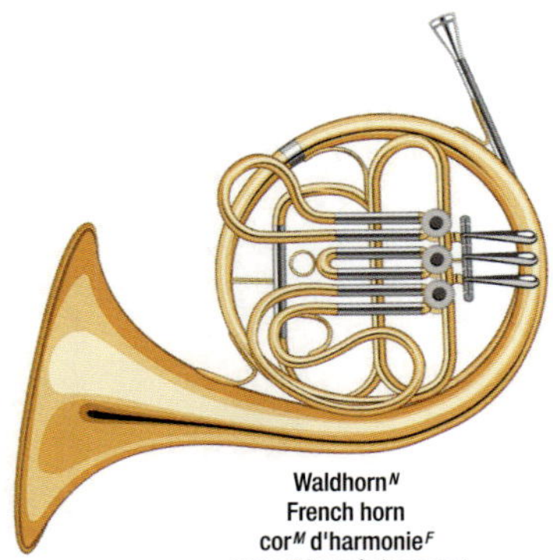
Waldhorn[N]
French horn
cor[M] d'harmonie[F]
corno[M] francés/trompa[F]
corno[M]

Tuba[F]
tuba
tuba[M]
tuba[F]
tuba[F]

Tasteninstrumente[N]

keyboard instruments | instruments[M] à clavier[M] | instrumentos[M] de teclado[M] | strumenti[M] a tastiera[F]

Klavier[N]
upright piano
piano[M] droit
piano[M] vertical
pianoforte[M] verticale

Moderatorfilz[M]
muffler felt
feutre[M] d'étouffoir[M]
amortiguador[M] de fieltro[M]
sordina[F]

Drucksteg[M]
pressure bar
barre[F] de pression[F]
ceja[F]
barra[F] di pressione[F]

Stimmstock[M]
pin block
sommier[M]
clavijero[M]
caviglìera[F]

Hammerleiste[F]
hammer rail
barre[F] de repos[M] des marteaux[M]
apoyo[M] del macillo[M]
barra[F] dei martelletti[M]

Hammer[M]
hammer
marteau[M]
macillo[M]
martelletto[M]

Stimmnagel[M]
tuning pin
cheville[F] d'accord[M]
clavija[F]
caviglia[F]

Taste[F]
key
touche[F]
tecla[F]
tasto[M]

Gehäuse[N]
case
caisse[F]
caja[F]
cassa[F]

Klaviaturboden[M]
keybed
plateau[M] de clavier[M]
asiento[M] del teclado[M]
lista[F] serratura[F]

Diskantsteg[M]
treble bridge
chevalet[M] des aigus[M]
puente[M] de los altos[M]
ponticello[M] degli acuti[M]

Pedalstange[F]
pedal rod
tringle[F] de pédale[F]
varilla[F] del pedal[M]
leva[F] del pedale[M]

Saitenbezug[M]
strings
cordes[F]
cuerdas[F]
corde[F]

Tastatur[F]
keyboard
clavier[M]
teclado[M]
tastiera[F]

Resonanzboden[M]
soundboard
table[F] d'harmonie[F]
tabla[F] harmónica
tavola[F] armonica

Pianopedal[N]
soft pedal
pédale[F] douce
pedal[M] suave
pedale[M] del piano[M]

Metallrahmen[M]
metal frame
cadre[M] métallique
armazón[M] de metal[M]
telaio[M] metallico

Moderatorpedal[N]
sostenuto pedal
pédale[F] de sourdine[F]
pedal[M] de la sordina[F]
pedale[M] della sordina[F]

Basssteg[M]
bass bridge
chevalet[M] des basses[F]
puente[M] de los bajos[M]
ponticello[M] dei bassi[M]

Fortepedal[N]
sustaining pedal
pédale[F] forte
pedal[M] fuerte
pedale[M] di risonanza[F]

Plattenstift[M]
hitch pin
pointe[F] d'attache[F]
punta[F] de sujeción[F]
punta[F] per piastra[F]

KUNST UND ARCHITEKTUR

Tasteninstrumente[N]

Klaviermechanik[F]
upright piano action
mécanique[F] du piano[M] droit
mecanismo[M] del piano[M] vertical
meccanica[F] del pianoforte[M] verticale

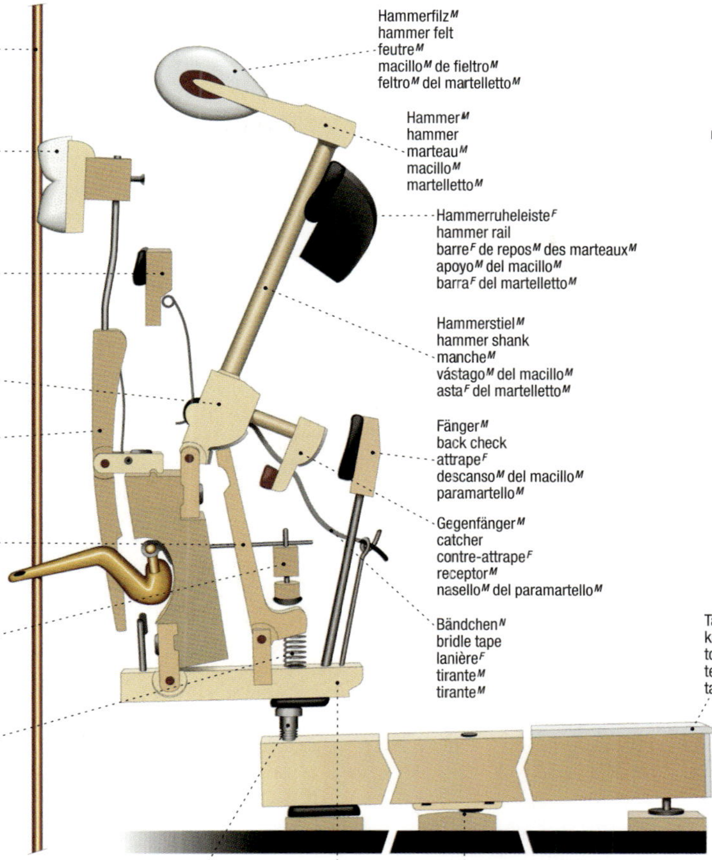

Saite[F]
string
corde[F]
cuerda[F]
corda[F]

Dämpfer[M]
damper
étouffoir[M]
apagador[M]
smorzatore[M]

Dämpferpralleiste[F]
damper rail
barre[F] d'étouffoir[M]
apoyo[M] de la sordina[F]
barra[F] dello smorzatore[M]

Hammernuss[F]
hammer butt
noix[F]
cabo[M] del macillo[M]
salterello[M]

Dämpferarm[M]
damper lever
lame[F] d'étouffoir[M]
palanca[F] del apagador[M]
leva[F] dello smorzatore[M]

Stoßzunge[F]
hammer jack
levier[M] d'échappement[M]
martinete[M]
scappamento[M]

Auslösepuppe[F]
regulating button
bouton[M] d'échappement[M]
regulador[M]
bottone[M] di regolazione[F]

Stoßzungenschraubenfeder[F]
jack spring
ressort[M] d'échappement[M]
resorte[M] del martinete[M]
molla[F] dello scappamento[M]

Hammerfilz[M]
hammer felt
feutre[M]
macillo[M] de fieltro[M]
feltro[M] del martelletto[M]

Hammer[M]
hammer
marteau[M]
macillo[M]
martelletto[M]

Hammerruheleiste[F]
hammer rail
barre[F] de repos[M] des marteaux[M]
apoyo[M] del macillo[M]
barra[F] del martelletto[M]

Hammerstiel[M]
hammer shank
manche[M]
vástago[M] del macillo[M]
asta[F] del martelletto[M]

Fänger[M]
back check
attrape[F]
descanso[M] del macillo[M]
paramartello[M]

Gegenfänger[M]
catcher
contre-attrape[F]
receptor[M]
nasello[M] del paramartello[M]

Bändchen[N]
bridle tape
lanière[F]
tirante[M]
tirante[M]

Taste[F]
key
touche[F]
tecla[F]
tasto[M]

Pilote[F]
capstan button
pilote[M]
cabrestante[M]
perno[M]

Hebeglied[N]
action lever
chevalet[M]
mecanismo[M] de la palanca[F]
cavalletto[M]

Waagebalken[M]
balance rail
pointe[F]
fulcro[M]
bilanciere[M]

Beispiele[N] für Tasteninstrumente[N]
examples of keyboard instruments
exemples[M] d'instruments[M] à clavier[M]
ejemplos[M] de instrumentos[M] de teclado[M]
esempi[M] di strumenti[M] a tastiera[F]

Konzertflügel[M]
concert grand
piano[M] à queue[F] de concert[M]
piano[M] de cola[F] de concierto[M]
pianoforte[M] a coda[F] da concerto[M]

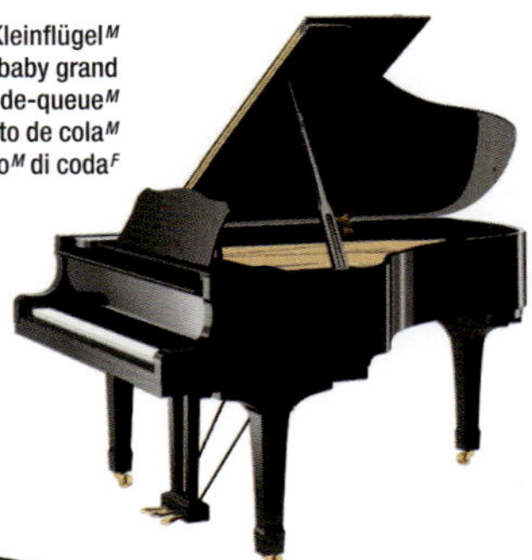

Kleinflügel[M]
baby grand
piano[M] quart-de-queue[M]
piano[M] cuarto de cola[M]
pianoforte[M] a un quarto[M] di coda[F]

Salonflügel[M]
boudoir grand
piano[M] demi-queue[M]
piano[M] de media cola[F]
pianoforte[M] a mezza coda[F]

Cembalo[N]
harpsichord
clavecin[M]
clavecín[M]
clavicembalo[M]

KUNST UND ARCHITEKTUR

Tasteninstrumente[N]

Orgelspieltisch[M]
organ console
console[F] d'orgue[M]
consola[F]
console[F] dell'organo[M]

Zungenpfeife[F]
reed pipe
tuyau[M] à anche[F]
tubo[M] de lengüeta[F]
canna[F] ad ancia[F]

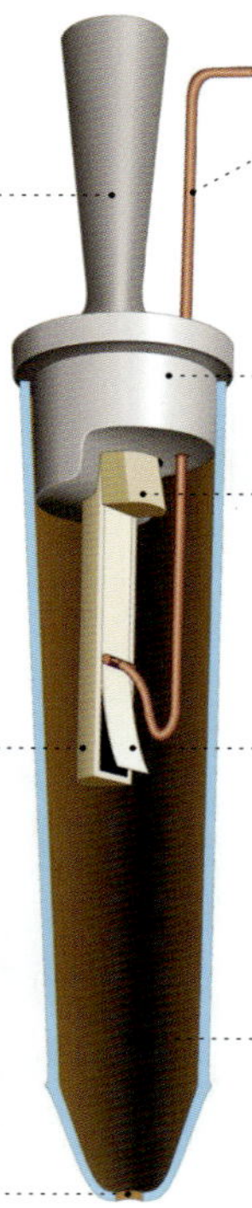

Lippenpfeife[F]
flue pipe
tuyau[M] à bouche[F]
tubo[M] de embocadura[F]
canna[F] ad anima[F]

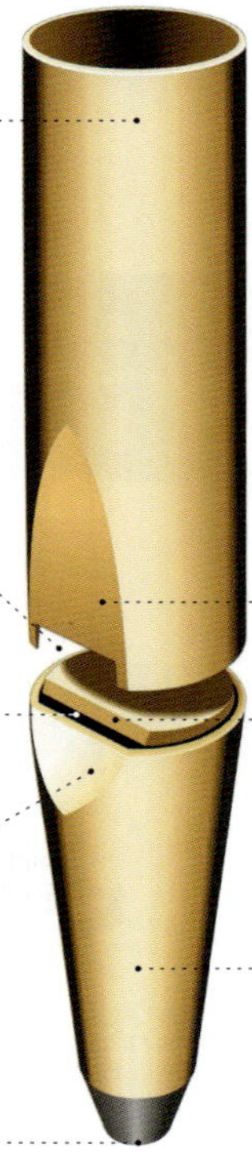

Tasteninstrumente[N]

Orgelmechanik[F]
organ mechanism
mécanisme[M] de l'orgue[M]
mecanismo[M] del órgano[M]
meccanismo[M] dell'organo[M]

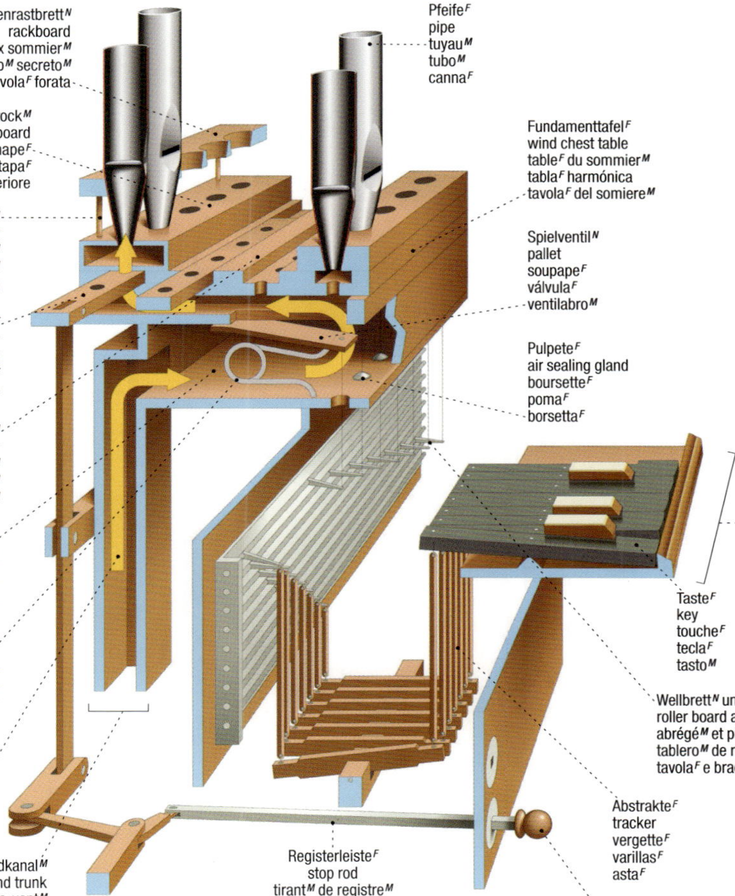

Tonerzeugung[F]
production of sound
production[F] du son[M]
producción[F] del sonido[M]
produzione[F] del suono[M]

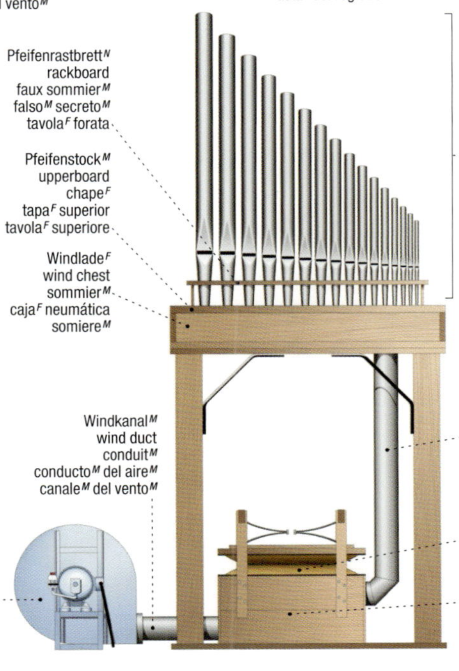

Schlaginstrumente[N]

percussion instruments | instruments[M] à percussion[F] | instrumentos[M] de percusión[F] | strumenti[M] a percussione[F]

Schlagzeug[N]
drum kit
batterie[F]
batería[M]
batteria[F]

Kesselpauke[F]
kettledrum
timbale[F]
timbal[M]
timpano[M]

kleine Trommel[F]
snare drum
caisse[F] claire
caja[F] clara
cassa[F] chiara

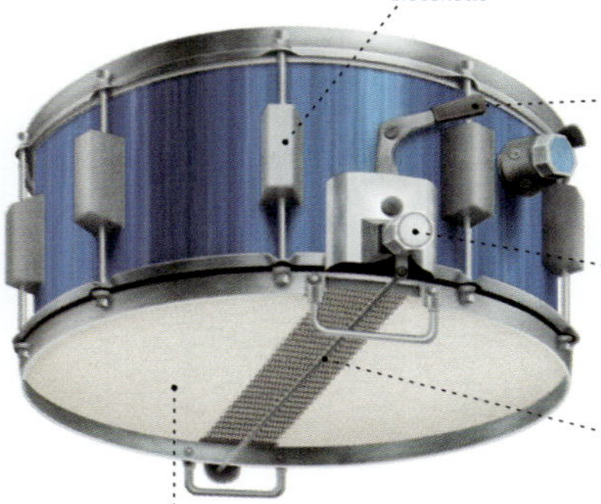

Schlaginstrumente^{N}

Schellen^{F}
sleigh bells
grelots^{M}
cascabeles^{M}
sonagli^{M}

Glockenband^{N}
set of bells
clochettes^{F}
campanillas^{F}
campanelle^{F}

Sistrum^{N}
sistrum
sistre^{M}
sistro^{M}
sistro^{M}

Kastagnetten^{F}
castanets
castagnettes^{F}
castañuelas^{F}
nacchere^{F}

Becken^{N}
cymbals
cymbales^{F}
platillos^{M}
piatti^{M}

Tamburin^{N}
tambourine
tambour^{M} de basque^{M}
pandereta^{F}
tamburello^{M}

Fell^{N}
head
peau^{F}
parche^{M}
membrana^{F}

Schelle^{F}
jingle
cymbalette^{F}
cascabel^{M}
sonagli^{M}

Triangel^{M}
triangle
triangle^{M}
triángulo^{M}
triangolo^{M}

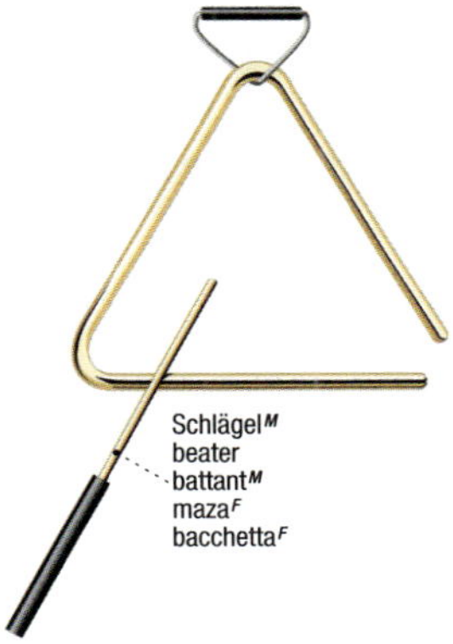

Schlägel^{M}
beater
battant^{M}
maza^{F}
bacchetta^{F}

Bongos^{N}
bongos
bongo^{M}
bongos^{M}
bongos^{M}

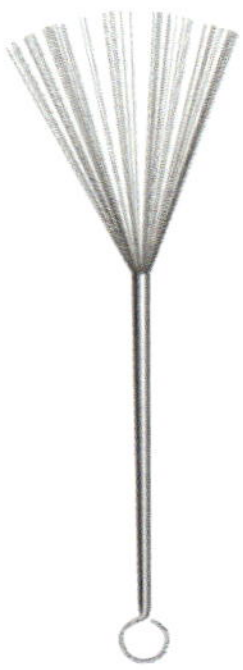

Jazzbesen^{M}
wire brush
balai^{M} métallique
escobilla^{F} metálica
spazzola^{F} metallica

Gong^{M}
gong
gong^{M}
gong^{M}
gong^{M}

Röhrenglocken^{F}
tubular bells
carillon^{M} tubulaire
campanas^{F} tubulares
campane^{F} tubolari

Xylophon^{N}
xylophone
xylophone^{M}
xilófono^{M}
xilofono^{M}

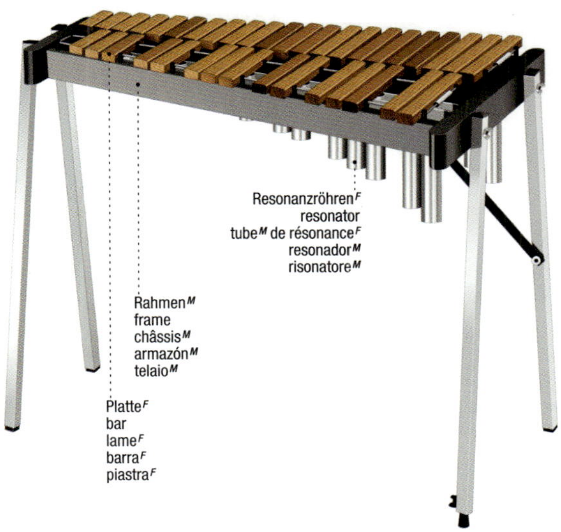

Resonanzröhren^{F}
resonator
tube^{M} de résonance^{F}
resonador^{M}
risonatore^{M}

Rahmen^{M}
frame
châssis^{M}
armazón^{M}
telaio^{M}

Platte^{F}
bar
lame^{F}
barra^{F}
piastra^{F}

Stöcke^{M}
drumsticks
baguettes^{F}
baquetas^{F}
bacchette^{F}

Schlägel^{M}
mallets
mailloches^{F}
maza^{F}
mazze^{F}

elektronische Musik[F]

electronic music | musique[F] électronique | música[F] electrónica | musica[F] elettronica

Synthesizer[M]
synthesizer
synthétiseur[M]
sintetizador[M]
sintetizzatore[M]

Sequenzerregler[M]
sequencer control
contrôle[M] du séquenceur[M]
control[M] de secuencias[F]
controllo[M] del sequencer[M]

Anzeige[F]
display
afficheur[M]
pantalla[F]
display[M]

Lautstärkeregler[M]
volume control
contrôle[M] du volume[M]
control[M] de volumen[M]
controllo[M] del volume[M]

Systemschalter[M]
system buttons
fonctions[F] système[M]
sistema[M] de botones[M]
tasti[M] di sistema[M]

Programmwahlschalter[M]
program selector
sélecteur[M] de programme[M]
selector[M] de programa[M]
selettore[M] di programma[M]

Stimmenwahlschalter[M]
voice edit buttons
programmation[F] des voix[F]
botones[M] para editar la voz[F]
tasti[M] per l'editing[M] del suono[M]

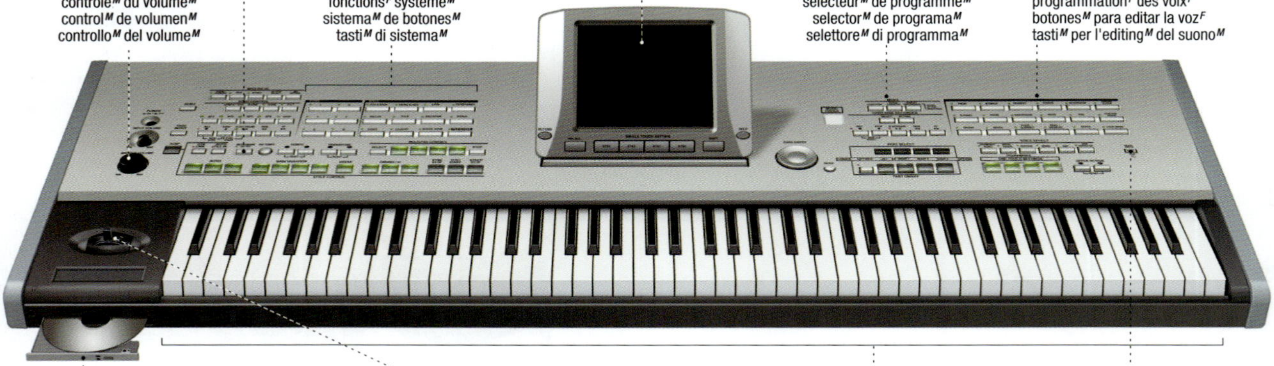

CD[F]-/DVD[F]-Laufwerk[N]
CD/DVD-ROM drive
lecteur[M] de CD/DVD-ROM[M]
unidad[F] CD/DVD-ROM
lettore[M] CD[M]/DVD-ROM[M]

Tonhöhenregler[M]
pitch and modulation switch
modulation[F] de la hauteur[F] et du timbre[M] du son[M]
modulación[F] del volumen[M] y del timbre[M] del sonido[M]
modulazione[F] dell'altezza[F] e del timbro[M] del suono[M]

Tastatur[F]
keyboard
clavier[M]
teclado[M]
tastiera[F]

USB-Schnittstelle[F]
USB port
port[M] USB
puerto[M] USB
porta[F] USB

elektronisches Piano[N]
electronic piano
piano[M] électronique
piano[M] electrónico
piano[M] elettronico

Notenablage[F]
music rest
pupitre[M]
atril[M]
leggio[M]

Rhythmuswahlschalter[M]
rhythm selector
sélecteur[M] de rythme[M]
selector[M] del ritmo[M]
selettore[M] del ritmo[M]

Temporegler[M]
tempo control
réglage[M] de tempo[M]
control[M] del tiempo[M]
controllo[M] del tempo[M]

Lautstärkeregler[M]
volume control
réglage[M] du volume[M]
control[M] de volumen[M]
controllo[M] del volume[M]

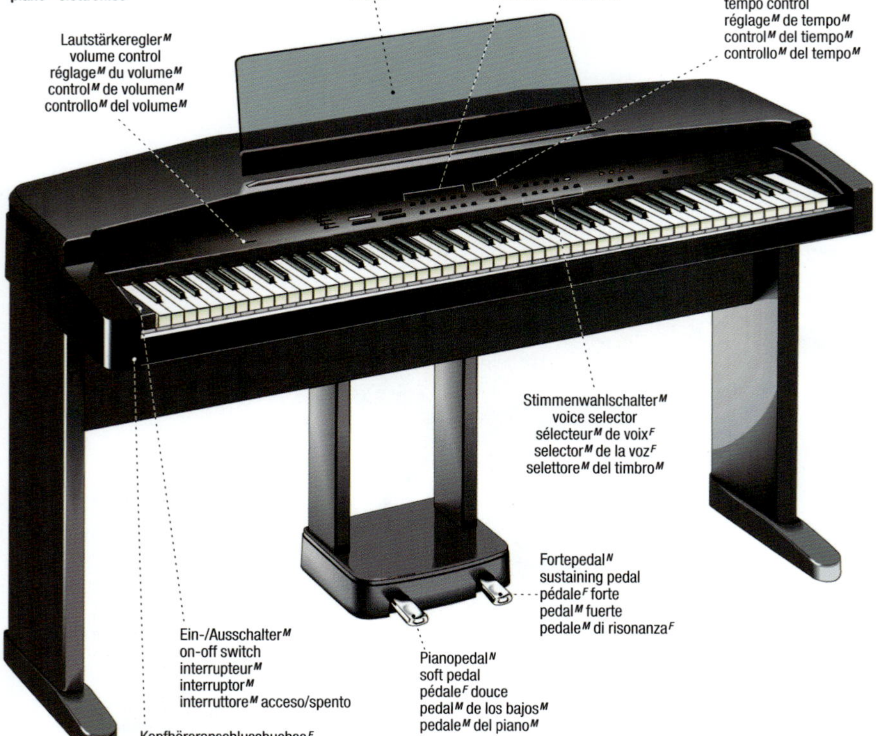

Stimmenwahlschalter[M]
voice selector
sélecteur[M] de voix[F]
selector[M] de la voz[F]
selettore[M] del timbro[M]

Fortepedal[N]
sustaining pedal
pédale[F] forte
pedal[M] fuerte
pedale[M] di risonanza[F]

Ein-/Ausschalter[M]
on-off switch
interrupteur[M]
interruptor[M]
interruttore[M] acceso/spento

Pianopedal[N]
soft pedal
pédale[F] douce
pedal[M] de los bajos[M]
pedale[M] del piano[M]

Kopfhöreranschlussbuchse[F]
headphone jack
prise[F] casque[M]
toma[F] para auriculares[M]
presa[F] per cuffia[F]

elektronisches Schlagpolster[N]
electronic drum pad
caisse[F] de batterie[F] électronique
batería[F] electrónica
batteria[F] elettronica

Blassynthesizer[M]
wind synthesizer controller
contrôleur[M] à vent[M] de synthétiseur[M]
controlador[M] de viento[M] del sintetizador[M]
sintetizzatore[M] a fiato[M]

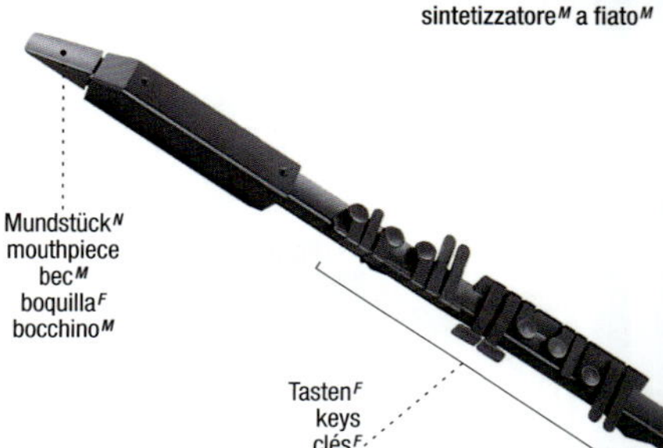

Mundstück[N]
mouthpiece
bec[M]
boquilla[F]
bocchino[M]

Tasten[F]
keys
clés[F]
teclas[F]
chiavi[F]

elektronische Musik[F]

Zubehör[N] und Mischpulte[N]
accessories and mixing devices
accessoires[M] et appareils[M] de mixage[M]
accesorios[M] y dispositivos[M] de mezcla[F]
accessori[M] e dispositivi[M] di mixaggio[M]

Drumcomputer[M]
drum machine
boîte[F] à rythmes[M]
máquina[F] de percusión[F]
drum machine[F]

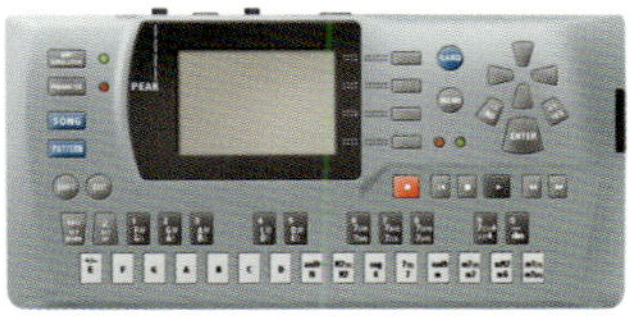

Sequencer[M]
sequencer
séquenceur[M]
secuenciador[M]
sequencer[M]

Verstärker[M]
amplifier
amplificateur[M]
amplificador[M]
amplificatore[M]

Eingangsbuchse[F]
input jack
prise[F] d'entrée[F]
conector[M] de entrada[F]
presa[F] d'entrata[F]

Kopfhöreranschlussbuchse[F]
headphone jack
prise[F] casque[M]
toma[F] para auriculares[M]
presa[F] per cuffia[F]

Lautsprecher[M]
loudspeaker
haut-parleur[M]
altavoz[M]
cassa[F] acustica

Expander[M]
expander
expandeur[M]
amplificador[M]
expander[M]

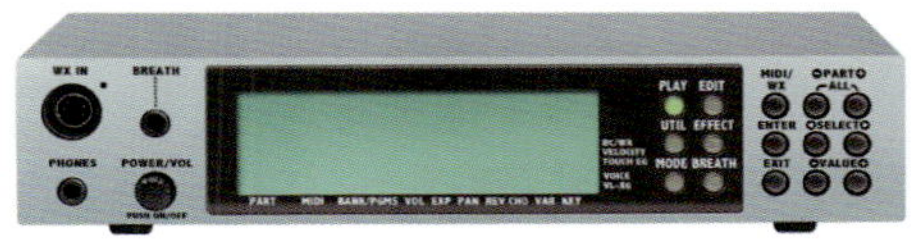

Kabel[N] der Schnittstelle[F] für digitale Musikinstrumente[N] (MIDI)
musical instrument digital interface (MIDI) cable
câble[M] pour interface[F] numérique d'instruments[M] de musique[F] (MIDI)
cable[M] de interfaz[F] digital para instrumentos[M] musicales (MIDI)
cavo[M] di interfaccia[F] digitale per strumenti[M] musicali (MIDI)

USB-Turntable[M]
USB turntable
platine[F] vinyle USB
tocadiscos[M] USB
piattaforma[F] USB

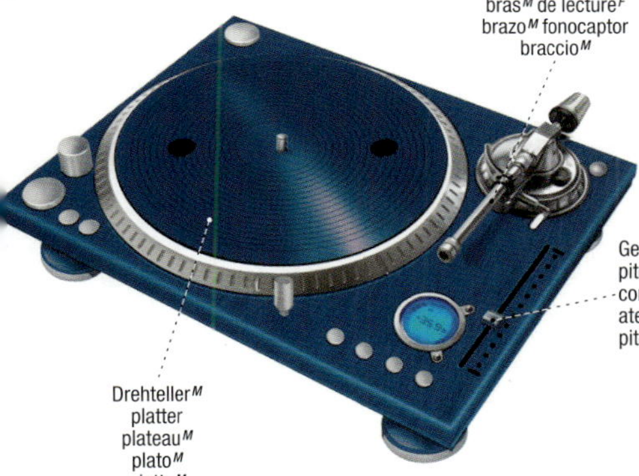

Tonarm[M]
tone arm
bras[M] de lecture[F]
brazo[M] fonocaptor
braccio[M]

Geschwindigkeitsregler[M]
pitch fader
commande[F] de vitesse[F] de rotation[F]
atenuador[M] de tonos[M]
pitch fader

Drehteller[M]
platter
plateau[M]
plato[M]
piatto[M]

Sampler[M]
sampler
échantillonneur[M]
muestreador[M]
campionatore[M]

DJ-Mischpult[N]
DJ console
console[F] de mixage[M] pour DJ[M]
consola[F] de DJ
DJ[M] console[M]

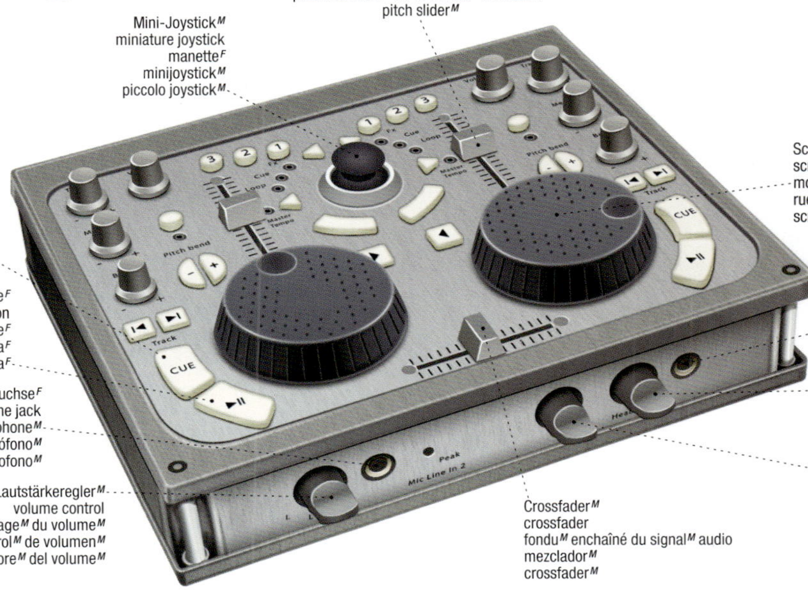

Geschwindigkeitsschieberegler[M]
pitch slider
potentiomètre[M] de vitesse[F] de lecture[F]
potenciómetro[M] de velocidad[F] de lectura[F]
pitch slider[M]

Mini-Joystick[M]
miniature joystick
manette[F]
minijoystick[M]
piccolo joystick[M]

Scratchrad[N]
scratch jog wheel
molette[F] de scratch[M]
rueda[F] para scratch[M]
scratch jog wheel[M]

Cue-Knopf[M]
cue point button
touche[F] point[M] de repère[M]
botón[M] de punto[M] de referencia[F]
pulsante[F] d'attacco[M]

Kopfhöreranschlussbuchse[F]
headphone jack
prise[F] casque[M]
toma[F] para auriculares[M]
presa[F] per cuffia[F]

Abspiel-/Pausetaste[F]
play/pause button
touche[F] lecture[F]/pause[F]
botón[M] de reproducción[F]/pausa[F]
tasto[M] di riproduzione/pausa[F]

Lautstärkeregler[M]
volume control
réglage[M] du volume[M]
control[M] de volumen[M]
regolatore[M] del volume[M]

Mikrofonanschlussbuchse[F]
microphone jack
prise[F] microphone[M]
toma[F] del micrófono[M]
presa[F] del microfono[M]

Vorhörtaste[F]
pre-listening button
bouton[M] de pré-écoute[F]
botón[M] de escucha[F] previa
pulsante[M] di preascolto[M]

Lautstärkeregler[M]
volume control
réglage[M] du volume[M]
control[M] de volumen[M]
regolatore[M] del volume[M]

Crossfader[M]
crossfader
fondu[M] enchaîné du signal[M] audio
mezclador[M]
crossfader[M]

traditionelle Musikinstrumente^{N}

traditional musical instruments | instruments^{M} traditionnels | instrumentos^{M} musicales tradicionales | strumenti^{M} musicali tradizionali

Akkordeon^{N}
accordion
accordéon^{M}
acordeón^{M}
fisarmonica^{F}

Mundharmonika^{F}
harmonica
harmonica^{M}
armónica^{F}
armonica^{F} a bocca^{F}

Dudelsack^{M}
bagpipes
cornemuse^{F}
gaita^{F}
cornamusa^{F}

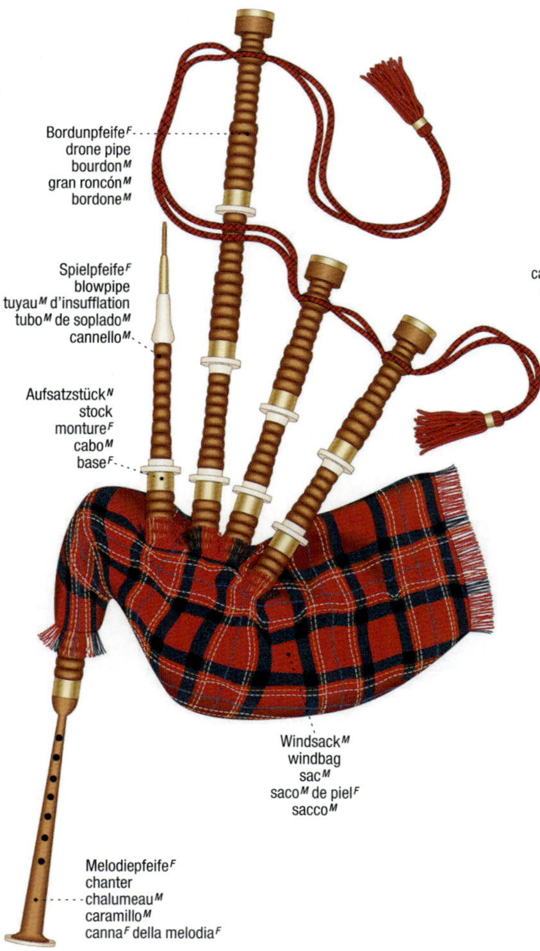

Zither^{F}
zither
cithare^{F}
cítara^{F}
zither^{M}

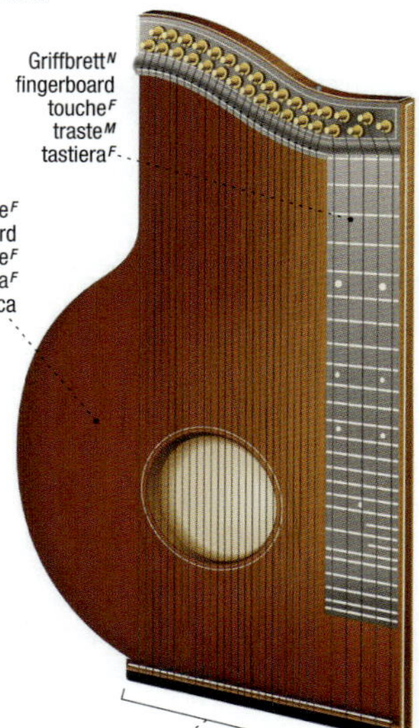

Didgeridoo^{N}
didgeridoo
didgeridoo^{M}
diyiridú^{M}
didgeridoo^{M}

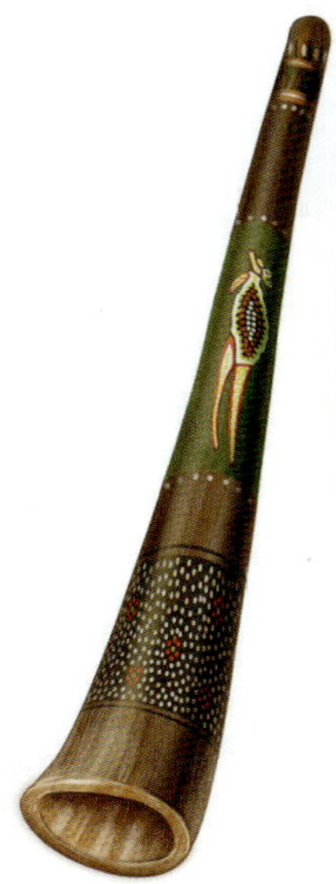

Banjo^{N}
banjo
banjo^{M}
banjo^{M}
banjo^{M}

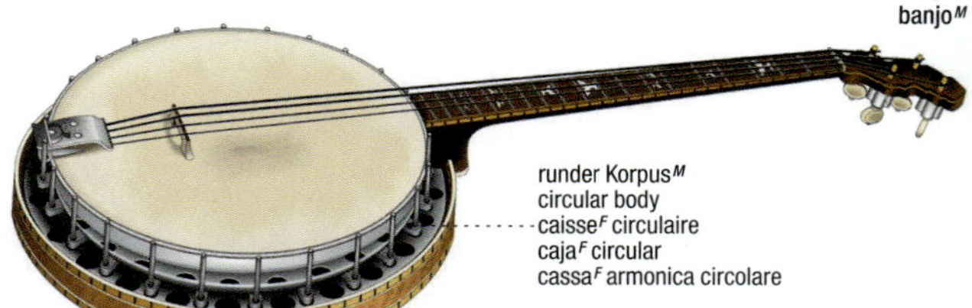

traditionelle Musikinstrumente[N]

Kora[F]
kora
kora[F]
kora[F]
kora[F]

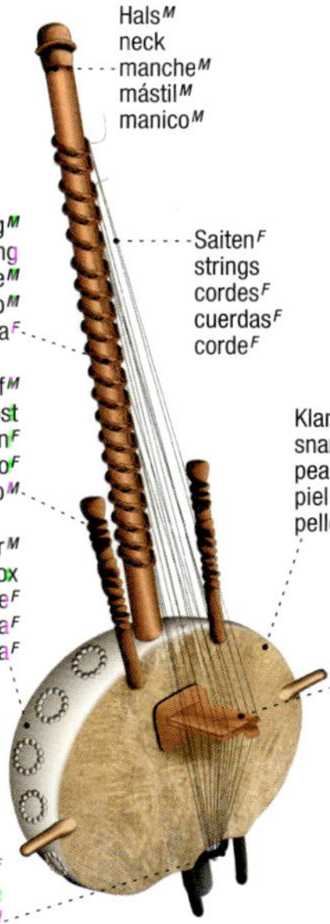

Balalaika[F]
balalaika
balalaïka[F]
balalaika[F]
balalaica[F]

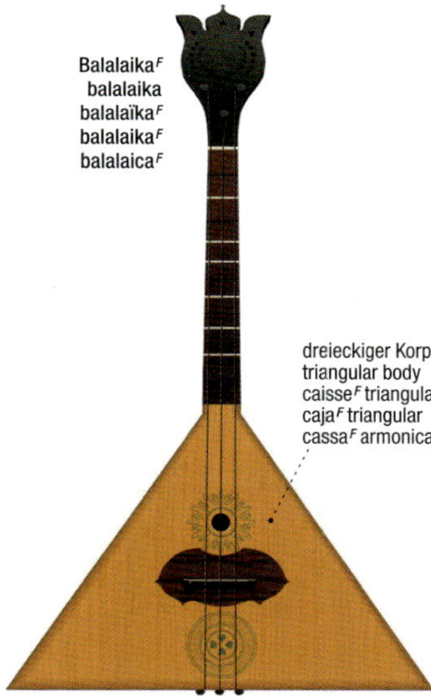

Mandoline[F]
mandolin
mandoline[F]
mandolina[F]
mandolino[M]

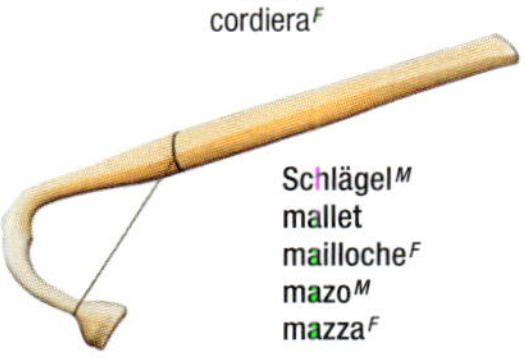

Schlägel[M]
mallet
mailloche[F]
mazo[M]
mazza[F]

Erhu[F]
erhu
erhu[M]
erhu[M]
erhu[M]

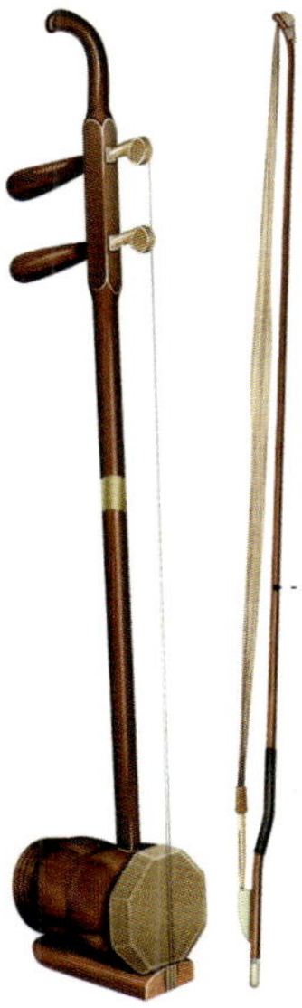

Ratsche[F]
ratchet
crécelle[F]
leva[F]
dente[M] d'arresto[M]

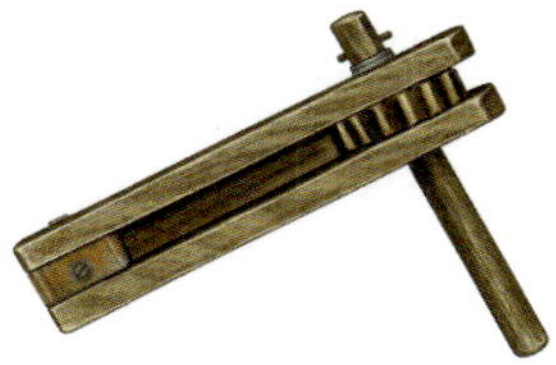

Maultrommel[F]
Jew's harp
guimbarde[F]
birimbao[M]
scacciapensieri[M]

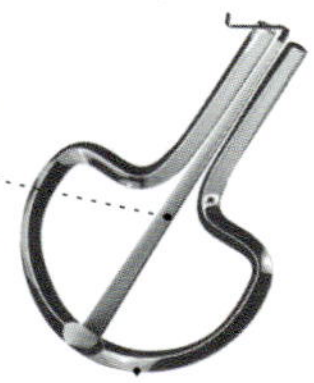

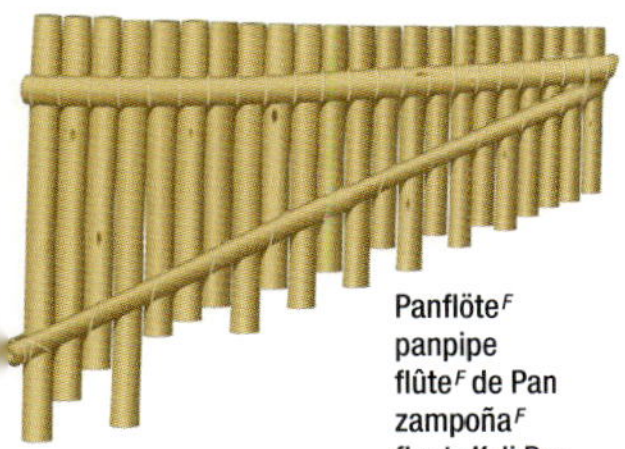

Panflöte[F]
panpipe
flûte[F] de Pan
zampoña[F]
flauto[M] di Pan

Lyra[F]
lyre
lyre[F]
lira[F]
lira[F]

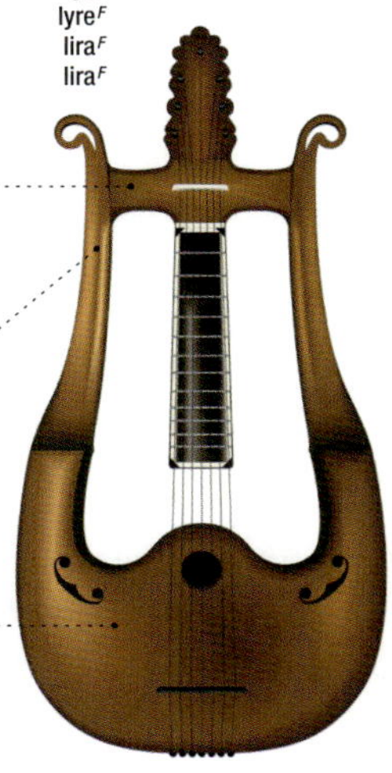

Plektron[N]
plectrum
médiator[M]
púa[F]
plettro[M]

Djembe[F]
djembe
djembé[M]
yembé[M]
djembè[M]

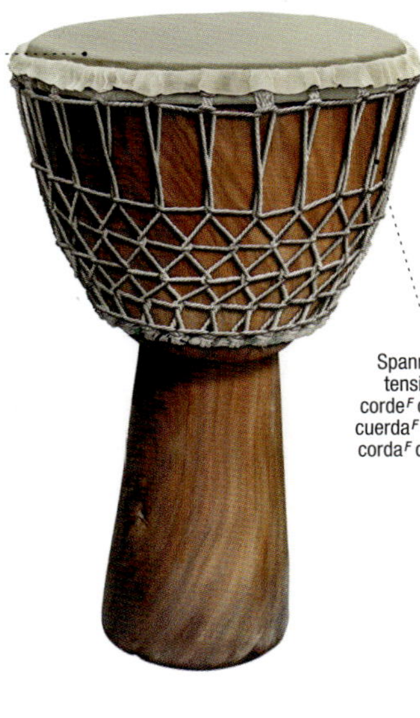

Sprechtrommel[F]
talking drum
tambour[M] d'aisselle[F]
tambor[M] hablante
tamburo[M] parlante

Musiknotation^{F}

musical notation | notation^{F} musicale | notación^{F} musical | notazione^{F} musicale

Liniensystem^{N}
staff
portée^{F}
pentagrama^{M}
pentagramma^{M}

Zwischenraum^{M}
space
interligne^{M}
espacio^{M}
spazio^{M}

Notenlinie^{F}
line
ligne^{F}
línea^{F}
linea^{F}

Hilfslinie^{F}
ledger line
ligne^{F} supplémentaire
línea^{F} suplementaria
taglio^{M} addizionale

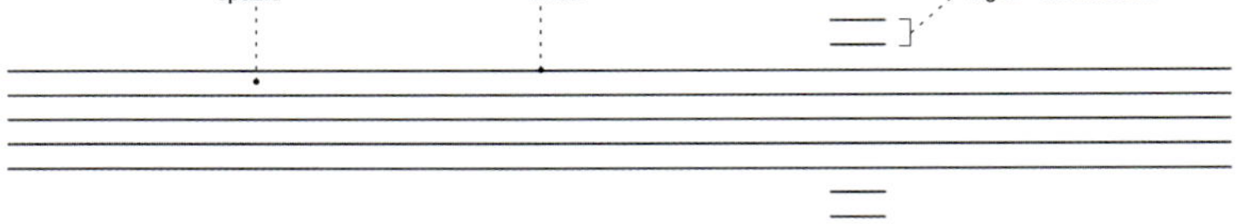

Notenschlüssel^{M}
clefs
clés^{F}
claves^{F}
chiavi^{F}

Violinschlüssel^{M}
treble clef
clé^{F} de sol^{M}
clave^{F} de sol
chiave^{F} di violino^{M}

Bassschlüssel^{M}
bass clef
clé^{F} de fa^{M}
clave^{F} de fa
chiave^{F} di basso^{M}

Altschlüssel^{M}
alto clef
clé^{F} d'ut^{M}
clave^{F} de do
chiave^{F} di contralto^{M}

Taktarten^{F}
time signatures
mesures^{F}
compás^{M}
indicazioni^{F} di tempo^{M}

Zweihalbetakt^{M}
two-two time
mesure^{F} à deux temps^{M}
de dos mitades^{F}
tempo^{M} di due metà^{F}

Dreivierteltakt^{M}
three-four time
mesure^{F} à trois temps^{M}
de tres cuartos^{M}
tempo^{M} di tre quarti^{M}

Viervierteltakt^{M}
four-four time
mesure^{F} à quatre temps^{M}
de cuatro cuartos^{M}
tempo^{M} di quattro quarti^{M}

Taktstrich^{M}
bar line
barre^{F} de mesure^{F}
barra^{F} de compás^{M}
stanghetta^{F}

Wiederholungszeichen^{N}
repeat sign
barre^{F} de reprise^{F}
barra^{F} de repetición^{F}
ritornello^{M}

Intervalle^{N}
intervals
intervalles^{M}
intervalos^{M}
intervalli^{M}

Prime^{F}
unison
unisson^{M}
unísono^{M}
unisono^{M}

Sekunde^{F}
second
seconde^{F}
segunda^{F}
seconda^{F}

Terz^{F}
third
tierce^{F}
tercera^{F}
terza^{F}

Quarte^{F}
fourth
quarte^{F}
cuarta^{F}
quarta^{F}

Quinte^{F}
fifth
quinte^{F}
quinta^{F}
quinta^{F}

Sexte^{F}
sixth
sixte^{F}
sexta^{F}
sesta^{F}

Septime^{F}
seventh
septième^{F}
séptima^{F}
settima^{F}

Oktave^{F}
octave
octave^{F}
octava^{F}
ottava^{F}

Tonleiter^{F}
scale
gamme^{F}
escala^{F}
scala^{F}

C	D	E	F	G	A	H	C
c	d	e	f	g	a	b	c
do^{M}	ré^{M}	mi^{M}	fa^{M}	sol^{M}	la^{M}	si^{M}	do^{M}
do(C)	re(D)	mi(E)	fa(F)	sol(G)	la(A)	si(B)	do(C)
do^{M}	re^{M}	mi^{M}	fa^{M}	sol^{M}	la^{M}	si^{M}	do^{M}

Musiknotation[F]

Pausenzeichen[N]
rest values
valeur[F] des silences[M]
valores[M] de los silencios[M]
valori[M] di durata[F] delle pause[F]

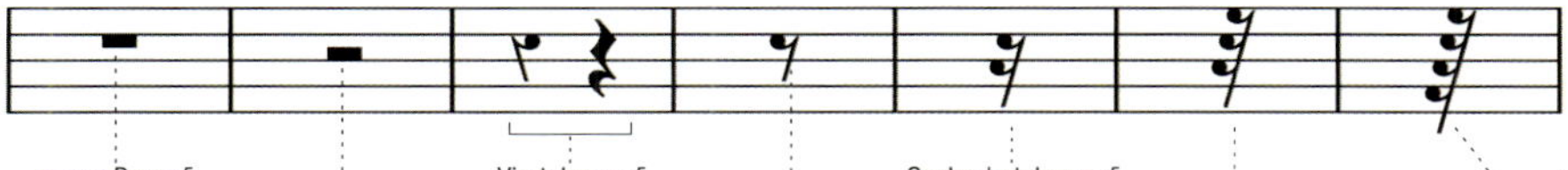

ganze Pause[F]
semibreve rest
pause[F]
silencio[M] de redonda[F]
pausa[F] di semibreve[F]

halbe Pause[F]
minim rest
demi-pause[F]
silencio[M] de blanca[F]
pausa[F] di minima[F]

Viertelpause[F]
crotchet rest
soupir[M]
silencio[M] de negra[F]
pausa[F] di semiminima[F]

Achtelpause[F]
quaver rest
demi-soupir[M]
silencio[M] de corchea[F]
pausa[F] di croma[F]

Sechzehntelpause[F]
semiquaver rest
quart[M] de soupir[M]
silencio[M] de semicorchea[F]
pausa[F] di semicroma[F]

Zweiunddreißigstelpause[F]
demisemiquaver rest
huitième[M] de soupir[M]
silencio[M] de fusa[F]
pausa[F] di biscroma[F]

Vierundsechzigstelpause[F]
hemidemisemiquaver rest
seizième[M] de soupir[M]
silencio[M] de semifusa[F]
pausa[F] di semibiscroma[F]

Verzierungen[F]
ornaments
ornements[M]
adornos[M]
abbellimenti[M]

Vorschlag[M]
appoggiatura
appoggiature[F]
apoyatura[F]
appoggiatura[F]

Triller[M]
trill
trille[M]
trino[M]
trillo[M]

Doppelschlag[M]
turn
gruppetto[M]
grupeto[M]
gruppetto[M]

Mordent[M]
mordent
mordant[M]
mordente[M]
mordente[M]

Notenwerte[M]
note values
valeur[F] des notes[F]
valores[M] de las notas[F] musicales
valori[M] di durata[F] delle note[F]

ganze Note[F]
semibreve
ronde[F]
redonda[F]
semibreve[F]

halbe Note[F]
minim
blanche[F]
blanca[M]
minima[F]

Viertelnote[F]
crotchet
noire[F]
negra[F]
semiminima[F]

Achtelnote[F]
quaver
croche[F]
corchea[F]
croma[F]

Sechzehntelnote[F]
semiquaver
double croche[F]
semicorchea[F]
semicroma[F]

Zweiunddreißigstelnote[F]
demisemiquaver
triple croche[F]
fusa[F]
biscroma[F]

Vierundsechzigstelnote[F]
hemidemisemiquaver
quadruple croche[F]
semifusa[F]
semibiscroma[F]

Versetzungszeichen[N]
accidentals
altérations[F]
accidentales[M]
accidenti[M]

B[N]
flat
bémol[M]
bemol[M]
bemolle[M]

Doppelkreuz[N]
double sharp
double dièse[M]
doble sostenido[M]
doppio diesis[M]

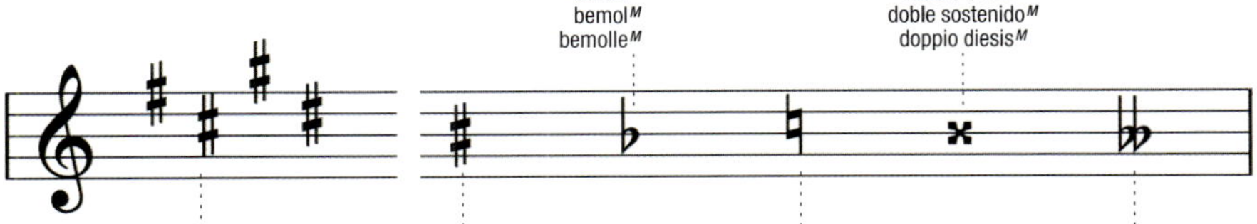

Tonartvorzeichen[N]
key signature
armature[F] de la clé[F]
armadura[F]
armatura[F] di chiave[F]

Kreuz[N]
sharp
dièse[M]
sostenido[M]
diesis[M]

Auflösungszeichen[N]
natural
bécarre[M]
becuadro[M]
bequadro[M]

Doppel-B[N]
double flat
double bémol[M]
doble bemol[M]
doppio bemolle[M]

andere Zeichen[N]
other signs
autres signes[M]
otros signos[M]
altri segni[M]

Akkord[M]
chord
accord[M]
acorde[M]
accordo[M]

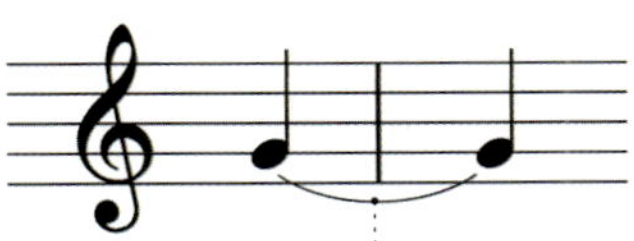

Bindebogen[M]
tie
liaison[F]
ligadura[F]
legatura[F]

Marcato-Zeichen[N]
accent mark
accent[M]
acento[M]
accento[M]

Arpeggio[N]
arpeggio
arpège[M]
arpegio[M]
arpeggio[M]

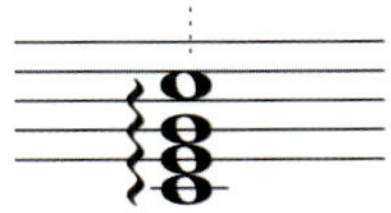

Fermate[F]
fermata
point[M] d'orgue[M]
calderón[M]
punto[M] coronato

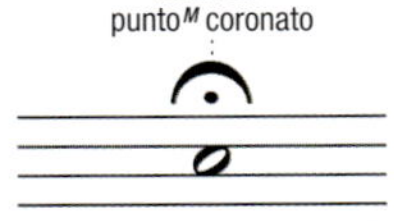

Musikzubehör^{N}

musical accessories | accessoires^{M} de musique^{F} | accesorios^{M} musicales | accessori^{M} musicali

Notenständer^{M}
music stand
pupitre^{M} à musique^{F}
atril^{M}
leggio^{M} da orchestra^{F}

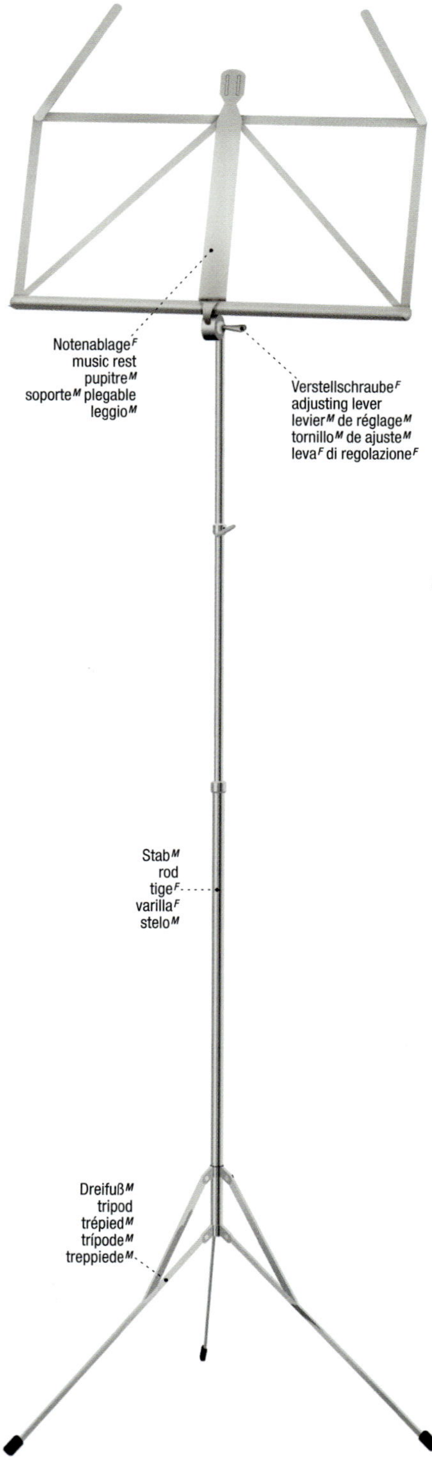

Notenablage^{F}
music rest
pupitre^{M}
soporte^{M} plegable
leggio^{M}

Verstellschraube^{F}
adjusting lever
levier^{M} de réglage^{M}
tornillo^{M} de ajuste^{M}
leva^{F} di regolazione^{F}

Stab^{M}
rod
tige^{F}
varilla^{F}
stelo^{M}

Dreifuß^{M}
tripod
trépied^{M}
trípode^{M}
treppiede^{M}

Metronom^{N}
metronome
métronome^{M} mécanique
metrónomo^{M}
metronomo^{M}

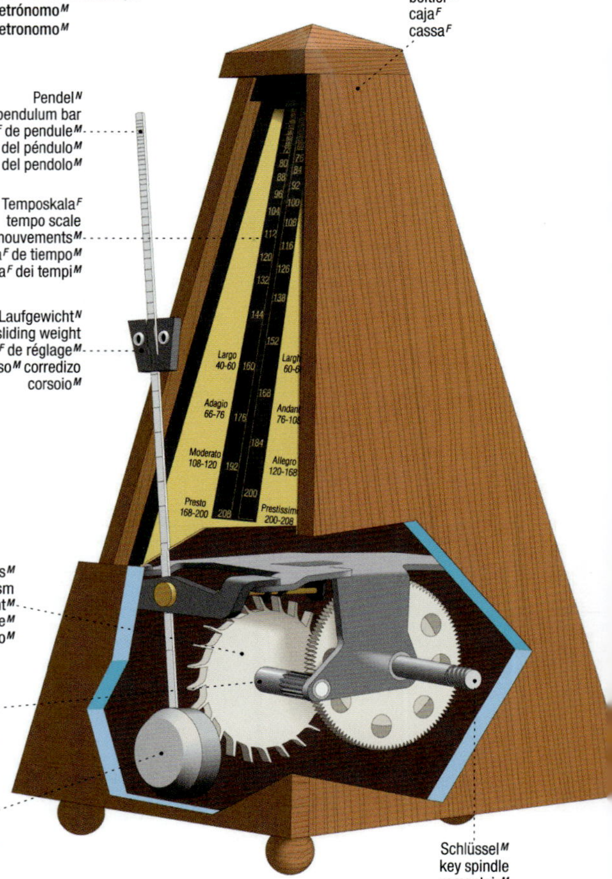

Kasten^{M}
case
boîtier^{M}
caja^{F}
cassa^{F}

Pendel^{N}
pendulum bar
tige^{F} de pendule^{M}
varilla^{F} del péndulo^{M}
asta^{F} del pendolo^{M}

Temposkala^{F}
tempo scale
échelle^{F} des mouvements^{M}
escala^{F} de tiempo^{M}
scala^{F} dei tempi^{M}

Laufgewicht^{N}
sliding weight
massette^{F} de réglage^{M}
peso^{M} corredizo
corsoio^{M}

Steigradmechanismus^{M}
escapement mechanism
mécanisme^{M} à échappement^{M}
mecanismo^{M} de escape^{M}
meccanismo^{M} di scappamento^{M}

Pinne^{F}
pivot
pivot^{M}
pivote^{M}
perno^{M}

feststehendes Gewicht^{N}
fixed weight
masse^{F} pendulaire
péndulo^{M}
massa^{F} pendolare

Schlüssel^{M}
key spindle
remontoir^{M}
llave^{F}
chiave^{F} di carica^{F}

Stimmgabel^{F}
tuning fork
diapason^{M}
diapasón^{M}
diapason^{M}

Quarzmetronom^{N}
quartz metronome
métronome^{M} à quartz^{M}
metrónomo^{M} de cuarzo^{M}
metronomo^{M} al quarzo^{M}

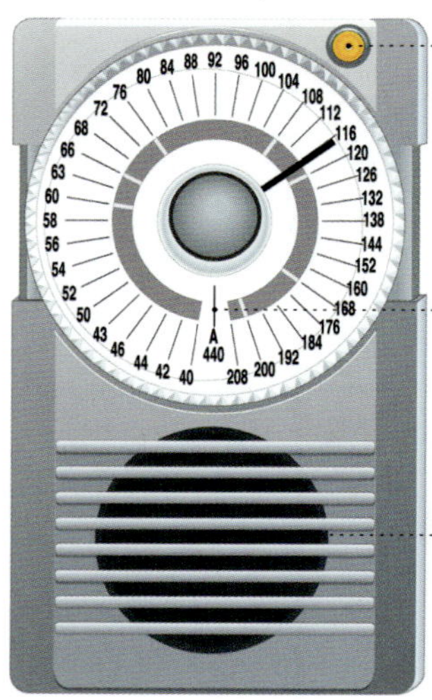

optisches Signal^{N}
light signal
signal^{M} lumineux
señal^{F} luminosa
segnale^{M} luminoso

Kammerton^{M} A
standard A
la^{M} universel
pauta^{F} A
la^{M} centrale

akustisches Signal^{N}
sound signal
signal^{M} sonore
señal^{F} del sonido^{M}
segnale^{M} acustico

Stickerei[F]

embroidery | broderie[F] | bordado[M] | ricamo[M]

runder Stickrahmen[M]
hoop
tambour[M]
aro[M]
telaio[M] circolare

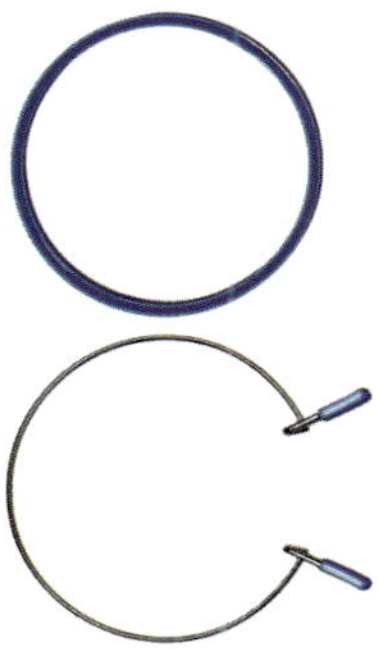

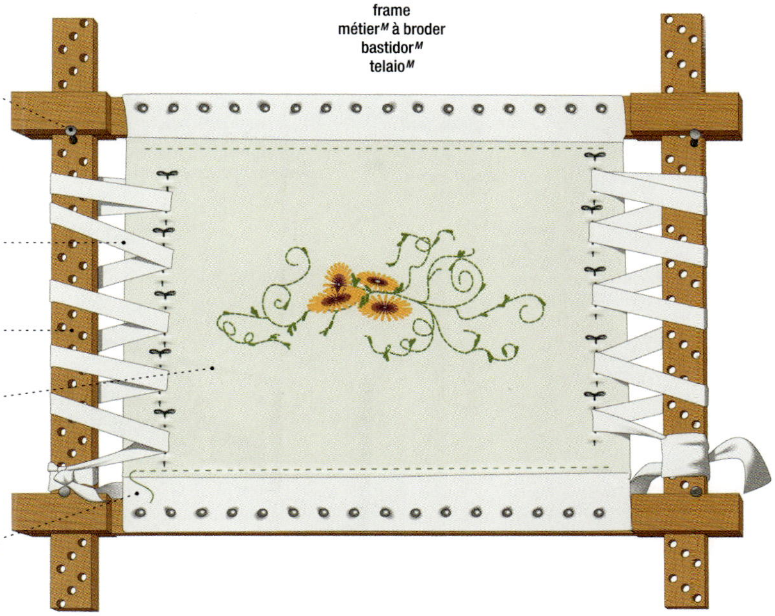

Stickstiche[M]
stitch patterns
points[M] de broderie[F]
puntos[M] de bordado[M]
punti[M] di ricamo[M]

Kreuzstiche[M]
cross stitches
points[M] croisés
puntos[M] de cruz[F]
punti[M] incrociati

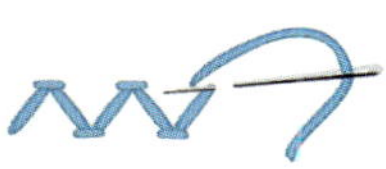

Hexenstich[M]
herringbone stitch
point[M] de chevron[M]
punto[M] de cruz[F]
punto[M] strega[F]

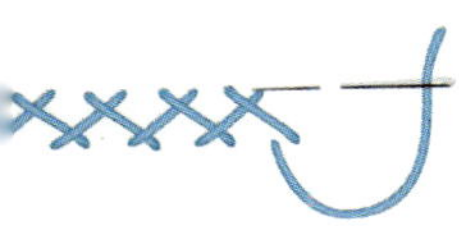

Smokstich[M]
chevron stitch
point[M] de chausson[M]
punto[M] de escapulario[M]
punto[M] gallone[M]

Überfangstiche[M]
couched stitches
points[M] couchés
bordados[M] planos
punti[M] stuoia

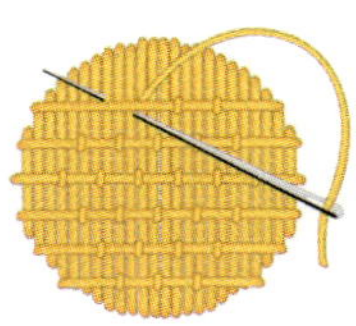

orientalischer Überfangstich[M]
Oriental couching stitch
point[M] d'Orient[M]
relleno[M] alternado
punto[M] d'Oriente[M]

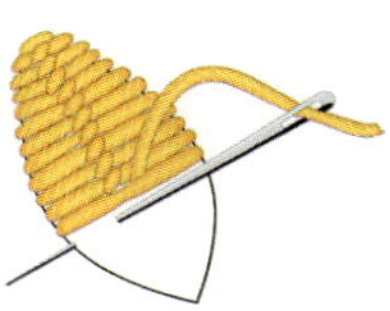

rumänischer Überfangstich[M]
Romanian couching stitch
point[M] roumain
bordado[M] plano
punto[M] rumeno

Schlingstiche[M]
loop stitches
points[M] bouclés
puntos[M] de malla[F]
gruppo[M] di punti[M] a cappio[M]

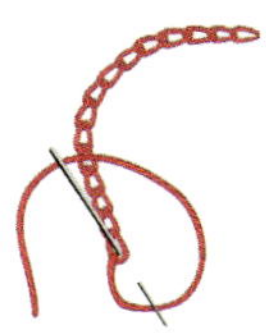

Kettenstich[M]
chain stitch
point[M] de chaînette[F]
cadeneta[F]
punto[M] catenella[F]

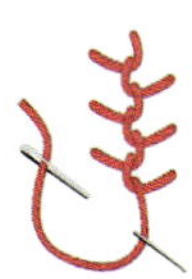

Krähenfußstich[M]
feather stitch
point[M] d'épine[F]
pata[F] de gallo[M]
punto[M] spina[F]

Plattstiche[M]
flat stitches
points[M] plats
puntos[M] de relleno[M]
punti[M] piatti

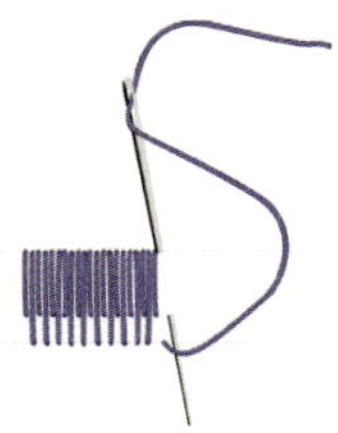

langer und kurzer Spannstich[M]
long and short stitch
point[M] passé empiétant
lanzado[M] desigual
punto[M] piatto intercalato

Zopfstich[M]
fishbone stitch
point[M] d'arête[F]
punto[M] de espiga[F]
punto[M] spina[F] di pesce[M]

Knötchenstiche[M]
knot stitches
points[M] noués
puntos[M] de relleno[M] sueltos
punti[M] annodati

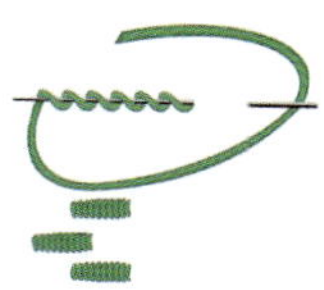

Tressenstich[M]
bullion stitch
point[M] de poste[F]
pespunte[M]
punto[M] vapore[M]

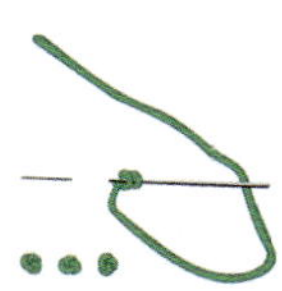

französischer Knötchenstich[M]
French knot stitch
point[M] de nœud[M]
punto[M] de nudos[M]
punto[M] noci[M]

Nähen^{N}

sewing | couture^{F} | costura^{F} | cucito^{M}

Nähmaschine^{F}
sewing machine
machine^{F} à coudre
máquina^{F} de coser
macchina^{F} da cucire

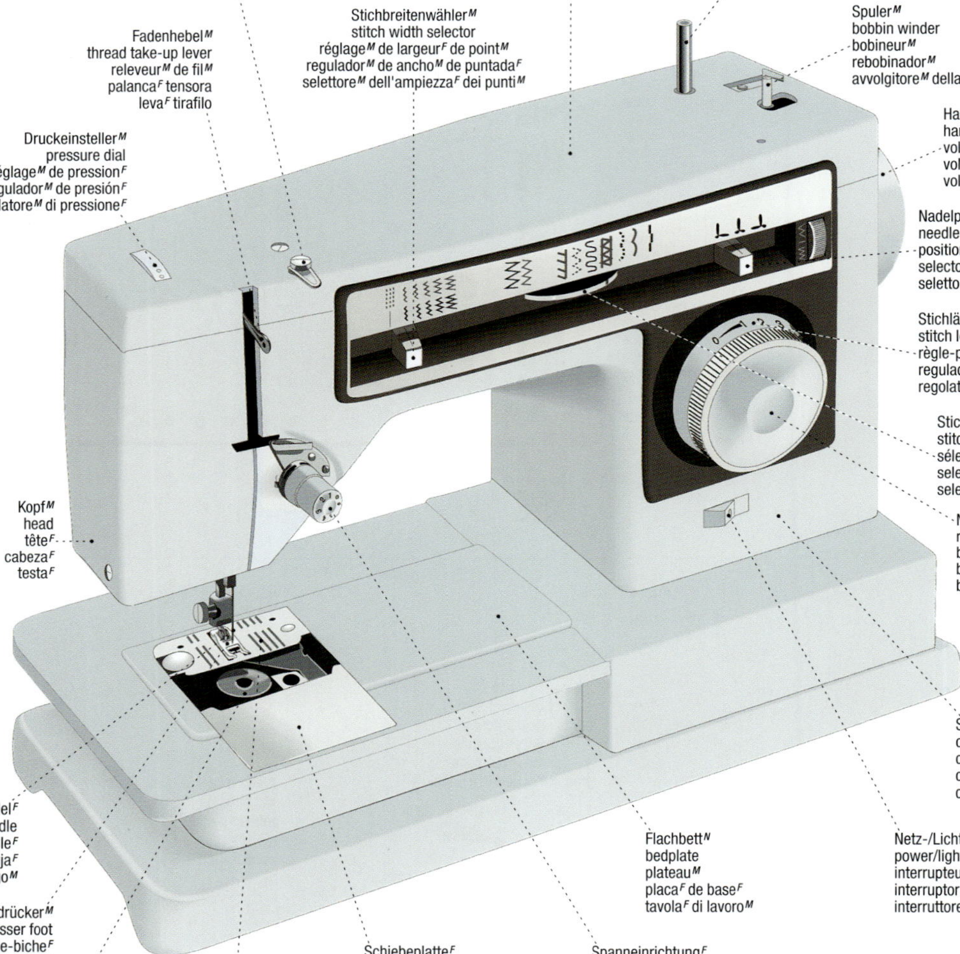

Spulenkapsel^{F}
bobbin case
boîte^{F} à canette^{F}
bobinas^{F}
capsula^{F} della bobina^{F}

Tretplatte^{F}
foot control
commande^{F} au pied^{M}
pedal^{M} eléctrico
comando^{M} a pedale^{M}

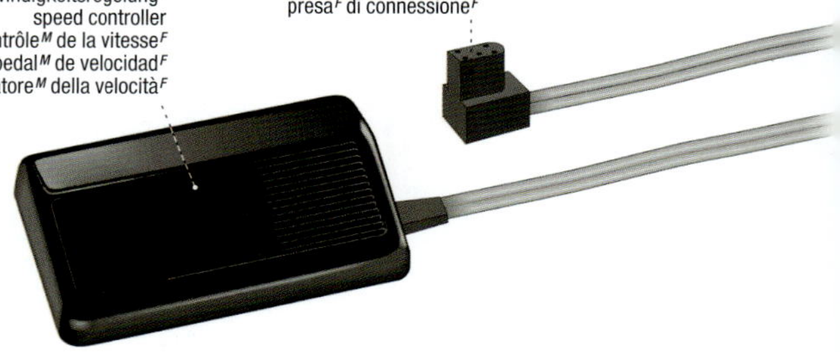

Nähen^N

Spanneinrichtung^F
tension block
bloc^M-tension^F
columna^F de tensión^F
blocco^M di tensione^F

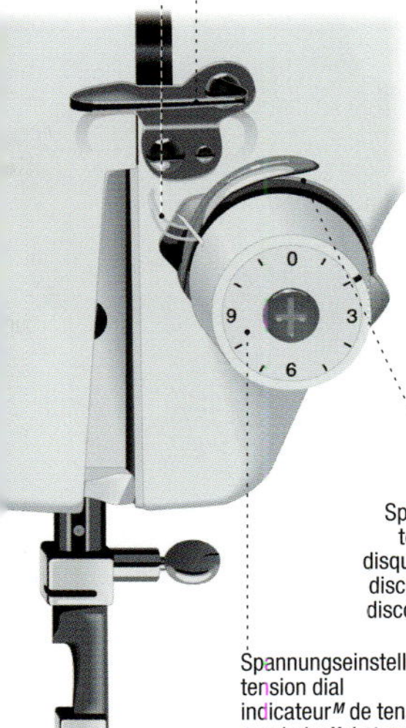

Nadel^F
needle
aiguille^F
aguja^F
ago^M

Stoffdrücker^M
presser foot
pied^M presseur
prensatelas^M
piedino^M premistoffa

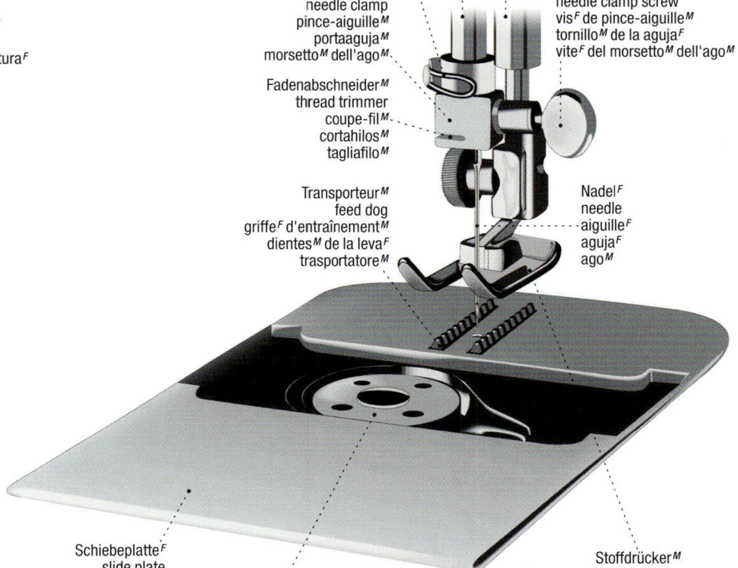

Verschlüsse^M
fasteners
attaches^F
accesorios^M para cerrar
chiusure^F

Reißverschluss^M
zip fastener
fermeture^F à glissière^F
cremallera^F
chiusura^F lampo^F

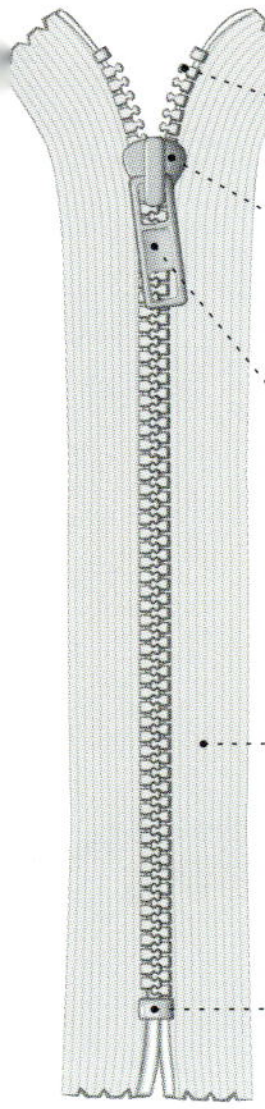

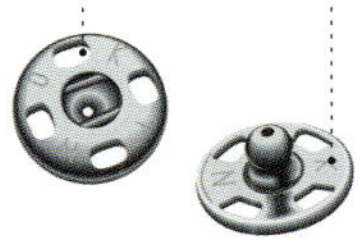

Druckknopf^M
press stud
bouton^M-pression^F
automático^M
bottone^M automatico

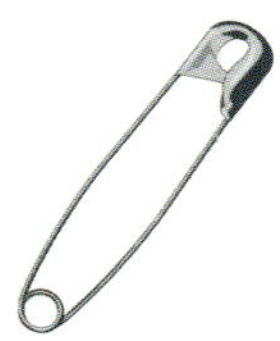

Sicherheitsnadel^F
safety pin
épingle^F de sûreté^F
imperdible^M
spilla^F di sicurezza^F

Ösenknopf^M
shank button
bouton^M à tige^F
botón^M de fantasía^F
bottone^M a gambo^M

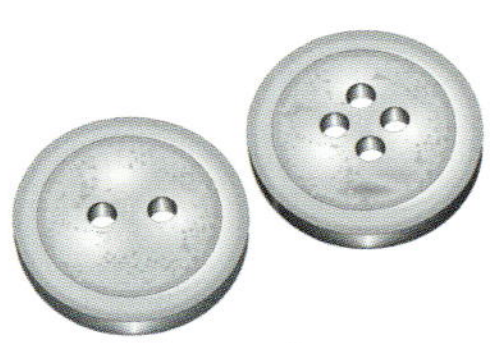

gelochte Knöpfe^M
sew-through buttons
boutons^M à trous^M
botones^M comunes
bottoni^M forati

Haken^M und Ösen^F
hook and eyes
agrafes^F
corchetes^M
gancio^M e occhielli^M

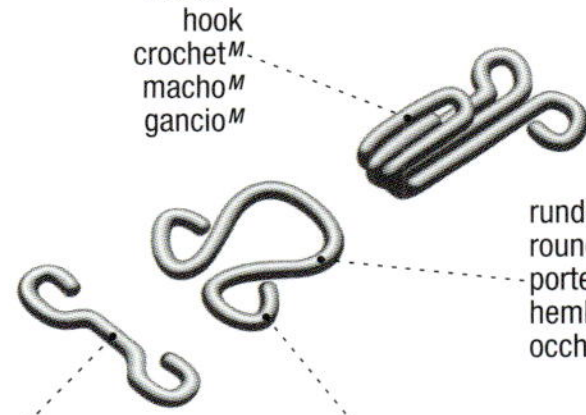

Nähen^{N}

Nähzubehör^{N}
sewing accessories
accessoires^{M} de couture^{F}
accesorios^{M} para coser
accessori^{M} di cucito^{M}

Nadelkissen^{N}
pin cushion
pelote^{F}
acerico^{M}
puntaspilli^{M}

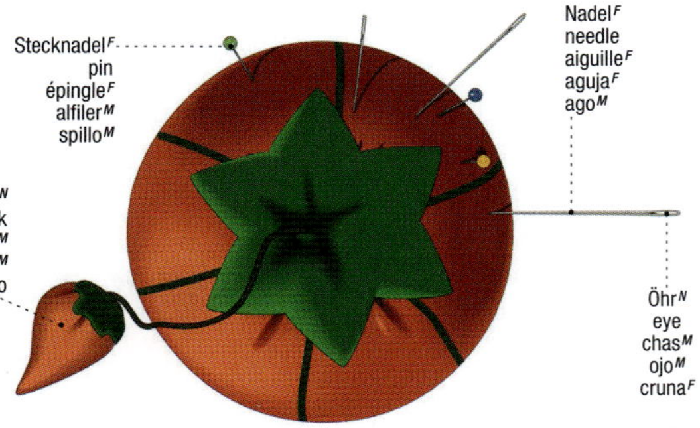

Stecknadel^{F}
pin
épingle^{F}
alfiler^{M}
spillo^{M}

Nadel^{F}
needle
aiguille^{F}
aguja^{F}
ago^{M}

Schmirgelsäckchen^{N}
emery pack
coussinet^{M} d'émeri^{M}
esmeril^{M}
cuscinetto^{M} smerigliato

Öhr^{N}
eye
chas^{M}
ojo^{M}
cruna^{F}

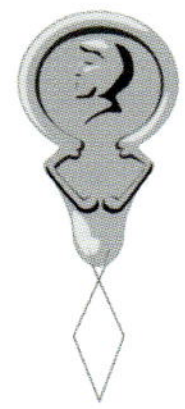

Einfädler^{M}
needle threader
enfile-aiguille^{M}
enhebrador^{M}
infila ago^{M}

Fingerhut^{M}
thimble
dé^{M}
dedal^{M}
ditale^{M}

Schere^{F}
scissors
ciseaux^{M}
tijeras^{F} de modista^{F}
forbici^{F}

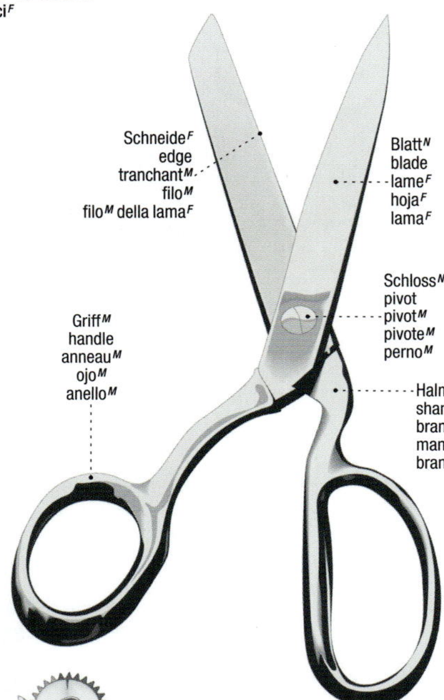

Schneide^{F}
edge
tranchant^{M}
filo^{M}
filo^{M} della lama^{F}

Blatt^{N}
blade
lame^{F}
hoja^{F}
lama^{F}

Schloss^{N}
pivot
pivot^{M}
pivote^{M}
perno^{M}

Griff^{M}
handle
anneau^{M}
ojo^{M}
anello^{M}

Halm^{M}
shank
branche^{F}
mango^{M}
branca^{F}

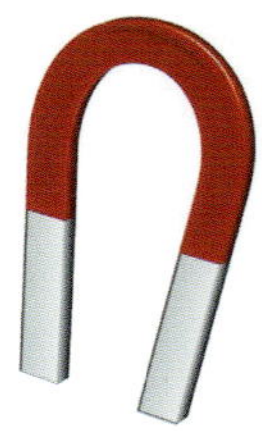

Magnet^{M}
magnet
aimant^{M}
imán^{M}
calamita^{F}

Zickzackschere^{F}
pinking shears
ciseaux^{M} à denteler
tijeras^{F} para rematar
forbici^{F} per dentellare

Schneiderbüste^{F}
dressmaker's model
mannequin^{M}
maniquí^{M}
manichino^{M} da sarta^{F}

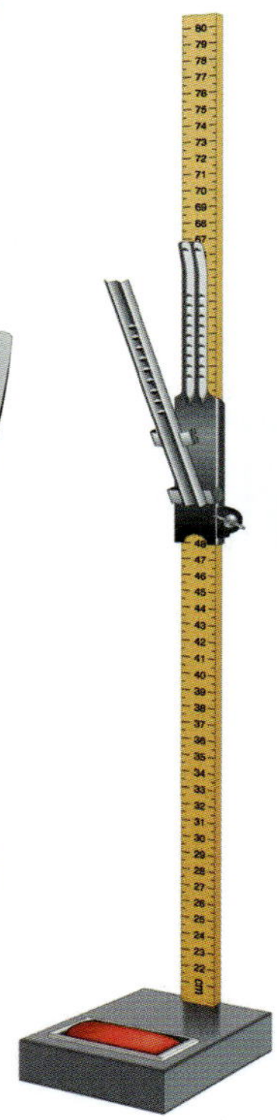

Rockabrunder^{M}
skirt marker
arrondisseur^{M}
marcador^{M} del dobladillo^{M}
marcatore^{M} per orli^{M}

Rädchen^{N}
wheel
disque^{M}
rueda^{F}
rotella^{F}

Zubehör^{N}
shank
axe^{M}
vástago^{M}
gambo^{M}

Griff^{M}
handle
manche^{M}
mango^{M}
manico^{M}

Kopierrad^{M}
tracing wheel
roulette^{F}
marcador^{M}
rotella^{F} da ricalco^{M}

Maßband^{N}
tape measure
mètre^{M} à ruban^{M}
cinta^{F} métrica
metro^{M} a nastro^{M}

Saummaß^{N}
seam gauge
règle^{F} de couture^{F}
regla^{F}
misuratore^{M} di cucitura^{F}

Nähen^{N}

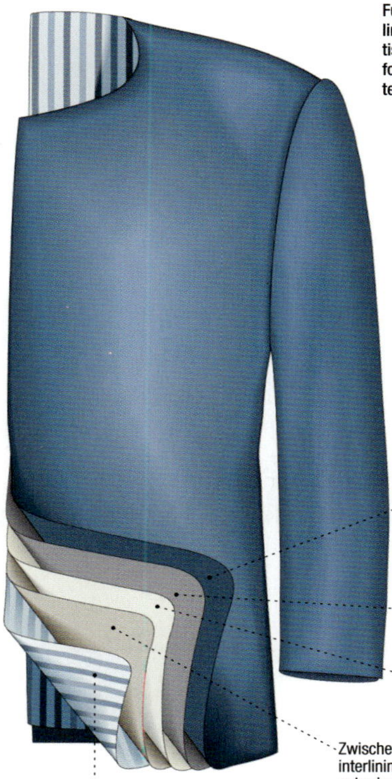

Futterstoffe^{M}
lining fabrics
tissus^{M} de soutien^{M}
forro^{M} y entretelas^{F}
tessuti^{M} di rinforzo^{M}

Kleiderstoff^{M}
garment fabric
tissu^{M} du vêtement^{M}
tela^{F}
tessuto^{M} per abiti^{M}

Unterfutter^{N}
underlining
triplure^{F}
entretela^{F} de refuerzo^{M}
controfodera^{F}

Einlage^{F}
interfacing
entoilage^{M}
entretela^{F} de armado^{M}
teletta^{F}

Zwischenfutter^{N}
interlining
entredoublure^{F}
entretela^{F} de abrigo^{M}
interfodera^{F}

Futter^{N}
lining
doublure^{F}
forro^{M}
fodera^{F}

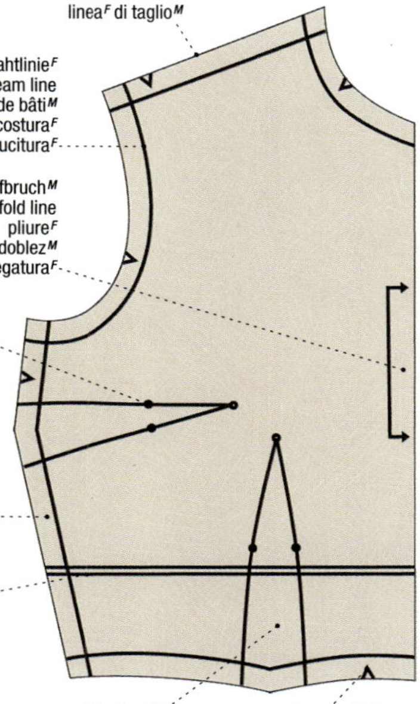

Schnittmuster^{N}
pattern
patron^{M}
patrón^{M}
modello^{M}

Schnittlinie^{F}
cutting line
ligne^{F} de coupe^{F}
línea^{F} de corte^{M}
linea^{F} di taglio^{M}

Nahtlinie^{F}
seam line
ligne^{F} de bâti^{M}
línea^{F} de costura^{F}
linea^{F} di cucitura^{F}

Stoffbruch^{M}
fold line
pliure^{F}
doblez^{M}
linea^{F} di piegatura^{F}

Markierungspunkt^{M}
marking dot
point^{M} de repère^{M}
punto^{M} de marcado^{M}
punto^{M} di marcatura^{F}

Nahtzugabe^{F}
seam allowance
rentré^{M}
pestaña^{F}
margine^{M} per la cucitura^{F}

Änderungslinie^{F}
alteration line
ligne^{F} de modification^{F}
línea^{F} para modificaciones^{F}
linea^{F} di modifica^{F}

Abnäher^{M}
dart
pince^{F}
pinzas^{F}
pince^{F}

Ausschnitt^{M}
notch
cran^{M}
pico^{M} muesca^{F}
tacca^{F}

Gewebestruktur^{F}
fabric structure
structure^{F} du tissu^{M}
tejidos^{M}
struttura^{F} del tessuto^{M}

schräg zum Fadenlauf^{M}
bias
biais^{M}
bies^{M}
sbieco^{M}

Webkante^{F}
selvage
lisière^{F}
orillo^{M}
cimosa^{F}

Querfaden^{M}
crosswise grain
trame^{F}
contrahílo^{M} de la tela^{F}
trama^{F}

Längsfaden^{M}
lengthwise grain
chaîne^{F}
hilo^{M} de la tela^{F}
ordito^{M}

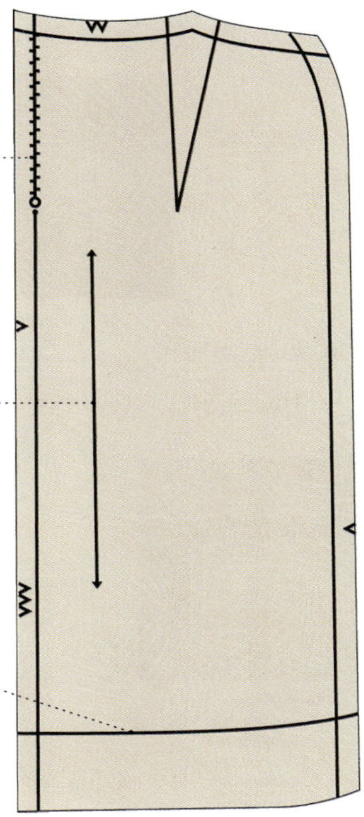

Reißverschlusslinie^{F}
zip line
ligne^{F} de piqûre^{F} de la fermeture^{F}
posición^{F} de la cremallera^{F}
linea^{F} della chiusura^{F} lampo^{F}

Längsfaden^{M}
lengthwise grain
droit fil^{M}
pinzas^{F} verticales
drittofilo^{M}

Saum^{M}
hemline
ligne^{F} d'ourlet^{M}
línea^{F} del dobladillo^{M}
orlo^{M}

Stricken^{N}

knitting | tricot^{M} | tejido^{M} de punto^{M} | lavoro^{M} a maglia^{F}

Stricknadel^{F}
knitting needle
aiguille^{F} à tricoter
aguja^{F} de punto^{M}
ferro^{M} da maglia^{F}

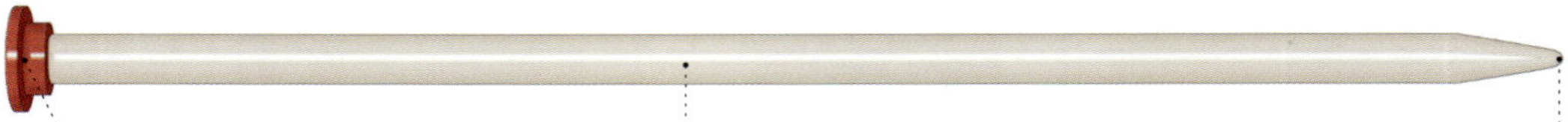

Kopf^{M}
head
tête^{F}
cabeza^{F}
testa^{F}

Schaft^{M}
shank
tige^{F}
varilla^{F}
gambo^{M}

Spitze^{F}
point
pointe^{F}
punta^{F}
punta^{F}

Rundstricknadel^{F}
circular needle
aiguille^{F} circulaire
aguja^{F} circular
ferro^{M} circolare

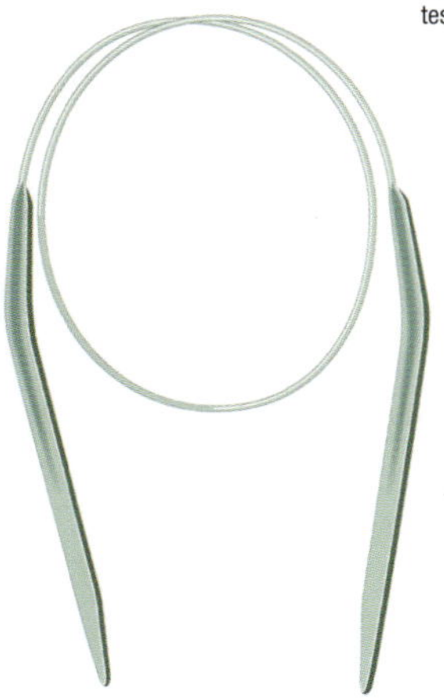

Maschenanschlag^{M}
cast-on stitches
mailles^{F} de montage^{M}
puntos^{M} de montado^{M}
punti^{M} avviati

Häkelnadel^{F}
crochet hook
crochet^{M}
ganchillo^{M}
uncinetto^{M}

Haken^{M}
hook
bec^{M}
gancho^{M}
uncino^{M}

flacher Teil^{M}
flat part
méplat^{M}
parte^{F} plana
parte^{F} piatta

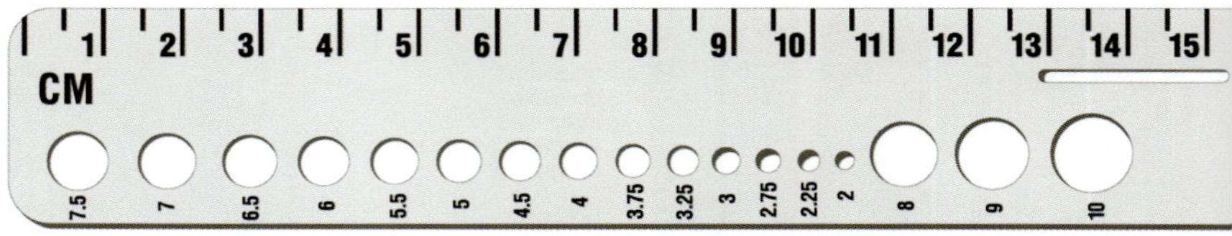

Strickmaß^{N}
knitting measure
jauge^{F} à aiguilles^{F}
regla^{F} para medir puntos^{M}
misuratore^{M} per ferri^{M}

Strickmuster^{N}
stitch patterns
points^{M} de tricot^{M}
tipos^{M} de punto^{M}
motivi^{M}

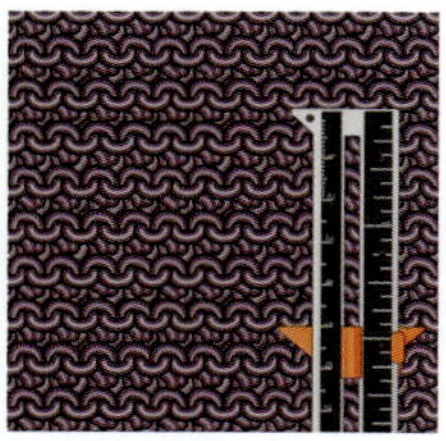

Maschenprobe^{F}
sample
échantillon^{M}
muestra^{F}
campione^{M}

Glattstrick^{M}
stocking stitch
point^{M} de jersey^{M}
punto^{M} del derecho^{M}
maglia^{F} diritta

Krausstrick^{M}
garter stitch
point^{M} mousse^{F}
punto^{M} del revés^{M}
maglia^{F} rovescia

Gerstenkornmuster^{N}
moss stitch
point^{M} de riz^{M}
punto^{M} de arroz^{M}
punto^{M} riso^{M}

Perlrippen^{F}
rib stitch
point^{M} de côtes^{F}
punto^{M} de respiguilla^{F}
maglia^{F} a coste^{F}

Wabenstrick^{M}
basket stitch
point^{M} de damier^{M}
punto^{M} de malla^{F}
scacchi^{M}

Zopfmuster^{N}
cable stitch
point^{M} de torsades^{F}
punto^{M} de ochos^{M}
treccia^{F}

Stricken^{N}

Strickmaschine^{F}
knitting machine
machine^{F} à tricoter
máquina^{F} tricotar
macchina^{F} da maglieria^{F}

Nadelbett^{N} und Schlitten^{M}
needle bed and carriages
fonture^{F} et chariots^{M}
máquinas^{F} de tejer
frontura^{F} e carrelli^{M}

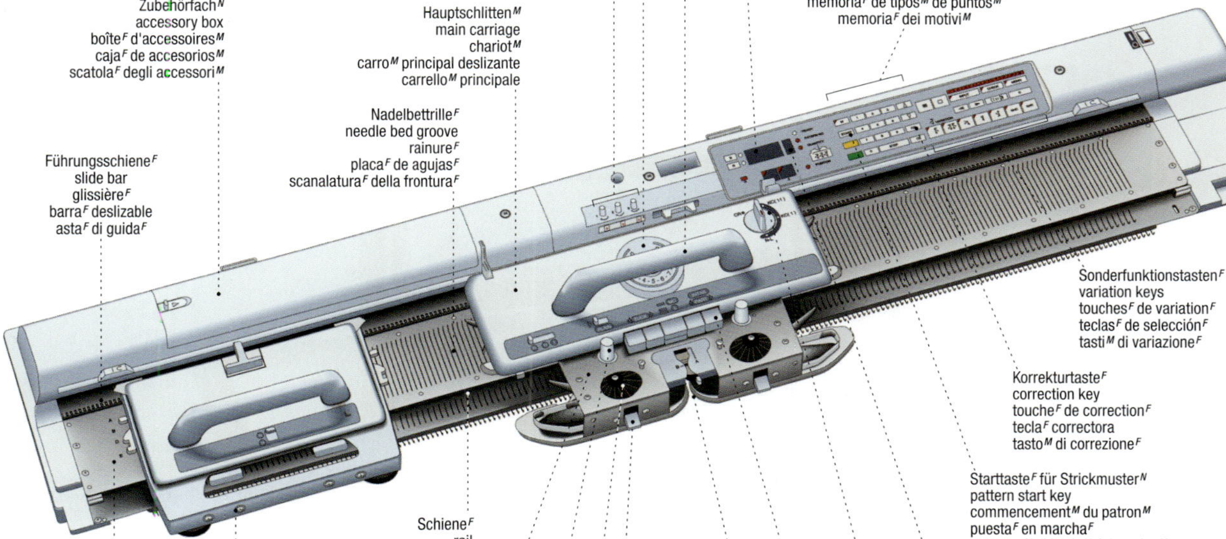

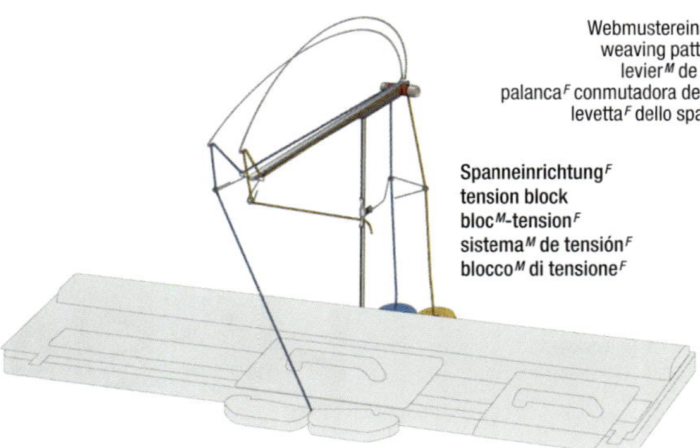

Spanneinrichtung^{F}
tension block
bloc^{M}-tension^{F}
sistema^{M} de tensión^{F}
blocco^{M} di tensione^{F}

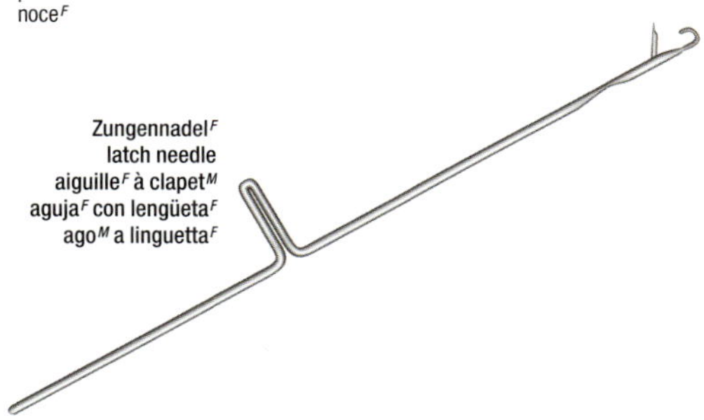

Zungennadel^{F}
latch needle
aiguille^{F} à clapet^{M}
aguja^{F} con lengüeta^{F}
ago^{M} a linguetta^{F}

Weben[N]

weaving | tissage[M] | tejido[M] | tessitura[F]

Flachwebstuhl[M]
low-warp loom
métier[M] de basse lisse[F]
telar[M] de cuatro marcos[M]
telaio[M] a ordito[M] basso

Gesamtansicht[F]
general view
vue[F] d'ensemble[M]
vista[F] general
vista[F] generale

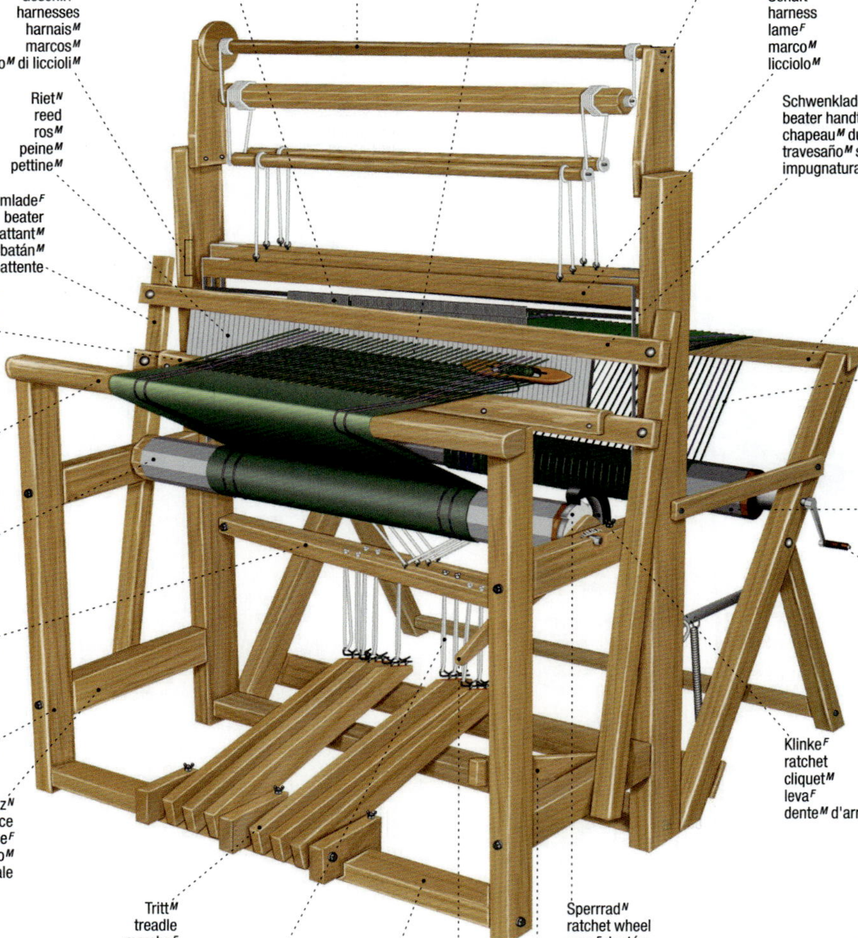

Rahmen[M]
frame
bâti[M]
armazón[M]
incastellatura[F]

Weben^{N}

Webschütz^{M}
shuttle
navette^{F}
lanzadera^{F}
navetta^{F}

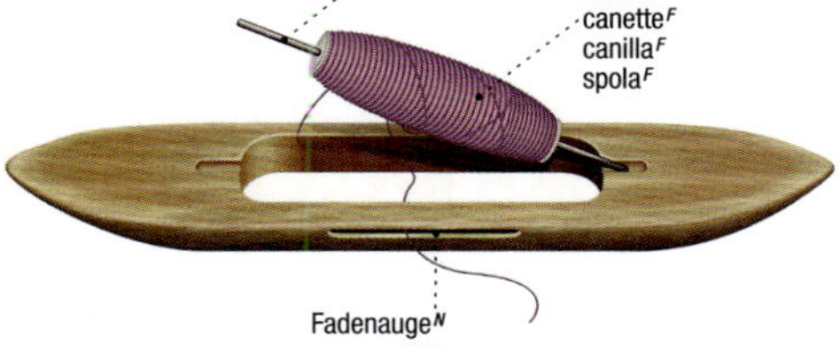

Breithalter^{M}
temple
templet^{M}
templazo^{M}
tempiale^{M}

Litzen^{F}
heddles
lisses^{F}
lizos^{M}
licci^{M}

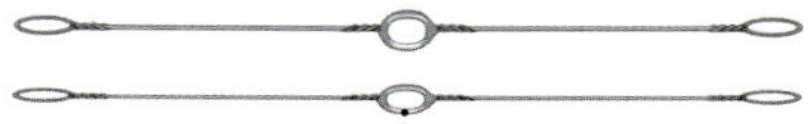

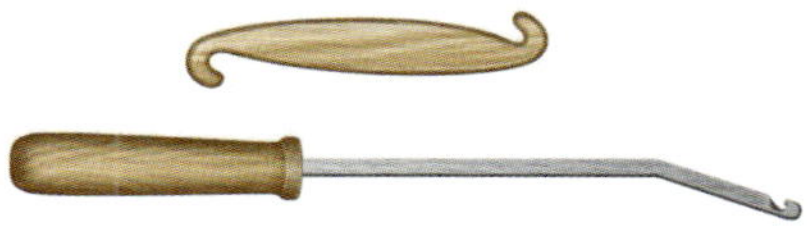

Blattstecher^{M}
reed hooks
passettes^{F}
ganchos^{M} peinadores
ganci^{M} del pettine^{M}

Webnadel^{F}
flat shuttle
réglette^{F}
lanzadera^{F} plana
navetta^{F} piana

Teppichschiffchen^{N}
tapestry bobbin
broche^{F}
lanzadera^{F}
navetta^{F} per arazzi^{M}

Kamm^{M}
comb
peigne^{M}
peine^{M} de tapicería^{F}
pettine^{M}

Hochwebstuhl^{M}
high warp loom
métier^{M} de haute lisse^{F}
telar^{M} de tapicería^{F}
telaio^{M} a ordito^{M} alto

Gesamtansicht^{F}
general view
vue^{F} d'ensemble^{M}
vista^{F} general
vista^{F} generale

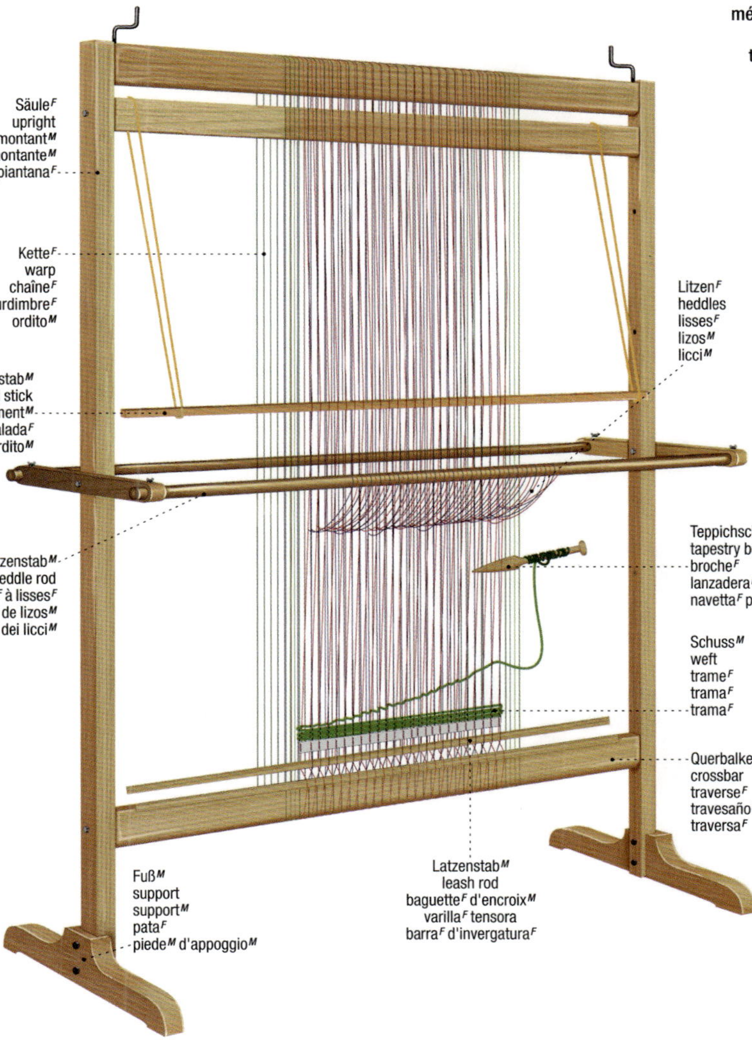

senkrechter Rahmen^{M}
vertical frame
charpente^{F} verticale
marco^{M} vertical
telaio^{M} verticale

Weben[N]

Webzubehör[N]
weaving accessories
accessoires[M] de tissage[M]
accesorios[M] de tejidos[F]
accessori[M] di tessitura[F]

Handspulgerät[N]
bobbin winder
canetière[F]
devanador[M] de bobinas[F]
roccatrice[F]

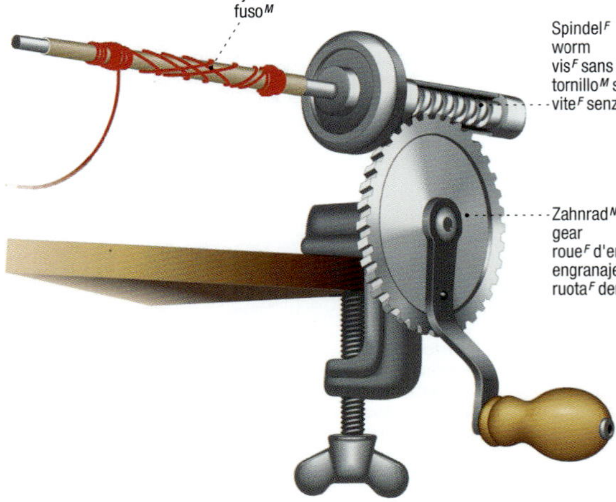

Schirmwinde[F]
swift
dévidoir[M]
devanadera[F]
aspo[M]

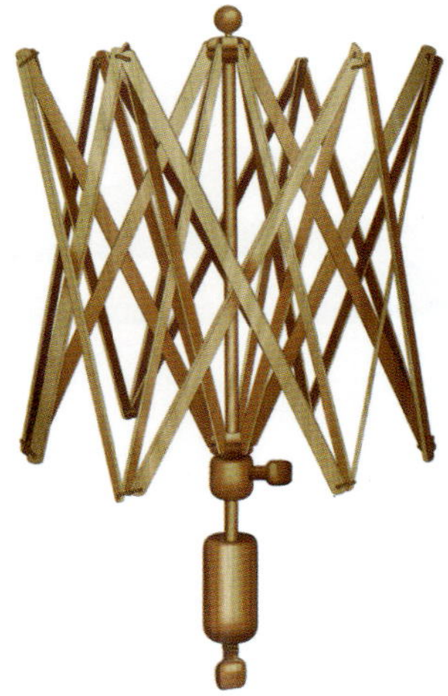

elektrisches Spulgerät[N]
ball winder
bobinoir[M]
devanador[M]
aggomitolatore[M]

Schärbaum[M]
warping frame
ourdissoir[M]
urdidor[M]
orditoio[M]

Spulengestell[N]
spool rack
cantre[M]
portabobinas[M]
rastrelliera[F] dei rocchetti[M]

Weben^N

Schaubild^N für das Webprinzip^N
diagram of weaving principle
schéma^M du principe^M du tissage^M
diagramas^M de tejidos^M
schema^M della tessitura^F

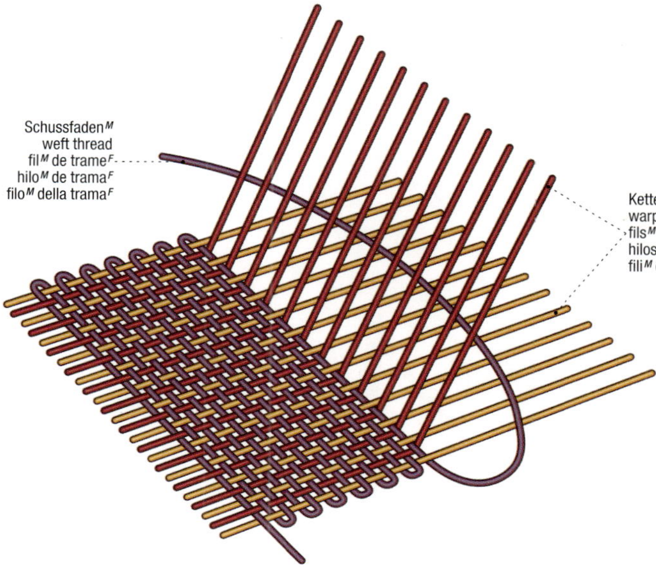

Grundbindungen^F
basic weaves
armures^F de base^F
ligamentos^M textiles básicos
armature^F di base^F

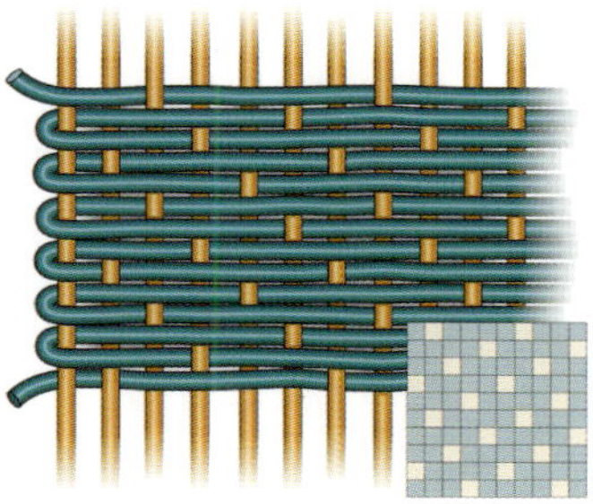

Atlasbindung^F
satin weave
satin^M
satén^M
raso^M

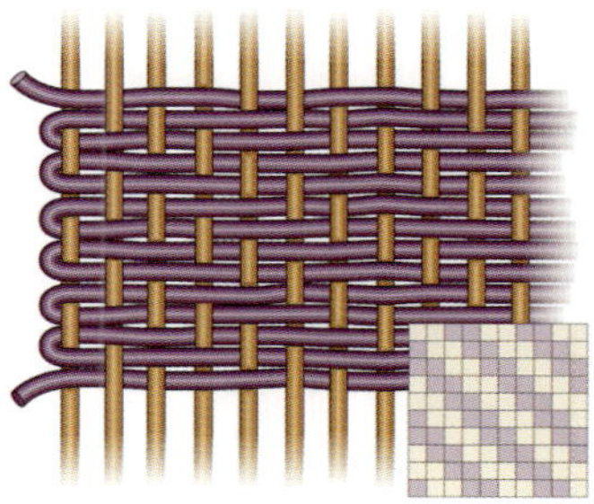

Köperbindung^F
twill weave
sergé^M
sarga^F
saia^F

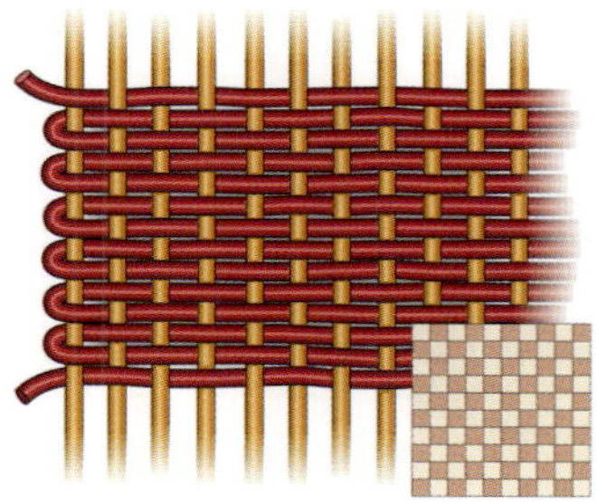

Leinwandbindung^F
plain weave
toile^F
tafetán^M
tela^F

andere Techniken^F
other techniques
autres techniques^F
otros ligamentos^M textiles
altre tecniche^F

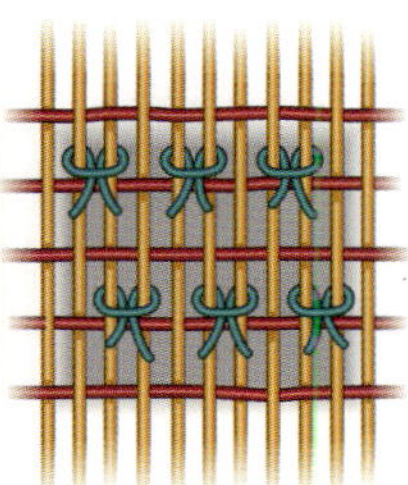

Knoten^M
knot
nœud^M
anudado
annodatura^F

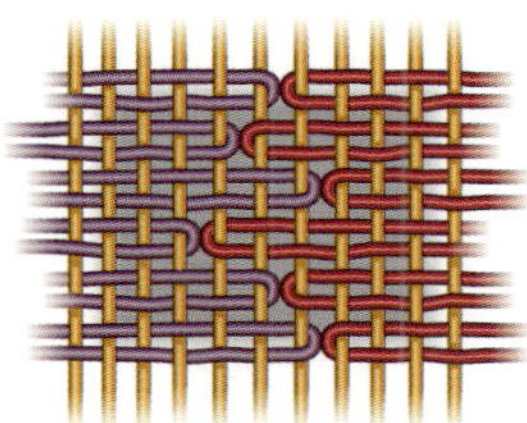

Kelimbindung^F mit wechselnden Wenden^F
hatching
hachure^F
punteado
ombreggiatura^F

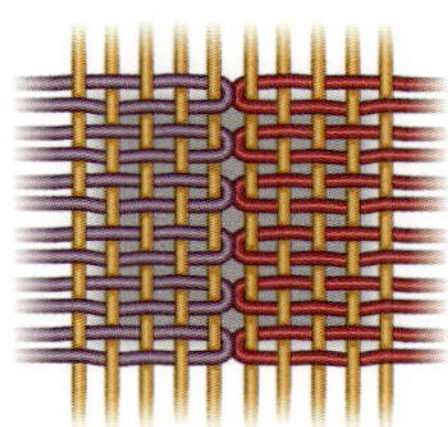

senkrechte Kelimbindung^F
slit
fente^F
vertical
fessura^F

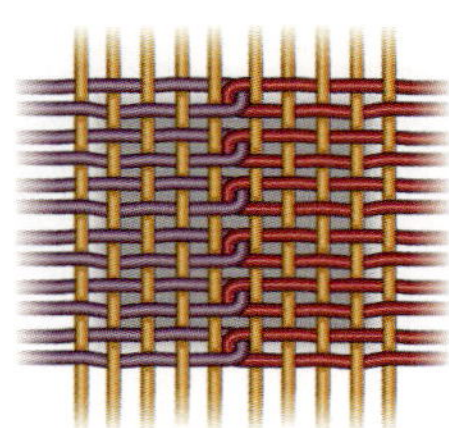

Gobelinbindung^F
interlock
croisement^M
entrecruzado
incrocio^M

Töpferei^F

pottery | poterie^F | cerámica^F | ceramica^F

Töpfern^N
throwing
tournage^M
alfarería^F
lavorazione^F al tornio^M

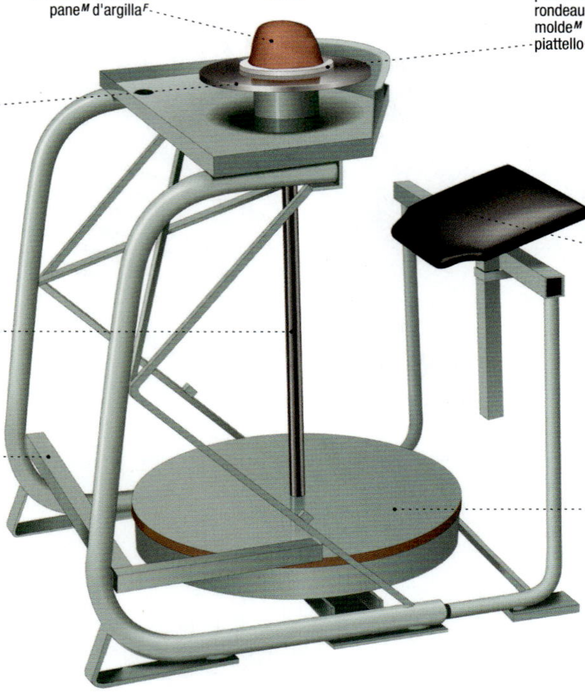

Töpferscheibe^F
potter's wheel
tour^M à pied^M
torno^M
tornio^M

Hubel^M
ball of clay
pâte^F d'argile^F
arcilla^F de modelar
pane^M d'argilla^F

Drehteller^M
plaster bat
rondeau^M
molde^M
piattello^M

Scheibenkopf^M
wheel head
girelle^F
plato^M
piatto^M girevole

Sitz^M
seat
siège^M
asiento^M
sedile^M

Welle^F
shaft
axe^M
eje^M
albero^M

Fußstütze^F
footrest
appui^M-pied^M
estribo^M
poggiapiedi^M

Schwungrad^N
flywheel
volant^M
rueda^F de volante^M
volano^M

Töpferwerkzeug^N
pottery tools
outils^M de poterie^F
herramientas^F para cerámica^F
strumenti^M per la lavorazione^F della ceramica^F

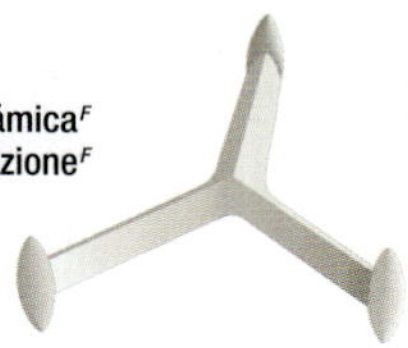

Ständer^M
stilt
patte^F de coq^M
soporte^M
supporto^M a tre braccia^F

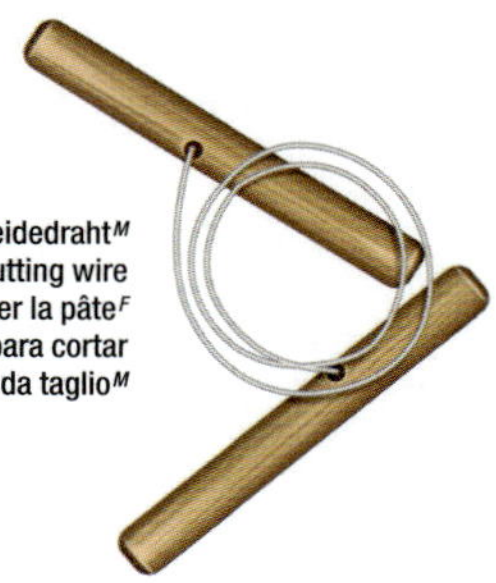

Schneidedraht^M
cutting wire
fil^M à couper la pâte^F
alambre^M para cortar
filo^M da taglio^M

Modellierhölzer^N
wooden modelling tools
ébauchoirs^M
espátulas^F de modelar
stecche^F per modellare

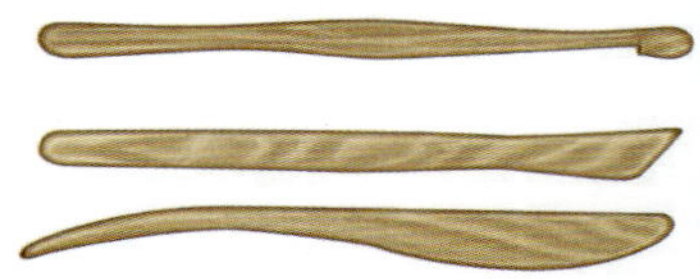

Nadelwerkzeug^N
needle tool
pige^F
punzón^M
sgarzino^M

Ausstreichmesser^N
fettling knife
couteau^M de potier^M
cuchillo^M para desbastar
raschietto^M

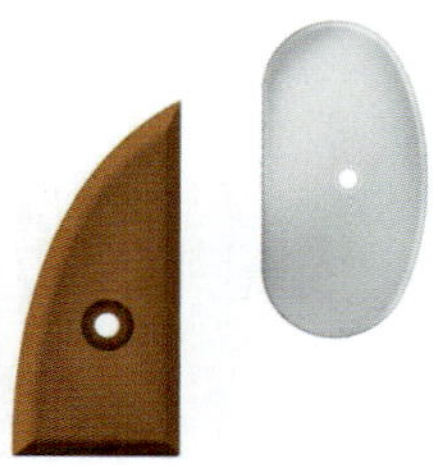

Drehschiene^F
ribs
estèques^F
estique^M
stecche^F

Modellierscheibe^F
banding wheel
tournette^F
torno^M de mesa^M
tornietto^M da tavolo^M

Gipsschlinge^F
trimming tool
mirette^F
raspador^M
miretta^F

Segerkegel^M
pyrometric cone
montre^F
cono^M pirométrico
cono^M pirometrico

KUNST UND ARCHITEKTUR

Töpferei[F]

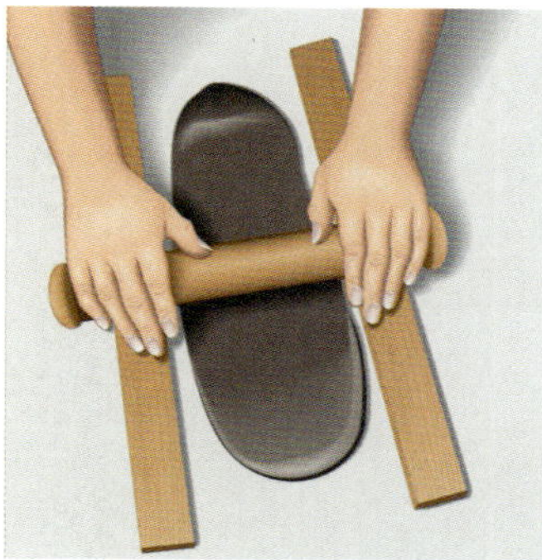

Platten[F] ausrollen
slab building
galettage[M]
rodillo[M]
tecnica[F] a nastro[M]

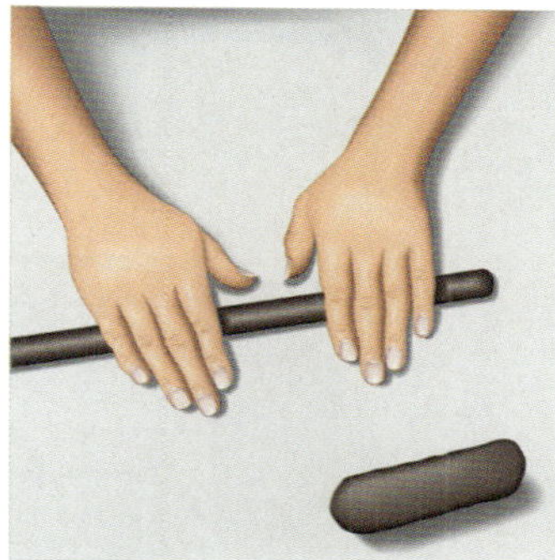

Spiralwülste[F] rollen
coiling
colombinage[M]
cordón[M] para espirales[F]
tecnica[F] a colombino[M]

Brennen[N]
firing
cuisson[F]
cocción[F]
cottura[F]

elektrischer Brennofen[M]
electric kiln
four[M] électrique
horno[M] eléctrico
forno[M] elettrico

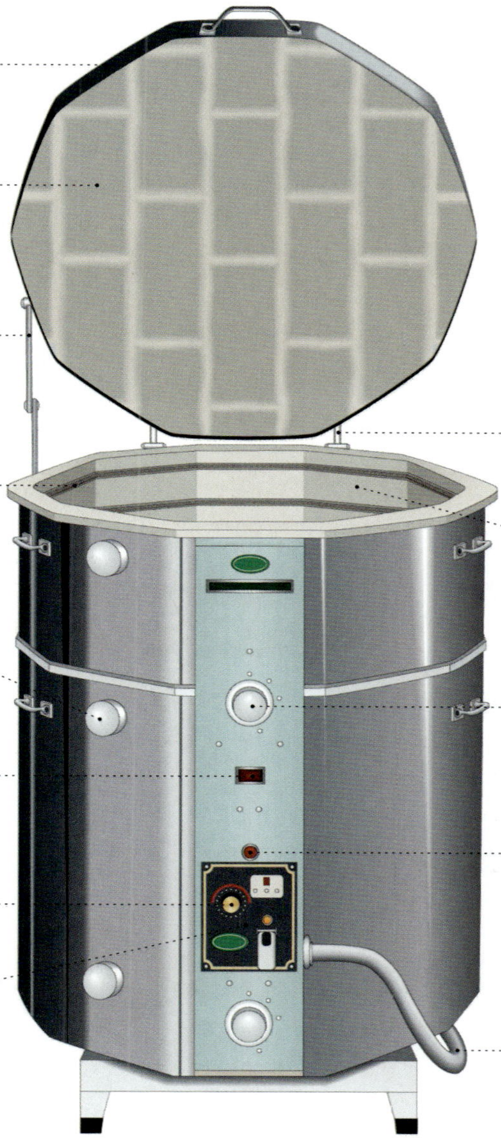

Klöppelspitze[F]

bobbin lace | dentelle[F] aux fuseaux[M] | encaje[M] de bolillos[M] | pizzo[M] al tombolo[M]

Stecher[M]
pricker
piquoir[M]
punzón[M]
punteruolo[M]

Klöppel[M]
bobbin
fuseau[M]
bolillo[M]
fusello[M]

Glasmalerei^F

stained glass | vitrail^M | vitral^M | vetro^M colorato

Lötmetall^N
solder
soudure^F
soldador^M
saldatura^F

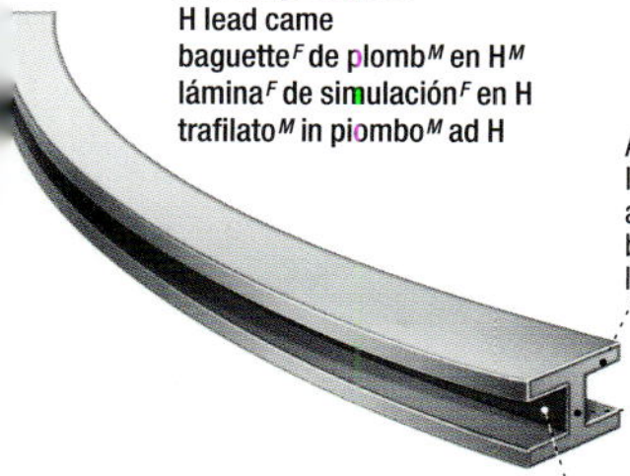

H-förmige Bleirute^F
H lead came
baguette^F de plomb^M en H^M
lámina^F de simulación^F en H
trafilato^M in piombo^M ad H

Außensteg^M
lip
aile^F
borde^M
labbro^M

Innensteg^M
heart
âme^F
corazón^M
cuore^M

Führungskanal^M
channel
chambre^F
canal^M
canale^M

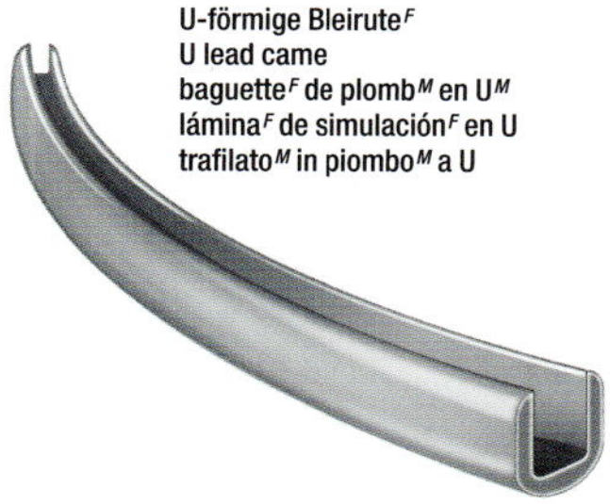

U-förmige Bleirute^F
U lead came
baguette^F de plomb^M en U^M
lámina^F de simulación^F en U
trafilato^M in piombo^M a U

Glasplatte^F
glass slab
dalle^F de verre^M
losa^F de vidrio^M
lastra^F di vetro^M

Lötkolben^N
soldering iron
fer^M à souder
hierro^M para soldar
saldatrice^M

Lötspitze^F
tip
pointe^F
punta^F
punta^F

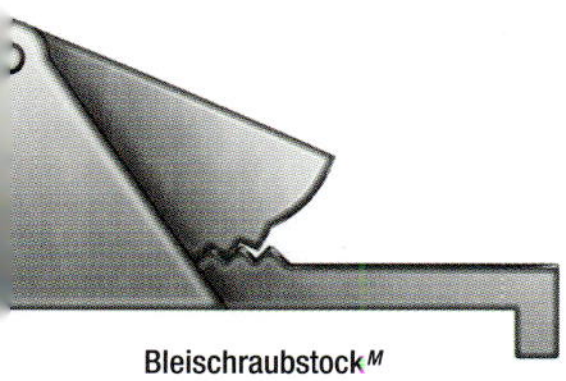

Bleischraubstock^M
lead vise
étire plomb^M
pinza^F de plomo^M
morsa^F

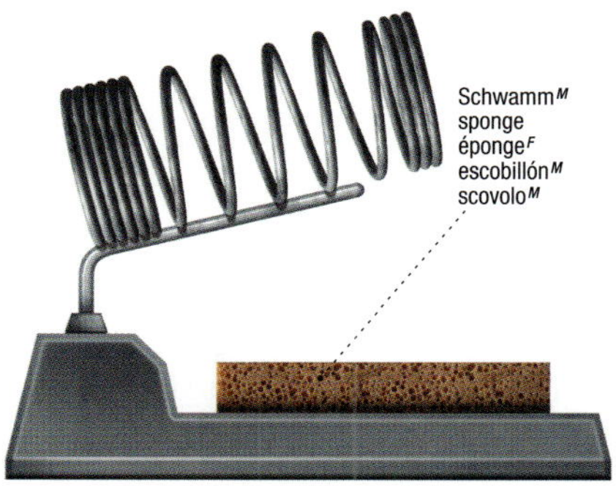

Schwamm^M
sponge
éponge^F
escobillón^M
scovolo^M

Eisenständer^M
iron stand
support^M pour fer^M
soporte^M de hierro^M
supporto^M per ferro^M

Diamantschleifer^M
diamond grinder
meuleuse^F
afilador^M de diamante^M
tritatore^M

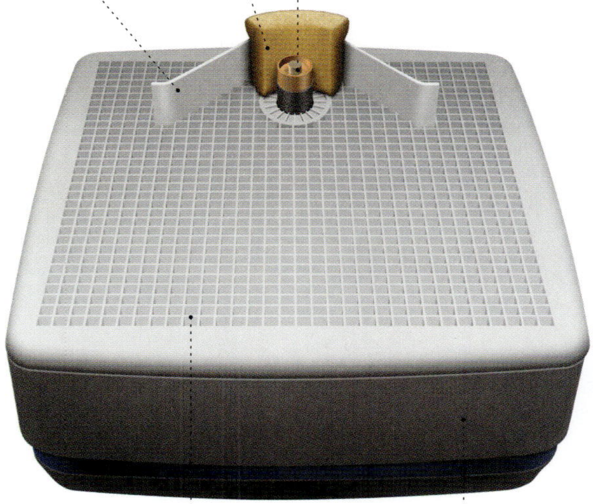

Schwamm^M
sponge
éponge^F
escobillón^M
scovolo^M

Spritzschutz^M
splash guard
écran^M anti-éclaboussures^F
protección^F contra salpicaduras^F
guardia^F antischizzo

Diamantschleifstein^M
diamond grinder bit
tête^F de meule^F diamantée
punta^F del afilador^M de diamante^M
punta^F tritatore^M

zweiseitiges Gitter^N
reversible grid
grille^F réversible
rejilla^F reversible
griglia^F reversibile

abnehmbarer Behälter^M
removable reservoir
réservoir^F amovible
depósito^M extraíble
serbatoio^M rimovibile

Glasschneider^M
glass cutter
coupe-verre^M
cortavidrios^M
tagliavetro^M

Bleimesser^N
lead knife
couteau^M à plomb^M
cuchillo^M de plomo^M
coltello^M per piombo^M

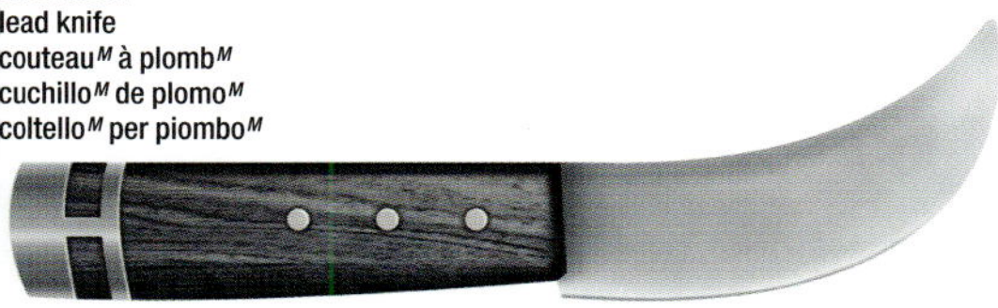

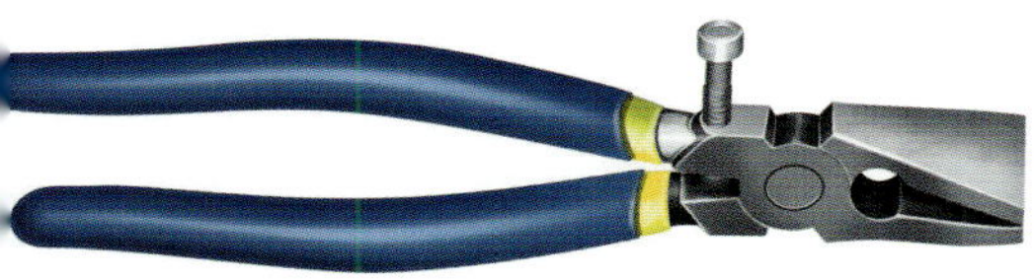

Laufzange^F
runner
pince^F à filer
tenazas^F de sujeción^F
runner^M

KOMMUNIKATION

communications
communications
comunicaciones
comunicazioni

SPRACHEN DER ERDE 582

wichtigste Sprachgruppen 582

SCHRIFTLICHE KOMMUNIKATION 584

Schrift 584
Typografie 586
Zeichen und Symbole 587
Postdienstleistungssystem 588
Zeitung 590

FOTOGRAFIE 591

Analogkameras 591
fotografische Filme 591
analoge Spiegelreflexkamera 592
Digitalkamera ohne Spiegelreflex 592
digitale Spiegelreflexkamera 593
Speicherkarten 594
Batterien 595
fotografisches Zubehör 596
Objektive 598
digitale Bildverwaltung 599
Filmentwicklung 600
Diavorführung 601

TELEKOMMUNIKATION 602

Satellitenübertragungstechnik 602
Fernmeldesatelliten 602
Telekommunikation über Nachrichtensatellit 603

RADIO 604

Sprecher- und Regieraum 604
Mikrofone und Zubehör 604

FERNSEHEN 605

Programmproduktion 605
Programmempfang 609
Camcorder 612

TONWIEDERGABESYSTEM 614

Elemente einer Stereoanlage 614
Mini-HiFi-System 619
tragbare Tonwiedergabesysteme 619

DRAHTLOSE KOMMUNIKATION 621

Walkie-Talkie 621
Pager 621
CB-Funkanlage 621

TELEFONIE 622

Handy 622
Beispiele für Telefone 623

wichtigste Sprachgruppen[F]

major language families | grandes familles[F] de langues[F] | grandes familias[F] linguisticas | principali famiglie[F] linguistiche

geographische Verteilung[F]
geographic distribution
répartition[F] géographique
distribución[F] geográfica
distribuzione[F] geografica

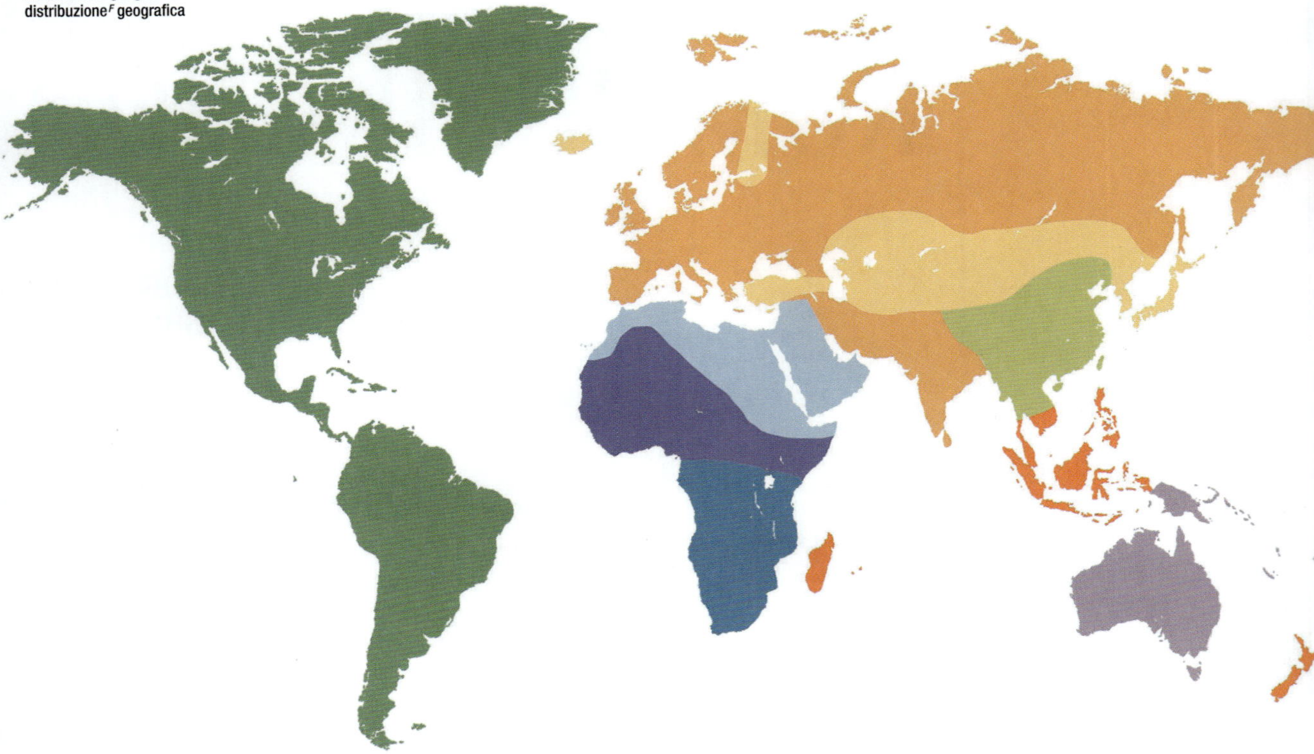

afroasiatische Sprachen[F]
Afro-Asiatic languages
langues[F] afro-asiatiques
lenguas[F] afro-asiáticas
lingue[F] afroasiatiche

- Arabisch[N]
  Arabic
  arabe[M]
  árabe[M]
  arabo[M]
- Hebräisch[N]
  Hebrew
  hébreu[M]
  hebreo[M]
  ebraico[M]
- Aramäisch[N]
  Aramaic
  araméen[M]
  arameo[M]
  aramaico[M]
- Amharisch[N]
  Amharic
  amharique[M]
  amárico[M]
  amarico[M]
- Berbersprache[F]
  Berber
  berbère[M]
  bereber[M]
  berbero[M]

zentralafrikanische Sprachen[F]
Central African languages
langues[F] d'Afrique[F] centrale
lenguas[F] centro-africanas
lingue[F] centrafricane

- Ful[N]
  Fulani
  peul[M]
  fulani[M]
  fulani[M]
- Wolof[N]
  Wolof
  wolof[M]
  Wolof[M]
  wolof[M]
- Bambara[N]
  Bambara
  bambara[M]
  Bambara[M]
  bambara[M]
- Hausa[N]
  Hausa
  haoussa[M]
  hausa[F]
  hausa[M]
- Yoruba[N]
  Yoruba
  yoruba[M]
  yoruba[M]
  yoruba[M]

Bantusprachen[F]
Bantu languages
langues[F] bantoues
lenguas[F] bantúes
lingue[F] bantu

- Suaheli[N]
  Swahili
  swahili[M]
  swahili[M]
  swahili[M]
- Kirundi[N]
  Kirundi
  kirundi[M]
  kirundi[M]
  kirundi[M]
- Kinyarwanda[N]
  Kinyarwanda
  kinyarwanda[M]
  Kinyarwanda[M]
  Kinyarwanda[M]
- Lingala[N]
  Lingala
  lingala[M]
  lingala[M]
  lingala[M]
- Zulu[N]
  Zulu
  zoulou[M]
  zulú[M]
  zulu[M]

sinotibetische Sprachen[F]
Sino-Tibetan languages
langues[F] sino-tibétaines
lenguas[F] chinotibetanas
lingue[F] sinotibetane

- Chinesisch[N]
  Chinese
  chinois[M]
  chino[M]
  cinese[M]
- Thai[N]
  Thai
  thaï[M]
  thai[M]
  tailandese[M]
- Vietnamesisch[N]
  Vietnamese
  vietnamien[M]
  vietnamita[M]
  vietnamita[M]
- Birmanisch[N]
  Burmese
  birman[M]
  birmano[M]
  birmano[M]
- Tibetisch[N]
  Tibetan
  tibétain[M]
  tibetano[M]
  tibetano[M]

wichtigste Sprachgruppen[F]

indoeuropäische Sprachen[F]
Indo-European languages
langues[F] indo-européennes
lenguas[F] indoeuropeas
lingue[F] indoeuropee

romanische Sprachen[F]
Romance languages
langues[F] romanes
lenguas[F] romances
lingue[F] romanze

Französisch[N]
French
français[M]
francés[M]
francese[M]

Spanisch[N]
Spanish
espagnol[M]
español[M]
spagnolo[M]

Katalanisch[N]
Catalan
catalan[M]
catalán[M]
catalano[M]

Portugiesisch[N]
Portuguese
portugais[M]
portugués[M]
portoghese[M]

Italienisch[N]
Italian
italien[M]
italiano[M]
italiano[M]

Rumänisch[N]
Romanian
roumain[M]
rumano[M]
rumeno[M]

germanische Sprachen[F]
Germanic languages
langues[F] germaniques
lenguas[F] germánicas
lingue[F] germaniche

Englisch[N]
English
anglais[M]
inglés[M]
inglese[M]

Deutsch[N]
German
allemand[M]
alemán[M]
tedesco[M]

Niederländisch[N]
Dutch
néerlandais[M]
holandés[M]
olandese[M]

Dänisch[N]
Danish
danois[M]
danés[M]
danese[M]

Schwedisch[N]
Swedish
suédois[M]
sueco[M]
svedese[M]

Norwegisch[N]
Norwegian
norvégien[M]
noruego[M]
norvegese[M]

Isländisch[N]
Icelandic
islandais[M]
islandés[M]
islandese[M]

Jiddisch[N]
Yiddish
yiddish[M]
yidish[M]
yiddish[M]

keltische Sprachen[F]
Celtic languages
langues[F] celtiques
lenguas[F] célticas
lingue[F] celtiche

Bretonisch[N]
Breton
breton[M]
bretón[M]
bretone[M]

Walisisch[N]
Welsh
gallois[M]
galés[M]
gallese[M]

Schottisch-Gälisch[N]
Scottish
écossais[M]
escocés[M]
scozzese[M]

Irisch[N]
Irish
irlandais[M]
irlandés[M]
irlandese[M]

slawische Sprachen[F]
Slavic languages
langues[F] slaves
lenguas[F] eslavas
lingue[F] slave

Tschechisch[N]
Czech
tchèque[M]
checo[M]
ceco[M]

Slowakisch[N]
Slovak
slovaque[M]
eslovaco[M]
slovacco[M]

Polnisch[N]
Polish
polonais[M]
polaco[M]
polacco[M]

Russisch[N]
Russian
russe[M]
ruso[M]
russo[M]

Ukrainisch[N]
Ukrainian
ukrainien[M]
ucranio[M]
ucraino[M]

Bulgarisch[N]
Bulgarian
bulgare[M]
búlgaro[M]
bulgaro[M]

Slowenisch[N]
Slovene
slovène[M]
esloveno[M]
sloveno[M]

Serbisch[N] und Kroatisch[N]
Serbian and Croatian
serbe[M] et croate[M]
serbio[M] y croata[M]
serbo[M] e croato[M]

indoarische Sprachen[F]
Indo-Iranian languages
langues[F] indo-iraniennes
lenguas[F] indoiranias
lingue[F] indoiraniche

Persisch[N]
Persian
persan[M]
persa[M]
persiano[M]

Urdu[N]
Urdu
ourdou[M]
urdu[M]
urdu[M]

Hindi[N]
Hindi
hindi[M]
Hindi[M]
hindi[M]

isolierte Sprachen[F]
isolated languages
langues[F] isolées
lenguas[F] aisladas
lingue[F] isolate

Griechisch[N]
Greek
grec[M]
griego[M]
greco[M]

Albanisch[N]
Albanian
albanais[M]
albanés[M]
albanese[M]

Armenisch[N]
Armenian
arménien[M]
armeno[M]
armeno[M]

altaische Sprachen[F]
Ural-Altaic languages
langues[F] ouralo-altaïques
lenguas[F] uraloaltaicas
lingue[F] uralo-altaiche

Japanisch[N]
Japanese
japonais[M]
japonés[M]
giapponese[M]

Koreanisch[N]
Korean
coréen[M]
coreano[M]
coreano[M]

Mongolisch[N]
Mongolian
mongol[M]
mogol[M]
mongolo[M]

Türkisch[N]
Turkish
turc[M]
turco[M]
turco[M]

Ungarisch[N]
Hungarian
hongrois[M]
húngaro[M]
ungherese[M]

Finnisch[N]
Finnish
finnois[M]
finlandés[M]
finlandese[M]

malaiopolynesische Sprachen[F]
Malayo-Polynesian languages
langues[F] malayo-polynésiennes
lenguas[F] malayo-polinesias
lingue[F] maleopolinesiane

Indonesisch[N]
Indonesian
indonésien[M]
indonesio[M]
indonesiano[M]

Tagalog[N]
Tagalog
tagalog[M]
tagalo[M]
tagalog[M]

Malagasy[N]
Malagasy
malgache[M]
malgache[M]
malgascio[M]

Samoanisch[N]
Samoan
samoan[M]
samoano[M]
samoano[M]

Tahitianisch[N]
Tahitian
tahitien[M]
tahitiano[M]
tahitiano[M]

Hawaiianisch[N]
Hawaiian
hawaïen[M]
hawaiano[M]
hawaiano[M]

Maori[N]
Maori
maori[M]
maori[M]
maori[M]

ozeanische Sprachen[F]
Oceanian languages
langues[F] d'Océanie[F]
lenguas[F] oceánicas
lingue[F] dell'Oceania[F]

Melanesisch[N]
Melanesian
mélanésien[M]
melanesia
melanesiano[M]

Papuasprachen[F]
Papuan languages
langues[F] papoues
lenguas[F] papúas
lingue[F] papuane

australische Sprachen[F]
Australian aboriginal languages
langues[F] aborigènes d'Australie[F]
lenguas[F] australianas aborígenas
lingue[F] aborigene dell'Australia[F]

Indianersprachen[F]
Amerindian languages
langues[F] amérindiennes
lenguas[F] amerindias
lingue[F] amerindie

Inuktikut[N]
Inuktitut
inuktitut[M]
inuktitut[M]
inuktitut[M]

Cree[N]
Cree
cri[M]
cree[M]
cree[M]

Montagnais[N]
Montagnais
montagnais[M]
montagnais[M]
montagnais[M]

Navajo[N]
Navajo
navaho[M]
navajo[M]
navajo[M]

Nahuatl[N]
Nahuatl
nahuatl[M]
nahualt[M]
nahuatl[M]

Maya[N]
Maya
maya[M]
maya[M]
maya[M]

Ketschua[N]
Quechua
quechua[M]
quechua[M]
quechua[M]

Aimara[N]
Aymara
aymara[M]
aymara[M]
aymara[M]

Guaraní[N]
Guarani
guarani[M]
guaraní[M]
guaraní[M]

Schrift[F]

writing | écriture[F] | escritura[F] | scrittura[F]

traditionelle Schreibgeräte[N]
traditional writing instruments
instruments[M] d'écriture[F] traditionnels
instrumentos[M] de escritura[F] tradicionales
strumenti[M] di scrittura[F] tradizionali

Federkiel[F]
quill
plume[F] d'oie[F]
pluma[F] de ave[F]
penna[F] d'oca[F]

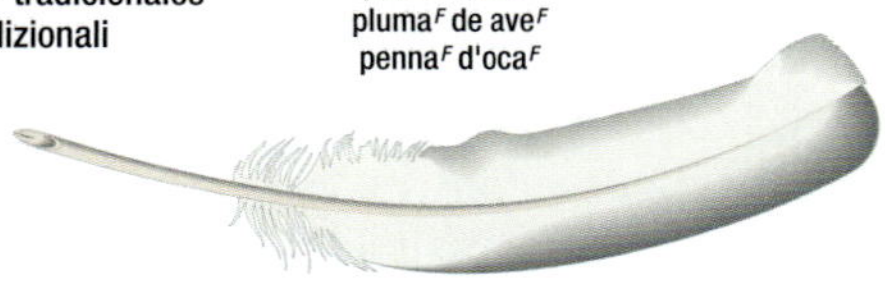

römische Metallfeder[F]
Roman metal pen
plume[F] métallique romaine
pluma[F] metálica romana
stilo[M] metallico romano

Graphitstift[M]
lead pencil
crayon[M] en plomb[M]
lápiz[M] de grafito[M]
stilo[M] di piombo[M]

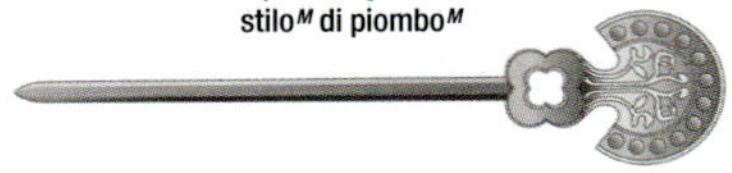

Rohrfeder[F]
cane pen
plume[F] creuse de roseau[M]
pluma[F] de caña[F]
calamo[M] vegetale

Stilus[M]
stylus
stylet[M]
estilo[M]
stilo[M]

Schreibpinsel[M]
writing brush
pinceau[M]
pincel[M]
pennello[M] per scrivere

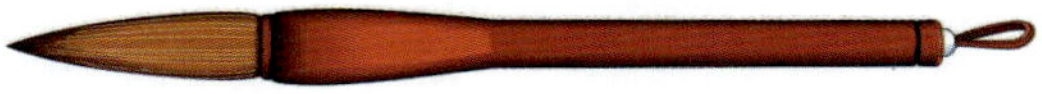

Binsenstängel[M]
Egyptian reed pen
calame[M]
cálamo[M] egipcio
stilo[M] di canna[F]

Papyrus[M]
papyrus
papyrus[M]
papiro[M]
papiro[M]

Wachstafel[F]
wax tablet
tablette[F] de cire[F]
tablilla[F] de cera[F]
tavoletta[F] di cera[F]

Reispapier[N]
rice paper
papier[M] de riz[M]
papel[M] de arroz[M]
carta[F] di riso[M]

moderne Schreibgeräte[N]
modern writing instruments
instruments[M] d'écriture[F] modernes
instrumentos[M] de escritura[F] modernos
strumenti[M] di scrittura[F] moderni

Kugelschreiber[M]
ballpoint pen
stylo[M]-bille[F]
bolígrafo[M]
penna[F] a sfera[F]

Mine[F]
cartridge
cartouche[F]
carga[F]
cartuccia[F]

Verbindung[F]
joint
joint[M]
unión[F]
raccordo[M]

Clip[M]
clip
agrafe[F]
pinza[F]
fermaglio[M]

Spitze[F]
point
pointe[F]
punta[F]
punta[F]

Feder[F]
spring
ressort[M]
resorte[M]
molla[F]

Druckmechanik[F]
thrust device
dispositif[M] de poussée[F]
mecanismo[M] de empuje[M]
meccanismo[M] a scatto[M]

Druckrohr[N]
thrust tube
tube[M] de poussée[F]
tubo[M] de empuje[M]
asta[F] del meccanismo[M] a scatto[M]

Drückknopf[M]
push button
bouton[M]-poussoir[M]
pulsador[M]
pulsante[M]

Spitze[F] im Querschnitt[M]
section of the point
coupe[F] de la pointe[F]
corte[M] de la punta[F]
sezione[F] della punta[F]

Kugel[F]
ball
bille[F]
bola[F] de rodamiento[M]
sfera[F]

Farbmasse[F]
ink
encre[F]
tinta[F]
inchiostro[M]

Nachfüllmine[F]
refill
recharge[F]
repuesto[M]
refill[M]

KOMMUNIKATION

Schrift^{F}

Kappe^{F}
cap
capuchon^{M}
tapa^{F}
cappuccio^{M}

Füllfederhalter^{M}
fountain pen
stylo^{M}-plume^{F}
pluma^{F} estilográfica
penna^{F} stilografica

Feder^{F}
nib
plume^{F}
punta^{F}
pennino^{M}

Tintenraum^{M}
barrel
corps^{M}
caña^{F}
corpo^{M}

Luftloch^{N}
air hole
évent^{M}
orificio^{M}
occhio^{M}

Marker^{M}
marker
marqueur^{M}
marcador^{M}
evidenziatore^{M}

Bleistift^{M}
pencil
crayon^{M}
lápiz^{M}
matita^{F}

Druckbleistift^{M}
propelling pencil
porte-mine^{M}
portaminas^{M}
portamine^{M}

Stahlschreibfeder^{F}
steel pen
plume^{F} métallique
pluma^{F} metálica
penna^{F} con pennino^{M} metallico

Textmarker^{M}
highlighter
surligneur^{M}
rotulador^{M}
evidenziatore^{M}

Papier^{N}
paper
feuille^{F} de papier^{M}
papel^{M}
carta^{F}

KOMMUNIKATION

Beispiele^{N} für Schriftsysteme^{N}
examples of writing systems
exemples^{M} de systèmes^{M} d'écriture^{F}
ejemplos^{M} de sistemas^{M} de escritura^{F}
esempi^{M} di sistemi^{M} di scrittura^{F}

abcd

lateinische Schriftzeichen^{N}
Latin characters
caractères^{M} latins
caracteres^{M} latinos
caratteri^{M} latini

ا ب ث ت

arabische Schriftzeichen^{N}
Arabic script
caractères^{M} arabes
escritura^{F} árabe
caratteri^{M} arabi

אבגד

hebräische Schriftzeichen^{N}
Hebrew characters
caractères^{M} hébreux
caracteres^{M} hebreos
caratteri^{M} ebrei

абвг

kyrillische Schriftzeichen^{N}
Cyrillic characters
caractères^{M} cyrilliques
caracteres^{M} cirílicos
caratteri^{M} cirillici

汉字

chinesische Schriftzeichen^{N}
Chinese characters
sinogrammes^{M}
caracteres^{M} chinos
caratteri^{M} cinesi

αβγδ

griechische Schriftzeichen^{N}
Greek characters
caractères^{M} grecs
caracteres^{M} griegos
caratteri^{M} greci

Brailleschrift^{F}
Braille
braille^{M}
braille^{M}
braille^{M}

Typografie[F]

typography | typographie[F] | tipografía[F] | tipografia[F]

Schriftarten[F]
characters of a font
caractères[M] d'une police[F]
caracteres[M] de una fundición[F]
caratteri[M] di un font[M]

Groteskschrift[F]
sans serif type
caractères[M] sans empattement[M]
tipo[M] sans serif
caratterì[M] sans serif

abcdefghijklmnopqrstuvwxyz 0123456789

Buchstaben[M]
letters
lettres[F]
letras[F]
lettere[F]

Ziffern[F]
figures
chiffres[M]
cifras[F]
cifre[F]

Serifenschrift[F]
serif type
caractères[M] avec empattements[M]
tipo[M] serif
caratteri[M] serif

abcdefghijklmnopqrstuvwxyz 012345678

Zeichenform[F]
shape of characters
forme[F] des caractères[M]
forma[F] de los caracteres[M]
forma[F] dei caratteri[M]

ABCDEF
Majuskel[F]
upper-case
capitale[F]
mayúscula
maiuscolo[M]

ABCDEF
Kapitälchen[N]
small capital
petite capitale[F]
versalita
maiuscoletto[M]

abcdef
Minuskel[F]
lower-case
bas[M] de casse[F]
minúscula
minuscolo[M]

abcdef
kursiv
italic
italique[M]
cursiva
corsivo[M]

Schriftstärke[F]
weight
graisse[F]
tamaño[M]
tono[M]

a
extra mager
extra-light
extra-maigre
extra-fina
molto sottile

a
mager
light
maigre
fina
sottile

a
normal
medium
normal
media
medio

a
halbfett
semi-bold
demi-gras
semi-negrita
semi-grassetto

a
fett
bold
gras
negrita
grassetto

a
extra fett
extra-bold
extra-gras
extra-negrita
extra-nero

a
doppelfett
black
noir
negro
nero

Dickte[F]
set width
chasse[F]
espacio[M]
larguezza[F]

a
extra schmal
condensed
serré
condensada
condensata[F]

a
schmal
narrow
étroit
estrecha
stretta[F]

a
normal
normal
normal
normal
normale[F]

a
breit
wide
large
ancha
larga[F]

a
extra breit
extended
étendu
alargada
spansa[F]

Durchschuss[M]
leading
interlignage[M]
interlineado[M]
interlinea[F]

Lorem ipsum dolor sit
amet, consectetuer
adipiscing elit, sed

einfacher Zeilenabstand[M]
simple spacing
interligne[M] simple
interlineado[M] sencillo
interlinea[F] singola

Lorem ipsum dolor sit

amet, consectetuer

adipiscing elit, sed

Zeilenabstand[M] 1,5 Zeilen[F]
1.5 spacing
interligne[M] 1,5
interlineado[M] 1.5
interlinea[F] 1,5

Lorem ipsum dolor sit

amet, consectetuer

adipiscing elit, sed

doppelter Zeilenabstand[M]
double spacing
interligne[M] double
interlineado[M] doble
interlinea[F] doppia

Zeichenstellung[F]
position of a character
position[F] d'un caractère[M]
posición[F] de un carácter[M]
posizione[F] di un carattere[M]

H_2SO_4

tiefgestellt
inferior
indice[M]
subíndice
pedice[M]

XXe

hochgestellt
superior
exposant[M]
superíndice
apice[M]

Zeichen[N] und Symbole[N]

symbols | signes[M] et symboles[M] | signos[M] y símbolos[M] | segni[M] e simboli[M]

diakritische Zeichen[N]
diacritic symbols
signes[M] diacritiques
signos[M] diacríticos
simboli[M] diacritici

à
Accent[M] grave
grave accent
accent[M] grave
acento[M] grave
accento[M] grave

ü
Umlaut[M]
umlaut
tréma[M]
diéresis[F]
dieresi[F]

é
Accent[M] aigu
acute accent
accent[M] aigu
acento[M] agudo
accento[M] acuto

â
Circumflex[M]
circumflex accent
accent[M] circonflexe
acento[M] circunflejo
accento[M] circonflesso

ç
Cedille[F]
cedilla
cédille[F]
cedilla[F]
cediglia[F]

ñ
Tilde[F]
tilde
tilde[M]
tilde[F]
tilde[M/F]

Weitere Symbole[N]
miscellaneous
symboles[M] divers
varios
varie[F]

®
eingetragenes Warenzeichen[N]
registered trademark
marque[F] déposée
marca[F] registrada
marchio[M] registrato

©
Copyright[N]
copyright
copyright[M]
copyright (derechos[M] de autor[M])
copyright[M]

&
Et-Zeichen[N]
ampersand
esperluette[F]
y
e[F] commerciale

's
Apostroph[M]
apostrophe
apostrophe[F]
apóstrofe[M]
apostrofo[M]

@
At-Zeichen[N]
at sign
arobas[M]
símbolo[M] de arroba[F]
chiocciola[F]

Satzzeichen[N]
punctuation marks
signes[M] de ponctuation[F]
signos[M] de puntuación[F]
segni[M] di interpunzione[F]

—
Gedankenstrich[M]
dash
tiret[M]
guión[M] largo
trattino[M]

-
Bindestrich[M]
hyphen
trait[M] d'union[F]
guión[M]
trattino[M]

.
Punkt[M]
full stop
point[M]
punto[M]
punto[M]

;
Strichpunkt[M]
semicolon
point[M]-virgule[F]
punto[M] y coma[F]
punto[M] e virgola[F]

,
Komma[N]
comma
virgule[F]
coma[F]
virgola[F]

...
Fortführungspunkte[M]
ellipsis
points[M] de suspension[F]
puntos[M] suspensivos
puntini[M] di sospensione[F]

:
Doppelpunkt[M]
colon
deux-points[M]
dos puntos[M]
due punti[M]

*
Sternchen[N]
asterisk
astérisque[M]
asterisco[M]
asterisco[M]

{ }
geschweifte Klammern[F]
braces
accolades[F]
llaves[M]
parentesi[F] graffe

( )
runde Klammern[F]
parentheses
parenthèses[F]
paréntesis[M]
parentesi[F]

[ ]
eckige Klammern[F]
square brackets
crochets[M]
corchetes[M]
parentesi[F] quadre

/
Schrägstrich[M]
slash
barre[F] oblique
diagonal[F]
barra[F] obliqua

!
Ausrufezeichen[N]
exclamation mark
point[M] d'exclamation[F]
exlamación[F]
punto[M] esclamativo

?
Fragezeichen[N]
question mark
point[M] d'interrogation[F]
interrogación[F]
punto[M] interrogativo

‘ ’
halbe Anführungszeichen[N]
single quotation marks
guillemets[M] simples
comillas[F] sencillas
virgolette[F] semplici

“ ”
Anführungszeichen[N]
quotation marks
guillemets[M] anglais
comillas[F] inglesas
virgolette[F] doppie

« »
Anführungszeichen[N] (französisch)
guillemets
guillemets[M] français
comillas[F] españolas
virgolette[F] caporali[F]

KOMMUNIKATION

Postdienstleistungssystem^{N}

post office network | réseau^{M} postal public | red^{M} de servicio^{M} postal | rete^{F} del sistema^{M} postale

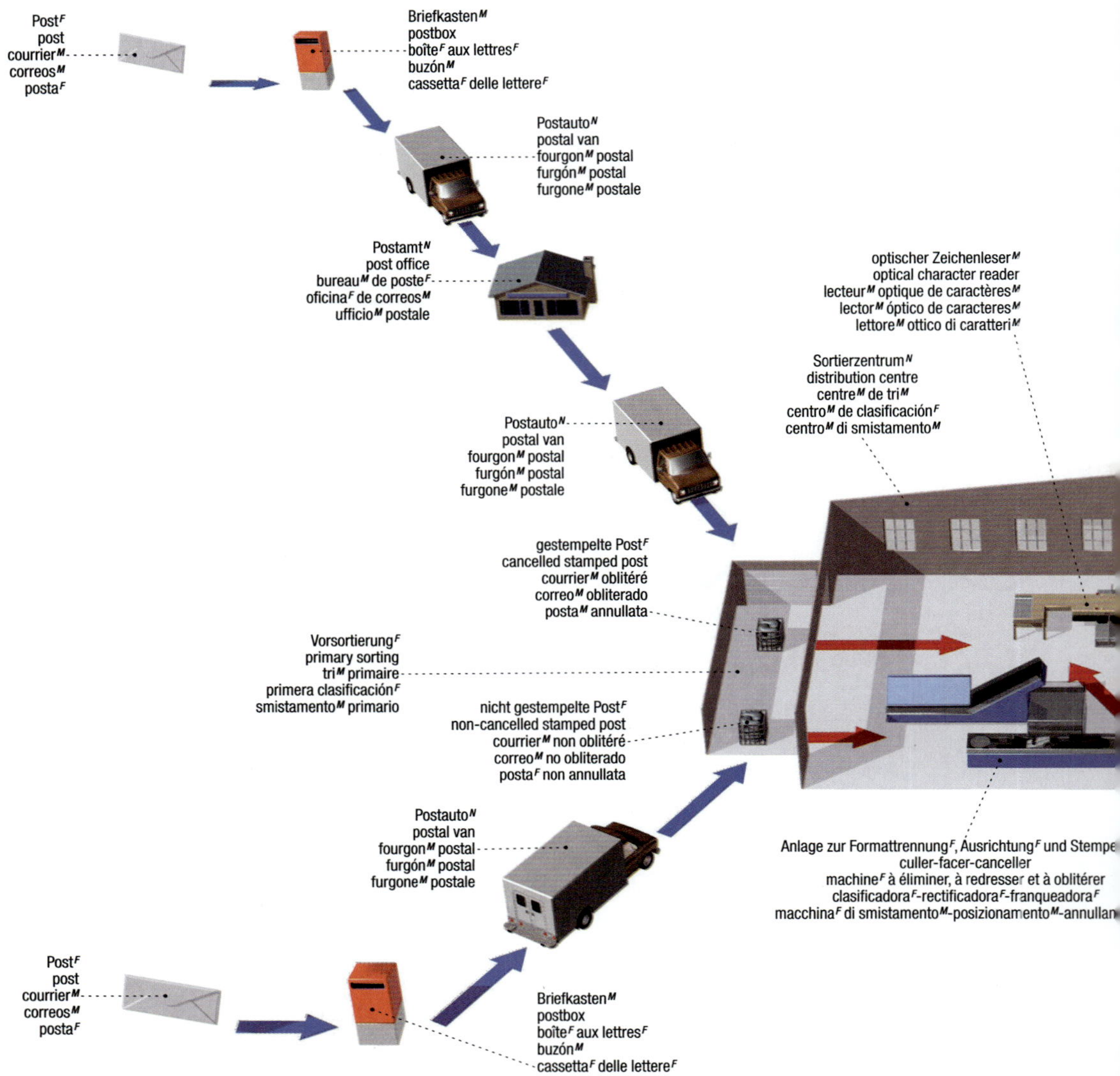

Post^{F}
post
courrier^{M}
correo^{M}
posta^{F}

Briefmarke^{F}/Postwertzeichen^{N}
postage stamp
timbre^{M}-poste^{F}
sello^{M} de correos^{M}
francobollo^{M}

Brief^{M}
letter
lettre^{F}
carta^{F}
lettera^{F}

Postkarte^{F}
postcard
carte^{F} postale
postal^{F}
cartolina^{F}

Postdienstleistungssystem[N]

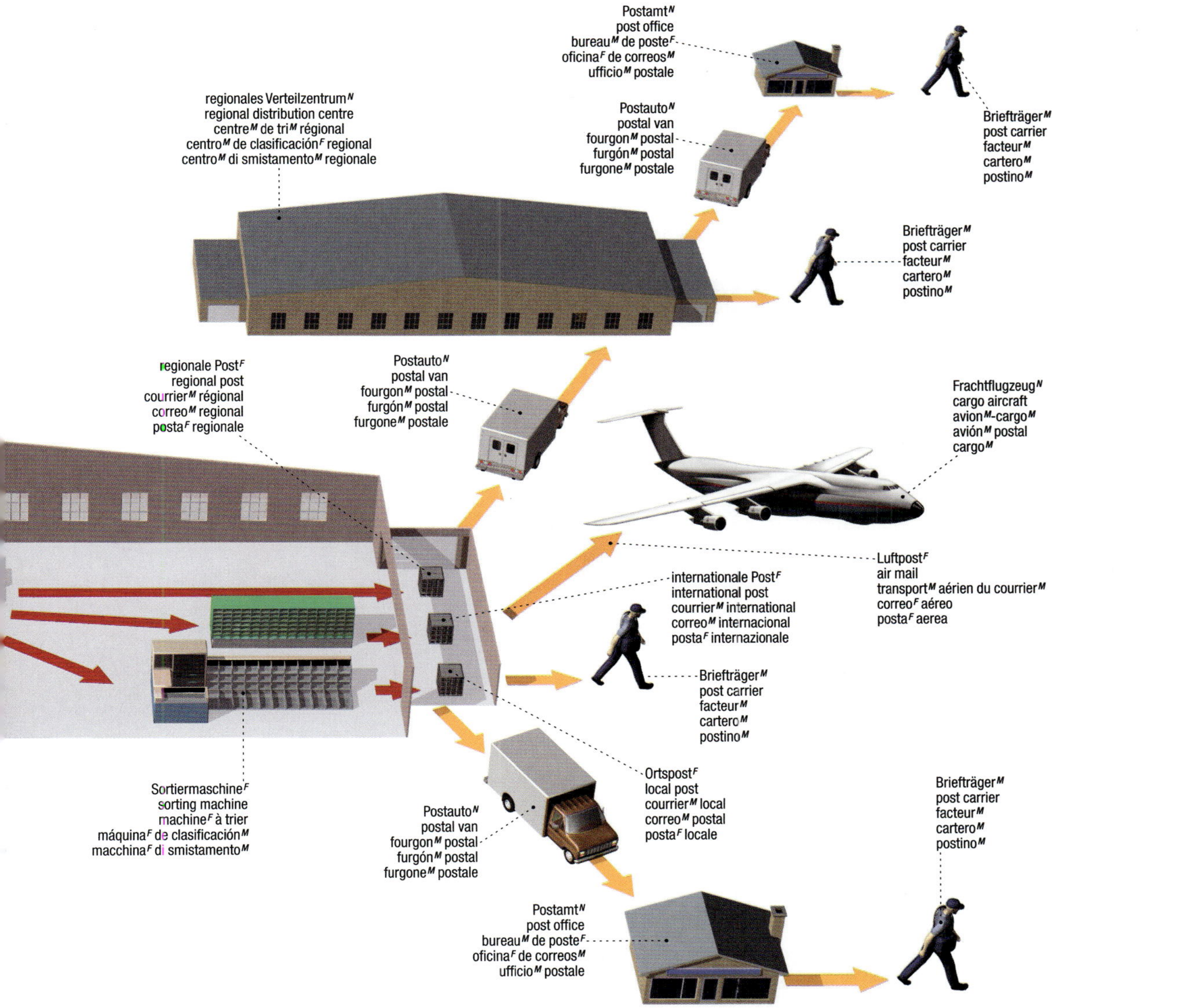

KOMMUNIKATION

Post[F]

Postpaket[N]
postal parcel
colis[M] postal
paquete[M] postal
pacco[M] postale

Massenversand[M]
bulk mail
envoi[M] en nombre[M]
correo[M] de masa[F]
posta[F] a tariffa[F] ridotta

Postanweisung[F]
postal order
mandat[M]-poste[F]
giro[M] postal
vaglia[M] postale

Zeitung^{F}

newspaper | journal^{M} | periódico^{M} | giornale^{M}

Aufbau^{M}
layout
mise^{F} en page^{F}
diseño^{M}
impaginazione^{F}

Titelseite^{F}
front page
une^{F}
primera plana^{F}
prima pagina^{F}

Zeitungsname^{M}
nameplate
titre^{M} du journal^{M}
nombre^{M} del periódico^{M}
nome^{M} del giornale^{M}

Zeitungskopf^{M}
heading
manchette^{F}
cabecera^{F}
testata^{F}

Schlagzeile^{F}
banner
tribune^{F}
grandes titulares^{M}
titolo^{M} a caratteri^{M} cubitali

Redaktionsteil^{M}
section
cahier^{M}
sección^{F}
inserto^{M}

Titelfoto^{N}
front picture
photographie^{F} à la une^{F}
foto^{F} de primera plana^{F}
foto^{F} in prima pagina^{F}

Artikel^{M}
article
article^{M}
artículo^{M}
articolo^{M}

Bildunterschrift^{F}
caption
légende^{F}
pie^{M} de foto^{F}
didascalia^{F}

Literaturbeilage^{F}
literary supplement
supplément^{M} littéraire
suplemento^{M} literario
supplemento^{M} letterario

Vortitel^{M}
kicker
surtitre^{M}
ladillo^{M}
occhiello^{M}

Boulevardblatt^{N}
tabloid
tabloïd^{M}
tabloide^{M}
tabloid^{M}

Titelzeile^{F}
headline
titre^{M}
titular^{M}
titolo^{M}

Untertitel^{M}
deck
sous-titre^{M}
subtítulo^{M}
sottotitolo^{M}

farbige Beilage^{F}
colour supplement
supplément^{M} en couleurs^{F}
suplemento^{M} a color^{M}
supplemento^{M} a colori^{M}

Zeitschrift^{F}
magazine
magazine^{M}
revista^{F}
rivista^{F}

Inhalt^{M}
index
sommaire^{M}
sumario^{M}
indice^{M}

Zwischentitel^{M}
subhead
intertitre^{M}
intertítulo^{M}
testatina^{F}

Kolumnen^{F}
columns
chroniques^{F}
columnas^{F}
rubriche^{F}

Karikatur^{F}
cartoon
caricature^{F}
caricatura^{F}
vignetta^{F}

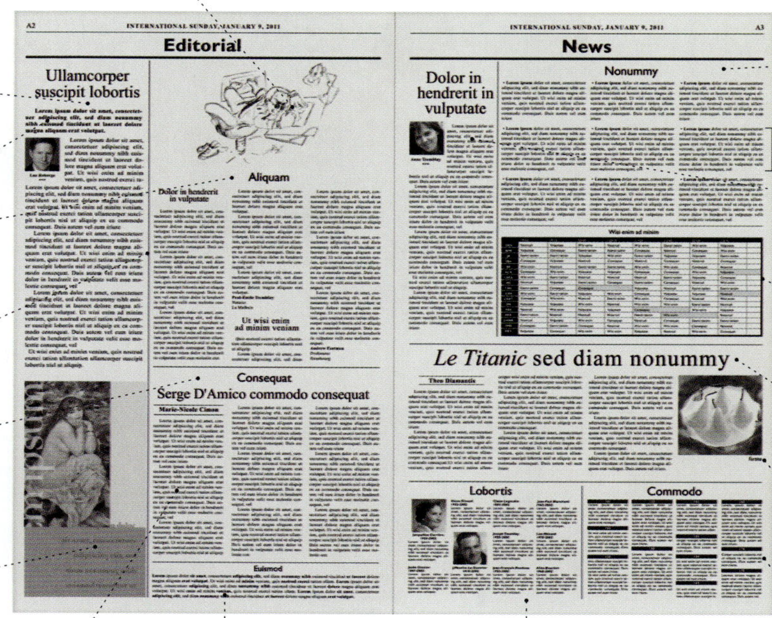

redaktioneller Beitrag^{M}
editorial
éditorial^{M}
editorial^{M}
editoriale^{M}

Nachrichten^{F}
news items
faits^{M} divers
sucesos^{M}
notizie^{F}

Zusammenfassung^{F}
lead
chapeau^{M}
entradilla^{F}
cappello^{M}

Kurzmeldungen^{F}
shorts
brèves^{F}
noticias^{F} breves
notizie^{F} in breve

Leserbriefe^{M}
letters to the editor
courrier^{M} des lecteurs^{M}
cartas^{F} al editor^{M}
lettere^{F} al direttore^{M}

Reportage^{F}
column
chronique^{F}
columna^{F}
articolo^{M} di spalla^{F}

Trennlinie^{F}
rule
filet^{M}
filete^{M}
filetto^{M}

Fernsehprogramm^{N}
television programme schedule
grille^{F} des programmes^{M} de télévision^{F}
horario^{M} de la programación^{F} televisiva
programmi^{M} televisivi

Interview^{N}
interview
interview^{F}
entrevista^{F}
intervista^{F}

Restaurantkritik^{F}
restaurant review
critique^{F} gastronomique
reseña^{F} gastronómica
recensione^{F} gastronomica

Anzeige^{F}
advertisement
annonce^{F} publicitaire
anuncio^{M}
inserzione^{F} pubblicitaria

Quellenangabe^{F}
credit line
crédit^{M} photographique
fuente^{F} de servicio^{M}
fonte^{F} del servizio^{M}

Spalte^{F}
column
colonne^{F}
columna^{F}
colonna^{F}

Impressum^{N}
masthead
ours^{M}
cabecera^{F}
testata^{F}

Todesanzeigen^{F}
obituary
nécrologie^{F}
necrológica^{F}
necrologia^{F}

Kleinanzeigen^{F}
classified advertisements
petites annonces^{F}
anuncios^{M} por palabras^{F}
piccoli annunci^{M}

Analogkameras[F]

film cameras | appareils[M] photographiques argentiques | cámaras[F] analógicas | macchine[F] fotografiche a pellicola[F]

Einwegkamera[F]
disposable camera
appareil[M] jetable
cámara[F] desechable
macchina[F] fotografica usa e getta

Mittelformatkamera[F] SLR (6 X 6)
medium-format SLR (6 X 6)
appareil[M] reflex 6 X 6 mono-objectif[M]
cámara[F] reflex de formato[M] medio SLR (6X6)
macchina[F] fotografica reflex (6X6)

Kamera[F] mit Entfernungsmesser[M]
rangefinder
appareil[M] à télémètre[M] couplé
telémetro[M]
fotocamera[F] a telemetro[M]

einäugige Spiegelreflexkamera[F]
single-lens reflex camera
appareil[M] à visée[F] reflex mono-objectif[M]
cámara[F] reflex de un solo objetivo[M]
macchina[F] fotografica reflex

Großformatkamera[F]
view camera
chambre[F] photographique
cámara[F] de fuelle[M]
macchina[F] fotografica a banco[M] ottico

Sofortbildkamera[F]
Polaroid® Land camera
Polaroid®[M]
cámara[F] Polaroid® Land
Polaroid®[F]

fotografische Filme[M]

types of film | pellicules[F] argentiques | películas[F] | pellicole[F]

Filmkassette[F]
film pack
film[M]-pack[M]
paquete[M] de placas[F] fotográficas
filmpack[M]

Rollfilm[M]
roll film
rouleau[M] de pellicule[F]
rollo[M] de película[F]
pellicola[F] in rotolo[M]

Kassettenfilm[M]
cartridge film
cassette[F] de pellicule[F]
cartucho[M] de la película[F]
caricatore[M]

Dia[N]
slide
diapositive[F]
diapositiva[F]
diapositiva[F]

analoge Spiegelreflexkamera[F]

film reflex camera | appareil[M] à visée[F] reflex argentique | cámara[F] réflex analógica | macchina[F] fotografica reflex a pellicola[F]

**Vorderansicht[F]
front view
vue[F] avant
vista[F] frontal
vista[F] frontale**

Belichtungskorrekturknopf[M]
exposure adjustment knob
correction[F] d'exposition[F]
botón[M] de compensación[M] de la exposición[F]
pulsante[M] di compensazione[F] dell'esposizione[F]

Zubehörschuh[M]
accessory shoe
griffe[F] porte-accessoires[M]
patín[M] de los accesorios[M]
slitta[F] per accessori[M]

Blitzkontakt[M]
hot-shoe contact
contact[M] électrique
contacto[M] central
contatto[M] caldo

Aufnahmemodus[M]
drive mode
mode[M] d'acquisition[F]
modo[M] dispositivo[M]
modo[M] di acquisizione[F]

Display[N]
data panel
écran[M] de contrôle[M]
panel[M] de controles[M]
display[M]

Programmwählscheibe[F]
program selector
sélecteur[M] de fonctions[F]
selector[M] de programa[M]
selettore[M] dei programmi[M]

Belichtungseinstellung[F]
exposure mode
mode[M] d'exposition[F]
modalidad[F] de exposición[F]
tasto[M] per il modo[M] di esposizione[F]

Ein-/Ausschalter[M]
on/off switch
commutateur[M] marche[F]/arrêt[M]
interruptor[M] de encendido/apagado
interruttore[M] di accensione[F]

Belichtungsmesser[M]
multiple exposure mode
surimpression[F]
modalidad[F] de exposición[F] múltiple
tasto[M] per le esposizioni[F] multiple

Auslöser[M]
shutter release button
déclencheur[M]
disparador[M]
pulsante[M] di scatto[M]

Empfindlichkeit[F]
sensitivity
sensibilité[F]
sensibilidad[F]
sensibilità[F]

Selbstauslöser-Lichtsignal[N]
self-timer indicator
témoin[M] du retardateur[M]
indicador[M] de tiempo[M]
spia[F] luminosa dell'autoscatto[M]

Diode[F] des Selbstauslösers[M]
remote control terminal
prise[F] de télécommande[F]
terminal[M] del control[M] remoto
presa[F] per il comando[M] a distanza[F]

Kameragehäuse[N]
camera body
boîtier[M]
caja[F]
corpo[M] della macchina[F] fotografica

Schärfentiefenknopf[M]
depth-of-field preview button
vérification[F] de la profondeur[F] de champ[M]
botón[M] de previsionado de profundidad[F] de campo[M]
pulsante[M] di controllo[M] della profondità[F] di campo[M]

Objektivauswurf[M]
lens release button
déverrouillage[M] de l'objectif[M]
botón[M] de desbloqueo[M] del objetivo[M]
pulsante[M] di sblocco[M] dell'obiettivo[M]

Autofocus-Umschalter[M]
focus mode selector
mode[M] de mise[F] au point[M]
selector[M] de focalización[F]
selettore[M] della messa[F] a fuoco[M]

Objektiv[N]
lens
objectif[M]
objetivo[M]
obiettivo[M]

KOMMUNIKATION

Digitalkamera[F] ohne Spiegelreflex[M]

digital non-reflex cameras | appareils[M] numériques non reflex | cámaras[F] digitales que no son réflex | macchina[F] fotografica digitale non reflex

Ultrakompaktkamera[F]
ultracompact camera
appareil[M] ultracompact
aparato[M] ultracompacto
macchina[F] ultracompatta

Kompaktkamera[F]
compact camera
appareil[M] compact
aparato[M] compacto
macchina[F] compatta

digitale Spiegelreflexkamera[F]

digital reflex camera | appareil[M] à visée[F] reflex numérique | cámara[F] réflex digital | macchina[F] fotografica reflex digitale

Rückseite[F]
back view
vue[F] arrière
vista[F] trasera
vista[F] retro

wichtigste Funktionen[F]
main functions
principales fonctions[F]
funciones[F] principales
funzioni[F] principali

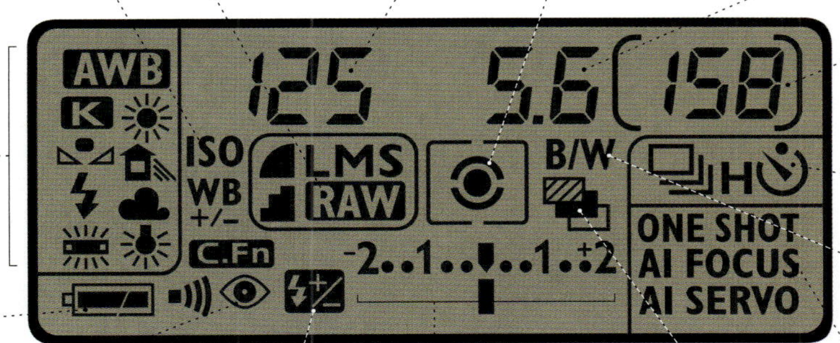

digitale Spiegelreflexkamera[F]

Bildeinstellung[F]
framing
cadrage[M]
enmarcado[M]
struttura[F]

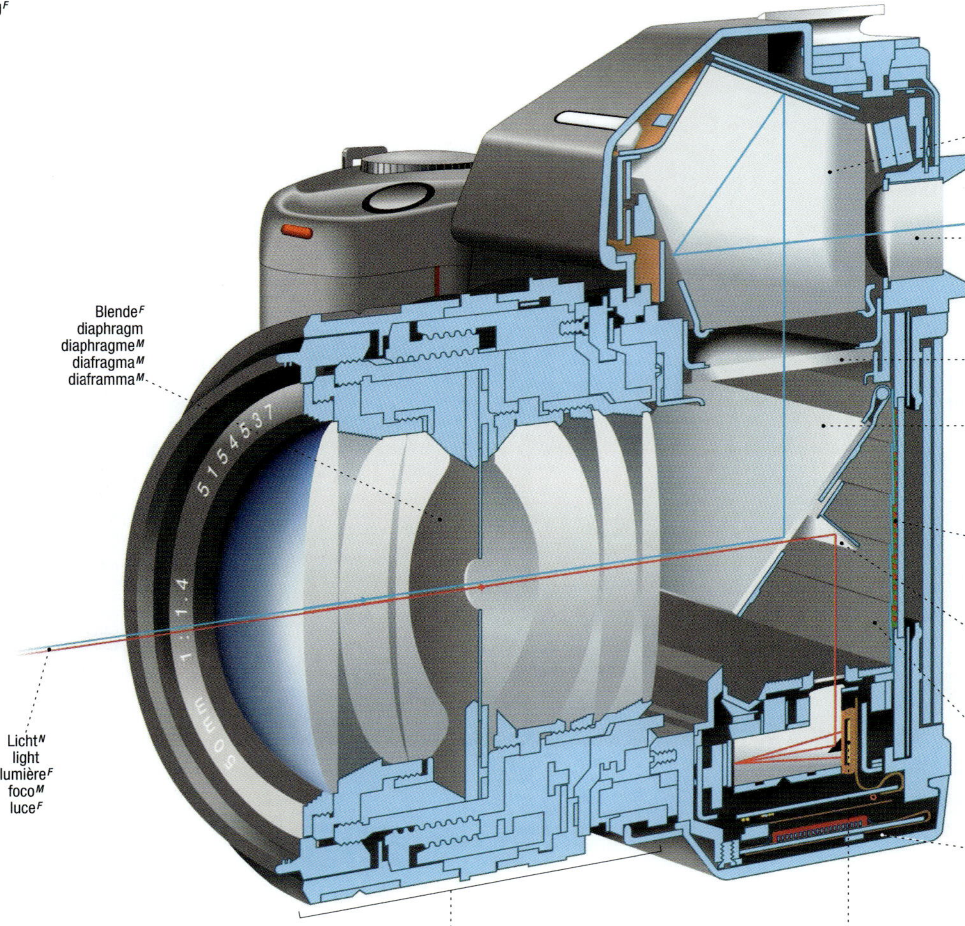

Pentaprisma[N]
pentaprism
prisme[M] pentagonal
prisma[M]
pentaprisma[M]

Okular[N]
viewing lens
oculaire[M]
lente[F] de visualización[F]
oculare[M]

Blende[F]
diaphragm
diaphragme[M]
diafragma[M]
diaframma[M]

Mattscheibe[F]
focusing screen
verre[M] de visée[F]
filtro[M] de focalización[F]
schermo[M] di messa[F] a fuoco[M]

Reflexspiegel[M]
reflex mirror
miroir[M] reflex
espejo[M] réflex
specchio[M] reflex

Bildsensor[M]
image sensor
capteur[M]
sensor[M] de imagen[F]
sensore[M]

Sekundärspiegel[M]
secondary mirror
miroir[M] secondaire
espejo[M] secundario
specchio[M] secondario

Licht[N]
light
lumière[F]
foco[M]
luce[F]

Schlitzverschluss[M]
focal plane shutter
rideau[M] d'obturateur[M]
obturador[M] de plano[M] focal
otturatore[M] a tendina[F]

Speicherkartenschacht[M]
memory card slot
logement[M] de la carte[F] mémoire[F]
ranura[F] de la tarjeta[F]
fessura[F] per la scheda[F] di memoria[F]

Objektiv[N]
lens
objectif[M]
objetivo[M]
obiettivo[M]

Lichtsensor[M]
light sensor
photodiode[F]
sensor[M] de luz[F]
sensore[M] esposimetrico

KOMMUNIKATION

Speicherkarten[F]

memory cards | cartes[F] mémoire[F] | tarjetas[F] de memoria | schede[F] di memoria[F]

Memory-Stick-Karte[F]
Memory Stick
carte[F] Memory Stick
tarjeta[F] Memory Stick
scheda[F] Memory Stick

xD-Karte[F]
xD-Picture card
carte[F] xD Picture
tarjeta[F] xD Picture
scheda[F] xD Picture

SD-Karte[F]
Secure Digital card
carte[F] Secure Digital
tarjeta[F] Digital Segura
scheda[F] Secure Digital

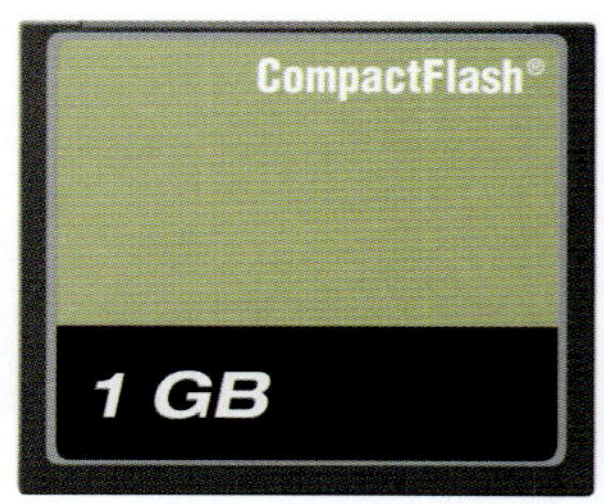

Compact-Flash-Karte[F]
compact flash card
carte[F] flash compacte
tarjeta[F] flash compacta
scheda[F] compact flash

digitale Spiegelreflexkamera^F

Fotografie^F
photography
photographie^F
fotografía^F
fotografia^F

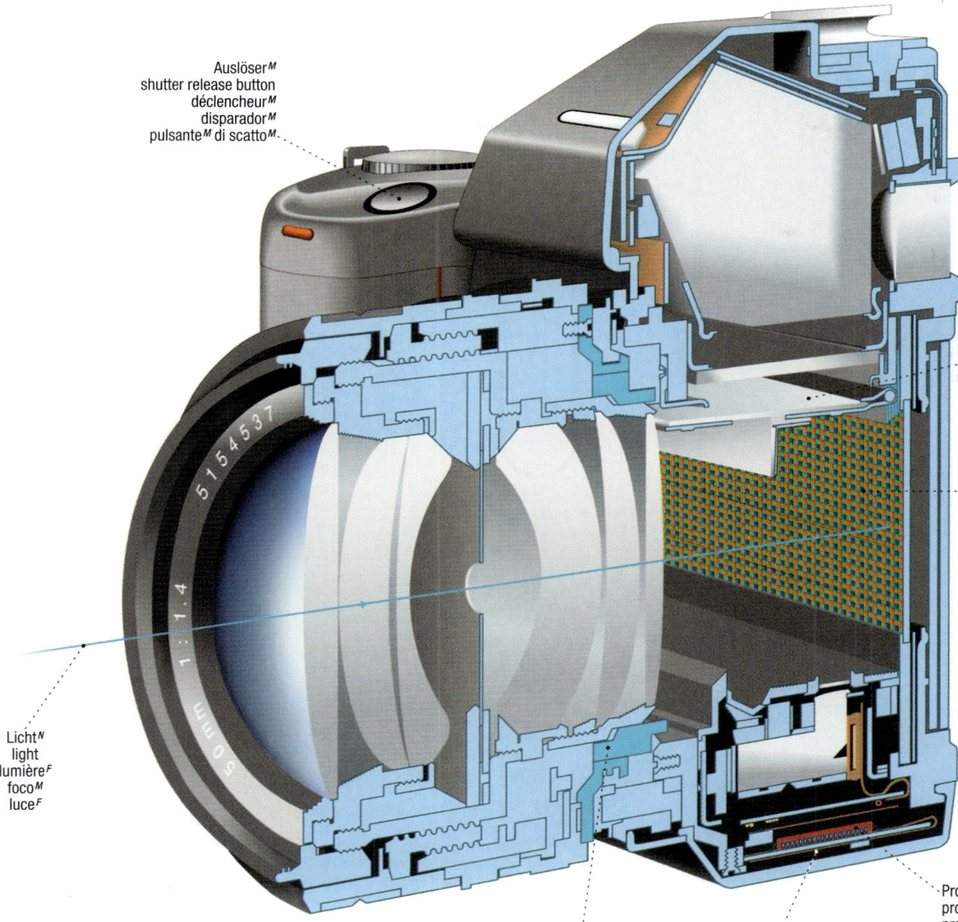

Batterien^F

batteries | piles^F | baterías^F | batterie^F

Batterie^F
battery
pile^F
pila^F
pila^F

Batteriepack^M
battery pack
bloc^M-piles^F
batería^F
pacco^M batteria^F

Knopfzelle^F
button cell
pile^F bouton^M
pila^F de botón^M
batteria^F a pastiglia^F

fotografisches Zubehör^{N}

photographic accessories | accessoires^{M} photographiques | accesorios^{M} fotográficos | accessori^{M} fotografici

wasserdichtes Gehäuse^{N}
waterproof case
boîtier^{M} étanche
estuche^{M} sumergible
contenitore^{M} impermeabile

Drahtauslöser^{M}
cable shutter release
déclencheur^{M} souple
disparador^{M} de cable^{M}
flessibile^{M}

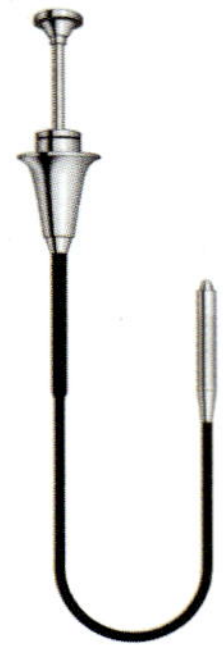

Elektronenblitz^{M}
electronic flash
flash^{M} électronique
flash^{M} electrónico
flash^{M} elettronico

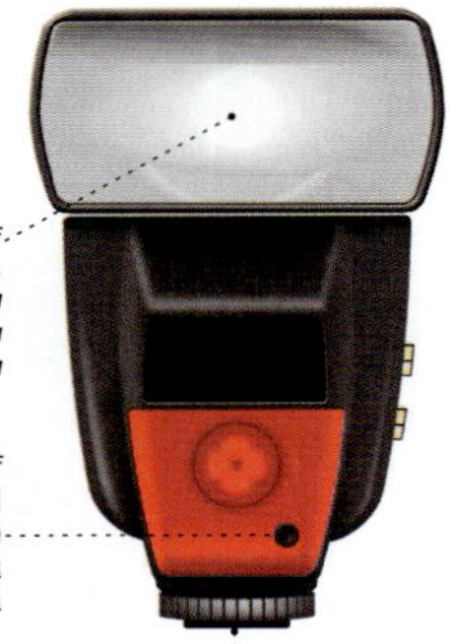

Stativ^{N}
tripod
trépied^{M}
trípode^{M}
treppiede^{M}

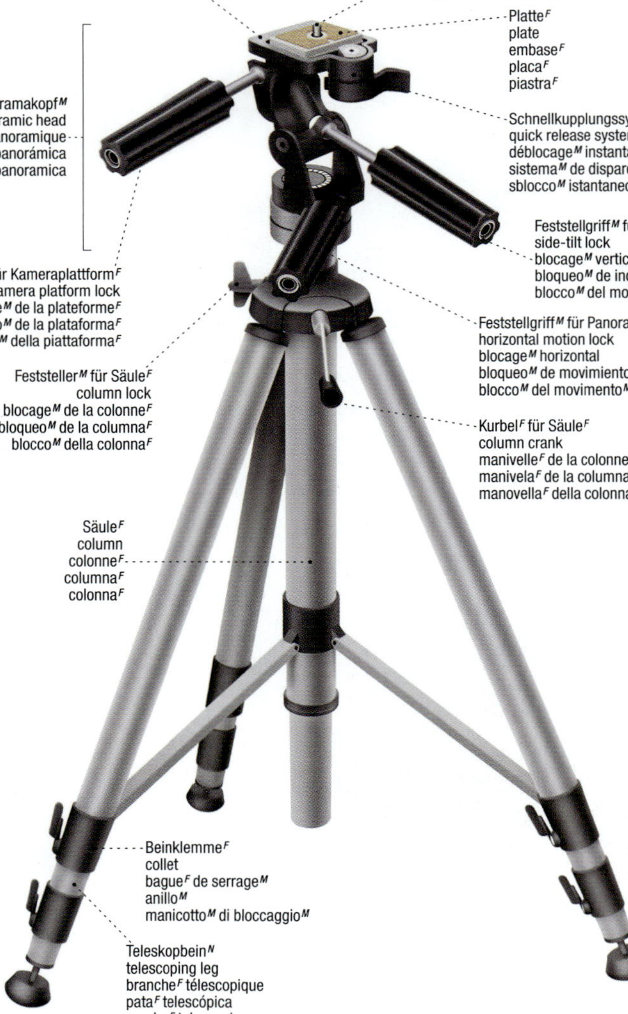

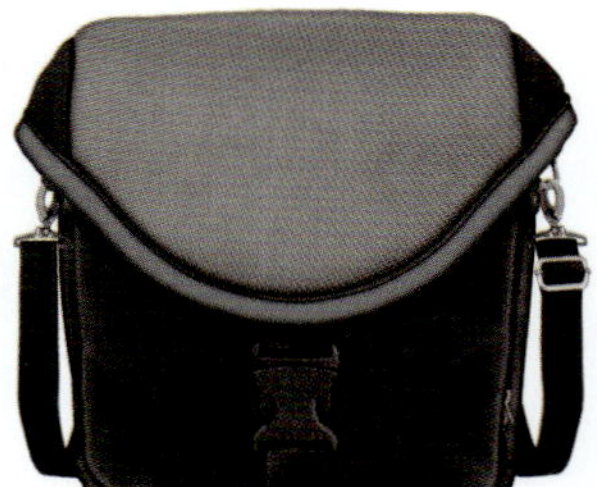

Kameratasche^{F}
camera bag
sac^{M} de transport^{M}
bolsa^{F} de viaje^{M}
borsa^{F} da trasporto^{M}

digitaler Bilderrahmen^{M}
digital photo frame
cadre^{M} photo^{F} numérique
marco^{M} para fotos^{M} digitales
cornice^{F} per foto^{F} digitale

fotografisches Zubehör^{N}

Belichtungsmesser^{M}
exposure meter
posemètre^{M} photoélectrique
fotómetro^{M}
esposimetro^{M}

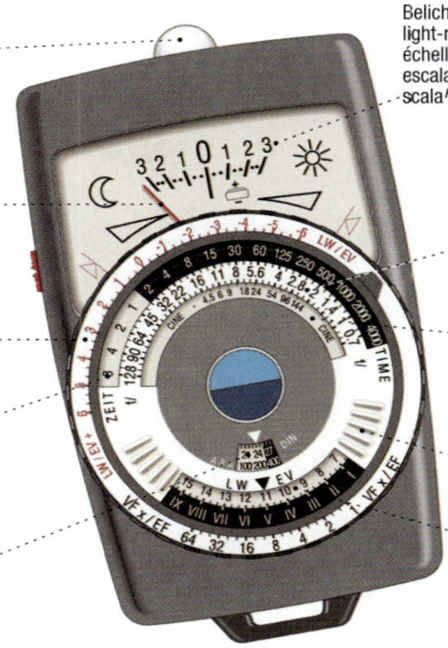

Diffusor^{M}
diffuser
diffuseur^{M}
difusor^{M}
diffusore^{M}

Belichtungsmessskala^{F}
light-reading scale
échelle^{F} de lecture^{F} de la luminosité^{F}
escala^{F} de lectura^{F} de luz^{F}
scala^{F} lettura^{F} luce^{F}

Anzeigenadel^{F}
indicator needle
aiguille^{F}
aguja^{F} indicadora
indicatore^{M}

Blendenskala^{F}
aperture scale
échelle^{F} d'ouverture^{F}
escala^{F} de apertura^{F}
scala^{F} di apertura^{F}

Belichtungskorrekturskala^{F}
exposure correction scale
échelle^{F} de correction^{F} d'exposition^{F}
escala^{F} de corrección^{F} de exposición^{F}
scala^{F} di correzione^{F} di esposizione^{F}

Bildfolgeskala^{F}
cine scale
échelle^{F} cadence^{F} images^{F}/seconde^{F}
escala^{F} de movimiento^{M}
scala^{F} di frequenza^{F} immagini^{F}/secondo^{M}

Belichtungszeitskala^{F}
exposure-time scale
échelle^{F} des temps^{M} d'exposition^{F}
escala^{F} de tiempo^{M} de exposición^{F}
scala^{F} tempi^{M} di esposizione^{F}

Drehscheibe^{F}
calculator dial
disque^{M} de réglage^{M}
disco^{M} de cálculo^{M}
disco^{M} regolatore

Lichtempfindlichkeitsskala^{F}
film speed scale
échelle^{F} de sensibilité^{F}
escala^{F} de velocidad^{F} de la película^{F}
scala^{F} di sensibilità^{F}

Belichtungswertskala^{F}
exposure value scale
échelle^{F} d'indice^{M} d'exposition^{F}
escala^{F} de valor^{M} de exposición^{F}
scala^{F} valori^{M} di esposizione^{F}

digitaler Belichtungsmesser^{M}
digital exposure meter
posemètre^{M} numérique
fotómetro^{M}
esposimetro^{M} digitale

Lichtsensor^{M}
lumisphere
lumisphère^{M}
medidor^{M} de luz^{F}
lumisfera^{F}

Anzeige^{F}
display
écran^{M}
pantalla^{F}
display^{M}

Objektiv^{N}
lens
objectif^{M}
objetivo^{M}
obiettivo^{M}

Taste^{F} für Normallicht^{N}
average button
réglage^{M} sur demi-teinte^{F}
botón^{M} de luminosidad^{F} media
regolazione^{F} sulle medie luci^{F}

Drehrad^{N}
jog wheel
molette^{F} de sélection^{F}
rueda^{F} de selección^{F}
manopola^{F} di selezione

Speichertaste^{F}
memory button
rappel^{M} de mémoire^{F}
botón^{M} de memoria^{F}
tasto^{M} di memorizzazione^{F}

Ein-/Aus-Taste^{F}
on-off button
interrupteur^{M}
interruptor^{M}
tasto^{M} acceso/spento

Tasten^{F} für Lichtempfindlichkeit^{F}
film speed buttons
sensibilité^{F}
botones^{M} de velocidad^{F} de la película^{F}
pulsanti^{M} sensibilità^{F} pellicola^{F}

Modusauswahltaste^{F}
mode set button
sélection^{F} de mode^{M}
selectores^{M} de modalidad^{F}
selettori^{M} di modo^{M}

Taste^{F} zum Löschen^{N} des Speichers^{M}
memory clear button
annulation^{F} de mémoire^{F}
botón^{M} de borrado^{M} de memoria^{F}
pulsante^{M} di svuotamento^{M} della memoria^{F}

Anschluss^{M} für Blitzkabel^{N}
flash synchro terminal
prise^{F} de synchronisation^{F} du flash^{M}
terminal^{M} de sincronización^{F} de flash^{M}
presa^{F} sincro^{F}

Objektive[N]

lenses | objectifs[M] | objetivos[M] | obiettivi[M]

Standardobjektiv[N]
standard lens
objectif[M] normal
objetivo[M] normal
obiettivo[M] normale

Linse[F]
lens
lentille[F]
objetivo[M]
lente[F]

Scharfstellring[M]
focusing ring
bague[F] de mise[F] au point[M]
anillo[M] de ajuste[M] del enfoque[M]
ghiera[F] di messa[F] a fuoco[M]

Schärfentiefenskala[F]
depth-of-field scale
échelle[F] de profondeur[F] de champ[M]
escala[F] de profundidad[F] de campo[M] de visión[F]
scala[F] delle profondità[F] di campo[M]

Blendenskala[F]
lens aperture scale
échelle[F] d'ouverture[F] de diaphragme[M]
escala[F] de abertura[F] del diafragma[M]
scala[F] dell'apertura[F] di diaframma[M]

Entfernungsskala[F]
distance scale
échelle[F] des distances[F]
escala[F] de distancia[F]
scala[F] delle distanze[F]

Bajonettanschluss[M]
bayonet mount
monture[F] baïonnette[F]
montura[F] de bayoneta[F]
attacco[M] a baionetta[F]

Zoomobjektiv[N]
zoom lens
objectif[M] zoom[M]
objetivo[M] zoom[M]
obiettivo[M] zoom

Objektivzubehör[N]
lens accessories
accessoires[M] de l'objectif[M]
accesorios[M] para el objetivo[M]
accessori[M] dell'obiettivo[M]

Objektivschutzdeckel[M]
lens cap
capuchon[M] d'objectif[M]
tapa[F] del objetivo[M]
coperchio[M] di protezione[F] dell'obiettivo[M]

Gegenlichtblende[F]
lens hood
parasoleil[M]
capuchón[M]
paraluce[M]

Farbfilter[M]
colour filter
filtre[M] de couleur[F]
filtro[M] de color[M]
filtro[M] colorato

Nahlinse[F]
close-up lens
lentille[F] de macrophotographie[F]
lente[M] de acercamiento[M]
lente[F] addizionale per macrofotografie[F]

Polarisationsfilter[M]
polarizing filter
filtre[M] de polarisation[F]
filtro[M] de polarización[F]
filtro[M] polarizzatore

Objektiv[N]
lens
objectif[M]
objetivo[M]
obiettivo[M]

Telekonverter[M]
tele-converter
multiplicateur[M] de focale[F]
teleconvertidor[M]
moltiplicatore[M] di focale[F]

Teleobjektiv[N]
telephoto lens
téléobjectif[M]
teleobjetivo[M]
teleobiettivo[M]

Makroobjektiv[N]
macro lens
objectif[M] macro
objetivo[M] macro
obiettivo[M] macro

Weitwinkelobjektiv[N]
wide-angle lens
objectif[M] grand-angulaire
objetivo[M] gran angular[M]
obiettivo[M] grandangolare

Super-Weitwinkelobjektiv[N]
semi-fisheye lens
objectif[M] super-grand-angle[M]
objetivo[M] ojo[M] de pez[M]
obiettivo[M] supergrandangolare

Fischauge[N]
fisheye lens
hypergone[M]
lente[M] de 180 grados[M]
fish-eye[M]

digitale Bildverwaltung^{F}

digital photo management | gestion^{F} des photos^{F} numériques | gestión^{F} de fotos^{F} digitales | gestione^{F} foto^{M} digitali

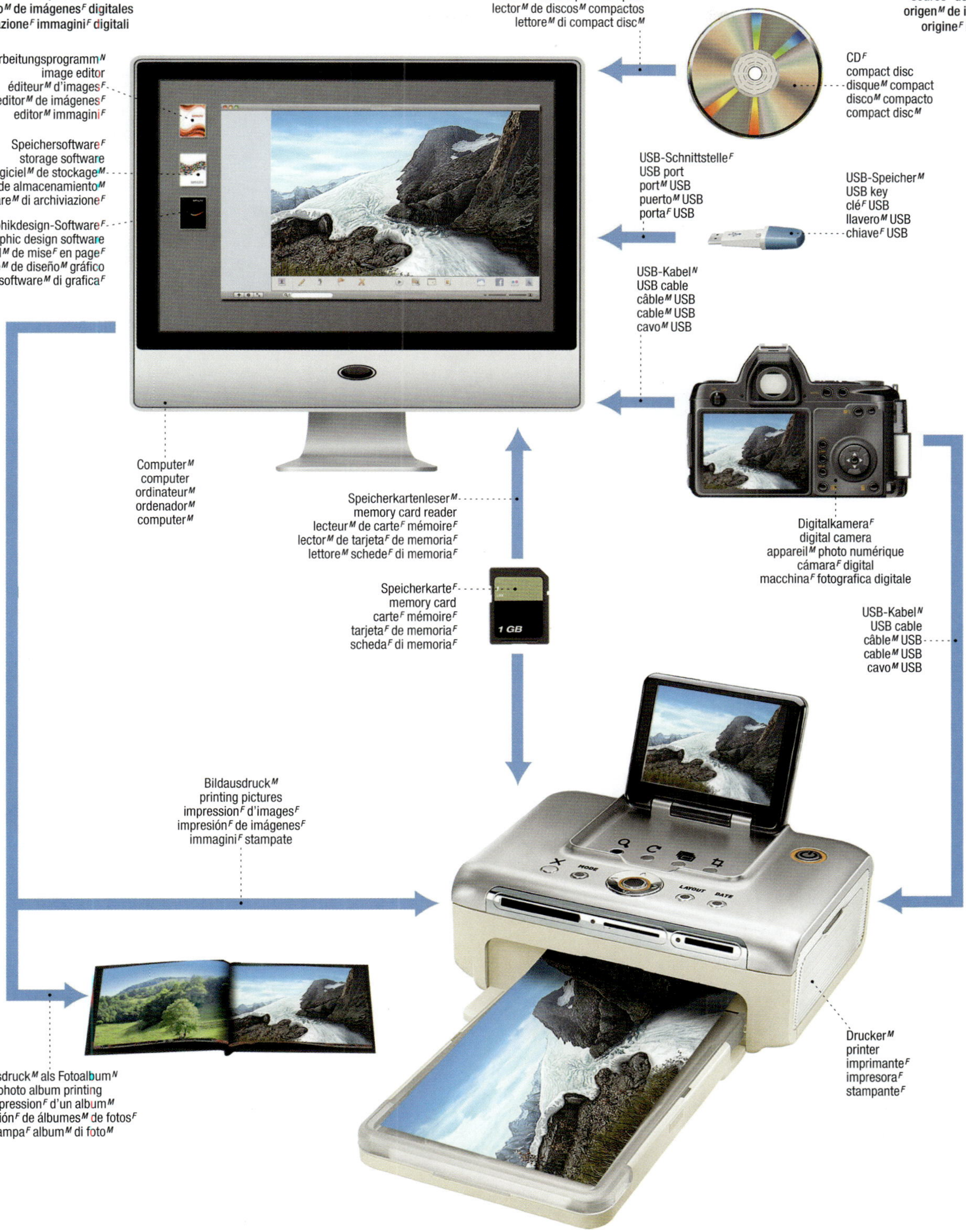

digitale Bildbearbeitung^{F}
digital image processing
traitement^{M} des photos^{F}
proceso^{M} de imágenes^{F} digitales
elaborazione^{F} immagini^{F} digitali

Bildbearbeitungsprogramm^{N}
image editor
éditeur^{M} d'images^{F}
editor^{M} de imágenes^{F}
editor^{M} immagini^{F}

Speichersoftware^{F}
storage software
logiciel^{M} de stockage^{M}
ftware^{M} de almacenamiento^{M}
software^{M} di archiviazione^{F}

Graphikdesign-Software^{F}
graphic design software
logiciel^{M} de mise^{F} en page^{F}
software^{M} de diseño^{M} gráfico
software^{M} di grafica^{F}

CD-Laufwerk^{N}
compact disc reader
lecteur^{M} de disque^{M} compact
lector^{M} de discos^{M} compactos
lettore^{M} di compact disc^{M}

Bildquelle^{F}
source of images
source^{F} des images^{F}
origen^{M} de imágenes^{F}
origine^{F} immagini^{F}

CD^{F}
compact disc
disque^{M} compact
disco^{M} compacto
compact disc^{M}

USB-Schnittstelle^{F}
USB port
port^{M} USB
puerto^{M} USB
porta^{F} USB

USB-Speicher^{M}
USB key
clé^{F} USB
llavero^{M} USB
chiave^{F} USB

USB-Kabel^{N}
USB cable
câble^{M} USB
cable^{M} USB
cavo^{M} USB

Computer^{M}
computer
ordinateur^{M}
ordenador^{M}
computer^{M}

Speicherkartenleser^{M}
memory card reader
lecteur^{M} de carte^{F} mémoire^{F}
lector^{M} de tarjeta^{F} de memoria^{F}
lettore^{M} schede^{F} di memoria^{F}

Digitalkamera^{F}
digital camera
appareil^{M} photo numérique
cámara^{F} digital
macchina^{F} fotografica digitale

Speicherkarte^{F}
memory card
carte^{F} mémoire^{F}
tarjeta^{F} de memoria^{F}
scheda^{F} di memoria^{F}

USB-Kabel^{N}
USB cable
câble^{M} USB
cable^{M} USB
cavo^{M} USB

Bildausdruck^{M}
printing pictures
impression^{F} d'images^{F}
impresión^{F} de imágenes^{F}
immagini^{F} stampate

Drucker^{M}
printer
imprimante^{F}
impresora^{F}
stampante^{F}

Ausdruck^{M} als Fotoalbum^{N}
photo album printing
impression^{F} d'un album^{M}
impresión^{F} de álbumes^{M} de fotos^{F}
stampa^{F} album^{M} di foto^{M}

Filmentwicklung[F]

film processing | traitement[M] des pellicules[F] argentiques | proceso[M] de películas[F] | elaborazione[F] della pellicola[F]

Dunkelkammerausrüstung[F]
darkroom equipment
matériel[M] de chambre[F] noire
material[M] de cuarto[M] oscuro
attrezzatura[F] per camera[F] oscura

Vergrößerer[M]
enlarger
agrandisseur[M]
ampliadora[F]
ingranditore[M]

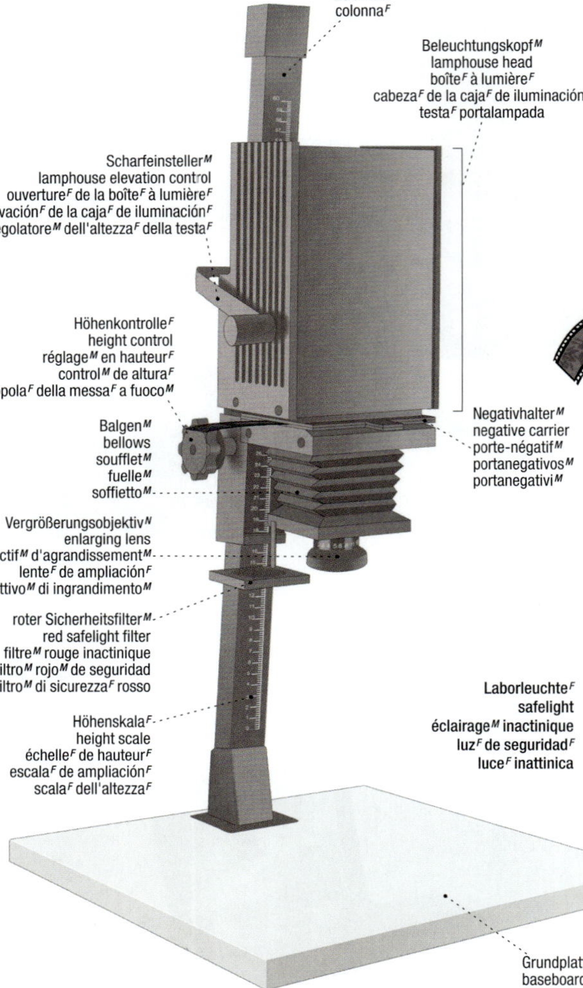

Säule[F]
column
colonne[F]
columna[F]
colonna[F]

Beleuchtungskopf[M]
lamphouse head
boîte[F] à lumière[F]
cabeza[F] de la caja[F] de iluminación[F]
testa[F] portalampada

Scharfeinsteller[M]
lamphouse elevation control
ouverture[F] de la boîte[F] à lumière[F]
control[M] de elevación[F] de la caja[F] de iluminación[F]
regolatore[M] dell'altezza[F] della testa[F]

Höhenkontrolle[F]
height control
réglage[M] en hauteur[F]
control[M] de altura[F]
manopola[F] della messa[F] a fuoco[M]

Balgen[M]
bellows
soufflet[M]
fuelle[M]
soffietto[M]

Negativhalter[M]
negative carrier
porte-négatif[M]
portanegativos[M]
portanegativi[M]

Vergrößerungsobjektiv[N]
enlarging lens
objectif[M] d'agrandissement[M]
lente[F] de ampliación[F]
obiettivo[M] di ingrandimento[M]

roter Sicherheitsfilter[M]
red safelight filter
filtre[M] rouge inactinique
filtro[M] rojo[M] de seguridad
filtro[M] di sicurezza[F] rosso

Höhenskala[F]
height scale
échelle[F] de hauteur[F]
escala[F] de ampliación[F]
scala[F] dell'altezza[F]

Grundplatte[F]
baseboard
plateau[M]
tablero[M] de base[F]
piano[M] di stampa[F]

Laboruhr[F]
timer
minuterie[F]
reloj[M]
temporizzatore[M]

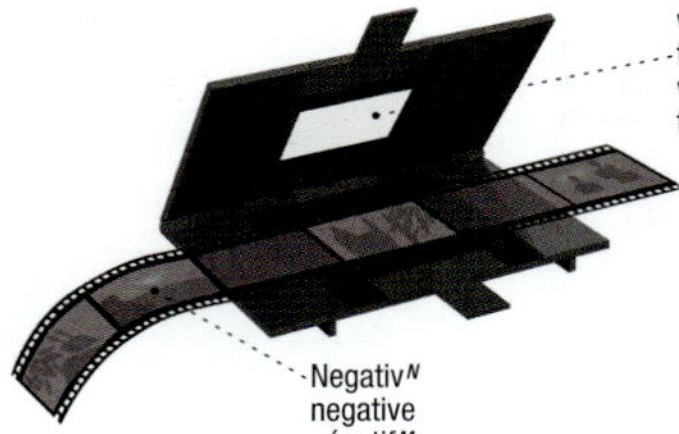

Negativhalter[M]
negative carrier
porte-négatif[M]
portanegativos[M]
portanegativi[M]

Sichtfenster[N]
window
fenêtre[F]
ventana[F]
finestra[F]

Negativ[N]
negative
négatif[M]
negativo[M]
negativo[M]

Laborleuchte[F]
safelight
éclairage[M] inactinique
luz[F] de seguridad[F]
luce[F] inattinica

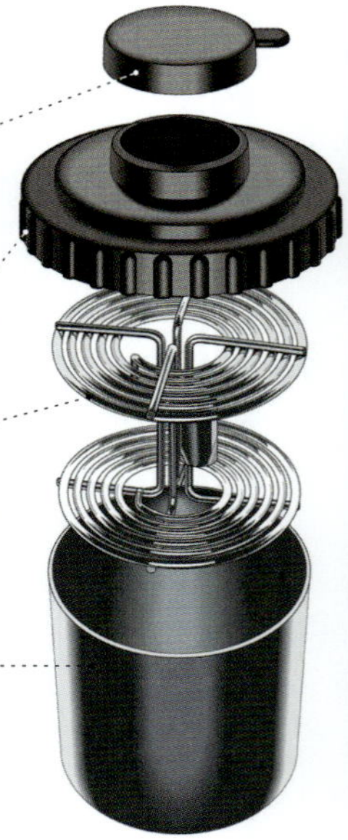

Entwicklungstrommel[F]
developing tank
cuve[F] de développement[M]
tanque[M] de revelado
sviluppatrice[F]

Kappe[F]
cap
capuchon[M]
capuchón[M]
tappo[M]

Deckel[M]
lid
couvercle[M]
tapa[F]
coperchio[M]

Spirale[F]
reel
spirale[F]
espiral[F]
spirale[F]

Dose[F]
tank
cuve[F]
cubeta[F]
vaschetta[F]

Entwicklungsbäder[N]
developing baths
bains[M] de développement[M]
baños[M] de revelado[M]
bagni[M] di sviluppo[M]

Entwickler[M]
developer bath
bain[M] de révélateur[M]
baño[M] de revelado[M]
bagno[M] di sviluppo[M]

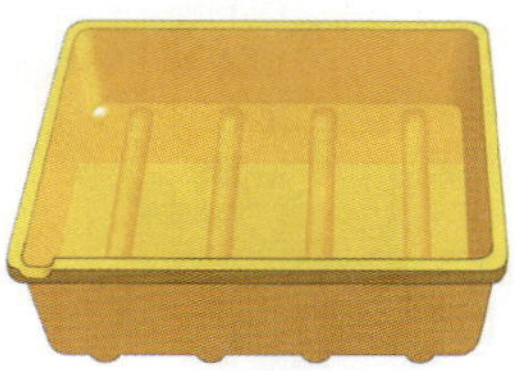

Stoppbad[N]
stop bath
bain[M] d'arrêt[M]
baño[M] de stop[M]
bagno[M] di arresto[M]

Fixierbad[N]
fixing bath
bain[M] de fixation[F]
baño[M] de fijación[F]
bagno[M] di fissaggio[M]

Trockenständer[M]
print drying rack
séchoir[M] d'épreuves[F]
secadora[F] de pruebas[F]
rastrelliera[F]

Diavorführung^F

transparency viewing | visionnement^M des diapositives^F | visualización^F de diapositivas^F | visualizzazione^F diapositive^F

Diaprojektor^M
slide projector
projecteur^M de diapositives^F
proyector^M de diapositivas^F
proiettore^M per diapositive^F

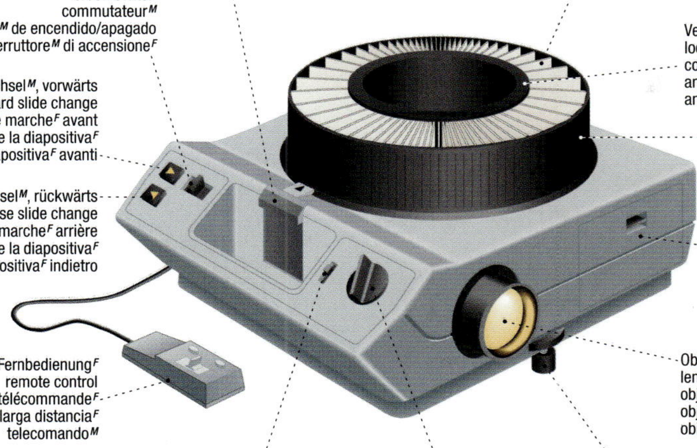

Projektionswand^F
projection screen
écran^M de projection^F
pantalla^F de proyección^F
schermo^M di proiezione^F

Satellitenübertragungstechnik^{F}

satellite broadcasting | télédiffusion^{F} par satellite^{M} | comunicación^{F} vía satélite^{M} | trasmissione^{F} via satellite^{M}

**Rundfunksystem^{N}
broadcasting system
réseau^{M} de télédiffusion^{F}
sistema^{M} de difusión^{F}
sistema^{F} di trasmissione^{F}**

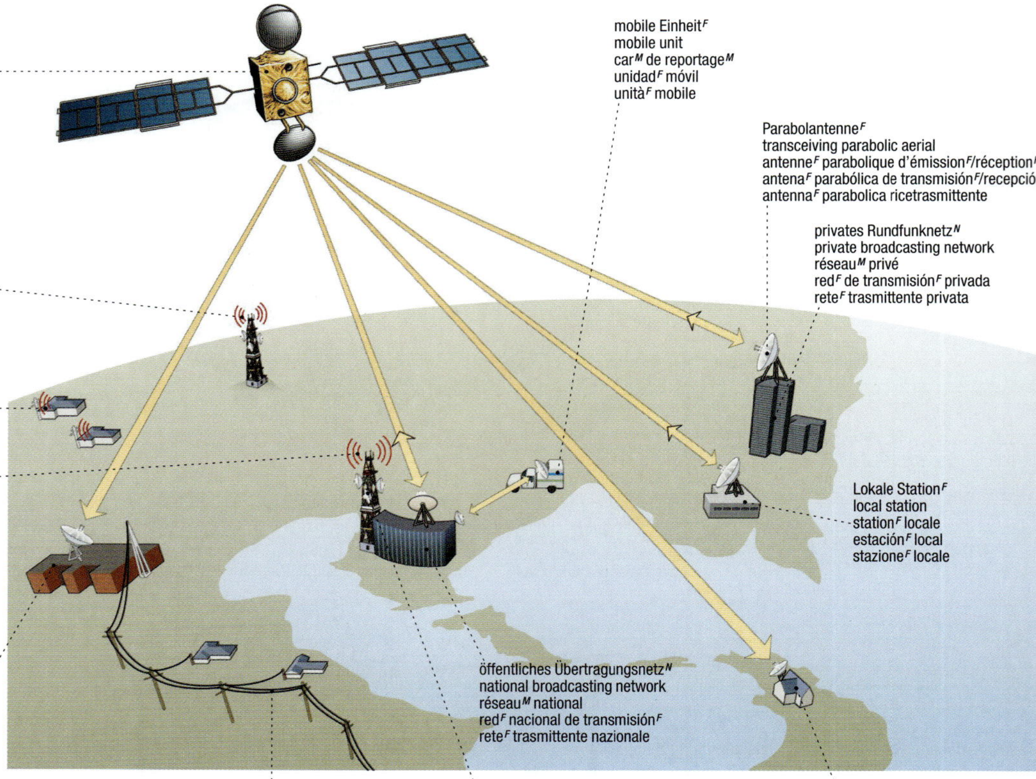

Fernmeldesatelliten^{M}

telecommunication satellites | satellites^{M} de télécommunications^{F} | satélites^{M} de telecomunicaciones^{F} | satelliti^{M} per telecomunicazioni^{F}

**Eutelsat^{M}
Eutelsat
Eutelsat^{M}
Eutelsat^{M}
Eutelsat**

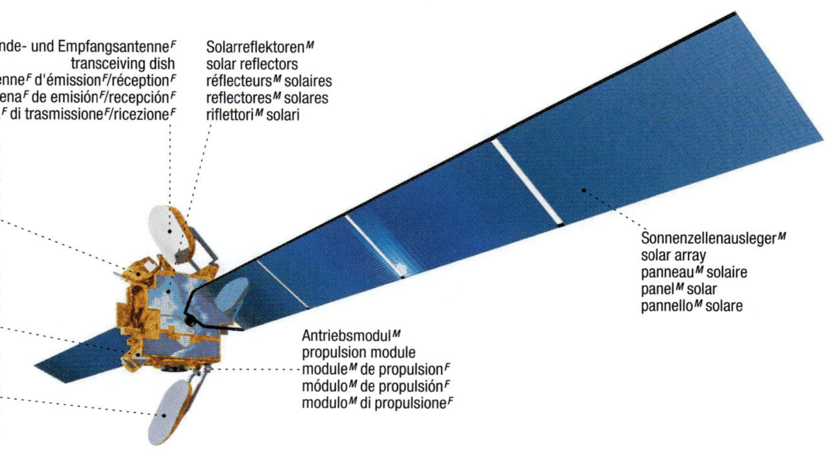

Telekommunikation[F] über Nachrichtensatellit[M]

telecommunications by satellite | télécommunications[F] par satellite[M] | telecomunicaciones[F] vía satélite[M] | telecomunicazioni[F] via satellite[M]

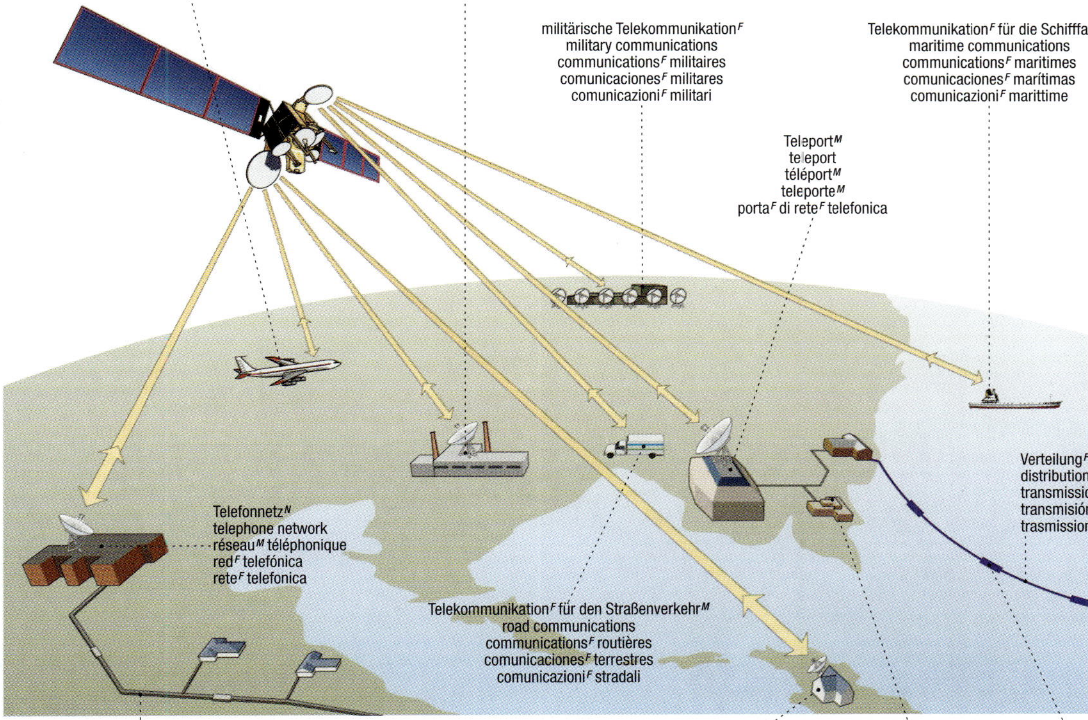

Fernmeldesatelliten[M]

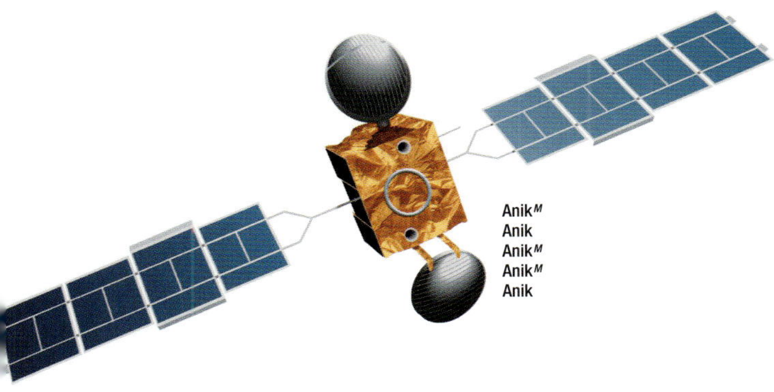

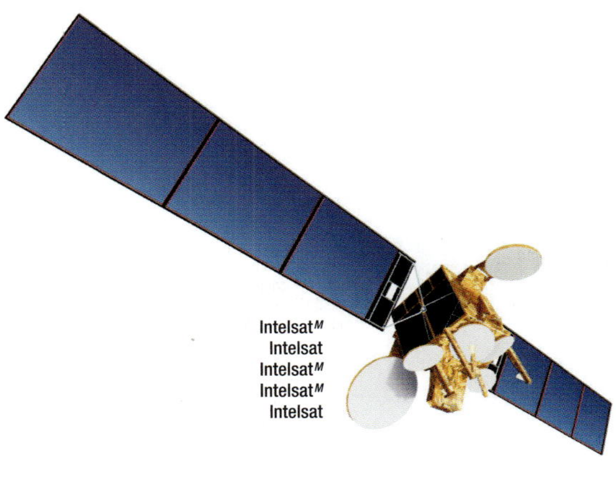

Sprecher- und Regieraum[M]

studio and control room | studio[M] et régie[F] | estudio[M] y cabina[F] de control[M] | cabina[F] di regia[F]

Mikrofone[N] und Zubehör[N]

microphones and accessories | microphones[M] et accessoires[M] | micrófonos[M] y accesorios[M] | microfoni[M] e accessori[M]

elektrodynamisches Mikrofon[N]
dynamic microphone
microphone[M] dynamique
micrófono[M] electrodinámico
microfono[M] dinamico

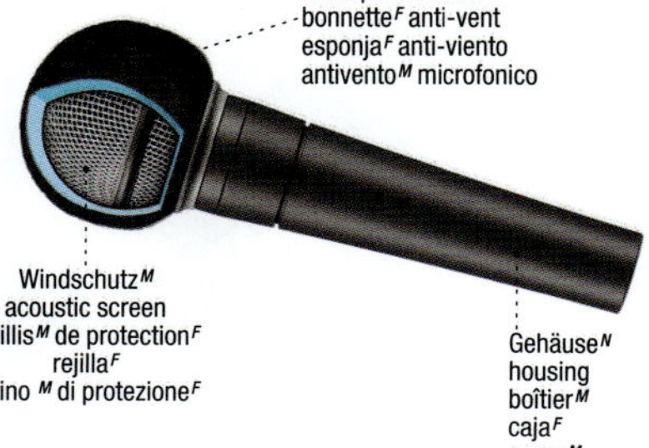

Ohrstöpsel[M]
earpiece
oreillette[F]
auricular[M]
auricolare[M]

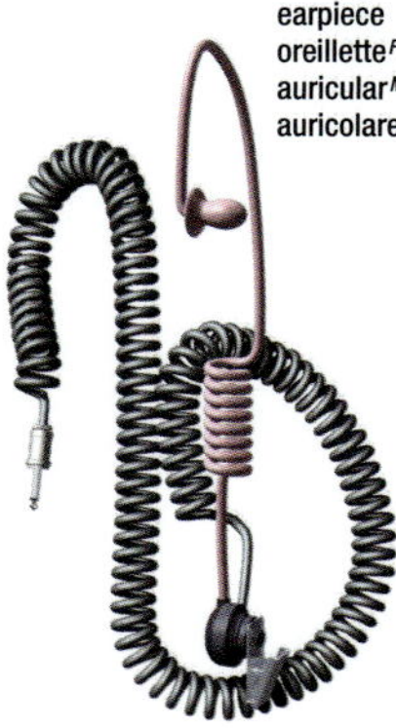

Lavaliermikrofon[N]
lavalier microphone
micro[M]-cravate[F]
micrófono[M] lavalier
microfono[M] lavalier

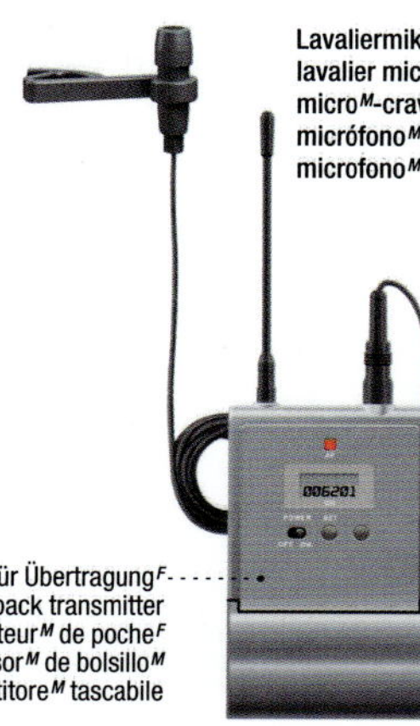

Programmproduktion^{F}

programme production | production^{F} des émissions^{F} | producción^{F} del programa^{M} | produzione^{F} di programma^{F}

Studio^{N} und Regieräume^{M}
studio set and control rooms
plateau^{M} et régies^{F}
estudio^{M}
studio^{M} e cabine^{F} di regia^{F}

Mehrzweckraum^{M}
multi-purpose room
salle^{F} polyvalente
sala^{F} multifunción
stanza^{F} multiuso

Lichtregisseur^{M}
lighting director
éclairagiste^{M}
director^{M} de iluminación^{F}
direttore^{M} luci^{F}

Bildtechniker^{M}
colour control technician
contrôleur^{M} d'images^{F}
técnico^{M} de control^{M} del color^{M}
tecnico^{M} controllo^{M} colore^{M}

Zugang^{M} zur Beleuchtungsanlage^{F}
lighting grid access
accès^{M} à la grille^{F} d'éclairage^{M}
puerta^{F} de acceso^{M} a la rejilla^{F} de las luces^{F}
accesso^{M} alla griglia^{F} di illuminazione^{F}

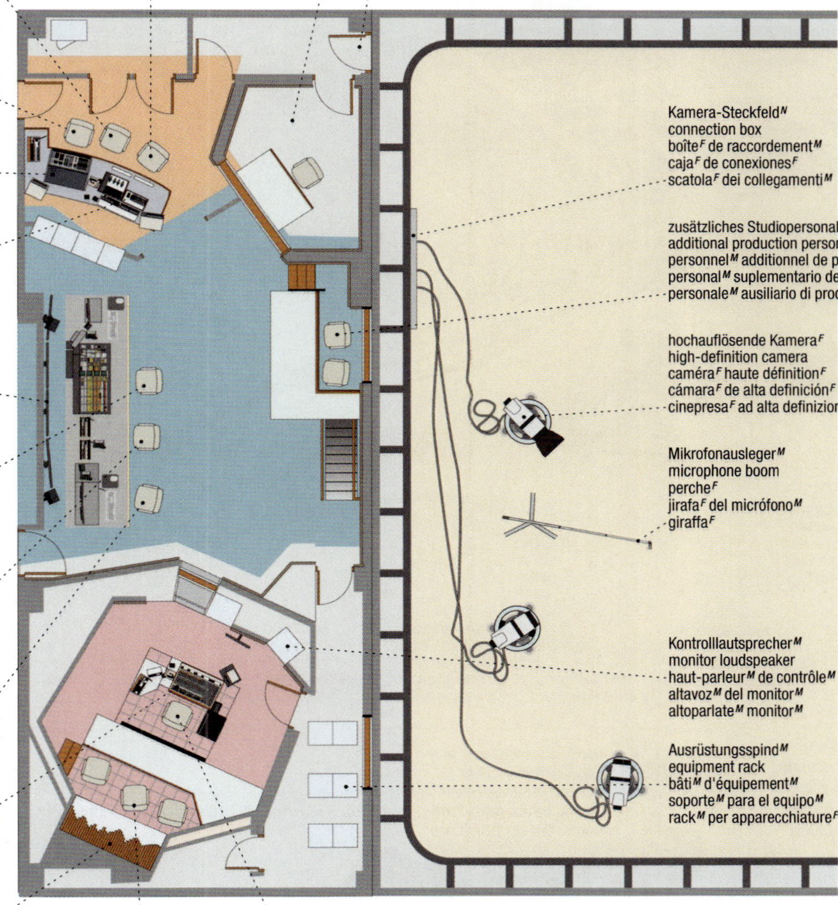

Bediener^{M} der Lichtkonsole^{F}
lighting console operator
opérateur^{M} de régie^{F} d'éclairage^{M}
operario^{M} de la consola^{F} de iluminación^{F}
operatore^{M} console^{F} luci^{F}

Lichtkonsole^{F}
lighting console
pupitre^{M} d'éclairage^{M}
consola^{F} de iluminación^{F}
console^{F} luci^{F}

Bildkontrolle^{F}
camera control unit
bloc^{M} de commande^{F} des caméras^{F}
unidad^{F} de control^{M} de cámaras^{F}
unità^{F} di controllo^{M} video^{M}

Kontrollmonitore^{M}
monitor wall
baie^{F} de contrôle^{M}
panel^{M} de monitores^{M}
parete^{F} dei monitor^{M}

Videotechniker^{M}
video control technician
aiguilleur^{M}
técnico^{M} de control^{M} de vídeo^{M}
tecnico^{M} controllo^{M} video^{M}

Regisseur^{M}
director
réalisateur^{M}
director^{M}
regista^{M}

Regieassistent^{M}
assistant director
assistant^{M} à la réalisation^{F}
ayudante^{M} de dirección^{F}
aiuto^{M} regista^{M}

Tonregiepult^{N}
sound console
pupitre^{M} de son^{M}
consola^{F} de sonido^{M}
console^{F} del mixer^{M} audio^{M}

Kamera-Steckfeld^{N}
connection box
boîte^{F} de raccordement^{M}
caja^{F} de conexiones^{F}
scatola^{F} dei collegamenti^{M}

zusätzliches Studiopersonal^{N}
additional production personnel
personnel^{M} additionnel de production^{F}
personal^{M} suplementario de producción^{F}
personale^{M} ausiliario di produzione^{F}

hochauflösende Kamera^{F}
high-definition camera
caméra^{F} haute définition^{F}
cámara^{F} de alta definición^{F}
cinepresa^{F} ad alta definizione^{F}

Mikrofonausleger^{M}
microphone boom
perche^{F}
jirafa^{F} del micrófono^{M}
giraffa^{F}

Kontrolllautsprecher^{M}
monitor loudspeaker
haut-parleur^{M} de contrôle^{M}
altavoz^{M} del monitor^{M}
altoparlate^{M} monitor^{M}

Ausrüstungsspind^{M}
equipment rack
bâti^{M} d'équipement^{M}
soporte^{M} para el equipo^{M}
rack^{M} per apparecchiature^{F}

Bassfalle^{F}
bass trap
mur^{M} acoustique
panel^{M} absorbente de frecuencias^{F} bajas
pannello^{M} di assorbimento^{M} dei bassi^{M}

Musikregie^{F}
musical advisers
conseillers^{M} musicaux
consejeros^{M} musicales
consulenti^{M} musicali

Tontechniker^{M}
audio control technician
technicien^{M} de son^{M}
técnico^{M} de control^{M} de sonido^{M}
tecnico^{M} controllo^{M} audio^{M}

Tonregieraum^{M}
sound control room
régie^{F} du son^{M}
control^{M} de sonido^{M}
cabina^{F} di controllo^{M} audio^{M}

Regieraum^{M}
production control room
régie^{F} de production^{F}
sala^{F} de producción^{F} y control^{M}
cabina^{F} di regia^{F}

Beleuchtung^{F}/Bildregie^{F}
lighting/camera control area
régie^{F} de l'image^{F} et d'éclairage^{M}
sala^{F} de control^{M} de luces^{F}/de cámara^{F}
area^{F} di controllo^{M} luci^{F}/video^{M}

Aufnahmestudio^{N}
studio set
plateau^{M}
estudio^{M}
studio^{M}

Programmproduktion[F]

Aufnahmestudio[N]
studio set
plateau[M]
estudio[M]
studio[M]

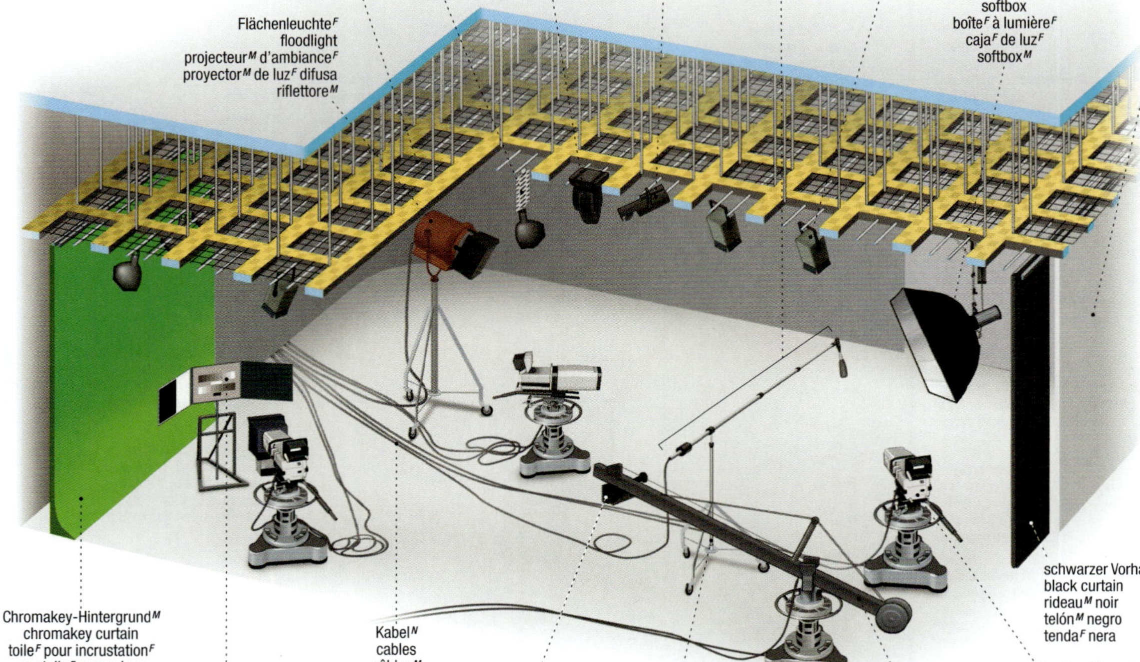

Kameras[F] und Zubehör[N]
cameras and accessories
caméras[F] et accessoires[M]
cámaras[F] y accesorios[M]
cinepresa[F] e accessori[M]

hochauflösende Kamera[F]
high-definition camera
caméra[F] haute définition[F]
cámara[F] de alta definición[F]
cinepresa[F] ad alta definizione[F]

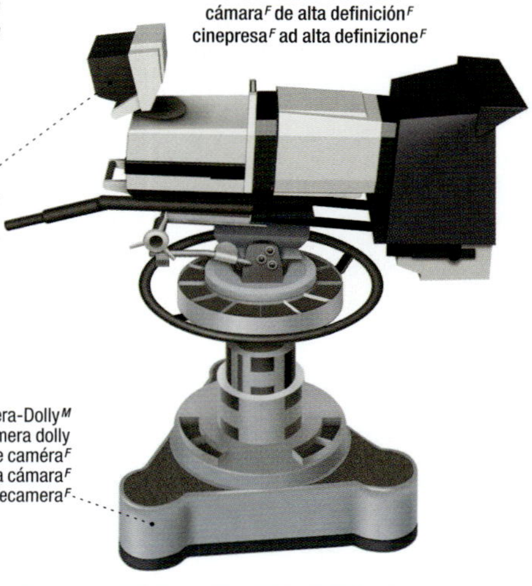

Teleprompter[M]
autocue
télésouffleur[M]
teleprompter[M]
teleprompter[M]

Programmproduktion^{F}

Regieraum^{M}
production control room
régie^{F} de production^{F}
sala^{F} de control^{M} de producción^{F}
cabina^{F} di regia^{F}

Kontrolllautsprecher^{M}
monitor loudspeaker
haut-parleur^{M} de contrôle^{M}
altavoz^{M} del monitor^{M}
altoparlante^{M} monitor^{M}

Programmmonitor^{M}
programme monitor
écran^{M} de contrôle^{M}
monitor^{M} de programas^{M}
monitor^{M} di programma^{F}

Produktionsuhr^{F}
production clock
horloge^{F} de production^{F}
reloj^{M} de producción^{F}
orologio^{M}

Vorschaumonitor^{M}
preview monitor
écran^{M} d'épreuve^{F}
monitor^{M} de visualización^{F} previa
monitor^{M} di anteprima^{F}

Kontrollmonitore^{M}
monitor wall
baie^{F} de contrôle^{M}
panel^{M} de monitores^{M}
parete^{F} dei monitor^{M}

Mikrofon^{N} der
Wechselsprechanlage^{F}
intercom microphone
microphone^{M} d'interphone^{M}
fono^{M} del intercomunicador^{M}
microfono^{M} dell'interfono^{M}

Wechselsprechanlage^{F}
intercom
interphone^{M}
intercomunicador^{M}
interfono^{M}

Spezialeffektmonitor^{M}
special effects monitor
écran^{M} du truqueur^{M} numérique
monitor^{M} de efectos^{M} especiales
monitor^{M} effetti^{M} speciali

Regiepult^{N}
production desk
pupitre^{M} de régie^{F}
mesa^{F} de producción^{F}
console^{F} di regia^{F}

Digitalkonsole^{F}
digital console
console^{F} numérique
consola^{F} digital
console^{M} digitale

Kameramonitore^{M}
camera monitors
écrans^{M} témoins^{M}
monitores^{M} de cámaras^{F}
monitor^{M} cinepresa^{F}

Schaltkonsole^{F}
switcher console
pupitre^{M} d'aiguillage^{M}
consola^{F} de producción^{F} de vídeo^{M}
console^{M} switcher^{M}

KOMMUNIKATION

Kameras^{F} und Zubehör^{N}

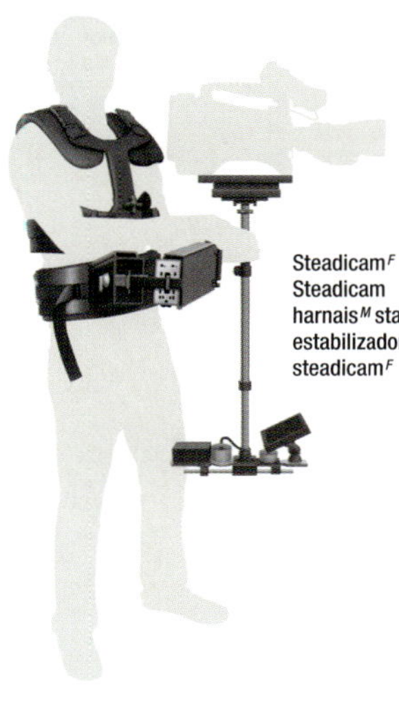

Steadicam^{F}
Steadicam
harnais^{M} stabilisateur
estabilizador^{M} de cámara^{F}
steadicam^{F}

Schulterkamera^{F}
shoulder mount camcorder
caméra^{F} à l'épaule^{F}
videocámara^{F} de hombro^{M}
camcorder^{F} da spalla^{F}

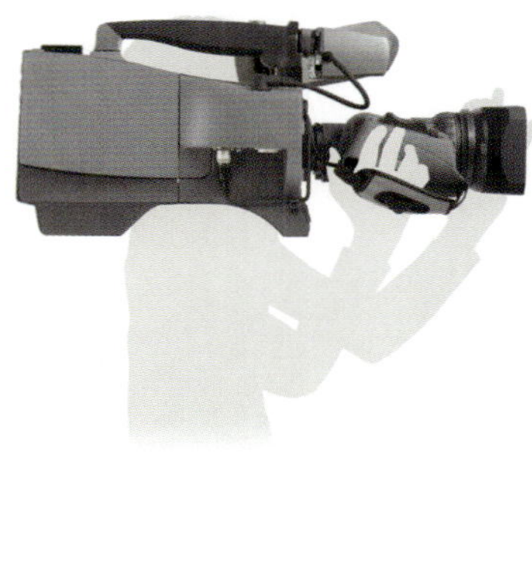

Programmproduktion[F]

Übertragungswagen[M]
mobile production truck
car[M] de reportage[M]
unidad[F] móvil
camion[M] di produzione[F] mobile

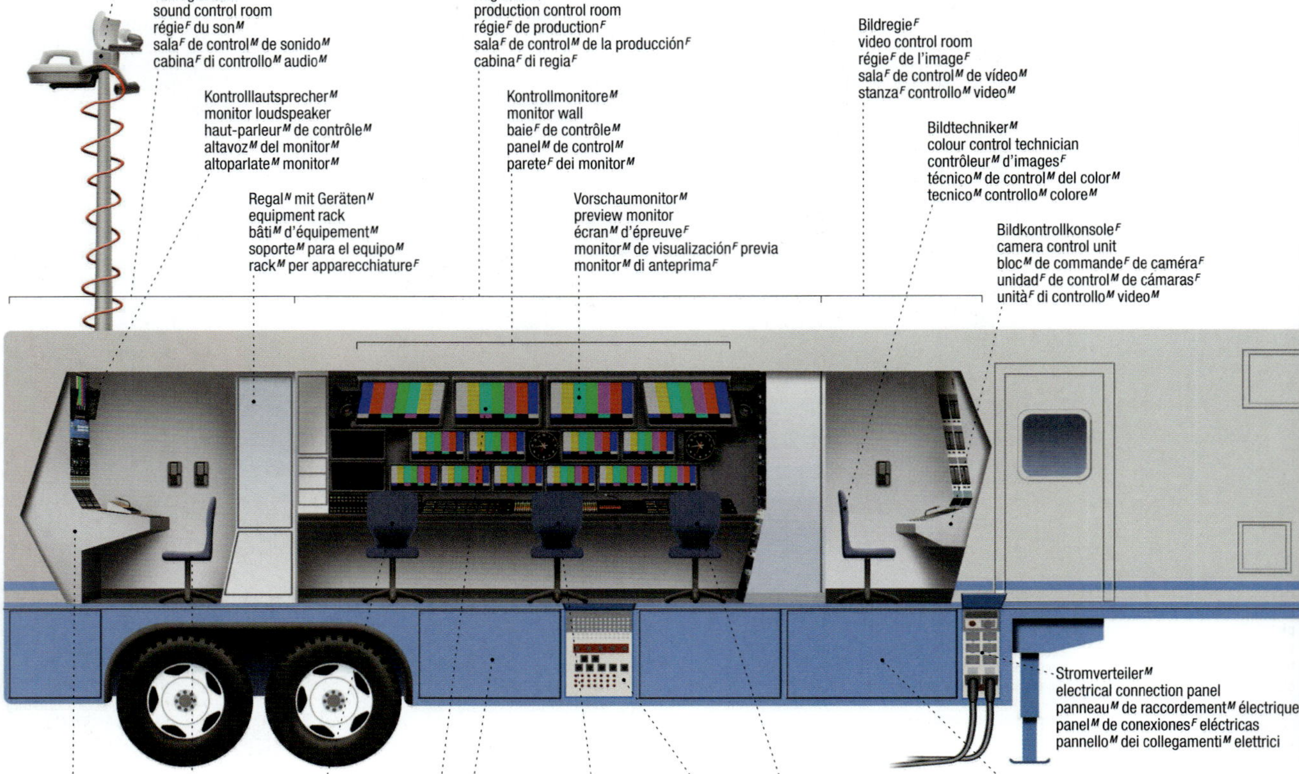

Mikrowellenantenne[F]
microwave aerial
antenne[F] à micro-ondes[F]
antena[F] microondas[F]
antenna[F] microonde[F]

Tonregieraum[M]
sound control room
régie[F] du son[M]
sala[F] de control[M] de sonido[M]
cabina[F] di controllo[M] audio[M]

Kontrolllautsprecher[M]
monitor loudspeaker
haut-parleur[M] de contrôle[M]
altavoz[M] del monitor[M]
altoparlate[M] monitor[M]

Regal[N] mit Geräten[N]
equipment rack
bâti[M] d'équipement[M]
soporte[M] para el equipo[M]
rack[M] per apparecchiature[F]

Regieraum[M]
production control room
régie[F] de production[F]
sala[F] de control[M] de la producción[F]
cabina[F] di regia[F]

Kontrollmonitore[M]
monitor wall
baie[F] de contrôle[M]
panel[M] de control[M]
parete[F] dei monitor[M]

Vorschaumonitor[M]
preview monitor
écran[M] d'épreuve[F]
monitor[M] de visualización[F] previa
monitor[M] di anteprima[F]

Bildregie[F]
video control room
régie[F] de l'image[F]
sala[F] de control[M] de vídeo[M]
stanza[F] controllo[M] video[M]

Bildtechniker[M]
colour control technician
contrôleur[M] d'images[F]
técnico[M] de control[M] del color[M]
tecnico[M] controllo[M] colore[M]

Bildkontrollkonsole[F]
camera control unit
bloc[M] de commande[F] de caméra[F]
unidad[F] de control[M] de cámaras[F]
unità[F] di controllo[M] video[M]

Stromverteiler[M]
electrical connection panel
panneau[M] de raccordement[M] électrique
panel[M] de conexiones[F] eléctricas
pannello[M] dei collegamenti[M] elettrici

Tonregiepult[N]
sound console
pupitre[M] de son[M]
consola[F] de sonido[M]
mixer[M] audio[M]

Tontechniker[M]
audio control technician
technicien[M] de son[M]
técnico[M] de control[M] de sonido[M]
tecnico[M] controllo[M] audio[M]

Regisseur[M]
director
réalisateur[M]
director[M]
regista[M]

Programmmonitor[M]
programme monitor
écran[M] de contrôle[M]
monitor[M] de programas[M]
monitor[M] di programma[F]

Kabelfach[N]
cable reels compartment
soute[F] des bobines[F] de câbles[M]
compartimento[M] de bobina[F] de cables[M]
scomparto[M] bobine[F] cavi[M]

Videotechniker[M]
video control technician
aiguilleur[M]
técnico[M] de control[M] de vídeo[M]
tecnico[M] controllo[M] video[M]

technischer Regisseur[M]
technical director
directeur[M] technique
director[M] técnico
direttore[M] tecnico

Videoschalttafel[F]
video connection panel
panneau[M] de raccordement[M] vidéo
panel[M] de conexión[F] del video[M]
pannello[M] dei collegamenti[M] video[M]

Gerätefach[N]
equipment compartment
soute[F] d'équipement[M] technique
compartimento[M] para los equipos[M]
scomparto[M] della strumentazione[F]

KOMMUNIKATION

Programmempfang^{M}

programme reception | réception^{F} des émissions^{F} | recepción^{F} de programas^{M} | ricezione^{F} di programma^{F}

**analoges Fernsehen^{N}
analogue television
télévision^{F} analogique
televisión^{F} analógica
televisore^{M} analogico**

CRT-Fernseher^{M} (Kathodenstrahlröhren-Fernseher^{M})
cathode ray tube (CRT) television
téléviseur^{M} à tube^{M} cathodique
televisor^{M} con pantalla^{F} catódica
televisore^{M} a tubo^{M} catodico

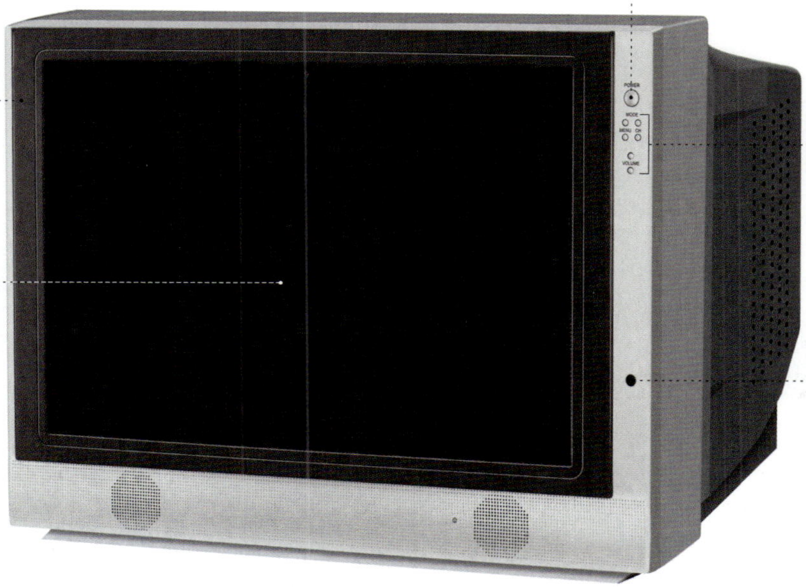

**Bildröhre^{F}
picture tube
tube^{M}-image^{F}
tubo^{M} de pantalla^{F}
cinescopio^{M}**

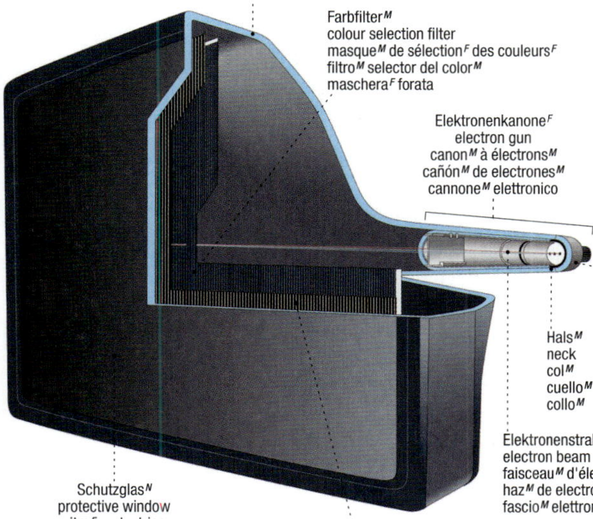

**Elektronenkanone^{F}
electron gun
canon^{M} à électrons^{M}
cañón^{M} de electrones^{M}
cannone^{M} elettronico**

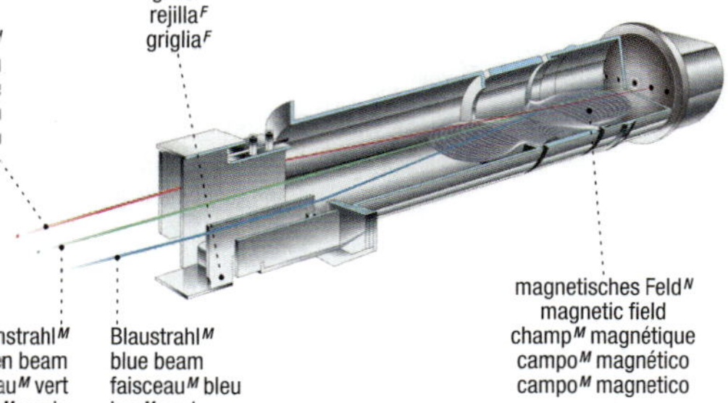

**Digital-Analog-Umsetzer^{M}
digital-to-analogue converter box
convertisseur^{M} numérique/analogique
caja^{F} de conversión^{F} de señal^{F} digital-analógica
scatola^{F} convertitore^{M} digitale-analogico**

Programmempfang[M]

Digitalfernsehen[N]
digital television
télévision[F] numérique
televisión[F] digital
televisore[M] digitale

LCD-Fernseher[M] (Liquid-Crystal-Display-Fernseher[M])
liquid crystal display (LCD) television
téléviseur[M] à cristaux[M] liquides
televisor[M] de cristal[M] líquido
televisore[M] a cristalli[M] liquidi

Bildschirm[M]
screen
écran[M]
pantalla[F]
schermo[M]

Lautsprecher[M]
speaker
haut-parleur[M]
altavoz[M]
altoparlante[M]

Bedientasten[F]
tuning controls
boutons[M] de réglage[M]
controles[M] de sintonización[F]
comandi[M] di sintonia[F]

Ein-/Aus-Taste[F]
on-off button
interrupteur[M]
interruptor[M]
tasto[M] acceso/spento

Plasmafernseher[M]
plasma television
téléviseur[M] à plasma[M]
televisor[M] plasma[M]
televisore[M] al plasma[M]

digitaler Rekorder[M]/Receiver[M]
digital video recorder/receiver
récepteur[M]/enregistreur[M] numérique
receptor[M]/grabadora[F] de vídeo[M] digital
registratore[M]/ricevitore[M] video[M] digitali

Sofortwiedergabetaste[F]
instant replay button
reprise[F] instantanée
botón[M] de reproducción[F] instantánea
pulsante[M] replay

Rückspultaste[F]
fast rewind button
recul[M] rapide
botón[M] de rebobinado[M]
pulsante[M] riavvolgimento[M] rapido

Stopptaste[F]
stop button
arrêt[M]
tecla[F] de parada[F]
tasto[M] di arresto[M]

Schnellvorlauf[M]
fast-forward button
avance[F] rapide
botón[M] de avance[M] rápido
pulsante[M] di riproduzione[F] rapida

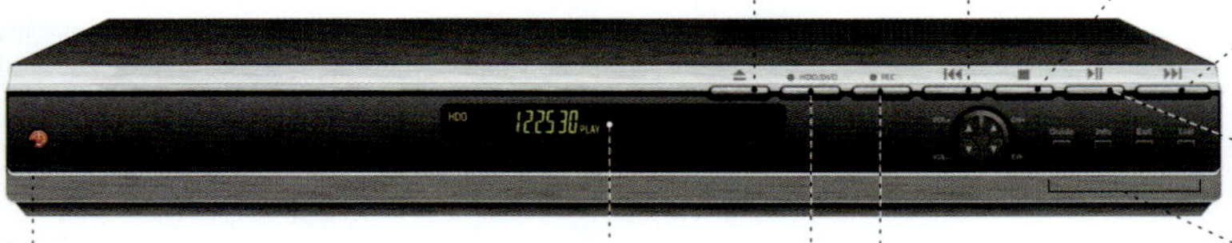

Taste[F] zum Zurückkehren[N] zur Livesendung[F]
return to live programming button
reprise[F] de la diffusion[F] en cours
botón[M] de programación[F] de vuelta[F] al directo[M]
pulsante[M] di ripresa[F] programmazione[F] live

Ein-/Aus-Taste[F]
on-off button
interrupteur[M]
interruptor[M]
tasto[M] acceso/spento

Anzeige[F]
display
afficheur[M]
pantalla[F]
display[M]

Aufnahmetaste[F]
record button
enregistrement[M]
botón[M] de inicio[M] de grabación[F]
tasto[M] di registrazione[F]

Funktionstasten[F]
function buttons
touches[F] de fonctions[F]
botones[M] de funciones[F]
pulsanti[M] di funzione[F]

Taste[F] Fernseh-/DVD-Modus[M]
TV/DVD viewing button
visionnement[M] télé[F]/DVD[M]
botón[M] de visualización[F] de TV[F]/DVD[M]
pulsante[M] visualizzazione[F] TV[F]/DVD[M]

Fernbedienung[F]
remote control
télécommande[F]
mando[M] a distancia[F]
telecomando[M]

Parabolantenne[F]
reception parabolic aerial
antenne[F] parabolique de réception[F]
antena[F] de recepción[F] parabólica
antenna[F] parabolica di ricezione[F]

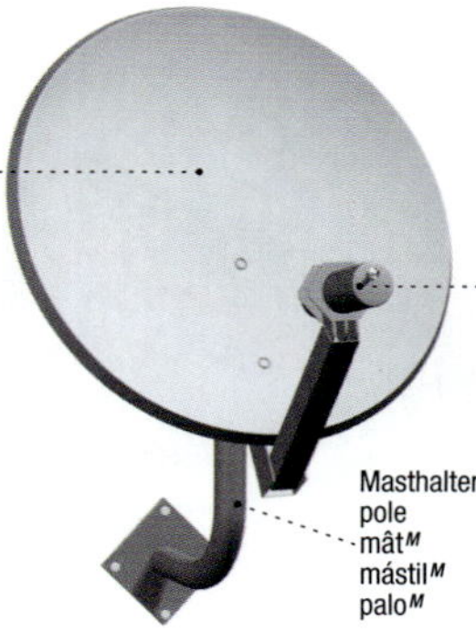

Reflektor[M]
dish
réflecteur[M]
parábola[M]
disco[M]

Kompaktspeisesystem[N]
feedhorn
bloc[M] convertisseur[M]
alimentador[M]
convertitore[M]

Masthalterung[F]
pole
mât[M]
mástil[M]
palo[M]

tragbarer DVD-Spieler[M]
portable DVD player
lecteur[M] de DVD[M] portatif
reproductor[M] portátil de DVD[M]
lettore[M] portatile DVD[M]

KOMMUNIKATION

Programmempfang[M]

Fernbedienung[F]
remote control
télécommande[F]
mando[M] a distancia[F]
telecomando[M]

Anzeige[F]
display
afficheur[M]
pantalla[F]
display[M]

Menü[N]
menu
menu[M]
menú[M]
menu[M]

Auswahl[F]
select button
sélection[F]
selección[F]
selezione[F]

Stopptaste[F]
stop
arrêt[M]
botón[M] de stop[M]
tasto[M] di arresto[M]

Lautstärkeregler[M]
volume control
réglage[M] du volume[M]
control[M] de volumen[M]
tasti[M] di regolazione[F] del volume[M]

Programmwahltasten[F]
channel selector controls
sélection[F] des canaux[M]
selector[M] de canales[M]
tasti[M] di selezione[F] dei canali[M]

Funktionstasten[F]
function buttons
touches[F] de fonctions[F]
teclas[F] de funciones[F]
tasti[M] funzione[F]

Navigationstaste[F]
navigation button
touche[F] de navigation[F]
tecla[F] de navegación[F]
tasto[M] di navigazione[F]

Titelsuche[F]/Schnellvorlauf[M]
track search/fast operation keys
changement[M] de piste[F]/avance[F] rapide
cambio[M] de pista[F]/lectura[F] rápida
ricerca[F] traccia[F]/riproduzione[F] rapida

Pausetaste[F]
pause/still
pause[F]/arrêt[M] sur l'image[F]
pausa[F]/imagen[F] fija
tasto[M] di pausa[F]/fermo[M] immagine[F]

Wiedergabetaste[F]
play
lecture[F]
funcionamiento[M]
tasto[M] di riproduzione[F]

Kanalsuchtasten[F]
channel scan buttons
recherche[F] des canaux[M]
botones[M] de búsqueda de canales[M]
tasti[M] di ricerca[F] emittenti[F]

Stummtaste[F]
mute
sourdine[F]
sordina[F]
sordina[F]

Ein-/Aus-Taste[F]
on-off button
interrupteur[M]
interruptor[M]
tasto[M] acceso/spento

Videokassette[F]
video cassette
cassette[F] vidéo
cinta[F] de vídeo[M]
videocassetta[F]

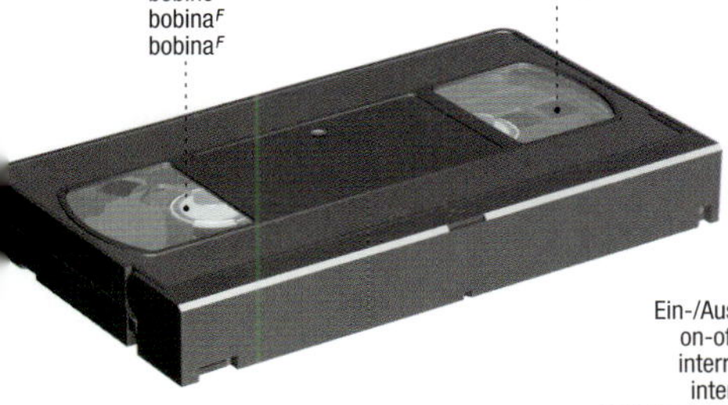

Spule[F]
reel
bobine[F]
bobina[F]
bobina[F]

Magnetband[N]
magnetic tape
bande[F] magnétique
cinta[F] magnética
nastro[M] magnetico

Videorecorder[M]
videocassette recorder
magnétoscope[M]
reproductor/grabador de video[M] VCR
videoregistratore[M]

Kassettenschacht[M]
cassette compartment
logement[M] de la cassette[F]
alojamiento[M] para la cinta[F]
vano[M] cassetta[F]

Display[N]
display
afficheur[M]
indicador[M]
display[M]

Ein-/Aus-Taste[F]
on-off button
interrupteur[M]
interruptor[M]
tasto[M] acceso/spento

DVD[F]
digital versatile disc (DVD)
disque[M] numérique polyvalent (DVD)
disco[M] versátil digital (DVD)
disco[M] versatile digitale (DVD)

DVD-Recorder[M]
DVD recorder
enregistreur[M] de DVD[M] vidéo
grabadora[F] DVD
registratore[M] DVD[M]

Ein-/Aus-Taste[F]
on-off button
interrupteur[M]
interruptor[M]
tasto[M] acceso/spento

Display[N]
display
afficheur[M]
pantalla[F]
display[M]

Aufnahmetaste[F]
record button
enregistrement[M]
botón[M] de inicio[M] de grabación[F]
tasto[M] di registrazione[F]

Play-Taste[F]
play button
lecture[F]
botón[M] de reproducción[F]
tasto[M] di riproduzione[F]

Stopptaste[F]
stop button
arrêt[M]
tecla[F] de parada[F]
tasto[M] di arresto[M]

Kanalauswahltasten[F]
channel select buttons
sélection[F] des canaux[M]
otones[M] de selección[F] de canal[M]
ulsanti[M] di selezione[F] dei canali[M]

DVD-Lade[F]
disc tray
plateau[M] de chargement[M]
bandeja[F] de carga[F]
vassoio[M] del disco[M]

DVD-Ladesteuerung[F]
disc tray control
contrôle[M] du plateau[M]
control[M] de bandeja[F] de carga[F]
controllo[M] del vassoio[M] del disco[M]

Pausetaste[F]
pause/still key
pause[F]/arrêt[M] sur l'image[F]
pausa[F]/imagen[F] fija
tasto[M] di pausa[F]/fermo[M] immagine[F]

Kapitelsuche[F]/Schnellvorlauf[M]
track search/fast operation buttons
changement[M] de piste[F]/avance[F] rapide
cambio[M] de pista[F]/lectura[F] rápida
ricerca[F] traccia[F]/riproduzione[F] rapida

Programmempfang[M]

Heimkino[N]
home theatre
cinéma[M] maison[F]
home[M] theatre
home theatre[M]

Großbildfernseher[M]
wide-screen television
téléviseur[M] grand écran[M]
televisor[M] de pantalla[F] panorámica
televisore[M] ad ampio schermo[M]

Centerlautsprecher[M]
centre loudspeaker
enceinte[F] centrale
altavoz[M] central
cassa[F] acustica centrale

Hauptlautsprecher[M]
main loudspeaker
enceinte[F] principale
altavoz[M] principal
cassa[F] acustica principale

Surround[M]-Lautsprecher[M]
surround loudspeaker
enceinte[F] ambiophonique
altavoz[M] surround
cassa[F] acustica surround

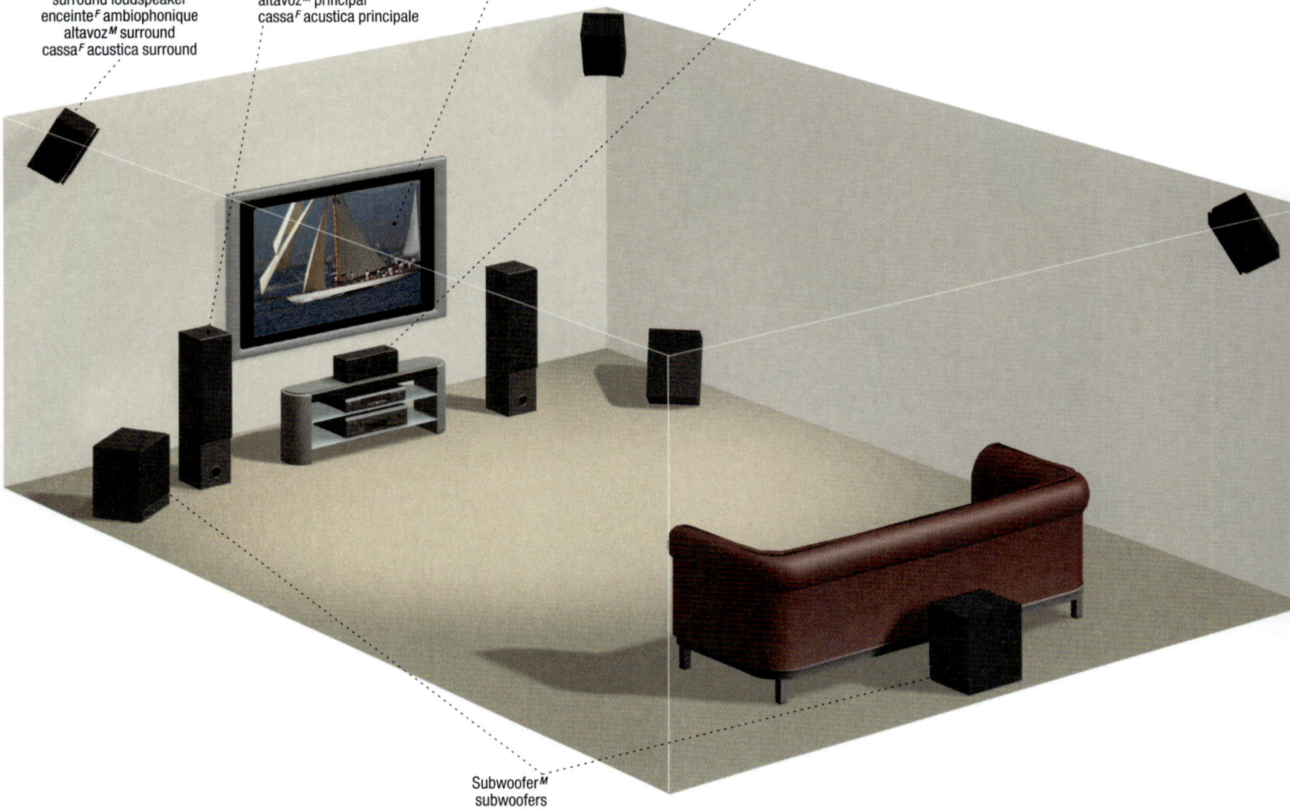

Subwoofer[M]
subwoofers
enceintes[F] d'extrêmes graves[M]
altavoces[M] extremos de graves[M]
sub woofer[M]

KOMMUNIKATION

Camcorder[M]

camcorders | caméscopes[M] | videocámaras[F] | videocamera[F]

DVD-Camcorder[M]
DVD camcorder
caméscope[M] DVD[M]
videocámara[F] DVD[M]
videocamera[F] DVD

Camcorder[M] mit Festplatte[F]
hard disk drive camcorder
caméscope[M] à disque[M] dur
videocámara[F] con disco[M] duro
videocamera[F] con disco[M] fisso

Mini-DV-Kassette[F]
miniDV cassette
cassette[F] mini-DV
cassette[F] mini DV
cassetta[F] mini-DV

Camcorder^{M}

MiniDV-Camcorder^{M}: Vorderansicht^{F}
miniDV camcorder: front view
caméscope^{M} mini-DV : vue^{F} avant
videocámara^{F} miniDV : vista^{F} frontal
videocamera^{F} miniDV: vista^{F} frontale

elektronischer Sucher^{M}
electronic viewfinder
viseur^{M} électronique
visor^{M} electrónico
mirino^{M} elettronico

Zoomtaste^{F}
zoom button
commande^{F} du zoom^{M}
tecla^{F} de zoom^{M}
comando^{M} zoom^{M}

Aufnahmemodus^{M}
recording mode
mode^{M} d'enregistrement^{M}
modo^{M} grabación^{F}
modo^{M} di registrazione^{F}

Fototaste^{F}
photoshot button
touche^{F} photo^{F}
tecla^{F} foto^{F}
tasto^{M} foto^{F}

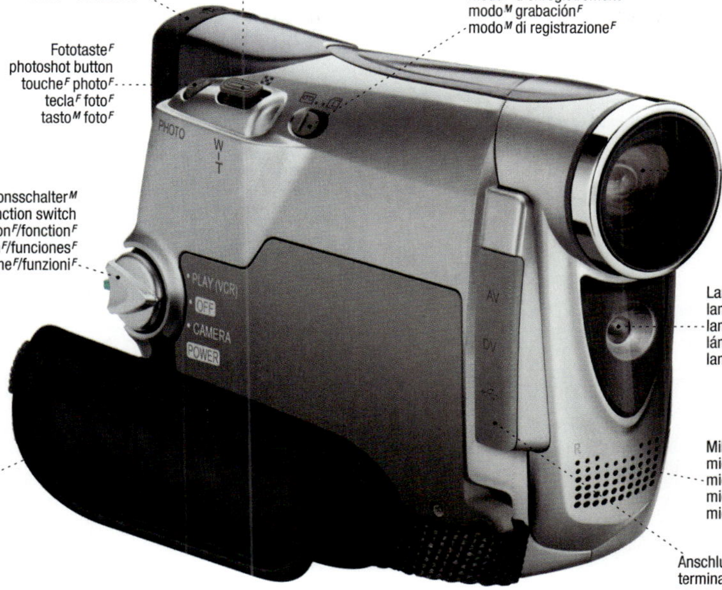

Zoomobjektiv^{N}
zoom lens
objectif^{M} zoom^{M}
objetivo^{M} zoom
zoom^{M}

Haupt-/Funktionsschalter^{M}
power/function switch
commutateur^{M} alimentation^{F}/fonction^{F}
interruptor^{M} alimentación^{F}/funciones^{F}
interruttore^{M} di accensione^{F}/funzioni^{F}

Lampe^{F}
lamp
lampe^{F}
lámpara^{F}
lampada^{F}

Mikrofon^{N}
microphone
microphone^{M}
micrófono^{M}
microfono^{M}

Faustriemen^{M}
hand strap
dragonne^{F}
correa^{F} para la mano^{F}
tracolla^{F}

Anschlussabdeckung^{F}
terminal cover
couvre-prises^{M}
tapa^{F} de conexión^{F}
copriprese^{M}

MiniDV-Camcorder^{M}: Rückansicht^{F}
miniDV camcorder: rear view
caméscope^{M} mini-DV : vue^{F} arrière
videocámara^{F} miniDV : vista^{F} posterior
videocamera^{F} miniDV: vista^{F} posteriore

Videobandsteuerungen^{F}
videotape operation controls
commandes^{F} de la bande^{F} vidéo
mandos^{M} de la cinta^{F} de vídeo^{M}
comandi^{M} della videocassetta^{F}

Fokustaste^{F}
focus button
touche^{F} de mise^{F} au point^{M}
botón^{M} de enfoque^{M}
tasto^{M} di messa^{F} a fuoco^{M}

Taste^{F} für Nachtaufnahme-Modus^{M}
nightshot button
touche^{F} de prise^{F} de vues^{F} nocturne
botón^{M} de grabación^{F} nocturna
tasto^{M} di registrazione^{F} notturna

Anzeige^{F}
display
écran^{M}
pantalla^{F}
display^{M}

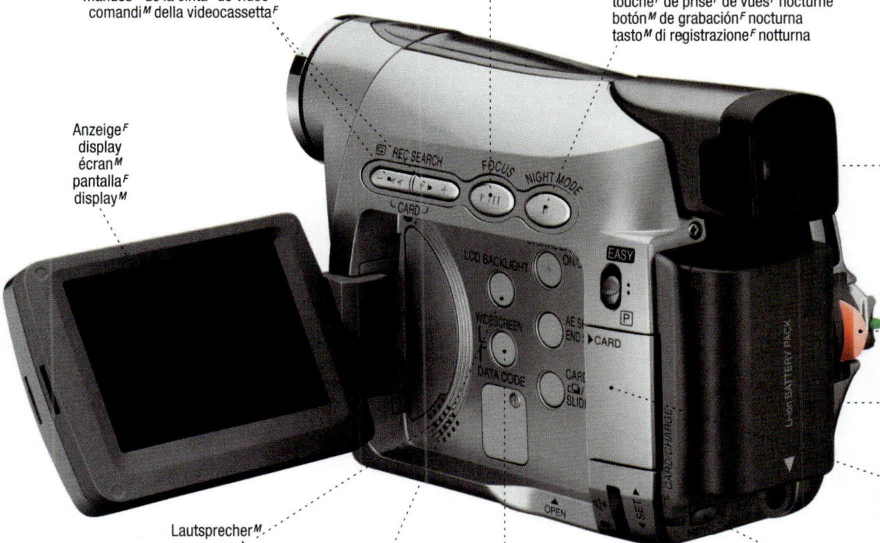

Sucher^{M}
eyepiece
oculaire^{M}
ocular^{M}
oculare^{M}

Aufnahme^{F}-Start^{M}-/Stopptaste^{F}
recording start/stop button
touche^{F} d'enregistrement^{M}
tecla^{F} de inicio/stop de grabación^{F}
tasto^{M} di avvio^{M}/arresto^{M} registrazione^{F}

Akku^{M}
rechargeable battery pack
pile^{F} rechargeable
pila^{F} recargable
batteria^{F} ricaricabile

Steckplatz^{M} für Speicherkarte^{F}
card slot
logement^{M} de la carte^{F} mémoire^{F}
ranura^{F} de la tarjeta^{F} de memoria^{F}
alloggiamento^{M} della scheda^{F} di memoria^{F}

Lautsprecher^{M}
speaker
haut-parleur^{M}
altavoz^{M}
altoparlante^{M}

Aufhelltaste^{F}
backlighting button
touche^{F} de rétroéclairage^{M}
tecla^{F} de contraluz^{M}
tasto^{M} retroilluminazione^{F}

Taste^{F} für Breitbildfunktion^{F}/Datumsoption^{F}
wide screen/data code button
touche^{F} écran^{M} large/code^{M} de données^{F}
tecla^{F} pantalla^{F} ancha/código^{M} de datos^{M}
tasto^{M} schermo^{M} panoramico/inserimento^{M} data^{F}

Menütaste^{F}
menu button
touche^{F} de menu^{M}
tecla^{F} de menú^{M}
tasto^{M} menu

Elemente^{N} einer Stereoanlage^{F}

elements of a stereo sound system | éléments^{M} d'une chaîne^{F} stéréo | elementos^{M} de un sistema^{M} de audio-estéreo | elementi^{M} di un sistema^{F} di riproduzione^{F} stereo^{M}

Receiver^{M}: Vorderansicht^{F}
ampli-tuner: front view
ampli^{M}-syntoniseur^{M} : vue^{F} avant
amplificador^{M}/sintonizador^{M} : vista^{F} frontal
sintoamplificatore^{M}: vista^{F} frontale

Standby-/Eintaste^{F}
standby/on button
commutateur^{M} veille^{F}/en fonction^{F}
botón^{M} de encendido^{M}/espera^{F}
pulsante^{M} standby/acceso

Tonsignalquellen^{F}-Wahltasten^{F}
input select buttons
touches^{F} de sélection^{F} d'entrée^{F}
teclas^{F} de selección^{F} de entrada^{F}
tasto^{M} di selezione^{F} delle sorgenti^{F}

Display^{N}
display
afficheur^{M}
display^{M}
display^{M}

Kontrollwahltasten^{F}
control select buttons
sélecteurs^{M} de contrôle^{M}
botones^{M} de selección^{F} de cor
pulsanti^{M} di controllo^{M}

Eingangsregler^{M}
input selector
sélecteur^{M} d'entrée^{F}
selector^{M} de entrada^{F}
selettore^{M} di ingresso^{M}

Kopfhörerbuchse^{F}
headphone jack
prise^{F} casque^{M}
toma^{F} para auriculares^{M}
presa^{F} per cuffia^{F}

Wiedergabemodustasten^{F}
listening mode buttons
touches^{F} de mode^{M} d'écoute^{F}
botones^{M} de modo^{M} de escucha^{F}
pulsanti^{M} di modalità^{F} di ascolto^{M}

Bildmodustasten^{F}
visual mode buttons
commandes^{F} de l'image^{F}
botones^{M} de modo^{M} visual
pulsanti^{M} di modalità^{F} visiva

Lautstärkeregler^{M}
master volume dial
réglage^{M} du volume^{M}
control^{M} del volumen^{M}
regolatore^{M} di volume^{M}

Amplituner^{M}: Rückansicht^{F}
ampli-tuner: back view
ampli^{M}-syntoniseur^{M} : vue^{F} arrière
amplificador^{M}/sintonizador^{M} : vista^{F} posterior
sintoamplificatore^{M}: dorso^{M}

HDMI-Anschluss^{M}
HDMI connector
connecteur^{M} HDMI
conector^{M} HDMI
connettore^{M} HDMI

Koaxialkabelanschluss^{M} für digitalen Audioeingang^{M}
coaxial digital audio input
entrée^{F} audio numérique coaxiale
entrada^{F} de sonido^{M} digital coaxial
ingresso^{M} audio digitale coassiale

RS-Anschluss^{M}
RS connector
connecteur^{M} RS
conector^{M} RS
connettore^{M} RS

Eingänge^{M}/Ausgänge^{M} für Audio-/Videoquellen^{F}
audio/video source inputs/outputs
prises^{F} d'entrée^{F}/de sortie^{F} audio/vidéo
entradas^{F}/salidas^{F} de fuente^{F} de audio^{M}/vídeo^{M}
ingressi^{M}/uscite^{F} audio/video

AM- und FM-Antennenanschlüsse^{M}
AM and FM aerial terminals
bornes^{F} de raccordement^{M} des antennes^{F} AM et FM
terminales^{M} de antena^{F} de OM^{F} y FM^{F}
terminali^{M} antenna^{F} AM e FM

Wechselstromanschlus
AC power inlet
prise^{F} d'alimentation^{F} sec
toma^{F} de corriente^{F} C
presa^{F} CA

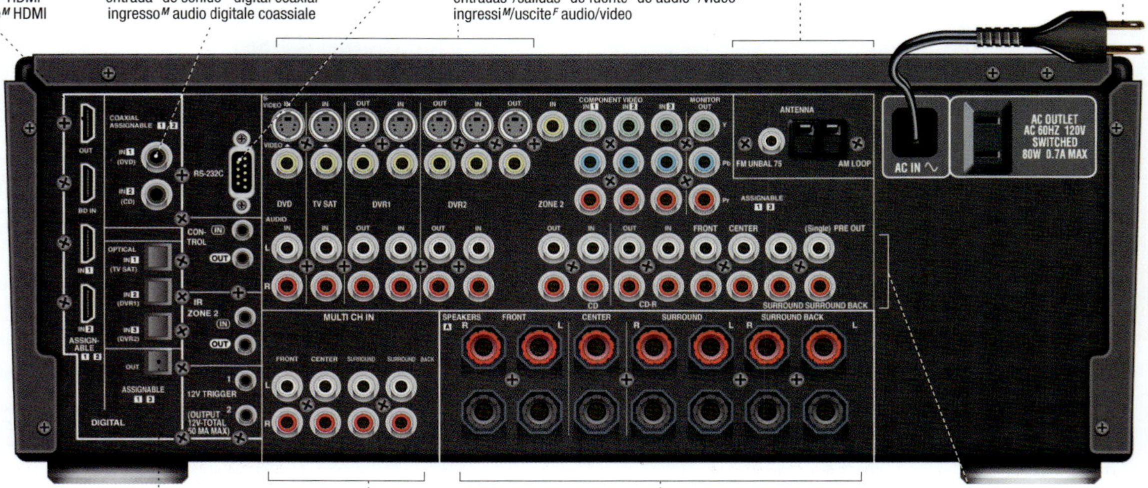

optischer Digitalkabelanschluss^{M} für Audioeingang/-ausgang^{M}
optical digital audio output/input
prise^{F} d'entrée^{F}/de sortie^{F} audio numérique optique
entrada^{F}/salida^{F} de sonido^{M} digital óptico
ingresso^{M}/uscita^{F} audio digitale ottici

Mehrkanal-Audioeingänge^{M}
multichannel audio inputs
prises^{F} d'entrée^{F} audio
entradas^{F} de sonido^{M} multicanal
ingressi^{M} audio multicanale

Lautsprecheranschlüsse^{M}
speaker terminals
bornes^{F} de raccordement^{M} des enceintes^{F}
terminales^{M} del altavoz^{M}
terminali^{M} altoparlanti^{M}

Mehrkanal-Ausgänge^{M}
multichannel outputs
prises^{F} de sortie^{F} multi-canaux^{M}
salidas^{F} multicanal
uscite^{F} multicanale

Elemente[N] einer Stereoanlage[F]

CD[F]
compact disc
disque[M] compact
disco[M] compacto
compact disc[M]

technische Identifikationsnummer[F]
technical identification band
bande[F] d'identification[F] technique
banda[F] de identificación[F] técnica
banda[F] di identificazione[F] tecnica

Programmbereich[M]
pressed area
surface[F] pressée
área[F] grabada
area[F] registrata

Datenanfang[M]
reading start
début[M] de lecture[F]
comienzo[M] de lectura[F]
inizio[M] lettura[F]

Lesen[N] von Compact Discs[F]
compact disc reading
lecture[F] du disque[M] compact
lectura[M] de disco[M] compacto
lettura[F] di compact disc[M]

Objektivlinse[F]
lens
objectif[M]
objetivo[M]
lente[F]

Pit[N]
pit
aspérité[F]
pit[M]
pit[M]

Laserstrahl[M]
laser beam
faisceau[M] laser[M]
rayo[M] láser
raggio[M] laser[M]

reflektierende Aluminiumschicht[F]
aluminium layer
couche[F] d'aluminium[M]
capa[F] de aluminio[M]
strato[M] riflettente in alluminio[M]

transparentes Akrylharz[N]
resin surface
surface[F] de résine[F]
superficie[F] de resina[F]
superficie[F] trasparente in resina[F]

CD-Spieler[M]
compact disc player
lecteur[M] de disque[M] compact
lector[M] de disco[M] compacto
lettore[M] di compact disc[M]

Zufallswiedergabetaste[F]
shuffle play button
lecture[F] aléatoire
botón[M] de reproducción[F] aleatoria
tasto[M] di riproduzione[F] casuale

Ein-/Aus-Taste[F]
on-off button
interrupteur[M]
interruptor[M]
tasto[M] acceso/spento

Direktwahltasten[F]
direct disc access keys
touches[F] numériques
teclas[F] numéricas
tasti[M] di accesso[M] diretto

Wiederholungstaste[F]
repeat key
touche[F] de répétition[F]
botón[M] de repetición[F]
tasto[M] di ripetizione[F]

Titelsuche[F]/Schnellvorlauf[M]
track search/fast operation keys
changement[M] de piste[F]/lecture[F] rapide
cambio[M] de pista[F]/lectura[F] rápida
ricerca[F] traccia[F]/riproduzione[F] rapida

Stopptaste[F]
stop key
arrêt[M]
parada[F]
stop[M]

Pausetaste[F]
pause key
pause[F]
pausa[F]
pausa[F]

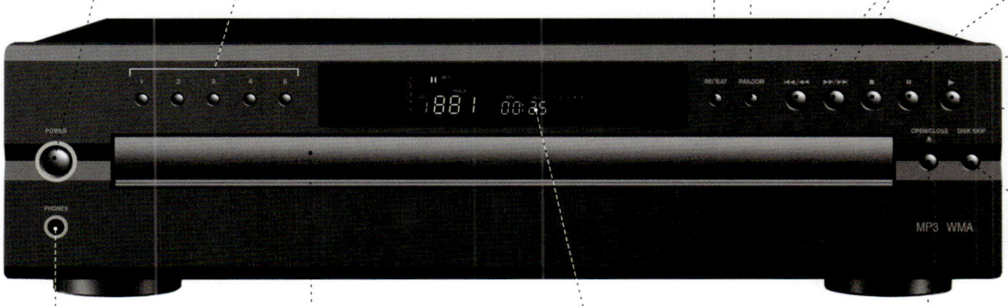

Play-Taste[F]
play key
lecture[F]
lectura[F]
riproduzione[F]

CD[F] wechseln
disc skip
changement[M] de disque[M]
cambio[M] de disco[M]
cambio[M] disco[M]

Kopfhöreranschluss[M]
headphone jack
prise[F] casque[M]
toma[F] para los auriculares[M]
presa[F] cuffie

CD-Fach[N]
disc compartment
logement[M] du plateau[M]
alojamiento[M] para el disco[M]
vano[M] del disco[M]

Display[N]
display
afficheur[M]
indicador[M]
display[M]

Auswurftaste[F]
disc compartment control
contrôle[M] du plateau[M]
botón[M] de control[M] del alojamiento[M] del disco[M]
tasto[M] di espulsione[F]

Elemente[N] einer Stereoanlage[F]

Kassette[F]
cassette
cassette[F]
casete[F]
cassetta[F]

Aufwickelkern[M]
take-up reel
bobine[F] réceptrice
carrete[M] receptor de la cinta[F]
bobina[F] di avvolgimento[M]

Gehäuse[N]
housing
boîtier[M]
cubierta[F]
caricatore[M]

Kassettenband[N]
recording tape
bande[F] magnétique
cinta[F] de grabación[F]
nastro[M] di registrazione[F]

Führungsrolle[F]
guide roller
galet[M]
rodillo[M] guía[F]
rullo[M] di guida[F]

Aussparung[F] für Magnetköpfe[M]
playing window
fenêtre[F] de lecture[F]
ventana[F] de lectura[F]
finestra[F] di lettura[F]

Bandführung[F]
tape guide
guide-bande[M]
guía[F] de cinta[F]
guida[F] del nastro[M]

Kassettendeck[N]
cassette tape deck
platine[F] cassette[F]
pletina[F] de casete[F]
piastra[F] di registrazione[F]

Play-Taste[F]
play button
lecture[F]
botón[M] de reproducción[F]
tasto[M] di riproduzione[F]

Zählwerk[N]
tape counter
compteur[M]
contador[M]
contatore[M]

Schnellvorlauf-Taste[F]
fast-forward button
avance[F] rapide
botón[M] de avance[M] rápido
tasto[M] di avanzamento[M] rapido

Auswurftaste[F]
eject button
bouton[M] d'éjection[F]
botón[M] de expulsión[F]
tasto[M] di espulsione[F]

Rückstelltaste[F]
counter reset button
bouton[M] de remise[F] à zéro[M]
botón[M] de ajuste[M] a cero[M] del contador[M]
tasto[M] di azzeramento[M] del contatore[M]

Bandsortenschalter[M]
tape selector
sélecteur[M] de bandes[F]
selector[M] de tipo[M] de cinta[F]
selettore[M] del nastro[M]

LED-Pegelanzeige[F]
peak level meter
indicateur[M] de niveau[M]
medidor[M] de altos niveles[M] de frecuencia[F]
LED[M] indicatore[M] del livello[M] di picco[M]

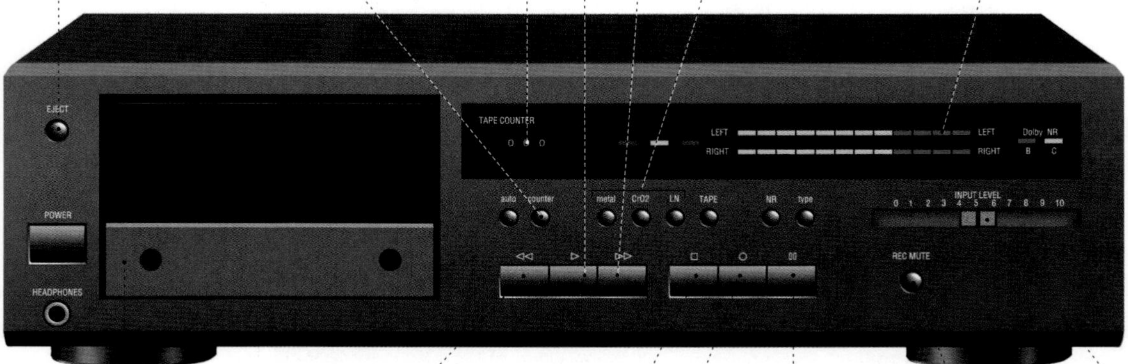

Kassettenfach[N]
cassette holder
logement[M] de cassette[F]
alojamiento[M] de la casete[F]
vano[M] della cassetta[F]

Rücklauf-Taste[F]
rewind button
rebobinage[M]
botón[M] de rebobinado[M]
tasto[M] di riavvolgimento[M]

Stopptaste
stop button
arrêt[M]
botón[M] de stop[M]
tasto[M] di arresto[M]

Stummaufnahme-Taste[F]
record muting button
interrupteur[M] d'accord[M]
botón[M] de grabación[F] silenciosa
muting[M]

Aufnahme-Taste[F]
record button
enregistrement[M]
botón[M] de inicio[M] de grabación[F]
tasto[M] di registrazione[F]

Pause-Taste[F]
pause button
pause[F]
botón[M] de pausa[F]
tasto[M] di pausa[F]

manuelle Aussteuerung[F]
recording level control
réglage[M] de niveau[M] d'enregistrement[M]
botón[M] de nivel[M] de grabación[F]
selettore[M] del livello[M] di registrazione[F]

Elemente[N] einer Stereoanlage[F]

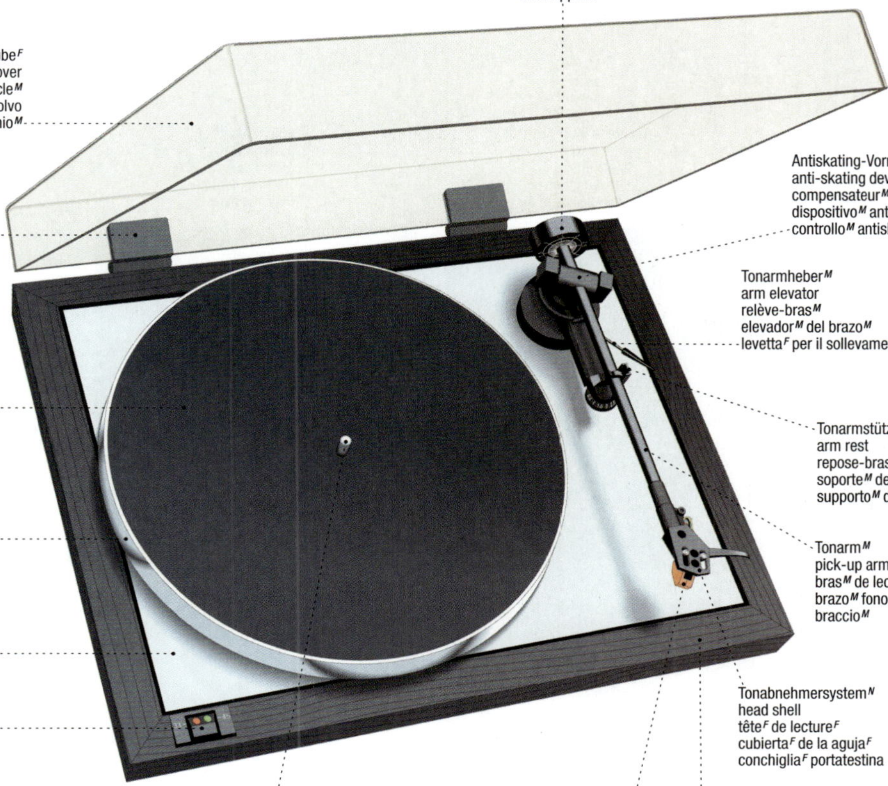

Elemente^N einer Stereoanlage^F

Kopfhörer^M
headphones
casque^M d'écoute^F
auriculares^M
cuffia^F

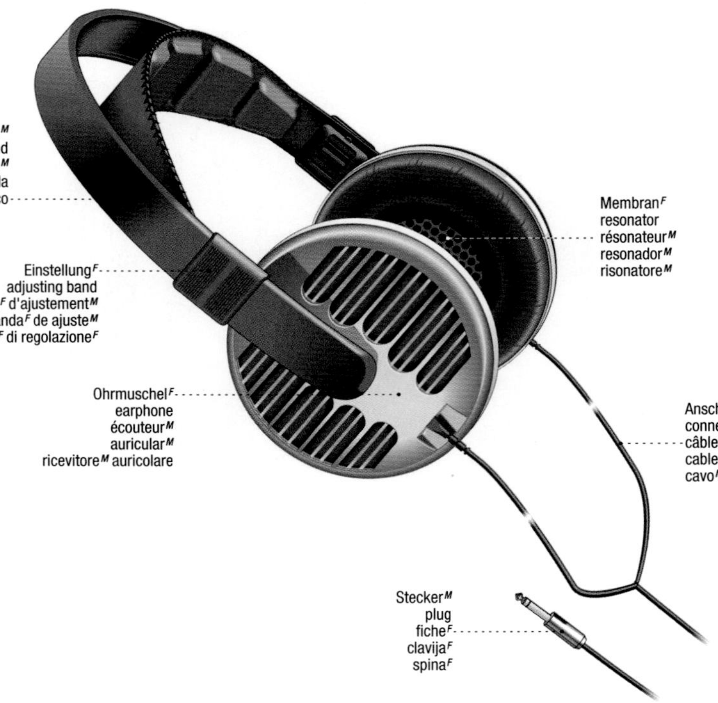

Lautsprecherbox^F
loudspeaker
enceinte^F acoustique
altavoz^M
cassa^F acustica

Mini-HiFi^{F}-System^{N}

mini stereo sound system | minichaîne^{F} stéréo | mini-cadena^{F} estéreo | mini impianto^{M} hi-fi

Dockingstation^{F} für MP3-Spieler^{M}
portable digital audio player dock
station^{F} d'accueil^{M} pour baladeur^{M} numérique
muelle^{M} de reproducción^{F} de audio player^{M} portátil digital
docking station^{F} per lettore^{M} audio digitale portatile

Verstärker^{M}/Tuner^{M}
ampli-tuner
ampli^{M} / tuner^{M}
amplificador^{M}-sintonizador^{M}
sintoamplificatore^{M}

Lautsprecher^{M}
loudspeaker
enceinte^{F} acoustique
altavoz^{M}
cassa^{F} acustica

USB-Schnittstelle^{F}
USB port
port^{M} USB
puerto^{M} USB
porta^{F} USB

CD-Spieler^{M}
compact disc player
lecteur^{M} de disque^{M} compact
lector^{M} de discos^{M} compactos
lettore^{M} di compact disc^{M}

tragbare Tonwiedergabesysteme^{N}

portable sound systems | appareils^{M} de son^{M} portatifs | sistemas^{M} de sonido^{M} portátiles | riproduttori^{M} portatili

Uhrenradio^{N}
clock radio
radio^{F}-réveil^{M}
radio^{M} despertador
radiosveglia^{F}

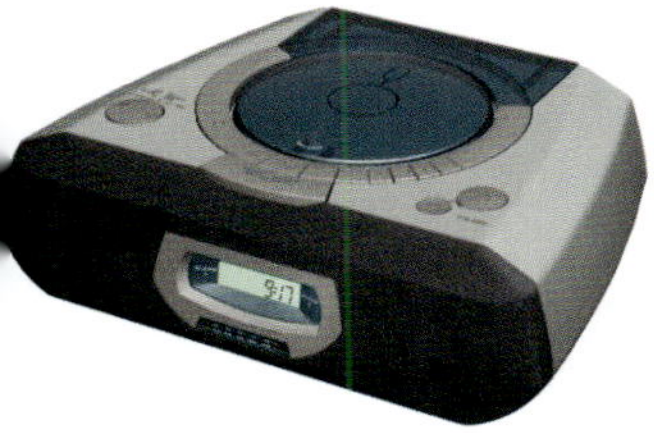

Display^{N}
display
afficheur^{M}
display^{M}
display^{M}

Kopfhörer^{M}
earphones
écouteurs^{M}
auriculares^{M}
auricolare^{M}

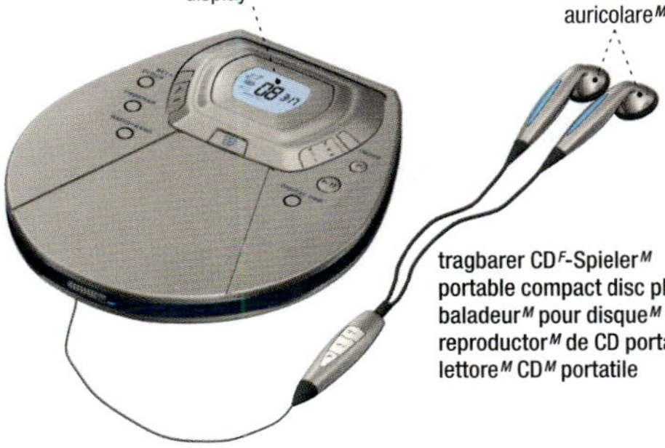

tragbarer CD^{F}-Spieler^{M}
portable compact disc player
baladeur^{M} pour disque^{M} compact
reproductor^{M} de CD portátil
lettore^{M} CD^{M} portatile

Teleskopantenne^{F}
telescopic aerial
antenne^{F} télescopique
antena^{F} telescópica
antenna^{F} telescopica

Tragebügel^{M}
handle
poignée^{F}
mango^{M}
maniglia^{F}

Kofferradio^{N}
portable radio
radio^{F} portable
radio^{F} portátil
radio^{F} portatile

Ein-/Aus-Taste^{F}
on-off switch
interrupteur^{M}
interruptor^{M}
interruttore^{M} acceso/spento

Bassregler^{M}
bass tone control
contrôle^{M} de tonalité^{F} des sons^{M} graves
control^{M} de tonos^{M} graves
regolatore^{M} dei toni^{M} bassi

Höhenregler^{M}
treble tone control
contrôle^{M} de tonalité^{F} des sons^{M} aigus
control^{M} de tonos^{M} agudos
regolatore^{M} dei toni^{M} alti

Senderanzeige^{F}
station display
affichage^{M} des stations^{F}
pantalla^{F} de emisoras^{F}
display^{M} delle stazioni^{F}

Frequenzauswahltasten^{F}
frequency selectors
sélecteurs^{M} de fréquence^{F}
selectores^{M} de frecuencias^{F}
selettori^{M} di frequenza^{F}

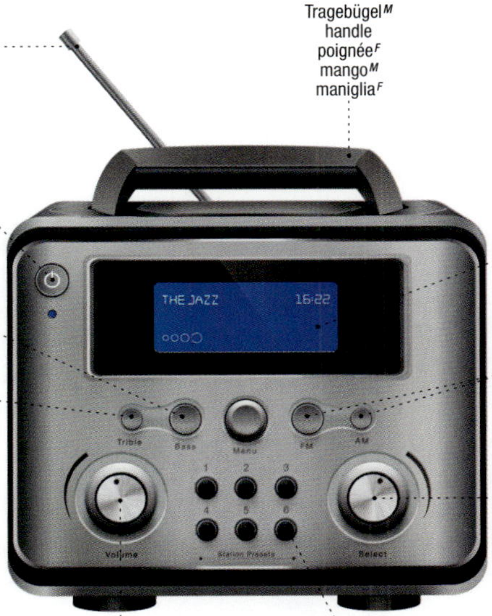

Frequenzwähler^{M}
tuning control
sélecteur^{M} de stations^{F}
selector^{M} de sintonización^{F}
manopola^{F} di sintonizzazione^{F}

Lautstärkeregler^{M}
volume control
réglage^{M} du volume^{M}
selector^{M} de volumen^{M}
manopola^{F} del volume^{M}

Auswahltasten^{F} für eingespeicherte Sender^{M}
preset station selector
bouton^{M} de présélection^{F} de station^{F}
selector^{M} de emisoras^{F} preseleccionadas
selettore^{M} di stazioni^{F} preselezionate

tragbare Tonwiedergabesysteme[N]

MP3-Spieler[M]
portable digital audio player
baladeur[M] numérique
audio[M] player portátil digital
lettore[M] audio digitale portatile

Kabel[N]
lead
cordón[M]
cable[M]
cavo[M]

Klinke[F]
plug
fiche[F]
conector[M]
spina[F]

Display[N]
display
écran[M]
pantalla[F]
display[M]

Menütaste[F]
menu button
touche[F] menu[M]
tecla[F] menú[M]
tasto[M] menu

vorheriger Titel[M]/Rückspultaste[F]
previous/rewind button
touche[F] précédent/retour[M] rapide
tecla[F] anterior[M]/volver rápido[M]
tasto[M] precedente/indietro veloce

Auswahltaste[F]
select button
touche[F] de sélection[F]
tecla[F] de selección[F]
tasto[M] di selezione

nächster Titel[M]/Vorspultaste[F]
next/fast-forward button
touche[F] suivant/avance[F] rapide
tecla[F] siguiente[M]/avance[M] rápido[M]
tasto[M] successivo/avanti veloce

Play-Taste[F]/Pausetaste[F]
play/pause button
touche[F] lecture[F]/pause[F]
tecla[F] de lectura[F]/pausa[F]
tasto[M] riproduzione[F]/pausa[F]

Kopfhörer[M]
earphones
écouteurs[M]
auriculares[M]
cuffie[F]

Direktwahltasten[F]
number buttons
touches[F] numériques
teclas[F] numéricas
tasti[M] numerici

Anzeige[F]
display
écran[M]
pantalla[F]
display[M]

Satellitenradioempfänger[M]
satellite radio receiver
récepteur[M] de radio[F] par satellite[M]
receptor[M] de radio[F] vía satélite[M]
ricevitore[M] radio[F] satellitare

Speichertaste[F]
memory button
touche[F] mémoire[F]
tecla[F] de memoria[F]
tasto[M] memoria[F]

Sendervorwahltaste[F]
preset button
touche[F] de préréglage
tecla[F] de preselección
tasto[M] di preselezione

Menütaste[F]
menu button
touche[F] de menu[M]
tecla[F] de menú[M]
tasto[M] menu

Kategoriewahltasten[F]
category buttons
touches[F] de catégories[F]
teclas[F] de categorías[F]
tasti[M] di categorie[F]

Displaytaste[F]
display button
touche[F] d'affichage[M]
tecla[F] de visualización[F]
tasto[M] di visualizzazione[F]

Senderwahl[F]
tuning control
sélecteur[M] de stations[F]
selector[M] de frecuencias[F]
selettore[M] stazioni[F]

Radiorekorder[M]
boom box
minichaîne[F] portative
reproductor[M] portátil
stereo[M] portatile

Anzeige[F]
display
afficheur[M]
pantalla[F]
display[M]

Antenne[F]
aerial
antenne[F]
antena[F]
antenna[F]

CD-Spieler[M]
compact disc player
lecteur[M] de disque[M] compact
lector[M] de discos[M] compactos
lettore[M] di compact disc[M]

Tragebügel[M]
carrying handle
poignée[F]
asa[F]
maniglia[F]

Ein-/Aus-Taste[F]
on-off button
interrupteur[M]
interruptor[M]
tasto[M] acceso/spento

CD-Tasten[F]
compact disc player controls
contrôles[M] du lecteur[M] de disque[M] compact
controles[M] del lector[M] de discos[M] compacto
tasti[M] del lettore[M] di compact disc[M]

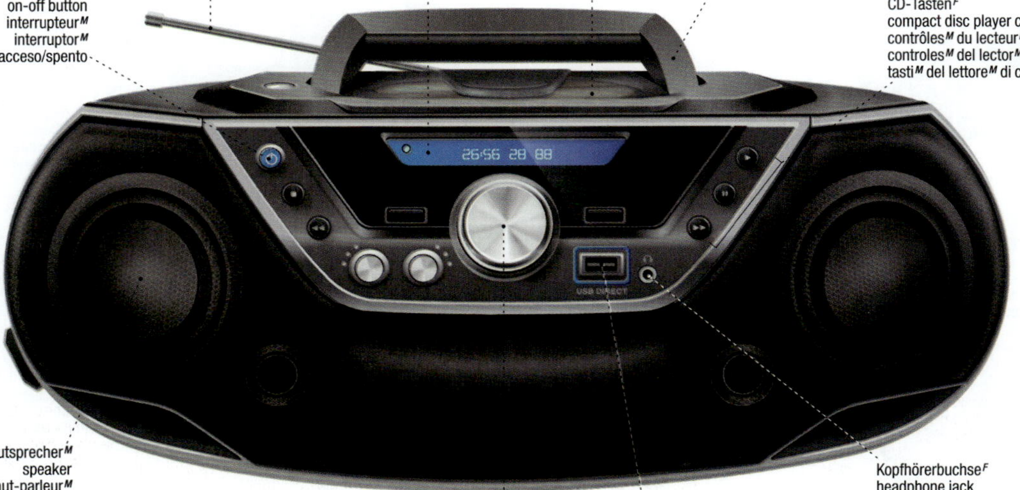

Lautsprecher[M]
speaker
haut-parleur[M]
altavoz[M]
altoparlante[M]

Sendereinstellung[F]
tuning control
sélecteur[M] de stations[F]
control[M] de sintonización[F]
manopola[F] della sintonia[F]

USB-Schnittstelle[F]
USB port
port[M] USB
puerto[M] USB
porta[F] USB

Kopfhörerbuchse[F]
headphone jack
prise[F] casque[M]
toma[F] para auriculares[M]
presa[F] per cuffia[F]

KOMMUNIKATION

Walkie-Talkie^{N}

walkie-talkie | talkie-walkie^{M} | walkie-talkie^{M} | walkie-talkie^{M}

Pager^{M}

numeric pager | téléavertisseur^{M} numérique | buscapersonas^{M} | cercapersone^{M}

CB-Funkanlage^{F}

CB radio | poste^{M} CB^{F} | radio^{M} CB | radio^{F} CB

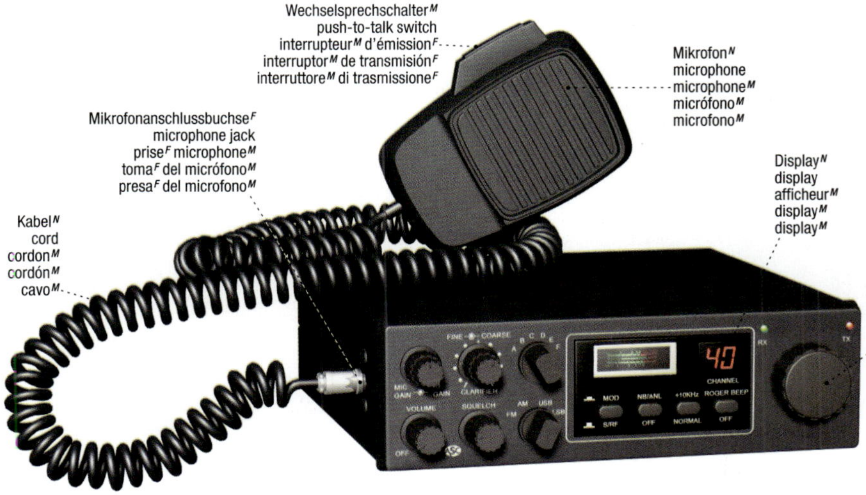

Handy[N]

cellular telephone | téléphone[M] portable | teléfono[M] celular | telefono[M] cellulare

Handy[N]: aufgeklappt
cellular telephone: internal view
téléphone[M] portable : vue[F] intérieure
teléfono[M] celular : vista[F] interna
telefono[M] cellulare: vista[F] interna

Handy[N]: Außenansicht[F]
cellular telephone: external view
téléphone[M] portable : vue[F] extérieure
teléfono[M] celular : vista[F] externa
telefono[M] cellulare: vista[F] esteriore

Freisprechanlage[F]
portable earphone
oreillette[F] sans fil[M]
audífonos[M] portátiles
auricolare[M] senza fili[M]

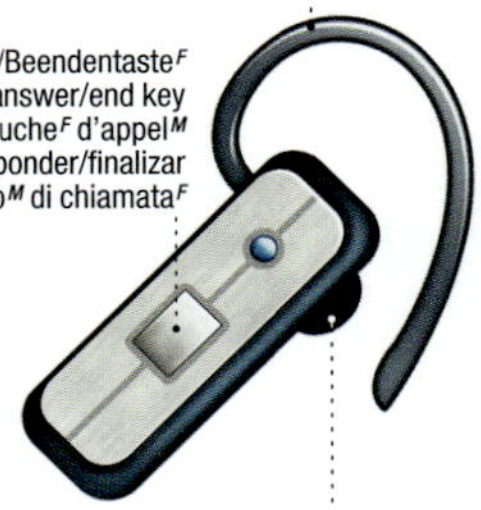

Basisstation[F]
docking station
station[F] d'accueil[M]
estación[F] de acoplamiento[M]
docking station[F]

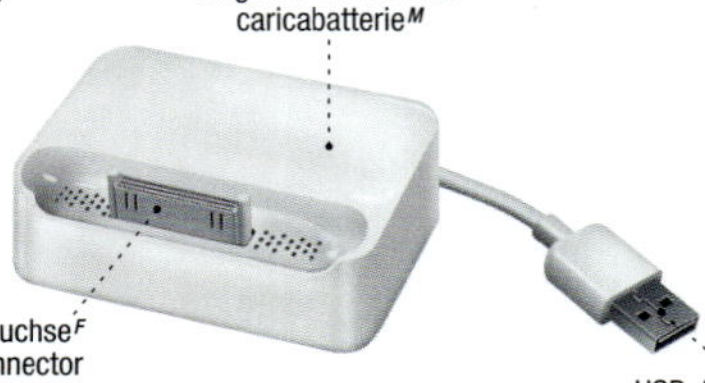

Smartphone[N] mit Tastatur[F]
keyboard smartphone
téléphone[M] multifonction à clavier[M]
teléfono[M] inteligente con teclado[M]
telefono[M] smartphone[M] a tastiera[F]

Smartphone[N] mit Touchscreen[M]: Vorderansicht[F]
touch screen smartphone: front view
téléphone[M] multifonction à écran[M] tactile : vue[F] de face[F]
teléfono[M] inteligente de pantalla[F] táctil : vista[F] frontal
telefono[M] smartphone[M] touch screen[M]: vista[F] frontale

Smartphone[N] mit Touchscreen[M]: Rückseite[F]
touch screen smartphone: back view
téléphone[M] multifonction à écran[M] tactile : vue[F] de dos[M]
teléfono[M] inteligente de pantalla[F] táctil : vista[F] trasera
telefono[M] smartphone[M] touch screen[M]: vista[F] retro

Beispiele[N] für Telefone[N]

examples of telephones | exemples[M] de postes[M] téléphoniques | ejemplos[M] de teléfonos[M] | esempi[M] di telefoni[M]

Speichertelefon[N]
memory telephone set
poste[M] téléphonique à mémoire[F]
teléfono[M] con memoria[F]
apparecchio[M] telefonico con memoria[F]

Hörmuschel[F]
receiver
récepteur[M]
receptor[M]
ricevitore[M]

Display[N]
display
afficheur[M]
display[M]
display[M]

Hörer[M]
handset
combiné[M]
auricular[M]
microtelefono[M]

An-/Aus-Kontrolllampe[F]
on/off light
voyant[M] de mise[F] en circuit[M]
luz[F] de encendido/apagado
spia[F] luminosa di accensione[F]/spegnimento[M]

Lautstärkeregler[M] für den Hörer[M]
receiver volume control
commande[F] de volume[M] du récepteur[M]
control[M] de volumen[M] del auricular[M]
regolatore[M] del volume[M] di ricezione[F]

Sprechmuschel[F]
transmitter
microphone[M]
transmisor[M]
microfono[M]

Displayeinstellung[F]
display setting
réglage[M] de l'afficheur[M]
ajuste[M] del display[M]
regolatore[M] del display[M]

Lautstärkeregler[M] für den Rufton[M]
ringing volume control
commande[F] de volume[M] de la sonnerie[F]
control[M] de volumen[M] del timbre[M]
regolatore[M] del volume[M] e della suoneria[F]

Schnur[F]
handset flex
cordon[M] de combiné[M]
cable[M] del auricular[M]
cordone[M] del microtelefono[M]

Tasten[F]
push buttons
clavier[M]
teclado[M]
tastiera[F]

Speichertaste[F]
memory button
commande[F] mémoire[F]
botón[M] de memoria[F]
tasto[M] di memorizzazione[F]

Funktionswahltaste[F]
function selectors
sélecteurs[M] de fonctions[F]
selectores[M] de funciones[F]
selettori[M] di funzione[F]

Rufnummernregister[N]
telephone list
répertoire[M] téléphonique
agenda[F] telefónica
rubrica[F] telefonica

Rufnummernregister[N] für automatische Wahl[F]
automatic dialling index
index[M] de composition[F] automatique
marcador[M] automático
tasti[M] di chiamata[F] automatica

schnurloses Telefon[N]
cordless telephone
téléphone[M] sans fil[M]
teléfono[M] inalámbrico
telefono[M] senza fili[M]

Hörer[M]
handset
combiné[M]
auricular[M]
microtelefono[M]

Antenne[F]
aerial
antenne[F]
antena[F]
antenna[F]

Basis[F]
base
base[F]
base[F]
base[F]

Telefonanlage[F] mit schnurlosen Telefonen[N]
cordless telephone network
réseau[M] de postes[M] sans fil[M]
red[F] de teléfono[M] inalámbrico
rete[M] di telefono[M] senza fili[M]

Hauptanschluss[M]
main telephone
poste[M] principal
teléfono[M] principal
telefono[M] principale

Nebenanschluss[M]
secondary telephone
poste[M] secondaire
teléfono[M] secundario
telefono[M] secondario

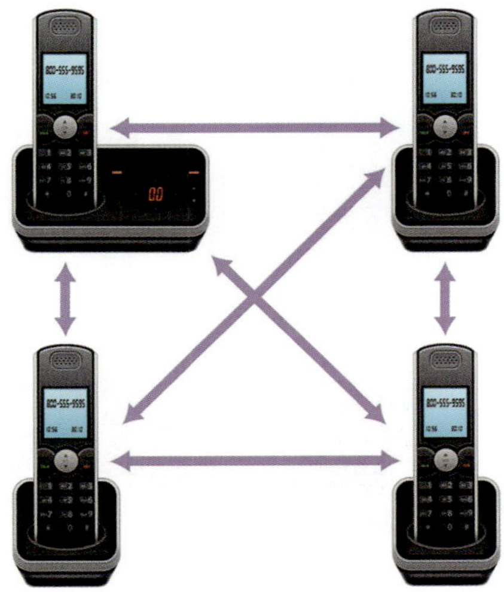

Beispiele[N] für Telefone[N]

Internet-Mobiltelefon[N]
Internet mobile phone
téléphone[M] Internet[M]
móvil[M] para Internet
telefono[M] internet[M]

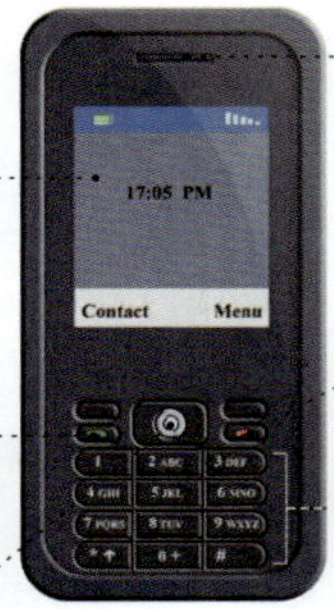

Hörer[M]
earphone
écouteur[M]
audífono[M]
ricevitore[M] auricolare

Anzeige[F]
display
écran[M]
pantalla[F]
display[M]

Beendentaste[F]/Ein-Taste[F] und Aus-Taste[F]
end/power key
touche[F] de fin[F] d'appel[M]/interrupteur[M]
tecla[F] de encendido[M]/fin[M]
tasto[M] di accensione[F]/spegnimento[M]

Ruftaste[F]
talk key
touche[F] d'appel[M]
tecla[F] de llamada[F]
tasto[M] di chiamata[F]

alphanumerische Tastatur[F]
alphanumeric keypad
clavier[M] alphanumérique
teclado[M] alfanumérico
tastiera[F] alfanumerica

Navigationstaste[F]
navigation key
touche[F] de navigation[F]
tecla[F] de navegación[F]
tasti[M] di navigazione[M]

Bildtelefon[N]
videophone
visiophone[M]
videoteléfono[M]
videotelefono[M]

Mikrofon[N]
microphone
microphone[M]
micrófono[M]
microfono[M]

Webcam[F]
webcam
caméra[F] Web[M]
webcam[F]
webcam[F]

Touchscreen[M]
touch screen
écran[M] tactile
pantalla[F] táctil
touch screen[M]

Anruftasten[F]
call keys
touches[F] d'appel[M]
teclas[F] de llamada[F]
tasti[M] di chiamata[F]

Lautsprecher[M]
speaker
haut-parleur[M]
altavoz[M]
altoparlante[M]

Auswahl- und Navigationstaste[F]
selection and navigation key
touche[F] de sélection[F] et de navigation[F]
tecla[F] de navegación[F] y selección[F]
tasto[M] di selezione[F] e navigazione[F]

öffentlicher Fernsprecher[M]
pay phone
téléphone[M] public
teléfono[M] público
apparecchio[M] telefonico a gettoni[M]

Münzeinwurf[M]
coin slot
fente[F] à monnaie[F]
ranura[F] para monedas[F]
fessura[F] per gettoni[M]

Lautstärkeregler[M]
volume control
contrôle[M] du volume[M]
control[M] de volumen[M]
regolatore[M] del volume[M]

Display[N]
display
écran[M]
visualización[F]
display[M]

nächster Ruf[M]
next call
appel[M] suivant
próxima llamada[F]
tasto[M] di chiamata[F] successiva

Sprachanzeigetaste[F]
language display button
choix[M] de la langue[F] d'affichage[M]
botón[M] de selección[F] de idioma[M]
tasto[M] di selezione[F] della lingua[F] del display[M]

Tasten[F]
push buttons
clavier[M]
teclado[M]
tastiera[F]

Kartenschlitz[M]
card reader
lecteur[M] de carte[F]
lector[M] de tarjetas[F]
lettore[M] di schede[F]

Hörer[M]
handset
combiné[M]
auricular[M]
microtelefono[M]

Panzerschnur[F]
armoured flex
cordon[M] à gaine[F] métallique
cable[M] con funda[F] metálica
cavo[M] armato

Geldrückgabefach[F]
coin return bucket
sébile[F] de remboursement[M]
devolución[F] de monedas[F]
finestrella[F] per la restituzione[F] dei gettoni[M]

Tastentelefon[N]
push-button telephone
poste[M] à clavier[M]
teléfono[M] de teclado[M]
telefono[M] a tastiera[F]

Telefonzentrale[F]
switchboard operator's set
pupitre[M] dirigeur
centralita[F]
centralina[F]

Beispiele^{N} für Telefone^{N}

digitaler Anrufbeantworter^{M}
digital answering machine
répondeur^{M} numérique
contestador^{M} numérico
segreteria^{F} telefonica digitale

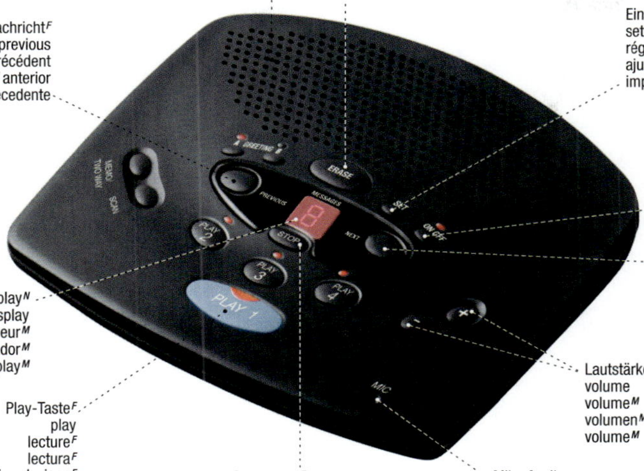

Telefaxgerät^{N}
fax machine
télécopieur^{M}
fax^{M}
telefax^{M}

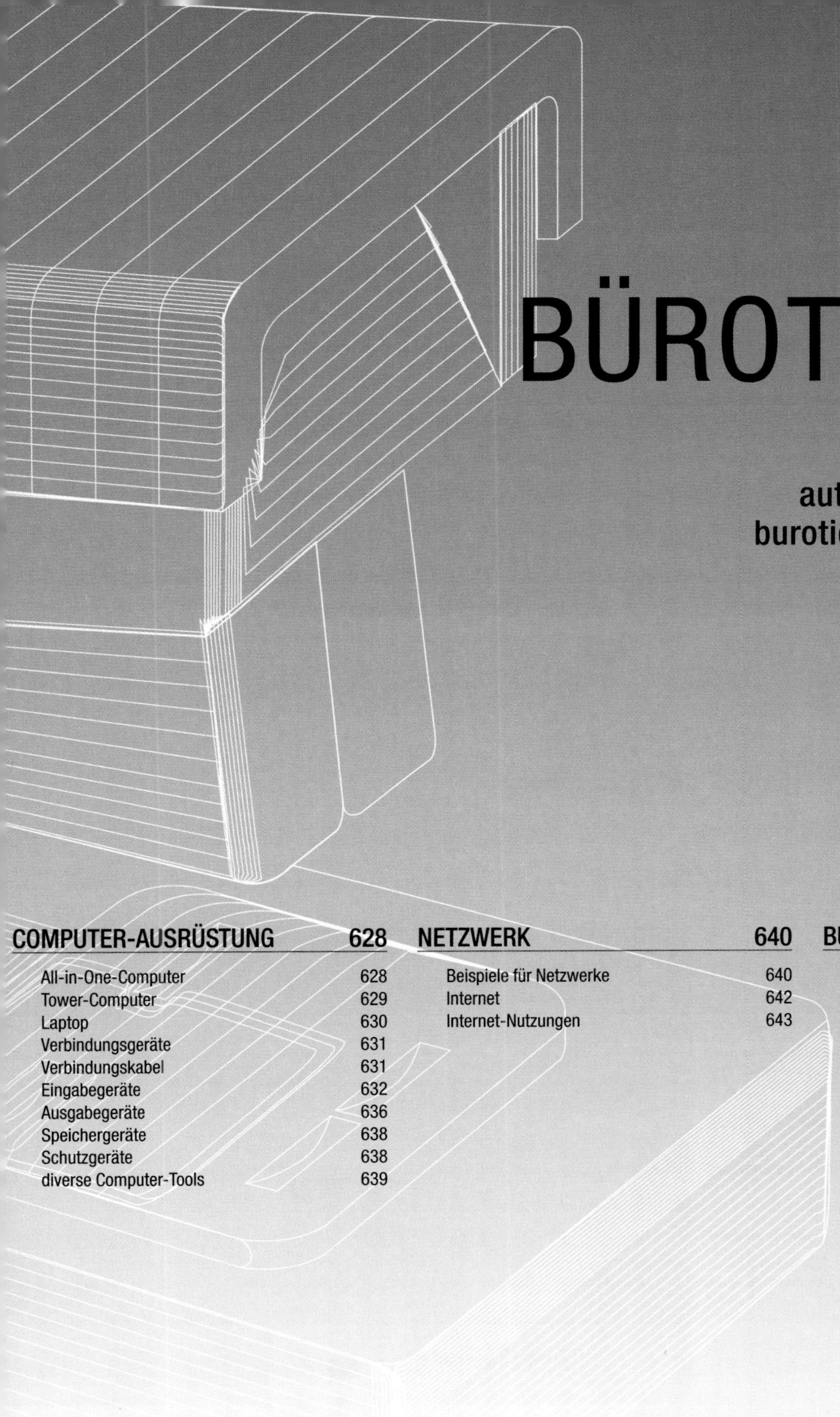

BÜROTECHNIK

office automation
bureautique
automatización de la oficina
burotica e forniture per l'ufficio

COMPUTER-AUSRÜSTUNG 628

- All-in-One-Computer 628
- Tower-Computer 629
- Laptop 630
- Verbindungsgeräte 631
- Verbindungskabel 631
- Eingabegeräte 632
- Ausgabegeräte 636
- Speichergeräte 638
- Schutzgeräte 638
- diverse Computer-Tools 639

NETZWERK 640

- Beispiele für Netzwerke 640
- Internet 642
- Internet-Nutzungen 643

BÜRO 644

- Büroorganisation 644
- Büromöbel 645
- Fotokopierer 647
- Schreibwaren 648

All-in-One-Computer^{M}

all-in-one computer | ordinateur^{M} tout-en-un | ordenador^{M} todo en uno | computer^{M} all-in-one

Vorderansicht^{F}
front view
vue^{F} avant
vista^{F} frontal
vista^{F} frontale

Seitenansicht^{F}
side view
vue^{F} de profil^{M}
vista^{F} lateral
vista^{F} di profilo

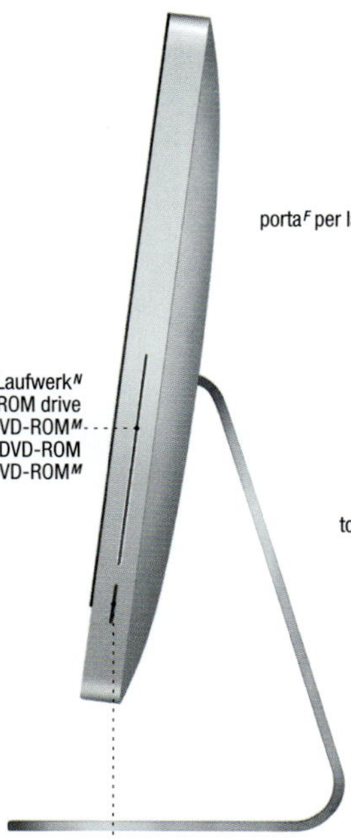

Rückseite^{F}
back view
vue^{F} arrière
vista^{F} trasera
vista^{F} retro

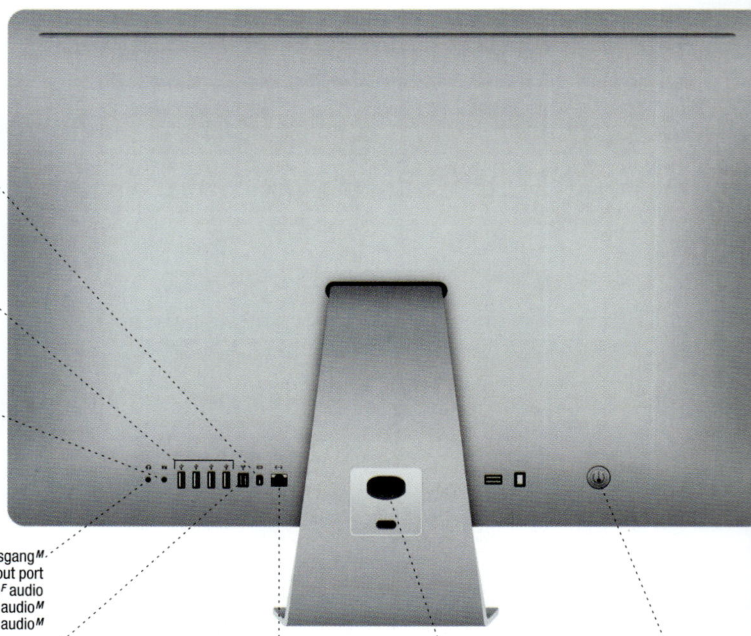

Tower-Computer^{M}

tower case computer | ordinateur^{M} à boîtier^{M} tour^{F} | ordenador^{M} de torre^{F} | computer^{M} con unità^{F} centrale a torre^{F}

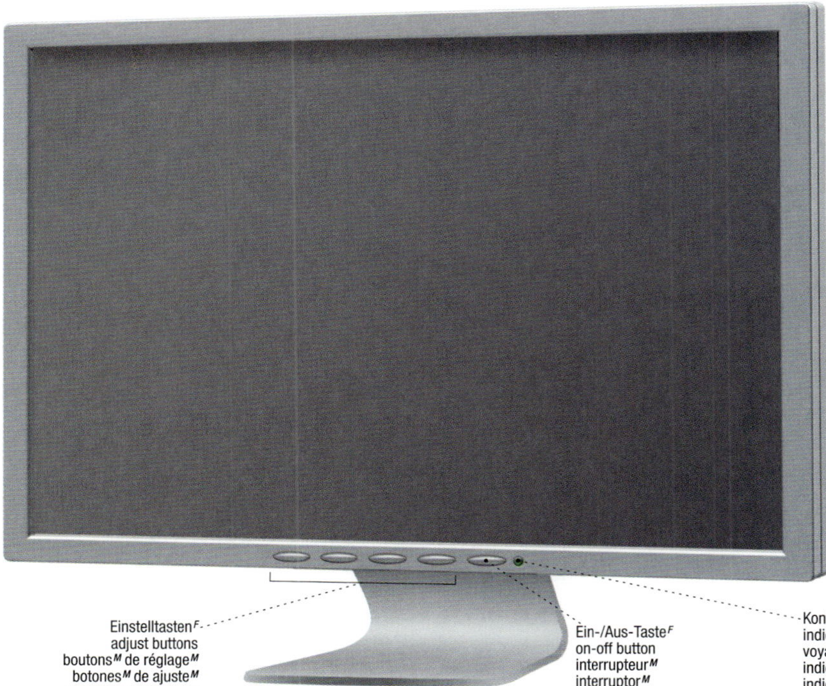

Towergehäuse^{N}: Rückansicht^{F}
tower case: back view
boîtier^{M} tour^{F} : vue^{F} arrière
ordenador^{M} : vista^{F} posterior
châssis^{M}: dorso^{M}

Towergehäuse^{N}: Vorderansicht^{F}
tower case: front view
boîtier^{M} tour^{F} : vue^{F} avant
ordenador^{M} : vista^{F} frontal
châssis^{M}: vista^{F} frontale

Laptop^{M}

laptop computer | ordinateur^{M} portable | ordenador^{M} portátil | computer^{M} portatile

Vorderansicht^{F}
front view
vue^{F} avant
vista^{F} frontal
vista^{F} frontale

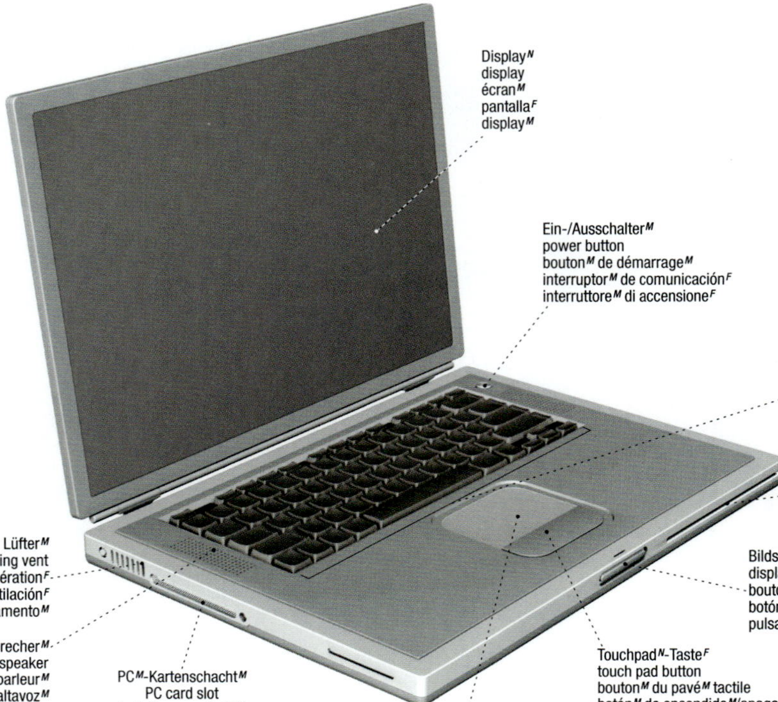

Rückseite^{F}
back view
vue^{F} arrière
vista^{F} trasera
vista^{F} retro

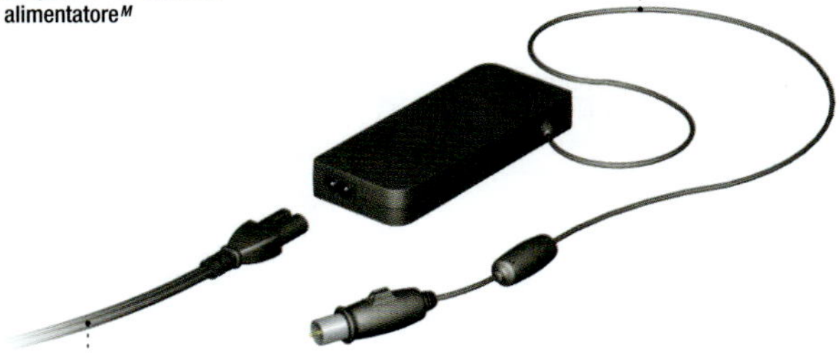

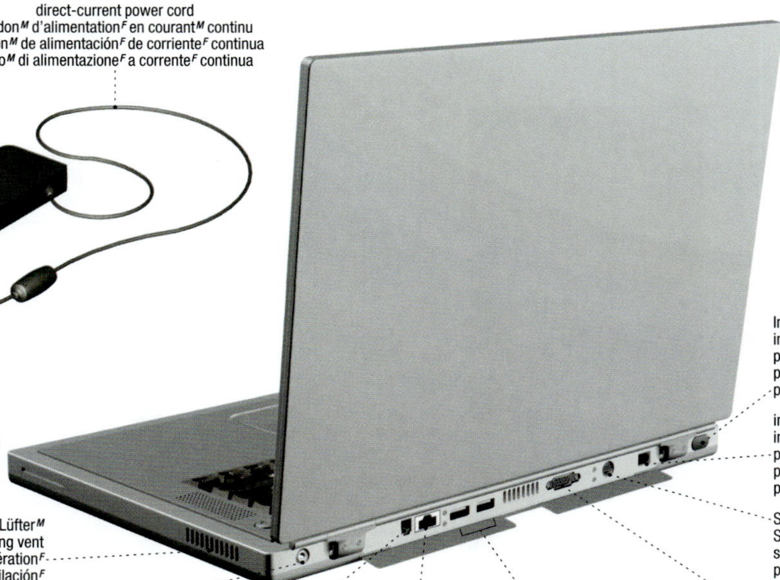

Verbindungsgeräte^{N}

connection devices | périphériques^{M} de connexion^{F} | dispositivos^{M} de conexión^{M} | dispositivi^{M} di connessione^{F}

Funknetzwerkkarte^{F}, wireless-LAN-Karte^{F}
wireless network interface card
carte^{F} réseau^{M} sans fil^{M}
tarjeta^{F} de interfaz^{F} de red^{F} sin hilos^{M}
scheda^{F} di rete^{F} senza fili^{M}

Netzwerkkarte^{F}, LAN-Karte^{F}
network interface card
carte^{F} réseau^{M}
tarjeta^{F} de interfaz^{F} de red^{F}
scheda^{F} di rete^{F}

Internetstick^{M}
Internet stick
clé^{F} Internet^{M}
Internet^{M} USB
chiavetta^{F} Internet^{M}

Basisstation^{F} für Funknetzwerk^{N}
network access point transceiver
émetteur^{M}-récepteur^{M} d'accès^{M} réseau^{M}
emisor^{M}-receptor^{M} de acceso^{M} a la red^{F}
ricetrasmittente^{F} di accesso^{M} alla rete^{F}

Modem^{N}
modem
modem^{M}
módem^{M}
modem^{M}

Verbindungskabel^{N}

connecting cables | câbles^{M} de branchement^{M} | cables^{M} de conexión^{F} | cavi^{M} di collegamento^{M}

Koaxialkabel^{N}
coaxial cable
câble^{M} coaxial
cable^{M} coaxial
cavo^{M} coassiale

Netzwerkkabel^{N}
twisted-pair cable
câble^{M} à paire^{F} torsadée
cable^{M} de par^{M}
cavo^{M} a treccia^{F}

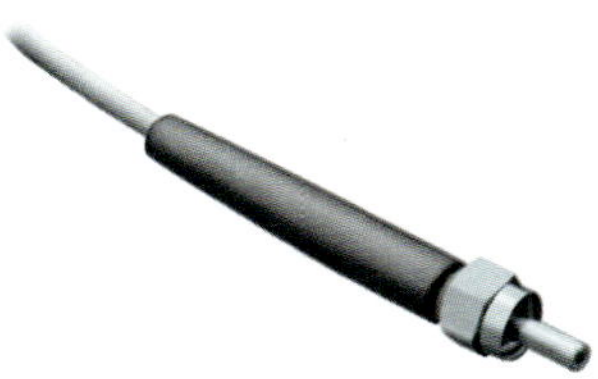

Lichtleitkabel^{N}
fibre-optic cable
câble^{M} à fibres^{F} optiques
cable^{M} de fibra^{F} óptica
cavo^{M} a fibre^{F} ottiche

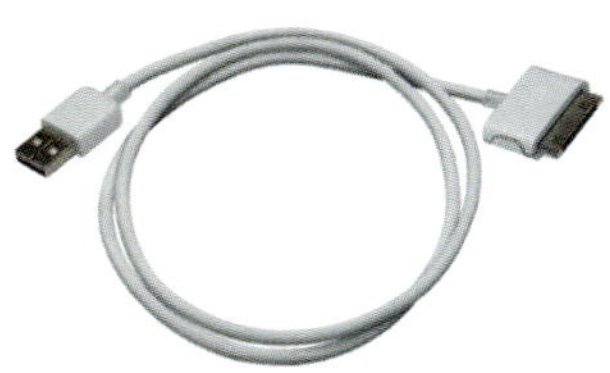

USB-Kabel^{N}
USB cable
câble^{M} USB
cable^{M} USB
cavo^{M} USB

Eingabegeräte^N

input devices | périphériques^M d'entrée^F | unidades^F de entrada^F de información^F | dispositivi^M di entrata^F

Tastatur^F und Piktogramme^N
keyboard and pictograms
clavier^M et pictogrammes^M
teclado^M y pictogramas^M
tastiera^F e pittogrammi^M

Abbruch^M
escape
échappement^M
escape^M
escape^M

Tabulator^M nach links
tabulation left
tabulation^F à gauche
tabulación^F a la izquierda^F
tabulazione^F a sinistra^F

Tabulator^M nach rechts
tabulation right
tabulation^F à droite
tabulación^F a la derecha^F
tabulazione^F a destra^F

Großschriftfeststellung^F
capitals lock
verrouillage^M des majuscules^F
bloqueo^M de mayúsculas^F
blocco^M delle maiuscole^F

Alternative:^F Drittbelegung^F
alternate: level 3 select
alternative^F : sélection^F du niveau^M 3
alternativa^F : selección^F del nivel^M 3
alternato^M: selezione^F di livello^M 3

Großschriftumschaltung^F: Zweitbelegung^F
shift: level 2 select
majuscule^F : sélection^F du niveau^M 2
mayúscula^F : selección^F de nivel^M 2
maiuscola^F: selezione^F di livello^M 2

Steuerung^F: Gruppenwahl^F
control: group select
contrôle^M : sélection^F de groupe^M
control^M : selección^F de grupo^M
controllo^M: selezione^F di gruppo^M

Funktionstasten^F
function keys
touches^F de fonction^F
teclas^F de funciones^F
tasti^M funzione^F

Internet^N-Tasten^F
Internet keys
touches^F Internet^M
teclas^F de Internet
tasti^M Internet

E-Mail^F-Taste^F
email key
touche^F de courriel^M
tecla^F email
tasto^M email

Escapetaste^F
escape key
touche^F d'échappement^M
tecla^F escape
tasto^M Esc

Tabulatortaste^F
tabulation key
touche^F de tabulation^F
tecla^F tabulación
tasto^M di tabulazione^F

Großschriftfeststellungstaste^F
capitals lock key
touche^F de verrouillage^M des majuscules^F
tecla^F de bloqueo^M de mayúsculas
tasto^M di blocco^M delle maiuscole^F

Umschalttaste^F
shift key
touche^F majuscule^F
tecla^F de mayúsculas^F
tasto^M delle maiuscole^F

Steuerungstaste^F
control key
touche^F de contrôle^M
tecla^F de servicio^M
tasto^M Control

Startmenütaste^F
start key
touche^F de démarrage^M
tecla^F inicio
tasto^M Avvio^M

Alt-Taste^F
alternate key
touche^F alternative^F
tecla^F alternativa
tasto^M Alt

abnehmbare Handballenauflage^F
detachable palm rest
repose-poignets^M détachable
reposamanos^M
poggiamano^M amovibile

Leertaste^F
space bar
barre^F d'espacement^M
barra^F espaciadora
barra^F spaziatrice

alphanumerische Tastatur^F
alphanumeric keypad
pavé^M alphanumérique
teclado^M alfanumérico
tastiera^F alfanumerica

Steuerung^F
control
contrôle^M
control^M
controllo^M

Alternative^F
alternate
alternative
alternativa^F
alternato^M

Leerzeichen^N
space
espace^F
espacio^M
spazio^M

geschütztes Leerzeichen^N
non-breaking space
espace^F insécable
espacio^M sin pausa^F
spazio^M unificatore

Cursor^M nach links
cursor left
curseur^M vers la gauche^F
cursor^M hacia la izquierda^F
cursore^M a sinistra^F

BÜROTECHNIK

Eingabegeräte[N]

Taste[F] Druck[M]/Systemabfrage[F]
print screen/system request key
touche[F] d'impression[F] de l'écran[M]/d'appel[M] système[M]
tecla[F] de impresión[F] de pantalla[F]/petición[F] del sistema[F]
tasto[M] di stampa[F]/chiamata[F] sistema[M]

Taste[F] löschender Rückschritt[M]
backspace key
touche[F] d'effacement[M]
tecla[F] de retroceso[M]
tasto[M] backspace

Kontrollleuchten[F]
indicator lights
voyants[M]
luces[F] de estado[M]
spie[F] luminose

Scrollen[N]-Feststelltaste[F]
scrolling lock key
touche[F] d'arrêt[M] du défilement[M]
bloqueo[M] corrimiento[M]
tasto[M] di arresto[M] e di scorrimento[M]

Taste[F] Pause[F]/Unterbrechung[F]
pause/break key
touche[F] de pause[F]/d'interruption[F]
tecla[F] pausa
tasto[M] di pausa[F]/interruzione[F]

Einfügetaste[F]
insert key
touche[F] d'insertion[F]
insert[M]
tasto[M] Ins

Taste[F] Cursor[M] an Zeilenanfang[M]
home key
touche[F] début[M]
inicio[M]
tasto[M] Home

Taste[F] numerischer Block[M]
numeric lock key
touche[F] de verrouillage[M] numérique
tecla[F] bloqueo[M] numérico
tasto[M] di blocco[M] numerico

Taste[F] vorherige Seite[F]
page up key
touche[F] page[F] précédente
página[F] atrás
tasto[M] di pagina[F] su

Taste[F] nächste Seite[F]
page down key
touche[F] page[F] suivante
página[F] adelante
tasto[M] di pagina[F] giù

Eingabetaste[F]
enter key
touche[F] de retour[M]
tecla[F] de enter
tasto[M] Invio[M]

Taste[F] Ende[N]
end key
touche[F] fin[F]
fin[M]
tasto[M] Fine[F]

numerisches Tastenfeld[N]
numeric keypad
pavé[M] numérique
teclado[M] numérico
tastierino[M] numerico

Löschtaste[F]
delete key
touche[F] de suppression[F]
suprimir
tasto[M] di cancellazione[F]

Richtungstasten[F]
cursor movement keys
touches[F] de déplacement[M] du curseur[M]
teclas[F] de cursor
tasti[M] del cursore[M]

Eingabetaste[F]
enter key
touche[F] de retour[M]
tecla[F] de enter
tasto[M] Invio[M]

Pause[F]
pause
pause[F]
pausa[F]
pausa[F]

Unterbrechung[F]
break
interruption[F]
pausa[F]
interruzione[F]

numerischer Block[M]
numeric lock
verrouillage[M] numérique
bloqueo[M] numérico
blocco[M] numerico

Scrollen[N]
scrolling
défilement[M]
desplazamiento[M]
scorrimento[M]

Einfügen[N]
insert
insertion[F]
insertar
inserimento[M]

Löschen[N]
delete
suppression[F]
borrar
cancellazione[F]

Cursor[M] an Zeilenanfang[M]
home
début[M]
inicio[M]
home[F]

Cursor[M] an Zeilenende[N]
end
fin[F]
fin[M]
fine[F]

löschender Rückschritt[M]
backspace
effacement[M] arrière
retroceso[M]
backspace[M]

Bildschirminhalt[M] drucken
print screen
impression[F] de l'écran[M]
impresión[F] de pantalla[F]
stampa[F]

vorherige Seite[F]
page up
page[F] précédente
ventana[F] arriba
pagina[F] precedente

Cursor[M] nach rechts
cursor right
curseur[M] vers la droite[F]
cursor[M] hacia la derecha[F]
cursore[M] a destra[F]

Cursor[M] nach oben
cursor up
curseur[M] vers le haut[M]
cursor[M] arriba
cursore[M] in alto[M]

Cursor[M] nach unten
cursor down
curseur[M] vers le bas[M]
cursor[M] abajo
cursore[M] in basso[M]

Eingabe[F]
return
retour[M]
retorno[M]
invio[M]

nächste Seite[F]
page down
page[F] suivante
ventana[F] abajo
pagina[F] successiva

Eingabegeräte^{N}

Funkmaus^{F}
cordless mouse
souris^{F} sans fil^{M}
ratón^{M} inalámbrico
mouse^{M} senza fili^{M}

Scrollrad^{N}
scroll wheel
roulette^{F} de défilement^{M}
rueda^{F} de desplazamiento^{M}
rotellina^{F} di scorrimento^{M}

Batteriekontrollanzeige^{F}
battery pilot light
voyant^{M} de charge^{F} des piles^{F}
indicador^{M} de batería^{F}
indicatore^{M} di carica^{F} batterie^{F}

Steuertaste^{F}
control button
bouton^{M} de contrôle^{M}
botón^{M} de control^{M}
pulsante^{M} di controllo^{M}

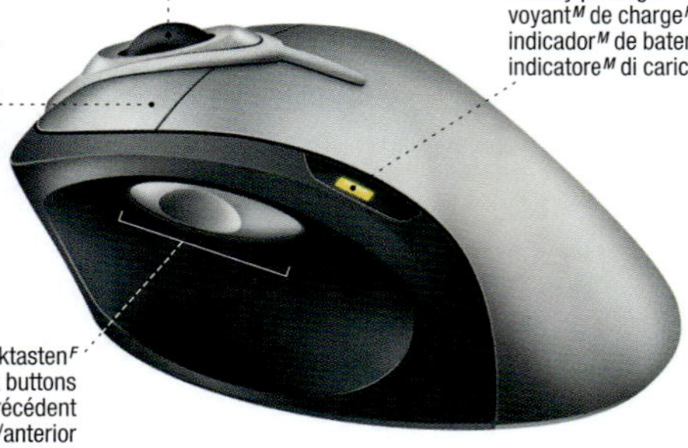

Weiter-/Zurücktasten^{F}
foward/back buttons
boutons^{M} suivant/précédent
botón^{M} siguiente/anterior
pulsanti^{M} successivo/precedente

Ein-/Aus-Taste^{F}
on-off button
interrupteur^{M}
interruptor^{M}
tasto^{M} acceso/spento

Lasermaus^{F}
laser mouse
souris^{F} laser^{M}
ratón^{M} por láser^{M}
mouse^{M} laser^{M}

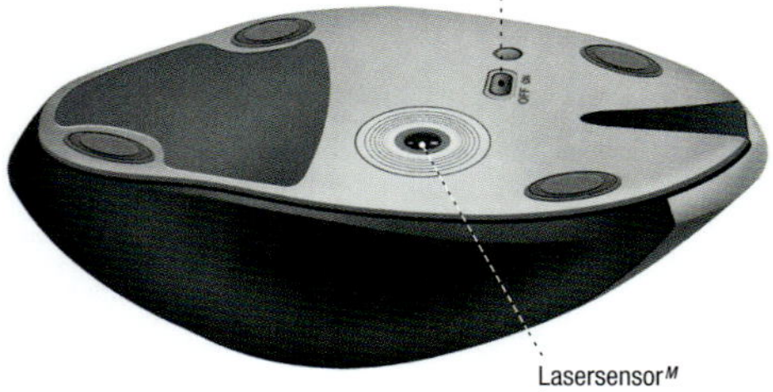

Lasersensor^{M}
laser sensor
capteur^{M} laser^{M}
sensor^{M} de láser^{M}
sensore^{M} laser^{M}

Mauspad^{N}
mouse pad
tapis^{M} de souris^{F}
alfombrilla^{F} de ratón^{M}
tappetino^{M} del mouse^{M}

Rollkugel^{F}
trackball
boule^{F}
trackball^{M}
trackball^{M}

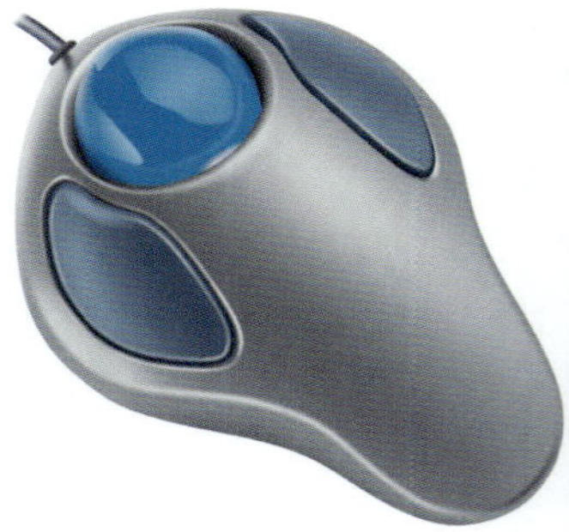

Joystick^{M}
joystick
manche^{M} à balai^{M}
joystick^{M}
joystick^{M}

Hat-Switch^{M}
hat switch
bouton^{M} champignon^{M}
botón^{M} de seta^{F}
hat switch^{M}

Drehgriff^{M}
twist handle
manche^{M} rotatif
palanca^{F} rotativa
impugnatura^{F} rotante

Feuertaste^{F}
trigger
gâchette^{F}
gatillo^{M}
grilletto^{M}

programmierbare Tasten^{F}
programmable buttons
boutons^{M} programmables
botones^{M} programables
pulsanti^{M} programmabili

Handablage^{F}
hand rest
repose-main^{M}
reposamuñecas^{F}
zona^{F} riposa-mano^{F}

Fuß^{M}
base
socle^{M}
base^{F}
base^{F}

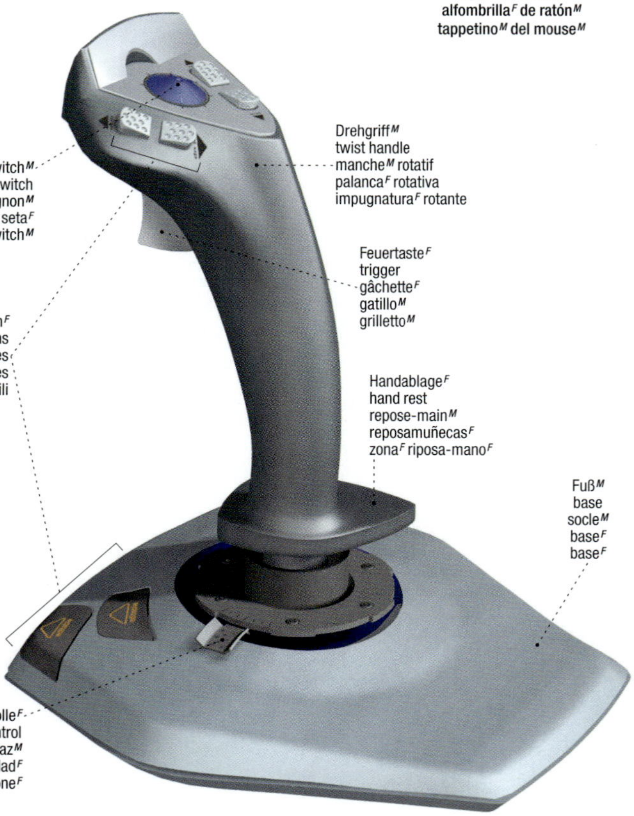

Schubkontrolle^{F}
throttle control
manette^{F} des gaz^{M}
control^{M} de velocidad^{F}
controllo^{M} dell'accelerazione^{F}

Strichcodeleser^{M}
bar code reader
lecteur^{M} de code^{M}-barres^{F}
lector^{M} de código^{M} de barras^{M}
lettore^{M} dei codici^{M} a barre^{F}

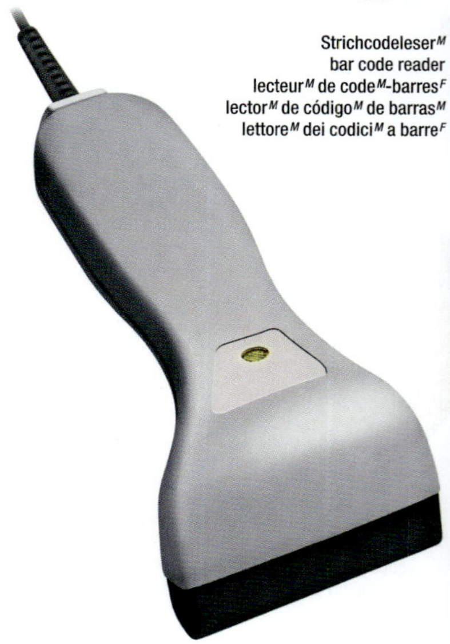

Eingabegeräte^{N}

Grafiktablett^{N}
graphics tablet
tablette^{F} graphique
tableta^{F} para gráficos^{M}
tavoletta^{F} grafica

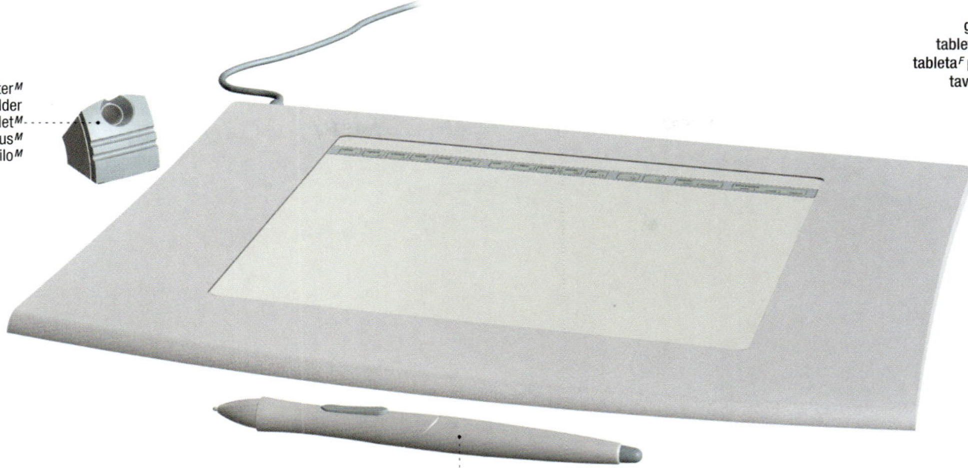

Stifthalter^{M}
stylus holder
porte-stylet^{M}
porta stilus^{M}
portastilo^{M}

Stift^{M}
stylus
stylet^{M}
stylus
stilo^{F}

Mikrofon^{N}
microphone
microphone^{M}
micrófono^{M}
microfono^{M}

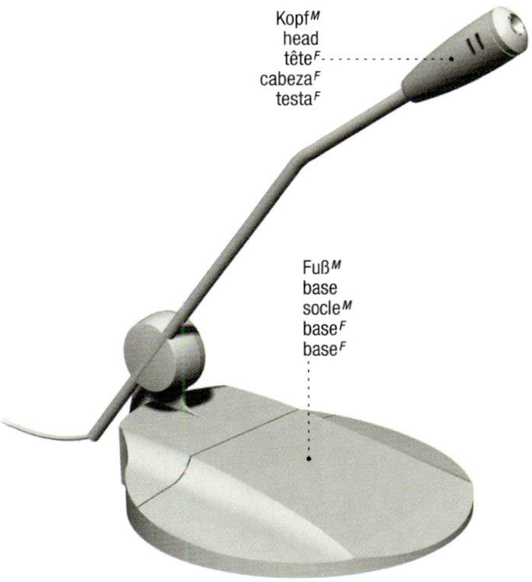

Kopf^{M}
head
tête^{F}
cabeza^{F}
testa^{F}

Fuß^{M}
base
socle^{M}
base^{F}
base^{F}

Webcam^{F}
webcam
caméra^{F} Web^{M}
webcam^{F}
webcam^{F}

Kontrollleuchte^{F}
indicator light
voyant^{M}
indicador^{M} luminoso
indicatore^{M} luminoso

Mikrofon^{N}
microphone
microphone^{M}
micrófono^{M}
microfono^{M}

Objektiv^{N}
lens
objectif^{M}
objetivo^{M}
obiettivo^{M}

Kabel^{N}
cable
câble^{M}
cable^{M}
cavo^{M}

Gewinde^{N}
base
base^{F}
base^{F}
base^{F}

Scanner^{M}
optical scanner
scanneur^{M}
escáner^{M}
scanner^{M}

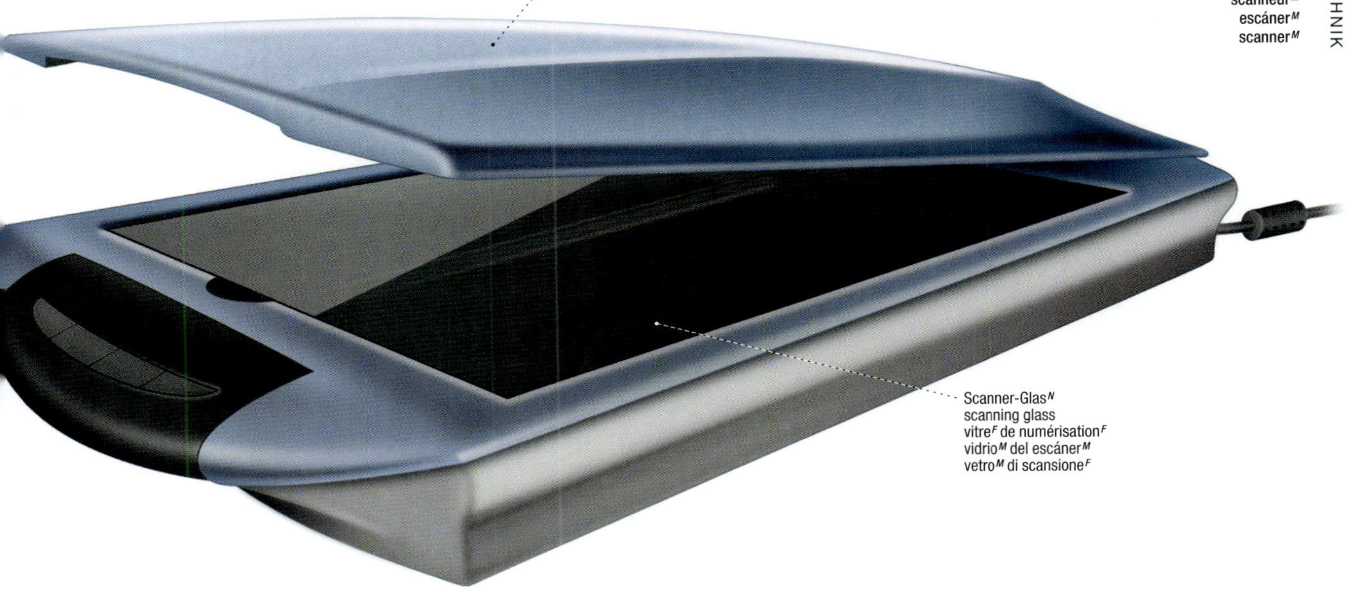

Abdeckung^{F}
cover
couvercle^{M}
cubierta^{F}
coperchio^{M}

Scanner-Glas^{N}
scanning glass
vitre^{F} de numérisation^{F}
vidrio^{M} del escáner^{M}
vetro^{M} di scansione^{F}

Ausgabegeräte^{N}

output devices | périphériques^{M} de sortie^{F} | unidades^{F} de salida^{F} de información^{F} | dispositivi^{M} di uscita^{F}

Projektor^{M}
projector
vidéoprojecteur^{M}
proyector^{M}
proiettore^{M}

Nadeldrucker^{M}
dot matrix printer
imprimante^{F} matricielle
impresora^{F} matriz
stampante^{F} ad aghi^{M}

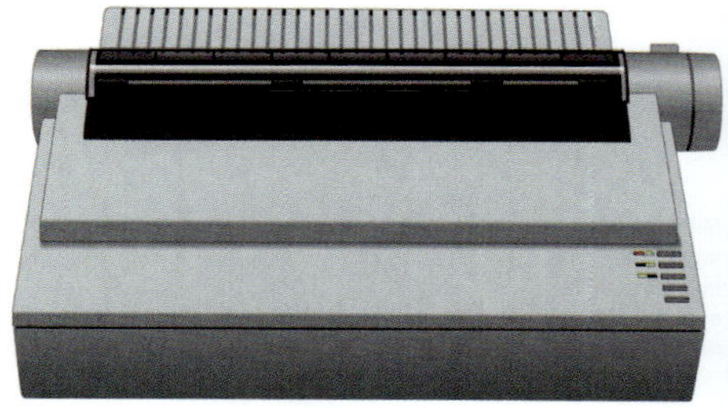

Plotter^{M}
plotter
traceur^{M}
plotter^{M}
plotter^{M}

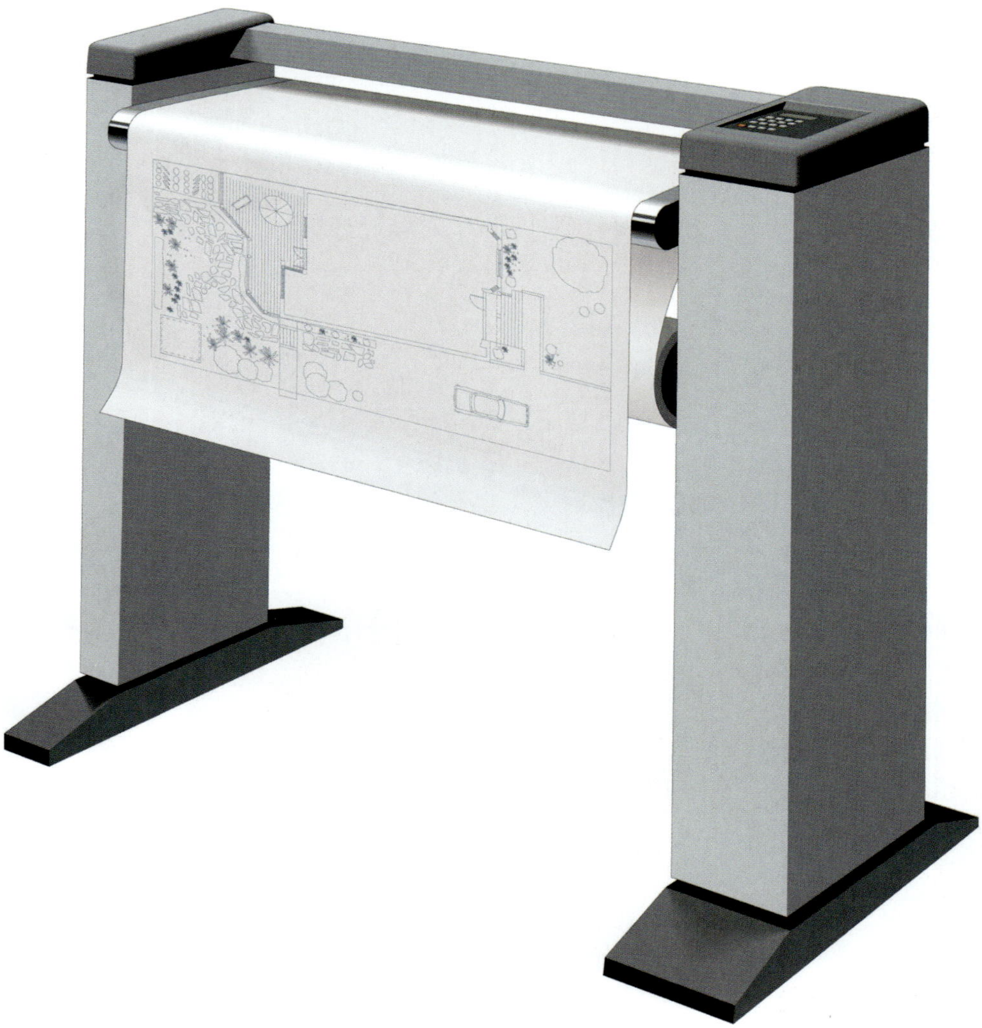

Ausgabegeräte[N]

Tintenpatrone[F]
ink cartridge
cartouche[F] d'encre[F]
cartucho[M] de tinta[F]
cartuccia[F] dell'inchiostro[M]

Tonerpatrone[F]
toner cartridge
cartouche[F] d'encre[F] en poudre[F]
cartucho[M] de tóner[M]
cartuccia[F] del toner[M]

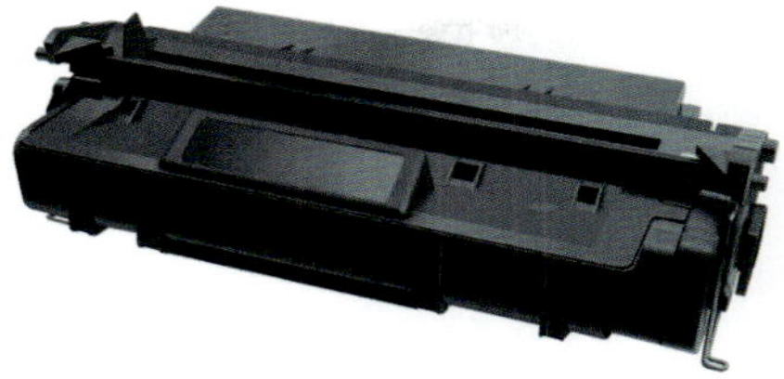

Laserdrucker[M]
laser printer
imprimante[F] laser[M]
impresora[F] láser
stampante[F] laser[M]

Papierausgabe[F]
output tray
plateau[M] de sortie[F]
bandeja[F] de alimentación[F]
vassoio[M] di uscita[F]

Lüfter[M]
cooling vent
fentes[F] d'aération[F]
ranura[F] de ventilación[F]
ventola[F] di raffreddamento[M]

vordere Abdeckung[F]
front panel
panneau[M] avant
panel[M] frontal
pannello[M] anteriore

Bedienfeld[N]
control panel
panneau[M] de commande[F]
panel[M] de control[M]
pannello[M] di controllo[M]

Papierführung[F]
paper guide
guide-papier[M]
guía[F] papel[M]
guida[F] della carta[F]

Papierkassette[F]
input tray
bac[M] d'alimentation[F]
bandeja[F] de alimentación[F]
vassoio[M] di alimentazione[F]

Tintenstrahldrucker[M]
inkjet printer
imprimante[F] à jet[M] d'encre[F]
impresora[F] de líneas[F]
stampante[F] a getto[M] di inchiostro[M]

Anzeige[F]
display
écran[M]
pantalla[F]
display[M]

Abdeckung[F]
cover
couvercle[M]
cubierta[F]
coperchio[M]

Papierkassette[F]
input paper tray
plateau[M] d'alimentation[F] en papier[M]
bandeja[F] de entrada[F] de papel[M]
vassoio[M] di alimentazione[F] carta[F]

Bedienfeld[N]
operation panel
panneau[M] de contrôle[M]
panel[M] de control[M]
pannello[M] di comando[M]

Speicherkartenschacht[M]
memory card slot
lecteur[M] de carte[F] mémoire[F]
puerto[M] de tarjeta[F] de memoria[F]
fessura[F] per la scheda[F] di memoria[F]

Druckerglas[N]
platen glass
vitre[F] d'exposition[F]
vidrio[M] del escáner[M]
vetro[M] di esposizione[F]

USB-Schnittstelle[F]
USB port
port[M] USB
puertos[M] USB
porta[F] USB

Papierausgabe[F]
output tray
plateau[M] de sortie[F]
bandeja[F] de salida[F]
vassoio[M] di uscita[F]

Speichergeräte^{N}

data storage devices | périphériques^{M} de stockage^{M} | unidades^{F} de almacenamiento^{M} de información^{F} | dispositivi^{M} di memorizzazione^{F} dei dati^{M}

externe Festplatte^{F}
external hard drive
disque^{M} dur externe
disco^{M} duro externo
unità^{F} hard disk^{M} esterna

USB-Schnittstelle^{F}
USB port
port^{M} USB
puerto^{M} USB
porta^{F} USB

interne Festplatte^{F}
internal hard drive
disque^{M} dur interne
disco^{M} duro interno
unità^{F} hard disk^{M} interna

Führungsschienenantrieb^{M}
actuator arm motor
moteur^{M} de guides^{M}
motor^{M} del brazo^{M} actuador
motore^{M} del braccio^{M}

Sucharm^{M}
actuator arm
guide^{M}
brazo^{M} actuador
braccio^{M}

Schreib-/Lesekopf^{M}
read/write head
tête^{F} de lecture^{F}/écriture^{F}
cabeza^{F} de lectura^{F}/escritura^{F}
testina^{F} di lettura^{F}/scrittura^{F}

Platte^{F}
disk
disque^{M}
disco^{M}
disco^{M}

Laufwerksantrieb^{M}
disk motor
moteur^{M} de disques^{M}
motor^{M} del disco^{M}
motore^{M} del disco^{M}

DVD-Brenner^{M}
DVD burner
graveur^{M} de DVD^{M}
grabadora^{F} de DVD^{M}
registratore^{M} di DVD^{M}

CD^{F}-Lade^{F}
disk tray
plateau^{M} de chargement^{M}
alojamiento^{F} de disco^{M}
vassoio^{M} portadischi

wiederbeschreibbare DVD^{F}
rewritable DVD disc
DVD^{M} réinscriptible
DVD^{M} regrabable
DVD^{M} riscrivibile

Speicherkartenlesegerät^{N}
memory card reader
lecteur^{M} de carte^{F} mémoire^{F}
lector^{M} de tarjeta^{F} de memoria^{F}
lettore^{M} di scheda^{F} di memoria^{F}

USB-Stick^{M}
USB key
clé^{F} USB
dispositivo^{M} USB
chiave^{F} USB

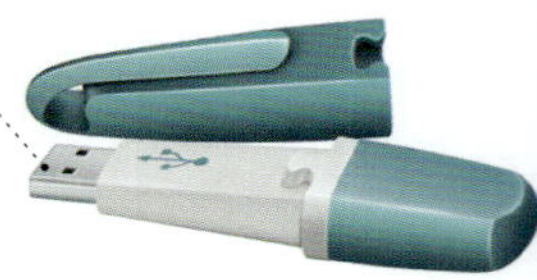

USB-Stecker^{M}
USB connector
connecteur^{M} USB
conector^{M} USB
connettore^{M} USB

Schutzgeräte^{N}

protection devices | périphériques^{M} de protection^{F} | dispositivos^{M} de protección^{F} | dispositivi^{M} di protezione^{F}

unterbrechungsfreie Stromversorgung^{F}: Rückseite^{F}
uninterruptible power supply (UPS): back view
onduleur^{M} : vue^{F} arrière
sistema^{F} de alimentación^{F} ininterrumpida : parte^{F} posterior
gruppo^{M} di continuità^{F}: vista^{F} retro

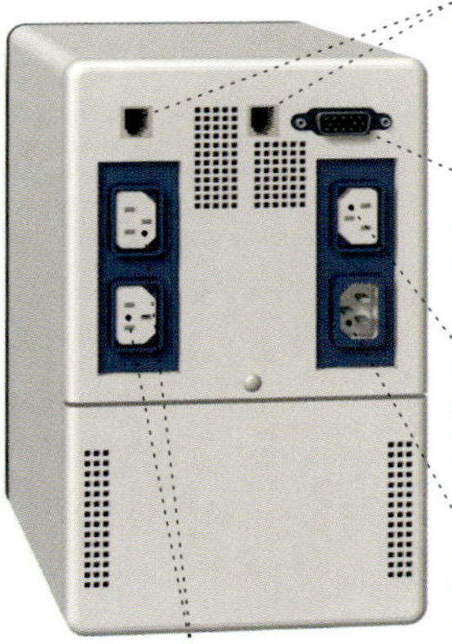

Telefonsteckdose^{F} zur Stoßspannungsunterdrückung^{F}
telephone surge protection jacks
prises^{F} téléphoniques antisurtension
tomas^{F} telefónicas contra sobretensiones^{F}
prese^{F} telefoniche antisovratensione

Computer^{M}-Schnittstellenport^{M}
computer interface port
port^{M} d'interface^{F} ordinateur^{M}
puerto^{M} de interfaz^{F} de ordenador^{M}
porta^{F} di interfaccia^{F} del computer^{M}

Steckdose^{F} für Überspannungsschutz^{M}
surge protection receptacle
prise^{F} antisurtension
toma^{F} contra sobretensión^{F}
presa^{F} antisovratensione

Eingangsbuchse^{F}
input receptacle
prise^{F} d'entrée^{F}
toma^{F} de entrada^{F}
presa^{F} di ingresso^{M}

Steckdosen^{F} für Überspannungsschutz^{M}/Notversorgung^{F} ab Batterie^{F}
battery backup/surge protection receptacles
prises^{F} antisurtension alimentées par batterie^{F}
toma^{F} contra sobretensión^{F} alimentadas por baterías^{F}
prese^{F} antisovratensione di alimentazione^{F} della batteria^{F}

unterbrechungsfreie Stromversorgung^{F}: Vorderansicht^{F}
uninterruptible power supply (UPS): front view
onduleur^{M} : vue^{F} avant
sistema^{F} de alimentación^{F} ininterrumpida : parte^{F} frontal
gruppo^{M} di continuità^{F}: vista^{F} frontale

Kontrollleuchten^{F}
control lights
voyants^{M} de contrôle^{M}
indicadores^{M} de control^{M}
spie^{F} di controllo^{M}

Ein-/Aus-/Test^{M}-Schalter^{M}
on/off/test button
bouton^{M} marche^{F}/arrêt^{M}/test^{M}
botón^{M} de encendido/apagado/test^{M}
interruttore^{M} di accensione^{F}

Steckdosenleiste^{F}
power strip
barre^{F} d'alimentation^{F}
barra^{F} de alimentación^{F}
ciabatta^{F}

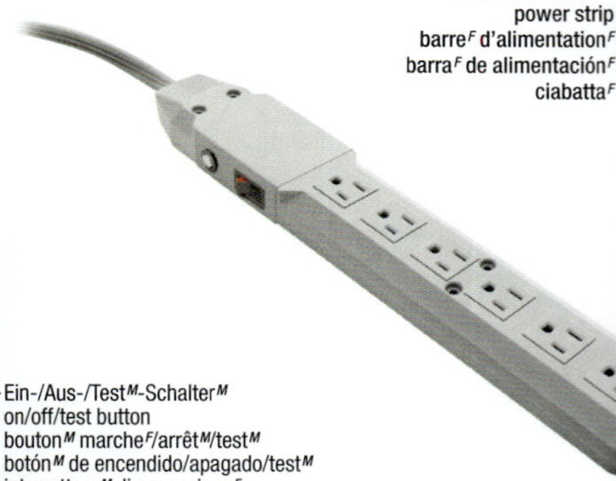

diverse Computer-Tools^F

miscellaneous computer tools | outils^M informatiques divers | herramientas^F informáticas diversas | varie^F strumenti^M del computer^M

interaktives Whiteboard^N
interactive whiteboard
tableau^M blanc interactif
pizarra^F interactiva
lavagna^F interattiva multimediale

Projektor^M
projector
vidéoprojecteur^M
proyector^M
proiettore^M

Touchscreen^M
touch screen
écran^M tactile
pantalla^F táctil
touch screen^M

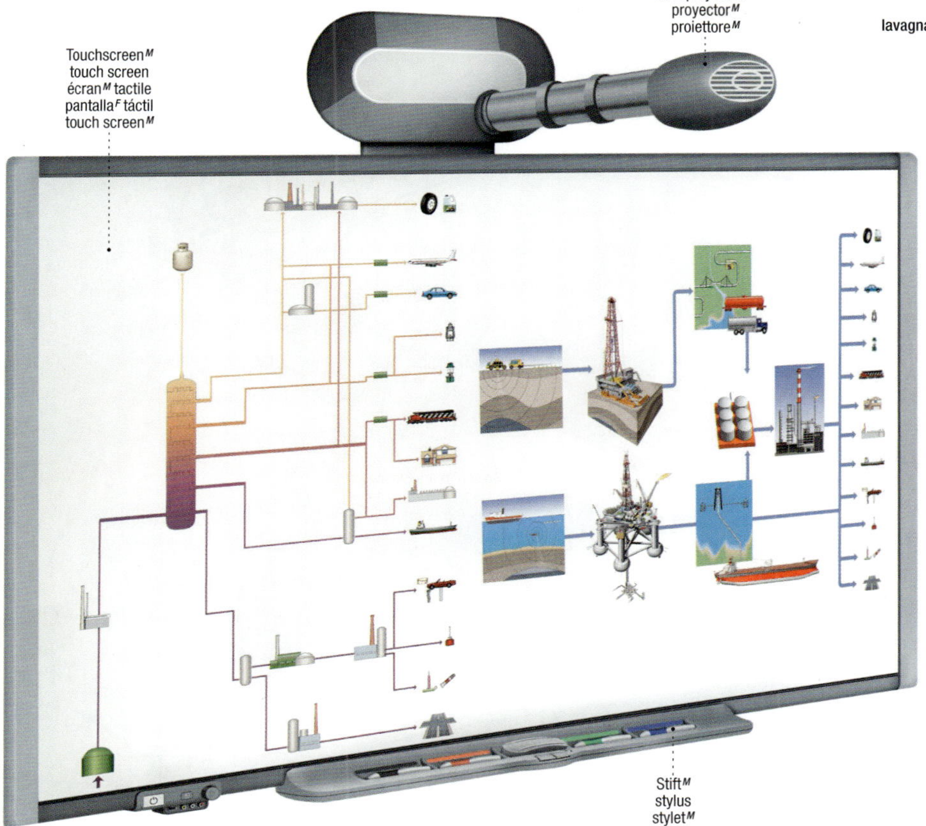

Stift^M
stylus
stylet^M
stylus^M
stilo^F

Tablet-Computer^M
tablet computer
tablette^F numérique
ordenador^M de tableta^F
computer^M tablet

Schlaf-^{F}/Wach-Taste^F
sleep/wake button
bouton^M marche^F/veille^F
botón^M de suspensión^F/reactivado^M
tasto^M acceso/spento

Stummtaste^F
mute button
bouton^M de sourdine^F
botón^M de silencio^M
pulsante^M muto^M

Lautstärkeregelungstasten^F
volume buttons
boutons^M de volume^M
botones^M de volumen^M
tasti^M volume^M

Touchscreen^M
touch screen
écran^M tactile
pantalla^F táctil
touch screen^M

Starttaste^F
home button
bouton^M principal
botón^M de inicio^M
tasto^M home^F

digitales Buchlesegerät^N
digital book reader
lecteur^M de livres^M numériques
lector^M de libros^M digitales
lettore^M di libri^M digitali

Touchscreen^M
touch screen
écran^M tactile
pantalla^F táctil
touch screen^M

Funktionstasten^F
function buttons
touches^F de fonctions^F
botones^M de funciones^F
pulsanti^M di funzione^F

Beispiele[N] für Netzwerke[N]

examples of networks | exemples[M] de réseaux[M] | ejemplos[M] de redes[F] | esempi[M] di reti[F]

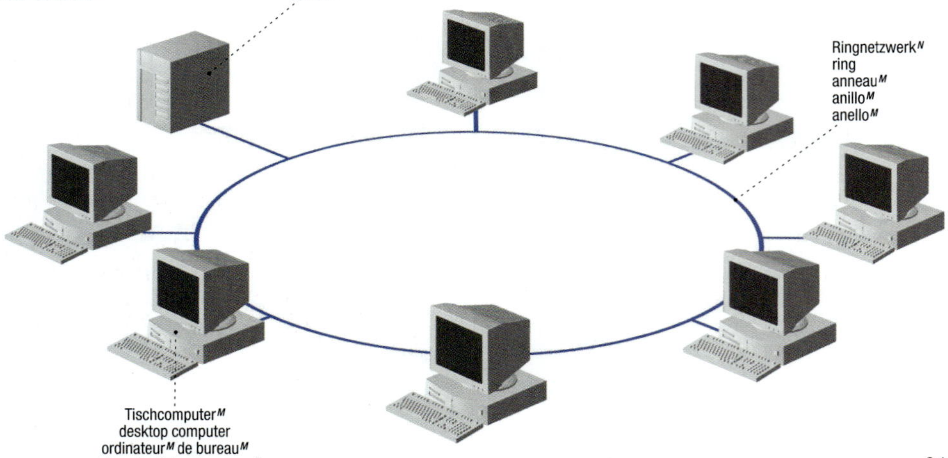

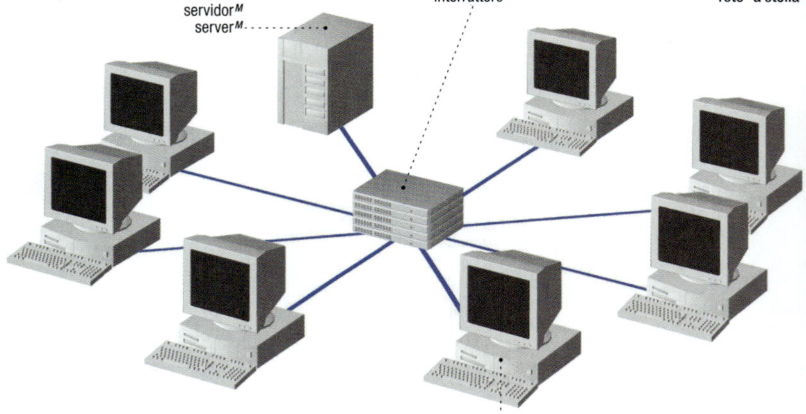

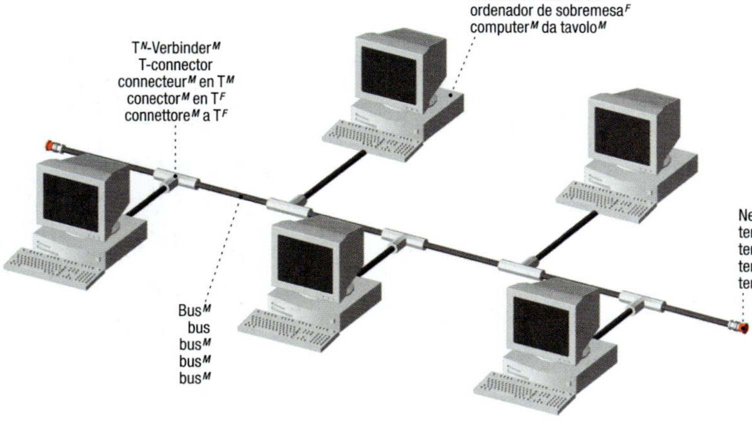

BÜROTECHNIK

Beispiele[N] für Netzwerke[N]

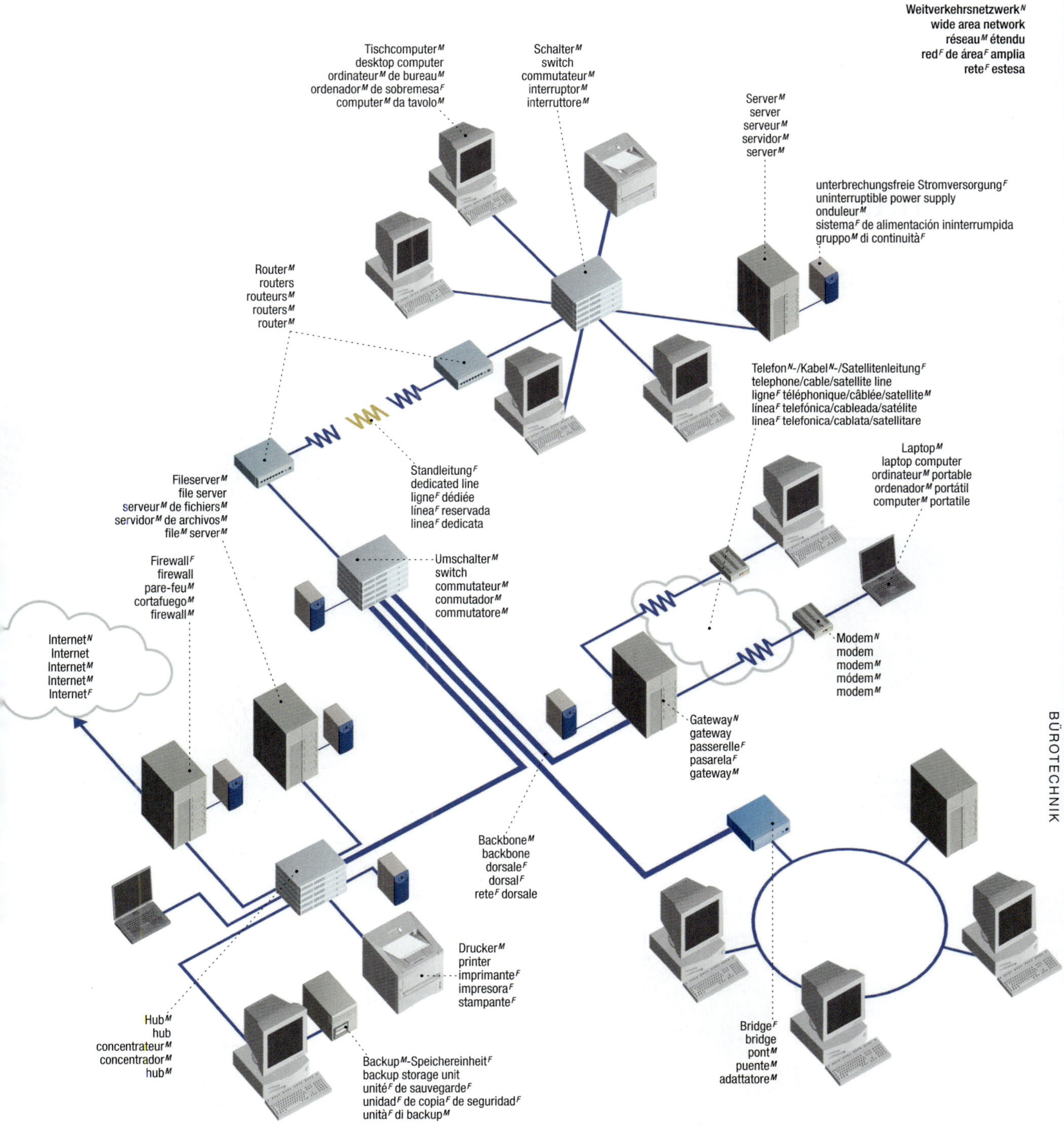

Internet^{N}

Internet | Internet^{M} | Internet^{M} | Internet^{F}

URL-Adresse^{F} (vereinheitlichter Ressourcenzugriff^{M})
URL (uniform resource locator)
adresse^{F} URL^{F}
URL localizador universal de recursos
URL (localizzatore^{M} universale di risorse^{F})

Kommunikationsprotokoll^{N}
communication protocol
protocole^{M} de communication^{F}
protocolo^{M} de comunicación^{F}
protocollo^{M} di comunicazione^{F}

Domainname^{M}
domain name
nom^{M} de domaine^{M}
nombre^{M} del dominio^{M}
nome^{M} del dominio^{M}

Dateiformat^{N}
file format
format^{M} du fichier^{M}
formato^{M} del archivo^{M}
formato^{M} del file^{M}

http://www.un.org/aboutun/index.html

Doppelschrägstrich^{M}
double slash
double barre^{F} oblique
doble barra^{F} oblicua
doppio slash^{M}

Domain^{F} zweiten Grades^{M}
second-level domain
domaine^{M} de second niveau^{M}
dominio^{M} de segundo nivel^{M}
dominio^{M} di secondo livello^{M}

Datei^{F}
file
fichier^{M}
archivo^{M}
file^{M}

Server^{M}
server
serveur^{M}
servidor^{M}
server^{M}

Toplevel^{N}-Domain^{F}
top-level domain
domaine^{M} de premier niveau^{M}
dominio^{M} de primer nivel^{M}
dominio^{M} di livello^{M} superiore

Ordner^{M}, Verzeichnis^{N}
directory
répertoire^{M}
directorio^{M}
directory^{F}

Browser^{M}
browser
navigateur^{M}
navegador
browser^{M}

URL-Adresse^{F}
URL
adresse^{F} URL^{F} (localisateur^{M} universel de ressources^{F})
dirección URL^{M}
URL

Hyperlinks^{M}
hyperlinks
hyperliens^{M}
hipervínculos^{M}
collegamenti^{M} ipertestuali

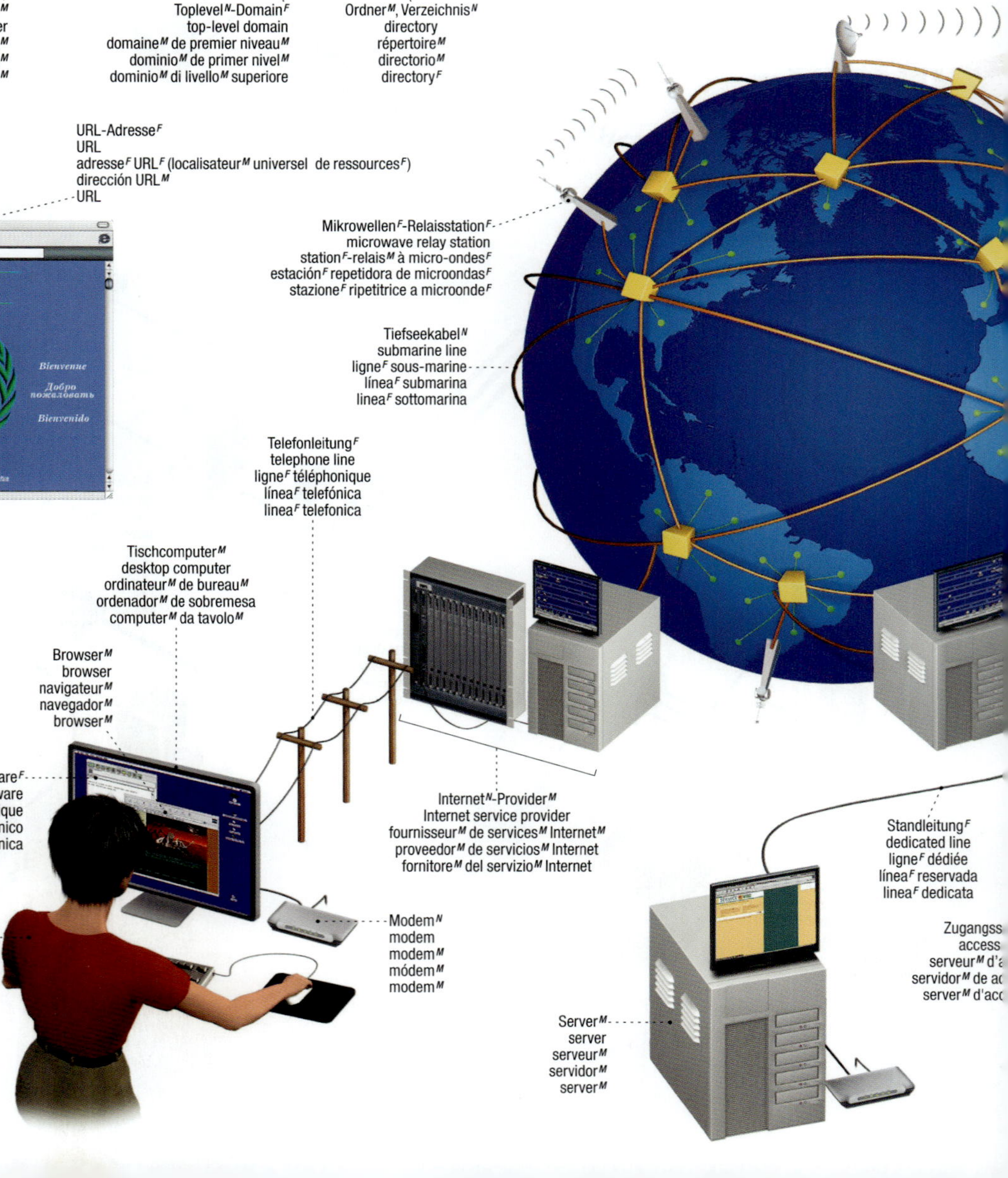

Internet^N-Nutzungen^F

Internet uses | utilisations^F d'Internet^M | usos^M de Internet^M | impieghi^M di Internet^F

Gesundheitsorganisation^F
health organization
organisme^M de santé^F
organismo^M de salud^F
enti^M sanitari

Regierungsorganisation^F
government organization
organisation^F gouvernementale
organización^F gubernamental
organizzazione^F governativa

Unternehmen^N
enterprise
entreprise^F
empresa^F
azienda^F

Industrie^F
industry
industrie^F
industria^F
industria^F

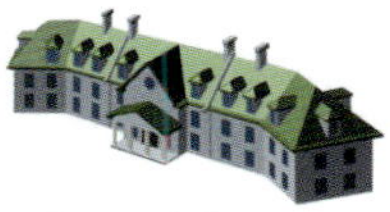
Bildungseinrichtung^F
educational institution
établissement^M d'enseignement^M
institución^F educativa
istituzioni^F educative

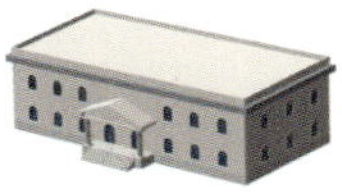
Kulturorganisation^F
cultural organization
organisme^M culturel
organismo^M cultural
organizzazione^F culturale

privater Nutzer^M
home user
usager^M domestique
usuario^M particular
utente^M privato

Handelsunternehmen^N
commercial concern
entreprise^F de distribution^F/vente^F
empresas^F distribución^F/venta^F
azienda^F commerciale

Telekommunikationssatellit^M
telecommunication satellite
satellite^M de télécommunications^F
satélite^M de telecomunicaciones^F
satellite^M per le telecomunicazioni^F

Erdefunkstelle^F
satellite earth station
station^F terrestre de télécommunications^F
estación^F terrestre de telecomunicaciones^F
stazione^F terrestre per le telecomunicazioni^F

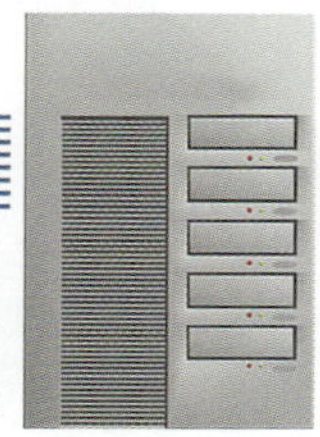
Server^M
server
serveur^M
servidor^M
server^M

Router^M
router
routeur^M
router^M
router^M

elektronische Post^F
email
courrier^M électronique
correo^M electrónico
posta^F elettronica

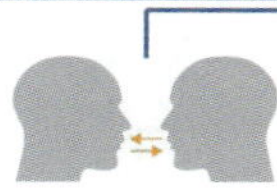
Chatroom^M
chat room
clavardage^M
chat room^M
chat room^F

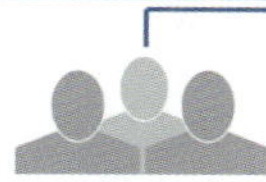
Forum^N
newsgroup
forum^M
foro^M
forum^M

Blog^M
blog
blogue^M
blog^M
blog^M

Datenbank^F
database
banque^F de données^F
base^F de datos^M
data base^M

Informationsverbreitung^F
dissemination of information
diffusion^F d'information^F
difusión^F de información^F
diffusione^F di informazioni^F

Suche^F
search
recherche^F
búsqueda^F
ricerca^F

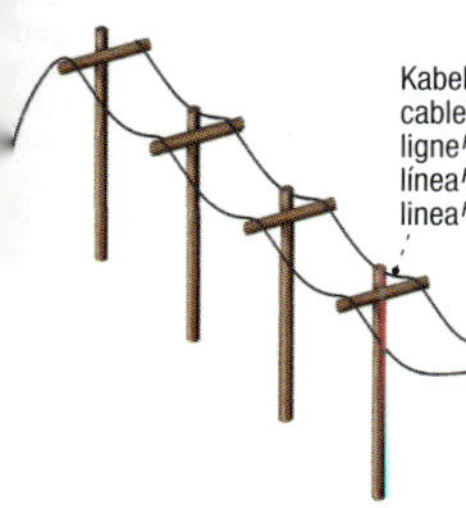
Kabelleitung^F
cable line
ligne^F câblée
línea^F cableada
linea^F cablata

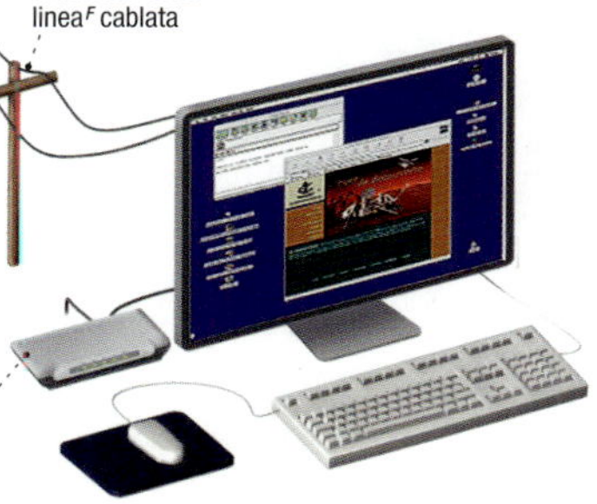
Kabelmodem^N
cable modem
modem^M-câble^M
módem^M cableado
modem^M cablato

Online-Spiel^N
online game
jeux^M en ligne^F
juego^M en línea^F
gioco^M online

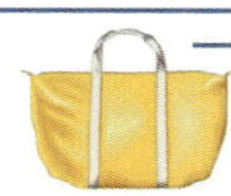
E-Commerce^M
e-commerce
commerce^M électronique
comercio^M electrónico
e-commerce^M

Warengeschäfte^N
business transactions
transactions^F financières
transacciones^F financieras
transazioni^F commerciali

Bildfernsprechen^N
videophony
visiophonie^F
videotelefonía^F
videotelefonia^F

Fernsprechwesen^N
telephony
téléphonie^F
telefonía^F
telefonia^F

Podcasting^N
podcasting
baladodiffusion^F
creación^F y distribución^F de archivos^M de sonido^M digital
podcasting^M

Büroorganisation^{F}

office organization | organisation^{F} d'un bureau^{M} | organización^{F} de oficina^{F} | organizzazione^{F} dell'ufficio^{M}

Abstellraum^{M}
storeroom
débarras^{M}
trastero^{M}
ripostiglio^{M}

Poststelle^{F}
mail processing room
salle^{F} de courrier^{M}
sala^{F} de correos^{M}
stanza^{F} della gestione^{F} della posta^{F}

Pinnwand^{F}
noticeboard
tableau^{M} d'affichage^{M}
tablero^{M} de anuncios^{M}
bacheca^{F}

Wasserspender^{M}
water cooler
distributeur^{M} d'eau^{F}
recipiente^{F} para agua^{M}
distributore^{M} dell'acqua^{F}

bewegliche Trennwand^{F}
moveable panel
cloison^{F} mobile
tabique^{M} móvil
pannello^{M} mobile

Kopierraum^{M}
photocopying room
salle^{F} de reprographie^{F}
sala^{F} de reprografía^{F}
stanza^{F} della fotocopiatrice^{F}

Buchhaltung^{F}
accountant's office
comptabilité^{F}
contabilidad^{F}
ufficio^{M} del contabile^{M}

Arbeitsplatz^{M}
workstation
poste^{M} de travail^{M}
puesto^{M} de trabajo^{M}
postazione^{F} di lavoro^{M}

Büro^{N} des Produktionsleiters^{M}
production manager's office
bureau^{M} du directeur^{M} de production^{F}
despacho^{M} del director^{M} de producción^{F}
ufficio^{M} del direttore^{M} della produzione^{F}

Kaffeeküche^{F}
employee lunchroom
cafétéria^{F}
comedor^{M} de los empleados^{M}
sala^{F} da pranzo^{M} del personale^{M}

Datentechnik^{F}
system support
soutien^{M} informatique
soporte^{M} informático
stanze^{F} del supporto^{M} informatico

Büro^{N} des Personalleiters^{M}
personnel director's office
bureau^{M} du directeur^{M} du personnel^{M}
oficina^{F} del director^{M} de personal^{M}
ufficio^{M} del responsabile^{M} del person

Sekretärin^{F}
executive secretary
secrétaire^{M} de direction^{F}
secretaria^{F} de dirección^{M}
stanza^{F} della segretaria^{F} di direzio

Büro^{N} des Geschäftsführer
chief executive officer's off
bureau^{M} du directeur^{M} géné
oficina^{F} del gerente^{M}
ufficio^{M} del direttore^{M} gene

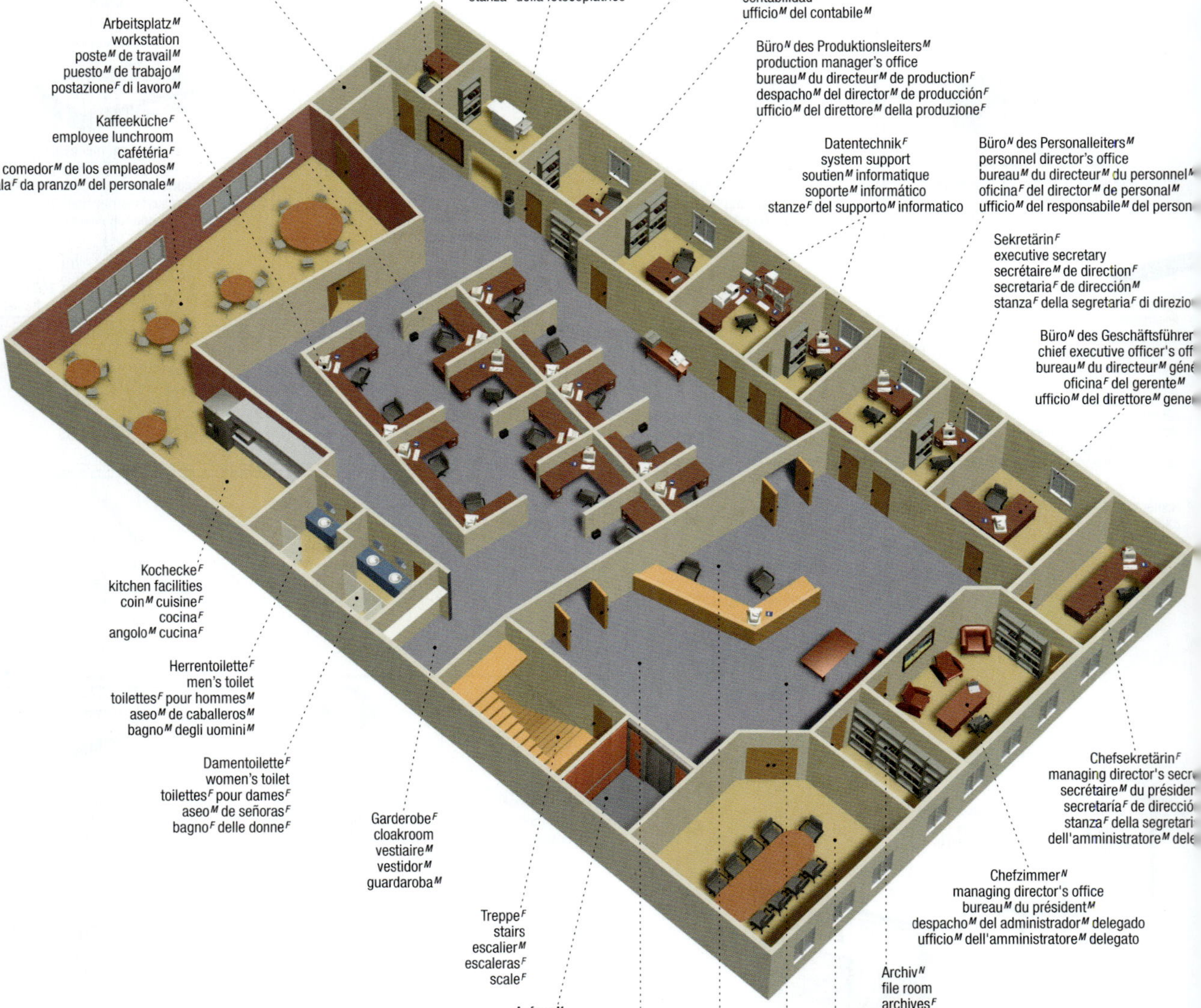

Kochecke^{F}
kitchen facilities
coin^{M} cuisine^{F}
cocina^{F}
angolo^{M} cucina^{F}

Herrentoilette^{F}
men's toilet
toilettes^{F} pour hommes^{M}
aseo^{M} de caballeros^{M}
bagno^{M} degli uomini^{M}

Damentoilette^{F}
women's toilet
toilettes^{F} pour dames^{F}
aseo^{M} de señoras^{F}
bagno^{F} delle donne^{F}

Garderobe^{F}
cloakroom
vestiaire^{M}
vestidor^{M}
guardaroba^{M}

Chefsekretärin^{F}
managing director's secr
secrétaire^{M} du présider
secretaria^{F} de direcció
stanza^{F} della segretari
dell'amministratore^{M} dele

Chefzimmer^{N}
managing director's office
bureau^{M} du président^{M}
despacho^{M} del administrador^{M} delegado
ufficio^{M} dell'amministratore^{M} delegato

Treppe^{F}
stairs
escalier^{M}
escaleras^{F}
scale^{F}

Archiv^{N}
file room
archives^{F}
archivo^{M}
archivio^{M}

Aufzug^{M}
lift
ascenseur^{M}
ascensor^{M}
ascensore^{M}

Konferenzraum^{M}
conference room
salle^{F} de conférences^{F}
sala^{F} de reuniones^{F}
sala^{F} riunioni^{F}

Eingangshalle^{F}
lobby
hall^{M} d'entrée^{F}
vestíbulo^{M}
ingresso^{M}

Warteraum^{M}
waiting room
salle^{F} d'attente^{F}
sala^{F} de espera^{F}
sala^{F} di attesa^{F}

Empfang^{M}
reception
réception^{F}
recepción^{M}
reception^{F}

Büromöbel[N]

office furniture | mobilier[M] de bureau[M] | muebles[M] de oficina[F] | mobili[M] per ufficio[M]

Archivmöbel[N]
filing furniture
meubles[M] de classement[M]
archivadores[M]
mobili[M] di archivio[M]

Hängekartei[F]
lateral filing cabinet
classeur[M] à clapets[M]
archivador[M] lateral
schedario[M] a visibilità[F] laterale

fahrbares Schubladenelement[N]
mobile drawer unit
caisson[M]
cajonera[F] móvil
cassettiera[F] mobile

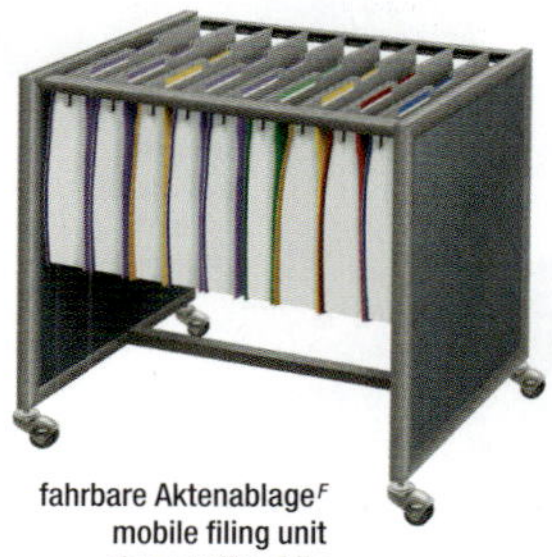

fahrbare Aktenablage[F]
mobile filing unit
classeur[M] mobile
archivador[M] móvil
schedario[M] mobile

Aufbewahrungsmöbel[N]
storage furniture
meubles[M] de rangement[M]
muebles[M] contenedores
mobili[M] contenitori[M]

Kleiderhaken[M]
coat hooks
patère[F]
perchero[M] de pared[F]
attaccapanni[M] a muro[M]

Garderobenständer[M]
hat stand
porte-manteau[M]
perchero[M] de pie[M]
attaccapanni[M] a stelo[M]

flexible Trennwand[F]
moveable panel
cloison[F] mobile
tabique[M] móvil
pannello[M] mobile

Schrank[M]
stationery cabinet
armoire[F] à papeterie[F]
armario[M] para papelería[F]
armadietto[M] per cancelleria[F]

Ausstellungsregal[N]
display cabinet
présentoir[M] à revues[F]
estante[M] para revistas[F]
espositore[M]

Aktenschrank[M]
credenza
bahut[M]
armario[M] bajo
mobile[M] contenitore

Garderobe[F]
coat rack
vestiaire[M] de bureau[M]
perchero[M]
attaccapanni[M] a rastrelliera[F]

Kleiderschrank[M]
locker
armoire[F]-vestiaire[M]
guardarropa[M]
armadietto[M]

Büromöbel[N]

Arbeitsmöbel[N]
work furniture
meubles[M] de travail[M]
muebles[M] de trabajo[M]
mobili[M] da lavoro[M]

Schreibunterlage[F]
desk pad
sous-main[M]
vade[M]
sottomano[M]

Winkeltisch[M]
return
retour[M]
mesa[M] auxiliar de escritorio[M]
appendice[F] dattilo

Schreibtisch[M]
desk
bureau[M]
mesa[F] de estudio[M]
scrivania[F]

Bürodrehstuhl[M]
typist's chair
chaise[F] dactylo[M]
silla[F] de secretaria[F]
sedia[F] dattilo

Drehsessel[M]
swivel-tilter armchair
fauteuil[M] pivotant à bascule[F]
sillón[M] giratorio
poltrona[F] girevole reclinabile

Computer-Tisch[M]
computer desk
bureau[M] d'ordinateur[M]
escritorio[M] para el ordenador[M]
scrivania[F] per computer[M]

herausziehbare Tastaturablage[F]
pull-out keyboard shelf
tablette[F] coulissante
bandeja[F] extraíble para teclado[M]
ripiano[M] estraibile per tastiera[F]

Tower-Stellfläche[F]
central unit platform
tablette[F] pour unité[F] centrale
plataforma[F] de unidad[F] central
supporto[M] per unità[F] centrale

Druckertisch[M]
printer table
table[F] d'imprimante[F]
mesa[F] de la impresora[F]
tavolo[M] portastampante

Ablage[F]
shelf
tablette[F]
tablilla[F]
ripiano[M]

Fußstütze[F]
footrest
repose-pieds[M]
reposapiés[M]
poggiapiedi[M]

Chefschreibtisch[M]
executive desk
bureau[M] de direction[F]
escritorio[M] de ejecutivo[M]
scrivania[F] direzionale

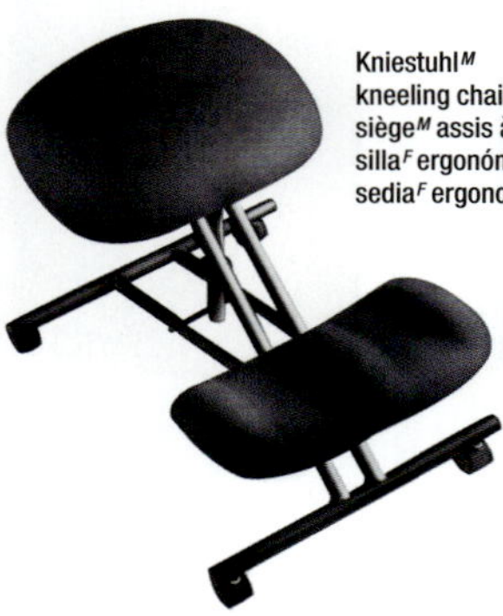

Kniestuhl[M]
kneeling chair
siège[M] assis à genoux[M]
silla[F] ergonómica
sedia[F] ergonomica

Fotokopierer[M]

photocopier | photocopieur[M] | fotocopiadora[F] | fotocopiatrice[F]

Gesamtansicht[F]
general view
vue[F] d'ensemble[M]
vista[F] general
vista[F] generale

Bedienungskonsole[F]
control panel
tableau[M] de commande[F]
tablero[M] de controles[M]
pannello[M] di comando[M]

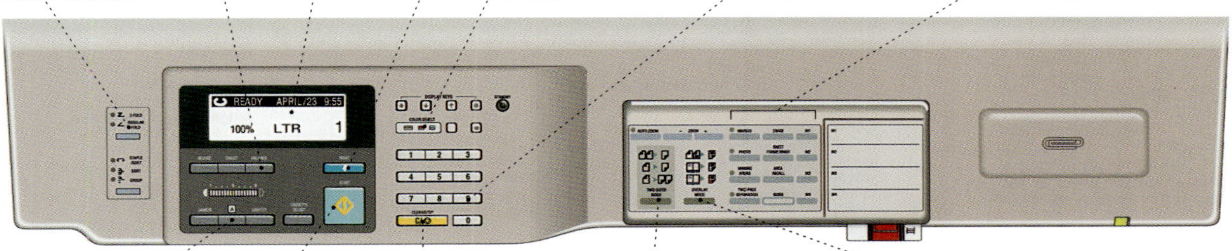

Schreibwaren[F]

stationery | articles[M] de bureau[M] | artículos[M] de escritorio[M] | articoli[M] di cancelleria[F]

elektrische Schreibmaschine[F]
electronic typewriter
machine[F] à écrire électronique
máquina[F] de escribir electrónica
macchina[F] da scrivere elettronica

Gehäuseabdeckung[F]
top plate
capot[M]
tapa[F]
coperchio[M]

Papierstütze[F]
paper support
support[M]-papier[M]
soporte[M] del papel[M]
piano[M] reggifoglio

Papierfreigabehebel[M]
paper bail release lever
levier[M] de dégagement[M] du presse-papier[M]
palanca[F] para liberar el sujetapapel[M]
leva[F] di svincolo[M] del premicarta[M]

Schreibkopf[M]
printing head
tête[F] d'impression[F]
unidad[F] de impresión[F]
testina[F] di stampa[F]

Papierhalter[M]
paper bail
presse-papier[M]
sujetapapel[M]
premicarta[M]

Papierlösehebel[M]
paper release lever
levier[M] de dégagement[M] du papier[M]
palanca[F] de aflojar el papel[M]
leva[F] liberacarta

Schriftgrößenskala[F]
point scale
échelle[F] d'espacement[M]
escala[F] de ajuste[M]
scala[F] dei passi[M] di scrittura[F]

Walze[F]
platen
cylindre[M]
rodillo[M]
rullo[M]

Walzendrehknopf[M]
platen knob
bouton[M] d'interligne[M] variable
tambor[F] distanciador
manopola[F] distanziatrice

Randlösetaste[F]
margin release
dégagement[M] du margeur[M]
liberador[M] del margen[M]
tasto[M] liberamargine

Tabulatortaste[F]
tabulator
tabulateur[M]
tabulador[M]
tasto[M] tabulatore[M]

Einzugtaste[F]
indent
retrait[M]
tecla[F] de sangrado[M]
tasto[M] del paragrafo[M] rientrato

Zeichenkorrekturtaste[F]
character correction
correction[F] de caractères[M]
corrección[F] de caracteres[M]
tasto[M] di correzione[F] del carattere[M]

Dezimal-Tabuliertaste[F]
decimal tab
tabulateur[M] décimal
tabulador[M] decimal
tasto[M] di tabulazione[F] decimale

Hoch-/Tiefstelltaste[F]
half indexing
positionnement[M] du papier[M]
indicador[M] de la mitad[F]
tasto[M] di movimento[M] di mezza interlinea[F]

Randkontrolltaste[F]
margin control
commande[F] de marge[F]
control[M] del margen[M]
tasto[M] marginatore[M]

Zentriertaste[F]
centring
centrage[M]
tecla[F] de centrado[M]
tasto[M] di centratura[F]

Tabulatoreinstelltaste[F]
tab setting
contrôle[M] de tabulation[F]
ajuste[M] del tabulador[M]
tasto[M] di impostazione[F] degli arresti[M] di tabulazione[F]

Rechtschreibkorrekturtaste[F]
spelling corrector
correcteur[M] orthographique
corrector[M] de ortografía[F]
tasto[M] di correzione[F] ortografica

Textanzeige[F]
text display
affichage[M] du texte[M]
pantalla[F]
display[M]

Tabulatorsetztaste[F]
set
validation[F]
ajuste[M]
tasto[M] di conferma[F] della tabulazione[M]

Texttaste[F]
text
texte[M]
texto[M]
tasto[M] di memorizzazione[F] del testo[M]

Code-Taste[F]
code
code[M]
código[M]
tasto[M] selezionatore[F] di comandi[M]

Fixiertaste[F]
relocation
repositionnement[M]
reposicionamiento[M]
tasto[M] di riposizionamento[M]

Umschaltfeststelltaste[F]
shift lock key
touche[F] fixe-majuscules[F]
tecla[F] de seguro[M] para las mayúsculas[F]
tasto[M] del blocco[M] delle maiuscole[F]

Umschalttaste[F]
shift key
touche[F] majuscule[F]
tecla[F] de mayúsculas[F]
tasto[M] delle maiuscole[F]

Leertaste[F]
space bar
barre[F] d'espacement[M]
barra[F] espaciadora
barra[F] spaziatrice

Wagenrücklauftaste[F]
carriage return
retour[M] de chariot[M]
tecla[F] de regreso[M] del carro[M]
tasto[M] di ritorno[M] del carrello[M]

Mode-Taste[F]
mode
mode[M]
modalidad[F]
tasto[M] di selezione[F] dello stato[M] di stampa[F]

Wortkorrekturtaste[F]
word correction
correction[F] de mots[M]
corrección[F] de palabras[F]
tasto[M] di correzione[F] della parola[F]

Schreibwaren[F]

zum Rechnen[N]
for calculating
pour compter
para calcular
per il conteggio[M]

Taschenrechner[M]
pocket calculator
calculatrice[F] de poche[F]
calculadora[F] de bolsillo[M]
calcolatrice[F] tascabile

Speicheranzeigetaste[F]/Speicherlöschtaste[F]
memory recall/memory clear key
rappel[M] de la mémoire[F]/effacement[M] de la mémoire[F]
tecla[F] para recuperar/borrar memoria[F]
tasto[M] di richiamo[M]/cancellazione[F] della memoria[F]

Eingabe-Löschtaste[F]
clear entry key
effacement[M] partiel
tecla[F] para limpiar la pantalla[F]
tasto[M] di azzeramento[M] ultimo dato[M]

Einschalttaste[F]/Löschtaste[F]
power on/clear key
mise[F] sous tension[F]/effacement[M] total
tecla[F] de encendido[F]/para borrar
tasto[M] accensione[F]/cancellazione[F]

Zifferntaste[F]
number key
touche[F] numérique
tecla[F] de número[M]
tasto[M] numerico

Minustaste[F]
subtraction key
soustraction[F]
tecla[F] sustracción[F]
tasto[M] di sottrazione[F]

Kommataste[F]
decimal key
décimale[F]
tecla[F] decimal
tasto[M] di punto[M] decimale

Vorzeichentaste[F]
change sign key
inverseur[M] de signe[M]
tecla[F] de cambio[M] de signo[M]
tasto[M] di cambio[M] segno[M]

zum Speicher[M] hinzufügen
add to memory
addition[F] en mémoire[F]
añadir a memoria[F]
tasto[M] di aggiunta[F] in memoria[F]

Etui[N]
case
étui[M]
estuche[M]
custodia[F]

Solarzelle[F]
solar cell
alimentation[F] solaire
célula[F] solar
cella[F] solare

Anzeige[F]
display
afficheur[M]
pantalla[F]
display[M]

Speichersubtraktionstaste[F]
subtract from memory
soustraction[F] en mémoire[F]
substracción[F] de la memoria[F]
tasto[M] di sottrazione[F] in memoria[F]

Quadratwurzeltaste[F]
square root key
racine[F] carrée
tecla[F] de raíz[F] cuadrada
tasto[M] di radice[F] quadrata

Prozenttaste[F]
per cent key
pourcentage[M]
tecla[F] de porcentaje[M]
tasto[M] di percentuale[F]

Divisionstaste[F]
division key
division[F]
tecla[F] de división[F]
tasto[M] di divisione[F]

Multiplikationstaste[F]
multiplication key
multiplication[F]
tecla[F] de multiplicación[F]
tasto[M] di moltiplicazione[F]

Gleichtaste[F]
equals key
résultat[M]
tecla[F] de igualdad[F]
tasto[M] di uguale[M]

Additionstaste[F]
addition key
addition[F]
tecla[F] de adición[F]
tasto[M] di addizione[F]

Tischrechner[M] mit Druckerteil[N]
printing calculator
calculatrice[F] à imprimante[F]
calculadora[F] con impresora[F]
calcolatrice[F] da tavolo[M]

Bildschirmbeleuchtung[F]
backlight screen
écran[M] rétroéclairé
pantalla[F] retroiluminada
schermo[M] retroilluminato

Druckerteil[N]
printer
imprimante[F]
impresora[F]
stampante[F]

uswahlschalter[M] für Dezimalpunkt[M]
decimal point selector switch
sélecteur[M] de décimale[F]
conmutador[M] de selección[F] de decimales[M]
nterruttore[M] selettore[M] simbolo[M] dei decimali[M]

Multifunktionstaste[F]
multiple use key
he[F] multifonctionnelle
tecla[F] de utilización[F] múltiple
tasto[M] multifunzionale

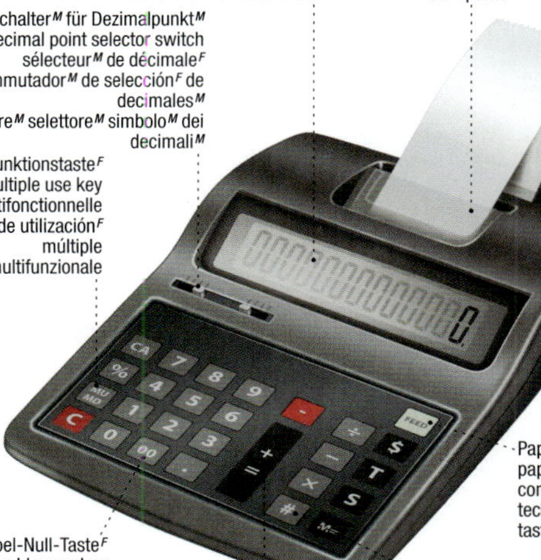

Papiervorschubtaste[F]
paper feed key
commande[F] d'insertion[F] du papier[M]
tecla[F] de arrastre[M] del papel[M]
tasto[M] di alimentazione[F] della carta[F]

Doppel-Null-Taste[F]
double zero key
uche[F] de double zéro[M]
tecla[F] de doble cero[M]
tasto[M] di doppio zero[M]

Addiertaste[F]/Gleichtaste[F]
add/equals key
touche[F] plus[M]-égalité[F]
tecla[F] de más/igual
tasto[M] di più[M]/uguale[M]

Zwischensummentaste[F]
non-add/subtotal
non-addition[F]/total[M] partiel
subtotal[M]/sin adición[F]
tasto[M] di subtotale[M]/non-addizione[F]

Grafiktaschenrechner[M]
graphing calculator
calculatrice[F] graphique
calculadora[F] de gráficos[M]
calcolatrice[F] grafica

Zugang[M] zur zweiten Funktionsebene[F]
access to the second level of operations
accès[M] au second niveau[M] d'opérations[F]
acceso[M] al segundo nivel[M] de operaciones[F]
accesso[M] al secondo livello[M] di operazioni[F]

Cursortasten[F]
cursor movement keys
touches[F] de déplacement[M] du curseur[M]
teclas[F] de desplazamiento[M] del cursor[M]
tasti[M] di posizionamento[M] del cursore[M]

Bearbeitungstasten[F]
editing keys
touches[F] d'édition[F]
teclas[F] de edición[F]
tasti[M] di modifica[F]

wissenschaftliche Taschenrechnertasten[F]
scientific calculator keys
touches[F] de calcul[M] scientifique
teclas[F] de cálculo[M] científico
tasti[M] calcolatrice[F] scientifica

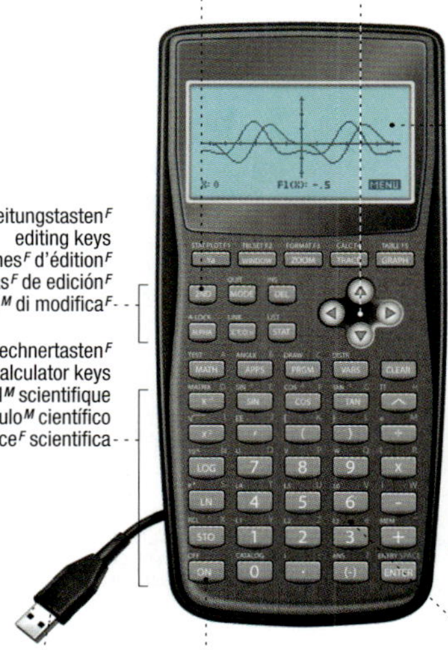

Anzeige[F]
display
afficheur[M]
pantalla[F]
display[M]

Grafiktasten[F]
graphing keys
touches[F] graphiques
teclas[F] para gráficos[M]
tasti[M] grafici

erweiterte Funktionstasten[F]
advanced function keys
touches[F] de fonctions[F] avancées
teclas[F] de funciones[F] avanzadas
tasti[M] funzioni[F] avanzate

Grundrechenarten[F]
basic operations
opérations[F] de base[F]
operaciones[M] básicas
operazioni[F] di base[F]

USB-Kabel[N]
USB cable
câble[M] USB
cable[M] USB
cavo[M] USB

erste Funktionsebene[F]
first level of operations
premier niveau[M] d'opérations[F]
primer nivel[M] de operaciones[M]
primo livello[M] di operazioni[F]

zweite Funktionsebene[F]
second level of operations
second niveau[M] d'opérations[F]
segundo nivel[M] de operaciones[M]
secondo livello[M] di operazioni[F]

Schreibwaren^{F}

zur Terminplanung^{F} und für Notizen^{F}
for time management and note taking
pour l'emploi^{M} du temps^{M} et la prise^{F} de notes^{F}
para el empleo^{M} del tiempo^{M} y la toma^{F} de anotaciones^{F}
per la gestione^{F} del tempo^{M} e le annotazioni^{F}

Ringbuchkalender^{M}
calendar pad
bloc^{M}-éphéméride^{F}
calendario^{M} de sobremesa
calendario^{M} da tavolo^{M}

Abreißkalender^{M}
tear-off calendar
calendrier^{M}-mémorandum^{M}
calendario^{M} de sobremesa
calendario^{M} a fogli^{M} staccabili

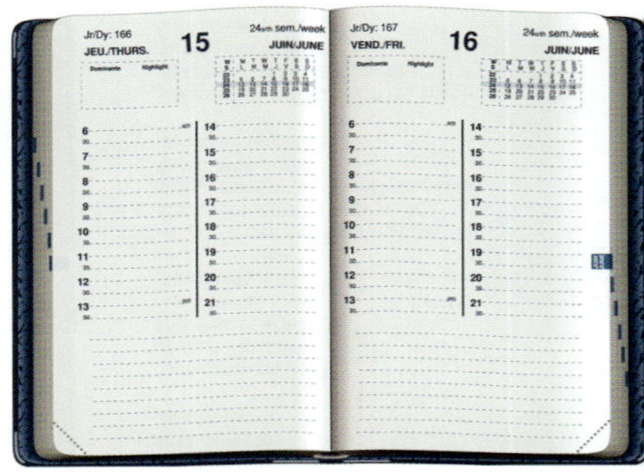

Terminkalender^{M}
appointment book
agenda^{M}
agenda^{F}
agenda^{F}

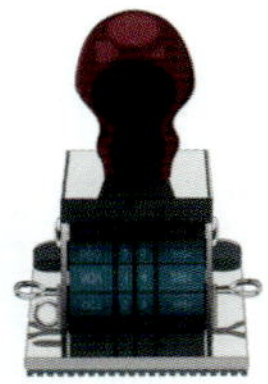

Datumstempel^{M}
date stamp
timbre^{M} dateur
fechador^{M}
datario^{M}

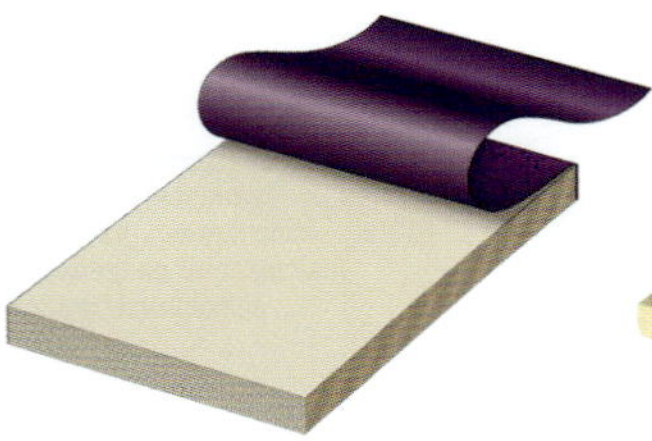

Notizblock^{M}
memo pad
bloc^{M}-notes^{F}
libreta^{F}
bloc-notes^{M}

Haftnotiz^{F}
self-stick note
feuillet^{M} adhésif
lámina^{F} adhesiva
post-it^{M}

Stempeluhr^{F}
time clock
pointeuse^{F}
timbradora^{F}
orologio^{M} per la timbratura^{F} dei cartellini^{M}

Display^{N}
display
écran^{M}
pantalla^{F}
display^{M}

Stempelkarte^{F}
time card
carte^{F} de pointage^{M}
calendario^{M}
cartellino^{M} orario

Spiralringbuch^{N}
spiral binder
reliure^{F} spirale^{F}
carpeta^{F} de espiral^{F}
rilegatura^{F} con spirale^{F}

Klemmbrett^{N}
clipboard
planchette^{F} à pince^{F}
tabla^{F} con pinza^{F}
tavoletta^{F} portablocco^{M}

Schreibwaren^{F}

für die Korrespondenz^{F}
for correspondence
pour la correspondance^{F}
para la correspondencia^{F}
per la corrispondenza^{F}

Luftpolsterumschlag^{M}
padded envelope
enveloppe^{F} matelassée
sobre^{M} almohadillado
busta^{F} imbottita

selbstklebende Lasche^{F}
self-sealing flap
patte^{F} autocollante
solapa^{F} autoadhesiva
aletta^{F} autoadesiva

Luftpolster^{N}
air bubbles
bulles^{F} d'air^{M}
burbujas^{F} de aire^{M}
bolle^{F} d'aria^{F}

Brieföffner^{M}
letter opener
coupe-papier^{M}
abrecartas^{M}
tagliacarte^{M}

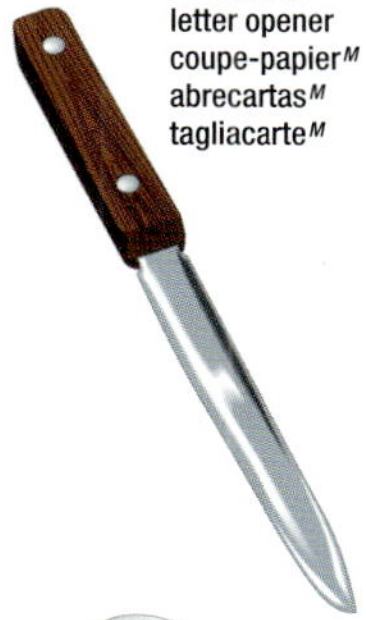

Nummerierstempel^{M}
numbering stamp
numéroteur^{M}
foliador^{M}
numeratore^{M}

Briefwaage^{F}
letter scale
pèse-lettres^{M}
balanza^{F} para cartas^{F}
pesalettere^{M}

Fingerhut^{M}
rubber finger cone
doigtier^{M}
dedal^{M}
ditale^{M}

Stenografieblock^{M}
shorthand notebook
bloc^{M}-sténo^{F}
cuaderno^{M} de taquigrafía^{F}
blocchetto^{M} per stenografia^{F}

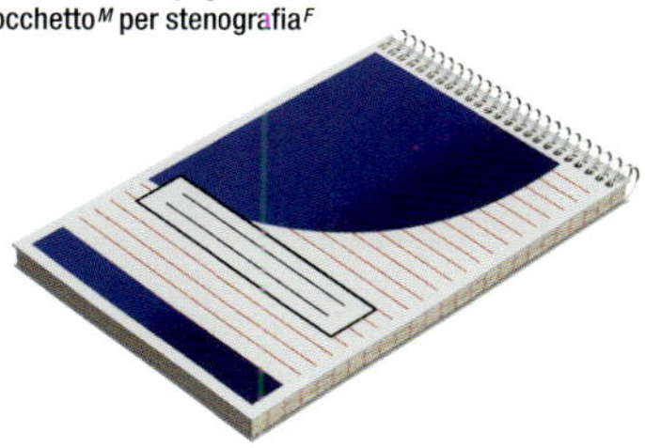

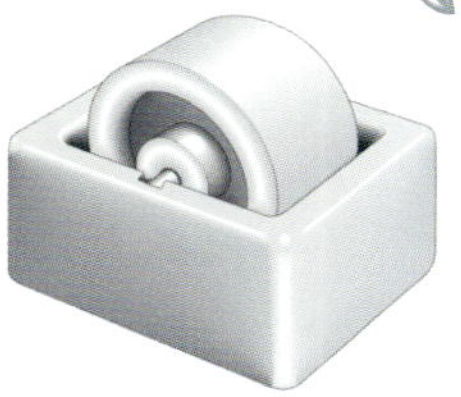

Befeuchter^{M}
moistener
mouilleur^{M}
rueda^{F} humedecedora
spugnetta^{F}

Stempelrad^{N}
stamp rack
porte-timbres^{M}
portasellos^{M}
portatimbri^{M}

Stempelkissen^{N}
stamp pad
tampon^{M} encreur
cojín^{M} para sellos^{M}
tampone^{M}

Stempel^{M}
rubber stamp
timbre^{M} caoutchouc^{M}
sello^{M} de goma^{F}
timbro^{M} di gomma^{F}

Unterschriftenmappe^{F}
signature book
parapheur^{M}
libro^{M} de firmas^{M}
libro^{M} delle firme^{F}

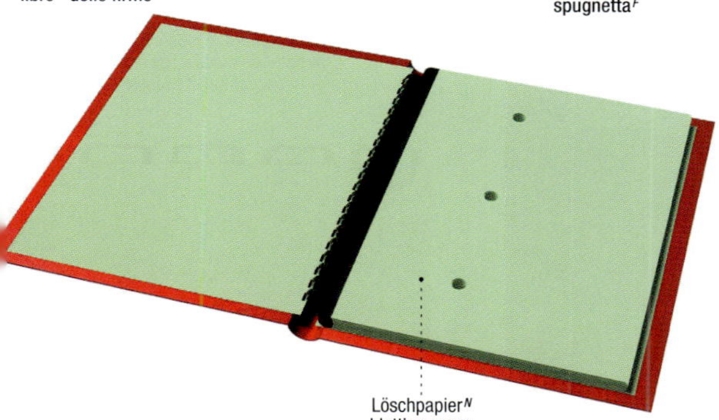

Löschpapier^{N}
blotting paper
papier^{M} buvard^{M}
papel^{M} secante
carta^{F} assorbente

Telefonnummernverzeichnis^{N}
telephone index
répertoire^{M} téléphonique
agenda^{F} telefónica
rubrica^{F} telefonica

Drehkartei^{F}
rotary file
fichier^{M} rotatif
fichero^{M} giratorio
schedario^{M} rotativo

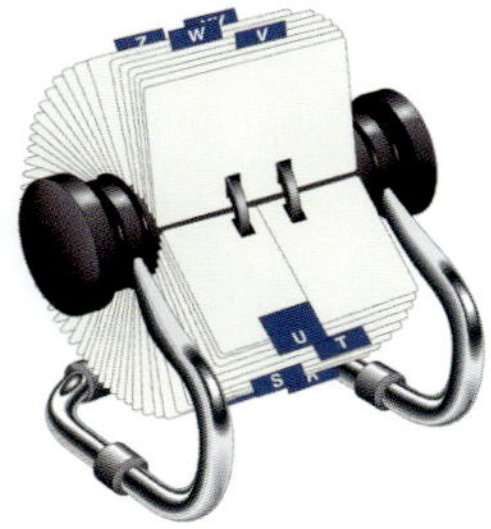

Frankiermaschine^{F}
franking machine
machine^{F} à affranchir
máquina^{F} franqueadora
affrancatrice^{F}

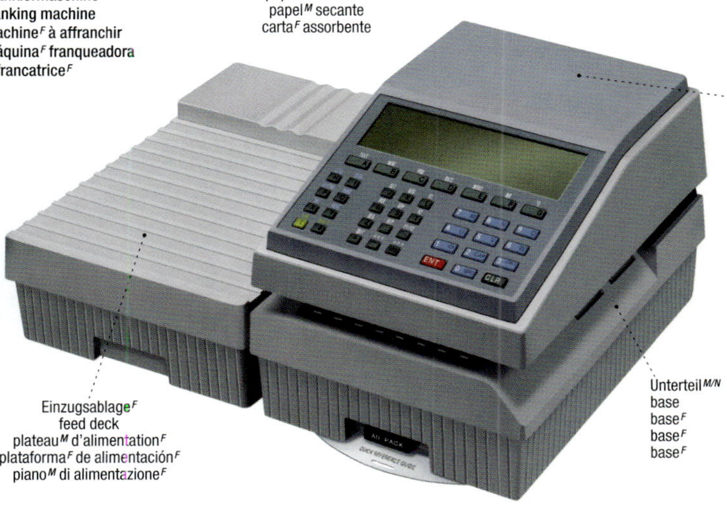

Frankiermodul^{N}
postmarking module
module^{M} d'affranchissement^{M}
módulo^{M} de franqueado^{M}
modulo^{M} di affrancamento^{M}

Einzugsablage^{F}
feed deck
plateau^{M} d'alimentation^{F}
plataforma^{F} de alimentación^{F}
piano^{M} di alimentazione^{F}

Unterteil$^{M/N}$
base
base^{F}
base^{F}
base^{F}

Dokumentenablage^{F}
desk tray
boîte^{F} à courrier^{M}
bandeja^{F} de correspondencia^{F}
vaschetta^{F} portacorrispondenza

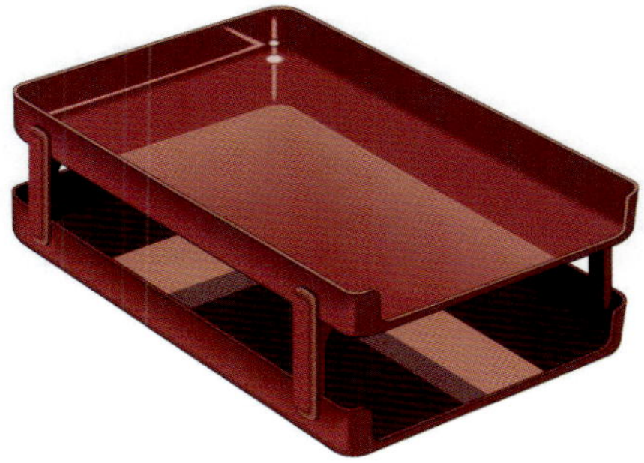

Schreibwaren[F]

für die Ablage[F]
for filing
pour le classement[M]
para archivar
per l'archiviazione[F]

durchsichtiger Reiter[M]
window tab
onglet[M] à fenêtre[F]
indicador[M] transparente
linguetta[F] con finestra[F]

Selbstklebeetiketten[N]
self-adhesive labels
étiquettes[F] autocollantes
etiquetas[F] adhesivas
etichette[F] autoadesive

Reiter[M]
tab
onglet[M]
indicador[M]
linguetta[F]

Karteikarten[F]
index cards
fiches[F]
fichas[F]
schede[F]

Dokumentaufbewahrung[F]
sheet protector
protège-document[M]
protector[M] de folios[M]
busta[F] a foratura[F]

Schnellhefter[M]
fastener binder
reliure[F] à glissière[F]
carpeta[F] de broches[M]
cartella[F] con linguetta[F]

Registriereinlagen[F]
dividers
feuillets[M] intercalaires
divisores[M]
divisori[M]

Aktenmappe[F]
folder
chemise[F]
carpeta[F] de archivo[M]
cartelletta[F]

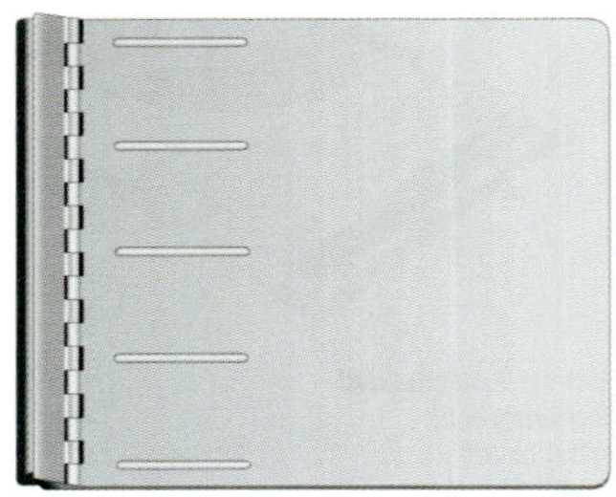

Klemmhefter[M]
spring binder
reliure[F] à ressort[M]
carpeta[F] de costilla[F] de resorte[M]
raccoglitore[M] a molla[F]

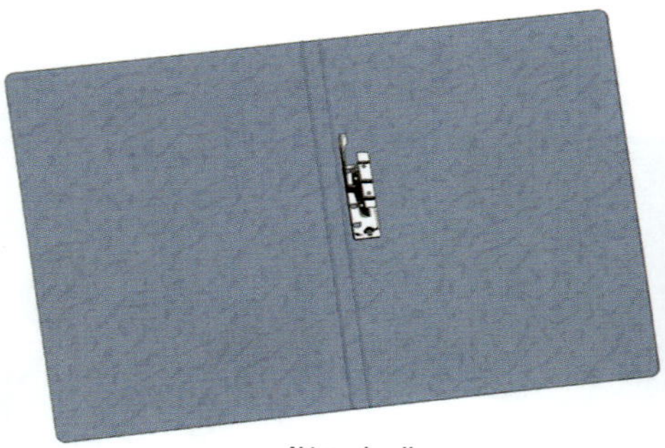

Aktenordner[M]
clamp binder
reliure[F] à pince[F]
carpeta[F] con mecanismo[M] de presión[F]
cartella[F] con pressino[M]

Hängemappe[F]
suspension file
dossier[M] suspendu
archivador[M] colgante
cartella[F] sospesa

Karteiregister[N]
file guides
guides[M] de classement[M]
guías[F] de archivo[M]
divisori[M] alfabetici per schedario[M]

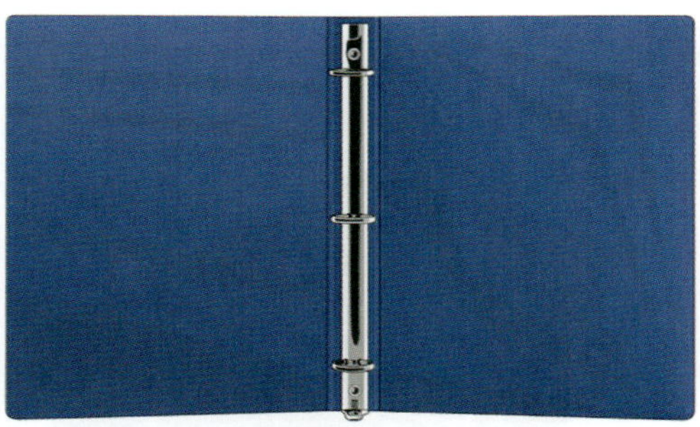

Ringbuch[N]
ring binder
classeur[M]
carpeta[F] de argollas[F]
raccoglitore[M] ad anelli[M]

Dokumentenmappe[F]
document folder
pochette[F] d'information[F]
carpeta[F] con guardas[F]
cartella[F] per documenti[M]

Hefter[M]
post binder
reliure[F] à vis[F]
carpeta[F] de tornillos[M]
portatabulati[M]

Schreibwaren[F]

Ringablage[F]
archboard
planchette[F] à arches[F]
tabla[F] con argollas[F]
portablocco[M]

Kunst-[F] und Fotomappe[F]
art and photo envelope
enveloppe[F] avec fermeture[F] à glissière[F]
sobre[M] con cierre[M] de cremallera[F]
busta[F] con chiusura[F] a zip[F]

Karteischubfach[N]
index card drawer
tiroir[M] de fichier[M]
gaveta[F] de archivador[M]
cassetto[M] di schedario[M]

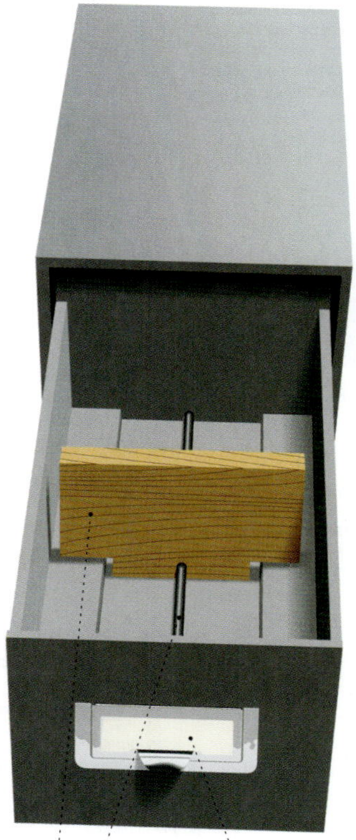

Begrenzungseinsatz[M]
compressor
compresseur[M]
compresor[M]
pressore[M]

Etikettenfenster[N]
label holder
porte-étiquette[M]
soporte[M] del rótulo[M]
portaetichetta[M]

Führungsschiene[F]
metal rail
tringle[F] métallique
riel[M] metálico
guida[F] metallica

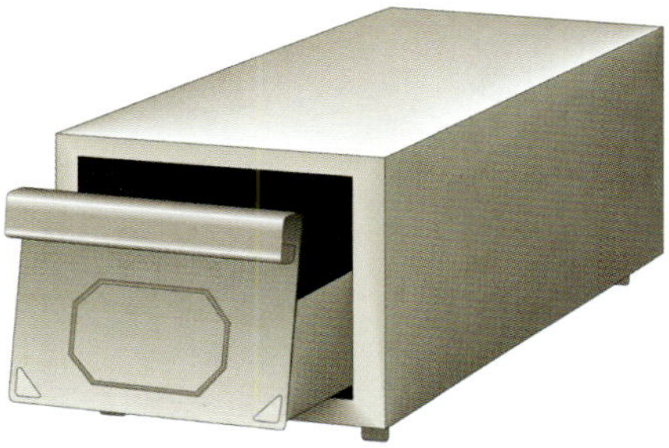

Karteikasten[M]
index card cabinet
fichier[M]
archivador[M] de fichas[F]
schedario[M]

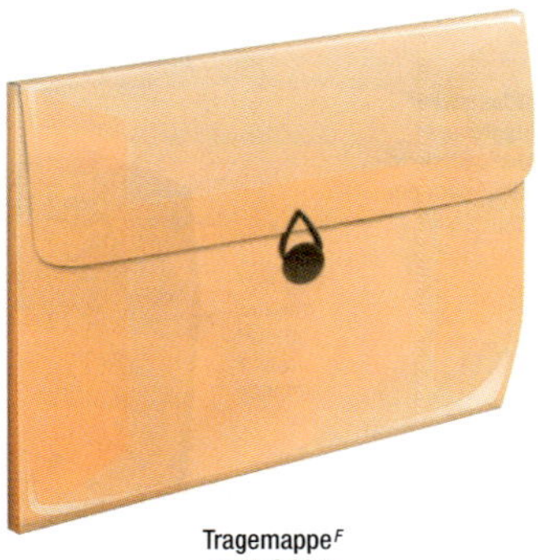

Tragemappe[F]
carry folder
pochette[F] de transport[M]
portafolios[M]
cartelletta[F]

Spiralheftung[F]
comb binding
reliure[F] à anneaux[M] plastiques
encuadernación[F] de anillas[F]
rilegatura[F] con spirale[F]

Erweiterungskartei[F]
concertina file
pochette[F] de classement[M]
archivador[M] de fuelle[M]
classificatore[M] a soffietto[M]

Aktenbox[F]
filing box
boîte[F]-classeur[M]
caja[F] archivo[M]
scatola[F] per archivio[M]

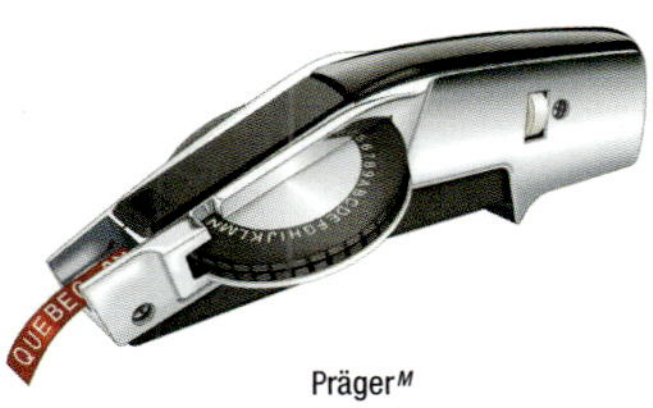

Präger[M]
label maker
pince[F] à étiqueter
rotulador[M]
etichettatrice[F]

Schreibwaren^F^

Verschiedenes^N^
miscellaneous articles
articles^M^ divers
artículos^M^ varios
articoli^M^ vari

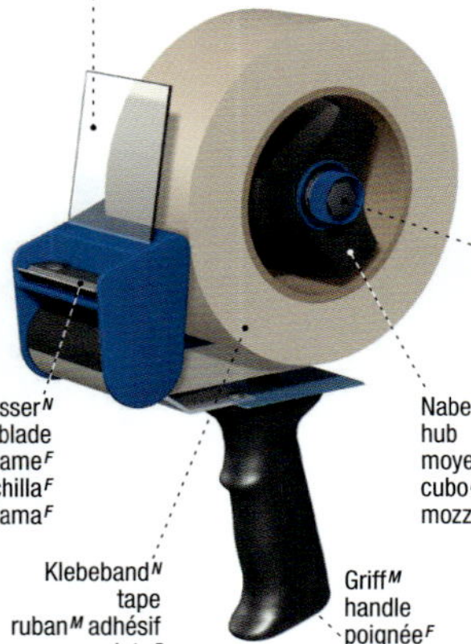

Klebebandabroller^M^
parcel tape dispenser
dévidoir^M^ pistolet^M^
porta-cinta^M^ adhesiva
nastratrice^F^

Bandführung^F^
tape guide
guide-bande^M^
guía^F^ de cinta^F^
guida^F^ del nastro^M^

Feststellschraube^F^
tension adjustment screw
vis^F^ de réglage^M^ de tension^F^
tornillo^M^ de ajuste^M^ de tensión^F^
vite^F^ di regolazione^F^ della tensione^F^

Messer^N^
cutting blade
lame^F^
cuchilla^F^
lama^F^

Nabe^F^
hub
moyeu^M^
cubo^M^
mozzo^M^

Klebeband^N^
tape
ruban^M^ adhésif
cinta^F^
nastro^M^ adesivo

Griff^M^
handle
poignée^F^
empuñadura^F^
manico^M^

Büroklammern^F^
paper clips
trombones^M^
clip^M^
fermagli^M^

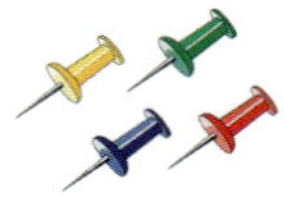

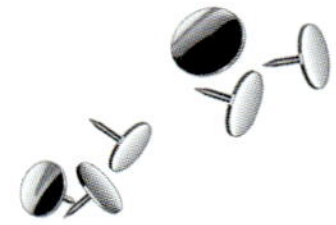

Reisnägel^M^
drawing pins
punaises^F^
chinchetas^F^
puntine^F^

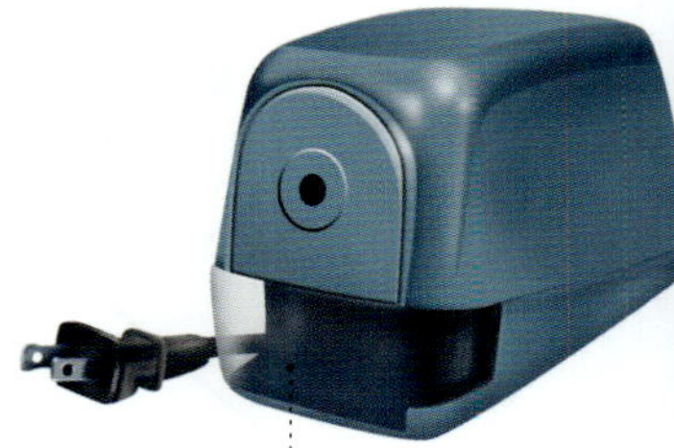

elektrischer Bleistiftspitzer^M^
electric pencil sharpener
taille-crayon^M^ électrique
sacapuntas^M^ eléctrico
temperamatite^M^ elettrico

Überspannungsschutz^M^
receptacle
réceptacle^M^
receptáculo^M^
contenitore^M^

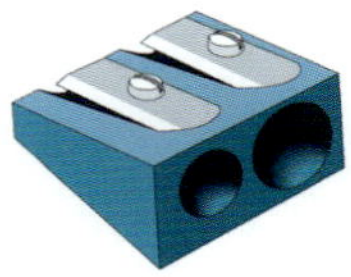

Bleistiftspitzer^M^
pencil sharpener
taille-crayon^M^
sacapuntas^M^
temperamatite^M^

Bleistiftminenröhrchen^N^
leads tube
tube^M^ de mines^F^
estuche^M^ de minas^F^
portamine^M^

Beutelklammern^F^
paper fasteners
attaches^F^ parisiennes
tachuelas^F^ para papel^M^
fermacampioni^M^

Büroklammerhalter^M^
paper-clip holder
distributeur^M^ de trombones^M^
distribuidor^M^ de clips^M^
portafermagli^M^

Magnet^M^
magnet
aimant^M^
imán^M^
calamita^F^

Papierclip^M^
clip
pince-notes^M^
pinza^F^
fermaglio^M^ a molla^F^

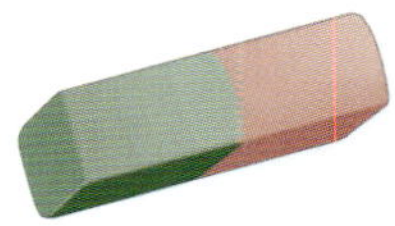

Radiergummi^M^
eraser
gomme^F^
goma^F^
gomma^F^

Korrekturstift^M^
correction pen
stylo^M^ correcteur
bolígrafo^M^ corrector
correttore^M^ liquido a penna^F^

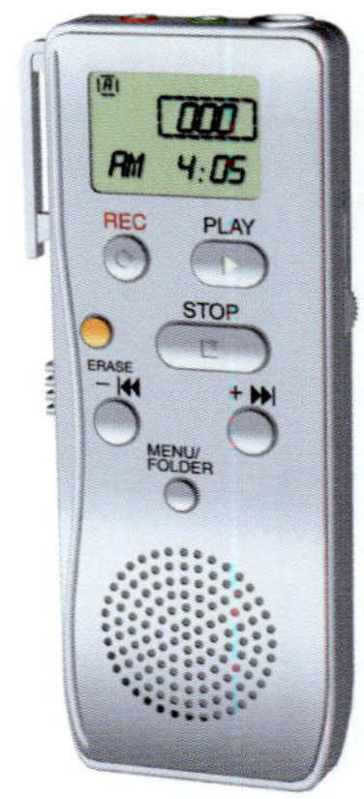

Diktiergerät^N^
digital voice recorder
enregistreur^M^ numérique
grabadora^F^ digital
registratore^M^ digitale

Klebestift^M^
glue stick
bâtonnet^M^ de colle^F^
lápiz^M^ adhesivo
colla^F^ in stick^M^

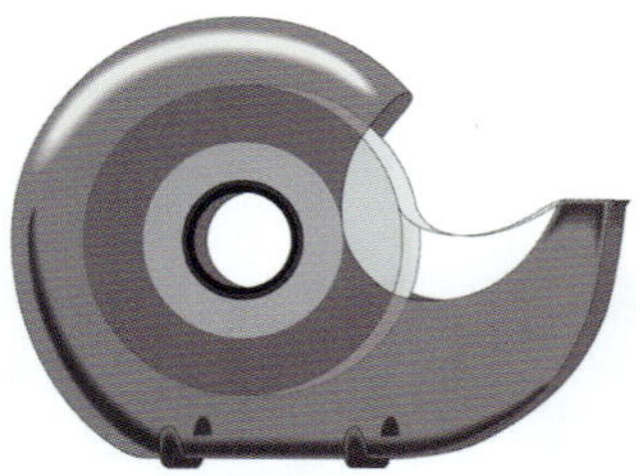

Klebefilmspender^M^
tape dispenser
dévidoir^M^ de ruban^M^ adhésif
porta-celo^M^
chiocciola^F^ per nastro^M^ adesivo

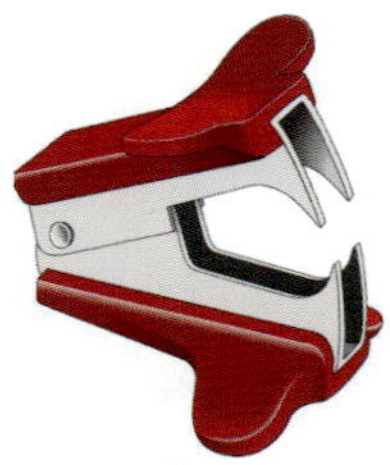

Entklammerer^M^
staple remover
dégrafeuse^F^
quitagrapas^M^
levapunti^M^

Bleistiftspitzer^M^
pencil sharpener
taille-crayon^M^
sacapuntas^M^
temperamatite^M^

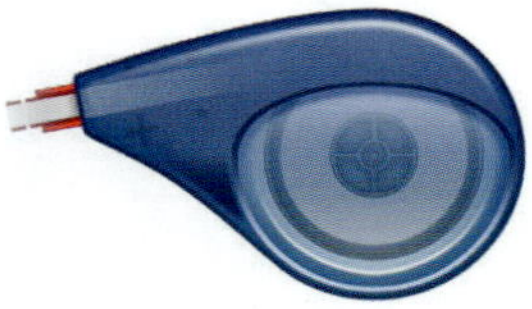

Korrekturband^N^
correction tape
ruban^M^ correcteur
cinta^F^ correctora
correttore^M^ a nastro^M^

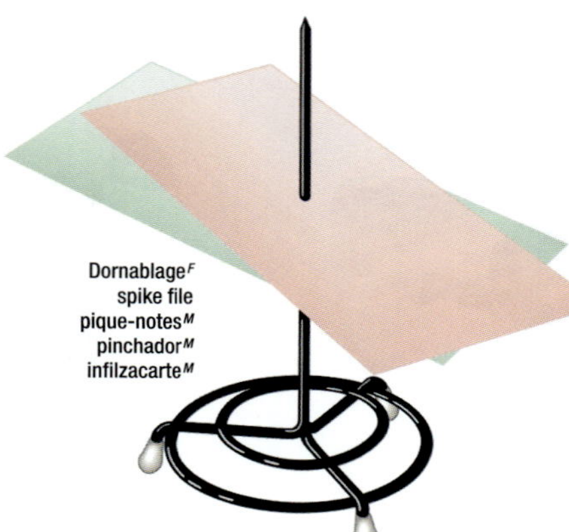

Dornablage^F^
spike file
pique-notes^M^
pinchador^M^
infilzacarte^M^

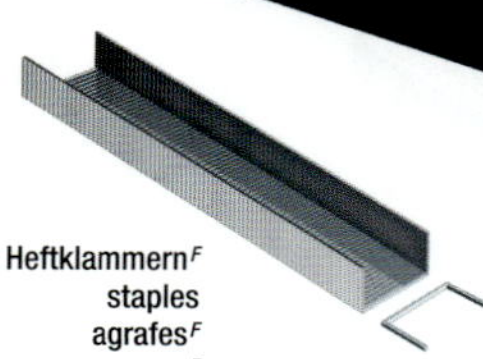

Heftklammern^F^
staples
agrafes^F^
grapas^F^
punti^M^ metallici

Hefter^M^
stapler
agrafeuse^F^
grapadora^F^
cucitrice^F^

Schreibwaren^{F}

Tageslichtprojektor^{M}
overhead projector
rétroprojecteur^{M}
proyector
proiettore^{M}

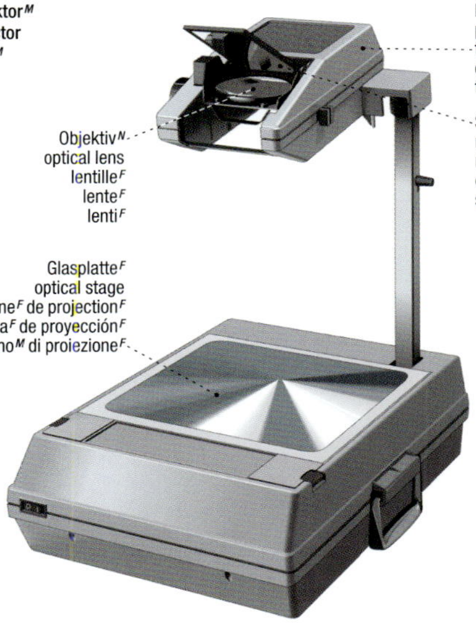

Projektionskopf^{M}
projection head
tête^{F} de projection^{F}
cabeza^{F} de proyección^{M}
testa^{F} di proiezione^{F}

Spiegel^{M}
mirror
miroir^{M}
espejo^{M}
specchio^{M}

Objektiv^{N}
optical lens
lentille^{F}
lente^{F}
lenti^{F}

Glasplatte^{F}
optical stage
platine^{F} de projection^{F}
pletina^{F} de proyección^{F}
piano^{M} di proiezione^{F}

Geschäftsbuch^{N}, Journal^{N}
account book
registre^{M} de comptabilité^{F}
agenda^{F} de caja^{F}
libro^{M} contabile

Schneidkopf^{M}
cutting head
tête^{F} de coupe^{F}
cabeza^{F} cortadora
testa^{F} di taglio^{M}

Papierkorb^{M}
wastepaper basket
corbeille^{F} à papier^{M}
papelera^{F}
cestino^{M}

Aktenvernichter^{M}
paper shredder
destructeur^{M} de documents^{M}
trituradora^{F} de documentos^{M}
distruggidocumenti^{M}

Papierkorb^{M}
wastepaper basket
corbeille^{F} à papier^{M}
papelera^{F}
cestino^{M}

Pinnwand^{F}
noticeboard
tableau^{M} d'affichage^{M}
tablero^{M} de anuncios^{M}
bacheca^{F}

Anschlagfläche^{F}
posting surface
surface^{F} d'affichage^{M}
superficie^{F} de fijación^{F}
superficie^{F} di affissione^{F}

Buchstützen^{F}
bookends
serre-livres^{M}
sujetalibros^{M}
reggilibri^{M}

Leuchtkasten^{M}
lightbox
négatoscope^{M}
caja^{F} de luz^{F}
visore^{M}

Locher^{M}
paper punch
perforatrice^{F}
perforadora^{F}
perforatore^{M}

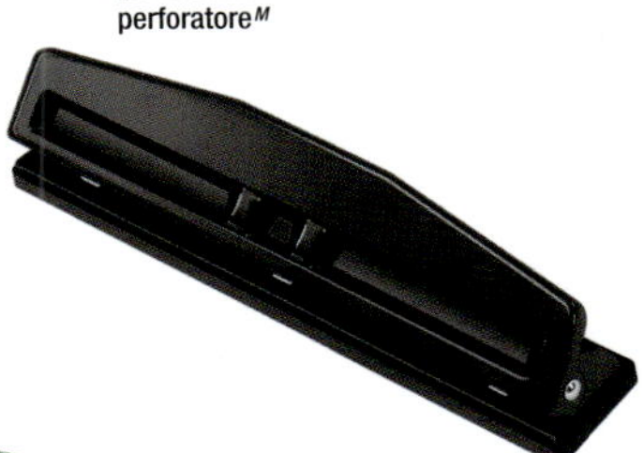

Papierschneider^{M}
guillotine
cisaille^{F}
guillotina^{F}
taglierina^{F}

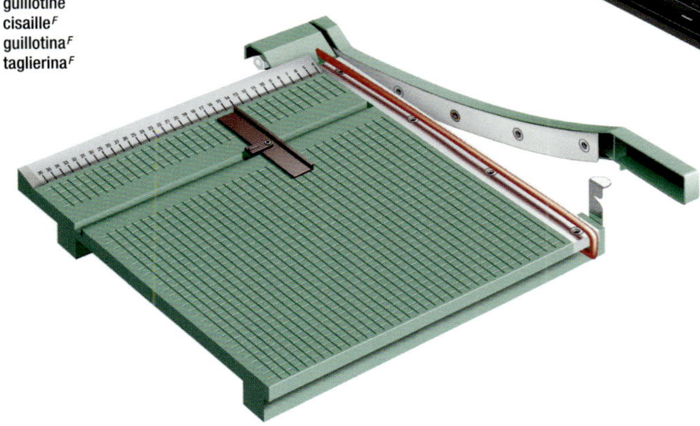

amerikanische Faltschachtel^{F}
American box
caisse^{F} américaine
caja^{F} de cartón^{M}
scatola^{F} americana

Klappe^{F}
flap
rabat^{M}
solapa^{F}
lembo^{M}

Griffloch^{N}
hand hole
poignée^{F} découpée
empuñadura^{F} recortada
fessura^{F} di sollevamento^{M}

STRASSENVERKEHR 658

Straßenbau 658
starre Brücken 660
bewegliche Brücken 662
Straßentunnel 663
Verkehrszeichen 664

STRASSENTRANSPORT 668

Tankstelle 668
Auto 669
Elektrofahrzeug 678
Hybridfahrzeug 678
Bremsen 679
Motortypen 680
Kühler 683
Zündkerze 683
Reifen 684
Batterie 685
Zubehör 686
Wohnwagen 687
Bus 688
Lastkraftfahrzeuge 690
Motorrad 694
4x4-Geländemotorrad 697

TRANSPORT UND FAHRZEUGE

transport and machinery
transport et machinerie
transporte y vehículos
trasporti e veicoli

TRANSPORT MIT FAHRRAD 698

Fahrrad 698

SCHIENENVERKEHR 703

Bahnhof 703
Bahnhof 704
Personenzüge: Wagentypen 705
dieselelektrische Lokomotive 706
Hochgeschwindigkeitszug 707
Rangierbahnhof 708
Güterwagen 709
Eisenbahn-Oberbau 712
schienengleicher, gesicherter Bahnübergang 713

STÄDTISCHER SCHIENENVERKEHR 714

U-Bahn 714
Straßenbahn 717

SCHIFFFAHRT 718

Hafen 718
Kanalschleuse 719
historische Schiffe 720
traditionelle Boote 721
Beispiele für Segel 723
Beispiele für Riggs 723
Viermastbark 724
Beispiele für Boote und Schiffe 726
Anker 732
Rettungsgeräte 733
Navigationsinstrumente 734
Seezeichen 736
Betonnungssystem 738

LUFTVERKEHR 740

Flughafen 740
Langstrecken-Düsenflugzeug 746
Beispiele für Flugzeuge 750
Beispiele für Leitwerke 751
Tragflügelformen 752
Bewegungen eines Flugzeugs 752
auf Flugzeuge wirkende Kräfte 752
Hubschrauber 753
Beispiele für Hubschrauber 753

HANDHABUNG 754

Gebrauchsgeräte 754
Kräne 756
Container 757

SCHWERMASCHINEN 758

Planierraupe 758
Radlader 759
Schrapper 760
Hydraulik-Hochlöffelbagger 760
Straßenhobel 761
Muldenkipper 761
Asphaltierwalze 762
Planierwalze 762
Schneefräse 763
Straßenkehrmaschine 763
Traktor 764
landwirtschaftliche Maschinen 765

Straßenbau^{M}

road system | système^{M} routier | sistema^{M} de carreteras^{F} | sistema^{M} stradale

Straße^{F} im Querschnitt^{M}
section of a road
coupe^{F} d'une route^{F}
corte^{M} de una carretera^{F}
sezione^{F} di una strada^{F}

Beispiele^{N} für Anschlussstellen^{F}
examples of interchanges
exemples^{M} d'échangeurs^{M}
ejemplos^{M} de enlaces^{M} de carreteras^{F}
esempi^{M} di raccordo^{M}

Kleeblatt^{N}
cloverleaf
échangeur^{M} en trèfle^{M}
enlace^{M} de trébol^{M}
raccordo^{M} a quadrifoglio^{M}

Verteiler^{M}
gyratory system
carrefour^{M} giratoire
enlace^{M} de glorieta^{F}
raccordo^{M} a rotatoria^{F}

Raute^{F}
diamond interchange
échangeur^{M} en losange^{M}
enlace^{M} de diamante^{M}
raccordo^{M} a losanga^{F}

Trompete^{F}
trumpet interchange
échangeur^{M} en trompette^{F}
trompeta^{F}
raccordo^{M} a tromba^{F}

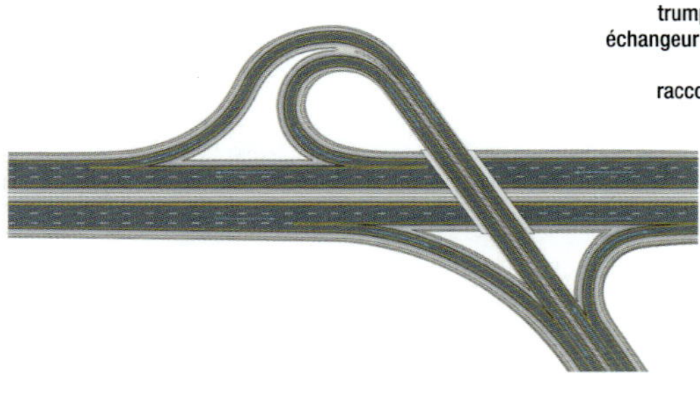

Straßenbau^{M}

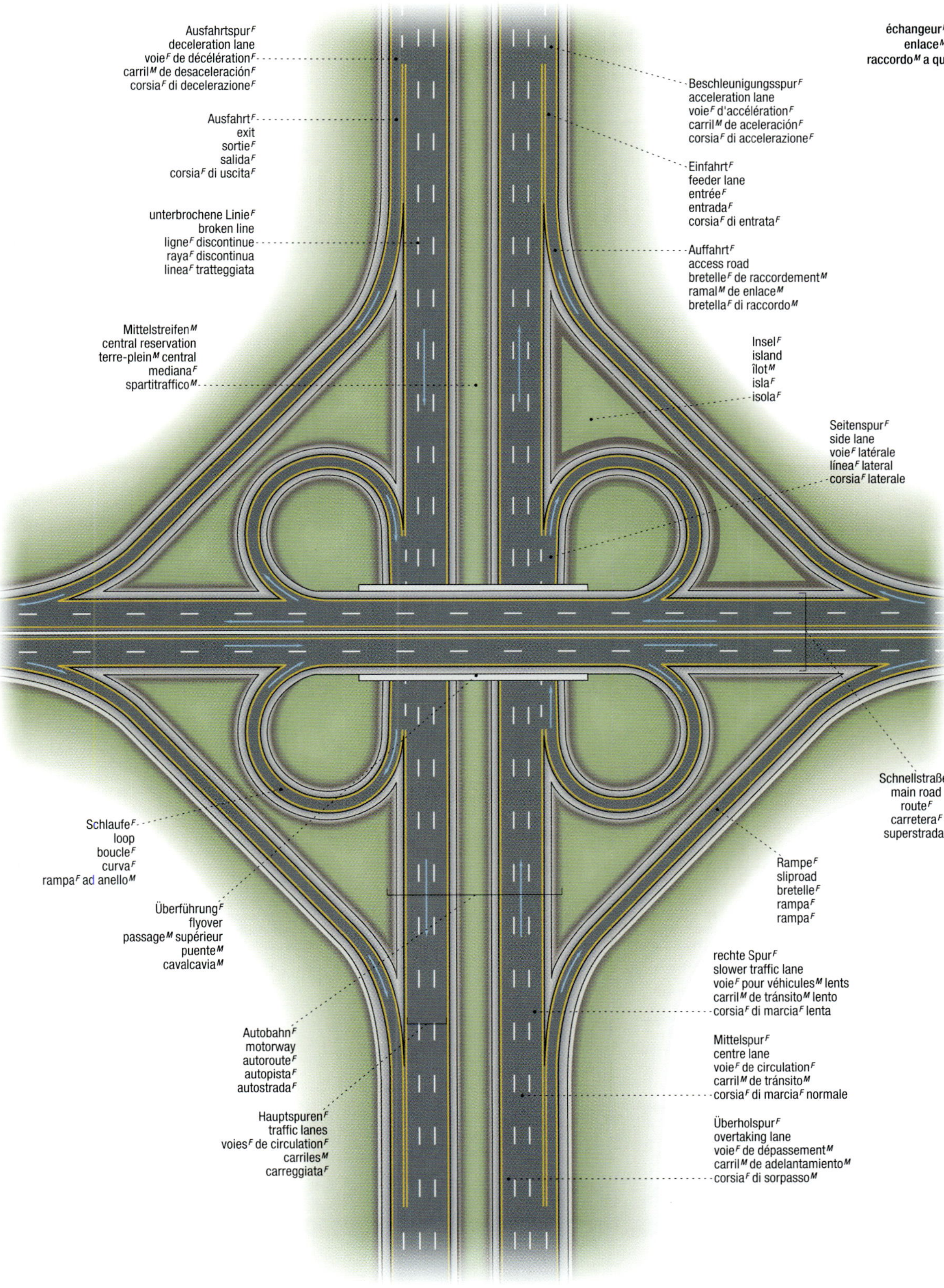

starre Brücken^{F}

fixed bridges | ponts^{M} fixes | puentes^{M} fijos | ponti^{M} fissi

Balkenbrücke^{F}
beam bridge
pont^{M} à poutre^{F}
puente^{M} de viga^{F}
ponte^{M} a travata^{F}

Überführung^{F}
flyover
passage^{M} supérieur
paso^{M} elevado
cavalcavia^{M}

Durchlaufträger^{M}
continuous beam
poutre^{F} continue
viga^{F} continua
travata^{F} continua

Geländer^{N}
parapet
garde-corps^{M}
parapeto^{M}
parapetto^{M}

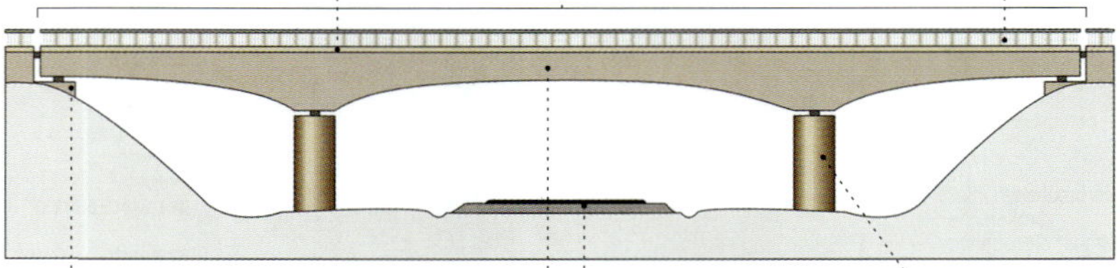

Widerlager^{N}
abutment
culée^{F}
contrafuerte^{M}
spalla^{F}

Fahrbahn^{F}
deck
tablier^{M}
tablero^{M}
impalcato^{M}

Unterführung^{F}
underpass
passage^{M} inférieur
paso^{M} inferior
sottovia^{F}

Pfeiler^{M}
pier
pile^{F}
pilar^{M}
pila^{F}

Beispiele^{N} für Balkenbrücken^{F}
examples of beam bridges
exemples^{M} de ponts^{M} à poutre^{F}
ejemplos^{M} de puentes^{M} de vigas^{F}
esempi^{M} di ponti^{M} a travata^{F}

Viadukt^{M}
viaduct
viaduc^{M}
viaducto^{M}
viadotto^{M}

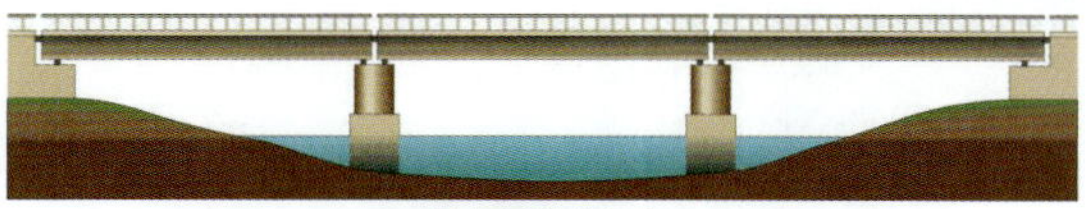

Mehrfeldbrücke^{F}
multiple-span beam bridge
pont^{M} à poutres^{F} indépendantes
puente^{M} de viga^{F} de varios tramos^{M}
ponte^{M} a travi^{F} semplici indipendenti

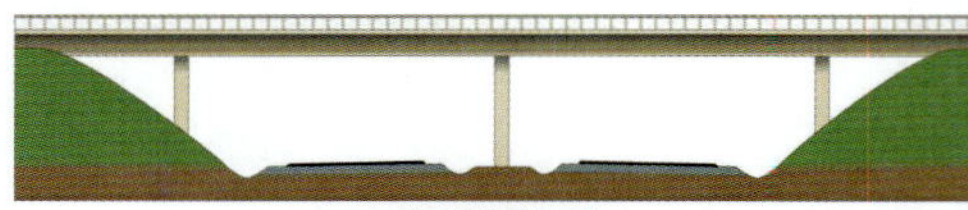

Einfeldbrücke^{F}
single-span beam bridge
pont^{M} à poutre^{F} simple
puente^{M} de viga^{F} de un tramo^{M}
ponte^{M} a trave^{M} continua

Hängebrücke^{F}
suspension bridge
pont^{M} suspendu à câble^{M} porteur
puente^{M} colgante
ponte^{M} sospeso

Fahrbahn^{F}
deck
tablier^{M}
tablero^{M}
impalcato^{M}

Tragkabel^{N}
suspension cable
câble^{M} porteur
cable^{M} portante
cavo^{M} di sospensione^{F}

Hänger^{M}
suspender
suspente^{F}
tirante^{M}
tirante^{M}

Pylon^{M}
tower
pylône^{M}
pilón^{M}
pilone^{M}

Auffahrt^{F}
approach ramp
rampe^{F} d'accès^{M}
rampa^{F} de acceso^{M}
rampa^{F}

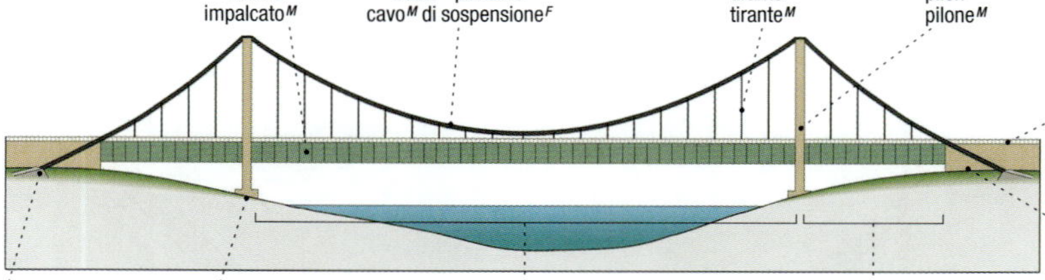

Widerlager^{N}
abutment
culée^{F}
contrafuerte^{M}
spalla^{F}

Verankerung^{F}
anchorage block
massif^{M} d'ancrage^{M} des câbles^{M}
anclaje^{M}
blocco^{M} di ancoraggio^{M} dei cavi^{M}

Brückenpfeiler^{M}
tower foundation
fondation^{F} de pylône^{M}
cimiento^{M} del pilón^{M}
fondamenta^{F} del pilastro^{M}

Jochweite^{F}
centre span
travée^{F} centrale
tramo^{M} central
campata^{F} centrale

Seitenöffnung^{F}
side span
travée^{F} latérale
tramo^{M} lateral
campata^{F} laterale

Auslegerbrücke^{F}
cantilever bridge
pont^{M} cantilever
puente^{M} cantilever
ponte^{M} a cantilever^{M}

Kragträger^{M}
cantilever span
poutre^{F} cantilever
viga^{F} cantilever
travata^{F} a cantilever^{M}

eingehängte Spannweite^{F}
suspended span
poutre^{F} suspendue
tramo^{M} suspendido
travata^{F} appoggiata

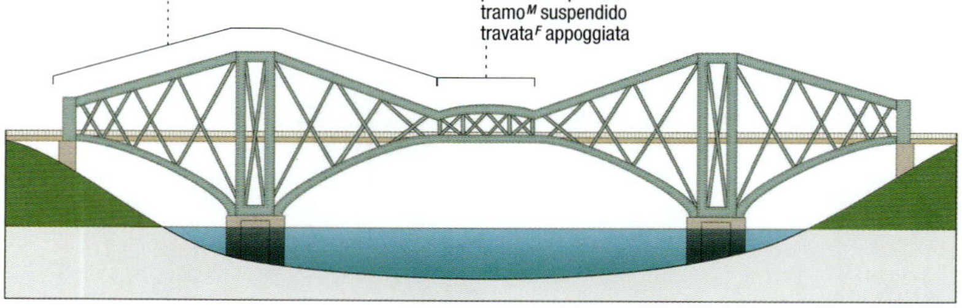

starre Brücken[F]

Bogenbrücke[F]
arch bridge
pont[M] en arc[M]
puente[M] de arco[M]
ponte[M] ad arco[M]

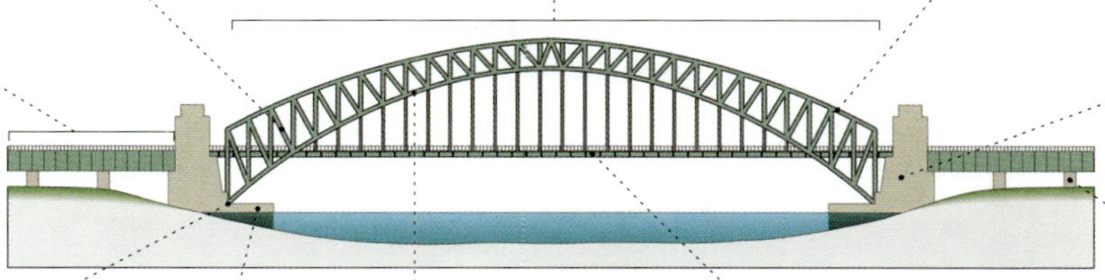

Beispiele[N] für Bogenbrücken[F]
examples of arch bridges
exemples[M] de ponts[M] en arc[M]
ejemplos[M] de puentes[M] en arco[M]
esempi[M] di ponti[M] ad arco[M]

aufgeständerte Bogenbrücke[F]
deck arch bridge
pont[M] à tablier[M] supérieur
puente[M] de tablero[M] superior
ponte[M] a via[F] superiore

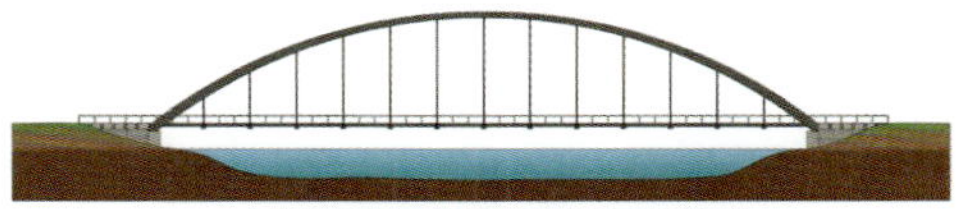

Brücke[F] mit untenliegender Fahrbahn[F]
through arch bridge
pont[M] à tablier[M] inférieur
puente[M] de tablero[M] inferior
ponte[M] a via[F] inferiore

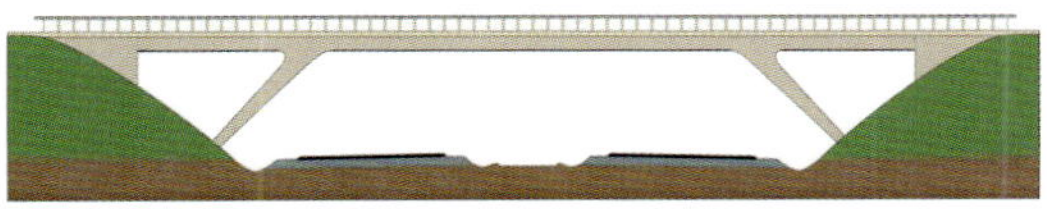

Portalbrücke[F]
portal bridge
pont[M] à béquilles[F]
puente[M] de portal[M]
ponte[M] a portale[M]

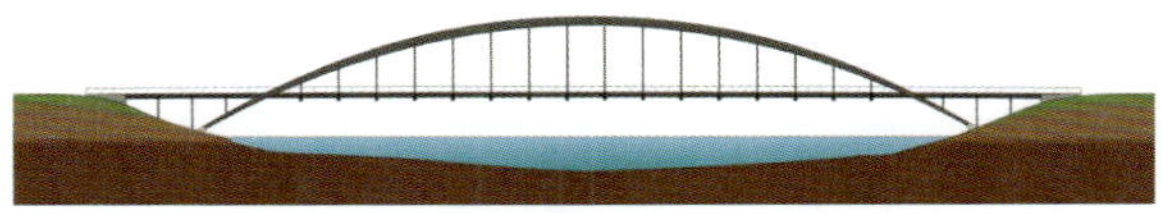

Halbtrogbrücke[F]
half-through arch bridge
pont[M] à tablier[M] intermédiaire
puente[M] de tablero[M] intermedio
ponte[M] a via[F] intermedia

Beispiele[N] für Bögen[M]
examples of arches
exemples[M] d'arcs[M]
ejemplos[M] de arcos[M]
esempi[M] di archi[M]

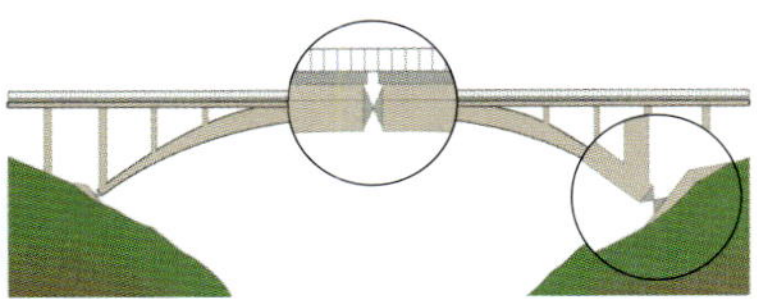

Dreigelenkbogen[M]
three-hinged arch
arc[M] à trois articulations[F]
arco[M] de tres articulaciones[F]
arco[M] a tre cerniere[F]

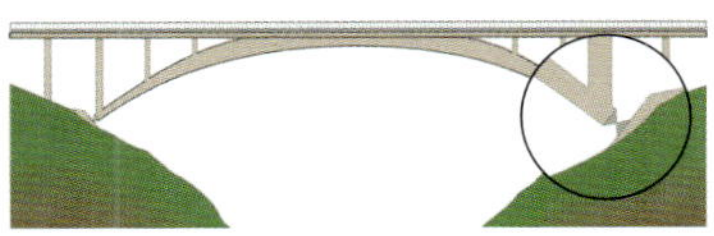

Zweigelenkbogen[M]
two-hinged arch
arc[M] à deux articulations[F]
arco[M] de dos articulaciones[F]
arco[M] a due cerniere[F]

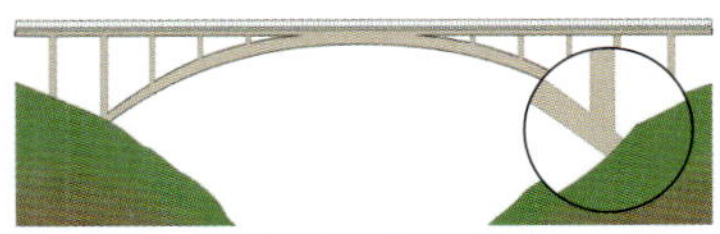

gelenkloser Bogen[M]
fixed arch
arc[M] encastré
arco[M] fijo
arco[M] senza cerniere[F]

Schrägseilbrücke[F]
cable-stayed bridges
ponts[M] suspendus à haubans[M]
puentes[M] de tirantes[M]
ponti[M] strallati

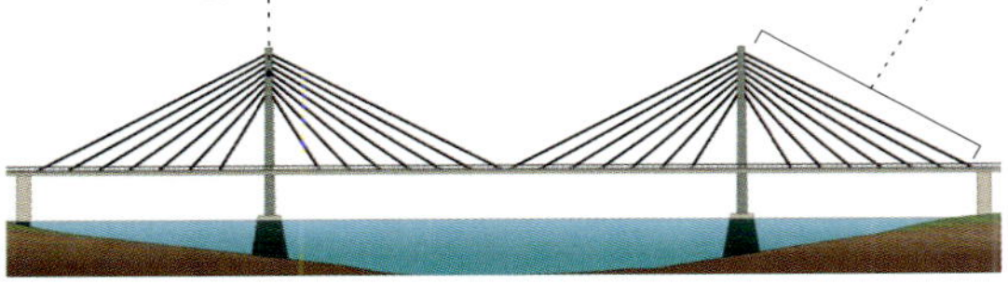

Zügelgurte[N]
fan cable stays
haubans[M] en éventail[M]
tirantes[M] en abanico[M]
stralli[M] a ventaglio[M]

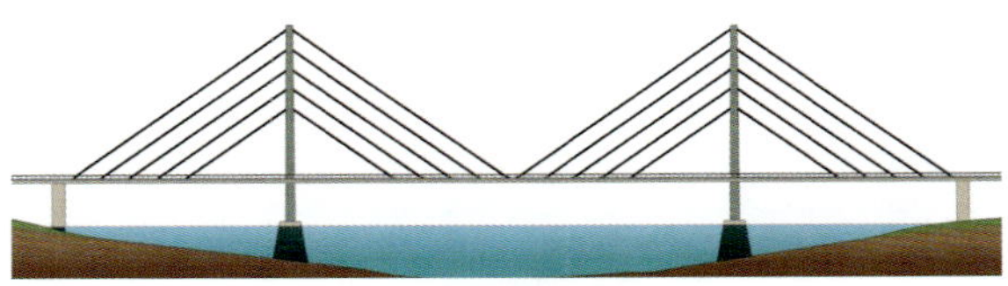

parallele Zügelgurte[M]
harp cable stays
haubans[M] en harpe[F]
tirantes[M] en forma[F] de arpa[F]
stralli[M] ad arpa[F]

bewegliche Brücken^{F}

movable bridges | ponts^{M} mobiles | puentes^{M} móviles | ponti^{M} mobili

Drehbrücke^{F}
swing bridge
pont^{M} tournant
puente^{M} giratorio
ponte^{M} girevole

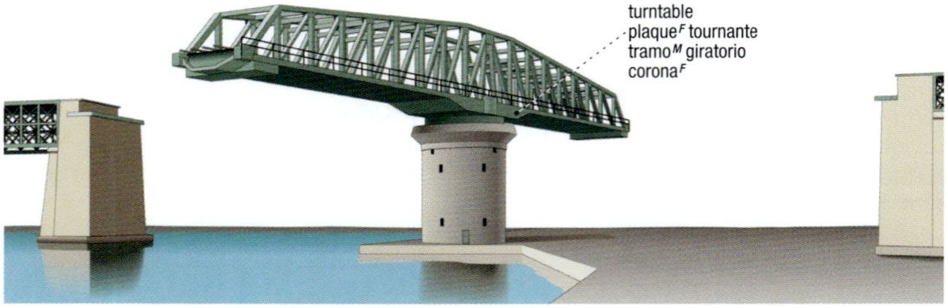

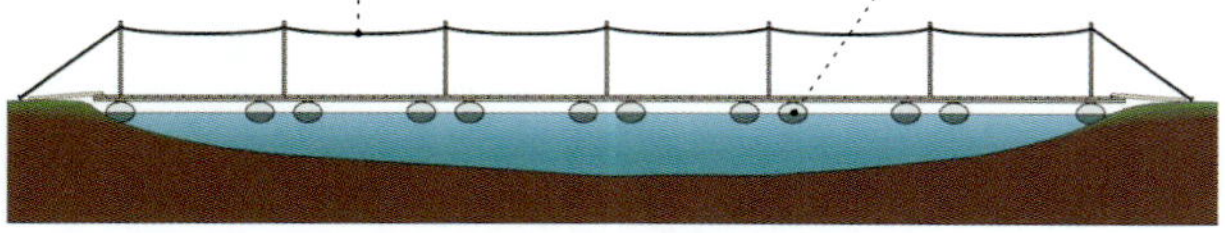

Pontonbrücke^{F}
floating bridge
pont^{M} flottant
puente^{M} de pontones^{M}
ponte^{M} galleggiante

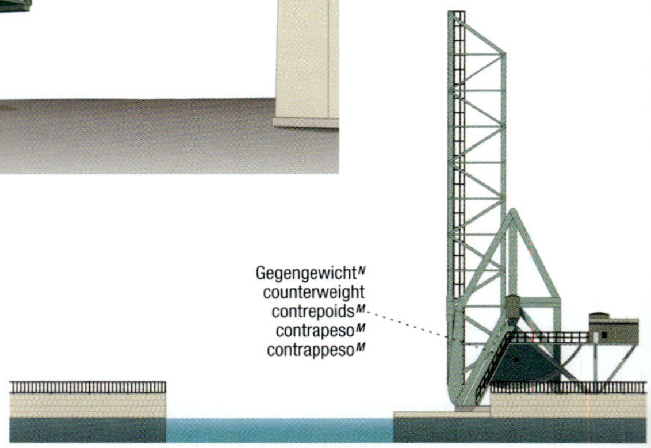

einteilige Klappbrücke^{F}
single-leaf bascule bridge
pont^{M} basculant à simple volée^{F}
puente^{M} levadizo sencillo
ponte^{M} ribaltabile a un'ala^{F}

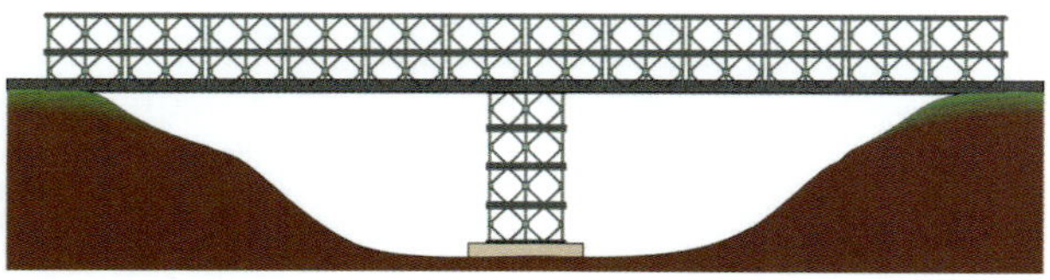

Bailey-Brücke^{F}
Bailey bridge
pont^{M} Bailey
puente^{M} desmontable tipo^{M} Bailey
ponte^{M} Bailey

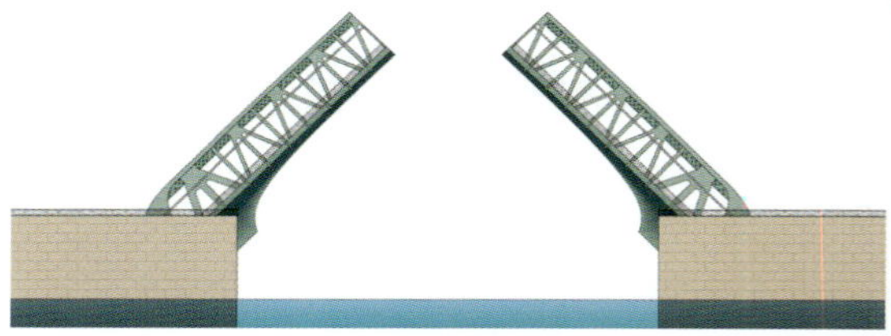

Doppelklappbrücke^{F}
double-leaf bascule bridge
pont^{M} basculant à double volée^{F}
puente^{M} levadizo doble
ponte^{M} ribaltabile a due ali^{F}

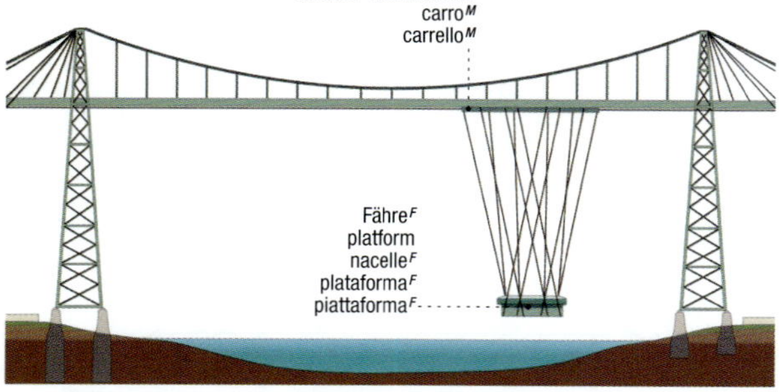

Fährbrücke^{F}
transporter bridge
pont^{M} transbordeur
puente^{M} transbordador
ponte^{M} trasportatore

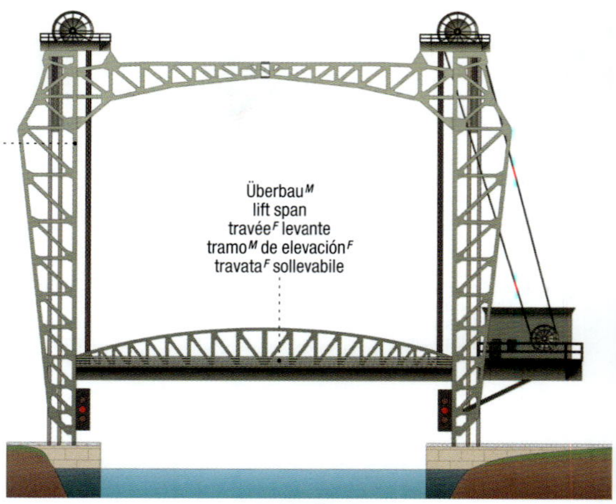

Hubbrücke^{F}
lift bridge
pont^{M} levant
puente^{M} elevador
ponte^{M} sollevabile

Straßentunnel^M

road tunnel | tunnel^M routier | túnel^M de carretera^F | galleria^F

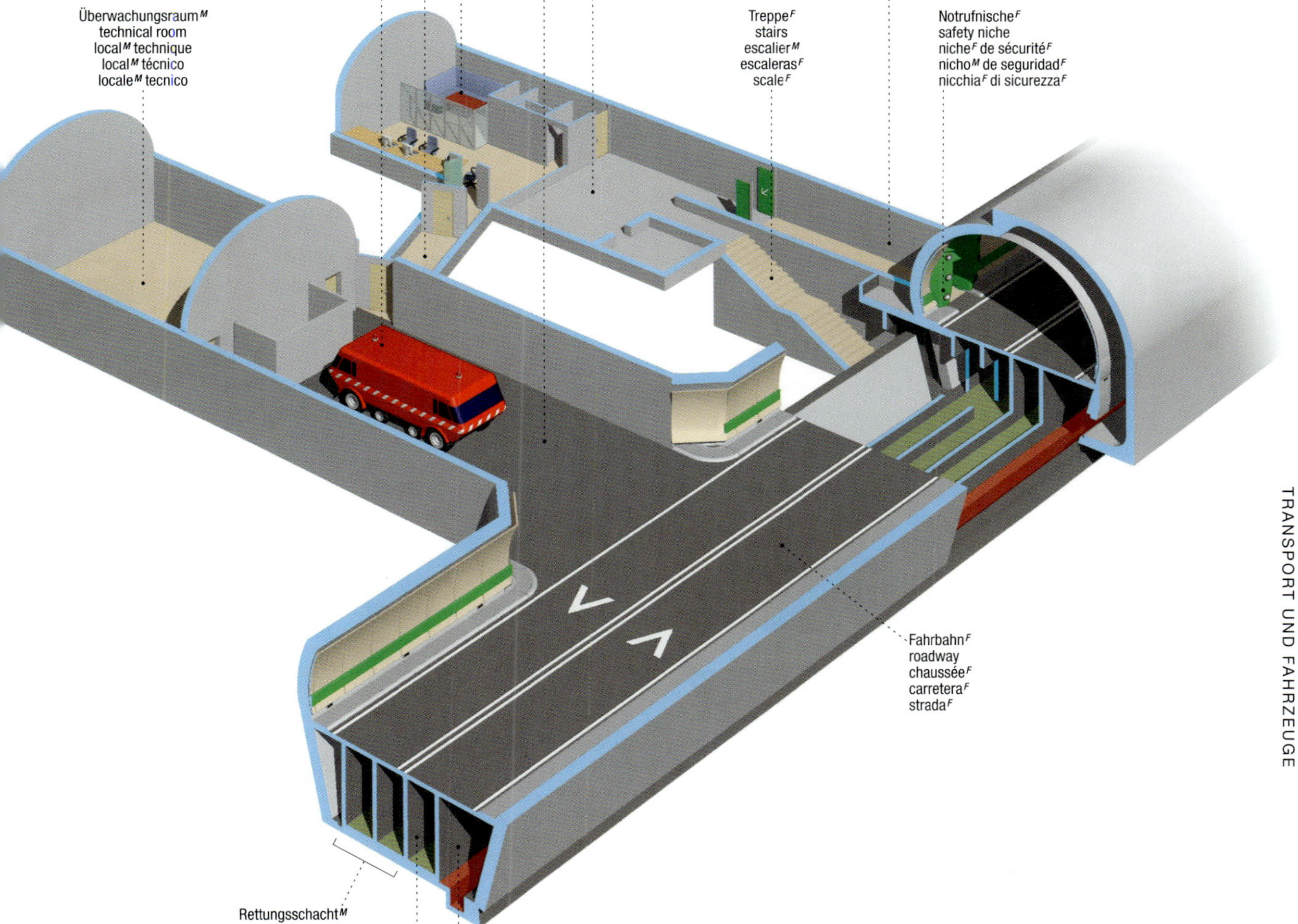

Verkehrszeichen^{N}

road signs | signalisation^{F} routière | señales^{F} de circulación^{F} | segnali^{M} stradali

die wichtigsten internationalen Verkehrszeichen^{N}
major international road signs
principaux panneaux^{M} internationaux
principales señales^{F} de circulación^{F} internacionales
principali segnali^{M} stradali internazionali

Rechtskurve^{F}
bend to right
virage^{M} à droite^{F}
curva^{F} a la derecha^{F}
curva^{F} a destra

Doppelkurve^{F}
double bend
double virage^{M}
doble curva^{F}
doppia curva^{F}, la prima a destra

verengte Fahrbahn^{F}
road narrows
chaussée^{F} rétrécie
estrechamiento^{M} de la calzada^{F}
strettoia^{F} simmetrica

Halt! Vorfahrt^{F} gewähren
stop at intersection
arrêt^{M} à l'intersection^{F}
stop^{M}
fermarsi e dare precedenza^{F}

Verbot^{N} der Einfahrt^{F}
no entry
accès^{M} interdit
prohibido el paso^{M}
senso^{M} vietato

Wenden^{N} verboten
no U-turn
interdiction^{F} de faire demi-tour^{M}
media vuelta^{F} prohibida
divieto^{M} di inversione^{F} di marcia^{F}

Überholverbot^{N}
passing prohibited
interdiction^{F} de dépasser
prohibido adelantar
divieto^{M} di sorpasso^{M}

vorgeschriebene Fahrtrichtung^{F}
direction to be followed
direction^{F} obligatoire
dirección^{F} obligatoria
preavviso^{M} di direzione^{F} obbligatoria a sinistra

vorgeschriebene Fahrtrichtung^{F}
direction to be followed
direction^{F} obligatoire
dirección^{F} obligatoria
direzione^{F} obbligatoria a sinistra

vorgeschriebene Fahrtrichtung^{F}
direction to be followed
direction^{F} obligatoire
dirección^{F} obligatoria
direzione^{F} obbligatoria diritto

vorgeschriebene Fahrtrichtungen^{F}
directions to be followed
directions^{F} obligatoires
direcciones^{F} obligatorias
direzioni^{F} obbligatorias

Einbahnstraße^{F}
one-way traffic
voie^{F} à sens^{M} unique
una vía^{F}
strada^{F} a senso^{M} unico

Gegenverkehr^{M}
two-way traffic
circulation^{F} dans les deux sens^{M}
doble vía^{F}
doppio senso^{M} di circolazione^{F}

Vorfahrt^{F} gewähren
give way
cédez le passage^{M}
ceda el paso^{M}
dare precedenza^{F}

Vorfahrt^{F} an nächster Einmündung^{F}
priority intersection
intersection^{F} avec priorité^{F}
cruce^{M} con preferencia^{F}
confluenza^{F} a destra

Verkehrszeichen^{N}

Steinschlag^{M}
falling rocks
chutes^{F} de pierres^{F}
desprendimientos^{M}
caduta^{F} massi^{M}

Verbot^{N} für Fahrzeuge^{N} mit mehr als der angegebenen Höhe^{F}
no vehicles over height shown
limitation^{F} de hauteur^{F}
altura^{F} máxima
transito^{M} vietato ai veicoli^{M} con altezza^{F} superiore a

Ampelanlage^{F}
traffic signals ahead
signalisation^{F} lumineuse
semáforo^{M}
semaforo^{M}

Kinder^{N}
school
zone^{F} scolaire
zona^{F} escolar
bambini^{M}

Fußgängerüberweg^{M}
pedestrian crossing
passage^{M} pour piétons^{M}
paso^{M} de peatones^{M}
attraversamento^{M} pedonale

Baustelle^{F}
road works ahead
travaux^{M}
obras^{F}
lavori^{M}

Schleudergefahr^{F}
slippery road
chaussée^{F} glissante
pavimento^{M} deslizante
strada^{F} sdrucciolevole

Bahnübergang^{M}
level crossing
passage^{M} à niveau^{M}
paso^{M} a nivel^{M}
passaggio^{M} a livello^{M} con barriere^{F}

Wildwechsel^{M}
wild animals
passage^{M} d'animaux^{M} sauvages
cruce^{M} de animales^{M} en libertad^{F}
animali^{M} selvatici vaganti

Gefälle^{N}
steep hill
descente^{F} dangereuse
bajada^{F} peligrosa
discesa^{F} pericolosa

unebene Fahrbahn^{F}
bumps
chaussée^{F} cahoteuse
badén^{M}
strada^{F} deformata

Verbot^{N} für Fußgänger^{M}
closed to pedestrians
accès^{M} interdit aux piétons^{M}
prohibido el paso^{M} de peatones^{M}
transito^{M} vietato ai pedoni^{M}

Verbot^{N} für Radfahrer^{M}
closed to bicycles
accès^{M} interdit aux bicyclettes^{F}
prohibido el paso^{M} de bicicletas^{F}
transito^{M} vietato alle biciclette^{F}

Verbot^{N} für Krafträder^{N}
closed to motorcycles
accès^{M} interdit aux motos^{F}
prohibido el paso^{M} de motocicletas^{F}
transito^{M} vietato ai motocicli^{M}

Verbot^{N} für Lkws^{M} über einem zulässigen Gesamtgewicht^{N}
closed to trucks
accès^{M} interdit aux camions^{M}
prohibido el paso^{M} de camiones^{M}
transito^{M} vietato agli autocarri^{M}

Verkehrszeichen^{N}

die wichtigsten nordamerikanischen Verkehrszeichen^{N}
major North American road signs
principaux panneaux^{M} nord-américains
principales señales^{F} de circulación^{F} norteamericanas
principali segnali^{M} stradali nordamericani

Halt! Vorfahrt^{F} gewähren
stop at intersection
arrêt^{M} à l'intersection^{F}
stop^{M}
fermarsi e dare precedenza^{F}

Verbot^{N} der Einfahrt^{F}
no entry
accès^{M} interdit
prohibido el paso^{M}
senso^{M} vietato

Vorfahrt^{F} gewähren
give way
cédez le passage^{M}
ceda el paso^{M}
dare precedenza^{F}

Verbot^{N} für Krafträder^{N}
closed to motorcycles
accès^{M} interdit aux motos^{F}
prohibido el paso^{M} de motocicletas^{F}
transito^{M} vietato ai motocicli^{M}

Verbot^{N} für Fußgänger^{M}
closed to pedestrians
accès^{M} interdit aux piétons^{M}
prohibido el paso^{M} de peatones^{M}
transito^{M} vietato ai pedoni^{M}

Verbot^{N} für Radfahrer^{M}
closed to bicycles
accès^{M} interdit aux bicyclettes^{F}
prohibido el paso^{M} de bicicletas^{F}
transito^{M} vietato alle biciclette^{F}

Verbot^{N} für Lkws^{M} über einem zulässigen Gesamtgewicht^{N}
closed to trucks
accès^{M} interdit aux camions^{M}
prohibido el paso^{M} de camiones^{M}
transito^{M} vietato agli autocarri^{M}

vorgeschriebene Fahrtrichtungen^{F}
directions to be followed
directions^{F} obligatoires
direcciones^{F} obligatorias
direzioni^{F} obbligatorias

vorgeschriebene Fahrtrichtung^{F}
direction to be followed
direction^{F} obligatoire
dirección^{F} obligatoria
direzione^{F} obbligatoria a sinistra

vorgeschriebene Fahrtrichtung^{F}
direction to be followed
direction^{F} obligatoire
dirección^{F} obligatoria
direzione^{F} obbligatoria a destra

vorgeschriebene Fahrtrichtung^{F}
direction to be followed
direction^{F} obligatoire
dirección^{F} obligatoria
direzione^{F} obbligatoria diritto

Wenden^{N} verboten
no U-turn
interdiction^{F} de faire demi-tour^{M}
prohibido^{M} el cambio^{M} de sentido^{M}
divieto^{M} di inversione^{F} di marcia^{F}

Überholverbot^{N}
passing prohibited
interdiction^{F} de dépasser
prohibido adelantar
divieto^{M} di sorpasso^{M}

Einbahnstraße^{F}
one-way traffic
voie^{F} à sens^{M} unique
una vía^{F}
strada^{F} a senso^{M} unico

Gegenverkehr^{M}
two-way traffic
circulation^{F} dans les deux sens^{M}
doble vía^{F}
doppio senso^{M} di circolazione^{F}

Verkehrszeichen^{N}

S-Kurve^{F}
reverse turn
double virage^{M}
doble giro^{M}
curva^{F} doppia

Vorfahrt^{F} an nächster Einmündung^{F}
merging traffic
intersection^{F} avec priorité^{F}
señal^{F} de unión^{M}
confluenza^{F} a destra

Rechtskurve^{F}
right curve
virage^{M} à droite^{F}
curva^{F} a la derecha^{F}
curva^{F} a destra^{F}

verengte Fahrbahn^{F}
roadway narrows
chaussée^{F} rétrécie
estrechamiento^{M} de la calzada^{F}
strettoia^{F} simmetrica

Schleudergefahr^{F}
slippery road
chaussée^{F} glissante
pavimento^{M} deslizante
strada^{F} sdrucciolevole

Wildwechsel^{M}
wild animals
passage^{M} d'animaux^{M} sauvages
cruce^{M} de animales^{M} en libertad
animali^{M} selvatici vaganti

Baustelle^{F}
road works ahead
travaux^{M}
obras^{F}
lavori^{M}

unebene Fahrbahn^{F}
uneven surface
chaussée^{F} cahoteuse
superficie^{F} irregular
strada^{F} deformata

Gefälle^{N}
steep hill
descente^{F} dangereuse
bajada^{F} pronunciada
discesa^{F} pericolosa

Steinschlag^{M}
falling rocks
chutes^{F} de pierres^{F}
desprendimientos^{M}
caduta^{F} massi^{M}

Bahnübergang^{M}
level crossing
passage^{M} à niveau^{M}
paso^{M} a nivel^{M}
passaggio^{M} a livello^{M}

^{N} für Fahrzeuge^{N} mit mehr als der angegebenen Höhe^{F}
no vehicles over height shown
limitation^{F} de hauteur^{F}
altura^{F} máxima
sito^{M} vietato ai veicoli^{M} con altezza^{F} superiore a

Ampelanlage^{F}
signal ahead
signalisation^{F} lumineuse
semáforo^{M}
semaforo^{M}

Schule^{F}
school zone
zone^{F} scolaire
zona^{F} escolar
bambini^{M}

Fußgängerüberweg^{M}
pedestrian crossing
passage^{M} pour piétons^{M}
paso^{M} de peatones^{M}
attraversamento^{M} pedonale

Tankstelle[F]

service station | station[F]-service[M] | estación[F] de servicio[M] | stazione[F] di servizio[M]

Gesamtansicht[F]
general view
vue[F] d'ensemble[M]
vista[F] general
vista[F] generale

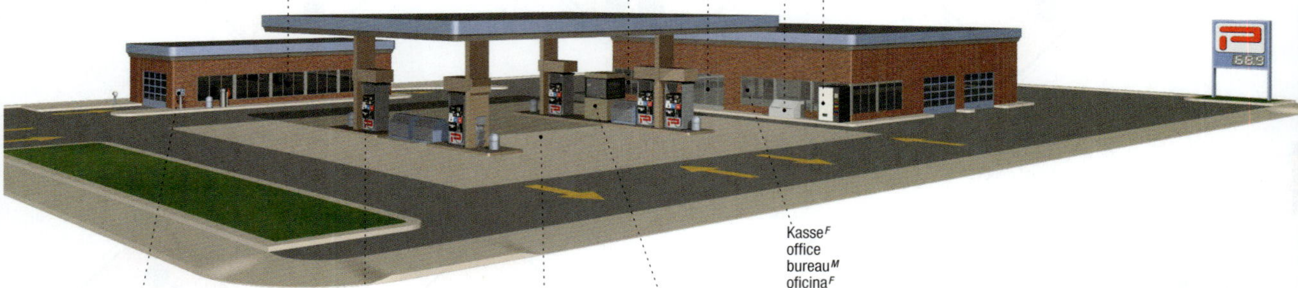

Reparaturwerkstatt[F]
service bay
atelier[M] de mécanique[F]
muelle[M] de servicio[M]
officina[F] meccanica

Eisautomat[M]
ice dispenser
distributeur[M] de glaçons[M]
nevera[F]
distributore[M] del ghiaccio[M]

Autowaschanlage[F]
car wash
lave-auto[M]
lavado[M] de automóviles[M]
autolavaggio[M]

Service-Bereich[M]
service bay
service[M] d'entretien[M]
mantenimiento[M]
servizio[M] manutenzione[F]

Getränkeautomat[M]
soft-drink dispenser
distributeur[M] de boissons[F]
máquina[F] expendedora de bebidas[F]
distributore[M] di bibite[F]

Kasse[F]
office
bureau[M]
oficina[F]
uffici[M]

Druckluft[F]
tyre inflator
borne[F] de gonflage[M]
toma[F] de aire[M]
pompa[F] per gli pneumatici[M]

Vorhof[M]
forecourt
aire[F] de ravitaillement[M]
puesto[M] de bombeo[M]
area[F] di rifornimento[M]

Kiosk[M]
kiosk
kiosque[M]
kiosco[M]
chiosco[M]

Zapfsäule[F]
petrol pump
distributeur[M] d'essence[F]
surtidor[M] de gasolina[F]
pompa[F] della benzina[F]

Zapfsäule[F]
petrol pump
distributeur[M] d'essence[F]
surtidor[M] de gasolina[F]
pompa[F] della benzina[F]

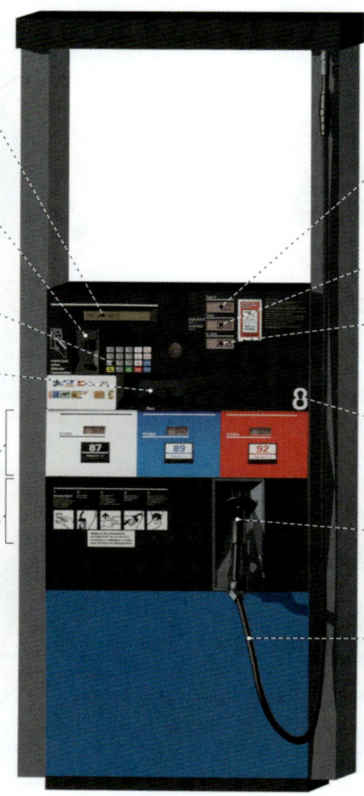

Anzeige[F]
display
écran[M]
display[M]
display[M]

Kartenleserschlitz[M]
card reader slot
fente[F] du lecteur[M] de carte[F]
ranura[F] de lectura[F] de tarjeta[F]
lettore[M] di carte[F]

alphanumerische Tastatur[F]
alphanumeric keyboard
clavier[M] alphanumérique
teclado[M] alfanumérico
tastiera[F] alfanumerica

Belegausgabe[F]
slip presenter
sortie[F] des tickets[M]
expedidor[M] de recibo[M]
emissione[F] dello scontrino[M]

Treibstoffart[F]
type of fuel
type[M] de carburant[M]
tipo[M] de combustible[M]
tipo[M] di carburante[M]

Bedienungsanleitung[F]
operating instructions
mode[M] d'emploi[M]
instrucciones[F] operativas
istruzioni[F] per l'uso[M]

Zahlungsbetragsanzeige[F]
cash readout
afficheur[M] totaliseur
indicador[M] del importe[M] total
importo[M] da pagare

Füllmengenanzeige[F]
volume readout
afficheur[M] volume[M]
cuentalitros[M]
litri[M] erogati

Preis[M] pro Liter[M]/Gallone[F]
price per gallon/litre
afficheur[M] prix[M]
indicador[M] del precio[M] por litro[M]/galón[M]
prezzo[M] per litro[M]/gallone[M]

Zapfsäulennummer[F]
pump number
numéro[M] de la pompe[F]
número[M] del surtidor[M]
numero[M] della pompa[F]

Zapfhahn[M]
pump nozzle
pistolet[M] de distribution[F]
pistola[F] del surtidor[M]
pistola[F] di erogazione[F]

Zapfschlauch[M]
petrol pump hose
flexible[M] de distribution[F]
manguera[F] de servicio[M]
tubo[M] della pompa[F]

Auto^{N}

car | automobile^{F} | automóvil^{M} | automobile^{F}

Beispiele^{N} für Autos^{N}
examples of cars
exemples^{M} de voitures^{F}
ejemplos^{M} de coches^{M}
esempi^{M} di automobili^{F}

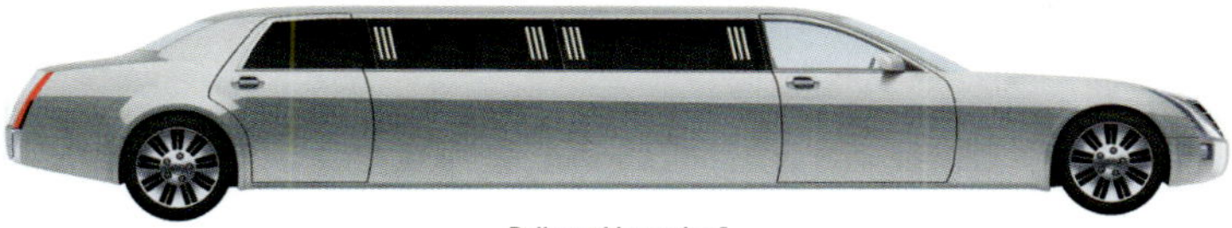

Pullman Limousine^{F}
stretch-limousine
limousine^{F}
limusina^{F}
limousine^{F}

Kleinwagen^{M}
Micro Compact Car
voiture^{F} micro-compacte
automóvil^{M} urbano
microvettura^{F} compatta

Kabriolett^{N}
convertible
cabriolet^{M}
descapotable^{M}
spider^{F}

Sportwagen^{M}
sports car
voiture^{F} sport^{M}
deportivo^{M}
granturismo^{F}

Coupé^{N}
coupé
coupé^{M}
cupé^{M}
coupé^{M}

Minibus^{M}
minibus
fourgonnette^{F}
monovolumen^{M}
monovolume^{F}

dreitürige Kombilimousine^{F}
hatchback
trois-portes^{F}
turismo^{M} de tres puertas^{F}
vettura^{F} a tre porte^{F}

viertürige Limousine^{F}
four-door saloon
berline^{F}
berlina^{F}
berlina^{F}

Kombi^{M}
estate car
break^{M}
coche^{M} familiar
station wagon^{F}

Crossover-Fahrzeug^{N}
crossover vehicle
multisegment^{M}
vehículo^{M} mixto
veicolo^{M} crossover

viertürige Kombilimousine^{F}
four-door hatchback
cinq-portes^{F}
coche^{M} de cuatro puertas^{F}
cinque porte^{F}

Pickup^{M}
pickup truck
camionnette^{F}
camioneta^{F}
pickup^{M}

Geländewagen^{M}
sport-utility vehicle (SUV)
véhicule^{M} utilitaire sport^{M} (VUS)
vehículo^{M} todo terreno^{M}
SUV^{M}

Geländefahrzeug^{N}
off-road vehicle
véhicule^{M} tout-terrain^{M}
vehículo^{F} todo terreno^{M}
veicolo^{M} da fuori-strada^{F}

Auto^N

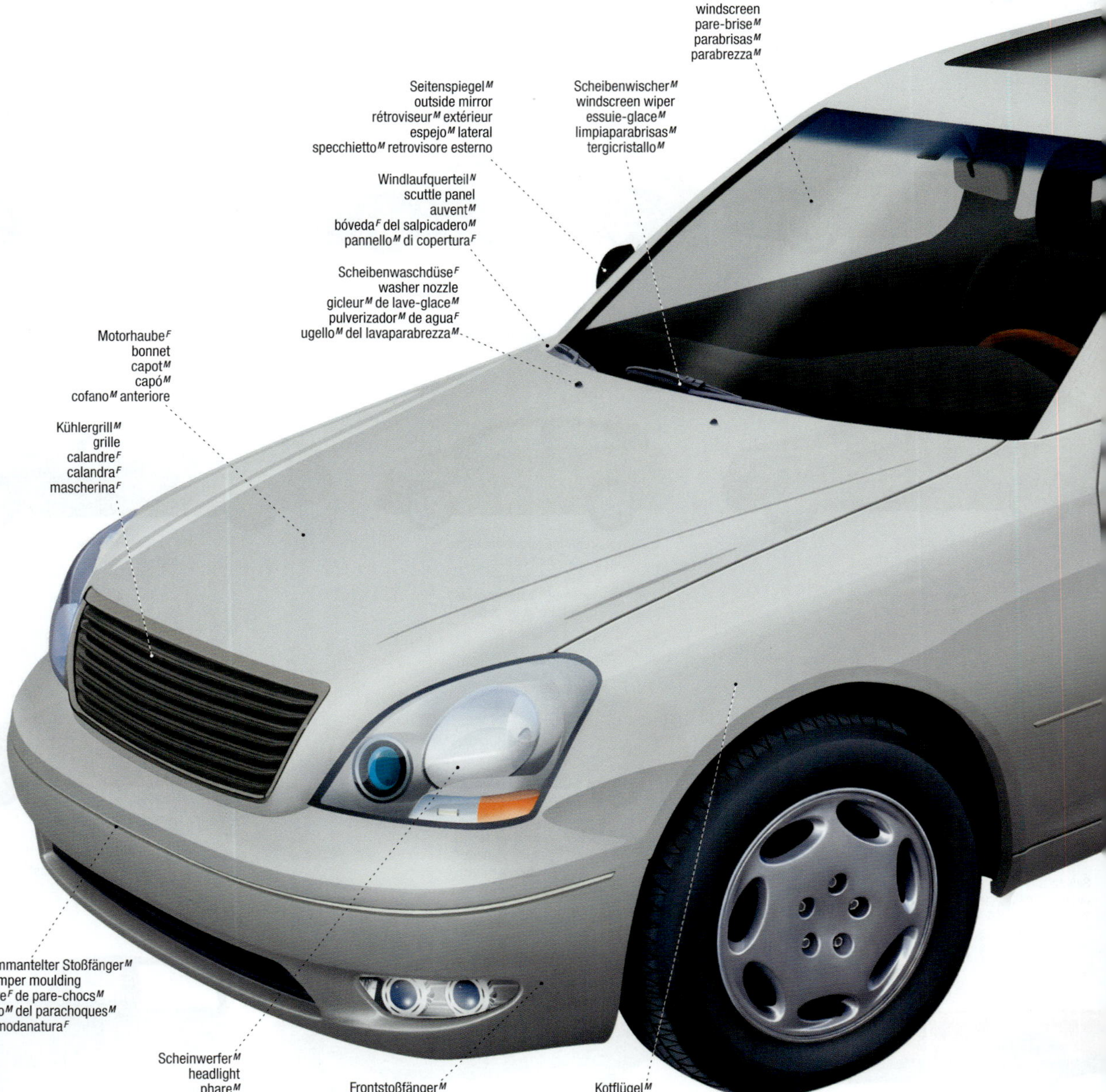
Karosserie^F
body
carrosserie^F
carrocería^F
carrozzeria^F
Windschutzscheibe^F
windscreen
pare-brise^M
parabrisas^M
parabrezza^M
Seitenspiegel^M
outside mirror
rétroviseur^M extérieur
espejo^M lateral
specchietto^M retrovisore esterno
Scheibenwischer^M
windscreen wiper
essuie-glace^M
limpiaparabrisas^M
tergicristallo^M
Windlaufquerteil^N
scuttle panel
auvent^M
bóveda^F del salpicadero^M
pannello^M di copertura^F
Scheibenwaschdüse^F
washer nozzle
gicleur^M de lave-glace^M
pulverizador^M de agua^F
ugello^M del lavaparabrezza^M
Motorhaube^F
bonnet
capot^M
capó^M
cofano^M anteriore
Kühlergrill^M
grille
calandre^F
calandra^F
mascherina^F
kunststoffummantelter Stoßfänger^M
bumper moulding
moulure^F de pare-chocs^M
resguardo^M del parachoques^M
modanatura^F
Scheinwerfer^M
headlight
phare^M
faro^M delantero
proiettore^M
Frontstoßfänger^M
front fascia
carénage^M avant
banda^F frontal
fascione^M anteriore
Kotflügel^M
wing
aile^F
guardabarros^M
parafango^M

Auto[N]

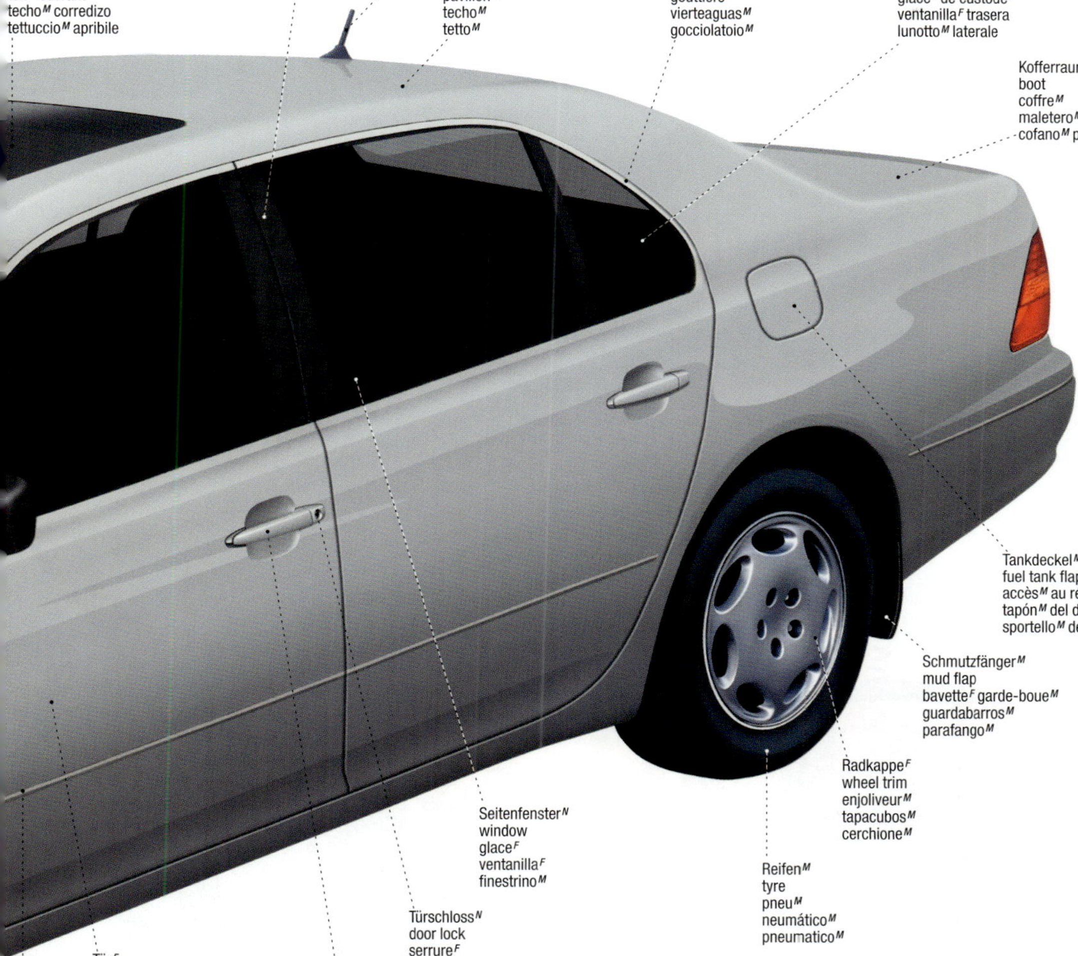
Mittelsäule[F] door pillar montant[M] latéral montante[M] central montante[M]
Antenne[F] aerial antenne[F] antena[F] antenna[F]
Schiebedach[N] sun roof toit[M] ouvrant techo[M] corredizo tettuccio[M] apribile
Dach[N] roof pavillon[M] techo[M] tetto[M]
Regenleiste[F] drip moulding gouttière[F] vierteaguas[M] gocciolatoio[M]
Dreieckfenster[N] quarter window glace[F] de custode[F] ventanilla[F] trasera lunotto[M] laterale
Kofferraum[M] boot coffre[M] maletero[M] cofano[M] posteriore
Tankdeckel[M] fuel tank flap accès[M] au réservoir[M] à essence[F] tapón[M] del depósito[M] de gasolina[F] sportello[M] del serbatoio[M]
Schmutzfänger[M] mud flap bavette[F] garde-boue[M] guardabarros[M] parafango[M]
Radkappe[F] wheel trim enjoliveur[M] tapacubos[M] cerchione[M]
Seitenfenster[N] window glace[F] ventanilla[F] finestrino[M]
Reifen[M] tyre pneu[M] neumático[M] pneumatico[M]
Türschloss[N] door lock serrure[F] cerradura[F] serratura[F]
Tür[F] door portière[F] puerta[F] portiera[F]
Türgriff[M] door handle poignée[F] manilla[F] de la puerta[F] maniglia[F]
Seitenverkleidung[F] body side moulding baguette[F] de flanc[M] moldura[F] lateral fascia[F] laterale

Auto[N]

Kraftfahrzeuge[N]: Hauptbauteile[N]
car systems: main parts
principaux organes[M] des systèmes[M] automobiles
automóviles[M] : componentes[M] principales
sistemi[M] dell'automobile[F]: componenti[M] principali

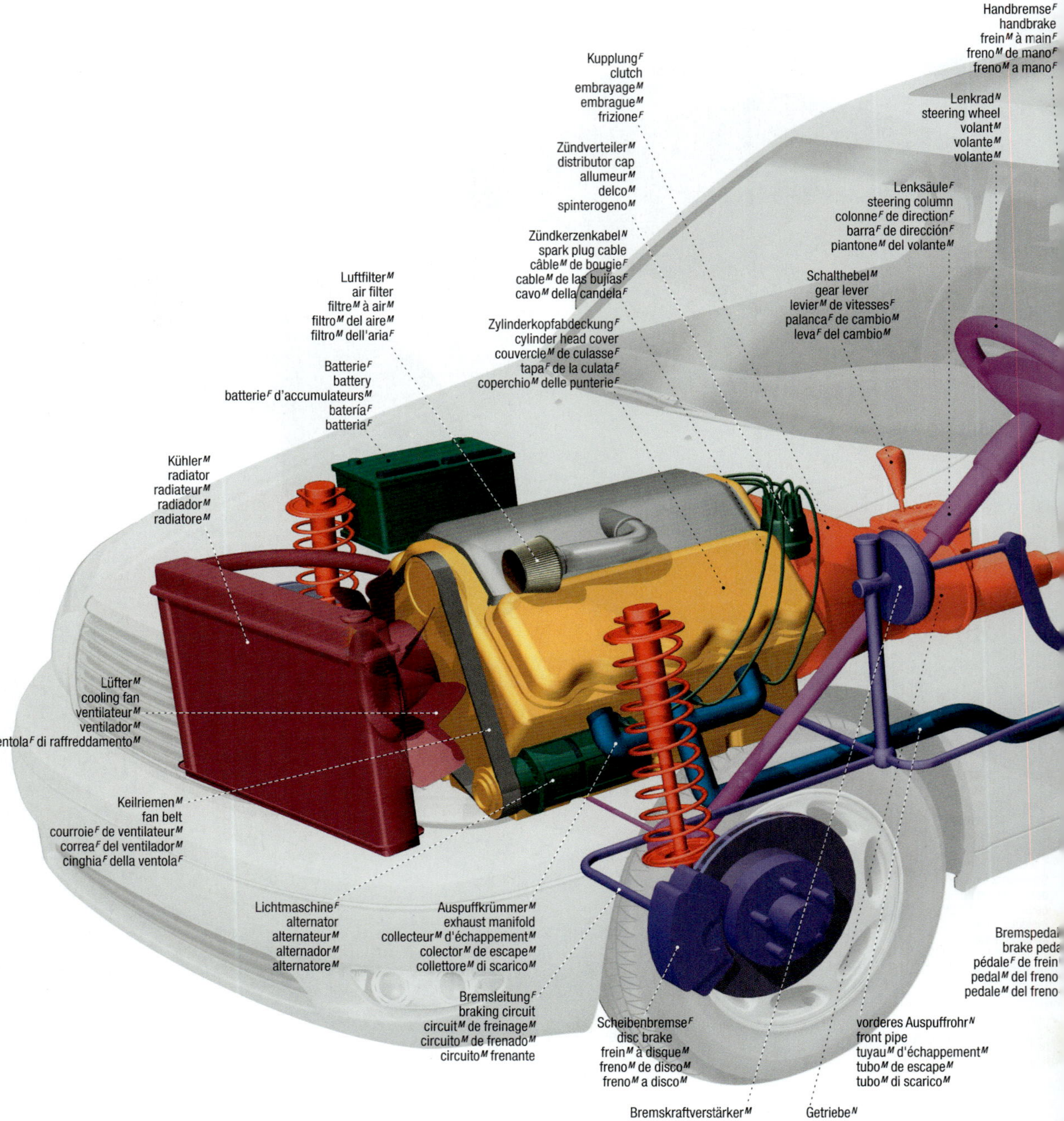

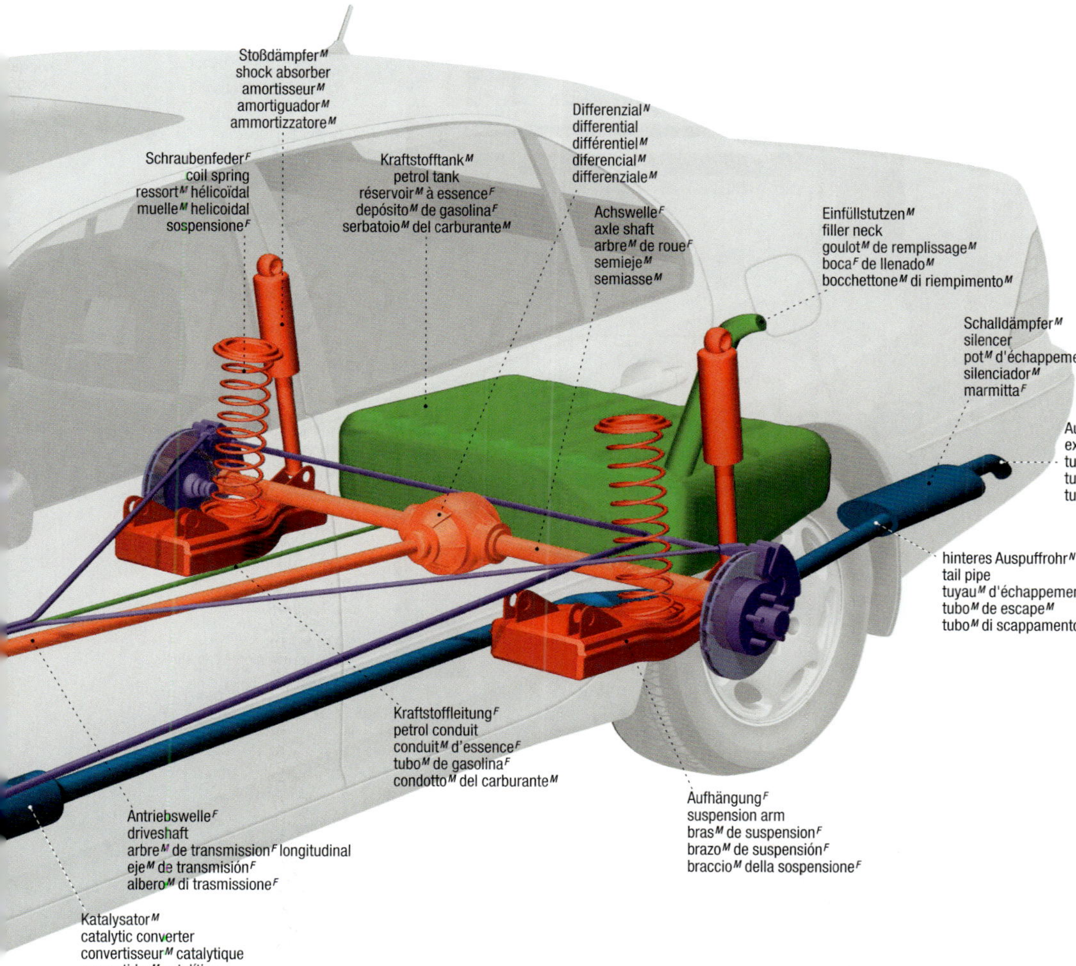

Kraftfahrzeuganlagen^F
car systems
systèmes^M automobiles
sistemas^M del automóvil^M
sistemi^M dell'automobile^F

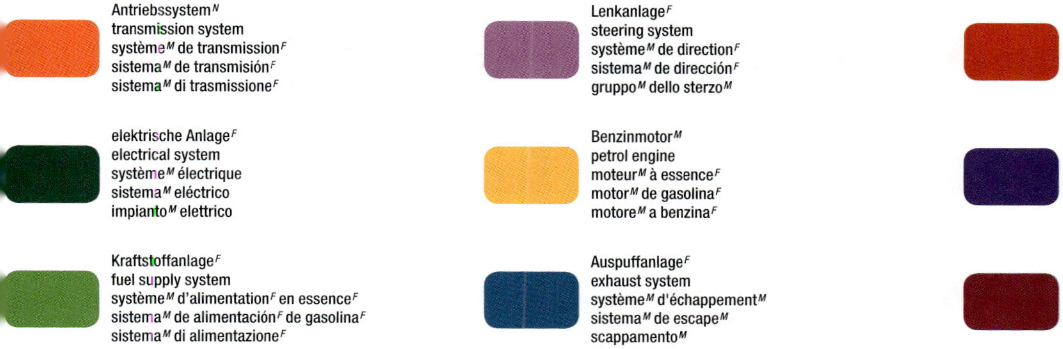

Antriebssystem^N
transmission system
système^M de transmission^F
sistema^M de transmisión^F
sistema^M di trasmissione^F

Lenkanlage^F
steering system
système^M de direction^F
sistema^M de dirección^F
gruppo^M dello sterzo^M

Aufhängung^F
suspension system
système^M de suspension^F
sistema^M de suspensión^F
gruppo^M delle sospensioni^F

elektrische Anlage^F
electrical system
système^M électrique
sistema^M eléctrico
impianto^M elettrico

Benzinmotor^M
petrol engine
moteur^M à essence^F
motor^M de gasolina^F
motore^M a benzina^F

Bremsanlage^F
braking system
système^M de freinage^M
sistema^M de frenado^M
impianto^M frenante

Kraftstoffanlage^F
fuel supply system
système^M d'alimentation^F en essence^F
sistema^M de alimentación^F de gasolina^F
sistema^M di alimentazione^F

Auspuffanlage^F
exhaust system
système^M d'échappement^M
sistema^M de escape^M
scappamento^M

Kühleranlage^F
cooling system
système^M de refroidissement^M
sistema^M de refrigeración^F
impianto^M di raffreddamento^M

Auto[N]

Frontscheinwerfer[F]
front lights
feux[M] avant
faros[M] delanteros
luci[F] anteriori

Fernlicht[N]
main beam headlight
feu[M] de route[F]
luz[F] larga
proiettore[M] abbagliante e anabbagliante

Abblendlicht[N]
dipped beam headlight
feu[M] de croisement[M]
luz[F] de cruce[M]
luce[F] di posizione[F]

Nebelleuchte[F]
fog lamp
feu[M] antibrouillard
luz[F] antiniebla
faro[M] fendinebbia

Blinkleuchte[F]
indicator
feu[M] clignotant
intermitente[M]
indicatore[M] di direzione[F]

Begrenzungsleuchte[F]
side marker light
feu[M] de position[F]
luz[F] de posición[F]
luce[F] di ingombro[M] laterale

Heckleuchten[F]
rear lights
feux[M] arrière
luces[F] traseras
luci[F] posteriori

Blinkleuchte[F]
indicator
feu[M] clignotant
intermitente[M]
indicatore[M] di direzione[F]

Bremsleuchte[F]
brake light
feu[M] de freinage[M]
luz[F] de freno[M]
luce[F] di arresto[M]

Nummernschildbeleuchtung[F]
number plate light
feu[M] de plaque[F]
iluminación[F] de la placa[F] de matrícula[F]
luce[F] della targa[F]

Bremsleuchte[F]
brake light
feu[M] de freinage[M]
luz[F] de freno[M]
luce[F] di arresto[M]

Rückfahrscheinwerfer[M]
reversing light
feu[M] de recul[M]
luz[F] de marcha[F] atrás
luce[F] di retromarcia[F]

Schlussleuchte[F]
rear light
feu[M] rouge arrière
luz[F] trasera
luce[F] di posizione[F] posteriore

Begrenzungsleuchte[F]
side marker light
feu[M] de position[F]
luz[F] de posición[F]
luce[F] di ingombro[M] laterale

Wagentür[F]
door
portière[F]
puerta[F]
portiera[F]

Türöffnungshebel[M]
interior door handle
poignée[F] intérieure
tirador[M] de la puerta[F]
maniglia[F] interna

Seitengriff[M]
door grip
poignée[F] de maintien[M]
asidero[M]
maniglia[F] fissa

Seitenspiegelverstellhebel[N]
outside mirror control
commande[F] du rétroviseur[M]
control[M] del espejo[M] retrovisor exterior
regolazione[F] dello specchietto[M] retrovisore esterno

Fensterheber[M]
window winder handle
manivelle[F] de lève-glace[M]
manivela[F] de la ventanilla[F]
manopola[F] alzacristalli

Scharnier[N]
hinge
charnière[F]
bisagra[F]
cardine[M]

Seitenfach[N]
door pocket
vide-poches[M]
bolsillo[M] lateral
tasca[F] portaoggetti

Fenster[N]
window
glace[F]
ventanilla[F]
finestrino[M]

Sicherungsknopf[M]
interior door lock button
bouton[M] de verrouillage[M]
botón[M] del seguro[M]
pomello[M] della sicura[F]

Armstütze[F]
armrest
appui[M]-bras[M]
soporte[M] para el brazo[M]
bracciolo[M]

Türschloss[N]
lock
serrure[F]
cerradura[F]
serratura[F]

Türverkleidung[F]
trim panel
panneau[M] de garniture[F]
panel[M] de la puerta[F]
pannello[M]

Türinnenverschalung[F]
inner door shell
caisson[M] de portière[F]
revestimiento[M] interior
telaio[M] interno della portiera[F]

Auto[N]

Schalensitz[M]: Vorderansicht[F]
bucket seat: front view
siège[M]-baquet[M] : vue[F] de face[F]
asiento[M] : vista[F] frontal
sedile[M]: vista[F] anteriore

Schalensitz[M]: Seitenansicht[F]
bucket seat: side view
siège[M]-baquet[M] : vue[F] de profil[M]
asiento[M] : vista[F] lateral
sedile[M]: vista[F] laterale

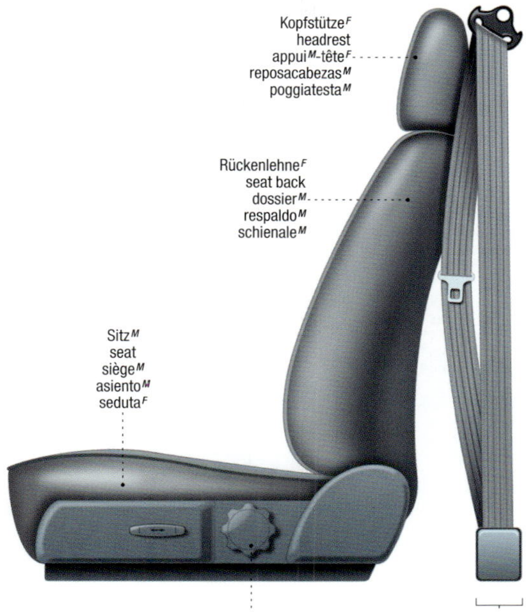

Rückbank[F]
rear seat
banquette[F] arrière
asiento[M] trasero
divano[M] posteriore

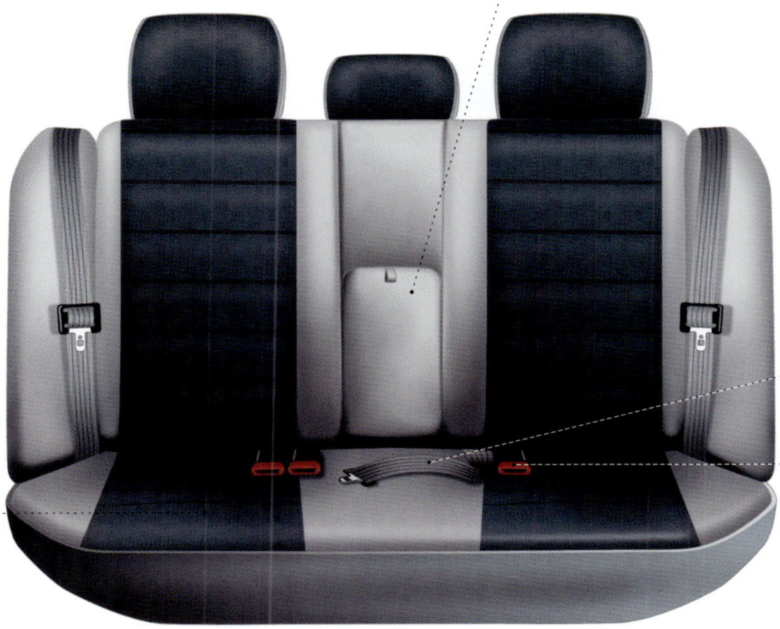

Auto[N]

Armaturenbrett[N]
instrument cluster
tableau[M] de bord[M]
salpicadero[M]
plancia[F]

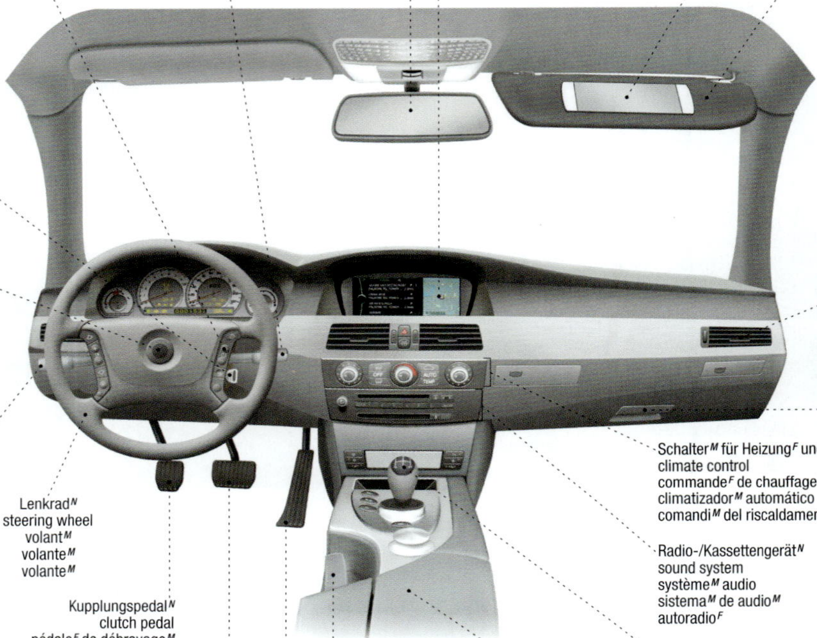

Rückspiegel[M]
rearview mirror
rétroviseur[M]
espejo[M] retrovisor
specchietto[M] retrovisore

Spiegel[M]
vanity mirror
miroir[M] de courtoisie[F]
espejo[M] de cortesía[F]
specchietto[M] di cortesia[F]

Tempomat[M]
cruise control
régulateur[M] de vitesse[F]
regulador[M] de velocidad[F]
controllo[M] della velocità[F] di crociera[F]

Scheibenwischerhebel[M]
wiper control
commande[F] d'essuie-glace[M]
interruptor[M] del limpiaparabrisas[M]
comando[M] del tergicristallo[M]

Bordcomputer[M]
onboard computer
ordinateur[M] de bord[M]
ordenador[M] de a bordo[M]
computer[M] di bordo[M]

Sonnenblende[F]
sun visor
pare-soleil[M]
parasol[M]
aletta[F] parasole

Zündschloss[N]
ignition switch
commutateur[M] d'allumage[M]
interruptor[M] de encendido[M]
blocchetto[M] di accensione[F]

Hupe[F]
horn
avertisseur[M]
claxon[M]
clacson[M]

Luftdüse[F]
vent
bouche[F] d'air[M]
ventilación[F]
bocchetta[F] di ventilazione[F]

Handschuhfach[N]
glove compartment
boîte[F] à gants[M]
guantera[F]
vano[M] portaoggetti

Schalter[M] für Heizung[F] und Belüftung[F]
climate control
commande[F] de chauffage[M]
climatizador[M] automático
comandi[M] del riscaldamento[M] e dell'aerazione[F]

Lenkrad[N]
steering wheel
volant[M]
volante[M]
volante[M]

Radio-/Kassettengerät[N]
sound system
système[M] audio
sistema[M] de audio[M]
autoradio[F]

Kupplungspedal[N]
clutch pedal
pédale[F] de débrayage[M]
pedal[M] del embrague[M]
pedale[M] della frizione[F]

Schalthebel[M]
gear lever
levier[M] de vitesse[F]
palanca[F] de cambio[M] de velocidades[F]
leva[F] del cambio[M]

Blinker- und Fernlichthebel[M]
dipping/indicator stalk
éclairage[M]/clignotant[M]
palanca[F] de luces[F] e intermitentes[M]
comando[M] dei proiettori[M] e dell'indicatore[M] di direzione[F]

Handbremshebel[M]
handbrake lever
levier[M] de frein[M] à main[F]
freno[M] de mano[F]
leva[F] del freno[M] a mano[F]

Mittelkonsole[F]
centre console
console[F] centrale
consola[F] central
console[F] centrale

Bremspedal[N]
brake pedal
pédale[F] de frein[M]
pedal[M] de los frenos[M]
pedale[M] del freno[M]

Gaspedal[N]
accelerator pedal
pédale[F] d'accélérateur[M]
pedal[M] del acelerador[M]
pedale[M] dell'acceleratore[M]

Airbag[M]-Rückhaltesystem[N]
air bag restraint system
système[M] de retenue[F] à sacs[M] gonflables
sistema[M] de restricción[F] del airbag[M]
sistema[M] di ritenuta[F] degli air bag[M]

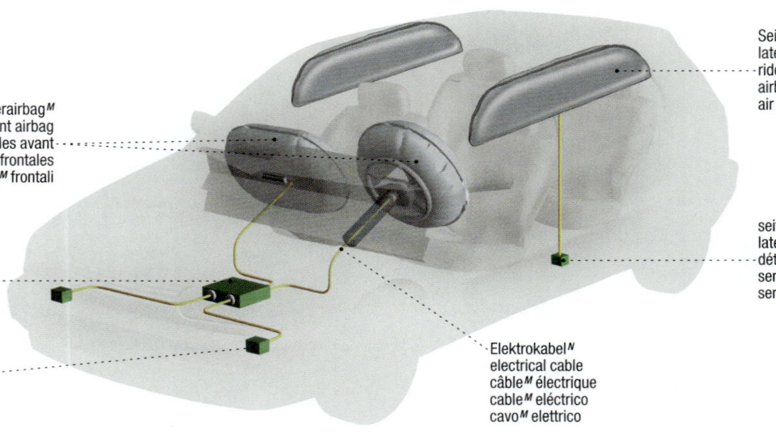

Seitenairbag[M]
lateral curtain airbag
rideau[M] gonflable latéral
airbag[M] lateral de cortina[F]
air bag[M] laterale a tendina[F]

Vorderairbag[M]
front airbag
sacs[M] gonflables avant
airbags[M] frontales
airbag[M] frontali

seitlicher Aufprallsensor[M]
lateral crash sensor
détecteur[M] d'impact[M] latéral
sensor[M] de impacto[M] lateral
sensore[M] di collisione[F] laterale

Sicherheitssensor[M]
safing sensor
détecteur[M] de sécurité[F]
sensor[M] de seguridad[F]
sensore[M] di sicurezza[F]

Elektrokabel[N]
electrical cable
câble[M] électrique
cable[M] eléctrico
cavo[M] elettrico

Aufprallsensor[M]
primary crash sensor
détecteur[M] d'impact[M] primaire
sensor[M] de colisión[F] primario
sensore[M] di collisione[F] principale

Auto[N]

Instrumententafel[F]
instrument panel
instruments[M] de bord[M]
instrumentos[M] del salpicadero[M]
quadro[M] degli strumenti[M] di controllo[M]

Anzeige[F] "Sicherheitsgurte anlegen"
seat-belt warning light
témoin[M] de ceinture[F] de sécurité[F]
luz[F] de advertencia[F] del cinturón[M] de seguridad[F]
spia[F] delle cinture[F] di sicurezza[F] non allacciate

Warnleuchte[F] "Tür offen"
door open warning light
témoin[M] d'ouverture[F] de porte[F]
luz[F] de advertencia[F] de puerta[F] abierta
spia[F] delle porte[F] aperte

Drehzahlmesser[M]
tachometer
tachymètre[M]
tacómetro[M]
contagiri[M]

Batterieladekontrollleuchte[F]
battery warning light
témoin[M] de charge[F]
luz[F] de advertencia[F] del alternador[M]
spia[F] della batteria[F]

Tachometer[M]
speedometer
indicateur[M] de vitesse[F]
velocímetro[M]
tachimetro[M]

Kilometerzähler[M]
mileometer
compteur[M] kilométrique
cuentakilómetros[M]
contachilometri[M] totale

Tageskilometerzähler[M]
trip mileometer
totalisateur[M] journalier
odómetro[M]
contachilometri[M] parziale

Kraftstoffanzeige[F]
fuel gauge
indicateur[M] de niveau[M] de carburant[M]
indicador[M] de nivel[M] de gasolina[F]
indicatore[M] del livello[M] di carburante[M]

Warnleuchten[F]
warning lights
lampes[F] témoins[M]
luces[F] de advertencia[F]
spie[F]

Kraftstoffreserveanzeige[F]
low fuel warning light
témoin[M] de bas niveau[M] de carburant[M]
luz[F] de advertencia[F] de la gasolina[F]
spia[F] della riserva[F] di carburante[M]

Blinklichtkontrolle[F]
indicator telltale
témoin[M] de clignotants[M]
intermitente[M]
spia[F] dell'indicatore[M] di direzione[F]

Fernlichtanzeige[F]
main beam indicator light
témoin[M] des feux[M] de route[F]
luz[F] indicadora de luz[F] larga
spia[F] dei proiettori[M] abbaglianti

Öldruckwarnleuchte[F]
oil warning light
témoin[M] de niveau[M] d'huile[F]
luz[F] de advertencia[F] del aceite[M]
spia[F] della pressione[F] dell'olio[M]

Temperaturanzeige[F]
temperature gauge
indicateur[M] de température[F]
indicador[M] de temperatura[F]
indicatore[M] della temperatura[F] del liquido[M] di raffreddamento[M]

Scheibenwischer[M]
windscreen wiper
essuie-glace[M]
limpiaparabrisas[M]
tergicristallo[M]

Wischblatt[N]
windscreen wiper blade
balai[M] d'essuie-glace[M]
soporte[M]
spatola[F] metallica

Gelenk[N]
joint
articulation[F]
articulación[F]
articolazione[F]

Wischerarm[M]
wiper arm
bras[M] d'essuie-glace[M]
brazo[M]
braccio[M] del tergicristallo[M]

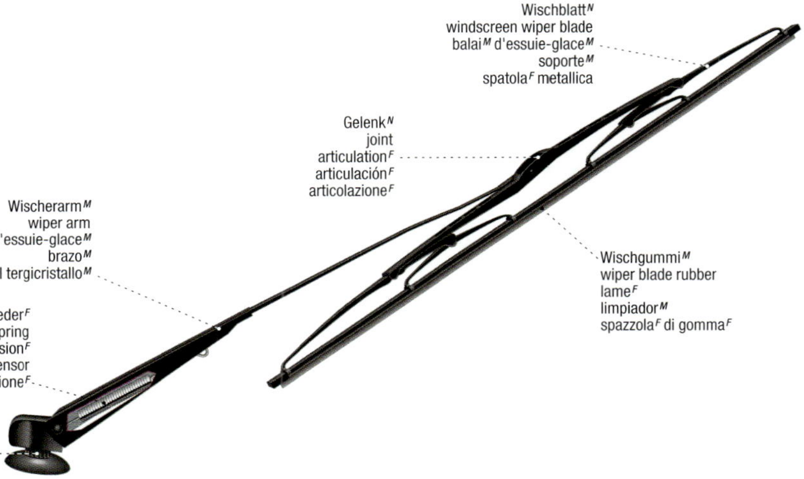

Wischgummi[M]
wiper blade rubber
lame[F]
limpiador[M]
spazzola[F] di gomma[F]

Zugfeder[F]
tension spring
ressort[M] de tension[F]
resorte[M] tensor
molla[F] di tensione[F]

Wischerachse[F]
pivot spindle
arbre[M] cannelé
tubo[M] articulado
perno[M] oscillante

Elektrofahrzeug[N]

electric car | automobile[F] électrique | automóvil[M] eléctrico | automobile[F] elettrica

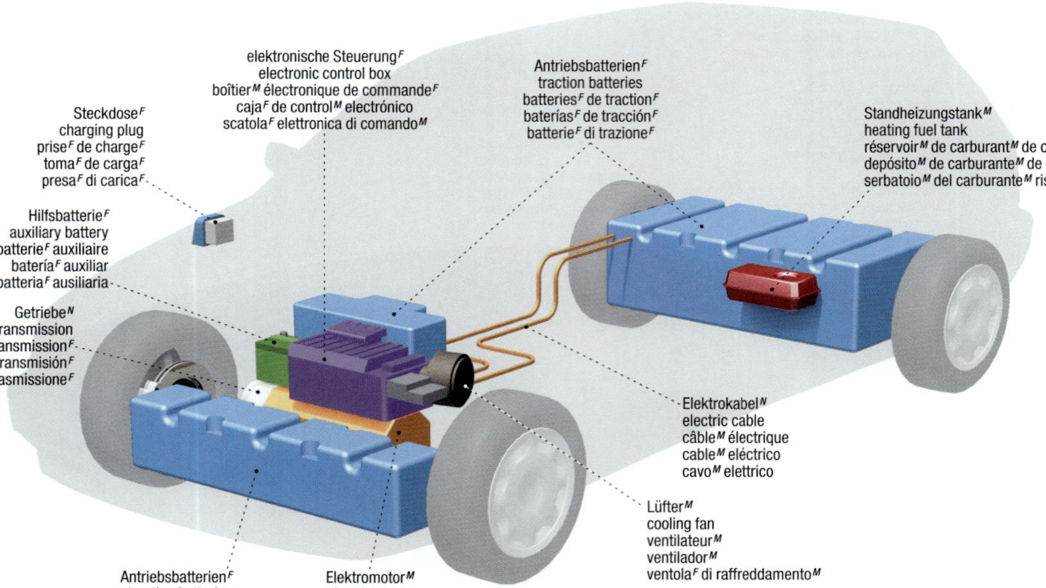

Hybridfahrzeug[N]

hybrid car | automobile[F] hybride | automóvil[M] híbrido | automobile[F] ibrida

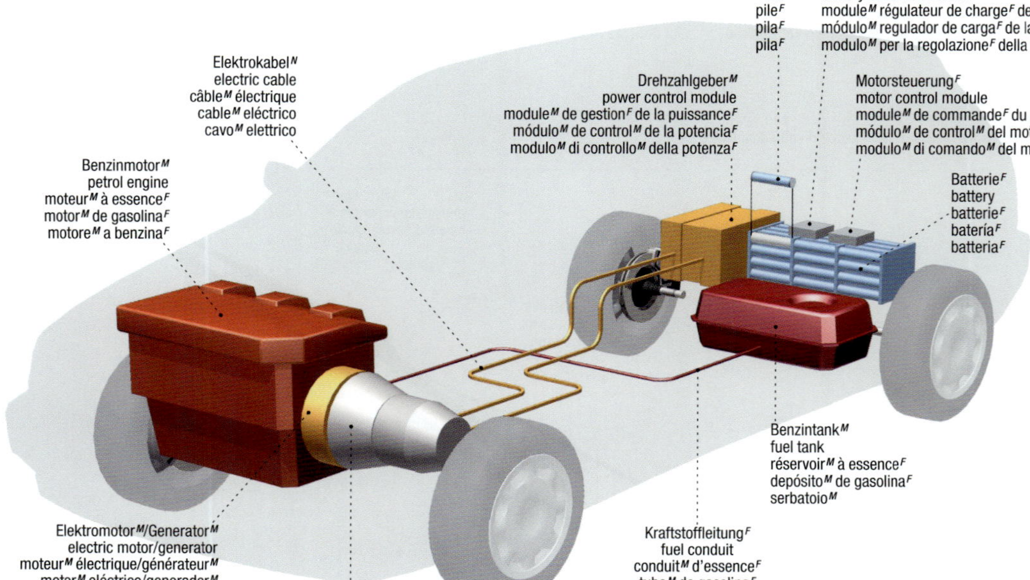

Bremsen^{F}

brakes | freins^{M} | frenos^{M} | freni^{M}

Scheibenbremse^{F}
disc brake
frein^{M} à disque^{M}
freno^{M} de disco^{M}
freno^{M} a disco^{M}

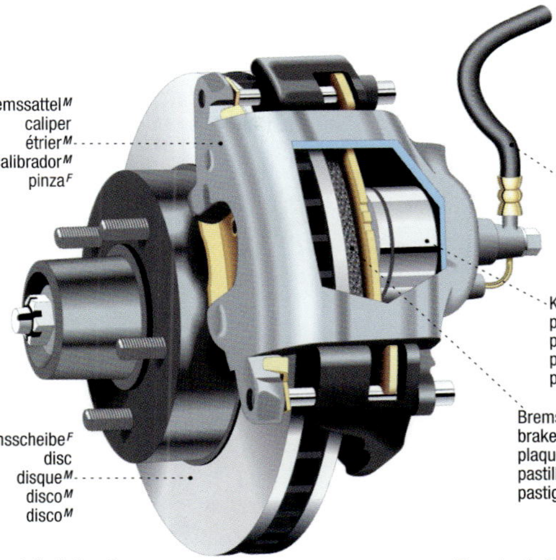

Trommelbremse^{F}
drum brake
frein^{M} à tambour^{M}
freno^{M} de tambor^{M}
freno^{M} a tamburo^{M}

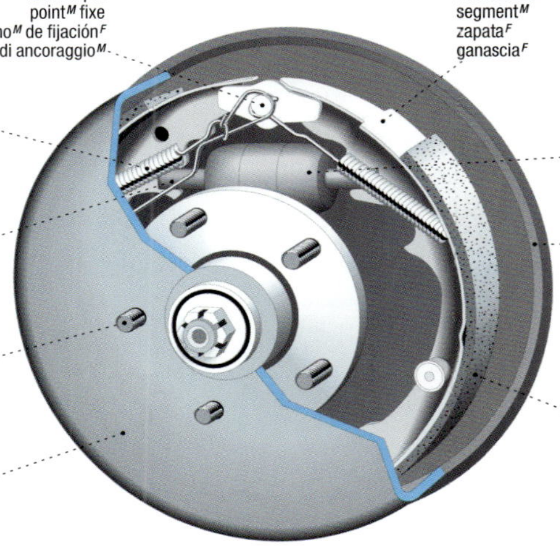

Antiblockiersystem^{N} (ABS)
antilock braking system (ABS)
système^{M} de freinage^{M} antiblocage
sistema^{M} antibloqueo de frenos^{M}
ABS^{M}, sistema^{M} frenante antibloccaggio

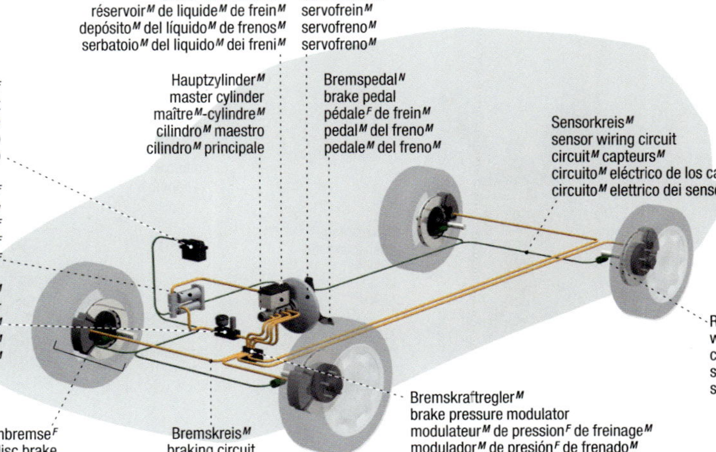

Motortypen[M]

types of engine | types[M] de moteurs[M] | tipos[M] de motores[M] | tipi[M] di motori[M]

Motor[M] mit Abgasturbolader[M]
turbo-charged engine
moteur[M] à turbocompression[F]
motor[M] turbocompresor
motore[M] turbocompresso

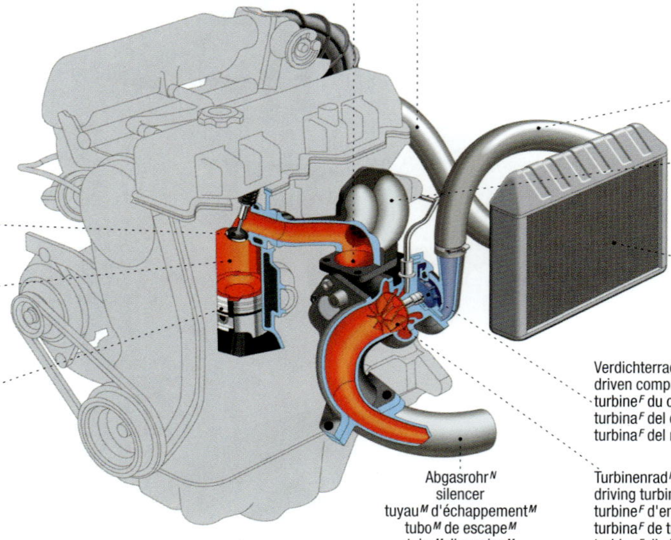

Viertaktmotor[M]
four-stroke engine
cycle[M] d'un moteur[M] à quatre temps[M]
ciclo[M] de un motor[M] de cuatro tiempos[M]
motore[M] a quattro tempi[M]

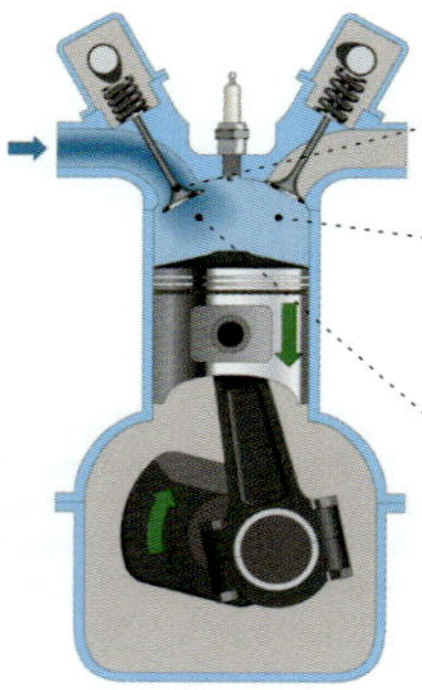

Ansaugung[F]
induction
admission[F]
admisión[F]
aspirazione[F]

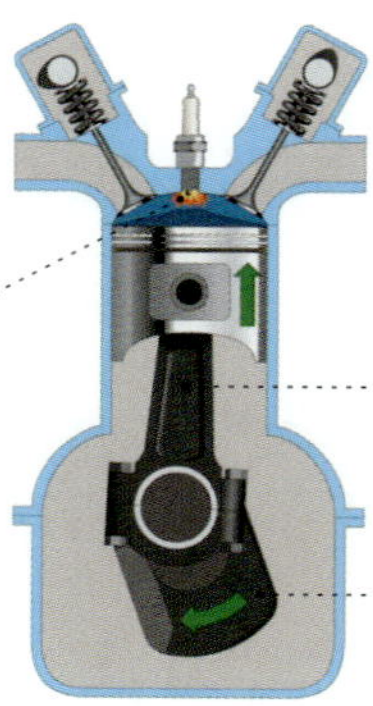

Verdichtung[F]
compression
compression[F]
compresión[F]
compressione[F]

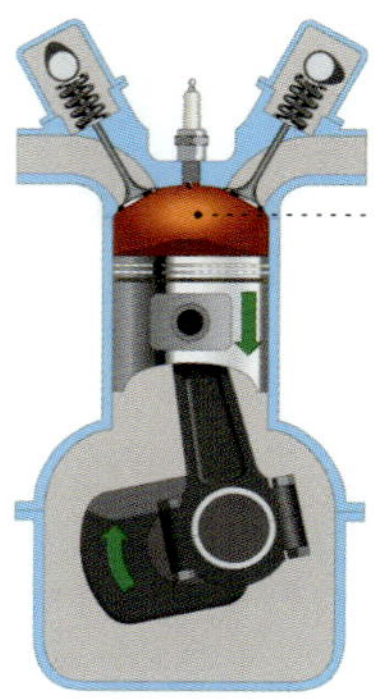

Verbrennung[F]
combustion
combustion[F]
combustión[F]
scoppio[M]

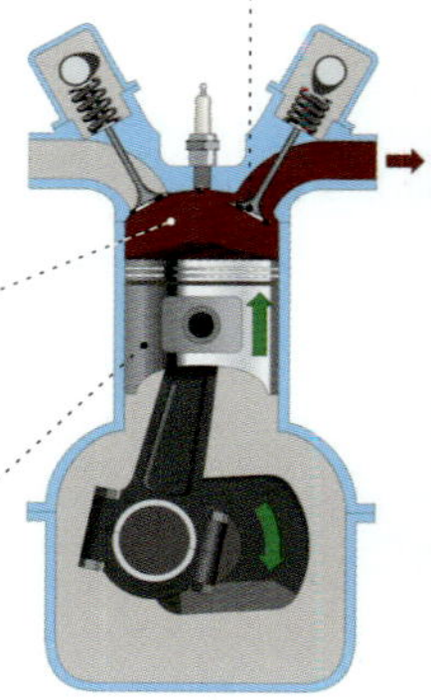

Ausstoß[F]
exhaust
échappement[M]
escape[M]
scarico[M]

Motortypen^{M}

Arbeitsprozess^{M} des Zweitaktmotors^{M}
two-stroke-cycle engine cycle
cycle^{M} d'un moteur^{M} à deux temps^{M}
ciclo^{M} de un motor^{M} de dos tiempos^{M}
ciclo^{M} del motore^{M} a due tempi^{M}

Zündkerze^{F}
spark plug
bougie^{F} d'allumage^{M}
bujía^{F}
candela^{F}

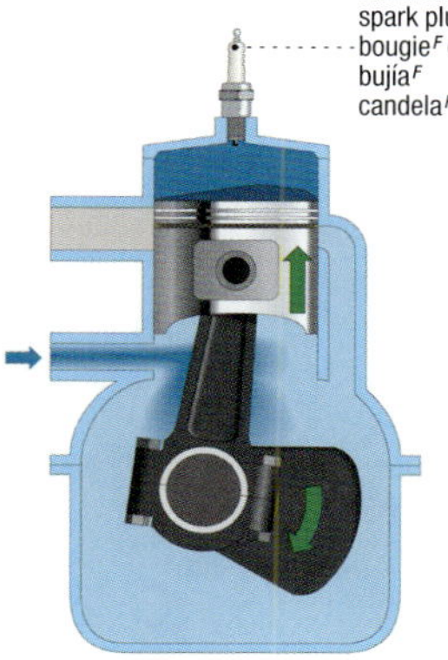

Verdichtung^{F}/Ansaugung^{F}
compression/intake
compression^{F}/admission^{F}
compresión^{F}/admisión^{F}
compressione^{F}/aspirazione^{F}

Auspuffkanal^{M}
exhaust port
canal^{M} d'échappement^{M}
lumbrera^{F} de escape^{M}
luce^{F} di scarico^{M}

Ansaugkanal^{M}
inlet port
canal^{M} d'admission^{F}
lumbrera^{F} de admisión^{F}
luce^{F} di aspirazione^{F}

Überströmkanal^{M}
transfer port
canal^{M} de transfert^{M}
lumbrera^{F} de transferencia^{F}
condotto^{M} di passaggio^{M} della miscela^{F}

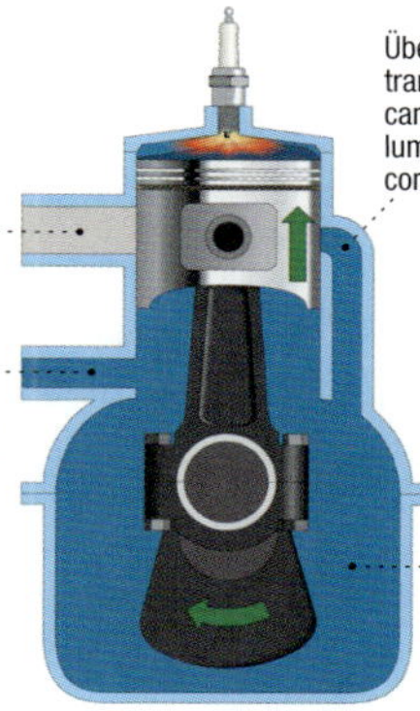

Kurbelgehäuse^{N}
crankcase
carter^{M}
cárter^{M}
carter^{M}

Verbrennung^{F}
combustion
combustion^{F}
combustión^{F}
scoppio^{M}

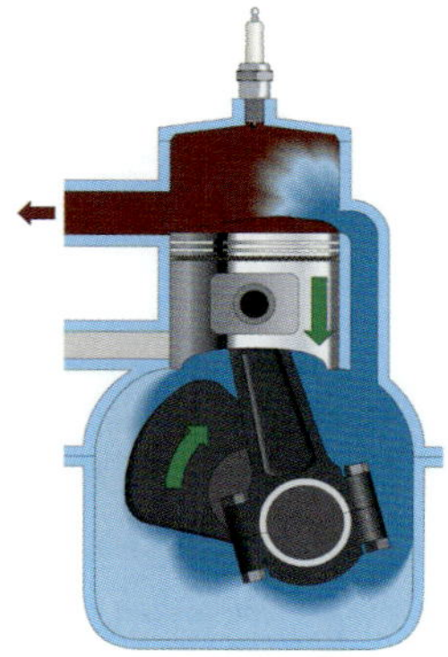

Ausstoß^{M}
exhaust/scavenging
échappement^{M}
escape^{M}
scarico^{M}

Arbeitsprozess^{M} des Kreiskolbenmotors^{M}
rotary engine cycle
cycle^{M} d'un moteur^{M} rotatif
ciclo^{M} de un motor^{M} rotatorio
ciclo^{M} del motore^{M} rotativo

Einlasskanal^{M}
inlet manifold
tubulure^{F} d'admission^{F}
colector^{M} de admisión^{F}
collettore^{M} di aspirazione^{F}

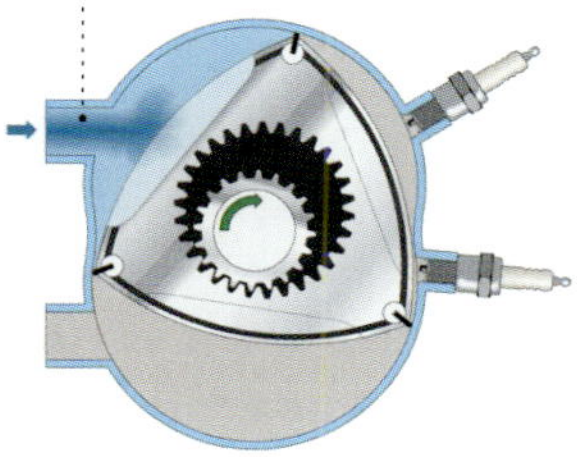

Ansaugung^{F}
induction
admission^{F}
admisión^{F}
aspirazione^{F}

Auslasskanal^{M}
exhaust manifold
tubulure^{F} d'échappement^{M}
colector^{M} de escape^{M}
collettore^{M} di scarico^{M}

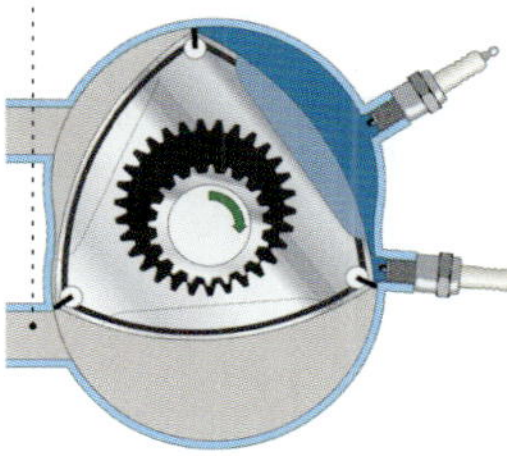

Verdichtung^{F}
compression
compression^{F}
compresión^{F}
compressione^{F}

Kolben^{M}
rotor
rotor^{M}
rotor^{M}
rotore^{M}

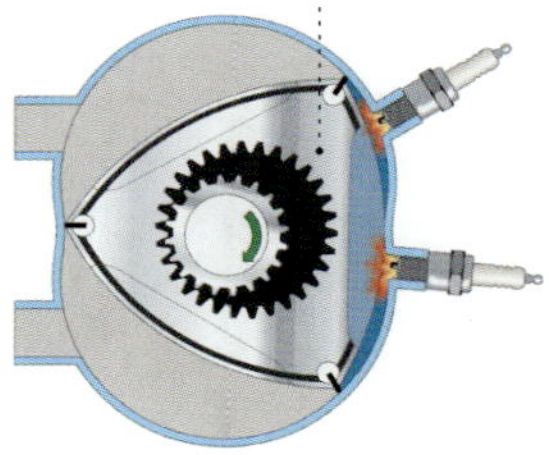

Verbrennung^{F}
power
combustion^{F}
combustión^{F}
scoppio^{M}

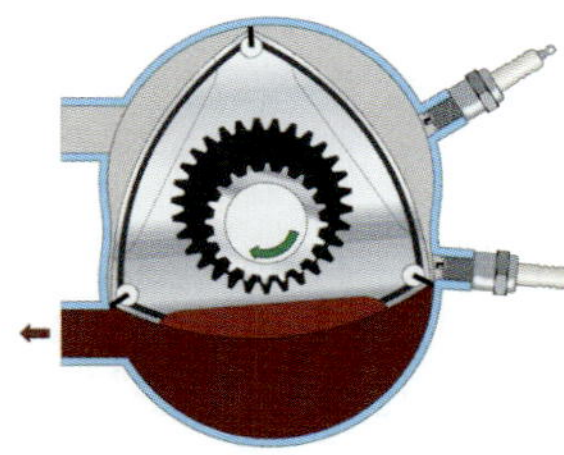

Ausstoß^{M}
exhaust
échappement^{M}
escape^{M}
scarico^{M}

Arbeitsprozess^{M} des Dieselmotors^{M}
diesel engine cycle
cycle^{M} d'un moteur^{M} diesel
ciclo^{M} de un motor^{M} diésel
ciclo^{M} del motore^{M} diesel

Luft^{F}
air
air^{M}
aire^{M}
aria^{F}

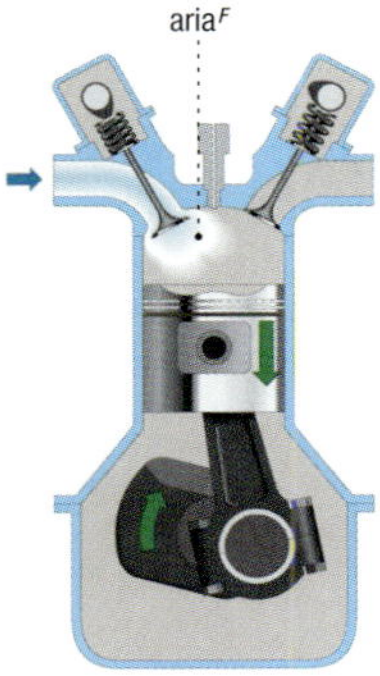

Ansaugung^{F}
induction
admission^{F}
admisión^{F}
aspirazione^{F}

Einspritzung^{F}/Verbrennung^{F}
injection/combustion
injection^{F}/explosion^{F}
inyección^{F}/combustión^{F}
iniezione^{F}/combustione^{F}

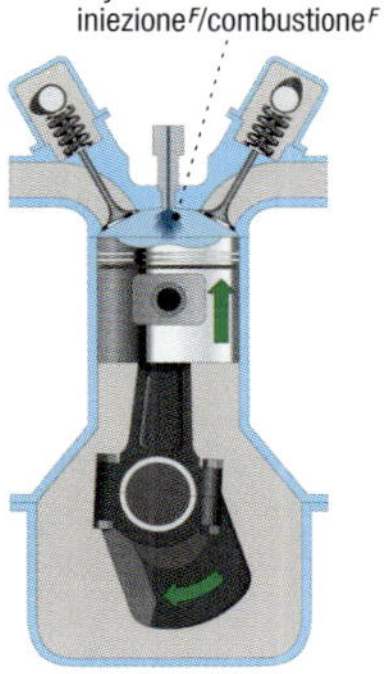

Verdichten^{N}
compression
compression^{F}
compresión^{F}
compressione^{F}

Einspritzdüse^{F}
fuel injector
injecteur^{M}
inyector^{M} de combustible^{M}
iniettore^{M}

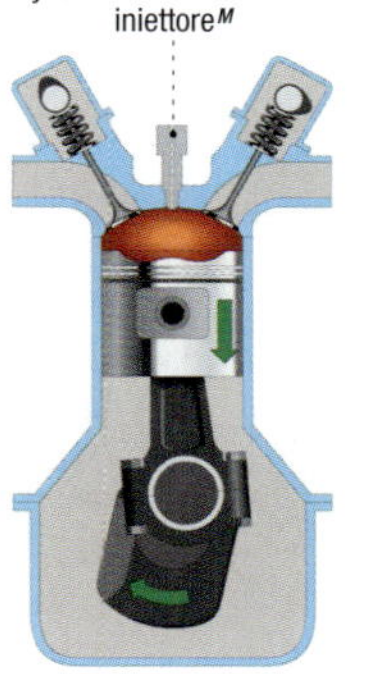

Verbrennung^{F}
power
combustion^{F}
combustión^{M}
combustione^{F}

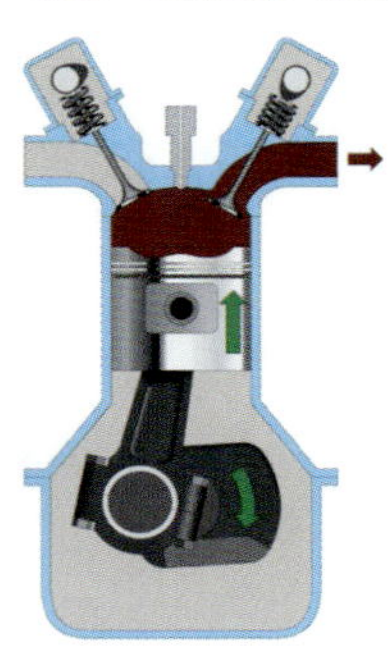

Ausstoß^{F}
exhaust
échappement^{M}
escape^{M}
scarico^{M}

Motortypen[M]

Benzinmotor[M] im Querschnitt[M]
section of a petrol engine
coupe[F] d'un moteur[M] à essence[F]
corte[M] de un motor[M] de gasolina[F]
sezione[F] di un motore[M] a benzina[F]

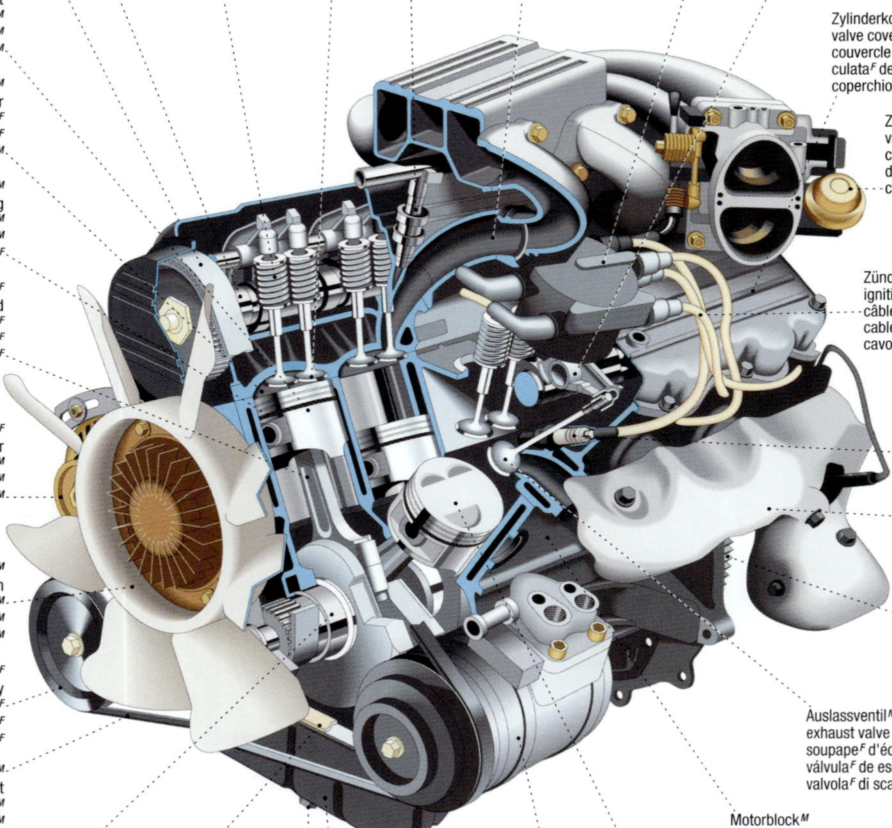

Nockenwelle[F]
camshaft
arbre[M] à cames[F]
árbol[M] de levas[F]
albero[M] a camme[F]

Antriebsriemen[M]
timing belt
courroie[F] de distribution[F]
correa[F] de distribución[F]
cinghia[F] di distribuzione[F]

Kolbenschaft[F]
piston skirt
jupe[F] de piston[M]
camisa[F] de pistón[M]
mantello[M] del pistone[M]

Verbrennungsraum[M]
combustion chamber
chambre[F] de combustion[F]
cámara[F] de combustión[F]
camera[F] di scoppio[M]

Kolbenring[M]
piston ring
segment[M]
segmento[M]
fascia[F]

Pleuelstange[F]
connecting rod
bielle[F]
biela[F]
biella[F]

Lichtmaschine[F]
alternator
alternateur[M]
alternador[M]
alternatore[M]

Lüfter[M]
cooling fan
ventilateur[M]
ventilador[M]
ventilatore[M]

Riemenscheibe[F]
pulley
poulie[F]
polea[F]
puleggia[F]

Keilriemen[M]
fan belt
courroie[F] de ventilateur[M]
correa[F] del ventilador[M]
cinghia[F] del ventilatore[M]

Kurbelwelle[F]
crankshaft
vilebrequin[M]
cigüeñal[M]
albero[M] a gomiti[M]

Ölwannendichtung[F]
sump gasket
joint[M] de carter[M]
junta[F] del cárter[M]
guarnizione[F] della coppa[F] dell'olio[M]

Einlassventil[N]
inlet valve
soupape[F] d'admission[F]
válvula[F] de admisión[F]
valvola[F] di aspirazione[F]

Ventilfeder[F]
valve spring
ressort[M] de soupape[F]
resorte[M] de la válvula[F]
molla[F] della valvola[F]

Einspritzdüse[F]
fuel injector
injecteur[M]
inyector[M]
iniettore[M]

Saugrohr[N]
inlet manifold
tubulure[F] d'admission[F]
colector[M] de admisión[F]
collettore[M] di alimentazione[F]

Zündverteiler[M]
distributor
allumeur[M]
casquete[M] del distribuidor[M]
spinterogeno[M]

Schwinghebel[M]
rocker arm
culbuteur[M]
balancín[M]
bilanciere[M]

Zylinderkopfdeckel[M]
valve cover
couvercle[M] de culasse[F]
culata[F] de los cilindros[M]
coperchio[M] delle punterie[F]

Zündversteller[M]
vacuum diaphragm
capsule[F] à membrane[F]
diafragma[M] de vacío[M]
capsula[F] a depressione[F]

Zündkabel[N]
ignition lead
câble[M] de bougie[F]
cable[M] de bujía[F]
cavo[M] della candela[F]

Zündkerze[F]
spark plug
bougie[F] d'allumage[M]
bujía[F]
candela[F]

Auspuffkrümmer[M]
exhaust manifold
collecteur[M] d'échappement[M]
colector[M] de escape[M]
collettore[M] di scarico[M]

Schwungrad[N]
flywheel
volant[M]
rueda[F] libre
volano[M]

Auslassventil[N]
exhaust valve
soupape[F] d'échappement[M]
válvula[F] de escape[M]
valvola[F] di scarico[M]

Motorblock[M]
engine block
bloc[M]-cylindres[M]
bloque[M] del motor[M]
monoblocco[M]

Ölwanne[F]
sump
carter[M]
cárter[M]
coppa[F] dell'olio[M]

Ölablassschraube[F]
oil drain plug
bouchon[M] de vidange[F] d'huile[F]
tapón[M] de vaciado[M]
tappo[M] di scarico[M] dell'olio[M]

Kolben[M]
piston
piston[M]
pistón[M]
pistone[M]

Kompressor[M] für Klimaanlage[F]
air conditioner compressor
compresseur[M] du climatiseur[M]
compresor[M] del aire[M] acondicionado
compressore[M] del climatizzatore[M]

Kühler^{M}

radiator | radiateur^{M} | radiador^{M} | radiatore^{M}

Zündkerze^{F}

spark plug | bougie^{F} d'allumage^{M} | bujía^{F} | candela^{F}

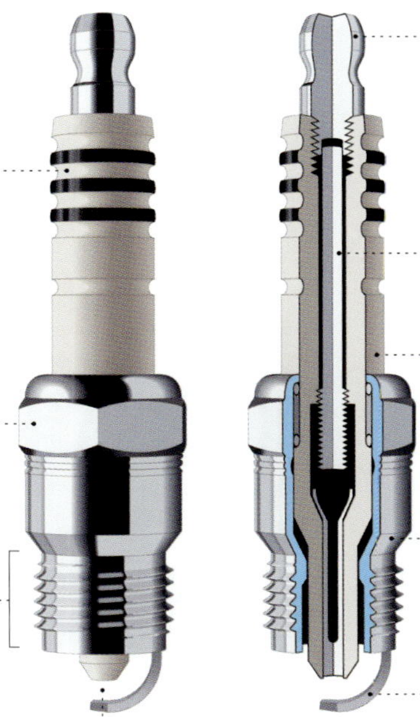

Reifen[M]

tyre | pneu[M] | neumático[M] | pneumatico[M]

Elemente[N] eines Rades[N]
parts of a tyre
parties[F] d'un pneu[M]
partes[F] de un neumático[F]
parti[F] di un pneumatico[M]

Kennzeichnung[F]
technical specifications
spécifications[F] techniques
especificaciones[F] técnicas
dati[M] tecnici

Profil[N]
tread design
sculptures[F]
dibujo[M] de la superficie[F] de rodadura[F]
scolpitura[F] del battistrada[M]

Scheuerleiste[F]
scuff rib
bourrelet[M]
banda[F] protectora
striscia[F] antiabrasiva

Reifenflanke[F]
sidewall
flanc[M]
costado[M]
fianco[M]

Wulst[M]
bead
talon[M]
moldura[F]
tallone[M]

Rad[N]
wheel
roue[F]
rueda[F]
ruota[F]

Radschüssel[F]
disc
voile[M]
disco[M]
disco[M]

Felge[F]
rim
jante[F]
llanta[F]
cerchio[M]

Reifenarten[F]
examples of tyres
exemples[M] de pneus[M]
ejemplos[M] de neumáticos[M]
esempi[M] di pneumatici[M]

Sportreifen[M]
performance tyre
pneu[M] de performance[F]
neumático[M] de rendimiento[M]
pneumatico[M] sportivo

Ganzjahresreifen[M]
all-season tyre
pneu[M] toutes saisons[F]
neumático[M] de todas las estaciones[F]
pneumatico[M] per tutte le stagioni[F]

Winterreifen[M]
winter tyre
pneu[M] d'hiver[M]
neumático[M] de invierno[M]
pneumatico[M] invernale

Touringreifen[M]
touring tyre
pneu[M] autoroutier
neumático[M] de turismo[M]
pneumatico[M] granturismo

Spikereifen[M]
studded tyre
pneu[M] à crampons[M]
neumático[M] de tacos[M]
pneumatico[M] chiodato

Reifen[M]

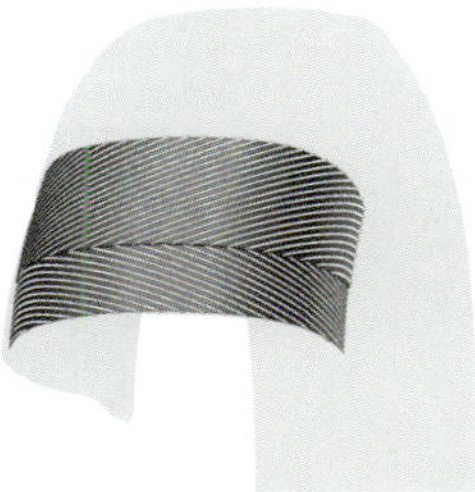

Diagonalreifen[M]
cross-ply tyre
pneu[M] à carcasse[F] diagonale
neumático[M] de capas[F] al sesgo[M]
pneumatico[M] con carcassa[F] a struttura[F] diagonale

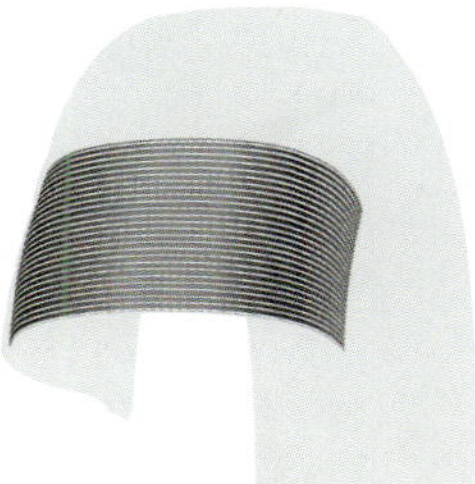

Radialreifen[M]
radial tyre
pneu[M] à carcasse[F] radiale
neumático[M] radial
pneumatico[M] con carcassa[F] a struttura[F] radiale

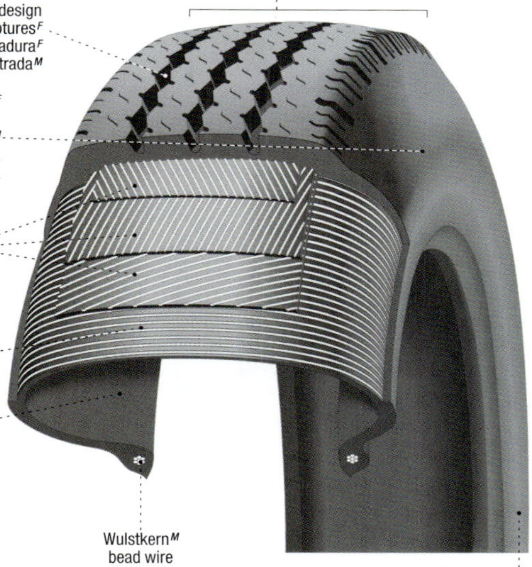

Batterie[F]

battery | batterie[F] d'accumulateurs[M] | batería[F] | batteria[F]

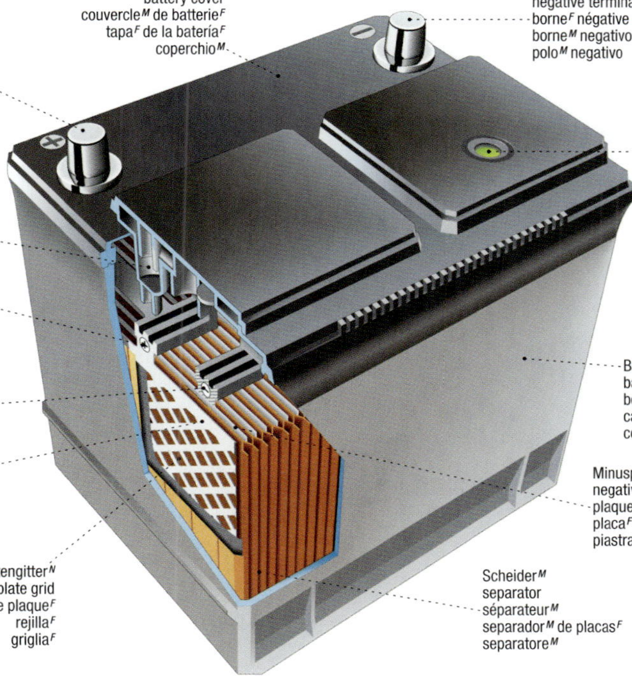

Zubehör[N]

accessories | accessoires[M] | accesorios[M] | accessori[M]

Anhängerkupplung[F]
hitch ball
boule[F] d'attelage[M]
gancho[M] de arrastre[M]
occhione[M] di traino[M]

Unterteil[N]
ball mount
ferrure[F] d'attelage[M]
enganche[M] de bola[F]
supporto[M] della sfera[F]

Starthilfekabel[N]
jumper cables
câbles[M] de démarrage[M]
cables[M] de emergencia[F]
cavi[M] di accoppiamento[M]

Kabel[N]
cable
câble[M]
cable[M]
cavo[M]

schwarze Klemme[F]
black clamp
pince[F] noire
pinza[F] negra
morsetto[M] nero

rote Klemme[F]
red clamp
pince[F] rouge
pinza[F] roja
morsetto[M] rosso

Fußraummatte[F]
floor mat
tapis[M] de plancher[M]
alfombrilla[F]
tappetino[M]

Windschutzscheiben[F]-Sonnenschutz[M]
sun visor
pare-soleil[M]
parasol[M]
parasole[M]

Kreuzschlüssel[M]
four-way lug wrench
clé[F] en croix[F]
llave[F] en cruz[M]
chiave[F] a croce[F]

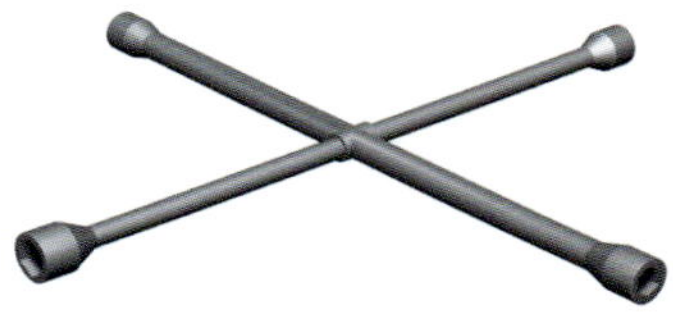

Schneefeger[M] mit Eiskratzer[M]
snow brush with scraper
balai[M] à neige[F] à grattoir[M]
escoba[F] de nieve[F] con rascador[M]
spazzola[F] da neve[F] con raschietto[M]

Skiträger[M]
ski rack
porte-skis[M]
porta-esquí[M]
portasci[M]

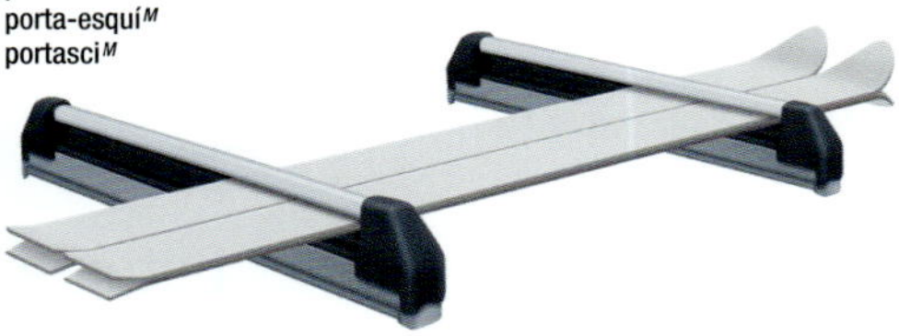

Sonnenrollo[N]
roller shade
store[M] à enroulement[M] automatique
cortina[F] de enrollamiento[M] automático
tendina[F] parasole avvolgibile

Fahrradträger[M]
bike carrier
porte-vélos[M]
portabicicletas[M]
portabici[M]

Dachträger[M]
roof rack
porte-bagages[M]
baca[F]
portabagagli[M]

Wagenheber[M]
jack
cric[M]
gato[M]
cric[M]

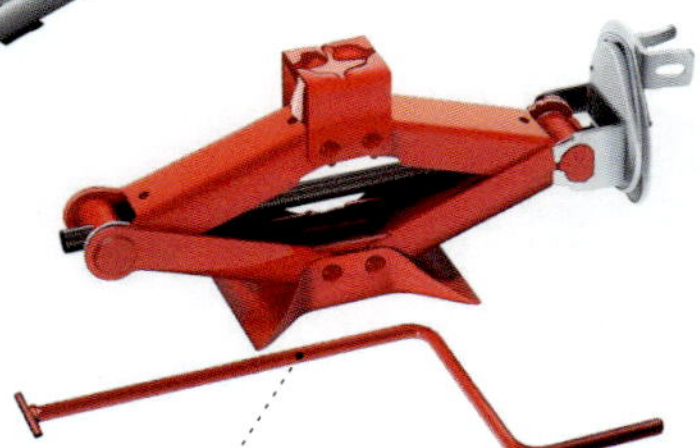

Kurbel[F]
handle
manivelle[F]
manivela[F]
manovella[F]

Autoplane[F]
car cover
housse[F] pour automobile[F]
funda[F] de automóvil[M]
telone[M] proteggiauto

Kindersitz[M]
child car seat
siège[M] d'auto[F] pour enfant[M]
silla[F] de coche[M] para niños[M]
seggiolino[M] per auto[F]

Kopfstütze[F]
head support
appuie-tête[M]
reposacabezas[M]
supporto[M] per la testa[F]

Gurt[M]
harness
harnais[M]
arnés[M]
imbracatura[F]

TRANSPORT UND FAHRZEUGE

Wohnwagen[M]

caravan | caravane[F] | caravana[F] | rimorchi[M] e autocaravan[M]

Wohnwagen[M]
trailer caravan
caravane[F] tractée
remolque[M]
roulotte[F]

Zeltwagen[M]
trailer tent
tente[F]-caravane[F]
caravana[F] plegable
carrello[M] tenda[F]

Wohnmobil[N]
motor home
autocaravane[F]
autocaravana[F]
autocaravan[M]

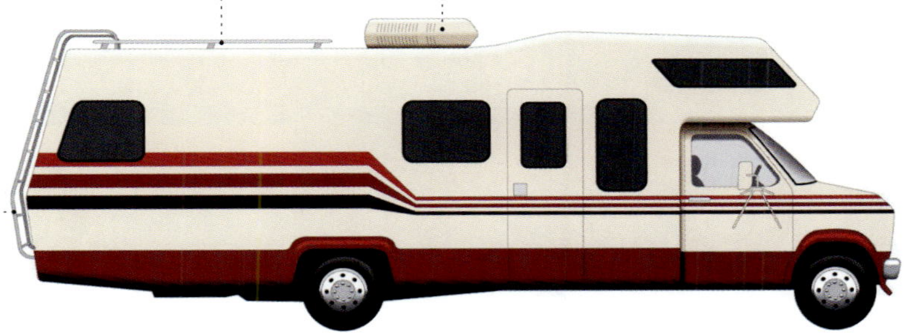

Bus^{M}

bus | autobus^{M} | autobús^{M} | autobus^{M}

Schulbus^{M}
school bus
autobus^{M} scolaire
autobús^{M} escolar
scuolabus^{M}

Außenspiegel^{M}
outside mirror
rétroviseur^{M} extérieur
espejo^{M} retrovisor exterior
specchietto^{M} retrovisore esterno

Weitwinkelspiegel^{M}
blind spot mirror
rétroviseur^{M} grand-angle^{M}
retrovisor^{M} de gran angular^{M}
specchietto^{M} per il punto^{M} cieco

Blinklichter^{N}
blinking lights
feux^{M} intermittents
faros^{M} intermitentes
luci^{F} intermittenti

Sicherheitsspiegel^{M}
crossover mirror
miroir^{M} de traversée^{F} avant
espejo^{M} de cercanías^{F}
specchietto^{M} anteriore di accostamento^{M}

Absperrarm^{M}
crossing arm
bras^{M} d'éloignement^{M}
barra^{F} distanciadora
barra^{F} distanziatrice

Reisebus^{M}
coach
autocar^{M}
autocar^{M}
pullman^{M}

Motorlufteinlass^{M}
engine air intake
prise^{F} d'air^{M} du moteur^{M}
toma^{F} de aire^{M} del motor^{M}
presa^{F} d'aria^{F} del motore^{M}

Tür^{F}
door
porte^{F}
puerta^{F}
portello^{M}

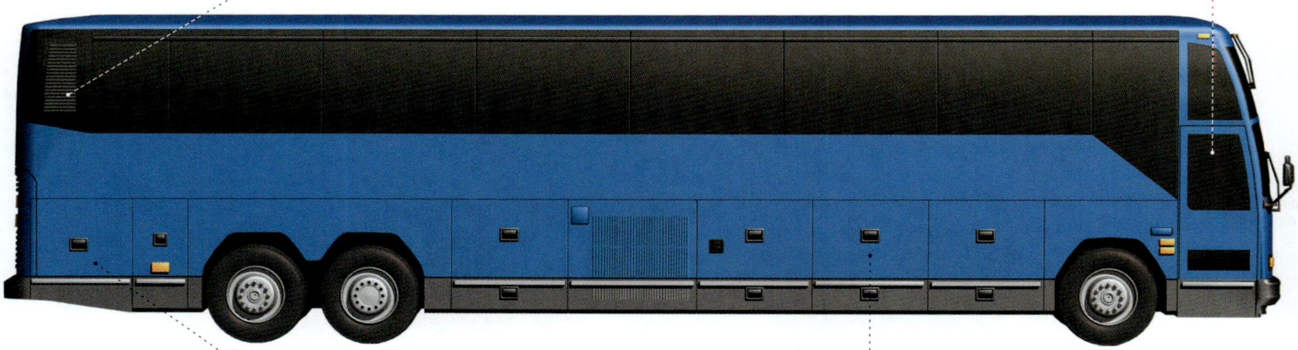

Motorraum^{M}
engine compartment
compartiment^{M} moteur^{M}
compartimiento^{M} motor
vano^{M} motore^{M}

Gepäckraum^{M}
baggage compartment
soute^{F} à bagages^{M}
maletero^{M}
bagagliaio^{M}

Linienbus^{M}
city bus
autobus^{M}
autobús^{M} urbano
autobus^{M} urbano

Lufteinlass^{M}
air intake
prise^{F} d'air^{M}
toma^{F} de aire^{M}
presa^{F} d'aria^{F}

Linienanzeige^{F}
route sign
indicateur^{M} de ligne^{F}
indicador^{M} de línea^{F}
indicatore^{M} di linea^{F}

zweiflügelige Ausgangstür^{F}
two-leaf door
porte^{F} à deux vantaux^{M}
puerta^{F} de dos hojas^{F}
porta^{F} a due battenti^{M}

Bus[M]

**Doppeldeckerbus[M]
double-decker bus
autobus[M] à impériale[F]
autocar[M] de dos pisos[M]
autobus[M] a due piani[M]**

**Bus[M] für Spezialtransporte[M]
specialised transportation bus
autobus[M] pour transport[M] adapté
autobús[M] de transporte[M] especial
bus[M] per il trasporto[M] speciale**

**Gelenkbus[M]
articulated bus
autobus[M] articulé
autobús[M] articulado
autobus[M] articolato**

Lastkraftfahrzeuge[N]

trucking | camionnage[M] | camiones[M] | autoveicoli[M] industriali

Sattelschlepper[M]
tractor unit
tracteur[M] routier
camión[M] tractor[M]
motrice[F]

Auspuffrohr[N]
exhaust stack
cheminée[F] d'échappement[M]
tubo[M] de escape[M]
tubo[M] di scappamento[M]

Windschutzscheibe[F]
windscreen
pare-brise[M]
parabrisas[M]
parabrezza[M]

Windabweiser[M]
wind deflector
déflecteur[M]
deflector[M] de viento[M]
spoiler[M]

Seitenspiegel[M]
trail-view mirror
rétroviseur[M]
espejo[M] lateral
specchietto[M] retrovisore esterno

Fanfare[F]
air horn
avertisseur[M] pneumatique
bocina[F] neumática
avvisatore[M] acustico a tromba[F]

Schlafkabine[F]
sleeper cab
compartiment[M]-couchette[F]
cabina[F] para dormir
cuccetta[F]

Peilstableuchte[F]
side marker light
feu[M] de gabarit[M]
luz[F] lateral
luce[F] di ingombro[M] laterale

Haltestange[F]
grab handle
poignée[F] montoir[M]
asidero[M]
maniglia[F] di salita[F]

Kühlerhaube[F]
bonnet
capot[M]
capó[M]
cofano[M] anteriore

Stauraum[M]
storage compartment
coffre[M] de rangement[M]
espacio[M] para almacenamiento[M]
vano[M] portaoggetti

Scheinwerfer[M]
headlight
phare[M]
faro[M] delantero
proiettore[M]

Sattelkupplung[F]
fifth wheel
sellette[F] d'attelage[M]
disco[M] de articulación[F]
organo[M] di raccordo[M]

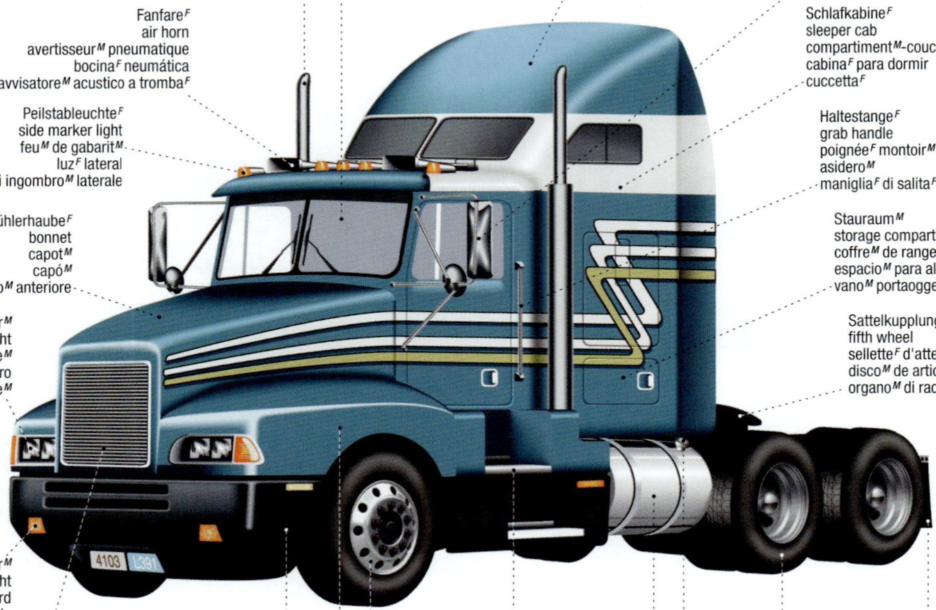

Nebelscheinwerfer[M]
fog light
feu[M] antibrouillard
luz[F] antiniebla
faro[M] fendinebbia

Trittstufe[F]
step
marchepied[M]
escalón[M]
gradino[M]

Schmutzfänger[M]
mud flap
bavette[F] garde-boue[M]
guardabarros[M]
aletta[F] del parafango[M]

Kühlergrill[M]
radiator grille
calandre[F]
calandra[F]
griglia[F] del radiatore[M]

Stoßfänger[M]
bumper
pare-chocs[M]
parachoques[M]
paraurti[M]

Rad[N]
wheel
roue[F]
rueda[F]
ruota[F]

Reifen[M]
tyre
pneu[M]
neumático[M]
pneumatico[M]

Kotflügel[M]
wing
aile[F]
guardabarros[M]
parafango[F]

Kraftstofftank[M]
fuel tank
réservoir[M] à carburant[M]
tanque[M] del combustible[M]
serbatoio[M] per il carburante[M]

Tankdeckel[M]
filler cap
bouchon[M] du réservoir[M]
tapa[F] del tanque[M]
tappo[M] del serbatoio[M]

Sattelzug[M]
articulated lorry with trailer
train[M] routier
camión[M] articulado
autoarticolato[M]

Zugmaschine[F]
tractor unit
tracteur[M]
camión[M] tractor[M]
motrice[F]

Auflieger[M]
semi-trailer
semi-remorque[F]
semirremolque[M] tipo[M] caja[F]
semirimorchio[M]

Anhänger[M]
truck trailer
remorque[F]
remolque[M] tipo[M] caja[F]
rimorchio[M]

Lastkraftfahrzeuge^{N}

Kühlsattelanlieger^{M}
refrigerated semi-trailer
semi-remorque^{F} frigorifique
semirremolque^{M} frigorífico
semirimorchio^{M} frigorifero

Sattelpritschenanhänger^{M}
flatbed truck
semi-remorque^{F} plateau^{M}
semirremolque^{M} tipo plataforma^{F}
autocarro^{M} a pianale^{M}

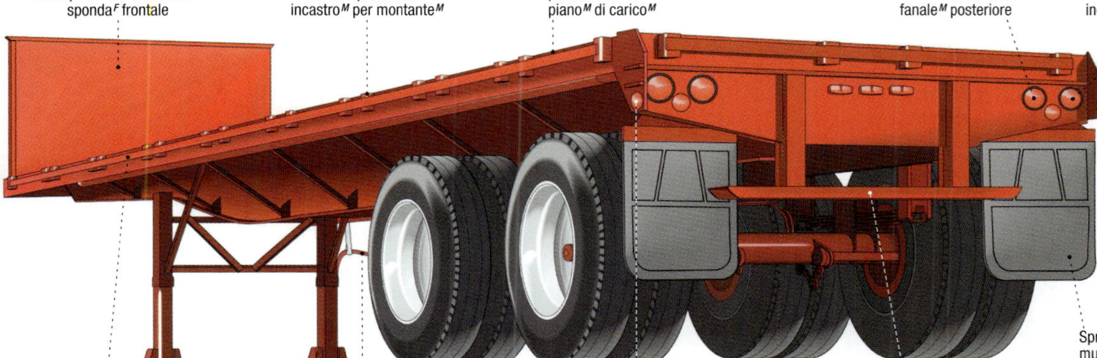

Lastkraftfahrzeuge^{N}

Beispiele^{N} für Sattelkraftfahrzeuge^{N}
examples of articulated trucks
exemples^{M} de semi-remorques^{F}
ejemplos^{M} de camiones^{M} articulados
esempi^{M} di autoarticolati^{M}

Autotransporter^{M}
car transporter
semi-remorque^{F} porte-véhicules^{M}
trailer^{M} para transporte^{M} de vehículos^{M}
bisarca^{F}

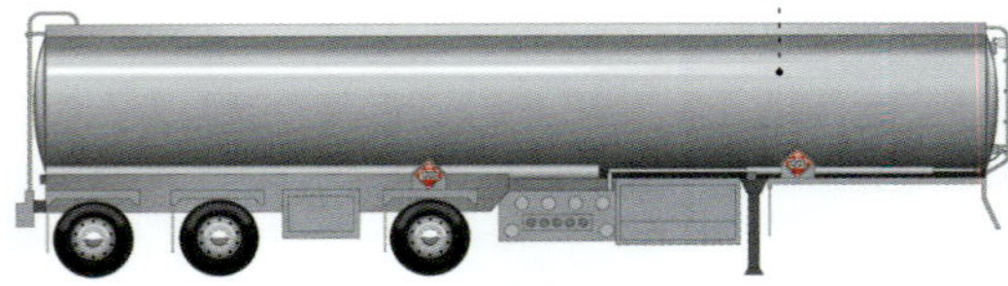

Tanklastzug^{M}
road tanker
semi-remorque^{F} citerne^{F}
camión^{M} cisterna^{F}
autocisterna^{F}

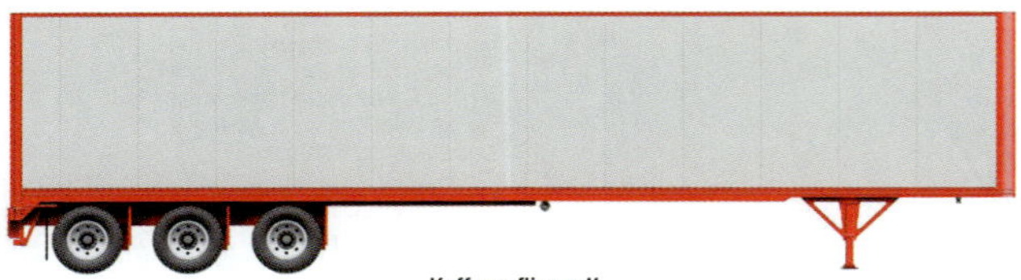

Kofferauflieger^{M}
van body truck
semi-remorque^{F} fourgon^{M}
semirremolque^{M} furgón
semirimorchio^{M} furgonato

Kipplader^{M}
dumper truck
semi-remorque^{F} benne^{F}
camión^{M} volquete
ribaltabile^{M}

Sattelanhänger^{M} für den Spantransport^{M}
chip van
semi-remorque^{F} à copeaux^{M}
semirremolque^{M} con lona^{F}
autocarro^{M} per trucioli^{M}

Containerauflieger^{M}
container truck
semi-remorque^{F} porte-conteneur^{M}
semirremolque^{M} porta container^{M}
semirimorchio^{M} portacontainer^{M}

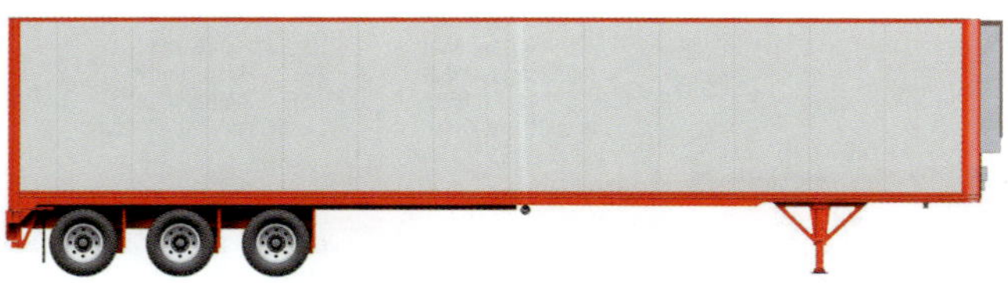

Kühlauflieger^{M}
refrigerated truck
semi-remorque^{F} frigorifique
semirremolque^{M} frigorífico
camion^{M} frigorifero

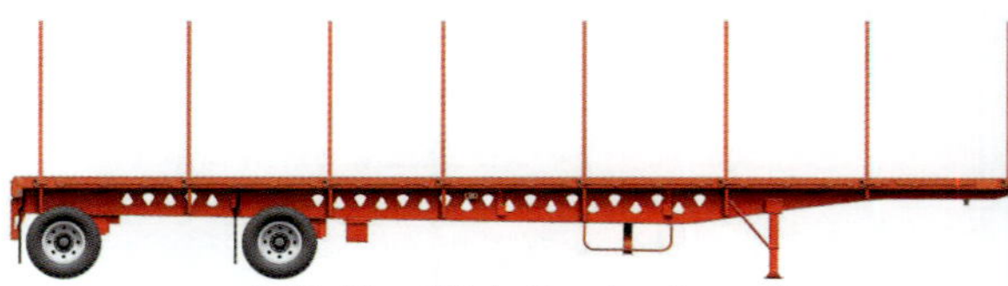

Sattelanhänger^{M} für den Baumstammtransport^{M}
log truck
semi-remorque^{F} à grumes^{F}
semirremolque^{M} para el transporte^{M} de troncos^{M}
autocarro^{M} per il trasporto^{M} dei tronchi^{M}

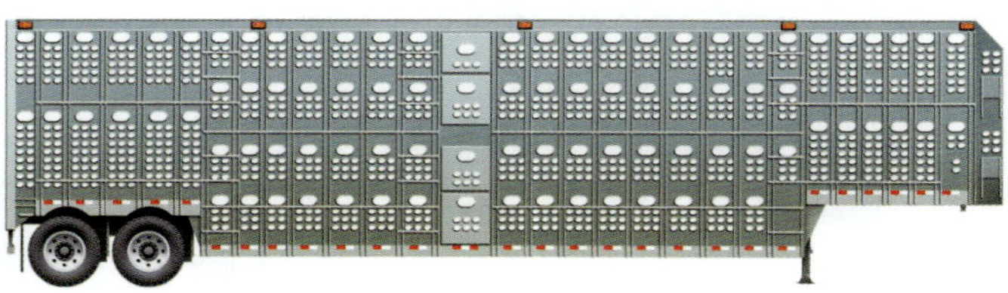

Satteltiefladeanhänger^{M} für den Tiertransport^{M}
possum-belly body truck
semi-remorque^{F} bétaillère surbaissée
semirremolque^{M} jaula^{F} bajo para transporte^{M} ganadero
semirimorchio^{M} ribassato per il trasporto^{M} del bestiame^{M}

Satteltiefladeanhänger^{M} für den Transport^{M} von Panzerfahrzeugen^{N}
double drop lowbed truck
semi-remorque^{F} porte-engins^{M} surbaissée
semirremolque^{M} bajo portamáquinas^{M}
semirimorchio^{M} ribassato per il trasporto^{M} di mezzi^{M} corazzati

Lastkraftfahrzeuge^{N}

Beispiele^{N} für Lastkraftwagen^{M}
examples of trucks
exemples^{M} de camions^{M}
ejemplos^{M} de camiones^{M}
esempi^{M} di camion^{M}

Ladevorrichtung^{F}
loading hopper
trémie^{F} de chargement^{M}
tolva^{F} de carga^{F}
tramoggia^{F} di caricamento^{M}

Verdichter^{M}
packer body
benne^{F} tasseuse
empaquetadora^{F}
cassone^{M} di compattazione^{F}

Müllabfuhrwagen^{M}
collection truck
benne^{F} à ordures^{F}
compactadora^{F}
compattatore^{M}

Transporter^{M}
van
camion^{M} porteur^{M} fourgon^{M}
camioneta^{F}
furgone^{M}

Kipppritsche^{F}
dumper body
benne^{F} basculante
volquete^{M}
cassone^{M} ribaltabile

Kipper^{M}
tipper truck
camion^{M}-benne^{F}
camión^{M} basculante
ribaltabile^{M}

Saugfahrzeug^{N}
cesspit emptier
camion^{M} de vidange^{F}
aspiradora^{F} de fangos^{M}
camion^{M} per spurghi^{M}

Transportmischer^{M}
cement mixer truck
bétonnière^{F}
hormigonera^{F}
betoniera^{F}

Tank^{M}
tanker body
citerne^{F}
cisterna^{F}
cisterna^{F}

Tankwagen^{M}
tanker
camion^{M}-citerne^{F}
camión^{M} cisterna^{F}
autobotte^{F}

Wechselaufbau^{M}
detachable body
carrosserie^{F} amovible
carrocería^{F} amovible
camion^{M} a cassone^{M} amovibile

Kabel^{N}
cable
câble^{M}
cable^{M}
cavo^{M}

Abschleppkran^{M}
boom
poutre^{F} de levage^{M}
brazo^{M} de elevación^{F}
braccio^{M} di sollevamento^{M}

Abschleppwagen^{M}
tow truck
dépanneuse^{F}
grúa^{F} remolque
autogrù^{F}

Haken^{M}
hook
crochet^{M}
gancho^{M}
gancio^{M}

Hubzylinder^{M}
elevating cylinder
vérin^{M}
cilindro^{M} elevador
cilindro^{M} di sollevamento^{M}

Schleppvorrichtung^{F}
towing device
dispositif^{M} de remorquage^{M}
dispositivo^{M} de remolque^{M}
dispositivo^{M} di rimorchio^{M}

Windensteuerung^{F}
winch controls
commandes^{F} du treuil^{M}
mandos^{M} del cabestrante^{M}
comandi^{M} del verricello^{M}

Winde^{F}
winch
treuil^{M}
cabestrante^{M}
verricello^{M}

Motorrad[N]

motorcycle | moto[F] | motocicleta[F] | motocicletta[F]

Seitenansicht[F]
lateral view
vue[F] latérale
vista[F] lateral
vista[F] laterale

Motorrad^{N}

Motorradhelm^{M} mit Visier^{N}
full-face motorcycle helmet
casque^{M} de moto^{F} intégral
casco^{M} integral
casco^{M} integrale da moto^{F}

Motorrad[N]

Instrumententafel[F]
dashboard
tableau[M] de bord[M]
tablero[M] de instrumentos[M]
cruscotto[M]

Öldruckwarnleuchte[F]
oil warning light
témoin[M] de niveau[M] d'huile[F]
luz[F] de advertencia[F] del aceite[M]
spia[F] della pressione[F] dell'olio[M]

Fernlichtkontrollleuchte[F]
main beam indicator tell-tale
témoin[M] des feux[M] de route[F]
luz[F] indicadora de luz[F] larga
spia[F] dei proiettori[M] abbaglianti

Blinkerkontrollleuchte[F]
turn indicator tell-tale
témoin[M] de clignotant[M]
indicador[M] del intermitente[M]
spia[F] dell'indicatore[M] di direzione[F]

Leerlaufanzeige[F]
neutral indicator tell-tale
témoin[M] de position[F] neutre
indicador[M] de punto[M] muerto
spia[F] della posizione[F] di folle

Kraftstoffreserveanzeige[F]
low fuel warning light
témoin[M] de bas niveau[M] de carburant[M]
luz[F] de advertencia[F] del combustible[F]
spia[F] della riserva[F] di carburante[M]

Tachometer[M]
speedometer
indicateur[M] de vitesse[F]
velocímetro[M]
tachimetro[M]

Drehzahlmesser[M]
tachometer
tachymètre[M]
tacómetro[M]
contagiri[M]

Zündschalter[M]
ignition switch
commutateur[M] d'allumage[M]
interruptor[M] de encendido[M]
blocchetto[M] di avviamento[M]

Ansicht[F] von oben
view from above
vue[F] en plongée[F]
vista[F] desde arriba
vista[F] dall'alto[M]

Seitenspiegel[M]
mirror
rétroviseur[M]
retrovisor[M]
specchietto[M] retrovisore

Scheinwerfer[M]
headlight
phare[M]
faro[M] delantero
proiettore[M]

vordere Blinkleuchte[F]
front turn indicator
feu[M] clignotant avant
intermitente[M] delantero
indicatore[M] di direzione[F] anteriore

Kupplungshebel[M]
clutch lever
levier[M] d'embrayage[M]
maneta[F] del embrague[M]
leva[F] della frizione[F]

Hebel[M] für Vorderbremse[F]
front brake lever
levier[M] de frein[M] avant
maneta[F] del freno[M] delantero
leva[F] del freno[M] anteriore

Abblendschalter[M]
dip switch
inverseur[M] route[F]-croisement[M]
interruptor[M] de ráfagas[F]
commutatore[M] delle luci[F]

Gashebel[M]
twist grip throttle
manette[F] d'accélérateur[M]
acelerador[M]
manopola[F] dell'acceleratore[M]

Hupe[F]
horn
avertisseur[M]
claxon[M]
clacson[M]

Notschalter[M]
emergency switch
coupe-circuit[M] d'urgence[F]
interruptor[M] de emergencia[F]
interruttore[M] di emergenza[F]

Benzintankverschluss[M]
petrol tank cap
bouchon[M] du réservoir[M]
tapón[M] del depósito[M] de la gasolina[F]
tappo[M] del serbatoio[M]

Zündschalter[M]
starter button
bouton[M] de démarreur[M]
interruptor[M] de encendido[M]
interruttore[M] di avviamento[M]

Schalthebel[M]
gearshift lever
sélecteur[M] de vitesse[F]
palanca[F] de cambio[M] de velocidades[F]
pedale[M] del cambio[M]

Kupplungsgehäuse[N]
clutch housing
carter[M] d'embrayage[M]
cárter[M] del embrague[M]
scatola[F] della frizione[F]

Fahrerfußraste[F]
driver's footrest
repose-pied[M] du conducteur[M]
reposapiés[M] del piloto[M]
pedana[F] del guidatore[M]

Bremspedal[N]
rear brake pedal
pédale[F] de frein[M] arrière
pedal[M] del freno[M] trasero
pedale[M] del freno[M] posteriore

Fußraste[F] für Beifahrer[M]
passenger's footrest
repose-pied[M] du passager[M]
reposapiés[M] del acompañante[M]
pedana[F] del passeggero[M]

hintere Blinkleuchte[F]
rear turn indicator
feu[M] clignotant arrière
intermitente[M] trasero
indicatore[M] di direzione[F] posteriore

Auspuffrohr[N]
silencer
pot[M] d'échappement[M]
tubo[M] de escape[M]
tubo[M] di scappamento[M]

Schlussleuchte[F]
rear light
feu[M] arrière
luz[F] trasera
fanale[M] posteriore

Motorrad[N]

Motorroller[M]
motor scooter
scooter[M]
escúter[M]
scooter[M]

Beispiele[N] für Motorräder[N]
examples of motorcycles
exemples[M] de motos[F]
ejemplos[M] de motocicletas[F]
esempi[M] di motociclette[F] e ciclomotore[M]

Geländemotorrad[N]
off-road motorcycle
moto[F] tout-terrain
motocicleta[F] todo terreno[M]
motocicletta[F] da cross[M]

Mofa[N]
moped
cyclomoteur[M]
ciclomotor[M]
ciclomotore[M]

Touring[N]-Motorrad[N]
touring motorcycle
moto[F] de tourisme[M]
motocicleta[F] de turismo[M]
motocicletta[F] da turismo[M]

4x4-Geländemotorrad[N]

quad bike | quad[M] | quad[M] | veicolo[M] a trazione[F] integrale 4x4

Fahrrad^N

bicycle | bicyclette^F | bicicleta^F | bicicletta^F

Teile^N eines Fahrrads^N
parts of a bicycle
parties^F d'une bicyclette^F
partes^F de una bicicleta^F
componenti^M di una bicicletta^F

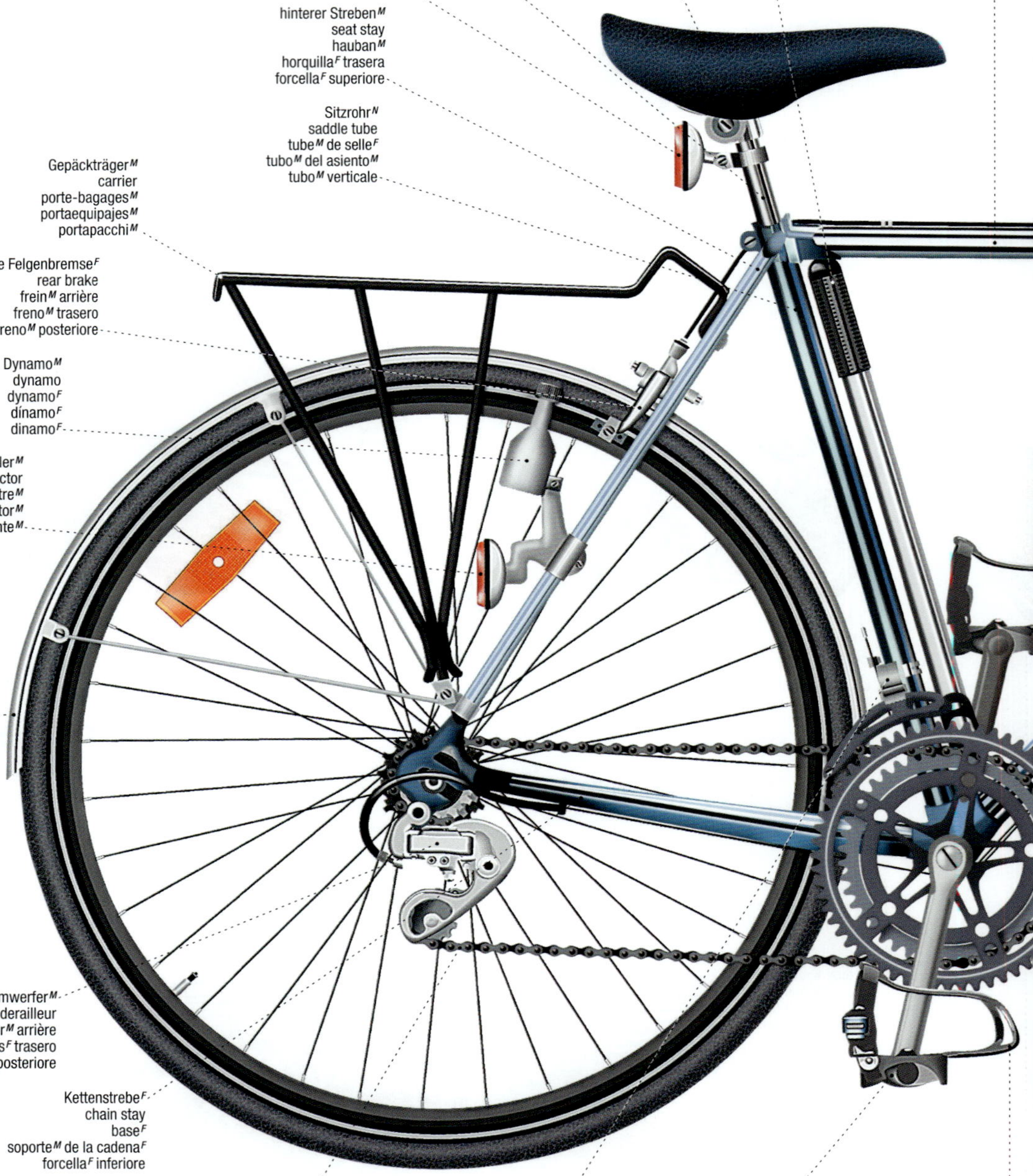

Fahrrad[N]

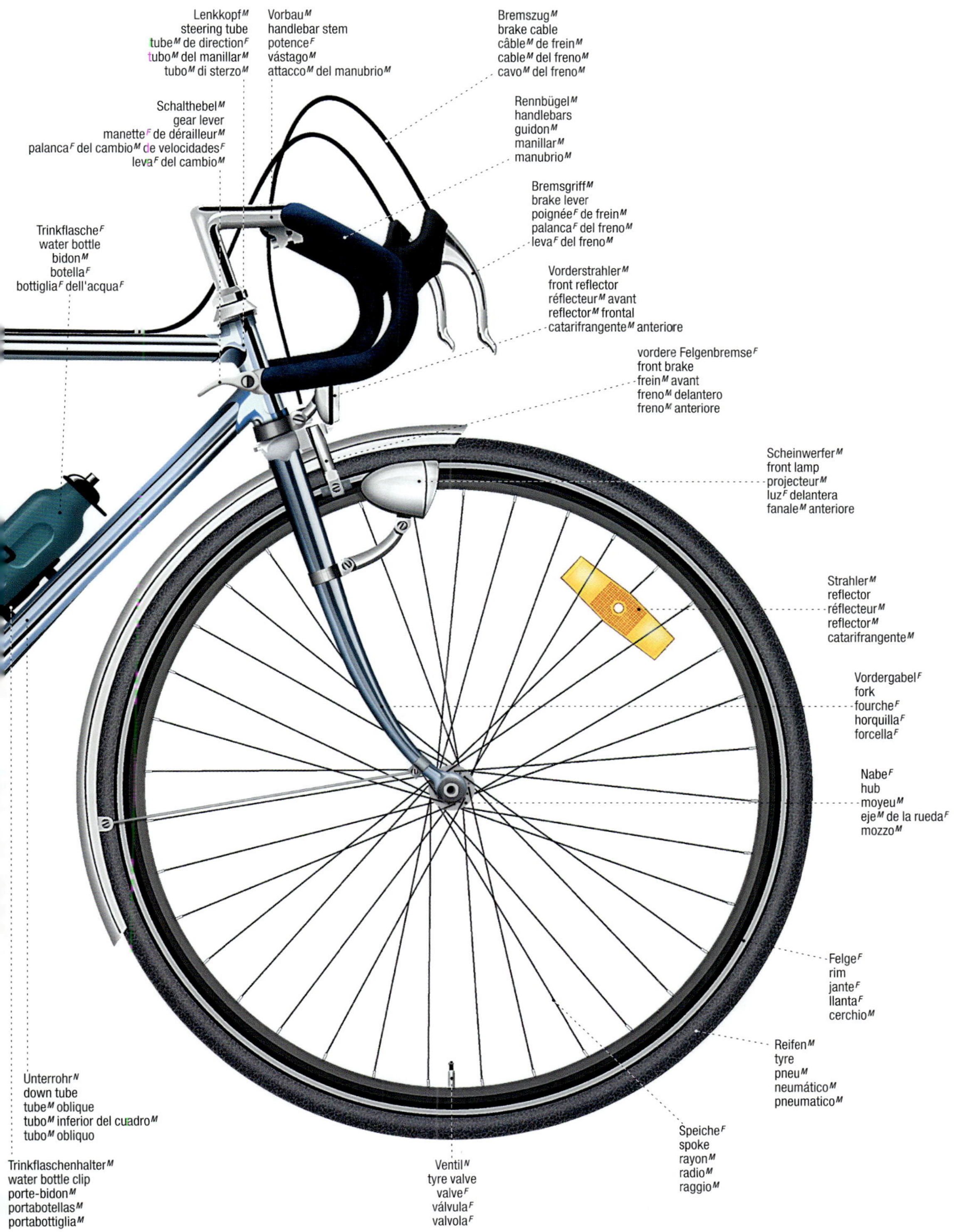
LenkkopfM steering tube tubeM de directionF tuboM del manillarM tuboM di sterzoM
VorbauM handlebar stem potenceF vástagoM attaccoM del manubrioM
BremszugM brake cable câbleM de freinM cableM del frenoM cavoM del frenoM
SchalthebelM gear lever manetteF de dérailleurM palancaF del cambioM de velocidadesF levaF del cambioM
RennbügelM handlebars guidonM manillarM manubrioM
BremsgriffM brake lever poignéeF de freinM palancaF del frenoM levaF del frenoM
TrinkflascheF water bottle bidonM botellaF bottigliaF dell'acquaF
VorderstrahlerM front reflector réflecteurM avant reflectorM frontal catarifrangenteM anteriore
vordere FelgenbremseF front brake freinM avant frenoM delantero frenoM anteriore
ScheinwerferM front lamp projecteurM luzF delantera fanaleM anteriore
StrahlerM reflector réflecteurM reflectorM catarifrangenteM
VordergabelF fork fourcheF horquillaF forcellaF
NabeF hub moyeuM ejeM de la ruedaF mozzoM
FelgeF rim janteF llantaF cerchioM
ReifenM tyre pneuM neumáticoM pneumaticoM
UnterrohrN down tube tubeM oblique tuboM inferior del cuadroM tuboM obliquo
SpeicheF spoke rayonM radioM raggioM
TrinkflaschenhalterM water bottle clip porte-bidonM portabotellasM portabottigliaM
VentilN tyre valve valveF válvulaF valvolaF

Fahrrad[N]

Kraftübertragung[F]
power train
mécanisme[M] de propulsion[F]
transmisión[F] de cadena[F]
organi[M] di trasmissione[F]

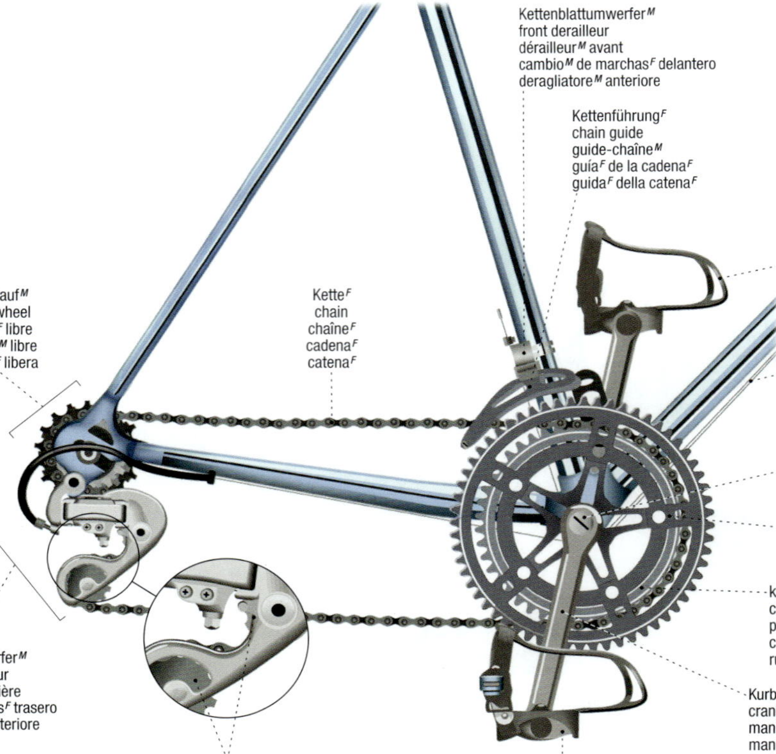

Kettenblattumwerfer[M]
front derailleur
dérailleur[M] avant
cambio[M] de marchas[F] delantero
deragliatore[M] anteriore

Kettenführung[F]
chain guide
guide-chaîne[M]
guía[F] de la cadena[F]
guida[F] della catena[F]

Pedalhaken[M]
toe clip
cale-pied[M]
calapié[M]
fermapiedi[M]

Freilauf[M]
freewheel
roue[F] libre
piñón[M] libre
ruota[F] libera

Kette[F]
chain
chaîne[F]
cadena[F]
catena[F]

Schaltzug[M]
gear cable
câble[M] de commande[F]
cable[M] del cambio[M]
cavo[M] del cambio[M]

Tretlager[N]
pedal spindle
axe[M] du pédalier[M]
eje[M] del pedal[M]
albero[M] delle pedivelle[F]

großes Kettenblatt[N]
chain wheel A
plateau[M] A
corona[F] externa de la cadena[F]
ruota[F] dentata A

kleines Kettenblatt[N]
chain wheel B
plateau[M] B
corona[F] interna de la cadena[F]
ruota[F] dentata B

hinterer Umwerfer[M]
rear derailleur
dérailleur[M] arrière
cambio[M] de marchas[F] trasero
deragliatore[M] posteriore

Kurbel[F]
crank
manivelle[F]
manivela[F]
pedivella[F]

Abhalter[M]
jockey rollers
galets[M] tendeurs
poleas[F] de tensión[F]
rullini[M] tenditori[M]

Pedal[N]
pedal
pédale[F]
pedal[M]
pedale[M]

Zubehör[N]
accessories
accessoires[M]
accesorios[M]
accessori[M]

Schloss[N]
cycle lock
cadenas[M]
candado[M] para bicicleta[F]
lucchetto[M]

Kindersitz[M]
child carrier
siège[M] de vélo[M] pour enfant[M]
silla[F] porta-niño[M]
seggiolino[M] per bambini[M]

Fahrradhelm[M]
cycling helmet
casque[M] de protection[F]
casco[M] protector
casco[M] di protezione[F]

Satteltasche[F]
pannier bag
sacoche[F]
cartera[F]
zaino[M]

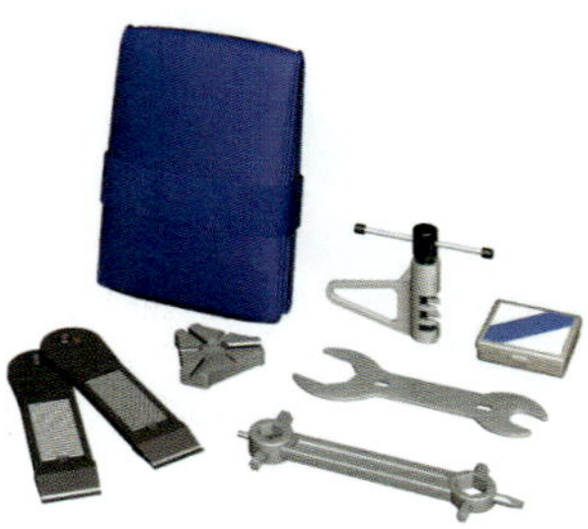

Werkzeugsatz[M]
tool kit
trousse[F] de dépannage[M]
herramientas[F]
kit[M] di attrezzi[M]

Fahrradanhänger[M] für Kinder[N]
child bike trailer
remorque[F] de vélo[M] pour enfant[M]
remolque[M] de bicicletas[F] para niños[M]
rimorchio[M] per bambini[M]

Fahrrad[N]

Beispiele[N] für Fahrräder[N]
examples of bicycles
exemples[M] de bicyclettes[F]
ejemplos[M] de bicicletas[F]
esempi[M] di biciclette[F]

Dreirad[N]
child's tricycle
tricycle[M] d'enfant[M]
triciclo[M]
triciclo[M]

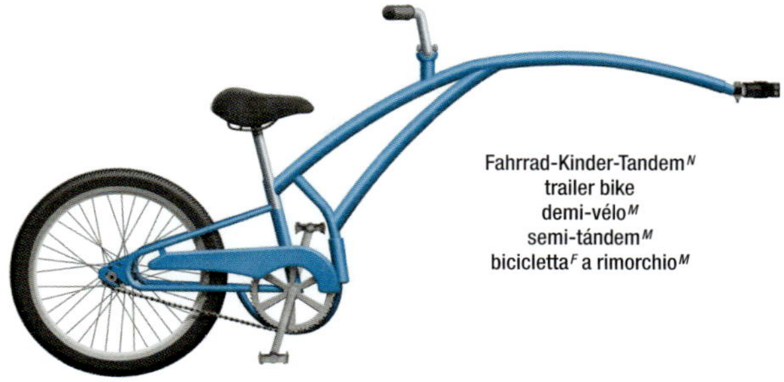

Fahrrad-Kinder-Tandem[N]
trailer bike
demi-vélo[M]
semi-tándem[M]
bicicletta[F] a rimorchio[M]

Kinderfahrrad[N]
child's bicycle
bicyclette[F] d'enfant[M]
bicicleta[F] de niño[M]
bicicletta[F] da bambino[M]

BMX-Rad[N]
BMX bike
vélo[M] cross[M]
bicicleta[F] BMX
mountain bike[F] da cross[M]

Rennrad[N]
road bicycle
bicyclette[F] de course[F]
bicicleta[F] de carretera[F]
bicicletta[F] da corsa[F]

Mountainbike[N]
all-terrain bicycle
bicyclette[F] tout-terrain
bicicleta[F] todo terreno[M]
mountain bike[F]

Fahrrad^N

Beispiele^N für Fahrräder^N

Dreirad^N für Erwachsene^M
adult tricycle
tricycle^M d'adulte^M
triciclo^M para adultos^M
triciclo^M per adulti^M

Liegerad^N
recumbent bicycle
vélo^M couché
bicicleta^F reclinada
bicicletta^F reclinata

Stadtrad^N
city bicycle
bicyclette^F de ville^F
bicicleta^F de ciudad^F
city bike^F

elektrisches Fahrrad^N
electric bicycle
bicyclette^F électrique
bicicleta^F eléctrica
bicicletta^F elettrica

Tourenrad^N
touring bicycle
bicyclette^F de tourisme^M
bicicleta^F de turismo^M
bicicletta^F da turismo^M

Tandem^N
tandem
tandem^M
tándem^M
tandem^M

Bahnhof^{M}

railway station | gare^{F} | estación^{F} de ferrocarril^{M} | stazione^{F} ferroviaria

Personenbahnhof^{M}
passenger station
gare^{F} de voyageurs^{M}
estación^{F} de ferrocarril^{M}
stazione^{F} dei viaggiatori^{M}

S-Bahn-Strecke^{F}
suburban commuter railway
voie^{F} de banlieue^{F}
vía^{F} de tren^{M} suburbano
linea^{F} ferroviaria locale

Parkplatz^{M}
parking
parc^{M} de stationnement^{M}
estacionamiento^{M}
parcheggio^{M}

Bahnsteig^{M}
station platform
quai^{M}
andén^{M}
marciapiede^{M}

Bahnsteigüberdachung^{F}
platform shelter
abri^{M}
marquesina^{F} del andén^{M}
pensilina^{F}

Nebengleis^{N}
siding
voie^{F} de service^{M}
vía^{F} subsidiaria
binario^{M} morto

Nahverkehrszug^{M}
commuter train
train^{M} de banlieue^{F}
tren^{M} suburbano
treno^{M} locale

Fußgängerbrücke^{F}
footbridge
passerelle^{F}
pasarela^{F}
ponte^{M} pedonale

Prellbock^{M}
buffers
butoir^{M}
tope^{M}
respingente^{M}

Signal^{N}
semaphore signal
signal^{M} de voie^{F}
semáforo^{M}
semaforo^{M}

schienengleicher Bahnübergang^{M}
motorway crossing
passage^{M} à niveau^{M}
paso^{M} a nivel^{M}
passaggio^{M} a livello^{M}

Hauptgleis^{N}
main lines
grandes lignes^{F}
vías^{F} principales
linee^{F} ferroviarie principali

Stellwerk^{N}
signal box
poste^{M} d'aiguillage^{M}
torre^{F} de señales^{F}
cabina^{F} di manovra^{F}

Pfeiler^{M}
support
pylône^{M}
poste^{M}
pilone^{M}

Signalbrücke^{F}
signal gantry
portique^{M} de signalisation^{F}
puente^{M} de señales^{F}
ponte^{M} segnali^{M}

Unterführung^{F}
subway
passage^{M} souterrain
pasaje^{M} subterráneo
sottopassaggio^{M}

Güterwagen^{M}
freight wagon
wagon^{M}
vagón^{M} de carga^{F}
carro^{M} merci^{F}

Güterbahnhof^{M}
goods station
gare^{F} de marchandises^{F}
estación^{F} de carga^{F}
scalo^{M} merci^{F}

Gleiskreuzung^{F}
crossover
bretelle^{F}
carril^{M} de enlace^{M}
binario^{M} di raccordo^{M}

Weiche^{F}
points
aiguillage^{M}
aguja^{F} de cambio^{M}
scambio^{M}

Lokschuppen^{M}
diesel engine shed
atelier^{M} diesel^{M}
taller^{M} de máquinas^{F} diésel
officina^{F} di riparazione^{F} dei locomotori^{M} diesel

Bahnhof^{M}

passenger station | gare^{F} de voyageurs^{M} | estación^{F} de ferrocarril^{M} | stazione^{F} dei viaggiatori^{M}

Büro^{N}
office
locaux^{M} administratifs
oficina^{F}
uffici^{M}

Fahrplan^{M}
timetable
panneau^{M} indicateur
tablero^{M} de información^{F}
tabellone^{M} degli orari^{M}

Förderwagen^{M}
luggage trolley
chariot^{M} à bagages^{M}
carro^{M} portaequipaje
carrello^{M} portabagagli

Gepäckschließfächer^{N}
luggage lockers
consigne^{F} automatique
taquillas^{F} de consigna^{F} automática
cassette^{F} di deposito^{M} per bagagli^{M}

Glasüberdachung^{F}
glass roof
verrière^{F}
techo^{M} de vidiro^{M}
tettoia^{F} vetrata

Eisenträger^{M}
metal structure
structure^{F} métallique
estructura^{F} de metal^{M}
struttura^{F} metallica

Gleisnummer^{F}
platform number
numéro^{M} de quai^{M}
indicador^{M} de número^{M} de andén^{M}
numero^{M} del binario^{M}

Reisezug^{M}
passenger train
train^{M}
tren^{M} de pasajeros^{M}
treno^{M} passeggeri^{M}

Bahnhofshalle^{F}
station concourse
salle^{F} des pas^{M} perdus
vestíbulo^{M}
atrio^{M}

Bahnsteigkante^{F}
platform edge
bordure^{F} de quai^{M}
borde^{M} del andén^{M}
striscia^{F} di sicurezza^{F}

Fahrkartenkontrolleur^{M}
ticket collector
contrôleur^{M}
revisor^{M}
controllore^{M}

Gepäckaufbewahrung^{F}
left-luggage office
enregistrement^{M} des bagages^{M}
sala^{F} de equipajes^{M}
deposito^{M} bagagli^{M}

Bahnsteig^{M}
passenger platform
quai^{M} de gare^{F}
andén^{M} de pasajeros^{M}
marciapiede^{M} dei viaggiatori^{M}

Abfahrtzeiten^{F}
departure time indicator
affichage^{M} de l'heure^{F} de départ^{M}
indicador^{M} de hora^{F} de salida^{F}
indicatore^{M} generale degli orari^{M}

Oberbau^{M}
railway track
voie^{F} ferrée
vía^{F} férrea
strada^{F} ferrata

Paketannahme^{F}
parcels office
service^{M} de colis^{M}
consigna^{F}
servizio^{M} pacchi^{M}

Zielbahnhof^{M}
destination
destination^{F}
destinos^{M}
destinazione^{F}

Kursbuchtafeln^{F}
train indicator
tableau^{M} horaire
horarios^{M}
orari^{M}

Zugang^{M} zum Gleis^{N}
platform entrance
accès^{M} aux quais^{M}
acceso^{M} a los andenes^{M}
ingresso^{M} al marciapiede^{M}

Personenzüge^M: Wagentypen^M

types of passenger coach | types^M de voitures^F | vagones^M de pasajeros^M | tipi^M di vagoni^M passeggeri^M

Großraumwagen^M
open-plan coach
voiture^F classique
vagón^M de pasajeros^M
vagone^M viaggiatori^M

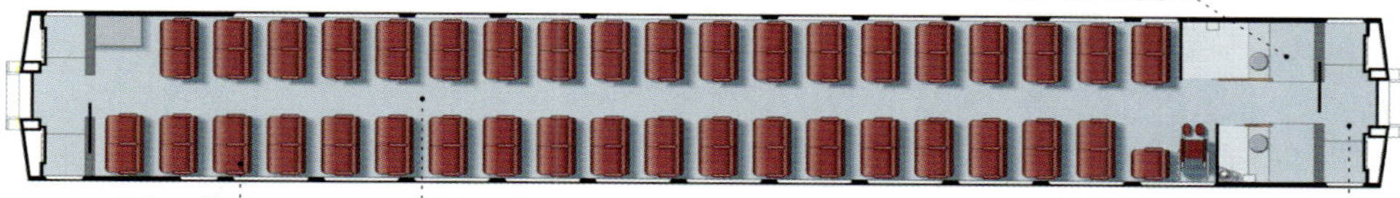

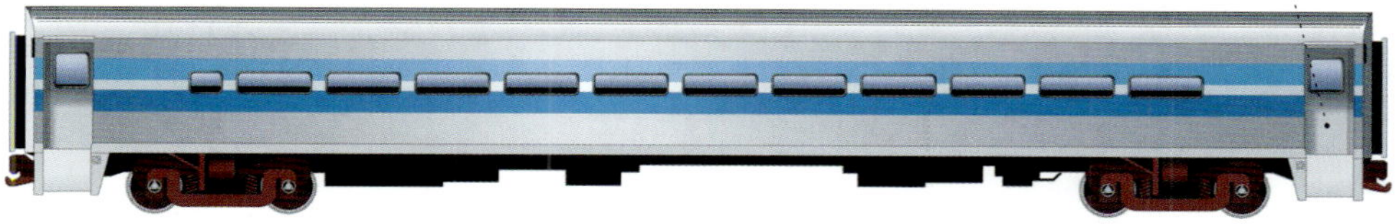

Schlafwagen^M
sleeping car
voiture^F-lit^M
coche^M cama^F
vagone^M letto^M

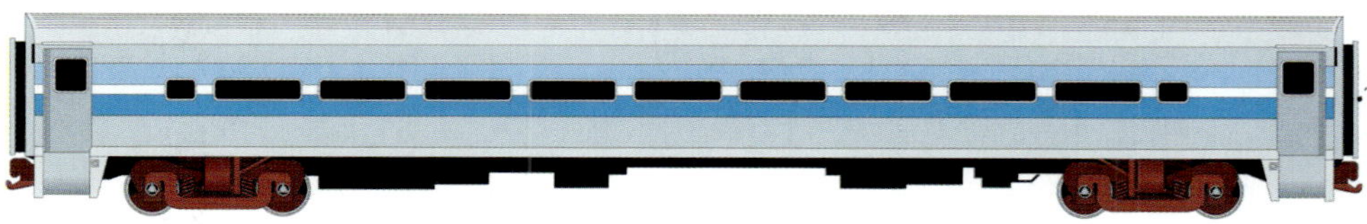

Speisewagen^M
restaurant car
voiture^F restaurant^M
vagón^M comedor^M
vagone^M ristorante^M

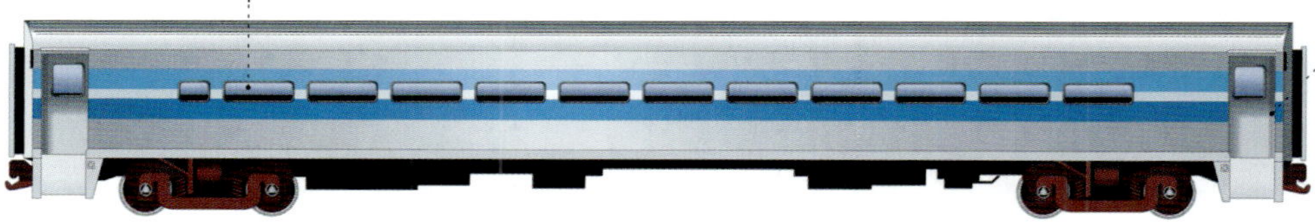

dieselelektrische Lokomotive^{F}

diesel-electric locomotive | locomotive^{F} diesel-électrique | locomotora^{F} diésel eléctrica | locomotiva^{F} diesel-elettrica

Lokomotive^{F} im Querschnitt^{M}
section of a locomotive
coupe^{F} d'une locomotive^{F}
corte^{M} de una locomotora^{F}
sezione^{F} di una locomotiva^{F}

Anlassbatterie^{F}
battery
batterie^{F}
batería^{F}
batteria^{F}

Kühlwasserventilator^{M}
ventilating fan
ventilateur^{M} des radiateurs^{M}
ventilador^{M}
ventola^{F} di raffreddamento^{M} dei radiatori^{M}

Betriebsbremse^{F}
dynamic brake
frein^{M} rhéostatique
freno^{M} dinámico
freno^{M} dinamico

Luftkompressor^{M}
air compressor
compresseur^{M} d'air^{M}
compresor^{M} de aire^{M}
compressore^{M} dell'aria^{F}

Führerstand^{M}
driver's cab
cabine^{F} de conduite^{F}
cabina^{F} del maquinista^{M}
cabina^{F} di guida^{F}

Ventilator^{M}
ventilator
ventilateur^{M}
ventilador^{M}
ventilatore^{M}

Wasserbehälter^{M}
water tank
soute^{F} à eau^{F}
depósito^{M} de agua^{F}
serbatoio^{M} dell'acqua^{F}

Kühlergruppe^{F}
radiator
radiateur^{M}
radiador^{M}
radiatore^{M}

Signalhorn^{N}
horn
avertisseur^{M}
silbato^{M}
avvisatore^{M} acustico

Dieselmotor^{M}
diesel engine
moteur^{M} diesel
motor^{M} diésel
motore^{M} diesel

Luftfilter^{M}
air filter
filtre^{M} à air^{M}
filtro^{M} de aire^{M}
filtro^{M} dell'aria^{F}

Scheinwerfer^{M}
headlight
phare^{M}
faro^{M} delantero
fanale^{M}

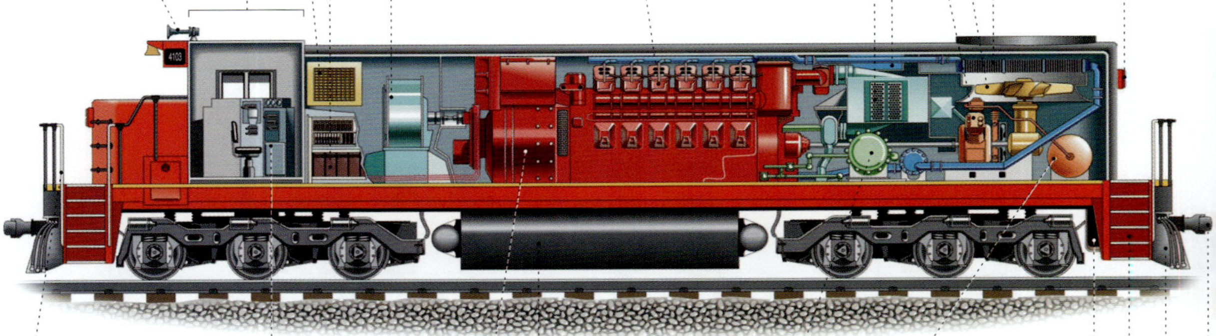

Schutzgeländer^{N}
safety rail
garde-corps^{M}
barandilla^{F}
parapetto^{M}

Führerpult^{N}
control stand
pupitre^{M} de conduite^{F}
tablero^{M} de mandos^{M}
pannello^{M} di comando^{M}

Schmiersystem^{N}
lubricating system
système^{M} de graissage^{M}
sistema^{M} de lubricación^{F}
sistema^{M} di lubrificazione^{F}

Sandkasten^{M}
sandbox
sablière^{F}
arenera^{F}
sabbiera^{F}

Hauptgenerator^{M}
main generator
génératrice^{F} principale
generador^{M} principal
generatore^{M} principale

Hauptluftbehälter^{M}
compressed air reservoir
réservoir^{M} d'air^{M} comprimé
depósito^{M} de aire^{M} comprimido
serbatoio^{M} d'aria^{F} compressa

Laufbrett^{N}
side footboard
marchepied^{M} latéral
escalerilla^{F} lateral
scaletta^{F} laterale

Drehgestell^{N}
bogie
bogie^{M}
bogie^{M}
carrello^{M}

Kraftstofftank^{M}
fuel tank
réservoir^{M} à carburant^{M}
depósito^{M} de combustible^{M}
serbatoio^{M} del carburante^{M}

Schienenräumer^{M}
stone deflector
chasse-pierres^{M}
quitapiedras^{M}
cacciapietre^{M}

Schraubenfeder^{F}
spring
ressort^{M} de suspension^{F}
resorte^{M}
molla^{F} di sospensione^{F}

Kupplungsbügel^{M}
coupling
tête^{F} d'attelage^{M}
cabeza^{F} de empalme^{M}
dispositivo^{M} di agganciamento^{M}

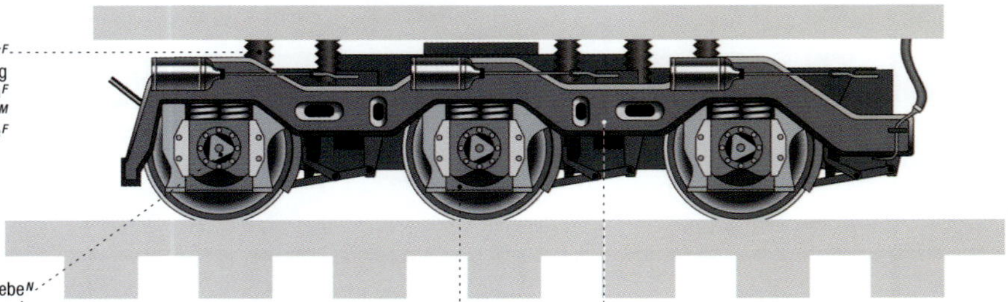

Achsgetriebe^{N}
axle
essieu^{M}
eje^{M}
asse^{M}

Radsatzgetriebe^{N}
journal box
boîte^{F} d'essieu^{M}
cojinete^{M}
scatola^{F} dell'asse^{M}

Drehgestell-Rahmen^{M}
bogie frame
châssis^{M} de bogie^{M}
chasis^{M} del bogie^{M}
telaio^{M} del carrello^{M}

Hochgeschwindigkeitszug[M]

high-speed train | train[M] à grande vitesse[F] (T.G.V.) | tren[M] de alta velocidad[F] | treno[M] ad alta velocità[F]

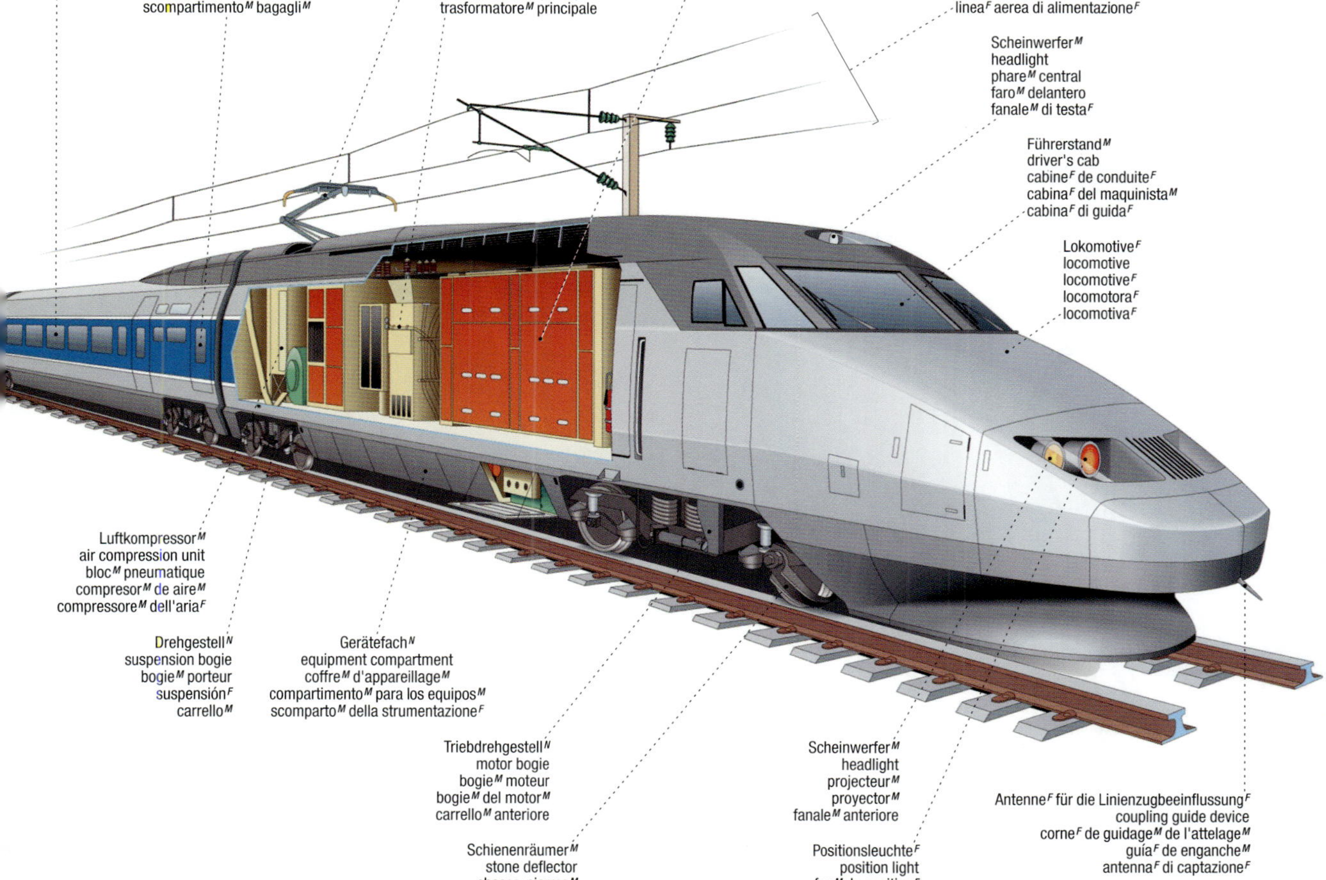

Rangierbahnhof^{M}

marshalling yard | gare^{F} de triage^{M} | estación^{M} de clasificación^{M} | stazione^{F} di smistamento^{M}

Waschplatte^{F}
rolling stock cleaning yard
zone^{F} de lavage^{M} des wagons^{M}
zona^{F} de lavado^{M} de vagones^{M}
area^{F} di lavaggio^{M} delle carrozze^{F}

Richtungsgleis^{N}
secondary marshalling track
voie^{F} de tri^{M} secondaire
segunda vía^{F} de clasificación^{F}
binario^{M} di secondo smistamento^{M}

Wasserturm^{M}
water tower
château^{M} d'eau^{F}
tanque^{M} de agua^{F}
serbatoio^{M} dell'acqua^{F}

Empfangsgleise^{N}
receiving yard
zone^{F} de réception^{F}
zona^{M} de recepción^{F}
area^{F} ricevitrice

Ordnungsgleis^{N}
marshalling yard
zone^{F} de triage^{M}
zona^{F} de clasificación^{F}
area^{F} di smistamento^{M}

Ausfahrgleis^{N}
exit track
voie^{F} de sortie^{F}
vía^{F} de salida^{F}
binario^{M} di uscita^{F}

Ausbesserungswerk^{N}
repair shop
atelier^{M} de réparation^{F}
taller^{M} de reparación^{F}
officina^{F} meccanica

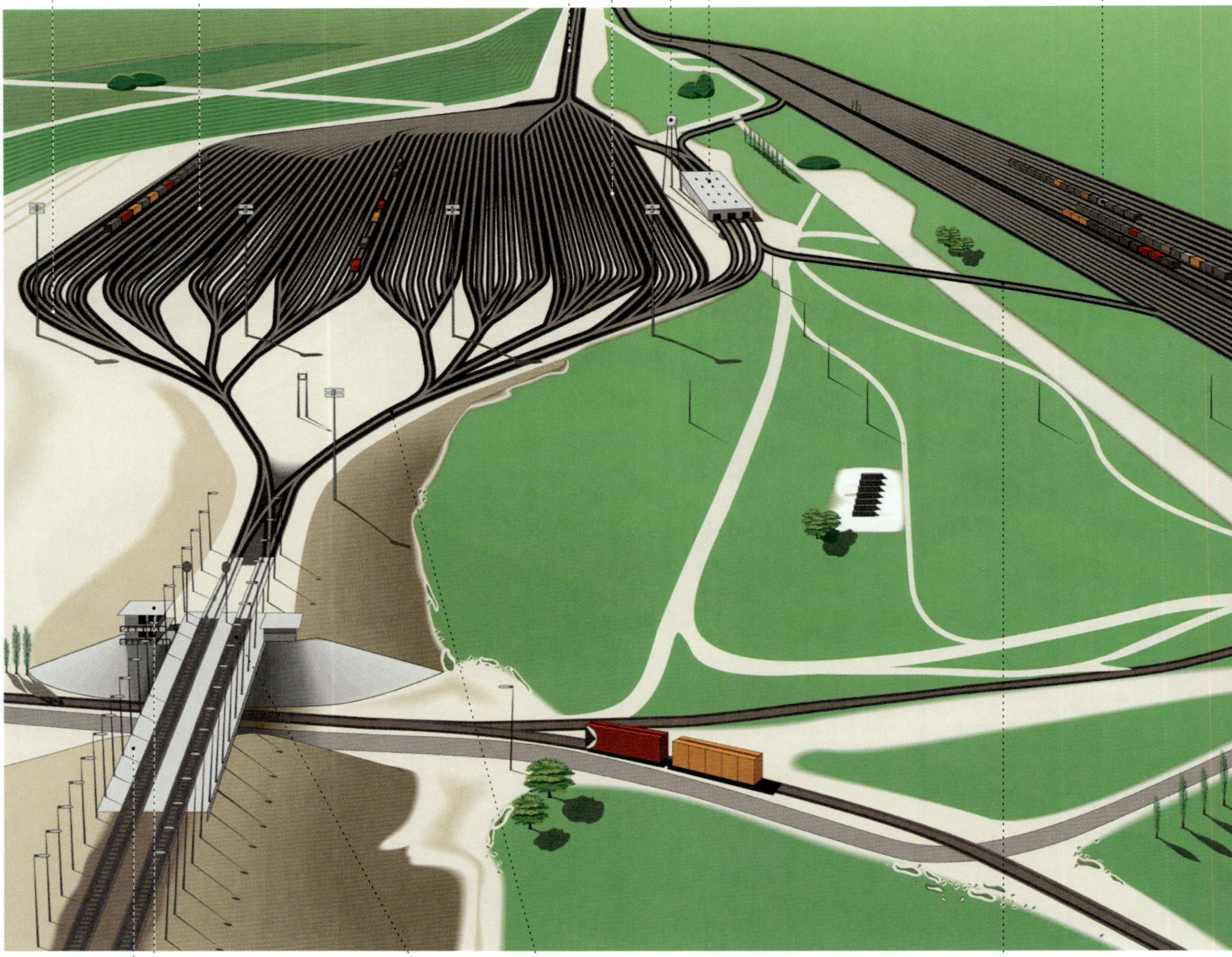

Ablaufstellwerk^{N}
hump control
poste^{M} de débranchement^{M}
puesto^{M} de clasificación^{F}
cabina^{F} di controllo^{M} della parigina^{F}

Einfahrgleis^{N}
primary marshalling track
voie^{F} de tri^{M} primaire
primera vía^{F} de clasificación^{F}
binario^{M} di primo smistamento^{M}

Lokverkehrsgleis^{N}
locomotive track
voie^{F} de circulation^{F} des locomotives^{F}
vía^{F} locomotriz
binario^{M} per le locomotive^{F}

Ablaufberg^{M}
hump
butte^{F} de débranchement^{M}
terraplén^{M} de desenganche^{M}
parigina^{F}

Auffahrgleis^{N}
hump approach
voie^{F} de butte^{F}
dirección^{F}
binario^{M} di rampa^{F}

Güterwagen[M]

freight car | wagon[M] | vagón[M] de carga[F] | carro[M] merci[F]

Güterwaggon[M]
freight van
wagon[M] couvert
vagón[M] de carga[F]
carro[M] merci[M] chiuso

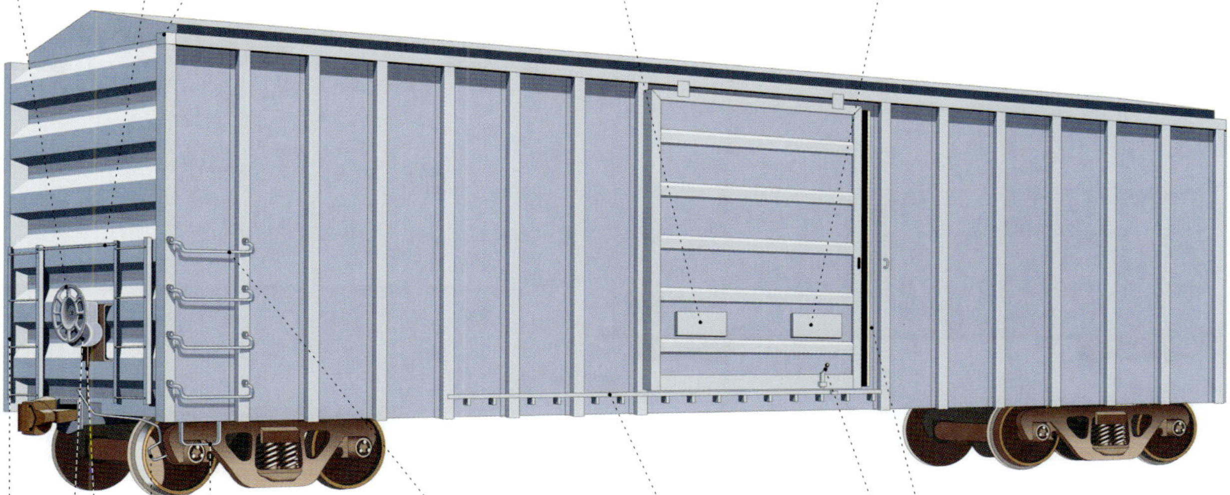

Automatikkupplung[F]
automatic coupler
attelage[M] automatique
enganche[M] automático
gancio[M] di trazione[F] automatico

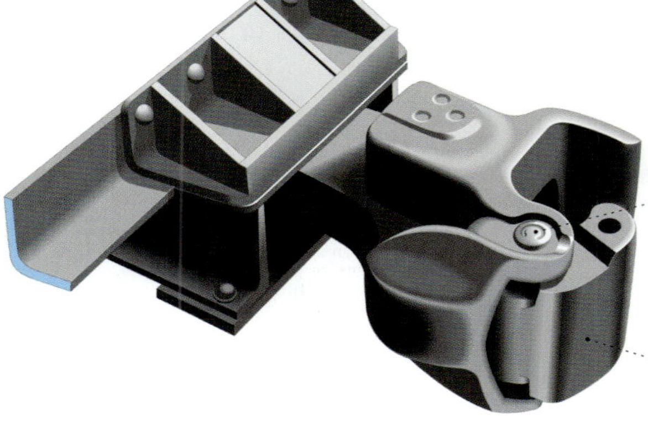

Güterwagen[M]

Beispiele[N] für Güterwagen[M]
examples of freight wagons
exemples[M] de wagons[M]
ejemplos[M] de vagones[M]
esempi[M] di carri[M] merci[F]

Bremswagen[M]
brake van
wagon[M] de queue[F]
furgón[M] de cola[F]
vagone[M] di coda[F] del personale[M] viaggiante

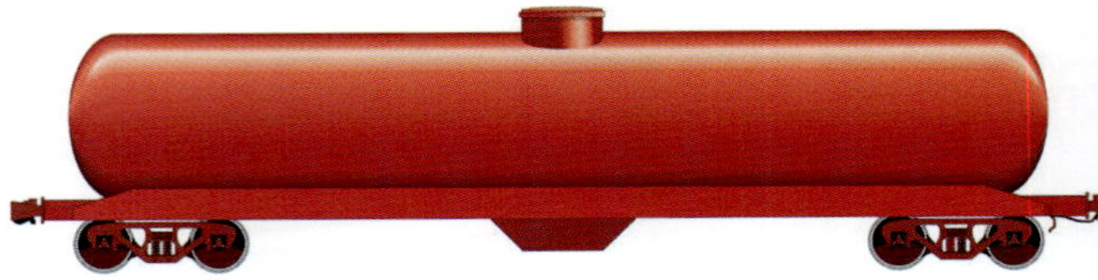

Kesselwagen[M]
bogie tank wagon
wagon[M]-citerne[F]
vagón[M] cisterna[F]
carro[M] cisterna[F]

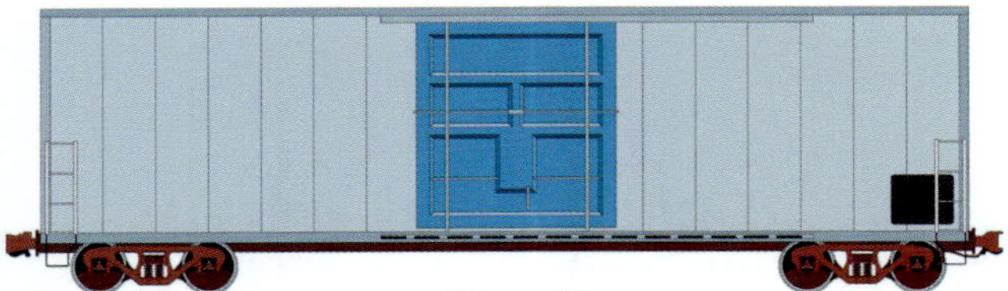

Kühlwagen[M]
refrigerator van
wagon[M] réfrigérant
vagón[M] frigorífico
carro[M] frigorifero

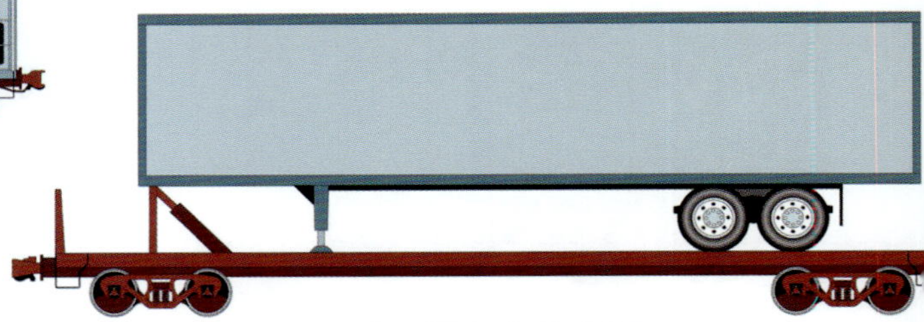

Wagen[M] für den Kombiverkehr[M]
intermodal car
wagon[M] intermodal
vagón[M] intermodal
vagone[M] intermodale

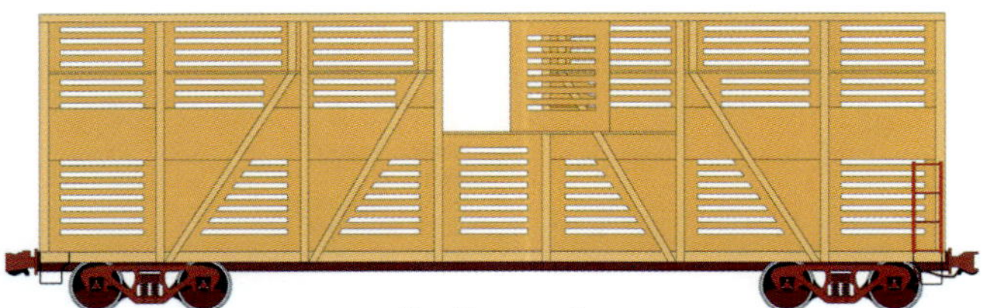

Verschlagwagen[M]
livestock van
wagon[M] à bestiaux[M]
vagón[M] para ganado[M]
carro[M] bestiame[M]

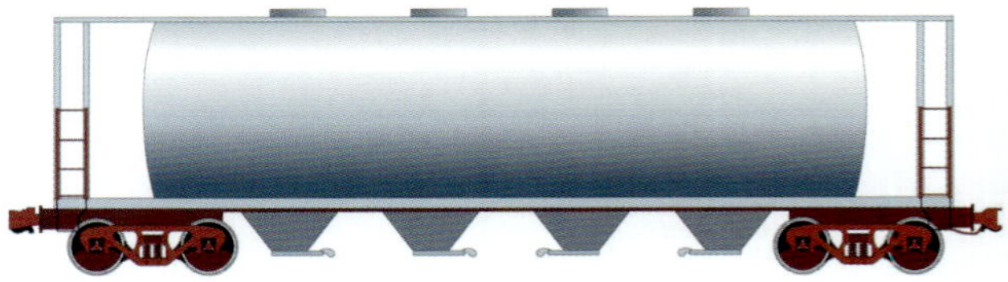

Bodenentleererwagen[M]
hopper tank wagon
wagon[M]-trémie[F]
vagón[M] tolva[F]
carro[M] a tramoggia[F]

Güterwaggon[M]
freight van
wagon[M] couvert
vagón[M] de carga[F]
carro[M] merci[M] chiuso

gedeckter Güterwagen[M]
hardtop lorry
wagon[M]-tombereau[M] couvert
vagón[M] cerrado
carro[M] chiuso con tetto[M] apribile

Güterwagen[M]

Autotransportwagen[M]
three-tier car carrier
wagon[M] porte-automobiles[M]
vagón[M] para automóviles[M]
carro[M] bisarca[F]

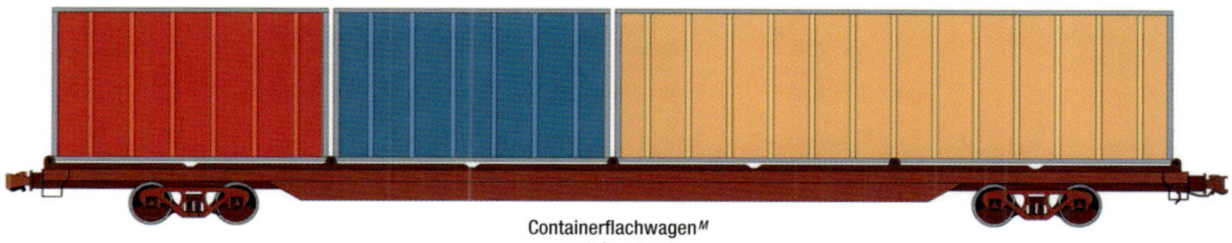

Containerflachwagen[M]
container truck
wagon[M] porte-conteneurs[M]
vagón[M] para contenedores[M]
carro[M] pianale[M] portacontainer[M]

Tiefladewagen[M]
depressed-centre flat
wagon[M] plat surbaissé
vagón[M] plataforma[F] de piso[M] bajo
carro[M] pianale[M] a carrelli[M]

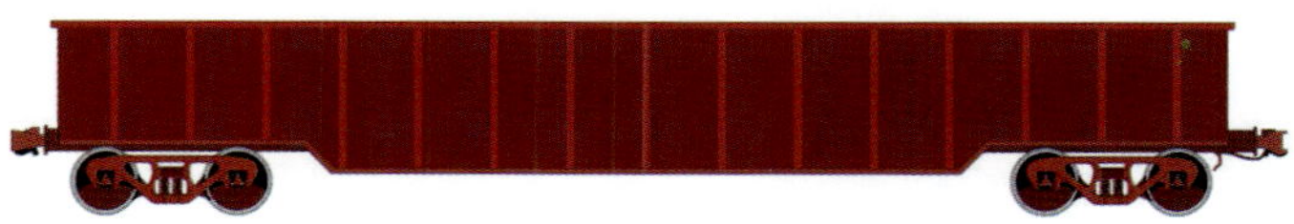

offener Güterwagen[M]
bogie goods truck
wagon[M]-tombereau[M]
vagón[M] de mercancías[F]
carro[M] scoperto a sponde[F] basse

Stirnwandflachwagen[M] mit Trennwand[F]
bulkhead flat
wagon[M] plat à parois[F] de bout[M]
vagón[M] plataforma[F] con retenedores[M]
carro[M] pianale[M] con stanti[M]

Schüttgutwagen[M]
hopper ore wagon
wagon[M]-trémie[F] à minerai[M]
vagón[M] tolva[F] para minerales[M]
carro[M] a tramoggia[F] per minerali[M]

Drehgestellflachwagen[M]
flat
wagon[M] plat
vagón[M] plataforma[F]
carro[M] pianale

langer Kastenwagen[M]
wood chip wagon
wagon[M] à copeaux[M]
vagón[M] para madera[F]
carro[M] scoperto a sponde[F] alte

Eisenbahn-Oberbau[M]

railway track | voie[F] ferrée | vía[F] férrea | strada[F] ferrata

Schienenstoß[M]
rail joint
joint[M] de rail[M]
empalme[M] de rieles[M]
giunto[M] di rotaia[F]

fernbediente Weiche[F]
remote-controlled points
aiguillage[M] manœuvré à distance[F]
aguja[F] de control[M] a larga distancia[F]
scambio[M] automatico

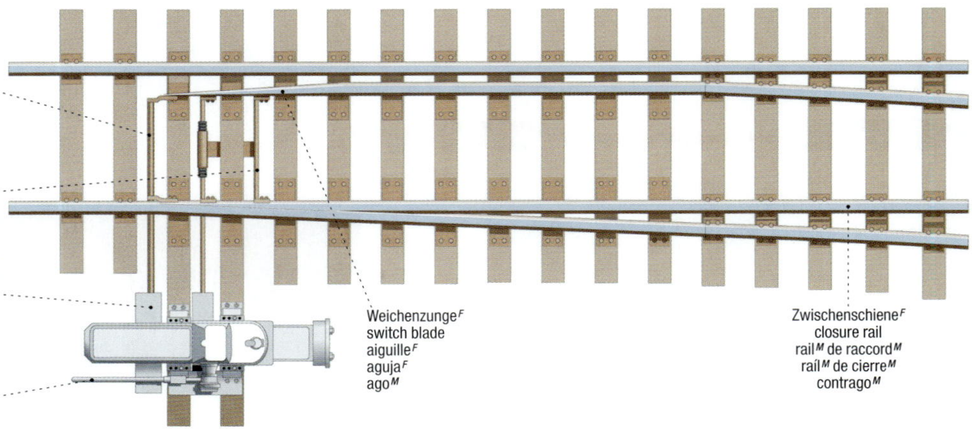

handbediente Weiche[F]
manually-operated points
aiguillage[M] manœuvré à pied[M] d'œuvre[F]
cambiador[M] manual de vía[F]
scambio[M] manuale

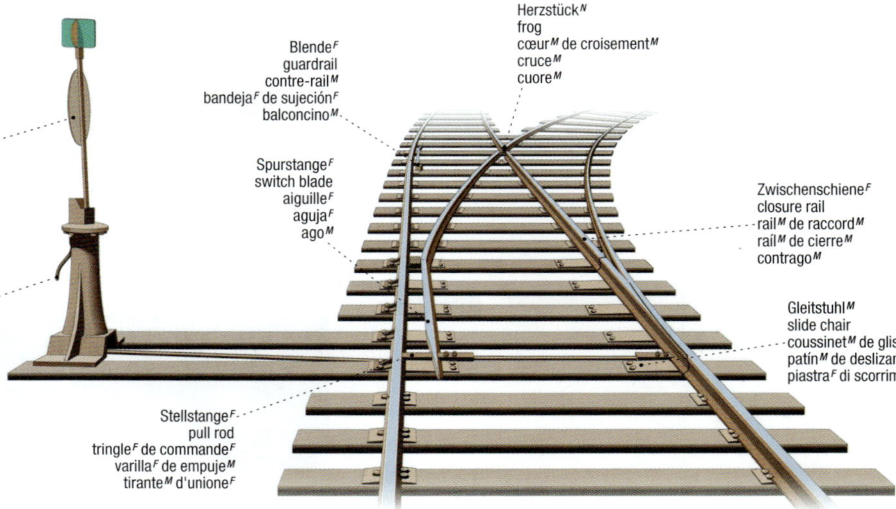

Eisenbahn-Oberbau^{M}

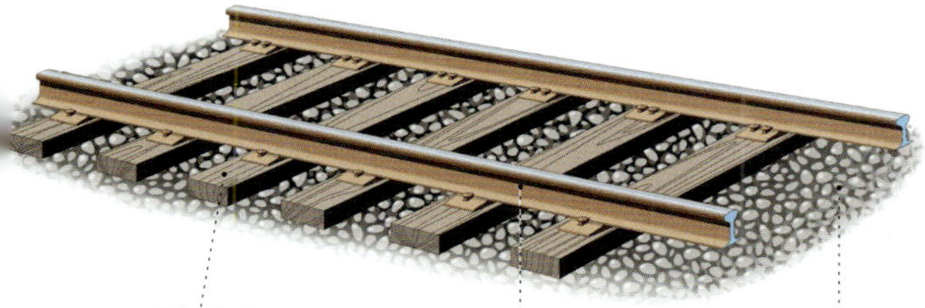

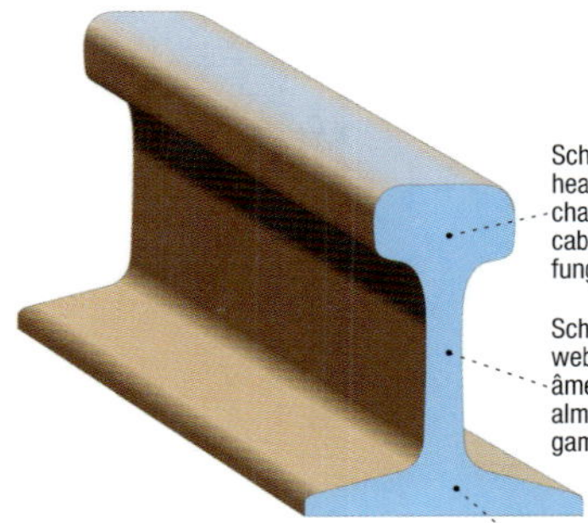

schienengleicher, gesicherter Bahnübergang^{M}

level crossing | passage^{M} à niveau^{M} | paso^{M} a nivel^{M} | passaggio^{M} a livello^{M}

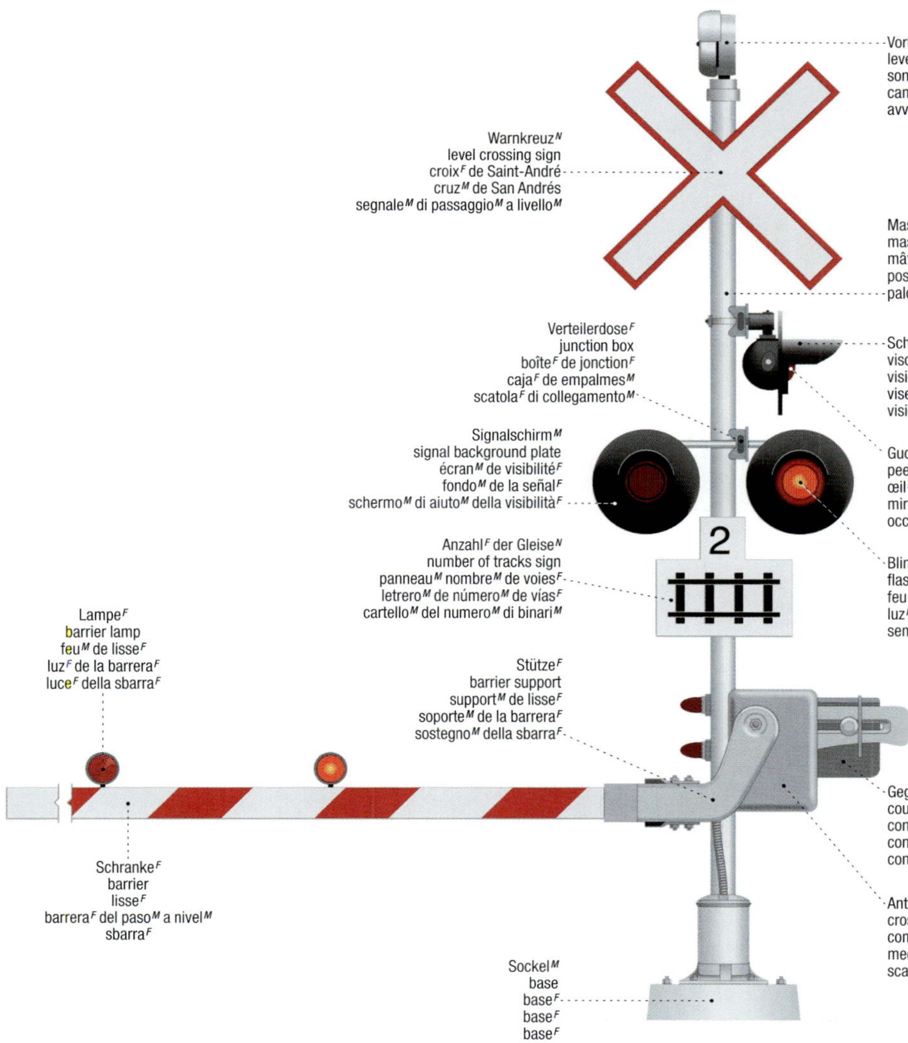

U-Bahn^F

underground railway | chemin^M de fer^M métropolitain | metro^M | metropolitana^F

U-Bahn-Station^F
underground station
station^F de métro^M
estación^F de metro^M
stazione^F della metropolitana^F

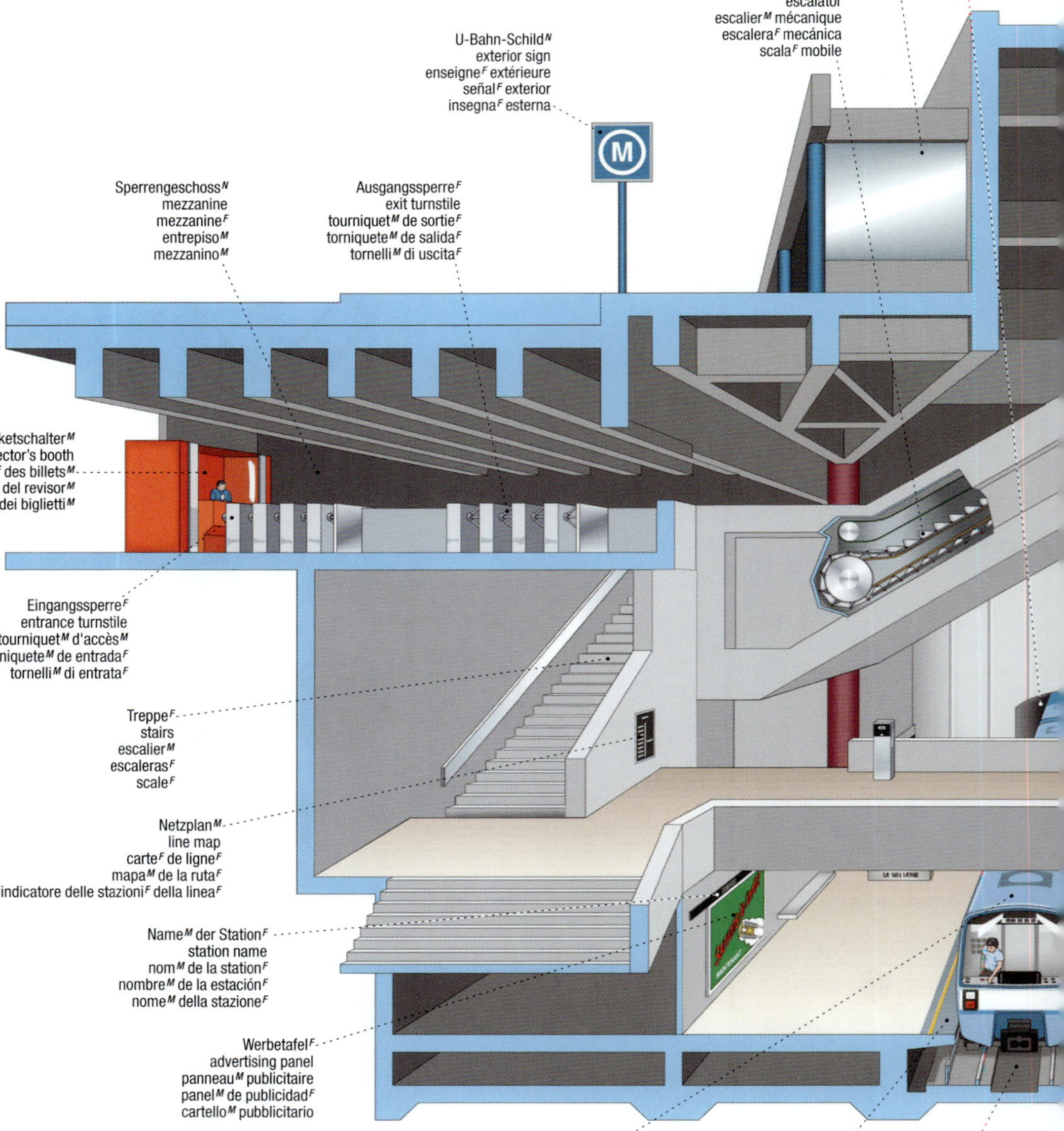

U-Bahn^F

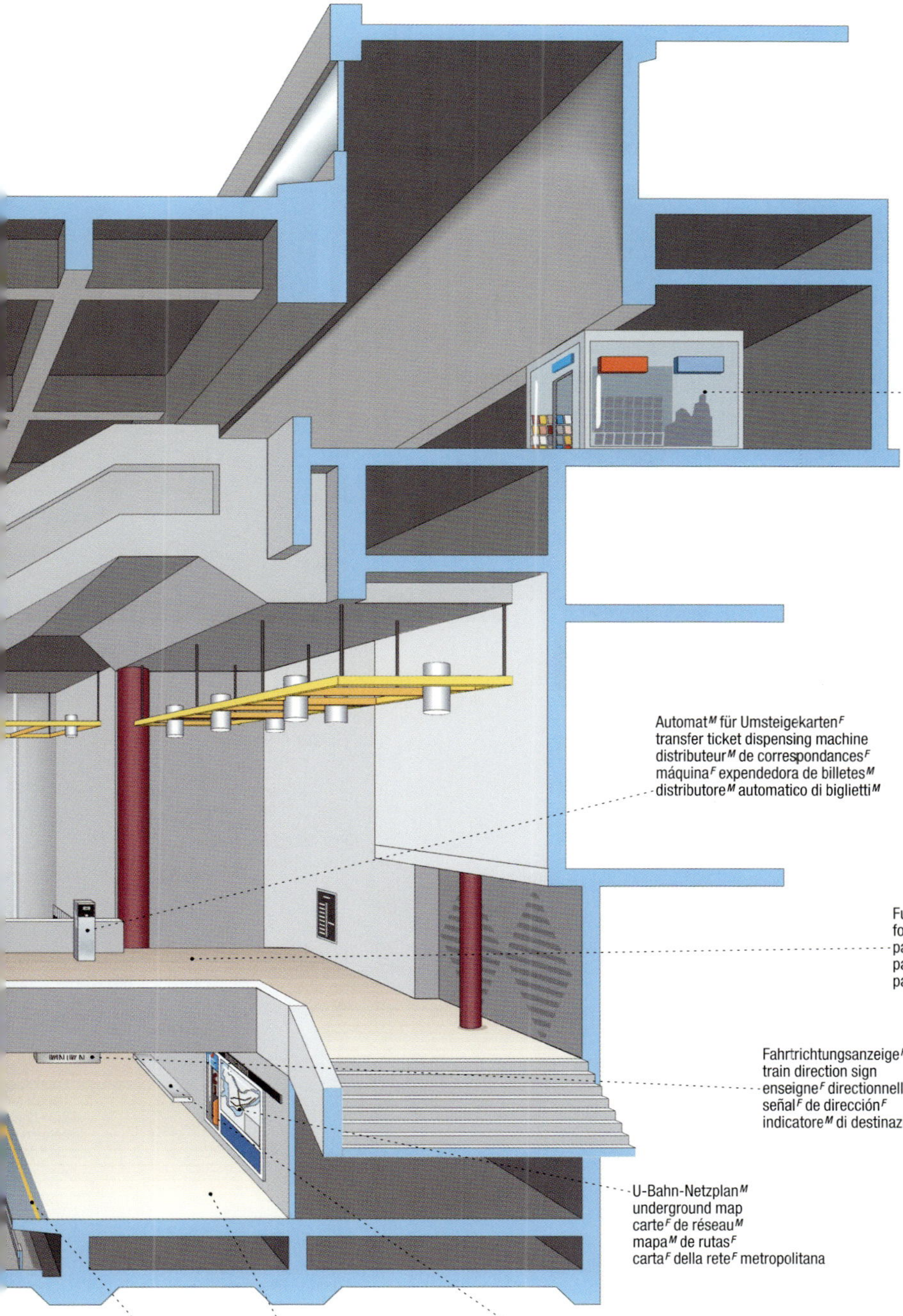
Kiosk^M
kiosk
kiosque^M
kiosco^M
edicola^F
Automat^M für Umsteigekarten^F
transfer ticket dispensing machine
distributeur^M de correspondances^F
máquina^F expendedora de billetes^M
distributore^M automatico di biglietti^M
Fußgängerbrücke^F
footbridge
passerelle^F
pasarela^F superior
passerella^F
Fahrtrichtungsanzeige^F
train direction sign
enseigne^F directionnelle
señal^F de dirección^F
indicatore^M di destinazione^F
U-Bahn-Netzplan^M
underground map
carte^F de réseau^M
mapa^M de rutas^F
carta^F della rete^F metropolitana
Sicherheitsstreifen^M
safety line
ligne^F de sécurité^F
linea^F de seguridad^F
linea^F di sicurezza^F
Bahnsteig^M
platform
quai^M
andén^M
marciapiede^M
Sitzbank^F
bench
banc^M
banco^M
panchina^F

U-Bahn[F]

Mittelwagen[M]
passenger car
voiture[F]
vagón[M] de pasajeros[M]
carrozza[F] passeggeri[M]

U-Bahn-Zug[M]
underground train
rame[F] de métro[M]
tren[M] subterráneo
metropolitana[F]

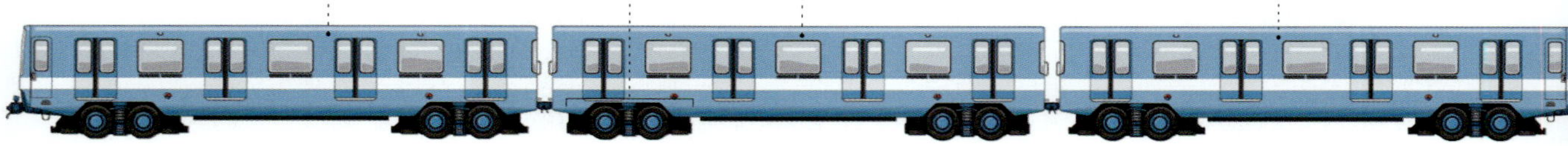

U-Bahn^{F}

Drehgestell^{N} und Gleis^{N}
bogie and track
bogie^{M} et voie^{F}
bogie^{M} y vía^{F}
carrello^{M} e binario^{M}

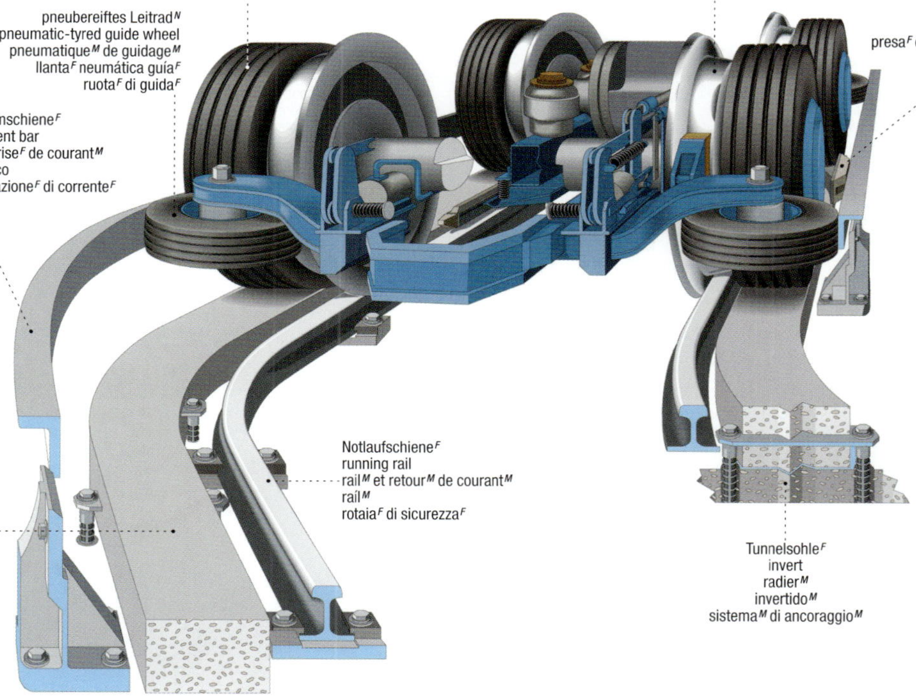

Straßenbahn^{F}

streetcar | tramway^{M} | tranvía^{M} | tram^{M}

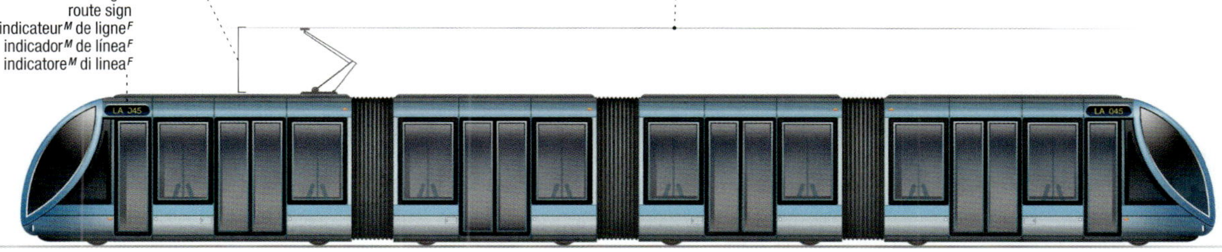

Hafen^{M}

harbour | port^{M} maritime | puerto^{M} | porto^{M} marittimo

Kanalschleuse^{F}

canal lock | écluse^{F} | esclusa^{F} de canal^{M} | chiusa^{F} di un canale^{M}

Elemente^{N} einer Kanalschleuse^{F}
parts of a canal lock
parties^{F} d'une écluse^{F}
partes^{F} de una esclusa^{F} de canal^{M}
parti^{F} di una chiusa^{F}

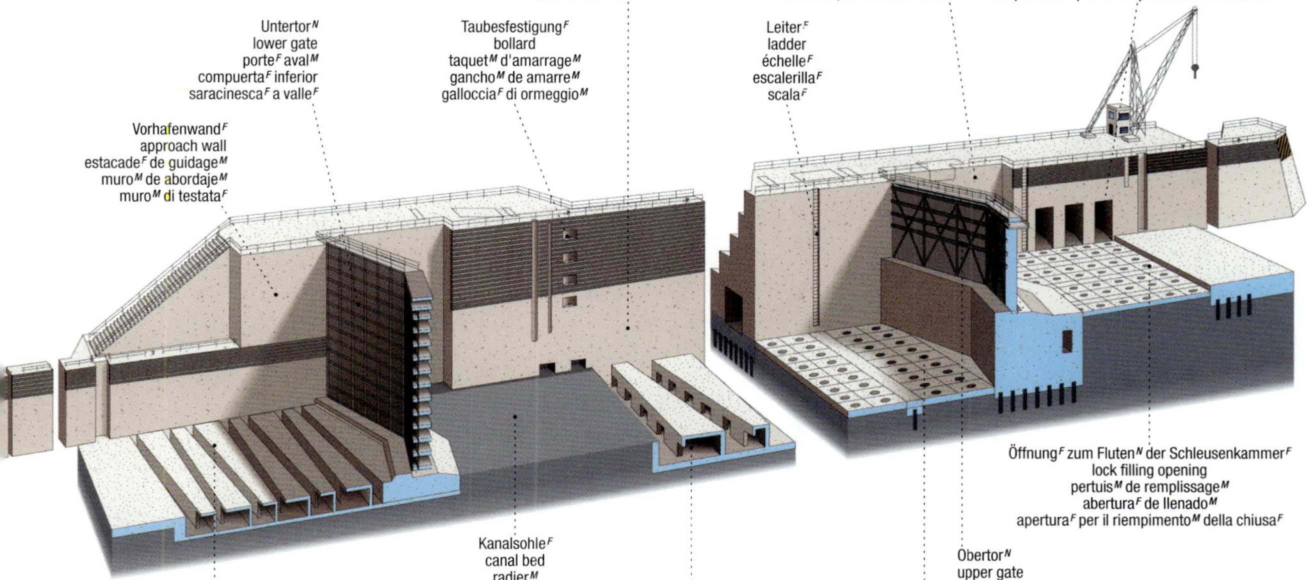

Schleuse^{F}: Seitenansicht^{F}
canal lock: side view
écluse^{F} : vue^{F} latérale
esclusa^{F} : vista^{F} lateral
chiusa^{F} di un canale^{M}: vista^{F} laterale

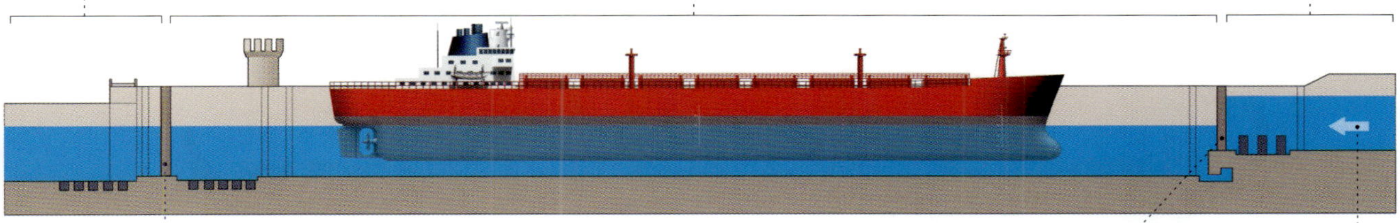

historische Schiffe[N]

ancient ships | embarcations[F] anciennes | embarcaciones[F] antiguas | imbarcazioni[F] antiche

Wikingerschiff[N]
longship
drakkar[M]
dragón[M] vikingo
drakar[M]

Galeere[F]
galley
galère[F]
galera[F]
galea[F]

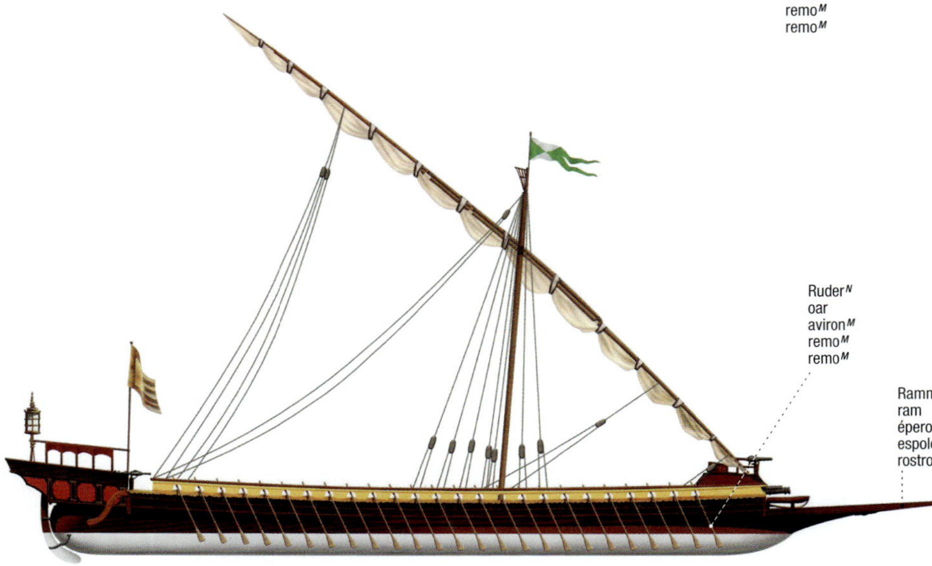

Trireme[F]
trireme
trirème[F]
trirreme[M]
trireme[F]

historische Schiffe^{N}

Schaufelraddampfer^{M}
side-wheeler
bateau^{M} à vapeur^{F} à roues^{F} latérales
barco^{M} de vapor^{M} de ruedas^{F}
battello^{M} a vapore^{M} a ruote^{F} laterali

Schornstein^{M}
funnel
cheminée^{F}
chimenea^{F}
fumaiolo^{M}

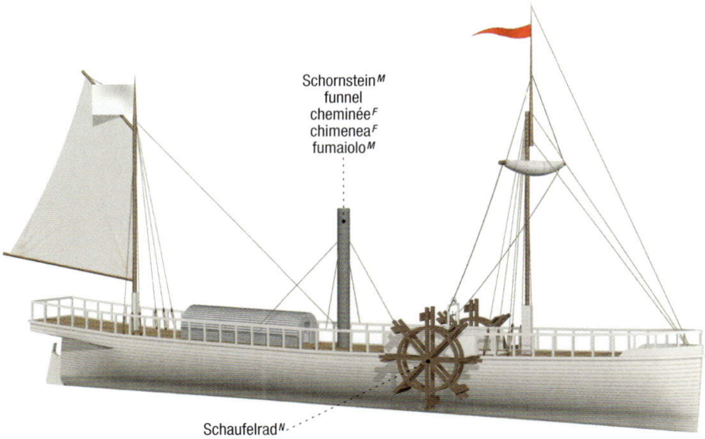

Schaufelrad^{N}
paddle wheel
roue^{F} à aubes^{F}
rueda^{F} de aspas^{F}
ruota^{F} a pale^{F}

Karavelle^{F}
caravel
caravelle^{F}
carabela^{F}
caravella^{F}

Galeone^{F}
galleon
galion^{M}
galeón^{M}
galeone^{M}

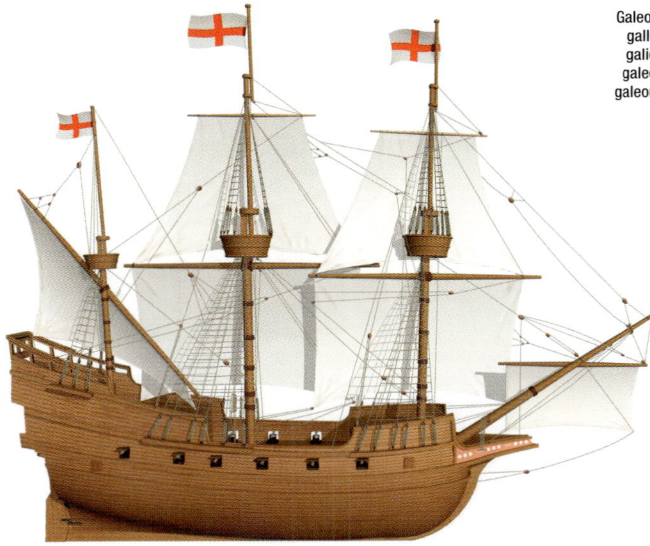

traditionelle Boote^{N}

traditional ships | embarcations^{F} traditionnelles | embarcaciones^{F} tradicionales | imbarcazioni^{F} tradizionali

Einbaum^{M}
dugout canoe
pirogue^{F} monoxyle
piragua^{F} monóxilo
piroga^{F} monoxila

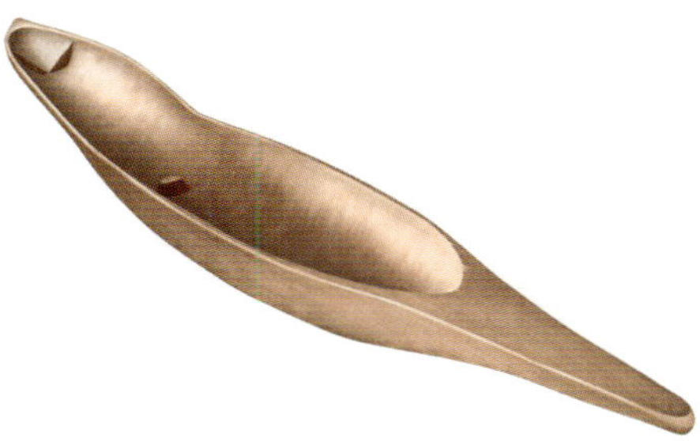

Auslegerstange^{F}
outrigger boom
bras^{M} de balancier^{M}
brazo^{M} de balancín^{M}
braccio^{M} del bilanciere^{M}

Schiffskörper^{M}
hull
coque^{F}
casco^{M}
scafo^{M}

Auslegerboot^{N}
outrigger canoe
pirogue^{F} à balancier^{M}
canoa^{F} de balancín^{M}
piroga^{F} a un bilanciere^{M}

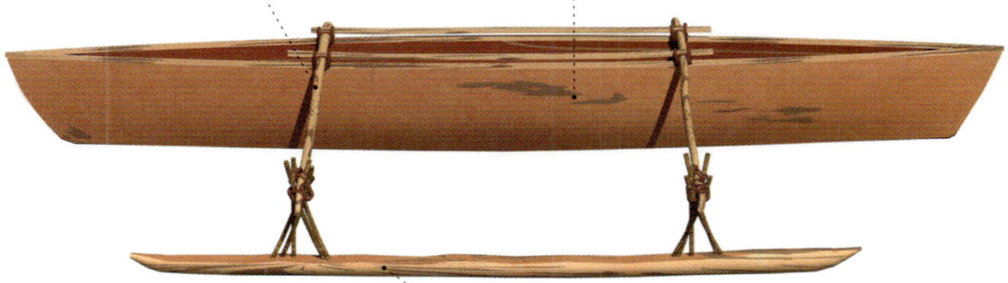

Ausleger^{M}
outrigger
balancier^{M}
balancín^{M}
bilanciere^{M}

traditionelle Boote^N

Dschunke^F
junk
jonque^F
junco^M
giunca^F

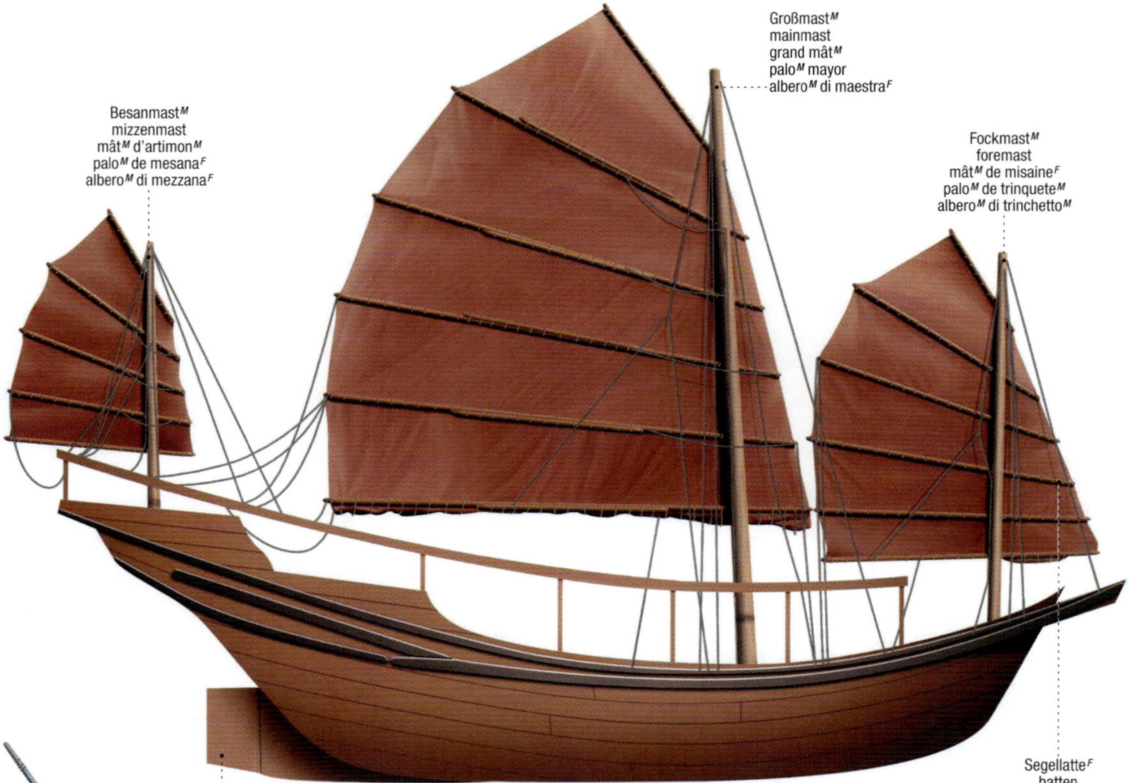

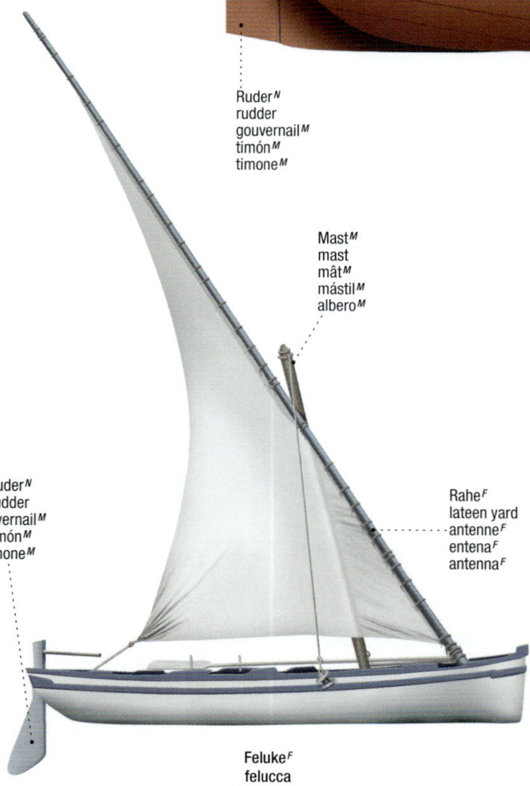

Feluke^F
felucca
felouque^F
falucho^M
feluca^F

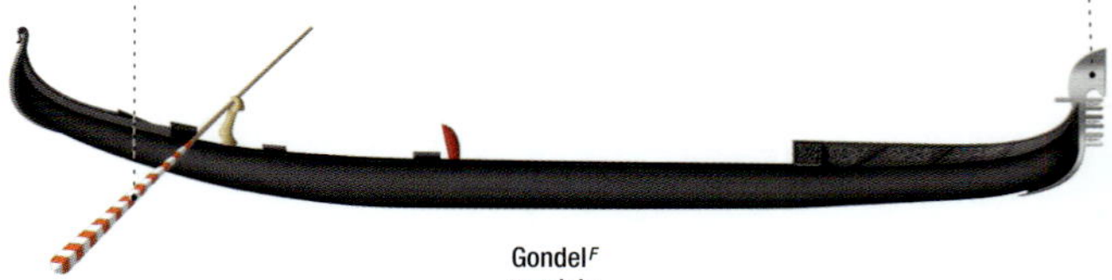

Gondel^F
gondola
gondole^F
góndola^F
gondola^F

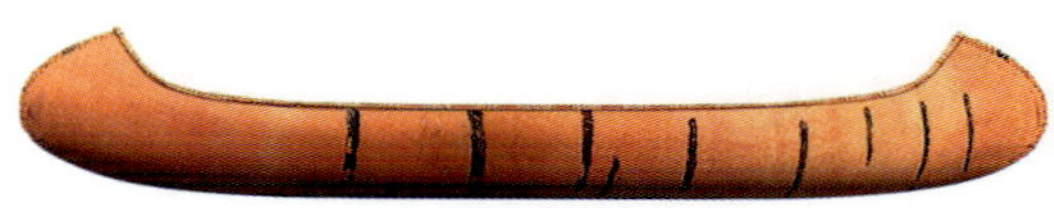

Kanu^N
canoe
canoë^M
canoa^F
canoa^F

Beispiele^{N} für Segel^{N}

examples of sails | exemples^{M} de voiles^{F} | ejemplos^{M} de velas^{F} | esempi^{M} di vele^{F}

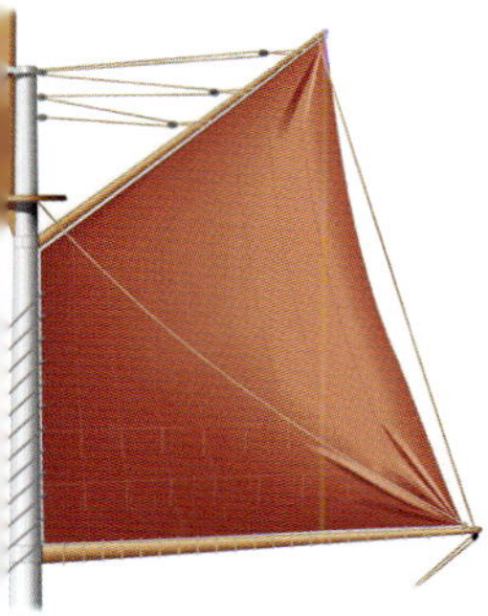

Gaffelsegel^{N}
gaff sail
voile^{F} à corne^{F}
vela^{F} áurica
vela^{F} aurica

Spitzsegel^{N}
Bermuda sail
voile^{F} bermudienne
vela^{F} Bermuda
vela^{F} Marconi

Luggersegel^{N}
lug sail
voile^{F} au tiers^{M}
vela^{F} al tercio^{M}
vela^{F} al terzo^{M}

Sprietsegel^{N}
spritsail
voile^{F} à livarde^{F}
vela^{F} tarquina
vela^{F} a tarchia^{F}

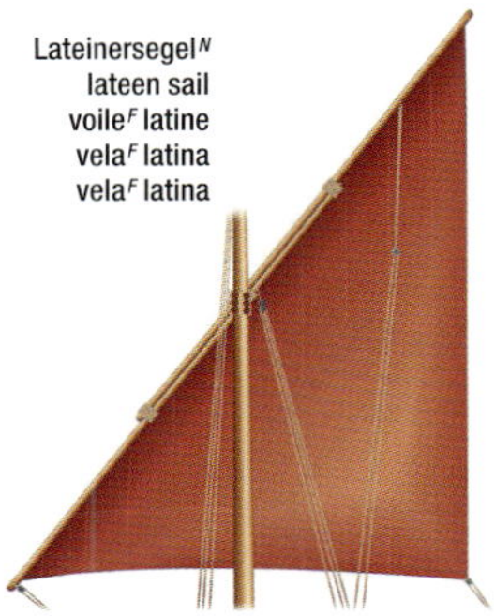

Lateinersegel^{N}
lateen sail
voile^{F} latine
vela^{F} latina
vela^{F} latina

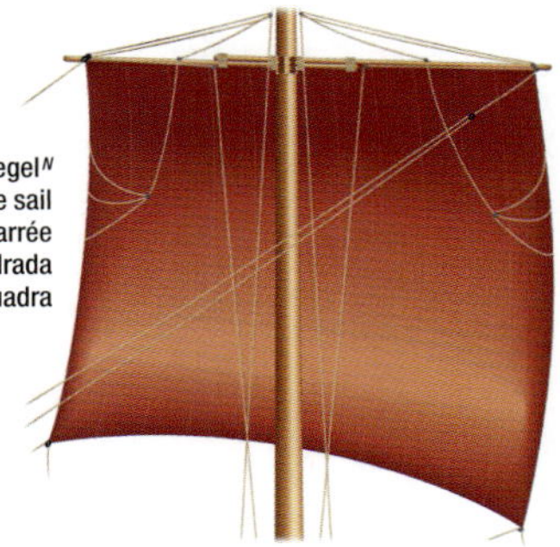

Rahsegel^{N}
square sail
voile^{F} carrée
vela^{F} cuadrada
vela^{F} quadra

Beispiele^{N} für Riggs^{N}

examples of rigs | exemples^{M} de gréements^{M} | ejemplos^{M} de aparejos^{M} | esempi^{M} di attrezzature^{F}

Marconikutter^{M}
Marconi cutter
cotre^{M} Marconi
cúter^{M} Marconi
ketch^{M} Marconi

Ketsch^{F}
ketch
ketch^{M}
queche^{M}
ketch^{M}

Schoner^{M}
schooner
goélette^{F}
goleta^{F}
goletta^{F}

Walboot^{N}
whale boat
baleinière^{F}
ballenera^{F}
baleniera^{F}

Brigantine^{F}
brigantine
brigantin^{M}
bergantín^{M} goleta^{F}
brigantino^{M} goletta^{F}

Brigg^{F}
brig
brick^{M}
bergantín^{M}
brigantino^{M}

Viermastbark^{F}

four-masted barque | quatre-mâts^{M} barque^{F} | barco^{M} de vela^{F} de cuatro palos^{M} | veliero^{M} a quattro alberi^{M}

oberer Bereich^{M} eines Großmasts^{M}
upper section of a mainmast
haut^{M} d'un grand mât^{M}
corte^{M} superior de un palo^{M} mayor
sezione^{F} superiore di un albero^{M} di maestra^{F}

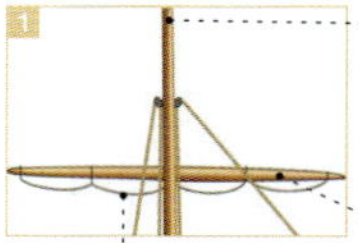

Spitze^{F}
pole
fusée^{F}
estaca^{F}
spigone^{M}

Rah^{F}
yard
vergue^{F}
verga^{F}
pennone^{M}

Fußpferd^{N}
footrope
marchepied^{M}
marchapié^{M}
marciapiede^{M}

Elemente^{N} eines Großmasts^{M}
parts of a mainmast
parties^{F} d'un grand mât^{M}
partes^{F} de un palo^{M} mayor
parti^{F} di un albero^{M} di maestra^{F}

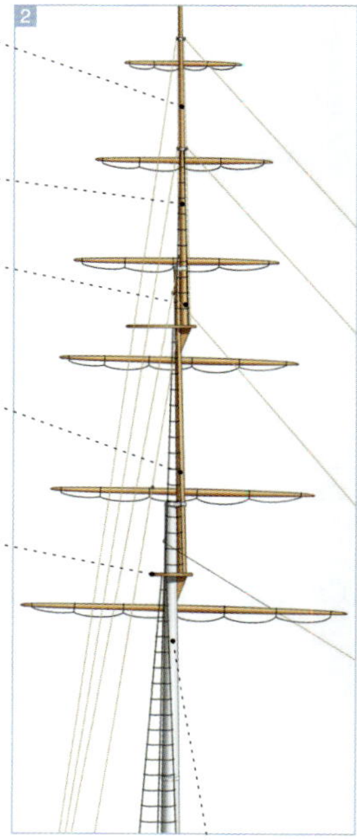

Royalstenge^{F}
fore-royal mast
mât^{M} de cacatois^{M}
mastelero^{M} de sobrejuanete^{M}
albero^{M} di controvelaccino^{M}

Bramstenge^{F}
fore-topgallant mast
mât^{M} de perroquet^{M}
mastelero^{M} de juanete^{M}
albero^{M} di velaccino^{M}

Vorbramsaling^{F}
masthead
ton^{M} de mât^{M}
cabeza^{F} del mastil^{M}
testa^{F} d'albero^{M}

Marsstenge^{F}
fore-topmast
mât^{M} de hune^{F}
mastelero^{M}
albero^{M} di parrocchetto^{M}

Saling^{F}
top
hune^{F}
tope^{M}
coffa^{F}

Untermast^{M}
lower mast
bas-mât^{M}
palo^{M} macho
tronco^{M} di mezzana^{F}

Takelage^{F}
masts and rigging
mâture^{F} et gréement^{M}
arboladura^{F} y aparejos^{M}
alberatura^{F} e velatura^{F}

Fockmast^{M}
foremast
mât^{M} de misaine^{F}
palo^{M} de trinquete^{M}
albero^{M} di trinchetto^{M}

Kreuzmast^{M}
mizzenmast
grand mât^{M} arrière
palo^{M} de mesana^{F}
albero^{M} di mezzana^{F}

Großmast^{M}
mainmast
grand mât^{M} avant
palo^{M} mayor
albero^{M} di maestra^{F}

Besanmast^{M}
jiggermast
mât^{M} d'artimon^{M}
contramesana^{F}
albero^{M} di contromezzana^{F}

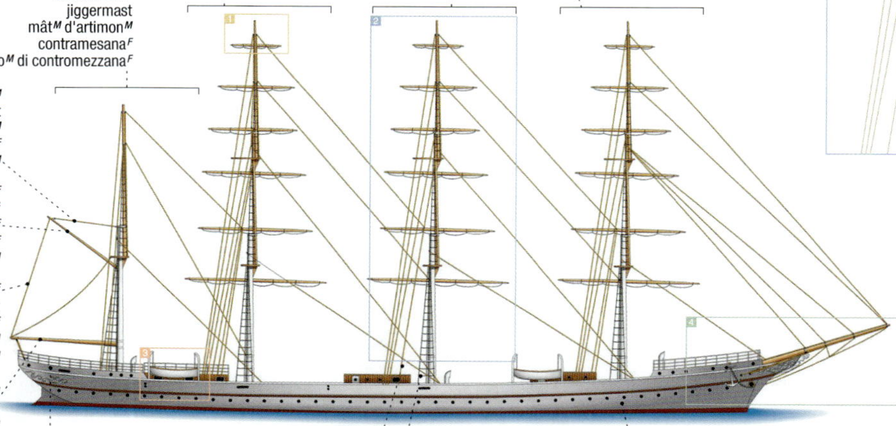

Hanger^{M}
topping lift
martinet^{M}
amantillo^{M} de botavara^{F}
drizza^{F} di picco^{M}

Gaffel^{F}
gaff
corne^{F}
botavara^{F}
picco^{M}

Toppnant^{F}
lift
balancine^{F}
amantillo^{M}
amantiglio^{M}

Besanbaum^{M}
gaff sail boom
gui^{M}
botavara^{F} de cangreja^{F}
boma^{M}

Poop^{F}
poop deck
dunette^{F}
cubierta^{F} de toldilla^{F}
ponte^{M} di poppa^{F}

Pardune^{F}
backstay
galhauban^{M}
burda^{F}
paterazzo^{M}

Want^{F}
shroud
hauban^{M}
obenque^{M}
sartia^{F}

Seite^{F}
side
bord^{M}
banda^{F}
fianco^{M}

Bugspriet^{M}
bowsprit
mât^{M} de beaupré^{M}
bauprés^{M}
bompresso^{M}

Rettungsboot^{N}
lifeboat
canot^{M} de sauvetage^{M}
bote^{M} salvavidas
scialuppa^{F} di salvataggio^{M}

Davit^{M}
davit
bossoir^{M}
pescante^{M}
gru^{F}

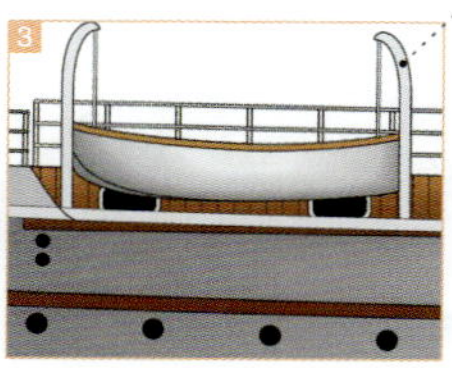

Schanzkleid^{N}
bulwark
pavois^{M}
amurada^{F}
murata^{F}

Stagsegel-Stag^{N}
staysail-stay
draille^{F}
nervio^{M} de vela^{F} estay^{M}
draglia^{F}

Stag^{N}
stay
étai^{M}
estay^{M}
strallo^{M}

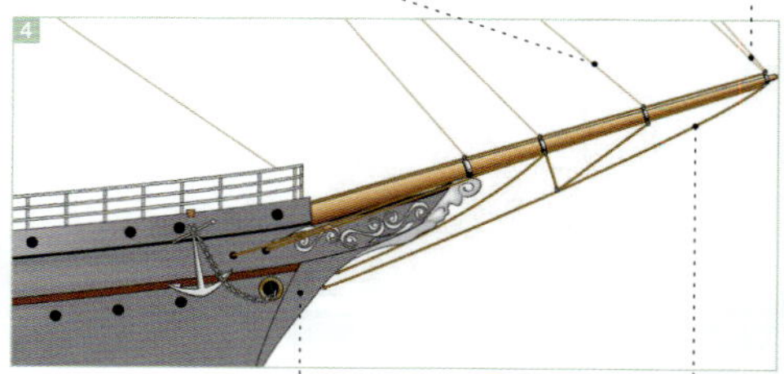

Steven^{M}
stem
étrave^{F}
roda^{F}
prua^{F}

Stampfstag^{N}
bobstay
martingale^{F}
barbiquejo^{M}
briglia^{F} del bompresso^{M}

Viermastbark[F]

Segel[N]
sails
voilure[F]
velamen[M]
vele[F]

Kreuz-Royalstagsegel[N]
mizzen royal staysail
voile[F] d'étai[M] de grand cacatois[M] arrière
sobrejuanete[M] de mesana[F] de estay[M]
vela[F] di strallo[M] di controvelaccio[M]

Kreuz-Bramstagsegel[N]
mizzen topgallant staysail
voile[F] d'étai[M] de grand perroquet[M] arrière
juanete[M] de mesana[F] de estay[M]
vela[F] di strallo[M] di velaccio[M]

Kreuz-Stengestagsegel[N]
mizzen topmast staysail
grand-voile[F] d'étai[M] arrière
mastelero[M] de mesana[F] de estay[M]
vela[F] di strallo[M] di gabbia[F]

Besan-Bramstagsegel[N]
jigger topgallant staysail
voile[F] d'étai[M] de flèche[F]
aparejo[M] de juanete[M] de estay[M]
vela[F] di strallo[M] di belvedere[M]

Besan-Stengestagsegel[N]
jigger topmast staysail
marquise[F]
aparejo[M] de mastelero[M] de estay[M]
vela[F] di strallo[M] di mezzana[F]

Kreuz-Royalbrasse[F]
mizzen royal brace
bras[M] de grand cacatois[M] arrière
brazas[F] de sobrejuanete[M] de mesana[F]
braccio[M] del pennone[M] di controbelvedere[M]

Besantoppsegel[N]
gaff topsail
voile[F] de flèche[F]
escandalosa[F]
controranda[F]

Besan[M]
spanker
brigantine[F]
cangreja[F] de popa[F]
randa[F]

Groß-Royalsegel[N]
main royal sail
grand cacatois[M] avant
sobrejuanete[M] mayor
controvelaccio[M]

Groß-Oberbramsegel[N]
main upper topgallant sail
grand perroquet[M] volant avant
juanete[M] mayor proel alto
velaccio[M] volante

Groß-Unterbramsegel[N]
main lower topgallant sail
grand perroquet[M] fixe avant
juanete[M] mayor bajo
velaccio[M] fisso

Groß-Obermarssegel[N]
main upper topsail
grand hunier[M] volant avant
gavia[F] mayor alta
gabbia[F] volante

Vor-Royalsegel[N]
fore royal sail
petit cacatois[M]
sobrejuanete[M] de proa[F]
controvelaccino[M]

Vor-Oberbramsegel[N]
upper fore topgallant sail
petit perroquet[M] volant
juanete[M] de proa[F] alto
velaccino[M] volante

Vor-Unterbramsegel[N]
lower fore topgallant sail
petit perroquet[M] fixe
juanete[M] de proa[F] bajo
velaccino[M] fisso

Vor-Obermarssegel[N]
upper fore topsail
petit hunier[M] volant
gavia[F] proel alta
parrocchetto[M] volante

Flieger[M]
flying jib
clinfoc[M]
petifoque[M]
controfiocco[M]

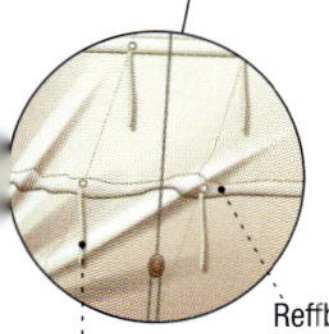

Schot[F]
sheet
écoute[F]
escota[F]
scotta[F]

Fall[N]
halyard
drisse[F]
driza[F]
drizza[F]

Kreuzsegel[N]
mizzen sail
grand-voile[F] arrière
cangreja[F] mayor popel
vela[F] di mezzana[F]

Großsegel[N]
main sail
grand-voile[F] avant
vela[F] mayor proel
vela[F] di maestra[F]

Groß-Untermarssegel[N]
main lower topsail
grand hunier[M] fixe avant
gavia[F] mayor baja
gabbia[F] fissa

Fock[F]
foresail
misaine[F]
trinquete[M]
vela[F] di trinchetto[M]

Vor-Untermarssegel[N]
lower fore topsail
petit hunier[M] fixe
gavia[F] inferior proel
parrocchetto[M] fisso

Außenklüver[M]
outer jib
grand foc[M]
foque[M]
fiocco[M]

Binnenklüver[M]
middle jib
faux foc[M]
fofoque[M]
fiocco[M] di dentro

Vorstenge-Stagsegel[N]
inner jib
petit foc[M]
contrafoque[M]
trinchettina[F]

Reffband[N]
reef band
bande[F] de ris[M]
envergue[M] de rizo[M]
benda[F] di terzarolo[M]

Reffbänsel[N]
reef point
garcette[F] de ris[M]
tomarrizos[M]
matafione[M] di terzarolo[M]

Beispiele[N] für Boote[N] und Schiffe[N]

examples of boats and ships | exemples[M] de bateaux[M] et d'embarcations[F] | ejemplos[M] de barcos[M] y embarcaciones[F] | esempi[M] di barche[F] e navi[F]

Bohrschiff[N]
drill ship
navire[M] de forage[M]
barco[M] perforador
nave[F] da perforazione[F]

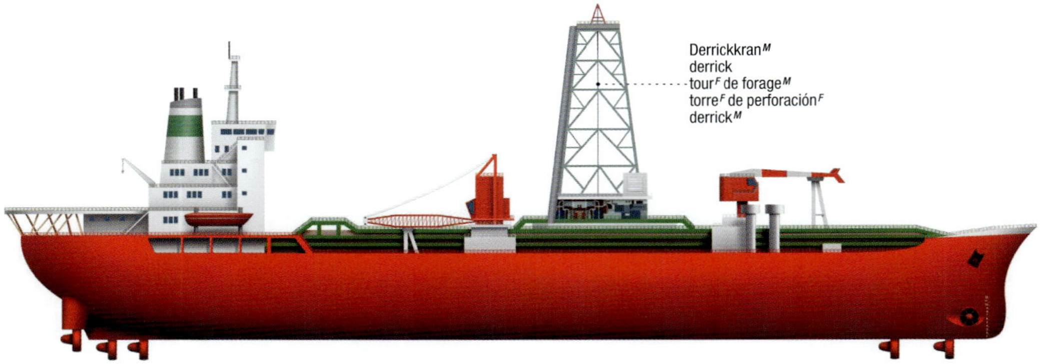

Frachtschiff[N]
bulk carrier
vraquier[M]
buque[M] de carga[F]
nave[F] per il trasporto[M] delle merci[F]

Containerschiff[N]
container ship
navire[M] porte-conteneurs[M]
carguero[M] portacontenedores
nave[F] portacontainer[M]

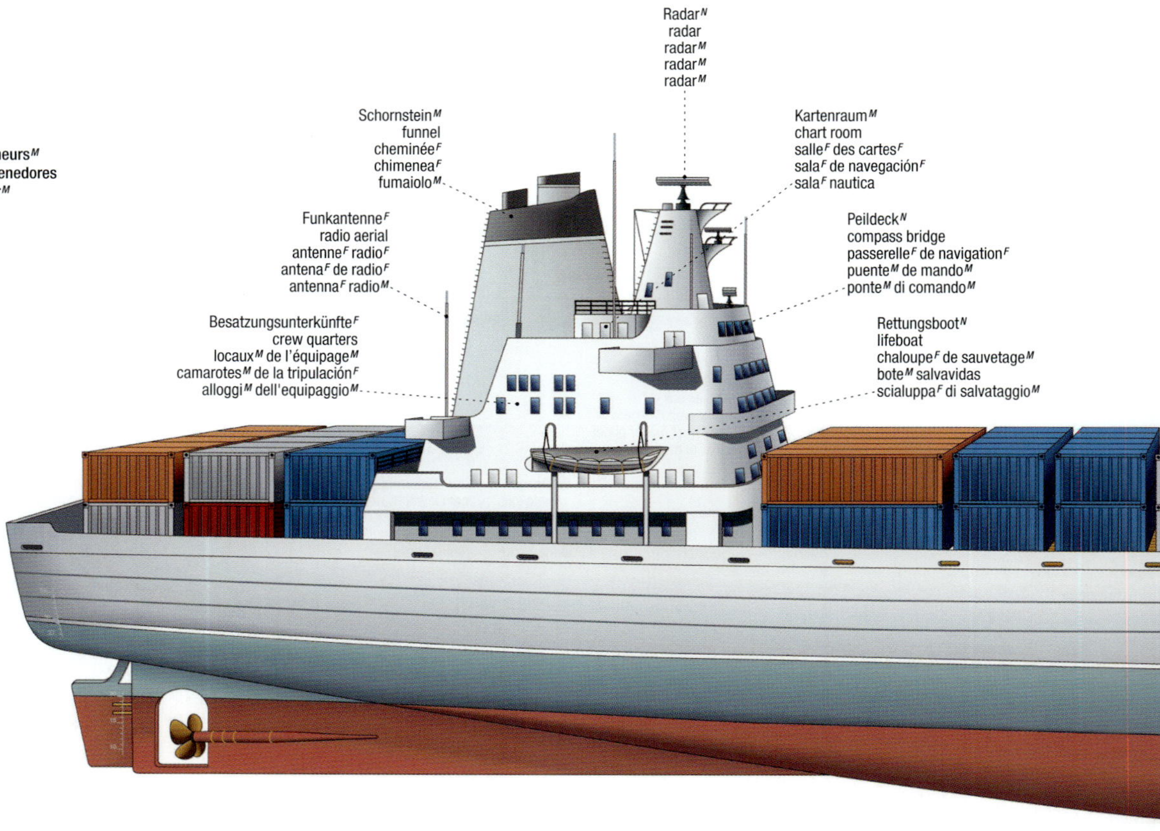

BeispieleN für BooteN und SchiffeN

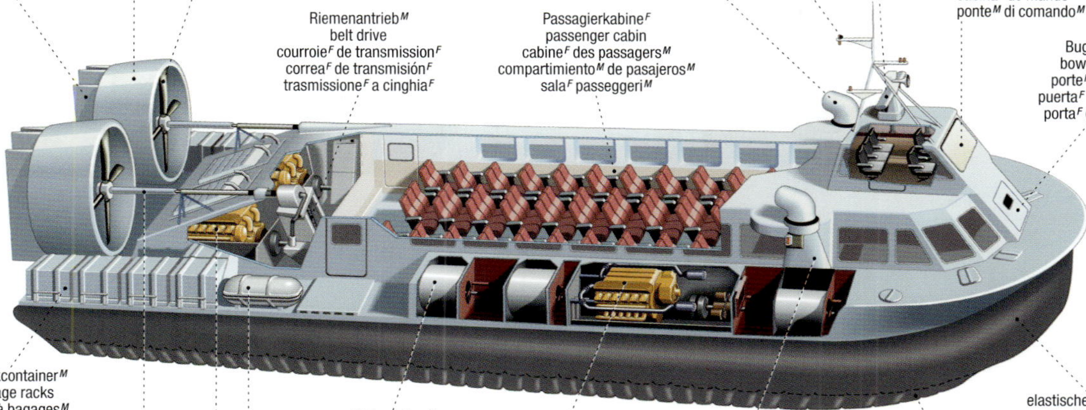

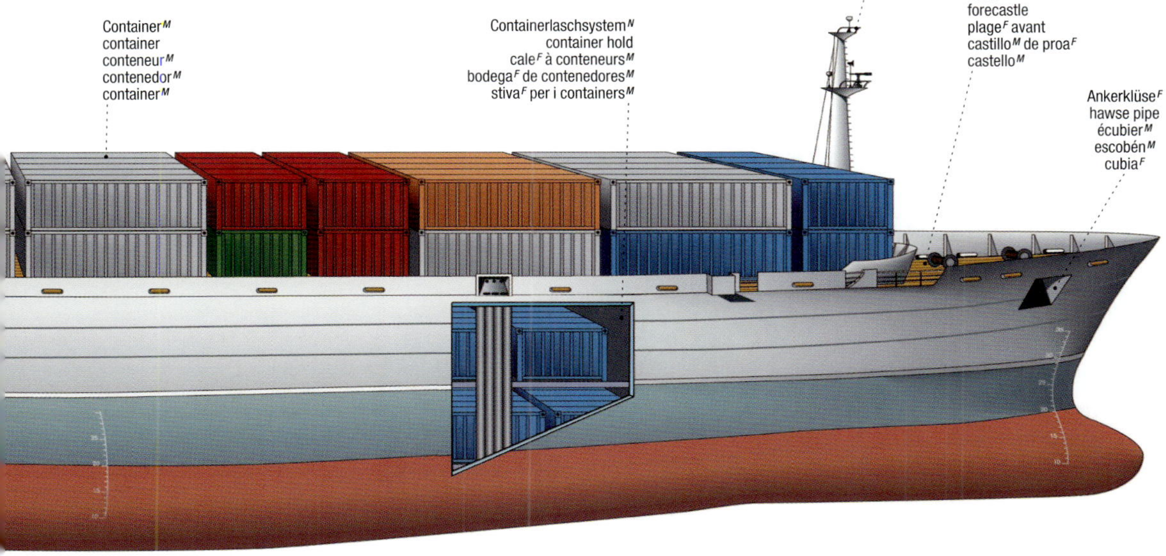

Beispiele[N] für Boote[N] und Schiffe[N]

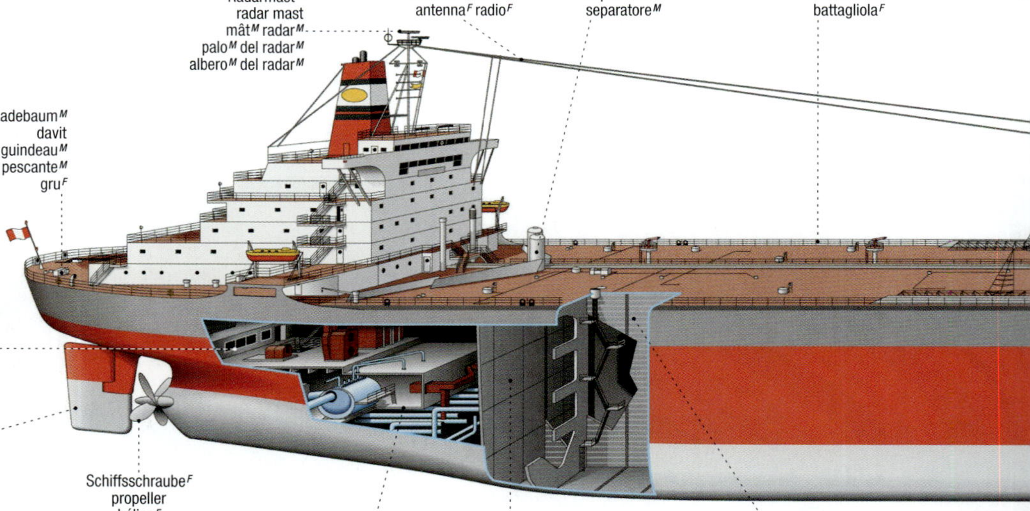

Beispiele[N] für Boote[N] und Schiffe[N]

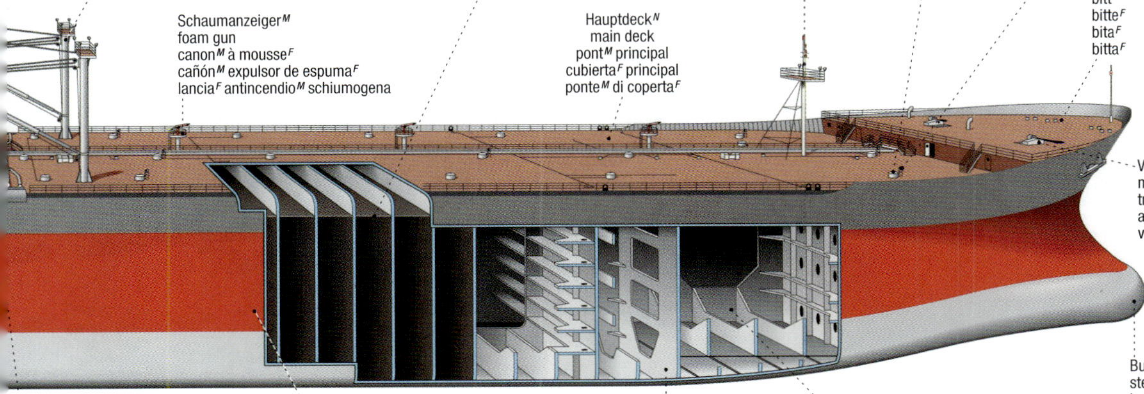

Beispiele[N] für Boote[N] und Schiffe[N]

Hafenfähre[F]
ferry boat
transbordeur[M]
transbordador[M]
traghetto[M]

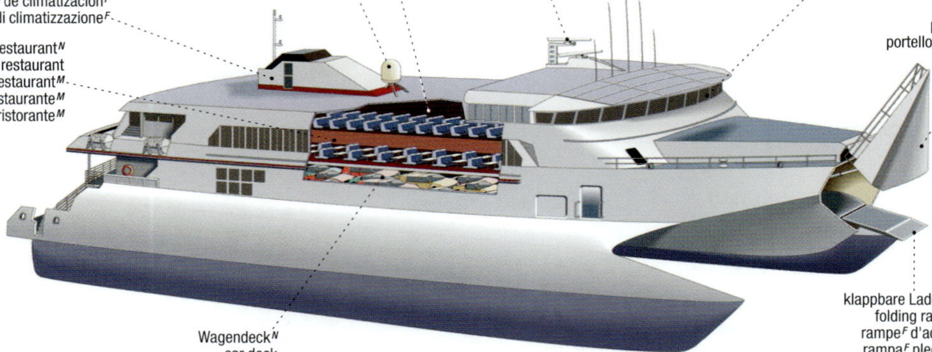

Passagierdampfer[M]
cruiseliner
paquebot[M]
buque[M] trasatlántico
transatlantico[M]

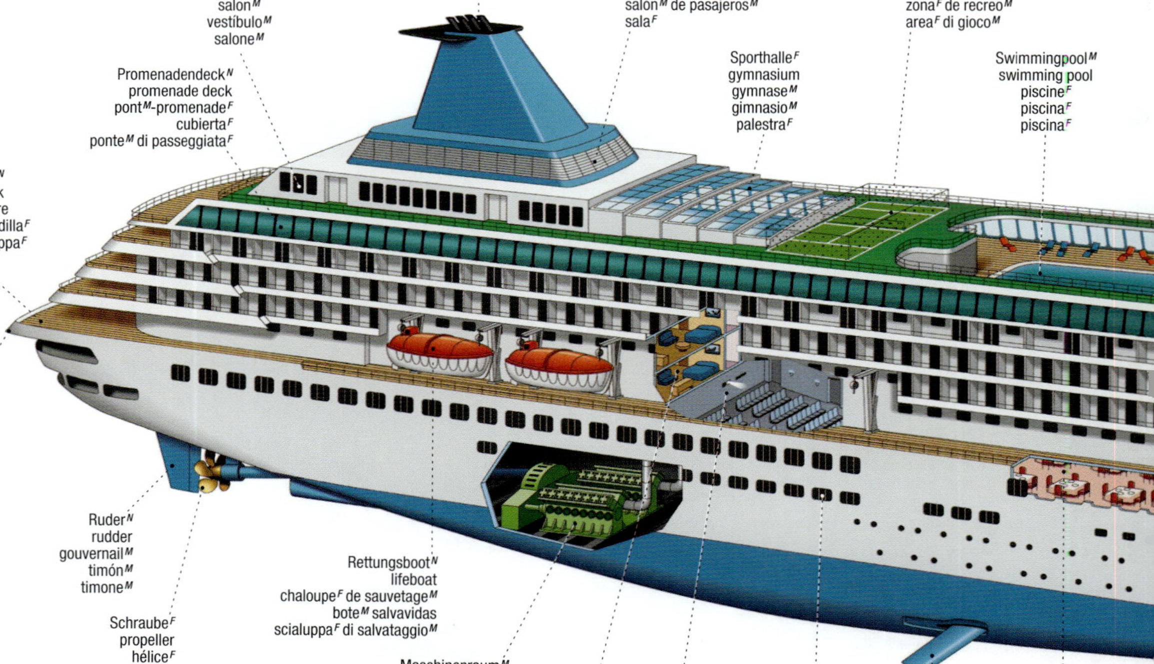

Beispiele^N für Boote^N und Schiffe^N

Tragflügelschiff^N
hydrofoil boat
hydroptère^M
hidróptero^M
aliscafo^M

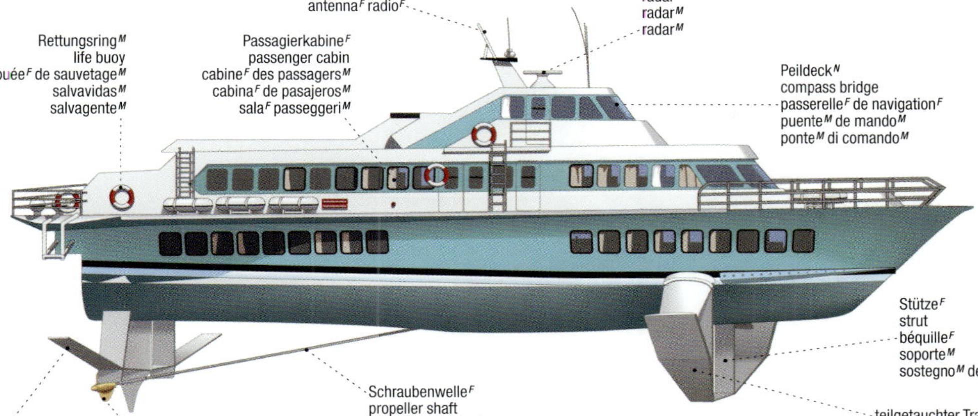

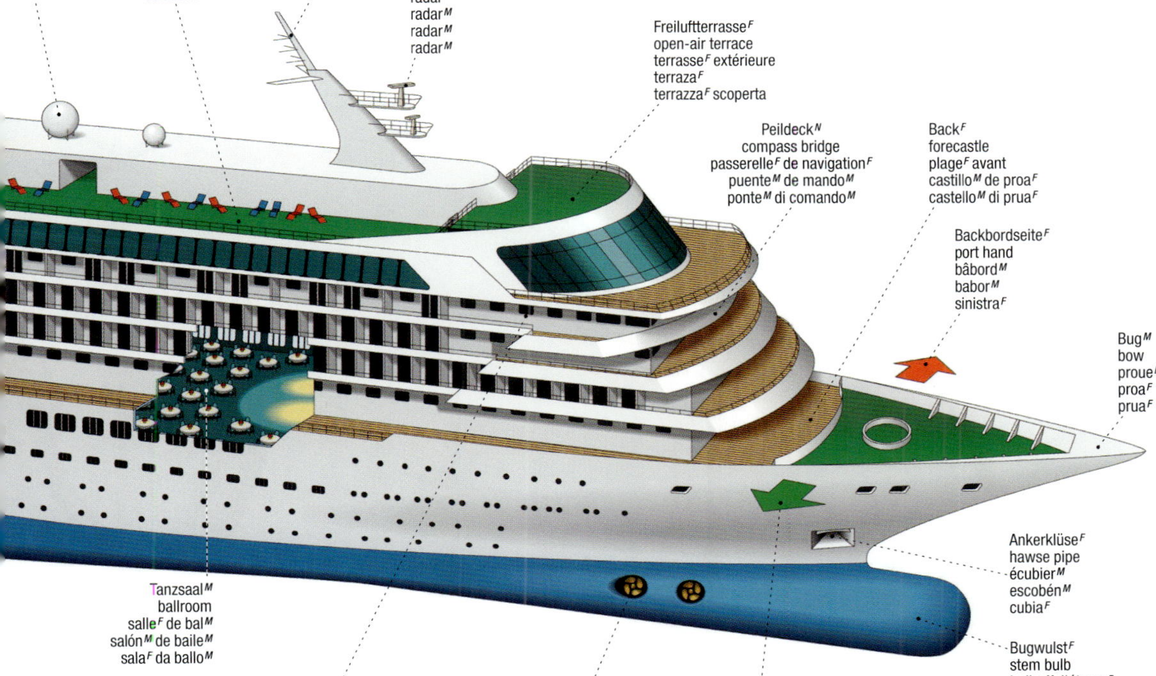

Anker^{M}

anchor | ancre^{F} | ancla^{F} | ancora^{F}

Elemente^{N} eines Ankers^{M}
parts of an anchor
parties^{F} d'une ancre^{F}
partes^{F} de un ancla^{F}
parti^{F} di un'ancora^{F}

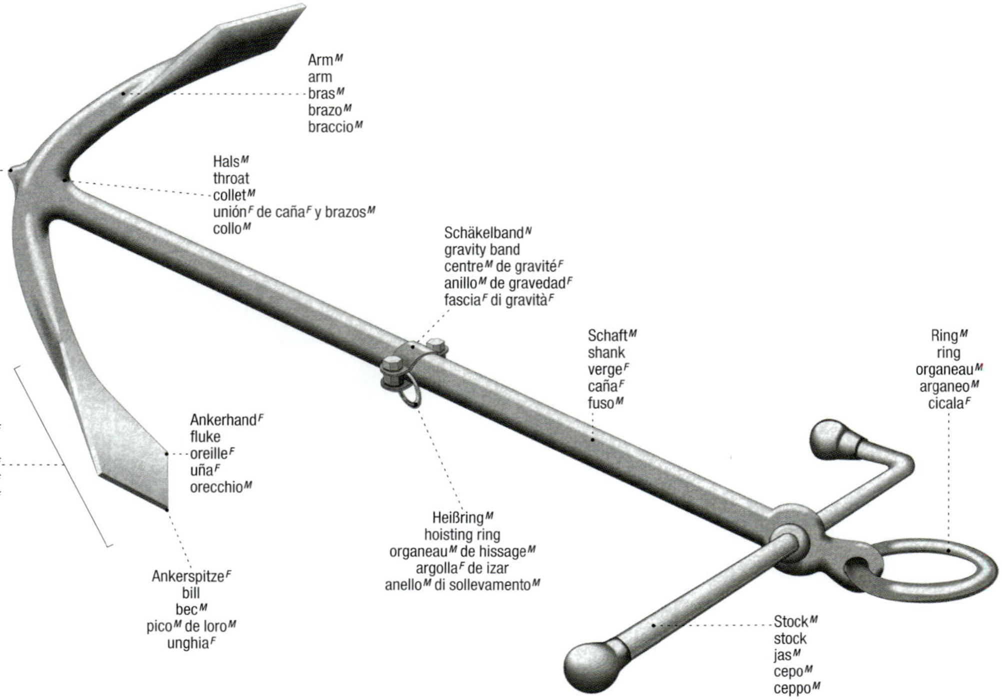

Beispiele^{N} für Anker^{M}
examples of anchors
exemples^{M} d'ancres^{F}
ejemplos^{M} de anclas^{F}
esempi^{M} di ancore^{F}

Pilzanker^{M}
mushroom anchor
ancre^{F} à champignon^{M}
ancla^{F} de hongo^{M}
ancora^{F} a fungo^{M}

Treibanker^{M}
sea anchor
ancre^{F} flottante
ancla^{F} flotante
ancora^{F} galleggiante

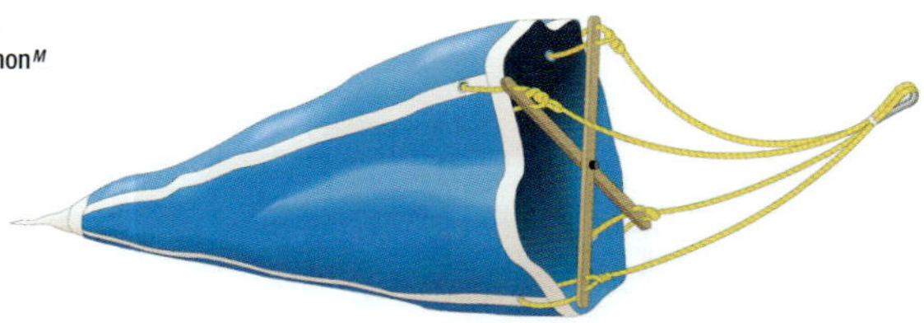

Stockanker^{M}
stocked anchor
ancre^{F} à jas^{M}
ancla^{F} de cepo^{M}
ancora^{F} tipo^{M} ammiragliato^{M} britannico

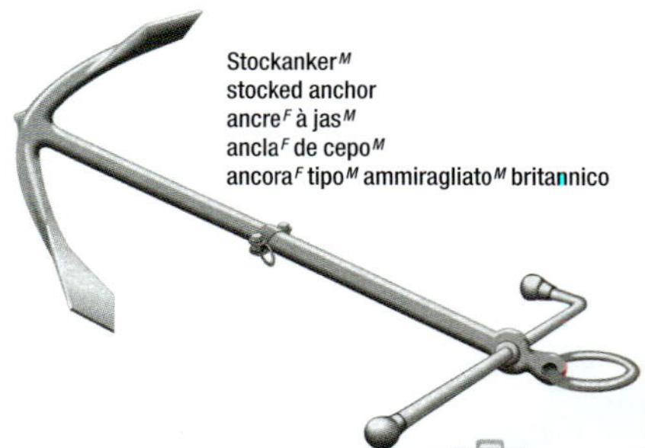

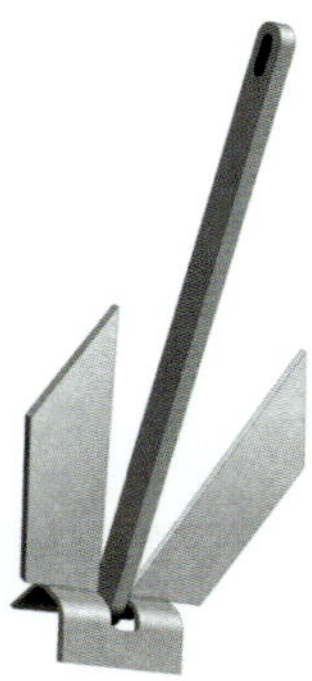

Patentanker^{M}
stockless anchor
ancre^{F} sans jas^{M}
ancla^{F} sin cepo^{M}
ancora^{F} Danforth

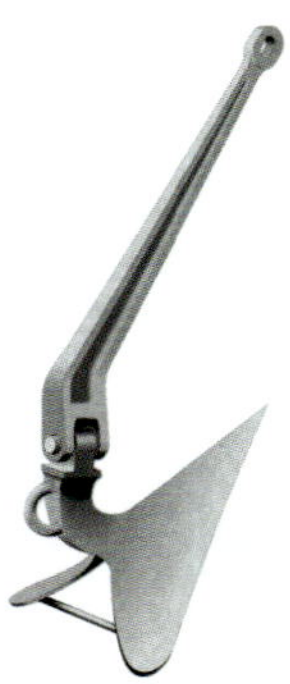

Pfluganker^{M}
plow anchor
ancre^{F} charrue^{F}
ancla^{F} de arado^{M}
ancora^{F} a vomere^{M}

Draggen^{M}
grapnel
grappin^{M}
anclote^{M}
grappino^{M}

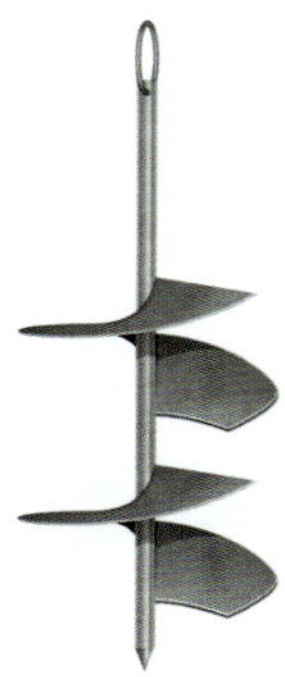

Schraubanker^{M}
screw anchor
ancre^{F} à vis^{M}
ancla^{F} de tornillo^{M}
ancora^{F} a vite^{F}

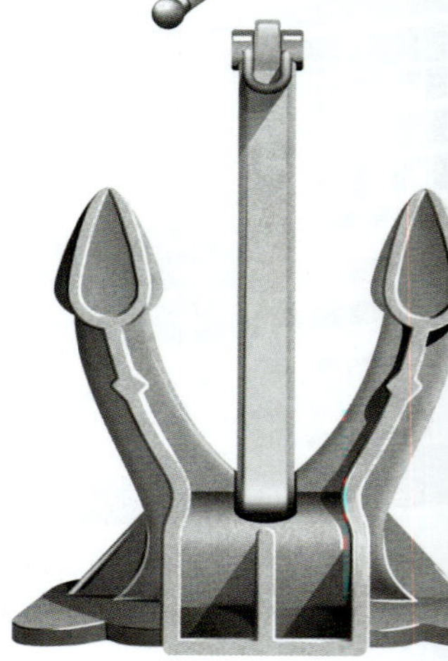

Marineanker^{M}
navy anchor
ancre^{F} à bascule^{F}
ancla^{F} Danforth
ancora^{F} da nave^{F}

Rettungsgeräte^{N}

life-saving equipment | équipement^{M} de sauvetage^{M} | equipo^{M} salvavidas | equipaggiamento^{M} di salvataggio^{M}

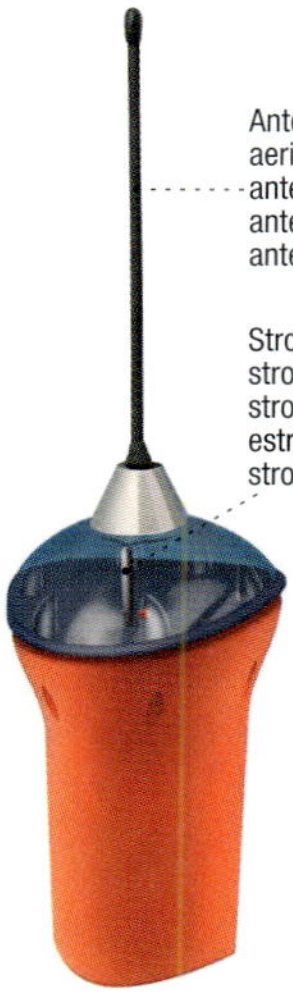

Antenne^{F}
aerial
antenne^{F}
antena^{F}
antenna^{F}

Stroboskop^{N}
strobe
stroboscope^{M}
estroboscopio^{M}
stroboscopio^{M}

Rettungsboje^{F}
distress beacon
balise^{F} de détresse^{F}
baliza^{F} de socorro^{M}
boa^{F} di salvataggio^{M}

Rettungsinsel^{F}
life raft
radeau^{M} de sauvetage^{M}
balsa^{F} salvavidas
zattera^{F} di salvataggio^{M}

Abdeckung^{F}
canopy
tente^{F}
toldo^{M}
tenda^{F}

Leiter^{F}
boarding ladder
échelle^{F} d'accès^{M}
escalera^{F} de embarque^{M}
scaletta^{F} di imbarco^{M}

Wassertank^{M}
buoyancy tube
flotteur^{M}
flotador^{M}
galleggiante^{M}

Aufblassystem^{N}
inflation system
dispositif^{M} de gonflement^{M}
dispositivo^{M} de inflado^{M}
dispositivo^{M} di gonfiaggio^{M}

Sirene^{F}
trumpet
trompe^{F}
trompeta^{F}
tromba^{F}

Dose^{F}
canister
cartouche^{F}
cilindro^{M}
bomboletta^{F}

Nebelhorn^{N}
foghorn
avertisseur^{M} de brume^{F}
sirena^{F}
segnalatore^{M} di nebbia^{F}

Rettungsring^{M}
lifebuoy
bouée^{F} de sauvetage^{M}
salvavidas^{M}
salvagente^{M}

Ring^{M}
ring
anneau^{M}
aro^{M}
anello^{F}

Greifleine^{F}
rope
filin^{M}
cuerda^{F}
corda^{F}

reflektierendes Band^{N}
retro-reflective tape
bande^{F} rétroréfléchissante
banda^{F} reflectante
fascia^{M} catarifrangente

Schnalle^{F}
buckle
boucle^{F}
hebilla^{F}
fibbia^{F}

Gurt^{M}
belt
ceinture^{F}
cinturón^{M}
cintura^{F}

Beingurt^{M}
leg strap
sangle^{F} sous-cutale
arnés^{M}
cinghia^{F} di sicurezza^{F} sottogamba

Rettungsweste^{F}
life jacket
gilet^{M} de sauvetage^{M}
chaleco^{M} salvavidas
giubbotto^{M} di salvataggio^{M}

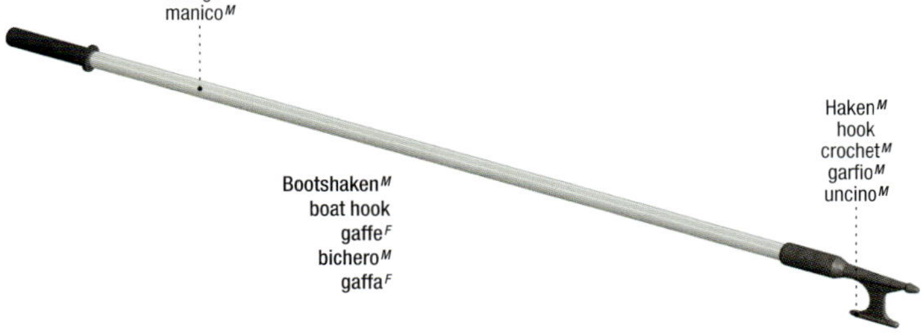

Stange^{F}
handle
manche^{M}
mango^{M}
manico^{M}

Haken^{M}
hook
crochet^{M}
garfio^{M}
uncino^{M}

Bootshaken^{M}
boat hook
gaffe^{F}
bichero^{M}
gaffa^{F}

Navigationsinstrumente[N]

navigation devices | appareils[M] de navigation[F] | instrumentos[M] de navegación[F] | strumenti[M] per la navigazione[F]

Sextant[M]
sextant
sextant[M]
sextante[M]
sestante[M]

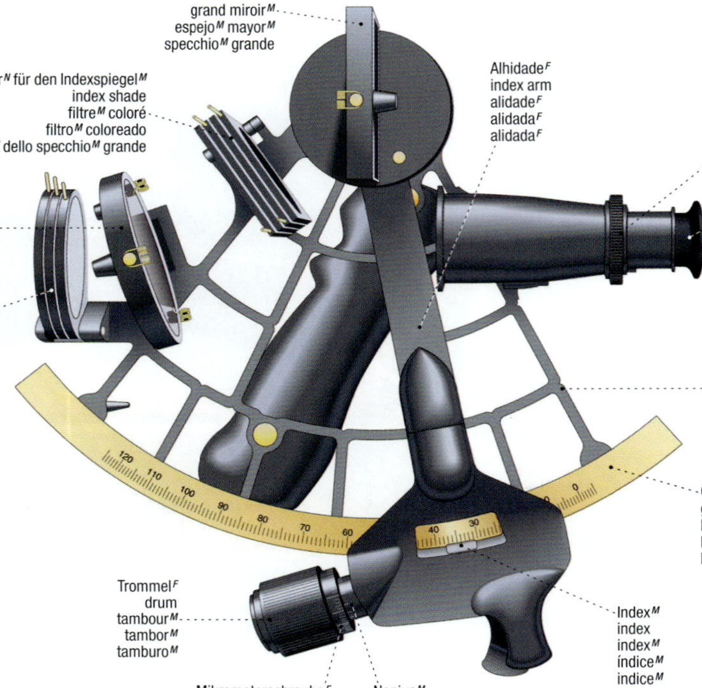

Flüssigkeitskompass[M]
liquid compass
compas[M] magnétique liquide
brújula[F] líquida
bussola[F] a liquido[M]

Navigationsinstrumente^N

See-Funkradio^N
marine VHF radio
radio^F maritime VHF
radio^F VHF marítima
radio^F VHF marina

Hörer^M
handset
combiné^M
auricular^M
microtelefono^M

Mikrofon^N
microphone
microphone^M
micrófono^M
microfono^M

Kanalauswahltasten^F
channel selection buttons
touches^F de sélection^F de canal^M
botones^M de selección^F de canal^M
tasti^M di selezione^F dei canali^M

Rastertaste^F
watch button
touche^F de balayage^M
botón^M de vigilancia^F
tasto^M per l'orientamento^M

Wechselsprechtaste^F
push-to-talk button
touche^F de communication^F
interruptor^M de transmisión^F
tasto^M di trasmissione^F

Lautsprecher^M
loudspeaker
haut-parleur^M
altavoz^M
altoparlante^M

Anzeige^F
display
afficheur^M
pantalla^F
display^M

Notruftaste^F
distress button
touche^F de détresse^F
botón^M de socorro^M
tasto^M di rilascio^M

Sonar^N
sonar
sonar^M
sonar^M
sonar^M

Anzeige^F
display
écran^M
pantalla^F
display^M

Satelliten^M-Navigationssystem^N
track plotter
traceur^M de route^F
sistema^M de navegación^F por satélite^M
sistema^M di navigazione^F satellitare

GPS-Empfangsantenne^F
GPS receiver-aerial
antenne^F-récepteur^M GPS
antena^F-receptor^M GPS
antenna^F ricevente GPS

Bildschirm^M
display
écran^M
pantalla^F
display^M

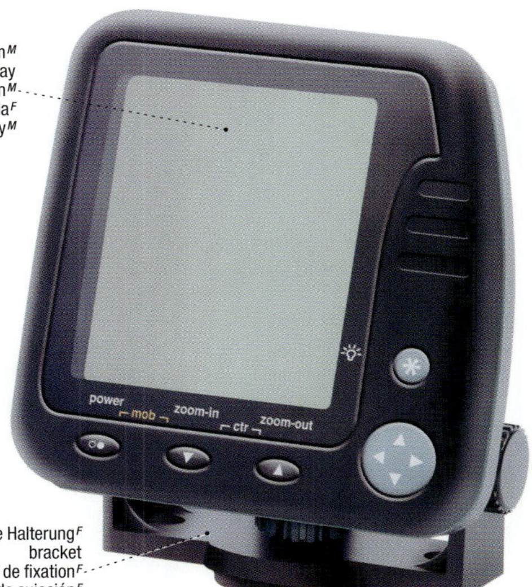

schwenkbare Halterung^F
bracket
étrier^M de fixation^F
brida^F de sujeción^F
base^F di supporto^M

Seezeichen^{N}

maritime signals | signalisation^{F} maritime | señales^{F} marítimas | segnali^{M} marittimi

Leuchtturm^{M}
lighthouse
phare^{M}
faro^{M} marítimo
faro^{M}

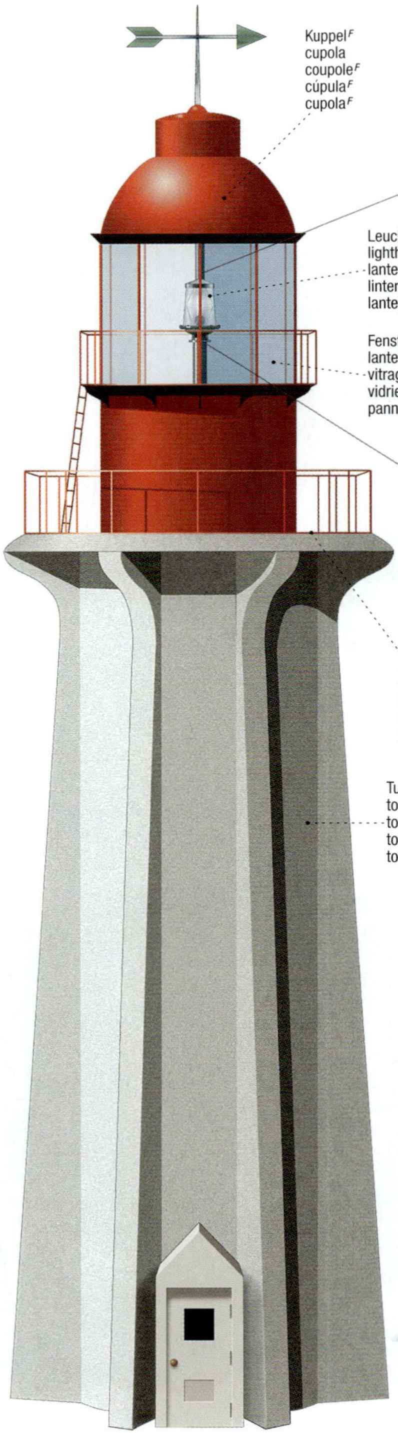

Kuppel^{F}
cupola
coupole^{F}
cúpula^{F}
cupola^{F}

Leuchtturmlampe^{F}
lighthouse lantern
lanterne^{F} de phare^{M}
linterna^{F} del faro^{M}
lanterna^{F} del faro^{M}

Fenster^{N} des Scheinwerferraumes^{M}
lantern pane
vitrage^{M}
vidriera^{F}
pannelli^{M} di vetro^{M}

Galerie^{F}
gallery
balcon^{M} de veille^{F}
balcón^{M}
ballatoio^{M}

Turm^{M}
tower
tour^{F}
torre^{F}
torre^{F}

Leuchtturmlampe^{F}
lighthouse lantern
lanterne^{F} de phare^{M}
linterna^{F} del faro^{M}
lanterna^{F} del faro^{M}

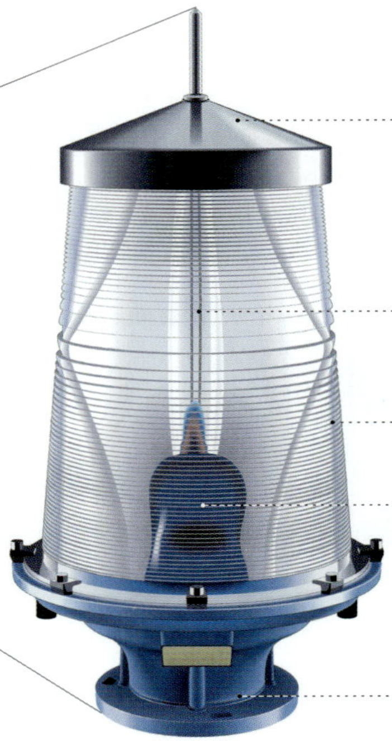

Lüfterkopf^{M}
ventilation hood
capuchon^{M} de ventilation^{F}
capucha^{F} de ventilación^{F}
cappa^{F} di ventilazione^{F}

Glühlampe^{F}
incandescent lamp
lampe^{F} à incandescence^{F}
lámpara^{F} incandescente
lampada^{F} ad incandescenza^{F}

dioptrischer Ring^{M}
dioptric ring
anneau^{M} dioptrique
anillo^{M} dióptrico
anello^{M} diottrico

Boden^{M}
lamp base
culot^{M}
base^{F} de la lámpara^{F}
base^{F} della lampada^{F}

Gehäuse^{N}
housing
boîtier^{M}
caja^{F}
alloggiamento^{M}

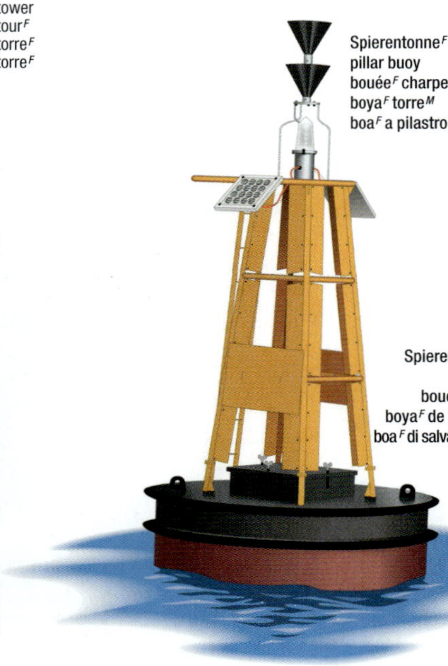

Spierentonne^{F}
pillar buoy
bouée^{F} charpente^{F}
boya^{F} torre^{M}
boa^{F} a pilastro^{M} cilindrico

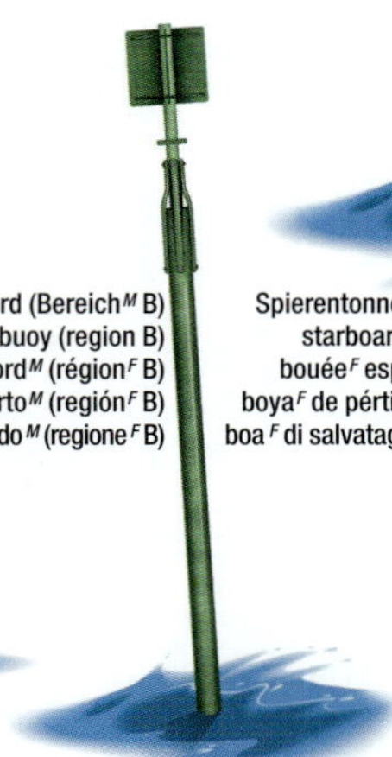

Spierentonne^{F} backbord (Bereich^{M} B)
port spar buoy (region B)
bouée^{F} espar^{M} bâbord^{M} (région^{F} B)
boya^{F} de pértiga^{F} de puerto^{M} (región^{F} B)
boa^{F} di salvataggio^{M} a babordo^{M} (regione^{F} B)

Spierentonne^{F} steuerbord (Bereich
starboard spar buoy (region B)
bouée^{F} espar^{M} tribord^{M} (région^{F} B
boya^{F} de pértiga^{F} de estribor^{M} (regiór
boa^{F} di salvataggio^{M} a tribordo^{M} (regio

TRANSPORT UND FAHRZEUGE

Seezeichen[N]

Spitztonne[F]
conical buoy
bouée[F] conique
boya[F] cónica
boa[F] conica

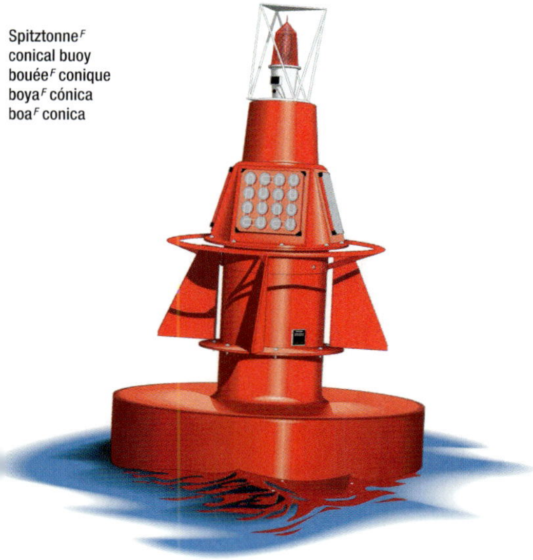

Großtonne[F]
high focal plane buoy
bouée[F] à plan[M] focal élevé
boya[F] de plano[M] focal elevado
boa[F] a piano[M] focale elevato

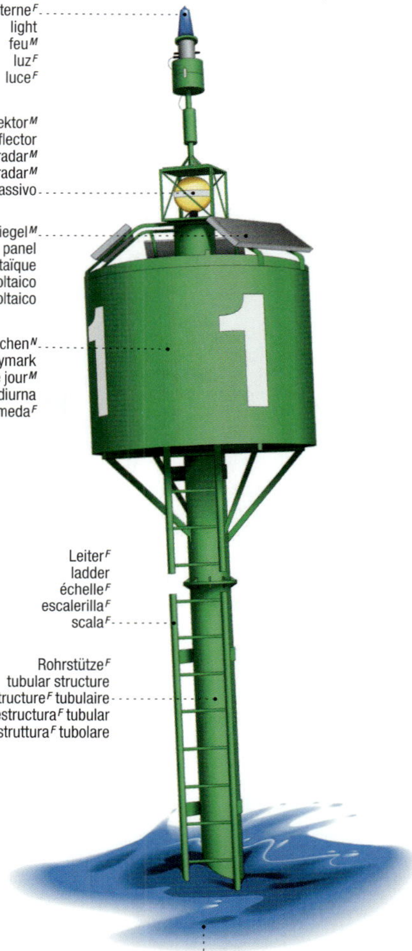

Stumpftonne[F]
cylindrical buoy
bouée[F] cylindrique
boya[F] cilíndrica
boa[F] cilindrica

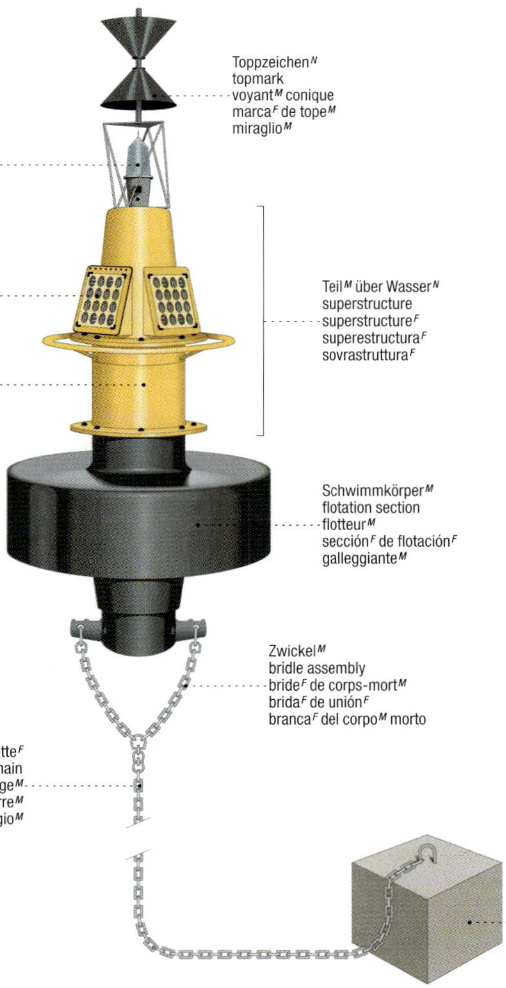

Betonnungssystem[N]

maritime buoyage system | système[M] de balisage[M] maritime | sistema[M] de boyas[F] marítimas | sistema[M] di segnalamento[M] marittimo per mezzo di boe[F]

Kardinalseezeichen[N]
cardinal marks
marques[F] cardinales
señales[F] de los puntos[M] cardinales
segnalamento[M] dei punti[M] cardinali

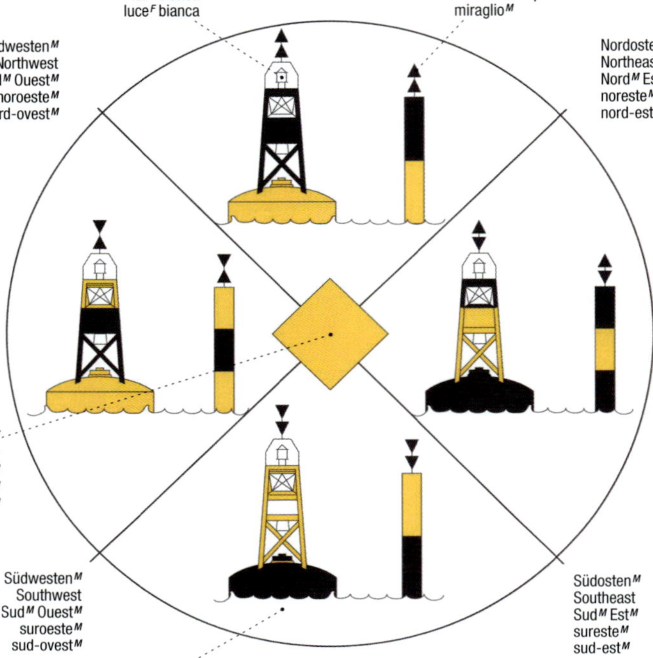

Betonnte Fahrwasser[N]
buoyage regions
régions[F] de balisage[M]
regiones[F] de boyas[F]
regioni[F] con segnalamento[M] mediante boe[F]

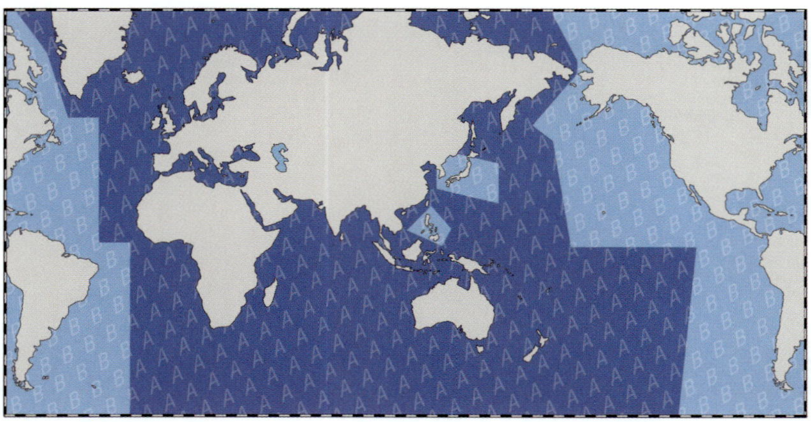

Bereich[M] A
region A
région[F] A
región[F] A
regione[F] A

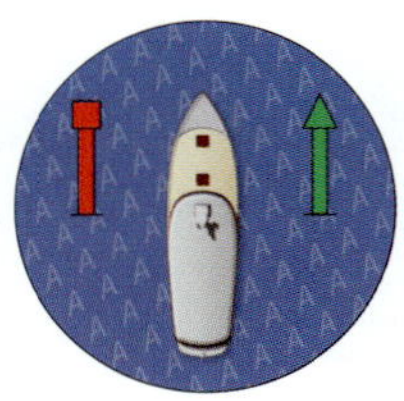

Bereich[M] B
region B
région[F] B
región[F] B
regione[F] B

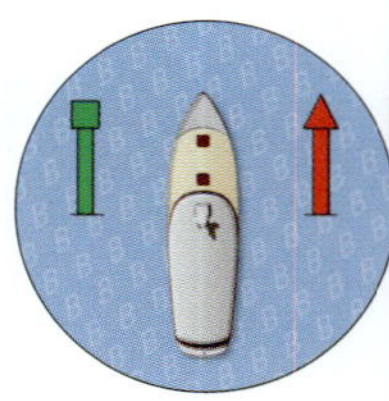

Betonnungssystem^{N}

Leuchtfeuerkennung^{F}
operational pattern of marks by night
rythme^{M} des marques^{F} de nuit^{F}
ritmo^{M} de las señales^{F} nocturnas
ritmo^{M} dei segnalamenti^{M} notturni

Lichterscheinung^{F}
light
lumière^{F}
luz^{F}
luce^{F}

Verdunkelung^{F}
darkness
obscurité^{F}
oscuridad^{F}
oscurità^{F}

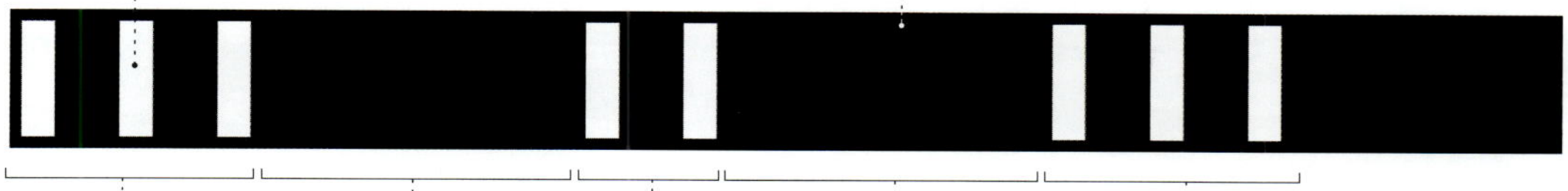

Taktkennung^{F}
period
période^{F}
periodo^{M}
periodo^{M}

Unterbrechung^{F}
interval
intervalle^{M}
intervalo^{M}
intervallo^{M}

Taktkennung^{F}
period
période^{F}
periodo^{M}
periodo^{M}

Unterbrechung^{F}
interval
intervalle^{M}
intervalo^{M}
intervallo^{M}

Taktkennung^{F}
period
période^{F}
periodo^{M}
periodo^{M}

Tagzeichen^{N} (Region^{F} B)
daymarks (region B)
marques^{F} de jour^{M} (région^{F} B)
señales^{F} diurnas (región^{F} B)
mede^{F} (regione^{F} B)

Lateralzeichen^{N}: Spierentonne^{F}
spar buoy
bouée^{F} espar^{M}
boya^{F} de pértiga^{F}
segnale^{M} laterale: boa^{F} a palo^{M}

Sonderzeichen^{N}
special mark
marque^{F} spéciale
señal^{F} especial
segnale^{M} speciale

Einzelgefahrenzeichen^{N}
isolated danger mark
marque^{F} de danger^{M} isolé
señal^{F} aislada de peligro^{M}
segnale^{M} di pericolo^{M} isolato

östliches Kardinalseezeichen^{N}
East cardinal mark
marque^{F} cardinale est^{M}
señal^{F} cardinal del este^{M}
segnale^{M} cardinale: passare a est^{M}

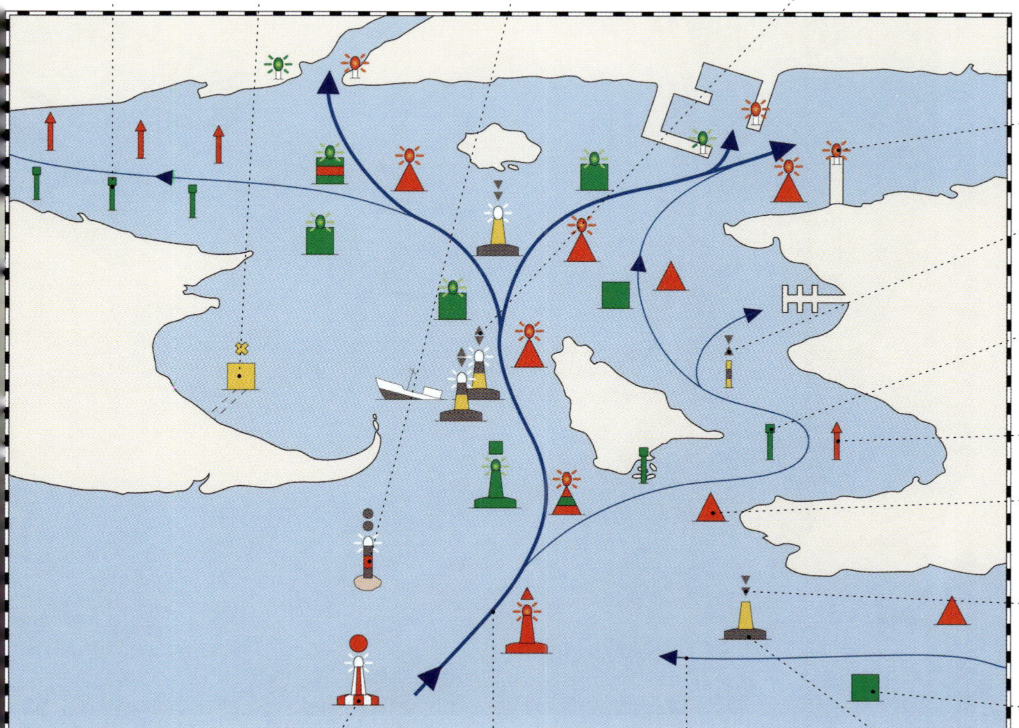

Leuchtfeuer^{N}
light
feu^{M}
luz^{F}
luce^{F}

westliches Kardinalseezeichen^{N}
West cardinal mark
marque^{F} cardinale ouest^{M}
señal^{F} cardinal del oeste^{M}
segnale^{M} cardinale: passare a ovest^{M}

Backbordseite^{F}
port hand
bâbord^{M}
babor^{M}
sinistra^{F}

Steuerbordseite^{F}
starboard hand
tribord^{M}
estribor^{M}
dritta^{F}

Lateralzeichen^{N}: Spitztonne^{F}
conical buoy
bouée^{F} conique
boya^{F} cónica
segnale^{M} laterale: boa^{F} conica

südliches Kardinalseezeichen^{N}
South cardinal mark
marque^{F} cardinale sud^{M}
señal^{F} cardinal del sur^{M}
segnale^{M} cardinale: passare a sud^{M}

Lateralzeichen^{N}: Stumpftonne^{F}
lateral mark
marque^{F} latérale
señal^{F} lateral
segnale^{M} laterale

Fahrwassermitte^{F}
safe water mark
marque^{F} d'eaux^{F} sécuritaires
señal^{F} de aguas^{F} seguras
segnale^{M} di acque^{F} sicure

Hauptfahrwasser^{N}
preferred channel
chenal^{M} principal
canal^{M} principal
canale^{M} privilegiato

Nebenfahrwasser^{N}
secondary channel
chenal^{M} secondaire
canal^{M} secundario
canale^{M} secondario

Lateralzeichen^{N}: Spierentonne^{F}
pillar buoy
bouée^{F} charpente^{F}
boya^{F} torre^{F}
segnale^{M} laterale: boa^{F} a pilastro^{M} cilindrico

Flughafen[M]

airport | aéroport[M] | aeropuerto[M] | aeroporto[M]

Außenansicht[F]
exterior view
vue[F] extérieure
vista[F] exterior
vista[F] esterna

Flughafen^M

Rollbahn^F
taxiway
voie^F de circulation^F
pista^F de rodaje^M
pista^F di rullaggio^M

Passagierterminal^M
air terminal
aérogare^F
terminal^M de pasajeros^M
terminal^M dei passeggeri^M

Flugzeugwartungshalle^F
maintenance hangar
hangar^M
hangar^M de mantenimiento^M
aviorimessa^F

Abstellplatz^M
parking area
aire^F de stationnement^M
parque^M de estacionamiento^M
area^F di parcheggio^M

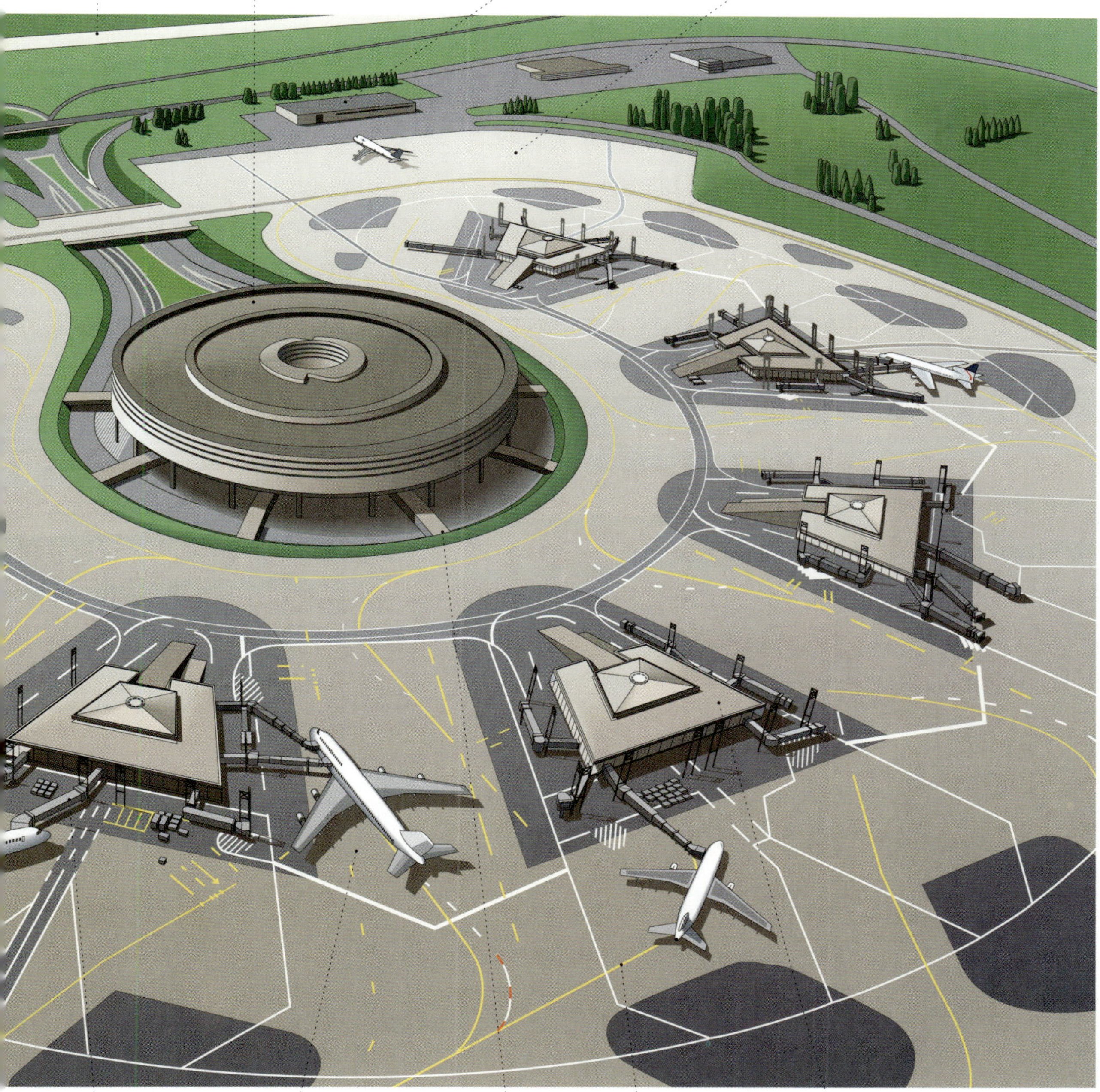

ausziehbare Fluggastbrücke^F
telescopic corridor
passerelle^F télescopique
pasarela^F telescópica
corridoio^M telescopico

Versorgungsbereich^M
service area
aire^F de service^M
zona^F de servicio^M
area^F di servizio^M

Fluggastbrücke^F
boarding walkway
quai^M d'embarquement^M
túnel^M de embarque^M
passerella^F di imbarco^M

Rollbahnmarkierung^F
taxiway line
marque^F de circulation^F
línea^F de pista^F
linea^F di rullaggio^M

Satellitenterminal^M
satellite terminal
aérogare^F satellite^M
terminal^F satélite de pasajeros^M
terminal^M satellite^M

Flughafen[M]

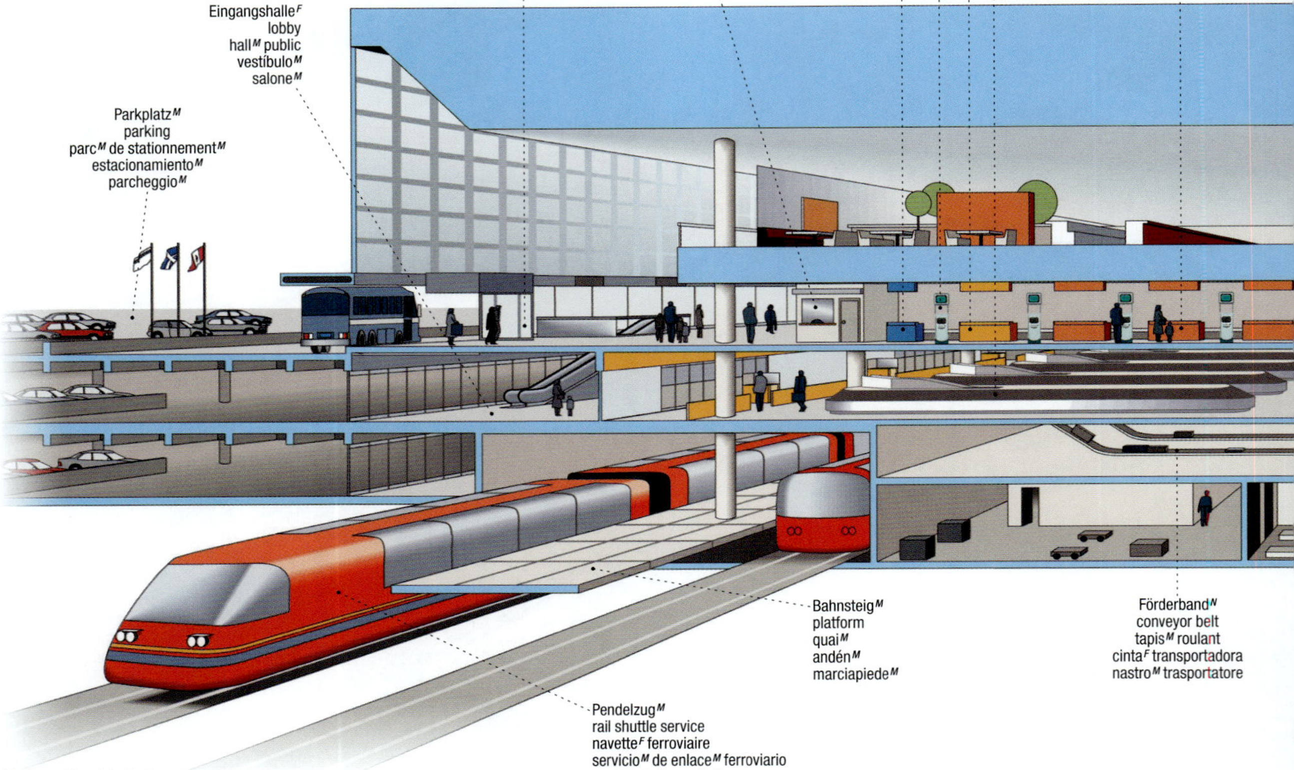
Passagierterminal[M]
passenger terminal
aérogare[F]
terminal[M] de pasajeros[M]
terminal[M] dei passeggeri[M]
Check-in-Automat[M]
self-service check-in kiosk
borne[F] d'enregistrement[M] libre-service
máquina[F] de facturación[F] de autoservicio[M]
sportello[M] per il check-in[M] automatico
Ticketschalter[M]
ticket counter
billetterie[F]
mostrador[M]
biglietteria[F]
Informationsschalter[M]
information counter
comptoir[M] de renseignements[M]
puesto[M] de información[F]
banco[M] delle informazioni[F]
Gepäckausgabe[F]
baggage claim area
zone[F] de retrait[M] des bagages[M]
entrega[F] de equipaje[M]
area[F] per il ritiro[M] dei bagagli[M]
automatische Tür[F]
automatically-controlled door
porte[F] automatique
puerta[F] automática
porta[F] automatica
Hotelreservierungsschalter[M]
hotel reservation desk
bureau[M] de réservation[F] de chambres[F] d'hôtel[M]
oficina[F] de reservas[F] de hotel[M]
banco[M] per la prenotazione[F] degli hotel[M]
Check-in-Schalter[M]
baggage check-in counter
comptoir[M] d'enregistrement[M]
facturación[F] de equipaje[M]
banco[M] di registrazione[F]
Eingangshalle[F]
lobby
hall[M] public
vestíbulo[M]
salone[M]
Parkplatz[M]
parking
parc[M] de stationnement[M]
estacionamiento[M]
parcheggio[M]
Bahnsteig[M]
platform
quai[M]
andén[M]
marciapiede[M]
Förderband[N]
conveyor belt
tapis[M] roulant
cinta[F] transportadora
nastro[M] trasportatore
Pendelzug[M]
rail shuttle service
navette[F] ferroviaire
servicio[M] de enlace[M] ferroviario
servizio[M] di navetta[F]
Start- und Landebahn[F]
runway
piste[F]
pista[F] de aterrizaje[M] y despegue[M]
pista[F]

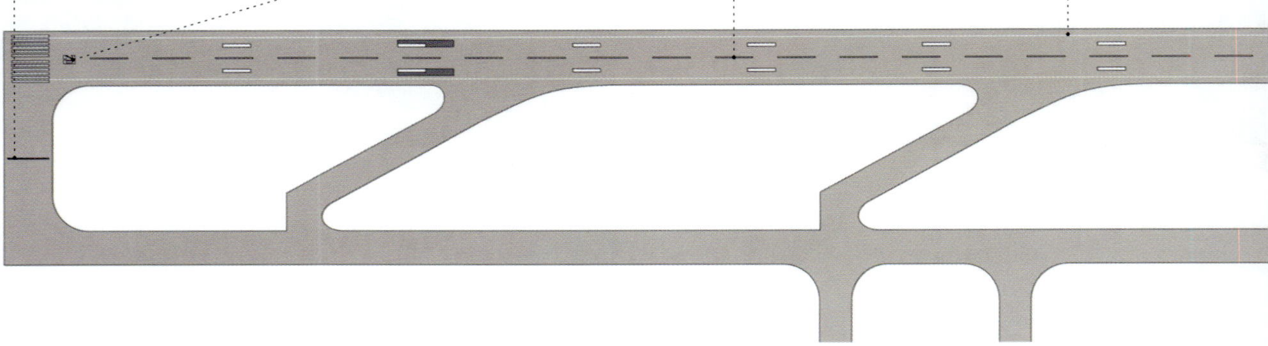
Wartebereichmarkierung[F]
holding area marking
marque[F] de point[M] d'attente[F]
señal[F] de zona[F] de espera[F]
segnale[M] dell'area[F] di attesa[F]
Pistenbezeichnungsmarkierung[F]
runway designation marking
marques[F] d'identification[F]
señal[F] de identificación[F] de pista[F]
segnale[M] di identificazione[F] della pista[F]
Pisten-Mittelliniemarkierungen[F]
runway centre line markings
marque[F] d'axe[M] de piste[F]
señal[F] de eje[M] de pista[F]
segnali[M] dell'asse[F] della pista[F]
Pistenrandmarkierungen[F]
runway side stripe markings
marques[F] latérales de piste[F]
señales[F] laterales de pista[F]
segnali[M] laterali

Flughafen^{M}

Sicherheitskontrolle^{F}
security check
contrôle^{M} de sécurité^{F}
control^{M} de seguridad^{F}
controllo^{M} di sicurezza^{F}
Duty-free-Shop^{M}
duty-free shop
boutique^{F} hors taxe^{F}
tienda^{F} libre de impuestos^{M}
duty free^{M}
Besucherterrasse^{F}
observation deck
terrasse^{F}
mirador^{M}
terrazza^{F}
Fluginformationsanzeige^{F}
flight information board
tableau^{M} d'affichage^{M} des vols^{M}
tablero^{M} de llegadas^{F} y salidas^{F}
tabellone^{M} degli arrivi^{M} e delle partenze^{F}
Frachtversand^{M}
cargo dispatch
expédition^{F} du fret^{M}
expedición^{F} de carga^{F}
spedizione^{F} merci^{F}
Passkontrolle^{F}
passport control
contrôle^{M} des passeports^{M}
control^{M} de pasaportes^{M}
controllo^{M} dei passaporti^{M}
Abflugwartehalle^{F}
departure lounge
salle^{F} d'embarquement^{M}
sala^{F} de espera^{F} de embarque^{M}
sala^{F} di imbarco^{M}
Passagiertransferfahrzeug^{N}
passenger transfer vehicle
transbordeur^{M}
transbordador^{M}
navetta^{F} per il trasbordo^{M} dei passeggeri^{M}
Zollkontrolle^{F}
customs control
contrôle^{M} douanier
aduana^{F}
dogana^{F}
Frachtempfang^{M}
cargo reception
réception^{F} du fret^{M}
recepción^{F} de carga^{F}
ricevimento^{M} merci^{F}

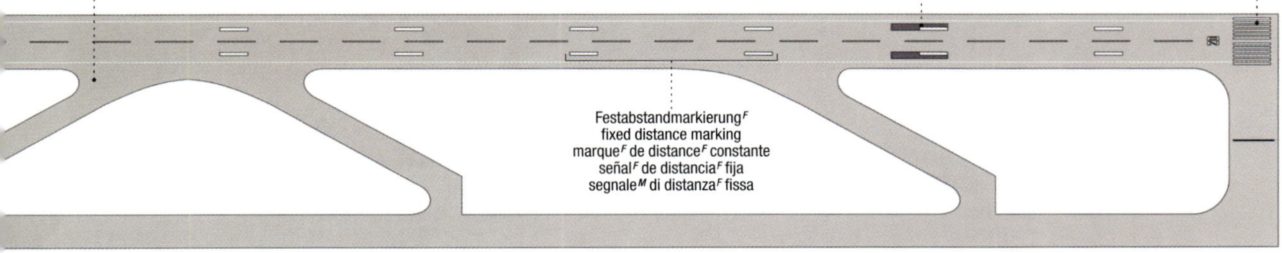
Abrollbahn^{F}
exit taxiway
sortie^{F} de piste^{F}
salida^{F} de la pista^{F}
bretella^{F} di uscita^{F}
Aufsetzzonenmarkierungen^{F}
runway touchdown zone marking
marque^{F} d'aire^{F} de prise^{F} de contact^{M}
señal^{F} de zona^{F} de contacto^{M} de pista^{F}
segnale^{M} di zona^{F} di contatto^{M}
Schwellenmarkierungen^{F}
runway threshold markings
marques^{F} de seuil^{M} de piste^{F}
señales^{F} de límite^{M} de la pista^{F}
segnali^{M} della soglia^{F} della pista^{F}
Festabstandmarkierung^{F}
fixed distance marking
marque^{F} de distance^{F} constante
señal^{F} de distancia^{F} fija
segnale^{M} di distanza^{F} fissa

Flughafen^{M}

Bodenausrüstung^{F}
airport ground equipment
équipements^{M} aéroportuaires
equipo^{M} de tierra^{F} del aeropuerto^{M}
attrezzature^{F} di terra^{F}

Abschleppstange^{F}
tow bar
barre^{F} de tractage^{M}
barra^{F} de remolque^{M}
barra^{F} di traino^{M}

Schlepper^{M}
tractor
tracteur^{M} de piste^{F}
tractor^{M} remolque^{M}
trattore^{M} di traino^{M}

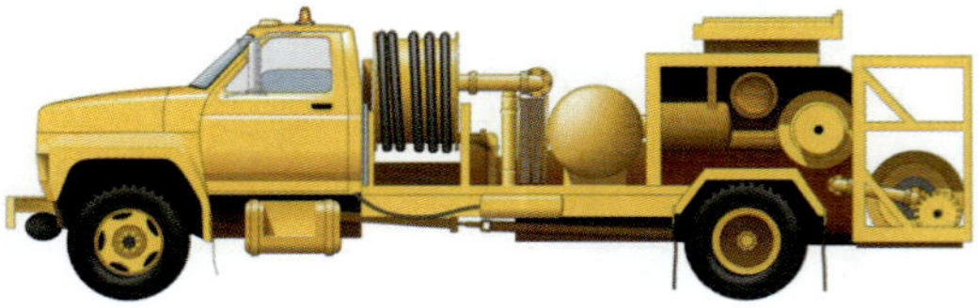

Bodenanlassgerät^{N}
compressed air starting unit
groupe^{M} de démarrage^{M} pneumatique
unidad^{F} de aire^{M}
compressore^{M} semovente

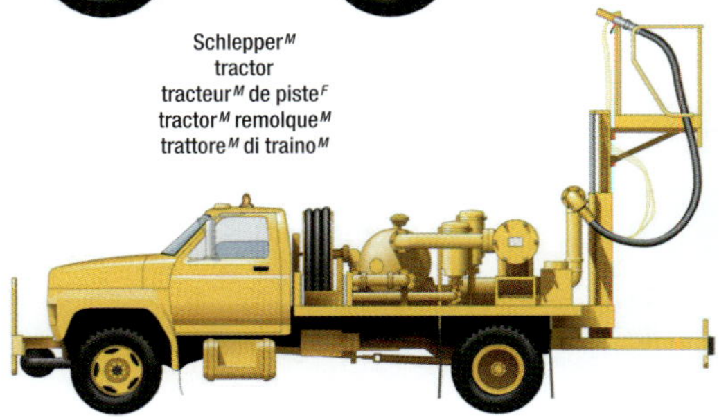

Tankwagen^{M}
jet refueller
camion^{M} avitailleur
camión^{M} cisterna^{F} de combustible^{M}
autobotte^{F} di rifornimento^{M} del carburante^{M}

Bodenstromgerät^{N}
electrical power unit
groupe^{M} électrogène
grupo^{M} electrógeno
generatore^{M} semovente

Klimagerät^{N}
ground air conditioner
groupe^{M} de climatisation^{F}
aire^{M} acondicionado de tierra^{F}
condizionatore^{M} semovente

Wartungsfahrzeug^{N}
aircraft maintenance truck
véhicule^{M} de service^{M} technique
camioneta^{F} de mantenimiento^{M} de aviones^{M}
automezzo^{M} per l'assistenza^{F} tecnica

Toilettenwagen^{M}
toilet truck
camion^{M} vide-toilette^{M}
camión^{M} sanitario
botte^{F} igienica semovente

Frischwasserwagen^{M}
drinking water truck
camion^{M}-citerne^{F} d'eau^{F} potable
camión^{M} cisterna^{F} de agua^{F} potable
autobotte^{F} per il rifornimento^{M} dell'acqua^{F} potabile

Bremsklotz^{M}
wheel chock
cale^{F}
calzo^{M} de la rueda^{F}
tacco^{M}

Tankwagen^{M} mit beweglichem Ausleger^{M}
boom truck
nacelle^{F} élévatrice
camioneta^{F} con canastilla^{F} telescópica
automezzo^{M} con braccio^{M} mobile

Leitwerkstütze^{F}
tripod tail support
tripode^{M} de stabilisation^{F}
soporte^{M} trípode de cola^{F}
supporto^{M} per la coda^{F}

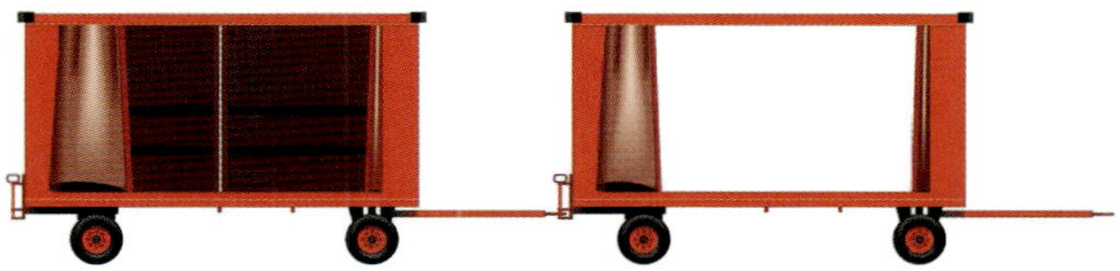

Gepäckanhänger^{M}
baggage trailer
chariot^{M} à bagages^{M}
remolque^{M}
carrello^{M} portabagagli

Schlepper^{M}
tow tractor
tracteur^{M}
tractor^{M} remolcador
trattore^{M} di traino^{M}

Gepäckförderer^{M}
baggage conveyor
convoyeur^{M} à bagages^{M}
transportador^{M} de equipaje^{M}
nastro^{M} trasportatore^{M} dei bagagli^{M}

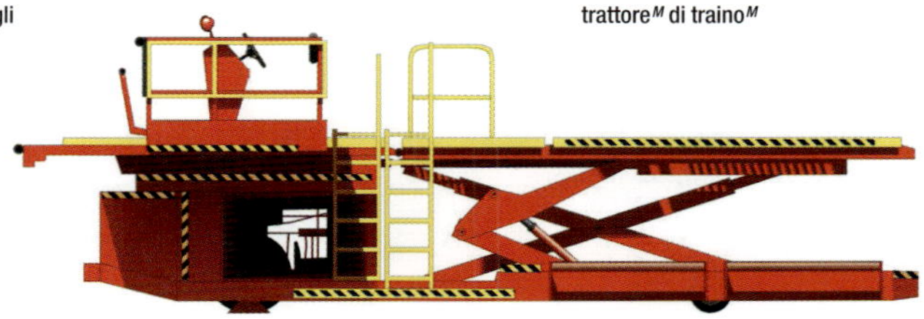

Ladegerät^{N} für Paletten^{F} und Container^{M}
container/pallet loader
plateforme^{F} élévatrice automotrice
cargador^{M} de contenedores^{M} y plataformas^{F}
elevatore^{M} per container^{M} e palette^{F} di carico^{M}

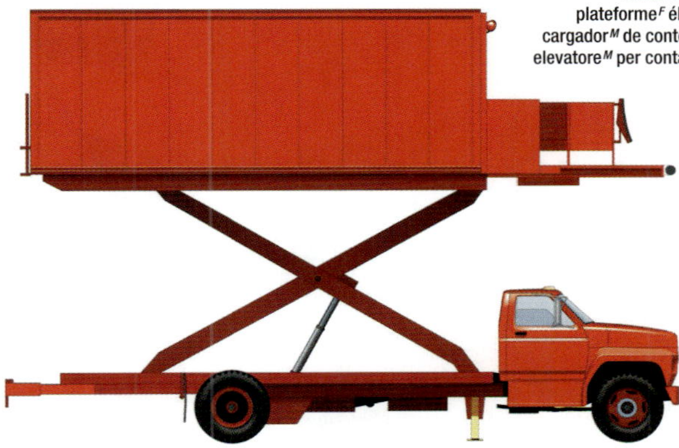

Küchenwagen^{M}
catering vehicle
camion^{M} commissariat^{M}
camión^{M} de aprovisionamiento^{M}
automezzo^{M} del catering^{M}

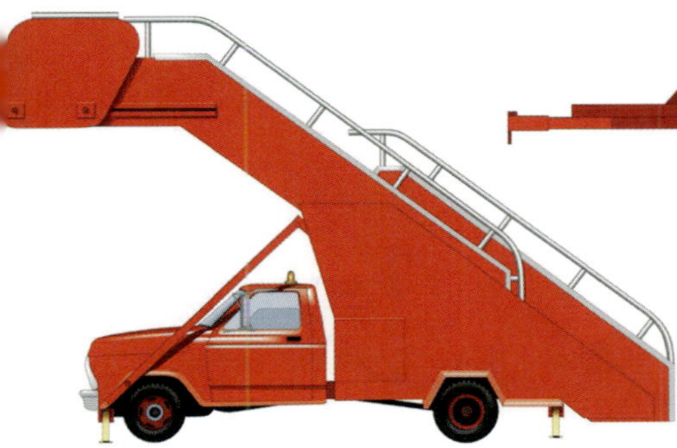

bewegliche Fluggasttreppe^{F}
mobile passenger steps
escalier^{M} automoteur
escalerilla^{F} transportable
scaletta^{F} semovente

Zugangstreppe^{F}
access stairway
escalier^{M} d'accès^{M}
escaleras^{F} de acceso^{M}
scala^{F} di accesso^{M}

Passagiertransferfahrzeug^{N}
passenger transfer vehicle
transbordeur^{M}
trasbordador^{M}
navetta^{F} per il trasbordo^{M} dei passeggeri

Langstrecken-Düsenflugzeug^{N}

long-range jet airliner | avion^{M} long-courrier^{M} | avión^{M} turborreactor de pasajeros^{M} | aviogetto^{M} a lungo raggio^{M}

Gesamtansicht^{F}
general view
vue^{F} d'ensemble^{M}
vista^{F} general
vista^{F} generale

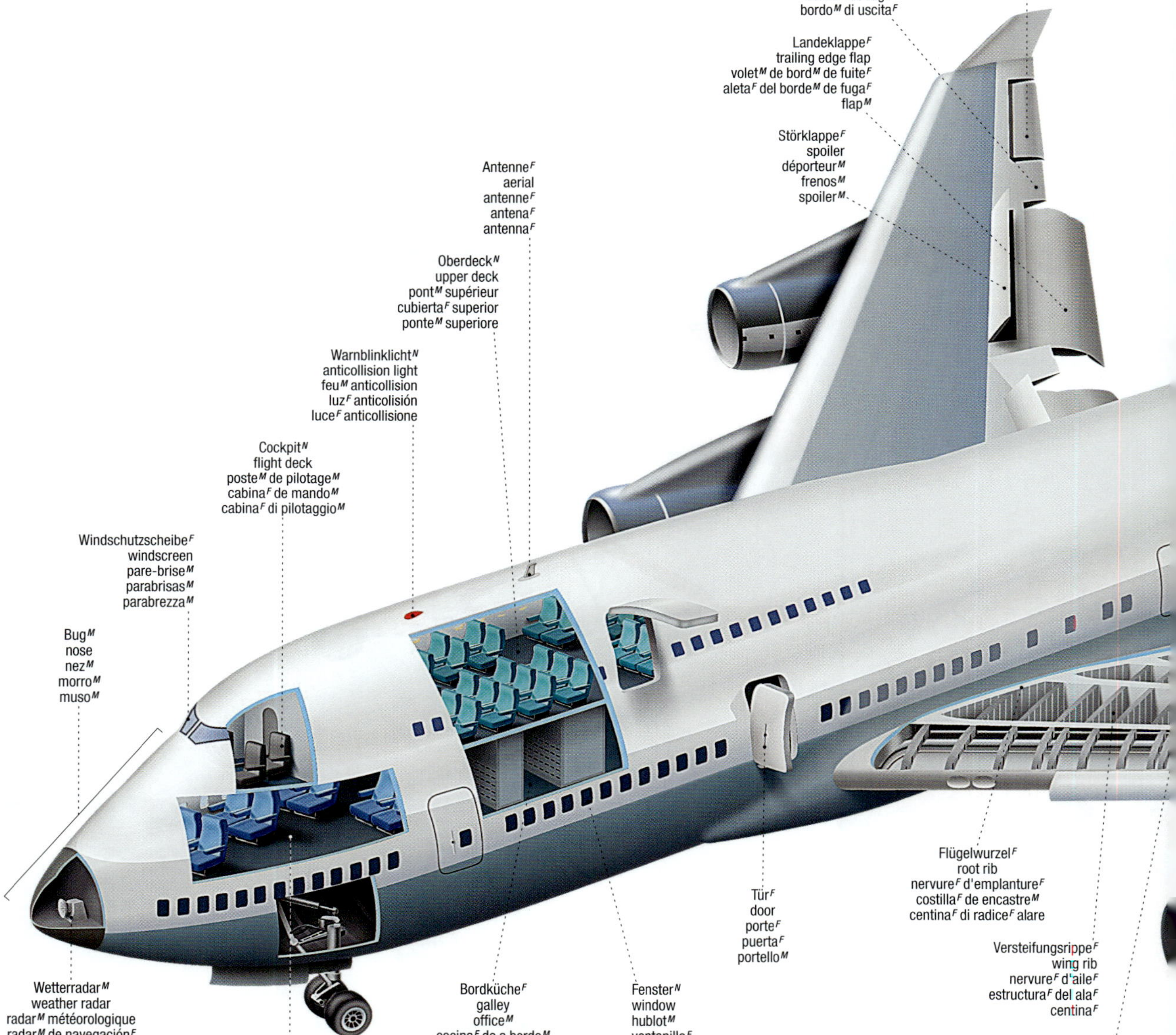

Langstrecken-Düsenflugzeug[N]

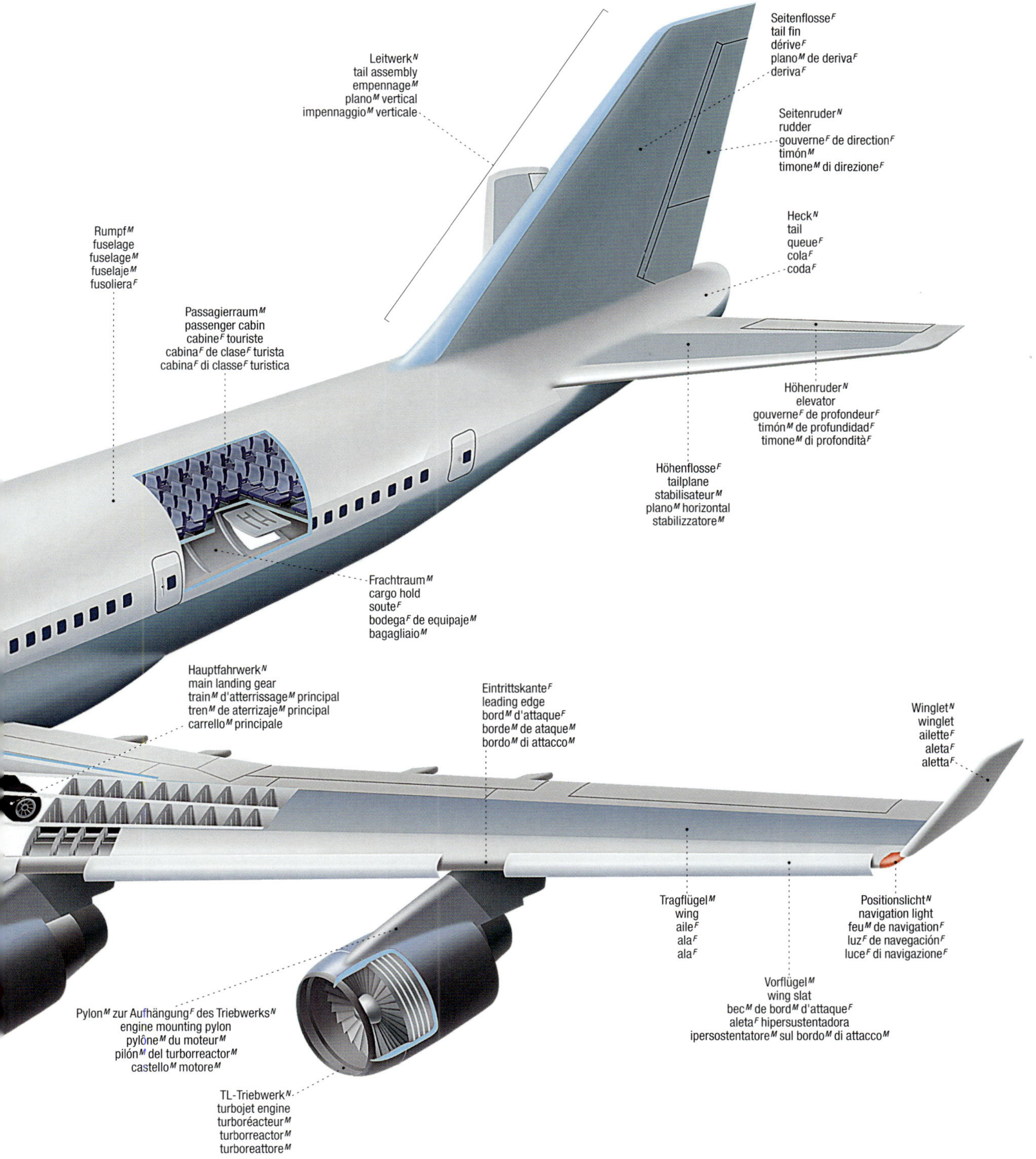

Langstrecken-Düsenflugzeug[N]

Cockpit[N]
flight deck
poste[M] de pilotage[M]
puente[M] de mando[M]
cabina[F] di pilotaggio[M]

Steueranlage[F] für den Autopiloten[M]
autopilot controls
commandes[F] du pilote[M] automatique
controles[M] del piloto[M] automático
comandi[M] del pilota[M] automatico

Lautsprecher[M]
speaker
haut-parleur[M]
altavoz[M]
altoparlante[M]

Warnanzeige[F] Besatzung[F] und Triebwerke[N]
engine and crew alarm display
paramètres[M] moteurs[M]/alarmes[F]
pantalla[F] de alarma[F] de motor y tripulación[F]
display[M] dei parametri[M] del motore[M] e delle avarie[F]

Fahrwerkhebel[M]
landing gear lever
levier[M] du train[M] d'atterrissage[M]
palanca[F] del tren[M] de aterrizaje delantero
leva[F] del carrello[M]

Beleuchtung[F]
lighting
éclairage[M]
luz[F]
luce[F]

Reserve-Fluglageanzeige[F]
standby attitude indicator
horizon[M] de secours[M]
indicador[M] de emergencia[F] de inclinación[F]
girorizzonte[M] di riserva[F]

Windschutzscheibe[F]
windscreen
pare-brise[M]
parabrisas[M]
parabrezza[M]

Überkopfschaltbrett[N]
overhead switch panel
panneau[M] de disjoncteurs[M]
tablero[M] de conmutadores[M]
pannello[M] superiore degli interruttori[M]

Reserve-Fahrtmesser[M]
standby airspeed indicator
anémomètre[M] de secours[M]
anemómetro[M] de emergencia[F]
anemometro[M] di riserva[F]

Reserve-Höhenmesser[M]
standby altimeter
altimètre[M] de secours[M]
altímetro[M] de emergencia[F]
altimetro[M] di riserva[F]

Navigationsanzeige[F]
navigation display
informations[F]-navigation[F]
pantalla[F] de navegación[F]
display[M] di navigazione[F]

Hauptanzeige[F] der Flugdaten[N]
primary flight display
informations[F]-pilotage[M]
pantalla[F] principal de vuelo[M]
display[M] di pilotaggio[M]

Steuerknüppel[M]
control column
manche[M] de commande[F]
columna[F] de control[M]
barra[F] di comando[M]

Steuerrad[N]
control wheel
volant[M] de manche[M]
timón[M] de control[M]
volantino[M]

Flugbremshebel[M]
speedbrake lever
levier[M] des aérofreins[M]
palanca[F] de freno[M]
leva[F] degli aerofreni[M]

Displayanzeige[F]
systems display
informations[F]-systèmes[M] de bord[M]
pantalla[F] de los sistemas[M]
display[M] dei controlli[M] di bordo[M]

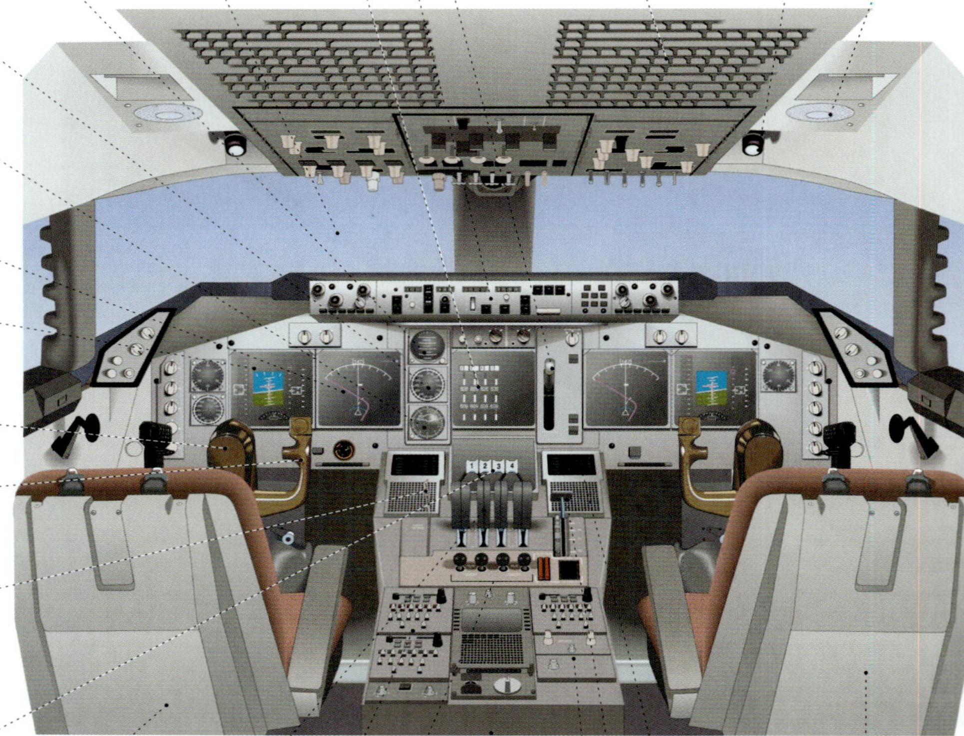

Kapitänssitz[M]
captain's seat
siège[M] du commandant[M]
asiento[M] del capitán[M]
sedile[M] del comandante[M]

Kopilotensitz[M]
first officer's seat
siège[M] du second-officier[M]
asiento[M] del copiloto[M]
sedile[M] del copilota[M]

Gashebel[M]
throttles
manettes[F] de poussée[F]
válvulas[F] de control[M] de combustible[M]
manette[F] di accelerazione[F] dei motori[M]

Transponder[M]
transponder
transpondeur[M]
transpondedor[M]
transponder[M]

Kommunikationsschaltbrett[N]
communication panels
panneaux[M] de commandes[F] radio[F]
paneles[M] de comunicación[F]
comandi[M] radio[F]

Steuerpult[N]
control console
pupitre[M] de commande[F]
consola[F] de control[M]
console[F] di comando[M]

Klappenhebel[M]
flap lever
levier[M] des volets[M]
palanca[F] de los alerones[M] de hipersustentación[F]
leva[F] dei flap[M]

Brennstoffventile[N]
engine fuel valves
robinets[M] de carburant[M]
válvulas[F] de combustible[M] del motor[M]
valvole[F] di controllo[M] del flusso[M] di carburante[M]

Luftdatenrechner[M]
air data computer
ordinateur[M] des données[F] aérodynamiques
ordenador[M] de vuelo[M]
elaboratore[M] dei dati[M] aerodinamici

Langstrecken-Düsenflugzeug^{N}

Zweistromtriebwerk^{N}
turbofan engine
turboréacteur^{M} à double flux^{M}
turborreactor^{M}
turboreattore^{M} a doppio flusso^{M}

innere Leitschaufeln^{F}
inner stators
stators^{M} intérieurs
estatores^{M} internos
palettatura^{F} dello statore^{M} interno

äußere Leitschaufeln^{F}
outer stators
stators^{M} extérieurs
estatores^{M} externos
palettatura^{F} dello statore^{M} esterno

Niederdruckverdichtung^{F}
fan
soufflante^{F}
ventilador^{M}
soffiante^{M}

Turboverdichterwelle^{F}
turbine-compressor shaft
arbre^{M} turbine^{F}-compresseur^{M}
árbol^{M} del turbocompresor^{M}
albero^{M} del turbocompressore^{M}

Diffusorrohr^{N}
pipe diffuser
diffuseur^{M} tubulaire
difusor^{M} tubular
diffusore^{M} tubolare

Ringbrennkammer^{F}
annular combustion chamber
chambre^{F} de combustion^{F} annulaire
cámara^{F} anular de combustión^{F}
camera^{F} di combustione^{F} anulare

Mantelstromführung^{F}
bypass duct
canal^{M} de dérivation^{F}
conducto^{M} de desviación^{F}
condotto^{M} del flusso^{M} freddo

Abgasleitschaufeln^{F}
exhaust guide vanes
aubage^{M} directeur de sortie^{F}
paletas^{F} del escape^{M}
uscita^{F} del flusso^{M} di scarico^{M}

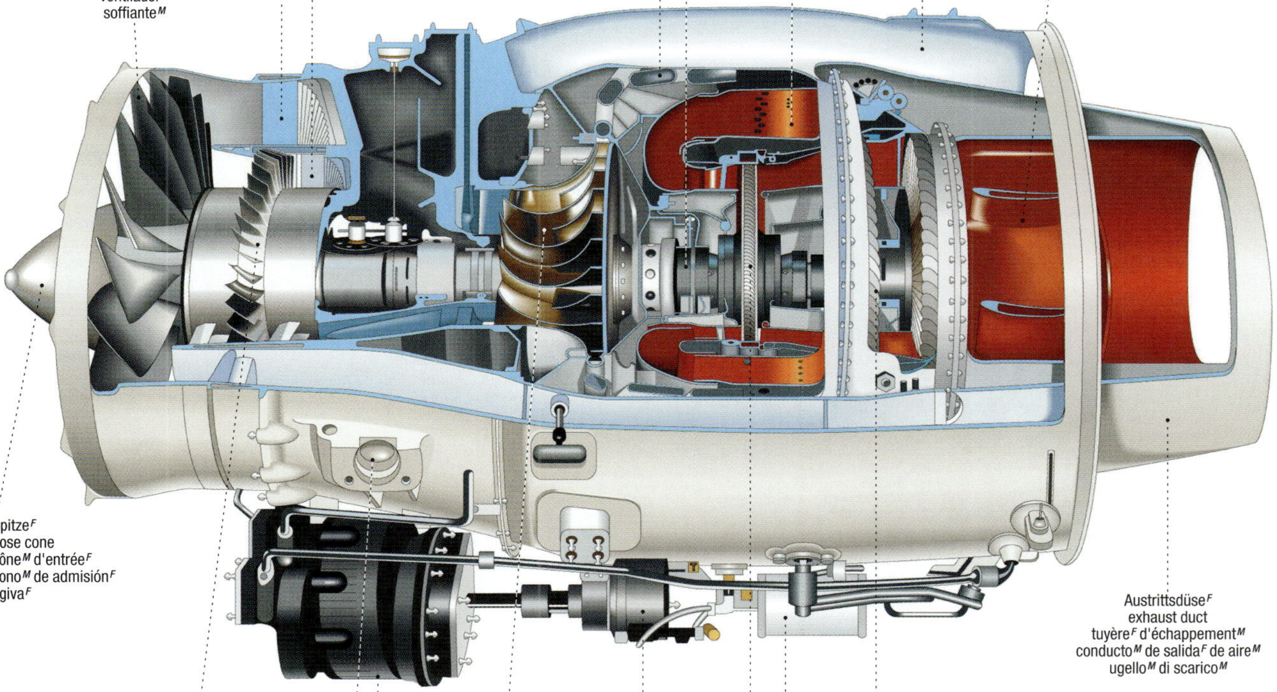

Spitze^{F}
nose cone
cône^{M} d'entrée^{F}
cono^{M} de admisión^{F}
ogiva^{F}

Austrittsdüse^{F}
exhaust duct
tuyère^{F} d'échappement^{M}
conducto^{M} de salida^{F} de aire^{M}
ugello^{M} di scarico^{M}

Axialkompressor^{M}
axial compressor
compresseur^{M} axial
compresor^{M} axial
compressore^{M} assiale

Turboverdichter^{M}
centrifugal compressor
compresseur^{M} centrifuge
compresor^{M} centrífugo
compressore^{M} centrifugo

Hochdruckturbine^{F}
power turbine
turbine^{F} motrice
turbina^{F} motriz
turbina^{F} motrice

Aufhängung^{F}
mounting point
point^{M} d'attache^{F}
punto^{M} de montaje^{M}
punto^{M} di attacco^{M}

Brennstoffregelung^{F}
fuel control
régulateur^{M} de carburant^{M}
control^{M} de combustible^{M}
regolatore^{M} di alimentazione^{F}

Zündanlage^{F}
ignition box
boîte^{F} d'allumage^{M}
caja^{F} de ignición^{F}
scatola^{F} di accensione^{F}

Zusatzgetriebegehäuse^{N}
accessory gear box
relais^{M} d'accessoires^{M}
caja^{F} de engranajes^{M}
scatola^{F} dei comandi^{M} ausiliari

Verdichterturbine^{F}
compressor turbine
turbine^{F} du compresseur^{M}
turbina^{F} del compresor^{M}
turbina^{F} del compressore^{M}

Betriebszyklus^{M}
operation cycle
phases^{F} de fonctionnement^{M}
ciclo^{M} de funcionamiento^{M}
ciclo^{M} di funzionamento^{M}

Lufteinlass^{M}
air intake
admission^{F} d'air^{M}
boca^{F} de aspiración^{F} de aire^{M}
presa^{F} d'aria^{F}

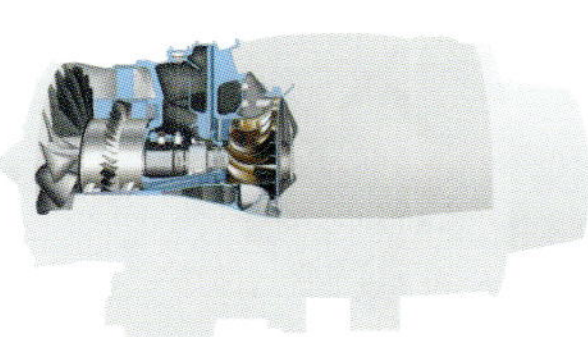

Verdichtung^{F}
compression
compression^{F}
compresión^{F}
compressione^{F}

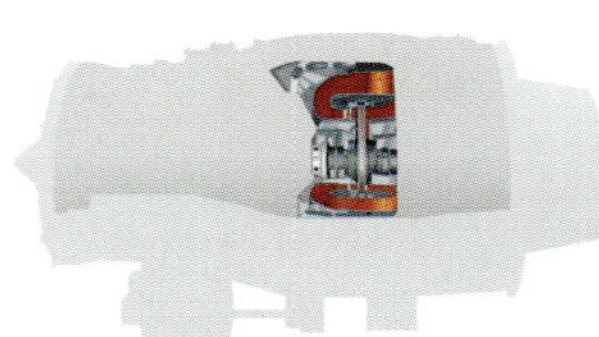

Verbrennung^{F}
combustion
combustion^{F}
combustión^{F}
combustione^{F}

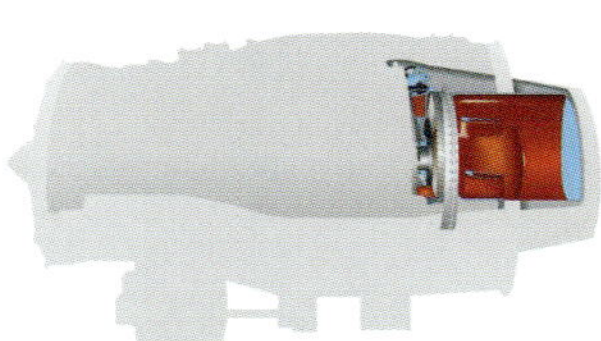

Abgas^{N}
exhaust
échappement^{M}
escape^{M}
scarico^{M}

Beispiele^{N} für Flugzeuge^{N}

examples of aircraft | exemples^{M} d'avions^{M} | ejemplos^{M} de aviones^{M} | esempi^{M} di aeroplani^{M}

Wasserflugzeug^{N}
floatplane
hydravion^{M} à flotteurs^{M}
hidroavión^{M}
idrovolante^{M}

Doppeldecker^{M}
biplane
biplan^{M}
biplano^{M}
biplano^{M}

Leichtflugzeug^{N}
light aircraft
avion^{M} léger
avión^{M} ligero
aeroplano^{M} leggero

Privatflugzeug^{N}
business aircraft
avion^{M} d'affaires^{F}
avión^{M} particular
aeroplano^{M} privato

Senkrechtstartflugzeug^{N}
vertical take-off and landing aircraft
avion^{M} à décollage^{M} et atterrissage^{M} verticaux
avión^{M} de despegue^{M} y aterrizaje^{M} verticales
aeroplano^{M} a decollo^{M} e atterraggio^{M} verticale

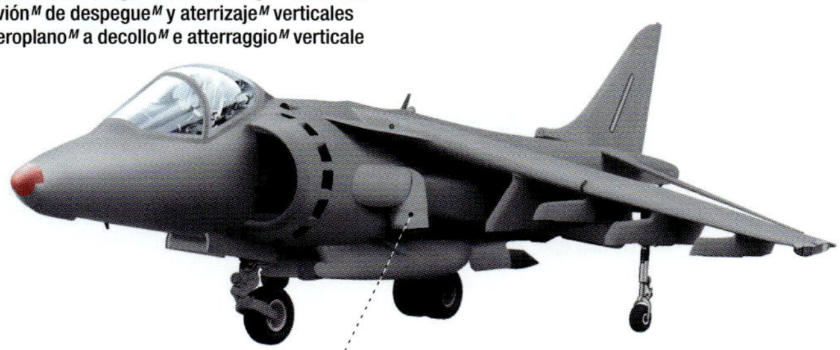

Amphibien-Feuerlöschflugzeug^{N}
amphibious firefighting aircraft
avion^{M}-citerne^{F} amphibie
hidroavión^{M} cisterna^{F}
aereo^{M} antincendio anfibio

Beispiele^{N} für Flugzeuge^{N}

Tarnkappenbomber^{M}
stealth aircraft
avion^{M} furtif
avión^{M} stealth
stealth^{M}

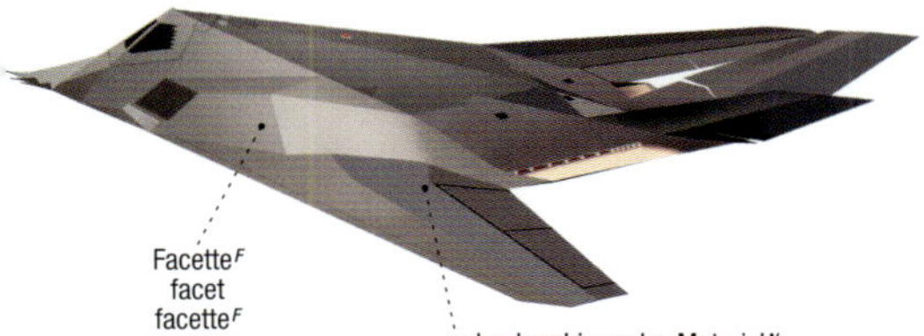

Radarflugzeug^{N}
radar aircraft
avion^{M} radar^{M}
avión^{M} radar
aeroplano^{M} radar^{M}

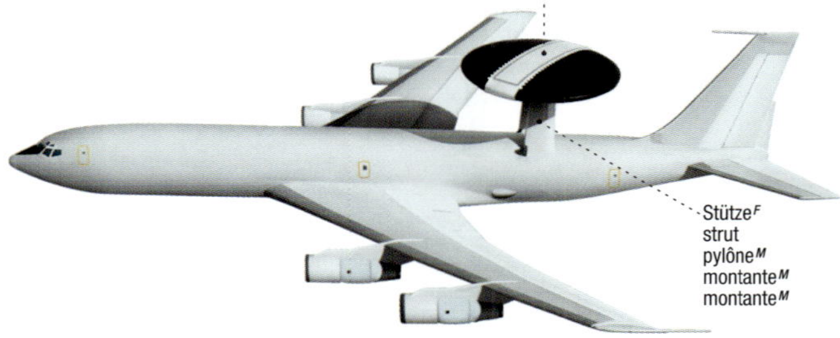

Superjumbo^{M}
superjumbo
avion^{M} très gros porteur
avión^{M} de gran fuselaje^{M}
superjumbo^{M}

Überschallflugzeug^{N}
supersonic airliner
avion^{M} supersonique
avión^{M} supersónico
jet^{M} supersonico

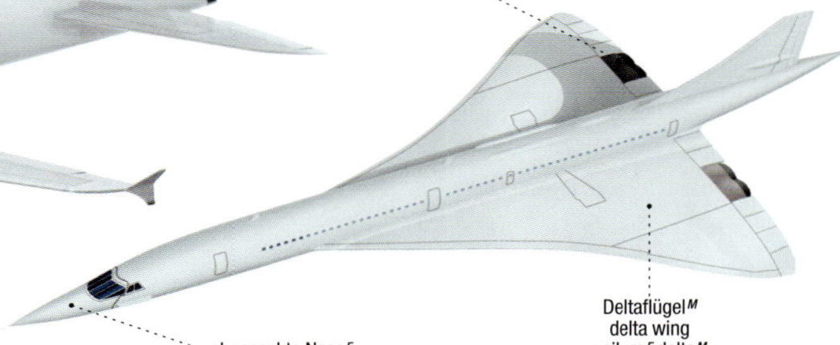

Frachtflugzeug^{N}
cargo aircraft
avion^{M}-cargo^{M}
avión^{M} de carga^{F}
aeroplano^{M} da carico^{M}

Beispiele^{N} für Leitwerke^{N}

examples of tail shapes | exemples^{M} d'empennages^{M} | ejemplos de empenajes^{M} de cola^{F} | esempi^{M} di impennaggi^{M}

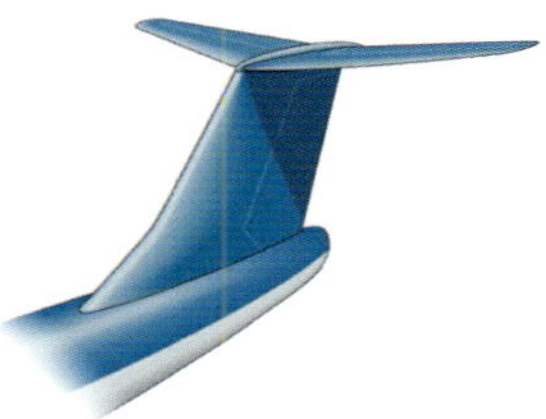

T-Leitwerk^{N}
T-tail unit
empennage^{M} en T^{M}
guías^{F} en T
impennaggio^{M} a T

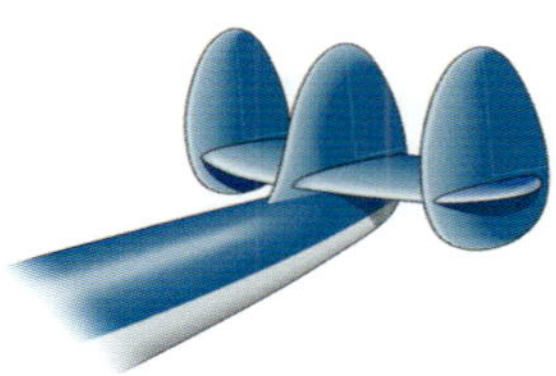

Dreifachleitwerk^{N}
triple tail unit
stabilisateur^{M} à triple plan^{M} vertical
triple plano^{M} vertical
impennaggio^{M} con tre derive^{F}

Rumpfleitwerk^{N}
fuselage-mounted tail unit
empennage^{M} bas
guías^{F} normales
impennaggio^{M} orizzontale basso con una deriva^{F}

Flossenleitwerk^{N}
fin-mounted tail unit
empennage^{M} surélevé
unidad^{F} cruciforme
impennaggio^{M} orizzontale rialzato con una deriva^{F}

Tragflügelformen^F

examples of wing shapes | exemples^M de voilures^F | diferentes formas^F de alas^F | tipi^M di ali^F

Pfeilflügel^M
swept-back wing
voilure^F en flèche^F
ala^F en flecha^F
ala^F a freccia^F

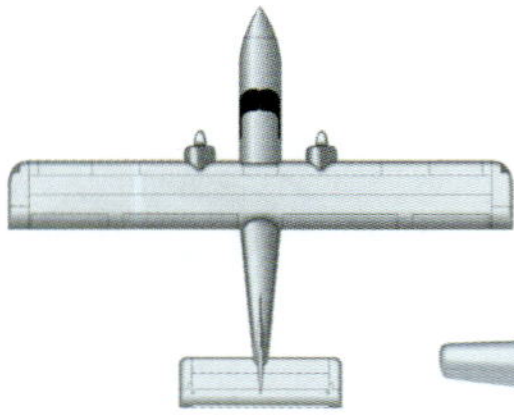

Rechteckflügel^M
straight wing
voilure^F droite
ala^F recta
ala^F rettangolare

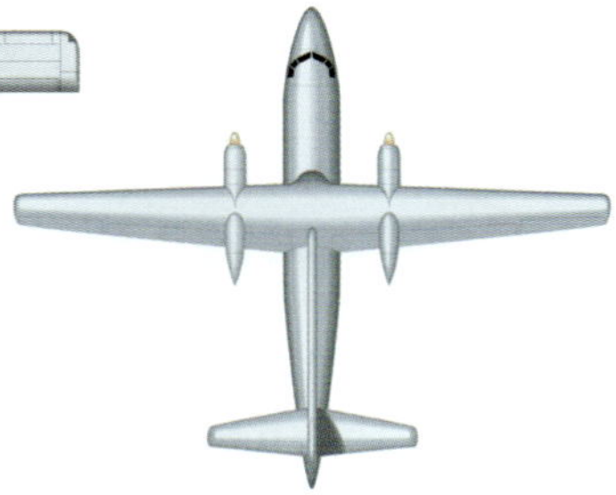

Trapezflügel^M
tapered wing
voilure^F trapézoïdale
ala^F trapezoidal
ala^F trapezia

Schwenkflügel^M
variable geometry wing
voilure^F à géométrie^F variable
ala^F variable
ala^F a geometria^F variabile

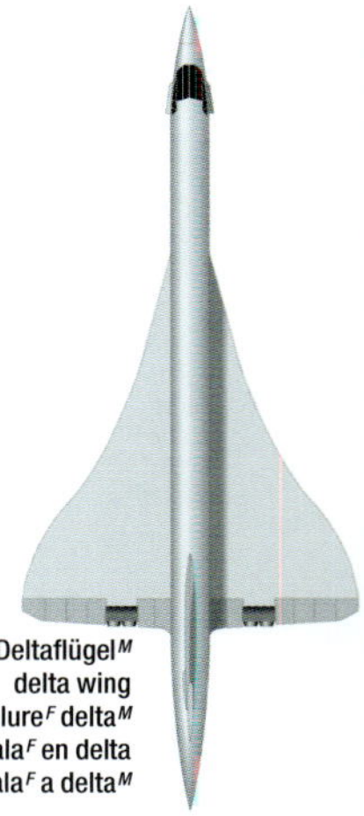

Deltaflügel^M
delta wing
voilure^F delta^M
ala^F en delta
ala^F a delta^M

Bewegungen^F eines Flugzeugs^N

movements of an aircraft | mouvements^M de l'avion^M | movimientos^M de un avión^M | movimenti^M di un aeroplano^M

Nickbewegung^F
pitch
tangage^M
cabeceo^M
beccheggio^M

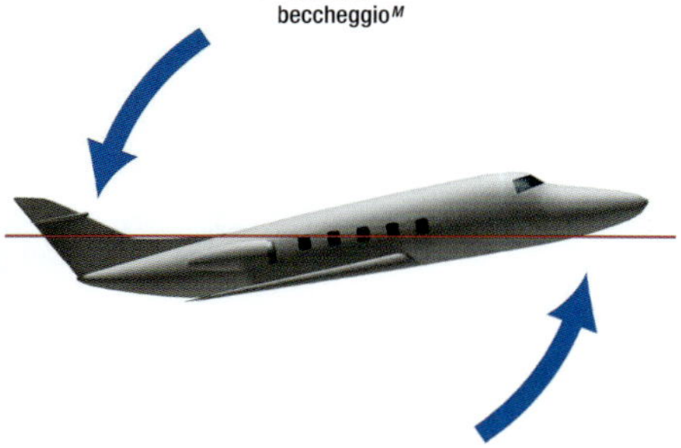

Gierbewegung^F
yaw
lacet^M
guiñada^F
imbardata^F

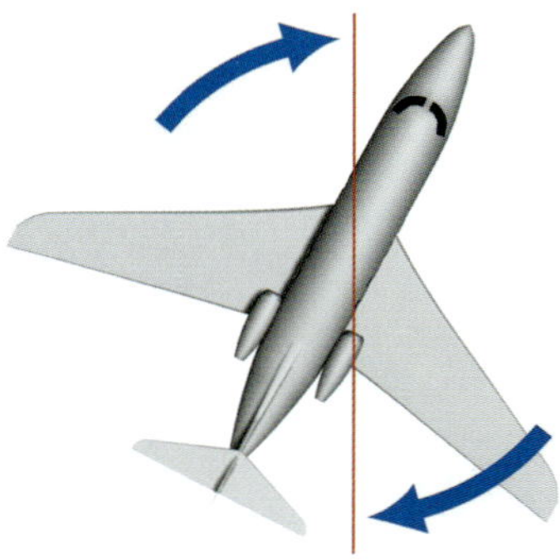

Rollbewegung^F
roll
roulis^M
oscilación^F
rollio^F

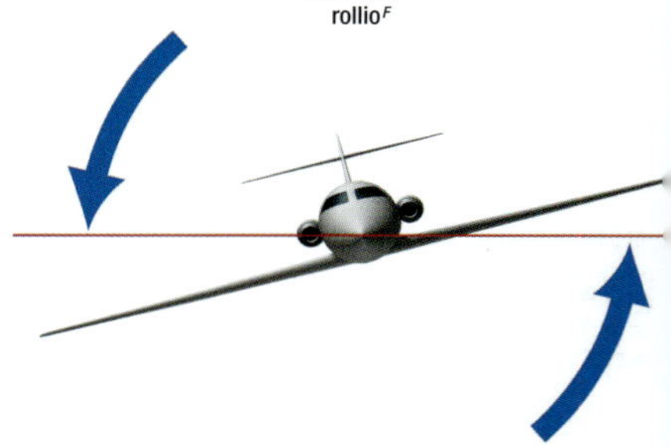

auf Flugzeuge^N wirkende Kräfte^F

forces acting on an aircraft | forces^F agissant sur un avion^M | fuerzas^F que actúan sobre un avión^M | forze^F che agiscono su un aeroplano^M

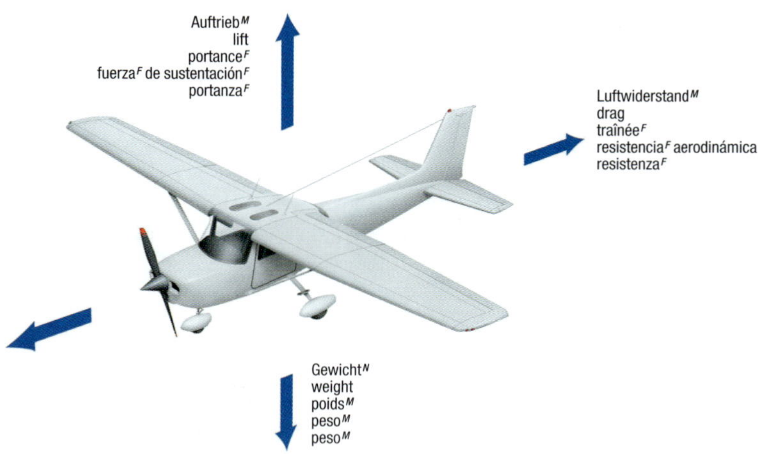

Hubschrauber[M]

helicopter | hélicoptère[M] | helicóptero[M] | elicottero[M]

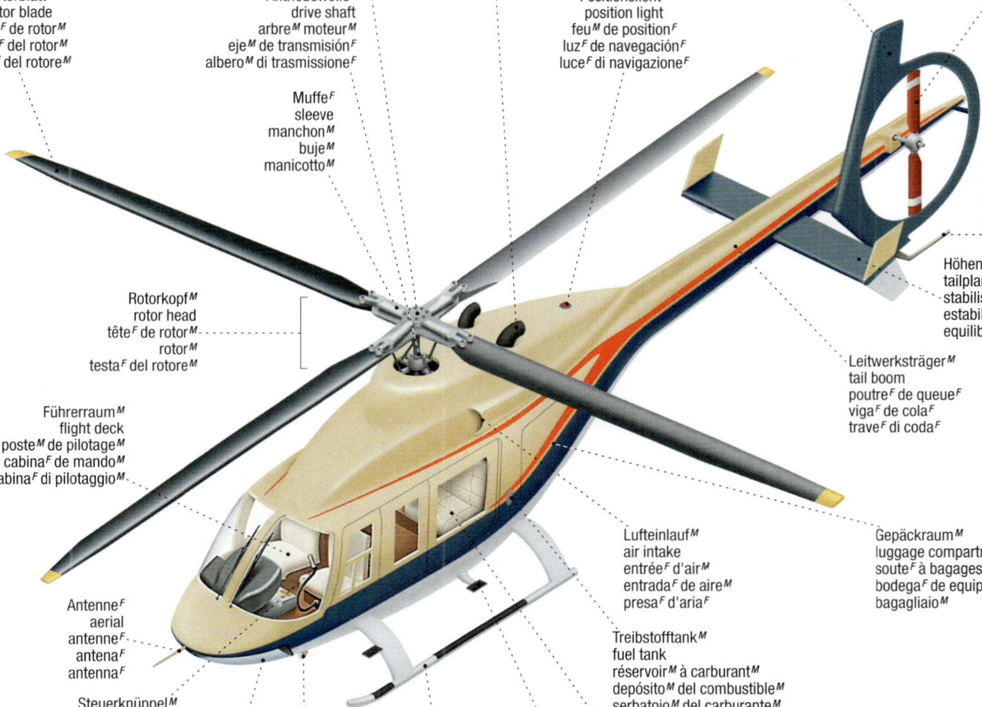

Beispiele[N] für Hubschrauber[M]

examples of helicopters | exemples[M] d'hélicoptères[M] | ejemplos[M] de helicópteros[M] | esempi[M] di elicotteri[M]

taktischer Transporthubschrauber[M]
tactical transport helicopter
hélicoptère[M] de transport[M] tactique
helicóptero[M] de transporte[M] táctico
elicottero[M] da trasporto[M] tattico

Löschhubschrauber[M]
water-bomber helicopter
hélicoptère[M] bombardier[M] d'eau[F]
helicóptero[M] contraincendios
elicottero[M] antincendio

Rettungshubschrauber[M]
ambulance helicopter
hélicoptère[M]-ambulance[F]
helicóptero[M] ambulancia
eliambulanza[F]

Gebrauchsgeräte[N]

common devices | équipement[M] usuel | dispositivos[M] habituales | dispositivi[M] comuni

Gabelstapler[M]
forklift truck
chariot[M] élévateur
carretilla[F] elevadora de horquilla[F]
carrello[M] elevatore[M]

Paletten[F]
pallets
palettes[F]
palés[M]
palette[F] di carico[M]

Rücksprungpalette[F]
wing pallet
palette[F] à ailes[F]
palé[M] con alas[F]
paletta[F] di carico[M] ad alette[F]

Gitterboxpalette[F]
box pallet
palette[F]-caisse[F]
palé[M] de caja[F]
paletta[F] di carico[M] a cassa[F]

Doppeldeck-Flachpalette[F]
double-decked pallet
palette[F] à double face[F]
palé[M] de plataforma[F] doble
paletta[F] di carico[M] a due piani[M]

Einfachdeck-Flachpalette[F]
single-decked pallet
palette[F] à simple face[F]
palé[M] de plataforma[F] sencilla
paletta[F] di carico[M] a un piano[M]

Gebrauchsgeräte^{N}

hydraulischer Palettenhubwagen^{M}
hydraulic pallet truck
gerbeur^{M}
apilador hidráulico
carrello^{M} idraulico per palette^{F} di carico^{M}

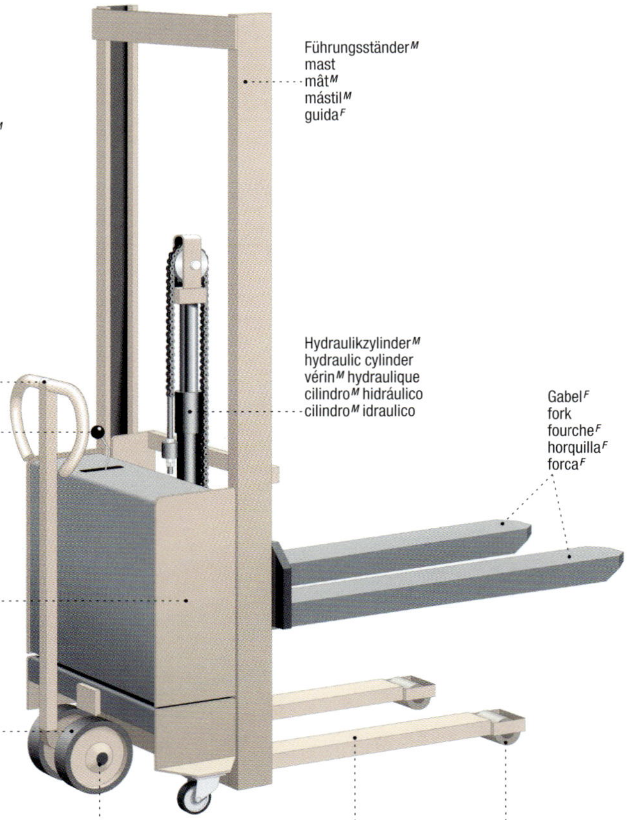

Sackkarren^{M}
barrow
diable^{M}
carretilla^{F}
carrello^{M}

Palettenhubwagen^{M}
pallet truck
transpalette^{F} manuelle
transpaleta^{F}
carrello^{M} a forca^{F} per palette^{F} di carico^{M}

Flachpalettenwagen^{M}
platform pallet truck
chariot^{M} à palette^{F}
carretilla^{F} transportadora
carrello^{M} a piattaforma^{F} per palette^{F} di carico^{M}

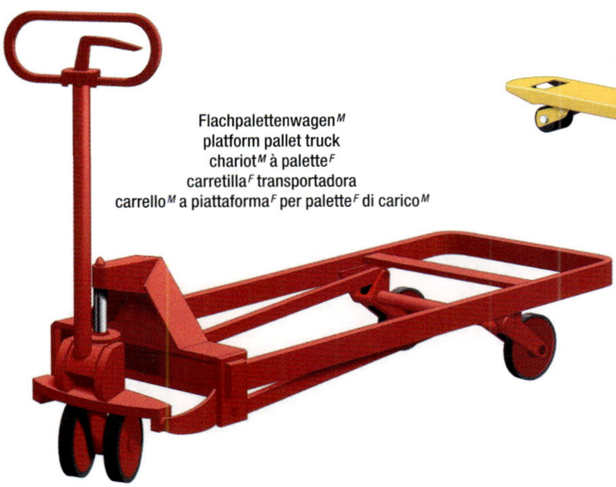

Handwagen^{M}
platform trolley
chariot^{M} à plateau^{M}
plataforma^{F} móvil
carrello^{M} a piattaforma^{F}

Kräne[M]

cranes | grues[F] et portique[M] | grúas[F] | gru[F]

Turmkran[M]
tower crane
grue[F] à tour[F]
grúa[F] torre[F]
gru[F] a torre[F]

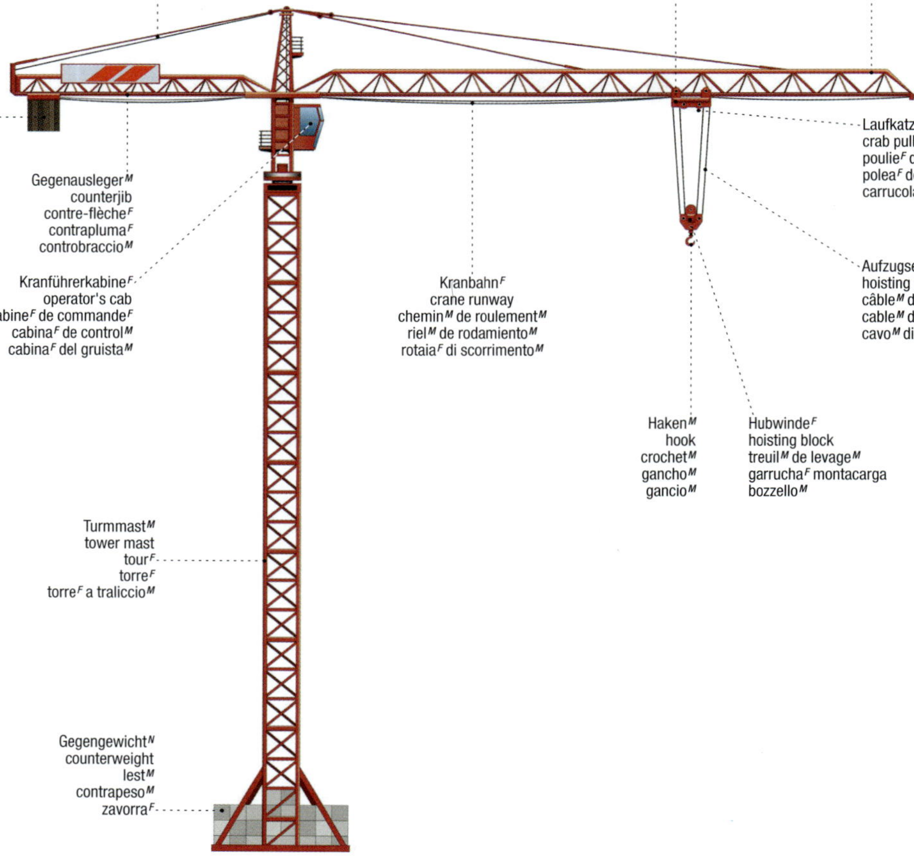

Fahrkran[M]
truck crane
grue[F] sur porteur[M]
grúa[F] móvil
autogrù[F]

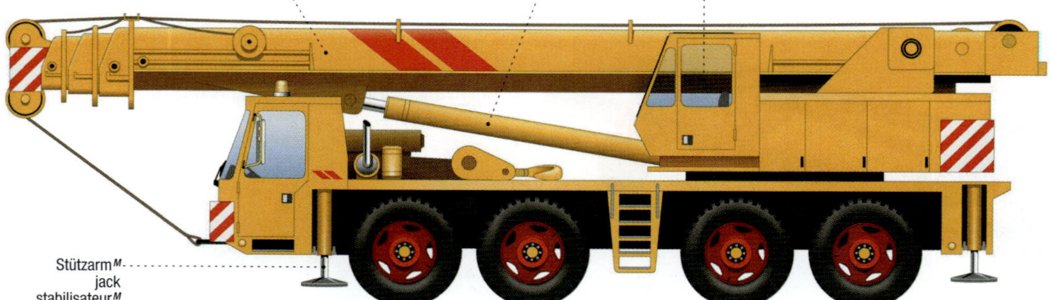

Kräne^M

Laufkran^M
gantry crane
portique^M
grúa^F de pórtico^M
gru^F a portale^M

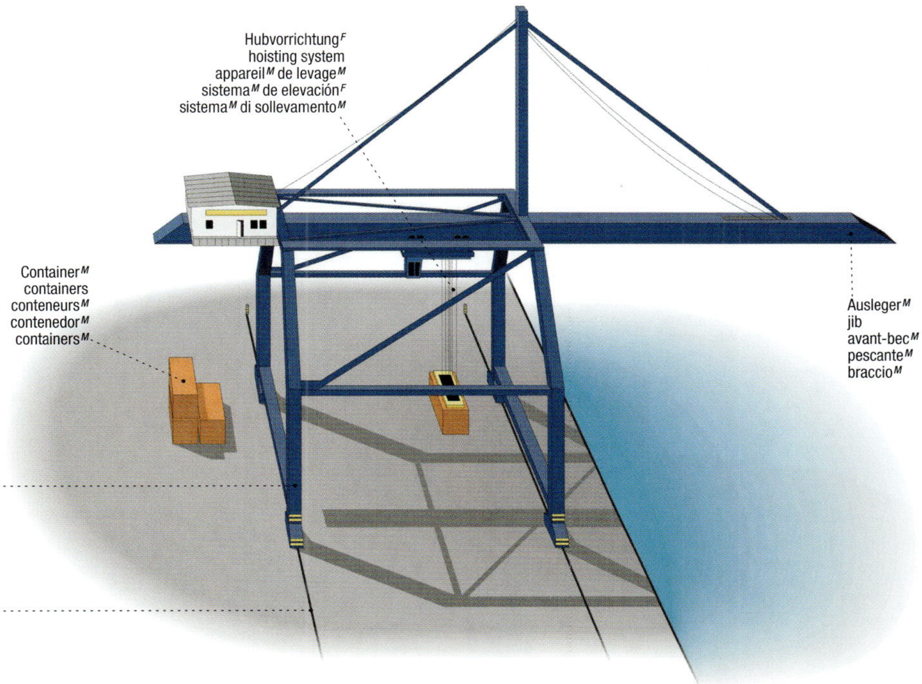

Container^M

container | conteneur^M | contenedor^M | container^M

Planierraupe^{F}

bulldozer | bulldozer^{M} | bulldozer^{M} | bulldozer^{M}

Gesamtansicht^{F}
general view
vue^{F} d'ensemble^{M}
vista^{F} general
vista^{F} generale

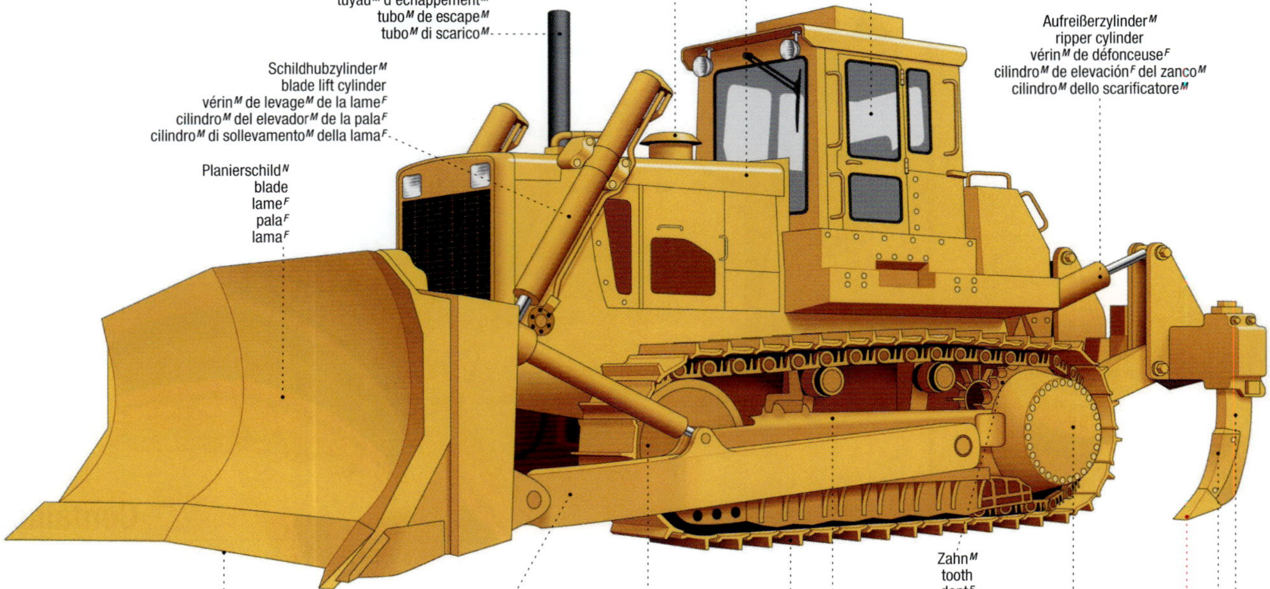

Hauptbauteile^{F}
main parts
principales parties^{F}
componentes^{M} principales
componenti^{M} principali

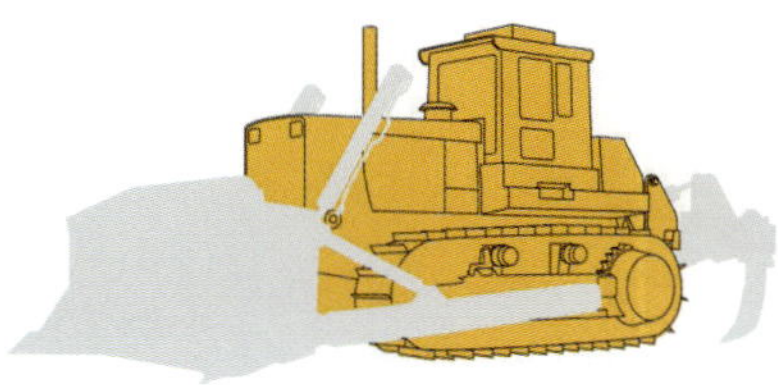

Gleiskettenschlepper^{M}
tracklaying tractor
tracteur^{M} à chenilles^{F}
tractor^{M} de orugas^{F}
trattore^{M} cingolato

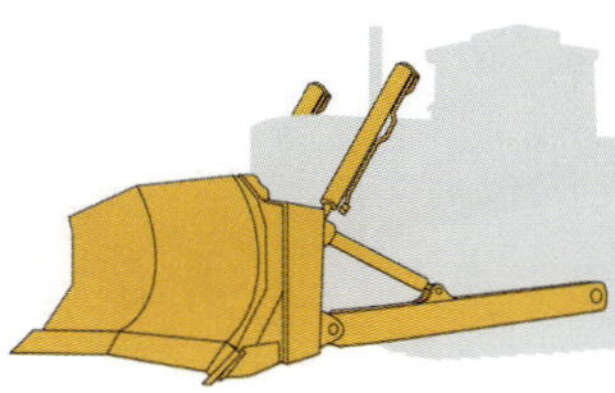

Planierschaufel^{F}
blade
lame^{F}
pala^{F}
lama^{F}

Aufreißer^{M}
ripper
défonceuse^{F}
zanco^{M}
scarificatore^{M}

Radlader^{M}

backhoe loader | chargeuse^{F}-pelleteuse^{F} | cargadora^{F}-retroexcavadora^{F} | terna^{F}

Gesamtansicht^{F}
general view
vue^{F} d'ensemble^{M}
vista^{F} general
vista^{F} generale

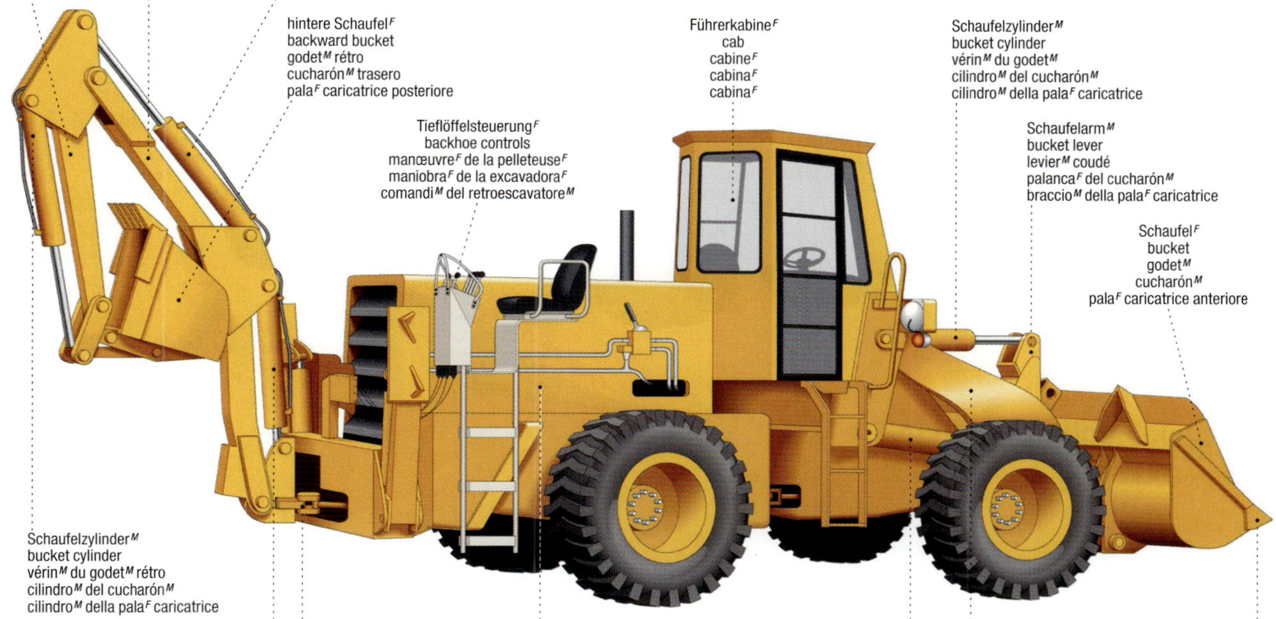

Hauptbauteile^{F}
main parts
principales parties^{F}
componentes^{M} principales
componenti^{M} principali

Schaufellader^{M}
front-end loader
chargeuse^{F} frontale
cargador^{M} delantero
pala^{F} caricatrice anteriore

Radtraktor^{M}
wheel tractor
tracteur^{M}
tractor^{M} de ruedas^{F}
trattore^{M} gommato

Tieflöffel^{M}
backhoe
pelleteuse^{F}
excavadora^{F}
retroescavatore^{M}

Schrapper^M

scraper | décapeuse^F | raspador^M | ruspa^F

Hydraulik-Hochlöffelbagger^M

hydraulic shovel | pelle^F hydraulique | pala^F hidráulica | escavatore^M idraulico

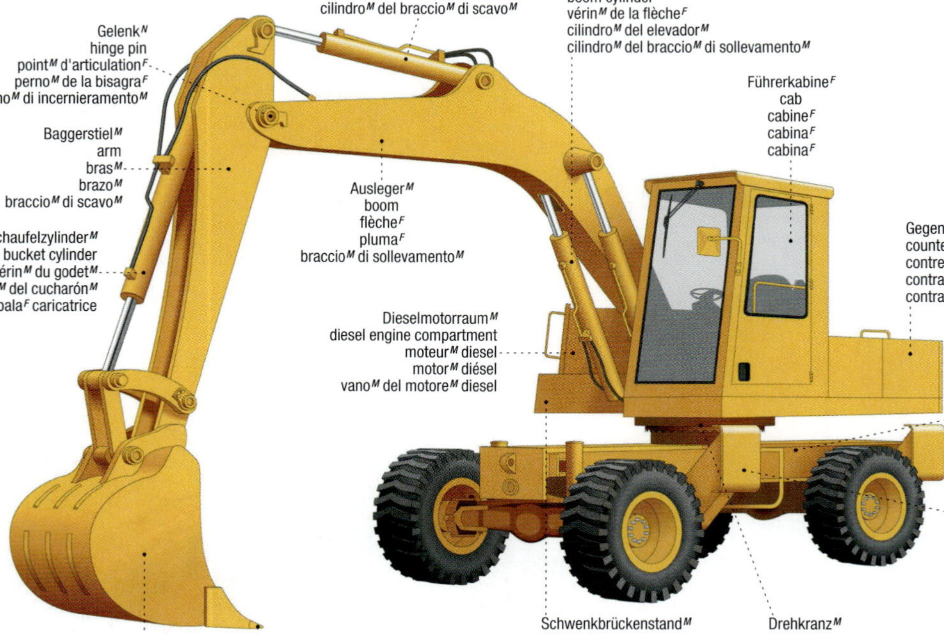

Straßenhobel[M]

grader | niveleuse[F] | niveladora[F] | livellatrice[F]

Muldenkipper[M]

tipper truck | camion[M]-benne[F] | volcadora[F] | autocarro[M] a cassone[M] ribaltabile

Asphaltierwalze^F

asphalt paver | finisseur^M | pavimentadora^F | asfaltatrice^F

Planierwalze^F

road roller | rouleau^M compacteur | apisonadora^F | rullo^M compressore

Schneefräse[F]

snowblower | chasse-neige[M] à soufflerie[F] | quitanieves[M] | spazzaneve[M] a turbina[F]

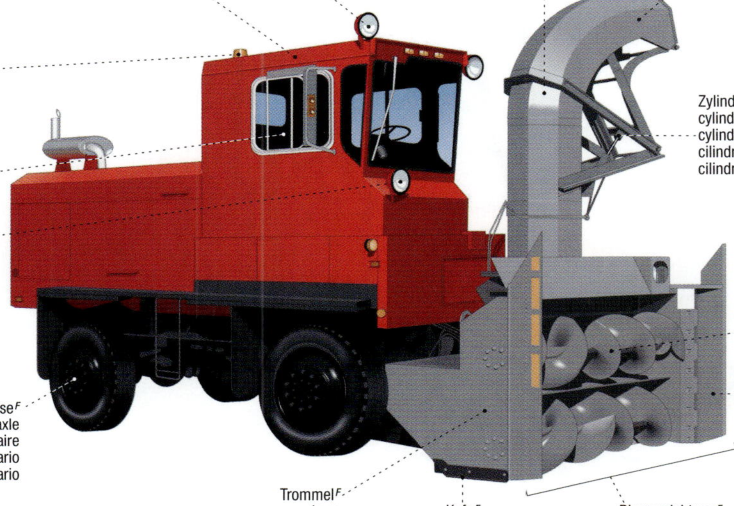

Straßenkehrmaschine[F]

street sweeper | balayeuse[F] | barredora[F] | spazzatrice[F]

Traktor^M

tractor | tracteur^M agricole | tractor^M | trattore^M

Vorderansicht^F
front view
vue^F avant
vista^F frontal
vista^F frontale

Rückansicht^F
rear view
vue^F arrière
vista^F posterior
vista^F posteriore

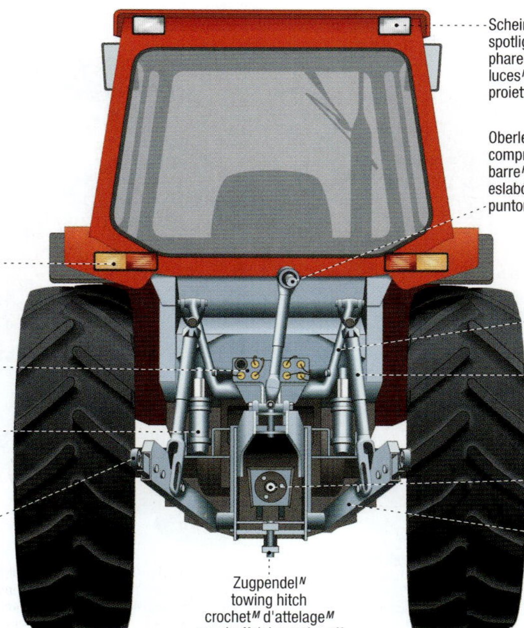

landwirtschaftliche Maschinen[F]

agricultural machinery | machinerie[F] agricole | maquinaria[F] agrícola | macchine[F] agricole

**Beetpflug[M]
ribbing plough
charrue[F] à soc[M]
arado[M] de vertedera[F]
aratro[M] a vomere[M]-versoio[M]**

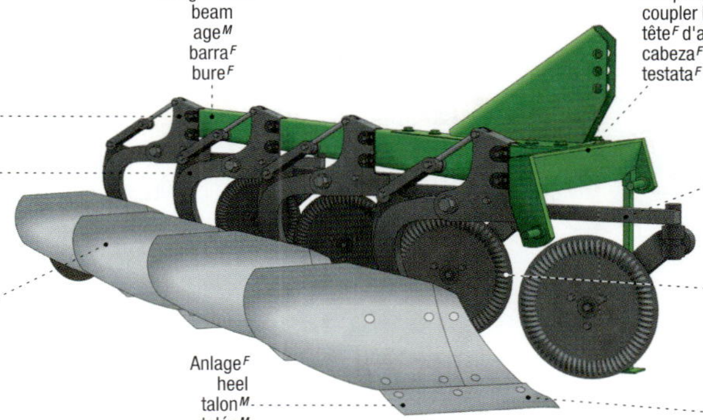

**Tandemscheibenegge[F]
tandem disc harrow
pulvériseur[M] tandem[M]
pulverizador[M] tándem
erpice[M] doppio a dischi[M]**

**Grubber[M]
cultivator
cultivateur[M]
cultivador[M]
coltivatore[M]**

**Dungstreuer[M]
manure spreader
épandeur[M] de fumier[M]
esparcidora[M] de estiércol[M]
spandiletame[M]**

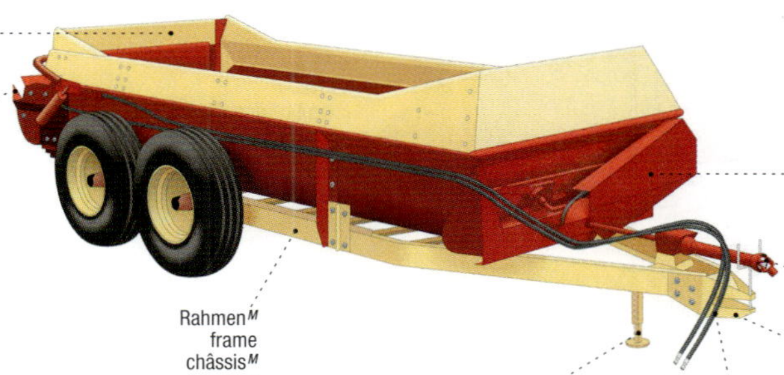

landwirtschaftliche Maschinen^F

Schubrechwender^M
rake
râteau^M
rastrillo^M
rastrello^M meccanico

Anhängemähwerk^N
flail mower
faucheuse^F-conditionneuse^F
segadora^F
falciacondizionatrice^F

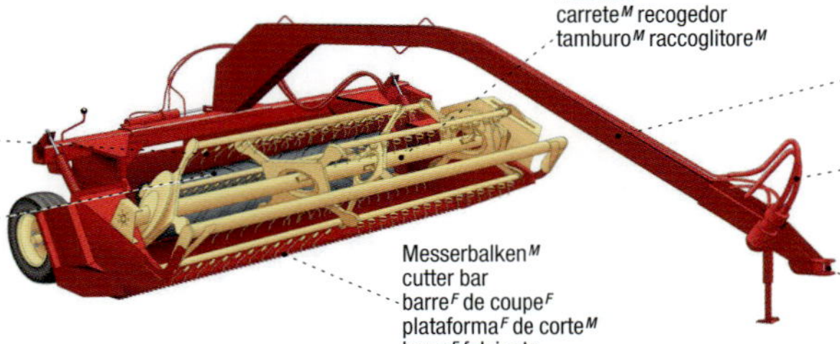

Hochdruckpresse^F
hay baler
ramasseuse^F-presse^F
empacadora^F de heno^M
imballatrice^F

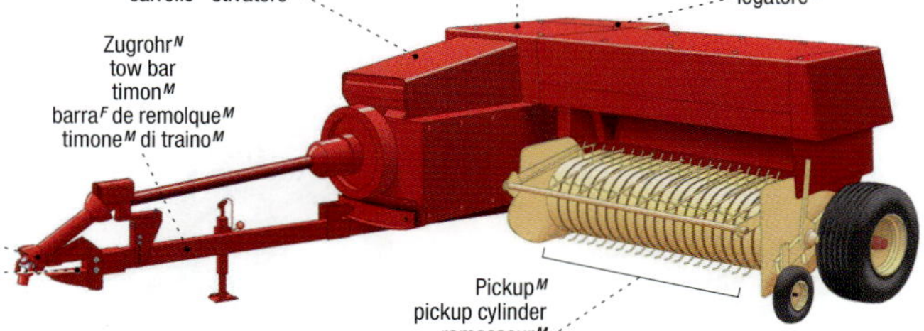

Feldhäcksler^M
forage harvester
fourragère^F
cosechera^F de forraje^M
raccoglitrice^F di foraggio^M

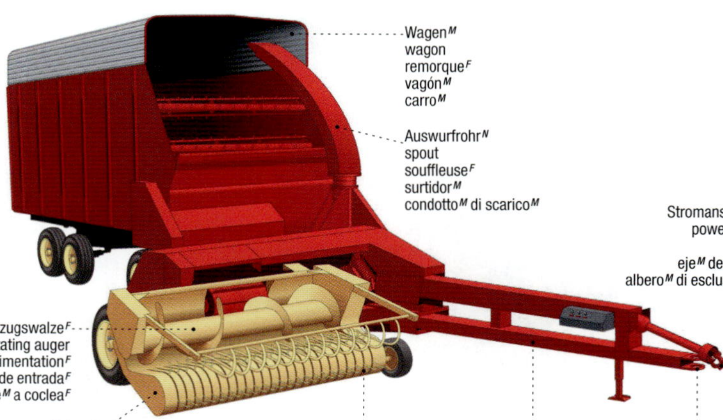

landwirtschaftliche Maschinen^{F}

Drillmaschine^{F}
seed drill
semoir^{M} en lignes^{F}
sembradora^{F} a chorrillo^{M}
seminatrice^{F}

Fallrohr^{N}
grain tube
tube^{M} d'ensemencement^{M}
tubo^{M} para el grano^{M}
tubo^{M} di caduta^{F} del seme^{M}

Saatgutbehälter^{M}
hopper
trémie^{F}
tolva^{F}
tramoggia^{F}

Antrieb^{M}
chain drive
chaîne^{F} d'entraînement^{M}
cadena^{F} de transmisión^{F}
trasmissione^{F} a catena^{F}

Sech^{N}
coulter
coutre^{M}
cuchilla^{F}
coltro^{M}

Zustreicher^{M}
covering disc
disque^{M} d'enterrage^{M}
disco^{M} tapador
disco^{M} di copertura^{F}

Druckrolle^{F}
press wheel
roue^{F} de pression^{F}
rueda^{F} compresora
rullo^{M} di compressione^{F}

Einstellhebel^{M}
disc spacing lever
levier^{M} d'écartement^{M}
palanca^{F} de espaciamiento^{M} de los discos^{M}
leva^{F} spaziatrice dei dischi^{M}

Abladegebläse^{N}
forage blower
souffleuse^{F} de fourrage^{M}
aventador^{M} de forraje^{M}
insilatrice^{F}

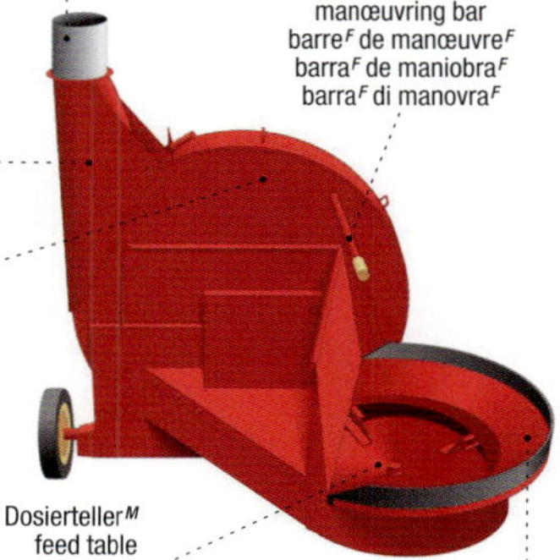

Sammelrohr^{N}
ensiling tube
tuyau^{M} d'ensilage^{M}
tubo^{M} de ensilaje^{M}
condotto^{M} di insilamento^{M}

Bedienungshebel^{M}
manœuvring bar
barre^{F} de manœuvre^{F}
barra^{F} de maniobra^{F}
barra^{F} di manovra^{F}

Gebläserohr^{N}
fan tube
tuyau^{M} du ventilateur^{M}
tubo^{M} de ventilación^{F}
condotto^{M} della ventola^{F}

Gebläse^{N}
fan
ventilateur^{M}
ventilador^{M}
ventilatore^{M}

Dosierteller^{M}
feed table
table^{F} d'alimentation^{F}
mesa^{F} alimentadora
alimentatore^{M}

Behälter^{M}
hopper
trémie^{F}
tolva^{F}
tramoggia^{F}

Mähdrescher^{M}
combine harvester
moissonneuse^{F}-batteuse^{F}
cosechadora^{F} trilladora^{F}
mietitrebbiatrice^{F}

Kabine^{F}
cab
cabine^{F} de conduite^{F}
cabina^{F}
cabina^{F}

Kornelevator^{M}
grain elevator
élévateur^{M} à grain^{M}
elevador^{M}
elevatore^{M} della granella^{F}

Korntank^{M}
grain tank
réservoir^{M} à grain^{M}
depósito^{M} del grano^{M}
serbatoio^{M} della granella^{F}

Einzugsschnecke^{F}
rotating auger
vis^{F} d'alimentation^{F}
rodillo^{M} de entrada^{F}
convogliatore^{M} a coclea^{F}

Halmteiler^{M}
divider
diviseur^{M}
separador^{M}
separatore^{M}

Auslaufrohr^{N}
unloading tube
tube^{M} de déchargement^{M}
tubo^{M} de descarga^{F}
tubo^{M} di scarico^{M}

Motor^{M}
engine
moteur^{M}
motor^{M}
motore^{M}

Strohverteiler^{M}
straw spreader
éparpilleur^{M} de paille^{F}
esparcidor^{M} de paja^{F}
spargitore^{M} di paglia^{F}

Haspelrohr^{N}
bat
batte^{F}
rastrillo^{M}
pettine^{M}

Zinke^{F}
tooth
dent^{F}
diente^{M}
dente^{M}

Schrägförderer^{M}
feeding tube
engreneur^{M}
tubo^{M} de alimentación^{F}
elevatore^{M}

Haspel^{F}
pickup reel
rabatteur^{M}
molinete^{M}
aspo^{M} abbattitore

Messerbalken^{M}
cutter bar
barre^{F} de coupe^{F}
barra^{F} de cuchillas^{F}
barra^{F} falciante

Schneidwerk^{N}
header
tablier^{M}
placa^{F} espigadora
piattaforma^{F} di taglio^{M}

ENERGIE

energy
énergies
energía
energia

GEOTHERMIE 770

Elektrizitätserzeugung aus geothermischer Energie 770
geothermisches Haus 770

FOSSILE ENERGIE 771

Kohlebergwerk 771
Wärmeenergie 775
Erdöl 775
Erdgas 783
alternative Brennstoffe 784

ELEKTRIZITÄT AUS WASSERKRAFT 785

Wasserkraftwerk 785
Einzelschritte bei der Elektrizitätserzeugung 789
Beispiele für Staudämme 790
Elektrizitätsverteilung 792
Gezeitenkraftwerk 794

KERNENERGIE 795

Elektrizitätserzeugung aus Kernenergie 795
Kernkraftwerk 796
Brennstabbeschickung 798
Brennstabbündel 799
Kernreaktor 799
Arten von Reaktoren 800

SONNENENERGIE 802

Solarzelle 802
Flachkollektor 802
Solarzellensystem 803
Sonnenofen 804
Elektrizitätserzeugung aus Sonnenenergie 804
Solarhaus 805

WINDENERGIE 806

Windmühlen 806
Windkraftwerke und Elektrizitätserzeugung 807

Elektrizitätserzeugung^F aus geothermischer Energie^F

production of electricity from geothermal energy | production^F d'électricité^F par énergie^F géothermique | producción^F de electricidad^F por energía^F geotérmica | produzione^F di elettricità^F da energia^F geotermica

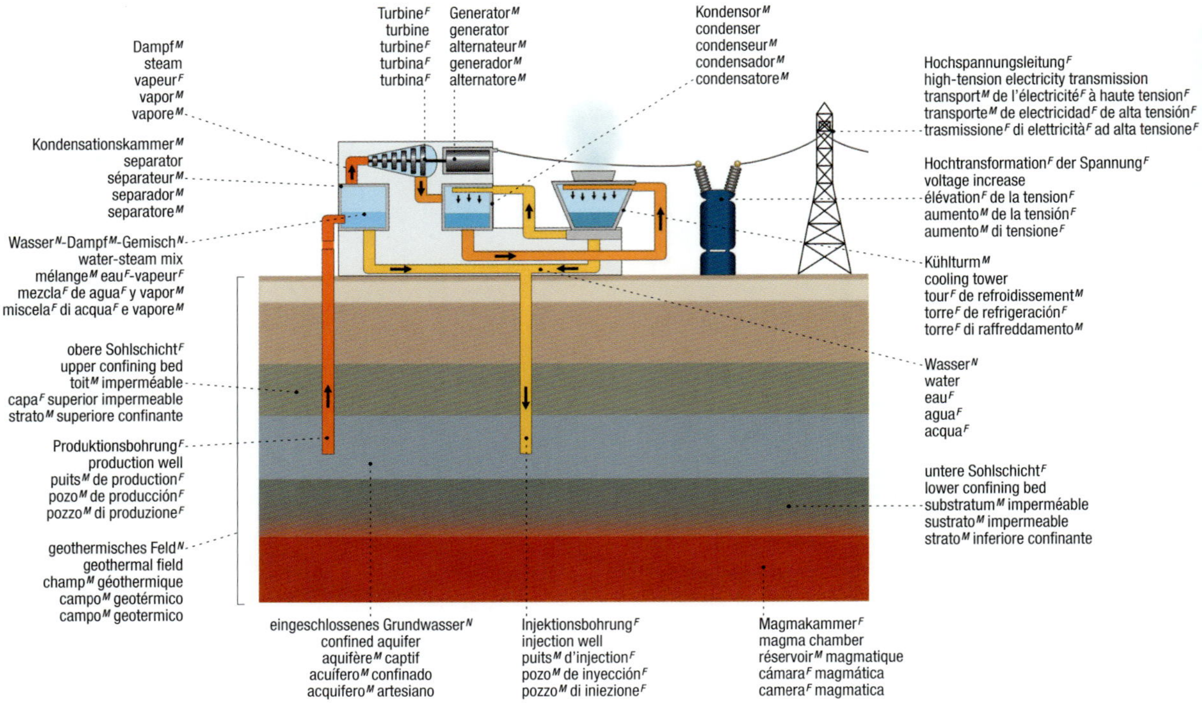

geothermisches Haus^N

geothermal house | maison^F géothermique | casa^F geotérmica | casa^F geotermica

unabhängige Geothermie^F
independent geothermal heating
chauffage^M géothermique autonome
calor^M geotérmico autónomo
riscaldamento^M geotermico indipendente

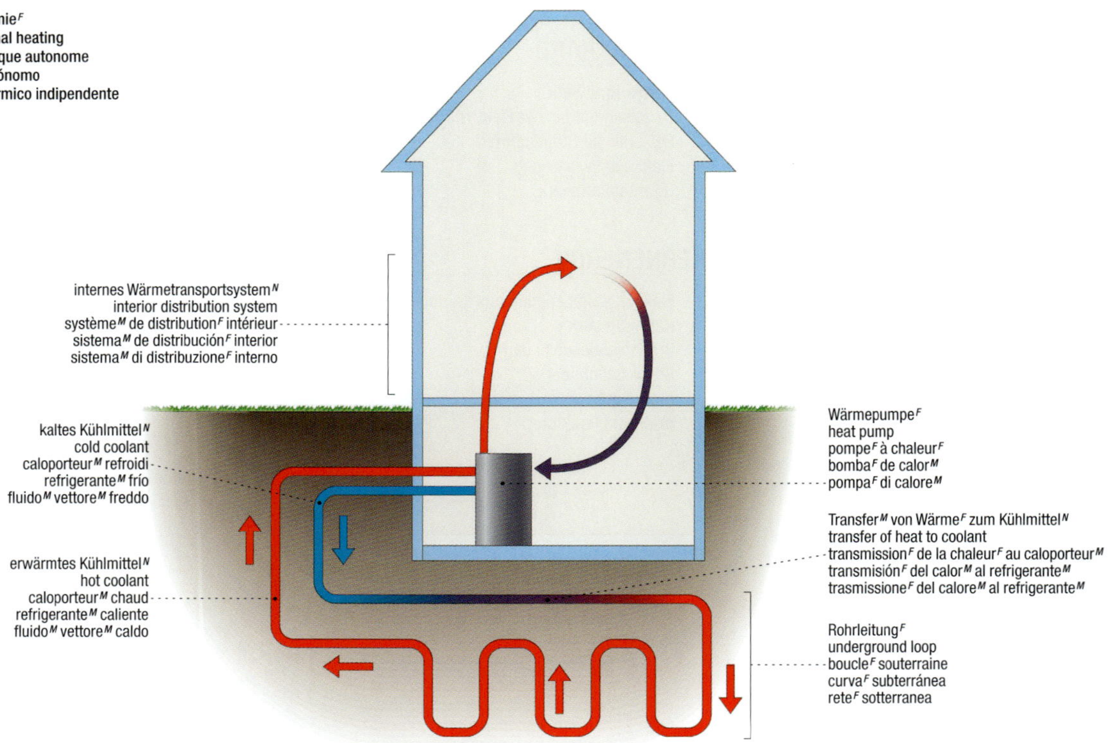

Kohlebergwerk^{N}

coal mine | mine^{F} de charbon^{M} | minas^{F} de carbón^{M} | miniera^{F} di carbone^{M}

Tagebau^{M}
opencast strip mine
carrière^{F} exploitée en chassant
excavación^{F} a cielo^{M} abierto
miniera^{F} coltivata con sbancamento^{M}

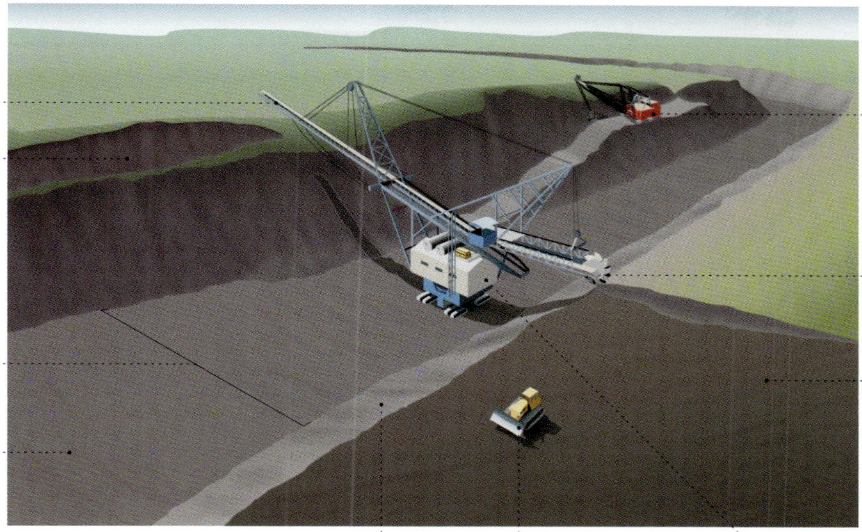

Förderanlage^{F}
conveyor
convoyeur^{M}
cinta^{F} transportadora
nastro^{M} trasportatore

Kippe^{F}
dump
terril^{M}
escombrera^{M}
terreno^{M} di scarico^{M}

Graben^{M}
trench
tranchée^{F}
zanja^{F}
scavo^{M}

Dach^{N}
roof
toit^{M} de la couche^{F}
terreno^{M} de recubrimiento^{M}
cielo^{M}

Standbagger^{M}
mechanical shovel
pelle^{F} mécanique
pala^{F} mecánica
pala^{F} meccanica

Schaufelradbagger^{M}
bucket wheel excavator
excavatrice^{F} à roue^{F}
excavadora^{F} de rueda^{F} de cangilones^{M}
escavatrice^{F} a ruota^{F} di tazze^{F}

überlagernde Schichten^{F}
overburden
morts-terrains^{M}
relleno exterior^{M}
strato^{M} sterile

Strosse^{F}
face
front^{M}
frente^{M} de corte^{M}
fronte^{M} dello scavo^{M}

Planierraupe^{F}
bulldozer
bulldozer^{M}
bulldozer^{M}
bulldozer^{M}

Transportbandanlage^{F}
belt loader
sauterelle^{F}
cinta^{F} cargadora
elevatore^{M} a nastro^{M} trasportatore

offene Grube^{F}
open-pit mine
carrière^{F} en entonnoir^{M}
mina^{F} a cielo^{M} abierto
miniera^{F} a cielo^{M} aperto

Bank^{F}
bench
gradin^{M}
banco^{M}
gradino^{M}

Erdoberfläche^{F}
ground surface
terrain^{M} naturel
superficie^{F} del terreno^{M}
livello^{M} del suolo^{M}

Obergestein^{N}
overburden
morts-terrains^{M}
relleno^{M} exterior
strato^{M} sterile

Strosse^{F}
face
front^{M} de taille^{F}
frente^{M} de corte^{M}
fronte^{M} di abbattimento^{M}

Bankhöhe^{F}
bench height
hauteur^{F} du gradin^{M}
altura^{F} del banco^{M}
altezza^{F} del gradino^{M}

Transportstrecke^{F}
haulage road
voie^{F} de transport^{M}
camino^{M} de arrastre^{M}
via^{F} di carreggio^{M}

Rampe^{F}
ramp
rampe^{F}
talud^{M}
rampa^{F}

Krater^{M}
crater
cratère^{M}
cráter^{M}
cratere^{M}

Erz^{N}
ore
minerai^{M}
mineral^{M}
giacimento^{M} minerale

Kohlebergwerk[N]

Bohrhammer[M]
jackleg drill
marteau[M] perforateur à poussoir[M] pneumatique
perforadora[F] con empujador[M] neumático
martello[M] perforatore con servosostegno[M]

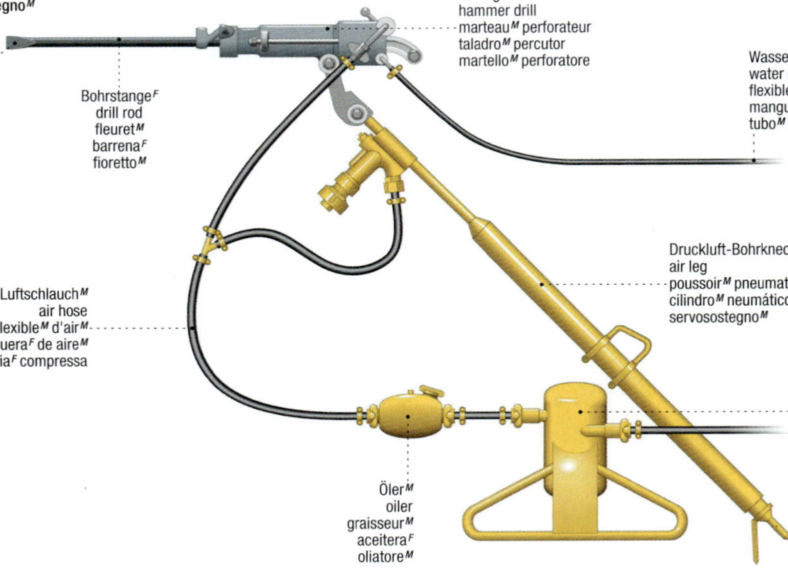

Übertageanlage[F]
pithead
carreau[M] de mine[F]
planta[F] exterior de una mina[F]
esterno[M] della miniera[F]

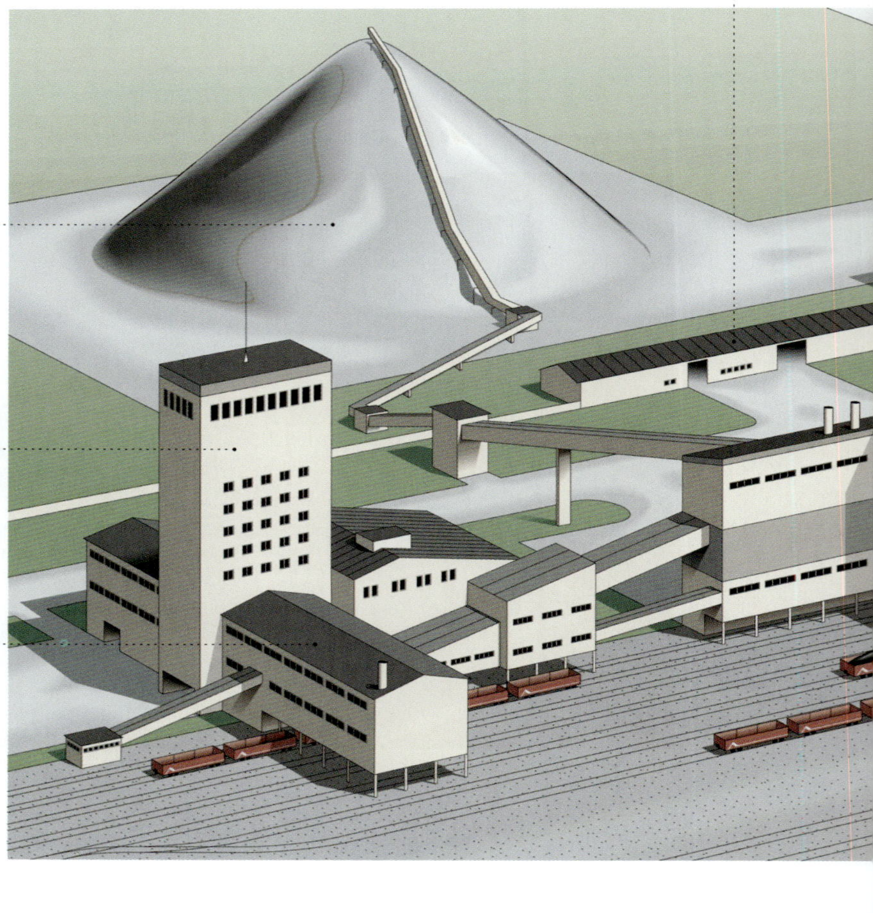

Kohlebergwerk[N]

Presslufthammer[M]
pneumatic drill
marteau[M] pneumatique
martillo[M] perforador
martello[M] pneumatico

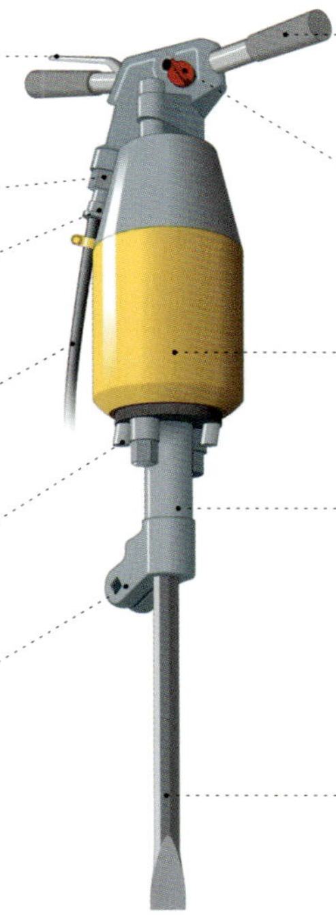

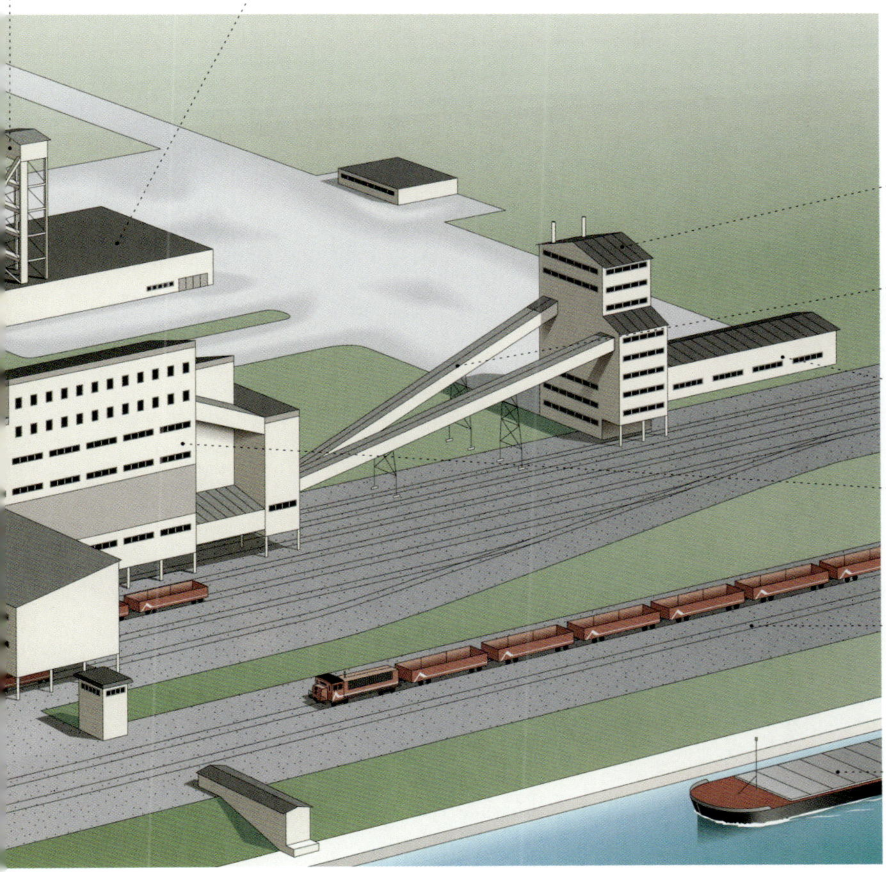

Kohlebergwerk[N]

Grube[F]
underground mine
mine[F] souterraine
mina[F] subterránea
miniera[F] sotterranea

Wärmeenergie[F]

thermal energy | énergie[F] thermique | energía[F] térmica | energia[F] termica

Elektrizitätserzeugung[F] aus Wärmeenergie[F]
production of electricity from thermal energy
production[F] d'électricité[F] par énergie[F] thermique
producción[F] de electricidad[F] por energía[F] térmica
produzione[F] di elettricità[F] da energia[F] termica

Zerkleinerungswerk[N]
crusher
broyeur[M]
trituradora[F]
frantumatore[M]

Schornstein[M]
stack
cheminée[F]
chimenea[F]
ciminiera[F]

Kühlturm[M]
cooling tower
tour[F] de refroidissement[M]
torre[F] de refrigeración[F]
torre[F] di raffreddamento[M]

Kohlenhalde[F]
coal storage yard
parc[M] à charbon[M]
depósito[M] de carbón[M]
deposito[M] di carbone[M]

Hochspannungsleitung[F]
high-tension electricity transmission
transport[M] de l'électricité[F] à haute tension[F]
transporte[M] de electricidad[F] de alta tensión[F]
trasmissione[F] di elettricità[F] ad alta tensione[F]

Heruntertransformation[F] der Spannung[F]
voltage decrease
abaissement[M] de la tension[F]
caída[F] de tensión[F]
diminuzione[F] di tensione[F]

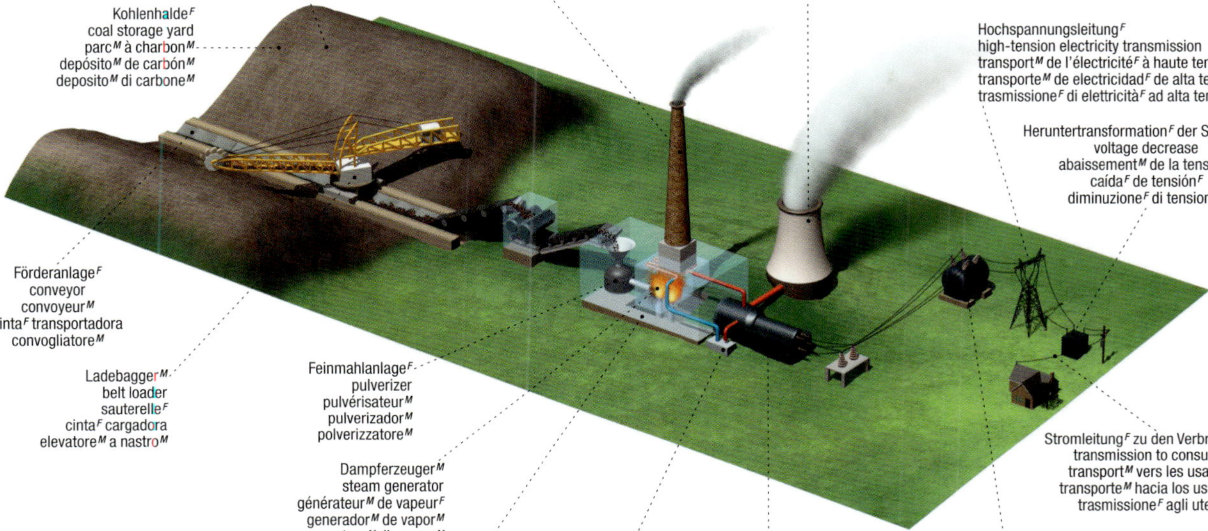

Förderanlage[F]
conveyor
convoyeur[M]
cinta[F] transportadora
convogliatore[M]

Ladebagger[M]
belt loader
sauterelle[F]
cinta[F] cargadora
elevatore[M] a nastro[M]

Feinmahlanlage[F]
pulverizer
pulvérisateur[M]
pulverizador[M]
polverizzatore[M]

Stromleitung[F] zu den Verbrauchern[M]
transmission to consumers
transport[M] vers les usagers[M]
transporte[M] hacia los usuarios[M]
trasmissione[F] agli utenti[M]

Dampferzeuger[M]
steam generator
générateur[M] de vapeur[F]
generador[M] de vapor[M]
generatore[M] di vapore[M]

Kohlekraftwerk[N]
coal-fired thermal power station
centrale[F] thermique au charbon[M]
central[F] térmica de carbón[M]
centrale[F] termoelettrica a carbone[M]

Kondensor[M]
condenser
condenseur[M]
condensador[M]
condensatore[M]

Turbinengenerator[M]
turbo-alternator unit
groupe[M] turbo-alternateur[M]
equipo[M] turboalternador
gruppo[M] del turbo-alternatore[M]

Hochtransformation[F] der Spannung[F]
voltage increase
élévation[F] de la tension[F]
aumento[M] de la tensión[F]
aumento[M] di tensione[F]

Erdöl[N]

oil | pétrole[M] | petróleo[M] | petrolio[M]

Oberflächenerkundung[F]
surface prospecting
prospection[F] terrestre
prospección[F] terrestre
prospezione[F] terrestre

seismologische Aufzeichnung[F]
seismographic recording
enregistrement[M] sismographique
registro[M] sísmico
registrazione[F] sismografica

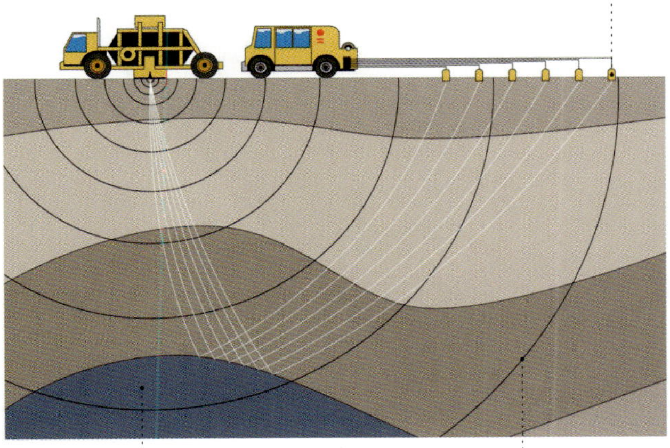

Erdölvorkommen[N]
petroleum trap
gisement[M] de pétrole[M]
trampa[F] petrolífera
trappola[F] petrolifera

Druckwelle[F]
shock wave
onde[F] de choc[M]
onda[F] de choque[M]
onda[F] d'urto[M]

Sprengladung[F]
blasting charge
charge[F] explosive
carga[F] explosiva
carica[F] esplosiva

Offshore-Erkundung[F]
offshore prospecting
prospection[F] en mer[F]
prospección[F] marina
prospezione[F] off-shore

seismologische Aufzeichnung[F]
seismographic recording
enregistrement[M] sismographique
registro[M] sísmico
registrazione[F] sismografica

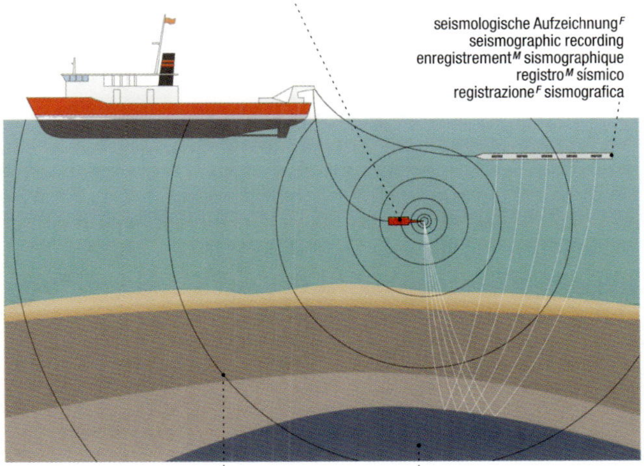

Druckwelle[F]
shock wave
onde[F] de choc[M]
onda[F] de choque[M]
onda[F] d'urto[M]

Erdölvorkommen[N]
petroleum trap
gisement[M] de pétrole[M]
trampa[F] de petróleo
trappola[F] petrolifera

Erdöl[N]

Bohranlage[F]
drilling rig
appareil[M] de forage[M]
torre[F] de perforación[F]
impianto[M] di trivellazione[F]

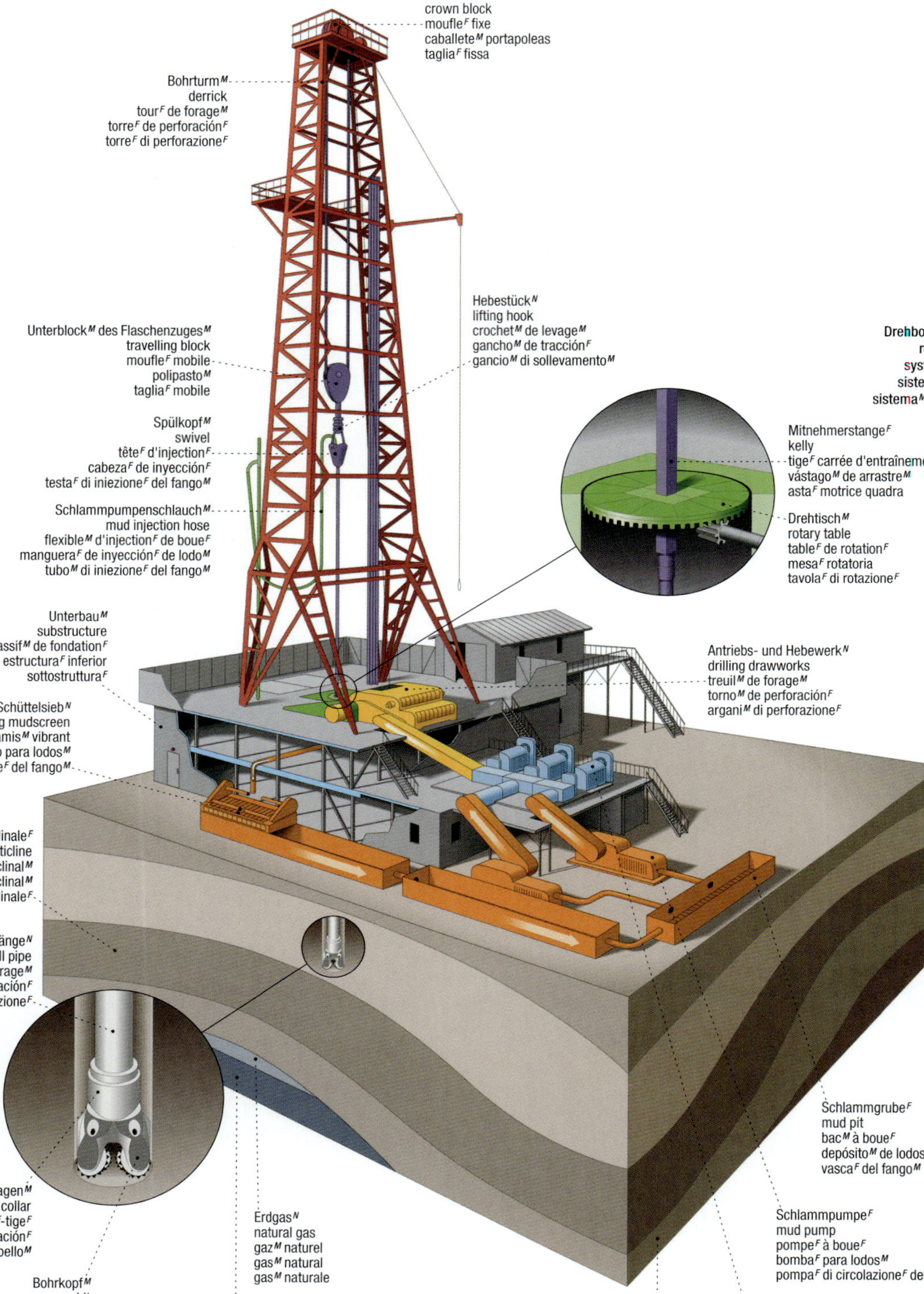

Erdöl^{N}

Förderplattform^{F}
production platform
plateforme^{F} de production^{F}
plataforma^{F} de explotación^{F}
piattaforma^{F} di produzione^{F}

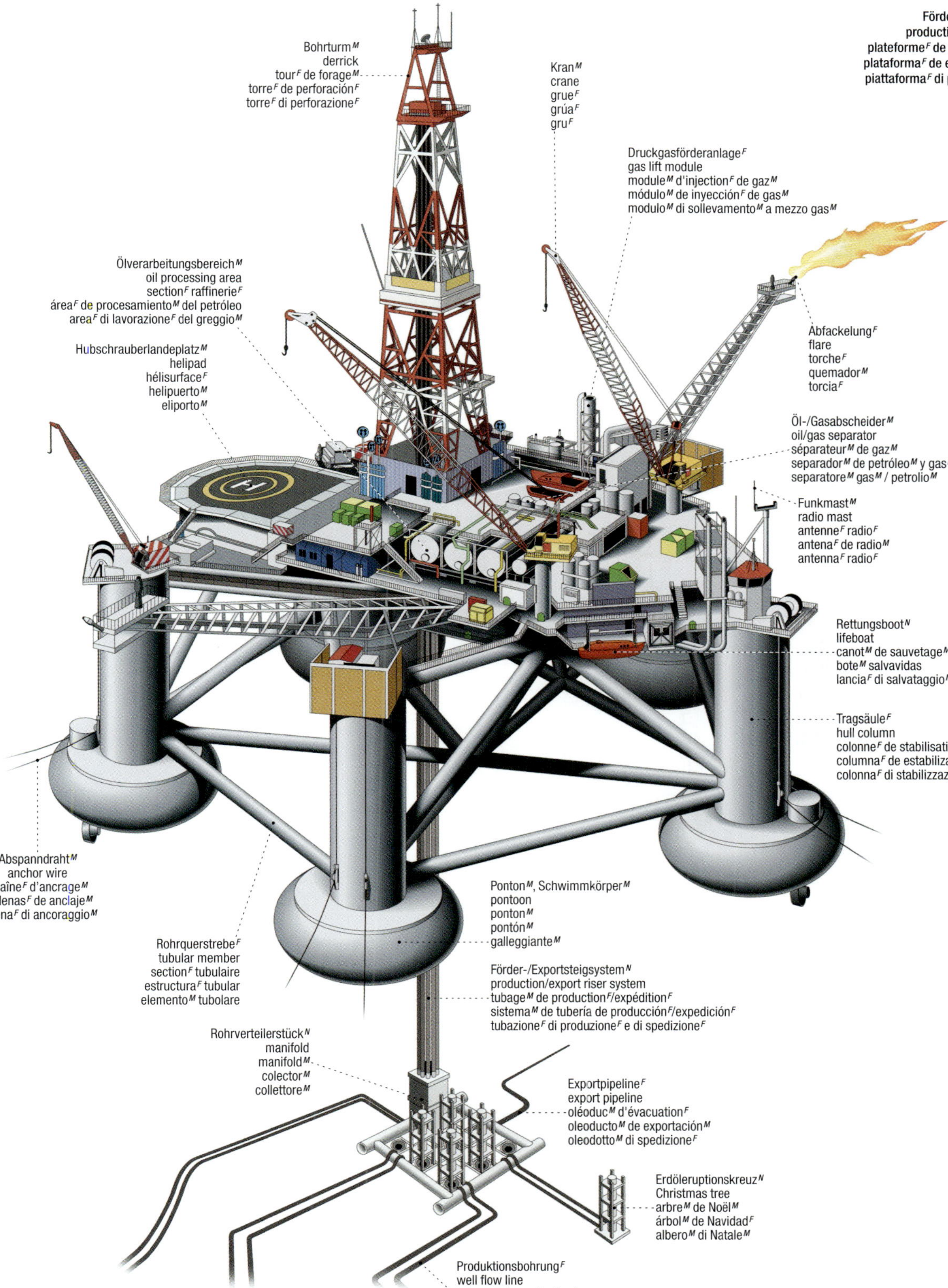

Erdöl^{N}

Offshore-Bohrung^{F}
offshore drilling
forage^{M} en mer^{F}
perforación^{F} marina
perforazione^{F} off-shore

feste Plattform^{F}
fixed platform
plateforme^{F} fixe
plataforma^{F} fija
piattaforma^{F} fissa

Hilfs- und Rettungsschiff^{N}
emergency support vessel
barge^{F} de service^{M} d'urgence^{F}
embarcación^{F} de emergencia^{F}
nave^{F} appoggio^{M}

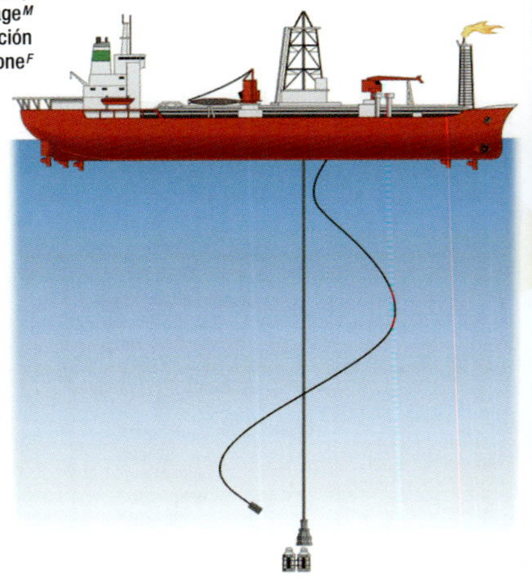

Bohrschiff^{N}
drill ship
navire^{M} de forage^{M}
barco^{M} de perforación
nave^{F} di perforazione^{F}

Hubinsel^{F}
jack-up platform
plateforme^{F} auto-élevatrice
plataforma^{F} de gatos^{M}
piattaforma^{F} autoelevatrice

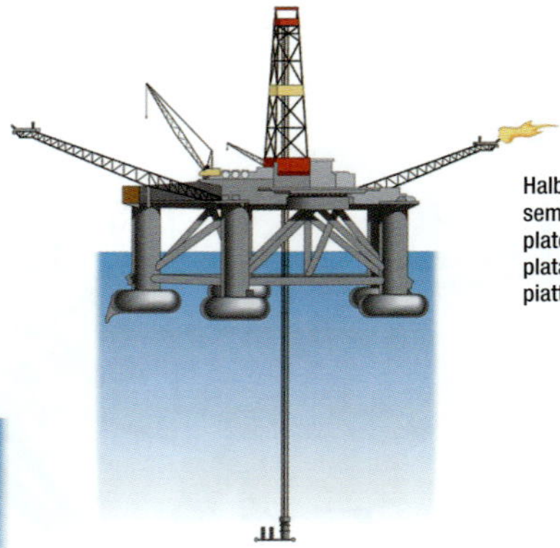

Halbtaucherplattform^{F}
semi-submersible platform
plateforme^{F} semi-submersible
plataforma^{F} semisumergible
piattaforma^{F} semisommergibile

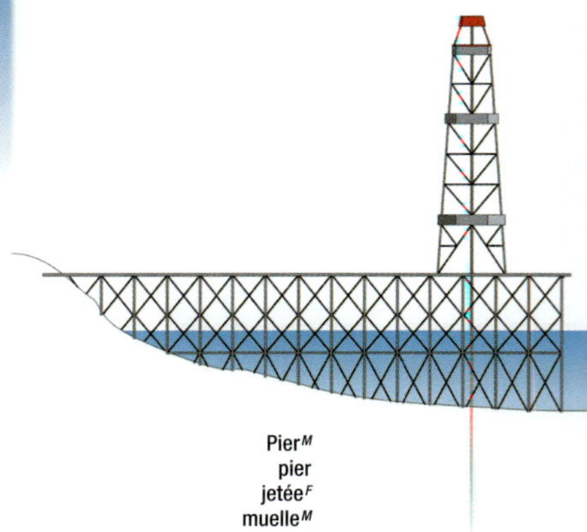

Pier^{M}
pier
jetée^{F}
muelle^{M}
molo^{M}

Erdölgewinnung^{F} aus Ölsand^{M}
oil extraction from oil sands
production^{F} de pétrole^{M} à partir de sables^{M} bitumineux
extracción^{F} de petróleo^{M} de arenas^{F} bituminosas
estrazione^{F} di petrolio^{M} da sabbie^{F} bituminose

Ölsand^{M}
oil sand
sable^{M} bitumineux
arena^{F} bituminosa
sabbie^{F} bituminose

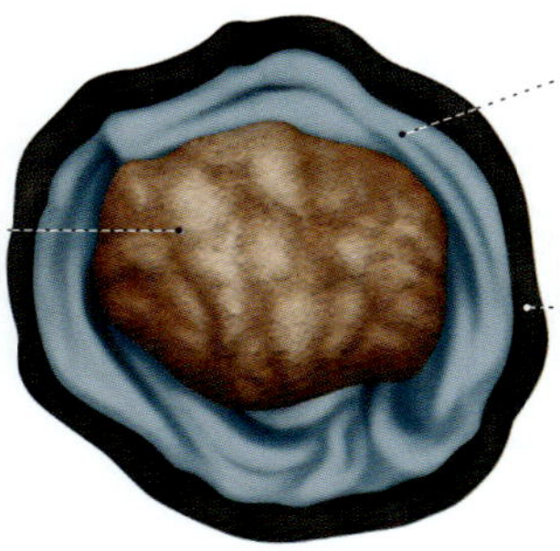

Wasser^{N}
water
eau^{F}
agua^{M}
acqua^{F}

Sand^{M}
sand
grain^{M} de sable^{M}
arena^{F}
sabbia

Bitumen^{N}
bitumen
bitume^{M}
brea^{F}
bitume^{M}

Erdöl[N]

Tagebau[M]
open-cast mining
exploitation[F] minière à ciel[M] ouvert
mina[F] a cielo[M] abierto
estrazione[F] a cielo[M] aperto

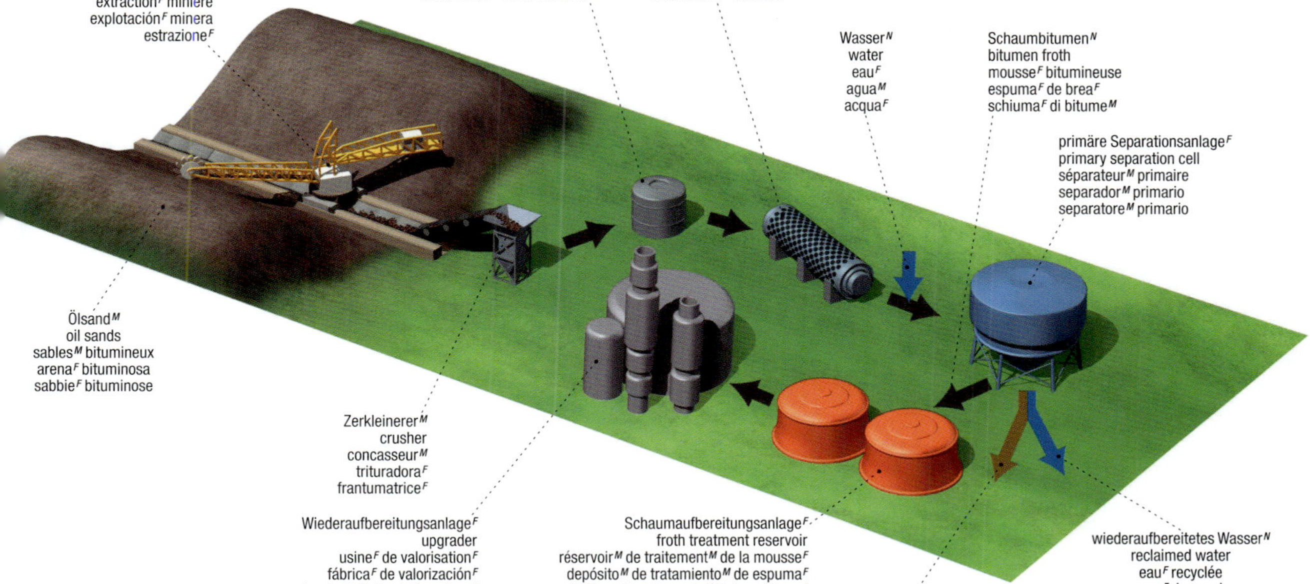

Cyclic-Steam-Stimulation[F]-Verfahren[N] (CSS-Verfahren[N])
cyclic steam stimulation
stimulation[F] cyclique par la vapeur[F] d'eau[F]
estimulación[F] cíclica de vapor[M]
stimolo[M] ciclico del vapore[M]

Steam-Assisted Gravity Drainage-Verfahren[N] (SAGD-Verfahren[N])
steam-assisted gravity drainage
drainage[M] par gravité[M] au moyen[M] de la vapeur[F]
drenaje[M] por infiltración[F] asistida por vapor[M]
drenaggio[M] per gravità[F] tramite vapore[M]

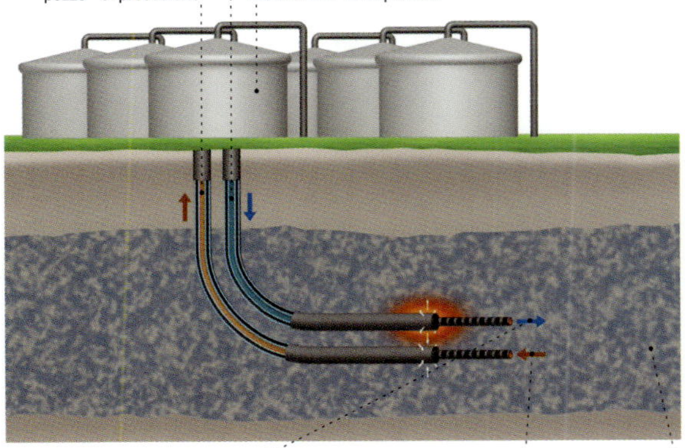

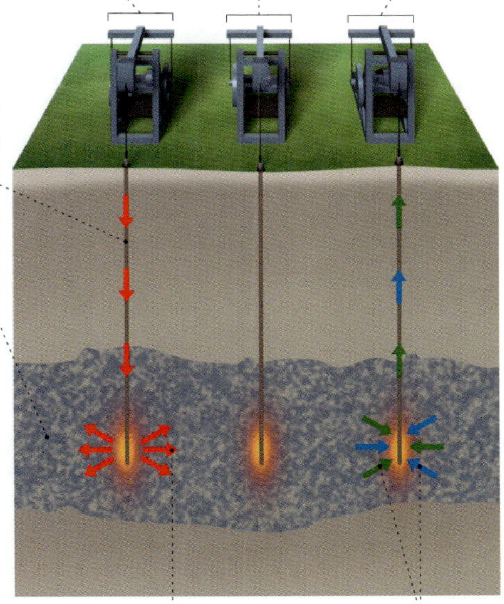

Erdöl^{N}

Erdöleruptionskreuz^{N}
Christmas tree
arbre^{M} de Noël^{M}
árbol^{M} de Navidad^{F}
albero^{M} di Natale^{M}

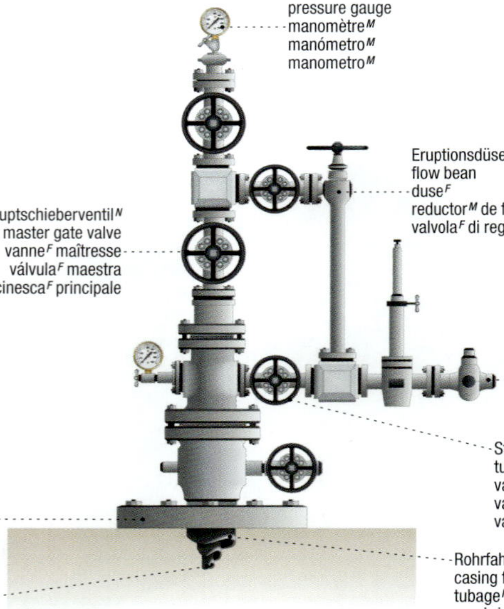

Rohölpipeline^{F}
crude oil pipeline
réseau^{M} d'oléoducs^{M}
oleoducto^{M} de crudo^{M}
oleodotto^{M}

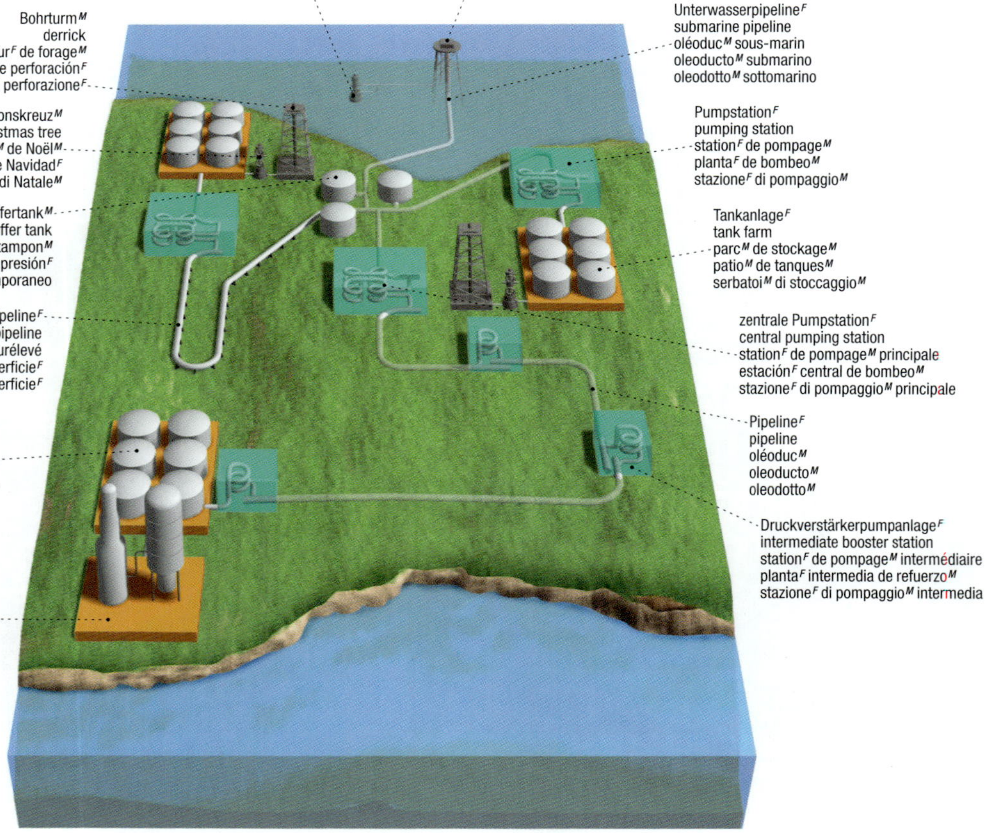

Erdöl^{N}

Tanks^{M}
tanks
réservoirs^{M}
tanques^{M}
serbatoi^{M}

Festdachtank^{M}
fixed-roof tank
réservoir^{M} à toit^{M} fixe
tanque^{M} de techo^{M} fijo
serbatoio^{M} a tetto^{M} fisso

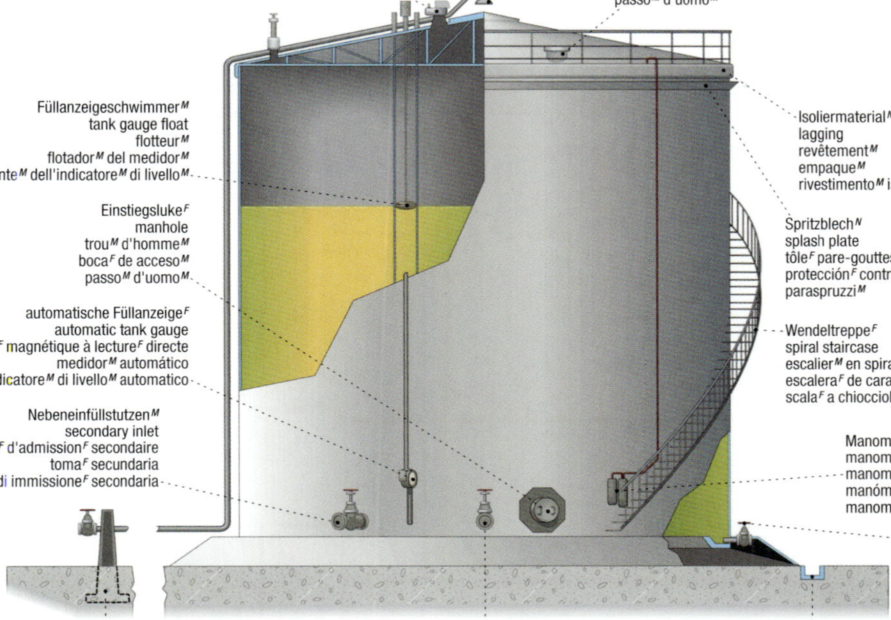

Schwimmdachtank^{M}
floating-roof tank
réservoir^{M} à toit^{M} flottant
tanque^{M} de techo^{M} pontón
serbatoio^{M} a tetto^{M} galleggiante

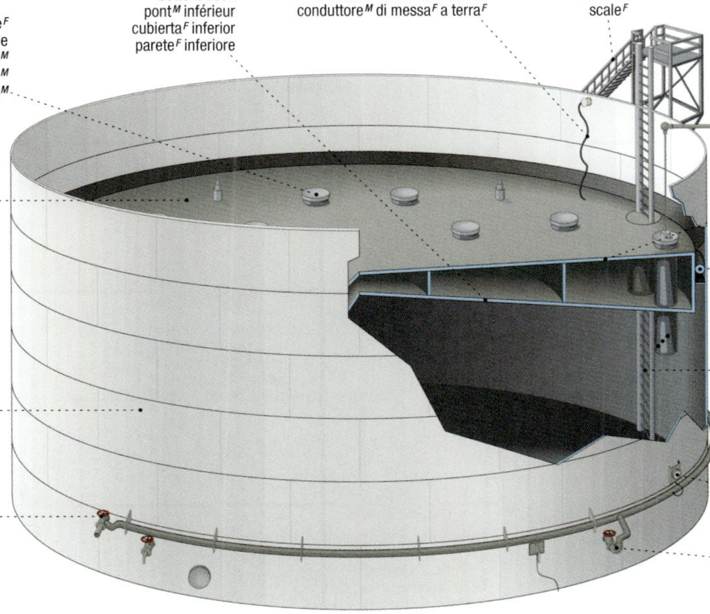

Erdöl[N]

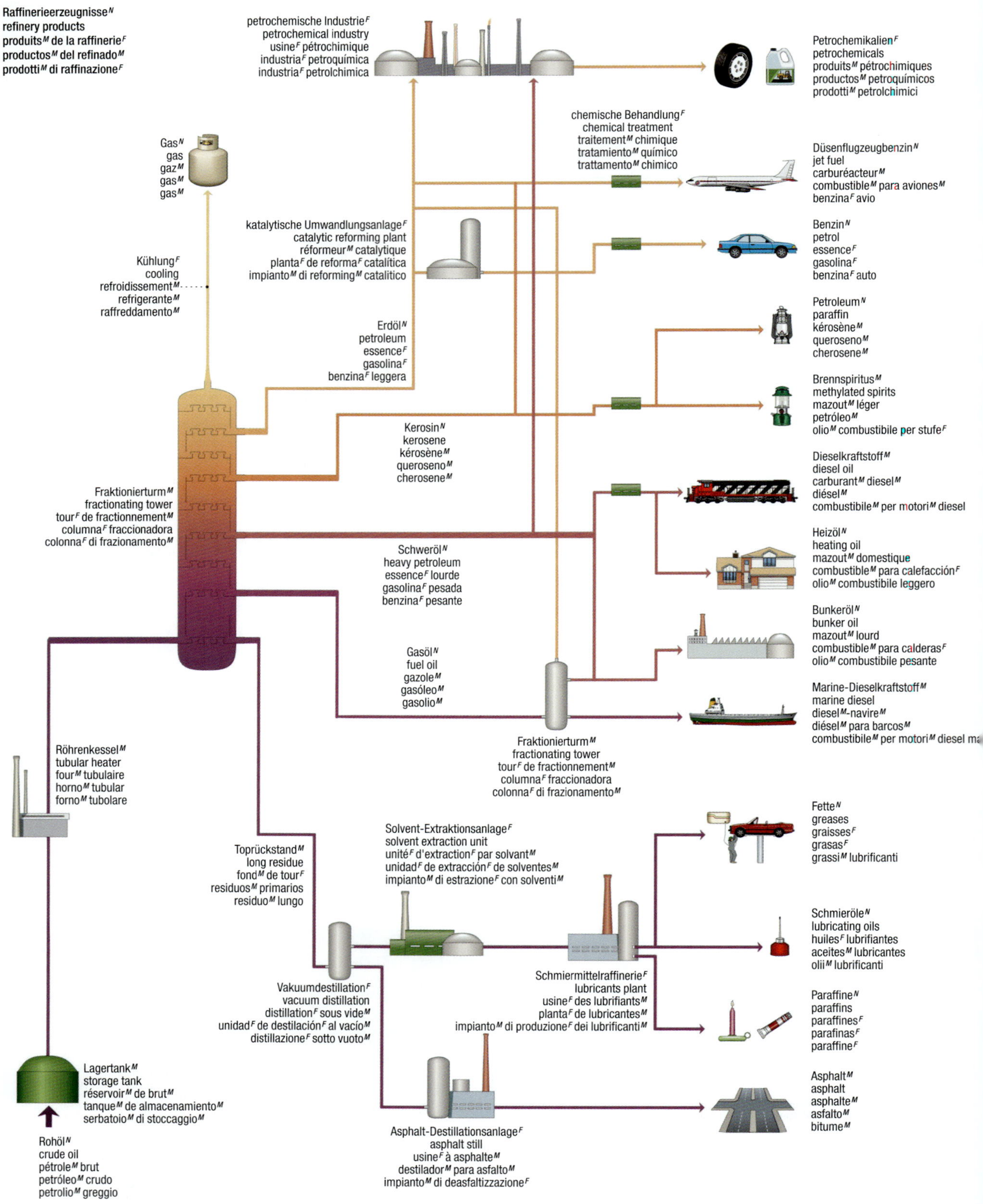
Raffinerieerzeugnisse[N]
refinery products
produits[M] de la raffinerie[F]
productos[M] del refinado[M]
prodotti[M] di raffinazione[F]
petrochemische Industrie[F]
petrochemical industry
usine[F] pétrochimique
industria[F] petroquímica
industria[F] petrolchimica
Petrochemikalien[F]
petrochemicals
produits[M] pétrochimiques
productos[M] petroquímicos
prodotti[M] petrolchimici
Gas[N]
gas
gaz[M]
gas[M]
gas[M]
chemische Behandlung[F]
chemical treatment
traitement[M] chimique
tratamiento[M] químico
trattamento[M] chimico
Düsenflugzeugbenzin[N]
jet fuel
carburéacteur[M]
combustible[M] para aviones[M]
benzina[F] avio
katalytische Umwandlungsanlage[F]
catalytic reforming plant
réformeur[M] catalytique
planta[F] de reforma[F] catalítica
impianto[M] di reforming[M] catalitico
Benzin[N]
petrol
essence[F]
gasolina[F]
benzina[F] auto
Kühlung[F]
cooling
refroidissement[M]
refrigerante[M]
raffreddamento[M]
Erdöl[N]
petroleum
essence[F]
gasolina[F]
benzina[F] leggera
Petroleum[N]
paraffin
kérosène[M]
queroseno[M]
cherosene[M]
Brennspiritus[M]
methylated spirits
mazout[M] léger
petróleo[M]
olio[M] combustibile per stufe[F]
Kerosin[N]
kerosene
kérosène[M]
queroseno[M]
cherosene[M]
Fraktionierturm[M]
fractionating tower
tour[F] de fractionnement[M]
columna[F] fraccionadora
colonna[F] di frazionamento[M]
Dieselkraftstoff[M]
diesel oil
carburant[M] diesel[M]
diésel[M]
combustibile[M] per motori[M] diesel
Schweröl[N]
heavy petroleum
essence[F] lourde
gasolina[F] pesada
benzina[F] pesante
Heizöl[N]
heating oil
mazout[M] domestique
combustible[M] para calefacción[F]
olio[M] combustibile leggero
Bunkeröl[N]
bunker oil
mazout[M] lourd
combustible[M] para calderas[F]
olio[M] combustibile pesante
Gasöl[N]
fuel oil
gazole[M]
gasóleo[M]
gasolio[M]
Marine-Dieselkraftstoff[M]
marine diesel
diesel[M]-navire[M]
diésel[M] para barcos[M]
combustibile[M] per motori[M] diesel ma
Fraktionierturm[M]
fractionating tower
tour[F] de fractionnement[M]
columna[F] fraccionadora
colonna[F] di frazionamento[M]
Röhrenkessel[M]
tubular heater
four[M] tubulaire
horno[M] tubular
forno[M] tubolare
Fette[N]
greases
graisses[F]
grasas[F]
grassi[M] lubrificanti
Solvent-Extraktionsanlage[F]
solvent extraction unit
unité[F] d'extraction[F] par solvant[M]
unidad[F] de extracción[F] de solventes[M]
impianto[M] di estrazione[F] con solventi[M]
Toprückstand[M]
long residue
fond[M] de tour[F]
residuos[M] primarios
residuo[M] lungo
Schmieröle[N]
lubricating oils
huiles[F] lubrifiantes
aceites[M] lubricantes
olii[M] lubrificanti
Vakuumdestillation[F]
vacuum distillation
distillation[F] sous vide[M]
unidad[F] de destilación[F] al vacío[M]
distillazione[F] sotto vuoto[M]
Schmiermittelraffinerie[F]
lubricants plant
usine[F] des lubrifiants[M]
planta[F] de lubricantes[M]
impianto[M] di produzione[F] dei lubrificanti[M]
Paraffine[N]
paraffins
paraffines[F]
parafinas[F]
paraffine[F]
Lagertank[M]
storage tank
réservoir[M] de brut[M]
tanque[M] de almacenamiento[M]
serbatoio[M] di stoccaggio[M]
Asphalt[M]
asphalt
asphalte[M]
asfalto[M]
bitume[M]
Asphalt-Destillationsanlage[F]
asphalt still
usine[F] à asphalte[M]
destilador[M] para asfalto[M]
impianto[M] di deasfaltizzazione[F]
Rohöl[N]
crude oil
pétrole[M] brut
petróleo[M] crudo
petrolio[M] greggio

Erdgas[N]

natural gas | gaz[M] naturel | gas[M] natural | gas[M] naturale

Erdgasleistungssystem[N]
natural gas pipeline system
réseau[M] de gazoduc[M]
sistema[M] de líneas[F] canalizadas de gas[M] natural
rete[F] di gasdotto[M]

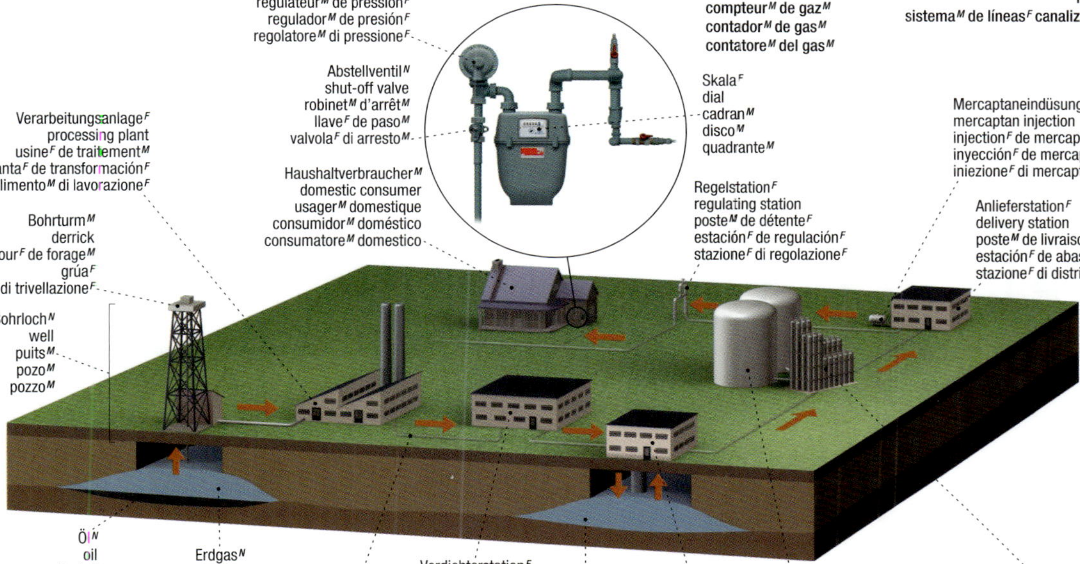

Schiefergasförderung[F]
shale gas extraction
extraction[F] du gaz[M] de schiste[M]
extracción[F] de gas[M] de pizarra[F]
estrazione[F] del gas[M] di scisto[M]

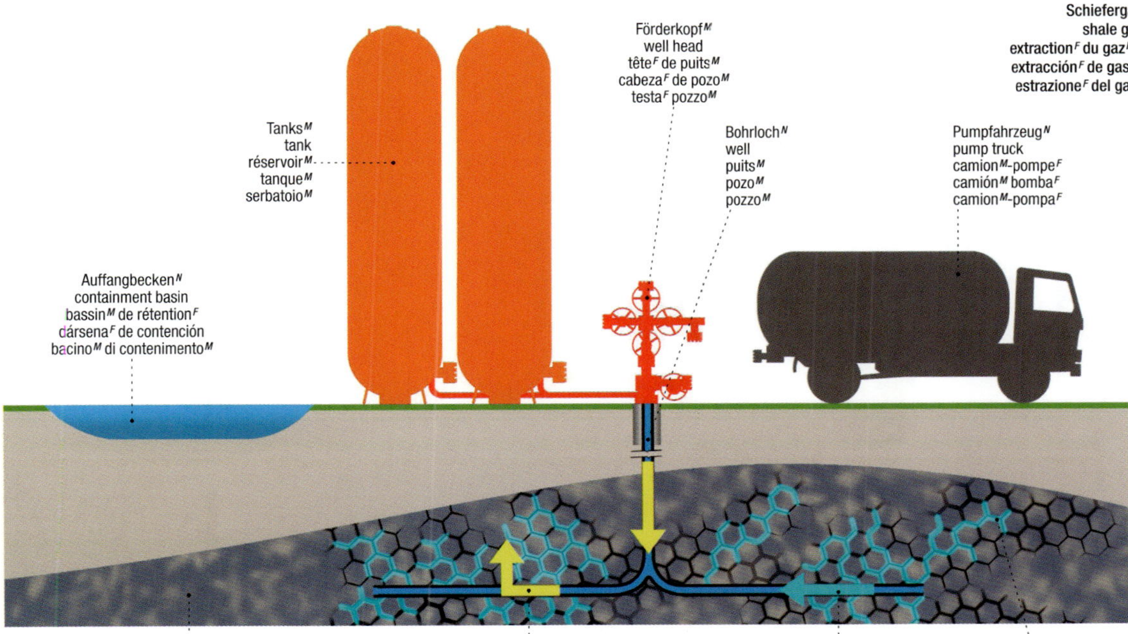

alternative Brennstoffe[M]

alternative fuels | carburants[M] de remplacement[M] | combustibles[M] alternativos | carburanti[F] alternativi

Herstellung[F] von Biodiesel[M]
biodiesel production
production[F] du biodiésel[M]
producción[F] de biodiesel[M]
produzione[F] di biodiesel[M]

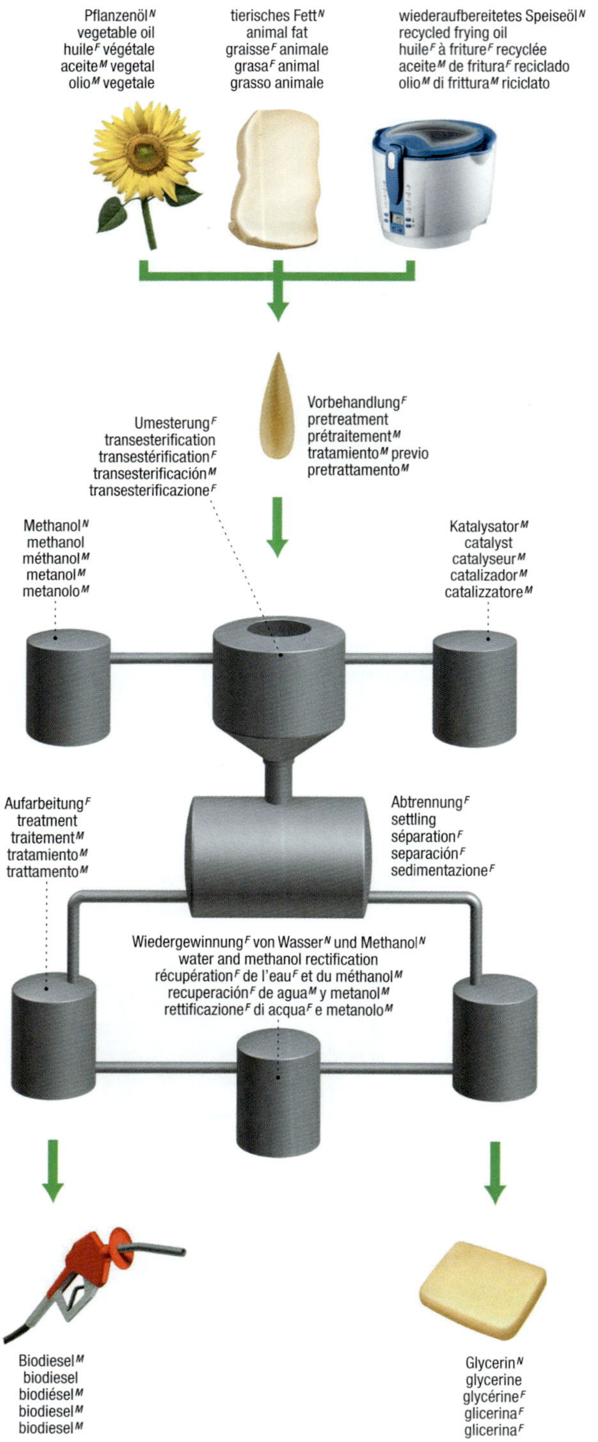

Herstellung[F] von Bioethanol[N]
bioethanol production
production[F] du bioéthanol[M]
producción[F] de bioetanol[M]
produzione[F] di bioetanolo[M]

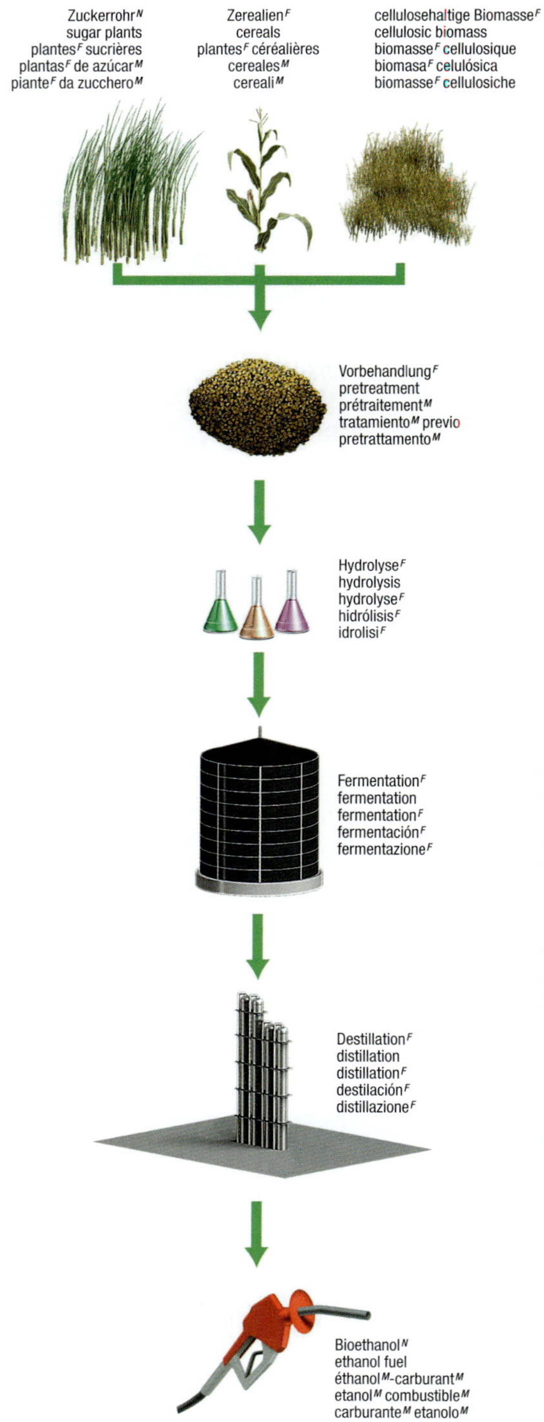

Wasserkraftwerk^{N}

hydroelectric complex | complexe^{M} hydroélectrique | complejo^{M} hidroeléctrico | impianto^{M} idroelettrico

Außenansicht^{F}
exterior view
vue^{F} extérieure
vista^{F} exterior
vista^{F} esterna

Überlaufkrone^{F}
crest of spillway
seuil^{M} de l'évacuateur^{M}
cresta^{F} del aliviadero^{M}
soglia^{F} dello sfioratore^{M}

Verschluss^{F} des Hochwasserentlastungswehrs^{N}
spillway gate
vanne^{F}
compuerta^{F} del aliviadero^{M}
paratoia^{F} dello sfioratore^{M}

Hochwasserentlastungswehr^{N}
spillway
évacuateur^{M}
aliviadero^{M}
sfioratore^{M}

Dammkrone^{F}
top of dam
crête^{F}
cresta^{F} de la presa^{F}
coronamento^{M}

Fallleitung^{F}
penstock
conduite^{F} forcée
tubería^{F} de carga^{F}
condotta^{F} forzata

Stausee^{M}
reservoir
réservoir^{M}
embalse^{M}
bacino^{M}

Oberwasser^{N}
headbay
bief^{M} d'amont^{M}
embalse^{M} a monte^{M}
bacino^{M} a monte^{M}

Bockkran^{M}
gantry crane
portique^{M}
grúa^{F} de caballete^{M}
gru^{F} a portale^{M}

Umleitungskanal^{M}
diversion tunnel
galerie^{F} de dérivation^{F}
túnel^{M} de desvío^{M}
galleria^{F} di derivazione^{F}

Ausgleichsbecken^{N}
after-bay
bief^{M} d'aval^{M}
embalse^{M} de compensación^{F}
bacino^{M} a valle^{F}

Steuerzentrale^{F}
control room
salle^{F} de commande^{F}
sala^{F} de control^{M}
sala^{F} di controllo^{M}

Überfallrinne^{F}
spillway chute
coursier^{M} d'évacuateur^{M}
canal^{M} del aliviadero^{M}
scivolo^{M} dello sfioratore^{M}

Speicherkraftwerk^{N}
power station
centrale^{F}
central^{F} eléctrica
centrale^{F} elettrica

Durchführung^{F}
bushing
traversée^{F} de transformateur^{M}
boquilla^{F}
stazione^{F} di trasformazione^{F}

Leitwerk^{N}
training wall
mur^{M} bajoyer^{M}
muro^{M} de encauzamiento^{M}
muro^{M} di sponda^{F}

Trift^{F}
log chute
passe^{F} à billes^{F}
rebosadero^{M}
scivolo^{M} per tronchi^{M} d'albero^{M}

Maschinenhalle^{F}
machine hall
salle^{F} des machines^{F}
sala^{F} de máquinas^{F}
sala^{F} macchine^{F}

Damm^{M}
dam
barrage^{M}
presa^{F}
diga^{F}

Wasserkraftwerk[N]

Wasserkraftwerk[N] im Querschnitt[M]
section of a hydroelectric power station
coupe[F] d'une centrale[F] hydroélectrique
corte[M] de una central[F] hidroeléctrica
sezione[F] di un impianto[M] idroelettrico

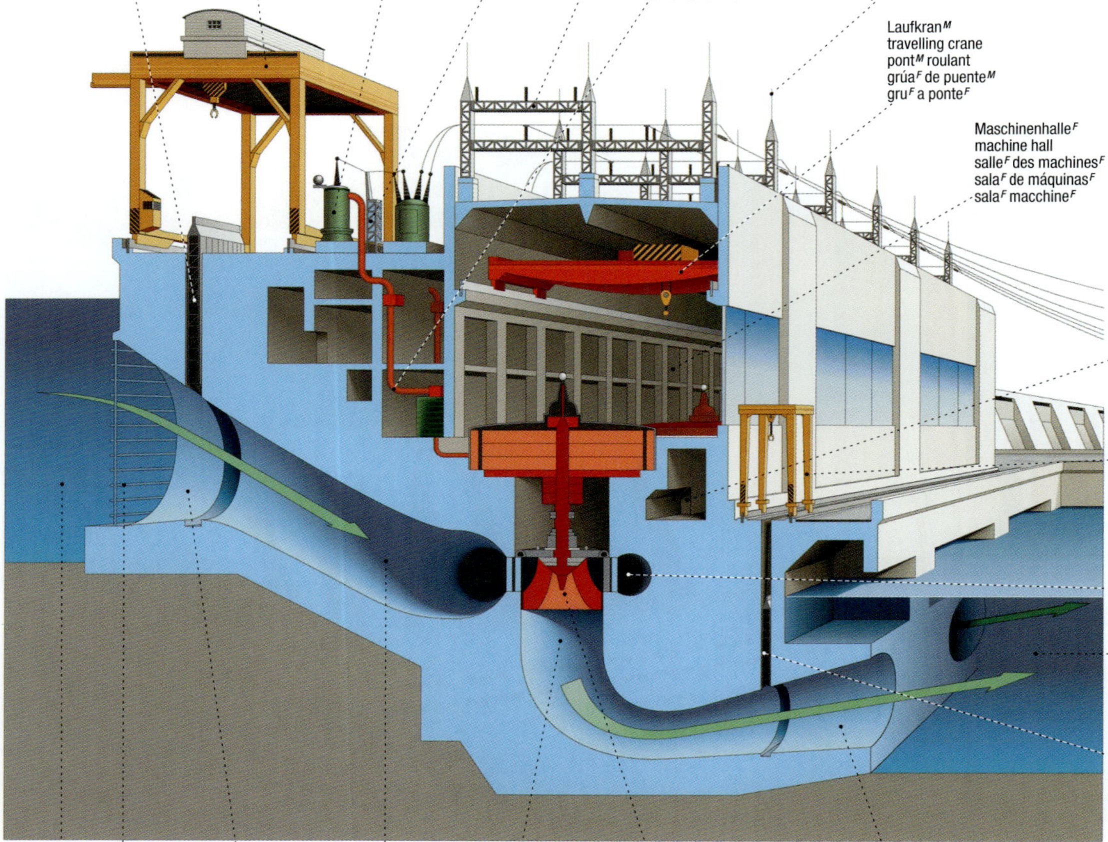

Wasserkraftwerk[N]

Stromgenerator[M]
generator unit
groupe[M] turbo-alternateur[M]
grupo[M] turboalternador[M]
gruppo[M] generatore

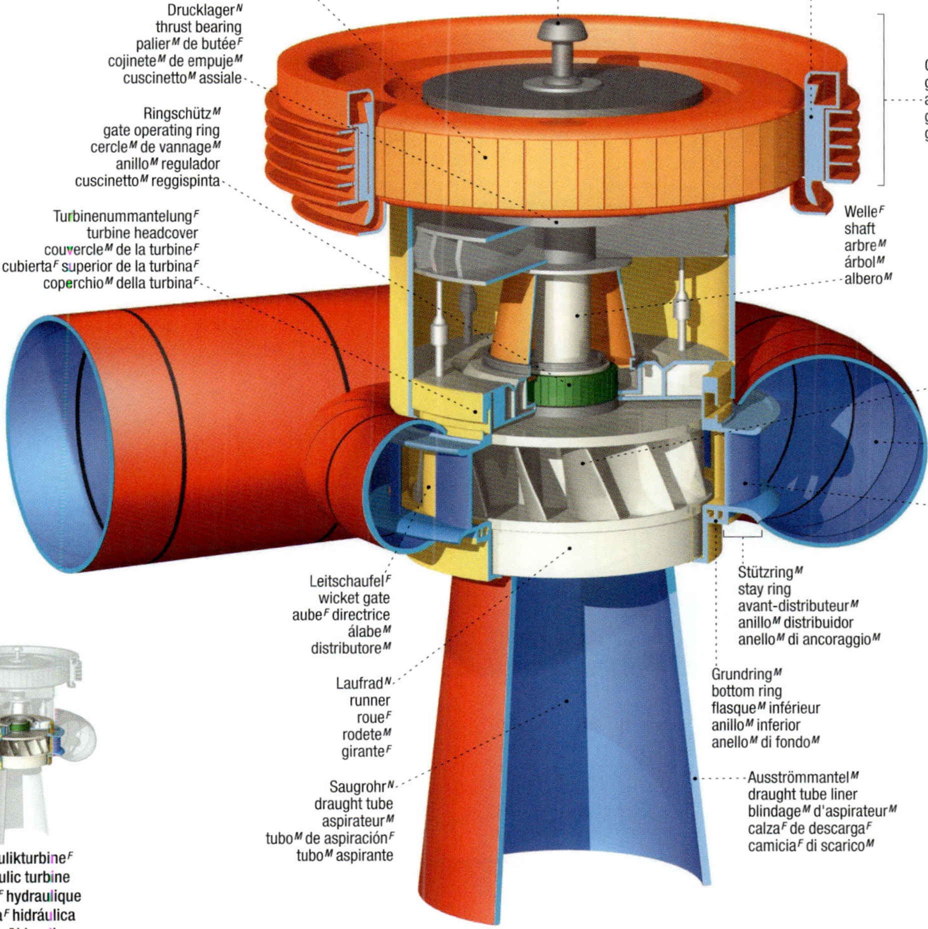

Hydraulikturbine[F]
hydraulic turbine
turbine[F] hydraulique
turbina[F] hidráulica
turbina[F] idraulica

Turbinen[F]
runners
roues[F]
rodetes[M]
giranti[F]

Peltonturbine[F]
Pelton runner
roue[F] Pelton
turbina[F] Pelton
turbina[F] Pelton

Zellenring[M]
bucket ring
couronne[F] d'aubage[M]
rueda[F] de alabes[M]
ruota[F] dei cucchiai[M]

Kaplanturbine[F]
Kaplan runner
roue[F] Kaplan
turbina[F] Kaplan
turbina[F] Kaplan

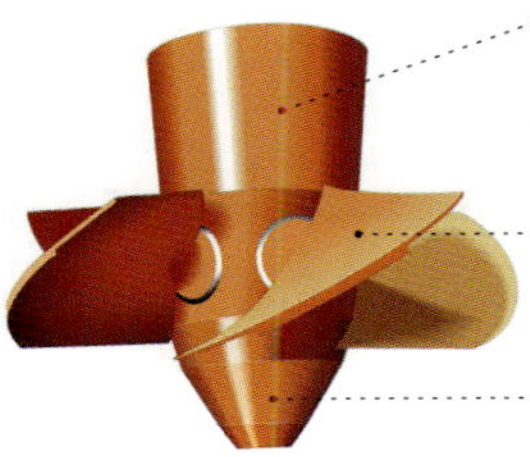

Francisturbine[F]
Francis runner
roue[F] Francis
turbina[F] Francis
turbina[F] Francis

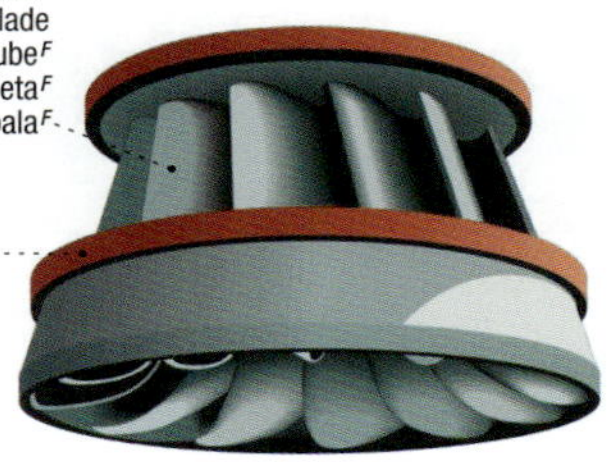

Wasserkraftwerk^{N}

**Arten^{F} von Kraftwerken^{N}
types of power stations
types^{M} de centrales^{F}
tipos^{M} de centrales^{F}
tipi^{M} di centrali^{F}**

Laufkraftwerk^{N}
run-of-river power station
centrale^{F} au fil^{M} de l'eau^{F}
central^{F} hidroeléctrica de agua^{F} fluyente
centrale^{F} ad acqua^{F} fluente

Rechen^{M}
floodgate
vanne^{F}
compuerta^{F}
paratoia^{F} della chiusa^{F}

Staudamm^{M}
dam
barrage^{M}
presa^{M}
diga^{F}

Überfallrinne^{F}
spillway
évacuateur^{M}
aliviadero^{M}
sfioratore^{M}

Kraftwerk^{N}
power station
centrale^{F}
central^{F}
centrale^{F}

Transformator^{M}
transformer
transformateur^{M}
transformador^{M}
trasformatore^{M}

Starkstromleitung^{F}
power line
câble^{M} électrique à haute tension^{F}
cable^{M} de alta tensión^{F}
linea^{F} elettrica ad alta tensione^{F}

Speicherkraftwerk^{N}
power station with reservoir
centrale^{F} à réservoir^{M}
central^{F} eléctrica con depósito^{M}
centrale^{F} con giacimento^{M} idrico

Stausee^{M}
reservoir
réservoir^{M}
depósito^{M}
giacimento^{M}

Staudamm^{M}
dam
barrage^{M}
presa^{M}
diga^{F}

Einzelschritte^{M} bei der Elektrizitätserzeugung^{F}

steps in the production of electricity | étapes^{F} de production^{F} de l'électricité^{F} | etapas^{F} de la producción^{F} de electricidad^{F} | fasi^{F} della produzione^{F} di elettricità^{F}

Leistungsabgabe^{F} mit Generatorspannung^{F}
power supply at generator voltage
transport^{M} de l'énergie^{F} à la tension^{F} de l'alternateur^{M}
transmisión^{F} de energía^{F} al generador^{M} de voltaje^{M}
trasmissione^{F} di energia^{F} alla tensione^{F} di produzione^{F}

Hochtransformation^{F} der Spannung^{F}
voltage increase
élévation^{F} de la tension^{F}
amplificador^{M} de voltaje^{M}
aumento^{M} di tensione^{F}

Einspeisung^{F} in das Elektrizitätsnetz^{N}
power fed into distribution network
intégration^{F} de l'électricité^{F} au réseau^{M} de transport^{M}
paso^{M} de la energía^{F} hacia la red^{F} de transmisión^{F}
immissione^{F} di energia^{F} nella rete^{F} di trasmissione^{F}

Heruntertransformation^{F} der Spannung^{F}
voltage decrease
abaissement^{M} de la tension^{F}
reductor^{M} de voltaje^{M}
diminuzione^{F} di tensione^{F}

Wasserstand^{M}
head of water
hauteur^{F} de chute^{F}
altura^{F} del agua^{F}
altezza^{F} di caduta^{F} dell'acqua^{F}

Hochspannungsleitung^{F}
high-tension electricity transmission
transport^{M} de l'électricité^{F} à haute tension^{F}
transporte^{M} de electricidad^{F} de alta tensión
trasmissione^{F} di elettricità^{F} ad alta tensione^{F}

Stromabgabe^{F} an Verbraucher^{M}
distribution to consumers
transport^{M} vers les usagers^{M}
distribución^{F} al consumidor^{M}
trasmissione^{F} agli utenti^{M}

Wasservorrat^{M}
supply of water
provision^{F} d'eau^{F}
suministro^{M} de agua^{F}
bacino^{M}

Elektrizitätserzeugung^{F} durch Generator^{M}
production of electricity by generator
production^{F} d'électricité^{F} par l'alternateur^{M}
producción^{F} de electricidad^{F} por generador^{M}
produzione^{F} di elettricità^{F} dal generatore^{M}

Druckwasser^{N}
water under pressure
eau^{F} sous pression^{F}
agua^{F} a presión^{F}
acqua^{F} in pressione^{F}

Übertragung^{F} der Drehbewegung^{F} auf den Rotor^{M}
transmission of rotary motion to rotor
transmission^{F} du mouvement^{M} au rotor^{M}
transmisión^{F} del movimiento^{M} hacia el rotor^{M}
trasmissione^{F} del movimento^{M} rotatorio al rotore^{M}

Umwandlung^{F} von Bewegungsenergie^{F} in Elektrizität^{F}
transformation of mechanical work into electricity
conversion^{F} du travail^{M} mécanique en électricité^{F}
transformación^{F} del trabajo^{M} mecánico en electricidad^{F}
trasformazione^{F} del lavoro^{M} meccanico in elettricità^{F}

Turbinendrehung^{F}
rotation of turbine
mouvement^{M} rotatif de la turbine^{F}
rotación^{F} de la turbina^{F}
rotazione^{F} della turbina^{F}

Turbinenwasserabfluss^{M}
turbined water draining
évacuation^{F} de l'eau^{F} turbinée
desagüe^{M} de la turbina^{F}
scarico^{M} dell'acqua^{F}

Beispiele[N] für Staudämme[M]

examples of dams | exemples[M] de barrages[M] | ejemplos[M] de presas[F] | esempi[M] di dighe[F]

Stützpfeilerstaudamm[M]
buttress dam
barrage[M] à contreforts[M]
presa[F] de contrafuertes[M]
diga[F] a contrafforti[M]

Stützpfeilerstaudamm[F] im Querschnitt[M]
section of a buttress dam
coupe[F] d'un barrage[M] à contreforts[M]
corte[M] de una presa[F] de contrafuertes[M]
sezione[F] di una diga[F] a contrafforti[M]

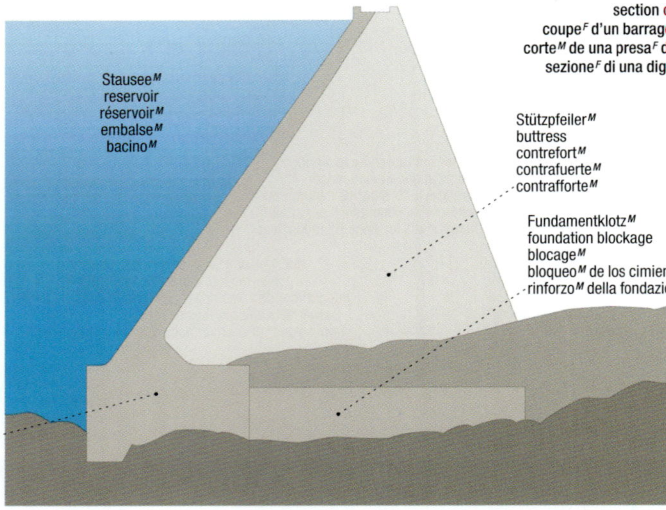

Uferdamm[M]
embankment dam
barrage[M] en remblai[M]
presa[F] de tierra[F]
diga[F] in terra[F]

Uferdamm[M] im Querschnitt[M]
section of an embankment dam
coupe[F] d'un barrage[M] en remblai[M]
corte[M] de una presa[F] de tierra[F]
sezione[F] di una diga[F] a terrapieno[M]

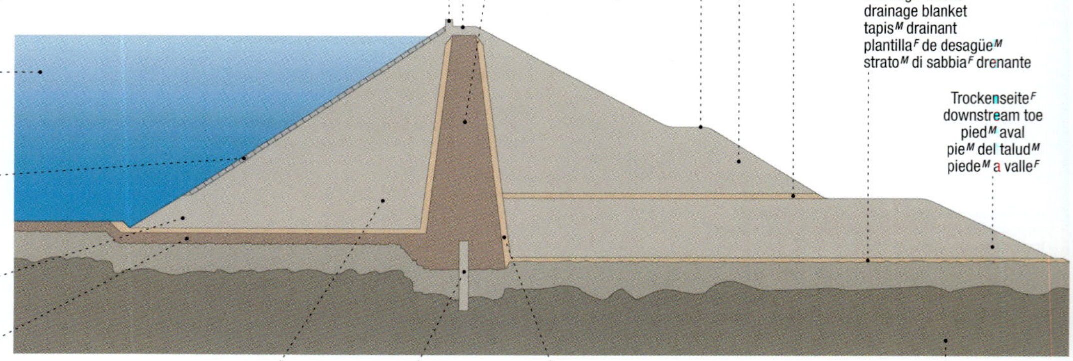

Beispiele^{N} für Staudämme^{M}

Bogenstaudamm^{M} im Querschnitt^{M}
section of an arch dam
coupe^{F} d'un barrage^{M}-voûte^{F}
corte^{M} de una presa^{F} de bóveda^{F}
sezione^{F} di una diga^{F} a volta^{F}

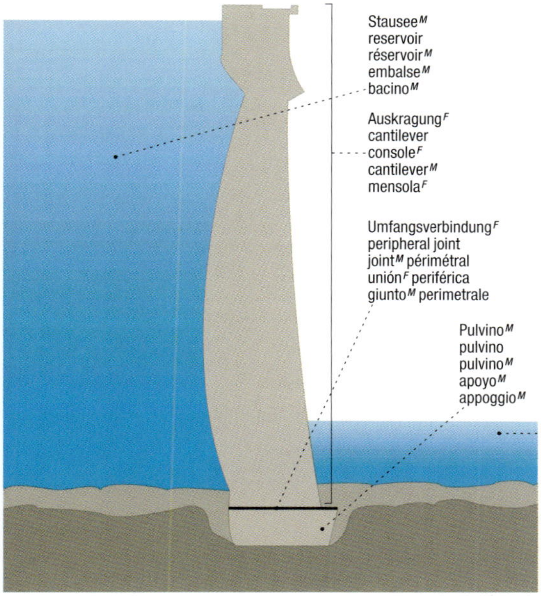

Stausee^{M}
reservoir
réservoir^{M}
embalse^{M}
bacino^{M}

Auskragung^{F}
cantilever
console^{F}
cantilever^{M}
mensola^{F}

Umfangsverbindung^{F}
peripheral joint
joint^{M} périmétral
unión^{F} periférica
giunto^{M} perimetrale

Pulvino^{M}
pulvino
pulvino^{M}
apoyo^{M}
appoggio^{M}

Ausgleichsbecken^{N}
afterbay
bief^{M} d'aval^{M}
embalse^{M} de compensación^{F}
bacino^{M} a valle^{F}

Erdreich^{N}
soil
sol^{M}
suelo^{M}
suolo^{M}

Bogenstaudamm^{M}
arch dam
barrage^{M}-voûte^{F}
presa^{F} de bóveda^{F}
diga^{F} a volta^{F}

Gewichtsstaudamm^{M} im Querschnitt^{M}
section of a gravity dam
coupe^{F} d'un barrage^{M}-poids^{M}
corte^{M} de una presa^{F} de gravedad^{F}
sezione^{F} di una diga^{F} a gravità^{F}

Stausee^{M}
reservoir
réservoir^{M}
embalse^{M}
bacino^{M}

Dammkrone^{F}
top of dam
couronnement^{M}
coronamiento^{M}
coronamento^{M}

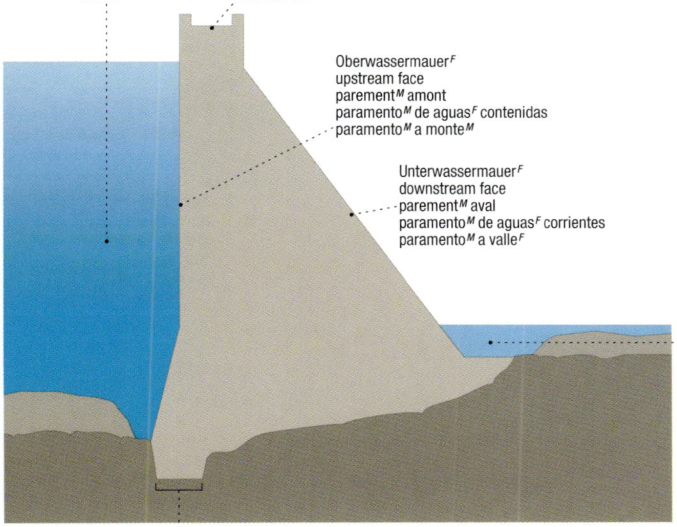

Oberwassermauer^{F}
upstream face
parement^{M} amont
paramento^{M} de aguas^{F} contenidas
paramento^{M} a monte^{M}

Unterwassermauer^{F}
downstream face
parement^{M} aval
paramento^{M} de aguas^{F} corrientes
paramento^{M} a valle^{F}

Ausgleichsbecken^{N}
afterbay
bief^{M} d'aval^{M}
embalse^{M} de compensación^{F}
bacino^{M} a valle^{F}

Abdichtungsgraben^{M}
cut-off trench
parafouille^{F}
cortina^{F} de inyecciones^{F}
taglione^{M}

Gewichtsstaudamm^{M}
gravity dam
barrage^{M}-poids^{M}
presa^{F}
diga^{F} a gravità^{F}

Elektrizitätsverteilung^{F}

electricity distribution | transport^{M} de l'électricité^{F} | transporte^{M} de electricidad^{F} | trasmissione^{F} di elettricità^{F}

Beispiele^{N} für Hochspannungsmasten^{M}
examples of pylons
exemples^{M} de pylônes^{M}
ejemplos^{M} de torres^{F}
esempi^{M} di tralicci^{M}

Deltamast^{M}
Mae West pylon
pylône^{M} nappe
torre^{F} de retención^{F} angular
traliccio^{M} a configurazione orizzontale

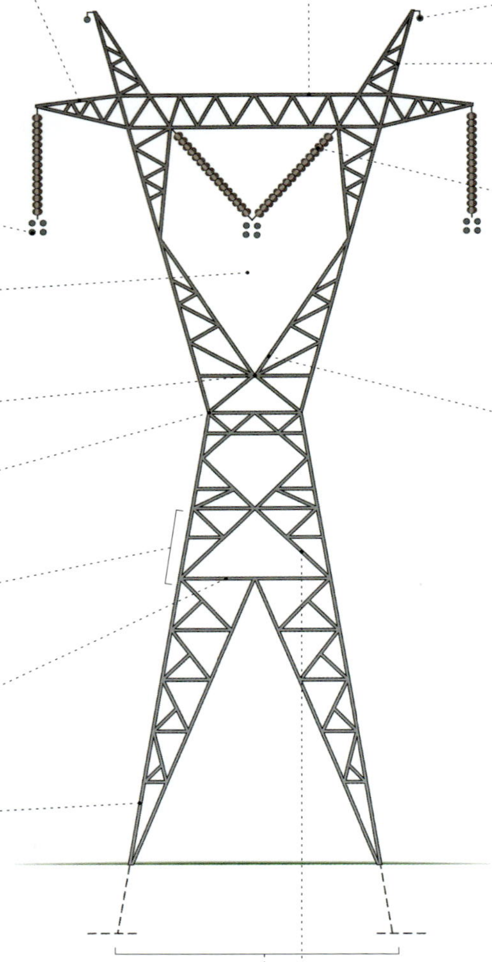

Masttraverse^{F}
crossarm
console^{F}
travesaño^{M}
braccio^{M}

Gerüstträger^{M}
beam gantry
poutre^{F}
pórtico^{M} de tirantes^{M}
traversa^{F}

Erdungskabel^{N}
overhead earth wire
câble^{M} de garde^{F}
conexión^{F}
filo^{M} di guardia^{F}

Erdungskabelhalterung^{F}
earth-wire peak
chevalet^{M} de câble^{M} de garde^{F}
soporte^{M} de la conexión^{F}
picco^{M}

Bündel^{N}
bundle
conducteur^{M} en faisceau^{M}
haz^{M}
fascio^{M} di conduttori^{M}

Hängeisolator^{M}
suspension insulator string
chaîne^{F} de suspension^{F}
aislador^{M} de suspensión^{F}
catena^{F} di isolatori^{M} sospesi

Mastfenster^{N}
pylon window
fenêtre^{F}
ventana^{F} de la torre^{F}
finestra^{F}

Mastoberteil$^{M/N}$
pylon top
tête^{F}
cabeza^{F} de la torre^{F}
testata^{F}

Knoten^{M}
node
nœud^{M}
nódulo^{M}
nodo^{M}

K-Gerüst^{N}
K-frame
fourche^{F}
estructura^{F} en K
struttura^{F} a K

Mittelteil$^{M/N}$
waist
corset^{M}
cintura^{F}
cintura^{F}

Träger^{M}
panel
tronçon^{M}
recuadro^{M}
elemento^{M} verticale

Mastkörper^{M}
pylon body
fût^{M}
cuerpo^{M} de la torre^{F}
corpo^{M}

Querstrebe^{F}
horizontal member
traverse^{F}
elemento^{M} horizontal
elemento^{M} orizzontale

Hauptstandbein^{N}
main leg
membrure^{F} principale
pata^{F} principal
montante^{M}

Mastfuß^{M}
pylon foot
pied^{M}
pie^{M} de la torre^{F}
piede^{M}

Sockelbreite^{F}
base width
empattement^{M}
anchura^{F} de la base^{F}
ampiezza^{F} della base^{F}

Diagonalstrebe^{F}
diagonal
diagonale^{F}
diagonal^{M}
diagonale^{F}

Freileitungsmast^{M}
double-circuit pylon
pylône^{M} classique
torre^{F} de tensión^{F} de circuito^{M} doble
traliccio^{M} classico

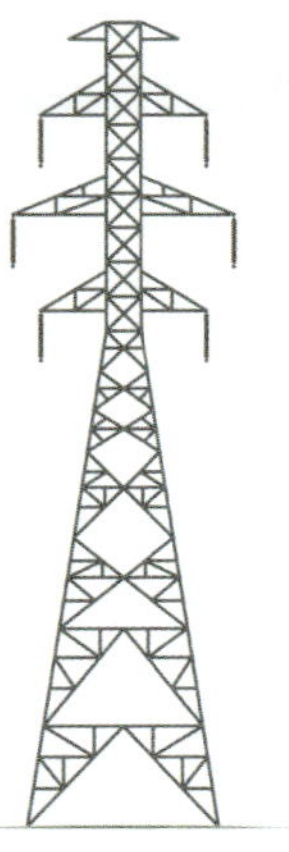

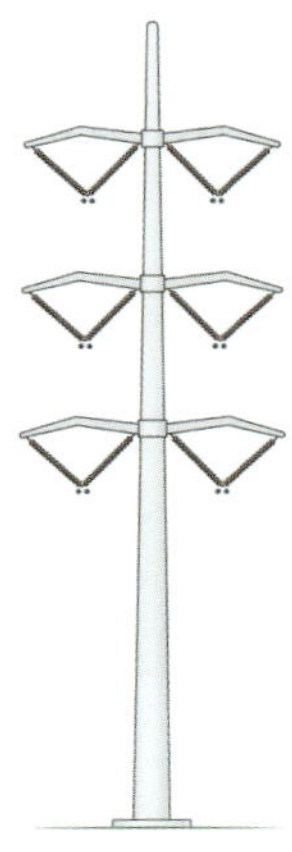

Stahlrohrmast^{M}
tubular pylon
pylône^{M} tubulaire
torre^{F} tubular
traliccio^{M} tubolare

Elektrizitätsverteilung^{F}

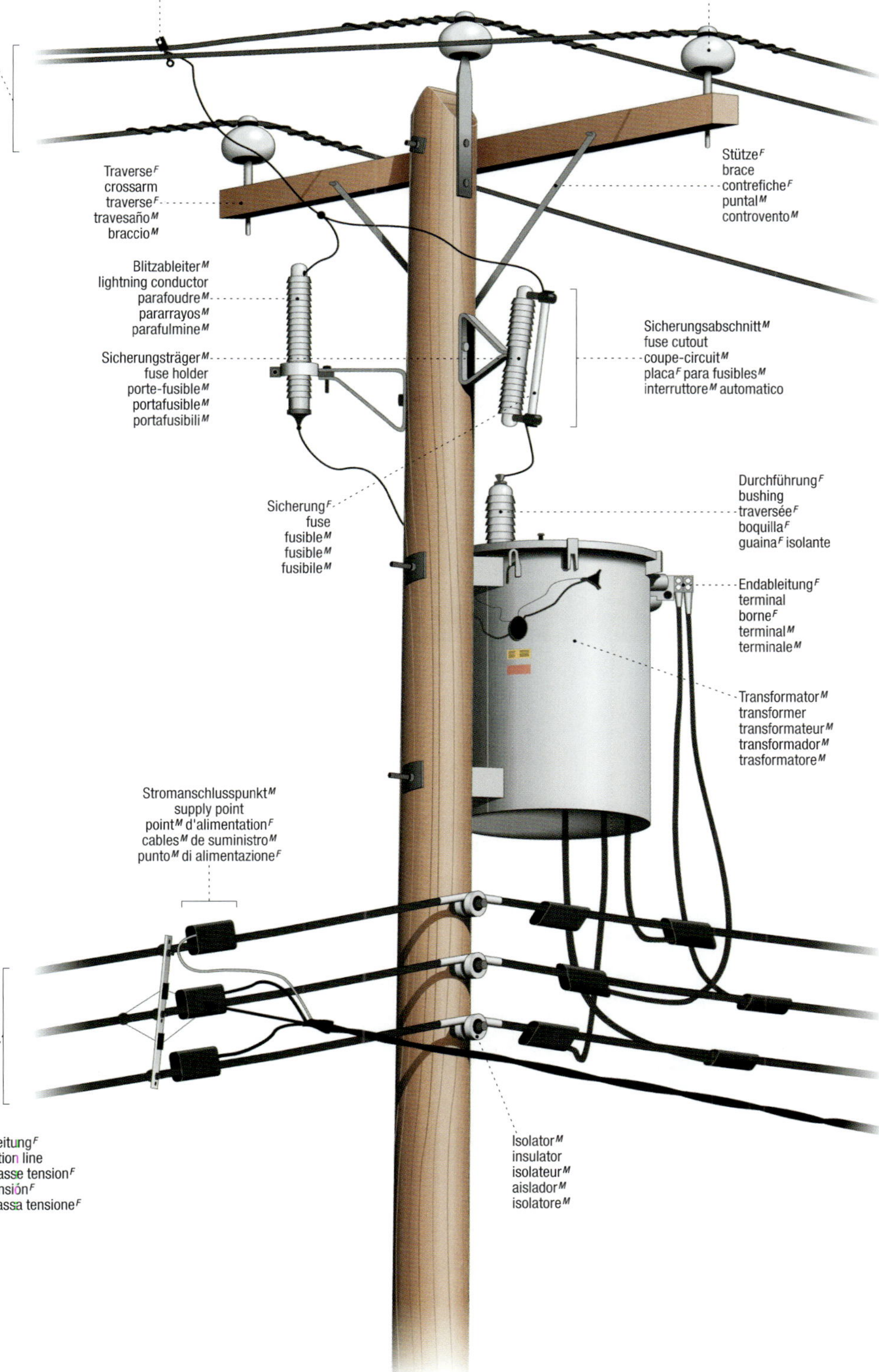

Gezeitenkraftwerk^{N}

tidal power plant | usine^{F} marémotrice | planta^{F} de energía^{F} maremotriz | centrale^{F} elettrica mareomotrice

Außenansicht^{F}
exterior view
vue^{F} extérieure
vista^{F} exterior
vista^{F} esterna

Kraftwerk^{N} im Querschnitt^{M}
section of a power station
coupe^{F} d'une usine^{F}
corte^{M} de una central^{F}
sezione^{F} di un impianto^{M}

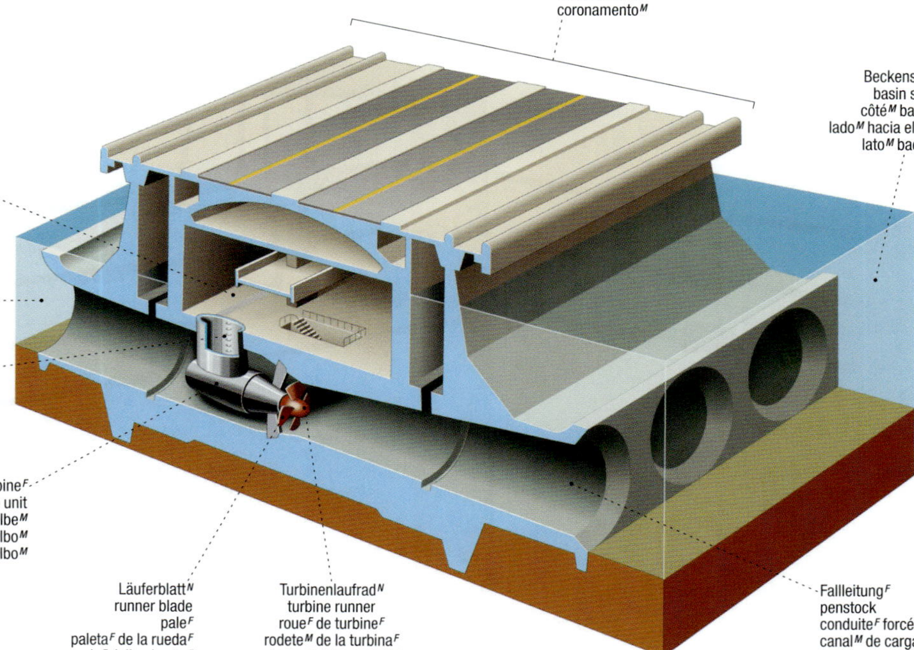

Elektrizitätserzeugung^{F} aus Kernenergie^{F}

production of electricity from nuclear energy | production^{F} d'électricité^{F} par énergie^{F} nucléaire | producción^{F} de electricidad^{F} por energía^{F} nuclear | produzione^{F} di elettricità^{F} da energia^{F} nucleare

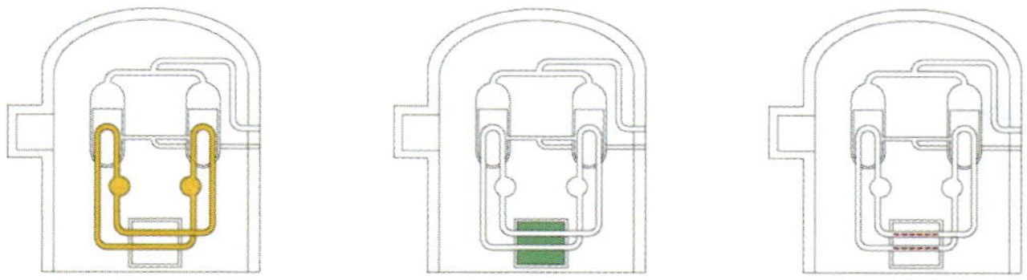

Wärmeerzeugung^{F}
heat production
production^{F} de chaleur^{F}
producción^{F} de calor^{M}
produzione^{F} di calore^{F}

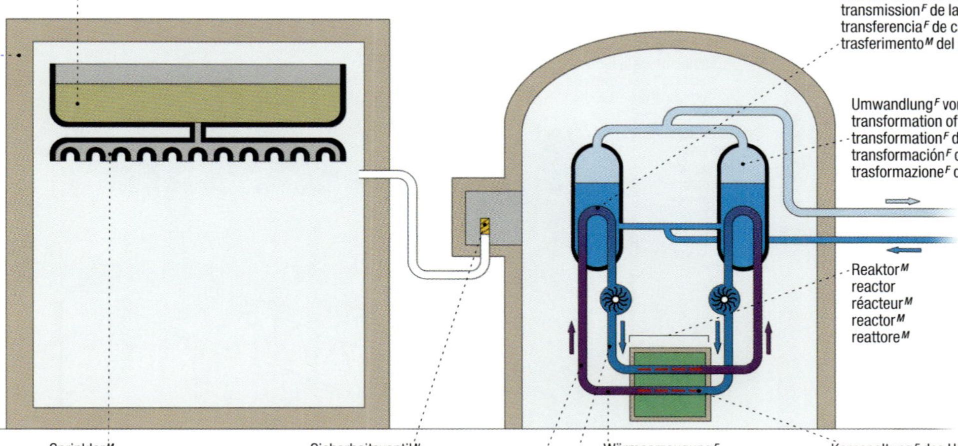

Stromerzeugung^{F}
electricity production
production^{F} d'électricité^{F}
producción^{F} de electricidad^{F}
produzione^{F} di elettricità^{F}

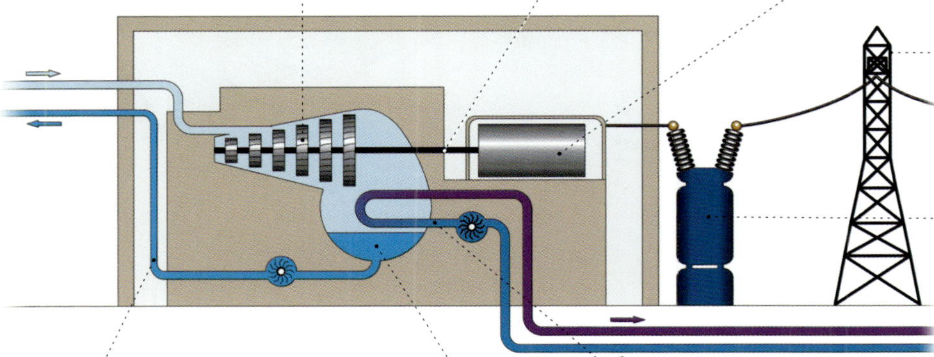

Kernkraftwerk[N]

nuclear power station | centrale[F] nucléaire | central[F] nuclear | centrale[F] elettronucleare

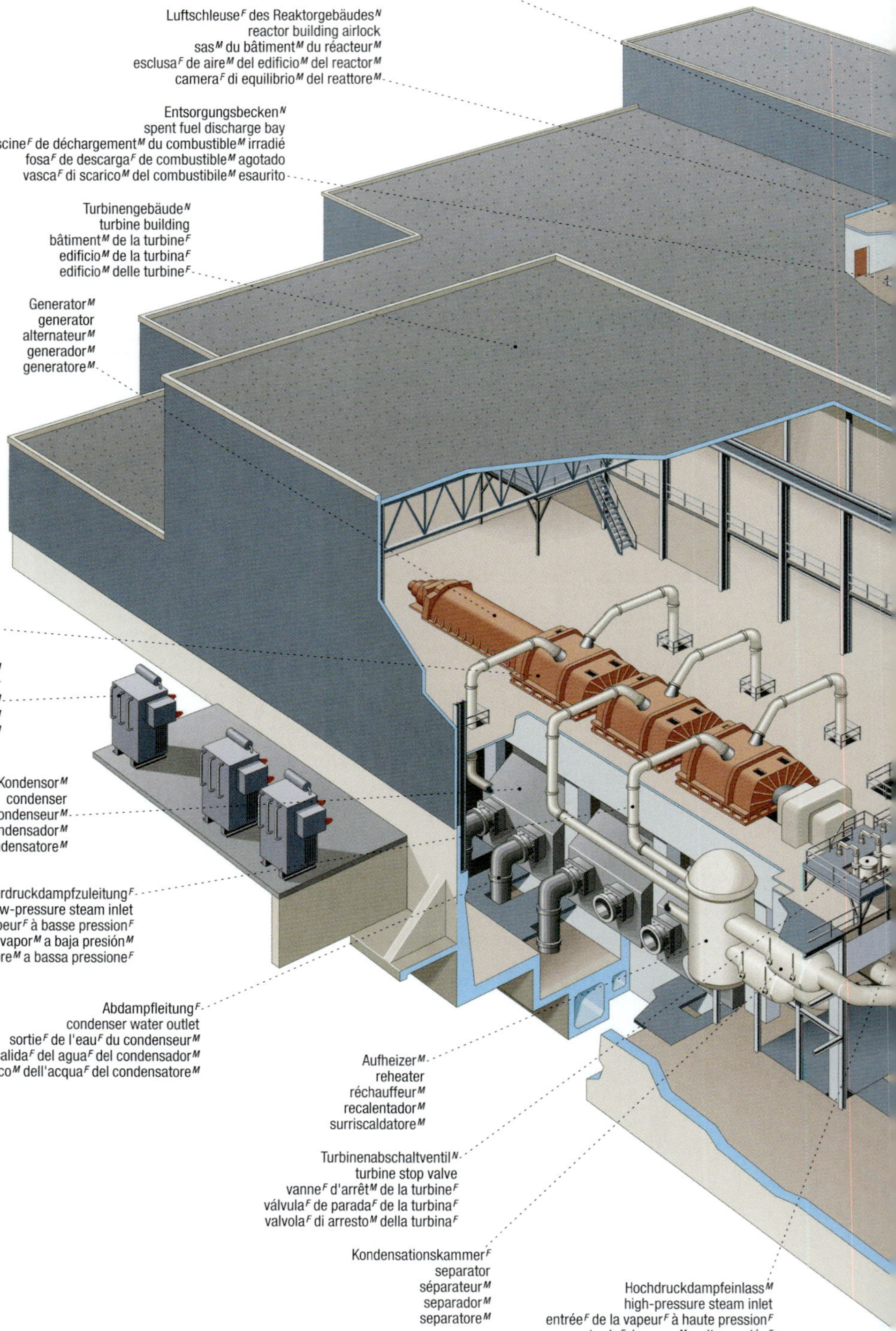

Kernkraftwerk^N

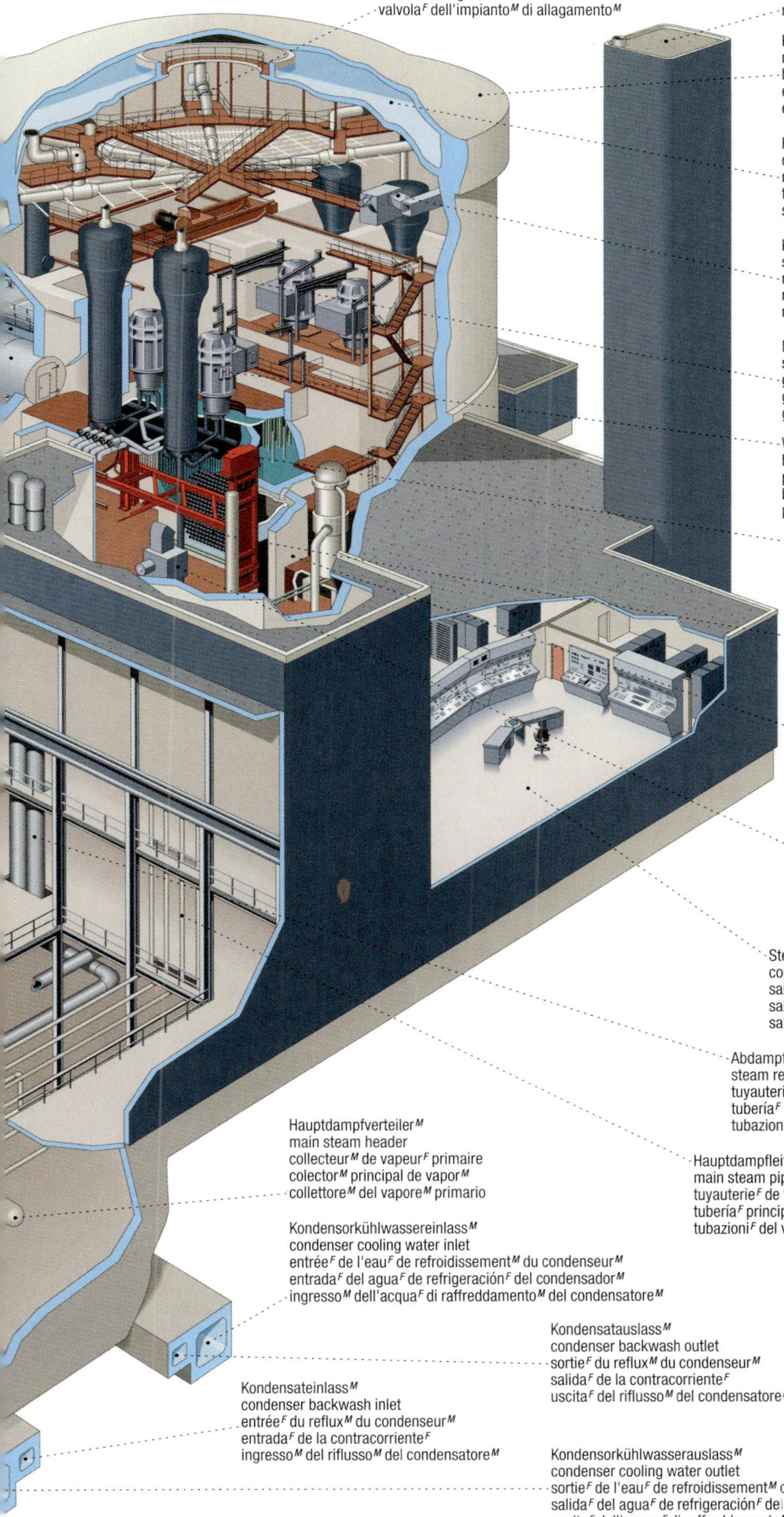

Brennstabbeschickung[F]

fuel handling sequence | séquence[F] de manipulation[F] du combustible[M] | secuencia[F] en el manejo[M] de combustible[M] | manipolazione[F] del combustibile[M]

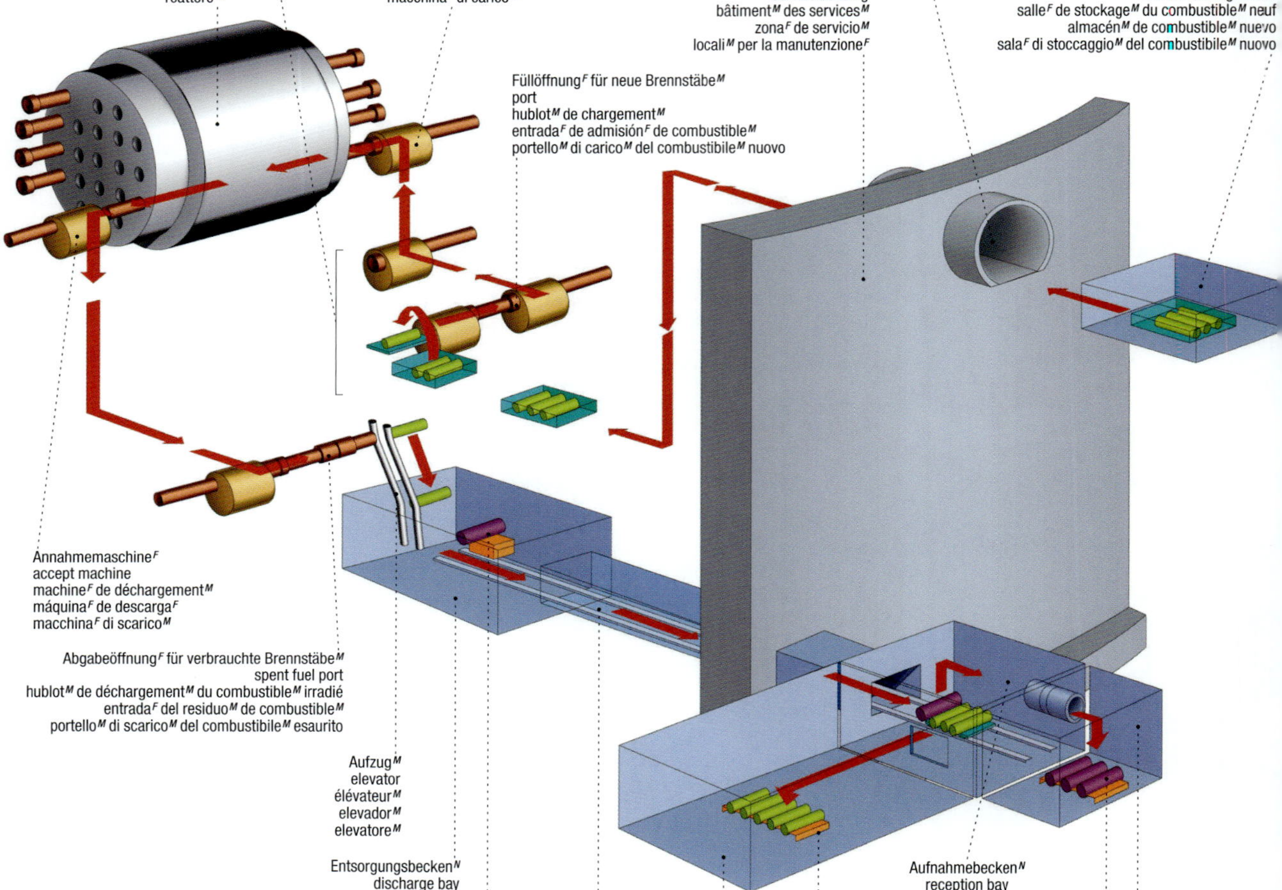

Brennstabbündel[N]

fuel bundle | grappe[F] de combustible[M] | elemento[M] de combustible[M] | elemento[M] di combustibile[M]

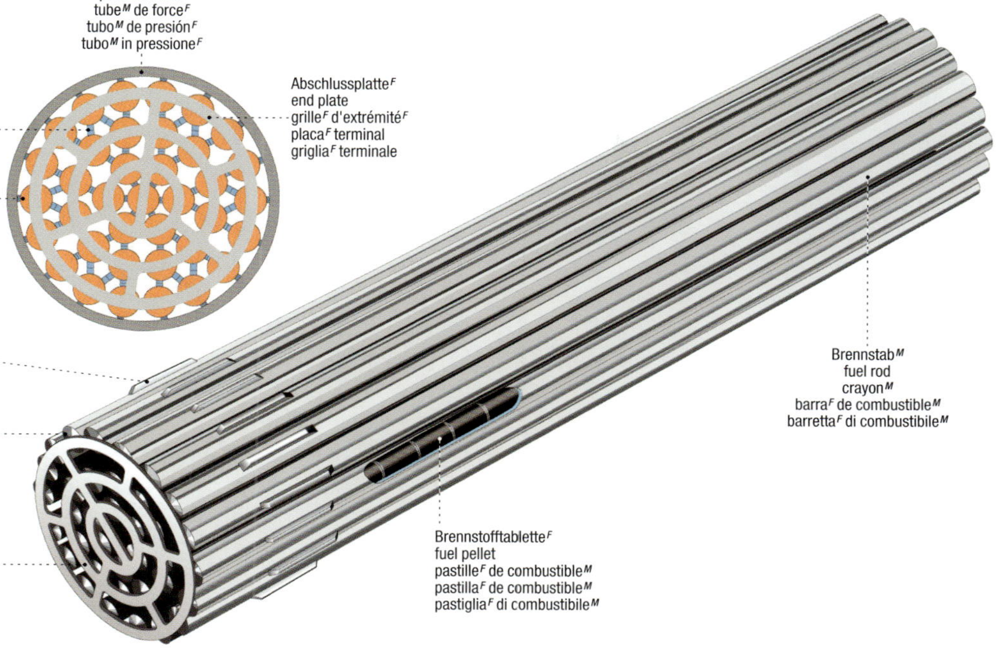

Kernreaktor[M]

nuclear reactor | réacteur[M] nucléaire | carga[F] del reactor[M] nuclear | reattore[M] nucleare

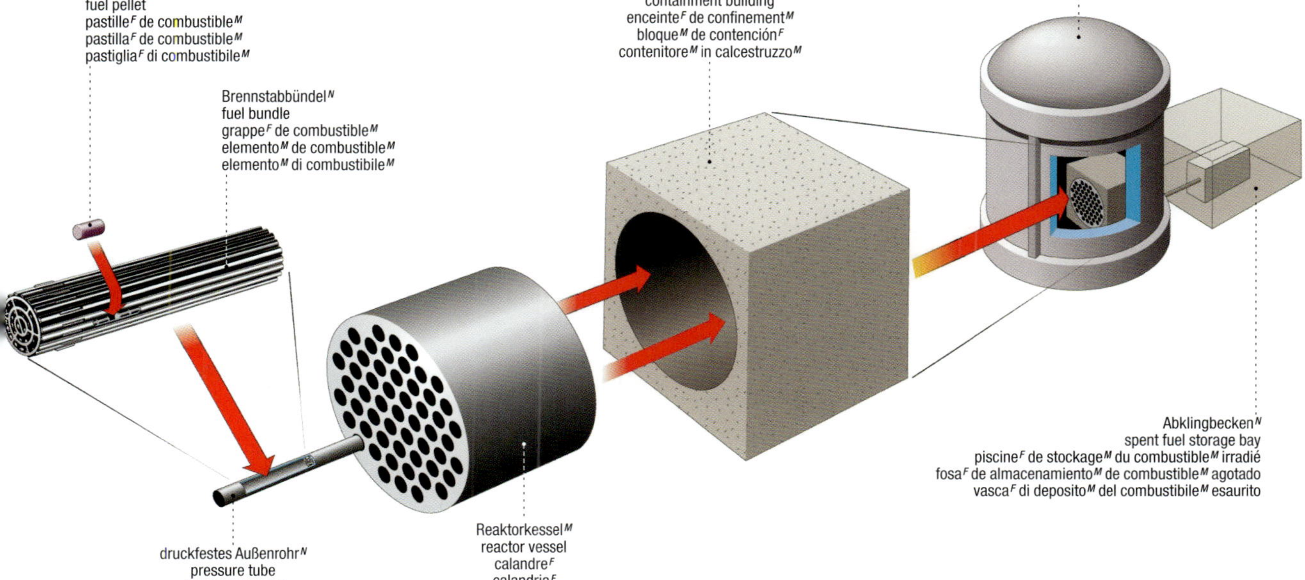

Arten[F] von Reaktoren[M]

types of reactors | types[M] de réacteurs[M] | tipos[M] de reactores[M] | tipi[M] di reattori[M]

Kohlendioxidreaktor[M]
gas-cooled reactor
réacteur[M] au gaz[M] carbonique
reactor[M] de bióxido[M] de carbono[M]
reattore[M] ad anidride[F] carbonica

Beschickungsmaschine[F]
fuelling machine
machine[F] de chargement[M]
máquina[F] cargadora del combustible[M]
macchina[F] di carico[M]-scarico[M]

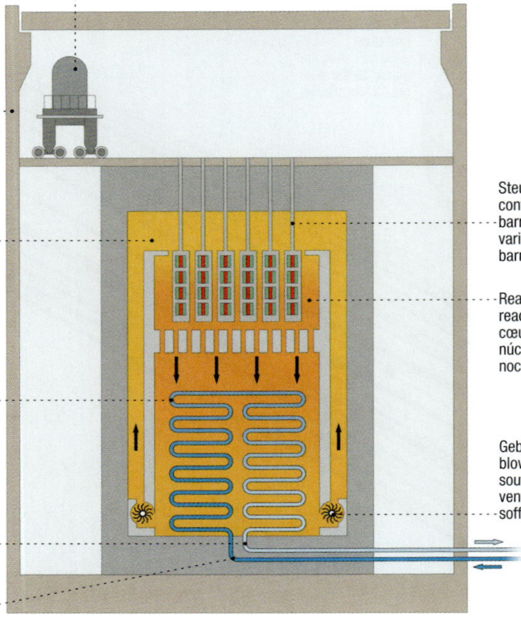

Betonmantel[M]
concrete shielding
enceinte[F] en béton[M]
blindaje[M] de hormigón[M]
schermatura[F] in calcestruzzo[M]

Kohlendioxidkühlgas[N]
carbon dioxide gas coolant
gaz[M] carbonique de refroidissement[M]
gas[M] refrigerante de dióxido[M] de carbono[M]
anidride[F] carbonica di raffreddamento[M]

Wärmetauscher[M]
heat exchanger
échangeur[M] de chaleur[F]
intercambiador[M] de calor[M]
scambiatore[M] di calore[M]

Dampfauslass[M]
steam outlet
sortie[F] de la vapeur[F]
salida[F] de vapor[M]
uscita[F] del vapore[M]

Speisewasser[N]
feedwater
alimentation[F] en eau[F]
alimentación[F] de agua[F]
acqua[F] di alimentazione[F]

Steuerstab[M]
control rod
barre[F] de contrôle[M]
varilla[F] de control[M]
barra[F] di controllo[M]

Reaktorkern[M]
reactor core
cœur[M] du réacteur[M]
núcleo[M] del reactor[M]
nocciolo[M] del reattore[M]

Gebläse[N]
blower
soufflante[F]
ventilador[M] del evaporador[M]
soffiante[M]

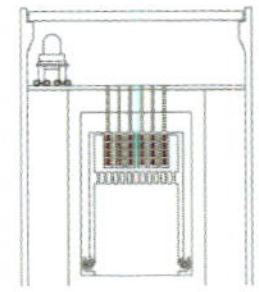

Brennstoff[M]: Natururan[N]
fuel: natural uranium
combustible[M] : uranium[M] naturel
combustible[M] : uranio[M] natural
combustibile[M]: uranio[M] naturale

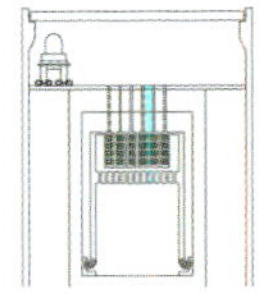

Moderator[M]: Graphit[M]
moderator: graphite
modérateur[M] : graphite[M]
moderador[M] : grafito[M]
moderatore[M]: grafite[F]

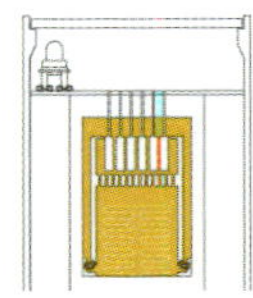

Kühlmittel[N]: Kohlendioxid[N]
coolant: carbon dioxide
caloporteur[M] : gaz[M] carbonique
refrigerante[M] : dióxido[M] de carbono[M]
fluido[M] refrigerante: anidride[F] carbonic

Schwerwasserreaktor[M]
heavy-water reactor
réacteur[M] à eau[F] lourde
reactor[M] de agua[F] pesada
reattore[M] ad acqua[F] pesante

Pumpe[F]
pump
pompe[F]
bomba[F]
pompa[F]

Druckerzeuger[M]
pressurizer
pressuriseur[M]
compresor[M]
pressurizzatore[M]

Betonmantel[M]
concrete shielding
enceinte[F] en béton[M]
blindaje[M] de hormigón[M]
schermatura[F] in calcestruzzo[M]

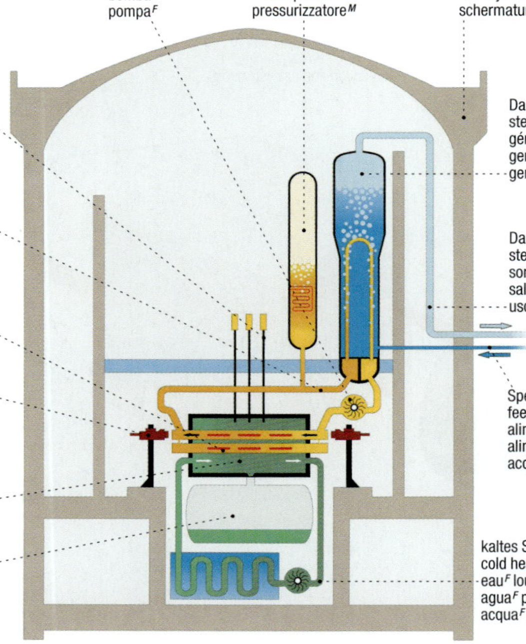

Steuerstab[M]
control rod
barre[F] de contrôle[M]
varilla[F] de control[M]
barra[F] di controllo[M]

Schwerwasser[N] unter Druck[M]
pressurized heavy water
eau[F] lourde sous pression[F]
agua[F] pesada a presión[F]
acqua[F] pesante pressurizzata

Brennstoff[M]
fuel
combustible[M]
combustible[M]
combustibile[M]

Beschickungsmaschine[F]
fuelling machine
machine[F] de chargement[M]
máquina[F] cargadora del combustible[M]
macchina[F] di carico[M]-scarico[M]

Moderatortank[M]
moderator tank
cuve[F] du modérateur[M]
tanque[M] moderador
recipiente[M] del moderatore[M]

Sicherheitstank[M]
safety tank
réservoir[M] de sécurité[F]
tanque[M] de seguridad[F]
serbatoio[M] di sicurezza[F]

Dampfgenerator[M]
steam generator
générateur[M] de vapeur[F]
generador[M] de vapor[M]
generatore[M] di vapore[M]

Dampfauslass[M]
steam outlet
sortie[F] de la vapeur[F]
salida[F] de vapor[M]
uscita[F] del vapore[M]

Speisewasser[N]
feedwater
alimentation[F] en eau[F]
alimentación[F] de agua[F]
acqua[F] di alimentazione[F]

kaltes Schwerwasser[N]
cold heavy water
eau[F] lourde froide
agua[F] pesada de refrigeración[M]
acqua[F] pesante fredda

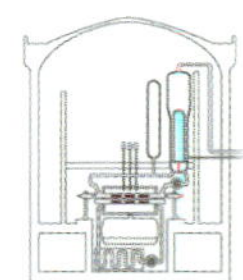

Brennstoff[M]: Natururan[N]
fuel: natural uranium
combustible[M] : uranium[M] naturel
combustible[M] : uranio[M] natural
combustibile[M]: uranio[M] naturale

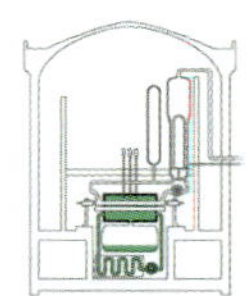

Moderator[M]: schweres Wasser[N]
moderator: heavy water
modérateur[M] : eau[F] lourde
moderador[M] : agua[F] pesada
moderatore[M]: acqua[F] pesante

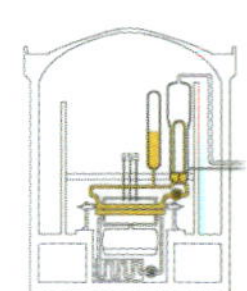

Kühlmittel[N]: Schwerwasser[N] unter Druc
coolant: pressurized heavy water
caloporteur[M] : eau[F] lourde sous pressio
refrigerante[M] : agua[F] pesada presurizac
fluido[M] refrigerante: acqua[F] pesante pressu

Arten[F] von Reaktoren[M]

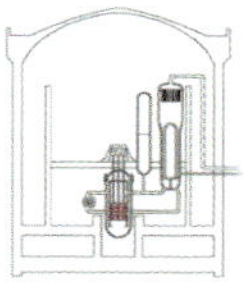

Brennstoff[M]: angereichertes Uran[N]
fuel: enriched uranium
combustible[M] : uranium[M] enrichi
combustible[M] : uranio[M] enriquecido
combustibile[M]: uranio[M] arricchito

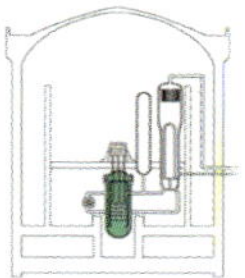

Moderator[M]: leichtes Wasser[N]
moderator: natural water
modérateur[M] : eau[F] naturelle
moderador[M] : agua[F] natural
moderatore[M]: acqua[F] naturale

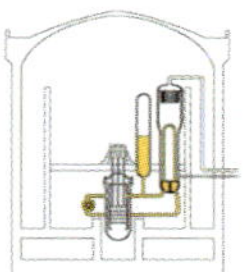

Kühlmittel[N]: Druckwasser[N]
coolant: pressurized water
caloporteur[M] : eau[F] sous pression[F]
refrigerante[M] : agua[F] presurizada
fluido[M] refrigerante: acqua[F] pressurizzata

Druckwasserreaktor[M]
pressurized water reactor
réacteur[M] à eau[F] sous pression[F]
reactor[M] de agua[F] a presión[F]
reattore[M] ad acqua[F] sotto pressione[F]

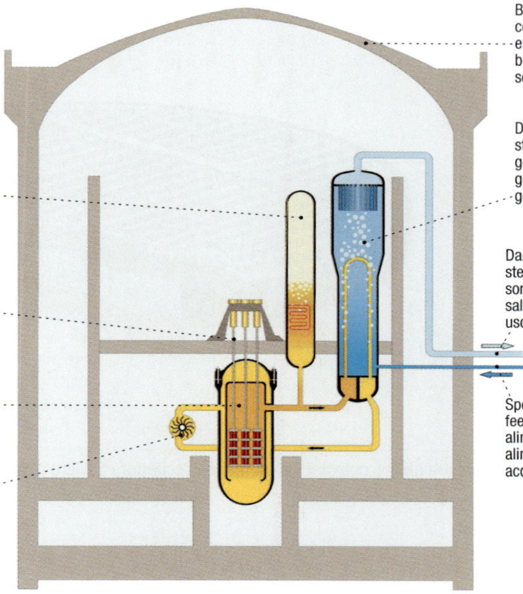

Betonmantel[M]
concrete shielding
enceinte[F] en béton[M]
blindaje[M] de hormigón[M]
schermatura[F] in calcestruzzo[M]

Druckbehälter[M]
pressurizer
pressuriseur[M]
presurizador[M]
pressurizzatore[M]

Dampfgenerator[M]
steam generator
générateur[M] de vapeur[F]
generador[M] de vapor[M]
generatore[M] di vapore[M]

Steuerstab[M]
control rod
barre[F] de contrôle[M]
varilla[F] de control[M]
barra[F] di controllo[M]

Dampfauslass[M]
steam outlet
sortie[F] de la vapeur[F]
salida[F] de vapor[M]
uscita[F] del vapore[M]

Reaktorkern[M]
reactor core
cœur[M] du réacteur[M]
núcleo[M] del reactor[M]
nocciolo[M] del reattore[M]

Speisewasser[N]
feedwater
alimentation[F] en eau[F]
alimentación[F] de agua[F]
acqua[F] di alimentazione[F]

Pumpe[F]
pump
pompe[F]
bomba[F]
pompa[F]

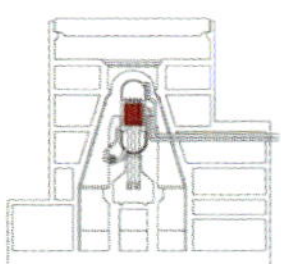

Brennstoff[M]: angereichertes Uran[N]
fuel: enriched uranium
combustible[M] : uranium[M] enrichi
combustible[M] : uranio[M] enriquecido
combustibile[M]: uranio[M] arricchito

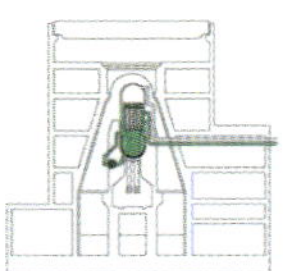

Moderator[M]: leichtes Wasser[N]
moderator: natural water
modérateur[M] : eau[F] naturelle
moderador[M] : agua[F] natural
moderatore[M]: acqua[F] naturale

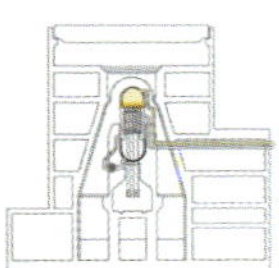

Kühlmittel[N]: Siedewasser[N]
coolant: boiling water
caloporteur[M] : eau[F] bouillante
refrigerante[M] : agua[F] hirviente
fluido[M] refrigerante: acqua[F] bollente

Siedewasserreaktor[M]
boiling water reactor
réacteur[M] à eau[F] bouillante
reactor[M] de agua[F] en ebullición[F]
reattore[M] ad acqua[F] in ebollizione[F]

Reaktortank[M]
reactor tank
cuve[F] du réacteur[M]
tanque[M] del reactor[M]
recipiente[M] del reattore[M]

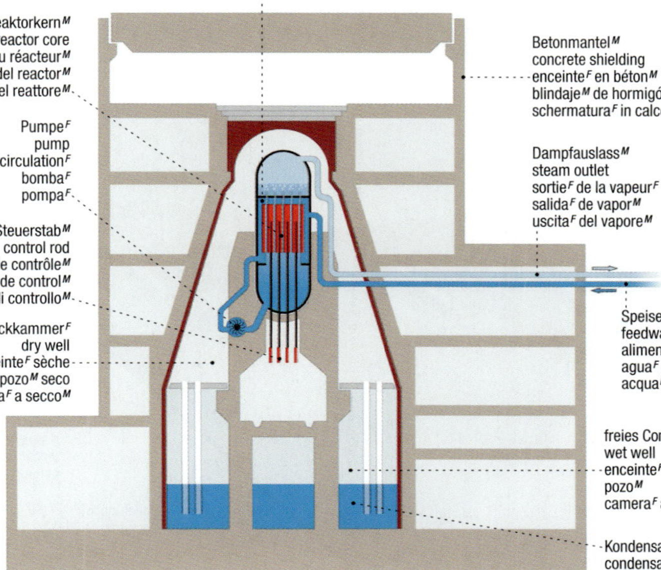

Reaktorkern[M]
reactor core
cœur[M] du réacteur[M]
núcleo[M] del reactor[M]
nocciolo[M] del reattore[M]

Betonmantel[M]
concrete shielding
enceinte[F] en béton[M]
blindaje[M] de hormigón[M]
schermatura[F] in calcestruzzo[M]

Pumpe[F]
pump
pompe[F] de recirculation[F]
bomba[F]
pompa[F]

Dampfauslass[M]
steam outlet
sortie[F] de la vapeur[F]
salida[F] de vapor[M]
uscita[F] del vapore[M]

Steuerstab[M]
control rod
barre[F] de contrôle[M]
varilla[F] de control[M]
barra[F] di controllo[M]

Speisewasser[N]
feedwater
alimentation[F] en eau[F]
agua[F] de alimentación[F]
acqua[F] di alimentazione[F]

Druckkammer[F]
dry well
enceinte[F] sèche
pozo[M] seco
camera[F] a secco[M]

freies Containmentvolumen[N]
wet well
enceinte[F] humide
pozo[M]
camera[F] a umido[M]

Kondensationskühlwasserbecken[N]
condensation pool
piscine[F] de condensation[F]
fosa[F] de refrigeración[F] del condensador[M]
vasca[F] di abbattimento[M] della pressione[F]

SolarzelleF

solar cell | photopileF | célulaF solar | cellaF solare

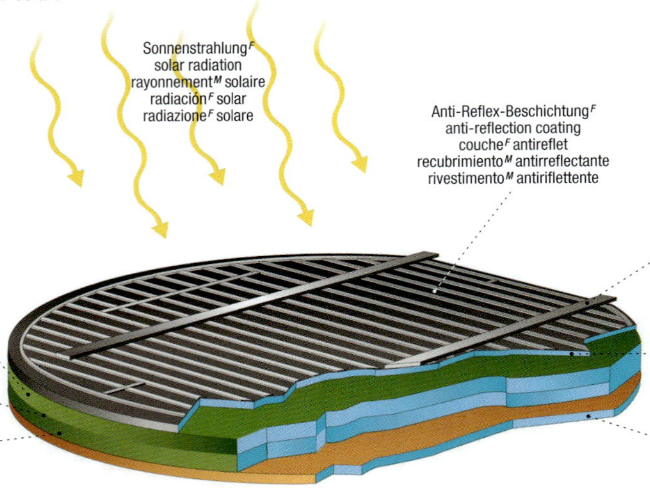

FlachkollektorM

flat-plate solar collector | capteurM solaire plan | colectorM solar plano | collettoreM solare piatto

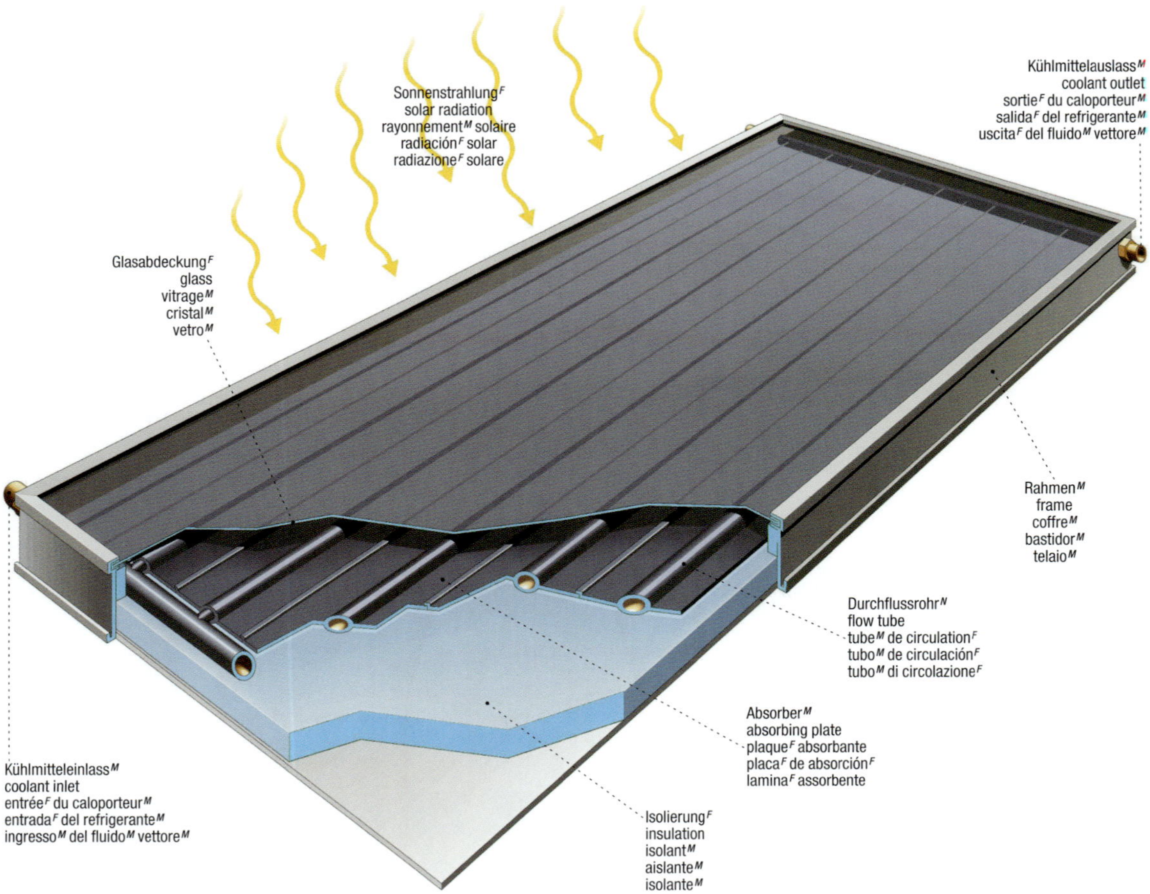

Solarzellensystem[N]

solar cell system | circuit[M] de photopiles[F] | sistema[M] fotovoltaico | circuito[M] fotovoltaico

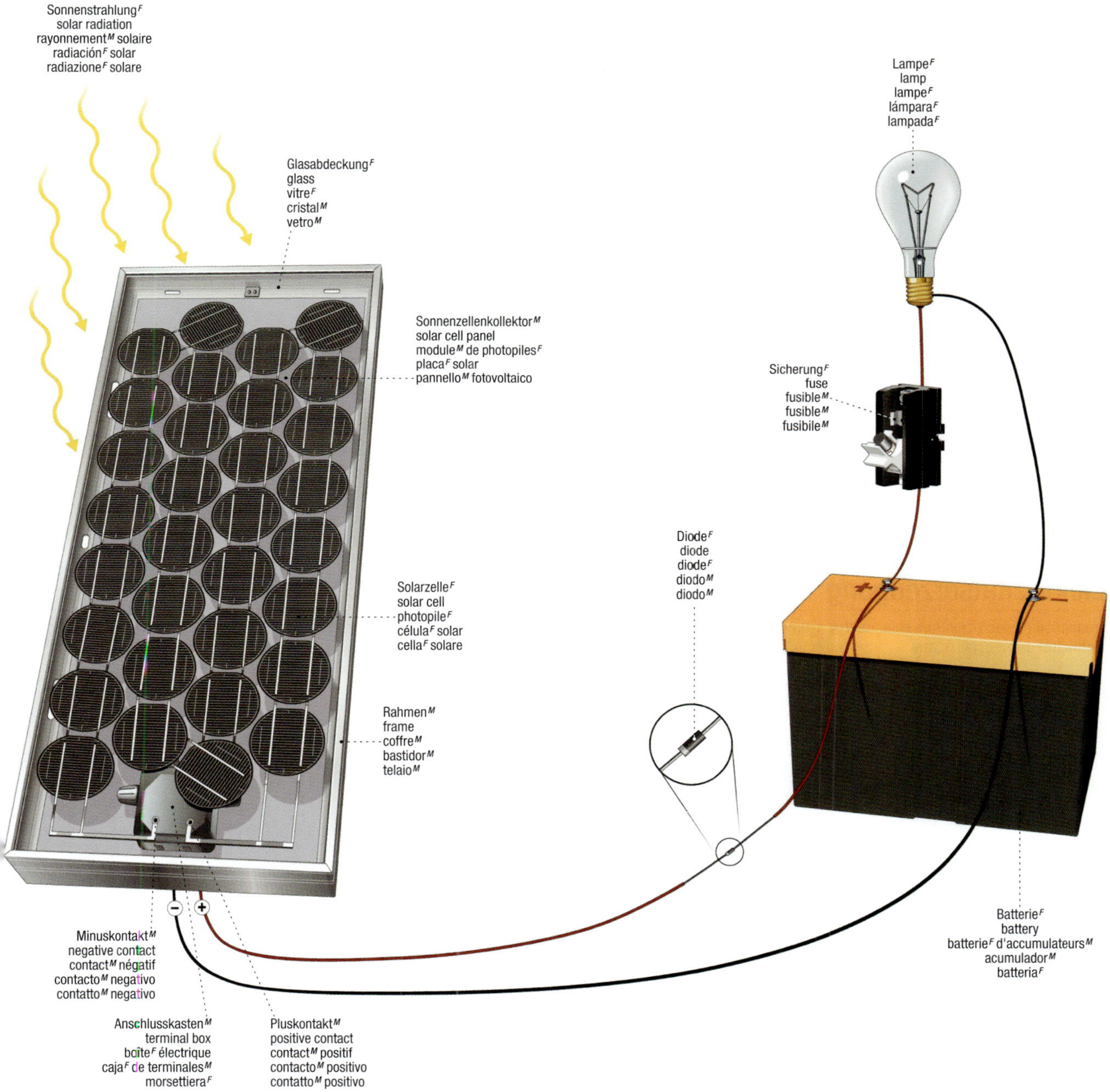

Sonnenofen^{M}

solar furnace | four^{M} solaire | horno^{M} solar | forno^{M} solare

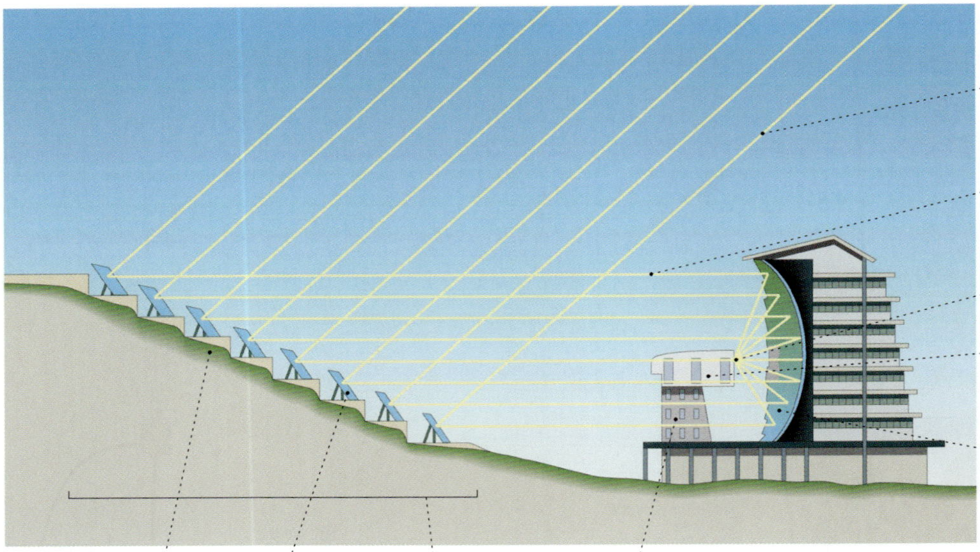

Elektrizitätserzeugung^{F} aus Sonnenenergie^{F}

production of electricity from solar energy | production^{F} d'électricité^{F} par énergie^{F} solaire | producción^{F} de electricidad^{F} por energía^{F} solar | produzione^{F} di elettricità^{F} da energia^{F} solare

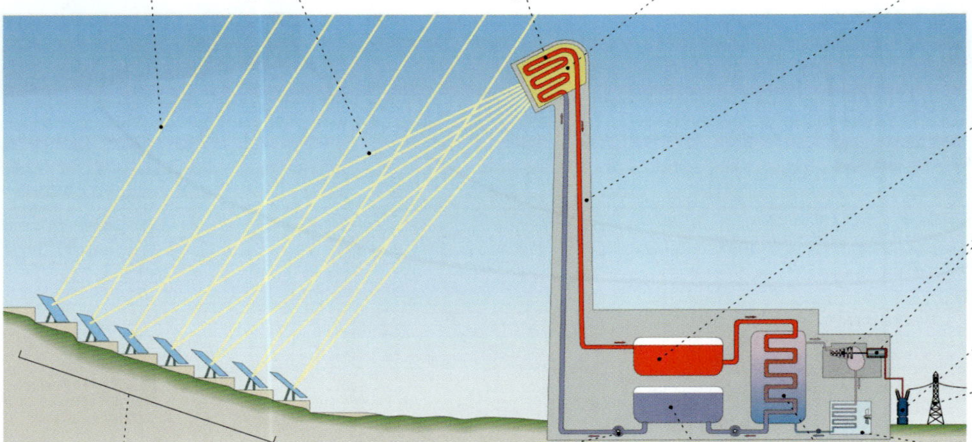

Solarhaus[N]

solar house | maison[F] solaire | casa[F] solar | casa[F] solare

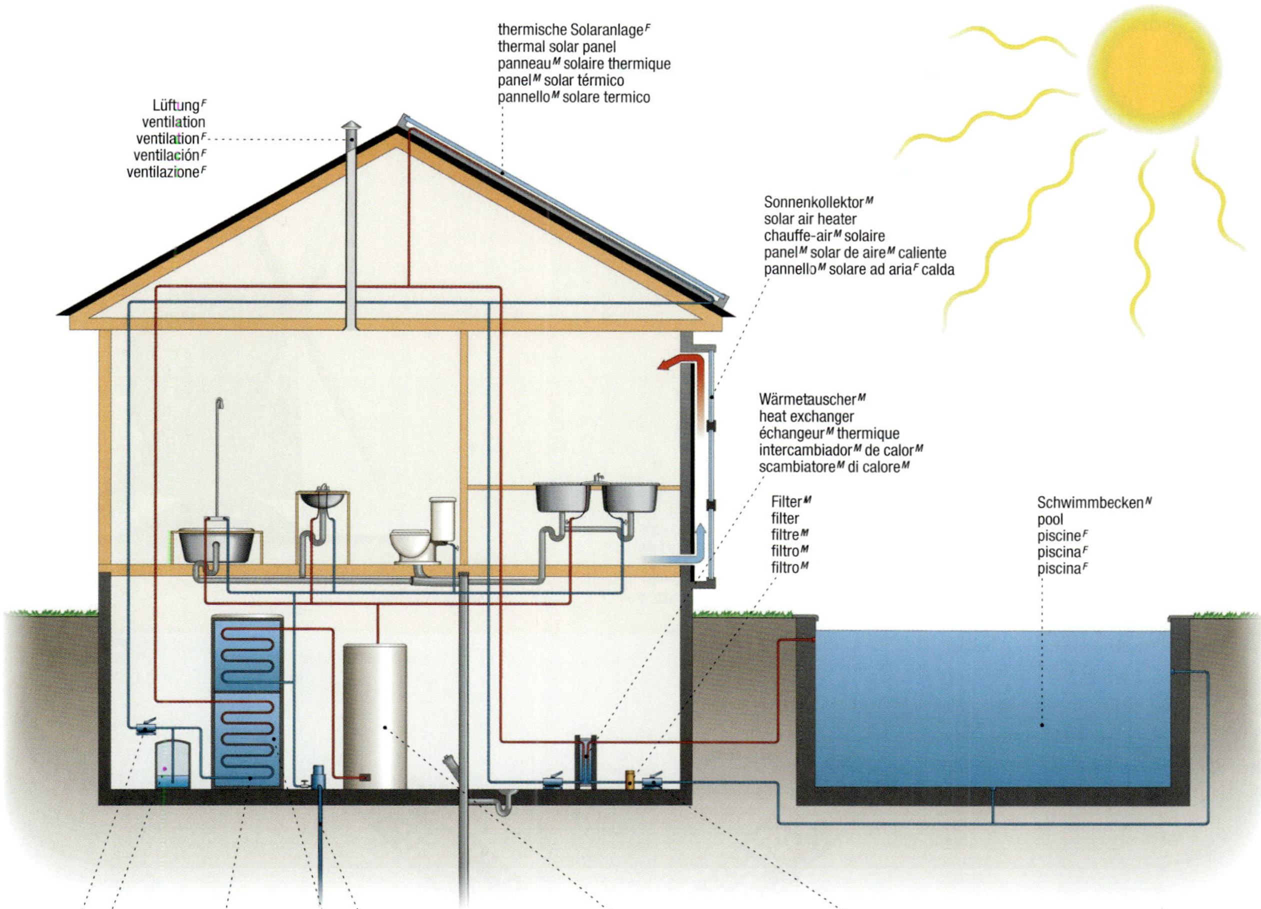

Sonnenkollektor[M]
solar air heater
chauffe-air[M] solaire
panel[M] solar de aire[M] caliente
pannello[M] solare ad aria[F] calda

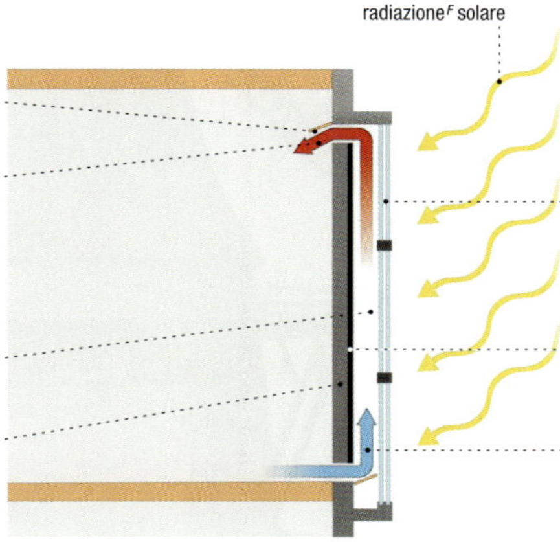

Windmühlen^{F}

windmills | moulins^{M} à vent^{M} | molinos^{M} de viento^{M} | mulini^{M} a vento^{M}

Turmwindmühle^{F}
tower mill
moulin^{M} tour^{F}
molino^{M} de torre^{F}
mulino^{M} a torre^{F}

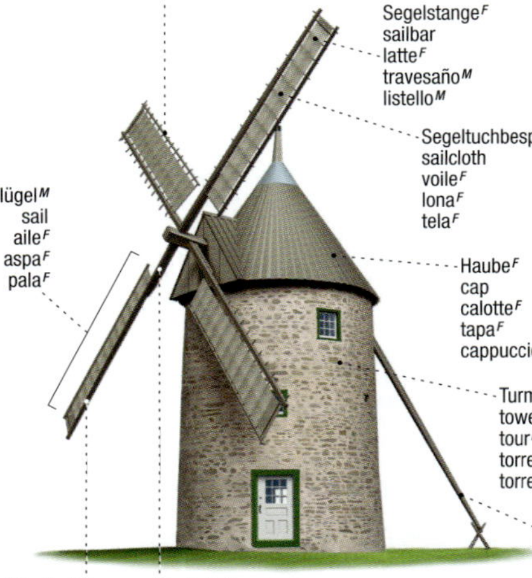

Bockmühle^{F}
post mill
moulin^{M} pivot^{M}
molino^{M} de plataforma^{F} giratoria
mulino^{M} a pilastro^{M}

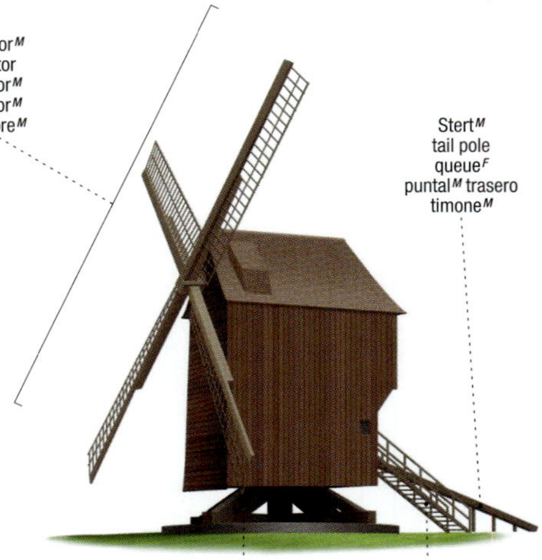

Holländerwindmühle^{F}
smock mill
moulin^{M} blouse^{F}
molino^{M} de plataforma^{F}
mulino^{M} a balaustra^{F}

ENERGIE

Windkraftwerke^{N} und Elektrizitätserzeugung^{F}

wind turbines and electricity production | éoliennes^{F} et production^{F} d'électricité^{F} | turbinas^{F} de viento^{M} y producción^{F} eléctrica | turbine^{F} eoliche e produzione^{F} di elettricità^{F}

Windkraftwerk mit horizontaler Achse^{F}
horizontal-axis wind turbine
éolienne^{F} à axe^{M} horizontal
turbina^{F} de viento^{M} de eje^{M} horizontal
turbina^{F} eolica ad asse^{M} orizzontale

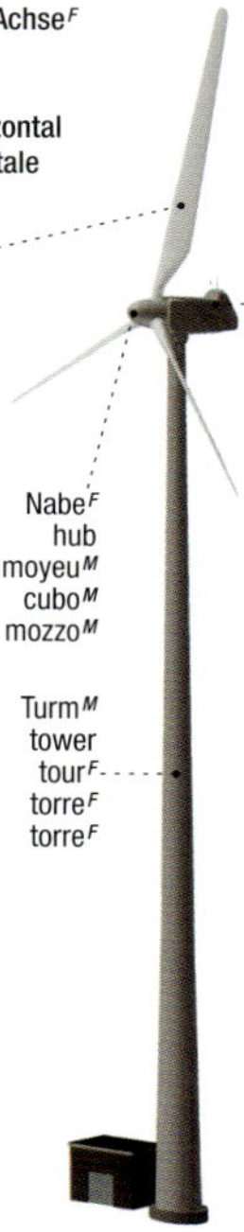

Rotorblatt^{N}
blade
pale^{F}
aspa^{F}
pala^{F}

Zelle^{F}
nacelle
nacelle^{F}
góndola^{F}
navicella^{F}

Nabe^{F}
hub
moyeu^{M}
cubo^{M}
mozzo^{M}

Turm^{M}
tower
tour^{F}
torre^{F}
torre^{F}

Windkraftwerk mit vertikaler Achse^{F}
vertical-axis wind turbine
éolienne^{F} à axe^{M} vertical
turbina^{F} de viento^{M} de eje^{M} vertical
turbina^{F} ad asse^{M} verticale

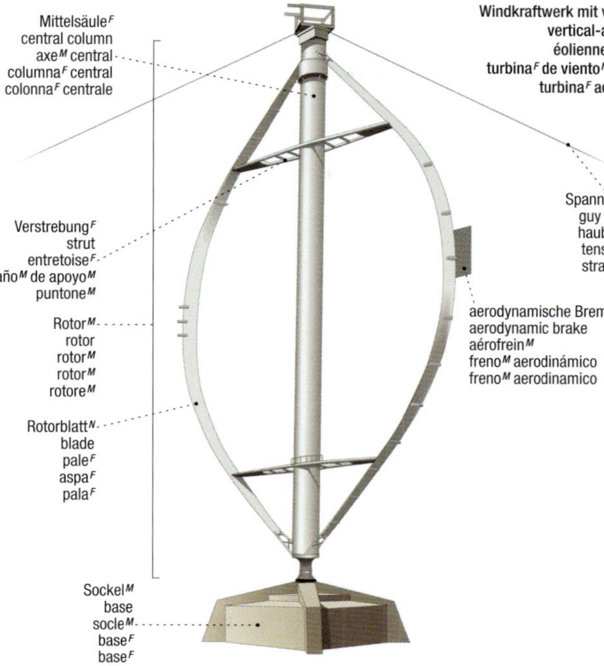

Mittelsäule^{F}
central column
axe^{M} central
columna^{F} central
colonna^{F} centrale

Spannkabel^{N}
guy wire
hauban^{M}
tensor^{M}
strallo^{M}

Verstrebung^{F}
strut
entretoise^{F}
travesaño^{M} de apoyo^{M}
puntone^{M}

aerodynamische Bremse^{F}
aerodynamic brake
aérofrein^{M}
freno^{M} aerodinámico
freno^{M} aerodinamico

Rotor^{M}
rotor
rotor^{M}
rotor^{M}
rotore^{M}

Rotorblatt^{N}
blade
pale^{F}
aspa^{F}
pala^{F}

Sockel^{M}
base
socle^{M}
base^{F}
base^{F}

Rotorgondel^{F} im Querschnitt^{M}
section of the nacelle
coupe^{F} de la nacelle^{F}
corte^{M} de la góndola^{F}
sezione^{F} della navicella^{F}

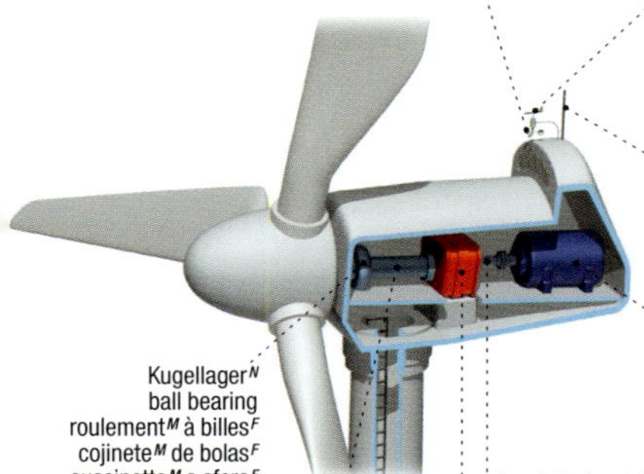

Anemometer^{N}
anemometer
anémomètre^{M}
anemómetro^{M}
anemometro^{M}

Windfahne^{F}
wind vane
girouette^{F}
veleta^{F}
banderuola^{F}

Blitzableiter^{M}
lightning rod
paratonnerre^{M}
pararrayos^{M}
parafulmine^{M}

Generator^{M}
alternator
alternateur^{M}
alternador^{M}
alternatore^{M}

Kugellager^{N}
ball bearing
roulement^{M} à billes^{F}
cojinete^{M} de bolas^{F}
cuscinetto^{M} a sfere^{F}

schnell drehende Welle^{F}
high-speed shaft
arbre^{M} rapide
eje^{M} de alta velocidad^{F}
albero^{M} ad alta velocità^{F}

langsam drehende Welle^{F}
low-speed shaft
arbre^{M} lent
eje^{M} de baja velocidad^{F}
albero^{M} a bassa velocità^{F}

Übersetzungsgetriebe^{N}
speed-increasing gearbox
boîte^{F} d'engrenage^{M} multiplicateur
multiplicador^{M}
scatola^{F} degli ingranaggi^{M} del moltiplicatore^{M}

Elektrizitätserzeugung^{F} aus Windenergie^{F}
production of electricity from wind energy
production^{F} d'électricité^{F} par énergie^{F} éolienne
producción^{F} de electricidad^{F} por energía^{F} eólica
produzione^{F} di elettricità^{F} da energia^{F} eolica

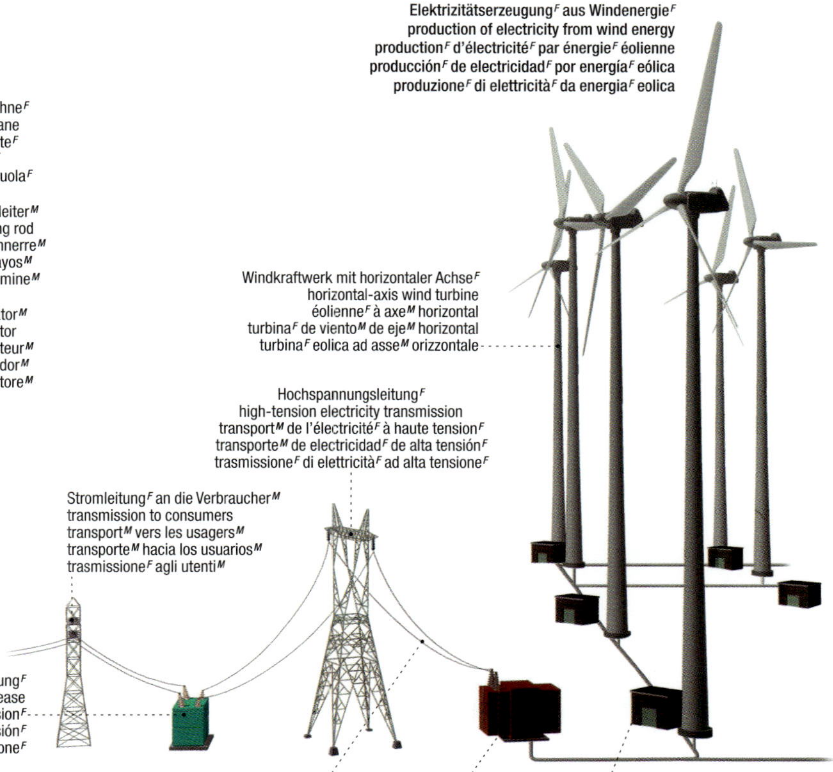

Windkraftwerk mit horizontaler Achse^{F}
horizontal-axis wind turbine
éolienne^{F} à axe^{M} horizontal
turbina^{F} de viento^{M} de eje^{M} horizontal
turbina^{F} eolica ad asse^{M} orizzontale

Hochspannungsleitung^{F}
high-tension electricity transmission
transport^{M} de l'électricité^{F} à haute tension^{F}
transporte^{M} de electricidad^{F} de alta tensión^{F}
trasmissione^{F} di elettricità^{F} ad alta tensione^{F}

Stromleitung^{F} an die Verbraucher^{M}
transmission to consumers
transport^{M} vers les usagers^{M}
transporte^{M} hacia los usuarios^{M}
trasmissione^{F} agli utenti^{M}

Heruntertransformation^{F} der Spannung^{F}
voltage decrease
abaissement^{M} de la tension^{F}
disminución^{F} de la tensión^{F}
diminuzione^{F} di tensione^{F}

Einspeisung^{F} in das Leitungsnetz^{N}
energy integration to transmission network
intégration^{F} de l'électricité^{F} au réseau^{M} de transport^{M}
integración^{F} de energía^{F} a la red^{F} de transporte^{M}
integrazione^{F} di energia^{F} alla rete^{F} di trasmissione^{F}

zweite Spannungserhöhung^{F}
second voltage increase
seconde élévation^{F} de la tension^{F}
segundo aumento^{M} de tensión^{F}
secondo aumento^{M} di tensione^{F}

erste Spannungserhöhung^{F}
first voltage increase
première élévation^{F} de la tension^{F}
primer aumento^{M} de la tensión^{F}
primo aumento^{M} di tensione^{F}

WISSENSCHAFT

science
science
ciencia
scienza

CHEMIE 810

Materie 810
chemische Elemente 812
Laborgeräte 815

PHYSIK: MECHANIK 816

Zahnradgetriebe 816
einfacher Flaschenzug 816
Hebel 816

PHYSIK: ELEKTRIZITÄT UND MAGNETISMUS 817

Magnetismus 817
elektrische Schaltung 818
Generatoren 819
Trockenelemente 820
Elektronik 820

PHYSIK: OPTIK 821

elektromagnetisches Spektrum 821
Welle 821
Farbmischung 821
Lichtbrechung 822
Linsen 822
Spiegel 823
optische Instrumente 823

MESSINSTRUMENTE 827

Temperaturmessung 827
Zeitmessung 828
Wiegen 830
Entfernungsmessung 832
Dickemessung 832
Längenmessung 833
Winkelmessung 833

WISSENSCHAFTLICHE SYMBOLE 834

Chemie 834
Biologie 834
Internationales Einheitensystem (SI) 835
römische Ziffern 836
Geometrie 836
Mathematik 837
grafische Darstellung 838

Materie[F]

matter | matière[F] | materia[F] | materia[F]

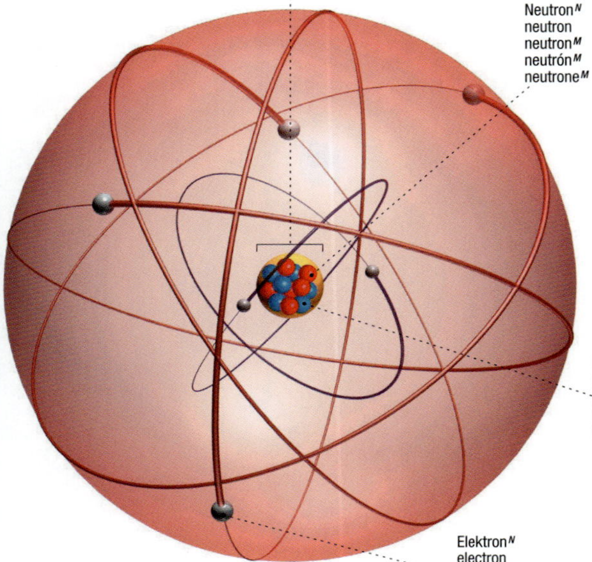

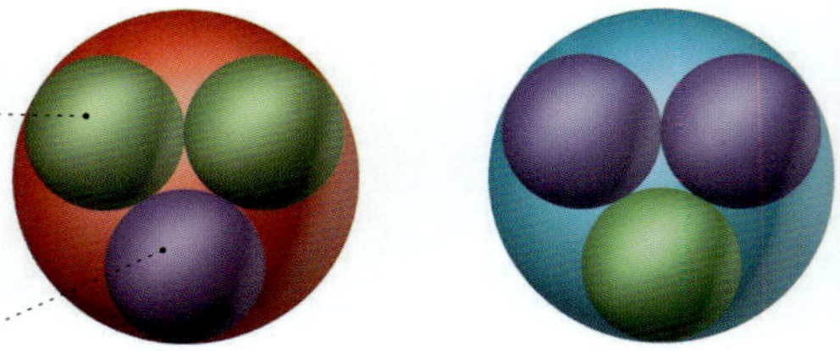

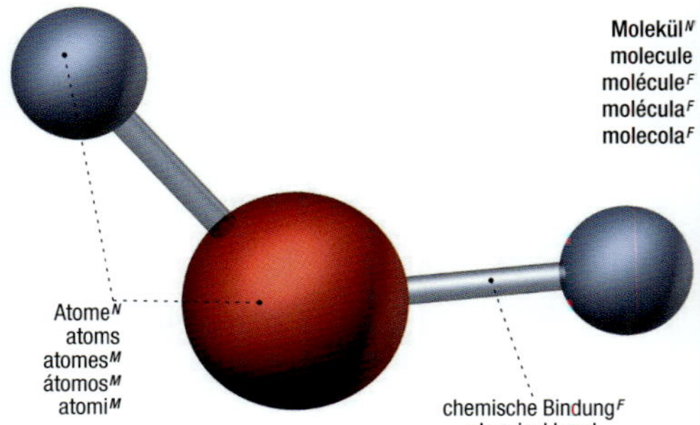

Aggregatzustände[M]
states of matter
états[M] de la matière[F]
estados[M] de la materia[F]
stati[M] della materia[F]

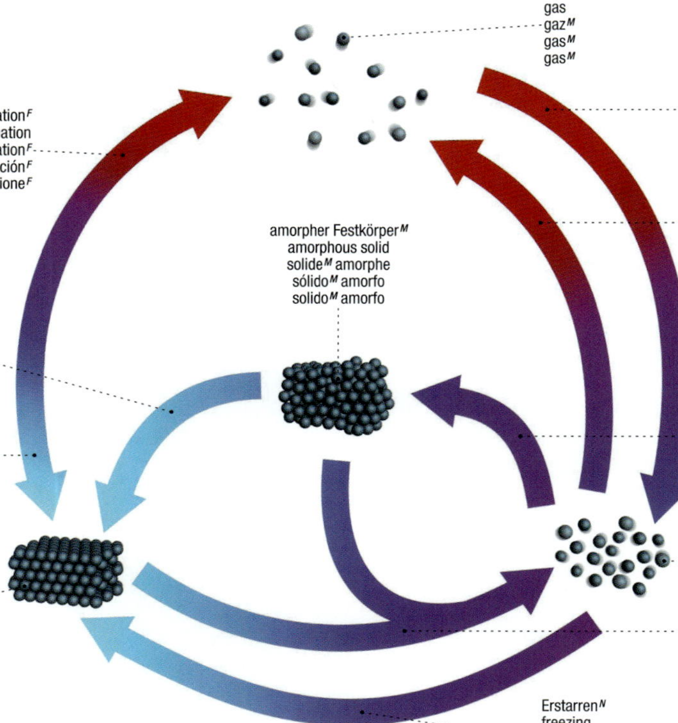

Kernspaltung^{F}
nuclear fission
fission^{F} nucléaire
fisión^{F} nuclear
fissione^{F} nucleare

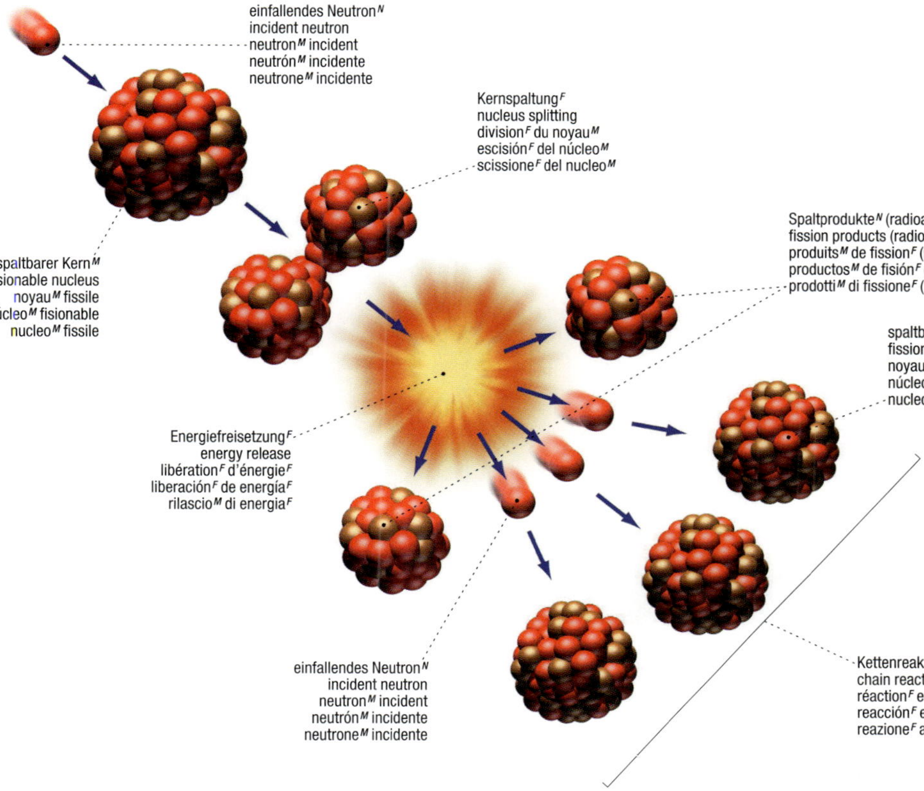

Wärmeübertragung^{F}
heat transfer
transfert^{M} de la chaleur^{F}
transmisión^{F} de calor^{M}
trasferimento^{M} di calore^{M}

chemische Elemente[N]

chemical elements | éléments[M] chimiques | elementos[M] químicos | elementi[M] chimici

Periodensystem[N] der Elemente[N]
periodic table of elements
tableau[M] périodique des éléments[M]
tabla[F] periódica de los elementos[M]
tavola[F] periodica degli elementi[M]

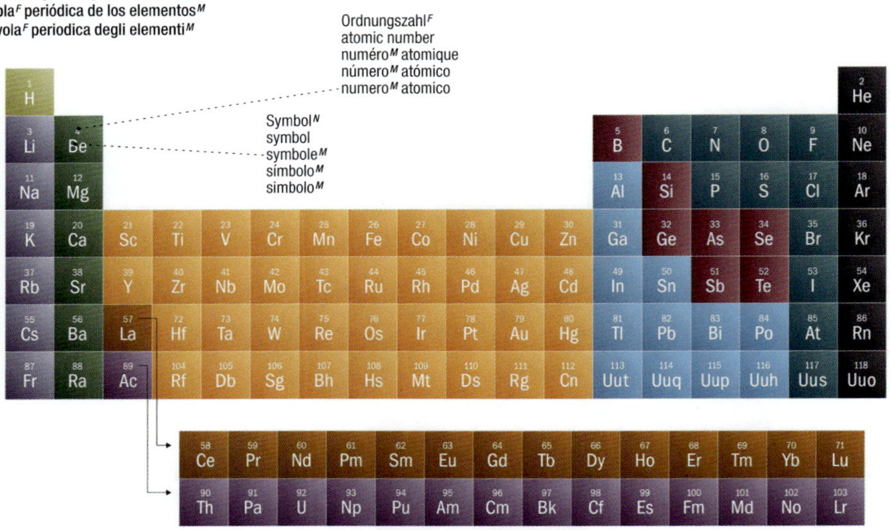

1 H — Wasserstoff[M]
hydrogen
hydrogène[M]
hidrógeno[M]
idrogeno[M]

Alkalimetalle[N]
alkali metals
métaux[M] alcalins
metales[M] alcalinos
metalli[M] alcalini

3 Li — Lithium[N]
lithium
lithium[M]
litio[M]
litio[M]

11 Na — Natrium[N]
sodium
sodium[M]
sodio[M]
sodio[M]

19 K — Kalium[N]
potassium
potassium[M]
potasio[M]
potassio[M]

37 Rb — Rubidium[N]
rubidium
rubidium[M]
rubidio[M]
rubidio[M]

55 Cs — Cäsium[N]
cæsium
césium[M]
cesio[M]
cesio[M]

87 Fr — Franzium[N]
francium
francium[M]
francio[M]
francio[M]

Erdalkalimetalle[N]
alkaline earth metals
métaux[M] alcalino-terreux
metales[M] alcalinotérreos
metalli[M] alcalino-terrosi

4 Be — Beryllium[N]
beryllium
béryllium[M]
berilio[M]
berillio[M]

12 Mg — Magnesium[N]
magnesium
magnésium[M]
magnesio[M]
magnesio[M]

20 Ca — Kalzium[N]
calcium
calcium[M]
calcio[M]
calcio[M]

38 Sr — Strontium[N]
strontium
strontium[M]
estroncio[M]
stronzio[M]

56 Ba — Barium[N]
barium
baryum[M]
bario[M]
bario[M]

88 Ra — Radium[N]
radium
radium[M]
radio[M]
radio[M]

Halbmetalle[N] (Metalloide[N])
semimetals (metalloids)
semi-métaux[M] (métalloïdes[M])
semimetales[M] (metaloides[M])
semimetalli[M] (metalloidi[M])

5 B — Bor[N]
boron
bore[M]
boro[M]
boro[M]

14 Si — Silizium[N]
silicon
silicium[M]
silicio[M]
silicio[M]

32 Ge — Germanium[N]
germanium
germanium[M]
germanio[M]
germanio[M]

33 As — Arsen[N]
arsenic
arsenic[M]
arsénico[M]
arsenico[M]

34 Se — Selen[N]
selenium
sélénium[M]
selenio[M]
selenio[M]

51 Sb — Antimon[N]
antimony
antimoine[M]
antimonio[M]
antimonio[M]

52 Te — Tellur[N]
tellurium
tellure[M]
telurio[M]
tellurio[M]

andere Metalle[N]
other metals
autres métaux[M]
otros metales[M]
altri metalli[M]

13 Al — Aluminium[N]
aluminium
aluminium[M]
aluminio[M]
alluminio[M]

31 Ga — Gallium[N]
gallium
gallium[M]
galio[M]
gallio[M]

49 In — Indium[N]
indium
indium[M]
indio[M]
indio[M]

50 Sn — Zinn[N]
tin
étain[M]
estaño[M]
stagno[M]

81 Tl — Thallium[N]
thallium
thallium[M]
talio[M]
tallio[M]

82 Pb — Blei[N]
lead
plomb[M]
plomo[M]
piombo[M]

83 Bi — Wismut[N]
bismuth
bismuth[M]
bismuto[M]
bismuto[M]

84 Po — Polonium[N]
polonium
polonium[M]
polonio[M]
polonio[M]

113 Uut — Ununtrium[N]
ununtrium
ununtrium[M]
ununtrio[M]
ununtrio[M]

114 Uuq — Ununquadium[N]
ununquadium
ununquadium[M]
ununquadio[M]
ununquadio[M]

115 Uup — Ununpentium[N]
ununpentium
ununpentium[M]
ununpentio[M]
ununpetio[M]

116 Uuh — Ununhexium[N]
ununhexium
ununhexium[M]
ununhexio[M]
ununhexio[M]

chemische Elemente[N]

Übergangsmetalle[N]
transition metals
métaux[M] de transition[F]
metales[M] de transición
metalli[M] di transizione[F]

21 Sc
Scandium[N]
scandium
scandium[M]
escandio[M]
scandio[M]

22 Ti
Titan[N]
titanium
titane[M]
titanio[M]
titanio[M]

23 V
Vanadium[N]
vanadium
vanadium[M]
vanadio[M]
vanadio[M]

24 Cr
Chrom[N]
chromium
chrome[M]
cromo[M]
cromo[M]

25 Mn
Mangan[N]
manganese
manganèse[M]
manganeso[M]
manganese[M]

26 Fe
Eisen[N]
iron
fer[M]
hierro[M]
ferro[M]

27 Co
Kobalt[N]
cobalt
cobalt[M]
cobalto[M]
cobalto[M]

28 Ni
Nickel[N]
nickel
nickel[M]
níquel[M]
nichel[M]

29 Cu
Kupfer[N]
copper
cuivre[M]
cobre[M]
rame[M]

30 Zn
Zink[N]
zinc
zinc[M]
cinc[M]
zinco[M]

39 Y
Yttrium[N]
yttrium
yttrium[M]
itrio[M]
ittrio[M]

40 Zr
Zirkonium[N]
zirconium
zirconium[M]
zirconio[M]
zirconio[M]

41 Nb
Niob[N]
niobium
niobium[M]
niobio[M]
niobio[M]

42 Mo
Molybdän[N]
molybdenum
molybdène[M]
molibdeno[M]
molibdeno[M]

43 Tc
Technetium[N]
technetium
technétium[M]
tecnecio[M]
tecnezio[M]

44 Ru
Ruthenium[N]
ruthenium
ruthénium[M]
rutenio[M]
rutenio[M]

45 Rh
Rhodium[N]
rhodium
rhodium[M]
rodio[M]
rodio[M]

46 Pd
Palladium[N]
palladium
palladium[M]
paladio[M]
palladio[M]

47 Ag
Silber[N]
silver
argent[M]
plata[F]
argento[M]

48 Cd
Cadmium[N]
cadmium
cadmium[M]
cadmio[M]
cadmio[M]

72 Hf
Hafnium[N]
hafnium
hafnium[M]
hafnio[M]
afnio[M]

73 Ta
Tantal[N]
tantalum
tantale[M]
tántalo[M]
tantalio[M]

74 W
Wolfram[N]
tungsten
tungstène[M]
tungsteno[M]
tungsteno[M]

75 Re
Rhenium[N]
rhenium
rhénium[M]
renio[M]
renio[M]

76 Os
Osmium[N]
osmium
osmium[M]
osmio[M]
osmio[M]

77 Ir
Iridium[N]
iridium
iridium[M]
iridio[M]
iridio[M]

78 Pt
Platin[N]
platinum
platine[M]
platino[M]
platino[M]

79 Au
Gold[N]
gold
or[M]
oro[M]
oro[M]

80 Hg
Quecksilber[N]
mercury
mercure[M]
mercurio[M]
mercurio[M]

104 Rf
Rutherfordium[N]
rutherfordium
rutherfordium[M]
rutherfodio[M]
rutherfordio[M]

105 Db
Dubnium[N]
dubnium
dubnium[M]
dubnio[M]
dubnio[M]

106 Sg
Seaborgium[N]
seaborgium
seaborgium[M]
seaborgio[M]
seaborgio[M]

107 Bh
Bohrium[N]
bohrium
bohrium[M]
bohrio[M]
bohrio[M]

108 Hs
Hassium[N]
hassium
hassium[M]
hassio[M]
hassio[M]

109 Mt
Meitnerium[N]
meitnerium
meitnérium[M]
meitnerio[M]
meitnerio[M]

110 Ds
Darmstadtium[N]
darmstadtium
darmstadtium[M]
darmstadtio[M]
darmstadtio[M]

111 Rg
Röntgenium[N]
roentgenium
roentgenium[M]
roentgenio[M]
roentgenio[M]

112 Cn
Copernicium[N]
copernicium
copernicium[M]
ununbio[M]
copernicio[M]

Nichtmetalle[N]
non-metals
non-métaux[M]
no metales[M]
non metalli[M]

6 C
Kohlenstoff[M]
carbon
carbone[M]
carbón[M]
carbonio[M]

7 N
Stickstoff[M]
nitrogen
azote[M]
nitrógeno[M]
azoto[M]

8 O
Sauerstoff[M]
oxygen
oxygène[M]
oxígeno[M]
ossigeno[M]

9 F
Fluor[N]
fluorine
fluor[M]
flúor[M]
fluoro[M]

15 P
Phosphor[M]
phosphorus
phosphore[M]
fósforo[M]
fosforo[M]

16 S
Schwefel[M]
sulphur
soufre[M]
azufre[M]
zolfo[M]

17 Cl
Chlor[N]
chlorine
chlore[M]
cloro[M]
cloro[M]

35 Br
Brom[N]
bromine
brome[M]
bromo[M]
bromo[M]

53 I
Jod[N]
iodine
iode[M]
yodo[M]
iodio[M]

85 At
Astat[N]
astatine
astate[M]
ástato[M]
astato[M]

117 Uus
Ununseptium[N]
ununseptium
ununseptium[M]
unseptio[M]
ununseptio[M]

chemische Elemente[N]

Edelgase[N]
noble gases
gaz[M] rares
gases[M] nobles
gas[M] nobili

2 He
Helium[N]
helium
hélium[M]
helio[M]
elio[M]

10 Ne
Neon[N]
neon
néon[M]
neón[M]
neo[M]

18 Ar
Argon[N]
argon
argon[M]
argón[M]
argo[M]

36 Kr
Krypton[N]
krypton
krypton[M]
criptón[M]
cripto[M]

54 Xe
Xenon[N]
xenon
xénon[M]
xenón[M]
xeno[M]

86 Rn
Radon[N]
radon
radon[M]
radón[M]
radon[M]

118 Uuo
Ununoctium[N]
ununoctium
ununoctium[M]
ununoctio[M]
ununoctio[M]

Lanthanoide[N] (Seltenerdmetalle[N])
lanthanides (rare earth)
lanthanides[M] (terres[F] rares)
lantánidos[M] (tierras[F] raras)
lantanidi[M] (terre[F] rare)

57 La
Lanthan[N]
lanthanum
lanthane[M]
lantano[M]
lantanio[M]

58 Ce
Cer[N]
cerium
cérium[M]
cerio[M]
cerio[M]

59 Pr
Praseodym[N]
praseodymium
praséodyme[M]
praseodimio[M]
praseodimio[M]

60 Nd
Neodym[N]
neodymium
néodyme[M]
neodimio[M]
neodimio[M]

61 Pm
Promethium[N]
promethium
prométhium[M]
promecio[M]
promezio[M]

62 Sm
Samarium[N]
samarium
samarium[M]
samario[M]
samario[M]

63 Eu
Europium[N]
europium
europium[M]
europio[M]
europio[M]

64 Gd
Gadolinium[N]
gadolinium
gadolinium[M]
gadolinio[M]
gadolinio[M]

65 Tb
Terbium[N]
terbium
terbium[M]
terbio[M]
terbio[M]

66 Dy
Dysprosium[N]
dysprosium
dysprosium[M]
disprosio[M]
disprosio[M]

67 Ho
Holmium[N]
holmium
holmium[M]
holmio[M]
olmio[M]

68 Er
Erbium[N]
erbium
erbium[M]
erbio[M]
erbio[M]

69 Tm
Thulium[N]
thulium
thulium[M]
tulio[M]
tulio[M]

70 Yb
Ytterbium[N]
ytterbium
ytterbium[M]
iterbio[M]
itterbio[M]

71 Lu
Lutetium[N]
lutetium
lutécium[M]
lutecio[M]
lutezio[M]

Actinoide[N] (Seltenerdmetalle[N])
actinides (rare earth)
actinides[M]
actínidos[M] (tierras[F] raras)
attinidi[M]

89 Ac
Actinium[N]
actinium
actinium[M]
actino[M]
attinio[M]

90 Th
Thorium[N]
thorium
thorium[M]
torio[M]
torio[M]

91 Pa
Protactinium[N]
protactinium
protactinium[M]
protactinio[M]
protoattinio[M]

92 U
Uran[N]
uranium
uranium[M]
uranio[M]
uranio[M]

93 Np
Neptunium[N]
neptunium
neptunium[M]
neptunio[M]
nettunio[M]

94 Pu
Plutonium[N]
plutonium
plutonium[M]
plutonio[M]
plutonio[M]

95 Am
Americium[N]
americium
américium[M]
americio[M]
americio[M]

96 Cm
Curium[N]
curium
curium[M]
curio[M]
curio[M]

97 Bk
Berkelium[N]
berkelium
berkélium[M]
berquelio[M]
berchelio[M]

98 Cf
Californium[N]
californium
californium[M]
californio[M]
californio[M]

99 Es
Einsteinium[N]
einsteinium
einsteinium[M]
einstenio[M]
einsteinio[M]

100 Fm
Fermium[N]
fermium
fermium[M]
fermio[M]
fermio[M]

101 Md
Mendelevium[N]
mendelevium
mendélévium[M]
mendelevio[M]
mendelevio[M]

102 No
Nobelium[N]
nobelium
nobélium[M]
nobelio[M]
nobelio[M]

103 Lr
Lawrencium[N]
lawrencium
lawrencium[M]
laurencio[M]
laurenzio[M]

Laborgeräte^{N}

laboratory equipment | matériel^{M} de laboratoire^{M} | material^{M} de laboratorio^{M} | strumenti^{M} di laboratorio^{M}

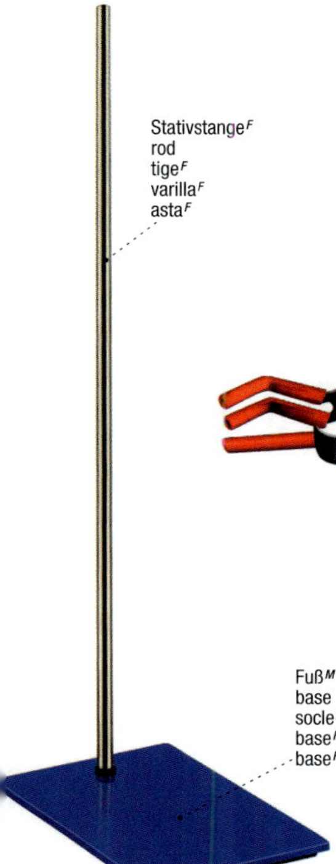

Stativstange^{F}
rod
tige^{F}
varilla^{F}
asta^{F}

Fuß^{M}
base
socle^{M}
base^{F}
base^{F}

Stativ^{N}
stand
statif^{M}
soporte^{M}
stativo^{M}

Klemmhalter^{M}
holder
noix^{F} de serrage^{M}
nuez^{M}
dispositivo^{M} di serraggio^{M}

Stativklemme^{F}/Klemmhalter^{M}
clamp/holder
pince^{F} avec noix^{F} de serrage^{M}
pinzas^{F} con nuez^{F}
pinze^{F} di serraggio^{M}

Messzylinder^{M}
graduated cylinder
éprouvette^{F} graduée
probeta^{F} graduada
cilindro^{M} graduato

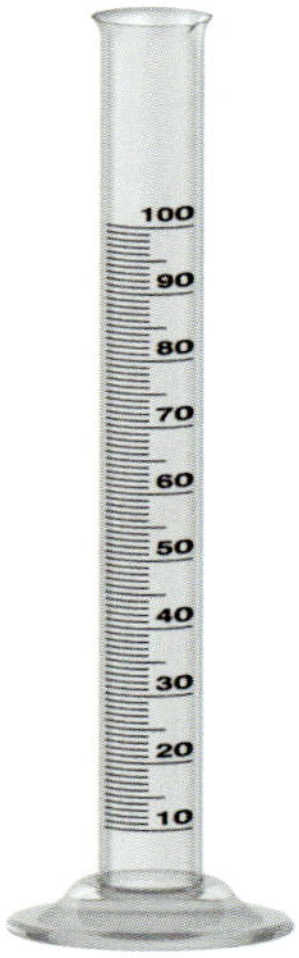

Bürette^{F}
straight stopcock burette
burette^{F} à robinet^{M} droit
bureta^{F} con llave a la derecha^{F}
buretta^{F} con rubinetto^{M} a destra

Pipette^{F}
serological pipette
pipette^{F} sérologique
pipeta^{F}
pipetta^{F} sierologica

Petrischale^{F}
Petri dish
boîte^{F} de Pétri
placa^{F} de Petri
piastra^{F} di Petri

Reagenzglas^{N}
test tube
tube^{M} à essai^{M}
tubo^{M} de ensayo^{M}
provetta^{F}

Bunsenbrenner^{M}
gas burner
brûleur^{M} à gaz^{M}
mechero^{M} de gas^{M}
becco^{M} Bunsen

Flasche^{F}
bottle
bouteille^{F}
botella^{F}
bottiglia^{F}

Spritzflasche^{F}
wash bottle
pissette^{F}
frasco^{M} lavador
spruzzetta^{F}

Rundkolben^{M}
round-bottom flask
ballon^{M} à fond^{M} rond
balón^{M}
pallone^{M}

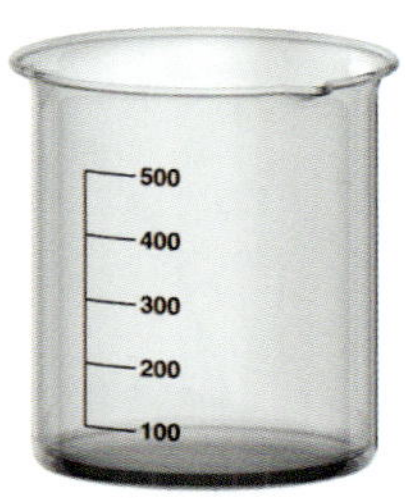

Becherglas^{N}
beaker
bécher^{M}
cubeta^{F} de precipitación^{M}
becher^{M}

Erlenmeyer-Kolben^{M}
Erlenmeyer flask
erlenmeyer^{M}
frasco^{M} Erlenmeyer
beuta^{F} di Erlenmeyer

Zahnradgetriebe[N]

gearing systems | engrenages[M] | sistemas[M] de engranajes[F] | sistemi[M] di ingranaggio[M]

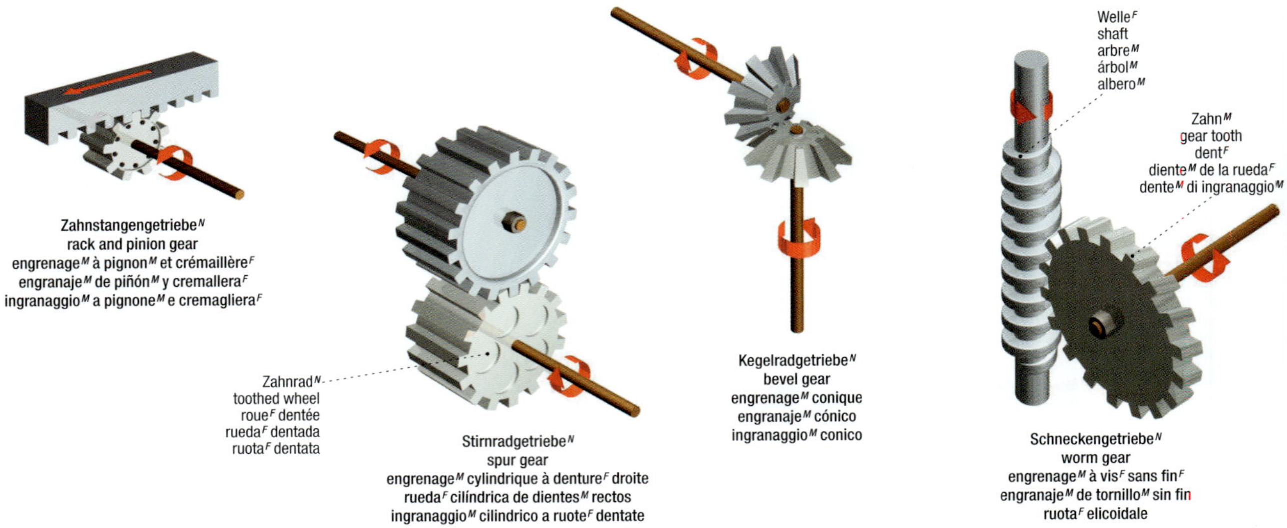

einfacher Flaschenzug[M]

double pulley system | système[M] à deux poulies[F] | sistema[F] de doble polea[F] | sistema[M] a doppia puleggia[F]

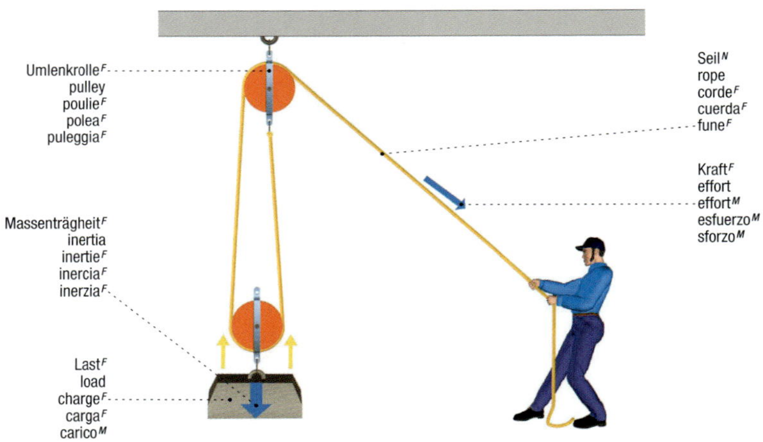

Hebel[M]

lever | levier[M] | palanca[F] | leva[F]

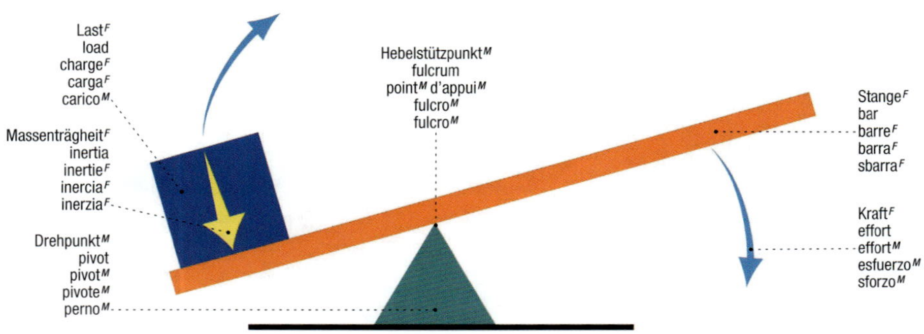

Magnetismus^M

magnetism | magnétisme^M | magnetismo^M | magnetismo^M

Magnet^M
magnet
aimant^M
imán^M
magnete^M

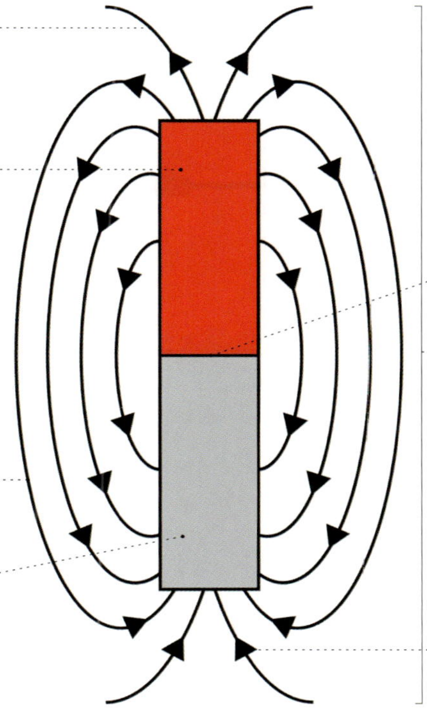

Erdmagnetfeld^N
Earth's magnetic field
champ^M magnétique terrestre
campo^M magnético terrestre
campo^M magnetico terrestre

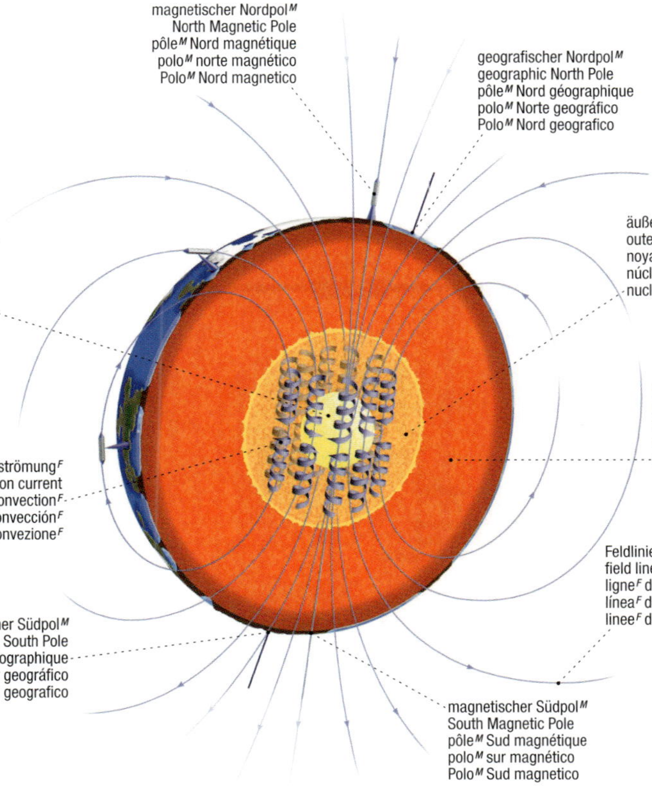

WISSENSCHAFT

elektrische Schaltung^F

electrical circuit | circuit^M électrique | circuito^M eléctrico | circuito^M elettrico

Reihenschaltung^F
series circuit
circuit^M en série^F
circuito^M en serie^F
circuito^M in serie^F

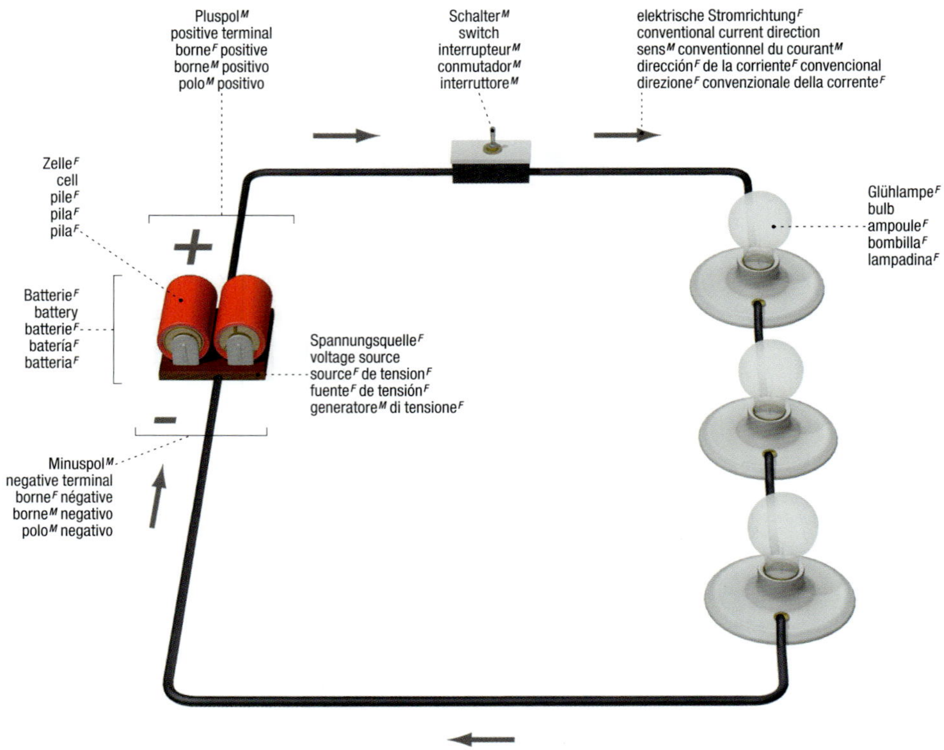

Parallelschaltung^F
parallel circuit
circuit^M en parallèle^M
circuito^M en paralelo^M
circuito^M in parallelo^M

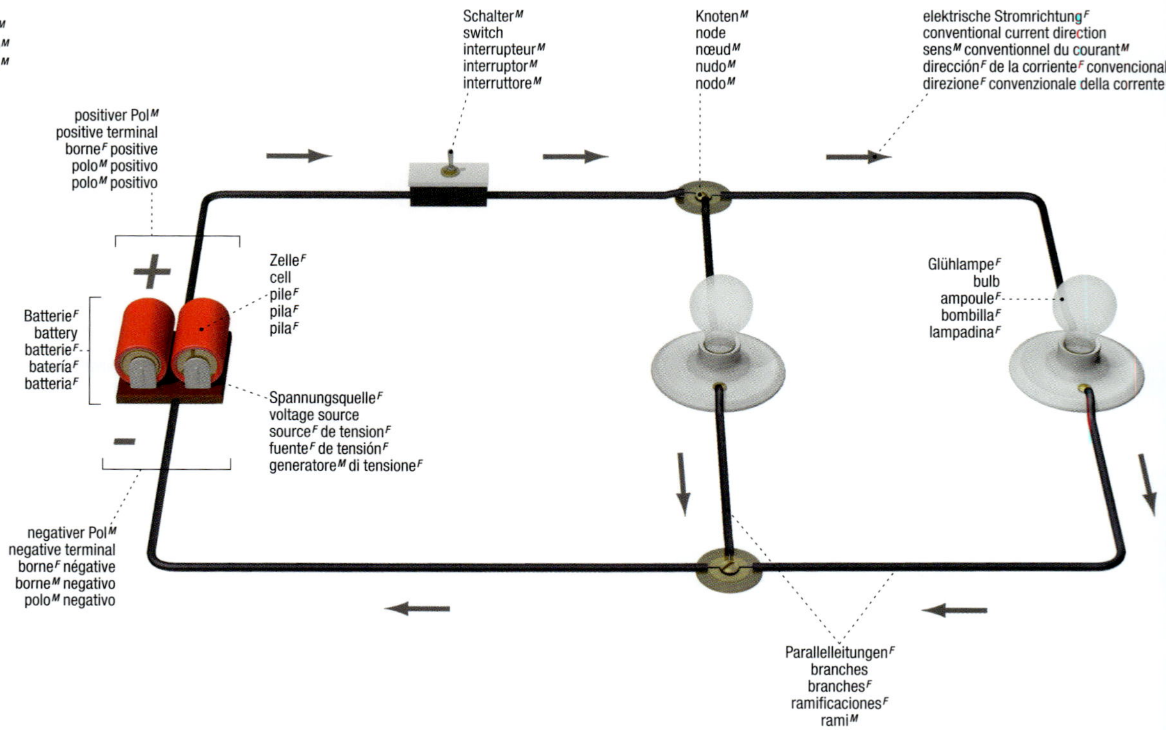

Generatoren[M]

generators | générateurs[M] | generadores[M] | generatori[M]

Dynamo[M]
dynamo
dynamo[F]
dinamo[M]
dinamo[F]

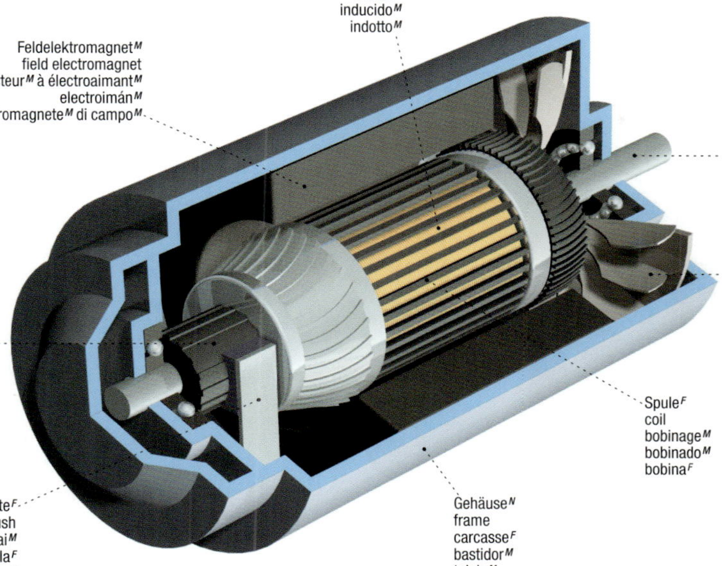

Wechselstromgenerator[M]
alternator
alternateur[M]
alternador[M]
alternatore[M]

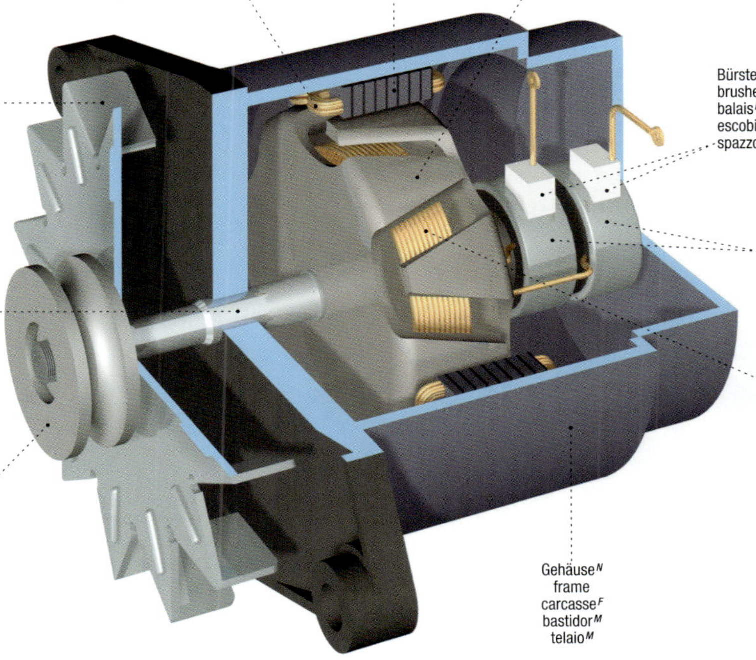

Trockenelemente[N]

dry cells | piles[F] sèches | pilas[F] secas | pile[F] a secco[M]

Kohle[F]-Zink[N]-Zelle[F]
carbon-zinc cell
pile[F] carbone[M]-zinc[M]
pila[F] de carbón[M]-cinc[M]
pila[F] a carbone[M]-zinco[M]

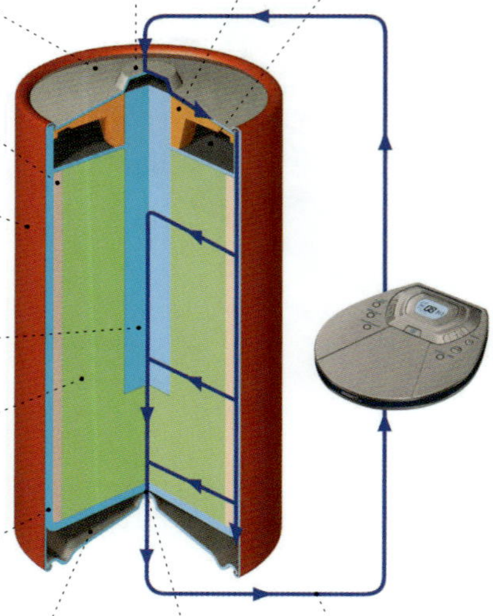

alkalische Zink[N]-Mangan[N]-Zelle[F]
alkaline manganese-zinc cell
pile[F] alcaline manganèse[M]-zinc[M]
pila[F] alcalina de manganeso[M]-cinc[M]
pila[F] alcalina a manganese[M]-zinco[M]

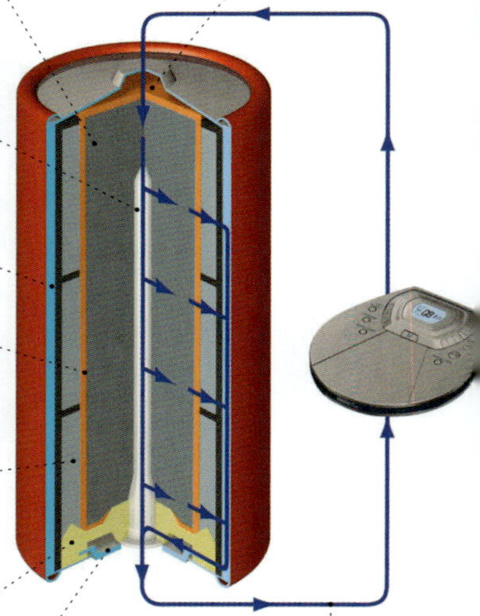

Elektronik[F]

electronics | électronique[F] | electrónica[F] | elettronica[F]

Leiterplatte[F]
printed circuit board
carte[F] de circuit[M] imprimé
tarjeta[F] de circuito[M] impreso
scheda[F] del circuito[M] stampato

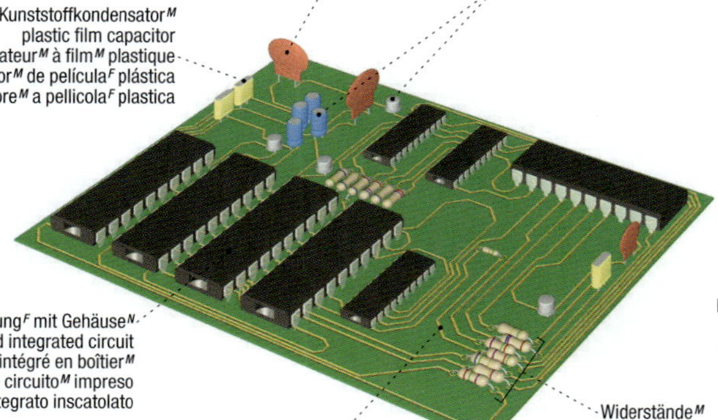

integrierte Schaltung[F] mit Gehäuse[N]
packaged integrated circuit
circuit[M] intégré en boîtier[M]
placa[F] de circuito[M] impreso
circuito[M] integrato inscatolato

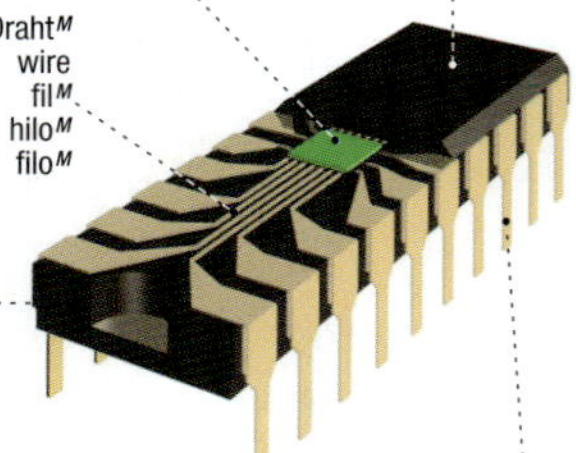

WISSENSCHAFT

elektromagnetisches Spektrum[N]

electromagnetic spectrum | spectre[M] électromagnétique | espectro[M] electromagnético | spettro[M] elettromagnetico

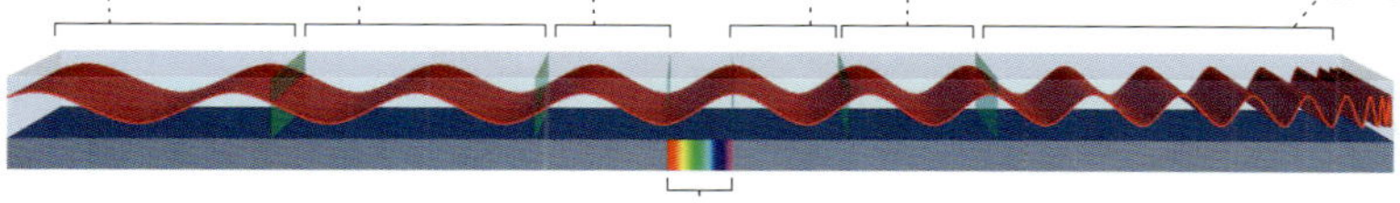

Welle[F]

wave | onde[F] | onda[F] | onda[F]

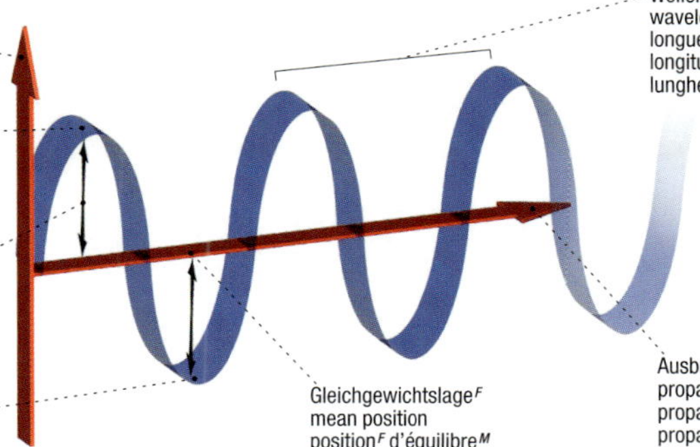

Farbmischung[F]

colour synthesis | synthèse[F] des couleurs[F] | síntesis[F] de los colores[M] | sintesi[F] dei colori[M]

additive Farbmischung[F]
additive colour synthesis
synthèse[F] additive
síntesis[F] de los colores[M] aditivos
sintesi[F] additiva

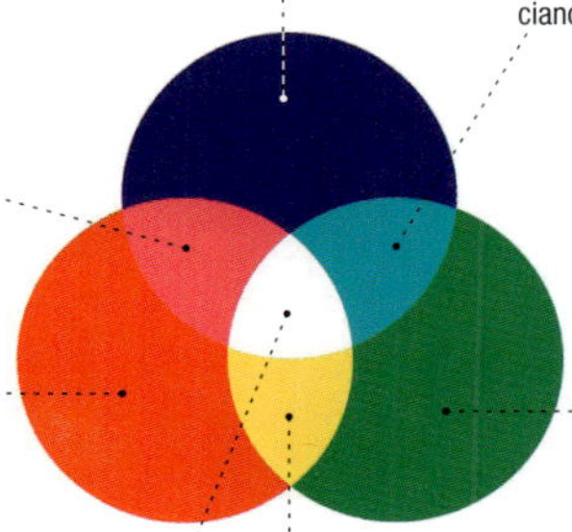

subtraktive Farbmischung[F]
subtractive colour synthesis
synthèse[F] soustractive
síntesis[F] de los colores[M] sustractivos
sintesi[F] sottrattiva

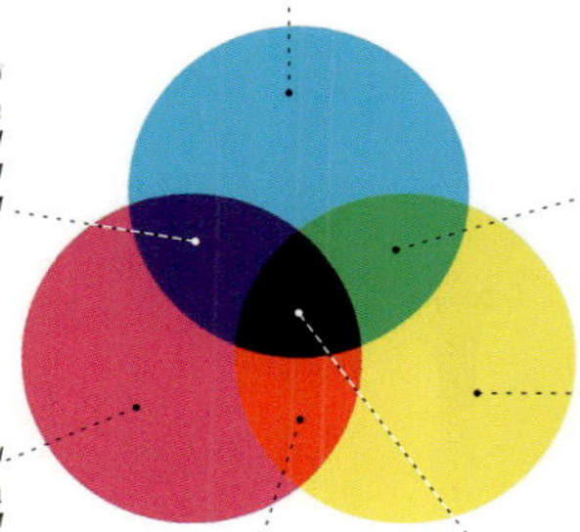

Lichtbrechung[F]

trajectory of light waves | trajectoire[F] des ondes[F] lumineuses | trayectoria[F] de las ondas[F] luminosas | traiettoria[F] delle onde[F] luminose

Lichtreflexion[F]
light reflection
réflexion[F] de la lumière[F]
reflejo[M] de la luz[F]
riflessione[F] della luce[F]

Lichtbrechung[F]
light refraction
réfraction[F] de la lumière[F]
refracción[F] de la luz[F]
rifrazione[F] della luce[F]

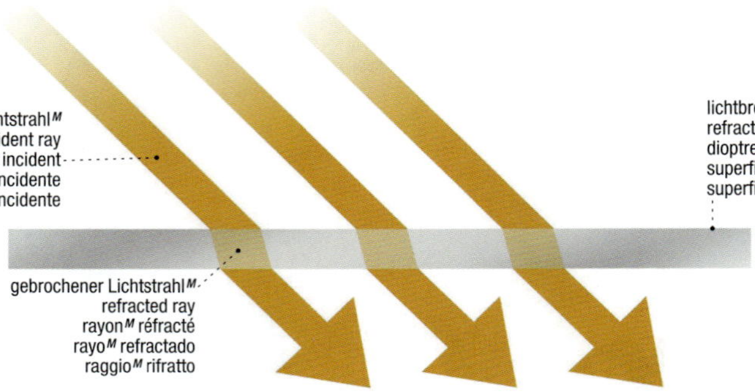

Linsen[F]

lenses | lentilles[F] | lentes[F] | lenti[F]

Sammellinsen[F]
converging lenses
lentilles[F] convergentes
lentes[F] convergentes
lenti[F] convergenti

konvexe Linse[F]
convex lens
lentille[F] convexe
lentes[F] convexas
lente[F] convessa

bikonvexe Linse[F]
biconvex lens
lentille[F] biconvexe
lentes[F] biconvexas
lente[F] biconvessa

plankonvexe Linse[F]
plano-convex lens
lentille[F] plan[M]-convexe
lente[F] convexo-plana
lente[F] piano-convessa

konkavkonvexe Linse[F]
positive meniscus
ménisque[M] convergent
menisco[M] convergente
menisco[M] convergente

Zerstreuungslinsen[F]
diverging lenses
lentilles[F] divergentes
lentes[F] divergentes
lenti[F] divergenti

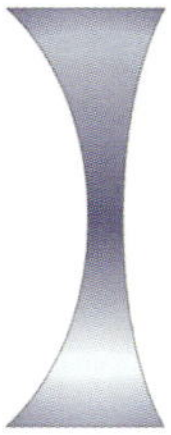

konkave Linse[F]
concave lens
lentille[F] concave
lentes[F] cóncavas
lente[F] concava

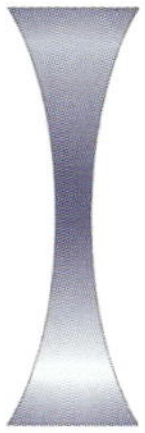

bikonkave Linse[F]
biconcave lens
lentille[F] biconcave
lentes[F] bicóncavas
lente[F] biconcava

plankonkave Linse[F]
plano-concave lens
lentille[F] plan[M]-concave
lentes[F] cóncavo-planas
lente[F] piano-concava

konvexkonkave Linse[F]
negative meniscus
ménisque[M] divergent
menisco[M] divergente
menisco[M] divergente

Spiegel^M

mirror | miroir^M | espejo^M | specchio^M

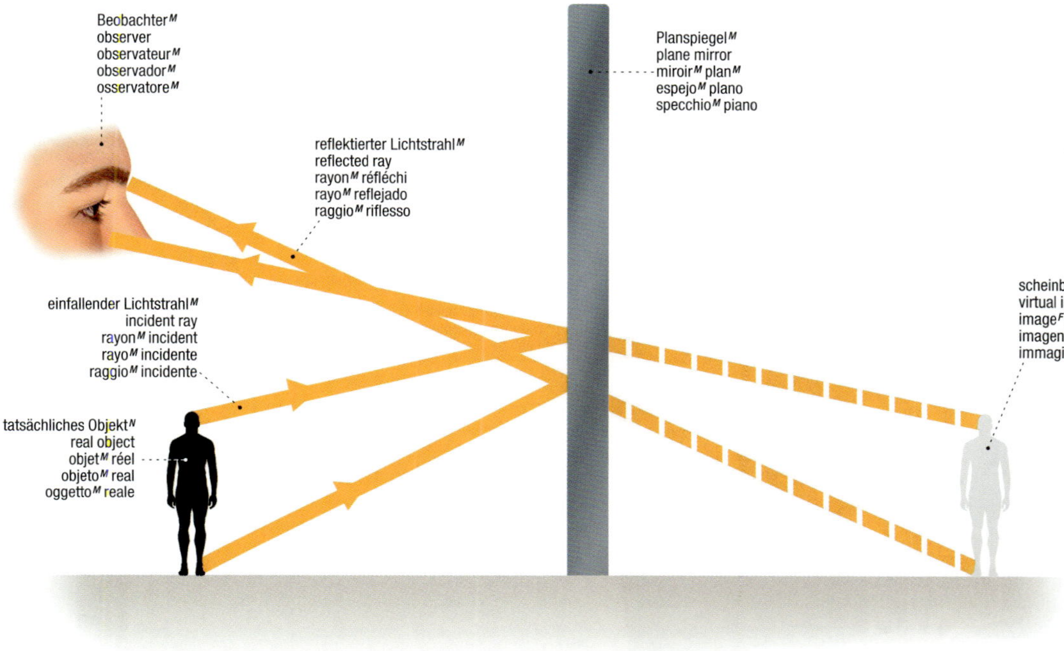

optische Instrumente^N

optical devices | appareils^M optiques | dispositivos^M ópticos | strumenti^M ottici

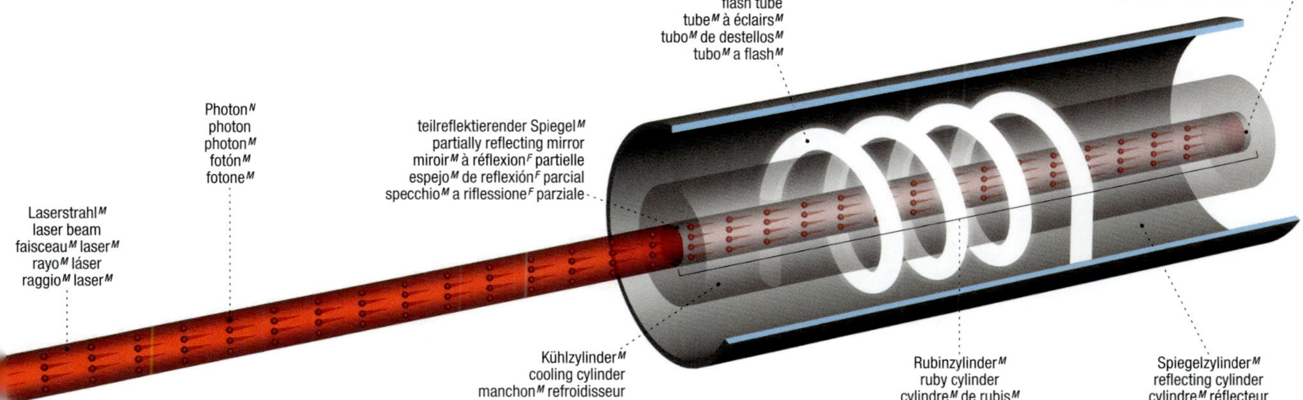

optische Instrumente^N

**Prismenfernglas^N
prism binoculars
jumelles^F à prismes^M
prismáticos^M binoculares
binocolo^M prismatico**

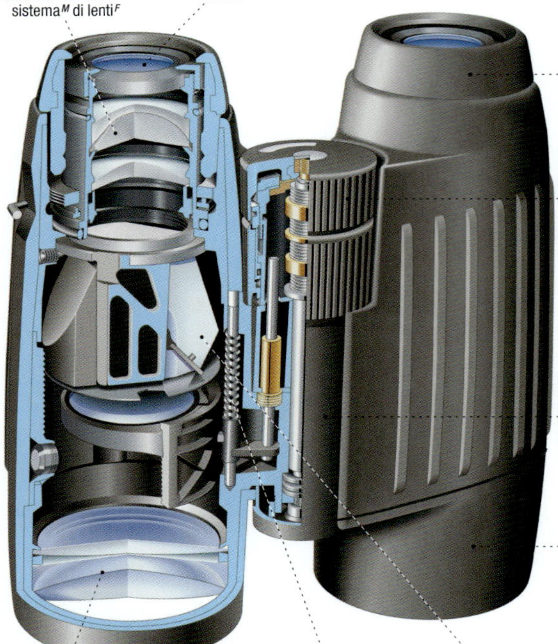

**Lupe^F
magnifying glass
loupe^F
lupa^F
lente^F di ingrandimento^M**

**Zielfernrohr^N
telescopic sight
lunette^F de visée^F
visor^M telescópico
cannocchiale^M di mira^F**

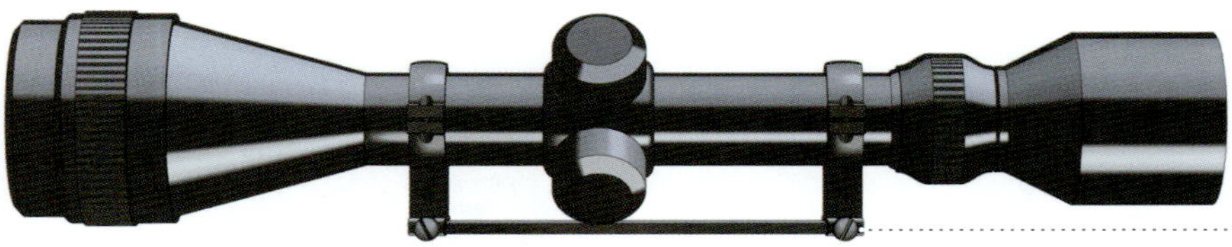

**Zielfernrohr^N im Querschnitt^M
section of a telescopic sight
coupe^F d'une lunette^F de visée^F
visor^M telescópico
cannocchiale^M di mira^F**

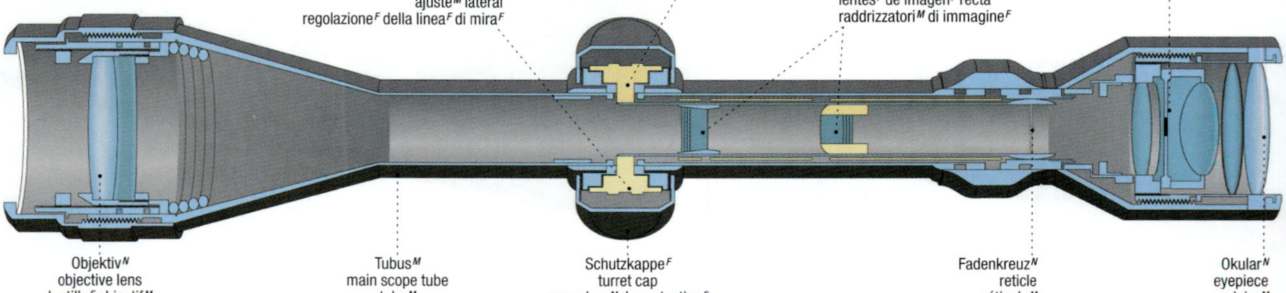

optische Instrumente^{N}

Mikroskope^{N}
microscopes
microscopes^{M}
microscopios^{M}
microscopi^{M}

monokulares Mikroskop^{N}
monocular microscope
microscope^{M} monoculaire
microscopio^{M} monocular
microscopio^{M} monoculare

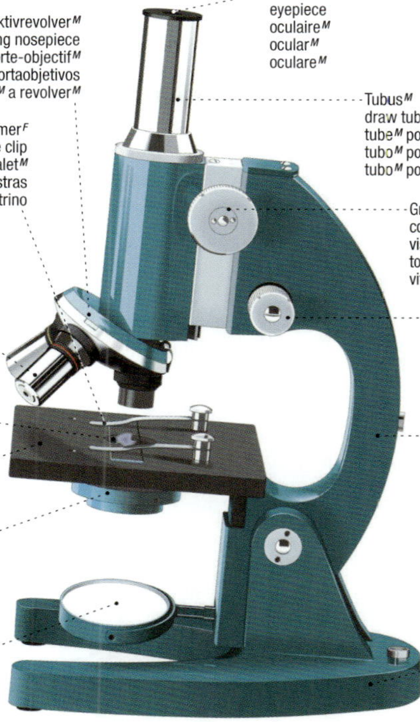

Binokularmikroskop^{N}
binocular microscope
microscope^{M} binoculaire
microscopio^{M} binocular
microscopio^{M} binoculare

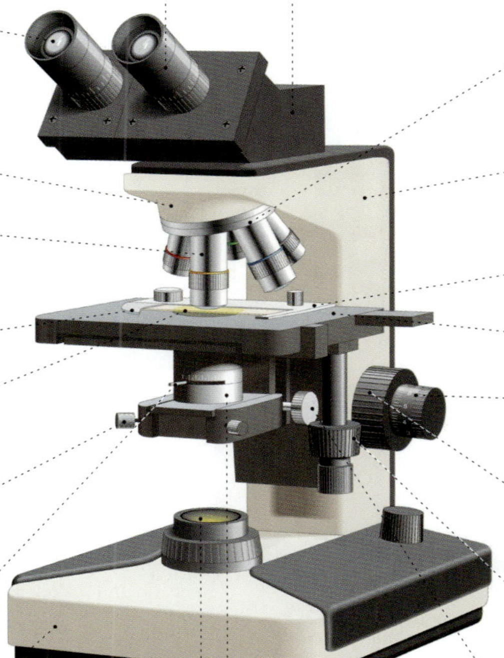

optische Instrumente[N]

Mikroskope[N]

Elektronenmikroskop[N]
section of an electron microscope
coupe[F] d'un microscope[M] électronique
corte[M] transversal de un microscopio[M] de electrones[M]
sezione[F] di un microscopio[M] elettronico

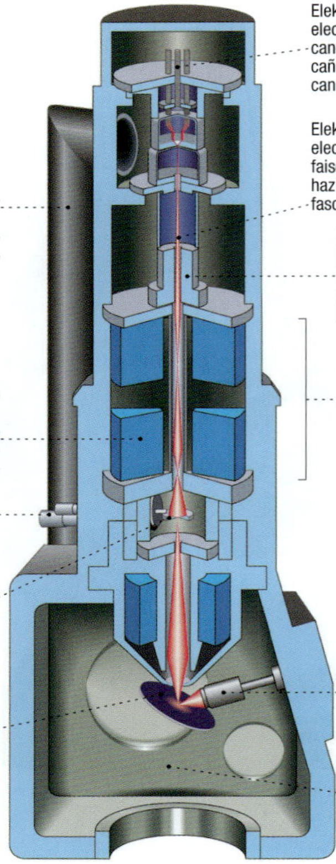

Teile[N] des Elektronenmikroskops[N]
electron microscope elements
composantes[F] d'un microscope[M] électronique
elementos[M] del microscopio[M] de electrones[M]
elementi[M] del microscopio[M] elettronico

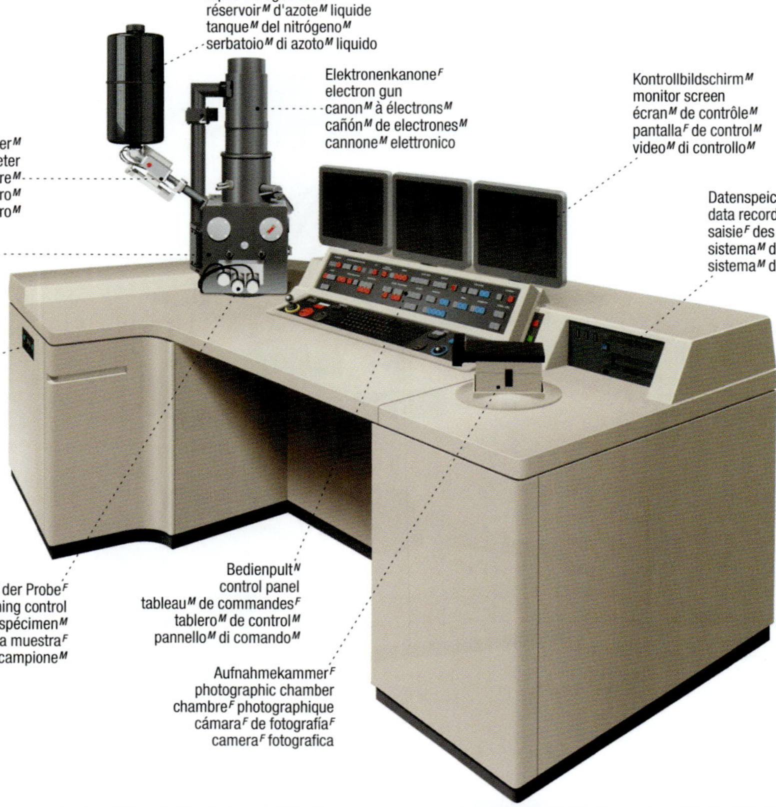

Temperaturmessung[F]

measurement of temperature | mesure[F] de la température[F] | medición[F] de la temperatura[F] | misura[F] della temperatura[F]

Thermometer[N]
thermometer
thermomètre[M]
termómetro[M]
termometro[M]

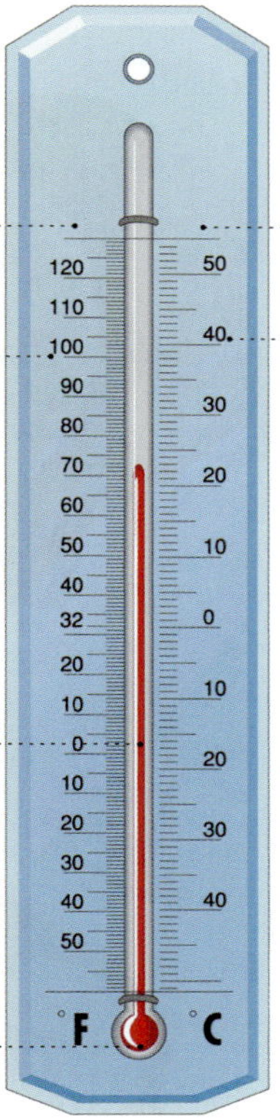

Fieberthermometer[N]
clinical thermometer
thermomètre[M] médical
termómetro[M] clínico
termometro[M] clinico

Bimetallthermometer[N] im Querschnitt[M]
section of a bimetallic thermometer
coupe[F] d'un thermomètre[M] bimétallique
sección[F] de un termómetro[M] bimetálico
sezione[F] di termometro[M] bometallico

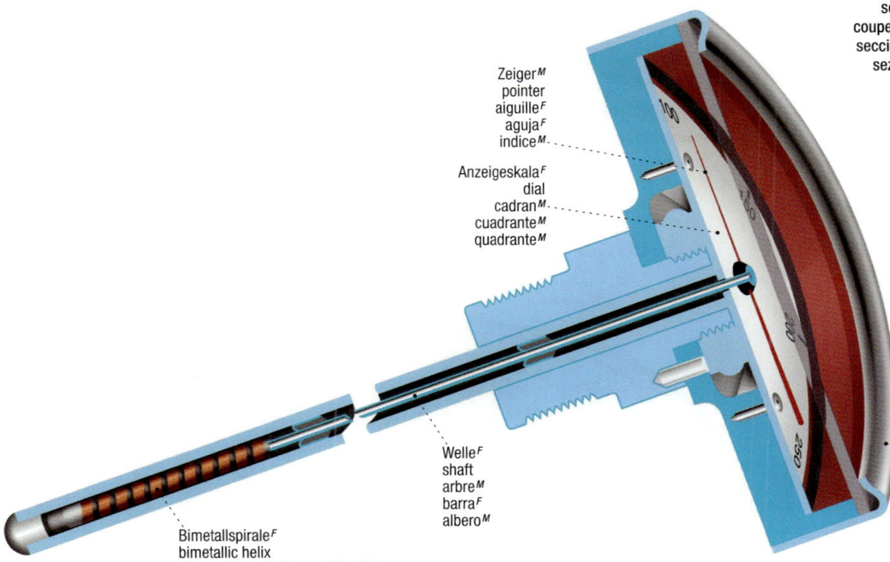

Zeitmessung[F]

measurement of time | mesure[F] du temps[M] | medición[F] del tiempo[M] | misura[F] del tempo[M]

Stoppuhr[F]
stopwatch
chronomètre[M]
cronómetro[M]
cronometro[M]

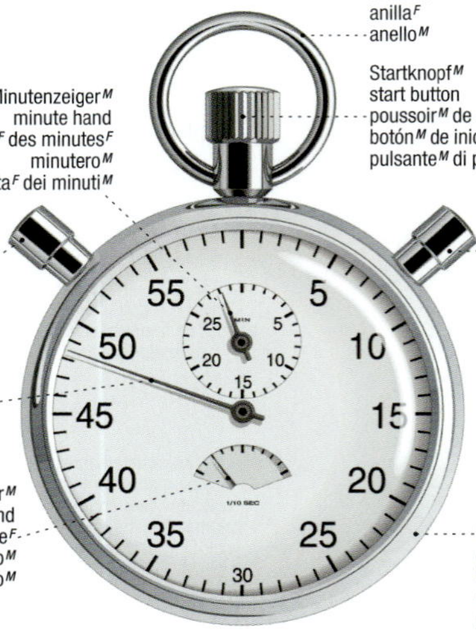

Digitaluhr[F]
digital watch
montre[F] à affichage[M] numérique
reloj[M] digital
orologio[M] digitale

mechanische Uhr[F]
mechanical watch
montre[F] mécanique
reloj[M] mecánico
orologio[M] meccanico

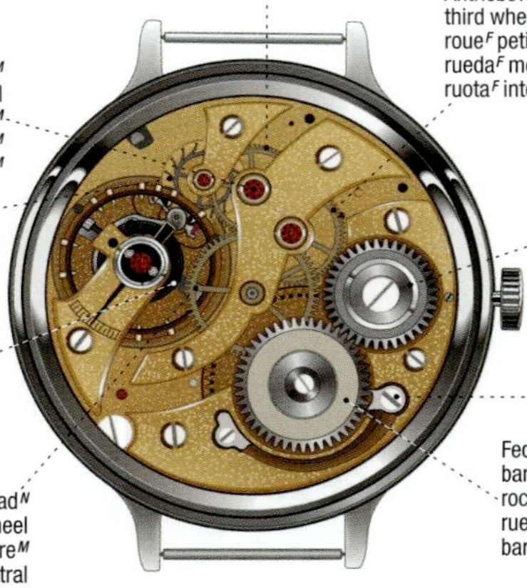

Analoguhr[F]
analogue watch
montre[F] à affichage[M] analogique
reloj[M] de pulsera[F]
orologio[M] analogico

Sonnenuhr[F]
sundial
cadran[M] solaire
reloj[M] de sol[M]
meridiana[F]

Zeitmessung[F]

Standuhr[F]
grandfather clock
horloge[F] de parquet[M]
reloj[M] de péndulo[M]
orologio[M] a pendolo[M]

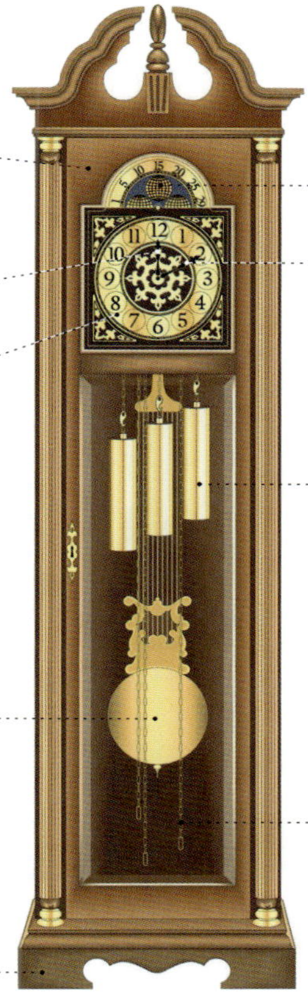

Uhrwerk[N] mit Gewichtsantrieb[M]
weight-driven clock mechanism
mécanisme[M] de l'horloge[F] à poids[M]
mecanismo[M] del reloj[M] de pesas[F]
meccanismo[M] dell'orologio[M] a peso[M]

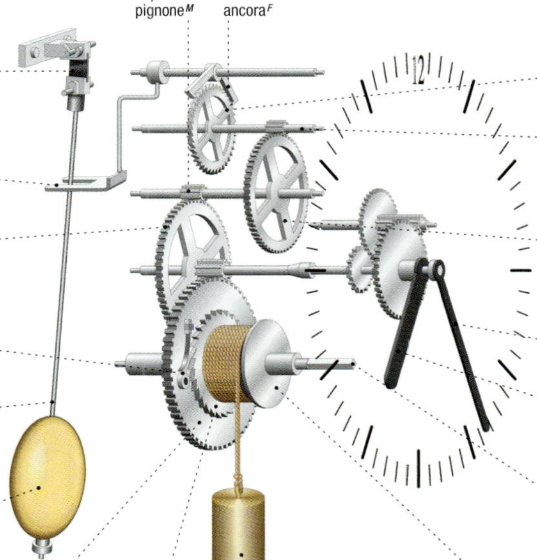

Wiegen^{N}

measurement of weight | mesure^{F} de la masse^{F} | medición^{F} del peso^{M} | misura^{F} del peso^{M}

Balkenwaage^{F}
beam balance
balance^{F} à fléau^{M}
balanza^{F} de astil^{M}
bilancia^{F} di precisione^{F}

Handwaage^{F}
steelyard
balance^{F} romaine
báscula^{F} romana
stadera^{F}

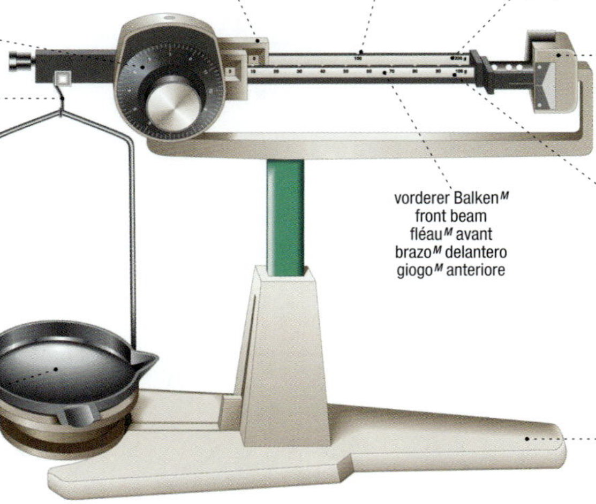

Roberval-Waage^{F}
Roberval's balance
balance^{F} de Roberval
balanza^{F} de Roberval
bilancia^{F} a sospensione^{F} inferiore

Wiegen^{N}

Federwaage^{F}
spring balance
peson^{M}
dinamómetro^{M}
bilancia^{F} a molla^{F}

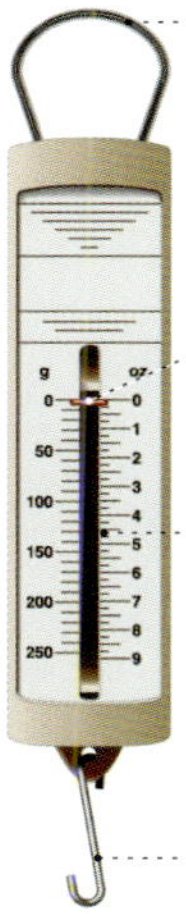

Halterung^{F}
ring
anneau^{M}
anilla^{F}
anello^{M}

Zeiger^{M}
pointer
index^{M}
fiel^{M}
indice^{M}

Anzeigeskala^{F}
graduated scale
échelle^{F} graduée
escala^{F} graduada
scala^{F} graduata

Haken^{M}
hook
crochet^{M}
gancho^{M}
gancio^{M}

elektronische Waage^{F}
electronic scale
balance^{F} électronique
báscula^{F} electrónica
bilancia^{F} elettronica

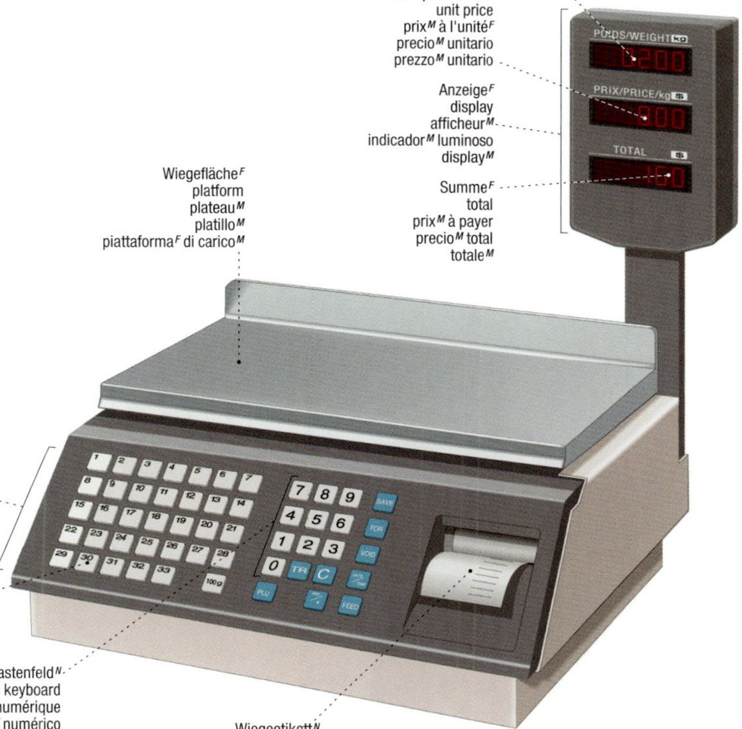

Gewicht^{N}
weight
poids^{M}
peso^{M}
peso^{M}

Preis^{M} pro Einheit^{F}
unit price
prix^{M} à l'unité^{F}
precio^{M} unitario
prezzo^{M} unitario

Anzeige^{F}
display
afficheur^{M}
indicador^{M} luminoso
display^{M}

Summe^{F}
total
prix^{M} à payer
precio^{M} total
totale^{M}

Wiegefläche^{F}
platform
plateau^{M}
platillo^{M}
piattaforma^{F} di carico^{M}

Funktionstasten^{F}
function keys
touches^{F} de fonctions^{F}
teclado^{M} de funciones^{F}
tasti^{M} funzione^{F}

Warencode^{M}
product code
code^{M} des produits^{M}
código^{M} del producto^{M}
codice^{M} del prodotto^{M}

numerisches Tastenfeld^{N}
numeric keyboard
clavier^{M} numérique
teclado^{M} numérico
tastierino^{M} numerico

Wiegeetikett^{N}
printout
étiquette^{F}
recibo^{M}
scontrino^{M}

Personenwaage^{F}
bathroom scale
pèse-personne^{M}
báscula^{F} de baño^{M}
bilancia^{F} pesapersone

Anzeige^{F}
display
afficheur^{M}
pantalla^{F}
display^{M}

Wiegeplattform^{F}
weighting platform
plateforme^{F}
plataforma^{F} para pesar
piattaforma^{F}

Präzisionswaage^{F}
analytical balance
balance^{F} de précision^{F}
balanza^{F} de precisión^{F}
bilancia^{F} da analisi^{F}

Glasgehäuse^{N}
glass case
cage^{F} vitrée
urna^{F}
custodia^{F} a pareti^{F} di vetro^{M}

Schiebeöffnung^{F}
access door
porte^{F}
puerta^{F}
sportello^{M}

Waagschale^{F}
pan
plateau^{M}
platillo^{M}
piatto^{M}

Ausrichtschraube^{F}
levelling screw
vis^{F} calante
tornillo^{M} nivelador
vite^{F} di livello^{M}

Entfernungsmessung[F]

measurement of distance | mesure[F] de la distance[F] | medición[F] de la distancia[F] | misura[F] della distanza[F]

Schrittzähler[M], Pedometer[N]
pedometer
podomètre[M]
odómetro[M]
pedometro[M]

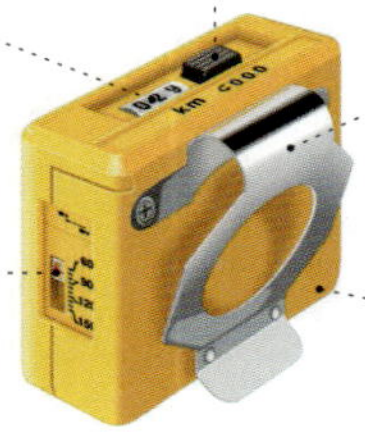

Rückstellknopf[M]
reset button
bouton[M] de remise[F] à zéro[M]
botón[M] de inicio[M] del contador[M]
pulsante[M] di azzeramento[M]

zurückgelegte Strecke[F]
distance travelled
distance[F] parcourue
distancia[F] recorrida
distanza[F] percorsa

Klemme[F]
clip
agrafe[F]
pinza[F]
clip[F]

Gehäuse[N]
case
boîtier[M]
caja[F]
involucro[M]

Schrittlängeneinstellung[F]
step setting
réglage[M] du pas[M]
contador[M]
regolazione[F] del passo[M]

Messrad[F]
measuring wheel
odomètre[M]
odómetro[M]
odometro[M]

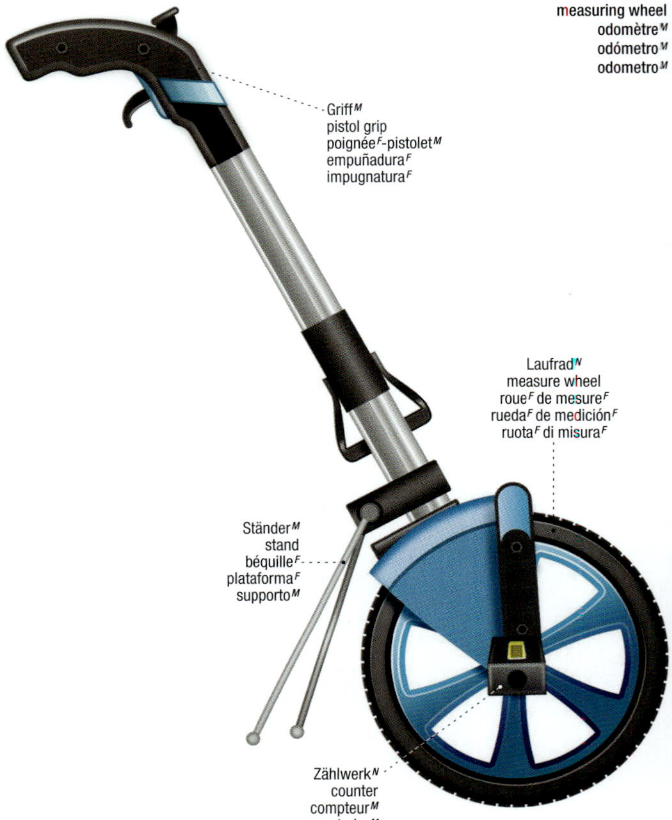

Griff[M]
pistol grip
poignée[F]-pistolet[M]
empuñadura[F]
impugnatura[F]

Laufrad[N]
measure wheel
roue[F] de mesure[F]
rueda[F] de medición[F]
ruota[F] di misura[F]

Ständer[M]
stand
béquille[F]
plataforma[F]
supporto[M]

Zählwerk[N]
counter
compteur[M]
contador[M]
contagiri[M]

Entfernungsmessgeräte[N]
distance measurer
télémètre[M]
telémetro[M]
distanziometro[M]

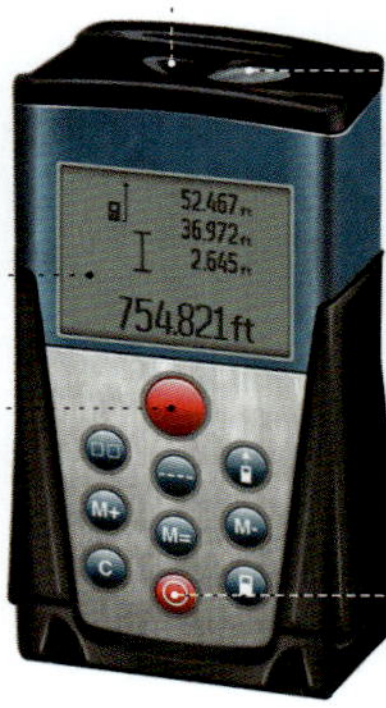

Laserstrahlausgang[M]
laser beam outlet
sortie[F] du faisceau[M] laser[M]
salida[F] del haz[M] de láser[M]
uscita[F] del fascio[M] laser[M]

Empfangslinse[F]
reception lens
lentille[F] de réception[F]
lente[M] de recepción[F]
lenti[F] di ricezione[M]

Anzeige[F]
display
afficheur[M]
pantalla[F]
display[M]

Messtaste[F]
measuring button
touche[F] de mesure[F]
botón[M] de medición[F]
pulsante[M] di misurazione[F]

Ein-/Aus-Taste[F]
on-off button
interrupteur[M]
interruptor[M]
tasto[M] acceso/spento

Dickemessung[F]

measurement of thickness | mesure[F] de l'épaisseur[F] | medición[F] del espesor[M] | misura[F] dello spessore[M]

Schieblehre[F], Messschieber[M]
vernier caliper
pied[M] à coulisse[F] à vernier[M]
escala[F] graduada de vernier[M], pico[M] de rey[M]
calibro[M] a corsoio[M] con nonio[M]

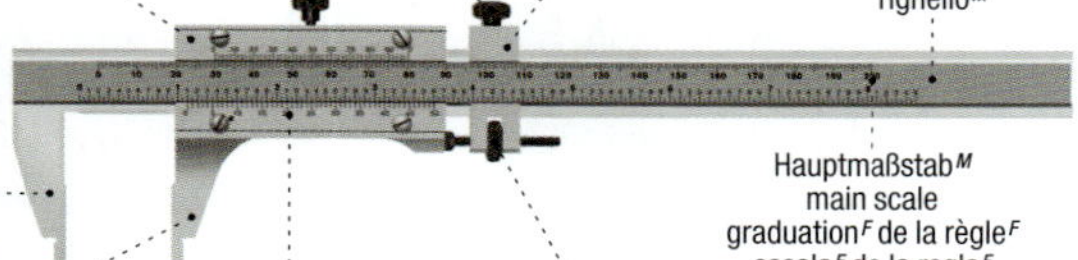

Nonius[M]
vernier
vernier[M]
vernier[M]
nonio[M]

Feststellschrauben[F]
clamping screws
vis[F] de blocage[M]
tornillos[M] de bloqueo[M]
viti[F] di bloccaggio[M]

Klemmvorrichtung[F]
clamping block
bloc[M] de pression[F]
bloqueo[M]
blocco[M] di chiusura[F]

Lineal[N]
ruler
règle[F]
escala[F] graduada
righello[M]

feststehender Messschnabel[M]
fixed jaw
bec[M] fixe
mandíbula[F] fija
espansione[F] fissa

verschiebbarer Messschnabel[M]
sliding jaw
bec[M] mobile
mandíbula[F] deslizante
espansione[F] mobile

Schieber[M]
vernier scale
graduation[F] du vernier[M]
escala[F] graduada de vernier[M]
scala[F] graduata del nonio[M]

Hauptmaßstab[M]
main scale
graduation[F] de la règle[F]
escala[F] de la regla[F]
scala[F] graduata del righello[M]

Feineinstellung[F]
fine adjustment wheel
molette[F] d'ajustage[M]
tornillo[M] micrométrico
rotella[F] di regolazione[F]

Mikrometerschraube[F]
micrometer caliper
micromètre[M] palmer[M]
micrómetro[M]
micrometro[M] a vite[F]

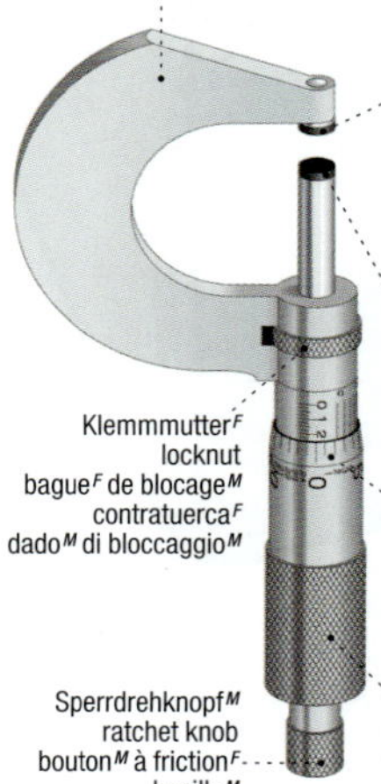

Messbügel[M]
frame
corps[M]
cuerpo[M]
archetto[M]

Anschlag[M]
anvil
touche[F] fixe
tope[M] fijo
contropunta[F]

Messspindel[F]
spindle
touche[F] mobile
tope[M] móvil
asta[F] mobile

Klemmmutter[F]
locknut
bague[F] de blocage[M]
contratuerca[F]
dado[M] di bloccaggio[M]

Filigrangewinde[N]
finely threaded screw
vis[F] micrométrique
rosca[F]
vite[F] micrometrica

Sperrdrehknopf[M]
ratchet knob
bouton[M] à friction[F]
husillo[M]
nottolino[M] a scatto[M]

Messtrommel[F]
thimble
tambour[M]
tambor[M]
tamburo[M]

Längenmessung^F

measurement of length | mesure^F de la longueur^F | medición^F de la longitud^F | misura^F della lunghezza^F

Lineal^N
ruler
règle^F graduée
regla^F graduada
righello^M

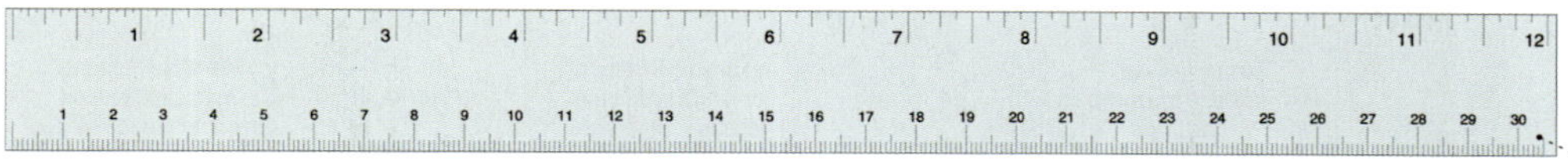

Skala^F
scale
graduation^F
escala^F graduada
scala^F graduata

Winkelmessung^F

measurement of angles | mesure^F des angles^M | medición^F de ángulos^M | misura^F degli angoli^M

Theodolit^M
theodolite
théodolite^M
teodolito^M
teodolite^M

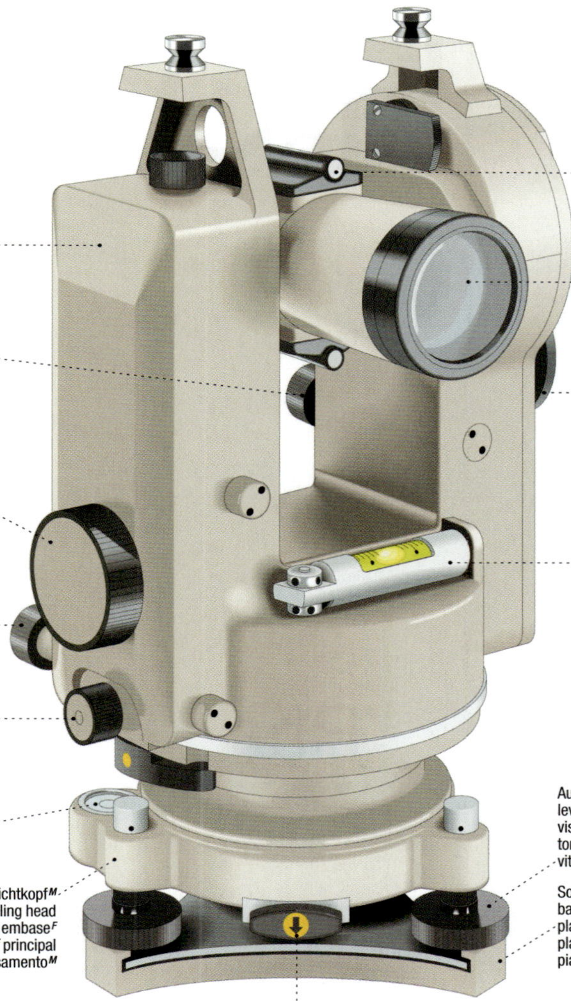

Mikroskopokular^N
optical sight
viseur^M
visor^M
collimatore^M ottico

Alhidade^F
alidade
alidade^F
alidada^F móvil
alidada^F

Fernrohr^N
telescope
lunette^F
telescopio^M
cannocchiale^M

Höhenfeintrieb^M
adjustment for vertical-circle image
ajustement^M de l'image^F du cercle^M vertical
botón^M para ajustar la imágen^F verticalmente
regolazione^F dell'immagine^F del cerchio^M zenitale

Beleuchtungsspiegel^M
illumination mirror
miroir^M d'éclairage^M
espejo^M iluminador
lente^F di illuminazione^F

Mikrometerknopf^M
micrometer screw
bouton^M de réglage^M du micromètre^M optique
tornillo^M micrométrico
manopola^F di regolazione^F del micrometro^M

Alhidadenebene^F
alidade level
nivelle^F d'alidade^F
nivelador^M de la alidada^F
livella^F fissata all'alidada^F

Seitenfeintrieb^M
adjustment for horizontal-circle image
ajustement^M de l'image^F du cercle^M horizontal
botón^M para ajustar la imágen^F horizontalmente
regolazione^F dell'immagine^F del cerchio^M azimutale

Seitenklemme^F
horizontal clamp
blocage^M du pivotement^M
tornillo^M de fijación^F horizontal
morsetto^M dei movimenti^M azimutali

Ausrichtkopfebene^F
levelling head level
nivelle^F d'embase^F
nivelador^M principal
livella^F del basamento^M

Ausrichtschraube^F
levelling screw
vis^F calante
tornillo^M nivelador
vite^F di livello^M

Ausrichtkopf^M
levelling head
embase^F
nivelación^F principal
basamento^M

Sockelplatte^F
base plate
plaque^F de fixation^F
placa^F de fijación^F
piastra^F di base^F

Ausrichtkopfblockierung^F
levelling head locking knob
bouton^M de verrouillage^M de l'embase^F
botón^M de fijación^F del nivel^M principal
manopola^F di bloccaggio^M del basamento^M

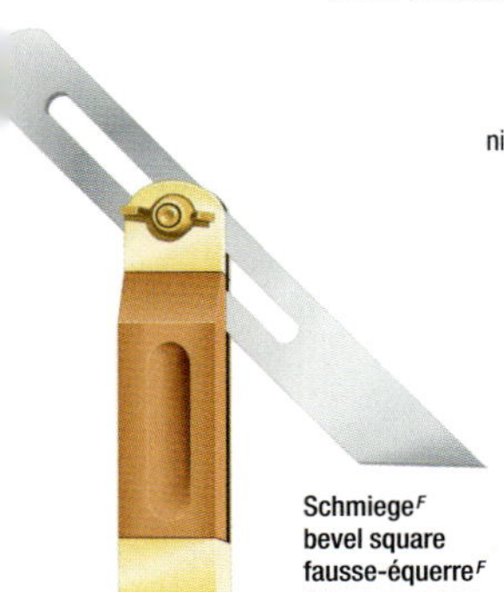

Schmiege^F
bevel square
fausse-équerre^F
falsa escuadra^F
squadra^F falsa

Winkelmesser^M
protractor
rapporteur^M d'angle^M
transportador^M
goniometro^M

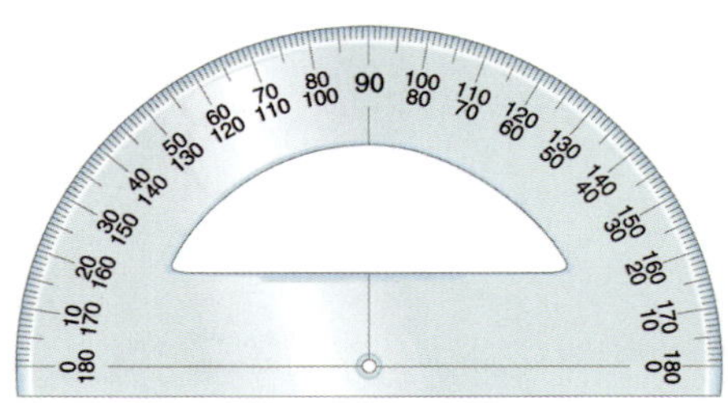

Chemie[F]

chemistry | chimie[F] | química[F] | chimica[F]

−

negativ geladen
negative charge
négatif[M]
elemento[M] negativo
carica[F] negativa

+

positiv geladen
positive charge
positif[M]
elemento[M] positivo
carica[F] positiva

⇄

reversible Reaktion[F]
reversible reaction
réaction[F] réversible
reacción[F]
reazione[F] reversibile

→

Reaktionsrichtung[F]
reaction direction
direction[F] d'une réaction[F]
dirección[F]
direzione[F] della reazione[F]

Strukturformel[F]
compound notation
représentation[F] d'un composé[M]
representación[F] de un compuesto[M]
rappresentazione[F] di un composto[M]

$$H_2O$$

chemische Formel[F]
chemical formula
formule[F] chimique
fórmula[F] química
formula[F] chimica

Wasser[N]
water
eau[F]
agua[M]
acqua[F]

Trivialname[M]
common name
nom[M] commun
nombre[M] común
nome[M] comune

Biologie[F]

biology | biologie[F] | biología[F] | biologia[F]

♀

weiblich
female
femelle[F]
femenino[M]
femminile

Rh-

Rhesusfaktor[M] negativ
Rhesus negative factor
facteur[M] rhésus négatif
factor[M] Rhesus negativo
fattore[M] Rhesus negativo

*

geboren
born
naissance[F]
nacimiento[M]
nascita[F]

♂

männlich
male
mâle[M]
masculino[M]
maschile

Rh+

Rhesusfaktor[M] positiv
Rhesus positive factor
facteur[M] rhésus positif
factor[M] Rhesus positivo
fattore[M] Rhesus positivo

†

gestorben
died
mort[F]
muerte[F]
morte[F]

Internationales Einheitensystem^{N} (SI)

International System of Units (SI) | système^{M} international d'unités^{F} (SI) | sistema^{M} internacional de unidades^{F} de medida^{F} (SI) | Sistema^{M} internazionale di unità^{F} di misura^{F} (SI)

Maßeinheit^{F} der Frequenz^{F}
measurement of frequency
mesure^{F} de la fréquence^{F}
dad^{F} de medida^{F} de frecuencia^{F}
ità^{F} di misura^{F} della frequenza^{F}

Hz

Hertz^{N}
hertz
hertz^{M}
hercio^{M}
hertz^{M}

Maßeinheit^{F} der elektrischen Spannung^{F}
measurement of electric potential difference
mesure^{F} de la différence^{F} de potentiel^{M} électrique
unidad^{F} de medida^{F} de la diferencia^{F} de potencial^{M} eléctrico
unità^{F} di misura^{F} della differenza^{F} di potenziale^{M} elettrico

V

Volt^{N}
volt
volt^{M}
voltio^{M}, volt^{M}
volt^{M}

Maßeinheit^{F} der elektrischen Ladung^{F}
measurement of electric charge
mesure^{F} de la charge^{F} électrique
unidad^{F} de medida^{F} de carga^{F} eléctrica
unità^{F} di misura^{F} della carica^{F} elettrica

C

Coulomb^{N}
coulomb
coulomb^{M}
culombio^{M}
coulomb^{M}

Maßeinheit^{F} der Energie^{F}
measurement of energy
mesure^{F} de l'énergie^{F}
unidad^{F} de medida^{F} de energía^{F}
unità^{F} di misura^{F} dell'energia^{F}

J

Joule^{N}
joule
joule^{M}
julio^{M}
joule^{M}

Maßeinheit^{F} der Leistung^{F}
measurement of power
mesure^{F} de la puissance^{F}
^{F} de medida^{F} de potencia^{F} eléctrica
di misura^{F} della potenza^{F} elettrica

W

Watt^{N}
watt
watt^{M}
vatio^{M}
watt^{M}

Maßeinheit^{F} der Kraft^{F}
measurement of force
mesure^{F} de la force^{F}
unidad^{F} de medida^{F} de fuerza^{F}
unità^{F} di misura^{F} della forza^{F}

N

Newton^{N}
newton
newton^{M}
newton^{M}
newton^{M}

Maßeinheit^{F} des elektrischen Widerstands^{M}
measurement of electric resistance
mesure^{F} de la résistance^{F} électrique
unidad^{F} de medida^{F} de resistencia^{F} eléctrica
unità^{F} di misura^{F} della resistenza^{F} elettrica

Ω

Ohm^{N}
ohm
ohm^{M}
ohmnio^{M}, ohm^{M}
ohm^{M}

Maßeinheit^{F} der elektrischen Stromstärke^{F}
measurement of electric current
mesure^{F} du courant^{M} électrique
unidad^{F} de medida^{F} de corriente^{F} eléctrica
unità^{F} di misura^{F} della corrente^{F} elettrica

A

Ampere^{N}
ampere
ampère^{M}
amperio^{M}
ampere^{M}

Maßeinheit^{F} der Länge^{F}
measurement of length
mesure^{F} de la longueur^{F}
idad^{F} de medida^{F} de longitud^{F}
ità^{F} di misura^{F} della lunghezza^{F}

m

Meter^{M}
metre
mètre^{M}
metro^{M}
metro^{M}

Maßeinheit^{F} der Masse^{F}
measurement of mass
mesure^{F} de la masse^{F}
unidad^{F} de medida^{F} de masa^{F}
unità^{F} di misura^{F} della massa^{F}

kg

Kilogramm^{N}
kilogram
kilogramme^{M}
kilogramo^{M}
kilogrammo^{M}

Maßeinheit^{F} der Celsius-Temperatur^{F}
measurement of Celsius temperature
mesure^{F} de la température^{F} Celsius
unidad^{F} de medida^{F} de la temperatura^{F} Celsius
unità^{F} di misura^{F} della temperatura^{F} Celsius

°C

Grad^{M} Celsius
degree Celsius
degré^{M} Celsius
grado^{M} Celsius
grado^{M} Celsius

Maßeinheit^{F} der thermodynamischen Temperatur^{F}
measurement of thermodynamic temperature
mesure^{F} de la température^{F} thermodynamique
unidad^{F} de medida^{F} de temperatura^{F} termodinámica
unità^{F} di misura^{F} della temperatura^{F} termodinamica

K

Kelvin^{N}
kelvin
kelvin^{M}
kelvin^{M}
kelvin^{M}

Maßeinheit^{F} der Stoffmenge^{F}
easurement of amount of substance
nesure^{F} de la quantité^{F} de matière^{F}
d^{F} de medida^{F} de cantidad^{F} de materia^{F}
^{F} di misura^{F} della quantità^{F} di sostanza^{F}

mol

Mol^{N}
mole
mole^{F}
mol^{M}
mole^{F}

Maßeinheit^{F} der Radioaktivität^{F}
measurement of radioactivity
mesure^{F} de la radioactivité^{F}
unidad^{F} de medida^{F} de radioactividad^{F}
unità^{F} di misura^{F} della radioattività^{F}

Bq

Becquerel^{N}
becquerel
becquerel^{M}
becquerel^{M}
becquerel^{M}

Maßeinheit^{F} des Drucks^{M}
measurement of pressure
mesure^{F} de la pression^{F}
unidad^{F} de medida^{F} de presión^{F}
unità^{F} di misura^{F} della pressione^{F}

Pa

Pascal^{N}
pascal
pascal^{M}
pascal^{M}
pascal^{M}

Maßeinheit^{F} der Lichtstärke^{F}
measurement of luminous intensity
mesure^{F} de l'intensité^{F} lumineuse
unidad^{F} de medida^{F} de intensidad^{F} luminosa
unità^{F} di misura^{F} dell'intensità^{F} luminosa

cd

Candela^{F}
candela
candela^{F}
candela^{F}
candela^{F}

römische Ziffern[F]

Roman numerals | chiffres[M] romains | números[M] romanos | numeri[M] romani

I
Eins[F]
one
un[M]
uno
uno[M]

V
Fünf[F]
five
cinq[M]
cinco
cinque[M]

X
Zehn[F]
ten
dix[M]
diez
dieci[M]

L
Fünfzig[F]
fifty
cinquante[M]
cincuenta
cinquanta[M]

C
Hundert[F]
one hundred
cent[M]
cien
cento[M]

D
Fünfhundert[F]
five hundred
cinq cents[M]
quinientos
cinquecento[M]

M
Tausend[F]
one thousand
mille[M]
mil
mille[M]

VII = 7
Addition[F]
addition
addition[F]
aleación[F]
addizione[F]

IX = 9
Subtraktion[F]
subtraction
soustraction[F]
sustracción[F]
sottrazione[F]

MCMXLVII = 1947
Synthese[F]
synthesis
synthèse[F]
síntesis[F]
sintesi[F]

Geometrie[F]

geometry | géométrie[F] | geometría[F] | geometria[F]

°
Grad[M]
degree
degré[M]
grado[M]
grado[M]

′
Bogenminute[F]
minute
minute[F]
minuto[M]
primo[M]

″
Bogensekunde[F]
second
seconde[F]
segundo[M]
secondo[M]

π
Pi[N]
pi
pi[M]
pi[M]
pi[M] greco

⊥
ist senkrecht zu
perpendicular
perpendiculaire[F]
perpendicular[F]
perpendicolare

∥
ist parallel zu
is parallel to
parallèle
es paralelo a
parallelo a

∦
ist nicht parallel zu
is not parallel to
non parallèle
no es paralelo a
non parallelo a

∟
rechter Winkel[M]
right angle
angle[M] droit
ángulo[M] recto
angolo[M] retto

stumpfer Winkel[M]
obtuse angle
angle[M] obtus
ángulo[M] obtuso
angolo[M] ottuso

∠
spitzer Winkel[M]
acute angle
angle[M] aigu
ángulo[M] agudo
angolo[M] acuto

Mathematik[F]

mathematics | mathématiques[F] | matemáticas[F] | matematica[F]

$-$

Subtraktion[F]
subtraction
soustraction[F]
resta[F]
sottrazione[F]

$+$

Addition[F]
addition
addition[F]
suma[F]
addizione[F]

x

Multiplikation[F]
multiplication
multiplication[F]
multiplicación[F]
moltiplicazione[F]

$\div$

Division[F]
division
division[F]
división[F]
divisione[F]

$=$

ist gleich
is equal to
égale
igual a
uguale a

$\neq$

ist ungleich
is not equal to
n'égale pas
no es igual a
diverso da

$\fallingdotseq$

ist annähernd gleich
is approximately equal to
égale à peu près
casi igual a
approssimativamente uguale a

$\sim$

ist äquivalent mit
is equivalent to
équivaut à
equivalente a
equivalente a

$\equiv$

ist identisch mit
is identical with
est identique à
idéntico a
coincide con

$\not\equiv$

ist nicht identisch mit
is not identical with
n'est pas identique à
no es idéntico a
non coincide con

$\pm$

plus oder minus
plus or minus
plus ou moins
más[M] o menos[M]
più o meno

$\leqslant$

ist gleich oder kleiner als
is equal to or less than
égal ou plus petit que
igual o menor que
minore o uguale a

$<$

ist kleiner als
is less than
plus petit que
menor que
minore di

$\geqslant$

ist gleich oder größer als
is equal to or greater than
égal ou plus grand que
igual o mayor que
maggiore o uguale a

$>$

ist größer als
is greater than
plus grand que
mayor que
maggiore di

$\emptyset$

leere Menge[F]
empty set
ensemble[M] vide
conjunto[M] vacío
insieme[M] vuoto

$\cup$

Mengenvereinigung[F]
union
réunion[F]
unión[F]
unione[F]

$\cap$

Mengenschnitt[M]
intersection
intersection[F]
intersección[F]
intersezione[F]

$\subset$

echte Teilmenge[F] von
is contained in
inclusion[F]
inclusión[F]
contenuto in

%

Prozent[N]
percent
pourcentage[M]
porcentaje[M]
percento[M]

$\in$

Element[N] von
belongs to
appartenance[F]
pertenece a
appartiene a

$\notin$

nicht Element[N] von
does not belong to
non-appartenance[F]
no pertenece a
non appartiene a

Σ

Summe[F]
sum
sommation[F]
suma[F]
sommatoria[F]

$\sqrt{}$

Quadratwurzel[F] aus
square root of
racine[F] carrée de
raíz[F] cuadrada de
radice[F] quadrata di

½

Bruch[M]
fraction
fraction[F]
fracción[F]
frazione[F]

∞

unendlich
infinity
infini[M]
infinito[M]
infinito[M]

$\int$

Integral[N]
integral
intégrale[F]
integral
integrale[M]

!

Fakultät[F]
factorial
factorielle[F]
factorial
fattoriale[M]

grafische Darstellung^F

graphic representations | représentations^F graphiques | representaciones^F gráficas | rappresentazione^F grafica

Winkel^M
angles
angles^M
ángulos^M
angoli^M

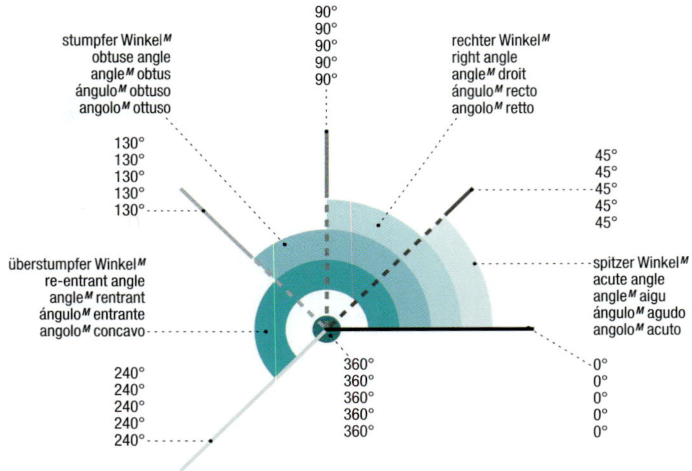

Kreis^M
circle
cercle^M
círculo^M
cerchio^M

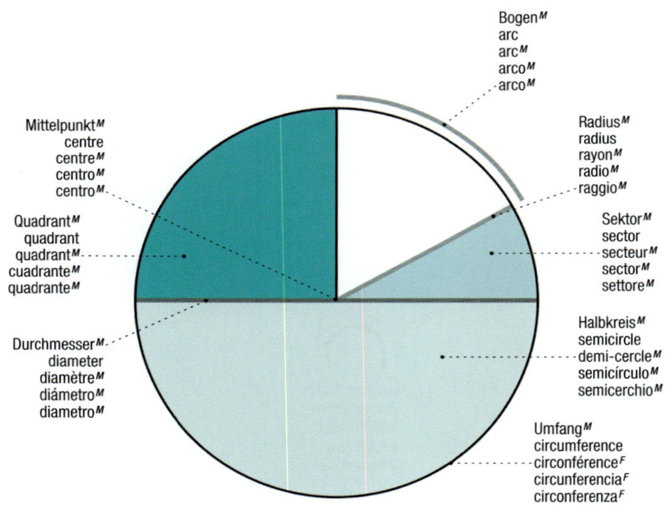

Statistik^N
statistics
statistiques^F
estadísticas^F
statistiche^F

Kreisdiagramm^N
circular chart
graphique^M circulaire
gráfico^M de sectores^M
grafico^M circolare

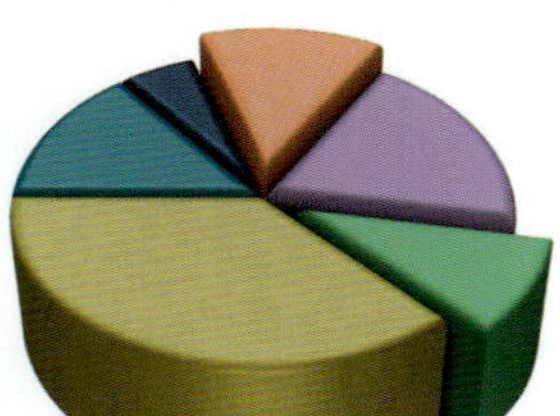

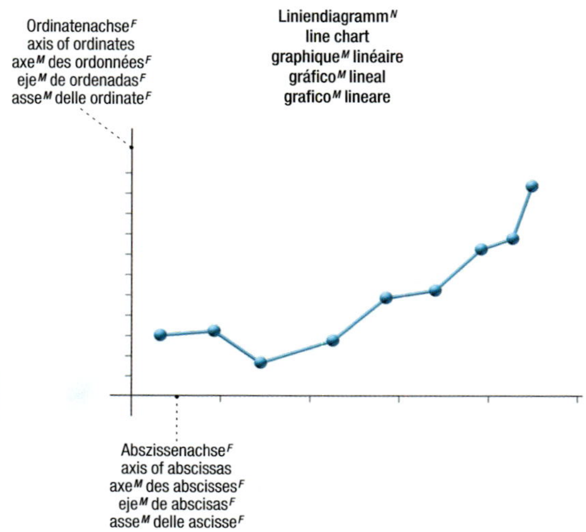

Balkendiagramm^N
histogram
histogramme^M
histograma^F
istogramma^M

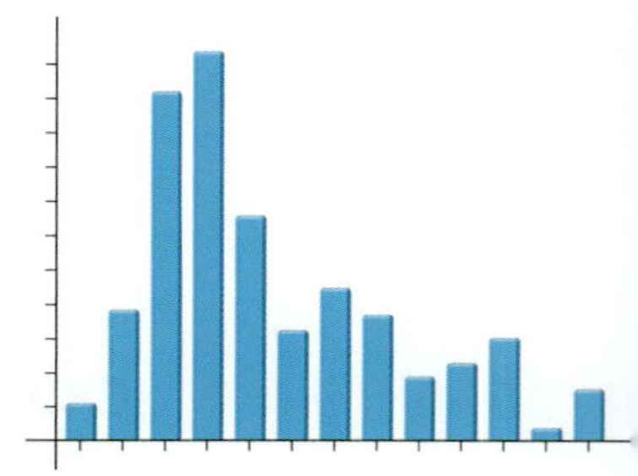

grafische Darstellung[F]

Vielecke[N]
polygons
polygones[M]
polígonos[M]
poligoni[M]

Dreieck[N]
triangle
triangle[M]
triángulo[M]
triangolo[M]

Quadrat[N]
square
carré[M]
cuadrado[M]
quadrato[M]

Rechteck[N]
rectangle
rectangle[M]
rectángulo[M]
rettangolo[M]

Rhombus[M]
rhombus
losange[M]
rombo[M]
rombo[M]

unregelmäßiges Trapez[N]
trapezoid
trapèze[M]
trapecio[M]
trapezio[M]

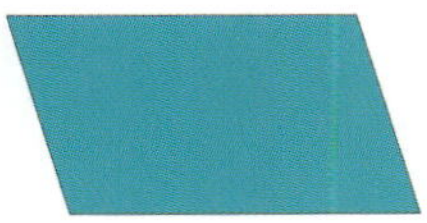

Parallelogramm[N]
parallelogram
parallélogramme[M]
paralelogramo[M]
parallelogramma[M]

Viereck[N]
quadrilateral
quadrilatère[M]
cuadrilátero[M]
quadrilatero[M]

regelmäßiges Fünfeck[N]
regular pentagon
pentagone[M] régulier
pentágono[M] regular
pentagono[M] regolare

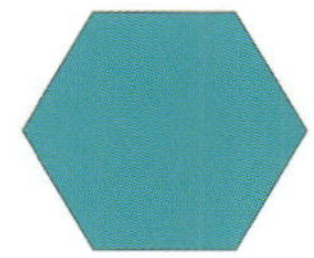

regelmäßiges Sechseck[N]
regular hexagon
hexagone[M] régulier
hexágono[M] regular
esagono[M] regolare

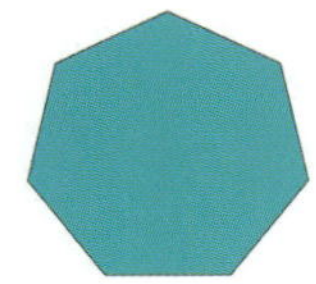

regelmäßiges Siebeneck[N]
regular heptagon
heptagone[M] régulier
heptágono[M] regular
ettagono[M] regolare

regelmäßiges Achteck[N]
regular octagon
octogone[M] régulier
octágono[M] regular
ottagono[M] regolare

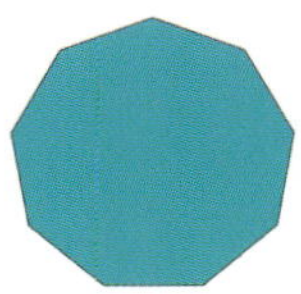

regelmäßiges Neuneck[N]
regular nonagon
ennéagone[M] régulier
nonágono[M] regular
enneagono[M] regolare

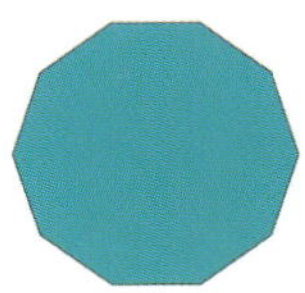

regelmäßiges Zehneck[N]
regular decagon
décagone[M] régulier
decágono[M] regular
decagono[M] regolare

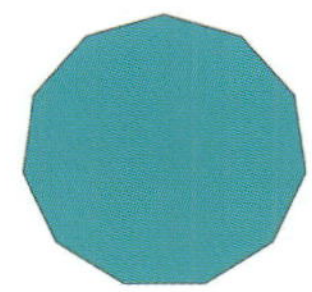

regelmäßiges Elfeck[N]
regular hendecagon
hendécagone[M] régulier
endecágono[M] regular
endecagono[M] regolare

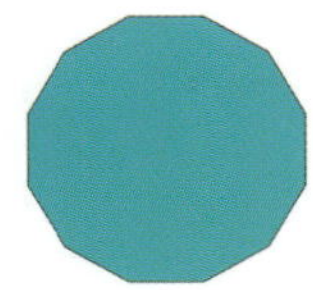

regelmäßiges Zwölfeck[N]
regular dodecagon
dodécagone[M] régulier
dodecágono[M] regular
dodecagono[M] regolare

Körper[M]
solids
volumes[M]
cuerpos[M] sólidos
solidi[M]

Helix[F]
helix
hélice[F]
hélice[F]
elica[F]

Torus[M]
torus
tore[M]
toro[M]
toro[M]

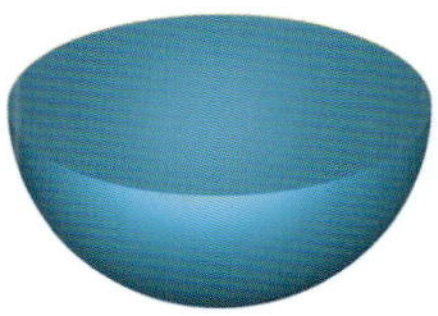

Halbkugel[F]
hemisphere
hémisphère[M]
hemisferio[M]
semisfera[F]

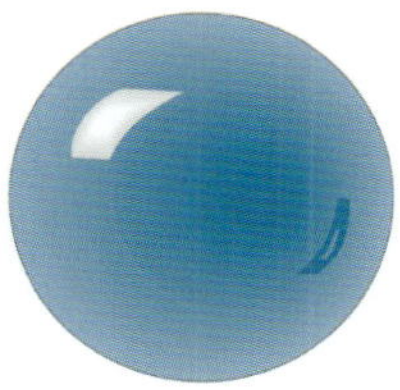

Kugel[F]
sphere
sphère[F]
esfera[F]
sfera[F]

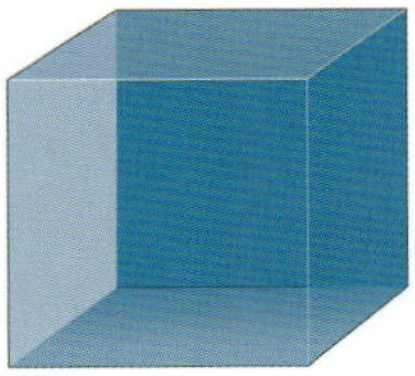

Würfel[M]
cube
cube[M]
cubo[M]
cubo[M]

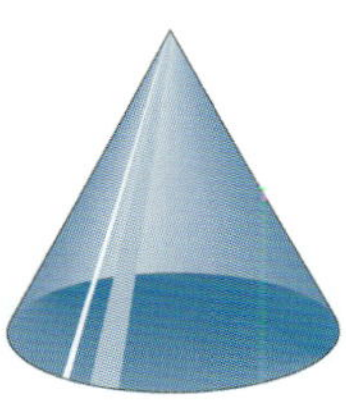

Kegel[M]
cone
cône[M]
cono[M]
cono[M]

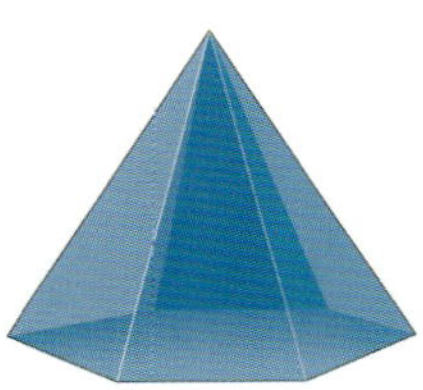

Pyramide[F]
pyramid
pyramide[F]
pirámide[F]
piramide[F]

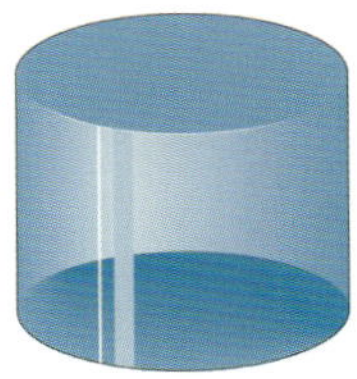

Zylinder[M]
cylinder
cylindre[M]
cilindro[M]
cilindro[M]

Parallelepiped[N]
parallelepiped
parallélépipède[M]
paralelepípedo[M]
parallelepipedo[M]

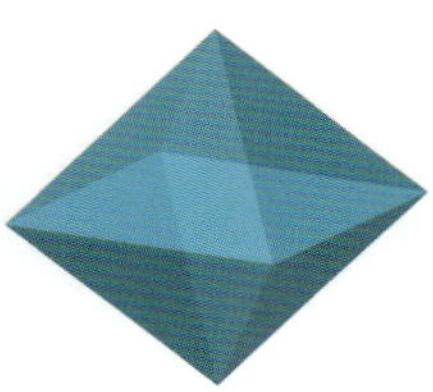

regelmäßiges Oktaeder[N]
regular octahedron
octaèdre[M] régulier
octaedro[M] regular
ottaedro[M] regolare

GESELLSCHAFT

society
société
sociedad
società

STADT 842

Ballungsgebiet 842
Innenstadt 844
Straße 846
Bürogebäude 847
Einkaufszentrum 848
Kaufhaus 850
Kongresszentrum 852
Hotel 854
allgemeine Zeichen 856

WIRTSCHAFT UND FINANZWESEN 858

Bankfiliale 858
Beispiele für Währungsabkürzungen 860
Geld und Zahlungsmodalitäten 860

JUSTIZ 862

Gericht 862
Justizvollzugsanstalt 864

BILDUNG 866

Bibliothek 866
Schule 868

Ballungsgebiet[N]

conurbation | agglomération[F] | conurbación[F] | conurbazione[F]

Hauptkomponenten[F]
main components
principales composantes[F]
componentes[M] principales
componenti[M] principali

Ballungsgebiet[N]

Hauptzonen[F]
main zones
principales zones[F]
zonas[F] principales
zone[F] principali

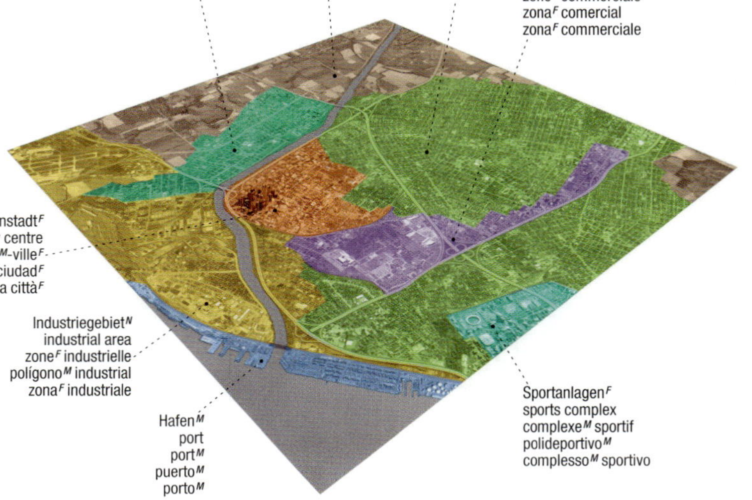

Innenstadt[F]

city centre | centre[M]-ville[F] | centro[M] ciudad[F] | centro[M] della città[F]

Gesamtansicht[F]
general view
vue[F] d'ensemble[M]
vista[F] general
vista[F] generale

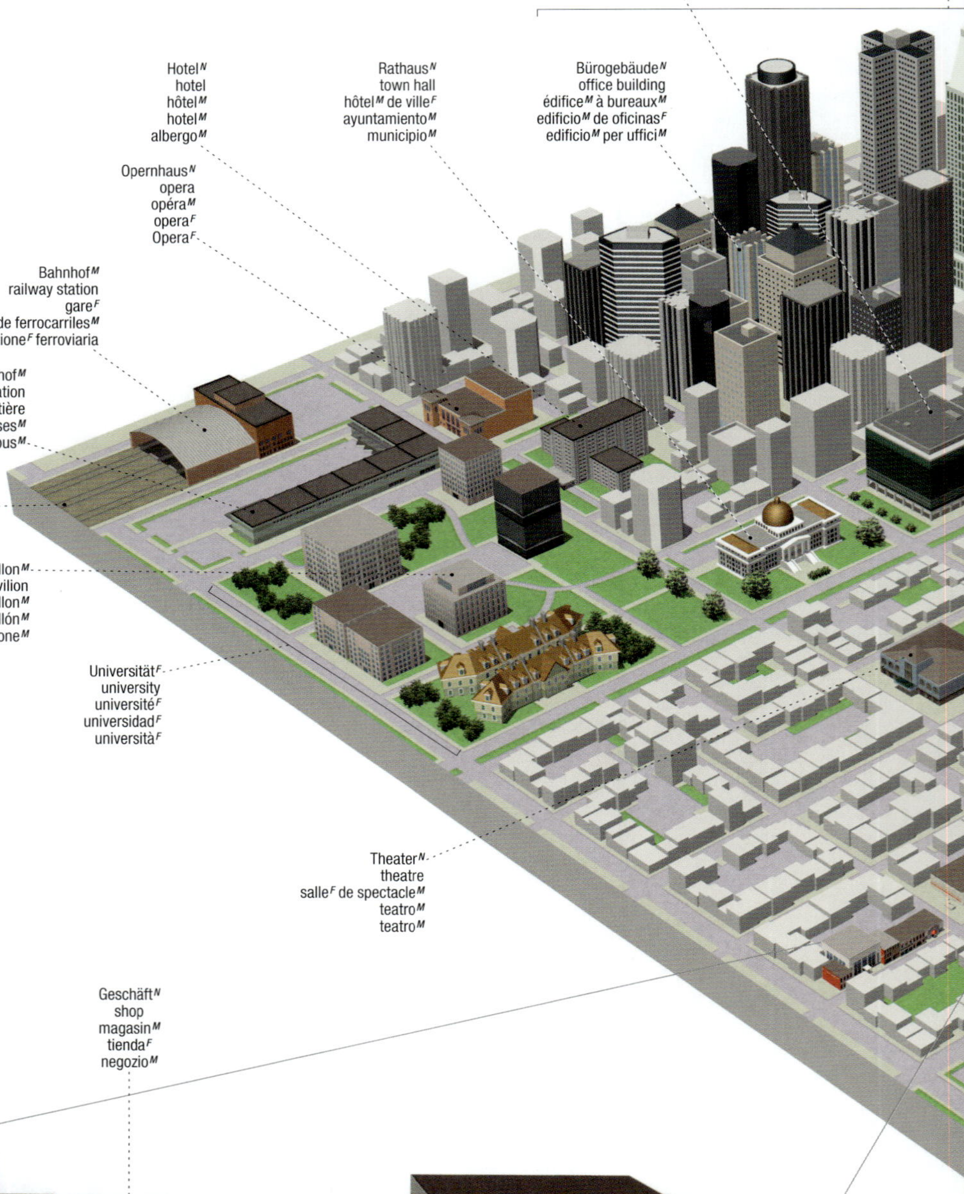

Einkaufsstraße[F]
shopping street
rue[F] commerçante
calle[F] comercial
via[F] commerciale

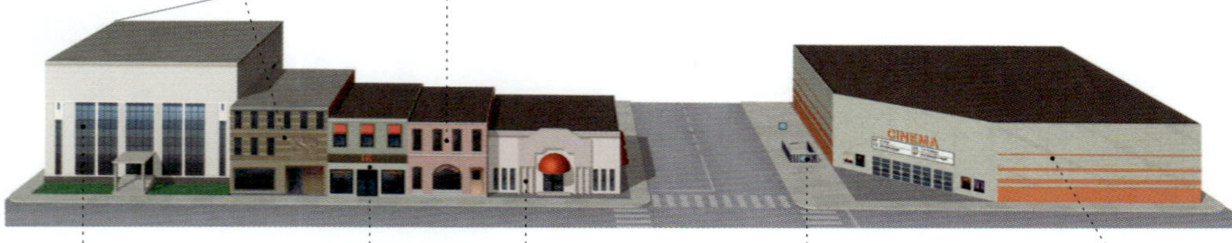

Innenstadt^{F}

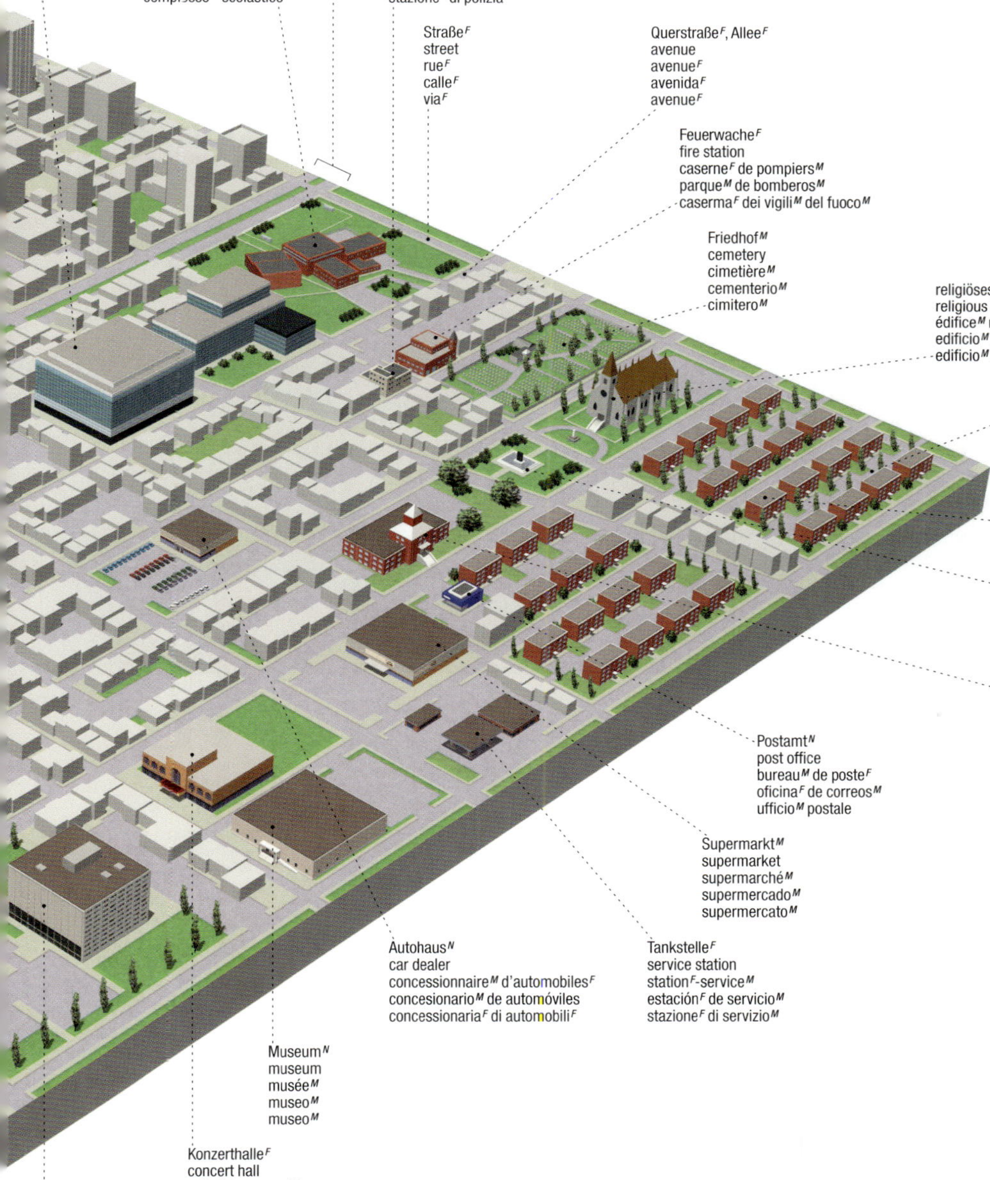

Straße[F]

street | rue[F] | calle[F] | via[F]

Straße[F] im Querschnitt[M]
section of a street
coupe[F] d'une rue[F]
corte[M] de una calle[F]
sezione[F] di una strada[F]

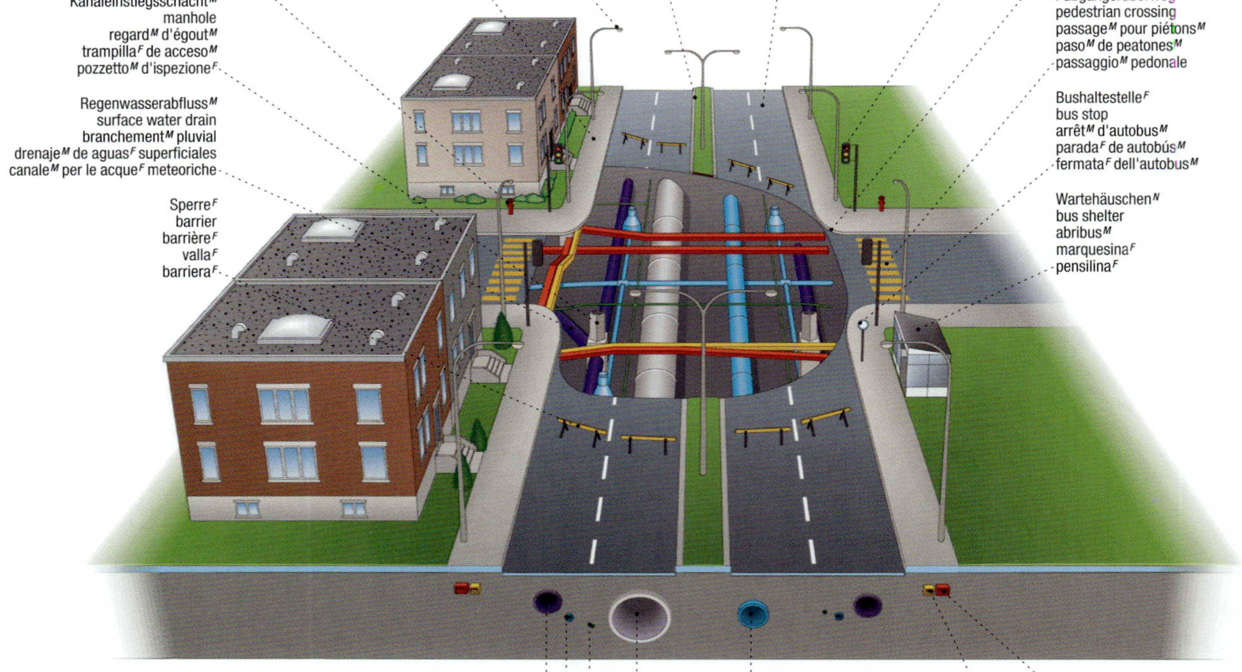

Verkehrsampeln[F]
traffic lights
feux[M] de circulation[F]
semáforo[M]
semafori[M]

Bürogebäude[N]

office building | édifice[M] à bureaux[M] | edificio[M] de oficinas[F] | edificio[M] per uffici[M]

Gesamtansicht[F]
general view
vue[F] d'ensemble[M]
vista[F] general
vista[F] generale

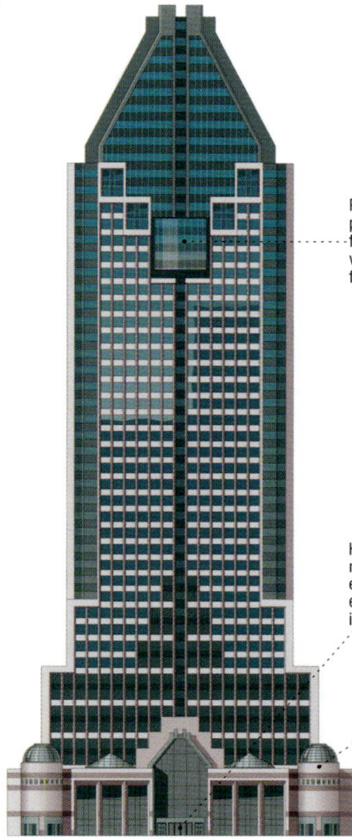

Breitfußgeschoss[N] und Untergeschoss[N]
podium and basements
basilaire[M] et sous-sol[M]
podio[M] y sótanos[M]
basamento[M] e sotterraneo[M]

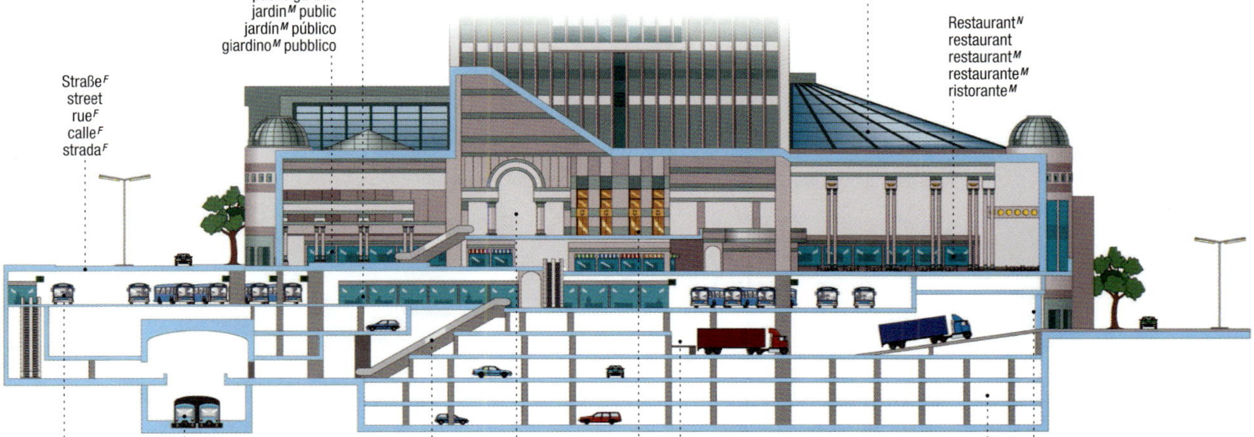

Einkaufszentrum^N

shopping centre | centre^M commercial | centro^M comercial | centro^M commerciale

Elektronikgeschäft^N
electronics shop
magasin^M d'électronique^F
tienda^F de electrónica^F
negozio^M di elettronica^F

Restaurant^N
restaurant
restaurant^M
restaurante^M
ristorante^M

Bekleidungsgeschäft^N
clothing shop
magasin^M de prêt-à-porter^M
tienda^F de ropa^F
negozio^M di abbigliamento^M

Buchhandlung^F
bookshop
librairie^F
librería^F
libreria^F

Juweliergeschäft^N
jewellery shop
bijouterie^F
joyería^F
gioielleria^F

Lederwarengeschäft^N
leather goods shop
maroquinerie^F
peletería^F
pelletteria^F

Tierhandlung^F
pet shop
animalerie^F
tienda^F de animales^M
negozio^M di animali^M

Geschenkwarenladen^M
gift shop
magasin^M de cadeaux^M
tienda^F de regalos^M
negozio^M di articoli^M da regalo^M

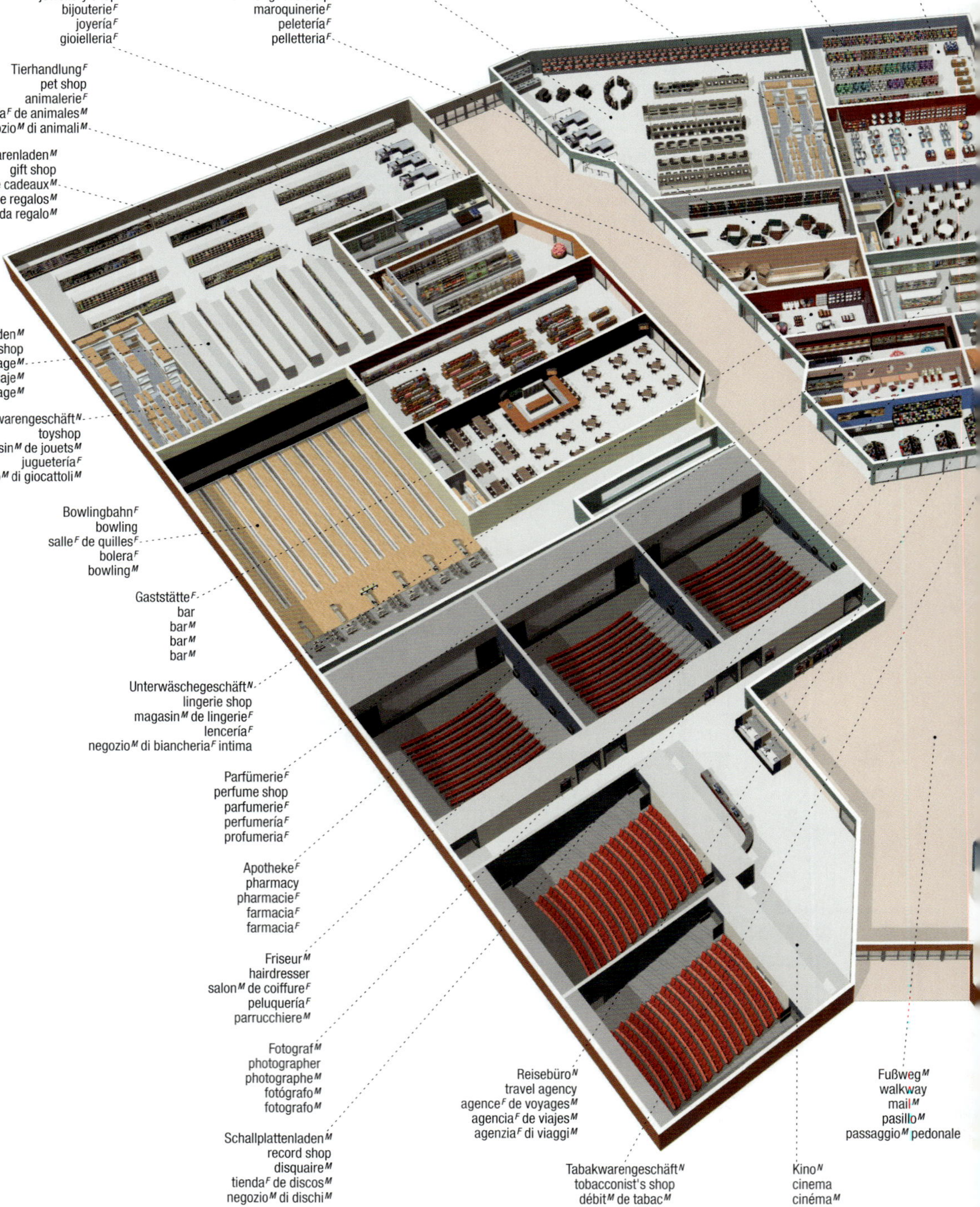

Heimwerkerladen^M
do-it-yourself shop
magasin^M de bricolage^M
tienda^F de bricolaje^M
negozio^M di bricolage^M

Spielwarengeschäft^N
toyshop
magasin^M de jouets^M
juguetería^F
negozio^M di giocattoli^M

Bowlingbahn^F
bowling
salle^F de quilles^F
bolera^F
bowling^M

Gaststätte^F
bar
bar^M
bar^M
bar^M

Unterwäschegeschäft^N
lingerie shop
magasin^M de lingerie^F
lencería^F
negozio^M di biancheria^F intima

Parfümerie^F
perfume shop
parfumerie^F
perfumería^F
profumeria^F

Apotheke^F
pharmacy
pharmacie^F
farmacia^F
farmacia^F

Friseur^M
hairdresser
salon^M de coiffure^F
peluquería^F
parrucchiere^M

Fotograf^M
photographer
photographe^M
fotógrafo^M
fotografo^M

Schallplattenladen^M
record shop
disquaire^M
tienda^F de discos^M
negozio^M di dischi^M

Reisebüro^N
travel agency
agence^F de voyages^M
agencia^F de viajes^M
agenzia^F di viaggi^M

Tabakwarengeschäft^N
tobacconist's shop
débit^M de tabac^M
estanco^M
tabaccheria^F

Kino^N
cinema
cinéma^M
cine^M
cinema^M

Fußweg^M
walkway
mail^M
pasillo^M
passaggio^M pedonale

Einkaufszentrum^N

Kaufhaus^N

department store | magasin^M à rayons^M | grandes almacenes^M | grandi magazzini^M

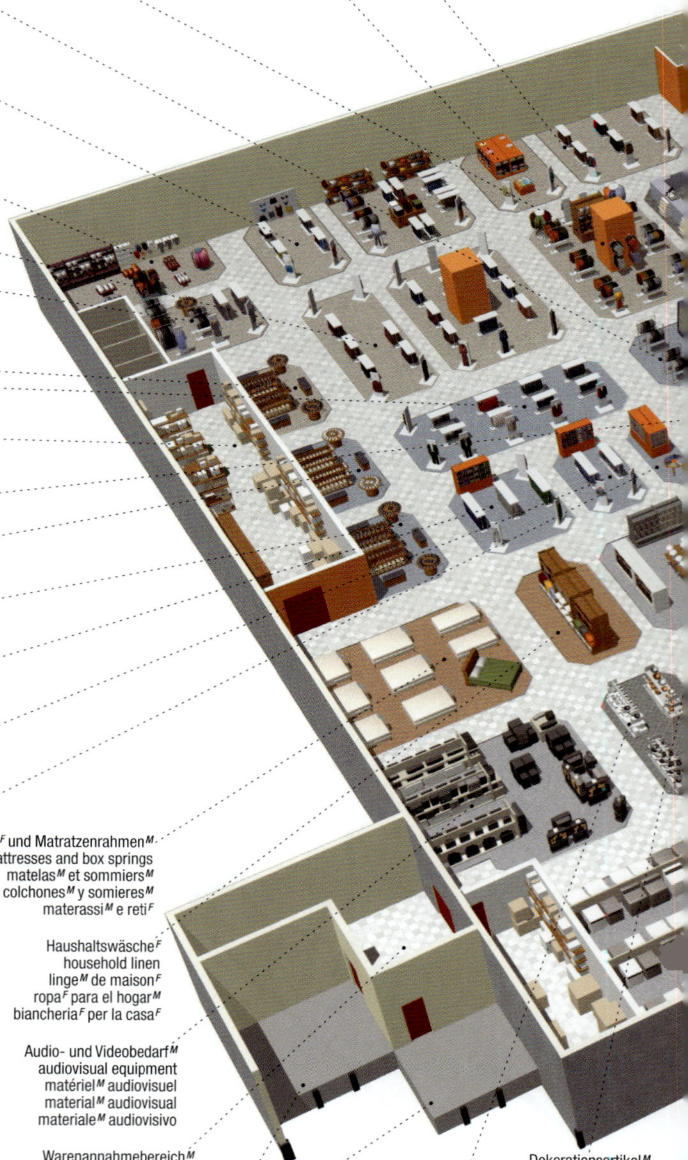

Kaufhaus[N]

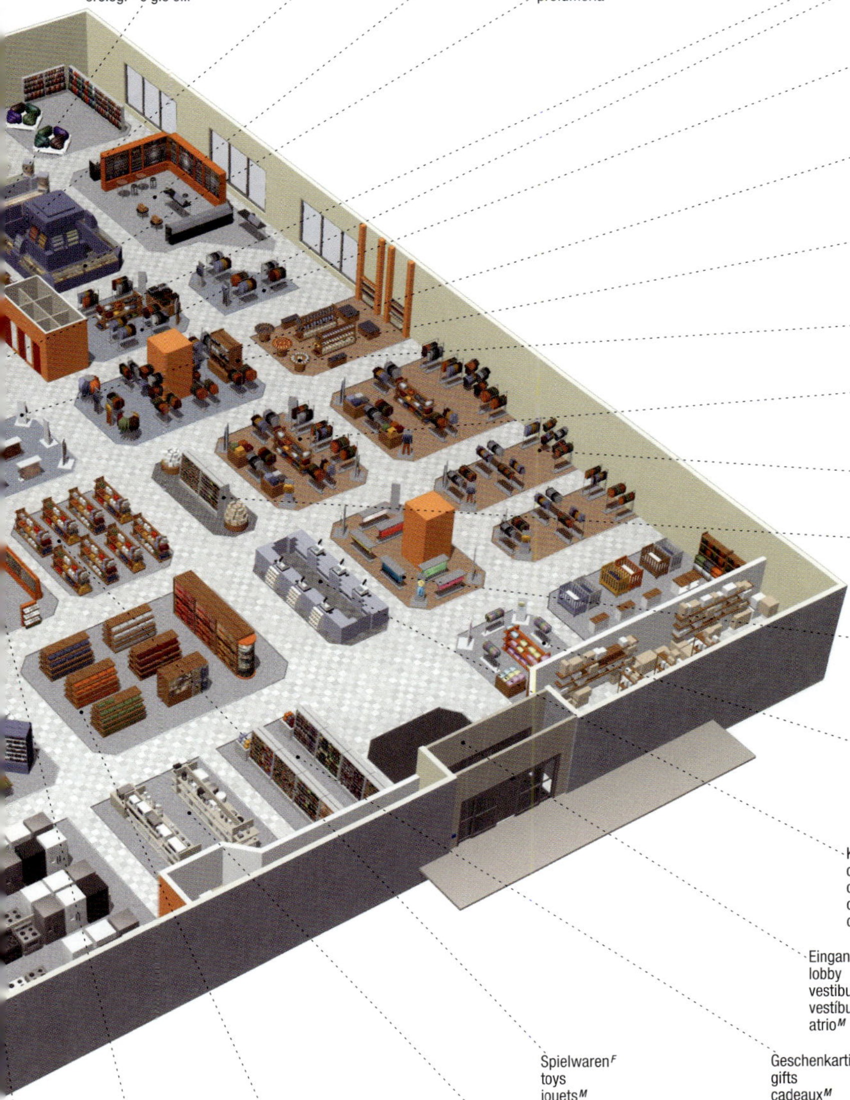
offer[M] und Reisetaschen[F]
ggage
agages[M]
aletas[F]
aligie[F]
Damen[F]-Accessoires[N]
women's accessories
accessoires[M] de femmes[F]
accesorios[M] femeninos
accessori[M] da donna[F]
Kosmetikartikel[M]
cosmetics
cosmétiques[M]
cosméticos[M]
prodotti[M] di bellezza[F]
Herren[M]-Nachtwäsche[F]
men's nightwear
vêtements[M] de nuit[F] d'hommes[M]
pijamas[M] de hombre[M]
biancheria[F] da notte[F] per uomo[M]
Herren[M]-Sportbekleidung[F]
men's sportswear
vêtements[M] de sport[M] d'hommes[M]
ropa[F] de deportes[M] de hombre[M]
abbigliamento[M] sportivo da uomo[M]
Uhren[F] und Schmuck[M]
watches and jewellery
montres[F] et bijoux[M]
relojes[M] y joyería[F]
orologi[M] e gioielli[M]
Parfümerie[F]
perfume
parfum[M]
perfumes[M]
profumeria[F]
Herrenpullover[M]
men's sweaters
tricots[M] d'hommes[M]
jerséis[M] de hombre[M]
maglioni[M] da uomo[M]
Herrenjacken[F] und -mäntel[M]
men's coats
manteaux[M] d'hommes[M]
abrigos[M] de hombre[M]
soprabiti[M] da uomo[M]
Herren[M]-Freizeitbekleidung[F]
men's casual wear
vêtements[M] décontractés d'hommes[M]
ropa[F] informal de hombre[M]
abbigliamento[M] casual maschile
Kinderschuhe[M]
children's shoes
chaussures[F] d'enfants[M]
zapatos[M] de niños[M]
scarpe[F] per bambini[M]
Mädchenbekleidung[F]
girls' wear
vêtements[M] de filles[F]
ropa[F] para niñas[F]
abbigliamento[M] ragazze[F]
Jungenbekleidung[F]
boys' wear
vêtements[M] de garçons[M]
ropa[F] para niños[M]
abbigliamento[M] ragazzi[M]
Süßwaren[F]
confectionery
confiserie[F]
confitería[F]
dolciumi[M]
Kinder[N]-Sportbekleidung[F]
children's sportswear
vêtements[M] de sport[M] d'enfants[M]
ropa[F] de deportes[M] para niños[M]
abbigliamento[M] sportivo per bambini[M]
Babybekleidung[F]
babies' wear
vêtements[M] de bébés[M]
ropa[F] de bebé[M]
abbigliamento[M] bambini[M]
Kassen[F]
checkouts
caisses[F]
cajas[F]
casse[F]
Eingangsbereich[M]
lobby
vestibule[M]
vestíbulo[M]
atrio[M]
Spielwaren[F]
toys
jouets[M]
juguetes[M]
giocattoli[M]
Geschenkartikel[M]
gifts
cadeaux[M]
regalos[M]
articoli[M] da regalo[M]
Badartikel[M]
bathroom articles
articles[M] de salle[F] de bains[M]
artículos[M] de tocador[M]
articoli[M] per il bagno[M]
kleine Elektrohaushaltsgeräte[N]
small domestic appliances
petits appareils[M] électroménagers
pequeños electrodomésticos[M]
piccoli elettrodomestici[M]
Schreibwaren[F]
stationery
papeterie[F]
papelería[F]
cartoleria[F]
Geschirr[N], Glaswaren[F] und Silberwaren[F]
dinnerware, glassware, and silverware
vaisselle[F], verres[M] et couverts[M]
vajillas[F], cristalerías[F] y cuberterías[F]
vasellame[M], cristalleria[F] e argenteria[F]

Kongresszentrum[N]

convention centre | palais[M] des congrès[M] | palacio[M] de congresos[M] | palazzo[M] dei congressi[M]

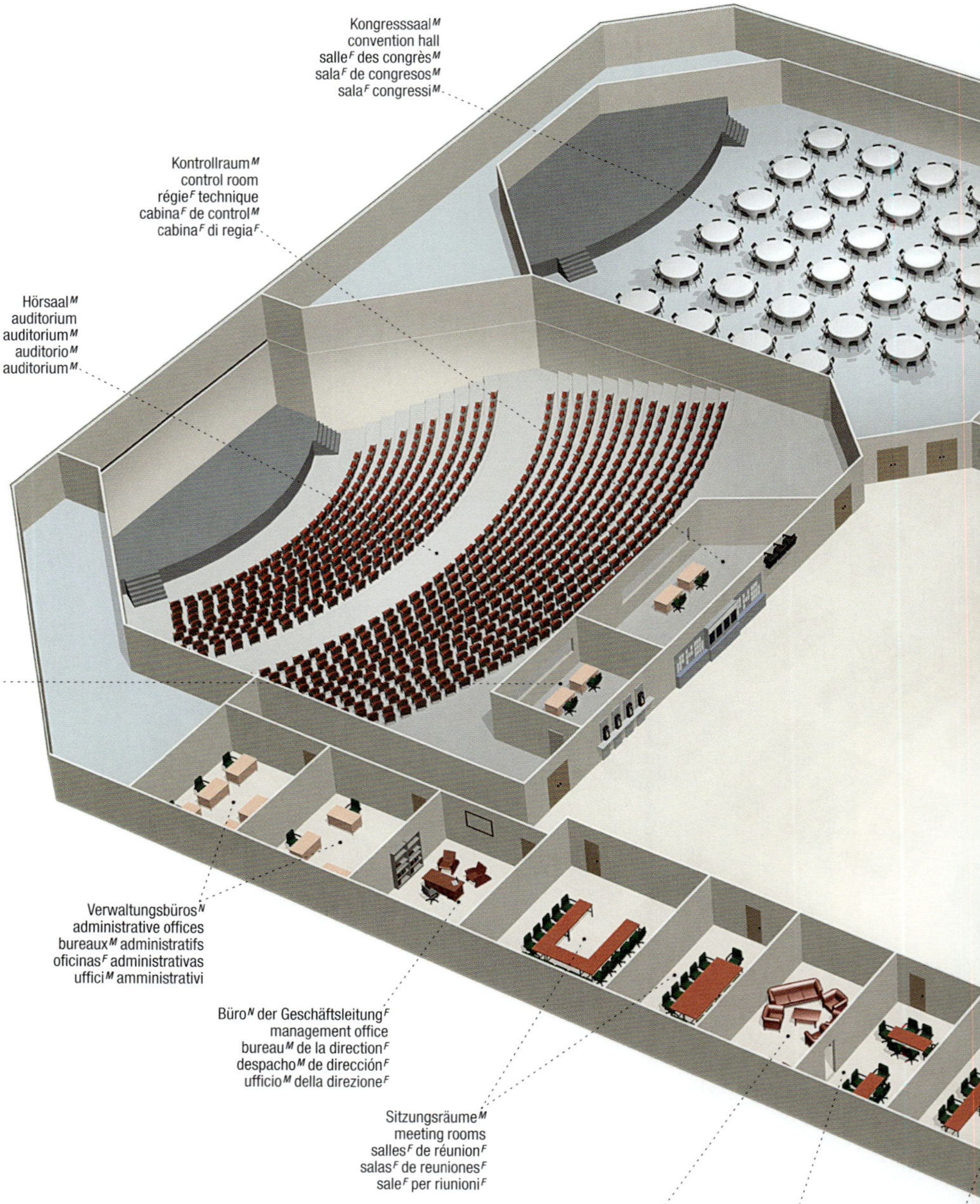

Kongresszentrum[N]

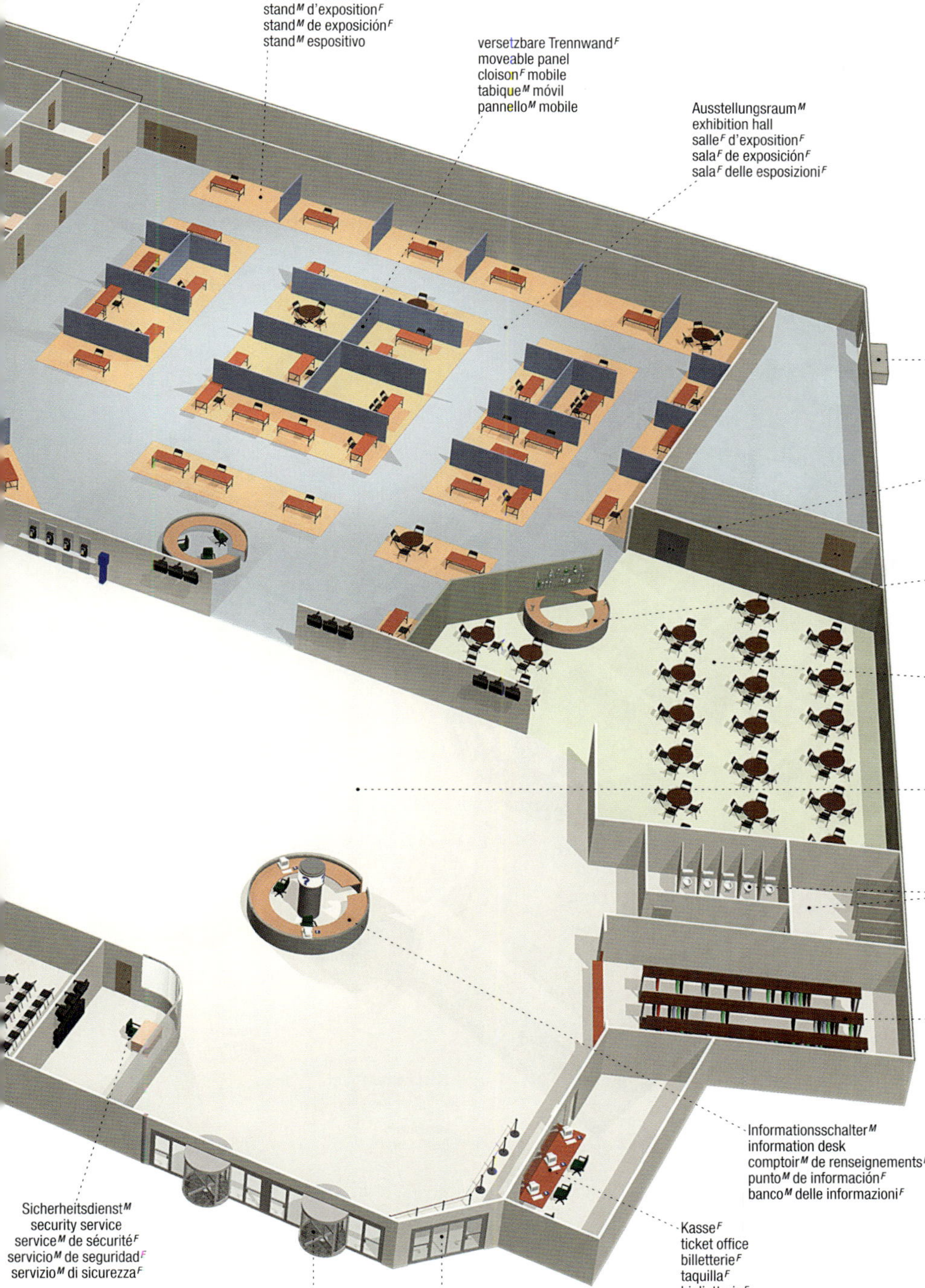

Hotel[N]

hotel | hôtel[M] | hotel[M] | albergo[M]

Empfangsebene[F]
reception level
niveau[M] de la réception[F]
nivel[M] de la recepción[F]
piano[M] della reception[F]

Hotel^N

Hotelzimmer^N
hotel room
chambres^F d'hôtel^M
habitación^F de hotel^M
camera^F d'albergo^M

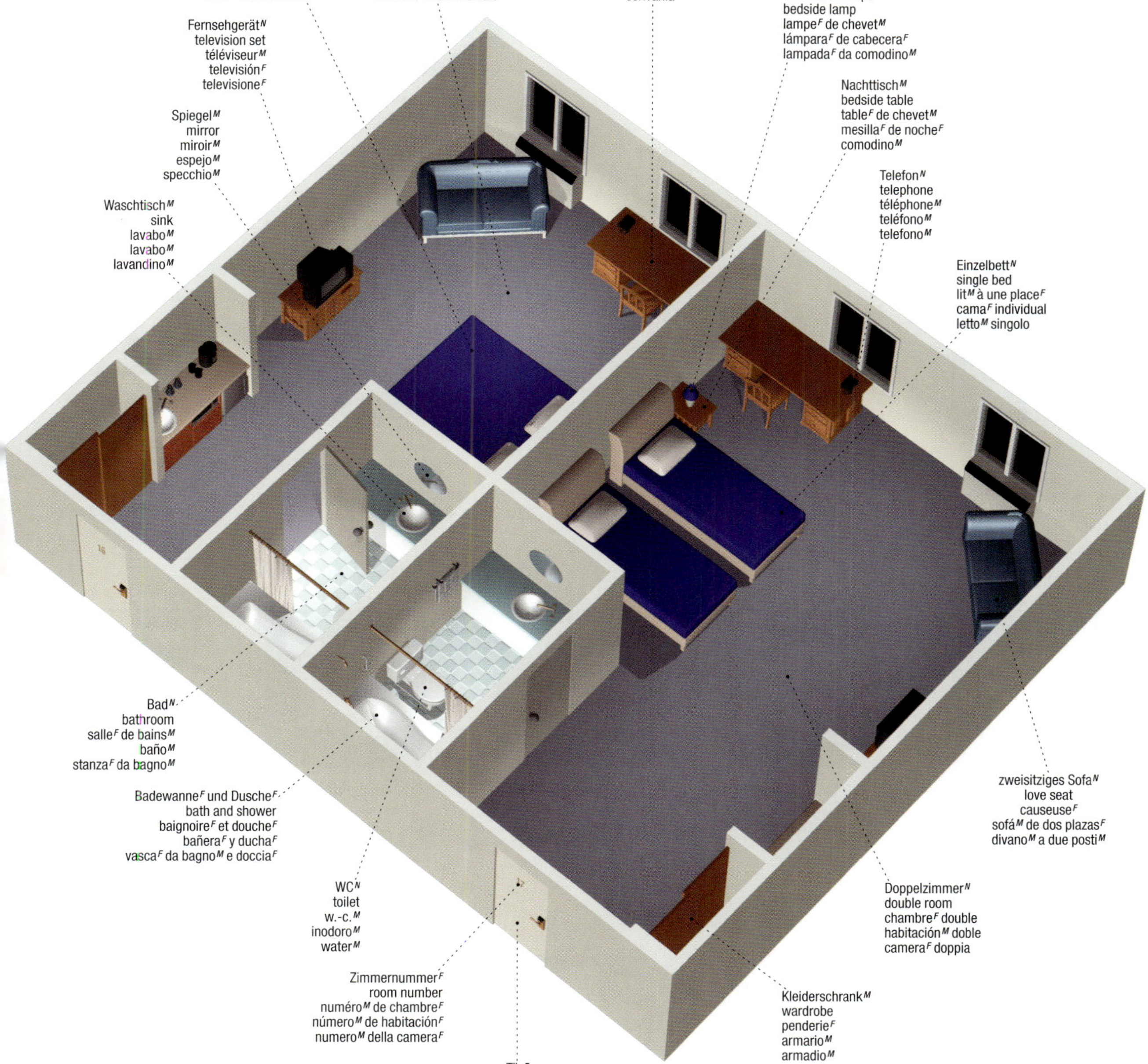

allgemeine Zeichen^{N}

common symbols | symboles^{M} d'usage^{M} courant | símbolos^{M} de uso^{M} común | simboli^{M} comuni

Herrentoilette^{F}
men's toilet
toilettes^{F} pour hommes^{M}
servicios^{M} para caballeros^{M}
toilette^{F} uomini^{M}

Damentoilette^{F}
women's toilet
toilettes^{F} pour femmes^{F}
servicios^{M} para señoras^{F}
toilette^{F} donne^{F}

Zugang^{M} für Behinderte^{M}
access for physically handicapped
accès^{M} pour handicapés^{M} physiques
acceso^{M} para minusválidos^{M}
accesso^{M} per i portatori^{M} di handicap^{M}

Verbot für Rollstuhlfahrer^{M}
no access for wheelchairs
ne pas utiliser avec un fauteuil^{M} roulant
prohibido usar silla^{F} de ruedas^{F}
accesso^{M} non consentito alle sedie^{F} a rote

Rastplatz^{M}
picnic area
pique-nique^{M}
zona^{F} de comidas^{F} campestres
area^{F} per pic-nic^{M}

Picknick^{N} verboten
picnics prohibited
pique-nique^{M} interdit
prohibido hacer comidas^{F} campestres
vietato fare pic-nic^{M}

Zeltplatz^{M}
camping (tent)
camping^{M}
zona^{F} para acampar
campeggio^{M}

Zelten^{N} verboten
camping prohibited
camping^{M} interdit
prohibido acampar
vietato fare campeggio^{M}

Cafeteria^{F}
buffet
casse-croûte^{M}
cafetería^{F}
punto^{M} di ristoro^{M}

Restaurant^{N}
restaurant
restaurant^{M}
restaurante^{M}
ristorante^{M}

Tankstelle^{F}
service station
station^{F}-service^{M}
estación^{F} de servicio^{M}
stazione^{F} di servizio^{M}

Camping^{N} für Wohnwagen^{M}
camping (caravan)
caravaning^{M}
zona^{F} para caravanas^{F}
area^{F} per caravan^{M}

Camping^{N} für Zelte^{N} und Wohnwagen^{M}
camping (caravan and tent)
camping^{M} et caravaning^{M}
zona^{F} para acampar y para caravanas^{F}
area^{F} per campeggio^{M} e caravan^{M}

Polizei^{F}
police
police^{F}
policía^{F}
polizia^{F}

Krankenhaus^{N}
hospital
hôpital^{M}
hospital^{M}
ospedale^{M}

Erste Hilfe^{F}
first aid
premiers soins^{M}
puesto^{M} de socorro^{M}
pronto soccorso^{M}

Apotheke^{F}
chemist's shop
pharmacie^{F}
farmacia^{F}
farmacia^{F}

Feuerlöscher^{M}
fire extinguisher
extincteur^{M} d'incendie^{M}
extintor^{M} de incendios^{M}
estintore^{M}

allgemeine Zeichen^{N}

Rolltreppe^{F}
escalator
escalier^{M} mécanique
escalera^{F} mecánica
scala^{F} mobile

Treppe^{F}
stairs
escalier^{M}
escaleras^{F}
scale^{F}

Aufzug^{M}
lift
ascenseur^{M}
elevador^{M}
ascensore^{M}

Hunde^{M} verboten
dogs prohibited
interdit aux chiens^{M}
prohibido perros^{M}
divieto^{M} di accesso^{M} ai cani^{M}

Autovermietung^{F}
car rental
location^{F} de voitures^{F}
alquiler^{M} de automóviles^{M}
noleggio^{M} auto^{F}

Gepäckschließfächer^{N}
luggage lockers
consigne^{F} automatique
taquillas^{F} de consigna^{F}
cassette^{F} di deposito^{M} per bagagli^{M}

Unterkünfte^{F}
lodging
hébergement^{M}
alojamiento^{M}
pernottamento^{M}

Rauchen^{N} verboten
no smoking
défense^{F} de fumer
prohibido fumar
divieto^{M} di fumo^{M}

Bus^{M}
bus
autobus^{M}
autobús^{M}
autobus^{M}

Flughafen^{M}
airport
aéroport^{M}
aeropuerto^{M}
aeroporto^{M}

Post^{F}
mail
poste^{F}
correos^{M}
posta^{F}

Taxi^{N}
taxi rank
transport^{M} par taxi^{M}
servicio^{M} de taxis^{M}
taxi^{M}

Telefon^{N}
telephone
téléphone^{M}
teléfono^{M}
telefono^{M}

Information^{F}
information
renseignements^{M}
información^{F}
informazioni^{F}

Information^{F}
information
renseignements^{M}
información^{F}
informazioni^{F}

Fundbüro^{N}
lost property
articles^{M} perdus et retrouvés
oficina^{F} de objetos^{M} perdidos
oggetti^{M} smarriti

Geldwechsel^{M}
currency exchange
change^{M}
cambio^{M}
cambio^{M}

Bankfiliale^{F}

bank branch | succursale^{F} bancaire | sucursal^{F} bancaria | succursale^{F} bancaria

**Bankautomat^{M}
automated teller machine (ATM)
guichet^{M} automatique bancaire
cajero^{M} automático
Bancomat^{M}**

Funktionstasten^{F}
operation keys
touches^{F} d'opérations^{F}
teclas^{F} de operación^{F}
tasti^{M} funzione^{F}

Einzahlungsschlitz^{M}
deposit slot
fente^{F} de dépôt^{M}
ranura^{F} de depósito^{M}
fessura^{F} per il deposito^{M}

Display^{N}
display
écran^{M}
pantalla^{F}
display^{M}

Kartenlesegerät^{N}
card reader slot
fente^{F} du lecteur^{M} de carte^{F}
lector^{M} de tarjeta^{F}
lettore^{M} di carte^{F}

Quittungsausgabe^{F}
transaction record slot
fente^{F} de relevé^{M} d'opération^{F}
ranura^{F} de registro^{M} de la transacción^{F}
fessura^{F} di registrazione^{F} della transazione^{F}

alphanumerische Tastatur^{F}
alphanumeric keyboard
clavier^{M} alphanumérique
teclado^{M} alfanumérico
tastiera^{F} alfanumerica

Geldscheinausgabe^{F}
note presenter
sortie^{F} des billets^{M}
emisión^{F} de billetes^{M}
emissione^{F} di banconote^{F}

Sparbuchnachtrag^{M}
passbook update slot
fente^{F} de mise^{F} à jour^{M} du livret^{M} bancaire
ranura^{F} de puesta^{F} al día^{F} de la cartilla^{F}
fessura^{F} di aggiornamento^{M} dell'estratto conto^{M}

Wartebereich^{M}
waiting area
aire^{F} d'attente^{F}
zona^{F} de espera^{F}
area^{F} d'attesa^{F}

Fortbildungsbüro^{N}
professional training office
bureau^{M} de formation^{F} professionnell
oficina^{F} de formación^{F} profesional
ufficio^{M} di formazione^{F} professionale

Versicherungsabteilung^{F}
insurance services
services^{M} d'assurance^{F}
servicios^{M} de seguros^{M}
servizi^{M} assicurativi

Prospektständer^{M}
brochure rack
présentoir^{M} de brochures^{F}
expositor^{M} de folletos^{M}
espositore^{M} di brochure^{F}

Finanzabteilung^{F}
financial services
services^{M} financiers
servicios^{M} financieros
servizi^{M} finanziari

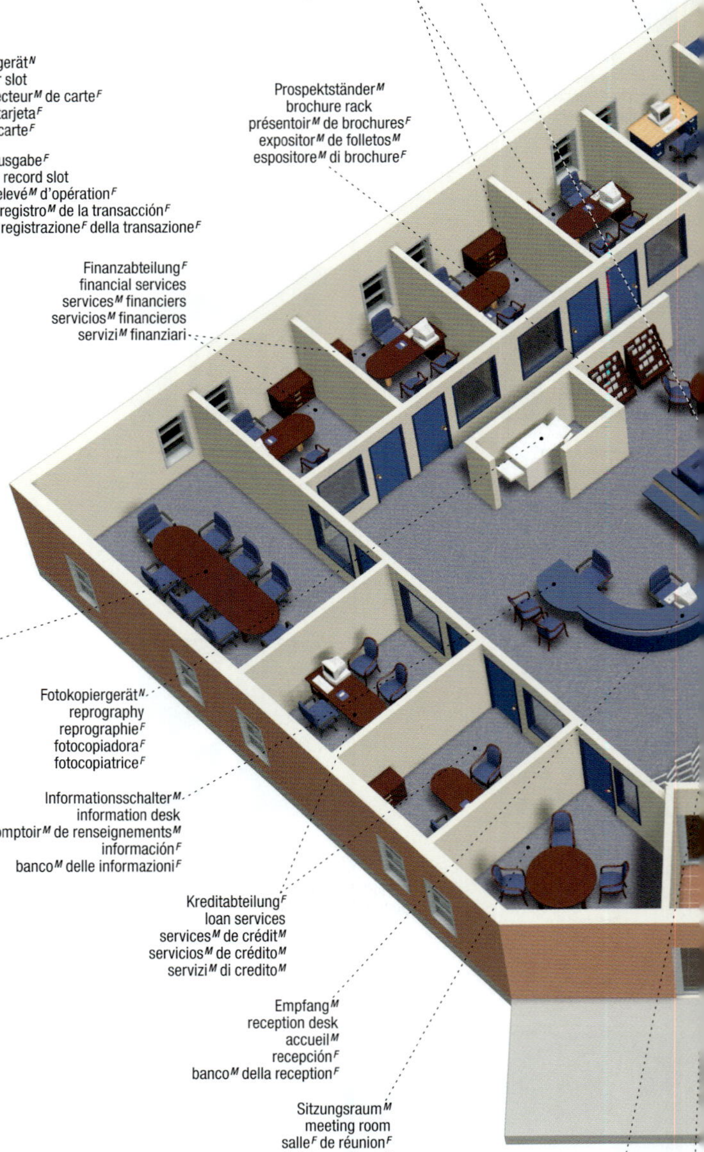

Konferenzraum^{M}
conference room
salle^{F} de conférences^{F}
sala^{F} de conferencias^{F}
sala^{F} per conferenze^{F}

Fotokopiergerät^{N}
reprography
reprographie^{F}
fotocopiadora^{F}
fotocopiatrice^{F}

Informationsschalter^{M}
information desk
comptoir^{M} de renseignements^{M}
información^{F}
banco^{M} delle informazioni^{F}

Kreditabteilung^{F}
loan services
services^{M} de crédit^{M}
servicios^{M} de crédito^{M}
servizi^{M} di credito^{M}

Empfang^{M}
reception desk
accueil^{M}
recepción^{F}
banco^{M} della reception^{F}

Sitzungsraum^{M}
meeting room
salle^{F} de réunion^{F}
sala^{F} de reuniones^{F}
sala^{F} per riunioni^{F}

Schutzgitter^{N}
security grille
grille^{F} de sécurité^{F}
reja^{F} de seguridad^{F}
griglia^{F} di sicurezza^{F}

Vorhalle^{F}
lobby
vestibule^{M}
entrada^{F}
atrio^{M}

Bankfiliale[F]

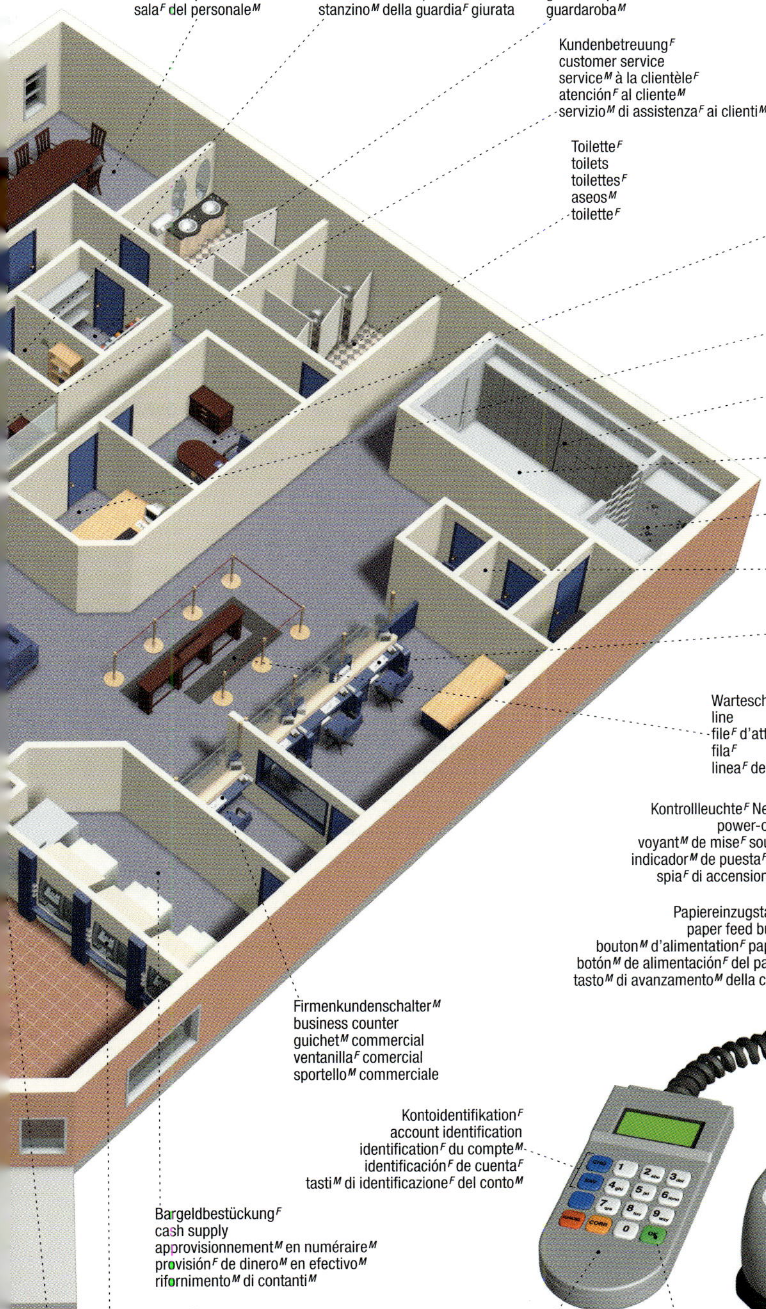

elektronisches Zahlungsterminal[N]
electronic payment terminal
terminal[M] de paiement[M] électronique
terminal[M] de pago[M] electrónico
terminale[M] di pagamento[M] elettronico

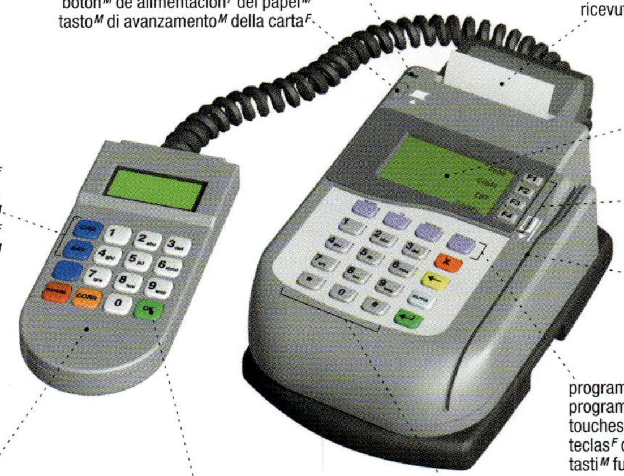

Beispiele[N] für Währungsabkürzungen[F]

examples of currency abbreviations | exemples[M] d'unités[F] monétaires | ejemplos[M] de abreviaciones[F] de monedas[F] | esempi[M] di simboli[M] di valute[F]

¢

Cent[M]
cent
cent[M]
centavo[M]
cent[M]

€

Euro[M]
euro
euro[M]
euro[M]
euro[M]

₱

Peso[M]
peso
peso[M]
peso[M]
peso[M]

£

Pfund[N]
pound
livre[F]
libra[F]
sterlina[F]

$

Dollar[M]
dollar
dollar[M]
dólar[M]
dollaro[M]

Rs

Rupie[F]
rupee
roupie[F]
rupia[F]
rupia[F]

₪

neuer Schekel[M]
new shekel
nouveau shekel[M]
nuevo shekel[M]
nuovo shekel[M]

¥

Yen[M]
yen
yen[M]
yen[M]
yen[M]

¥

Yuan[M]
yuan
yuan[M]
yuán[M]
yuan[M]

Geld[N] und Zahlungsmodalitäten[F]

money and modes of payment | monnaie[F] et modes[M] de paiement[M] | dinero[M] y modos[M] de pago[M] | denaro[M] e metodi[M] di pagamento[M]

Münze[F]: Vorderseite[F]
coin: obverse
pièce[F] de monnaie[F] : avers[M]
moneda[F] : anverso[M]
moneta[F]: diritto[M]

Jahreszahl[F]
date
millésime[M]
fecha[F]
anno[M]

Rand[M]
edge
tranche[F]
canto[M]
contorno[M]

Münze[F]: Rückseite[F]
coin: reverse
pièce[F] de monnaie[F] : revers[M]
moneda[F] : reverso[M]
moneta[F]: rovescio[M]

Außenring[M]
outer ring
couronne[F]
cordoncillo[M]
corona[F]

Wertangabe[F]
denomination
valeur[F]
valor[M]
indicazione[F] del valore[M]

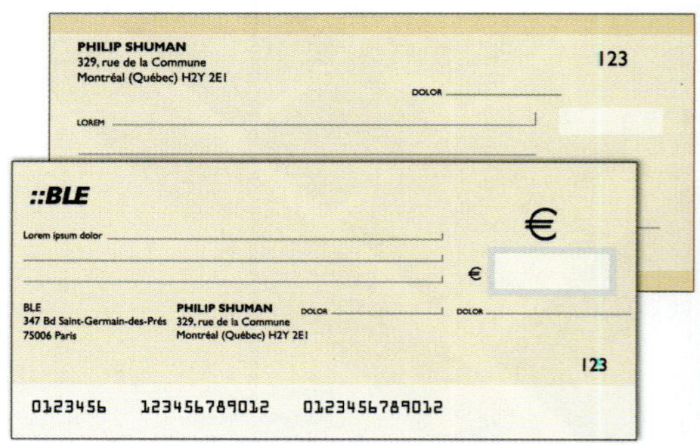

Scheck[M]
cheque
chèque[M]
cheque[M]
assegno[M]

Travellerscheck[M]
traveller's cheque
chèque[M] de voyage[M]
cheque[M] de viaje[M]
traveller's cheque[M]

Geld[N] und Zahlungsmodalitäten[F]

Banknote[F]: Vorderseite[F]
banknote: front
billet[M] de banque[F]: recto[M]
billete[M]: recto[M]
banconota[F]: dritto[M]

Kürzel[N] der Ausgabebank[F]
initials of issuing bank
itiales[F] de la banque[F] émettrice
iniciales[F] del banco[M] emisor
ziali[F] della banca[F] di emissione[F]

metallisiertes Hologramm[N]
hologram foil strip
bande[F] métallisée holographique
banda[F] holográfica metalizada
banda[F] olografica

Sicherheitsfaden[M]
security thread
fil[M] de sécurité[F]
hilo[M] de seguridad[F]
filo[M] di sicurezza[F]

Porträt[N]
portrait
effigie[F]
retrato[M]
effigie[F]

Seriennummer[F]
serial number
numéro[M] de série[F]
número[M] de serie[F]
numero[M] di serie[F]

Wasserzeichen[N]
watermark
filigrane[M]
filigrana[F]
filigrana[F]

amtliche Unterschrift[F]
official signature
signature[F] officielle
firma[F] oficial
firma[F] ufficiale

metallische Tinte[F]
colour shifting ink
encre[F] à couleur[F] changeante
tinta[F] de color[M] cambiante
inchiostro[M] a colori[M] cangianti

Banknote[F]: Rückseite[F]
banknote: back
billet[M] de banque[F]: verso[M]
billete[M]: verso[M]
banconota[F]: rovescio[M]

Seriennummer[F]
serial number
numéro[M] de série[F]
número[M] de serie[F]
numero[M] di serie[F]

Leitspruch[M]
motto
devise[F]
lema[M]
motto[M]

Währungsangabe[F]
currency name
nom[M] de la monnaie[F]
nombre[M] de la moneda[F]
nome[M] della valuta[F]

Wertangabe[F]
denomination
valeur[F]
valor[M]
indicazione[F] del valore[M]

Scheckkarte[F]
debit card
carte[F] de débit[M]
tarjeta[F] de débito[M]
carta[F] di addebito[M]

Kartennummer[F]
card number
numéro[M] de carte[F]
número[M] de tarjeta[F]
numero[M] della carta[F]

Kreditkarte[F]
credit card
carte[F] de crédit[M]
tarjeta[F] de crédito[M]
carta[F] di credito[M]

Magnetstreifen[M]
magnetic strip
bande[F] magnétique
banda[F] magnética
banda[F] magnetica

Unterschrift[F] des Inhabers[M]
holder's signature
signature[F] du titulaire[M]
firma[F] del titular[M]
firma[F] del titolare[M]

Chip[M]
chip
puce[F]
chip[M]
chip[M]

Kartennummer[F]
card number
numéro[M] de carte[F]
número[M] de la tarjeta[F]
numero[M] della carta[F]

Name[M] des Inhabers[M]
holder's name
nom[M] du titulaire[M]
nombre[M] del titular[M]
nome[M] del titolare[M]

Verfallsdatum[N]
expiry date
date[F] d'expiration[F]
fecha[F] de vencimiento[M]
data[F] di scadenza[F]

Gericht^{N}

court | tribunal^{M} | tribunal^{M} | tribunale^{M}

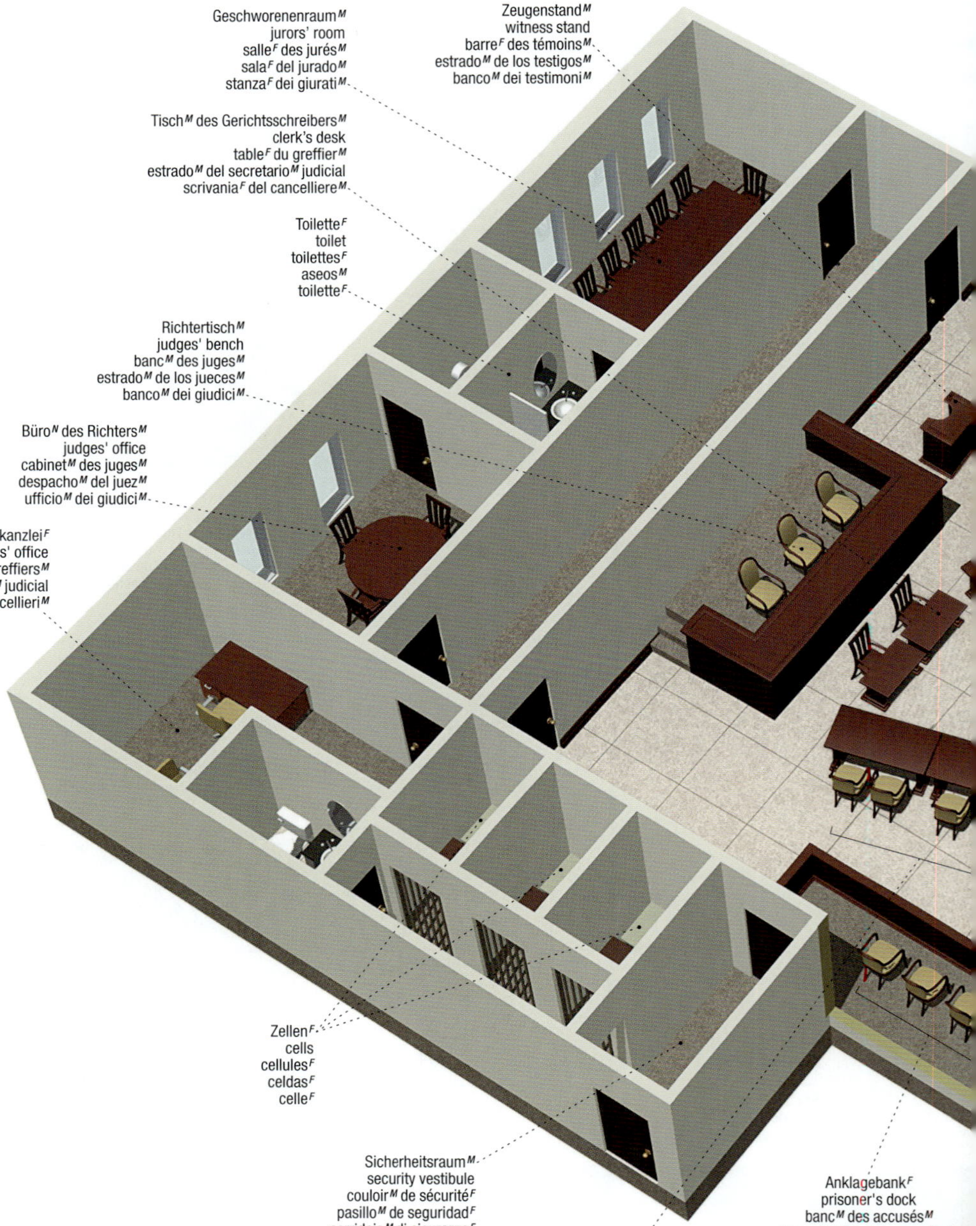

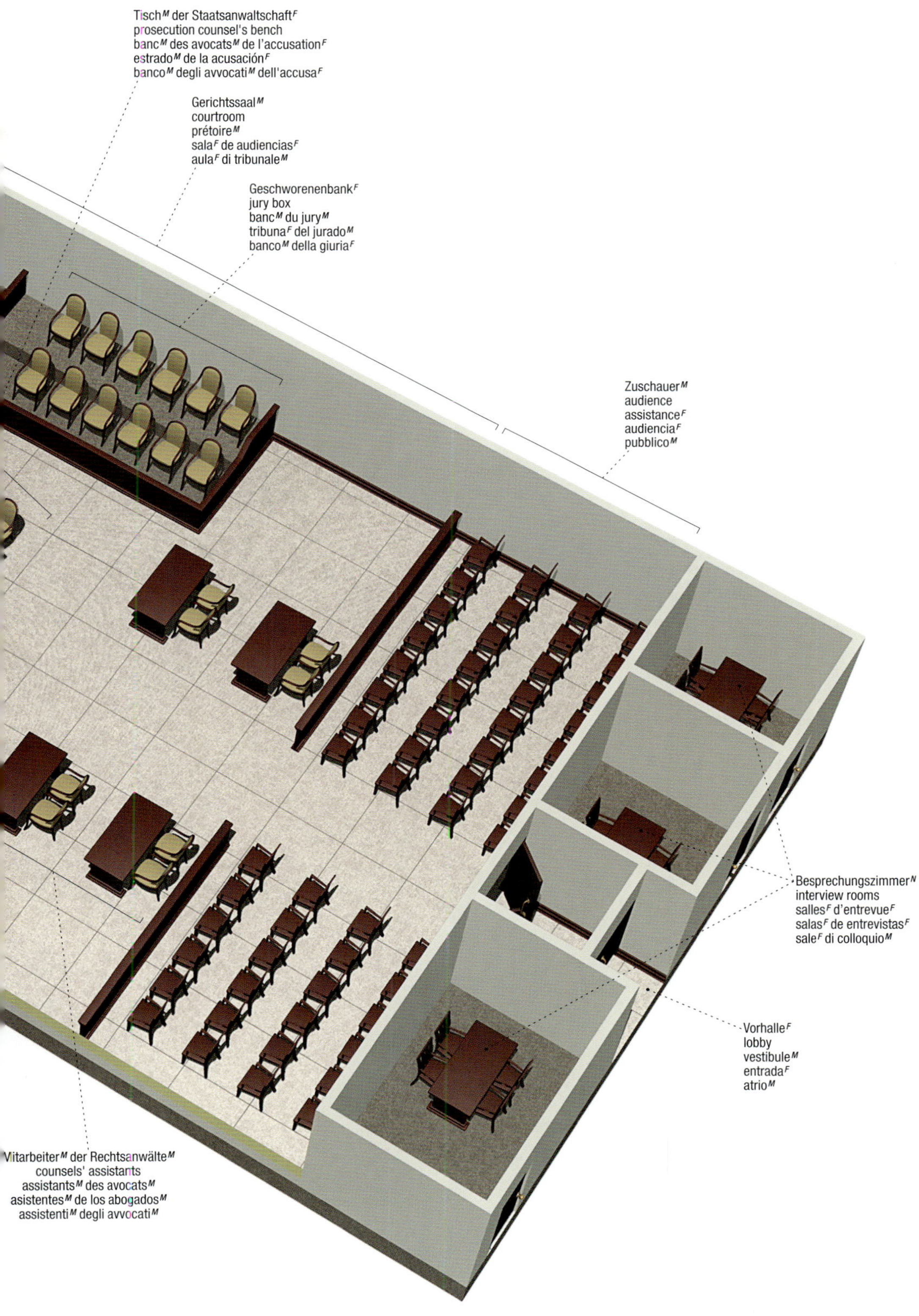
Tisch[M] der Staatsanwaltschaft[F]
prosecution counsel's bench
banc[M] des avocats[M] de l'accusation[F]
estrado[M] de la acusación[F]
banco[M] degli avvocati[M] dell'accusa[F]
Gerichtssaal[M]
courtroom
prétoire[M]
sala[F] de audiencias[F]
aula[F] di tribunale[M]
Geschworenenbank[F]
jury box
banc[M] du jury[M]
tribuna[F] del jurado[M]
banco[M] della giuria[F]
Zuschauer[M]
audience
assistance[F]
audiencia[F]
pubblico[M]
Besprechungszimmer[N]
interview rooms
salles[F] d'entrevue[F]
salas[F] de entrevistas[F]
sale[F] di colloquio[M]
Vorhalle[F]
lobby
vestibule[M]
entrada[F]
atrio[M]
Mitarbeiter[M] der Rechtsanwälte[M]
counsels' assistants
assistants[M] des avocats[M]
asistentes[M] de los abogados[M]
assistenti[M] degli avvocati[M]

Justizvollzugsanstalt[F]

prison | prison[F] | cárcel[F] | carcere[M]

Personalein- und -ausgangskontrolle[F]
staff entrance and exit control
contrôle[M] des entrées[F] et sorties[F] du personnel[M]
control[M] de entrada[F] y salida[F] del personal[F]
controllo[M] dell'entrata[F] e dell'uscita[F] del personale[M]

Werkstatt[F]
workshop
atelier[M]
taller[M]
laboratorio[M]

Gebetsraum[M]
prayer room
lieu[M] de prière[F]
sala[F] de oración[F]
sala[F] della preghiera[F]

Personaleingang[M]
staff entrance
entrée[F] du personnel[M]
entrada[F] del personal[M]
ingresso[M] del personale[M]

Bibliothek[F]
library
bibliothèque[F]
biblioteca[F]
biblioteca[F]

Büro[N] des Direktors[M]
governor's office
bureau[M] du directeur[M]
despacho[F] del director[M]
ufficio[M] del direttore[M]

Büro[N] des stellvertretenden Direktors[M]
assistant governor's office
bureau[M] du directeur[M] adjoint
despacho[F] del subdirector[M]
ufficio[M] del vicedirettore[M]

Büro[N]
office
bureau[M]
oficina[F]
ufficio[M]

Sprechzimmer[N]
visiting room
parloir[M]
locutorio[M]
parlatorio[M]

Empfangsraum[M] für Besucher[M]
visitors' front office
bureau[M] d'accueil[M] des visiteurs[M]
oficina[F] de recepción[F] de visitantes[M]
ufficio[M] di accettazione[F] dei visitatori[M]

Besuchereingang[M]
visitors' entrance
entrée[F] des visiteurs[M]
entrada[M] de los visitantes[M]
ingresso[M] dei visitatori[M]

Durchgangsmetalldetektor[M]
walk-through metal detector
portique[M] détecteur de métal[M]
pórtico[M] detector[M] de metales[M]
metal detector[M] a porta[F]

Warteraum[M] für Besucher[M]
visitors' waiting room
salle[F] d'attente[F] des visiteurs[M]
sala[F] de espera[F] de visitantes[M]
sala[F] d'attesa[F] dei visitatori[M]

Garderobe[F]
cloakroom
vestiaire[M]
guardarropa[M]
guardaroba[M]

Gefangenentransporter[M]
patrol wagon
voiture[F] cellulaire
coche[M] celular
cellulare[M]

Garage[F]
garage
garage[M]
garaje[M]
garage[M]

Insasseneingang[M]
inmates' entrance
entrée[F] des détenus[M]
entrada[M] de detenidos[M]
ingresso[M] dei detenuti[M]

Insassenaufnahme[F]
inmate admission office
bureau[M] d'admission[F] des détenus[M]
oficina[F] de admisión[F] de los detenidos[M]
ufficio[M] d'ammissione[F] dei detenuti[M]

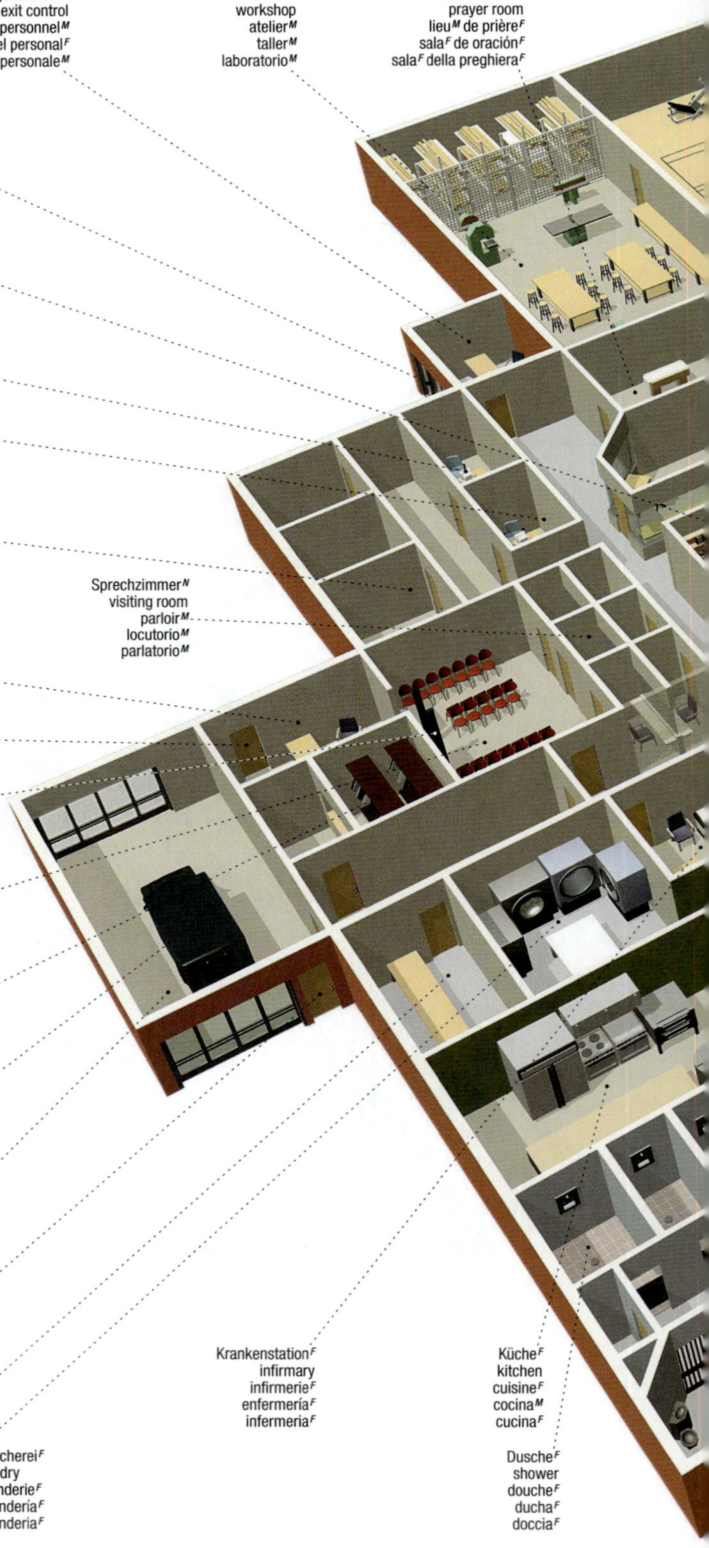

Wäscherei[F]
laundry
buanderie[F]
lavandería[F]
lavanderia[F]

Krankenstation[F]
infirmary
infirmerie[F]
enfermería[F]
infermeria[F]

Küche[F]
kitchen
cuisine[F]
cocina[M]
cucina[F]

Dusche[F]
shower
douche[F]
ducha[F]
doccia[F]

Justizvollzugsanstalt^{F}

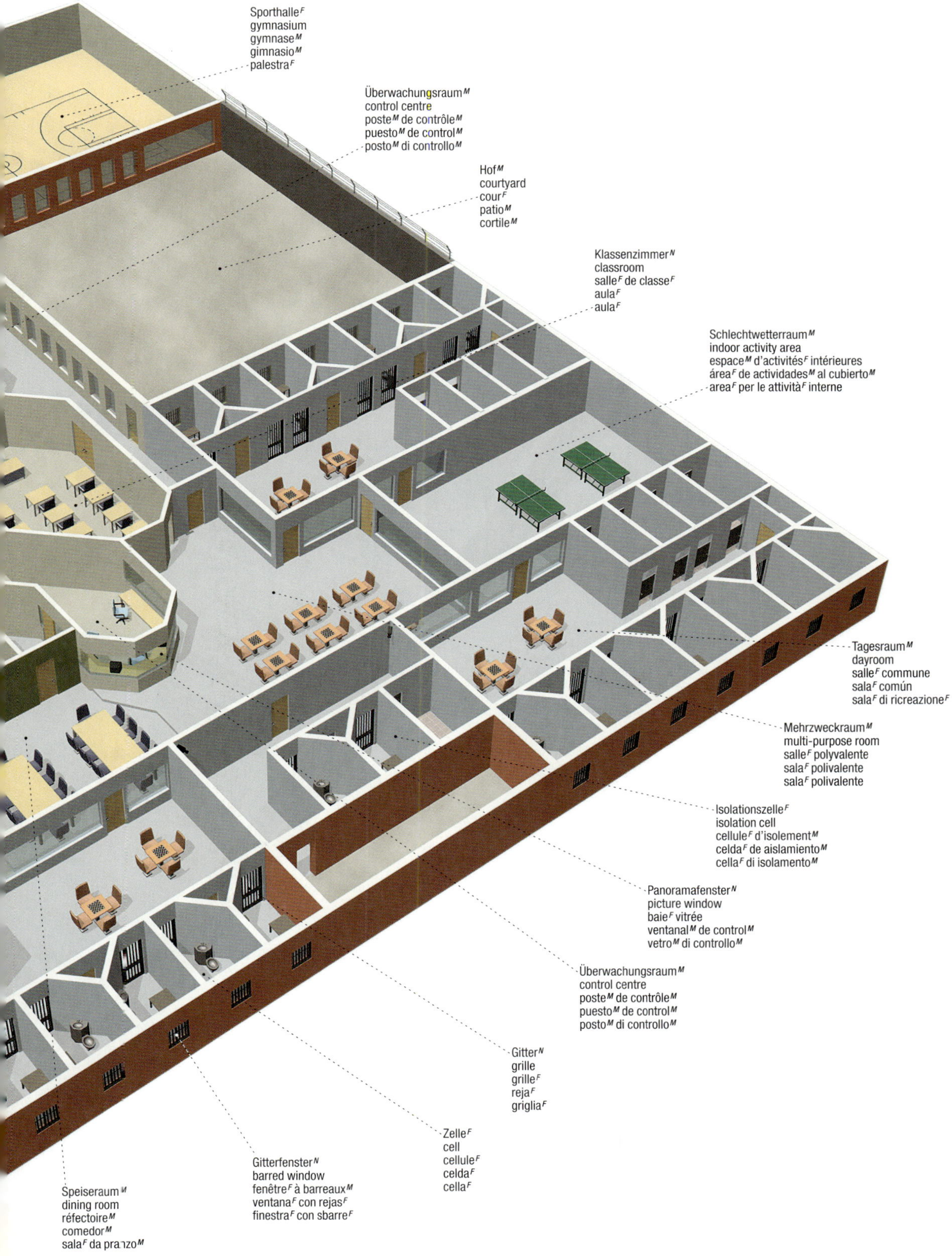

Bibliothek[F]

library | bibliothèque[F] | biblioteca[F] | biblioteca[F]

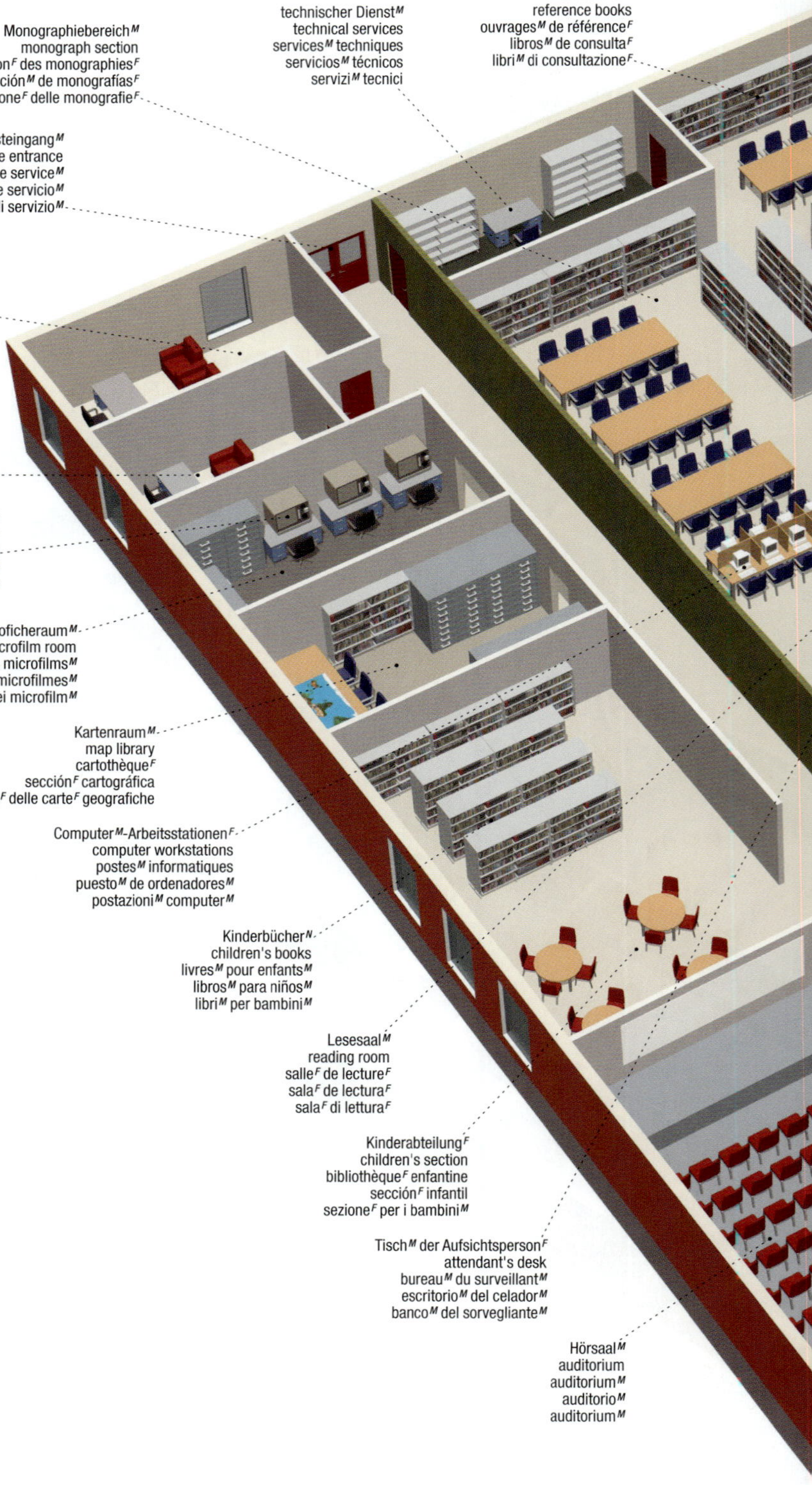

GESELLSCHAFT

Bibliothek^F

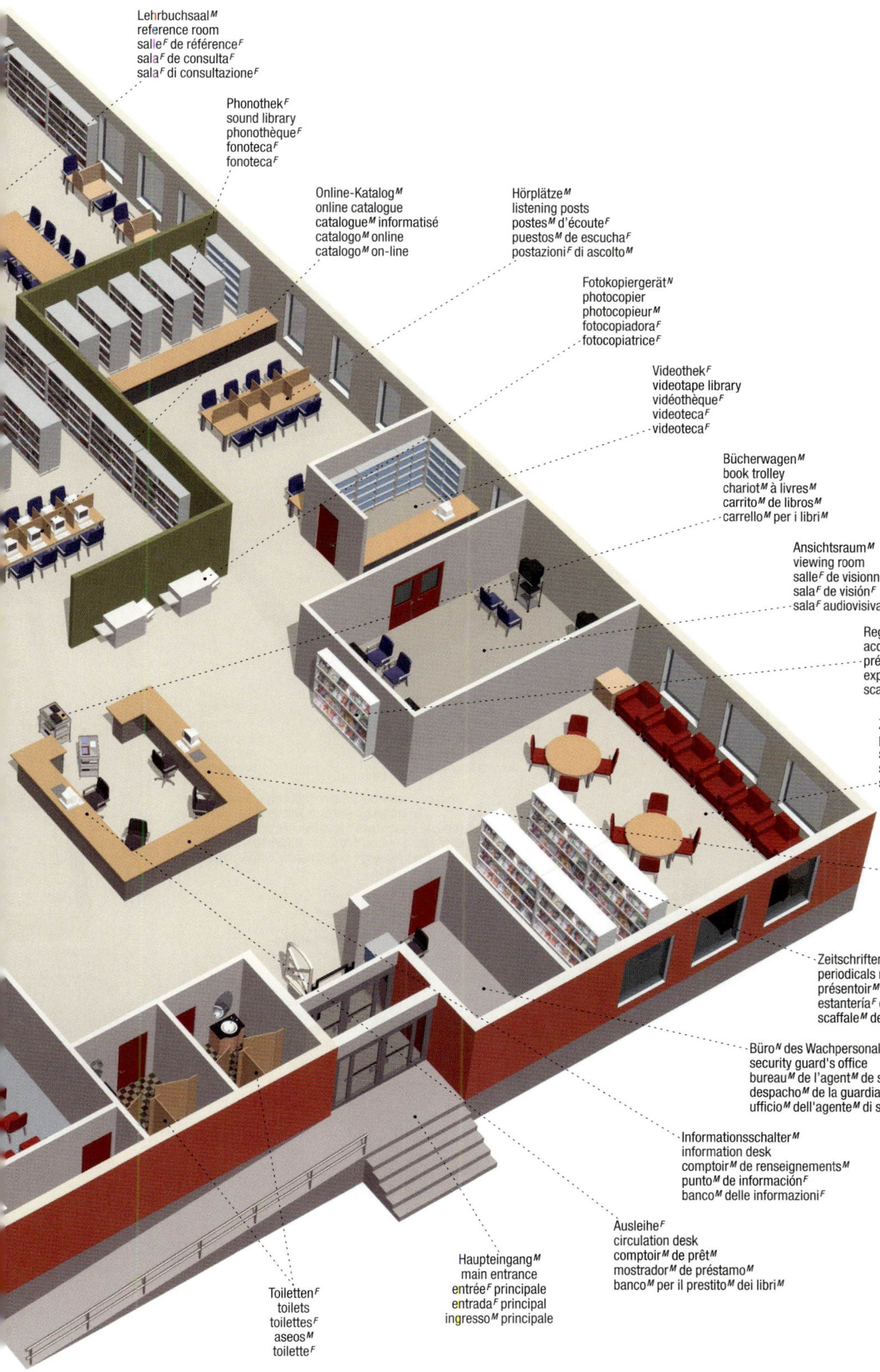

GESELLSCHAFT

Schule[F]

school | école[F] | colegio[M] | scuola[F]

Gesamtansicht[F]
general view
vue[F] d'ensemble[M]
vista[F] general
vista[F] generale

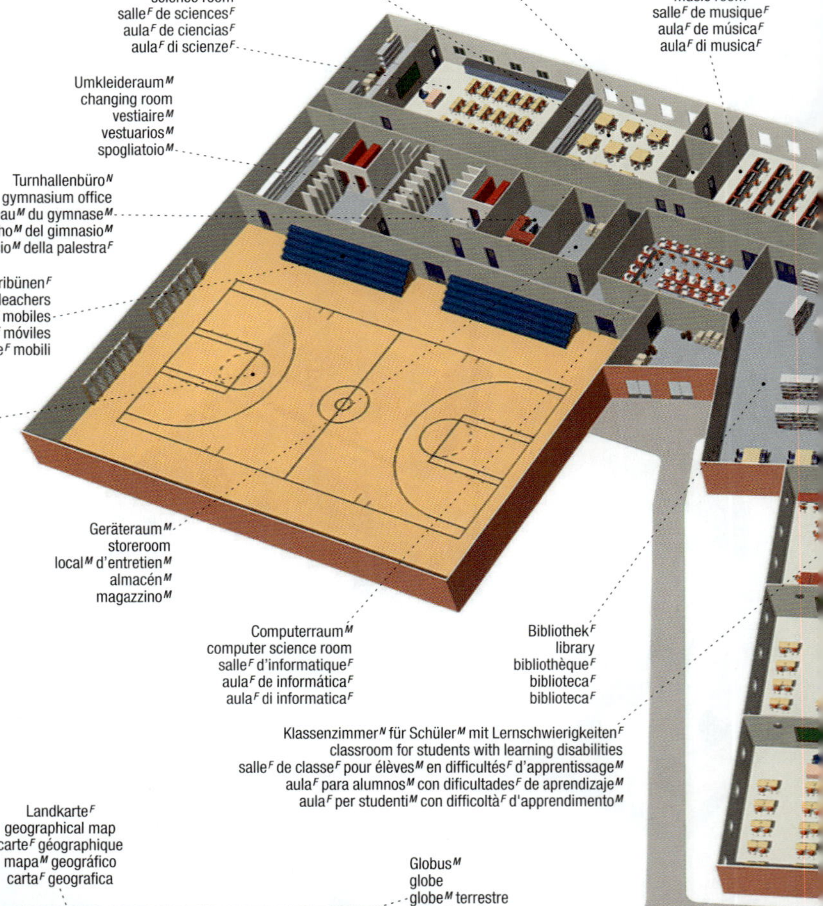

Klassenzimmer[N]
classroom
salle[F] de classe[F]
clase[F]
aula[F]

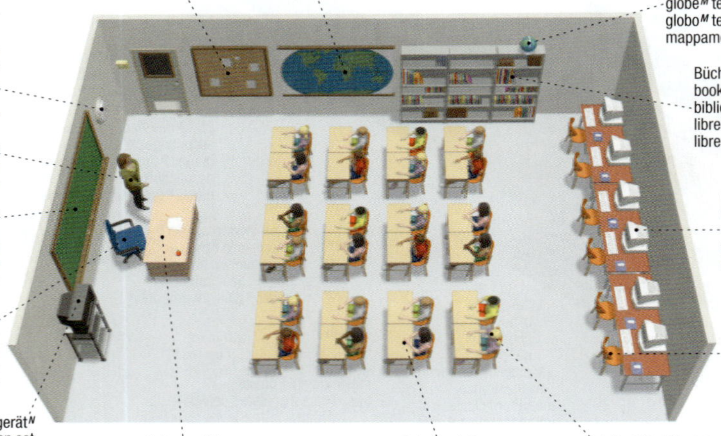

Schule^{F}

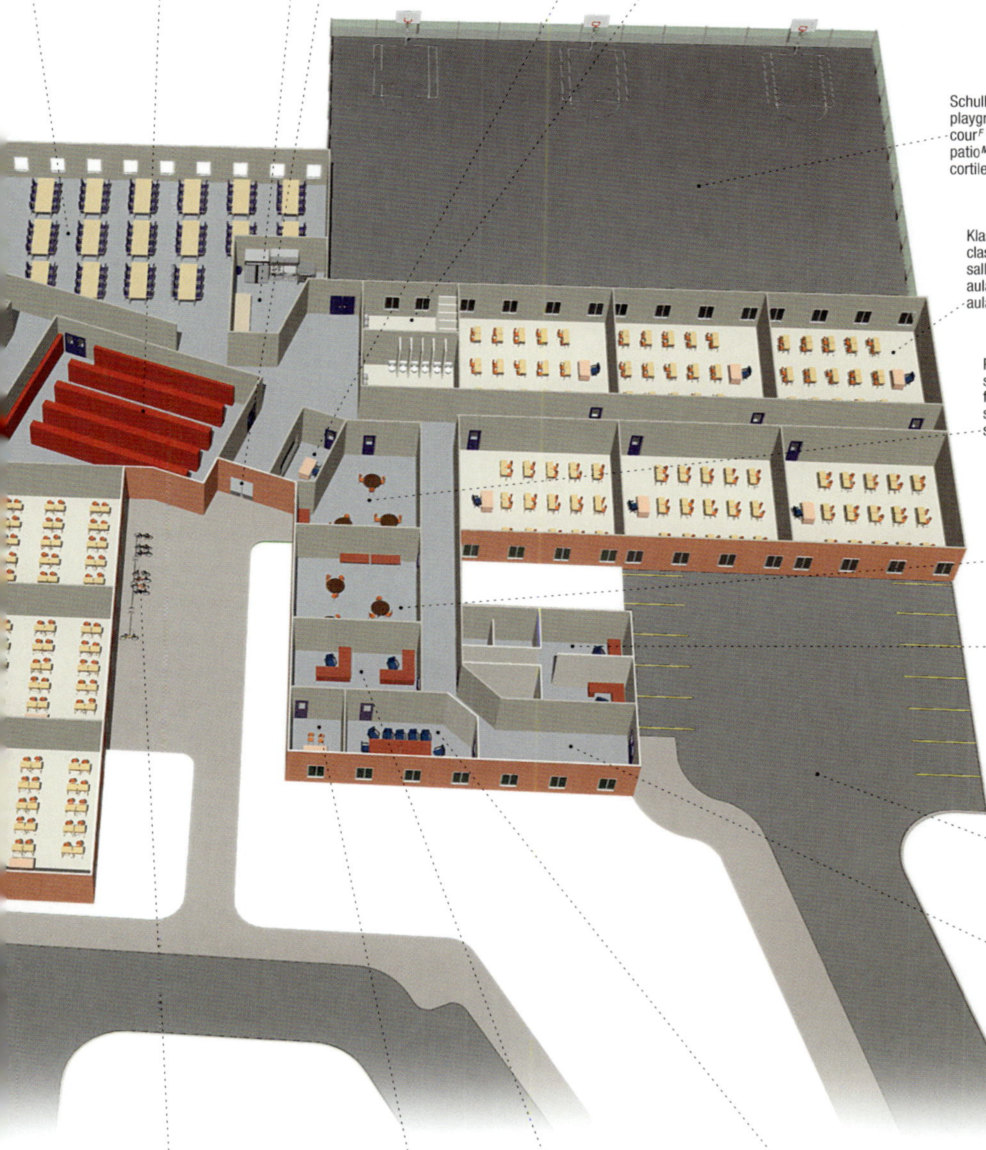
Cafeteria^{F} cafeteria cafétéria^{F} cafetería^{F} caffè^{M}
Küche^{F} kitchen cuisine^{F} cocina^{F} cucina^{F}
Büro^{N} der Schulaufsicht^{F} proctors' office bureau^{M} des surveillants^{M} despacho^{M} del bedel^{M} ufficio^{M} del bidello^{M}
Schülerspinde^{M} students' lockers casiers^{M} des élèves^{M} taquillas^{F} de los alumnos^{M} armadietti^{M} degli studenti^{M}
Haupteingang^{M} main entrance entrée^{F} principale entrada^{F} principal ingresso^{M} principale
Toiletten^{F} toilets toilettes^{F} aseos^{M} toilette^{F}
Schulhof^{M} playground cour^{F} de récréation^{F} patio^{M} cortile^{M}
Klassenzimmer^{N} classroom salle^{F} de classe^{F} aula^{F} aula^{F}
Pausenraum^{M} students' room foyer^{M} des élèves^{M} sala^{F} de alumnos^{M} stanza^{F} degli studenti^{M}
Lehrerzimmer^{N} teachers' room salle^{F} des enseignants^{M} sala^{F} de profesores^{M} stanza^{F} degli insegnanti^{M}
Verwaltung^{F} administration administration^{F} administración^{F} amministrazione^{F}
Parkplatz^{M} parking parc^{M} de stationnement^{M} estacionamiento^{M} parcheggio^{M}
Diensteingang^{M} staff entrance entrée^{F} du personnel^{M} entrada^{F} del personal^{M} ingresso^{M} del personale^{M}
Fahrradständer^{M} bicycle parking parc^{M} à vélos^{M} aparcamiento^{M} de bicicletas^{F} parcheggio^{M} per le biciclette^{F}
Büro^{N} des Schulleiters^{M} head teacher's office bureau^{M} du directeur^{M} despacho^{M} del director^{M} ufficio^{M} del preside^{M}
Sekretariat^{N} school secretary's office secrétariat^{M} secretaría^{F} ufficio^{M} della segreteria^{F} scolastica
Konferenzraum^{M} meeting room salle^{F} de réunion^{F} sala^{F} de reuniones^{F} sala^{F} per riunioni^{F}

Chronologie^F der Religionen^F

Chronology of Religions | chronologie^F des religions^F | Cronología^F de las Religiones^F | cronologia^F delle religioni^F

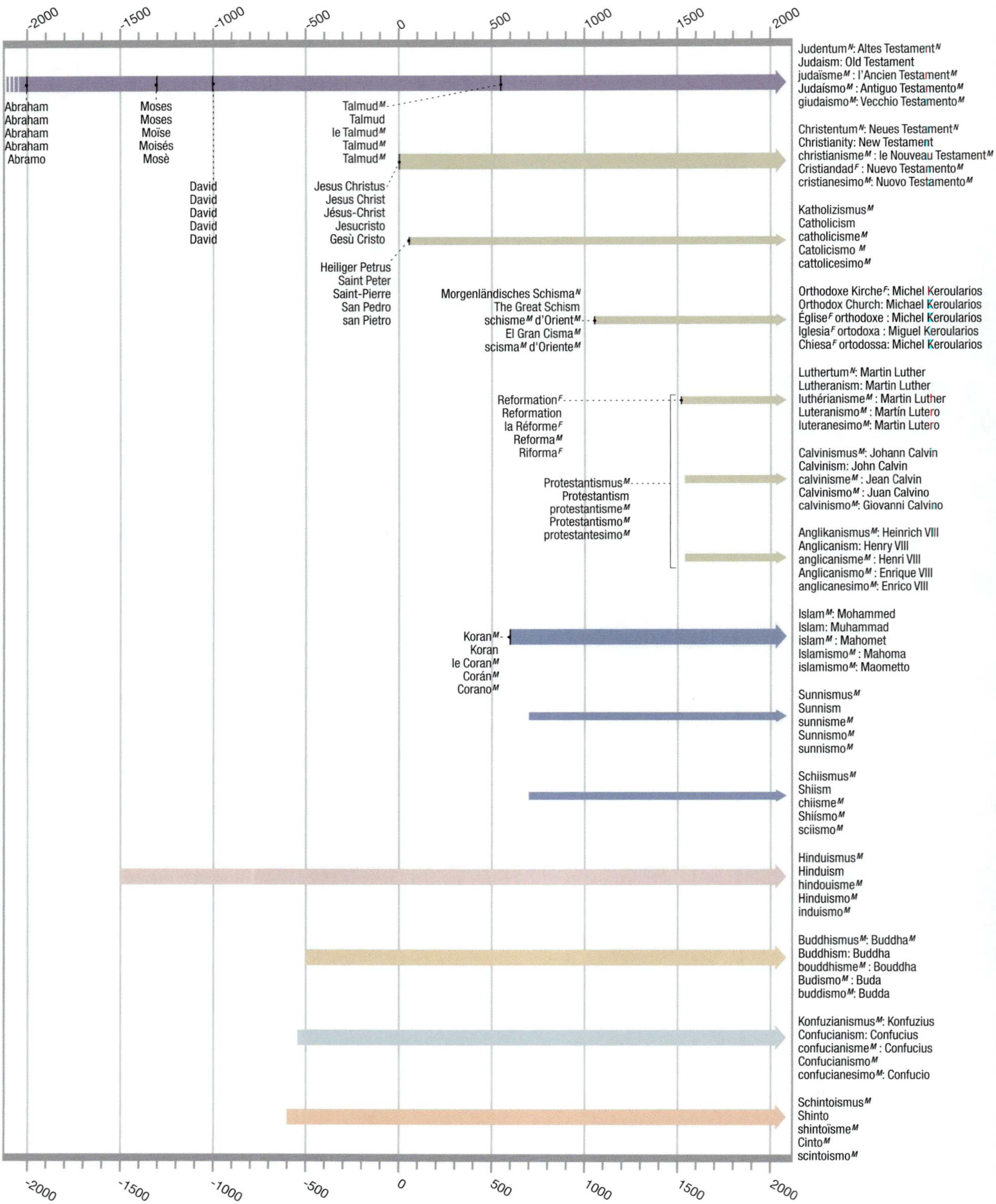

Kirche[F]

church | **église[F]** | **iglesia[F]** | **chiesa[F]**

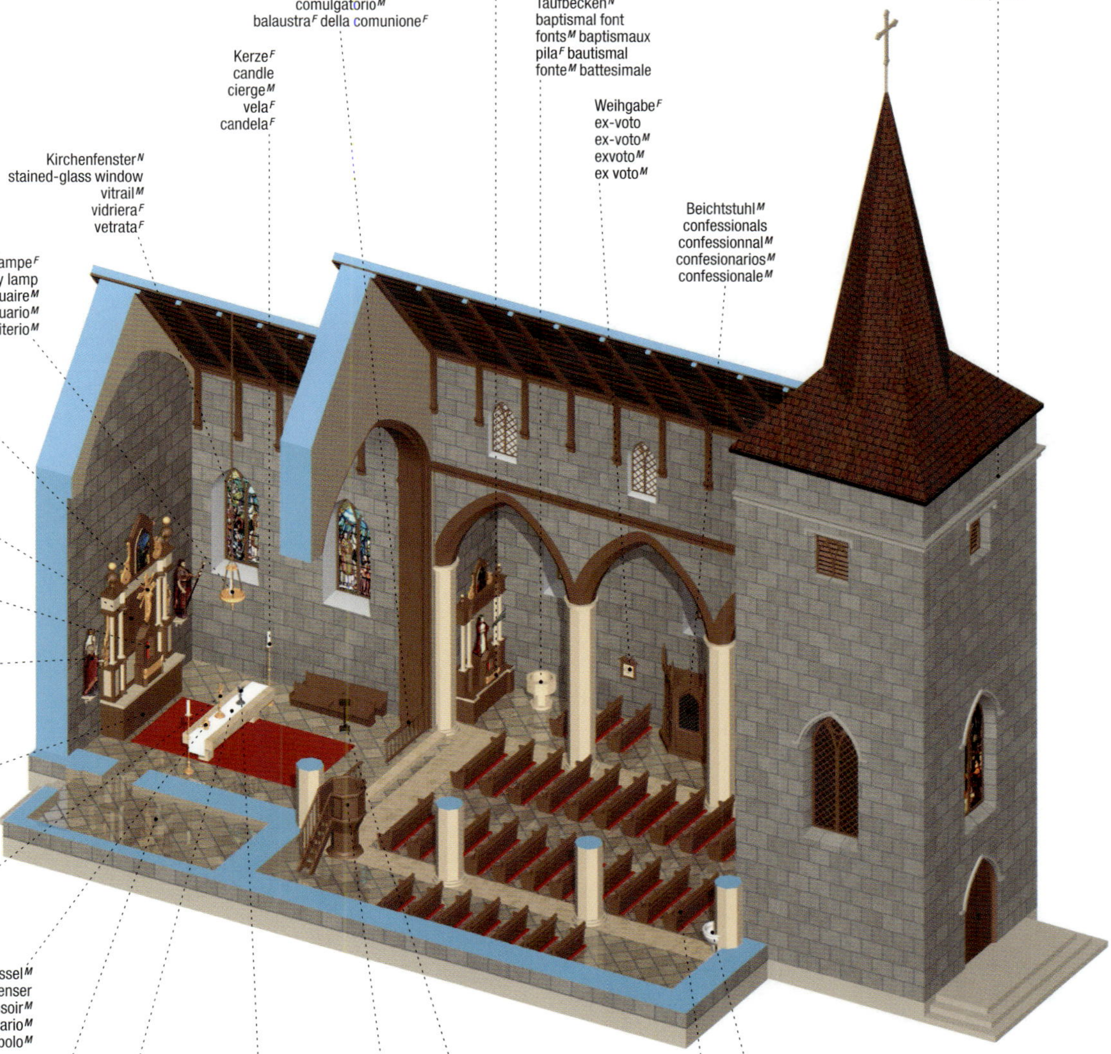

Synagoge^F

synagogue | synagogue^F | sinagoga^F | sinagoga^F

Moschee^F

mosque | mosquée^F | mezquita^F | moschea^F

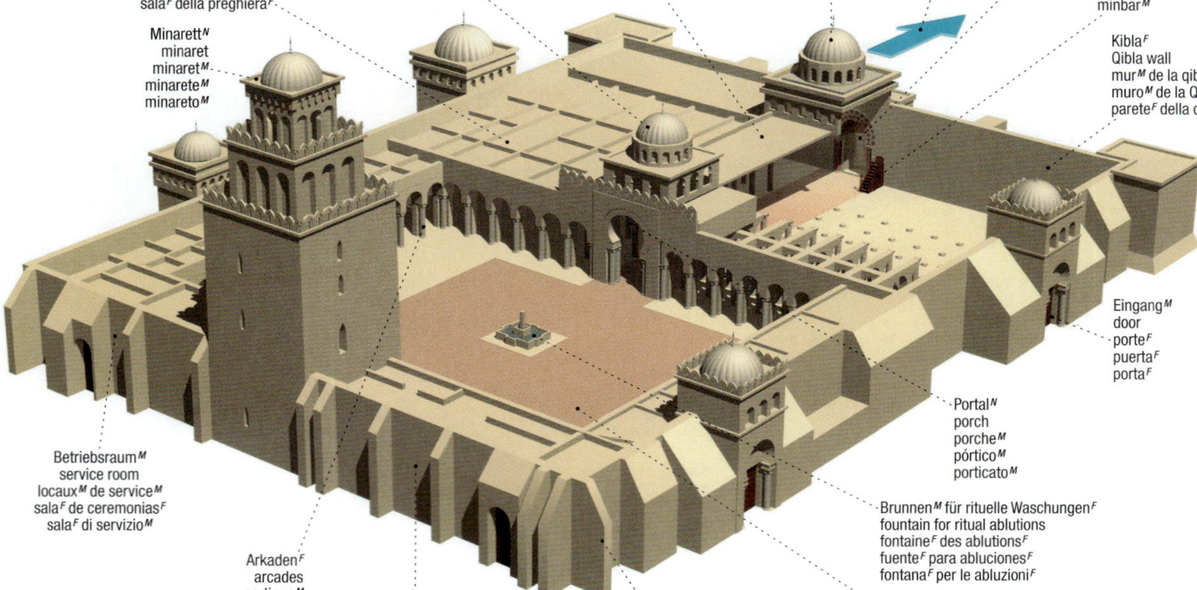

Heraldik^F

heraldry | héraldique^F | heráldica^F | araldica^F

Teile^M/N einer Fahne^F
parts of a flag
éléments^M d'un drapeau^M
partes^F de una bandera^F
parti^F della bandiera^F

Spitze^F
finial
pointe^F de hampe^F
punta^F
freccia^F

Emblem^N
emblem
emblème^M
emblema^M
emblema^M

Stockseite^F
hoist
guindant^M
altura^F
banda^F

Flugseite^F
fly
battant^M
vuelo^M
battente^M

Knebel^M
toggle
cabillot^M
cazonete^M
caviglia^F

Leine^F
halyard
drisse^F
driza^F
drizza^F

Stange^F
staff
hampe^F
asta^F
asta^F

Fuß^M
base
base^F
base^F
base^F

Fahnenformen^F
flag shapes
formes^F de drapeaux^M
formas^F de banderas^F
tipi^M di bandiera^F

viereckige Fahne^F
square flag
drapeau^M carré
bandera^F cuadrada
bandiera^F quadrata

rechteckige Fahne^F
rectangular flag
drapeau^M rectangulaire
bandera^F rectangular
bandiera^F rettangolare

Wimpel^M
pennant
pennon^M
pendón^M
gagliardetto^M

Doppelwimpel^M
double pennant
pennon^M double
banderín^M doble
doppio pennello^M

Doppelständer^M
swallowtail
pavillon^M à deux pointes^F
bandera^F de dos puntas^F
coda^F di rondine^F

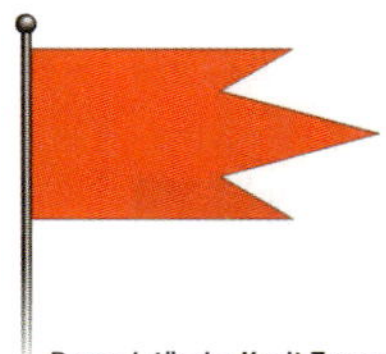

Doppelständer^M mit Zunge^F
swallowtail and tongue
pavillon^M à deux pointes^F et langue^F
bandera^F de dos puntas^F y lengua^F
coda^F di rondine^F con una lingua^F

Guidon^M
burgee
guidon^M
corneta^F
guidone^M

Windsack^M
wind sock
manche^F à air^M
manga^F
manica^F a vento^M

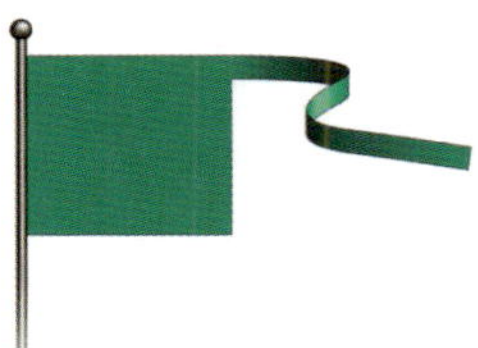

Fahne^F mit Schwenkel^M
flag with Schwenkel
drapeau^M à Schwenkel
bandera^F con Schwenkel
bandiera^F con Schwenkel^M

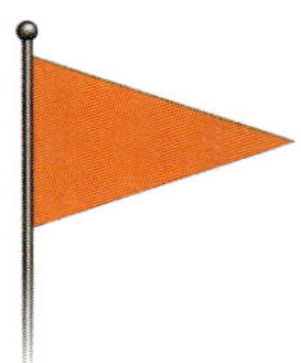

Fanion^N
fanion
fanion^M
banderín^M
pennello^M

Gonfalon^M
gonfalon
gonfalon^M
gonfalón^M
gonfalone^M

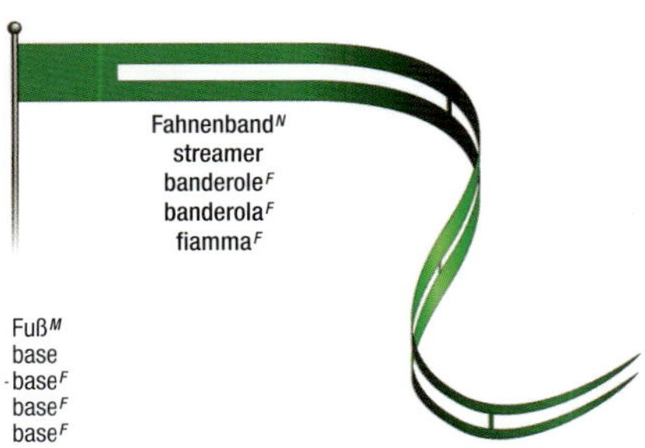

Fahnenband^N
streamer
banderole^F
banderola^F
fiamma^F

Oriflamme^F
oriflamme
oriflamme^F
oriflama^F
orifiamma^F

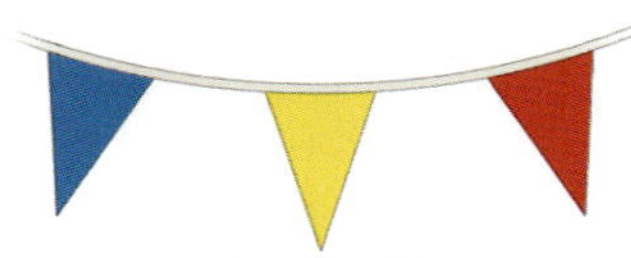

Wimpelgirlande^F
bunting
pavois^M
empavesado^M
pavese^M

Heraldik[F]

Schildplätze[M]
shield divisions
divisions[F] de l'écu[M]
divisiones[F] de los escudos[M]
divisioni[M] dello scudo[M]

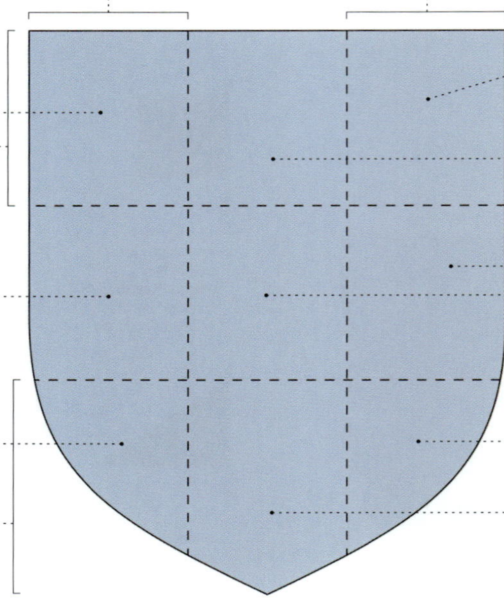

rechte Flanke[F]
dexter
dextre[F]
tercio[M] diestro
destra[F]

linke Flanke[F]
sinister
senestre[F]
tercio[M] siniestro
sinistra[F]

rechtes Obereck[N]
dexter chief
canton[M] dextre du chef[M]
cantón[M] diestro del jefe[M]
cantone[M] destro del capo[M]

linkes Obereck[N]
sinister chief
canton[M] senestre du chef[M]
cantón[M] siniestro del jefe[M]
cantone[M] sinistro del capo[M]

Schildhaupt[N]
chief
chef[M]
jefe[M]
capo[M]

Ort[N]
centre chief
point[M] du chef[M]
centro[M] del jefe[M]
capo[M] centrale

rechte Mittelstelle[F]
dexter flank
flanc[M] dextre
flanco[M] diestro
fianco[M] destro

linke Mittelstelle[F]
sinister flank
flanc[M] senestre
flanco[M] siniestro
fianco[M] sinistro

Herzstelle[F]
centre point
centre[M]
corazón[M]
punto[M] del cuore[M]

rechtes Untereck[N]
dexter base
canton[M] dextre de la pointe[F]
cantón[M] diestro de la punta[F]
cantone[M] destro della punta[F]

linkes Untereck[N]
sinister base
canton[M] senestre de la pointe[F]
cantón[M] siniestro de la punta[F]
cantone[M] sinistro della punta[F]

Schildfuß[M]
base
pointe[F]
punta[F]
punta[F]

Fußstelle[F]
centre base
pointe[F]
centro[M] de la punta[F]
punta[F] centrale

Teilungsbeispiele[N]
examples of partitions
exemples[M] de partitions[F]
ejemplos[M] de particiones[F]
esempi[M] di partizioni[F]

blaues Schildhaupt[N] in Silber
per fess
coupé
escudo[M] cortado
troncato

gespalten
per pale
parti
escudo[M] partido
partito

schräg geteilt
per bend
tranché
escudo[M] tronchado
trinciato

geviert
quarterly
écartelé
escudo[M] acuartelado
inquartato

Beispiele[N] für Heroldsbilder[N]
examples of ordinaries
exemples[M] de pièces[F] honorables
ejemplos[M] de piezas[F] honorables
esempi[M] di pezze[F] onorevoli

Hauptrand[M]
chief
chef[M]
jefe[M]
capo[M]

Sparren[M]
chevron
chevron[M]
cheurón[M]
scaglione[M]

Pfahl[M]
pale
pal[M]
palo[M]
palo[M]

Kreuz[N]
cross
croix[F]
cruz[F]
croce[F]

Heraldik[F]

Beispiele[N] für Metall[N]
examples of metals
exemples[M] de métaux[M]
ejemplos[M] de metales[M]
esempi[M] di metalli[M]

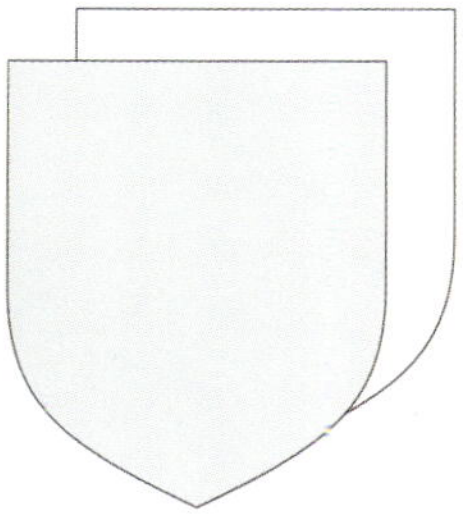

Silber[N]
argent
argent[M]
plata[F]
argento[M]

Gold[N]
or
or[M]
oro[M]
oro[M]

Beispiele[N] für Pelzwerk[N]
examples of furs
exemples[M] de fourrures[F]
ejemplos[M] de forros[M]
esempi[M] di pellicce[F]

Hermelin[M]
ermine
hermine[F]
armiño[M]
ermellino[M]

Eishutfeh[N]
vair
vair[M]
cerros[M]
vaio[M]

Beispiele[N] für Wappenzeichen[N]
examples of charges
exemples[M] de meubles[M]
ejemplos[M] de muebles[M]
esempi[M] di figure[F]

schreitender Löwe[M]
lion passant
lion[M] passant
león[M] rampante
leone[M] passante

Lilie[F]
fleur-de-lis
fleur[F] de lis[M]
flor[F] de lis[F]
giglio[M]

Adler[M]
eagle
aigle[F]
águila[F]
aquila[F]

Mondsichel[F]
crescent
croissant[M]
creciente[M]
crescente[M]

Stern[M]
mullet
étoile[F]
estrella[F]
stella[F]

Farbbeispiele[N]
examples of colours
exemples[M] de couleurs[F]
ejemplos[M] de colores[M]
esempi[M] di colori[M]

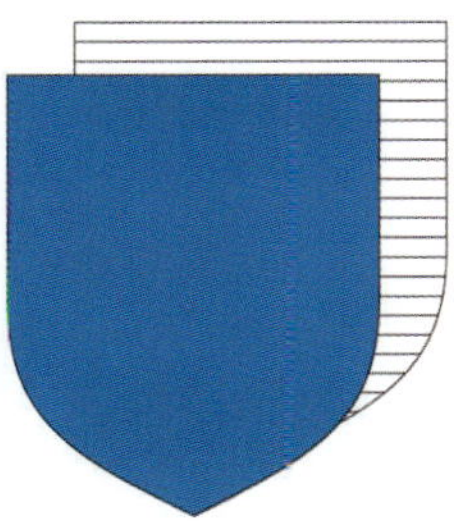

blau
azure
azur[M]
azur[M]
azzurro[M]

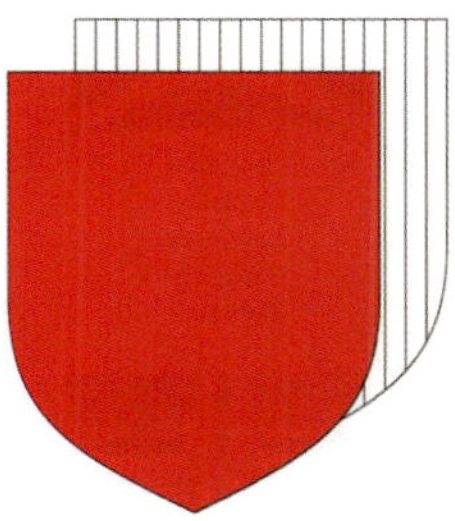

rot
gules
gueules[M]
gules[M]
rosso[M]

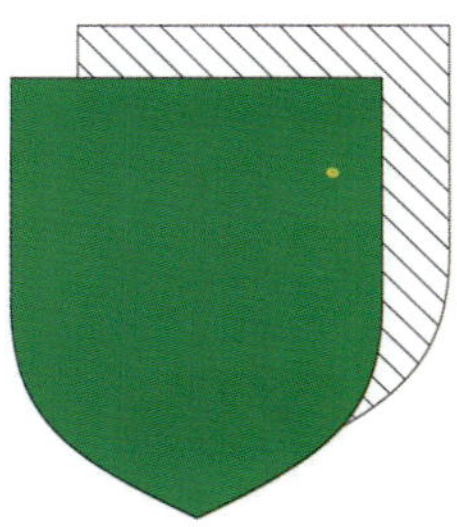

grün
vert
sinople[M]
sinople[M]
verde[M]

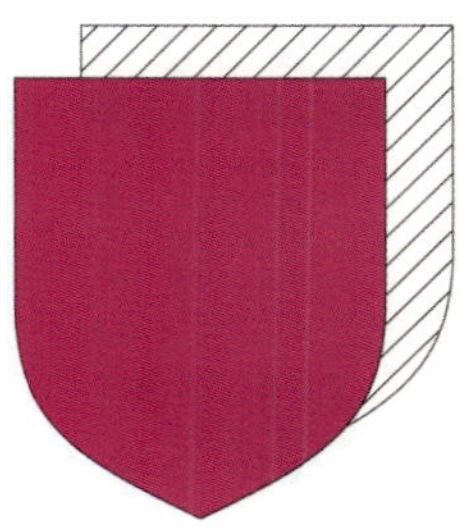

purpurn
purpure
pourpre[M]
púrpura[M]
porpora[M]

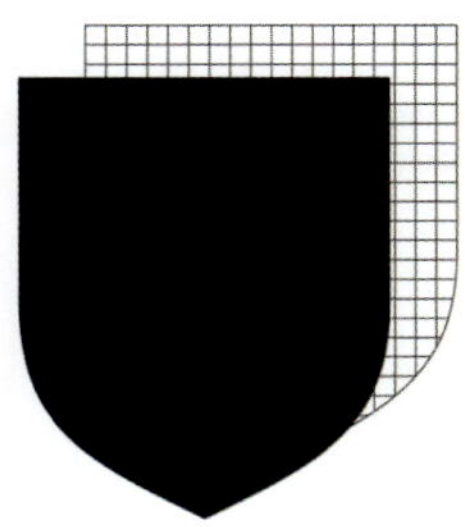

schwarz
sable
sable[M]
sable[M]
nero[M]

Flaggen[F] der Mitgliedsstaaten[M] der Vereinten Nationen[F]

flags of UN members | drapeaux[M] des États[M] membres de l'ONU | banderas[F] de miembros[M] de la ONU[F] | bandiere[F] dei Paesi[M] membri dell'ONU

Amerika
Americas
Amériques[F]
Américas[F]
Americhe[F]

1

Kanada
Canada
Canada[M]
Canadá[M]
Canada[M]

2

Vereinigte Staaten[M] von Amerika
United States of America
États-Unis[M] d'Amérique[F]
Estados[M] Unidos de América[F]
Stati[M] Uniti d'America[F]

3

Mexiko
Mexico
Mexique[M]
México[M]
Messico[M]

4

Honduras
Honduras
Honduras[M]
Honduras[M]
Honduras[M]

5

Guatemala
Guatemala
Guatemala[M]
Guatemala[F]
Guatemala[M]

6

Belize
Belize
Belize[M]
Belice[M]
Belize[M]

7

El Salvador
El Salvador
El Salvador[M]
El Salvador[M]
El Salvador[M]

8

Nicaragua
Nicaragua
Nicaragua[M]
Nicaragua[F]
Nicaragua[M]

9

Costa Rica
Costa Rica
Costa Rica[M]
Costa Rica[F]
Costa Rica[M]

10

Panama
Panama
Panama[M]
Panamá[M]
Panama[M]

11

Kolumbien
Colombia
Colombie[F]
Colombia[F]
Colombia[F]

12

Venezuela
Venezuela
Venezuela[M]
Venezuela[F]
Venezuela[M]

13

Guyana
Guyana
Guyana[F]
Guyana[F]
Guyana[F]

14

Surinam
Suriname
Suriname[M]
Surinam[M]
Suriname[M]

15

Ecuador
Ecuador
Équateur[M]
Ecuador[M]
Ecuador[M]

16

Peru
Peru
Pérou[M]
Perú[M]
Perù[M]

17

Brasilien
Brazil
Brésil[M]
Brasil[M]
Brasile[M]

18

Bolivien
Bolivia
Bolivie[F]
Bolivia[F]
Bolivia[F]

19

Paraguay
Paraguay
Paraguay[M]
Paraguay[M]
Paraguay[M]

20

Chile
Chile
Chili[M]
Chile[M]
Cile[M]

21

Argentinien
Argentina
Argentine[F]
Argentina[F]
Argentina[F]

22

Uruguay
Uruguay
Uruguay[M]
Uruguay[M]
Uruguay[M]

Karibische Inseln[F]
Caribbean Islands
Antilles[F]
islas[F] del Caribe[M]
Isole[F] delle Antille[F]

23

Bahamas[F]
Bahamas
Bahamas[F]
Bahamas[F]
Bahama[F]

24

Kuba
Cuba
Cuba[F]
Cuba[F]
Cuba[F]

25

Jamaika
Jamaica
Jamaïque[F]
Jamaica[F]
Giamaica[F]

26

Haiti
Haiti
Haïti[M]
Haití[M]
Haiti[F]

27

Saint Kitts und Nevis
Saint Kitts and Nevis
Saint-Kitts-et-Nevis[M]
Saint Kitts and Nevis[M]
Saint Kitts e Nevis[F]

28

Antigua und Barbuda
Antigua and Barbuda
Antigua-et-Barbuda[F]
Antigua[F] y Barbuda[F]
Antigua[F] e Barbuda[F]

29

Dominica
Dominica
Dominique[F]
Dominica[F]
Dominica[F]

30

St. Lucia
Saint Lucia
Sainte-Lucie[F]
Santa Lucía[F]
Saint Lucia[F]

Flaggen^F der Mitgliedsstaaten^M der Vereinten Nationen^F

31

Saint Vincent und die Grenadinen
Saint Vincent and the Grenadines
Saint-Vincent^M-et-les Grenadines^F
San Vicente y las Granadinas^F
Saint Vincent e Grenadine^F

32

Dominikanische Republik^F
Dominican Republic
République^F dominicaine
República^F Dominicana
Repubblica^F Dominicana

33

Barbados
Barbados
Barbade^F
Barbados^F
Barbados^F

34

Grenada
Grenada
Grenade^F
Granada^F
Grenada^F

35

Trinidad und Tobago
Trinidad and Tobago
Trinité-et-Tobago^F
Trinidad^F y Tobago^M
Trinidad^F e Tobago^F

Europa
Europe
Europe^F
Europa^F
Europa^F

36

Andorra
Andorra
Andorre^F
Principado^M de Andorra^F
Andorra^F

37

Portugal
Portugal
Portugal^M
Portugal^M
Portogallo^M

38

Spanien
Spain
Espagne^F
España^F
Spagna^F

39

Vereinigtes Königreich^N von Großbritannien und Nordirland
United Kingdom of Great Britain and Northern Ireland
Royaume-Uni^M de Grande-Bretagne^F et d'Irlande^F du Nord^M
Reino^M Unido de Gran Bretaña^F e Irlanda^F del Norte^M
Regno^M Unito di Gran Bretagna^F e Irlanda^F del Nord^M

Flaggen[F] der Mitgliedsstaaten[M] der Vereinten Nationen[F]

40 
Frankreich
France
France[F]
Francia[F]
Francia[F]

41 
Irland
Ireland
Irlande[F]
Irlanda[F]
Irlanda[F]

42 
Belgien
Belgium
Belgique[F]
Bélgica[F]
Belgio[M]

43 
Luxemburg
Luxembourg
Luxembourg[M]
Luxemburgo[M]
Lussemburgo[M]

44 
Niederlande[F]
Netherlands
Pays-Bas[M]
Países[M] Bajos
Paesi[M] Bassi

45 
Deutschland
Germany
Allemagne[F]
Alemania[F]
Germania[F]

46 
Liechtenstein
Liechtenstein
Liechtenstein[M]
Liechtenstein[M]
Liechtenstein[M]

47 
Schweiz[F]
Switzerland
Suisse[F]
Suiza[F]
Svizzera[F]

48 
Österreich
Austria
Autriche[F]
Austria[F]
Austria[F]

49 
Italien
Italy
Italie[F]
Italia[F]
Italia[F]

50 
San Marino
San Marino
Saint-Marin[M]
República[F] de San Marino[M]
Repubblica[F] di San Marino[M]

51 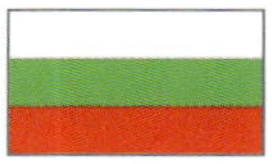
Bulgarien
Bulgaria
Bulgarie[F]
Bulgaria[F]
Bulgaria[F]

52 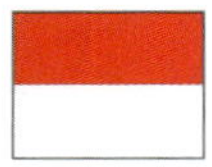
Monaco
Monaco
Monaco[M]
Principado[M] de Mónaco[M]
Principato[M] di Monaco[M]

53 
Malta
Malta
Malte[F]
Malta[F]
Malta[F]

54 
Zypern
Cyprus
Chypre[F]
Chipre[M]
Cipro[F]

55 
Griechenland
Greece
Grèce[F]
Grecia[F]
Grecia[F]

56 
Albanien
Albania
Albanie[F]
Albania[F]
Albania[F]

57 
Ehemalige Jugoslawische Republik Mazedonien
The Former Yugoslav Republic of Macedonia
Ex-République[F] yougoslave de Macédoine[F]
Antigua República[F] Yugoslava de Macedonia[F]
Repubblica[F] Ex Jugoslava di Macedonia[F]

58 
Serbien
Serbia
Serbie[F]
Serbia[F]
Serbia[F]

59 
Montenegro
Montenegro
Monténégro[M]
Montenegro[M]
Montenegro[M]

60 
Bosnien und Herzegowina[F]
Bosnia-Herzegovina
Bosnie-Herzégovine[F]
Bosnia-Herzegovina[F]
Bosnia[F] ed Erzegovina[F]

61 
Kroatien
Croatia
Croatie[F]
Croacia[F]
Croazia[F]

62 
Slowenien
Slovenia
Slovénie[F]
Eslovenia[F]
Slovenia[F]

63 
Ungarn
Hungary
Hongrie[F]
Hungría[F]
Ungheria[F]

64 
Rumänien
Romania
Roumanie[F]
Rumanía[F]
Romania[F]

65 
Slowakische Republik[F]
Slovakia
Slovaquie[F]
Eslovaquia[F]
Slovacchia[F]

66 
Tschechische Republik[F]
Czech Republic
République[F] tchèque
República[F] Checa
Repubblica[F] Ceca

67 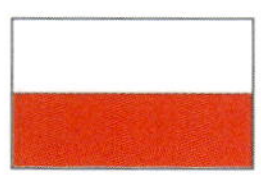
Polen
Poland
Pologne[F]
Polonia[F]
Polonia[F]

68 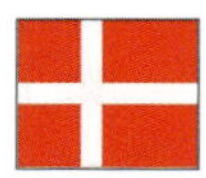
Dänemark
Denmark
Danemark[M]
Dinamarca[F]
Danimarca[F]

69 
Island
Iceland
Islande[F]
Islandia[F]
Islanda[F]

70 
Norwegen
Norway
Norvège[F]
Noruega[F]
Norvegia[F]

71 
Litauen
Lithuania
Lituanie[F]
Lituania[F]
Lituania[F]

72 
Schweden
Sweden
Suède[F]
Suecia[F]
Svezia[F]

73 
Finnland
Finland
Finlande[F]
Finlandia[F]
Finlandia[F]

74 
Estland
Estonia
Estonie[F]
Estonia[F]
Estonia[F]

75 
Lettland
Latvia
Lettonie[F]
Letonia[F]
Lettonia[F]

76 
Weißrussland
Belarus
Biélorussie[F]
Bielorrusia[F]
Bielorussia[F]

77 
Ukraine[F]
Ukraine
Ukraine[F]
Ucrania[F]
Ucraina[F]

78 
Moldawien
Moldova
République[F] de Moldova[F]
Moldavia[F]
Moldavia[F]

79 
Russland
Russian Federation
Fédération[F] de Russie[F]
Federación[F] Rusa
Federazione[F] Russa

Flaggen^{F} der Mitgliedsstaaten^{M} der Vereinten Nationen^{F}

Afrika
Africa
Afrique^{F}
África^{F}
Africa^{F}

80

Marokko
Morocco
Maroc^{M}
Marruecos^{M}
Marocco^{M}

81

Algerien
Algeria
Algérie^{F}
Argelia^{F}
Algeria^{F}

82

Tunesien
Tunisia
Tunisie^{F}
Túnez^{M}
Tunisia^{F}

83

Libyen
Libya
Jamahiriya^{F} arabe libyenne
Libia^{F}
Libia^{F}

84

Ägypten
Egypt
Égypte^{F}
Egipto^{M}
Egitto^{M}

85

Kap Verde
Cape Verde Islands
Cap-Vert^{M}
islas^{F} de Cabo^{M} Verde
Capo Verde^{M}

86

Mauretanien
Mauritania
Mauritanie^{F}
Mauritania^{F}
Mauritania^{F}

87

Mali
Mali
Mali^{M}
República^{F} de Malí
Repubblica^{F} del Mali^{M}

88

Niger^{M}
Niger
Niger^{M}
Níger^{M}
Niger^{M}

89

Tschad^{M}
Chad
Tchad^{M}
Chad^{M}
Ciad^{M}

90

Sudan^{M}
Sudan
Soudan^{M}
Sudán^{M}
Sudan^{M}

91

Eritrea
Eritrea
Érythrée^{F}
Eritrea^{F}
Eritrea^{F}

92

Dschibuti
Djibouti
Djibouti^{M}
Yibouti^{M}
Gibuti^{M}

93

Äthiopien
Ethiopia
Éthiopie^{F}
Etiopía^{F}
Etiopia^{F}

94

Somalia
Somalia
Somalie^{F}
Somalia^{F}
Somalia^{F}

95

Senegal^{M}
Senegal
Sénégal^{M}
Senegal^{M}
Senegal^{M}

96

Gambia
Gambia
Gambie^{F}
Gambia^{M}
Gambia^{M}

97

Guinea-Bissau
Guinea-Bissau
Guinée-Bissau^{F}
Guinea-Bissau^{F}
Guinea Bissau^{F}

98

Guinea
Guinea
Guinée^{F}
Guinea^{F}
Guinea^{F}

99

Sierra Leone
Sierra Leone
Sierra Leone^{F}
Sierra^{F} Leona
Sierra Leone^{F}

100

Liberia
Liberia
Liberia^{M}
Liberia^{F}
Liberia^{F}

101

Elfenbeinküste^{F}
Ivory Coast
Côte d'Ivoire^{F}
Costa de Marfil^{F}
Costa d'Avorio^{F}

102

Burkina Faso
Burkina Faso
Burkina Faso^{M}
Burkina Faso^{M}
Burkina Faso^{M}

103

Ghana
Ghana
Ghana^{M}
Ghana^{F}
Ghana^{M}

104

Togo
Togo
Togo^{M}
Togo^{M}
Togo^{M}

105

Benin
Benin
Bénin^{M}
Benín^{M}
Benin^{M}

106

Nigeria
Nigeria
Nigeria^{M}
Nigeria^{F}
Nigeria^{F}

107

Kamerun
Cameroon
Cameroun^{M}
Camerún^{M}
Camerun^{M}

108

Äquatorialguinea
Equatorial Guinea
Guinée^{F} équatoriale
Guinea^{F} Ecuatorial
Guinea^{F} Equatoriale

109

Zentralafrikanische Republik^{F}
Central African Republic
République^{F} centrafricaine
República^{F} Centroafricana
Repubblica^{F} Centrafricana

110

São Tomé und Príncipe
Sao Tome and Principe
São Tomé-et-Príncipe^{M}
Santo Tomé y Príncipe^{M}
São Tomé e Príncipe^{M}

111

Gabun
Gabon
Gabon^{M}
Gabón^{M}
Gabon^{M}

112

Kongo^{M}
Congo
Congo^{M}
Congo^{M}
Congo^{M}

113

Republik^{F} Kongo^{M}
Democratic Republic of Congo
République^{F} démocratique du Congo^{M}
República^{F} Democrática del Congo^{M}
Repubblica^{F} Democratica del Congo^{M}

114

Ruanda
Rwanda
Rwanda^{M}
Ruanda^{M}
Ruanda^{M}

115

Uganda
Uganda
Ouganda^{M}
Uganda^{F}
Uganda^{F}

116
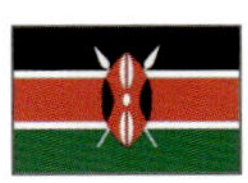
Kenia
Kenya
Kenya^{M}
Kenia^{F}
Kenya^{M}

117

Burundi
Burundi
Burundi^{M}
Burundi^{M}
Burundi^{M}

118

Tansania
Tanzania
République^{F}-Unie de Tanzanie^{F}
Tanzania^{F}
Tanzania^{F}

Flaggen[F] der Mitgliedsstaaten[M] der Vereinten Nationen[F]

119

Mosambik
Mozambique
Mozambique[M]
Mozambique[M]
Mozambico[M]

120

Swasiland
Swaziland
Swaziland[M]
Suazilandia[M]
Swaziland[M]

121

Komoren[F]
Comoros
Comores[F]
Comoras[F]
Comore[F]

122

Sambia
Zambia
Zambie[F]
Zambia[F]
Zambia[M]

123
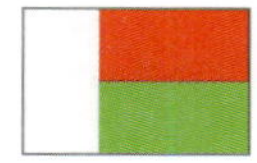
Madagaskar
Madagascar
Madagascar[F]
Madagascar[M]
Madagascar[M]

124

Seychellen[F]
Seychelles
Seychelles[F]
Seychelles[F]
Seychelles[F]

125

Mauritius
Mauritius
Maurice[F]
Mauricio[F]
Maurizio[F]

126

Malawi
Malawi
Malawi[M]
Malaui[M]
Malawi[M]

127

Simbabwe
Zimbabwe
Zimbabwe[M]
Zimbabue[M]
Zimbabwe[M]

128

Angola
Angola
Angola[M]
Angola[F]
Angola[F]

129

Namibia
Namibia
Namibie[F]
Namibia[F]
Namibia[F]

130

Botswana
Botswana
Botswana[M]
Bostuana[M]
Botswana[M]

131

Lesotho
Lesotho
Lesotho[M]
Lesoto[M]
Lesotho[M]

132

Südafrika
South Africa
Afrique[F] du Sud[M]
Sudáfrica[F]
Repubblica[F] Sudafricana

Asien
Asia
Asie[F]
Asia[F]
Asia[F]

133

Türkei[F]
Turkey
Turquie[F]
Turquía[F]
Turchia[F]

134

Libanon[M]
Lebanon
Liban[M]
Líbano[M]
Libano[M]

135

Syrien
Syria
République[F] arabe syrienne
Siria[F]
Siria[F]

136

Israel
Israel
Israël[M]
Israel[M]
Israele[M]

137

Jordanien
Jordan
Jordanie[F]
Jordania[F]
Giordania[F]

138

Irak[M]
Iraq
Iraq[M]
Iraq[M]
Iraq[M]

139

Kuwait
Kuwait
Koweït[M]
Kuwait[M]
Kuwait[M]

140

Saudi-Arabien
Saudi Arabia
Arabie[F] saoudite
Arabia Saudí[F]
Arabia Saudita[F]

141

Bahrain
Bahrain
Bahreïn[M]
Bahrein[M]
Bahrein[M]

142

Jemen[M]
Yemen
Yémen[M]
Yemen[M]
Yemen[M]

143

Oman
Oman
Oman[M]
Omán[M]
Oman[M]

144

Vereinigte Arabische Emirate[N]
United Arab Emirates
Émirats[M] arabes unis
Emiratos[M] Árabes Unidos
Emirati Arabi Uniti[M]

145

Katar
Qatar
Qatar[M]
Qatar[M]
Qatar[M]

146

Georgien
Georgia
Géorgie[F]
Georgia[F]
Georgia[F]

147

Armenien
Armenia
Arménie[F]
Armenia[F]
Armenia[F]

148

Aserbeidschan
Azerbaijan
Azerbaïdjan[M]
Azerbaiyán[M]
Azerbaigian[M]

149

Iran[M]
Iran
Iran[M]
Irán[M]
Iran[M]

150

Afghanistan
Afghanistan
Afghanistan[M]
Afganistán[M]
Afghanistan[M]

151

Kasachstan
Kazakhstan
Kazakhstan[M]
Kazajistán[M]
Kazakistan[M]

152

Turkmenistan
Turkmenistan
Turkménistan[M]
Turkmenistán[M]
Turkmenistan[M]

153

Usbekistan
Uzbekistan
Ouzbékistan[M]
Uzbekistán[M]
Uzbekistan[M]

154

Kirgisistan
Kyrgyzstan
Kirghizistan[M]
Kirguizistán[M]
Kirghizistan[M]

155

Tadschikistan
Tajikistan
Tadjikistan[M]
Tajikistán[M]
Tagikistan[M]

156

Pakistan
Pakistan
Pakistan[M]
Pakistán[M]
Pakistan[M]

157

Malediven[F]
Maldives
Maldives[F]
Maldivas[F]
Maldive[F]

Flaggen[F] der Mitgliedsstaaten[M] der Vereinten Nationen[F]

158 
Indien
India
Inde[F]
India[F]
India[F]

159 
Sri Lanka
Sri Lanka
Sri Lanka[M]
Sri Lanka[M]
Sri Lanka[M]

160 
Nepal
Nepal
Népal[M]
Nepal[M]
Nepal[M]

161 
China
China
Chine[F]
China[F]
Cina[F]

162 
Mongolei[F]
Mongolia
Mongolie[F]
Mongolia[F]
Mongolia[F]

163 
Bhutan
Bhutan
Bhoutan[M]
Bután[M]
Bhutan[M]

164 
Bangladesch
Bangladesh
Bangladesh[M]
Bangladesh[M]
Bangladesh[M]

165 
Myanmar
Myanmar
Myanmar[M]
Myanmar[M]
Myanmar[M]

166 
Laos
Laos
République[F] démocratique populaire lao
Laos[M]
Laos[M]

167 
Thailand
Thailand
Thaïlande[F]
Tailandia[F]
Tailandia[F]

168 
Vietnam[N]
Vietnam
Viêtnam[M]
Vietnam[M]
Vietnam[M]

169 
Kambodscha
Cambodia
Cambodge[M]
Camboya[F]
Cambogia[F]

170 
Brunei
Brunei Darussalam
Brunéi Darussalam[M]
Brunei[M]
Brunei[M]

171 
Malaysia
Malaysia
Malaisie[F]
Malasia[F]
Malaysia[F]

172 
Osttimor
East Timor
Timor[M] oriental
Timor[M] Oriental
Timor[M] Orientale

173 
Singapur
Singapore
Singapour[F]
Singapur[M]
Singapore[F]

174 
Indonesien
Indonesia
Indonésie[F]
Indonesia[F]
Indonesia[F]

175 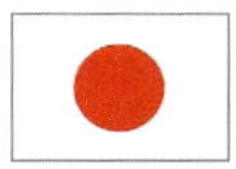
Japan
Japan
Japon[M]
Japón[M]
Giappone[M]

176 
Nord-Korea
Democratic People's Republic of Korea
République[F] populaire démocratique de Corée[F]
Republica[F] Democrática Popular de Corea[F]
Repubblica[F] Democratica Popolare di Corea[F]

177 
Süd-Korea
Republic of Korea
République[F] de Corée[F]
República[F] de Corea[F]
Repubblica[F] di Corea[F]

Ozeanien[N]
Oceania
Océanie[F]
Oceanía[F]
Oceania[F]

178 
Philippinen[F]
Philippines
Philippines[F]
Filipinas[F]
Filippine[F]

179 
Palau
Palau
Palaos[M]
Palau[M]
Palau[M]

180 
Mikronesien
Micronesia
Micronésie[F]
Micronesia[F]
Micronesia[F]

181 
Marshallinseln[F]
Marshall Islands
Îles[F] Marshall
Islas[F] Marshall
Isole Marshall[F]

182 
Nauru
Nauru
Nauru[F]
Nauru[M]
Nauru[M]

183 
Kiribati
Kiribati
Kiribati[F]
Kiribati[M]
Kiribati[M]

184 
Tuvalu
Tuvalu
Tuvalu[M]
Tuvalu[M]
Tuvalu[M]

185 
Samoa
Samoa
Samoa[F]
Samoa[F]
Samoa[F]

186 
Tonga
Tonga
Tonga[F]
Tonga[M]
Tonga[M]

187 
Vanuatu
Vanuatu
Vanuatu[M]
Vanuatu[M]
Vanuatu[M]

188 
Fidschi
Fiji
Fidji[F]
Fiji[F]
Figi[F]

189 
Salomoninseln[F]
Solomon Islands
Îles[F] Salomon
Islas Salomón[F]
Isole[F] Salomone

190 
Papua-Neuguinea
Papua New Guinea
Papouasie-Nouvelle-Guinée[F]
Papúa Nueva Guinea[F]
Papua Nuova Guinea[F]

191 
Australien
Australia
Australie[F]
Australia[F]
Australia[F]

192 
Neuseeland
New Zealand
Nouvelle-Zélande[F]
Nueva Zelanda[F]
Nuova Zelanda[F]

Flaggen^{F} der Beobachter^{M} der Vereinten Nationen^{F}

flags of UN observers | drapeaux^{M} des observateurs^{M} reconnus par l'ONU | banderas^{F} de observadores^{M} de la ONU^{F} | bandiere^{F} degli osservatori^{M} dell'ONU

193 

Cookinseln^{F}
Cook Islands
îles^{F} Cook
Islas^{F} Cook
Isole^{F} Cook

194 

Palästina^{N}
Palestine
Palestine^{F}
Palestina^{F}
Palestina^{F}

195 

Niue^{N}
Niue
Nioué^{F}
Niue
Niue^{F}

196 

Vatikanstaat^{M}
Vatican City State
État^{M} de la cité^{F} du Vatican^{M}
Ciudad^{F} del Vaticano^{M}
Città^{F} del Vaticano^{M}

Flaggen^{F} internationaler Organisationen^{F}

flags of international organisations | drapeaux^{M} d'organisations^{F} internationales | banderas^{F} de organizaciones^{F} internacionales | bandiere^{F} di organizzazioni^{F} internazionali

Vereinte Nationen^{F} (UN)
United Nations (UN)
Organisation^{F} des Nations^{F} unies (ONU)
Organización^{F} de las Naciones^{F} Unidas (ONU)
Organizzazione^{F} delle Nazioni^{F} Unite (ONU)

Organisation^{F} der Vereinten Nationen^{F} für Erziehung^{F}, Wissenschaft^{F} und Kultur^{F} (UNESCO)^{F}
United Nations Educational, Scientific and Cultural Organization (UNESCO)
Organisation^{F} des Nations^{F} unies pour l'éducation^{F}, la science^{F} et la culture^{F} (UNESCO)
Organización^{F} de las Naciones^{F} Unidas para la Educación^{F}, la Ciencia^{F} y la Cultura^{F} (UNESCO)
Organizzazione^{F} delle Nazioni^{F} Unite per l'Educazione^{F}, la Scienza^{F} e la Cultura^{F} (UNESCO)

Internationales Olympisches Komitee^{N} (IOC)
International Olympic Committee (IOC)
Comité^{M} international olympique (CIO)
Comité^{M} Olímpico Internacional (COI)
Comitato^{M} Olimpico Internazionale (CIO)

Europäische Union^{F} (EU)
European Union (EU)
Union^{F} européenne (UE)
Unión^{F} Europea (UE)
Unione^{F} Europea (UE)

Commonwealth^{N}
Commonwealth
Commonwealth^{M}
Commonwealth^{F}
Commonwealth^{M}

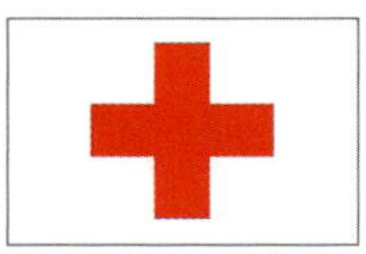

Rotes Kreuz^{N}
Red Cross
Croix^{F}-Rouge
Cruz^{F} Roja
Croce^{F} Rossa

Roter Halbmond^{M}
Red Crescent
Croissant^{M}-Rouge
Media Luna^{F} Roja
Mezzaluna^{F} Rossa

Organisation^{F} des Nordatlantikvertrags^{M} (NATO)
North Atlantic Treaty Organisation (NATO)
Organisation^{F} du Traité^{M} de l'Atlantique^{M} Nord (OTAN)
Organización^{F} del Tratado^{M} del Atlántico^{M} Norte (OTAN)
Organizzazione^{F} del Trattato^{M} Nord Atlantico (NATO)

Internationale Organisation^{F} der Frankophonie^{F}
International Organisation of La Francophonie
Organisation^{F} internationale de la Francophonie^{F}
Organización^{F} internacional de la Francofonía^{F}
Organizzazione^{F} Internazionale della Francofonia^{F}

Souveräner Malteserorden^{M}
Sovereign Military Order of Malta
Ordre^{M} souverain militaire de Malte^{F}
Orden^{F} de Malta^{F}
Sovrano Militare Ordine^{M} di Malta^{F}

Afrikanische Union^{F}
African Union
Union^{F} africaine
Unión^{F} africana
Unione^{F} Africana

Arabische Liga^{F}
League of Arab States
Ligue^{F} des États^{M} arabes
Liga^{F} de los Estados^{M} árabes
Lega^{F} Araba

Organisation^{F} der Islamischen Konferenz^{F}
Organisation of the Islamic Conference
Organisation^{F} de la conférence^{F} islamique
Organización^{F} de la conferencia^{F} Islámica
Organizzazione^{F} della Conferenza^{F} Islamica

Steinzeitwaffen[F]

Stone Age weapons | armes[F] de l'âge[M] de pierre[F] | armas[F] de la Edad[F] de Piedra[F] | armi[F] dell'età[F] della pietra[F]

polierter Steinfaustkeil[M]
polished stone hand axe
hache[F] en pierre[F] polie
hacha[F] de piedra[F] pulida
ascia[F] levigata

Pfeilspitze[F] aus Feuerstein[M]
flint arrowhead
pointe[F] de flèche[F] en silex[M]
punta[F] de flecha[F] de sílex[M]
punta[F] di freccia[F] in selce[F]

Messer[N] aus Feuerstein[M]
flint knife
couteau[M] en silex[M]
cuchillo[M] de sílex[M]
coltello[M] di selce[F]

Waffen[F] in der Römerzeit[F]

weapons in the age of the Romans | armes[F] de l'époque[F] romaine | armas[F] del imperio[M] romano | armi[F] al tempo[M] dei Romani[M]

Römische Legion[F]
Roman legionnaire
légionnaire[M] romain
legionario[M] romano
legionario[M] romano

gallischer Krieger[M]
Gallic warrior
guerrier[M] gaulois
guerrero[M] galo
guerriero[M] gallico

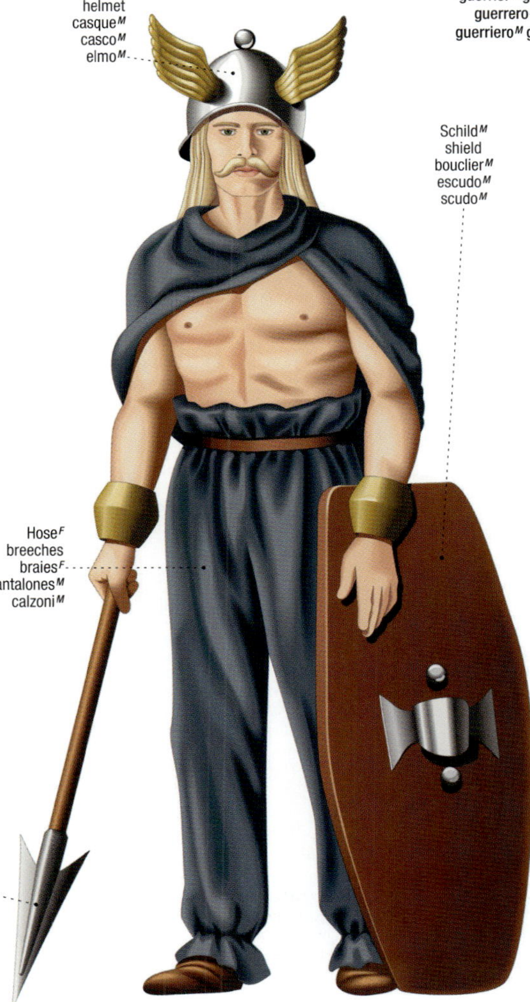

Rüstung[F]

armour | armure[F] | armadura[F] | armatura[F]

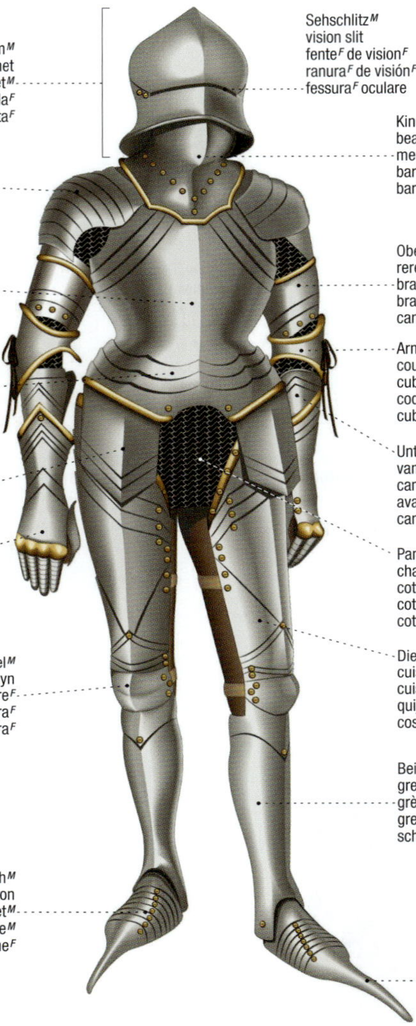

Helm[M]
armet
armet[M]
yelmo[M]
elmo[M]

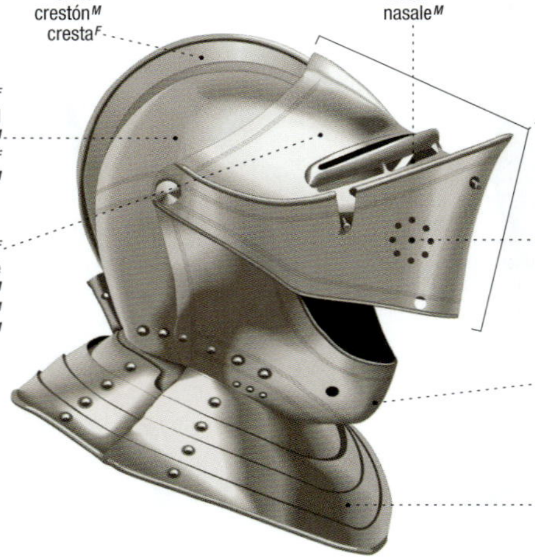

Bogen[M] und Armbrust[F]

bows and crossbow | arcs[M] et arbalète[F] | arcos[M] y ballesta[F] | archi[M] e balestra[F]

Armbrust[F]
crossbow
arbalète[F]
ballesta[F]
balestra[F]

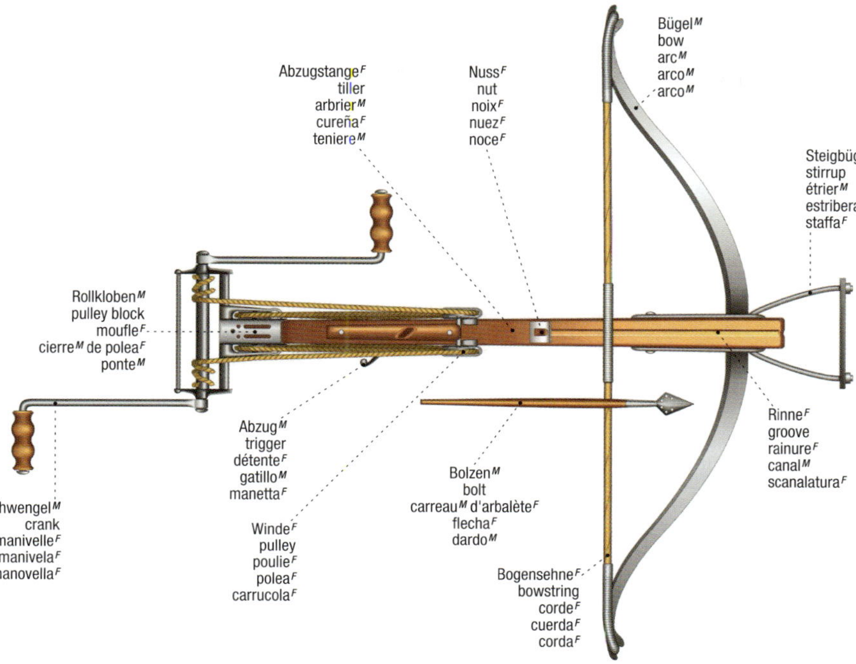

moderner Bogen[M]
modern bow
arc[M] moderne
arco[M] moderno
arco[M] moderno

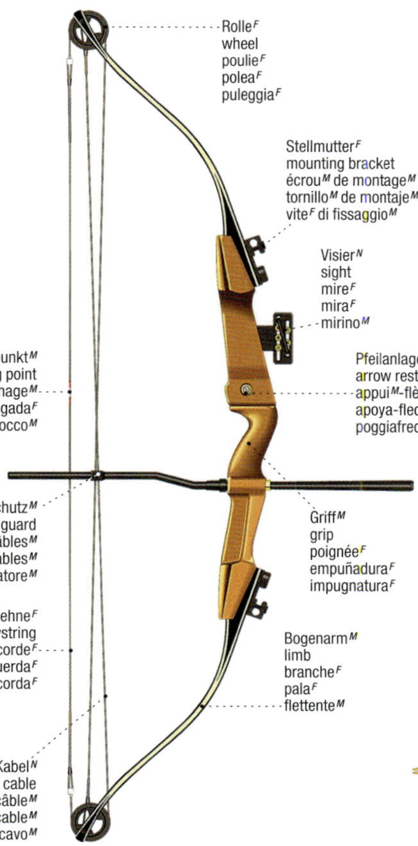

Bogen[M]
bow
arc[M]
arco[M]
arco[M]

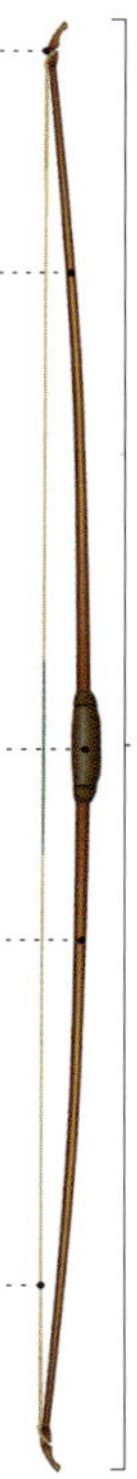

Pfeil[M]
arrow
flèche[F]
flecha[F]
freccia[F]

Hieb- und Stichwaffen[F]

thrusting and cutting weapons | armes[F] blanches | armas[F] blancas | armi[F] da lancio[M] e da taglio[M]

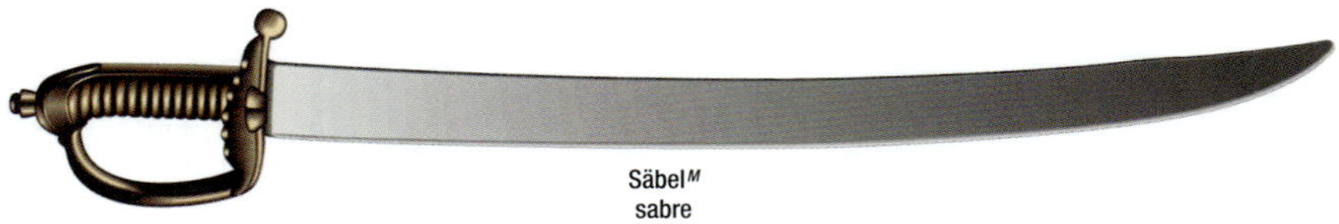

Säbel[M]
sabre
sabre[M]
sable[M]
sciabola[F]

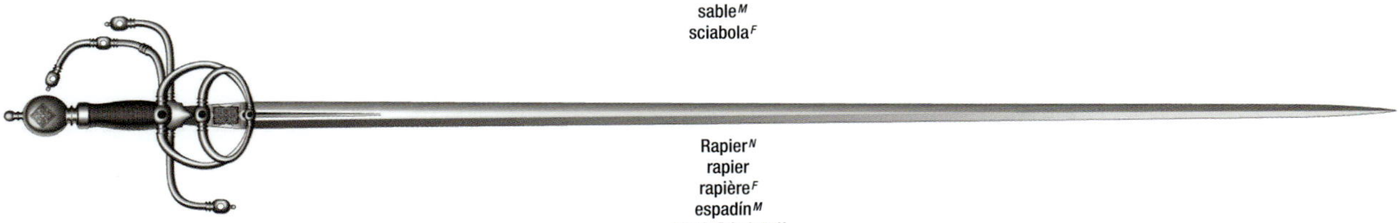

Rapier[N]
rapier
rapière[F]
espadín[M]
spada[F] da lato[M]

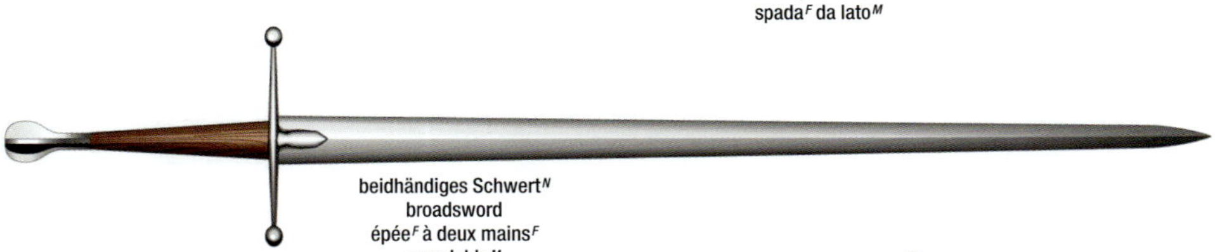

beidhändiges Schwert[N]
broadsword
épée[F] à deux mains[F]
mandoble[M]
spadone[M] a due mani[F]

Stilett[N]
stiletto
stylet[M]
estilete[M]
stiletto[M]

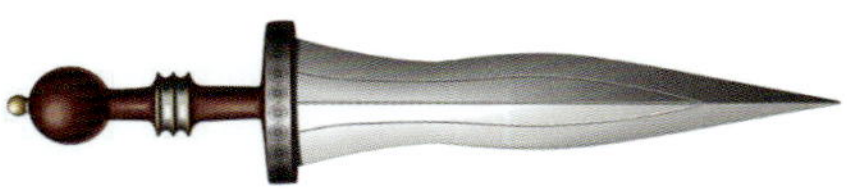

langer Dolch[M]
dagger
dague[F]
daga[F]
daga[F]

Dolch[M]
poniard
poignard[M]
puñal[M]
pugnale[M]

Machete[F]
machete
machette[F]
machete[M]
machete[M]

Kampfmesser[N]
commando knife
couteau[M] de combat[M]
cuchillo[M] de combate[M]
pugnale[M] d'assalto[M]

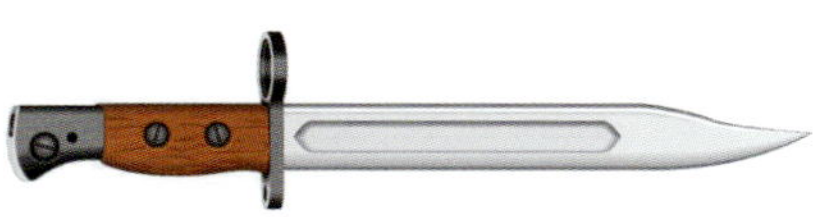

Messerbajonett[N]
hilted bayonet
baïonnette[F] à poignée[F]
bayoneta[F] con empuñadura[F]
coltello[M] baionetta[F]

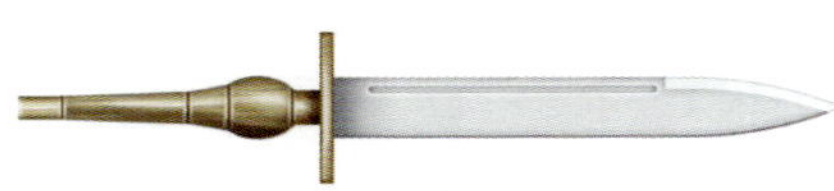

Spundbajonett[N]
plug bayonet
baïonnette[F] à manche[M]
bayoneta[F] de mango[M]
baionetta[F] a tappo[M]

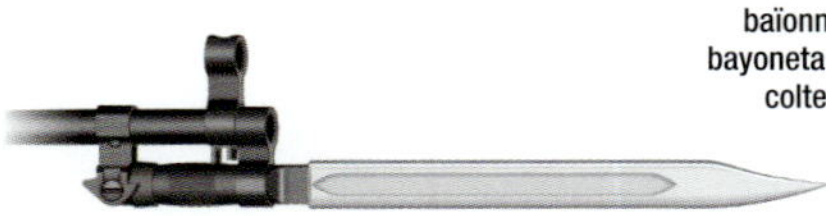

aufgepflanztes Bajonett[N]
fixed bayonet
baïonnette[F] incorporée
bayoneta[F] integral
baionetta[F] fissa ripiegabile

Tüllenbajonett[N]
socket bayonet
baïonnette[F] à douille[F]
bayoneta[F] de cubo[M]
baionetta[F] a ghiera[F]

Jagdwaffen^{F}

hunting arms | armes^{F} de chasse^{F} | armas^{F} de caza^{F} | armi^{F} da caccia^{F}

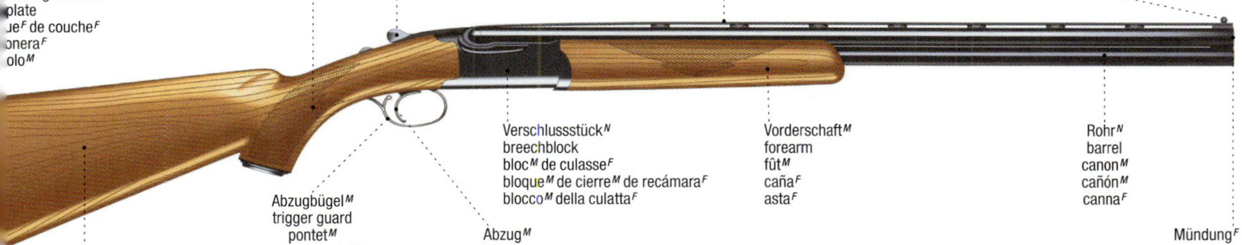

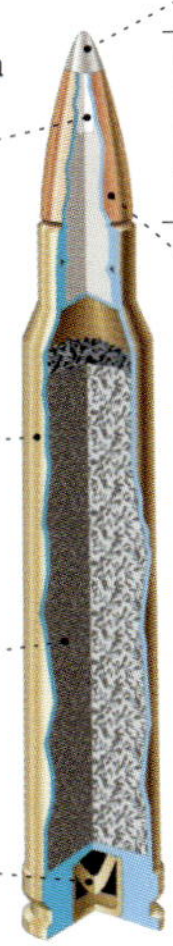

Handfeuerwaffen[F]

handguns | armes[F] de poing[M] | pistolas[F] | pistole[F]

Pistole[F]
pistol
pistolet[M]
pistola[F]
pistola[F] semiautomatica

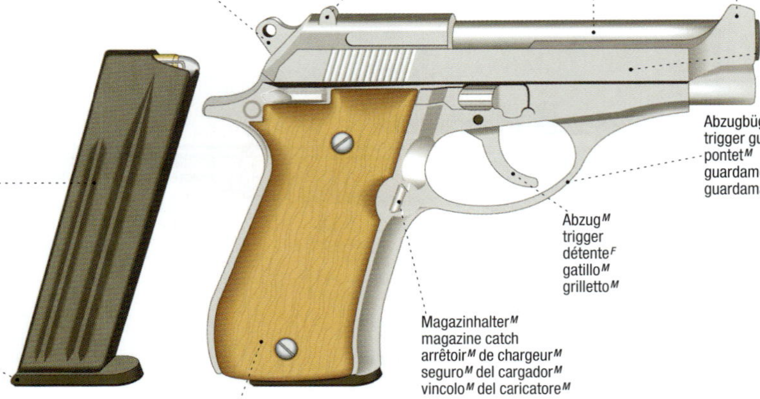

Patrone[F]
cartridge
cartouche[F]
cartucho[M]
cartuccia[F]

Revolver[M]
revolver
revolver[M]
revólver[M]
pistola[F] a tamburo[M]

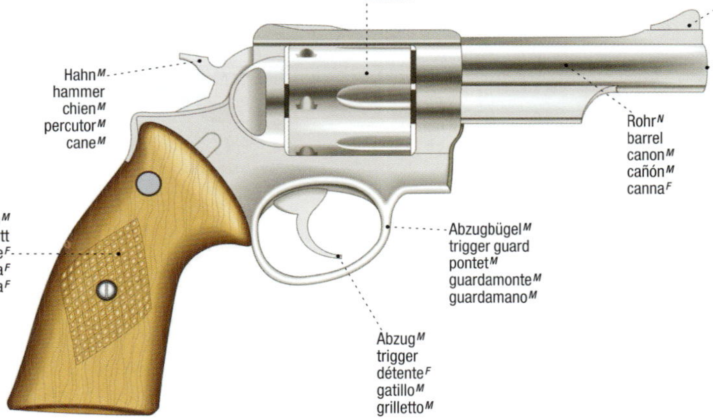

Elektroschockpistole[F]
electroshock weapon
pistolet[M] à impulsion[F] électrique
pistola[F] eléctrica
arma[F] a impulsi[M] elettrici

Waffen^{F} aus dem 17. Jahrhundert^{N}

seventeenth-century firearms | armes^{F} à feu^{M} du XVIIe siècle^{M} | armas^{F} de fuego^{M} del siglo^{M} XVII | armi^{F} da fuoco^{F} del XVII secolo^{M}

Arkebuse^{F}
arquebus
arquebuse^{F}
arcabuz^{M}
archibugio^{M}

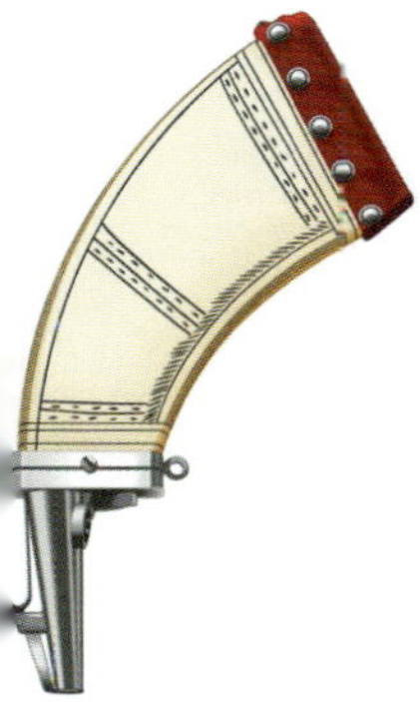

Pulverhorn^{N}
powder flask
poire^{F} à poudre^{F}
cebador^{M}
fiasca^{F} da polvere^{F}

Kugel^{F}
ball
balle^{F}
bala^{F}
pallottola^{F}

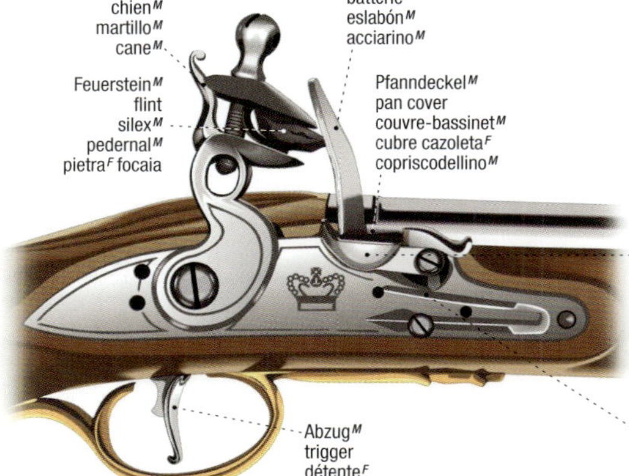

Steinschloss^{N}
flintlock
platine^{F} à silex^{M}
llave^{F} de pedernal^{M}
piastra^{F} a pietra^{F} focaia

Hahn^{M}
cock
chien^{M}
martillo^{M}
cane^{M}

Stahl^{M}
steel
batterie^{F}
eslabón^{M}
acciarino^{M}

Feuerstein^{M}
flint
silex^{M}
pedernal^{M}
pietra^{F} focaia

Pfanndeckel^{M}
pan cover
couvre-bassinet^{M}
cubre cazoleta^{F}
copriscodellino^{M}

Pfanne^{F}
pan
bassinet^{M}
cazoleta^{F}
scodellino^{M}

Abzug^{M}
trigger
détente^{F}
gatillo^{M}
grilletto^{M}

Stahlfeder^{F}
steel spring
ressort^{M} de batterie^{F}
resorte^{M} del eslabón^{M}
molla^{F} dell'acciarino^{M}

Kanone^{F} und Mörser^{M} aus dem 17. Jahrhundert^{N}

seventeenth-century cannon and mortar | canon^{M} et mortier^{M} du XVIIe siècle^{M} | cañón^{M} y mortero^{M} del siglo^{M} XVII | cannone^{M} e mortaio^{M} del XVII° secolo^{M}

Projektile^{N}
projectiles
projectiles^{M}
proyectiles^{M}
proietti^{M}

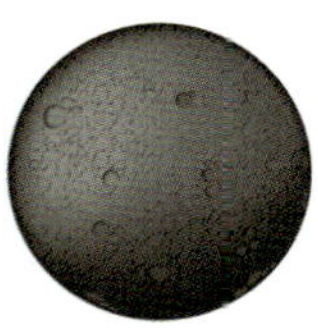

Vollgeschoss^{N}
solid shot
boulet^{M}
bala^{F} sólida
palla^{F}

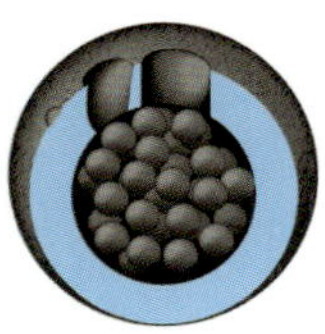

Hohlladungsgeschoss^{N}
hollow shot
boulet^{M} creux
bala^{F} con perdigones^{M}
palla^{F} cava

Kartätsche^{F}
grapeshot
grappe^{F} de raisin^{M}
metralla^{F}
mitraglia^{F}

Stangenkugel^{F}
bar shot
boulet^{M} ramé
bala^{F} de barra^{F}
palla^{F} ramata

Geschosszubehör^{N}
firing accessories
accessoires^{M} de mise^{F} à feu^{M}
accesorios^{M} de disparo^{M}
accessori^{M} per il tiro^{M}

Schwamm^{M}
sponge
écouvillon^{M}
escobillón^{M}
scovolo^{M}

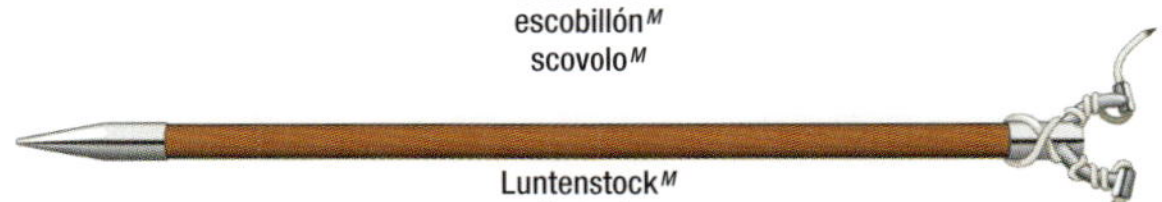

Luntenstock^{M}
linstock
boutefeu^{M}
botafuego^{M}
buttafuoco^{M}

Ladeschaufel^{F}
ladle
lanterne^{F}
cucharón^{M}
cucchiaia^{F}

Ladestock^{M}
rammer
refouloir^{M}
atacador^{M}
calcatoio^{M}

Spirale^{F}
worm
tire-bourre^{M}
sacatrapos^{M}
cavastracci^{M}

Kanone[F] und Mörser[M] aus dem 17. Jahrhundert[N]

Vorderlade-Geschütz[N] im Querschnitt[M]
section of a muzzle loading
coupe[F] d'une bouche[F] à feu[M]
corte[F] de un cañón[M] de avancarga[F]
sezione[F] di una bocca[F] da fuoco[M]

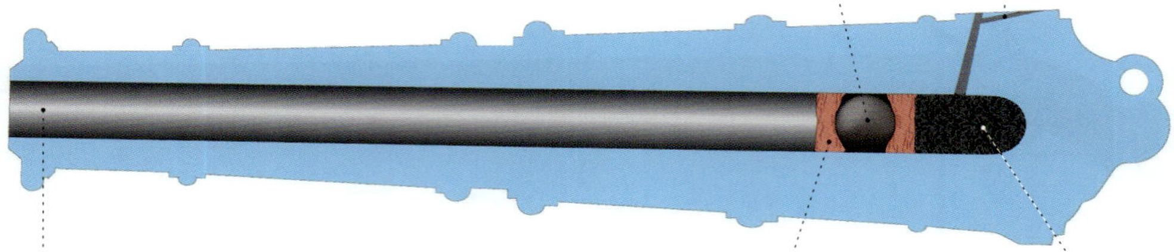

Vorderlade-Geschütz[N]
muzzle-loading cannon
bouche[F] à feu[M]
cañón[M] de avancarga[F]
cannone[M] ad avancarica[F]

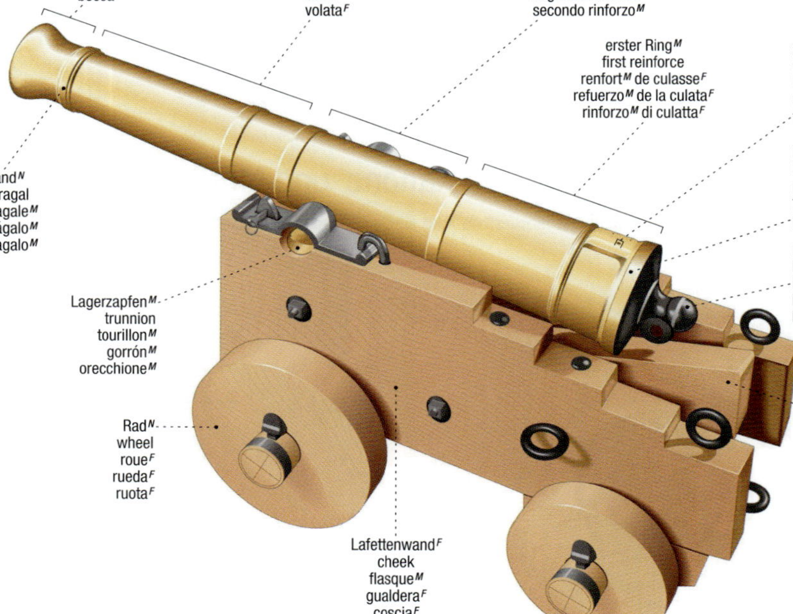

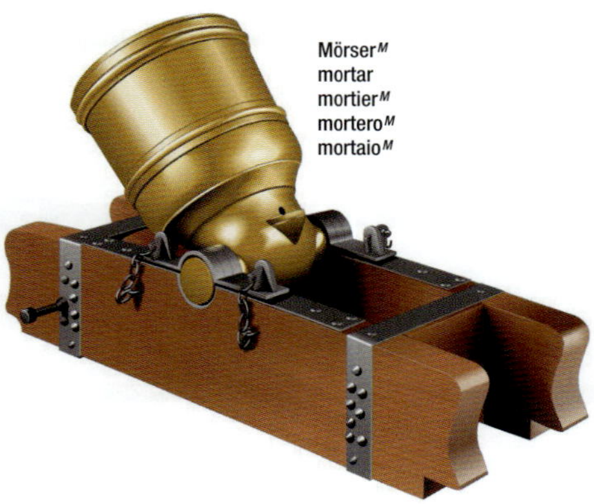

Mörser[M]
mortar
mortier[M]
mortero[M]
mortaio[M]

Fahrgestell[N]
carriage
affût[M]
cureña[F]
affusto[M]

Rohr[N]
barrel
tube[M]
tubo[M]
bocca[F] da fuoco[M]

Waffen[F]

assault weapons | armes[F] d'assaut[M] | armas[F] de asalto[M] | armi[F] d'assalto[M]

Maschinenpistole[F]
submachine gun
pistolet[M] mitrailleur[M]
metralleta[F]
pistola[F] mitragliatrice[F]

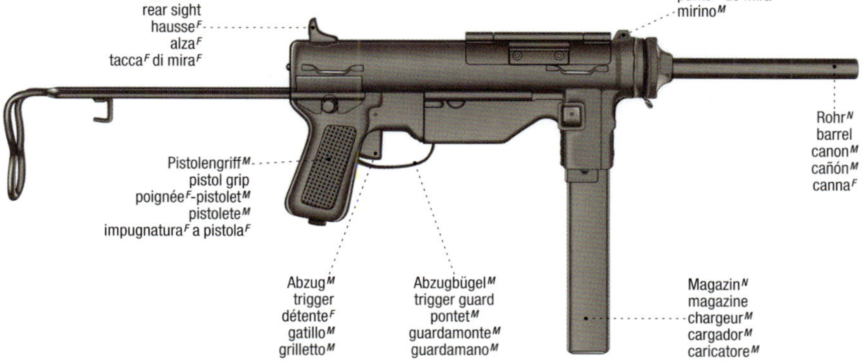

automatisches Gewehr[N]
automatic rifle
fusil[M] automatique
fusil[M] automático
fucile[M] automatico

leichtes Maschinengewehr[N]
light machine gun
fusil[M] mitrailleur[M]
fusil[M] ametrallador
mitragliatrice[F] leggera

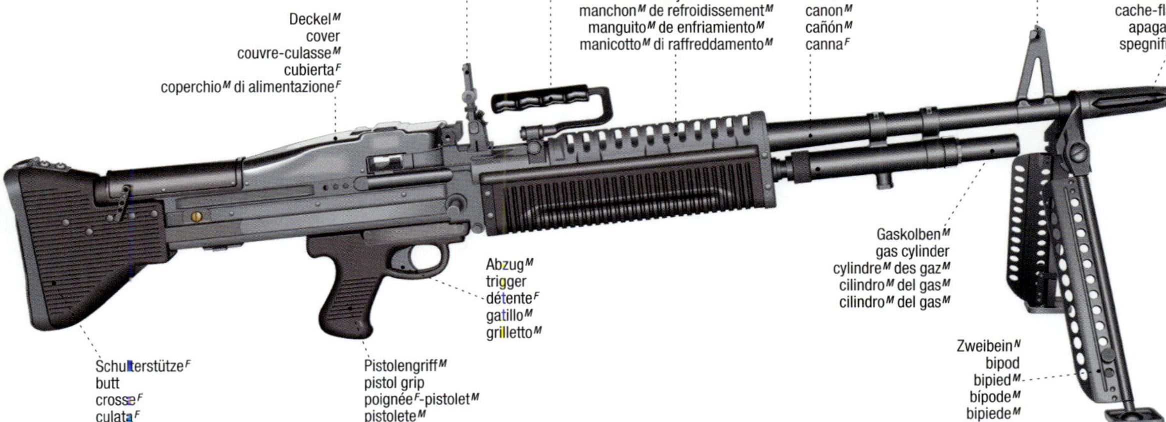

bewegliche Waffen^{F}

mobile weapons | armes^{F} mobiles | armas^{F} móviles | armi^{F} mobili

moderne Haubitze^{F}
modern howitzer
obusier^{M} moderne
obús^{M} moderno
obice^{M} moderno

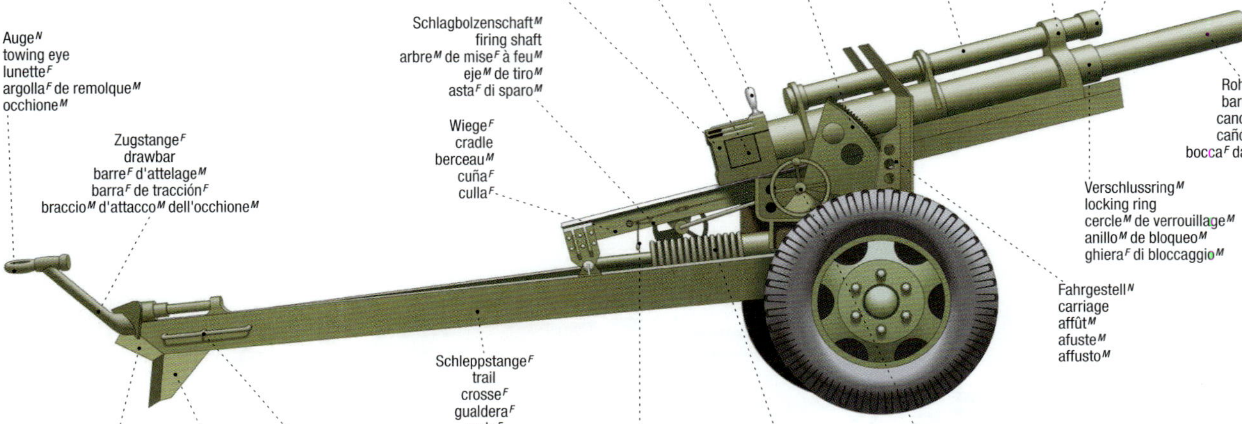

Granatwerfer^{M}
modern mortar
mortier^{M} moderne
mortero^{M} moderno
mortaio^{M} moderno

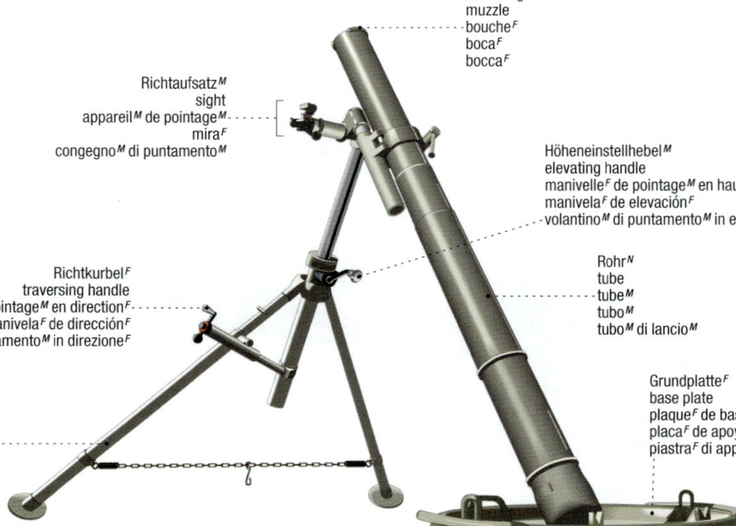

bewegliche Waffen[F]

Handgranate[F]
hand grenade
grenade[F] à main[F]
granada[F] de mano[F]
bomba[F] a mano[F]

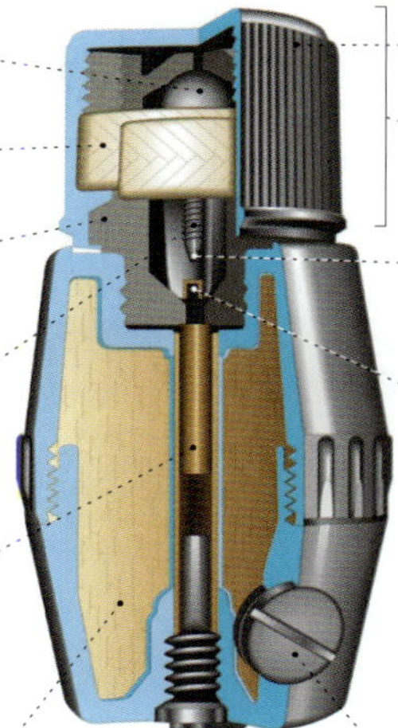

Panzerfaust[F]
bazooka
bazooka[M]
bazuca[F]
bazooka[M]

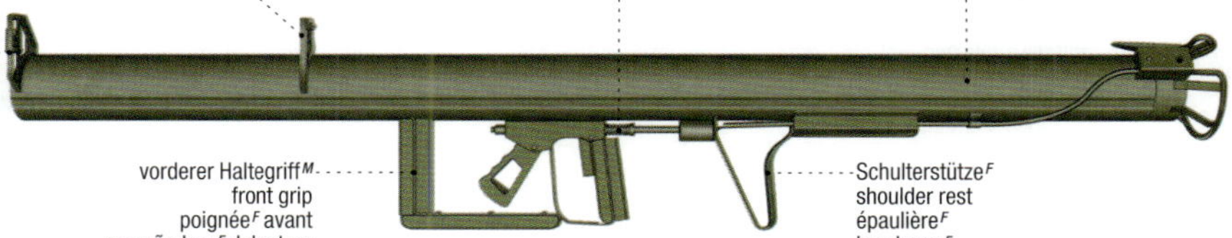

rückstoßfreies Geschütz[N]
recoilless rifle
canon[M] sans recul[M]
cañón[M] sin retroceso[M]
cannone[M] senza rinculo[M]

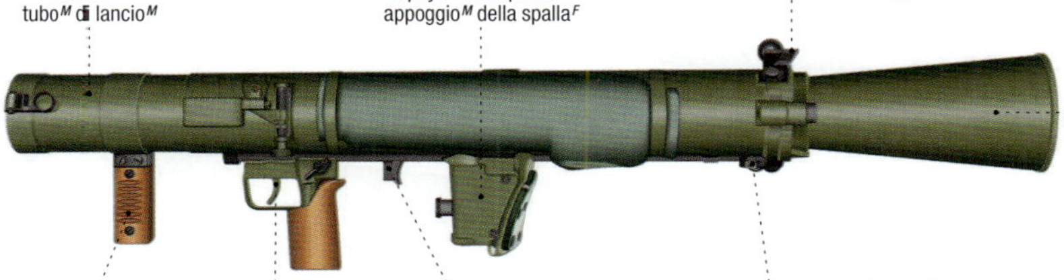

Panzerabwehrgeschoss[N]
antitank rocket
projectile[M] antichar
cohete[M] anticarro
proiettile[M] anticarro

Flugkörper[M]

missiles | missiles[M] | proyectiles[M] | missili[M]

Aufbau[M] eines Flugkörpers[M]
structure of a missile
structure[F] d'un missile[M]
estructura[F] de un misil[M]
struttura[F] di un missile[M]

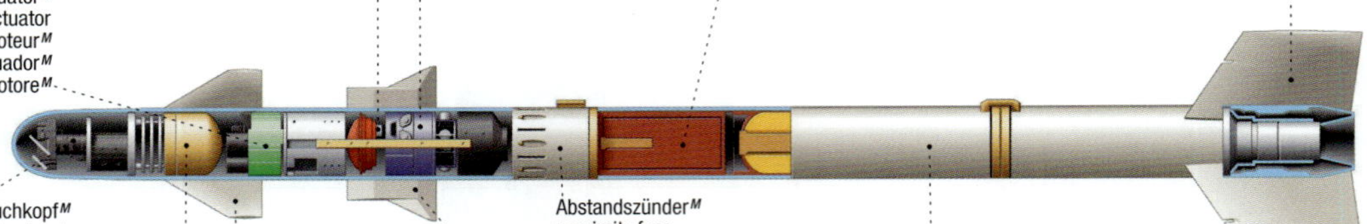

die wichtigsten Flugkörper[M]
principal types of missile
principaux types[M] de missiles[M]
principales tipos[M] de misiles[M]
principali tipi[M] di missili[M]

Luft-Luft-Flugkörper[M]
air-to-air missile
missile[M] air[M]-air[M]
misil[M] aire[M] aire[M]
missile[M] aria-aria

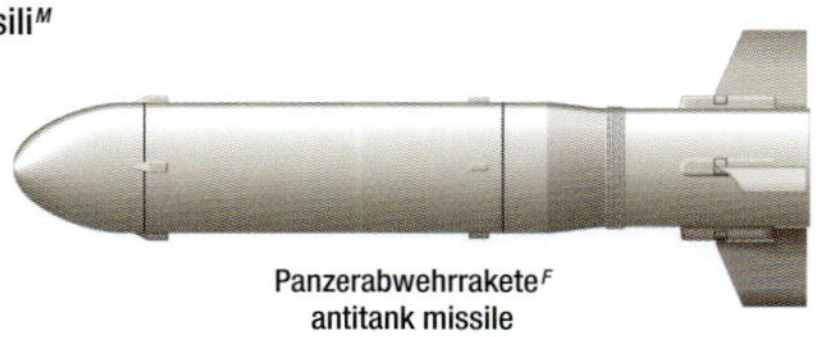

Panzerabwehrrakete[F]
antitank missile
missile[M] antichar
misil[M] antitanque
missile[M] anticarro

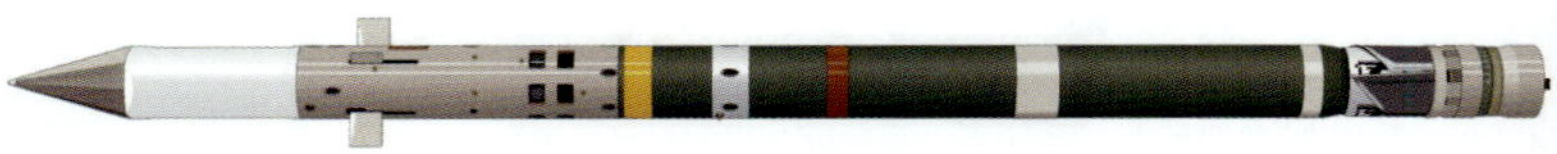

Boden-Luft-Flugkörper[M]
surface-to-air missile
missile[M] sol[M]-air[M]
misil[M] tierra[F] aire[M]
missile[M] terra-aria

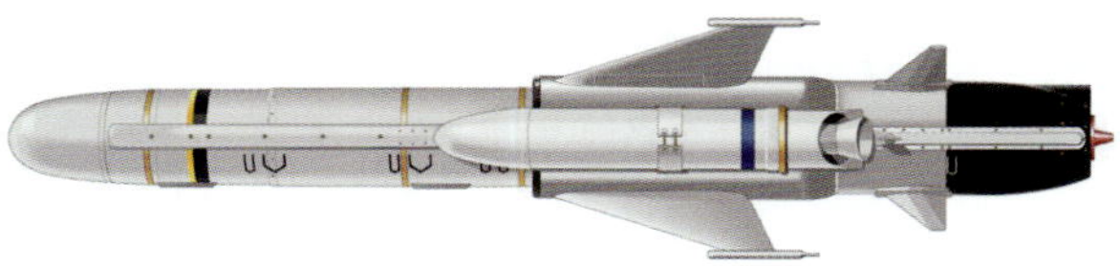

Rakete[F] zur Schiffsbekämpfung[F]
antiship missile
missile[M] antinavire
misil[M] anti-nave
missile[M] antinave

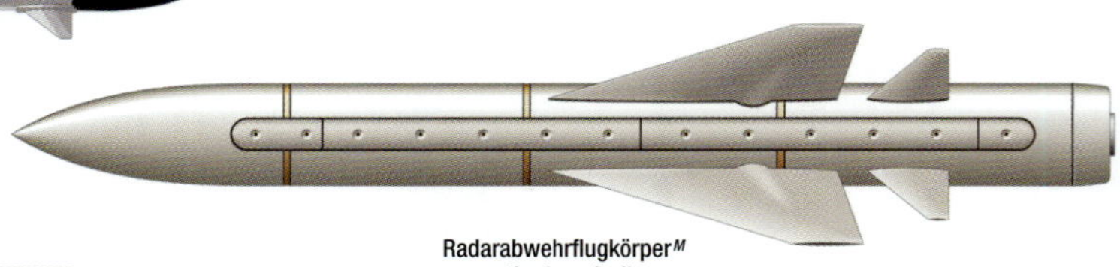

Radarabwehrflugkörper[M]
antiradar missile
missile[M] antiradar
misil[M] anti-radar
missile[M] antiradar

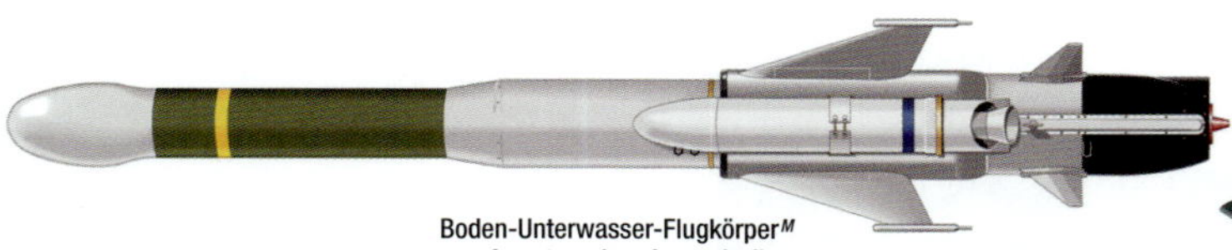

Boden-Unterwasser-Flugkörper[M]
surface-to-subsurface missile
missile[M] anti-sous-marin
misil[M] antisubmarino
missile[M] antisommergibile

Luft-Boden-Flugkörper[M]
air-to-surface missile
missile[M] air[M]-sol[M]
misil[M] aire[M] tierra[F]
missile[M] aria-terra

Panzer[M]

tank | char[M] d'assaut[M] | carro[M] de combate[M] | carro[M] armato

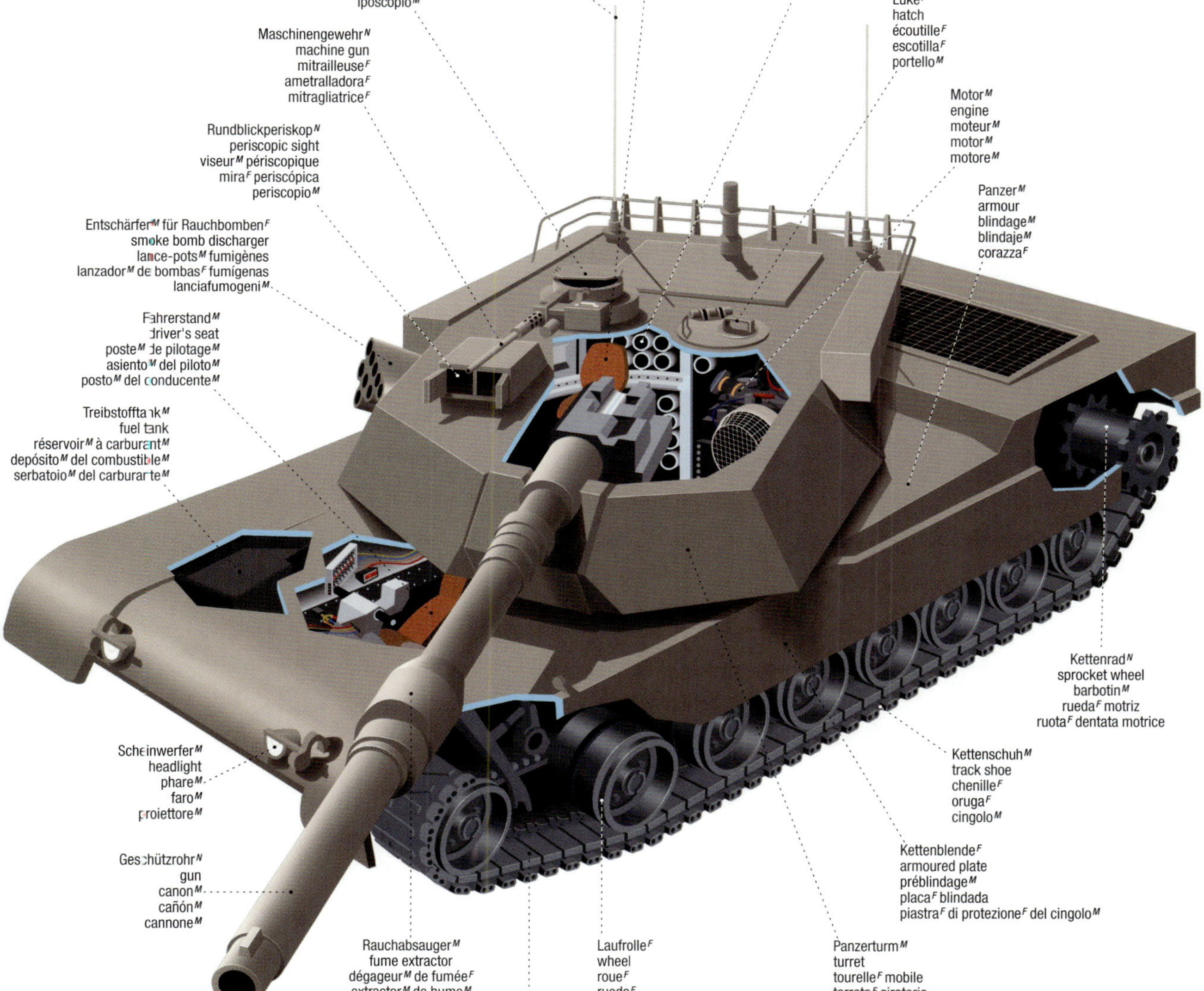

Kampfflugzeug^N

combat aircraft | avion^M de combat^M | avión^M de combate^M | aeroplano^M da combattimento^M

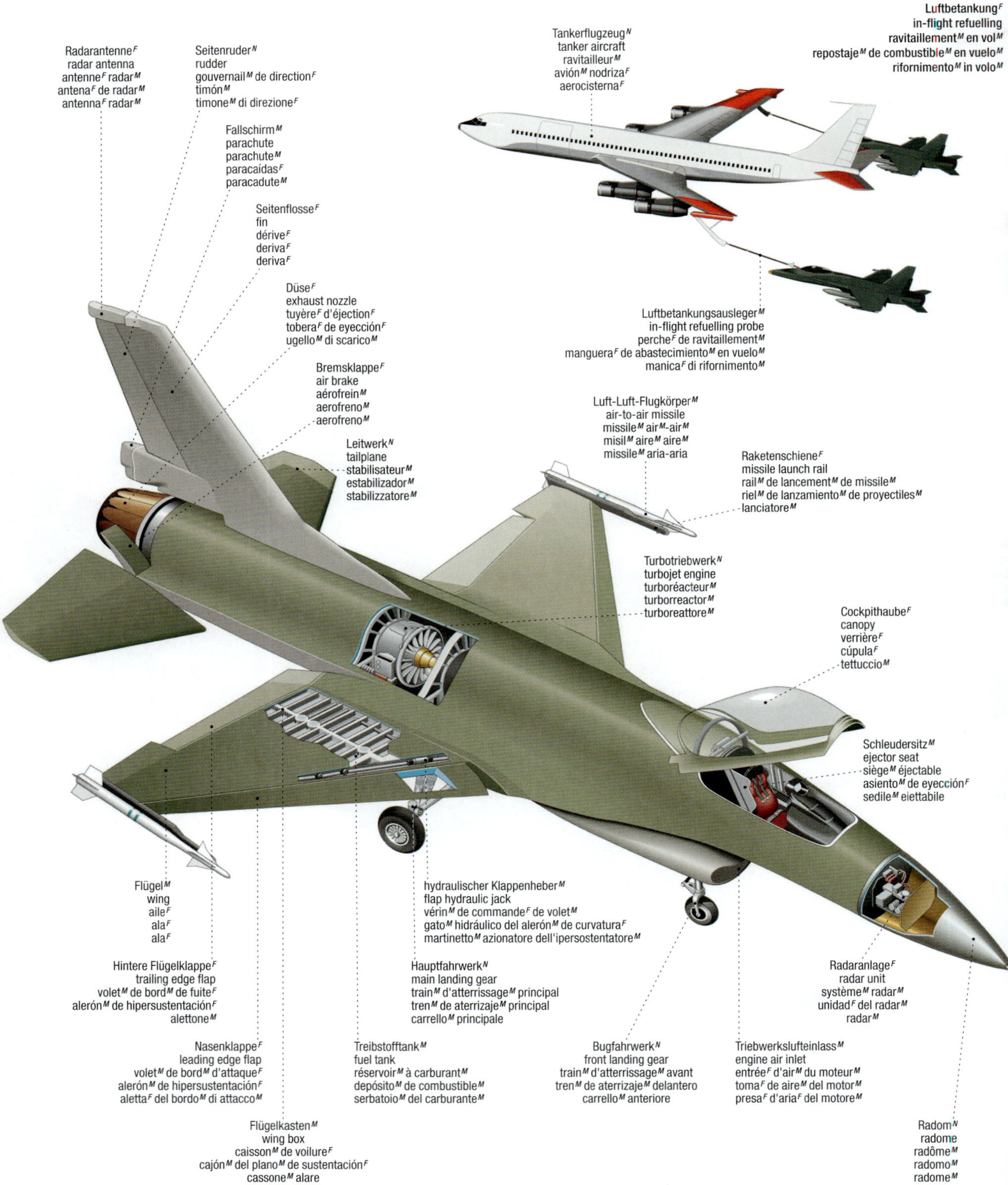

Kriegsschiffe[N]

warships | navires[M] de guerre[F] | buques[M] de guerra[F] | navi[F] da guerra[F]

Flugzeugträger[M]
aircraft carrier
porte-avions[M]
portaaviones[M]
portaerei[F]

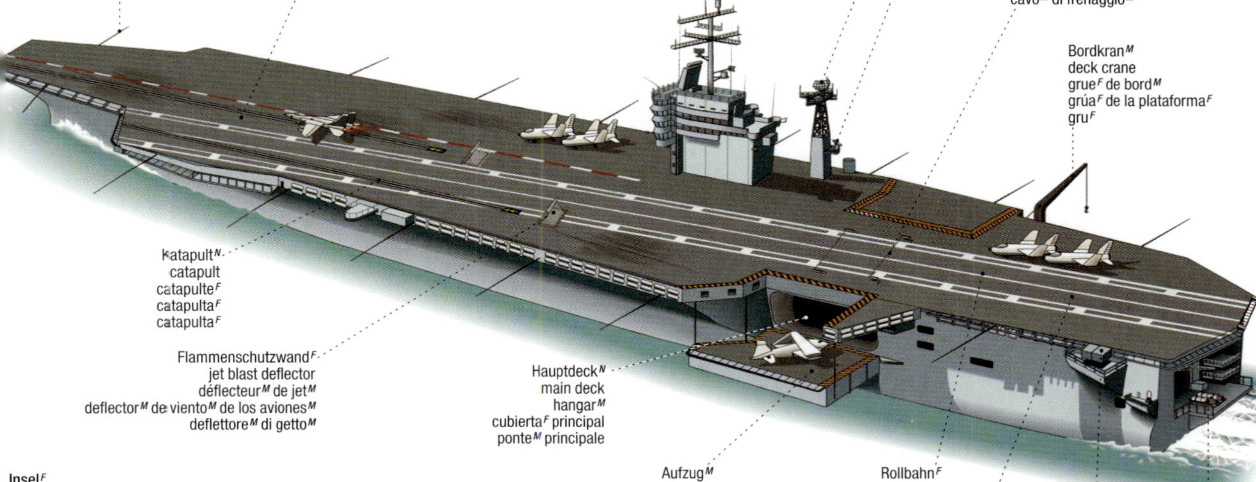

Insel[F]
island
îlot[M]
islote[M]
isola[F]

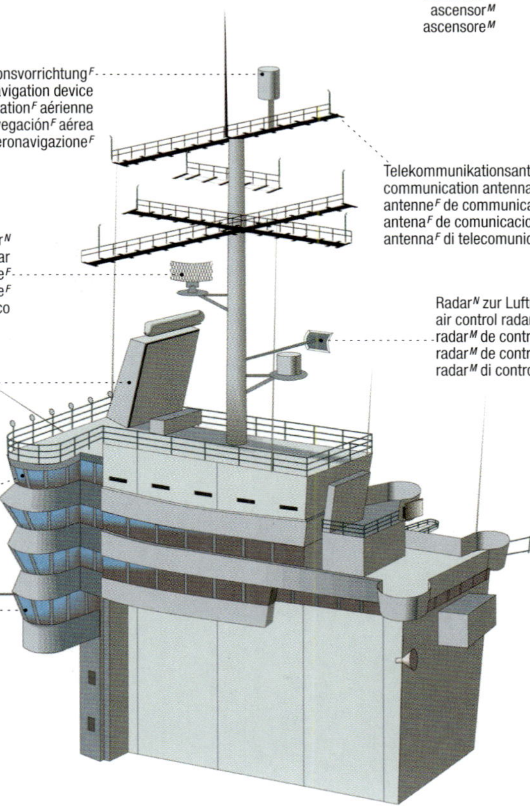

Kriegsschiffe[N]

Fregatte[F]
frigate
frégate[F]
fragata[F]
fregata[F]

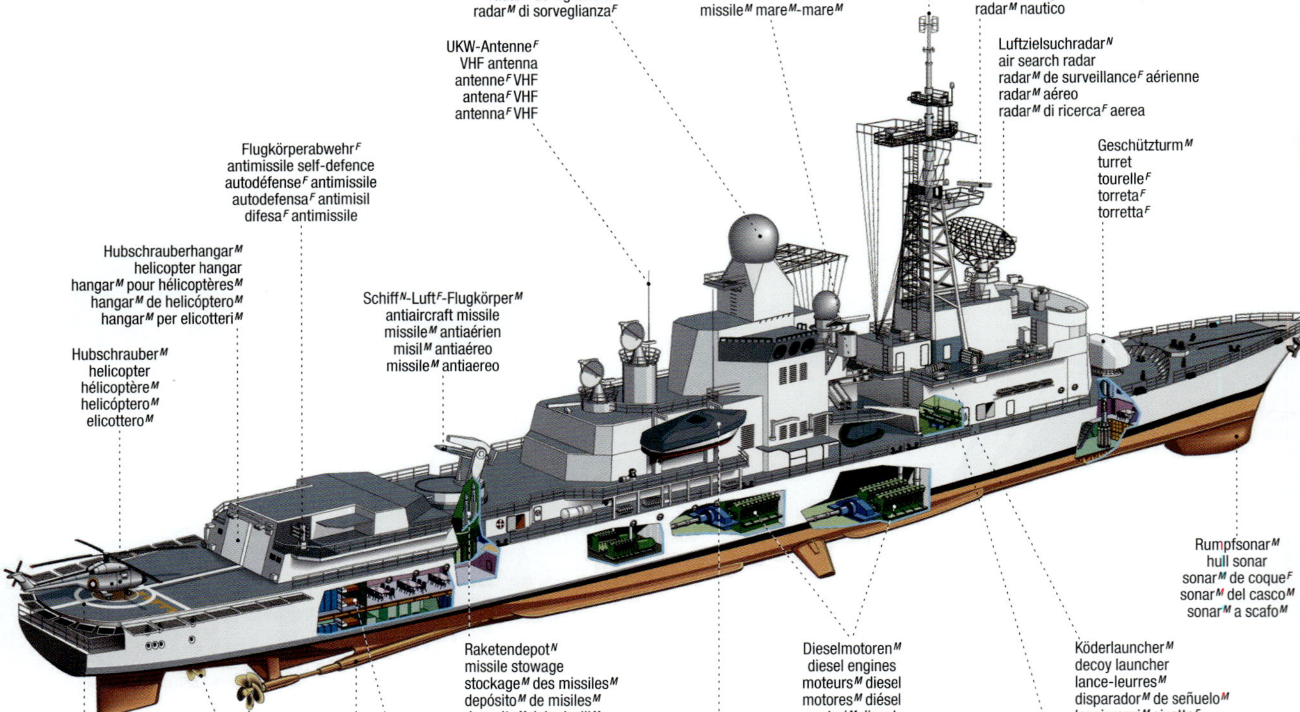

Kriegsschiffe^{N}

Atom^{N}-Unterseeboot^{N}
nuclear submarine
sous-marin^{M} nucléaire
submarino^{M} nuclear
sottomarino^{M} nucleare

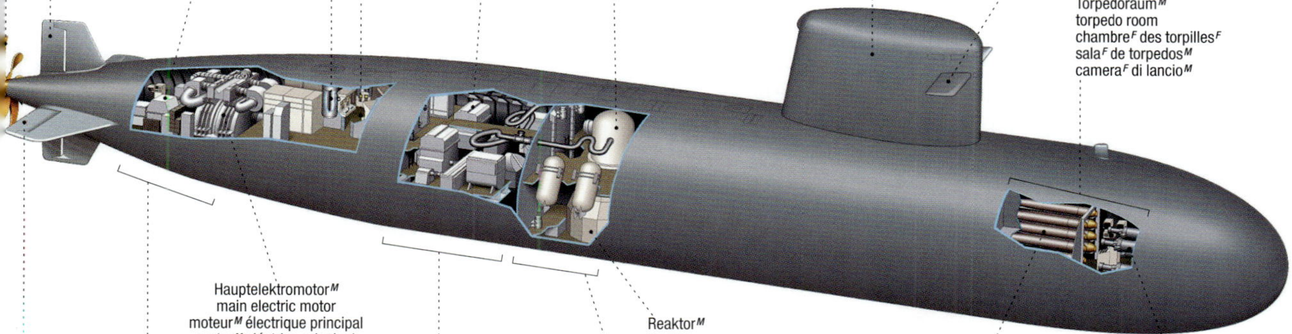

Schraube^{F}
propeller
hélice^{F}
hélice^{F}
elica^{F}

oberes Ruder^{N}
upper rudder
gouvernail^{M} de direction^{F}
timón^{M} de dirección^{F}
timone^{M} di direzione^{F}

Notstromaggregat^{N}
emergency electric motor
moteur^{M} électrique auxiliaire
motor^{M} eléctrico de emergencia^{F}
motore^{M} elettrico d'emergenza^{F}

Luftschleuse^{F}
airlock
sas^{M} d'accès^{M} arrière
esclusa^{F} de aire^{M}
camera^{F} di equilibrio^{M}

Kontrollraum^{M} für Antriebswerke^{N}
propulsion machinery control room
poste^{M} de conduite^{F} de la propulsion^{F}
sala^{F} de control^{M} de máquinas^{F} de propulsión^{F}
sala^{F} di comando^{M} dell'apparato^{M} propulsore^{M}

Turbogenerator^{M}
turbogenerator
turbo-alternateur^{M}
alternador^{M} de turbina^{F}
turboalternatore^{M}

Dampfgenerator^{M}
steam generator
générateur^{M} de vapeur^{F}
generador^{M} de vapor^{M}
generatore^{M} di vapore^{M}

Kommandoturm^{M}
conning tower
kiosque^{M}
torreta^{F} de mando^{M}
torretta^{F}

Tiefenruder^{N} des Kommandoturms^{M}
sail plane
gouvernail^{M} de plongée^{F} avant
timón^{M} de inmersión^{F}
timone^{M} orizzontale

Torpedoraum^{M}
torpedo room
chambre^{F} des torpilles^{F}
sala^{F} de torpedos^{M}
camera^{F} di lancio^{M}

Hauptelektromotor^{M}
main electric motor
moteur^{M} électrique principal
motor^{M} eléctrico principal
motore^{M} elettrico principale

Reaktor^{M}
reactor
réacteur^{M}
reactor^{M} nuclear
reattore^{M} nucleare

Maschinenraum^{M}
engine room
chambre^{F} des machines^{F}
sala^{F} de máquinas^{F}
locale^{M} macchine^{F}

Stromerzeugungsbereich^{M}
electricity generating room
compartiment^{M} de la production^{F} d'électricité^{F}
sala^{F} de producción^{F} de electricidad^{F}
locale^{M} dei generatori^{M} elettrici

Kernreaktorraum^{M}
nuclear boiler room
compartiment^{M} du réacteur^{M}
sala^{F} del reactor^{M} nuclear
locale^{M} del reattore^{M} nucleare

Torpedo^{M}
torpedo
torpille^{F}
torpedo^{M}
siluro^{M}

Torpedorohr^{N}
firing tube
tube^{M} lance-torpilles^{M}
tubo^{M} lanzatorpedos
lanciasiluri^{M}

Tiefenruder^{N}
diving plane
barre^{F} de plongée^{F}
timón^{M} de profundidad^{F}
timone^{M} di profondità^{F}

Kommandoturm^{M}
conning tower
kiosque^{M}
torreta^{F}
torretta^{F}

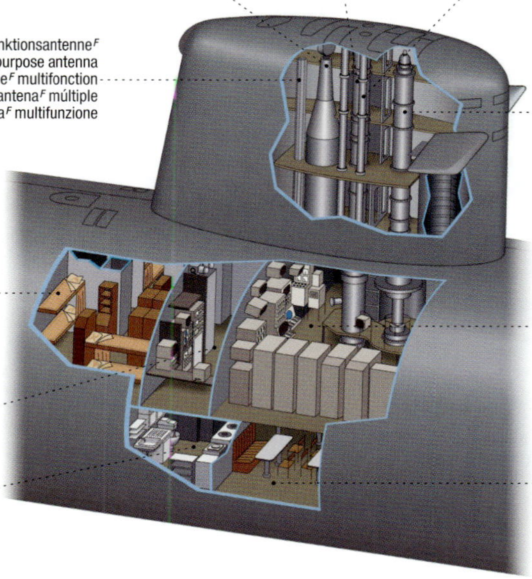

Radarantenne^{F}
radar antenna
antenne^{F} radar^{M}
antena^{F} de radar^{M}
antenna^{F} radar^{M}

Angriffsperiskop^{N}
attack periscope
périscope^{M} d'attaque^{F}
periscopio^{M} de ataque^{M}
periscopio^{M} di attacco^{M}

Funkantenne^{F}
radio antenna
antenne^{F} radio^{F}
antena^{F} de radio^{F}
antenna^{F} radio^{F}

Multifunktionsantenne^{F}
multipurpose antenna
antenne^{F} multifonction
antena^{F} múltiple
antenna^{F} multifunzione

Navigationsperiskop^{N}
navigation periscope
périscope^{M} de veille^{F}
periscopio^{M} de navegación^{F}
periscopio^{M} di esplorazione^{F}

Offiziersquartiere^{N}
officers' quarters
logement^{M} des officiers^{M}
camarotes^{M} de los oficiales^{M}
alloggio^{M} degli ufficiali^{M}

Operationszentrale^{F}
operation control room
poste^{M} de commandement^{M}
sala^{F} de control^{M} de operaciones^{F}
camera^{F} di manovra^{F}

Computerraum^{M}
computer room
salle^{F} des ordinateurs^{M}
sala^{F} de ordenadores^{M}
sala^{M} dei computer^{M}

Messe^{F}, Speiseraum^{M}
dining room
salle^{F} à manger
comedor^{M}
mensa^{F}

Kombüse^{F}
galley
cuisine^{F}
cocina^{F}
cambusa^{F}

Brandbekämpfung^{F}

fire prevention | prévention^{F} des incendies^{M} | prevención^{F} de incendios^{M} | prevenzione^{F} degli incendi^{M}

Feuerwehrzentrale^{F}
fire station
caserne^{F} de pompiers^{M}
parque^{M} de bomberos^{M}
caserma^{F} dei vigili^{M} del fuoco^{M}

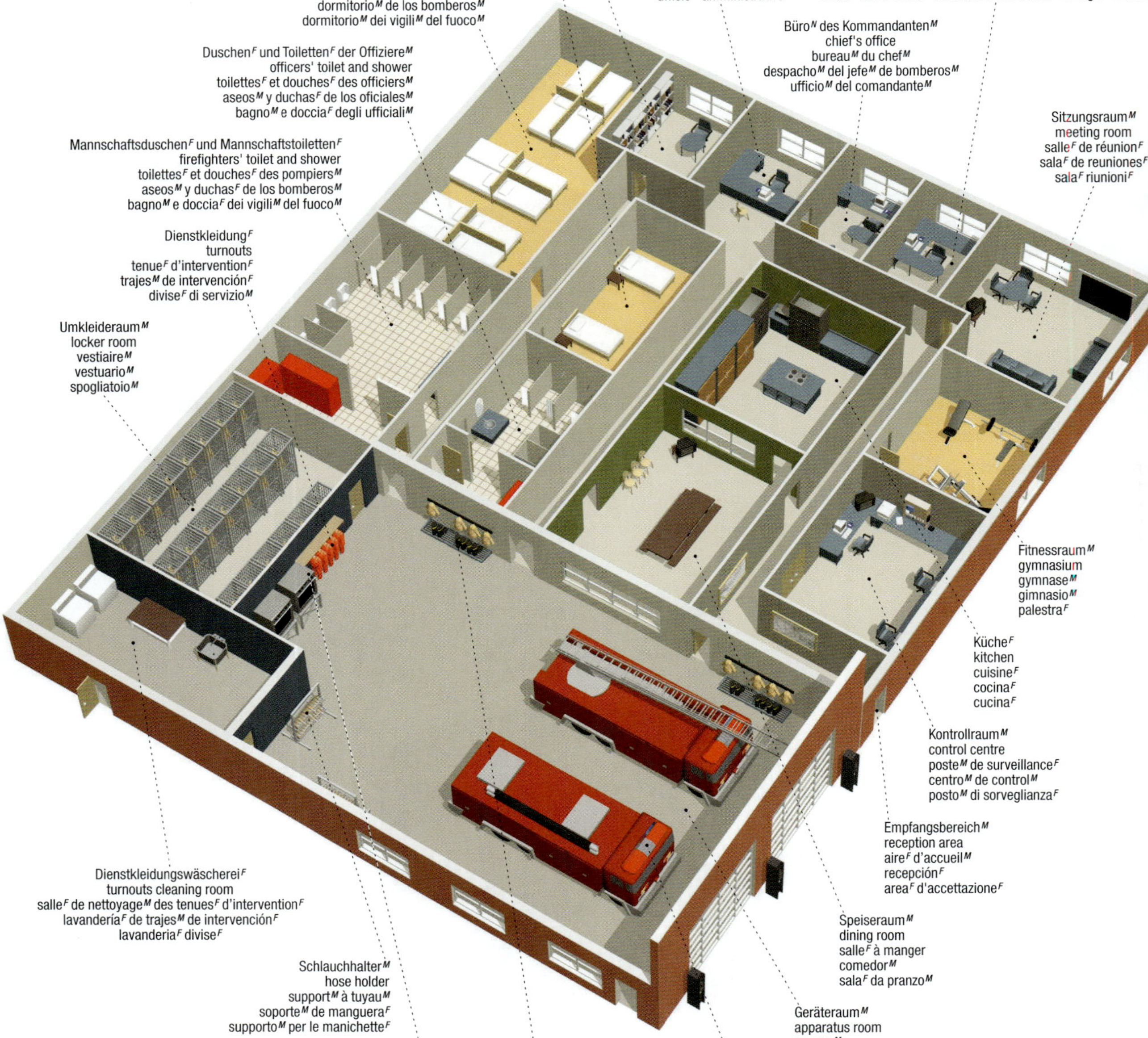

Offiziersraum^{M}
officers' dormitory
chambre^{F} des officiers^{M}
dormitorio^{M} de los oficiales^{M}
camera^{F} degli ufficiali^{M}

Dokumentationszentrum^{N}
documentation centre
centre^{M} de documentation^{F}
centro^{M} de documentación^{F}
centro^{M} di documentazione^{F}

Verwaltungsbüro^{N}
administrative office
bureau^{M} administratif
oficina^{F} administrativa
ufficio^{M} amministrativo

Büro^{N} des Brandschutzbeauftragten^{M}
fire prevention education officer's office
bureau^{M} de l'inspecteur^{M} en prévention^{F}-incendie^{M}
despacho^{M} del inspector^{M} de prevención^{F} de incendios^{M}
ufficio^{M} dell'ufficiale^{M} addetto alla formazione^{F} dei vigili^{M} del fuo

Mannschaftsschlafsaal^{M}
firefighters' dormitory
dortoir^{M} des pompiers^{M}
dormitorio^{M} de los bomberos^{M}
dormitorio^{M} dei vigili^{M} del fuoco^{M}

Büro^{N} des Kommandanten^{M}
chief's office
bureau^{M} du chef^{M}
despacho^{M} del jefe^{M} de bomberos^{M}
ufficio^{M} del comandante^{M}

Duschen^{F} und Toiletten^{F} der Offiziere^{M}
officers' toilet and shower
toilettes^{F} et douches^{F} des officiers^{M}
aseos^{M} y duchas^{F} de los oficiales^{M}
bagno^{M} e doccia^{F} degli ufficiali^{M}

Sitzungsraum^{M}
meeting room
salle^{F} de réunion^{F}
sala^{F} de reuniones^{F}
sala^{F} riunioni^{F}

Mannschaftsduschen^{F} und Mannschaftstoiletten^{F}
firefighters' toilet and shower
toilettes^{F} et douches^{F} des pompiers^{M}
aseos^{M} y duchas^{F} de los bomberos^{M}
bagno^{M} e doccia^{F} dei vigili^{M} del fuoco^{M}

Dienstkleidung^{F}
turnouts
tenue^{F} d'intervention^{F}
trajes^{M} de intervención^{F}
divise^{F} di servizio^{M}

Umkleideraum^{M}
locker room
vestiaire^{M}
vestuario^{M}
spogliatoio^{M}

Fitnessraum^{M}
gymnasium
gymnase^{M}
gimnasio^{M}
palestra^{F}

Küche^{F}
kitchen
cuisine^{F}
cocina^{F}
cucina^{F}

Kontrollraum^{M}
control centre
poste^{M} de surveillance^{F}
centro^{M} de control^{M}
posto^{M} di sorveglianza^{F}

Empfangsbereich^{M}
reception area
aire^{F} d'accueil^{M}
recepción^{F}
area^{F} d'accettazione^{F}

Dienstkleidungswäscherei^{F}
turnouts cleaning room
salle^{F} de nettoyage^{M} des tenues^{F} d'intervention^{F}
lavandería^{F} de trajes^{M} de intervención^{F}
lavanderia^{F} divise^{F}

Speiseraum^{M}
dining room
salle^{F} à manger
comedor^{M}
sala^{F} da pranzo^{M}

Schlauchhalter^{M}
hose holder
support^{M} à tuyau^{M}
soporte^{M} de manguera^{F}
supporto^{M} per le manichette^{F}

Geräteraum^{M}
apparatus room
garage^{M}
garaje^{M}
magazzino^{M} per l'attrezzatura^{F}

Schlauchtrockner^{M}
hose dryer
séchoir^{M} à tuyaux^{M}
secador^{M} de manguera^{F}
asciugatoio^{M} per le manichette^{F}

Uniformen^{F}
uniforms
uniformes^{M}
uniformes^{M}
uniformi^{F}

Löschfahrzeug^{N}
fire truck
camion^{M} d'incendie^{M}
camión^{M} de bomberos^{M}
carro^{M} dei vigili^{M} del fuoco^{M}

Brandbekämpfung F

Taschenlampe F
hand lamp
lampe F portative
linterna F portátil
lampada F portatile

Feuerschutzhelm M
fire helmet
casque M de pompier M
casco M de bombero M
elmo M da vigile M del fuoco M

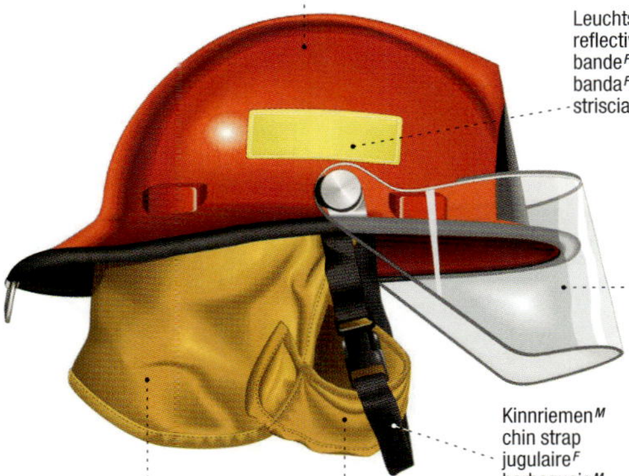

Feuerwehrmann M
firefighter
pompier M
bombero M
vigile M del fuoco M

Brandbekämpfung^{F}

Löschfahrzeuge^{N}
fire engines
camions^{M} d'incendie^{M}
camiones^{M} de bomberos^{M}
carri^{M} dei pompieri^{M}

Pumplöschfahrzeug^{N}
pumper
fourgon^{M}-pompe^{F}
autobomba^{M} tanque
autopompa^{F}

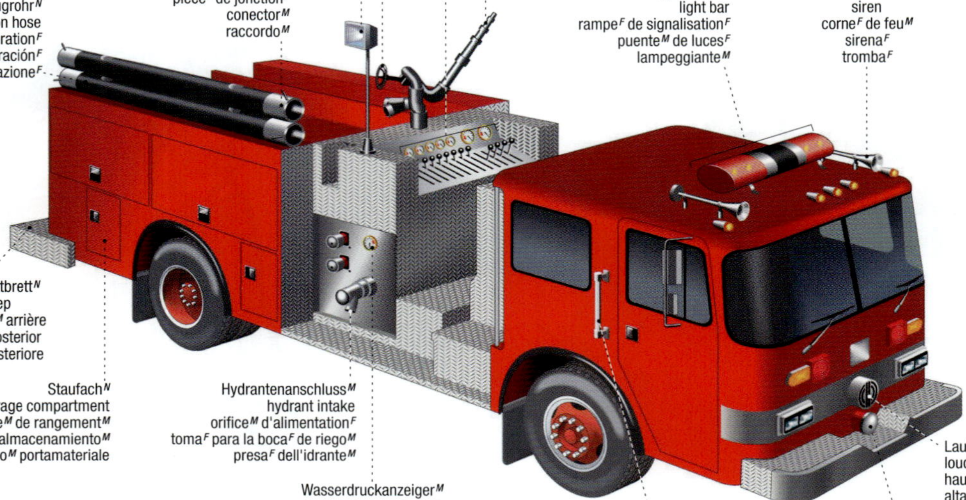

Drehleiterfahrzeug^{N}
aerial ladder truck
grande échelle^{F}
autoescalera^{M}
autoscala^{F}

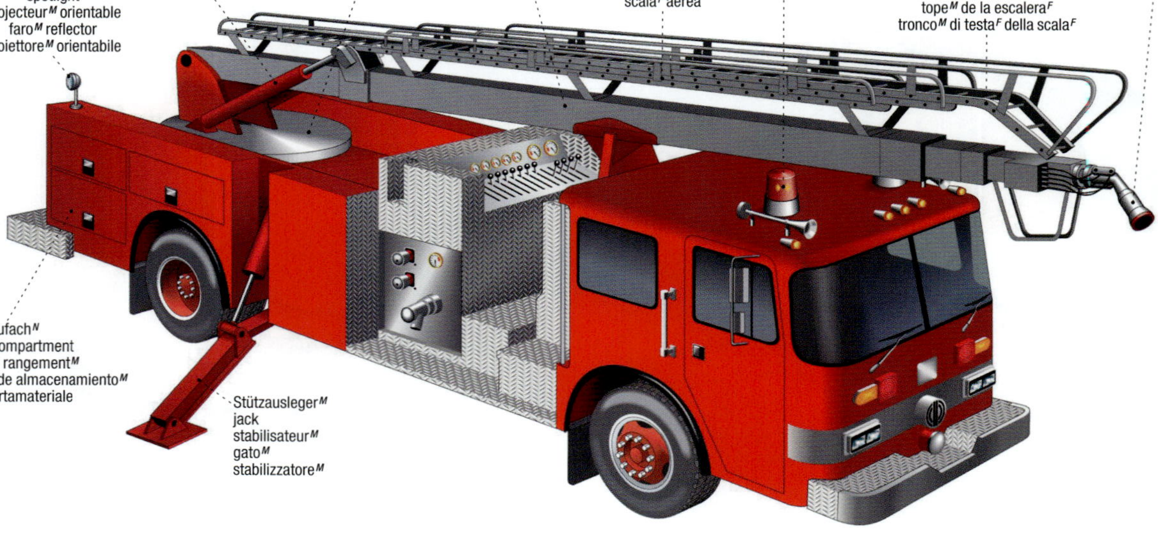

Brandbekämpfung[F]

Überflurhydrant[M]
fire hydrant
borne[F] d'incendie[M]
boca[F] de riego[M]
idrante[M] a colonna[F]

Abdeckung[F]
cover
couvercle[M]
tapa[F]
coperchio[M]

Unterteil[N]
base
base[F]
base[F]
base[F]

Testknopf[M]
test button
bouton[M] d'essai[M]
botón[M] de ensayo[M]
pulsante[M] di prova[F]

Kontrollleuchte[F]
indicator light
témoin[M] lumineux
testigo[M] luminoso
spia[F] luminosa

Rauchmelder[M]
smoke detector
détecteur[M] de fumée[F]
detector[M] de humo[M]
rilevatore[M] di fumo[M]

Brandbekämpfungsmaterial[N]
fire-fighting material
matériel[M] de lutte[F] contre les incendies[M]
material[M] de lucha[F] contra los incendios[M]
materiale[M] antincendio

Sicherungsstift[M]
pin
goupille[F]
clavija[F]
copiglia[F]

Abzug[M]
trigger
gâchette[F]
disparador[M]
grilletto[M]

Schlauch[M]
hose
tuyau[M]
manguera[F]
tubo[M] flessibile

Löschmittelbehälter[M]
tank
réservoir[M]
tanque[M]
bombola[F]

Handfeuerlöscher[M]
portable fire extinguisher
extincteur[M]
extintor[M] portátil
estintore[M] portatile

Hakengurt[M] für Leiter[F] und Schlauch[M]
ladder and hose strap
courroie[F] d'amarre[F]
correa[F] para escalera[F] y manguera[F]
cinghia[F] per tubi[M] e scale[F]

Strahlrohr[N]
nozzle
lance[F]
boquilla[F]
erogatore[M]

Y-Verbindungsstück[N]
dividing connector
pièce[F] d'embranchement[M]
conector[M] de boca[F] de riego[F]
raccordo[M] a due vie[F]

Schlauchleitung[F]
fire hose
tuyau[M] de refoulement[M]
manguera[F] de incendios[M]
manichetta[F] antincendio

Hydrantenschlüssel[M]
fire hydrant wrench
clé[F] de barrage[M]
llave[F] de boca[F] de riego[M]
chiave[F] per idrante[M]

Brecheisen[N]
percussion bar
clé[F] à percussion[F]
barra[F] de percusión[F]
barra[F] di percussione[F]

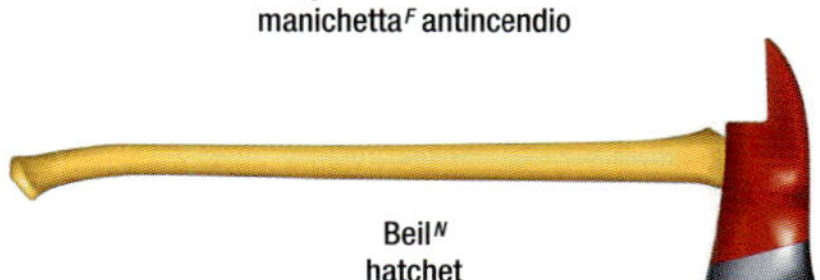

Beil[N]
hatchet
hache[F]
hacha[F]
piccozza[F]

Einreißhaken[M]
pike pole
gaffe[F]
pica[F]
rampone[M]

Hakenleiter[F]
hook ladder
échelle[F] à crochets[M]
escalera[F] de ganchos[M]
scala[F] con ganci[M]

vorbeugende Verbrechensbekämpfung[F]

crime prevention | prévention[F] de la criminalité[F] | prevención[F] de la criminalidad[F] | prevenzione[F] del crimine[M]

Polizeirevier[F]
police station
poste[M] de police[F]
estación[F] de policía[F]
stazione[F] di polizia[F]

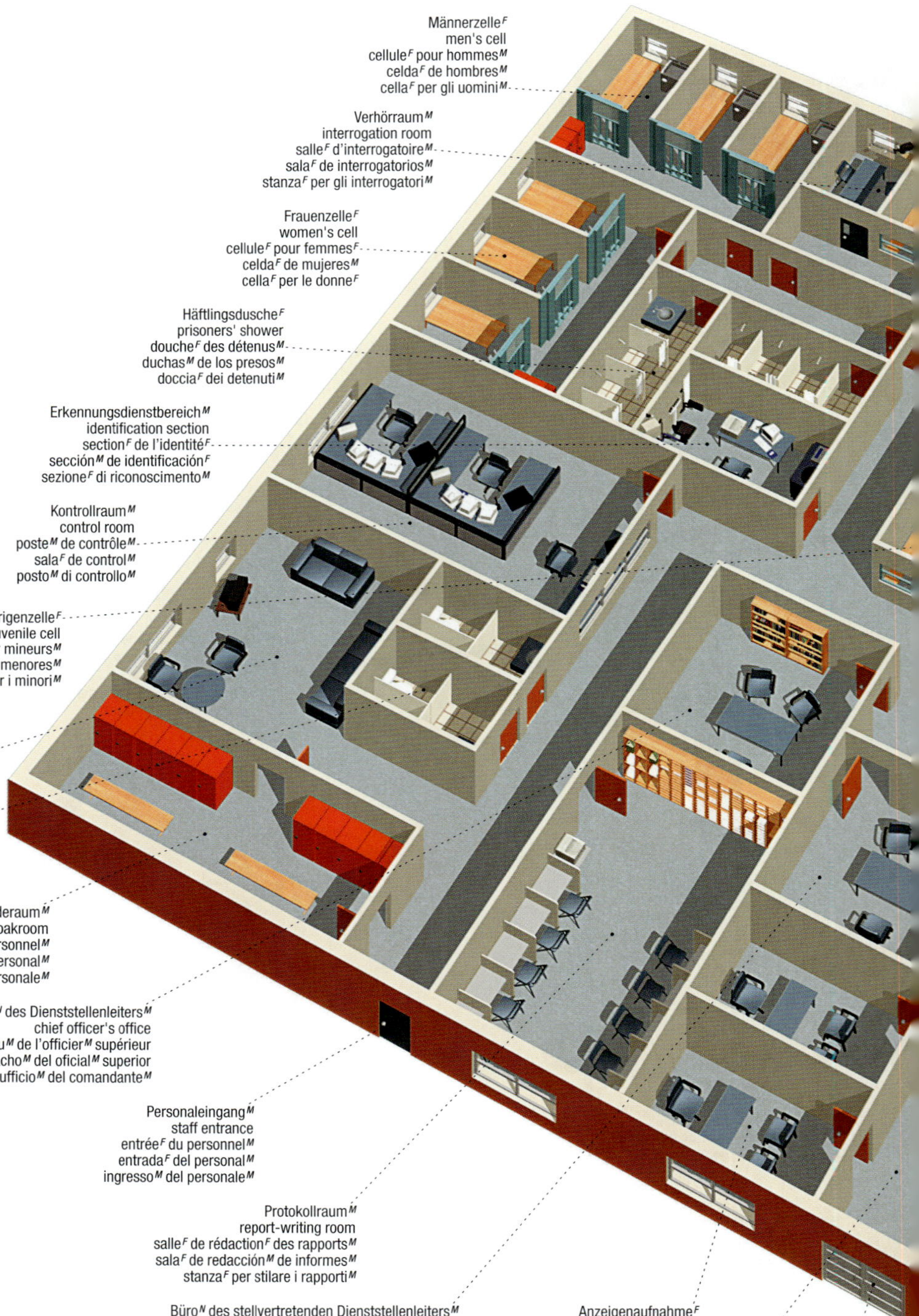

Männerzelle[F]
men's cell
cellule[F] pour hommes[M]
celda[F] de hombres[M]
cella[F] per gli uomini[M]

Verhörraum[M]
interrogation room
salle[F] d'interrogatoire[M]
sala[F] de interrogatorios[M]
stanza[F] per gli interrogatori[M]

Frauenzelle[F]
women's cell
cellule[F] pour femmes[F]
celda[F] de mujeres[M]
cella[F] per le donne[F]

Häftlingsdusche[F]
prisoners' shower
douche[F] des détenus[M]
duchas[M] de los presos[M]
doccia[F] dei detenuti[M]

Erkennungsdienstbereich[M]
identification section
section[F] de l'identité[F]
sección[M] de identificación[F]
sezione[F] di riconoscimento[M]

Kontrollraum[M]
control room
poste[M] de contrôle[M]
sala[F] de control[M]
posto[M] di controllo[M]

Minderjährigenzelle[F]
juvenile cell
cellule[F] pour mineurs[M]
celda[F] de menores[M]
cella[F] per i minori[M]

Personalraum[M]
staff lounge
salon[M] du personnel[M]
sala[F] del personal[M]
sala[F] del personale[M]

Personaltoiletten[F]
staff toilet
toilettes[F] du personnel[M]
aseos[M] para el personal[M]
toilette[F] del personale[M]

Personalumkleideraum[M]
staff cloakroom
vestiaire[M] du personnel[M]
guardarropa[M] del personal[M]
spogliatoio[M] del personale[M]

Büro[N] des Dienststellenleiters[M]
chief officer's office
bureau[M] de l'officier[M] supérieur
despacho[M] del oficial[M] superior
ufficio[M] del comandante[M]

Personaleingang[M]
staff entrance
entrée[F] du personnel[M]
entrada[F] del personal[M]
ingresso[M] del personale[M]

Protokollraum[M]
report-writing room
salle[F] de rédaction[F] des rapports[M]
sala[F] de redacción[M] de informes[M]
stanza[F] per stilare i rapporti[M]

Büro[N] des stellvertretenden Dienststellenleiters[M]
junior officer's office
bureau[M] de l'officier[M] subalterne
despacho[F] del oficial[M] subalterno
ufficio[M] del vicecomandante[M]

Anzeigenaufnahme[F]
complaints office
bureau[M] des plaintes[F]
oficina[F] de quejas[F]
ufficio[M] per le denunce[F]

Warteraum[M]
waiting room
salle[F] d'attente[F]
sala[F] de espera[F]
sala[F] d'attesa[F]

Haupteingang[M]
main entrance
entrée[F] principale
entrada[F] principal
ingresso[M] principale

vorbeugende Verbrechensbekämpfung[F]

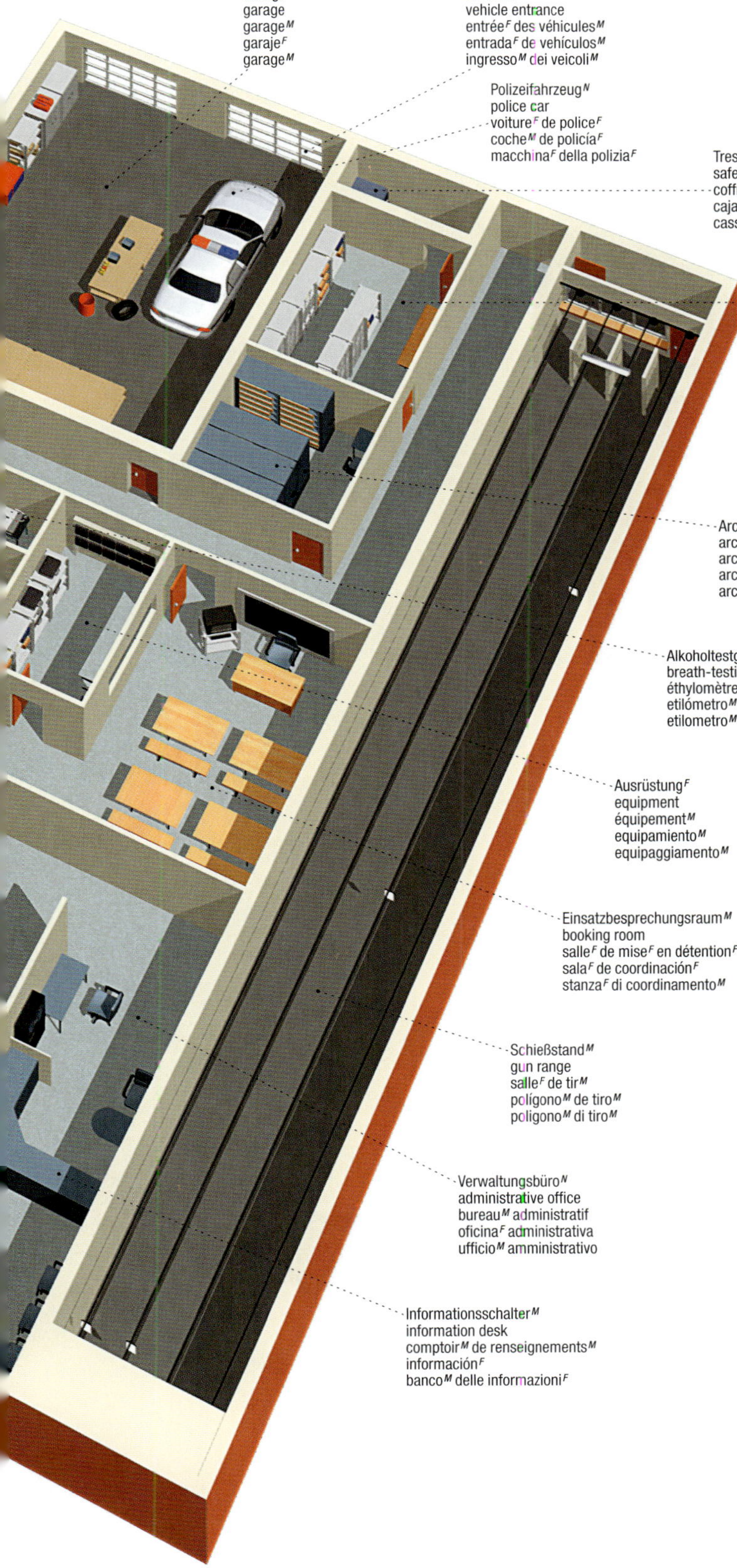

vorbeugende Verbrechensbekämpfung^F

Polizeibeamter^M
police officer
agent^M de police^F
agente^M de policía^F
agente^M di polizia^F

Dienstgürtel^M
duty belt
ceinturon^M de service^M
cinturón^M de servicio^M
cintura^F di servizio^M

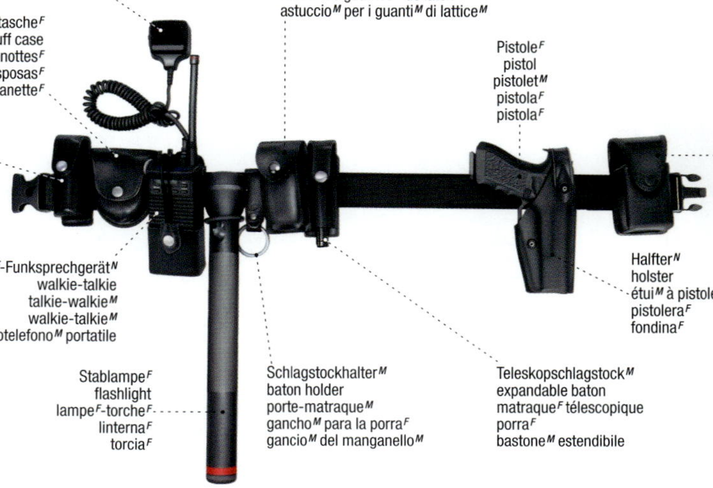

vorbeugende Verbrechensbekämpfung^F

Polizeifahrzeug^N: Armaturenbrettausrüstung^F
police car: dashboard equipment
voiture^F de police^F : tableau^M de bord^M
coche^M de policía^F : equipamiento^M del salpicadero^M
auto^F della polizia^F: equipaggiamento^M del cruscotto^M

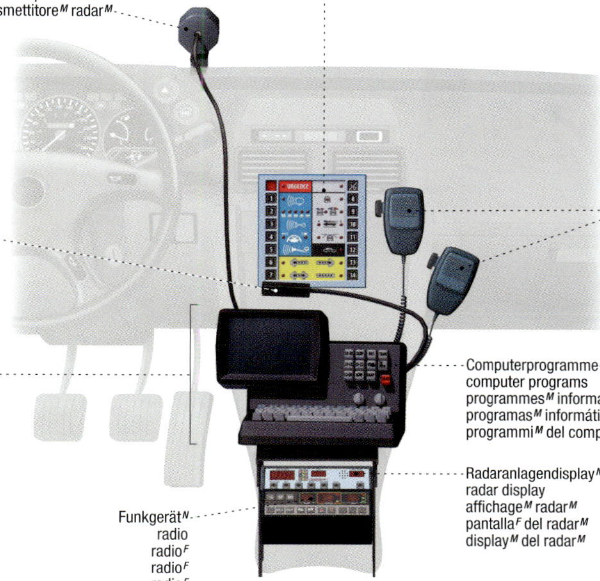

Polizeifahrzeug^N
police car
voiture^F de police^F
coche^M de policía^F
macchina^F della polizia^F

Gehörschutz^{M}

ear protection | protection^{F} de l'ouïe^{F} | protección^{F} para los oídos^{M} | protezione^{F} per le orecchie^{F}

Ohrenschützer^{M}
safety earmuffs
serre-tête^{M} antibruit
cascos^{M} de seguridad^{F}
cuffie^{F} di sicurezza^{F}

Kopfband^{N}
headband
serre-tête^{M}
diadema^{F}
supporto^{M} elastico

Schaumgummipolsterung^{F}
foam cushion
coussinet^{M} en mousse^{F}
protector^{M} de espuma^{F}
cuscinetti^{M} antirumore

Ohrstöpsel^{M}
earplugs
protège-tympan^{M}
tapones^{M} para los oídos^{M}
tappi^{M} per le orecchie^{F}

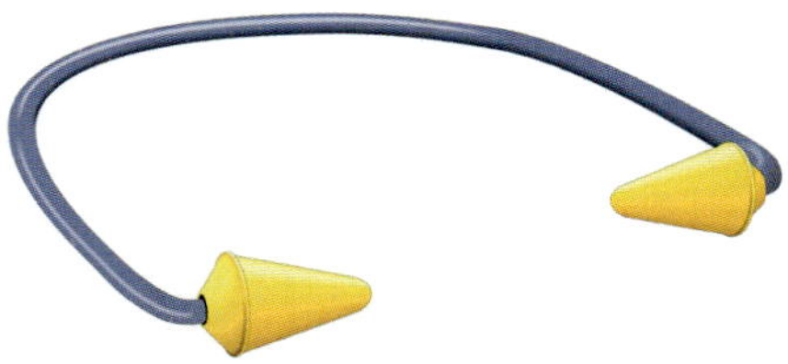

Augenschutz^{M}

eye protection | protection^{F} des yeux^{M} | protección^{F} para los ojos^{M} | protezione^{F} per gli occhi^{M}

Schutzbrille^{F}
safety glasses
lunettes^{F} de sécurité^{F}
gafas^{F} de seguridad^{F}
occhiali^{M} di protezione^{F} con ripari^{M} laterali

Schutzmaske^{F}
safety goggles
lunettes^{F} de protection^{F}
gafas^{F} protectoras
occhiali^{M} di protezione^{F} panoramici

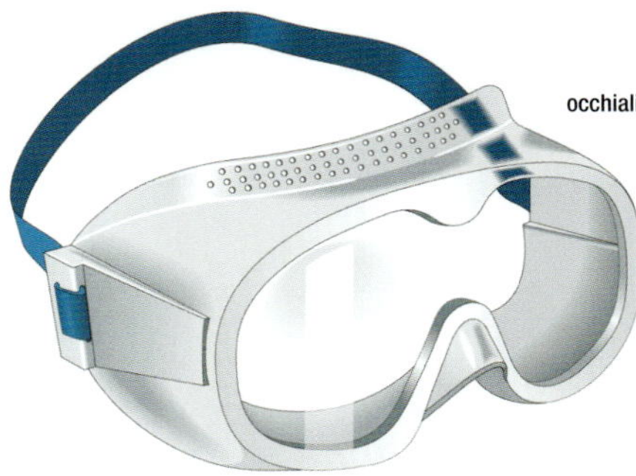

Kopfschutz^{M}

head protection | protection^{F} de la tête^{F} | protección^{F} para la cabeza^{F} | protezione^{F} per la testa^{F}

Schutzhelm^{M}: Vorderansicht^{F}
hard hat: front view
casque^{M} de sécurité^{F} : vue^{F} de face^{F}
casco^{M} de seguridad^{F} : vista^{F} frontal
elmetto^{M} di protezione^{F}: vista^{F} frontale

Verstärkungsschwelle^{F}
rib
nervure^{F}
refuerzo^{M}
nervatura^{F}

Schild^{N}
peak
visière^{F}
visera^{F}
visiera^{F}

Schutzhelm^{M}: Unteransicht^{F}
hard hat: bottom view
casque^{M} de sécurité^{F} : vue^{F} inférieure
casco^{M} de seguridad^{F} : vista^{F} inferior
elmetto^{M} di protezione^{F}: vista^{F} inferiore

Kopfband^{N}
headband
tour^{M} de tête^{F}
cinta^{F}
fascia^{F} stringitesta

Trageband^{N}
suspension band
sangle^{F} d'amortissement^{M}
banda^{F} de suspensión^{F}
fascia^{F} di sospensione^{F}

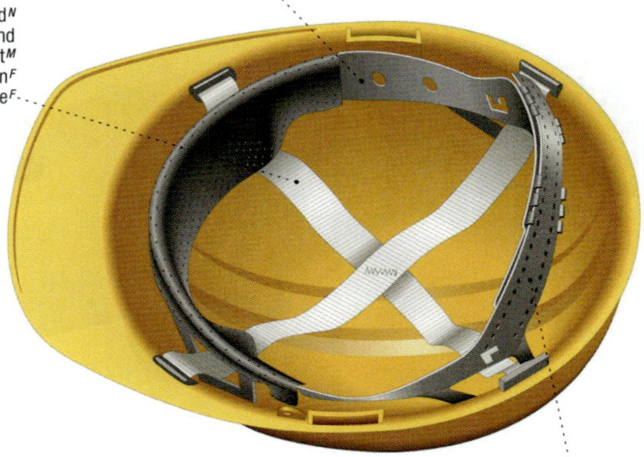

Genicklasche^{F}
neck strap
sangle^{F} de nuque^{F}
correa^{F} para el cuello^{M}
cinghietta^{F} posteriore di regolazione^{F}

Atemschutz[M]

respiratory system protection | protection[F] des voies[F] respiratoires | protección[F] para el sistema[M] respiratorio | protezione[F] per le vie[F] respiratorie

Gasmaske[F]
respirator
masque[M] respiratoire
máscara[F] antigás
maschera[F] a pieno facciale[M] bifiltro

Gesichtsstück[N]
facepiece
jupe[F] de masque[M]
sección[F] frontal
fascia[F] protettiva della fronte[F]

Visier[N]
visor
oculaire[M]
careta[F]
visore[M]

Kartusche[F]
cartridge
cartouche[F]
cartucho[M]
filtro[M]

Kopfriemen[M]
head harness
jeu[M] de brides[F]
correas[F]
elastico[M] regolabile per il capo[M]

Einatmungsventil[N]
inhalation valve
soupape[F] inspiratoire
válvula[F] de inhalación[F]
valvola[F] di inspirazione[F]

Filterabdeckung[F]
filter cover
couvre-filtre[M]
tapa[F] del filtro[M]
coprifiltro[M]

Ausatmungsventil[N]
exhalation valve
soupape[F] expiratoire
válvula[F] de exhalación[F]
valvola[F] di espirazione[F]

leichte Atemschutzmaske[F]
half-mask respirator
masque[M] bucco-nasal
máscara[F] para el polvo[M]
mascherina[F]

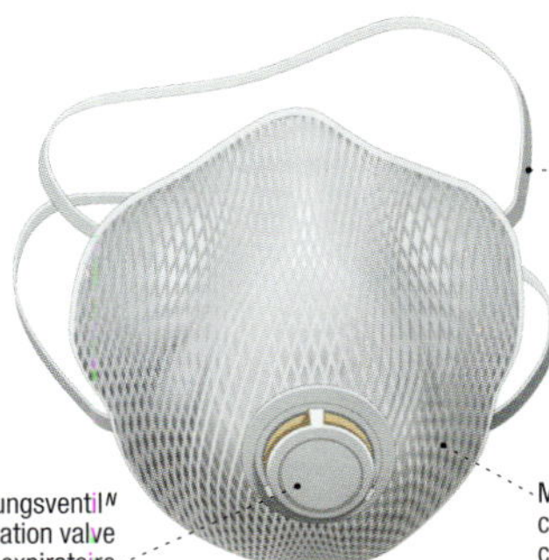

Kopfband[N]
headband
serre-tête[M]
cinta[F]
elastici[M] stringitesta

Ausatmungsventil[N]
exhalation valve
soupape[F] expiratoire
válvula[F] de exhalación[F]
valvola[F] di espirazione[F]

Maskendichtung[F]
cup gasket
coupelle[F] d'étanchéité[F]
mascarilla[F]
calotta[F] filtrante

Fußschutz[M]

foot protection | protection[F] des pieds[M] | protección[F] para los pies[M] | protezione[F] per i piedi[M]

Sicherheitsschuh[M]
safety boot
brodequin[M] de sécurité[F]
bota[F] de seguridad[F]
scarponcino[M] di sicurezza[F]

Stahlkappe[F]
reinforced toe
embout[M] de protection[F]
tope[M]
puntale[M] rinforzato

Zehenschützer[M]
toe guard
protège-orteils[M]
puntera[F] protectora
puntale[M] di protezione[F]

Warn- und Gebotszeichen[N]

safety symbols | symboles[M] de sécurité[F] | símbolos[M] de seguridad[F] | simboli[M] di sicurezza[F]

gefährliche Substanzen[F]
dangerous materials
matières[F] dangereuses
materiales[M] peligrosos
materiali[M] pericolosi

ätzend
corrosive
matières[F] corrosives
corrosivo
materiale[M] corrosivo

Hochspannung[F]
high voltage
haute tension[F]
alta tensión[F]
alta tensione[F]

explosionsgefährlich
explosive
matières[F] explosives
explosivo
materiale[M] esplosivo

leicht entzündlich
flammable
matières[F] inflammables
inflamable
materiale[M] infiammabile

radioaktiv
radioactive
matières[F] radioactives
radioactivo
materiale[M] radioattivo

Gift[N]
poison
matières[F] toxiques
veneno[M]
materiale[M] tossico

Schutzmaßnahmen[F]
protection
protection[F]
protección[F]
misure[F] di protezione[F] obbligatorie

Augenschutz[M]
eye protection
protection[F] obligatoire des yeux[M]
protección[F] para los ojos[M]
protezione[F] per gli occhi[M]

Gehörschutz[M] tragen
ear protection
protection[F] obligatoire de l'ouïe[F]
protección[F] de los oídos[M]
protezione[F] per le orecchie[F]

Schutzhelm[M] tragen
head protection
protection[F] obligatoire de la tête[F]
protección[F] de la cabeza[F]
protezione[F] per la testa[F]

Schutzhandschuhe[M] tragen
hand protection
protection[F] obligatoire des mains[F]
protección[F] de las manos[F]
protezione[F] per le mani[F]

Schutzschuhe[M] tragen
foot protection
protection[F] obligatoire des pieds[M]
protección[F] de los pies[M]
protezione[F] per i piedi[M]

Atemschutz[M] tragen
respiratory system protection
protection[F] obligatoire des voies[F] respiratoires
protección del sistema[M] respiratorio
protezione[F] per le vie[F] respiratorie

Rettungswagen[M]

ambulance | ambulance[F] | ambulancia[F] | ambulanza[F]

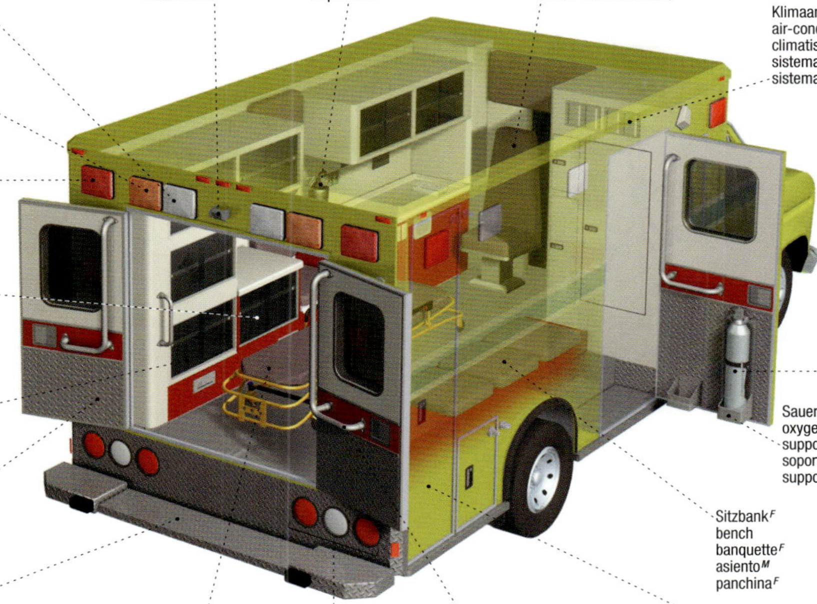

medizinische Ausrüstung[F]

medical equipment | matériel[M] médical | equipo[M] médico | attrezzatura[F] medica

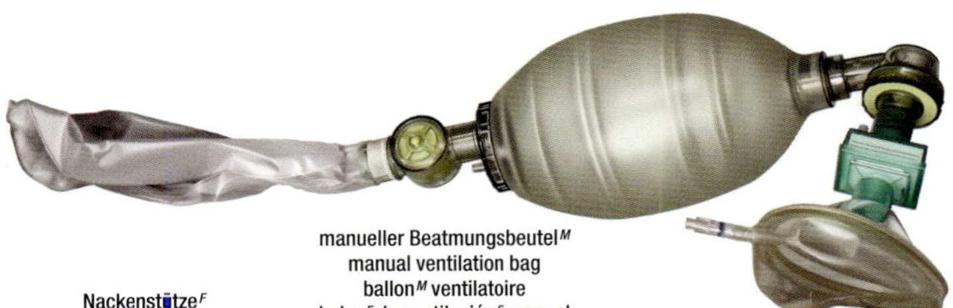

manueller Beatmungsbeutel[M]
manual ventilation bag
ballon[M] ventilatoire
bolsa[F] de ventilación[F] manual
pallone[M] di ventilazione[F]

Sauerstoff[M]-Atemmaske[F]
oxygen mask
masque[M] à oxygène[M]
máscara[F] de oxígeno[M]
maschera[F] per l'ossigeno[M]

Oropharyngealtubus[M]
oropharyngeal airway
canule[F] oropharyngée
cánula[F] orofaríngea
cannula[F] orofaringea

Nackenstütze[F]
cervical collar
collier[M] cervical
collarín[M] cervical
collarino[M]

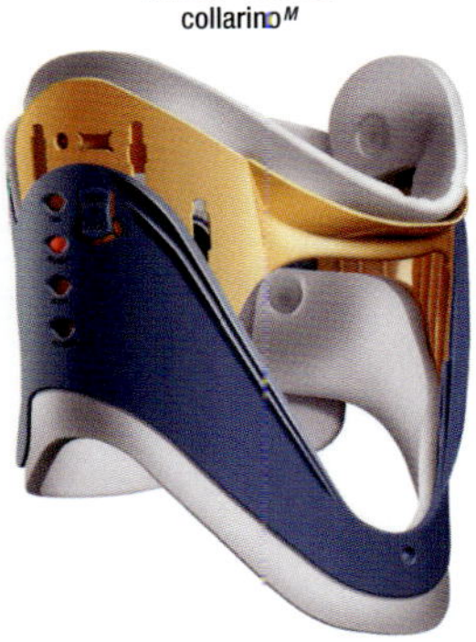

Absauger[M]
aspirator
aspirateur[M]
aspirador[M]
aspiratore[M]

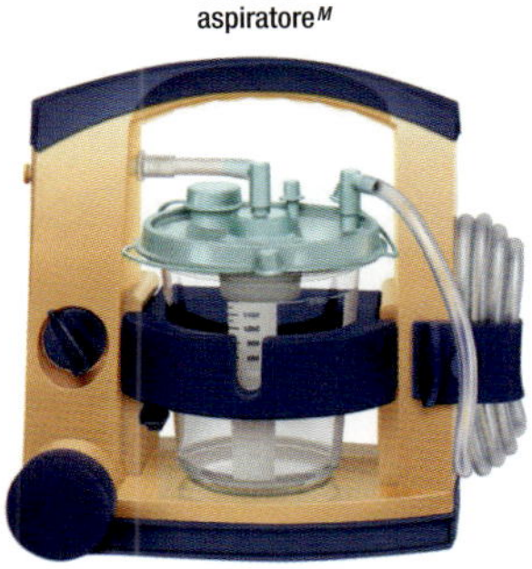

Defibrillator[M]
defibrillator
défibrillateur[M]
desfibrilador[M]
defibrillatore[M]

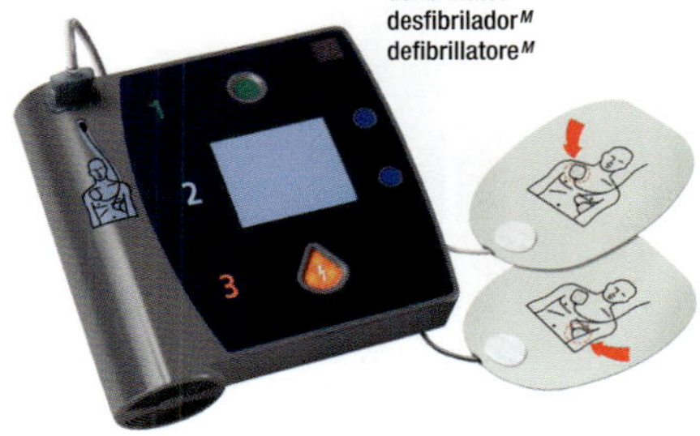

medizinische Ausrüstung[F]

Stethoskop[N]
stethoscope
stéthoscope[M]
fonendoscopio[M]
fonendoscopio[M]

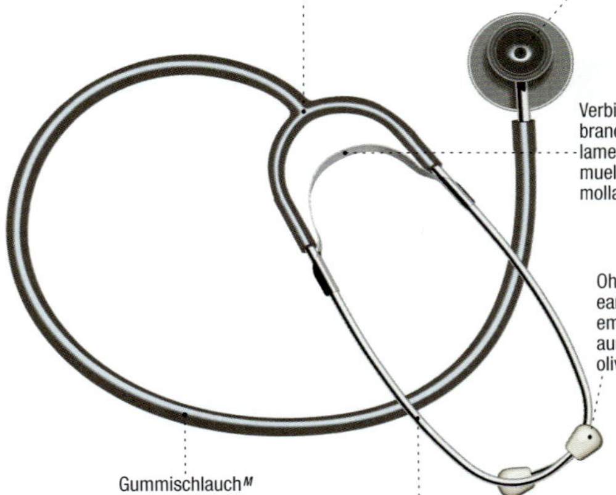

Y-Schlauch[M]
Y-tube
tube[M] en Y[M]
tubo[M] en Y
raccordo[M] a Y

Höraufsatz[M]
sound receiver
récepteur[M] de son[M]
receptor[M] del sonido[M]
capsula[F] di risonanza[F]

Verbindungsclip[M]
branch clip
lame[F]-ressort[M]
muelle[M]
molla[F]

Ohrstöpsel[M]
earpiece
embout[M] auriculaire
auricular[M]
oliva[F] auricolare

Gummischlauch[M]
flexible tube
tube[M] flexible
tubo[M] flexible
tubo[M] flessibile

Rohrstück[N]
branch
branche[F]
rama[F]
archetto[M]

Spritze[F]
syringe
seringue[F]
jeringuilla[F]
siringa[F]

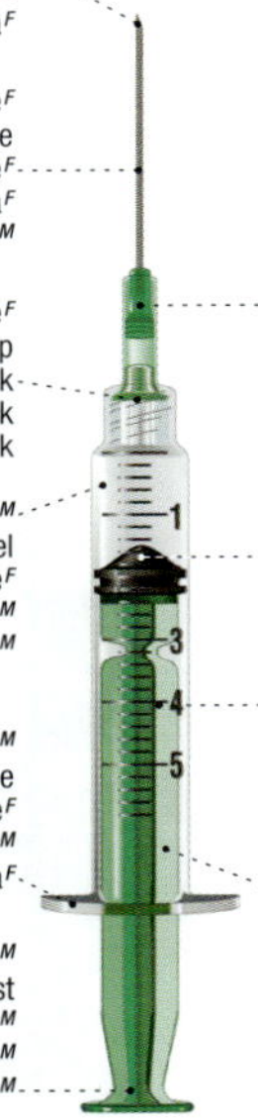

Schräge[F]
bevel
biseau[M]
bisel[M]
punta[F]

Kanüle[F]
needle
aiguille[F]
aguja[F]
ago[M]

Kanülenansatz[M]
needle hub
pavillon[M]
portaagujas[M]
cono[M]

Luer-Lock-Spitze[F]
Luer-Lock tip
embout[M] Luer Lock
jeringilla[F] de Luer-Lock
punta[F] Luer-Lock

Spritzenkörper[M]
hollow barrel
corps[M] de pompe[F]
cilindro[M]
cilindro[M]

Gummipfropfen[M]
rubber bulb
bouchon[M]
pera[F] de goma[F]
gommino[M]

Skala[F]
scale
graduation[F]
escala[F]
scala[F] graduata

Fingerrand[M]
finger flange
anneau[M] de retenue[F]
pestaña[F] de arrojo[M]
aletta[F]

Spritzenkolben[M]
plunger
piston[M]
émbolo[M]
stantuffo[M]

Daumenteil[M]
thumb rest
poussoir[M]
apoyo[M] del pulgar[M]
spingistantuffo[M]

Klistierspritze[F]
irrigation syringe
seringue[F] pour lavage[M] de cavités[F]
jeringuilla[F] para irrigación[F]
schizzetto[M]

Geräte[N] für die Blutabnahme[F]
blood collection assembly
système[M] de prélèvement[M] sanguin
sistema[M] de extracción[F] de sangre[F]
sistema[F] di prelievo[M] sanguigno

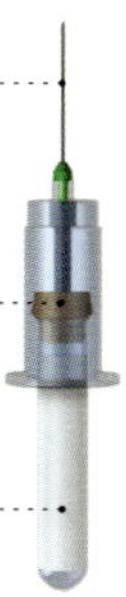

Nadel[F]
needle
aiguille[F]
aguja[F]
ago[M]

Halter[M]
holder
barillet[M]
cilindro[M]
involucro[M]

Blutentnahmeröhrchen[N]
blood collection tube
tube[M] à prélèvement[M]
tubo[M] recolector[M] de sangre[F]
tube[M] di raccolta[F] del sangue[M]

Stechhilfe[F]
lancing device
autopiqueur[M]
dispositivo[M] de punción[F]
pungidito[M]

Giftsauger[M]
antivenom pump
pompe[F] à venin[M]
bomba[F] antiveneno
pompa[F] antiveleno

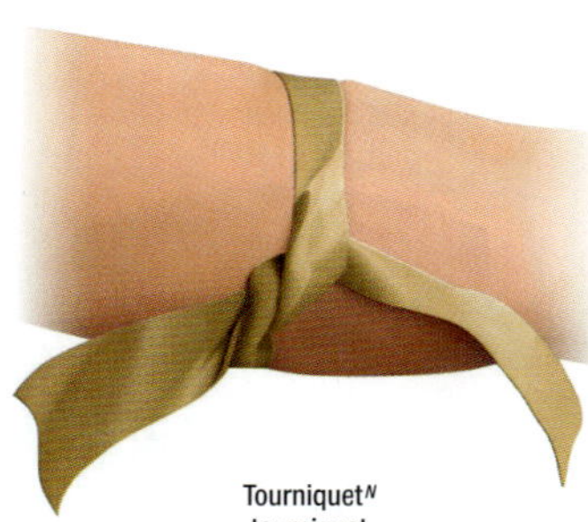

Tourniquet[N]
tourniquet
garrot[M]
torniquete[M]
laccio[M] emostatico

medizinische Ausrüstung[F]

Blutdruckmessgerät[N]
blood pressure monitor
tensiomètre[M]
tensiómetro[M]
monitor[M] della pressione[F] sanguigna

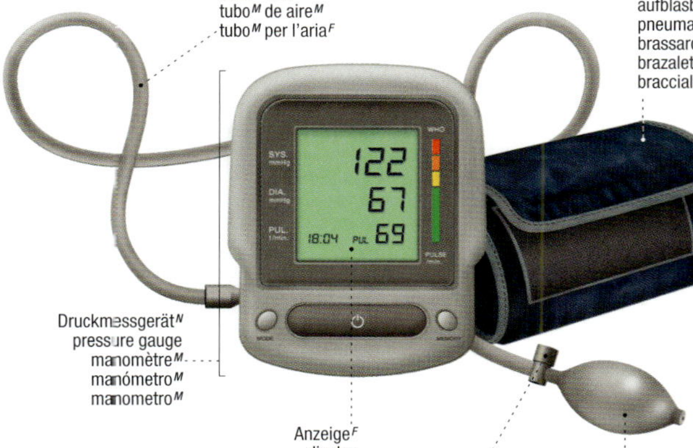

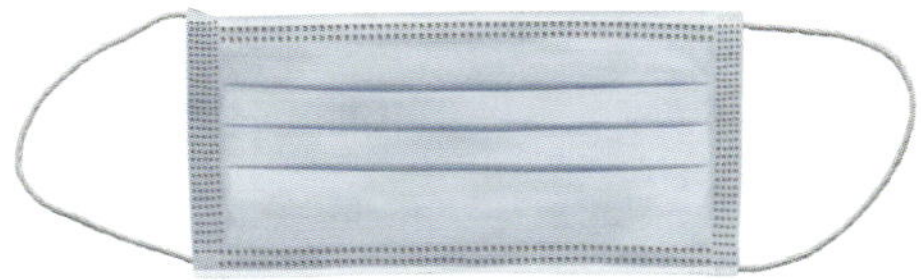

Krankentrage[F]
stretcher
civière[F]
camilla[F]
barella[F]

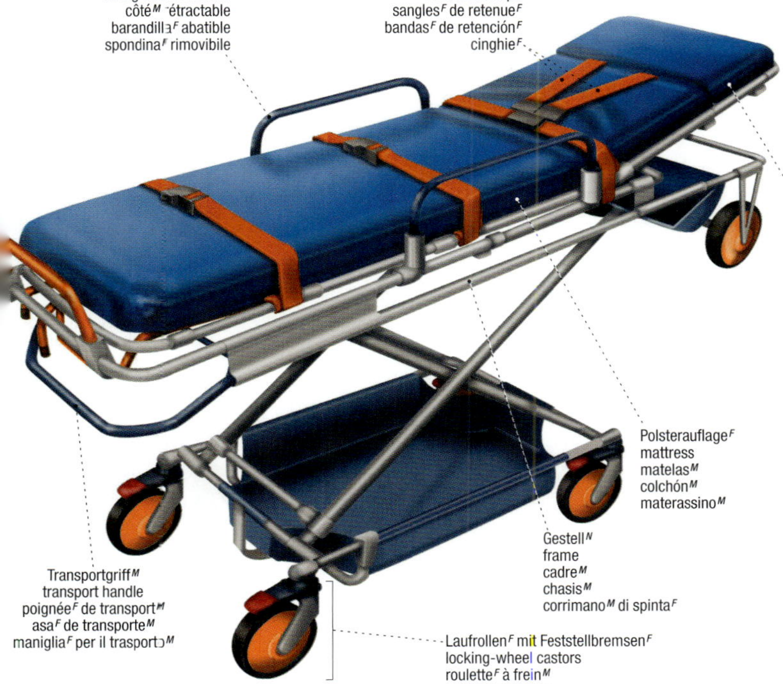

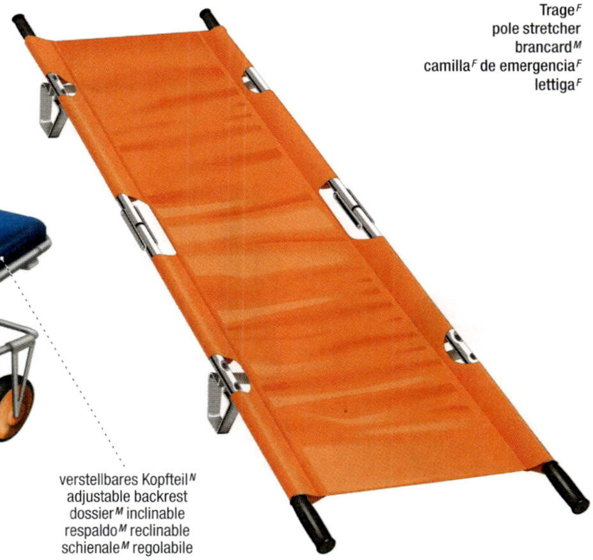

medizinische Ausrüstung^F

Thermometer^N
thermometers
thermomètres^M
termómetros^M
termometri^M

Digitalthermometer^N
digital thermometer
thermomètre^M numérique
termómetro^M digital
termometro^M digitale

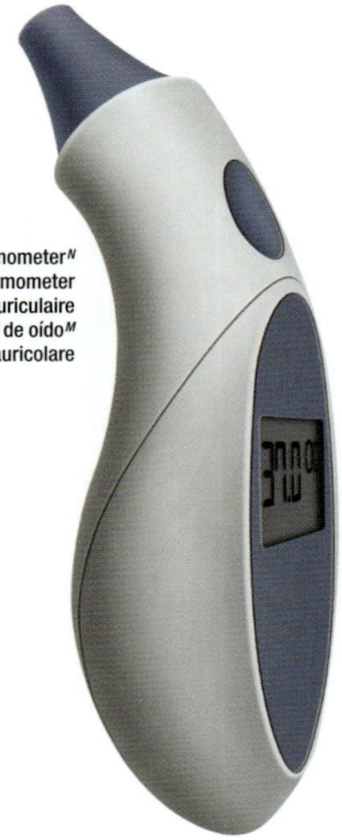

Ohrthermometer^N
ear thermometer
thermomètre^M auriculaire
termómetro^M de oído^M
termometro^M auricolare

Quecksilberthermometer^N
mercury thermometer
thermomètre^M à mercure^M
termómetro^M de mercurio^M
termometro^M a mercurio^M

Alkohol^M-Thermometer^N
alcohol thermometer
thermomètre^M à alcool^M
termómetro^M de alcohol^M
termometro^F ad alcol^M

Arzneimittel^N-Darreichungsformen^F

pharmaceutical forms of medication | formes^F pharmaceutiques des médicaments^M | formas^F farmacéuticas de medicamentos^M | confezioni^F farmaceutiche di medicinali^M

Ampulle^F
ampoule
ampoule^F
ampolla^F
fiala^F

Hartgelatinekapsel^F
hard gelatin capsule
capsule^F
cápsula^F dura de gelatina^F
capsula^F dura

Sirup^M
syrup
sirop^M
jarabe^M
sciroppo^M

Nasenspray^N
nasal spray
pulvérisateur^M nasal
spray^M nasal
spray^M nasale

Weichgelatinekapsel^F
soft gelatin capsule
gélule^F
cápsula^F blanda de gelatina^F
capsula^F di gelatina^F molle

Tablette^F
tablet
comprimé^M
pastilla^F
compressa^F

transdermales Pflaster^N
transdermal patch
timbre^M transdermique
parche^M transdérmico
cerotto^M transepidermico

Autoinjektor^M
auto-injector
auto-injecteur^M
autoinyector^M
autoiniettore^M

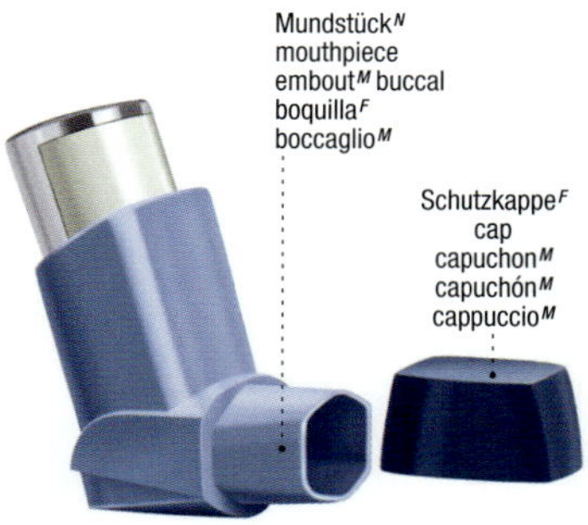

Dosier-Aerosol^N
metered dose inhaler
inhalateur^M-doseur^M
inhalador^M-dosificador^M
inalatore^M-dosatore^M

Zäpfchen^N
suppository
suppositoire^M
supositorio^M
supposta^F

Salbe^F
ointment
onguent^M
pomada^F
unguento^M

Erste-Hilfe-Kasten[M]

first aid kit | trousse[F] de secours[M] | botiquín[M] de primeros auxilios[M] | cassetta[F] di pronto soccorso[M]

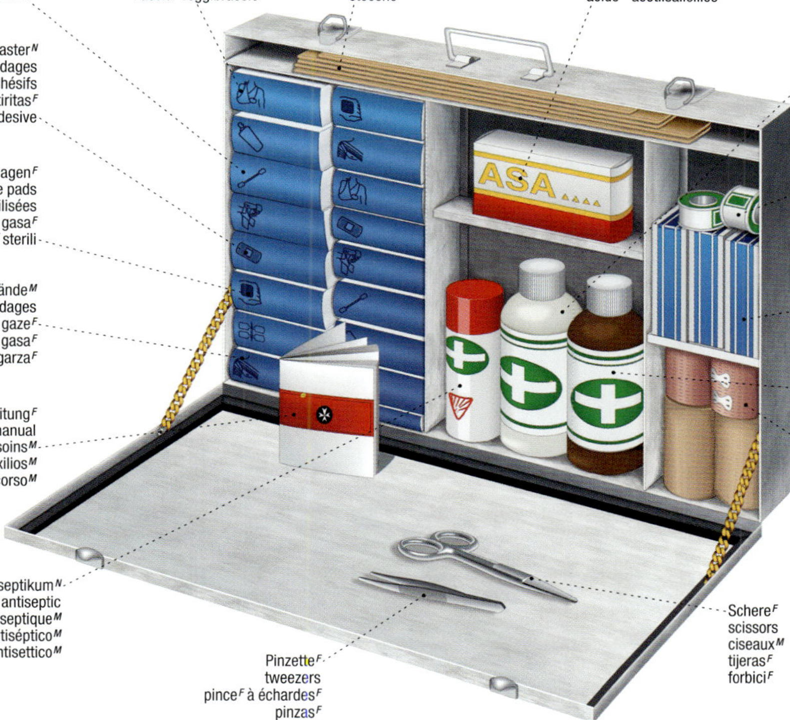

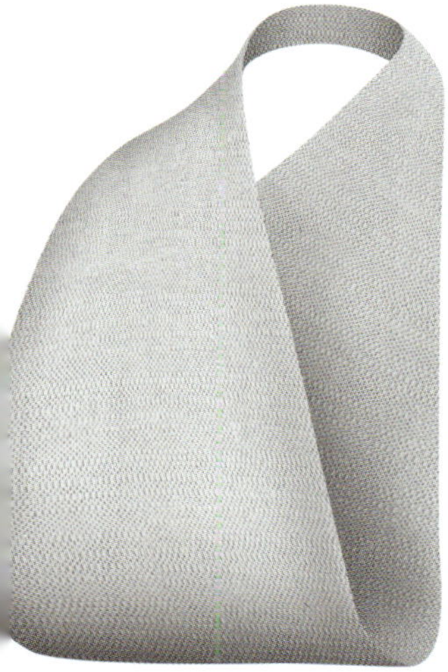

Dreiecktuch[N]
triangular bandage
bandage[M] triangulaire
venda[F] triangular
benda[F] triangolare

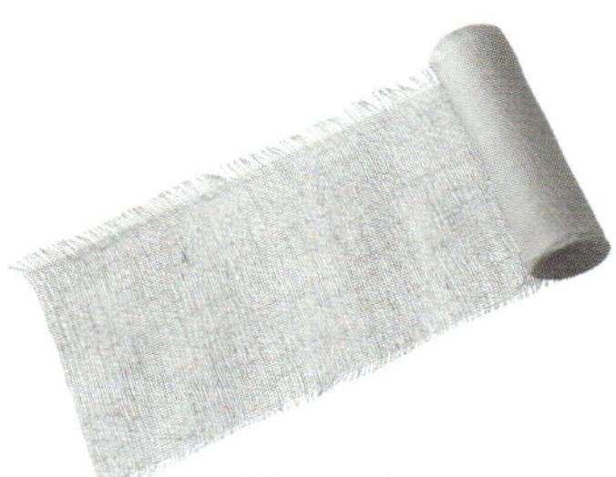

Mullverband[M]
gauze roller bandage
bande[F] de gaze[F]
venda[F] de gasa[F]
benda[F] di garza[F]

sterile Wundauflage[F]
sterile pad
compresse[F] stérilisée
compresa[F] de gasa[F]
compressa[F] sterile

Pflaster[N]
adhesive bandage
pansement[M] adhésif
tirita[F]
benda[F] adesiva

Wattestäbchen[N]
cotton bud
coton[M]-tige[F]
bastoncillo[M] de algodón[M]
bastoncino[M] di cotone[M]

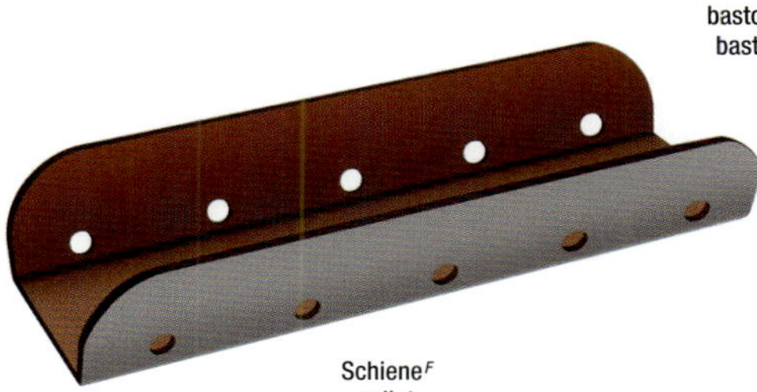

Schiene[F]
splint
attelle[F]
férula[F]
stecca[F]

Watte[F]
cotton wool
coton[M] hydrophile
algodón[M]
cotone[M] assorbente

Gehhilfen^{F}

walking aids | aides^{F} à la marche^{F} | auxiliares^{M} ortopédicos para caminar | supporti^{M} per camminare

Gehkrücke^{F}
forearm crutch
béquille^{F} d'avant-bras^{M}
muleta^{F} de antebrazo^{M}
stampella^{F} canadese

Achselkrücke^{F}
underarm crutch
béquille^{F} commune
muleta^{F} de sobaco^{M}
gruccia^{F}

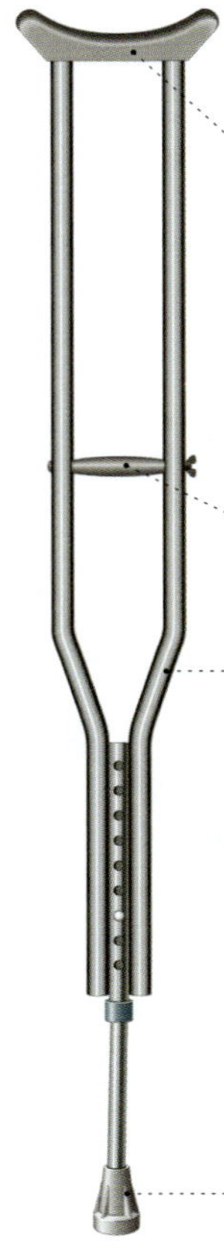

Rundhakenstock^{M}
crook cane
canne^{F} en C^{M}
bastón^{M} curvo
bastone^{M} con impugnatura^{F} curva

Fritzstock^{M}
Fritz cane
canne^{F} en T^{M}
bastón^{M} con empuñadura^{F} en T^{F}
bastone^{M} con impugnatura^{F} a T^{F}

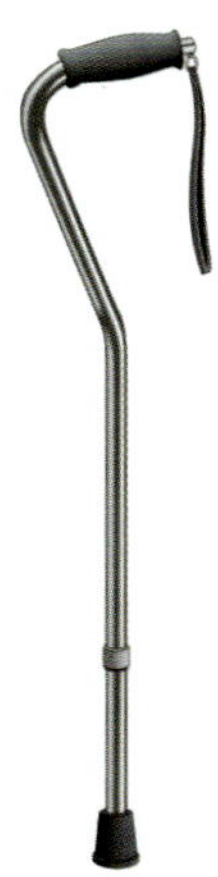

Gehstock^{M} mit anatomischem Handgriff^{M}
offset cane
canne^{F} avec poignée^{F} orthopédique
bastón^{M} con empuñadura^{F} ortopédica
bastone^{M} con impugnatura^{F} ortopedica

vierfüßiger Stock^{M}
quadruped stick
canne^{F} avec quadripode^{M}
bastón^{M} cuadrangular
quadripode^{M}

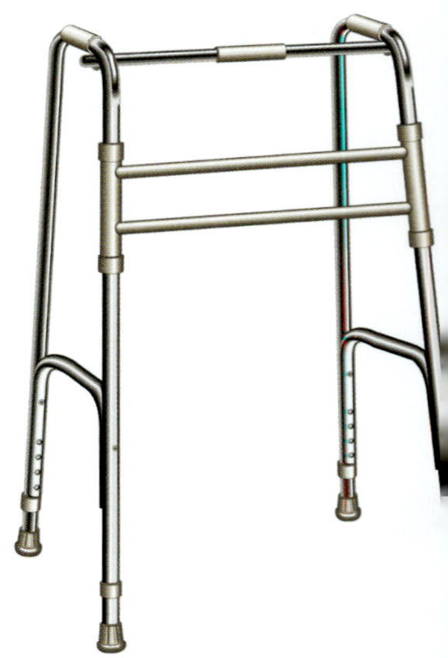

Gehgestell^{N}
walking frame
déambulateur^{M}
andador^{M}
deambulatore^{M}

Mobilitätshilfen^{F}

mobility aids | aides^{F} au déplacement^{M} | ayudas^{F} para desplazarse | ausili^{M} per il deambulamento^{M}

Rollstuhl^{M}
wheelchair
fauteuil^{M} roulant
silla^{F} de ruedas^{F}
sedia^{F} a rotelle^{F}

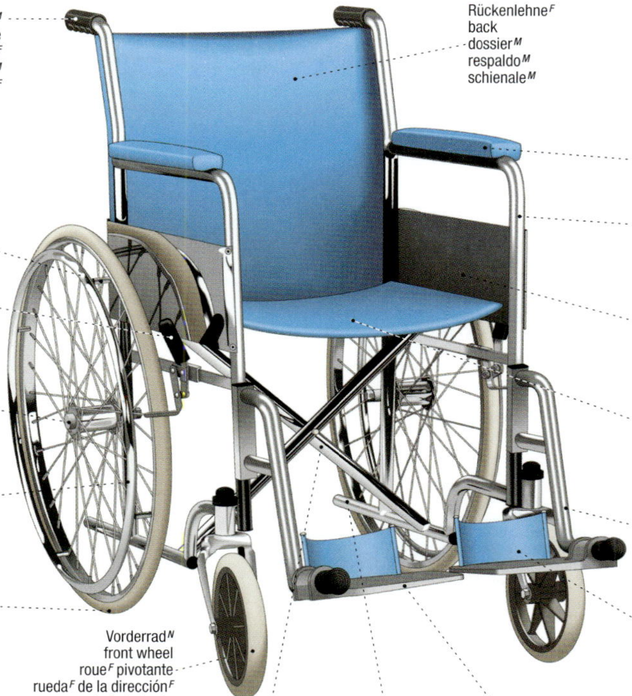

Schiebegriff^{M}
handle
poignée^{F} de conduite^{F}
agarrador^{M}
impugnatura^{F}

Rückenlehne^{F}
back
dossier^{M}
respaldo^{M}
schienale^{M}

Abstandstück^{N}
spacer
barre^{F} d'espacement^{M}
separador^{M}
distanziatore^{M}

Armstütze^{F}
armrest
accoudoir^{M}
reposabrazos^{M}
bracciolo^{M}

Bremse^{F}
brake
poignée^{F} de frein^{M}
freno^{M}
freno^{M}

Arm^{M}
arm
bras^{M}
brazo^{M}
braccio^{M}

Nabe^{F}
hub
moyeu^{M}
cubo^{M}
mozzo^{M}

Kleiderschutz^{M}
clothing guard
panneau^{M} de protection^{F} latéral
panel^{M} protector
fiancata^{F}

Schieberad^{N}
push rim
main^{F} courante
rueda^{F} de empuje^{M}
ruota^{F} di spinta^{F}

Sitz^{M}
seat
siège^{M}
asiento^{M}
seduta^{F}

Großrad^{N}
large wheel
roue^{F}
rueda^{F}
ruota^{F} piena o gonfiabile

Haltebügel^{M}
hanger bracket
potence^{F}
soporte^{M} colgante
braccio^{M} di sospensione^{F}

Vorderrad^{N}
front wheel
roue^{F} pivotante
rueda^{F} de la dirección^{F}
ruota^{F} pivotante

Fersenstütze^{F}
heel loop
butée^{F} talonnière^{F}
talón^{M}
supporto^{M} per il tallone^{M}

Querstrebe^{F}
cross brace
croisillon^{M}
travesaño^{M}
rinforzo^{M} a crociera^{F}

Kipphebel^{M}
stabilizer
dispositif^{M} anti-bascule
palanca^{F} estabilizadora
pedale^{M} di sollevamento^{M}

Fußstütze^{F}
footrest
repose-pied^{M}
reposapiés^{M}
appoggiapiedi^{M}

Elektromobil^{N} mit vier Rädern^{N}
four-wheel scooter
quadriporteur^{M}
scooter^{M} de cuatro ruedas^{F}
carrozzella^{F} elettrica a quattro ruote^{F}

Kopfstütze^{F}
headrest
appuie-tête^{M}
reposacabezas^{F}
poggiatesta^{M}

Spiegel^{M}
mirror
miroir^{M}
espejo^{M}
specchio^{M}

Konsole^{F}
console
console^{F}
consola^{F}
comandi^{M}

Sitz^{M}
seat
siège^{M}
asiento^{M}
sedile^{M}

Lenker^{M}
handlebars
guidon^{M}
manillar^{M}
manubrio^{M}

Armstütze^{F}
armrest
accoudoir^{M}
reposabrazos^{M}
bracciolo^{M}

Blinker^{M}
indicator
feu^{M} clignotant
intermitente^{M} de señalización^{F}
indicatore^{M} di direzione^{F}

Akkukasten^{M}
battery box
coffre^{M} à batterie^{F}
caja^{F} del acumulador^{M}
vano^{M} portabatteria

Frontscheinwerfer^{M}
headlight
phare^{M}
faro^{M}
fanale^{M} anteriore

Stoßfänger^{M} vorne
front bumper
pare-chocs^{M} avant
parachoques^{M} delantero
paraurti^{M} anteriore

Rad^{N}
wheel
roue^{F}
rueda^{F}
ruota^{F}

Bodenplatte^{F}
floor
plancher^{M}
suelo^{M}
pianale^{M}

Krankenhaus^N

hospital | hôpital^M | hospital^M | ospedale^M

Unfallstation^F
emergency department
urgences^F
urgencias^F
pronto soccorso^M

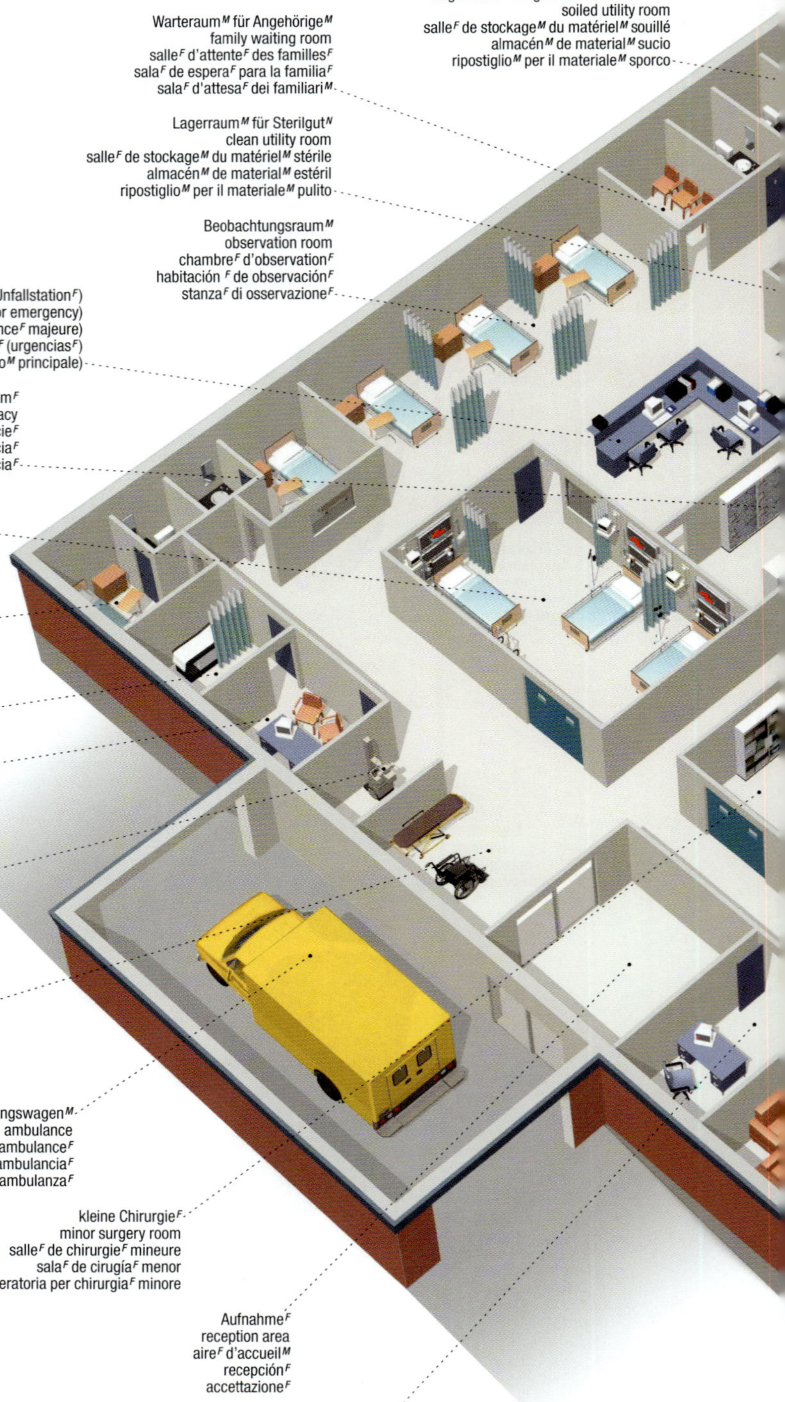

Krankenhaus[N]

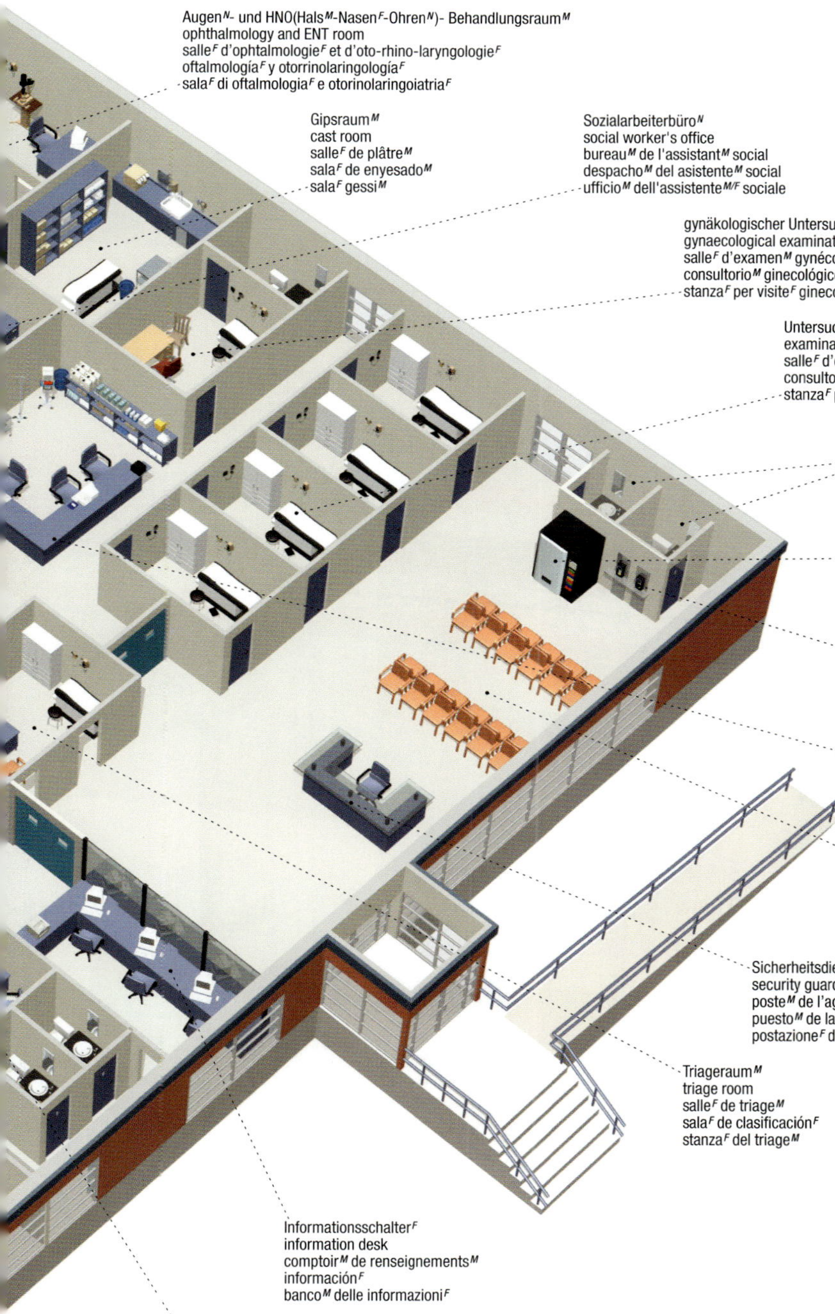

Augen[N]- und HNO(Hals[M]-Nasen[F]-Ohren[N])- Behandlungsraum[M]
ophthalmology and ENT room
salle[F] d'ophtalmologie[F] et d'oto-rhino-laryngologie[F]
oftalmología[F] y otorrinolaringología[F]
sala[F] di oftalmologia[F] e otorinolaringoiatria[F]

Gipsraum[M]
cast room
salle[F] de plâtre[M]
sala[F] de enyesado[M]
sala[F] gessi[M]

Sozialarbeiterbüro[N]
social worker's office
bureau[M] de l'assistant[M] social
despacho[M] del asistente[M] social
ufficio[M] dell'assistente[M/F] sociale

gynäkologischer Untersuchungsraum[M]
gynaecological examination room
salle[F] d'examen[M] gynécologique
consultorio[M] ginecológico
stanza[F] per visite[F] ginecologiche

Untersuchungs- und Behandlungsraum[M]
examination and treatment room
salle[F] d'examen[M] et de soins[M]
consultorio[M]
stanza[F] per le visite[F] mediche e le terapie[F]

Toiletten[F]
toilets
toilettes[F]
aseos[M]
toilette[F]

Getränkeautomat[M]
beverage dispenser
distributeur[M] de boissons[F]
distribuidor[M] de bebidas[F]
distributore[M] di bibite[F]

Münzfernsprecher[M]
pay phone
téléphone[M] public
teléfono[M] público
telefono[M] pubblico

Schwesternstation[F] (ambulante Unfallstation[F])
nurses' station (ambulatory emergency)
poste[M] des infirmières[F] (urgence[F] ambulatoire)
puesto[M] de enfermeras[F] (ambulatorio[M] de urgencias[F])
postazione[F] degli infermieri[M] (pronto soccorso[M] ambulatoriale)

Warteraum[M]
waiting room
salle[F] d'attente[F]
sala[F] de espera[F]
sala[F] d'attesa[F]

Sicherheitsdienst[M]
security guard's workstation
poste[M] de l'agent[M] de sécurité[F]
puesto[M] de la guardia[F] de seguridad[F]
postazione[F] dell'agente[M] di sicurezza[F]

Triageraum[M]
triage room
salle[F] de triage[M]
sala[F] de clasificación[F]
stanza[F] del triage[M]

Informationsschalter[F]
information desk
comptoir[M] de renseignements[M]
información[F]
banco[M] delle informazioni[F]

Büro[N] der Oberschwester[F]
head nurse's office
bureau[M] de l'infirmière[F] en chef[M]
despacho[M] de la enfermera[F] jefe
ufficio[M] del caposala[M]

Personalraum[M]
staff lounge
salon[M] du personnel[M]
sala[F] del personal[F]
stanza[F] del personale[M]

Krankenhaus[N]

Krankenzimmer[N]
patient room
chambre[F] d'hôpital[M]
habitación[F] de un paciente[M]
stanza[F] di degenza[F]

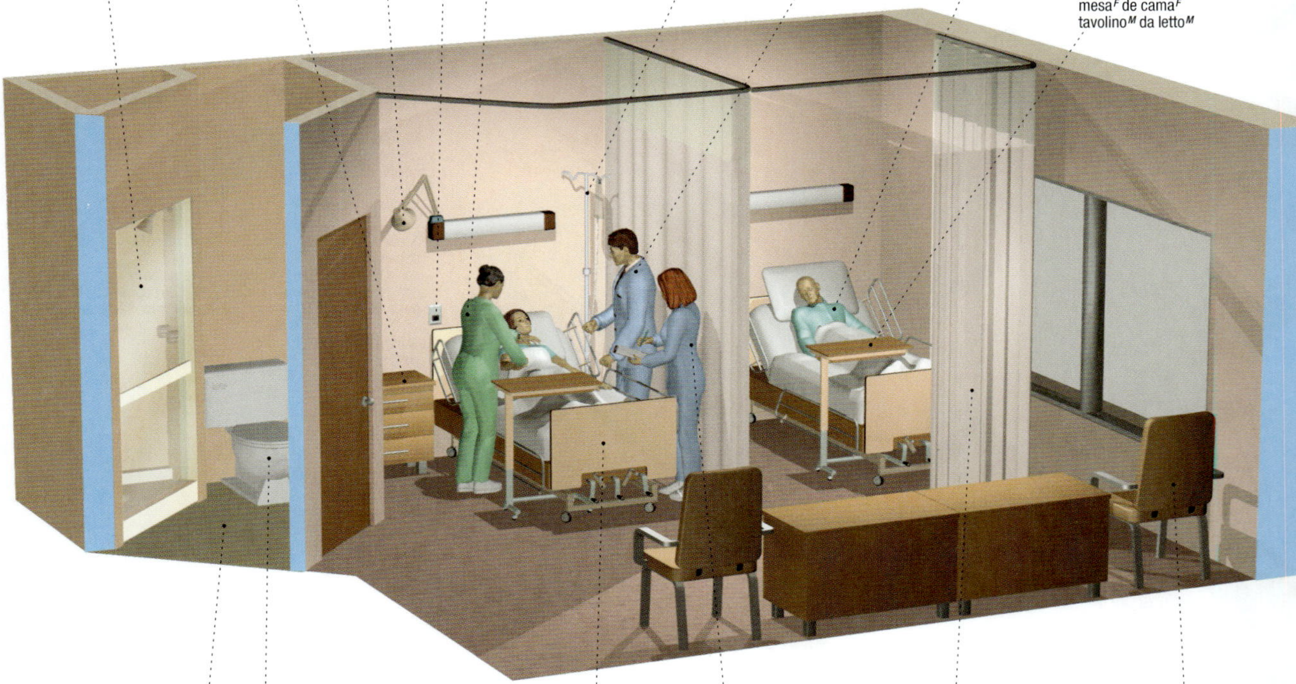

Krankenhaus[N]

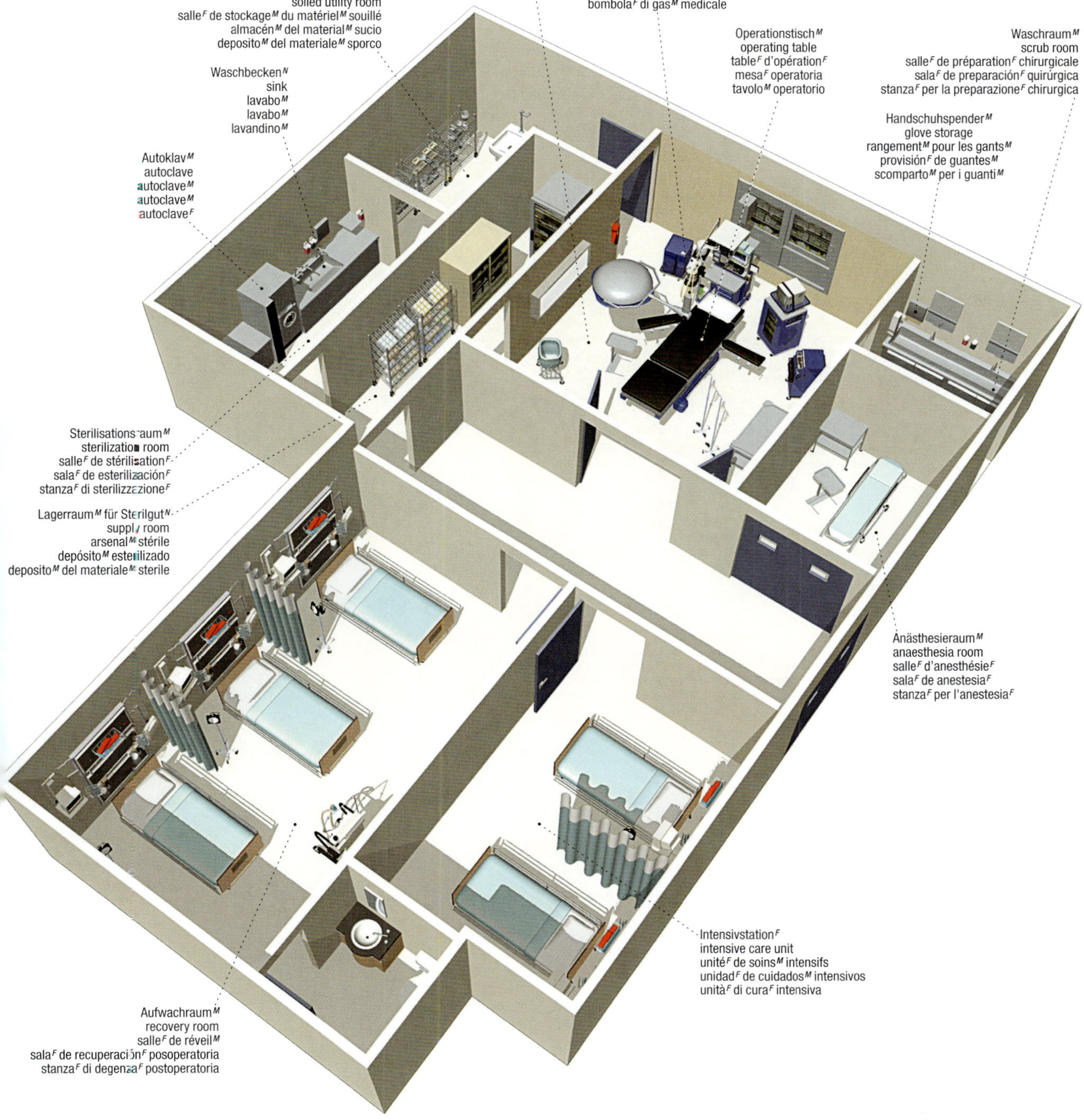

Krankenhaus[N]

Poliklinik[F]
ambulatory care unit
unité[F] de soins[M] ambulatoires
ambulatorio[M]
poliambulatorio[M]

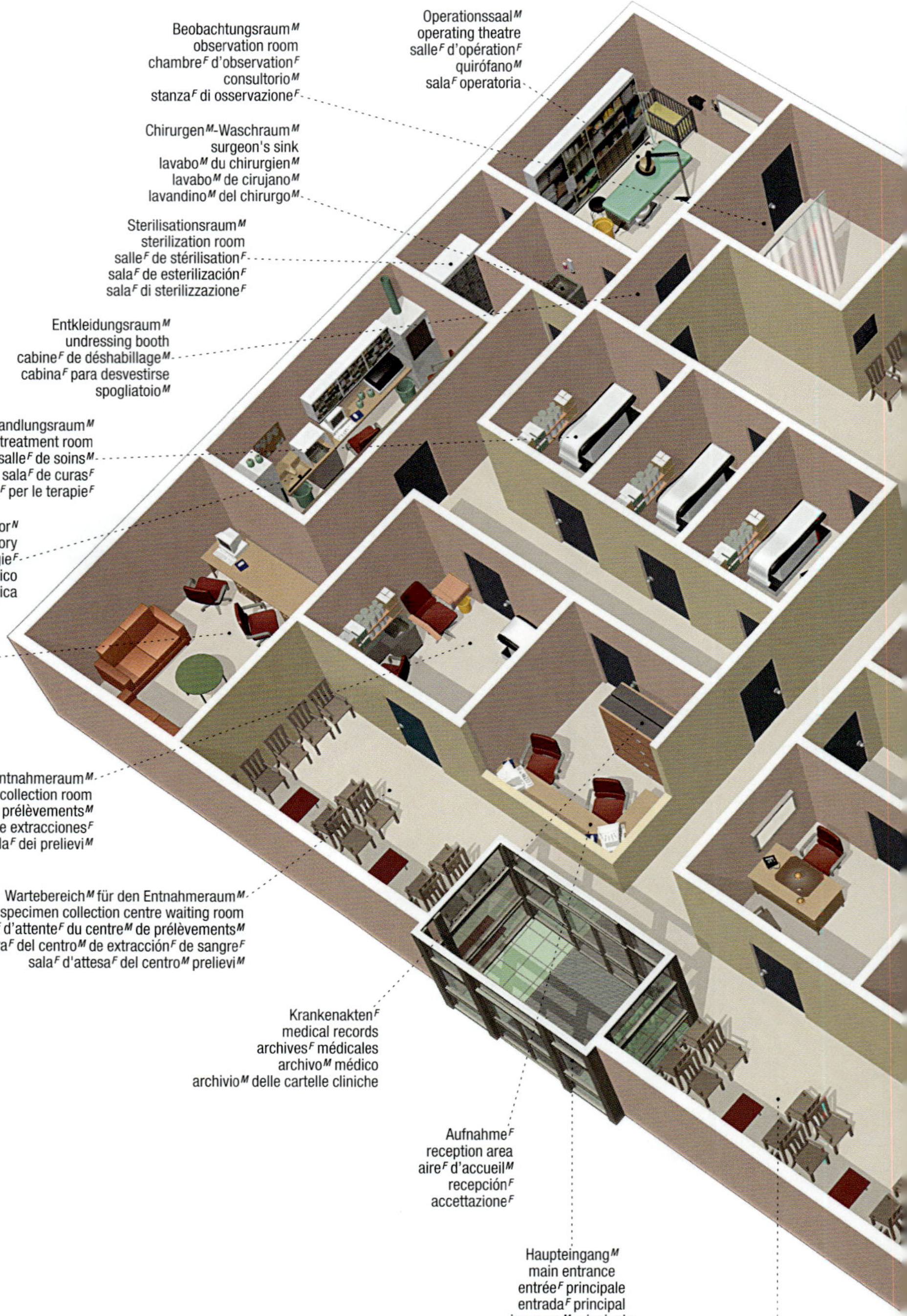

Beobachtungsraum[M]
observation room
chambre[F] d'observation[F]
consultorio[M]
stanza[F] di osservazione[F]

Operationssaal[M]
operating theatre
salle[F] d'opération[F]
quirófano[M]
sala[F] operatoria

Chirurgen[M]-Waschraum[M]
surgeon's sink
lavabo[M] du chirurgien[M]
lavabo[M] de cirujano[M]
lavandino[M] del chirurgo[M]

Sterilisationsraum[M]
sterilization room
salle[F] de stérilisation[F]
sala[F] de esterilización[F]
sala[F] di sterilizzazione[F]

Entkleidungsraum[M]
undressing booth
cabine[F] de déshabillage[M]
cabina[F] para desvestirse
spogliatoio[M]

Behandlungsraum[M]
treatment room
salle[F] de soins[M]
sala[F] de curas[F]
stanza[F] per le terapie[F]

pathologisches Labor[N]
pathology laboratory
laboratoire[M] de pathologie[F]
laboratorio[M] patológico
laboratorio[M] di anatomia[F] patologica

Schwesternzimmer[N]
nurses' lounge
salle[F] de repos[M] des infirmières[F]
sala[F] de reposo[M] de enfermeras[F]
sala[F] degli infermieri[M]

Entnahmeraum[M]
specimen collection room
salle[F] de prélèvements[M]
sala[F] de extracciones[F]
sala[F] dei prelievi[M]

Wartebereich[M] für den Entnahmeraum[M]
specimen collection centre waiting room
salle[F] d'attente[F] du centre[M] de prélèvements[M]
sala[F] de espera[F] del centro[M] de extracción[F] de sangre[F]
sala[F] d'attesa[F] del centro[M] prelievi[M]

Krankenakten[F]
medical records
archives[F] médicales
archivo[M] médico
archivio[M] delle cartelle cliniche

Aufnahme[F]
reception area
aire[F] d'accueil[M]
recepción[F]
accettazione[F]

Haupteingang[M]
main entrance
entrée[F] principale
entrada[F] principal
ingresso[M] principale

Hauptwarteraum[M]
main waiting room
salle[F] d'attente[F] principale
sala[F] de espera[F] principal
sala[F] d'attesa[F] principale

Krankenhaus^{N}

ärztliche Untersuchungen[F]

medical examinations | examens[M] médicaux | exámenes[M] médicos | esami[M] medici

Röntgenuntersuchung[F]
X-ray
radiographie[F]
rayos[M] X
radiografia[F]

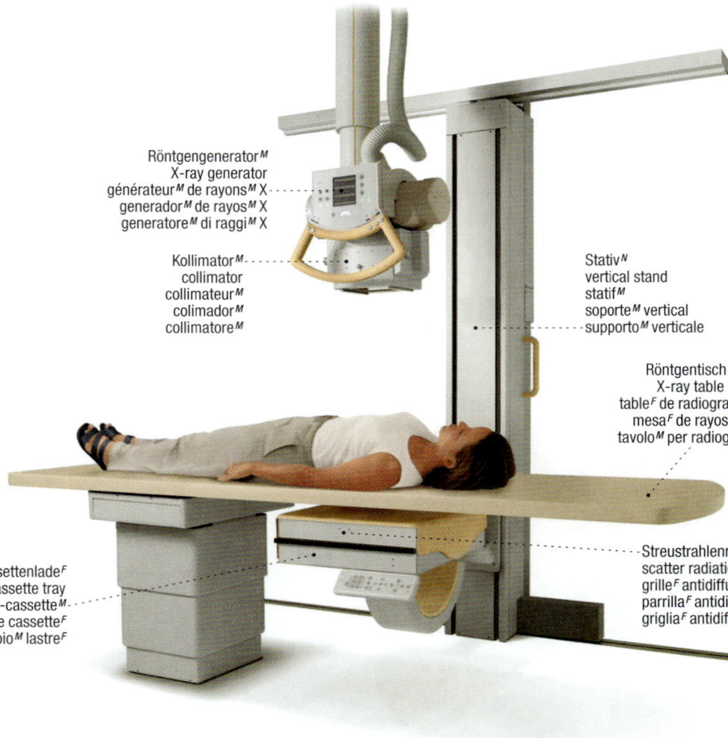

Magnetresonanztomographie[F] (MRT)
magnetic resonance imaging (MRI)
imagerie[F] par résonance[F] magnétique (IRM)
imagen[F] de resonancia[F] magnetica (IRM)
imaging[M] a risonanza[F] magnetica (IRM)

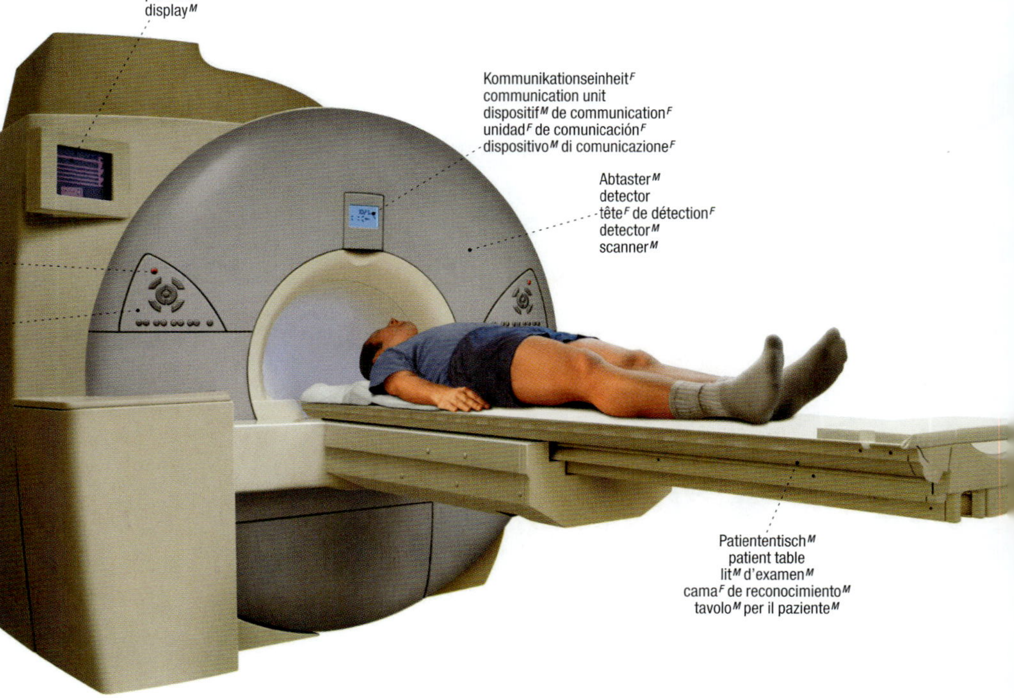

ärztliche Untersuchungen^F

Sonografie^F/Ultraschall^M
ultrasonography
échographie^F
ecografía^F
ecografia^F

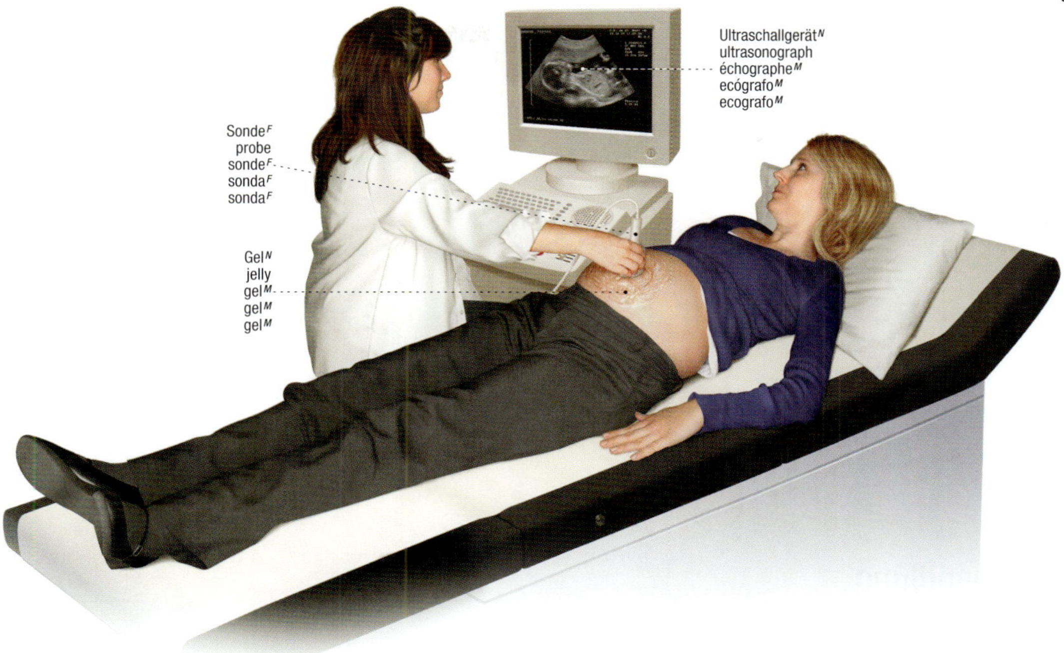

Belastungstest^M
stress test
électrocardiographie^F d'effort^M
prueba^F de esfuerzo^M
test^M da sforzo^M

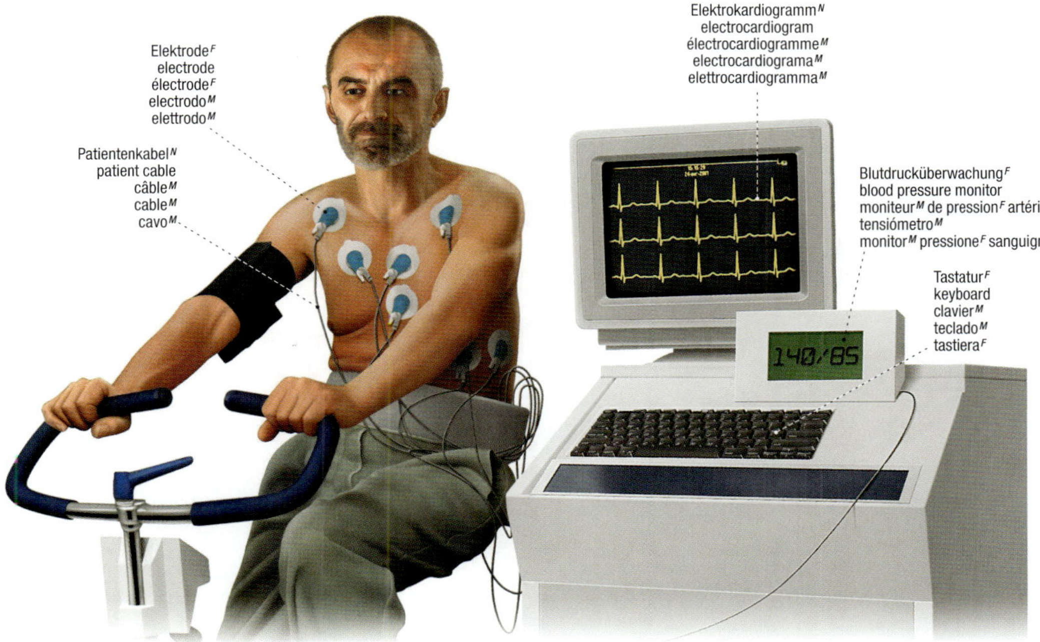

ärztliche Untersuchungen^F

Endoskopie^F
endoscopy
endoscopie^F
endoscopia^F
endoscopia^F

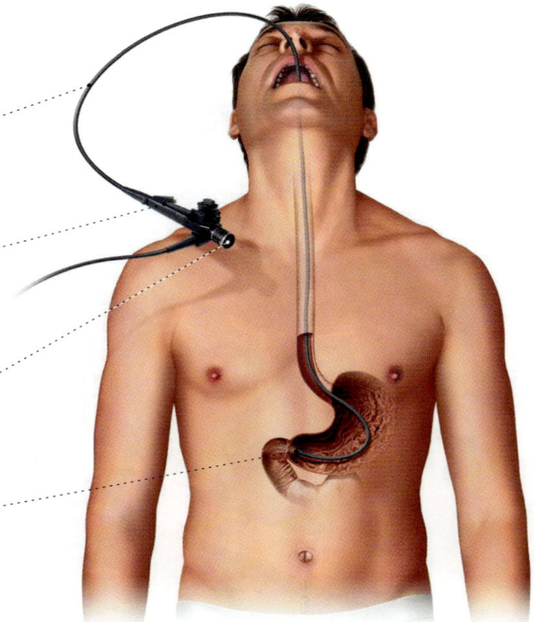

ärztliche Behandlung^F

medical treatment | traitement^M médical | tratamiento^M médico | trattamento^M medico

Strahlentherapie^F
radiotherapy
radiothérapie^F
radioterapia^F
radioterapia^F

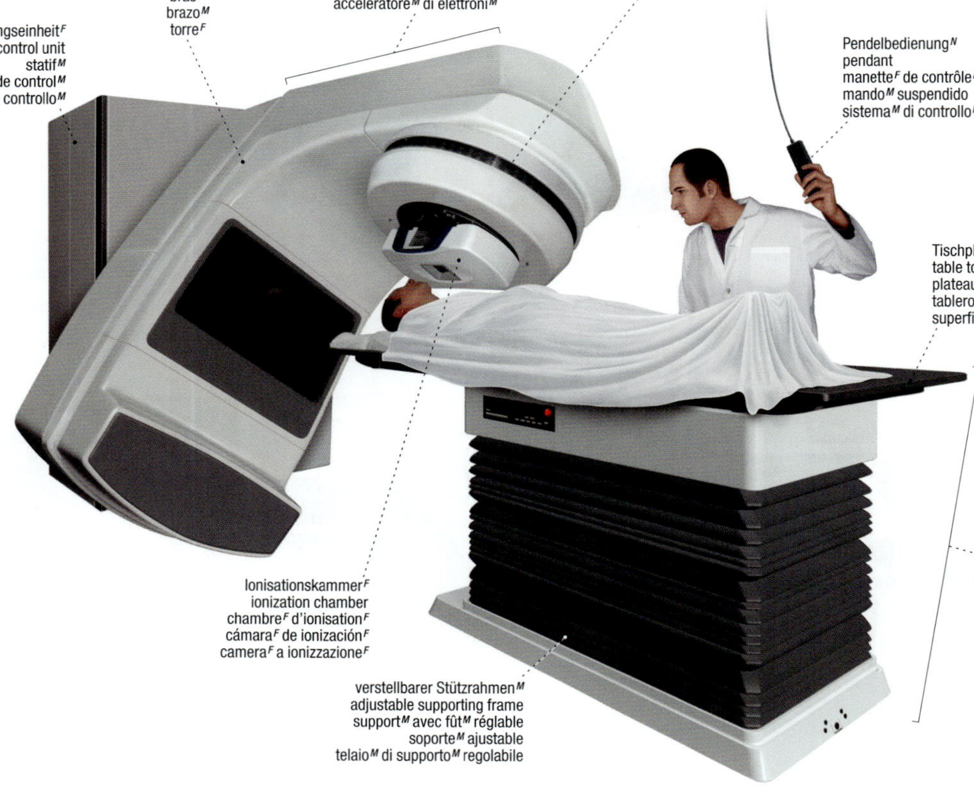

ärztliche Behandlung^{F}

Herzschrittmacher^{M}
artificial pacemaker
stimulateur^{M} cardiaque artificiel
marcapasos^{M} artificial
pacemaker^{M} artificiale

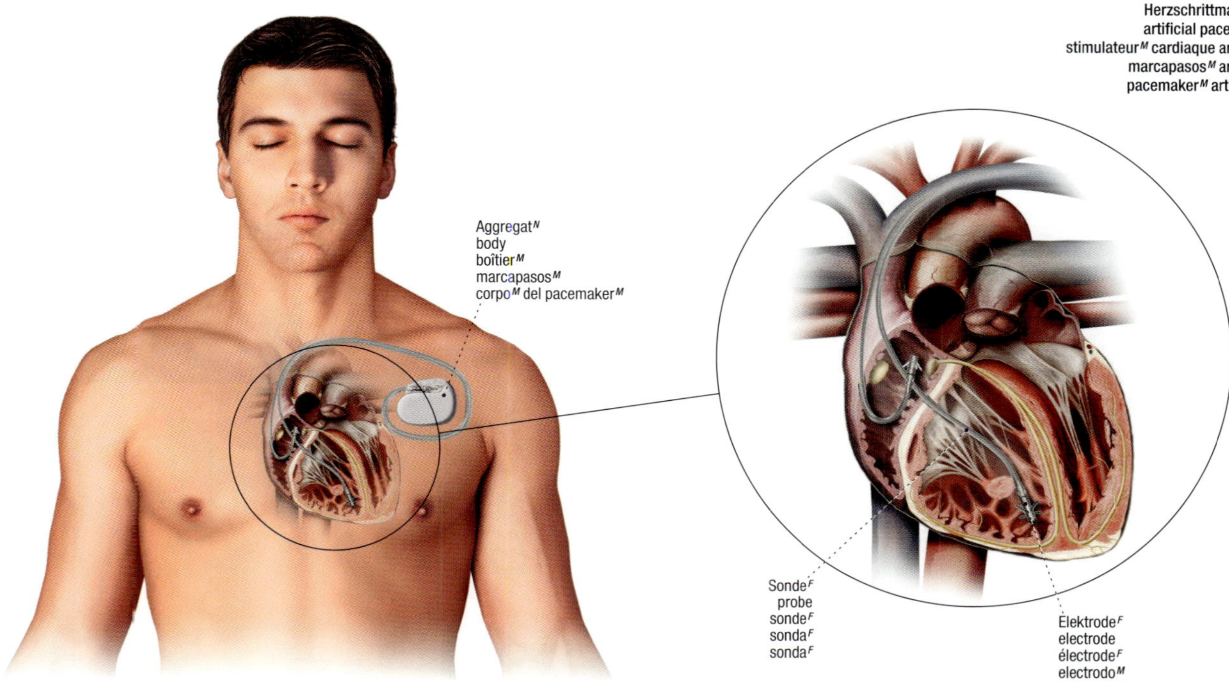

Dialyse^{F}
dialysis
dialyse^{F}
diálisis^{F}
dialisi^{F}

Dialysator^{M}
dialyzer
dialyseur^{M}
dializador^{M}
apparecchio^{M} per dialisi^{F}

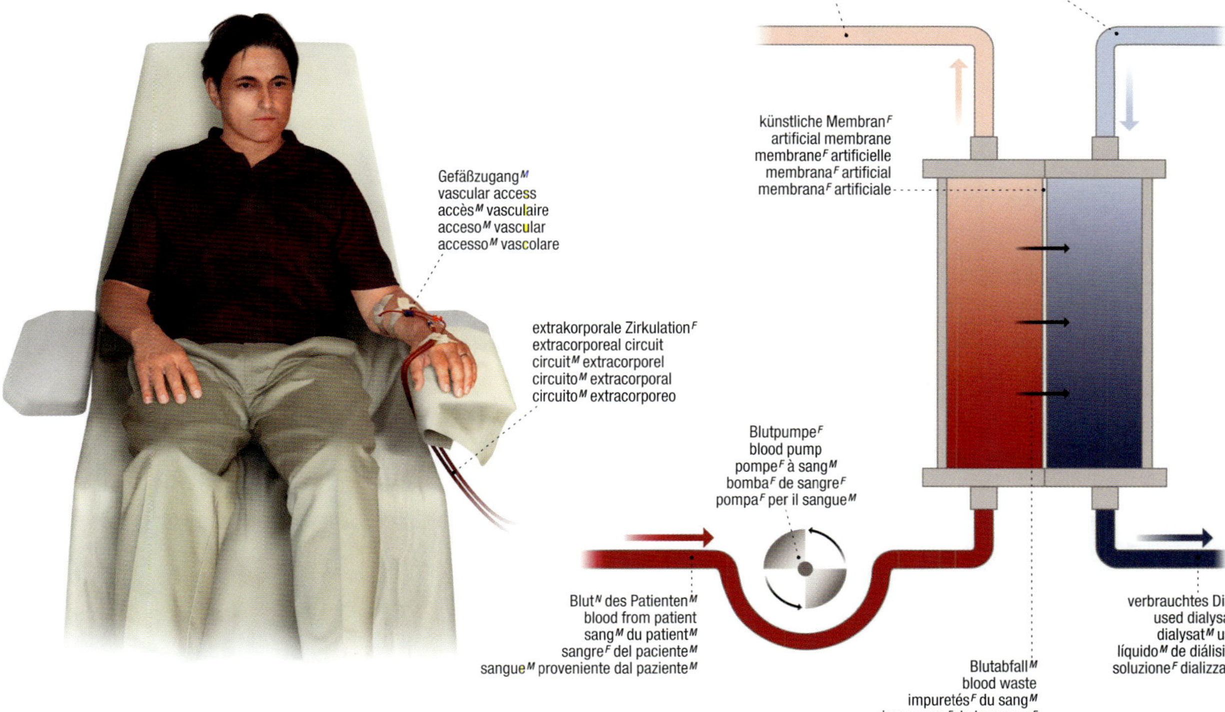

Verwandtschaftsbeziehungen[F]

family relationships | liens[M] de parenté[F] | vínculos[M] familiares | vincoli[M] di parentela[F]

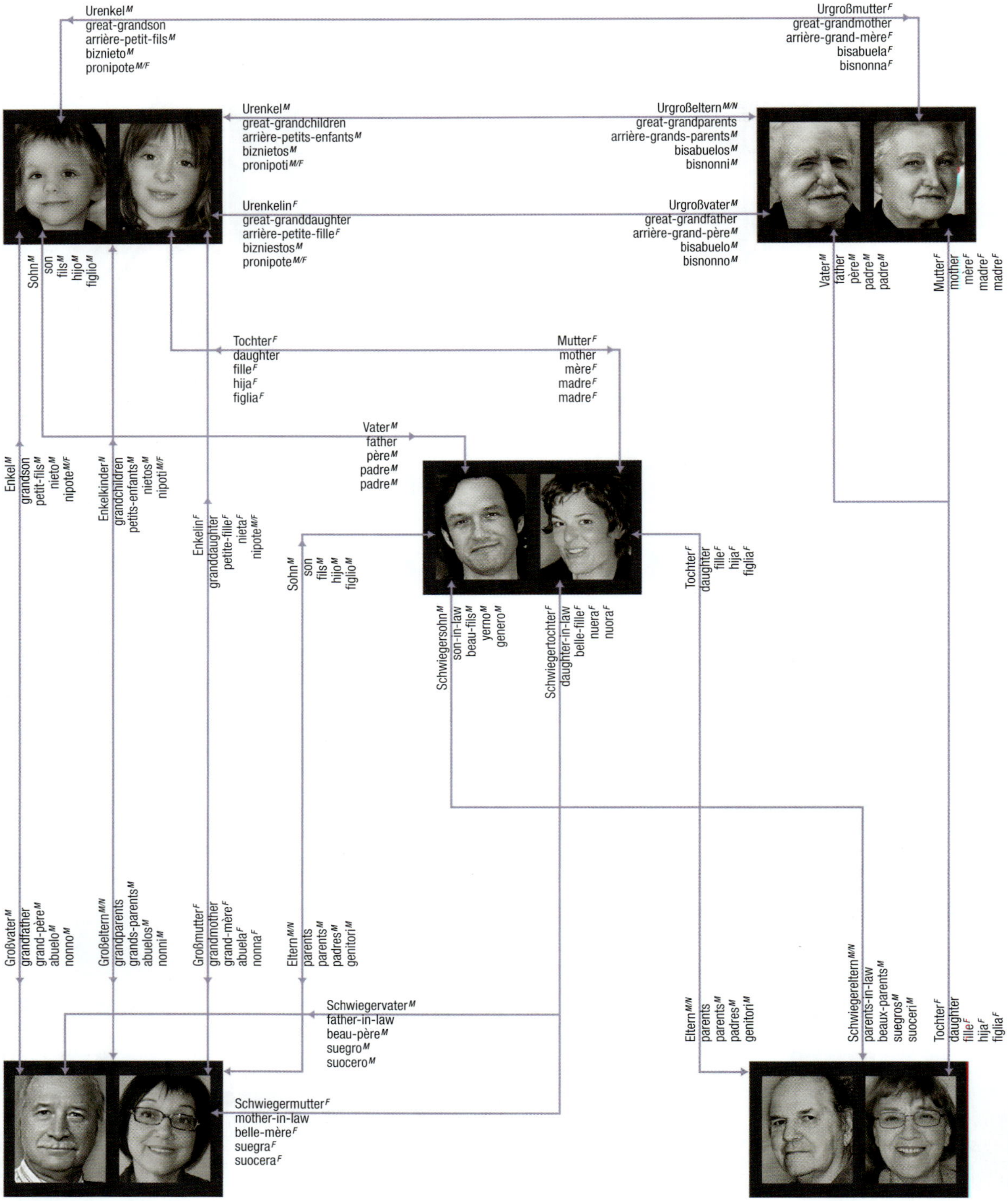

Verwandtschaftsbeziehungen^F

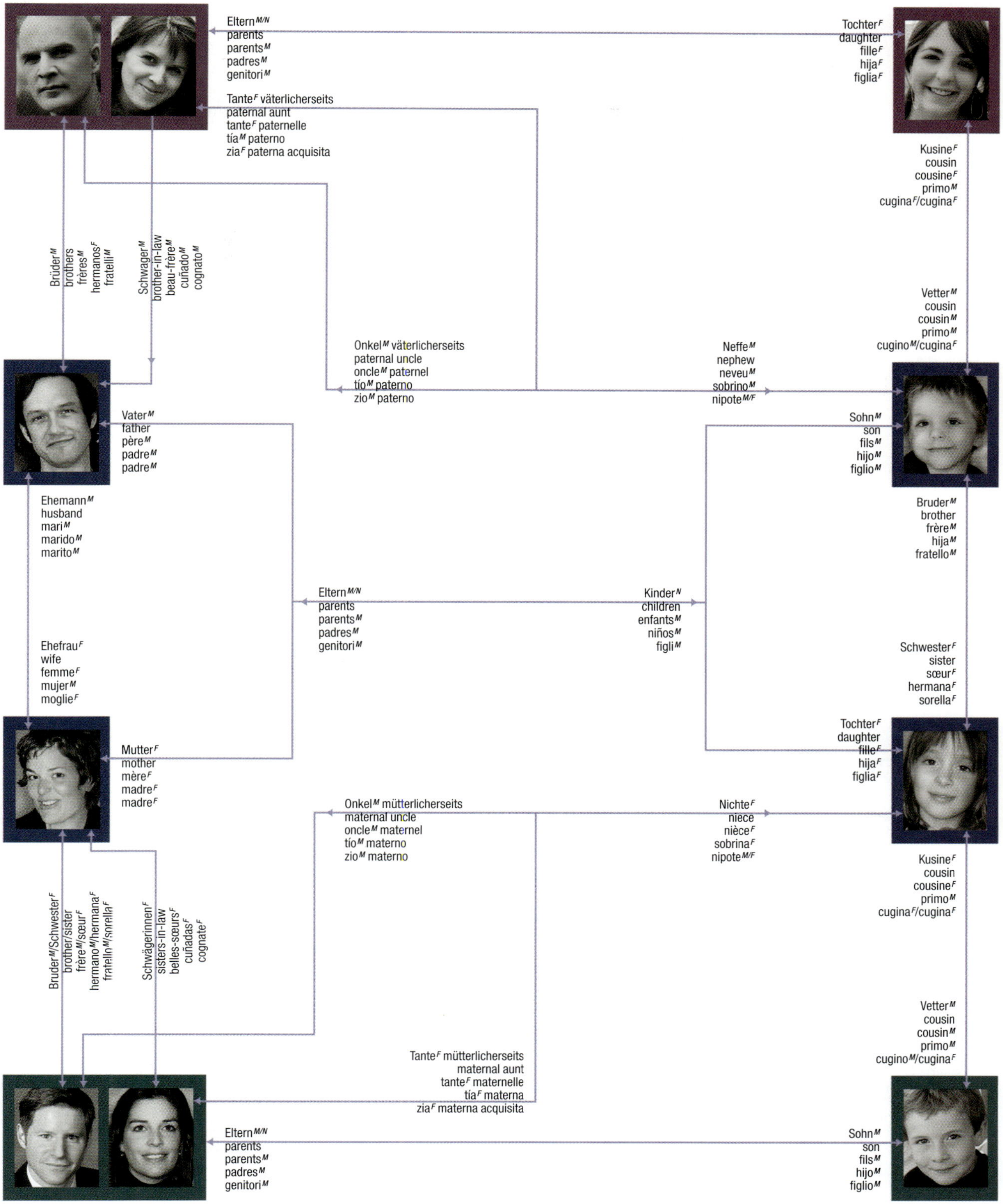

SPORTEINRICHTUNGEN 932

Sportanlagen 932
Anzeigetafel 933
Wettkampf 933

LEICHTATHLETIK 934

Stadion 934
Sprungwettbewerbe 936
Wurfgeräte 937

BALLSPORTARTEN 938

Baseball 938
Softball 941
Cricket 942
Hockey 944
Fußball 946
Lacrosse 948
Rugby 950
American Football 952
kanadischer Football 955
Korbball 955
Basketballspiel 956
Volleyballspiel 958
Handball 960

SPIELE MIT SCHLÄGERN 961

Tischtennis 961
Badminton 962
Racquetballspiel 964
Squash 965
Tennis 966

KUNSTTURNEN 969

Geräteturnen 969
rhythmische Sportgymnastik 972
Trampolin 973

WASSERSPORT 974

Wasserballspiel 974
Schwimmen 975
Kunstspringen 978
Segelsport 980
Surfbrett 983
Rudern und Skullen 984
Kanu 986
Kanu-Kajak: Flachwasserrennen 986
Kajak 987
Wasserskisport 988
Surfen 988
Tauchen 989

KAMPFSPORTARTEN 990

Boxen 990
Ringen 991
Judo 992
Karate 993
Taekwondo 994
Kendo 995
Sumo 995
Kung-Fu 996
Jujutsu 996
Aikido 996
Fechtsport 997

KRAFTSPORT 999

Gewichtheben 999
Fitnessgeräte 1000

REITSPORT 1002

Springreiten 1002
Reiten 1004
Dressurreiten 1005
Pferderennen 1006
Polo 1008

SPORT UND SPIELE

sports and games
sports et jeux
deportes y juegos
sport e giochi

PRÄZISIONSSPORT 1009

Bogenschießen 1009
Wurftaubenschießen 1010
Gewehrschießen 1011
Pistolenschießen 1011
Billard 1012
Boule 1014
Pétanque 1014
Bowling 1015
Golfspiel 1016

RADSPORT 1020

Straßenradsport 1020
Mountainbike 1020
Bahnradsport 1021
BMX 1021

MOTORSPORT 1022

Autorennen 1022
Motorradsport 1024
Jetski 1026
Schneemobil 1026

WINTERSPORT 1027

Curling 1027
Eishockey 1028
Eiskunstlauf 1031
Eisschnelllauf 1032
Bobschlitten 1034
Rennrodel 1034
Skeleton 1035
Bobbahn 1035
Skigebiet 1036
Snowboarden 1037
alpines Skilaufen 1038
Freestyle 1040
Skispringen 1041
Speedski 1041
Skilanglauf 1042
Biathlon 1043
Schneeschuhwandern 1043

ROLLSPORT 1044

Skateboarding 1044
Inlineskating 1045

LUFTSPORT 1046

Fallschirmspringen 1046
Drachenfliegen 1047
Segelflugzeug 1048
Freiballonsport 1049

KLETTERSPORT 1050

Bergsteigen 1050

FREIZEIT IN DER NATUR 1052

Camping 1052
Knoten 1058
Sportfischerei 1059

SPIELE 1062

Würfel und Dominosteine 1062
Spielkarten 1062
Brettspiele 1063
Puzzle 1066
Mah-Jongg 1066
Videospiele 1067
Roulette 1068
Dartspiel 1069
Tischfußball 1069
einarmiger Bandit 1070
Frisbee 1070
Flipperautomat 1071
Drachen 1071

Sportanlagen^{F}

sports complex | complexe^{M} sportif | polideportivo^{M} | complesso^{M} sportivo

Schwimmbecken^{N}
swimming pool
piscine^{F}
piscina^{F}
piscina^{F}

Radrennbahn^{F}
velodrome
vélodrome^{M}
velódromo^{M}
velodromo^{M}

Arena^{F}
arena
stade^{M} d'hiver^{M}
pista^{F}
stadio^{M}

Trainingsbereich^{M}
training area
aire^{F} d'entraînement^{M}
zona^{F} de entrenamiento^{M}
zona^{F} di allenamento^{M}

Schießstand^{M}
shooting range
stand^{M} de tir^{M}
campo^{M} de tiro^{M} al blanco^{M}
campo^{M} di tiro^{M} a segno^{M}

Schwimmstadion^{N}
swimming stadium
stade^{M} nautique
estadio^{M} de natación^{F}
stadio^{M} per il nuoto^{M}

Tauchbecken^{N}
diving well
bassin^{M} de plongeon^{M}
piscina^{F} de inmersión^{M}
vasca^{F} per tuffi^{M}

Sprungreitplatz^{M}
equestrian sports ring
parcours^{M} de sports^{M} équestres
pista^{F} hípica
campo^{M} per sport^{M} equestri

Bogenschießanlage^{F}
archery range
stand^{M} de tir^{M} à l'arc^{M}
campo^{M} de tiro^{M} al arco^{M}
campo^{M} di tiro^{M} con l'arco^{M}

Tennisplätze^{M}
tennis courts
courts^{M} de tennis^{M}
campos^{M} de tenis^{M}
campi^{M} da tennis^{M}

Golfplatz^{M}
golf course
terrain^{M} de golf^{M}
campo^{M} de golf^{M}
campo^{M} da golf^{M}

Baseballstadion^{N}
baseball stadium
stade^{M} de baseball^{M}
estadio^{M} de baloncesto^{M}
stadio^{M} di baseball^{M}

Zuschauertribünen^{F}
stands
tribune^{F}
tribuna^{F}
tribune^{F}

Turnhalle^{F}
gymnasium
gymnase^{M}
gimnasio^{M}
palestra^{F}

Sporthalle^{F}
sports hall
palais^{M} des sports^{M}
palacio^{M} de los deportes^{M}
palazzetto^{M} dello sport^{M}

Stadion^{N}
stadium
stade^{M}
estadio^{M}
stadio^{M}

Wurf- und Sprungbereich^{M}
throwing and jumping area
aire^{F} de lancer^{M} et de saut^{M}
zona^{F} de lanzamiento^{M} y de salto^{M}
area^{F} di lancio^{M} e di salto^{M}

Leichtathletikbahn^{F}
athletics track
piste^{F} d'athlétisme^{M}
pista^{F} de atletismo^{M}
pista^{F} di atletica^{F}

Yachthafen^{M}
marina
port^{M} de plaisance^{F}
puerto^{M} deportivo
porticciolo^{M}

Feldhockeyplatz^{M}
hockey pitch
terrain^{M} de hockey^{M} sur gazon^{M}
campo^{M} de hockey^{M} sobre hierba^{F}
campo^{M} da hockey^{M} su prato^{M}

Fußballplatz^{M}
football pitch
terrain^{M} de football^{M}
campo^{M} de fútbol^{M}
campo^{M} di calcio^{M}

Wettkampfbecken^{N}
competition course basin
bassin^{M} de compétition^{F}
canal^{M} de competición^{F}
bacino^{M} per competizioni^{F}

Anzeigetafel[F]

scoreboard | tableau[M] indicateur | marcador[M] | tabellone[M] segnapunti

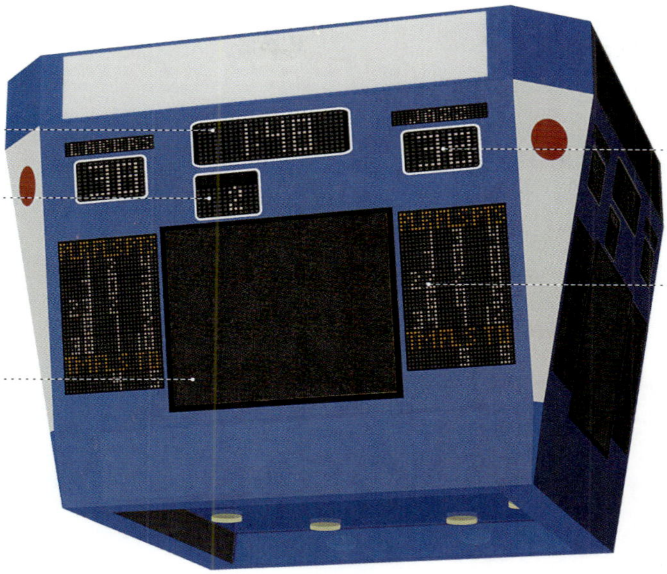

Wettkampf[M]

competition | compétition[F] | competición[F] | competizione[F]

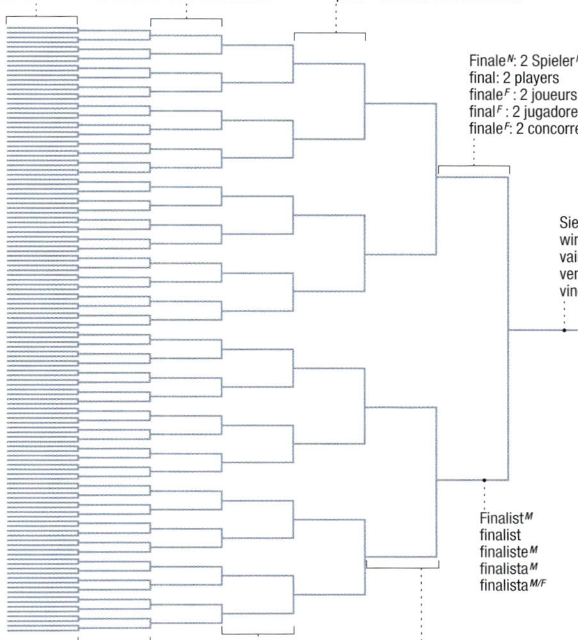

Stadion^{N}

arena | stade^{M} | estadio^{M} | stadio^{M}

Ausrüstung^{F} für die Laufbahn^{F}
track equipment
équipement^{M} de course^{F}
equipo^{M} de pista^{F}
attrezzatura^{F} da corsa^{F}

Startpistole^{F}
starting pistol
pistolet^{M} de départ^{M}
pistola^{F} de salida^{F}
pistola^{F} dello starter^{M}

Staffelstab^{M}
baton
témoin^{M}
testigo^{M}
testimone^{M}

Hürde^{F}
hurdle
haie^{F}
valla^{F}
ostacolo^{M}

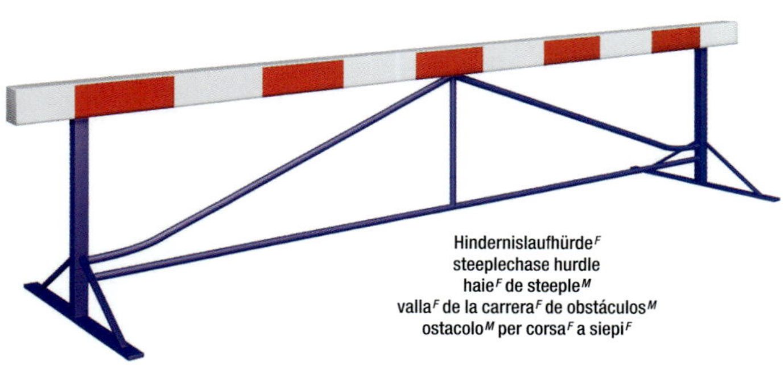

Hindernislaufhürde^{F}
steeplechase hurdle
haie^{F} de steeple^{M}
valla^{F} de la carrera^{F} de obstáculos^{M}
ostacolo^{M} per corsa^{F} a siepi^{F}

Stadion^{N}

Läufer^{M}: Startblock^{M}
runner: starting block
coureuse^{F} : bloc^{M} de départ^{M}
corredora^{F} : taco^{M} de salida^{F}
corridore^{M}: blocco^{M} di partenza^{F}

Sprungwettbewerbe^M

jumps | sauts^M | saltos^M | salti^M

Hochsprung^M
high jump
saut^M en hauteur^F
salto^M de altura^F
salto^M in alto

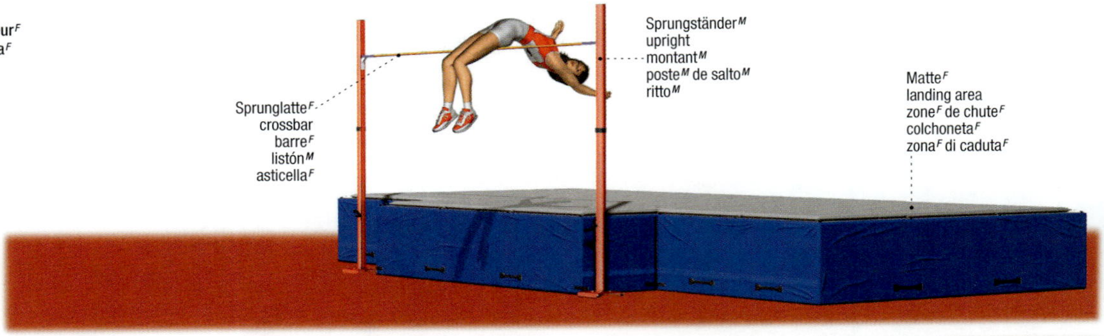

Stabhochsprung^M
pole vault
saut^M à la perche^F
salto^M de pértiga^F
salto^M con l'asta^F

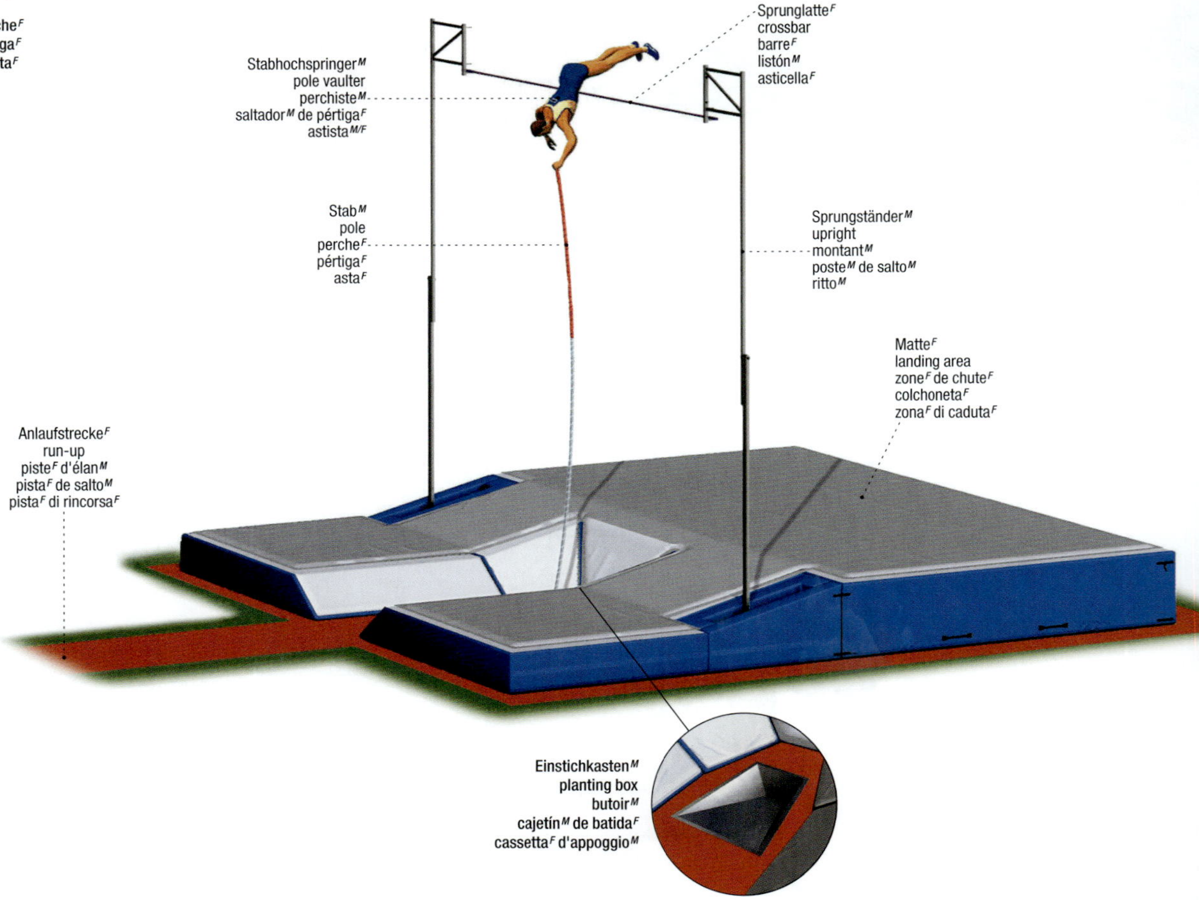

Stab^M
pole
perche^F
pértiga^F
asta^F

Sprungwettbewerbe^{M}

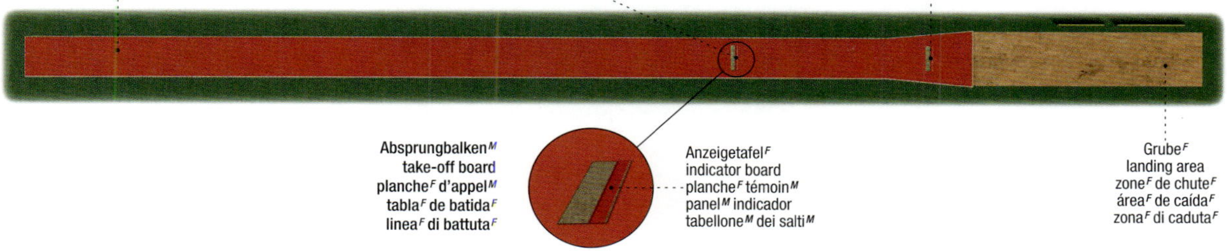

Wurfgeräte^{N}

throwing apparatus | lancers^{M} | lanzamientos^{M} | attrezzi^{M} di lancio^{M}

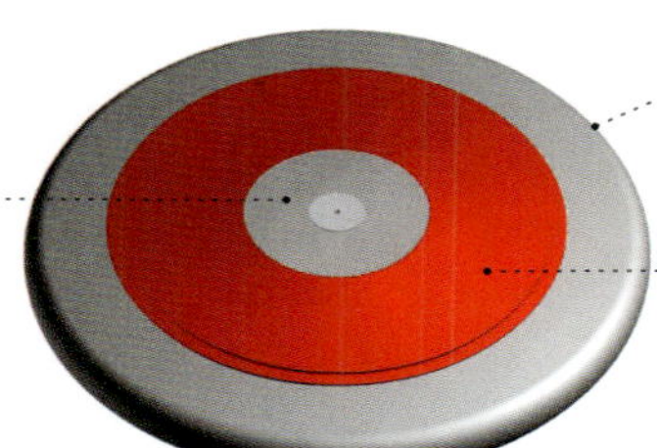

Baseball^M

baseball | baseball^M | béisbol^M | baseball^M

Spielerpositionen^F
player positions
position^F des joueurs^M
posición^F de los jugadores^M
posizioni^F dei giocatori^M

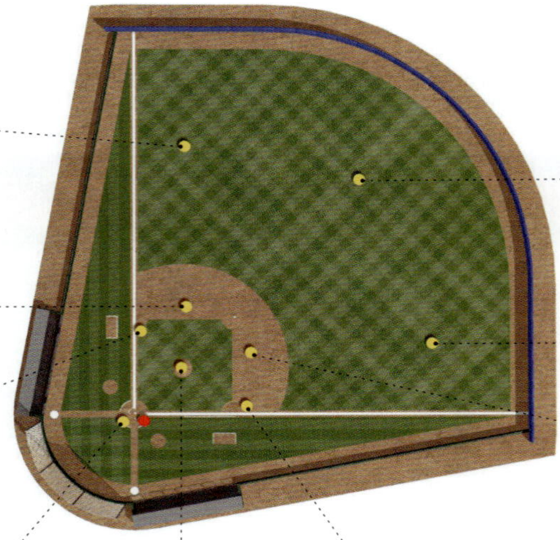

Baseball^N-Feld^N
baseball field
terrain^M de baseball^M
campo^M de béisbol^M
campo^M di baseball^M

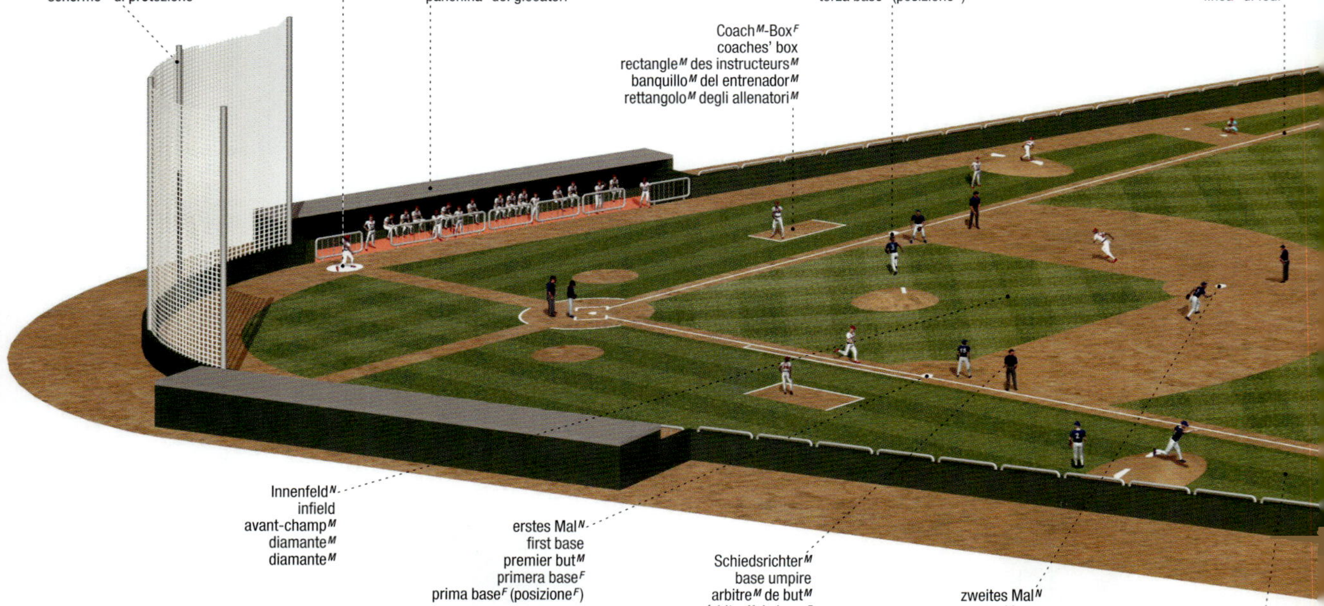

Baseball^{M}

Hauptschiedsrichter^{M}
home-plate umpire
arbitre^{M} du marbre^{M}
árbitro^{M} de base^{F} meta
arbitro^{M} di casa^{F} base^{F}
Schlagmann^{M}
batter
frappeur^{M}
bateador^{M}
battitore^{M}
Werfer^{M}
pitcher
lanceur^{M}
lanzador^{M}
lanciatore^{M}
Wurf^{M}
pitch
lancer^{M}
lanzamiento^{M}
lancio^{M}
Fänger^{M}
catcher
receveur^{M}
receptor^{M}
ricevitore^{M}
Schlagmal^{N}
home plate
marbre^{M}
base^{F} meta^{F}
piatto^{M} della casa-base^{F}
Wurfhügel^{M}
pitcher's mound
monticule^{M}
base^{F} de lanzamiento^{M}
monte^{M} di lancio^{M}
Wurfmal^{N}
pitcher's rubber
plaque^{F} du lanceur^{M}
plataforma^{F} de lanzamiento^{M}
pedana^{F} del lanciatore^{M}

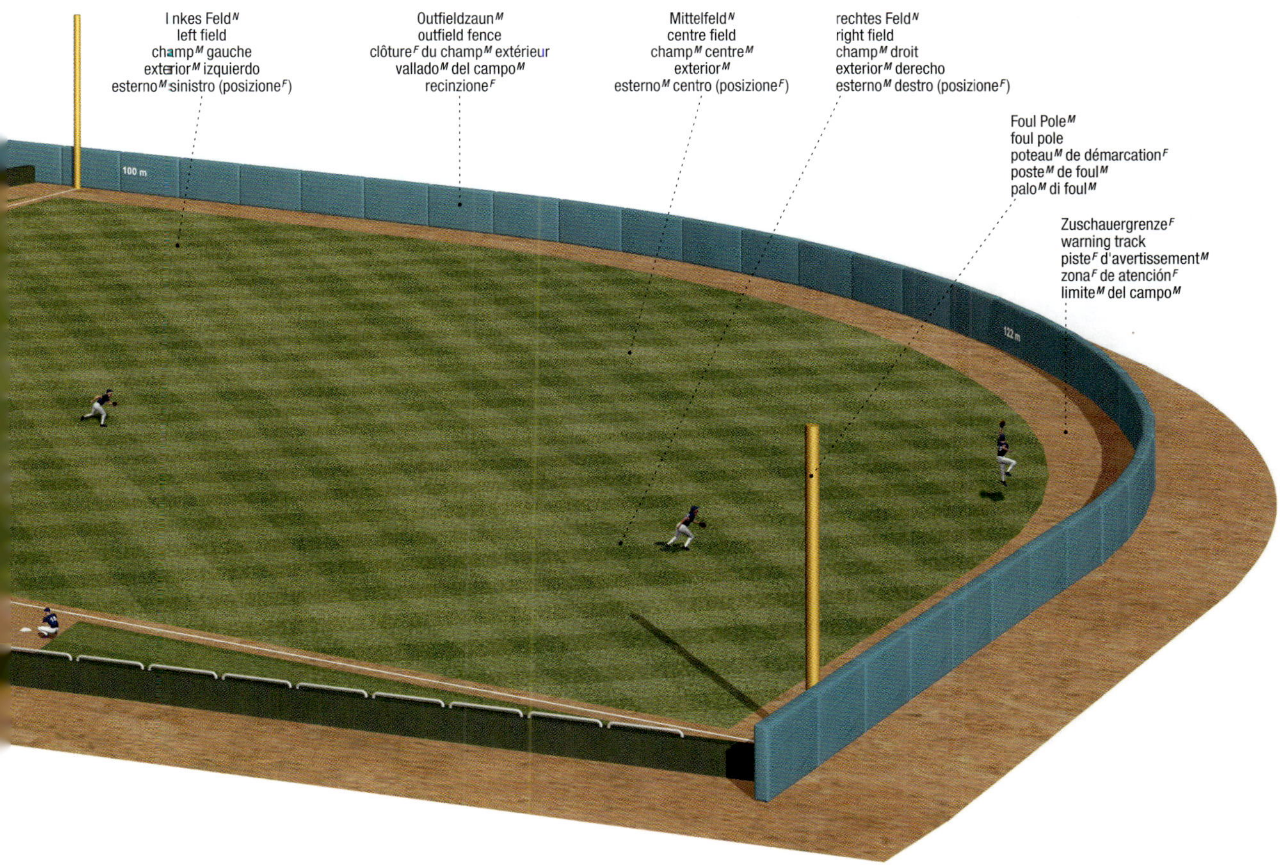
linkes Feld^{N}
left field
champ^{M} gauche
exterior^{M} izquierdo
esterno^{M} sinistro (posizione^{F})
Outfieldzaun^{M}
outfield fence
clôture^{F} du champ^{M} extérieur
vallado^{M} del campo^{M}
recinzione^{F}
Mittelfeld^{N}
centre field
champ^{M} centre^{M}
exterior^{M}
esterno^{M} centro (posizione^{F})
rechtes Feld^{N}
right field
champ^{M} droit
exterior^{M} derecho
esterno^{M} destro (posizione^{F})
Foul Pole^{M}
foul pole
poteau^{M} de démarcation^{F}
poste^{M} de foul^{M}
palo^{M} di foul^{M}
Zuschauergrenze^{F}
warning track
piste^{F} d'avertissement^{M}
zona^{F} de atención^{F}
limite^{M} del campo^{M}
100 m
122 m

Baseball[M]

Baseball[M]
baseball
balle[F] de baseball[M]
pelota[F] de béisbol[M]
palla[F]

Schlagmann[M]
batter
frappeur[M]
bateador[M]
battitore[M]

Fänger[M]
catcher
receveur[M]
receptor[M]
ricevitore[M]

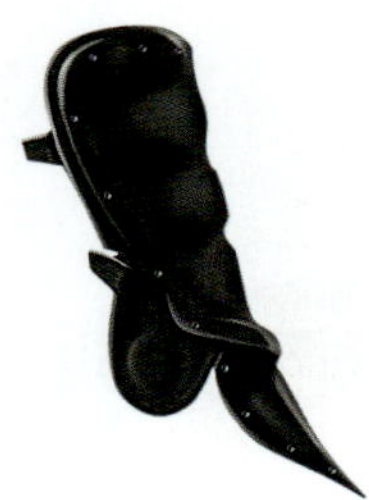

Knöchelschutz[M]
ankle guard
protège-cheville[M]
tobillera[F]
parastinchi[M]

Baseball^{M}

Baseballschläger^{M}
baseball bat
batte^{F} de baseball^{M}
bate^{M} de béisbol^{M}
mazza^{F} da baseball^{M}

Knauf^{M}
knob
pommeau^{M}
puño^{M}
pomo^{M}

Griff^{M}
handle
manche^{M}
empuñadura^{F}
impugnatura^{F}

Wappen^{N}
crest
écusson^{M}
emblema^{M}
stemma^{M}

Schlagbereich^{M}
barrel
surface^{F} de frappe^{F}
cuadro^{M} de bateo^{M}
zona^{F} di battuta^{F}

Baseball^{M} im Querschnitt^{M}
section of a baseball
coupe^{F} d'une balle^{F} de baseball^{M}
corte^{M} de una pelota^{F} de béisbol^{M}
sezione^{F} di una palla^{F} da baseball^{M}

Korkball^{M}
cork ball
balle^{F} de liège^{M}
bola^{F} de corcho^{M}
palla^{F} di sughero^{M}

Garnball^{M}
yarn ball
balle^{F} de fil^{M}
bola^{F} de hilo^{M}
palla^{F} di filo^{M}

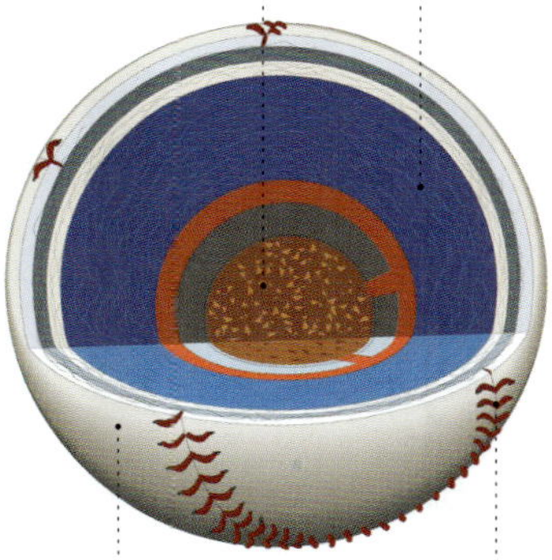

Außenschicht^{F}
cover
enveloppe^{F}
forro^{M}
rivestimento^{M} esterno

Nähte^{F}
stitches
couture^{F}
costura^{F}
cucitura^{F}

Handschuh^{M} der Feldspieler^{M}
fielder's glove
gant^{M} de baseball^{M}
guante^{M} de recogida^{F}
guanto^{M} da baseball^{M}

Netz^{N}
web
panier^{M}
canasta^{F}
finestra^{F}

Riemen^{M}
strap
patte^{F}
trabilla^{F}
cinturino^{M}

Daumen^{M}
thumb
pouce^{M}
pulgar^{M}
pollice^{M}

Finger^{M}
finger
doigt^{M}
dedo^{M}
dito^{M}

Handfläche^{F}
palm
paume^{F}
palma^{F}
sacco^{M}

Handwurzel^{F}
heel
talon^{M}
talón^{M}
tallone^{M}

Schnürband^{N}
lace
lacet^{M}
cordón^{M}
stringa^{F}

Softball^{M}

softball | softball^{M} | softball^{M} | softball^{M}

Softballhandschuh^{M}
softball glove
gant^{M} de softball^{M}
guante^{M} de softball^{M}
guanto^{M}

Softball^{M}
softball
balle^{F} de softball^{M}
pelota^{F} de softball^{M}
palla^{F}

Softballschläger^{M}
softball bat
batte^{F} de softball^{M}
bate^{M} de softball^{M}
mazza^{F} da softball^{M}

Cricket[N]

cricket | cricket[M] | cricket[M] | cricket[M]

Schlagmann[M]
batsman
batteur[M]
bateador[M]
battitore[M]

Cricketball[M]
cricket ball
balle[F] de cricket[M]
pelota[F] de cricket[M]
palla[F]

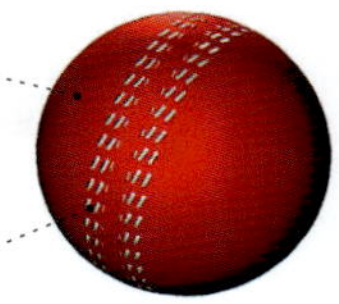

Schlagholz[N]
bat
batte[F]
bate[M]
mazza[F]

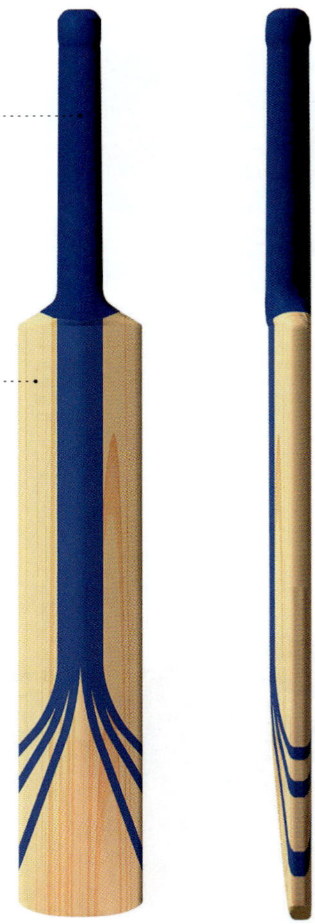

Cricket[N]

Spielerpositionen[F]
player positions
position[F] des joueurs[M]
posición[F] de los jugadores[M]
posizioni[F] dei giocatori[M]

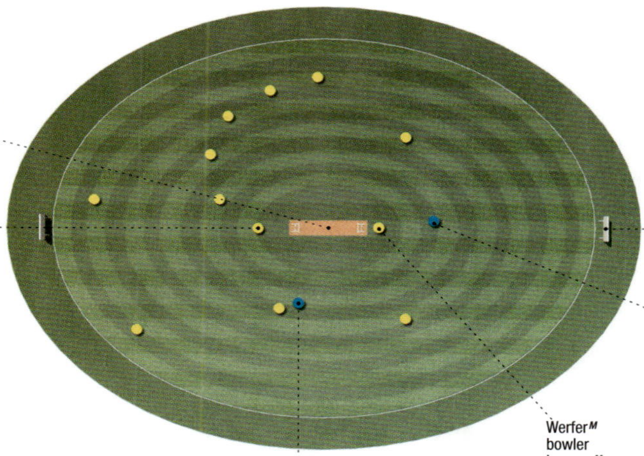

Mal[N]
wicket
guichet[M]
puerta[F]
porta[F]

Spielfeld[N]
pitch
livrée[F]
terreno[M] de juego[M]
striscia[F] di gioco[M]

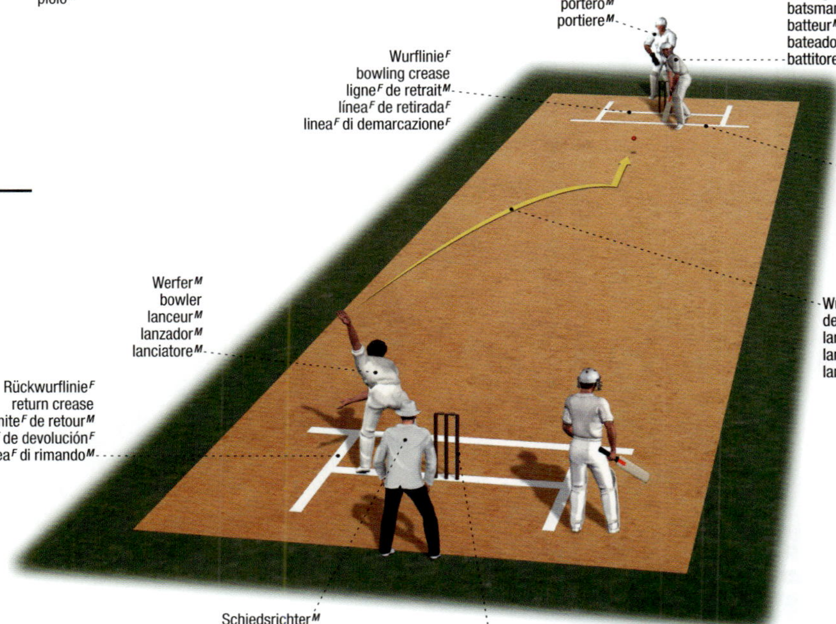

Hockey[N]

field hockey | hockey[M] sur gazon[M] | hockey[M] sobre hierba[F] | hockey[M] su prato[M]

Torhüter[M]
goalkeeper
gardien[M] de but[M]
portero[M]
portiere[M]

Helm[M]
helmet
casque[M]
casco[M]
casco[M]

Gesichtsmaske[F]
face mask
masque[M]
careta[F]
maschera[F]

Ellbogenpolster[N]
elbow pad
protège-coude[M]
codera[F]
gomitiera[F]

Brustpolster[N]
body pad
plastron[M]
peto[M]
imbottitura[F] per il petto[M]

Handschuh[M]
glove
gant[M]
guante[M]
guanto[M]

Handschuh[M]
blocking glove
bloqueur[M]
guante[M] del portero[M]
guantone[M]

Beinschutz[M]
pad
jambière[F]
protector[M]
gambale[M]

Kickschuh[M]
kicker
sabot[M]
kicker[M]
soprascarpa[F]

Schläger[M]
stick
crosse[F]
stick[M]
bastone[M]

Griff[M]
handle
manche[M]
mango[M]
impugnatura[F]

Klebeband[N]
tape
ruban[M] adhésif
cinta[F]
nastro[M]

Schlägerblatt[N]
blade
tête[F]
pala[F]
testa[F]

Hockeyball[M]
hockey ball
balle[F] de hockey[M]
pelota[F] de hockey[M]
palla[F]

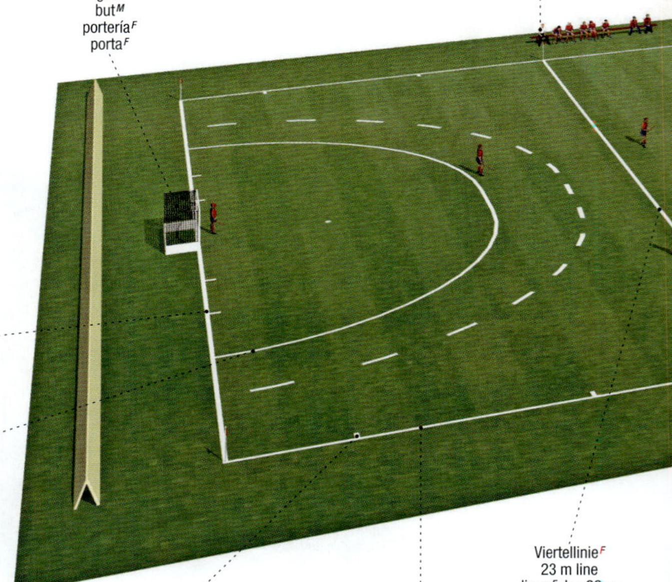

Tor[N]
goal
but[M]
portería[F]
porta[F]

Trainer[M]
coach
entraîneur[M]
entrenador[M]
allenatore[M]

Torlinie[F]
goal line
ligne[F] de but[M]
línea[F] de meta[F]
linea[F] di fondo[M]

Schusskreis[M]
striking circle
cercle[M] d'envoi[M]
círculo[M] de tiro[M]
cerchio[M] di tiro[M]

Lange-Ecke[F]-Abschlag[M]
5 m line
ligne[F] des 5 m
línea[F] de 5 m
linea[F] dei 5 metri[M]

Seitenlinie[F]
sideline
ligne[F] de touche[F]
línea[F] de banda[F]
linea[F] laterale

Viertellinie[F]
23 m line
ligne[F] des 23 m
línea[F] de 23 m
linea[F] dei 23 metri[M]

Hockey[N]

Hockeyspieler[M]
hockey player
hockeyeur[M]
jugador[M] de hockey[M]
giocatore[M] di hockey[M]
Trikot[N]
jersey
maillot[M]
camiseta[F]
maglietta[F]
Schläger[M]/Stock[M]
stick
crosse[F]
stick[M]
bastone[M]
kurze Hose[F]
shorts
short[M]
pantalones[M] cortos
pantaloncini[M]
Schienbeinschützer[M]
shin guard
protège-tibia[M]
espinillera[F]
parastinchi[M]
Schuh[M]
shoe
chaussure[F]
zapatilla[M]
scarpa[F]

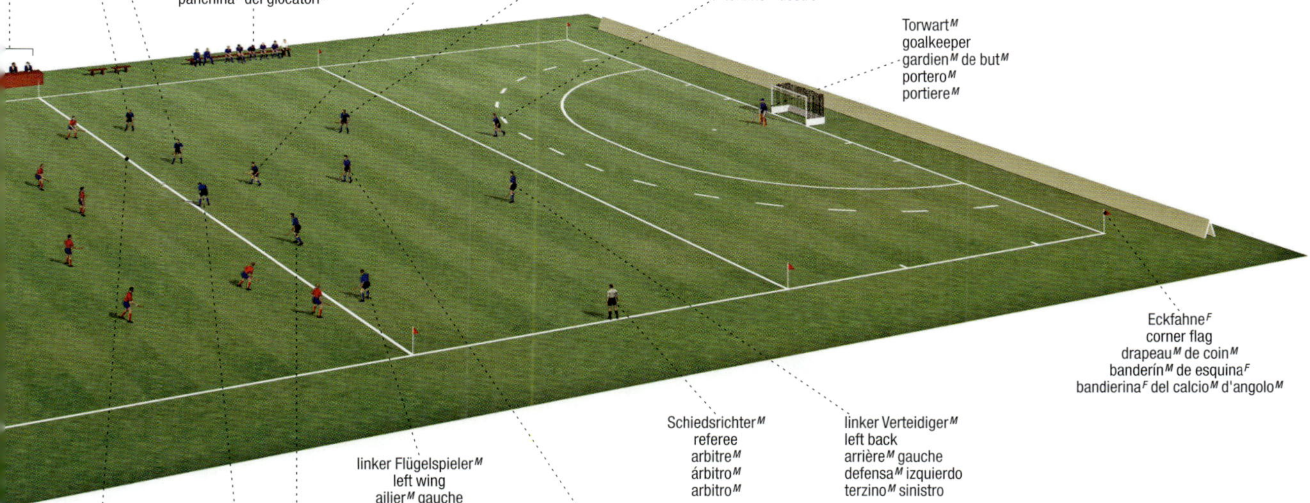
Feldhockeyplatz[M]
hockey pitch
terrain[M] de hockey[M] sur gazon[M]
campo[M] de hockey[M] sobre hierba[F]
campo[M] da hockey[M] su prato[M]
Funktionäre[M]
officials
officiels[M]
mesa[M] de jueces[M]
ufficiali[M] di gara[F]
rechter Flügelspieler[M]
right wing
ailier[M] droit
ala[M] derecho
ala[F] destra
halbrechter Läufer[M]
right inner
avant[M] droit
interior[M] derecho
interno[M] destro
Spielerbank[F]
players' bench
banc[M] des joueurs[M]
banquillo[M] de los jugadores[M]
panchina[F] dei giocatori[M]
Mittelfeldspieler[M]
centre half
demi[M] centre[M]
medio[M] central
centromediano[M]
rechter Mittelfeldspieler[M]
right half
demi[M] droit
medio[M] izquierdo
mediano[M] destro
rechter Verteidiger[M]
right back
arrière[M] droit
defensa[M] derecho
terzino[M] destro
Torwart[M]
goalkeeper
gardien[M] de but[M]
portero[M]
portiere[M]
Eckfahne[F]
corner flag
drapeau[M] de coin[M]
banderín[M] de esquina[F]
bandierina[F] del calcio[M] d'angolo[M]
Schiedsrichter[M]
referee
arbitre[M]
árbitro[M]
arbitro[M]
linker Verteidiger[M]
left back
arrière[M] gauche
defensa[M] izquierdo
terzino[M] sinistro
linker Flügelspieler[M]
left wing
ailier[M] gauche
ala[M] izquierdo
ala[F] sinistra
linker Mittelfeldspieler[M]
left half
demi[M] gauche
medio[M] izquierdo
mediano[M] sinistro
Mittellinie[F]
centre line
ligne[F] de centre[M]
línea[F] central
linea[F] di centrocampo[M]
linker Innenfeldspieler[M]
left inner
avant[M] gauche
interior[M] izquierdo
interno[M] sinistro
Mittelstürmer[M]
centre forward
avant-centre[M]
centro[M] delantero
centravanti[M]

Fußball[M]

association football | football[M] | fútbol[M] | calcio[M]

**Fußballspieler[M]
footballer
footballeur[M]
futbolista[M/F]
calciatore[M]**

Trikot[N]
jersey
maillot[M]
camiseta[F]
maglietta[F]

Hose[F]
shorts
short[M]
pantalones[M]
pantaloncini[M]

Schienbeinschützer[M]
shin guard
protège-tibia[M]
espinillera[F]
parastinchi[M]

Stulpen[F]
sock
chaussette[F]
calcetín[M]
calzettone[M]

Fußball[M]
football
ballon[M] de football[M]
balón[M] de fútbol[M]
pallone[M]

**Torwarthandschuhe[M]
goalkeeper's gloves
gants[M] de gardien[M] de but[M]
guantes[M] del portero[M]
guanti[M] del portiere[M]**

Schraubstollen[M]
interchangeable stud
crampon[M] interchangeable
tacos[M] de rosca[F]
tacchetto[M] intercambiabile

**Fußballschuh[M]
football boot
chaussure[F] de football[M]
bota[F] de fútbol[M]
scarpetta[F] da calcio[M]**

**Fußballfeld[N]
football pitch
terrain[M] de football[M]
campo[M] de fútbol[M]
campo[M] di calcio[M]**

Torraum[M]
goal area
surface[F] de but[M]
área[F] pequeña
area[F] di porta[F]

Elfmeterpunkt[M]
penalty spot
point[M] de réparation[F]
punto[M] de penalti[M]
dischetto[M] del rigore[M]

Mittelfahne[F]
centre flag
drapeau[M] de centre[M]
banderín[M] de línea[F] de centro[M]
bandierina[F] centrale

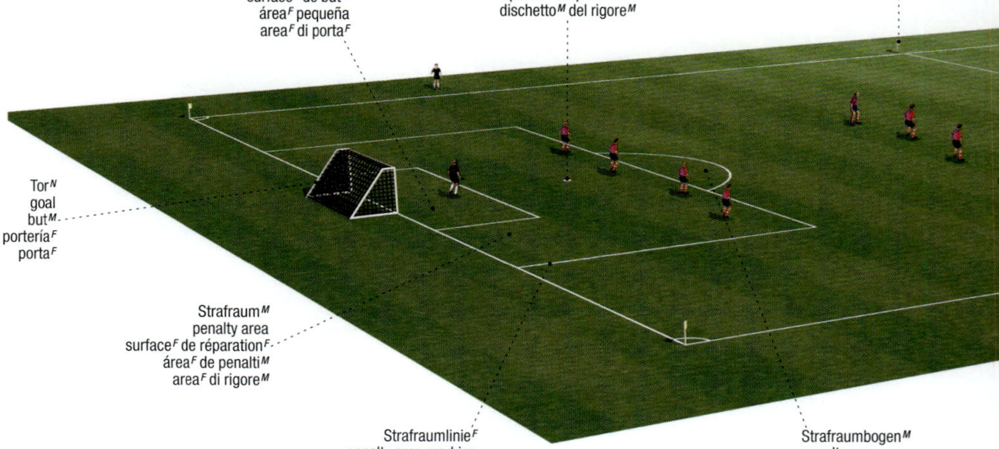

Tor[N]
goal
but[M]
portería[F]
porta[F]

Strafraum[M]
penalty area
surface[F] de réparation[F]
área[F] de penalti[M]
area[F] di rigore[M]

Strafraumlinie[F]
penalty area marking
ligne[F] de surface[F] de réparation[F]
línea[F] de área[F] de penalti[M]
linea[F] dell'area[F] di rigore[M]

Strafraumbogen[M]
penalty arc
arc[M] de cercle[M]
semicírculo[M] del área[F]
lunetta[F]

Fußball^{M}

Spielerpositionen^{F}
player positions
position^{F} des joueurs^{M}
posición^{F} de los jugadores^{M}
posizioni^{F} dei giocatori^{M}

linker Verteidiger^{M}
left back
arrière^{M} gauche
lateral^{M} izquierdo
terzino^{M} sinistro

linker Mittelfeldspieler^{M}
left midfielder
milieu^{M} offensif gauche
interior^{M} izquierdo
centrocampista^{M} di sinistra

zentraler Mittelfeldspieler^{M}
central midfielder
milieu^{M} défensif
medio^{M} centro
centrocampista^{M} centrale

Innenverteidiger^{M}
centre half
libero^{M}
defensa^{M} central
libero^{M}

Torwart^{M}
goalkeeper
gardien^{M} de but^{M}
portero^{M}
portiere^{M}

Innenverteidiger^{M}
centre half
stoppeur^{M}
defensa^{M} central
stopper^{M}

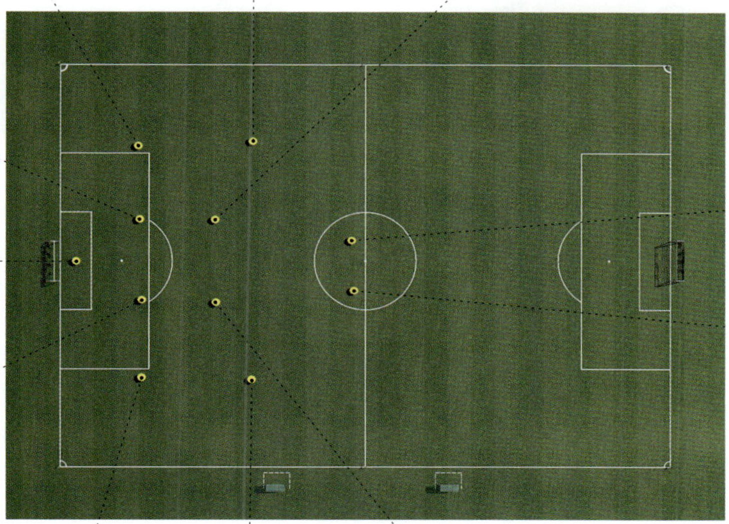

Stürmer^{M}
striker
attaquant^{M} de soutien^{M}
delantero^{M}
attaccante^{M}

Stürmer^{M}
striker
attaquant^{M} de pointe^{F}
delantero^{M}
attaccante^{M}

rechter Verteidiger^{M}
right back
arrière^{M} droit
lateral^{M} derecho
terzino^{M} destro

rechter Mittelfeldspieler^{M}
right midfielder
milieu^{M} offensif droit
interior^{M} derecho
centrocampista^{M} di destra

zentraler Mittelfeldspieler^{M}
central midfielder
milieu^{M} défensif
medio^{M} centro
centrocampista^{M} centrale

Schiedsrichter^{M}
referee
arbitre^{M}
árbitro^{M}
arbitro^{M}

Anstoßpunkt^{M}
centre spot
centre^{M}
centro^{M} del campo^{M}
dischetto^{M} di centrocampo^{M}

Eckballfahne^{F}
corner flag
drapeau^{M} de coin^{M}
banderín^{M} de saque^{M} de esquina
bandierina^{F} del calcio^{M} d'angolo^{M}

Eckbogen^{M}
corner arc
surface^{F} de coin^{M}
córner^{M}
angolo^{M}

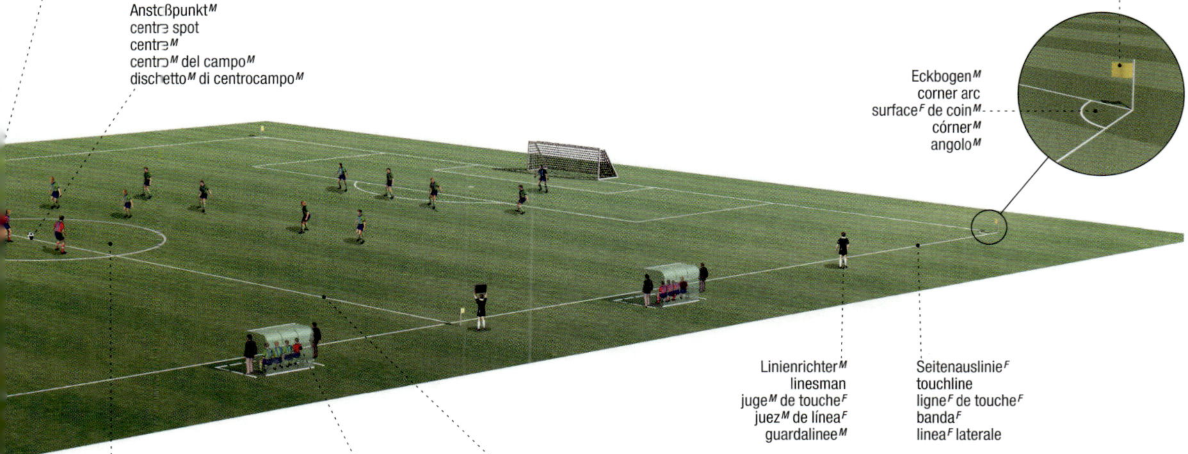

Linienrichter^{M}
linesman
juge^{M} de touche^{F}
juez^{M} de línea^{F}
guardalinee^{M}

Seitenauslinie^{F}
touchline
ligne^{F} de touche^{F}
banda^{F}
linea^{F} laterale

Mittelkreis^{M}
centre circle
cercle^{M} central
círculo^{M} central
cerchio^{M} di centrocampo^{M}

Mittellinie^{F}
halfway line
ligne^{F} médiane
línea^{F} de centro
linea^{F} di metà^{F} campo^{M}

Ersatzbank^{F}
substitutes' bench
banc^{M} des remplaçants^{M}
banquillo^{M}
panchina^{F}

Fußball[M]

Techniken[F]
techniques
techniques[F]
técnicas[F]
tecniche[F]

Freistoß[M]
free kick
coup[M] franc
tiro[M] libre
calcio[M] di punizione[F]

Elfmeter[M]
penalty kick
coup[M] de pied[M] de réparation[F]
penalti[M]
rigore[M]

Dribbling[N]
dribbling
dribble[M]
regate[M]
dribbling[M]

Kopfball[M]
heading
frappe[F] de tête[F]
cabecera[F]
colpo[M] di testa[F]

Tackling[N]
tackling
tacle[M] défensif
entrada[F]
contrasto[M]

Lacrosse[N]

lacrosse | crosse[F] | lacrosse[M] | lacrosse[M]

Lacrosse[N]-Feld[N]
lacrosse field
terrain[M] de crosse[F]
campo[M] de lacrosse[M]
campo[M] da lacrosse[M]

Restraining Line[F]
restraining line
ligne[F] de restriction[F]
línea[F] de restricción[F]
linea[F] di restrizione[F]

Auslinie[F]
endline
ligne[F] de fond[M]
línea[F] de fondo[M]
linea[F] di fondo[M]

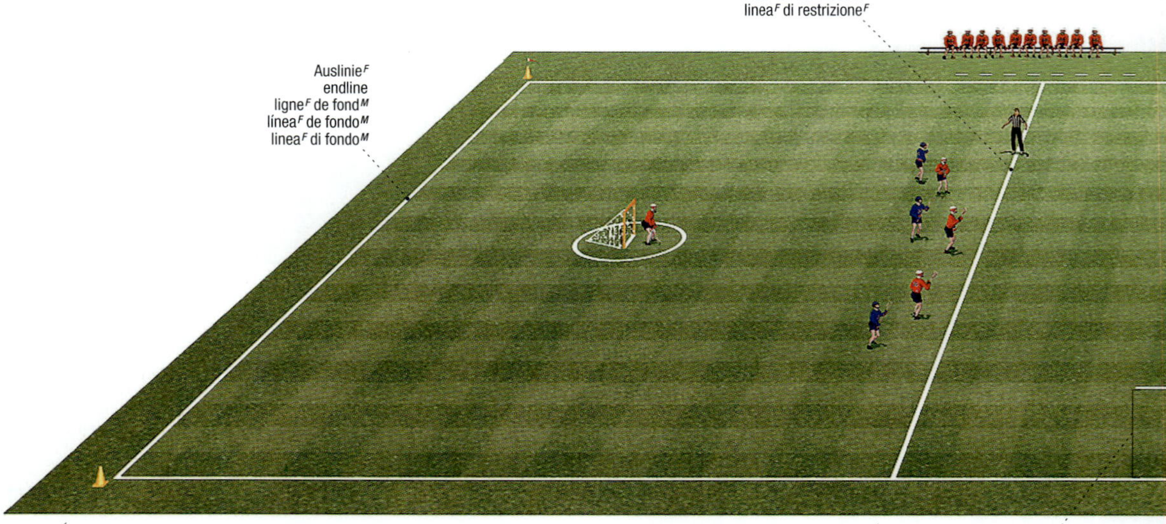

Angriffs-/Verteidigungshälfte[F]
attack/defensive area
zone[F] défensive ou offensive
área[F] de ataque[M]/defensa[F]
area[F] di attacco[M]/difesa[F]

Flügel[M]
wing area
zone[F] d'ailier[M]
área[F] lateral
zona[F] di fascia[F]

Lacrosse^{N}

Techniken^{F}
techniques
techniques^{F}
técnicas^{F}
tecniche^{F}

Face-Off^{N}
face-off
mise^{F} au jeu^{M}
saque^{M}
inizio^{M} del gioco^{M}

Schaufeln^{N}
scooping
récupération^{F}
recuperación^{F}
recupero^{M}

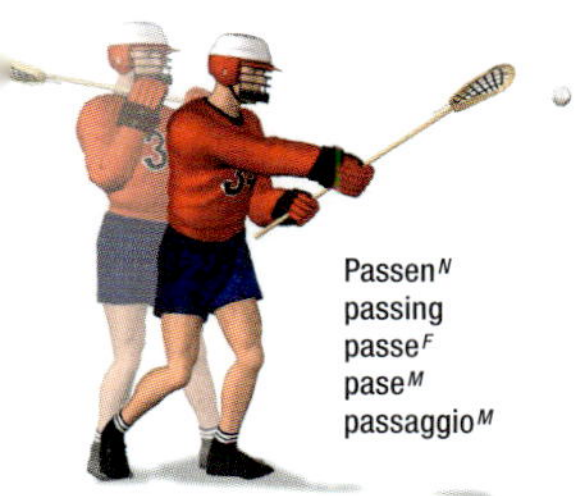

Passen^{N}
passing
passe^{F}
pase^{M}
passaggio^{M}

Lacrosse^{N}-Ball^{M}
lacrosse ball
balle^{F} de crosse^{F}
pelota^{F} de lacrosse^{M}
palla^{F} da lacrosse^{M}

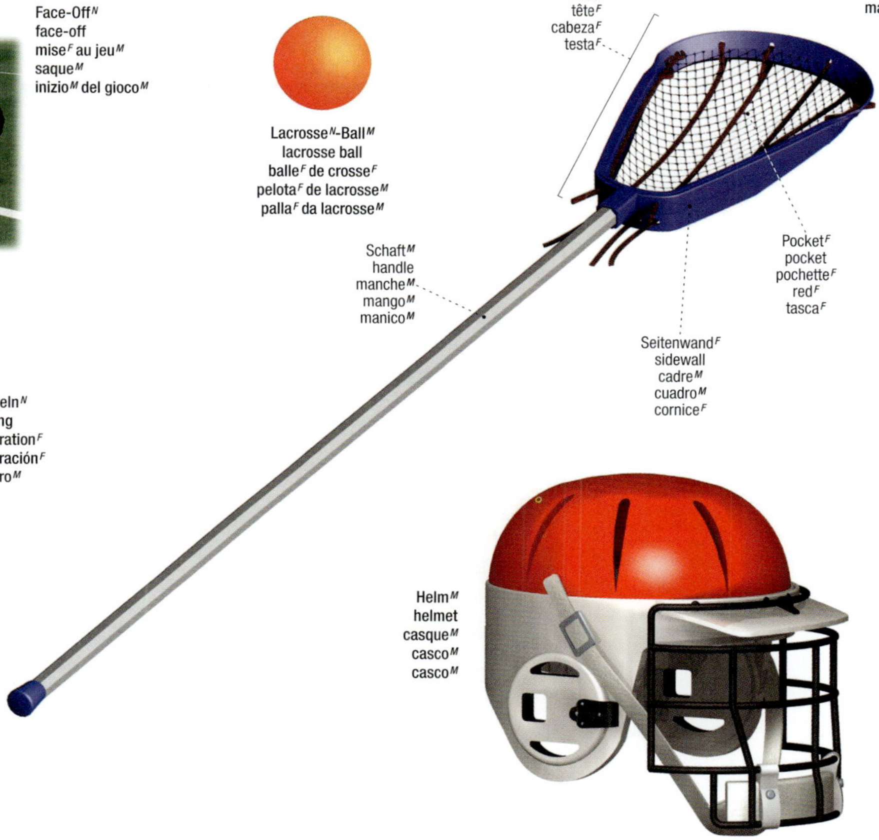

Crosse^{F}
crosse
crosse^{F}
crosse^{M}
mazza^{F}

Kopf^{M}
head
tête^{F}
cabeza^{F}
testa^{F}

Schaft^{M}
handle
manche^{M}
mango^{M}
manico^{M}

Pocket^{F}
pocket
pochette^{F}
red^{F}
tasca^{F}

Seitenwand^{F}
sidewall
cadre^{M}
cuadro^{M}
cornice^{F}

Helm^{M}
helmet
casque^{M}
casco^{M}
casco^{M}

Offizielle^{M}
officials
officiels^{M}
oficiales^{M}
ufficiali^{M} di gara^{F}

Tor^{N}
goal
but^{M}
gol^{M}
porta^{F}

Mittellinie^{F}
midfield line
ligne^{F} centrale
línea^{F} de medio campo^{M}
linea^{F} di centrocampo^{M}

Schiedsrichter^{M}
umpire
arbitre^{M} en chef^{M}
árbitro^{M}
arbitro^{M}

Seitenlinie^{F}
sideline
ligne^{F} de côté^{M}
línea^{F} de juego^{M}
linea^{F} laterale

Torkreis^{M}
crease
cage^{F}
portería^{F}
linea^{F}

Rugby[N]

rugby | rugby[M] | rugby[M] | rugby[M]

Spielerpositionen[F]
player positions
position[F] des joueurs[M]
posición[F] de los jugadores[M]
posizioni[F] dei giocatori[M]

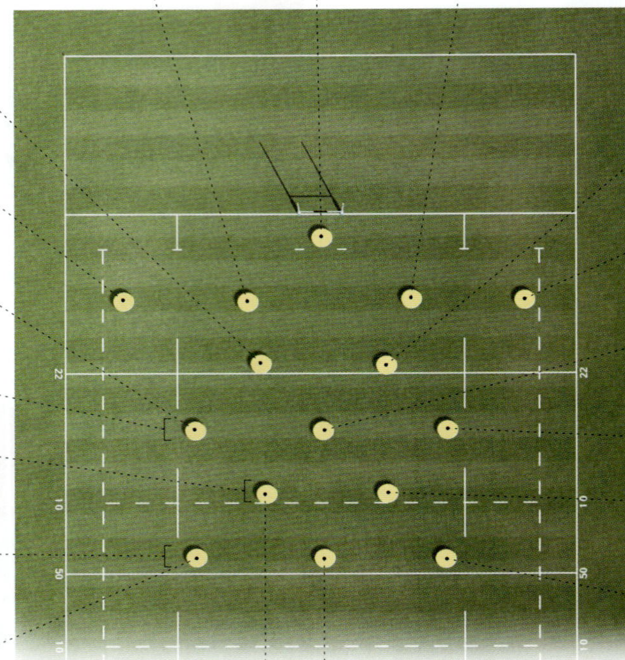

Rugby[N]-Feld[N]
rugby pitch
terrain[M] de rugby[M]
campo[M] de rugby[M]
campo[M] di rugby[M]

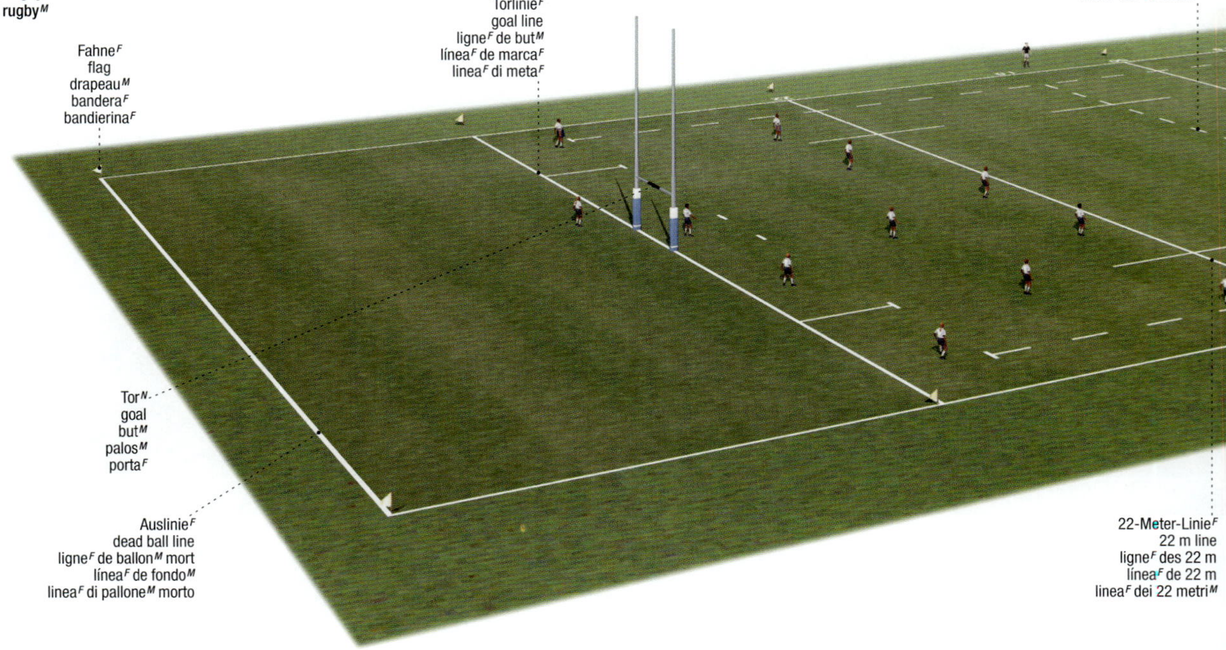

Rugby[N]

Rugbyball[M]
rugby ball
ballon[M] de rugby[M]
balón[M] de rugby[M]
palla[F] ovale

Rugbyspieler[M]
rugby player
rugbyman[M]
jugador[M] de rugby[M]
giocatore[M]

Trikot[N]
jersey
maillot[M]
camiseta[F]
maglia[F]

kurze Hose[F]
shorts
short[M]
pantalones[M] cortos
pantaloncini[M]

Socke[F]
sock
chaussette[F] haute
calcetín[M]
gambaletto[M]

Schuh[M] mit Stoßplatten[F]
cleated shoe
chaussure[F] à crampons[M]
zapato[M] con tacos[M]
scarpa[F] con tacchetti[M]

Gedränge[N]
ruck
mêlée[F] spontanée
melé[F] espontánea
mischia[F] spontanea

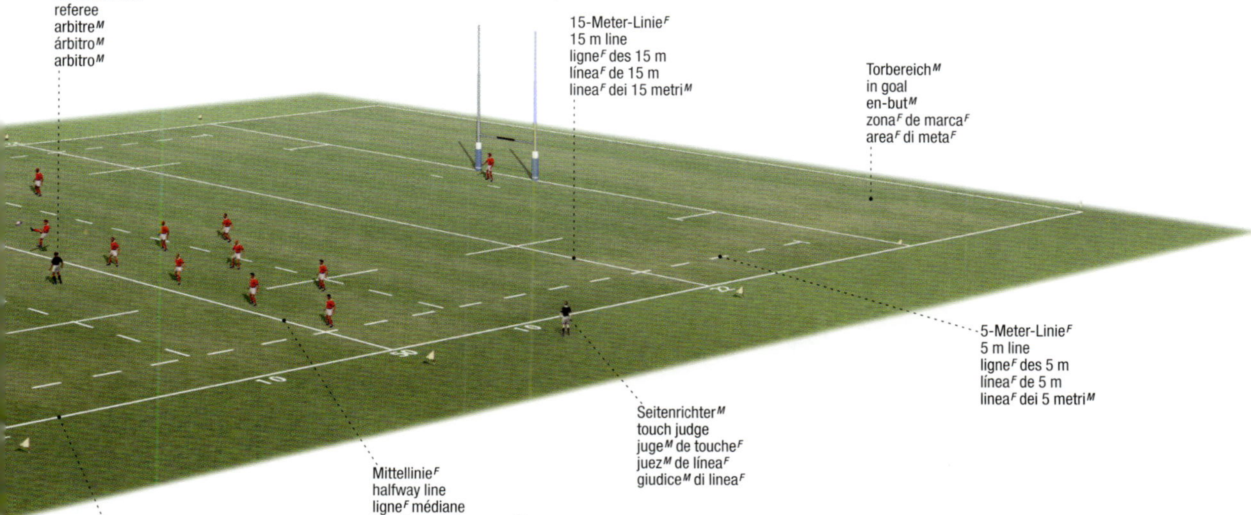

Schiedsrichter[M]
referee
arbitre[M]
árbitro[M]
arbitro[M]

15-Meter-Linie[F]
15 m line
ligne[F] des 15 m
línea[F] de 15 m
linea[F] dei 15 metri[M]

Torbereich[M]
in goal
en-but[M]
zona[F] de marca[F]
area[F] di meta[F]

5-Meter-Linie[F]
5 m line
ligne[F] des 5 m
línea[F] de 5 m
linea[F] dei 5 metri[M]

Seitenrichter[M]
touch judge
juge[M] de touche[F]
juez[M] de línea[F]
giudice[M] di linea[F]

Mittellinie[F]
halfway line
ligne[F] médiane
línea[F] de medio campo[M]
linea[F] di metà[F] campo[M]

Seitenlinie[F]
touchline
ligne[F] de touche[F]
línea[F] de «touche»[F]
linea[F] di uscita[F] laterale

American Football[M]

American football | football[M] américain | fútbol[M] americano | football[M] americano

Gedränge[N]: Verteidigung[F]
scrimmage: defence
mêlée[F] : défense[F]
melé[F]: defensa[F]
mischia[F]: difesa[F]

rechter Defensive End[M]
right defensive end
ailier[M] défensif droit
ala[M] defensivo derecho
difensore[M] ala[F] destra

rechter Corner Back[M]
right cornerback
demi[M] de coin[M] droit
esquinero[M] derecho
terzino[M] di destra

rechter äußerer Linebacker[M]
right outside linebacker
secondeur[M] extérieur droit
defensa[M] exterior derecho
difensore[M] di seconda linea[F] esterno destro

rechter Defensive Tackle[M]
right defensive tackle
plaqueur[M] droit
tackle[M] defensivo derecho
placcatore[M] destro

Free Safety[F]
free safety
demi[M] de sûreté[F] droit
profundo[M] libre
free safety[M]

linker Defensive Tackle[M]
left defensive tackle
plaqueur[M] gauche
tackle[M] defensivo izquierdo
placcatore[M] sinistro

mittlerer Linebacker[M]
middle linebacker
secondeur[M] intérieur
apoyador[M]
linebacker[M] centrale

linker äußerer Linebacker[M]
left outside linebacker
secondeur[M] extérieur gauche
apoyador[M] exterior izquierdo
difensore[M] di seconda linea[F] esterno[M] sinistro

linker Defensive End[M]
left defensive end
ailier[M] défensif gauche
ala[M] defensivo izquierdo
difensore[M] ala[F] sinistra

neutrale Zone[F]
neutral zone
zone[F] neutre
zona[F] neutral
zona[F] neutra

linker Corner Back[M]
left cornerback
demi[M] de coin[M] gauche
esquinero[M] izquierdo
terzino[M] di sinistra

Strong Safety[F]
strong safety
demi[M] de sûreté[F] gauche
profundo[M] fuerte
strong safety[M]

American-Football[M]-Spielfeld[N]
American football field
terrain[M] de football[M] américain
campo[M] de fútbol[M] americano
campo[M] di football[M] americano

Inbound-Linie[F]
inbound line
trait[M] de mise[F] au jeu[M]
línea[F] límite[M] de inicio[M] de jugada[F]
linea[F] di messa[F] in gioco[M]

Torlinie[F]
goal line
ligne[F] de but[M]
línea[F] de gol[M]
linea[F] di meta[F]

Mittellinie[F]
centre line
ligne[F] de centre[M]
línea[F] media
linea[F] di centrocampo[M]

Endzone[F]
end zone
zone[F] de but[M]
zona[F] de anotación[F]
area[F] di meta[F]

Endlinie[F]
end line
ligne[F] de fond[M]
línea[F] de fondo[M]
linea[F] di fondo[M]

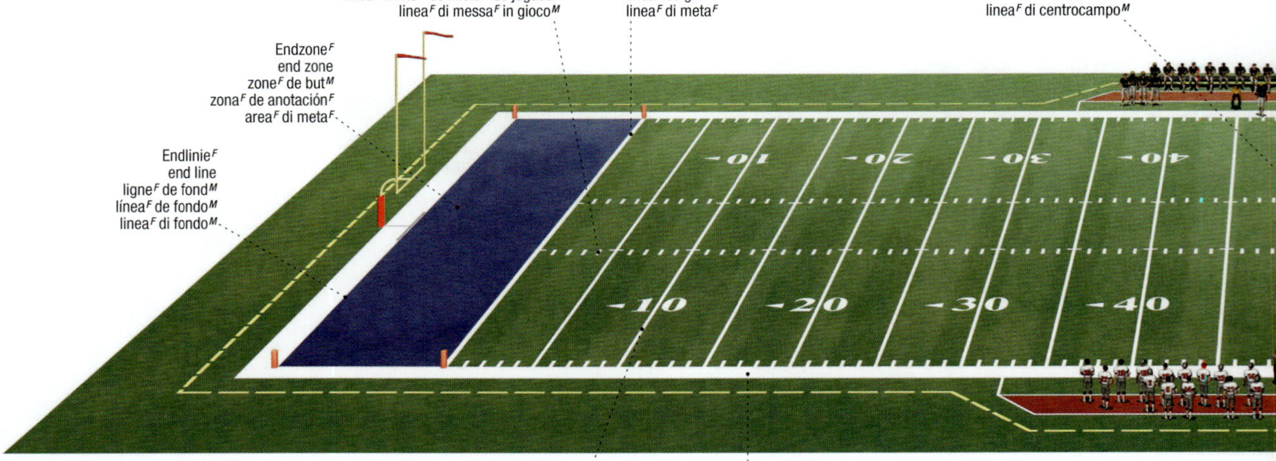

Yardlinie[F]
yard line
ligne[F] des verges[F]
línea[F] yardas[F]
linea[F] delle yards[F]

Seitenlinie[F]
sideline
ligne[F] de touche[F]
banda[F]
linea[F] laterale

American Football[M]

Gedränge[N]: Angriff[M]
scrimmage: offence
mêlée[F]: attaque[F]
melé[F]: ataque[M]
mischia[F]: attacco[M]

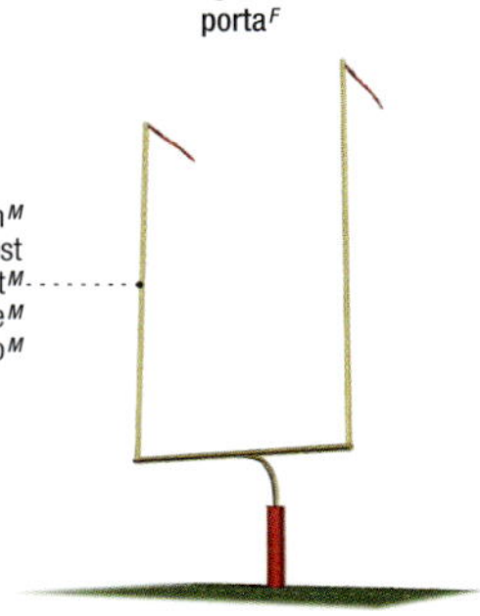

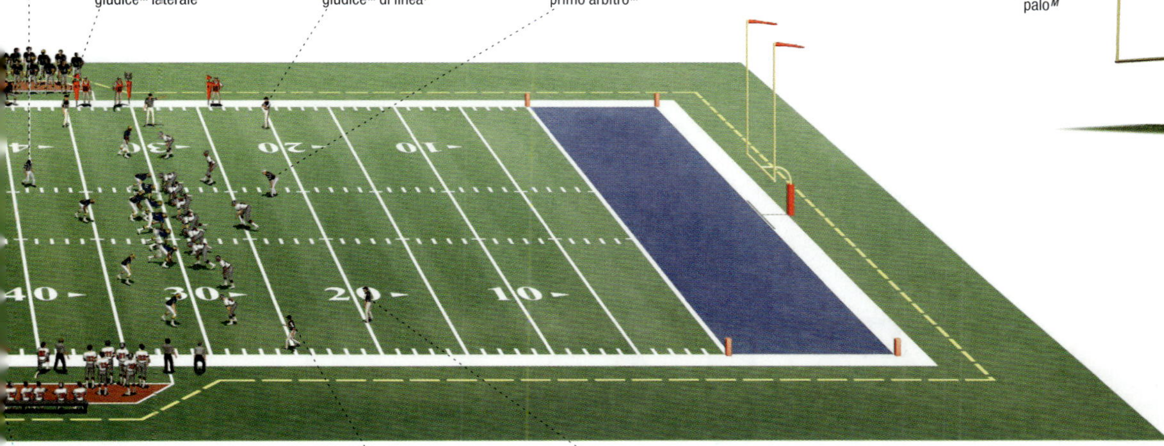

American Football[M]

Footballspieler[M]
American football player
footballeur[M]
jugador[M]
giocatore[M]

Schutzhelm[M]
helmet
casque[M]
casco[M]
casco[M]

Kinnriemen[M]
chin strap
jugulaire[F]
correa[F] de barbilla[F]
sottogola[M]

Gesichtsmaske[F]
face mask
masque[M]
máscara[F]
maschera[F]

Spielernummer[F]
player's number
numéro[M] du joueur[M]
pectoral[M]
numero[M] del giocatore[M]

Trikot[N]
jersey
maillot[M]
camiseta[F]
maglietta[F]

Handgelenkpolster[N]
wristband
bracelet[M]
muñequera[F]
polsino[M]

Hose[F]
trousers
pantalon[M]
pantalón[M]
pantaloni[M]

Oberschenkelpolster[N]
thigh pad
cuissard[M]
muslera[F]
paracosce[M]

Kniepolster[N]
knee pad
genouillère[F]
rodillera[F]
ginocchiera[F]

Socke[F]
sock
chaussette[F]
media[F]
calzettone[M]

Schuh[M] mit Stoßplatten[F]
cleated shoe
chaussure[F] à crampons[M]
zapato[M] con tacos[M]
scarpa[F] con tacchetti[M]

Schutzausrüstung[F]
protective equipment
équipement[M] de protection[F]
equipo[M] de protección[F]
equipaggiamento[M] protettivo

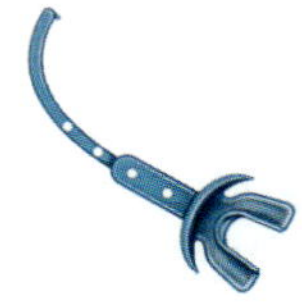

Mundschutz[M]
mouth guard
protège-dents[M]
protector[M] bucal
paradenti[M]

Nackenschutz[M]
neck pad
protège-cou[M]
protector[M] de cuello[M]
paracollo[M]

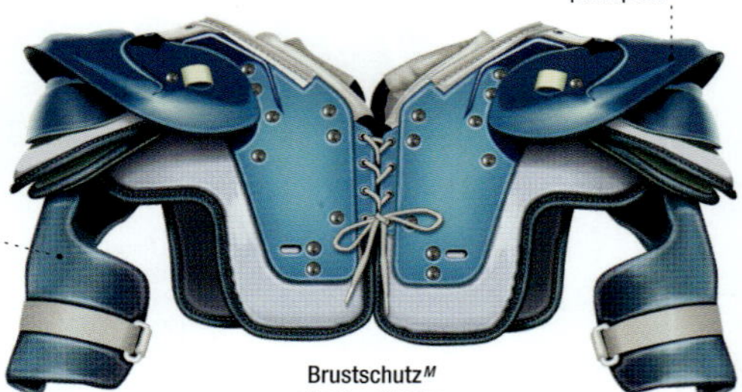

Schulterpolster[N]
shoulder pad
épaulière[F]
hombrera[F]
paraspalle[M]

Armschützer[M]
arm guard
brassard[M]
protector[M] del brazo[M]
parabraccia[M]

Brustschutz[M]
chest protector
plastron[M]
peto[M]
armatura[F] protettiva del tronco[M]

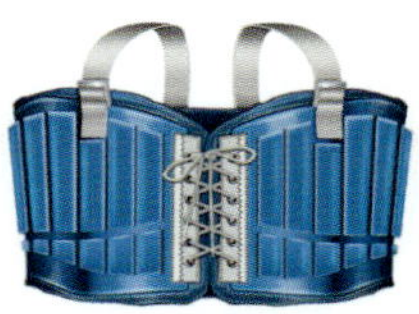

Rippenpolster[N]
rib pad
protège-côtes[M]
protector[M] para las costillas[F]
paracostole[M]

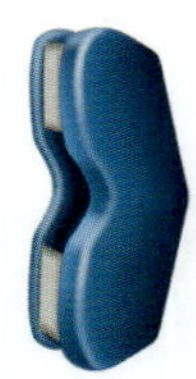

Ellbogenpolster[N]
elbow pad
coudière[F]
codera[F]
paragomito[M]

Football[M]
football
ballon[M] de football[M]
balón[M] de fútbol[M] americano
palla[F] ovale

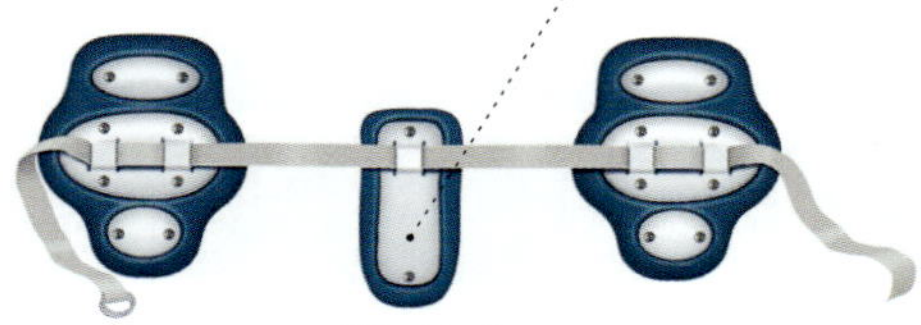

Lendenpolster[N]
lumbar pad
protecteur[M] lombaire
protector[M] lumbar
paracoccige[M]

Hüftpolster[N]
hip pad
protège-hanche[M]
riñonera[F]
parafianchi[M]

Armschutz[M]
forearm pad
protecteur[M] d'avant-bras[M]
protector[M] de antebrazo[M]
protezione[F] per l'avambraccio[M]

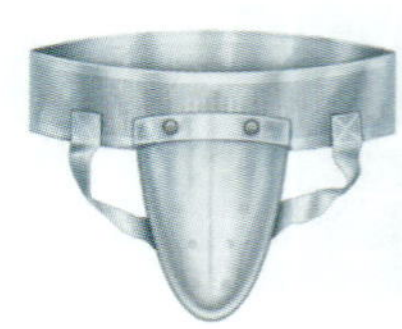

Suspensorium[N]
protective cup
coquille[F]
coquilla[F]
conchiglia[F] di protezione[F]

kanadischer Football[M]

Canadian football | football[M] canadien | fútbol[M] canadiense | football[M] canadese

Spielfeld[N] für kanadischen Football[M]
Canadian football field
terrain[M] de football[M] canadien
campo[M] de fútbol[M] canadiense
campo[M] di football[M] canadese

Mittellinie[F]
centre line
ligne[F] de centre[M]
línea[F] de centro[M]
linea[F] di centrocampo[M]

Torlinie[F]
goal line
ligne[F] de but[M]
línea de meta[F]
linea[F] di meta[F]

Endzone[F]
end zone
zone[F] de but[M]
zona[F] de fondo[M]
area[F] di meta[F]

Spielerbank[F]
players' bench
banc[M] des joueurs[M]
banquillo[M] de los jugadores[M]
panchina[F] dei giocatori[M]

Tor[N]
goal
but[M]
gol[M]
porta[F]

Korbball[M]

netball | netball[M] | netball[M] | netball[M]

Korbball[M]-Platz[M]
netball court
terrain[M] de netball[M]
campo[M] de netball[M]
campo[M] di netball[M]

Korbanlage[F]
goal
but[M]
gol[M]
porta[F]

Korbring[M]
ring
anneau[M]
aro[M]
anello[M]

Korbpfosten[M]
goalpost
poteau[M] de but[M]
poste[M] de canasta[F]
palo[M] con canestro[M]

Torschütze[M]
goal shooter
tireur[M] au but[M]
tiradora[F]
tiratore[M]

Torwart[M]
goalkeeper
gardien[M] de but[M]
portero[M]
portiere[M]

Torkreis[M]
goal circle
demi-cercle[M] de but[M]
círculo[M] de canasta[F]
cerchio[M] di tiro[M]

Flügelangreifer[M]
wing attack
attaquant[M] à l'aile[F]
alero[M]
ala[F] attaccante[M]

Schiedsrichter[M]
umpire
arbitre[M]
juez[M]
arbitro[M]

Torverteidiger[M]
goal defence
défenseur[M] au but[M]
defensa[F]
difensore[M] di canestro[M]

Tordrittel[N]
goal third
zone[F] de but[M]
zona[F] ofensiva
zona[F] di sottocanestro[M]

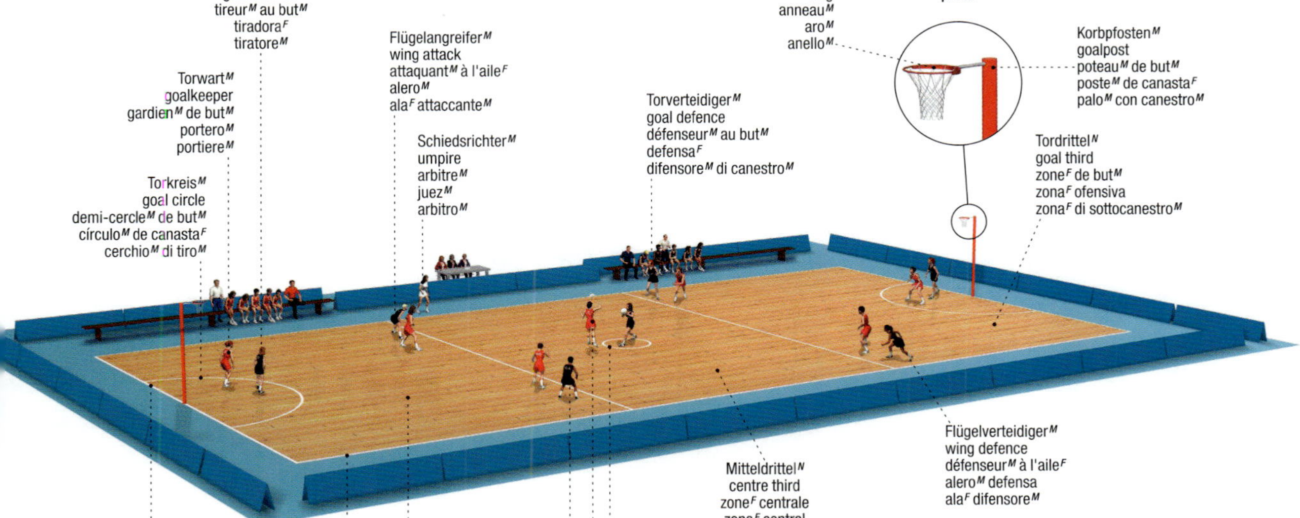

Flügelverteidiger[M]
wing defence
défenseur[M] à l'aile[F]
alero[M] defensa
ala[F] difensore[M]

Mitteldrittel[N]
centre third
zone[F] centrale
zona[F] central
zona[F] centrale

Korblinie[F]
back line
ligne[F] arrière
línea[F] de meta[F]
linea[F] di fondo[M]

Mittelkreis[M]
central circle
cercle[M] central
círculo[M] central
cerchio[M] di centrocampo[M]

Seitenlinie[F]
sideline
ligne[F] de touche[F]
banda[F]
linea[F] laterale

Mittelfeldspieler[M]
centre
centre[M]
centro[M]
centrale[M]

Verteidigungsdrittel[N]
defence third
zone[F] de défense[F]
zona[F] defensiva
zona[F] di canestro[M]

Torangreifer[M]
goal attack
attaquant[M] au but[M]
atacante[M]
attaccante[M] di canestro[M]

Korbball[M]
netball
ballon[M] de netball[M]
balón[M]
pallone[M]

Basketballspiel^{N}

basketball | basketball^{M} | baloncesto^{M} | pallacanestro^{F}

Basketballspieler^{M}
basketball player
joueur^{M} de basketball^{M}
jugador^{M} de baloncesto^{M}
giocatore^{M}

Basketballplatz^{M}
basketball court
terrain^{M} de basketball^{M}
cancha^{F} de baloncesto^{M}
campo^{M} di pallacanestro^{F}

Basketballspiel^{N}

Spielerpositionen^{F}
player positions
position^{F} des joueurs^{M}
posiciones^{F} de los jugadores^{M}
posizioni^{F} dei giocatori^{M}

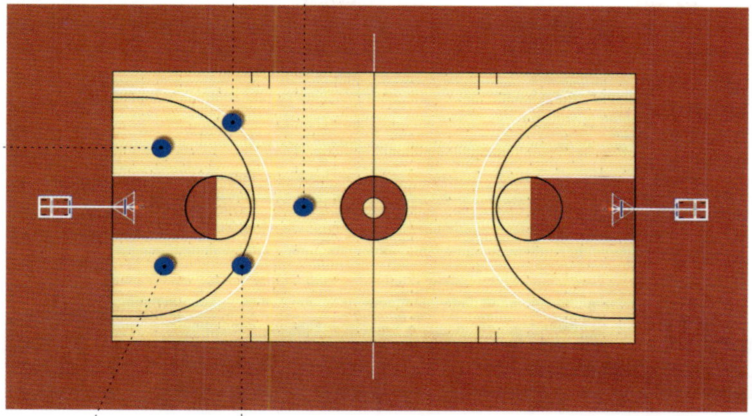

Korbanlage^{F}
backstop
but^{M}
canasta^{F}
canestro^{M}

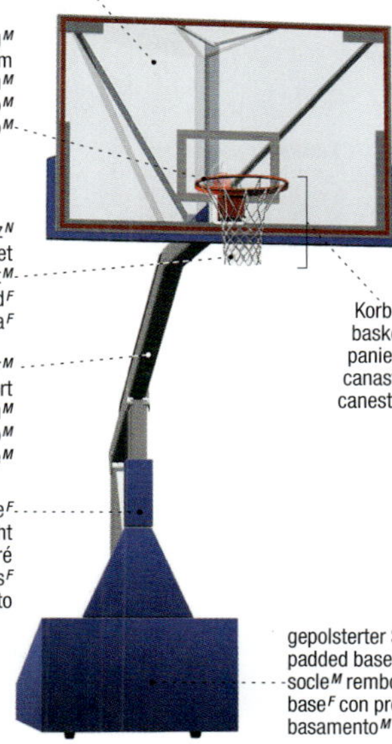

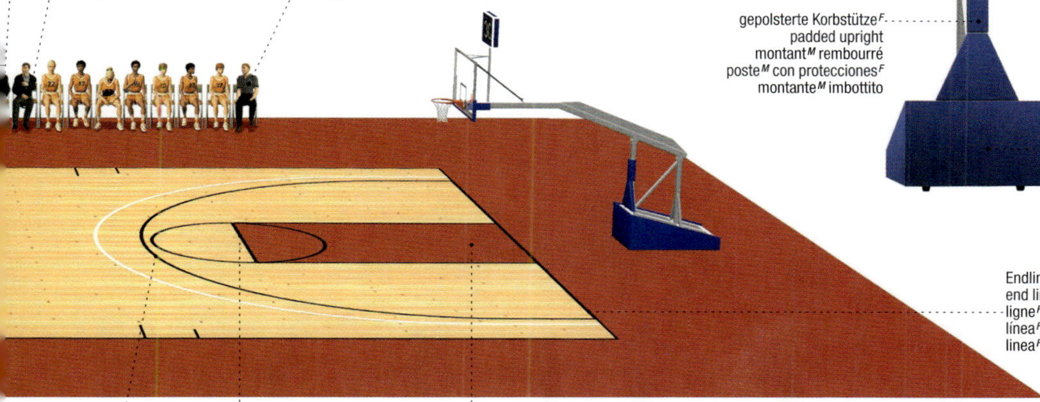

Volleyballspiel[N]

volleyball | volleyball[M] | voleibol[M] | pallavolo[F]

Volleyball[M]-Platz[M]
volleyball court
terrain[M] de volleyball[M]
cancha[F] de voleibol[M]
campo[M] di pallavolo[F]

zweiter Schiedsrichter[M]
umpire
second arbitre[M]
segundo árbitro[M]
secondo arbitro[M]

linker Außenangreifer[M]
left attacker
attaquant[M] gauche
delantero[M] izquierdo
attaccante[M] sinistro

Endlinie[F]
end line
ligne[F] de fond[M]
línea[F] de fondo[M]
linea[F] di fondo[M]

Libero[M]
libero
libero[M]
líbero[M]
libero[M]

linker Abwehrspieler[M]
left back
arrière[M] gauche
zaguero[M] izquierdo
difensore[M] sinistro

Netzkante[F]
white tape
bande[F] blanche
banda[F] blanca
nastro[M] bianco

Freiraum[M]
clear space
zone[F] libre
zona[F] libre
zona[F] libera

Anschreiber[M]
scorer
marqueur[M]
anotador[M]
segnapunti[M]

Antenne[F]
antenna
antenne[F]
antena[F]
antenna[F]

Linienrichter[M]
linesman
juge[M] de ligne[F]
juez[M] de línea[F]
giudice[M] di linea[F]

Spielerbank[F]
players' bench
banc[M] des joueurs[M]
banquillo[M] de jugadores[M]
panchina[F] dei giocatori[M]

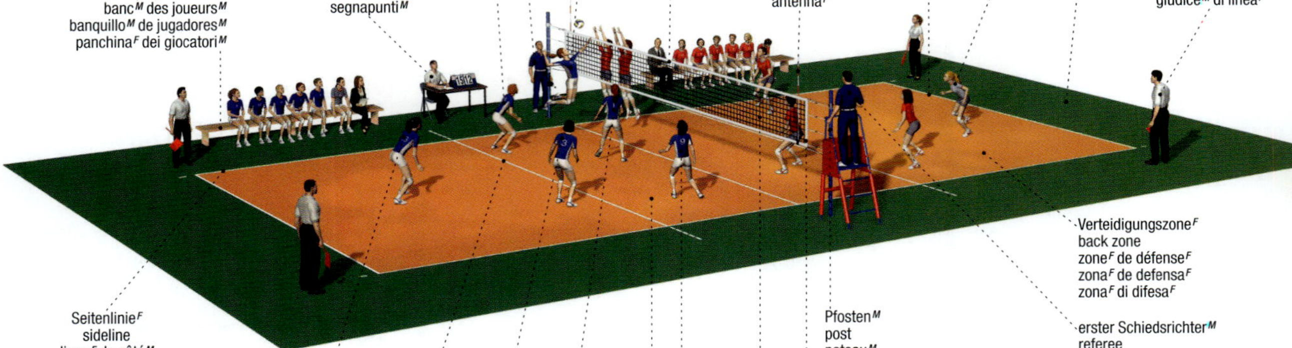

Verteidigungszone[F]
back zone
zone[F] de défense[F]
zona[F] de defensa[F]
zona[F] di difesa[F]

Seitenlinie[F]
sideline
ligne[F] de côté[M]
banda[F]
linea[F] laterale

Pfosten[M]
post
poteau[M]
poste[M]
palo[M]

erster Schiedsrichter[M]
referee
premier arbitre[M]
primer árbitro[M]
primo arbitro[M]

mittlerer Abwehrspieler[M]
middle back
arrière[M] centre
zaguero[M] medio
difensore[M] centrale

vertikales Seitenband[N]
vertical side band
bande[F] verticale de côté[M]
banda[F] lateral de la red[F]
nastro[M] verticale laterale

Angriffslinie[F]
attack line
ligne[F] d'attaque[F]
línea[F] de ataque[M]
linea[F] di attacco[M]

Netz[N]
net
filet[M]
red[F]
rete[F]

rechter Abwehrspieler[M]
right back
arrière[M] droit
zaguero[M] derecho
difensore[M] destro

rechter Außenangreifer[M]
right attacker
attaquant[M] droit
delantero[M] derecho
alzatore[M] destro

Mittelangreifer[M]
middle attacker
attaquant[M] central
delantero[M] medio
attaccante[M] centrale

Angriffszone[F]
attack zone
zone[F] d'attaque[F]
zona[F] de ataque[M]
zona[F] di attacco[M]

Volleyball[M]
volleyball
ballon[M] de volleyball[M]
pelota[F] de voleibol[M]
pallone[M]

Techniken[F]
techniques
techniques[F]
técnicas[F]
tecniche[F]

Hechtabwehr[F]
dig
récupération[F]
plancha[F]
tuffo[M]

baggern
bump
manchette[F]
rebote[M]
bagher[M]

Aufschlag[M]
serve
service[M]
saque[M]
servizio[M]

Volleyballspiel^N

Beachvolleyball^M-Platz^M
beach volleyball court
terrain^M de volleyball^M de plage^F
pista^F voley^M playa^M
campo^M di beach volley^M

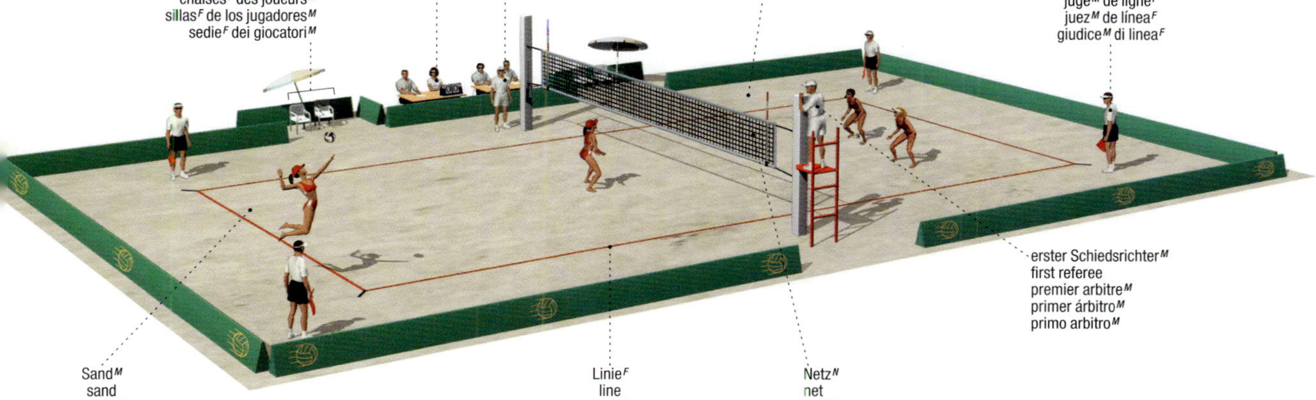

Beachvolleyball^M
beach volleyball
ballon^M de volleyball^M de plage^F
voley^M playa^M
pallone^M

Techniken^F

pritschen
tip
touche^F
toque^M
palleggio^M

Schmetterball^M
spike
smash^M
remate^M
schiacciata^F

blocken
block
contre^M
tapón^M
muro^M

Handball[M]

handball | handball[M] | balonmano[M] | pallamano[F]

Spielerpositionen[F]
player positions
position[F] des joueurs[M]
posición[F] de los jugadores[F]
posizioni[F] dei giocatori[M]

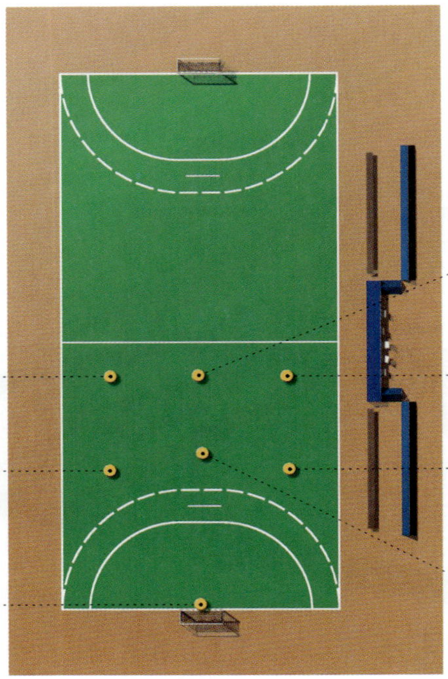

Handball[M]
handball
ballon[M] de handball[M]
balón[M] de balonmano[M]
pallone[M]

Handballplatz[M]
handball court
terrain[M] de handball[M]
cancha[F] de balonmano[M]
campo[M] di pallamano[F]

Tischtennis^{N}

table tennis | tennis^{M} de table^{F} | tenis^{M} de mesa^{F} | tennis^{M} da tavolo^{M}

Tischtennistisch^{M}
tennis table
table^{F} de tennis^{M}
mesa^{F} de tenis^{M}
tennis^{M} da tavolo^{M}

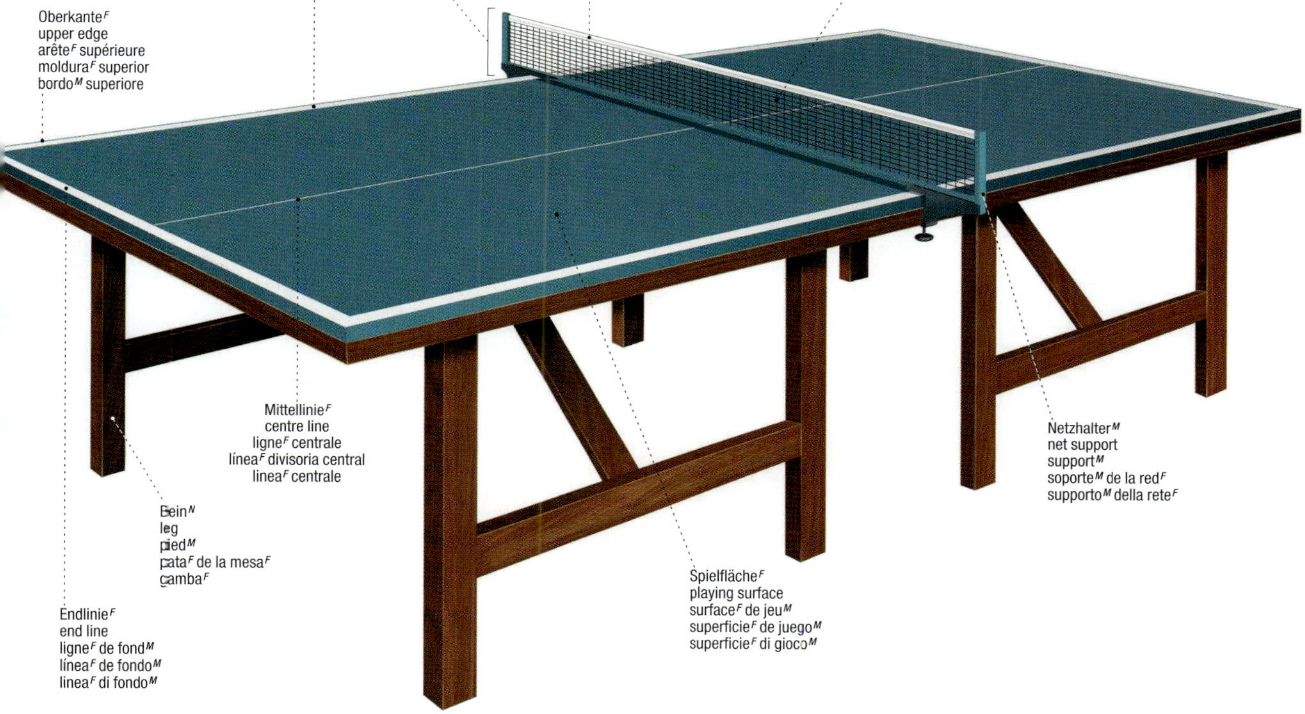

Seitenlinie^{F}
side line
ligne^{F} latérale
línea^{F} de banda^{F}
linea^{F} laterale

Netz^{N}
net
filet^{M}
red^{F}
rete^{F}

weißes Band^{N}
white tape
ruban^{M} blanc
cinta^{F}
nastro^{M} bianco

Maschen^{F}
mesh
maille^{F}
malla^{F}
maglia^{F}

Oberkante^{F}
upper edge
arête^{F} supérieure
moldura^{F} superior
bordo^{M} superiore

Mittellinie^{F}
centre line
ligne^{F} centrale
línea^{F} divisoria central
linea^{F} centrale

Netzhalter^{M}
net support
support^{M}
soporte^{M} de la red^{F}
supporto^{M} della rete^{F}

Bein^{N}
leg
pied^{M}
pata^{F} de la mesa^{F}
gamba^{F}

Spielfläche^{F}
playing surface
surface^{F} de jeu^{M}
superficie^{F} de juego^{M}
superficie^{F} di gioco^{M}

Endlinie^{F}
end line
ligne^{F} de fond^{M}
línea^{F} de fondo^{M}
linea^{F} di fondo^{M}

Tischtennisschläger^{M}
table tennis bat
raquette^{F} de tennis^{M} de table^{F}
pala^{F}
racchetta^{F}

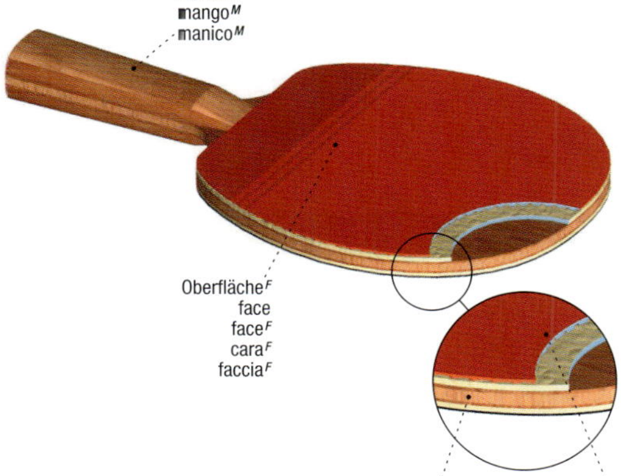

Griff^{M}
handle
manche^{M}
mango^{M}
manico^{M}

Oberfläche^{F}
face
face^{F}
cara^{F}
faccia^{F}

Blatt^{N}
blade
palette^{F}
paleta^{F}
fusto^{M}

Beschichtung^{F}
covering
revêtement^{M}
revestimiento^{M}
rivestimento^{M}

Tischtennisball^{M}
table tennis ball
balle^{F} de tennis^{M} de table^{F}
pelota^{F}
pallina^{F}

Grifftechniken^{F}
types of grip
types^{M} de prises^{F}
formas^{F} de agarrar la paleta^{F}
tipi^{M} di impugnatura^{F}

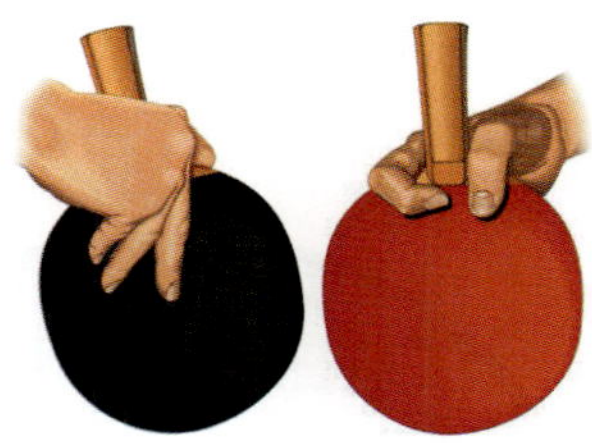

Penholdergriff^{M}
penholder grip
prise^{F} porte-plume^{M}
oriental
impugnatura^{F} a penna^{F}

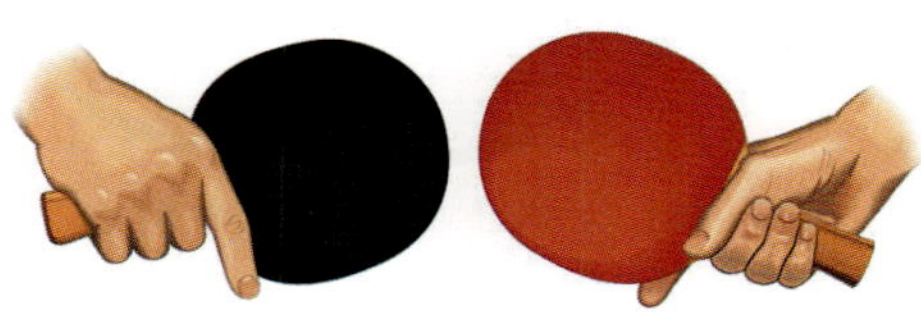

Shake-Hands-Griff^{M}
shake-hands grip
prise^{F} classique
occidental
impugnatura^{F} a stretta^{F} di mano^{F}

Badminton^N

badminton | badminton^M | bádminton^M | gioco^M del volano^M

Badmintonplatz^M
badminton court
terrain^M de badminton^M
cancha^F de bádminton^M
campo^M di badminton^M

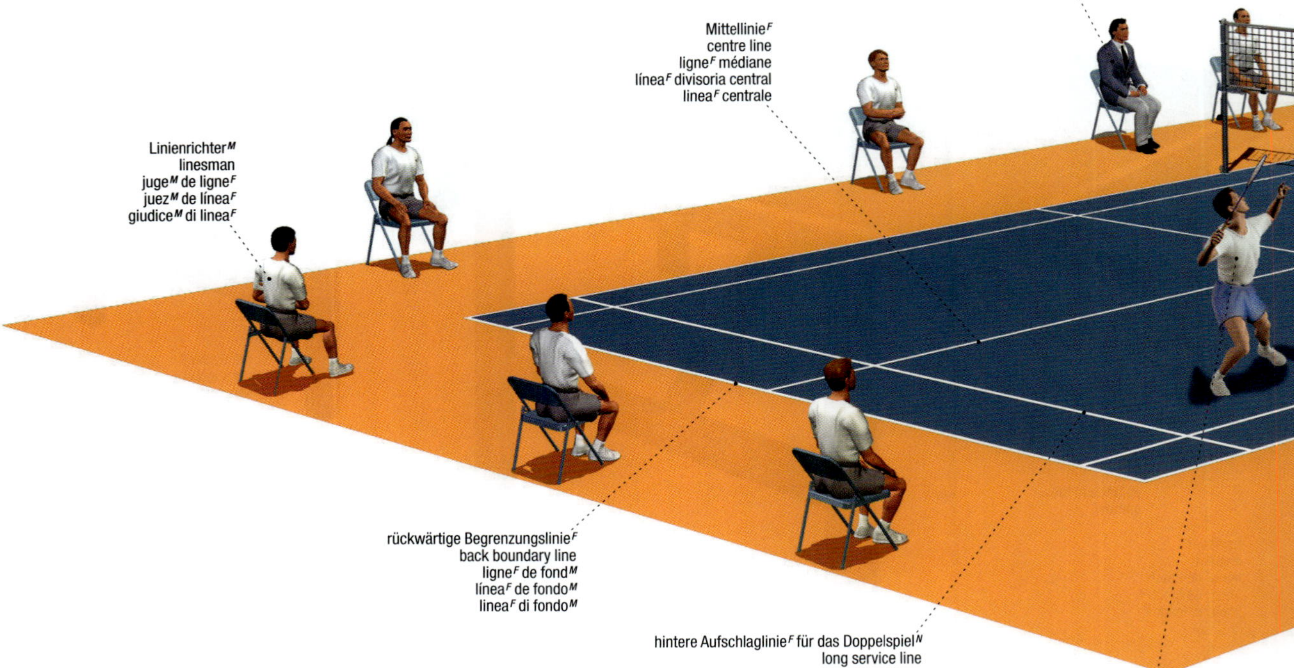

Badmintonschläger^M
badminton racket
raquette^F de badminton^M
raqueta^F de bádminton^M
racchetta^F

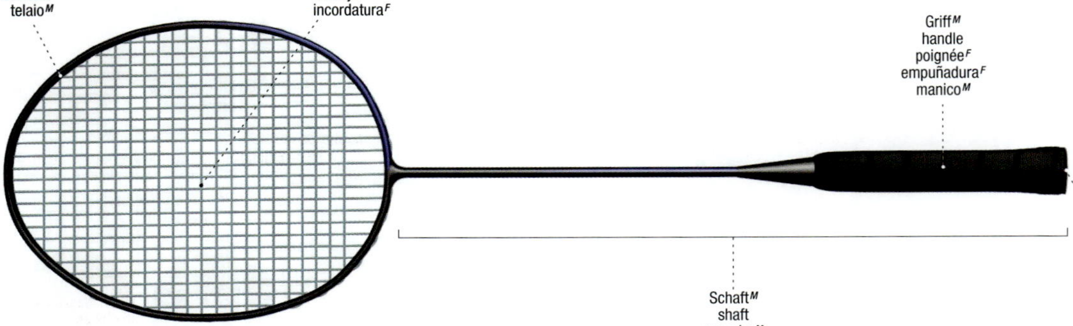

Badminton[N]

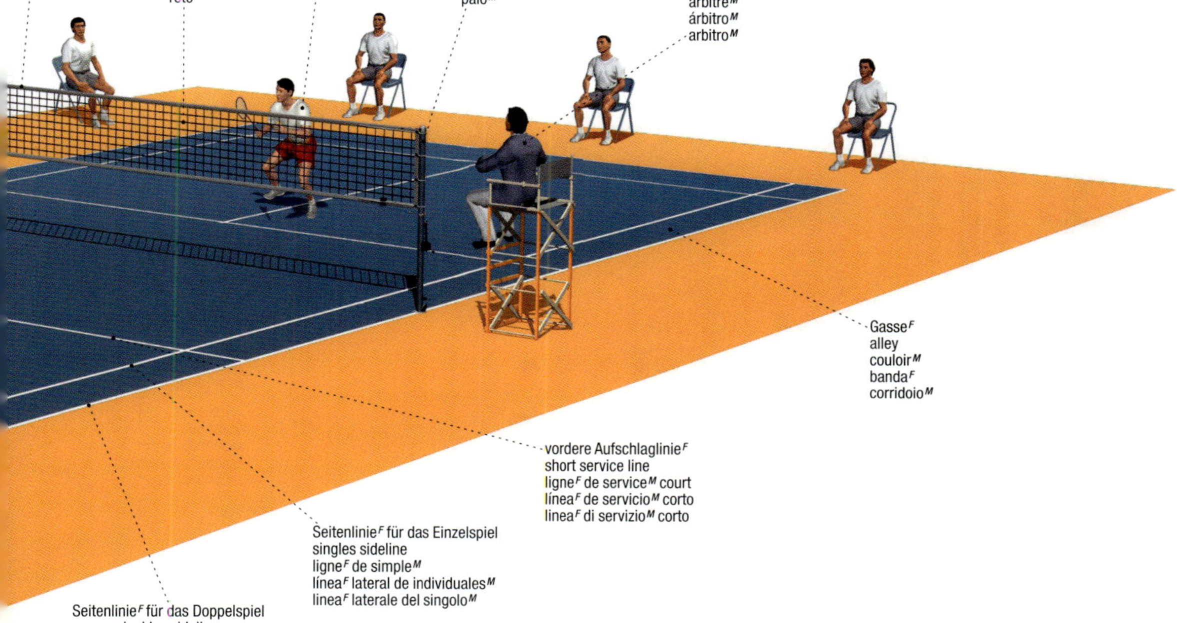

Aufschlagfelder[N]
service zones
zones[F] de service[M]
zona[F] de saque[M]
zone[F] di servizio[M]

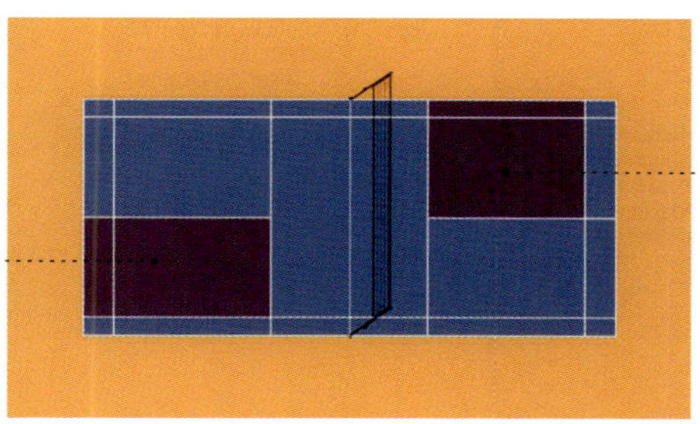

Kunststoff[M]-Federball[M]
synthetic shuttlecock
volant[M] synthétique
volante[M] sintético
volano[M] sintetico

Federball[M]
feathered shuttlecock
volant[M] de plumes[F]
volante[M] de plumas[F]
volano[M] a penne[F] naturali

Racquetballspiel^{N}

racquetball | racquetball^{M} | raquetball^{M} | racquetball^{M}

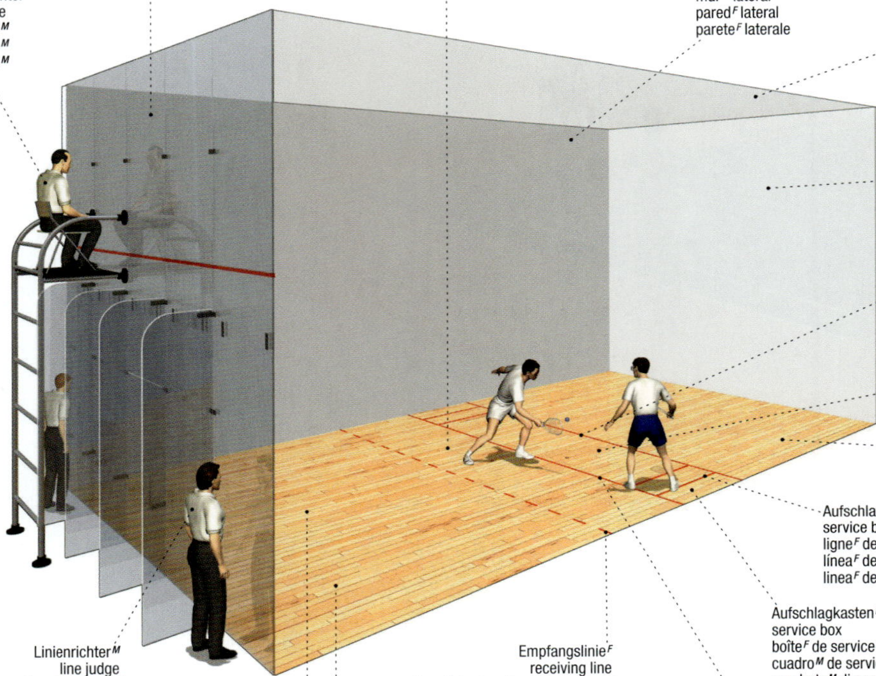

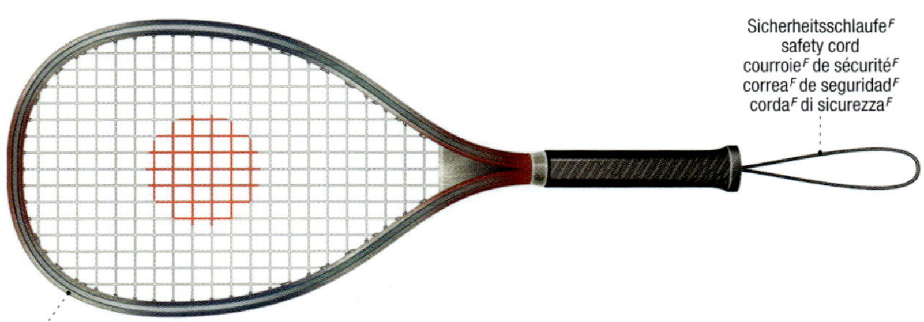

Racquetball^{M}
racquetball
balle^{F} de racquetball^{M}
pelota^{F} de raquetball^{M}
palla^{F}

Schutzbrille^{F}
protective goggles
lunettes^{F} de protection^{F}
gafas^{F} de protección^{F}
occhiali^{M} di protezione^{F}

Squash[N]

squash | squash[M] | squash[M] | squash[M]

Squashcourt[M]
squash court
court[M] de squash[M]
cancha[F] de squash[M]
campo[M] di squash[M]

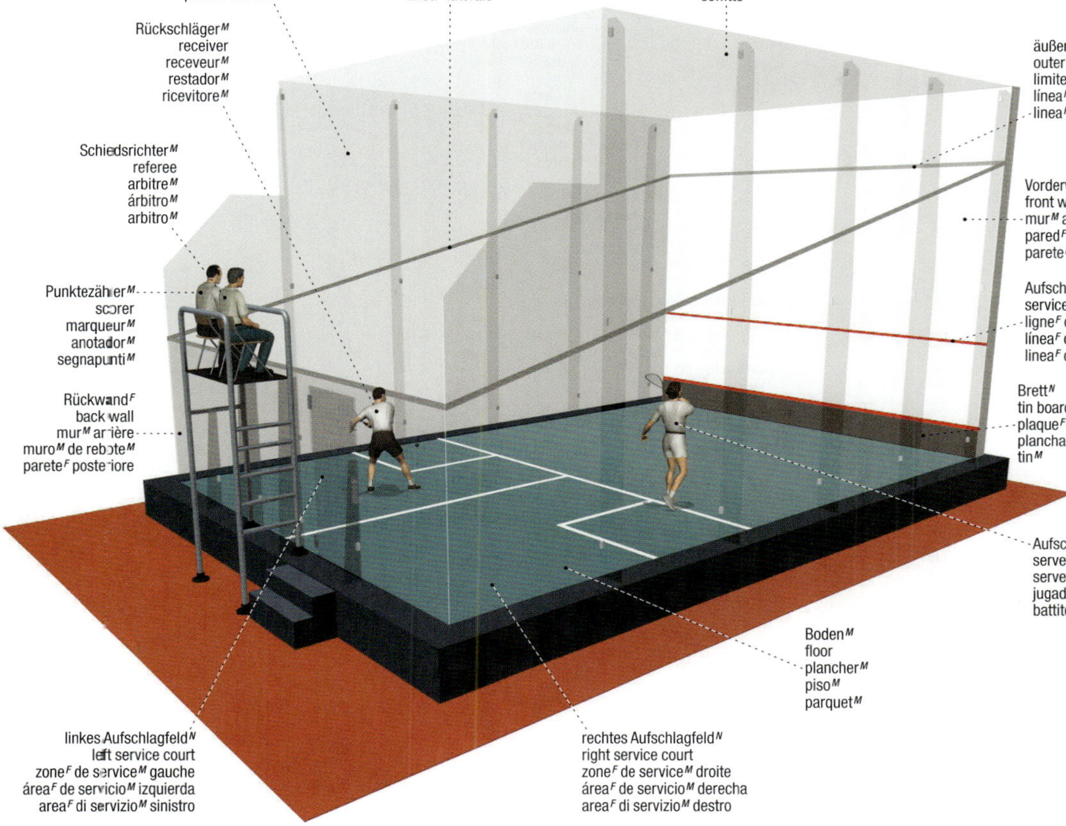

Seitenwand[F]
side wall
mur[M] latéral
pared[F] lateral
parete[F] laterale

Seitenwandlinie[F]
side wall line
ligne[F] latérale
línea[F] lateral
linea[F] laterale

Decke[F]
ceiling
plafond[M]
techo[M]
soffitto[M]

Rückschläger[M]
receiver
receveur[M]
restador[M]
ricevitore[M]

äußere Begrenzungslinie[F]
outer boundary line
limite[F] hors-terrain
línea[F] de fuera[F]
linea[F] di fuoricampo[M]

Schiedsrichter[M]
referee
arbitre[M]
árbitro[M]
arbitro[M]

Vorderwand[F]
front wall
mur[M] avant
pared[F] frontal
parete[F] frontale

Punktezähler[M]
scorer
marqueur[M]
anotador[M]
segnapunti[M]

Aufschlaglinie[F]
service line
ligne[F] de service[M]
línea[F] de servicio[M]
linea[F] di servizio[M]

Rückwand[F]
back wall
mur[M] arrière
muro[M] de rebote[M]
parete[F] posteriore

Brett[N]
tin board
plaque[F] de tôle[F]
plancha[F] de chapa
tin[M]

Aufschläger[M]
server
serveur[M]
jugador[M] de saque[M]
battitore[M]

Boden[M]
floor
plancher[M]
piso[M]
parquet[M]

linkes Aufschlagfeld[N]
left service court
zone[F] de service[M] gauche
área[F] de servicio[M] izquierda
area[F] di servizio[M] sinistro

rechtes Aufschlagfeld[N]
right service court
zone[F] de service[M] droite
área[F] de servicio[M] derecha
area[F] di servizio[M] destro

Spiellinien[F]
game lines
lignes[F] de jeu[M]
líneas[F] de juego[M]
linee[F] di gioco[M]

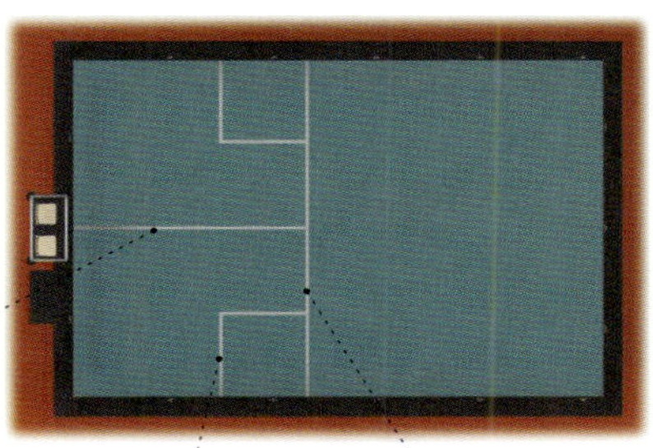

Mittellinie[F]
half-court line
ligne[F] de demi-court[M]
línea[F] de medio campo[M]
linea[F] di metà[F] campo[M]

Angaberaum[M]
service box
carré[M] de service[M]
cuadro[M] de servicio[M]
quadrato[M] di servizio[M]

Shortline[F]
short line
ligne[F] de service[M] court
línea[F] de servicio[M]
linea[F] corta

Squashbälle[M]
squash balls
balles[F] de squash[M]
pelotas[F] de squash[M]
palle[F]

Trainingsball[M]
training ball
balle[F] d'entraînement[M]
pelota[F] de entrenamiento[M]
palla[F] da allenamento[M]

Turnierball[M]
tournament ball
balle[F] de tournoi[M]
pelota[F] de torneo[M]
palla[F] da gara[F]

Squashschläger[M]
squash racket
raquette[F] de squash[M]
raqueta[F] de squash[M]
racchetta[F]

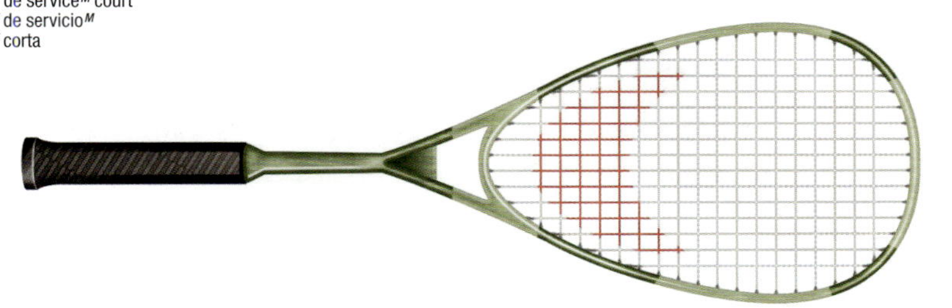

Schutzbrille[F]
protective goggles
lunettes[F] de protection[F]
gafas[F] protectoras
occhiali[M] di protezione[F]

Tennis[N]

tennis | tennis[M] | tenis[M] | tennis[M]

Tennisplatz[M]
tennis court
court[M] de tennis[M]
cancha[F] de tenis[M]
campo[M] da tennis[M]

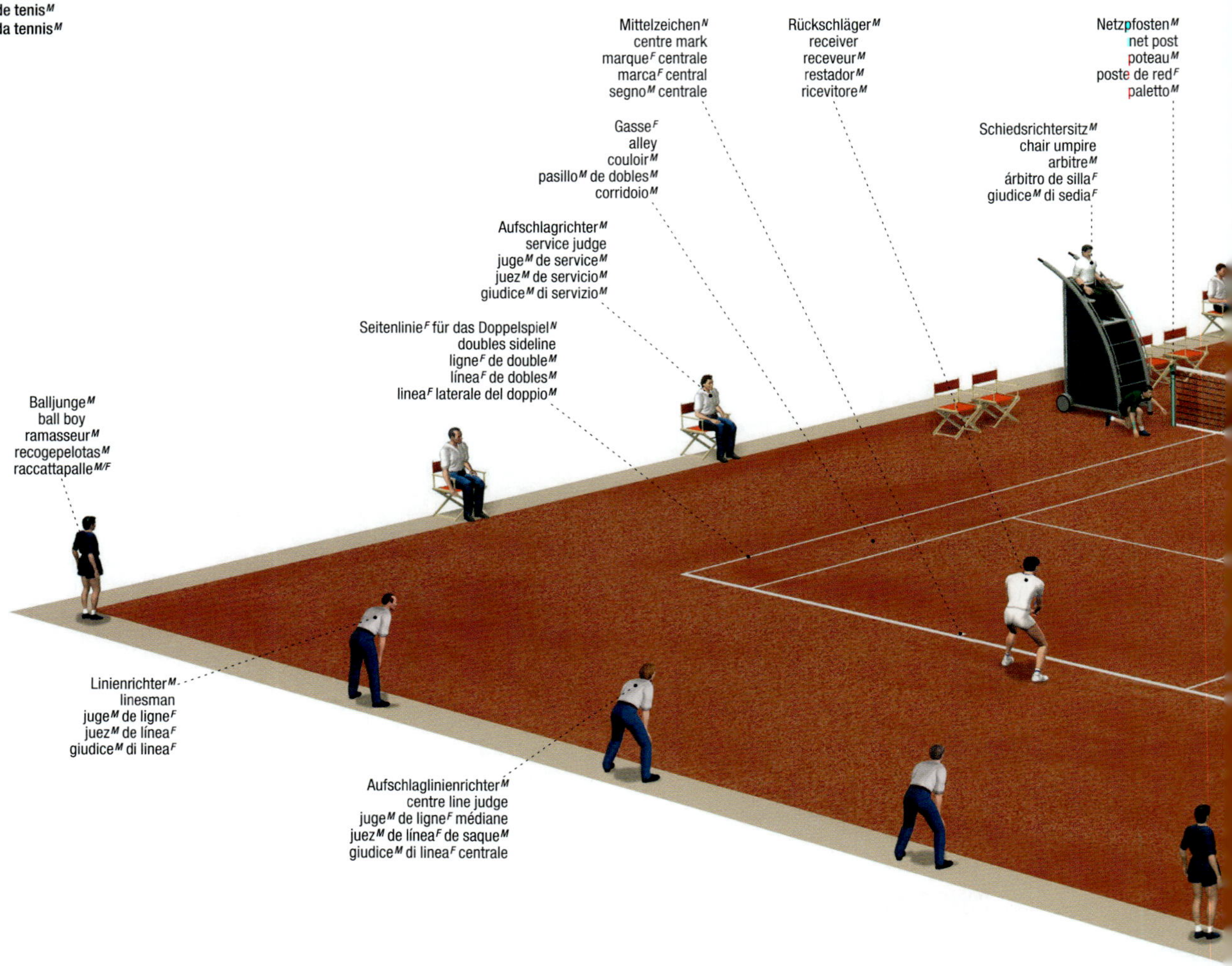

Schläge[M]
strokes
coups[M]
golpes[M]
colpi[M]

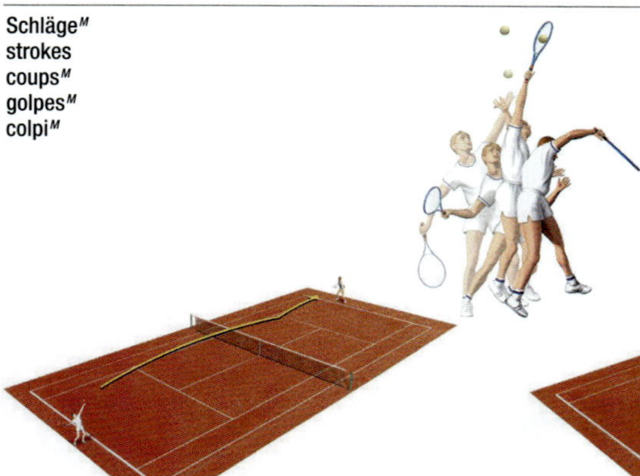

Aufschlag[M]
serve
service[M]
de servicio[M]
servizio[M]

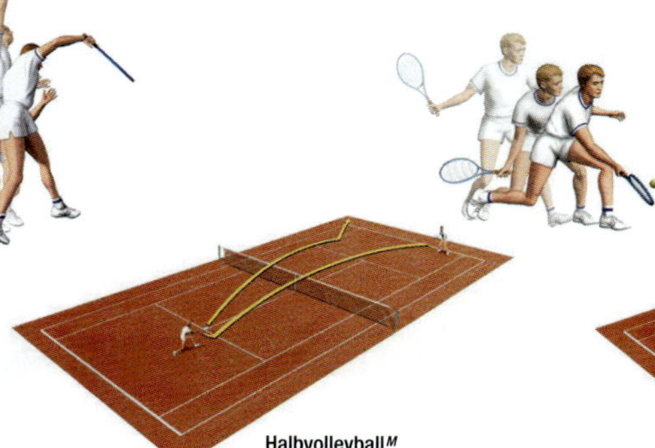

Halbvolleyball[M]
half-volley
demi-volée[F]
media volea[F]
demi-volée[F]

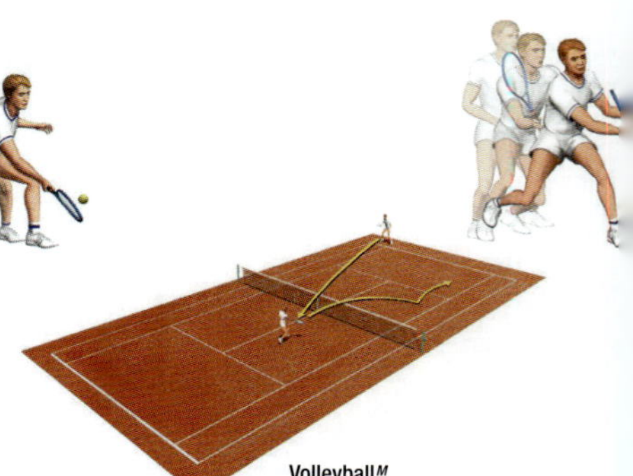

Volleyball[M]
volley
volée[F]
volea[F]
volée[F]

Tennis^N

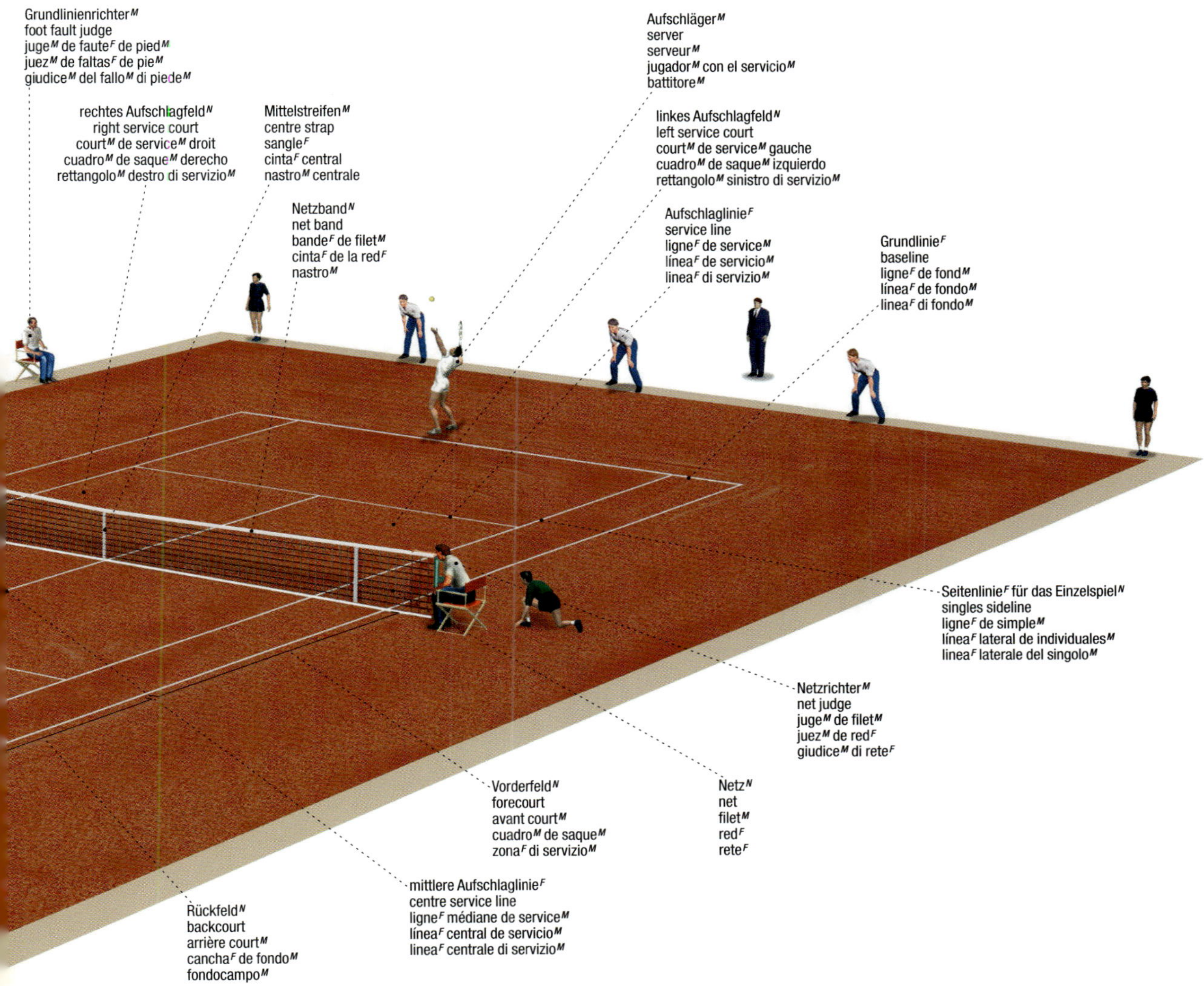

Schläge^M

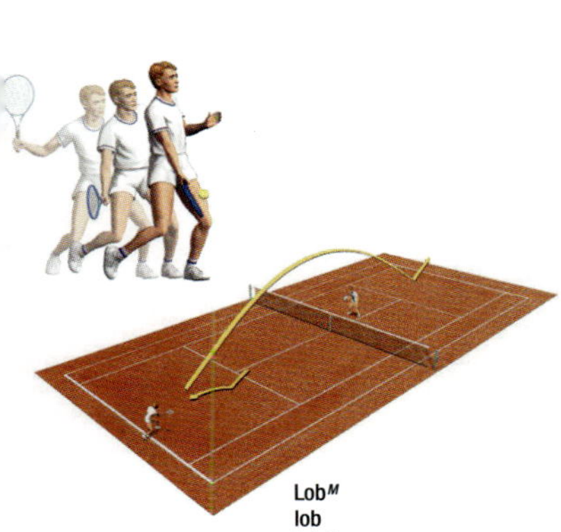

Lob^M
lob
lob^M
globo^M
pallonetto^M

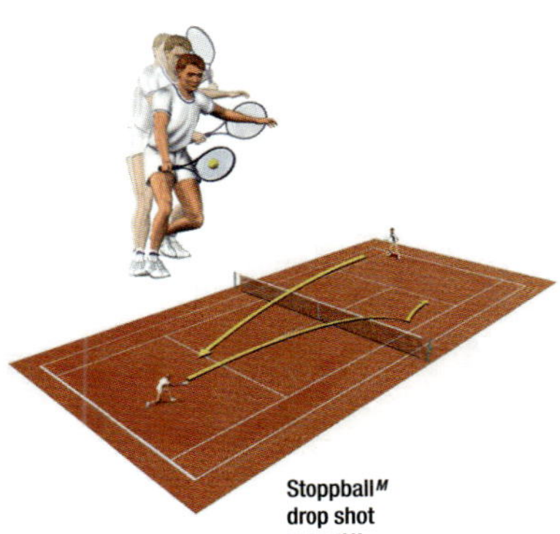

Stoppball^M
drop shot
amorti^M
dejada^F
smorzata^F

Schmetterball^M
smash
smash^M
smash^M
schiacciata^F

Tennis^{N}

Tennisschläger^{M}
tennis racket
raquette^{F} de tennis^{M}
raqueta^{F} de tenis^{M}
racchetta^{F}

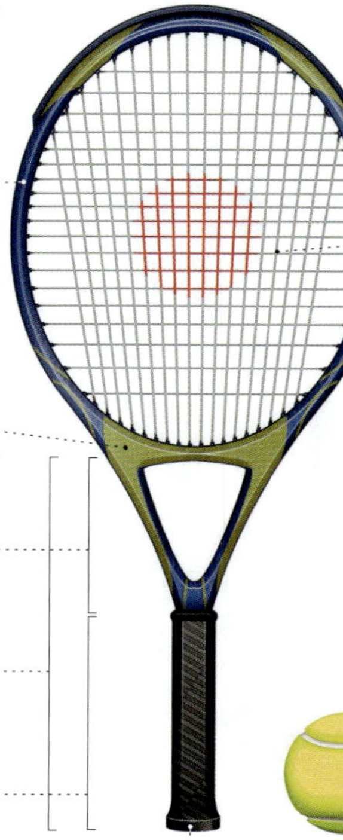

Rahmen^{M}
frame
cadre^{M}
bastidor^{M}
telaio^{M}

Kopf^{M}
head
tête^{F}
cabeza^{F}
testa^{F}

Herz^{N}
shoulder
épaule^{F}
hombro^{M}
spalla^{F}

Hals^{M}
throat
cœur^{M}
garganta^{F}
collo^{M}

Schaft^{M}
shaft
manche^{M}
mango^{M}
fusto^{M}

Griff^{M}
handle
poignée^{F}
empuñadura^{F}
manico^{M}

Knauf^{M}
butt
talon^{M}
puño^{M}
fondello^{M}

Bespannung^{F}
stringing
tamis^{M}
cordaje^{M}
incordatura^{F}

Tennisball^{M}
tennis ball
balle^{F} de tennis^{M}
pelota^{F} de tenis^{M}
palla^{F}

Tennisspielerin^{F}
tennis player
joueuse^{F} de tennis^{M}
tenista$^{M/F}$
tennista$^{M/F}$

Polohemd^{N}
polo shirt
polo^{M}
polo^{M}
polo^{F}

Schweißband^{N}
wristband
serre-poignet^{M}
muñequera^{F}
polsino^{M}

Rock^{M}
skirt
jupette^{F}
falda^{M}
gonnellino^{M}

Socke^{F}
sock
chaussette^{F}
calcetín^{M}
calzino^{M}

Tennisschuh^{M}
tennis shoe
chaussure^{F} de tennis^{M}
zapatilla^{F} de tenis^{M}
scarpa^{F} da tennis^{M}

Anzeigetafel^{F}
scoreboard
tableau^{M} d'affichage^{M}
marcador^{M}
tabellone^{M} segnapunti

vorherige Sätze^{M}
previous sets
manches^{F} précédentes
mangas^{F} anteriores
set^{M} precedenti

Satz^{M}
set
manche^{F}
manga^{F}
set^{M}

Spieler^{M}/Spielerinnen^{F}
players
joueurs^{M}
jugadores^{M}
giocatori^{M}

Punkte^{M}
points
points^{M}
puntos^{M}
punti^{M}

Spiel^{N}
game
jeu^{M}
juego^{M}
gioco^{M}

Spielfeldbeläge^{M}
playing surfaces
surfaces^{F} de jeu^{M}
superficies^{F} de juego^{M}
superfici^{F} di gioco^{M}

Rasen^{M}
grass
gazon^{M}
hierba^{F}
erba^{F}

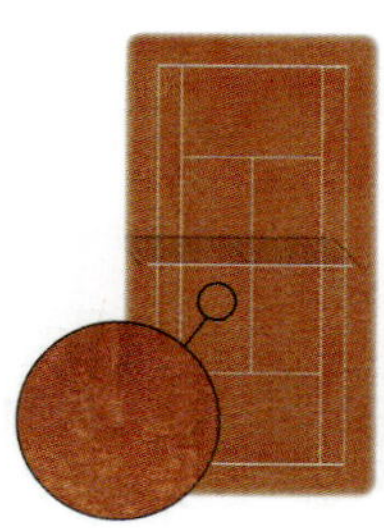

Sand^{M}
clay
terre^{F} battue
tierra^{F} batida
terra^{F} battuta

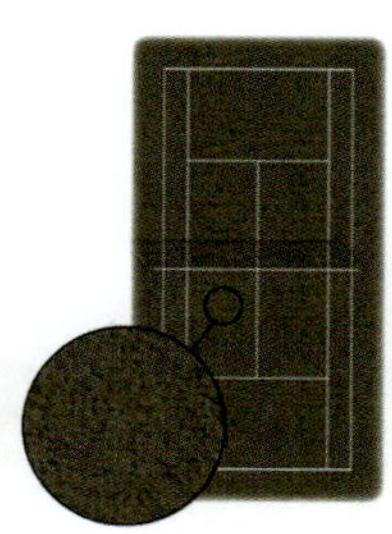

Hartplatz^{M}
hard surface
surface^{F} dure
superficie^{F} dura
corte^{F} dura

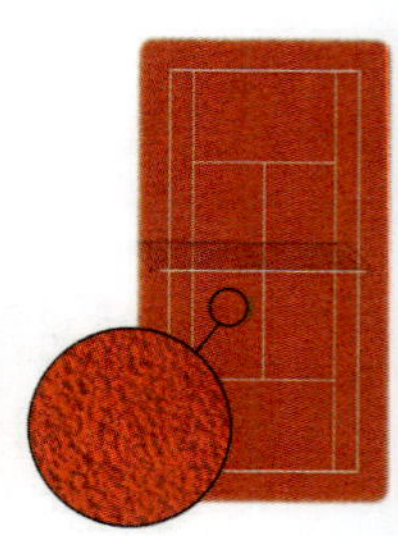

Kunststoffboden^{M}
synthetic surface
revêtement^{M} synthétiq
superficie^{F} sintética
superficie^{F} sintetica

Geräteturnen[N]

gymnastics | gymnastique[F] | gimnasia[F] | ginnastica[F]

Seitpferd[N]
pommel horse
cheval[M] d'arçons[M]
caballo[M] con aros[M]
cavallo[M] con maniglie[F]

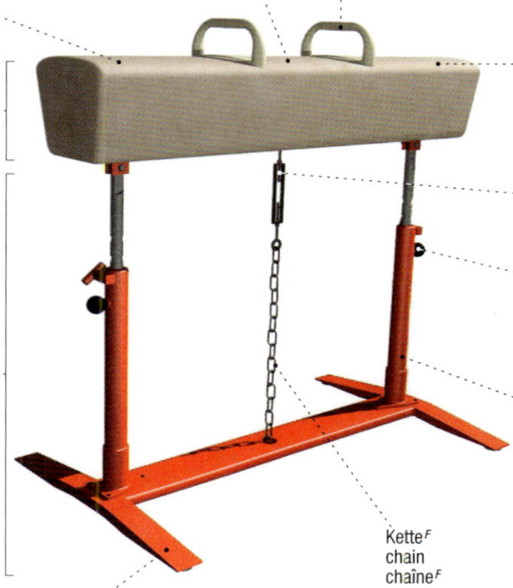

Schwebebalken[M]
balance beam
poutre[F]
barra[F] de equilibrio[M]
trave[F] di equilibrio[M]

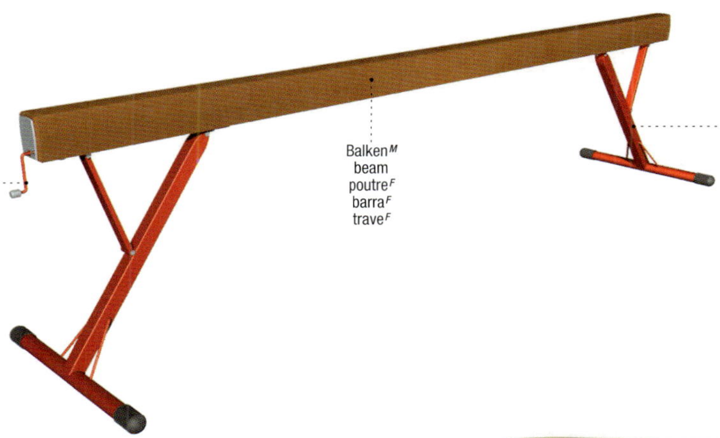

Sprungtisch[M]
vaulting table
table[F] de saut[M]
potro[M]
cavallo[M] per volteggi[M]

Sprungbrett[N]
springboard
tremplin[M]
plancha[F] de muelles[M]
pedana[F] elastica

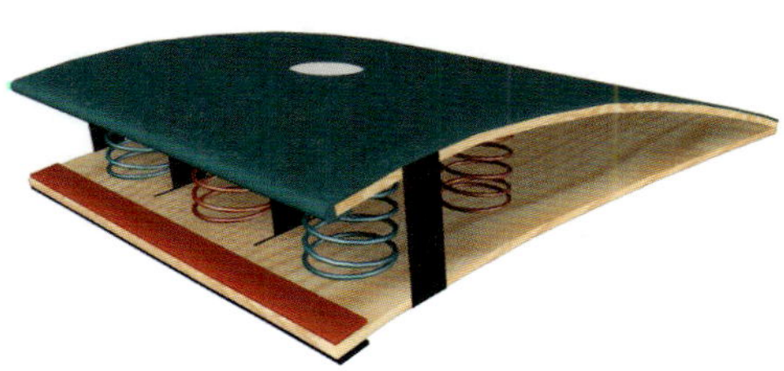

Geräteturnen[N]

Geräteturnanlage[F]
event platform
podium[M] des épreuves[F]
área[F] de competición[F]
pedana[F]

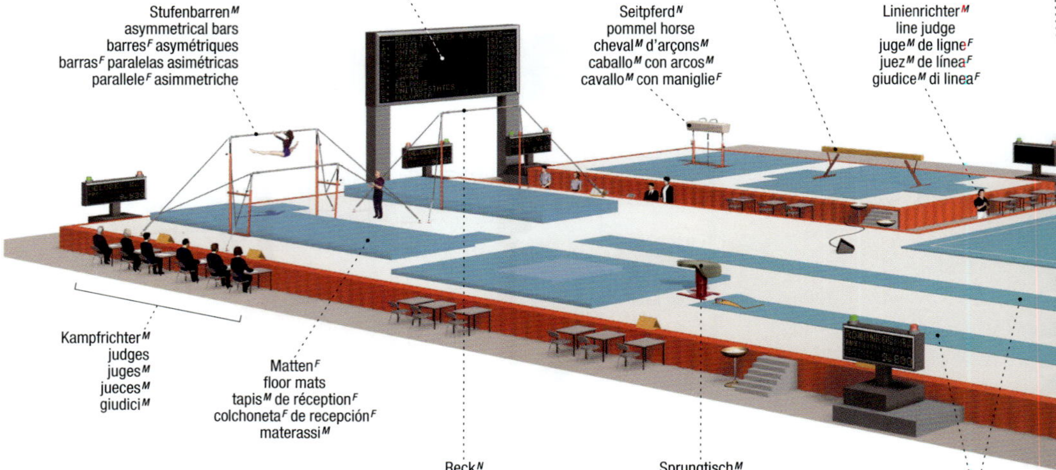

Stufenbarren[M]
asymmetrical bars
barres[F] asymétriques
barras[F] paralelas asimétricas
parallele[F] asimmetriche

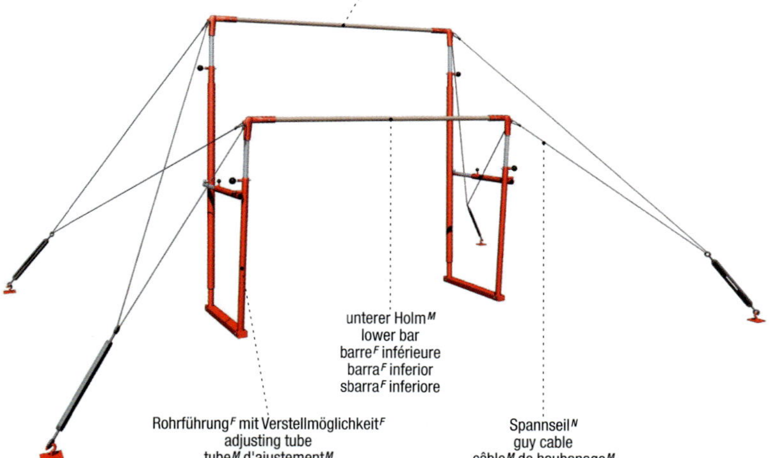

Ringe[M]
rings
anneaux[M]
anillas[F]
anelli[M]

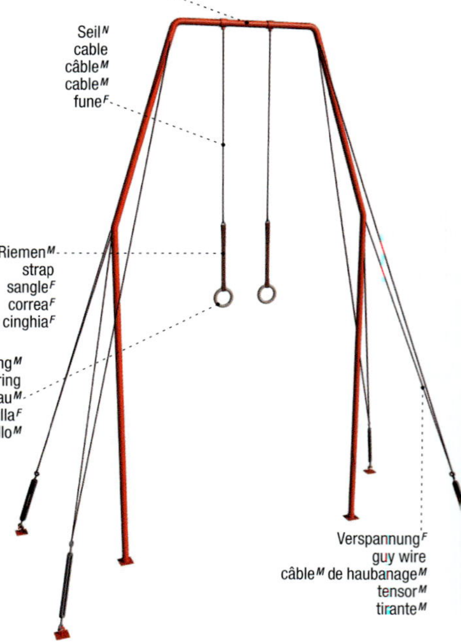

Geräteturnen^{N}

Anzeigetafel^{F}
scoreboard
tableau^{M} d'affichage^{M}
marcador^{M}
tabellone^{M} segnapunti

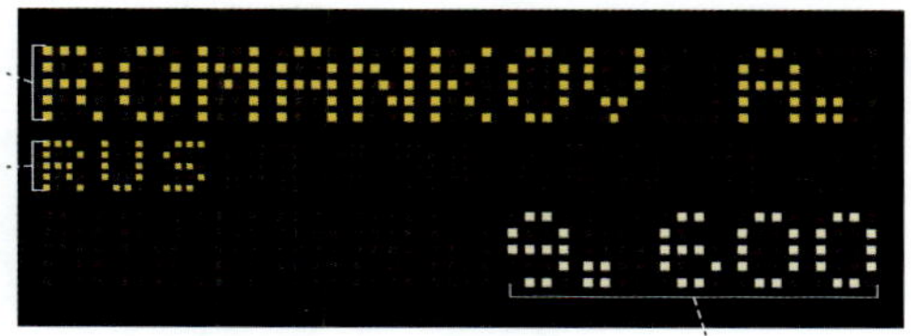

Name^{M} des Turners^{M}/der Turnerin^{F}
gymnast's name
nom^{M} du gymnaste^{M}
nombre^{M} del gimnasta^{M}
nome^{M} del ginnasta^{M}

Nationalität^{F}
nationality
nationalité^{F}
nacionalidad^{F}
nazionalità^{F}

Note^{F}
score
note^{F}
jueces^{M}
punteggio^{M}

Anzeigetafel^{F} für die Einzeldisziplin^{F}
current event scoreboard
pointage^{M} de l'épreuve^{F} en cours^{M}
marcador^{M} del evento^{M} en curso^{M}
tabellone^{M} della prova^{F} in corso

Kampfrichter^{M}
judges
juges^{M}
jueces^{M}
giudici^{M}

Sprungtisch^{M}
vaulting table
table^{F} de saut^{M}
potro^{M}
cavallo^{M} per volteggi^{M}

Ringe^{M}
rings
anneaux^{M}
anillas^{F}
anelli^{M}

Barren^{M}
parallel bars
barres^{F} parallèles
barras^{F} paralelas
parallele^{F}

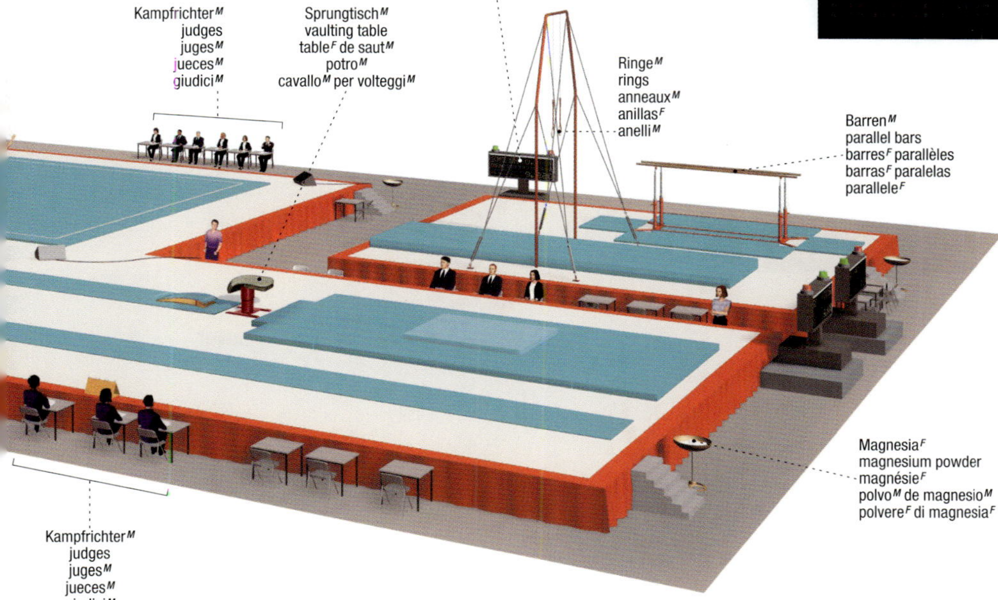

Magnesia^{F}
magnesium powder
magnésie^{F}
polvo^{M} de magnesio^{M}
polvere^{F} di magnesia^{F}

Kampfrichter^{M}
judges
juges^{M}
jueces^{M}
giudici^{M}

Reck^{N}
horizontal bar
barre^{F} fixe
barra^{F} fija
sbarra^{F} orizzontale

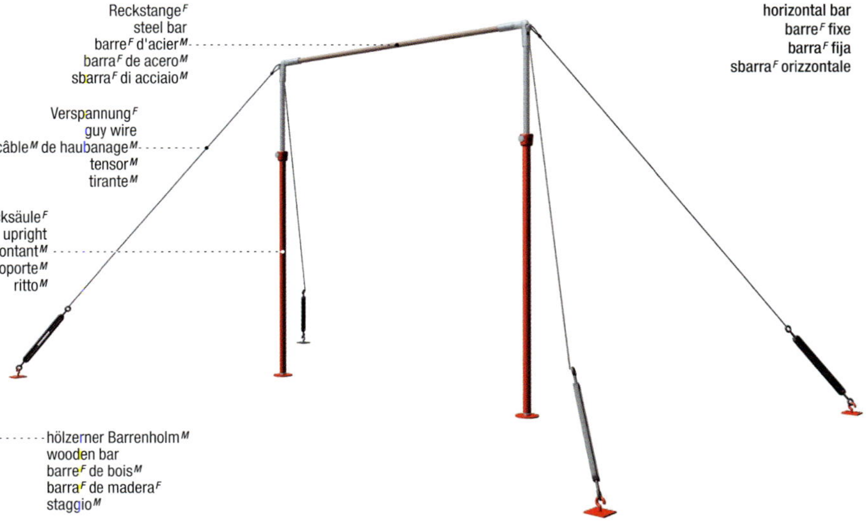

Reckstange^{F}
steel bar
barre^{F} d'acier^{M}
barra^{F} de acero^{M}
sbarra^{F} di acciaio^{M}

Verspannung^{F}
guy wire
câble^{M} de haubanage^{M}
tensor^{M}
tirante^{M}

Recksäule^{F}
upright
montant^{M}
soporte^{M}
ritto^{M}

Barren^{M}
parallel bars
barres^{F} parallèles
barras^{F} paralelas
parallele^{F}

hölzerner Barrenholm^{M}
wooden bar
barre^{F} de bois^{M}
barra^{F} de madera^{F}
staggio^{M}

Rohrführung^{F} mit Verstellmöglichkeit^{F}
adjustable support
tube^{M} d'ajustement^{M}
tubo^{M} de ajuste^{M}
montante^{M} scorrevole

Sockel^{M}
base
base^{F}
base^{F}
basamento^{M}

rhythmische Sportgymnastik[F]

rhythmic gymnastics | gymnastique[F] rythmique | gimnasia[F] rítmica | ginnastica[F] ritmica

Wettkampffläche[F]
exercise area
praticable[M]
practicable[M]
area[F] di esercizio[M]

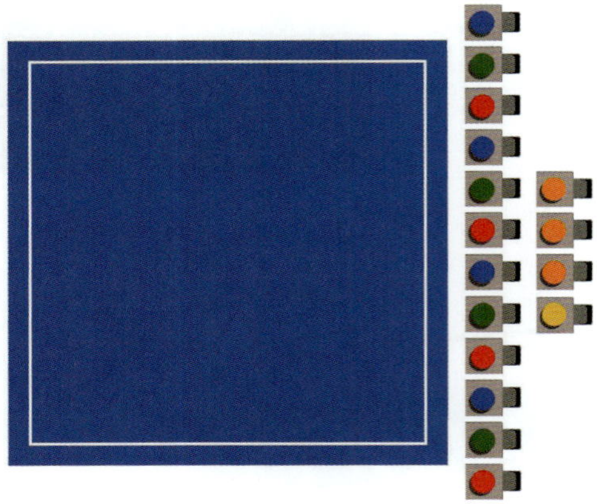

Superior Jury[F]
superior jury
jury[M] supérieur
jurado[M] superior
giuria[F] superiore

Schiedsrichterassistent[M]
assistant judge
juge[M] assistant
juez[M] asistente
giudice[M] assistente

Kampfrichter[M] für den künstlerischen Ausdruck[M]
artistic value judges
juges[M] de valeur[F] artistique
jueces[M] de valor[M] artístico
giudici[M] per la valutazione[F] della composizione[F]

Schwierigkeitskampfrichter[M]
difficulty judges
juges[M] de difficultés[F]
juez[M] de dificultades[F]
giudici[M] per la valutazione[F] della difficoltà[F]

Kampfrichter[M] für die technische Ausführung[F]
execution judges
juges[M] d'exécution[F]
jueces[M] de ejecución[M]
giudici[M] per la valutazione[F] dell'esecuzione[F]

Handgeräte[N]
apparatus
engins[M]
aparatos[M]
attrezzi[M]

Keulen[F]
clubs
massues[F]
mazas[F]
clavette[F]

Seil[N]
rope
corde[F]
aro[M]
funicella[F]

Band[N]
ribbon
ruban[M]
cinta[F]
nastro[M]

Ball[M]
ball
ballon[M]
pelota[F]
palla[F]

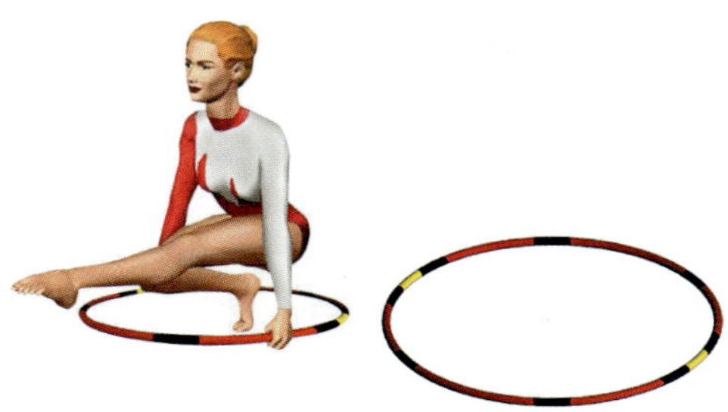

Reifen[M]
hoop
cerceau[M]
aro[M]
cerchio[M]

Trampolin^{N}

trampoline | trampoline^{M} | trampolín^{M} | trampolino^{M}

Wettbewerbstrampolin^{N}
competitive trampoline
trampoline^{M} de compétition^{F}
trampolín^{M} de competición^{F}
trampolino^{M} da competizione^{F}

Freizeittrampolin^{N}
leisure trampoline
trampoline^{M} récréatif
trampolín^{M} recreativo
trampolino^{M} ricreativo

Wasserballspiel[N]

water polo | water-polo[M] | waterpolo[M] | pallanuoto[F]

Schwimmen^{N}

swimming | natation^{F} | natación^{F} | nuoto^{M}

verschiedene Schwimmstile^{M}
types of stroke
types^{M} de nages^{F}
estilos^{M} de natación^{F}
stili^{M} di nuoto^{M}

Kraulen^{N}
crawl stroke
crawl^{M}
crol^{M}
stile^{M} libero o crawl^{M}

Brustschwimmen^{N}
breaststroke
brasse^{F}
braza^{F}
rana^{F}

Schmetterlingsstil^{M}
butterfly stroke
papillon^{M}
mariposa^{F}
farfalla^{F}

Rückenschwimmen^{N}
backstroke
nage^{F} sur le dos^{M}
espalda^{F}
dorso^{M}

Schwimmen[N]

Startblock[M]
starting block
plot[M] de départ[M]
plataforma[F] de salida[F]
blocco[M] di partenza[F]

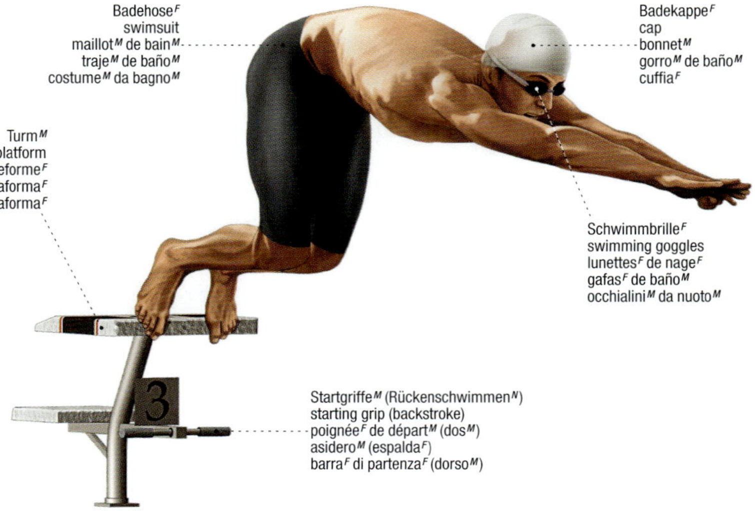

Schwimmen[N]

Anzeigetafel[F]
scoreboard
tableau[F] indicateur
marcador[M]
tabellone[M] segnapunti

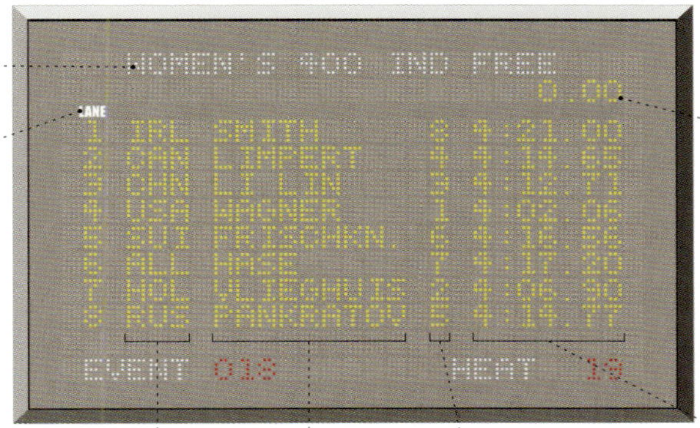

Wettbewerb[M]
event
épreuve[F]
prueba[F]
gara[F]

Bahn[F]
lane
couloir[M]
calle[F]
corsia[F]

Stoppuhr[F]
timer
chronomètre[M]
cronómetro[M]
cronometro[M]

Nationalität[F] der Schwimmerin[F]
swimmer's country
pays[M] d'origine[F] du concurrent[M]
país[M] del nadador[M]
nazionalità[F] del nuotatore[M]

Name[M] der Schwimmerin[F]
swimmer's name
nom[M] du concurrent[M]
nombre[M] del nadador[M]
nome[M] del nuotatore[M]

Platzierung[F]
order of finish
ordre[M] d'arrivée[F]
orden[M] de llegada[F]
ordine[M] di arrivo[M]

Schwimmzeiten[F]
swim times
temps[M] réalisé
tiempos[M] realizados
tempi[M] realizzati

Wechselanzeige[F] für die Rückenlage[F]
backstroke turn indicator
repère[M] de virage[M] de dos[M]
indicador[M] para viraje[M] en nado[M] de espalda[F]
contrassegno[M] per la virata[F] a dorso[M]

Seitenwand[F]
side wall
mur[M] latéral
pared[F] lateral
parete[F] laterale

Wendewand[F]
turning wall
mur[M] de virage[M]
pared[F] de viraje[M]
parete[F] di virata[F]

Wendekampfrichter[M]
turning judges
juges[M] de virages[M]
jueces[M] de virajes[M]
giudici[M] di virata[F]

Wettkampfbecken[N]
competitive course
bassin[M] de compétition[F]
piscina[F] olímpica
piscina[F] olimpionica

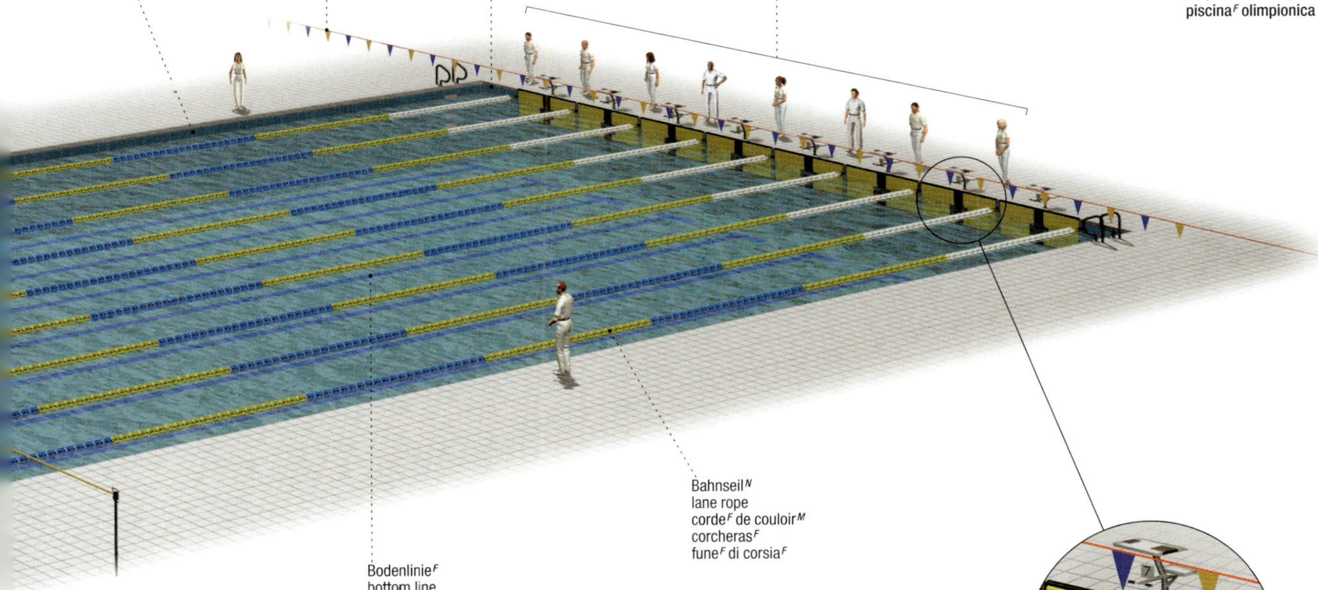

Bahnseil[N]
lane rope
corde[F] de couloir[M]
corcheras[F]
fune[F] di corsia[F]

Bodenlinie[F]
bottom line
ligne[F] de fond[M]
línea[F] del fondo[M] de la piscina[F]
linea[F] di fondo[M]

automatischer Zeitmesser[M]
automatic electronic timer
chronomètre[M] électronique automatique
cronómetro[M] electrónico automático
cronometro[M] elettronico automatico

Kunstspringen^{N}

diving | plongeon^{M} | saltos^{M} | tuffi^{M}

Startpositionen^{F}
starting positions
positions^{F} de départ^{M}
posiciones^{F} de salto^{M}
posizioni^{F} di partenza^{F}

Auerbachsprung^{M}
reverse dive
plongeon^{M} renversé
salto^{M} inverso
tuffo^{M} rovesciato

Kopfsprung^{M} rückwärts
backward dive
plongeon^{M} arrière
salto^{M} hacia atrás
tuffo^{M} all'indietro^{M}

Delphinsprung^{M}
inward dive
plongeon^{M} retourné
salto^{M} interior
tuffo^{M} ritornato

Kopfsprung^{M} vorwärts
forward dive
plongeon^{M} avant
salto^{M} frontal
tuffo^{M} in avanti^{M}

Handstandsprung^{M}
armstand dive
plongeon^{M} en équilibre^{M}
salto^{M} en equilibrio^{M}
tuffo^{M} verticale

Sprungfiguren^{F}
flight positions
positions^{F} de vol^{M}
posiciones^{F} de salto^{M}
posizioni^{F} di volo^{M}

Saltostellung^{F}
tuck position
position^{F} groupée
posición^{F} C - cuerpo^{M} encogido
posizione^{F} raggruppata

Bohrerstellung^{F}
straight position
position^{F} droite
posición^{F} A - en plancha^{F}
posizione^{F} tesa

Hechtsprungstellung^{F}
pike position
position^{F} carpée
posición^{F} B - hacer la carpa^{F}
posizione^{F} carpiata

Springeinrichtungen^{F}
diving apparatus
plongeoir^{M}
torre^{F} de saltos^{M}
strutture^{F} per i tuffi^{M}

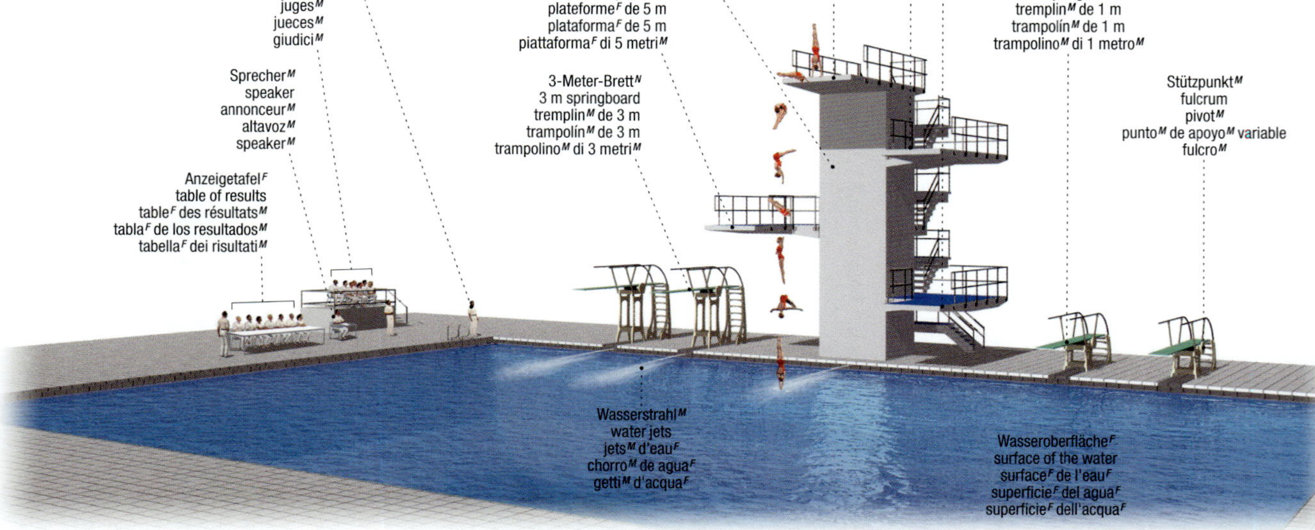

Kunstspringen^N

Eintauchstellungen^F
entries
entrées^F dans l'eau^F
entradas^F al agua^F
entrate^F

Füße^M voraus
feet-first entry
entrée^F pieds^M premiers
entrada^F de pie^M
entrata^F di piedi^M

Kopf^M voraus
head-first entry
entrée^F tête^F première
entrada^F de cabeza^F
entrata^F di testa^F

Beispiele^N für Sprünge^M
examples of dives
exemples^M de plongeons^M
ejemplos^M de saltos^M
esempi^M di tuffi^M

Synchronspringen^N
synchronized diving
plongeon^M synchronisé
salto^M sincronizado
tuffo^M sincronizzato

Scheitelpunkt^M
height of the dive
hauteur^F du plongeon^M
altura^F de salto^M
altezza^F del tuffo^M

Armhaltung^F
arm position
position^F des bras^M
posición^F de los brazos^M
posizione^F delle braccia^F

Beinhaltung^F
leg position
position^F des jambes^F
posición^F de las piernas^F
posizione^F delle gambe^F

Flug^M
flight
vol^M
vuelo^M
volo^M

Eintauchhaltung^F
entry
entrée^F
entrada^F
entrata^F

Salto^M vorwärts gestreckt mit einer Schraube^F
forward somersault with a twist
saut^M périlleux avant avec tire-bouchon^M
salto^M frontal con tirabuzón^M
tuffo^M in avanti con avvitamento^M

Auerbachkopfsprung^M gestreckt mit einer Schraube^F
reverse dive with a twist
plongeon^M renversé avec tire-bouchon^M
salto^M inverso con tirabuzón^M
tuffo^M rovesciato con avvitamento^M

dreieinhalbfacher Salto^M vorwärts gebückt
forward three-and-a-half somersault tuck
triple saut^M périlleux et demi avant groupé
triple salto^M mortal y medio hacia delante encogido
triplo salto^M mortale e mezzo in avanti raggruppato

Segelsport[M]

sailing | voile[F] | vela[F] | vela[F]

Segelsport[M]

Mehrrumpfboote[N]
multi-hulls
multicoques[M]
multicasco[M]
multiscafi[M]

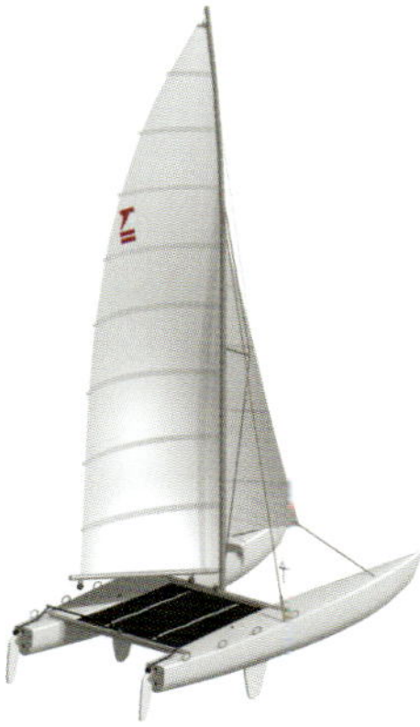

Katamaran[M]
catamaran
catamaran[M]
catamarán[M]
catamarano[M]

Trimaran[M]
trimaran
trimaran[M]
trimarán[M]
trimarano[M]

Einrumpfboote[N]
mono-hulls
monocoques[M]
monocascos[M]
monoscafi[M]

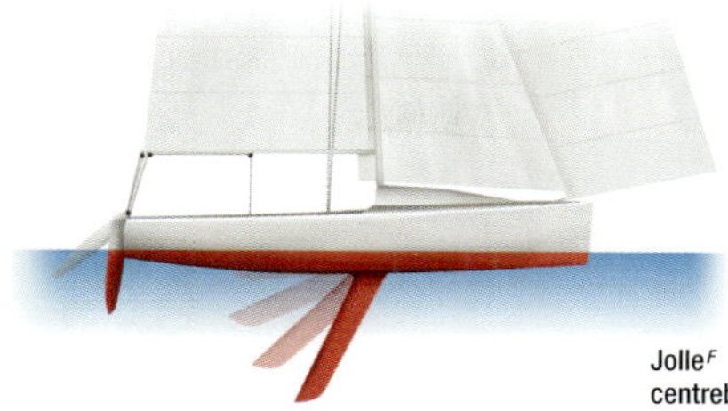

Jolle[F]
centreboard boat
dériveur[M]
deriva[F] móvil
deriva[F]

Kielboot[N]
keel boat
quillard[M]
quilla[F]
barca[F] a chiglia[F]

Beschläge[M]
upperworks
accastillage[M]
obra[F] muerta
opera[F] morta

Wantenspanner[M]
turnbuckle
ridoir[M]
tensor[M]
arridatoio[M]

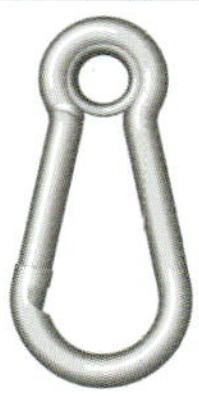

Karabinerhaken[M]
snap shackle
mousqueton[M] à ressort[M]
grillete[M] de resorte[M]
moschettone[M]

Gelenkschäkel[M]
hank
mousqueton[M]
mosquetón[M]
bozzello[M]

Schäkel[M]
shackle
manille[F]
grillete[M]
grillo[M]

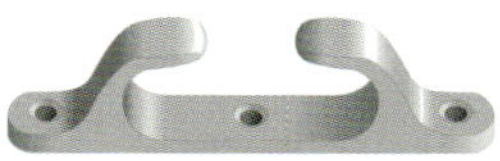

Lippe[F]
fairlead
chaumard[M]
guía[F]
passacavo[M]

Klampe[F]
cleat
taquet[M]
abrazadera[F]
galloccia[F]

Winsch[F]
winch
winch[M]
winch[M]
winch[M]

Curryklemme[F]
clam cleat
taquet[M] coinceur
escotera[F]
strozzascotte[M]

Leitöse[F]
sheet lead
filoir[M] d'écoute[F]
guía[F] de escotas[F]
passascotte[M]

Traveller[M]
traveller
barre[F] d'écoute[F]
barra[F] de escotas[F]
rotaia[F] del carrello[M] di scotta[F]

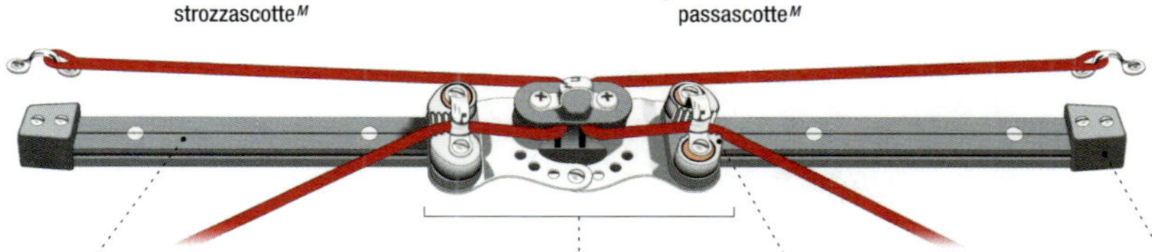

Schlitten[M]
sliding rail
rail[M] de glissement[M]
riel[M] corredizo
guida[F] di scorrimento[M]

Wagen[M]
car
chariot[M]
carro[M]
carrello[M]

Curryklemme[F]
clam cleat
taquet[M] coinceur
abrazadera[F]
strozzascotte[M]

Anschlag[M]
end stop
butée[F]
amarre[M]
fermo[M] di testa[F]

Segelsport^{M}

Kurse^{M}
points of sailing
allures^{F}
disposiciones^{F} de las velas^{F}
andature^{F} delle imbarcazioni^{F} a vela^{F}

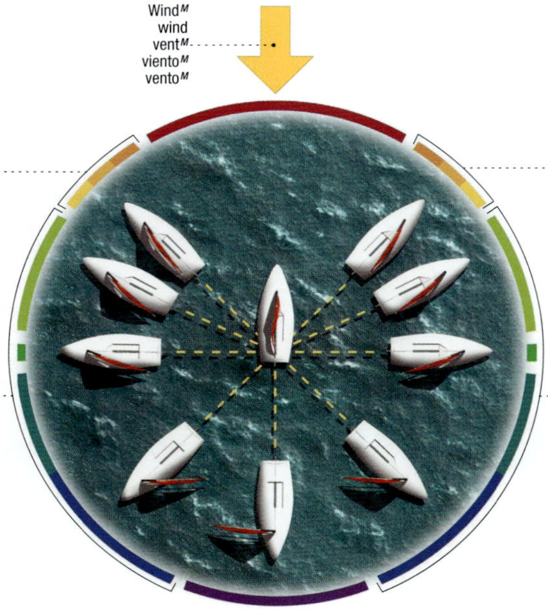

voll und bei
full and by
près^{M} bon plein^{M}
a buen viento^{M}
di bolina^{F}

am Wind^{M}
on the wind
près^{M}
vela^{F} flameante
di bolina^{F} stretta

hart am Wind^{M}
close hauled
près^{M} serré
bolina^{F}
di bolina^{F} molto stretta

Segeln^{N} mit halbem Wind^{M}
close reach
petit largue^{M}
ciñendo el viento^{M}
di bolina^{F} larga

halber Wind^{M}
wind abeam
vent^{M} de travers^{M}
viento^{M} de través^{M}
al traverso^{M}

Wind^{M} querab
beam reach
largue^{M}
por lo ancho^{M}
al lasco^{M}

raumer Wind^{M}
broad reach
grand largue^{M}
a un largo^{M}
al gran lasco^{M}

im Wind^{M}
in irons
vent^{M} debout
viento^{M} en proa^{F}
vento^{M} in prua^{F}

vor dem Wind^{M}
running
vent^{M} arrière
viento^{M} de popa^{F}
vento^{M} in poppa^{F}

Segelkurs^{M}
sailing course
parcours^{M} de voile^{F}
regata^{F}
percorso^{M} di regata^{F}

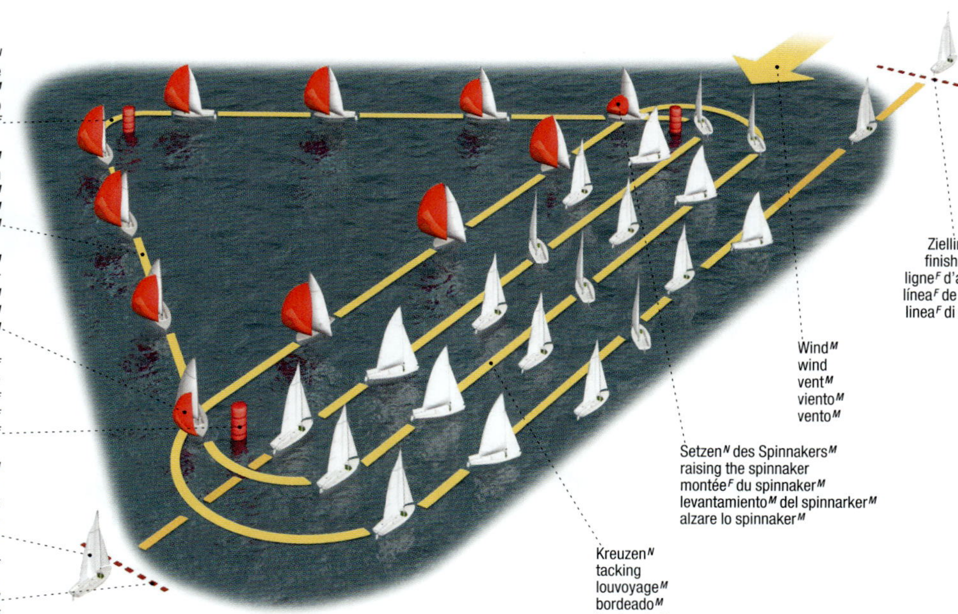

Surfbrett[N]

sailboard | planche[F] à voile[F] | windsurf[M] | windsurf[M]

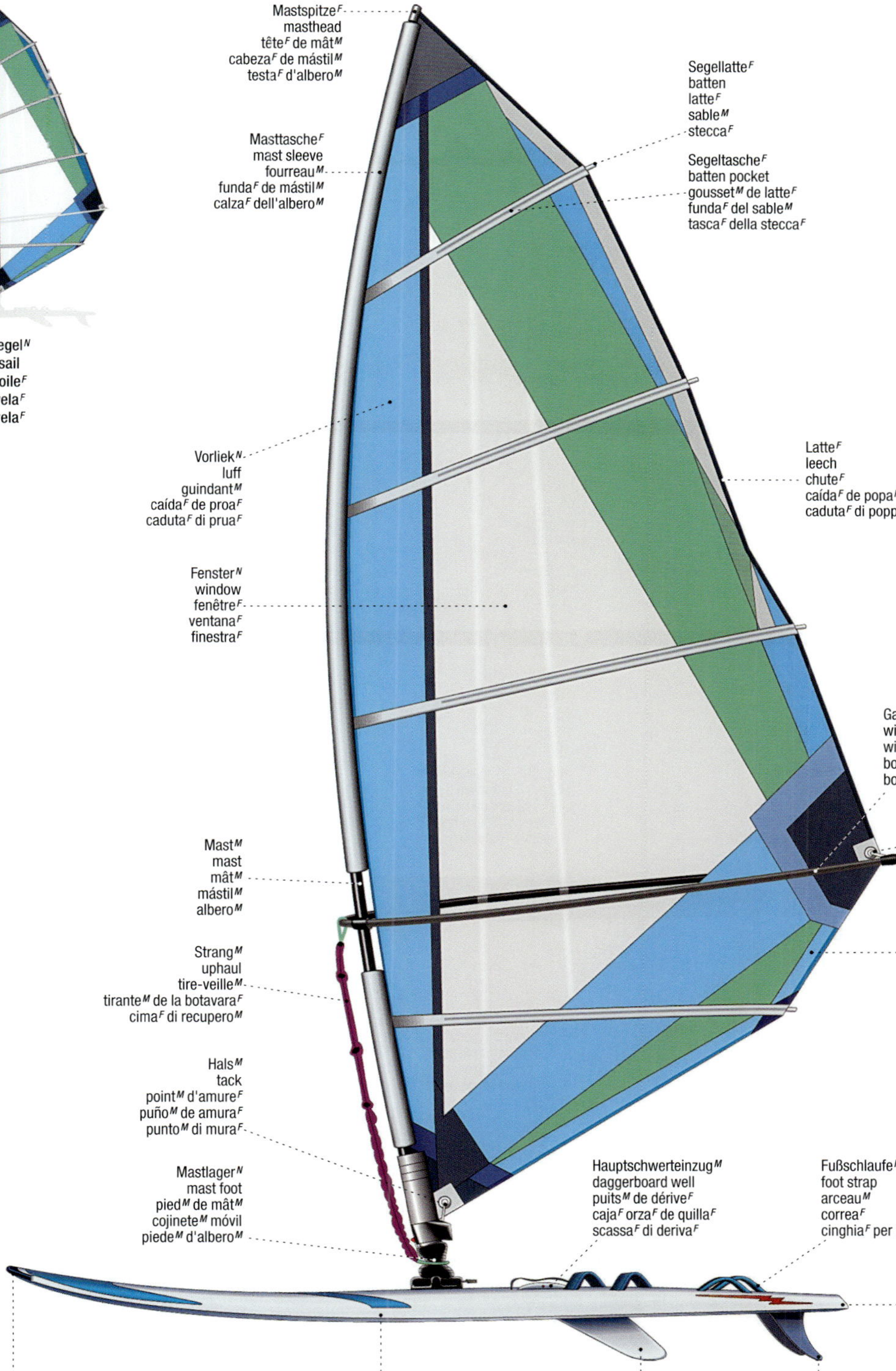

Rudern[N] und Skullen[N]

rowing and sculling | aviron[M] | remo[M] | canottaggio[M] con uno e due remi[M]

Riemenarten[F]
types of oar
types[M] d'avirons[M]
tipos de remos[M]
tipi[M] di remi[M]

Skull[N]
sculling oar
aviron[M] de couple[M]
scull[M]
remo[M] di coppia[F]

Riemen[M]
sweep oar
aviron[M] de pointe[F]
remo[M] en punta[F]
remo[M] di punta[F]

Teile[M] eines Boots[N]
parts of a boat
parties[F] d'un bateau[M]
partes[F] de una embarcación[F]
parti[F] di una imbarcazione[F]

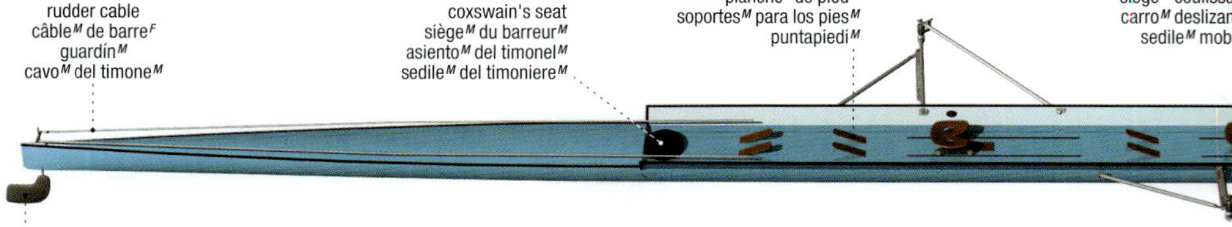

Ruder[N]- und Skullen[N]-Becken
rowing and sculling basin
bassin[M] d'aviron[M]
remo[M]
bacino[M] di canottaggio[M]

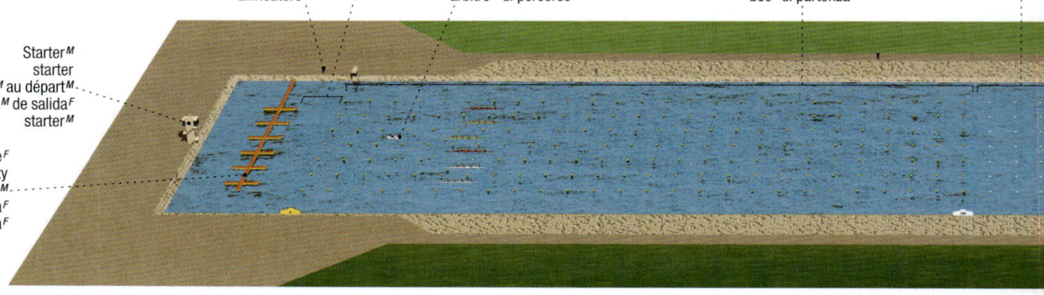

Rudern[N] und Skullen[N]

Ruderboote[N]
sculling boats
bateaux[M] de couple[M]
skiff[M]
imbarcazioni[F] di coppia[F]

Einer[M]
single scull
skiff[M]
skiff[M]
singolo[M]

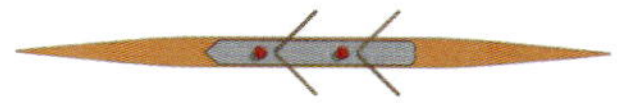

Zweier[M] ohne Steuermann[M]
coxless double
double-scull[M] sans barreur[M]
doble scull sin timonel[M]
due[M] senza

Riemenboot[N]
sweep boats
bateaux[M] de pointe[F]
embarcaciones[F] de punta[M]
imbarcazioni[F] di punta[F]

Zweier[M] ohne Steuermann[M]
coxless pair
deux sans barreur[M]
el dos
due[M] senza

Zweier[M] mit Steuermann[M]
coxed pair
deux avec barreur[M]
el dos con timonel[M]
due[M] con

Vierer[M] ohne Steuermann[M]
coxless four
quatre sans barreur[M]
el cuatro
quattro[M] senza

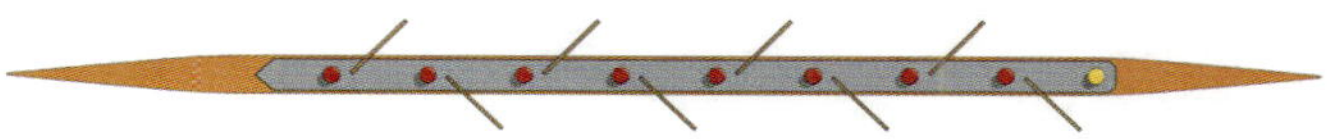

Achter[M]
coxed eight
huit avec barreur[M]
ocho con timonel[M]
otto[M] con

Vierer[M] mit Steuermann[M]
coxed four
quatre avec barreur[M]
el cuatro con timonel[M]
quattro[M] con

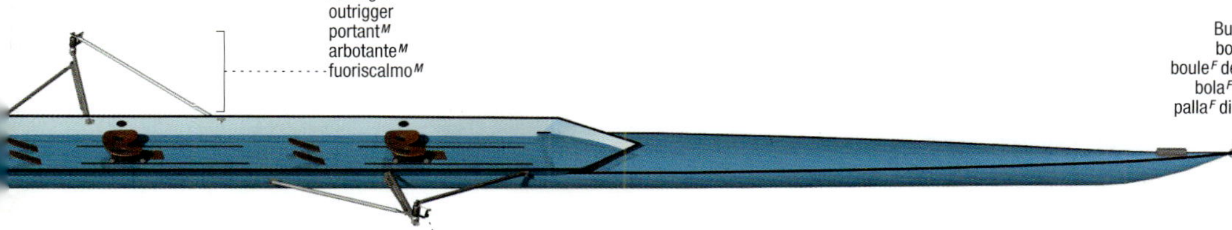

Kanu[N]

canoe | canoë[M] | canoa[F] | canoe[F]

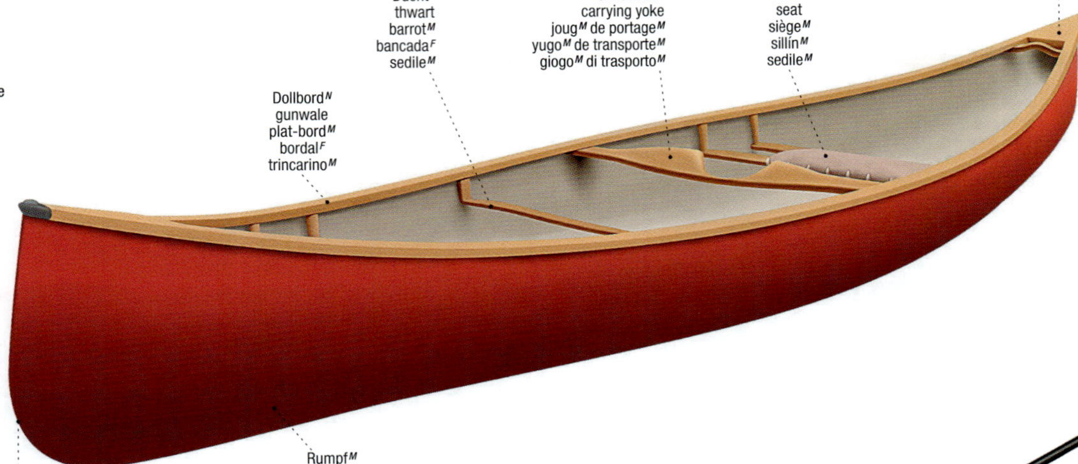

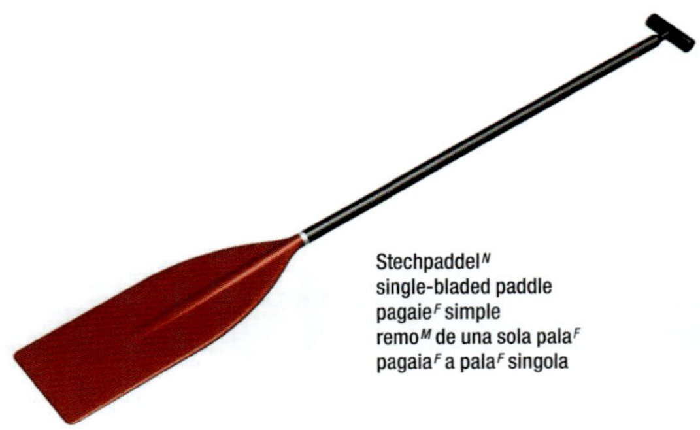

Kanu[N]-Kajak[M/N]: Flachwasserrennen[N]

canoe-kayak: flatwater racing | canoë[M]-kayak[M] : course[F] en ligne[F] | canoa[F]-kayak[M] : regata[F] | canoa[F] e kayak[M]: regate[F] fluviali

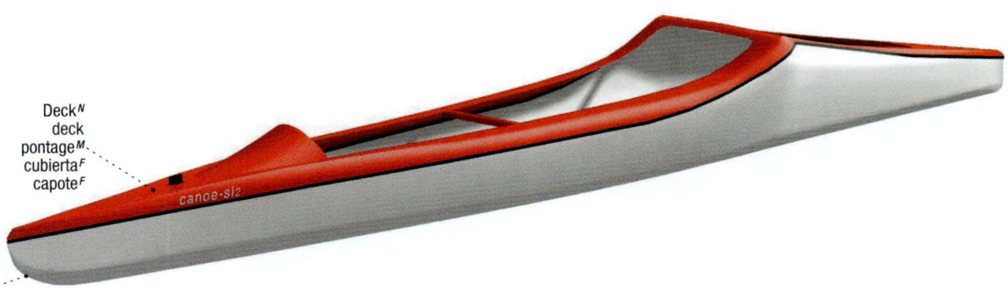

Kajak$^{M/N}$

kayak | kayak^{M} | kayak^{M} | kayak^{M}

Doppelpaddel^{N}
double-bladed paddle
pagaie^{F} double
remo^{M} de dos palas^{F}
pagaia^{F} a doppia pala^{F}

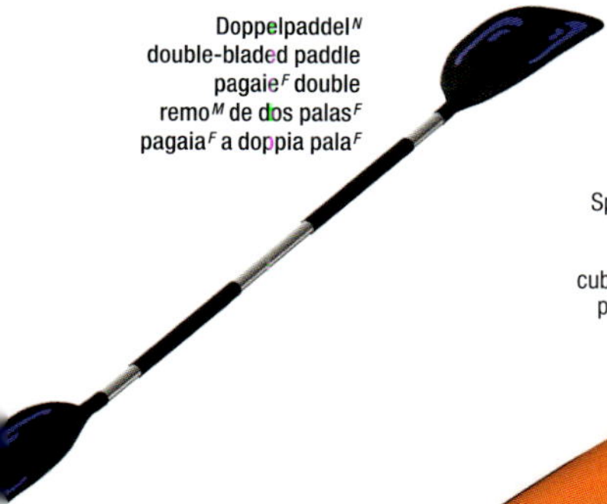

Wildwasserkajak$^{M/N}$
whitewater kayak
kayak^{M} d'eaux^{F} vives
kayak^{M} de aguas^{F} bravas
kayak^{M} da rafting^{M}

Spritzschutz^{M}
spray skirt
jupe^{F}
cubrebañeras^{M}
paraspruzzi^{M}

Zweimann-Seekajak$^{M/N}$
two-paddler sea kayak
kayak^{M} de mer^{F} biplace
kayak^{M} marítimo de dos plazas^{F}
kayak^{M} da mare^{M} a due posti^{M}

Cockpit^{N}
cockpit
habitacle^{M}
cabina^{F}
abitacolo^{M}

Ruderleine^{F}
rudder halyard
drisse^{F} du safran^{M}
driza^{F} del timón^{M}
timone^{M}

Süllrand^{M}
cockpit coaming
hiloire^{F}
reborde^{M} de la cabina^{F}
mastra^{F} dell'abitacolo^{M}

Takelage^{F}
deck rigging
cordage^{M} de pont^{M}
cordaje^{M}
incordatura^{F} del ponte^{M}

Griffschlaufe^{F}
grab loop
poignée^{F} de transport^{M}
asidero^{M} de transporte^{M}
impugnatura^{F} da trasporto^{M}

Skeg^{N}
skeg
safran^{M}
alerón^{F}
pinna^{F}

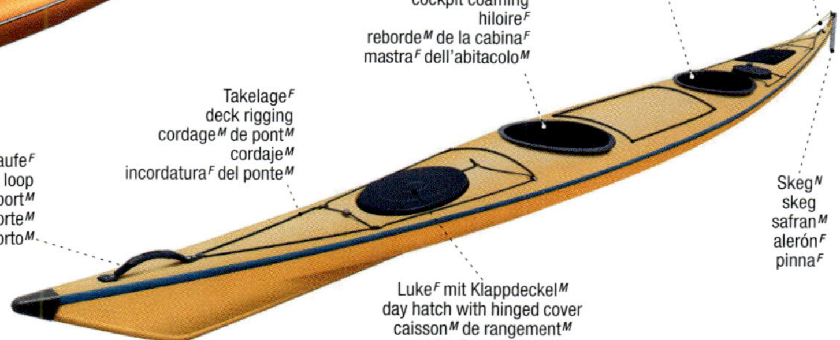

Luke^{F} mit Klappdeckel^{M}
day hatch with hinged cover
caisson^{M} de rangement^{M}
escotilla^{F} con bisagras^{F}
compartimento^{M} stagno

Luke^{F} mit Klappdeckel^{M}
day hatch with hinged cover
caisson^{M} de rangement^{M}
escotilla^{F} con bisagras^{F}
compartimento^{M} stagno

Sitz^{M}
seat
siège^{M}
asiento^{M}
sedile^{M}

Cockpit^{N}
cockpit
habitacle^{M}
cabina^{F}
abitacolo^{M}

Einmann^{M}-Freizeitkanu^{N}
one-paddler recreational kayak
kayak^{M} récréatif monoplace
kayak^{M} recreativo de una plaza^{F}
kayak^{M} ricreativo ad una pala^{F}

Schenkelstütze^{F}
thigh brace
cale-genou^{M} coussiné
reposarodillos^{M}
fermaginocchia^{M}

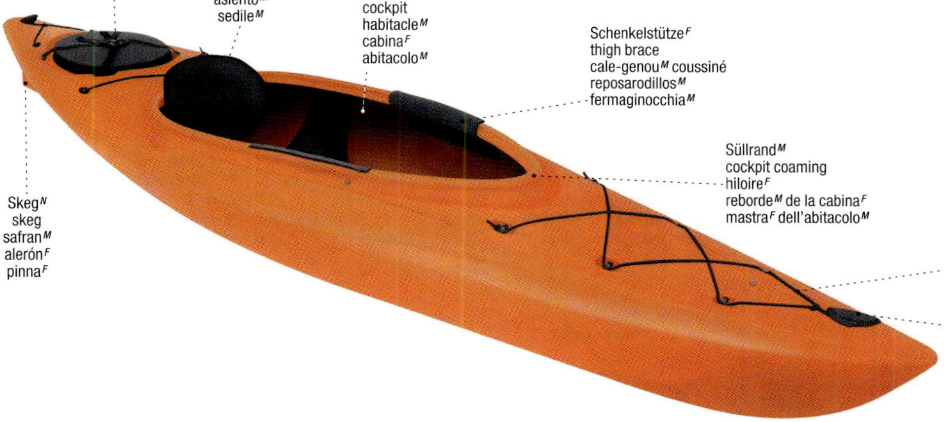

Skeg^{N}
skeg
safran^{M}
alerón^{F}
pinna^{F}

Süllrand^{M}
cockpit coaming
hiloire^{F}
reborde^{M} de la cabina^{F}
mastra^{F} dell'abitacolo^{M}

Takelage^{F}
deck rigging
cordage^{M} de pont^{M}
cordaje^{M}
incordatura^{F} del ponte^{M}

Griffschlaufe^{F}
grab loop
poignée^{F} de transport^{M}
asidero^{M} de transporte^{M}
impugnatura^{F} da trasporto^{M}

Kanu^{N}-Kajak$^{M/N}$: Flachwasserrennen^{N}

Sitz^{M}
seat
siège^{M}
asiento^{M}
pozzetto^{M}

Einerkajak$^{M/N}$ (K1)
K1 kayak
kayak^{M} monoplace (K1)
kayak^{M} K1
kayak^{M} monoposto (K1)

verjüngte Spitze^{F}
tapered end
pointe^{F} fuselée
proa^{F} afilada
prua^{F} affusolata

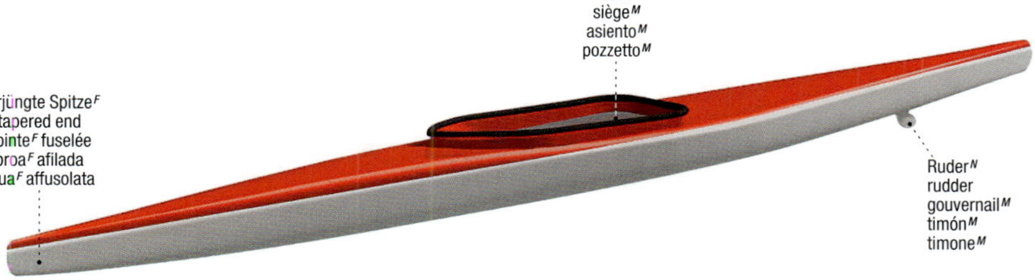

Ruder^{N}
rudder
gouvernail^{M}
timón^{M}
timone^{M}

Wasserskisport[M]

waterskiing | ski[M] nautique | esquí[M] acuático | sci[M] nautico

Beispiele[N] für Skier[M]
examples of skis
exemples[M] de skis[M]
ejemplos[M] de esquís[M]
esempi[M] di sci[M] nautici

Wasserski-Set[M/N]
twin skis
skis[M] de tourisme[M]
esquí[M] normal
sci[M] doppio

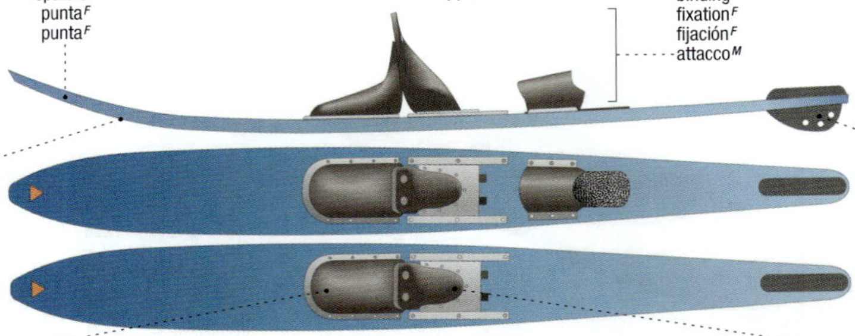

Spitze[F]
tip
spatule[F]
punta[F]
punta[F]

Bindung[F]
binding
fixation[F]
fijación[F]
attacco[M]

Unterseite[F]
bottom
semelle[F]
suela[F]
suola[F]

Kiel[M]
fin
dérive[F]
aleta[F] estabilizador[M]
deriva[F]

Vorfußgummi[N]
toe piece
sabot[M]
bota[F] del pie[M] delantero
avampiede[M]

Stegschlaufe[F] für zweiten Fuß[M]
heel piece
talonnière[F]
goma[F] de sujeción[F] del talón[M]
talloniera[F]

Slalomski[M]
slalom ski
ski[M] de slalom[M]
esquí[M] de eslálon[M]
monoscì[M] da slalom[M]

Hinterbindung[F]
back binding
fixation[F] arrière
sujeción[F] trasera
attacco[M] posteriore

Vorderbindung[F]
front binding
fixation[F] avant
sujeción[F] delantera
attacco[M] anteriore

Sprungski[M]
jump ski
skis[M] de saut[M]
esquí[M] de salto[M]
sci[M] da salto[M]

Wakeboard[N]
wakeboard
planche[F] nautique
wakeboard[M]
wakeboard[M]

Trickski[M]
trick ski
ski[M] de figure[F]
esquí[M] de figuras
monosci[M] per figure[F]

Endstück[N]
tail
queue[F]
talón[M]
coda[F]

Beispiele[N] für Hanteln[F]
examples of handles
exemples[M] de trapèzes[M]
ejemplos[M] de empuñaduras[F]
esempi[M] di impugnature[F]

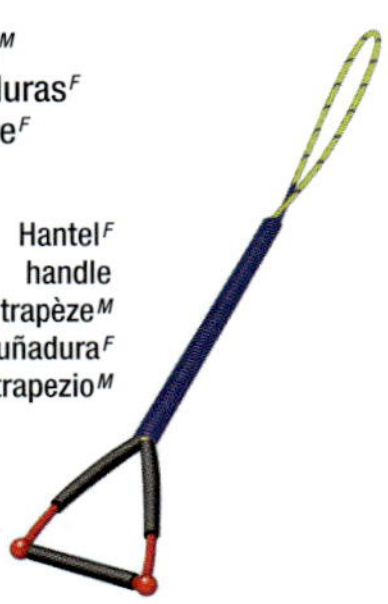

Hantel[F]
handle
trapèze[M]
empuñadura[F]
trapezio[M]

Slalomhantel[F]
slalom handle
palonnier[M] de slalom[M]
trapecio[M] de eslalon[M]
triangolo[M] con maniglia[F] per slalom[M]

Trickhantel[F]
trick handle
trapèze[M] de figure[F]
empuñadura[F] para esquí[M] de figuras[F]
impugnatura[F] per le figure[F]

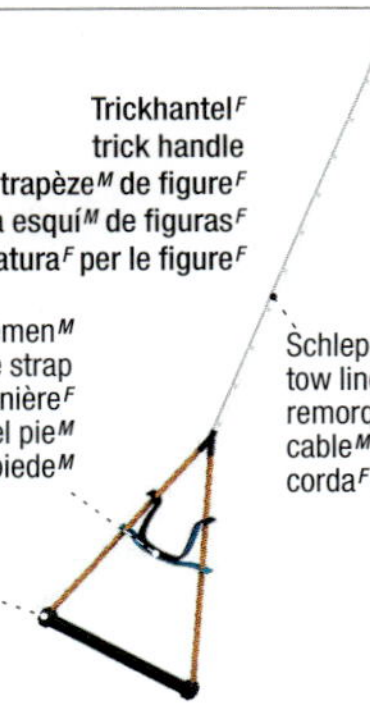

Fußriemen[M]
toe strap
lanière[F]
correa[F] para el pie[M]
cinghia[F] per il piede[M]

Schleppseil[N]
tow line
remorque[F]
cable[M] de arrastre[M]
corda[F] di trazione[F]

Hantelgriff[M]
tow bar
barre[F]
barra[F]
barra[F] di trazione[F]

Surfen[N]

surfing | surf[M] | surf[M] | surf[M]

Surfer[M]
surfer
surfeur[M]
surfista[M]
surfista[M/F]

Surfschuh[M]
boot
chausson[M]
escarpín[M]
stivaletto[M]

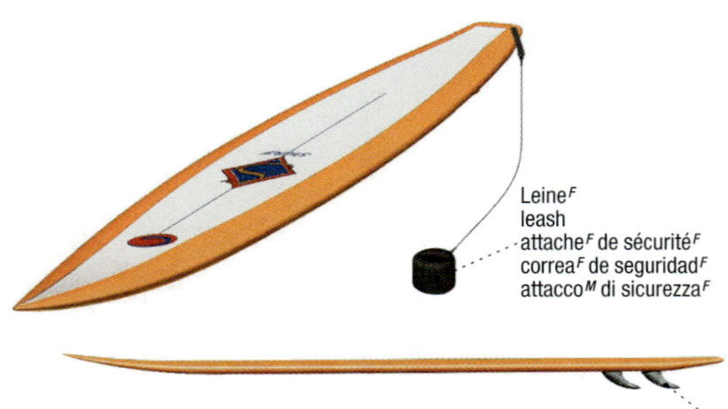

Leine[F]
leash
attache[F] de sécurité[F]
correa[F] de seguridad[F]
attacco[M] di sicurezza[F]

Surfboard[N]
surfboard
planche[F] de surf[M]
tabla[F] de surf[M]
tavola[F] da surf[M]

Schwert[N]
skeg
aileron[M]
alerón[F]
pinna[F]

SPORT UND SPIELE

Tauchen^{N}

scuba diving | plongée^{F} sous-marine | buceo^{M} | pesca^{F} subacquea

Taucher^{M}
scuba diver
plongeur^{M}
buceador^{M}
sub^{M}

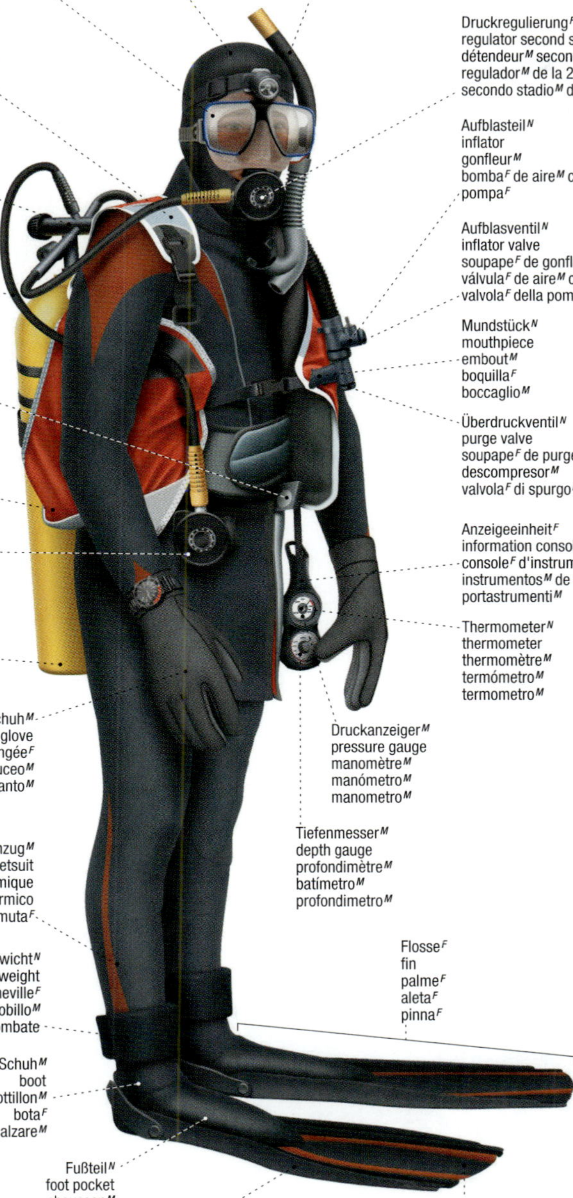

Tauchermesser^{N}
knife
couteau^{M}
cuchillo^{M}
coltello^{M} da sub^{M}

Mantel^{M}
sheath
gaine^{F}
vaina^{F}
guaina^{F}

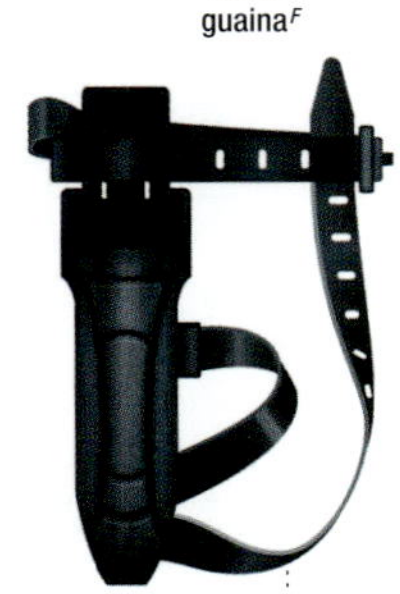

Harpune^{F}
harpoon gun
fusil^{M} à air^{M} comprimé
arpón^{M} submarino
fucile^{M} subacqueo

Boxen[N]

boxing | boxe[F] | boxeo[M] | pugilato[M]

Boxer[M]
boxer
boxeur[M]
boxeador[M]
pugile[M]

Sandsack[M]
punchbag
sac[M] de sable[M]
saco[M] de arena[F]
sacco[M]

Punchingball[M]
punchball
ballon[M] de boxe[F]
pera[F] de maíz[M]
punching ball[M]

Ring[M]
ring
ring[M]
cuadrilátero[M]
quadrato[M]

Boxen[N]

Boxausrüstung[F]
boxing equipment
équipement[M] de boxe[F]
equipo[M] de boxeo[M]
attrezzatura[F] da boxe[F]

Schnürsenkel[M]
lace
lacet[M]
cordones[M]
stringa[F]

Boxhandschuhe[M]
boxing gloves
gants[M] de boxe[F]
guantes[M] de boxeo[M]
guantoni[M]

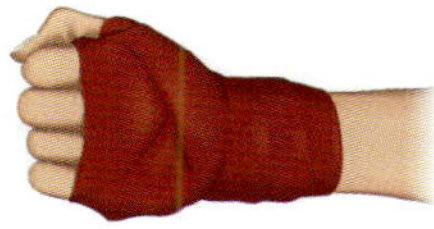

Handbandage[F]
hand wrap
bandage[M]
vendaje[M]
bandaggio[M]

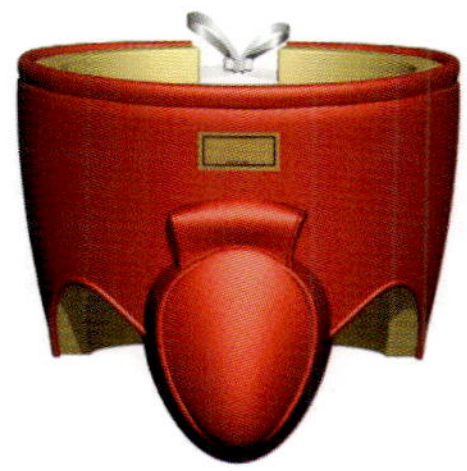

Suspensorium[N]
cup protector
coquille[F] de protection[F]
coquilla[F]
conchiglia[F] di protezione[F]

Mundschutz[M]
gumshield
protège-dents[M]
protector[M] bucal
paradenti[M]

Ringen[N]

wrestling | lutte[F] | lucha[F] | lotta[F]

Startpositionen[F]
starting positions
positions[F] de départ[M]
posiciones[M] iniciales
posizioni[F] di partenza[F]

gebückter Stand[M] (Freistil[M])
crouching position (freestyle wrestling)
garde[F] basse (lutte[F] libre)
posición[F] en guardia[F]: (lucha[F] libre)
guardia[F] bassa (lotta[F] libera)

aufrechter Stand[M] (griechisch-römischer Stil[M])
standing position (Graeco-Roman wrestling)
garde[F] haute (lutte[F] gréco-romaine)
posición[F] vertical: (lucha[F] greco-romana)
guardia[F] in piedi[M] (lotta[F] greco-romana)

Ringer[M]
wrestler
lutteur[M]
luchador[M]
lottatore[M]

Trikot[N]
singlet
maillot[M]
camiseta[F]
costume[M]

Ringerschuh[M]
wrestling shoe
chaussure[F] de lutte[F]
botas[F] de lucha[F]
scarpa[F]

Wettkampffläche[F]
wrestling area
aire[F] de combat[M]
área[F] de lucha[F] libre
area[F] di combattimento[M]

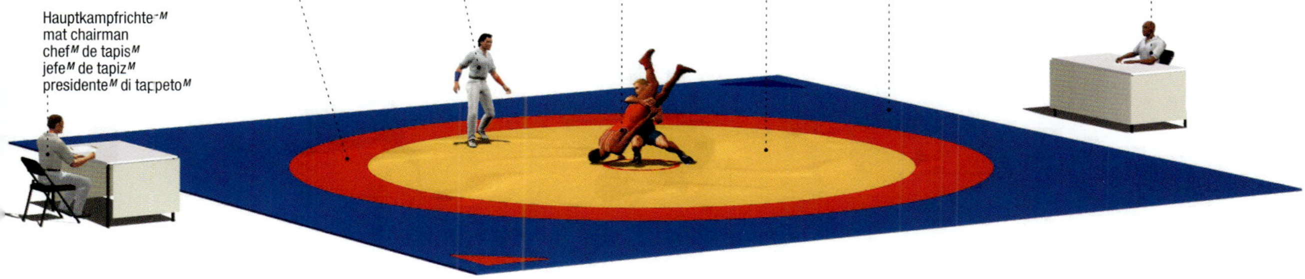

Ringer[M]
wrestler
lutteur[M]
luchador[M]
lottatore[M]

Schutzfläche[F]
protection area
surface[F] de protection[F]
superficie[F] de protección[F]
area[F] di sicurezza[F]

Passivitätszone[F]
passivity zone
zone[F] de passivité[F]
zona[F] de pasividad[F]
zona[F] di passività[F]

Kampfrichter[M]
referee
arbitre[M]
árbitro[M]
arbitro[M]

zentrale Kampffläche[F]
central wrestling area
surface[F] centrale de lutte[F]
zona[F] de lucha[F]
superficie[F] centrale di lotta[F]

Punktrichter[M]
judge
juge[M]
juez[M]
giudice[M]

Hauptkampfrichter[M]
mat chairman
chef[M] de tapis[M]
jefe[M] de tapiz[M]
presidente[M] di tappeto[M]

Judo^{N}

judo | judo^{M} | judo^{M} | judo^{M}

Matte^{F}
mat
tapis^{M}
tatami^{M}
tatami^{M}

Judokämpfer^{M} Wettkampfteilnehmer
contestant
combattant^{M}
uke (defensor^{M})
lottatore^{M}

Registratoren^{M} und Zeitnehmer^{M}
scorers and timekeepers
marqueurs^{M} et chronométreurs^{M}
anotadores^{M} y cronometradores^{M}
segnapunti^{M} e cronometristi^{M}

Anzeigetafel^{F}
scoreboard
tableau^{M} d'affichage^{M}
marcador^{M}
tabellone^{M} segnapunti

Ärzteteam^{N}
medical team
équipe^{F} médicale
equipo^{M} médico
staff^{M} medico

Sicherheitsbereich^{M}
safety area
surface^{F} de sécurité^{F}
zona^{F} de seguridad^{F}
area^{F} di sicurezza^{F}

Gefahrenbereich^{M}
danger area
zone^{F} de danger^{M}
área^{F} de peligro^{M}
zona^{F} di pericolo^{M}

Kampfbereich^{M}
contest area
surface^{F} de combat^{M}
zona^{F} de combate^{M}
area^{F} di combattimento^{M}

Schiedsrichter^{M}
referee
arbitre^{M}
judoka^{M} neutral
arbitro^{M}

Kampfrichter^{M}
judge
juge^{M}
juez^{M}
giudice^{M}

Judogi^{M}
judogi
judogi^{M}
traje^{M} de judo: judoji^{M}
judogi^{M}

Jacke^{F}
jacket
veste^{F}
kimono^{M}
giacca^{F}

Gürtel^{M}
belt
ceinture^{F}
cinturón^{M}
cintura^{F}

Hose^{F}
trousers
pantalon^{M}
pantalón^{M}
pantaloni^{M}

Griff- und Wurfbeispiele^{N}
examples of holds
exemples^{M} de prises^{F}
ejemplos^{M} de llaves^{F}
esempi^{M} di prese^{F}

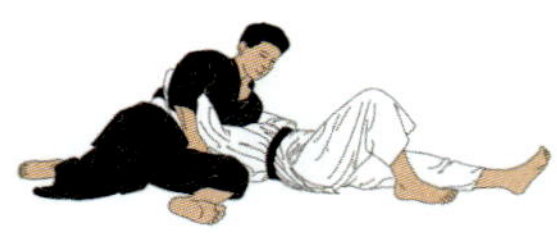

Haltegriffe^{M}
holding
immobilisation^{F}
inmovilización^{F}
presa^{F} a terra^{F}

Kopfwurf^{M}
stomach throw
projection^{F} en cercle^{M}
proyección^{F} en círculo^{M}
rovesciata^{F} all'indietro

Hüftwurf^{M}
sweeping hip throw
hanche^{F} ailée
proyección^{F} primera de cadera^{F}
spazzata^{F} d'anca^{F}

große Außensichel^{F}
major outer reaping throw
grand fauchage^{M} extérieur
osoto-gari (gran siega^{F}) exterior
grande falciata^{F} esterna

große Innensichel^{F}
major inner reaping throw
grand fauchage^{M} intérieur
gran siega^{F} interior
grande falciata^{F} interna

Halsumklammerung^{F}
naked strangle
étranglement^{M}
estrangulación^{F}
presa^{F} di strangolamento^{M}

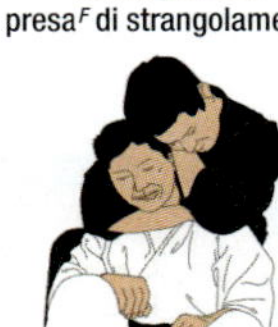

Armhebel^{M}
arm lock
clé^{F} de bras^{M}
inmovilización^{F} de brazo^{M}
presa^{F} a croce^{F}

einarmiger Schulterwurf^{M}
one-arm shoulder throw
projection^{F} d'épaule^{F} par un côté^{M}
proyección^{F} por encima del hombro^{M} con una mano^{F}
proiezione^{F} di spalla^{F} e braccio^{M}

Karate^N

karate | karaté^M | karate^M | karatè^M

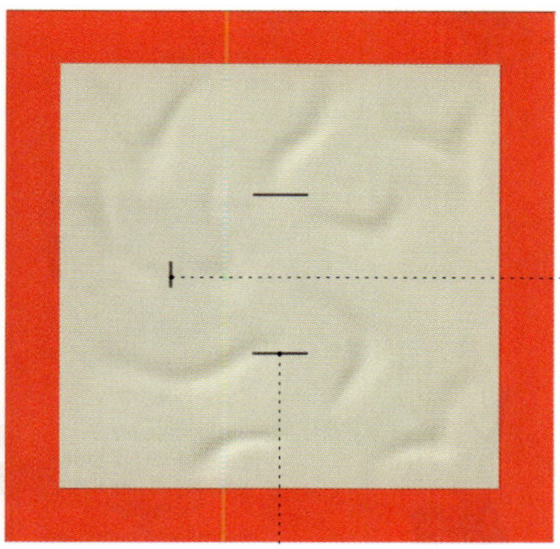

Taekwondo^{N}

taekwondo | taekwondo^{M} | taekwondo^{M} | taekwondo^{M}

Taekwondo^{N}-Ausrüstung^{F}
taekwondo equipment
équipement^{M} de taekwondo^{M}
equipo^{M} de taekwondo^{M}
attrezzatura^{F} da taekwondo^{M}

Kopfschutz^{M}
head guard
casque^{M}
casco^{M}
casco^{M}

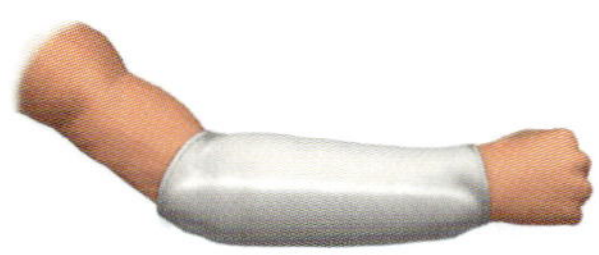

Unterarmschutz^{M}
forearm guard
protège-avant-bras^{M}
protector^{M} para antebrazo^{M}
protezione^{F} dell'avambraccio^{M}

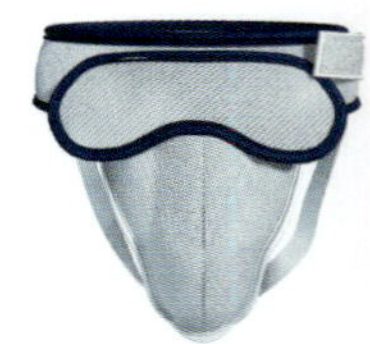

Leistenschutz^{M}
male groin protector
coquille^{F} de protection^{F}
coquilla^{F}
conchiglia^{F} di protezione^{F}

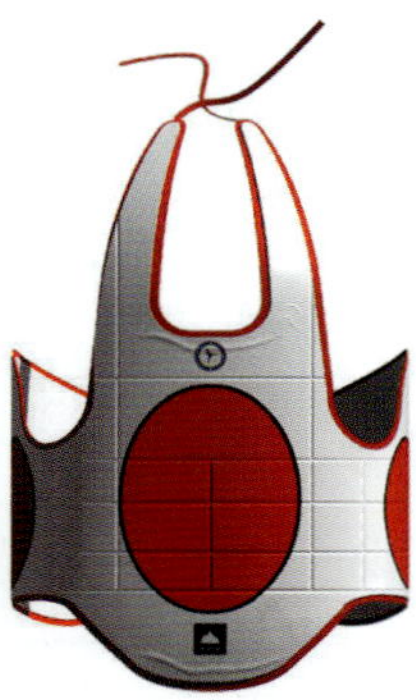

Brustschutz^{M}
chest protector
plastron^{M}
peto^{M}
protezione^{F} del petto^{M}

Gürtel^{M}
belt
ceinture^{F}
cinturón^{M}
cintura^{F}

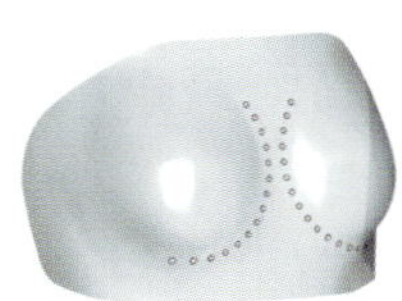

Brustschutz^{M}
breast guard
protège-poitrine^{M}
protección^{F} para pecho^{M}
protezione^{F} del seno^{M}

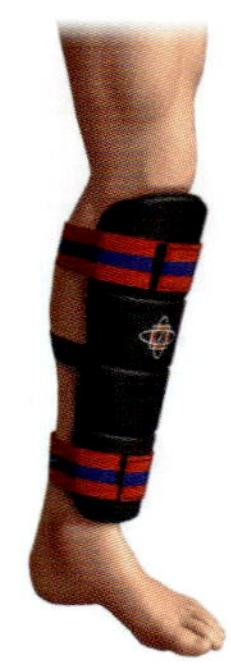

Schienbeinschützer^{M}
shin guard
protège-tibia^{M}
tobillera^{F}
parastinchi^{M}

Leistenschutz^{M} für Frauen^{F}
female groin protector
protecteur^{M} pubien
coquilla^{F} femenina
protezione^{F} per il pube^{M} femminile

Techniken^{F}
techniques
techniques^{F}
técnicas^{F}
tecniche^{F}

Tritt^{M} nach vorne
front kick
coup^{M} de pied^{M} frontal
patada^{F} frontal
calcio^{M} frontale

Grundhaltung^{F}
stance
garde^{F}
guardia^{F}
guardia^{F}

Extension^{F}
extension
extension^{F}
extensión^{F}
estensione^{F}

Blocken^{N}
block
blocage^{M}
bloqueo^{M}
blocco^{M}

seitlicher Tritt^{M} aus der Luft^{F}
flying side kick
coup^{M} de pied^{M} sauté latéral
patada^{F} lateral con salto^{M}
calcio^{M} volante laterale

Kendo^N

kendo | kendo^M | kendo^M | kendo^M

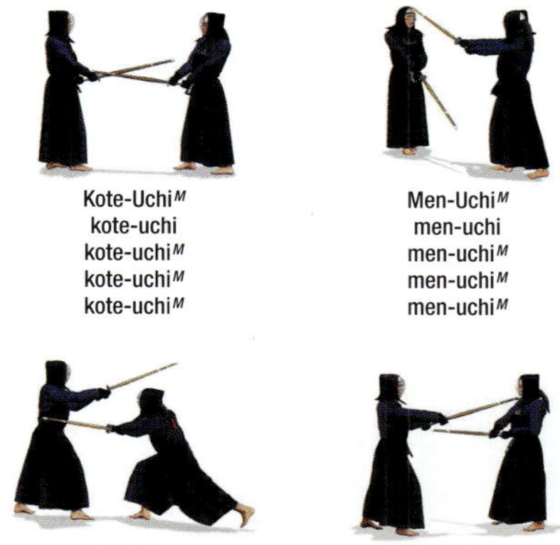

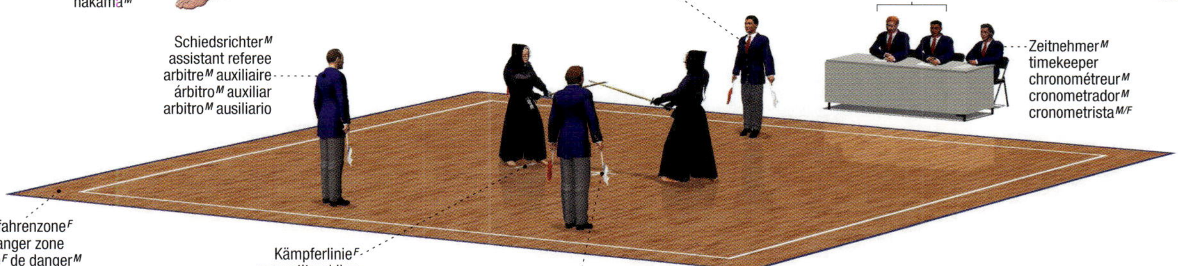

Sumo^N

sumo | sumo^M | sumo^M | sumo^M

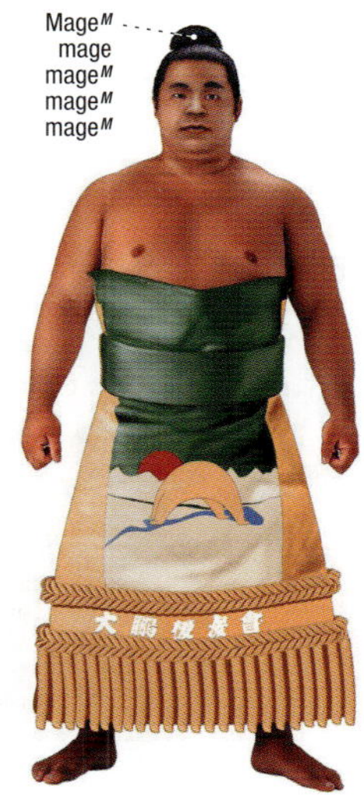

Kung-Fu^{N}

kung fu | kung-fu^{M} | kung fu^{M} | kung fu^{M}

Jujutsu^{N}

ju-jitsu | ju-jitsu^{M} | ju-jitsu^{M} | jujutsu^{M}

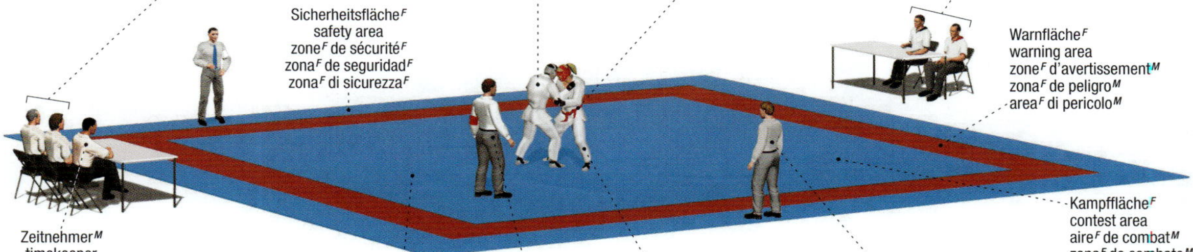

Aikido^{N}

aikido | aïkido^{M} | aikido^{M} | aikido^{M}

Fechtsport[M]

fencing | escrime[F] | esgrima[F] | scherma[F]

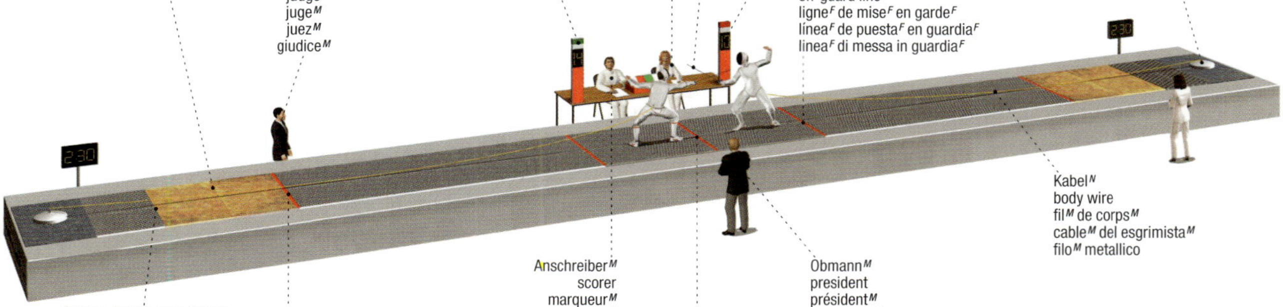

Fechtsport^{M}

Einladungen^{F}
positions
positions^{F}
posiciones^{F}
posizioni^{F}

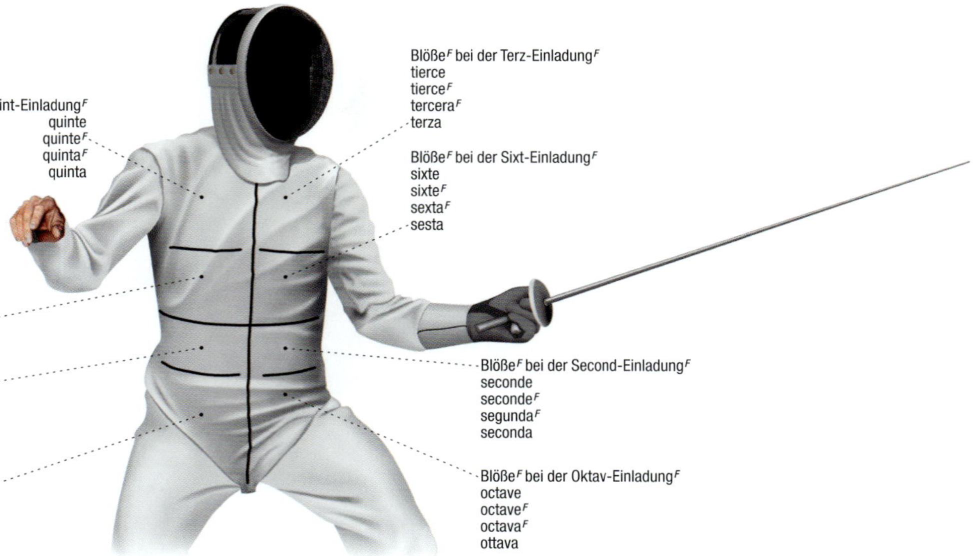

Fechtwaffen^{F}
fencing weapons
armes^{F} d'escrime^{F}
armas^{F} de esgrima^{F}
armi^{M} della scherma^{F}

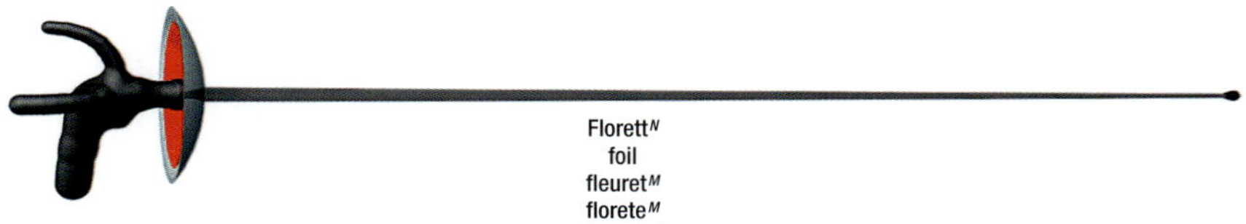

Florett^{N}
foil
fleuret^{M}
florete^{M}
fioretto^{M}

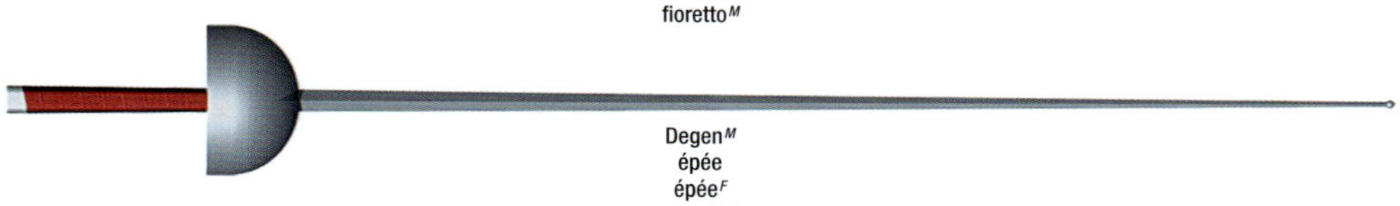

Degen^{M}
épée
épée^{F}
espada^{F}
spada^{F}

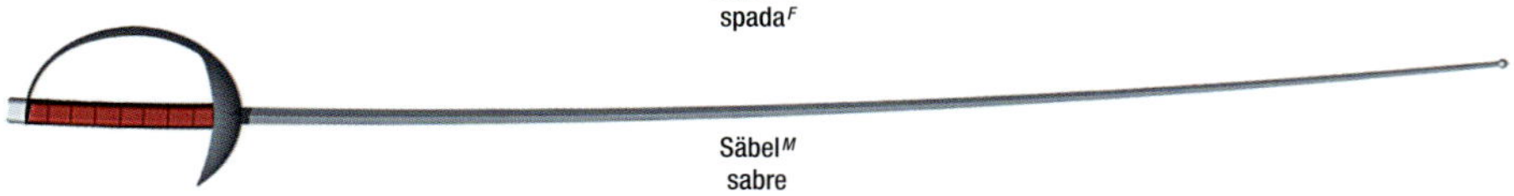

Säbel^{M}
sabre
sabre^{M}
sable^{M}
sciabola^{F}

Teile$^{M/N}$ der Waffe^{F}
parts of the weapon
parties^{F} de l'arme^{F}
partes^{F} del arma^{F}
parti^{F} dell'arma^{F}

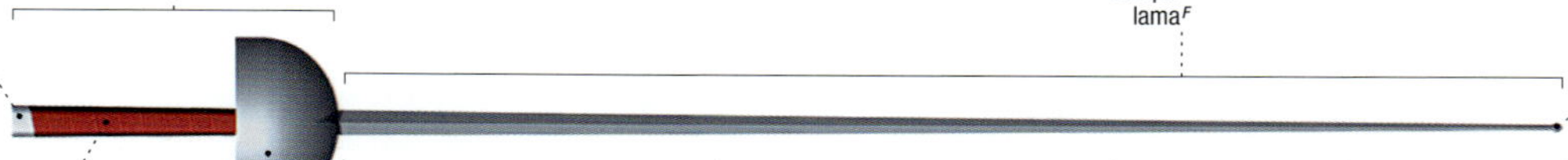

Gewichtheben[N]

weightlifting | haltérophilie[F] | halterofilia[F] | sollevamento[M] pesi[M]

Stoßen[N]
clean and jerk
épaulé[M]-jeté[M]
envión[M]
slancio[M]

Reißen[N]
snatch
arraché[M]
arranque[M]
strappo[M]

Kampffläche[F]
competition area
aire[F] de compétition[F]
zona[F] de competición[F]
area[F] di gara[F]

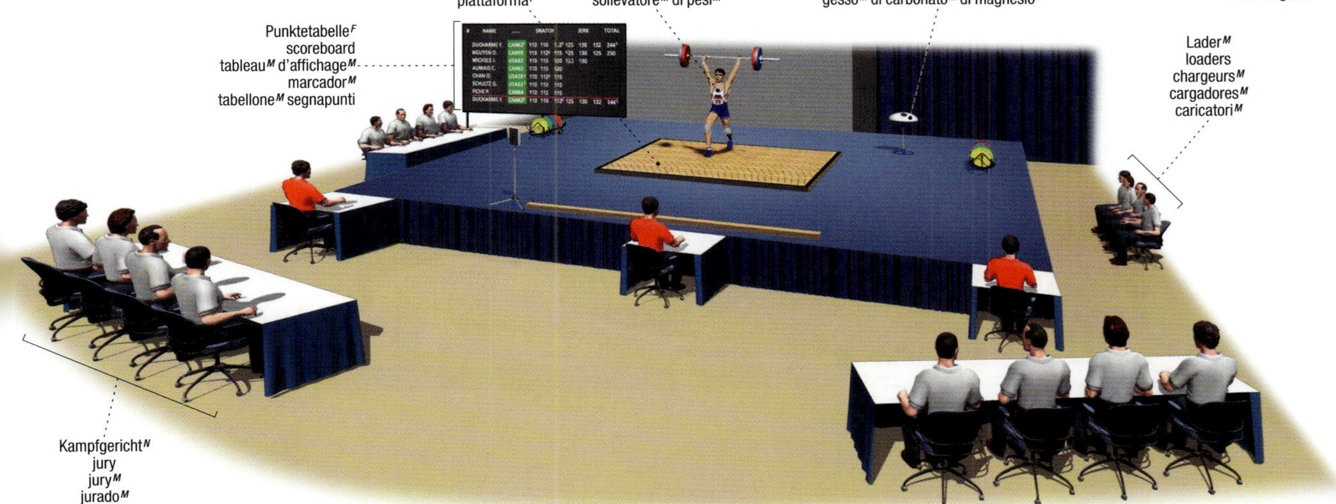

Fitnessgeräte[N]

fitness equipment | appareils[M] de conditionnement[M] physique | aparatos[M] de ejercicios[M] | attrezzi[M] ginnici

Hantel[F]
dumbbell
haltère[M] court
pesas[F]
manubrio[M]

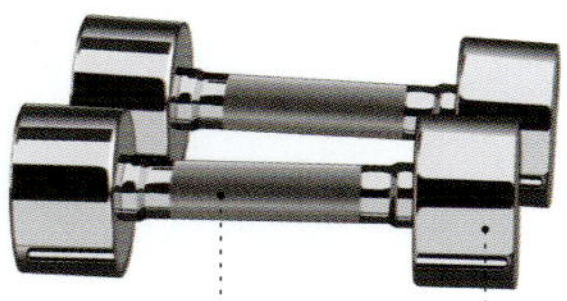

Griff[M]
bar
barre[F]
barra[F]
impugnatura[F]

Gewicht[N]
weight
poids[M]
pesas[F]
peso[M]

Handmuskeltrainer[M]
handgrips
poignées[F] à ressort[M]
empuñaderas[F]
molle[F] a forbice[F]

Fuß-/Handgelenksgewicht[N]
ankle/wrist weight
bracelet[M] lesté
pesas[F] para muñecas[F] y tobillos[M]
cavigliera[F]/polsiera[F]

Springseil[N]
skipping-rope
corde[F] à sauter
cuerda[F]
corda[F]

Expander[M]
chest expander
extenseur[M]
tensores[M] pectorales
estensore[M]

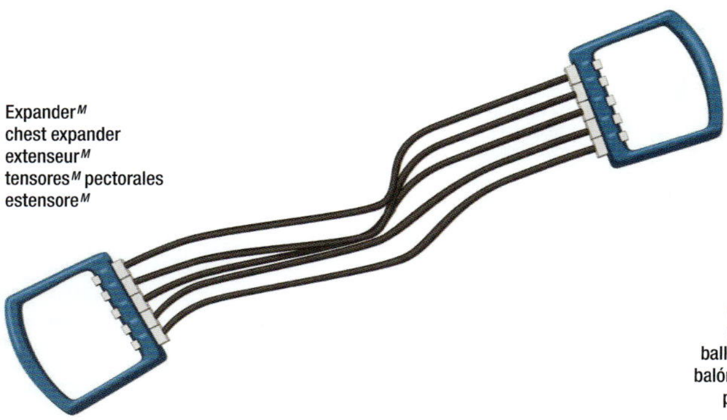

Federstange[F]
twist bar
ressort[M] athlétique
barra[F] de torsión[F]
sbarra[F] pieghevole

Spannfeder[F]
tension spring
ressort[M] de tension[F]
resorte[M] de tensión[F]
molla[F] di tensione[F]

Griff[M]
grip
poignée[F]
empuñadura[F]
impugnatura[F]

Fitnessball[M]
stability ball
ballon[M] d'exercice[M]
balón[M] de ejercicios[M]
palla[F] ginnica

Übungsmatte[F]
exercise mat
tapis[M] d'exercice[M]
esterilla[F]
tappetino[M] ginnico

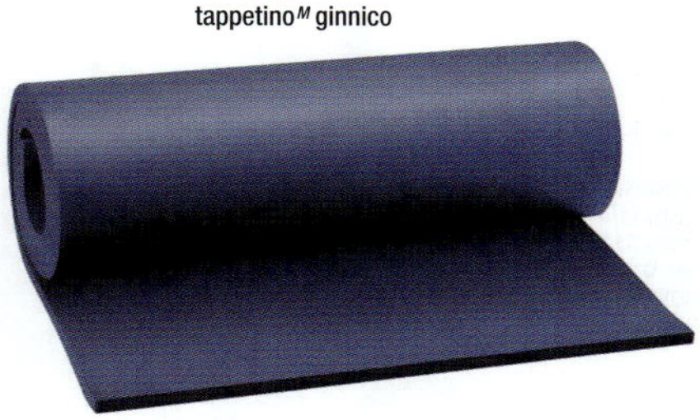

Aerobic Step[M]
aerobics step
marche[F]
step[M] de aeróbic[M]
step[M]

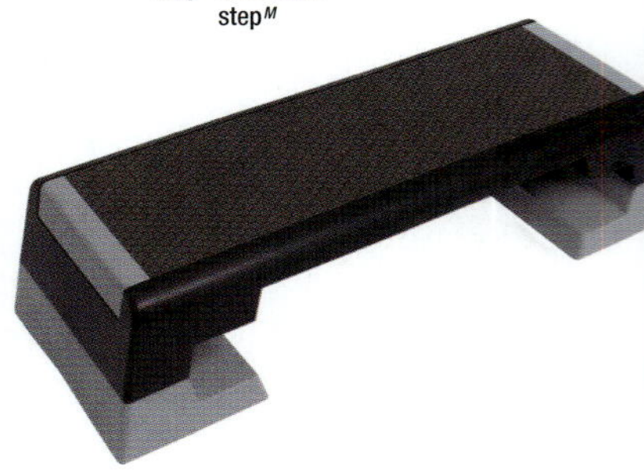

Hantel[F]
barbell
haltère[M] long
haltera[F]
bilanciere[M]

Scheibe[F]
disc
disque[M]
disco[M]
disco[M]

Manschette[F]
collar
collier[M] de serrage[M]
collarín[M]
anello[M] fermadisco

Hantelstange[F]
sleeve
manchon[M]
barra[F]
impugnatura[F]

Stange[F]
bar
barre[F]
barra[F]
sbarra[F]

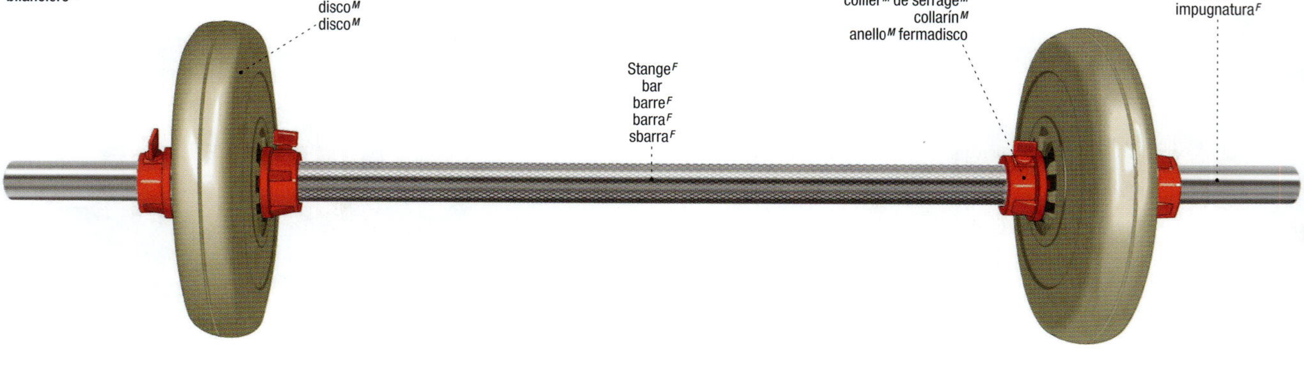

Fitnessgeräte^{N}

Rudergerät^{N}
rowing machine
rameur^{M}
remo^{M}
vogatore^{M}

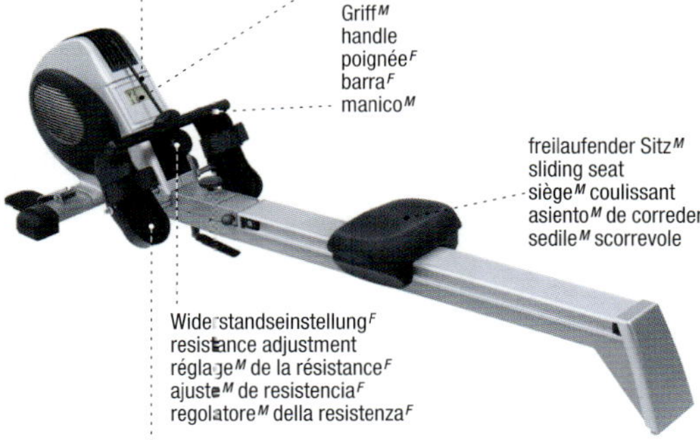

Kette^{F}
chain
chaîne^{F}
cadena^{F}
catena^{F}

Anzeige^{F}
display
écran^{M}
pantalla^{F}
display^{M}

Griff^{M}
handle
poignée^{F}
barra^{F}
manico^{M}

freilaufender Sitz^{M}
sliding seat
siège^{M} coulissant
asiento^{M} de corredera^{F}
sedile^{M} scorrevole

Widerstandseinstellung^{F}
resistance adjustment
réglage^{M} de la résistance^{F}
ajuste^{M} de resistencia^{F}
regolatore^{M} della resistenza^{F}

Fußstütze^{F}
footrest
cale-pied^{M}
reposapiés^{M}
poggiapiedi^{M}

Laufband^{N}
treadmill
tapis^{M} roulant
máquina^{F} de correr
tapis^{M} roulant

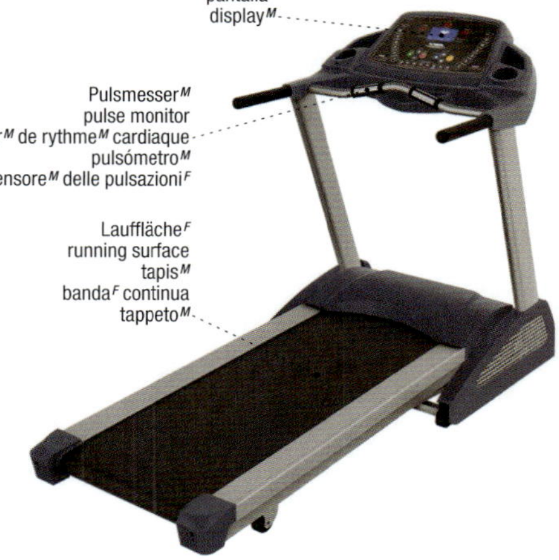

Anzeige^{F}
display
écran^{M}
pantalla^{F}
display^{M}

Pulsmesser^{M}
pulse monitor
capteur^{M} de rythme^{M} cardiaque
pulsómetro^{M}
sensore^{M} delle pulsazioni^{F}

Lauffläche^{F}
running surface
tapis^{M}
banda^{F} continua
tappeto^{M}

Climber^{M}
stepper
simulateur^{M} d'escalier^{M}
escalera^{F}
stepper^{M}

Heimtrainer^{M}
home gym
banc^{M} de musculation^{F}
banco^{M} de musculación^{F}
palestra^{F} da casa^{F}

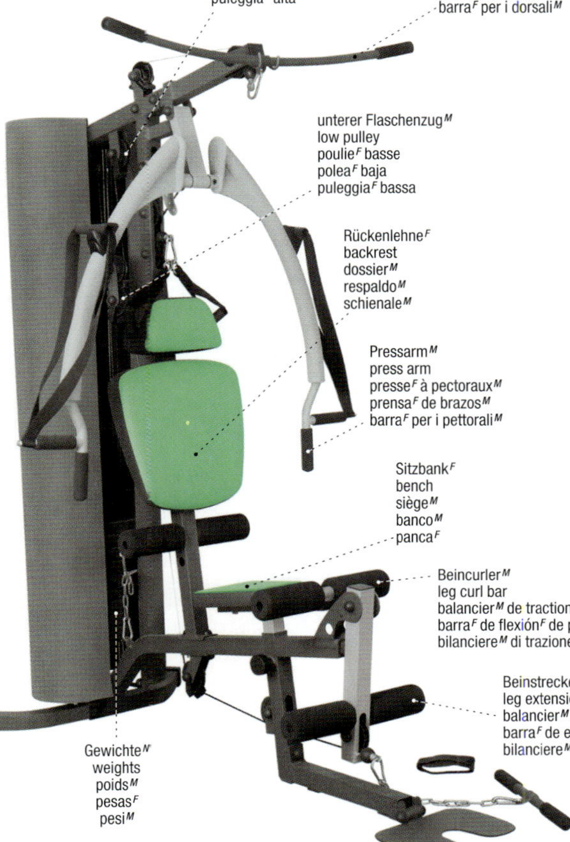

oberer Flaschenzug^{M}
high pulley
poulie^{F} haute
polea^{F} alta
puleggia^{F} alta

Griff^{M} für Latissimus dorsi^{M}
latissimus dorsi bar
barre^{F} à dorsaux^{M}
barra^{F} de dorsales^{F}
barra^{F} per i dorsali^{M}

unterer Flaschenzug^{M}
low pulley
poulie^{F} basse
polea^{F} baja
puleggia^{F} bassa

Rückenlehne^{F}
backrest
dossier^{M}
respaldo^{M}
schienale^{M}

Pressarm^{M}
press arm
presse^{F} à pectoraux^{M}
prensa^{F} de brazos^{M}
barra^{F} per i pettorali^{M}

Sitzbank^{F}
bench
siège^{M}
banco^{M}
panca^{F}

Beincurler^{M}
leg curl bar
balancier^{M} de traction^{F}
barra^{F} de flexión^{F} de piernas^{F}
bilanciere^{M} di trazione^{F}

Beinstreckerzug^{M}
leg extension bar
balancier^{M} d'extension^{F}
barra^{F} de extensión^{F} de piernas^{F}
bilanciere^{M} di estensione^{F}

Gewichte^{N}
weights
poids^{M}
pesas^{F}
pesi^{M}

Heimtrainer^{M}
exercise cycle
vélo^{M} d'exercice^{M}
bicicleta^{F} estática
cyclette^{F}

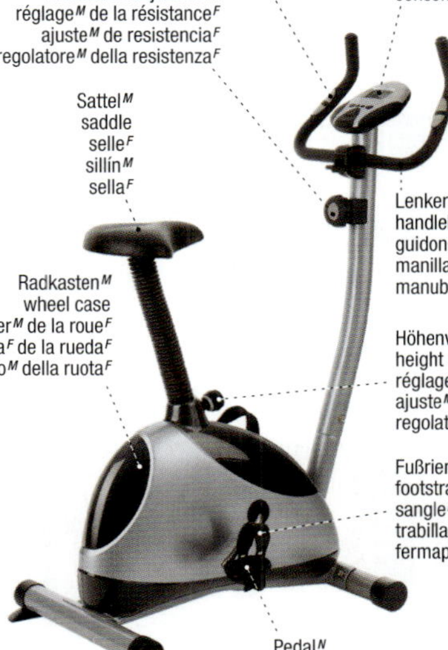

Pulsmesser^{M}
pulse monitor
capteur^{M} de rythme^{M} cardiaque
pulsómetro^{M}
sensore^{M} delle pulsazioni^{F}

elektronische Konsole^{F}
electronic console
tableau^{M} électronique
consola^{F} electrónica
console^{F} elettronica

Widerstandseinstellung^{F}
resistance adjustment
réglage^{M} de la résistance^{F}
ajuste^{M} de resistencia^{F}
regolatore^{M} della resistenza^{F}

Sattel^{M}
saddle
selle^{F}
sillín^{M}
sella^{F}

Lenker^{M}
handlebar
guidon^{M}
manillar^{M}
manubrio^{M}

Radkasten^{M}
wheel case
boîtier^{M} de la roue^{F}
caja^{F} de la rueda^{F}
vano^{M} della ruota^{F}

Höhenverstellung^{F}
height adjustment
réglage^{M} de la hauteur^{F}
ajuste^{M} de altura^{F}
regolatore^{M} dell'altezza^{F}

Fußriemen^{M}
footstrap
sangle^{F}
trabilla^{F} para el pie^{M}
fermapiedi^{M}

Pedal^{N}
pedal
pédale^{F}
pedal^{M}
pedale^{M}

Springreiten^{N}

show jumping | saut^{M} d'obstacle^{M} | salto^{M} de obstáculos^{M} | salto^{M} ostacoli^{M}

Hürden^{F}
obstacles
obstacles^{M}
obstáculos^{M}
ostacoli^{M}

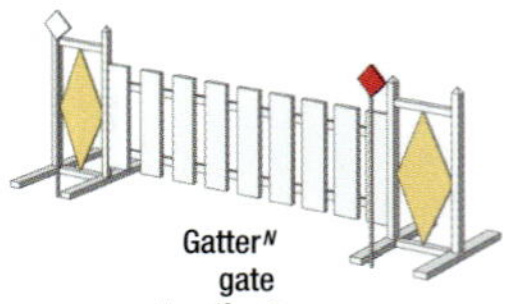

Gatter^{N}
gate
barrière^{F}
barrera^{F}
cancello^{M}

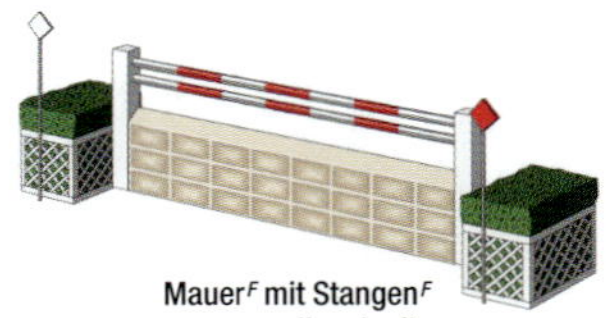

Mauer^{F} mit Stangen^{F}
wall and rails
mur^{M} barré
valla^{F} sobre muro^{M}
muro^{M} con barriere^{F}

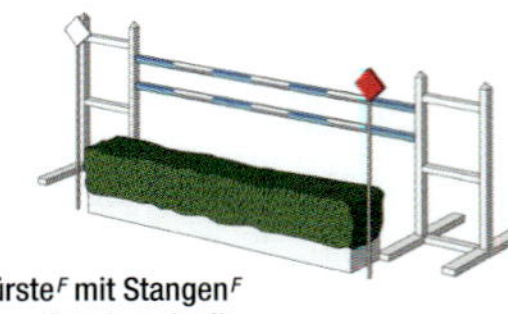

Bürste^{F} mit Stangen^{F}
brush and rails
haie^{F} barrée
valla^{F} sobre seto^{M}
siepe^{F} con barriere^{F}

Pfosten^{M} mit Latte^{F}
planks
palanque^{F}
palancas^{F}
tavole^{F}

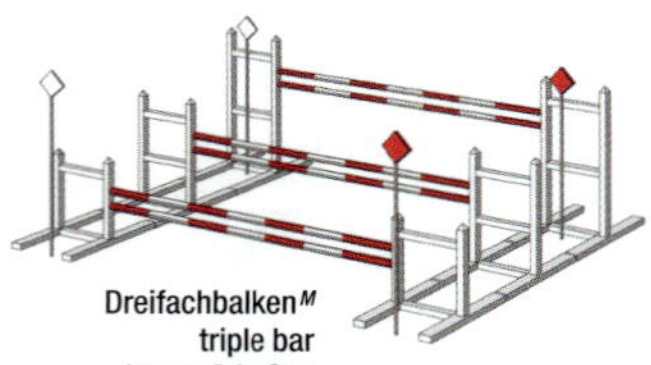

Dreifachbalken^{M}
triple bar
barres^{F} de Spa
triple de barras^{F}
triplice^{F}

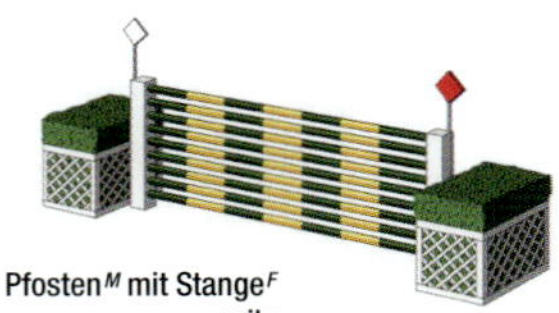

Pfosten^{M} mit Stange^{F}
rails
stationata^{F}
vertical^{M} de barras^{F}
barriere^{F}

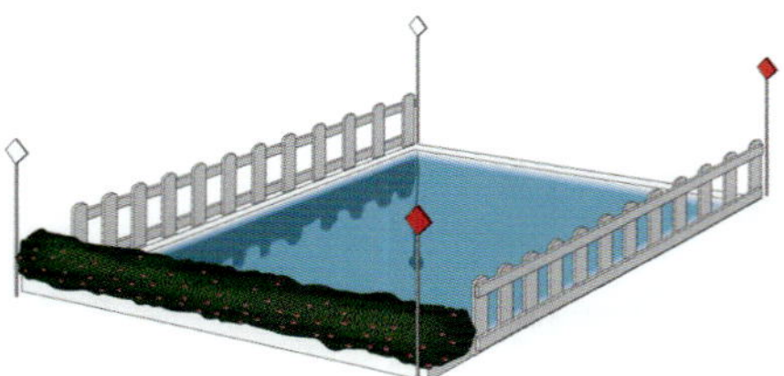

Wassergraben^{M}
water jump
haie^{F} rivière^{F}
ría^{F}
riviera^{F}

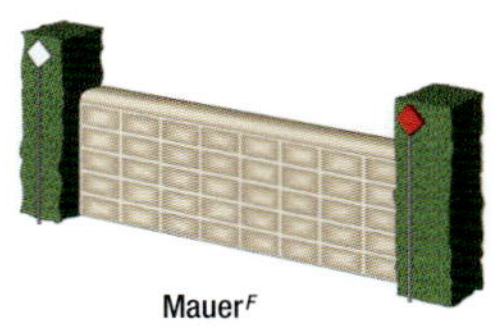

Mauer^{F}
wall
mur^{M}
muro^{M}
muro^{M}

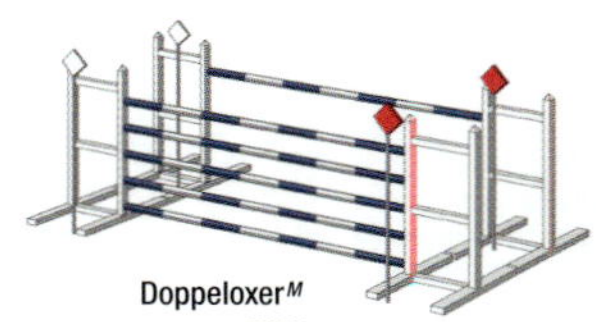

Doppeloxer^{M}
oxer
oxer^{M}
óxer^{M} de barras^{F}
oxer^{M}

Sprungreitparcours^{M}
show-jumping course
parcours^{M} d'obstacles^{M}
pista^{F} para salto^{M} de obstáculos^{M}
campo^{M} di gara^{F}

Hindernisrichter^{M}
obstacle steward
commissaire^{M} aux obstacles^{M}
comisario^{M} de obstáculos^{M}
commissario^{M} di gara^{F} a ostacoli^{M}

Mauer^{F}
wall
mur^{M}
muro^{M}
muro^{M}

Pfosten^{M} mit Latte^{F}
planks
palanque^{F}
palancas^{F}
tavole^{F}

Kombination^{F}
combination
combinaison^{F}
combinación^{F}
combinazione^{F}

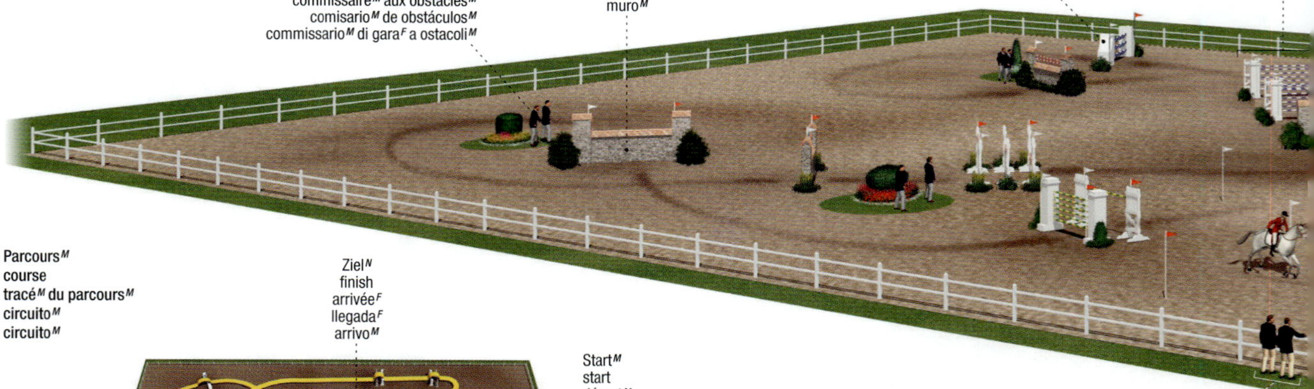

Veterinäre^{M}
veterinary surgeons
vétérinaires^{M}
veterinarios^{M}
veterinari^{M}

Parcours^{M}
course
tracé^{M} du parcours^{M}
circuito^{M}
circuito^{M}

Ziel^{N}
finish
arrivée^{F}
llegada^{F}
arrivo^{M}

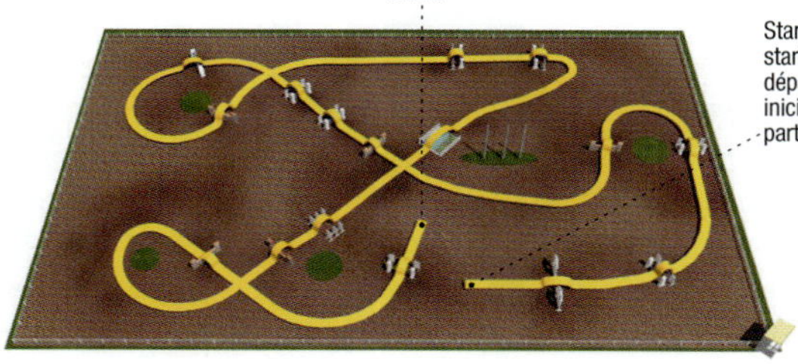

Start^{M}
start
départ^{M}
inicio^{M}
partenza^{F}

Springreiten^{N}

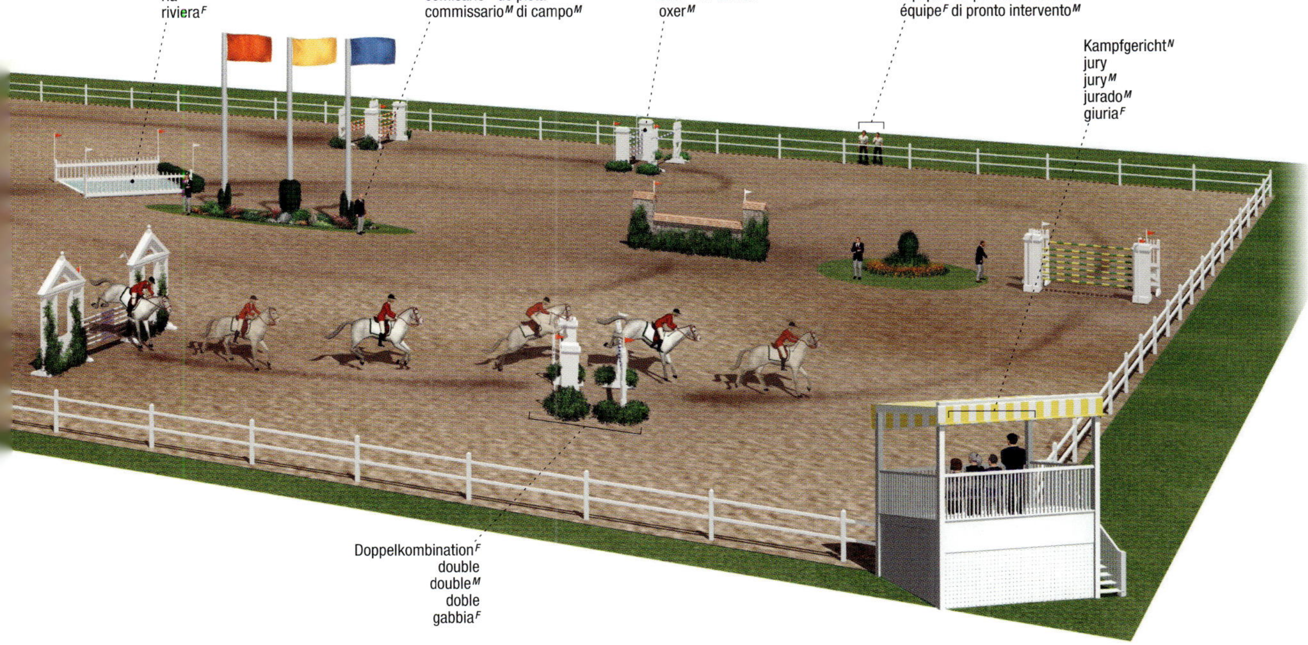

Reiten[N]

riding | équitation[F] | equitación[F] | equitazione[F]

Zaumzeug[N]
bridle
bride[F]
brida[F]
briglia[F]

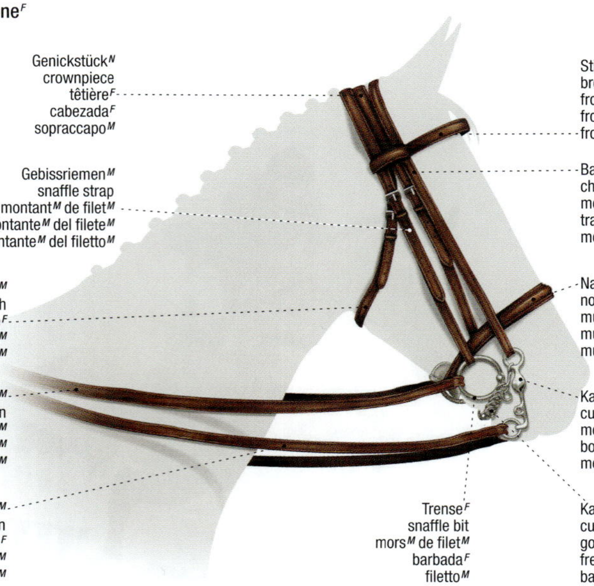

Trensen[F]
snaffle bits
mors[M] de filet[M]
bocados[M] de filete[M]
filetti[M]

Teile[M] einer Trense[F]
snaffle bit parts
parties[F] d'un mors[M] de filet[M]
partes[F] de un bocado[M] de filete[M]
parti[F] del filetto[M]

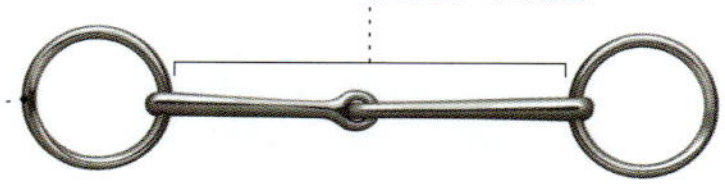

Spielertrense[F]
full cheek snaffle bit with keys
filet[M] à jouets[M]
freno[M] de quijada[F] acodado
filetto[M] con anello[M] e giocattolo[M]

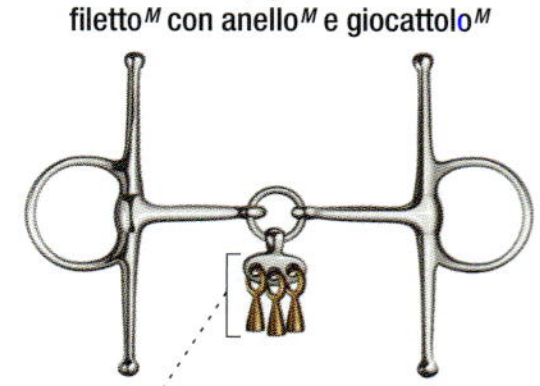

Knebeltrense[F]
full cheek snaffle bit
filet[M] à aiguilles[F]
filete[M] de quijada[F] acodado
filetto[M] ad aste[F]

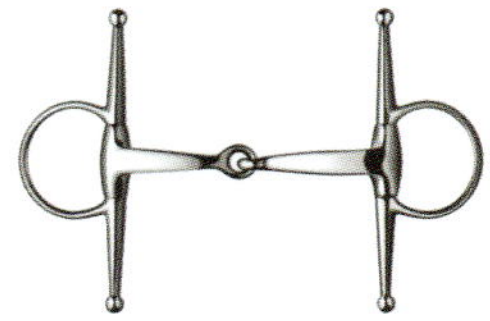

Gummigebiss[N]
rubber snaffle bit
filet[M] en caoutchouc[M]
filete[M] acodado elástico
filetto[M] a D in gomma[F]

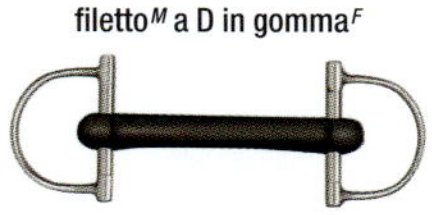

Olivenkopftrense[F]
egg butt snaffle bit
filet[M] à olives[F]
filete[M] ovoide acodado
filetto[M] a oliva[F]

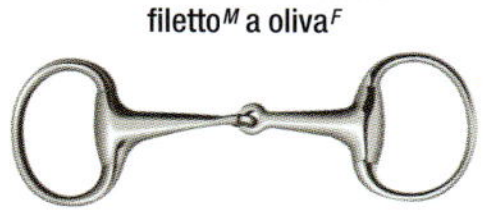

Kandaren[F]
curb bits
mors[M] de bride[F]
bocados[M] con la barbada[F]
morso[M]

Teile[M] einer Kandare[F]
curb bit parts
parties[F] d'un mors[M] de bride[F]
partes[F] de bocado[M] con la barbada[F]
parti[F] del morso[M]

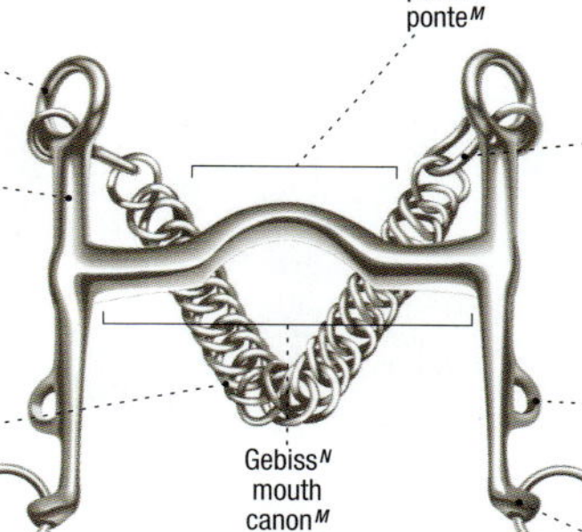

einfache Kandare[F]
sliding cheek bit
mors[M] à pompe[F]
bocado[M] corredizo
morso[M] a pompa[F]

Ellenbogenkandare[F]
Liverpool bit
mors[M] anglais
bocado[M] de codo[M] militar
morso[M] inglese

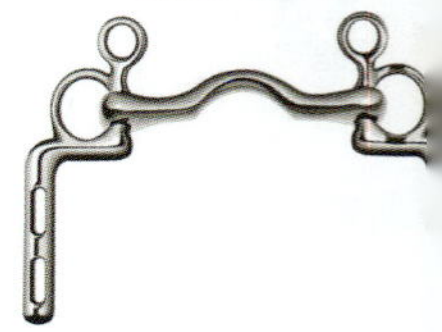

Pelham-Kandare[F]
Pelham bit
mors[M] à canon[M] brisé
bocado[M] articulado
morso[M] Pelham con cannone[M] snodato

Reiten[N]

Sattel[M]
saddle
selle[F]
silla[F] de montar
sella[F]

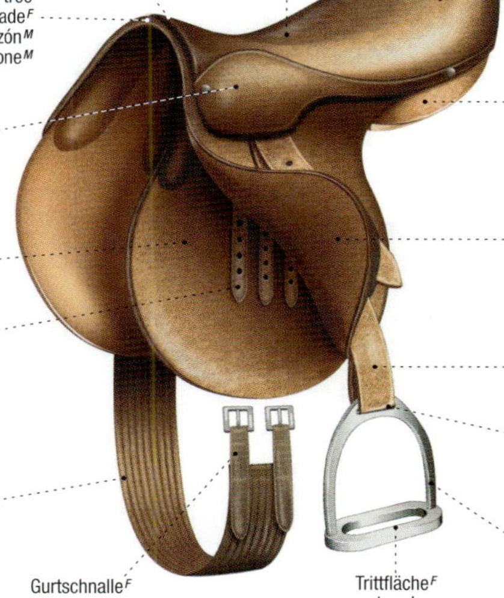

Dressurreiten[N]

dressage | dressage[M] | doma[F] | dressage[M]

Dressurviereck[N]
show ring
piste[F] de compétition[F]
pista[F] de competición[F]
campo[M] di gara[F]

Reiter[M]
rider
cavalière[F]
jinete[M]
cavaliere[M]

Pferderennen^N

horse racing | course^F de chevaux^M | carrera^F de caballos^M | corsa^F di cavalli^M

Rennen^N mit Reiter^M
mounted racing
course^F montée
carrera^F de caballos^M
corsa^F al galoppo^M

Pferderennbahn^F
racetrack
hippodrome^M
hipódromo^M
ippodromo^M

Pferderennen^{N}

Trabrennen^{N}: Traber^{M}
harness racing: trotter
course^{F} attelée : trotteur^{M}
carreras^{F} con arneses^{M} : trotón^{M}
corsa^{F} di trotto^{M} tradizionale: trottatore^{M}

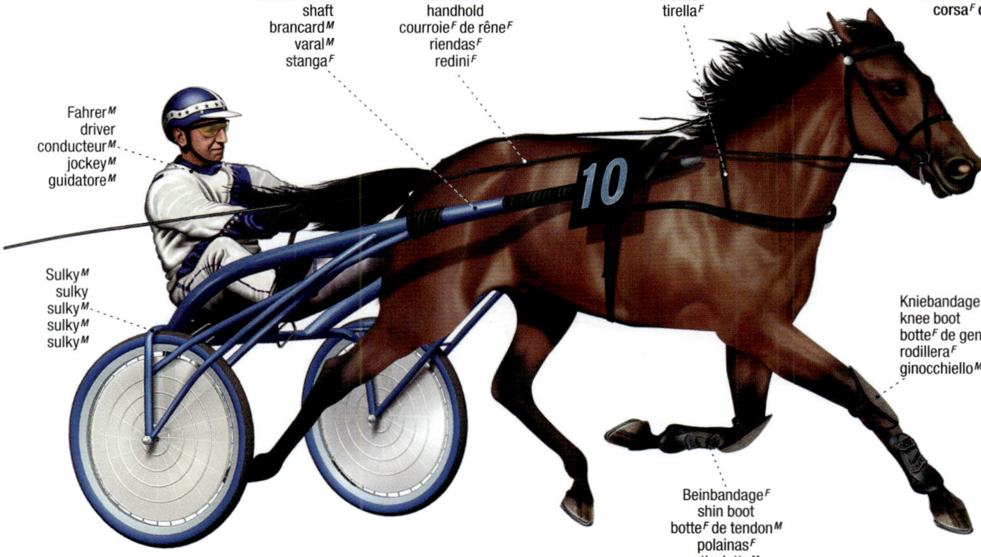

Startwagen^{M}
mobile starting gate
barrière^{F} de départ^{M} mobile
barrera^{F} de salida^{F} móvil
autostarter^{M}

Trabrennen^{N}: Passer^{M}
harness racing: pacer
course^{F} attelée : ambleur^{M}
carreras^{F} con arneses^{M} : caballo^{M} de paso^{M}
corsa^{F} al passo^{M} di ambio^{M}: ambiatore^{M}

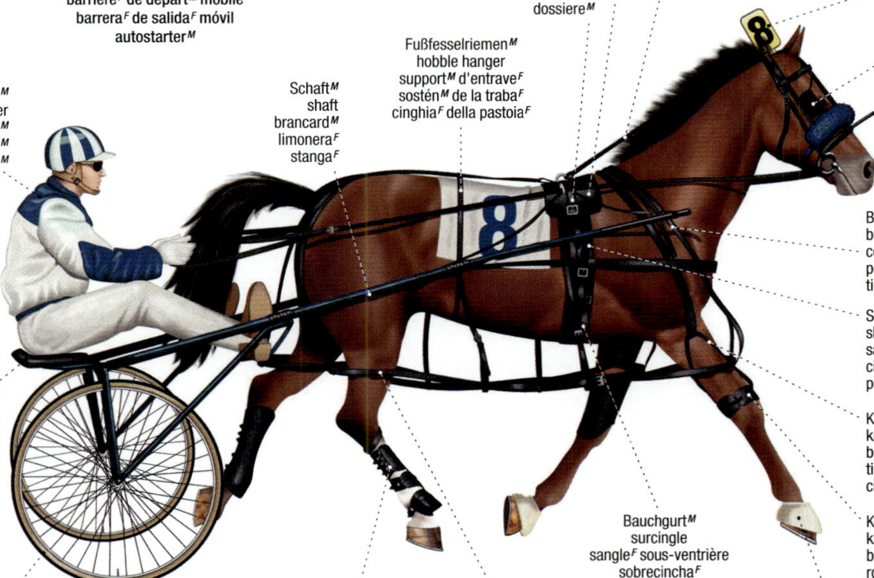

Polo[N]

polo | polo[M] | polo[M] | polo[M]

Reiter[M] und Pferd[N]
rider and horse
cavalier[M] et poney[M]
jinete[M] y poni[M]
cavaliere[M] e cavallo[M]

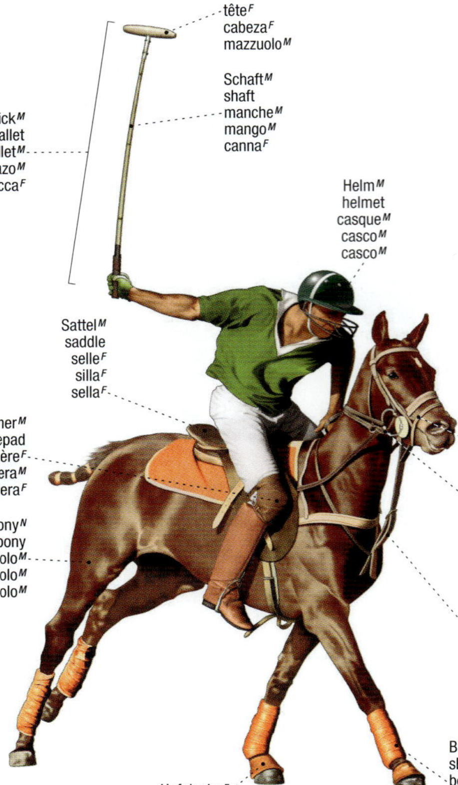

Kopf[M]
head
tête[F]
cabeza[F]
mazzuolo[M]

Schaft[M]
shaft
manche[M]
mango[M]
canna[F]

Stick[M]
mallet
maillet[M]
mazo[M]
stecca[F]

Helm[M]
helmet
casque[M]
casco[M]
casco[M]

Sattel[M]
saddle
selle[F]
silla[F]
sella[F]

Knieschoner[M]
kneepad
genouillère[F]
rodillera[M]
ginocchiera[F]

Polopony[N]
polo pony
poney[M] de polo[M]
poni[M] de polo[M]
cavallo[M] da polo[M]

Nasenriemen[M]
noseband
muserolle[F]
muserola[F]
museruola[F]

Gebissscheibe[F] Gebissstange
bit
mors[M]
freno[M]
imboccatura[F]

Martingal[N]
martingale
martingale[F]
amarra[F]
martingala[F]

Bandage[F]
shin boot
botte[F] de tendon[M]
polaina[F]
stivaletto[F]

Hufglocke[F]
bell boot
cloche[F]
campana[F]
paranocca[M]

Mannschaftsname[M]
team name
nom[M] de l'équipe[F]
nombre[M] del equipo[M]
nome[M] della squadra[F]

Spielerhandikap[N]
player handicap
handicap[M] du joueur[M]
handicap[M] del jugador[M]
handicap[M] del giocatore[M]

Mannschaftshandikap[N]
team handicap
handicap[M] de l'équipe[F]
handicap[M] del equipo[M]
handicap[M] della squadra[F]

Handikaptafel[F]
handicaps board
tableau[M] des handicaps[M]
tablero[M] de los handicaps[M]
tabellone[M] degli handicap[M]

Poloball[M]
polo ball
balle[F] de polo[M]
pelota[F] de polo[M]
palla[F] da polo[M]

Uhr[F]
time clock
horloge[F]
reloj[M]
orologio[M]

Polofeld[N]
polo field
terrain[M] de polo[M]
campo[M] de polo[M]
campo[M] di polo[M]

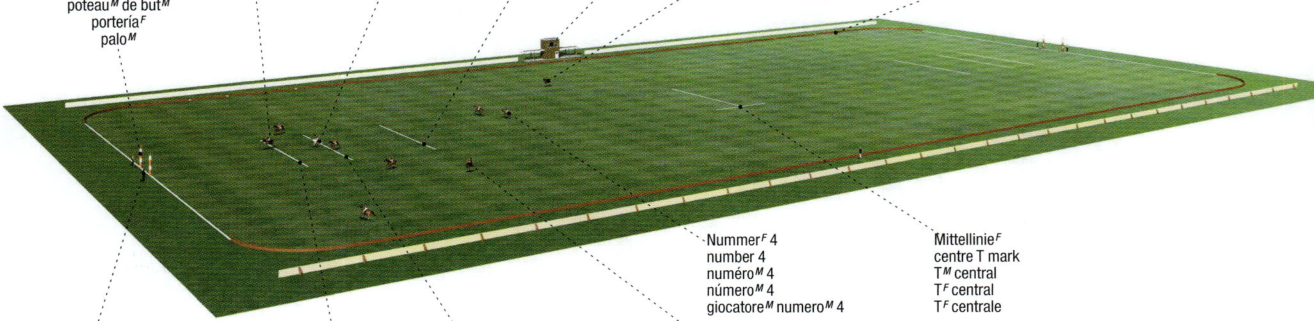

Nummer[F] 1
number 1
numéro[M] 1
número[M] 1
giocatore[M] numero[M] 1

54-m-Linie[F]
54 m line
ligne[F] des 54 m
línea[F] de los 54 m
linea[F] dei 54 metri[M]

Turm[M]
tower
tour[F]
torre[F]
torretta[F]

Nummer[F] 2
number 2
numéro[M] 2
número[M] 2
giocatore[M] numero[M] 2

berittener Schiedsrichter[M]
mounted umpire
arbitre[M] à cheval[M]
árbitro[M] a caballo[M]
arbitro[M] a cavallo[M]

Seitenlinie[F]
sideline
ligne[F] de touche[F]
línea[F] de banda[F]
linea[F] laterale

Torpfosten[M]
goalpost
poteau[M] de but[M]
portería[F]
palo[M]

Nummer[F] 4
number 4
numéro[M] 4
número[M] 4
giocatore[M] numero[M] 4

Mittellinie[F]
centre T mark
T[M] central
T[F] central
T[F] centrale

Torrichter[M]
goal judge
juge[M] de but[M]
juez[M] de meta[F]
giudice[M] arbitro[M]

27-m-Linie[F]
27 m line
ligne[F] des 27 m
línea[F] de los 27 m
linea[F] dei 27 metri[M]

36-m-Linie[F]
36 m line
ligne[F] des 36 m
línea[F] de los 36 m
linea[F] dei 36 metri[M]

Nummer[F] 3
number 3
numéro[M] 3
número[M] 3
giocatore[M] numero[M] 3

Bogenschießen[N]

archery | tir[M] à l'arc[M] | tiro[M] con arco[M] | tiro[M] con l'arco[M]

Pfeil[M]
arrow
flèche[F]
flecha[F]
freccia[F]

Schaft[M]
shaft
fût[M]
flecha[F]
asta[F]

Steuerfedern[F]
fletching
empennage[M]
pluma[F] de dirección[F]
impennaggio[M]

Pfeilspitze[F]
point
pointe[F]
punta[F]
punta[F]

Nocke[F]
nock
encoche[F]
muesca[F]
cocca[F]

Bogenschütze[M]
archer
archer[M]
arquero[M]
arciere[M]

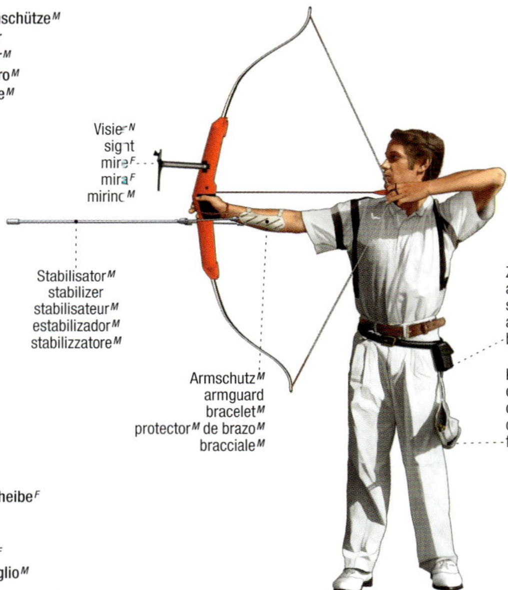

Visier[N]
sight
mire[F]
mira[F]
mirino[M]

Stabilisator[M]
stabilizer
stabilisateur[M]
estabilizador[M]
stabilizzatore[M]

Armschutz[M]
armguard
bracelet[M]
protector[M] de brazo[M]
bracciale[M]

Zubehörtasche[F]
accessory pouch
sac[M] pour accessoires[M]
accesorios[M]
borsetta[F] per gli attrezzi[M]

Köcher[M]
quiver
carquois[M]
carcaj[M]
faretra[F]

Stabbogen[M]
bare bow
arc[M] droit
arco[M] recto
arco[M] nudo

Kompositbogen[M]
compound bow
arc[M] à poulies[F]
arco[M] de poleas[F]
arco[M] composto

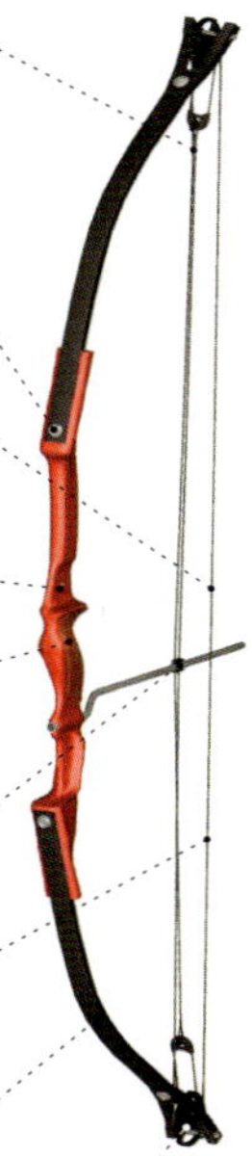

Spannkabel[N]
tensioning wire
câble[M]
cable[M]
cavo[M]

Aufsetzbacke[F]
mounting bracket
écrou[M] de montage[M]
alza[F]
vite[F] di fissaggio[M]

Nockenpunkt[M]
nocking point
point[M] d'encochage[M]
punto[M] de inserción[F]
punto[M] di incocco[M]

Pfeilstütze[F]
arrow rest
appui[M]-flèche[F]
soporte[M] de flecha[F]
poggiafreccia[M]

Griff[M]
grip
poignée[F]
empuñadura[F]
impugnatura[F]

Spannkabelhalter[M]
cable guard
espaceur[M] de câbles[M]
cable[M] de dirección[F]
distanziatore[M]

Bogensehne[F]
bowstring
corde[F]
cuerda[F]
corda[F]

Bogenarm[M]
limb
branche[F]
brazo[M] elástico
braccio[M] flessibile

Rolle[F]
wheel
poulie[F]
polea[F]
puleggia[F]

Zielscheibe[F]
target
cible[F]
diana[F]
bersaglio[M]

Mouche[F]
bull's-eye
centre[M]
centro[M] de la diana[F]
centro[M]

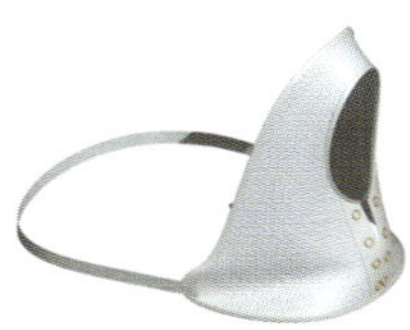

Brustschutz[M]
chest protector
plastron[M]
protector[M] pectoral
protezione[F] del petto[M]

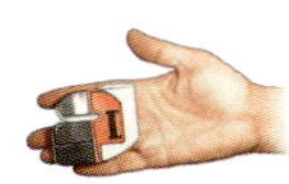

Fingerschutz[M]
finger tab
protège-doigts[M]
dactilera[F]
paradita[M]

Wettkampffeld[N]
shooting range
aire[F] de compétition[F]
campo[M] de tiro[M]
campo[M] di tiro[M]

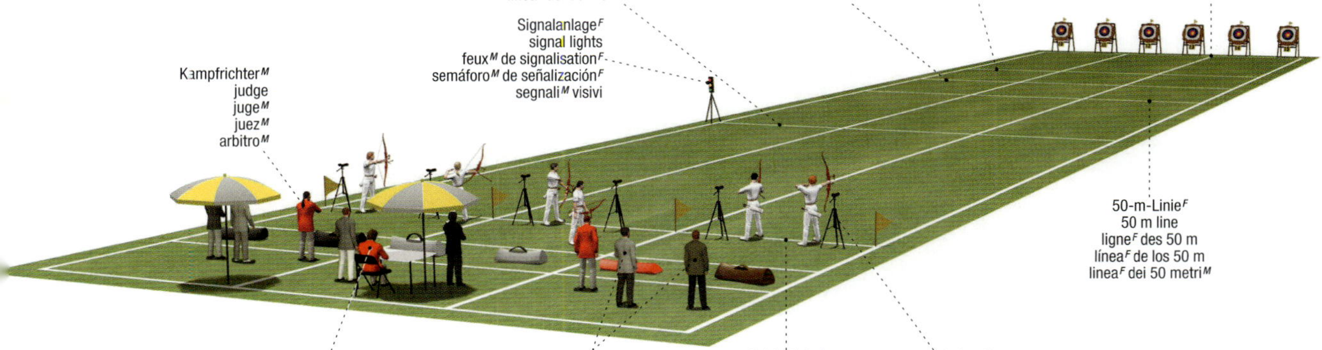

30-m-Linie[F]
30 m line
ligne[F] des 30 m
línea[F] de los 30 m
linea[F] dei 30 metri[M]

60-m-Linie[F]
60 m line
ligne[F] des 60 m
línea[F] de los 60 m
linea[F] dei 60 metri[M]

70-m-Linie[F]
70 m line
ligne[F] des 70 m
línea[F] de los 70 m
linea[F] dei 70 metri[M]

90-m-Linie[F]
90 m line
ligne[F] des 90 m
línea[F] de los 90 m
linea[F] dei 90 metri[M]

Signalanlage[F]
signal lights
feux[M] de signalisation[F]
semáforo[M] de señalización[F]
segnali[M] visivi

Kampfrichter[M]
judge
juge[M]
juez[M]
arbitro[M]

50-m-Linie[F]
50 m line
ligne[F] des 50 m
línea[F] de los 50 m
linea[F] dei 50 metri[M]

Schießleiter[M]
director of shooting
directeur[M] des tirs[M]
director[M] de tiros[M]
direttore[M] dei tiri[M]

Punktrichter[M]
scorers
marqueurs[M]
marcadores[M]
segnapunti[M]

Schießlinie[F]
shooting line
ligne[F] de tir[M]
línea[F] de tiro[M]
linea[F] di tiro[M]

Teleskop[N]
telescope
lunette[F] d'approche[F]
telescopio[M]
telescopio[M]

Wurftaubenschießen^{N}

shotgun shooting | tir^{M} au fusil^{M} | tiro^{M} al plato^{M} | tiro^{M} con fucile^{M}

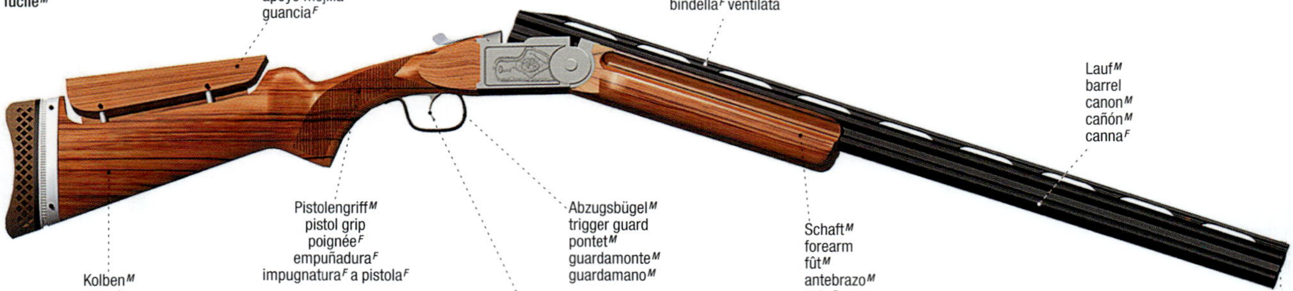

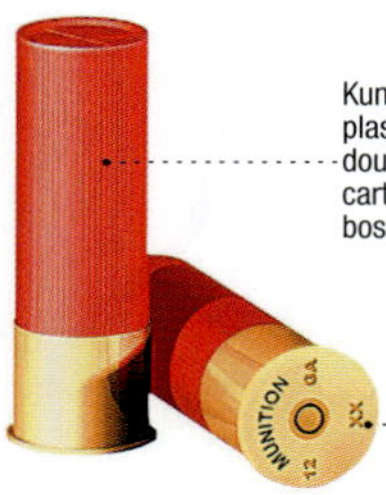

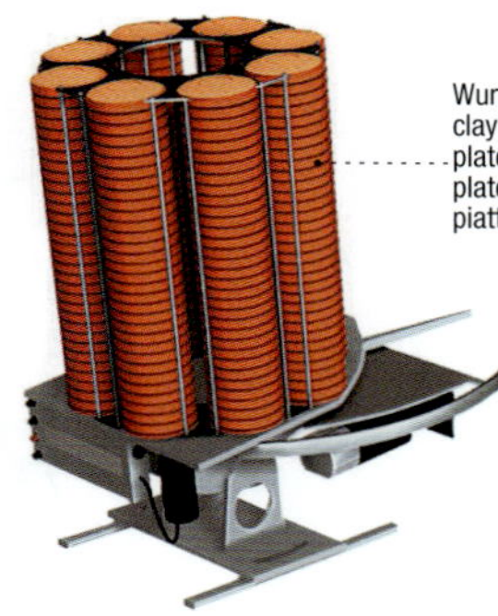

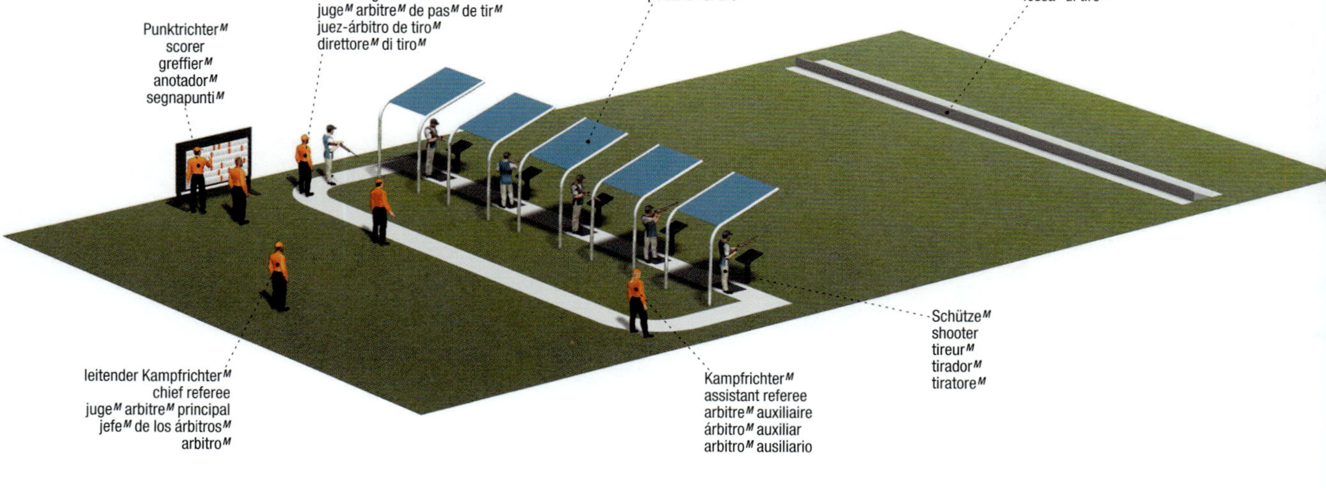

Gewehrschießen[N]

rifle shooting | tir[M] à la carabine[F] | tiro[M] al blanco[M] | tiro[M] con carabina[F]

Kleinkalibergewehr[N]
.22 rifle
carabine[F] 22
carabina[F] 22
carabina[F] calibro[M] 22

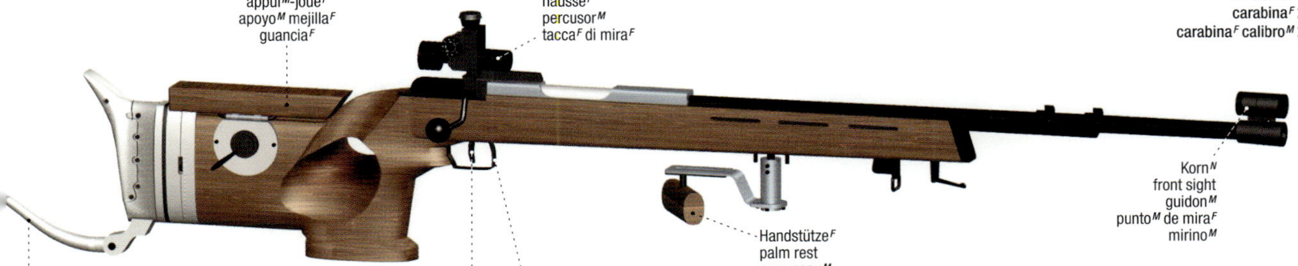

Backe[F]
cheek piece
appui[M]-joue[F]
apoyo[M] mejilla[F]
guancia[F]

Kimme[F]
rear sight
hausse[F]
percusor[M]
tacca[F] di mira[F]

Korn[N]
front sight
guidon[M]
punto[M] de mira[F]
mirino[M]

Handstütze[F]
palm rest
pommeau[M]
empuñadura[F]
pomo[M]

Haken[M]
hock
crochet[M]
gancho[M]
sperone[M]

Abzug[M]
trigger
détente[F]
gatillo[M]
grilletto[M]

Abzugsbügel[M]
trigger guard
pontet[M]
guardamonte[M]
guardamano[M]

Schießpositionen[F]
shooting positions
positions[F] de tir[M]
posiciones[M] de tiro[M]
posizioni[F] di tiro[M]

kniender Anschlag[M]
kneeling position
position[F] à genoux[M]
posición[F] de rodillas[F]
posizione[F] in ginocchio[M]

stehender Anschlag[M]
standing position
position[F] debout
posición[F] de pie[M]
posizione[F] in piedi[M]

Patronen[F]
cartridges
cartouches[F]
cartuchos[M]
cartucce[F]

liegender Anschlag[M]
prone position
position[F] couchée
posición[F] supina
posizione[F] a terra[F]

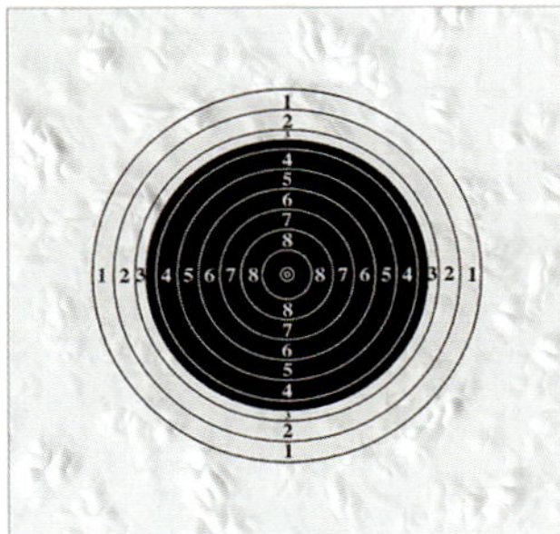

Zielscheibe[F]
target
cible[F]
blanco[M]
bersaglio[M]

Pistolenschießen[N]

pistol shooting | tir[M] au pistolet[M] | tiro[M] de pistola[F] | tiro[M] con pistola[F]

Luftpistole[F]
air pistol
pistolet[M] à air[M] comprimé
pistola[F] de aire[M] comprimido
pistola[F] ad aria[F] compressa

8-mm-Pistole[F]
8 mm pistol
pistolet[M] 8 mm
pistola[F] de 8 mm
pistola[F] da 8 mm

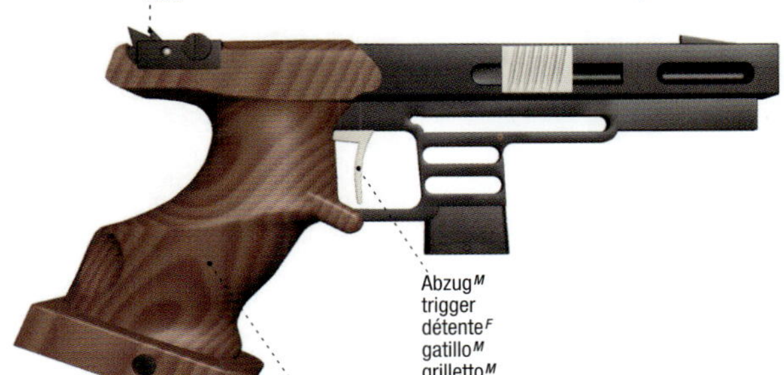

Hahn[M]
hammer
chien[M]
percusor[M]
cane[M]

Abzug[M]
trigger
détente[F]
gatillo[M]
grilletto[M]

Schaft[M]
stock
crosse[F]
culata[F]
calcio[M]

Ohrenschützer[M]
ear muffs
casque[M] antibruit
cascos[M] antirruido
paraorecchie[M]

Schutzbrille[F]
eyeglasses
lunettes[F]
gafas[F] de protección[F]
occhiali[M] protettivi

Billard[N]

billiards | billard[M] | billar[M] | biliardo[M]

Karambolagebillard[N]
carom billiards
billard[M] français
billar[M] francés
biliardo[M] per carambola[F]

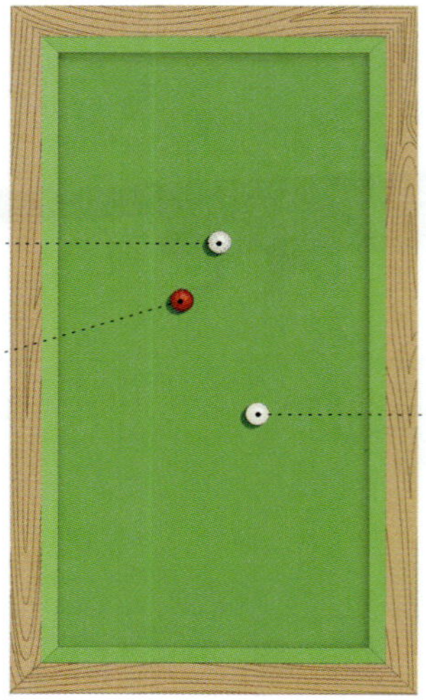

Pool[N]
pool
billard[M] pool
pool[M]
pool[M]

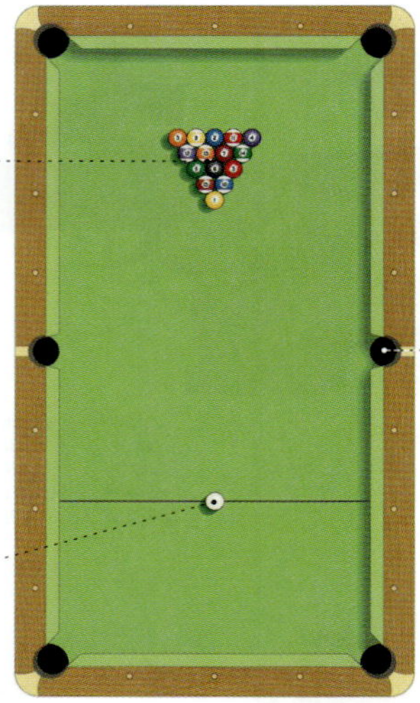

Billardtisch[M]
billiards table
table[F] de billard[M]
mesa[F] de billar[M]
tavolo[M] da biliardo[M]

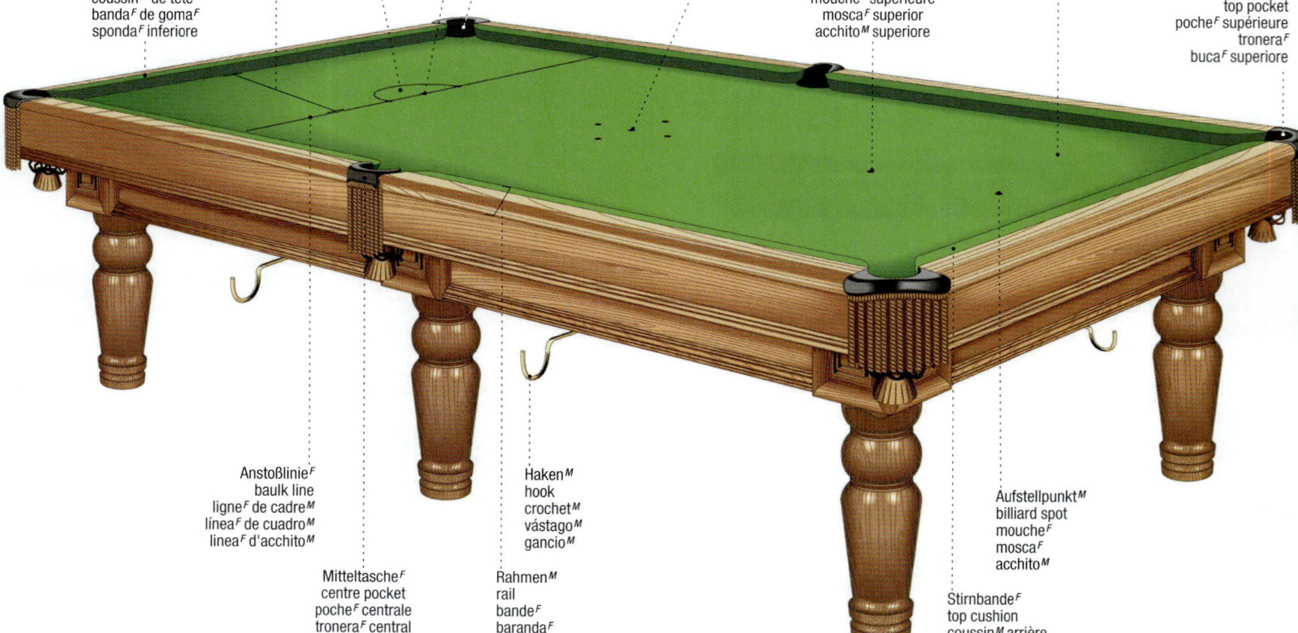

Billard^{N}

Snooker^{N}
snooker
snooker^{M}
snooker^{M}
snooker^{M}

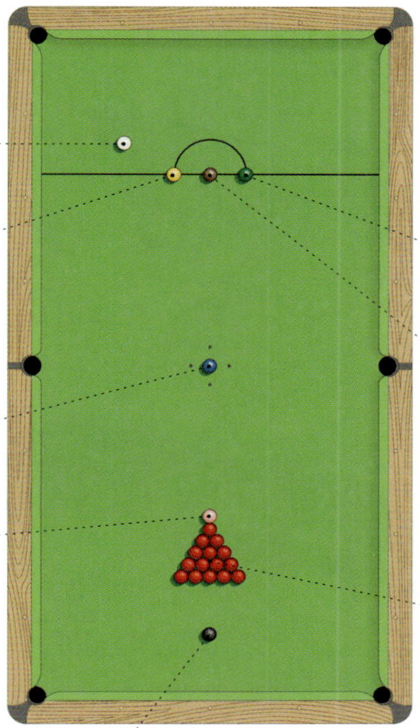

Lochbillard^{N}
English billiards
billard^{M} anglais
billar^{M} inglés
biliardo^{M} inglese

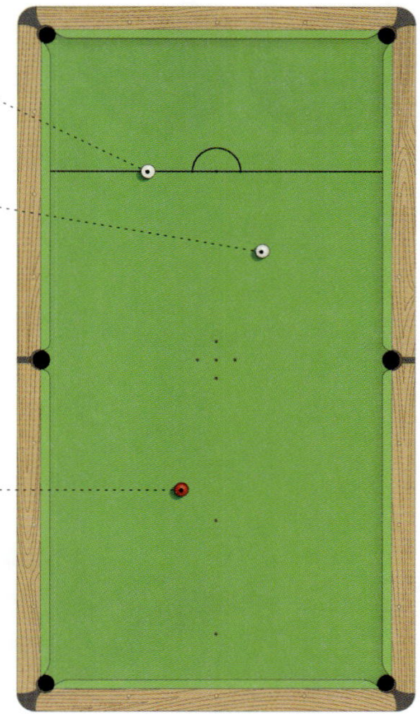

Dreieck^{N}
rack
triangle^{M}
triángulo^{M}
triangolo^{M}

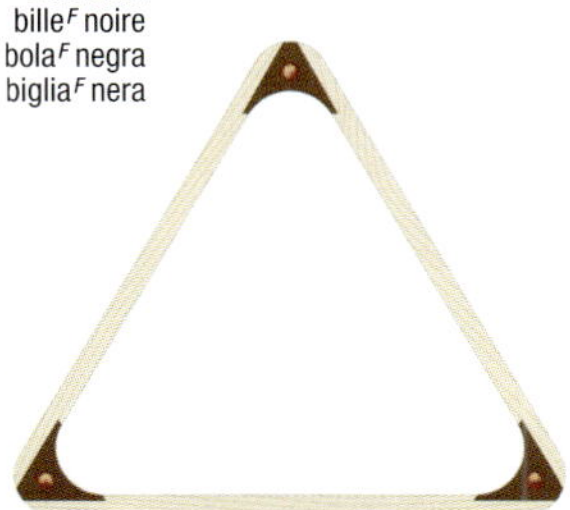

Kreide^{F}
chalk
craie^{F}
tiza^{F}
gessetto^{M}

Billardqueue$^{N/M}$
billiard cue
queue^{F} de billard^{M}
taco^{M} de billar^{M}
stecca^{F}

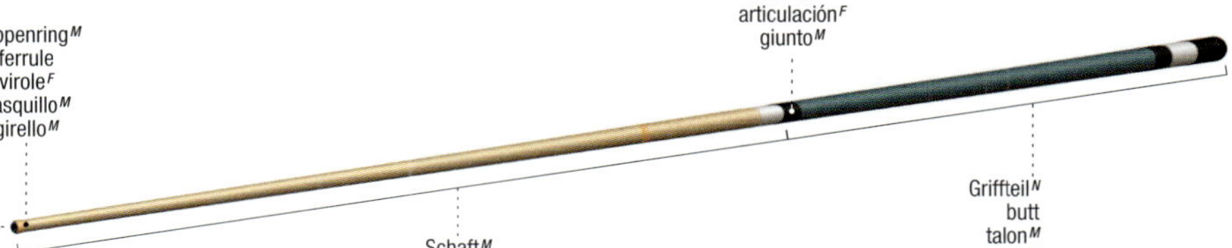

Steg^{M}
bridge
râteau^{M}
burra^{F}
strega^{F}

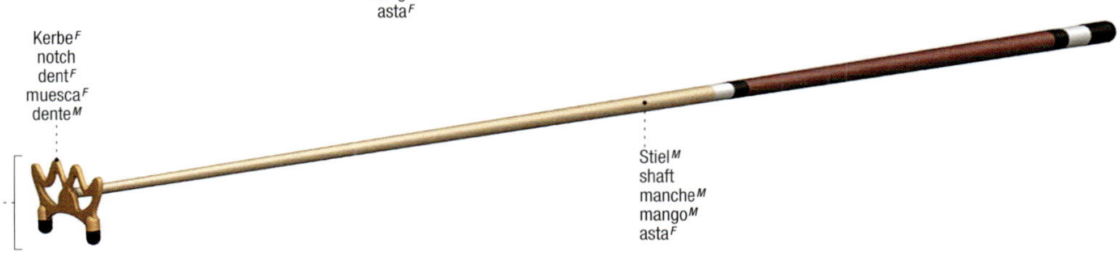

Boule^{N}

lawn bowling | boulingrin^{M} | bolos^{M} sobre hierba^{F} | bowling^{M} su prato^{M}

Kugeln^{F}
bowls
boules^{F}
bolos^{M}
bocce^{F}

Zielkugel^{F}
jack
cochonnet^{M}
boliche^{M}
pallino^{M}

Schießen^{N}
delivery
technique^{F} du lancer^{M}
lanzamiento^{M}
lancio^{M}

Schwungholen^{N}
forward swing
élan^{M}
impulso^{M} de lanzamiento^{M}
slancio^{M} in avanti

Aufsetzen^{N}
delivery
lancer^{M}
lanzamiento^{M}
lancio^{M}

Abwurf^{M}
follow-through
accompagnement^{M}
seguimiento^{M} de la bola^{F}
accompagnamento^{M}

Grün^{N}
green
pelouse^{F}
bolera^{F}
campo^{M}

Punktrichter^{M}
marker
marqueur^{M}
marcador^{M}
segnapunti^{M}

Matte^{F}
mat
tapis^{M}
esterilla^{F} de lanzamiento^{M}
tappetino^{M} in gomma^{F}

Ausbereich^{M}
dead bowl area
zone^{F} de boule^{F} morte
calle^{F}
area^{F} di fuorigioco^{M}

Abwurfstelle^{F}
rink
surface^{F} de jeu^{M}
pista^{F}
corsia^{F} di gioco^{M}

Schiedsrichter^{M}
umpire
arbitre^{M}
árbitro^{M}
arbitro^{M}

Graben^{M}
ditch
rigole^{F}
cuneta^{F}
fossato^{M}

Bande^{F}
bank
muret^{M}
bordillo^{M}
sponda^{F}

Pétanque^{N}

pétanque | pétanque^{F} | petanca^{F} | pétanque^{F}

Pétanque^{N}-Spielfeld^{N}
pétanque playing field
terrain^{M} de pétanque^{F}
campo^{M} de petanca^{F}
campo^{M} da pétanque^{F}

Schiedsrichter^{M}
referee
arbitre^{M}
árbitro^{M}
arbitro^{M}

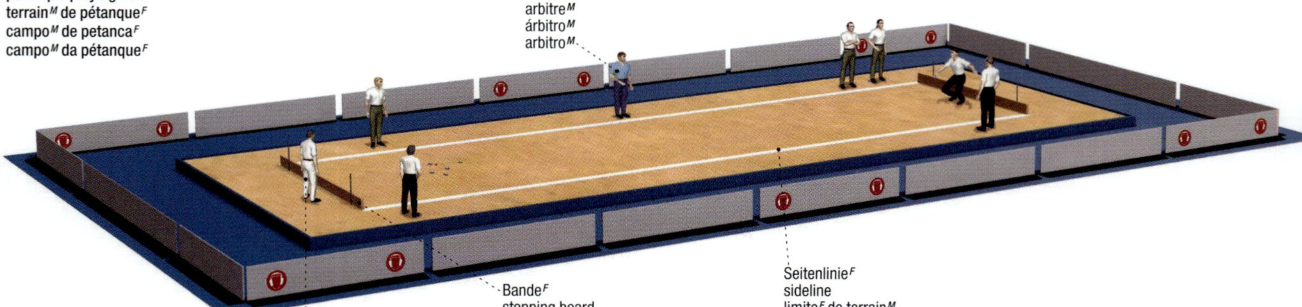

Punktrichter^{M}
scorer
marqueur^{M}
anotador^{M}
segnapunti^{M}

Bande^{F}
stopping board
planche^{F} d'arrêt^{M}
tabla^{F} de parada^{F}
tavola^{F} di arresto^{M}

Seitenlinie^{F}
sideline
limite^{F} de terrain^{M}
línea^{F} de juego^{M}
linea^{F} laterale

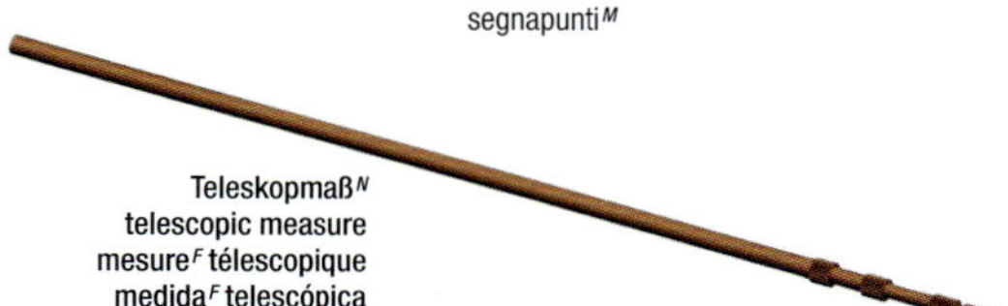

Teleskopmaß^{N}
telescopic measure
mesure^{F} télescopique
medida^{F} telescópica
bacchetta^{F} telescopica

Zielkugel^{F}
jack
cochonnet^{M}
boliche^{M}
pallino^{M}

Pétanque^{N}-Kugel^{F}
pétanque bowl
boule^{F} de pétanque^{F}
bola^{F} de petanca^{F}
boccia^{F} da pétanque^{F}

SPORT UND SPIELE

Bowling^{N}

bowling | jeu^{M} de quilles^{F} | juego^{M} de bolos^{M} | bowling^{M}

Beispiele^{N} für Kegel^{M}
examples of pins
exemples^{M} de quilles^{F}
ejemplos^{M} de bolos^{M}
esempi^{M} di birilli^{M}

Duckpin^{M}
duckpin
Dauphine^{F} américaine
bolo^{M} chico
birillo^{M} americano

Zehnerpin^{M}
tenpin
grosse quille^{F}
bolo^{M}
birillo^{M} grosso

Candlepin^{M}
candlepin
quille^{F} chandelle^{F}
bolo^{M} cilíndrico
birillo^{M} a candela^{F}

Fünferpin^{M}
fivepin
petite quille^{F}
bolo^{M} pequeño
birillo^{M} piccolo

Duckpin^{M}
duckpin
Dauphine^{F} canadienne
bolo^{M} chico
birillo^{M} canadese

Bowlingschuh^{M}
bowling shoe
chaussure^{F} de quilles^{F}
zapatos^{M} para bolos^{M}
scarpa^{F} da bowling^{M}

Bowlingkugel^{F}
bowling ball
boule^{F} de quilles^{F}
bola^{F}
boccia^{F}

Aufstellung^{F}
set-up
quillier^{M}
disposición^{F} de los bolos^{M}
disposizione^{F} dei birilli^{M}

Vordereckpin^{M}
headpin
quille^{F}-reine^{F}
bolo^{M} delantero
birillo^{M} centrale

Pin^{M}
pin
quille^{F}
bolo^{M}
birillo^{M}

Gasse^{F}
pocket
poche^{F}
separación^{F} entre bolos^{M}
spazio^{M}

Bowlingbahn^{F}
bowling lane
allée^{F} de quilles^{F}
pista^{F} de bolos^{M}
pista^{F} da bowling^{M}

Kugelrücklaufkasten^{M}
ball return
monte-boules^{M}
devolvedor^{M}
ritornabocce^{M}

Bowlerin^{F}
female bowler
quilleuse^{F}
jugadora^{F} de bolos^{M}
lanciatrice^{F}

Punktekonsole^{F}
score-console
tableau^{M} marqueur^{M}
marcador^{M}
console^{F} del punteggio^{M}

Kontrollkonsole^{F}
keyboard
clavier^{M}
teclado^{M}
tastiera^{F}

Kugel^{F}
ball
boule^{F}
bola^{F}
boccia^{F}

Kugelträger^{M}
ball stand
boulier^{M}
stand^{M} de bolos^{M}
corsia^{F} d'appoggio^{M}

Aufstellmaschine^{F}
set-up
quillier^{M}
disposición^{F} de los bolos^{M}
riposizionatore^{M} automatico

Bowler^{M}
male bowler
quilleur^{M}
jugador^{M} de bolos^{M}
lanciatore^{M}

Grube^{F}
pit
fosse^{F} de réception^{F}
foso^{M} de recepción^{F}
fossa^{F} di recupero^{M}

Rinne^{F}
gutter
dalot^{M}
canal^{M}
canale^{M}

Anlaufstrecke^{F}
approach
piste^{F} d'élan^{M}
antepista^{F}
zona^{F} di lancio^{M}

Foullinie^{F}
foul line
ligne^{F} de jeu^{M}
línea^{F} de lanzamiento^{M}
linea^{F} di fallo^{M}

Golfspiel^{N}

golf | golf^{M} | golf^{M} | golf^{M}

Golfplatz^{M}
golf course
parcours^{M} de golf^{M}
campo^{M} de golf^{M}
percorso^{M} da golf^{M}

Loch^{N}
hole
trou^{M}
zona^{F} del hoyo^{M}
buca^{F}

Klubhaus^{N}
clubhouse
pavillon^{M}
casa^{F} club^{M}
circolo^{M}

Übungsgrün^{N}
practice green
vert^{M} d'entraînement^{M}
green^{M} de entrenamiento^{M}
campo^{M} di allenamento^{M}

Bunker^{M}
sand bunker
fosse^{F} de sable^{M}
foso^{M} de arena^{F}
bunker^{M} di sabbia^{F}

Grün^{N}
green
vert^{M}
green^{M}
green^{M}

Weg^{M}
path
chemin^{M}
vereda^{F}
stradina^{F}

Fairway^{N}
fairway
allée^{F}
pista^{F}
fairway^{M}

Teich^{M}
pond
étang^{M}
estanque^{M}
stagno^{M}

Bäume^{M}
trees
arbres^{M}
árboles^{M}
alberi^{M}

Rau^{N}
rough
herbe^{F} longue
maleza^{F}
rough^{M}

Abschlagplatz^{M}
teeing ground
tertre^{M} de départ^{M}
punto^{M} de salida^{F}
piazzola^{F} di partenza^{F}

Wasserhindernis^{N}
water hazard
obstacle^{M} d'eau^{F}
trampa^{F} de agua^{F}
ostacolo^{M} d'acqua^{F}

Löcher^{N}
holes
trous^{M}
hoyos^{M}
buche^{F}

Par^{N}-3-Loch^{N}
par 3 hole
trou^{M} de normale^{F} 3
hoyo^{M} de par 3
buca^{F} par 3

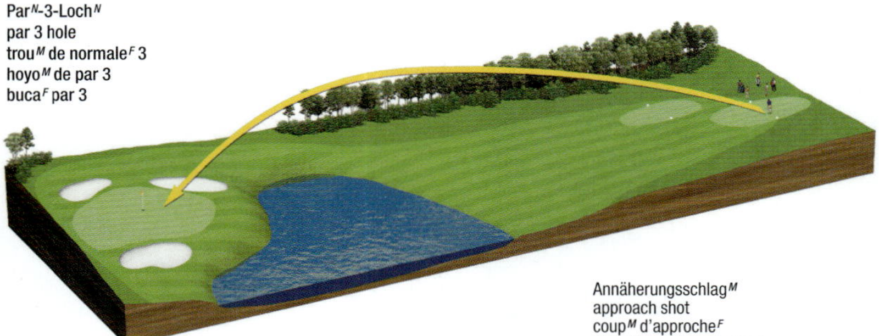

Par^{N}-4-Loch^{N}
par 4 hole
trou^{M} de normale^{F} 4
hoyo^{M} de par 4
buca^{F} par 4

Abschlag^{M}
tee shot
coup^{M} de départ^{M}
tee^{M} de salida^{F}
colpo^{M} di partenza^{F}

Annäherungsschlag^{M}
approach shot
coup^{M} d'approche^{F}
golpe^{M} de aproximación^{F}
colpo^{M} d'approccio^{M}

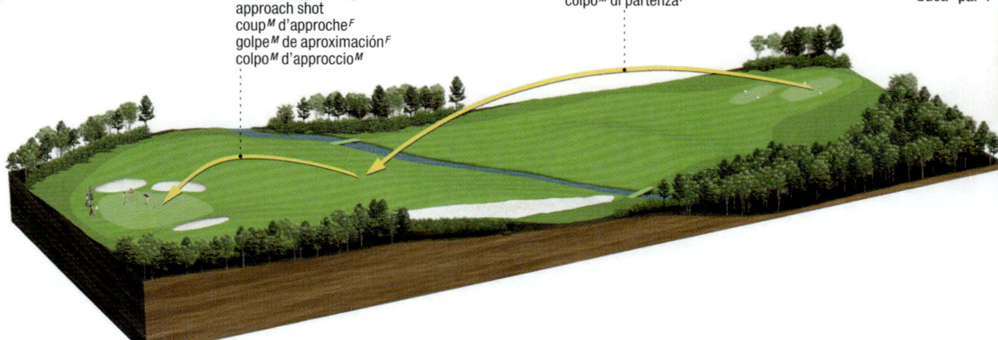

Golfspiel[N]

Golfball[M]
golf ball
balle[F] de golf[M]
pelota[F] de golf[M]
palla[F]

Arten[F] von Golfschläger[M]

types of golf club
types[M] de bâtons[M] de golf[M]
bastones[M]
tipi[M] di mazze[F]

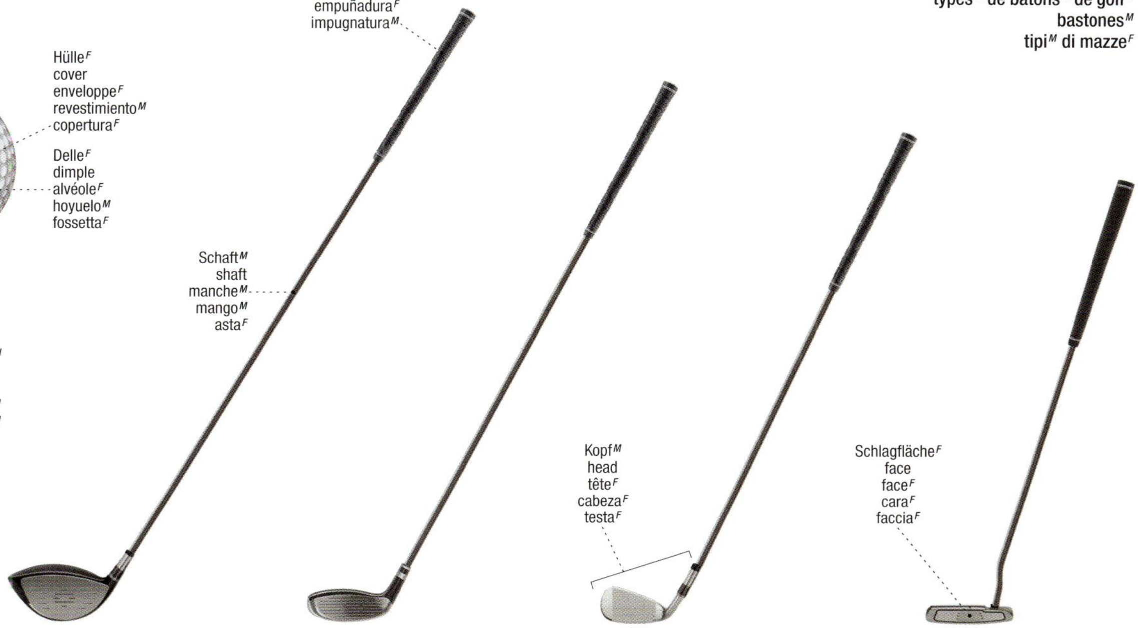

Holzschläger[M]
wood
bois[M]
madera[F]
legno[M]

Hybridschläger[M]
hybrid
hybride[M]
híbrido[M]
ibrido[M]

Eisenschläger[M]
iron
fer[M]
hierro[M]
ferro[M]

Putter[M]
putter
fer[M] droit
putter[M]
putter[M]

Löcher[N]

Par[N]-5-Loch[N]
par 5 hole
trou[M] de normale[F] 5
hoyo[M] de par 5
buca[F] par 5

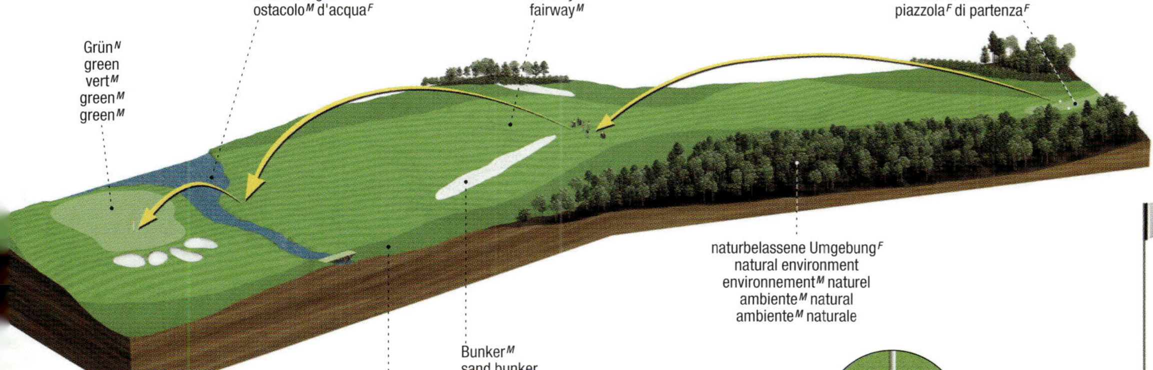

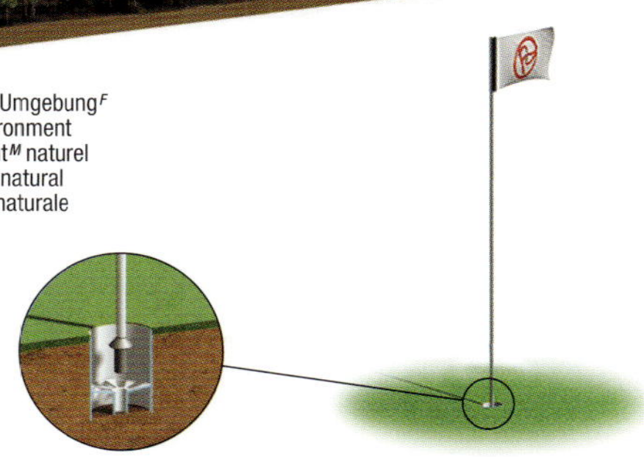

Loch[N]
hole
trou[M]
hoyo[M]
buca[F]

umsetzbare Flagge[F]
removable flag pole
drapeau[M] amovible
banderín[M] móvil
bandiera[F] rimovibile

Golfspiel^{N}

Holz^{N}
wood
bois^{M}
palo^{M}
legno^{M}

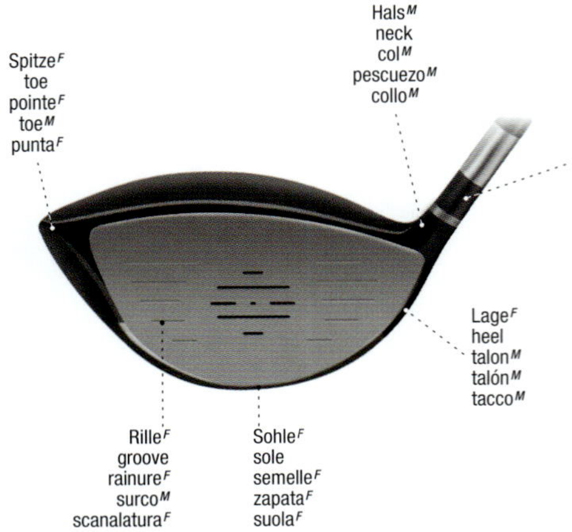

Eisen^{N}
iron
fer^{M}
hierro^{M}
ferro^{M}

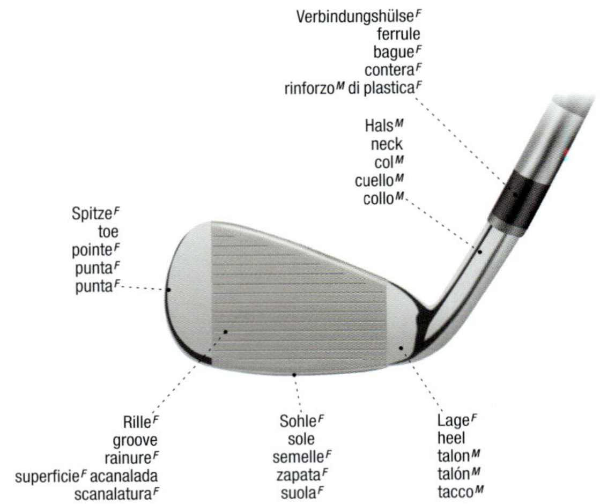

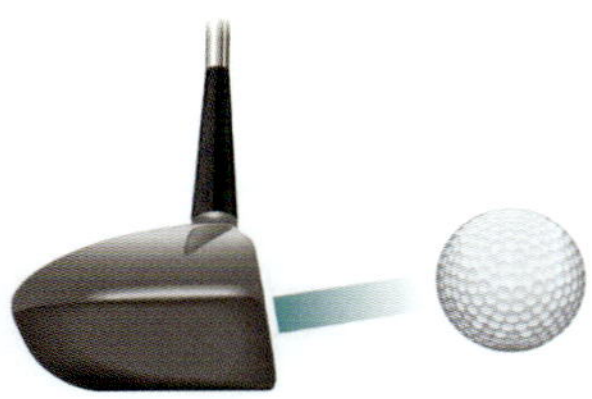
Holz^{N} 1
no. 1 wood
bois^{M} nº 1
madera^{M} nº 1
legno^{M} 1

Holz^{N} 3
no. 3 wood
bois^{M} nº 3
madera^{F} nº 3
legno^{M} 3

Holz^{N} 5
no. 5 wood
bois^{M} nº 5
madera^{F} nº 5
legno^{M} 5

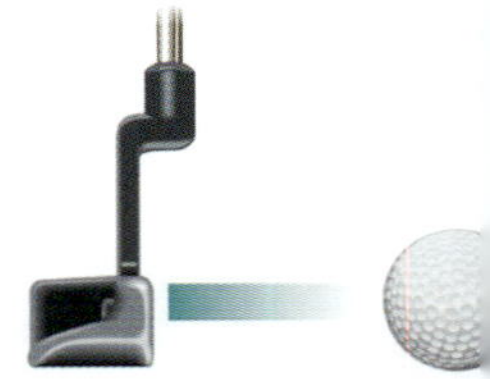
Putter^{M}
putter
fer^{M} droit
putter^{M}
putter^{M}

Eisen^{N} 3
no. 3 iron
fer^{M} nº 3
hierro^{M} nº 3
ferro^{M} 3

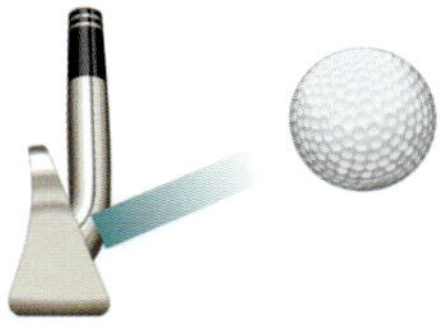
Eisen^{N} 4
no. 4 iron
fer^{M} nº 4
hierro^{M} nº 4
ferro^{M} 4

Eisen^{N} 5
no. 5 iron
fer^{M} nº 5
hierro^{M} nº 5
ferro^{M} 5

Eisen^{N} 6
no. 6 iron
fer^{M} nº 6
hierro^{M} nº 6
ferro^{M} 6

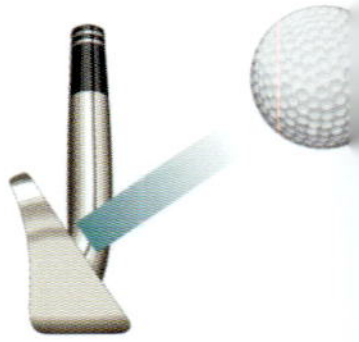
Eisen^{N} 7
no. 7 iron
fer^{M} nº 7
hierro^{M} nº 7
ferro^{M} 7

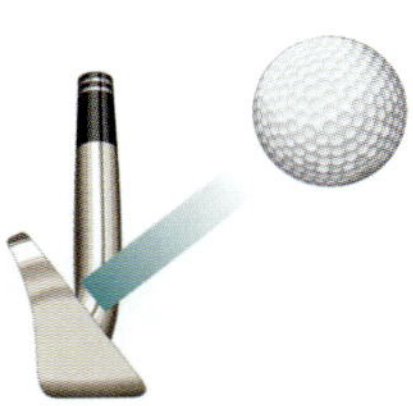
Eisen^{N} 8
no. 8 iron
fer^{M} nº 8
hierro^{M} nº 8
ferro^{M} 8

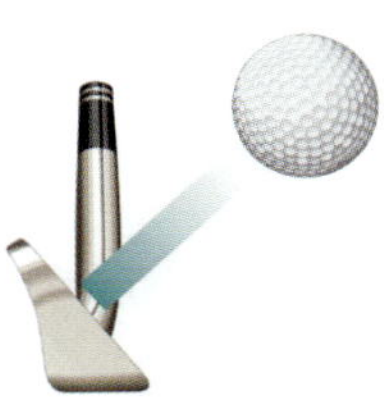
Eisen^{N} 9
no. 9 iron
fer^{M} nº 9
hierro^{M} nº 9
ferro^{M} 9

Pitching-Wedge^{N}
pitching wedge
cocheur^{M} d'allée^{F}
wedge^{M} para rough^{M}
pitching wedge^{M}

Sand-Wedge^{N}
sand wedge
cocheur^{M} de sable^{M}
wedge^{M} para arena^{F}
sand wedge^{M}

Lob Wedge^{N}
lob wedge
cocheur^{M} d'approche^{F}
lob wedge^{M}
lob wedge^{M}

Golfspiel^N

Golfausrüstung^F
golf equipment
équipement^M de golf^M
equipo^M de golf^M
attrezzatura^F da golf^M

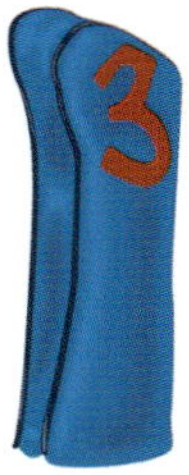

Schlägerabdeckung^F
head cover
capuchon^M
capuchón^M de bastones^M
coprilegno^M

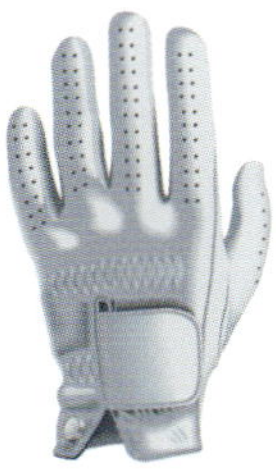

Golfhandschuh^M
golf glove
gant^M de golf^M
guante^M de golf^M
guanto^M

Golfschuhe^M
golf shoes
chaussures^F de golf^M
zapatos^M de golf^M
scarpe^F

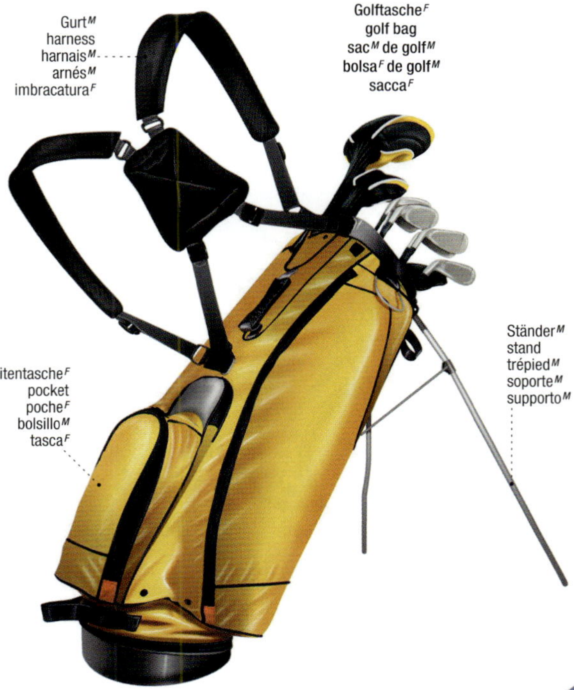

Golftasche^F
golf bag
sac^M de golf^M
bolsa^F de golf^M
sacca^F

Golfwagen^M
golf trolley
chariot^M
carrito^M de golf^M
carrello^M

elektrischer Golfwagen^M
electric golf cart
voiturette^F de golf^M électrique
carro^M de golf^M eléctrico
vettura^F da golf^M

Straßenradsport^{M}

road racing | cyclisme^{M} sur route^{F} | ciclismo^{M} en carretera^{F} | ciclismo^{M} su strada^{F}

Straßenrennrad^{N} und Fahrer^{M}
road-racing bicycle and cyclist
vélo^{M} de course^{F} et cycliste^{M}
bicicleta^{F} de carreras^{F} y ciclista^{M}
bicicletta^{F} da corsa^{F} e ciclista$^{M/F}$

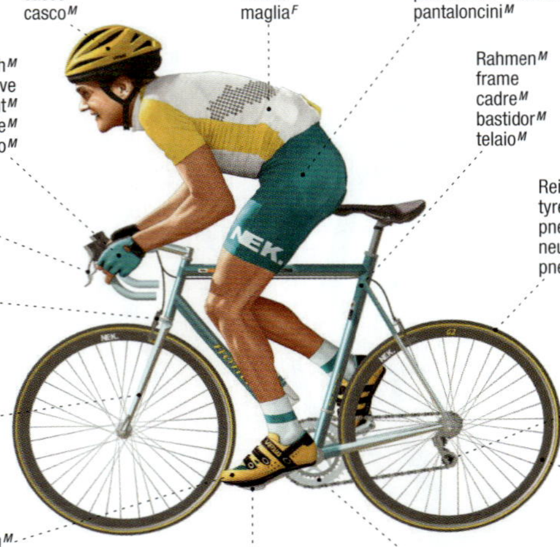

Straßenradrennen^{N}-Wettbewerbe^{M}
road-racing competition
compétition^{F} de cyclisme^{M} sur route^{F}
competición^{F} de ciclismo^{M} en carretera^{F}
gara^{F} di ciclismo^{M} su strada^{F}

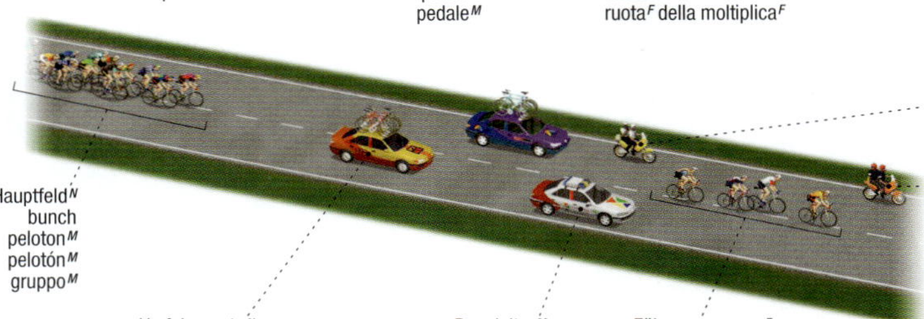

Mountainbike^{N}

mountain biking | vélo^{M} de montagne^{F} | ciclismo^{M} de montaña^{F} | mountain bike^{F}

Querfeldeinrad^{N} und Fahrer^{M}
cross-country bicycle and cyclist
vélo^{M} de cross-country^{M} et cycliste^{M}
bicicleta^{F} de cross^{M} y ciclista^{M}
bicicletta^{F} da cross-country^{M} e ciclista$^{M/F}$

Downhillrad^{N} und Fahrer^{M}
downhill bicycle and cyclist
vélo^{M} de descente^{F} et cycliste^{M}
bicicleta^{F} de descenso^{M} y ciclista^{F}
bicicletta^{F} da downhill^{M} e ciclista$^{M/F}$

Bahnradsport^{M}

track cycling | cyclisme^{M} sur piste^{F} | ciclismo^{M} en pista | ciclismo^{M} su pista^{F}

Verfolgungsrad^{N} und Fahrer^{M}
pursuit bicycle and racer
vélo^{M} de poursuite^{F} et coureur^{M}
bicicleta^{F} de persecución^{F} y corredor^{M}
bicicletta^{F} da inseguimento^{M} e corridore^{M}

Sattelstütze^{F}
seat tube
tube^{M} de selle^{F}
tubo^{M} de sillín^{M}
tubo^{M} piantone

Scheibenhinterrad^{N}
solid rear wheel
roue^{F} arrière pleine
rueda^{F} lenticular
ruota^{F} lenticolare

Helm^{M}
helmet
casque^{M}
casco^{M}
casco^{M} aerodinamico

Lenker^{M}
handlebar
guidon^{M}
manillar^{M}
manubrio^{M}

Lenkergriff^{M}
handlebar grip
poignée^{F} du guidon^{M}
empuñadura^{F} del manillar^{M}
manopola^{F} del manubrio^{M}

Radrennbahn^{F}
velodrome
vélodrome^{M}
velódromo^{M}
velodromo^{M}

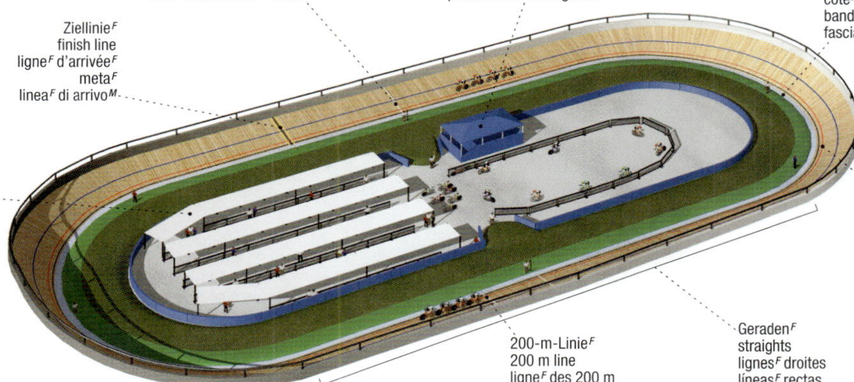

Verfolgerlinie^{F}
pursuit line
ligne^{F} de poursuite^{F}
línea^{F} de persecución^{F}
linea^{F} dello scatto^{M} finale^{M}

Kampfgericht^{N}
jury platform
plateforme^{F} du jury^{M}
tribuna^{F} del jurado^{M}
piattaforma^{F} della giuria^{F}

Blaues Band^{N}
blue band
côte^{F} d'azur^{M}
banda^{F} azul
fascia^{F} blu

Ziellinie^{F}
finish line
ligne^{F} d'arrivée^{F}
meta^{F}
linea^{F} di arrivo^{M}

Fahrerlager^{N}
competitors' compound
quartier^{M} des coureurs^{M}
zona^{F} para los ciclistas^{M}
area^{F} degli atleti^{M}

Sprinterlinie^{F}
sprinters' line
ligne^{F} des sprinters^{M}
línea^{F} de los esprinteres^{M}
linea^{F} degli sprinter^{M}

200-m-Linie^{F}
200 m line
ligne^{F} des 200 m
línea^{F} de 200 m
linea^{F} dei 200 metri^{M}

Geraden^{F}
straights
lignes^{F} droites
líneas^{F} rectas
rettilinei^{M}

BMX^{N}

BMX | bicross^{M} | ciclocross^{M} | mountain bike^{F} da cross^{M}

Halfpipe^{F}
half-pipe
demi-lune^{F}
half-pipe^{M}
half-pipe^{M}

BMX-Rad^{N} und Fahrer^{M}
BMX bicycle and cyclist
vélo^{M} de bicross^{M} et cycliste^{M}
bicicleta^{F} BMX y ciclista^{M}
bicicletta^{F} BMX^{F} e ciclista^{M}

Helm^{M}
helmet
casque^{M}
casco^{M}
casco^{M}

Handschuh^{M}
glove
gant^{M}
guante^{M}
guanto^{M}

Lenker^{M}
handlebar
guidon^{M}
manillar^{M}
manubrio^{M}

Einfach-Kettenrad^{N}
single chain wheel
plateau^{M} simple
rueda^{F} posterior lenticular
ruota^{F} ad una sola moltiplica^{F}

Fußstützen^{F}
foot pegs
repose-pieds^{M}
reposapiés^{M}
pedane^{F}

Einfach-Ritzel^{M}
single sprocket
pignon^{M} simple
piñón^{M} simple
pignone^{M} semplice

Autorennen^{N}

motor racing | course^{F} automobile | carreras^{F} de coches^{M} | automobilismo^{M}

Rennfahrer^{M}
driver
pilote^{M}
piloto^{M}
pilota^{M}

Thermoschutzhaube^{F}
balaclava
cagoule^{F}
pasamontañas^{M}
sottocasco^{M}

Unterwäsche^{F}
undergarment
sous-vêtement^{M}
ropa^{F} interior
sottotuta^{M}

HANS-System^{N} (Kopf^{M}-und-Nacken^{M}-Stützsystem^{N})
head and neck support (HANS) system
système^{M} de soutien^{M} du cou^{M} et de la tête^{F}
sistema^{M} de sujeción^{F} de cabeza^{F} y cuello^{M}
sistema^{M} di sostegno^{M} per la testa^{F} ed il collo^{M}

Helm^{M}
crash helmet
casque^{M}
casco^{M}
casco^{M}

feuerfester Rennanzug^{M}
flame-resistant driving suit
combinaison^{F} résistante au feu^{M}
traje^{M} ignífugo
tuta^{F} ignifuga

Schuh^{M}
shoe
chaussure^{F}
zapato^{M}
scarpa^{F}

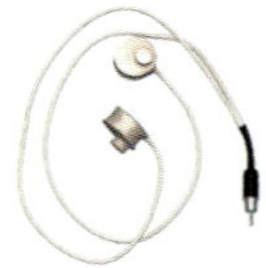

Ohrenstöpsel^{M}/Ohrhörer^{M}
earplugs/earbuds
bouchons^{M} d'oreilles^{F}/oreillettes^{F}
tapones^{M} para los oídos^{M}
tappi^{M} per le orecchie^{F}/cuffie^{F}

Handschuhe^{M}
gloves
gants^{M}
guantes^{M}
guanti^{M}

Zielflagge^{F}
chequered flag
drapeau^{M} à damier^{M}
bandera^{F} de cuadros^{M}
bandiera^{F} a scacchi^{M}

Regenreifen^{M}
wet-weather tyre
pneu^{M} pluie^{F}
neumático^{M} de lluvia^{F}
gomma^{F} da bagnato^{M}

Trockenreifen^{M}
dry-weather tyre
pneu^{M} pour temps^{M} sec
neumático^{M} de seco^{M}
gomma^{F} da asciutto^{M}

Startaufstellung^{F}
starting grid
grille^{F} de départ^{M}
parrilla^{F} de salida
griglia^{F} di partenza^{F}

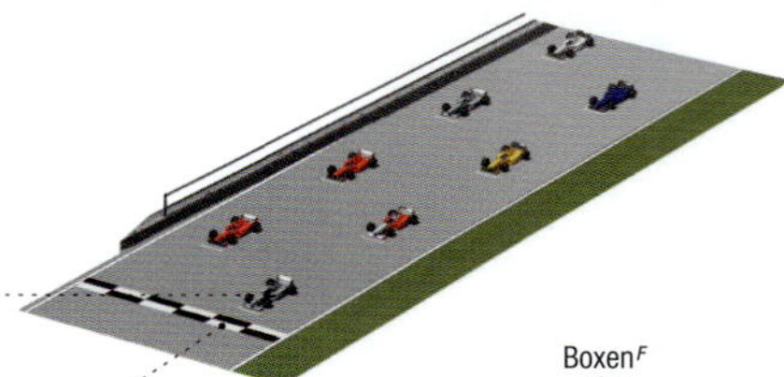

Poleposition^{F}
pole position
pole position^{F}
pole position^{F}
pole position^{F}

Startlinie^{F}
starting line
ligne^{F} de départ^{M}
línea^{F} de salida^{F}
linea^{F} di partenza^{F}

Formel-1^{F}-Rennstrecke^{F}
Formula 1 circuit
circuit^{M} de formule^{F} 1
circuito^{M} de Fórmula 1^{F}
circuito^{M} di Formula^{F} 1

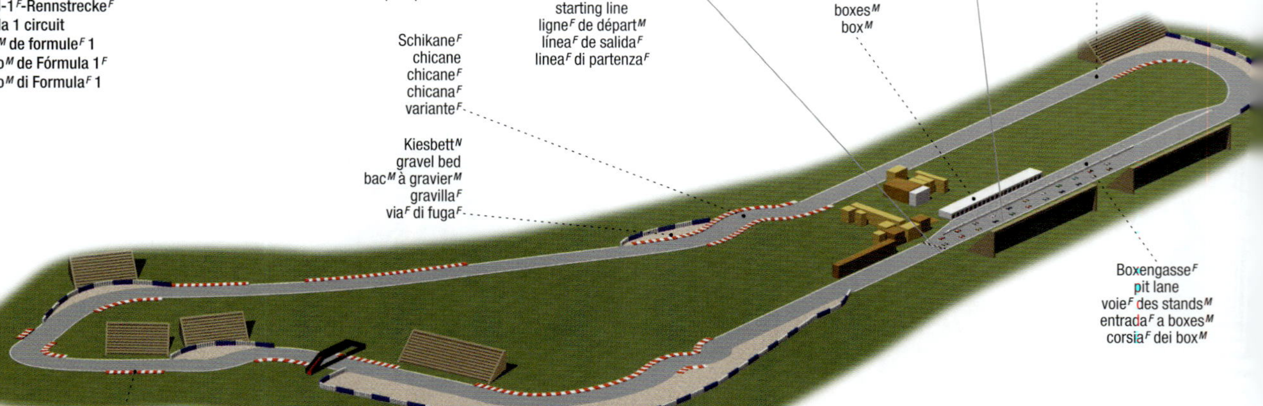

Boxen^{F}
pits
stands^{M}
boxes^{M}
box^{M}

Strecke^{F}
track
piste^{F}
pista^{F}
pista^{F}

Schikane^{F}
chicane
chicane^{F}
chicana^{F}
variante^{F}

Kiesbett^{N}
gravel bed
bac^{M} à gravier^{M}
gravilla^{F}
via^{F} di fuga^{F}

Boxengasse^{F}
pit lane
voie^{F} des stands^{M}
entrada^{F} a boxes^{M}
corsia^{F} dei box^{M}

Abweiser^{M}
kerb
bordure^{F}
chino^{M}
cordolo^{M}

Reifenstapel^{M}
tyre barrier
barrière^{F} de pneus^{M}
barrera^{F} de contención^{F}
barriera^{F} di pneumatici^{M}

Autorennen^{N}

Beispiele^{N} für Rennwagen^{M}
examples of racing cars
exemples^{M} de voitures^{F} de course^{F}
ejemplos^{M} de coches^{M} de carreras^{F}
esempi^{M} di vetture^{F} da corsa^{F}

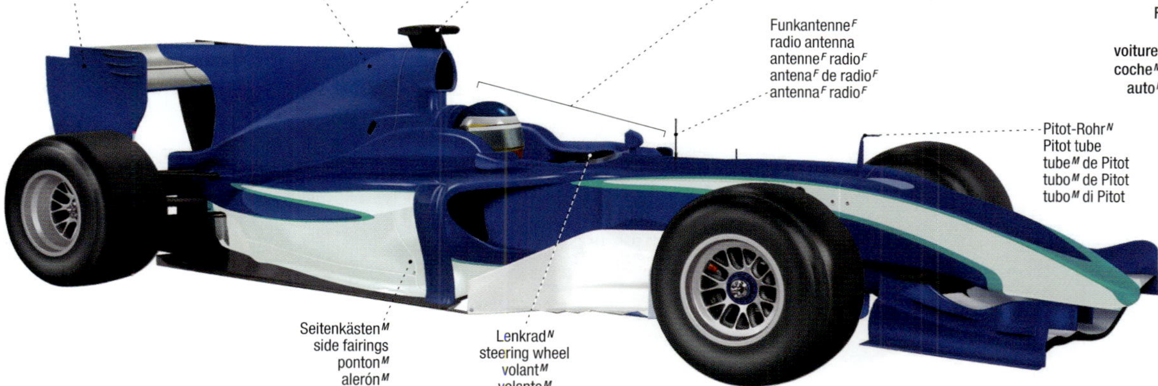

Formel-1-Auto^{N}
Formula 1 car
voiture^{F} de formule^{F} 1
coche^{M} de Fórmula 1^{F}
auto^{F} da Formula^{F} 1

Formel-Indy-Auto^{N}
Indy car
voiture^{F} de formule^{F} Indy
automóvil^{M} Indy
auto^{F} da formula^{F} Indy

Formel-3000-Auto^{N}
Formula 3000 car
voiture^{F} de formule^{F} 3000
coche^{M} de Fórmula 3000^{F}
auto^{F} da Formula^{F} 3000

Prototyp^{M}-Sportauto^{M}
sport prototype car
voiture^{F} sport-prototype^{M}
prototipo^{M} deportivo
auto^{F} sport^{M} prototipo^{M}

NASCAR-Auto^{N}
NASCAR car
voiture^{F} de NASCAR
coche^{M} de NASCAR
auto^{F} da NASCAR

Geländefahrzeug^{N}
rally car
voiture^{F} de rallye^{M}
coche^{M} de rally
auto^{F} da rally^{M}

Boxenstopp^{M}
pit stop
arrêt^{M} au stand^{M}
pit stop^{M}
sosta^{F} ai box^{M}

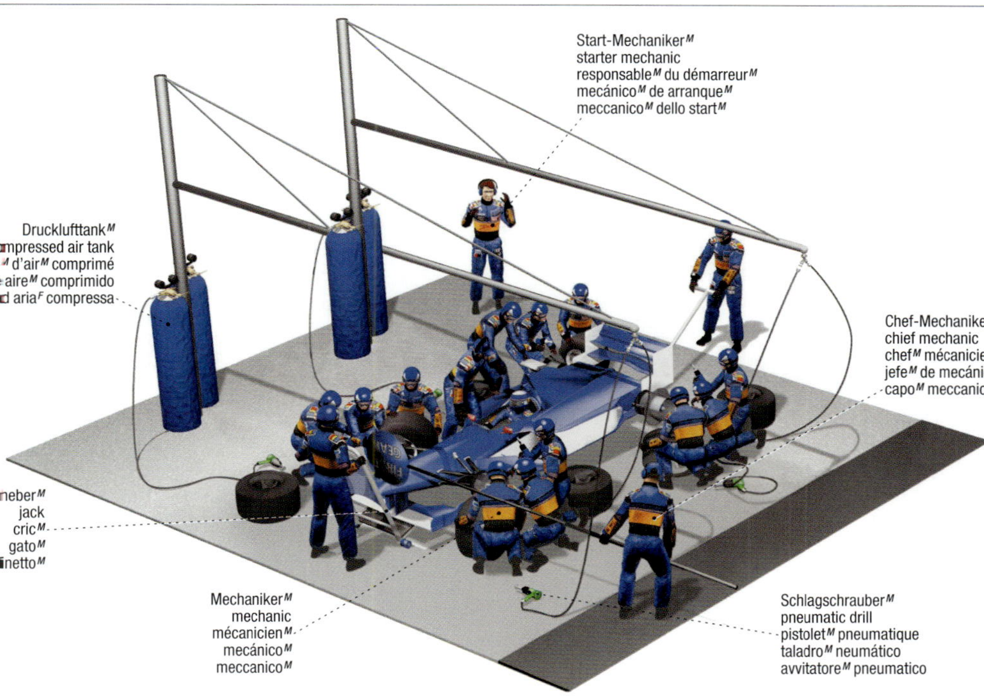

Motorradsport[M]

motorcycling | motocyclisme[M] | motocicleta[F] | motociclismo[M]

Grand Prix-Motorrad[N] und Fahrer[M]
Grand Prix motorcycle and rider
moto[F] de Grand Prix[M] et pilote[M]
moto[F] de carreras[F] y motociclista[M] del Grand Prix[M]
moto[F] da Grand Prix[M] e pilota[M]

Grand Prix[M]-Rennstrecke[F]
Grand Prix circuit
circuit[M] de Grand Prix[M]
circuito[M] Grand Prix[M]
circuito[M] di Grand Prix[M]

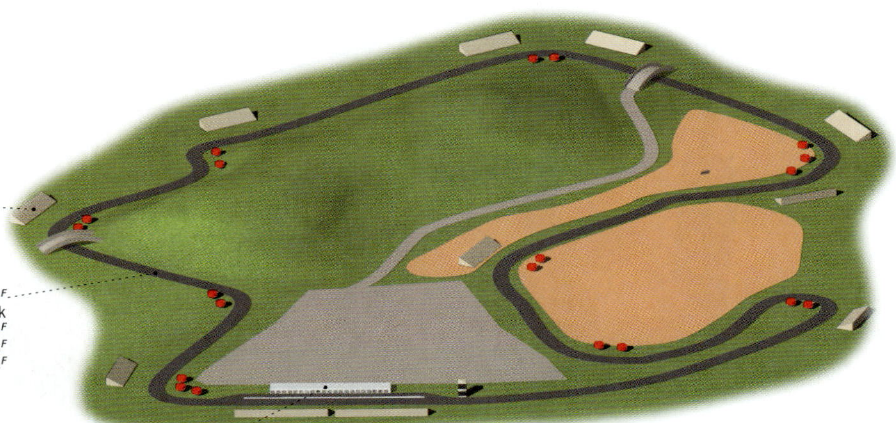

Motorradsport^{M}

Trial^{N}-Motorrad^{N}
trial motorcycle
moto^{F} de trial^{M}
moto^{F} de trial^{M}
motocicletta^{F} da trial^{M}

Rallye^{F}-Motorrad^{N}
rally motorcycle
moto^{F} de rallye^{M}
moto^{M} de rally^{M}
motocicletta^{F} da rally^{M}

Motocross- und Supercross-Motorrad^{N} und Fahrer^{M}
motocross and supercross motorcycle and rider
moto^{F} de motocross^{M} et de supercross^{M} et pilote^{M}
moto^{F} de motocross^{M} y supercross^{M} y motociclista^{M}
moto^{F} da motocross^{M} e supercross^{M} e pilota^{M}

Motorrad^{N}-Rennstrecke^{F}
motocross circuit
circuit^{M} de motocross^{M}
circuito^{M} de motocross^{M}
circuito^{M} di motocross^{M}

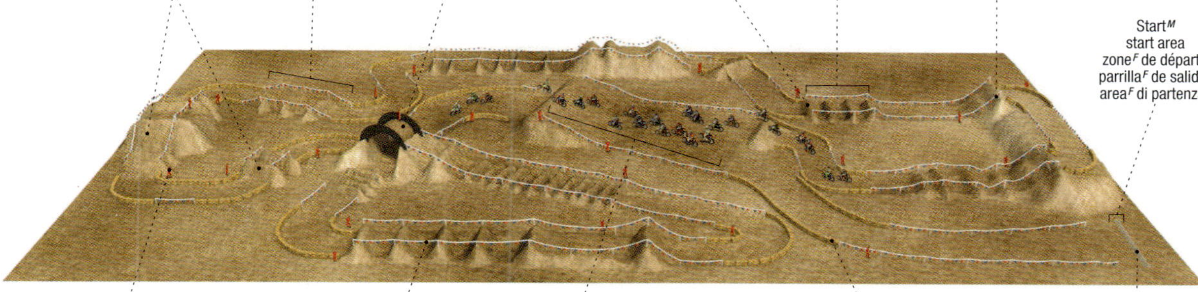

Jetski^{M}

personal watercraft | scooter^{M} de mer^{F} | moto^{F} acuática | acquascooter^{M}

Schneemobil^{N}

snowmobile | motoneige^{F} | moto^{F} de nieve^{F} | gatto^{M} delle nevi^{F}

Curling[N]

curling | curling[M] | curling[M] | curling[M]

Curlingbesen[M]
curling brush
brosse[F] de curling[M]
cepillo[M] de curling[M]
scopa[F] da curling[M]

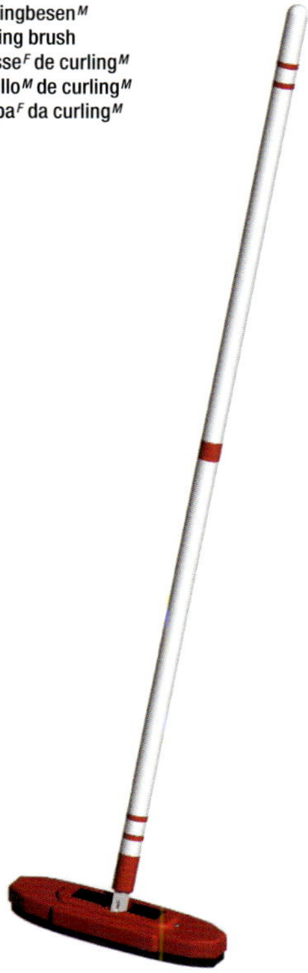

Curlingstein[M]
curling stone
pierre[F] de curling[M]
piedra[F] de curling[M]
pietra[F] da curling[M]

Griff[M] mit elektronischer Überwachung[F]
electronic handle
poignée[F] thermique
mango[M] térmico
impugnatura[F] termica

Curling[N]-Spielfeld[N]
curling sheet
piste[F] de curling[M]
pista[F] de curling[M]
pista[F] di curling[M]

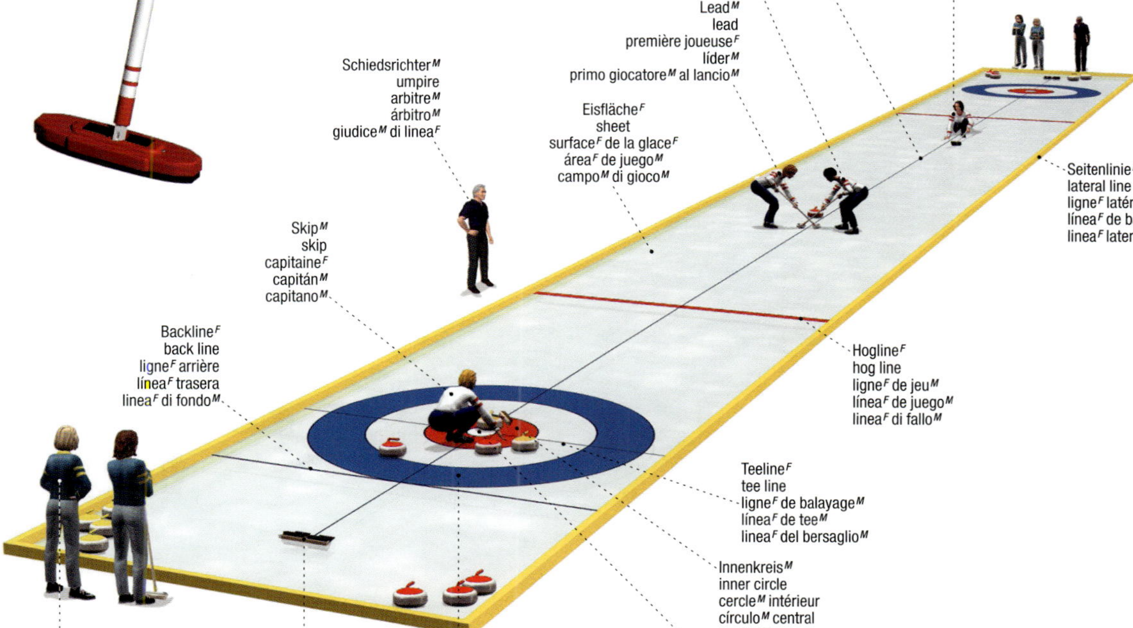

Mittellinie[F]
centre line
ligne[F] de centre[M]
línea[F] central
linea[F] di centro[M]

Vizeskip[F]
vice-skip
vice-capitaine[F]
tercera[F]
vicecapitana[F]

Second[M]
second
deuxième joueuse[F]
segundo jugador[M]
secondo giocatore[M] al lancio[M]

Lead[M]
lead
première joueuse[F]
líder[M]
primo giocatore[M] al lancio[M]

Schiedsrichter[M]
umpire
arbitre[M]
árbitro[M]
giudice[M] di linea[F]

Eisfläche[F]
sheet
surface[F] de la glace[F]
área[F] de juego[M]
campo[M] di gioco[M]

Seitenlinie[F]
lateral line
ligne[F] latérale
línea[F] de banda[F]
linea[F] laterale

Skip[M]
skip
capitaine[F]
capitán[M]
capitano[M]

Backline[F]
back line
ligne[F] arrière
línea[F] trasera
linea[F] di fondo[M]

Hogline[F]
hog line
ligne[F] de jeu[M]
línea[F] de juego[M]
linea[F] di fallo[M]

Teeline[F]
tee line
ligne[F] de balayage[M]
línea[F] de tee[M]
linea[F] del bersaglio[M]

Innenkreis[M]
inner circle
cercle[M] intérieur
círculo[M] central
anello[M] interno

Curlingspielerin[F]
curler
curleuse[F]
primer jugador[M]
giocatore[M]

Hack[M]
hack
appui[M]-pied[M]
percha[F]
staffa[F] di lancio[M]

Außenkreis[M]
outer circle
cercle[M] extérieur
círculo[M] exterior
anello[M] esterno

Tee[N]
tee
centre[M]
tee[M]
centro[M]

Spielbereiche[M]
playing areas
zones[F] de jeu[M]
zonas[F] de recreo[M]
area[F] di gioco[M]

Haus[N]
house
maison[F]
casa[F]
casa[F]

Free Guard Zone[F]
free guard zone
zone[F] de garde[F] protégée
zona[F] de defensa[F] protegida
zona[F] protetta

Eishockey[N]

ice hockey | hockey[M] sur glace[F] | hockey[M] sobre hielo[M] | hockey[M] su ghiaccio[M]

Eishockeyspieler[M]
ice hockey player
hockeyeur[M]
jugador[M]
giocatore[M]

Schutzhelm[M]
helmet
casque[M]
casco[M]
casco[M]

Gesichtsschutz[M]
visor
visière[F]
visera[F]
visiera[F]

Mannschaftsabzeichen[N]
team's emblem
emblème[M] d'équipe[F]
emblema[M] del equipo[M]
simbolo[M] della squadra[F]

Spielernummer[F]
player's number
numéro[M] du joueur[M]
número[M] del jugador[M]
numero[M] del giocatore[M]

Handschuh[M]
glove
gant[M]
guante[M]
guanto[M]

Hose[F]
trousers
culotte[F]
pantalón[M]
pantaloni[M]

Stutzen[M]
stocking
bas[M]
calcetines[M]
calzettone[M]

Schlittschuh[M]
skate
patin[M]
bota[F]
pattino[M]

Kufe[F]
blade
lame[F]
cuchilla[F]
lama[F]

Eisfläche[F]
rink
patinoire[F]
pista[F]
campo[M]

Anspielpunkt[M]
face-off spot
point[M] de mise[F] au jeu[M]
punto[M] de saque[M]
punto[M] di ingaggio[M]

rechter Verteidiger[M]
right defence
défenseur[M] droit
defensa[M] derecho
difensore[M] destro

linker Verteidiger[M]
left defence
défenseur[M] gauche
defensa[M] izquierdo
difensore[M] sinistro

Torlinie[F]
goal line
ligne[F] de but[M]
línea[F] de gol[M]
linea[F] di porta[F]

Schutzwand[F]
glass protector
vitre[F] de protection[F]
cristal[M] de protección[M]
vetro[M] di protezione[F]

Spielerbank[F]
players' bench
banc[M] des joueurs[M]
banquillo[M] de los jugadores[M]
panchina[F] dei giocatori[M]

Ecke[F]
rink corner
coin[M] de patinoire[F]
esquina[F]
angolo[M] della pista[F]

Torrichter[M]
goal judge
juge[M] de but[M]
juez[M] de gol[M]
giudice[M] di porta[F]

Torwart[M]
goalkeeper
gardien[M] de but[M]
portero[M]
portiere[M]

Bande[F]
boards
bande[F]
valla[F] de madera[F]
balaustre[F]

Anspielkreis[M]
face-off circle
cercle[M] de mise[F] au jeu[M]
círculo[M] de reanudación[F] del juego[M]
cerchio[M] di ingaggio[M]

Eishockey[N]

Torwart[M]
goalkeeper
gardien[M] de but[M]
portero[M]
portiere[M]

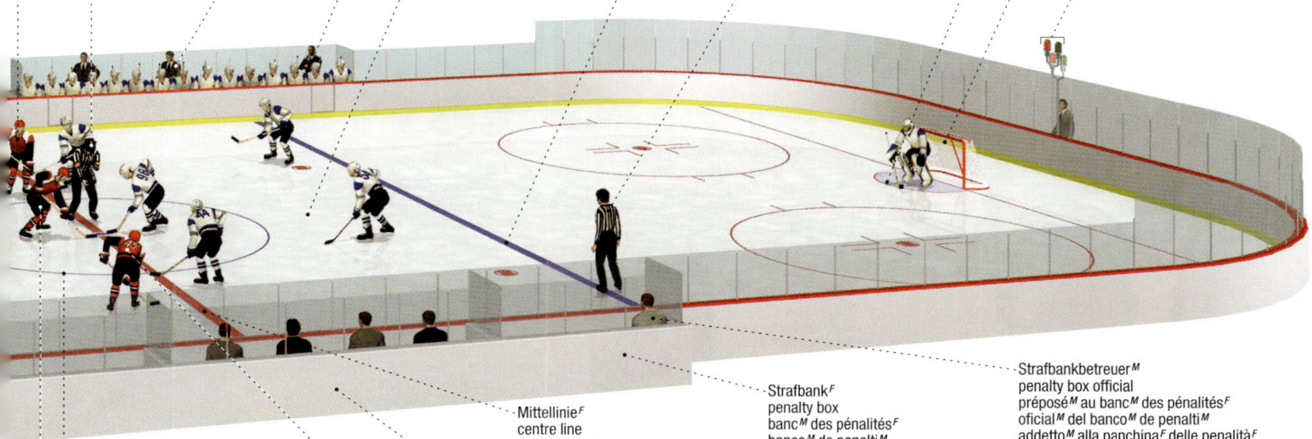

Eishockey^{N}

**Eishockeyausrüstung^{F}
ice hockey equipment
équipement^{M} de hockey^{M} sur glace^{F}
equipo^{M} de hockey^{M} sobre hielo^{M}
attrezzatura^{F} da hockey^{M} sul ghiaccio^{M}**

Eishockeyschläger^{M}
player's stick
crosse^{F} de joueur^{M}
palo^{M} del jugador^{M}
bastone^{M} del giocatore^{M}

Halsschutz^{M}
throat protector
protège-gorge^{M}
protector^{M} de cuello^{M}
paracollo^{M}

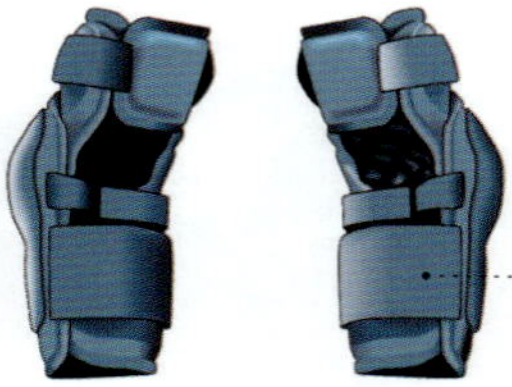

Ellbogenpolster^{N}
elbow pad
protège-coude^{M}
codera^{F}
paragomiti^{M}

Torwartschläger^{M}
goalkeeper's stick
crosse^{F} de gardien^{M} de but^{M}
palo^{M} del portero^{M}
bastone^{M} del portiere^{M}

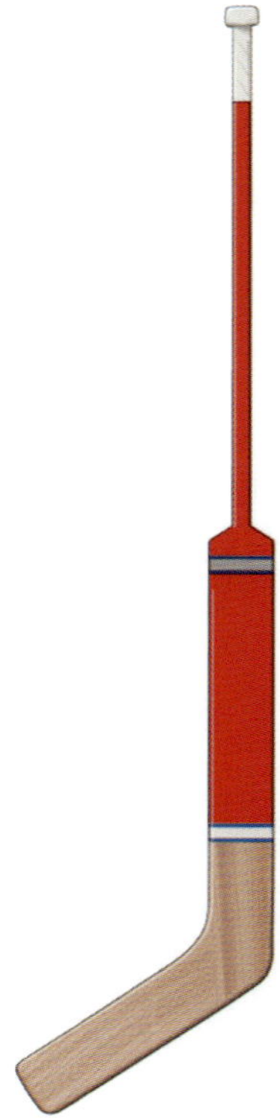

Halsschutz^{M}
neck guard
protège-gorge^{M}
protector^{M} de cuello^{M}
paragola^{M}

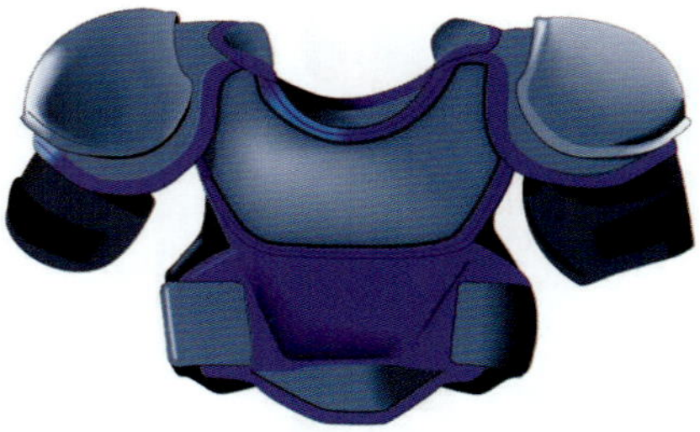

Schulterpolster^{N}
shoulder pad
épaulière^{F}
hombrera^{F}
paraspalle^{M}

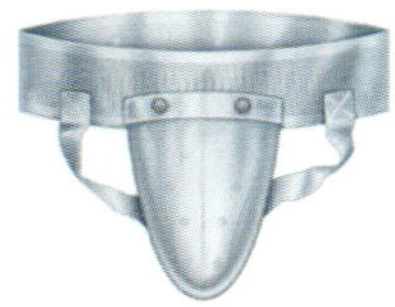

Suspensorium^{N}
protective cup
coquille^{F}
coquilla^{F}
conchiglia^{F} di protezione^{F}

Puck^{M}
puck
palet^{M}
disco^{M}
dischetto^{M}

Torwartbrustschutz^{M}
goalkeeper's chest pad
plastron^{M} de gardien^{M} de but^{M}
peto^{M} del portero^{M}
pettorina^{F} del portiere^{M}

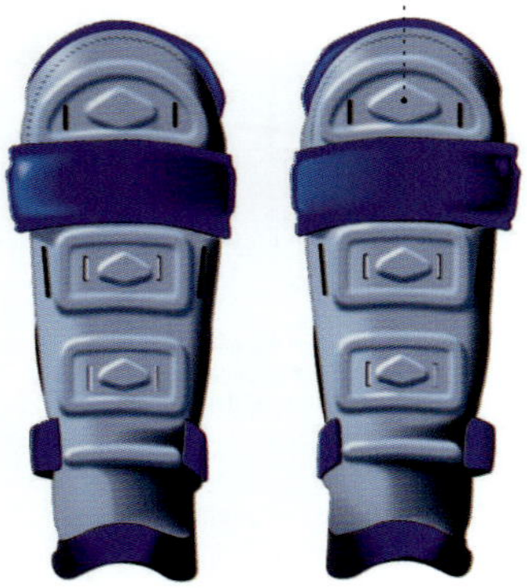

Schienbeinschützer^{M}
shin guards
jambières^{F}
tobillera^{F}
parastinchi^{M}

Feldspielerschlittschuh^{M}
player's skate
patin^{M} de joueur^{M}
patín^{M} de jugador^{M}
pattino del giocatore^{M}

Torwartschlittschuh^{M}
goalkeeper's skate
patin^{M} de gardien^{M} de but^{M}
patín^{M} del portero^{M}
pattino^{M} del portiere^{M}

Eiskunstlauf[M]

figure skating | patinage[M] artistique | patinaje[M] artístico | pattinaggio[M] artistico

Eiskunstlaufstiefel[M]
figure skate
patin[M] de figure[F]
patín[M] para figuras[F]
pattino[M] per pattinaggio[M] artistico

Eistanzkufe[F]
dance blade
lame[F] de danse[F] sur glace[F]
cuchilla[F] de baile[M]
lama[F] per danza[F]

Eiskunstlaufkufe[F]
free skating blade
lame[F] de style[M] libre
cuchilla[F] de patinaje[M] artístico
lama[F] per pattinaggio[M] libero

Beispiele[N] für Sprünge[M]
examples of jumps
exemples[M] de sauts[M]
ejemplos[M] de piruetas[F]
esempi[M] di salti[M]

Salchow[M]
Salchow
salchow[M]
salchow[M]
salchow[M]

Axel[M]
Axel
axel[M]
axel[M]
axel[M]

Toeloop[M]
toe loop
boucle[F] piquée
loop[M] de puntera[F]
loop[M] di punta[F]

Flip[M]
flip
flip[M]
flip[M]
flip[M]

Lutz[M]
Lutz
lutz[M]
lutz[M]
lutz[M]

Eisfläche[F]
rink
patinoire[F]
pista[F] de patinaje[M] sobre hielo[M]
pista[F] di pattinaggio[M]

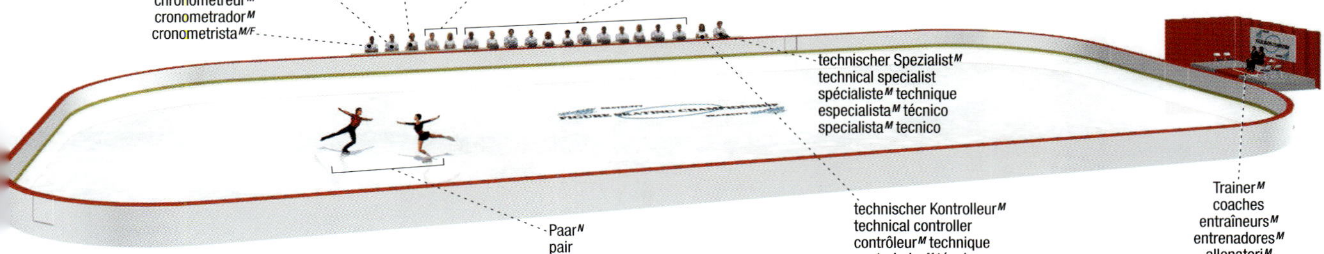

Eisschnelllauf^{M}

speed skating | patinage^{M} de vitesse^{F} | patinaje^{M} de velocidad^{F} | pattinaggio^{M} di velocità^{F}

Eisschnellläufer^{M} (Langstrecke^{F})
skater (long track)
patineur^{M} (longue piste^{F})
patinador^{M} (pista^{F} larga)
pattinatore^{M} (pista^{F} lunga)

Kapuze^{F}
hood
capuchon^{M}
capuchón^{M}
cappuccio^{M}

Rennanzug^{M}
racing suit
combinaison^{F} de course^{F}
traje^{M} de carrera^{F}
tuta^{F}

Eisschnellläufer^{M} (Kurzstrecke^{F})
skater (short track)
patineur^{M} (courte piste^{F})
patinador^{M} (pista^{F} corta)
pattinatore^{M} (pista^{F} corta)

Handschuh^{M}
glove
gant^{M}
guante^{M}
guanto^{M}

Halsschutz^{M}
throat protector
protège-gorge^{M}
protector^{M} de garganta^{F}
paracollo^{M}

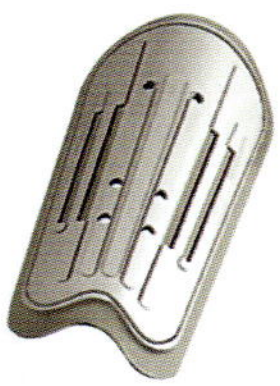

Schienbeinschutz^{M}
shin guard
protège-tibia^{M}
espinillera^{F}
parastinchi^{M}

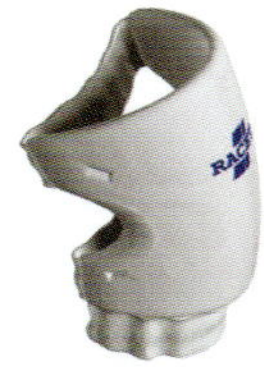

Knieschützer^{M}
knee pad
genouillère^{F}
rodillera^{F}
ginocchiera^{F}

Eisschnelllaufbahn^{F}
long track
longue piste^{F}
pista^{F} larga
pista^{F} lunga

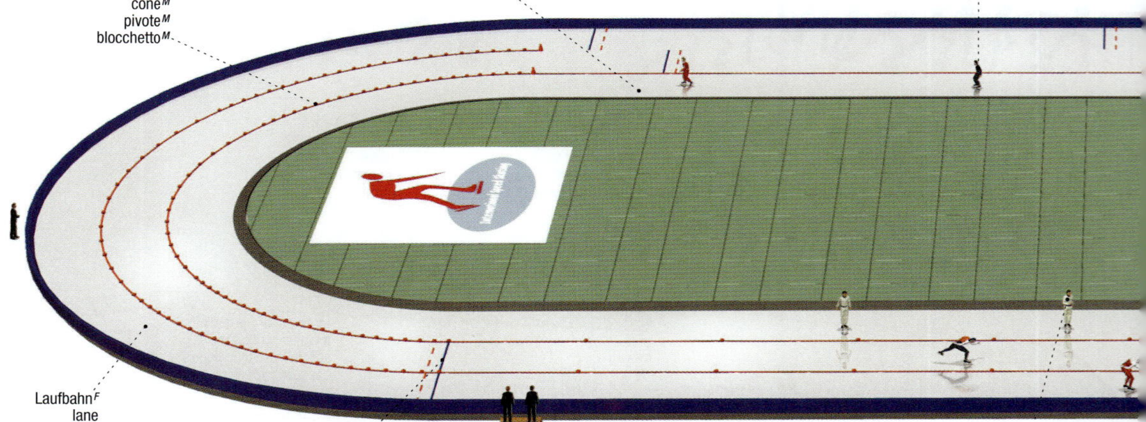

Kegel^{M}
marker
cône^{M}
pivote^{M}
blocchetto^{M}

Aufwärmbahn^{F}
warm-up lane
couloir^{M} d'échauffement^{M}
calle^{M} de calentamiento^{M}
corsia^{F} di riscaldamento^{M}

Schiedsrichter^{M}
referee
arbitre^{M}
árbitro^{M}
arbitro^{M}

Laufbahn^{F}
lane
couloir^{M}
calle^{F}
corsia^{F}

500-m-Startlinie^{F}
500 m start line
ligne^{F} de départ^{M} du 500 m
línea^{F} de salida^{F} de 500 m
linea^{F} di partenza^{F} dei 500 metri^{M}

Starter^{M}
start judges
juges^{M} au départ^{M}
jueces^{M} de salida^{F}
giudici^{M} di partenza^{F}

Assistenzschiedsrichter^{M}
assistant referee
arbitre^{M} assistant^{M}
árbitro^{M} adjunto
arbitro^{M} ausiliario

Eisschnelllauf^{M}

Eisschnelllauf^{M}-Schlittschuhe^{M}
speed skates
patins^{M} de course^{F}
patines^{M} de carreras^{F}
pattini^{M} per velocità^{F}

Klappschlittschuh^{M}
clapskate
patin^{M} clap
patín^{M} de pista^{F} larga
pattino^{M} ad incastro^{M}

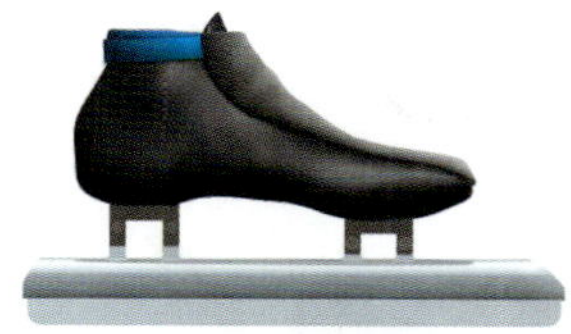

Kurzstreckenschlittschuh^{M}
short track skate
patin^{M} de courte piste^{F}
patín^{M} de pista^{F} corta
pattino^{M} da short track^{M}

Kurzstrecke^{F}
short track
courte piste^{F}
pista^{F} corta
short track^{M}

Starter^{M}
start judge
juge^{M} au départ^{M}
juez^{M} de salida^{F}
giudice^{M} di partenza^{F}

Zielrichter^{M}
finish judges
juges^{M} d'arrivée^{F}
juez^{M} de meta^{F}
giudici^{M} di arrivo^{M}

Bande^{F}
protective mat
matelas^{M} de protection^{F}
acolchado^{M} de seguridad^{F}
materasso^{M} di protezione^{F}

Bahn^{F}
track
piste^{F}
pista^{F}
pista^{F}

Trainer^{M}
coaches
entraîneurs^{M}
entrenadores^{M}
allenatori^{M}

Oberschiedsrichter^{M}
chief referee
arbitre^{M} en chef^{M}
árbitro^{M} jefe^{M}
arbitro^{M}

Kegel^{M}
marker
cône^{M}
pivote^{M}
picchetto^{M}

Kampfrichterassistenten^{M}
assistant judges
juges^{M} assistants^{M}
jueces^{M} asistentes
giudici^{M} assistenti

Trainer^{M}
coaches
entraîneurs^{M}
entrenadores^{M}
allenatori^{M}

Bande^{F}
protective mat
matelas^{M} de protection^{F}
acolchado
materasso^{M} di protezione^{F}

Kampfrichter^{M}-Obmann^{M}
track judge
juge^{M} de piste^{F}
juez^{M} de pista
giudice^{M} di pista^{F}

500-m-Ziellinie^{F}
500 m finish line
ligne^{F} d'arrivée^{F} du 500 m
linea^{F} de llegada^{F} de 500 m
linea^{F} di arrivo^{M} dei 500 metri^{M}

Rundenzähler^{M}
lap counter
responsable^{M} du décompte^{M} des tours^{M}
cuentavueltas^{M}
responsabile^{M} per il conteggio^{M} dei giri^{M}

Zeitnehmer^{M}
timekeepers
chronométreurs^{M}
cronometrador^{M}
cronometristi^{M}

Zielrichter^{M}
finish judge
juge^{M} d'arrivée^{F}
juez^{M} de meta^{F}
giudice^{M} di arrivo^{M}

elektronische Zeitmessung^{F}
electronic timing system
système^{M} de chronométrage^{M} électronique
sistema^{M} de cronometraje^{M} electrónico
sistema^{M} di cronometraggio^{M} elettrico

Bobschlitten[M]

bobsleigh | bobsleigh[M] | bobsleigh[M] | bob[M]

Viererbob[M]
four-man bobsleigh
bobsleigh[M] à quatre
bobsleigh[M] a cuatro
bob[M] a quattro

Bremser[M]
brakeman
freineur[M]
guardafrenos[M]
frenatore[M]

Steuermann[M]
driver
capitaine[M]
capitán[M]
capitano[M]

Ausziehgriff[M]
retractable handle
poignée[F] rétractable
asa[M] retráctil
manico[M] a scomparsa[F]

Gehäuse[N]
shell
coque[F]
bob[M]
carena[F]

hintere Kufe[F]
rear runner
patin[M] arrière
patín[M] trasero
pattino[M] posteriore

vordere Kufe[F]
front runner
patin[M] avant
patín[M] delantero
pattino[M] anteriore

Zweierbob[M]
two-man bobsleigh
bobsleigh[M] à deux
bosbsleigh[M] de dos
bob[M] a due

Rennrodel[M]

luge | luge[F] | luge[M] | slittino[M]

Rennrodler[M]
luge racer
lugeur[M]
corredor[M] de luge[M]
corridore[M] su slittino[M]

Rodel[M]Schlitten
sled
traîneau[M]
trineo[M]
slittino[M]

einteiliger Anzug[M]
one-piece suit
combinaison[F]
traje[M] de una sola pieza[F]
tuta[F] monopezzo

Sturzhelm[M]
crash helmet
casque[M] protecteur
casco[M] protector
casco[M]

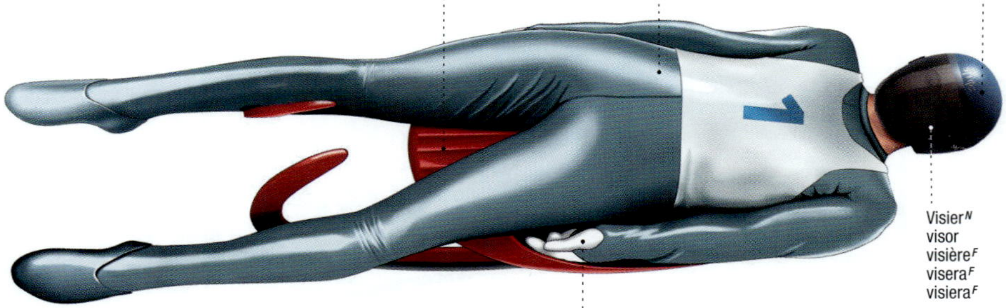

Visier[N]
visor
visière[F]
visera[F]
visiera[F]

Handschuh[M]
glove
gant[M]
guante[M]
guanto[M]

Einsitzer[M]-Rennrodel[M]
singles luge
luge[F] simple
luge[M] simple
slittino[M] singolo

Kufe[F]
runner
patin[M]
patín[M]
pattino[M]

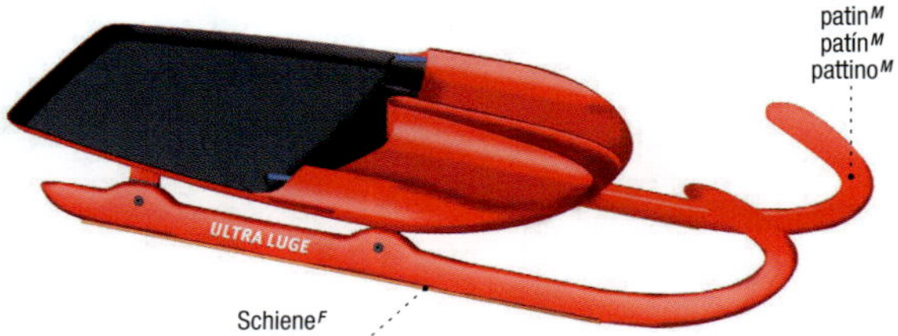

Schiene[F]
blade
arête[F]
canto[M]
lama[F]

Doppelsitzer[M]-Rennrodel[M]
doubles luge
luge[F] double
luge[M] doble
slittino[M] doppio

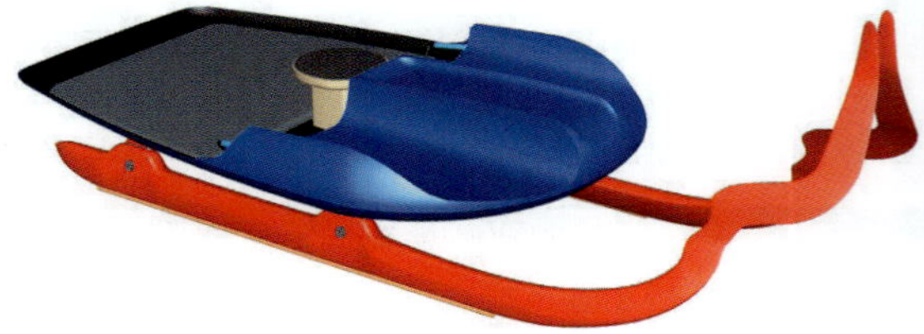

SPORT UND SPIELE

Skeleton[M]

skeleton | skeleton[M] | skeleton[M] | skeleton[M]

Fahrer[M]
sledger
coureur[M]
corredor[M]
skeletonista[M/F]

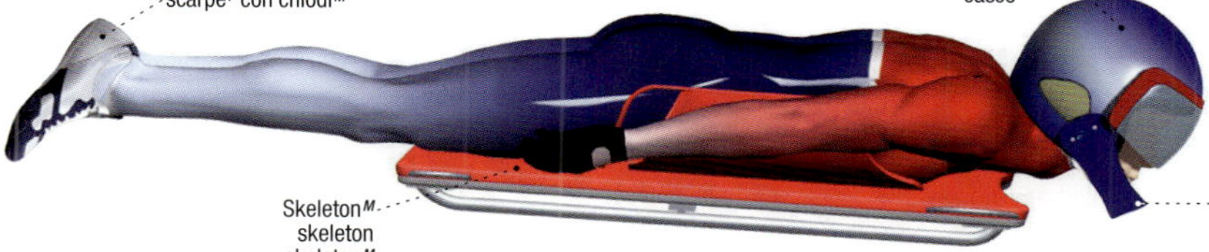

Skeleton[M]
skeleton
skeleton[M]
skeleton[M]
skeleton[M]

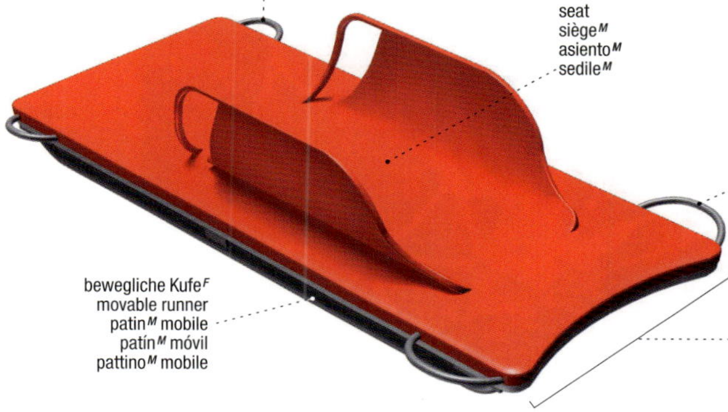

Bobbahn[F]

sliding track | piste[F] de glisse[F] | recorrido[M] deslizador[M] | pista[F] di ghiaccio[M]

Skigebiet[N]

ski resort | station[F] de ski[M] | estación[F] de esquí[M] | stazione[F] sciistica

Gesamtansicht[F]
general view
vue[F] d'ensemble[M]
vista[F] general
vista[F] generale

Seilbahn[F]
gondola
télécabine[F]
teleférico[M]
funivia[F]

Skiliftankunft[F]
ski lift arrival
arrivée[F] des remontées[F] mécaniques
llegada[F] del telesquí[M]
arrivo[M] della sciovia[F]

Gipfelhütte[F]
summit lodge
chalet[M] du sommet[M]
refugio[M] en la cima[F]
rifugio[M] in vetta[F]

Gipfel[M]
summit
sommet[M]
cima[F]
vetta[F]

mittelschwere Piste[F]
intermediate slope
pente[F] intermédiaire
pista[F] para intermedios[M]
pista[F] a difficoltà[F] intermedia

Anfängerpiste[F], Idiotenhügel[M]
beginners' slope
pente[F] facile
pista[F] para principiantes[M]
pista[F] per principianti[M]

Sessellift[M]
chairlift
télésiège[M]
telesilla[F]
seggiovia[F]

Expertenpiste[F]
expert slope
pente[F] expert[M]
pista[F] para expertos[M]
pista[F] per esperti[M]

Skipisten[F]
ski area
domaine[M] skiable
pistas[F] de esquí[M]
piste[F] da sci[M]

schwere Piste[F]
difficult slope
pente[F] difficile
pista[F] para avanzados[M]
pista[F] a difficoltà[F] elevata

Alpin-Skipiste[F]
alpine ski trail
piste[F] de ski[M] alpin
pista[F] de esquí[M] alpino
pista[F] per sci[M] alpino

Bergwacht[F]
patrol and first-aid station
poste[M] de patrouille[F] et de secours[M]
patrulla[F] de primeros auxilios[M] y puesto[M] de socorro[M]
stazione[F] di pattugliamento[M] e pronto soccorso[M]

Hauptunterkunft[F]
main lodge
chalet[M] principal
refugio[M] principal
rifugio[M] principale

Unterkünfte[F]
lodging
hébergement[M]
alojamientos[M]
alloggi[M]

Ansicht[F] des Bergfußes[M]
view of the base of the mountain
vue[F] du bas[M] des pentes[F]
vista[F] de la base[F] de la montaña[F]
vista[F] della base[F] del monte[M]

Pistenraupe[F]
snow-grooming machine
dameuse[F]
máquina[F] pisanieve
gatto[M] delle nevi[F]

Skihütte[F]
skiers' lodge
pavillon[M] des skieurs[M]
hospedería[F] para esquiadores[M]
ristoro[M] per sciatori[M]

Sesselliftabfahrt[F]
chairlift departure area
départ[M] des télésièges[M]
embarque[M] del telesilla[M]
area[F] di partenza[F] della seggiovia[F]

Skischule[F]
ski school
école[F] de ski[M]
escuela[F] de esquí[M]
scuola[F] di sci[M]

Schlepplift[M]
T-bar
téléski[M] biplace
telesquí[M]
sciovia[F]

Langlaufloipe[F]
cross-country ski trail
piste[F] de ski[M] de fond[M]
pista[F] de fondo[M]
pista[F] da fondo[M]

Seilbahnabfahrt[F]
gondola departure
départ[M] des télécabines[F]
embarque[M] teleférico[M]
partenza[F] della funivia[F]

Appartements[N]
apartment block
copropriété[F]
bloque[M] de apartamentos[M]
appartamenti[M]

Eislaufplatz[M]
ice rink
patinoire[F]
pista[F] de patinaje[M]
pista[F] di pattinaggio[M]

Berghütte[F]
mountain lodge
chalet[M] de montagne[F]
refugio[M] de montaña[F]
baita[F] di montagna[F]

Hotel[N]
hotel
hôtel[M]
hotel[M]
albergo[M]

Informationsschalter[M]
information desk
renseignements[M]
punto[M] de información[F]
ufficio[M] delle informazioni[F]

Dorf[N]
village
village[M]
pueblo[M]
villaggio[M]

Parkplatz[M]
parking
parc[M] de stationnement[M]
aparcamiento[M]
parcheggio[M]

Snowboarden[N]

snowboarding | surf[M] des neiges[F] | snowboard[M] | snowboard[M]

Hardboots[M]
hard boot
botte[F] rigide
bota[F] rígida
scarpone[M] rigido

Softboots[M]
flexible boot
botte[F] souple
bota[F] blanda
scarpone[M] morbido

Freestyleboard[N]
freestyle snowboard
surf[M] acrobatique
tabla[F] de freestyle[M]
snowboard[M] per freestyle[M]

Alpinboard[N]
alpine snowboard
surf[M] alpin
tabla[F] alpina
snowboard[M] per sci[M] alpino

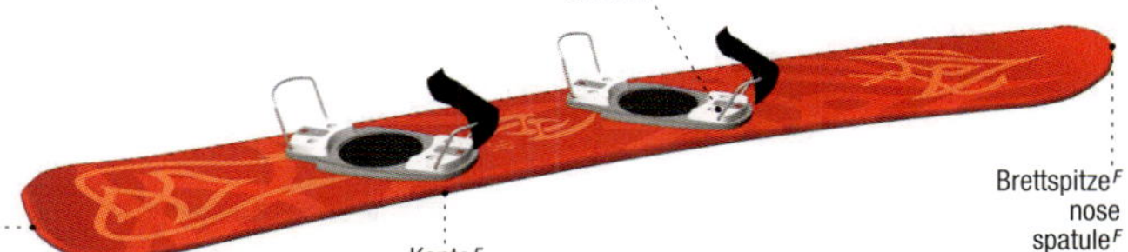

Wettkampfplatz[M] (Halfpipe[F])
competition site (half-pipe)
aire[F] de compétition[F] (demi-lune[F])
pista[F] de competición[F] (half-pipe[M])
pista[F] di gara[F] (half-pipe[M])

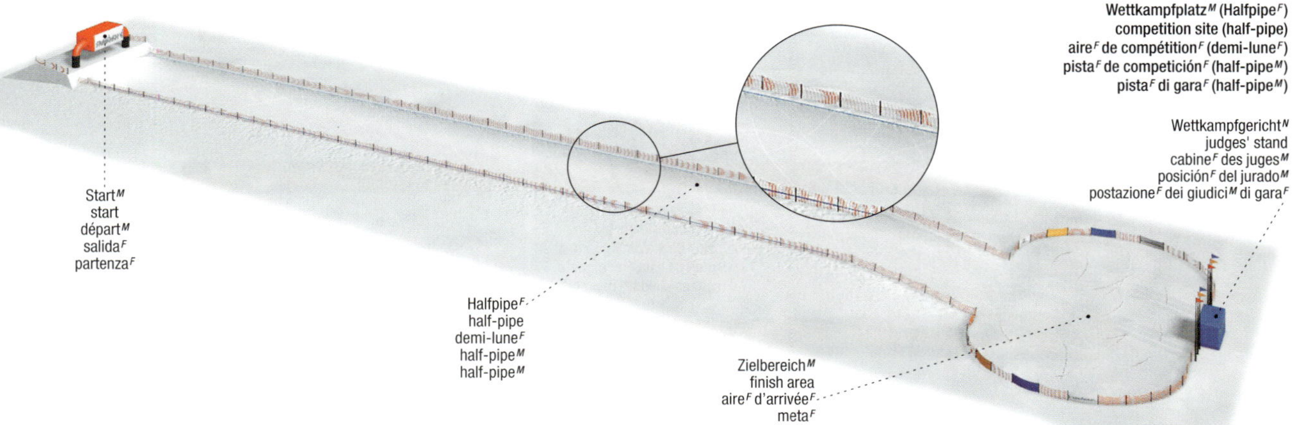

alpines Skilaufen[N]

alpine skiing | ski[M] alpin | esquí[M] alpino | sci[M] alpino

alpiner Skiläufer[M]
alpine skier
skieur[M] alpin
esquiador[M] alpino
sciatore[M]

alpines Skilaufen[N]
alpine ski
ski[M] alpin
esquí[M] alpino
sci[M] alpino

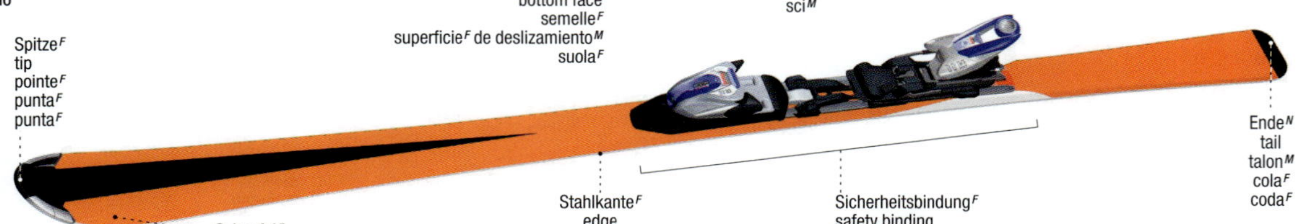

Beispiele[N] für Skier[M]
examples of skis
exemples[M] de skis[M]
ejemplos[M] de esquís[M]
esempi[M] di sci[M]

Skiboard[N]
skiboard
miniski[M]
skiboard[M]
mini sci[M]

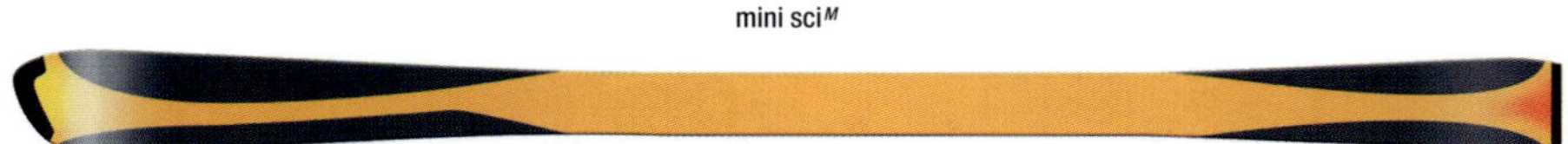

Slalomski[M]
slalom ski
ski[M] de slalom[M]
esquí[M] de eslalon[M]
sci[M] da slalom[M]

Riesenslalomski[M]
giant slalom ski
ski[M] de slalom[M] géant
esquí[M] de eslalon[M] gigante
sci[M] da slalom[M] gigante

Abfahrts- und Superriesenslalom[M]-Ski[M]
downhill and super-G ski
ski[M] de descente[F]/super-géant[M]
esquí[M] de descenso[M]/eslalon[M] supergigante
sci[M] da discesa[F] libera e supergigante[M]

alpines Skilaufen^{N}

**Disziplinen^{F}
technical events
épreuves^{F}
pruebas^{F}
specialità^{F}**

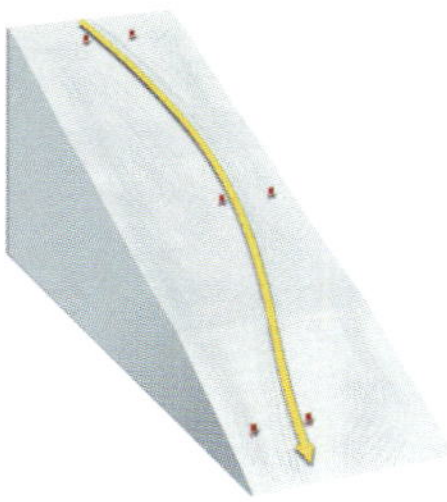

Abfahrtslauf^{M}
downhill
descente^{F}
descenso^{M}
discesa^{M} libera

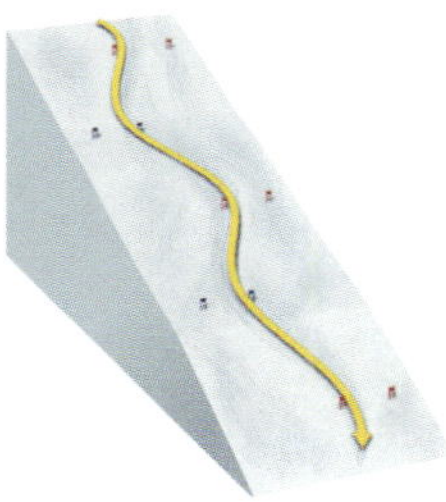

Superriesenslalom^{M}
super giant slalom
super-géant^{M}
eslalon^{M} supergigante
slalom^{M} supergigante

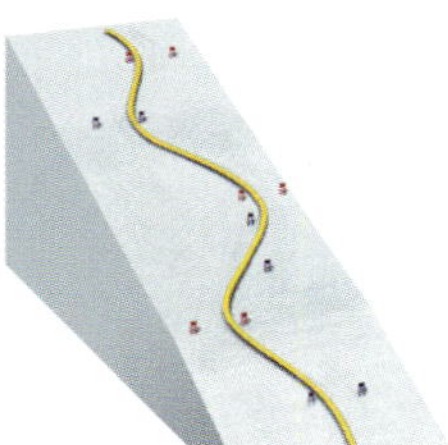

Riesenslalom^{M}
giant slalom
slalom^{M} géant
eslalon^{M} gigante
slalom^{M} gigante

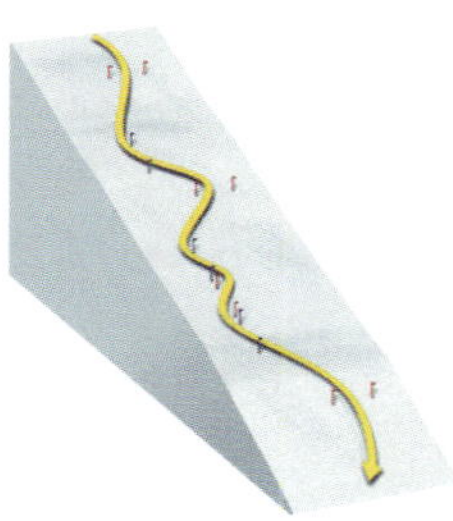

Spezialslalom^{M}
special slalom
slalom^{M} spécial
eslalon^{M} especial
slalom^{M} speciale

**Skistiefel^{M}
ski boot
chaussure^{F} de ski^{M}
botas^{F} para esquiar
scarpone^{M}**

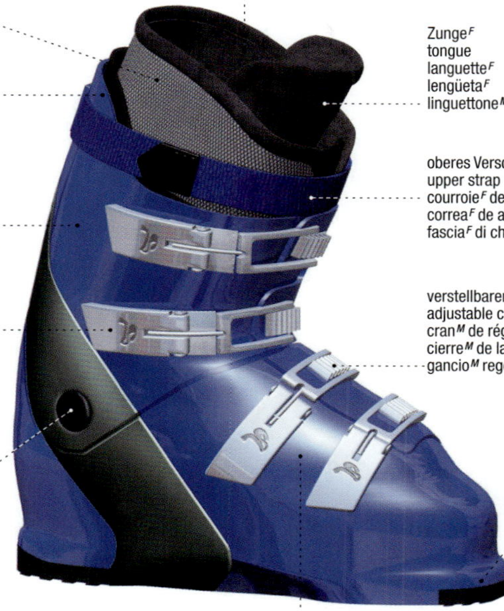

**Sicherheitsbindung^{F}
safety binding
fixation^{F} de sécurité^{F}
fijación^{F} de seguridad^{F} del esquí^{M}
attacco^{M} di sicurezza^{F}**

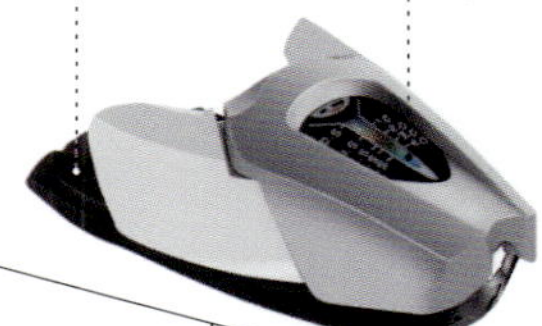

Freestyle^{N}

freestyle skiing | ski^{M} acrobatique | esquí^{M} artístico | freestyle^{M}

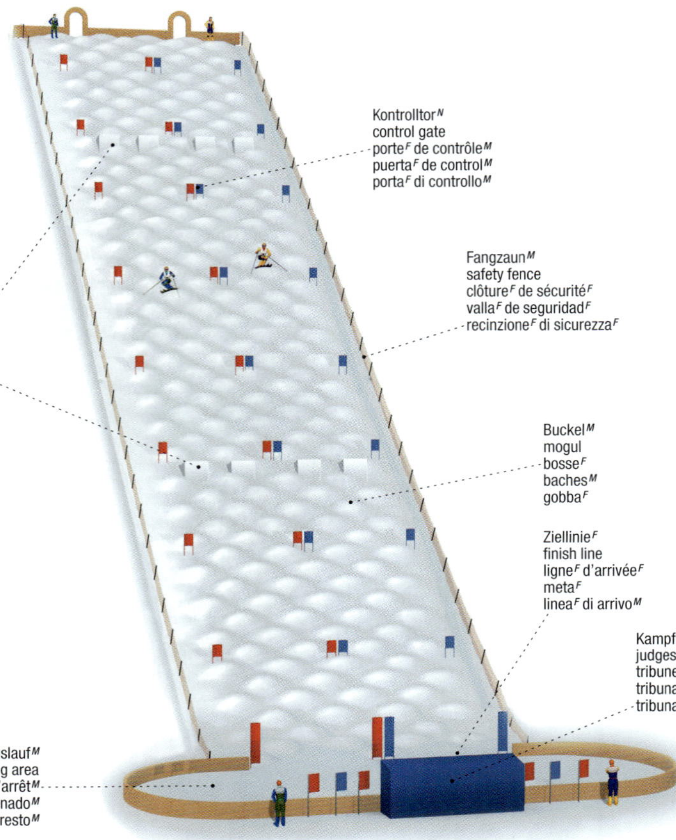

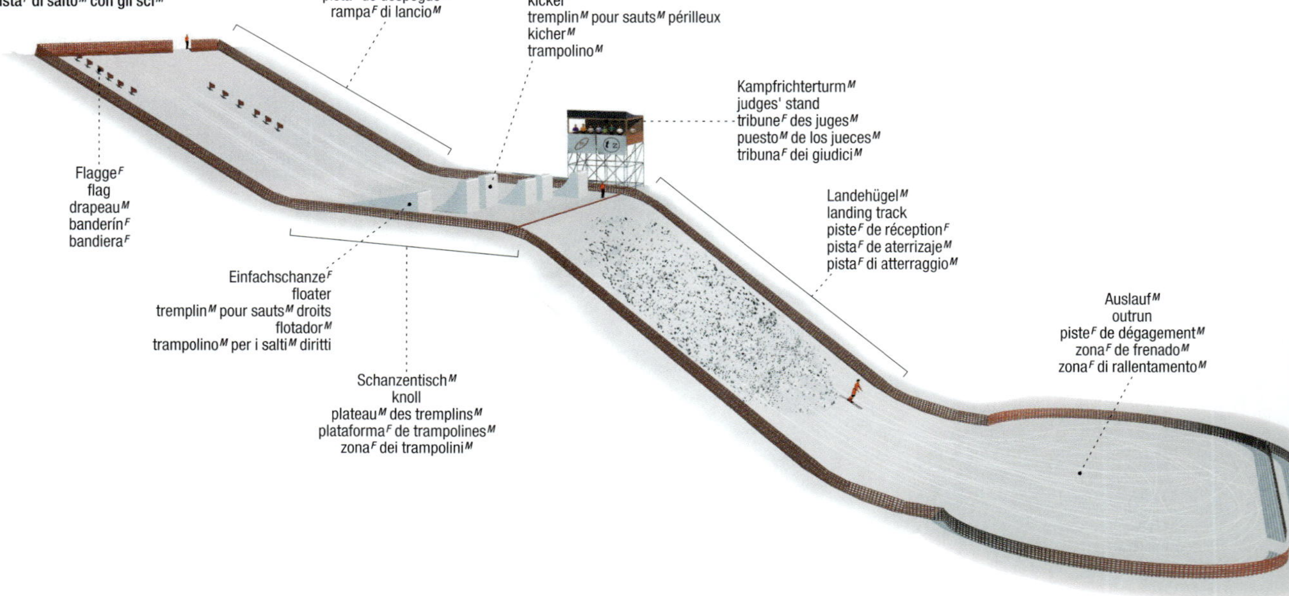

Skispringen^{N}

ski jumping | saut^{M} à ski^{M} | técnica^{F} de salto^{M} | salto^{M} con gli sci^{M}

Sprungtechnik^{F}
jumping technique
technique^{F} de saut^{M}
salto^{M} de esquí^{M}
tecnica^{F} di salto^{M}

Anlauf^{M}
inrun
élan^{M}
lanzamiento^{M}
scivolamento^{M}

Absprung^{M}
take-off
envol^{M}
despegue^{M}
stacco^{M}

Flug^{M}
flight
vol^{M}
vuelo^{M}
volo^{M}

Landung^{F}
landing
atterrissage^{M}
aterrizaje^{M}
atterraggio^{M}

Skispringer^{M}
ski jumper
sauteur^{M}
saltador^{M}
saltatore^{M}

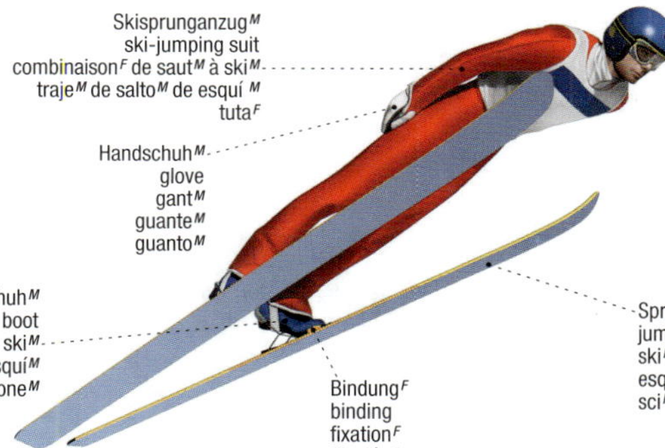

Skisprungschanze^{F}
ski jumping track
piste^{F} de saut^{M} à ski^{M}
pista^{F} de salto^{M} de esquí^{M}
tracciato^{M} per il salto^{M} con gli sci^{M}

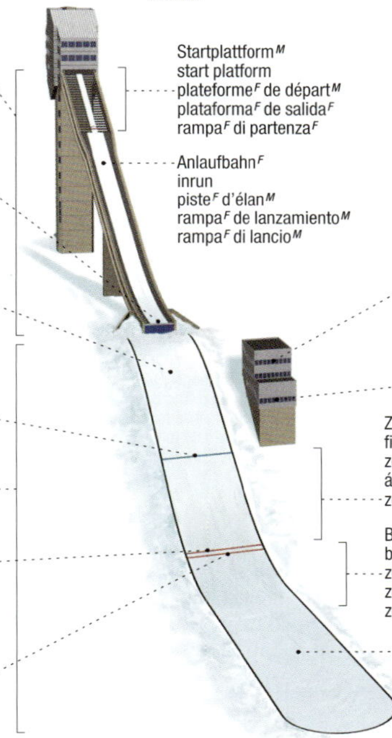

Speedski^{M}

speed skiing | ski^{M} de vitesse^{F} | esquí^{M} de velocidad^{F} | chilometro^{M} lanciato

Speedskistrecke^{F}
speed track
piste^{F} de vitesse^{F}
pista^{F} de velocidad^{F}
pista^{F}

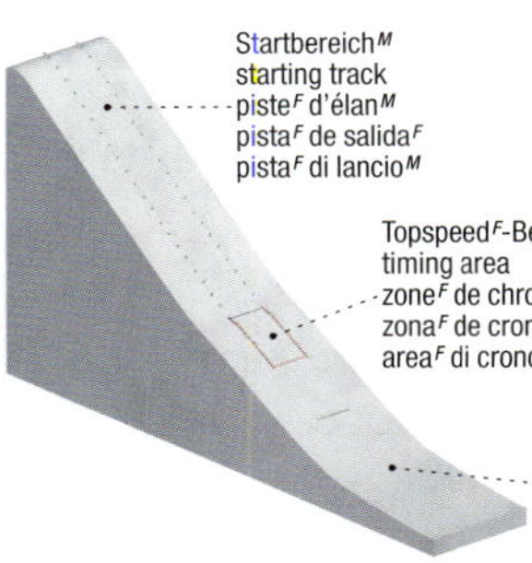

Speedskifahrer^{M}
speed skier
skieur^{M} de vitesse^{F}
esquiador^{M} de velocidad^{F}
sciatore^{M} di chilometro^{M} lanciato

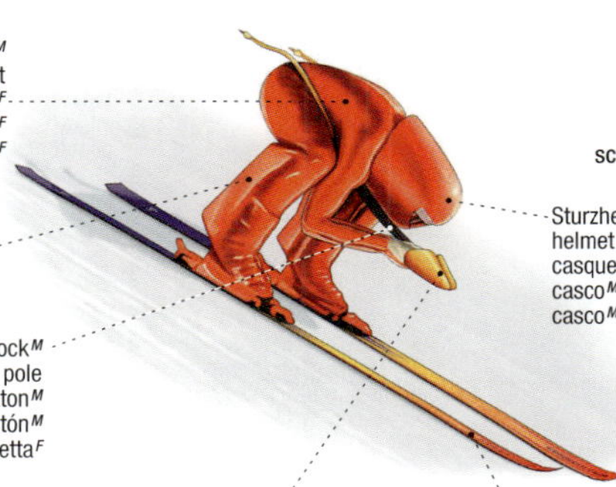

Skilanglauf^{M}

cross-country skiing | ski^{M} de fond^{M} | esquí^{M} de fondo^{M} | sci^{M} da fondo^{M}

Langläufer^{M}
cross-country skier
skieur^{M} de fond^{M}
fondista^{M}
fondista$^{M/F}$

Wachsausrüstung^{F}
waxing kit
trousse^{F} de fartage^{M}
estuche^{M} de encerado^{M}
accessori^{M} per la sciolinatura^{F}

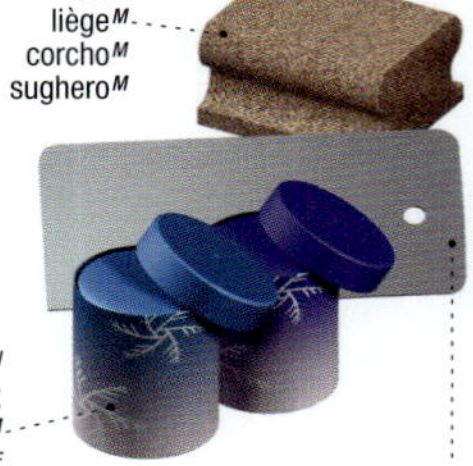

Langlaufski^{M}
cross-country ski
ski^{M} de fond^{M}
esquí^{M} de fondo^{M}
sci^{M} da fondo^{M}

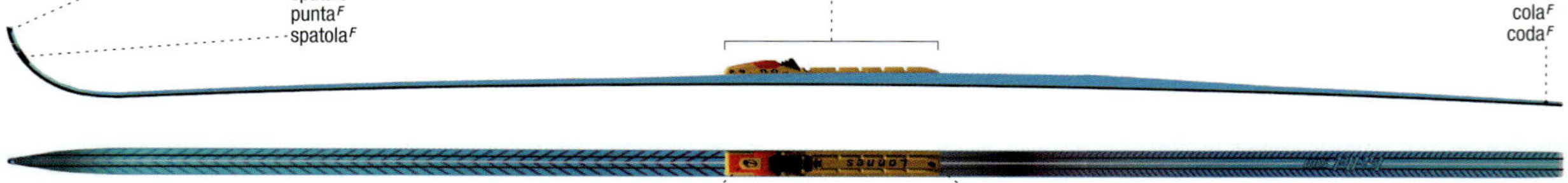

Schlittschuhschritt^{M}
skating step
pas^{M} de patineur^{M}
paso^{M} de patinador^{M}
passo^{M} pattinato

diagonaler Schlittschuhschritt^{M}
diagonal step
pas^{M} alternatif
paso^{M} alternativo
passo^{M} alternato

Biathlon[N]

biathlon | biathlon[M] | biathlon[M] | biathlon[M]

Schießpositionen[F]
shooting positions
positions[F] de tir[M]
posiciones[M] de tiro[M]
posizioni[F] di tiro[M]

liegender Anschlag[M]
prone position
position[F] couchée
posición[M] supina
posizione[F] prona

stehender Anschlag[M]
standing position
position[F] debout
posición[F] en pie[M]
posizione[F] in piedi

Biathlongewehr[N]
biathlon rifle
carabine[F] de biathlon[M]
rifle[M] de biathlon[M]
carabina[F] da biathlon[M]

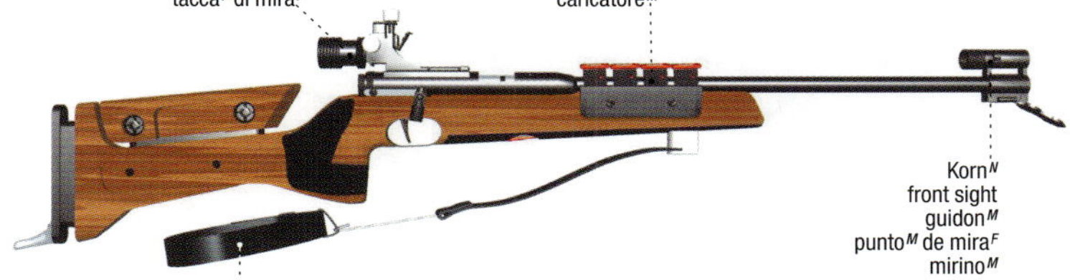

Kimme[F]
rear sight
hausse[F]
alza[F]
tacca[F] di mira[F]

Magazin[N]
magazine
chargeur[M]
cargador[M]
caricatore[M]

Korn[N]
front sight
guidon[M]
punto[M] de mira[F]
mirino[M]

Gewehrriemen[M]
shooting slip
bretelle[F] de tir[M]
correa[F] de tiro[M]
cinghia[F]

Schießanlage[F]
shooting range
champ[M] de tir[M]
puesto[M] de tiro[M]
campo[M] di tiro[M]

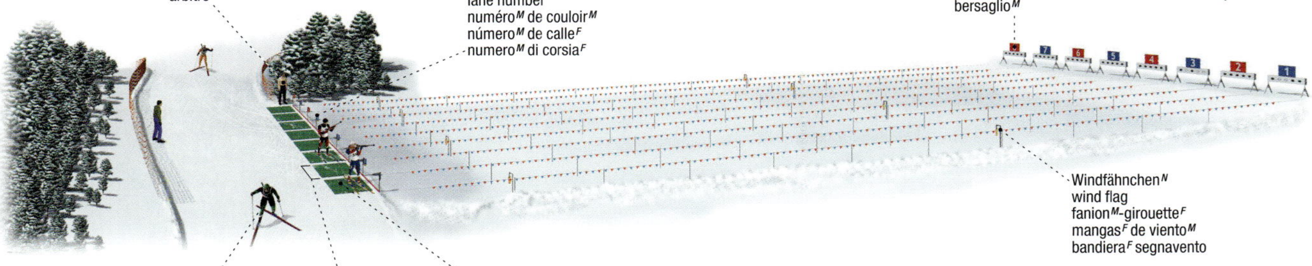

Kampfrichter[M]
referee
juge[M]
juez[M]
arbitro[M]

Bahnnummer[F]
lane number
numéro[M] de couloir[M]
número[M] de calle[F]
numero[M] di corsia[F]

Zielscheibe[F]
target
cible[F]
blanco[M]
bersaglio[M]

Windfähnchen[N]
wind flag
fanion[M]-girouette[F]
mangas[F] de viento[M]
bandiera[F] segnavento

Biathlet[M]
biathlete
biathlonien[M]
atleta[F] de biathlón[M]
biathleta[M/F]

Schießstand[M]
shooting place
emplacement[M] de tir[M]
campo[M] de tiro[M]
linea[F] di tiro[M]

rutschfeste Matte[F]
nonslip mat
tapis[M] antidérapant
tapete[M] antideslizante
tappeto[M] di sicurezza[F]

Schneeschuhwandern[N]

snowshoeing | raquette[F] | raquetas[F] | racchetta[F]

elliptischer Schneeschuh[M]
elliptical snowshoe
raquette[F] elliptique
raqueta[F] elíptica
racchetta[F] da neve[F] ellittica

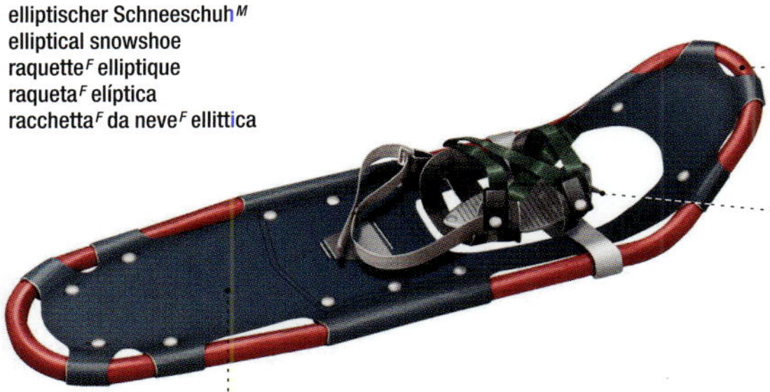

Aluminiumrahmen[M]
aluminium frame
cadre[M] d'aluminium[M]
marco[M] de aluminio[M]
struttura[F] in alluminio[M]

Steigeisen[N]
crampon system
crampon[M]
crampones[M]
rampone[M]

Bespannung[F]
deck
tamis[M]
tablero[M]
piattaforma[F]

traditioneller Schneeschuh[M]
traditional snowshoe
raquette[F] traditionnelle
raqueta[F] tradicional
racchetta[F] tradizionale

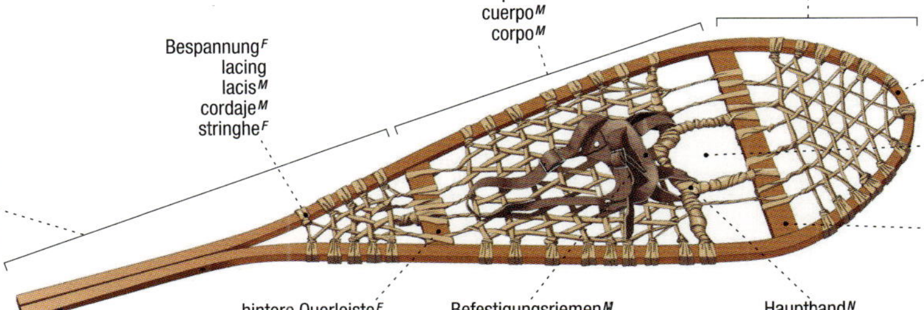

Spitze[F]
tip
tête[F]
cabeza[F]
punta[F]

Korpus[M]
body
pied[M]
cuerpo[M]
corpo[M]

Rahmen[M]
frame
cadre[M]
marco[M]
telaio[M]

Bespannung[F]
lacing
lacis[M]
cordaje[M]
stringhe[F]

Zehenloch[N]
toe hole
porte[F]
puntera[F]
apertura[F]

Hinterteil[N]
tail
queue[F]
cola[F]
coda[F]

vordere Querleiste[F]
front crossbar
traverse[F] avant
travesaño[M] delantero
traversa[F] anteriore

hintere Querleiste[F]
back crossbar
traverse[F] arrière
travesaño[M] trasero
traversa[F] posteriore

Befestigungsriemen[M]
harness
harnais[M]
correa[F]
imbracatura[F]

Hauptband[N]
master cord
maître[M]-brin[M]
cuerda[F] maestra
corda[F] principale

Skateboarding^{N}

skateboarding | planche^{F} à roulettes^{F} | skateboard^{M} | skateboard^{M}

Unteransicht^{F}
bottom view
vue^{F} inférieure
vista^{F} inferior
vista^{F} inferiore

Endstück^{N}
tail
queue^{F}
cola^{F}
coda^{F}

Achse^{F}
truck
bloc^{M}-essieu^{M}
bloqueo^{M} eje^{M}
attacco^{M}

Nase^{F}
nose
nez^{M}
punta^{F}
punta^{F}

Draufsicht^{F}
top view
vue^{F} supérieure
vista^{F} superior
vista^{F} superiore

Griffband^{N}
grip tape
bande^{F} antidérapante
banda^{F} antiadherente
superficie^{F} antiscivolo

Rolle^{F}
wheel
roulette^{F}
rueda^{F}
ruota^{F}

Skateboarder^{M}
skateboarder
planchiste^{M}
monopatín^{M}
skater$^{M/F}$

Knieschützer^{M}
knee pad
genouillère^{F}
rodillera^{F}
ginocchiera^{F}

Ellbogenschützer^{M}
elbow pad
protège-coude^{M}
codera^{F}
gomitiera^{F}

Helm^{M}
helmet
casque^{M}
casco^{M}
casco^{M}

Kantenschiene^{F}
coping
arête^{F}
coping^{M}
tubo^{M} metallico

Halfpipe^{F}
half-pipe
demi-lune^{F}
half-pipe^{M}
half-pipe^{M}

Geländer^{N}
guard rail
rambarde^{F}
barandilla^{F}
guardrail^{M}

Table^{N}
platform
plateforme^{F}
tarima^{F}
piattaforma^{F}

Kantenschiene^{F}
coping
arête^{F}
coping^{M}
tubo^{M} metallico

Vertikale^{F}
vertical section
surface^{F} verticale
sección^{F} vertical
superficie^{F} verticale

Flachstück^{N}
flat
fond^{M}
piso^{M}
piano^{M}

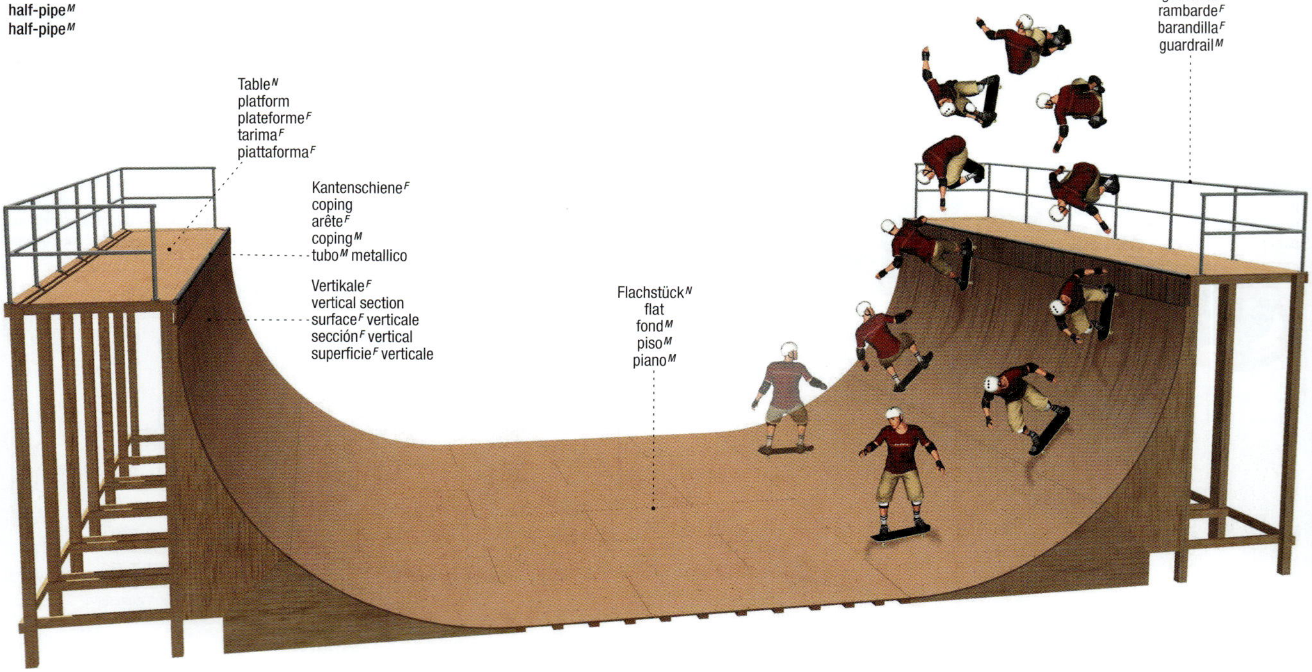

Inlineskating[N]

inline skating | patin[M] à roues[F] alignées | patinaje[M] en línea[F] | pattinaggio[M] in linea[F]

Stuntskate[M]
acrobatic skate
patin[M] acrobatique
patín[M] acrobático
pattino[M] acrobatico

Skaterin[F]
skater
patineuse[F]
patinadora[F]
pattinatore[M]

Speedskate[M]
roller speed skate
patin[M] de vitesse[F]
patín[M] en línea[F]
pattino[M] da velocità[F]

Rollschuh[M]
roller skate
patin[M] à roues[F] alignées
patín[M] en línea[F]
pattino[M] a rotelle[F]

Hockeyskate[M]
roller hockey skate
patin[M] de hockey[M]
patín en línea[F] de hockey[M]
pattino[M] da hockey[M]

Fallschirmspringen[N]

parachuting | parachutisme[M] | paracaidismo[M] | paracadutismo[M]

Fallschirmspringen[N]
sky diving
chute[F] libre
paracaidismo[M] en caída[F] libre
paracadutismo[M] in caduta[F] libera

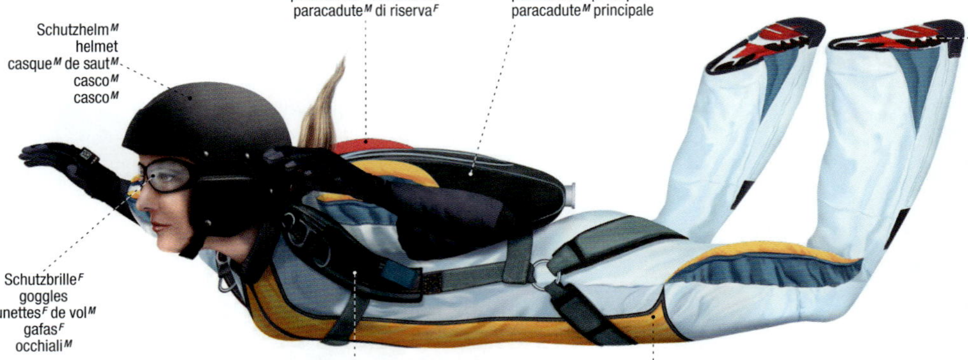

Fallschirmspringen[N]
parachute
parachute[M]
paracaídas[M]
paracadute[M]

Drachenfliegen[N]

hang gliding | vol[M] libre | vuelo[M] libre | deltaplano[M]

Gleitschirmfliegen[N]
paragliding
parapente[M]
parapente[M]
parapendio[M]

Gleitflieger[M]
paragliding pilot
parapentiste[M]
parapentista[M/F]
pilota[M]

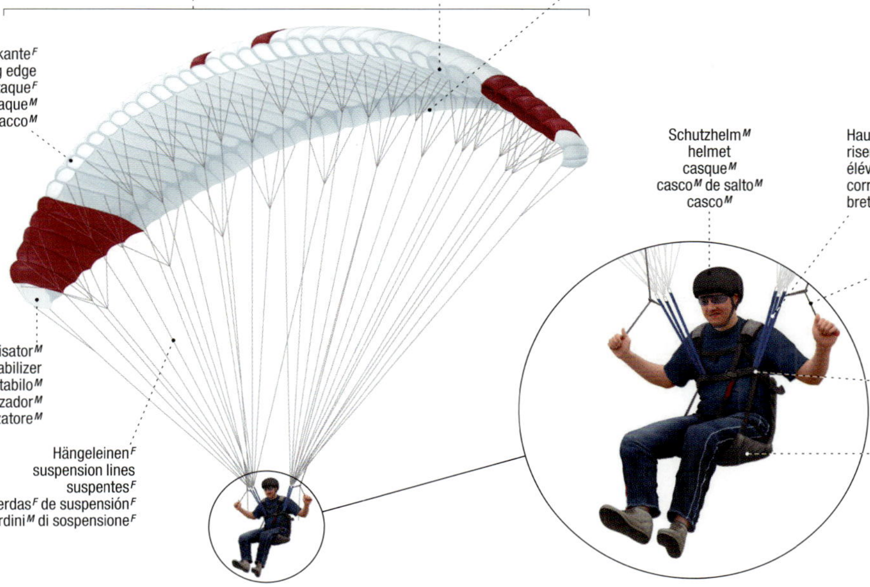

Flugdrachen[M]
hang glider
deltaplane[M]
ala[F] delta
deltaplano[M]

Pilot[M]
pilot
pilote[M]
piloto[M]
pilota[M]

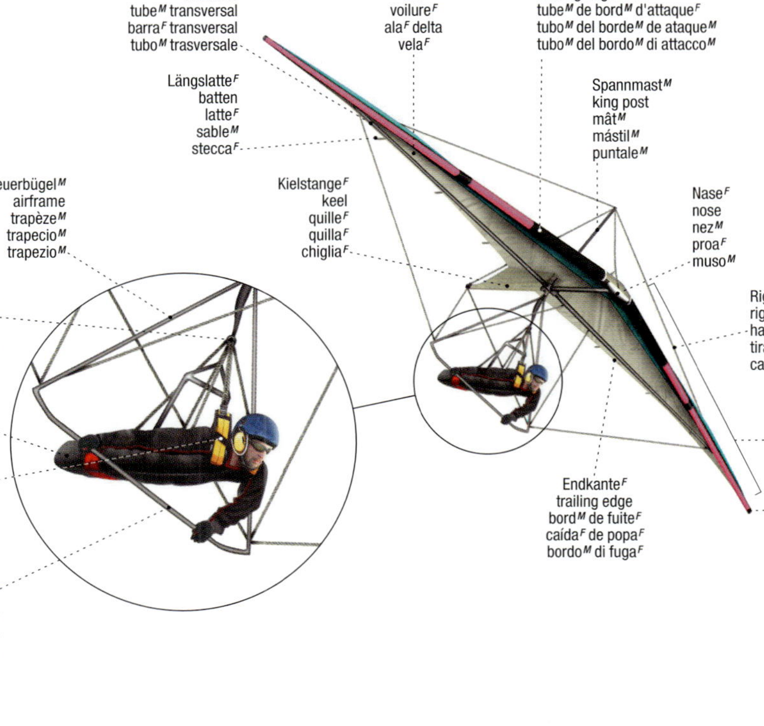

Segelflugzeug[N]

glider | planeur[M] | planeador[M] | aliante[M]

Gesamtansicht[F]
general view
vue[F] d'ensemble[M]
vista[F] general
vista[F] generale

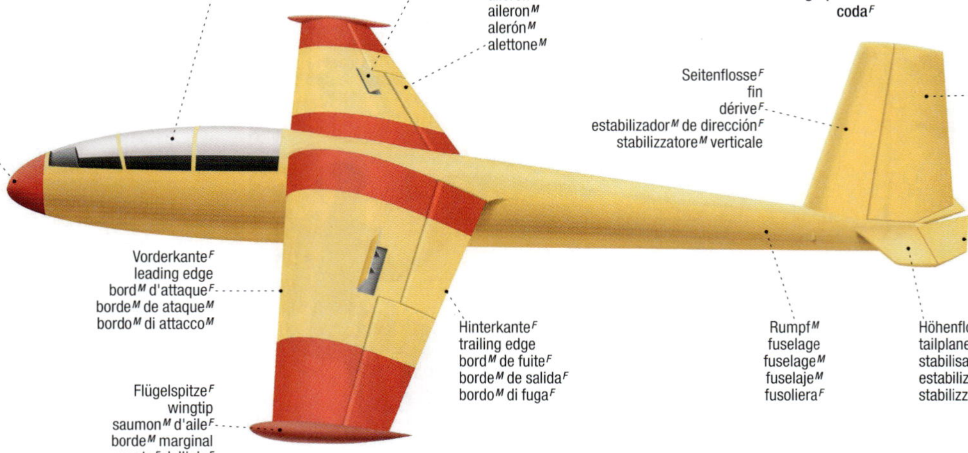

Leitwerk[N]
tail
queue[F]
grupo[M] de cola[F]
coda[F]

Flügel[M]
wing
ailes[F]
ala[F]
ala[F]

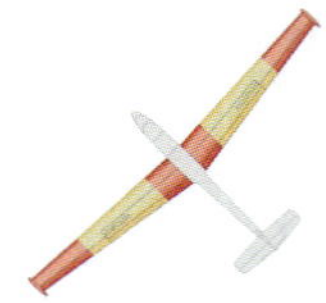

Bremsklappe[F]
air brake
aérofrein[M]
freno[M] aerodinámico
freno[M] aerodinamico

Kanzel[F]
cockpit canopy
verrière[F]
cubierta[F] de la cabina[F]
calotta[F] della cabina[F] di pilotaggio[M]

Querruder[N]
aileron
aileron[M]
alerón[M]
alettone[M]

Nase[F]
nose
nez[M]
morro[M]
muso[M]

Seitenflosse[F]
fin
dérive[F]
estabilizador[M] de dirección[F]
stabilizzatore[M] verticale

Seitenruder[N]
rudder
gouverne[F] de direction[F]
timón[M] de dirección[F]
timone[M] di direzione[F]

Höhenruder[N]
elevator
gouverne[F] de profondeur[F]
timón[M] de profundidad[F]
timone[M] di profondità[F]

Vorderkante[F]
leading edge
bord[M] d'attaque[F]
borde[M] de ataque[M]
bordo[M] di attacco[M]

Hinterkante[F]
trailing edge
bord[M] de fuite[F]
borde[M] de salida[F]
bordo[M] di fuga[F]

Rumpf[M]
fuselage
fuselage[M]
fuselaje[M]
fusoliera[F]

Höhenflosse[F]
tailplane
stabilisateur[M]
estabilizador[M] horizontal
stabilizzatore[M] orizzontale

Flügelspitze[F]
wingtip
saumon[M] d'aile[F]
borde[M] marginal
punta[F] dell'ala[F]

Cockpit[N]
cockpit
cabine[F] de pilotage[M]
cabina[F] del piloto[M]
cabina[F] di pilotaggio[M]

Geschwindigkeitsanzeige[F]
airspeed indicator
anémomètre[M]
anemómetro[M]
anemometro[M]

Kompass[M]
compass
compas[M]
brújula[F]
bussola[F]

Höhenmesser[M]
altimeter
altimètre[M]
altímetro[M]
altimetro[M]

Wendezeiger[M]
turn and bank indicator
indicateur[M] de virage[M] et d'inclinaison[F] latérale
indicador[M] de viraje[M] y de inclinación[F]
indicatore[M] di virata[F] e di inclinazione[F]

Elektrovariometer[N]
electric variometer
variomètre[M] électrique
variómetro[M] eléctrico
variometro[M] elettrico

Sauerstoffzufuhranzeige[F]
oxygen indicator
contrôle[M] d'alimentation[F] en oxygène[M]
control[M] de alimentador[M] de oxígeno[M]
indicatore[M] dell'alimentazione[F] di ossigeno[M]

mechanisches Variometer[N]
mechanical variometer
variomètre[M] mécanique
variómetro[M] mecánico
variometro[M] meccanico

Frischluftzufuhr[F]
cockpit ventilation
ventilation[F] de la cabine[F]
ventilador[M] de cabina[F]
manopola[F] per l'aerazione[F] della cabina[F]

Ausklinkhebel[M]
tow release knob
commande[F] de largage[M] de câble[M]
liberador[M] del cable[M] de remolque[M]
manopola[F] di sgancio[M] del cavo[M] di traino[M]

Sauerstoffzufuhrregler[M]
oxygen supply regulator
commande[F] d'alimentation[F] en oxygène[M]
palanca[F] de alimentador[M] de oxígeno[M]
regolatore[M] dell'alimentazione[F] di ossigeno[M]

Seitenruderpedal[N]
rudder pedal
pédale[F] de palonnier[M]
pedal[M] del timón[M] de mando[M]
pedale[M] del timone[M]

Mikrofon[N]
microphone
microphone[M]
micrófono[M]
microfono[M]

Bremsklappenhebel[M]
air brake handle
commande[F] d'aérofrein[M]
mando[M] del freno[M] aerodinámico
comando[M] del freno[M] aerodinamico

Kanzellösehebel[M]
canopy release knob
commande[F] de largage[M] de la verrière[F]
eyector[M] de la cubierta[F] de cabina[F]
manopola[F] per l'apertura[F] della calotta[F]

Wendehebel[M]
turn and bank knob
commande[F] de virage[M] et d'inclinaison[F] latérale
palanca[F] de viraje[M] y de inclinación[F]
comando[M] di virata[F] e di inclinazione[F]

Steuerknüppel[M]
control stick
manche[M] à balai[M]
palanca[F] de mando[M]
cloche[F]

Funkgerät[N]
radio
radio[F]
radio[M]
radio[F]

Sitz[M]
seat
siège[M]
asiento[M]
sedile[M]

Freiballonsport[M]

ballooning | montgolfière[F] | vuelo[M] en globo[M] | mongolfiera[F]

**Gesamtansicht[F]
general view
vue[F] d'ensemble[M]
vista[F] general
vista[F] generale**

**Gondel[F]
basket
nacelle[F]
barquilla[F]
navicella[F]**

Bergsteigen[N]

mountaineering | alpinisme[M] | alpinismo[M] | alpinismo[M]

Kletterer[M]
climber
grimpeur[M]
escalador[M]
scalatore[M]

Felsen[M]
rock
rocher[M]
roca[F]
roccia[F]

Expressschlinge[F]
quickdraw
dégaine[F]
cinta[F] exprés
rinvio[M]

Sicherungsseil[N]
belay rope
corde[F] d'assurage[M]
cuerda[F] de amarre[M]
corda[F] di sicurezza[F]

Kletterschuh[M]
climbing shoe
chausson[M] d'escalade[F]
pies[M] de gato[M]
scarpa[F]

Verlängerungsschlinge[F]
runner
sangle[F]
cincha[F]
anello[M]

Sitzgürtel[M]
seat harness
cuissard[M]
arnés[M]
imbracatura[F] cosciale

künstliche Kletterwand[F]
artificial climbing structure
structure[F] artificielle d'escalade[F]
rocódromo[M]
parete[F] artificiale di arrampicata[F]

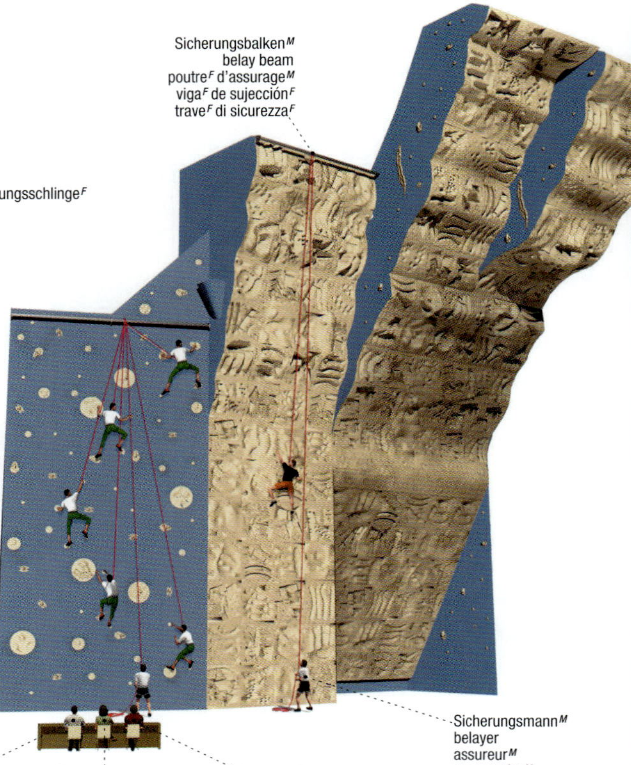

Sicherungsbalken[M]
belay beam
poutre[F] d'assurage[M]
viga[F] de sujeción[F]
trave[F] di sicurezza[F]

Sicherungsmann[M]
belayer
assureur[M]
asegurador[M]
assicuratore[M]

Routenschiedsrichter[M]
route judge
juge[M] de voie[F]
juez[M] de vía[F]
tracciatore[M]

Schiedsrichter[M]
president of the jury
président[M] du jury[M]
presidente[M] del jurado[M]
presidente[M] di giuria[F]

Zeitnehmer[M]
timekeeper
chronométreur[M]
cronometrador[M]
cronometrista[M/F]

Seilschaft[F]
roped party
cordée[F]
cordada[F]
cordata[F]

Vorsteiger[M]
leader
premier[M] de cordée[F]
cabeza[F] de cordada[F]
capocordata[M/F]

Bergsteigerausrüstung[F]
mountaineering equipment
équipement[M] d'alpinisme[M]
equipamiento[M] de alpinismo[M]
attrezzatura[F] da alpinismo[M]

Haken[M]
latch
bec[M]
traba[F]
tenone[M]

Schraubfeder[F]
gate
doigt[M]
dedo[M]
dito[M]

Manschette[F]
screwsleeve
bague[F] filetée
cierre[M] de rosca[F]
ghiera[F] di bloccaggio[M]

Schraubenkarabiner[M]
locking karabiner
mousqueton[M] à vis[F]
mosquetón[M] de bloqueo[M]
moschettone[M] a ghiera[F]

D-Karabiner[M]
D karabiner
mousqueton[M] en D[M]
mosquetón[M] curvo
moschettone[M] a D

Seil[N]
rope
corde[F]
cuerda[F]
corda[F]

Expansionsbohrhaken[M]
expansion piton
piton[M] à expansion[F]
pitón[M] de expansión[F]
chiodo[M] a espansione[F]

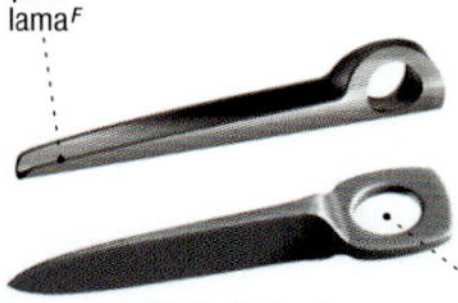

Spitze[F]
blade
lame[F]
pata[F]
lama[F]

Auge[N]
eye
œil[M]
ojo[M]
occhiello[M]

Kletterhaken[M]
piton
piton[M]
pitón[M]
chiodo[M] da roccia[F]

Klemmschlaufe[F]
chock
coinceur[M]
cuña[F]
blocco[M] da incastro[M]

Drahtschlinge[F]
wire sling
câble[M] d'acier[M]
cable[M] de acero[M]
cavo[M] di acciaio[M]

Abseilhaken[M]
descender
descendeur[M]
descensor[M] de ocho[M]
discensore[M]

Sitzgürtel[M]
seat harness
cuissard[M]
arnés[M]
imbracatura[F] cosciale

Bergsteigen[N]

Griffe[M]
handholds
prises[F] de main[F]
agarres[M] con las manos[F]
prese[F] con le mani[F]

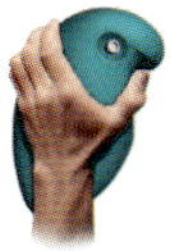

Zangengriff[M]
pinch
pince[F]
garra[F]
morsa[F]

Zuggriff[M]
crimp
arqué[M]
grieta[F] de dedos[M]
arquata[F]

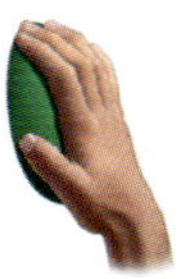

Klemmgriff[M]
open hand
tendu[M]
mano[F] abierta
mano[F] aperta

Tritt[M]
foothold
prise[F] de pied[M]
agarres[M] con los pies[M]
presa[F] con i piedi[M]

Stütztritt[M]
inside edge
carre[F] interne
borde[M] interno
bordo[M] interno

Bergsteiger[M]
mountaineer
alpiniste[M]
alpinista[M]
alpinista[M/F]

Bergsteigerausrüstung[F]

Eispickel[M]
ice axe
piolet[M]
piolet[M]
piccozza[F]

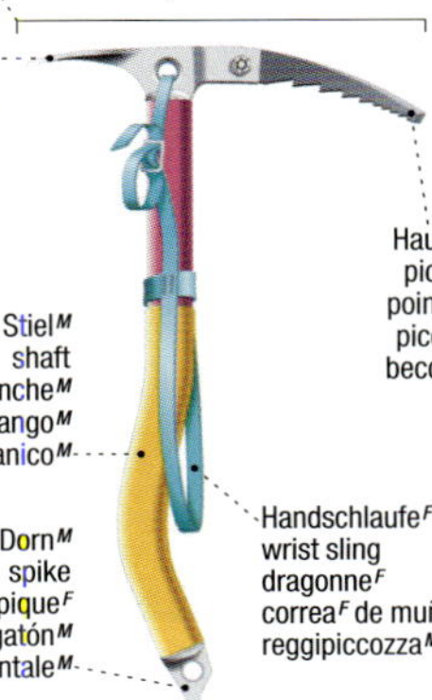

Kombihammer[M]
hammer axe
marteau[M]-piolet[M]
martillo[M] para hielo[M]
martello[M] piccozza[F]

hohle Eisschraube[F]
tubular ice screw
vis[F] à glace[F]
pitón[M] de hielo[M]
vite[F] da ghiaccio[M]

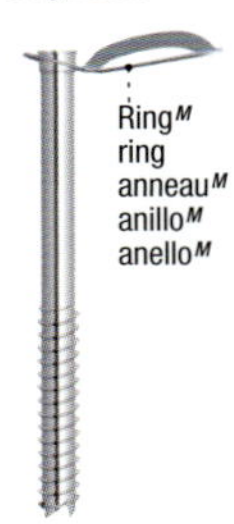

Camping[N]

camping | camping[M] | acampada[F] | campeggio[M]

Beispiele[N] für Zelte[N]
examples of tents
exemples[M] de tentes[F]
ejemplos[M] de tiendas[F] de campaña[F]
esempi[M] di tende[F]

Zweipersonenzelt[N]
two-person tent
tente[F] deux places[F]
tienda[F] para dos
tenda[F] a due posti[M]

Familienzelt[N]
family tent
tente[F] familiale
tienda[F] de campaña[F] tamaño[M] familiar
tenda[F] di tipo[M] familiare

Mannschaftszelt[N]
wagon tent
tente[F] grange[F]
tienda[F] tipo[M] vagón[M]
tenda[F] da cucina[F]

Steilwandzelt[N]
wall tent
tente[F] rectangulaire
tienda[F] rectangular
tenda[F] da campo[M]

Camping[N]

Hauszelt[N]
ridge tent
tente[F] canadienne
tienda[F] de campaña[F] clásica
tenda[F] canadese

Dach[N]
roof
toit[M]
techo[M]
tetto[M]

Abtropfkante[F]
eave
avant-toit[M]
alero[M]
tetto[M] (avanti)

Zeltspannleine[F]
guy line
hauban[M]
viento[M]
tirante[M]

eingenähter Boden[M]
integrated groundsheet
toile[F] de sol[M] intégrée
suelo[M] aislante integrado
fondo[M] impermeabile integrato

Zeltstange[F]
roof pole
mât[M] de toit[M]
palo[M] de la tienda[F]
palo[M] frontale

Hering[M]
peg
piquet[M]
piqueta[F]
picchetto[M]

Einpersonenzelt[N]
one-person tent
tente[F] individuelle
tienda[F] unipersonal
tenda[F] a un posto[M]

Kuppelzelt[N]
dome tent
tente[F] dôme[M]
tienda[F] tipo[M] domo[M]
tenda[F] a cupola[F]

Igluzelt[N]
igloo tent
tente[F] igloo[M]
tienda[F] tipo[M] iglú[M]
tenda[F] a igloo[M]

Propan- oder Butangas-Geräte[N]
propane or butane appliances
accessoires[M] au propane[M] ou au butane[M]
equipos[M] de gas[M]
accessori[M] a propano[M] o butano[M]

Lampe[F]
lantern
lanterne[F]
linterna[F]
lanterna[F]

Glas[N]
globe
globe[M]
globo[M]
globo[M] di vetro[M]

Brennsockel[M]
burner frame
bâti[M] du brûleur[M]
armazón[M] del quemador[M]
telaio[M] del bruciatore[M]

Gasstromregulierung[F]
pressure regulator
régulateur[M] de pression[F]
regulador[M] de presión[F]
regolatore[M] di luminosità[F]

Pumpe[F]
pump
pompe[F]
bomba[F]
pompa[F]

Dichtverschluss[M]
leakproof cap
bouchon[M] antifuite
tapón[M] hermético
capsula[F] ermetica

Gasbehälter[M]
gas container
réservoir[M]
tanque[M]
bombola[F]

Heizstrahler[M]
heater
chaufferette[F]
calentador[M]
stufa[F] a gas[M]

einflammiger Gasbrenner[M]
single-burner camp stove
réchaud[M] à un feu[M]
hornillo[M]
fornello[M] da campo[M] con un bruciatore[M]

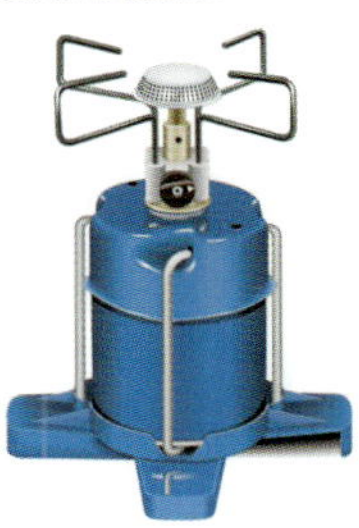

zweiflammiger Gasbrenner[M]
two-burner camp stove
réchaud[M] à deux feux[M]
cocina[F] de campo[M]
fornello[M] da campo[M] a due fuochi[M]

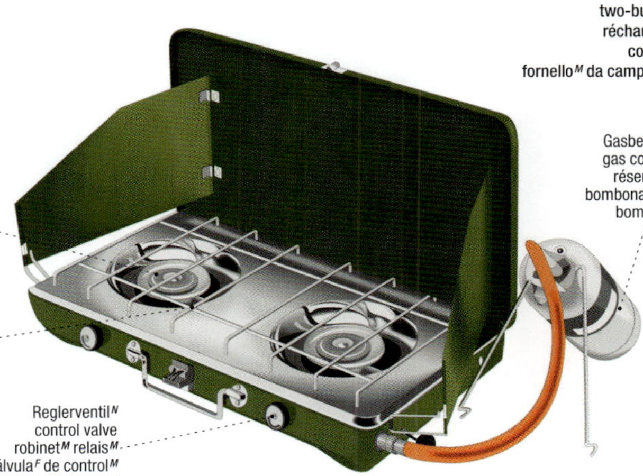

Gasbehälter[M]
gas container
réservoir[M]
bombona[F] de gas[M]
bombola[F]

Brenner[M]
burner
brûleur[M]
quemador[M]
bruciatore[M]

Metallaufsatz[M]
wire frame
grille[F] stabilisatrice
parrilla[F] estabilizadora
griglia[F]

Reglerventil[N]
control valve
robinet[M] relais[M]
válvula[F] de control[M]
manopola[F] di regolazione[F] del gas[M]

Camping^{N}

Schlafsäcke^{M}
sleeping bags
sacs^{M} de couchage^{M}
sacos^{M} de dormir
sacchi^{M} a pelo^{M}

Rechteckschlafsack^{M}
rectangular bag
sac^{M} rectangulaire
saco^{M} rectangular
sacco^{M} a pelo^{M} rettangolare

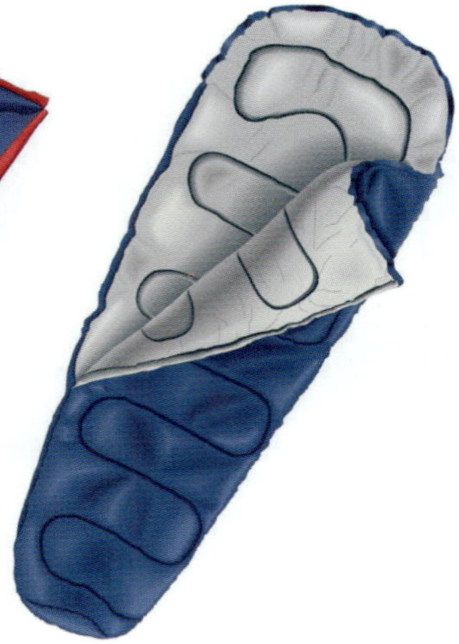

Halbmumienschlafsack^{M}
semi-mummy bag
sac^{M} semi-rectangulaire
saco^{M} semirrectangular
sacco^{M} a pelo^{M} semi-rettangolare

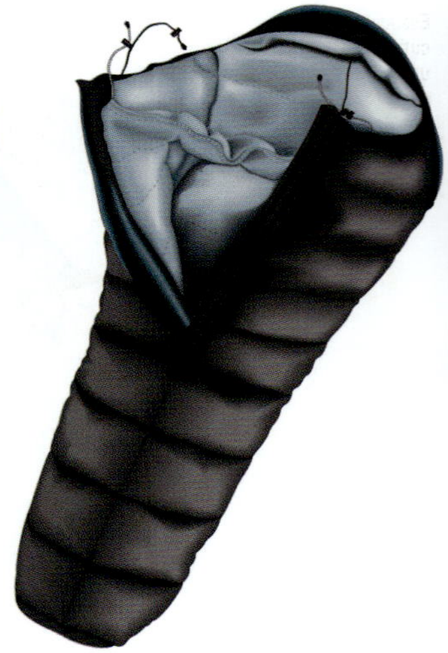

Mumienschlafsack^{M}
mummy bag
sac^{M} à cagoule^{F}
saco^{M} tipo^{M} momia^{F}
sacco^{M} a pelo^{M} a mummia^{F}

Rucksackbiwak^{M}
backpack bivvy
sac^{M} bivouac^{M}
saco^{M} vivac^{M}
zaino^{M} da bivacco^{M}

Bett^{N} mit Matratze^{F}
bed and mattress
lit^{M} et matelas^{M}
camas^{F} y colchonetas^{F}
branda^{F} e materassino^{M}

Feldbett^{N}
camp bed
lit^{M} de camp^{M} pliant
catre^{M} desmontable
brandina^{F} smontabile

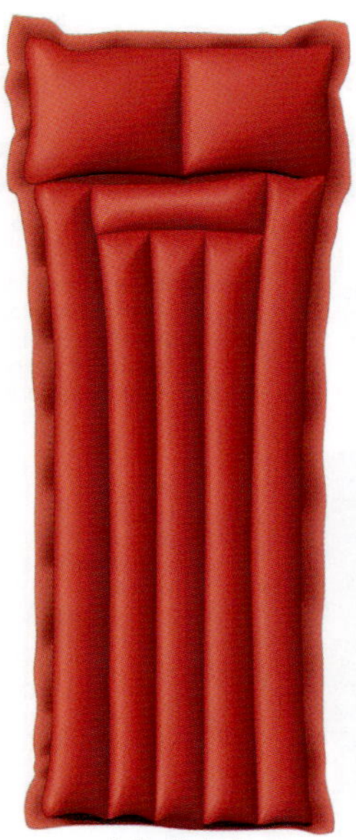

Luftmatratze^{F}
air mattress
matelas^{M} pneumatique
colchoneta^{F} de aire^{M}
materassino^{M} pneumatico

selbstaufblasbare Luftmatratze^{F}
self-inflating mattress
matelas^{M} autogonflant
colchoneta^{F} aislante
materassino^{M} autogonfiante

Schaumgummimatratze^{F}
foam pad
matelas^{M} mousse^{F}
colchoneta^{F} de espuma^{F}
materassino^{M} isolante

Kombipumpe^{F}
inflator-deflator
gonfleur^{M}-dégonfleur^{M}
muelle^{M} para inflar y desinflar
gonfiatore^{M} a soffietto^{M}

Blasebalg^{M}
inflator
gonfleur^{M}
inflador^{M}
gonfiatore^{M}

Camping[N]

Essbesteck[N]
cutlery set
ustensiles[M] de campeur[M]
cubertería[F]
posate[F]

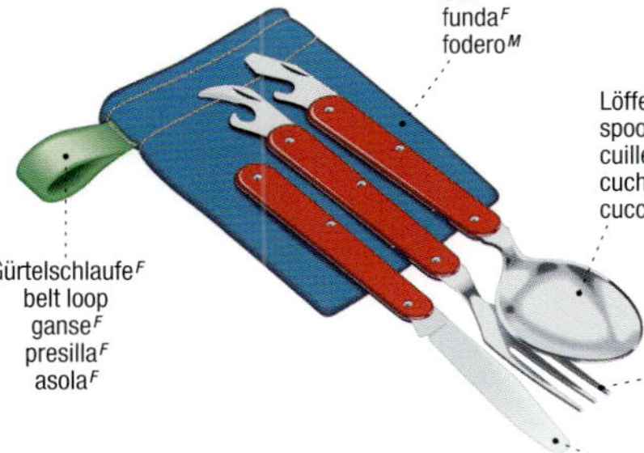

Kochgeschirr[N]
cooking set
popote[F]
utensilios[M] de cocina[F]
set[M] per cucinare

Kaffeekanne[F]
coffee pot
cafetière[F]
cafetera[F]
caffettiera[F]

Tasse[F]
cup
tasse[F]
taza[F]
tazza[F]

Bratpfanne[F]
frying pan
poêle[F] à frire
sartén[F]
padella[F]

Kochtopf[M]
saucepan
faitout[M]
cazuela[F]
tegame[M]

Teller[M]
plate
assiette[F] plate
plato[M]
piatto[M]

Campingausrüstung[F]
camping equipment
matériel[M] de camping[M]
equipamiento[M] para acampar
attrezzature[F] da campeggio[M]

Multifunktionsmesser[M]
multipurpose knife
couteau[M] multifonctions
navaja[F] multiusos
temperino[M] multiuso

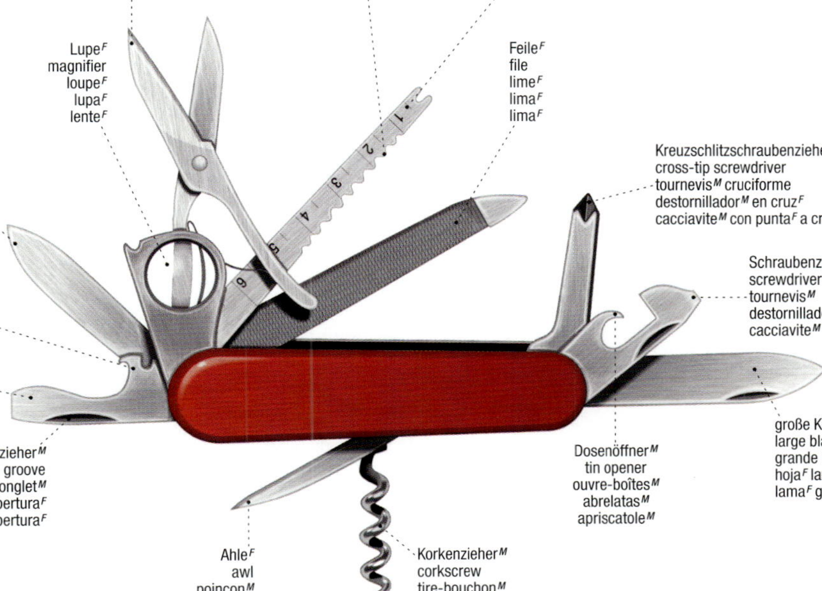

Camping[N]

Campingausrüstung[F]

Rucksack[M]
backpack
sac[M] à dos[M]
mochila[F]
zaino[M]

Wasseraufbereiter[M]
water purifier
purificateur[M] d'eau[F]
purificador[M] de agua[F]
depuratore[M] d'acqua[F]

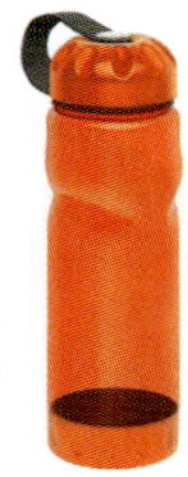

Sportflasche[F]
sport bottle
bouteille[F]
botella[F] deportiva
borraccia[F]

Sturmlampe[F]
hurricane lamp
lampe[F]-tempête[F]
lámpara[F] de petróleo[M]
lampada[F] a petrolio[M]

Thermoskanne[F]
thermos bottle
bouteille[F] isolante
termo[M]
thermos[M]

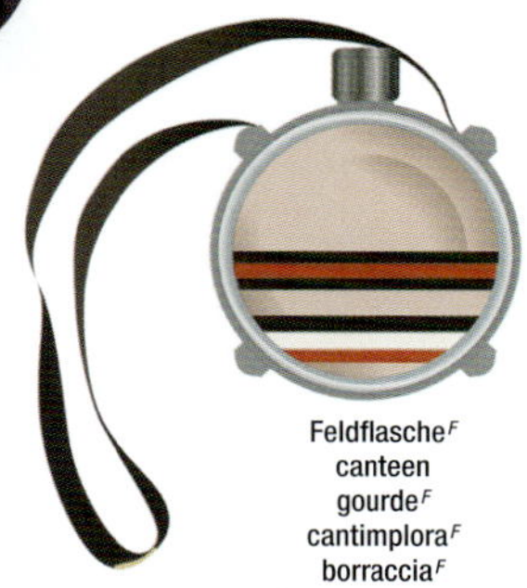

Feldflasche[F]
canteen
gourde[F]
cantimplora[F]
borraccia[F]

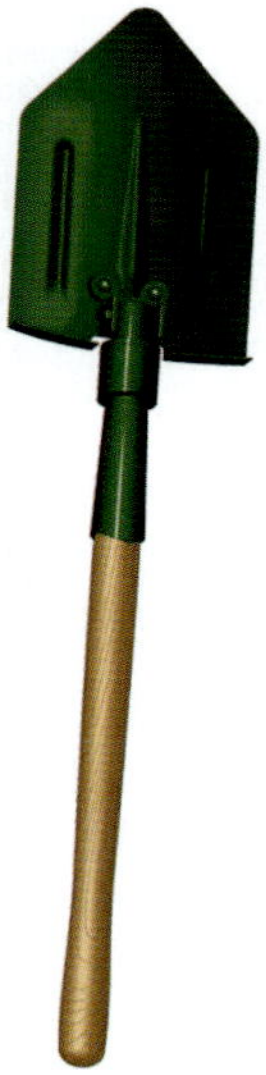

Klappspaten[M]
folding shovel
pelle[F]-pioche[F] pliante
pala[F] plegable
badile[M] pieghevole

Wasserkanister[M]
water carrier
cruche[F]
termo[M] con llave[F] de servicio[M]
contenitore[M] termico

Kühlbox[F]
cooler
glacière[F]
nevera[F]
frigo[M] portatile

Camping^N

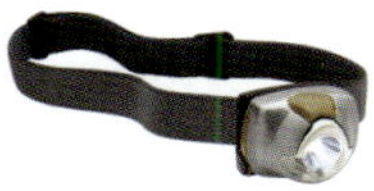

Stirnlampe^F
head torch
lampe^F frontale
frontal^M
lampada^F frontale

Messer^N
knife
couteau^M
cuchillo^M
coltello^M

Scheide^F
sheath
gaine^F
funda^F
fodero^M

Klappsäge^F
folding saw
scie^F pliante
navaja^F plegable
sega^F a serramanico^M

Magnetkompass^M
magnetic compass
boussole^F magnétique
brújula^F magnética
bussola^F magnetica

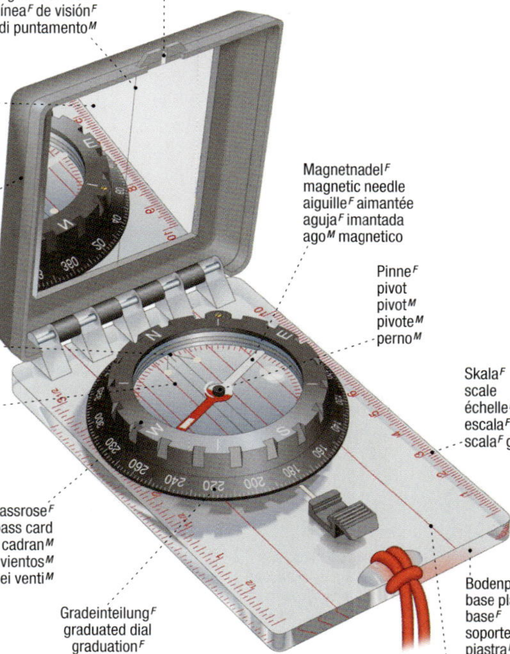

Beil^N
hatchet
hachette^F
hacha^F
accetta^F

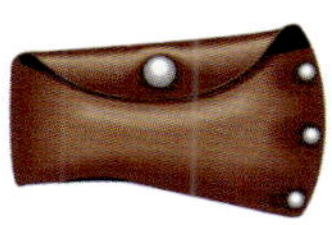

Lederschutz^M
leather sheath
étui^M de cuir^M
funda^F de cuero^M
fodero^M di pelle^F

Campingstuhl^M
folding armchair
fauteuil^M pliant
sillón^M plegable
sedia^F pieghevole

Stadionsitzkissen^N
stadium seat cushion
coussin^M pour gradins^M
asiento^M portátil
cuscino^M da stadio^M

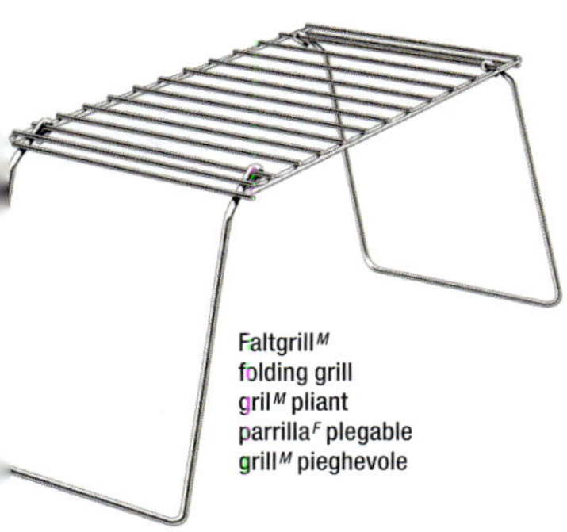

Faltgrill^M
folding grill
gril^M pliant
parrilla^F plegable
grill^M pieghevole

Knoten[M]

knots | nœuds[M] | nudos[M] | nodi[M]

Kreuzknoten[M]
reef knot
nœud[M] plat
nudo[M] de rizo[M]
nodo[M] piano

Hausfrauenknoten[M]
overhand knot
nœud[M] simple
nudo[M] llano
nodo[M] semplice

laufender Palstek[M]
running bowline
nœud[M] coulant
balso[M]
nodo[M] scorsoio

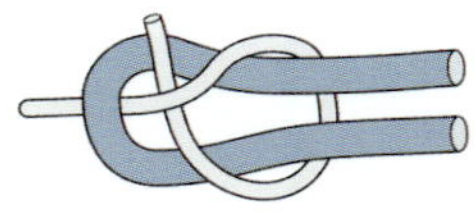

einfacher Schotstek[M]
sheet bend
nœud[M] d'écoute[F] simple
vuelta[F] de escota[F]
nodo[M] di scotta[F] semplice

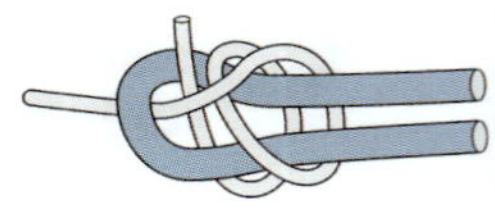

doppelter Schotstek[M]
double sheet bend
nœud[M] d'écoute[F] double
vuelta[F] de escota[F] doble
nodo[M] di scotta[F] doppio

Altweiberknoten[M]
granny knot
nœud[M] de vache[F]
nudo[M] de tejedor[M]
nodo[M] vaccaio

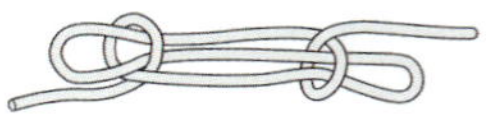

Verkürzungsstek[M]
sheepshank
nœud[M] de jambe[F] de chien[M]
margarita[F]
nodo[M] a margherita[F]

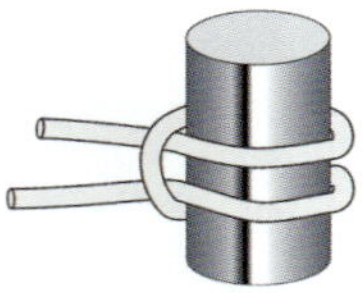

Kuhstek[M]
cow hitch
demi-clé[F] renversée
vuelta[F] de cabo[M]
nodo[M] bocca[F] di lupo[M]

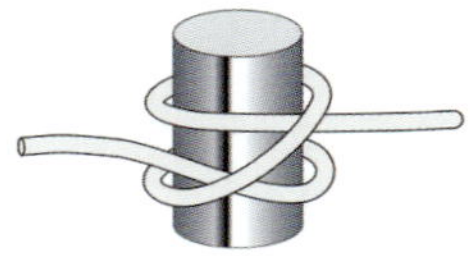

Slipstek[M]
clove hitch
nœud[M] de cabestan[M]
nudo[M] de dos cotes[M]
nodo[M] parlato semplice

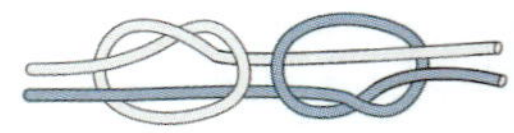

Fischerknoten[M]
fisherman's knot
nœud[M] de pêcheur[M]
nudo[M] de pescador[M]
nodo[M] del pescatore[M]

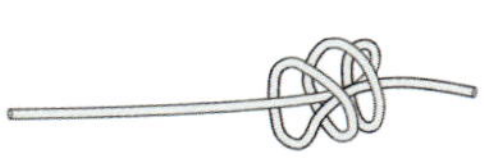

Wurflinienknoten[M]
heaving line knot
nœud[M] de Franciscain[M]
nudo[M] de guía[F]
nodo[M] parlato doppio

Achtknoten[M]
figure-eight knot
nœud[M] d'arrêt[M]
lasca[F] doble
nodo[M] Savoia

einfacher Takling[M]
common whipping
surliure[F]
sobrenudo[M]
impalmatura[F] normale

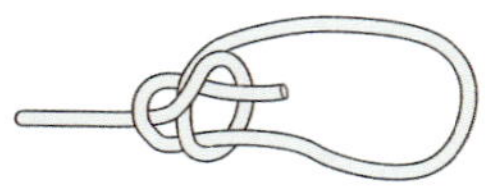

Palstek[M]
bowline
nœud[M] de chaise[F] simple
as[M] de guía[F]
gassa[F] d'amante[M]

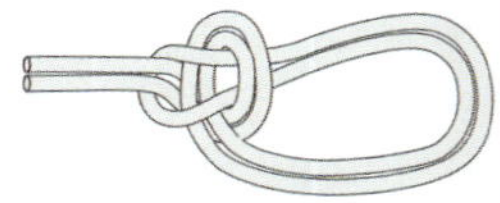

doppelter Palstek[M]
bowline on a bight
nœud[M] de chaise[F] double
as[M] de guía[F] de eslinga[F] doble
gassa[F] d'amante[M] doppia

Spleiß[M]
short splice
épissure[F] courte
empalmadura[F]
impiombatura[F] corta

Flechten[N]
forming
début[M]
conformación[F]
avvio[M]

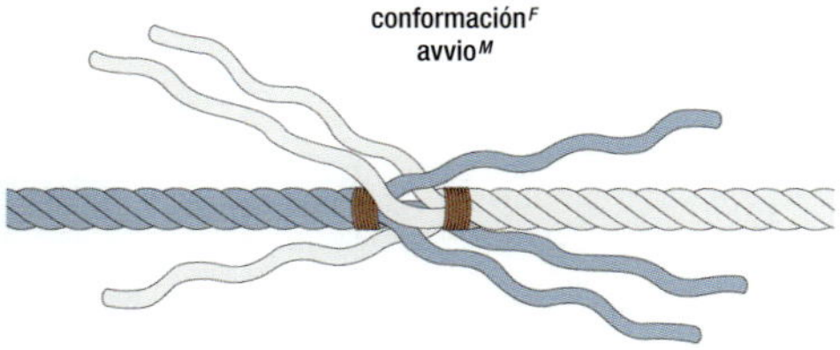

fertige Verbindung[F]
completion
fin[F]
acabado[M]
completamento[M]

Tauwerk[N]
cable
câble[M]
cable[M]
cavo[M]

gedrehtes Seil[N]
twisted rope
cordage[M] commis
cable[M] torcido
corda[F] attorcigliata

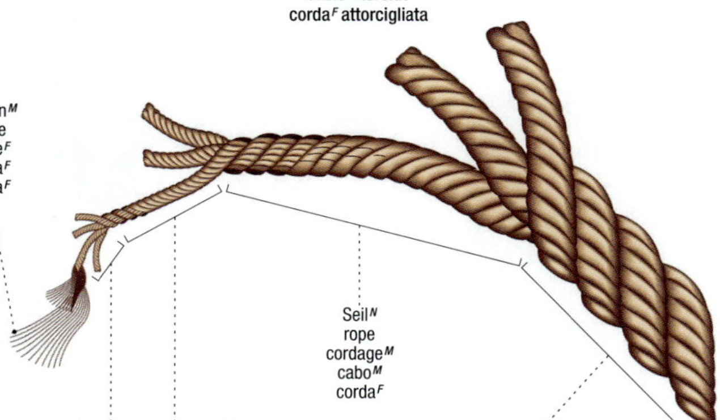

geflochtenes Seil[N]
braided rope
cordage[M] tressé
cable[M] trenzado
corda[F] intrecciata

Sportfischerei[F]

fishing | pêche[F] | pesca[F] | pesca[F]

Fliegenfischen[N]
flyfishing
pêche[F] à la mouche[F]
pesca[F] con mosca[F]
pesca[F] a mosca[F]

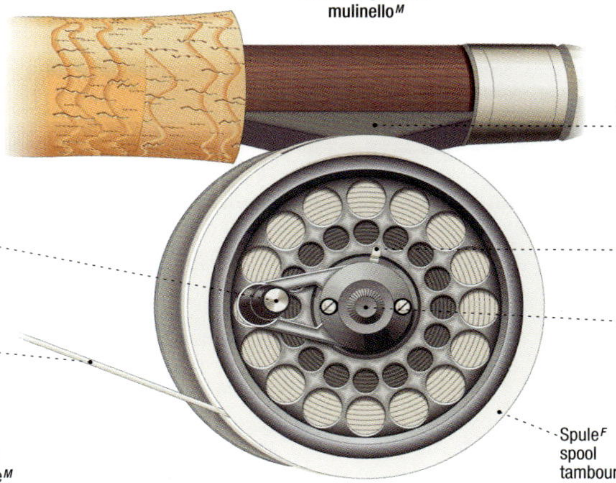

Fliegenrute[F]
fly rod
canne[F] à mouche[F]
caña[F] para mosca[F]
canna[F] da mosca[F]

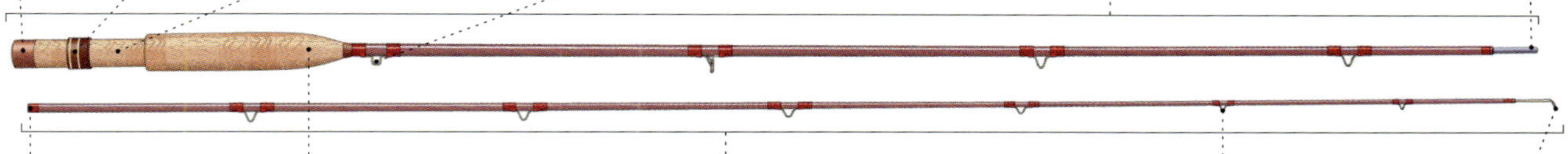

Kunstfliege[F]
artificial fly
mouche[F] artificielle
mosca[F] artificial
mosca[F] artificiale

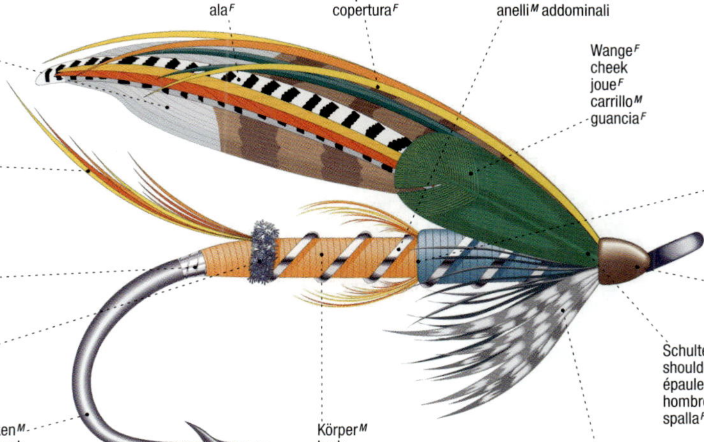

Sportfischerei[F]

Casting[N]
casting
pêche[F] au lancer[M]
pesca[F] de lanzado[M]
pesca[F] al lancio[M]

offene Spinnrolle[F]
open-face spinning reel
moulinet[M] à tambour[M] fixe
carrete[M] de bobina[F] fija
mulinello[M] a bobina[F] fissa

Multirolle[F]
baitcasting reel
moulinet[M] à tambour[M] tournant
carrete[M] de tambor[M]
mulinello[M] a bobina[F] rotante

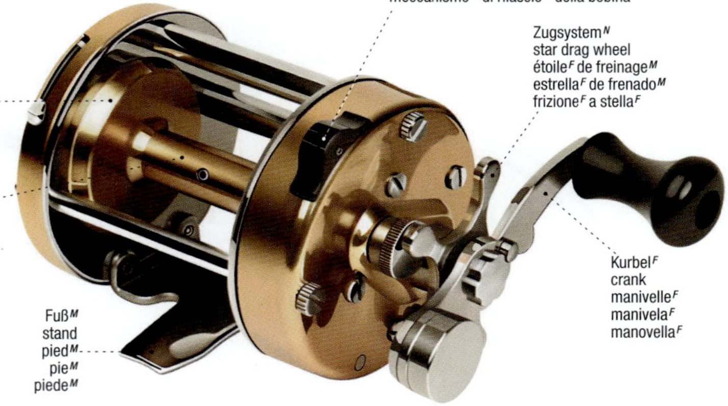

Sportfischerei[F]

Angelhaken[M]
fishhook
hameçon[M]
anzuelo[M]
amo[M]

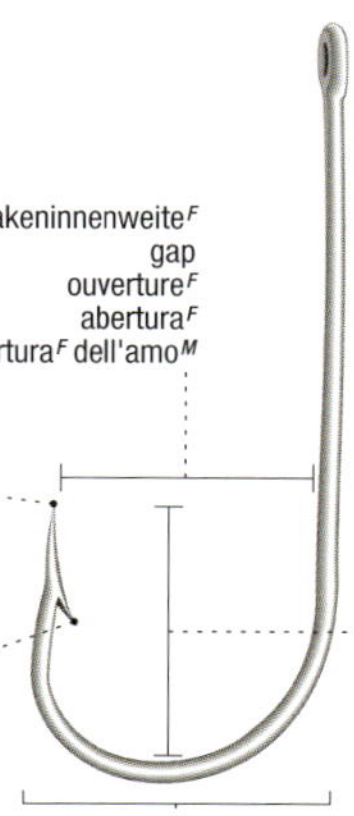

Blinker[M]
spinner
cuiller[F]
cuchara[F]
cucchiaino[M] rotante

Fangzubehör[N]
terminal tackles
bas[M] de ligne[F]
aparejo[M]
attrezzatura[F] terminale

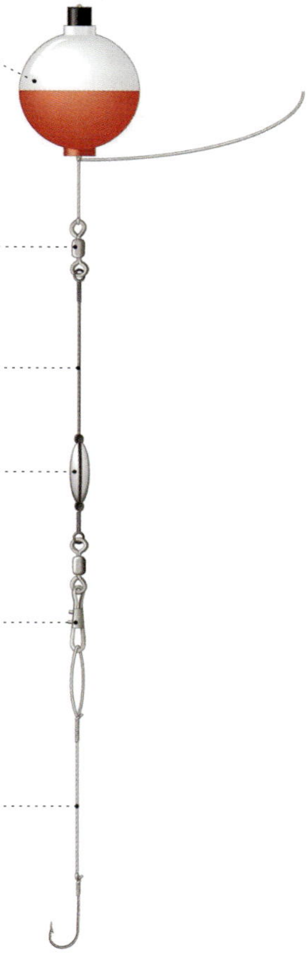

Angelkleidung[F] und Zubehör[N]
fishing clothing and accessories
vêtements[M] et accessoires[M] de pêche[F]
ropa[F] y accesorios[M] de pesca[F]
abbigliamento[M] e accessori[M] da pesca[F]

Watstiefel[M]
waders
cuissardes[F]
botas[F] altas
stivaloni[M] impermeabili

Spinnerschachtel[F]
tackle box
boîte[F] à leurres[M]
caja[F] de pesca[F]
scatola[F] portaesche

Fischkorb[M]
creel
panier[M]
cesta[F] de pescador[M]
cestino[M]

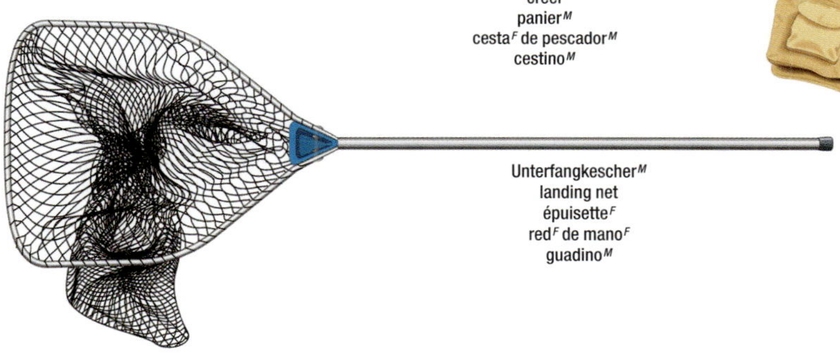

Unterfangkescher[M]
landing net
épuisette[F]
red[F] de mano[F]
guadino[M]

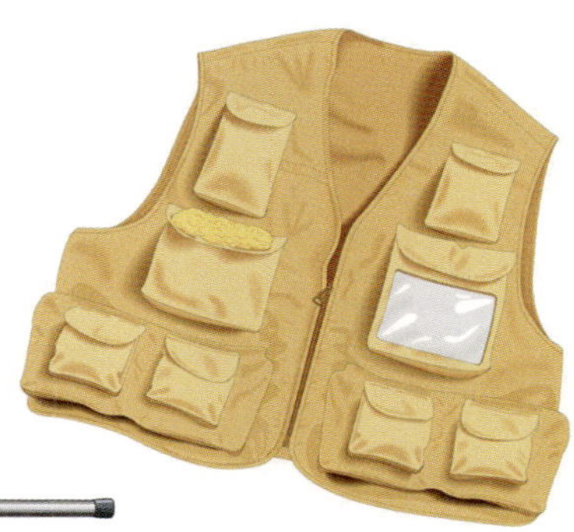

Anglerweste[F]
fishing jacket
veste[F] de pêche[F]
chaleco[M] de pescador[M]
giubbotto[M] da pescatore[M]

Würfel^{M} und Dominosteine^{M}

dice and dominoes | dés^{M} et dominos^{M} | dados^{M} y dominós^{M} | dadi^{M} e domino^{M}

gewöhnlicher Würfel^{M}
ordinary die
dé^{M} régulier
dado^{M} común
dado^{M} comune

Pokerwürfel^{M}
poker die
dé^{M} à poker^{M}
dado^{M} de póquer^{M}
dado^{M} da poker^{M}

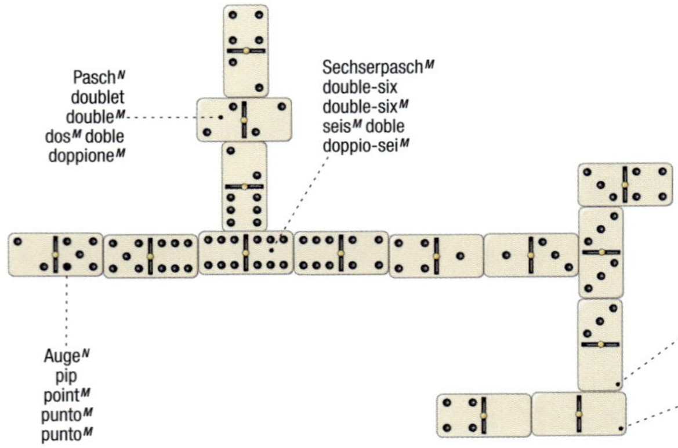

Pasch^{N}
doublet
double^{M}
dos^{M} doble
doppione^{M}

Sechserpasch^{M}
double-six
double-six^{M}
seis^{M} doble
doppio-sei^{M}

Dominosteine^{F}
dominos
dominos^{M}
dominó^{M}
domino^{M}

Blank^{N}
blank
blanc^{M}
blanca^{F}
zero^{M}

Auge^{N}
pip
point^{M}
punto^{M}
punto^{M}

Doppelblank^{N}
double-blank
double-blanc^{M}
blanca^{F} doble
doppio-zero^{M}

Spielkarten^{F}

playing cards | cartes^{F} à jouer | juego^{M} de cartas^{F} | carte^{F} da gioco^{M}

Farben^{F}
suits
couleurs^{F}
trajes^{M}
semi^{F}

Herz^{N}
hearts
cœur^{M}
corazones^{M}
cuori^{M}

Karo^{N}
diamonds
carreau^{M}
diamantes^{M}
quadri^{M}

Kreuz^{N}
clubs
trèfle^{M}
tréboles^{M}
fiori^{M}

Pik^{N}
spades
pique^{M}
espadas^{F}
picche^{F}

Bild-^{N} und besondere Karten^{F}
court and special cards
figures^{F} et cartes^{F} spéciales
figuras^{F} y cartas^{F} especiales
figure^{F} e carte^{M} speciali

Joker^{M}
joker
joker^{M}
comodín^{M}
jolly^{M}

Ass^{N}
ace
as^{M}
as^{M}
asso^{M}

König^{M}
king
roi^{M}
rey^{M}
re^{M}

Dame^{F}
queen
dame^{F}
reina^{F}
regina^{F}

Bube^{M}
jack
valet^{M}
sota^{M}
fante^{M}

normale Pokerblätter^{N}
standard poker hands
combinaisons^{F} au poker^{M}
manos^{F} de póquer^{M}
combinazioni^{F} del poker^{M}

höchste Karte^{F}
high card
carte^{F} isolée
cartas^{F} altas
carta^{F} più alta

ein Pärchen^{N}
one pair
paire^{F}
un par^{M}
coppia^{F}

zwei Pärchen^{N}
two pairs
double paire^{F}
dobles pares^{M}
doppia coppia^{F}

Drilling^{M}
three of a kind
brelan^{M}
trío^{M}
tris^{M}

Straße^{F}
straight
séquence^{F}
escalera^{F}
scala^{F}

Flush^{M}
flush
couleur^{F}
color^{M}
colore^{M}

Full House^{N}
full house
main^{F} pleine
full^{M}
full^{M}

Vierling^{M}
four of a kind
carré^{M}
póquer^{M}
poker^{M}

Straight Flush^{M}
straight flush
quinte^{F}
escalera^{F} de color^{M}
scala^{F} reale

Royal Flush^{M}
royal flush
quinte^{F} royale
escalera^{F} real
scala^{F} reale massima

Brettspiele^{N}

board games | jeux^{M} de plateau^{M} | juegos^{M} de mesa^{F} | giochi^{M} da tavola^{F}

Backgammon^{N}
backgammon
jacquet^{M}
backgammon^{M}
backgammon^{M}

Mensch^{M} ärgere dich nicht
ludo
ludo^{M}
parchís^{M}
ludo^{M}

Brettspiele^{N}

Leiterspiel^{N}
snakes and ladders
serpents^{M} et échelles^{F}
serpientes^{F} y escalas^{F}
serpenti^{M} e scale^{F}

Gänsespiel^{N}
game of the goose
jeu^{M} de l'oie^{F}
juego^{M} de la oca^{F}
gioco^{M} dell'oca^{F}

Brettspiele^{N}

Schachfiguren^{F}
chess pieces
pièces^{F} d'échecs^{M}
piezas^{F} de ajedrez^{M}
pezzi^{M} degli scacchi^{M}

Bauer^{M}
Pawn
Pion^{M}
peón^{M}
pedone^{M}

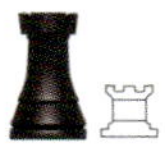

Turm^{M}
Castle
Tour^{F}
torre^{F}
torre^{F}

Läufer^{M}
Bishop
Fou^{M}
alfil^{M}
alfiere^{M}

Springer^{M}
Knight
Cavalier^{M}
caballo^{M}
cavallo^{M}

König^{M}
King
Roi^{M}
rey^{M}
re^{M}

Dame^{F}
Queen
Dame^{F}
reina^{F}
regina^{F}

Schach^{N}
chess
échecs^{M}
ajedrez^{M}
scacchi^{M}

Damenflanke^{F}
Queen's side
aile^{F} Dame^{F}
lado^{M} de la reina^{F}
lato^{M} della regina^{F}

Königsflanke^{F}
King's side
aile^{F} Roi^{M}
lado^{M} del rey^{M}
lato^{M} del re^{M}

Schachbrett^{N}
chessboard
échiquier^{M}
tablero^{M} de ajedrez^{M}
scacchiera^{F}

weißes Feld^{N}
white square
case^{F} blanche
escaque^{M} blanco
casella^{F} bianca

schwarzes Feld^{N}
black square
case^{F} noire
escaque^{M} negro
casella^{F} nera

Notation^{F}
chess notation
notation^{F} algébrique
notación^{F} del ajedrez^{M}
notazione^{F} degli scacchi^{M}

Schwarz^{N}
Black
Noirs^{M}
negras^{F}
neri^{M}

Weiß^{N}
White
Blancs^{M}
blancas^{F}
bianchi^{M}

Zugarten^{F}
types of move
types^{M} de déplacements^{M}
tipos^{M} de movimientos^{M}
tipi^{M} di movimenti^{M}

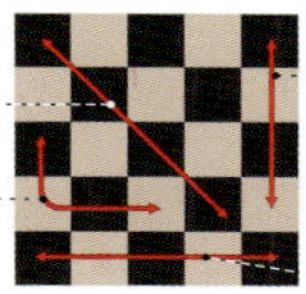

diagonaler Zug^{M}
diagonal move
déplacement^{M} diagonal
movimiento^{M} diagonal
movimento^{M} diagonale

vertikaler Zug^{M}
vertical move
déplacement^{M} vertical
movimiento^{M} vertical
movimento^{M} verticale

Rösselsprung^{M}
square move
déplacement^{M} en équerre^{F}
movimiento^{M} en ángulo^{M}
movimento^{M} a L

horizontaler Zug^{M}
horizontal move
déplacement^{M} horizontal
movimiento^{M} horizontal
movimento^{M} orizzontale

Hauptspielzüge^{M}
major motions
principaux mouvements^{M}
principales movimientos^{M}
mosse^{F} principali

Berührung^{F}
contact
contact^{M}
contacto^{M}
contatto^{M}

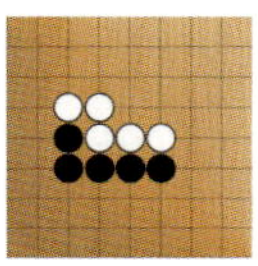

Verbindung^{F}
connection
connexion^{F}
conexión^{F}
gruppo^{M}

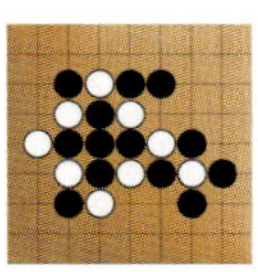

Fangen^{N}
capture
capture^{F}
captura^{F}
cattura^{F}

Go^{N}
go
go^{M}
go (sun-tse)^{M}
go^{M}

Spielbrett^{N}
board
plateau^{M}
tablero^{M}
scacchiera^{F}

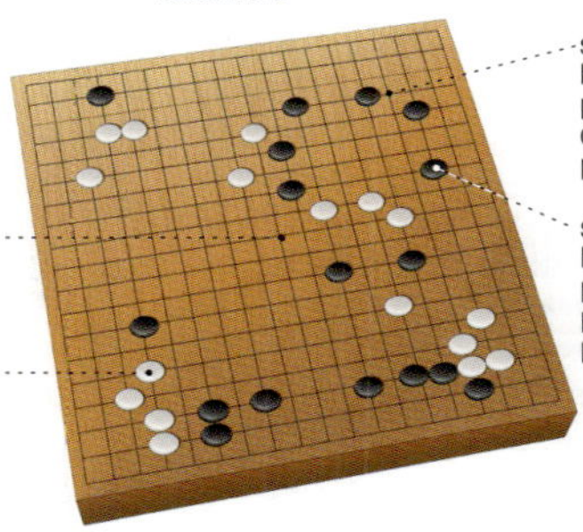

schwacher Punkt^{M}
handicap spot
point^{M} de handicap^{M}
obstáculo^{M}
punto^{M} di handicap^{M}

Mittelpunkt^{M}
centre
centre^{M}
centro^{M}
centro^{M}

schwarzer Stein^{M}
black stone
pierre^{F} noire
piedra^{F} negra
pietra^{F} nera

weißer Stein^{M}
white stone
pierre^{F} blanche
piedra^{F} blanca
pietra^{F} bianca

Dame^{F}
draughts
jeu^{M} de dames^{F}
damas^{F}
dama^{F}

Damebrett^{N}
chequerboard
damier^{M}
tablero^{M} de damas^{F}
damiera^{F}

Damespielstein^{N}
chequer
dame^{F}
dama^{F}
dama^{F}

Puzzle[N]

jigsaw puzzle | puzzle[M] | puzle[M] | puzzle[M]

Puzzleteil[N]
piece
pièce[F]
pieza[F]
tessera[F]

Bild[N]
picture
image[F]
imagen[F]
immagine[F]

Unterlage[F]
board
plateau[M]
tablero[M]
tavola[F]

Mah-Jongg[N]

mah-jongg | mah-jong[M] | mah-jongg[M] | mah-jongg[M]

Spielfeld[N]
square
muraille[F]
muralla[F]
muraglia[F]

Ost
East
est[M]
Este[M]
est[M]

Süd
South
sud[M]
Sur[M]
sud[M]

Nord
North
nord[M]
Norte[M]
nord[M]

Mauer[F]
wall
mur[M]
muro[M]
muro[M]

West
West
ouest[M]
Oeste[M]
ovest[M]

Mauerdurchbruch[M]
breaking the wall
brèche[F]
brecha[F] del muro[M]
breccia[F]

Grundfarben[F]
suit tiles
tuiles[F] ordinaires
fichas[F] ordinarias
tegole[F] di testa[F]

Kreise[M]
circles
cercles[M]
círculos[M]
cerchi[M]

Zahlen[F]
characters
caractères[M]
caracteres[M]
caratteri[M]

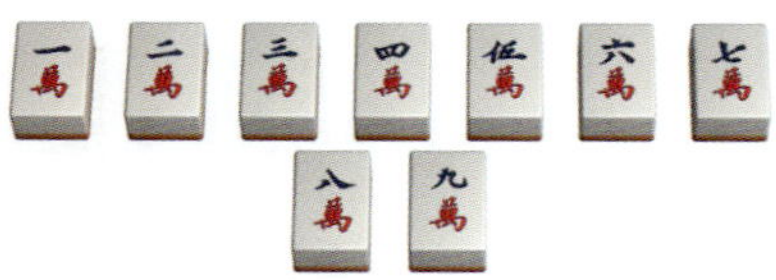

Bambusse[M]
bamboos
bambous[M]
bambúes[M]
canne[F]

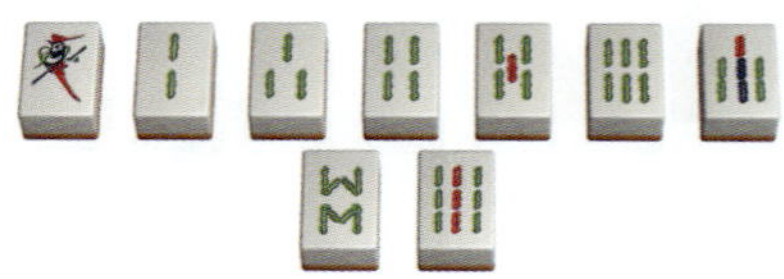

Trumpffarben[F]
honour tiles
honneurs[M]
fichas[F] de honor[M]
onori[M] supremi

Winde[M]
winds
vents[M]
vientos[M]
venti[M]

Drachen[M]
dragons
dragons[M]
dragones[M]
dragoni[M]

Hasardsteine[M]
bonus tiles
tuiles[F] de bonification[F]
fichas[F] de beneficio[M]
tegole[F] bonus

Blumenziegel[M]
flower tiles
fleurs[F]
fichas[F] de flores[F]
fiori[M]

Jahreszeitenziegel[M]
season tiles
saisons[F]
fichas[F] de estaciones[F]
stagioni[F]

Videospiele[N]

video games | jeux[M] vidéo | videojuegos[M] | videogiochi[M]

tragbare Spielkonsole[F]
portable game console
console[F] de jeux[M] vidéo portable
consola[M] de juego[M] portátil
console[F] di gioco[M] portatile

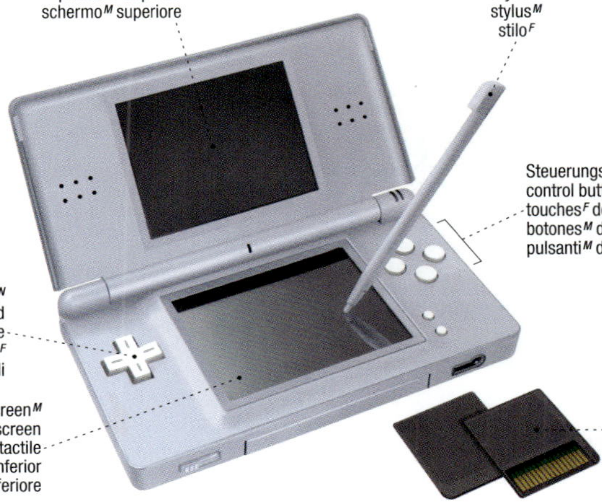

Roulette[N]

roulette | roulette[F] | ruleta[F] | roulette[F]

amerikanisches Roulette[N]
American roulette wheel
roulette[F] américaine
ruleta[F] americana
roulette[F] americana

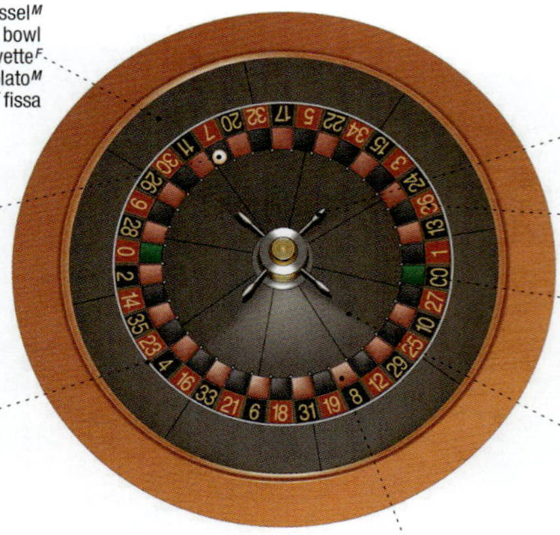

Roulettekessel[M]
stationary bowl
cuvette[F]
plato[M]
conca[F] fissa

Roulettekugel[F]
ivory ball
bille[F] d'ivoire[M]
bola[F] de marfil[M]
pallina[F] d'avorio[M]

Rand[M]
fret
cloison[F]
canal[M]
bordo[M]

Drehkreuz[N]
cross handle
tourniquet[M]
manija[F] en cruz
perno[M] centrale a quattro manubri[M]

Zahl[F]
number
numéro[M]
número[M]
numero[M]

Double-zero[N]
double zero
double zéro[M]
doble[M] cero
doppio zero[M]

Drehscheibe[F]
rotating wheel
plateau[M] mobile
rueda[F] giratoria
ruota[F] girevole

Fach[N]
compartment
case[F]
casilla[F]
vaschetta[F]

Spieltisch[M] für American Roulette[N]
American roulette table
tableau[M] américain des mises[F]
tablero[M] de ruleta[F] americana
tavolo[M] di roulette[F] americana

Hauptabschnitt[M]
main section
bande[F] centrale
banda[F] central
sezione[F] principale

Zero[N]
single zero
zéro[M]
cero[M]
zero[M]

Manque[N] (1 bis 18)
low (1 to 18)
manque[M] (1 à 18)
falta[F] (1 a 18)
manque[M] (da 1 a 18)

Douze premier[N] (1 bis 12)
dozen (1 to 12)
douzaine[F] (1 à 12)
docena[F] (1 a 12)
dozzina[F] (da 1 a 12)

Pair[N]
even
pair[M]
par[M]
pari[M]

Rouge[N]
red
rouge[M]
roja[F]
rosso[M]

Douze milieu[N] (13 bis 24)
dozen (13 to 24)
douzaine[F] (13 à 24)
docena[F] (13 a 24)
dozzina[F] (da 13 a 24)

Noir[N]
black
noir[M]
negra[F]
nero[M]

en prison
en prison
en prison[F]
en prisión[F]
in prigione[F]

Impair[N]
odd
impair[M]
impar[M]
dispari[M]

Passe[N] (19 bis 36)
high (19 to 36)
passe[F] (19 à 36)
pasa[F] (19 a 36)
passe[M] (da 19 a 36)

Douze dernier[N] (25 bis 36)
dozen (25 to 36)
douzaine[F] (25 à 36)
docena[F] (25 a 36)
dozzina[F] (da 25 a 36)

Kolonne[F]
column
colonne[F]
columna[F]
colonna[F]

Double zero[N]
double zero
double zéro[M]
doble cero[M]
doppio zero[M]

fünf Nummern[F]
five-number bet
quinte[F]
apuesta[F] de cinco números[M]
cinquina[F]

Carré[N]
square bet
carré[M]
apuesta[F] en cuadro[M]
quadrato[M]

Cheval[N]
split bet
à cheval[M] sur deux numéros[M]
partido[M]
cavallo[M]

Transversale simple[F]
line
sixain[M]
línea[F]
sestina[F]

Plein[N]
straight bet
numéro[M] plein
seco[M]
en plein[M]

Transversale pleine[F]
street bet
transversale[F] pleine
apuesta[F] libre
terzina[F]

zwei Kolonnen Cheval[N]
two columns split bet
à cheval[M] sur deux colonnes[F]
apuesta[F] sobre dos columnas[F]
cavallo[M] su due colonne[F]

französisches Roulette[N]
French roulette wheel
roulette[F] française
ruleta[F] francesa
roulette[F] francese

Spieltisch[M] für französisches Roulette[N]
French roulette table
tableau[M] français des mises[F]
tablero[M] de ruleta[F] francesa
tavolo[M] da roulette[F] francese

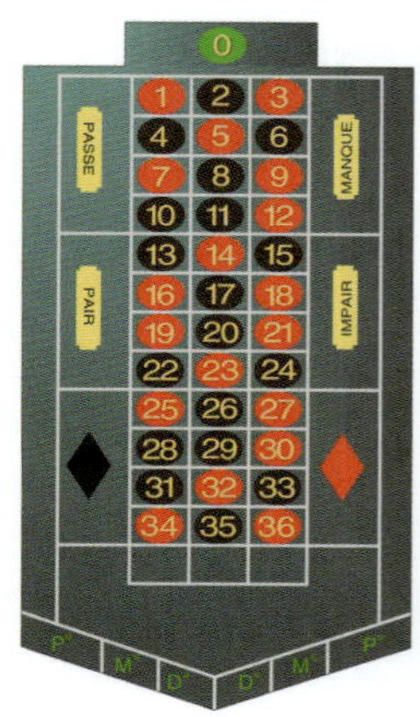

Dartspiel^{N}

game of darts | jeu^{M} de fléchettes^{F} | juego^{M} de dardos^{M} | freccette^{F}

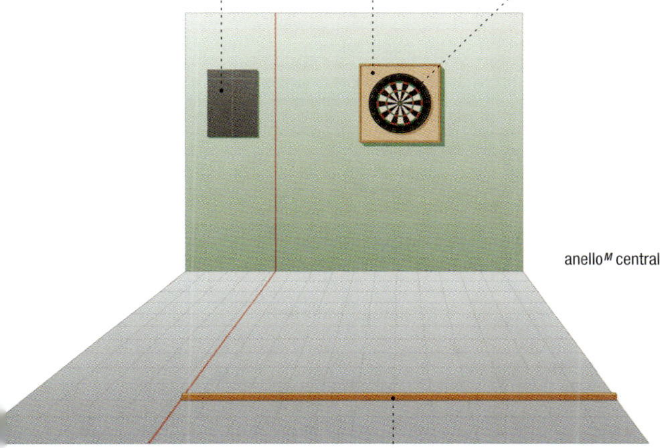

Tischfußball^{M}

soccer table | baby-foot^{M} | futbolín^{M} | calcio^{M} balilla

einarmiger Bandit^{M}

fruit machine | machine^{F} à sous^{M} | máquina^{F} tragaperras | slot-machine^{F}

Frisbee^{M}

flying disc | disque^{M} volant | disco^{M} volador | frisbee^{M}

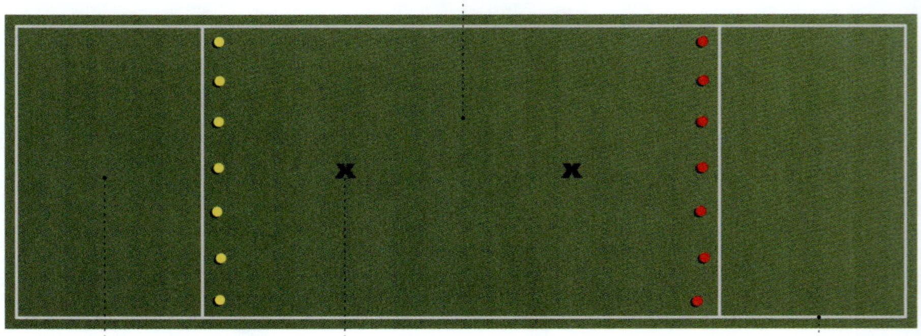

Flipperautomat^M

pinball machine | billard^M électromécanique | máquina^F de pinball | flipper^M

Drachen^M

kite | cerf-volant^M | cometa^F | aquilone^M

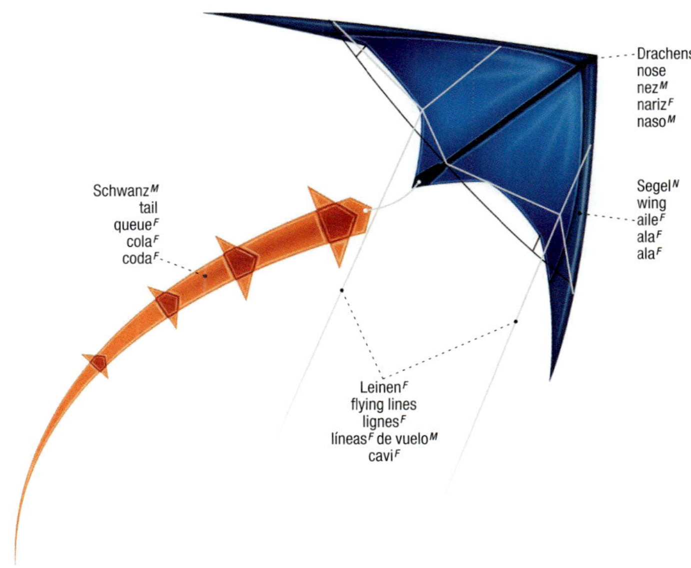

REGISTER

Index
Index
Índice
Indice

Deutsches Register

10000-m- und 4-x-400-m-Lauf, Start 935
100-m- und 100-m-Hürdenlauf, Start 934
10-Meter-Turm 978
110-m-Hürdenlauf, Start 934
120 V Stromkreis 354
180-Grad-Kurve 1035
1-Meter-Brett 978
2. Finger 186
200-m-Lauf, Start 934
240 V Speisekabel 354
240 V Stromkreis 354
3. Finger 186
30-Sekunden-Zeitnehmer 956
3-Meter-Brett 978
3-Meter-Turm 978
4. Finger 186
400-m-, 400-m-Hürden-, 4-x-100-m-Lauf, Start 935
4x4-Geländemotorrad 697
5. Finger 186
500-m-Startlinie 1032
500-m-Ziellinie 1033
5-Meter-Turm 978
7,5-Meter-Turm 978
7-m-Linie 960
800-m-Lauf, Start 935
90°-Knie 351

A

A 562
Aal 269
Abakus 500
Abbau 779
Abbaufront 774
Abbaupfeiler 774
Abblendlicht 674
Abblendschalter 696
Abbruch 632
Abdampfleitungen 797
Abdeckhaube 617
Abdeckkappe 483
Abdeckscheibe 820
Abdeckstift 473
Abdeckung 339, 342, 348, 355, 495, 593, 618, 635, 637, 647, 733, 903
Abdichtungsgraben 790, 791
Abdomenarterie 139
Abendhandschuh, langer 464
Abessinierkatze 179
Abfackelung 777
Abfahrt, Seilbahn 1036
Abfahrts- und Superriesenslalom-Ski 1038
Abfahrtslauf 1039
Abfahrtzeiten 704
Abfall, radioaktiver 98
Abfalleimer 293, 381
abfallendes Revers 435
Abfalltrichter 763
Abflugwartehalle 743
Abfluss 73, 344
Abfluss, oberirdischer 95
Abfluss, unterirdischer 95
Abflusskreislauf 344
Abflussrohr 352, 353
Abflussschlauch 353
Abflusssieb 352
Abfluss-T-Stück 353
Abgabe von Sauerstoff 102
Abgabeöffnung für verbrauchte Brennstäbe 798
Abgas 349, 749
Abgaseintritt 680
Abgasleitschaufeln 749
Abgasleitung 753
Abgasrohr 339, 680
Abgasturbolader 680
abgedecktes Gebiet 64
abgesenkte Nase 751
Abhalter 700
Abisolierzange 405
abklappbarer Seitenbügel 913
Abklingbecken 796, 798, 799
Abkoppelvorrichtung 709
Abladegebläse 767
Ablage 409, 646, 652
Ablage für sauberes Geschirr 291
Ablage für schmutziges Geschirr 291
Ablagebrett 526
Ablassventil 781
Ablauf, Boden 324
Ablaufberg 708
Ablaufrohr 347
Ablaufschlauch 343, 353, 378, 380
Ablaufstellwerk 708
Ablegepritsche 984
Ableiter 343, 763
Abluftkanal 340
Abluftleitung 663
Abnäher 569
abnehmbare Ablage 536
abnehmbare Düse 374
abnehmbare Handballenauflage 632
abnehmbarer Behälter 579
abnehmender Mond 17
Abraham 870
Abreißkalender 650
Abrollbahn 743
Absatz 450, 459, 460, 1031
Absatz, oberer 518
Absatz, unterer 518
Absätze 461
Absatzoberflecken 459
Absatzplatte 1042
Absatzschuh 429
Absatzstopper 1045
Absatzteil 1039
Absauger 911
Absaugpumpe 911
Abscheider 728
Abschlag 1016
Abschlagplatz 1016
Abschlagsbereich 1017
Abschleppkran 693
Abschleppstange 744
Abschleppwagen 693
Abschluss, oberer 366
Abschlusskappe 1059
Abschlusskappe, obere 820
Abschlusskappe, untere 820
Abschlussknopf 367
Abschlussplatte 799
Abschlussprofil 371
Abschlussring 1059, 1060
Abseihkelle 311
Abseihlöffel 311
Abseilhaken 1050
absinkende kalte Luft 89
Absorber 802
absorbierte Sonneneinstrahlung 96
Absorption durch die Erdoberfläche 96
Absorption von Kohlendioxid 102
Abspanndraht 777
Abspannseile 660
Absperrarm 688
Absperrband 907
Absperrgitter 144
Absperrventil 344, 347, 352, 353
Abspiel-/Pausetaste 559
Absprung 1041
Absprungbalken 937
Absprungbalken für Dreisprung 937
Absprungbalken für Weitsprung 937
Abstandstück 917
Abstandszünder 894
abstehender Stein 511
absteigender Dickdarm 217
absteigender Gang 498
Abstellfläche 663
Abstellplatz 741
Abstellraum 644
Abstellrost 377
Abstellventil 783
Abstoßsäge 1031
Abstoßung 817
Abstrakte 555
abstrakte Kunst 530
Abszissenachse 838
Abtaster 924
Abtastradiometer 86
Abteilklammer 476
Abteilung 289
Abtrennung 784
Abtropfen 308
Abtropfkante 1053
Abwasser 98
Abwasserkanal 846
Abwehrhandschuh 1029
Abwehrspieler, mittlerer 958
Abwehrspieler, rechter 958
Abweiser 1022
Abwurf 1014
Abwurfstelle 1014
Abzeichen 906
abziehbarer Temperaturregler 317
Abziehbohle 762
Abziehklinge 1042
Abzug 885, 887, 888, 889, 891, 893, 903, 1010, 1011
Abzugbügel 887, 888, 891
Abzüge, verschiedene 338
Abzugsbügel 1010, 1011
Abzugsleine 892
Abzugstange 885
Abzweig 45° 351
Abzweigkanal 338
Abzweigleitung 344
Acanthodier 129
Accent aigu 587
Accent grave 587
Accessoires, Damen 851
Accessoires, Herren 850
Acetylenflasche 407
Acetylenventil 407
Acetylsalicylsäure 915
Achillessehne 197
Achondrit 18
Achse 1044
Achselarterie 210
Achselhöhle 192, 194
Achselknospe 109
Achselkrücke 916
Achsellymphknoten 230
Achselnerv 225
Achselstück 428
Achselstütze 916
Achselvene 211
Achsgetriebe 706
Achswelle 673
Achteck, regelmäßiges 839
Achtelfinale 933
Achtelnote 563
Achtelpause 563
Achter 985
Achterschiff 21
Achtersteven 720
Achtkantschliff 469
Achtknoten 1058
Ackerbau 242
Ackerbohne 252
Acryl 424
Actinium 814
Actinoide (Seltenerdmetalle) 814
Adamsapfel 192
Adapter 358, 479, 630
Adapterschnittstelle 630
Addiertaste 649
Addition 836, 837
Additionstaste 649
additive Farbmischung 821
Aden, Golf 50, 51
Aderhaut 238
Adler 20, 22, 163, 875
Adria 49
Aerobic Step 1000
aerodynamische Bremse 807
Affenbrotbaum 120
Afghanistan 58, 880
Afrika 44, 60, 69, 879
Afrikanische Platte 68
Afrikanische Union 882
Afrikanischer Büffel 173
afroasiatische Sprachen 582
After 135, 136, 137, 138, 139, 141, 145, 149, 155, 216, 226, 228
Afterfeder 158
Afterflosse 148, 150
Afterfurche 193
Afterklaue 187
Afterkralle 174
Afterkrallenballen 174
Aftershave 479
Ägäis 49
Agar 244
Aggregat 927
Aggregat, irreguläres 90
Aggregatzustände 810
Agnatha 128
Ägypten 60, 879
Ahle 1055
Ahorn 119
Ahornsirup 285
Ährchen 122
Ähre 112, 122
Ährenbrot 279
Ährenrispe 122
Aikido 996
Aikidogi 996
Aikidoka 996
Aimara 583
Airbag-Rückhaltesystem 676
Ajowan 261
Akanthusblatt 360, 501
Akkord 563
Akkordeon 560
Akku 389, 394, 613, 702
Akkubohrer und -schrauber 394
Akkukasten 917
Akku-Mini-Staubsauger 374
Akkumulator 679
Akromion 201
Akroterion 499, 500
Akrylharz, transparentes 615
Aktenablage, fahrbare 645
Aktenbox 653
Aktenkoffer 484
Aktenmappe 652
Aktenordner 652
Aktenschrank 645
Aktentasche 484, 486
Aktenvernichter 655
Aktionstasten 1067
aktiver Sensor 65
Aktuator 894
Akustikdecke 541
akustische Gitarre 548
akustische Schwingungen 235
akustisches Signal 564
Alarmbereich 994
Alaska 46
Alaska, Golf 47
Albanien 57, 878
Albanisch 583
Albatros 161
Albumen 105
Aleuten 47
Aleutengraben 69
Alge 107
Alge, Aufbau 107
Algen 107
Algerien 60, 879
Alhidade 85, 734, 833
Alhidadenebene 833
Alk 161
Alkalimetalle 812
alkalische Zink-Mangan-Zelle 820
Alkoholkolben 827
Alkoholsäule 827
Alkoholtestgerät 905
Alkohol-Thermometer 914
Allee 52
allgemeine Zeichen 856
Alligator 157
All-in-One-Computer 628
Alluvion 73
Alpen 49
alphanumerische Tastatur 622, 624, 632, 668, 858, 859
Alpinboard 1037
alpiner Skiläufer 1038
alpines Skilaufen 1038
Alpin-Skipiste 1036
Alse 267
altaische Sprachen 583
Altaluminium-Sammelbehälter 99
Altar 20
Altarbild 871
Altarkreuz 871
Altarm 73
Alternative 632
alternative Brennstoffe 784
Altes Testament 870
Altglas-Container 99
Altglas-Sammelbehälter 99
Altkleidung 124
Altokumulus 82, 88
Altostratus 82, 88
Altpapier-Container 99
Altpapier-Sammelbehälter 99
Altschlüssel 562
Alt-Taste 632
Altweiberknoten 1058
Aluminium 78, 812
Aluminiumfolie 294
Aluminiumrahmen 536, 1043
Aluminiumschicht, reflektierende 615
Alveolarknochen 206
AM- und FM-Antennenanschlüsse 614
am Wind 982
Amarant 263
Amazonas 48
Amboss 235, 887
Ambulakralfüßchen 135
ambulante Unfallstation 919
Ameise 146
Ameisenbär 164
American Football 952
American-Football-Spielfeld 952
Americium 814
Amerika 876
Amerika, Vereinigte Staaten 876
amerikanische Faltschachtel 655
Amerikanische Kurzhaarkatze 179
amerikanische Steckdose 358
amerikanischer Bacon 277
amerikanischer Senf 286
amerikanisches Experimentalmodul 34
amerikanisches Roulette 1068
amerikanisches Wohnmodul 34
Amery-Eisschelf 46
Amethyst 470
Amharisch 582
Amöbe 133
amorpher Festkörper 810
Ampel 410
Ampelanlage 665, 667
Ampere 835
Amphibien 152, 153
Amphibien-Feuerlöschflugzeug 750
Amphitheater, römisches 503
Amplitude 821
Amplituner: Rückansicht 614
Ampulle 135, 914
amtliche Unterschrift 861
An-/Aus-Kontrolllampe 623
Anakonda 156
Analfuß 141
analoge Spiegelreflexkamera 592
analoges Fernsehen 609
Analogkameras 591
Analoguhr 828
Ananas 258
Ananasguave 259
Anästhesieraum 921
Anatomie 196
Anatomie einer Giftschlange 154
Anatomie einer Honigbiene 143
Anatomie einer Qualle 134
Anatomie einer Schildkröte 155
Anatomie einer Schnecke 137
Anatomie einer weiblichen Spinne 145
Anatomie einer zweischaligen Muschel 136
Anatomie eines Flussbarschs 149
Anatomie eines Hummers 139
Anatomie eines männlichen Froschs 152
Anatomie eines Pferdes 169
Anatomie eines Schwamms 134
Anatomie eines Seesterns 135
Anatomie eines Tintenfischs 138
Anatomie eines Vogels 159
Anatomie eines weiblichen Schmetterlings 141
Anden 48
andere Metalle 812
andere Techniken 575
andere Zeichen 563
Änderungslinie 569
Andorra 56, 877
Andromeda 22
Andruckpresse 533
Anemometer 85, 807
Anemometer, Windgeschwindigkeitsmesser 84
Anemone 135
Anfänger 514
Anführungszeichen 587
Angaberaum 965
angehobener Lenkerbügel 1020
Angehörige, Warteraum 918
Angel 298, 306, 403
Angelhaken 1059, 1061
Angelhaken mit Vorfach 1061
Angelkleidung und Zubehör 1061
Angelwurzel 306

angeschnittener Ärmel 453
Anglerweste 1061
Anglikanismus 870
Angola 61, 880
Angriff 953
Angriffs-/Verteidigungshälfte 948
Angriffsfeldspieler, linker 960
Angriffsfeldspieler, rechter 960
Angriffslinie 958
Angriffsperiskop 899
Angriffszone 958
anhaltend dichter Sprühregen 83
anhaltend leichter Regen 83
anhaltend leichter Schneefall 83
anhaltend leichter Sprühregen 83
anhaltend mäßiger Regen 83
anhaltend mäßiger Schneefall 83
anhaltend mäßiger Sprühregen 83
anhaltend starker Regen 83
anhaltend starker Schneefall 83
Anhängemähwerk 766
Anhängemaul 765, 766
Anhänger 468, 471, 690
Anhängerkupplung 686, 687
Anhöhe 804
Anik 603
Anis 262
Anker 732, 819, 935
Ankerbolzen 679
Ankerhand 732
Ankerkern 819
Ankerkette 737
Ankerketten 777
Ankerklüse 727, 731
Ankerrad 828
Ankerspitze 732
Ankerwicklung 819
Anklagebank 862
Ankleidekabine 850
Ankleideraum 542
Ankleideraum, privater 542
Anlage 322, 765
Anlage, elektrische 673
Anlage zur Formattrennung, Ausrichtung und Stempelung 588
Anlagen, unterirdische 503
Anlassbatterie 706
Anlasser 413, 419
Anlauf 1040, 1041
Anlaufbahn 937, 970, 1041
Anlaufhülse 398
Anlaufstrecke 935, 936, 1015
Anlaufzapfen 398
Anlegeeinrichtung 537
Anlegeleiter 409
Anlegepritsche 985
Anlieferstation 783
annähernd gleich 837
Annäherungsschlag 1016
Annahme-/Beendentaste 622
Annahmebereich 523
Annahmemaschine 798
Anode 348, 820
Anorak 451, 1051
Anordnung von Sonnenspiegeln 804
anorganische Substanzen 94
Anpassung der Auswurfrichtung 421
Anpressknauf 395
Anreißstarter 411
Anruftasten 624
Ansatz 198, 400
Ansatzrohr 375
Ansatzsäge 537
Ansaugkanal 681
Ansaugung 680, 681
Anschlag 391, 392, 832, 981
Anschlag, kniender 1011
Anschlag, liegender 1011, 1043
Anschlag, stehender 1011, 1043
Anschlagfläche 655
Anschlagführung 393
Anschlagrahmen 364
Anschlagtafel der Ausstellungen 522
Anschluss 367
Anschluss, Schlauchleitung 773
Anschluss für Blitzkabel 597
Anschluss für Hochspannungsleitung 793
Anschluss für Schlauchleitung 773
Anschluss für Zündkabel 683
Anschlussabdeckung 613
Anschlussbuchse 549, 622
Anschlussbuchsen für Video- und Digitalübertragung 593
Anschlüsse 352
Anschlussfeld 636
Anschlusskabel 393, 618
Anschlusskasten 803
Anschlussklemme 358
Anschlussleitung 344
Anschlussstelle 843
Anschlussstellen 658
Anschlussstifte 820
Anschreiber 956, 958, 959, 997
Anschriftentafel 709
Ansicht 328
Ansicht des Bergfußes 1036
Ansichtsraum 867
Anspielkreis 1028
Anspielpunkt 1028
Anstecknadeln 471
Anstoßlinie 1012
Anstoßpunkt 947, 1012
Anstoßraum 1012
Anstreichen 408
Antarktis 44, 46
Antarktische Halbinsel 46
Antarktische Platte 68
Antenne 27, 86, 139, 140, 141, 142, 143, 620, 621, 622, 623, 671, 697, 733, 746, 753, 895, 897, 907, 958
Antenne, hoch verstärkende 32
Antenne, schwach verstärkende 32
Antenne für die Linienzugbeeinflussung 707
Antennula 139
Antependium 871
anthropogener Treibhauseffekt 96
Antiblockiersystem (ABS) 679
Antigua und Barbuda 54, 876
Antiklinale 776
Antilope 172
Antimon 812
Anti-Reflex-Beschichtung 802
Antiseptikum 915
antiseptische Flüssigkeit 915
Antiskating-Vorrichtung 617
Antrieb 713, 767
Antriebsbatterien 678
Antriebslagerschild 819
Antriebsmodul 602
Antriebsrad 758, 762, 764, 1026
Antriebsräder 761
Antriebsregler 421
Antriebsriemen 396, 682
Antriebssystem 673
Antriebswalze 534
Antriebswelle 315, 673, 727, 753
Antriebswerk 776, 828, 829
Antriebswerke 899
Antrittspfosten 335
Antrittsstufe 335
Anzahl der Gleise 713
Anzeige 404, 558, 590, 593, 597, 610, 611, 613, 620, 622, 624, 625, 628, 637, 647, 649, 668, 735, 830, 831, 832, 913, 924, 1001, 1067, 1071
Anzeige "Sicherheitsgurte anlegen" 677
Anzeige- und Steuerungsmodul 33
Anzeigeeinheit 989
Anzeigenadel 597
Anzeigenaufnahme 904
Anzeigeskala 827, 831
Anzeigetafel 933, 935, 937, 968, 971, 977, 978, 985, 992, 996
Anzeigetafel für das Gesamtergebnis 970
Anzeigetafel für die Einzeldisziplin 971
Anziehung 817
Anzugring 1004
Anzünder 406
Aorta 212
Aorta, ventrale 149
Aortenbogen 210, 213
Aortenklappe 213
Aperturblende 826
Apex 136, 137
Apfel 255
Apfel im Querschnitt 115
Apfelessig 287
Apfelfrucht, fleischige 115
Apfelfrüchte 255
Apollo 38
Apostroph 587
Apotheke 848, 856
Appalachen 47
Appartements 1036
Applikationssymbol 622
Aprikose 254
Aquamarin 470
Aquarell 528
Aquarellfarbe 525
Aquarium 495
Äquator 23, 42, 48, 50, 89
Äquatorialguinea 60, 879
äquivalent 837
Ara 163
Arabisch 582
Arabische Halbinsel 51
Arabische Liga 882
Arabische Platte 68
arabische Schriftzeichen 585
Arabisches Meer 51
Arachnoidea 224
Aralsee 51
Aramäisch 582
Arame 244
Arbeiterin 143
Arbeitsbrett 409
Arbeitskittel 440
Arbeitslampe 526
Arbeitsleuchte 372
Arbeitslicht 763
Arbeitsmöbel 646
Arbeitsplatte 291, 292, 296, 401
Arbeitsplatz 644
Arbeitsplatz mit Dalet®-Software 604
Arbeitsprozess des Dieselmotors 681
Arbeitsprozess des Kreiskolbenmotors 681
Arbeitsprozess des Zweitaktmotors 681
Arbeitsschuh 459
Arbeitstisch 393
Arbeitszimmer 331
Archaeognatha 129
Archaeopteryx 130
Archipel 45
Architektur der Antike 498
Architekturelemente 514
Architrav 499, 501, 509
Archiv 522, 644
Archive 905
Archivmöbel 645
Archivolte 507
Arena 503, 932
Arenberg-Parkett 334
Argentinien 55, 876
Argon 814
Ariane IV 39
Ariane V 39
Ariel 15
Arkade 503, 506
Arkaden 872
Arkebuse 889
Arktis 44, 46
arktisch kontinental 81
arktisch maritim 81
arktisch-kontinental 81
arktisch-maritim 81
Arm 135, 168, 185, 372, 566, 732, 917
Armaturen 350
Armaturenbrett 676
Armausschnitt 434
Armband 471
Armbänder 471
Armbrust 885
Armdecken, große 158
Armdecken, kleine 158
Ärmel 427, 430, 452
Ärmel, angeschnittener 453
Ärmel, eingesetzter 431
Ärmelaufschlag 997
Ärmelkanal 49
Ärmellasche 435
ärmelloses Sporthemd 999
Ärmelpuff 427
Ärmelschlitz 431, 452
Armenien 58, 880
Armenisch 583
Armgeflecht 225
Armhebel 992
Armkachel 884
Armlehne 360, 366
Armlehnstuhl 360
Armpolster 1030
Armreif 471
Armschutz 954, 1009
Armschützer 954
Armschwingen 158
Armstrecker, dreiköpfiger 197
Armstrecker, zweiköpfiger 196
Armstuhl 360, 868
Armstühle 360
Armstütze 360, 674, 675, 917
Arpeggio 563
Arretierhebel 392, 397, 401
Arretierknopf 396
Arsen 812
Art 132
Art der hohen Wolken 81
Art der mittelhohen Wolken 81
Art der tiefen Wolken 81
Art von Winterniederschlägen 90
Art-déco-Gebäude 511
Art-déco-Gebäudes 511
Arten, Entstehung und Entwicklung 128
Arten von Blütenständen 112
Arten von Golfschläger 1017
Arten von Kraftwerken 788
Arten von Reaktoren 800
Arten von Vegetation 93
Arterie 212
Arterie des Fußrückens 210
Arterie im Querschnitt 209
Arterienblut 212
Arthropleura 129
Artikel 590
Artischocke 251
Arzneimittel-Darreichungsformen 914
Arzt 990
Ärzteteam 992, 994
ärztliche Behandlung 926
ärztliche Untersuchungen 924
Asbest 78
Asche 483
Asche, vulkanische 75
Aschenbahn 934
Aschenbecher 483
Ascheschicht 75
Aserbaidschan 58
Aserbeidschan 880
asiatische Birne 259
asiatische Teigwaren 283
asiatische und präkolumbische Architektur 513
Asien 44, 58, 69, 880
Asphalt 782
Asphalt-Destillationsanlage 782
Asphaltierwalze 762
Asphaltschindel 385
Ass 1062
Assistent des Programmdirektors 604
Assistenzarzt 920
Assistenzschiedsrichter 1031, 1032
Assistenztrainer 1029
Ast 118, 120, 158
Astat 813
Äste 118
Asteroidengürtel 15
Asthenosphäre 66
Astigmatismus 239
Astragal 501
astronomische Einheit 14, 15
Astschere 416
Asukibohne 253
Atacama-Wüste 48
Atemluftzufuhrschlauch 901
Atemschutz 909, 910
Atemschutz tragen 910
Atemschutzmaske, leichte 909
Atemschutzsystem, geschlossenes 901
Äthiopien 60, 879
Atlantik 44
atlantischer Kabeljau 268
atlantischer Lachs 268
Atlantischer Ozean 46, 49, 50
Atlas 153, 165, 170, 175, 204
Atlasbindung 575
Atlasgebirge 50
Atlasspinner 147
Atmosphäre 94, 98
Atmung 95
Atoll 70
Atom 810
Atome 810
Atomkern 810
Atom-Unterseeboot 899
Atrium 502, 508
At-Zeichen 587
ätzend 910
Aubergine 248
Audio-Ausgang 628
Audiobedarf 850
Audiobuchse 629
Audio-Eingang 628
Audioführer 522
Audiometrie- Untersuchungsraum 923
Auerbachkopfsprung gestreckt mit einer Schraube 979
Auerbachsprung 978
Aufarbeitung 784
Aufbau 590, 687
Aufbau der Biosphäre 94
Aufbau der Sonne 16
Aufbau des Ohres 235
Aufbau des Rückenmarks 224
Aufbau einer Alge 107
Aufbau einer Blume 112
Aufbau einer Flechte 106
Aufbau einer Pflanze 109
Aufbau einer Wurzel 110
Aufbau eines Baumes 118
Aufbau eines Blatts 111
Aufbau eines Farns 107
Aufbau eines Flugkörpers 894
Aufbau eines langen Knochens 199
Aufbau eines Mooses 106
Aufbau eines Pilzes 108
Aufbauspieler 957
Aufbauspieler, rechter 957
Aufbereitungsanlage 773
Aufbewahrung schadhafter Brennstäbe 798
Aufbewahrungsfach 601
Aufbewahrungsmöbel 364, 645
aufblasbare Manschette 913
Aufblassystem 733
Aufblasteil 989
Aufblasventil 989
Aufbrechung 783
Aufenthaltsraum 854
Auffahrgleis 708
Auffahrt 328, 659, 660
Auffangbecken 783
Auffanggefäß 85
Auffangschale 312, 319
Aufgeber 962
aufgepflanztes Bajonett 886
aufgesattelter Kippanhänger 692
aufgesetzte Tasche 430, 448, 452
aufgeständerte Bogenbrücke 661
aufgesteppte Naht 454
aufgewirbelter Staub 89
Aufhängeband 238
Aufhängefeder 829
Aufhängepunkt 1047
Aufhänger 437, 601
Aufhängung 367, 556, 673, 749
Aufheizer 796
Aufhelltaste 613
Auflage 363
Auflagehumus 109
Auflagetisch 537
Auflaufförmchen 302
Auflege-/Ausschalttaste 622
Auflieger 690
Auflösungszeichen 563
Aufnahme 918, 922
Aufnahme von Wasser und Mineralstoffen 102
Aufnahmebecken 798
Aufnahmebühne 542
Aufnahmekammer 826
Aufnahmelicht 604
Aufnahmemodus 592, 593, 613
Aufnahmequalität 593
Aufnahme-Starttaste 613
Aufnahme-Stopptaste 613
Aufnahmestudio 605, 606
Aufnahmetaste 610, 611
Aufnahme-Taste 616
Aufnahme-Ziffer 543
Aufprallsensor 676
Aufreißer 758
Aufreißerspitze 758
Aufreißerzylinder 758
Aufsatz 312
Aufsatzstück 560
Aufschäumdüse 319
Aufschlag 428, 432, 958, 966
Aufschlagbereich 964

Aufschläger 965, 967
Aufschlagfeld für das Doppelspiel 963
Aufschlagfeld für das Einzelspiel 963
Aufschlagfelder 963
Aufschlagkasten 964
Aufschlagkastenlinie 964
Aufschlaglinie 964, 965, 967
Aufschlaglinienrichter 966
Aufschlagrichter 962, 966
Aufschnitt 554
Aufsetzbacke 1009
Aufsetzen 1014
Aufsetzzonenmarkierungen 743
Aufsichtsperson, Tisch 866
Aufsitzmäher 420
aufspringender Winkel 505
Aufsprungbahn 1041
Aufsteckschuh 596
aufsteigende warme Luft 89
aufsteigender Dickdarm 217
aufsteigender Gang 498
Aufstellmaschine 1015
Aufstellpunkt 1012
Aufstellung 1015
Aufstieg 763, 764
Auftrieb 752
Auftriebsausgleich 989
Aufwachraum 921
Aufwärmbahn 1032
Aufwickelkern 616
Aufzeichner 994
Aufzeichnung, seismologische 775
Aufzeichnungsgerät 85
Aufziehbrett 403
Aufzug 26, 503, 519, 644, 774, 798, 847, 854, 857, 897
Aufzug, Unterlage 533
Aufzugs 519
Aufzugseil 756
Aufzugsmechanismus 829
Aufzugsrad 828
Augapfel 152, 238
Auge 89, 137, 138, 139, 145, 154, 155, 164, 167, 174, 178, 182, 194, 238, 388, 477, 892, 1005, 1050, 1062
Auge, einfaches 135
Augenbehandlungsraum 919
Augenbrauenpinzette 472
Augenbrauenstift 473
Augengläser 481
Augenhöhle 154, 159, 175, 182, 184, 188
Augenkammer, hintere 238
Augenkammer, vordere 238
Augenlid 155
Augenlid, oberes 152, 178
Augenlid, unteres 152, 178
Augen-Make-up 473
Augenmuschel 734
Augenring 158
Augenschutz 908, 910
Augenstreif 158
Augenträger 137
Augenwand 89
Ausatmen 975
Ausatmungsventil 909
Ausbeinmesser 306
Ausbereich 1014
Ausbesserungswerk 708
ausbrechbare Kabeldurchführung 354
Ausbreitung, Fortpflanzung 821
Ausbreitung der seismischen Welle 76
Ausdehnungsgefäß 339
Ausdehnungskammer 827
Ausdruck als Fotoalbum 599
ausfahrbarer Baum 756
ausfahrbarer Leiterbaum 902
Ausfahrgleis 708
Ausfahrt 659
Ausfahrtspur 659
Ausfallpforte 505
Ausflugloch 144
Ausgabebank, Kürzel 861
Ausgabegeräte 636
Ausgangssperre 714
Ausgangstür, zweiflügelige 688
ausgeschlossene Spieler, Wiedereintrittsraum 974
ausgestreckte Kralle 178
Ausgleichsbecken 785, 786, 791
Ausgleichsbehälter 340
Ausguss 381
Ausgussreiniger 402
Ausklapparretierung 409
ausklappbare Stützvorrichtung 691
ausklappbares Stützbein 362
Ausklinkhebel 1048
Auskragung 791
Auslasskanal 681
Auslassschlitz 773
Auslassventil 680, 682, 913
Auslauf 243, 350, 1035, 1040, 1041
Auslaufbereich 1041
Ausläufer 110
Auslaufgarnitur 352
Auslaufleitung 345
Auslaufrille 617
Auslaufrohr 767, 786
Auslaufschütz 719
Auslaufstopp 449
Ausleger 721, 756, 757, 759, 760, 985
Ausleger, beweglicher 744
Ausleger, einfahrbarer 32
Auslegerboot 721
Auslegerbrücke 661
Auslegerseil 756
Auslegerstange 721
Auslegerzylinder 759, 760
Ausleihe 867
Auslenkungsrichtung 821
Ausleuchtlampe 404
Auslinie 948, 950
Auslöseknopf 490
Auslösepuppe 553
Auslöser 592, 593, 595
Auspressen 315
Auspuff 764
Auspuffanlage 673
Auspuffkanal 681
Auspuffkrümmer 672, 680, 682
Auspuffrohr 673, 690, 694, 696, 697, 758, 761
Auspuffrohr, hinteres 673
Auspuffrohr, vorderes 672
Ausrichtkopf 833
Ausrichtkopfblockierung 833
Ausrichtkopfebene 833
Ausrichtschraube 831, 833
Ausrufezeichen 587
Ausrüstung 905
Ausrüstung für die Laufbahn 934
Ausrüstungsspind 604, 605
Aussägen 531
Ausschalter 417
Ausschaltknopf 411
Ausschaltrille 617
Ausschnitt 569
Ausschnitt, drapierter 456
Ausschnitt, halsnaher 437, 442
Ausschnitt, runder 456
Ausschnitt, viereckiger 456
Ausschnittarten 456
Ausschnitte 456
Außenangreifer, linker 958
Außenangreifer, rechter 958
Außenansicht eines Hauses 322
Außenbordmotor 729
Außenbrett 1063
Außendreiviertel links 950
Außendreiviertel rechts 950
Aussendung von Ultraschall 65
Außeneinheit 341, 343
Außenfeldspieler, mittlerer 938
Außengewinde 1060
außengezahnte Fächerscheibe 399
Außenkelch 114
Außenklüver 725
Außenknauf 326
Außenknöchel 203
Außenkreis 1027
Außenlager 35
Außenlippe 136
Außenring 860
Außenrohr, druckfestes 799
Außenrohrschlange 341
Außenschicht 941
Außenspiegel 688, 689
Außensteckhülse 1059
Außensteg 539, 579
Außenstürmer links 950
Außenstürmer rechts 950
Außentank 36
Außentasche 484, 488
äußere Begrenzungslinie 965
äußere Drosselvene 211
äußere Hülse 358
äußere Kappe 459
äußere Kiemen 153
äußere Kuppelhülle 28
äußere Leitschaufeln 749
äußere Merkmale einer einschaligen Muschel 136
äußere Merkmale einer Fledermaus 186
äußere Merkmale einer Giftschlange: Kopf 154
äußere Merkmale einer Honigbiene: Arbeiterin 142
äußere Merkmale einer Katze 178
äußere Merkmale einer Ratte 165
äußere Merkmale einer Schildkröte 155
äußere Merkmale einer Schnecke 137
äußere Merkmale einer Spinne 145
äußere Merkmale einer zweischaligen Muschel 136
äußere Merkmale eines Delphins 182
äußere Merkmale eines Flussbarschs 150
äußere Merkmale eines Froschs 152
äußere Merkmale eines Gorillas 185
äußere Merkmale eines Hais 148
äußere Merkmale eines Hummers 139
äußere Merkmale eines Hundes 174
äußere Merkmale eines Kängurus 189
äußere Merkmale eines Maulwurfs 164
äußere Merkmale eines Pferdes 168
äußere Merkmale eines Schmetterlings 140
äußere Merkmale eines Seesterns 135
äußere Merkmale eines Tintenfischs 138
äußere Merkmale eines Vogels 158
äußere Planeten 14
äußere Verkleidung 349
äußerer Bull 1069
äußerer Gehörgang 205, 234, 235
äußerer Hausflur 502
äußerer Kern 66, 817
äußerer Ohrmuschelrand 234
äußerer Rand 171
äußerer Schenkelmuskel 196
äußerer Schneidezahn 206
äußerer schräger Bauchmuskel 196, 197
äußeres Keilbein 203
äußeres Ohr 234
Aussparung für Magnetköpfe 616
Ausstatter 542
Ausstattung 533, 534, 535
Ausstechformen 310
Ausstellung, Banner 522
Ausstellungen, Anschlagtafel 522
Ausstellungsraum 853
Ausstellungsregal 645
Ausstellungsstand 853
Aussteuerung, manuelle 616
Ausstoß 680, 681
Ausstreichmesser 576
Ausströmmantel 787
austauschbare Kartusche 888
Auster 265
Austernfischer 161
Austerngabel 300
Austernmesser 306
Austernseitling 244
Australien 62, 69, 881
Australische Kordilleren 52
australische Sprachen 583
Austrittsdüse 749
Austrittskante 746
Auswahl 611
Auswahl- und Navigationstaste 624
Auswahlschalter für Dezimalpunkt 649
Auswahltaste 620
Auswahltasten für eingespeicherte Sender 619
Auswaschung 98
Auswurf, Staub 392
Auswurfrohr 421, 763, 766
Auswurfrohrreinigung 421
Auswurftaste 314, 593, 615, 616, 1067
Auszahlungshebel 1070
Auszahlungsschale 1070
ausziehbare Fluggastbrücke 741
ausziehbarer Griff 484
ausziehbarer Tisch 362
Ausziehgriff 489, 1034
Ausziehleiter 409
Ausziehschirm 1046
Ausziehtisch 362
Auszug 362, 376
Auto 669
Autobahn 52, 53, 659, 843
Autobahnnummer 53
Autocoat 443
Autofocus-Schalter 601
Autofocus-Umschalter 592
Autofokus 593
Autogenschweißgerät 407
Autohandschuh 464
Autohaus 845
Autoinjektor 914
Autoklav 921
Auto-Manualumschalter 404
Automat für Umsteigekarten 715
Automatikkupplung 709
automatische Füllanzeige 781
automatische Schiebetür 515
automatische Sortierablagen 647
automatische Tür 742
automatischer Papiereinzug 625
automatischer Zeitmesser 977
automatisches Gewehr 891
Autopilot 894
Autoplane 686
Autorennen 1022
Autos 669
Autotransporter 692
Autotransportwagen 711
autotrophe Organismen 94
Autovermietung 857
Autowaschanlage 668
Avocado 248
Axel 1031
Axialkompressor 749
Axialrippe 136
Axis 165
Axon 221
Axt 416
Azimutalprojektion 43
Azimutfeineinstellung 24, 25
Azimutfesteller 24
Azimutfeststeller 25
aztekischer Tempel 513

B

B 563
Babybekleidung 851
Baby-Doll 447
Babyflasche 492
Babyhaube 448
Babyschuh 448
Babytrage 491
Babytragekorb 492
Bach 73
Bachsaibling 269
Back 727, 731
Backblech 310
Backbone 641
Backbordseite 731, 738, 739
Backe 174, 395, 480, 1010, 1011
Backe, bewegliche 400, 401
Backe, feste 400, 401
Backen 390, 394, 395, 401, 405, 1039
Backenhörnchen 166
Backenriemen 1004
Backenzahn 164, 167
Backenzahn, erster 206
Backenzahn, erster vorderer 206
Backenzahn, zweiter 206
Backenzahn, zweiter vorderer 206
Backenzähne 206
Backenzähne, vordere 206
Bäckerei 849
Backfett 284
Backform 317
Backgammon 1063
Backgerät 310
Backline 1027
Backofen 291, 292, 296, 376
Backofenfolie 294
Backofenthermometer 308
Backofentür 376
Backrost 376
Backsteinhaus 520
Backup-Speichereinheit 641
Backwaren 289
Bacon, amerikanischer 277
Bacon, kanadischer 277
Bad 330, 855, 920
Badartikel 851
Badeanzug 450
Badebürste 475
Badehose 450, 976
Badekappe 450, 974, 976
Badeleiter 324
Bademantel 447
Bademoden 850
Badesalz 474
Badetuch 475
Badetuch mit Kapuze 448
Badewanne 330, 344, 346, 855
Badminton 962
Badmintonplatz 962
Badmintonschläger 962
Baffinbucht 46
Baffinland 47
baggern 958
Baggerstiel 760
Baggerstielzylinder 760
Baguette 279
Baguetteform 469
Bahamas 54, 876
Bahn 388, 934, 976, 977, 1033
Bahnbojen 984
Bahnende 975, 977
Bahnenplissee 454
Bahnenrock 439
Bahnhof 52, 703, 704, 842, 844
Bahnhofshalle 704
Bahnmarkierung 935
Bahnnummer 1043
Bahnradsport 1021
Bahnseil 977
Bahnsteig 703, 704, 715, 742
Bahnsteigkante 704, 714
Bahnsteigüberdachung 703
Bahnübergang 665, 667
Bahnübergang, schienengleicher, gesicherter 713
Bahnzeitnehmer 976
Bahrain 58, 880
Baikalsee 51
Bailey-Brücke 662
Bajonett, aufgepflanztes 886
Bajonettanschluss 598
Bajonettfassung 358
Bakelit-Splitterkörper 893
Balalaika 561
Balancegewicht 617
Balg 555, 560
Balgen 600
Balgenverschluss 560
Balgfrucht (Sternanis) im Querschnitt 116
Balkanhalbinsel 49
Balken 222, 499, 502, 513, 520, 830, 969
Balken, hinterer 830
Balken, vorderer 830
Balkenbrücke 660
Balkenbrücken 660
Balkendiagramm 838
Balkenspiralgalaxie 19
Balkenwaage 830
Balkon 330, 510
Balkontür 330
Ball 124, 972, 1069
Balleisen, gerades 531
Ballen 171
Ballerinaschuh 461
Ballfangzaun 938
Balljunge 966
Ballon 1049
Ballonsonde 80, 85
Ballsportarten 938
Ballungsgebiet 842
Balsamessig 287
Baluster 335, 510
Balustrade 510, 513, 518
Bambara 582
Bambusse 1066
Bambussprosse 250
Banane 258
Band 207, 565, 567, 890, 893, 972, 989
Band, Blaues 1021
Band, erhabenes 539
Band, reflektierendes 733
Bandage 1003, 1008
Bändchen 553

Bande 1014, 1028, 1033
Banderole 483
Bandführung 616, 654
Bandlöser 396
Bandring 470
Bandscheibe 204, 208
Bandschleifmaschine 396
Bandschlüssel 403
Bändsel 1058
Bandsortenschalter 616
Bandsperre 387
Bangladesch 58, 881
Banjo 560
Bank 361, 771, 844, 849
Bankautomat 849, 858, 859
Bankett 658
Bankfiliale 858
Bankhöhe 771
Banknote: Rückseite 861
Banknote: Vorderseite 861
Banner der derzeitigen Ausstellung 522
Banner der kommenden Ausstellung 522
Bantusprachen 582
Bar 290, 541, 844, 853, 1063
Barbados 54, 877
Barbakane 504
Bardame 290
Baren 533
Bärenhüter 23
Barentssee 46, 49
Bargeldbestückung 859
Barhocker 290, 361
Barium 812
Bärlatsch 884
Barock 530
Barockkirche 510
Barograph 85
Baronstange 548
Barren 971
Barrierriff, Großes 52
Barsch 269
Bart 122
Bartregion 158
Basallamina 209
Basalschicht 236
Basaltschicht 66
Baseball 938, 940
Baseball im Querschnitt 941
Baseball-Feld 938
Baseballschläger 941
Baseballstadion 932
Basilikum 262
Basilosaurus 131
Basis 317, 501, 512, 609, 623, 935
Basis der Rückenlehne 360
Basisstation 622
Basisstation für Funknetzwerk 631
Baskenmütze 458
Basketball 956
Basketballplatz 956
Basketballspiel 956
Basketballspieler 956
Basmatireis 283
Bassfalle 605
Bassgitarre 549
Bassklarinette 545
Basslautsprecher 20
Bassregister 560
Bassregler 619
Bassschlüssel 562
Basssteg 552
Bass-Straße 52
Basstastatur 560
Basstrommel 545, 556
Bast 118
Batterie 390, 595, 672, 678, 685, 803, 818, 894, 901
Batteriegehäuse 685
Batteriekasten 691
Batteriekontrollanzeige 634
Batterieladegerät 622
Batterieladekontrollleuchte 677
Batteriemodule 86
Batterien 595
Batteriepack 595
Batterie-Schraubendreher 390
Batteriestatus 593
Bauch 158, 168, 192, 194, 198
Bauchaorta 210, 219
Baucharterie 139
Bauchfell 226, 228
Bauchflosse 148, 150
Bauchfuß 141
Bauchgurt 489, 1003, 1005, 1006, 1007
Bauchhöhle 226, 228
Bauchpanzer 155
Bauchreifen 884
Bauchschuppe 154
Bauchspeck 277
Bauchspeicheldrüse 216, 229
Bauchtank 753
Bauer 1065
Bauernbrot 278
Bauernhof 243
Baum 118, 980, 1005
Baum, Aufbau 118
Baum, ausfahrbarer 756
Baumaterialien 384
Bäume 1016
Baumfarn 107
Baumhippe 416
Baumsäge 416
Baumschere 416
Baumstamm 125, 386
Baumstamm im Querschnitt 118, 386
Baumstammtransport, Sattelanhänger 692
Baumstütze 418
Baumtomate 258
Baumvogel 160
Baumwolle 424
Baumwollpflanze 123
Bauschärmel 453
Bauschaumisolierung 385
Baustelle 665, 667
Baustile 500
Beachvolleyball 959
Beachvolleyball-Platz 959
Bearbeitungstasten 649
Beaufortsee 46, 47
Becher 21, 294, 301, 1056
Becherglas 815
Becken 164, 184, 187, 188, 324, 345, 545, 556, 557, 794, 932
Becken, rudimentäres 182
Beckengurt 675
Beckenvene 211
Becquerel 835
bedeckte Säule 90
bedeckter Himmel 82
Bedeckungsgrad 82
Bedienblende 316
Bediener der Lichtkonsole 605
Bedienfeld 317, 636, 637, 924
Bedienkonsole 902
Bedienleiste 376, 378, 379
Bedienpult 826
Bedientasten 314, 609
Bedienungsanleitung 668
Bedienungsfeld 317
Bedienungshebel 767
Bedienungshebel für Verschlussblock 892
Bedienungskonsole 647
Bedienungsschnur 367
Bedienungstafel 519
Bedienungstasten 625
Beendentaste 624
Beere 103, 114
Beeren 254
Beet 323
Beete, rote 251
Beetpflug 765
befestigte Umfassungsmauer 872
Befestigungsriemen 901, 1043
Befestigungsschiene 824
Befeuchter 651
befeuchtete Oberfläche 532
Befruchtung 104
Befruchtungstasche 137
Begattungskammer, Öffnung 141
Begattungstasche 141
begehbarer Kleiderschrank 330
begehbarer Schrank 330
Begonie 113
begrenzte Zone 957
Begrenzungseinsatz 653
Begrenzungsleuchte 674
Begrenzungslinie 994
Behaarung 165, 185, 189
Behälter 85, 294, 314, 318, 408, 767
Behälter für gebrauchte Spritzen 907
Behälter für gemahlenen Kaffee 318
Behälter mit flüssigem Stickstoff 826
Behälter mit Gießer 315
Behandlung, chemische 782
Behandlungsraum 919, 922
Behandlungstisch 926
Behindertenrampe 522
Beichtstuhl 871
beidhändiges Schwert 886
beidseitiges Kopieren 647
Beifahrersitz 694, 697
Beil 903, 1057
Beilage, farbige 590
Beilagen 293
Bein 155, 167, 185, 193, 195, 207, 362, 433, 556, 961, 973
Beinarbeit beim Brustschwimmen 975
Beinarbeit beim Kraulen 975
Beinarbeit beim Schmetterlingsstil 975
Beinausschnitt, elastischer 434
Beinbandage 1007
Beincurler 1001
Beingurt 733
Beininnenseite 448
Beinklemme 596
Beinlinge 428
Beinpolster 1029
Beinröhre 884
Beinscheibe 272, 273
Beinschutz 940, 944
Beinstreckerzug 1001
Beitel 533
Beitrag, redaktioneller 590
Beiwagen 716
Bekleidungsgeschäft 848
Belastungstest 925
Belegausgabe 668
Beleuchterbrücke 540
beleuchteter Spiegel 478
Beleuchtung 359, 478, 495, 605, 748
Beleuchtungsanlage 605, 606
Beleuchtungsgitter 543
Beleuchtungskopf 600
Beleuchtungsschiene 373
Beleuchtungsspiegel 833
Belgien 56, 878
Belichtungsausgleich 593
Belichtungseinstellung 592
Belichtungskorrekturknopf 592
Belichtungskorrekturskala 597
Belichtungsmesser 592, 597
Belichtungsmessskala 597
Belichtungstisch 536
Belichtungswertskala 597
Belichtungszeitskala 597
Belize 54, 876
Belüftungsfenster 322
Belüftungsschlitz 380
Bengalen, Golf 51
Bengalkatze 179
Benin 60, 879
Benzin 782
Benzinmotor 673, 678
Benzinmotor im Querschnitt 682
Benzintank 678
Benzintankverschluss 696
Beobachtung des Weltraums 20
Beobachtungsposten 28
Beobachtungsraum 918, 922
Beobachtungsraum, psychiatrischer 918
Berbersprache 582
Bereichsumschalter 404
Berg 71
Bergamotte 256
Bergen des Spinnakers 982
Bergfried 504
Berghang 71
Berghütte 1036
Bergkette 17
Bergschrund 72
Bergsteigen 1050
Bergsteiger 1051
Bergsteigerausrüstung 1050
Bergsteigerspaten 1051
Bergsteigerstiefel 1051
Bergwacht 1036
BergŽre 360
Beringsee 44
Beringstraße 46, 47
berittener Schiedsrichter 1008
Berkelium 814
Berme 658, 790
Bermudas 433
Bermudashorts 441
Bernhardiner 177
Berthe 455
Bertini-Säule 219
Berührung 1065
Beryllium 812
Besan 725
Besanbaum 724
Besan-Bramstagsegel 725
Besanmast 722, 724
Besan-Stengestagsegel 725
Besantoppsegel 725
Besatzungsunterkünfte 726
Beschichten 125
Beschichtung 961
Beschickungsbereich 798
Beschickungsmaschine 797, 798, 800
Beschläge 981
Beschleunigungsspur 659
Beschreibung 523
Besen 337, 381
Bespannung 962, 968, 1012, 1043
Besprechungszimmer 863
Bestandteile eines Hauses 325
Bestäubung 104
Besteck 292
Besteckkorb 380
bestickter Stoff 565
Bestückung 392
Besucher, Empfangsraum 864
Besucher, Warteraum 864
Besuchereingang 864
Besucherterrasse 743
Beton und Stahl 384
Betonauslauf 781
Betonblock 384
Betonmantel 800, 801
Betonmauer 805
Betonnte Fahrwasser 738
Betonnungssystem 738
Betreibender 996
Betriebs- und Versorgungseinheit 38
Betriebsbremse 706
Betriebsebene 794
Betriebsraum 872
Betriebszyklus 749
Bett 363, 687
Bett mit Matratze 1054
Betttuch 363
Bettwäsche 363, 705
Beutel 189, 294
Beutelfach 375
Beutelklammern 654
Beuteltasche 486
Beuteltasche, kleine 486
Beuteltiere 188, 189
Beweger 378
bewegliche Backe 400, 401
bewegliche Brücken 662
bewegliche Fluggasttreppe 745
bewegliche Kufe 1035
bewegliche Trennwand 644
bewegliche Waffen 892
bewegliche Zuschauertribünen 868
beweglicher Oberkiefer 154
beweglicher Scheinwerfer 606
beweglicher Spiegelprojektor 606
Bewegungen eines Flugzeugs 752
Bewegungsmelder 515
bewölkter Himmel 82
Bezahnung 154
Bezeichnungen tropischer Wirbelstürme 89
Bezugsstoff 490
BH 445
Bhutan 58, 881
Biathlet 1043
Biathlon 1043
Biathlongewehr 1043
Biber 166
Bibliothek 523, 845, 864, 866, 868
Bibliothekar, Büro 866
Bidet 346
Bienenstock 144, 243
Bier 288
Bierkrug 297
bikonkave Linse 822
bikonvexe Linse 822
Bild 1066
Bild- und besondere Karten 1062
Bildanzeige 593
Bildausdruck 599
Bildbearbeitungsprogramm 599
Bildeinstellung 594
bildende Künste 522
Bildfernsprechen 643
Bildfolgeskala 597
Bildhauer 20
Bildkontrolle 605
Bildkontrollkonsole 608
Bildmodustasten 614
Bildquelle 599
Bildregie 605, 608
Bildröhre 609
Bildschirm 609, 610, 629, 735
Bildschirmbeleuchtung 649
Bildschirminhalt drucken 633
Bildschirmverriegelung 630
Bildsensor 594, 595
Bildsucher 606
Bildtechniker 605, 608
Bildtelefon 624
Bildung 866
Bildungseinrichtung 643, 845
Bildunterschrift 590
Bildvorlauf 593
Billard 1012
Billardqueue 1013
Billardtisch 1012
Billettasche 430
Bimah 872
Bimetallspirale 827
Bimetallthermometer im Querschnitt 827
Bimsstein-Korrekturstift 535
Binde, elastische 915
Bindebogen 563
Bindegewebe 198, 236
Bindegewebshülle 209
Bindehaut 238
Bindestrich 587
Bindeteil 431
Bindung 988, 1037, 1041
Bindung, chemische 810
Binnenklüver 725
Binnenraum 505
Binokularmikroskop 825
Binokularteleskop 29
Binsenstängel 584
Bioabfallbehälter 99
Biodiesel 784
Bioethanol 784
Biologie 834
biologisch nicht abbaubare Schadstoffe 97
biologische Klassifikation 132
Biomasse 95
Biosphäre, Aufbau 94
Birke 119
Birkenspanner 147
Birmanisch 582
Birne 255
Birne, asiatische 259
birnenförmiger Korpus 561
Birnenmelone 259
Bison 173
Biss 483
Bit 390
Bits und Bohrer 394
Bittermelone 248
Bitterschokolade 285
Bitumen 778
Blank 1062
Blasebalg 1054
Blasebalgtasche 442, 452
Blasinstrumente 550
Blassynthesizer 558
Blasvorrichtung 763
Blatt 102, 103, 105, 109, 111, 250, 342, 391, 392, 403, 408, 477, 568, 787, 961, 984, 989, 1030
Blatt, Aufbau 111
Blatt, Säge 391, 392, 393
Blattachsel 111
Blattader 111
Blattansatz 111
Blättchen 106
Blätter, einfache 111
Blätter, zusammengesetzte 111
Blattgemüse 246
Blattkeim 105
Blattkohl 246
Blattrand 111
Blattränder 111
Blattscheide 111
Blattschraube 550

Blattspindel 107
Blattspreite 103
Blattstecher 573
Blattstiel 103, 111
Blattstieleinschnitt 117
blau 875
Blau 528, 821
blaue Linie 1029
blaue Luzerne 252
blauer Ball 1013
Blauer Marlin 150
Blaues Band 1021
blaues Schildhaupt in Silber 874
Blaufisch 267
Blaugrün 528
Blaulicht 902
Blauviolett 528
Blazer 442, 443
Blech 78
Blechbläser 545
Blechverkleidung 336
Blei 78, 812
Bleichen 125
Bleigürtel 989
Bleikopf 554
Bleikugel 893
Bleimesser 579
Bleischraubstock 579
Bleistift 585
Bleistiftfaltenband 369
Bleistiftminenröhrchen 654
Bleistiftrock 439
Bleistiftspitzer 654
Blendbogen 508
Blende 377, 378, 379, 488, 594, 712
Blendeneinstellung 593, 826
Blendenöffnung 27
Blendenskala 597, 598
Blendgläser 734
Blendrahmen 327
Blendrahmen oben 327
Blinddarm 138, 145, 169, 217
blinde Tasche 443
blinder Enddarm 135
Blindsack 159
Blindschacht 774
Blinker 691, 917, 1061
Blinkerhebel 676
Blinkerkontrollleuchte 696
Blinkleuchte 674
Blinklicht 713, 911
Blinklichter 688
Blinklichtkontrolle 677
Blitz 83, 91
Blitzableiter 323, 786, 793, 807
Blitzbelichtungskorrektur 593
Blitzkontakt 592
Blitzröhre 596, 823
Block 935
Block, numerischer 633
Blockdeckel 685
blocken 959
Blocken 994
Blog 643
Blöße bei der Oktav-Einladung 998
Blöße bei der Prim-Einladung 998
Blöße bei der Quart-Einladung 998
Blöße bei der Quint-Einladung 998
Blöße bei der Second-Einladung 998
Blöße bei der Septim-Einladung 998
Blöße bei der Sixt-Einladung 998
Blöße bei der Terz-Einladung 998
Blouson 436
blühende Gemüsesorten 251
Blume, Aufbau 112
Blumen 113
Blumenbeet 410
Blumenkohl 251
Blumenkrone 112
Blumenladen 849
Blumenrabatte 410
Blumenziegel 1066
Bluse, klassische 440
Blutbestandteile 209
Blutdruckmessgerät 913
Blutdrucküberwachung 925
Blüte 104, 109, 112, 117
Blüten des Teufelzwirns 103
Blütenblatt 112
Blütenboden 112, 114
Blütenkelch 112
Blütenknospe 109
Blütenpflanzen 131
Blütenständen, Arten 112
Blütenstandstiel 105
Blütenstiel 112, 117
Blutentnahmeröhrchen 912
Blutgefäß 199, 209
Blutgefäß, dorsales 141
Blutgefäße 186
Blutkörperchen, rotes 209
Blutkörperchen, weißes 209
Blutkreislauf 209
Blutorange 256
Blutplasma 209
Blutpumpe 927
Blutwurst 277
BMX 1021
BMX-Rad 701, 1021
Bö 83
Boa 156, 465
Bobbahn 1035
Bobschlitten 1034
Bock 531
Böckchen 556
Bockkäfer 146
Bockkran 785, 786
Bockmühle 806
Bocksfuß 360
Bockshornkleesamen 260
Boden 98, 318, 736, 887, 964, 965
Boden, gewachsener 658
Bodenablauf 324, 344
Bodenanlassgerät 744
Bodenausrüstung 744
Bodenbalken 332, 333
Bodenbeläge, textile 334
Bodenbewegung, horizontale 76
Bodenbewegung, vertikale 76
Bodenbewegungen 77
Bodendiele 334
Bodendüngung 97
Bodendüse 375
Bodenentleererwagen 710
Bodengesims 890
Bodenkontrollstation 63
Bodenkriechen 77
Bodenlinie 977
Boden-Luft-Flugkörper 894
Bodenplättchen 548
Bodenplatte 556, 917, 1057
Bodenprofil 109
Bodenstaubsauger 375
Bodenstöpsel 893
Bodenstromgerät 744
Bodenturnfläche 970
Boden-Unterwasser-Flugkörper 894, 898
Bodenverschmutzung 97
Body 444, 448
Bodypack für Übertragung 604
Bodyshirt 440
Bogen 338, 509, 537, 547, 550, 561, 661, 838, 885
Bögen 514, 661
Bogen, gelenkloser 661
Bogen, moderner 885
Bogenansatz 547
Bogenarm 885, 1009
Bogenbrücke 661
Bogenbrücke, aufgeständerte 661
Bogenbrücken 661
Bogenfeld 507
Bogengang 508
Bogengang, äußerer knöcherner 235
Bogengang, hinterer knöcherner 235
Bogengang, oberer knöcherner 235
Bogenminute 836
Bogenreihe 508
Bogenschießanlage 932
Bogenschießen 1009
Bogenschutz 550
Bogenschütze 1009
Bogensehne 885, 1009
Bogensekunde 836
Bogenstaudamm 791
Bogenstaudamm im Querschnitt 791
Bohne, Flageolet 253
Bohne, grüne 253
Bohne, römische 253
Bohne, schwarzäugige 252
Bohne, schwarze 253
Bohnen 252, 253
Bohnenbehälter 318
Bohnenkraut 262
Bohranlage 776
Bohrer 394, 395
Bohrerstellung 978
Bohrfutter 390, 394, 395
Bohrfutterschlüssel 394
Bohrgestänge 776
Bohrhammer 772
Bohrium 813
Bohrkopf 772, 776
Bohrkörper 394
Bohrkragen 776
Bohrloch 779, 783
Bohrmaschine, elektrische 394
Bohrschiff 726, 778
Bohrschnecke 411
Bohrstange 772
Bohrtisch 395
Bohrturm 776, 777, 780, 783
Bohrungsdurchmesser 890
Bohrwinde 395
Boje 982
Bokken 996
Bolero 442
Bolivien 55, 876
Bollwerk 505
Bolzen 399, 401, 477, 479, 885
Bolzenmutter 712
Bombe, vulkanische 75
Bongos 557
Boot 459
Boot, Teile 984
Boote, traditionelle 721
Boote und Schiffe 726
Bootshaken 733
Bor 812
Bordcomputer 676, 907
Bordeauxglas 297
Bördelgerät 402
Bördelverbindung 351
Bordinstrumente 1049
Bordkran 897
Bordküche 746
Bordstein 846
Bordunpfeife 560
borealer Wald 92, 93
Boretsch 262
Borke 118
Borste 479
Borsten 381, 408, 482
Böschung im Auftrag 658
Bosnien und Herzegowina 57, 878
Botsuana 61
Botswana 880
Bottich 380
Bottnischer Meerbusen 49
Boubou 429
Boule 1014
Boulevard 52, 845
Boulevardblatt 590
Bowler 1015
Bowlerin 1015
Bowling 1015
Bowlingbahn 848, 1015
Bowlingkugel 1015
Bowlingschuh 1015
Box 1023
Boxausrüstung 991
Boxen 990, 1022, 1024
Boxengasse 1022
Boxenstopp 1023
Boxer 990
Boxerhose 990
Boxershorts 434
Boxhandschuh 990
Boxhandschuhe 991
Boxtasche 486
Brachacker 243
Brachiopode 128
Bracketing 593
Brailleschrift 585
Bramstenge 724
Brandbekämpfung 900
Brandbekämpfungsmaterial 903
Brandschutzbeauftragte, Büro 900
Brandungspfeiler 70
Brandungstor 70
Brasilien 55, 876
Bratenthermometer, digitales 308
Bratentopf, flacher 313
Bräter 312, 317
Bratpfanne 313, 1055
Bratsche 547
Bratschen 545
Bratwurst 277
Brauenbürstchen 473
Braunalge 107
brauner Ball 1013
brauner Reis 283
brauner Zucker 285
Brauner Zwerg 18
Brause 414
Brausegarnitur 344
Brausenkopf 346, 352
Brauseschlauch 346, 352
Brecheisen 903
Brecher 77
Breiapfel 259
breit 586
Breitengrade 42
Breitenkreis 42
breiter Rückenmuskel 197
Breitfußgeschoss 847
Breithalter 573
Bremsanlage 673
Bremsbacke 679
Bremsbelag 679
Bremsbereich 1041
Bremse 146, 917, 1020, 1024, 1059
Bremsen 679
Bremser 1034
Bremsflüssigkeitsbehälter 679
Bremsgriff 699, 1020
Bremshebel 1026
Bremsklappe 896, 1048
Bremsklappenhebel 1048
Bremsklotz 744
Bremskraftregler 679
Bremskraftverstärker 672, 679
Bremskreis 679
Bremsleine 1046, 1047
Bremsleitung 672
Bremsleuchte 674
Bremspedal 420, 672, 676, 679, 696
Bremssattel 679, 695
Bremsscheibe 679
Bremsschlauch 679
Bremsträger 679
Bremstrommel 679
Bremswagen 710
Bremszug 699
Bremszylinder 679
Brennelemente, Becken für schadhafte 798
Brennelemente, Tonnen mit schadhaften 798
Brennen 577
Brenner 312, 339, 340, 376, 1049, 1053
Brennerhebel 407
Brennholzstauraum 336
Brennofen, elektrischer 577
Brennpunkt 239
Brennraum 339, 577
Brennsockel 1053
Brennspiritus 782
Brennstab 799
Brennstabbeschickung 798
Brennstabbündel 799
Brennstäbe, Abgabeöffnung 798
Brennstäbe, Aufbewahrung 798
Brennstäbe, Becken 798
Brennstäbe, Füllöffnung 798
Brennstäbe, Lagerraum 798
Brennstäbe, Tonnen 798
Brennstoff 795, 800, 801
Brennstoff, fossiler 98
Brennstoffregelung 749
Brennstofftablette 799
Brennstoffventile 748
Bretonisch 583
Brett 386, 965, 983
Brett, schwarzes 868
Brettende 1037
Brettspiele 1063
Brettspitze 1037
Brick-Point 1070
Bridge 641
Brie 281
Brief 588
Briefkasten 588
Briefmarke 588
Brieföffner 651
Briefpapier 124
Brieftasche 485
Briefträger 589
Briefwaage 651
Brigantine 723
Brigg 723
Brillantschliff 469
Brille 480, 1020, 1037
Brille, Teile 480
Brillenband 480
Brillenetui 480, 485
Brillenputztuch 480
Brillenzubehör 480
Brioche 279
Briolettschliff 469
Broccoli 251
Brom 813
Brombeere 254
Bronze 78
Brosche 471
Brot 123, 278, 292
Brotbackautomat 317
Brotform 311
Brothalter 316
Brotmesser 306
Brotteller 304, 305
Browser 642
Bruch 837
Bruchstein 384
Brücke 52, 367, 480, 824, 897, 1004, 1025
Brücke mit untenliegender Fahrbahn 661
Brücken, bewegliche 662
Brücken, starre 660
Brückenlift 718
Brückenpfeiler 660
Bruder 929
Brüder 929
Bruder/Schwester 929
Brunei 59, 881
Brunnen für rituelle Waschungen 872
Brunnenkresse 247
Brust 158, 168, 192, 194, 227, 272, 273, 274
Brustbaum 572
Brustbein 159, 164, 165, 170, 175, 187, 188, 200
Brustbeine 139
Brustdrüse 227
Brustfell 215
Brustflosse 148, 150, 182
Brustknorpelstück 272
Brustkorb 192, 194
Brustleistentasche 430
Brustlymphgang 230
Brustmuskel, großer 196
Brustplatte 1003
Brustpolster 944
Brustriemen 1007
Brustrollbraten 274
Brustschlagader 210
Brustschutz 940, 954, 994, 1009
Brustschwimmen 975
Bruststück 884
Brusttasche 431, 435
Brüstungsriegel 332
Brustwarze 192, 194, 227
Brustwehr 505
Brustwirbel 165, 170, 175, 184, 188, 201, 204
Brutraum 144
Brutzwiebel 105
Bube 1062
Bubikragen 455
Buch, gebundenes 539
Buche 119
Buchecker 255
Bücherregal 331, 868
Bücherrückgabe 867
Bücherwagen 867
Buchhaltung 644
Buchhandlung 848
Buchrücken 538
Buchrückenbearbeitung 538
Buchrückenpresse 538
Buchsenhalter 358
Büchsenöffner 307
Buchstaben 586
Buchstützen 655
Bucht 17, 45
Bucht, Große Australische 52
Buchweizen 122, 263
Buchweizenmehl 278
Buckel 511, 1025, 1040
Buckelpiste 1040

Buckelwal 183
Buddha 870
Buddhismus 870
Büfett 365
Buffet 290
Bug 728, 731, 746, 980, 983
Bug, geschnitzter 720
Bugball 985
Bügel 391, 480, 547, 618, 885, 1005
Bügel, verstellbarer 391
Bügelanschlag 480
Bügelende 480
Bügelfalte 432
Bügelhebel 887
Bügelheck 374
Bügelhorn 551
bügeln 425
Bügeln 425
Bügelriemen 1005
Bügelrundung 480
Bügelsäge 391, 402
Bügelsohle 374
Bügelspannmechanismus 1060
Bügeltritt 709
Bugfahrwerk 746, 896
Bugfigur 720
Bugladeklappe 730
Bugpropeller 728
Bugspriet 724
Bugstrahler 731
Bugtür 727
Bugverzierung 722
Bugwulst 729, 731
Bühne 498, 540, 541
Bühnenhaus 498, 540
Bühnenhintergrund 540
Bulbospongiosus 228
Bulgarien 57, 878
Bulgarisch 583
Bull's eye 1069
Bullauge 730
Bulldogge 176
Bullpen 938
Bund 250, 436, 548, 549
Bund, elastischer 436
Bündchen 434
Bündel 792
Bundesstaat 53
Bundfalte 454
Bundmarkierung 549
Bundverlängerung 432
Bunker 1016, 1017
Bunkeröl 782
Bunsenbrenner 815
Buntstifte 524
Buntstiftzeichnung 528
Bürette 815
Burg 504
Bürgersteig 846
Burggraben 504
Burghof 504
Burkina Faso 60, 879
Büro 290, 293, 644, 704, 854, 864
Büro der Geschäftsleitung 852
Büro der Oberschwester 919
Büro der Schulaufsicht 869
Büro des Bibliothekars 866
Büro des Brandschutzbeauftragten 900
Büro des diensthabenden Arztes 918
Büro des Dienststellenleiters 904
Büro des Direktors 522, 859, 864, 866
Büro des Geschäftsführers 644
Büro des Kommandanten 900
Büro des Konservators 522
Büro des Personalleiters 644
Büro des Produktionsleiters 644
Büro des Richters 862
Büro des Schulleiters 869
Büro des stellvertretenden Dienststellenleiters 904
Büro des stellvertretenden Direktors 864
Büro des Wachpersonals 867
Bürodrehstuhl 646
Bürogebäude 718, 844, 847
Büroklammerhalter 654
Büroklammern 654
Büromöbel 645
Büroorganisation 644
Büroturm 847
Bürstchen für Webeffekt 571
Bürste 375, 381, 819
Bürste mit Stangen 1002
Bürsten 819
Bürstenkörper 381
Burundi 61, 879
Bürzel 158
Bus 640, 688, 847, 857
Bus für Spezialtransporte 689
Busbahnhof 844
Busch 93
Büsche 92
Bushaltestelle 846
Busmodul 64
Busnetzwerk 640
Büstenhalter, trägerloser 445
Büstenschale 445
Butangastank 483
Butter 280
Butterdose 302
Butterfach 377
Buttermesser 298
Buttermilch 280
Butterroller 309
Button-down-Kragen 431

C

C 562
Cabanjacke 443
Cabochonschliff 469
Cadmium 813
CaËon, unterseeischer 67
Café 844, 849
Cafeteria 856, 869
Cajun-Gewürzmischung 261
Californium 814
Callisto 14
Calvinismus 870
Camcorder 612
Camcorder mit Festplatte 612
Camembert 281
Camisol 444
Camping 1052
Camping für Wohnwagen 856
Camping für Zelte und Wohnwagen 856
Campingausrüstung 1055
Campingstuhl 1057
Candela 835
Candlepin 1015
Cannelloni 282
Cape 443
Caprihose 441
Caraco 427
Carapax 139
Cardigan 442
Cargohose 441
Carina 148
Carpentariagolf 52
Carpus 159
Carré 1068
Casabamelone 257
Cashewkern 255
Cäsium 812
Cassegrain-Fokus 28
Cassini 31
Casting 1060
Cayennepfeffer 261
CB-Funkanlage 621
CD 599, 615
CD-/DVD-Auswurftaste 629
CD-/DVD-Laufwerk 558, 629, 630
CD-/DVD-ROM-Laufwerk 628
CD wechseln 615
CD-Fach 615
CD-Lade 638
CD-Laufwerk 599
CD-Spieler 615, 619, 620
CD-Spieler, tragbarer 619
CD-Tasten 620
Cedille 587
Celli 545
Cello 547
cellulosehaltige Biomasse 784
Celsiusskala 827
Celsius-Temperatur, Maßeinheit 835
Cembalo 553
Cent 860
Center 957
Centerlautsprecher 612
Centre 953
Cephalica 211
Cephalothorax 145
Cer 814
Ceres 14
Chac-Mool 513
Chaiselongue 360
Challa 279
Chamäleon 21, 157
Chantilly-Parkett 334
Chapati 278
Charlestonmaschine 556
Charlottenform 311
Charon 15
Chateaubriand 272
Chaton 470
Chatroom 643
Chayote 249
Check-in-Automat 742
Check-in-Schalter 742
Cheddar 281
Chef-Kameramann 543
Chefmaschinist 542
Chef-Mechaniker 1023
Chefschreibtisch 646
Chefsekretärin 644
Chefzimmer 644
Chemie 810, 834
chemische Behandlung 782
chemische Bindung 810
chemische Elemente 812
chemische Formel 834
chemische Reinigung 849
Chesterfieldsofa 360
Cheval 1068
Chiasma opticum 222
Chicorée 247
Chiffonière 365
Chile 55, 876
Chili, JalapeËo 261
Chilipulver 261
Chilisoße 287
China 59, 881
Chinakohl 246
Chinesenkragen 455
Chinesisch 582
chinesische Dattel 259
chinesische Schriftzeichen 585
Chip 861
Chipolata 277
Chirimoya 258
Chirurgen-Waschraum 922
Chiton 426
Chlamys 426
Chlor 813
Chlorbleiche möglich 425
Chlorbleiche nicht möglich 425
chloren 425
chlorophyllhaltiges Blatt 103
Chloroplast 102
Chokerkette 468
Chondrit 18
Chor 506, 507
Chorhaupt 507
Chorizo-Wurst 277
Chorlampe 871
Chorscheitelkapelle 506, 507
Chorumgang 507
Chow-Chow 176
Chow-Mein-Nudeln 283
Christentum 870
Chrom 78, 813
Chromakey-Hintergrund 606
Chromosphäre 16
Chronologie der Religionen 870
Chutney 287
Circumflex 587
Clementine 256
Climber 1001
Clip 584
Clownfisch 150
Clubsessel 360
Coach-Box 938
Cockpit 36, 729, 746, 748, 980, 987, 1023, 1048
Cockpithaube 896
Cocktailbar 365, 854
Cocktailglas 297
Cocktailkleid 438
Cocktailtomate 248
Cocos-Platte 68
Code-Taste 648
Coelophysis 130
Coeur-Dekolleté 456
Collegering 470
Collie 176
Commonwealth 882
Compact Discs, Lesen 615
Compact-Flash-Karte 594
Compluvium 502
Computer 599, 868
Computeranschlussbuchse 636
Computer-Arbeitsstationen 866
Computer-Ausrüstung 628
Computerfach 489
Computerprogramme 907
Computerraum 868, 899
Computer-Schnittstellenport 638
Computer-Tisch 646
Conchiglie 282
Container 727, 757
Containerauflieger 692
Containerbrücke 718
Containerflachwagen 711
Containerlaschsystem 727
Containerschiff 718, 726
Containerterminal 718, 842
Containmentvolumen, freies 801
Conté-Stift 524
Controller 1067
Cookinseln 882
Cooksonia 128
Cookstraße 52
Copernicium 813
Copyright 587
Cornwall-Huhn 271
Costa Rica 54, 876
Costalschild 155
Cotardie 427
Coudé-Fokus 28
Coulomb 835
Coulommiers 281
Coupé 669
Couscous 123, 278
Couscoustopf 313
Cowboystiefel 459
Coxaldrüse 145
Coyolxauhqui-Stein 513
Cree 583
Cricket 942
Cricketball 942
Cricketschuh 942
Crochetwinkel 430, 454
Croissant 279
Crosse 949
Crossfader 559
Crossover-Fahrzeug 669
Crottin de Chavignol 280
CRT-Fernseher 609
Crźpe-Pfanne 313
CSS-Verfahren 779
Cubiculum 502
Cue-Knopf 559
Curium 814
Curling 1027
Curlingbesen 1027
Curlingspielerin 1027
Curling-Spielfeld 1027
Curlingstein 1027
Curry 260
Curryklemme 981
Cursor an Zeilenanfang 633
Cursor an Zeilenende 633
Cursor nach links 632
Cursor nach oben 633
Cursor nach rechts 633
Cursor nach unten 633
Cursortasten 649
Curtain-Wall-Fassade 512
Cuticula 110
Cyanobakterium 128
Cyclic-Steam-Stimulation-Verfahren 779

D

D 562
Dach 144, 323, 337, 513, 671, 687, 757, 771, 1053
Dach mit Firstlaterne 516
Dachbinder 333
Dachbodenleiter 409
Dächer 516
Dachfenster 323, 331
Dachkranz, vorkragender 513
Dachluke 687
Dachrinne 322
Dachs 180
Dachträger 686
Dachziegel 385, 513
Dackelohrkragen 455
Dalmatiner 176
Dame 1062, 1065
Damebrett 1065
Damen-Accessoires 851
Damenflanke 1065
Damen-Freizeitbekleidung 850
Damenhandschuhe 464
Damenjacken 850
Damenkleidung 438
Damenkopfbedeckungen 458
Damenkostüme 850
Damenmäntel 850
Damen-Nachtwäsche 850
Damenpullover 850
Damenschuhe 460, 850
Damen-Sportbekleidung 850
Damentoilette 544, 644, 854, 856
Damespielstein 1065
Damm 555, 785
Dammbrust 790
Dammkrone 785, 790, 791
Dammsockel 790
Dampf 770, 779, 811
Dampfbügeleisen 374
Dampfdüse 374
Dämpfeinsatz 313
Dampfeinspeisung 779
Dämpfer 411, 551, 553
Dämpferarm 553
Dämpferpralleiste 553
Dampferzeuger 775
Dampfgargerät 317
Dampfgenerator 795, 797, 800, 801, 804, 899
Dampfgeneratorraum, Kühler 797
Dampfkocher 292
Dampfkochtopf 313
Dampfregler 319
Dampftaste 374
Dämpfung, magnetische 830
Dänemark 56, 878
Dänemarkstraße 46
Dänisch 583
Dänische Dogge 177
dänisches Roggenbrot 278
Danish Blue 281
Darm 136, 137, 139, 141, 149, 154
Darmbein 165, 170, 200
Darmblindsack 135
Darmblindschlauch 135
Darmstadtium 813
Darreichungsformen, Arzneimittel 914
darstellende Künste 540
Dartscheibe 1069
Dartspiel 1069
Datei 642
Dateiformat 642
Datenaufzeichnung 65
Datenauswertung 65, 80
Datenbank 643
Datenempfang 65
Datenspeicherung 826
Datentechnik 644
Datenübertragung 65
Datierungsnagel 712
Dattel 254
Dattel, chinesische 259
Datumstempel 650
Dauerausstellungsräume 523
Dauerbrand 336
Daumen 186, 187, 208, 237, 464, 941
Daumen, opponierbarer 185
Daumenauflage 550
Daumenfittich 158
Daumenring 551
Daumenteil 912
Daunendecke 363
David 870
Davidstern 872
Davit 724
Dechsel 531, 1051
Deck 986
Deckblatt 116, 483
Decke 337, 363, 658, 964, 965
Deckel 312, 315, 316, 317, 318, 319, 350, 377, 378, 381, 387, 483, 527, 577, 600, 891, 1057, 1067

Deckelbügel 577
Deckelhalter, magnetischer 318
Deckelknopf 314
Deckeltasche 1056
Deckenbalken 332, 334
Deckendurchführung 337
Deckendurchlass 338
Deckenleuchte 372
Deckenträger 367
Deckenventilator 342
Deckfeder 158
Deckleiste 327
Deep Impact 31
Defibrillator 911
Deflektor 340
Degen 998
Degenfechter 997
Dehnungsfuge 712
Deichkrone 794
Deimos 14
Deinking 125
Deklination 23
Deklinationsachse 24, 25
Dekorateur 543
Dekorationen 367
Dekorationsartikel 850
Dekorationsgeschäft 849
Delegierte, technische 1031
Delle 1017
Delphin 22, 182, 183
Delphin, äußere Merkmale 182
Delphin, Skelett 182
Delphinsprung 978
Delta 70, 73
Delta II 39
Delta-Arm 73
Deltaflügel 751, 752
Deltamast 792
Deltamuskel 196
Dendrit 221
Dendrit, räumlicher 90
Denkmal 52
Dentin 206
Deodorant 474
Depolarisationsgemisch 820
Derrickkran 726
Design 452
Dessertgabel 300
Dessertlöffel 299
Dessertmesser 298, 304, 305
Desserts 293
Destillation 784
Destruent 95
Detektorkopf 32
Deutsch 583
Deutscher Schäferhund 177
deutscher Senf 286
deutsches Roggenbrot 279
Deutschland 56, 878
Devon 129
Dezimal-Tabuliertaste 648
Dia 591, 601
diagonaler Schlittschuhschritt 1042
diagonaler Zug 1065
Diagonalreifen 685
Diagonalstrebe 792
diakritische Zeichen 587
Dialysat 927
Dialysator 927
Dialyse 927
Diamagazin 601
Diamant 470
Diamantschleifer 579
Diamantschleifstein 579
Diaphyse 199
Diaprojektor 601
Diastema 167
Diavorführung 601
Diawahl, manuelle 601
Diawechsel 601
Diawechsel, rückwärts 601
Diawechsel, vorwärts 601
Dichtemesser 685
Dichtring 781
Dichtung 350, 351
Dichtung, magnetische 377
Dichtungsmutter 350
Dichtungsring 380
Dichtverschluss 1053
Dickdarm 152, 216, 217
Dickdarm, absteigender 217
Dickdarm, aufsteigender 217
Dickdarm, quer verlaufender 217
Dickemessung 832
Dickte 586
Didgeridoo 560
die wichtigsten Baumaterialien 384
die wichtigsten Flugkörper 894
die wichtigsten internationalen Verkehrszeichen 664
die wichtigsten nordamerikanischen Verkehrszeichen 666
die wichtigsten Schnitzeisen 531
die wichtigsten Techniken 528
Diechling 884
Diele 329, 334
Dienst, technischer 866
Diensteingang 866, 869
Dienstgradabzeichen 906
Dienstgürtel 906
diensthabender Arzt, Büro 918
Dienstkleidung 900
Dienstkleidungswäscherei 900
Dienststellenleiter, Büro 904
dieselelektrische Lokomotive 706
Dieselkraftstoff 782
Dieselmotor 706, 727
Dieselmotor, Arbeitsprozess 681
Dieselmotoren 898
Dieselmotorraum 758, 759, 760, 761
Dieseltriebwerk 727
Differenzial 673
Diffusor 477, 597
Diffusorrohr 749
Digital-Analog-Umsetzer 609
digitale Bildbearbeitung 599
digitale Bildverwaltung 599
digitale Boiler-Kontrolleinheit 340
digitale Spiegelreflexkamera 593
digitale Stoppuhr 604
digitaler Anrufbeantworter 625
digitaler Belichtungsmesser 597
digitaler Bilderrahmen 596
digitaler Rekorder/Receiver 610
digitales Bratenthermometer 308
digitales Buchlesegerät 639
Digitalfernsehen 610
Digitalkamera 599
Digitalkamera ohne Spiegelreflex 592
Digitalkonsole 607
Digitalthermometer 914
Digitaluhr 828
Digiti 159
Digitus 165, 189
Dijon-Senf 286
Diktiergerät 654
Dill 262
Dimetrodon 130
Dimmerschalter 358
Dinkel 263
Diode 592, 803
Dione 15
dioptrischer Ring 736
direkte Ablesung, Regenmesser 84
Direktor, Büro 859, 864, 866
Direktwahltasten 615, 620
Dirigent(in) 545
Dirigentenpult 545
Dirndl-BH 445
Diskantregister 560
Diskantsteg 552
Diskanttastatur 560
Diskus 937
Diskus- und Hammerwerfen 935
Diskusbuntbarsch 151
Display 342, 592, 611, 614, 615, 619, 620, 621, 623, 624, 625, 630, 650, 858, 859
Displayanzeige 748
Displayeinstellung 623
Display-Schnittstelle 628
Displaytaste 620
distale Epiphyse 199
Distanzstück 799
Distel 113
Disziplinen 1039
Ditali 282
divergierende Plattengrenzen 68
diverse Computer-Tools 639
Division 837
Divisionstaste 649
Djembe 561
Djibouti 60
DJ-Mischpult 559
D-Karabiner 1050
Dnjepr 49
Do 995
Dobok 994
Dock 718
Dockingstation für MP3-Spieler 619
Dogge, Dänische 177
Dohyo 995
Dokumentationsraum 522
Dokumentationszentrum 900
Dokumentaufbewahrung 652
Dokumentenablage 651
Dokumentenfach 489
Dokumentenmappe 652
Dolch 886
Dolch, langer 886
Dolde 112
Doldenrispe 122
Doldentraube 112
Doline 67
Dollar 860
Dollbord 986
Dolle 985
Dolly 542
Dollyschienen 542
Dom, gotischer 506
Domain, Toplevel 642
Domain zweiten Grades 642
Domainname 642
Dominica 54, 876
Dominikanische Republik 54, 877
Dominosteine 1062
Donau 49
Doppel- und Dreifachschanze 1040
Doppel-B 563
Doppelbett 855
Doppelblank 1062
Doppelblatt 550
Doppelbogen 351
Doppeldecker 750
Doppeldeckerbus 689
Doppeldeck-Flachpalette 754
Doppelfenster 508
doppelfett 586
Doppelhaus 521
Doppelklappbrücke 662
Doppelkombination 1003
Doppelkreuz 563
Doppelkurve 664
Doppelmanschette 452
Doppelmaulschlüssel 400
Doppel-Null-Taste 649
Doppeloxer 1002, 1003
Doppelpaddel 987
Doppelpunkt 587
Doppelriegel 332
Doppelringschlüssel 400
Doppelringschlüssel, offener 400
Doppelsäule 510
Doppelschlag 563
Doppelschrägstrich 642
Doppelsitz 716
Doppelsitzer-Rennrodel 1034
Doppelspiel 966
Doppelspüle 344
Doppelständer 873
Doppelständer mit Zunge 873
Doppelstockschub 1042
doppelt gesägt 111
doppelter Palstek 1058
doppelter Schotstek 1058
doppelter Zeilenabstand 586
Doppelverglasung 805
Doppelwimpel 873
Doppelzimmer 855
Dopplerwürfel 1063
Dorf 842, 1036
dorische Halbsäule 503
dorische Säulenordnung 500
Dorn 432, 573, 574, 1051
Dornablage 654
Dornfortsatz 204, 224
Dornhai 148
dorsales Blutgefäß 141
Dose 295, 600, 733
Dosenfisch 270
Dosenöffner 295, 318, 1055
Dosier-Aerosol 914
Dosierteller 767
Dotterhaut 160
Double 1069
Double zero 1068
Double-zero 1068
Do-Uchi 995
Douze dernier (25 bis 36) 1068
Douze milieu (13 bis 24) 1068
Douze premier (1 bis 12) 1068
Downhillrad 1020
Down-Quark 810
Drache 23
Drachen 1066, 1071
Drachenfliegen 1047
Drachenspitze 1071
Draggen 732
Draht 820
Drahtauslöser 596
Drahtbesen 314
Drahtbürste 476
drahtlose Kommunikation 621
Drahtschlinge 1050
Drahtschneider 405
Drahtschneidezange 405
Drahtzug 712
Drainage-Decke 790
Drainage-Schicht 790
Drakestraße 46, 48
drapierter Ausschnitt 456
drapierter Kragen 456
Dreh- und Verriegelungsmechanik 326
drehbare Walze 578
Drehbohrverfahren 776
Drehbrücke 662
Drehdüse 415
Drehfeststeller 692
Drehflügel nach außen 518
Drehflügel nach innen 518
Drehflügeltür 515
Drehführung 26
Drehgehäuse 515
Drehgelenk 207
Drehgeschwindigkeitssensor, Räder 679
Drehgestell 706, 707, 716, 717
Drehgestellflachwagen 711
Drehgestell-Rahmen 706
Drehgriff 634
Drehjustierung 824
Drehkartei 651
Drehknopf 402, 1059, 1060
Drehkranz 662, 760, 1070
Drehkreuz 534, 1068
Drehkuppel 28
Drehleiterfahrzeug 902
Drehmoment-Einstellring 394
Drehmomentwandler 378
Drehplattform 29
Drehpunkt 816
Drehrad 597
Drehscheibe 314, 355, 597, 902, 1068
Drehschiene 576
Drehschwengel 885
Drehsessel 646
Drehspiegel 484
Drehstromgenerator 804
Drehteller 536, 559, 576
Drehtisch 776
Drehtür 515
Drehverbindung 937
Drehwalze 76
Drehzahl-Einstellung 617
Drehzahlgeber 678
Drehzahlmesser 677, 696
Drehzahlschalter 394
Drehzapfen 405
Dreieck 22, 839, 1013
Dreieckbein 202
Dreieckfenster 671
dreieckiger Korpus 561
dreieckiger Ziergiebel 510
Dreiecksgruppe 234
Dreiecktuch 915
dreieinhalbfacher Salto vorwärts gebückt 979
Dreifachbalken 1002
Dreifachleitwerk 751
Dreifachsprung 1025
dreiflügeliger Propeller 750
Dreifuß 564
Dreifußständer 556
Dreigelenkbogen 661
dreiköpfiger Armstrecker 197
Dreipass 507
dreipoliger, amerikanischer Stecker 358
Dreipunktbock 765
Dreipunktelinie 957
Dreirad 701
Dreirad für Erwachsene 702
Dreispitz 429
Dreisprung 934, 937
dreitürige Kombilimousine 669
Dreiviertelarm 453
dreiviertellange Jacke 435
Dreivierteltakt 562
dreizählig 111
Drei-Zehenhuf 171
Dressiernadel 309
Dressurreiten 1005
Dressurviereck 1005
Dribbling 948
Drilling 1062
Drillingshaken 1061
Drillmaschine 767
Drillschraubenzieher 390
dritte Hirnkammer 222
dritte Reihe 950
Dritte Runde 933
dritte Zehe 158
dritter Malspieler 938
dritter Ventilzug 551
drittes Mal 938
Drohne 143
Dromedar 173
Drosselvene, äußere 211
Drosselvene, innere 211
Drosselventil 773
Druck, Maßeinheit 835
Druckabzug 408
Druckanzeiger 989
Druckausgleichsventil 348
Druckbehälter 801
Druckbett 533
Druckbild 532
Druckbleistift 585
Druckbogen 534
Druckeinsteller 566
Drucken 532
Drucker 599, 641
Drücker 551
Drückerbügel 403
Druckerglas 637
Druckerteil 649
Druckertisch 646
Druckerzeuger 800
druckfestes Außenrohr 799
Druckgasförderanlage 777
Druckkammer 663, 801
Druckknopf 436, 464, 554, 567
Drückknopf 326, 584
Druckknopfleiste 436, 448
Druckknopfleiste an der Beininnenseite 448
Drucklager 787
Druckluft 668
Druckluftanschluss 408
Druckluftbehälter 408
Druckluft-Bohrknecht 772
Druckluftflasche 901, 989
Druckluftnagler 389
Drucklufttank 1023
Druckmechanik 584
Druckmesser 780
Druckmessgerät 913
Druckminderer 407, 989
Druckmotiv 448, 536
Druckregler 407, 783, 901
Druckregulierung 989
Druckrohr 584
Druckrolle 767
Druckschalter 392, 393, 394, 396, 417
Drucksteg 552
Drucktendenz 81
Drucktisch 534, 535
Druckverschluss 484
Druckverstärkerpumpanlage 780
Druckwasser 789, 801
Druckwasserreaktor 801
Druckwelle 775
Druckzahnrädchen 318
Drumcomputer 559
Drumlin 71
Drüsenmagen 159
Dschibuti 879
Dschunke 722
Dual-in-line-Gehäuse 820
Dubnium 813
Ducht 986
Duckpin 1015

Dudelsack 560
Dufflecoat 436, 442
Duftmolekül 232
Dulse 244
Düne 70, 74
Dünenformen 74
Düneninsel 70
Dünenzug 74
Dung 98
Düngemitteln, Einsatz 97
Düngerstreuer 418
Dungstreuer 765
Dunkelkammerausrüstung 600
dunkles Roggenbrot 279
Dünndarm 152, 155, 159, 169, 216, 217
dünne Wachskerze 534
Dunst 83, 91
Dunstabzugshaube 291, 292, 296, 376
Dunstrohrabzug 344
Duo 546
Duodenum 159
Durchflussrohr 802
Durchführung 785, 786, 793
Durchgangsmetalldetektor 864
Durchgangsprüfer 404
Durchgangstülle 354
durchgehende Linie 658
Durchgrifftasche 443
Durchlaufträger 660
Durchmesser 838
Durchschnitt, Erdatmosphäre 79
Durchschuss 586
durchsichtiger Reiter 652
Durchziehschnur 436
Durchzug 369
Durchzugsöffnung 339
Durianfrucht 259
Dusche 330, 855, 864, 920
Duschen und Toiletten der Offiziere 900
Duschgel 475
Duschkabine 346
Düse 36, 39, 339, 403, 407, 408, 415, 527, 896
Düsenflugzeugbenzin 782
Düsenkappe 527
Düsenreiniger 406
Düsentriebwerke 897
Duty-free-Shop 743
DVD 611
DVD-Brenner 638
DVD-Camcorder 612
DVD-Einschub 1067
DVD-Lade 611
DVD-Ladesteuerung 611
DVD-Recorder 611
Dynamo 698, 819
Dysnomia 15
Dysprosium 814

E

E 562
Eau de parfum 474
Eau de toilette 474
Ebene 45
ebener Spiegel 28
ebenes Gelenk 208
Echinus 500
Echo 64, 65
echte Gelenke 207
echte Teilmenge von 837
echtes Gelenk im Querschnitt 207
Eckballfahne 947
Eckbeschlag 709, 757
Eckbogen 947
Ecke 539, 990, 1028
Eckfahne 945
Eckfenster 511
Eckhocker 990
eckige Klammern 587
Eckpfosten 332
Eckpolster 990
Ecksäule 757
Eckschrank 365
Eckstrebe 171
Eckstück 488
Eckturm 504
Eckzahn 164, 206
E-Commerce 643
Ecuador 55, 876
Edamer 281
Edelgas 359
Edelgase 814
Edelpilzkäse 281
Edelreizker 244
Edelsteine 469, 470
Effektpedal 549
Effiliermesser 478
Effilierschere, einseitig gezahnte 477
Effilierschere, zweiseitig gezahnte 477
effusiver Vulkan 75
Egerling 244
Ehefrau 929
Ehemalige Jugoslawische Republik Mazedonien 878
Ehemann 929
Ehering 470
Ehrensessel, steinerner 872
Ei 144, 160
Eiche 119
Eichel 228
Eichelhäher 162
Eichelkürbis 249
Eichhörnchen 166
Eidechse 22, 157
Eier 149, 153, 270
Eier, Karton 294
Eierkarton 294
Eierschneider 309
Eierstock 226, 227, 229
Eiertomate 248
Eieruhr 308
eiförmig 111
Eigelb 160
Eigentumswohnungen 521
Eileiter 141, 226
Eileiterampulle 227
Eileiterenge 227
Eileitertrichter 227
Eimer 381
Eimer, Abfall 381
Ein-/Ausschalter 318, 345, 372, 374, 375, 377, 393, 395, 396, 398, 406, 408, 478, 482, 558, 592, 601, 628, 629, 630, 636, 638
Ein-/Ausschaltknopf 375
Ein-/Aus-Signal 343
Ein-/Aus-Taste 593, 597, 609, 610, 611, 615, 619, 620, 621, 622, 625, 629, 634, 832
ein Pärchen 1062
Ein- und Auslaufschütz 719
Ein- und Ausschalter 315, 319
einarmiger Bandit 1070
einarmiger Schulterwurf 992
Einatmen 975
Einatmungsventil 909
einäugige Spiegelreflexkamera 591
Einbahnstraße 664, 666
Einbandleder 539
Einbaum 721
Einbauwaschtisch 346
Einbinden 539
Einbuchtung, vordere 234
Einer 985
Einerkajak (K1) 987
Einerkanadier (C1) 986
Einfachdeck-Flachpalette 754
einfache Blätter 111
einfache Falte 432, 454
einfache Kandare 1004
einfache Pflanzen 106
einfache Stange 367
einfacher Flaschenzug 816
einfacher Schotstek 1058
einfacher Takling 1058
einfacher Zeilenabstand 586
einfaches Auge 135
Einfach-Kettenrad 1021
Einfach-Ritzel 1021
Einfachschanze 1040
Einfädler 568
einfahrbarer Ausleger 32
Einfahrgleis 708
Einfahröffnung 754
Einfahrt 659, 905
einfallender Lichtstrahl 822, 823
einfallendes Neutron 811
Einfassband 457
Einfassung 459
Einfassung, seitliche 336
Einfeldbrücke 660
einflammiger Gasbrenner 1053
Einflugloch 144
Einfügen 633
Einfügetaste 633
Einfüllöffnung 374
Einfüllschacht 315, 318
Einfüllstutzen 419, 673, 781
Eingabe 633
Eingabegerät für persönliche Identifikationsnummer (PIN) 859
Eingabegeräte 632
Eingabe-Löschtaste 649
Eingabetaste 633, 859
Eingang 498, 714, 853, 872
Eingänge/Ausgänge für Audio-/Videoquellen 614
Eingangsbereich 851
Eingangsbuchse 404, 559, 638
Eingangshalle 329, 522, 644, 742, 847
Eingangsregler 614
Eingangssperre 714
Eingangstüren 544
eingeatmete Luft 232
eingefärbte Oberfläche 532
eingehängte Spannweite 661
eingelegte Falte 370
eingenähter Boden 1052, 1053
eingerollter junger Wedel 107
eingeschlossenes Grundwasser 770
eingeschnittenes Satteldach 517
eingesetzte Tasche 452
eingesetzter Ärmel 431
eingetragenes Warenzeichen 587
Eingeweideganglion 136
eingezogene Kralle 178
eingliedrige Trugdolde 112
Einhand-Mischbatterie 352
Einhand-Rohrzange 403
Einhängeleiter 409
Einheit, mobile 602
Einhorn 21
Einkaufsstraße 844
Einkaufstasche 486
Einkaufstasche, große 487
Einkaufstüten 289
Einkaufswagen 289
Einkaufszentrum 843, 848
Einladungen 998
Einlage 387, 483, 547, 548, 569
Einlasskanal 681
Einlasssonde 779
Einlassventil 680, 682
einläufige Gardinenstange 367
Einlaufkanal 719
Einlaufrille 617
Einlegegurke 248
Einlegesohle 463
Einmachglas 295
Einmachthermometer 308
Einmann-Freizeitkanu 987
Einmündung 664, 667
Einpackhilfe 289
Einpersonenzelt 1053
einpoliger Schalter 354
Einreiher 430
einreihiger Sakko 430
Einreißhaken 903
Einrumpfboote 981
Eins 836
Einsägen 537
Einsatz 488, 773
Einsatz für Inbusschrauben 390
Einsatz für Kreuzschlitzschrauben 390
Einsatz für Schlitzschrauben 390
Einsatz von Düngemitteln 97
Einsatzbesprechungsraum 905
Einsätze 317
Einsatzkleidung 901
einschalige Muschel 136
einschalige Muschel, äußere Merkmale 136
Einschalter 379
Einschalttaste 649
Einschnitt, oberer seitlicher 117
Einschnitt, unterer seitlicher 117
einseitig gezahnte Effilierschere 477
Einsitzer-Rennrodel 1034
Einspritzdüse 681, 682
Einspritzung 681
Einstechhebel 318
Einsteckschloss mit Dreh- und Verriegelungsmechanik 326
Einstecktuch 430
Einsteigegriff 716
Einsteigetreppe 753
Einsteinium 814
Einstellanzeige 1039
einstellbare Bremse 1060
Einstellhebel 767
Einstellmechanismus für Höhe und Schrägstellung des Sägeblatts 393
Einstellrad 675
Einstelltasten 629
Einstellung 618
Einstellung, Pendelhub 393
Einstellung der Deklinationsachse 24, 25
Einstellung der Rektaszensionsachse 24, 25
Einstellungen 625
Einstellungen löschen 647
Einstellungsanzeige 593
Einstellventil für die Flüssigkeitsmenge 408
Einstellventil für die Strahlbreite 408
Einstichkasten 936
Einstiegschacht 774
Einstiegsloch 67
Einstiegsluke 37, 781
Einstiegstür 689, 705, 716
einstöckiges Haus 521
Ein-Taste und Aus-Taste 624
Eintauchhaltung 979
Eintauchstellungen 979
einteilige Klappbrücke 662
einteiliger Anzug 1034
einteiliger Overall 1046
Einteilung 484
Eintrittskante 747
Eintrittskartenautomat 544
Einwärtsdreher, runder 196
Einweg-Brennstoffflasche 402, 407
Einwegkamera 591
Einwegkontaktlinse 481
Einwegrasierer 479
Einwegwindel 449
Einzahlungsschlitz 858
Ein-Zehenhuf 171
Einzelbett 855
Einzelblatteinzug 625
Einzeldisziplin, Anzeigetafel 971
Einzelgefahrenzeichen 739
Einzeller 133
Einzelschritte bei der Elektrizitätserzeugung 789
Einzelsitz 716
Einzelspiel 967
Einzelzimmer 855
Einziehdraht 405
Einzugsablage 651
Einzugschnecke 421, 763
Einzugsschnecke 767
Einzugsschneckensteuerung 421
Einzugswalze 766
Einzugtaste 648
Eipochierer 313
Eis 95
Eisautomat 668
Eisbär 94, 181
Eisbehälter 318
Eisbein 275
Eisbergsalat 246
Eisbrecher 728
Eisen 78, 813, 1018
Eisen, gebogenes 531
Eisen, gerades 531
Eisen 3 1018
Eisen 4 1018
Eisen 5 1018
Eisen 6 1018
Eisen 7 1018
Eisen 8 1018
Eisen 9 1018
Eisen mit zwei schrägen Seiten 531
Eisenbahn 52
Eisenbahnlinie 843
Eisenbahn-Oberbau 712
Eisenmeteorit 18
Eisenschläger 1017
Eisenständer 579
Eisenträger 704
eiserner Vorhang 540
Eisfläche 1027, 1028, 1031
Eishaken 1051
Eishockey 1028
Eishockeyausrüstung 1030
Eishockeyschläger 1030
Eishockeyspieler 1028
Eishutfeh 875
Eiskappe 87
Eiskörnchen 90
Eiskratzer 686
Eiskunstlauf 1031
Eiskunstlaufkufe 1031
Eiskunstlaufstiefel 1031
Eislaufplatz 1036
Eismaschine 291, 318
Eispickel 1051
Eisportionierer 309
Eisregen 83
Eisschelf, Amery 46
Eisschnelllauf 1032
Eisschnelllaufbahn 1032
Eisschnellläufer 1032
Eisschnelllauf-Schlittschuhe 1033
Eisschraube 1051
Eisstecher 421
Eistanzkufe 1031
Eisvogel 161
Eiswürfelspender 296
Eiweiß 160
Eiweißdrüse 137
Eizelle 226
Ekliptik 23
Ektoderm 134
Ektopterygoid 154
El Salvador 54, 876
Elastan 424
elastische Binde 915
elastische Fasern 209
elastische Schürze 727
elastischer Beinausschnitt 434
elastischer Bund 436
elastisches Ligament 178
Elch 172
Elefant 173
Elektrikerwerkzeug 404
elektrische Anlage 673
elektrische Bohrmaschine 394
elektrische Gehrungssäge 392
elektrische Gitarre 549
elektrische Heckenschere 417
elektrische Kaffeemühle 318
elektrische Schaltung 818
elektrische Schiebetür 689
elektrische Schreibmaschine 648
elektrische Steuereinheit 679
elektrische Stromrichtung 818
elektrische Stromstärke, Maßeinheit 835
elektrische Zahnbürste 482
elektrischer Bleistiftspitzer 654
elektrischer Brennofen 577
elektrischer Golfwagen 1019
elektrischer Heißwasserbereiter 348
elektrischer Heizkessel 338
elektrischer Kreislauf 359
Elektrischer Tischgrill 317
elektrischer Widerstand, Maßeinheit 835
elektrisches Auszahlungselement 1070
elektrisches Fahrrad 702
elektrisches Klammergerät 389
elektrisches Potential, Maßeinheit 835
elektrisches Spulgerät 574
Elektrizität 354
Elektrizität aus Wasserkraft 785
Elektrizität und Magnetismus 817
Elektrizitätserzeugung 789, 804, 807
Elektrizitätserzeugung aus geothermischer Energie 770
Elektrizitätserzeugung aus Kernenergie 795
Elektrizitätserzeugung aus Wärmeenergie 775
Elektrizitätserzeugung aus Windenergie 807
Elektrizitätserzeugung durch den Generator 795
Elektrizitätsmenge, Maßeinheit 835
Elektrizitätsverteilung 792
Elektrode 359, 406, 925, 927
Elektrodenhalter 406
Elektrodenkabel 406
elektrodynamisches Mikrofon 604
Elektroelement 577
Elektrofahrzeug 678
Elektroflorett 997
Elektrohaushaltsgeräte, große 850

Elektrohaushaltsgeräte, kleine 851
Elektroherd 291, 376
Elektrohobel 397
Elektrokabel 676, 678, 846
Elektrokardiogramm 925
Elektrokonvektor 340
Elektrolytkondensatoren 820
Elektrolytseparator 820
elektromagnetisches Spektrum 821
Elektromesser 315
Elektrometer 997
Elektromobil mit vier Rädern 917
Elektromotor 339, 417, 419, 678, 683
Elektron 810
Elektronenbeschleuniger 926
Elektronenblitz 596
Elektronenflussrichtung 820
Elektronenkanone 609, 826
Elektronenkollektor 820
Elektronenmikroskop 826
elektronenoptische Linsen 826
Elektronenstrahl 609, 826
Elektronik 820
Elektronikgeschäft 848
elektronische Karte 343
elektronische Konsole 1001
elektronische Musik 558
elektronische Post 643
elektronische Steuerung 678
elektronische Waage 831
elektronische Zeitmessung 1033
elektronischer Sucher 613
elektronisches Piano 558
elektronisches Schlagpolster 558
elektronisches Zahlungsterminal 289, 859
Elektropumpe 679
Elektrorasierer 479
Elektroschockpistole 888
Elektroschweißen 406
Elektrotechnik 404
Elektrovariometer 1048
Elektroweste 997
Element 837
Element von 837
Elemente, chemische 812
Elemente einer Hose 432
Elemente einer Kanalschleuse 719
Elemente einer Socke 433
Elemente einer Stereoanlage 614
Elemente eines Ankers 732
Elemente eines Großmasts 724
Elemente eines Hemdes 431
Elemente eines Kragens 454
Elemente eines Rades 684
Elfeck, regelmäßiges 839
Elfenbeinküste 60, 879
Elfmeter 948
Elfmeterpunkt 946
Ellbogen 168, 174, 186, 193, 195, 207
Ellbogenfortsatz 201
Ellbogenhöcker 170
Ellbogenpolster 944, 954, 1030
Ellbogenschützer 1044, 1045
Elle 159, 164, 165, 170, 175, 182, 184, 187, 188, 200, 202, 207
Ellenarterie 210
Ellenbogenkandare 1004
Ellennerv 225
ellenseitiger Handbeuger 197
ellenseitiger Handstrecker 197
Ellipsoidgelenk 208
elliptische Galaxie 19
elliptischer Schneeschuh 1043
Elsässer Weinglas 297
Eltern 928, 929
Elternschlafzimmer 330
emaillierter Stahlbehälter 349
E-Mail-Software 642
E-Mail-Taste 632
Emblem 873
Embryonalgewinde 136
Embryosack 104
Emeraldcut 469
Emission schädlicher Gase 97
Emission von Salpetersäure 98
Emission von Schwefeldioxid 98
Emission von Schwefelsäure 98
Emission von Stickoxiden 98
Emmentaler 281
Empfang 644, 854, 858
Empfänger 26
Empfangsantenne 602
Empfangsantenne, GPS 735
Empfangsbereich 900
Empfangsebene 854
Empfangsgleise 708
Empfangshalle 854, 872
Empfangslinie 964
Empfangslinse 832
Empfangsraum für Besucher 864
Empfindlichkeit 592
en prison 1068
Endableitung 793
Endanschlag 391
Endbande 1012
Enddarm, blinder 135
Ende 397, 1038, 1042
Ende, hinteres 136, 391, 397
Ende, vorderes 136
Endfaden 224
Endivie, krause 246
Endkante 1047
Endklammer 567
Endknospe 109
Endlagerung 99
Endlappen 117
Endlinie 952, 957, 958, 961
Endlosperlenkette 468
Endmoräne 72
Endokarp 115
endokrine Drüsen 229
endoplasmatisches Retikulum 102, 133
Endoskop 926
Endoskopie 926
Endothel 209
Endschalter 519
Endstück 228, 483, 799, 988, 1013, 1044
Endteil 431
Endträger 367
Endverzweigung 221
Endzone 952, 955, 1070
Energie, Maßeinheit 835
Energiefreisetzung 76
Energiequelle 65
Englisch 583
englischer Senf 286
Englischhorn 545, 550
Enkel 928
Enkelin 928
Enkelkinder 928
Enoki 244
Ente 161, 271
Entenei 270
Entfernungsmessgeräte 832
Entfernungsmessung 832
Entfernungsskala 598
Entfeuchter 341
Entklammerer 654
Entkleidungsraum 922
Entladerampe 523, 849, 853, 854
Entladerampen 850
Entladungsröhre 359
Entlastungsraum 498
Entleerungsschlauch 378
Entleerungsventil 348, 349
Entlüfter 343, 353
Entlüftung 408
Entlüftungskreis 344
Entlüftungskreislauf 344
Entlüftungsventil 339, 729, 781
Entnahmeraum 922
Entnahmeraum, Wartebereich 922
Entoderm 134
Entriegelungstaste 374
Entrinden 125
Entsafter 318
Entschärfer 895
Entsorgungsbecken 796, 798
Entstehung und Entwicklung der Arten 128
Entsteiner 309
Entwaldung 97
Entwässerung 125
Entwässerungsrinne 658
Entwickler 600
Entwicklungsbäder 600
Entwicklungstrommel 600
Epidermis 110
Epiduralraum 224
Epiphyse, distale 199
Epiphyse, proximale 199
Epizentrum 76
EPS-Oberstufe 39
Erbium 814
Erbse 116
Erbsen 252
Erbsenbein 202
Erdalkalimetalle 812
Erdanschluss 354
Erdatmosphäre im Querschnitt 79
Erdaufbau 66
Erdaufschüttung 658
Erdbahn 16, 17
Erdbeben 76
Erdbeere 254
Erdbeere im Querschnitt 114
Erdbewegung, Geräte 412
Erdbohrer 411
Erde 14, 15, 16, 17
Erde im Querschnitt 66
Erdeaufbau 66
Erdefunkstelle 643
Erdgas 776, 783
Erdgas und Abfallstoffe 783
Erdgasleistungssystem 783
Erdgasleitung 783
Erdgeschoss 328, 329
Erdkröte, gemeine 153
Erdkruste 66, 76
Erdkruste im Querschnitt 66
Erdkugel 23
Erdkugel, Koordinatensystem 42
Erdleitung 354, 356
Erdleitungssystem 357
Erdmagnetfeld 817
Erdmantel 817
Erdnuss 252
Erdnussöl 284
Erdoberfläche 44, 70, 771
Erdöl 775, 776, 782
Erdöleruptionskreuz 777, 780
Erdölgewinnung aus Ölsand 778
Erdölterminal 780
Erdölvorkommen 775
Erdreich 791
Erdrutsch 77
Erdsatellit, künstlicher 79
Erdsensor 64, 86
Erdstrahlungsscanner 86
Erdstrahlungssensor 86
Erdung 781
Erdungsdraht 354
Erdungskabel 792
Erdungskabelhalterung 792
Erdungsklemme 358
Erdungsstift 358
erdverlegte Leitungen 357
erhabenes Band 539
Erhebung 567
erhitztes Öl und Wasser 779
Erhu 561
Eridanus 20
Eris 15
Eritrea 60, 879
Erkennungsdienstbereich 904
Erlenmeyer-Kolben 815
Ernte 242
Erreger 787
Ersatzbank 947
Ersatzbürste 482
Erstarren 810
Erste Hilfe 856
erste Holzlage 332, 333
erste Laubblätter 105
erste Reihe 950
erste Rückenflosse 148, 149
Erste Runde 933
erste Spannungserhöhung 807
erste Violinen 545
Erste-Hilfe-Anleitung 915
Erste-Hilfe-Kasten 907, 915
erster Backenzahn 206
erster Führungsring 1060
erster Kamera-Assistent 542
erster Malspieler 938
erster Rang 541
erster Ring 890
erster Schiedsrichter 953, 958, 959
erster Stock 328, 330
erster Ventilzug 551
erster vorderer Backenzahn 206
erstes Mal 938
Erstversorgungsausrüstung 911
Eruptionsdüse 780
Eruptivgesteine 66
erwärmtes Kühlmittel 770
Erwärmung, globale 96
erweiterte Funktionstasten 649
Erweiterungskartei 653
Erythrozyt 209
Erz 771
Erzgang 774
Escapetaste 632
Esche 120
Esel 172
Eskariol 246
Espadrille 461
Espressomaschine 319
essbare Pilze 108
Essbesteck 1055
Essecke 296
Essig 287
Esskastanie 255
Esslöffel 299, 304, 305
Essstäbchen 303, 305
Essstäbchenablage 305
Esstablett 366
Esszimmer 329
Estland 57, 878
Estragon 262
Etagenbogen 351
Ethernet-Schnittstelle 628, 630
Etikettenfenster 653
Etui 472, 649
Etui für Taschenrechner und Scheckheft 484
Et-Zeichen 587
EU 882
Eurasiatische Platte 68
Eurasien 44
Euro 860
Europa 14, 44, 56, 69, 877
Europäische Union 882
europäisches Experimentiermodul 34
Europium 814
Eustachi-Röhre 235
Eutelsat 602
Euthynterie 499, 500
Evolution des Lebens 128
ewiger Schnee 71
Ewiges Licht 872
Excavatio recto-uterina 226
Excavatio vesico-uterina 226
Exokarp 114, 115
Exosphäre 79
Expander 559, 1000
Expansionsbohrhaken 1050
Expansionsgefäß 805
Experimentiermodul, europäisches 34
Experimentiermodul, japanisches 35
Experiment-Logistikmodul 35
Expertenpiste 1036
explosionsgefährlich 910
explosiver Vulkan 75
Exportpipeline 777
Exportsteigsystem 777
Expressionismus 530
Expressschlinge 1050
Extension 994
externe Festplatte 638
extra breit 586
extra fett 586
extra mager 586
extra schmal 586
Extrakt, Vanille 286
Exzenterschleifer 396
Eyeliner, flüssiger 473
Eyresee 52

F

F 562
Fabrik 842
Face-Off 949
Facette 751
Facetten 469
Facettenauge 140, 142, 143
Fach 364, 365, 484, 1068
Fach für Molkereiprodukte 377
Facharzt 920
Fächerlunge 145
Fächerpinsel 473, 525
Fächerscheibe, außengezahnte 399
Fächerscheibe, innengezahnte 399
Fachwerkbogen 661
Fackeln 16
Faden 578, 1058
Fadenabschneider 567
Fadenauge 573
fadenförmige Papille 233
Fadenhebel 566
Fadenkreuz 824
Fadenleitöse 566, 567
Fagott 550
Fagotte 545
Fähnchen 82
Fahne 134, 158, 873, 950
Fahne, rechteckige 873
Fahne, viereckige 873
Fahne mit Schwenkel 873
Fahnenband 873
Fahnenformen 873
Fahrbahn 658, 660, 661, 663, 846
Fahrbahn, unebene 665, 667
Fahrbahn, verengte 664, 667
Fahrbalken 717
fahrbare Aktenablage 645
fahrbares Röntgengerät 918
fahrbares Schubladenelement 645
Fährbrücke 662
Fähre 662
Fahrenheitskala 827
Fahrer 1007, 1020, 1021, 1024, 1025, 1035
Fahrerfußraste 696
Fahrerhaus 762
Fahrerkabine 763
Fahrerlager 1021
Fahrersitz 694, 697
Fahrerstand 895
Fahrgastanlage 718
Fahrgeschirr 1007
Fahrgestell 890, 892
Fahrkartenkontrolleur 704
Fahrkorb 519
Fahrkorbboden 519
Fahrkorbdecke 519
Fahrkorb-Fangvorrichtung 519
Fahrkorb-Führungsschiene 519
Fahrkran 756
Fahrleine 1007
Fahrmotor 707
Fahrplan 704
Fahrrad 698
Fahrrad, Teile 698
Fahrradanhänger für Kinder 700
Fahrräder 701
Fahrradhelm 700
Fahrrad-Kinder-Tandem 701
Fahrradkorb 702
Fahrradständer 869
Fahrradträger 686
Fahrtregler 420
Fahrtreppe 544
Fahrtrichtung, vorgeschriebene 664, 666
Fahrtrichtungsanzeige 715
Fahrwassermitte 739
Fahrwerkhebel 748
Fairway 1016, 1017
Fakultät 837
Falcatus 129
Falke 163
Falkland-Inseln 48
Fall 454, 720, 725
Falle 326
Fallleitung 785, 786, 794
Fallrohr 767
Fallschirm 896
Fallschirm für die Feststoffrakete 36
Fallschirmkappe 1046
Fallschirmspringen 1046
Fallschirmspringer 1046
Fallstrang 344
Falltür 503
falsche Rippe 184
Falte, einfache 454
Falte, eingelegte 370
Faltfenster 518
Faltgrill 1057
Faltkegeldach 517
Faltschachtel, amerikanische 655
Falttür 515
Faltverschluss 887
Falz 327, 539
Falzbein 537
Falzfräser 398

Familie 132, 928
Familie der Blechbläser 545
Familie der Holzblasinstrumente 545
Familienzelt 1052
Fanfare 690
Fangblatt 103
Fangen 1065
Fänger 553, 938, 939, 940
Fanghandschuh 940, 1029
Fangleinen 1046
Fangvorrichtung, Fahrkorb 519
Fangzaun 1040
Fangzubehör 1061
Fanion 873
Farbabbrennervorsatz 407
Farbanzeige 571
Farbbehälter 527
Farbbeispiele 875
Farbe 533
Farbeinstellung 647
Farben 1062
Farben dritter Ordnung 528
Farben erster Ordnung 528
Farben zweiter Ordnung 528
Farbfilter 598, 609
farbige Beilage 590
Farbkreis 528
Farbmasse 584
Farbmischung 821
Farbmischung, additive 821
Farbmischung, subtraktive 821
Farbroller 408
Farbspray 527
Farbstein 533
Farbtafel 526
Farbwalze 533
Farn 107
Farn, Aufbau 107
Farne 107, 129
Farnspitze 250
Fasan 163, 271
Fasanenei 270
Fase 394
Faserfräser 398
Fasergelenk 208
Fasern 424
Faserpflanzen 123
Faser-Rohstoffquellen 124
Faserwurzel 109
Fassonübertritt 454
Fassung 358, 470
Fassungen 480
Fastfood-Restaurant 849
Faszie 500
Faulbecken 98
Fausthandschuh 406
Fäustling 448, 464, 1051
Faustriemen 613
Fechtbahn 997
Fechter 997
Fechthandschuh 997
Fechthose 997
Fechtjacke 997
Fechtmaske 997
Fechtschuh 997
Fechtsport 997
Fechtwaffen 998
Feder 76, 327, 350, 372, 378, 399, 465, 490, 584, 585, 893
Federball 963
Federball, Kunststoff 963
Federflügel 390
Federgehäuse 367
Federhaus 828
Federkiel 584
Federkranz 963
Federring 399
Federstange 1000
Federung 716
Federverbindung 1070
Federwaage 831
Fehlerstromschutzschalter 354
Fehlstartleine 976
Feige 259
Feile 1055
feine Salami 277
Feineinstellung 825, 830, 832
Feinkost 288
Feinmahlanlage 775
Feinnachführungssystem 27
Feinripphemd 433
Feinsäge 391
Feintrieb 825
Feld 1063
Feld, Abbau 774
Feld, geothermisches 770
Feld, langes 890
Feld, magnetisches 609, 817
Feld im Abbau 774
Feldbett 1054
Feldelektromagnet 819
Feldflasche 1056
Feldhäcksler 766
Feldhockeyplatz 932, 945
Feldlinie 817
Feldlinse 824
Feldlinseneinstellung 825
Feldmaus 166
Feldsalat 247
Feldschiedsrichter 960
Feldspieler, zurückgezogener linker 960
Feldspieler, zurückgezogener rechter 960
Feldspielerschlittschuh 1030
Feldwicklung 819
Felge 684, 695, 699, 764
Felgenbremse, hintere 698
Felgenbremse, vordere 699
Fell 164, 167, 178, 557
Fellmütze 457
Fels und Eis 92
Felsen 17, 1050
Felsenbecken 72
Felseninselchen 70
Felssäule 70
Feluke 722
Fenchel 250
Fenster 327, 330, 518, 674, 687, 716, 746, 983
Fenster des Scheinwerferraumes 736
Fensterbrett 327
Fenstergardine 368
Fensterheber 674
Fensterladen 327
Fensterreihen 512
Fermate 563
Fermentation 784
Fermium 814
fernbediente Weiche 712
Fernbedienung 343, 601, 610, 611
Fernerkundung 63
Fernerkundung, Satelliten 65
ferngesteuerte Kommandoantenne 64
ferngesteuertes Servicemodul 35
Fernlicht 674
Fernlichtanzeige 677
Fernlichthebel 676
Fernlichtkontrollleuchte 696
Fernmeldeantenne 730
Fernmeldesatelliten 602
Fernmeldeturm 602
Fernrohr 20, 734, 833
Fernsehen 605
Fernsehgerät 855, 868
Fernsehprogramm 590
Fernsprecher, öffentlicher 624
Fernsprechwesen 643
Fernsteuerungsanschlussbuchse 593
Ferrule 1018
Ferse 193, 195, 433
Fersenautomatik 1039
Fersenbein 201, 203
Fersenbeinhöcker 170
Fersenhalter 459
Fersenrand 450
Fersenriemen 461
Fersenstütze 917
Fertiggerichte 289
Fertigung 452
Fes 429
Fessel 168
Fesselbein 170, 178
fest montierter Scheinwerfer 606
Festabstandmarkierung 743
Festdachtank 781
feste Backe 400, 401
feste Plattform 778
fester Sockel 401
festes Wehr 794
festgestelltes Messer 537
Festkörper 810, 811
Festkörper, amorpher 810
Feston 510
feststehender Messschnabel 832
feststehendes Gewicht 564
Feststeller 367
Feststeller für Säule 596
Feststellgriff für Hochkantstellung 596
Feststellgriff für Kameraplattform 596
Feststellgriff für Panoramadrehung 596
Feststellhebel für Venturidüse 893
Feststellknopf 393, 394
Feststellring 390
Feststellschraube 654
Feststellschraube für das Blatt 392
Feststellschraube für Schrägstellung 392
Feststellschrauben 832
Feststellspitze 556
Feststelltaste 621
Feststelltaste, Scrollen 633
Feststellvorrichtung 367
Feststoff-Booster 36, 39
Feststoffrakete, Fallschirm 36
Festtreibstoffstufe 39
Festung 505
Festungswall 505
Feta 280
fett 586
Fettauffangschale 317
Fette 284, 782
Fettfänger 317
Fettgewebe 227, 236
Fettgießer 309
Fettpfanne 317
Fett-Tröpfchen 102
Fettuccine 282
feuchte Subtropen 87
Feuchtigkeitscreme 474
feucht-kontinental - heißer Sommer 87
feucht-kontinental - warmer Sommer 87
Feuerbecken 513
Feuerbock 337
Feuerbohne 253
Feuerdämpfer 891
feuerfester Rennanzug 1022
feuerfester Ziegel 384
feuerfester Ziegelstein 577
Feuerkammer 336
Feuerland 48
Feuerlöscher 856, 907
Feuerschutzhelm 901
Feuerschutztür 515
Feuerstätte 336
Feuerstein 406, 883, 889
Feuertaste 634
Feuerung 341
Feuerwache 845
Feuerwehrmann 901
Feuerwehrzentrale 900
Feuerzange 337
Fiale 504, 506
Fibel 426
Fibula 153
Fichte 121
Fichtennadeln 120
Fidschi 62, 881
Fidschiinseln 52
Fieberthermometer 827
Fieder 107
fiederteilig 111
Figur 1005
Filament 104
Filchner-Schelfeis 46
Fileserver 641
Filet 270, 275
Filetbraten 272
Filetscheibe 276
Filiermesser 306
Filigrangewinde 832
Filmentwicklung 600
Filmkamera 542
Filmkassette 591
Filmset 543
Filmtitel und Vorführzeiten 544
Filo 279
Filter 324, 338, 343, 374, 376, 483, 805, 1056
Filterabdeckung 909
Filterhalter 319
Filterspitze 483
Filtersystem 341
Filzhut 457
Filzstift 524
Filzstiftzeichnung 528
Finale 933
Finalist 933
Finanzabteilung 858
Finanzwesen 858
Finger 152, 237, 464, 941
Finger, kleiner 237
Finger im Querschnitt 237
Fingerbeere 237
Fingerendglied 202, 237
Fingerglied 178
Fingerglieder 202
Fingergrundglied 202
Fingerhut 568, 651
fingerloser Spitzenhandschuh 464
Fingernagel 237
Fingernerv 225
Fingerrand 912
Fingerschutz 1009
Fingerstrecker, gemeinsamer 197
Fink 162
Finne 538
Finnisch 583
Finnland 46, 56, 878
Finsternis, partielle 16, 17
Finsternis, ringförmige 16
Finsternis, totale 16, 17
Finsternisarten 16, 17
Firewall 641
FireWire®-Schnittstelle 628
FireWire-Schnittstelle 630
Firmenkundenschalter 859
Firn 72
Firnis 527
Firstpfette 332
Fisch 289
Fischauge 598
Fische 22
Fischerei 242
Fischerknoten 1058
Fischformen 270
Fischgabel 300, 304
Fischgrätmuster 334
Fischgrätparkett 334
Fischkochtopf 312
Fischkorb 1061
Fischmesser 298, 304
Fischnetz 495
Fischplatte 303, 317
Fischschupper 1055
Fischsteak 270
Fischstück 270
Fitnessball 1000
Fitnessgeräte 1000
Fitnessraum 900
Fittings 351
Fixativ 527
Fixierbad 600
Fixiertaste 648
Fjordküste 70
Flachbett 566
Flachdach 511, 512, 516
flache Frisierbürste 476
Flächenleuchte 606
flacher Absatz 461
flacher Bratentopf 313
flacher Teil 570
flacher Teller 302
Flachfeile 398
Flachform 532
Flachfräsbohrer 394
Flachkollektor 802
Flachland 73
Flachpalettenwagen 755
Flachpinsel 525
Flachs 123, 424
Flachsilo 243
Flachstück 1044
Flachwasserrennen, Kanu-Kajak 986
Flachwebstuhl 572
Flachwurzel 118
Flagellum 137
Flageolet-Bohne 253
Flagge 1040
Flagge, umsetzbare 1017
Flaggen der Beobachter der Vereinten Nationen 882
Flaggen der Mitgliedsstaaten der Vereinten Nationen 876
Flaggen internationaler Organisationen 882
Flamingo 161
Flamme 811
Flammenregulierung 483
Flammenschutzwand 897
Flanell 424
Flanke 158, 168, 272, 275, 505
Flanke, linke 874
Flanke, rechte 874
Flankensteak 272
Flare 16
Flasche 474, 492, 815, 1056
Flasche, Glas 295
Flaschenöffner 307, 1055
Flaschenwagen 407
Flaschenzug, einfacher 816
Flechte 106
Flechte, Aufbau 106
Flechten 106
Fledermaus 186
Fledermaus, äußere Merkmale 186
Fledermaus, Skelett 187
Fledermausärmel 453
Fledertiere 186, 187
Fleece-Jacke 451
Fleisch 271
Fleisch- und Wurstfach 377
Fleischformen 276
fleischfressende Pflanzen 103
Fleischfresser 94
fleischige Apfelfrucht 115
fleischige Frucht 114
fleischige Steinfrucht 115
Fleischklößchen 276
Fleisch-Selbstbedienungstheke 288
Fleischstücke 272, 273, 274, 275
Fleischtheke 288
Fleischthermometer 308
Fleischwolf 307
flexible Trennwand 645
flexibler Schlauch 375
flexibles Rohr 411
Fliege 21, 103, 146, 431
Fliegender Fisch 21, 151
Fliegenfenster 1052
Fliegenfischen 1059
Fliegengittertür 687
Fliegenpilz 108
Fliegenrolle 1059
Fliegenrute 1059
Fliegenschnur 1059
Flieger 725
Fliese 385
Flip 1031
Flipper 1071
Flipperautomat 1071
Flipperknopf 1071
Floh 146
Florett 998
Florettfechter 997
Flosse 750, 894, 989
Flossenleitwerk 751
Flossenstrahl 150
Flug 979, 1041
Flugbremshebel 748
Flugbrettchen 144
Flugdaten 748
Flugdeck 897
Flugdrachen 1047
Flügel 141, 142, 158, 186, 327, 515, 545, 750, 806, 896, 948, 1007, 1047, 1048, 1059
Flügel, oberer 750
Flügel, stabiler 894
Flügel, unterer 750
Flügelader 140
Flügelangreifer 955
Flügelkasten 896
Flügelklappe, hintere 896
Flügelmutter 400
Flügelrahmen 327
Flügelspieler 957
Flügelspitze 1047, 1048
Flügelstrebe 750
Flügeltasche 432
Flügelverteidiger 955
Flügelwurzel 746
Flugfuchs 187
Fluggastbrücke 741
Fluggastbrücke, ausziehbare 741
Fluggasttreppe, bewegliche 745
Flughafen 53, 740, 842, 857
Flughaut 186
Fluginformationsanzeige 743
Flugkörper 894
Flugkörper, Aufbau 894
Flugkörper, wichtigste 894
Flugkörperabwehr 898

Fluglochschieber 144
Flugnavigationsvorrichtung 897
Flugradar 64
Flugrichtung 64
Flugseite 873
Flugtasche 488
Flugzeug, Bewegungen 752
Flugzeuge 750
Flugzeuge, wirkende Kräfte 752
Flugzeugträger 897
Flugzeugwartungshalle 741
Flunder 268
Flunke 732
Fluor 813
Flusensieb 378
Flush 1062
Fluss 45, 52, 73
Flussbarsch 149, 269
flüssige Grundierung 473
flüssiger Eyeliner 473
flüssiges Mascara 473
Flüssigkeit 810, 811
Flüssigkeit, antiseptische 915
Flüssigkeits-/Gasscheider 685
Flüssigkeitskompass 734
Flüssigkeitsmenge 408
Flüssigkristallanzeige 828
Flüssigkühlungs- und Belüftungsschicht 33
Flüssigsauerstofftank 39
Flüssigwasserstofftank 39
Flusskrebs 266
Flusslandschaft 73
Fluten 719
Fly-Half 950
Fock 725, 980
Fockmast 722, 724
Fokustaste 613
Folie 294
Folie, Aluminium 294
Fön 477
Fonduegabel 300
Fondue-Set 312
Fonduetopf 312
Fontanelle, hintere 205
Football 954
Football, American 952
Football, kanadischer 955
Footballspieler 954
Foramen caecum 233
Förderanlage 771, 773, 775
Förderband 99, 742
Fördergebäude 773
Fördergerüst 773
Förderkopf 783
Förderkübel 774
Förderplattform 777, 780
Förderschacht 774
Fördersonde 779
Fördersteigsystem 777
Förderstockwerk 774
Förderturm 773
Förderwagen 704
Forelle 269
Form, hochstehende 532
Form, ovale 469
Form, tiefliegende 532
Formel-1-Auto 1023
Formel-1-Rennstrecke 1022
Formel-3000-Auto 1023
Formel-Indy-Auto 1023
Fortbildungsbüro 858
Fortepedal 552, 558
Fortführungspunkte 587
Fortpflanzungsformen 120
Fortpflanzungssystem 226
Fortpflanzungszyklus 104
Forum 643
fossile Energie 771
fossiler Brennstoff 96, 98
Fotoemulsion 536
Fotograf 848
Fotografie 591, 595
fotografische Filme 591
fotografisches Zubehör 596
Fotokopierer 647
Fotokopiergerät 858, 867
Fotosynthese 95
Fototaste 613, 622
Fotozelle 596
Fotozellenspiegel 737
Foul Pole 939
Foullinie 1015
Fouls 933
Foxterrier 176
Foyers 541
Frachtempfang 743
Frachtflugzeug 589, 751
Frachtraum 729, 747
Frachtschiff 726
Frachtversand 743
Fragezeichen 587
Fraktionierturm 782
Francisturbine 787
Frankfurter Würstchen 277
Frankiermaschine 651
Frankiermodul 651
Frankreich 56, 878
Franse 427
Fransen 465
Fransen des Eileiters 227
Franzium 812
Französisch 583
französischer Knötchenstich 565
französisches Roulette 1068
Französisch-Guayana 55
Fräser 398
Frau 194
Frauenzelle 904
Free Guard Zone 1027
Free Safety 952
Freestyle 1040
Freestyleboard 1037
Freestyle-Skischanze 1040
Fregatte 898
Freiballonsport 1049
freie Rippen 200
freier Rand 237
freies Containmentvolumen 801
Freihand-Dekoration 369
Freilagertank 783
Freilauf 700
freilaufender Sitz 1001
Freileitung 793
Freileitungen, Verteilung 602
Freileitungsmast 792
Freiluftterrasse 731
Freiraum 958, 959
Freisaiten 560
Freisprechanlage 622
freistehendes Schwimmbecken 324
Freistil 991
Freistoß 948
Freiwange 335
Freiwurflinie 957, 960
Freizeit in der Natur 1052
Freizeitbekleidung, Damen 850
Freizeitbekleidung, Herren 851
Freizeitkanu 986
Freizeittrampolin 973
Frenchcut 469
Frequenz, Maßeinheit 835
Frequenzauswahltasten 619
Frequenzwähler 619
Fresko 502
Frettchen 180
Friedhof 52, 845
Fries 364, 499, 500, 509
Frisbee 1070
Frischkäse 280
Frischluftzufuhr 1048
Frischwasserwagen 744
Friséesalat 246
Friseur 542, 848
Frisierbürste, flache 476
Fritteuse 291, 316
Frittierkorb 308
Fritzstock 916
Front, stationäre 82
Frontabdeckung 625
Frontale 154
Frontallappen 223
Frontalzacken 1051
Frontblech 697
Fronten 82
Frontgewicht 764
Frontgitter 342
Frontoparietale 153
Frontscheibe 376
Frontscheinwerfer 674, 917
Frontstoßdämpfer 697
Frontstoßfänger 670
Frosch 152, 547
Frosch, Anatomie 152
Frosch, äußere Merkmale 152
Frosch, Lebenszyklus 153
Frosch, Skelett 153
Frucht 114
Fruchtbecher 116
Fruchtbildung 117
Fruchtblatt 116
Fruchtfach 114
Fruchtfleisch 114, 115
Fruchtgemüse 248
Fruchtholz 117
Fruchtkapsel 116
Fruchtknoten 104, 112
Fruchtknotenfach 115
Fruchtkörper 106
Fruchtwand 114, 116
Frühling 80
Frühlingsäquinoktium 23, 80
Frühlingszwiebel 245
Frühstücksbeutel 295
Fuchs 180
Füchslein 23
Fuchsschwanz 391
Fugendüse 375
Fugenkelle 403
Fühlborste 103
Fühlerputzer 142
Führerhaus 761
Führerkabine 756, 758, 759, 760, 761
Führerpult 706
Führerraum 753
Führerstand 706, 707
Fuhrmann 22
Führungsgriff 392, 397, 398
Führungsgruppe 1020
Führungshebel 395
Führungskanal 579
Führungsmotorrad 1020
Führungsnut 393
Führungsrad 402
Führungsrille 1038
Führungsring 1059
Führungsrolle 616
Führungsschiene 571, 653, 675, 717
Führungsschiene, Fahrkorb 519
Führungsschienenantrieb 638
Führungsständer 754, 755
Führungsturm 662
Ful 582
Full House 1062
Füllanzeige, automatische 781
Füllanzeigeschwimmer 781
Fullback 950, 953
Füllen 22
Füllfederhalter 585
Fülloch 893
Füllmengenanzeige 668
Füllöffnung für neue Brennstäbe 798
Füllrohr 347
Fülltür 336
Füllung 325
Fumarole 75
Fundament 332, 333, 790
Fundamentklotz 790
Fundamentstreifen 332, 333
Fundamenttafel 555
Fundbüro 857
Fünf 836
fünf Nummern 1068
Fünfeck, regelmäßiges 839
Fünferpin 1015
fünffingriger Schweißerhandschuh 406
Fünfhundert 836
Fünf-Kräuter-Gewürz 261
Fünfzig 836
Fungizid 97
Funkantenne 726, 728, 730, 731, 750, 899, 1023
Funken 680
Funkenschutz 411
Funkenstrecke 683
Funkgerät 907, 1048
Funkmast 777
Funkmaus 634
Funkmeldeempfänger 901
Funknetzwerk, Basisstation 631
Funknetzwerkkarte, wireless-LAN-Karte 631
Funktionäre 945
Funktionstasten 380, 610, 611, 632, 639, 831, 858, 859
Funktionstasten, programmierbare 859
Funktionswähler 343
Funktionswahltaste 623
Funkübertragungssystem 33
Furche 233
Fusilli 282
Fuß 136, 137, 140, 142, 185, 186, 189, 192, 193, 194, 195, 203, 363, 372, 395, 398, 415, 433, 539, 548, 554, 573, 601, 634, 635, 815, 825, 873, 983, 1060
Fuß, geschwungener 360
Fuß-/Handgelenksgewicht 1000
Fußball 946
Fußballfeld 946
Fußballplatz 932
Fußballschuh 946
Fußballspieler 946
Fußboden 337
Fußbohrung 554
Fußdrüse 137
Füße voraus 979
Fusselfilter 379
Fußende 363
Fußfessel 1007
Fußfesselriemen 1007
Fußgänger 665, 666
Fußgängerampel 846
Fußgängerbrücke 703, 715
Fußgängerknopf 846
Fußgängerüberweg 665, 667, 846
Fußgelenk 174
Fußgelenkgewicht 989
Fußgestell 361
Fußholz 325
Fußknochen 187
Fußnagelschere 472
Fußpferd 724
Fußplatte 393
Fußraste für Beifahrer 694, 696
Fußraummatte 686
Fußriemen 988, 1001
Fußschlaufe 983
Fußschutz 909
Fußsteg 539
Fußstelle 874
Fußstrecke 774
Fußstück 538
Fußstütze 366, 401, 576, 646, 697, 917, 935, 1001
Fußstützen 1021
Fußteil 989
Fußtritt 554
Fußweg 848
Fußwurzel 165, 170, 175, 184, 187, 188, 203, 208
Futter 430, 431, 450, 459, 484, 569, 1031
Futteral 490
Futtergetreide 243
Futterspender 494
Futterstoffe 569

G

G 562
Gabel 24, 300, 754, 755, 829, 1025, 1055
Gabelarm 754
Gabelbaum 983
Gabelbein 159
Gabeln 300
Gabelstapler 754
Gabelstaplertasche 757
Gabun 61, 879
Gadolinium 814
Gaffel 724
Gaffelsegel 723
Galaxie 19
Galaxie, elliptische 19
Galaxie, irreguläre 19
Galaxie, linsenförmige 19
Galeere 720
Galeone 721
Galerie 507, 540, 736, 806, 872
Galerie, Große 498
Galileo 30
Gallenblase 152, 154, 216
gallischer Krieger 883
Gallium 812
Galopp 169
Gamasche 429
Gambia 60, 879
Gammastrahlen 821
Ganasche 168
Gang 75, 288, 498
Gang, absteigender 498
Gang, aufsteigender 498
Gangarten 168
Gans 163, 271
Gänseblümchen 113
Gänseei 270
Gänsefeld 1064
Gänsespiel 1064
Gantry 924, 926
Ganymed 14
ganze Note 563
ganze Pause 563
ganzer Querstrich 82
Ganzjahresreifen 684
ganzrandig 111
Garage 322, 328, 864, 905
Garam Masala 261
Garderobe 293, 329, 522, 541, 644, 645, 853, 859, 864
Garderobenständer 645
Garderobier 542
Gardinenschiene 367
Gardinenstange 367
Gardinenstange, einläufige 367
Gardinenstange, zweiläufige 367
Gardinenstangen 367
Garn 1058
Garnball 941
Garnele 266
Garnführer 571
Garnierspritze 310
Garnrollenstift 566
Garten 328, 410, 502
Gartenerbse 252
Gartenfräse 413
Gartenhandschuhe 418
Gartenheidelbeere 254
Gartenkresse 247
Gartenkreuzspinne 147
Gartenkürbis 249
Garten-Sauerampfer 247
Gartenschlauch 414
Gartenspritze 414
Gartenweg 322, 410
Gärtnergeräte 411
Gas 359, 782, 810
Gas- und Wasseranschluss 340
Gasabscheider 777
gasbefeuerter Boiler 340
Gasbehälter 1053
Gasbrenner 340, 349
Gasfeuerzeug 483
Gasflasche, medizinische 921
Gashebel 411, 417, 696, 748
Gasherd 291, 376
Gaskolben 891
Gasleitung 846
Gasmaske 909
Gasöl 782
Gaspedal 676
Gasse 845, 963, 966, 1015
Gasstromregulierung 1053
Gästeeingang 290
Gästegarderobe 290
Gaststätte 848
Gasventil 349
Gaswarmwasserbereiter 349
Gaszähler 783
Gaszug 419
Gateway 641
Gatter 1002
Gattung 132
Gaumenbein 167
Gaumenbogen 231
Gaumenmandel 233
Gazastreifen 58
Gebäck 123
Gebälk 325, 499, 501, 509
Gebärmutter 226, 227
Gebärmutterhals 226, 227
Gebärmutterschleimhaut 227
Gebäude, öffentliches 52
Gebetshalle 872
Gebetsraum 864
Gebiet, abgedecktes 64
Gebirge, Transantarktisches 46
Gebirgsbach 71

Gebirgskette 45, 66
Gebirgsmassiv 45
Gebiss 1004
Gebiss, menschliches 206
Gebissriemen 1004
Gebissscheibe Gebissstange 1008
Gebläse 338, 339, 379, 555, 767, 800
Gebläsemotor 338
Gebläserohr 767
Gebläserohre 411
gebogenes Eisen 531
gebogenes Hohleisen 531
geboren 834
gebrauchte Spritzen, Behälter 907
gebrauchtes Material, Lagerraum 918, 921
gebrochener Lichtstrahl 822
gebuchtet 111
gebundenes Buch 539
Gecko 157
Gedankenstrich 587
gedeckter Güterwagen 710
gedeckter Tisch 304
gedeckter Weg 505
gedeckter Wehrgang 504
Gedeckzubehör 301
Gedenktafel 872
Gedränge 951, 952, 953
Gedrängehalbspieler 950
gedrehtes Seil 1058
gedruckte Schaltung 820
Gefahrenbereich 992
Gefahrenstelle 738
Gefahrenzone 995
gefährliche Substanzen 910
Gefälle 665, 667
Gefangenentransporter 864
Gefechtskopf 894
geflochtenes Seil 1058
Geflügel 271
Geflügelschere 309
Gefrierbeutel 295
gefrierender Regen 90
gefrierender Sprühregen 83
Gefrierfach 377
Gefrierschrank 238, 290, 296
Gefriertruhe 377
Gegenausleger 756
Gegenauslegerballast 756
Gegendruckzylinder 533
Gegenfänger 553
Gegengewicht 24, 26, 519, 662, 713, 756, 760, 761
Gegengewichtsführung 519
Gegenleiste 234
Gegenlichtblende 598
Gegenmutter 84
Gegensprechanlage 716
Gegenverkehr 664, 666
gegenwärtige Wetterlage 81
Gegenwindstart 982
Gehäuse 137, 144, 318, 340, 342, 343, 357, 374, 378, 379, 387, 394, 396, 406, 419, 477, 479, 552, 604, 609, 616, 628, 736, 819, 827, 828, 832, 1034, 1070
Gehäuse, hinteres 27
Gehäuseabdeckung 648
Gehäusedach 515
Gehäuselüfter 629
Gehäuseverstärkung 1070
Gehfalte 454
Gehgestell 916
Gehhilfen 916
Gehirn 138, 139, 143, 145, 149, 152, 220, 222
Gehirnfurchen 223
Gehirn-Rückenmark-Flüssigkeit 224
Gehkrücke 916
Gehörknöchelchen 235
Gehörschutz 908, 910
Gehörschutz tragen 910
Gehrmaß 391, 392
Gehrock 428
Gehrungsanschlag 393
Gehrungssäge 391
Gehrungssäge, elektrische 392
Gehrungsschmiege 391
Gehrungsschneidlade 391
Gehstock mit anatomischem Handgriff 916
Gehweg 323
Geier 163
Geigenfamilie 545
Geißfuß 533
gekerbt 111
gekerbtes Scherenblatt 477
gekochter Schinken 277
Gekröse 276
gekrümmte Greifbacke 399
Gel 925
Geländefahrzeug 669, 1023
Geländemotorrad 697
Geländemotorrad, 4x4 697
Geländer 329, 330, 331, 335, 511, 660, 1044
Geländewagen 669
gelappter Zeh 160
Gelb 528, 821
gelbe Zucchini 249
gelber Ball 1013
gelber Fleck 238
gelber Paprika 248
gelbes Licht 846
Gelbgrün 528
Gelborange 528
Geld 860
Geldbeutel 485
Geldbeutel für Münzen 485
Geldgürtel 487
Geldrückgabefach 624
Geldscheinausgabe 858
Geldscheinfach 484
Geldwechsel 857
Gelenk 459, 677, 760, 1039
Gelenk, ebenes 208
Gelenkbus 689
Gelenke 207
Gelenkfortsatz 204
Gelenkinnenhaut 207
Gelenkkapsel 207
Gelenkknorpel 199, 207
gelenkloser Bogen 661
Gelenkschäkel 981
Gelenkspalt 207
gelochte Hartfaserplatte 386
gelochte Knöpfe 567
gemahlener Kaffee 264
gemahlener Pfeffer 261
Gemälde 523
gemäßigter Wald 92, 93
gemäßigtes Grasland 92, 93
gemeine Erdkröte 153
Gemeiner Putzerfisch 151
gemeiner Tüpfelfarn 107
gemeines Widertonmoos 106
gemeinsame Hüftarterie 210, 219
gemeinsamer Fingerstrecker 197
Gemeinschaftsbereich 357
Gemüse 288
Gemüsebeutel 295
Gemüsebürste 309
Gemüsegarten 243, 322
Gemüseterrine 303
Gemüsezwiebel 245
Generator 678, 770, 787, 789, 796, 807
Generator, Elektrizitätserzeugung 795
Generatoreinheit 786
Generatoren 819
Genicklasche 908
Genickstück 1004
Genitalöffnung 137
Genitalporus 135
geografischer Nordpol 817
geografischer Südpol 817
Geographie 42
Geologie 66
geologische Phänomene 75
Geometrie 836
Georgien 57, 880
geostationäre Umlaufbahn 86
geostationärer Satellit 86
Geothermie 770
geothermische Energie, Elektrizitätserzeugung 770
geothermisches Feld 770
geothermisches Haus 770
Gepäck 488
Gepäckablage 705
Gepäckanhänger 488, 745
Gepäckaufbewahrung 704
Gepäckausgabe 742
Gepäckcontainer 727
Gepäckförderer 745
Gepäckraum 688, 705, 707, 753
Gepäckroller 488
Gepäckschließfächer 704, 857
Gepäckschnur 488
Gepäckträger 687, 697, 698, 1026
Gepard 181
gepolsterte Korbstütze 957
gepolsterter Bauchgurt 491
gepolsterter Sockel 957
gerade Greifbacke 399
gerade Öse 567
Geraden 1021
gerader Bauchmuskel 196
gerader Oberschenkelmuskel 196
gerader Rock 439
gerades Balleisen 531
gerades Eisen 531
gerades Hohleisen 531, 533
Geradseite 729
Geranie 113
Geräte, verschiedene 411
Geräte für die Blutabnahme 912
Geräte zur Erdbewegung 412
Geräteanschluss 479
Gerätefach 608, 707
Geräteraum 868, 900
Geräteschuppen 243
Geräteturnanlage 970
Geräteturnen 969
geräucherter Vorderschenkel 275
geräumige Tasche 487
gereinigtes Blut 927
Gericht 862
Gerichtsgebäude 844
Gerichtskanzlei 862
Gerichtssaal 863
germanische Sprachen 583
Germanium 812
geröstete Kaffeebohnen 264
Gerste 122, 263
Gerstenkornmuster 570
Geruchssinn 231
Geruchsverschluss 344, 347, 352
Gerüstträger 792
gesägt 111
Gesamtergebnis, Anzeigetafel 970
Gesäß 193, 195, 226, 228
Gesäßmuskel, großer 197
Gesäßspalte 195
Gesäßtasche 432
Geschäft 844
Geschäftsbeleg 859
Geschäftsbuch, Journal 655
Geschäftsführers, Büro 644
Geschäftsviertel 842, 844
Geschenkartikel 851
Geschenkwarenladen 848
Geschirr 301, 572
Geschirr, Glaswaren und Silberwaren 851
Geschirr und Besteck 297
Geschirrschrank 329
Geschirrspüler 291, 293, 296
Geschirrspülmaschine 353, 380
Geschirrtuch 381
Geschlechtsorgane, männliche 228
Geschlechtsorgane, weibliche 226
Geschlossene Traube 112
geschlossener Gesichtsschutz 901
geschlossenes Atemschutzsystem 901
Geschmacksknospe 233
Geschmacksrezeptoren 233
Geschmackssinn 231
geschnittener Nagel 388
Geschoss 890
Geschosszubehör 889
Geschütz, rückstoßfreies 893
Geschützrohr 895
geschütztes Leerzeichen 632
Geschützturm 898
geschweifte Klammern 587
Geschwindigkeitsanzeige 1048
Geschwindigkeitsregelung 566
Geschwindigkeitsregler 419, 519, 559
Geschwindigkeitsschieberegler 559
Geschwindigkeitswähler 314
Geschworenenbank 863
Geschworenenraum 862
geschwungener Fuß 360
Gesicht 185, 192
Gesichts-Make-up 473
Gesichtsmaske 942, 944, 954
Gesichtsschutz 406, 901, 1028
Gesichtsschutz, geschlossener 901
Gesichtsschutzmaske 1029
Gesichtsstück 909
Gesims 323, 325
gespalten 874
gespaltene Zunge 154
gespreizter Kragen 431
gestanztes Loch 432, 450, 459
Gestein, undurchlässiges 776
Gestell 366, 409, 490, 913
gestelzter Bogen 514
gestempelte Post 588
gestorben 834
Gesundheit 911
Gesundheitsorganisation 643
Getränke 288
Getränkeautomat 668, 919
Getränkedose 295
Getränkekarton 295
Getränkekarton, kleiner 295
Getränkespender 293
Getreide 263
Getreideindustrie 122
Getreideprodukte 278
Getreidesilo 718
getrennte Sammlung 99
Getriebe 378, 672, 678
getrockneter Chili 261
geviert 874
gewachsener Boden 658
Gewände 507
Gewebe 1049
Gewebestruktur 569
Gewehr, automatisches 891
Gewehr (gezogener Lauf) 887
Gewehrriemen 1043
Gewehrschießen 1011
Gewerbegebiet 843
Gewicht 752, 829, 830, 831, 937, 1000
Gewicht, feststehendes 564
Gewichte 1001
Gewichtheben 999
Gewichtheber 999
Gewichthebergürtel 999
Gewichtheberschuh 999
Gewichtsantrieb 829
Gewichtsausgleicher 892
Gewichtsstaudamm 791
Gewichtsstaudamm im Querschnitt 791
gewimpert 111
Gewinde 350, 359, 390, 635, 1013
Gewindegang 394
Gewindehülse 326
Gewindekappe 351
Gewindeschaft 400
Gewindeschneider 402
Gewinnkombination 1070
Gewitter 83
Gewitter, starkes 83
Gewitterwolken 89
gewöhnlicher Nagel 388
gewöhnlicher Würfel 1062
Gewölbe 506
gewölbter Zentralbereich 19
Gewürz, Fünf-Kräuter 261
Gewürze 260
Gewürzmischung, Cajun 261
Gewürznelke 260
Geysir 75
gezahnte Greifbacke 399
Gezeitenkraftwerk 794
Ghana 60, 879
Ghee 280
Gi 996
Gibbon 185
Gibraltar, Straße 49
Giebel 295, 322
Giebeldreieck 499, 501, 509
Giebelpfeiler 510
Giebelständer 332
Gierbewegung 752
Gießbrause 415
Gießgeräte 414
Gießkanne 414
Gießpistole 415
Gift 910
Giftdrüse 138, 143, 145, 154
giftige Pilze 108
Giftkanal 154
Giftklaue 145
Giftsauger 912
Giftschlange, Anatomie 154
Giftschlange, äußere Merkmale 154
Giftschlange, Skelett 154
Giftzahn 154
Gimpel 162
Ginkgonuss 255
Giotto 30
Gipfel 71, 1036
Gipfel, Hütte 1036
Gipfelhütte 1036
Gipskartonplatte 385
Gipsraum 919
Gipsschlinge 576
Giraffe 22, 173
Gitarre, akustische 548
Gitarre, elektrische 549
Gitter 343, 499, 560, 609, 865
Gitterbett 366
Gitterboxpalette 754
Gittereinsatz 312
Gitterfenster 865
Glacis 505
Glas 480, 1053
Glas, Sortierung 99
Glasabdeckung 802, 803
Glasdach 329, 847
Gläser 293, 297
Gläserspülmaschine 293
Glasflasche 295
Glasgehäuse 831
Glashaube 734
Glaskolben, oberer 319
Glaskolben, unterer 319
Glaskörper 238
Glaskugel 84
Glasmalerei 507, 579
Glasnudeln 283
Glasplatte 579, 655
Glasscheibe 825
Glasschneider 579
Glasüberdachung 704
glatte Muskelfaser 198
glatter Muskel 198, 209
Glattstrick 570
gleich 837
gleich oder größer als 837
gleich oder kleiner als 837
Gleichgewichtslage 821
gleichseitiger Spitzbogen 514
Gleichstrom-Netzkabel 630
Gleichtaste 649
Gleis 714, 717, 844
Gleise 713
Gleiskette 758
Gleiskettenschlepper 758
Gleiskreuzung 703
Gleisnummer 704
Gleitflieger 1047
Gleitfuge 399
Gleitphase 1042
Gleitschirmfliegen 1047
Gleitschuh 392
Gleitschutz 1039
Gleitstuhl 712
Gletscher 72, 73
Gletschersee 73
Gletscherspalte 72
Gletscherzunge 72
Gliederpuppe 526
Glimmlampe 404
globale Erwärmung 96
globales Navigationssystem 63
Globus 868
Glocke 998
Glockenband 557
Glockendach 517
Glockendichtung 347
Glockenstube 506, 507
Glockenturm 507, 871
Glottis 154
Glücksrad 1070
Glühbirne 359, 404
Glühfaden 359
Glühlampe 359, 736, 818
Glukose 102
Glycerin 784
Gnocchi 282
Gnomon 828
Go 1065
Gobelinbindung 575
Gojibeere 254
Gold 78, 813, 875
Goldbrasse 267

Golden Retriever 177
Goldfisch 150
Goldmakrele 267
Goldzeisig 162
Golf 45
Golf, Persischer 51
Golf von Aden 50, 51
Golf von Alaska 47
Golf von Bengalen 51
Golf von Guinea 50
Golf von Kalifornien 47
Golf von Mexiko 47
Golf von Oman 51
Golf von Panamá 48
Golfausrüstung 1019
Golfball 1017
Golfhandschuh 1019
Golfplatz 842, 932, 1016
Golfschuhe 1019
Golfspiel 1016
Golftasche 1019
Golfwagen 1019
Golgi-Apparat 102, 133
Gonade 134, 135, 136, 138
Gondel 722, 1049
Gondelhaltegriff 1049
Gondelkopf 289
Gonfalon 873
Gong 545, 557
Gorgonzola 281
Gorilla 184
Gorilla, äußere Merkmale 185
Gorilla, Skelett 184
gotischen Doms 507
gotischer Dom 506
Gottesanbeterin 147
Gouache 528
Gouachefarbe 525
Gouda 281
GPS 63
GPS-Empfänger 63
GPS-Empfangsantenne 735
GPS-Navigationssatellitennetz 63
GPS-Satellit 63
Graben 505, 771, 1014
Graben, Kermadec-Tonga 69
Graben, Peru-Chile 69
Graben, Puerto-Rico 69
Grabenböschung, innere 505
Grabgabel 412
Grabkammer der Königin 498
Grabkammer des Königs 498
Grabschaufel 412
Grabstichel 21
Grad 836
Grad Celsius 827, 835
Grad Fahrenheit 827
Gradbogen 734
Gradeinteilung 1057
Gradnetz 42
Grafiktablett 635
Grafiktaschenrechner 649
Grafiktasten 649
grafische Darstellung 838
grafische Künste 532
Granat 470
Granatapfel 258
Granatwerfer 892
Grand Canyon 47
Grand Prix-Motorrad 1024
Grand Prix-Rennstrecke 1024
Granitschicht 66
Granne 122
Granulation 16
Grapefruit 256
Grapefruitmesser 306
Graphikdesign-Software 599
Graphit 800
Graphitstift 584
Graphosfeder 524
Grasfang 419
grasgrüner Täubling 244
Grat 71, 500
graue Substanz 221, 222, 224
Graviernadel 535
Gravurplatte 471
Greifbacke, gekrümmte 399
Greifbacke, gerade 399
Greifer 533, 566
Greiffinger 185
Greifleine 733
Greifvogel 160
Greifzirkel 535
Grenada 54, 877
Griechenland 57, 878
Griechisch 583
griechische Schriftzeichen 585
griechischen Tempels 499
griechischer Tempel 499
griechisches Brot 279
griechisches Theater 498
griechisch-römischer Stil 991
Grieß 123, 278
Griessäule 765
Griff 298, 300, 307, 314, 315, 316, 317, 318, 336, 363, 364, 374, 375, 376, 377, 380, 381, 387, 391, 392, 393, 396, 397, 398, 399, 400, 403, 404, 407, 408, 411, 414, 417, 419, 477, 478, 479, 482, 484, 486, 488, 490, 491, 538, 547, 567, 568, 572, 578, 654, 705, 773, 832, 885, 916, 941, 942, 944, 961, 962, 968, 984, 998, 1000, 1001, 1009, 1017, 1038, 1041, 1055, 1059, 1069
Griff, ausziehbarer 484
Griff, isolierter 405
Griff, wärmeisolierter 317
Griff, zusätzlicher 394
Griff für Latissimus dorsi 1001
Griff mit elektronischer Überwachung 1027
Griff- und Wurfbeispiele 992
Griffband 1044
Griffbrett 547, 549, 560
Griffe 1051
Griffel 112, 115, 116
Griffelbein 170
Griffelfortsatz 205
Griffhebel für S-Bogen 550
Griffkamm 476
Griffloch 655
Griffschlaufe 987
Grifftechniken 961
Griffteil 1013
Grillfläche 317
Grillplatte 317
Grillrost 376
Grindel 765
Gripzange 399
grobe Salami 277
Grobeinstellung 825
grobes Salz 287
Grobspanplatte 386
Grobtrieb 825
Grönland 46, 47, 54
Grönlandsee 46
groß gefleckter Katzenhai 266
Großbildfernseher 612
große Armdecken 158
große Außensichel 992
Große Australische Bucht 52
große Einkaufstasche 487
große Elektrohaushaltsgeräte 850
Große Galerie 498
große Handdecken 158
große Innensichel 992
große Klinge 1055
große Nackenrolle 363
große Rolle 396
große Rosenvene 211
Große Sandwüste 52
große Schamlippe 226, 227
Große Seen 47
Große Victoriawüste 52
Großeltern 928
größer als 837
Großer Bär 23
großer Blutkreislauf 212
großer Brustmuskel 196
großer Gesäßmuskel 197
Großer Hund 21
großer Kopfwender 196, 197
großer Oberschenkelanzieher 196, 197
großer Rundmuskel 197
Großes Barrierriff 52
großes Vieleckbein 202, 208
Großformatkamera 591
Großfrüchtige Moosbeere 254
Großhirn 222, 223, 224
Großmast 722, 724
Großmutter 928
Groß-Oberbramsegel 725
Groß-Obermarssegel 725
Großrad 917
Großraumwagen 705
Groß-Royalsegel 725
Großschot 980
Großschriftfeststellung 632
Großschriftfeststellungstaste 632
Großschriftumschaltung 632
Großsegel 725, 980
Großtonne 737
Groß-Unterbramsegel 725
Groß-Untermarssegel 725
Großvater 928
Groteskschrift 586
Grubber 765
Grube 774, 937, 1015
Grube, offene 771
Grubenorgan 154
grün 875
Grün 528, 821, 1014, 1016, 1017
Grünalge 107
Grünanlage 847
Grundbindungen 575
Grundfarben 1066
Grundgestein 76
Grundgestell 491
Grundhaltung 994
Grundierung, flüssige 473
Grundlinie 967, 1070
Grundlinienrichter 967
Grundmoräne 72
Grundplatte 84, 355, 600, 617, 892, 1039
Grundrechenarten 649
Grundring 787
Grundstücksgrenze 322
Grundwasser, eingeschlossenes 770
Grundwasserspiegel 67, 98
grüne Bohne 253
grüner Ball 1013
grüner Paprika 248
grüner Pfeffer 260
grüner Tee 264
grünes Licht 846
Grünkohl 246
Gruppenraum 852
Gruppenwahl 632
Gruyèrekäse 281
Guadeloupe 54
Guam 62
Guaraní 583
Guatemala 54, 876
Guave 259
Guckloch 713
Guidon 873
Guinea 60, 879
Guinea, Golf 50
Guinea-Bissau 60, 879
Gummiband 363, 432
Gummideckel 536
Gummigebiss 1004
Gummihandschuhe 381
Gummikappe 916
Gummimatte 617
Gummipfropfen 912
Gummiring 352
Gummischlauch 353, 912, 926
Gummischutz 1007
Gummistiefel 901
Gummistöpsel 409
Gurke 248
Gurt 411, 491, 686, 733, 1019
Gurtbogen 506
Gurte 913
Gürtel 432, 435, 992, 994
Gürtelband 432
Gürtelclip 621
Gürtellage 685
Gürtelschlaufe 432, 435, 1055
Gürtelschnalle 432
Gürtelspitze 432
Gürteltasche 487
Gurtknopf 549
Gurtschließe 675
Gurtschnalle 1005
Gurtstrippe 1005
Gurtwerk 989, 1046, 1047
Gurtzeug 1046
Gusserker 504
Gutenberg-Diskontinuität 66
Güterbahnhof 703, 842
Güterwagen 703, 709, 710
Güterwagen, offener 711
Güterwaggon 709, 710
Gutta 500
Guyana 55, 876
Guyot 67
gynäkologischer Untersuchungsraum 919
Gyoji 995
Gyroskop 894
Gyrus 223

H

H 562
Haar 193, 195, 547
Haar der Berenike 23
Haaraufrichtemuskel 236
Haarbalg 236
Haarband 465
Haarbürsten 476
Haarclip 476
Haarfarbe 474
Haarfollikel 236
Haarglätter 478
Haarklammer 478
Haarklemme 476
Haarkutikula 236
Haarliftkamm 476
Haarpflege 476
Haarschaft 236
Haarschneidekamm 476
Haarschneider 478
Haarschneideschere 477
Haarspange 476
Haarspülung 475
Haarstecker 476
Haarwurzel 236
Hack 1027
Hackfleisch 276
Hackschnitzel 125
Hafen 718, 843
Hafenbahn 718
Hafenfähre 718, 730
Hafenzollamt 718
Hafer 122, 263
Hafermehl 278
Haferwurz 251
Hafnium 813
Häftlingsdusche 904
Haftnotiz 650
Haftorgan 107
Haftscheibe 153
Haftwurzeln 110
Hagel 90
Hagelschauer 83
Hagelschnur 160
Hahn 163, 887, 888, 889, 1011
Hahnenfuß 113
Hai 148
Hai, äußere Merkmale 148
Haiti 54, 876
Hakama 995, 996
Häkelnadel 570
Haken 367, 387, 404, 567, 570, 693, 733, 756, 831, 1011, 1012, 1050
Hakenbein 202
Hakenbogen 1061
Hakenbogentiefe 1061
Hakengurt 903
Hakengurt für Leiter und Schlauch 903
Hakenhalteöse 1059
Hakenhalter 1051
Hakeninnenweite 1061
Hakenleiter 903
Hakenspitze 1061
Hakenverriegelung 327
Hakler 950
Halbbrille 481
halbe Anführungszeichen 587
halbe Note 563
halbe Pause 563
Halbedelsteine 470
halber Querstrich 82
halber Wind 982
halbes Heft 306
halbfett 586
Halbfinale 933
Halbinsel 45
Halbinsel, Antarktische 46
Halbinsel, Arabische 51
Halbinsel, Iberische 49
Halbinsel, Kamtschatka 51
Halbinsel, Kola 49
Halbinsel, Skandinavische 49
Halbkreis 838, 956
Halbkugel 839
Halbmetalle 812
Halbmond 505
Halbmond (erstes Viertel) 17
Halbmond (letztes Viertel) 17
Halbmumienschlafsack 1054
halbrechter Läufer 945
halbrunder Ziergiebel 510
Halbsäule, dorische 503
Halbsäule, ionische 503
Halbsäule, korinthische 503
Halbschale 445
Halbschatten 17, 18
Halbsehnenmuskel 197
Halbseite 754
Halbspieler 938
Halbstiefel 459
Halbtaucherplattform 778
Halbtrogbrücke 661
Halbvolleyball 966
Halbzeit 933
Halfback 953
Halfpipe 1021, 1037, 1044
Halfter 906
Halle 853
Halm 477, 568
Halmteiler 767
Halo 19
Halogenscheinwerfer 911
Halogen-Tischleuchte 372
Hals 109, 155, 168, 193, 194, 195, 206, 228, 299, 300, 539, 547, 548, 549, 561, 578, 609, 732, 968, 969, 983, 1018
Halsausschnitt 434
Halsband 493
Halsberge 884
Halsen 982
Halskette, mehrreihige 468
Halskette in Matineelänge 468
Halskette in Opernlänge 468
Halsketten 468
Halskrause 429, 455
Halslymphknoten 230
Halsring 500
Halsschlagader 210
Halsschutz 940, 1030, 1032
Halstalje 980
Halsumklammerung 992
Halswärmer 465
Halswirbel 159, 165, 170, 175, 184, 187, 188, 201, 204
Halswirbelsäulen-Lordose 204
Halt! Vorfahrt gewähren 664, 666
Haltebügel 917
Haltegriff 687, 689, 902
Haltegriff, vorderer 893
Haltegriffe 992
Haltemutter 1059, 1060
Halteplatte 1042
Halter 359, 431, 912
Halterung 25, 371, 699, 773, 831
Halterung, schwenkbare 735
Halterung für die Registrierkarten 84
Halterungen 64
Halterungsschraube, untere 84
Haltestange 690
Hammer 235, 388, 405, 415, 552, 553, 937
Hämmer 388
Hammer mit runder Bahn 388
Hammer zum Rundklopfen 538
Hammerbahn 538
Hammerfilz 553
Hammergriff 937
Hammerhalter 387
Hammerkopf 937, 1051
Hammerleiste 552
Hammernuss 553
Hammerruheleiste 553
Hammerstiel 553
Hamster 166
Hand 185, 193, 195, 237
Handablage 634
Handball 960
Handballen 174
Handballenauflage, abnehmbare 632
Handballplatz 960

Handbandage 991
handbediente Weiche 712
Handblasebalg 913
Handbohrer 395
Handbrause 346
Handbremse 672
Handbremse, Schutzkasten 709
Handbremshebel 676, 709
Handbremsrad 709
Handbuchbinderei 537
Handdecken, große 158
Handdecken, mittlere 158
Handelsunternehmen 643
Handfeuerlöscher 903
Handfeuerwaffen 888
Handfläche 164, 237, 941
handförmig 111
Hand-Funksprechgerät 906
Handgabel 418
Hand-Gehrungssäge 391
Handgelenk 186, 193, 195, 208, 237
Handgelenkpolster 954
Handgelenksbandage 999
Handgelenkschützer 1045
Handgeräte 972
Handgranate 893
Handgriff 397, 515, 561, 885
Handhabung 754
Handikaptafel 1008
Handkaffeemühle 307
Handknochen 202
Handkreissäge 392
Handkultivator 412
Handkurbel 387, 414, 535
Handlauf 335, 518, 519
Handlöser 1039
Handmäher 419
Handmuskeltrainer 1000
Handrad 566
Handrad zur Höhenrichtung 892
Handrücken 237
Handrührgerät 314
Handschellentasche 906
Handschild 406
Handschlaufe 1038, 1042, 1051
Handschuh 33, 942, 944, 1005, 1020, 1021, 1024, 1025, 1028, 1032, 1034, 1037, 1041, 1042
Handschuh der Feldspieler 941
Handschuh-Außenseite 464
Handschuhe 464, 1022
Handschuhfach 676
Handschuh-Innenseite 464
Handschuhspender 921
Handschutz 417, 891, 1025
Handschwingen 158
Handspulgerät 574
Handstandsprung 978
Handstange 709, 716
Handstaubsauger 375
Handstütze 1011
Handtaschen 486
Handteil 998
Handtuch 475
Handtuchhalter 346
Handwaage 830
Handwagen 755
Handwäsche 425
Handwerkzeuge 418
Handwurzel 165, 175, 182, 184, 187, 188, 202, 941
Handy 622
Handzahnbürste 482
Hanf 123, 424
Hängeärmel 427, 428
Hängebank 774
Hängebrücke 660
Hängegletscher 72
Hängeisolator 792
Hängekartei 645
Hängeleinen 1047
Hängeleuchte 372
Hängemappe 652
Hanger 724
Hänger 660
HANS-System 1022
Hantel 988, 1000
Hantelgriff 988
Hanteln 988
Hantelstange 1000
Hardboots 1037
Harfe 545, 548
Harissasoße 287
Harmonikatür 515
Harnapparat 218
Harnblase 149, 152, 155, 218, 226, 228
Harnblasendreieck 218
Harnblasenhals 218
Harnleiter 218, 219
Harnleitermündung 137
Harnröhre 218, 226, 228
Harnröhrenöffnung 228
Harpune 989
hart am Wind 982
harte Kontaktlinse 481
harte Rückenmarkshaut 224
harter Gaumen 231, 232
Hartfaserplatte 386
Hartfaserplatte, gelochte 386
Hartgelatinekapsel 914
Hartkäse 281
Hartplatz 968
Hasardsteine 1066
Hase 21, 167, 271
Haselnuss 255
Haselnuss, Längsschnitt 116
Hasentiere 167
Haspel 766, 767
Haspelrohr 767
Hassium 813
Hat-Switch 634
Häubchen 539
Haube 375, 806
Haubitze, moderne 892
Haue 1051
HauePickel 1051
Haumea 15
Haupt-/Funktionsschalter 613
Hauptabschnitt 1068
Hauptanschluss 356
Hauptanzeige 748
Hauptapsis 507, 508
Hauptarterien 210
Hauptband 1043
Hauptbolzen 709
Hauptbronchus 215
Hauptdampfleitungen 797
Hauptdampfverteiler 797
Hauptdeck 729, 897
Haupteinfüllstutzen 781
Haupteingang 329, 847, 867, 869, 904, 922
Hauptelektromotor 899
Hauptentlüftungssteigrohr 344
Hauptfahrwasser 739
Hauptfahrwerk 747, 896
Hauptfallschirm 1046
Hauptfeld 1020
Hauptgenerator 706
Hauptgleis 703
Hauptgriff 395
Hauptkampfrichter 991, 993
Hauptkampfrichterlinie 993
Hauptlautsprecher 612
Hauptlinienrichter 953
Hauptluftbehälter 706
Hauptlüfter 772
Hauptmaßstab 832
Hauptnerven 225
Hauptrad 829
Hauptrand 874
Haupträume 328
Hauptreihenstern 18
Hauptschalter 354, 356
Hauptschieberventil 780
Hauptschiedsrichter 939, 995
Hauptschlitten 571
Hauptschlot 75
Hauptschwert 983
Hauptschwerteinzug 983
Hauptspiegel 25, 28
Hauptspielfeld 1070
Hauptspielzüge 1065
Hauptspuren 659
Hauptstadt 53
Hauptstandbein 792
Hauptstiel 117, 333
Hauptstufe, kryogene 39
Haupttragegurt 1047
Haupttransformator 707
Haupttribüne 1006
Haupttriebwerk 37
Hauptunterkunft 1036
Hauptvenen 211
Hauptverteilleitung 338
Hauptvorhang 540, 541
Hauptwarteraum 922
Hauptwurzel 109
Hauptzeitnehmer 976
Hauptzylinder 679
Haus 320, 328, 1027
Haus, einstöckiges 521
Haus, zweistöckiges 521
Hausa 582
Hausanschluss 356
Hausanschlussleitung 805
Hausantenne 602
Hausboot 729
Häuser 520
Häuserformen in der Stadt 521
Hausflur, äußerer 502
Hausfrauenknoten 1058
Haushaltsartikel 288
Haushaltsgegenstände 381
Haushaltsgeräte 374
Haushaltsmehl 278
Haushaltswaren 850
Haushaltswäsche 850
Haushaltverbraucher 783
Hausmeisterraum 859
Hausmüll 97, 98
Haustein 384
Haustiertoilette 493
Haustierzubehör 493
Haustür 325
Hauszelt 1053
Haut 105, 114, 115, 221, 236
Haversche Lamellen 199
Haverscher Kanal 199
Hawaiianisch 583
HDMI-Anschluss 614
Hebeglied 553
Hebegriff 892
Hebel 316, 350, 352, 399, 472, 527, 533, 535, 696, 816, 1070
Hebel für den Klemmbügel 478
Hebel für Vorderbremse 695
Hebeleisen 388
Hebeleiste der unteren Schutzhaube 392
Hebel-Korkenzieher 307
Hebelstützpunkt 816
Heber 760
Hebestück 776
Hebewerk 776
Hebräisch 582
hebräische Schriftzeichen 585
Hebung 77
Hecht 269
Hechtabwehr 958
Hechtsprungstellung 978
Heck 314, 730, 747, 983, 986
Hecke 323, 410
Heckenschere 416
Heckleuchten 674
Heckpropeller 728
Heckrotor 753
Hecksporn 753
Hecktür 911
Heft 390
Heft, halbes 306
Heften 538
Hefter 652, 654
heftige Regenfälle 89
Heftklammern 654
Heftklammerstreifen 389
Heftlade 538
Heftpflaster 915
Heilbutt 268
Heiliger Petrus 870
Heimkino 612
Heimtierbedarf 289
Heimtrainer 1001
Heimwerkerladen 848
Heinrich VIII 870
heißes Kühlmittel 804
Heißluftaustritt 336
Heißluftpistole 408
Heißluftwickler 478
Heißring 732
heißversiegelte Folie 294
Heißwasserbereiter 805
Heißwasserbereiter, elektrischer 348
heiterer Himmel 82
Heizbehälter 317
Heizelement 338, 339, 379, 380, 406, 577
Heizer 804
Heizkessel 338, 339
Heizkessel, elektrischer 338
Heizkörper 339
Heizlampe 495
Heizlüfter 340, 716
Heizöl 782
Heizplatte 291
Heizspirale 1049
Heizstrahler 340, 1053
Heizung 336, 730
Heizventil 1049
Helium 814
Helix 839
Helixende 234
Helligkeitstaste 621
Helm 33, 883, 884, 940, 942, 944, 949, 1008, 1020, 1021, 1022, 1025, 1037, 1044, 1045
Helmbohne 252
Helmbusch 883
Helmdach 517
Helmglocke 884
Helmlampe 1051
Hemd 431, 935
Hemdblusenkleid 438
Hemdblusenkragen 455
Hemdchen 449
Hemdhose 434
Hemdsärmel 453
Hemisphäre, nördliche 43
Hemisphäre, östliche 43
Hemisphäre, südliche 43
Hemisphäre, westliche 43
Hemisphären 43
Hemmungslappen 829
Hemmungsrad 828, 829
Henkel 381
Hennin 429
Heraldik 873
heranwachsende Nahrungsvakuole 133
Herausarbeiten 531
herausklappbare Schreibplatte 364
herausnehmbarer Topf 317
herausziehbare Tastaturablage 646
Herbizid 97
Herbst 80
Herbstäquinoktium 80
Herd 76, 292
Herdkante 376
Herdtiefe 76
Hering 267, 1052, 1053
Heringskönig 268
Heringsschlaufe 1052
Herkules 23
Herkunft der Nahrungsmittel 242
Hermelin 875
Heroldsbilder 874
Herren-Accessoires 850
Herrenanzüge 850
Herren-Freizeitbekleidung 851
Herrenhandschuhe 464
Herrenhemden 850
Herrenjacken 851
Herrenkleidung 430
Herrenkopfbedeckungen 457
Herrenmäntel 851
Herren-Nachtwäsche 851
Herrenpullover 851
Herrenring 470
Herrenschuhe 459, 850
Herren-Sportbekleidung 851
Herrentasche 487
Herrentoilette 544, 644, 854, 856
Herrenunterwäsche 850
Hertz 835
Heruntertransformation der Spannung 775, 789, 807
Herz 136, 137, 138, 139, 141, 143, 145, 149, 152, 154, 159, 169, 213, 229, 276, 968, 1062
herzförmig 111
Herzkammer, linke 213
Herzkammer, rechte 213
Herzmuschel 265
Herzmuskel 213
Herzschrittmacher 927
Herzstelle 874
Herzstück 709, 712
Herzwandschicht 213
heterotrophe Organismen 94
Heuboden 243
Hexenstich 565
H-förmige Bleirute 579
Hidschab 429
Hiebwaffen 886
HiFi-System 619
Hijiki 244
Hilfe 289
Hilfestellung 973
Hilfsbatterie 678
Hilfslinie 562
Hilfsmittel 527
Hilfsprojektor 20
Hilfsschiff 778
Hilfsschwert 983
Hilus 105
Himalaja 51
Himbeere 254
Himbeere im Querschnitt 114
Himmel, bedeckter 82
Himmel, bewölkter 82
Himmel, heiterer 82
Himmel, klarer 82
Himmel, stark bewölkter 82
Himmel, stürmischer 91
Himmel, wolkenloser 82
Himmelsäquator 23
Himmelsbedeckung 81
Himmelskörper 14
Himmelskugel 23
Himmelskugel, Koordinatensystem 23
Himmelsmeridian 23
Himmelsnordpol 23
Himmelsstrahlung, Messung 84
Himmelssüdpol 23
Hindernislaufhürde 934
Hindernisrichter 1002
Hindernisse 1025
Hindi 583
Hinduismus 870
Hinterbein 140, 142, 152, 153, 361
Hinterbein (Innenseite) 142
Hinterbindung 988
Hinterbühne 541
Hinterdeck 730
Hinterdeckel 539
hintere Aufschlaglinie für das Doppelspiel 962
hintere Augenkammer 238
hintere Begrenzungslinie 997
hintere Blinkleuchte 694, 696
hintere Felgenbremse 698
Hintere Flügelklappe 896
hintere Fontanelle 205
hintere Gerade 1006
hintere Klappe 37
hintere Kufe 1034
hintere Nervenwurzel 221
hintere Querleiste 1043
hintere Schaufel 759
hintere Seitenfontanelle 205
hinterer Balken 830
hinterer Griff 396
hinterer knöcherner Bogengang 235
hinterer Kotflügel 697
hinterer Schließmuskel 136
hinterer Stauraum 911
hinterer Streben 698
hinterer Tragflügel 731
hinterer Umwerfer 698, 700
hinterer Zweig 220
hinteres Auspuffrohr 673
hinteres Bremspedal 694
hinteres Ende 136, 391, 397
hinteres Gehäuse 27
hinteres Trittbrett 902, 911
Hinterextremität 164, 189
Hinterfeld 964
Hinterflügel 140
Hintergrund 495
Hinterhauptbein 175, 205
Hinterhauptmuskel 197
Hinterhauptsbein 201, 205
Hinterkante 1048
Hinterkappe 450
Hinterkeule 273, 274, 275
Hinterleib 139, 140, 141, 142, 145
Hinterleibssegment 141
Hinterpartie 1059
Hinterrad 420
Hinterteil 1043
Hinterwand 964
Hinterwurzel 220, 224

Hinterzehe 158, 160
Hinterzwiesel 1005
Hippe 416
Hirn 276
Hirnholzende 386
Hirnnerven 220, 225
Hirnrinde 222
Hirnstamm 222
Hirse 122, 263
historische Kleidung 426
historische Schiffe 720
Hitzeschild 27, 36
Hi'iaka 15
HNO(Hals-Nasen-Ohren)-Behandlungsraum 919
Hobel 397
Hobeleisen 397
Hobeleisen-Stellschraube 397
Hobelschar 761
Hobelsohle 397
Hobelzahn 417
Hoch-/Tiefstelltaste 648
hoch verstärkende Antenne 32
Hochaltar 871
hochauflösende Kamera 605, 606
Hochdruck 532
Hochdruckdampfeinlass 796
Hochdruckgebiet 81, 89
Hochdruckmanometer 407
Hochdruckpresse 766
Hochdruckturbine 749
Hochdruckverfahren 533
Hochebene 71
Hochgebirge 87
Hochgeschwindigkeitszug 707
hochgestellt 586
Hochland 17
Hochlandklimate 87
Hochschrank 296
Hochsilo 243
Hochspannung 910
Hochspannungsleitung 770, 775, 789, 807
Hochspannungsleitung, Anschluss 793
Hochspannungsmasten 792
Hochspannungsprüfer 404
Hochsprung 935, 936
höchste Karte 1062
hochstehende Form 532
Hochstuhl 366
Hochtöner 618
Hochtonlautsprecher 20
Hochtransformation der Spannung 770, 775, 789, 795
hochverstärkende S-Band-Antenne 86
Hochwasserentlastungswehr 785
Hochwasserentlastungswehr, Verschluss 785
Hochwebstuhl 573
Hocker 292, 296, 361
Höcker 206
Hockey 944, 1069
Hockeyball 944
Hockeyskate 1045
Hockeyspieler 945
Hoden 139, 152, 228, 229
Hodensack 192, 228
Hof 243, 865
Hogline 1027
Höhe 45
hohe Rippe 272
hohe Wolken 88
Höheneinstellhebel 892
Höheneinstellung 824
Höhenfeineinstellung 24, 25
Höhenfeintrieb 833
Höhenfeststeller 24, 25
Höhenflosse 747, 753, 1048
Höhenkaltfront 82
Höhenkontrolle 600
Höhenmesser 1046, 1048, 1049
Höhenregler 549, 619
Höhenruder 747, 1048
Höhenskala 79, 600
Höhensucher 897
Höhenverstellfuß 601
Höhenverstellskala 392
Höhenverstellung 375, 969, 1001
Höhenwarmfront 82
höherer Wasserstand 719
Hohlbeitel 531
Höhle 67, 70
hohle Eisschraube 1051
Hohleisen, gebogenes 531
Hohleisen, gerades 531, 533
Höhlenraum, trocken liegender 67
Hohlkehlfräser 398
Hohlkehlfräser mit Anlaufzapfen 398
Hohlladungsgeschoss 889
Hohlvene, obere 211, 213
Hohlvene, untere 211, 213, 219
Hohlwalze 536
Hohlziegel 384
Hoisinsoße 286
Holländerwindmühle 806
Holm 409, 483, 746, 916
Holmium 814
Hologramm, metallisiertes 861
Holz 386, 1018
Holz 1 1018
Holz 3 1018
Holz 5 1018
Holzbeheizung 336
Holzblasinstrumente 545
Holzboden 1049
hölzerner Barrenholm 971
Holzhammer 388
Holzkiste 294
Holzleibung 327
Holzschläger 1017
Holzschnitt 533
Holzschnitzerei 531
Holzschuh 429
Holzstock 533
Holzträger 337
Holzunterbau 334
Holzwerkstoffe 386
Homo sapiens 131
homogenisierte Milch 280
Honduras 54, 876
Honig 285
Honigbiene 142
Honigbiene, Anatomie 143
Honigbiene, äußere Merkmale 142
Honigmelone 257
Honigraum 144
Honigwabe im Querschnitt 144
Honigzelle 144
Höraufsatz 912
Hörer 622, 623, 624, 735
horizontale Bodenbewegung 76
horizontaler Zug 1065
horizontales Schiebefenster 518
Horizontalseismograph 76
Horizontspiegel 734
Hörmechanismus 235
Hormonsystem 229
Hörmuschel 623
Horn 471, 902, 983
Hörnchennudeln 282
Hörnerv 235
Hornhaut 238, 239
Hornisse 146
Hornschicht 236
Hornschnabel 155
Hornschuppe 160
Hornsohle 171
Hornstrahl 171
Hornwand 171
Hörplätze 867
Hörsaal 522, 852, 866
Hörschnecke 235
Hors-d'Oeuvre-Schale 303
Hose 168, 432, 451, 883, 940, 946, 954, 992, 999, 1025, 1028
Hose, kurze 945, 951, 956
Hosen 433, 441, 850
Hosenbluse 440
Hosenbund 432
Hosenrock 439
Hosenschlitz 432
Hosenträger 432
Hotel 844, 854, 1036
Hotelreservierungsschalter 742
Hotelzimmer 855
Houppelande 428
Hub 641
Hubarm 759, 764
Hubarmzylinder 759
Hubblesche Klassifikation 19
Hubble-Weltraumteleskop 27, 79
Hubbrücke 662
Hubel 576
Hubgebläse 727
Hubinsel 778
Hubkette 754
Hubschrauber 753, 898
Hubschrauberhangar 898
Hubschrauberlandeplatz 777, 898
Hubstreben 764
Hubvorrichtung 757
Hubwerk 765
Hubwinde 756
Hubzahlvorwahl 393
Hubzylinder 693, 756, 902
Hudson Bay 47
Huf 168, 171
Hufbein 170
Hufe 171
Hufeisen 171, 471
Hufeisenbogen 514
Hufeisenmontierung 28
Hufglocke 1003, 1008
Hüftarterie, gemeinsame 210, 219
Hüftarterie, innere 210
Hüft-Becken-Nerv 225
Hüftbein 165
Hüfte 140, 142, 193, 195
Hüftgurt 1056
Huftiere 168, 172
Hüft-Leisten-Nerv 225
Hüftlochnerv 225
Hüftpolster 954
Hüftwurf 992
Hügel 71, 1025
Huhn 163, 271
Hühnerei 270
Hühnerstall 243
Huitzilopochtli-Tempel 513
Hülle 1017, 1049, 1055
Hülse 122, 395, 887
Hülse, äußere 358
Hülsenauswurf 891
Hülsenboden 1010
Hülsenfrucht (Erbse) im Querschnitt 116
Hülsenfrüchte 252
Humeruskopf 201
Hummel 146
Hummer 139, 266
Hummer, Anatomie 139
Hummer, äußere Merkmale 139
Hummus 286
Hund 174
Hund, äußere Merkmale 174
Hund, Skelett 175
Hund, Vorderpfote 174
Hunde 176
Hunde verboten 857
Hundert 836
Hundertfüßer 135
Hundshai 266
Hupe 676, 696
Hürde 934
Hürden 1002
Hürdenlauf 934
Hurrikan 89
Hut 108
Hutband 457
Hutmutter 400
Hüttenkäse 280
Huygens 31
Hyäne 180
Hybridboot 1045
Hybridfahrzeug 678
Hybridschläger 1017
Hydrant 846
Hydrantenanschluss 902
Hydrantenschlüssel 903
Hydraulik 754
Hydraulikanschluss 766
Hydraulik-Heber 687
Hydraulik-Hochlöffelbagger 760
Hydraulikkupplung 764
Hydraulikschlauch 765
Hydraulikturbine 787
Hydraulikzylinder 755, 764
hydraulische Scheibenbremse 1020
hydraulischer Klappenheber 896
hydraulischer Motor 762
hydraulischer Palettenhubwagen 755
Hydrolyse 784
Hydrosphäre 94
Hygrograph 85
Hygrometer 342, 495
Hygrostat 342
Hyperlinks 642
Hypokotyl 105
Hypophyse 222, 229
Hypothalamus 222, 229
Hyracotherium 131

I

Iapetus 15
Iberische Halbinsel 49
Ichthyosaurus 130
Ichthyostega 129
Identifikationsnummer, technische 615
identisch 837
Identitätsband 471
Idiotenhügel 1036
Igel 164
Iglu 520
Igluzelt 1053
Ileum 217
Ilium 153, 159
im Wind 982
Impair 1068
Impaktor 31
Impluvium 502
Impressionismus 530
Impressum 590
Impulsklappe 27
Impulslaser, Rubin 823
Impulsregner 415
in den Boden eingelassenes Schwimmbecken 324
Inbound-Linie 952
Inbusschrauben 390
Incisura intertragica 234
Inder 20
Index 734
Indexspiegel 734
Indianersprachen 583
Indien 58, 881
Indisch-Antarktischer Rücken 69
Indisch-Australische Platte 68
Indischer Ozean 44, 46, 50, 51, 52
Indium 812
indoarische Sprachen 583
indoeuropäische Sprachen 583
Indonesien 51, 59, 881
Indonesisch 583
Industrie 643
Industrie, petrochemische 782
Industrieabfälle 97, 98
Industriegebiet 843
industrielle Nutzung 122
industrielle Telekommunikation 603
industrielle Verschmutzung 97
Infiltration 95, 97
Information 857
Informationsschalter 742, 853, 858, 867, 905, 919, 1036
Informationsstand 849
Informationsverbreitung 643
Infrarot-Scanner 32
Infrarotschnittstelle 630
Infrarotsensor 86, 636
Infrarotstrahlung 96, 821
Infrarot-Zielsuchkopf 894
Infusionsständer 920
Ingwer 261
Inhaber, Name 861
Inhaber, Unterschrift 861
Inhalt 590
Injektionsbohrung 770
Inklination 23
Inlineskating 1045
Innen- und Außenanschluss 343
Innenbehälter 348
Innenbeleuchtung 716
Innenbrett 1063
Inneneinheit 341, 343
Innenfeld 938
Innenfläche 464
Innengewinde 1060
innengezahnte Fächerscheibe 399
Innenhebel 984
Innenhof 872
Innenisolierung 685
Innenknauf 326
Innenkreis 1027
Innenläden 370
innenliegende Schlange 341
Innenlippe 136
Innenohr 234
Innenohrvorhof 235
Innenstadt 843, 844
Innensteckhülse 1059
Innensteg 579
Innenstiefel 1039, 1045
Innentasche 489
Innentür 377
Innenverteidiger 947
innere Drosselvene 211
innere Grabenböschung 505
innere Hüftarterie 210
innere Kuppelhülle 28
innere Leitschaufeln 749
innere Planeten 15
Innereien 276
innerer Kern 66, 817
innerer Oberschenkelmuskel 196
innerer Rand 171
innerer Schließmuskel der Harnröhre 218
inneres Keilbein 203, 208
Insassenaufnahme 864
Insasseneingang 864
Insekt 103
Insekten 140, 146
Insektenfresser 160, 164
Insel 45, 659, 897
Inselkette 67
Installation 523
Instrumentalgruppierungen 546
Instrumente 27, 1026
Instrumente, wissenschaftliche 37
Instrumente- und Antriebsmodul 38
Instrumentenplattform 86
Instrumentenring 39
Instrumententafel 677, 695, 696
Integral 837
Integralhelm 1024
integrierte Schaltung 820
integrierte Schaltung mit Gehäuse 820
integriertes Instrumentenmodul 27
Intelsat 603
intensive Kultur 96, 97
intensive Landwirtschaft 96, 98
Intensivstation 921
interaktive Terminals 523
interaktives Whiteboard 639
Interdentalbürste 482
Interlobärspalt, schräger 215
Internationale Organisation der Frankophonie 882
internationale Post 589
internationale Raumstation 34
internationale Wettersymbole 82
Internationales Einheitensystem 835
Internationales Olympisches Komitee 882
interne Festplatte 638
interne Modemschnittstelle 630
Internet 641, 642
Internet-Mobiltelefon 624
Internet-Nutzer 642
Internet-Nutzungen 643
Internet-Provider 642
Internetstick 631
Internet-Tasten 632
interorbitales Kommunikationssystem 35
Intervalle 562
Interview 590
Intrusivgesteine 66
Inuktikut 583
Io 14
IOC 882
Ionenschweif, Plasmaschweif 18
Ionisationskammer 926
ionische Halbsäule 503
ionische Säule 509
ionische Säulenordnung 500
Irak 58, 880
Iran 58, 880
Iridium 813
Iris 238
Irisch 583
Irisch Moos 244
Irische See 49
irisches Brot 279
Irland 56, 878
irreguläre Galaxie Typ I 19
irreguläre Galaxie Typ II 19
irreguläres Aggregat 90
Isba 520
Ischiasnerv 225

Ischium 153, 159
Islam 870
Island 46, 49, 56, 878
Isländisch 583
Isobare 81
Isolationszelle 865
Isolator 683, 793
Isolierhülse 358
Isoliermaterial 380, 781
Isoliermaterialien 385
Isolierraum 918
Isolierstoff 334
isolierte Klinge 404
isolierte Sprachen 583
isolierte Zehenkappe 33
isolierter Griff 404, 405
Isolierung 333, 349, 802
Isoseiste 76
Israel 58, 880
ist annähernd gleich 837
ist äquivalent mit 837
ist gleich 837
ist gleich oder größer als 837
ist gleich oder kleiner als 837
ist größer als 837
ist identisch mit 837
ist kleiner als 837
ist nicht identisch mit 837
ist nicht parallel zu 836
ist parallel zu 836
ist senkrecht zu 836
ist ungleich 837
Italien 56, 878
Italienisch 583

J

Jabot 455
Jaboticaba 259
Jacke 428, 443, 992
Jacke, dreiviertellange 435
Jacke, traditionelle 996
Jacken 435, 442
Jackett 430
Jackfrucht 258
Jackpot-Kasten 1070
Jackpot-Leitung 1070
Jagd 242
Jagdhunde 23
Jagdkappe 457
Jagdwaffen 887
Jaguar 181
Jahresring 118
Jahreszahl 860
Jahreszeiten 80
Jahreszeitenziegel 1066
Jakobsmuschel 265
Jalapeño-Chili 261
Jalousie 327, 370, 371
Jalousiefenster 518
Jalousieschweller 554
Jalousieverschluss 343
Jamaika 54, 876
Jamaikapfeffer 260
James-Webb-Weltraumteleskop 27
Japan 51, 59, 881
Japangraben 69
Japanisch 583
japanische Experimentalmodul 35
japanische Wollmispel 255
japanischer Rettich 245
japanisches Experimentiermodul 35
Japanisches Meer 51
japanisches Rollo 370
Japanpinsel 525
Jarlsberg 281
Javagraben 69
Jazzband 546
Jazzbesen 557
Jeans 433, 441
Jeansstoff 424
Jemen 58, 880
Jesus Christus 870
Jetski 1026
Jicama 245
Jiddisch 583
Jo 996
Jocharm 561
Jochbein 200, 205
Jochweite 660
Jockey 1006
Jod 813
Joggingschuh 450
Joghurt 280
Johann Calvin 870
Johannisbeere 254
Johannisbeere, schwarze 254
Joker 1062
Jolle 981
Jordanien 58, 880
Joule 835
Joystick 634
Joysticks 1067
Judentum 870
Judo 992
Judogi 992
Judokämpfer Wettkampfteilnehmer 992
Jujutsu 996
Jungenbekleidung 851
Jungfrau 21, 23
Jupiter 14
Jura 131
Jurte 520
Justaucorps 428
Justierring 479
Justierschraube 407
Justiz 862
Justizvollzugsanstalt 864
Jute 424
Juweliergeschäft 848

K

K.O.-System 933
Kabel 606, 620, 621, 635, 686, 693, 885, 997
Kabel, Anschluss 393
Kabel der Schnittstelle für digitale Musikinstrumente (MIDI) 559
Kabelabisolierer 405
Kabeldurchführung, ausbrechbare 354
Kabelfach 608
Kabelhalterung 375
Kabelhülse 394, 396, 477, 478
Kabeljau 94
Kabeljau, atlantischer 268
Kabelleitung 643
Kabelmodem 643
Kabelrolle 997
Kabelschutz 885
Kabeltülle 405
Kabelversteifung 374
Kabelverteiler 602
Kabine 730, 762, 763, 764, 767, 859
Kabriolett 669
Kachel 36
Kaffee 264
Kaffeebohnen, geröstete 264
Kaffee-Filterkanne 319
Kaffeehausgardine 368
Kaffeekanne 1055
Kaffeeküche 644
Kaffeelöffel 299
Kaffeemaschine 319
Kaffeemaschinen 293, 319
Kaffeepresser 319
Kaffeetisch 362
Käfig 493, 503
Kaftan 429
Kahnbein 202, 203, 208
Kai 718
Kaianlage 842
Kai-lan 251
Kaiman 157
Kairampe 718
Kaiserdach 516
Kaisergranat 266
Kaiserling 244
Kajak 987
Kakadu 163
Kakao 285
Kaki 259
Kaktusfeige 259
Kalahari 50
Kalandriegefäß 797
Kalandrieren 125
Kalb 172
Kalbsfleisch 273
Kalbsnuss 276
Kaldaune 276
Kalifornien, Golf 47
Kalium 812
Kalkulationspunkt 1041
Kalmar 265
kalte Gerichte 292
kalte Luft 90
Kältemittelleitung 341
kaltes Kühlmittel 770, 795, 804
kaltes Schwerwasser 800
Kaltfront am Boden 82
kaltgemäßigte Klimate 87
Kaltnadel 534
Kaltwasserkreislauf 344
Kaltwassersteigleitung 344
Kaltwasserzulauf 347, 348, 349, 352, 353
Kalzium 812
Kambium 110, 118
Kambodscha 59, 881
Kambrium 128
Kamera 32, 911, 1023
Kamera mit Entfernungsmesser 591
Kamera-Assistent, erster 542
Kamera-Assistent, zweiter 542
Kamera-Dolly 606
Kameragehäuse 592
Kamerakran 606
Kameramann 542
Kameramonitore 607
Kameraplattform 596
Kameras und Zubehör 606
Kameraschraube 596
Kamera-Steckfeld 605
Kameratasche 596
Kamerateam 542
Kamerun 60, 879
Kamille 264
Kamin 329, 336, 337
Kaminabdeckung 337
Kaminabdichtung 337
Kaminanschluss 336
Kaminbesteck 337
Kamineinfassung 336, 337
Kamingitter 337
Kaminsims 336
Kamisol 440
Kamm 71, 518, 573
Kämme 476
Kammer 774
Kammer, unterirdische 498
Kammerseptum 213
Kammerton A 564
Kammerwasser 238
Kammlade 572
Kammmuschel 265
Kampfbereich 992
Kämpfer 514, 994, 996
Kämpferlinie 993, 995
Kampffläche 994, 995, 996, 999
Kampffläche, zentrale 991
Kampfflugzeug 896
Kampfgericht 993, 999, 1003, 1021
Kampfmesser 886
Kampfrichter 970, 971, 990, 991, 992, 994, 997, 1009, 1010, 1031, 1043
Kampfrichter, leitender 1010
Kampfrichter für den künstlerischen Ausdruck 972
Kampfrichter für die technische Ausführung 972
Kampfrichterassistenten 1033
Kampfrichter-Obmann 1033
Kampfrichterstand 1040
Kampfrichtertribüne 1006
Kampfrichterturm 1040, 1041
Kampfsportarten 990
Kamtschatka-Halbinsel 51
Kanada 46, 54, 876
kanadischer Bacon 277
kanadischer Football 955
Kanal, Haverscher 199
Kanal, linker 618
Kanal, rechter 618
Kanalabschnitt 338
Kanalauswahltasten 611, 735
Kanäle, Volkmannsche 199
Kanaleinstiegsschacht 846
Kanalisation 344, 345
Kanalschleuse 718, 719
Kanalsohle 719
Kanalsuchtasten 611
Kanalwahlschalter 621
Kandare 1004
Kandaren 1004
Kandarenkette 1004
Kandarenzügel 1004
Kandiszucker 285
Känguru 188, 189
Känguru, äußere Merkmale 189
Känguru, Skelett 188
Kaninchen 167, 271
Kaninchens, Morphologie 167
Kanne 103, 319
Kannelierung 511
Kannelüre 500, 501
Kannenpflanze 103
Kanone aus dem 17. Jahrhundert 889
Kante 1037, 1057
Kantenfläche 386
Kantenschiene 1044
Kantenstecher 412
Kantholz 572
Kanu 722, 986
Kanu-Kajak: Flachwasserrennen 986
Kanüle 912
Kanülenansatz 912
Kanzel 871, 872, 1048
Kanzellösehebel 1048
Kap 45
Kap der Guten Hoffnung 50
Kap Horn 48
Kap Verde 60, 879
Kapaun 271
Kapelle 504
Kaper 286
Kapillaren 212
Kapillarröhrchen 827
Kapitalband 539
Kapitälchen 586
Kapitänssitz 748
Kapitell 501, 512
Kapitelsuche/Schnellvorlauf 611
Kaplanturbine 787
Käppchen 457
Kappe 351, 358, 458, 585, 600, 962, 1030
Kappe, äußere 459
Kapsel 106, 230
Kapsel (Mohn) im Querschnitt 116
Kapselfinger 566
Kapuze 436, 442, 448, 449, 1032, 1051
Kapuzenmuskel 196, 197
Kapuzenshirt 451
Kapuzineraffe 185
Kar 17, 72
Karabiner 1061
Karabinerhaken 981, 1051
Karaffe 297
Karaffe, kleine 297
Karambolagebillard 1012
Karasee 46
Karate 993
Karategi 993
Karateka 993
Karavelle 721
Karbon 129
Kardamom 260
Kardinal 162
Kardinalseezeichen 738
Kardinalseezeichen, östliches 739
Kardinalseezeichen, südliches 739
Kardinalseezeichen, westliches 739
Kardone 250
Karibik 44, 47
Karibische Inseln 876
Karibische Platte 68
Karikatur 590
Karo 1062
Karosserie 670, 687
Karotte 251
Karpalballen 174
Karpaten 49
Karpfen 269
Kartätsche 889
Karte 63
Karteikarten 652
Karteikasten 653
Karteiregister 652
Karteischubfach 653
Kartendarstellungen 43
Kartenkontrolleur 522, 544
Kartenlesegerät 858, 859
Kartenleserschlitz 668
Kartennummer 861
Kartenraum 726, 866
Kartenschacht, PC 630
Kartenschlitz 624
Kartoffel 245
Kartoffelstampfer 311
Karton 124, 295
Kartusche 350, 403, 909
Kartuschendichtung 350
Kartuschenkolben 350
Kartuschenpistole 403
Kasachstan 58, 880
Käse 292
Käsemesser 298
Käseplatte 303
Käsereibe 307
Kaserne 505
Käseschachtel 295
Käsetheke 289
Kaspisches Meer 44, 51
Kasse 289, 293, 522, 544, 668, 853, 1071
Kassen 289, 851
Kasserolle aus Gusseisen 313
Kassette 616
Kassettenband 616
Kassettendeck 616
Kassettenfach 616
Kassettenfilm 591
Kassettenlade 924
Kassettenschacht 611
Kassiererin 289
Kassiopeia 22
Kastagnetten 545, 557
Kasten 143, 564
Kastenbrot 279
Kasteneisen 531
Kastenwagen, langer 711
Katalanisch 583
Katalysator 673, 784
katalytische Umwandlungsanlage 782
Katamaran 981
Katapult 897
Katar 58, 880
Kategoriewahltasten 620
Kathode 820
Kathodenstrahlröhren-Fernseher 609
Katholizismus 870
Katze 178, 505
Katze, äußere Merkmale 178
Katzen 179
Katzenhai, groß gefleckter 266
Kaufhaus 849, 850
Kaulquappe 153
Kautschukbaum 124
Kautschukernte 124
Kautschukindustrie 124
Kegel 315, 839, 1015, 1032, 1033
Kegeldach 517
Kegelprojektion 43
Kegelradgetriebe 816
Kehldeckel 214, 233
Kehle 158, 554
Kehlkopf 214
Kehlriemen 1004
Kehrbesen 763
Kehrschaufel 381
Kehrspiegel 763
Keil 464, 484, 487, 554, 890
Keilabsatz 461
Keilbein 205
Keilbeinhöhle 232
Keilhebel 397
Keilriemen 378, 672, 682
Keilstein 514
Keim 104, 122
Keimblatt, verwelkendes 105
Keimling 105
Keimscheibe 160
Keimschicht 236
Keimung 104, 105
Keimwurzel 105
Keimzentrum 230
Kelch 114, 116, 871
Kelchblatt 112, 114
Kelimbindung, senkrechte 575
Kelimbindung mit wechselnden Wenden 575
Keller 328
Kellerfalte 454
Kellerfenster 323
Kellner 290, 291
Kellnerbesteck 307

keltische Sprachen 583
Kelvin 835
Kendo 995
Kendoka 995
Kenia 61, 879
Kennplakette 355
Kepheus 22
Keramikdichtung 350
Keramikkondensator 820
Kerbe 830, 1013
Kerbel 262
Kermadec-Tonga-Graben 69
Kern 18, 19, 114, 115, 122, 554, 887, 1058
Kern, äußerer 66
Kern, innerer 66
Kern, spaltbarer 811
Kernenergie 795
Kernenergie, Elektrizitätserzeugung 795
Kerngehäuse 115
Kerngehäuseausstecher 309
Kernholz 118
Kernkörperchen 102, 226
Kernkraftwerk 796
kernlose Salatgurke 248
Kernmembran 102
Kernreaktor 799
Kernreaktorraum 899
Kernschatten 16, 17
Kernspalte 554
Kernspaltung 811
Kernspaltung des Uranbrennstoffs 795
Kerosin 782
Kerze 871
Kessel 71, 556, 734
Kesselpauke 556
Kesselwagen 710
Ketchup 287
Ketsch 723
Ketschua 583
Kettbaum 572
Kette 347, 572, 573, 698, 700, 829, 969, 1001, 1026
Kettenantrieb 765
Kettenblattumwerfer 698, 700
Kettenblende 895
Kettenbremse 417
Kettenfäden 575
Kettenführung 700
Kettenlaufwerkrahmen 758
Kettenplatte 895
Kettenrad 895, 1020
Kettenreaktion 811
Kettenrohrzange 403
Kettensäge 417
Kettenschuh 895
Kettenstich 565
Kettenstrebe 698
Keule 174
Keule auf französische Art 274
Keulen 972
Keulenärmel 453
Keulensteak 272, 273, 276
K-Gerüst 792
Kibla 872
Kichererbse 252
Kickschuh 944
Kidneybohne, rote 253
Kiebitz 162
Kiefer 138
Kiefer einer Ratte 166
Kiefer eines Kaninchens 167
Kiefernerv 206
Kiefernnadeln 120
Kiefertaster 145
Kiel 988
Kielbein 159
Kielbogen 514
Kielboot 981
Kieldach 517
Kielstange 1047
Kieme 138
Kiemen 136, 149
Kiemen, äußere 153
Kiemendeckel 150, 153
Kiemenspalten 148
Kies 333, 345
Kiesbett 1022
Kilogramm 835
Kilometerzähler 677
Kilowattstundenzähler 355
Kimme 887, 888, 891, 893, 1011, 1043
Kimono 429
Kimonoärmel 453
Kinder 665, 929
Kinderabteilung 866
Kinderbekleidung 448
Kinderbetreuung 849
Kinderbücher 866
Kinderfahrrad 701
Kindergurt 491
Kindermöbel 366
Kinderschuhe 851
Kindersessel 366
Kindersitz 491, 686, 700
Kinder-Sportbekleidung 851
Kindertoilette 492
Kindertoilettensitz 492
Kinderwagen 491
Kinderzubehör 491
Kinn 158, 194
Kinnkette 1004
Kinnkettenhaken 1004
Kinnreff 884
Kinnriemen 901, 954
Kinnschutz 695, 901, 1020, 1035
Kinnstütze 547
Kino 544, 730, 844, 848
Kinoleinwand 544
Kinosaal 544
Kinyarwanda 582
Kiosk 668, 715
Kippa 429
Kippanhänger, aufgesattelter 692
Kippe 771
Kipper 693
Kippermulde 761
Kipphebel 917
Kipplader 692
Kipppritsche 693
Kirche 871
Kirchenbank 871
Kirchenfenster 871
Kirchenschiff 510
Kirgisistan 58, 880
Kiribati 62, 881
Kirschband 369
Kirsche 254
Kirschtomate 248
Kirsorfalte 370
Kirundi 582
Kissen 578
Kissen, kleines 363
Kiste 294, 493
Kittelbluse 440
Kitten-Heel-Absatz 461
Kiwano 258
Kiwi 258
Klammer 367
Klammern, eckige 587
Klammern, runde 587
Klampe 980, 981
Klangfarbenregler 549
Klangfell 561
klappbare Laderampe 730
klappbare Nagelfeile 472
Klappbrücke, einteilige 662
Klappe 136, 397, 430, 543, 550, 655
Klappe, hintere 37
Klappendrücker 550
Klappenhebel 748
Klappenheber, hydraulischer 896
Klappenschutz 550
Klappenstiel 550
Klappentasche 430, 435, 452
Klapperschlange 156
Klappsäge 1057
Klappschlittschuh 1033
Klappspaten 1056
Klappstufe 687
Klappstuhl 361
Klapptisch 362
klarer Himmel 82
Klarinette 550
Klarinetten 545
Klarsichtfenster 484
Klarsichthüllen 484
Klarsichtscheibe 1026
Klarspülmittelbehälter 380
Klasse 132
Klassenzimmer 865, 868, 869
Klassenzimmer für Schüler mit Lernschwierigkeiten 868
Klassifikation 132
klassische Bluse 440
Klassizismus 529
Klaue 139, 140, 142, 164, 165, 186, 189, 388
Klauenpolrad 819
Klaviaturboden 552
Klavier 552
Klaviermechanik 553
Klavikula 153
Klebeband 334, 449, 654, 944
Klebebandabroller 654
Klebefilmspender 654
Klebestift 654
Klebfaden 145
Klebstoff 334
Kleeblatt 658, 659
Kleeblattbogen 514
Kleid, mit angesetztem Schoß 438
Kleid in Trapez-Form 438
Kleid mit angesetztem Schoß 438
Kleid mit flachem Reifrock 427
Kleid mit Krinolinenrock 427
Kleid mit Turnüre 427
Kleider 438
Kleiderhaken 645
Kleidermotte 146
Kleidersack 488
Kleiderschrank 364, 365, 645, 855
Kleiderschutz 917
Kleiderstoff 569
Kleidertasche 489
Kleidung 123
Kleidung, feuer- und wasserfeste 901
Kleidungszubehör 464
Kleinanzeigen 590
kleine Armdecken 158
kleine Beuteltasche 486
kleine Chirurgie 918
kleine Elektrohaushaltsgeräte 851
kleine Haushaltsgeräte 314
kleine Karaffe 297
kleine Klinge 1055
kleine Rolle 396
kleine Rosenvene 211
kleine Säule 508
kleine Schamlippe 226, 227
kleine Sterne 18
kleine Trommel 545, 556
Kleine Wasserschlange 20
kleiner als 837
Kleiner Bär 22
kleiner Finger 237
Kleiner Getränkekarton 295
Kleiner Hund 23
kleiner Kragen 429
kleiner Lehnstuhl 360
Kleiner Löwe 23
kleiner Rundmuskel 197
kleiner Tentakel 137
kleines Kissen 363
kleines Vieleckbein 202
Kleinfingerhaken 551
Kleinflügel 553
Kleinhirn 222, 223, 224
Kleinkalibergewehr 1011
Kleintierkäfig 494
Kleinwagen 669
Klemmbacke 472
Klemmbrett 650
Klemmbügel 478
Klemmbügel, Hebel 478
Klemme 832
Klemme, rote 686
Klemme, schwarze 686
Klemme, verstellbare 372
Klemmgriff 1051
Klemmhalter 815
Klemmhefter 652
Klemmmutter 832
Klemmring 984
Klemmschlaufe 1050, 1051
Klemmschraube, untere 84
Klemmspot 372
Klemmverschraubung 352
Klemmvorrichtung 832
Klempnerei und Maurerhandwerk 402
Klempnerwerkzeug 402
Klettenwurzel 251
Kletterer 1050
Klettergürtel 1051
Kletterhaken 1050
Kletterhose 1051
Kletterpflanze 410
Kletterschuh 1050
Klettersport 1050
Kletterwand, künstliche 1050
Klettverschluss 1045
Klickpedal 1020
Kliff, Klippe 70
Klimaanlage 96, 687, 730, 911
Klimagerät 744
Klimageräte 342
Klimate, kaltgemäßigte 87
Klimate, tropische 87
Klimate, warmgemäßigte 87
Klimate der Welt 87
Klinge 298, 306, 315, 390, 479, 998
Klinge, isolierte 404
Klinge, zweischneidige 479
Klingenarten 390
Klingendose 479
Klingenmitte 998
Klingenschwäche 998
Klingenstärke 998
Klingenstopper 477
Klinke 572, 620
Klips 432, 468
Klistierspritze 912
Klitoris 226
Kloake 145, 152, 155, 159
Klöppel 578
Klöppelbrief 578
Klöppelkissen 578
Klöppelspitze 578
Klosettbecken 347
Klosettdeckel 347
Klotz 754
Klubhaus 1006, 1016
Klubhauskurve 1006
Knäckebrot 279
Knarre 395, 400, 1059
Knäuel 574
Knauf 361, 362, 941, 968, 998, 1030
Knebel 401, 873, 1004
Knebelbolzen 390
Knebeltrense 1004
Knebelverschluss 436
Kneifer 481
Kneten 314
Knethaken 314
Knie 168, 174, 192, 194
Kniebandage 999, 1007
Kniebuckel 884
Kniebundhose 441
Kniehose 428
Kniekehlenvene 211
Kniekehllymphknoten 230
Kniemanschette 1007
Kniemanschettenhalter 1007
kniender Anschlag 1011
Kniepolster 954, 1030
Kniescheibe 165, 168, 170, 175, 184, 200
Knieschoner 1008
Knieschützer 940, 1024, 1032, 1044, 1045
Kniestrumpf 433, 446, 997
Kniestuhl 646
Knoblauch 245
Knoblauchpresse 307
Knöchel 192, 194
knöchelhohe Stiefelette 460
Knöchelschutz 940
Knöchelsocke 433
Knochen 207
Knochen, kurzer 199
Knochen, langer 199
Knochen, platter 199
Knochen, unregelmäßiger 199
Knochenarten 199
Knochenfische 149, 150
Knochenhaut 199
Knochenmark 199
Knolle 250
Knollenblätterpilz 108
Knollengemüse 245
Knollensellerie 251
Knollenziest 245
Knopf 359, 371, 393, 431, 437, 560, 890
Knöpfe, gelochte 567
Knopflasche 432
Knopfleiste 437
Knopfleiste, verdeckte 443
Knopfloch 431, 435
Knopfzelle 595
Knorpel 232
Knorpelfische 148
Knorpelgelenke 208
Knorrenmuskel 197
Knospe 105
Knötchenstich, französischer 565
Knötchenstiche 565
Knoten 575, 792, 818, 1058
Knoter 766
Knurrhahn 267
Koala 189
Koaxialkabel 631
Koaxialkabelanschluss für digitalen Audioeingang 614
Kobalt 813
Kobra 156
Koch 291
Kochbereich 292
Kochecke 644
Kochen 316
Köcher 1009
Kochfeld 317, 376
Kochgeräte 312
Kochgeschirr 292, 1055
Kochmesser 306
Kochmulde 296, 376
Kochtopf 1055
Köderlauncher 898
Koffer 488, 851
Kofferauflieger 692
Kofferradio 619
Kofferraum 671
Kognakschwenker 297
Kohl 247
Kohle 95, 524
Kohlebergwerk 771
Kohlekraftwerk 775
Kohlendioxid 95, 800
Kohlendioxidkühlgas 800
Kohlendioxidreaktor 800
Kohlenhalde 775
Kohlenschaufel 337
Kohlenstoff 813
Kohlenstoff-Sauerstoff-Zyklus 95
Kohlestab (Kathode) 820
Kohlezeichnung 528
Kohle-Zink-Zelle 820
Kohlrabi 250
Kohlrübe 251
Kokosnuss 255
Kola-Halbinsel 49
Kolanuss 255
Kolben 112, 122, 359, 567, 679, 680, 681, 682, 888, 1010
Kolbenantrieb 766
Kolbenhals 887
Kolbenring 682
Kolbenschaft 682
Kolibri 162
Kollegmappe 484
Kollegmappe mit Griff 484
Koller 435
Kollimator 924
Kolon 141, 155, 169
Kolonne 1068
Kolter 765
Kolumbien 55, 876
Kolumnen 590
Koma 18
Kombi 669
Kombihacke 412
Kombihammer 1051
Kombilimousine, dreitürige 669
Kombination 1002
Kombi-Pflegelösung 481
Kombipumpe 1054
Kombizange 399, 405
Kombu 244
Kombüse 899
Komet 18
Komma 587
Kommandant, Büro 900
Kommandantenstand 895
Kommandoantenne, ferngesteuerte 64
Kommandobrücke 727
Kommandoeinheit 38
Kommandoturm 899
Kommataste 649
Kommode 364
Kommunikation, drahtlose 621
Kommunikationseinheit 924

Kommunikationsmodul 602
Kommunikationsprotokoll 642
Kommunikationsschaltbrett 748
Kommunionbank 871
Kommutator 819
Komoren 61, 880
Kompakta 199
Kompaktkamera 592
Kompaktleuchtstofflampe 359
Kompaktpuder 473
Kompaktspeisesystem 610
Kompass 21, 1048
Kompassrose 734, 1057
Kompositbogen 1009
Kompostkiste 411
Kompressionsgurt, seitlicher 1056
Kompressor 341, 343, 408
Kompressor für Klimaanlage 682
Kondensatauslass 797
Kondensateinlass 797
Kondensation 95
Kondensationskammer 770, 796
Kondensationskühlwasserbecken 801
Kondensatorventilator 343
Kondensieren 810
Kondensmilch 280
Kondensor 770, 775, 796, 804, 825, 826
Kondensoreinstellung 825
Kondensorhöhenverstellung 825
Kondensorkühlwasserauslass 797
Kondensorkühlwassereinlass 797
Kondenssammler 342
Konditionierer 766
Konditorei 849
Kondor 163
Konferenzraum 644, 852, 858, 869
Konfuzianismus 870
Konfuzius 870
Kongo 50, 879
Kongo, Demokratische Republik 61
Kongresssaal 852
Kongresszentrum 845, 852
König 1062, 1065
König, Grabkammer 498
Königin 143
Königin, Grabkammer 498
Königin-Maud-Land 46
königliche Vene 211
Königsbaum 806
Königsflanke 1065
konkave Linse 822
konkavkonvexe Linse 822
Konservator, Büro 522
Konserven 289
Konservierungslabor 523
Konsole 513, 917
Konstruktion eines Hauses 328
Konsument 603
Kontakt 359
Kontaktauslöser 389
Kontaktelemente 358
Kontaktlinse, harte 481
Kontaktlinse, weiche 481
Kontaktlinsen 481
Kontaktlinsenbehälter 481
Kontergarde 505
Kontermutter 352
Kontinent 67
kontinentale Kruste 66
Kontinentalfuß 67
Kontinentalhang 67
Kontinentalrand 67
Kontinentalschelf 67
Kontinente, Lage 44
Kontoidentifikation 859
Kontrabass 547
Kontrabasse 545
Kontrafagott 545
Kontrasteinstellung 647
Kontreskarpe 505
Kontrollbildschirm 826
Kontrollkonsole 1015
Kontrolllautsprecher 604, 605, 607, 608
Kontrollleuchte 374, 380, 577, 629, 635, 859, 903
Kontrollleuchte Netzspannung 859
Kontrollleuchten 633, 638
Kontrollmonitore 605, 607, 608
Kontrollmonitore, Regie 543
Kontrollmutter 84
Kontrollraum 740, 852, 899, 900, 904
Kontrolltaste 621
Kontrolltor 1040
Kontrolltower 740
Kontrollturm 897
Kontrollwahltasten 614
Konturfeder 158
Konvektion 811
Konvektionsströmung 811, 817
Konvektionszelle 89
Konvektionszone 16
Konvektor 339, 340
konvergierende Plattengrenzen 68
konvexe Linse 822
konvexkonkave Linse 822
Konzertflügel 553
Konzerthalle 845
Koordinatensystem der Erdkugel 42
Koordinatensystem der Himmelskugel 23
Köperbindung 575
Kopf 18, 137, 140, 141, 143, 158, 186, 193, 195, 228, 388, 390, 400, 479, 482, 483, 539, 547, 549, 566, 570, 578, 635, 949, 962, 968, 1008, 1017, 1051, 1059
Kopf einer Katze 178
Kopf eines Hundes 174
Kopf voraus 979
Kopfarten 390
Kopfaufsatz 1071
Kopfball 948
Kopfband 908, 909
Kopfbedeckungen 457, 458
Kopfbein 202
Kopfbruststück 139
Kopfende 363
Kopfganglion 136
Kopfhörer 604, 618, 619, 620
Kopfhöreranschluss 615
Kopfhöreranschlussbuchse 558, 559
Kopfhörerbuchse 614, 620
Kopfkissen 363
Kopfkissenbezug 363
Kopfkissenschonbezug 363
Kopfprofil 371
Kopfriegel 325
Kopfriemen 909
Kopfsalat 246
Kopfschiene 367
Kopfschutz 908, 990, 994
Kopfsprung rückwärts 978
Kopfsprung vorwärts 978
Kopfstab 1007
Kopfsteg 539
Kopfstrecke 774
Kopfstütze 491, 675, 686, 917
Kopfteil 335, 366, 457, 458
Kopf-und-Nacken-Stützsystem 1022
Kopfwurf 992
Kopienablage 647
Kopienanzahl 647
Kopienausgabemodus 647
Kopieren, beidseitiges 647
Kopierkontrolle 647
Kopierrad 568
Kopierraum 644
Kopilotensitz 748
Koppel-Kipptaste 554
Koppelungsmodul 34
Koppen 373
Kopplungssystem 38
Kora 561
Korakoid 153, 159
Korallenmeer 52
Korallennatter 156
Koran 870
Korb 377, 380, 491, 493, 957
Korbanlage 955, 957
Korbball 955
Korbball-Platz 955
Korbbogen 514
Korbbrett 957
Korbbretthalter 957
Körbchen 112
Korbhaltetrossen 1049
Korblinie 955
Korbpfosten 955
Korbring 955, 957
Korbstütze, gepolsterte 957
Korbtragerohr 1049
Kordel 368
Kordilleren, Australische 52
Korea 51
Koreanisch 583
Koriander 262
korinthische Halbsäule 503
korinthische Säulenordnung 501
korinthischer Pilaster 503
Kork 1042
Korkball 941
Korkenzieher 1055
Korkspitze 963
Korn 887, 888, 891, 893, 1011, 1043
Kornelevator 767
Körner 388
Körnerfresser 160
Körnerschicht 236
Kornett 551
Kornhalter mit Korn 891
Korntank 767
Korona 16
Körper 233, 554, 839, 1059
Körper, menschlicher 192
Körperpflege 289, 474
Körpertemperaturregelung 33
Korpus 549, 550, 937, 1043
Korpus, birnenförmiger 561
Korpus, dreieckiger 561
Korpus, massiver 549
Korpus, runder 560
Korrekturband 654
Korrekturstift 654
Korrekturtaste 571
Korrespondenz 651
Korselett 444
Korsett 427, 445
Kosakenmütze 457
Kosmetikartikel 851
Kosovo 57
Kostüm 443, 542
Kote 995
Köte 168
Kotelett 273, 275
Kötengelenk 168
Kote-Uchi 995
Kotflügel 670, 690
Kotflügel, hinterer 697
Krabbe 266
Krabbenspinne 147
Kraft 816
Kraft, Maßeinheit 835
Kraftfahrzeuganlagen 673
Kraftfahrzeuge: Hauptbauteile 672
Kraftsport 999
Kraftstoffanlage 673
Kraftstoffanzeige 677
Kraftstoffleitung 673, 678
Kraftstoffreserveanzeige 677, 696
Kraftstofftank 417, 673, 690, 694, 697, 706
Kraftübertragung 700
Kraftwerk 788, 794
Kraftwerk im Querschnitt 794
Kraftwerksgebäude 798
Kragen 430, 431, 435, 455, 548, 549
Krägen 431, 454
Kragen, drapierter 456
Kragen, gespreizter 431
Kragen, kleiner 429
Kragenecke 454
Kragenklammer 471
Kragenspitze 431
Kragensteg 454
Kragstein 336, 504
Kragträger 661
Krähenfußstich 565
Krail 413
Krakauer 277
Krake 265
Kralle 155, 158, 160, 174, 178, 418
Kralle, ausgestreckte 178
Kralle, eingezogene 178
Krallenbein 178
Krallenschere 493
Kran 777
Kranbahn 756
Kräne 756
Kranführerkabine 756
Kranich 20
Krankenakten 922
Krankenhaus 845, 856, 918
Krankenhausbett 920
Krankenschwester 920
Krankenstation 864
Krankentisch 920
Krankentrage 911, 913
Krankenzimmer 920
Kranzgesims 499, 500, 509
Kranznaht 205
Kranzprofil 364
Krappe 470
Krater 17, 75, 771
Kraterstrahlen 17
Kraterwall 17
Kraulen 975
krause Endivie 246
Krause-Endkolben 236
Kräuselfalte 440
Kräuselfalten 370
Krausstrick 570
Kräuter 262
Kräutertees 264
Krawatte 431
Krawatten 850
Krawattenklemme 471
Krawattennadel 471
Krawattenschal 431
Krebs 23, 94
Krebs, Wendekreis 42, 50
Krebse 139
Krebstiere 266
Kreditabteilung 858
Kreditkarte 861
Kreditkartenetui 484
Kreditkartenfach 484
Kreide 131, 1013
Kreis 838
Kreisdiagramm 838
Kreise 1066
Kreiselbrecher 779
Kreiskolbenmotor, Arbeitsprozess 681
Kreislauf, elektrischer 359
Kreisregner 415
Kreissägeblatt 392
Kreisverkehr 52
Kremaster 141
Krempe 457, 458
Kreolen 468
Krepis 499, 501
Kreuz 563, 732, 874, 1062
Kreuz des Südens 21
Kreuzaussteifung 332
Kreuzbein 184, 187, 200, 201, 204
Kreuzbeinwirbel 165, 170, 175, 188
Kreuz-Bramstagsegel 725
Kreuzen 982
Kreuzgeflecht 225
Kreuzhacke 413
Kreuzknoten 1058
Kreuzkopf 754
Kreuzkümmel 260
Kreuzmast 724
Kreuzmuster-Teppichmuschel 265
Kreuzrippe 506
Kreuz-Royalbrasse 725
Kreuz-Royalstagsegel 725
Kreuzschlitzschrauben 390
Kreuzschlitzschraubenzieher 1055
Kreuzschlüssel 686
Kreuzsegel 725
Kreuz-Stengestagsegel 725
Kreuzstiche 565
Kreuztisch 825
Kreuztischeinstellung 825
Kriechstrombarriere 683
Krieger, gallischer 883
Kriegsarsenal 889
Kriegsschiffe 897
Kringel 279
Krinolinenrock 427
Kristallisation 810
Kristalltropfen 373
Kristallzucker 285
Kroatien 57, 878
Krokodil 157
Krokus 113
Kronbein 170
Krone 118, 168, 206, 298, 306, 469, 513, 548, 828
Kronenabschnitt der Pulpahöhle 206
Kronleuchter 373
Kropf 137, 138, 141, 143, 159
Krummhalskürbis 249
Krümmling 335
Kruppe 168, 969
Kruste, kontinentale 66
Kruste, ozeanische 66
Krustenflechte 106
Kruzifix 871
kryogene Hauptstufe 39
Krypton 814
Kuba 54, 876
Kubismus 530
Küche 291, 293, 296, 329, 502, 853, 854, 864, 869, 900
Küchenbeil 306
Küchenchef 291
Kuchenform 311
Kuchengabel 304, 305
Küchenhilfe 291
Kücheninsel 296
Küchenmaschine 315
Küchenmesser 306
Kuchenpinsel 310
Küchenreibe 307
Küchenschere 309
Kuchenteller 302
Küchenutensilien 306
Küchenwaage 308
Küchenwagen 745
Küchenzubehör 306
Küchenzubehörsatz 311
Kufe 421, 753, 763, 1026, 1028, 1030, 1031, 1034
Kufe, bewegliche 1035
Kugel 584, 839, 887, 889, 937, 1015
Kugelaggregat 350
Kugeldichtung 350
Kugelfisch 151
Kugelgelenk 207
Kugelhalterung 84
Kugellager 807, 1045
Kugeln 1014
Kugelrücklaufkasten 1015
Kugelschreiber 584
Kugel-Sternhaufen 19
Kugelstoßen 934
Kugelträger 1015
Kuh 173
Kühlabteilung 288, 289
Kühlaggregat 691
Kühlauflieger 692
Kühlbox 1056
Kühler 672, 683
Kühler für Dampfgeneratorraum 797
Kühleranlage 673
Kühleranschluss, unterer 683
Kühlerblock 683
Kühlergrill 670, 690
Kühlergruppe 706
Kühlerhaube 690
Kühlerverschlussdeckel 683
Kühlfach 377
Kühlhaus 718
Kühlmantel 891
Kühlmittel 795, 800, 801, 804
Kühlmittel, erwärmtes 795
Kühlmittel, heißes 804
Kühlmittel, kaltes 795, 804
Kühlmittelauslass 802
Kühlmitteleinlass 802
Kühlraum 289, 292
Kühlsattelanlieger 691
Kühlschrank 290, 292, 296, 377
Kühlschränke 290
Kühlturm 770, 775
Kühlung 782
Kühlvitrine 290
Kühlwagen 710
Kühlwassertank 795, 797
Kühlwasserventil 797
Kühlwasserventilator 706
Kühlzylinder 823
Kuhmilch 280
Kuhstall 243
Kuhstek 1058
Kuiper-Gürtel 14
Küken 163
Kulette 469
Kulissen 540
Kultbild, Standort 499
Kultur, intensive 96, 97
Kulturbeutel 488
Kulturorganisation 643
Kümmel 260
Kumquat 256
Kumulonimbus 82, 88
Kumulus 82, 88
Kundenbetreuung 859
Kung-Fu 996

Kunst- und Fotomappe 653
Künste, bildende 522
Künste, darstellende 540
Künste, grafische 532
Kunstfasern 424
Kunstfliege 1059
Kunstgewerbe 565
künstlerischer Ausdruck, Kampfrichter 972
künstlerischer Leiter 542
künstlich angelegter Teich 410
künstliche Kletterwand 1050
künstliche Membran 927
künstliche Strahlung 65
künstlicher Erdsatellit 79
künstlicher See 73
Kunstraum 868
Kunstschwamm 473
Kunstspringen 978
Kunststoff 351
Kunststoff, Sortierung 99
Kunststoffboden 968
Kunststoff-Federball 963
Kunststoffhülse 1010
Kunststoffisolator 354
Kunststoffkondensator 820
kunststoffummantelter Stoßfänger 670
Kunstturnen 969
Kupfer 78, 351, 813
Kupferplatte 534
Kuppe 1013
Kuppel 509, 736, 750
Kuppel des Mihrab 872
Kuppeldach 517
Kuppelhülle, äußere 28
Kuppelhülle, innere 28
Kuppelspaltabdeckung 28
Kuppelzelt 1053
Kuppenring 1013
Kupplung 672
Kupplungsbolzen 787
Kupplungsbügel 706
Kupplungsgehäuse 696
Kupplungshebel 413, 696
Kupplungskopf 764
Kupplungspedal 676
Kürass 883
Kurbel 307, 395, 401, 686, 700, 1060
Kurbel der Stützvorrichtung 691
Kurbel für Säule 596
Kurbelgehäuse 681
Kurbelgriff 395
Kurbelwelle 680, 682
Kürbis 249
Kuriertasche 486
Kurilengraben 69
Kurkuma 260
Kursbuchtafeln 704
Kurse 982
kursiv 586
Kurtine 504
Kurve 1006
kurze Hose 433, 945, 951, 956, 1020
kurze Linie 964
Kürzel der Ausgabebank 861
kurzer Großzehenstreckermuskel 196
kurzer Hohlhandmuskel 196
kurzer Knochen 199
kurzer speichenseitiger Handstrecker 197
kurzer Wadenbeinmuskel 197
Kurzhaarkatze, Amerikanische 179
Kurzhandschuh 464
Kurzmeldungen 590
Kurzschwert 883
Kurzsichtigkeit 239
Kurzsocke 446
Kurzstrecke 1033
Kurzstreckenschlittschuh 1033
Kurzzeitwecker 308
Kusine 929
Küste 77
Küstenformen 70
Küstenformen, typische 70
Kuttelwurst 277
Kuttenkragen 455
Kuwait 58, 880
Kyphose 204
kyrillische Schriftzeichen 585

L

Label 617
Labor 28
Labor, pathologisches 922
Laboratorium 26
Laborgeräte 815
Laborleuchte 600
Laboruhr 600
Labrador Retriever 177
Labradorsee 46
Labyrinth 1035
Lachs 94
Lachs, atlantischer 268
Lachs, pazifischer 268
Lackieren 408
Lackwalze 534
Lacrosse 948
Lacrosse-Ball 949
Lacrosse-Feld 948
Ladeanzeige 479
Ladebagger 775
Ladebaum 728, 729
Ladefläche 691, 765
Ladegerät 394
Ladegerät für Paletten und Container 745
Ladekontrolleinheit 678
Ladekontrolllampe 479
Ladekran 729
Lademast 729
Laden 166, 502
Ladenbahn 572
Ladenpassage 847
Lader 999
Laderampe 847
Laderampe, klappbare 730
Ladeschaufel 889
Ladestation 482
Ladestock 889
Ladevorrichtung 693
Ladogasee 49
Ladung 887
Ladung, negative 834
Ladung, positive 834
Lafettenwand 890
Laffe 299
Lage 1018
Lage der Kontinente 44
Lageplan 328
Lager 850
Lagergang 75
Lagergestell 798
Lagerhaus 842
Lagerholz 332
Lagerraster 799
Lagerraum 290, 292, 905
Lagerraum für gebrauchtes Material 918, 921
Lagerraum für medizinische Geräte 923
Lagerraum für neue Brennstäbe 798
Lagerraum für Sterilgut 918, 921
Lagerstätte 779
Lagertank 782
Lagerzapfen 890
Lagune 70
Laibung 514
Lakkolith 75
Lama 172
Lambdanaht 205
Lamelle 108, 371
Lamellen, Haversche 199
Lamellenvorhang 370
Lammfelljacke 436
Lammfleisch 274
Lampe 33, 613, 713, 803, 825, 1053
Lampen 372
Lampenfassung 358
Lampenfassung, Teile 358
Lampenreihe 373
Land 53, 843
Landebereich 934, 1041
Landedeck 897
Landefahrzeug der Sojus-Besatzung 34
Landefangseil 897
Landefenster 753
Landehügel 1040
Landeklappe 746
Landemodul 38
Landemodul (Viking) 32
Landemotor 32
Landenge 45
Landenge von Panama 47
Landeradar 897
Landescheinwerfer 753
Landfeste 661
Landhausgardine 368
Landkarte 868
landschaftlich schöne Strecke 53
Landspitze 70
Landung 1041
Landvögel 162
Landwirtschaft, intensive 96, 98
landwirtschaftliche Maschinen 765
landwirtschaftliche Nutzleiter 409
landwirtschaftliche Verschmutzung 97
Landzunge 70
Länge, Maßeinheit 835
lange Handmuskeln 196
lange Unterhose 434
Längengrade 42
Längenmessung 833
Längenpfosten 1006
Längenverstellung 916
langer Abendhandschuh 464
langer Dolch 886
langer Kastenwagen 711
langer Knochen 199
langer Knochen, Aufbau 199
langer speichenseitiger Handstrecker 197
langer Wadenbeinmuskel 196
langer Zehenstreckermuskel 196
langes Feld 890
Langhaarschneider 479
Langhandschuh 464
Langhobel 397
Langläufer 1042
Langlaufloipe 1036
Langlauf-Rattenfallbindung 1042
Langlaufski 1042
langsam drehende Welle 807
Längsdünen 74
Längsfaden 569
Längsfurche 223
Längslatte 1047
Längsschnitt durch ein Weizenkorn 122
Längsschnitt durch eine Haselnuss 116
Längsschnitt durch eine Walnuss 116
Längsschott 728
Längsträger, unterer 757
Langstrecken-Düsenflugzeug 746
Languste 266
Lanthan 814
Lanthanoide (Seltenerdmetalle) 814
Lanze 883
Lanzettbogen 514
lanzettförmig 111
Laos 59, 881
Lapislazuli 470
Lappen 160
Lappen, oberer seitlicher 117
Lappen, unterer seitlicher 117
Lappenbronchus 215
Laptewsee 46
Laptop 630, 641
Laptop-Tasche 489
Lärche 121
Larve 144
Lasagne 282
Lasche 436, 484
Lasche, selbstklebende 651
Laschenbolzen 712
Laserdrucker 637
Lasermaus 634
Lasersensor 634
Laserstrahl 615, 823
Laserstrahlausgang 832
Last 816
Lastkraftfahrzeuge 690
Lastkraftwagen 693
Lateinersegel 723
lateinische Schriftzeichen 585
laterale Klingen 763
Lateralzeichen 739
Laterne 410, 737
Laternenfisch 151
Latexhandschuh 913
Latrinen 502
Latte 370, 565, 974, 983
Lattentasche 980
Latz 997
Lätzchen 448, 449
Latzenstab 573
Latzhose 441, 449
Latzhose mit gekreuzten Rückenträgern 449
Latzhose mit hohem Rückenteil 448
Laub 118
Laubbläser 411
Laubblätter, erste 105
Laubflechte 106
Laubfrosch 153
Laubheuschrecke 147
Laubhölzer 119
Laubsäge 391
Laubwerk 360
Lauch 245
Lauf 158, 891, 1010
Laufbahn 1032
Laufband 1001
Laufbein 141, 145
Laufbrett 706
Laufbrücke 729
laufender Palstek 1058
Läufer 935, 1063, 1065
Läuferblatt 787, 794
Lauffläche 685, 712, 1001
Laufgewicht 564, 830
Laufkatze 662, 756
Laufkatzenrolle 756
Laufkraftwerk 788
Laufkran 757, 786
Laufrad 494, 535, 787, 832
Laufrad, pneubereiftes 716, 717
Laufräder 762
Laufrolle 366, 895
Laufrollen mit Feststellbremsen 913
Laufschiene 526, 757, 887
Laufschiene, ventilierte 1010
Laufschuh 935
Laufsohle 450, 459, 1038
Lauftext 606
Laufwagen 367
Laufwerksantrieb 638
Laufzange 579
Laugenbottich 378
Laus 146
Lautsprecher 544, 559, 610, 612, 613, 619, 620, 621, 622, 624, 625, 630, 735, 748, 902, 1071
Lautsprecheranschlüsse 614
Lautsprecherbox 618
Lautstärkeregelung 625
Lautstärkeregelungstasten 639
Lautstärkeregler 33, 549, 558, 559, 611, 614, 619, 621, 624
Lautstärkeregler für den Hörer 623
Lautstärkeregler für den Rufton 623
Lautstärketaste 622
Lavaliermikrofon 604
Lavaschicht 75
Lavastrom 75
Lawrencium 814
LCD-Fernseher (Liquid-Crystal-Display-Fernseher) 610
Lead 1027
Lebenserhaltungssystem 33
Lebensmittelbranche 288
Lebensmittelindustrie 242
Lebensmittellagerung 294
Lebenszyklus des Frosches 153
Leber 149, 152, 154, 155, 159, 169, 216, 229, 276
Lederhaut 236, 237, 238, 942
Lederschutz 1057
Lederstrippe 432
Ledertuch 463
Lederwaren 484
Lederwarengeschäft 848
LED-Lampe 359
LED-Pegelanzeige 616
Leerdarm 217
leere Menge 837
Leerlaufanzeige 696
Leertaste 632, 648
Leerzeichen 632
Leerzeichen, geschütztes 632
Left-Wing 950
Lefzen 174
Leguan 157
Lehmhütte 520
Lehmkern 790
Lehnstuhl, kleiner 360
Lehrbücher 866
Lehrbuchsaal 867
Lehrer/Lehrerin 868
Lehrerpult 868
Lehrerzimmer 869
leicht entzündlich 910
Leichtathletik 934
Leichtathletikbahn 932
Leichtbelastungsstellschraube 355
leichte Atemschutzmaske 909
leichter Regen 90
leichtes Maschinengewehr 891
leichtes Sonnenkleid 438
Leichtflugzeug 750
Leier 23
Leine 493, 873, 988
Leinen 1071
Leinenspanner 1052
Leinöl 527
Leinwand 529, 601
Leinwandbehälter 601
Leinwandbindung 575
Leinwandhalterung 536
Leiste 192, 194, 333, 538
Leistenlymphknoten 230
Leistenschutz 994
Leistenschutz für Frauen 994
Leistentasche 430
Leistung, Maßeinheit 835
Leistungsabgabe mit Generatorspannung 789
Leistungskabel 354
Leitbündel 110
leitender Kampfrichter 1010
Leiter 324, 520, 687, 719, 733, 737, 761, 762, 781, 1064
Leiter, künstlerischer 542
Leiterbaum, ausfahrbarer 902
Leitergerüst 409
Leiterkordel 371
Leitern 409
Leiterplatte 820
Leiterspiel 1064
Leiterstrahlrohr 902
Leitöse 981
Leitrad, pneubereiftes 716
Leitschaufel 787
Leitschaufeln, äußere 749
Leitschaufeln, innere 749
Leitspruch 861
Leitwerk 747, 785, 896, 1048
Leitwerke 751
Leitwerksträger 753
Leitwerksstütze 745
Lemure 185
Lende 168, 193, 195, 272, 273, 274, 275
Lendengeflecht 225
Lendenlordose 204
Lendenlymphknoten 230
Lendenpolster 954
Lendenschutz 426
Lendensteak 272
Lendenstück 273, 274
Lendenwirbel 165, 170, 175, 184, 187, 188, 201, 204
Lenkachse 755
Lenkanlage 673
Lenker 917, 1001, 1021, 1026
Lenkerbügel 1021
Lenkerbügel, angehobener 1020
Lenkergriff 695, 697, 1021
Lenkhebel 755
Lenkholm 411, 413
Lenkkopf 699
Lenkrad 420, 672, 676, 764, 1023
Lenkrolle 375
Lenksäule 672
Lenkstange 1047
Lenkzylinder 760
Leopard 181
Leopardfrosch 153
Leselampe 907, 920
Leseleuchte 372
Lesen von Compact Discs 615
Leserbriefe 590
Lesesaal 866
Lesetaste 621
Lesotho 61, 880
Lettland 57, 878
Leuchtanzeige 316, 317, 318, 319, 478
Leuchtfeuer 739
Leuchtfeuerkennung 739
Leuchtkasten 655
Leuchtrakete 907

Leuchtstoffröhre 359, 536
Leuchtstreifen 901
Leuchtturm 718, 736
Leuchtturmlampe 736
Leukoplast 102
Leukozyt 209
Libanon 58, 880
Libanonzeder 121
Libelle 147
Liberia 60, 879
Libero 958
Libyen 60, 879
Licht 24, 25, 28, 594, 595
Licht, Ewiges 872
Licht, gelbes 846
Licht, grünes 846
Licht, rotes 846
Licht, sichtbares 821
lichtbrechende Oberfläche 822
Lichtbrechung 822
Lichtempfindlichkeit 593
Lichtempfindlichkeitsskala 597
Lichterscheinung 739
Lichtkonsole 605
Lichtleiste 907
Lichtleistensteuerung 907
Lichtleitkabel 631
Lichtmaschine 672, 682
Lichtpfad 29
Lichtreflexion 822
Lichtregisseur 605
Lichtschutzschirm 27
Lichtsensor 594, 597
Lichtstärke, Maßeinheit 835
Lichtstrahl 239
Lichttechniker 543
Lichtwanne 606
Lidschatten 473
Liebstöckel 262
Liechtenstein 56, 878
liegender Anschlag 1011, 1043
Liegerad 702
Liegestuhl 361
Ligament, elastisches 178
Likörglas 297
Lilie 113, 875
Limabohne 253
Limette 256
Limonadenlöffel 299
Limousine, viertürige 669
Linde 120, 264
Lineal 526, 537, 832, 833, 1055
linealisch 111
Lingala 582
Linie 959
Linie, durchgehende 658
Linie, neutrale 817
Linie, unterbrochene 658, 659
Linienanzeige 688, 689, 717
Linienbus 688
Liniendiagramm 838
Linienrichter 947, 953, 958, 959, 960, 962, 964, 966, 970, 1029
Liniensystem 562
linke Flanke 874
linke Großhirnhemisphäre 223
linke Herzkammer 212, 213
linke Lunge 214
linke Lungenarterie 213
linke Lungenvenen 213
linke Mittelstelle 874
linke Niere 218
linke Seite 386, 481
linker Abwehrspieler 958
linker Angriffsfeldspieler 960
linker Außenangreifer 958
linker Außenfeldspieler 938
linker äußerer Linebacker 952
linker Centre 950
linker Corner Back 952
linker Defensive End 952
linker Defensive Tackle 952
linker Flügelspieler 945
linker Guard 953
linker Innenfeldspieler 945
linker Kanal 618
linker Mittelfeldspieler 945, 947
linker Stürmer 1029
linker Tackle 953
linker Verteidiger 945, 947, 1028
linker Vorhof 212, 213
linkes Aufschlagfeld 965, 967
linkes Feld 939
linkes Obereck 874
linkes Untereck 874
links 541
Linse 238, 239, 252, 598, 829
Linse, bikonkave 822
Linse, bikonvexe 822
Linse, konkave 822
Linse, konkavkonvexe 822
Linse, konvexe 822
Linse, konvexkonkave 822
Linse, plankonkave 822
Linse, plankonvexe 822
Linsen 822
Linsen, elektronenoptische 826
Linsenfernrohr 24
Linsenfernrohr im Querschnitt 24
linsenförmige Galaxie 19
Linsenkopf mit Schlitz 390
Linsensystem 824
Lipgloss 474
Lippe 168, 178, 981
Lippenkonturenstift 474
Lippen-Make-up 474
Lippenpfeife 554
Lippenpflegestift 475
Lippenpinsel 474
Lippenstift 474
Lippentaster 136, 140, 143
Liquidation 95
Listenführer 993, 995, 996
Litauen 57, 878
Literaturbeilage 590
Lithium 812
Lithografie 532, 535
Lithografiestein 535
lithografische Tusche 535
Lithokreide 535
Lithosphäre 66, 94
Lithostift 535
Litschi 259
Litze 490
Litzen 572, 573
Litzenstab 573
Lob 967
Lob Wedge 1018
Loch 535, 1016, 1017
Loch, gestanztes 432, 459
Loch, Par-3 1016
Loch, Par-4 1016
Loch, Par-5 1017
Lochbillard 1013
Locher 655
Löcher 1016
Lochrohr 345
Lochschlitten 571
Lochziegel 384
Lockennadel 476
Lockenstab 478
Lockenwickler 476, 478
Löffel 299, 760, 1055, 1061
Löffeleisen 531
Löffelstiel 759
Löffelstielzylinder 759
Loge 541
Lokale Station 602
Lokomotive 707
Lokomotive, dieselelektrische 706
Lokomotive im Querschnitt 706
Lokschuppen 703
Lokverkehrsgleis 708
Longanfrucht 258
Longdrinkglas 297
Lorbeer 262
Lorgnette 481
Löschen 633
löschender Rückschritt 633
Löschfahrzeug 900
Löschfahrzeuge 902
Löschhubschrauber 753
Löschmittelbehälter 903
Löschpapier 651
Löschtaste 593, 625, 633, 649
lose Dämmstoffe 385
loser Puder 473
loser Vorhang 369
Löshebel 399
Löten 406
Lötkolben 406, 579
Lötlampe 402, 407
Lötmetall 579
Lötpistole 406
Lötspitze 406, 579
Lötzinn 406
Lötzubehör 406
Lounge 730
Löwe 23, 181
Löwe, schreitender 875
Löwenzahn 113, 247
Luchs 22, 180
Luer-Lock-Spitze 912
Luffaschwamm 475
Luft, absinkende kalte 89
Luft, aufsteigende warme 89
Luft, kalte 90
Luft, warme 90
Luftansaugrohr 727
Luftaufbereitung 342
Luftauslass 477
Luftaustrittsöffnung 340
Luftaustrittsschlitz 375
Luftbetankung 896
Luftbetankungsausleger 896
Luftblase 107
Luft-Boden-Flugkörper 894
Luftdatenrechner 748
Luftdruck 81
Luftdruck, Messung 85
Luftdruck in Meereshöhe 81
Luftdruckänderung 81
Luftdüse 676
Lufteinlass 408, 477, 687, 688, 695, 727, 749, 1026
Lufteinlauf 753
Luftentfeuchter 342
Lüfter 341, 343, 630, 637, 672, 678, 682, 683
Lüfterkopf 736
Luftfahrt 603
Luftfeuchtigkeit 342
Luftfeuchtigkeit, Messung 85
Luftfilter 342, 411, 417, 672, 706, 758
Luftkammer 160
Luftkissenfahrzeug 727
Luftklappe 691
Luftkompressor 706, 707
Luftkühler 680
Luftloch 483, 585
Luftlöcher 884
Luft-Luft-Flugkörper 894, 896
Luftmasse 81
Luftmatratze 1054
Luftmatratze, selbstaufblasbare 1054
Luftpistole 1011
Luftpolster 651
Luftpolsterumschlag 651
Luftpost 589
Luftpropeller 727
Luftpumpe 21, 495, 698
Luftreiniger 342
Luftröhre 159, 169, 214, 215
Luftschacht 338, 498
Luftschadstoffe 97
Luftschlauch 527, 772, 913, 989
Luftschleuse 35, 37, 899
Luftschleuse des Reaktorgebäudes 796
Luftsport 1046
Luftsprudler 350
Luftstrom 527
Lufttemperatur 81
Lüftung 716, 805
Lüftungsgitter 338, 341
Lüftungsschlitz 343
Luftventil 408, 527
Luftverkehr 740
Luftverschmutzung 97
Luftwege 214
Luftwiderstand 752
Luftzielsuchradar 897, 898
Luftzufuhr 1024
Luftzufuhrregler 336
Luggersegel 723
Luke 895
Luke mit Klappdeckel 987
Lumen 209
Lumineszenzdiode 359
Luna 1 30
Lunge 137, 152, 154, 159, 169, 212, 215
Lunge, linke 214
Lunge, rechte 214
Lungen 215
Lungenarterie 210
Lungenarterien 212
Lungenbläschen 215
Lungenfisch 151
Lungenkreislauf 212
Lungenmittellappen 214
Lungenoberlappen 214, 215
Lungenstamm 213
Lungenunterlappen 214, 215
Lungenvene 211
Lungenvenen 212
Luntenstock 889
Lunula 136
Lupe 824, 1055
Lupine 252
Lutetium 814
Luthertum 870
Lutz 1031
Luxemburg 56, 878
Luzerne, blaue 252
lymphatisches System 230
Lymphgefäß 230
Lymphknoten im Querschnitt 230
Lyra 561

M

Mäander 73
Macadamianuss 255
Machete 886
Mackenzie 47
Madagaskar 50, 61, 880
Mädchenbekleidung 851
Madreporenplatte 135
Magazin 389, 888, 891, 1043
Magazinbalg 555
Magazinboden 888
Magazinhalter 888
Mage 995
Magellan 30
Magen 134, 135, 136, 137, 138, 149, 152, 154, 155, 169, 216
Magenfäden 134
Magenmund 139
Magenpförtner 139
Magensack 134
Magenstütze 445
Magenta 821
mager 586
Magma 67, 75
Magmakammer 75, 770
Magnesia 971
Magnesium 812
Magnesiumcarbonat-Kreide 999
Magnet 568, 654, 817
Magnetband 611
magnetische Dämpfung 830
magnetische Dichtung 377
magnetische Trennung 99
magnetischer Deckelhalter 318
magnetischer Nordpol 817
magnetischer Südpol 817
magnetisches Feld 609, 817
Magnetismus 817
Magnetkompass 1057
Magnetnadel 1057
Magnetometer 86
Magnetresonanztomographie 924
Magnetstreifen 861
Mähdrescher 767
Mah-Jongg 1066
Mahleinstellung 318
Mähne 168
Mähwerk 420
Mähwerkaushebung 420
Maiglöckchen 113
Maikäfer 146
Maine Coon 179
Mais 122, 263
Maisbrot 279
Maismehl 278
Maisöl 284
Maissirup 285
Majuskel 586
Makak 185
Makemake 15
Make-up 473
Makrele 267
Makronukleus 133
Makroobjektiv 598
Mal 943
Mal, drittes 938
Mal, zweites 938
Malagasy 583
malaiopolynesische Sprachen 583
Malawi 61, 880
Malawisee 50
Malaysia 59, 881
Malediven 58, 880
Malen 524
Malerei 529
Malerpinsel 408
Malerstaffelei 21
Malerutensilien 525
Malerwerkzeug 408
Mali 60, 879
Malpappe 529
Malpighi-Gefäß 143
Malpighi-Gefäße 141
Malspachtel 525
Malspieler, dritter 938
Malspieler, erster 938
Malspieler, zweiter 938
Malstock 526
Malta 56, 878
Malzessig 287
Mammutbaum 121
Mandarine 256
Mandel 231, 255
Mandeln 230
Mandoline 561
Mangan 813
Manganmischung (Kathode) 820
Mango 259
Mangochutney 287
Mangold 250
Mangostane 258
Maniküre 472
Maniok 245
Mann 192
Männerzelle 904
männlich 834
männliche Blütenstände 120
männliche Geschlechtsorgane 228
Mannschaftsabzeichen 1028
Mannschaftsbank 974
Mannschaftsduschen 900
Mannschaftshandikap 1008
Mannschaftsschlafsaal 900
Mannschaftstoiletten 900
Mannschaftszelt 1052
Manometer 781
Manque (1 bis 18) 1068
Mansardendach 516
Mansardenfenster 322
Manschette 431, 1000, 1030, 1050
Manschettenknopf 452
Mantel 136, 138, 435, 443, 820, 887, 893, 989, 1058
Mäntel 435, 442
Mantel, oberer 66
Mantel, unterer 66
Mantelblech 781
Mantelhöhle 138
Mantelkleid 438
Mantelmauer 504
Mantelmuskeln 138
Mantelstromführung 749
Manual 555
Manual für das Hauptwerk 554
Manual für das Oberwerk 554
Manual für das Rückpositiv 554
Manuale 554
Manuell-/Automatikeinstellung 577
manuelle Aussteuerung 616
manuelle Diawahl 601
manuelle Drehtüren 853
manuelle Scharfeinstellung 601
manueller Beatmungsbeutel 911
Manxkatze 179
Maori 583
Marcato-Zeichen 563
Marconikutter 723
Marder 180
Margarine 284
Marginalschild 155
Marianengraben 69
Marie-Byrd-Land 46
Marienkäfer 146
Marineanker 732
Marine-Dieselkraftstoff 782
Mariner 30
Mariniergewürze 261
marinierter Fisch 270
maritim 87

Mark 110, 118, 276, 286
Marke 493
Marker 524, 585
Markhöhle 199
Markierschnur 387
Markierung 1005
Markierungslinie 1057
Markierungspunkt 569
Markscheide 221
Markstrahlen 118
Marokko 60, 879
Mars 14, 15
Mars Odyssey 31
Mars Reconnaissance Orbiter 31
Marshallinseln 62, 881
Marsstenge 724
Martin Luther 870
Martingal 1008
Martinique 54
Mary Jane 460
Mascara, flüssiges 473
Mascarabürstchen 473
Mascarastein 473
Maschen 961
Maschenanschlag 570
Maschenprobe 570
Maschinen, landwirtschaftliche 765
Maschinengewehr 895
Maschinengewehr, leichtes 891
Maschinenhalle 785, 786
Maschinenhaus 772
Maschinenpistole 891
Maschinenraum 728, 730, 899
Maschinenwäsche 425
Maschinist 542
Maserung 386
Maske 940, 989
Maskenbildner 542
Maskendichtung 909
Maß 308
Massagebürste 475
Massagehandschuh 475
Maßband 387, 568
Masse 76, 354
Masse, Maßeinheit 835
Masseelektrode 683
Maßeinheit der Celsius-Temperatur 835
Maßeinheit der elektrischen Ladung 835
Maßeinheit der elektrischen Spannung 835
Maßeinheit der elektrischen Stromstärke 835
Maßeinheit der Energie 835
Maßeinheit der Frequenz 835
Maßeinheit der Kraft 835
Maßeinheit der Länge 835
Maßeinheit der Leistung 835
Maßeinheit der Lichtstärke 835
Maßeinheit der Masse 835
Maßeinheit der Radioaktivität 835
Maßeinheit der Stoffmenge 835
Maßeinheit der thermodynamischen Temperatur 835
Maßeinheit des Drucks 835
Maßeinheit des elektrischen Widerstands 835
Massekabel 406
Massengut-Terminal 718
Massenträgheit 816
Massenversand 589
massereiche Sterne 18
Massezange 406
mäßiger Regen 90
massiver Korpus 549
Maßwerk 507
Mast 713, 722, 980, 983
Mastdarm 217, 226, 228
Mastfenster 792
Mastfuß 792
Masthalterung 610
Mastkörper 792
Mastlager 983
Mastoberteil 792
Mastspitze 983
Maststeuerhebel 754, 755
Masttasche 983
Masttraverse 792
Matchbeutel 486
Material, radarabsorbierendes 751
Materialraum 868
Materialschleuse 798
Materie 810
Materie- und Energieaustausch 94
Mathematik 837
Matratze 363, 366
Matratzen 850
Matratzenauflage 363
Matratzenrahmen 850
Matrosenbluse 440
Matrosenkragen 455
Matte 936, 990, 992, 1014
Matte, rutschfeste 1043
Matten 970
Mattenisolierung 385
Mattenrichter 996
Mattscheibe 594
Mauer 1002, 1066
Mauer mit Stangen 1002
Mauerdurchbruch 1066
Mauernagel 388
Mauersegler 162
Mauerstrebe 508
Mauerturm 504
Mauertürmchen 504
Mauerwerk 333
Maul 148, 168, 182
Maulkorb 493
Maul-Ringschlüssel 400
Maultier 172
Maultrommel 561
Maulwurf 164
Maulwurf, äußere Merkmale 164
Maulwurf, Skelett 164
Maurerhammer 403
Maurerkelle 403
Maurerwerkzeug 403
Mauretanien 60, 879
Mauritius 61, 880
Mauspad 634
Mausschnittstelle 629, 636
Mawashi 995
Maximal- und Minimalthermometer 85
Maya 583
Mazedonien 57
Mechanik 816
Mechaniker 1023
mechanische Uhr 828
mechanische Verbindungen 351
mechanisches Variometer 1048
Medaillon 468
Medaillons 276
mediane Zungenfurche 233
Mediastinallymphknoten 230
Medikamentenfach 911
Medikamentenraum 918, 923
mediterrane Subtropen 87
medizinische Ausrüstung 911
medizinische Gasflasche 921
medizinische Geräte, Lagerraum 923
Meer 45, 794
Meer, Arabisches 51
Meer, Japanisches 51
Meer, Kaspisches 51
Meer, Mare 17
Meer, Ostchinesisches 51
Meer, Rotes 50, 51
Meer, Schwarzes 49, 51
Meer, Südchinesisches 51
Meerbarbe, rote 267
Meerbusen, Bottnischer 49
Meerenge 45
Meeresalgen 244
Meeresboden 67
Meeresfische 266
Meeresfrüchteplatte 270
Meeressäugetiere 182, 183
Meeresspiegel 66, 67, 79
Meerkohl 246
Meerohr 265
Meerrettich 251
Meersalat 244
Meersalz 287
Meerschweinchen 166
Meganeura 129
Megazostrodon 130
Mehl 123, 278
Mehl, ungebleichtes 278
Mehlsieb 308, 310
Mehrfachklingenrasierer 479
Mehrfachsprünge 1025
Mehrfachstartstruktur 39
Mehrfeldbrücke 660
Mehrkanal-Audioeingänge 614
Mehrkanal-Ausgänge 614
Mehrkornbrot 279
mehrreihige Halskette 468
Mehrrumpfboote 981
Mehrstückpackung 295
Mehrzweckleiter 409
Mehrzweckraum 605, 865
Mehrzweckzange 405
Meissner-Körperchen 236
Meitnerium 813
Melanesien 52
Melanesisch 583
Melasse 285
Melodiepfeife 560
Melodiesaiten 560
Melone 457
Melonen 257
Melonenlöffel 309
Membran 618
Memory-Stick-Karte 594
Men 995
Mendelevium 814
Mengenschnitt 837
Mengenvereinigung 837
Menora 872
Mensch ärgere dich nicht 1063
menschlicher Körper 192
menschliches Gebiss 206
Menü 611
Men-Uchi 995
Menügabel 300
Menümesser 298
Menütaste 593, 613, 620, 621, 622
Mercaptaneindüsung 783
Meridianlinie 1057
Merkur 14, 15
Mesenterialarterie, obere 210, 219
Mesenterialvene, obere 211
Mesogloea 134
Mesokarp 114, 115
Mesopause 79
Mesosaurus 130
Mesosphäre 79
Mesothorax 141
Mess- und Markierungswerkzeuge 387
Messband 387
Messbecher 308
Messbügel 832
Messdatenspeicher 404
Messe, Speiseraum 899
Messen 308
Messer 298, 318, 405, 417, 419, 531, 533, 654, 1055, 1057
Messer, festgestelltes 537
Messer aus Feuerstein 883
Messerablage 301
Messerbajonett 886
Messerbalken 766, 767
Messermuschel 265
Messerschutz 314
Messersicherung 355
Messerwalze 419
Messezentrum 842
Messingkörper 350, 352
Messinstrumente 827
Messinstrumente, meteorologische 84
Messkabel 404
Messkabine 26
Messlöffel 308
Messmodus 593
Messrad 832
Messrohr 85
Messschnabel, feststehender 832
Messschnabel, verschiebbarer 832
Messspindel 832
Messspitze 404
Messtaste 832
Messtrommel 832
Messung der Himmelsstrahlung 84
Messung der Luftfeuchtigkeit 85
Messung der Regenmenge 85
Messung der Sonneneinstrahlung 84
Messung der Temperatur 85
Messung der Windrichtung 85
Messung der Windstärke 85
Messung der Wolkenhöhe 85
Messung des Luftdrucks 85
Messung des Schneefalls 85
Messung in der oberen Atmosphäre 85
Messwertsammler 84
Messzylinder 815
Metacarpus 153, 159
Metall 875
Metall, Sortierung 99
Metallaufsatz 1053
Metallbandisolierung 385
Metalle, andere 812
Metallfeder, römische 584
metallische Tinte 861
metallisiertes Hologramm 861
Metallkontaktgitter 802
Metallkopf 937
Metalllegierungen 78
Metalloide 812
Metallrahmen 552
Metallspannreifen 556
Metallwinkel 387
metamorphe Gesteine 66
Metaphyse 199
Metatarsus 153
Metathorax 141
Meteorit 18
Meteorologie 79
meteorologische Messinstrumente 84
Meter 835
Methanol 784
Metope 500
Metronom 564
Mexikanische Rotknievogelspinne 147
Mexiko 54, 876
Mexiko, Golf 47
MIDI (Schnittstelle für digitale Musikinstrumente), Kabel 559
MIDI-Schnittstelle 629
Mieder 427, 445
Miederhose 445
Miesmuschel 265
Mihrab 872
Mikroficheiesegerät 866
Mikroficheraum 866
Mikrofilament 133
Mikrofon 604, 613, 621, 622, 624, 625, 635, 735, 906, 907, 1048
Mikrofon, elektrodynamisches 604
Mikrofon der Wechselsprechanlage 607
Mikrofonanschlussbuchse 559, 621
Mikrofonausleger 605, 606
Mikrofone und Zubehör 604
Mikrofon-Fahrspinne 606
Mikrometerknopf 833
Mikrometerschraube 734, 832
Mikronesien 62, 881
Mikronukleus 133
Mikroskop 20
Mikroskope 825
Mikroskopokular 833
Mikrotubulus 133
Mikrowellen 821
Mikrowellenantenne 608
Mikrowellengerät 316
Mikrowellengeräte 293
Mikrowellenherd 296
Mikrowellen-Relaisstation 642
Mikrowellenscanner 86
Milch 280
Milch, homogenisierte 280
Milcharten 280
Milchbecher 295
Milchgang 227
Milchkammer 243
Milchkännchen 301
Milchprodukte 280, 288
Milchprodukte, Wareneingang 288
Milchpulver 280
Milchsäckchen 227
Milchschokolade 285
Milchstraße 19, 23
Militärarchitektur 504
militärische Telekommunikation 603
Milz 149, 152, 155, 169, 230
Mimas 15
Minarett 872
Minbar 872
Minderjährigenzelle 904
Mindestleistung beim Weitsprung 1041
Mine 584
Minerale 78
Mini-Backofen 316
Minibus 669
MiniDV-Camcorder 613
Mini-DV-Kassette 612
Mini-Halogenlampe 359
Mini-HiFi-System 619
Mini-Joystick 559
Minislip 434
Minusbereich 802
Minuskel 586
Minuskontakt 802, 803
Minusplatte 685
Minuspol 685, 818, 820
Minuspolbrücke 685
Minustaste 649
Minutenzeiger 828, 829
Minze 262, 264
Miranda 15
Mischbatterie 350
Mischen 125
Mischkammer 338, 407
Mischpult 604
Mischwasserkanal 846
Miso 286
Mississippi 47
Mistel 103
Mitarbeiter der Rechtsanwälte 863
Mitnehmerrippe 379
Mitnehmerstange 776
Mitochondrium 102, 133
Mitralklappe 213
Mitte 541, 995
Mittelamerika 44, 47
Mittelangreifer 958
Mittelarmnerv 225
Mittelatlantischer Rücken 69
Mittelbein 140, 142
Mittelbein (Außenseite) 142
Mitteldarm 143, 145
Mitteldarmdrüse 136, 137, 138, 139
Mitteldarmdrüsen 145
Mitteldrittel 955
Mittelelektrode 683
Mittelfahne 946
Mittelfeld 939, 964
Mittelfeldangriffsspieler 960
Mittelfeldspieler 945, 955
Mittelfeldspieler, linker 947
Mittelfeldspieler, rechter 947
Mittelfeldspieler, zentraler 947
Mittelfinger 237
Mittelformatkamera SLR 591
Mittelfuß 142, 165, 168, 175, 184, 187, 188, 203
Mittelfußknochen 170, 203
Mittelgang 705
Mittelglied 178
Mittelhand 165, 175, 182, 184, 188, 202
Mittelhandknochen 202, 208
mittelhohe Wolken 88
Mittelkielschwein 729
Mittelkonsole 676
Mittelkreis 947, 955, 956
Mittellinie 945, 947, 949, 951, 952, 955, 956, 960, 961, 962, 965, 974, 997, 1008, 1027, 1029
Mittelloch 617
Mittelmeer 44, 49, 50
Mittelmoräne 72
Mittelohr 234
Mittelpaneele 325
Mittelpunkt 838, 1012, 1065
Mittelrippe 107, 111, 116
Mittelsäule 373, 671, 807
Mittelschiff 507, 872
mittelschwere Piste 1036
Mittelspannungsleitung 356, 793
Mittelspur 659
Mittelsteg 445
Mittelstelle, linke 874
Mittelstelle, rechte 874
Mittelstreifen 659, 846, 967
Mittelstück 228, 483
Mittelstürmer 945
Mitteltasche 1012
Mittelteil 792
Mitteltöner 618
Mitteltonlautsprecher 20
Mitteltorus 501
Mittelwagen 707, 716
Mittelzeichen 966
mittlere Aufschlaglinie 967
mittlere Deckfeder 158
mittlere Handdecken 158
mittlere Nasenmuschel 232
mittlere Strahlgrube 171
mittlerer Abwehrspieler 958
mittlerer Anspielpunkt 1029
mittlerer Außenfeldspieler 938
mittlerer Fingergliedknochen 202, 203

mittlerer Gelenkknorren 201
mittlerer Gelenkknorren des Oberschenkelknochens 201
mittlerer Linebacker 952
mittlerer Schneidezahn 206
mittleres Keilbein 203, 208
Mixen 314
Mixer 314
Möbel 360
mobile Einheit 602
Mobilitätshilfen 917
Modellierhölzer 576
Modellierscheibe 576
Modem 631, 641, 642
Modemschnittstelle, interne 630
Moderator 604, 795, 800, 801
Moderatorfilz 552
Moderatorpedal 552
Moderatortank 800
moderne Haubitze 892
moderne Schreibgeräte 584
moderner Bogen 885
Mode-Taste 648
Modillon 501
Modul, russisches 34
Modusauswahl 593
Modusauswahltaste 597
Mofa 697
Mohammed 870
Mohn 113
Mohnsamen 261
Mohorovicic-Diskontinuität 66
Mohrenhirse 122
Mokassin 429, 462
Mokkatasse 301
Mol 835
Molar 166
Molar im Querschnitt 206
Molch 153
Moldawien 57, 878
Molekül 810
Mollusken 265
Molybdän 813
Monaco 56, 878
Monarchfalter 147
Mond 14, 16, 17
Mond, Oberflächenformationen 17
Mondbahn 16, 17
Mondbein 202, 208
Mondfinsternis 17
Mondfisch 150
Mondkapsel 38
Mondlandefähre 38
Mondphasen 17
Mondphasenzeiger 829
Mondsichel 875
Mondsichel (abnehmender Mond) 17
Mondsichel (zunehmender Mond) 17
Mongolei 59, 881
Mongolisch 583
Monographiebereich 866
Monokel 481
monokulares Mikroskop 825
Montagnais 583
Montenegro 57, 878
Moos 106
Moos, Aufbau 106
Moose 106
Mopp 381
Morchel 108, 244
Mordent 563
Morgenländisches Schisma 870
Mörser 307, 890
Mörser aus dem 17. Jahrhundert 889
Mortadella 277
Mörtel 384
Mosaik 502
Mosaikparkett 334
Mosambik 61, 880
Moschee 872
Moschuskürbis 249
Moses 870
Moskito 146
Motiv mit tropischer Fauna 511
Motocross- und Supercross-Motorrad 1025
Motor 32, 342, 378, 379, 380, 389, 392, 395, 398, 408, 411, 413, 419, 421, 680, 695, 764, 767, 776, 895
Motorbeiboot 898
Motorblock 314, 315, 318, 374, 682
Motorboot 729
Motorgehäuse 417
Motorhaube 420, 670
motorisches Neuron 221
Motorjacht 729
Motorkühlung 1024
Motorlufteinlass 688
Motorlüfter 762
Motorrad 694
Motorrad, Rallye 1025
Motorrad, Touring 697
Motorrad, Trial 1025
Motorräder 697
Motorradhelm mit Visier 695
Motorradkamera 1020
Motorrad-Rennstrecke 1025
Motorradsport 1024
Motorrasenmäher 419
Motorraum 688, 754, 760, 761
Motorroller 697
Motorsport 1022
Motorsteuerung 678
Motortypen 680
Mouche 1009
Mount Everest 79
Mountainbike 701, 1020
Mount-Graham-Binokularteleskop 29
Möwe 161
Mozambique, Straße 50
Mozzarella 280
MP3-Spieler 620
MRT 924
Mu-Err 244
Muffe 351, 753
Muffinform 311
Mufflon 172
Mufftasche 436, 443, 452, 487
Mulde 411
Muldenkipper 761
Müllabfuhrwagen 693
Mülldeponie 97, 843
Müllschichten 97
Müllschlucker 352
Mülltrennung 99
Mullverband 915
Mullverbände 915
Multifunktionsantenne 899
Multifunktionsmesser 1055
Multifunktionstaste 649
Multilamellenkollimator 926
Multimeter 404
Multiplikation 837
Multiplikationstaste 649
Multirolle 1060
Mumienschlafsack 1054
Mund 134, 137, 139, 152, 194, 231
Mundharmonika 560
Mundhöhle 159, 214, 216
Mundöffnung 135, 136
Mundringmuskel 196
Mundrohr 551
Mundschutz 458, 954, 991
Mundspeicheldrüse 216
Mundstück 550, 551, 558, 914, 989
Mundstückaufnahme 551
Mündung 45, 70, 136, 887, 888, 890, 892, 1010
Mundwasser 482
Mundwerkzeuge 142
Mundwinkel 231
Mungo 180
Mungobohne 253
Mungobohne, schwarze 253
Munitionsbehälter 895
Munster 281
Münze 860
Münzeinwurf 624, 1070
Münzfernsprecher 290, 293, 544, 849, 919
Münzleitung 1070
Münzrückgabe 1070
Muschel 360
Muschel, einschalige 136
Muschel, zweischalige 136
Musculus detrusor 218
Musculus plantaris 197
Musculus semispinalis 197
Museum 522, 845
Museumsshop 522
Musik 545
Musikinstrumente, traditionelle 560
Musiknotation 562
Musikraum 868
Musikregie 605
Musikzubehör 564
Muskatnuss 260
Muskatnussreibe 307
Muskel 198, 207
Muskel, oberer gerader 238
Muskelblock 149
Muskelfaser 198, 221
Muskelfaserbündel 198
Muskelgewebe 198
Muskelmagen 159
Muskeln 196
Musselin 308
Muster 531
Mutter 351, 399, 400, 928, 929
Muttergestein 109
Muttern 400
Mutulus 500
Mütze 906, 989
Mützenschirm 457
Myanmar 59, 881
Myometrium 227
Myzel 108

N

Nabe 145, 654, 699, 787, 807, 917
Nabel 192, 194
Nabel, oberer 158
Nabel, unterer 158
Nabelschwein 172
Nabelstrang 114, 116
Nabenabdeckung 787
Nachführungseinheit 32
Nachfüllmine 584
Nachfüllrohr 347
Nachrichten 590
Nachrichtensatellit 603
Nachsortierung von Hand 99
nächste Nachricht 625
nächste Seite 633
nächster Ruf 624
nächster Titel/Vorspultaste 620
Nachtbekleidung 447
Nachthemd 447
Nachtigall 162
Nachtigall-Grashüpfer 147
Nachtschalter 859
Nachttisch 365, 855, 920
Nachttischlampe 855
Nachtwäsche, Damen 850
Nachtwäsche, Herren 851
Nacken 158, 193, 195, 275
Nackenfeder 1059
Nackenrolle 363
Nackenrolle, große 363
Nackenschutz 901, 954
Nackenstütze 911
Nadel 74, 90, 134, 527, 566, 567, 568, 578, 912
Nadelbaum 120
Nadelbett 571
Nadelbettrille 571
Nadelblätter 120
Nadeldrucker 636
Nadelhalter 567
Nadelhalterschraube 567
Nadelhölzer 121
Nadelkissen 568
Nadelklemmschraube 527
Nadelpositionswähler 566
Nadelstange 567
Nadelwerkzeug 576
Nagel 171, 388
Nägel 388
Nagel, geschnittener 388
Nagel, gewöhnlicher 388
Nagelbett 237
Nagelbettepitel 237
Nagelfeile 472
Nagelfeile, klappbare 472
Nagelhalbmond 237
Nagelhautentferner 472
Nagelhautschaber 472
Nagelhautschere 472
Nagelhautschieber 472
Nagelknipser 472
Nagelkörper 237
Nagellack 472
Nagellackentferner 472
Nagelloch 171
Nagelnecessaire 472
Nagelreiniger 472
Nagelschere 472
Nagelweißstift 472
Nagelwurzel 237
Nagelzange 472
Nagelzieher 1055
Nagetiere 165, 166
Nagezahn 167
Nähen 566
Nahlinse 598
Nähmaschine 566
Nährichtungseinsteller 566
Nährstoffversorgung 103
Nahrungskette 94
Nahrungspyramide 94
Nahrungsvakuole 133
Nahrungsvakuole, heranwachsende 133
Naht 116, 136, 450, 459, 464, 483
Nähte 941
Nahtlinie 569
Nahttasche 443, 452
Nahtzugabe 569
Nahuatl 583
Nahverkehrszug 703
Nähzubehör 568
Naive Kunst 530
Namaka 15
Name der Schwimmerin 977
Name der Station 714
Name des Inhabers 861
Name des Turners/der Turnerin 971
Namensschild 906
Namib 50
Namibia 61, 880
Nan 278
Naos 499
Napf 493, 494
Napfschnecke 265
Narbe 112, 116
Narwal 183
Narzisse 113
NASCAR-Auto 1023
Nase 148, 165, 167, 168, 174, 194, 231, 884, 1044, 1047, 1048
Nase, abgesenkte 751
Nasen-Bartschere 472
Nasenbein 205, 232
Nasenblatt 186
Nasenflügel 231
Nasenhöhle 214, 232
Nasenklappe 896
Nasenloch 152, 154, 158, 231
Nasenmuschel, mittlere 232
Nasenmuschel, obere 232
Nasenmuschel, untere 232
Nasenöffnung 150
Nasenrachen 232
Nasenriemen 1004, 1008
Nasenrücken 231
Nasenschoner 1006
Nasenspiegel 178
Nasenspitze 231
Nasenspray 914
Nasenstachel 205
Nasenwurzel 231
Nashorn 173
Nationalität 971
Nationalpark 53
NATO 882
Natrium 812
Natur, Freizeit 1052
naturbelassene Umgebung 1017
Naturfasern 424
natürliche Strahlung 65
natürlicher Treibhauseffekt 96
Naturschwamm 475
Naturuhan 800
Nauru 62, 881
Navajo 583
Navette 469
Navigationsanzeige 748
Navigationsinstrumente 734
Navigationsperiskop 899
Navigationstaste 611, 622, 624
Nazca-Platte 68
Neapolitanische Tropfkanne 319
NEAR Shoemaker 31
Nebel 83, 91
Nebel, planetarischer 18
Nebelhorn 733
Nebelleuchte 674
Nebelscheinwerfer 690
Nebenaltar 871
Nebeneinfüllstutzen 781
Nebenfahrwasser 739
Nebengleis 703
Nebenhoden 228
Nebenniere 218, 219, 229
Nebenschilddrüse 229
Nebenstraße 53
Neffe 929
Negativ 600
negativ geladen 834
negativer Pol 818
Negativhalter 600
Negligé 447
Nehrung 70
Neigung 790
Nektarine 254
Nelke 113
Neodym 814
Neon 814
Nepal 58, 881
Nephridium 139
Neptun 14, 15
Neptunium 814
Nervenfaser 233, 236
Nervenimpuls 221
Nervenstrang, ventraler 139
Nervensystem 143, 220
Nervensystems 220
Nervenwurzel, hintere 221
Nervenwurzel, vordere 221
Nervenzelle 221
Nervus cutaneus femoris lateralis 225
Nerz 180
Nessel 247
Nestfarn 107
Netz 20, 294, 366, 941, 957, 958, 959, 960, 961, 963, 967, 974
Netz-/Lichtschalter 566
Netzabschlusswiderstand 640
Netzanschlussbuchse 628, 629
Netzband 967
Netzhalter 961
Netzhaut 238, 239
Netzkabel 315, 396, 479
Netzkabel, Gleichstrom 630
Netzkabel, Wechselstrom 630
Netzkante 958
Netzpfosten 966
Netzplan 714
Netzrichter 967
Netzstrumpf 446
Netzteillüfter 629
Netzwerk 640
Netzwerke 640
Netzwerkkabel 631
Netzwerkkarte, LAN-Karte 631
Netzwerkschnittstelle 629
neue Pflanze 104
neuer Schekel 860
Neues Testament 870
Neufundland 47
Neukaledonien 52, 62
Neumond 17
Neuneck, regelmäßiges 839
Neuralfortsatz 149
Neuron, motorisches 221
Neuseeland 52, 62, 881
neutrale Linie 817
neutrale Zone 952, 1029
Neutron 810
Neutron, einfallendes 811
Neutronenstern 18
Neuzugänge, Regal 867
New Horizons 31
Newton 835
Nicaragua 54, 876
nicht angebbar (da nicht erkennbar) 82
nicht Element von 837
nicht gestempelte Post 588
nicht identisch 837
Nicht in die Trockenmaschine geben 425
nicht wärmeleitende Spitze 478
nicht wieder verwertbarer Restmüll 99
Nichte 929
Nichtmetalle 813
Nickbewegung 752
Nickel 78, 813
Nickhaut 178
Niederdruckdampfzuleitung 796

Niederdruckmanometer 407
Niederdruckverdichtung 749
Niederlande 56, 878
Niederländisch 583
Niederschlag 90, 95
Niederschläge 83, 91
Niederschlagsgebiet 81
Niederschlagsschreiber 85
Niederspannungsleitung 356
niedriger Absatz 461
niedrigerer Wasserstand 719
Niedrigspannungsleitung 793
Niere 136, 137, 138, 149, 152, 154, 159, 169, 229, 276
Niere, linke 218
Niere, rechte 218
Nieren 219
Nierenarterie 210, 219
Nierenbecken 219
nierenförmig 111
Nierenhilus 218
Nierenkelch 219
Nierenmark 219
Nierenpyramide 219
Nierenrinde 219
Nierenvene 211, 219
Niete 306, 399
Niger 50, 60, 879
Nigeria 60, 879
Nil 50
Nilpferd 173
Nimbostratus 82, 88
Niob 813
Nippel 351
Nische 510
Niue 882
Nivellierfuß 378, 379, 380
Nivellierschraube 84
Nobelium 814
Nocke 885, 1009
Nockenpunkt 1009
Nockenring 395
Nockenwelle 682
Nockpunkt 885
Nodium 109
Noir 1068
Nonius 734, 832
Nord 1066
Nordamerika 44, 54, 69
Nordamerikanische Platte 68
Norden 738
Nordkaper 183
Nordkorea 59
Nord-Korea 881
nördliche Halbkugel, Sternbilder 22
nördliche Hemisphäre 43
Nördliche Krone 23
Nördliche Marianen 62
Nördliche Wasserschlange 23
nördlicher Polarkreis 42, 46, 47, 49, 51
Nordmeer 44, 46, 49
Nordosten 738
Nordpol 42, 817
Nordpolarmeer 44, 46
Nordsee 44, 49
Nordwesten 738
Nori 244
normal 586
normale Pokerblätter 1062
normale Spiralgalaxie 19
Normalsichtigkeit 239
Normalwaschgang 425
Normpunkt 1041
Norwegen 46, 56, 878
Norwegisch 583
Norwegische Waldkatze 179
Notation 1065
Not-Aus-Schalter 924
Notbremse 716
Note 971
Note, ganze 563
Note, halbe 563
Notenablage 554, 558, 564
Notenlinie 562
Notenschlüssel 562
Notenständer 564
Notenwerte 563
Nothosaurus 130
Notizblock 650
Notizen 650
Notlaufschiene 717
Notregulierung 989
Notrufnische 663
Notruftaste 735
Notschalter 696
Notstromaggregat 899
Nova 18
Nowaja Semlja 46
Nudelholz 310
Nudelmaschine 307
Nudeln 123
Nullleiter 354, 356
Nullleitersammelschiene 354
Nullleiterverbinder 354
Nullmeridian 42
numerische Tastatur 625
numerischer Block 633
numerisches Tastenfeld 633, 831
Nummer 1 1008
Nummer 2 1008
Nummer 3 1008
Nummer 4 1008
Nummer-8-Forward 950
Nummerierstempel 651
Nummernschildbeleuchtung 674
Nuss 885
Nussknacker 307
Nüster 168
Nut 335
Nutzer, Internet 642
Nutzer, privater 643
Nutzlast 39
Nutzlastadapter 39
Nutzlastmodul 64
Nutzlastraum 36
Nutzlastraum, Tür 36
Nutzlastverkleidung 39
Nutzleiter, landwirtschaftliche 409
Nutztierhaltung 242
Nylon 424
Nylonschnur 419

O

Oase 73, 74
oben liegender Rahmen 761
Oberarm 193, 195
Oberarmarterie 210
Oberarmbein 170
Oberarmknochen 153, 159, 164, 165, 175, 182, 184, 187, 188, 200, 207
Oberarmschiene 884
Oberarmspeichenmuskel 196, 197
Oberbau 704, 773
Oberbeleuchter 543
Oberboden 109
Oberdeck 689, 746, 781
obere Abschlusskappe 820
obere Atmosphäre, Messung 85
obere Hohlvene 211, 212, 213
obere Manschette 1039
obere Mesenterialarterie 210, 219
obere Mesenterialvene 211
obere Nasenmuschel 232
obere Querleiste 364
obere Rolle 572
obere Rondistenfacette 469
obere Schale 1039
obere Schutzhaube 392
obere Schwanzdeckfedern 158
obere Sektion 39
obere Sohlschicht 770
obere Sprosse 361
obere Tasche 1012
obere Tragschicht 658
obere Vertäfelung 754
obere Zahnreihe 231
Obereck, linkes 874
Obereck, rechtes 874
oberer Absatz 518
oberer Abschluss 366
oberer Anzug 1004
oberer Bereich eines Großmasts 724
oberer Bildschirm 1067
oberer Flaschenzug 1001
oberer Flügel 750
oberer gerader Muskel 238
oberer Glaskolben 319
oberer Holm 970
oberer knöcherner Bogengang 235
oberer Mantel 66
oberer Nabel 158
oberer Querträger 757
oberer seitlicher Einschnitt 117
oberer seitlicher Lappen 117
oberer Stützpfosten 973
oberer Thermostat 348
oberer Wurfarm 885
oberes Augenlid 152, 178
oberes Heizelement 348
oberes Ruder 899
oberes Schleusentor 719
oberes Verschlussband 1039
Oberfläche 961
Oberfläche, befeuchtete 532
Oberfläche, eingefärbte 532
Oberflächenerkundung 775
Oberflächenformationen des Mondes 17
Oberflächenisolierung 36
oberflächlicher Wadenbeinnerv 225
Oberfräse 398
Obergestein 771
Obergurt 333, 661
Oberhaut 236, 237
oberirdischer Abfluss 95
Oberkante 961
Oberkellner 290
Oberkiefer 143, 150, 153, 154, 158, 159, 164, 166, 167, 175, 182, 184, 200, 205, 232
Oberkiefer, beweglicher 154
Oberkiefer, vorderer 150
Oberleiter 902
Oberleitung 707, 717
Oberleitungssystem 356
Oberlenker 764
Oberlid 238
Oberlippe 143, 231, 554
Oberlippenrinne 231
Obermaschinerie 540
Obermesser 537
Obermesserhebel 537
Oberon 15
Oberpartie 1059
Oberrohr 698
Oberschenkel 153, 170, 189, 193, 195, 272, 274, 327
Oberschenkelanzieher, großer 197
Oberschenkelarterie 210
Oberschenkelbereich 226
Oberschenkelknochen 159, 165, 175, 184, 187, 188, 200
Oberschenkelkopf 201
Oberschenkelnerv 225
Oberschenkelpolster 954
Oberschenkelregion 228
Oberschenkelvene 211
Oberschiedsrichter 1031, 1033
Oberschrank 296
Oberschwester, Büro 919
Oberseite 386
Oberstützmauer 790
Oberteile 440
Oberteilhauptfacette 469
Obertor 719
Oberwalze 534
Oberwasser 785
Oberwasserdecke 790
Oberwassermauer 791
Obi 993, 996
Objektiv 24, 592, 594, 597, 598, 601, 622, 635, 636, 655, 824, 825, 926
Objektivadapter 595
Objektivauswurf 592
Objektive 598
Objektivlinse 615, 622
Objektivrevolver 825
Objektivschutzdeckel 598
Objektivzubehör 598
Objektklammer 825
Objekttisch 825, 826
Obmann 997
Obmann, Kampfrichter 1033
Oboe 550
Oboen 545
Obst 254, 288, 293
Obst- und Gemüseschubfach 377
Obstbaum 243
Obstgarten 243
Obstkuchenform 311
Ochse 173
Ochsenfrosch 153
Ockerstift, roter 524
Ofen 20, 336, 804
offene Grube 771
offene Spinnrolle 1060
offener Doppelringschlüssel 400
offener Güterwagen 711
öffentlicher Fernsprecher 624
öffentliches Gebäude 52
öffentliches Übertragungsnetz 602
Offizielle 949, 996
Offiziellenbank 1029
Offiziere, Duschen und Toiletten 900
Offizierskabine 731
Offiziersquartiere 898, 899
Offiziersraum 900
Öffnen 307
Öffner, Dosen 295
Öffnung 464
Öffnung der Begattungskammer 141
Öffnung zum Fluten und Leeren der Schleusenkammer 719
Offshore-Bohrung 778
Offshore-Erkundung 775
Ogenmelone 257
Ohm 835
Ohr 167, 174, 178, 186, 192
Öhr 567, 568
Ohr, Aufbau 235
Ohr, äußeres 234
Ohrbügel 622
Ohrdecken 158
Ohrenbedeckung 465
Ohrenklappe 457
Ohrenschützer 465, 908, 1011
Ohrenstöpsel 1022
Ohrgehänge 468
Ohrhörer 1022
Ohrklappe 186
Ohrläppchen 234
Ohrmuschel 165, 189, 234, 235, 618
Ohrmuschelhöcker 234
Ohrmuschelhöhlung 234
Ohrmuschelrand, äußerer 234
Ohrmuschelwindung 234
Ohrringe 468
Ohrringe mit Schraubverschluss 468
Ohrstecker 468
Ohrstöpsel 604, 622, 908, 912
Ohrthermometer 914
Ohrtrompete 232
Ohrwurm 146
Oka-Käse 281
Okapi 173
Okklusion 82
Okraschote 248
Oktaeder, regelmäßiges 839
Oktant 20
Oktave 562
Oktavmechanik 550
Okular 24, 25, 594, 824, 825, 926
Okularhalterung 24
Okulartubus 825
Okzipitallappen 223
Öl 95, 779, 783
Ölablassschraube 682
Ölabscheider 777
Ölausfluss 98
Ölbrenner 339
Öldruckwarnleuchte 677, 696
Öle 284
Öler 772
Ölfarbe 525
Ölfeuerung 339
ölgefüllter Heizkörper 340
Olive 248
Olivenbaum 120
Olivenkopftrense 1004
Olivenöl 284
Öllöschbrücke 718
Ölmalerei 528
Ölpastell 524, 528
Ölpumpe 339
Ölsand 778, 779
Ölstein 534
Ölsumpf 417
Ölverarbeitungsbereich 777
Ölverschmutzung 98
Ölwanne 682
Ölwannendichtung 682
Ölzufuhr 339
Oman 58, 880
Oman, Golf 51
On-Deck-Circle 938
Onkel mütterlicherseits 929
Onkel väterlicherseits 929
Online-Katalog 867
Online-Spiel 643
Oolong-Tee 264
Oortsche Wolke 14
Opal 470
Operationsabteilung 921
Operationsmaske 913
Operationssaal 921, 922
Operationstisch 921
Operationszentrale 899
Operculum 103
Opernglas 481
Opernhaus 844
Opferstein 513
Opisthodomos 499
Opossum 189
opponierbarer Daumen 185
Optik 821
Optiker 849
Optikuspapille 238
optische Instrumente 823
optische Sortierung 99
optischer Digitalkabelanschluss für Audioeingang/-ausgang 614
optischer Zeichenleser 588
optisches Signal 564
Orange 256, 528
Orange im Querschnitt 114
Orang-Utan 185
Orbitalmodul 38
Orbiter 32, 36
Orchester 498
Orchestergraben 540
Orchidee 113
Ordinatenachse 838
Ordner, Verzeichnis 642
Ordnung 132
Ordnungsgleis 708
Ordnungszahl 812
Ordovizium 128
Oregano 262
Organisation der Islamischen Konferenz 882
Organisation der Vereinten Nationen für Erziehung, Wissenschaft und Kultur 882
Organisation des Nordatlantikvertrags 882
Organismen, autotrophe 94
Organismen, heterotrophe 94
Orgelmechanik 555
Orgelspieltisch 554
orientalische Schabe 146
orientalischer Überfangstich 565
Orientierungseinlage 548, 549
Oriflamme 873
O-Ring 350
Orinoko 48
Orion 21, 22, 38
Orkan 83
Oropharyngealtubus 911
Ort 874
Orthoceras 128
Orthodoxe Kirche 870
Ortspost 589
Osculum 134
Öse 367, 450, 486, 1061
Öse, gerade 567
Öse, runde 567
Öse für Tragriemen 593
Ösen 567
Ösenknopf 567
Ösenvorhang 369
Osmium 813
Ösophagus 135, 137, 141, 143, 145, 152, 155, 159, 169
Ost 1066
Ostchinesisches Meer 51
Osten 738
Osteon 199
Österreich 56, 878
östliche Hemisphäre 43
Östlicher Indischer Rücken 69
östlicher Meridian 42
östliches Kardinalseezeichen 739
Ostpazifischer Rücken 69
Ostsee 49
Ostsibirische See 46
Osttimor 59, 881
Otolith 149
Outfieldzaun 939

Outhole 1071
Outlane 1071
ovale Form 469
ovales Fenster 235
Ovarium 141, 145
Overall 439
Overcheck 1007
Overknee 460
Overknee-Strumpf 446
Ovidukt 145, 155
Oxford-Schuh 459
Ozean 17, 45, 95
Ozean, Atlantischer 46, 49, 50
Ozean, Indischer 46, 50, 51, 52
Ozean, Pazifischer 46, 51, 52
Ozeanien 44, 62, 881
ozeanische Gräben 69
ozeanische Kruste 66
ozeanische Rücken 69
ozeanische Sprachen 583
ozeanischer Rücken 67
Ozonschicht 79

P

Paar 1031
paarig gefiedert 111
Packlage 658
Packriemen 489
Packung 295, 350
Pager 621
Pagode 513
Pagodenärmel 453
Pair 1068
Pak-Choi 246
Paketannahme 704
Pakistan 58, 880
Palästina 882
Palau 62, 881
Palette 311, 754
Palette mit Palettstecker 525
Palette mit Vertiefungen 525
Paletten 754
Palettenhubwagen 755
Palettenhubwagen, hydraulischer 755
Palettenmesser 525
Palettstecker 525
Palisade 504
Palla 426
Palladium 813
Palme 119
Palmenhain 74
Palmette 360
Palstek 1058
Pampelmuse 256
Panama 54, 876
Panamahut 457
Paneel 370
Panflöte 561
Paniermehl 279
Pankreas 152, 159
Panoramafenster 331, 705, 847, 865
Panoramakopf 596
Pantoffel 462
Pantolette 461
Panty-Korselett 444
Panzer 895
Panzerabwehrgeschoss 893
Panzerabwehrrakete 894
Panzerfahrzeugen, Transport 692
Panzerfaust 893
Panzerhandschuh 884
Panzerschnur 624
Panzerschurz 884
Panzerturm 895
Papageienfisch 151
Papaya 259
Papier 483, 529, 532, 585
Papier/Pappe, Sortierung 99
Papier und Folien 294
Papierablagen 647
Papierausgabe 625, 637
Papierbogen 533
Papierclip 654
Papiereinschubfach 647
Papiereinzugstaste 859
Papierfabrik 125
Papierfreigabehebel 648
Papierführung 637
Papierhalter 648
Papierherstellung 125
Papierindustrie 124
Papierkassette 637
Papierkorb 655
Papierlösehebel 648
Papiermaschine 125
Papierrolle 125
Papierschneider 655
Papierstütze 648
Papiervorschubtaste 649
Papierzuführung 625
Papillarmuskel 213
Papille, fadenförmige 233
Pappel 119
Pappschere 537
Paprika 261
Paprika, gelber 248
Paprika, grüner 248
Paprika, roter 248
Papua-Neuguinea 52, 62, 881
Papuasprachen 583
Papyrus 584
Par-3-Loch 1016
Par-4-Loch 1016
Par-5-Loch 1017
Parabeldüne 74
Parabolantenne 26, 602, 610
Parabolantenne, schwenkbare 26
Parabolrückspiegel 763
Parabolspiegel 804
Paradiesvogel 20
Paraffine 782
Paraguay 55, 876
parallel 836
Parallelanschlag 392, 393
parallele Zügelgurte 660
Parallelepiped 839
Parallelleitungen 818
Parallelogramm 839
Parallelschaltung 818
Parallelschnittstelle 629
Paramecium 133
Paraná 48
Paranuss 255
parasitäre Pflanzen 103
Parboiled Reis 283
Parcours 1002
Parcourschef 1003
Pardune 724
Parfümerie 848, 851
Parietale 154, 165
parietale Pleura 215
Parietallappen 223
Park 52, 845
Parka 436, 442
Parkettboden 333, 334
Parkettmuster 334
Parkplatz 703, 718, 742, 842, 847, 869, 1036
Parmesan 281
Parterre 541
partielle Finsternis 16, 17
Partlow-Schreiber 691
Pascal 835
Pasch 1062
Paspel 448
Paspeltasche 437, 452
Pass 71
Passagierdampfer 730
Passagierkabine 727, 730, 731
Passagierraum 747, 753
Passagierraum 1. Klasse 746
Passagierterminal 741, 742
Passagiertransferfahrzeug 743, 745
Passbildautomat 849
Passe (19 bis 36) 1068
Passen 949
Passgang 169
Passiergerät 307
Passiersieb 308
Passierte Tomaten 286
Passionsfrucht 258
passiver Sensor 65
Passivitätszone 991
Passkontrolle 743
Paste 287
Pastell 524
Pastinake 251
Patagonien 48
Patentanker 732
Patent-Strickbündchen 437
Patera 360
Pathfinder 31
pathologisches Labor 922
Patient 920
Patientenkabel 925
Patientenstuhl 920
Patiententisch 924
Patisson 249
Patrone 888
Patrone (Gewehr) 887
Patrone (Schrotflinte) 887
Patronen 1010, 1011
Patronensicherung 355
Patronentasche 906
Patte 430
Pattentasche 436
Pattentasche, schräge 435, 443, 452
Pauken 545
Pausche 969, 1005
Pause 633
Pause, ganze 563
Pause, halbe 563
Pausenraum 869
Pausenzeichen 563
Pausetaste 611, 615
Pause-Taste 616
Pavian 185
Pavillon 410, 844
Pavillondach 517
Pazifik 44
Pazifische Platte 68
pazifischer Lachs 268
Pazifischer Ozean 46, 51, 52
PC-Kartenschacht 630
Pecannuss 255
Pechnase 504
Pecorino Romano 281
Pedal 548, 556, 698, 700, 1001, 1020
Pedal zur Verstellung 526
Pedalhaken 698, 700
Pedalklaviatur 554
Pedalstange 552
Pedaltaste 554
Peeling 474
Pegasus 22
Peildeck 726, 730, 731
Peilstableuchte 690, 691
Pelerine 443
Pelham-Kandare 1004
Pelikan 161
Peltonturbine 787
Pelzwerk 875
Pendel 564, 829
Pendelaufhängung 76
Pendelbedienung 926
Pendelhub-Einstellung 393
Pendeloque-Schliff 469
Pendelstab 829
Pendeluhr 20
Pendelzug 742
Penholdergriff 961
Penis 137, 192, 228
Penne 282
Pentaprisma 594
Peplos 426
Pepperoniwurst 277
perforierte Vorderkappe 459
Perforierung 464
Pergola 410
Periodensystem der Elemente 812
peripheres Nervensystem 220
Periskop 38
Peristom 103, 133
Peristyl 499, 502
Perlhuhn 162, 271
Perlrippen 570
Perlzwiebel 245
Perm 130
Perserkatze 179
Perseus 22
Persisch 583
Persischer Golf 51
Personaleingang 290, 864, 904
Personalgarderobe 290
Personalraum 859, 904, 919
Personaltoiletten 904
Personalumkleideraum 904, 923
Personenbahnhof 703
Personenwaage 831
Personenzüge 705
Persönliche Artikel 479
persönliche Identifikationsnummer (PIN), Eingabegerät 859
Peru 55, 876
Peru-Chile-Graben 69
Peso 860
Pestizid 97, 98
Pétanque 1014
Pétanque-Kugel 1014
Pétanque-Spielfeld 1014
Petersilie 262
Petrischale 815
Petrochemikalien 782
petrochemische Industrie 95, 782
Petroleum 782
Pfahl 874
Pfahlbau 520
Pfahlwurzel 118
Pfännchen 317
Pfanndeckel 889
Pfanne 313, 889
Pfannenwender 311
Pfau 20, 162
Pfeffer, gemahlener 261
Pfeffer, grüner 260
Pfeffer, rosa 260
Pfeffer, schwarzer 260
Pfeffer, weißer 260
Pfeffermühle 307
Pfefferschote 248
Pfefferspray 906
Pfefferstreuer 302
Pfeife 483, 555
Pfeife im Querschnitt 483
Pfeifenkopf 483
Pfeifenmundstück 483
Pfeifenrastbrett 555
Pfeifenrastbretter, Stützen 555
Pfeifenstock 555
Pfeifenstummel 483
Pfeifenwerk 555
Pfeifhase 167
Pfeil 22, 82, 885, 1009
Pfeilanlagepunkt 885
Pfeiler 503, 506, 507, 512, 513, 660, 661, 703
Pfeilflügel 752
pfeilförmig 111
Pfeilsack 137
Pfeilspitze 883, 1009
Pfeilstütze 1009
Pfeiltaste 342
Pfennigabsatz 461
Pferd 168, 172, 969, 1008
Pferd, Anatomie 169
Pferd, äußere Merkmale 168
Pferd, Skelett 170
Pferderennbahn 1006
Pferderennen 1006
Pfifferling 244
Pfirsich 254
Pfirsich im Querschnitt 115
Pflanze 109
Pflanze, Aufbau 109
Pflanzenaufbau 109
Pflanzendusche 415
Pflanzenfresser 94
Pflanzenöl 123, 784
Pflanzenwachstum 105
Pflanzenwelt 102
Pflanzenzelle 102
Pflanzholz 418
Pflanzkelle 418
Pflanzkübel 410
pflanzliche Nahrungsmittel 244
Pflanzlochstecher 418
Pflanzschnur 418
Pflanztopf 410
Pflanzwerkzeuge 418
Pflaster 915
Pflasterstein 384
Pflaume 254
Pflaumensoße 287
Pflegelösung 481
Pfluganker 732
Pflugrahmen 765
Pfosten 332, 572, 958, 963, 974
Pfosten mit Latte 1002
Pfosten mit Stange 1002
Pfropf 887, 890
Pfund 860
Phalangen 153, 159, 165, 182, 184, 188
Pharynx 143
Phase 356
Philippinen 51, 59, 881
Philippinengraben 69
Philippinen-Platte 68
Phloem 110
Phobos 14
Phoenix 31
Phönix 20
Phonothek 867
Phosphor 813
Phosphorschicht 359
Photon 823
Photosphäre 16
Photosynthese 102
Physalis 254
Physik 816, 817, 821
Physiotherapeut 957
Phytoplankton 94
Pi 836
Pia mater 224
Piano, elektronisches 558
Pianopedal 552, 558
Picknick verboten 856
Pickup 669, 766
Pier 778
Pik 1062
Pikkoloflöte 545, 550
Piktogramme 632
Pilaster, korinthischer 503
Pillbox 458
Pillendreher 146
Pilot 1047
Pilote 553
Pilz 108
Pilz, Aufbau 108
Pilzanker 732
Pilzbürste 309
Pilze 244
Pilzfaden 108
pilzförmige Papillen 233
Pin 1015
Pinguin 161
Pinie 121
Pinienkern 120, 255
Pinne 527, 564, 734, 980, 1057
Pinnwand 644, 655
Pinsel 525, 534
Pinseläffchen 185
Pintobohne 253
Pinzette 915
Pioneer 30
Pipeline 780
Pipeline, überirdische 780
Pipette 815
Piranha 150
Pistazie 255
Piste, Anfänger 1036
Piste, Experte 1036
Piste, mittelschwere 1036
Piste, schwere 1036
Pistenbezeichnungsmarkierung 742
Pisten-Mittelliniemarkierungen 742
Pistenrandmarkierungen 742
Pistenraupe 1036
Pistole 403, 888, 906
Pistole, 8-mm- 1011
Pistolengriff 394, 406, 408, 887, 891, 1010
Pistolenschießen 1011
Pit 615
Pitching-Wedge 1018
Pitot-Rohr 1023
Pittabrot 278
Pizzablech 313
Pizzaschneider 309
Plakat 544
planetarischer Nebel 18
Planetarium 20
Planetariumsprojektor 20
Planeten 14
Planeten, äußere 14
Planeten, innere 15
Planetenachse 763
Planierraupe 758, 771
Planierschaufel 758
Planierschild 758
Planierwalze 762
plankonkave Linse 822
plankonvexe Linse 822
Planspiegel 823
Plantainbanane 258
Planum 658
Plasmabrücke 102
Plasmafernseher 610

Plasmamembran 133
Plastik und Stahl 351
Plastikbehälter 294
plastikbeschichtete Spanplatte 386
Plastikfolie 294
Plastikhülse 887
Plateau, Hochebene 45
Plateosaurier 130
Platin 78, 813
Plättchen 90
Platte 316, 478, 529, 557, 596, 638
Platte, Afrikanische 68
Platte, Antarktische 68
Platte, Cocos 68
Platte, Eurasiatische 68
Platte, Indisch-Australische 68
Platte, Nazca 68
Platte, Nordamerikanische 68
Platte, Pazifische 68
Platte, Philippinen 68
Platte, Scotia 68
Platte, Südamerikanische 68
Platten, tektonische 68
Platten ausrollen 577
Plattenbindung 1037
plattenförmiger Wärmetauscher 340
Plattengitter 685
Plattengrenzen, divergierende 68
Plattengrenzen, konvergierende 68
Plattenhalter 534
Plattenheizkörper 339
Plattenisolierung 385
Plattenspieler 604, 617
Plattenstift 552, 617
Plattenteller 617
platter Knochen 199
Plattform 324, 999
Plattformpedal 1020
Plattsehnenmuskel 197
Plattstiche 565
Platysma 196
Platzierungsrichter 976
Platzset 304, 305
Platzset aus Bambus 305
Play-Taste 611, 615, 616, 625
Play-Taste/Pausetaste 620
Plein 1068
Plektron 561
Pleuelstange 680, 682
Pleurahöhle 215
Plinthe 829
Plotter 636
Pluderhose 428
Plunger 1071
plus oder minus 837
Plusbereich 802
Pluskontakt 802, 803
Plusplatte 685
Pluspol 685, 818, 820
Pluspolbrücke 685
Pluto 15
Plutoiden 14
Plutonium 814
pneubereiftes Laufrad 716, 717
pneubereiftes Leitrad 716, 717
Pocket 949
Podcasting 643
Podest 28, 335, 346, 409
Podium 513, 868
Pokerwürfel 1062
Pol, negativer 818
Pol, positiver 818
Polachse 28
polar maritim 81
polar umlaufender Satellit 86
polare Umlaufbahn 86
Polarisationsfilter 598
Polarklimate 87
Polarkreis, südlicher 46
Polarlicht 79
polar-maritim 81
Polarstern 23
Polartundra 87
Polen 56, 878
Poleposition 1022
Polierstahl 534
polierter Steinfaustkeil 883
Poliklinik 922
Politik 873
politische Kartografie 53
politischen Karte 53
Polizei 856
Polizeibeamter 906
Polizeifahrzeug 905, 907
Polizeirevier 845, 904
Pollenbürste 142
Pollenkamm 142
Pollenkörbchen 142
Pollenkorn 104
Pollenschieber 142
Pollenschlauch 104
Pollenzange 142
Pollenzelle 144
Poller 729
Polnisch 583
Polo 1008
Poloball 1008
Polofeld 1008
Polohemd 440, 968
Polokragen 455
Polonium 812
Polopony 1008
Poloschläger 1008
Poloshirt 437
Polster 942
Polsterauflage 913
Polsterdüse 375
Polsterung 1049
Polyester 424
Pomeranian 176
Poncho 443
Pont-l'Évêque 281
Ponton 662
Ponton, Schwimmkörper 777
Pontonbrücke 662
Pool 1012
Poop 724
Pore 102, 116
Porenzelle 134
Porro-Prisma 824
Portal 507, 508, 872
Portalbrücke 661
Portalkuppel 872
Portalrahmen 661
Portierszimmer 854
Portikus 509
Portionspackung 295
Porträt 861
Portugal 56, 877
Portugiesisch 583
Portulak 247
Portweinglas 297
Porzellanlöffel 305
Posaune 551
Posaunen 545
Positionskontrolle der Probe 826
Positionsleuchte 707
Positionslicht 727, 747, 753
positiv geladen 834
positiver Pol 818
Post 588, 857
Post, elektronische 643
Post, gestempelte 588
Post, internationale 589
Post, nicht gestempelte 588
Post, regionale 589
Postamt 588, 589, 845, 849
Postanweisung 589
Postauto 588, 589
Postdienstleistungssystem 588
Postkarte 588
Postpaket 589
Poststelle 644
Postwertzeichen 588
Potentiometer 604
Poterne 504
Pottwal 183
Power Forward 957
Präger 653
Prägung 531
Präkambrium 128
Prallbügel hinten 1035
Prallbügel vorne 1035
Prämaxilla 166, 167
Prämolar 166
Prärie 45
Praseodym 814
Präzisionssport 1009
Präzisionswaage 831
Preis pro Liter/Gallone 668
Prellbock 703
Pressarm 1001
Pressbalken 537, 538
Pressen 125, 538
Pressfilterkanne 319
Presshebel 307, 403
Presskammer 766
Presslufthammer 773
Pressplatte 538
Pressspindel 534, 535
primäre Nahrungsmittelquelle 94
primäre Separationsanlage 779
Primärfokus 28
Primärfokuskabine 26, 28
Primärkonsumenten 94
Primärspiegel 27, 29
Primärwurzel 105
Primaten 184, 185
Prime 562
primitive Lebewesen 133, 135
Prinzesskleid 438
Prinzessnaht 444
Prismenfernglas 824
pritschen 959
private Telekommunikation 603
privater Ankleideraum 542
privater Nutzer 643
privates Rundfunknetz 602
Privatflugzeug 750
Probenkammer 826
Probierlöffel 309
Proconsul 131
Produktionsbohrung 770, 777
Produktionsstoppuhr 604
Produktionsuhr 604, 607
Produktionswechselsprechanlage 604
Produzent 543
Profil 684, 685
Programmbereich 615
Programmdirektor 604
Programmempfang 609
programmierbare Funktionstasten 859
programmierbare Tasten 634
programmierbarer Thermostat 342
Programmmonitor 607, 608
Programmproduktion 605
Programmsteuerung 342
Programmwähler 378, 379
Programmwahlschalter 558
Programmwählscheibe 592
Programmwahltasten 611
Projektile 889
Projektionskopf 655
Projektionskuppel 20
Projektionsraum 523
Projektionswand 601
Projektor 544, 636, 639
Promenadendeck 730
Promethium 814
Pronaos 499
Propan- oder Butangas-Geräte 1053
Propanflasche 687
Propeller, dreiflügeliger 750
Propeller, zweiflügeliger 750
Propellerummantelung 727
Prospektständer 858
Prospektzug 540
Prostata 228
Protactinium 814
Protestantismus 870
Prothorax 141
Protokollant 960
Protokollanten 974
Protokollraum 904
Proton 810
Prototyp-Sportauto 1023
Protuberanz 16
Provinz 53
Provinzgrenze 53
proximale Epiphyse 199
Prozent 837
Prozenttaste 649
Prozessor 595
Prüflampe 404
psychiatrischer Beobachtungsraum 918
psychiatrischer Untersuchungsraum 918
Psychrometer 85
Pterygoid 154
Pubis 159
Publikumseingang 498
Puck 1030
Pudel 176
Puder, loser 473
Puderdose 473
Puderkissen 473
Puderpinsel 473
Puderrouge 473
Puderzucker 285
Puerto-Rico-Graben 69
Puff 361
Puffärmel 453
Puffer 519
Puffertank 780
Pullman Limousine 669
Pullover 437, 442
Pullunder 437
Pulmonalklappe 213
Pulpa 206
Pulpahöhle, Kronenabschnitt 206
Pulpete 555
Pulsar 18
pulsierende Vakuole 133
Pulsmesser 1001
Pult 871
Pultdach 516
Pulverhorn 889
Pulverkammer 890
Pulvino 791
Puma 180
Pumpe 324, 378, 380, 408, 800, 801, 804, 1053
Pumpen 779
Pumpenmotor 345
Pumpenraum 728
Pumpensumpf 345
Pumpfahrzeug 783
Pumplöschfahrzeug 902
Pumps 460
Pumpstation 780
Pumpstation, zentrale 780
Punchingball 990
Punkt 587
Punktauge 141, 143
Punktbrenner 402, 407
Punkte 968
Punktekonsole 1015
Punktetabelle 999, 1069
Punktezähler 965
Punktrichter 991, 996, 1009, 1010, 1014
Pupille 178, 238
Pupille, senkrechte 154
Puppe 141, 144
Pürierstab 314
purpurn 875
Purpursaum 426
Puter 271
Putter 1017, 1018
Putzkelle 403
Putzmittel 291
Putzschwamm 381
Putzsporn 142
Puzzle 1066
Puzzleteil 1066
Pygalschild 155
Pygostyl 159
Pyjama 449
Pylon 660
Pylon zur Aufhängung des Triebwerks 747
pylorische Blindsäcke 149
Pyramide 498, 839
Pyramidendach 517
Pyranometer 84
Pyrenäen 49
Python 156

Q

Qipao 429
Quadrant 838
Quadrat 839
Quadratbein 154
Quadratwurzel 837
Quadratwurzel aus 837
Quadratwurzeltaste 649
Qualle 134
Qualle, Morphologie 134
Quark 810
Quartär 131
Quarte 562
Quarterback 953
Quartett 546
Quartier 450, 459
Quarzmetronom 564
Quecksilber 78, 359, 813
Quecksilberbarometer 85
Quecksilberkolben 827
Quecksilbersäule 827
Quecksilberthermometer 914
Quelle 73
Quellenangabe 590
Quellwolken 88
quer verlaufender Dickdarm 217
Querbalken 573
Querbehang 368
Querdünen 74
Querfaden 569
Querfeldeinrad 1020
Querflöte 550
Querflöten 545
Querfortsatz 204, 224
quergestreifte Muskelfaser 198
quergestreifter Muskel 198
Querholz 361, 572, 943
Querjoch 561
Querleiste 364, 538
Querleiste, obere 364
Querleiste, untere 364
Querriegel 325
Querrippe 272
Querruder 37, 746, 1048
Querschiff 507, 508
Querschlag 774
Querschnitt, Apfel 115
Querschnitt, Baumstamm 118, 386
Querschnitt, Erdbeere 114
Querschnitt, Erdkruste 66
Querschnitt, Himbeere 114
Querschnitt, Orange 114
Querschnitt, Pfirsich 115
Querschnitt, Schiene 713
Querschnitt, Weintraube 114
Querschnitt, Zwiebel 105
Querschott 728
Querstange 1047
Querstraße, Allee 845
Querstrebe 792, 917
Querstrich, ganzer 82
Querstrich, halber 82
Querstück 362, 916
Querträger, oberer 757
Querträger, unterer 757
Quetschfuß 359
Quetschverschraubung 351, 352
Quetschwalze 536
Quinte 562
Quintett 546
Quitte 255
Quittungsausgabe 858

R

Rabatte 322
Rabe 21, 163
Rachen 214, 216
Rachenenge 231
Raclette 281
Raclette-Grill 317
Racquetball 964
Racquetballplatz 964
Racquetballschläger 964
Racquetballspiel 964
Rad 408, 411, 421, 535, 684, 690, 890, 917, 1020, 1024
Radar 64, 726, 727, 730, 731
Radar zur Luftüberwachung 897
Radar zur Zielverfolgung 898
radarabsorbierendes Material 751
Radarabwehrflugkörper 894
Radaranlage 896, 907
Radaranlagendisplay 907
Radarantenne 64, 896, 899
Radarflugzeug 751
Radarmast 728
Radarrekflektor 737
Radarsat 64
Radarstrahl 64
Radbefestigungsbolzen 679
Rädchen 568
Rädelung 400
Räder-Drehgeschwindigkeitssensor 679
Radfahrer 665, 666
Radgabel 1020
Radhose 450
radialer Handgelenkbeuger 196
Radialgürtelreifen 685

Radialkanal 134
Radialkapelle 506, 507
Radialkarkasse 685
Radialreifen 685
Radiärkanal 135
Radiator 35
Radiatoren 37
Radicchio 246
Radiergummi 654
Radieschen 251
Radio 604
Radio-/Kassettengerät 676
radioaktiv 910
radioaktive Kerne 811
radioaktiver Abfall 98
Radioaktivität, Maßeinheit 835
Radioisotopengenerator, thermoelektrischer 32
Radiometer 86
Radiorekorder 620
Radiosonde 85
Radioteleskop 26
Radiowelle 26
Radiowellen 821
Radio-Wellen 602
Radium 812
Radius 838
Radius-Ulna 153
Radkappe 671
Radkasten 1001
Radlader 759
Radom 896
Radon 814
Radrennbahn 932, 1021
Radsatzgetriebe 706
Rad-Schneeschläger 310
Radschüssel 684
Radsport 1020
Radtraktor 759
Radula 137
Raffgardine 369
Raffhalter 368
Raffinerie 780, 843
Raffinerieerzeugnisse 782
Raffrock 439
Raffrollo 371
Raglanärmel 435, 443, 448, 453
Raglanmantel 443
Rah 724
Rahe 722
Rähmchen 144
Rahmen 332, 336, 363, 364, 401, 413, 459, 484, 488, 523, 535, 557, 561, 565, 572, 694, 734, 754, 755, 760, 761, 765, 766, 802, 803, 806, 962, 968, 970, 973, 1012, 1020, 1043, 1045
Rahmen, oben liegender 761
Rahmen, senkrechter 573
Rahmenleiste 364
Rahmenpolster 973
Rahmenspant 729
Rahsegel 723
Rakete zur Schiffsbekämpfung 894
Raketenantrieb 894
Raketendepot 898
Raketenschiene 896
Raketentriebwerk 39
Raketenwerfer 897
Rallye-Motorrad 1025
Rambutan 259
Ramen 283
Rammschutzleiste 691
Rammsporn 720
Rampe 499, 503, 659, 771
Rampenlicht 541
Rand 480, 860, 937, 989, 1068
Rand, äußerer 171
Rand, innerer 171
Randborste 103
Rändelbolzen 408
Randkontrolltaste 648
Randlösetaste 648
Rang, erster 541
Ränge 498, 503
Rangierbahnhof 708
Rankgitter 410
Ranviersche Schnürringe 221
Rapier 886
Ras-El-Hanout 261
Rasen 323, 410, 968
Rasenbesen 420
Rasenpflege 419
Rasentrimmer 419
Rasiermesser 479
Rasierpinsel 479
Rasierschaum 479
Raspel 398, 531
Rassel 154
Raste 935
Rasterleiste 377
Rastertaste 735
Rasthebel 417
Rastplatz 53, 856
Raststätte 53
Raststütze 697
Rasur 479
Rathaus 844
Ratsche 390, 561
Ratschenringschlüssel 400
Ratte 165, 166
Ratte, äußere Merkmale 165
Ratte, Skelett 165
Rau 1016, 1017
Raubtiere 174, 180
Raubvogel 160
Rauch 83
Rauchabsauger 895
Rauchbombe 895
Rauchen verboten 857
Räucherapparat 534
Raucherbedarf 483
Räucherfisch 270
Räucherschinken 275
Rauchklappe 336
Rauchmantel 336
Rauchmelder 903
Rauke 247
Raum 705
Raumanzug 33
raumer Wind 982
Raumfähre 36, 37, 79
Raumfähre beim Start 36
Raumfahrt 30
Raumfahrzeug Orion 38
Raumfahrzeuge 38
Raumklimaanlage 343
Raumlaboratorium 37
räumlicher Dendrit 90
Raumluftzufuhr 343
Raumsonde 30, 79
Raumsonden 30
Raumstation, internationale 34
Raumthermostat 342
Raupe 141
Raupenschere mit Teleskopstiel 416
Raureif 91
Raute 658
Ravioli 282
Reagenzglas 815
Reaktion, reversible 834
Reaktionsrichtung 834
Reaktionstriebwerk 86
Reaktor 795, 797, 798, 899
Reaktorgebäude 797, 799
Reaktorgebäude, Luftschleuse 796
Reaktorkern 800, 801
Reaktorkessel 799
Reaktortank 801
Realismus 529
Reanimationsraum 918
Rebe 117
Rebhuhn 163, 271
Receiver: Vorderansicht 614
Rechen 413, 786, 788
Rechenbalken 766
Rechnung 291
rechte Flanke 874
rechte Großhirnhemisphäre 223
rechte Herzkammer 212, 213
rechte Lunge 214
rechte Lungenarterie 213
rechte Lungenvenen 213
rechte Mittelstelle 874
rechte Niere 218
rechte Seite 481
rechte Spur 659
Rechteck 839
Rechteckflügel 752
rechteckige Fahne 873
Rechteckschlafsack 1054
rechter Abwehrspieler 958
rechter Angriffsfeldspieler 960
rechter Aufbauspieler 957
rechter Außenangreifer 958
rechter Außenfeldspieler 938
rechter äußerer Linebacker 952
rechter Centre 950
rechter Corner Back 952
rechter Defensive End 952
rechter Defensive Tackle 952
rechter Flügelspieler 945
rechter Guard 953
rechter Kanal 618
rechter Lymphgang 230
rechter Mittelfeldspieler 945, 947
rechter Stürmer 1029
rechter Tackle 953
rechter Verteidiger 945, 947, 1028
rechter Vorhof 212, 213
rechter Winkel 836, 838
rechtes Aufschlagfeld 965, 967
rechtes Feld 939
rechtes Obereck 874
rechtes Untereck 874
rechts 541
Rechtsanwälte, Mitarbeiter 863
Rechtschreibkorrekturtaste 648
Rechtskurve 664, 667
Reck 970, 971
Recksäule 971
Reckstange 971
Recycling 99
Recyclingpapier 125
Redakteur 604
redaktioneller Beitrag 590
Redaktionsteil 590
Redingote 442
Reduziermuffennippel 351
Reduzierung des Rote-Augen-Effekts 593
Reffband 725
Reffbänsel 725
Refiner 125
reflektierende Aluminiumschicht 615
reflektierende Oberfläche 822
reflektierendes Band 733
reflektierte Sonneneinstrahlung 96
reflektierter Lichtstrahl 822, 823
Reflektor 404, 610
Reflexion 65
Reflexspiegel 594, 595
Reformation 870
Regal 289, 293
Regal der Neuzugänge 867
Regal mit Geräten 608
Regelgerät 349
regelmäßiges Achteck 839
regelmäßiges Elfeck 839
regelmäßiges Fünfeck 839
regelmäßiges Neuneck 839
regelmäßiges Oktaeder 839
regelmäßiges Sechseck 839
regelmäßiges Siebeneck 839
regelmäßiges Zehneck 839
regelmäßiges Zwölfeck 839
Regelschalter 376
Regelstation 783
Regelung der Saugstärke 375
Regelungszylinder 762
Regen 90, 91
Regen, anhaltend leichter 83
Regen, anhaltend mäßiger 83
Regen, anhaltend starker 83
Regen, gefrierender 90
Regen, leichter 90
Regen, mäßiger 90
Regen, saurer 97, 98
Regen, starker 90
Regen, zeitweise leichter 83
Regen, zeitweise mäßiger 83
Regen, zeitweise starker 83
Regenarten 90
Regenbogen 91
Regenfälle, heftige 89
Regenhut 458
Regenleiste 671
Regenmantel 435
Regenmenge, Messung 85
Regenmesser, selbst schreibender 85
Regenmesser mit direkter Ablesung 84
Regenreifen 1022
Regenrohr 322
Regenschauer 83
Regenschreiber 84
Regenstiefel 462
Regenwald, tropischer 87, 92
Regenwasserabfluss 846
Regenwurm 135
Regieassistent 543, 605
Regie-Kontrollmonitore 543
Regiepult 607
Regieraum 541, 605, 607, 608
Regieräume 528
Regierungsorganisation 643
Regiestuhl 360, 543
regionale Post 589
regionales Verteilzentrum 589
Regisseur 543, 605, 608
Registerleiste 555
Registerschleife 555
Registerzug 554, 555
Registratoren 992
Registriereinheit 355
Registriereinlagen 652
Registrierkarten, Halterung 84
Registrierkasse 289
Registrierstreifen 84
Registriertrommel 76
Reglerspanngewicht 519
Reglerventil 1053
Regnerschlauch 414
Regulierklappe 338
Regulierventil 339
Reibe 307
Reibefläche 406
Reiber 535
Reibergehäuse 535
Reich 132
Reif 91
Reif- und Frostgraupel 90
Reife, Stufen 117
Reifen 124, 671, 684, 690, 699, 972, 1020, 1024
Reifenarten 684
Reifenflanke 684
Reifenstapel 1022
Reifeprozess 117
Reifrock 427
Reifrock, flacher 427
Reihe 541
Reihe, dritte 950
Reihe, erste 950
Reihe, zweite 950
Reihenanzeige 571
Reihenhaus 521
Reihenschaltung 818
Reihenzähler 571
Reiher 161
Reinigung, chemische 849
Reinigungsbürste 479
Reinigungsmittelbehälter 380
Reinigungsöffnung 344, 352
Reinigungswelle 402
Reis 122, 263, 283
Reis, weißer 283
Reisebett mit Wickelauflage 366
Reisebüro 848
Reisebus 688
Reisessig 287
Reisetasche 488, 489
Reisetaschen 851
Reisezug 704
Reisfadennudeln 283
Reisfeld 97
Reismelde 263
Reisnägel 654
Reisnudeln 283
Reispapier 283, 584
Reißbahn 1049
Reißbrett 526
Reisschüssel 303, 305
Reißen 999
Reißschenkelschutz 758
Reißverschluss 436, 442, 472, 488, 567
Reißverschlusslinie 569
Reiten 1004
Reiter 652, 1003, 1005, 1008
Reiter, durchsichtiger 652
Reitgerte 1003, 1006
Reithandschuh 1003
Reithelm 1003
Reithose 1003
Reitjacke 1003, 1005
Reitkappe 1006
Reitsport 1002
Reitstiefel 1005
Rektaszension 23
Rektaszensionsachse 24, 25
Rektum 141, 143, 155, 159, 169
Relaisstation 602
Relaisstation, Mikrowellen 642
Relaisstelle 603
Reliefpfeiler 510
Religion 870
Religionen, Chronologie 870
religiöses Bauwerk 845
Reling 728, 729
Renaissance-Villa 509
Rennanzug 1024, 1032
Rennanzug, feuerfester 1022
Rennbügel 699
Rennen mit Reiter 1006
Rennfahrer 1022
Rennleiter 1020
Rennrad 701
Rennrodel 1034
Rennrodel, Doppelsitzer 1034
Rennrodel, Einsitzer 1034
Rennrodler 1034
Rennstrecke 1024
Rennwagen 1023
Rentier 172
Reparaturwerkstatt 668
Reportage 590
Reptilien 154, 156
Republik Kongo 61, 879
Requisiteur 543
Requisiteurassistent 543
Reserve-Fahrtmesser 748
Reservefallschirm 1046
Reserve-Fluglageanzeige 748
Reserve-Höhenmesser 748
Reservepapier 647
Reserverad 687
Resettaste 629, 1067
Resonanzboden 552
Resonanzdecke 547, 548, 560, 561
Resonanzfell 556
Resonanzkasten 548
Resonanzkörper 548, 561
Resonanzröhren 557
Ressourcenzugriff, vereinheitlichter 642
Restaurant 290, 730, 844, 847, 848, 853, 856
Restaurantkritik 590
Restmüll, nicht wieder verwertbarer 99
Restraining Line 948
Retikulum, endoplasmatisches 102, 133
Rettich 251
Rettich, japanischer 245
Rettungsassistent, Sitz 911
Rettungsboje 733
Rettungsboot 724, 726, 730, 777
Rettungsfloß 727
Rettungsgeräte 733
Rettungshubschrauber 753
Rettungsinsel 733
Rettungsring 731, 733, 907
Rettungsschacht 663
Rettungsschiff 778
Rettungsstation 663
Rettungswagen 663, 911, 918
Rettungsweste 733
Revers 430, 454
Revers, abfallendes 435
Revers, steigendes 430
reversible Reaktion 834
Revisionsöffnung 337
Revisionstür 338
Revolver 888
Rezeptakel 107
Rhabarber 250
Rhea 15
Rhenium 813
Rhesusfaktor negativ 834
Rhesusfaktor positiv 834
Rhizoid 106
Rhizom 107, 110
Rhodium 813
Rhombus 839
Rhopalium 134
rhythmische Sportgymnastik 972
Rhythmuswahlschalter 558
Riasküste 70
Ribosom 102, 133
Richtaufsatz 892
Richter 1005
Richter, Büro 862
Richtertisch 862

Richtkurbel 892
Richtschacht 774
Richtschütze, Stand 895
Richtung des Elektronenflusses 820
Richtungsanweisung 63
Richtungsgleis 708
Richtungstasten 633, 1067
Ricotta 280
Riechepithel 232
Riechkapsel 149
Riechkolben 232
Riechnerv 149, 232
Riechschleimhaut 232
Riechzelle 232
Riegel 72, 316, 326, 327, 435, 488
Riegel zur Nagelstaubeseitigung 389
Riemen 387, 460, 941, 970, 984, 999
Riemenantrieb 727
Riemenarten 984
Riemenboot 985
Riemenmuskel 197
Riemenscheibe 682
Riemenschlaufe 1056
Riementriebabdeckung 395
Ries 125
Riese, Roter 18
Riesenslalom 1039
Riesenslalomski 1038
Riet 572
Riffelfeile 531
Riffküste 70
Rigatoni 282
Riggs 723
Rigg-Stahlseil 1047
Right-Wing 950
Rille 537, 1018
Rillettes 277
Rindenparenchym 110
Rindfleisch 272
Ring 108, 367, 479, 492, 551, 567, 732, 733, 787, 828, 970, 990, 1051
Ring, dioptrischer 736
Ring, erster 890
Ring, Teile 470
Ring, zweiter 890
Ringablage 653
Ringautobahn 53
Ringbrennkammer 749
Ringbuch 652
Ringbuchkalender 650
Ringe 470, 970, 971
Ringelnatter 156
Ringelrobbe 94
Ringen 991
Ringer 991
Ringerschuh 991
Ringfinger 237
ringförmige Finsternis 16
Ringkanal 134, 135
Ringmuskel des Auges 196
Ringmutter 351
Ringnetzwerk 640
Ringpfosten 990
Ringschütz 787
Ringstufe 990
Ringumgebung 990
Ringumrandung 990
Ringverschluss 33
Rinne 567, 885, 1015
Rippe 154, 159, 164, 165, 170, 175, 182, 184, 187, 188, 250, 272, 273, 274, 340
Rippe, falsche 184
Rippe, hohe 272
Rippen 200
Rippenbraten 274
Rippenbündchen 448
Rippenknorpel 165
Rippenpolster 954
Rippenstück 273, 274
Rispe 122
Ritzel 395, 829
Roberval-Waage 830
Roboterarm 36
Robotersystem 35
Rochen 148, 266
Rock 443, 968
Rock, gerader 439
Rockabrunder 568
Röcke 439
Rocky Mountains 47
Rodehacke 413
RodelSchlitten 1034
Roggen 122, 263
Roggenknäckebrot 279
roher Schinken 277
Rohkaffee 264
Rohöl 782
Rohölpipeline 780
Rohr 401, 887, 888, 890, 891, 892, 893
Rohrabschneider 402
Rohrabschnitt 337
Röhrbein 170
Rohrblatt 550
Röhre 319, 827
Rohrende 351
Röhrenglocken 545, 557
Röhrenhose 441
Röhrenkessel 782
Rohrfahrteingang 780
Rohrfeder 584
Rohrführung mit Verstellmöglichkeit 970, 971
Rohrquerstrebe 777
Rohrrücklauf 892
Rohrschneider 402
Rohrschraubstock 401
Rohrstück 912
Rohrstütze 737
Rohrturbine 794
Rohrummantelung 385
Rohrummantelung, vorgeformte 385
Rohrverschraubung 351
Rohrverteilerstück 777
Rohrzangen 403
Rollbahn 740, 741, 897
Rollbahnmarkierung 741
Rollbewegung 752
Rolle 367, 488, 535, 556, 755, 885, 1009, 1044, 1045
Rolle, obere 572
Rollen 1045
Rollenfuß 1059, 1060
Rollenhaltepartie 1060
Rollenhalterung 1059, 1060
Rollenleiter 409
Rollfilm 591
Rollgabelschlüssel 400
Rollgabelschlüssel für Vierkant 403
Rollkloben 885
Rollkragen 455, 1042
Rollkragenpullover 437
Rollkugel 634
Rollladenschwimmbecken-abdeckung 324
Rollmechanismus 371
Rollo 370, 371
Rollo-Fallstab 371
Rollostoff 371
Rollring 347
Rollschuh 1045
Rollschweller 554
Rollsitz 984
Rollsport 1044
Rollstuhl 705, 917
Rollstuhllift 689
Rolltor 29
Rolltreppe 518, 714, 847, 857
Romagna-Salat 246
romanische Kirche 508
romanische Sprachen 583
romanischen Kirche 508
Römerpantolette 462
Römertopf 313
römische Bohne 253
Römische Legion 883
römische Metallfeder 584
römische Ziffern 836
römisches Amphitheater 503
römisches Wohnhaus 502
Rondiste 469
Rondistenfacette, obere 469
Rondistenfacette, untere 469
Röntgengenerator 924
Röntgengerät, fahrbares 918
Röntgenium 813
Röntgenstrahlen 821
Röntgentisch 924
Röntgenuntersuchung 924
Roquefort 281
rosa Ball 1013
rosa Pfeffer 260
Rose 113
Rosenkohl 246
Rosenschliff 469
Rosette 326, 327, 350, 501, 507, 548
Rosmarin 262
Rösselsprung 1065
Ross-Schelfeis 46
Rost 376
rot 875
Rot 528, 821, 1063
Rotalge 107
Rotationsschiene 26
Rotbarsch 268
rote Bälle 1013
rote Beete 251
rote Heidelbeere 254
rote Kidneybohne 253
rote Klemme 686
rote Meerbarbe 267
rote Zwiebel 245
roter Ball 1013
Roter Halbmond 882
roter Ockerstift 524
roter Paprika 248
Roter Riese 18
roter Sicherheitsfilter 600
roter Stoßball 1012
Rotes Kreuz 882
rotes Licht 846
Rotes Meer 44, 50, 51
rotierende Warnleuchte 763
Rotini 282
Rotkehlchen 162
Rotknievogelspinne, Mexikanische 147
Rotkohl 247
Rotodom 751
Rotor 327, 787, 789, 806, 807, 1060
Rotorange 528
Rotorblatt 753, 807
Rotorgondel im Querschnitt 807
Rotorkopf 753
Rotornabe 753
Rotunde 847
Rotviolett 528
Rotweinglas 297, 304, 305
Rouge 1068
Rougepinsel 473
Roulade 276
Roulette 534, 1068
Roulettekessel 1068
Roulettekugel 1068
Routenschiedsrichter 1050
Router 641, 643
Royal Flush 1062
Royalstenge 724
RS-Anschluss 614
Ruanda 61, 879
Rübe 251
Rübenhacke 412
Rübenspross 251
Rubidium 812
Rubin 470
Rubin-Impulslaser 823
Rubinzylinder 823
Rückbank 675
Rücken 158, 168, 174, 193, 195, 298, 299, 300, 306, 391, 394, 430, 514, 539
Rücken, Indisch-Antarktischer 69
Rücken, Mittelatlantischer 69
Rücken, Östlicher Indischer 69
Rücken, Ostpazifischer 69
Rücken, ozeanischer 67
Rücken, Westlicher Indischer 69
Rücken, Zentralindischer 69
Rückenflosse 182
Rückenflosse, erste 148, 149
Rückenflosse, zweite 148, 149
Rückengefäß 143
Rückenlasche 1007
Rückenlehne 360, 361, 366, 675, 697, 917, 1001, 1026
Rückenlehne, Basis 360
Rückenmark 149, 152, 220, 221, 224
Rückenmark, Aufbau 224
Rückenmarkshaut, harte 224
Rückenmittelschlitz 430
Rückenmuskel, breiter 197
Rückenpanzer 155
Rückenpolster 1007
Rückenschlitz, seitlicher 430
Rückenschutz 1024
Rückenschwimmen 975
Rückenschwimmen, Startgriffe 976
Rückenspange 430
Rückenteil 448
Rückenträger, gekreuzt 449
Rückenverstärkung 1031
Rückfahrscheinwerfer 674
Rückfeld 967
Rückfeldschiedsrichter 953
Rückgrat 1059
Rückhaltesystem, Airbag 676
Rückholfeder 679
Rücklagenstütze 1039
Rücklauf 339
Rücklauf-Taste 616
Rücklaufverschraubung 339
Rückleitung 341
Rücklicht 691
Rücklichter 911
Rucksack 489, 1051, 1056
Rucksackbiwak 1054
Rückschläger 963, 965, 966
Rückschlaghinderer 887
Rückschlagventil 345
Rückspiegel 676, 695, 763, 1026
Rücksprungpalette 754
Rückspultaste 610
Rückstellknopf 828, 832
Rückstelltaste 616
rückstoßfreies Geschütz 893
Rückstoßtriebwerk, vorderes 36
Rückstrahler 691, 698, 1026
Rückwand 965
rückwärtige Begrenzungslinie 962
Rückwärtsantrieb 420
Rückwurflinie 943
Ruder 37, 720, 722, 727, 728, 730, 894, 980, 987
Ruder, oberes 899
Ruder- und Skullen-Becken 984
Ruderblatt 728
Ruderboote 985
Rudergerät 1001
Ruderhaus 728, 729
Ruderleine 987
Rudern (ein Riemen) 984
Rudern und Skullen 984
rudimentäres Becken 182
Ruf, nächster 624
Ruffini-Körperchen 236
Rufnummernregister 623
Rufnummernregister für automatische Wahl 623
Ruftaste 519, 621, 622, 624
Rugby 950
Rugbyball 951
Rugby-Feld 950
Rugbyspieler 951
Rührbesen 314
Rührschüssel 314
Rührschüsseln 310
Rumänien 57, 878
Rumänisch 583
rumänischer Überfangstich 565
Rumpf 152, 193, 195, 747, 980, 986, 1026, 1048, 1069
Rumpfleitwerk 751
Rumpfsonar 898
rund 111
Rundblickperiskop 895
Rundbogen 514
Rundbogenfenster 508, 510
Rundbohrer 398
Rundbürste 476
runde Bahn 388
runde Klammern 587
runde Öse 567
Rundeisen 533
Rundenzähler 1033
runder Ausschnitt 456
runder Einwärtsdreher 196
runder Korpus 560
runder Stickrahmen 565
runder Träger 367
rundes Fenster 235
Rundfenster 508
Rundfunknetz, privates 602
Rundfunksystem 602
Rundhakenstock 916
Rundkolben 815
Rundkopf mit Schlitz 390
Rundmuskel, großer 197
Rundmuskel, kleiner 197
Rundstricknadel 570
Rungentasche 691
Rupie 860
Rüssel 140
Russisch 583
Russisch Blau 179
russischer Pumpernickel 278
russisches Modul 34
Russland 46, 56, 57, 58, 59, 878
Rüstung 884
Rutengriff 1060
Rutenschwellkörper 228
Ruthenium 813
Rutherfordium 813
Rutsche 774
rutschfeste Matte 1043
rutschfester Fuß 409
rutschfester Sockel 969
Ryukyugraben 69

S

Saal 730
Saatgutbehälter 767
Säbel 886, 998
Säbelfechter 997
Säbelzahntiger 131
Sack mit Rettungssystem 1047
Sackkarren 755
Safarijacke 442
Safran 260
Saftrinne 309
Sagari 995
SAGD-Verfahren 779
Sägeblatt 391, 392, 393
Sägeblattverriegelung 393
Sägekauz 163
Sägekette 417
Sägen 391
Sägerochen 151
Sägewerk 125
Sahara 50
Sahne 280
Sahne, saure 280
Sahnebecher 295
Saint Kitts und Nevis 876
Saint Vincent und die Grenadinen 877
Saite 547, 548, 553
Saiten 561
Saitenaufhängung 549
Saitenbezug 552
Saitenhalter 547
Saitenhalterung 561
Saiteninstrumente 547
Säkelle 418
Sakralwirbel 153
Sakristei 871
Salamander 153
Salami, feine 277
Salami, grobe 277
Salate 292
Salatgabel 300
Salatgurke, kernlose 248
Salatschale 303
Salatschleuder 308
Salatschüssel 303
Salatteller 302
Salbe 914
Salbei 262
Salchow 1031
Saling 724, 980
Salomonen 62
Salomoninseln 881
Salonflügel 553
Salpetersäure, Emission 98
Salto vorwärts gebückt, dreieinhalbfacher 979
Salto vorwärts gestreckt mit einer Schraube 979
Saltostellung 978
Salz, grobes 287
Salzkorb 995
Salzsee 74
Salzstreuer 302
Samarium 814
Sambal Oelek 287
Sambia 61, 880
Samen 105, 114, 115, 116
Samen im Querschnitt 105
Samenanlage 104, 112
Samenleiter 137, 228

Samenmantel 115
Samenschale 105, 122
Sammellinsen 822
Sammelrohr 767
Sammelschiene 786
Sammeltrichter 85
Sammlung, getrennte 99
Samoa 62, 881
Samoanisch 583
Sampler 559
Samt 424
Samtkropfband 468
San Marino 56, 878
Sand 778, 779, 790, 959, 968
Sand- oder Staubsturm 83
Sandale 450, 462, 883
Sandale mit Zehenriemchen 462
Sandalette 461
Sandbank 77
Sandblattfeilen 472
Sandinsel 70
Sandkasten 706
Sandklaffmuschel 265
Sandpapier 396
Sandsack 990
Sand-Wedge 1018
Sandwüste 74
Sandwüste, Große 52
Sanitärinstallation 344, 346, 352
Sanitärinstallationssystem 344
Sanitäter 996, 1003
Sanitäter/Ärzte 996
Sankt-Lorenz-Strom 47
São Tomé und Príncipe 61, 879
Saphena-Nerv 225
Saphir 470
Sardelle 267
Sardine 267
Sari 429
Sarong 439
Sash 996
Satansröhrling 108
Satellit 39, 602
Satellit, geostationärer 86
Satellit, polar umlaufender 86
Satelliten, Umlaufbahn 86
Satelliten-Direktempfang 602
Satelliten-Fernerkundung 65
Satelliten-Navigationssystem 735
Satellitenradioempfänger 620
Satellitenterminal 741
Satellitenübertragungstechnik 602
Satin 424
Sattel 431, 436, 440, 547, 548, 549, 601, 698, 969, 1001, 1003, 1005, 1006, 1008
Sattelanhänger für den Baumstammtransport 692
Sattelanhänger für den Spantransport 692
Satteldach 516
Satteldach, eingeschnittenes 517
Satteldach, steiles 516
Sattelgelenk 208
Sattelgurt 1005
Sattelkraftfahrzeuge 692
Sattelkupplung 690
Sattelplatz 1006
Sattelpolster 1005
Sattelpritschenanhänger 691
Sattelrock 439
Sattelschlepper 690
Sattelstütze 698, 1021
Satteltasche 700
Satteltiefladeanhänger 692
Satteltiefladeanhänger für den Tiertransport 692
Satteltuch 1006
Sattelzug 690
Saturn 14, 15
Saturn V 39
Satz 968
Sätze, vorherige 968
Satzzeichen 587
sauberes Geschirr, Ablage 291
Sauciere 302
Saudi-Arabien 58, 880
Sauerstoff 95, 813
Sauerstoff, Abgabe 102
Sauerstoffanschluss 920
Sauerstoff-Atemmaske 911
Sauerstoffdruck-Stelleinrichtung 33
Sauerstoffflasche 407, 911
Sauerstoffflaschen-Halterung 911
Sauerstoffventil 407
Sauerstoffzufuhranzeige 1048
Sauerstoffzufuhrregler 1048
Saugarm 760
Saugbürste 375
Saugfahrzeug 693
Saugmagen 145
Saugnapf 138
Saugrohr 375, 682, 760, 786, 787, 902
Saugvorrichtung 492, 536
Säule 67, 90, 499, 501, 538, 572, 573, 596, 600, 661
Säule, bedeckte 90
Säulenordnung, dorische 500
Säulenordnung, ionische 500
Säulenordnung, korinthische 501
Saum 371, 569, 942
Saumlatte 806
Saummaß 568
Saumrand 171
saure Sahne 280
saurer Regen 97, 98
saurer Schnee 98
Savanne 87, 92, 93
Säwerkzeuge 418
Saxhorn 551
Saxophon 550
S-Bahn-Strecke 703
S-Band Antenne 86
S-Bogen 550
S-Bogen, Griffhebel 550
Scandium 813
Scanner 289, 635
Scanner-Glas 635
Schabe, orientalische 146
Schaber 408, 534
Schablone 536
Schabracke 368
Schach 1065
Schachbrett 1065
Schachfiguren 1065
Schacht 357, 774
Schachtel, Käse 295
Schachtelfalte 370
Schachteltisch 362
Schachtgerüst 774
Schachtsumpf 774
Schädel 149, 159, 164, 170, 182, 184, 187, 188, 192, 205
Schädel eines Hundes 175
Schädel eines Kindes 205
Schädelnaht 208
schädliche Gase, Emission 97
Schadstoffe, biologisch nicht abbaubare 97
Schaf 172
Schäferhund, Deutscher 177
Schaffnertisch 705
Schafstall 243
Schaft 158, 388, 390, 394, 398, 482, 501, 512, 567, 570, 572, 732, 937, 949, 962, 968, 984, 1007, 1008, 1009, 1010, 1011, 1013, 1017, 1030, 1069
Schaftführung 1007
Schäftung 887
Schäkel 981
Schäkelband 732
Schal 427, 465
Schale 114, 115, 116, 136, 138, 160, 295, 489, 695
Schalenhaut 160
Schalenschuh 1045
Schalensitz: Seitenansicht 675
Schalensitz: Vorderansicht 675
Schäler 309
Schälerbse 252
Schälfurnier 386
Schalkragen 455
Schallbecher 554
Schallbecherstütze 550
Schallbrett 507
Schalldämpfer 673, 773
Schallfenster 604
Schalloch 547
Schallplatte 617
Schallplattenladen 848
Schallrille 617
Schälmesser 306
Schalotte 245
Schalter 358, 376, 389, 393, 396, 397, 477, 478, 479, 640, 641, 818, 859
Schalter, einpoliger 354
Schalter, zweipoliger 354
Schalter für Belüftung 676
Schalter für Heizung 676
Schalterabdeckplatte 358
Schalthebel 421, 672, 676, 696, 697, 699, 762, 1020
Schaltkonsole 607
Schaltraum 20
Schalttafel 342, 343
Schaltuhr 376
Schaltung, gedruckte 820
Schaltung, integrierte 820
Schaltzug 700
Scham 194
Schambein 165
Schamfuge 208, 226, 228
Schamgegend 192
Schamhügel 194, 226
Schamlippe, große 226, 227
Schamlippe, kleine 226, 227
Schamotteplatte 336
Schamottestein 336
Schanzentisch 1040, 1041
Schanzkleid 724
Schar 765
Schärbaum 574
Schardrehkranz 761
Schardrehzylinder 761
Scharfeinsteller 600
Scharfeinstellung 24, 25
Scharfeinstellung, manuelle 601
Schärfentiefenknopf 592
Schärfentiefenskala 598
Scharfstellrad, zentrales 824
Scharfstellring 598, 824
Scharhubzylinder 761
Scharnier 316, 325, 327, 364, 380, 484, 577, 617, 674, 824
Scharnier für Visier 695
Scharniergelenk 207
Scharrknochen 164
Scharverstellvorrichtung 761
Scharwachturm 504, 505
Schatten 828
Schattenring 84
Schaubild für das Webprinzip 575
Schaufel 493, 759, 1038, 1042
Schaufel, hintere 759
Schaufelarm 759
Schaufelblatt 787
Schaufelbolzengelenk 759
Schaufellader 759
Schaufeln 949
Schaufelrad 721
Schaufelradbagger 771
Schaufelraddampfer 721
Schaufelzahn 760
Schaufelzylinder 759, 760
Schaukelstuhl 360, 361
Schaum 77
Schaumanzeiger 729
Schaumaufbereitungsanlage 779
Schaumbad 475
Schaumbitumen 779
Schaumgummiisolierung 385
Schaumgummimatratze 1054
Schaumgummipolsterung 908
Schauspieler 542
Schauspielereingang 498
Schauspielerin 543
Schauspielerstühle 542
Scheck 860
Scheckheft 484
Scheckhülle 485
Scheckkarte 861
Scheibe 19, 327, 535, 765, 1000
Scheiben 315
Scheibenarm 765
Scheibenbremse 672, 679, 695, 1024
Scheibenbremse, hydraulische 1020
Scheibenhantel 999
Scheibenhinterrad 1021
Scheibenkopf 576
Scheibensech 765
Scheibenwaschdüse 670
Scheibenwischer 670, 677
Scheibenwischerhebel 676
Scheide 108, 226, 227, 395, 1057
Scheider 685
Scheidewand 114, 116, 231
scheinbares Bild 823
Scheinfüßchen 133
Scheinwerfer 420, 421, 541, 542, 670, 690, 695, 696, 699, 706, 707, 762, 763, 764, 895, 902, 1026
Scheinwerferraum 736
Scheitel 158
Scheitelbein 175, 201, 205
Scheitelpunkt 979
Scheitelrippe 506
Scheitelstück 884
Schekel, neuer 860
Schelfeis, Filchner 46
Schelfeis, Ross 46
Schelle 85, 557
Schellen 557
Schellfisch 268
Schenkel 140, 142, 158, 168, 171, 272, 1061
Schenkelbein 201
Schenkelbindenspanner 196
Schenkelhals 201
Schenkelring 140, 142
Schenkelstütze 987
Scherbaum 1007
Schere 139, 568, 915, 1055
Scheren 477
Scherenblatt, gekerbtes 477
Scherenbrille 481
Scherenleuchte 373
Scherenschliff 469
Scherenstromabnehmer 707, 717
Scherkopf 479
Scherkopfhalter 479
Scheuerleiste 684
Scheuerrippe 685
Scheuklappe 1007
Scheune 243
Schichten, überlagernde 771
Schiebedach 671
Schiebedeckel 734
Schiebefenster, horizontales 518
Schiebefenster, vertikales 518
Schiebegriff 571, 917
Schiebeleiter 902
Schiebematte 973
Schiebeöffnung 831
Schiebeplatte 566, 567
Schieber 490, 567, 577, 832, 888
Schieberad 917
Schiebetastatur 622
Schiebetür 346, 515
Schiebetür, automatische 515
Schiebetür, elektrische 689
Schieblehre, Messschieber 832
Schiedsrichter 938, 943, 945, 947, 949, 951, 955, 956, 963, 964, 965, 974, 976, 978, 990, 992, 995, 1014, 1027, 1029, 1032, 1050
Schiedsrichter, berittener 1008
Schiedsrichter, erster 959
Schiedsrichter, zweiter 959
Schiedsrichterassistent 972
Schiedsrichtersitz 966
Schiefer 783
Schiefergasförderung 783
Schienbein 165, 175, 184, 187, 188, 200, 203, 207
Schienbeinarterie, vordere 210
Schienbeinnerv 225
Schienbeinschutz 1032
Schienbeinschützer 945, 946, 994, 1030, 1037
Schiene 140, 142, 367, 373, 380, 533, 571, 713, 915, 935, 1034, 1045
Schiene im Querschnitt 713
Schienen 915
Schienenfuß 713
schienengleicher, gesicherter Bahnübergang 713
schienengleicher Bahnübergang 703
Schienenkopf 713
Schienenlasche 712
Schienenräumer 706, 707
Schienensteg 713
Schienenstoß 712
Schienenuntergrund 713
Schienenverkehr 703
Schießanlage 1010, 1043
Schießen 1014
Schießgraben 1010
Schießgrube 505
Schießleiter 1009, 1010
Schießlinie 1009
Schießpositionen 1011, 1043
Schießscharte 505
Schießstand 905, 932, 1010, 1043
Schiff 65
Schiffe, historische 720
Schifffahrt 718
Schiff-Luft-Flugkörper 898
Schiffsbekämpfung, Rakete 894
Schiffsbodenverband 334
Schiffskiel 21
Schiffskörper 721
Schiffsschraube 728
Schiffssegel 21
Schiffstransport 773
Schiismus 870
Schikane 1022
Schild 20, 306, 539, 883, 908
Schildbogen 506
Schildchen 136
Schilddrüse 229
schildförmig 111
Schildfuß 874
Schildhaupt 874
Schildhubzylinder 758
Schildkröte 155
Schildkröte, Anatomie 155
Schildkröte, äußere Merkmale 155
Schildplätze 874
Schimpanse 185
Schindel 385
Schinken, gekochter 277
Schinken, roher 277
Schinkenmesser 306
Schintoismus 870
Schirm 134, 372, 490, 713, 943, 1047
Schirmfeder 158
Schirmmütze 457
Schirmsegment 1047
Schirmständer 490
Schirmtentakel 134
Schirmwinde 574
Schisma, Morgenländisches 870
Schlackenhalde 772
Schlaf-/Wach-Taste 639
Schlafanzug 447, 448, 449
Schlafcouch 363
Schläfe 192
Schläfenbein 200, 205
Schlafhaus 494
Schlafkabine 690
Schlafplatz 705
Schlafraum 1052
Schlafsäcke 1054
Schlafwagen 705
Schlafwagenabteil 705
Schlafzimmer 330
Schlagbereich 941
Schlagbohrer 772
Schlagbolzen 893
Schlagbolzenschaft 892
Schläge 966
Schlägel 531, 533, 556, 557, 561
Schläger 940, 944, 945
Schlägerabdeckung 1019
Schlägerblatt 944
Schlagfläche 1017
Schlaghandschuh 940
Schlaghebel 888
Schlagholz 942
Schlaghose 441
Schlaginstrumente 545, 556
Schlagmal 939
Schlagmallinie 943
Schlagmann 939, 940, 942, 943
Schlagpolster, elektronisches 558
Schlagrad 538
Schlagsahne 280
Schlagschrauber 1023
Schlagschutz 549, 964
Schlagstockhalter 906
Schlagturm 1071
Schlagzeile 590
Schlagzeug 556
Schlammfluss 77
Schlammgrube 776
Schlammpumpe 776
Schlammpumpenschlauch 776
Schlange 21, 23, 154, 1064

Schlangenbohrer mit doppeltem Gewindegang 394
Schlangenträger 21, 23
schlanker Muskel 197
Schlauch 407, 903
Schlauch, flexibler 375
Schlauchanschlussstück 407
Schlauchdüse 414
Schlauchhalter 900
Schlauchkleid 438
Schlauchkupplung 414, 415
Schlauchleitung 773, 903
Schlauchtrockner 900
Schlauchwagen 414
Schlaufe 450, 472, 659
Schlaufenvorhang 369
Schlechtwetterraum 865
Schleier 1059
Schleifband 396
Schleifblatt 396
Schleife 457
Schleifenkragen 455
Schleifmaschinen 396
Schleifmaterialien 396
Schleifringe 819
Schleifscheibe 396, 535
Schleifteller 396
Schleimbeutel 207
Schleimhaut der Harnblase 218
Schlepper 728, 744, 745
Schleppkahn 729
Schlepplift 1036
Schleppseil 988
Schleppstange 892
Schleppvorrichtung 693
Schleudergefahr 665, 667
Schleudersitz 896
Schleuse 794
Schleuse: Seitenansicht 719
Schleusenkammer 719
Schleusentor, oberes 719
Schleusentor, unteres 719
Schließblech 327
Schließe 1056
Schließfach 859
Schließklappe 805
Schließmuskel, hinterer 136
Schließmuskel, vorderer 136
Schließzylinder 327
Schliffformen 469
Schlingstiche 565
Schlitten 571, 981, 1035
Schlitteneinstellung 571
Schlittschuh 1028
Schlittschuhe, Eisschnelllauf 1033
Schlittschuhschritt 1042
Schlittschuhschritt, diagonaler 1042
Schlitz 300, 316, 390, 434, 538
Schlitzschrauben 390
Schlitzverschluss 594
Schloss 326, 377, 486, 489, 568, 700
Schlossband 136
Schlossbrett 325
Schlucht 67, 73
Schluckloch 67
Schlüssel 327, 400, 564
Schlüsselbein 159, 165, 187, 188, 200
Schlüsselbeinschlagader 210
Schlüsselbeinvene 211, 230
Schlüsselblume 113
Schlüsseldienst 849
Schlüsseletui 485
Schlüsselloch 327
Schlüsselschild 326
Schlüsselschloss 484
Schlussleuchte 674, 694, 696, 764
Schlussstein 506, 514
schmal 586
Schmelz 206
Schmelzen 810
Schmelzwasser 72
Schmetterball 959, 967
Schmetterling 140
Schmetterling, Anatomie 141
Schmetterling, äußere Merkmale 140
Schmetterlingsstil 975
Schmiege 833
Schmierknopf 773
Schmiermittelraffinerie 782
Schmieröle 782
Schmiersystem 706
Schminktisch 365
Schmirgelsäckchen 568
Schmorpfanne 313
Schmuck 468, 851
Schmuck und Schönheitspflege 468
Schmutzfänger 671, 690, 691
schmutziges Geschirr, Ablage 291
Schmutzwasserhebeanlage 345
Schnabel 158, 884
Schnabelschuh 429
Schnalle 435, 487, 733
Schnallenabdeckung 1005
Schnappmechanismus 1060
Schnappschloss 484
Schnappverschluss 486
Schnarrsaite 556
Schnarrsaitenspanner 556
Schnauze 152, 164, 174, 178, 189
Schnauzer 176
Schnecke 137, 235, 265, 547
Schnecke, Anatomie 137
Schnecke, äußere Merkmale 137
Schneckenbohrer 394
Schneckengetriebe 816
Schneckenpfännchen 303
Schneckenzange 309
Schnee 90
Schnee, ewiger 71
Schnee, saurer 98
Schneeanzug 449
Schneebesen 310
Schneefall, anhaltend leichter 83
Schneefall, anhaltend mäßiger 83
Schneefall, anhaltend starker 83
Schneefall, Messung 85
Schneefall, zeitweise leichter 83
Schneefall, zeitweise mäßiger 83
Schneefall, zeitweise starker 83
Schneefegen 83
Schneefeger 686
Schneefräse 421, 763
Schneegamaschen 1051
Schneekristalle 90
Schneemesser 84, 85
Schneemobil 1026
Schneeräumen 421
Schneeräumgerät 421
Schneeräumgeräte 421
Schneeregen 83, 90
Schneesack 448
Schneeschauer 83
Schneeschaufel 421
Schneeschieber 421
Schneeschuh, elliptischer 1043
Schneeschuhwandern 1043
Schneetreiben 83
Schneewanne 421
Schneidbrenner 407
Schneidbrett 309
Schneiddüse 407
Schneide 298, 306, 390, 477, 568, 1031
Schneidedraht 576
Schneideeinsatz 407
Schneiden 315, 398, 537
Schneiderärmel 453
Schneiderbüste 568
Schneiderkragen 443, 455
Schneidermuskel 196
Schneidezahn 164, 166
Schneidezahn, äußerer 206
Schneidezahn, mittlerer 206
Schneidezähne 206
Schneidkante 758, 759, 760
Schneidklinge 318
Schneidkopf 655
Schneidlade, Gehrung 391
Schneidmesser 314, 315
Schneidrad 402
Schneidwerk 767
Schneidwerkzeuge 416
schnell drehende Welle 807
Schnellabrollbahn 740
Schnellhefter 652
Schnellkochtopf 312
Schnellkupplungssystem 596
Schnellspannbohrfutter 394
Schnellstraße 659
Schnellvorlauf 610
Schnellvorlauf-Taste 616
Schnittfläche 417
Schnittführung 537
Schnitthöhenverstellung 420
Schnittlauch 245
Schnittlinie 569
Schnittmuster 569
Schnittstelle, Ethernet 630
Schnittstelle, FireWire 630
Schnittstelle, serielle 629
Schnittstelle, USB 629
Schnittstellenport, Computer 638
Schnitzbankschraube 531
Schnitzeisen, wichtigste 531
Schnitzen 531
Schnitzereizubehör 531
Schnitzerwerkzeuge 531
Schnorchel 989
Schnuller 492
Schnullerkette 492
Schnur 387, 538, 623
Schnur am Tritt 572
Schnürband 941
Schnurfangbügel 1060
Schnurfeststeller 371
Schnürhaken 1031
Schnurlaufröllchen 1060
Schnürloch 459
Schnürlochteil 459
schnurloses Telefon 623
Schnüröse 1031
Schnurrhaar 167
Schnurrhaare 178
Schnürringe, Ranviersche 221
Schnürschuh 459
Schnürsenkel 450, 459, 991, 1031
Schnürsenkelende 450, 459
Schnurspanner 367
Schnürverschluss 1045
Schnurversteller 371
Schnurwelle 367
Schokolade 285
Schokolade, weiße 285
Scholle 268
Schollenmuskel 196
Schoner 723
Schonwaschgang 425
Schöpflöffel 311
Schöpfteil 299
Schornstein 323, 721, 726, 730, 775
Schornsteinabdeckung 323
Schoß 431
Schössling 109, 118
Schoßrock 428
Schot 725
Schote 116
Schote (Senf) im Querschnitt 116
Schottenrock 439
Schotter 713
Schotterfläche 72
Schottisch-Gälisch 583
schräg geteilt 874
schräg zum Fadenlauf 569
Schräge 912
schräge Pattentasche 435, 443, 452
schräger Interlobärspalt 215
Schrägförderer 767
Schräggeison 499
Schrägmaß 387
Schrägseilbrücke 660
Schrägseilverankerung 660
Schrägstellungsvorrichtung 392
Schrägstrich 587
Schrank 330, 645
Schranke 713
Schrankteil 365
Schrapper 760
Schratten 67
Schraubanker 732
Schraube 326, 390, 547, 728, 730, 731, 899
Schrauben 400, 898
Schraubenbolzen 400
Schraubenbolzen mit Ansatz 400
Schraubendreher 390
Schraubenfeder 673, 706
Schraubenkarabiner 1050
Schraubenwelle 731
Schraubenzieher 390, 1055
Schrauberbit 394
Schraubfassung 358
Schraubfeder 1050
Schraubklemme 354
Schraubstock 401
Schraubstollen 946
Schraubverschluss 295
Schreib-/Lesekopf 638
Schreiber 76
Schreibkopf 648
Schreibmappe 485
Schreibmaschine, elektrische 648
Schreibpinsel 584
Schreibplatte, herausklappbare 364
Schreibspitze 76
Schreibtisch 331, 646, 855
Schreibtischleuchte 372
Schreibunterlage 646
Schreibwaren 648, 851
schreitender Löwe 875
Schrift 584
Schriftarten 586
Schriftgrößenskala 648
schriftliche Kommunikation 584
Schriftstärke 586
Schriftsysteme 585
Schritt 168, 434, 440
Schrittlängeneinstellung 832
Schrittzähler, Pedometer 832
Schrot 887
Schrotflinte 887, 1010
Schubkarre 411
Schubkasten 366
Schubkontrolle 634
Schubkurbelverschluss 892
Schublade 296, 362, 365
Schubladenelement, fahrbares 645
Schubphase 1042
Schubrahmen 758
Schubrechwender 766
Schuh 459, 945, 956, 989, 1020, 1022
Schuh mit Stoßplatten 951, 954
Schuhbürste 463
Schuhcreme 463
Schuhe 459, 460
Schuhgeschäft 849
Schuhlöffel 463
Schuhputzzeug 463
Schuhspanner 463
Schuhständer 463
Schukosteckdose 358
Schukostecker 358
Schulaufsicht, Büro 869
Schulbank 868
Schulbus 688
Schule 667, 868
Schüler/Schülerin 868
Schüler mit Lernschwierigkeiten, Klassenzimmer 868
Schülerspinde 869
Schulhof 869
Schulleiter, Büro 869
Schulter 168, 174, 192, 194, 207, 272, 273, 274, 275, 548, 1059
Schulterblatt 153, 159, 164, 165, 170, 175, 182, 184, 187, 188, 193, 195, 200, 201, 207
Schulterblattgräte 201
Schulterfeder 158
Schultergurt 489, 491, 675, 1056
Schulterkamera 607
Schulterklappe 435, 906
Schulterpolster 954, 1030
Schulterriemen 487, 488, 489, 490
Schulterstück 273, 275
Schulterstück ohne Knochen 273, 274
Schulterstütze 891, 893
Schultertasche 487
Schuppe 150, 154, 155, 236
Schuppen 322, 328, 410
Schuppennaht 205
Schuppentier 164
Schürfkübel 760
Schürhaken 337
Schürze, elastische 727
Schürzenfinger 727
Schuss 572, 573
Schüssel 315
Schussfaden 575
Schusskreis 944
Schüttelsieb 776
Schüttgutwagen 711
Schutz 393
Schutzanzug 1025
Schutzausrüstung 954
Schutzbezug 363
Schutzblech 698, 1026
Schutzblech, vorderes 695
Schutzbrille 406, 908, 964, 965, 1011, 1020, 1025, 1046
Schutzdach 754
Schutzdeckel 629
Schütze 20, 1010
Schützer, Schienbein 1037
Schutzfläche 991
Schutzgehäuse 419
Schutzgeländer 706
Schutzgeräte 638
Schutzgitter 366, 404, 858
Schutzglas 609
Schutzhandschuhe 910
Schutzhandschuhe tragen 910
Schutzhaube 392, 393, 396
Schutzhaube, obere 392
Schutzhaube, untere 392
Schutzhelm 908, 910, 954, 1028, 1046, 1047
Schutzhelm tragen 910
Schutzkäfig 935
Schutzkante 488
Schutzkappe 824, 914
Schutzkasten für Handbremse 709
Schutzkleidung 406
Schutzkontaktbügel 358
Schutzmaske 908
Schutzmaßnahmen 910
Schutzplatte 1025
Schutzraum 663
Schutzschicht 33
Schutzschirm 406
Schutzschuhe 910
Schutzschuhe tragen 910
Schutzumrandung 1069
Schutzwand 1028
schwach verstärkende Antenne 32
schwacher Punkt 1065
Schwadenblech 419, 420
Schwager 929
Schwägerinnen 929
Schwalbe 162
Schwamm 134, 381, 579, 889
Schwamm, Anatomie 134
Schwamms, Morphologie 134
Schwammstäbchen 473
Schwan 22, 161
Schwanenhals 760
Schwanz 139, 154, 155, 164, 165, 174, 178, 182, 186, 189, 228, 539, 1059, 1071
Schwanzfächer 139
Schwanzfeder 158
Schwanzflosse 148, 150, 182
Schwanzflughaut 186
Schwanzwirbel 165, 170, 175, 184, 187, 188
Schwarte 386
schwarz 875
Schwarz 821, 1065
schwarzäugige Bohne 252
Schwarzbär 94, 181
schwarze Bohne 253
schwarze Johannisbeere 254
schwarze Klemme 686
schwarze Mungobohne 253
schwarze Senfkörner 260
Schwarze Witwe 147
schwarzer Ball 1013
schwarzer Pfeffer 260
schwarzer Stein 1065
schwarzer Tee 264
schwarzer Vorhang 606
Schwarzer Zwerg 18
schwarzes Brett 868
schwarzes Feld 1065
Schwarzes Loch 18
Schwarzes Meer 44, 49, 51
Schwarzfichte 124
Schwarzrettich 251
Schwarz-Weiß-Modus 593
Schwarzwurzel 251
Schwebebalken 969, 970
Schweden 46, 56, 878
Schwedisch 583
Schwefel 813
Schwefeldioxid, Emission 98
Schwefelsäure, Emission 98
Schweif 168
Schwein 172
Schweinefleisch 275
Schweinespeck 284
Schweinestall 243
Schweißband 968

Schweißblatt 1005
Schweißbrenner 407
Schweißeinsatz 407
Schweißerhandschuh, fünffingriger 406
Schweißtransformator 406
Schweiz 56, 878
Schwelle 325, 333, 713
Schwellenmarkierungen 743
Schwellenschraube 712
Schwellkörper 228
Schwenkarm 314
schwenkbare Halterung 735
schwenkbare Parabolantenne 26
schwenkbare Trägerstruktur 29
Schwenkbrückenstand 760
Schwenkdüse 750
Schwenkflügel 752
Schwenkkopf 401
Schwenklade 572
Schwenksockel 401
Schwenkverschluss 401
schwere Piste 1036
Schwerfahrzeugen, Transport 710
Schwermaschinen 758
Schweröl 782
Schwert 417, 980, 988
Schwert, beidhändiges 886
Schwertfisch 21, 267
Schwertwal 183
Schwerwasser 800
Schwerwasser, kaltes 800
Schwerwasser unter Druck 800
Schwerwasseranreicherung 797
Schwerwasserreaktor 800
Schwester 929
Schwesternstation 918, 919
Schwesternzimmer 922
Schwiegereltern 928
Schwiegermutter 928
Schwiegersohn 928
Schwiegertochter 928
Schwiegervater 928
Schwierigkeitskampfrichter 972
Schwimmbecken 324, 805, 932
Schwimmblase 149
Schwimmbrille 976
Schwimmdach 781
Schwimmdachtank 781
Schwimmen 975
Schwimmer 345, 347, 892, 1061
Schwimmerin, Name 977
Schwimmerstange 345
Schwimmerventil 347
Schwimmfuß 152
Schwimmhaut 152, 160
Schwimmhautzeh 160
Schwimmholz 974
Schwimmkörper 737, 750
Schwimmkran 718
Schwimmstadion 932
Schwimmstile, verschiedene 975
Schwingflügel 518
Schwinggaragentor 515
Schwinghebel 682
schwingungsdämpfender Bügelgriff 417
Schwingungsdämpfer 378
Schwungholen 1014
Schwungrad 576, 682
Scotia-Platte 68
Scratchrad 559
Scrimmage-Linie 953
Scriptgirl 543
Scrollen 633
Scrollen-Feststelltaste 633
Scrollrad 634
Scrolltaste 621
SD-Karte 594
Seaborgium 813
Sech 767
Sechseck, regelmäßiges 839
Sechserpasch 1062
Sechskantmutter 400, 683
Sechskantreduzierhülse 351
Sechzehntelnote 563
Sechzehntelpause 563
Second 1027
Sedimentgesteine 66
See 17, 45, 71, 73
See, Irische 49
See, künstlicher 73
See, tektonischer 73
See, vulkanischer 73
Seebarsch 268
See-Funkradio 735
Seegurke 135
Seehund 183
Seeigel 135
Seelachs 268
Seelöwe 183
Seen 73
Seen, Große 47
Seenversauerung 98
Seeotter 180
Seepferdchen 151
Seeschwalbe 161
See-See-Flugkörper 898
Seestern 135
Seestern, Anatomie 135
Seestern, äußere Merkmale 135
Seeteufel 267
Seezeichen 736
Segel 723, 725, 983, 1071
Segelboot 980
Segelflugzeug 1048
Segelkleid 980
Segelkurs 982
Segellatte 722, 980, 983
Segeln mit halbem Wind 982
Segelsport 980
Segelstange 806
Segeltasche 983
Segeltuchbespannung 806
Segerkegel 576
Sehenswürdigkeit 53
Sehfehler 239
Sehne 178, 198, 207, 885
Sehnenschützer 1030
Sehnerv 238
Sehschlitz 884
Seide 424
Seifenbecher 479
Seiher 308
Seil 123, 409, 662, 816, 970, 972, 990, 1050, 1051, 1058
Seilbahn 1036
Seilbahnabfahrt 1036
Seilschaft 1050
Seilverspannung 990
Seilzug 409
seismische Welle 76
Seismogramm 76
Seismographen 76
seismologische Aufzeichnung 775
Seite 298, 539, 541, 724
Seite, linke 386, 481
Seite, nächste 633
Seite, rechte 481
Seite, vorherige 633
Seitenairbag 676
Seitenauslinie 938, 947
Seitenband, vertikales 958
Seitenfach 674
Seitenfeintrieb 833
Seitenfenster 671
Seitenflosse 747, 753, 896, 1048
Seitenfontanelle, hintere 205
Seitenfontanelle, vordere 205
Seitengriff 395, 674
Seitenkampfrichter 993, 994, 996
Seitenkapelle 506
Seitenkästen 1023
Seitenklemme 833
Seitenkoffer 697
Seitenlinie 150, 944, 949, 951, 952, 955, 956, 958, 960, 961, 1008, 1014, 1027
Seitenlinie für das Doppelspiel 963, 966
Seitenlinie für das Einzelspiel 963, 967
Seitenluke 36
Seitenmoräne 72
Seitenöffnung 660
Seitenrad 806
Seitenrichter 951, 984
Seitenruder 747, 896, 1048
Seitenruderpedal 1048
Seitenschiff 507
Seitenschlot 75
Seitenschwinge 572
Seitenspiegel 478, 670, 690, 696
Seitenspiegelverstellhebel 674
Seitensprossen 709
Seitenspur 659
Seitenständer 694
Seitenstängel 109
Seitensteg 480
Seitenstollen 774
Seitenstück 361
Seitentasche 1019
Seitenteil 435, 754
Seitenventrikel 222
Seitenverkleidung 671
Seitenverstellhebel 397
Seitenwand 171, 685, 691, 719, 757, 949, 964, 965, 977
Seitenwandlinie 965
Seitenwurzel 105, 109, 110
seitliche Einfassung 336
seitliche Strahlgrube 171
seitlicher Aufprallsensor 676
seitlicher Gelenkknorren 201
seitlicher Gelenkknorren des Oberschenkelknochens 201
seitlicher knöcherner Bogengang 235
seitlicher Kompressionsgurt 1056
seitlicher Rückenschlitz 430
seitlicher Tritt aus der Luft 994
Seitpferd 969, 970
Sekretär 364
Sekretariat 859, 869
Sekretärin 644
Sektion, obere 39
Sektion, untere 39
Sektionalgaragentor 515
Sektkelch 297
Sektor 838
Sektschale 297
Sekundant 990
Sekundärfokuskabine 26
Sekundärkonsumenten 94
Sekundärspiegel 25, 26, 27, 28, 29, 594
Sekunde 562
Sekundenzeiger 828, 829
selbst schreibender Regenmesser 85
selbstaufblasbare Luftmatratze 1054
Selbstauslöser 592
Selbstauslöser-Lichtsignal 592
Selbstbedienungsrestaurant 292
Selbstbedienungstheke 288, 292
Selbstklebeetiketten 652
selbstklebende Lasche 651
Selen 812
Seltenerdmetalle 814
Sendeantenne 602
Sendeimpuls 64
Senderanzeige 619
Sendereinstellung 620
Sendervorwahltaste 620
Senderwahl 620
Sendung mit Radio-Wellen 602
Senegal 50, 60, 879
Senf 286
Senf, amerikanischer 286
Senf, deutscher 286
Senf, englischer 286
Senfkörner 286
Senfkörner, schwarze 260
Senfkörner, weiße 260
Senfpulver 286
Senkblei 387
Senkkopf mit Inbus 390
Senkkopf mit Kreuzschlitz 390
Senkkopf mit Schlitz 390
senkrechte Kelimbindung 575
senkrechte Pupille 154
senkrechte Tasche 427
senkrechter Rahmen 573
Senkrechtstartflugzeug 750
Senkwurzeln der Mistel 103
Senkwurzeln des Teufelzwirns 103
Sense 416
Sensibilisator 536
Sensor 84
Sensor, aktiver 65
Sensor, passiver 65
Sensor für Fernbedienung 609
Sensorkreis 679
Sepalum 115
Separator 820
Septime 562
Sequencer 559
Sequenzerregler 558
Serac 72
Serbien 57, 878
Serbisch und Kroatisch 583
Serge 424
serielle Schnittstelle 629
Seriennummer 861
Serifenschrift 586
Server 640, 641, 642, 643
Service-Bereich 668
Servicemodul 38
Servicemodul, ferngesteuertes 35
Servierplatte 303
Serviertisch 290
Servierwagen 362
Serviette 301, 304, 305
Servietten 292
Serviettenring 301
Sesambein 170
Sesamöl 284
Sessel 331
Sessellift 1036
Sesselliftabfahrt 1036
Setzen des Spinnakers 982
Setzstufe 335
Sextant 21, 734
Sexte 562
Sextett 546
Seychellen 61, 880
Shake-Hands-Griff 961
Shaker 310
Shampoo 475
Sheddach 516
Shiitake 244
Shinai 995
Shirtärmel 453
Shortline 965
Shorts 441, 450
SI 835
Siamkatze 179
Sichel 416
Sicheldüne 74
Sicherheit 900
Sicherheitsbereich 992
Sicherheitsbindung 1038, 1039
Sicherheitsdienst 853, 919
Sicherheitsfaden 861
Sicherheitsfilter, roter 600
Sicherheitsfläche 996
Sicherheitsgriff 419
Sicherheitsgurt 366, 675
Sicherheitshinweisschild 394
Sicherheitsholm 409
Sicherheitshülle 795, 799
Sicherheitskette 687
Sicherheitskontrolle 743
Sicherheitsleuchte 907
Sicherheitsmatte 973
Sicherheitsnadel 567
Sicherheitsnetz 973
Sicherheitsplattform 973
Sicherheitspolster 973
Sicherheitsraum 862
Sicherheitsschlaufe 964
Sicherheitsschuh 909
Sicherheitssensor 676
Sicherheitsspiegel 688
Sicherheitsstreichholz 483
Sicherheitsstreifen 715
Sicherheitstank 800
Sicherheitsthermostat 379
Sicherheitsventil 312, 339, 349, 795
sicherstes Wasser 738
Sicherung 356, 793, 803
Sicherungen 355
Sicherungsabschnitt 793
Sicherungsautomat 341, 786
Sicherungsbalken 1050
Sicherungskappe 893
Sicherungskasten 357
Sicherungsknopf 674
Sicherungskopf 390
Sicherungsmann 1050
Sicherungsseil 1050
Sicherungsstift 903
Sicherungsträger 793
Sicherungszieher 405
sichtbares Licht 821
Sichtfenster 37, 316, 317, 376, 600
Sichtlinie 1057
Sickeranlage 345
Sickerrohr 333
Sieb 125, 315, 318
Siebbeinplatte 232
Siebdruck 536
Siebdruckrahmen 536
Siebdrucktinte 536
Sieben 308
Siebeneck, regelmäßiges 839
Siedewasser 801
Siedewasserreaktor 801
Sieger 933
Sierra Leone 60, 879
Sigmoid 217
Signal 703
Signal, akustisches 564
Signal, optisches 564
Signalanlage 1009
Signalbrücke 703
Signalhorn 706
Signalleiste 902
Signalschirm 713
Signatur 537
Silber 78, 813, 875
Silizium 812
Silos 718
Silur 128
Sima 500
Simbabwe 61, 880
Simultandolmetscherkabine 852
Sinfonieorchester 545
Singapur 59, 881
Sinkblei 1061
Sinnesorgane 231, 234, 236, 238
Sinneszelle 221
sinotibetische Sprachen 582
Sinterbecken 67
Sinus 426
Sinushaar 165
Siphonalkanal 136
Siphonwinkel 351
Sirene 733
Sirup 914
Sistrum 557
Sitz 347, 360, 361, 366, 420, 576, 675, 697, 917, 986, 987, 1005, 1007, 1026, 1047, 1048
Sitz, verstellbarer 705
Sitz des Rettungsassistenten 911
Sitzbank 361, 675, 715, 911, 1001, 1026
Sitzbein 201
Sitzecke 290
Sitzgürtel 1050
Sitzliege 360
Sitzmöbel 361
Sitzplatz 544
Sitzplätze 541
Sitzrohr 698
Sitzsack 361
Sitzstange 494
Sitzstrebe 986
Sitztruhe 361
Sitzungsraum 858, 900
Sitzungsräume 852
Sitzungssaal 522, 854
Sitzverstellung 675
Skala 387, 393, 783, 827, 830, 833, 912, 1057
Skandinavische Halbinsel 49
Skateboarder 1044
Skateboarding 1044
Skaterin 1045
Skeg 987
Skeleton 1035
Skelett 199
Skelett einer Fledermaus 187
Skelett einer Giftschlange 154
Skelett einer Ratte 165
Skelett eines Delphins 182
Skelett eines Froschs 153
Skelett eines Gorillas 184
Skelett eines Hunds 175
Skelett eines Kängurus 188
Skelett eines Maulwurfs 164
Skelett eines Pferdes 170
Skelett eines Vogels 159
Skelettbürste 476
Ski 1038
Skianzug 1037, 1038, 1042
Skiboard 1038
Skibremse 1039
Skibrille 1037, 1038
Skier 988, 1038
Skigebiet 1036
Skihandschuhe 1038
Skihütte 1036
Skilanglauf 1042
Skilangschuh 1042
Skiliftankunft 1036
Skimmer 324
Skimütze 1042

Skip 1027
Skipiste 1036
Skipisten 1036
Skischule 1036
Skispitze 1042
Skispringen 1041
Skispringer 1041
Skisprunganzug 1041
Skisprungschanze 1041
Skisprungschuh 1041
Skistiefel 1038, 1039
Skistock 1038, 1042
Skiträger 686
Skorpion 20, 147
Skort 439
Skull 984
Skullen (zwei Skulls) 984
Skulptur 509, 523
S-Kurve 667
Slalomhantel 988
Slalomski 988, 1038
slawische Sprachen 583
Slider 1046
Slingpumps 460
Slingshot 1071
Slip 434, 445
Slipper 462
Slipstek 1058
Slowakei 56
Slowakisch 583
Slowakische Republik 878
Slowenien 56, 878
Slowenisch 583
Smaragd 470
Smartphone mit Tastatur 622
Smartphone mit Touchscreen 622
Smog 97
Smokstich 565
Snackbar 544
Snackbeutel 295
Sneakersocke 433
Snooker 1013
Snowboard 1037
Snowboarden 1037
Snowboarder 1037
Soba 283
Söckchen 446
Socke 433, 446, 951, 954, 968
Sockel 84, 336, 359, 372, 478, 513, 548, 617, 713, 807, 830, 969, 971
Sockel, fester 401
Sockel, gepolsterter 957
Sockelbreite 792
Sockelgeschoss 806
Sockelleiste 333, 335, 518
sockelmontierter Transformator 357
Sockelplatte 833
Sockelprofil 364
Socken 433
Sofa 360
Sofa, zweisitziges 855
Soffitte 541
Soffitten 540
Sofortbildkamera 591
Sofortwiedergabetaste 610
Softball 941
Softballhandschuh 941
Softballschläger 941
Softbindung 1037
Softboots 1037
Softkey-Taste 622
Software, E-Mail 642
Sohle 397, 433, 774, 1018, 1031, 1039
Sohlenballen 178
Sohlschicht, obere 770
Sohlschicht, untere 770
Sohn 928, 929
Sojabohnen 284
Sojamilch 284
Sojaöl 284
Sojaprodukte 284
Sojasoße 286
Sojasprossen 284
Sojus 38, 39
Solarhaus 805
Solarreflektoren 602
Solarzelle 649, 802, 803
Solarzellenfläche 86
Solarzellenfläche, Steuerung 86
Solarzellengenerator 35
Solarzellensystem 803
Solitärring 470
Solltemperatur 342
Solvent-Extraktionsanlage 782
Somalia 61, 879
Sombrero 429
Somennudeln 283
Sommer 80
Sommerkürbisse 249
Sommersonnenwende 80
Sonar 65, 735
Sonde 30, 925, 927
Sonderfunktionstasten 571
Sonderzeichen 739
Sonne 14, 16, 17, 80, 94
Sonne, Aufbau 16
Sonnenblende 24, 676, 687
Sonnenblume 113
Sonnenblumenöl 284
Sonnenbrille 481
Sonnenbrillen-Clip 480
Sonnendeck 729, 731
Sonneneinstrahlung 96
Sonneneinstrahlung, absorbierte 96
Sonneneinstrahlung, Messung 84
Sonneneinstrahlung, reflektierte 96
Sonnenenergie 102, 802, 804
Sonnenfinsternis 16
Sonnenfleck 16
Sonnenkleid, leichtes 438
Sonnenkollektor 805
Sonnenofen 804
Sonnenrollo 686
Sonnenscheinautograph 84
Sonnenschutz 491
Sonnenschutz, Windschutzscheiben 686
Sonnenschutzschicht 33
Sonnensegel 27, 32, 86
Sonnensensor 64, 86
Sonnenspiegel 804
Sonnenstrahlen 95
Sonnensystem 14
Sonnenuhr 828
Sonnenzellenausleger 64, 602
Sonnenzellenkollektor 803
Sonografie 925
Sortierablagen, automatische 647
Sortieranlage 99
Sortiermaschine 589
Sortierung, optische 99
Sortierung von Glas 99
Sortierung von Kunststoff 99
Sortierung von Metall 99
Sortierung von Papier/Pappe 99
Sortierzentrum 588
Sorus 107
Souffléform 310
Souveräner Malteserorden 882
Sozialarbeiterbüro 919
Sozialdiensträume 923
Spachtel 533
Spaghetti 282
Spaghettikürbis 249
Spaghettini 282
Spaghettizange 309
Spalierbogen 410
Spalt 114
spaltbarer Kern 811
Spalte 590
Spaltprodukte (radioaktive Kerne) 811
Späneschutz 393
Spangang 394
Spange 435
Spaniel 176
Spanien 56, 877
Spanisch 583
Spann 192
Spannbeton 384
Spannbetttuch 363
Spanneinrichtung 566, 567, 571
Spanner 369, 969
Spanner, Werkstück 391
Spannfeder 567, 1000
Spannfutter 773
Spanngriff 401
Spannhandgriff 572
Spannhebel 393, 893
Spannkabel 807, 1009
Spannkabelhalter 1009
Spannmast 1047
Spannpratze 401
Spannrad 758, 828, 829
Spannscheibe 567
Spannschnur 561
Spannschraube 397, 401, 556
Spannseil 970
Spannstich, kurzer 565
Spannstich, langer 565
Spannungseinsteller 567, 571
Spannungserhöhung, erste 807
Spannungserhöhung, zweite 807
Spannungsprüfer 404
Spannungsquelle 818
Spannungssammelschiene 354
Spannungsstift 358
Spannweite 401
Spannweite, eingehängte 661
Spanplatte 386
Spantransport, Sattelanhänger 692
Sparbuchnachtrag 858
Spareribs/Schälrippchen 275
Spargel 250
Spargelbohne 252
Spargelsalat 246
Sparren 332, 874
spatelförmig 111
Spaten 412, 892
Spazierstock 490
Specht 163
Speedskate 1045
Speedski 1041
Speedskianzug 1041
Speedskifahrer 1041
Speedskistrecke 1041
Speer 883, 937
Speerspitze 937
Speerwurf 935
Speiche 145, 159, 164, 165, 170, 175, 182, 184, 187, 188, 200, 202, 208, 699
Speicheldrüse 137, 141, 143, 233
Speichelkanal 143
Speichenarterie 210
Speichennerv 225
Speichenrad 1007
Speicheranzeigetaste 649
Speichereinheit, Backup 641
Speichergeräte 638
Speicherkarte 593, 599
Speicherkarten 594
Speicherkartenlesegerät 629, 638
Speicherkartenleser 599, 628
Speicherkartenschacht 594, 595, 637
Speicherkraftwerk 785, 788
Speicherlöschtaste 649
Speichersoftware 599
Speichersubtraktionstaste 649
Speichertaste 597, 620, 623
Speichertelefon 623
Speisekabel 354
Speisekammer 329
Speisekarte 291
Speisekopf 797
Speisen, warme 292
Speiseraum 705, 865, 900
Speiseröhre 149, 154, 216
Speisesaal 290, 293, 730, 854
Speiseteller 304, 305
Speisewagen 705
Spektrometer 826
Spektroradiometer 86
Spektrum, elektromagnetisches 821
Spenzer 442
Sperling 162
Spermatheka 137, 141, 145
Spermium 228
Sperrdrehknopf 832
Sperre 846
Sperrengeschoss 714
Sperrholz 386
Sperrholzschichten 386
Sperrklinke 395
Sperrrad 572, 829
Sperrstift 828, 829
Spezialeffektmonitor 607
Spezialflachwagen 710
Spezialitäten 277
Spezialkleidung 448
Spezialslalom 1039
Sphynx 179
Spicknadel 309
Spiegel 346, 494, 655, 676, 697, 823, 825, 855, 917, 1057
Spiegel, beleuchteter 478
Spiegel, ebener 28
Spiegel, teilreflektierender 823
Spiegel, vollreflektierender 823
Spiegelreflexkamera, einäugige 591
Spiegelreflexkamera, zweiäugige 591
Spiegelteleskop 25
Spiegelteleskop im Querschnitt 25
Spiegelzylinder 823
Spiel 968
Spielanzug 449
Spielball 1012, 1013
Spielbereich 1069
Spielbereiche 1027
Spielbrett 1064, 1065
Spiele 1062
Spiele mit Schlägern 961
Spielekonsole 1067
Spieler 933, 968, 1069
Spielerbank 938, 945, 953, 955, 958, 960, 1028
Spielerhandikap 1008
Spielerinnen 968
Spielernummer 954, 956, 1028
Spielerpositionen 938, 943, 947, 950, 957, 960
Spielerstühle 959
Spielertrense 1004
Spieleschnittstelle 629
Spielfeld 943, 1064, 1066, 1069, 1071
Spielfeld für kanadischen Football 955
Spielfeld für Ultimate 1070
Spielfeldbeläge 968
Spielfigur 1063, 1064
Spielfläche 961
Spielkarten 1062
Spiellinien 965
Spielpfeife 560
Spielstand 933
Spieltisch für American Roulette 1068
Spieltisch für französisches Roulette 1068
Spielventil 555
Spielwaren 851
Spielwarengeschäft 848
Spielzeit 933
Spierentonne 736, 739
Spierentonne backbord 736
Spierentonne steuerbord 736
Spießblattnase 187
Spike 935, 1051
Spikereifen 684
Spikulen 16
Spinalganglion 220, 221
Spinalnerv 220, 221, 224
Spinalnerven 220
Spinat 247
Spinattagliatelle 282
Spindel 136, 326, 350, 538, 574, 829
Spindelarretierknopf 396
Spinnaker, Bergen 982
Spinnaker, Setzen 982
Spinndrüsen 145
Spinne 145
Spinne, Anatomie 145
Spinne, äußere Merkmale 145
Spinnennetz 145
Spinnentiere 140, 147
Spinnerschachtel 1061
Spinnrute 1060
Spinnwarze 145
Spiralarm 19
Spiralbindung 1059
Spiralbohrer 394
Spirale 394, 600, 889
Spiralfeder 828
spiralförmiges Wolkenband 89
Spiralgalaxie, normale 19
Spiralgehäuse 787
Spiralheftung 653
Spiralkneter 314
Spiralnagel 388
Spiralringbuch 650
Spiralskulptur 136
Spiralspindel 390
Spiralwülste rollen 577
Spirulina 244
Spitze 71, 111, 206, 250, 298, 299, 300, 306, 374, 388, 390, 391, 403, 433, 483, 490, 547, 567, 570, 578, 584, 724, 749, 873, 887, 936, 988, 1018, 1030, 1038, 1043, 1050, 1059, 1069
Spitze, nicht wärmeleitend 478
Spitze, verjüngte 987
Spitze im Querschnitt 584
Spitzenhandschuh, fingerloser 464
Spitzenkopf 998
Spitzenvolant 427
spitzer Winkel 836, 838
spitzes Dekolleté 456
Spitzmaus 164
Spitzsegel 723
Spitzsieb 308
Spitztonne 737, 739
Spitzzange 405
Spleiß 1058
Splint 327
Splintholz 118
Splitklimasystem 343
Splitterkörper, Bakelit 893
Spoiler 695, 1023, 1041
Spongiosa 199
Spongozöl 134
Sporen 108
Sporn 142, 186
Sportanlagen 843, 932
Sportartikelgeschäft 849
Sportbekleidung 450
Sportbekleidung, Damen 850
Sportbekleidung, Herren 851
Sportbekleidung, Kinder 851
Sporteinrichtungen 932
Sportfischerei 1059
Sportflasche 1056
Sportgymnastik, rhythmische 972
Sporthalle 730, 865, 932
Sporthose 451, 935
Sportplatz 730
Sportreifen 684
Sportschuhe 850
Sportwagen 669
Spot 373
Sprachanzeigetaste 624
Sprachen, afroasiatische 582
Sprachen, altaische 583
Sprachen, australische 583
Sprachen, germanische 583
Sprachen, indoarische 583
Sprachen, indoeuropäische 583
Sprachen, isolierte 583
Sprachen, keltische 583
Sprachen, malaiopolynesische 583
Sprachen, ozeanische 583
Sprachen, romanische 583
Sprachen, sinotibetische 582
Sprachen, slawische 583
Sprachen, zentralafrikanische 582
Sprachen der Erde 582
Sprachgruppen, wichtigste 582
Sprecher 978
Sprecher- und Regieraum 604
Sprechmuschel 623
Sprechtrommel 561
Sprechzimmer 864
Spreite 107, 111
Spreizdübel 390
Sprengkapsel 893
Sprengladung 775, 893
Sprengring 1061
Sprietsegel 723
Springeinrichtungen 978
Springer 1065
Springerstiefel 1046
Springform 311
Springglocke 1007
Springreiten 1002
Springseil 1000
Springzone 973
Sprinkler 795
Sprinterlinie 1021
Spritzbeutel 310
Spritzblech 781
Spritze 912
Spritzenkolben 912
Spritzenkörper 912
Spritzflasche 815
Spritzlappen 691
Spritzloch 182
Spritzpistole 408, 527
Spritzpistole im Querschnitt 527
Spritzschutz 492, 579, 764, 987
Sprossachse 110
Sprossachse des Teufelzwirns 103
Sprossachse im Querschnitt 110
Sprossachsen 110
sproßbürtige Wurzeln 107
Sprosse 327, 366, 409

Sprosse, obere 361
Sprossenarretierung 409
Sprüharm 380
Sprühflasche 414
Sprühknopf 374
Sprühregen 90
Sprühregen, anhaltend dichter 83
Sprühregen, anhaltend leichter 83
Sprühregen, anhaltend mäßiger 83
Sprühregen, zeitweise dichter 83
Sprühregen, zeitweise leichter 83
Sprühregen, zeitweise mäßiger 83
Sprungbein 201, 203
Sprungbrett 324, 969
Sprünge 979, 1031
Sprungfeder 371
Sprungfederrahmen 363
Sprungfiguren 978
Sprunggelenk 168, 174
Sprunglatte 936
Sprungreitparcours 1002
Sprungreitplatz 932
Sprungrichter 978
Sprungschanze 1041
Sprungschanzen 1040
Sprungski 988, 1041
Sprungständer 936
Sprungtechnik 1041
Sprungtisch 969, 970, 971
Sprungtuch 973
Sprungturm 978
Sprungwettbewerbe 936
Spülarm 347
Spülbecken 292
Spülbecken für Töpfe und Pfannen 291
Spule 158, 566, 567, 573, 611, 819, 1059, 1060
Spüle 296, 352
Spulenachse 1060
Spulengestell 574
Spulenkapsel 566
Spuler 566
Spulgerät, elektrisches 574
Spülhebel 347
Spülkasten 346
Spülkastendeckel 347
Spülkopf 776
Spülkraft 291
Spulrad 574
Spundbajonett 886
Spurkranzrad 717
Spurstange 712
Squash 965
Squashbälle 965
Squashcourt 965
Squashschläger 965
Sri Lanka 58, 881
St. Kitts und Nevis 54
St. Lucia 54, 876
St. Vincent und die Grenadinen 54
Staatsanwaltschaft, Tisch 863
Staatsgrenze 53
Stab 359, 410, 445, 564, 936, 943
Stabbogen 1009
Stäbchen 238
Stäbchenplatte 386
Stabhochspringer 936
Stabhochsprung 934, 936
stabiler Flügel 894
Stabilisator 730, 755, 1009, 1026, 1047
Stabilisierungsfläche 1046
Stabkranz 226
Stablampe 906
Stabparkett 334
Stabplatte 386
Stachel 135, 142
Stachelbeere 254
Stachelschwein 166
Stadion 843, 932, 934
Stadionsitzkissen 1057
Stadt 53, 842
städtischer Schienenverkehr 714
Stadtplans 52
Stadtrad 702
Stadtteil 52
Staffelei 526
Staffelstab 934
Staffelübergabebereich 934
Stag 724
Stagsegel-Stag 724
Stahl 78, 351, 384, 889
Stahlbehälter, emaillierter 349
Stahlbeton 384
Stahlbreite 408
Stahlfeder 889
Stahlgehäuse 341
Stahlgerüst 512
Stahlkante 1038
Stahlkappe 909
Stahlmantel 820
Stahlrohrmast 792
Stahlschreibfeder 585
Stahlspitze 490
Stahlspitzenschuhe 1035
Stahlträger 512
Stalagmit 67
Stalaktit 67
Stall 243, 1006
Stamm 107, 117, 118, 132
Stämmchen 106
Stampfstag 724
Stand 454, 933
Stand, aufrechter 991
Stand, gebückter 991
Stand des Richtschützen 895
Standardobjektiv 598
Standbagger 771
Standby-/Eintaste 614
Standby-Taste 622
Ständer 85, 312, 314, 395, 478, 488, 491, 556, 566, 576, 832, 969, 1019
Ständerbohrmaschine 395
Standfotograf 543
Standhahn-Mutternschlüssel 403
Standheizungstank 678
Standleitung 641, 642
Standleuchte 372
Standmixer 314
Standort des Kultbildes 499
Standortanzeiger 519
Standrohr 353
Standsockel 76, 495
Standtom 556
Standuhr 829
Stange 250, 342, 367, 490, 547, 733, 816, 873, 1000, 1052
Stange, einfache 367
Stängel 109
Stängel- und Sprossengemüse 250
Stängelglied 109
Stangenkugel 889
Stangensellerie 250
Stapelstühle 361
Star 163
Stardust 31
stark bewölkter Himmel 82
Stärke 122
Stärkekörnchen 102
starker Regen 90
starkes Gewitter 83
Starkstromleitung 788
starre Brücken 660
Start 1002, 1025, 1035, 1037, 1064
Start 10000-m- und 4-x-400-m-Lauf 935
Start 100-m- und 100-m-Hürdenlauf 934
Start 110-m-Hürdenlauf 934
Start 1500-m-Lauf 935
Start 200-m-Lauf 934
Start 400-m-, 400-m-Hürden-, 4-x-100-m-Lauf 935
Start 5000-m-Lauf 934
Start 800-m-Lauf 935
Start beim Rückenschwimmen 975
Start- und Landebahn 742
Startaufstellung 1022
Startbereich 1041, 1063
Startblock 935, 976
Startbojen 984
Starter 976, 984, 1032, 1033
Startergriff 417
Startfeld 1063
Startgatter 1025
Startgriffe (Rückenschwimmen) 976
Starthilfekabel 686
Startknopf 828
Startlinie 935, 982, 997, 1022
Startlinie, 500-m 1032
Startmaschine 1006
Start-Mechaniker 1023
Startmenütaste 632
Startnummer 935, 1007, 1025
Startpistole 934
Startplattform 1041
Startpositionen 978, 991
Startrampe 36
Startsprung 975
Starttaste 625, 639, 1071
Start-Taste 647
Starttaste für Strickmuster 571
Startwagen 1007
Startzone 984
stationäre Front 82
Stationskreis 81
Stationsmodell 81
Statistik 838
Stativ 24, 596, 601, 815, 825, 924
Stativablage 24
Stativklemme 815
Stativstange 815
Stator 327, 787
Statue 871
Staub, aufgewirbelter 89
Staubauswurf 392
Staubbehälter 374, 396
Staubbeutel 112
Staubblatt 112, 115
Staubfaden 112
Staubfangbeutel 396
Staubgebläse 397
Staubsaugerzubehör 375
Staubschweif 18
Staubwedel 381
Staudamm 788
Staudämme 790
Staufach 902
Staumoräne 72
Stauraum 687, 690
Stausee 785, 786, 788, 790, 791
Steadicam 607
Steak 276
Steakmesser 298
Steam-Assisted Gravity Drainage-Verfahren 779
Stecher 578
Stechhilfe 912
Stechpaddel 986
Steckbuchse 358
Steckdose 678, 687
Steckdose für Überspannungsschutz 638
Steckdosen für Notversorgung ab Batterie 638
Steckdosen für Überspannungsschutz 638
Steckdosenleiste 638
Steckdosenprüfer 404
Stecker 618
Stecker, dreipoliger, amerikanischer 358
Stecknadel 568
Steckplatz für Speicherkarte 613
Steckschlüsselsatz 400
Steert 806
Steg 361, 441, 480, 500, 501, 504, 547, 548, 549, 561, 1013
Steghose 441
Stegplättchen 480
Stegschlaufe für zweiten Fuß 988
Stegspangenschuh 460
Stegstütze 480
Stehbundkragen 455
stehender Anschlag 1011, 1043
Stehleiter 409
Stehleitern 409
Steigbügel 235, 885, 1003, 1005
Steigeisen 463, 1043
steigendes Revers 430
Steigleitung 344
Steigleitung Rücklauf 339
Steigleitung Vorlauf 339
Steigradmechanismus 564
Steigrohr 780
Steigrohrkopf 780
Steigrohrventil 780
Steigung 335
steiles Satteldach 516
Steilhang 71
Steilküste 70
Steilwandzelt 1052
Stein 115, 384, 470, 828
Steinbock 20
Steinbock, Wendekreis 42, 50
Steinbohrer 394
Steinbutt 268
Steindruckpresse 535
Steine 1063
Steineisenmeteorit 18
steinerner Ehrensessel 872
Steinfaustkeil, polierter 883
Steinfrucht, fleischige 115
Steinfrüchtchen 114
Steinfrüchte 254
Steingarten 410
Steinmarder 180
Steinmauer 384
Steinmeteoriten 18
Steinpilz 108, 244
Steinschlag 77, 665, 667
Steinschlaghelm 1051
Steinschloss 889
Steinwüste 74
Steinzeitwaffen 883
Steißbein 201, 204
Stellhebel 712
Stellmutter 885
Stellring 415
Stellschraube 401, 405, 556
Stellstange 712
stellvertretender Dienststellenleiter, Büro 904
stellvertretender Direktor, Büro 864
Stellwerk 703
Stemmbrett 984
Stemmeisen 398
Stemmtornische 719
Stempel 104, 112, 651
Stempelkarte 650
Stempelkissen 651
Stempelrad 651
Stempeluhr 650
Stenografieblock 651
Steppe 87
sterile Wundauflage 915
sterile Wundauflagen 915
Sterilgut, Lagerraum 918, 921
Sterilisationsraum 921, 922
Stern 18, 90, 875
Sternalarterie 139
Sternbilder der nördlichen Halbkugel 22
Sternbilder der südlichen Halbkugel 20
Sternchen 587
Sterndüne 74
Sternfrucht 259
Sternnetzwerk 640
Sternscheibe 765
Sternschnuppe 79
Sternum 153
Sternwarte 28
Stert 806
Stethoskop 912
Steuer 984
Steueranlage für den Autopiloten 748
Steuerantenne 86
Steuerantrieb 64
Steuerbordseite 731, 738, 739
Steuerbügel 1047
Steuereinheit, elektrische 679
Steuerfeder 1069
Steuerfedern 1009
Steuergeräte 342
Steuerhebel 773
Steuerknüppel 748, 753, 1048
Steuerkreuz 1067
Steuerleine 984
Steuermann 985, 1034
Steuerpult 20, 748
Steuerpult für Abziehbohle 762
Steuerrad 748
Steuerruder 720
Steuersitz 984
Steuerstab 800, 801
Steuertaste 634
Steuertriebwerk 37
Steuerung 632
Steuerung, elektronische 678
Steuerung der Solarzellenfläche 86
Steuerungseinheit 926
Steuerungstaste 632
Steuerungstasten 1067
Steuerzentrale 785, 797
Steven 724
Stichbreitenwähler 566
Stichlängenwähler 566
Stichplatte 566
Stichsäge 391, 393
Stichwaffen 886
Stichwähler 566
Stick 1008
Sticker 471
Stickerei 565
Stickoxiden, Emission 98
Stickrahmen, runder 565
Stickstiche 565
Stickstoff 813
Stickstoff, flüssiger 826
Stiefel 33, 124, 461, 554, 1024, 1025, 1030, 1031
Stiefelette, knöchelhohe 460
Stiefelknecht 463
Stiefmütterchen 113
Stiel 102, 106, 108, 114, 115, 250, 299, 333, 381, 388, 1013, 1051
Stielgrund 250
Stielkamm 476
Stielkasserolle 313
Stier 22
Stift 358, 359, 635, 639, 1067
Stift mit rundem Ende 371
Stifthalter 484, 635
Stiftsockel 359
Stigma 104, 140, 141
Stilett 886
Stillkissen 492
Stilton 281
Stilus 584
Stimmanzeiger 556
Stimmband 214
Stimmeinrichtung 556
Stimmenwahlschalter 558
Stimmgabel 564
Stimmkrücke 554
Stimmnagel 552
Stimmring 561
Stimmstock 552
Stimmwirbel 548, 549
Stimmzug 551
Stinkschirmling 108
Stinktier 180
Stinkwanze 146
Stint 94, 267
Stirn 158, 192, 196, 397, 884
Stirnbalken 332, 333
Stirnband 465
Stirnbande 1012
Stirnbein 175, 200, 205
Stirnfontanelle 205
Stirnhöhle 232
Stirnlampe 1057
Stirnradgetriebe 816
Stirnriemen 1004
Stirnschopf 168
Stirntür 757
Stirnwand 691, 761, 762
Stirnwandflachwagen mit Trennwand 711
Stirnwandleiter 709
Stirnzahnrad 395
Stirnziegel 499
Stock 408, 490, 732, 945, 1041
Stock, vierfüßiger 916
Stockanker 732
Stöcke 557
Stockfisch 270
Stockgriff 1042
Stockpresse 538
Stockschaft 1042
Stockschirm 490
Stockseite 873
Stockteller 1038
Stoff, bestickter 565
Stoffauflauf 125
Stoffbruch 569
Stoffdrücker 566, 567
Stoffdrückerstange 567
Stoffleinwand 536
Stoffmenge, Maßeinheit 835
Stoffstreifen 565
Stola 426
Stollen 450, 764, 942
Stollenreifen 697, 1025
Stollenschuh 940
Stop 174
Stopfen 474
Stopfer 318
Stopfleber 277
Stopp 578
Stoppbad 600
Stoppball 967
Stoppknopf 828
Stopptaste 610, 611, 615, 616, 625, 647
Stoppuhr 828, 977

Stöpselsicherung 355
Stör 266
Storch 161
Store 368
Störklappe 746
Stoßdämpfer 32, 673, 1026
Stoßdämpfer hinten 1020
Stößel 307
Stoßen 999
Stoßfänger 690, 697, 1069
Stoßfänger, kunststoffummantelter 670
Stoßfänger vorne 917
Stoßleiste 375
Stoßspannungsunterdrückung 638
Stoßstange 1026
Stoßzunge 553
Stoßzungenschraubenfeder 553
Strafbank 1029
Strafbankbetreuer 1029
Strafen 933
Straffergurt, vorderer 1056
Strafraum 946
Strafraumbogen 946
Strafraumlinie 946
Strahlbein 170
Strahlenkörper 238
Strahlentherapie 926
Strahler 324, 699, 901
Strahlgrube, mittlere 171
Strahlgrube, seitliche 171
Strahlrohr 903
Strahlstörer 415
Strahlung 811
Strahlung, künstliche 65
Strahlung, natürliche 65
Strahlung, ultraviolette 821
Strahlungszone 16
Strähnenkamm 476
Straight Flush 1062
Strampelhöschen 448
Strand 70
Strandschnecke 265
Strang 983
Straße 52, 53, 842, 845, 846, 847, 1062
Straße, Bass 52
Straße im Querschnitt 658, 846
Straße von Gibraltar 49
Straße von Mozambique 50
Straßenbahn 717
Straßenbau 658
Straßengüterverkehr 718
Straßenhobel 761
Straßenkarte 53
Straßenkehrbesen 763
Straßenkehrmaschine 763
Straßenlaterne 373, 846
Straßennummer 53
Straßenradrennen-Wettbewerbe 1020
Straßenradsport 1020
Straßenrennrad 1020
Straßenschuh 460
Straßentransport 668
Straßentunnel 663
Straßenverkehr 603, 658
Stratokumulus 82, 88
Stratopause 79
Stratosphäre 79
Stratus 82, 88
Strauch 410
Strauchflechte 106
Strauß 162
Straußenei 270
Strebe 332, 333, 556
Strebebogen 506, 507
Streben, hinterer 698
Strebepfeiler 506
Strecke 1022, 1024
Strecke, landschaftlich schöne 53
Strecke, zurückgelegte 832
Streckenbegrenzung 1025
Streckenposten 1025
Streckenschiedsrichter 984
Streckmetall-Unterlage 385
Streichbaum 572
Streichblech 765
Streichholz 483
Streichholzheftchen 483
Streichholzschachtel 483
Streichkäse 280
Streifen 515
Streifennägel 389
Streifenvorhang 515
Streu 493
Streusalz 421
Streuscheibe 542
Streustrahlenraster 924
Streuwerk 765
Streuzucker 285
Strichcodeleser 634
Strichpunkt 587
Strickabstreifer 571
Strickabstreiferknopf 571
Strickarttasten 571
Stricken 570
Strickjacke 437
Strickjacke mit V-Ausschnitt 437
Strickleiter 409
Strickmaschine 571
Strickmaß 570
Strickmuster 570
Strickmusterspeicherung 571
Strickmütze 458
Stricknadel 570
String-Tanga 445
Stroboskop 733
Strohballen 1025
Strohhalm 295
Strohhut 457
Strohhütte 520
Strohverteiler 767
Stromabnehmer 606, 717
Stromanschluss 338, 691, 764
Stromanschluss, wasserdichter 345
Stromanschlusskabel 687
Stromanschlusspunkt 356
Stromanschlussverbindung 765, 766
Stromatolith 128
Stromerzeugung 795
Stromerzeugungsabschnitt 794
Stromerzeugungsbereich 899
Stromfortleitung 795
Stromgenerator 787
Stromkabel 374, 389, 394, 398, 404, 406, 417, 419, 478
Stromkreis 354
Stromnetz 804
Stromschiene 717
Strömung 719
Strömungssicherung 349
Strömungs-T 351
Stromverbrauchernummer 355
Stromversorgung, unterbrechungsfreie 641
Stromverteiler 608
Stromzähler 356
Stromzuleitung 348
Strong Safety 952
Strontium 812
Strosse 771
Strukturformel 834
Strumpf 445, 446
Strümpfe 446
Strumpfhalter 445
Strumpfhaltergürtel 445
Strumpfhose 446
Studio 528
Studiopersonal, zusätzliches 605
Stufe 335, 409, 995
Stufen 324, 513
Stufen der Reife 117
Stufenbarren 970
Stufenrock 439
Stufenschalter 314
Stuhl 293, 361, 868
Stühle 361
Stulp 326, 327
Stulpe 464
Stulpen 946
Stulpenhandschuh 464
Stummaufnahme-Taste 616
Stummel 483, 1059
Stummtaste 611, 639
Stumpf 118
stumpfer Winkel 836, 838
Stumpftonne 737, 739
Stundenwinkelantrieb 28
Stundenzeiger 829
Stuntskate 1045
Sturm, tropischer 83
Stürmer 947
Sturmhaube 458
stürmischer Himmel 91
Sturmlampe 1056
Sturmspitze 1029
Sturz 325, 332, 336
Sturzhelm 1034, 1035, 1038, 1041
Stützarm 756
Stützausleger 902
Stütze 324, 411, 687, 713, 731, 751, 793, 969
Stutzen 940, 1028
Stützen der Pfeifenrastbretter 555
Stützfuß 687, 691, 765
Stützpfeiler 790
Stützpfeilerstaudamm 790
Stützpfeilerstaudamm im Querschnitt 790
Stützpunkt 978
Stützrad 701
Stützring 26, 787
Stütztritt 1051
Stützvorrichtung, ausklappbare 691
Stützvorrichtung, Kurbel 691
Stylobat 499, 500
Stylus 114
Suaheli 582
subarktisch 87
Subduktionszone 68
Subkutis 236, 237
Sublimation 810
Substanzen, gefährliche 910
Subtraktion 836, 837
subtraktive Farbmischung 821
Subtropen, feuchte 87
Subtropen, mediterrane 87
Subumbrella 134
Subwoofer 612
Such- und Rettungsantennen 86
Sucharm 638
Suche 643
Sucher 613
Sucher, elektronischer 613
Sucherokular 593
Suchfernrohr 24, 25
Süd 1066
Südafrika 61, 880
Südamerika 44, 55, 69
Südamerikanische Platte 68
Sudan 60, 879
Südchinesisches Meer 44, 51
Süden 738
Südfrüchte 258
Südgeorgien 48
Südkorea 59
Süd-Korea 881
südliche Halbkugel, Sternbilder 20
südliche Hemisphäre 43
Südliche Krone 20
Südliche Wasserschlange 21
Südlicher Fisch 20
südlicher Polarkreis 42, 46
Südliches Dreieck 20
südliches Kardinalseezeichen 739
Südosten 738
Südpol 42, 46, 817
Südwesten 738
Südwester 458
Sulcus terminalis 233
Sulky 1007
Süllrand 987
Sumach 261
Summe 837
Sumo 995
Sumoringer 995
Sunnismus 870
Super-G 1039
Superior Jury 972
Superjumbo 751
Supermarkt 242, 288, 845, 849
Supernova 18
Superriesenslalom 1039
Super-Weitwinkelobjektiv 598
Suppe 292
Suppenlöffel 299
Suppenschale 302
Suppenteller 302
Suppenterrine 303
Suppentopf 313
Surfboard 988
Surfbrett 983
Surfen 988
Surfer 988
Surfschuh 988
Surinam 876
Suriname 55
Surround-Lautsprecher 612
Sushi-Satz 303
Suspensorium 954, 991, 1030
Süßkartoffel 245
Süßwaren 851
Süßwasserfische 269
S-Video-Ausgang 630
Swasiland 61, 880
Sweatshirt 451
Swimmingpool 730
Symbol 812, 1070
Symbole, wissenschaftliche 834
Synagoge 872
Synapse 221
synaptisches Endknöpfchen 221
Synchronspringen 979
Synsakrum 159
Synthese 836
Synthesizer 558
Syrien 58, 880
Systembetriebsanzeige 341
Systemschalter 558

T

Tabak 483
Tabakkammer 483
Tabakwarengeschäft 848
Tabasco®-Soße 286
Tabernakel 871
Table 1044
Tablet-Computer 639
Tablette 914
Tabletts 292
Tablinum 502
Tabulator nach links 632
Tabulator nach rechts 632
Tabulatoreinstelltaste 648
Tabulatorsetztaste 648
Tabulatortaste 632, 648
Tachometer 677, 696
Tackling 948
Tadschikistan 58, 880
Taekwondo 994
Taekwondo-Ausrüstung 994
Tafel 469, 868
Tafelberg 20, 74
Tafelfacette 469
Tafelgabel 304, 305
Tafelmesser 304, 305
Tafelsalz 287
Tafelschliff 469
Tagalog 583
Tagebau 771, 779
Tageskilometerzähler 677
Tageslichtprojektor 655
Tagesraum 865
Tageszeitung 124
Tagzeichen 737
Tagzeichen (Region B) 739
Tahinisoße 286
Tahitianisch 583
Taifun 89
Taille 193, 195
Taillenabnäher 435
Tajine 312
Takelage 724, 987
Taktarten 562
taktischer Transporthubschrauber 753
Taktkennung 739
Taktstrich 562
Tal 71, 73
Talg 236
Talgdrüse 236
Talmud 870
Tamarin 185
Tamarindenmark 286
Tambour 500
Tamburin 557
Tampon 534
Tandem 702
Tandemscheibenegge 765
Tanga 445
Tanganjikasee 50
Tank 37, 342, 693, 729
Tankanlage 780
Tankauflieger 692
Tankdeckel 411, 671, 690
Tanker 718, 728
Tankerflugzeug 896
Tanklastzug 692
Tanklukendeckel 729
Tanks 781, 783
Tankstelle 668, 845, 856
Tankwagen 693, 744
Tankwall 781
Tanne 121
Tannennadeln 120
Tansania 61, 879
Tantal 813
Tante mütterlicherseits 929
Tante väterlicherseits 929
Tanzsaal 731
Tare 995
Tarlatan 534
Tarnkappenbomber 751
Taro 245
Tarsometatarsus 159
Tarsus 153
Tasche 387, 463, 484, 1012
Tasche, aufgesetzte 430, 448, 452
Tasche, blinde 443
Tasche, eingesetzte 452
Tasche, geräumige 487
Tasche, senkrechte 427
Tasche für Latexhandschuhe 906
Taschen 452
Taschenlampe 901
Taschenrechner 484, 649
Taschenschirm 490
Taschenträger 1019
Tasmanien 52
Tasmansee 52
Tasse 301, 305, 1055
Tastatur 552, 558, 630, 632, 925
Tastatur, alphanumerische 622, 632, 668, 858, 859
Tastaturschnittstelle 629
Taste 552, 553, 555, 560
Taste Anruf beenden 622
Taste Cursor an Zeilenanfang 633
Taste Druck 633
Taste Ende 633
Taste Fernseh-/DVD-Modus 610
Taste für Breitbildfunktion / Datumsoption 613
Taste für Nachtaufnahme-Modus 613
Taste für Normallicht 597
Taste löschender Rückschritt 633
Taste nächste Seite 633
Taste numerischer Block 633
Taste Pause 633
Taste Systemabfrage 633
Taste Unterbrechung 633
Taste vorherige Seite 633
Taste zum Löschen des Speichers 597
Taste zum Zurückkehren zur Livesendung 610
Tasten 558, 623, 624
Tasten, programmierbare 634
Tasten für Lichtempfindlichkeit 597
Tastenfeld, numerisches 633, 831
Tasteninstrumente 552, 553
Tastentelefon 624
Tatami 996
tatsächliche Temperatur 342
Tau 91
Taube 21, 163, 271
Taubesfestigung 719
Täubling, grasgrüner 244
Tauchanzug 989
Tauchbecken 932
Tauchen 989
Taucher 989
Taucherhandschuh 989
Tauchermesser 989
Taufbecken 871
Taupunkttemperatur 81
Tausend 836
Tauwasserablauf 377
Tauwerk 1058
Taxi 857
Taxispur 740
T-Bone-Steak 272
Technetium 813
Techniken 575, 948, 949, 958, 994, 995
Techniken, wichtigste 528
technische Ausführung, Kampfrichter 972
technische Delegierte 1031
technische Identifikationsnummer 615
technischer Dienst 866
technischer Kontrolleur 1031

technischer Regisseur 608
technischer Spezialist 1031
Teddy 444
Tee 264, 1017, 1027
Tee, grüner 264
Tee, Oolong 264
Tee, schwarzer 264
Teebeutel 295
Tee-Ei 309
Teekanne 301, 305
Teeline 1027
Teelöffel 299
Teerpappe 385
Teflonband® 402
Teich 1016
Teigmischer 310
Teigrädchen 310
Teigwaren 282
Teigwaren, asiatische 283
Teil, flacher 570
Teil über Wasser 737
Teile der Brille 480
Teile der Waffe 998
Teile des Elektronenmikroskops 826
Teile des Schuhs 459
Teile einer Fahne 873
Teile einer Kandare 1004
Teile einer Lampenfassung 358
Teile einer Trense 1004
Teile eines Beistellstuhls 361
Teile eines Betts 363
Teile eines Boots 984
Teile eines Fahrrads 698
Teile eines Rings 470
Teile eines Sessels 360
teilgetauchter Tragflügel 731
Teilmenge, echte 837
teilreflektierender Spiegel 823
Teilungsbeispiele 874
Teilungsnaht 430
tektonische Platten 68
tektonischer See 73
Telefaxgerät 625
Telefon 855, 857
Telefon-/Kabel-/Satellitenleitung 641
Telefonanlage mit schnurlosen Telefonen 623
Telefone 623
Telefonie 622
Telefonkabel 846
Telefonleitung 642
Telefonnetz 603
Telefonnummernverzeichnis 651
Telefonzentrale 624
Telekommunikation 602, 603
Telekommunikation, industrielle 603
Telekommunikation, militärische 603
Telekommunikation, private 603
Telekommunikation, Schifffahrt 603
Telekommunikation für die Schifffahrt 603
Telekommunikationsantenne 731, 897
Telekommunikationssatellit 643
Telekommunikationssystem 603
Telekonverter 598
Telemanipulator 35
Telemetrie-Antenne 86
Teleobjektiv 598
Teleport 603
Teleprompter 606
Teleskop 28, 1009
Teleskopantenne 619
Teleskopbein 596
Teleskopgabel 697
Teleskopgriff 489
Teleskopmaß 1014
Teleskopschlagstock 906
Teleskopstangen 1069
Teller 373, 1042, 1055
Teller, flacher 302
Tellur 812
Telson 139
Tempel, aztekischer 513
Tempel, griechischer 499
Tempel, Huitzilopochtli 513
Tempel, Tlaloc 513
Temperatur 342
Temperatur, Messung 85
Temperaturanzeige 677
Temperatureinsteller 577
Temperaturfühler 32, 683
Temperaturmessung 827
Temperaturregler 339, 342, 349, 374, 377
Temperaturregler, abziehbarer 317
Temperaturskala 79
Temperaturwähler 316, 378, 379
Tempomat 676
Temporallappen 223
Temporegler 558
Temposkala 564
Tennis 966
Tennisball 968
Tennisplatz 966
Tennisplätze 932
Tennisschläger 968
Tennisschuh 462, 968
Tennisspielerin 968
Tentakel 138
Tentakel, kleiner 137
Teppich 331, 334
Teppich-/Hartbodendüse 375
Teppichboden 334
Teppichmuschel, Kreuzmuster 265
Teppichschiffchen 573
Terbium 814
Terminalbronchiole 215
Terminals, interaktive 523
Terminkalender 650
Terminplanung 650
Termite 146
Terpentin 527
Terrarium 495
Terrasse 322, 328, 410
Terrassentür 296, 329
Terrine 312
Tertiär 131
Tertiärkonsumenten 94
Tertiärspiegel 29
Terz 562
Testbereich für Düsentriebwerke 897
Testbild 606
Testknopf 903
Test-Schalter 638
Teufelsdreck 261
Teufelszwirn 103
Textanzeige 648
Textildruckpresse 536
textile Bodenbeläge 334
Textilien 424
Textilindustrie 123
Textmarker 585
Texttaste 648
Thai 582
Thailand 59, 881
Thallium 812
Thallus 106, 107
Theater 540, 844
Theater, griechisches 498
Theke 290, 292
Theodolit 85, 833
thermische Solaranlage 805
thermodynamische Temperatur, Maßeinheit 835
thermoelektrischer Radioisotopengenerator 32
Thermometer 339, 495, 781, 827, 914, 989, 1049
Thermopause 79
Thermoschutzhaube 1022
Thermoskanne 1056
Thermosphäre 79
Thermostat 316, 317, 341, 343, 349
Thermostat, oberer 348
Thermostat, programmierbarer 342
Thermostat, unterer 348
Thetys 15
Thorarollen 872
Thoraschrein 872
Thorax 140, 141, 142
Thorium 814
Thrombozyt 209
Thulium 814
Thunfisch 268
Thymian 262
Thymus 230
Tibetisch 582
Tibia 153
Tibiotarsus 159
Ticketschalter 714, 742
Tiefdruck 532
Tiefdruckgebiet 81, 89
Tiefdruckverfahren 534
tiefe Wolken 88
Tiefenanschlag 395
Tiefeneinstellung 398
Tiefenmesser 989
Tiefenregler 549
Tiefenruder 899
Tiefenstopp 394
tiefer Wadenbeinnerv 225
tiefgestellt 586
Tiefkühlprodukte 289
Tiefladewagen 711
tiefliegende Form 532
Tieflöffel 759
Tieflöffelsteuerung 759
Tiefsee-Anglerfisch 151
Tiefseeberg 67
Tiefseeboden 66
Tiefsee-Ebene 67
Tiefseegraben 67
Tiefseehügel 67
Tiefseekabel 642
Tiefseekabel, Verteilung 603
Tieftöner 618
Tierceron 506
Tierhandlung 848
tierische Nahrungsmittel 265
tierische Zelle 133
tierisches Fett 784
Tiertransport, Sattelticfladeanhänger 692
Tiger 181
Tigerhai 148
Tight End 953
Tilapia 269
Tilde 587
Tinte 524
Tinte, metallische 861
Tintenbeutel 138
Tintenfisch 138, 265
Tintenfisch, Anatomie 138
Tintenfisch, äußere Merkmale 138
Tintenpatrone 637
Tintenraum 585
Tintenstrahldrucker 637
Tipi 520
Tisch 293, 362, 392, 538
Tisch der Aufsichtsperson 866
Tisch der Staatsanwaltschaft 863
Tisch der Verteidigung 862
Tisch des Gerichtsschreibers 862
Tischcomputer 640, 641, 642
Tische 362
Tischfeststellschraube 395
Tischfußball 1069
Tischklammer 825
Tischkreissäge 393
Tischleuchte 372
Tischleuchte, Halogen 372
Tischplatte 362, 926
Tischrechner mit Druckerteil 649
Tischtennis 961
Tischtennisball 961
Tischtennisschläger 961
Tischtennistisch 961
Tischverlängerung 393
Titan 15, 78, 813
Titan IV 39
Titania 15
Titelfoto 590
Titelseite 590
Titelsuche/Schnellvorlauf 611, 615
Titelzeile 590
Titicacasee 48
Tlaloc-Tempel 513
T-Leitwerk 751
TL-Triebwerk 747
Toaster 316
Tochter 928, 929
Todesanzeigen 590
tödlich giftige Pilze 108
Toeloop 1031
Tofu 284
Toga 426
Togo 60, 879
Toilette 329, 344, 346, 347, 705, 859, 862
Toiletten 290, 293, 523, 849, 853, 867, 919, 923
Toilettenbrille 346
Toilettenpapierhalter 346
Toilettenseife 474
Toilettenwagen 744
Tomate 248
Tomatenmark 286
Tomatillo 248
Tomtom 556
Tonabnehmer 549, 617
Tonabnehmerregler 549
Tonabnehmersystem 617
Tonabnehmer-Wahlschalter 549
Tonarm 559, 617
Tonarmheber 617
Tonarmstütze 617
Tonartvorzeichen 563
Tonassistent 543
Tonaufnahmegeräte 543
Tonerpatrone 637
Tonerzeugung 555
Tonga 62, 881
Tonhöhenregler 558
Tonhohlplatte 384
Tonleiter 562
Tonmeister 543
Tonnengewölbe 503
Tonnenstein 737
Tonregiepult 605, 608
Tonregieraum 605, 608
Tonsignalquellen-Wahltasten 614
Tontechniker 605, 608
Tonwiedergabesystem 614
Tonwiedergabesysteme, tragbare 619
Topas 470
Topcase 697
Töpfe und Pfannen, Spülbecken 291
Töpferei 576
Töpfern 576
Töpferscheibe 576
Töpferwerkzeug 576
Topfhut 458
Topinambur 245
Toplader-Waschmaschine 378
Toplevel-Domain 642
topografische Kartografie 45
topografischen Karte 45
Topplicht 727
Toppnant 724
Toppzeichen 737, 738
Toprückstand 782
Topspeed-Bereich 1041
Toque 458
Tor 718, 944, 946, 949, 950, 953, 955, 960, 974, 1029, 1069
Torangreifer 955
Toranzeige 1069
Torbereich 951
Tordrittel 955
Torfmoos 106
Torhüter 943, 944, 960, 974
Torkreis 949, 955
Torlampen 1029
Torlinie 944, 950, 952, 955, 960, 974, 1028
Tornado 83, 89
Torpedo 899
Torpedoraum 899
Torpedorohr 899
Torpfosten 953, 1008
Torraum 946, 960, 1029
Torraumlinie 960
Torresstraße 52
Torrichter 974, 1008, 1028
Torschütze 955
Torselett 445
Tortellini 282
Tortilla 278
Torus 500, 501, 839
Torverteidiger 955
Torwart 945, 947, 955, 1028, 1029
Torwartbrustschutz 1030
Torwarthandschuhe 946
Torwartschläger 1029, 1030
Torwartschlittschuh 1030
totale Finsternis 16, 17
Totalisator 1006
Totengräber 146
Touchpad 630
Touchpad-Taste 630
Touchscreen 622, 624, 639
Toulouser Wurst 277
Toupierkamm 476
Tourenrad 702
Touring-Motorrad 697
Touringreifen 684
Tournedos 276
Tourniquet 912
Tower-Computer 629
Towergehäuse: Rückansicht 629
Towergehäuse: Vorderansicht 629
Tower-Stellfläche 646
Trab 168
Trabrennen 1007
Trachte 171
Trachtenwand 171
Track 617
traditionelle Boote 721
traditionelle Jacke 996
traditionelle Kleidung 429
traditionelle Musikinstrumente 560
traditionelle Schreibgeräte 584
traditionelle Wohnhäuser 520
traditioneller Schneeschuh 1043
tragbare Spielkonsole 1067
tragbare Tonwiedergabesysteme 619
tragbare Wickelunterlage 492
tragbarer CD-Spieler 619
tragbarer DVD-Spieler 610
tragbarer Verdunster 342
Trage 913
Trageband 908
Tragebügel 619, 620
Tragegriff 375, 491, 891
Tragegriff oben 489
Tragemappe 653
Tragen-Abstellraum 918
Träger 332, 445, 754, 792, 1031
Träger, runder 367
Träger, verstellbarer 448
Träger mit Knopf 449
Trägerhemd 434, 450
trägerloser Büstenhalter 445
Trägerrakete 39
Trägerraketen 39
Trägerrock 438
Trägerstruktur 27, 34
Tragerucksack 491
Tragetuch 491
Tragfaden 145
Tragflügel 37, 747, 750
Tragflügel, hinterer 731
Tragflügel, teilgetauchter 731
Tragflügel, vorderer 731
Tragflügelformen 752
Tragflügelschiff 731
Tragkabel 660
Tragriemen, Öse 593
Tragsäule 777
Tragschicht, obere 658
Tragschicht, untere 658
Tragsegel 1047
Tragseil 519
Tragus 234
Trainer 944, 957, 973, 974, 990, 1029, 1031, 1033
Trainerassistent 957
Trainertribüne 1041
Training 932
Trainingsanzug 451
Trainingsball 965
Trainingsbereich 932
Traktor 764
Trampeltier 173
Trampolin 973
Trampolinspringer 973
Tranchiergabel 309
Tranchiermesser 306
Tränenkarunkel 238
Transantarktisches Gebirge 46
transdermales Pflaster 914
Transformator 356, 373, 786, 788, 793, 796, 804
Transformstörungen 68
Transitlagerschuppen 718
transparente Arbeitsfläche 536
transparentes Acrylharz 615
Transpiration 95
Transponder 748
Transport mit Fahrrad 698
Transportbandanlage 771
Transportbox 493
Transporter 693
Transporteur 567
Transportgriff 913
Transporthubschrauber, taktischer 753
Transportmischer 693
Transportstrecke 771
Transversale pleine 1068
Transversale simple 1068
Trapezflügel 752

Trapezstandfuß 628
Traube, geschlossene 112
Traubenhenkel 117
Trauerweide 119
Traveller 980, 981
Travellerscheck 860
Traverse 362, 505, 793
Trawler 728
Treble 1069
Trefferanzeige 997
Trefflächen 997
Treibanker 732
Treibhaus 243
Treibhauseffekt, anthropogener 96
Treibhauseffekt, natürlicher 96
Treibhausgas 96
Treibhausgaskonzentration 96
Treibladung 887
Treibscheibe 519
Treibstoffart 668
Treibstofftank 32, 753, 895, 896
Treibstoffzufuhrleitungen 1049
Trenchcoat 435
Trennklappe 489
Trennlinie 590
Trennstab 573
Trennvorhang 920
Trennwand 907
Trennwand, bewegliche 644
Trennwand, flexible 645
Trennwand, versetzbare 853
Trense 1004
Trensen 1004
Trensenzügel 1004
Treppe 324, 329, 330, 335, 513, 541, 544, 644, 663, 714, 806, 854, 857
Treppenabsatz 330
Treppenaufgang 781
Treppenhaus 330
Treppenlauf 335
Treppenpfosten 518
Treppenschliff 469
Treppenstufe 335
Treppenvorbau 323
Tresor 859, 905
Tresorraum 859
Tressenstich 565
Tretlager 700
Tretplatte 566
Triageraum 919
Trial-Motorrad 1025
Triangel 545, 557
Trias 130
Triceratops 131
Trichter 138, 308, 550, 551, 609
Trickhantel 988
Trickski 988
Trieb 117
Triebdrehgestell 707
Triebwagen 716
Triebwerk 32, 747
Triebwerkslufteinlass 896
Trift 785
Triglyphe 500
Triklinium 502
Trikot 940, 945, 946, 951, 954, 956, 991, 1020
Trikuspidalklappe 213
Triller 563
Trilobit 128
Trimaran 981
Trimmruder 86
Trinidad und Tobago 54, 877
Trinkflasche 699
Trinkpackung 295
Trinkwasserleitung 846
Trio 546
Trireme 720
Triticale 263
Triton 15
Tritt 409, 572, 1051
Tritt nach vorne 994
Trittbrett 1026
Trittbrett, hinteres 902, 911
Trittfläche 409, 689, 705, 762, 1005
Tritthocker 361, 409
Trittleiter 409
Trittlöser 572
Trittstufe 335, 518, 690
Trivialname 834
Trochilus 500, 501
trocken liegender Höhlenraum 67
Trockendock 718
Trockenelemente 820
Trockenfrüchte 116, 255
Trockenklimate 87
Trockenmauer 385
Trockenpastell 528
Trockenreifen 1022
Trockenseite 790
Trockenständer 600
Trocknen 125, 425
Troddel 368
Trog 81
Trolley 489
Trommel 307, 371, 378, 379, 414, 734, 763, 829, 888
Trommel, kleine 545, 556
Trommelbremse 679
Trommelfell 152, 235, 556, 561
Trompete 551, 658
Trompeten 545
Tropfen für trockene Augen 481
tropfnass hängen 425
tropisch feucht und trocken 87
tropisch maritim 81
tropische Klimate 87
tropische Wirbelstürme, Bezeichnungen 89
tropischer Regenwald 87, 92, 93
tropischer Sturm 83
tropischer Wirbelsturm 89
tropisch-maritim 81
Tropopause 79, 96
Troposphäre 79
Trosse 1058
Trüffel 244
Trugdolde, eingliedrige 112
Trugdolde, zweigliedrige 112
Truhe 364
Truhenkörper 377
Trumpffarben 1066
Truthahn 162
Tschad 60, 879
Tschadsee 50
Tschechien 56
Tschechisch 583
Tschechische Republik 878
Tschuktschensee 46
Tsetsefliege 146
T-Shirt 450
T-Stück 353
Tsuki-Uchi 995
Tsunami 77
Tuba 545, 551
Tube 295
Tubus 24, 25, 824, 825
Tubusträger 825
Tuch 465, 973
Tuch, Geschirr 381
Tudorbogen 514
Tukan 20, 162
Tüll 424
Tülle 318, 319
Tüllen 310
Tüllenbajonett 886
Tulpe 113
Tümmler 183
Tundra 92, 93
Tunesien 60, 879
Tunika 883
Tunikakleid 438
Tunnel 714
Tunnelsohle 717
Tüpfelfarn, gemeiner 107
Tür 316, 364, 378, 379, 519, 671, 687, 688, 746, 855
Tür, automatische 742
Tür zum Nutzlastraum 36
Turban 429, 458
Turbine 421, 770, 796
Turbinen 787
Turbinenabschaltventil 796
Turbinendrehung 789
Turbinengebäude 796
Turbinengenerator 775
Turbinenlaufrad 794
Turbinenrad 680
Turbinenummantelung 787
Turbinenwasserabfluss 789
Turbogenerator 899
Turbotriebwerk 896
Turboverdichter 749
Turboverdichterwelle 749
Türen 515
Türführungsschiene 709
Türfüllung 364
Türgriff 326, 671, 911
Türinnenverschalung 674
Türkei 57, 880
Türkis 470
Türkisch 583
Turkmenistan 58, 880
Türknopf 325
Türkreuz 325
Turm 506, 736, 757, 804, 806, 807, 976, 1008, 1065
Turmalin 470
Turmkran 756
Turmmast 756
Turmrollen 776
Turmspitze 506, 507, 508
Turmwindmühle 806
Turners/Turnerin, Name 971
Turnhalle 868, 932
Turnhallenbüro 868
Turnierball 965
Turnüre 427
Türöffnungshebel 674
Türpfosten 325
Türsäule 709
Türschloss 325, 379, 671, 674
Türstopper 377
Türsturz 507
Türverkleidung 674
Türzapfen 325
Tusche, lithografische 535
Tuschezeichnung 528
Tuvalu 62, 881
T-Verbinder 640
Tweed 424
Twinset 442
Tympanon 499, 500, 509
typische Küstenformen 70
Typografie 586
Tyrannosaurus 131

U

U-Bahn 714, 847
U-Bahn-Netzplan 715, 716
U-Bahn-Schild 714
U-Bahn-Station 714, 844
U-Bahn-Zug 714, 716
Überbau 662
Überbluse 440
Überdach 1052
Überdruckventil 312, 989
Überfallrinne 785, 788
Überfallschloss 488
Überfangstich, orientalischer 565
Überfangstich, rumänischer 565
Überfangstiche 565
Überflurhydrant 903
Überführung 659, 660
Übergangsfittings 351
Übergangsmetalle 813
Übergardine 368
Überhang 511
Überholspur 659
Überholverbot 664, 666
überirdische Pipeline 780
Überkleid 427
Überkopfschaltbrett 748
überlagernde Schichten 771
Überlappanzeige 647
Überlauf 324, 344, 346, 347, 349
Überlaufkrone 785
Überlaufrohr 348
Überlaufschutz 380
Überleitungstunnel 798
Überriese 18
Überrollschutz 1023
Überschallflugzeug 79, 751
Überschlag 486
Überschwemmungsebene 73
Überseekoffer 488
Übersetzungsgehäuse 1060
Übersetzungsgetriebe 807
Überspannungsschutz 654
Überspannungsschutz, Steckdose 638
Überstand 335
Überströmkanal 681
überstumpfer Winkel 838
Übertageanlage 772, 774
übertägige Anlagen 779
Übertemperatursicherung 348
Übertragung der Drehbewegung auf den Rotor 789
Übertragungsnetz, öffentliches 602
Übertragungswagen 608
Überwachungskamera 523
Überwachungsradar 897, 898
Überwachungsraum 522, 663, 865
Überwurfmutter 352
Überziehschuh 459
U-Boot-Ausschnitt 456
Übungsgrün 1016
Übungsmatte 1000
Übungsplatz 505
Udon 283
Ufer 794
Uferdamm 790
Uferdamm im Querschnitt 790
U-förmige Bleirute 579
Uganda 61, 879
Uhr 868, 1008
Uhr, mechanische 828
Uhrband 828
Uhren 851
Uhrenradio 619
Uhrkasten 829
Uhrwerk 829
Uhu 163
Ukraine 57, 878
Ukrainisch 583
UKW-Antenne 32, 86, 898
Ulme 120
Ultrakompaktkamera 592
Ultrakurzwelle, Antenne 32
Ultraschall 925
Ultraschall, Aussendung 65
Ultraschallgerät 925
ultraviolette Strahlung 821
Ultraviolett-Spektrometer 86
Ulysses 30
Umbriel 15
Umesterung 784
Umfang 838
Umfangsverbindung 791
Umfeldbeleuchtung 911
Umgebung, naturbelassene 1017
Umgehungsstraße 52, 843
Umhang 428
Umhängetasche mit Dehnfalte 487
Umhängetasche mit Reißverschluss 487
Umkehrlinsen 824
Umkleideraum 773, 868, 900
Umladeabschnitt 729
Umlaufbahn, geostationäre 86
Umlaufbahn, polare 86
Umlaufkammer 786
Umlaut 587
Umleitungskanal 785
Umlenkrolle 816
Umlenkstern 417
Umluft 338
Umschalter 390, 394, 641
Umschaltfeststelltaste 648
Umschalttaste 632, 648
Umschlag 426, 454
umsetzbare Flagge 1017
Umspannwerk 794
Umwälzpumpe 339, 340, 805
Umwandlungsanlage, katalytische 782
Umwelt 92
Umwerfer 1020
Umwerfer, hinterer 698, 700
UN 882
unabhängige Geothermie 770
unbemanntes Versorgungsfahrzeug 34
undurchlässiges Gestein 776
unebene Fahrbahn 665, 667
unechte Rippen 201
unendlich 837
UNESCO 882
Unfallstation 918
Ungarisch 583
Ungarn 56, 878
ungebleichtes Mehl 278
ungebundenes Buch 537
ungesäuertes Brot 278
ungleich 837
Uniform 906
Uniformen 900
Unisex-Kleidung 437
Unisex-Kopfbedeckungen 458
Unisex-Schuhe 462
Universität 844
Unkrautstecher 418
unpaarig gefiedert 111
unregelmäßiger Knochen 199
unregelmäßiges Trapez 839
unter Druck stehendes Hauptmodul 35
Unterarm 174, 186, 193, 195
Unterarmmappe 485
Unterarmschiene 884
Unterarmschutz 994
Unterarmstütze 916
Unterbau 776
Unterblock des Flaschenzuges 776
Unterboden 109, 332, 333, 334
Unterbrechung 633, 739
unterbrechungsfreie Stromversorgung 638, 641
Unterbrett 555
unterbrochene Linie 658, 659
Unterbruststäbchen 445
Unterbühne 540
Unterdeck 781
untere Abschlusskappe 820
untere Eingeweidearterie 210
untere Halterungsschraube 84
untere Hohlvene 211, 212, 213, 219
untere Klemmschraube 84
untere Nasenmuschel 232
untere Querleiste 364
untere Rondistenfacette 469
untere Schale 1039
untere Schutzhaube 392
untere Schwanzdeckfedern 158
untere Sektion 39
untere Sohlschicht 770
untere Tasche 1012
untere Tragschicht 658
untere Vertäfelung 754
untere Zahnreihe 231
Untereck, linkes 874
Untereck, rechtes 874
unterer Absatz 518
unterer Anzug 1004
unterer Flaschenzug 1001
unterer Flügel 750
unterer Glaskolben 319
unterer Holm 970
unterer Kühleranschluss 683
unterer Längsträger 757
unterer Mantel 66
unterer Nabel 158
unterer Querträger 757
unterer seitlicher Einschnitt 117
unterer seitlicher Lappen 117
unterer Thermostat 348
unterer Touchscreen 1067
unterer Wurfarm 885
unteres Augenlid 152, 178
unteres Heizelement 348
unteres Schleusentor 719
Unterfach 484
Unterfahrschutz 691
Unterfangkescher 1061
Unterführung 660, 703
Unterfutter 569
Untergeschoss 847
Untergrätenmuskel 197
Untergrund 658
Untergurt 333, 661
Unterhemd 940
Unterhose 433
Unterhose, lange 434
unterirdische Anlagen 503
unterirdische Kammer 498
unterirdischer Abfluss 95
unterirdisches Gerinne 67
unterirdisches Kabelnetz, Verteilung 603
Unterkante 1030
Unterkiefer 141, 143, 150, 153, 154, 158, 159, 164, 166, 167, 170, 175, 182, 184, 187, 188, 200, 205
Unterkleid 438, 444
Unterkühlen 810
Unterkunft 1036
Unterkünfte 857, 1036
Unterlage 334, 1066
Unterlage, Streckmetall 385
Unterlagsplatte 712
Unterlegscheibe 350, 399
Unterlegscheiben 399

Unterlenker 764
Unterlid 238
Unterlippe 231, 554
Untermast 724
Unternehmen 643
Unterrock 427, 444
Unterrohr 699
Untersattel 547
Unterschenkel 170, 186
Unterschrank 296
Unterschrift, amtliche 861
Unterschrift des Inhabers 861
Unterschriftenmappe 651
unterseeischer CaEon 67
Unterseite 988
Unterstock 490
Unterstützmauer 790
Untersuchungsraum 919, 923
Untersuchungsraum, Audiometrie 923
Untersuchungsraum, gynäkologischer 919
Untertagespeicher 783
Untertasse 302, 305
Unterteil 317, 469, 651, 686, 903
Unterteilhauptfacette 469
Untertitel 590
Untertor 719
Unterwäsche 434, 444, 850, 1022
Unterwäschegeschäft 848
Unterwasserbohrung 780
Unterwassermauer 791
Unterwasserpipeline 780
Unterwasser-Strahler 324
Ununhexium 812
Ununoctium 814
Ununpentium 812
Ununquadium 812
Ununseptium 813
Ununtrium 812
Up-Quark 810
Ural 49
Uran 78, 814
Uran, angereichertes 801
Uranbrennstoff, Kernspaltung 795
Uranus 14, 15
Urdu 583
Urenkel 928
Urenkelin 928
Ureter 137, 159
Uretermündung 218
Urgroßeltern 928
Urgroßmutter 928
Urgroßvater 928
URL-Adresse 642
Urogenital-Öffnung 149
Urostyl 153
Ursprung 198
Ursprungskegel 221
Uruguay 55, 876
USB-Anschluss 622
Usbekistan 58, 880
USB-Kabel 599, 631, 649
USB-Schnittstelle 558, 599, 619, 620, 629, 637, 638
USB-Schnittstellen 628, 630
USB-Speicher 599
USB-Stecker 638
USB-Stick 638
USB-Turntable 559
Utensilien 536
Utensilien, verschiedene 309

V

Vagina 137, 145
Vakuole 102, 133
Vakuole, pulsierende 133
Vakuumdestillation 782
Vakuum-Kaffeemaschine 319
Vakuumkammer 826
Vakuumpumpe 826
Vakuumrohr 826
Vakuum-Siebdrucktisch 536
Vakuumtisch 536
Vampir 187
Vanadium 813
Vanille-Extrakt 286
Vanillinzucker 285
Vanuatu 62, 881
variable Dampfeinstellung 374
Variometer 1049
Vater 928, 929
Vater-Pacini-Körperchen 236
Vatikanstaat 882
Vatikanstadt 56
V-Ausschnitt 430, 437, 456
Vegetationspunkt 105, 110
Vegetationszonen 92
Veilchen 113
Velarium 503
Velours 334
Vene 212
Vene, königliche 211
Vene im Querschnitt 209
Venenblut 212
Venenklappe 209
Venera 30
Venezuela 55, 876
Ventil 347, 551, 699, 1049
Ventilator 706, 819
Ventilator zur Energierückgewinnung 341
Ventilatormotor 343
Ventilatorregler 343
Ventilbüchse 551
Ventilfeder 555, 682
ventilierte Laufschiene 1010
Ventilsitz 347, 350
Ventilsitzzange 402
Ventilteller 350
Ventilzug, dritter 551
Ventilzug, erster 551
Ventilzug, zweiter 551
ventrale Aorta 149
ventraler Nervenstrang 139
Venturidüse 893
Venus 14, 15
Venusfliegenfalle 103
Venusmuschel 265
Verankerung 660
Verankerungspunkt 145
Veranstalterbüros 853
verarbeitete Lebensmittel 277
Verarbeitung zu Holzstoff 125
Verarbeitung zu Zellstoff 125
Verarbeitungsanlage 783
Verbene 264
Verbindung 584, 1065
Verbindungen, mechanische 351
Verbindungsclip 912
Verbindungsdraht 354
Verbindungsgang 663
Verbindungsgeräte 631
Verbindungshülse 1018
Verbindungskabel 566, 577, 631
Verbindungspunkt 356
Verbindungsrack 604
Verbindungsseil 937
Verbindungsstutzen 902
Verbindungstunnel 36
Verbindungsventil 407
verbleibende Aufnahmen/Selbstauslöser-Vorlaufzeit 593
Verbot der Einfahrt 664, 666
Verbot für Fahrzeuge mit mehr als der angegebenen Höhe 665, 667
Verbot für Fußgänger 665, 666
Verbot für Krafträder 665, 666
Verbot für Lkws über einem zulässigen Gesamtgewicht 665, 666
Verbot für Radfahrer 665, 666
Verbot für Rollstuhlfahrer 856
verbrauchtes Dialysat 927
Verbrechensbekämpfung, vorbeugende 904
Verbrennen 99
Verbrennung 680, 681, 749
Verbrennungsluftgebläse 340
Verbrennungsraum 680, 682
Verdampfen 810
Verdampfer 342
Verdampfergebläse 343
Verdampferspirale 343
Verdampfungsgitter 342
Verdauungsapparat 216
Verdauungsflüssigkeit 103
verdeckelte Zelle 144
verdeckte Knopfleiste 443
Verdichten 681
Verdichter 693, 783
Verdichterrad 680
Verdichterstation 783
Verdichterturbine 749
Verdichtung 99, 680, 681, 749
Verdunkelung 739
Verdünnung 125
Verdunster 341
Verdunstung 95
Veredelungsmesser 416
Vereinigte Arabische Emirate 58, 880
Vereinigte Staaten von Amerika 54, 876
Vereinigtes Königreich 56
Vereinigtes Königreich von Großbritannien und Nordirland 877
Vereinte Nationen 882
verengte Fahrbahn 664, 667
Verengung 827
Verfallsdatum 861
Verflüssigungs-, Speicherungs- und Regasifizierungsanlage 783
Verfolgerauto 1020
Verfolgerlinie 1021
Verfolgungsrad 1021
Vergaser 694
Vergrößerer 600
Vergrößerungsobjektiv 600
Verhol-Winde 729
Verhörraum 904
verjüngte Spitze 987
Verkehrsampeln 846
Verkehrsflugzeug 79
Verkehrszeichen 664
Verkehrszeichen, internationale 664
Verkehrszeichen, nordamerikanische 666
Verkleidung 332, 333, 339, 694
Verkleidung, äußere 349
Verkleidungsmaterialien 385
Verkleinern/Vergrößern 647
Verklicker 980
Verkürzungsstek 1058
Verladebunker 772
Verlängerungsschlinge 1050
Verlobungsring 470
Verpackung 99
Verpackungsmaterial 288
Verpackungsraum 288
Versailles-Parkett 334
verschiebbarer Messschnabel 832
verschiedene Abzüge 338
verschiedene Geräte 318
verschiedene Utensilien 309
Verschiedenes 654
verschiedenes Zubehör 477
Verschlagwagen 710
Verschluss 295, 375, 391, 392, 492, 1039, 1056
Verschluss des Hochwasserentlastungswehrs 785
Verschlussblock 892
Verschlussdeckel 820
Verschlüsse 567
Verschlusshebel 709
Verschlussmaterial 820
Verschlussring 601, 892
Verschlussstopfen 820
Verschlussstück 887
Verschlusszeit 593
Verschmutzung 97
Verschmutzung, industrielle 97
Verschmutzung, landwirtschaftliche 97
Verschmutzung durch Autoabgase 97
Verschmutzung durch Haushalte 97
Verschraubung 351
Verschraubungsmutter 351
Versenknagel 388
Versenkpodium 540
versetzbare Trennwand 853
Versetzungszeichen 563
Versicherungsabteilung 858
Versitzgrube 345
Versorgung 242
Versorgungsbereich 741
Versorgungsmodul 602
Versorgungsstraße 740
Verspannung 970, 971
Verstärker 559
Verstärker/Tuner 619
Verstärkungsrippe 761
Verstärkungsschwelle 908
Versteifungsrippe 746
verstellbare Klemme 372
verstellbarer Bügel 391, 1039
verstellbarer Sitz 705
verstellbarer Stützrahmen 926
verstellbarer Träger 448
verstellbares Kopfteil 913
Verstelldüse 751
Versteller 432
Verstellnut 399
Verstellschraube 564
Verstellspindel 766
Verstellung 399
Verstrebung 807
Vertäfelung, obere 754
Vertäfelung, untere 754
Vertebralschild 155
Verteidiger, rechter 947
Verteidigung 952
Verteidigungsdrittel 955
Verteidigungszone 958
Verteiler 658
Verteilerdose 713
Verteilerkasten 354, 356
Verteilerschleife 356
Verteilung über Freileitungen 602
Verteilung über Tiefseekabel 603
Verteilung über unterirdisches Kabelnetz 603
Verteilzentrum, regionales 589
Vertiefung 567
Vertikale 1044
vertikale Bodenbewegung 76
vertikale Wasserverdrängung 77
vertikaler Zug 1065
vertikales Schiebefenster 518
vertikales Seitenband 958
Vertikalseismograph 76
Vertikutierer 420
Verwaltung 522, 869
Verwaltungsbüro 900, 905
Verwaltungsbüros 852
Verwaltungsgebäude 794
Verwandtschaftsbeziehungen 928
verwelkendes Keimblatt 105
Verwerfung 76, 77
Verziehnaht 431
Verzierungen 563
Verzweigungsbereich 110
Vestibularnerv 235
Veterinäre 1002
Vetter 929
Viadukt 660
Vibratohebel 549
Victoriasee 50
Victoriawüste, Große 52
Video- und Digitalübertragung, Anschlussbuchsen 593
Videobandsteuerungen 613
Videobedarf 850
Videokassette 611
Videorecorder 611
Videoschalttafel 608
Videoschnittstelle 629, 630
Videospiel 1067
Videospiele 1067
Videospielsystem 1067
Videotechniker 605, 608
Videothek 867
Vieleckbein, großes 202, 208
Vieleckbein, kleines 202
Vielecke 839
Vielfraß 180
Viereck 539, 839
viereckige Fahne 873
viereckiger Ausschnitt 456
Viereckregner 415
Vierer mit Steuermann 985
Vierer ohne Steuermann 985
Viererbob 1034
vierfüßiger Stock 916
Vierkantstift 371
Vierkantstopfen 351
Vierling 1062
Viermastbark 724
Viertaktmotor 680
vierte Zehe 158
Viertelfinale 933
Viertelnote 563
Viertelpause 563
viertürige Kombilimousine 669
viertürige Limousine 669
Vierundsechzigstelnote 563
Vierundsechzigstelpause 563
Vierung 506, 507
Vierungsturm 508
Viervierteltakt 562
Vierwegeregler 593
Vier-Zehenhuf 171
Vietnam 59, 881
Vietnamesisch 582
Viking 32
Vinylisolierung 385
Violett 528
Violine 547
Violinen, erste 545
Violinen, zweite 545
Violinfamilie 547
Violinschlüssel 562
VIP-Bereich 852
Viper 156
Visier 695, 884, 885, 909, 1009, 1024, 1034, 1057
Visiergestell 940
Viskose 424
viszerale Pleura 215
Vitrine 365
Vitrinenschrank 365
Vizeskip 1027
Vogel 158
Vögel 158
Vogel, Anatomie 159
Vogel, äußere Merkmale 158
Vogel, Skelett 159
Vogelaugenchili 261
Vogelfüße 160
Vogelkäfig 494
Vogelschnäbel 160
Volant 363, 368
Volkmannsche Kanäle 199
voll und bei 982
Vollachsel-Unterkleid 444
Vollbelastungsstellschraube 355
Vollbrillantschliff 469
Volleyball 958, 966
Volleyball-Platz 958
Volleyballspiel 958
Vollgeschoss 889
Vollgummirad 755
Vollkornbrot 279
Vollkornmehl 278
Vollmessingstange 367
Vollmond 17
vollreflektierender Spiegel 823
Vollreife 117
Vollziegel 384
Volt 835
Voltaire-Sessel 360
Volute 360, 500, 501, 510
vor dem Wind 982
Vorbackenzahn 164, 167
Vorbau 323, 699
Vorbehandlung 784
vorbeugende Verbrechensbekämpfung 904
Vorbramsaling 724
Vorbühne 540
Vordach 687
Vordachrille 687
Vorderachse 761
Vorderairbag 676
Vorderbein 140, 142, 152, 153, 274, 361
Vorderbein (Außenseite) 142
Vorderbindung 988
Vorderblatt 450, 459
Vorderbremse 696
Vorderdeckel 539
vordere Abdeckung 343, 637
vordere Aufschlaglinie 963
vordere Augenkammer 238
vordere Backenzähne 206
vordere Blinkleuchte 695, 696
vordere Druckknopfleiste 448
vordere Einbuchtung 234
vordere Felgenbremse 699
vordere Kufe 1034
vordere Nervenwurzel 221
vordere Querleiste 1043
vordere Schienbeinarterie 210
vordere Seitenfontanelle 205
vordere Spritzvorrichtung 763
vordere Teleskopgabel 695
Vordereckpin 1015
vorderer Balken 830
vorderer Griff 396
vorderer Haltegriff 893
vorderer Oberkiefer 150
vorderer Schienbeinmuskel 196
vorderer Schließmuskel 136
vorderer Straffergurt 1056

vorderer Tragflügel 731
vorderer Zweig 220
vorderes Auspuffrohr 672
vorderes Ende 136
vorderes Rückstoßtriebwerk 36
vorderes Schutzblech 695
Vorderextremität 164, 189
Vorderfach 489
Vorderfeld 964, 967
Vorderfläche 483
Vorderflug 884
Vorderflügel 140
Vorderfußwurzel 170
Vordergabel 699
Vorderkante 1047, 1048
Vorderkappe, perforierte 459
Vorderkeule 272, 273, 274
Vorderlade-Geschütz 890
Vorderlade-Geschütz im Querschnitt 890
Vordermast 729
Vorderpfote des Hundes 174
Vorderrad 420, 761, 764, 917
Vorderschaft 887
Vorderschürze 884
Vorderseite 430, 431, 505
Vorderstangentasche 1047
Vordersteven 720, 986
Vorderstrahler 699
Vorderteil 431, 450, 459
Vorderwand 964, 965
Vorderwurzel 220, 224
Vorderzwiesel 1005
Vorfach 1061
Vorfahrt 664, 666, 667
Vorfahrt an nächster Einmündung 664
Vorfahrt gewähren 664, 666
Vorfeld 740
Vorflügel 747
Vorführraum 544
Vorfußbindung 1042
Vorfußgummi 988
vorgeformte Rohrummantelung 385
vorgeschriebene Fahrtrichtung 664, 666
vorgeschriebene Fahrtrichtungen 664, 666
Vorhafenwand 719
Vorhalle 854, 858, 863
Vorhang 368
Vorhang, eiserner 540
Vorhang, loser 369
Vorhänge 369
Vorhangköpfe 369
Vorhaut 228
vorherige Nachricht 625
vorherige Sätze 968
vorherige Seite 633
vorheriger Titel/Rückspultaste 620
vorherrschender Wind 89
Vorhof 668
Vorhof, linker 213
Vorhof, rechter 213
Vorholer 892
Vorholervorderteil 892
Vorhörtaste 559
Vorkommen 775
vorkragender Dachkranz 513
Vorlageneinzug 647
Vorlauf 339
Vorläutewerk 713
Vorliek 983
Vor-Oberbramsegel 725
Vor-Obermarssegel 725
Vorort 52
Vorratsdosen 294
Vorratsschrank 854
Vor-Royalsegel 725
Vorsatzblatt 537, 539
Vorschaumonitor 607, 608
Vorschlag 563
Vorschneider 394
Vorschot 980
Vorsortierung 588
Vorspeisen 292
Vorsprung 71
Vorspülbecken 291
Vorstadt 843
Vorstag 980
vorstehender Wirbel 204
Vorsteiger 1050
Vorstenge-Stagsegel 725
Vortasche 486
Vortitel 590
Vortrieb 752
Vor-Unterbramsegel 725
Vor-Untermarssegel 725
vorwärts/rückwärts 413
Vorwärtsantrieb 420
Vorzeichentaste 649
Voyager 30
Vulkan 66, 75
Vulkan, effusiver 75
Vulkan, explosiver 75
Vulkan mit Ausbruchstätigkeit 95
vulkanische Asche 75
vulkanische Bombe 75
vulkanische Insel 67
vulkanischer See 73
Vulkantypen 75
VU-Meter 604

W

Waage 21
Waage, elektronische 831
Waagebalken 553
Waagschale 830, 831
Waagschalenhaken 830
Wabe 144
Wabenstrick 570
Wache 504
Wachhäuschen 505
Wacholderbeere 260
Wachpersonal, Büro 867
Wachs 1042
Wachsausrüstung 1042
Wachsbohne 253
Wachsfarbstifte 524
Wachskerze, dünne 534
Wachskürbis 248
Wachsmalerei 528
Wachspapier 294
Wachstafel 584
Wachstumsbereich 110
Wachtel 163, 271
Wachtelei 270
Wade 193, 195
Wadenbein 165, 175, 184, 188, 200, 203, 207
Wadenbeinarterie 210
Wadenbeinnerv 225
Wadenstrumpf 433
Wadi 74
Waffeleisen 316
Waffen 883, 891
Waffen aus dem 17. Jahrhundert 889
Waffen in der Römerzeit 883
Wagen 289, 766, 981
Wagendeck 730
Wagenheber 686, 1023
Wagenlaufschild 709
Wagenradhut 458
Wagenrücklauftaste 648
Wagentür 674
Wagentypen 705
Wagenübergang 705
Wahltaste 621
Währungsabkürzungen 860
Währungsangabe 861
Wakame 244
Wakeboard 988
Walboot 723
Wald 52, 71
Wald, borealer 92
Wald, gemäßigter 92
Waldbrand 95, 97
Waldfrosch 153
Waldheidelbeere 254
Waldhorn 551
Waldhörner 545
Waldmurmeltier 166
Walfisch 20, 22
Walisisch 583
Walkie-Talkie 621
Wallaby 189
Wallis und Futuna 62
Wallpapille 233
Wallpapillen 233
Walmdach 516
Walnuss 119, 255
Walnuss, Längsschnitt 116
Walross 183
Walze 408, 420, 648, 762
Walze, drehbare 578
Walzenbefestigung 408
Walzendrehknopf 648
Walzenhalterung 762
Wams 428
Wan Tan 283
Wand 324
Wandauslaufventil 350
Wanderausstellungsräume 523
Wanderschuh 450, 462
Wandgitter 338
Wandlaterne 373
Wandleuchte 373
Wandpfosten 333
Wandsäule 510
Wandträger 367
Wand-Untergurt 691
Wandwange 335
Wange 194, 388, 1059
Wanne 408, 1035
Wannengarnitur 344
Want 724, 980
Wantenspanner 981
Wantenverklicker 980
Wapitihirsch 172
Wappen 941
Wappenzeichen 875
Waran 157
Warenannahmebereich 850
Warenbaum 572
Warencode 831
Wareneingang 288
Wareneingang für Milchprodukte 288
Warengeschäfte 643
Warenzeichen, eingetragenes 587
warme Luft 90
warme Speisen 292
Wärmedämmung 339
Wärmedeflektorscheibe 359
Wärmeenergie 96, 775
Wärmeenergie, Elektrizitätserzeugung 775
Wärmeerzeugung 795
Wärmeisolation 348
wärmeisolierter Griff 317
Wärmejalousie 86
Wärmekraftwerk 95
Wärmeleitung 811
Wärmepumpe 341, 770, 797
Wärmetauscher 339, 340, 343, 800, 805
Wärmeübertragung 811
Wärmeverlust 96
Warmfront am Boden 82
warmgemäßigte Klimate 87
Warmhalteplatte 291, 292, 319
Warmluftaustritt 338
Warmluftklappe 336
Warmluftsystem mit Zwangsumlauf 338
Warmluftzufuhr 379
Warmwasseraustritt 349
Warmwasserheizung mit Zwangsumlauf 339
Warmwasserkreislauf 344
Warmwasserleitung 348
Warmwassersteigleitung 344
Warmwasserzulauf 352, 353
Warn- und Gebotszeichen 910
Warnanzeige Besatzung 748
Warnanzeige Triebwerke 748
Warnblinklicht 746, 763
Warnfläche 996
Warnkreuz 713
Warnleuchte "Tür offen" 677
Warnleuchten 677
Warnlinie beim Florettfechten 997
Warnlinie beim Säbel- und Degenfechten 997
Wartebereich 858
Wartebereich für den Entnahmeraum 922
Wartebereichmarkierung 742
Wartehäuschen 846
Warteraum 644, 904, 919
Warteraum, zweiter 923
Warteraum für Angehörige 918
Warteraum für Besucher 864
Warteschlange 859
Wartungsfahrzeug 744
Wartungskasten 356
Wartungsschacht 20
Warzenfortsatz 205
Warzenhof 227
Wasabipaste 287
Wasch- und Pflegesymbole 425
Waschbär 180
Waschbecken 344, 346, 921
Wäschekammer 854
Waschen 425
Wascherarm 380
Wäscherei 854, 864
Wäschetrockner 379, 425
Wäschetrockners 379
Waschhandschuh 475
Waschküche 329
Waschlappen 475
Waschmaschine 344, 353
Waschmaschine (Frontlader) 378
Waschplatte 708
Waschraum 921
Waschtisch 855
Wasser 770, 778, 779, 834
Wasser, leichtes 801
Wasser, schweres 800
Wasser, sicherstes 738
Wasser- oder Futternapf 495
Wasser- und Watvögel 161
Wasserabscheider 772
Wasseraufbereiter 1056
Wasserautomat 377
Wasserbadtopf 313
Wasserball 974
Wasserballpool 974
Wasserballspiel 974
Wasserballspieler 974
Wasserbehälter 319, 342, 706, 762, 763
Wasser-Dampf-Gemisch 770
wasserdichte Abdeckung 449
wasserdichter Stromanschluss 345
wasserdichtes Gehäuse 596
Wasserdruckanzeiger 902
Wassereinlass 786
Wassererhitzerbehälter 344
Wasserfall 67, 73
Wasserflugzeug 750
Wasserfluss 134
Wasserfrosch 153
Wasserglas 297, 304, 305
Wassergraben 1002, 1003
Wasserhahn 346, 902
Wasserheizkessel 348
Wasserhindernis 1016, 1017
Wasserhose 89
Wasserkäfer 146
Wasserkanister 1056
Wasserkanone 902
Wasserklappe 551
Wasserkocher 318
Wasserkraftwerk 785
Wasserkraftwerk im Querschnitt 786
Wasserkreislauf 95
Wasserkrug 301
Wasserlauf 98
Wasserläufer 147
Wassermann 20
Wassermelone 257
Wassernuss 245
Wasserpumpenzange 399
Wasserschlauch 380, 772
Wasserski-Set 988
Wasserskisport 988
Wasserspender 494, 644
Wasserspinne 147
Wassersport 974
Wassersprühdüse 763
Wasserstand 319, 342, 789
Wasserstand, höherer 719
Wasserstand, niedrigerer 719
Wasserstandsanzeige 374
Wasserstandsanzeiger 317
Wasserstandsregler 378
Wasserstoff 812
Wasserstoffperoxid 915
Wasserstrahl 978
Wassertank 319, 733, 750
Wassertrense 1004
Wassertrog 995
Wasserturm 708
Wasserverschmutzung 98
Wasservogel 160
Wasservorrat 789
Wasservorratstank 805
Wasserwaage 387
Wasserzähler 344
Wasserzeichen 861
Wasserzulauf 350
Wassily-Stuhl 360
Watstiefel 1061
Watt 835
Watte 474, 915
Wattepad 474
Wattestäbchen 123, 474, 915
Watteträger 915
Wattetupfer 915
Watvogel 160
WC 330, 855, 920
Webcam 624, 635
Weben 572
Webkante 569
Webmustereinstellung 571
Webnadel 573
Webprinzip, Schaubild 575
Webschütz 573
Webstoffe 424
Webzubehör 574
Wechselanzeige für die Rückenlage 977
Wechselaufbau 693
Wechselsprechanlage 604, 607
Wechselsprechschalter 621
Wechselsprechtaste 735
Wechselstromanschluss 614
Wechselstromgenerator 819
Wechselstrom-Netzkabel 630
Weddellmeer 46
Wedel 107
Wedel, eingerollter junger 107
Weg 1016
Wehr, festes 794
Wehrgang 504, 505
Wehrgang, gedeckter 504
Wehrmauer 504
weiblich 834
weibliche Blütenstände 120
weibliche Geschlechtsorgane 226
Weiche 703
Weiche, fernbediente 712
Weiche, handbediente 712
weiche Kontaktlinse 481
Weichenantrieb 712
Weichensignal 712
Weichenzunge 712
weicher Gaumen 231, 232
Weichgelatinekapsel 914
Weichkäse 281
Weichsel 49
Weichstrahl 150
Weichtiere 136
Weideland 243
Weidenholz 942
Weidenkorb 1049
Weihgabe 871
Weihrauchkessel 871
Weihwasserbecken 871
Wein 288
Weinblatt 117, 247
Weinessig 287
Weinkarte 291
Weinkeller 290
Weinkellner, Sommelier 290
Weinranke 117
Weinrebe 117
Weinschrank 365
Weintraube 117, 254
Weintraube im Querschnitt 114
Weiselwiege 144
Weisheitszahn 206
Weiß 821, 1063, 1065
Weißabgleich 593
Weißbrot 279
weiße Linie 171
weiße Schokolade 285
weiße Senfkörner 260
weiße Substanz 221, 222, 224
weiße Zwiebel 245
weißer Balsamessig 287
Weißer Hai 148
weißer Pfeffer 260
weißer Punktball 1012, 1013
weißer Reis 283
weißer Spielball 1013
weißer Stein 1065
Weißer Zwerg 18
weißes Band 961, 963
weißes Feld 1065
Weißes Feuer 738
Weißfisch 268
Weißkohl 247

Weißrussland 57, 878
Weißwal 183
Weißwedelhirsch 172
Weißweinessig 287
Weißweinglas 297, 304, 305
Weißwurst 277
Weiter-/Zurücktasten 634
Weitsichtigkeit 239
Weitsprung 934, 937
Weitverkehrsnetzwerk 641
Weitwinkelkamera 606
Weitwinkelobjektiv 598
Weitwinkelspiegel 688, 689
Weizen 122, 263
Weizengrütze 278
Weizenkeime 278
Weizenkorn, Längsschnitt 122
Wellärmchen 555
Wellbrett 555
Welle 371, 576, 787, 806, 816, 819, 821, 827, 898
Welle, langsam drehende 807
Welle, schnell drehende 807
Wellenberg 821
Wellenhöhe 77
Wellenkamm 77
Wellenlänge 77, 821
Wellenmauer 790
Wellenrichtung 77
Wellental 77, 821
Wellhornschnecke 265
Welsartiger 151
Weltraum, Beobachtung 20
Weltraumteleskop 27
Wende 975
Wende beim Brustschwimmen 975
Wende beim Schmetterlingsstil 975
Wendeflügel 518
Wendehebel 1048
Wendekampfrichter 977
Wendekragen 435
Wendekreis des Krebses 42, 47, 50, 51
Wendekreis des Steinbocks 42, 48, 50, 52
Wendelhalter 359
Wendeltreppe 781
Wenden 666
Wenden verboten 664, 666
Wenderohr 371
Wendestab 371
Wendewand 975, 977
Wendezeiger 1048
Werbetafel 714, 716
Werfer 938, 939, 943
Werftkran 718
Werkbank mit Schraubstock 401
Werkstatt 864
Werkstückspanner 391
Werkzeugfutter 398
Werkzeuggürtel 387
Werkzeugkasten 387
Werkzeugsatz 700
Wertangabe 860, 861
Wertstoff-Sammelbehälter 99
Wespe 146
West 1066
Weste 428, 430, 442
Westen 442, 738
Westindien 47
Westjordanland 58
westliche Architektur 506
westliche Hemisphäre 43
Westlicher Indischer Rücken 69
westlicher Meridian 42
westliches Kardinalseezeichen 739
Westsahara 60
Wettbewerb 977
Wettbewerbstrampolin 973
Wetterboje 80
Wetterflugzeug 80
Wetterhütte 84
Wetterkarte 80, 81
Wetterlage, gegenwärtige 81
Wetterradar 80, 746
Wettersatellit 80, 86
Wetterschenkel 325, 327
Wetterschiff 80
Wetterstation 80, 84
Wettersymbole, internationale 82
Wettervorhersage 80
Wettkampf 933
Wettkampfbecken 932, 977
Wettkampfbereich 993, 994
Wettkampffeld 1009
Wettkampffläche 972, 991, 993
Wettkampfgericht 1037
Wettkampfplatz 1037
Wetzstahl 309
Wetzstein 309
Weymouthskiefer 121
Whirlpool 324
Whiskyglas 297
wichtige Getreidepflanzen 122
wichtigste Sprachgruppen 582
wichtigste Unterlagen 529
Wickelauflage 366
Wickelbluse 440
Wickelkleid 438
Wickelkommode 366
Wickelrock 429, 439
Wickeltasche 492
Wickler 476
Wicklung 937, 1059
Widder 22
Wide Receiver 953
Widerhaken 1061
Widerlager 506, 514, 660, 661
Widerrist 168, 174
Widerstände 820
Widerstandseinstellung 1001
Widertonmoos, gemeines 106
wiederaufbereitetes Speiseöl 784
wiederaufbereitetes Wasser 779
Wiederaufbereitungsanlage 779
Wiederaustritt 67
wiederbeschreibbare DVD 638
Wiedereintrittsraum für ausgeschlossene Spieler 974
Wiedergabemodustasten 614
Wiedergabetaste 611
Wiederholungsbildschirm 933
Wiederholungstaste 615
Wiederholungszeichen 562
Wiege 24, 25, 892
Wiegeetikett 831
Wiegefläche 831
Wiegen 830
Wiegeplattform 831
Wiegestahl 534
Wiese 243
Wiesel 180
Wigwam 520
Wikingerschiff 720
Wild 271
Wildleder 472
Wildreis 263
Wildschwein 172
Wildwasserkajak 987
Wildwasserkanu 986
Wildwechsel 665, 667
Wilkesland 46
Wimpel 873
Wimpelgirlande 873
Wimper 133, 238
Wimperg 507
Wimpern 178
Wimpernkämmchen 473
Wimpernzange 473
Wind 82, 97, 98, 982
Wind, vorherrschender 89
Wind, Wirkung 95
Wind querab 982
Windabweiser 690
Windbrett 806
Winde 693, 885, 1066
Windel 449
Windenergie 806
Windenergie, Elektrizitätserzeugung 807
Windensteuerung 693
Windfähnchen 1043
Windfahne 84, 85, 807
Windgeschwindigkeit 81
Windhund 177
Windjacke 436
Windkanal 555
Windkraftwerk mit horizontaler Achse 807
Windkraftwerk mit vertikaler Achse 807
Windkraftwerke 807
Windlade 555
Windlaufquerteil 670
Windmühlen 806
Windmühlenhaube 806
Windrichtung 74, 81
Windrichtung, Messung 85
Windrute 806
Windsack 560, 873
Windschutz 604, 1049
Windschutzscheibe 670, 690, 695, 697, 746, 748
Windschutzscheiben-Sonnenschutz 686
Windsor-Stuhl 361
Windstärke, Messung 85
Windstärkefähnchen 82
Windstille 82
Windung 136, 137
Windzuleitung 555
Winglet 747
Winkel 838
Winkel, rechter 836, 838
Winkel, spitzer 836, 838
Winkel, stumpfer 836, 838
Winkel, überstumpfer 838
Winkel 45° 351
Winkelmaß 20
Winkelmesser 833
Winkelmessung 833
Winkelschleifer 396
Winkeltisch 646
Winsch 981
Winter 80
Winterkürbisse 249
Winterreifen 684
Wintersonnenwende 80
Wintersport 1027
Wipfel 118
Wirbel 136, 153, 154, 182, 547, 548, 1061
Wirbelbogen 204
Wirbelkasten 547
Wirbelkörper 204, 224
Wirbelloch 204
Wirbelsäule 149, 164, 200, 204, 224
Wirbelschraube 549
Wirbelsturm 89
Wirbelsturm, tropischer 89
Wirkung des Windes 95
Wirsing 247
Wirtsbaum 103
Wirtschaft 858
Wirtspflanze 103
Wischblatt 677
Wischer 524
Wischerachse 677
Wischerarm 677
Wischgummi 677
Wismut 812
wissenschaftliche Instrumente 37
wissenschaftliche Symbole 834
wissenschaftliche Taschenrechnertasten 649
Wissenschaftsraum 868
Wochenendkoffer 489
Wohnblock 521, 845
Wohngebiet 843
Wohnhaus 243
Wohnhaus, römisches 502
Wohnhäuser, traditionelle 520
Wohnküche 329
Wohnmobil 687
Wohnmodul, amerikanisches 34
Wohnraum 1052
Wohnwagen 687
Wohnzimmer 329
Woilach 1003
Wok 312
Wok-Set 312
Wolf 21, 181
Wolfram 813
Wolfram-Halogenlampe 359
Wolframwendel 359
Wolga 49
Wolke 79, 91
Wolke, Oortsche 14
Wolken 82, 88
Wolken, hohe 81, 88
Wolken, mittelhohe 81, 88
Wolken, tiefe 81, 88
Wolkenabsorption 96
Wolkenband, spiralförmiges 89
Wolkenhöhe, Messung 85
Wolkenhöhenmesser 85
Wolkenkratzer im Internationalen Stil 512
Wolkenkratzers im Internationalen Stil 512
wolkenloser Himmel 82
Wolkenstore 369
Wolkentrichter 89
Wolkenwasser 98
Wolle 424
Wollhaarmammut 131
Wolof 582
Worcestershire-Soße 286
Wortkorrekturtaste 648
Wulst 684
Wulstkern 685
Wurf 939, 943
Wurf- und Sprungbereich 932
Wurfarm, oberer 885
Wurfarm, unterer 885
Würfel 276, 839, 1062, 1063, 1064
Würfelbecher 1063
Würfelbein 203
Würfelmusterparkett 334
Wurfgeräte 937
Wurfhügel 939
Wurfkreis 934, 935
Wurflinie 943
Wurflinienknoten 1058
Wurfmal 939
Wurfmaschine 1010
Wurfpfeil 1069
Wurfscheibe 1010
Wurftaubenschießen 1010
Würger 163
Wurmfortsatz 216
Wurst, Chorizo 277
Wurst, Toulouser 277
Würstchen, Frankfurter 277
Würze 286
Wurzel 105, 110, 206, 300
Wurzelausläufer 110
Wurzelfaser 118
Wurzelgemüse 251
Wurzelhaarbereich 110
Wurzelhaare 105, 109, 110
Wurzelhaarzone 118
Wurzelhaube 109
Wurzelhaut 206
Wurzelkanal 206
Wurzeln 110
Wurzeln, sproßbürtige 107
Wurzelspitze 110
Wurzelspitzenöffnung 206
Wurzelsystem 109, 117
Würzen 286
Wüste 74, 87, 92, 93
Wüste, Atacama 48
Wüste Gobi 51
Wüstenfuchs 180
Wüstenspringmaus 166

X

X-Band-Antenne 64
xD-Karte 594
Xenon 814
Xylem 110
Xylophon 545, 557

Y

Yachthafen 932
Yak 173
Yardlinie 952
Yen 860
Yorkshireterrier 176
Yoruba 582
Y-Schlauch 912
Ysop 262
Ytterbium 814
Yttrium 813
Yuan 860
Yukatan 47
Y-Verbindungsstück 903

Z

Zahl 1068
Zahlen 1066
Zahlenschloss 484
Zahlungsbetragsanzeige 668
Zahlungsmodalitäten 860
Zahlungsterminal, elektronisches 289, 859
Zählwerk 616, 832
Zahn 148, 154, 391, 392, 477, 758, 816
Zahnbogen 892
Zähne 206, 567
Zahnfach 206
Zahnfleisch 206, 231
Zahnpasta 482
Zahnpflege 482
Zahnrad 574, 816
Zahnrädchen 483
Zahnradgetriebe 816
Zahnreihe, obere 231
Zahnreihe, untere 231
Zahnriemenabdeckung 397
Zahnschnitt 500, 501
Zahnseide 482
Zahnseidenhalter 482
Zahnstangengetriebe 816
Zander 269
Zange 309
Zangen 399
Zangen und Schlüssel 399
Zangengriff 1051
Zangenwerk 505
Zäpfchen 231, 232, 914
Zapfen 120, 238, 483, 565, 574
Zapfenloch 483
Zapfhahn 668
Zapfsäule 668
Zapfsäulennummer 668
Zapfschlauch 668
Zarge 360, 361, 362, 547, 548
Zaumzeug 1004
Zaun 243, 322, 410
Zebra 172
Zecke 147
Zeh 171, 174, 192, 194
Zehe 160
Zehe, dritte 158
Zehe, vierte 158
Zehe, zweite 158
Zehen 203
Zehenaufzug 171
Zehenballen 174, 178
Zehenendglied 203
Zehenglieder 175
Zehengrundglied 203
Zehenloch 1043
Zehenriemchen 462
Zehenschützer 909, 940
Zehenwand 171
Zehn 836
Zehn Gebote 872
Zehneck, regelmäßiges 839
Zehnerpin 1015
Zehntelsekundenzeiger 828
Zeichen 563
Zeichen, diakritische 587
Zeichenform 586
Zeichenkorrekturtaste 648
Zeichenleser, optischer 588
Zeichenmaschine 526
Zeichenstellung 586
Zeichenutensilien 524
Zeichnen 524, 531
Zeigefinger 237
Zeiger 342, 827, 830, 831
Zeilenabstand, doppelter 586
Zeilenabstand, einfacher 586
Zeilenabstand 1,5 Zeilen 586
Zeiteinstellung 316, 318
Zeitmesser, automatischer 977
Zeitmessung 828
Zeitmessung, elektronische 1033
Zeitnehmer 956, 960, 974, 990, 992, 993, 994, 995, 996, 997, 1031, 1033, 1050
Zeitschalter 316
Zeitschaltuhr 317
Zeitschrift 590
Zeitschriftenladen 849
Zeitschriftensaal 867
Zeitschriftenständer 867
Zeituhr 316, 577
Zeitung 590
Zeitungskopf 590
Zeitungsname 590
zeitweise dichter Sprühregen 83
zeitweise leichter Regen 83
zeitweise leichter Schneefall 83

zeitweise leichter Sprühregen 83
zeitweise mäßiger Regen 83
zeitweise mäßiger Schneefall 83
zeitweise mäßiger Sprühregen 83
zeitweise starker Regen 83
zeitweise starker Schneefall 83
Zellafter 133
Zelle 140, 144, 503, 515, 678, 787, 807, 818, 865
Zelle, tierische 133
Zelle, verdeckelte 144
Zellen 862
Zellenring 787
Zellkern 102, 133, 221, 226
Zellkörper 221
Zellstofffabrik 125
Zellwand 102
Zelte 1052
Zelten verboten 856
Zeltplatz 856
Zeltspannleine 1052, 1053
Zeltstange 1053
Zeltwagen 687
Zeltwand 1052
Zement 206
Zementestrich 334
Zenit 20
Zenitprisma 24
Zentaurus 21
Zentralafrikanische Republik 60, 879
zentralafrikanische Sprachen 582
Zentralamerika 54
Zentralbereich 16
Zentralbereich, gewölbter 19
zentrale Kampffläche 991
zentrale Pumpstation 780
zentraler Mittelfeldspieler 947
zentrales Scharfstellrad 824
Zentralindischer Rücken 69
Zentralnervensystem 220
Zentralscheibe 135
Zentrierspitze 394
Zentriertaste 648
Zentriol 133
Zerealien 123, 784
Zerkleinerer 99, 779
Zerkleinern 307
zerkleinerter Chili 261
Zerkleinerung 99
Zerkleinerungswerk 775
zerlappte Projektion 43
Zero 1068
Zerreiben 307
zersetzende Organismen 94
Zerstäuber 781
Zerstäuberstift 415
Zerstreuungslinsen 822
Zeugenberg 74
Zeugenstand 863
Zickzackmuster 511
Zickzackschere 568
Ziege 172
Ziegel 499, 502
Ziegel, feuerfester 384
Ziegelmauer 384
Ziegelstein 384
Ziegelstein, feuerfester 577
Ziegenkäse 280
Ziegenmilch 280
Ziehhacke 412
Ziehharmonikafach 484
Ziel 64, 65, 976, 1002, 1035, 1064
Zielbahnhof 704
Zielbälle 1012
Zielbereich 1037, 1041
Zielbojen 985
Zielfeld 1063
Zielfernrohr 824, 887
Zielfernrohr im Querschnitt 824
Zielflagge 1022
Zielgebiet 804
Zielgerade 1006
Zielkugel 1014
Ziellinie 935, 982, 985, 1006, 1021, 1040
Ziellinie, 500-m 1033
Zielrichter 985, 1033
Zielscheibe 1009, 1011, 1043, 1071
Zierbaum 243, 322, 410
Ziergarten 410
Zierkohl 246
Ziersäule 511
Zier-Steppnaht 448
Zifferblatt 828, 829
Ziffern 586
Ziffern, römische 836
Ziffernblatt 355
Zifferntaste 649
Zigarette 483
Zigarre 483
Zikade 147
Zimmerei 387
Zimmermannshammer 388
Zimmernummer 855
Zimtstangen 260
Zink 78, 813
Zinke 300, 765, 766, 767
Zink-Elektrolytmischung (Anode) 820
Zinken 413
Zinkenfräser 398
Zink-Mangan-Zelle, alkalische 820
Zinkzylinder (Anode) 820
Zinn 78, 812
Zinnenkranz 504
Zip-Off-Hose 433
Zirbeldrüse 229
Zirkel 21
Zirkonium 813
Zirrokumulus 82, 88
Zirrostratus 82, 88
Zirrus 82, 88
Zither 560
Zitronatzitrone 256
Zitrone 256
Zitronenmelisse 262
Zitronenpresse 307
Zitronenschaber 306
Zitrusfrucht 114
Zitrusfrüchte 256
Zitruspresse 315
Zitteraal 151
Zöliaka 210
Zollkontrolle 743
Zona pellucida 226
Zoomobjektiv 598, 613
Zoomtaste 593, 613
Zooplankton 94
Zopfmuster 570
Zopfstich 565
Zubehör 568
Zubehör, fotografisches 596
Zubehör und Mischpulte 559
Zubehörfach 571
Zubehörschuh 592
Zubehörtasche 1009
Zubringer 843
Zucchini 249
Zucchini, gelbe 249
Zuchtchampignon 244
Zucker 285
Zucker, brauner 285
Zuckerdose 301
Zuckererbse 252
Zuckermelone 257
Zuckerrohr 784
Zufahrtsstraße 740
Zufahrtsweg 323
Zufallswiedergabetaste 615
Zufluss 73
Zufuhrtrichter 762
Zugang 786
Zugang für Behinderte 856
Zugang zum Gleis 704
Zugang zur Beleuchtungsanlage 605
Zugangschacht 794
Zugangsserver 642
Zugangstreppe 745
Zugarten 1065
Zugbrücke 504
Zügel 158, 1006
Zügelgurte 660
Zügelgurte, parallele 660
Zügelring 1004
Zugentlastungsklemme 358
Zugfeder 677
Zuggriff 1051
Zugküche 705
Zugmaschine 690, 762
Zugpendel 764
Zugpersonal 705
Zugrichter 976
Zugriemen 488
Zugrohr 766
Zugrollo 371
Zugsattelzapfen 691
Zugschnur 371, 486
Zugstange 892
Zugsystem 1060
Zugvorhang 368
Zugwagen 367
Zulauf 352
Zulaufverteiler 345
Zuleitungsdraht 359
Zulu 582
Zuluft 339
Zuluftauslass 343
Zuluftkanal 341
Zuluftleitung 663
zum Rechnen 649
zum Speicher hinzufügen 649
zum Trocknen hängen 425
zum Trocknen legen 425
Zündanlage 749
Zündelektrode 339
Zündergehäuse 893
Zündhütchen 887
Zündkabel 682
Zündkabel, Anschluss 683
Zündkerze 411, 681, 682, 683
Zündkerzendichtring 683
Zündkerzengehäuse 683
Zündkerzenkabel 672
Zündknopf 349
Zündladung 893
Zündloch 890
Zündmechanismus 893
Zündschalter 696
Zündschloss 676
Zündschlüssel 420
Zündtransformator 339
Zündung 680
Zündversteller 682
Zündverteiler 672, 682
zunehmender Mond 17
Zunge 143, 149, 152, 216, 231, 232, 233, 276, 450, 459, 554, 561, 873, 1031, 1039
Zunge, gespaltene 154
Zungenmandel 233
Zungennadel 571
Zungenpfeife 554
Zungenscheide 154
Zungenspitze 233
Zungenwurzel 233
zurückgelegte Strecke 832
zurückgezogener linker Feldspieler 960
zurückgezogener Mittelfeldspieler 960
zurückgezogener rechter Feldspieler 960
Zusammenfassung 590
Zusammenfluss 73
zusammengesetzte Blätter 111
Zusammentragen 537
Zusatzgetriebegehäuse 749
Zusatzgriff 396
Zusatzheizung 340
zusätzlicher Griff 394
zusätzliches Studiopersonal 605
Zusatzsteckdose 404
Zusatztank 691
Zuschauer 863
Zuschauergrenze 939
Zuschauerraum 20, 541
Zuschauertribünen 932, 1024
Zuschneiden 125
Zustreicher 767
Zuwachsstreifen 136, 137
Zwangsumlauf 338, 339
Zwecke 388
zwei Kolonnen Cheval 1068
zwei Pärchen 1062
Zweiäugige Spiegelreflexkamera 591
Zweibein 891, 892
Zweier mit Steuermann 985
Zweier ohne Steuermann 985
Zweierbob 1034
zweiflammiger Gasbrenner 1053
zweiflügelige Ausgangstür 688
zweiflügeliger Propeller 750
Zweig 118
Zweigelenkbogen 661
zweigliedrige Trugdolde 112
Zweihalbetakt 562
zweiköpfiger Armstrecker 196
zweiköpfiger Muskel des Oberschenkels 197
zweiläufige Gardinenstange 367
Zweimann-Seekajak 987
Zweipersonenzelt 1052
zweipoliger Schalter 354
Zweireiher 430
zweireihig 435
zweireihiger Sakko 430
zweischalige Muschel 136
zweischalige Muschel, Anatomie 136
zweischalige Muschel, äußere Merkmale 136
zweischneidige Klinge 479
zweiseitig gezahnte Effilierschere 477
zweiseitige Haustierbürste 493
zweiseitiges Gitter 579
Zweisitzer 360
zweisitziges Sofa 855
Zweispitz 429
zweistöckiges Haus 521
Zweistromtriebwerk 749
Zweitaktmotor, Arbeitsprozess 681
Zweitbelegung 632
zweite Reihe 950
zweite Rückenflosse 148, 149
Zweite Runde 933
zweite Spannungserhöhung 807
zweite Violinen 545
zweite Zehe 158
zweiter Backenzahn 206
zweiter Halswirbel 204
zweiter Kamera-Assistent 542
zweiter Malspieler 938
zweiter Ring 890
zweiter Schiedsrichter 953, 958, 959
zweiter Ventilzug 551
zweiter vorderer Backenzahn 206
zweiter Warteraum 923
Zweite-Reihe-Stürmer links 950
Zweite-Reihe-Stürmer rechts 950
zweites Mal 938
Zweiunddreißigstelnote 563
Zweiunddreißigstelpause 563
Zwei-Zehenhuf 171
Zwerchfell 214
Zwerg, Brauner 18
Zwerg, Weißer 18
Zwickel 737
Zwiebel, rote 245
Zwiebel, weiße 245
Zwiebel im Querschnitt 105
Zwiebelgemüse 245
Zwiebelscheibe 105
Zwiebelschuppe 105
Zwillinge 23
Zwillingswadenmuskel 196, 197
Zwinge 401, 574
Zwinger 504
Zwischenbunker 779
Zwischenfutter 569
Zwischengeschoss 328, 331
Zwischenrad 1026
Zwischenraum 562
Zwischenrippenbraten 272
Zwischenrippennerv 225
Zwischenschiene 712
Zwischensohle 450
Zwischensummentaste 649
Zwischentitel 590
Zwitterdrüse 137
Zwittergang 137
Zwölfeck, regelmäßiges 839
Zwölffingerdarm 217
Zyan 821
Zyclorama 606
Zylinder 350, 457, 478, 680, 763, 839
Zylinderdruckpresse 534
Zylindergehäuse 327
Zylinderkopfabdeckung 672
Zylinderkopfdeckel 682
Zylinderprojektion 43
Zylinderschloss 327
Zypern 57, 878
Zypresse 121
Zypressennadeln 120
Zytopharynx 133
Zytoplasma 102, 133, 226
Zytoplasmamembran 102
Zytostom 133

English Index

1.5 spacing 586
2nd metacarpal 186
3rd metacarpal 186
4th metacarpal 186
5th metacarpal 186
90° elbow 351

A

a 562
abacus 500
abalone 265
abdomen 139, 140, 141, 142, 145, 158, 192, 194
abdominal aorta 210, 219
abdominal cavity 226, 228
abdominal rectus 196
abdominal segment 141
aboveground pipeline 780
Abraham 870
abrasive belt 396
abscissas, axis 838
absorbed solar radiation 96
absorber, shock 32, 673
absorbing plate 802
absorption by clouds 96
absorption by the earth's surface 96
absorption of water and mineral salts 102
abstract art 530
abutment 506, 660, 661
abyssal hill 67
abyssal plain 67
Abyssinian 179
AC power inlet 614
acanthodian 129
acanthus leaf 360, 501
acceleration lane 659
accelerator pedal 676
accent mark 563
accept machine 798
access door 831
access for physically handicapped 856
access gallery 786
access panel 338, 348
access road 659, 740
access server 642
access shaft 794
accessories, decorative 850
accessories, men's 850
accessories, women's 851
accessory box 571
accessory gear box 749
accessory pouch 1009
accessory shoe 592
accidentals 563
accordion 560
accordion bag 487
accordion pleat 454
account book 655
account identification 859
accountant's office 644
accumulator 679
ace 1062
acetylene cylinder 407
acetylene valve 407
acetylsalicylic acid 915
achene 114
Achilles tendon 197
achondrite 18
acid rain 97, 98
acid snow 98
acidification, lake 98
acorn squash 249
acoustic ceiling 541
acoustic guitar 548
acoustic meatus, external 205, 234, 235
acoustic screen 604
acquisition rack 867
acrobatic skate 1045
acromion 201
acroterion 499, 500
acrylic 424
actinides (rare earth) 814
actinium 814
action buttons 1067
action lever 553
action of wind 95
active sensor 65
activity area, indoor 865
actor 542
actors' entrance 498
actors' seats 542
actress 543
actual temperature 342
actuator 894
actuator arm 638
actuator arm motor 638
acute accent 587
acute angle 836, 838
Adam's apple 192
adapter, plug 479
adapter, power 630
adaptor, mating 34
adaptor, payload 39
adaptor ring 595
add/equals key 649
add to memory 649
addition 836, 837
addition key 649
additional production personnel 605
additive colour synthesis 821
adductor, long 196
adductor muscle, anterior 136
adductor muscle, posterior 136
Aden, Gulf of 50, 51
adhesive disc 153
adhesive tape 915
adipose tissue 227
adjust button 629
adjustable catch 1039
adjustable channel 399
adjustable clamp 372
adjustable frame 391
adjustable lamp 372, 526
adjustable seat 705
adjustable spanner 400
adjustable strap 448
adjustable support 971
adjustable supporting frame 926
adjustable waist tab 430
adjuster 916
adjusting band 618
adjusting lever 564
adjusting ring 415
adjusting tube 970
adjustment for horizontal-circle image 833
adjustment for vertical-circle image 833
adjustment pedal 526
adjustment slide 432
adjustment wheel 405
administration 522, 869
administrative building 794
administrative office 900, 905
administrative offices 852
adobe house 520
adrenal gland 218
Adriatic Sea 49
adventitious roots 107
advertisement 590
advertisements, classified 590
advertising panel 714
advertising poster 716
adze 531, 1051
adzuki bean 253
Aegean Sea 49
aerator 350
aerial 620, 621, 622, 623, 671, 697, 733, 746, 753
aerial, home 602
aerial, microwave 608
aerial, parabolic 610
aerial, telescopic 619
aerial, transceiving parabolic 602
aerial ladder truck 902
aerial skiing course 1040
aerial sports 1046
aerial terminal 614
aerocyst 107
aerodynamic brake 807
aeroplane route 64
affluent 73
Afghanistan 58, 880
Africa 44, 60, 69, 879
African Plate 68
African Union 882
Afro pick 476
Afro-Asiatic languages 582
aft shroud 27
afterbay 791
after-bay 785, 786
afterfeather 158
aftershave 479
agar 244
agency, travel 848
agitator 378
agnathan 128
agricultural machinery 765
agricultural pollution 97
aiguillette 276
aikido 996
aikidogi 996
aikidoka 996
aileron 746, 1048
air, cold 90
air, rising warm 89
air, subsiding cold 89
air, warm 90
air bag restraint system 676
air bladder 149
air brake 896, 1048
air brake handle 1048
air bubbles 651
air cap 408
air chamber 353
air cleaner 411
air compression unit 707
air compressor 408, 706
air conditioner 687
air conditioner, split-system 343
air conditioner compressor 682
air conditioning 342
air conditioning appliances 342
air conditioning system 96
air control radar 897
air data computer 748
air filter 342, 417, 672, 706, 758
air flow 527
air hole 483, 585
air horn 690
air hose 527, 772, 989
air hose connection 408
air inlet 695
air inlet control 336
air intake 688, 727, 749, 753
air intake, engine 688
air intake for engine cooling 1024
air leg 772
air mail 589
air mattress 1054
air navigation device 897
air pistol 1011
air pollutants 97
air pollution 97
Air Pump 21
air purifier 342
air relief valve 729
air scoop 1026
air sealing gland 555
air search radar 897, 898
air shaft 498
air space 160
air tank 408
air temperature 81
air transport 740
air tube 339
air valve 408, 527
air vent 380
airbag 676
airbag, curtain 676
airborne radar 64
airbrush 527
air-conditioning system 911
aircraft 750
aircraft, amphibious firefighting 750
aircraft, business 750
aircraft, cargo 589, 751
aircraft, light 750
aircraft, movements of 752
aircraft, radar 751
aircraft, stealth 751
aircraft, vertical take-off and landing 750
aircraft carrier 897
aircraft maintenance truck 744
aircraft weather station 80
airframe 1047
air-inlet grid 477
airliner 79
airliner, supersonic 751
airlock 35, 899
air-outlet grid 477
airport 53, 740, 842, 857
airport ground equipment 744
air-pressure pump 913
airspeed indicator 1048
air-supply tube 901
air-to-air missile 894, 896
air-to-surface missile 894
airway, oropharyngeal 911
aisle 288, 507
aisle-end display 289
ajowan 261
ala 231
Alaska 46
Alaska, Gulf of 47
Albania 57, 878
Albanian 583
albatross 161
albumen 160
albumen gland 137
alcohol bulb 827
alcohol column 827
alert area 994
Aleutian Islands 47
Aleutian Trench 69
alfalfa 252
alga 107
alga, brown 107
alga, green 107
alga, red 107
alga, structure of 107
algae 107
Algeria 60, 879
alidade 85, 833
alidade level 833
alighting board 144
aligner 984
A-line dress 438
alkali metals 812
alkaline earth metals 812
alkaline manganese-zinc cell 820
alley 963, 966
alligator 157
all-season tyre 684
allspice 260
all-terrain bicycle 701
alluvial deposits 73
almond 255
alphanumeric keyboard 668, 858, 859
alphanumeric keypad 622, 632
alpine ski trail 1036
alpine skier 1038
alpine skiing 1038
alpine snowboard 1037
Alps 49
Altar 20
altar, high 871
altar, secondary 871
altar cross 871
altarpiece 871
alteration line 569
alternate 632
alternating-current power cord 630
alternator 672, 682, 807, 819
altimeter 1046, 1048, 1049
altitude 45
altitude clamp 24, 25
altitude fine adjustment 24, 25
altitude scale 79
alto clef 562
altocumulus 82, 88
altostratus 82, 88
alula 158
aluminium 78, 812
aluminium foil 294
aluminium frame 536, 1043
aluminium layer 615
aluminium recycling container 99
alveolar bone 206
alveolus, pulmonary 215
amaranth 263
Amazon River 48
amber light 846
amble 169
ambulance 911, 918
ambulance attendant's seat 911
ambulance helicopter 753
ambulatory 507
ambulatory care unit 922
America, Central 47
America, North 69
America, South 69
American bacon 277
American box 655
American football 952
American football field 952
American football player 954
American goldfinch 162
American mustard 286
American plug 358
American roulette wheel 1068
American shorthair 179
Americas 876
americium 814
Amerindian languages 583
Amery Ice Shelf 46
amethyst 470
Amharic 582
ammunition pouch 906
ammunition stowage 895
amoeba 133
amorphous solid 810
amount of substance, measurement of 835
ampere 835
ampersand 587
amphibians 152, 153
amphitheatre, Roman 503
amplifier 559
amplitude 821
ampli-tuner 619
ampli-tuner: back view 614
ampli-tuner: front view 614
ampoule 914
ampulla 135
anaconda 156
anaesthesia room 921
anal fin 148, 150
anal proleg 141
analogue watch 828
analytical balance 831
anatomy 196
anatomy of a bird 159
anatomy of a bivalve shell 136
anatomy of a female butterfly 141
anatomy of a female spider 145
anatomy of a honeybee 143
anatomy of a horse 169
anatomy of a lobster 139
anatomy of a male frog 152
anatomy of a perch 149
anatomy of a snail 137
anatomy of a sponge 134
anatomy of a starfish 135
anatomy of a turtle 155
anatomy of a venomous snake 154
anatomy of an octopus 138
anchor 732, 935
anchor, navy 732
anchor, screw 732
anchor pin 679
anchor point 145
anchor wire 777
anchor wires 777
anchorage block 660
anchors 732
anchovy 267
ancient ships 720
anconeus 197
Andes Cordillera 48
andirons 337
Andorra 56, 877
andouillette 277
Andromeda 22
anemometer 84, 85, 807
anemone 135
angle 838
angle, acute 838
angle, obtuse 838
angle, re-entrant 838
angle, right 838
angle grinder 396
anglerfish, deep-sea 151
Anglicanism: Henry VIII 870
Angola 61, 880
Anik 603
animal cell 133
animal dung 98
animal fat 784
anise 262
ankle 192, 194
ankle/wrist weight 1000
ankle boot 460
ankle guard 940
ankle sock 433, 446
ankle-strap 461
annual ring 118

annular combustion chamber 749
annular eclipse 16
annulet 500
anode rod 348
anorak 451
answer key 622
ant 146
Antarctic Circle 42, 46
Antarctic Peninsula 46
Antarctic Plate 68
Antarctica 44, 46
anteater 164
antefix 499
antelope 172
antenna 27, 86, 139, 140, 141, 142, 143, 895, 897, 907, 958
antenna, high gain 32
antenna, high-frequency 750
antenna, low gain 32
antenna, radio 1023
antenna, telemetry and command 86
antenna, UHF 32
antennae cleaner 142
antennule 139
anterior adductor muscle 136
anterior chamber 238
anterior end 136
anterior fontanelle 205
anterior nasal spine 205
anterior notch 234
anterior tibial artery 210
anther 104, 112
antiaircraft missile 898
anticline 776
anticollision light 746
anticyclone 81
anti-friction pad 1039
Antigua and Barbuda 54, 876
antihelix 234
anti-leak guard 449
antilock braking system (ABS) 679
antimissile self-defence 898
antimony 812
antiradar missile 894
anti-reflection coating 802
antiseptic 915
antiship missile 894
anti-skating device 617
anti-slip foot 409
anti-slip shoe 969
antitank missile 894
antitank rocket 893
anti-torque tail rotor 753
antitragus 234
anti-vibration handle 417
anus 135, 136, 137, 138, 139, 141, 145, 149, 155, 216, 226, 228
anvil 832
aorta 212
aorta, arch 213
aorta, dorsal 143
aorta, thoracic 210
apartment block 1036
apartment building 845
aperture 136, 593, 597
aperture changer 826
aperture diaphragm 826
aperture door 27
apex 136, 137, 206, 233
apical foramen 206
Apollo 38
apostrophe 587
apothecium 106
Appalachian Mountains 47
apparatus 972
apparatus room 900
apple 255
apple, section of 115
apple corer 309
appliance, home 374
appliance, miscellaneous 318
appliances, air conditioning 342
application, fertilizer 97
appoggiatura 563
appointment book 650
approach 1015
approach ramp 660
approach runs 970
approach wall 719
apricot 254
apron 360, 361, 362, 697, 740, 990
apse 507, 508
apsidiole 506, 507
aquamarine 470
aquarium 495
aquastat 339
aquatic bird 160
aquatic sports 974
aqueous humour 238
aquifer, confined 770
Arabian Peninsula 51
Arabian Plate 68
Arabian Sea 51
Arabic 582
Arabic script 585
arachnids 147
arachnids, insects and 140
arachnoid 224
Aral Sea 51
Aramaic 582
arame 244
arbitration committee 993
arc 838
arc, island 67
arc welder 406
arc welding 406
arcade 503, 506
arcades 872
arcature 508
arch 509, 661, 1005
arch, basket handle 514
arch, blind 508
arch, equilateral 514
arch, horseshoe 514
arch, lancet 514
arch, ogee 514
arch, open 508
arch, palatoglossal 231
arch, stilted 514
arch, trefoil 514
arch, Tudor 514
arch bridge 661
arch bridges 661
arch dam 791
arch of aorta 210
archaeognatha 129
archaeopteryx 130
archboard 653
archer 1009
Archer 20
archery 1009
archery range 932
arches 514, 661
archipelago 45
architectural styles 500
architecture, ancient 498
architecture, Asian 513
architecture, elements of 514
architecture, military 504
architecture, pre-Columbian 513
architecture, Western 506
architrave 499, 501, 509
archives 522, 905
Arctic 44, 46
Arctic Circle 42, 46, 47, 49, 51
arctic continental 81
arctic maritime 81
Arctic Ocean 44, 46
area, competition 993, 995, 996
area, contest 993, 996
area, cooking 292
area, exercise 972
area, finish 1035, 1037, 1041
area, floor exercise 970
area, high pressure 89
area, industrial 843
area, landing 1041
area, low pressure 89
area, protection 991
area, receiving 288, 850
area, reception 900, 918, 922
area, safety 996
area, ski 1036
area, start 1025
area, stopping 1040
area, stretcher 918
area, timing 1041
area, training 932
area, waiting 858
area, warning 996
area, water-tank 750
area, wrestling 991
arena 503, 932, 934
Arenberg parquet 334
areola 227
argent 875
Argentina 55, 876
argon 814
Ariane IV 39
Ariane V 39
Ariel 15
ark 872
arm 135, 168, 185, 360, 372, 415, 561, 566, 571, 732, 760, 825, 917
arm, crossing 688
arm, hunting 887
arm, suspension 673
arm, upper 193, 195
arm cylinder 760
arm elevator 617
arm guard 954
arm lock 992
arm nut 571
arm pad 1030
arm rest 617
arm slit 443
arm stump 360
armature 819
armature core 819
armature winding 819
armchair 331, 360, 868
armchair, folding 1057
armchairs 360
Armenia 58, 880
Armenian 583
armet 884
armguard 1009
armhole 434
armoire 364
armour 884, 895
armoured flex 624
armoured plate 895
armpit 192, 194
armrest 366, 674, 675, 917
arpeggio 563
arquebus 889
array, solar 86
arrays, photovoltaic 35
arrester wire 897
arris 500
arrival, ski lift 1036
arrow 885, 1009
Arrow 22
arrow key 342
arrow rest 885, 1009
arsenic 812
art deco 511
art director 542
artery 209, 210, 212
artery, carotid 210
artery, dorsal 210
artery, dorsal abdominal 139
artery, fibular 210
artery, mesenteric 210
artery, pulmonary 212, 213
artery, radial 210
artery, sternal 139
artery, subclavian 210
artery, ulnar 210
artery, ventral 139
arthropleura 129
artichoke 251
article 590
articles, bathroom 851
articles, kitchen 850
articles, miscellaneous 654
articular cartilage 199
articulated bus 689
articulated lorry with trailer 690
articulated mannequin 526
articulated trucks 692
artificial climbing structure 1050
artificial fly 1059
artificial lake 73
artificial radiation 65
artificial satellite 79
artist, make-up 542
artistic value judges 972
arts, fine 522
arts, graphic 532
arts, performing 540
asafoetida 261
asbestos 78
ascending colon 217
ascending passage 498
ash 483
ash layer 75
ash tree 120
ashtray 483
Asia 44, 58, 69, 880
Asian noodles 283
Asian pear 259
asparagus 250
asphalt 782
asphalt shingle 385
asphalt still 782
aspirator 911
ass 172
assistant camera operator, first 542
assistant camera operator, second 542
assistant coach 957, 1029
assistant director 543, 605
assistant governor's office 864
assistant judges 1033
assistant programme director 604
assistant property man 543
assistant referee 995, 1010, 1031, 1032
assistants, counsels' 863
association football 946
astatine 813
asterisk 587
asteroid belt 15
asthenosphere 66
astigmatism 239
astragal 501, 890
astrakhan cap 457
astronautics 30
astronomical observation 20
astronomical observatory 28
astronomical unit 15
astronomical units 14
asymmetrical bars 970
at sign 587
Atacama Desert 48
athletics track 932
Atlantic cod 268
Atlantic Ocean 44, 46, 49, 50
Atlantic salmon 268
atlas 153, 165, 175, 204
Atlas 170
atlas moth 147
Atlas Mountains 50
ATM 849, 858, 859
atmosphere 94, 98
atoll 70
atom 810
atomic number 812
atoms 810
atrium 502, 508
atrium, left 212
atrium, right 212
attaché case 484
attached curtain 369
attack/defensive area 948
attack line 958
attack periscope 899
attack zone 958
attacker, left 958
attacker, middle 958
attacker, right 958
attendant's desk 866
attitude control thrusters 36
attraction 817
ATV 34
aubergine 248
audience 863
audio/video input 614
audio/video output 614
audio control technician 605, 608
audio in port 628
audio input 614
audio jack 629
audio out port 628
audio output 614
audioguide 522
audiometric examination room 923
audiovisual equipment 850
auditorium 20, 522, 852, 866
auditory ossicles 235
auger 421, 763
auger bit 411
auger control 421
auk 161
aunt, maternal 929
aunt, paternal 929
auricle 142, 235
auricle, ear 234
auriculars 158
Australia 62, 69, 881
Australian aboriginal languages 583
Australian-Indian Plate 68
Austria 56, 878
authorized landfill site 97
auto/manual selector 404
autoclave 921
autocue 606
autofocus 593
autofocus on/off switch 601
auto-injector 914
automated teller machine 849, 858, 859
Automated Transfer Vehicle 34
automatic coupler 709
automatic dialling index 623
automatic electronic timer 977
automatic filter coffee maker 319
automatic rifle 891
automatic sliding door 515
automatic sorting trays 647
automatic tank gauge 781
automatically-controlled door 742
automobile road transport 668
autopilot controls 748
autotrophs 94
autumn 80
autumnal equinox 80
auxiliary battery 678
auxiliary handle 394
auxiliary heating 340
auxiliary projector 20
auxiliary tank 691
avenue 52, 845
average button 597
avocado 248
awl 1055
awning channel 687
axe 416
Axel 1031
axial compressor 749
axial rib 136
axillary artery 210
axillary bud 109
axillary vein 211
axis 165, 204
axle 706
axle, planetary 763
axle, spool 1060
axle shaft 673
axon 221
axon hillock 221
axon terminal button 221
Aymara 583
Azerbaijan 58, 880
azimuth clamp 24, 25
azimuth fine adjustment 24, 25
Aztec temple 513
azure 875

B

b 562
baboon 185
baby carrier, backpack 491
baby carrier, cloth 491
baby carrier, wrap 491
baby doll 447
baby grand 553
back 158, 168, 174, 193, 195, 237, 298, 299, 300, 306, 361, 366, 386, 391, 430, 885, 917
back, middle 958
back, right 947, 958
back beam 572
back binding 988
back board 539
back boundary line 962
back brush 475
back button 634
back check 553
back crossbar 1043
back judge 953
back line 955, 1027
back of a glove 464
back pad 1007
back panel 379
back pocket 432
back ribs 272
back straight 1006
back strap 1007

back suspension 1020
back waiter 291
back wall 964, 965
back zone 958
backboard 957
backboard storage 911
backboard support 957
backbone 641
backbox 1071
backcourt 964, 967
backdrop 540
backgammon 1063
background 495
backguard 378
backhoe 759
backhoe controls 759
backhoe loader 759
backing 538
backing board 538
backing hammer 538
backing press 538
backlighting button 613
backpack 489, 1056
backpack bivvy 1054
backplate 679
backrest 697, 1001, 1026
backrest, adjustable 913
backspace 633
backspace key 633
backstay 724, 1031
backstop 938, 957
backstroke 975
backstroke start 975
backstroke turn indicator 977
backup storage unit 641
backward bucket 759, 760
bacon, American 277
bacon, Canadian 277
badge 906
badge, identification 906
badger 180
badminton 962
badminton court 962
badminton racket 962
Baffin Bay 46
Baffin Island 47
bag, duffel 489
bag, freezer 295
bag, garment 489
bag, mesh 294
bag, messenger 486
bag, mummy 1054
bag, rectangular 1054
bag, sandwich 295
bag, semi-mummy 1054
bag, sleeping 1054
bag, snack 295
bag, vegetable 295
bag compartment 375
bag well 1019
bagel 279
baggage check-in counter 742
baggage claim area 742
baggage compartment 688
baggage conveyor 745
baggage trailer 745
bagpipes 560
bags, carrier 289
baguette 279
baguette cut 469
Bahamas 54, 876
Bahrain 58, 880
Baikal, Lake 51
bail 943
bail arm 1060
bail arm opening mechanism 1060
bailey 504
Bailey bridge 662
baitcasting reel 1060
baize 1012
Bakelite body 893
bakery 289
bakery/patisserie 849
baking sheet 310
baking utensils 310
balaclava 458, 1022
balalaika 561
balance beam 970
balance rail 553
balancer 549
balcony 330, 510, 872
bales, straw 1025
baling 99
Balkan Peninsula 49
ball 124, 574, 584, 889, 972, 1015, 1069
ball, bow 985
ball, hitch 686
ball, lacrosse 949
ball, polo 1008
ball, stability 1000
ball, tournament 965
ball, training 965
ball assembly 350
ball bearing 807
ball boy 966
ball mount 686
ball of clay 576
ball peen 388
ball return 1015
ball sports 938
ball stand 1015
ball winder 574
ball-and-socket 207
ballast 713
ball-cock supply valve 347
baller, melon 309
balloon 1049
balloon, sounding 80, 85
balloon curtain 369
ballooning 1049
ball-peen hammer 388
ballpoint pen 584
ballroom 731
balls, squash 965
ball-type mixer tap 350
balm, lemon 262
balmoral 459
balsamic vinegar 287
Baltic Sea 49
baluster 335, 510
balustrade 510, 513, 518
Bambara 582
bamboo shoot 250
bamboos 1066
banana 258
band 617
band, blue 1021
band, shadow 84
band, spiral cloud 89
band, wrist 999
band ring 470
bandage, adhesive 915
bandage, gauze roller 915
bandage, triangular 915
banding wheel 576
Bangladesh 58, 881
bangle 471
banister 329, 330, 335
banjo 560
bank 658, 794, 844, 849, 1014
bank branch 858
bank of heliostats 804
banknote: back 861
banknote: front 861
banner 590
banner for the coming exhibition 522
banner for the current exhibition 522
banquette 361
Bantu languages 582
baobab 120
baptismal font 871
bar 171, 290, 480, 541, 557, 816, 844, 848, 853, 1000, 1063
bar, glazing 327
bar, horizontal 970
bar, latissimus dorsi 1001
bar, leg curl 1001
bar, leg extension 1001
bar, lower 970
bar, push 515
bar, triple 1002
bar, upper 970
bar code reader 634
bar counter 290
bar line 562
bar nose 417
bar shot 889
bar stool 290, 361
barb 82, 158, 1061
Barbados 54, 877
barbell 999, 1000
barber comb 476
barbican 504
bare bow 1009
baren 533
Barents Sea 46, 49
barge, self-propelled 729
barium 812
bark 118
bark parenchyma 110
barley 122, 263
barley: spike 122
barmaid 290
barn 243
barograph 85
barometric pressure 81
barometric tendency 81
Baroque 510, 530
barrack buildings 505
barred spiral galaxy 19
barred window 865
barrel 478, 585, 828, 887, 888, 890, 891, 892, 893, 941, 1010, 1069
barrel jacket 891
barrel vault 503
barrier 366, 713, 846
barrier, tyre 1022
barrier barricade tape 907
barrier beach 70
barrier lamp 713
barrier support 713
barrow 755
bars, asymmetrical 970
bars, parallel 971
bartizan 504, 505
basal plate 105
basaltic layer 66
base 317, 318, 336, 355, 359, 372, 393, 395, 398, 478, 501, 512, 513, 538, 609, 617, 623, 634, 635, 651, 658, 713, 807, 815, 825, 830, 873, 874, 887, 903, 935, 969, 971, 1010
base, padded 957
base cabinet 296
base course 658
base line 1057
base of splat 360
base plate 84, 392, 617, 833, 892, 1039, 1057
base plug 893
base ring 890
base width 792
baseball 938, 940, 941
baseball field 938
baseball stadium 932
baseboard 600
baseline 967
basement 328
basement window 323
basic building materials 384
basic food source 94
basic operation 649
basic weaves 575
basil 262
basilic vein 211
basilosaur 131
basin 794
basin, competition, course 932
basket 377, 491, 702, 957, 1038, 1042, 1049
basket, frying 308
basket, steamer 313
basket handle 1049
basket stitch 570
basket support 1049
basket suspension cables 1049
basket weave pattern 334
basketball 956
basketball court 956
basketball player 956
basmati rice 283
bass 269
bass, sea 268
bass bridge 552
bass clarinet 545
bass clef 562
bass drum 545, 556
bass guitar 549
bass keyboard 560
bass loudspeaker 20
bass register 560
Bass Strait 52
bass tone control 549, 619
bass trap 605
bassinet 492
bassoon 550
bassoons 545
baster 309
bastion 505
bat 186, 767, 940, 942
bat, baseball 941
bat, morphology of 186
bat, skeleton of 187
bat, softball 941
bat, spear-nosed 187
bat, vampire 187
bath 330, 344, 346
bath, bubble 475
bath and shower 855
bath and shower mixer 344
bath brush 475
bath platform 346
bath sheet 475
bath towel 475
bathrobe 447
bathroom 330, 346, 855, 920
bathroom articles 851
bathroom scale 831
baton 934
baton, expandable 906
baton holder 906
batsman 942, 943
batten 540, 722, 980, 983, 1047
batten pocket 980, 983
batter 939, 940
batter skin 561
batter's helmet 940
batteries, traction 678
battery 390, 595, 672, 678, 685, 702, 706, 803, 818, 894, 901
battery, auxiliary 678
battery backup/surge protection receptacles 638
battery box 691, 917
battery case 685
battery charger 622
battery condition module 678
battery cover 685
battery level 593
battery modules 86
battery pack 389, 394, 595
battery pack, rechargeable 613
battery pilot light 634
battery warning light 677
batting glove 940
battlement 504, 505
batwing sleeve 453
baulk 1012
baulk line 1012
baulk line spot 1012
bay 17, 45, 262
bay, cargo 36
Bay, Hudson 47
bay, vehicle equipment 39
bay filler panel 629
Bay of Bengal 51
bayonet cap 358
bayonet mount 598
bazooka 893
beach 70
beach, barrier 70
beach volleyball 959
beach volleyball court 959
beacon, distress 733
bead 684
bead wire 685
beak 138
beaker 815
beaker, measuring 308
beam 513, 520, 765, 830, 969
beam, balance 969, 970
beam, belay 1050
beam, I-profiled 512
beam, laser 823
beam, radar 64
beam balance 830
beam bridge 660
beam bridges 660
beam gantry 792
beam reach 982
bean, adzuki 253
bean, black 253
bean, broad 252
bean, lablab 252
bean, Lima 253
bean, mung 253
bean, pinto 253
bean, roman 253
bean, scarlet runner 253
bean, wax 253
bean, yard-long 252
bean container 318
bean thread 283
beanbag chair 361
beans 253
beans, dolichos 252
beans, green coffee 264
bear, black 94, 181
bear, polar 94, 181
bearer 555
bearing 1045
bearing pad 799
beater 314, 557, 572, 765
beater ejector 314
beater handtree 572
beater sley 572
beaters 314
Beaufort Sea 46, 47
beaver 166, 884
becquerel 835
bed 323, 363, 493, 538, 658, 973
bed, double 855
bed, gravel 1022
bed, hospital 920
bed, single 855
bed and mattress 1054
bed chamber 502
bed lamp 372
bed linen 363
bedplate 566
bedrock 76, 109
bedroom 330, 1052
bedside lamp 855, 920
bedside table 855, 920
beech 119
beechnut 255
beef 272
beehive 243
beer and wine 288
beer glass 297
beetle, furniture 146
beetle, scarab 146
beetle, sexton 146
beetroot 251
beginners' slope 1036
begonia 113
Belarus 57, 878
belay beam 1050
belay rope 1050
belayer 1050
Belgium 56, 878
Belize 54, 876
bell 550, 551
bell boot 1008
bell bottoms 441
bell brace 550
bell roof 517
bell tower 507, 871
bellows 555, 560, 600
bellows strap 560
belly 168, 198
belly scale 154
belly tank 753
belongs to 837
below-stage 540
belt 387, 432, 435, 685, 733, 992, 994
belt, conveyor 99
belt, duty 906
belt, fan 672
belt, hip 489, 491
belt, Kuiper 14
belt, money 487
belt, tool 387
belt, waist 1056
belt drive 727
belt loader 771, 775
belt loop 432, 435, 1055
beltclip 621
belted radial tyre 685
bench 361, 715, 771, 849, 911, 1001
bench, defence counsel's 862
bench, judges' 862
bench, players' 955
bench, prosecution counsel's 863
bench, storage 361
bench, substitutes' 947
bench height 771
bench seat 675
bend 480, 1061
bend to right 664

Bengal, Bay of 51
Benin 60, 879
bent blade 531
Berber 582
Berenice's Hair 23
beret 458
bergamot 256
bergère 360
bergschrund 72
Bering Sea 44
Bering Strait 46, 47
berkelium 814
berm 790
Bermuda sail 723
Bermuda shorts 433, 441
Bernard, Saint 177
berries 254
berry 103
berry, juniper 260
berth 705
bertha collar 455
beryllium 812
bevel 912
bevel gear 816
bevel square 387, 833
beverage can 295
beverage dispenser 919
bezel 470
bezel facet (8) 469
Bhutan 58, 881
bias 569
biathlete 1043
biathlon 1043
bib 448, 449, 997
bib necklace 468
bib tap 350
biceps 197
biceps of arm 196
biconcave lens 822
biconvex lens 822
bicorne 429
bicycle 698
bicycle, all-terrain 701
bicycle, BMX 1021
bicycle, child's 701
bicycle, city 702
bicycle, electric 702
bicycle, parts of a 698
bicycle, recumbent 702
bicycle, road 701
bicycle, touring 702
bicycle parking 869
bicycles 701
bidet 346
Big Dog 21
Bight, Great Australian 52
bike, BMX 701
bike, quad 697
bike, trailer 701
bike carrier 686
biking, mountain 1020
bikini 445
bilberry 254
bill 158, 291, 732
billhook 416
billiard cue 1013
billiard spot 1012
billiards 1012
bills 160
bimah 872
bimetallic helix 827
bin, compost 411
bin, recycling 99
bin, rubbish 293
binder 766
binding 457, 988, 1041, 1042
binding, comb 653
binding, plate 1037
binding, safety 1038
binding, soft 1037
binocular microscope 825
biodiesel 784
bioethanol 784
biological classification 132
biology 834
biomass 95
biosphere, structure of 94
biparous cyme 112
biplane 750
bipod 891, 892
birch 119
bird 158
bird, anatomy of 159
bird, aquatic 161
bird, morphology of 158
bird, skeleton of 159
bird, terrestrial 162
Bird of Paradise 20
bird of prey 160
bird's eye chilli 261
bird's nest fern 107
birdcage 494
birds 158
biscuit cutters 310
Bishop 1065
bishop sleeve 453
bismuth 812
bison 173
bit 390, 483, 772, 776, 1008
bit, chamfer 398
bit, core box 398
bit, cove 398
bit, curb 1004
bit, dovetail 398
bit, rabbet 398
bit, rounding-over 398
bit, screwdriver 394
bit, snaffle 1004
bit, spade 394
bit, twist 394
bits 394, 398
bitt 729
bitter melon 248
bitumen 778
bitumen froth 779
bivalve shell 136
bivalve shell, anatomy of 136
bivalve shell, morphology of 136
black 586, 821, 1068
Black 1065
black ball 1013
black bean 253
black bear 181
black bread 279
black clamp 686
black dwarf 18
black flying fox 187
black gram 253
black hole 18
black mustard 260
black pepper 260
black pudding 277
black radish 251
black salsify 251
Black Sea 44, 49, 51
black square 1065
black stone 1065
black tea 264
black widow 147
black-and-white 593
blackberry 254
blackboard 868
blackcurrant 254
black-eyed pea 252
bladder 155
bladder, gall 152
bladder, urinary 152, 218
blade 107, 111, 298, 306, 315, 318, 342, 390, 391, 392, 393, 397, 403, 408, 417, 419, 477, 479, 567, 568, 758, 761, 787, 807, 944, 961, 984, 989, 998, 1028, 1030, 1031, 1034, 1050, 1061
blade, cutting 654
blade, dance 1031
blade, free skating 1031
blade, rudder 728
blade close stop 477
blade dispenser 479
blade guard 392, 393
blade height and tilting mechanism 393
blade lever 537
blade lift cylinder 758, 761
blade lift fan 727
blade lock handle 393
blade locking bolt 392
blade roast 273
blade rotation cylinder 761
blade shifting mechanism 761
blade tilting lock 392
blade tilting mechanism 392
blade with two bevelled edges 531
blank 1062
blanket 363, 534
blanket insulation 385
blast valve 1049
blasting charge 775
blastodisc 160
blazer 442
bleachers, movable 868
bleaching 125
bleeder valve 339
blender 314
blender, immersion 314
blender, pastry 310
blending attachment 314
blind, Japanese 370
blind cloth 371
blind spot mirror 688, 689
blinds 370
blinds, venetian 371
blinds, vertical 370
blinker 1007
blinking lights 688
block 381, 554, 754, 935, 959, 994
block, apartment 1036
block, clamping 832
blockboard 386
blocking glove 944, 1029
blog 643
blood, arterial 212
blood, clean 927
blood, composition of 209
blood, venous 212
blood circulation 209
blood collection assembly 912
blood collection tube 912
blood pressure monitor 913, 925
blood vessel 199, 209
blood vessels 186
blotting paper 651
blower 338, 555, 763, 800
blower motor 338, 343
blowfish 151
blowhole 182
blowpipe 560
blowtorch 402, 407
blue 528, 821
Blue, Danish 281
blue ball 1013
blue band 1021
blue line 1029
blue mussel 265
blueberry 254
bluefish 267
blue-green 528
bluestreak cleaner wrasse 151
blue-veined cheeses 281
blusher brush 473
BMX 1021
BMX bike 701
boa 156, 465
boar, wild 172
board 386, 983, 1065, 1066
board, bulletin 868
board, cutting 309
board, diving 324
board, drawing 526
board, game 1064
board, handicaps 1008
board, memorial 872
board, stopping 1014
board, tin 965
board cutter 537
board games 1063
board insulation 385
boarding ladder 733
boarding step 753
boarding walkway 741
boards 1028
boat, centreboard 981
boat, keel 981
boat, parts of 984
boat hook 733
boat neck 456
boater 457
boats 726
boats, sweep 985
bobbin 566, 567, 573, 578
bobbin case 566
bobbin lace 578
bobbin winder 566, 574
bobsleigh 1034
bobsleigh, four-man 1034
bobsleigh, two-man 1034
bobstay 724
bodies, celestial 14
body 233, 318, 350, 374, 394, 440, 549, 550, 554, 670, 687, 824, 829, 927, 937, 1026, 1043, 1059
body, detachable 693
body, dumper 692, 693
body, packer 693
body, tanker 692, 693
body care 474
body flap 37
body of nail 237
body of the church 510
body pad 944
body side moulding 671
body temperature control unit 33
body tube 825
body wire 997
bodypack transmitter 604
bodysuit 444, 448
bogie 706, 717
bogie and track 717
bogie frame 706
bogie goods truck 711
bogie tank wagon 710
bogie wheel 762
bohrium 813
boiler 339, 804
boiler, gas-fired 340
boiler, oil 339
bokken 996
bold 586
bole 118
bolero 442
boletus, edible 108
Bolivia 55, 876
bollard 719
bolster 298, 306, 363
bolt 326, 399, 400, 401, 885
bolts 400
bomb, volcanic 75
bond, chemical 810
bonding terminal 354
bone 207
bone, compact 199
bone, falciform sesamoid 164
bone, flat 199
bone, frontal 175, 205
bone, irregular 199
bone, long 199
bone, nasal 205, 232
bone, occipital 175, 205
bone, parietal 175, 205
bone, short 199
bone, sphenoid 205
bone, spongy 199
bone, temporal 205
bone, zygomatic 200, 205
bone marrow 199
bones, types of 199
bones of hand 202
bongos 557
boning knife 306
bonnet 350, 420, 670, 690
bonus tiles 1066
book, signature 651
book, unbound 537
book lung 145
book of matches 483
book trolley 867
bookbinding leather 539
bookcase 331, 868
bookends 655
booking room 905
book-return desk 867
books, children's 866
books, reference 866
bookshop 848
boom 693, 759, 760, 980
boom, furlable 32
boom, outrigger 721
boom box 620
boom cylinder 759, 760
boom operator 543
boom truck 744
boom vang 980
booster, brake 672, 679
booster, solid rocket 36, 39
booster parachute 36
booster seat 366
boot 33, 124, 461, 671, 988, 989, 1005, 1024, 1025, 1030, 1031
boot, bell 1008
boot, coronet 1003
boot, cowboy 459
boot, cross-country skiing 1042
boot, flexible 1037
boot, football 946
boot, hard 1037
boot, hiking 450, 462
boot, hybrid 1045
boot, inner 1045
boot, knee 1007
boot, shin 1003, 1007, 1008
boot, ski-jumping 1041
boot, thigh 460
boot, wellington 462
boot, work 459
bootee 459
bootees 448
booth 290
booth, coupon 859
booth, information 849
booth, photo 849
booth, projection 544
booth, simultaneous interpretation 852
booth, undressing 922
bootjack 463
borage 262
bordeaux glass 297
border 322, 541
borders 540
bore 890
boreal forest 92
born 834
boron 812
Bosnia and Herzegovina 57
Bosnia-Herzegovina 878
bosses 511
Bostwana 61
Bothnia, Gulf of 49
Botswana 880
bottle 474, 492, 815, 1056
bottle, baby 492
bottle, glass 295
bottle, sport 1056
bottle, thermos 1056
bottle, wash 815
bottle opener 307, 1055
bottom 988
bottom cap 820
bottom cross-member 757
bottom cushion 1012
bottom cylinder 534
bottom deck 781
bottom deck board 754
bottom face 1038
bottom line 977
bottom pocket 1012
bottom rail 325, 364, 371
bottom ring 787
bottom road 774
bottom side rail 757
bottom stair 335
bottomboard 555
bottom-fold document case 484
boubou 429
boudoir grand 553
boulevard 52, 845
bound book 539
boundary line 994
bow 457, 547, 561, 731, 885, 980, 983
bow, bare 1009
bow, compound 1009
bow ball 985
bow collar 455
bow door 727
bow loading door 730
bow thruster 731
bow tie 431
bowl 299, 315, 318, 483, 493, 494, 734
bowl, pétanque 1014
bowl, rice 303, 305
bowl with serving spout 315
bowler 457, 943
bowler, female 1015
bowler, male 1015
bowline 1058
bowline on a bight 1058
bowling 848, 1015
bowling, lawn 1014
bowling ball 1015
bowling crease 943
bowling lane 1015
bowls 1014

bows 885
bowsprit 724
bowstring 885, 1009
bow-winged grasshopper 147
box 336, 493, 541, 765
box, American 655
box, cheese 295
box, drink 295
box, jury 863
box, mitre 391
box, night deposit 859
box, planting 936
box, safe deposit 859
box, sound 561
box, top 697
box bag 486
box office 544
box pallet 754
box pleat 370
boxer 990
boxer shorts 434
boxing 990
boxing equipment 991
boxing gloves 991
boxing trunks 990
bra 445
brace 332, 395, 409, 587, 793
brace clip 432
bracelets 471
braces 432
brachial 196
brachial artery 210
brachial plexus 225
brachiopod 128
brachioradial 196, 197
bracket 371, 513, 735
bracket, mounting 885
bracket, oxygen cylinder 911
bracket base 364
bracketing 593
bract 116
braided rope 1058
braies 428
Braille 585
brain 138, 139, 143, 145, 149, 152, 220, 222
brain stem 222
brains 276
brake 917, 1020
brake, disc 672, 679, 1024
brake, heel 1045
brake booster 672, 679
brake cable 699
brake caliper 695
brake fluid reservoir 679
brake handle 1026
brake hose 679
brake lever 695, 699
brake lever and shifter 1020
brake light 674
brake lining 679
brake loop 1046, 1047
brake pad 679
brake pedal 420, 672, 676, 679, 694, 1039
brake pressure modulator 679
brake shoe 679
brake van 710
brakeman 1034
brakes 679
braking circuit 672, 679
braking system 673
braking zone 1041
branch 117, 118, 120, 171, 250, 344, 818, 912
branch, dorsal 220
branch, ventral 220
branch clip 912
branch duct 338
branch return pipe 339
branch supply pipe 339
branches 118
branching 352
brandy glass 297
brass 78
brass family 545
brassiere cup 445
brattice 504
brazier 513
Brazil 55, 876
Brazil nut 255
bread 123, 278
bread, batch 279
bread, egg 279
bread, multigrain 279
bread, white 279
bread and cheese 292
bread guide 316
bread knife 306
bread maker 317
breadcrumbs 279
break 633
break line 454
breaker 77
breaking the wall 1066
breakout room 852
bream, sea 267
breast 158, 192, 194, 227, 273, 274
breast, rolled 274
breast beam 572
breast collar 1007
breast dart 435
breast pocket 431, 435
breast welt pocket 430
breastplate 884, 1003
breaststroke 975
breaststroke kick 975
breaststroke turn 975
breather valve 781
breathing in 975
breathing out 975
breath-testing machine 905
breech 550
breech guard 550
breechblock 887, 892
breechblock operating lever assembly 892
breeches 428, 883, 997
Breton 583
brick 384
brick, hollow 384
brick, perforated 384
brick, solid 384
brick carton 295
brick mark 1070
brick wall 333, 384
brick-bond woodstrip flooring 334
bricklayer's hammer 403
bridge 52, 367, 480, 547, 548, 549, 561, 641, 824, 897, 1013, 1025
bridge assembly 549
bridge of nose 231
bridging 332
bridle 1004
bridle assembly 737
bridle tape 553
Brie 281
briefcase 484
briefcase, laptop computer 489
briefs 434, 445
brig 723
brigantine 723
brilliant cut facets 469
brilliant full cut 469
brim 457, 458
briolette cut 469
brisket 272
bristle 479, 482
bristles 408
broad reach 982
broad welt side pocket 435, 443, 452
broadcasting system 602
broadleaved trees 119
broadsword 886
broccoli 251
broccoli raab 251
brochure rack 858
broken line 658, 659
bromine 813
bronchus, lobe 215
bronchus, main 215
bronze 78
brooch 471
brood chamber 144
brook 73
brook char 269
broom 337, 381
broom, gutter 763
broom, pickup 763
brother 929
brother/sister 929
brother-in-law 929
brothers 929
brow brush and lash comb 473
brow reinforce 884
browband 1004
brown alga 107
brown ball 1013
brown dwarf 18
brown rice 283
brown sugar 285
browser 642
Brunei Darussalam 59, 881
brush 122, 381, 525, 534, 819
brush, back 475
brush, bath 475
brush, curling 1027
brush, interdental 482
brush, lip 474
brush, mushroom 309
brush, sumi-e 525
brush, two-sided 493
brush and rails 1002
brushes 819
brushhead 482
Brussels sprout 246
bubble bath 475
bubbles, air 651
buccal cavity 159
bucket 342, 381, 759, 787
bucket cylinder 759, 760
bucket hinge pin 759
bucket lever 759
bucket ring 787
bucket seat: front view 675
bucket seat: side view 675
bucket wheel excavator 771
buckle 432, 435, 487, 675, 733, 1039
buckle, tightening 1056
buckwheat 122, 263
buckwheat: raceme 122
bud 105
bud, flower 109
bud, taste 233
bud, terminal 105
Buddhism: Buddha 870
buffalo, Cape 173
buffer 519
buffer tank 780
buffers 703
buffet 290, 856
bug, stink 146
bugle 551
building, apartment 845
building, office 844
bulb 171, 250, 359, 404, 818
bulb, hair 236
bulb, section of 105
bulb dibber 418
bulb unit 794
bulb vegetables 245
bulblet 105
bulbocavernous muscle 228
bulgar 278
Bulgaria 57, 878
Bulgarian 583
bulge 19
bulk carrier 726
bulk mail 589
bulk terminal 718
bulkhead 691
bulkhead flat 711
Bull 22
bull's-eye 1009, 1069
bulldog 176
bulldozer 758, 771
bullet 887
bulletin board 868
bullfinch 162
bullfrog 153
bullion stitch 565
bullpen 938
bulwark 724
bumbag 487
bumblebee 146
bump 958, 1025
bumper 375, 690, 691, 697, 917, 1071
bumper, front 1035
bumper, rear 697, 1035
bumper, rubber 1069
bumper guard 964
bumper moulding 670
bumps 665
bun tin 311
bunch 483, 1020
bunch, leading 1020
bunch of grapes 117
bund wall 781
bundle 250, 792
bunk 687
bunker, sand 1016, 1017
bunker oil 782
bunker silo 243
bunting 873
buoy 982
buoy, spar 736
buoy weather station 80
buoyage regions 738
buoyancy compensator 989
buoyancy tube 733
buoys, course 984
buoys, finish 985
buoys, start 984
burdock 251
bureau 364
burgee 873
burgundy glass 297
burial 99
burin 531, 533
Burkina Faso 60, 879
Burmese 582
burner 312, 339, 340, 376, 1049, 1053
burner, gas 340, 815
burner control knobs 376
burner frame 1053
burner ring 312
burnisher 534
bursa 207
bursa, copulatory 137, 141
bursting charge 893
Burundi 61, 879
bus 640, 688, 847, 857
bus, articulated 689
bus, city 688
bus, double-decker 689
bus, school 688
bus, specialised transportation 689
bus module 64
bus network 640
bus shelter 846
bus station 844
bus stop 846
busbar 786
bush 410
bushing 785, 786, 793
business aircraft 750
business counter 859
business district 842, 844
business transactions 643
bustle 427
butt 275, 483, 539, 888, 891, 962, 968, 1013, 1059
butt cap 1059
butt end 1030
butt grip 1060
butt guide 1060
butt plate 887
butt section 1059
butte 74
butter 280
butter compartment 377
butter cup 295
butter curler 309
butter dish 302
butter knife 298
buttercup 113
buttercup squash 249
butterfly 140
butterfly, hind leg 140
butterfly, monarch 147
butterfly, morphology of 140
butterfly kick 975
butterfly stroke 975
butterfly turn 975
butterhead lettuce 246
buttermilk 280
buttock 193, 195, 226, 228
button 359, 431, 437, 560, 890, 998
button, call 519
button, CD/DVD-ROM eject 629
button, display release 630
button, eject 593, 1067
button, focus 613
button, image review 593
button, light 621
button, lock-on 393, 396
button, menu 593, 621
button, multi-image jump 593
button, nightshot 613
button, on/off/test 638
button, paper feed 859
button, power 629, 630
button, read 621
button, reset 629
button, select 621
button, settings display 593
button, spindle lock 396
button, test 903
button, touch pad 630
button cell 595
button facing 437
button loop 432
button placket 431
button strap 449
buttonhole 435
buttons, action 1067
buttons, directional 1067
buttons, programmable 634
button-through smock 440
buttress 506, 508, 510, 790
buttress, flying 506, 507
buttress dam 790
butt-strap 480
bypass duct 749
bypass feeder 647

C

c 562
C1 canoe 986
cab 758, 759, 760, 761, 762, 763, 764, 767
cabbage, red 247
cabbage, savoy 247
cabin 730, 753
cabinet 377, 378, 379, 609
cabinet, base 296
cabinet, wall 296
cable 635, 686, 693, 885, 970, 1058
cable, coaxial 631
cable, connecting 631
cable, electric 678
cable, electrical 676
cable, guy 970
cable, patient 925
cable, rudder 984
cable, spark plug 672
cable, twisted-pair 631
cable, USB 631
cable distributor 602
cable guard 885, 1009
cable line 643
cable modem 643
cable reels compartment 608
cable shutter release 596
cable stay anchorage 660
cable stitch 570
cables 606
cables, jumper 686
cable-stayed bridges 660
cabochon cut 469
cabriole chair 360
cabriole leg 360
cadmium 813
caeca 145
caecum 138, 159, 169, 217
caecum, pyloric 135
caecum, rectal 135
caesium 812
café curtain 368
cafeteria 869
cafetière with plunger 319
caftan 429
cage 503
cage, animal 494
caiman 157
cajun spice seasoning 261
cake mascara 473
cake tin 311
calamus 158
calandria 797
calcaneus 170, 201, 203
calcar 186, 187
calcium 812
calculating 649
calculator 484
calculator, graphing 649
calculator, pocket 649

calculator/cheque book holder 484
calculator dial 597
calendar pad 650
calendering 125
calf 172, 193, 195
California, Gulf of 47
californium 814
caliper 535, 679
caliper, vernier 832
call button 519
call button, pedestrian 846
call key 621, 624
Callisto 14
calm 82
Calvinism: John Calvin 870
calyx 112, 114, 116
calyx, renal 219
cam ring 395
cambium 110, 118
Cambodia 59, 881
Cambrian 128
camcorder 612
camcorder, miniDV 613
camcorder, shoulder mount 607
camel, Bactrian 173
Camembert 281
camera 32, 542, 606, 911, 1023
camera, digital 592, 599
camera, film 591
camera, high-definition 605, 606
camera, motorcycle-mounted 1020
camera, reflex 592, 593
camera bag 596
camera body 592
camera control unit 605, 608
camera crew 542
camera dolly 606
camera key 622
camera operator 542
camera platform 596
camera platform lock 596
camera screw 596
camera viewfinder 606
camera with wide-angle lens 606
Cameroon 60, 879
camisole 440, 444
camp bed 1054
camping 1052
camping (caravan and tent) 856
camping (caravan) 856
camping (tent) 856
camping equipment 1055
camping prohibited 856
camshaft 682
can, beverage 295
Canada 46, 54, 876
Canadian bacon 277
Canadian elk 172
Canadian football 955
Canadian football field 955
canal, Haversian 199
canal, radial 134, 135
canal, ring 134, 135
canal bed 719
canal lock 718, 719
canal lock: side view 719
canals, Volkmann's 199
cancelled stamped post 588
Cancer, Tropic of 50
candela 835
candle 871
candlepin 1015
candy, rock 285
cane, crook 916
cane, Fritz 916
cane, offset 916
cane pen 584
canine 164, 206
canister 733
canister, dust 396
canisters 294
canned failed fuel 798
canned goods 289
cannelloni 282
cannon 168
cannon and mortar, seventeenth-century 889
canoe 722, 986
canoe, dugout 721
canoe, outrigger 721
canoe, recreational 986
canoe, whitewater 986
canoe-kayak: flatwater racing 986
canopy 490, 515, 687, 733, 750, 761, 762, 896, 1046, 1047
canopy release knob 1048
cantaloupe 257
canteen 1056
cantilever 791
cantilever bridge 661
cantilever span 661
cantle 1005
canvas 529, 990
Canyon, Grand 47
cap 108, 314, 335, 351, 358, 359, 457, 458, 492, 527, 585, 600, 806, 906, 914, 974, 976
cap, bottom 820
cap, distributor 672
cap, lever 397
cap, screw 295
cap, stocking 458
cap, swim 450
cap, top 820
cap iron 397
cap nut 400
cap sleeve 453
capacitor, ceramic 820
capacitor, plastic film 820
capacitors, electrolytic 820
cape 45, 428, 443
Cape Horn 48
Cape of Good Hope 50
Cape Verde 60
Cape Verde Islands 879
caper 286
capillary 212
capillary tube 827
capital 53, 501, 512
capital, small 586
capitals lock 632
capitals lock key 632
capitate 202
capitulum 112
capon 271
caponiere 505
capped column 90
capped tee 337
Capricorn, Tropic of 50
capstan 534
capstan button 553
capsule 106, 116, 230
capsule, articular 207
capsule, gelatin 914
captain's quarters 731
captain's seat 748
caption 590
capture 1065
capuchin 185
car 669, 981
car, electric 678
car, following 1020
car, Formula 1 1023
car, Formula 3000 1023
car, freight 709
car, hybrid 678
car, Indy 1023
car, lift 519
car, Micro Compact 669
car, NASCAR 1023
car, police 905, 907
car, racing 1023
car, rally 1023
car, sport prototype 1023
car, trailer 716
car ceiling 519
car coat 443
car cover 686
car dealer 845
car deck 730
car floor 519
car guide rail 519
car park 718
car rental 857
car safety 519
car seat, infant 491
car systems 673
car systems: main parts 672
car transporter 692
car wash 668
caraco jacket 427
carafe 297
carambola 259
carapace 139, 155
caravan 687
caravel 721
caraway 260
carbon 813
carbon cycle 95
carbon dioxide 95, 102
carbon dioxide gas coolant 800
carbon rod (cathode) 820
Carboniferous 129
carbon-zinc cell 820
carburettor 694
carcass ply 685
card, credit 861
card, debit 861
card, network interface 631
card, playing 1062
card, special 1062
card, sunshine 84
card, time 650
card number 861
card reader 624
card reader slot 668, 858, 859
card slot 613
card support 84
cardamom 260
cardboard 529
cardiac stomach 139
cardigan 437, 442
cardinal 162
cardinal marks 738
cardoon 250
care, body 474
care, health and beauty 289
care, lawn 419
caretaker's cupboard 859
cargo 39
cargo aircraft 589, 751
cargo bay 36
cargo bay door 36
cargo dispatch 743
cargo hold 729, 747
cargo rack, rear 697
cargo reception 743
cargo trousers 441
Caribbean Islands 876
Caribbean Plate 68
Caribbean Sea 44, 47
carina 148
carnation 113
carnivore 94
carnivorous mammals 174, 180
carom billiards 1012
carp 269
carpal pad 174
Carpathian Mountains 49
Carpentaria, Gulf of 52
carpenter's hammer 388
Carpenter's Square 20
carpentry 387
carpet, pile 334
carpet and floor brush 375
carpus 159, 165, 170, 175, 182, 184, 187, 188, 202
carriage 754, 890, 892
carriage control dial 571
carriage handle 571
carriage return 648
carriages 571
carrier 697, 698
carrier, bike 686
carrier, bulk 726
carrier, child 700
carrier, post 589
carrier bags 289
carrier chassis 763
carrot 251
carrying handle 620, 891
carrying yoke 986
cartilage 232
cartilage, articular 199, 207
cartlilage, costal 165
cartography, physical 45
cartography, political 53
carton 124, 295
carton, brick 295
carton, egg 294
carton, small 295
cartoon 590
cartridge 350, 403, 584, 617, 888, 909
cartridge, toner 637
cartridge (rifle) 887
cartridge (shotgun) 887
cartridge film 591
cartridge fuse 355
cartridge mixer 350
cartridge stem 350
cartridges 1010, 1011
cartwheel hat 458
carver's bench screw 531
carving 531
carving fork 309
carving knife 306
casaba melon 257
case 387, 463, 472, 552, 564, 649, 827, 828, 832, 887
case, handcuff 906
case, lens 481
case, plastic 1010
case fan 629
casement 327
casement window 518
casement window opening inwards 518
cash readout 668
cash register 289
cash supply 859
cashbox 1071
cashew 255
cashier 289
casing 327, 339, 340, 343, 419, 628, 1070
casing, steel 820
casing first string 780
Caspian Sea 44, 51
cassava 245
Cassegrain focus 28
casserole 313
cassette 616
cassette, video 611
cassette compartment 611
cassette holder 616
cassette tape deck 616
cassette tray 924
Cassini 31
Cassiopeia 22
cast room 919
castanets 545, 557
caster 366, 375, 556
castes 143
casting 1060
castle 504
Castle 1065
cast-on stitches 570
casual shoe 460
casual wear, men's 851
casual wear, women's 850
cat 178, 179
cat, leopard 179
cat, morphology of 178
cat, Norwegian forest 179
Catalan 583
catalogue, online 867
catalyst 784
catalytic converter 673
catalytic reforming plant 782
catamaran 981
catapult 897
catch 490, 1059
catcher 553, 938, 939, 940
catcher's glove 940
catching glove 1029
category buttons 620
catering foods 289
catering vehicle 745
caterpillar 141
catfish 151
cathedral, Gothic 507
Catholicism 870
catwalk 540
caudal fin 148, 150, 182
caudal vertebrae 165, 170, 175, 184, 187, 188
cauliflower 251
caulking gun 403
cave 67, 70
cavity, articular 207
cavity, buccal 159
cavity, dorsal mantle 138
cavity, medullary 199
cavity, nasal 232
cavity, pleural 215
cayenne pepper 261
CB radio 621
CD/DVD-ROM drive 558, 628, 629, 630
CD/DVD-ROM eject button 629
cedar of Lebanon 121
cedilla 587
ceiling 337, 964, 965
ceiling, acoustic 541
ceiling, car 519
ceiling bracket 367
ceiling collar 337
ceiling fan 342
ceiling fitting 372
ceiling joist 332
ceiling outlet 338
ceiling projector 85
celeriac 251
celery 250
celestial bodies 14
celestial coordinate system 23
celestial equator 23
celestial meridian 23
celestial sphere 23
cell 140, 144, 503, 678, 818, 865
cell, alkaline manganese-zinc 820
cell, carbon-zinc 820
cell, convective 89
cell, isolation 865
cell, juvenile 904
cell, men's 904
cell, olfactory 232
cell, red blood 209
cell, white blood 209
cell, women's 904
cell body 221
cell membrane 102
cell nucleus 133
cell wall 102
cellar, wine 290
cello 547
cellos 545
cells 862
cells, dry 820
cellulosic biomass 784
Celsius, degree 827, 835
Celsius scale 827
Celsius temperature, measurement of 835
Celtic languages 583
celtuce 246
cement screed 334
cementum 206
cemetery 52, 845
censer 871
cent 860
Centaur 21
centipede 135
Central African languages 582
Central African Republic 60, 879
Central America 44, 47, 54
central circle 955
central column 807
central disk 135
central focusing wheel 824
central incisor 206
central midfielder 947
central nave 872
central pumping station 780
central reservation 659, 846
central screw 538
central wrestling area 991
centre 541, 838, 953, 955, 957, 995, 1029, 1065
centre, city 843, 844
centre, control 865, 900
centre, convention 845, 852
centre, day-care 849
centre, distribution 588
centre, documentation 900
centre, exhibition 842
centre, shopping 843, 848
centre back 960
centre back vent 430
centre base 874
centre chief 874
centre circle 947, 956
centre console 676
centre court 964
centre electrode 683
centre face-off circle 1029
centre field 939
centre fielder 938
centre flag 946
centre forward 945, 960
centre half 945, 947
centre hole 617

centre Keelson 729
centre lane 659
centre line 945, 952, 955, 960, 961, 962, 997, 1027, 1029
centre line judge 966
centre loudspeaker 612
centre mark 966
centre pocket 1012
centre point 874
centre service line 967
centre span 660
centre spot 947, 1012
centre strap 967
centre T mark 1008
centre third 955
centre wheel 828, 829
centre-aisle 705
centreboard 980
centreboard boat 981
centrifugal compressor 749
centring 648
centring point 394
centriole 133
cephalic vein 211
cephalothorax 139, 145
Cepheus 22
ceramic capacitor 820
cereal 123, 784
cereal products 278
cereals 263
cerebellum 222, 223, 224
cerebropleural ganglion 136
cerebro-spinal fluid 224
cerebrum 222, 223, 224
Ceres 14
cerium 814
cervical collar 911
cervical vertebrae 159, 165, 170, 175, 184, 187, 188
cervix of uterus 226, 227
cesspit 345
cesspit emptier 693
Chac-Mool 513
Chad 60, 879
Chad, Lake 50
chain 698, 700, 829, 969, 1001
chain, food 94
chain brake 417
chain drive 765, 767
chain guide 700
chain mail 884
chain of dunes 74
chain pipe wrench 403
chain reaction 811
chain stay 698
chain stitch 565
chain wheel 1020
chain wheel, single 1021
chainsaw 417
chainsaw chain 417
chair 293, 868
chair, beanbag 361
chair, high 366
chair, kneeling 646
chair, patient's 920
chair, side 361
chair, squat 360
chair, Voltaire 360
chair, Windsor 361
chair bed 360
chairlift 1036
chairlift departure area 1036
chairman, mat 991
chairs 361
chairs, players' 959
chaise longue 360
chalaza 160
chalice 871
chalk 1013
chalk line 387
challah 279
chamber, cold storage 288, 289
chamber, king's 498
chamber, magma 770
chamber, queen's 498
chamber, relieving 498
chamber, underground 498
chameleon 157
Chameleon 21
chamfer bit 398
chamois leather 463, 472
chamomile 264
champagne flute 297
champagne glass 297
chandelier 373
change sign key 649
changing pad 492
changing pad, contour 366
changing room 868
changing room, miner's 773
changing table 366
channel 579
Channel, English 49
Channel, Mozambique 50
channel scan buttons 611
channel select buttons 611
channel selection button 735
channel selector 621
channel selector controls 611
chanter 560
chanterelle 244
Chantilly parquet 334
chapati 278
chapel 504
char, brook 269
character, position of 586
character correction 648
characters 1066
characters, shape of 586
characters of font 586
charcoal 524
charcoal drawing 528
charge 887
charge, blasting 775
charge indicator 479
charge-air cooler 680
charger 394
charger base 482
charges 875
charging light 479
charging plug 678
charging socket 479
Charioteer 22
Charleston cymbal 556
charlotte mould 311
charm bracelet 471
charms 471
Charon 15
chart, circular 838
chart, line 838
chart room 726
chase 890
chat room 643
Chateaubriand 272
chayote 249
check nut 84
check valve 345
check-in kiosk 742
checkout 289, 293
checkouts 289, 851
Cheddar 281
cheek 168, 174, 194, 388, 890, 1059
cheek piece 1010, 1011
cheek ring 1004
cheek strap 1004
cheese, bread and 292
cheese, cottage 280
cheese, cream 280
cheese box 295
cheese counter 289
cheese knife 298
cheeses, blue-veined 281
cheeses, fresh 280
cheeses, goat's-milk 280
cheeses, pressed 281
cheeses, soft 281
cheetah 181
chef 291
chef, station 291
chemical bond 810
chemical elements 812
chemical formula 834
chemical treatment 782
chemise 504
chemist's shop 856
chemistry 810, 834
cheque 860
cheque, traveller's 860
cheque book 484
cheque book cover 485
chequer 1065
chequerboard 1065
chequered flag 1022
cherimoya 258
cherry 254
chervil 262
chess 1065
chess notation 1065
chess pieces 1065
chessboard 1065
chest 168
chest expander 1000
chest freezer 377
chest pad, goalkeeper's 1030
chest protector 940, 954, 1009
chesterfield 360
chestnut 255
chestnut, water 245
chevet 507
chèvre 280
chevron 874
chevron pattern 511
chevron stitch 565
chicane 1022
chick 163
chicken 271
chickpea 252
chicory 247
chief 874
chief executive officer's office 644
chief mechanic 1023
chief officer's office 904
chief range officer 1010
chief referee 995, 996, 1010, 1033
chief timekeeper 976
chief's office 900
chiffonier 365
child carrier 700
child's tricycle 701
childcare 491
children 929
children's books 866
children's clothing 448
children's furniture 366
children's section 866
children's shoes 851
children's sportswear 851
Chile 55, 876
chili 261
chilli 248
chilli, bird's eye 261
chilli, jalapeño 261
chilli powder 261
chilli sauce 287
chimney 323, 337, 339
chimney cap 323
chimney connection 336
chimpanzee 185
chin 158, 194
chin bar 695
chin guard 901, 1035
chin rest 547
chin strap 901, 954, 1020
China 59, 881
Chinese 582
Chinese character 585
Chinese soup spoon 305
chinois 308
chip 861
chip cover 393
chip van 692
chipboard 386
chipmunk 166
chipolata 277
chips 125
chisel 533
Chisel 21
chiton 426
chive 245
chlamys 426
chlorine 813
chloroplast 102
chock 1050, 1051
chocolate 285
chocolate, dark 285
chocolate, milk 285
chocolate, white 285
choir 506, 507
choir organ manual 554
choker 468
chondrite 18
chop 273, 274
chop, loin 275
chopstick 303, 305
chopstick rest 305
chord 563
chorizo 277
choroid 238
Chow Chow 176
chow mein noodle 283
Christianity: New Testament 870
Christmas tree 777, 780
chromakey curtain 606
chromium 78, 813
chromosphere 16
Chronology of Religions 870
chrysalis 141, 144
chuck 272, 390, 394, 395, 773
chuck, keyless 394
chuck key 394
Chukchi Sea 46
chukka 459
church 871
church, Baroque 510
Church, Orthodox 870
church, romanesque 508
chute 421, 763, 774
chute, pilot 1046
chute directional control 421
chutney, mango 287
cicada 147
cider vinegar 287
cigar 483
cigar band 483
cigarette 483
cilia 133
ciliary body 238
ciliate 111
cine 597
cinema 544, 730, 844, 848
cinnamon 260
circle 838
Circle, Antarctic 46
circle, colour 528
circles 1066
circuit, 120-volt 354
circuit, 240-volt 354
circuit, braking 672, 679
circuit, electrical 818
circuit, integrated 820
circuit, parallel 818
circuit, printed 820
circuit, series 818
circuit board, printed 820
circuit breaker 341, 786
circuit vent 344
circular body 560
circular needle 570
circular saw 392
circular saw blade 392
circular track 26
circulating pump 339, 805
circulation, pulmonary 212
circulation, systemic 212
circulation desk 867
circumference 838
circumflex accent 587
circumvallate papilla 233
cirque 17
cirrocumulus 82, 88
cirrostratus 82, 88
cirrus 82, 88
cistern 346
cistern ball 347
cistern lid 347
citron 256
citrus fruits 256
city 53, 842
city bicycle 702
city bus 688
city centre 843, 844
clam 265
clam, hard-shell 265
clam, soft-shell 265
clam cleat 981
clamp 358, 391, 478, 537, 574
clamp, black 686
clamp, pipe 401
clamp, red 686
clamp/holder 815
clamp binder 652
clamp lever 478
clamp spotlight 372
clamping block 832
clamping screw 399, 401
clamping screws 832
clapper 543
clapskate 1033
clarinet 550
clarinets 545
clasp 484, 486
clasper 110
class 132
class ring 470
classic blouse 440
classicism 529
classification 132
classified advertisements 590
classroom 865, 868, 869
classroom for students with learning disabilities 868
clavicle 153, 159, 165, 187, 188, 200
claw 139, 140, 142, 155, 158, 164, 165, 174, 178, 186, 189, 388, 470, 538
claw, extended 178
claw, retracted 178
claw-hammer 388
claw-pole rotor 819
clay 968
clay core 790
clay target 1010
clean and jerk 999
clean dish table 291
clean utility room 918
cleaner, dry 849
cleaner height adjustment knob 375
cleaning brush 479
cleaning eye 352
cleaning room 900
cleaning supplies 291
clean-out tool 421
clear entry key 649
clear key 649
clear sky 82
clear space 958
cleat 980, 981
cleated shoe 954
cleated shoes 1035
cleaver 306
clefs 562
clementine 256
clerks' office 862
clerk's desk 862
clew 983
click 828, 829
cliff 17, 70, 71
cliff, shore 70
climate control 676
climates, cold temperate 87
climates, dry 87
climates, warm temperate 87
climates of the world 87
climber 1050
climbing harness 1051
climbing iron 463
climbing plant 410
climbing shoe 1050
climbing structure, artificial 1050
cling film 294
clinical thermometer 827
clip 367, 478, 584, 654, 832
clip earrings 468
clip for baby's dummy 492
clipboard 650
clipless pedal 1020
clippers 478
clitoris 226
cloaca 145, 152, 155, 159
cloakroom 293, 329, 644, 853, 859, 864
cloakroom, customers' 290
cloakroom, staff 290, 904, 923
cloche 458
clock 868
Clock 20
clock, game 933
clock, production 604
clock, time 650, 1008
clock radio 619
clock timer 316, 376
clog 429, 461
close hauled 982
close reach 982
closed to bicycles 665, 666
closed to pedestrians 665, 666
closed to trucks 665, 666
closeness setting 479
close-up lens 598
closure rail 712
cloth 123
cloth, lens cleaning 480

cloth roller 572
clothing, children's 448
clothing, historical 426
clothing, protective 406
clothing, specialty 448
clothing, traditional 429
clothing, unisex 437
clothing guard 917
clothing shop 848
cloud 79, 88, 91
cloud, funnel 89
cloud, Oort 14
cloud, wall 89
cloud of volcanic ash 75
cloudless sky 82
clouds 82, 88
cloudwater 98
cloudy sky 82
clove 260
clove hitch 1058
cloverleaf 658, 659
clown fish 150
club chair 360
clubhouse 1006, 1016
clubhouse turn 1006
clubs 972, 1062
clump of flowers 410
cluster, globular 19
clutch 672
clutch housing 696
clutch lever 413, 696
clutch pedal 676
coach 688, 944, 957, 974, 1029
coach, assistant 957, 1029
coach connection 705
coaches 1031, 1033
coaches' stand 1041
coaches' box 938
coal 95
coal mine 771
coal storage yard 775
coal-fired thermal power station 775
coarse adjustment knob 825
coarse salt 287
coastal features 70
coat, duffel 442
coat dress 438
coat hooks 645
coat rack 645
coating 125
coatroom 522
coats 435, 442
coats, men's 851
coats, women's 850
coaxial cable 631
cob 122
cobalt 813
cobra 156
coccyx 201, 204
cochlea 235
cochlear nerve 235
cock 889
cockatoo 163
cockchafer 146
cocking lever 893
cockle 265
cockleshell 360
cockpit 980, 987, 1023, 1048
cockpit canopy 1048
cockpit coaming 987
cockpit ventilation 1048
cockroach, oriental 146
cocktail cabinet 365
cocktail glass 297
cocktail lounge 854
cocoa 285
coconut 255
Cocos Plate 68
cod 94
cod, Atlantic 268
code 648
code, time 543
coelophysis 130
coffee 264
coffee and infusions 264
coffee beans, roasted 264
coffee grinder 318
coffee maker 319
coffee mug 301
coffee pot 1055
coffee shop 844, 849
coffee spoon 299
coil 341, 819
coil spring 371, 673
coiling 577
coin 860
coin chute 1070
coin purse 485
coin reject slot 1070
coin return bucket 624
coin slot 624, 1070
cola nut 255
colander 308
cold air 90
cold coolant 795, 804
cold heavy water 800
cold room 292
cold storage chamber 288, 289
cold store 718
cold temperate climates 87
cold-water circuit 344
cold-water riser 344
cold-water supply 347, 349, 352, 353
cold-water supply line 348, 353
collar 109, 430, 431, 435, 450, 454, 479, 493, 984, 1000
collar, breast 1007
collar, button-down 431
collar, cervical 911
collar, dog-ear 455
collar, torque adjustment 394
collar point 431, 454
collards 246
collaret 429, 455
collars 455
collecting funnel 85
collecting vessel 85
collection, separate 99
collection truck 693
collector, electron 820
collector head 32
collector rings 819
collet 398, 596
collie 176
collimator 924, 926
Colombia 55, 876
colon 141, 155, 169, 217, 587
colonette 508
colour chart 526
colour circle 528
colour control 647
colour control technician 605, 608
colour display 571
colour filter 598
colour selection filter 609
colour shifting ink 861
colour supplement 590
colour synthesis 821
colour synthesis, additive 821
colour synthesis, subtractive 821
coloured pencil drawing 528
colouring pencils 524
colours 875
colours, primary 528
colours, secondary 528
colours, tertiary 528
colter shaft 765
columella 136
column 67, 90, 373, 395, 499, 501, 566, 590, 596, 600, 661, 1063, 1068
column, projecting 510
column, renal 219
column, steering 672
column, twin 510
column crank 596
column lock 596
column of mercury 827
columnist 604
coma 18
comb 518, 573, 884
comb binding 653
combat aircraft 896
combat sports 990
combination 1002
combination lock 484
combination pliers 405
combination spanner 400
combinations 434
combine harvester 767
combs 476
combustion 680, 681, 749
combustion chamber 680, 682
combustion fan 340
combustion space 339
comet 18
comma 587
command module 38
commander's seat 895
commandments, ten 872
commando knife 886
commercial area 847
commercial concern 643
commercial zone 843
commissure of lips of mouth 231
committee, arbitration 993
common coastal features 70
common extensor of fingers 197
common frog 153
common hair cap moss 106
common iliac artery 210, 219
common nail 388
common name 834
common periwinkle 265
common plaice 268
common polypody 107
common symbols 856
common toad 153
common whipping 1058
Commonwealth 882
communication, wireless 621
communication, written 584
communication antenna 897
communication module 602
communication panels 748
communication protocol 642
communication set 716
communication tunnel 36
communication unit 924
communications volume controls 33
Communion rail 871
commutator 819
commuter train 703
Comoros 61, 880
compact 473
compact bone 199
compact camera 592
compact disc 599, 615
compact disc player 615, 619, 620
compact disc player, portable 619
compact disc player control 620
compact disc reader 599
compact disc reading 615
compact flash card 594
compacting 99
compartment 364, 515, 1068
compartment, bag 375
compartment, baggage 688
compartment, computer 489
compartment, document 489
compartment, engine 688
compartment, glove 676
compass 1048
Compass 21
compass bridge 726, 730, 731
compass card 734, 1057
compass meridian line 1057
compass saw 391
Compasses, Pair of 21
competition 933
competition area 993, 995, 996
competition course basin 932
competitive course 977
competitors' compound 1021
competitors' line 993, 995
complaints office 904
complex, sports 843, 932
compluvium 502
composition of the blood 209
compost bin 411
compound, competitors' 1021
compound bow 1009
compound eye 140, 142, 143
compound leaves 111
compound notation 834
compressed air reservoir 706
compressed air starting unit 744
compressed air tank 1023
compressed-air cylinder 901, 989
compression 680, 681, 749
compression/intake 681
compression coupling 352
compression fitting 351
compression link 764
compression strap, front 1056
compression strap, side 1056
compressor 341, 343, 408, 653, 783
compressor station 783
compressor turbine 749
computer 599, 868
computer, all-in-one 628
computer, dashboard 907
computer, desktop 640, 641, 642
computer, laptop 630, 641
computer, onboard 676
computer, tablet 639
computer, tower case 629
computer compartment 489
computer connector 636
computer equipment 628
computer interface port 638
computer programs 907
computer room 899
computer science room 868
computer tools 639
computer workstation 866
concave lens 822
concave primary mirror 25
concealer 473
concentric lamellae 199
concern, commercial 643
concert grand 553
concert hall 845
concertina file 653
concertina-type folding door 515
concha 234
conchiglie 282
concrete 384
concrete block 384
concrete drain 781
concrete shielding 800, 801
concrete wall 805
condensation 95, 810
condensation pool 801
condensed 586
condenser 770, 775, 796, 804, 825, 826
condenser adjustment knob 825
condenser backwash inlet 797
condenser backwash outlet 797
condenser coil 343
condenser cooling water inlet 797
condenser cooling water outlet 797
condenser fan 343
condenser height adjustment 825
condiments 286, 293
conditioner, hair 475
conditioning, air 342
condor 163
conduction 811
conductor's podium 545
conduit, fuel 678
conduit, underground 357
condyle 201
condyloid joint 208
cone 120, 238, 839
confectionery 851
conference room 644, 852, 858
confessionals 871
configuration of the continents 44
confined aquifer 770
confining bed, lower 770
confining bed, upper 770
confirmation key 859
confluent 73
Confucianism: Confucius 870
Congo 61, 879
Congo, Democratic Republic 61
Congo River 50
conic projection 43
conical broach roof 517
conical buoy 737, 739
conical washer 347
conifer 120
conifers 121
conjunctiva 238
connecting cable 577, 618
connecting gallery 663
connecting rod 680, 682
connecting socket 566
connection 343, 1065
connection, network 356
connection, overhead 793
connection box 605
connection device 631
connection pin 820
connection point 356
connector 351, 354, 622
connector, computer 636
connector, HDMI 614
connector, RS 614
connector, USB 622
connector panel 636
conning tower 899
conservation laboratory 523
console 917
console, game 1067
constellations of the northern hemisphere 22
constellations of the southern hemisphere 20
constriction 827
consumer 603
consumer, primary 94
consumer, secondary 94
consumer, tertiary 94
consumer number 355
contact 359, 1065
contact devices 358
contact lens, disposable 481
contact lens, hard 481
contact lens, soft 481
contact lenses 481
contact trip 389
container 85, 294, 314, 408, 411, 727, 757
container, aluminium recycling 99
container, glass recycling 99
container, paper recycling 99
container, refuse 381
container hold 727
container ship 718, 726
container terminal 718, 842
container truck 692, 711
container-loading bridge 718
containers 757
containers, recycling 99
containment basin 783
containment building 795, 799
contest area 992, 993, 994, 996
contestant 992, 994, 996
continent 67
continental crust 66
continental margin 67
continental rise 67
continental shelf 67
continental slope 67
continents, configuration 44
continuity person 543
continuity tester 404
continuous beam 660
contour feather 158
contrabassoon 545
contractile vacuole 133
contrast control 647
control 632
control, cruise 676
control, programming 342
control, remote 610
control, temperature 377
control, tuning 619
control, volume 549, 619, 621
control: group select 632
control area, lighting/camera 605
control bar 1047
control box 349
control box, electronic 678
control button 314, 634, 1067
control centre 522, 865, 900
control column 748
control console 20, 748
control deck 727
control device 342
control gate 1040
control key 632
control keys 380, 625
control knob 376, 378
control knobs, burner 376
control lever 773
control lights 638
control monitors, director's 543
control pad 317
control panel 316, 317, 342, 343, 376, 378, 379, 636, 637, 647, 826, 902, 924
control rod 800, 801
control room 20, 528, 541, 604, 785, 797, 852, 904
control room, video 608
control select button 614
control stand 706
control stick 753, 1048

control tower 740, 897
control unit 926
control unit, electronic 679
control valve 1053
control wheel 748, 902
controller 1067
controller, lightbar 907
controls, videotape operation 613
controls, winch 693
conurbation 842
convection 811
convection current 811, 817
convection zone 16
convective cell 89
convector heater 340
convenience food 289
convenience outlet 404
convention centre 845, 852
convention hall 852
conventional door 515
convergent plate boundaries 68
converging lenses 822
convertible 669
convex lens 822
conveyor 771, 773, 775
conveyor belt 99, 742
Cook Islands 882
Cook Strait 52
cook's knife 306
cooked ham 277
cooker, gas 376
cooker, slow 317
cooker hood 296
cooking area 292
cooking dishes 317
cooking plate 317
cooking set 1055
cooking surface 317
cooking unit 376
cooking utensils 292, 312
cooksonia 128
cool tip 478
coolant 770, 795, 804
coolant, cold 795
coolant, hot 795
coolant: boiling water 801
coolant: carbon dioxide 800
coolant: pressurized heavy water 800
coolant: pressurized water 801
coolant inlet 802
coolant outlet 802
cooler 1056
cooling 782
cooling cylinder 823
cooling fan 672, 678, 682, 683
cooling system 673
cooling tower 770, 775
cooling vent 630, 637
Coon, Maine 179
copernicium 813
coping 1044
coping saw 391
copper 78, 813
copper to plastic 351
copper to steel 351
copperplate 534
copulatory bursa 137, 141
copy output mode 647
copy quantity 647
copyright 587
cor anglais 550
coracoid 153, 159
Coral Sea 52
coral snake 156
corbeille 541
corbel 336, 504
cord 152, 371, 538, 621
cord, nerve 143
cord, power 315, 393, 396
cord, safety 964
cord, ventral nerve 139
cord holder 375
cord sleeve 394, 396, 477, 478
cord tieback 368
cordate 111
Cordillera, Andes 48
cordless screwdriver 390
cordless telephone network 623
core 16, 115, 887, 1058
core, armature 819
core, inner 817
core, outer 817
core box bit 398
corer, apple 309
coriander 262
Corinthian column, engaged 503
Corinthian order 501
Corinthian pilaster 503
cork 1042
cork ball 941
cork tip 963
corkscrew 1055
corn 263
corn: cob 122
corn oil 284
corn salad 247
corn syrup 285
cornbread 279
cornea 238, 239
corner 539, 990
corner arc 947
corner cap 709
corner cupboard 365
corner fitting 757
corner flag 945, 947
corner judge 993
corner judges 996
corner pad 990
corner stool 990
corner stud 332
corner tower 504
corner upright 757
cornerpiece 488
cornet 551
corn-flour 278
cornice 323, 325, 364, 499, 500, 509
Cornish hen 271
corolla 112
corona 16
corona radiata 226
coronal suture 205
coronet 168, 171
coronet boot 1003, 1007
corpus callosum 222
corpus cavernosum 228
corpuscle, bulboid 236
corpuscle, Meissner's 236
corpuscle, Pacinian 236
corpuscle, Ruffini's 236
correction key 571
corrosive 910
corselette 444
corset 427, 445
cortex, cerebral 222
cortex, renal 219
corymb 112
cos lettuce 246
cosmetics 851
Costa Rica 54, 876
costal cartilage 165
costal shield 155
costume 542
costume, ancient 426
cot 366
cotehardie 427
cottage cheese 280
cotter pin 327
cotton 424
cotton bud 123, 474, 915
cotton plant 123
cotton wool 474, 915
cotton wool ball 915
cotyledon 105
couched stitches 565
coudé focus 28
coulis, tomato 286
coulomb 835
Coulommiers 281
coulter 765, 767
counsels' assistants 863
counter 292, 450, 832, 859
counter, bar 290
counter, business 859
counter, cheese 289
counter, fresh meat 288
counter, lap 1033
counter, score 1069
counter reset button 616
counterguard 505
counterjib 756
counterjib ballast 756
counterpressure cylinder 533
counterscarp 505
countersunk head 390
counterweight 24, 26, 519, 617, 662, 713, 756, 760, 761, 764
counterweight guide rail 519
country 53, 843
coupé 669
coupler head 764, 765
coupler-tilt tablet 554
coupling 706
coupling bolt 787
coupling guide device 707
coupling knuckle 709
coupling knuckle pin 709
coupon booth 859
courgette 249
course, golf 842, 932
course buoys 984
course steward 1003
course umpire 984
court 460, 862, 1062
court referee 960
courthouse 844
courtroom 863
courts, tennis 932
courtyard 865, 872
couscous 123, 278
couscous kettle 313
cousin 929
couter 884
cove bit 398
cover 318, 342, 355, 358, 483, 490, 495, 593, 625, 635, 637, 647, 891, 893, 903, 941, 1017, 1057, 1067
cover, car 686
cover, chip 393
cover, cylinder head 672
cover, seat 346
coverage, sky 81
coveralls 1037
covered parapet walk 504
covered way 505
covering 539, 961
covering disc 767
covering grille 339
covering materials 385
covert, median 158
covert, under tail 158
covert, upper tail 158
cow 173
cow hitch 1058
cowboy boot 459
cowl neck 455
cowshed 243
coxa 140, 142
coxal gland 145
coxed eight 985
coxed four 985
coxed pair 985
coxless double 985
coxless four 985
coxless pair 985
coxswain 985
coxswain's seat 984
Coyolxauhqui stone 513
crab 266
Crab 23
crab pulley 756
crab spider 147
cradle 24, 25, 892
crafts 565
crakow 429
crampon system 1043
cranberry 254
crane 777
Crane 20
crane, camera 606
crane runway 756
cranes 756
cranial nerves 225
crank 307, 395, 401, 700, 885, 1060
crank, hand 414
crank, landing gear 691
crank handle 387, 535
crankcase 681
crankshaft 680, 682
crash helmet 1022, 1034, 1035
crash sensor 676
crash sensor, primary 676
crate 493
crate, small 294
crate, small open 294
crater 17, 75, 771
crater ray 17
cravat 431
crawl kick 975
crawl stroke 975
crayfish 266
crayon, Conté 524
crayons, wax 524
cream 280
cream, sour 280
cream, whipping 280
cream cheese 280
cream jug 301
crease 432, 949
credenza 645
credit card 861
credit card wallet 484
credit line 590
Cree 583
creel 1061
creep 77
cremaster 141
cremini mushroom 244
crenate 111
crepidoma 499, 501
crescendo pedal 554
crescent 875
crescentic dune 74
cress, garden 247
crest 71, 77, 821, 883, 941
crest of spillway 785
Cretaceous 131
crevasse 72
crevice tool 375
crew neck sweater 437, 442
crew quarters 726
crew's room 705
cribriform plate of ethmoid 232
cricket 942
cricket, players 943
cricket ball 942
cricket shoe 942
crime prevention 904
crimp 1051
crimping 887
crispbread 279
crisscross curtains 369
critical point 1041
Croatia 57, 878
crochet hook 570
crockery 301
crocodile 157
crocus 113
croissant 279
crook 550
crook key 550
crookneck squash 249
crop 137, 138, 141, 143, 159
cropped trousers 441
crosne 245
cross 874
cross, altar 871
cross brace 917
cross cut 774
cross handle 1068
cross head 390
cross rail 361
cross stitches 565
crossarm 792, 793
crossbar 538, 561, 573, 698, 936, 974, 1047
crossbeam 572
crossbow 885
cross-country bicycle and cyclist 1020
cross-country ski 1042
cross-country ski trail 1036
cross-country skier 1042
cross-country skiing 1042
crosse 949
crossfader 559
crosshead 754
cross-headed tip 390
crossing 506, 507
crossing, motorway 703
crossing arm 688
crossing barrier mechanism 713
crossover 703
crossover cargo deck line 729
crossover mirror 688
crossover vehicle 669
crosspiece 362, 572, 916
cross-ply tyre 685
cross-tip screwdriver 1055
crosswise grain 569
crotch 434
crotch piece 440
crotchet 563
crotchet rest 563
Crottin de Chavignol 280
crouching position (freestyle wrestling) 991
croup 168, 969
Crow 21
crowbar 388
crown 118, 158, 206, 457, 458, 469, 527, 548, 556, 732, 828
crown block 776
crownpiece 1004
CRT television 609
crucifix 871
crude oil 782
cruise control 676
cruise control lever 420
cruiseliner 730
crus of helix 234
crusher 99, 775, 779
crushing roll 766
crust, continental 66
crust, oceanic 66
crustacean 94
crustaceans 139, 266
crustose lichen 106
crystal button 373
crystal drop 373
crystallization 810
crystals, snow 90
Cuba 54, 876
cube 276, 839
cubism 530
cuboid 203
cucumber 248
cucumber, seedless 248
cue ball 1012, 1013
cue point button 559
cuff 428, 431, 459, 1030
cuff, pneumatic 913
cuff link 452
cuirass 883
cuisse 884
culet 469
culler-facer-canceller 588
culottes 439
cultivated mushroom 244
cultivation 242
cultivator 765
cultural organization 643
cumin 260
cumulonimbus 82, 88
cumulus 82, 88
cuneiform 203, 208
cup 294, 887, 1055, 1056
Cup 21
cup, butter 295
cup, milk/cream 295
cup gasket 909
cup protector 991
cupboard 296
cupboard, caretaker's 859
cupboard, janitor's 854
cupola 736
cupule 116
curator's office 522
curb bit 1004
curb chain 1004
curb hook 1004
curb rein 1004
curium 814
curler 1027
curling 1027
curling brush 1027
curling iron 478
curling playing areas 1027
curling sheet 1027
curling stone 1027
curly endive 246
curly kale 246
currency abbreviations 860
currency exchange 857
currency name 861
current, convection 811
current, conventional direction 818
current event scoreboard 971
current-collecting shoe 717
curry 260
cursor down 633
cursor left 632

cursor movement key 649
cursor movement keys 633
cursor right 633
cursor up 633
curtain 368
curtain, black 606
curtain, grommet 369
curtain, iron 540
curtain, net 368
curtain, privacy 920
curtain, stage 540
curtain, window 368
curtain pole 367
curtain track 367
curtain wall 504
curtain wall tower 512
curtains 369
curve 667
curve, 180-degree 1035
curved jaw 399
cushion, stadium seat 1057
cusp 206
customer service 859
customer's supply 356
customers' cloakroom 290
customers' entrance 290
customs control 743
customs house 718
cut for gemstones 469
cut nail 388
cut stone 384
cuticle 110, 236
cuticle nippers 472
cuticle pusher 472
cuticle scissors 472
cuticle trimmer 472
cutlery 297, 301
cutlery basket 380
cutlery set 1055
cutlet 273
cutoff, high-temperature 348
cut-off trench 790, 791
cutter 405
cutter, glass 579
cutter, ice 421
cutter, pipe 402
cutter bar 766, 767
cutter link 417
cut-throat razor 479
cutting 125
cutting, key 849
cutting, oxyacetylene 407
cutting blade 314, 318, 537, 654
cutting board 309
cutting cylinder 419
cutting edge 298, 306, 477, 758, 759, 760
cutting guide 537
cutting head 655
cutting line 569
cutting nozzle 407
cutting torch 407
cutting wheel 402
cutting wire 576
cuttlefish 265
cyan 821
cyanobacteria 128
cycle, hydrologic 95
cycle lock 700
cyclic steam stimulation 779
cycling 1020
cycling, track 1021
cycling helmet 700
cycling road transport 698
cyclist 1021
cyclone 89
cyclone, tropical 89
cyclorama 606
cylinder 327, 350, 680, 759, 762, 763, 839, 888
cylinder, cooling 823
cylinder, elevating 693
cylinder, graduated 815
cylinder, master 679
cylinder, reflecting 823
cylinder, ruby 823
cylinder cart 407
cylinder case 327
cylinder head cover 672
cylinder vacuum cleaner 375
cylindrical buoy 737
cylindrical projection 43
cyma 500
cymbal 556
cymbals 545, 557
cypress 121
Cyprus 57, 878
Cyrillic character 585
cytopharynx 133
cytoplasm 102, 133, 226
cytoproct 133
cytostome 133
Czech 583
Czech Republic 56, 878

D

d 562
D karabiner 1050
d quark 810
dabber 534
daffodil 113
dagger 886
daggerboard 983
daggerboard well 983
daikon 251
dairy 243
dairy compartment 377
dairy products 280, 288
dairy products receiving area 288
daisy 113
Dalet system workstation 604
Dalmatian 176
dam 785, 788
dam, arch 791
dam, buttress 790
dam, embankment 790
dam, gravity 791
dam foundation 790
damper 338, 553, 577
damper lever 553
damper rail 553
dams 790
dance blade 1031
dandelion 113, 247
Dane, Great 177
danger 738
danger area 992
danger zone 995
dangerous materials 910
Danish 583
Danish Blue 281
Danish rye bread 278
Danube River 49
dark chocolate 285
darkness 739
darkroom equipment 600
darmstadtium 813
dart 569, 1069
dart sac 137
dartboard 1069
dash 587
dashboard 696
dashboard computer 907
data hold 404
data logger 84
data panel 592
data processing 65, 80
data reception 65
data record system 826
data recording 65
data storage devices 638
data transmission 65
database 643
date 254, 860
date, expiry 861
date stamp 650
dating nail 712
daughter 928, 929
daughter-in-law 928
David 870
David, star of 872
davit 724, 728
day-care centre 849
daymark 737
daymarks (region B) 739
dayroom 865
dead ball line 950
dead bolt 326, 327
dead bowl area 1014
dealer, car 845
debarking 125
debit card 861
debris 89
decagon, regular 839
decanter 297
deceleration and braking zone 1041
deceleration lane 659
deceleration stretch 1035
decimal key 649
decimal point selector switch 649
decimal tab 648
deck 324, 590, 660, 661, 774, 986, 1043
deck, end 986
deck, feed 651
deck, mower 420
deck, sun 729
deck, upper 689
deck arch bridge 661
deck crane 897
deck rigging 987
declination 23
declination setting scale 24, 25
décolleté bra 445
decomposer 94, 95
decorative accessories 850
decorative articles shop 849
decorative extension 511
decoy launcher 898
decrease, voltage 775
dedicated line 641, 642
deep fryer 291, 316
Deep Impact 31
deep-sea floor 66
defects, vision 239
defence counsel's bench 862
defence third 955
defibrillator 911
deflector 340, 343, 415, 419, 420, 763
deforestation 97
defrost drain 377
degree 836
degree Celsius 827, 835
degree Fahrenheit 827
dehumidifier 341, 342
dehydration 125
Deimos 14
deinking 125
delegates, technical 1031
delete 625, 633
delete key 633
delicatessen 277, 288
delivery 943, 1014
delivery station 783
delta 70, 73
delta distributary 73
Delta II 39
delta wing 751, 752
deltoid 196
demilune 505
demisemiquaver 563
demisemiquaver rest 563
demitasse 301
Democratic People's Republic of Korea 881
Democratic Republic of Congo 879
dendrite 221
denim 424
Denmark 56, 878
Denmark Strait 46
denomination 860, 861
dental alveolus 206
dental care 482
dental floss 482
dental floss holder 482
dentary 154
dentil 500, 501
dentin 206
deodorant 474
department store 849, 850
departure, gondola 1036
departure lounge 743
departure time indicator 704
depolarizing mix 820
deposit slot 858
deposits, alluvial 73
depressed-centre flat 711
depression 81
depth adjustment 398
depth gauge 989
depth of focus 76
depth stop 394, 395
depth-of-cut adjustment knob 397
depth-of-field preview button 592
depth-of-field scale 598
derailleur 1020
dermis 236, 237
derrick 726, 729, 776, 777, 780, 783
derrick mast 729
descender 1050
descending colon 217
descending passage 498
descent module 38
desert 74, 87, 92, 93
Desert, Atacama 48
Desert, Gobi 51
Desert, Great Sandy 52
Desert, Great Victoria 52
Desert, Kalahari 50
Desert, Namib 50
Desert, Sahara 50
design 452, 536
designer, production 542
desired temperature 342
desk 331, 646, 855
desk, attendant's 866
desk, book-return 867
desk, circulation 867
desk, computer 646
desk, front 854
desk, information 853, 858, 867, 905, 919, 1036
desk, reception 858
desk, student's 868
desk, teacher's 868
desk lamp 372
desk lamp, halogen 372
desk pad 646
desk tray 651
desktop computer 640, 641, 642
dessert fork 300
dessert knife 298
dessert spoon 299
desserts, fruits and 293
destination 704
destroying angel 108
detachable body 693
detachable control 317
detachable palm rest 632
detector 924
detector, motion 515
detector, smoke 903
detergent dispenser 380
detonator 893
deuterium oxide upgrading 797
developer bath 600
developing baths 600
developing tank 600
device, towing 693
devices, contact 358
Devonian 129
dew 91
dew pad 174
dewclaw 174
dexter 874
dexter base 874
dexter chief 874
dexter flank 874
diable 313
diacritic symbols 587
diagonal 792
diagonal buttress 506
diagonal move 1065
diagonal step 1042
diagram of weaving principle 575
dial 355, 783, 827, 828, 829, 830
dialysate 927
dialysis 927
dialyzer 927
diameter 838
diamond 470
diamond interchange 658
diamonds 1062
diaphragm 214, 594, 618
diaphysis 199
diastema 166, 167
dibber 418
dice and dominoes 1062
dice cup 1063
didgeridoo 560
die 1063, 1064
died 834
diesel engine 706
diesel engine compartment 759, 760, 761
diesel engine cycle 681
diesel engine shed 703
diesel engines 898
diesel lift engine 727
diesel oil 782
diesel propulsion engine 727
diesel-electric locomotive 706
differential 673
difficult slope 1036
difficulty judges 972
diffuser 477, 542, 597
diffuser, pipe 749
diffuser pin 415
dig 958
digestive gland 103, 136, 137, 138, 139
digestive glands 145
digestive liquid 103
digestive system 216
digging fork 412
digit 152, 165, 189
digit, prehensile 185
digital answering machine 625
digital audio player, portable 620
digital boiler control unit 340
digital book reader 639
digital camera 592
digital console 607
digital image processing 599
digital nerve 225
digital pad 174, 178
digital photo 599
digital pulp 237
digital thermometer 914
digital versatile disc (DVD) 611
digital voice recorder 654
digital watch 828
digital-to-analogue converter box 609
digits 159
Dijon mustard 286
dill 262
dilution 125
dimetrodon 130
dimmer switch 358
dimple 1017
dinette 296
dining room 290, 293, 329, 502, 730, 854, 865, 899, 900
dining section 705
dinner fork 300
dinner knife 298
dinner plate 302
dinnerware, glassware, and silverware 851
diode 803
Dione 15
dioptric ring 736
dip switch 696
dipped beam headlight 674
dipper 525
dipper arm 759
dipper arm cylinder 759
dipping/indicator stalk 676
direct disc access keys 615
direct home reception 602
direct-current power cord 630
direction of electron flow 820
direction to be followed 664, 666
directional buttons 1067
director 543, 605, 608
director, art 542
director, assistant 543
director, race 1020
director of photography 543
director of shooting 1009
director's chair 360
director's control monitors 543
director's office 859, 866
director's seat 543
directory 642
director's office 522
direct-reading rain gauge 84, 85
dirty dish table 291
disc 355, 535, 679, 684, 765, 1000
disc, flying 1070
disc, intervertebral 204
disc, sanding 396
disc arm 765
disc brake 672, 679, 695, 1024
disc brake, hydraulic 1020
disc compartment 615
disc compartment control 615
disc mixer 350
disc skip 615

disc spacing lever 767
disc tray 611
disc tray control 611
discharge bay 798
discharge outlet 324
discharge pipe 345
discharge tube 359
disconnect cabinet 357
discs 315
discus 151, 937
discus throw 935
dish 317, 495, 610
dish, petri 815
dish, soufflé 310
dishes, cooking 317
dishwasher 291, 293, 296, 353, 380
disk 19, 638
disk, central 135
disk motor 638
disk tray 638
dispenser, beverage 919
dispenser, ice cube 296
displacement 821
display 342, 404, 558, 593, 597, 610, 611, 613, 614, 615, 619, 620, 621, 622, 623, 624, 625, 628, 630, 637, 647, 649, 650, 668, 735, 831, 832, 858, 859, 913, 924, 1001, 1067, 1071
display, radar 907
display and control module 33
display button 593, 620
display cabinet 365, 645
display case, refrigerated 290
display case, self-service 292
display port 628
display preparation area 288
display release button 630
display setting 623
disposable camera 591
disposable contact lens 481
disposable gas cylinder 402, 407
disposable razor 479
dissemination of information 643
dissolution 95
distal epiphysis 199
distal phalanx 178, 202, 203, 237
distal sesamoid 170
distance measurer 832
distance post 1006
distance scale 598
distance travelled 832
distillation 784
distress beacon 733
distress button 735
distributary, delta 73
distribution board 356
distribution box 345
distribution by aerial cable network 602
distribution by submarine cable 603
distribution by underground cable network 603
distribution centre 588
distribution centre, regional 589
distribution panel 354
distribution system, overhead 356
distribution system, underground 357
distributor 682
distributor cap 672
distributor service loop 356
district 52
district, business 842, 844
district, residential 843
ditali 282
ditch 658, 1014
dive, armstand 978
dive, backward 978
dive, forward 978
dive, inward 978
dive, reverse 978
diver, sky 1046
divergent plate boundaries 68
diverging lenses 822
diversion tunnel 785
dives 979
divider 484, 489, 767
dividers 652
dividing connector 903
diving 978
diving, positions 978
diving, synchronized 979
diving apparatus 978
diving board 324
diving glove 989
diving plane 899
diving tower 978
diving well 324, 932
division 837
division key 649
DJ console 559
djembe 561
Djibouti 60, 879
Dnieper River 49
do 995
do not tumble dry 425
do not use chlorine bleach 425
dobok 994
dock 619, 718
dock, floating 985
dock, prisoner's 862
dock, unloading 849, 853, 854
docking assembly 38
docking station 622
docks, unloading 850
doctor, junior 920
document compartment 489
document feeder 625
document folder 652
document handler 647
documentation centre 522, 900
dodder 103
dodecagon, regular 839
does not belong to 837
dog 174, 175, 176
dog, morphology of 174
dog, skeleton of 175
dog prohibited 857
dog's forepaw 174
dogfish, larger spotted 266
dogfish, spiny 148
dohyo 995
do-it-yourself shop 848
dolichos beans 252
dolina 67
dollar 860
dolly 542
dolly tracks 542
dolphin 182, 183
Dolphin 22
dolphin, morphology of 182
dolphin, skeleton of 182
domain, second-level 642
domain, top-level 642
domain name 642
dome 315, 509
dome roof 517
dome shutter 28
dome tent 1053
domestic appliances, major 850
domestic appliances, small 851
domestic consumer 783
domestic pollution 97
Dominica 54, 876
Dominican Republic 54, 877
dominoes, dice and 1062
dominos 1062
door 316, 364, 376, 378, 379, 519, 671, 674, 687, 688, 746, 855, 872
door, cargo bay 36
door, entrance 689
door, fire 515
door, lift 689
door, manual revolving 853
door, patio 296
door, rear 911
door, screen 687
door, strip 515
door, two-leaf 688
door, vestibule 705
door grip 674
door handle 325, 671
door lock 671
door open warning light 677
door panel 364
door pillar 671
door pocket 674
door stop 709
door switch 379
doorknob 326
doors 515
doors, entrance 544
doorstop 377
dorado 267
Doric column, engaged 503
Doric order 500
dormer window 322
dormitory, firefighters' 900
dormitory, officers' 900
dorsal abdominal artery 139
dorsal aorta 143
dorsal blood vessel 141
dorsal fin 182
dorsal mantle cavity 138
dorsum of nose 231
dot matrix printer 636
double 1003
double, coxless 985
double bass 547
double basses 545
double bed 855
double bend 664
double boiler 313
double curtain rail 367
double drop lowbed truck 692
double flat 563
double glazing 805
double pennant 873
double plate 332
double pole circuit breaker 354
double pulley system 816
double reed 550
double ring 1069
double room 855
double seat 716
double sharp 563
double sheet bend 1058
double sink 344
double slash 642
double spacing 586
double zero 1068
double zero key 649
double-bladed paddle 987
double-blank 1062
double-breasted buttoning 435
double-breasted jacket 430
double-decked pallet 754
double-decker bus 689
double-edged razor blade 479
double-leaf bascule bridge 662
doubles luge 1034
doubles service court 963
doubles sideline 963, 966
double-six 1062
doublet 428, 1062
doublet suit 428
double-twist auger bit 394
doubling die 1063
doubly toothed 111
do-uchi 995
dough hook 314
dousing water tank 795, 797
dousing water valve 797
Dove 21
dovetail 824
dovetail bit 398
down tube 699
downhill 1039
downhill bicycle and cyclist 1020
downpipe 322
downstream face 791
downstream shoulder 790
downstream toe 790
dozen (1 to 12) 1068
dozen (13 to 24) 1068
dozen (25 to 36) 1068
draft link 764
drafting machine 526
drag 752, 1059
drag wheel, star 1060
Dragon 23
dragonfly 147
dragons 1066
drain 352
drain, defrost 377
drain, main 324
drain cock 349
drain hose 343, 353, 378, 380
drain tile 333
drain valve 348, 781
drainage blanket 790
drainage circuit 344
drainage layer 790
draining spoon 311
Drake Passage 46, 48
draped neck 456
draped neckline 456
draped swag 369
draught arm 760
draught hole 339
draught tube 760, 786, 787
draught tube liner 787
draughts 1065
draw 933
draw bar hitch 765
draw bar hitch head 766
draw curtain 368
draw hoe 412
draw tube 825
drawbar 892
drawbridge 504
drawer 296, 362, 365, 366, 376
drawing 524, 531
drawing, charcoal 528
drawing, coloured pencil 528
drawing, dry pastel 528
drawing, felt-tip pen 528
drawing, ink 528
drawing, oil pastel 528
drawing, support 529
drawing, wax crayon 528
drawing board 526
drawing pin 654
drawstring 436, 486
drawstring bag 486
drawstring hood 449
dress 438
dress, A-line 438
dress, cocktail 438
dress, shift 438
dress accessories 464
dress circle 541
dress with bustle 427
dress with crinoline 427
dress with panniers 427
dressage 1005
dresser 542
dresser, set 543
dressing room 541, 542
dressing room, private 542
dressing table 364
dressmaker's model 568
dribbling 948
drift 774
drifting snow high 83
drifting snow low 83
drill 394
drill, masonry 394
drill, pneumatic 773, 1023
drill, twist 394
drill bit 395
drill collar 776
drill pipe 776
drill rod 772
drill ship 726, 778
drilling drawworks 776
drilling rig 776
drilling tool 394
drills 394
drink box 295
drinking water truck 744
drinks 288
drip dry 425
drip moulding 671
drip tray 319
dripping pan 317
drive 328
drive, CD/DVD-ROM 629, 630
drive belt 378
drive control 421
drive mode 592, 593
drive pulley 819
drive shaft 727, 753
drive wheel 318, 395
drive-belt safety guard 395
driven compressor wheel 680
driver 394, 1007, 1022, 1034
driver's cab 706, 707
driver's seat 895
driveshaft 673
driveway 323
driving glove 464
driving propeller 727
driving turbine wheel 680
driving wheel 574, 764
driving wheels 761
drizzle 90
drizzle, light continuous 83
drizzle, light intermittent 83
drizzle, moderate continuous 83
drizzle, moderate intermittent 83
drizzle, thick continuous 83
drizzle, thick intermittent 83
dromedary 173
drone 143
drone pipe 560
droop nose 751
drop earrings 468
drop shot 967
drop waist dress 438
drop-leaf 362
droplight 404
drug storage 911
drum 307, 371, 378, 379, 500, 679, 734, 762, 763, 829
drum, rotating 76
drum, talking 561
drum brake 679
drum kit 556
drum machine 559
drum support fork 762
drumhead 556
drumlin 71
drumstick 557
drupelet 114
dry cells 820
dry cleaner 849
dry climates 87
dry dock 718
dry flat 425
dry fruits 255
dry gallery 67
dry point 535
dry well 801
dryer 379
dryer, hose 900
drying 125, 425
dry-weather tyre 1022
dual launch structure 39
dual swivel mirror 478
dual-in-line package 820
dubnium 813
duck 161, 271
duck egg 270
duckpin 1015
duct, deferent 228
duct, exhaust air 663
duct, fresh-air 663
duct, hermaphroditic 137
duct, lymphatic 230
duct, salivary 143
duct, spermathecal 137
duct, thoracic 230
duffel coat 442
duffle bag 486
duffle coat 436
dugout 938
dugout canoe 721
dulse 244
dumbbell 1000
dummy, baby's 492
dump 771, 772
dumper body 692, 693
dumper truck 692
dune 70, 74
dune, star 74
dunes 74
dung, animal 98
dungarees 441, 449
dungarees with crossover back straps 449
duo 546
duodenum 159, 217
dura mater 224
durian 259
dust canister 396
dust cover 617
dust outlet 397
dust receiver 374
dust spout 392
dust tail 18
dust-collection bag 396
dusting brush 375
dustpan 381
Dutch 583
Dutch oven 313
duty belt 906
duty-free shop 743
DVD burner 638
DVD camcorder 612
DVD player 1067
DVD player, portable 610

DVD recorder 611
dwarf, black 18
dwarf, brown 18
dwarf, white 18
dyke 75
dynamic brake 706
dynamic microphone 604
dynamo 698, 819
Dysnomia 15
dysprosium 814

E

e 562
eagle 163, 875
Eagle 20, 22
ear 167, 174, 178, 186, 192, 361
ear, auricle 234
ear, structure of 235
ear covering 465
ear drum 235
ear flap 457
ear loaf 279
ear muffs 1011
ear protection 908, 910
ear studs 468
earbuds 1022
eardrum 235
earlobe 234
earloop 622
earmuffs 465
earphone 618, 622, 624
earphone, portable 622
earphones 619, 620
earpiece 480, 604, 622, 912
earplugs 908, 1022
earring, screw-back 468
earrings 468
earth 14, 15, 16, 17, 354
Earth 66
earth, structure 66
earth block 354
earth clamp 406
earth connection 354
earth coordinate system 42
earth fault circuit breaker 354
Earth features 70
earth foundation 658
earth lead 406
earth metals, alkaline 812
earth radiation scanner 86
earth radiation sensor 86
earth sensor 64, 86
earth station, satellite 643
earth terminal 358
earth wire 354, 356
earth's atmosphere, profile 79
earth's crust 66, 76
earth's crust, section 66
earth's orbit 16, 17
earthflow 77
earthing bond 354
earthing pin 358
earthquake 76
earth-wire peak 792
earthworm 135
earwig 146
easel 526
East 738, 1066
East cardinal mark 739
East China Sea 51
East Pacific Rise 69
East Siberian Sea 46
East Timor 59, 881
Eastern hemisphere 43
eau de parfum 474
eau de toilette 474
eave 513, 1053
echinus 500
echo 64, 65
eclipses, types 16, 17
ecliptic 23
ecological pyramid 94
e-commerce 643
economy and finance 858
ectoderm 134
ectopterygoid 154
Ecuador 55, 876
Edam 281
edge 386, 568, 860, 1031, 1037, 1038, 1057
edge, inside 1051
editing key 649
editorial 590
education 866
educational institution 643, 845
eel 269
eel, electric 151
effects pedal 549
effluent 73
effort 816
effusive volcano 75
egg 144, 160, 226
egg, duck 270
egg, goose 270
egg, hen 270
egg, ostrich 270
egg, pheasant 270
egg, quail 270
egg beater 310
egg butt snaffle bit 1004
egg carton 294
egg poacher 313
egg slicer 309
egg timer 308
eggs 149, 153, 270
Egypt 60, 879
Egyptian reed pen 584
eiderdown 363
eight, coxed 985
eight cut 469
einsteinium 814
eject button 593, 616, 1067
ejection port 891
ejector nozzle, variable 751
ejector seat 896
El Salvador 54, 876
elastic 363
elastic fibre 209
elastic ligament 178
elastic support bandage 915
elastic waistband 436
elastic webbing 432
elasticised leg opening 434
elbow 168, 174, 186, 193, 195, 207, 338
elbow, 45° 351
elbow pad 944, 954, 1030, 1044, 1045
elbows 282
electric cable 678
electric car 678
electric charge, measurement of 835
electric circuit 359
electric cooker 376
electric current, measurement of 835
electric drill 394
electric fan motor 683
electric foil 997
electric furnace 338
electric golf cart 1019
electric guitar 549
electric kiln 577
electric knife 315
electric mitre saw 392
electric motor 339, 417, 419, 678
electric motor/generator 678
electric potential difference, measurement of 835
electric range 291
electric razor 479
electric resistance, measurement of 835
electric steamer 317
electric supply 348
electric variometer 1048
electric water-heater tank 348
electrical box 358
electrical cable 676, 846
electrical connection 691
electrical connection panel 608
electrical connections 577
electrical payout linkage 1070
electrical power unit 744
electrical scoring apparatus 997
electrical system 673
electricity 354, 404
electricity distribution 792
electricity distribution network 804
electricity generating room 899
electricity meter 356
electricity production 795
electricity transmission 795
electrocardiogram 925
electrode 359, 406, 925, 927
electrode holder 406
electrode lead 406
electrolytic capacitors 820
electrolytic separator 820
electromagnet, field 819
electromagnetic spectrum 821
electron 810
electron accelerator 926
electron beam 609, 826
electron collector 820
electron flow, direction 820
electron flow, direction of 820
electron gun 609, 826
electron microscope elements 826
electronic board 343
electronic console 1001
electronic control box 678
electronic control unit 679
electronic drum pad 558
electronic flash 596
electronic handle 1027
electronic music 558
electronic payment terminal 289, 859
electronic piano 558
electronic scale 831
electronic timer, automatic 977
electronic timing system 1033
electronic typewriter 648
electronic viewfinder 613
electronics 820
electronics shop 848
elements, chemical 812
elements of architecture 514
elephant 173
elevating arc 892
elevating cylinder 693, 756, 902
elevating handle 892
elevation 328
elevation adjustment 824
elevator 519, 747, 760, 798, 897, 1048
elevon 37
elk 172
ellipsis 587
elliptical galaxy 19
elliptical snowshoe 1043
elm 120
ELM 35
ELM-PS 35
email 643
email key 632
email software 642
embankment 658
embankment dam 790
emblem 873
emblem, team's 1028
embrasure 505
embroidered fabric 565
embroidery 565
embryo 105
embryo sac 104
emerald 470
emerald cut 469
emergency brake 716
emergency department 918
emergency electric motor 899
emergency physician's office 918
emergency regulator 989
emergency station 663
emergency stop button 924
emergency support vessel 778
emergency switch 696
emergency truck 663
emery boards 472
emery pack 568
emission, nitric acid 98
emission, nitrogen oxide 98
emission, polluting gas 97
emission, sulphur dioxide 98
emission, sulphuric acid 98
Emmenthal 281
employee lunchroom 644
emptier, cesspit 693
empty set 837
emptying hose 378
en prison 1068
enamel 206
enclosure 243, 357, 515
end 633
end, tapered 987
end/power key 622
end bracket 367
end button 547
end call key 622
end cap 799
end door 757
end grain 386
end joist 332, 333
end key 622, 624, 633
end ladder 709
end line 952, 957, 958, 961
end moraine 72
end piece 228
end plate 799
end stop 367, 391, 981
end zone 952, 955, 1070
endline 948
endocardium 213
endocarp 115
endocrine system 229
endoderm 134
endometrium 227
endoplasmic reticulum 102, 133
endoscope 926
endoscopy 926
endosperm 105
endothelium 209
endpaper 537
end-piece 480, 1013
energy, heat 96
energy, measurement of 835
energy, solar 102
energy, thermal 775
energy release 76
energy source 65
enevelope, art and photo 653
engaged Corinthian column 503
engaged Doric column 503
engaged Ionic column 503
engagement ring 470
engine 32, 695, 764, 767, 776, 895
engine, main 37
engine, diesel 758
engine, outboard 729
engine, petrol 673, 678, 682
engine, rocket 39
engine, terminal descent 32
engine, thruster 32
engine air inlet 896
engine air intake 688
engine and crew alarm display 748
engine block 682
engine compartment 688, 754, 761
engine cycle, diesel 681
engine cycle, rotary 681
engine cycle, two-stroke-cycle 681
engine fuel valves 748
engine housing 417
engine mounting pylon 747
engine room 728, 730, 899
engineer, sound 543
engines, fire 902
English 583
English billiards 1013
English Channel 49
English mustard 286
enhanced greenhouse effect 96
enlarge 593
enlarger 600
enlarging lens 600
enoki mushroom 244
ensiling tube 767
entablature 325, 499, 501, 509
enter key 633
enterprise 643
entire 111
entrance 144, 853
entrance, actors' 498
entrance, customers' 290
entrance, inmates' 864
entrance, main 867, 869, 904, 922
entrance, public 498
entrance, pyramid 498
entrance, service 866
entrance, staff 290, 864, 869, 904
entrance, vehicle 905
entrance, visitors' 864
entrance door 689
entrance doors 544
entrance hall 329, 522
entrance slide 144
entrance turnstile 714
entries 979
entry 754, 979
envelope 1049
envelope, padded 651
environment 92
environment, natural 1017
epaulet 435
épée 998
épéeist 997
epicalyx 114
epicentre 76
epicondyle 201
epidermis 110, 236, 237
epididymis 228
epidural space 224
epiglottis 214, 233
epiphysis, distal 199
epiphysis, proximal 199
epithelium, olfactory 232
equalizing buckle 371
equals key 649
equator 23, 42, 48, 50, 89
Equatorial Guinea 879
equestrian sports 1002
equestrian sports ring 932
equilibrator 892
equipment 533, 534, 535, 905
equipment, audiovisual 850
equipment, household 381
equipment, laboratory 815
equipment, life-saving 733
equipment, miscellaneous 411
equipment, sound recording 543
equipment compartment 608, 707
equipment lock 798
equipment rack 604, 605, 608
equipment storage room 868
erase button 593
eraser 654
erbium 814
erecting lenses 824
erhu 561
Eridanus, River 20
Eris 15
Eritrea 60, 879
Erlenmeyer flask 815
ermine 875
ES 35
escalator 518, 544, 714, 847, 857
escape 632
escape key 632
escape wheel 828, 829
escapement mechanism 564
escarole 246
escutcheon 136, 326, 350, 352
escutcheon plate 358
espadrille 461
espresso machine 319
espresso maker 319
estate car 669
Estonia 57, 878
estuary 45, 70
etching point 534
etching press 534
eternal light 872
ethanol fuel 784
Ethernet port 628, 630
Ethiopia 60, 879
EU 882
Eurasia 44
Eurasian Plate 68
euro 860
Europa 14
Europe 44, 56, 69, 877
European experiment module 34
European outlet 358
European plug 358
European robin 162
European Union 882
europium 814
eustachian tube 235
Eustachian tube 232
Eutelsat 602
euthynteria 499, 500
evacuation route 663
evaporated milk 280
evaporation 95, 810
evaporator blower 343
evaporator coil 343
even 1068
evening glove 464
event 977
event platform 970
events, technical 1039

evolution of life 128
examination and treatment room 919
examination room 923
exciter 787
exclamation mark 587
excluded players re-entry area 974
excretory pore 137
execution judges 972
executive desk 646
executive secretary 644
exercise area 972
exercise cycle 1001
exfoliant 474
exhalation valve 909
exhaust 680, 681, 749
exhaust/scavaging 681
exhaust air duct 663
exhaust duct 340, 749
exhaust gas admission 680
exhaust guide vanes 749
exhaust manifold 672, 680, 681, 682
exhaust nozzle 896
exhaust pipe 673
exhaust port 681, 773
exhaust stack 690, 761, 764
exhaust system 673
exhaust valve 680, 682
exhauster 536
exhibition billboard 522
exhibition centre 842
exhibition hall 853
exhibition stand 853
exit 659
exit cone 144
exit taxiway 743
exit track 708
exit turnstile 714
exocarp 114, 115
exosphere 79
expandable baton 906
expandable file pouch 484
expanded metal lath 385
expander 559
expansion bolt 390
expansion chamber 827
expansion piton 1050
expansion space 712
expansion tank 339, 340, 805
Experiment Logistics Module 35
experiment module, Japanese 35
experiment module, U.S. 34
expert slope 1036
expiry date 861
explosive 910
explosive volcano 75
export pipeline 777
Exposed Section 35
exposure adjustment knob 592
exposure correction 593, 597
exposure meter 597
exposure mode 592
exposure time 597
exposure value 597
expressionism 530
extended 586
extended claw 178
extending table 362
extension 362, 994
extension ladder 409
extension tube 375
extensor, long 196
extensor, radial 197
extensor, short 196
extensor, ulnar 197
exterior dome shell 28
exterior door 325
exterior of a house 322
exterior pocket 484, 488
exterior sign 714
external ear 234
external fuel tank 36
external gills 153
external jugular vein 211
external socket 687
external tooth spring washer 399
extinguisher, fire 907
extra-bold 586
extractor hood 376
extrados 514
extra-light 586
ex-voto 871
eye 89, 137, 138, 139, 145, 154, 155, 164, 167, 174, 178, 182, 194, 238, 388, 567, 568, 573, 1005, 1050, 1061
eye drops, lubricant 481
eye make-up 473
eye protection 908, 910
eye ring 158
eye wall 89
eyeball 152, 238
eyebrow 511
eyebrow pencil 473
eyebrow stripe 158
eyebrow tweezers 472
eyeglasses 1011
eyelash 238
eyelash curler 473
eyelashes 178
eyelet 367, 450, 459, 486, 1031
eyelet, strap 593
eyelet tab 459
eyelid 155
eyepiece 24, 25, 613, 824, 825, 926
eyepiece holder 24
eyeshadow 473
eyespot 135
eyestalk 137

F

f 562
fabric care symbols 425
fabric screen mesh 536
fabric structure 569
face 185, 192, 386, 388, 505, 538, 771, 774, 961, 1017
face flannel 475
face mask 458, 942, 944, 954, 1029
face shield 1024
face-off 949
face-off circle 1028
face-off spot 1028
facepiece 909
faceplate 326, 327
facet 751
facilities, kitchen 644
facilities, sports 932
factorial 837
factory 842
faculae 16
Fahrenheit, degree 827
Fahrenheit scale 827
failed fuel bay 798
failed fuel canning 798
fairing 39, 694, 1026, 1041
fairings, side 1023
fairlead 981
fairway 1016, 1017
falcatus 129
falciform sesamoid bone 164
falcon 163
Falkland Islands 48
fall 454
fall front 364
falling rocks 665, 667
fallopian tube 226, 227
fallow land 243
false start rope 976
false tuck 448
family 132, 928
family relationships 928
family tent 1052
family waiting room 918
fan 145, 339, 341, 343, 379, 749, 767
fan, case 629
fan, cooling 672, 678
fan, motor 762
fan, power supply 629
fan belt 672, 682
fan brush 473, 525
fan cable stays 660
fan control 343
fan heater 340
fan motor 343
fan tube 767
fan wheel 819
fang 145, 154
fanion 873
fantail 806
far turn 1006
farmhouse 243
farmhouse loaf 278
farming, intensive 96, 98
farmstead 243
farmyard 243
farthingale 427
fascia 198, 500
fascia, front 670
fast rewind button 610
fastener, hook-and-loop 1045
fastener binder 652
fasteners 567
fastening device 367
fast-forward button 610, 616
father 928, 929
father-in-law 928
fats and oils 284
fault 76, 77
fax machine 625
feather 465
feather crown 963
feather duster 381
feather stitch 565
feathered shuttlecock 963
feed deck 651
feed dog 567
feed lever 395
feed slot 625
feed table 767
feed tube 315, 318
feeder 494
feeder cable, 240-volt 354
feeder header 797
feeder lane 659
feeder output tray 647
feeder root zone 110
feedhorn 610
feeding tube 767
feet 160
feet-first entry 979
feijoa 259
felucca 722
female 834
female bowler 1015
female butterfly, anatomy of 141
female cone 120
female ferrule 1059, 1060
female genital organs 226
female spider, anatomy of 145
female union nut 351
femoral artery 210
femoral vein 211
femur 140, 142, 153, 159, 165, 170, 175, 184, 187, 188, 200
fence 243, 322, 391, 392, 410
fence, outfield 939
fence, safety 1040
fencer 997
fencing 997
fencing piste 997
fencing shoe 997
fencing weapon 998
fennec 180
fennel 250
fenugreek 260
fermata 563
fermentation 784
fermium 814
fern 107
fern, bird's nest 107
fern, fiddlehead 250
fern, structure of 107
fern, tree 107
ferns 107, 129
ferret 180
ferrule 408, 490, 1013, 1018
ferrule, female 1060
ferrule, male 1060
ferry boat 730
ferryboat 718
fertilization 104
fertilization, soil 97
fertilizer application 97
festoon 510
feta 280
fetlock 168
fetlock joint 168
fettling knife 576
fettucine 282
fez 429
fibre 124, 424, 1058
fibre, elastic 209
fibre, muscle 198
fibre, natural 424
fibre, nerve 233, 236
fibre, synthetic 424
fibre-optic cable 631
fibres 381
fibula 165, 170, 175, 184, 188, 200, 203, 207, 426
fibular, long 196
fibular, short 197
fiddlehead 107
fiddlehead fern 250
field, geothermal 770
field, paddy 97
field, playing 1069
field, track and 934
field electromagnet 819
field hockey 944
field lens 824
field lens adjustment 825
field line 817
field magnetic 817
field mouse 166
field winding 819
fielder 938
fifth 562
fifth wheel 690
fifty 836
fig 259
figure 1005
figure skate 1031
figure skating 1031
figure-eight knot 1058
figurehead 720
figures 586
Fiji 62, 881
Fiji Islands 52
filament 112, 359
filament support 359
Filchner Ice Shelf 46
file 398, 642, 1055
file, nail 472
file format 642
file guides 652
file room 644
file server 641
filiform papilla 233
filing box 653
filing furniture 645
filler 483
filler cap 419, 683, 690
filler hole 374
filler neck 673
filler pipe 347
fillet 500, 501
fillet 270
filleting knife 306
filling hole 893
filling inlet 781
film 591
film, heat-sealed 294
film camera 591
film pack 591
film processing 600
film speed 593, 597
filo 279
filter 319, 324, 338, 343, 374, 376, 483, 805, 1056
filter, air 672
filter cover 909
filter holder 319
filter tip 483
filtration, intrusive 97
filtration system 341
filum terminale, internal 224
fin 340, 894, 896, 988, 989, 1048
fin, anal 148
fin, caudal 148, 182
fin, dorsal 182
fin, first dorsal 148
fin, pectoral 148, 182
fin, pelvic 148
fin, second dorsal 148
final: 2 players 933
final drive 758
finalist 933
finance, economy and 858
financial services 858
finch 162
finderscope 24, 25
fine adjustment knob 825
fine adjustment wheel 832
fine arts 522
fine bookbinding 537
fine guidance system 27
finely threaded screw 832
finger 237, 941
finger button 551
finger cone 651
finger flange 912
finger tab 1009
fingerboard 547, 549, 560
fingerless mitt 464
fingernail 237
finial 367, 513, 873
finish 1002, 1064
finish area 1035, 1037, 1041
finish buoys 985
finish judge 1033
finish judges 1033
finish line 935, 982, 985, 1021, 1040
finish line, 500 m 1033
finish line judge 985
finish wall 976
finishing 452, 531
finishing line 1006
finishing nail 388
finishing square 1063
Finland 46, 56, 878
fin-mounted tail unit 751
Finnish 583
fir 121
fir needles 120
fire, forest 97
fire engines 902
fire extinguisher 856, 907
fire hose 903
fire hydrant 846, 903
fire hydrant wrench 903
fire irons 337
fire prevention 900
fire prevention education officer's office 900
fire station 845, 900
fire truck 900
firearm 889
firebox 336
firebrick 336, 384
firebrick back 336
firefighter 901
firefighters' dormitory 900
firefighters' toilet and shower 900
fire-fighting material 903
fireplace 329, 336
fireplace screen 337
firewall 641
FireWire port 630
FireWire port 628
firing 577
firing, wood 336
firing accessories 889
firing chamber 577
firing lanyard 892
firing mechanism 893
firing shaft 892
firing tube 899
firmer chisel 531
first aid 856
first aid kit 907, 915
first aid manual 915
first aid supplies 911
first aid team 1003
first assistant camera operator 542
first base 938
first baseman 938
first dorsal fin 148, 149
first floor 328, 330
first focal room 26
first leaves 105
first molar 206
first officer's seat 748
first premolar 206
first quarter 17
first referee 959
first reinforce 890
first round: 128 players 933
first row 950
first valve slide 551
first violins 545
first voltage increase 807
first-class cabin 746
fish, bony 149, 150
fish, cartilaginous 148
fish, clown 150
fish, flying 151

fish, freshwater 269
fish, lantern 151
fish, marinated 270
fish, parrot 151
fish, salted 270
fish, sea 266
fish, smoked 270
fish, tinned 270
fish dish 303
fish fork 300
fish kettle 312
fish knife 298
fish net 495
fish presentation 270
fish scaler 1055
fish steak 270
fish tray 317
fish wire 405
fishbone stitch 565
fisherman's knot 1058
Fishes 22
fisheye lens 598
fishhook 1059, 1061
fishing 242, 1059
fishing clothing and accessories 1061
fishing jacket 1061
fishnet stocking 446
fishplate 712
fishplate bolt 712
fission, nuclear 811
fission of uranium fuel 795
fission products (radioactive nuclei) 811
fissionable nucleus 811
fissure, longitudinal 223
fissure, oblique 215
fitness equipment 1000
fitted sheet 363
fitting 902
fitting room 850
fittings 351
five 836
five hundred 836
five spice powder 261
five-number bet 1068
fivepin 1015
fixative 527
fixed arch 661
fixed base 401
fixed bayonet 886
fixed blade 537
fixed bridges 660
fixed distance marking 743
fixed jaw 400, 401, 832
fixed weight 564
fixed winglet 894
fixed-roof tank 781
fixing bath 600
fjords 70
flag 876, 882, 950, 1040
flag, chequered 1022
flag, parts 873
flag, wind 1043
flag pole, removable 1017
flag shapes 873
flag with Schwenkel 873
flagellum 137
flageolet 253
flagstone 384, 410
flail mower 766
flame 811
flame adjustment wheel 483
flame spreader 407
flame-resistant driving suit 1022
flamingo 161
flammable 910
flank 158, 168, 272, 505, 539
flank forward 950
flank steak 272
flanking tower 504
flannel 424
flannel, face 475
flap 430, 486, 655, 1005
flap, fuel tank 671
flap, self-sealing 651
flap, top 1056
flap hydraulic jack 896
flap lever 748
flap pocket 430, 435, 452
flare 16, 777
flare, road 907
flare joint 351
flare nut spanner 400
flash exposure compensation 593
flash hider 891
flash synchro terminal 597
flash tube 823
flasher unit 763
flashing 337
flashing light 713
flashlight 906
flashtube 596
flask, Erlenmeyer 815
flask, round-bottom 815
flat 563, 711, 1044
flat bone 199
flat brush 525
flat end pin 371
flat mirror 28
flat part 570
flat roof 516
flat sheet 363
flat shuttle 573
flat stitches 565
flat tip 390
flat washer 399
flat-back brush 476
flatbed truck 691
flat-plate solar collector 802
flea 146
fleece jacket 451
flesh 114, 115
fleshy fruit: berry fruit 114
fleshy fruit: citrus fruit 114
fleshy pome fruit 115
fleshy scale leaf 105
fleshy stone fruit 115
fletching 1009
fleur-de-lis 875
flews 174
flex 404, 479
flex support 374
flexible boot 1037
flexible hose 375, 773
flexible hose connection 773
flexible rubber hose 353
flexible skirt 727
flexible tube 912
flexor, radial 196
flexor, ulnar 197
flies 540
flight 979, 1041, 1069
flight bag 488, 1047
flight deck 36, 746, 748, 753, 897
flight information board 743
flight instruments 1049
flight of stairs 335
flint 406, 889
flint arrowhead 883
flint knife 883
flintlock 889
flip 1031
flip turn 975
flip-flop 462
flipper 1071
flipper button 1071
float 345, 750, 892, 1061
float ball 347
float clamp 345
floater 974, 1040
floating bridge 662
floating crane 718
floating dock 985
floating head 479
floating rib 184
floating roof 781
floating sleeve 427
floating-roof tank 781
floatplane 750
floodgate 788, 794
floodlight 606
floodplain 73
floor 337, 806, 917, 964, 965
floor, car 519
floor, mezzanine 328
floor, ocean 67
floor brush 375
floor coverings, textile 334
floor drain 344
floor exercise area 970
floor joist 332, 333
floor mat 686
floor mats 970
floorboard 697
flooring strip 334
floor-level electric convector 340
florist 849
floss, dental 482
flotation section 737
flour 123
flour, buckwheat 278
flour, oat 278
flour, plain 278
flour, unbleached 278
flour, whole wheat 278
flour and semolina 278
flow 719
flow, water 134
flow bean 780
flow line, well 777
flow tube 802
flower 103, 104, 109, 112
flower, structure 112
flower bed 410
flower bud 109
flower container 410
flower tiles 1066
flowering 117
flowering plants 131
flowers 113
flue 349, 554
flue hat 349
flue pipe 554
fluff trap 379
fluid, cerebro-spinal 224
fluid adjustment screw 408
fluke 732
fluorescent tube 359
fluorine 813
flush 1062
flush bushing 351
flush handle 347
flute 394, 500, 501
fluted land 394
fluted pole 367
flutes 545
fluting 511
fly 103, 146, 432, 434, 873
Fly 21
fly, tsetse 146
fly agaric 108
fly front closing 443
fly half 950
fly line 1059
fly reel 1059
fly rod 1059
flyfishing 1059
flying disc 1070
Flying Fish 21
flying fox, black 187
flying jib 725
flying line 1071
flyleaf 539
flyover 659, 660
flywheel 576, 682
foam 77
foam, shaving 479
foam cushion 908
foam gun 729
foam insulation 385
foam pad 1054
foam-rubber insulation 385
focal plane shutter 594
focus 76, 239
focus, Cassegrain 28
focus, coudé 28
focus button 613
focus mode selector 592
focusing knob 24, 25
focusing lenses 826
focusing ring 598, 824
focusing screen 594
fodder corn 243
fog 83, 91
fog lamp 674
fog light 690
foghorn 733
foible 998
foie gras 277
foil 998
foil, aluminium 294
foil stip, hologram 861
foilist 997
fold 426
fold line 569
folder 652
folder, carry 653
folding chair 361
folding door 515
folding grill 1057
folding nail file 472
folding ramp 730
folding shovel 1056
folding stick 537
folding wing 1007
foliage 118
foliose lichen 106
follicle 116
follicle, hair 236
following car 1020
follow-through 1014
fondue fork 300
fondue pot 312
fondue set 312
font, baptismal 871
font, characters of 586
font, holy water 871
fontanelle, anterior 205
fontanelle, mastoid 205
fontanelle, posterior 205
fontanelle, sphenoidal 205
food, animal-based 265
food, convenience 289
food, hot 292
food, origin 242
food, plant-derived 244
food, processed 277
food business 284, 288
food chain 94
food container 294
food industry 242
food mill 307
food presentation 294
food processor 315
food store 854
food tray 295
food vacuole 133
foods, catering 289
foods, frozen 289
foot 136, 137, 185, 186, 189, 192, 193, 194, 195, 203, 433, 539, 548, 554, 556, 983, 1059, 1060
foot, tube 135
foot control 566
foot fault judge 967
foot hole 554
foot pegs 1021
foot pocket 989
foot protection 909, 910
foot strap 441, 983
foot stretcher 984
football 946, 954
football, American 952
football, Canadian 955
football boot 946
football pitch 932, 946
football techniques 948
footballer 946
footboard 363, 1026
footbridge 504, 703, 715
foothold 1051
footing 332, 333
footlights 541
footrest 366, 401, 576, 646, 694, 696, 917, 1001
footrope 724
footstool 296, 361
footstrap 1001
for cooking 316
for correspondence 651
for cutting 315
for filing 652
for juicing 315
for measuring 308
for mixing and blending 314
for opening 307
forage blower 767
forage harvester 766
foramen, vertebral 204
foramen caecum 233
force, measurement of 835
forced warm-air system 338
forces acting on aircraft 752
fore edge 539
fore royal sail 725
fore-and-aft passage 729
forearm 174, 193, 195, 887, 1010
forearm crutch 916
forearm pad 954
forearm support 916
forecast, meteorological 80
forecastle 727, 731
forecourt 668, 967
forehead 158, 192
foreleg 140, 142
foreleg, honeybee 142
forelimb 152, 153, 164, 189
forelock 168
foremast 722, 724, 729
fore-royal mast 724
foresail 725
foreskin 228
forest 71
forest, boreal 92, 93
forest, temperate 93
forest, temporal 92
forest, tropical rain 92
forest fire 95, 97
forestay 980
forestem 986
fore-topgallant mast 724
fore-topmast 724
forewing 140
fork 24, 300, 695, 699, 754, 755, 829, 1020, 1025, 1055
fork, dessert 304, 305
fork, dinner 304, 305
fork, fish 304
fork, front 1020
fork arm 754
fork pocket 757
forked tongue 154
forklift truck 754
forks 300
format, file 642
Former Yugoslav Republic of Macedonia 878
formeret 506
forming fabric 125
forming food vacuole 133
forms, rain 90
Formula 1 car 1023
Formula 1 circuit 1022
Formula 3000 car 1023
forte 998
fortified wall 872
forward, power 957
forward, small 957
forward/reverse 413
forward button 634
forward slide change 601
forward somersault with a twist 979
forward swing 1014
forward three-and-a-half somersault tuck 979
forward travel pedal 420
fossil energy 771
fossil fuel 96, 98
foul line 938, 1015
foul pole 939
fouls/penalties 933
foundation 332, 333, 790
foundation blockage 790
foundation slip 444
foundations 333
fountain, soda 293
fountain for ritual ablutions 872
fountain pen 585
four of a kind 1062
four-blade beater 314
fourchette 464
four-door saloon 669
four-four time 562
four-man bobsleigh 1034
four-masted barque 724
four-stroke engine 680
fourth 562
fourth round: 16 players 933
fourth wheel 828
four-toed hoof 171
four-way lug wrench 686
four-way selector 593
fowl, guinea 162, 271
fox 180
Fox 23
fox terrier 176
foyers 541
fraction 837
fractionating tower 782
fracturing 783

frame 144, 336, 363, 364, 391, 401, 409, 413, 484, 488, 523, 535, 557, 561, 565, 572, 694, 734, 754, 755, 760, 761, 765, 766, 802, 803, 819, 832, 913, 940, 962, 968, 970, 973, 1020, 1043, 1045
frame, aluminium 1043
frame, embroidery 565
frame, steel 512
frame stile 364
frames 480
frames remaining/timer 593
framing 594
France 56, 878
Francis runner 787
francium 812
Francophonie 882
frankfurter 277
franking machine 651
free edge 237
free guard zone 1027
free kick 948
free throw line 957, 960
free zone 959
freehold flats 521
freestyle skiing 1040
freestyle snowboard 1037
freewheel 700
freezer 290, 296
freezer, chest 377
freezer, reach-in 288
freezer bag 295
freezer compartment 377
freezing 810
freezing drizzle 83
freezing rain 83, 90
freight van 709, 710
freight wagon 703
freight wagons 710
French 583
French bread 279
French cuff 452
French cut 469
French horn 551
French horns 545
French knot stitch 565
French roulette wheel 1068
frequency, measurement of 835
frequency selectors 619
fresco 502
fresh air outlet 343
fresh cheeses 280
fresh meat counter 288
fresh-air duct 663
fret 548, 549, 1068
friction strip 406
frieze 364, 499, 500, 509
frigate 898
frill 368
frilled curtain 368
fringe 427, 465
frock coat 428
frock coat costume 428
frog 152, 171, 436, 547, 712, 765
frog, common 153
frog, life cycle 153
frog, morphology of 152
frog, northern leopard 153
frog, skeleton of 153
frog, wood 153
frog-adjustment screw 397
frond 107
front 430, 431
front apron 431
front axle 761
front beam 830
front binding 988
front board 539
front brake 699
front brake lever 696
front bumper 1035
front compression strap 1056
front crossbar 1043
front derailleur 698, 700
front desk 854
front fascia 670
front flap 483
front foil 731
front fork 1020
front fork, telescopic 697
front grille 342
front grip 893
front knob 395
front lamp 699
front landing gear 896
front leg 361
front lights 674
front mudguard 695
front office, visitors' 864
front page 590
front panel 637
front picture 590
front pipe 672
front pocket 486
front runner 1034
front shock absorber 697
front sight 887, 888, 891, 893, 1011, 1043
front sight housing 891
front tip 374
front top pocket 432
front wall 964, 965
front wheel 420, 761, 764, 917
frontal 154, 196, 871
frontal bone 175, 200, 205
frontal sinus 232
frontcourt 964
front-end loader 759
frontier 53
front-load washing machine 378
frontoparietal 153
fronts 82
frontwall 691
froth treatment reservoir 779
frozen food storage 289
frozen foods 289
fruit 114
fruit, dry 116
fruit, fleshy: berry fruit 114
fruit, fleshy: citrus fruit 114
fruit, fleshy pome 115
fruit, fleshy stone 115
fruit, passion 258
fruit branch 117
fruit machine 1070
fruit tree 243
fruit vegetables 248
fruiting 117
fruit-picking ladder 409
fruits 254
fruits, citrus 256
fruits, dry 255
fruits, pome 255
fruits, stone 254
fruits and desserts 293
fruits and vegetables 288
fruticose lichen 106
fryer, deep 291
frying basket 308
frying pan 313, 1055
fuel 795, 800
fuel, alternative 784
fuel, ethanol 784
fuel, fossil 96, 98
fuel: enriched uranium 801
fuel: natural uranium 800
fuel bundle 799
fuel conduit 678
fuel control 749
fuel gauge 677
fuel handling sequence 798
fuel injector 681, 682
fuel lines 1049
fuel oil 782
fuel pellet 799
fuel rod 799
fuel supply system 673
fuel tank 417, 678, 690, 694, 697, 706, 753, 895, 896
fuel tank cap 411
fuel tank flap 671
fuelling machine 797, 798, 800
Fulani 582
fulcrum 816, 978
full and by 982
full back 950
full cheek snaffle bit 1004
full cheek snaffle bit with keys 1004
full face mask 901
full house 1062
full moon 17
full stop 587
fullback 953
full-load adjustment screw 355
fumarole 75
fume extractor 895
function button 610, 639
function buttons 611
function key 649
function keys 632, 831
function keys, programmable 859
function selection switch 404
function selector 343
function selectors 623
fungicide 97
funiculus 114, 116
funnel 308, 609, 721, 726, 730
funnel cloud 89
fur 164, 165, 167, 178, 185, 189
furcula 159
furlable boom 32
furnace 338, 341, 804
Furnace 20
furnishing, house 360
furniture, children's 366
furniture, filing 645
furniture, storage 645
furniture, work 646
furniture beetle 146
furrow 233
furs 875
fuse 356, 793, 803
fuse body 893
fuse cutout 793
fuse holder 793
fuse puller 405
fuselage 747, 1048
fuselage-mounted tail unit 751
fuses 355
fusilli 282
futon 363

G

g 562
gable 322, 507
gable roof 516
gable stud 332
gable vent 322
gable-and-valley roof 517
gabletop 295
Gabon 61, 879
gadolinium 814
gaff 724
gaff sail 723
gaff sail boom 724
gaff topsail 725
gaffer 543
gai lan 251
gaiter 429
gaits, horse 168
galaxy 19
galaxy, classification 19
galaxy, normal spiral 19
galaxy, type I irregular 19
galaxy, type II irregular 19
Galileo 30
gall bladder 152, 154
gall-bladder 216
galleon 721
gallery 507, 736, 806
gallery, connecting 663
Gallery, Grand 498
galley 720, 746, 899
Gallic warrior 883
gallium 812
gallop 169
galosh 459
Gambia 60, 879
game 271, 968
game, online 643
game/MIDI port 629
game board 1064
game clock 933
game console 1067
game console, portable 1067
game line 965
game of darts 1069
game of the goose 1064
games 1062
games, board 1063
games area 730
gamma rays 821
ganglion, cerebropleural 136
ganglion, spinal 220
ganglion, visceral 136
gantry 924, 926
gantry crane 757, 785, 786
Ganymede 14
gap 1061
garage 322, 328, 864, 905
garage door, sectional 515
garage door, up-and-over 515
garam masala 261
garden 328, 410, 502
garden arch 410
garden cress 247
garden hose 414
garden line 418
garden path 322
garden shears 416
garden sorrel 247
garden spider 147
gardening 411
gardening gloves 418
garlic 245
garlic press 307
garment fabric 569
garnet 470
garter snake 156
garter stitch 570
gas 359, 782, 810
gas, greenhouse 96
gas, natural 776, 783
gas, shale 783
gas burner 349, 815
gas connection 340
gas container 1053
gas cooker 376
gas cylinder 891
gas cylinder, medical 921
gas lift module 777
gas lighter 483
gas main 846
gas meter 783
gas range 291
gas tank 483
gas tap 349
gas-cooled reactor 800
gases, noble 814
gasket 351, 380
gaskin 168
gastric filament 134
gastric pouch 134
gastrocnemius 196, 197
gate 718, 786, 1002, 1050
gate, control 1040
gate, lower 719
gate, starting 1006, 1025
gate, upper 719
gate operating ring 787
gateleg 362
gateway 641
gather 440
gathering 242, 537
gauge 407, 537
gauge, direct-reading rain 84
gauge, snow 84
gauge rod 712
gauge wheel 420
gauntlet 406, 464, 884
gauze roller bandage 915
Gaza Strip 58
gazebo 410
G-clamp 401
gear 574
gear, bevel 816
gear, landing 687, 691
gear, rack and pinion 816
gear, spur 816
gear, worm 816
gear cable 700
gear housing 1060
gear lever 672, 676, 697, 699
gear tooth 816
gearbox 535, 672
gearing systems 816
gearshift lever 696
gecko 157
generator 770, 787, 796
generator, radioisotope thermoelectric 32
generator, steam 775
generator unit 786, 787
generators 819
genital pore 135, 137
Genoa salami 277
genus 132
geographical map 868
geography 42
geological phenomena 75
geology 66
geometry 836
Georgia 57, 880
geostationary orbit 86
geostationary satellite 86
geothermal energy 770
geothermal field 770
geothermal heating 770
geothermal house 770
geranium 113
germ 122
German 583
German mustard 286
German rye bread 279
German salami 277
German shepherd 177
Germanic languages 583
germanium 812
Germany 56, 878
germinal centre 230
germination 104, 105
geyser 75, 349
Ghana 60, 879
ghee 280
gherkin 248
gi 996
giant, red 18
giant slalom 1039
gibbon 185
Gibraltar, Strait of 49
gift shop 848
gifts 851
gill 108, 138, 339
gill openings 148
gilled-tube radiator 339
gills 136, 149
ginger 261
ginkgo nut 255
Giotto 30
giraffe 173
Giraffe 22
girder 332
girdle 445, 469
girth 1003, 1005, 1006
girth buckle 1005
girth strap 1005
give way 664, 666
gizzard 159
glacial cirque 72
glacial lake 73
glacier 72, 73
glacier tongue 72
glacis 505
gladius 883
gland, albumin 137
gland, coxal 145
gland, digestive 136, 137, 138, 139
gland, endocrine 229
gland, green 139
gland, parathyroid 229
gland, pedal 137
gland, pineal 229
gland, pituitary 222, 229
gland, poison 138, 145
gland, salivary 137, 141, 143, 233
gland, sebaceous 236
gland, suprarenal 219, 229
gland, thyroid 229
gland nut 350
glands, digestive 145
glands, silk 145
glans penis 228
glass 802, 803
glass, magnifying 824
glass, platen 637
glass, scanning 635
glass, stained 579
glass, wine 304, 305
glass bottle 295
glass case 831
glass collection unit 99
glass dome 734
glass protector 1028
glass recycling container 99
glass roof 329, 704, 847
glass slab 579
glass slide 825
glass sorting 99

glass sphere 84
glass washer 293
glasses 293
glasses accessories 480
glasses case 480
glasses retainer 480
glass-fronted display cabinet 365
glass-lined tank 349
glassware 297
glazed frost 91
glazing bar 327
glider 367, 1048
gliding joint 208
gliding phase 1042
global positioning system 63
global warming 96
globe 868, 1053
globular cluster 19
glottis 154
glove 33, 942, 944, 997, 1005, 1020, 1021, 1024, 1025, 1028, 1032, 1034, 1037, 1041, 1042
glove, back of 464
glove, blocking 944, 1029
glove, boxing 990
glove, catching 1029
glove, fielder's 941
glove, latex 913
glove, massage 475
glove, palm of 464
glove, rubber 381
glove, softball 941
glove compartment 676
glove finger 464
glove storage 921
gloves 464, 1022
gloves, gardening 418
gloves, goalkeeper's 946
gloves, men's 464
gloves, women's 464
glucose 102
glue 334
glue stick 654
gluteus maximus 197
glycerine 784
gnocchi 282
gnomon 828
go 1065
goal 944, 946, 949, 950, 953, 955, 960, 974, 1029, 1069
goal area 946, 960
goal area line 960
goal attack 955
goal circle 955
goal crease 1029
goal defence 955
goal judge 974, 1008, 1028
goal lights 1029
goal line 944, 950, 952, 955, 960, 974, 1028
goal line referee 960
goal shooter 955
goal third 955
goalkeeper 944, 945, 947, 955, 960, 974, 1028, 1029
goalkeeper's chest pad 1030
goalkeeper's gloves 946
goalkeeper's pad 1029
goalkeeper's skate 1030
goalkeeper's stick 1029, 1030
goalpost 953, 955, 1008
goat 172
goat's milk 280
goat's-milk cheeses 280
goatfish 267
Gobi Desert 51
goblet, water 304, 305
goggles 406, 1020, 1037, 1046
goggles, protective 964, 965, 1020, 1025
goggles, swimming 976
gold 78, 813
golden retriever 177
goldfish 150
golf 1016
golf bag 1019
golf ball 1017
golf course 842, 932, 1016
golf equipment 1019
golf glove 1019
golf shoes 1019
golf trolley 1019
Golgi apparatus 102, 133
gonad 134, 135, 136, 138
gondola 289, 722, 1036
gondola departure 1036
gonfalon 873
gong 545, 557
Good Hope, Cape of 50
goods, canned 289
goods station 703
goose 163, 271
goose egg 270
goose square 1064
gooseberry 254
gooseberry, Cape 254
gooseneck 760
goose-neck 335
gored skirt 439
gorge 67, 73
gorget 884
Gorgonzola 281
gorilla 184
gorilla, morphology of 185
gorilla, skeleton of 184
Gothic cathedral 506
gouache 525, 528
Gouda 281
gouge 531, 533
goundsheet 1052
gourd, wax 248
government organization 643
governor, speed 519
governor tension sheave 519
governor's office 864
GPS 63
GPS navigation satellite network 63
GPS receiver-aerial 735
GPS receptor 63
GPS satellite 63
grab handle 687, 690, 705, 902
grab loop 987
gracilis 197
grader 761
graduated arc 734
graduated cylinder 815
graduated dial 1057
graduated scale 830, 831
grafting knife 416
grain 386
grain elevator 767
grain industry 122
grain of wheat, section 122
grain tank 767
grain terminal 718
grain tube 767
gram, black 253
grand, baby 553
grand, boudoir 553
grand, concert 553
Grand Canyon 47
Grand Gallery 498
Grand Prix circuit 1024
grandchildren 928
granddaughter 928
grandfather 928
grandfather clock 829
grandmother 928
grandparents 928
grandson 928
grandstand 1006
granitic layer 66
granivorous bird 160
granny knot 1058
granulated sugar 285
granulation 16
grape 117, 254
grape, section of 114
grapefruit 256
grapefruit knife 306
grapeshot 889
graphic arts 532
graphic representation 838
graphics tablet 635
graphing key 649
grapnel 732
grass 968
grassbox 419
grasshopper, bow-winged 147
grassland, temperate 92, 93
grate 376
grater 307
grater, nutmeg 307
grater, rotary cheese 307
grating, utensils for 307
grave accent 587
gravel 333, 345
gravel bed 1022
gravity band 732
gravity dam 791
gravy boat 302
grease well 317
greases 782
great, lateral 196
great, medial 196
great adductor 197
Great Australian Bight 52
Great Barrier Reef 52
Great Bear 23
Great Dane 177
Great Dividing Range 52
great green bush-cricket 147
great horned owl 163
Great Lakes 47
great organ manual 554
Great Sandy Desert 52
great scallop 265
Great Victoria Desert 52
greater covert 158
greater pectoral 196
greater trochanter 201
great-grandchildren 928
great-granddaughter 928
great-grandfather 928
great-grandmother 928
great-grandparents 928
great-grandson 928
greave 884
Greece 57, 878
Greek 583
Greek bread 279
Greek character 585
Greek temple 499
Greek theatre 498
green 528, 821, 1014, 1016, 1017
green alga 107
green ball 1013
green bean 253
green cabbage 247
green coffee beans 264
green gland 139
green light 846
green onion 245
green pepper 260
green russula 244
green sweet pepper 248
green tea 264
green walnut 116
greenhouse 243
greenhouse effect, enhanced 96
greenhouse effect, natural 96
greenhouse gas 96
greenhouse gas concentration 96
Greenland 47, 54
Greenland 46
Greenland Sea 46
Grenada 54, 877
grey matter 221, 222, 224
greyhound 177
grid 579, 609
grid, lighting 543
grid, starting 1022
grid system 42
griddle 317
grill, indoor electric 317
grille 343, 499, 560, 670, 865
grille, fan 341
grille, front 342
grille, security 858
grind control 318
grinder, angle 396
grinder, coffee 307
grinder, diamond 579
grinder bit 579
grinding, utensils for 307
grinding wheel 396
grip 542, 885, 937, 984, 1000, 1009, 1017
grip, handlebar 1021
grip, key 542
grip, pistol 832, 1010
grip handle 391
grip tape 1044
gripper 533
gripping tool 399
groin 192, 194
groove 309, 537, 567, 683, 885, 1018, 1038
ground 781
ground, teeing 1017
ground air conditioner 744
ground coffee container 318
ground control station 63
ground floor 328, 329
ground moraine 72
ground pepper 261
ground sill 505
ground surface 771
groundhog 166
groundsheet 1053
growing point 110
growth line 136, 137
growth zone 110
Gruyère 281
G-string 445
Guadeloupe 54
Guam 62
Guarani 583
guard 306, 404, 998
guard, ankle 940
guard, blade 392
guard, breast 994
guard, cable 885
guard, chin 1035
guard, forearm 994
guard, head 994
guard, leg 940
guard, mouth 954
guard, neck 1030
guard, point 957
guard, shin 945, 994, 1030, 1032, 1037
guard, shooting 957
guard, trigger 1010, 1011
guard, wheel 396
guard, wrist 1045
guard rail 377, 1044
guardhouse 504, 505
guardrail 712, 728
Guatemala 54, 876
guava 259
Guiana, French 55
guide, paper 637
guide, tape 654
guide bar 417
guide handle 398
guide rail, car 519
guide rail, counterweight 519
guide ring 1059
guide roller 616
guide wheel 402
guiding and current bar 717
guiding tower 662
guillemet 587
guillotine 655
Guinea 60, 879
Guinea, Equatorial 60
Guinea, Gulf of 50
guinea fowl 162, 271
guinea pig 166
Guinea-Bissau 60, 879
guitar, bass 549
gules 875
gulf 45
Gulf, Persian 51
Gulf of Aden 50, 51
Gulf of Alaska 47
Gulf of Bothnia 49
Gulf of California 47
Gulf of Carpentaria 52
Gulf of Guinea 50
Gulf of Mexico 47
Gulf of Oman 51
Gulf of Panama 48
gull 161
gum 206, 231
gumshield 991
gun 403, 895
gun, heat 408
gun flap 435
gun handle 408
gun range 905
gunner's sight 895
gunwale 986
gurnard 267
gusset 484, 487
gusset pocket 442, 452
Gutenberg discontinuity 66
gutta 500
gutter 322, 1015
guy cable 970
guy line 1052, 1053
guy wire 807, 970, 971
Guyana 55, 876
guyot 67
gybe 982
gymnasium 730, 865, 868, 900, 932
gymnasium office 868
gymnast's name 971
gymnastics 969
gymnastics, rhythmic 972
gynaecological examination room 919
gyoji 995
gypsum tile 385
gyratory system 658
gyroscope 894
gyrus 223

H

hack 1027
hackle 1059
hacksaw 391, 402
haddock 268
hafnium 813
hail 90
hail shower 83
hair 193, 195, 236, 547
hair clip 476
hair colouring 474
hair conditioner 475
hair dryer 477
hair grip 476
hair roller 476, 478
hair roller, heated 478
hair roller pin 476
hair slide 476
hair stylist 542
hairbrushes 476
haircutting scissors 477
hairdresser 848
hairdressing 476
hairdressing, accessories 477
hairpin 476
hairs, root 105
hairspring 828
Haiti 54, 876
hakama 995, 996
half barb 82
half cell 1047
half handle 306
half indexing 648
halfback 953
half-court line 965
half-distance line 974
half-glasses 481
half-mask respirator 909
half-pipe 1021, 1037, 1044
half-side 754
half-slip 444
half-through arch bridge 661
half-volley 966
halfway line 947, 951
halibut 268
hall 329, 730, 853, 854
hall, convention 852
hall, entrance 329
hall, exhibition 853
hall, sports 932
hall, town 844
halo 19
halogen desk lamp 372
halogen light 911
halyard 725, 873
ham 275
ham, cooked 277
ham, smoked 275
ham knife 306
hamate 202
hammer 405, 552, 553, 887, 888, 937, 1011
hammer axe 1051
hammer butt 553
hammer drill 772
hammer felt 553
hammer head 1051
hammer jack 553
hammer loop 387
hammer rail 552, 553

hammer shank 553
hammer throw 935
hamster 166
hand 185, 193, 195, 237
hand, 1/10 second 828
hand, bones of 202
hand, open 1051
hand brake gear housing 709
hand brake wheel 709
hand brake winding lever 709
hand drill 395
hand fork 418
hand grenade 893
hand grip 1059
hand hole 655
hand lamp 901
hand mitre saw 391
hand mixer 314
hand post 561
hand protection 910
hand protector 417, 1025
hand rest 634
hand shield 406
hand strap 613
hand tools 418
hand vacuum cleaner 374
hand vice 534
hand warmer pocket 443
hand warmer pouch 452
hand wash in lukewarm water 425
hand wheel 566
hand wrap 991
handbags 486
handball 960
handball court 960
handbrake 672
handbrake lever 676
handcuff case 906
handgrip 695, 697, 916
handgrips 1000
handguard 891
handgun 888
handhold 1007
handholds 1051
handicap, player 1008
handicap, team 1008
handicap spot 1065
handicaps board 1008
handle 298, 299, 300, 307, 314, 315, 316, 317, 318, 336, 350, 363, 364, 374, 375, 376, 377, 380, 381, 387, 388, 390, 391, 392, 393, 395, 396, 397, 398, 399, 400, 401, 403, 404, 407, 408, 411, 414, 417, 419, 477, 478, 479, 482, 484, 486, 488, 490, 491, 538, 547, 568, 572, 578, 619, 654, 686, 733, 773, 885, 911, 917, 937, 941, 942, 944, 949, 961, 962, 968, 988, 998, 1001, 1038, 1041, 1055, 1059, 1060, 1069
handle, carrying 489, 491
handle, crank 387
handle, electronic 1027
handle, insulated 317
handle, mitre lock 392
handle, retractable 489, 1034
handle, side 396
handle, starter 411
handle, transport 913
handle, trick 988
handle, twist 634
handlebar 413, 1001, 1021, 1026
handlebar, raised 1020
handlebar grip 1021
handlebar stem 699
handlebars 699, 917, 1021
handles 988
handling 754
handrail 335, 518, 519, 689, 716, 729
handsaw 391
handset 623, 624, 735
handset flex 623
hand-warmer pocket 436
hand-wheel 538
handwheel, elevating 892
hang glider 1047
hang gliding 1047
hang point 1047
hang to dry 425
hanger 601
hanger bracket 917
hanger loop 437
hanging basket 410
hanging cupboard 365
hanging glacier 72
hanging pendant 372
hanging sleeve 428
hanging stile 325, 327, 364
hank 981
HANS system 1022
hapteron 107
harbour 718
hard boot 1037
hard contact lens 481
hard disk drive camcorder 612
hard drive, external 638
hard drive, internal 638
hard hat 908
hard surface 968
hardboard 386
hard-shell clam 265
hardwood base 1049
hare 167, 271
Hare 21
harissa 287
harmonica 560
harness 411, 491, 572, 686, 989, 1019, 1043, 1046, 1047
harness, safety 366
harness, seat 1050
harnesses 572
harp 545, 548
Harp 23
harp cable stays 660
harpoon gun 989
harpsichord 553
hasp 488
hassium 813
hastate 111
hat, newborn 448
hat, sailor's 458
hat stand 645
hat switch 634
hatband 457
hatch 37, 895
hatch, day 987
hatch, side 36
hatchback 669
hatchback, four-door 669
hatchet 903, 1057
hatching 575
haulage road 771
Haumea 15
Hausa 582
Haversian canal 199
Hawaiian 583
hawk 403
hawse pipe 727, 731
hay baler 766
hayloft 243
hazard, water 1017
haze 83
hazelnut 255
hazelnut, section 116
head 18, 137, 140, 141, 143, 158, 186, 193, 195, 228, 250, 388, 390, 400, 479, 482, 483, 539, 547, 548, 549, 557, 566, 570, 578, 635, 713, 937, 949, 962, 968, 1008, 1017, 1051, 1059
head, bird 158
head, collector 32
head, cutting 655
head, projection 655
head, snare 561
head and neck support system 1022
head box 125
head cover 1019
head harness 909
head linesman 953
head number 1007
head nurse's office 919
head of femur 201
head of frame 327
head of humerus 201
head of water 789
head pole 1007
head protection 908, 910
head roller 572
head shell 617
head support 686
head teacher's office 869
head tube 407
headband 465, 539, 618, 908, 909
headbay 785
headboard 363, 366
headcap 539
header 767
head-first entry 979
headframe 773, 774
headgear 457, 990
headgear, men's 457
headgear, unisex 458
headgear, women's 458
heading 590, 948
heading, tab top 369
headings 369
headland 70
headlight 420, 421, 670, 690, 695, 696, 706, 707, 762, 763, 764, 895, 917, 1026
headline 590
headphone jack 558, 559, 614, 615, 620
headphones 604, 618
headpin 1015
headrail 371
headrest 491, 675, 917
heads 390
health 911
health and beauty care 289
health organization 643
hearing 234, 235
heart 136, 137, 138, 139, 141, 143, 145, 149, 152, 154, 159, 169, 213, 229, 276, 579
hearts 1062
heartwood 118
heat control 339
heat deflecting disc 359
heat energy 96
heat exchanger 339, 340, 800, 805
heat exchanger, plate-type 340
heat gun 408
heat loss 96
heat production 795
heat pump 341, 770
heat shield 27, 36
heat transfer 811
heat transport pump 797
heater 1053
heating 336
heating, forced warm-air system 338
heating/air conditioning equipment 730
heating base 317
heating coil 1049
heating duct 379
heating element 338, 339, 348, 379, 380, 406, 577
heating fuel tank 678
heating oil 782
heat-sealed film 294
heaving line knot 1058
heavy continuous rain 83
heavy continuous snow 83
heavy intermittent rain 83
heavy intermittent snow 83
heavy machinery 758
heavy petroleum 782
heavy rain 90
heavy rainfall 89
heavy thunderstorm 83
heavy-water reactor 800
Hebrew 582
Hebrew character 585
heddle rod 573
heddles 572, 573
hedge 323, 410
hedge trimmer 417
hedgehog 164
heel 171, 193, 195, 306, 391, 397, 433, 450, 459, 460, 461, 547, 548, 765, 941, 1018, 1030, 1031
heel, flat 461
heel, kitten 461
heel, low 461
heel, spike 461
heel, wedge 461
heel grip 459
heel loop 917
heel piece 988
heel rest 314, 374
heeled shoe 429
heel-piece 1039
heelplate 1042
height adjustment 765, 766, 969, 1001
height adjustment foot 601
height adjustment scale 392
height control 600
height finder 897
height of the dive 979
height scale 600
helicopter 753, 898
helicopter, ambulance 753
helicopter, tactical transport 753
helicopter, water-bomber 753
helicopter flight deck 898
helicopter hangar 898
helicopters 753
helipad 777
helium 814
helix 234, 839
helm roof 517
helmet 33, 406, 883, 901, 942, 944, 949, 954, 1008, 1020, 1021, 1025, 1028, 1037, 1038, 1041, 1044, 1045, 1046, 1047, 1051
helmet, crash 1022, 1035
helmet, fire 901
helmet, full-face 695, 1024
helmet lamp 1051
helmet ring 33
hem 371
hemidemisemiquaver 563
hemidemisemiquaver rest 563
hemisphere 839
hemisphere, cerebral 223
hemispheres 43
hemlath 806
hemline 569
hemp 123, 424
hen 163
hen egg 270
hendecagon, regular 839
henhouse 243
hennin 429
heptagon, regular 839
heraldry 873
herbal teas 264
herbicide 97
herbivore 94
herbs 262
Hercules 23
Herdsman 23
hermaphroditic duct 137
heron 161
herring 267
herringbone parquet 334
herringbone pattern 334
herringbone stitch 565
hertz 835
Hertzian wave transmission 602
heterotrophs 94
hex nut 683
hexagon, regular 839
hexagon bushing 351
hexagon nut 400
hidden pocket 484
high (19 to 36) 1068
high altar 871
high card 1062
high chair 366
high clouds 88
high focal plane buoy 737
high gain antenna 32
high jump 935, 936
high pressure area 89
high tension connector 793
high warp loom 573
high wing 750
high-back dungarees 448
highland 17, 87
highland climates 87
highlighter 585
high-pressure steam inlet 796
high-rise block 521
high-speed exit taxiway 740
high-speed shaft 807
high-speed train 707
high-temperature cutoff 348
high-tension electricity transmission 770, 775, 789, 807
high-voltage tester 404
hijab 429
hijiki 244
hiking boot 462
hill 71, 804
hilted bayonet 886
hilum 105
Himalayas 51
hind leg 140, 142
hind leg, butterfly 140
hind leg, honeybee 142
hind limb 152, 153, 164, 189
hind toe 158, 160
hind wing 140
Hindi 583
Hinduism 870
hinge 316, 325, 327, 364, 380, 484, 577, 617, 674, 824, 1039
hinge joint 207
hinge pin 760
hip 193, 195
hip pad 954
hip roof 516
hippopotamus 173
histogram 838
hitch ball 686
hitch pin 552
hive 144
hive body 144
Hi'iaka 15
hob 296, 376
hob edge 376
hobble 1007
hobble hanger 1007
hock 168, 174, 275
hock glass 297
hockey ball 944
hockey pitch 932, 945
hockey player 945
hoe 413
hoe-fork 412
hog line 1027
hoisin sauce 286
hoist 873
hoisting block 756
hoisting ring 732
hoisting rope 409, 519, 756
hoisting system 757
holdall 487
holder 815, 912
holder, baton 906
holder, dental floss 482
holder, filter 319
holder, hose 900
holder, paper-clip 654
holder, stylus 635
holder's name 861
holder's signature 861
holding 992
holding area marking 742
holds 992
hole 535, 1016, 1017
hole, black 18
holes 1016
hollow barrel 912
hollow brick 384
hollow shot 889
holmium 814
hologram foil strip 861
holothurian 135
holster 906
holy water font 871
home 633
home aerial 602
home button 639
home gym 1001
home key 633
home plate 939
home straight 1006
home theatre 612
home user 643
Homo sapiens 131
homogenized milk 280
Honduras 54, 876
honey 285
honey cell 144
honeybee 142
honeybee, anatomy of 143
honeybee, foreleg 142
honeybee, hind leg 142
honeybee, middle leg 142
honeycomb 144
honeydew melon 257
honour tiles 1066
hood 291, 336, 375, 436, 442, 448, 491, 989, 1032, 1051
hood, cooker 296
hood, range 292
hooded towelling robe 448

hoof 168, 171
hoofs 171
hook 327, 367, 387, 404, 413, 566, 567, 570, 693, 733, 756, 831, 1011, 1012, 1031
hook, boat 733
hook and eyes 567
hook ladder 409, 903
hooker 950
hoop 565, 972
hoop earrings 468
hopper 762, 767
hopper, debris 763
hopper, loading 693
hopper ore wagon 711
hopper tank wagon 710
horizon mirror 734
horizon shade 734
horizontal bar 970, 971
horizontal clamp 833
horizontal end handhold 709
horizontal ground movement 76
horizontal member 792
horizontal motion lock 596
horizontal move 1065
horizontal pivoting window 518
horizontal seismograph 76
horizontal-axis wind turbine 807
horn 471, 676, 696, 706
Horn, Cape 48
horn, English 545
horned melon 258
hornet 146
horny beak 155
hors d'oeuvre dish 303
hors d'oeuvres and cold food 292
horse 168, 172, 969
horse, anatomy of 169
horse, gaits 168
horse, morphology of 168
horse, pommel 970
horse, rider and 1008
horse, skeleton of 170
horsefly 146
horseradish 251
horseshoe 171, 471
horseshoe mount 28
hose 407, 446, 903
hose connection fitting 407
hose connector 414, 415
hose dryer 900
hose holder 900
hose reel cart 414
hospital 845, 856, 918
hospital bed 920
host 604
host plant 103
host tree 103
hot bus bar 354
hot coolant 795, 804
hot food 292
hot food table 291
hot tub 324
hot-air outlet 336
hotel 844, 854, 1036
hotel reservation desk 742
hotel room 855
hotplate 291, 292
hot-shoe contact 592
hot-water circuit 344
hot-water line 348
hot-water outlet 339, 349
hot-water riser 344
hot-water supply 352, 353
hot-water supply line 353
hound, smooth 266
houppelande 428
hour angle gear 28
hour hand 829
house 320, 325, 328, 541, 1027
house, adobe 520
house, exterior 322
house, foundations 333
house, one-storey 521
house, structure 328
house, two-storey 521
houseboat 729
household equipment 381
household linen 850
household products 288
household waste 97, 98
housing 342, 394, 396, 406, 477, 479, 520, 604, 616, 736
hovercraft 727
hub 145, 641, 654, 699, 787, 807, 917
hub cover 787
Hubble Space Telescope 27, 79
Hubble's classification 19
Hudson Bay 47
Huitzilopochtli, Temple of 513
hull 116, 721, 980, 986, 1026
hull column 777
hull sonar 898
human body 192
human denture 206
humerus 153, 159, 164, 165, 170, 175, 182, 184, 187, 188, 200, 207
humid continental - hot summer 87
humid continental - warm summer 87
humid subtropical 87
humidifier 341
humidifier, portable 342
humidistat 342
humidity 342
hummingbird 162
hummus 286
hump 708
hump approach 708
hump control 708
Hungarian 583
Hungary 56, 878
hunting 242
hunting arm 887
hunting cap 457
Hunting Dogs 23
hurdle 934
hurricane 83, 89
hurricane lamp 1056
husband 929
husbandry, animal 242
husbandry, intensive 96, 97
husk 122
Huygens 31
hybrid 1017
hybrid car 678
hydrant intake 902
hydraulic coupling 764
hydraulic cylinder 755
hydraulic disc brake 1020
hydraulic hose 765, 766
hydraulic jack 687
hydraulic pallet truck 755
hydraulic ram 764
hydraulic shovel 760
hydraulic system 754
hydraulic turbine 787
hydroelectric complex 785
hydroelectricity 785
hydrofoil boat 731
hydrogen 812
hydrologic cycle 95
hydrolysis 784
hydrometer 685
hydrosphere 94
hyena 180
hygrograph 85
hygrometer 342, 495
hyperlinks 642
hyperopia 239
hypha 108
hyphen 587
hypocotyl 105
hypothalamus 222, 229
hyracotherium 131
hyssop 262

I

Iapetus 15
Iberian Peninsula 49
ice 92, 95
ice axe 1051
ice cream container 318
ice cube dispenser 296
ice dispenser 668
ice hockey 1028
ice hockey equipment 1030
ice hockey player 1028
ice machine 291
ice melter 421
ice piton 1051
ice rink 1036
ice screw 1051
Ice Shelf, Amery 46
Ice Shelf, Filchner 46
Ice Shelf, Ross 46
iceberg lettuce 246
icebreaker 728
ice-cream maker 318
ice-cream scoop 309
Iceland 46, 49, 56, 878
Icelandic 583
ichthyosaur 130
ichthyostega 129
icing syringe 310
icon, application 622
ICS 35
identification, account 859
identification badge 906
identification section 904
identity bracelet 471
identity tag 488
idler wheel 1026
igloo 520
igloo tent 1053
igneous rocks 66
igniting electrode 339
ignition 680
ignition box 749
ignition key 420
ignition lead 682
ignition switch 676, 696
ignition transformer 339
iguana 157
ileum 217
ilium 153, 159, 165, 200
illuminated mirror 478
illumination mirror 833
image, virtual 823
image editor 599
image review button 593
image sensor 594, 595
imager 86
image-recording quality 593
impactor 31
imperial roof 516
impervious rock 776
impluvium 502
impost 514
impressionism 530
impulse sprinkler 415
in goal 951
inactive dike 794
inbound line 952
incandescent lamp 736
incandescent light bulb 359
incident neutron 811
incineration 99
incised figure 532
incisor 164, 166, 167
incisors 206
inclination 23
increase, voltage 770, 775
incurrent pore 134
incus 235
indent 648
index 590, 734
index arm 734
index card cabinet 653
index card drawer 653
index cards 652
index finger 237
index mirror 734
index shade 734
India 58, 881
Indian 20
Indian Ocean 44, 46, 50, 51, 52
indicator 674, 691, 917
indicator, position 519
indicator, water level 317
indicator board 937
indicator light 316, 317, 318, 319, 374, 380, 478, 577, 629, 635, 903
indicator lights 633
indicator needle 597
indicator telltale 677
indium 812
Indo-European languages 583
Indo-Iranian languages 583
Indonesia 51, 59, 881
Indonesian 583
indoor activity area 865
indoor electric grill 317
indoor shutters 370
induction 680, 681
industrial area 843
industrial communications 603
industrial pollution 97
industrial use 122
industrial waste 97, 98
industry 643
Indy car 1023
inert gas 359
inertia 816
inferior 586
inferior dental arch 231
inferior nasal concha 232
inferior umbilicus 158
inferior vena cava 211, 213, 219
infield 938
infiltration 95
infinity 837
infirmary 864
inflated carrying tyre 716
inflated guiding tyre 716
inflation system 733
inflator 989, 1054
inflator valve 989
inflator-deflator 1054
in-flight communications 603
in-flight refuelling 896
in-flight refuelling probe 896
information 857
information, dissemination of 643
information booth 849
information console 989
information counter 742
information desk 853, 858, 867, 905, 919, 1036
infrared homing head 894
infrared port 630
infrared radiation 96, 821
infrared sounder 86
infrared thermal mapper 32
infraspinatus 197
infusions, coffee and 264
inhalation valve 909
inhaled air 232
inhaler, metered dose 914
initials of issuing bank 861
injection/combustion 681
injection well 770
ink 524, 533, 584
ink, colour shifting 861
ink, screen printing 536
ink cartridge 637
ink drawing 528
ink roller 533
ink sac 138
inked surface 532
inking slab 533
inkjet printer 637
inlaid parquet 334
inlet manifold 681, 682
inlet port 681
inlet valve 682
inline skating 1045
inmate admission office 864
inmates' entrance 864
inner boot 1039, 1045
inner circle 1027
inner core 66
inner door shell 674
inner edge 171
inner jib 725
inner lining 685
inner lip 136
inner planets 15
inner stators 749
inner string 335
inner table 1063
inner toe 158
inorganic matter 94
input devices 632
input jack 559
input paper tray 637
input receptacle 638
input select button 614
input selector 614
input terminal 404
input tray 637
input wire 359
inrun 1040, 1041
insect 103
insectivorous bird 160
insectivorous mammals 164
insects 146
insects and arachnids 140
insert 317, 633
insert key 633
insertion 198
inset pocket 452
inside edge 1051
inside knob 326
inside-leg snap-fastening 448
insignia, rank 906
insole 463
installation work 523
instant replay button 610
instant-read thermometer 308
instep 192
institution, educational 643, 845
instructions, operating 668
instrument cluster 676, 695
instrument panel 677
instrument platform 86
instrument shelter 84
instrumental groups 546
instrumentation and propulsion module 38
insulated blade 404
insulated handle 317, 405
insulating material 333, 334, 380, 385
insulating sleeve 358
insulation 339, 348, 349, 385, 802
insulator 683, 793
insurance services 858
intaglio printing 532
intaglio printing process 534
intaglio printing process, equipment 534
intake, air 688
intake valve 680
integral 837
integrated circuit 820
integrated circuit, packaged 820
Integrated Science Instrument Module 27
Intelsat 603
intensive care unit 921
intensive farming 96, 98
intensive husbandry 96, 97
interactive terminals 523
interchange 843
interchanges 658
intercom 604, 607
intercom microphone 607
intercostal nerve 225
interfacing 569
interfemoral membrane 186
interior dome shell 28
interior door handle 674
interior door lock button 674
interior pocket 489
interlining 569
interlock 575
intermediate booster station 780
intermediate slope 1036
intermodal car 710
internal boundary 53
internal ear 234
internal iliac artery 210
internal jugular vein 211
internal modem port 630
internal tooth spring washer 399
International Olympic Committee 882
international organisation 882
international post 589
international road signs 664
international space station 34
International System of Units 835
international weather symbols 82
Internet 641, 642
Internet keys 632
Internet service provider 642
Internet stick 631
Internet user 642
Internet uses 643
internode 109
Inter-Orbit Communication System 35
interrogation room 904
interrupted projection 43
intersection 837
intertragic notch 234
interval 739
intervals 562
interventricular septum 213
intervertebral disc 204

intervertebral disk 208
interview 590
interview rooms 863
intestine 135, 136, 137, 139, 141, 145, 149, 154
intestine, large 152, 216
intestine, small 152, 155, 159, 169, 216
intrados 514
intravenous stand 920
intrusive filtration 97
intrusive rocks 66
Inuktitut 583
invert 717
inverted pleat 370, 454
Io 14
IOC 882
iodine 813
ion tail 18
Ionic column 509
Ionic column, engaged 503
Ionic order 500
ionization chamber 926
Iran 58, 880
Iraq 58, 880
Ireland 56, 878
iridium 813
iris 238
Irish 583
Irish moss 244
Irish Sea 49
Irish soda bread 279
iron 78, 813, 1017, 1018
iron, soldering 579
iron, stirrup 1005
iron, straightening 478
iron at high setting 425
iron at low setting 425
iron at medium setting 425
iron curtain 540
iron meteorite 18
iron stand 579
ironing 425
irons, in 982
irregular bone 199
irregular crystal 90
is approximately equal to 837
is contained in 837
is equal to 837
is equal to or greater than 837
is equal to or less than 837
is equivalent to 837
is greater than 837
is identical with 837
is less than 837
is not equal to 837
is not identical with 837
is not parallel to 836
is parallel to 836
isba 520
ischium 153, 159, 165, 201
ISIM 27
Islam: Muhammad 870
Islamic Conference, Organisation 882
island 45, 296, 659, 897
Island, Baffin 47
island, barrier 70
island arc 67
Islands, Aleutian 47
Islands, Falkland 48
Islands, Fiji 52
islet, rocky 70
isobar 81
isolated danger mark 739
isolated languages 583
isolation cell 865
isolation room 918
isoseismal line 76
Israel 58, 880
isthmus 45
isthmus of fauces 231
Isthmus of Panama 47
Italian 583
italic 586
Italy 56, 878
items, news 590
ivory ball 1068
Ivory Coast 60, 879

J

jabot 455
jaboticaba 259
jack 686, 756, 760, 902, 1014, 1023, 1062
jack, audio 629
jack, microphone 621
jack, stabilizer 687
jack spring 553
jacket 428, 443, 820, 887, 992, 997, 1005
jacket, double-breasted 430
jacket, fleece 451
jacket, life 733
jacket, single-breasted 430
jacket, traditional 996
jackets 430
jackfruit 258
jackleg drill 772
jackpot box 1070
jackpot feed 1070
jacks, telephone surge protection 638
jaguar 181
jalapeño chilli 261
jalousie 327
Jamaica 54, 876
jamb 325, 336
jam-clearing latch 389
James Webb Space Telescope 27
janitor's cupboard 854
Japan 51, 59, 881
Japan, Sea of 51
Japan Trench 69
Japanese 583
Japanese experiment module 35
Japanese persimmon 259
Jarlsberg 281
Java Trench 69
javelin 883, 935, 937
jaw 390, 394, 395, 401, 405, 472
jaw, fixed 832
jaw, sliding 832
jaws 401
jay 162
jazz band 546
jeans 433, 441
jejunum 217
jelly 925
jellyfish 134
jerboa 166
jerk, clean and 999
jersey 940, 945, 946, 951, 954, 956, 1020
Jerusalem artichoke 245
Jesus Christ 870
jet, supersonic 79
jet blast deflector 897
jet engine test area 897
jet fuel 782
jet refueller 744
jets, water 978
jetty, starting 984
Jew's harp 561
jewel 828
jewellery 468
jewellery, watches and 851
jewellery shop 848
jib 756, 757, 980
jib tie 756
jibsheet 980
jicama 245
jigger topgallant staysail 725
jigger topmast staysail 725
jiggermast 724
jigsaw 393
jigsaw puzzle 1066
jingle 557
jo 996
jockey 1006
jockey rollers 700
jodhpurs 1003
jog wheel 597
John dory 268
joint 207, 539, 584, 677, 1013, 1059
joint, cartilaginous 208
joint, condyloid 208
joint, fibrous 208
joint, gliding 208
joint, hinge 207
joint, pivot 207
joint, saddle 208
joint, synovial 207
joint filler 403
jointed mouth 1004
jointer plane 397
joint-use enclosure 357
joist 334
joker 1062
Jordan 58, 880
joule 835
journal box 706
joystick 559, 634
joysticks 1067
Judaism: Old Testament 870
judge 972, 990, 991, 992, 997, 1005, 1009
judge, centre line 966
judge, corner 993, 994
judge, finish 1033
judge, finish line 985
judge, goal 1008
judge, line 959, 964, 970
judge, route 1050
judge, side 953
judge, start 1033
judge, track 1033
judges 970, 971, 978, 1031
judges, artistic value 972
judges, assistant 1033
judges, corner 996
judges, difficulty 972
judges, execution 972
judges, finish 1033
judges, start 1032
judges, turning 977
judges' bench 862
judges' office 862
judges' stand 1006, 1037, 1040, 1041
judo 992
judogi 992
jug 319
jug, measuring 308
juice extractor 318
juice sac 114
juice tray 317
ju-jitsu 996
jujube 259
jump, ski 1041
jump, triple 1025
jump ski 988
jumper, ski 1041
jumper cables 686
jumper valve plate 350
jumping, show 1002
jumping, ski 1041
jumping boot 1046
jumping competition ring 1002
jumping ski 1041
jumping technique 1041
jumping zone 973
jumps 936, 1031
jumps, multiple 1025
jumpsuit 439
junction box 713
junior doctor 920
junior officer's office 904
juniper berry 260
junk 722
Jupiter 14
Jurassic 131
jurors' room 862
jury 972, 999, 1003
jury, president of 1050
jury box 863
jury platform 1021
jury point 1041
justaucorps 428
justaucorps costume 428
justice 862
jute 424
juvenile cell 904

K

K1 kayak 987
Kalahari Desert 50
kale, ornamental 246
kale, sea 246
Kamchatka Peninsula 51
kangaroo 188, 189
kangaroo, morphology of 189
kangaroo, skeleton of 188
Kaplan runner 787
Kara Sea 46
karabiner 1051
karabiner, D 1050
karabiner, locking 1050
karate 993
karategi 993
karateka 993
karren 67
kayak 987
kayak, recreational 987
kayak, sea 987
kayak, whitewater 987
Kazakhstan 58, 880
keel 159, 1047
keel boat 981
keep 504
keeper 431
keeper ring 1059
kelly 776
kelvin 835
kendo 995
kendo techniques 995
kendoka 995
Kenya 61, 879
kerb 846, 1022
Kermadec-Tonga Trench 69
kernel 115, 122
kerosene 782
ketch 723
ketchup 287
kettle 71, 318
kettledrum 556
key 327, 550, 552, 553, 555, 560
key, arrow 342
key, backspace 633
key, call 621
key, capitals lock 632
key, confirmation 859
key, delete 633
key, email 632
key, end 633
key, enter 633
key, escape 632
key, home 633
key, ignition 420
key, insert 633
key, lock 621
key, menu 621
key, monitor 621
key, numeric lock 633
key, page down 633
key, page up 633
key, pause/break 633
key, print screen/system request 633
key, scroll 621
key, scrolling lock 633
key, start 632
key, tabulation 632
key, talk 622
key case 485
key cutting 849
key finger button 550
key grip 542
key guard 550
key lever 550
key lock 484
key signature 563
key spindle 564
keybed 552
keyboard 552, 558, 622, 630, 925, 1015
keyboard, alphanumeric 668, 858, 859
keyboard and pictograms 632
keyboard instruments 552, 553
keyboard port 629
keyless chuck 394
keypad 624, 625
keypad, alphanumeric 622, 632
keys 558, 1004
keys, function 632
keys, Internet 632
keys, operation 858, 859
keystone 506, 514
keyway 327
K-frame 792
kick 994
kick, skating 1042
kick pleat 454
kicker 590, 944, 1040
kickers 1040
kickstand 491, 694, 697
kidney 136, 137, 138, 149, 152, 154, 159, 169, 219, 229, 276
kidney bean, red 253
kielbasa 277
killer whale 183
kilogram 835
kilt 439
kimono 429
kimono sleeve 453
king 1062
King 1065
king post 333, 1047
king's chamber 498
kingdom 132
kingfisher 161
kingpin 691
King's side 1065
Kinyarwanda 582
kiosk 668, 715
Kiribati 62, 881
Kirundi 582
kit, first aid 907
kit, tool 700
kit, waxing 1042
kitchen 291, 293, 296, 329, 502, 705, 853, 854, 864, 869, 900
kitchen appliance 314
kitchen articles 850
kitchen equipment 306
kitchen facilities 644
kitchen knife 306
kitchen knives 306
kitchen scale 308
kitchen shears 309
kitchen timer 308
kitchen towel 381
kitchen utensils 306
kitchen-diner 329
kite 1071
kiwi 258
knee 168, 174, 192, 194
knee boot 1007
knee boot suspender 1007
knee pad 940, 954, 1030, 1032, 1044, 1045
knee sock 446
knee wrap 999
knee-length sock 433
kneeling position 1011
kneepad 1008
knickerbockers 433, 441
knife 298, 531, 533, 989, 1055, 1057
knife, dessert 304, 305
knife, dinner 304, 305
knife, electric 315
knife, fish 304
knife, lead 579
knife, multipurpose 1055
knife, palette 525
knife pleat 432, 454
knife rest 301
knife-blade cartridge fuse 355
Knight 1065
knitting 570
knitting machine 571
knitting measure 570
knitting needle 570
knives 298
knob 362, 371, 397, 402, 941
knob, coarse adjustment 825
knob, fine adjustment 825
knob, steam control 319
knob handle 392
knobby tyre 697
knockout cable entry 354
knoll 1040
knot 575
knot stitches 565
knots 1058
knurled bolt 408
koala 189
kohlrabi 250

Kola Peninsula 49
kombu 244
kora 561
Koran 870
Korea, North 59
Korea, South 59
Korean 583
Korean Peninsula 51
Kosovo 57
kote 995
kote-uchi 995
krypton 814
Kuiper belt 14
kumquat 256
kung fu 996
Kuril Trench 69
Kuwait 58, 880
kyphosis 204
Kyrgyzstan 58, 880

L

label 523, 617
label holder 653
label maker 653
labial palp 136, 140, 143
labium majus 226, 227
labium minus 226, 227
lablab bean 252
laboratory 26, 28
laboratory, pathology 922
laboratory air lock 37
laboratory equipment 815
Labrador retriever 177
Labrador Sea 46
labyrinth 1035
laccolith 75
lace 578, 941, 991, 1031
lace carriage 571
lace-up 459
lachrymal caruncle 238
lacing 1043
lacing closure 1045
lacrosse 948
lacrosse field 948
lacrosse techniques 949
lactiferous duct 227
ladder 324, 409, 520, 687, 719, 737, 761, 762, 781, 1064
ladder, boarding 733
ladder and hose strap 903
ladder pipe nozzle 902
ladder scaffold 409
ladders 409
ladle 311, 889
Ladoga, Lake 49
Lady chapel 506, 507
ladybird 146
lagging 781
lagomorph 167
lagomorphs 167
lagoon 70
lake 17, 45, 71, 73
lake, artificial 73
lake, glacial 73
lake, oxbow 73
lake, tectonic 73
lake, volcanic 73
lake acidification 98
Lake Baikal 51
Lake Chad 50
Lake Eyre North 52
Lake Ladoga 49
Lake Malawi 50
Lake Tanganyika 50
Lake Titicaca 48
Lake Victoria 50
Lakes, Great 47
lam 572
lamb, cuts 274
lamb, pieces 274
lamb, rack 274
lambdoid suture 205
lamellae, concentric 199
lamina 107
lamina, basal 209
laminboard 386
lamp 613, 803, 825
lamp, adjustable 526
lamp, bedside 855, 920
lamp, compact fluorescent 359
lamp, fluorescent 536
lamp, halogen 359
lamp, heating 495
lamp, LED 359
lamp, light-emitting diode 359
lamp, sanctuary 871
lamp base 736
lamp socket, parts of 358
lamp-holder 358
lamphouse elevation control 600
lamphouse head 600
lanceolate 111
lancing device 912
land 394
land pollution 97
land station 80
lander (Viking) 32
landfill 843
landfill site, authorized 97
landing 330, 335, 774, 1041
landing, lower 518
landing, upper 518
landing area 934, 936, 937, 1041
landing deck 897
landing gear 687, 691, 765
landing gear crank 691
landing gear lever 748
landing light 753
landing net 1061
landing radar 897
landing slope 1041
landing track 1040
landing window 753
landslides 77
lane 845, 934, 976, 977, 1032
lane, bowling 1015
lane, pit 1022
lane, traffic 659
lane, warm-up 1032
lane line 935
lane number 1043
lane rope 977
lane timekeeper 976
langoustine 266
language display button 624
language families, major 582
languages, Afro-Asiatic 582
languages, Amerindian 583
languages, Australian aboriginal 583
languages, Bantu 582
languages, Celtic 583
languages, Central African 582
languages, Germanic 583
languages, Indo-European 583
languages, Indo-Iranian 583
languages, isolated 583
languages, Malayo-Polynesian 583
languages, Oceanian 583
languages, Papuan 583
languages, Romance 583
languages, Sino-Tibetan 582
languages, Slavic 583
languages, Ural-Altaic 583
languages of the world 582
languid 554
lantern 410, 1053
lantern, lighthouse 736
lantern pane 736
lanthanides (rare earth) 814
lanthanum 814
Laos 59, 881
lap belt 675
lap counter 1033
lapel 430, 454
lapis lazuli 470
Laptev Sea 46
laptop computer 630, 641
laptop computer briefcase 489
lapwing 162
larch 121
lard 284
larding needle 309
large blade 1055
large intestine 152, 217
large wheel 917
larger spotted dogfish 266
larva 144
larynx 214
lasagne 282
laser, pulsed ruby 823
laser beam 615, 823
laser beam outlet 832
laser printer 637
laser sensor 634
last quarter 17
latch 316, 488, 566, 1050
latch, mitre 391, 392
latch bolt 326
latch needle 571
lateen sail 723
lateen yard 722
lateral filing cabinet 645
lateral groove 171
lateral incisor 206
lateral line 150, 1027
lateral mark 739
lateral moraine 72
lateral semicircular canal 235
lateral-adjustment lever 397
latex 124
latex glove 913
latex glove case 906
lath 370, 371
Latin character 585
latissimus dorsi 197
latrines 502
Latvia 57, 878
launch pad 36
launcher, space 39
laundry 854, 864
laundry room 329
lava flow 75
lava layer 75
lawn 323, 410
lawn aerator 420
lawn bowling 1014
lawn care 419
lawn edger 412
lawn rake 420
lawn tractor 420
lawrencium 814
layer, basal 236
layer, granular 236
layer, horny 236
layer, ozone 79
layer, spinous 236
layers, waste 97
layout 590
LCD 828
leach field 345
leaching 98
lead 78, 493, 590, 620, 812, 1027
lead ball 893
lead came 579
lead pencil 584
leader 1050, 1061
leading 586
leading bunch 1020
leading edge 454, 747, 1047, 1048
leading edge flap 896
leading edge tube 1047
leading motorcycle 1020
leads tube 654
leaf 102, 103, 105, 106, 109, 111, 250
leaf, chlorophyllous 103
leaf, structure of 111
leaf axil 111
leaf blower 411
leaf lettuce 246
leaf margin 111
leaf vegetables 246
League of Arab States 882
leakproof cap 1053
lean-to roof 516
leash 988
leash rod 573
leather, chamois 472
leather end 432
leather goods 484
leather goods shop 848
leather sheath 1057
leather skin 942
leaves 120
leaves, first 105
Lebanon 58, 880
Lebanon, cedar of 121
lectern 871
LED 359
ledger board 332
ledger line 562
leech 983
leek 245
left atrium 213
left attacker 958
left back 945, 947, 958, 960
left centre 950
left channel 618
left cornerback 952
left defence 1028
left defensive end 952
left defensive tackle 952
left field 939
left guard 953
left half 945
left inner 945
left kidney 218
left lung 214
left midfielder 947
left service court 965, 967
left side 481
left tackle 953
left ventricle 213
left wing 945, 950, 1029
left winger 960
left-luggage office 704
leg 155, 167, 185, 193, 195, 207, 273, 274, 362, 363, 366, 411, 433, 556, 765, 961, 973, 1060
leg, upper 274
leg, walking 145
leg guard 940
leg roast 274
leg strap 733
legging 1051
legionnaire, Roman 883
leg-of-mutton sleeve 453
legume 116, 252
legumes 252
leisure, outdoor 1052
lemon 256
lemon balm 262
lemon squeezer 307, 315
lemur 185
length, measurement of 835
lengthways bulkhead 728
lengthwise grain 569
lens 238, 239, 480, 592, 594, 597, 598, 601, 615, 622, 635, 636, 825, 926
lens, macro 598
lens, optical 655
lens, reception 832
lens, zoom 613
lens accessories 598
lens aperture scale 598
lens cap 598
lens case 481
lens hood 24, 598, 734
lens release button 592
lens system 824
lenses 598, 822
lenses, contact 481
lenticular galaxy 19
lentil 252
leopard 181
leopard cat 179
Lesotho 61, 880
lesser covert 158
letter 588
letter, marker 1005
letter opener 651
letter scale 651
letters 586
letters to editor 590
lettuce, butterhead 246
lettuce, iceberg 246
lettuce, leaf 246
lettuce, sea 244
leucoplast 102
level 774
level, reception 854
level, sea 79
level, water 342
level crossing 665, 667, 713
level crossing bell 713
level crossing sign 713
levelling arm 762
levelling foot 378, 379, 380
levelling head 833
levelling head level 833
levelling head locking knob 833
levelling screw 84, 831, 833
lever 316, 350, 352, 399, 472, 533, 535, 816, 887, 1070
lever, cruise control 420
lever, gear 672, 697
lever, locking 401
lever cap 397
lever corkscrew 307
lever cover 350
lever kitchen-tap 352
levigator 535
Liberia 60, 879
libero 958
librarian's office 866
library 523, 845, 864, 866, 868
library, map 866
library, sound 867
library, videotape 867
Libya 60, 879
lichen 106
lichen, crustose 106
lichen, foliose 106
lichen, fruticose 106
lichen, structure of 106
lichens 106
lid 312, 315, 316, 317, 318, 319, 377, 378, 381, 387, 577, 600, 820
lid brace 577
Liechtenstein 56, 878
lierne 506
life buoy 731
life cycle of the frog 153
life jacket 733
life raft 727, 733
life support system 33
lifeboat 724, 726, 730, 777
lifebuoy 733, 907
life-saving equipment 733
lift 26, 503, 519, 644, 724, 752, 774, 847, 854, 857
lift, wheelchair 689
lift arm 759
lift bridge 662
lift car 519
lift chain 347
lift cord 371
lift cord lock 371
lift door 689
lift span 662
lift-fan air inlet 727
lifting chain 754
lifting handle 892
lifting hook 776
lifting link 764
ligament 136, 207
ligature 550
light 24, 25, 28, 33, 586, 594, 595, 716, 737, 739
light, amber 846
light, eternal 872
light, green 846
light, halogen 911
light, indicator 903
light, moving 606
light, reading 907
light, red 846
light, scene 911
light, strobe 911
light, traffic 846
light, underwater 324
light, visible 821
light, work 763
light aircraft 750
light bar 902
light button 621
light continuous drizzle 83
light continuous rain 83
light continuous snow 83
light intermittent drizzle 83
light intermittent rain 83
light intermittent snow 83
light machine gun 891
light path 29
light rain 90
light ray 239
light reading 597
light sensor 594
light shield 27
light signal 564
light wave, trajectory 822
lightbar 907
lightbar controller 907
lightbox 655
light-emitting diode 359
lighthouse 718, 736
lighthouse lantern 736
lighting 359, 478, 495, 748

lighting, safety 907
lighting cable 687
lighting console 605
lighting console operator 605
lighting director 605
lighting grid 543, 606
lighting grid access 605
lighting technician 543
light-load adjustment screw 355
lightning 83, 91
lightning conductor 323, 786, 793
lightning rod 807
lights 372
lights, blinking 688
lights, control 638
lights, goal 1029
lights, indicator 633
lights, pedestrian 846
lights, rear 911
lights, signal 1009
lily 113
lily of the valley 113
Lima bean 253
limb 118, 885, 1009
limb, hind 164, 189
limb top 825
lime 256
limit switch 519
limpet 265
linden 120, 264
line 387, 562, 859, 959, 1068
line, back 1027
line, broken 658, 659
line, cable 643
line, centre 955
line, chalk 387
line, competitors' 993, 995
line, credit 590
line, dedicated 641, 642
line, field 817
line, finish 982, 985, 1021, 1040
line, goal 955
line, hog 1027
line, hot-water 348
line, main 703
line, neutral 817
line, pursuit 1021
line, referee's 993
line, shooting 1009
line, solid 658
line, sprinters' 1021
line, starting 982, 1022
line, submarine 642
line, tee 1027
line, telephone 642
line guide 1060
line judge 953, 959, 964, 970
line map 714
line of scrimmage 953
line tightener 1052
linear 111
linebacker 952
linen 123, 424, 705
linen, household 850
linen chest 364
linen room 854
lines, suspension 1046
lines of latitude 42
lines of longitude 42
linesman 947, 958, 962, 966, 1029
Lingala 582
lingerie 850
lingerie shop 848
lingual tonsil 233
lining 294, 430, 431, 450, 459, 484, 569, 1031
lining fabrics 569
linseed oil 527
linstock 889
lint filter 378
lintel 325, 332, 336, 507
lion 181
Lion 23
lion passant 875
lip 168, 178, 579
lip balm 475
lip gloss 474
lip liner 474
lip make-up 474
lip strap ring 1004
lipid droplet 102
lipstick 474
liquefaction plant 783
liqueur glass 297
liquid 810, 811
liquid/gas separator 685
liquid compass 734
liquid cooling and ventilation garment 33
liquid crystal display 828
liquid crystal display (LCD) television 610
liquid eyeliner 473
liquid foundation 473
liquid hydrogen tank 39
liquid mascara 473
liquid nitrogen tank 826
liquid oxygen tank 39
list, wine 291
listening mode button 614
listening posts 867
lists 504
literary supplement 590
lithium 812
litho crayon 535
litho pencil 535
lithographic press 535
lithographic printing 532
lithographic stone 535
lithographic tusche 535
lithography 535
lithography, equipment 535
lithosphere 66, 94
Lithuania 57, 878
litter 493
litter, plant 109
litter box 493
Little Bear 22
Little Dog 23
little finger 237
little finger hook 551
Little Horse 22
Little Lion 23
liver 149, 152, 154, 155, 159, 169, 216, 229, 276
Liverpool bit 1004
livestock van 710
living room 329, 1052
lizard 157
Lizard 22
lizard, monitor 157
llama 172
load 816
load platform 691
loader 999
loader, belt 775
loader, pallet/container 745
loading area 798
loading arm 729
loading bridge 718
loading bunker 772
loading dock 847
loading door 336
loading hopper 693
loaf pan 317
loan services 858
lob 967
lob wedge 1018
lobate 111
lobby 644, 742, 847, 851, 854, 858, 863
lobe 103, 160
lobe, frontal 223
lobe, lower 215
lobe, occipital 223
lobe, parietal 223
lobe, temporal 223
lobe, upper 215
lobe bronchus 215
lobster 139, 266
lobster, anatomy of 139
lobster, morphology of 139
local post 589
local station 602
location 322
location of the statue 499
lock 325, 326, 377, 486, 489, 674, 794
lock, canal 719
lock, capitals 632
lock, numeric 633
lock, twist 692
lock chamber 719
lock emptying system 719
lock filling and emptying opening 719
lock filling and emptying system 719
lock filling intake 719
lock filling opening 719
lock forward 950
lock key 621
lock nut 84
lock rail 325
lock ring 601
locker 645
locker room 900
lockers, students' 869
locket 468
locking button 374
locking device 375, 409
locking karabiner 1050
locking lever 401, 709
locking ring 390, 892
locking-wheel castors 913
locknut 352, 832
lock-on button 393, 396
locomotive 706, 707
locomotive track 708
loculus 115
lodge, main 1036
lodge, mountain 1036
lodge, skiers' 1036
lodge, summit 1036
lodging 857, 1036
loft ladder 409
log 125, 386
log, section 386
log carrier 337
log chute 785
log truck 692
logger, data 84
loin 168, 193, 195, 273, 274, 275
loin chop 273, 275
loincloth 426, 429
long and short stitch 565
long bone 199
long bone, structure of 199
long johns 434
long jump and triple jump 934, 937
long residue 782
long service line 962
long track 1032
longan 258
longitudinal dunes 74
long-range jet airliner 746
longship 720
loofah 475
loom, low-warp 572
loop 450, 659
loop, brake 1046
loop, hammer 387
loop, strap 1056
loop, toe 1031
loop stitches 565
loose curtain 369
loose head prop 950
loose powder 473
loose powder brush 473
lopping shears 416
loquat 255
lordosis 204
lore 158
lorgnette 481
lorry, hardtop 710
loss, heat 96
lost property 857
loudspeaker 559, 618, 619, 735, 902
loudspeaker, centre 612
loudspeaker, main 612
loudspeaker, monitor 604, 605, 607, 608
loudspeaker, surround 612
lounge 730, 854
lounge, cocktail 854
lounge, nurses' 922
lounge, staff 859, 904, 919
lounge, VIP 852
louse 146
louvre 343
louvre-board 507
louvred window 518
lovage 262
love seat 855
low (1 to 18) 1068
low clouds 88
low fuel warning light 677, 696
low gain antenna 32
low pressure area 89
lower blade guard 392
lower bowl 319
lower cheek 1004
lower chord 661
lower confining bed 770
lower eyelid 152, 178, 238
lower fore topgallant sail 725
lower fore topsail 725
lower gate 719
lower girdle facet (16) 469
lower guard retracting lever 392
lower landing 518
lower lateral lobe 117
lower lateral sinus 117
lower level 719
lower limb 885
lower lip 231, 554
lower lobe 214, 215
lower mantle 66
lower mast 724
lower radiator hose 683
lower section 39
lower shell 1039
lower sphere clamp 84
lower support screw 84
lower thermostat 348
lower wing 750
lower-case 586
lowering the spinnaker 982
low-pressure steam inlet 796
low-speed shaft 807
low-tension distribution line 356, 793
lubricant eye drops 481
lubricants plant 782
lubricating oils 782
lubricating system 706
lubricator 773
ludo 1063
Luer-Lock tip 912
luff 983
lug 556
lug sail 723
luge 1034
luge, doubles 1034
luge, singles 1034
luge racer 1034
luggage 488, 851
luggage compartment 705, 707, 753
luggage elastic 488
luggage locker 857
luggage lockers 704
luggage rack 687, 697, 1026
luggage racks 727
luggage trolley 488, 704
lumbar pad 954
lumbar plexus 225
lumbar vertebrae 165, 170, 175, 184, 187, 188
lumen 209
luminous intensity, measurement of 835
lumisphere 597
Luna 1 30
lunar eclipse 17
lunar features 17
lunar lander 38
lunar module 38
lunate 202, 208
lunchroom, employee 644
lung 137, 152, 154, 159, 169, 212, 215
lung, book 145
lungfish 151
lungs 215
lunula 237
lunule 136
lupine 252
lutetium 814
Lutheranism: Martin Luther 870
Lutz 1031
Luxembourg 56, 878
lychee 259
lymph node 230
lymph node, axillary 230
lymph node, cervical 230
lymph node, inguinal 230
lymph node, intestinal 230
lymph node, popliteal 230
lymph node, thoracic 230
lymphatic system 230
lymphatic vessel 230
lynx 180
Lynx 22
lyre 561

M

macadamia nut 255
macaque 185
macaroni 531
macaw 163
Macedonia 57
machete 886
machicolation 504
machine, breath-testing 905
machine, espresso 319
machine, franking 651
machine, ice 291
machine, snow-grooming 1036
machine, sorting 589
machine, trap 1010
machine gun 895
machine hall 785, 786
machine wash in hot water at a normal setting 425
machine wash in lukewarm water at a gentle setting/reduced agitation 425
machine wash in warm water at a gentle setting/reduced agitation 425
machine wash in warm water at a normal setting 425
machinery shed 243
Mackenzie River 47
mackerel 267
macro lens 598
macronucleus 133
macular area 238
Madagascar 50, 61, 880
madreporite 135
magazine 389, 590, 888, 891, 1043
magazine base 888
magazine catch 888
mage 995
Magellan 30
magenta 821
magma 67, 75
magma chamber 75, 770
magnesium 812
magnesium carbonate chalk 999
magnesium powder 971
magnet 568, 654, 817
magnetic compass 1057
magnetic damping system 830
magnetic field 609, 817
magnetic field, Earth's 817
magnetic gasket 377
magnetic lid holder 318
magnetic needle 1057
Magnetic Pole, North 817
Magnetic Pole, South 817
magnetic resonance imaging 924
magnetic separation 99
magnetic strip 861
magnetic tape 611
magnetism 817
magnetometer 86
magnifier 1055
magnifying glass 824
mah-jongg 1066
mail 857
mail, air 589
mail, bulk 589
mail processing room 644
main beam headlight 674
main beam indicator light 677
main beam indicator tell-tale 696
main bronchus 215
main carriage 571
main circuit breaker 354
main circuit vent 344
main cleanout 344
main cryogenic stage 39
main deck 729, 897
main drain 324, 344, 345
main duct 338
main electric motor 899
main engine 37
main entrance 329, 847, 867, 869, 904, 922
main fan 772
main generator 706
main glider 367
main handle 395
main inlet 781
main junction box 356
main landing gear 747, 896

main leg 792
main lodge 1036
main loudspeaker 612
main lower topgallant sail 725
main lower topsail 725
main parachute 1046
main power cable 354
main return pipe 339
main road 659
main rooms 328
main royal sail 725
main sail 725
main scale 832
main scope tube 824
main section 1068
main sewer 846
main steam header 797
main steam pipes 797
main supply pipe 339
main switch 356
main transformer 707
main tube 24, 25
main upper topgallant sail 725
main upper topsail 725
main vent 75
main waiting room 922
main wheel 829
Maine Coon 179
mainmast 722, 724
mains connection 338
mainsail 980
main-sequence star 18
mainsheet 980
maintenance hangar 741
maintenance shop 772
maître d'hôtel 290
major domestic appliances 850
major inner reaping throw 992
major international road signs 664
major language families 582
major motions 1065
major North American road signs 666
major outer reaping throw 992
Makemake 15
maker, bread 317
make-up 473
make-up, facial 473
make-up artist 542
make-up remover pad 474
Malagasy 583
malanga 245
malar region 158
Malawi 61, 880
Malawi, Lake 50
Malayo-Polynesian languages 583
Malaysia 59, 881
Maldives 58, 880
male 834
male bowler 1015
male cone 120
male ferrule 1059, 1060
male frog, anatomy of 152
male genital organs 228
male grounding pin 358
male union nut 351
Mali 60, 879
malleolus, lateral 203
mallet 388, 531, 533, 556, 561, 1008
mallets 557
malleus 235
Malpighian tubule 143
Malpighian tubules 141
malt vinegar 287
Malta 56, 878
Malta, Sovereigh Military Order 882
mammal, flying 186, 187
mammal, marsupial 189
mammals, carnivorous 174
mammals, insectivorous 164
mammals, marine 182
mammals, marsupial 188
mammals, ungulate 168
mammary gland 227
man 192
man, property 543
management office 852
managing director's office 644
managing director's secretary 644
mandarin 256
mandarin collar 455
mandible 141, 143, 150, 153, 154, 158, 159, 164, 166, 167, 170, 175, 182, 184, 187, 188, 200, 205
mandolin 561
mandoline 307
mandown alarm 901
mane 168
manganese 813
manganese mix (cathode) 820
mango 259
mango chutney 287
mangosteen 258
manhole 357, 781, 846
manicure 472
manicure set 472
manifold 777
manoeuvring bar 767
manoeuvring engine 37
manometer 781
manrope 662
mansard roof 516
mantelpiece 336
mantid 147
mantle 136, 138, 336, 817
mantle muscles 138
manual 555
manual/automatic mode 577
manual focusing knob 601
manual release 1039
manual revolving door 515
manual sorting 99
manually-operated points 712
manuals 554
manure spreader 765
manway 774
Manx 179
Maori 583
map 63
map, geographical 868
map, physical 45
map, political 53
map, road 53
map, urban 52
map, weather 80
map library 866
map projections 43
maple 119
maple syrup 285
mapper, infrared thermal 32
Marconi cutter 723
margarine 284
margin 111
margin control 648
margin release 648
marginal shield 155
marginal tentacle 134
Mariana Trench 69
Marie Byrd Land 46
marina 932
marinade spices 261
marine 87
marine diesel 782
marine mammals 182, 183
Mariner 30
maritime buoyage system 738
maritime communications 603
maritime signals 736
maritime transport 718
mark, penalty 960
marker 585, 1014, 1032, 1033
marker, position 549
marker letter 1005
marker pen 524
markers 1025
marking dot 569
marking tool 387
marlin, blue 150
marmoset 185
marrow 276
marrow, bone 199
marrow squash 249
Mars 14, 15
Mars Odyssey 31
Mars Reconnaissance Orbiter 31
marshall 1025
Marshall islands 62
Marshall Islands 881
marshalling yard 708
marsupial 189
marsupial mammals 188
marten 180
marten, stone 180
martingale 1008
Martinique 54
Mary Jane shoe 460
mascara brush 473
mask 940, 989, 997
mask, face 942, 944
mask, operating 913
mask, oxygen 911
mason jar 295
mason's trowel 403
masonry 402, 403
masonry drill 394
masonry nail 388
mass 76
mass, measurement of 835
massage glove 475
massif 45
mast 503, 713, 722, 754, 755, 980, 983
mast control lever 755
mast foot 983
mast operating lever 754
mast sleeve 983
master cord 1043
master cylinder 679
master gate valve 780
master volume dial 614
masthead 590, 724, 983
masthead light 727
mastoid fontanelle 205
mastoid process 205
masts 724
mat 992, 1014
mat, exercise 1000
mat, floor 686
mat, jumping 973
mat, nonslip 1043
mat, protective 1033
mat, safety 973
mat, spotter 973
mat chairman 991
matchbox 483
matchstick 483
material, fire-fighting 903
material, radar-absorbent 751
material, sealing 820
maternal aunt 929
maternal uncle 929
mathematics 837
matinee-length necklace 468
mating adaptor 34
mats, floor 970
matter 810
matter, states of 810
matter, white 221, 222, 224
matter and energy exchange 94
mattress 363, 366, 913
mattress cover 363
mattresses and box springs 850
maulstick 526
Mauritania 60, 879
Mauritius 61, 880
mawashi 995
maxilla 143, 150, 153, 154, 158, 159, 166, 167, 175, 182, 184, 200, 205, 232
maxillary 164
Maya 583
meadow 243
mean position 821
meander 73
measure, telescopic 1014
measure of sky radiation 84
measurement of air pressure 85
measurement of amount of substance 835
measurement of angles 833
measurement of Celsius temperature 835
measurement of cloud ceiling 85
measurement of distance 832
measurement of electric charge 835
measurement of electric current 835
measurement of electric potential difference 835
measurement of electric resistance 835
measurement of energy 835
measurement of force 835
measurement of frequency 835
measurement of humidity 85
measurement of length 833, 835
measurement of luminous intensity 835
measurement of mass 835
measurement of power 835
measurement of pressure 835
measurement of radioactivity 835
measurement of rainfall 85
measurement of snowfall 85
measurement of sunshine 84
measurement of temperature 85, 827
measurement of thermodynamic temperature 835
measurement of thickness 832
measurement of time 828
measurement of weight 830
measurement of wind direction 85
measurement of wind strength 85
measuring, utensils 308
measuring beaker 308
measuring button 832
measuring cups 308
measuring devices 827
measuring jug 308
measuring spoons 308
measuring tool 387
measuring tube 85
measuring wheel 832
meat 271
meat, minced 276
meat counter, self-service 288
meat keeper 377
meat presentation 276
meat thermometer 308
meatballs 276
mechanic 1023
mechanic, chief 1023
mechanic, starter 1023
mechanical connections 351
mechanical shovel 771
mechanical stage 825
mechanical stage control 825
mechanical variometer 1048
mechanical watch 828
mechanism, spool-release 1060
médaillon 276
medial moraine 72
median groove 171
median lingual sulcus 233
median nerve 225
medical equipment 911
medical equipment storage room 923
medical examination 924
medical gas cylinder 921
medical records 922
medical team 992, 994
medical treatment 926
Mediterranean Sea 44, 49, 50
Mediterranean subtropical 87
medium 586, 998
medium-tension distribution line 356, 793
medulla, renal 219
medullary cavity 199
medullary ray 118
meeting room 522, 854, 858, 869, 900
meeting rooms 852
meganeura 129
megazostrodon 130
meitnerium 813
Melanesia 52
Melanesian 583
melody strings 560
melon, bitter 248
melon, Canary 257
melon, casaba 257
melon, honeydew 257
melon, horned 258
melon, Ogen 257
melon baller 309
melons 257
melting 810
meltwater 72
membrane, artificial 927
membrane, plasma 133
membrane, synovial 207
memo pad 650
memorial board 872
memory button 597, 620, 623
memory card 593, 594, 599
memory card reader 599, 628, 629, 638
memory card slot 594, 595, 637
memory clear 597
memory clear key 649
memory recall key 649
Memory Stick 594
men 995, 1063
men's accessories 850
men's bag 487
men's casual wear 851
men's cell 904
men's clothing 430
men's coats 851
men's gloves 464
men's headgear 457
men's nightwear 851
men's shoes 459, 850
men's sportswear 851
men's suits 850
men's sweaters 851
men's underwear 850
mendelevium 814
menorah 872
menu 291, 611
menu button 593, 613, 620, 621
menu key 621, 622
men-uchi 995
mercaptan injection 783
mercury 78, 359, 813
Mercury 14, 15
mercury barometer 85
mercury bulb 827
mercury thermometer 914
merging traffic 667
merguez 277
meridian, eastern 42
meridian, western 42
meridienne 360
mesa 74
mesh 366, 961
mesh bag 294
mesh strainer 308
mesocarp 114, 115
mesohyl 134
mesopause 79
mesosaur 130
mesosphere 79
mesothorax 141
metacarpal 202, 208
metacarpus 153, 159, 165, 170, 175, 178, 182, 184, 188, 202
metal alloy 78
metal arm 415
metal counterhoop 556
metal detector, walk-through 864
metal frame 552
metal head 937
metal rail 653
metal sorting 99
metal structure 704
metallic contact grid 802
metallic plastron 997
metalloid 812
metals 875
metals, alkali 812
metals, other 812
metals, transition 813
metamorphic rocks 66
metaphysis 199
metatarsal 203
metatarsus 142, 153, 165, 170, 175, 184, 187, 188, 203
metathorax 141
meteorite 18
meteorite, iron 18
meteorite, stony-iron 18
meteorites, stony 18
meteorological forecast 80
meteorological measuring instruments 84
meteorological station 84
meteorology 79
meteorology, measuring instruments 84
meteorology, station model 81
metering mode 593
methanol 784
methylated spirits 782
metope 500
metre 835
metronome 564
Mexico 54, 876
Mexico, Gulf of 47
mezzanine 714
mezzanine floor 328, 331
Micro Compact Car 669
microfilament 133
microfilm reader 866
microfilm room 866

micrometer caliper 832
micrometer screw 734, 833
Micronesia 62, 881
micronucleus 133
microphone 604, 613, 621, 622, 624, 625, 635, 735, 906, 1048
microphone, lavalier 604
microphone boom 605, 606
microphone boom tripod 606
microphone cover 604
microphone jack 559, 621
microphones 907
microscope 825
Microscope 20
microscope, electron 826
microscope, monocular 825
microtubule 133
microwave oven 296, 316
microwave ovens 293
microwave relay station 642
microwave scanner 86
microwaves 821
Mid-Atlantic Ridge 69
mid-calf length sock 433
midcourt line 956
middle attacker 958
middle back 958
middle clouds 88
middle ear 234
middle finger 237
middle jib 725
middle leg 140, 142
middle leg, honeybee 142
middle linebacker 952
middle lobe 214
middle nasal concha 232
middle panel 325
middle piece 228
middle primary covert 158
middle sole 450
middle toe 158
middle torus 501
midfield line 949
midfielder, central 947
midfielder, left 947
midfielder, right 947
mid-gut 143
Mid-Indian Ridge 69
mid-ocean ridge 67
midrange loudspeaker 20
midrange speaker 618
midrib 107, 111, 116
midriff band 445
Mihrab 872
Mihrab dome 872
mileometer 677
military communications 603
milk 280
milk, cow's 280
milk, evaporated 280
milk, goat's 280
milk, homogenized 280
milk, powdered 280
milk, soybean 284
milk/cream cup 295
milk chocolate 285
Milky Way 19, 23
mill, food 307
mill, smock 806
mill, tower 806
millet 122, 263
millet: spike 122
Mimas 15
minaret 872
Minbar 872
mincer 307
minerals 78
mini briefs 434
mini stereo sound system 619
minibus 669
miniDV cassette 612
minim 563
minim rest 563
mining 779
mining, open-cast 779
mink 180
mint 262, 264
minute 836
minute hand 828, 829
Miranda 15
mirror 346, 494, 655, 695, 696, 697, 823, 825, 855, 917, 1026
mirror, blind spot 688, 689
mirror, concave primary 25
mirror, crossover 688
mirror, outside 688
mirror, partially reflecting 823
mirror, plane 823
mirror, primary 27, 29
mirror, rearview 763
mirror, reflex 594, 595
mirror, secondary 25, 27, 28, 29, 594
mirror, sweeping 763
mirror, tertiary 29
mirror, totally reflecting 823
mirror, trail-view 689, 690
miso 286
missile, structure 894
missile launch rail 896
missile launcher 897
missile stowage 898
missiles 894
Mississippi River 47
mist 83, 91
mistletoe 103
mitochondrion 102, 133
mitre box 391
mitre gate recess 719
mitre gauge 393
mitre gauge slot 393
mitre latch 391, 392
mitre lock handle 392
mitre scale 391, 392
mitten 406, 464, 1051
mittens 448
mix, depolarizing 820
mix, water-steam 770
mixer, table 314
mixing 125, 559
mixing bowl 314
mixing bowls 310
mixing chamber 407
mizzen royal brace 725
mizzen royal staysail 725
mizzen sail 725
mizzen topgallant staysail 725
mizzen topmast staysail 725
mizzenmast 722, 724
moat 504, 505
mobile drawer unit 645
mobile filing unit 645
mobile passenger steps 745
mobile remote servicer 35
mobile starting gate 1007
mobile unit 602
mobile X-ray unit 918
mobility aid 917
moccasin 429, 462
mock pocket 443
mode 648
mode dial 593
mode set button 597
modem 631, 641, 642
modem, cable 643
moderate continuous drizzle 83
moderate continuous rain 83
moderate continuous snow 83
moderate intermittent drizzle 83
moderate intermittent rain 83
moderate intermittent snow 83
moderate rain 90
moderator 795
moderator: graphite 800
moderator: heavy water 800
moderator: natural water 801
moderator tank 800
modern bow 885
modern howitzer 892
modern mortar 892
modillion 501
module, battery condition 678
module, command 38
module, European experiment 34
module, Japanese experiment 35
module, lunar 38
module, motor control 678
module, postmarking 651
module, power control 678
module, Russian 34
module, service 38
module, U.S. habitation 34
mogul 1040
moguls course 1040
Mohorovicic discontinuity 66
moist surface 532
moistener 651
moisture-proof cover 449
moisturiser 474
molar 164, 166, 167, 206
molars 206
molasses 285
Moldova 57, 878
mole 164, 835
mole, morphology of 164
mole, skeleton of 164
mole wrench 399
molecule 810
molluscs 136, 265
molybdenum 813
momentum flap 27
Monaco 56, 878
monarch butterfly 147
money and modes of payment 860
Mongolia 59, 881
Mongolian 583
mongoose 180
monitor 629
monitor, camera 607
monitor, preview 607, 608
monitor, programme 607, 608
monitor key 621
monitor lizard 157
monitor roof 516
monitor screen 826
monitor wall 605, 607, 608
monkfish 267
monocle 481
monograph section 866
mono-hulls 981
mons pubis 194, 226
Montagnais 583
Montenegro 57, 878
monument 52
moon 14, 16, 17
moon, phases 17
moon dial 829
moon's orbit 16, 17
mooring chain 737
mooring winch 729
mop 381
moped 697
moraine, end 72
moraine, terminal 72
mordent 563
morel 108, 244
Morocco 60, 879
morphology of a bat 186
morphology of a bird 158
morphology of a bivalve shell 136
morphology of a butterfly 140
morphology of a cat 178
morphology of a dog 174
morphology of a dolphin 182
morphology of a frog 152
morphology of a gorilla 185
morphology of a honeybee: worker 142
morphology of a horse 168
morphology of a kangaroo 189
morphology of a lobster 139
morphology of a mole 164
morphology of a perch 150
morphology of a rat 165
morphology of a shark 148
morphology of a snail 137
morphology of a spider 145
morphology of a starfish 135
morphology of a turtle 155
morphology of a univalve shell 136
morphology of a venomous snake: head 154
morphology of an octopus 138
mortadella 277
mortar 307, 384, 890
mortar, modern 892
mortise 483
mortise lock 327
mosaic 502
Moses 870
mosque 872
mosquito 146
moss 106
moss, common hair cap 106
moss, Irish 244
moss, structure of 106
moss stitch 570
mosses 106
moth, atlas 147
moth, clothes 146
moth, peppered 147
mother 928, 929
mother-in-law 928
motion detector 515
motocross circuit 1025
motor 342, 378, 379, 380, 389, 392, 395, 398, 408, 411, 413, 419, 421
motor, electric 678
motor, hydraulic 762
motor/generator, electric 678
motor bogie 707
motor car 716
motor control module 678
motor home 687
motor neuron 221
motor racing 1022
motor root 221
motor scooter 697
motor sports 1022
motor unit 314, 315, 318, 374, 707
motor vehicle pollution 97
motor yacht 729
motorcycle 694
motorcycle, closed to 665, 666
motorcycle, Grand Prix 1024
motorcycle, leading 1020
motorcycle, motocross and supercross 1025
motorcycle, off-road 697
motorcycle, rally 1025
motorcycle, touring 697
motorcycle, trial 1025
motorcycle-mounted camera 1020
motorcycles 697
motorcycling 1024
motorized ground auger 411
motorway 52, 53, 659, 843
motorway number 53
motto 861
mouflon 172
mould, charlotte 311
mouldboard 765
moulded insulation 385
moulding 333
moulding, bumper 670
mount, ball 686
Mount Everest 79
Mount Graham binocular telescope 29
mountain 71
Mountain, Table 20
mountain biking 1020
mountain lodge 1036
mountain range 17, 45, 66
mountain slope 71
mountain sports 1050
mountain torrent 71
mountaineer 1051
mountaineering 1050
mountaineering boot 1051
mountaineering equipment 1050
mountaineering shovel 1051
Mountains, Appalachian 47
Mountains, Atlas 50
Mountains, Carpathian 49
Mountains, Rocky 47
Mountains, Transantarctic 46
Mountains, Ural 49
mounted umpire 1008
mounting 998
mounting bracket 885, 1009
mounting foot 596
mounting point 749
mouse, cordless 634
mouse, field 166
mouse, laser 634
mouse pad 634
mouse port 629, 636
moutain, base 1036
mouth 134, 135, 136, 137, 139, 152, 182, 194, 231, 554, 1004
mouthparts 142
mouthpiece 550, 551, 558, 914, 989
mouthpiece receiver 551
mouthpipe 551
mouthwash 482
movable bridges 662
movable jaw 400, 401
movable maxillary 154
movable runner 1035
moveable panel 644, 645, 853
movement, horizontal ground 76
movement, vertical ground 76
movements of aircraft 752
movie schedule 544
movie title 544
mower, reel 419
mower deck 420
mower deck lift lever 420
Mozambique 61, 880
Mozambique Channel 50
mozzarella 280
MRI 924
mucous membrane of urinary bladder 218
mud flap 671, 690, 691
mud hut 520
mud injection hose 776
mud pit 776
mud pump 776
mudflow 77
mudguard 698, 764
muff 487
muffler 411
muffler felt 552
muffs, ear 1011
mule 172, 462
mullet 875
mullion 325
multichannel output 614
multigrain bread 279
multi-hulls 981
multi-image jump button 593
multimeter 404
multipack 295
multiple exposure mode 592
multiple jumps 1025
multiple light fitting 373
multiple use key 649
multiple-span beam bridge 660
multiplication 837
multiplication key 649
multipurpose antenna 899
multi-purpose ladder 409
multi-purpose room 605, 865
multi-purpose solution 481
multipurpose tool 405
mung bean 253
Munster 281
muscle 198, 207
muscle, arrector pili 236
muscle, detrusor 218
muscle, smooth 198, 209
muscle, straight 196
muscle, striated 198
muscle fibre 198, 221
muscle segment 149
muscle tissue 198
muscle-fibre bundle 198
muscles 196
muscles, mantle 138
museum 522, 845
museum shop 522
mushroom 108
mushroom, deadly poisonous 108
mushroom, edible 108
mushroom, enoki 244
mushroom, poisonous 108
mushroom, structure 108
mushroom anchor 732
mushrooms 244
music 545
music rest 554, 558, 564
music room 868
music stand 564
musical accessories 564
musical advisers 605
musical instrument digital interface (MIDI) cable 559
musical notation 562
muskmelon 257
muslin 308
mustard 116, 286
mustard, American 286
mustard, black 260
mustard, Dijon 286
mustard, English 286
mustard, German 286
mustard, white 260
mustard, wholegrain 286
mute 551, 611
mute button 639
mutule 500

muzzle 168, 174, 178, 493, 887, 888, 890, 892, 1010
muzzle loading 890
muzzle-loading cannon 890
Myanmar 59, 881
mycelium 108
myelin sheath 221
myocardium 213
myometrium 227
myopia 239

N

nacelle 807
Nahuatl 583
nail 171, 388
nail, common 388
nail, cut 388
nail, finishing 388
nail, masonry 388
nail, spiral 388
nail, strip 389
nail bed 237
nail cleaner 472
nail clipper 493
nail clippers 472
nail file 472
nail groove 1055
nail hole 171
nail matrix 237
nail polish 472
nail polish remover 472
nail scissors 472
nail set 388
nail shaper 472
nail whitener pencil 472
nailer 389
nailing tool 388
nails 388
naive art 530
naked strangle 992
Namaka 15
name, currency 861
name, domain 642
name, gymnast's 971
name, holder's 861
name, swimmer's 977
name plate 355
nameplate 471, 590
names, tropical cyclone 89
Namib Desert 50
Namibia 61, 880
nan 278
naos 499
nape 158, 193, 195
napkin 301, 304, 305
napkin ring 301
napkins, silverware and 292
nappy 449
nappy, disposable 449
nappy bag 492
narrow 586
narwhal 183
nasal bone 205
nasal cavity 214
NASCAR car 1023
nasopharynx 232
national broadcasting network 602
national park 53
nationality 971
NATO 882
natural 563
natural arch 70
natural environment 1017
natural greenhouse effect 96
natural radiation 65
natural sponge 475
Nauru 62, 881
nautical sports 974
Navajo 583
nave 507
navel 192, 194
navette cut 469
navicular 203, 208
navigation button 611
navigation devices 734
navigation display 748
navigation key 622, 624
navigation light 727, 747
navigation periscope 899
Nazca Plate 68
Neapolitan coffee maker 319
NEAR Shoemaker 31
nebula, planetary 18
neck 155, 168, 193, 194, 195, 206, 228, 299, 300, 456, 539, 547, 548, 549, 561, 609, 969, 1018
neck, filler 673
neck, V-shaped 456
neck end 431
neck guard 901
neck of femur 201
neck of urinary bladder 218
neck pad 954
neck strap 908
neck support 1024
neck warmer 465
neck-hole 434
necklaces 468
neckline 456
neckroll 363
necktie 431
nectarine 254
needle 74, 90, 527, 566, 567, 568, 578, 912
needle, carding 309
needle, spruce 120
needle, trussing 309
needle assembly 527
needle bar 567
needle bed 571
needle bed groove 571
needle clamp 567
needle clamp screw 567
needle hub 912
needle plate 566
needle position selector 566
needle threader 568
needle tool 576
needle-nose pliers 405
negative 600
negative carrier 600
negative charge 834
negative contact 802, 803
negative meniscus 822
negative plate 685
negative plate strap 685
negative region 802
negative terminal 685, 818, 820
negligee 447
neodymium 814
neon 814
neon lamp 404
Nepal 58, 881
nepenthes 103
nephew 929
Neptune 14, 15
neptunium 814
nerve 225
nerve, axillary 225
nerve, cochlear 235
nerve, cranial 220
nerve, cutaneous 225
nerve, femoral 225
nerve, fibular 225
nerve, iliohypogastric 225
nerve, ilioinguinal 225
nerve, olfactory 232
nerve, saphenous 225
nerve, sciatic 225
nerve, spiral 220, 221, 224
nerve, tibial 225
nerve, ulnar 225
nerve cord 143
nerve fibre 233, 236
nervous system 220
nervous system, central 220
nervous system, peripheral 220
nervous system, structure 220
net 957, 958, 959, 960, 961, 963, 967, 974
Net 20
net, safety 973
net band 967
net curtain 368
net judge 967
net support 961
netball 955
netball court 955
Netherlands 56, 878
nettle 247
network, bus 640
network, ring 640
network, star 640
network, wide area 641
network access point transceiver 631
network connection 356
network interface card 631
network port 629
networking 640
networks 640
neural spine 149
neuron 221
neuron, sensory 221
neutral conductor 356
neutral indicator tell-tale 696
neutral line 817
neutral service wire 354
neutral wire 354
neutral zone 952, 1029
neutron 810
neutron, incident 811
neutron star 18
névé 72
New Caledonia 52, 62
new crescent 17
new fuel storage room 798
New Horizons 31
new moon 17
new shekel 860
New Zealand 52, 62, 881
newel 518
newel post 335
Newfoundland, Island 47
news items 590
newsagent's shop 849
newsgroup 643
newspaper 590
newsprint 124
newt 153
newton 835
next 625
next/fast-forward button 620
next call 624
nib 585
Nicaragua 54, 876
niche 510
niche, safety 663
nickel 78, 813
nictitating membrane 178
niece 929
Niger 60, 879
Niger River 50
Nigeria 60, 879
night deposit box 859
nightcloth 447
nightgown 447
nightingale 162
nightshot button 613
nightwear, men's 851
nightwear, women's 850
Nile River 50
nimbostratus 82, 88
niobium 813
nipple 192, 194, 227, 351, 492
nitric acid emission 98
nitrogen 813
nitrogen oxide emission 98
Niue 882
no. 1 wood 1018
no. 3 iron 1018
no. 3 wood 1018
no. 4 iron 1018
no. 5 iron 1018
no. 5 wood 1018
no. 6 iron 1018
no. 7 iron 1018
no. 8 forward 950
no. 8 iron 1018
no. 9 iron 1018
no access for wheelchairs 856
no entry 664, 666
no U-turn 664, 666
no vehicles over height shown 665, 667
nobelium 814
noble gases 814
nock 885, 1009
nocking point 885, 1009
node 109, 792, 818
node of Ranvier 221
non-add/subtotal 649
nonagon, regular 839
non-biodegradable pollutants 97
non-breaking space 632
non-cancelled stamped post 588
non-metal 813
non-reusable residue waste 99
nonslip mat 1043
noodle, chow mein 283
noodles, Asian 283
noodles, rice 283
noodles, somen 283
nori 244
norm point 1041
normal 586
normal sight 239
normal spiral galaxy 19
North 738, 1066
North America 44, 54, 69
North American Plate 68
North American road signs 666
North Atlantic Treaty Organisation 882
North celestial pole 23
north pole 817
North Pole 42, 817
North Sea 44, 49
Northeast 738
Northern Crown 23
Northern hemisphere 43
northern leopard frog 153
Northern Mariana Islands 62
northern saw-whet owl 163
Northwest 738
Norway 46, 56, 878
Norwegian 583
Norwegian Sea 44, 46, 49
nose 165, 167, 168, 174, 194, 231, 746, 884, 887, 1037, 1044, 1047, 1048, 1071
nose, droop 751
nose cone 749
nose landing gear 746
nose leaf 186
nose leather 178
nose of the quarter 450, 459
nose pad 480
noseband 1004, 1008
nosepiece, revolving 825
nosing 335
nostril 148, 150, 152, 154, 158, 168, 231
notch 430, 454, 569, 830, 935, 1013
notched double-edged thinning scissors 477
notched edge 477
notched lapel 435
notched single-edged thinning scissors 477
note presenter 858
note taking 650
note values 563
notebook, shorthand 651
nothosaur 130
noticeboard 644, 655
nova 18
Novaya Zemlya 46
nozzle 36, 39, 339, 374, 375, 403, 407, 408, 415, 527, 903
nozzle, hose 414
nozzle, steam 319
nozzle, swivelling 750
nozzle cleaners 406
nubby tyre 1025
nuclear boiler room 899
nuclear energy 795
nuclear fission 811
nuclear fuel handling sequence 798
nuclear membrane 102
nuclear power station 796
nuclear reactor 799
nuclear submarine 899
nuclear waste 98
nuclear whorl 136
nucleolus 102, 226
nucleus 18, 19, 102, 133, 221, 226, 810
nucleus, fissionable 811
nucleus splitting 811
number 935, 1068
number, atomic 812
number, card 861
number, lane 1043
number, player's 956, 1028
number, pump 668
number, room 855
number, serial 861
number 1 1008
number 2 1008
number 3 1008
number 4 1008
number buttons 620
number key 649
number of tracks sign 713
number plate 1025
number plate light 674
numbering stamp 651
numerals, Roman 836
numeric keyboard 831
numeric keypad 633
numeric lock 633
numeric lock key 633
numeric pager 621
nurse 920
nursery 366
nurses' lounge 922
nurses' station (ambulatory emergency) 919
nurses' station (major emergency) 918
nut 351, 399, 400, 547, 548, 549, 712, 885
nut, cola 255
nut, connection 407
nut, ginkgo 255
nut, hexagon 400
nut, macadamia 255
nutcracker 307
nutmeg 260
nutmeg grater 307
nuts 400
nylon 424

O

oak 119
oar 720, 722
oar, sculling 984
oar, steering 720
oar, sweep 984
oasis 73, 74
oat flour 278
oats 122, 263
oats: panicle 122
Oberon 15
obi 993, 996
obituary 590
object balls 1012
objective lens 24, 824
oblique, external 196, 197
oblique fissure 215
oboe 550
oboes 545
obscured sky 82
observation, astronomical 20
observation deck 743
observation post 28
observation room 918, 922
observation window 37
obstacle steward 1002
obstacles 1002, 1025
obturator nerve 225
obtuse angle 836, 838
occipital 197
occipital bone 175, 201, 205
occluded front 82
ocean 17, 45, 95
Ocean, Atlantic 46, 49, 50
Ocean, Indian 46, 50, 51, 52
Ocean, Pacific 44, 46, 51, 52
ocean floor 67
ocean trenches and ridges 69
ocean weather station 80
Oceania 44, 62, 881
Oceanian languages 583
oceanic crust 66
oche 1069
octagon, regular 839
octahedron, regular 839
Octant 20
octave 562, 998
octave mechanism 550
octopus 138, 265
octopus, anatomy of 138
octopus, morphology of 138
oculus 508
odd 1068
odd pinnate 111
odorous molecule 232

oesophagus 135, 137, 141, 143, 145, 149, 152, 154, 155, 159, 169, 216
offal 276
office 290, 293, 644, 668, 704, 854, 864
office, accountant’s 644
office, administrative 900, 905
office, assistant governor’s 864
office, chief executive officer’s 644
office, chief officer’s 904
office, clerks’ 862
office, complaints 904
office, director’s 866
office, emergency physician’s 918
office, governor’s 864
office, gymnasium 868
office, head nurse’s 919
office, head teacher’s 869
office, inmate admission 864
office, judges’ 862
office, junior officer’s 904
office, librarian’s 866
office, management 852
office, managing director’s 644
office, post 588, 589, 845, 849
office, proctors’ 869
office, professional training 858
office, school secretary’s 869
office, security guard’s 867
office, social worker’s 919
office, ticket 853
office building 718, 844, 847
office furniture 645
office tower 847
officer, chief’s 900
officer, director’s 859
officer, police 906
officers’ dormitory 900
officers’ quarters 898, 899
officers’ toilet and shower 900
offices, administrative 852
offices, organizers’ 853
official 949
official signature 861
officials 945, 996
officials’ bench 1029
off-road motorcycle 697
off-road vehicle 669
offset 351
offshore drilling 778
offshore prospecting 775
offshore well 780
ogee roof 517
Ogen melon 257
ohm 835
oil 95, 775, 776, 779, 783
oil, corn 284
oil, frying 784
oil, olive 284
oil, peanut 284
oil, sesame 284
oil, soybean 284
oil, sunflower-seed 284
oil, vegetable 784
oil/gas separator 777
oil and water, heated 779
oil burner 339
oil drain plug 682
oil feed pipe 339
oil paint 525
oil painting 528
oil pastel 524
oil pastel drawing 528
oil pollution 98
oil processing area 777
oil pump 339
oil sand 778, 779
oil spill 98
oil supply 339
oil tank 417
oil terminal 718
oil warning light 677, 696
oiler 772
oil-filled radiator 340
oils, fats and 284
oilstone 534
ointment 914
Oka cheese 281
okapi 173
okra 248
old crescent 17
olecranon 170, 201
olfactory bulb 149, 232
olfactory mucosa 232
olfactory nerve 149, 232
olive 248
olive oil 284
olive tree 120
Oman 58, 880
Oman, Gulf of 51
on/off/test button 638
on/off light 623
on/off switch 375, 592, 601
on the wind 982
on-air warning light 604
on-deck circle 938
one 836
one hundred 836
one pair 1062
one thousand 836
one way head 390
one-arm shoulder throw 992
one-person tent 1053
one-piece coverall 1046
one-piece suit 1034
one-storey house 521
one-toe hoof 171
one-way traffic 664, 666
on-guard line 997
onion, green 245
onion, red 245
onion, white 245
online catalogue 867
online game 643
on-off button 597, 609, 610, 611, 615, 620, 621, 622, 625, 629, 634, 832
on-off signal 343
on-off switch 315, 318, 319, 345, 372, 374, 375, 377, 393, 395, 396, 398, 406, 408, 478, 479, 482, 558, 593, 619, 636
oolong tea 264
Oort cloud 14
opal 470
open hand 1051
open strings 560
open-air terrace 731
opencast strip mine 771
open-ended spanner 400
open-face spinning reel 1060
opening 464
opening, twin 508
opening, utensils 307
opening of copulatory bursa 141
openings, gill 148
open-pit mine 771
open-plan coach 705
opera 844
opera glasses 481
opera-length necklace 468
operating cord 367
operating dam 794
operating floor 794
operating instructions 668
operating mask 913
operating panel 519
operating suite 921
operating table 921
operating theatre 921, 922
operation control room 899
operation keys 858, 859
operation panel 637
operational pattern of marks by night 739
operator, boom 543
operator, camera 542
operator station 762
operator’s cab 756
operculum 103, 150, 153
ophthalmology and ENT room 919
opisthodomos 499
opossum 189
opposable thumb 185
opposite prompt side 541
optic chiasm 222
optic disk 238
optic nerve 238
optical character reader 588
optical device 823
optical lens 655
optical scanner 289, 635
optical sight 833
optical sorting 99
optical stage 655
optician 849
or 875
oral arm 134
oral cavity 214, 216
orange 256, 528
orange, blood 256
orange, section of 114
orange-red 528
orange-yellow 528
orangutan 185
orbicular of eye 196
orbicular of mouth 196
orbiculate 111
orbit 154, 159, 175, 182, 184, 188
orbit, earth’s 16, 17
orbit of the satellites 86
orbital module 38
orbital-action selector 393
orbiter 32, 36, 37
orchard 243
orchestra 498
orchestra pit 540
orchid 113
order 132, 507
order, postal 589
ordinaries 874
ordinary die 1062
ordinates, axis 838
Ordovician 128
ore 771
ore pass 774
oregano 262
organ, production of sound 555
organ console 554
organ mechanism 555
organization, cultural 643
organization, government 643
organization, health 643
organizers’ offices 853
organs, sense 231
oriental cockroach 146
Oriental couching stitch 565
orifice, ureteric 218
orifice, urethral 228
oriflamme 873
origin 198
origin and evolution of species 128
original overlay 647
o-ring 350
Orinoco River 48
Orion 21, 22, 38
Orion spacecraft 38
ornament, prow 722
ornamental kale 246
ornamental tree 243, 322, 410
ornaments 563
oropharyngeal airway 911
orthoceras 128
oscillating sprinkler 415
osculum 134
osmium 813
ossicle, auditory 235
osteon 199
ostrich 162
ostrich egg 270
other metals 812
other signs 563
other techniques 575
otolith 149
otter, river 180
ottoman 361
outboard engine 729
outdoor leisure 1052
outer boundary line 965
outer circle 1027
outer core 66
outer edge 171
outer jacket 349
outer jib 725
outer lip 136
outer planets 14
outer ring 860
outer shell 358
outer stators 749
outer string 335
outer table 1063
outer toe 158
outfield fence 939
outhole 1071
outlane 1071
outlet, American 358
outlet, discharge 324
outlet, European 358
outlet, oxygen 920
outlet grille 340
outlets, types of 338
output, S-Video 630
output devices 636
output jack 549
output tray 625, 637
outrigger 721, 985
outrigger boom 721
outrigger canoe 721
outrun 1040, 1041
outside counter 459
outside knob 326
outside mirror 670, 688
outside mirror control 674
outside ticket pocket 430
outsole 450, 459
outwash plain 72
oval cut 469
ovary 104, 112, 141, 145, 226, 227, 229
ovate 111
oven 291, 292, 296, 376
oven, microwave 296
oven thermometer 308
ovens, microwave 293
over curtain 368
overall standings scoreboard 970
overbed table 920
overblouse 440
overburden 771
overcast sky 82
overcheck 1007
overcoat 435, 443
overflow 344, 346
overflow pipe 347, 348, 349
overflow protection switch 380
overhand knot 1058
overhead connection 793
overhead earth wire 792
overhead frame 761
overhead guard 754
overhead projector 655
overhead switch panel 748
overhead wires 707, 717
overshirt 440
overtaking lane 659
overtaking zone 934
oviduct 141, 145, 155
ovotestis 137
ovule 104, 112
owl, great horned 163
owl, northern saw-whet 163
ox 173
oxbow 73
oxbow lake 73
oxer 1002, 1003
oxygen 95, 813
oxygen, release of 102
oxygen control handle 407
oxygen cycle 95
oxygen cylinder 407
oxygen cylinder, portable 911
oxygen cylinder bracket 911
oxygen indicator 1048
oxygen mask 911
oxygen outlet 920
oxygen pressure actuator 33
oxygen supply regulator 1048
oxygen valve 407
oyster 265
oyster fork 300
oyster knife 306
oyster mushroom 244
oystercatcher 161
ozone layer 79

P

pacemaker, artificial 927
pacer 1007
Pacific Ocean 44, 46, 51, 52
Pacific Plate 68
Pacific salmon 268
Pacific-Antarctic Ridge 69
pack, battery 394
package 295
package, dual-in-line 820
packaged integrated circuit 820
packaging products 288
packer 289
packer body 693
packing 350, 533
packing retainer ring 350
pad 942, 944
pad, body 944
pad, directional 1067
pad, elbow 944, 1044, 1045
pad, forearm 954
pad, frame 973
pad, knee 1032, 1044, 1045
pad, metacarpal 174
pad, mouse 634
pad, neck 954
pad, sanding 396
pad, scouring 381
pad, sterile 915
pad, touch 630
pad arm 480
pad plate 480
padded base 957
padded envelope 651
padded upright 957
padding 1049
padding, safety 973
paddle, double-bladed 987
paddle, single-bladed 986
paddle wheel 721
paddock 1006
paddy field 97
page, front 590
page down 633
page down key 633
page up 633
page up key 633
pager, numeric 621
pagoda 513
pagoda sleeve 453
paint cup 527
paint roller 408
paint spray 527
paintbrush 408
Painter’s Easel 21
painting 408, 523, 524, 525
painting, oil 528
painting, style 529
painting, support 529
painting knife 525
painting upkeep 408
pair 1031
Pair of Compasses 21
pak-choi 246
Pakistan 58, 880
palate, hard 231, 232
palate, soft 231, 232
palatine 167
palatine tonsil 233
Palau 62, 881
pale 874
Palestine 882
palette knife 533
palette with dipper 525
palette with hollows 525
palla 426
palladium 813
pallet 555, 754, 829
pallet, removable 536
pallet spring 555
pallet truck 755
pallets 754
palm 164, 237, 464, 732, 941
palm grove 74
palm of a glove 464
palm rest 1011
palm rest, detachable 632
palm tree 119
palmar, long 196
palmar, short 196
palmate 111
palmette 360
pam, tart 311
pan 830, 831, 889
pan, bread 311
pan, drip 312
pan, dripping 317
pan, loaf 317
pan, pizza 313
pan cover 889
pan hook 830
panama 457
Panama 54, 876
pancake pan 313
pancetta 277

pancreas 152, 159, 216, 229
pane 327
panel 325, 370, 432, 445, 529, 774, 792, 1005, 1049
panel, access 348
panel, bay filler 629
panel, connector 636
panel, control 317, 376, 636
panel, distribution 354
panel, front 343
panel, movable 853
panel, moveable 644
panel, operating 519
panel, solar 32
pangolin 164
pannier bag 700
panoramic head 596
panoramic window 705, 847
panpipe 561
pansy 113
pantograph 606, 707, 717
pantry 329
pants, cigarette 441
panty corselette 444
panty girdle 445
papaya 259
paper 483, 529, 532, 585
paper, blotting 651
paper, parchment 294
paper, recycled 125
paper, rice 584
paper, waxed 294
paper/paperboard separation 99
paper/paperboard sorting 99
paper bail 648
paper bail release lever 648
paper clips 654
paper collection unit 99
paper fasteners 654
paper feed button 859
paper feed key 649
paper guide 637
paper in reserve 647
paper industry 124
paper machine 125
paper mill 125
paper punch 655
paper recycling container 99
paper release lever 648
paper sheet 533
paper shredder 655
paper support 648
paper tray 625
paper trays 647
paper-clip holder 654
papermaking 125
papers, rice 283
papilla, circumvallate 233
papilla, filiform 233
papilla, fungiform 233
papillary muscle 213
paprika 261
Papua New Guinea 52, 62, 881
Papuan languages 583
papyrus 584
par 3 hole 1016
par 4 hole 1016
par 5 hole 1017
parabolic dune 74
parabolic mirror 804
parabolic reflector 26
parachute 896, 1046
parachute valve 1049
parachuting 1046
parade ground 505
paraffin 782
paraffins 782
paragliding 1047
paragliding pilot 1047
Paraguay 55, 876
parallel 42
parallel bars 971
parallel port 629
parallelepiped 839
parallelogram 839
paramecium 133
Paraná River 48
parapet 660
parapet walk 504, 505
parboiled rice 283
parcel, postal 589
parcel tape dispenser 654
parcels office 704
parchment paper 294
parentheses 587
parents 928, 929
parents-in-law 928
parfum, eau de 474
parietal 154, 165
parietal bone 175, 201, 205
paring knife 306
paripinnate 111
park 52, 845
parka 436, 442, 1051
parking 703, 742, 842, 847, 869, 1036
parking, bicycle 869
parking area 741
Parmesan 281
parsley 262
parsnip 251
parterre 541
partial eclipse 16, 17
partially reflecting mirror 823
partition 116, 907
partition tile 384
partitions 874
partlow chart 691
partridge 163, 271
parts of a bicycle 698
parts of a boat 984
parts of a flag 873
parts of a lamp socket 358
parts of a ring 470
parts of a shoe 459
parts of spectacles 480
parts of the weapon 998
party, roped 1050
pascal 835
pass 71
passage, ascending 498
passage, descending 498
Passage, Drake 46, 48
passage, fore-and-aft 729
passbook update slot 858
passenger cabin 727, 730, 731, 747
passenger car 707, 716
passenger platform 704
passenger station 703, 704
passenger terminal 718, 742
passenger train 704
passenger transfer vehicle 743, 745
passing 949
passing prohibited 664, 666
passion fruit 258
passive sensor 65
passivity zone 991
passport case 485
passport control 743
pasta 123, 282
pasta maker 307
paste, tomato 286
pastern 168
pastries 123
pastry bag and nozzles 310
pastry blender 310
pastry brush 310
pastry cutting wheel 310
pasture 243
Patagonia 48
patch, transdermal 914
patch pocket 430, 448, 452
patch rack 604
patella 165, 170, 175, 184, 200
patera 360
paternal aunt 929
paternal uncle 929
path 410, 1016
path, garden 322
Pathfinder 31
pathology laboratory 922
patient 920
patient room 920
patient's chair 920
patio 322, 328, 410
patio door 296, 329
patisserie/bakery 849
patrol and first-aid station 1036
patrol wagon 864
pattern 531, 569, 578
pattern start key 571
pattypan squash 249
pauldron 884
paupiette 276
pause 633
pause/break key 633
pause/still 611
pause/still key 611
pause button 559, 616
pause key 615
pavement 323, 846
paver, asphalt 762
pavilion 469, 844
pavilion facet (8) 469
pavilion roof 517
pawl 395
Pawn 1065
pay phone 290, 293, 544, 624, 849, 919
payload adaptor 39
payload module 64
payment terminal, electronic 859
payout tray 1070
payout trigger 1070
PC card slot 630
pea 116
pea, black-eyed 252
pea, green 252
pea, snow 252
pea, split 252
pea jacket 443
peach 254
peach, section of 115
peacock 162
Peacock 20
peak 71, 457, 908
peak level meter 616
peaked lapel 430
peanut 252
peanut oil 284
pear 255
pear, Asian 259
pear, prickly 259
pear-shaped body 561
pear-shaped cut 469
peas 252
pecan nut 255
peccary 172
pecten 142
pectoral fin 148, 150, 182
pedal 548, 556, 698, 700, 935, 1001, 1020
pedal, brake 420, 672, 679
pedal, clipless 1020
pedal, forward travel 420
pedal, reverse travel 420
pedal gland 137
pedal key 554
pedal keyboard 554
pedal pushers 441
pedal rod 552
pedal spindle 700
pedal with wide platform 1020
pedestal 548, 628
pedestal-type cesspit pump 345
pedestrian call button 846
pedestrian crossing 665, 667, 846
pedestrian lights 846
pedicel 114, 117
pediment 499, 501, 509, 510
pedipalp 145
pedometer 832
peduncle 112, 114, 115, 117
peel 114
peeled veneer 386
peeler 309
peep hole 713
peg 401, 483, 547, 548, 565, 574, 1052, 1053
peg, tuning 549
peg loop 1052
Pegasus 22
pegbox 547
pegs, foot 1021
pelerine 443
Pelham bit 1004
pelican 161
pellets 887
pelmet 368
peltate 111
Pelton runner 787
pelvic fin 148, 150
pelvis 164, 170, 184, 187, 188
pelvis, renal 219
pelvis, vestigial 182
pen 76
pen, correction 654
pen, felt-tip 524
pen holder 484
penalty arc 946
penalty area 946
penalty area marking 946
penalty box 1029
penalty box official 1029
penalty kick 948
penalty mark 960
penalty spot 946
pencil 585
pencil point tip 402, 407
pencil sharpener 654
pencil-pleated heading 369
pendant 468, 926
pendulum 829
pendulum bar 564
pendulum bob 829
pendulum rod 829
penguin 161
penholder grip 961
peninsula 45
Peninsula, Antarctic 46
Peninsula, Arabian 51
Peninsula, Balkan 49
Peninsula, Iberian 49
Peninsula, Kamchatka 51
Peninsula, Kola 49
Peninsula, Korean 51
Peninsula, Scandinavian 49
penis 137, 192, 228
pennant 82, 873
penne 282
penstock 785, 786, 794
pentagon, regular 839
pentaprism 594
penumbra 17, 18
pepino 259
peplos 426
pepper, black 260
pepper, green 260
pepper, ground 261
pepper, pink 260
pepper, white 260
pepper mill 307
pepper spray case 906
peppered moth 147
pepperoni 277
pepperpot 302
per bend 874
per cent key 649
per fess 874
per pale 874
percent 837
perch 149, 269, 494
perch, anatomy of 149
perch, morphology of 150
perch, pike 269
perching bird 160
percolator 319
percolators 293
percussion bar 903
percussion instruments 545, 556
perforated brick 384
perforated hardboard 386
perforated pipe 345
perforated toe cap 459
perforation 464
performance tyre 684
performing arts 540
perfume 851
perfume shop 848
pergola 410
pericarp 116
perimeter line 1070
period 739, 933
periodic table of elements 812
periodicals rack 867
periodicals room 867
periodontal ligament 206
periosteum 199
peripheral 843
peripheral joint 791
periscope 38
periscopic sight 895
peristome 103, 133
peristyle 499, 502
peritoneum 226, 228
permanent exhibition rooms 523
Permian 130
peroxide, hydrogen 915
perpendicular 836
perpetual snows 71
Perseus 22
Persian 179, 583
Persian Gulf 51
person, continuity 543
personal adornment 468
personal articles 479
personal communications 603
personal identification number (PIN) pad 859
personal watercraft 1026
personnel director 644
Peru 55, 876
Peru-Chile Trench 69
peso 860
pesticide 97, 98
pestle 307
pet care 493
pet carrier 493
pet food and supplies 289
pet shop 848
petal 112
pétanque 1014
pétanque playing field 1014
Peter, Saint 870
Peter Pan collar 455
petiolar sinus 117
petiole 103, 107, 111
Petri dish 815
petrochemical industry 782
petrochemicals 782
petrochemicals industry 95
petrol 782
petrol conduit 673
petrol engine 673, 678
petrol pump 668
petrol pump hose 668
petrol tank 673
petrol tank cap 696
petroleum 782
petroleum trap 775
pe-tsai 246
pew 871
phalanges 153, 159, 165, 175, 182, 184, 188, 202, 203
phalanx 187
phalanx, distal 170, 202, 203
phalanx, middle 170, 178, 202, 203
phalanx, proximal 170, 202, 203
pharmaceutical forms of medication 914
pharmacy 848, 918, 923
pharynx 143, 214, 216
phase, gliding 1042
phase, pushing 1042
phase conductor 356
phases of the moon 17
pheasant 163, 271
pheasant egg 270
Philippine Plate 68
Philippine Trench 69
Philippines 51, 59, 881
philtrum 231
phloem 110, 118
Phobos 14
Phoenix 20, 31
phone, Internet mobile 624
phone, pay 290, 293, 849, 919
phosphorescent coating 359
phosphorus 813
photo album printing 599
photo booth 849
photo emulsion 536
photo frame, digital 596
photocopier 647, 867
photocopy control 647
photocopying room 644
photoelectric cell 596
photographer 848
photographer, still 543
photographic accessories 596
photographic chamber 826
photography 591, 595
photography, director of 543
photon 823
photoshot button 613
photosphere 16
photosynthesis 95, 102
photovoltaic arrays 35
photovoltaic panel 737
phylum 132
physician 920, 990
physicians 996
physics: electricity and magnetism 817

physics: mechanics 816
physics: optics 821
phytoplankton 94
pi 836
pia mater 224
piano 545
piccolo 545, 550
pick 413, 1051
pickguard 549
pickling onion 245
pickup 549
pick-up arm 617
pickup cylinder 766
pickup reel 766, 767
pickup selector 549
pickup truck 669
picnic 275
picnic area 856
picnic roast 275
picnics prohibited 856
picture 1066
picture, front 590
picture tube 609
picture window 865
piece 1066
piece, cheek 1010, 1011
pier 507, 514, 660, 661, 778
pierce lever 318
pig 172
pig, guinea 166
pigeon 163, 271
pigsty 243
pika 167
pike 269
pike perch 269
pike pole 903
pike position 978
pilaster, Corinthian 503
pilaster, projecting 510
pile 334, 512
pile carpet 334
pile dwelling 520
pillar 76, 506, 513, 548, 774
pillar buoy 736, 739
pillar drill 395
pillbox hat 458
pillow 363, 578
pillow, nursing 492
pillow cover 363
pillowcase 363
pilot 894, 1047
pilot chute 1046
pilot house 729
pin 358, 359, 568, 903, 1015
pin, connection 820
pin, male grounding 358
pin base 359
pin block 552
pin cushion 568
pinafore 438
pinball machine 1071
pince-nez 481
pinch 359, 1051
pinch pleat 370
pinch-pleated heading 369
pine, Eastern white 121
pine needles 120
pine nut 255
pine seed 120
pineapple 258
pinion 395, 829
pink ball 1013
pink pepper 260
pinking shears 568
pinna 107, 165, 189
pinnacle 504, 506, 507
pinnatifid 111
pins 471, 1015
pinto bean 253
Pioneer 30
pip 114, 115, 1062
pipe 401, 483, 555
pipe, blower 411
pipe, flexible 411
pipe, overflow 348
pipe clamp 401
pipe coupling 351
pipe cutter 402
pipe diffuser 749
pipe end 351
pipe section 337
pipe threader 402
pipe wrench 403
pipeline 780
pipeline, gas 783
pipette, serological 815
pipework 555
pipe-wrapping insulation 385
piranha 150
pisiform 202
pistachio nut 255
pistil 104, 112
pistol 888, 906
pistol, 8 mm 1011
pistol, air 1011
pistol, starting 934
pistol grip 887, 891, 1010
pistol grip handle 394, 406
pistol nozzle 415
pistol shooting 1011
piston 679, 680, 682
piston lever 403
piston release 403
piston ring 682
piston skirt 682
pit 154, 615, 1015
pit, orchestra 540
pit lane 1022
pit stop 1023
pitch 752, 939, 943
pitch and modulation switch 558
pitch fader 559
pitch slider 559
pitched roof 516
pitcher 103, 938, 939
pitcher's mound 939
pitcher's rubber 939
pitchfork comb 476
pitching 790
pitching wedge 1018
pith 110, 118
pithead 772
piton 1050
piton, expansion 1050
piton-carrier 1051
Pitot tube 1023
pits 1022, 1024
pitta bread 278
pivot 405, 477, 479, 527, 564, 568, 734, 816, 1057
pivot cab 760
pivot joint 207
pivot spindle 677
pivotable structure 29
pivoting tray 536
pizza cutter 309
placard board 709
place, shooting 1043
place mat 304, 305
place mat, bamboo 305
place setting 304
placing judge 976
plaice, common 268
plain 45, 73
plain flour 278
plain pole 367
plain weave 575
plan reading, elevation 328
plane 397
plane, jointer 397
plane figure 532
plane projection 43
planetarium 20
planetarium projector 20
planetary nebula 18
planets, inner 15
planets, outer 14
planisphere 44
planks 1002
plano-concave lens 822
plano-convex lens 822
plant 109
plant, carnivorous 103
plant, fibre 123
plant, grain 122
plant, new 104
plant, parasitic 103
plant, simple 106
plant, sorting 99
plant, structure 109
plant, sugar 784
plant cell 102
plant growth 105
plant life 102
plant litter 109
plantain 258
plantar pad 178
plantaris 197
planter 410
planting box 936
plants, flowering 131
plasma 209
plasma membrane 133
plasma television 610
plasmodesma 102
plaster bat 576
plasterboard 385
plastic arts room 868
plastic case 887, 1010
plastic film capacitor 820
plastic insulator 354
plastic to steel 351
plastics sorting 99
plastron 155
plate 316, 478, 596, 1055
Plate, African 68
Plate, Antarctic 68
Plate, Australian-Indian 68
plate, bread and butter 304, 305
Plate, Cocos 68
plate, cooking 317
plate, dessert 302
plate, dinner 304, 305
Plate, Eurasian 68
Plate, Nazca 68
Plate, North American 68
plate, number 1025
Plate, Pacific 68
Plate, Philippine 68
plate, pie 311
plate, protective 1025
Plate, Scotia 68
Plate, South American 68
plate binding 1037
plate boundaries, convergent 68
plate boundaries, divergent 68
plate boundaries, transform 68
plate crystal 90
plate grid 685
plateau 45, 71
platelet 209
platen 538, 648
platen knob 648
plateosaur 130
plates, tectonic 68
platform 409, 662, 689, 705, 715, 742, 762, 831, 976, 978, 999, 1044
platform, central unit 646
platform, event 970
platform, fixed 778
platform, jack-up 778
platform, production 777, 780
platform, safety 973
platform, semi-submersible 778
platform edge 704, 714
platform entrance 704
platform ladder 409
platform number 704
platform pallet truck 755
platform shelter 703
platform trolley 755
platinum 78, 813
platter 559
platter, cheese 303
platysma 196
play 611, 625
play/pause button 620
play button 559, 611, 616
play key 615
player 1069
player, basketball 956
player, rugby 951
player handicap 1008
player positions 938, 947, 957, 960
player's number 954, 956, 1028
player's stick 1030
players 968
players' bench 945, 953, 955, 958, 960, 1028
players' chairs 959
playfield 1071
playground 869
playing area 1069
playing field 1069
playing field proper 1070
playing piece 1063, 1064
playing surface 961
playing surfaces 968
playing window 616
pleasure garden 410
pleat 454
pleat, topstitched 454
pleats 370
plectrum 561
plenum 338
pleura 215
plexus, dental 206
plexus, sacral 225
pliers 399
pliers, groove joint 399
plimsoll 462
plinth 829
plotter 636
plotter, track 735
plow anchor 732
plug 618, 620
plug, charging 678
plug, power cable 629
plug, sealing 820
plug adapter 358, 479
plug bayonet 886
plug fuse 355
plum 254
plum sauce 287
plumb line 387
plumber's snake 402
plumbing 344, 402
plumbing system 344
plumbing wrench 403
plumule 105
plunger 402, 912, 1071
plungerhead 766
plunging neckline 456
plus or minus 837
Pluto 15
plutoid 14
plutonium 814
ply 386
plywood 386
PM 35
pneumatic drill 1023
pneumatic-tyred guide wheel 717
pneumatic-tyred running wheel 717
pocket 387, 452, 484, 949, 1012, 1015, 1019
pocket, flap 436
pocket, front 489
pocket handkerchief 430
podcasting 643
podium 513, 847, 868
podium and basements 847
point 300, 306, 547, 567, 570, 584, 1009, 1030, 1061, 1063, 1069
point, anchor 145
point, critical 1041
point, nocking 885
point, norm 1041
point guard 957
point of interest 53
point scale 648
point wire 712
pointed tab end 431, 452
pointer 342, 827, 830, 831
points 703, 968
points lever 712
points motor 712
points of sailing 982
points signal 712
poison 910
poison gland 138, 145
poker 337
poker die 1062
Poland 56, 878
polar axis 28
polar bear 181
polar climates 87
polar ice cap 87
polar lights 79
polar maritime 81
polar orbit 86
polar tundra 87
polarizing filter 598
Polaroid® Land camera 591
polar-orbiting satellite 86
pole 367, 610, 724, 936, 1041, 1052
pole, north 817
Pole, North 42
pole, ski 1042
pole, south 817
Pole, South 42, 46
pole grip 1042
pole position 1022
pole shaft 1042
Pole Star 23
pole vault 934, 936
pole vaulter 936
poles 367
poleyn 884
police 856
police car 905, 907
police officer 906
police station 845, 904
Polish 583
polished stone hand axe 883
politics 873
pollack 268
pollen basket 142
pollen brush 142
pollen cell 144
pollen grain 104
pollen press 142
pollen tube 104
pollination 104
pollutants, air 97
pollutants, non-biodegradable 97
polluting gas emission 97
pollution, agricultural 97
pollution, air 97
pollution, domestic 97
pollution, industrial 97
pollution, land 97
pollution, motor vehicle 97
pollution, oil 98
pollution, water 98
polo 1008
polo collar 455
polo field 1008
polo neck 1042
polo pony 1008
polo shirt 437, 440, 968
polo-neck sweater 437
polonium 812
polyester 424
polygons 839
polypody, common 107
pome fruits 255
pomegranate 258
pomelo 256
Pomeranian 176
pommel 969, 998, 1005
pommel horse 969, 970
poncho 443
pond 1016
pond, artificial 410
poniard 886
Pont-l'Évêque 281
pontoon 662, 777
pony, polo 1008
poodle 176
pool 324, 805, 1012
pool, swimming 932
pool cover reel 324
poop deck 724
poplar 119
popping crease 943
poppy 113, 116
poppy seeds 261
porch 323, 507, 508, 872
porch dome 872
porcini 244
porcupine 166
pore 102, 116
pore, excretory 137
pore, genital 135, 137
pore, incurrent 134
pork 275
porpoise 183
Porro prism 824
port 798, 843, 1004
port, computer interface 638
port, Ethernet 630
port, FireWire 630
port, game/MIDI 629
port, infrared 630
port, internal modem 630
port, keyboard 629
port, mouse 629, 636
port, network 629
port, parallel 629
port, power adapter 630

port, serial 629
port, USB 629
port, video 629, 630
port glass 297
port hand 731, 738, 739
portable compact disc player 619
portable digital audio player 620
portable fire extinguisher 903
portable oxygen cylinder 911
portable radio 619
portable shower head 346
portable sound systems 619
portal 507
portal bridge 661
portal frame 661
porthole 730
portico 509
portobello 244
portrait 861
Portugal 56, 877
Portuguese 583
position, kneeling 1011
position, mean 821
position, pole 1022
position, prone 1011, 1043
position, standing 1011, 1043
position indicator 519
position light 707, 753
position marker 548, 549
position of character 586
positions 998
positions, player 938, 947, 957, 960
positions, shooting 1011, 1043
positions, starting 991
positive charge 834
positive contact 802, 803
positive meniscus 822
positive plate 685
positive plate strap 685
positive region 802
positive terminal 685, 818, 820
possum-belly body truck 692
post 572, 588, 806, 958, 963, 974
post, hand 561
post, international 589
post, local 589
post, net 966
post, observation 28
post, regional 589
post binder 652
post carrier 589
post lantern 373
post mill 806
post office 588, 589, 845, 849
post office network 588
postage stamp 588
postal order 589
postal parcel 589
postal van 588, 589
postbox 588
postcard 588
poster 544
posterior adductor muscle 136
posterior chamber 238
posterior end 136
posterior fontanelle 205
posterior rugae 193, 195
posterior semicircular canal 235
postern 504, 505
posting surface 655
postmarking module 651
posts, listening 867
pot-and-pan sink 291
potassium 812
potato 245
potato, sweet 245
potato masher 311
potentiometer 604
pothole 67
pottery 576
potter's wheel 576
potty-chair 492
pouch 189, 294, 1055
pouch, ammunition 906
pouch, uterovesical 226
pouch of Douglas 226
poulaine 884
poultry 271
poultry shears 309
pound 860
pouring spout 381
powder, chilli 261
powder, five spice 261
powder, magnesium 971
powder blusher 473
powder chamber 890
powder flask 889
powder puff 473
powdered milk 280
powdered sugar 285
power 681
power, measurement of 835
power/function switch 613
power/light switch 566
power adapter 630
power adapter port 630
power button 628, 629, 630
power cable plug 629
power control module 678
power cord 315, 374, 389, 393, 394, 396, 398, 404, 406, 417, 419, 478
power cord, alternating-current 630
power cord, direct-current 630
power key 624
power line 788
power mower 419
power on key 649
power outlet 628
power plant, thermal 95
power regulation 375
power sation, hydroelectric 786
power station 785, 788, 794
power station, run-of-river 788
power station, tidal 794
power station with reservoir 788
power steam button 374
power strip 638
power supply, uninterruptible 641
power supply at generator voltage 789
power supply fan 629
power take-off 764
power take-off shaft 765, 766
power train 700
power turbine 749
power-off/slide-select bar 601
power-on/paper-detect light 859
practice green 1016
practitioner 996
prairie 45
pram 491
praseodymium 814
prawn 266
prayer hall 872
prayer room 864
Precambrian 128
precious stones 470
precipitation 90, 95
precipitation area 81
precipitations 91
precision and accuracy sports 1009
preferred channel 739
prehensile digit 185
pre-listening button 559
premaxilla 150, 166, 167
premolar 164, 166, 167
premolars 206
pre-rinse sink 291
present state of weather 81
present weather 83
presenter, note 858
presenter, slip 668
preset button 620
preset station selector 619
president 997
president of the jury 1050
press, textile printing 536
press arm 1001
press bed 533, 534, 535
press chamber 766
press stud 567
press wheel 767
pressed area 615
pressed cheeses 281
pressed powder 473
presser bar 567
presser foot 566, 567
pressing 125, 538
pressing board 538
pressure, measurement of 835
pressure bar 552
pressure change 81
pressure control valve 913
pressure cooker 312
pressure demand regulator 901
pressure dial 566
pressure gauge 780, 913, 989
pressure modulator, brake 679
pressure regulator 312, 407, 783, 1053
pressure relief valve 339
pressure screw 534, 535
pressure tube 799
pressure-relief valve 349
pressurized heavy water 800
Pressurized Module 35
pressurized refuge 663
pressurizer 800, 801
prestressed concrete 384
pretreatment 784
prevailing wind 89
prevention, crime 904
previous 625
previous/rewind button 620
previous sets 968
price per gallon/litre 668
pricker 578
prickly pear 259
primaries 158
primary colours 528
primary covert 158
primary crash sensor 676
primary flight display 748
primary marshalling track 708
primary mirror 27, 28
primary root 105, 109
primary sorting 588
primate 184
primates 185
prime 998
prime focus 28
prime focus observing capsule 28
prime meridian 42
primer 887, 893
primitive animal 133, 135
primrose 113
princess dress 438
princess seaming 444
principal rafter 333
principal techniques 528
principal types of carving blade 531
principal types of missile 894
print drying rack 600
print screen 633
print screen/system request key 633
printed circuit 820
printed circuit board 820
printed image 532
printer 599, 641, 649
printer, inkjet 637
printer, laser 637
printer table 646
printing 532
printing, screen 536
printing calculator 649
printing head 648
printing pictures 599
printout 831
priority intersection 664
prism binoculars 824
prison 864
prisoner's dock 862
prisoners' shower 904
privacy curtain 920
private broadcasting network 602
private dressing room 542
probe 404, 925, 927
probe, space 30
proboscis 140
process, articular 204
process, mastoid 205
process, spinous 204
process, styloid 205
process, transverse 204
processing, data 65, 80
processing plant 783
processor 595
proconsul 131
proctors' office 869
producer 543
product code 831
production/export riser system 777
production clock 607
production control room 605, 607, 608
production designer 542
production desk 607
production manager 644
production of electricity by generator 795
production of electricity by generator 789
production of electricity from geothermal energy 770
production of electricity from nuclear energy 795
production of electricity from solar energy 804
production of electricity from thermal energy 775
production of electricity from wind energy 807
production of sound 555
production well 770
products, cereal 278
products, dairy 280, 288
products, household 288
products, packaging 288
professional training office 858
profile, soil 109
profile of the earth's atmosphere 79
program selector 379, 558, 592
programmable buttons 634
programmable function keys 859
programmable thermostat 342
programme director 604
programme production 605
programme reception 609
programming control 342
programs, computer 907
projectiles 889
projection booth 544
projection dome 20
projection head 655
projection room 523, 544
projection screen 544, 601
projector 544, 636, 639
projector, moving mirror 606
projector, overhead 655
proleg 141
promenade deck 730
promethium 814
prominence 16
prompt side 541
pronaos 499
prone position 1011, 1043
proof press 533
propagation 821
propane gas cylinder 687
propane or butane appliances 1053
propellant 887
propellant tank 32
propeller 728, 730, 731, 899
propeller, rear 728
propeller, stem 728
propeller, three-blade 750
propeller, two-blade 750
propeller duct 727
propeller shaft 731
propellers 898
propelling pencil 585
property line 322
property man 543
property man, assistant 543
propulsion machinery control room 899
propulsion module 602
proscenium 540
prosciutto 277
prosecution counsel's bench 863
prospecting, offshore 775
prospecting, surface 775
prostate 228
protactinium 814
protection 910
protection, rub 1024
protection area 991
protection device 638
protection layer 33
protective casing 419
protective clothing 406
protective cup 954, 1030
protective equipment 954
protective goggles 964, 965, 1020, 1025
protective mat 1033
protective plate 1025
protective suit 1025
protective surround 1069
protective window 609
protector, chest 994
protector, cup 991
protector, glass 1028
protector, groin 994
protector, hand 1025
protector, throat 1030, 1032
Protestantism 870
prothorax 141
protocol, communication 642
proton 810
protractor 833
proventriculus 159
province 53
prow ornament 722
proximal epiphysis 199
proximal phalanx 178, 202, 203
proximal sesamoid 170
proximity fuse 894
pruning and cutting tools 416
pruning knife 416
pruning saw 416
pseudopodium 133
psychiatric examination room 918
psychiatric observation room 918
psychrometer 85
pterygoid 154
pubic region 192
pubic symphysis 208, 226, 228
pubis 159, 165
public building 52
public entrance 498
public garden 847
puck 1030
pudding, black 277
Puerto Rico Trench 69
puff sleeve 453
pull, ring 295
pull rod 712
pull strap 488
pulley 367, 396, 409, 682, 816, 885
pulley, drive 819
pulley, high 1001
pulley, low 1001
pulley block 885
pullover 442
pulmonary artery 210
pulmonary vein 211
pulp 114, 206
pulp chamber 206
pulp mill 125
pulping 125
pulpit 871, 872
pulsar 18
pulse monitor 1001
pulsed ruby laser 823
pulverizer 775
pulvino 791
puma 180
pumice correcting pencil 535
pump 324, 378, 380, 408, 461, 800, 801, 804, 1053
pump, air 495
Pump, Air 21
pump, antivenom 912
pump, blood 927
pump, circulating 340
pump and motor assembly 679
pump motor 345
pump nozzle 668
pump number 668
pump room 728
pump sprayer 414
pumped hot-water system 339
pumper 902
pumping 779
pumping station 780
pumpkin 249
punch 531
punch hole 432, 450, 459
punchbag 990
punchball 990
punctuation marks 587
pupil 178, 238
pure alcohol 915
purfling 547, 548
purge valve 989
purple border 426
purpure 875
purse 485
purslane 247
pursuit bicycle and racer 1021
pursuit line 1021
push bar 515
push button 490, 584, 624
push buttons 623
push frame 758
push rim 917
push-button 326
push-button telephone 624
pusher 307, 318
pushing phase 1042
push-to-talk button 735
push-to-talk switch 621
push-up bra 445
putter 1017, 1018
puzzle, jigsaw 1066

pygal shield 155
pygostyle 159
pyjamas 447, 449
pylon 792
pylon, double-circuit 792
pylon, Mae West 792
pylon, tubular 792
pylon body 792
pylon foot 792
pylon top 792
pylon window 792
pyloric caecum 135, 149
pyloric stomach 139
pyramid 498, 839
pyramid, renal 219
pyramid entrance 498
pyramid spot 1012
pyranometer 84
Pyrenees 49
pyrometric cone 576
python 156

Q

Qatar 58, 880
Qibla wall 872
qipao 429
quad bike 697
quadrant 838
quadrate 154
quadrilateral 839
quadruped stick 916
quail 163, 271
quail egg 270
quarte 998
quarter 171, 450, 459
quarter final: 8 players 933
quarter window 671
quarterback 953
quarterdeck 730
quarterly 874
quartet 546
quartz metronome 564
Quaternary 131
quaver 563
quaver rest 563
quay 718, 842
quay ramp 718
quayside crane 718
quayside railway 718
Quechua 583
queen 143, 1062
Queen 1065
queen, honeybee 143
queen cell 144
queen excluder 144
Queen Maud Land 46
queen's chamber 498
Queen's side 1065
question mark 587
quick release system 596
quick ticket system 544
quickdraw 1050
quill 395, 584
quill brush 476
quince 255
quinoa 263
quinte 998
quintet 546
quiver 1009
quotation mark 587

R

raab, broccoli 251
rabbet bit 398
rabbi's seat 872
rabbit 167, 271
raccoon 180
race director 1020
raceme 112
racer, luge 1034
racetrack 1006
rachis 158
racing, harness 1007
racing, horse 1006
racing, motor 1022
racing, mounted 1006
racing, road 1020
racing suit 1024, 1032
rack 274, 312, 376, 380, 935, 1013
rack, acquisition 867
rack, brochure 858
rack, luggage 697
rack, periodicals 867
rack, roof 686
rack, ski 686
rack, storage 293
rack and pinion gear 816
rackboard 555
rackboard support 555
racket sports 961
Raclette 281
raclette grill 317
racquetball 964
racquetball court 964
racquetball racket 964
radar 64, 726, 727, 730, 731
radar, airborne 64
radar, weather 80
radar aircraft 751
radar antenna 64, 896, 899
radar beam 64
radar display 907
radar mast 728
radar reflector 737
radar transceiver 907
radar unit 896
radar-absorbent material 751
Radarsat satellite 64
radial canal 135
radial nerve 225
radial thread 145
radial tyre 685
radiant heater 340
radiation 811
radiation, absorbed solar 96
radiation, artificial 65
radiation, infrared 96, 821
radiation, natural 65
radiation, reflected solar 96
radiation, solar 95, 96
radiation, ultraviolet 821
radiation zone 16
radiator 339, 672, 683, 706
radiator core 683
radiator grille 690
radiator panel 37
radiators 35
radicchio 246
radicle 105, 109
radio 604, 907, 1048
radio, CB 621
radio, clock 619
radio, portable 619
radio, VHF 735
radio aerial 726, 728, 730, 731
radio antenna 899, 1023
radio mast 777
radio telescope 26
radio wave 26
radio waves 821
radioactive 910
radioactivity, measurement of 835
radioisotope thermoelectric generator 32
radiometer 86
radiosonde 85
radiotherapy 926
radio-ulna 153
radish 251
radish, black 251
radium 812
radius 159, 164, 165, 170, 175, 182, 184, 186, 187, 188, 200, 202, 208, 838
radome 896
radon 814
radula 137
raft, life 733
rafter 332
raglan 443
raglan sleeve 435, 443, 448, 453
rags 124
rail 364, 533, 571, 713, 989, 1012
rail, guard 1044
rail, top 366
rail joint 712
rail section 713
rail shuttle service 742
rail transport 703
rail transport, urban 714
railing 330, 331, 511
rails 1002
railway 52
railway station 52, 703, 842, 844
railway track 704, 712, 773, 843, 844
railway track foundation 713
rain 90, 91
rain, acid 97, 98
rain, freezing 90
rain, heavy 90
rain, heavy continuous 83
rain, heavy intermittent 83
rain, light 90
rain, light continuous 83
rain, light intermittent 83
rain, moderate 90
rain, moderate continuous 83
rain, moderate intermittent 83
rain cap 337
rain fly 1052
rain forms 90
rain gauge recorder 84, 85
rain shower 83
rainbow 91
raincoat 435
rainfall, heavy 89
rainforest 93
raining, utensils for 308
raised band 539
raised figure 532
raised handlebar 1020
raised head 390
raising the spinnaker 982
rake 413, 766
rake bar 766
rake comb 476
rally car 1023
rally motorcycle 1025
ram 720
Ram 22
rambutan 259
ramekin 302
ramen 283
ramification zone 110
rammer 889
ramp 499, 503, 771
rampart 504, 505
random orbit sander 396
range 292
range, archery 932
range, electric 291
range, gas 291
Range, Great Dividing 52
range, gun 905
range, shooting 932, 1009, 1010, 1043
range hood 292
range officer, chief 1010
rangefinder 591
rank insignia 906
rapier 886
ras el hanout 261
rasp 398, 531
raspberry 254
raspberry, section 114
rat 165, 166
rat, morphology of 165
rat, skeleton of 165
ratchet 390, 395, 561, 572
ratchet knob 832
ratchet ring spanner 400
ratchet socket wrench 400
ratchet wheel 572, 829
rattle 154
rattlesnake 156
raven 163
ravioli 282
ray, crater 17
ray, incident 822, 823
ray, light 239
ray, reflected 822, 823
ray, refracted 822
rayon 424
rays, gamma 821
razor, multi-edge 479
razor clam 265
reach-in freezer 288
reaching 982
reaction, chain 811
reaction direction 834
reaction engine 86
reactor 795, 797, 798, 800, 899
reactor, boiling water 801
reactor, pressurized water 801
reactor building 797, 799
reactor building airlock 796
reactor core 800, 801
reactor tank 801
reactor vessel 799
read/write head 638
read button 621
reader, microfilm 866
reader, optical character 588
reading light 907
reading room 866
realism 529
ream 125
rear apron 431
rear beam 830
rear brake 698
rear brake pedal 696
rear bumper 697, 1026, 1035
rear cargo rack 697
rear derailleur 698, 700
rear door 911
rear foil 731
rear leg 361
rear light 674, 691, 694, 696, 764
rear lights 674, 911
rear limit line 997
rear propeller 728
rear runner 1034
rear seat 675
rear sight 887, 888, 891, 893, 1011, 1043
rear step 902, 911
rear wheel 420
rear wheel, solid 1021
rearview mirror 676
receipt, transaction 859
receiver 26, 622, 623, 963, 965, 966
receiver, wide 953
receiver volume control 623
receiver-antenna, GPS 735
receiving area 288, 523, 850
receiving line 964
receiving yard 708
receptacle 107, 112, 114, 654
receptacle, input 638
receptacle, seminal 141, 145
receptacle, surge protection 638
reception 644
reception, data 65
reception area 900, 918, 922
reception bay 798
reception desk 858
reception hall 872
reception level 854
receptor, sensory 221
receptors, taste 233
rechargeable battery pack 613
recliner 361
recoil sleigh 892
recoilless rifle 893
record 617
record button 610, 611, 616
record muting button 616
record shop 848
recorder 994
recorder, DVD 611
recorder, rain gauge 84
recorder, sunshine 84
recording, data 65
recording, seismographic 775
recording level control 616
recording mode 613
recording start/stop button 613
recording tape 616
recording unit 85
records, medical 922
recovery room 921
rectal caecum 135
rectangle 839
rectangular flag 873
rectum 141, 143, 155, 159, 169, 217, 226, 228
recuperator cylinder 892
recuperator cylinder front head 892
recycling 99
recycling bin 99
recycling containers 99
red 528, 821, 1068
Red 1063
red alga 107
red ball 1012, 1013
red balls 1013
red blood cell 209
red cabbage 247
red clamp 686
Red Crescent 882
Red Cross 882
red giant 18
red kidney bean 253
red light 846
red ochre pencil 524
red onion 245
red safelight filter 600
Red Sea 44, 50, 51
red sweet pepper 248
red whortleberry 254
redcurrant 254
red-eye reduction 593
redfish 268
red-kneed tarantula 147
reduce/enlarge 647
reducing coupling 351
red-violet 528
redwood 121
reed 550, 572
reed hooks 573
reed pipe 554
Reef, Great Barrier 52
reef band 725
reef knot 1058
reef point 725
reel 414, 600, 611, 997, 1070
reel, baitcasting 1060
reel plate 1070
reel seat 1059, 1060
re-entrant angle 838
referee 945, 947, 951, 953, 956, 958, 964, 965, 974, 976, 978, 990, 991, 992, 993, 994, 996, 1014, 1029, 1031, 1032, 1043
referee, assistant 995, 1010, 1031, 1032
referee, chief 995, 996, 1010, 1033
referee, first 959
referee, second 959
referee, side 996
referee's line 993
reference books 866
reference room 867
refill 584
refill pipe 347
refiner 125
refinery 780, 843
refinery products 782
reflected solar radiation 96
reflecting cylinder 823
reflecting surface 804, 822
reflecting telescope 25
reflection 65
reflective stripe 901
reflector 404, 691, 698, 699, 1026
reflector, steerable parabolic 26
reflexion, light 822
Reformation 870
refracting surface 822
refracting telescope 24
refraction, light 822
refractory brick 577
refrigerant tubing 341
refrigerated display case 290
refrigerated semi-trailer 691
refrigerated truck 692
refrigeration unit 691
refrigerator 290, 292, 296, 377
refrigerator compartment 377
refrigerator van 710
refrigerators 290
refuge, pressurized 663
refuse container 381
regasification plant 783
regional distribution centre 589
regional post 589
regions, vegetation 92
register 338, 355
register, cash 289
registered trademark 587
regular decagon 839
regular dodecagon 839
regular hendecagon 839
regular heptagon 839
regular hexagon 839
regular nonagon 839
regular octagon 839
regular octahedron 839
regular pentagon 839

regulating button 553
regulating station 783
regulating valve 339
regulator first stage 989
regulator second stage 989
reheater 796
rein 1006
rein ring 1004
reindeer 172
reinforced concrete 384
reinforced edging 488
reinforced toe 909
relationships, family 928
relay station 602
relay station, microwave 642
release lever 399
release of oxygen 102
release treadle 572
relief printing 532
relief printing process 533
relief printing process, equipment 533
relieving chamber 498
religion 870
Religions, Chronology of 870
religious building 845
relish 286
relocation 648
remote command antenna 64
remote control 601, 610, 611
remote control sensor 609
remote control terminal 592, 593
remote controller 343
remote manipulator system 35, 36
remote sensing 63
remote sensor 636
remote-controlled points 712
removable flag pole 1017
removable-bottomed tin 311
Renaissance 509
renal artery 210, 219
renal hilus 218
renal vein 211, 219
reniform 111
repair shop 708
repeat key 615
repeat sign 562
repeater 603
repeating groove 617
replay, video 933
report-writing room 904
reproduction 120
reproductive cycle 104
reproductive system 226
reprography 858
reptiles 154, 156
Republic of Korea 881
repulsion 817
rerebrace 884
reserve parachute 1046
reservoir 319, 555, 579, 779, 785, 786, 788, 790, 791
reservoir, brake fluid 679
reservoir-nib pen 524
reset 647
reset button 349, 629, 828, 832, 1067
residential district 843
resin surface 615
resistance adjustment 1001
resistors 820
resonator 554, 557, 618
resort, ski 1036
respiration 95
respirator 909
respiratory system 214
respiratory system protection 909, 910
rest, arrow 885
rest, palm 1011
rest area 53
rest area, vehicle 663
rest values 563
restaurant 290, 730, 844, 847, 848, 853, 856
restaurant, fast-food 849
restaurant, self-service 292
restaurant car 705
restaurant review 590
restraining circle 956
restraining line 948
restricted area 957
results, table of 978
resurgence 67
resuscitation room 918
retainer 773
retaining ring 350
retaining strap 489
reticle 824
retina 238, 239
retractable handle 484, 489
retractable step 687
retracted claw 178
retrenchment 505
retro-reflective tape 733
return 633, 646
return air 338
return crease 943
return duct 341
return spring 679
return to live programming button 610
reverse dive with a twist 979
reverse slide change 601
reverse stitch button 566
reverse travel pedal 420
reversible reaction 834
reversing light 674
reversing switch 390, 394
review, restaurant 590
revolver 888
revolving cylinder 578
revolving door, manual 515
revolving nosepiece 825
revolving sprinkler 415
rewind button 616
rewritable DVD disc 638
Rhea 15
rhenium 813
Rhesus factor 834
rhinoceros 173
rhizoid 106
rhizome 107, 110
rhodium 813
rhombus 839
rhopalium 134
rhubarb 250
rhythm selector 558
rhythmic gymnastics 972
rias 70
rib 154, 159, 164, 165, 170, 175, 182, 184, 187, 188, 250, 272, 273, 490, 547, 548, 761, 908
rib, false 201
rib, floating 200
rib, ventilated 1010
rib chop 273, 274
rib pad 954
rib roast 272
rib stitch 570
ribbing 437, 448, 1059
ribbing plough 765
ribbon 972
ribosome 102, 133
ribs 200, 576
ribs, back 272
rice 122, 263, 283
rice, basmati 283
rice, brown 283
rice, parboiled 283
rice, white 283
rice, wild 263
rice: panicle 122
rice noodles 283
rice papers 283
rice vermicelli 283
rice vinegar 287
ricotta 280
rider 1003, 1005, 1024, 1025
rider and horse 1008
riders 1025
ridge 71
Ridge, Mid-Atlantic 69
Ridge, Mid-Indian 69
Ridge, Pacific-Antarctic 69
Ridge, Southeast Indian 69
Ridge, Southwest Indian 69
ridge tent 1053
riding 1004
riding cap 1003, 1006
riding coat 442
riding crop 1003
riding glove 1003
riding jacket 1003
riegel 72
riffler 531
rifle, (.22) 1011
rifle, biathlon 1043
rifle (rifled bore) 887
rifle shooting 1011
rigatoni 282
rigging 724
rigging wire 1047
right angle 836, 838
right ascension 23
right ascension setting scale 24, 25
right atrium 213
right attacker 958
right back 945, 947, 958, 960
right centre 950
right channel 618
right cornerback 952
right defence 1028
right defensive end 952
right defensive tackle 952
right field 939
right guard 953
right half 945
right inner 945
right kidney 218
right lung 214
right midfielder 947
right service court 965, 967
right side 481
right tackle 953
right ventricle 213
right wing 945, 950, 1029
right winger 960
rigid tube 375
rigs 723
rillettes 277
rim 480, 684, 695, 699, 764, 937, 957
rim soup bowl 302
rime 91
rimstone 67
rinceau 360
rind 114
ring 108, 327, 367, 490, 492, 551, 567, 640, 732, 733, 787, 828, 831, 955, 970, 990, 1051
ring, 25 1069
ring, equestrian sports 932
ring, outer 860
ring, parts of 470
ring, show 1005
ring, tuning 561
ring binder 652
ring canal 135
ring network 640
ring nut 351
ring post 990
ring pull 295
ring road 52, 53
ring spanner 400
ring step 990
ringhandle 477
ringing volume control 623
rings 470, 970, 971
rings, collector 819
ringside 990
rink 1014, 1028, 1031
rink, ice 1036
rink corner 1028
rinse-aid dispenser 380
rip fence 392, 393
rip fence guide 393
rip fence lock 393
rip fence rule 393
rip fence slot 393
ripeness 117
ripening 117
ripper 758
ripper cylinder 758
ripper shank 758
ripper tip tooth 758
rise 335
Rise, East Pacific 69
riser 335, 1047
rising main 344
rising warm air 89
river 45, 52, 73
River, Amazon 48
River, Congo 50
River, Danube 49
River, Dnieper 49
River, Mackenzie 47
River, Mississippi 47
River, Niger 50
River, Orinoco 48
River, Paraná 48
River, Saint Lawrence 47
River, Senegal 50
River, Vistula 49
River, Volga 49
River Eridanus 20
river otter 180
rivet 306, 399
road 53, 658, 842
road bicycle 701
road communications 603
road flare 907
road narrows 664
road number 53
road racing 1020
road signs 664
road system 658
road tanker 692
road transport 658, 718
road tunnel 663
road works ahead 665, 667
road-racing bicycle and cyclist 1020
roadway 658, 663, 846
roadway narrows 667
roast 273, 274
roast, rib 272
roasted coffee beans 264
roasting pans 312
Roberval's balance 830
robin, European 162
rock 92, 1050
rock basin 72
rock candy 285
rock garden 410
rocker arm 682
rocket 247
rocket engine 39
rocket motor 894
rocking chair 360, 361
rocking tool 534
rock-shaft lift arm 764
rockslide 77
rocky desert 74
rocky islet 70
Rocky Mountains 47
rod 238, 342, 564, 573, 815
rod, anode 348
rod, telescopic 1069
rodent 165, 166
roentgenium 813
roll 454, 752
roll film 591
roll structure 1023
roller 367, 371, 420, 476, 535, 755
roller, road 762
roller, varnish 534
roller blind 371
roller board and arms 555
roller frame 408
roller hockey skate 1045
roller shade 686
roller skate 1045
roller sleeve 408
roller speed skate 1045
rolling ladder 409
rolling pin 310
rolling stock cleaning yard 708
roll-up blind 371
Roman amphitheatre 503
roman bean 253
Roman blind 371
Roman house 502
Roman metal pen 584
Roman numerals 836
Romance languages 583
romanesque 508
Romania 57, 878
Romanian 583
Romanian couching stitch 565
Romano 281
rompers 448, 449
roof 144, 323, 337, 513, 671, 687, 757, 771, 1053
roof, flat 511, 512
roof pole 1053
roof section 144
roof timber 499
roof truss 333
roof vent 344, 687
roofing felt 385
roofs 516
room 774
room, anaethesia 921
room, apparatus 900
room, audiometric examination 923
room, booking 905
room, changing 868
room, clean utility 918
room, cold 292
room, computer science 868
room, conference 644, 852, 858
room, control 541, 852, 904
room, dining 290, 293, 854, 865, 900
room, double 855
room, equipment storage 868
room, examination 923
room, examination and treatment 919
room, file 644
room, fitting 850
room, gynaecological examination 919
room, hotel 855
room, interrogation 904
room, isolation 918
room, jurors' 862
room, linen 854
room, locker 900
room, mail processing 644
room, meeting 854, 858, 869, 900
room, microfilm 866
room, multi-purpose 865
room, music 868
room, observation 918, 922
room, ophthalmology and ENT 919
room, patient 920
room, periodicals 867
room, photocopying 644
room, plastic arts 868
room, projection 544
room, psychiatric observation 918
room, reading 866
room, recovery 921
room, reference 867
room, report-writing 904
room, resuscitation 918
room, science 868
room, scrub 921
room, single 855
room, soiled utility 918, 921
room, specimen collection 922
room, sterilization 921, 922
room, storage 905
room, students' 869
room, supply 921
room, teachers' 869
room, technical 663
room, treatment 922
room, triage 919
room, viewing 867
room, visiting 864
room, waiting 644, 904, 919
room air conditioner 343
room air inlet 343
room number 855
room thermostat 342
rooms, interview 863
rooms, main 328
rooms, meeting 852
rooster 163
root 105, 110, 206, 233, 300
root, buttress 110
root, motor 220, 224
root, primary 105
root, secondary 105, 110
root, sensory 220, 224
root canal 206
root cap 109, 110
root hairs 105, 109, 110
root of nail 237
root rib 746
root system 109, 117
root vegetables 251
root-hair zone 118
rootlet 118
roots, adventitious 107
rope 123, 468, 733, 816, 972, 990, 1050, 1051, 1058
rope, belay 1050
rope, false start 976
rope, tension 561
rope ladder 409
roped party 1050
Roquefort 281
rose 113, 326, 414
rose cut 469
rose window 507

rosemary 262
rosette 501, 548
Ross Ice Shelf 46
rotary breaker 779
rotary cheese grater 307
rotary engine cycle 681
rotary file 651
rotary hoe 765
rotary system 776
rotary table 776
rotating auger 766, 767
rotating beacon 763
rotating dome 28
rotating drum 76
rotating light 902
rotating track 26
rotating wheel 1068
rotation of turbine 789
rotational pier 29
Rotavator 413
rotini 282
rotodome 751
rotor 327, 681, 787, 806, 807, 1060
rotor, claw-pole 819
rotor blade 753
rotor head 753
rotor hub 753
rotunda 847
rotunda roof 517
rough 1016, 1017
roughing out 531
roulette 534, 1068
roulette table 1068
round 272
round brush 476
round end pin 371
round eye 567
round head 390
round neck 456
round pronator 196
round steak 272, 273, 276
roundabout 52
round-bottom flask 815
route, evacuation 663
route board 709
route indication 63
route judge 1050
route sign 688, 689, 717
router 398, 643
routers 641
row 541
row, first 950
row, second 950
row, third 950
row counter 571
row number display 571
rowing (one oar) 984
rowing and sculling 984
rowing basin 984
rowing machine 1001
rowlock 985
royal agaric 244
royal flush 1062
rub protection 1024
rub rail 691
rubber boot 901
rubber bulb 912
rubber bumper 1069
rubber ferrule 916
rubber gasket 352
rubber industry 124
rubber lid 536
rubber mat 617
rubber sheath 984
rubber snaffle bit 1004
rubber stamp 651
rubber stopper 409
rubber tree 124
rubbish bin 293
rubble 384
rubidium 812
ruby 470
ruby cylinder 823
ruck 951
rucksack 1051
rudder 37, 722, 727, 728, 730, 747, 894, 896, 980, 984, 987, 1048
rudder blade 728
rudder cable 984
rudder halyard 987
rudder pedal 1048
ruff 429
ruffle 427
ruffled skirt 439
rug 331, 334
rugby 950
rugby, players 950
rugby ball 951
rugby pitch 950
rugby player 951
rule 590
ruler 526, 537, 832, 833, 1055
rump 158
run 335
runabout 729
rung 409
runner 579, 787, 935, 1034, 1050, 1063
runner, movable 1035
runner blade 787, 794
runners 787
running 982
running bowline 1058
running rail 717
running shoe 450, 935
running shoes 850
running shorts 450
running surface 712, 1001
running track 757
run-off groove 617
runs, approach 970
run-up 935, 936
run-up track 937
runway 717, 742, 897
runway centre line markings 742
runway designation marking 742
runway side stripe markings 742
runway threshold markings 743
runway touchdown zone marking 743
rupee 860
Russia 46, 56, 57, 58, 59
Russian 583
Russian black bread 278
Russian blue 179
Russian Federation 878
Russian module 34
ruthenium 813
rutherfordium 813
Rwanda 61, 879
rye 122, 263
rye: spike 122
Ryukyu Trench 69

S

sabaton 884
sable 875
sabre 886, 998
sabreur 997
sac, dart 137
sac, ink 138
sac, venom 143
sacral vertebra 153
sacral vertebrae 165, 170, 175, 188
sacristy 871
sacrum 184, 187, 200, 201, 204
saddle 601, 698, 969, 1001, 1003, 1005, 1006, 1008, 1047
saddle joint 208
saddle pillar 698
saddle tube 698
saddlebag 697
saddlecloth 1003, 1006
safari jacket 442
safe 859, 905
safe deposit box 859
safe water mark 739
safelight 600
safest water 738
safety 900
safety, free 952
safety, strong 952
safety area 992, 996
safety binding 1038, 1039
safety boot 909
safety cage 935
safety cap 893
safety earmuffs 908
safety fence 1040
safety glasses 908
safety goggles 908
safety handle 419
safety lighting 907
safety line 715
safety match 483
safety niche 663
safety pin 567
safety rail 409, 706
safety scissors 472
safety symbols 910
safety tank 800
safety thermostat 379
safety valve 312, 795
saffron 260
saffron milk cap 244
safing sensor 676
sagari 995
sage 262
Sahara, Western 60
Sahara Desert 50
sail 806, 983, 1047
sail, lug 723
sail panel 980
sail plane 899
sailbar 806
sailboard 983
sailcloth 806
sailing 980
sailing boat 980
sailing course 982
sailor collar 455
sailor tunic 440
sails 723, 725
Saint Bernard 177
Saint Kitts and Nevis 54, 876
Saint Lawrence River 47
Saint Lucia 54, 876
Saint Peter 870
Saint Vincent and the Grenadines 54, 877
salad bowl 303
salad crisper 377
salad dish 303
salad fork 300
salad plate 302
salad spinner 308
salads 292
salamander 153
salami, Genoa 277
salami, German 277
Salchow 1031
salient angle 505
salivary duct 143
salivary gland 137, 141, 143, 233
salivary glands 216
salmon 94
salmon, Atlantic 268
salmon, Pacific 268
salsify 251
salt 995
salt, bath 474
salt, coarse 287
salt, sea 287
salt, table 287
salt lake 74
saltcellar 302
samarium 814
sambal oelek 287
Samoa 62, 881
Samoan 583
sample 570
sampler 559
San Marino 56, 878
sanctuary lamp 871
sand 778, 779, 790, 959
sand bunker 1016, 1017
sand island 70
sand shoe 691
sand wedge 1018
sandal 450, 462, 883
sandbank 77
sandbox 706
sander, belt 396
sander, random orbit 396
sanding disc 396
sanding pad 396
sandpaper 396
sandstorm or dust storm 83
sandy desert 74
sans serif type 586
Sao Tome and Principe 61, 879
sapodilla 259
sapphire 470
sapwood 118
sardine 267
sari 429
sarong 439
sartorius 196
sash 996
sash frame 327
sash window 518
Satan's mushroom 108
satchel bag 486
satellite 14, 39, 602
satellite, telecommunication 643
satellite, weather 80
satellite broadcasting 602
satellite earth station 643
satellite radio receiver 620
satellite remote sensing 65
satin 424
satin weave 575
Saturn 14, 15
Saturn V 39
sauce, hoisin 286
sauce, plum 287
sauce, soy 286
sauce, Tabasco® 286
sauce, Worcestershire 286
saucepan 313, 1055
saucepan, small 313
saucer 302, 305
Saudi Arabia 58, 880
sausage, Toulouse 277
sauté pan 313
savanna 93
savannah 92
savoury 262
Savoy cabbage 247
saw, back 391
saw, compass 391
saw, coping 391
saw, electric mitre 392
saw, folding 1057
saw, hand mitre 391
sawfish 151
sawing tool 391
sawing-in 537
sawmill 125
sawtooth roof 516
saxhorn 551
saxophone 550
S-band antenna 86
S-band high gain antenna 86
scale 150, 154, 155, 160, 387, 562, 827, 833, 912, 1057
scale, main 832
scale, mitre 391, 392
scale, vernier 832
scale-like leaves of the cypress 120
Scales 21
scallop 265
Scandinavian Peninsula 49
scandium 813
scanner, optical 289
scaphoid 202, 208
scapula 153, 159, 164, 165, 170, 175, 182, 184, 187, 188, 193, 195, 200, 201, 207
scapular 158
scarab beetle 146
scarf 465
scarp 505
scatter cushion 363
scatter radiation grid 924
scavenging 681
scene 498
scene light 911
scenic route 53
schedule, television programme 590
Schism, Great 870
schnauzer 176
school 665, 868
school, ski 1036
school bus 688
school secretary's office 869
school zone 667
schooner 723
science room 868
scientific calculator key 649
scientific instruments 27, 37
scientific symbols 834
scissors 477, 568, 915, 1055
scissors cut 469
scissors-glasses 481
sclera 238
sconce 373
scoop 493
scoop coater 536
scooping 949
scooter, four-wheel 917
scooter, motor 697
score 933, 971
score counter 1069
scoreboard 933, 935, 968, 971, 977, 985, 992, 996, 999, 1069
scoreboard, current event 971
scoreboard, overall standings 970
score-console 1015
scorekeeper 960, 993
scorekeepers 995, 996
scorer 956, 958, 959, 965, 997, 1010, 1014
scorers 1009
scorers and timekeepers 992
scoring light 997
scorpion 147
Scorpion 20
scotia 500, 501
Scotia Plate 68
Scottish 583
scouring pad 381
scraper 408, 534, 535, 760, 1042
scraper bar holder 535
scraper blade 763
scratch jog wheel 559
screed 762
screed control console 762
screen 479, 601, 609, 610, 786, 943, 1067
screen, backlight 649
screen, fireplace 337
screen, print 633
screen, projection 544
screen, touch 622, 624, 1067
screen case 601
screen door 687
screen holder 536
screen print 448
screen printing, equipment 536
screen window 1052
screw 390, 547
screw, adjusting 407
screw, clamping 401
screw, lock 634
screw, tension adjustment 654
screw cap 295, 358
screw locking nut 1059, 1060
screwdriver 390, 1055
screwdriver, cordless 390
screwdriver bit 394
screwdriving tool 390
screws, clamping 832
screwsleeve 1050
scrimmage: defence 952
scrimmage: offence 953
scroll 547
scroll case 786
scroll foot 360
scroll key 621
scroll wheel 634
scrolling 633
scrolling lock key 633
scrolling text 606
scrolls, Torah 872
scrotum 192, 228
scrub 92
scrub room 921
scrubland 93
scrum half 950
scuba diver 989
scuba diving 989
scuff rib 684, 685
scuffle hoe 412
sculling (two oars) 984
sculling basin 984
sculling boats 985
sculling oar 984
Sculptor's Tools 20
sculpture 509, 523
scuttle panel 670
scythe 416
sea 17, 45, 73, 794
Sea, Adriatic 49
Sea, Aegean 49
Sea, Arabian 51
Sea, Aral 51
Sea, Baltic 49
Sea, Barents 49
Sea, Beaufort 47

Sea, Black 49, 51
Sea, Caribbean 47
Sea, Caspian 51
Sea, Coral 52
Sea, East China 51
Sea, Irish 49
Sea, Mediterranean 49, 50
Sea, North 49
Sea, Norwegian 49
Sea, Red 50, 51
Sea, South China 51
Sea, Tasman 52
Sea, Weddell 46
sea anchor 732
sea bass 268
sea bream 267
Sea Goat 20
sea horse 151
sea kale 246
sea lettuce 244
sea level 66, 67, 79
sea lion 183
Sea of Japan 51
sea salt 287
Sea Serpent 20
sea urchin 135
seaborgium 813
seafood 270, 289
seal 183, 350
seal, ringed 94
sealed cell 144
sea-level pressure 81
sealing material 820
sealing plug 820
sealing ring 781
seam 464, 483, 942
seam allowance 569
seam gauge 568
seam line 569
seam pocket 443, 452
seaming 430
seamount 67
search 643
search-and-rescue antennas 86
season tiles 1066
seasoning, cajun spice 261
seasons of the year 80
seat 347, 360, 361, 366, 420, 544, 576, 675, 694, 697, 917, 986, 987, 1005, 1007, 1026, 1035, 1048
seat, ambulance attendent's 911
seat, booster 366
seat, car 686
seat, coxwain's 984
seat, director's 543
seat, love 855
seat, rabbi's 872
seat, sliding 984
seat adjuster lever 675
seat back 675
seat back adjustment knob 675
seat belt 675
seat cover 347
seat harness 1050
seat stay 698
seat tube 1021
seat-belt warning light 677
sea-to-sea missile 898
seats 361, 541
seats, actors' 542
seaweed 244
sebum 236
secateurs 416
second 562, 836, 990, 1027
second assistant camera operator 542
second base 938
second baseman 938
second dorsal fin 148, 149
second focal room 26
second hand 828
second molar 206
second premolar 206
second referee 959
second reinforce 890
second round: 64 players 933
second row 950
second valve slide 551
second violins 545
second voltage increase 807
secondaries 158
secondary altar 871
secondary channel 739
secondary colours 528
secondary inlet 781
secondary marshalling track 708
secondary mirror 25, 27, 28
secondary reflector 26
secondary road 53
secondary root 105, 109
secondary waiting room 923
seconde 998
second-level domain 642
secretariat 859
secretaries 974
secretary, executive 644
secretary, managing director's 644
section 590
section, children's 866
section, identification 904
section, lower 39
section, monograph 866
section, upper 39
section, vertical 1044
section of a bulb 105
section of a grape 114
section of a hazelnut 116
section of a log 386
section of a peach 115
section of a raspberry 114
section of a strawberry 114
section of a walnut 116
section of an apple 115
section of an orange 114
section of the earth's crust 66
sectional garage door 515
sector 838
Secure Digital card 594
security check 743
security grille 858
security guard's office 867
security guard's workstation 919
security service 853
security thread 861
security trigger 417
security vestibule 862
sedimentary rocks 66
seed 104, 105, 114, 115, 116
seed coat 105, 115, 122
seed drill 767
seeder 418
seeding and planting tools 418
seedless cucumber 248
seeds, poppy 261
segment 114
seismic wave 76
seismic wave propagation 76
seismogram 76
seismograph, vertical 76
seismographic recording 775
seismographs 76
select button 611, 620, 621
selection key 624
selective sorting of waste 99
selector, channel 621
selector, four-way 593
selector, orbital-action 393
selector, speed 314
selector switch 477
selenium 812
self-adhesive labels 652
self-contained breathing apparatus 901
self-inflating mattress 1054
self-sealing flap 651
self-service display case 292
self-service meat counter 288
self-service restaurant 292
self-stick note 650
self-timer indicator 592
selvage 569
semaphore signal 703
semi-bold 586
semibreve 563
semibreve rest 563
semicircle 838
semi-circle 956
semicircular arch 514
semicolon 587
semi-detached houses 521
semi-final: 4 players 933
semi-fisheye lens 598
semimembranous 197
semimetal 812
seminal receptacle 141, 145
semiprecious stones 470
semiquaver 563
semiquaver rest 563
semispinalis 197
semitendinous 197
semi-trailer 690
semolina 123, 278
semolina, flour and 278
Senegal 60, 879
Senegal River 50
sense organs 231
sensing, remote 63
sensitive hair 103
sensitivity 592
sensitizer 536
sensor 84
sensor, active 65
sensor, earth 86
sensor, passive 65
sensor, remote 636
sensor, safing 676
sensor, temperature 32
sensor, wheel speed 679
sensor swath 64
sensor wiring circuit 679
sensory impulse 221
sensory root 221
sepal 112, 114, 115
separate collection 99
separating groove 617
separation, magnetic 99
separation, paper/paperboard 99
separation cell, primary 779
separator 685, 728, 770, 796, 820
separator, electrolytic 820
septic tank 98, 345
septime 998
septum 116, 231
sequencer 559
sequencer control 558
serac 72
Serbia 57, 878
Serbian and Croatian 583
serge 424
serial number 861
serial port 629
serif type 586
serological pipette 815
Serpent 21, 23
Serpent Bearer 21, 23
serrate 111
serve 958, 966
server 640, 641, 642, 643, 962, 965, 967
server, access 642
server, file 641
service, customer 859
service, security 853
service area 53, 741
service bay 668
service box 964, 965
service box line 964
service building 798
service entrance 866
service judge 962, 966
service line 964, 965, 967
service module 38, 602
service pipe 805
service road 740
service room 872
service station 668, 845, 856
service table 290
service zone 964
service zones 963
servicer, mobile remote 35
services, financial 858
services, insurance 858
services, loan 858
services, social 923
services, technical 866
serving dish 303
serving trolley 362
sesame oil 284
set 543, 648, 968
set, nail 388
set, socket 400
set, television 855, 868
set dresser 543
set of bells 557
set width 586
set-in sleeve 431
sets, previous 968
setsquare 387
setting 470
setting indicator 1039
settings display button 593
settling 784
setup 625
set-up 1015
seventeenth-century cannon and mortar 889
seventh 562
sewer 846
sewing 538, 566, 568
sewing frame 538
sewing machine 566
sew-through buttons 567
sextant 734
Sextant 21
sextet 546
sexton beetle 146
Seychelles 61, 880
shackle 981
shad 267
shade 372
shade, roller 686
shadow 828
shadow band 84
shaft 82, 482, 498, 501, 512, 574, 576, 787, 816, 819, 827, 898, 937, 962, 968, 984, 1007, 1008, 1009, 1013, 1017, 1030, 1051, 1069
shaft, air 498
shaft, axle 673
shaft holder 1007
shake-hands grip 961
shaker 310
shale 783
shallot 245, 554
shallow root 118
sham 363
shampoo 475
shank 272, 273, 274, 388, 390, 394, 477, 483, 567, 568, 570, 732, 1061
shank button 567
shank protector 758
shape of characters 586
shaping 396
shaping tool 396
shapka 457
share 765
shark 148
shark, morphology of 148
shark, tiger 148
shark, white 148
sharp 563
sharpener, pencil 654
sharpening steel 309
sharpening stone 309
shaving 479
shaving brush 479
shaving foam 479
shaving mug 479
shawl 427, 465
shawl collar 455
shears, kitchen 309
sheath 111, 989, 1057, 1058
sheath, rubber 984
sheath dress 438
sheathing 332, 333
shed 322, 328, 410
shed stick 573
sheep 172
sheep shelter 243
sheepshank 1058
sheepskin jacket 436
sheepskin noseband 1006
sheet 537, 725, 1027
sheet, baking 310
sheet, bath 475
sheet bend 1058
sheet lead 981
sheet protector 652
shekel, new 860
shelf 365, 376, 377, 409, 646
shelf, pull-out 646
shelf channel 377
shell 116, 136, 137, 160, 489, 556, 695, 781, 1034
Shell 138
shell, bivalve 136
shell, univalve 136
shell, upper 1045
shell membrane 160
shelter 494, 663
shelter, instrument 84
shepherd, German 177
shield 883
Shield 20
shield divisions 874
shift 632, 648
shift: level 2 select 632
shift lever 421
shift lock key 648
Shiism 870
shiitake 244
shin boot 1003, 1007, 1008
shin guard 945, 946, 1032, 1037
shinai 995
shingle 385
Shinto 870
ship 65
ship, drill 778
Ship's Keel 21
ship's launch 898
Ship's Sails 21
ship's side 729
Ship's Stern 21
ships 726
ships, ancient 720
ships, traditional 721
shirred heading 369
shirt 431, 449, 850, 935
shirt, polo 437
shirt collar 455
shirtsleeve 453
shirttail 431
shirtwaist dress 438
shock absorber 32, 673, 1026
shock absorber, front 697
shock wave 775
shoe 459, 460, 601, 945, 956, 1020, 1022
shoe, bowling 1015
shoe, cleated 951
shoe, climbing 1050
shoe, mary jane 460
shoe, parts 459
shoe, wrestling 991
shoe polish 463
shoe polisher 463
shoe rack 463
shoe shop 849
shoebrush 463
shoehorn 463
shoelace 450, 459
shoes 459
shoes, children's 851
shoes, cleated 1035
shoes, golf 1019
shoes, men's 459, 850
shoes, running 850
shoes, unisex 462
shoes, women's 460, 850
shoeshine kit 463
shoetree 463
shoot 109, 118
shoot, bamboo 250
shooter 1010
shooting, director of 1009
shooting, pistol 1011
shooting, rifle 1011
shooting, shotgun 1010
shooting line 1009
shooting place 1043
shooting positions 1011, 1043
shooting range 932, 1009, 1010, 1043
shooting slip 1043
shooting stage 542
shooting star 79
shooting station 1010
shop 502, 844
shop, clothing 848
shop, coffee 844, 849
shop, decorative articles 849
shop, do-it-yourself 848
shop, electronics 848
shop, gift 848
shop, jewellery 848
shop, leather goods 848
shop, lingerie 848
shop, newsagent's 849
shop, perfume 848
shop, pet 848
shop, record 848
shop, shoe 849
shop, sporting goods 849
shop, tobacconist's 848

shopping bag 486, 487
shopping centre 843, 848
shopping street 844
shopping trolleys 289
shore 77
shore cliff 70
shorelines 70
short bone 199
short glove 464
short line 964, 965
short loin 272
short plate 272
short service line 963
short sleeve 427
short sock 446
short splice 1058
short track 1032, 1033
short track skate 1033
shortening 284
shorthair, American 179
shorthand notebook 651
shorts 433, 441, 450, 590, 935, 945, 946, 951, 956, 999, 1020
shorts, running 450
shortstop 938
shot 890, 937
shot, approach 1016
shot, drop 967
shot, tee 1016
shot clock operator 956
shot put 934
shotgun 887, 1010
shotgun shooting 1010
shoulder 168, 174, 192, 194, 207, 273, 274, 400, 548, 658, 968, 1059
shoulder, rolled 274, 275
shoulder bag 487
shoulder bag with zip 487
shoulder belt 675
shoulder bolt 400
shoulder pad 954, 1030
shoulder rest 893
shoulder roast 273
shoulder strap 445, 487, 488, 489, 490, 491, 906, 1056
shovel 337, 412, 1038, 1042
shovel, mountain mover 427
shovel, snow 421
show ring 1005
shower 330, 864, 920
shower, bath and 855
shower, prisoners' 904
shower cubicle 346
shower gel 475
shower head 346, 352
shower hose 346, 352
show-jumping course 1002
shredder, paper 655
shredding 99
shrew 164
shrike 163
shroud 724, 980
shuffle play button 615
shutoff valve 344, 347, 352, 353
shut-off valve 783
shutter 327, 805
shutter release button 592, 593, 595
shutter speed 593
shutting stile 325
shuttle 573
shuttlecock, feathered 963
shuttlecock, synthetic 963
SI 835
Siamese 179
sickle 416
side 275, 298, 541, 724, 754
side, left 481
side, right 481
side back vent 430
side chair 361
side chapel 506
side compression strap 1056
side door 716
side electrode 683
side fairings 1023
side footboard 706
side handle 395, 396
side handrail 716
side hatch 36
side judge 953
side ladder 709
side lane 659
side line 961
side marker light 674, 690, 691
side mirror 478
side panel 435
side post 333
side rail 409, 691
side referee 996
side span 660
side vent 75, 687
side wall 171, 757, 964, 965, 977
side wall line 965
sideboard 329, 365
sideline 944, 949, 952, 955, 956, 958, 960, 1008, 1014
sidepiece 480
side-tilt lock 596
sidewall 684, 685, 691, 719, 949
side-wheeler 721
siding 703
Sierra Leone 60, 879
sieve 308
sifter 310
sight 238, 885, 892, 1009, 1057
sight, front 1011, 1043
sight, normal 239
sight, rear 1011, 1043
sighting line 1057
sighting mirror 1057
sign, route 688, 689, 717
signal ahead 667
signal background plate 713
signal box 703
signal gantry 703
signal lights 1009
signature 537
signature, holder's 861
signature, official 861
signature book 651
signet ring 470
silencer 673, 680, 694, 696, 697, 753, 773
silencer stack 758
silicon 812
silique 116
silk 122, 424
silk glands 145
silk screen frame 536
sill 75, 333
sill of frame 327
sill plate 332, 333
sill rail 332
sill step 709
silos 718
Silurian 128
silver 78, 813
silverware and napkins 292
simple eye 141, 143
simple leaves 111
simple spacing 586
simultaneous interpretation booth 852
Singapore 59, 881
single bed 855
single chain wheel 1021
single curtain rail 367
single pole circuit breaker 354
single reed 550
single room 855
single scull 985
single seat 716
single sprocket 1021
single zero 1068
single-bladed paddle 986
single-breasted jacket 430
single-burner camp stove 1053
single-decked pallet 754
single-leaf bascule bridge 662
single-lens reflex camera 591
singles luge 1034
singles service court 963
singles sideline 963, 967
single-span beam bridge 660
singlet 991, 999
sinister 874
sinister base 874
sinister chief 874
sinister flank 874
sink 292, 296, 352, 855, 921
sink, pot-and-pan 291
sink, pre-rinse 291
sink, surgeon's 922
sink with waste disposal unit 352
sinker 103, 737, 1061
Sino-Tibetan languages 582
sinus 426
sinus, lactiferous 227
siphon 138
siphonal canal 136
siren 902
sirloin 272, 273, 274
sirloin steak 272
sister 929
sisters-in-law 929
sistrum 557
site plan 328
sitting room 329
sixte 998
sixth 562
skate 148, 266, 1028
skate, acrobatic 1045
skate, goalkeeper's 1030
skate, player's 1030
skate, roller hockey 1045
skate, roller speed 1045
skate, short track 1033
skateboarder 1044
skateboarding 1044
skater 1032, 1045
skates, speed 1033
skating, figure 1031
skating, inline 1045
skating, speed 1032
skating kick 1042
skating step 1042
skeg 983, 987, 988
skeleton 199, 1035
skeleton of a bat 187
skeleton of a bird 159
skeleton of a dog 175
skeleton of a dolphin 182
skeleton of a frog 153
skeleton of a gorilla 184
skeleton of a horse 170
skeleton of a kangaroo 188
skeleton of a mole 164
skeleton of a rat 165
skeleton of a venomous snake 154
skerry 70
ski 1026, 1038
ski, alpine 1038
ski, downhill 1038
ski, giant slalom 1038
ski, jumping 1041
ski, slalom 1038
ski, speed 1041
ski, super-G 1038
ski, trick 988
ski area 1036
ski boot 1038, 1039
ski glove 1038
ski goggles 1038
ski hat 1042
ski jump 1041
ski jumper 1041
ski jumping 1041
ski jumping track 1041
ski lift arrival 1036
ski pants 441
ski pole 1038
ski rack 686
ski resort 1036
ski school 1036
ski stop 1039
ski suit 1038, 1042
ski tip 1042
ski trail, alpine 1036
ski trail, cross-country 1036
skiboard 1038
skid 753
skid shoe 421, 763
skier, speed 1041
skiers' lodge 1036
skiing, freestyle 1040
skiing, speed 1041
ski-jumping boot 1041
ski-jumping suit 1041
skimmer 311, 324
skin 114, 115, 221, 236
skip 760, 774, 1027
skipping-rope 1000
skirt 439, 443, 518, 884, 968, 1005
skirt, gathered 439
skirt, pencil 439
skirt, spray 987
skirt finger 727
skirt marker 568
skirt steak 272
skirting board 333, 335
skirting outlet 338
skis 988, 1038
skort 439
skull 149, 159, 164, 182, 184, 187, 188, 192, 205, 884
Skull 170
skullcap 457
skunk 180
sky, clear 82
sky, cloudless 82
sky coverage 81, 82
sky diver 1046
sky diving 1046
skylight 323, 331
skyscraper 512
slab 386
slab building 577
slalom, giant 1039
slalom, special 1039
slalom, super giant 1039
slalom handle 988
slalom ski 988, 1038
slash 587
slash, double 642
slat 366, 371, 565
slat tilt device 371
slate 543
Slavic languages 583
sled 415, 1034
sledge 1035
sledger 1035
sleep button 639
sleep key 622
sleep sack 449
sleeper 713
sleeper cab 690
sleeping bag 1054
sleeping car 705
sleeping compartment 705
sleepsuit 448
sleet 83, 90
sleeve 427, 430, 452, 753, 997, 1000
sleeve, saddle 453
sleeve strap 435
sleeve strap loop 435
sleigh bells 557
slice 311
slide 380, 567, 591, 601, 888
slide, glass 825
slide bar 571
slide chair 712
slide magazine 601
slide plate 566, 567
slide projector 601
slider 555, 1046
sliding breech 892
sliding channel 709
sliding cheek bit 1004
sliding cover 734
sliding door 346, 515
sliding door, automatic 515
sliding folding window 518
sliding jaw 832
sliding overlap arm 367
sliding rail 675, 981
sliding seat 984, 1001
sliding shutter 29
sliding track 1035
sliding weight 564, 830
sliding window 518
slightly covered sky 82
slingback shoe 460
slingshot 1071
slip 444
slip, shooting 1043
slip, stage 825
slip joint 399
slip joint pliers 399
slip presenter 668
slip-on 462
slipover 437
slippery road 665, 667
sliproad 659
slip-stitched seam 431
slit 575
slope 658
slope, beginners' 1036
slope, difficult 1036
slope, expert 1036
slope, intermediate 1036
slope, landing 1041
sloped turret 517
sloping cornice 499
slot 300, 316, 390, 538
Slot 484
slot, card reader 668, 858, 859
slot, deposit 858
slot, passbook update 858
slot, PC card 630
slot, transaction record 858
Slovak 583
Slovakia 56, 878
Slovene 583
Slovenia 56, 878
slow-burning stove 336
SLR, medium-format 591
small blade 1055
small capital 586
small carton 295
small crate 294
small domestic appliances 851
small drawstring bag 486
small hand cultivator 418
small intestine 152, 155, 159, 169, 217
small open crate 294
small saucepan 313
smartphone 622
smash 967
smell and taste 231
smelt 94, 267
smock 440
smog 97
smoke 83
smoke baffle 336
smoke bomb discharger 895
smoke detector 903
smoked ham 275
smoking, no 857
smoking accessories 483
smoking apparatus 534
smooth hound 266
snacks' sale counter 544
snaffle bit 1004
snaffle rein 1004
snaffle strap 1004
snail 137, 265
snail, anatomy of 137
snail, morphology of 137
snail dish 303
snail tongs 309
snake 154, 1064
snake, coral 156
snake, garter 156
snakes and ladders 1064
snap 1061
snap fastener 436, 464, 484
snap shackle 981
snap-fastening front 448
snap-fastening tab 436
snare 556
snare drum 545, 556
snare head 556, 561
snare strainer 556
snatch 999
snelled fishhook 1061
snooker 1013
snorkel 989
snout 148, 152, 164, 189
snow 90
snow, acid 98
snow, heavy continuous 83
snow, heavy intermittent 83
snow, light continuous 83
snow, light intermittent 83
snow, moderate continuous 83
snow, moderate intermittent 83
snow brush with scraper 686
snow crystals 90
snow gauge 84, 85
snow guard 1026
snow pellet 90
snow pusher 421
snow removal 421
snow scoop 421
snow shower 83
snowblower 421, 763
snowboard 1037
snowboard, alpine 1037
snowboard, freestyle 1037
snowboarder 1037
snowboarding 1037

snow-grooming machine 1036
snowmobile 1026
snowshoe, elliptical 1043
snowshoe, traditional 1043
snowshoeing 1043
snowsuit 449
snuggle suit 448
soap, toilet 474
soba 283
soccer table 1069
social services 923
social worker's office 919
sock 433, 446, 946, 951, 954, 968
sock, ankle 433
socket 358, 567
socket bayonet 886
socket head 390
socket set 400
socket tester 404
socket-contact 358
soda fountain 293
sodium 812
sofa 360
soft binding 1037
soft cheeses 281
soft contact lens 481
soft key 622
soft pastel 524
soft pastel drawing 528
soft pedal 552, 558
soft ray 150
softball 941
softball glove 941
softbox 606
soft-drink dispenser 668
software, email 642
software, graphic design 599
software, storage 599
soil 98, 791
soil and waste stack 344
soil fertilization 97
soil profile 109
soiled utility room 918, 921
solar air heater 805
solar array 27, 64, 86, 602
solar array drive 86
solar cell 649, 802, 803
solar cell panel 803
solar cell system 803
solar eclipse 16
solar energy 102, 802
solar furnace 804
solar house 805
solar panel 27, 32
solar panel, thermal 805
solar radiation 95, 96
solar reflectors 602
solar shield 33
solar system 14
solder 406, 579
soldering 406
soldering gun 406
soldering iron 406, 579
sole 171, 268, 397, 433, 1018, 1031, 1039
soleplate 374, 712
soleus 196
solid 810, 811
solid, amorphous 810
solid body 549
solid booster stage 39
solid brick 384
solid centre auger bit 394
solid line 658
solid rear wheel 1021
solid rocket booster 36, 39
solid rubber tyre 755
solid shot 889
solids 839
solitaire ring 470
Solomon Islands 62, 881
solution, multi-purpose 481
solvent extraction unit 782
Somalia 61, 879
sombrero 429
somen noodles 283
son 928, 929
sonar 65, 735
son-in-law 928
sorghum 122
sorghum: panicle 122
sorting, glass 99
sorting, manual 99
sorting, metal 99
sorting, optical 99
sorting, paper/paperboard 99
sorting, plastics 99
sorting, primary 588
sorting machine 589
sorting plant 99
sorus 107
sostenuto pedal 552
sou'wester 458
soufflé dish 310
sound console 604, 605, 608
sound control room 605, 608
sound engineer 543
sound hole 547
sound library 867
sound receiver 912
sound recording equipment 543
sound signal 564
sound system 676
sound vibration 235
soundboard 547, 548, 552, 560, 561
soundbox 548, 561
sounder 86
sounding, upper-air 85
sounding balloon 80, 85
soup 292
soup bowl 302
soup spoon 299, 304, 305
soup tureen 303
sour cream 280
source, energy 65
source of images 599
source of life 103
South 738, 1066
South Africa 61, 880
South America 44, 55, 69
South American Plate 68
South cardinal mark 739
South celestial pole 23
South China Sea 44, 51
South Georgia 48
south pole 817
South Pole 42, 46, 817
Southeast 738
Southeast Indian Ridge 69
Southern Cross 21
Southern Crown 20
Southern Fish 20
Southern hemisphere 43
Southern Triangle 20
Southwest 738
Southwest Indian Ridge 69
soy sauce 286
soybean 284
soybean sprouts 284
Soyuz 38, 39
Soyuz crew return vehicle 34
space 562, 632
space, epidural 224
space, non-breaking 632
space bar 632, 648
space launcher 39
space launchers 39
space probe 30, 79
space probes 30
space shuttle 79
space shuttle at takeoff 36
spacecraft bus 27
spacelab 37
spacer 799, 917
spaceship 36, 38
spacesuit 33
spacing, 1.5 586
spacing, double 586
spacing, simple 586
spade 412, 892
spade bit 394
spades 1062
spadix 112
spaghetti 282
spaghetti squash 249
spaghetti tongs 309
spaghettini 282
Spain 56, 877
spandex 424
spaniel 176
Spanish 583
spanker 725
spar 746
spar buoy 739
spare tyre 687
spareribs 275
spark 680
spark arrestor 411
spark plug 411, 681, 682, 683
spark plug body 683
spark plug cable 672
spark plug gap 683
spark plug seat 683
sparrow 162
spatial dendrite 90
spatula 311
spatulate 111
speaker 544, 610, 613, 620, 621, 622, 624, 625, 630, 748, 978, 1071
speaker cover 618
speaker terminal 614
spear 250, 883
spear-nosed bat 187
special effects monitor 607
special mark 739
special slalom 1039
species 132
species, origin and evolution of 128
specimen chamber 826
specimen collection centre waiting room 922
specimen collection room 922
specimen positioning control 826
spectacles 480, 481
spectacles case 485
spectrometer 826
spectrum, electromagnetic 821
speed control 314
speed controller 566
speed governor 519
speed selector 314, 617
speed selector switch 393, 394
speed skates 1033
speed skating 1032
speed ski 1041
speed skier 1041
speed skiing 1041
speed track 1041
speedbrake lever 748
speed-increasing gearbox 807
speedometer 677, 696
speed-skiing suit 1041
spelling corrector 648
spelt wheat 263
spencer 442
spent fuel discharge bay 796
spent fuel port 798
spent fuel storage bay 796, 798, 799
sperm whale 183
spermatheca 137
spermathecal duct 137
spermatozoon 228
sphagnum 106
sphenoid bone 205
sphenoidal fontanelle 205
sphenoidal sinus 232
sphere 839
sphere support 84
sphincter, urethral 218
sphynx 179
spices 260
spices, marinade 261
spicule 134
spicules 16
spider 145
spider, crab 147
spider, garden 147
spider, morphology of 145
spider, water 147
spider web 145
spike 112, 712, 935, 959, 1051
spike file 654
spiked shoe 940
spill, oil 98
spillway 785, 788
spillway chute 785
spillway gate 785
spinach 247
spinal column 149, 164, 200, 204, 224
spinal cord 149, 152, 220, 221, 224
spinal cord, structure of 224
spinal ganglion 221
spindle 315, 326, 350, 361, 617, 829, 832
spindle lock button 396
spine 135, 539, 1025
spine, anterior nasal 205
spine of scapula 201
spine of the book 538
spinner 1061
spinneret 145
spinning rod 1060
spinous process 224
spiny lobster 266
spiny ray 150
spiracle 140, 141
spiral 390
spiral arm 19
spiral beater 314
spiral binder 650
spiral case 787
spiral cloud band 89
spiral nail 388
spiral rib 136
spiral screwdriver 390
spiral staircase 781
spiral thread 145
spiral-in groove 617
spire 506, 507, 508
spirit level 387
spirulina 244
spit 70
splash guard 579
splash plate 781
splashguard 492
splat 360
splay 507
spleen 149, 152, 155, 169, 230
splenius of head 197
splint 915
splints 915
split bet 1068
split link 1061
splitting, nucleus 811
spoiler 695, 746, 1023
spoke 699
spoked wheel 1007
sponge 134, 579, 889
sponge, anatomy of 134
sponge-tipped applicator 473
spongocoel 134
spongy body 228
spongy bone 199
sponson 1026
spool 578, 1059, 1060
spool axle 1060
spool pin 566
spool rack 574
spool-release mechanism 1060
spoon 299, 1055
spoon, soup 299, 304, 305
spoon, tasting 309
spoon blade 531
spoons 299
spores 108
sporting goods shop 849
sports, ball 938
sports, motor 1022
sports, mountain 1050
sports, precision and accuracy 1009
sports, racket 961
sports, strength 999
sports car 669
sports complex 843, 932
sports facilities 932
sports hall 932
sports on wheels 1044
sportswear 450
sportswear, children's 851
sportswear, men's 851
sportswear, women's 850
sport-utility vehicle 669
spot 373
spotlight 542, 764, 901, 902
spotlight, fixed 606
spotlights 541
spotter 973
spout 318, 319, 350, 766
spout, dust 392
spout, pouring 381
spout assembly 352
spray 374
spray, nasal 914
spray arm 380
spray bar 763
spray button 374
spray gun 408
spray nozzle 415, 781
spray skirt 987
sprayer 414
spread collar 431
spreader 418, 490, 980
spreader adjustment screw 408
spring 73, 76, 80, 327, 350, 372, 378, 399, 584, 706, 893
spring, coil 673
spring balance 831
spring binder 652
spring housing 367
spring linkage 1070
spring onion 245
spring toggle 390
spring washer 399
springboard 969
springboard, 1 m 978
springboard, 3 m 978
springer 514
sprinkler hose 414
sprinklers 795
sprinters' line 1021
spritsail 723
sprocket 1026
sprocket, single 1021
sprocket wheel 895
sprouts, soybean 284
spruce 121
spruce, black 124
sprung base 363
sprung strip metal insulation 385
spur 71, 142, 394, 556
spur gear 816
squall 83
squame 236
squamous suture 205
square 539, 839, 1064, 1066
square, bevel 833
Square, Carpenter's 20
square bet 1068
square brackets 587
square flag 873
square head plug 351
square move 1065
square neck 456
square root key 649
square root of 837
square sail 723
square trowel 403
square-headed tip 390
square-jawed adjustable spanner 403
squash 965
squash, acorn 249
squash, buttercup 249
squash, crookneck 249
squash, pattypan 249
squash, spaghetti 249
squash, straightneck 249
squash, summer 249
squash, winter 249
squash balls 965
squash court 965
squash racket 965
squeegee 536
squid 265
squirrel 166
Sri Lanka 58, 881
stabilizer 701, 730, 917, 1009, 1046, 1047
stabilizer jack 687
stabilizing leg 755
stable 243, 1006
stack 70, 775
stacking chairs 361
stadium 843, 932
stadium, baseball 932
stadium, swimming 932
staff 562, 873
staff cloakroom 290, 904, 923
staff entrance 290, 864, 869, 904
staff lounge 859, 904, 919
stage 498, 540, 541, 825, 826
stage, main cryogenic 39
stage, optical 655
stage, shooting 542
stage, solid booster 39
stage, storable propellant upper 39
stage clip 825
stage curtain 540, 541
stage house 540
stained glass 507, 579
stained-glass window 871

stair 541, 544
stairs 329, 330, 335, 513, 644 663, 714, 781, 854, 857
stairway, access 745
stairways 513
stairwell 330
stake 410, 418
stake pocket 691
stalactite 67
stalagmite 67
stalk 106, 114, 115, 250
stalk vegetables 250
stamen 112, 115
stamp, postage 588
stamp pad 651
stamp rack 651
stance 994
stanchion 1031
stand 76, 312, 314, 372, 454, 478, 488, 495, 531, 556, 815, 832, 1019, 1060
stand, coaches' 1041
stand, exhibition 853
stand, intravenous 920
stand, judges' 1037, 1040, 1041
stand, vertical 924
stand, witness 863
standard A 564
standard lamp 372
standard lens 598
standard poker hands 1062
standby/on button 614
standby airspeed indicator 748
standby altimeter 748
standby attitude indicator 748
standing position 1011, 1043
standing position (Graeco-Roman wrestling) 991
standing press 538
standpipe 353
stands 932, 1024
stand-up collar 455
stapes 235
staple, strip 389
staple remover 654
stapler 389, 654
staples 654
star 18
star, main-sequence 18
star, neutron 18
Star, Pole 23
star anise 116
star dapperling 108
star diagonal 24
star drag wheel 1060
star facet (8) 469
star network 640
star of David 872
star tracker 32
starboard hand 731, 738, 739
starch 122
starch granule 102
Stardust 31
starfish 135
starfish, anatomy of 135
starfish, morphology of 135
starling 163
start 647, 1002, 1035, 1037, 1064
start area 1025
start buoys 984
start button 828, 1071
start into a headwind 982
start judge 1033
start judges 1032
start key 625, 632
start line 935
start line, 500 m 1032
start platform 1041
start switch 379
starter 413, 419, 976, 984
starter button 696
starter handle 417
starter mechanic 1023
starting block 935, 976
starting dive 975
starting gate 1006, 1025
starting gate, mobile 1007
starting grid 1022
starting grip (backstroke 976
starting jetty 984
starting line 934, 935, 982, 1022
starting line, 10,000 m and 4 x 400 m relay 935
starting line, 100 m and 100 m hurdles 934
starting line, 110 m hurdles 934
starting line, 200 m 934
starting line, 400 m, 400 m hurdles, 4 x 100 m relay 935
starting line, 800 m 935
starting pistol 934
starting positions 978, 991
starting square 1063
starting track 1041
starting zone 984, 1063
state 53
states of matter 810
station, bus 844
station, emergency 663
station, fire 845, 900
station, international space 34
station, land 80
station, meteorological 84
station, police 845, 904
station, railway 842, 844
station, relay 602
station, service 845
station, shooting 1010
station, underground railway 844
station chef 291
station circle 81
station concourse 704
station display 619
station entrance 714
station model 81
station name 714
station platform 703
stationary bowl 1068
stationary front 82
stationery 124, 648, 851
stationery cabinet 645
statistics 838
stator 327, 787
statue 871
stay 720, 724
stay ring 787
stay vane blade 787
stay-in-car base 491
stays 660
staysail-stay 724
Steadicam 607
steak 272, 273, 276
steak knife 298
stealth aircraft 751
steam 770, 779
steam control 374
steam control knob 319
steam generator 775, 797, 800, 801, 804, 899
steam generator room cooler 797
steam injection 779
steam iron 374
steam nozzle 319
steam release pipes 797
steam-assisted gravity drainage 779
steamer 292, 313
steamer, electric 317
steamer basket 313
steel 78, 384, 445, 889
steel bar 971
steel cabinet 341
steel casing 820
steel pen 585
steel safety wheel 717
steel spring 889
steelyard 830
steep hill 665, 667
steeplechase 934
steeplechase hurdle 934
steerable parabolic reflector 26
steering axle 755
steering column 672
steering cylinder 760
steering lever 755
steering oar 720
steering system 673
steering tube 699
steering wheel 420, 672, 676, 764, 1023
stellar crystal 90
stem 102, 103, 106, 108, 109, 110, 319, 359, 483, 724, 728, 827
stem, lateral 109
stem, underground 105
stem bulb 729, 731
stem propeller 728
stempost 720
stencil 536
step 335, 409, 518, 690, 763, 764, 995
step, aerobics 1000
step, diagonal 1042
step, rear 911
step, skating 1042
step chair 361
step cut 469
step groove 335
step setting 832
step stool 409
stepladder 409
stepladders 409
steppe 87
stepper 1001
steps 324, 329, 806
steps in the production of electricity 789
steps to ripeness 117
stereo sound system 614
stereo sound system, mini 619
sterilization room 921, 922
stern 720, 730, 983
sternal artery 139
sternocleidomastoid 196, 197
sternum 153, 159, 164, 165, 170, 175, 187, 188, 200
stethoscope 912
steward, course 1003
steward's desk 705
stick 375, 490, 547, 944, 945
stick, goalkeeper's 1030
stick umbrella 490
stickpin 471
stifle 168
stigma 104, 112, 116
stile 361
stile groove of sash 327
stile tongue of sash 327
stiletto 886
still photographer 543
stilt 576
Stilton 281
sting 142
stink bug 146
stipule 111
stirrup 885, 1003
stirrup iron 1005
stirrup leather 1005
stirrup sock 940
stitch 459
stitch control buttons 571
stitch length regulator 566
stitch pattern 565
stitch pattern memory 571
stitch patterns 570
stitch selector 566
stitch width selector 566
stitches 941
stitching 450
stock 560, 732, 806, 887, 1010, 1011
stock pot 313
stockade 504
stocked anchor 732
stocking 445, 446, 997, 1028
stocking cap 458
stocking stitch 570
stockless anchor 732
stockroom 850
stola 426
stolon 110
stomach 134, 135, 136, 137, 138, 145, 149, 152, 154, 155, 169, 216
stomach, cardiac 139
stomach, pyloric 139
stomach throw 992
stomacher 427
stone 115, 384, 470
stone, Coyolxauhqui 513
stone, cut 384
stone, projecting 511
stone, sharpening 309
Stone Age weapons 883
stone deflector 706, 707
stone for sacrifice 513
stone fruits 254
stone marten 180
stone steps 323
stone wall 384
stoner 309
stony meteorites 18
stony-iron meteorite 18
stool 292
stool, bar 290
stop 174, 567, 578, 611, 625, 647
stop, end 391
stop, pit 1023
stop, tail 401
stop at intersection 664, 666
stop bath 600
stop button 411, 417, 610, 611, 616, 828
stop key 615
stop knob 554, 555
stop rod 555
stopcock burette, straight 815
stopper 474, 1056
stopping area 1040
stopping board 1014
stopwatch 604, 828
stopwatch, digital 604
storable propellant upper stage 39
storage, backboard 911
storage, drug 911
storage, frozen food 289
storage, glove 921
storage, underground 783
storage compartment 601, 687, 690, 902
storage door 377
storage furniture 364, 645
storage rack 293
storage room 905
storage room, medical equipment 923
storage space 705
storage tank 782, 805
storage tray 526, 798
storage unit, backup 641
store, department 849, 850
store, food 854
storeroom 290, 292, 644, 868
stork 161
storm collar 337
stormy sky 91
straight 1062
straight bet 1068
straight blade 531
straight eye 567
straight flush 1062
straight jaw 399
straight ladder 409
straight position 978
straight ribbed top 433
straight skirt 439
straight stopcock burette 815
straight wing 752
straightening iron 478
straightneck squash 249
straights 1021
strainer 312, 315, 318
strainer, mesh 308
strainer body 352
strainer coupling 352
straining, utensils for 308
strait 45
Strait, Bass 52
Strait, Bering 47
Strait, Cook 52
Strait, Torres 52
Strait of Gibraltar 49
strand 1058
strap 460, 472, 828, 901, 941, 970, 989, 999
strap, chin 1020
strap, leg 733
strap, restraint 913
strap, shoulder 489, 906, 1056
strap button 549
strap eyelet 593
strap loop 1056
strap wrench 403
strapless brassiere 445
stratocumulus 82, 88
stratopause 79
stratosphere 79
stratus 82, 88
straw 295
straw bales 1025
straw hut 520
straw spreader 767
strawberry 254
strawberry, section 114
streamer 873
street 52, 845, 846, 847
street, shopping 844
street bet 1068
street light 846
street sweeper 763
streetcar 717
strength sports 999
stress test 925
stretch, deceleration 1035
stretcher 362, 911, 913
stretcher, foot 984
stretcher, pole 913
stretcher area 918
stretch-limousine 669
strider, water 147
strike plate 327
striker 406, 893, 947
striker wheel 483
striking circle 944
string 547, 548, 553
string, nylon 419
stringed instruments 547
stringer 754
stringing 962, 968
strings 552, 561
strip 515
strip, magnetic 861
strip, tackless 334
strip door 515
strip sirloin 274
strobe 733
strobe light 911
stroke judge 976
strokes 966
stromatolite 128
strongbox 1070
strontium 812
structure, dual launch 39
structure, roll 1023
structure, truss 34
structure of a fern 107
structure of a flower 112
structure of a house 328
structure of a leaf 111
structure of a lichen 106
structure of a long bone 199
structure of a missile 894
structure of a moss 106
structure of a mushroom 108
structure of a plant 109
structure of a tree 118
structure of an alga 107
structure of the biosphere 94
structure of the ear 235
structure of the earth 66
structure of the spinal cord 224
structure of the sun 16
strut 332, 333, 556, 731, 751, 807
strut, wing 750
stud 332, 450, 567, 679, 942
stud, interchangeable 946
studded tyre 684
student 868
student's desk 868
students' lockers 869
students' room 869
studio 604
studio set 528, 605, 606
study 331
stummel 483
stump 118, 524, 943
sturgeon 266
style 112, 114, 115, 116
stylist, hair 542
stylobate 499, 500
styloid process 205
stylus 584, 635, 639, 1067
stylus holder 635
subarctic 87
subbase 658
sub-base 84
subduction 68
subfloor 332, 333, 334
subgrade 658
subhead 590
sublimation 810
submachine gun 891
submarine canyon 67
submarine line 642
submarine pipeline 780
subsiding cold air 89
subsoil 109
substation 794
substructure 776

subterranean stream 67
subtract from memory 649
subtraction 836, 837
subtraction key 649
subtractive colour synthesis 821
subumbrella 134
suburb 52, 843
suburban commuter railway 703
subway 703
subwoofers 612
sucker 117, 138
suction control 375
suction hose 902
Sudan 60, 879
sugar 285
sugar, brown 285
sugar, caster 285
sugar, granulated 285
sugar, powdered 285
sugar, vanilla 285
sugar bowl 301
sugar thermometer 308
suit 443, 1062
suit, protective 1025
suit, racing 1024, 1032
suit, ski-jumping 1041
suit, speed-skiing 1041
suit carrier 488
suit tiles 1066
suitcase 488
suitcase, upright 489
suite, operating 921
suits, men's 850
suits, women's 850
sulcus 223
sulcus terminalis 233
sulky 1007
sulphur 813
sulphur dioxide emission 98
sulphuric acid emission 98
sum 837
sumac 261
summer 80
summer solstice 80
summit 71, 1036
summit lodge 1036
sumo 995
sumotori 995
sump 682, 774
sump gasket 682
sun 14, 16, 17, 80, 94
sun, structure 16
sun deck 729, 731
sun roof 671
sun sensor 64, 86
sun visor 676, 686, 687
sundae spoon 299
sundial 828
sundress 438
sunfish 150
sunflower 113
sunflower-seed oil 284
sunglasses 481
sunglasses, clip-on 480
Sunnism 870
sunshine card 84
sunshine recorder 84
sunspot 16
super 144
super giant slalom 1039
supercooling 810
supergiant 18
superior 586
superior dental arch 231
superior mesenteric artery 210, 219
superior mesenteric vein 211
superior nasal concha 232
superior rectus muscle 238
superior semicircular canal 235
superior umbilicus 158
superior vena cava 211, 213
superjumbo 751
supermarket 242, 288, 845, 849
supernova 18
supersonic jet 79
superstructure 737
supplement, colour 590
supplement, literary 590
supplies, cleaning 291
supplies, first aid 911
supply 242
supply, cash 859
supply, electric 348
supply duct 341
supply of water 789
supply pipe 352
supply point 356
supply room 921
support 25, 85, 359, 361, 367, 573, 703
support, backboard 957
support, neck 1024
support bracket 367
support pole 973
support structure 26, 64
support thread 145
suppository 914
suqash, marrow 249
surcingle 1007
surcoat 427
surface, cooking 317
surface, posting 655
surface, synthetic 968
surface, working 401
surface cold front 82
surface course 658
surface installations 779
surface insulation 36
surface prospecting 775
surface run-off 95
surface surveillance radar 897, 898
surface warm front 82
surface water drain 846
surface-piercing foils 731
surfaces, playing 968
surface-to-air missile 894
surface-to-subsurface missile 894, 898
surfboard 988
surfer 988
surfing 988
surge bin 779
surge protection receptacle 638
surgeon's sink 922
surgeons, veterinary 1002
surgery room 918
Suriname 55, 876
surround loudspeaker 612
surveillance camera 523
surveillance radar 898
sushi set 303
suspended span 661
suspender 445, 660
suspender belt 445
suspension 716
suspension, back 1020
suspension arm 378, 673
suspension band 908
suspension bogie 707
suspension bridge 660
suspension cable 660
suspension file 652
suspension insulator string 792
suspension lines 1046, 1047
suspension spring 829
suspension system 673
suspensory ligament 238
sustaining pedal 552, 558
suture 116, 136
suture, coronal 205
suture, cranial 208
suture, lambdoid 205
suture, squamous 205
SUV 669
S-Video output 630
Swahili 582
swallow 162
swallow hole 67
swallowtail 873
swallowtail and tongue 873
swan 161
Swan 22
swath, sensor 64
Swaziland 61, 880
sweater, crew neck 442
sweaters 437, 442
sweaters, men's 851
sweaters, women's 850
sweatpants 451
sweatshirt 451
sweatshirt, hooded 451
swede 251
Sweden 46, 56, 878
Swedish 583
sweep boats 985
sweep oar 984
sweeper, street 763
sweeping hip throw 992
sweet corn 122
sweet pepper, green 248
sweet pepper, red 248
sweet pepper, yellow 248
sweet potato 245
sweetbreads 276
sweetheart neckline 456
swell organ manual 554
swell pedals 554
swept-back wing 752
swift 162, 574
swimmer's name 977
swimming 975
swimming goggles 976
swimming pool 730, 932
swimming pool, above-ground 324
swimming pool, in-ground 324
swimming stadium 932
swimming trunks 450
swimsuit 450, 976
swimsuits 850
swing bridge 662
swing-down side rail 913
Swiss chard 250
switch 358, 640, 641, 818
switch, hat 634
switch, limit 519
switch, on/off 375
switch, on-off 315, 319
switch, push-to-talk 621
switch, reversing 390, 394
switch, speed selector 393, 394
switch, trigger 393, 394, 396
switch blade 712
switch lock 394
switchboard operator's set 624
switcher console 607
Switzerland 56, 878
swivel 776, 937, 1061
swivel base 401
swivel head 401
swivel lock 401
swivel wall lamp 373
swivelling nozzle 750
swivel-tilter armchair 646
swordfish 267
Swordfish 21
symbol 812, 1070
symbols, dangerous materials 910
symbols, fabric care 425
symbols, protection 910
symbols, scientific 834
symphony orchestra 545
synagogue 872
synapse 221
synchronized diving 979
synsacrum 159
synthesis 836
synthesis, colour 821
synthesizer 558
synthetic shuttlecock 963
synthetic sponge 473
synthetic surface 968
Syria 58, 880
syringe 912
syringe, irrigation 912
syrup 914
syrup, corn 285
syrup, maple 285
system, air conditioning 96
system, air-conditioning 911
system, braking 673
system, cooling 673
system, crampon 1043
system, double pulley 816
system, electrical 673
system, fuel supply 673
system, inflation 733
system, remote manipulator 35, 36
system, solar 14
system, steering 673
system, suspension 673
system, transmission 673
system buttons 558
system operations monitor 341
system support 644
systems, car 673
systems, gearing 816
systems display 748

T

tab 435, 484, 567, 652
tab, adhesive 449
tab, finger 1009
tab, trim 86
tab setting 648
Tabasco® sauce 286
tabernacle 871
table 293, 362, 392, 393, 395, 469, 537
table, bedside 365, 855, 920
table, billiards 1012
table, changing 366
table, clean dish 291
table, coffee 362
table, dirty dish 291
table, dressing 365
table, exposure 536
table, gateleg 362
table, hot food 291
table, nesting 362
table, operating 921
table, overhead 920
table, patient 924
table, service 290
table, soccer 1069
table, suction 536
table, tennis 961
table, treatment 926
table, vacuum printing 536
table, water 98
table cut 469
table extension 393
table lamp 372
Table Mountain 20
table of results 978
table salt 287
table saw 393
table tennis 961
table tennis, grips 961
table tennis ball 961
table tennis bat 961
table top 926
table-locking clamp 395
tables 362
tablespoon 299
tablet 914
tablet, wax 584
tablinum 502
tabloid 590
tabulation key 632
tabulation left 632
tabulation right 632
tabulator 648
tachometer 677, 696
tack 388, 983
tacking 982
tackle box 1061
tackless strip 334
tackling 948
tactical transport helicopter 753
tadpole 153
taekwondo 994
taekwondo, competition area 994
taekwondo equipment 994
taekwondo techniques 994
tag 450, 459, 493
Tagalog 583
tagliatelle 282
tahini 286
Tahitian 583
tail 139, 154, 155, 164, 165, 168, 174, 178, 182, 186, 189, 228, 539, 747, 988, 1037, 1038, 1042, 1043, 1044, 1048, 1059, 1071
tail, ion 18
tail assembly 747
tail boom 753
tail comb 476
tail edge 539
tail feather 158
tail fin 747, 753
tail of helix 234
tail pipe 673
tail pole 806
tail shapes 751
tail skid 753
tail stop 401
tail unit, T 751
tailored collar 443, 455
tailored sleeve 453
tailpiece 547, 561
tailplane 747, 753, 896, 1048
tailrace 786
Tajikistan 58, 880
tajine 312
take-off 1041
take-off board 937
take-off table 1041
take-up handle 572
take-up reel 616
talk key 622, 624
talking drum 561
tall tumbler 297
Talmud 870
talon 160
talus 201, 203
tamarillo 258
tamarin 185
tamarind paste 286
tambourine 557
tamper 319
tandem 702
tandem disc harrow 765
tang 298, 306, 398, 403
tanga 445
Tanganyika, Lake 50
tangerine 256
tank 37, 345, 348, 600, 729, 783, 895, 903
tank, air 408
tank, belly 753
tank, compressed air 1023
tank, electric water-heater 348
tank, fuel 678, 694, 697
tank, heating fuel 678
tank, liquid hydrogen 39
tank, liquid oxygen 39
tank, propellant 32
tank, septic 98
tank, storage 783
tank, water 319
tank, water-heater 805
tank farm 780
tank gauge float 781
tank hatch cover 729
tanker 693, 718, 728
tanker aircraft 896
tanker body 692, 693
tanks 781
tantalum 813
Tanzania 61, 879
tap 346
tape 387, 565, 567, 654, 893, 944
tape, correction 654
tape, grip 1044
tape, magnetic 611
tape, retro-reflective 733
tape, white 958
tape counter 616
tape dispenser 654
tape guide 616, 654
tape lock 387
tape measure 387, 568
tape selector 616
taper 534
tapered end 987
tapered wing 752
tapestry bobbin 573
taproot 118
taps 350
tarantula, red-kneed 147
tare 995
target 64, 65, 1009, 1011, 1043, 1071
target, clay 1010
target area 804
target areas 997
target detection radar 898
tarlatan 534
taro 245
tarragon 262
tarsometatarsus 159
tarsus 140, 142, 153, 158, 165, 170, 175, 184, 187, 188, 203, 208
Tasman Sea 52
Tasmania 52
tassel 368
tasset 884
taste bud 233
taste receptors 233

tasting spoon 309
tatami 996
taxi rank 857
taxiway 740, 741
taxiway, bypass 740
taxiway line 741
T-bar 1036
T-bone steak 272
T-connector 640
tea 264
tea, black 264
tea, green 264
tea, oolong 264
tea cup 301
tea infuser 309
teabag 295
teacher 868
teacher's desk 868
teachers' room 869
teacup 305
team, first aid 1003
team, medical 992
team bench 974
team handicap 1008
team's emblem 1028
teapot 301, 305
tear-off calendar 650
teas, herbal 264
teaser comb 476
teaspoon 299
technetium 813
technical controller 1031
technical delegates 1031
technical director 608
technical events 1039
technical identification band 615
technical room 663
technical services 866
technical specialist 1031
technician, lighting 543
technique, jumping 1041
techniques 958
tectonic lake 73
tectonic plates 68
teddy 444
tee 1017, 1027
tee connector 351, 353
tee line 1027
teeing ground 1016, 1017
teeth 206, 398, 567
Teflon® tape 402
telecommunication aerial 730, 731
telecommunication satellite 643
telecommunication satellites 602
telecommunications 602, 603
telecommunications by satellite 603
tele-converter 598
telemetry and command antenna 86
telephone 855, 857
telephone, cellular 622
telephone, cordless 623
telephone, memory 623
telephone/cable/satellite line 641
telephone cable 846
telephone index 651
telephone line 642
telephone list 623
telephone network 603
telephone surge protection jacks 638
telephones 623
telephony 622, 643
telephoto lens 598
teleport 603
telescope 28, 734, 833, 1009
Telescope 20
telescope, binocular 29
telescope, reflecting 25
telescope, refracting 24
telescope, space 27
telescope base 28
telescopic aerial 619
telescopic boom 756, 902
telescopic corridor 741
telescopic front fork 697
telescopic measure 1014
telescopic rod 1069
telescopic sight 824, 887
telescopic umbrella 490
telescoping leg 596
telescoping uncoupling rod 709
television 605
television, analogue 609
television, cathode ray tube 609
television, digital 610
television, wide-screen 612
television programme schedule 590
television set 855, 868
telltale 980
tellurium 812
telson 139
temperate forest 92
temperature 342
temperature control 342, 349, 374, 377
temperature control knob 577
temperature gauge 677
temperature of dew point 81
temperature scale 79
temperature selector 316, 378, 379
temperature sensor 32, 683
temple 192, 538, 573
temple, Aztec 513
temple, Greek 499
Temple of Huitzilopochtli 513
Temple of Tlaloc 513
tempo control 558
tempo scale 564
temporal bone 200, 205
temporary exhibition rooms 523
ten 836
ten commandments 872
tenaille 505
tenderloin 275, 276
tenderloin roast 272
tendon 178, 198, 207
tendon guard 1030
tendril 117
tennis 966
tennis ball 968
tennis court 966
tennis courts 932
tennis player 968
tennis racket 968
tennis shoe 968
tenon saw 537
tenor drum 556
tenpin 1015
tension adjustment 1060
tension adjustment screw 654
tension block 566, 567, 571
tension dial 567, 571
tension disc 567
tension pulley wheel 367
tension rod 556
tension rope 561
tension screw 556
tension spring 567, 677, 1000
tensioner 969
tensioning wire 1009
tension-release lever 396
tensor of fascia lata 196
tent, trailer 687
tentacle 137, 138
tents 1052
tepee 520
terbium 814
teres major 197
teres minor 197
terminal 354, 358, 780, 793
terminal, air 741
terminal, container 842
terminal, electronic payment 289
terminal, negative 818, 820
terminal, positive 818, 820
terminal, remote control 593
terminal, satellite 741
terminal arborization 221
terminal box 803
terminal bronchiole 215
terminal bud 105, 109
terminal cover 613
terminal descent engine 32
terminal filament 224
terminal lobe 117
terminal moraine 72
terminal tackles 1061
terminals, video and digital 593
terminator 640
termite 146
tern 161
terraced houses 521
terrarium 495
terreplein 505
terrestrial globe 23
terrine 312
tertial 158
Tertiary 131
tertiary colours 528
test button 903
test pattern 606
test tube 815
tester screwdriver 404
testicle 228, 229
testis 139, 152
test-lamp 404
Tethys 15
text 648
text display 648
textile 424
textile floor coverings 334
textile industry 123
Thai 582
Thailand 59, 881
thallium 812
thallus 106, 107
The Great Schism 870
theatre 540, 844
theatre, Greek 498
theatre, home 612
theatre, operating 921, 922
theodolite 85, 833
thermal energy 775
thermal louvre 86
thermodynamic temperature, measurement of 835
thermometer 85, 495, 781, 827, 914, 989, 1049
thermometer, alcohol 914
thermometer, bimetallic 827
thermometer, ear 914
thermometer, instant-read 308
thermometer, oven 308
thermometer, sugar 308
thermopause 79
thermos bottle 1056
thermosphere 79
thermostat 316, 317, 341, 343, 349
thermostat, lower 348
thermostat, programmable 342
thermostat, upper 348
thick continuous drizzle 83
thick intermittent drizzle 83
thick rib 272
thigh 158, 168, 174, 189, 193, 195, 226, 228
thigh brace 987
thigh pad 954
thigh stocking 446
thimble 568, 832
thinning razor 478
third 562
third base 938
third baseman 938
third finger 237
third round: 32 players 933
third row 950
third valve slide 551
third wheel 828, 829
thistle 113
thoracic legs 139
thoracic vertebrae 165, 170, 175, 184, 188
thorax 140, 141, 142, 192, 194
thorium 814
thread 350, 390, 578
thread, radial 145
thread, security 861
thread, spiral 145
thread, support 145
thread guide 566, 567
thread take-up lever 566
thread trimmer 567
threaded cap 351
threaded rod 400
threaded sleeve 326
three of a kind 1062
three-blade propeller 750
three-four time 562
three-hinged arch 661
three-point line 957
three-quarter coat 435
three-quarter sleeve 453
three-tier car carrier 711
three-toed hoof 171
threshold 325
throat 158, 401, 732, 968, 1061
throat lash 1004
throat protector 940, 1030, 1032
throttle 419
throttle, twist grip 696
throttle cable 419
throttle control 417, 634
throttle trigger 411
throttle valve 773
throttles 748
through arch bridge 661
throwing 576
throwing and jumping area 932
throwing apparatus 937
throwing circle 934, 935
thrust 661, 752
thrust bearing 787
thrust device 584
thrust tube 584
thruster 64
thruster engine 32
thrusters, attitude control 36
thrusting and cutting weapons 886
thulium 814
thumb 186, 187, 208, 237, 464, 941
thumb, opposable 185
thumb hook 551
thumb piston 554
thumb rest 550, 912
thumbscrew 400
thunderstorm 83
thwart 986
thyme 262
thymus 230
Tibetan 582
tibia 140, 142, 165, 170, 175, 184, 186, 187, 188, 200, 203, 207
tibial, anterior 196
tibiofibula 153
tibiotarsus 159
tick 147
ticket collector 522, 544, 704
ticket collector's booth 714
ticket counter 742
ticket office 522, 853
tidal power plant 794
tie 490, 563
tie beam 332, 333
tie closure 490
tieback 368
tieback knob 368
tieclip 471
tiepin 471
tier 503
tierce 998
tierceron 506
Tierra del Fuego 48
tiers 498
ties 850
tiger 181
tiger, sabre-toothed 131
tight end 953
tight head prop 950
tightening band 85
tightening buckle 1056
tightening tool 399
tights 446
tilapia 269
tilde 587
tile 36, 385, 499, 502, 513
tile, partition 384
tiles, bonus 1066
tiles, flower 1066
tiles, honour 1066
tiles, season 1066
tiles, suit 1066
tiller 885, 980
tilt tube 371
tilt-back head 314
timber 502
timber frame 332
time card 650
time clock 650, 1008
time code 543
time management 650
time signatures 562
timekeeper 956, 960, 990, 993, 994, 995, 996, 997, 1031, 1050
timekeepers 974, 1033
timekeepers, scorers and 992
timer 316, 317, 318, 577, 600, 977
timetable 704
timing area 1041
timing belt 396, 682
timing system, electronic 1033
timpani 545
tin 78, 295, 812
tin board 965
tin opener 307, 318, 1055
tine 300, 413, 765
tip 111, 250, 298, 299, 388, 390, 392, 403, 406, 432, 490, 579, 936, 937, 959, 988, 1013, 1038, 1043, 1059
tip of nose 231
tip ring 1059, 1060
tip section 1059
tipper body 761
tipper truck 693, 761
tips 390
tissue, adipose 236
tissue, connective 236
tissue, subcutaneous 236, 237
tissue holder 346
Titan 15
Titan IV 39
Titania 15
titanium 78, 813
Titicaca, Lake 48
Tlaloc, Temple of 513
toad, common 153
toaster 316
toaster oven 316
tobacco 483
tobacco hole 483
tobacconist's shop 848
toe 160, 171, 174, 192, 194, 391, 397, 433, 1018
toe, lobed 160
toe binding 1042
toe cap, insulated 33
toe clip 171, 698, 700
toe guard 909, 940
toe hole 1043
toe loop 1031
toe pick 1031
toe piece 988
toe piston 554
toe strap 988
toecap 1030
toenail scissors 472
toepiece 1042
toe-piece 1039
toe-strap 462
tofu 284
toga 426
toggle 436, 873
toggle bolt 390
Togo 60, 879
toilet 290, 293, 329, 330, 344, 346, 347, 523, 544, 644, 705, 849, 853, 854, 855, 856, 859, 862, 867, 904, 919, 920, 923
toilet bag 488
toilet bowl 347
toilet seat reducer 492
toilet soap 474
toilet truck 744
toilette, eau de 474
tomatillo 248
tomato 248
tomato, cherry 248
tomato, Italian 248
tomato, vine 248
tomato coulis 286
tomato paste 286
tombolo 70
tom-tom 556
tone arm 559
tone control 549
tone control, bass 549
tone control, treble 549
toner cartridge 637
Tonga 62, 881
tongs 309, 337

tongue 143, 149, 152, 216, 231, 232, 233, 276, 432, 450, 459, 554, 561, 1031, 1039
tongue sheath 154
tonsil 230, 231
tool 773
tool belt 387
tool holder 398
tool kit 700
tool shelf 409
toolbox 387
tools, hand 418
tools, pruning and cutting 416
Tools, Sculptor's 20
tools, seeding and planting 418
tools, watering 414
tools for loosening earth 412
tooth 103, 148, 154, 391, 392, 417, 477, 758, 760, 766, 767
tooth, gear 816
toothbrush, manual 482
toothbrush, power 482
toothed belt cover 397
toothed jaw 399
toothed wheel 816
toothpaste 482
top 118, 362, 409, 440, 724
top box 697
top cap 820
top cross-member 757
top cushion 1012
top cylinder 534
top deck 781
top deck board 754
top edge 539
top flap 1056
top hat 457
top ladder 902
top lift 459
top of dam 785, 790, 791, 794
top plate 648
top pocket 1012
top rail 325, 361, 364, 366
top rail of sash 327
top road 774
top stitching 448
topaz 470
top-level domain 642
topmark 737, 738
topping 1059
topping lift 724
topsoil 109
toque 458
Torah scrolls 872
torch, cutting 407
torch, head 1057
tornado 83, 89
tornado and waterspout 89
torpedo 899
torpedo room 899
torque adjustment collar 394
torque converter 378
Torres Strait 52
tortellini 282
tortilla 278
torus 500, 501, 839
total eclipse 16, 17
totally reflecting mirror 823
tote bag 486
tote board 1006
toucan 162
Toucan 20
touch 236
touch judge 951
touch pad 630
touch pad button 630
touch screen 622, 624, 639, 1067
touchline 947, 951
Toulouse sausage 277
touring bicycle 702
touring motorcycle 697
touring tyre 684
tourmaline 470
tournament ball 965
tournedos 276
tourniquet 912
tow bar 687, 744, 766, 988
tow line 988
tow release knob 1048
tow safety chain 687
tow tractor 745
tow truck 693
towel, bath 475
towel, kitchen 381
towel rail 346
tower 506, 660, 736, 757, 804, 806, 807, 1008
tower, bell 871
tower, cooling 770, 775
tower, crossing 508
tower, transmitting 602
tower case: back view 629
tower case: front view 629
tower control room 740
tower crane 756
tower foundation 660
tower ladder 902
tower mast 756
tower silo 243
towing device 693
towing eye 892
towing hitch 687, 764
town hall 844
town houses 521
toys 851
toyshop 848
tracery 507
trachea 159, 169, 214, 215
tracing wheel 568
track 367, 526, 714, 758, 934, 1022, 1024, 1026, 1033
track, athletics 932
track, circular 26
track, landing 1040
track, long 1032
track, railway 844
track, run-up 937
track, short 1033
track, speed 1041
track, starting 1041
track and field 934
track cycling 1021
track equipment 934
track frame 373
track idler 758
track judge 1033
track lighting 373
track link 895
track plotter 735
track roller frame 758
track search/fast operation buttons 611
track search/fast operation keys 611, 615
track shoe 895
trackball 634
tracker 555
tracker, star 32
tracklaying tractor 758
tracks, dolly 542
traction batteries 678
tractor 744, 762, 764
tractor, lawn 420
tractor engine compartment 760
tractor unit 690
traditional dwellings 520
traditional jacket 996
traditional musical instruments 560
traditional ships 721
traffic lanes 659
traffic signals ahead 665
tragus 186, 234
trail 892
trailer, child bike 700
trailer car 716
trailer caravan 687
trailer tent 687
trailing edge 746, 1047, 1048
trailing edge flap 746, 896
trail-view mirror 689, 690
train direction sign 715
train indicator 704
trainer 957, 973, 990
training area 932
training ball 965
training suit 451
training wall 785
trampoline 973
trampoline, competitive 973
trampoline, leisure 973
trampolinist 973
transaction receipt 859
transaction record slot 858
transactions, business 643
Transantarctic Mountains 46
transceiver, radar 907
transceiving dish 602
transceiving parabolic aerial 602
transept 507, 508
transesterification 784
transfer, heat 811
transfer canal 798
transfer port 681
transfer ticket dispensing machine 715
transform plate boundaries 68
transformer 356, 357, 373, 786, 788, 793, 796, 804
transit shed 718
transition fittings 351
transition metals 813
transmission 378, 678
transmission, data 65
transmission dish 602
transmission of rotary motion to rotor 789
transmission system 673
transmitted pulse 64
transmitter 623
transmitting tower 602
transparency viewing 601
transparent pockets 484
transparent working surface 536
transpiration 95
transponder 748
transporter, car 692
transporter bridge 662
transverse bulkhead 728
transverse colon 217
transverse dunes 74
transverse process 204, 224
tranverse flute 550
trap 344, 347, 351, 352, 540
trap, petroleum 775
trap coupling 352
trap machine 1010
trapdoor 503
trapezium 202, 208
trapezius 196, 197
trapezoid 202, 839
travel agency 848
travel bag 488
traveller 980, 981
traveller's cheque 860
travelling block 776
travelling crab 756
travelling crane 786
traverse arch 506
traverse rod 367
traversing handle 892
trawler 728
tray 342, 366, 387, 408, 488
tray, disc 611
tray, disk 638
tray, drip 319
tray, food 295
tray, input 637
tray, output 637
trays 292
tread 335, 685, 1005
tread bar 764
tread design 684, 685
treadle 572
treadle cord 572
treadmill 1001
treatment 784
treatment plant 773
treatment room 922
treble bridge 552
treble clef 562
treble fishhook 1061
treble keyboard 560
treble loudspeaker 20
treble register 560
treble ring 1069
treble tone control 549, 619
tree 118, 1005
tree, ornamental 322
tree, palm 119
tree, structure 118
tree, trunk 118
tree fern 107
tree frog 153
tree pruner 416
trees 1016
trefoil 507
trellis 410
trench 67, 771, 1010
Trench, Aleutian 69
Trench, Japan 69
Trench, Java 69
Trench, Kermadec-Tonga 69
Trench, Kuril 69
Trench, Mariana 69
Trench, Peru-Chile 69
Trench, Philippine 69
Trench, Puerto Rico 69
Trench, Ryukyu 69
trench coat 435
triage room 919
trial motorcycle 1025
triangle 545, 557, 839
Triangle 22
triangular bandage 915
triangular body 561
triangular fossa 234
Triassic 130
triceps of arm 197
triceratops 131
tricorne 429
tricycle 702
tricycle, child's 701
trifoliate 111
trigger 408, 417, 527, 634, 885, 887, 888, 889, 891, 893, 903, 1010, 1011
trigger guard 887, 888, 891, 1010, 1011
trigger switch 389, 392, 393, 394, 396, 397
triglyph 500
trigone of urinary bladder 218
trilby 457
trill 563
trilobite 128
trim 488
trim panel 674
trim tab 86
trimaran 981
trimmer 419, 479
trimming 537
trimming tool 576
Trinidad and Tobago 54, 877
trio 546
trip lever 347
trip mileometer 677
tripe 276
triple jump 1025
triple tail unit 751
tripod 24, 564, 596, 601
tripod accessories shelf 24
tripod stand 556
tripod tail support 745
triquetral 202
trireme 720
triticale 263
Triton 15
trochanter 140, 142
trolley 662
trolley, book 867
trolleys, shopping 289
trombone 551
trombones 545
tronçon 270
Tropic of Cancer 42, 47, 50, 51
Tropic of Capricorn 42, 48, 50, 52
tropical climates 87
tropical cyclone 89
tropical cyclone names 89
tropical fauna motif 511
tropical fruits 258
tropical maritime 81
tropical rain forest 87, 92
tropical rainforest 93
tropical storm 83
tropical wet-and-dry (savannah) 87
tropopause 79, 96
troposphere 79
trot 168
trotter 1007
trough 77, 81, 821
trousers 432, 433, 441, 451, 850, 940, 954, 992, 1025, 1028, 1051
trousers, cargo 441
trousers, convertible 433
trousers, cropped 441
trout 269
trowel 418
truck 716, 1044
truck, cement mixer 693
truck, collection 693
truck, container 692
truck, double drop lowbed 692
truck, dumper 692
truck, emergency 663
truck, fire 900
truck, flatbed 691
truck, log 692
truck, possum-belly body 692
truck, production 608
truck, pump 783
truck, refrigerated 692
truck, tow 693
truck, van body 692
truck crane 756
truck trailer 690
trucking 690
trucks 693
truffle 244
trumpet 551, 733
trumpet interchange 658
trumpets 545
trunk 107, 117, 118, 152, 193, 195, 488
trunk, celiac 210
trunk, cross section 118
trunk, pulmonary 213
trunk hose 428
trunks, boxing 990
trunnion 890
truss structure 34
trussed arch 661
trussing needle 309
tsetse fly 146
T-shirt 450
T-strap shoe 460
tsuki-uchi 995
tsunami 77
tub 378, 380
tuba 545, 551
tube 295, 892, 893
tube, air 913
tube, buoyancy 733
tube, draw 825
tube, flash 823
tube, flexible 926
tube, Pitot 1023
tube, seat 1021
tube, test 815
tube flaring tool 402
tube foot 135
tuber vegetables 245
tubing 780
tubing head 780
tubing valve 780
tubular bells 545, 557
tubular heater 782
tubular ice screw 1051
tubular lock 326
tubular member 777
tubular structure 737
tubule, Malpighian 143
tubules, Malpighian 141
tuck 483
tuck position 978
tugboat 728
tulip 113
tulle 424
tumble dry at low temperature 425
tumble dry at medium temperature 425
tuna 268
tundra 92, 93
tungsten 813
tungsten filament 359
tungsten-halogen bulb 359
tunic 105, 883
tunic dress 438
tunica adventitia 209
tuning control 619, 620
tuning controls 609
tuning fork 564
tuning gauge 556
tuning peg 548, 549
tuning pin 552
tuning ring 561

tuning slide 551
tuning wire 554
Tunisia 60, 879
tunnel 714
tunnel, road 663
turban 429, 458
turbine 421, 770, 796
turbine, power 749
turbine building 796
turbine headcover 787
turbine runner 794
turbine stop valve 796
turbine-compressor shaft 749
turbined water draining 789
turbo-alternator unit 775
turbo-charged engine 680
turbofan engine 749
turbogenerator 804, 899
turbojet engine 747, 896
turbojet engine, operation cycle 749
turbot 268
turkey 162, 271
Turkey 57, 880
Turkish 583
Turkmenistan 58, 880
turmeric 260
turn 563, 667
turn and bank indicator 1048
turn and bank knob 1048
turn indicator 694, 695, 696
turn indicator tell-tale 696
turnbuckle 981, 990
turning handle 395
turning judges 977
turning wall 975, 977
turnip 251
turnouts 900, 901
turntable 314, 604, 617, 662, 760, 761
turntable, USB 559
turntable mounting 902
turn-up 432
turpentine 527
turquoise 470
turret 504, 895, 898
turret cap 824
turtle 155
turtle, anatomy of 155
turtle, morphology of 155
turtleneck 455
Tuvalu 62, 881
TV/DVD viewing button 610
tweed 424
tweeter 618
tweezers 915
twig 118
twill weave 575
twin skis 988
twin-lens reflex camera 591
Twins 23
twinset 442
twist 394
twist bar 1000
twist bit 394
twist drill 394
twist handle 634
twist lock 692
twisted rope 1058
twisted-pair cable 631
two columns split bet 1068
two pairs 1062
two-blade propeller 750
two-burner camp stove 1053
two-hinged arch 661
two-leaf door 688
two-man bobsleigh 1034
two-person tent 1052
two-seater settee 360
two-sided copies 647
two-storey house 521
two-stroke-cycle engine cycle 681
two-toed hoof 171
two-two time 562
two-way collar 435
two-way traffic 664, 666
tympanum 152, 499, 500, 507, 509
type I irregular galaxy 19
type II irregular galaxy 19
type of air mass 81
type of fuel 668
type of high cloud 81
type of low cloud 81
type of middle cloud 81
types of bones 199
types of eclipses 16, 17
types of engine 680
types of golf club 1017
types of inflorescence 112
types of move 1065
types of oar 984
types of outlets 338
types of passenger coach 705
types of stroke 975
typhoon 89
typist's chair 646
typography 586
tyrannosaur 131
tyre 124, 671, 684, 690, 699, 1020, 1024
tyre, all-season 684
tyre, dry-weather 1022
tyre, knobby 697
tyre, nubby 1025
tyre, performance 684
tyre, spare 687
tyre, studded 684
tyre, touring 684
tyre, wet-weather 1022
tyre, winter 684
tyre barrier 1022
tyre inflator 668
tyre pump 698
tyre valve 699
tyres 684

U

U.S. habitation module 34
u quark 810
U-bend 351
udon 283
Uganda 61, 879
UHF antenna 32, 86
Ukraine 57, 878
Ukrainian 583
ulna 159, 164, 165, 170, 175, 182, 184, 187, 188, 200, 202, 207
ultimate, playing field 1070
ultracompact camera 592
ultrasonograph 925
ultrasonography 925
ultrasound waves emission 65
ultraviolet radiation 821
ultraviolet spectrometer 86
Ulysses 30
umbel 112
umbo 136
umbra 16, 17
umbrella 134, 490
umbrella pine 121
umbrella stand 490
Umbriel 15
umlaut 587
umpire 938, 939, 943, 949, 953, 955, 958, 963, 966, 1014, 1027
umpire, course 984
umpire, mounted 1008
UN 882
UN members 876
UN observers 882
unbleached flour 278
uncle, maternal 929
uncle, paternal 929
underarm briefcase 485
underarm crutch 916
underarm rest 916
undergarment 1022
underground 503, 847
underground chamber 498
underground flow 95
underground map 715, 716
underground mine 774
underground railway 714
underground railway station 844
underground station 714
underground stem 105
underground train 714, 716
underlay 334
underlining 569
underpass 660
undershirt 940
underskirt 427
underwater light 324
underwear 434, 444
underwear, men's 850
underwiring 445
undressing booth 922
UNESCO 882
uneven surface 667
ungulate mammals 168, 172
unicellular organism 133
Unicorn 21
uniform 906
uniforms 900
uninterruptible power supply 638, 641
union 351, 837
uniparous cyme 112
unisex headgear 458
unisex shoes 462
unison 562
unit, ambulatory care 922
unit, glass collection 99
unit, indoor 341, 343
unit, intensive care 921
unit, outdoor 341, 343
unit, paper collection 99
unit, turbo-alternator 775
United Arab Emirates 58, 880
United Kingdom 56
United Kingdom of Great Britain and Northern Ireland 877
United Nations 882
United States of America 54, 876
univalve shell 136
univalve shell, morphology of 136
university 844
unleavened bread 278
unloading dock 523, 849, 853, 854
unloading docks 850
unloading tube 767
ununhexium 812
ununoctium 814
ununpentium 812
ununquadium 812
ununseptium 813
ununtrium 812
up-and-over garage door 515
upgrader 779
uphaul 983
upholstery nozzle 375
upkeep, painting 408
uplift 77
uplong 806
upper 1039
upper blade guard 392
upper bowl 319
upper cheek 1004
upper chord 661
upper cold front 82
upper confining bed 770
upper cuff 1039
upper deck 689, 746
upper edge 961
upper eyelid 152, 178, 238
upper fore topgallant sail 725
upper fore topsail 725
upper gate 719
upper girdle facet (16) 469
upper laboratory 26
upper landing 518
upper lateral lobe 117
upper lateral sinus 117
upper level 719
upper limb 885
upper lip 143, 231, 554
upper lobe 214, 215
upper mantle 66
upper rudder 899
upper section 39
upper shell 1039, 1045
upper strap 1039
upper thermostat 348
upper warm front 82
upper wing 750
upper-air sounding 85
upperboard 555
upper-case 586
upperworks 981
upright 324, 538, 572, 573, 916, 936, 969, 971
upright, padded 957
upright piano 552
upright piano action 553
upright suitcase 489
upright vacuum cleaner 375
UPS 638
upstage 540, 541
upstream blanket 790
upstream face 791
upstream shoulder 790
upstream toe 790
Ural Mountains 49
Ural-Altaic languages 583
uranium 78, 814
Uranus 14, 15
urchin, sea 135
Urdu 583
ureter 137, 159, 218, 219
urethra 218, 226, 228
urinary bladder 149, 152, 218, 226, 228
urinary system 218
URL 642
URL (uniform resource locator) 642
urogenital aperture 149
uropod 139
urostyle 153
Uruguay 55, 876
USB cable 599, 649
USB connector 638
USB key 599, 638
USB port 558, 599, 619, 620, 628, 629, 630, 637, 638
use chlorine bleach as directed 425
used syringe box 907
useful liquids 527
user, home 643
user, Internet 642
uses, Internet 643
U-shaped chisel 531
U-shaped gouge 533
utensil, kitchen 311
utensils, cooking 292
utensils, miscellaneous 309
uterus 226, 227
uvula 231, 232
Uzbekistan 58, 880

V

vacuole 102, 133
vacuole, contractile 133
vacuole, food 133
vacuole, forming food 133
vacuum chamber 826
vacuum cleaner, upright 375
vacuum cleaner accessories 375
vacuum coffee maker 319
vacuum diaphragm 682
vacuum distillation 782
vacuum manifold 826
vacuum system console 826
vagina 137, 145, 226, 227
vair 875
valance 363, 368
valley 71, 73
valve 116, 136, 209, 551
valve, aortic 213
valve, drain 348
valve, mitral 213
valve, pressure-relief 348
valve, pulmonary 213
valve, tricuspid 213
valve casing 551
valve cover 682
valve seat 347, 350
valve seat wrench 402
valve spring 682
vambrace 884
vamp 450, 459
vampire bat 187
van 693
van, chip 692
van, postal 588, 589
van body truck 692
vanadium 813
vane 158, 379
vane, wind 84
vanilla extract 286
vanity cabinet 346
vanity mirror 676
Vanuatu 62, 881
vaporizer 342
vaporizing grille 342
vapour 811
variable ejector nozzle 751
variable geometry wing 752
variation keys 571
variometer 1049
varnish 527
vascular bundle 110
Vatican City State 56, 882
Vauban fortification 505
vault 506, 859
vault, barrel 503
vaulter, pole 936
vaulting table 969, 970, 971
veal 273
vegetable, inflorescence 251
vegetable brush 309
vegetable dish 303
vegetable garden 243, 322
vegetable oil 123
vegetables, fruits and 288
vegetation 93
vegetation regions 92
vehicle entrance 905
vehicle equipment bay 39
vehicle rest area 663
veil 1059
vein 111, 209, 211, 212
vein, iliac 211
vein, popliteal 211
vein, pulmonary 212, 213
vein, saphenous 211
vein, subclavian 211, 230
velarium 503
velodrome 932, 1021
velum 142
velvet 424
velvet-band choker 468
vena cava, inferior 212
vena cava, superior 212
Venera 30
Venezuela 55, 876
venom canal 154
venom gland 154
venom sac 143
venomous snake, anatomy of 154
venomous snake, skeleton of 154
vent 343, 676, 890
vent, cooling 630
vent, heating 716
vent brush 476
vent door 691
vent hole 408
ventail 884
ventilated rib 887, 1010
ventilating circuit 344
ventilating fan 706
ventilating grille 375
ventilation 805
ventilation bag, manual 911
ventilation hood 736
ventilator 706, 716
ventilator, energy recovery 341
ventral aorta 149
ventral artery 139
ventral nerve cord 139
ventricle, lateral 222
ventricle, left 212
ventricle, right 212
ventricle, third 222
venturi 893
venturi fastening lever 893
Venus 14, 15
Venus flytrap 103
verbena 264
vermicelli, rice 283
vermiform appendix 216
vernal equinox 23, 80
vernier 830, 832
vernier caliper 832
vernier scale 734, 832
Versailles parquet 334
vert 875
vertebra 154, 182
vertebra, cervical 201, 204
vertebra, lumbar 201, 204
vertebra, sacral 153
vertebra, thoracic 201, 204
vertebra prominens 204
vertebrae 153
vertebrae, caudal 165, 175, 187, 188
vertebrae, cervical 159, 165, 175, 184, 187, 188

vertebrae, lumbar 165, 175, 184, 187, 188
vertebrae, sacral 165, 175, 188
vertebrae, thoracic 165, 175, 184, 188
vertebral arch 204
vertebral body 204, 224
vertebral shield 155
vertical displacement of water 77
vertical frame 573
vertical ground movement 76
vertical move 1065
vertical pivoting window 518
vertical pocket 427
vertical pupil 154
vertical section 1044
vertical seismograph 76
vertical shaft 774
vertical side band 958
vertical take-off and landing aircraft 750
vertical-axis wind turbine 807
very cloudy sky 82
vessel, blood 199, 209
vessel, dorsal blood 141
vessel, lymphatic 230
vest 434, 450
vestibular nerve 235
vestibule 235, 502
vestibule, security 862
vestigial pelvis 182
veterinary surgeons 1002
VHF antenna 898
viaduct 660
vibrating mudscreen 776
vibrato arm 549
vibrissa 165, 167
vice 401
vice-skip 1027
Victoria, Lake 50
video and digital terminals 593
video cassette 611
video connection panel 608
video control technician 605, 608
video entertainment system 1067
video game 1067
video port 629, 630
video recorder/receiver 610
video replay 933
videocassette recorder 611
videophone 624
videophony 643
videotape library 867
videotape operation controls 613
Vietnam 59, 881
Vietnamese 582
view camera 591
viewfinder 593
viewfinder, electronic 613
viewing lens 594
viewing room 867
Viking 32
villa, Renaissance 509
village 842, 1036
vine leaf 117, 247
vine shoot 117
vine stock 117
vinegar, balsamic 287
vinegar, cider 287
vinegar, malt 287
vinegar, rice 287
vinegar, white 287
vinegar, wine 287
vinyl insulation 385
viola 547
violas 545
violet 113, 528
violet-blue 528
violin 547
violin family 545, 547
VIP lounge 852
viper 156
Virgin 21, 23
visceral ganglion 136
vise, lead 579
visible light 821
vision defects 239
vision slit 884
visiting room 864
visitors' entrance 864
visitors' front office 864
visitors' waiting room 864
visor 713, 884, 901, 909, 1028, 1034
visor, sun 686
visor 695
visor hinge 695
Vistula River 49
visual mode button 614
vitelline membrane 160
vitreous body 238
V-neck 430, 437
V-neck cardigan 437
vocal cord 214
voice edit buttons 558
voice recorder, digital 654
voice selector 558
volcanic bomb 75
volcanic island 67
volcanic lake 73
volcano 66, 75, 95
volcano, effusive 75
volcano, explosive 75
volcanoes 75
Volga River 49
Volkmann's canals 199
volley 966
volleyball 958
volleyball, beach 959
volleyball court 958
volt 835
voltage, high 910
voltage decrease 775, 789, 807
voltage increase 770, 775, 789, 795
voltage source 818
volume 625
volume button 639
volume control 549, 558, 559, 611, 619, 621, 624
volume key 622
volume readout 668
volute 360, 500, 501, 510
volva 108
voussoir 514
Voyager 30
VU meters 604
vulture 163
vulva 194

W

wad 887, 890
wader 161
waders 1061
wadi 74
wading bird 160
waferboard 386
waffle iron 316
wagon 766
wagon, patrol 864
wagon tent 1052
waist 193, 195, 459, 547, 792
waist belt 1056
waistband 432, 434, 436
waistband extension 432
waistcoat 428, 430, 442
waistcoats and jackets 442
waiter 290, 291
waiter, back 291
waiter, wine 290
waiting area 858
waiting room 644, 904, 919
waiting room, family 918
waiting room, main 922
waiting room, secondary 923
waiting room, visitors' 864
wakame 244
wake button 639
wake key 622
wakeboard 988
walk 168
walk, parapet 505
walkie-talkie 621, 906
walk-in wardrobe 330
walking aids 916
walking frame 916
walking leg 141, 145
walking stick 490
walk-through metal detector 864
walkway 848
wall 17, 114, 171, 324, 1002, 1052, 1066
wall, brick 384
wall, eye 89
wall, finish 976
wall, stone 384
wall and rails 1002
wall bracket 367
wall cabinet 296
wall cloud 89
wall grille 338
wall lantern 373
wall light 373
wall stack section 338
wall stud 333
wall tent 1052
wallaby 189
wallet 485
wallet section 484
Wallis and Futuna 62
walnut 119, 255
walnut, section 116
walrus 183
waning gibbous 17
war arsenal 889
wardrobe 330, 365, 855
warehouse 842
warhead 894
warm air 90
warm temperate climates 87
warm-air baffle 336
warm-air outflow 338
warming, global 96
warming plate 319
warm-up lane 1032
warning area 996
warning light 997
warning lights 677
warning line 997
warning plate 394
warning track 939
warp 572, 573
warp roller 572
warp threads 575
warping frame 574
warship 897
wasabi 287
wash bottle 815
wash tower 380
washbasin 344, 346
washer 350, 820
washer, glass 293
washer, top-loading 378
washer nozzle 670
washers 399
washing 425
washing machine 344, 353
washing machine, front-load 378
wasp 146
wasp-waisted corset 445
Wassily chair 360
waste, household 97, 98
waste, industrial 97, 98
waste, non-reusable residue 99
waste, nuclear 98
waste, selective sorting of 99
waste disposal unit 352
waste layers 97
waste pipe 344, 347, 353
waste tee connector 353
wastepaper basket 655
wastewater 98
watch button 735
watches and jewellery 851
water 770, 778, 779, 834, 995
water, reclaimed 779
water and mineral salts, absorption of 102
Water Bearer 20
water bottle 699
water bottle clip 699
water bug 146
water cannon 902
water carrier 1056
water chestnut 245
water connection 340
water cooler 644
water dispenser 377, 494
water flow 134
water goblet 297
water hazard 1016, 1017
water heater 344
water hose 380, 772
water inlet 350
water intake 786
water jets 978
water jug 301
water jump 1002, 1003
water key 551
water level 319, 342
water level indicator 317
water main 846
water meter 344
Water Monster 21, 23
water pollution 98
water polo 974
water polo ball 974
water polo player 974
water polo pool 974
water pressure gauge 902
water purifier 1056
water separator 772
water service pipe 344
water spider 147
water strider 147
water table 67, 98
water tank 319, 342, 706, 762, 763
water tower 708
water transport 773
water under pressure 789
water-bomber helicopter 753
watercolour 525, 528
watercourse 73, 98
watercraft, personal 1026
watercress 247
waterfall 67, 73
water-heater tank 348, 805
watering can 414
watering tools 414
watering tube 763
watering wand 415
water-level selector 378
water-level tube 374
watermark 861
watermelon 257
waterproof case 596
waterproofed electricity supply 345
waterskiing 988
waterspout 89
water-steam mix 770
water-tank area 750
watt 835
watt-hour meter 355
wave 821
wave, direction 77
wave, shock 775
wave clip 476
wave height 77
wave length 77
wave wall 790
wavelength 821
waves, radio 821
wax 1042
wax bean 253
wax crayon drawing 528
wax crayons 524
wax gourd 248
wax seal 347
waxed paper 294
waxing gibbous 17
waxing kit 1042
Way, Milky 19
weapon, assault 891
weapon, electroshock 888
weapon, mobile 892
weapons 883
weapons in the age of the Romans 883
wear, babies' 851
wear, boys' 851
wear, girls' 851
weasel 180
weather map 80, 81
weather radar 80, 746
weather satellite 80
weather satellites 86
weather station, aircraft 80
weather station, buoy 80
weather station, ocean 80
weatherboard 325, 327
weaving 572, 574
weaving pattern brush 571
weaving pattern lever 571
web 125, 152, 160, 713, 941
web, spider 145
web frame 729
webbed foot 152
webbed toe 160
webbing 565, 1049
webcam 624, 635
Weddell Sea 46
wedding ring 470
wedge 554, 890
wedge, lob 1018
wedge lever 397
weeder 418
weeding hoe 412
weekend case 489
weeping willow 119
weft 572, 573
weft thread 575
weight 586, 752, 829, 830, 831, 937, 1000, 1001
weight, ankle 989
weight belt 989
weight-driven clock mechanism 829
weighting platform 831
weightlifter 999
weightlifting 999
weightlifting belt 999
weightlifting competition area 999
weightlifting shoe 999
welding, oxyacetylene 407
welding curtain 406
welding torch 407
well 779, 783
well, diving 324, 932
well, injection 770, 779
well, production 770, 779
well flow line 777
well head 783
Welsh 583
welt 430, 459
welt pocket 430, 437, 452
West 738, 1066
West Bank 58
West cardinal mark 739
West Indies 47
Western hemisphere 43
wet well 801
wetsuit 989
wet-weather tyre 1022
Whale 20, 22
whale, humpback 183
whale, killer 183
whale, northern right 183
whale, sperm 183
whale, white 183
whale boat 723
wheat 122, 263
wheat, grain 122
wheat, spelt 263
wheat: spike 122
wheatgerm 278
wheel 408, 411, 421, 488, 535, 568, 684, 690, 885, 890, 895, 917, 1009, 1020, 1024, 1044, 1045
wheel, chain 1020
wheel, drive 762
wheel, exercise 494
wheel, fan 819
wheel, fine adjustment 832
wheel, front 420
wheel, gauge 420
wheel, grinding 396
wheel, grounding 396
wheel, measure 832
wheel, paddle 721
wheel, potter's 576
wheel, rear 420
wheel, steering 420, 672, 1023
wheel, toothed 816
wheel case 1001
wheel chock 744
wheel cylinder 679
wheel guard 396
wheel head 576
wheel speed sensor 679
wheel tractor 759
wheel trim 671
wheelbarrow 411
wheelchair 705, 917
wheelchair lift 689
wheelchair ramp 522
wheelhouse 728, 729
wheels, sports on 1044
whelk 265
whip 1006
whipping cream 280
whisk 310
whiskers 178
whisky tumbler 297

white 821
White 1063, 1065
white balance 593
white blood cell 209
white bread 279
white cabbage 247
white chocolate 285
white cue ball 1013
white dwarf 18
white light 738
white line 171
white mustard 260
white onion 245
white pepper 260
white pudding 277
white rice 283
white spot ball 1012, 1013
white square 1065
white stone 1065
white tape 958, 961, 963
white whale 183
white wine glass 297
whiteboard, interactive 639
white-tailed deer 172
whiting 268
whole wheat flour 278
wholegrain mustard 286
wholemeal bread 279
whorl 136, 137
whortleberry, red 254
wicker basket 1049
wicket 943
wicket gate 787
wicketkeeper 943
wide 586
wide area network 641
wide receiver 953
wide screen/data code button 613
wide-angle lens 598
wife 929
wigwam 520
wild animals 665, 667
wild boar 172
wild rice 263
Wilkes Land 46
willow 942
willow, weeping 119
winch 519, 693, 981
winch controls 693
wind 82, 97, 98, 982
wind, prevailing 89
wind abeam 982
wind arrow 82
wind chest 555
wind chest table 555
wind deflector 690
wind direction 74, 81
wind direction and speed 81
wind duct 555
wind energy 806
wind flag 1043
wind guard 1049
wind indicator 980
wind instruments 550
wind sock 873
wind speed 81
wind supply 555
wind synthesizer controller 558
wind trunk 555
wind turbines and electricity production 807
wind vane 84, 85, 807
windbag 560
windboard 806
windcheater 436
winder 828
winder house 773
winding, armature 819
winding, field 819
winding adjustment 824
winding mechanism 371, 829
winding shaft 774
winding tower 773, 774
windmill 806
window 316, 317, 327, 330, 376, 484, 600, 671, 674, 687, 716, 746, 983
window, acoustic 604
window, band 512
window, barred 865
window, corner 511
window, dormer 322
window, French 330
window, oval 235
window, picture 331, 865
window, round 235
window, round-arched 508, 510
window, stained-glass 871
window accessories 367
window tab 652
window winder handle 674
windows 518
winds 1066
windscreen 670, 690, 695, 697, 746, 748, 1026
windscreen wiper 670, 677
windscreen wiper blade 677
wind-shaft 806
wine, beer and 288
wine cabinet 365
wine cellar 290
wine list 291
wine vinegar 287
wine waiter 290
wine waiter corkscrew 307
wing 37, 141, 142, 158, 428, 515, 670, 690, 747, 896, 1047, 1048, 1059, 1071
wing, bird 158
wing, folding 1007
wing, high 750
wing, lower 750
wing, upper 750
wing area 948
wing attack 955
wing box 896
wing covert 158
wing defence 955
wing membrane 186
wing nut 400
wing pallet 754
wing rib 746
wing shapes 752
wing slat 747
wing strut 750
wing vein 140
winglet 747, 750
wings 186, 540, 750
wings, bat 186
wingtip 1047, 1048
winner 933
winning line 1070
winter 80
winter precipitation 90
winter solstice 80
winter sports 1027
winter tyre 684
winze 774
wiper arm 677
wiper blade rubber 677
wiper control 676
wire 820, 937
wire beater 314
wire brush 557
wire cutter 405
wire frame 1053
wire nut 405
wire sling 1050
wire stripper 405
wireless communication 621
wireless network interface card 631
wiring circuit, sensor 679
wisdom tooth 206
wishbone boom 983
withers 168, 174
witness stand 863
wok 312
wok set 312
wolf 181
Wolf 21
wolfberry 254
Wolof 582
wolverine 180
woman 194
women's accessories 851
women's casual wear 850
women's cell 904
women's clothing 438
women's coats 850
women's gloves 464
women's headgear 458
women's nightwear 850
women's shoes 460, 850
women's sportswear 850
women's suits 850
women's sweaters 850
wonton 283
wood 386, 1017, 1018
wood carving 531
wood chip wagon 711
wood chisel 398
wood ear 244
wood engraving 533
wood firing 336
wood flooring 333, 334
wood flooring on cement screed 334
wood flooring on wooden base 334
wood flooring types 334
wood frog 153
wood storage space 336
wood-based materials 386
woodcut 533
wooden bar 971
wooden modelling tools 576
woodpecker 163
woods 52
woodstrip flooring 334
woodwind family 545
woofer 618
wool 424
woolly mammoth 131
Worcestershire sauce 286
word correction 648
work furniture 646
work surface 296
workbench and vice 401
worker 143
worker, honeybee 143
working area 20
working surface 401
workshop 864
workstation 644
workstation, security guard's 919
worktop 291, 292
worm 574, 889
worm gear 816
woven fabric 424
wrap 294
wrap, knee 999
wrap-over dress 438
wrap-over skirt 439
Wrap-over top 440
wrapper 483
wrench, four-way lug 686
wrench, ratchet socket 400
wrenches 400, 403
wrestler 991
wrestling 991
wrestling area 991
wrestling area, central 991
wrestling shoe 991
wrist 174, 186, 193, 195, 208, 237
wrist band 999
wrist guard 1045
wrist sling 1051
wrist strap 1038, 1042
wristband 954, 968
wrist-length glove 464
writing 584
writing brush 584
writing case 485
writing instruments 584
writing system 585

X

X-band antenna 64
xD-Picture card 594
xenon 814
X-ray 924
X-ray generator 924
X-ray table 924
X-ray unit, mobile 918
X-rays 821
xylem 110
xylophone 545, 557

Y

yacht, motor 729
yak 173
yard 724, 842
yard, coal storage 775
yard, latenn 722
yard line 952
yard-long bean 252
yarmulke 429
yarn 1058
yarn ball 941
yarn feeder 571
yaw 752
Y-branch 351
yellow 528, 821
yellow ball 1013
yellow onion 245
yellow sweet pepper 248
yellow-green 528
Yemen 58, 880
yen 860
Yiddish 583
yogurt 280
yoke 367, 431, 436, 440
yoke skirt 439
yolk 160
Yorkshire terrier 176
Yoruba 582
ytterbium 814
yttrium 813
Y-tube 912
yuan 860
Yucatan Peninsula 47
yurt 520

Z

Zambia 61, 880
zebra 172
zenith 20
zester 306
Zimbabwe 61, 880
zinc 78, 813
zinc can (anode) 820
zinc-electrolyte mix (anode) 820
zip 442, 472, 488
zip fastener 436, 567
zip line 569
zirconium 813
zither 560
zona pellucida 226
zone, braking 1041
zone, commercial 843
zone, danger 995
zone, deceleration and braking 1041
zone, end 955
zone, free 959
zone, free guard 1027
zone, overtaking 934
zone, passivity 991
zone, starting 984
zones, service 963
zoom button 613
zoom lens 598, 613
zooplankton 94
Zulu 582

Index français

2e métacarpien 186
25 points 1069
3e métacarpien 186
4e métacarpien 186
5e métacarpien 186
50 000 unités astronomiques 14
50 points 1069
50 unités astronomiques 14

A

à cheval sur deux colonnes 1068
à cheval sur deux numéros 1068
abaissement de la tension 775, 789, 807
abaque 500
abat-jour 372
abats 276
abat-son 507
abattant 347, 362, 364
abdomen 139, 140, 141, 142, 145, 158
abeille 142
abeille, anatomie 143
abeille : ouvrière, morphologie 142
Abraham 870
abrégé 555
abreuvoir 494
abri 494, 663, 703
abri des joueurs 938
abri météorologique 84
abribus 846
abricot 254
abscisses, axe 838
abside 507, 508
absidiole 506, 507
absorption de sels minéraux 102
absorption d'eau 102
absorption par le sol 96
absorption par les nuages 96
abyssin 179
acanthodien 129
acarde aveugle 508
accastillage 981
accélérateur, manette 696
accélérateur d'électrons 923
accent 563
accent aigu 587
accent circonflexe 587
accent grave 587
accès à la grille d'éclairage 605
accès au réservoir à essence 671
accès aux quais 704
accès interdit 664, 666
accès interdit aux bicyclettes 665, 666
accès interdit aux camions 665, 666
accès interdit aux piétons 665, 666
accès pour handicapés physiques 856
accessoires au butane 1053
accessoires au propane 1053
accessoires d'hommes 850
accessoires de décoration 850
accessoires de femmes 851
accessoires de foyer 337
accessoires de l'objectif 598
accessoires de mise à feu 889
accessoires photographiques 596
accessoiriste 543
accolade 587
accompagnement 1014
accord 563
accordéon 560
accotement 658
accotoir 360
accoudoir 366, 917
accouplement électrique 691
accroche-mouche 1059
accueil 858
accumulateur 679
achondrite 18
acide acétylsalicylique 915
acidification des lacs 98
acier 78, 384
acromion 201
acrotère 499, 500
acrylique 424
acteur 542
actinides 814
actinium 814
action du vent 95
actrice 543
adaptateur de charge utile 39
adaptateur de courant 630
adaptateur de fiche 358, 479
adaptateurs 351
addition 291, 649, 836, 837
addition en mémoire 649
adducteur, long 196
adjoint à la réalisation 604
administration 522, 869
admission 680, 681
admission d'air 749
adresse URL 642
adresse URL 642
adventice 209
aérateur 350
aérateur à gazon 420
aérateur de toit 687
aérateur latéral 687
aérocyste 107
aérofrein 807, 896, 1048
aérogare 741, 742
aéroglisseur 727
aérographe 527
aéroport 53, 740, 842, 857
aéroport, équipements 744
affichage, touche 593
affichage de l'heure de départ 704
affichage de la couleur 571
affichage des stations 619
affichage du numéro de rang 571
affichage du texte 648
affichage radar 907
affiche 544
affiche publicitaire 716
afficheur 342, 404, 558, 610, 611, 614, 615, 619, 620, 621, 622, 623, 625, 647, 649, 735, 831, 832, 913, 924, 1071
afficheur prix 668
afficheur totaliseur 668
afficheur volume 668
affluent 73
affût 890, 892
Afghanistan 58, 880
Afrique 44, 60, 69, 879
Afrique du Sud 61, 880
agar-agar 244
age 765
agence de voyages 848
agenda 650
agent de police 906
agglomération 842
agitateur 378
agnathe 128
agneau 274
agrafe 367, 584, 832
agrafe en bande 389
agrafes 567, 654
agrafeuse 389, 654
agrandissement 593
agrandisseur 600
agriculture intensive 96, 98
agrumes 256
aide de caisse 289
aide-arbitre 956
aides à la marche 916
aigle 163, 875
Aigle 20, 22
aigue-marine 470
aiguillage 703
aiguillage manœuvré à distance 712
aiguillage manœuvré à pied d'œuvre 712
aiguillat commun 148
aiguille 70, 74, 90, 342, 527, 566, 567, 568, 578, 597, 712, 827, 830, 912
aiguille à brider 309
aiguille à clapet 571
aiguille à piquer 309
aiguille à tricoter 570
aiguille aimantée 1057
aiguille circulaire 570
aiguille des dixièmes de seconde 828
aiguille des heures 829
aiguille des minutes 828, 829
aiguille d'épicéa 120
aiguilles de nettoyage 406
aiguilles de pin 120
aiguilles de sapin 120
aiguillette 276
aiguilleur 605, 608
aiguillon 142
aïkido 996
aïkidogi 996
aïkidoka 996
ail 245
aile 37, 141, 142, 158, 579, 670, 690, 747, 806, 896, 1047, 1059, 1071
aile, oiseau 158
aile antérieure 140
aile arrière 731
aile avant 731
aile Dame 1065
aile de quartier 450, 459
aile droite 950
aile du nez 231
aile gauche 950
aile haute 750
aile inférieure 750
aile postérieure 140
aile rabattable 1007
aile Roi 1065
aile supérieure 750
aileron 428, 510, 746, 983, 988, 1023, 1041, 1048
ailes 186, 1048
ailes, chauve-souris 186
ailes en V 731
ailette 340, 379, 747, 750
ailette à ressort 390
ailier 957
ailier, zone 948
ailier défensif droit 952
ailier défensif gauche 952
ailier droit 945, 950, 960, 1029
ailier fort 957
ailier gauche 945, 950, 960, 1029
ailier rapproché 953
aimant 568, 654, 817
aimant de retenue 318
aine 192, 194
air calme 82
air chaud 90
air chaud ascendant 89
air froid 90
air froid subsident 89
air inspiré 232
aire de combat 991, 996
aire de compétition 993, 995, 996, 1009
aire de jeu 1069, 1070
aire de jeux 730
aire de lancer et de saut 932
aire de manœuvre 740
aire de préparation de l'étalage 288
aire de ravitaillement 668
aire de réception 288, 523, 850
aire de réception des produits laitiers 288
aire de repos 53
aire de service 53, 741
aire de stationnement 741
aire de trafic 740
aire d'accueil 900, 918, 922
aire d'arrêt 1040
aire d'arrivée 1035, 1037
aire d'attente 858
aire d'entraînement 932
airelle 254
ais 538
ais ferré 538
aisselle 192, 194
ajowan 261
ajustement de l'image du cercle horizontal 833
ajustement de l'image du cercle vertical 833
ajustement de la hauteur 765, 766
akène 114
Alaska 46
albanais 583
Albanie 57, 878
albatros 161
albumen 105, 160
albumen farineux 122
alcool à 90° 915
alerte, zone 994
Algérie 60, 879
algue 107
algue, structure 107
algue brune 107
algue rouge 107
algue verte 107
algues 107, 244
alidade 85, 734, 833
aligneur 984
aliment, commerce 288
aliment, origine 242
aliment, présentation 294
aliment d'origine animale 265
aliment d'origine végétale 244
aliment transformé 277
alimentation en air 555
alimentation jackpot 1070
alimentation solaire 649
alimenteur automatique de documents 625
aliments congelés 289
aliments prêts-à-servir 289
alkékenge 254
allée 288, 410, 1016, 1017
allée de jardin 322
allée de quilles 1015
Allemagne 56, 878
allemand 583
alliage 78
alliance 470
alligator 157
allumage manuel 349
allumette de sûreté 483
allumeur 672, 682
allures, cheval 168
allures, voile 982
alluvions 73
alose 267
Alpes 49
alpinisme 1050
alpinisme, équipement 1050
alpiniste 1051
altérations 563
alternateur 672, 682, 770, 787, 796, 807, 819
alternative 632
altimètre 897, 1046, 1048, 1049
altimètre de secours 748
altitude 45
alto 547
altocumulus 82, 88
altos 545
altostratus 82, 88
alule 158
aluminium 78, 812
alvéole 144, 358, 1017
alvéole à miel 144
alvéole à pollen 144
alvéole de plaque 685
alvéole dentaire 206
alvéole operculée 144
alvéole pulmonaire 215
amande 115, 255
amanite tue-mouche 108
amanite vireuse 108
amarante 263
amas globulaire 19
Amazone 48
amble 169
ambleur 1007
ambulance 911, 918
âme 579, 713, 890, 1058
américain à poil court 179
américium 814
Amérique centrale 44, 47, 54
Amérique du Nord 44, 54, 69
Amérique du Sud 44, 55, 69
Amériques 876
améthyste 470
ameublement 360
amharique 582
amiante 78
amibe 133
amidon, grain 102
amorce 887, 893
amorti 967
amortisseur 32, 477, 519, 673, 1026
amortisseur avant 697
amortisseur en caoutchouc 1069
amortisseur magnétique 830
ampère 835
amphibiens 152, 153
amphithéâtre romain 503
ampli / tuner 619
amplificateur 559
ampli-syntoniseur : vue arrière 614
ampli-syntoniseur : vue avant 614
amplitude 821
ampoule 135, 359, 818, 914
amygdale 230, 231
amygdale linguale 233
amygdale palatine 233
anaconda 156
analyste 994
ananas 258
anatomie 196
anatomie de l'étoile de mer 135
anatomie de la grenouille mâle 152
anatomie de la perche 149
anatomie de la pieuvre 138
anatomie de la tortue 155
anatomie de l'abeille 143
anatomie de l'araignée femelle 145
anatomie de l'éponge 134
anatomie de l'escargot 137
anatomie de l'oiseau 159
anatomie du cheval 169
anatomie du coquillage bivalve 136
anatomie du homard 139
anatomie du papillon femelle 141
anatomie du serpent venimeux 154
anche 550, 554
anche double 550
anche simple 550
anchois 267
Ancien Testament 870
anconé 197
ancrage, chaîne 777
ancrage des haubans 660
ancre 732, 829
ancre à bascule 732
ancre à champignon 732
ancre à jas 732
ancre à vis 732
ancre charrue 732
ancre flottante 732
ancre sans jas 732
ancres 732
Andorre 56, 877
andouillette 277
Andromède 22
âne 172
anémomètre 84, 85, 807, 1048
anémomètre de secours 748
anémone 135
aneth 262
anglais 583
angle 838
angle aigu 836, 838
angle droit 836, 838
angle obtus 836, 838
angle rentrant 838
angles, mesure 833
anglicanisme : Henri VIII 870
Angola 61, 880
anguille 269
Anik 603
animal, soin 493
animal primitif 133, 135
animalerie 848
animateur 604
anis 116, 262
anneau 108, 327, 367, 477, 479, 568, 640, 733, 828, 831, 955, 957, 970, 1051, 1059
anneau brisé 1061
anneau d'étanchéité 350
anneau d'étanchéité en cire 347
anneau de branche 1004
anneau de départ 1060
anneau de montant 1004
anneau de rêne 1004
anneau de retenue 912
anneau dioptrique 736
anneau du cliquet 395
anneau oculaire 158
anneaux 468, 970, 971
annelet 500
annonce publicitaire 590
annonceur 978
annulaire 237
annulation de mémoire 597
anode 348, 820
anorak 451, 1051
anse 381, 414, 1060

Antarctique 44, 46
antéfixe 499
antenne 27, 86, 139, 140, 141, 142, 143, 620, 621, 622, 623, 671, 697, 722, 733, 746, 753, 895, 897, 907, 958
antenne à faible gain 32
antenne à haut gain 32
antenne à micro-ondes 608
antenne d'émission 86, 602
antenne d'émission/réception 602
antenne d'émission à haut gain 86
antenne de communication 897
antenne de télécommande 64, 86
antenne de télécommunication 730, 731
antenne de télémesure 86
antenne domestique 602
antenne en bande X 64
antenne haute fréquence 750
antenne multifonction 899
antenne parabolique 610
antenne parabolique d'émission/réception 602
antenne radar 64, 896, 899
antenne radio 726, 728, 730, 731, 777, 899, 1023
antenne télescopique 619
antenne UHF 32, 86
antenne VHF 898
antenne-récepteur GPS 735
antennule 139
anthélix 234
anthère 104, 112
anticlinal 776
anticyclone 81
Antigua-et-Barbuda 54, 876
Antilles 47, 876
antilope 172
antimoine 812
antiseptique 915
antitragus 234
anti-yeux rouges 593
anus 135, 136, 137, 138, 139, 141, 145, 149, 155, 216, 226, 228
aorte 212
aorte, arc 213
aorte abdominale 210, 219
aorte dorsale 143
aorte thoracique 210
aorte ventrale 149
apex 136, 137, 206, 233
Apollo 38
apophyse articulaire 204
apophyse épineuse 204, 224
apophyse mastoïde 205
apophyse styloïde 205
apophyse transverse 204, 224
apostrophe 587
apothécie 106
Appalaches 47
appareil à dessiner 526
appareil à télémètre couplé 591
appareil à visée reflex mono-objectif 591
appareil compact 592
appareil de cartographie thermique 32
appareil de forage 776
appareil de Golgi 102, 133
appareil de lancement 1010
appareil de levage 757
appareil de pointage 892
appareil de prise de son et d'enregistrement 543
appareil de protection respiratoire 901
appareil de radiographie mobile 918
appareil digestif 216
appareil divers 318
appareil électroménager 314, 374
appareil enregistreur 85
appareil jetable 591
appareil photographique argentique 591
appareil photographique numérique 592, 599
appareil reflex 592, 593
appareil reflex à deux objectifs 591
appareil reflex mono-objectif 591
appareil reproducteur 226
appareil respiratoire 214
appareil ultracompact 592
appareil urinaire 218
appareils de conditionnement de l'air 342
appareils de conditionnement physique 1000
appareils de mesure 827
appareils de navigation 734
appareils de son portatifs 619
appareils électroménagers 850, 851
appareils scientifiques 27
appartement du commandant 731
appartements en copropriété 521
appartenance 837
appel 622, 624
appel suivant 624
appendice nasal 186
appendice vermiforme 216
applicateur-mousse 473
applique 373
applique du robinet 350, 352
applique orientable 373
appoggiature 563
approvisionnement 242
approvisionnement en numéraire 859
appui de fenêtre 332
appui-bras 674, 675
appuie-tête 686, 917
appui-flèche 885, 1009
appui-joue 1010, 1011
appui-main 526
appui-pied 576, 1027
appui-pieds 401
appui-tête 491, 675
après-rasage 479
aquarelle 525, 528
aquarium 495
aquastat 339
aqueduc de remplissage 719
aqueduc de vidange 719
aquifère captif 770
ara 163
arabe 582
Arabie saoudite 58, 880
arachide 252
arachnides 140, 147
arachnoïde 224
araignée 145
araignée, morphologie 145
araignée femelle, anatomie 145
araignée-crabe 147
aramé 244
araméen 582
arbalète 885
arbalétrier 333
arbitre 938, 939, 943, 945, 947, 949, 951, 953, 955, 956, 963, 964, 965, 966, 974, 990, 991, 992, 993, 994, 996, 1014, 1027, 1029, 1031, 1032
arbitre à cheval 1008
arbitre adjoint 1031
arbitre assistant 1032
arbitre auxiliaire 995, 1010
arbitre de champ 960
arbitre de côté 996
arbitre de ligne de but 960
arbitre de parcours 984
arbitre en chef 953, 995, 996, 1033
arborisation terminale 221
arbre 118, 315, 787, 806, 816, 819, 827, 829, 898
arbre, structure 118
arbre à cames 682
arbre cannelé 677
arbre d'ornement 243, 410
arbre de l'hélice 731
arbre de mise à feu 892
arbre de Noël 777, 780
arbre de roue 673
arbre de transmission 673, 727
arbre d'ornement 322
arbre fruitier 243
arbre hôte 103
arbre lent 807
arbre moteur 753
arbre rapide 807
arbre turbine-compresseur 749
arbres 1016
arbres feuillus 119
arbrier 885
arbuste 410
arc 838, 885
arc à deux articulations 661
arc à poulies 1009
arc à trois articulations 661
arc de cercle 946
arc de l'aorte 210
arc diagonal 506
arc droit 1009
arc en accolade 514
arc en fer à cheval 514
arc en lancette 514
arc en ogive 514
arc en plein cintre 514
arc encastré 661
arc insulaire 67
arc métallique à treillis 661
arc moderne 885
arc neural 204
arc palatoglosse 231
arc surbaissé 514
arc surhaussé 514
arc trilobé 514
arc Tudor 514
arcade 503, 506, 509, 1005
arcade dentaire inférieure 231
arcade dentaire supérieure 231
arcade ouverte 508
arcature 508
arc-boutant 506, 507
arc-doubleau 506
arceau 410, 983, 1052
arc-en-ciel 91
arc-formeret 506
archaeognatha 129
arche 661, 872
arche naturelle 70
archéoptéryx 130
archer 1009
archet 547, 561
archipel 45
architecture, styles 500
architecture antique 498
architecture asiatique 513
architecture militaire 504
architecture occidentale 506
architecture pré-colombienne 513
architrave 499, 501, 509
archives 522, 644, 905
archives médicales 922
arçon 969
arcs 514, 661, 885
Arctique 44, 46
ardillon 432, 1061
arène 503
aréole 227
arête 71, 1034, 1044
arête neurale 149
arête plate 500, 501
arête supérieure 961
arête vive 500
argent 78, 813, 875
Argentine 55, 876
argon 814
argyronète 147
Ariane IV 39
Ariane V 39
Ariel 15
armature 408, 445, 488
armature de la clé 563
arme à feu 889
arme de chasse 887
arme de poing 888
arme d'assaut 891
arme mobile 892
Arménie 58, 880
arménien 583
armes 883
armes blanches 886
armes de l'âge de pierre 883
armes de l'époque romaine 883
armet 884
armoire 364
armoire à papeterie 645
armoire de protection et de sectionnement 357
armoire inférieure 296
armoire réfrigérée 288
armoire supérieure 296
armoire-penderie 365
armoire-vestiaire 645
armure 884
armures de base 575
arobas 587
arpège 563
arqué 1051
arquebuse 889
arraché 999
arrache-clou 388
arrangements des parquets 334
arrêt 610, 611, 615, 616, 625
arrêt, bouton 411, 924
arrêt à l'intersection 664, 666
arrêt au stand 1023
arrêt d'autobus 846
arrêt d'impression 647
arrêt-court 938
arrêtoir de chargeur 888
arrière 950, 957
arrière centre 958
arrière court 967
arrière droit 945, 947, 958, 960
arrière du court 964
arrière gauche 945, 947, 958, 960
arrière-grand-mère 928
arrière-grand-père 928
arrière-grands-parents 928
arrière-petite-fille 928
arrière-petit-fils 928
arrière-petits-enfants 928
arrière-plan 495
arrivée 1002, 1064
arrivée des remontées mécaniques 1036
arrivée du mazout 339
arrondie 111
arrondissement 52
arrondisseur 568
arrosage, canalisation 763
arroseur canon 415
arroseur oscillant 415
arroseur rotatif 415
arrosoir 414
arsenal stérile 921
arsenic 812
art abstrait 530
art déco 511
art naïf 530
artère 209, 210, 212
artère abdominale dorsale 139
artère axillaire 210
artère brachiale 210
artère carotide 210
artère dorsale du pied 210
artère fémorale 210
artère fibulaire 210
artère iliaque commune 210, 219
artère iliaque interne 210
artère mésentérique 210
artère mésentérique supérieure 210, 219
artère pulmonaire 210, 212, 213
artère radiale 210
artère rénale 210, 219
artère sternale 139
artère subclavière 210
artère tibiale antérieure 210
artère ulnaire 210
artère ventrale 139
arthropleura 129
artichaut 251
article 590
articles de bureau 648
articles de cuisine 850
articles de fumeur 483
articles de maroquinerie 484
articles de salle de bains 851
articles divers, bureau 654
articles ménagers 381
articles perdus et retrouvés 857
articulation 207, 677, 1059
articulation à glissement 208
articulation cartilagineuse 208
articulation charnière 207
articulation de la pelleteuse 759
articulation ellipsoïdale 208
articulation en selle 208
articulation fibreuse 208
articulation pivot 207
articulation sphérique 207
articulation synoviale 207
artisanat 565
arts de la scène 540
arts graphiques 532
as 1062
asa-fœtida 261
ascenseur 26, 503, 519, 644, 774, 847, 854, 857, 897
ascension droite 23
ascot 431
Asie 44, 58, 69, 880
asperge 250
aspérité 615
asphalte 782
aspirateur 536, 786, 787, 911
aspirateur, accessoires 375
aspirateur à main 374
aspirateur-balai 375
aspirateur-traîneau 375
assaisonnement au chili 261
assiette à dessert 302
assiette à pain 304, 305
assiette à salade 302
assiette creuse 302
assiette plate 302, 304, 305, 1055
assistance 863
assistant à la réalisation 605
assistant-accessoiriste 543
assistant-réalisateur 543
assistants des avocats 863
assureur 1050
astate 813
astérisque 587
astéroïdes, ceinture 15
asthénosphère 66
astigmatisme 239
astragale 201, 203, 501, 890
astronautique 30
atelier 864
atelier d'entretien 772
atelier de mécanique 668
atelier de réparation 708
atelier diesel 703
Atelier du Sculpteur 20
athlétisme 934
atlas 147, 153, 165, 170, 175, 204
Atlas 50
atmosphère 94, 98
atmosphère terrestre, coupe 79
atoll 70
atome 810
atomes 810
âtre 336
atrium 502, 508
attache 490, 556
attache de pavillon 550
attache de sécurité 988
attache d'accordage 561
attache repositionnable 449
attaches 567
attaches parisiennes 654
attache-sucette 492
attaquant à l'aile 955
attaquant au but 955
attaquant central 958
attaquant de pointe 947
attaquant de soutien 947
attaquant droit 958
attaquant gauche 958
attaque 953
attelage automatique 709
attelle 915
attelles 915
atterrissage 1041
atterrisseur (Viking) 32
attraction 817
attrape 553
aubage directeur de sortie 749
aube 787
aube avant-directrice 787
aube de roue 787
aube directrice 787
aubergine 248
aubier 118
audioguide 522
auditorium 522, 852, 866
auget 494, 787
augmentation de l'effet de serre 96
auriculaire 237
aurore polaire 79
Australie 62, 69, 881
Autel 20
autel secondaire 871
autobus 688, 847, 857
autobus à impériale 689
autobus articulé 689

autobus pour transport adapté 689
autobus scolaire 688
autocar 688
autocaravane 687
autoclave 921
autocuiseur 312
autodéfense antimissile 898
autodirecteur infrarouge 894
autofocus 593
auto-injecteur 914
automne 80
automobile 669
automobile, organes des systèmes 672
automobile électrique 678
automobile hybride 678
autopiqueur 912
autoroute 52, 53, 659, 843
autoroute de ceinture 53
autotrophes 94
autres métaux 812
autres signes 563
autres techniques 575
Autriche 56, 878
autruche 162
auvent 670, 687, 761
avance rapide 610, 616
avançon 1061
avant court 967
avant droit 945, 950
avant du court 964
avant gauche 945, 950
avant-bec 757
avant-bras 174, 193, 195
avant-centre 945, 960
avant-champ 938
avant-distributeur 787
avant-scène 540
avant-toit 513, 1053
aven 67
avenue 52, 845
averse de grêle 83
averse de neige 83
averse de pluie 83
avertisseur 676, 696, 706
avertisseur de brume 733
avertisseur de détresse 901
avertisseur pneumatique 690
avion, forces agissant sur un 752
avion, mouvements 752
avion, trajectoire 64
avion à décollage et atterrissage verticaux 750
avion de combat 896
avion de ligne 79
avion d'affaires 750
avion furtif 751
avion léger 750
avion long-courrier 746
avion radar 751
avion supersonique 79, 75
avion très gros porteur 751
avion-cargo 589, 751
avion-citerne amphibie 750
avions 750
aviron 720, 722, 984
aviron, bassin 984
aviron à couple 984
aviron de couple 984
aviron de pointe 984
aviron de queue 720
aviron en pointe 984
avirons, types 984
avocat 248
avoine 122, 263
avoine : panicule 122
axe 326, 568, 576, 617
axe central 807
axe d'attelage 709
axe de tambour 1060
axe du pédalier 700
axe horaire 28
axel 1031
axis 165, 204
axone 221
aymara 583
Azerbaïdjan 58, 880
azimut 25
azote 813
azur 875

B

babeurre 280
babines 174
bâbord 731, 738, 739
babouin 185
baby-foot 1069
bac 408, 493
bac à boue 776
bac à compost 411
bac à gravier 1022
bac à légumes 377
bac à litière 493
bac à plantes 410
bac à viande 377
bac de ramassage 419
bac de recyclage 99
bac de sortie 625
bac d'alimentation 625, 637
bac ramasse-jus 317
bâche, enrouleur 324
bâche spirale 786, 787
bacon américain 277
bacon canadien 277
badminton 962
badminton, terrain 962
bagage à main 488
bagages 488, 851
bagel 279
bague 483, 492, 551, 1018
bague de blocage 390
bague de correction dioptrique 824
bague de fiançailles 470
bague de finissant 470
bague de fond 350
bague de mise au point 598
bague de réglage 415
bague de réglage du couple de serrage 394
bague de serrage 350, 550, 596
bague d'adaptation 595
bague filetée 1050
bague inférieure de blocage de la sphère 84
bague solitaire 470
bagues 470
bagues collectrices 819
baguette 279, 303, 305, 547, 557
baguette d'écartement 573
baguette d'encroix 573
baguette de flanc 671
baguette de plomb 579
baguette épi 279
Bahamas 54, 876
Bahreïn 58, 880
bahut 645
baie 17, 45, 103, 114
baie de Baffin 46
baie de contrôle 605, 607, 608
baie de genièvre 260
baie d'Hudson 47
baie géminée 508
baie plein cintre 510
baie vitrée 331, 512, 865
baies 254
baignoire 330, 344, 346, 855
bain d'arrêt 600
bain de fixation 600
bain de révélateur 600
bain moussant 475
bain-marie 313
bains de développement 600
baïonnette à douille 886
baïonnette à manche 886
baïonnette à poignée 886
baïonnette incorporée 886
bajoyer 719
baladeur numérique 620
baladeur pour disque compact 619
baladeuse 404
baladodiffusion 643
balai 337, 381, 819
balai à feuilles 420
balai à franges 381
balai à neige à grattoir 686
balai central 763
balai d'essuie-glace 677
balai de caniveau 763
balai métallique 557
balais 819
balalaïka 561
Balance 21
balance à fléau 830
balance de cuisine 308
balance de précision 831
balance de Roberval 830
balance des blancs 593
balance électronique 831
balance romaine 830
balancier 415, 721
balancier de traction 1001
balancier d'extension 1001
balancine 724
balayage, touche 735
balayeuse 763
balcon 330, 510, 541, 872
balcon de veille 736
baleine 445, 490
Baleine 20, 22
baleine à bosses 183
baleine franche 183
baleinière 723
balisage maritime, système 738
balise de détresse 733
balise de navigation aérienne 897
ballast 713
balle 887, 889, 1069
balle de baseball 940, 941
balle de cricket 942
balle de crosse 949
balle de fil 941
balle de golf 1017
balle de hockey 944
balle de liège 941
balle de polo 1008
balle de racquetball 964
balle de softball 941
balle de tennis 968
balle de tennis de table 961
balle de tournoi 965
balle d'entraînement 965
ballerine 461
balles de squash 965
ballon 124, 319, 972, 1049
ballon à fond rond 815
ballon de basket 956
ballon de boxe 990
ballon de football 946, 954
ballon de handball 960
ballon de netball 955
ballon de rugby 951
ballon de volleyball 958
ballon de volleyball de plage 959
ballon de water-polo 974
ballon d'exercice 1000
ballon ventilatoire 911
ballon-sonde 80, 85
balluchon 486
balustrade 510, 513, 518
balustre 510
bambara 582
bambous 1066
banane 258
banane plantain 258
banc 361, 715, 849, 871
banc d'équipe 974
banc de musculation 1001
banc de sable 77
banc des accusés 862
banc des avocats de la défense 862
banc des avocats de l'accusation 863
banc des joueurs 945, 953, 955, 958, 960, 1028
banc des juges 862
banc des officiels 1029
banc des remplaçants 947
banc du jury 863
banc-coffre 361
bandage 991
bandage de roue caoutchoutée 755
bandage triangulaire 915
bande 1012, 1028
bande abrasive 396
bande antidérapante 1044
bande blanche 958
bande centrale 1068
bande d'identification technique 615
bande de filet 967
bande de gaze 915
bande de pourpre 426
bande de ris 725
bande de roulement 685
bande de tissu élastique 915
bande d'ancrage 334
bande élastique 432
bande magnétique 611, 616, 861
bande métallisée holographique 861
bande nuageuse spirale 89
bande pare-soleil 84
bande réfléchissante 901
bande rétroréfléchissante 733
bande transporteuse 99
bande ventilée 887, 1010
bande verticale de côté 958
bandeau 368, 465
banderole 873
banderole d'exposition à venir 522
banderole d'exposition en cours 522
bandoulière 487, 488, 489, 490
Bangladesh 58, 881
banjo 560
banlieue 52, 843
banque 844, 849
banque de données 643
banquette 346, 361, 675, 911
banquette arrière 675
banquette de sécurité 973
banquise de Filchner 46
banquise de Ross 46
banquise d'Amery 46
baobab 120
bar 290, 365, 541, 730, 844, 848, 853
bar commun 268
barbacane 504
Barbade 54, 877
barbe 122, 158
barboteuse 449
barbotin 758, 895
barbule 82
bardane 251
bardeau 385
bardeau d'asphalte 385
baren 533
barge de service d'urgence 778
barillet 327, 888, 912
barmaid 290
baromètre à mercure 85
baromètre enregistreur 85
baroque 510, 530
barquette 295
barrage 785, 788
barrage à contreforts 790
barrage en remblai 790
barrage mobile 794
barrage-poids 791
barrages 790
barrage-voûte 791
barre 171, 367, 480, 816, 936, 980, 988, 1000
barre à aiguille 567
barre à dorsaux 1001
barre à lisses 573
barre blindée 786
barre cannelée 367
barre collectrice 354
barre collectrice neutre 354
barre d'acier 971
barre d'attelage 892
barre d'écoute 980, 981
barre d'espacement 632, 648, 917
barre d'étouffoir 553
barre de bois 971
barre de commande 1047
barre de compression 764
barre de contrôle 800, 801
barre de coupe 766, 767
barre de flèche 980
barre de guidage et de prise de courant 717
barre de maintien 689
barre de manœuvre 767
barre de mesure 562
barre de pied presseur 567
barre de plongée 899
barre de poussée 515
barre de pression 552
barre de repos des marteaux 552, 553
barre de reprise 562
barre de retenue 377
barre de Spa 1002
barre de support 973
barre de tractage 744
barre des témoins 863
barre d'alimentation 638
barre fixe 970, 971
barre inférieure 371, 970
barre lisse 367
barre oblique 587
barre supérieure 970
barre télescopique 1069
barre transversale 974
barreau 335, 361, 366, 943
barres asymétriques 970
barres parallèles 971
barrette 476
barrette négative 685
barrette positive 685
barreur 985
barrière 366, 846, 1002
barrière de départ mobile 1007
barrière de pneus 1022
barrot 986
bar-salon 854
baryum 812
bas 445, 446, 1028
bas de casse 586
bas de ligne 1061
bas résille 446
bas-cuissarde 446
base 28, 84, 233, 317, 478, 501, 512, 623, 635, 651, 698, 713, 873, 903, 971, 974, 1057
base chauffante 317
base de dormant 327
base en bois 1049
base pour le véhicule 491
base rotative 29
baseball 938
baseball, lancer 939
baseball, position des joueurs 938
baseball, terrain 938
basilaire 847
basilic 262
basilosaure 131
basketball 956
basketball, terrain 956
bas-mât 724
basque 445
bassin 164, 170, 184, 187, 188, 410, 718, 794
bassin de compétition 932, 977
bassin de plongeon 932
bassin de radoub 718
bassin de rétention 783
bassinet 889
basson 550
bassons 545
bastion 505
bateau à vapeur à roues latérales 721
bateaux 726
bateaux de couple 985
bateaux de pointe 985
bâti 364, 535, 572, 734
bâti d'équipement 605
bâti de fiches de raccordement 604
bâti de la pompe à vide 826
bâti du brûleur 1053
bâti d'équipement 604, 608
bâtiment administratif 718, 794
bâtiment de la turbine 796
bâtiment des services 798
bâtiment du réacteur 797, 799
bâton 1041
bâton de craie 535
bâton de ski 1038, 1042
bâtonnet 238
bâtonnet de colle 654
bâtons de golf, types 1017
battant 327, 557, 572, 873
batte 767, 940, 942
batte de baseball 941
batte de softball 941
batterie 390, 394, 556, 678, 702, 706, 818, 889
batterie, coffre 917
batterie auxiliaire 678
batterie d'accumulateurs 685, 803
batterie de cuisine 292, 312
batterie d'accumulateurs 672
batteries 86

batteries de traction 678
batteur 942, 943
batteur à main 314
batteur à œufs 310
batteur sur socle 314
baudrier 675, 1051
baudroie 267
baudroie abyssale 151
baume pour les lèvres 475
bavette 272, 448, 449, 997
bavette garde-boue 671, 690, 691
bavette garde-neige 1026
bavoir 449
bavolet 435
bazooka 893
beau-fils 928
beau-frère 929
beau-père 928
beaux-arts 522
beaux-parents 928
bec 138, 158, 299, 350, 352, 403, 550, 558, 570, 732, 1050
bec corné 155
bec de bord d'attaque 747
bec fixe 832
bec mobile 832
bec verseur 318, 319, 381
bécarre 563
bec-de-cane 326
bêche 412, 892
bécher 815
becquerel 835
becs 160
bégonia 113
belette 180
Belgique 56, 878
Bélier 22
Belize 54, 876
belle-fille 928
belle-mère 928
belles-sœurs 929
béluga 183
bémol 563
bengal 179
Bénin 60, 879
bénitier 871
benne 760
benne à ordures 693
benne basculante 692, 693, 761
benne tasseuse 693
béquet 695
béquille 488, 691, 731, 753, 832
béquille commune 916
béquille d'appui 687, 765
béquille d'avant-bras 916
béquille d'appoint 687
béquille latérale 694, 697
berbère 582
berceau 534, 892
berceuse 360
béret 458
bergamote 256
berge 658
berger allemand 177
bergère 360
bergerie 243
berkélium 814
berline 669
berlingot 295
bermuda 433, 441
béryllium 812
bésicles à pont élastique 481
béton 384
béton armé 384
béton précontraint 384
bétonnière 693
bette à carde 250
betterave 251
beurre 280
beurrier 302
bezel (8) 469
Bhoutan 58, 881
biais 448, 569
biathlon 1043
biathlonien 1043
biberon 492
bibliothèque 331, 523, 845, 864, 866, 868
bibliothèque enfantine 866
biceps 197
biceps brachial 196
bicorne 429
bicross 1021
bicyclette 698
bicyclette de course 701
bicyclette de tourisme 702
bicyclette de ville 702
bicyclette d'enfant 701
bicyclette électrique 702
bicyclette tout-terrain 701
bicyclettes 701
bidet 346
bidon 699
bief d'amont 785
bief d'aval 785, 786, 791
bielle 680, 682
Biélorussie 57, 878
bière 288
bifteck de ronde 272
bifteck de surlonge 272
bifteck d'aloyau 272
bigorneau 265
bigoudi 476, 478
bigoudis chauffants 478
bijouterie 468, 848
bijoux 851
billard 1012
billard anglais 1013
billard électromécanique 1071
billard français 1012
billard pool 1012
bille 386, 584
bille, coupe 386
bille blanche 1013
bille blanche mouchetée 1013
bille bleue 1013
bille brune 1013
bille creuse 350
bille d'ivoire 1068
bille de choc 1012, 1013
bille de plomb 893
bille de visée blanche 1012
bille jaune 1013
bille noire 1013
bille rose 1013
bille rouge 1012, 1013
bille verte 1013
billes numérotées 1012
billes rouges 1013
billet de banque 861
billetterie 522, 544, 742, 853
billetterie express 544
bimah 872
binette 412
binocle 481
biodiésel 784
bioéthanol 784
biologie 834
biomasse 95
biomasse cellulosique 784
biosphère, structure 94
bipied 891, 892
biplan 750
birman 582
biseau 554, 912
bismuth 812
bison 173
bitte 729
bitume 778
blaireau 180, 479
blanc 821, 1062
blanche 563
blanchiment 125
Blancs 1063, 1065
blatte orientale 146
blazer 442
blé 122, 263
blé : épi 122
bleu 528, 821
bleu danois 281
bleu russe 179
bleu vert 528
bleu violet 528
blindage 895
blindage d'aspirateur 787
bloc 935
bloc aiguille 527
bloc convertisseur 610
bloc d'arrêt 397
bloc de béton 384
bloc de commande de caméra 608
bloc de commande des caméras 605
bloc de culasse 887
bloc de départ 935
bloc de pression 832
bloc d'arrêt 397
bloc opératoire 921
bloc pneumatique 707
blocage 790, 994
blocage, bague 832
blocage de l'inclinaison 392
blocage de l'interrupteur 394
blocage de la colonne 596
blocage de la lame 393
blocage de la plateforme 596
blocage de profondeur 395
blocage du cordon de tirage 371
blocage du guide 393
blocage du pivot 401
blocage du pivotement 833
blocage horizontal 596
blocage vertical 596
bloc-cylindres 682
bloc-éphéméride 650
bloc-essieu 1044
bloc-moteur 314, 315, 318, 374, 707
bloc-notes 650
bloc-piles 389, 595
bloc-sténo 651
bloc-tension 566, 567, 571
blogue 643
bloqueur 944
bloqueur droit 953
bloqueur gauche 953
blouson court 436
blouson long 436
blouson molletonné 451
blousons 435
boa 156, 465
bob 458
bobinage 819
bobine 125, 574, 578, 611
bobine réceptrice 616
bobineur 566
bobinoir 574
bobsleigh 1034
bobsleigh à deux 1034
bobsleigh à quatre 1034
bocal 550
bocal à conserve 295
body 444, 448
bœuf 173, 272
bogie 706, 716, 717
bogie moteur 707
bogie porteur 707
bohrium 813
bois 52, 386, 1017, 1018
bois, dérivés 386
bois, famille 545
bois de bout 386
bois de cœur 118
bois nº 1 1018
bois nº 3 1018
bois nº 5 1018
boisseau d'embouchure 551
boissons 288
boîte à canette 566
boîte à courrier 651
boîte à fromage 295
boîte à gants 676
boîte à leurres 1061
boîte à lumière 600, 606
boîte à lumière, ouverture de la 600
boîte à œufs 294
boîte à onglets 391
boîte à outils 387
boîte à poussière 396
boîte à rythmes 559
boîte alimentaire 294
boîte aux lettres 588
boîte d'accessoires 571
boîte d'allumage 749
boîte d'allumettes 483
boîte d'essieu 706
boîte de cirage 463
boîte de conserve 295
boîte de contrôle 349
boîte de jonction 713
boîte de Pétri 815
boîte de raccordement 605
boîte de service 964
boîte de vitesses 672
boîte d'encastrement 358
boîte d'engrenage multiplicateur 807
boîte électrique 803
boîte en zinc (anode) 820
boîte jackpot 1070
boîte pour seringues usagées 907
boîte-classeur 653
boîtes alimentaires 294
boîtier 342, 343, 371, 387, 394, 396, 406, 477, 479, 564, 592, 604, 616, 628, 736, 827, 828, 832, 927, 1070
boîtier à double rangée de connexions 820
boîtier de batterie 685, 691
boîtier du moteur 417
boîtier électronique de commande 678
boîtier étanche 596
boîtier tour : vue arrière 629
boîtier tour : vue avant 629
bokken 996
bol 302, 314, 315, 493, 495
bol à raser 479
bol à riz 303, 305
bol à salade 303
bol verseur 315
boléro 442
bolet Satan 108
Bolivie 55, 876
bols à mélanger 310
bols de cuisson 317
bombe 1003
bombe volcanique 75
bôme 980
bonbout 459
bonde 352
bonde de fond 324
bongo 557
bonnet 445, 974, 976, 1042
bonnet à pompon 458
bonnet de bain 450
bonnet de nouveau-né 448
bonnette anti-vent 604
bord 111, 457, 458, 724
bord antérieur 136
bord d'attaque 747, 1047, 1048
bord de chute 806
bord de fuite 746, 1047, 1048
bord de pli 454
bord d'attaque 806
bord externe 136
bord interne 136
bord libre 237
bord postérieur 136
bord tranchant 758
bord-côte 433, 437, 448
bordure 322, 366, 983, 1022
bordure de quai 704, 714
bordure de trottoir 846
bore 812
borne 354, 358, 683, 793
borne d'entrée 404
borne de gonflage 668
borne de raccordement 357, 614
borne de raccordement des enceintes 614
borne d'incendie 846, 903
borne négative 685, 818, 820
borne positive 685, 818, 820
bornes interactives 523
Bosnie-Herzégovine 57, 878
bossages 511
bosse 1025, 1040
bosses, piste 1040
bossoir 724
Botswana 61, 880
botte 33, 124, 250, 461, 1005, 1024, 1025
botte de caoutchouc 901
botte de couronne 1003, 1007
botte de cowboy 459
botte de genou 1007
botte de pluie 462
botte de randonnée 450
botte de saut 1046
botte de tendon 1003, 1007, 1008
botte rigide 1037
botte souple 1037
bottes de paille 1025
bottillon 459, 989
bottine 460
bottine hybride 1045
boubou 429
bouche 134, 135, 136, 137, 139, 152, 182, 194, 231, 338, 554, 887, 888, 890, 892, 1010
bouche à feu 890
bouche à induction 338
bouche d'air 676
bouche d'extraction 338
bouche de soufflage 338
boucherie 288
bouchon 314, 474, 799, 912, 1056
bouchon antifuite 1053
bouchon d'air 408
bouchon de chargement 893
bouchon de dégorgement 352
bouchon de fermeture 893
bouchon de remplissage 419, 683
bouchon de scellement 820
bouchon de vidange 344, 377
bouchon de vidange d'huile 682
bouchon du réservoir 690, 696
bouchon femelle 351
bouchon femelle à visser 351
bouchon mâle sans bourrelet 351
bouchons d'oreilles 1022
boucle 432, 487, 567, 659, 675, 733, 1039
boucle de ceinture 435
boucle de piquet 1052
boucle de réglage 371, 1056
boucle d'oreille à vis 468
boucle piquée 1031
boucles d'oreille 468
boucles d'oreille à pince 468
boucles d'oreille à tige 468
bouclier 417, 883, 1029
bouclier annulaire 26
bouclier arrière 27
bouclier thermique 27, 36
Bouddha 870
bouddhisme : Bouddha 870
boudin 277
boue, réservoir 779
bouée 982
bouée à plan focal élevé 737
bouée charpente 736, 739
bouée conique 737, 739
bouée cylindrique 737
bouée de sauvetage 731, 733, 907
bouée espar 736, 739
bouées de départ 984
bouées de parcours 984
bouées d'arrivée 985
bougie d'allumage 411, 681, 682, 683
bouilloire 318
boulangerie 289
boulangerie-pâtisserie 849
boule 634, 1015
boule à thé 309
boule de pétanque 1014
boule de protection 985
boule de quilles 1015
boule d'attelage 686
bouleau 119
bouledogue 176
boules 1014
boulet 168, 889, 890
boulet creux 889
boulet ramé 889
boulette de viande 276
boulevard 52, 845
boulevard périphérique 52
boulgour 278
boulier 1015
boulier-compteur 1069
boulingrin 1014
boulon 326, 399, 400, 401
boulon à ailettes 390
boulon à épaulement 400
boulon à gaine d'expansion 390
boulon d'accouplement 787
boulon d'éclisse 712
boulons 400
bourdalou 457
bourdon 146, 560
bourgeon 105

bourgeon axillaire 109
bourgeon gustatif 233
bourgeon terminal 105, 109
bourrache 262
bourre 887, 890
bourrelet 171, 684, 685
bourriquet 535
bourse à monnaie 485
bourse copulatrice 141
bourse séreuse 207
boursette 555
Boussole 21
boussole magnétique 1057
bout 298, 1059
bout d'aile 1047
bout du nez 168
bout fleuri 459
boutefeu 889
bouteille 492, 815, 1056
bouteille à gaz médical 921
bouteille d'acétylène 407
bouteille d'air comprimé 901, 989
bouteille d'oxygène 407
bouteille d'oxygène portable 911
bouteille en verre 295
bouteille isolante 1056
bout-filtre 483
boutique 502
boutique du musée 522
boutique hors taxe 743
bouton 359, 362, 431, 437, 547, 560, 998
bouton à friction 832
bouton à tige 567
bouton champignon 634
bouton d'arrêt 417
bouton d'assemblage 571
bouton d'échappement 553
bouton d'éjection 616
bouton d'interligne variable 648
bouton de blocage 387, 396
bouton de blocage de l'arbre 396
bouton de clé 550
bouton de combinaisons 554
bouton de commande 376
bouton de culasse 890
bouton de démarrage 629, 630
bouton de démarreur 696
bouton de déverrouillage de l'écran 630
bouton de manchette 452
bouton de mise au point 24, 25
bouton de mise au point manuelle 601
bouton de piston 551
bouton de point arrière 566
bouton de registre 554, 555
bouton de réglage 477
bouton de réglage du micromètre optique 833
bouton de réinitialisation 629
bouton de remise à zéro 616, 832
bouton de vaporisation 374
bouton de verrouillage 674
bouton de verrouillage de l'embase 833
bouton de verrouillage de l'interrupteur 393
bouton du pavé tactile 630
bouton d'alimentation papier 859
bouton d'appel 519
bouton d'appel pour piétons 846
bouton d'éjection 593
bouton d'éjection du CD/DVD-ROM 629
bouton d'essai 903
bouton d'or 113
bouton extérieur 326
bouton fixe-courroie 549
bouton floral 109
bouton intérieur 326
bouton marche/arrêt/test 638
bouton moleté 408
bouton principal 639
bouton synaptique 221
bouton-guide 392
boutonnage sous patte 443
boutonnière 432, 435
bouton-poussoir 584
bouton-pression 436, 464, 567
boutons à trous 567
boutons de commande 380
boutons de contrôle du point 571
boutons de réglage 609
boutons programmables 634
Bouvier 23
bouvreuil 162
box 290
boxe 990
boxe, équipement 991
boxeur 990
bracelet 828, 954, 1009
bracelet lesté 1000
bracelet tubulaire 471
bracelets 471
brachial 196
brachiopode 128
brachioradial 196, 197
braconnière 884
bractée 116
braguette 432, 434
braies 428, 883
braille 585
brancard 411, 760, 913, 1007
branche 171, 250, 399, 477, 480, 568, 818, 885, 912, 1005, 1009
branche à fruits 117
branche d'embouchure 551
branche inférieure 885, 1004
branche maîtresse 118
branche supérieure 885, 1004
branche télescopique 596
branchement 352
branchement aérien 793
branchement au réseau 356
branchement de l'abonné 356
branchement du distributeur 356
branchement pluvial 846
branchie 138
branchies 136, 149
branchies externes 153
brandebourg 436
bras 135, 168, 185, 193, 195, 372, 415, 566, 732, 759, 760, 765, 806, 917, 926, 1070
bras d'essuie-glace 677
bras de balancier 721
bras de chargement 729
bras de coutre 765
bras de delta 73
bras de fourche 754
bras de grand cacatois arrière 725
bras de lecture 559, 617
bras de levage 759
bras de levier 762
bras de plaquette 480
bras de relevage 764
bras de suspension 378, 673
bras de traction 764
bras du longeron 758
bras d'éloignement 688
bras gicleur 380
bras mort 73
bras oral 134
bras porte-écran 536
bras spiral 19
bras télescopique 32
brasero 513
brassard 884, 954, 1030
brassard pneumatique 913
brasse 975
brassière 449
break 669
brèche 1066
bréchet caréné 159
brelan 1062
breloques 471
Brésil 55, 876
bretèche 504
bretelle 445, 489, 491, 659, 703, 740, 1056
bretelle boutonnée 449
bretelle de raccordement 659
bretelle de tir 1043
bretelle pour botte de genou 1007
bretelle réglable 448
bretelles 432
breton 583
brèves 590
brick 723
bricole 1003
bride 460, 472, 567, 1004
bride de corps-mort 737
bride de fixation 24, 25
bride de raccord 367
bride de suspension 437
brie 281
brigantin 723
brigantine 725
brillant à lèvres 474
brin d'arrêt 897
brique 295, 384
brique, point 1070
brique creuse 384
brique perforée 384
brique plâtrière 384
brique pleine 384
brique réfractaire 336, 384, 577
briquet 406
briquet à gaz 483
briquette 295
brise-glace 728
brise-jet 415
broche 358, 359, 471, 573
broche de connexion 820
broche épingle 471
broche porte-bobine 566
brochet 269
brocoli 251
brocoli italien 251
brodequin de randonnée 462
brodequin de sécurité 909
brodequin de travail 459
broderie 565
brome 813
bronche lobaire 215
bronche principale 215
bronchiole terminale 215
bronze 78
brosse 122, 381, 525
brosse à champignon 309
brosse à chaussure 463
brosse à dents électrique 482
brosse à dents manuelle 482
brosse à épousseter 375
brosse à légumes 309
brosse à mascara 473
brosse à planchers 375
brosse à pollen 142
brosse anglaise 476
brosse d'antennes 142
brosse de curling 1027
brosse de nettoyage 479
brosse de tissage 571
brosse double 493
brosse éventail 525
brosse pneumatique 476
brosse pour le bain 475
brosse pour le dos 475
brosse ronde 476
brosse-araignée 476
brosse-peigne pour cils et sourcils 473
brosses à cheveux 476
brossette 482
brossette interdentaire 482
brouette 411
brouillard 83, 91
broyeur 99, 352, 775
bruine 90
bruine continue faible 83
bruine continue forte 83
bruine continue modérée 83
bruine intermittente faible 83
bruine intermittente forte 83
bruine intermittente modérée 83
bruine verglaçante 83
brûleur 339, 340, 349, 376, 1049, 1053
brûleur à gaz 340, 815
brûleur à mazout 339
brûleur bec plat 407
brûleur flamme crayon 402, 407
brume 83, 91
brume sèche 83
Brunéi Darussalam 59, 881
brunissoir 534
buanderie 329, 854, 864
buccin 265
bûcher 336
bûchette 436
buffet 290, 365
buffet-vaisselier 365
buffle 173
buisson 89
bulbe 19, 236, 250
bulbe, coupe 105
bulbe d'étrave 731
bulbe de Krause 236
bulbe d'étrave 729
bulbe olfactif 149, 232
bulgare 583
Bulgarie 57, 878
bulldozer 758, 771
bulles d'air 651
bureau 290, 293, 331, 644, 646, 668, 854, 855, 864
bureau administratif 900, 905
bureau de direction 646
bureau de formation professionnelle 858
bureau de l'assistant social 919
bureau de la direction 852
bureau de l'agent de sécurité 867
bureau de l'enseignant 868
bureau de l'infirmière en chef 919
bureau de l'inspecteur en prévention-incendie 900
bureau de l'officier subalterne 904
bureau de l'officier supérieur 904
bureau de l'urgentiste 918
bureau de poste 588, 589, 845, 849
bureau de réservation de chambres d'hôtel 742
bureau des douanes 718
bureau des greffiers 862
bureau des plaintes 904
bureau des surveillants 869
bureau du bibliothécaire 866
bureau du chef 900
bureau du conservateur 522
bureau du directeur 859, 864, 866, 869
bureau du directeur adjoint 864
bureau du directeur général 644
bureau du gymnase 868
bureau du président 644
bureau du surveillant 866
bureau d'accueil des visiteurs 864
bureau d'admission des détenus 864
bureau d'élève 868
bureau d'ordinateur 646
bureaux administratifs 852
bureaux des organisateurs 853
burette à robinet droit 815
burin 531, 533
Burin 21
Burkina Faso 60, 879
Burundi 61, 879
bus 640
buse 403, 407, 408, 415, 527
buse à fluide 408
buse de refoulement 324
buse d'aspiration 392
buse vapeur 319
bustier 445
but 944, 946, 949, 950, 953, 955, 957, 960, 974, 1029, 1069
butée 391, 567, 661, 981, 1039, 1042
butée de porte 377, 709
butée de profondeur 394
butée talonnière 917
butoir 367, 703, 936, 1071
butte 74, 1025
butte de débranchement 708

C

caban 443
cabas 487
cabillot 873
cabine 730, 753, 758, 759, 760, 761, 762, 763
cabine de commande 756
cabine de conduite 706, 707, 764, 767
cabine de déshabillage 922
cabine de douche 346
cabine de pilotage 727, 729, 1048
cabine de première classe 746
cabine de projection 544
cabine des juges 1037
cabine des passagers 727, 730, 731
cabine d'ascenseur 519
cabine d'essayage 850
cabine d'interprétation simultanée 852
cabine focale 26
cabine photographique 849
cabine touriste 747
cabinet des juges 862
câble 635, 686, 693, 885, 925, 937, 970, 1009, 1058
câble à fibres optiques 631
câble à paire torsadée 631
câble coaxial 631
câble d'accélération 419
câble d'acier 1050
câble d'alimentation à 240 V 354
câble d'alimentation de l'électrode 406
câble de barre 984
câble de bougie 672, 682
câble de branchement 631
câble de commande 700
câble de frein 699
câble de garde 792
câble de haubanage 970, 971
câble de levage 519, 756
câble de masse 406
câble de raccordement 577, 618
câble de traction 405
câble électrique 348, 676, 678, 846
câble électrique à haute tension 788
câble porteur 660
câble pour interface numérique d'instruments de musique (MIDI) 559
câble téléphonique 846
câble USB 599, 631, 649
câbles 606
câbles de démarrage 686
câblodistributeur 602
cabriolet 360, 669
cacao 285
cacatoès 163
cachalot 183
cache-cernes 473
cache-cœur 440
cache-cou 465
cache-flammes 891
cache-oreilles 457, 465
cadeaux 851
cadenas 700
cadence images/seconde 597
cadmium 813
cadrage 594
cadran 355, 783, 827, 828, 829, 830, 1057
cadran de tension 571
cadran des phases de la Lune 829
cadran solaire 828
cadre 144, 363, 484, 488, 523, 561, 694, 806, 913, 949, 962, 968, 973, 1012, 1020, 1043
cadre de charge 1049
cadre d'aluminium 1043
cadre en aluminium 536
cadre métallique 552
cadre photo numérique 596
cadreur 542
cæcum 138, 145, 159, 169, 217
cæcum pylorique 135, 149
cæcum rectal 135
café 264, 844, 849
café et infusions 264
café torréfié, grains 264
café verts, grains 264
cafetan 429
cafétéria 644, 869
cafetière 319, 1055
cafetière à infusion 319
cafetière à piston 319
cafetière espresso 319
cafetière filtre 319
cafetière napolitaine 319
cage 493, 503, 935, 949
cage à oiseau 494
cage de scène 540
cage de transport 493
cage d'escalier 330
cage pour rongeur 494
cage vitrée 831
cageot 294
cagoule 458, 989, 1022, 1051
cahier 537, 590
caïeu 105
caille 163, 271
caïman 157
caisse 289, 293, 411, 549, 552, 829
caisse américaine 655

caisse blindée 1070
caisse bombée 561
caisse circulaire 560
caisse claire 545, 556
caisse de batterie électronique 558
caisse de résonance 548, 560, 561
caisse d'arrivée 125
caisse enregistreuse 289
caisse roulante 556
caisse triangulaire 561
caisses 289, 851
caissette 294
caissière 289
caisson 336, 339, 645
caisson de portière 674
caisson de rangement 987
caisson de voilure 896
calame 584
calamus 158
calandrage 125
calandre 670, 690, 799
calcanéum 170, 201, 203
calcium 812
calcul, touche 649
calculatrice à imprimante 649
calculatrice de poche 649
calculatrice graphique 649
calculette 484
cale 401, 729, 744, 890
cale à conteneurs 727
cale de couvercle 577
caleçon 434
caleçon long 434
cale-genou 987
calendrier-mémorandum 650
cale-pied 698, 700, 1001
calice 112, 114, 116, 871
calice rénal 219
calicule 114
californium 814
Callisto 14
calmar 265
caloporteur 770, 795, 804
caloporteur : eau bouillante 801
caloporteur : eau lourde sous pression 800
caloporteur : eau sous pression 801
caloporteur : gaz carbonique 800
caloporteur chaud 795, 804
caloporteur refroidi 795, 804
calot 457
calotte 158, 457, 458, 806
calotte glaciaire 87
calvinisme : Jean Calvin 870
cambium 110, 118
Cambodge 59, 881
cambre 480
Cambrien 128
cambrure 459
caméléon 157
Caméléon 21
camembert 281
caméra 32, 542, 606, 911, 1023
caméra à l'épaule 607
caméra de surveillance 523
caméra grand-angle 606
caméra haute définition 605, 606
caméra Web 624, 635
Cameroun 60, 879
caméscope 612
caméscope à disque dur 612
caméscope DVD 612
caméscope mini-DV 613
camion avitailleur 744
camion commissariat 745
camion de vidange 693
camion d'incendie 900
camion porteur fourgon 693
camion vide-toilette 744
camion-benne 693, 761
camion-citerne 693
camion-citerne d'eau potable 744
camionnage 690
camionnette 669
camion-pompe 783
camions 693
camions d'incendie 902
camomille 264
camp 1063
campagne 843
camping 856, 1052
camping interdit 856
Canada 46, 54, 876
canadienne 436
canal, sélection 735
canal à venin 154
canal annulaire 135
canal circulaire 134
canal d'admission 681
canal d'échappement 681
canal d'écoulement 781
canal de dérivation 749
canal de fuite 786
canal de Havers 199
canal de transfert 681, 798
canal droit 618
canal du Mozambique 50
canal gauche 618
canal hermaphrodite 137
canal médullaire 199
canal radiaire 134, 135
canal radiculaire 206
canal salivaire 143
canal semi-circulaire antérieur 235
canal semi-circulaire externe 235
canal semi-circulaire postérieur 235
canal siphonal 136
canalisation 679
canalisation d'alimentation 339
canalisation de branchement 344, 805
canalisation de pompage 826
canalisation de refoulement 345
canalisation de retour 339
canalisation souterraine 357
canapé 360
canapé capitonné 360
canapé convertible 363
canard 161, 271
canaux de Volkmann 199
Cancer 23
candela 835
canetière 574
canette 566, 567, 573
caniche 176
canif 533
canine 164, 206
canne 490
canne à lancer 1060
canne à mouche 1059
canne avec poignée orthopédique 916
canne avec quadripode 916
canne en C 916
canne en T 916
canneberge 254
cannelle 260
cannelloni 282
cannelure 500, 501, 511, 683
cannette 295
canoë 722, 986
canoë d'eaux vives 986
canoë monoplace (C1) 986
canoë récréatif 986
canoë-kayak : course en ligne 986
canon 168, 887, 888, 891, 892, 895, 1004, 1010
canon à électrons 609, 826
canon à mousse 729
canon brisé 1004
canon d'avant-bras 884
canon du XVIIe siècle 889
canon sans recul 893
canot de sauvetage 724, 777
canot pneumatique de sauvetage 727
canotier 457
cantaloup 257
canton dextre de la pointe 874
canton dextre du chef 874
canton senestre de la pointe 874
canton senestre du chef 874
cantonnière 368, 488
cantonnière drapée 369
cantre 574
canule oropharyngée 911
canyon sous-marin 67
cap 45
cap de Bonne-Espérance 50
cap Horn 48
cape 428, 443, 483
cape de bain 448
capeline 458
capillaire sanguin 212
capitaine 1027, 1034
capitale 53, 586
capitule 112
caponnière 505
capot 374, 375, 420, 648, 670, 690, 820, 1026
capot de courroie 397
câpre 286
Capricorne 20
capsule 106, 116, 230, 914
capsule à membrane 682
capsule à vis 295
capsule articulaire 207
capteur 84, 594, 595
capteur actif 65
capteur de radiations terrestres 86
capteur de rythme cardiaque 1001
capteur de signaux de détresse 86
capteur de télécommande 609
capteur de température 32
capteur de vitesse de roue 679
capteur infrarouge 636
capteur laser 634
capteur passif 65
capteur solaire plan 802
capture 1065
capuche 448
capuchon 358, 436, 442, 449, 492, 585, 600, 914, 1019, 1032
capuchon d'objectif 598
capuchon de connexion 405
capuchon de protection 824
capuchon de sûreté 893
capuchon de ventilation 736
capuchon du levier 350
capucin 185
Cap-Vert 60, 879
caquelon 312
car de reportage 602, 608
carabine (canon rayé) 887
carabine 22 1011
carabine de biathlon 1043
caraco 427, 444
caractère, position 586
caractère arabe 585
caractère avec empattements 586
caractère cyrillique 585
caractère grec 585
caractère hébreux 585
caractère latin 585
caractère sans empattement 586
caractères 1066
caractères, forme 586
caractères d'une police 586
carafe 297
carafon 297
carambole 259
carapace 139
caravane 687
caravane flottante 729
caravane tractée 687
caravaning 856
caravelle 721
carbonate de magnésium, poudre 999
carbone 813
carbone, cycle 95
Carbonifère 129
carburant, témoin de bas niveau 696
carburant de remplacement 784
carburant diesel 782
carburateur 694
carburéacteur 782
carcasse 819
cardamome 260
cardan 765, 766
carde 250
cardigan 437, 442
cardinal 162
cardon 250
carénage 694
carénage avant 670
carène 148
Carène 21
cargo spatial 34
caricature 590
carillon tubulaire 545, 557
carlingue centrale 729
carnivore 94
caroncule lacrymale 238
carotte 251
Carpates 49
carpe 159, 165, 170, 175, 182, 184, 187, 188, 202, 269
carquois 1009
carre 1031, 1037, 1038
carré 154, 274, 839, 1062, 1068
carré central 1063
carré de service 965
carre interne 1051
carreau 327, 385, 578, 1062
carreau d'arbalète 885
carreau de mine 772
carreau de plâtre 385
carrefour giratoire 658
carrière en entonnoir 771
carrière exploitée en chassant 771
carrosserie 378, 379, 670
carrosserie amovible 693
carrousel d'impression textile 536
carte à jouer 1062
carte de circuit imprimé 820
carte de crédit 861
carte de débit 861
carte de ligne 714
carte de pointage 650
carte de réseau 715, 716
carte des vins 291
carte d'insolation 84
carte électronique 343
carte flash compacte 594
carte géographique 868
carte isolée 1062
carte mémoire 593, 594, 599
carte Memory Stick 594
carte météorologique 80, 81
carte physique 45
carte politique 53
carte postale 588
carte réseau 631
carte réseau sans fil 631
carte routière 53
carte Secure Digital 594
carte spéciale 1062
carte xD Picture 594
cartel 523
carter 340, 395, 419, 601, 681, 682, 1060
carter d'embrayage 696
carter d'engrenage de frein à main 709
carter de meule 396
carter de sécurité 419
cartilage 232
cartilage articulaire 199, 207
cartilage costal 165
cartographie physique 45
cartographie politique 53
carton 124, 295, 529
cartothèque 866
cartouche 350, 403, 584, 617, 733, 888, 909
cartouche (carabine) 887
cartouche (fusil) 887
cartouche de jeu 1067
cartouche d'encre 637
cartouche d'encre en poudre 637
cartouche jetable 402, 407
cartouches 1010, 1011
carvi 260
casaque 440
case 520, 1064, 1068
case à bagages 705
case à équipements 39
case blanche 1065
case de l'oie 1064
case noire 1065
caserne de pompiers 845, 900
casernement 505
casier 364
casier à beurre 377
casier à munitions 895
casier laitier 377
casiers des élèves 869
casque 33, 406, 883, 901, 942, 944, 949, 954, 990, 994, 1006, 1008, 1020, 1021, 1022, 1025, 1028, 1037, 1038, 1041, 1044, 1045, 1047, 1051
casque antibruit 1011
casque d'écoute 618
casque de frappeur 940
casque de moto intégral 695
casque de pompier 901
casque de protection 700
casque de saut 1046
casque de sécurité 908
casque d'écoute 604
casque intégral 1024
casque protecteur 1034, 1035
casquette 457, 458, 906
casquette norvégienne 457
casse-croûte 856
Cassegrain, foyer 28
casse-noix 307
casserole 313
cassette 616
cassette de pellicule 591
cassette mini-DV 612
cassette vidéo 611
Cassini 31
Cassiopée 22
cassis 254
cassonade 285
cassure 454
castagnettes 545, 557
castes 143
castor 166
catadioptre 698, 1026
catalan 583
catalogue informatisé 867
catalyseur 784
catamaran 981
catapulte 897
caténaire 707, 717
cathédrale gothique 506, 507
cathode 820
catholicisme 870
causeuse 360, 855
cavalier 505, 1003, 1008
Cavalier 1065
cavalière 1005
cave à vins 290
cavité abdominale 226, 228
cavité buccale 159, 214, 216
cavité gastrale 134
cavité nasale 214
cavité palléale 138
cavité pleurale 215
cavité synoviale 207
Cayenne, piment 261
cédez le passage 664, 666
cédille 587
cédrat 256
cèdre du Liban 121
ceinture 360, 361, 362, 387, 432, 435, 489, 685, 733, 992, 994, 1056
ceinture d'haltérophilie 999
ceinture de Kuiper 14
ceinture de sécurité 675
ceinture d'astéroïdes 15
ceinture élastique 434, 436
ceinture lestée 989
ceinture matelassée 491
ceinture montée 432, 436
ceinture porte-outils 387
ceinturon de service 906
céleri 250
céleri-rave 251
cellier 365
cellule 140, 503, 865
cellule animale 133
cellule convective 89
cellule d'isolement 865
cellule olfactive 232
cellule photoélectrique 596
cellule pour femmes 904
cellule pour hommes 904
cellule pour mineurs 904
cellule royale 144
cellule végétale 102
cellules 862
Celsius, degré 827
cément 206
cendre 483
cendrier 483
cent 836, 860
Centaure 21
centrage 648
centrale 785, 788
centrale à réservoir 788
centrale au fil de l'eau 788

centrale hydroélectrique 786, 788
centrale nucléaire 796
centrale thermique 95
centrale thermique au charbon 775
centre 541, 838, 874, 947, 950, 953, 955, 995, 1009, 1027, 1029, 1065
centre arrière 953
centre commercial 843, 848
centre de cuisson 292
centre de documentation 522, 900
centre de gravité 732
centre de tri 99, 588
centre de tri régional 589
centre droit 950
centre du court 964
centre gauche 950
centre germinatif 230
centre-ville 843, 844
centrifugeuse 318
centriole 133
cep 117
cèpe 108, 244
céphalothorax 139, 145
Céphée 22
cerceau 972
cercle 480, 838
cercle central 947, 955, 956, 1029
cercle d'attente 938
cercle d'envoi 944
cercle de déclinaison 24, 25
cercle de la station 81
cercle de lancer 934, 935
cercle de mise au jeu 1028
cercle de serrage 556
cercle de vannage 787
cercle de verrouillage 892
cercle des couleurs 528
cercle d'ascension droite 24, 25
cercle extérieur 1027
cercle intérieur 1027
cercle polaire antarctique 42, 46
cercle polaire arctique 42, 46, 47, 49, 51
cercle porte-lame 761
cercle restrictif 956
cercles 1066
céréales 123, 263
Cérès 14
cerf de Virginie 172
cerf du Canada 172
cerfeuil 262
cerf-volant 1071
cerise 254
cérium 814
cerne annuel 118
cerneau 116
cerques 1059
cerveau 138, 139, 143, 145, 149, 152, 222, 223, 224
cervelet 222, 223, 224
cervelle 276
césium 812
Chac-Mool 513
chaîne 569, 572, 573, 698, 700, 829, 969, 1001
chaîne alimentaire 94
chaîne coupante 417
chaîne d'entraînement 767
chaîne de levage 754
chaîne de montagnes 17, 45, 66
chaîne de mouillage 737
chaîne de sûreté 687
chaîne de suspension 792
chaîne nerveuse 143
chaîne nerveuse ventrale 139
chaîne stéréo 614
chaînes d'ancrage 777
chaînette de levage 347
chaire 871
chaise 293, 361, 868
chaise berçante 361
chaise dactylo 646
chaise haute 366
chaise longue 361
chaise percée 492
chaise pliante 361
chaise Windsor 361
chaise-escabeau 361
chaises 361
chaises des joueurs 959
chaises empilables 361
chaland 729
chalaze 160
châle 427, 465
chalet de montagne 1036
chalet du sommet 1036
chalet principal 1036
chaleur, production 795
chaloupe de sauvetage 726, 730
chalumeau 560
chalumeau coupeur 407
chalumeau soudeur 407
chalutier 728
chambranle 325, 327
chambre 330, 579, 705, 774, 1052
chambre à air 160
chambre à poudre 890
chambre à vide 826
chambre antérieure 238
chambre d'expansion 827
chambre d'observation 826
chambre de combustion 336, 339, 680, 682
chambre de combustion annulaire 749
chambre de cuisson 577
chambre de décharge 498
chambre de la reine 498
chambre de mélange 407
chambre de vantail 719
chambre des machines 899
chambre des officiers 900
chambre des pompes 728
chambre des torpilles 899
chambre double 855
chambre du roi 498
chambre d'hôpital 920
chambre d'isolement 918
chambre d'observation 918, 922
chambre d'observation psychiatrique 918
chambre forte 859
chambre froide 288, 289, 292
chambre photographique 591, 826
chambre postérieure 238
chambre pulpaire 206
chambre simple 855
chambre souterraine 498
chambres d'hôtel 855
chameau 173
champ centre 939
champ d'épandage 345
champ d'héliostats 804
champ de tir 1043
champ droit 939
champ gauche 939
champ géothermique 770
champ magnétique 609, 817
champ magnétique terrestre 817
champignon 108, 713
champignon, structure 108
champignon café 244
champignon comestible 108
champignon de couche 244
champignon mortel 108
champignon vénéneux 108
champignons 244
chandelle de relevage 764
chanfrein 168
change 857
changement de disque 615
changement de piste/avance rapide 611
changement de piste/lecture rapide 615
chanterelle commune 244
chanvre 123, 424
chapati, pain 278
chape 334, 367, 555
chapeau 108, 590
chapeau d'angle 709
chapeau de feutre 457
chapeau de ventilation 344
chapeau du battant 572
chapelle 504
chapelle axiale 506, 507
chapelle latérale 506
chapelure 279
chapiteau 501, 548
chapon 271
chapska 457
char d'assaut 895
charbon 95
charcuterie 277
chardon 113
chardonneret 162
charge 816
charge électrique, mesure 835
charge explosive 775, 893
charge militaire 894
charge utile 39
chargeur 389, 394, 888, 891, 999, 1043
chargeur automatique 647
chargeur de pile 622
chargeur manuel 647
chargeuse frontale 759
chargeuse-pelleteuse 759
chariot 367, 407, 542, 571, 756, 825, 981, 1019
chariot à bagages 704, 745
chariot à dentelle 571
chariot à livres 867
chariot à palette 755
chariot à plateau 755
chariot avant 571
chariot d'entraînement 367
chariot de croisement 367
chariot élévateur 754
chariot transbordeur 662
chariots 289, 571
Charles IX 460
charnière 316, 380, 484, 577, 617, 674, 824, 1039
Charon 15
charpente 332, 499, 502
charpente verticale 573
charrue à soc 765
chas 567, 568
chasse 242, 539, 586
chasse, arme 887
chasse-clou 388
chasse-neige à soufflerie 763
chasse-neige basse 83
chasse-neige haute 83
chasse-pierres 706, 707
châssis 413, 556, 557, 754, 755, 760, 761, 765, 766, 1045
châssis automoteur 762
châssis de bogie 706
chasuble 438
chat 178, 179
chat, morphologie 178
chat de l'île de Man 179
châtaigne d'eau 245
château d'eau 708
château fort 504
châteaubriand 272
chaton 470
chaudière 339, 804
chaudière à gaz 340
chaudière à mazout 339
chauffage 336
chauffage, bouches 338
chauffage à air chaud pulsé 338
chauffage à eau chaude 339
chauffage au bois 336
chauffage d'appoint 340
chauffage géothermique 770
chauffe-air solaire 805
chauffe-eau 344, 348, 805
chauffe-eau au gaz 349
chauffe-eau électrique 348
chaufferette 1053
chaumard 981
chaussée 658, 663, 846
chaussée cahoteuse 665, 667
chaussée glissante 665, 667
chaussée rétrécie 664, 667
chausse-pied 463
chaussette 433, 446, 946, 954, 968, 997
chaussette haute 951
chaussette-étrier 940
chausson 988, 989
chausson d'escalade 1050
chausson intérieur 1039, 1045
chaussons 448
chaussure 459, 460, 942, 945, 956, 1020, 1022, 1030, 1031
chaussure, parties 459
chaussure à crampons 940, 951, 954
chaussure d'alpinisme 1051
chaussure d'escrime 997
chaussure d'haltérophilie 999
chaussure de football 946
chaussure de lutte 991
chaussure de piste 935
chaussure de quilles 1015
chaussure de saut à ski 1041
chaussure de ski 1038, 1039
chaussure de ski de fond 1042
chaussure de sport 450
chaussure de tennis 968
chaussures 459
chaussures à crampons 1035
chaussures de femme 460
chaussures de femmes 850
chaussures de golf 1019
chaussures de sport 850
chaussures d'enfants 851
chaussures d'homme 459
chaussures d'hommes 850
chaussures unisexes 462
chauve-souris 186
chauve-souris, morphologie 186
chauve-souris, squelette 187
chauve-souris fer-de-lance 187
chayote 249
cheddar 281
chef 198, 874
chef de cuisine 291
chef de partie 291
chef de tapis 991
chef décorateur 542
chef électricien 543
chef machiniste 542
chef mécanicien 1023
chef opérateur du son 543
chemin 1016
chemin couvert 505
chemin de fer 52
chemin de fer métropolitain 714
chemin de ronde 504, 505
chemin de ronde couvert 504
chemin de roulement 756
chemin d'évacuation 663
cheminée 75, 323, 329, 337, 339, 349, 721, 726, 774, 775
cheminée à foyer ouvert 336
cheminée à minerai 774
cheminée antisuie 730
cheminée d'échappement 690, 761, 764
chemise 431, 652, 850, 887
chemise de nuit 447
chemise du donjon 504
chemise en acier 820
chemisier classique 440
chenal principal 739
chenal secondaire 739
chêne 119
chenets 337
chenille 141, 758, 895, 1026
chèque 860
chèque de voyage 860
chéquier 484
chercheur 24, 25
chérimole 258
cheval 168, 172, 969
cheval, anatomie 169
cheval, morphologie 168
cheval, squelette 170
cheval d'arçons 969, 970
chevalement 773, 774
chevalet 526, 547, 548, 549, 553, 561
chevalet de câble de garde 792
chevalet des aigus 552
chevalet des basses 552
Chevalet du Peintre 21
chevalière 470
chevelu 118
Chevelure de Bérénice 23
chevet 507
cheveux 193, 195
cheville 192, 194, 547, 548, 565, 574
cheville d'accord 552
chevillier 547
chèvre 172
chèvre frais 280
chevron 332, 874
chiasma optique 222
chicane 1022
chicorée de Trévise 246
chicorée frisée 246
chien 174, 175, 176, 887, 888, 889, 1011
chien, interdit 857
chien, morphologie 174
chien, squelette 175
Chiens de Chasse 23
chiffon à lentilles 480
chiffonnier 365
chiffres 586
chiffres romains 836
chignole 395
chiisme 870
Chili 55, 876
chimie 810, 834
chimpanzé 185
Chine 59, 881
chinois 308, 582
chipolata 277
chirurgie, salle 918
chiton 426
chlamyde 426
chlore 813
chloroplaste 102
chocolat 285
chocolat au lait 285
chocolat blanc 285
chocolat noir 285
chœur 506, 507
chondrite 18
chope à bière 297
chope à café 301
chorizo 277
choroïde 238
chou cavalier 246
chou de Bruxelles 246
chou de Milan 247
chou frisé 246
chou laitue 246
chou marin 246
chou pommé blanc 247
chou pommé rouge 247
chou pommé vert 247
chou-fleur 251
chou-rave 250
chow-chow 176
christianisme : le Nouveau Testament 870
chrome 78, 813
chromosphère 16
chronique 590
chroniqueur 604
chronologie des religions 870
chronomètre 604, 828, 977
chronomètre de jeu 933
chronomètre électronique 604
chronomètre électronique automatique 977
chronométreur 956, 960, 990, 993, 994, 995, 996, 997, 1031, 1050
chronométreur de couloir 976
chronométreur en chef 976
chronométreurs 974, 992, 1033
chrysalide 141
chukka 459
chute 67, 454, 763, 983
chute de neige, mesure 85
chute d'eau 73
chute libre 1046
chutes de pierres 665, 667
chutney à la mangue 287
Chypre 57, 878
cible 64, 65, 1009, 1011, 1043, 1069, 1071
cibles 997
ciboule 245
ciboulette 245
ciel clair 82
ciel complètement obscurci 82
ciel couvert 82
ciel d'orage 91
ciel nuageux 82
ciel peu nuageux 82
ciel sans nuages 82
ciel très nuageux 82
cierge 871
cigale 147
cigare 483
cigarette 483
cigogne 161
cil 133, 238

cilié 111
cils 178
cimaise 500
cime 118
cimetière 52, 845
cimier 883
cimier mobile 28
cinéma 544, 730, 844, 848
cinéma maison 612
cinq 836
cinq cents 836
cinq-épices chinois 261
cinq-portes 669
cinquante 836
cintres 540
CIO 882
circonférence 838
circonvolution 223
circuit à 120 V 354
circuit à 240 V 354
circuit capteurs 679
circuit d'eau chaude 344
circuit d'eau froide 344
circuit d'évacuation 344
circuit de freinage 672, 679
circuit de plomberie 344
circuit de ventilation 344
circuit électrique 359, 818
circuit en parallèle 818
circuit en série 818
circuit imprimé 820
circuit intégré 820
circuit intégré en boîtier 820
circulation, marque 741
circulation dans les deux sens 664, 666
circulation de l'eau 134
circulation générale 212
circulation pulmonaire 212
circulation sanguine 209
cireur 463
cirque 17
cirque glaciaire 72
cirrocumulus 82, 88
cirrostratus 82, 88
cirrus 82, 88
cisaille 537, 655
cisaille à haies 416
cisaille à volaille 309
ciseau 533
ciseau à bois 398
ciseaux 477, 568, 915, 1055
ciseaux à cuticules 472
ciseaux à denteler 568
ciseaux à effiler 477
ciseaux à ongles 472
ciseaux de coiffeur 477
ciseaux de cuisine 309
ciseaux de pédicure 472
ciseaux de sûreté 472
ciseaux sculpteurs 477
Cisjordanie 58
citerne 692, 693, 729
cithare 560
citron 256
citrouille 249
civière 911, 913
clairon 551
clapet 347, 350
clapet de retenue 345
claque 450, 459
claquette 543
clarinette 550
clarinette basse 545
clarinettes 545
classe 132
classeur 652
classeur à clapets 645
classeur à soufflets 484
classeur mobile 645
classicisme 529
classification 132
classification de Hubble 19
classification des espèces 132
clavardage 643
claveau 514
clavecin 553
clavette 327
clavicule 153, 159, 165, 187, 188, 200
clavier 552, 558, 622, 623, 624, 625, 630, 632, 925, 1015
clavier accompagnement 560
clavier alphanumérique 622, 668, 858, 859
clavier chant 560
clavier de grand orgue 554
clavier de positif 554
clavier de récit 554
clavier d'identification personnelle 859
clavier manuel 555
clavier numérique 831
claviers manuels 554
clayette 377
clé 327, 550
clé à chaîne 403
clé à crémaillère 403
clé à douille à cliquet 400
clé à fourches 400
clé à molette 400
clé à percussion 903
clé à sangle 403
clé à tuyau 403
clé coudée à tuyau 403
clé d'ut 562
clé de barrage 903
clé de bocal 550
clé de bras 992
clé de contact 420
clé de fa 562
clé de mandrin 394
clé de sol 562
clé en croix 686
clé Internet 631
clé mixte 400
clé polygonale 400
clé polygonale à cliquet 400
clé polygonale à têtes fendues 400
clé USB 599, 638
clef de voûte 506, 514
clémentine 256
clés 400, 403, 558, 562
client 603
clignotant 691
clignotant, témoin 696
climatisation 911
climatiseur 687
climatiseur bibloc 343
climatiseur de fenêtre 343
climats arides 87
climats de montagne 87
climats du monde 87
climats polaires 87
climats tempérés chauds 87
climats tempérés froids 87
climats tropicaux 87
clinfoc 725
clip solaire 480
cliquet 390, 395, 572, 828, 829
clitoris 226
cloaque 145, 152, 155, 159
cloche 458, 1008
clocher 507, 871
clocheton 504, 506, 507
clochettes 557
cloison 114, 231, 907, 1063, 1068
cloison longitudinale 728
cloison mobile 644, 645, 853
cloison transversale 728
clôture 243, 322, 410
clôture de sécurité 1040
clôture du champ extérieur 939
clou 171, 388
clou à maçonnerie 388
clou à tête homme 388
clou à tige spiralée 388
clou commun 388
clou coupé 388
clou de girofle 260
clou en bande 389
clou millésimé 712
clouage 388
cloueuse 389
clous 388
club-house 1006
cobalt 813
cobra 156
coccinelle 146
coccyx 201, 204
Cocher 22
cocheur d'allée 1018
cocheur d'approche 1018
cocheur de sable 1018
cochlée 235
cochon d'Inde 166
cochonnet 1014
cockpit 980
cocotte 313
code 648
code des produits 831
code temporel 543
cœlophysis 130
cœur 115, 136, 137, 138, 139, 141, 143, 145, 149, 152, 154, 159, 169, 213, 229, 276, 336, 968, 1062
cœur de croisement 712
cœur du réacteur 800, 801
coffre 364, 671, 697, 802, 803
coffre à bagages 687
coffre d'appareillage 707
coffre de rangement 690, 902
coffre-fort 859, 905
coffret 609
coffret de branchement 356
coffret de sûreté 859
coiffe 39, 109, 110, 539, 1059
coiffeur 542
coiffeuse 346, 365
coiffure 457, 476
coiffure, accessoires 477
coiffures de femme 458
coiffures d'homme 457
coiffures unisexes 458
coin 539, 554, 990
coin cuisine 644
coin de patinoire 1028
coinceur 1050, 1051
coing 255
coin-repas 296, 329
col 71, 430, 431, 435, 450, 454, 609, 1018
col à pointes boutonnées 431
col banane 455
col berthe 455
col cagoule 455
col châle 455
col chemisier 455
col chinois 455
col Claudine 455
col cravate 455
col de l'utérus 226, 227
col du fémur 201
col italien 431
col marin 455
col officier 455
col polo 455
col roulé 437, 455, 1042
col tailleur 443, 455
col transformable 435
col vésical 218
col-de-cygne 335, 760
colette 469
colibri 162
colis postal 589
collant 446
collatéral 507
colle 334
collecte sélective 99
collecteur 819
collecteur d'appareil 344
collecteur d'échappement 672, 680, 682
collecteur d'évacuation 344
collecteur de graisse 317
collecteur de vapeur primaire 797
collecteur du réacteur 797
collecteur d'électrons 820
collecteur principal 344, 345
collerette 429, 455
collet 109, 206, 299, 300, 337, 539, 732
collet de l'axone 221
collet repoussé 351
colley 176
collier 312, 493, 984, 1007, 1039
collier cervical 911
collier coupe-feu 337
collier de perles, longueur matinée 468
collier de serrage 85, 1000
collier de serrage du casque 33
collier de soirée 468
collier-de-chien 468
colliers 468
collimateur 924, 926
colline 71
colline abyssale 67
collybie à pied velouté 244
Colombe 21
Colombie 55, 876
colombinage 577
côlon 141, 155, 169, 217
côlon ascendant 217
côlon descendant 217
côlon transverse 217
colonne 67, 90, 395, 499, 501, 538, 548, 566, 590, 596, 600, 716, 1063, 1068
colonne ascendante 339
colonne avec capuchon 90
colonne corinthienne engagée 503
colonne d'air 353
colonne d'alcool 827
colonne de collecte du papier 99
colonne de collecte du verre 99
colonne de direction 672
colonne de mercure 827
colonne de production 780
colonne de radiateur 339
colonne de stabilisation 777
colonne de ventilation 344
colonne de ventilation principale 344
colonne descendante 339
colonne dorique engagée 503
colonne en saillie 510
colonne ionique 509
colonne ionique engagée 503
colonne jumelée 510
colonne montante d'eau chaude 344
colonne montante d'eau froide 344
colonne rénale 219
colonne vertébrale 149, 164, 200, 204, 224
colonnette 508
colorant capillaire 474
cols 455
columelle 136
coma 18
combat, zone 994
combattant 992, 994, 996
combinaison 434, 1002, 1024, 1034, 1037
combinaison de course 1032
combinaison de nuit 448
combinaison de protection 1025
combinaison de saut à ski 1041
combinaison de ski 1038, 1042
combinaison de ski de vitesse 1041
combinaison de vol 1046
combinaison gagnante 1070
combinaison résistante au feu 1022
combinaison-jupon 444
combinaison-pantalon 439
combinaisons au poker 1062
combiné 444, 623, 624, 735
combiné 2 dans 1 476
combiné-culotte 444
combustible 795, 800
combustible : uranium enrichi 801
combustible : uranium naturel 800
combustible défectueux sous gaine 798
combustible fossile 96, 98
combustible nucléaire, manipulation 798
combustion 680, 681, 749
comète 18
comité d'arbitrage 993
Comité international olympique 882
commande, touche 314
commande amovible 317
commande au pied 566
commande d'accélération 417
commande d'aérofrein 1048
commande d'alimentation en oxygène 1048
commande d'essuie-glace 676
commande d'insertion du papier 649
commande de barrières 713
commande de chauffage 676
commande de dossier 675
commande de la mouture 318
commande de largage de câble 1048
commande de largage de la verrière 1048
commande de marche arrière 601
commande de marche avant 601
commande de marge 648
commande de panneau solaire 86
commande de positionnement du spécimen 826
commande de sélection de l'ouverture 826
commande de sélection manuelle 601
commande de ventilateur 343
commande de virage 1048
commande de vitesse 314
commande de volume de la sonnerie 623
commande de volume du récepteur 623
commande des freins 1046, 1047
commande du chariot 571, 825
commande du rétroviseur 674
commande du zoom 613
commande d'inclinaison latérale 1048
commande électrique de paiement 1070
commande mémoire 623
commandes de la bande vidéo 613
commandes du pilote automatique 748
commandes du treuil 693
commencement du patron 571
commerce électronique 643
commis débarrasseur 291
commissaire 1025
commissaire aux obstacles 1002
commissaire de piste 1003
commissure labiale 231
commode 364
Commonwealth 882
communication, dispositif 924
communication, touche 735
communication écrite 584
communication sans fil 621
communications aériennes 603
communications individuelles 603
communications industrielles 603
communications maritimes 603
communications militaires 603
communications routières 603
communion, table 871
commutateur 404, 601, 640, 641
commutateur alimentation/fonction 613
commutateur d'allumage 676, 696
commutateur marche/arrêt 592
commutateur veille/en fonction 614
Comores 61, 880
compactage 99
compartiment 515
compartiment à médicaments 911
compartiment bagages 707
compartiment de la production d'électricité 899
compartiment de réservoirs d'eau 750
compartiment de sac 375
compartiment des instruments 86
compartiment des voitures 730
compartiment du réacteur 899
compartiment moteur 688
compartiment pour documents 489
compartiment pour la planche dorsale 911
compartiment pour ordinateur 489
compartiment voyageurs 707
compartiment-couchette 690
compas 1048
Compas 21
compas d'épaisseur 535
compas magnétique liquide 734
compensateur de poussée latérale 617
compétition 933
complexe hydroélectrique 785
complexe sportif 843, 932
compluvium 502
composantes d'un microscope électronique 826
composé, représentation 834
composite inférieur 39
composite supérieur 39
composition du sang 209
compresse stérilisée 915
compresseur 341, 343, 653, 783
compresseur axial 749
compresseur centrifuge 749
compresseur d'air 706
compresseur du climatiseur 682
compresseur d'air 408
compression 680, 681, 749
compression, poste 783

compression/admission 681
comprimé 914
comptabilité 644
compter 649
compte-rangs 571
compte-touches électrique 997
compteur 344, 616, 832
compteur d'électricité 355, 356
compteur de gaz 783
compteur de vues/retardateur 593
compteur kilométrique 677
comptoir 292
comptoir d'enregistrement 742
comptoir de prêt 867
comptoir de renseignements 742, 853, 858, 867, 905, 919
comptoir de retour des livres 867
comptoir de vente de friandises 544
comptoir des fromages 289
comptoir des viandes libre-service 288
comptoir du bar 290
comptoir libre-service 292
concasseur 779
concentrateur 641
concentration des gaz à effet de serre 96
concentré de tomate 286
concessionnaire d'automobiles 845
conchiglie 282
concombre 248
concombre sans pépins 248
condensateur à film plastique 820
condensateur céramique 820
condensateurs électrolytiques 820
condensation 95, 810
condenseur 770, 775, 796, 804, 825, 826
condiments 286, 293
conditionnement d'air 730
conditionnement de l'air 342
conditionnement de l'air, appareils 342
condor 163
conducteur 1007
conducteur d'alimentation 354, 356
conducteur de mise à la terre 356
conducteur en faisceau 792
conducteur neutre 356
conduction 811
conduit 555
conduit de chauffage 379
conduit de distribution vertical 338
conduit de raccordement 336
conduit déférent 228
conduit d'aération 498
conduit d'éjection 421
conduit d'éjection, dégagement 421
conduit d'éjection, direction 421
conduit d'essence 678
conduit d'évacuation 340
conduit hydraulique 765, 766
conduit lactifère 227
conduit lymphatique 230
conduit thoracique 230
conduite, poste 762
conduite à la terre 781
conduite d'admission principale 781
conduite d'admission secondaire 781
conduite d'alimentation 344
conduite d'eau 380
conduite d'eau chaude 352, 353
conduite d'eau froide 352, 353
conduite d'eau potable 846
conduite de gaz 846
conduite des pièces 1070
conduite forcée 785, 786, 794
conduite principale 347
condyle 201
cône 120, 238, 609, 839, 1032, 1033
cône adventif 75
cône d'entrée 749
cône de pénombre 17, 18
cône d'ombre 16, 17
cône femelle 120
cône mâle 120
conférence islamique, organisation 882
confessionnal 871
configuration des continents 44
configuration du littoral 70
confiserie 851
confluent 73
confucianisme : Confucius 870
Confucius 870
congélateur 290, 296, 377
congélateur coffre 377
Congo 50, 61, 879
Congo, République démocratique 61
conifère 120
conifères 121
conjonctive 238
connecteur 622
connecteur à serrage mécanique 793
connecteur de conduit d'entrée 354
connecteur de liaison 354
connecteur en T 640
connecteur HDMI 614
connecteur RS 614
connecteur USB 622, 638
connexion 1065
connexion, périphérique 631
conque 234
conseillers musicaux 605
conserves 289
consigne automatique 704, 857
console 513, 548, 791, 792, 917
console centrale 676
console d'accotoir 360
console d'instruments 989
console d'orgue 554
console de jeu 1067
console de jeux vidéo portable 1067
console de mixage pour DJ 559
console numérique 607
consommateur primaire 94
consommateur secondaire 94
consommateur tertiaire 94
constellations de l'hémisphère austral 20
constellations de l'hémisphère boréal 22
contact 1065
contact de terre 358
contact électrique 592
contact négatif 802, 803
contact positif 802, 803
contacteur 345
contenant 294
conteneur 727, 757
conteneur à boîtes métalliques 99
conteneur à papier 99
conteneur à verre 99
conteneurs 757
conteneurs de collecte sélective 99
continent 17, 67
continental arctique 81
continental humide, à été chaud 87
continental humide, à été frais 87
continents, configuration 44
contour d'oreille 622
contre 959
contre-attrape 553
contrebasse 547
contrebasses 545
contrebasson 545
contre-fer 397
contrefiche 793
contre-fiche 333
contre-flèche 756
contrefort 71, 450, 506, 790
contre-garde 505
contremarche 335, 572
contreparement 386
contreplaqué 386
contre-platine 617
contrepoids 24, 26, 519, 617, 662, 713, 756, 760, 761, 764
contrepression, cylindre 533
contre-rail 712
contre-sanglon 1005
contrescarpe 505
contrevent 327
contrôle 632
contrôle, bouton 634
contrôle, dispositif 342
contrôle, touche 1067
contrôle : sélection de groupe 632
contrôle d'alimentation en oxygène 1048
contrôle de la couleur 647
contrôle de la photocopie 647
contrôle de la température 349
contrôle de la température du corps 33
contrôle de la vitesse 566
contrôle de programmation 342
contrôle de sécurité 743
contrôle de tabulation 648
contrôle de température 577
contrôle de tonalité des aigus 549
contrôle de tonalité des graves 549
contrôle des passeports 743
contrôle douanier 743
contrôle du contraste 647
contrôle du plateau 611, 615
contrôle du séquenceur 558
contrôle du volume 558, 624
contrôle thermique 339
contrôleur 704
contrôleur à vent de synthétiseur 558
contrôleur de fonctionnement 341
contrôleur d'images 605, 608
contrôleur technique 1031
convecteur 340
convection 811
convection, courant 817
convertisseur catalytique 673
convertisseur de couple 378
convertisseur numérique/analogique 609
convoyeur 771, 773, 775
convoyeur à bagages 745
cooksonia 128
coordonnées célestes 23
coordonnées terrestres 42
copeau, évacuation 397
copeaux 125
copernicium 813
copie recto/verso 647
copropriété 1036
copyright 587
coq 163
coque 116, 265, 489, 687, 721, 980, 986, 1026, 1034
coque inférieure 1039
coque supérieure 1039, 1045
coquelicot 113
coquillage bivalve 136
coquillage bivalve, anatomie 136
coquillage bivalve, morphologie 136
coquillage univalve 136
coquillage univalve, morphologie 136
coquille 136, 137, 138, 160, 360, 695, 954, 998, 1030
coquille de protection 991, 994
coquille Saint-Jacques 265
coquilleur à beurre 309
cor anglais 545, 550
cor d'harmonie 551
coracoïde 153, 159
Coran 870
corbeau 163, 336, 504
Corbeau 21
corbeille 541
corbeille à papier 655
corbeille à pollen 142
corbeille suspendue 410
cordage 123, 1058
cordage commis 1058
cordage de pont 987
cordage tressé 1058
corde 547, 548, 553, 816, 885, 972, 990, 1009, 1050, 1051
corde à sauter 1000
corde d'accrochage 572
corde de couloir 977
corde de faux départ 976
corde de tension 561
corde de tirage 409
corde d'assurage 1050
corde vocale 214
cordeau 387, 418
cordeau à tracer 387
cordée 111, 1050
cordelière 368
cordes 552, 561
cordes d'accompagnement 560
cordes de mélodie 560
cordes de timbre 556
cordier 547, 561
Cordillère australienne 52
cordillère des Andes 48
cordon 371, 404, 620, 621
cordon à gaine métallique 624
cordon à lunettes 480
cordon coulissant 436
cordon d'alimentation 479
cordon de combiné 623
cordon de dunes 74
cordon de tirage 367, 371
cordon d'alimentation 315, 374, 389, 393, 394, 396, 398, 404, 406, 417, 419, 478
cordon d'alimentation en courant continu 630
cordon d'alimentation secteur 630
cordon littoral 70
cordon tire-feu 892
Corée du Nord 59
Corée du Sud 59
coréen 583
coriandre 262
corne 471, 724
corne de feu 902
corne de guidage de l'attelage 707
cornée 238, 239
cornemuse 560
cornet à dés 1063
cornet à pistons 551
cornet inférieur 232
cornet moyen 232
cornet supérieur 232
corniche 323, 325, 364, 499, 500, 509
cornichon 248
corolle 112
corona radiata 226
corps 233, 318, 350, 394, 483, 550, 554, 585, 825, 832, 937, 1059, 1069
corps calleux 222
corps caverneux 228
corps célestes 14
corps cellulaire 221
corps ciliaire 238
corps de garde 504, 505
corps de l'ongle 237
corps de la fusée 893
corps de l'église 510
corps de piston 551
corps de pompe 912
corps de ruche 144
corps du pistolet 408
corps en bakélite® 893
corps humain 192
corps spongieux 228
corps vertébral 204, 224
corps vitré 238
corps-mort 737
corpuscule de Meissner 236
corpuscule de Pacini 236
corpuscule de Ruffini 236
correcteur orthographique 648
correction d'exposition 592, 593
correction d'exposition au flash 593
correction de caractères 648
correction de mots 648
correction d'exposition 597
cors d'harmonie 545
corsage 440
corsage-culotte 440
corsaire 441
corset 427, 445, 792
cortex cérébral 222
cortex rénal 219
corymbe 112
cosmétiques 851
cosse 116
Costa Rica 54, 876
costume 542
costume ancien 426
costume avec frac 428
costume avec justaucorps 428
costume avec pourpoint 428
costumes 850
cotardie 427
côte 77, 154, 159, 164, 165, 170, 175, 182, 184, 187, 188, 272, 273, 274, 1059
côté 541
côte, fausse 201
côte axiale 136
côté cour 541
côte de longe 273
côte d'azur 1021
Côte d'Ivoire 60, 879
côté femelle 567
côte flottante 184, 200
côté jardin 541
côté mâle 567
côté rétractable 913
côte spiralée 136
côtelette 275
côtelette de côte 273, 274
côtes 70, 200
côtes levées de dos 272
coton 424
coton hydrophile 474, 915
cotonnier 123
coton-tige 123, 474, 915
cotre Marconi 723
cotret 806
cottage 280
cotte de mailles 884
cotylédon 105
cou 155, 193, 194, 195, 228, 969
couchage 125
couche 449
couche antireflet 802
couche arable 109
couche basale 236
couche cornée 236
couche d'aluminium 615
couche de cendres 75
couche de laves 75
couche de surface 658
couche drainante 790
couche d'ozone 79
couche épineuse 236
couche fluorescente 359
couche granuleuse 236
couche imperméable 776
couche jetable 449
couches de déchets 97
couchette 705
coude 168, 174, 186, 193, 195, 207, 338, 480
coude à 180° 351
coude à 45° 351
coude à 90° 351
coude de renvoi 351
cou-de-pied 192
coudes 282
coudière 954, 1045
coulant 490
coulée de boue 77
coulée de lave 75
couleur 1062
couleur à l'huile 525
couleurs 875
couleurs, synthèse 821
couleurs primaires 528
couleurs secondaires 528
couleurs tertiaires 528
couleuvre rayée 156
coulis de tomate 286
coulisse 432
coulisse d'accord 551
coulisse d'entrée 144
coulisse du deuxième piston 551
coulisse du premier piston 551
coulisse du troisième piston 551
coulisses 540
couloir 934, 963, 966, 976, 977, 1032
couloir ascendant 498
couloir central 705
couloir d'intercommunication 705
couloir de sécurité 862
couloir de sortie 1071
couloir descendant 498
couloir d'échauffement 1032
coulomb 835
coulommiers 281
coup de départ 1016
coup de patin 1042
coup de pied 994
coup de pied de brasse 975
coup de pied de crawl 975
coup de pied de papillon 975
coup de pied de réparation 948
coup d'approche 1016
coup franc 948
coupage oxyacétylénique 407
Coupe 21
coupé 669, 874
coupe à mousseux 297
coupe d'un grain de blé 122
coupe d'une bille 386
coupe d'une fraise 114
coupe d'une framboise 114

coupe d'une noisette 116
coupe d'une noix 116
coupe de l'atmosphère terrestre 79
coupe de la croûte terrestre 66
coupe d'un bulbe 105
coupe d'un raisin 114
coupe d'une orange 114
coupe d'une pêche 115
coupe d'une pomme 115
coupe transversale du tronc 118
coupe-bordures 412
coupe-circuit 793
coupe-circuit d'urgence 696
coupe-circuit limiteur de température 348
coupe-cuticules 472
coupe-fil 405, 567
coupe-glace 421
coupe-griffes 493
coupelle 373
coupelle d'étanchéité 909
coupe-œuf 309
coupe-ongles 472
coupe-papier 651
couperet 306
coupe-tube 402
coupe-tuyau 402
coupe-vent 1049
coupe-verre 579
couple 1031
coupleur hydraulique 764
coupole 736
coupole du mihrab 872
coupole du porche 872
coupole rotative 28
coups 966
cour 243, 504, 865, 872
cour de récréation 869
courant 719
courant, adaptateur 630
courant, sens conventionnel 818
courant de convection 811
courant électrique, mesure 835
courbure 1061
coureur, skeleton 1035
coureurs 1025
coureuse 935
courge à cou droit 249
courge à cou tors 249
courge à moelle 249
courge d'été 249
courge d'hiver 249
courge spaghetti 249
courgeron 249
courgette 249
couronne 16, 168, 206, 515, 527, 556, 828, 860
Couronne australe 20
Couronne boréale 23
couronne d'aubage 787
couronne d'orientation 760
couronne de table 469
couronnement 335, 791
couronnement du barrage 794
courrier 588
courrier des lecteurs 590
courrier électronique 643
courrier international 589
courrier local 589
courrier non oblitéré 588
courrier oblitéré 588
courrier régional 589
courroie crantée 396
courroie d'amarre 903
courroie d'attache 490
courroie d'entraînement 378
courroie de distribution 682
courroie de rêne 1007
courroie de sécurité 964
courroie de tige 1039
courroie de transmission 727
courroie de ventilateur 672, 682
cours d'eau 73, 98
course, équipement 934
course attelée 1007
course automobile 1022
course de chevaux 1006
course montée 1006
coursier d'évacuateur 785
court de service droit 967
court de service gauche 967
courte piste 1032, 1033
courtine 504
courts de tennis 932
couscous 123, 278
couscoussier 313
cousin 929
cousine 929
cousoir 538
coussin 578, 973
coussin arrière 1012
coussin carré 363
coussin de rembourrage 990
coussin de tête 1012
coussin d'allaitement 492
coussin pour gradins 1057
coussinet carpien 174
coussinet d'émeri 568
coussinet de glissement 712
coussinet de l'ergot 174
coussinet digité 174, 178
coussinet en mousse 908
coussinet palmaire 177
coussinet plantaire 178
couteau 265, 298, 314, 315, 318, 531, 763, 989, 1055, 1057
couteau à beurre 298
couteau à bifteck 298
couteau à découper 306
couteau à désosser 306
couteau à dessert 298, 304, 305
couteau à filets de sole 306
couteau à fromage 298
couteau à huîtres 306
couteau à jambon 306
couteau à pain 306
couteau à palette 525
couteau à pamplemousse 306
couteau à peindre 525
couteau à plomb 579
couteau à poisson 298, 304
couteau à zester 306
couteau d'électricien 405
couteau d'office 306
couteau de chef 306
couteau de combat 886
couteau de cuisine 306
couteau de potier 576
couteau de table 298, 304, 305
couteau électrique 315
couteau en silex 883
couteau multifonctions 1055
couteaux 298
couteaux de cuisine 306
coutisse 565
coutre 765, 767
couture 483, 538, 566, 941, 942
couture, accessoires 568
couture d'assemblage 464
couture médiane 431
couvercle 312, 315, 316, 317, 318, 319, 342, 346, 347, 355, 358, 377, 378, 381, 387, 483, 495, 527, 577, 593, 600, 601, 617, 625, 635, 637, 647, 903, 1057, 1067
couvercle coulissant 734
couvercle de batterie 685
couvercle de culasse 672, 682
couvercle de la turbine 787
couvercle de réservoir 347
couvercle en caoutchouc 536
couvercle inférieur 820
couvercle supérieur 820
couvert 297, 301
couverts 292
couverture 363
couvre-bassinet 889
couvre-culasse 891
couvre-filtre 909
couvre-oreiller 363
couvre-plateau 617
couvre-prises 613
couvrure 539
crabe 266
cracker 279
craie 1013
crampon 450, 463, 712, 942, 1043
crampon de fermeture 488
crampon interchangeable 946
cran 430, 432, 454, 569, 830, 935, 1059
cran de mire 888
cran de réglage 399, 1039
crâne 149, 159, 164, 170, 182, 184, 187, 188, 192, 205
crapaud commun 153
cratère 17, 75, 771
cravache 1003, 1006
cravate 431
cravates 850
crawl 975
crayon 585, 799
crayon à sourcils 473
crayon blanchisseur d'ongles 472
crayon Conté 524
crayon contour des lèvres 474
crayon de pierre ponce 535
crayon en plomb 584
crayon lithographique 535
crayons de cire 524
crayons de couleur 524
crécelle 561
crédit photographique 590
crémaillère 377, 935
crémaillère de pointage 892
crémaster 141
crème 280
crème aigre 280
crème épaisse 280
crémier 301
crénelé 111
crépis 499, 501
cresson alénois 247
cresson de fontaine 247
Crétacé 131
crête 71, 77, 785, 790, 821, 884
creux 77, 299, 821
creux barométrique 81
crevasse 72
crevette 266
cri 583
cric 686, 1023
cricket 942
cricket, joueurs 943
crinière 168
criquet mélodieux 147
crispin 997
cristallin 238, 239
cristallisation 810
cristaux de neige 90
cristaux irréguliers 90
critique gastronomique 590
Croatie 57, 878
croc à défricher 413
croche 563
crochet 136, 145, 154, 327, 387, 404, 566, 567, 570, 601, 693, 733, 756, 831, 1011, 1012, 1031
crochet à venin 154
crochet d'attelage 764
crochet de gourmette 1004
crochet de levage 776
crochet de petit doigt 551
crochet de pouce 551
crochet du plateau 830
crochet pétrisseur 314
crochets 587
crocodile 157
crocus 113
croisée 506
croisée du transept 507
croisement 575
croisillon 917
croissant 17, 279, 875
Croissant-Rouge 882
croix 874
croix de Saint-André 332, 713
croix directionnelle 1067
Croix du Sud 21
croix d'autel 871
Croix-Rouge 882
crosne 245
crosse 107, 548, 887, 888, 891, 892, 916, 944, 945, 948, 949, 1010, 1011
crosse, techniques 949
crosse, terrain 948
crosse de fougère 250
crosse de gardien de but 1029, 1030
crosse de joueur 1030
crottin de Chavignol 280
croupe 168, 969
croupion 158
croupon 539
croûte basaltique 66
croûte continentale 66
croûte de cuir 432
croûte granitique 66
croûte océanique 66
croûte terrestre 66, 76
croûte terrestre, coupe 66
cruche 1056
crucifix 871
crustacé 94
crustacés 139, 266
Cuba 54, 876
cube 276, 839
cubiculum 502
cubisme 530
cubitière 884
cubitus 153, 159, 164, 165, 170, 175, 182, 184, 187, 188, 200, 202, 207
cuboïde 203
cueillette 242
cuiller 299, 1055, 1061
cuiller à café 299
cuiller à dessert 299
cuiller à égoutter 311
cuiller à glace 309
cuiller à goûter 309
cuiller à soda 299
cuiller à soupe 299
cuiller à soupe chinoise 305
cuiller à thé 299
cuiller de table 299, 304, 305
cuiller parisienne 309
cuilleron 299
cuillers 299
cuillers doseuses 308
cuirasse 883
cuiseur-vapeur 292
cuisine 291, 293, 296, 329, 502, 705, 853, 854, 864, 869, 899, 900
cuisine, équipement 306
cuisinière 292
cuisinière à gaz 291, 376
cuisinière électrique 291, 376
cuissard 450, 884, 954, 1020, 1050
cuissarde 460
cuissardes 1061
cuisse 168, 174, 189, 193, 195, 226, 228, 272, 275
cuisson 577
cuit-vapeur 313
cuit-vapeur électrique 317
cuivre 78, 813
cuivre et acier 351
cuivres, famille 545
culasse 469, 550, 892
culbuteur 682
cul-de-sac de Douglas 226
cul-de-sac dural 224
cul-de-sac vesico-utérin 226
culée 506, 660, 661
culot 359, 609, 683, 736, 887, 1010
culot à baïonnette 358
culot à broches 359
culot à vis 358
culotte 351, 428, 445, 997, 999, 1028
cultivateur 765
culture 242
cumin 260
cumulonimbus 82, 88
cumulus 82, 88
cunéiforme 203, 208
cupule 116
curcuma 260
cure-ongles 472
curiosité 53
curium 814
curleuse 1027
curling 1027
curling, piste 1027
curling, zones de jeu 1027
curry 260
curseur 567, 830
curseur, déplacement 649
curseur vers la droite 633
curseur vers la gauche 632
curseur vers le bas 633
curseur vers le haut 633
cuscute 103
cuspide 206
cuticule 110, 236
cuve 348, 377, 378, 380, 600
cuve à déchets 763
cuve de développement 600
cuve du modérateur 800
cuve du réacteur 797, 801
cuve vitrifiée 349
cuvette 347, 548, 734, 1068
cuvette porte-clapet 350
cuvette ramasse-gouttes 319
cyan 821
cyanobactéries 128
cycle d'un moteur à quatre temps 680
cycle de l'eau 95
cycle des saisons 80
cycle d'un moteur à deux temps 681
cycle d'un moteur diesel 681
cycle d'un moteur rotatif 681
cyclisme 1020
cyclisme sur piste 1021
cyclisme sur route 1020
cycliste 1021
cyclomoteur 697
cyclone 89
cyclone tropical 89
cyclorama 606
cygne 161
Cygne 22
cylindre 350, 648, 680, 763, 839
cylindre de contrepression 533
cylindre de coupe 419
cylindre de roue 679
cylindre de rubis 823
cylindre des gaz 891
cylindre enregistreur 76
cylindre inférieur 534
cylindre récupérateur 892
cylindre réflecteur 823
cylindre rotatif 578
cylindre supérieur 534
cymbale charleston 556
cymbale suspendue 556
cymbales 545, 557
cymbalette 557
cyme bipare 112
cyme unipare 112
cyphose 204
cyprès 121
cytopharynx 133
cytoplasme 102, 133, 226
cytoprocte 133
cytostome 133

D

dague 886
dalle 410
dalle de pierre 384
dalle de verre 579
dalmatien 176
dalot 1015
dame 1062, 1065
Dame 1065
dame de nage 985
dames 1063
dameuse 1036
damier 1065
Danemark 56, 878
danger 738
danois 177, 583
Danube 49
darmstadtium 813
darne 270
date d'expiration 861
datte 254
dauphin 182, 183
Dauphin 22
dauphin, morphologie 182
dauphin, squelette 182
Dauphine américaine 1015
Dauphine canadienne 1015
David 870
dé 568, 1063, 1064
dé à poker 1062
dé doubleur 1063
dé régulier 1062
déambulateur 916
déambulatoire 507

débarbouillette 475
débardeur 437, 440, 450
débarras 644
débit de tabac 848
déblocage instantané 596
débouchure 354
début 633
décagone régulier 839
décanteur de séparation 779
décapeur thermique 408
décapeuse 760
décapsuleur 307, 1055
décharge 843
déchets industriels 97
déchets nucléaires 98
déchiquetage 99
décimale 649
déclencheur 592, 593, 595
déclencheur de paiement 1070
déclencheur par contact 389
déclencheur souple 596
déclinaison 23
décolleté 456
décolleté carré 456
décolleté drapé 456
décolleté en cœur 456
décolleté en V 456
décolleté plongeant 456
décomposeur 94, 95
décor 543
décorateur 543
découpage 125
découpe 430
découpe princesse 444
Deep Impact 31
défauts de la vision 239
défense 952
défenseur à l'aile 955
défenseur au but 955
défenseur droit 1028
défenseur gauche 1028
défibrillateur 911
défilement 633
déflecteur 340, 343, 415, 419, 420, 690, 763
déflecteur d'air chaud 336
déflecteur de chaleur 359
déflecteur de copeaux 393
déflecteur de fumée 336
déflecteur de jet 897
défonceuse 398, 758
déforestation 97
dégagement, loquet 389
dégagement d'air des citernes 729
dégagement du margeur 648
dégagement du piston 403
dégageur de fumée 895
dégaine 1050
déglaçant 421
dégrafeuse 654
degré 836
degré Celsius 827, 835
degré Fahrenheit 827
dégrossissage 531
Deimos 14
déjections animales 98
DEL 359
délégués techniques 1031
delta 70, 73
Delta II 39
deltaplane 1047
deltoïde 196
démarcation, poteau 939
démarrage 628
démarreur manuel 413, 419
démêloir 476
demeure seigneuriale 504
demi centre 945
demi d'ouverture 950
demi de coin droit 952
demi de coin gauche 952
demi de mêlée 950
demi de sûreté 952
demi droit 945
demi gauche 945
demi offensif 953
demi-barbule 82
demi-caisson 1047
demi-centre 960
demi-cercle 838, 956
demi-cercle de but 955
demi-clé renversée 1058
demi-court de service en double 963
demi-court de service en simple 963
demi-finale : 4 joueurs 933
demi-gras 586
demi-lune 481, 505, 1021, 1037, 1044
demi-manche 306
demi-panneau 754
demi-pause 563
demi-soupir 563
demi-vélo 701
demi-volée 966
dendrite 221
dendrite spatiale 90
déneigement 421
denim 424
dénominations des cyclones tropicaux 89
dénoyauteur 309
dent 103, 148, 154, 300, 391, 392, 413, 417, 477, 567, 758, 760, 765, 766, 767, 816, 1013, 1031
dent de défonceuse 758
dent de godet 759
dent de sagesse 206
dentaire 154
denté 111
dentelle 578
dentelle aux fuseaux 578
denticule 500, 501
dentifrice 482
dentine 206
dents 206, 398
denture humaine 206
dénude-fil 405
dénudeur de fil 405
déodorant 474
dépanneuse 693
départ 934, 935, 1002, 1035, 1037, 1064
départ, case 1063
départ, plateforme 1041
départ de dos 975
départ des 400 m (course, haies, relais) 935
départ des télécabines 1036
départ du 10 000 m et du relais 4 x 400 m 935
départ du 100 m (course et haies) 934
départ du 110 m haies 934
départ du 200 m 934
départ du 800 m 935
départ par vent debout 982
déplacement 821
déplacement, aide 917
déplacement des électrons, sens 820
déplacement diagonal 1065
déplacement en équerre 1065
déplacement horizontal 1065
déplacement vertical 1065
déplacement vertical de l'eau 77
déplacements, échecs 1065
déporteur 746
dépression 81
dérailleur 1020
dérailleur arrière 698, 700
dérailleur avant 698, 700
derby 459
dérive 747, 753, 896, 980, 983, 988, 1048
dérive aérienne 727
dérivés du bois 386
dériveur 980, 981
dériveur de tirage 349
derme 236, 237
dernier croissant 17
dernier droit 1006
dernier quartier 17
descenderie 774
descendeur 1050
descente 1039
descente dangereuse 665, 667
descente de gouttière 322
descente du spinnaker 982
désencrage 125
désert 74, 87, 92, 93
désert de Gobi 51
désert de pierres 74
désert de sable 74
désert du Kalahari 50
désert du Namib 50
désert du Sahara 50
désert d'Atacama 48
déshabillé 447
déshumidificateur 341, 342
déshydratation 125
design 452
desserte 362, 705
dessin 524
dessin, support 529
dessin à l'encre 528
dessin au crayon de cire 528
dessin au crayon de couleur 528
dessin au feutre 528
dessin au fusain 528
dessin au pastel gras 528
dessin au pastel sec 528
dessous 540
destination 704
destructeur de documents 655
détecteur à infrarouge 86
détecteur d'horizon terrestre 64
détecteur de fumée 903
détecteur de mouvement 515
détecteur de sécurité 676
détecteur d'impact 676
détecteur d'impact primaire 676
détecteur solaire 64, 86
détecteur terrestre 86
détendeur de secours 989
détendeur premier étage 989
détendeur second étage 989
détente 885, 887, 888, 889, 891, 893, 1010, 1011
détente, poste 783
détonateur 893
détresse, touche 735
détroit 45
détroit de Bass 52
détroit de Béring 46, 47
détroit de Cook 52
détroit de Drake 46, 48
détroit de Gibraltar 49
détroit de Torres 52
détroit du Danemark 46
détrusor 218
deux avec barreur 985
deux sans barreur 985
deuxième but 938
deuxième joueuse 1027
deuxième ligne 950
deuxième molaire 206
deuxième prémolaire 206
deuxième tour : 64 joueurs 933
deuxième-but 938
deux-points 587
devant 430, 431
devant d'autel 871
déverrouillage de l'objectif 592
déversement d'hydrocarbures 98
dévidoir 414, 574
dévidoir de ruban adhésif 654
dévidoir pistolet 654
dévidoir sur roues 414
devise 861
Dévonien 129
dextre 874
diable 313, 755
diagonale 792
dialysat 927
dialyse 927
dialyseur 927
diamant 470, 732
diamant, taille 469
diamètre 838
diapason 564
diaphragme 214, 594
diaphragme d'ouverture 826
diaphyse 199
diapositive 591, 601
diapositive, visionnement 601
diastème 166, 167
didgeridoo 560
dièse 563
diesel-navire 782
différence de potentiel électrique, mesure 835
différentiel 673
diffuseur 477, 542, 597
diffuseur tubulaire 749
diffusion d'information 643
digue morte 794
dilution 125
dimétrodon 130
dinde 271
dindon 162
diode 803
diode électroluminescente 359
Dioné 15
dionée attrape-mouche 103
dioptre 822
dioxyde de carbone 102
directeur, bureau 522
directeur artistique 542
directeur de course 1020
directeur de la photographie 543
directeur de production 644
directeur des tirs 1009
directeur du personnel 644
directeur technique 608
direction d'une réaction 834
direction du vent 81
direction et force du vent 81
direction obligatoire 664, 666
discontinuité de Gutenberg 66
discontinuité de Mohorovicic 66
discus 151
disjoncteur 341, 786
disjoncteur bipolaire 354
disjoncteur de fuite de terre 354
disjoncteur principal 354
disjoncteur unipolaire 354
dispositif anti-bascule 917
dispositif antidébordement 380
dispositif de blocage 409
dispositif de gonflement 733
dispositif de poussée 584
dispositif de remorquage 693
dispositifs de contact 358
disposition des informations d'une station 81
disquaire 848
disque 19, 355, 535, 568, 617, 638, 679, 765, 937, 1000
disque abrasif 396
disque central 135
disque compact 599, 615
disque d'enterrage 767
disque de papier-diagramme 691
disque de réglage 597
disque de tension 567
disque dur externe 638
disque dur interne 638
disque intervertébral 204, 208
disque numérique polyvalent (DVD) 611
disque volant 1070
disques 315
dissolution 95
dissolvant de vernis à ongles 472
distance, mesure 832
distance parcourue 832
distillation 784
distillation sous vide 782
distributeur 345
distributeur d'eau 377
distributeur d'essence 668
distributeur de boissons 668, 919
distributeur de correspondances 715
distributeur de détergent 380
distributeur de glaçons 296, 668
distributeur de lames 479
distributeur de produit de rinçage 380
distributeur de trombones 654
distributeur d'eau 644
distribution de la végétation 92
ditali 282
diviseur 767
division 649, 837
division du noyau 811
division territoriale 53
divisions cartographiques 42
divisions de l'écu 874
dix 836
Dix commandements 872
djembé 561
Djibouti 60, 879
Dniepr 49
do 562, 995
dobok 994
dodécagone régulier 839
dohyo 995
doigt 152, 160, 165, 189, 237, 464, 941, 1050
doigt de jupe 727
doigt externe 158
doigt interne 158
doigt lobé 160
doigt médian 158
doigt palmé 152, 160
doigt postérieur 158
doigt préhensile 185
doigtier 651
doigts 159
doline 67
dolique à œil noir 252
dolique asperge 252
dolique d'Égypte 252
doliques 252
dollar 860
domaine de premier niveau 642
domaine de second niveau 642
domaine skiable 1036
dôme 509
Dominique 54, 876
domino d'accouplement 554
dominos 1062
donjon 504
dorade 267
Dorade 21
dormant 327
dorsale 641
dorsale du Pacifique Est 69
dorsale médio-atlantique 69
dorsale médio-indienne 69
dorsale médio-océanique 67
dorsale Pacifique-Antarctique 69
dorsale Sud-Est-indienne 69
dorsale Sud-Ouest-indienne 69
dorsales océaniques 69
dortoir des pompiers 900
dos 158, 168, 174, 193, 195, 237, 298, 299, 300, 306, 391, 430, 539, 885
dos du livre 538
dos du nez 231
dos d'un gant 464
dossard 935
dosse 386
dosseret 378, 379, 508
dossier 361, 366, 675, 697, 917, 1001, 1026
dossier inclinable 913
dossier suspendu 652
dossière 155, 1007
double 1003, 1062
double barre oblique 642
double bémol 563
double boutonnage 435
double croche 563
double dièse 563
double paire 1062
double rideau 368
double virage 664
double vitrage 805
double zéro 1068
double-blanc 1062
doublement denté 111
double-scull sans barreur 985
double-six 1062
double-toit 1052
doublure 430, 431, 450, 459, 484, 569, 1031
douche 330, 855, 864, 920
douche des détenus 904
douches des officiers 900
douches des pompiers 900
douchette 346, 352
do-uchi 995
douille 358, 887
douille de lampe 358
douille de lampe, éléments 358
douille de plastique 887, 1010
douilles, jeu 400
douve 504
douzaine (1 à 12) 1068
douzaine (13 à 24) 1068
douzaine (25 à 36) 1068
Dragon 23
dragonne 488, 613, 1038, 1042, 1051
dragons 1066
draille 724

drain 333, 345
drainage par gravité au moyen de la vapeur 779
drakkar 720
drap 363
drap de bain 475
drapeau 876, 882, 950, 1040
drapeau, éléments 873
drapeau à damier 1022
drapeau à Schwenkel 873
drapeau amovible 1017
drapeau carré 873
drapeau de centre 946
drapeau de coin 945, 947
drapeau rectangulaire 873
drapeaux, formes 873
drap-housse 363
dressage 1005
dribble 948
drisse 725, 873
drisse du safran 987
droit de la cuisse 196
droit de l'abdomen 196
droit fil 569
dromadaire 173
drumlin 71
drupéole 114
dubnium 813
duffle-coat 436, 442
dune 70, 74
dune complexe 74
dune en croissant 74
dune parabolique 74
dunes 74
dunes longitudinales 74
dunes transversales 74
dunette 724
duo 546
duodénum 159, 217
dure-mère 224
durian 259
durite de radiateur 683
duse 780
duvet 158
DVD réinscriptible 638
dyke 75
dynamo 698, 819
Dysnomie 15
dysprosium 814

E

eau 770, 778, 779, 834, 995
eau de fonte 72
eau de parfum 474
eau de toilette 474
eau dentifrice 482
eau des nuages 98
eau lourde froide 800
eau lourde sous pression 800
eau oxygénée 915
eau recyclée 779
eau sous pression 789
eaux sécuritaires 738
eaux usées 98
ébarbage 537
ébarboir 534
ébauchoirs 576
éboulement 77
ébrancheur 416
ébrasement 507
écaille 105, 150, 154, 155, 160
écaille ventrale 154
écailles de cyprès 120
écailleur 1055
écartelé 874
écartement des électrodes 683
échalote 245
échancrure 547
échancrure de la conque 234
échange de matière et d'énergie 94
échangeur 341, 843
échangeur de chaleur 339, 340, 800
échangeur de chaleur à plaques 340
échangeur en losange 658
échangeur en trèfle 658, 659
échangeur en trompette 658
échangeur thermique 805
échangeurs 658
échantillon 570
échantillonneur 559
échappement 632, 680, 681, 749
écharpe 332, 465
écharpe porte-bébé 491
échauguette 504, 505
échecs 1065
échecs, mouvements 1065
échecs, pièces 1065
échelle 324, 409, 520, 687, 719, 737, 761, 762, 781, 1057, 1064
échelle à crochets 409, 903
échelle Celsius 827
échelle coulissante 409
échelle d'échafaudage 409
échelle d'espacement 648
échelle d'ouverture de diaphragme 598
échelle de bout 709
échelle de corde 409
échelle de hauteur 600
échelle de profondeur 392
échelle de profondeur de champ 598
échelle de tête 902
échelle des altitudes 79
échelle des distances 598
échelle des mouvements 564
échelle des températures 79
échelle droite 409
échelle d'accès 733
échelle d'onglet 391, 392
échelle escamotable 409
échelle Fahrenheit 827
échelle fruitière 409
échelle graduée 830, 831
échelle latérale 709
échelle roulante 409
échelle transformable 409
échelles 409
échelon 409
échenilloir-élagueur 416
échine 500
échiquier 1065
écho 64, 65
échographe 925
échographie 925
éclair 83, 91
éclairage 359, 478, 716, 748
éclairage/clignotant 676
éclairage de sécurité 907
éclairage inactinique 600
éclairagiste 605
éclipse annulaire 16
éclipse de Lune 17
éclipse de Soleil 16
éclipse partielle 16, 17
éclipse totale 16, 17
éclipses de Lune, types 17
éclipses de Soleil, types 16
écliptique 23
éclisse 547, 548, 712
écluse 718, 719, 794
écluse : vue latérale 719
école 868
école de ski 1036
économie 858
écorçage 125
écorce 114, 118
écossais 583
écoulement souterrain 95
écoute 725
écoute de foc 980
écoute de grand-voile 980
écouteur 618, 622, 624
écouteurs 619, 620
écoutille 37, 895
écoutille d'accès 36
écouvillon 889
écran 593, 597, 609, 610, 613, 620, 622, 624, 628, 629, 630, 637, 650, 668, 735, 858, 859, 943, 1001, 1067
écran à cristaux liquides 828
écran à main 406
écran anti-éclaboussures 579
écran de contrôle 592, 607, 608, 826
écran de projection 544, 601
écran de protection 938
écran de soudeur 406
écran de visibilité 713
écran d'épreuve 607, 608
écran en tissu 536
écran protecteur 27
écran rétroéclairé 649
écran sérigraphique 536
écran tactile 622, 624, 639, 1067
écran témoin 607
écrevisse 266
écritoire 485
écriture 584
écriture, instruments 584
écriture, système 585
écrou 326, 351, 399, 400, 712
écrou à cabestan 84
écrou à collet 352
écrou à oreilles 400
écrou borgne 400
écrou de blocage 1059, 1060
écrou de bonde 352
écrou de contrôle 84
écrou de fixation 352
écrou de la lame 392
écrou de montage 885, 1009
écrou de serrage 351
écrou du porte-outil 398
écrou du presse-étoupe 350
écrou hexagonal 400, 683
écrou uni 407
écrous 400
ectoderme 134
ectoptérygoïde 154
Écu 20
écu, divisions 874
écubier 727, 731
écueil 70
écume 77
écumoire 311
écureuil 166
écurie 243, 1006
écusson 136, 326, 941
édam 281
édicule 714
édifice à bureaux 844, 847
édifice public 52
édifice religieux 845
éditeur d'images 599
édition, touche 649
éditorial 590
édredon 363
éducation 866
effacement, touche 593
effacement arrière 633
effacement de la mémoire 649
effacement partiel 649
effacement total 649
effet de serre naturel 96
effigie 861
effluent 73
effort 816
égal ou plus grand que 837
égal ou plus petit que 837
égale 837
égale à peu près 837
églefin 268
église 871
église baroque 510
Église orthodoxe 870
église romane 508
égout 846
égout collecteur 846
Égypte 60, 879
einsteinium 814
éjecteur de fouets 314
El Salvador 54, 876
élan 172, 1014, 1041
élastique 363
élastique antifuite 449
électricien 543
électricité 404
électricité, production 795
électrocardiogramme 925
électrocardiographie d'effort 925
électrode 359, 406, 925, 927
électrode centrale 683
électrode d'allumage 339
électrode de masse 683
électroménager 314, 374
électron 810
électron, sens de déplacement 820
électronique 820
élément 577
élément bimétallique hélicoïdal 827
élément chauffant 348, 379, 380, 406
élément de chauffe 338, 339
éléments chimiques 812
éléments d'un drapeau 873
éléments d'architecture 514
éléments d'une douille de lampe 358
éléphant 173
élevage 242
élevage intensif 96, 97
élévateur 760, 798, 1047
élévateur à grain 767
élévateur pour fauteuils roulants 689
élévation 328
élévation de la tension 770, 775, 789, 795, 807
élève 868
élevon 37
émail 206
embarcations 726
embarcations anciennes 720
embarcations traditionnelles 721
embase 596, 833, 935, 1039
embase de plat de dos 360
embauchoir 463
emblème 873
emblème d'équipe 1028
embouchure 551
embout 367, 390, 409, 490, 601, 936, 989, 1030, 1059
embout auriculaire 912
embout buccal 914
embout de baleine 490
embout de caoutchouc 916
embout de protection 909
embout de vissage 394
embout d'arrosage 414
embout isolant 478
embout Luer Lock 912
embranchement 132
embrasse 368, 916
embrasure 505
embrayage 672
embryon 105
émeraude 470
émerillon 1061
émetteur de poche 604
émetteur-récepteur d'accès réseau 631
émetteur-récepteur radar 907
Émirats arabes unis 58, 880
émission d'acide nitrique 98
émission d'acide sulfurique 98
émission d'oxyde d'azote 98
émission de dioxyde de soufre 98
émission de gaz polluants 97
émission d'ultrasons 65
émissole 266
emmanchure 434
emmarchement 335
emmenthal 281
empannage 982
empattement 792
empennage 747, 894, 963, 1009, 1069
empennage bas 751
empennage en T 751
empennage fixe 894
empennage surélevé 751
empennages 751
empiècement 431, 436, 440
emplacement 322
emplacement de la statue 499
emplacement de tir 1043
emploi du temps 650
emporte-pièces 310
émulsion photosensible 536
en prison 1068
en-but 951
en-but, zone 1070
encadrement 336
enceinte acoustique 618, 619
enceinte ambiophonique 612
enceinte centrale 612
enceinte de confinement 795, 799
enceinte en acier 341
enceinte en béton 800, 801
enceinte humide 801
enceinte principale 612
enceinte sèche 801
enceintes d'extrêmes graves 612
encensoir 871
encéphale 220, 222
enclos 243
enclume 235
encoche 885, 1009
encoignure 365
encolure 168, 434, 456
encolure bateau 456
encolure drapée 456
encolure en V 430, 437
encolure ras-de-cou 456
encre 524, 533, 584
encre à couleur changeante 861
encre lithographique 535
encre sérigraphique 536
endive 247
endocarde 213
endocarpe 115
endoderme 134
endomètre 227
endoscope 926
endoscopie 926
endossure 538
endothélium 209
énergie, mesure 835
énergie calorifique 96
énergie éolienne 806, 807
énergie fossile 771
énergie géothermique 770
énergie libérée 76
énergie nucléaire 795
énergie solaire 102, 802, 804
énergie thermique 775
enfant, soin 491
enfants 929
enfile-aiguille 568
enfouissement 99
enfumoir 534
engageante 427
engins 972
engrenage à pignon et crémaillère 816
engrenage à vis sans fin 816
engrenage conique 816
engrenage cylindrique à denture droite 816
engrenage horaire 28
engrenages 816
engreneur 767
enjoliveur 350, 671
ennéagone régulier 839
enregistrement 610, 611, 616
enregistrement, borne 742
enregistrement des bagages 704
enregistrement des données 65
enregistrement sismographique 775
enregistreur de données 84
enregistreur de DVD vidéo 611
enregistreur numérique 654
enroulement d'induit 819
enroulement inducteur 819
enrouleur 997
enseignant 868
enseigne directionnelle 715
enseigne extérieure 714
ensemble du chevalet 549
ensemble vide 837
ensoleillement, mesure 84
ensouple de chaîne 572
ensouple de tissu 572
entablement 325, 499, 501, 509
entier 111
entoilage 569
entonnoir 138, 308, 315, 318
entonnoir collecteur 85
entraînement de la chaîne 765
entraîneur 944, 957, 973, 974, 990, 1029
entraîneur adjoint 957, 1029
entraîneurs 1031, 1033
entrait 333
entrave 1007
entredent 300
entredoublure 569
entrée 144, 659, 754, 853, 979
entrée audio 614
entrée d'air 753
entrée d'air du moteur 896
entrée d'air du ventilateur 727
entrée d'eau 350
entrée d'électricité 577
entrée de clé 327
entrée de courant 359

entrée de garage 323, 328
entrée de l'eau de refroidissement du condenseur 797
entrée de la pyramide 498
entrée de la vapeur à haute pression 796
entrée de l'air ambiant 343
entrée de service 866
entrée des clients 290
entrée des détenus 864
entrée des gaz d'échappement 680
entrée des véhicules 905
entrée des visiteurs 864
entrée du caloporteur 802
entrée du personnel 290, 864, 869, 904
entrée du public 498
entrée du reflux du condenseur 797
entrée électrique 338
entrée informatique 636
entrée pieds premiers 979
entrée principale 329, 847, 867, 869, 904, 922
entrée tête première 979
entrées dans l'eau 979
entrées des acteurs 498
entrejambe 362, 434
entrejambe pressionné 448
entre-nœud 109
entreposage des produits congelés 289
entreposage souterrain 783
entrepôt 842
entrepôt frigorifique 718
entreprise 643
entreprise de distribution/vente 643
entretoise 409, 572, 754, 807
enveloppe 358, 941, 942, 1047, 1049
enveloppe avec fermeture à glissière 653
enveloppe extérieure 28, 349
enveloppe intérieure 28
enveloppe matelassée 651
environnement 92
environnement naturel 1017
envoi en nombre 589
envol 1041
éolienne à axe horizontal 807
éolienne à axe vertical 807
éoliennes et production d'électricité 807
épagneul 176
épaisseur, mesure 832
épandage d'engrais 97
épandeur 418
épandeur de fumier 765
éparpilleur 765
éparpilleur de paille 767
épaule 168, 174, 192, 194, 207, 272, 273, 274, 968, 1059
épaulé-jeté 999
épaulement 306, 400
épaulière 884, 893, 954, 1030
épeautre 263
épée 998
épée à deux mains 886
épeire 147
épéiste 997
éperlan 94, 267
éperon 142, 556, 720
éperon calcanéen 186, 187
épi 112, 122
épi, blé 122
épi, maïs 122
épi, millet 122
épi, orge 122
épi, seigle 122
épicarpe 114, 115
épicéa 121
épicéa noir 124
épicentre 76
épicerie fine 288
épices 260
épices à marinade 261
épicondyle 201
épiderme 110, 236, 237
épididyme 228
épiglotte 214, 233
épinard 247
épine de l'omoplate 201
épine nasale antérieure 205
épingle 568
épingle à bigoudi 476
épingle à cheveux 476
épingle à cravate 471
épingle de sûreté 567
épingles 471
épiphyse 229
épiphyse distale 199
épiphyse proximale 199
épiscope du tireur 895
épissure courte 1058
épithélium olfactif 232
éplucheur 309
éponge 134, 171, 475, 579
éponge, anatomie 134
éponge à récurer 381
éponge de mer 475
éponge synthétique 473
épreuve 977
épreuves, presse 533
épreuves, ski alpin 1039
éprouvette graduée 85, 815
épuisette 495, 1061
équateur 23, 42, 48, 50, 89
Équateur 55, 876
équateur céleste 23
équerre 387
équilibreur 892
équinoxe d'automne 80
équinoxe de printemps 80
équipe de premiers soins 1003
équipe médicale 992, 994
équipement 905
équipement de protection 406
équipement de sauvetage 733
équipement de survie 33
équipement divers 411
équitation 1004
équivaut à 837
érable 119
erbium 814
ergot 174
erhu 561
Éridan 20
Éris 15
erlenmeyer 815
éruption 16
éruption volcanique 95
Érythrée 60, 879
escabeau 409
escabeaux 409
escalier 324, 329, 330, 335, 513, 541, 544, 644, 663, 714, 781, 806, 854, 857, 990
escalier automoteur 745
escalier d'accès 745
escalier en spirale 781
escalier mécanique 518, 544, 714, 847, 857
escaliers 513
escalope 273
escargot 137, 265
escargot, anatomie 137
escargot, morphologie 137
escarpe 505
escarpin 460
escarpin-sandale 460
escrime 997
escrime, arme 998
escrime, piste 997
escrimeur 997
espace 632
espace d'activités intérieures 865
espace épidural 224
espace insécable 632
espaceur de câbles 885, 1009
espadon 267
espadrille 461
Espagne 56, 877
espagnol 583
espèce 132
esperluette 587
essence 782
essence, conduit 673
essence, réservoir 673
essence lourde 782
essieu 706
essieu avant 761
essieu directeur 755
essieu planétaire 763
essoreuse à salade 308
essuie-glace 670, 677
est 1066
Est 738
est identique à 837
estacade de guidage 719
estèques 576
estomac 134, 135, 136, 137, 138, 145, 149, 152, 154, 155, 169, 216
estomac cardiaque 139
estomac pylorique 139
estompe 524
Estonie 57, 878
estrade 513, 868
estragon 262
estuaire 45, 70
esturgeon 266
étable 243
établi étau 401
établissement d'enseignement 643
établissement scolaire 845
étage 328, 330, 774, 806
étage à propergol stockable 39
étage d'exploitation 794
étage d'accélération à poudre 39
étage principal cryotechnique 39
étagère de rangement 293
étai 720, 724
étai avant 980
étain 78, 812
étamine 112, 115
étampure 171
étançon 765
étang 1016
étapes de maturation 117
étapes de production de l'électricité 789
État 53
état de charge des piles 593
État de la cité du Vatican 882
état présent du temps 81
états de la matière 810
États-Unis d'Amérique 54, 876
étau 401, 534
étau à endosser 538
été 80
étendu 586
éthanol-carburant 784
Éthiopie 60, 879
éthylomètre 905
étincelle 680
étiquette 617, 831
étiquettes autocollantes 652
étire plomb 579
étoile 18, 90, 875
étoile (8) 469
étoile à neutrons 18
étoile de David 872
étoile de freinage 1060
étoile de la séquence principale 18
étoile de mer 135
étoile de mer, anatomie 135
étoile de mer, morphologie 135
étoile filante 79
Étoile Polaire 23
étouffoir 553
étourneau 163
étranglement 827, 992
étrave 720, 724, 728, 980, 986
étrésillon 332
étrier 235, 358, 679, 885, 1003, 1005
étrier de fixation 735
étrier du flotteur 345
étrivière 1005
étroit 586
étui 463, 472, 649, 1055
étui à lentilles 481
étui à lunettes 480, 485
étui à menottes 906
étui à munitions 906
étui à pistolet 906
étui de cuir 1057
étui pour gants de latex 906
Eurasie 44
euro 860
Europe 14, 44, 56, 69, 877
europium 814
Eutelsat 602
euthynterie 499, 500
évacuateur 785, 788
évacuation de l'eau turbinée 789
évaporation 95
évaseur 402
évent 182, 577, 585
évent de pignon 322
évent latéral 343
évier 292, 296, 352
évier à batterie de cuisine 291
évier de prérinçage 291
évier double 344
évier-broyeur 352
évolution de la pression 81
évolution de la vie 128
examen médical 924
examen psychiatrique, salle 918
excavatrice à roue 771
excitatrice 787
exfoliant 474
exocet 151
exosphère 79
expandeur 559
expédition du fret 743
expiration 975
exploitation minière à ciel ouvert 779
explosion 680
exposant 586
expressionnisme 530
Ex-République yougoslave de Macédoine 878
extenseur 1000
extenseur, court 196
extenseur, long 196
extenseur commun des doigts 197
extenseur radial 197
extenseur ulnaire 197
extension 994
extérieur d'une maison 322
extincteur 903, 907
extincteur d'incendie 856
extracteur 1046
extraction minière 779
extrados 514
extra-gras 586
extrait de vanille 286
extra-maigre 586
ex-voto 871
eye-liner liquide 473

F

fa 562
face 185, 298, 505, 961, 1017
face-à-main 481
facette 751
façonnage 396
facteur 589
factorielle 837
facule 16
Fahrenheit, degré 827
faible 998
faille 76, 77
faîne 255
faisan 163, 271
faisceau d'électrons 609, 826
faisceau laser 615, 823
faisceau laser, sortie 832
faisceau radar 64
faisceau vasculaire 110
faîtage 332
faîteau 513
faitout 313, 1055
faits divers 590
falaise 17, 70, 71
falaise côtière 70
falcatus 129
Fallope, trompe 226
famille 132, 928
famille des bois 545
famille des cuivres 545
famille du violon 545, 547
familles de langues 582
fanion 82, 873
fanion-girouette 1043
fanon 168
fard à joues en poudre 473
farine 123
farine de blé complet 278
farine de maïs 278
farine de sarrasin 278
farine d'avoine 278
farine et semoule 278
farine non blanchie 278
farine tout usage 278
fart 1042
fasce 500
fascia 198
fauchée 64
faucheuse-conditionneuse 766
faucille 416
faucon 163
fausse poche 443
fausse-équerre 387, 833
fautes/pénalités 933
fauteuil 331, 360, 541, 544, 868
fauteuil club 360
fauteuil crapaud 360
fauteuil de repos 920
fauteuil du réalisateur 543
fauteuil metteur en scène 360
fauteuil pivotant à bascule 646
fauteuil pliant 1057
fauteuil roulant 705, 917
fauteuil Voltaire 360
fauteuil Wassily 360
fauteuil-lit 360
fauteuils 360
fauteuils des acteurs 542
fauteuil-sac 361
faux 416
faux bourdon 143
faux foc 725
faux quartier 1005
faux registre 555
faux sommier 555
fécondation 104
Fédération de Russie 878
feijoa 259
felouque 722
femelle 834
femme 194, 929
fémur 140, 142, 153, 159, 165, 170, 175, 184, 187, 188, 200
fenêtre 327, 330, 464, 600, 687, 716, 792, 983
fenêtre à barreaux 865
fenêtre à guillotine 518
fenêtre à jalousies 518
fenêtre à l'anglaise 518
fenêtre à la française 518
fenêtre acoustique 604
fenêtre basculante 518
fenêtre coulissante 518
fenêtre d'éjection 891
fenêtre de lecture 616
fenêtre de sous-sol 323
fenêtre en accordéon 518
fenêtre en coin 511
fenêtre en plein cintre 508
fenêtre moustiquaire 1052
fenêtre ovale 235
fenêtre panoramique 705, 847
fenêtre pivotante 518
fenêtre ronde 235
fenêtres 518
fenil 243
fennec 180
fenouil 250
fente 316, 390, 484, 538, 575
fente à monnaie 624, 1070
fente de dépôt 858
fente de mise à jour du livret bancaire 858
fente de relevé d'opération 858
fente de vision 884
fente du lecteur de carte 668, 858, 859
fente d'aération 637
fente d'introduction manuelle 625
fente latérale 430
fente médiane 430
fente pour carte PC 630
fentes branchiales 148
fentes d'aération 630
fenugrec 260
fer 78, 171, 397, 813, 1017, 1018
fer à cheval 171, 471
fer à friser 478
fer à souder 406, 579
fer à vapeur 374
fer droit 1017, 1018
fer nº 3 1018
fer nº 4 1018
fer nº 5 1018
fer nº 6 1018
fer nº 7 1018

fer n° 8 1018
fer n° 9 1018
ferme 243
ferme de toit 333
fermentation 784
fermeture à glissière 436, 442, 472, 488, 567
fermeture du soufflet 560
fermeture velcro 1045
fermium 814
fermoir 484, 486, 531
ferret 450, 459, 490
ferrure 488
ferrure d'attelage 686
fertilisation des sols 97
fesse 193, 195, 226, 228
feston 510
féta 280
fettucine 282
feu 737, 739
feu antibrouillard 674, 690
feu anticollision 746
feu arrière 694, 696
feu blanc 738
feu clignotant 674, 694, 695, 696, 713, 763, 917
feu de circulation 846
feu de croisement 674
feu de freinage 674
feu de gabarit 690, 691
feu de lisse 713
feu de navigation 727, 747
feu de plaque 674
feu de position 674, 707, 753
feu de recul 674
feu de route 674
feu de route, témoin 696
feu de tête de mât 727
feu jaune 846
feu pour piétons 846
feu rouge 846
feu rouge arrière 674, 691
feu vert 846
feuillage 118
feuille 102, 103, 105, 106, 109, 111, 122, 250
feuille, bord 111
feuille, structure 111
feuille chlorophyllienne 103
feuille d'acanthe 360, 501
feuille de papier 533, 585
feuille de vigne 117, 247
feuilles 120
feuilles composées 111
feuilles simples 111
feuillet 537
feuillet adhésif 650
feuillets 484
feuillets intercalaires 652
feutre 524, 553
feutre d'étouffoir 552
feux arrière 674, 911
feux avant 674
feux de signalisation 1009
feux intermittents 688
fève 252
fez 429
fibre 124, 424, 1058
fibre élastique 209
fibre musculaire 198, 221
fibre musculaire, faisceau 198
fibre naturelle 424
fibre nerveuse 233, 236
fibre synthétique 424
fibres 381
fibulaire, court 197
fibulaire, long 196
fibule 426
ficelle 538
fiche 404, 618, 620
fiche, adaptateur 358, 479
fiche américaine 358
fiche européenne 358
fiches 652
fichier 642, 653
fichier rotatif 651
Fidji 62, 881
figue 259
figue de Barbarie 259
figure 1005, 1062
figure de proue 720
fil 386, 578, 820
fil à couper la pâte 576
fil à plomb 387
fil d'arrivée 1006
fil de caret 1058
fil de corps 997
fil de liaison 354
fil de nylon 419
fil de sécurité 861
fil de service neutre 354
fil de terre 354
fil de trame 575
fil dentaire 482
fil d'attache 145
fil neutre 354
filament 359
filament de tungstène 359
filament gastrique 134
file d'attente 859
filet 112, 270, 275, 366, 390, 501, 547, 548, 590, 957, 958, 959, 960, 961, 963, 967, 974
filet à aiguilles 1004
filet à jouets 1004
filet à olives 1004
filet de sécurité 973
filet en caoutchouc 1004
filetage 350
filière 145, 402
filigrane 861
filin 733
fille 928, 929
film-pack 591
filoir d'écoute 981
fils 928, 929
fils de chaîne 575
filtration, système 341
filtre 324, 343, 374, 376, 805, 1056
filtre à air 338, 342, 411, 417, 672, 706, 758
filtre à charpie 378, 379
filtre coloré 734
filtre de couleur 598
filtre de polarisation 598
filtre rouge inactinique 600
filum terminal 224
fin 633
fin d'appel 622, 624
finale : 2 joueurs 933
finaliste 933
finance 858
fines herbes 262
finisseur 762
finition 452, 531
Finlande 46, 56, 878
finnois 583
fission de l'uranium 795
fission nucléaire 811
fissure longitudinale 223
fixatif 527
fixation 367, 935, 988, 1041, 1042
fixation à butée avant 1042
fixation à coque 1037
fixation à plaque 1037
fixation arrière 988
fixation avant 988
fixation de sécurité 1038, 1039
fjords 70
flacon 474
flagelle 137
flageolet 253
flamant 161
flamme 811
flanc 158, 168, 272, 275, 505, 539, 684, 685
flanc dextre 874
flanc senestre 874
flanelle 424
flash électronique 596
flasque 787, 890
flasque inférieur 787
fléau 830
fléau arrière 830
fléau avant 830
flèche 506, 507, 508, 756, 759, 760, 885, 1009, 1013, 1063
Flèche 22
flèche du vent 82
flèche littorale 70
flèche télescopique 756, 902
fléchette 1069
fléchisseur radial 196
fléchisseur ulnaire 197
flétan 268
fleur 103, 104, 109, 112
fleur, structure 112
fleur de lis 875
fleuret 772, 998
fleuret électrique 997
fleurettiste 997
fleuriste 849
fleurs 113, 1066
fleuve 45, 52, 73
flexible 346, 352
flexible d'air 527, 772
flexible d'eau 772
flexible d'injection de boue 776
flexible de distribution 668
flexibles d'alimentation 1049
flip 1031
flipper 1071
flipper, bouton 1071
floraison 117
flotteur 345, 347, 733, 737, 750, 781, 892, 983, 1061
fluor 813
flûte à champagne 297
flûte de Pan 561
flûte traversière 550
fluteroni 531
flûtes 545
foc 980
foie 149, 152, 154, 155, 159, 169, 216, 229, 276
foie gras 277
follicule 116
follicule pileux 236
fonction, touche 639, 649
fonctions système 558
fond 531, 1044
fond d'yeux 300
fond de l'océan 66, 67
fond de protection 1069
fond de robe 444
fond de teint liquide 473
fond de tour 782
fondation 790
fondation de pylône 660
fondation inférieure 658
fondation supérieure 658
fondations 333
fondu enchaîné du signal audio 559
fongicide 97
fontaine à soda 293
fontaine des ablutions 872
fontanelle antérieure 205
fontanelle mastoïdienne 205
fontanelle postérieure 205
fontanelle sphénoïdale 205
fonts baptismaux 871
fonture 571
football 946
football, techniques 948
football, terrain 932, 946
football américain 952
football américain, protection 954
football américain, terrain 952
football canadien 955
football canadien, terrain 955
footballeur 946, 954
forage, tour 783
forage en mer 778
foramen apical 206
foramen cæcum 233
force, ligne 817
force, mesure 835
force du vent 81
forces agissant sur un avion 752
foret 395
forêt 71
forêt boréale 92, 93
foret de maçonnerie 394
foret hélicoïdal 394
forêt tempérée 92, 93
forêt tropicale humide 92, 93
forets 394
format du fichier 642
formation de jazz 546
forme des caractères 586
formes de drapeaux 873
formes de pluie 90
formes pharmaceutiques des médicaments 914
formule 1, circuit 1022
formule chimique 834
fort 998
forte pluie 89
fortification à la Vauban 505
forum 643
fossé 505, 658
fosse à plonger 324
fosse abyssale 67
fosse de Java 69
fosse de Porto Rico 69
fosse de réception 1015
fosse de sable 1016, 1017
fosse de tir 1010
fosse des Aléoutiennes 69
fosse des Kouriles 69
fosse des Mariannes 69
fosse des Philippines 69
fosse des Ryukyu 69
fosse des Tonga-Kermadec 69
fosse du Japon 69
fosse d'orchestre 540
fosse nasale 232
fosse Pérou-Chili 69
fosse septique 98, 345
fosses océaniques 69
fossette 154
fossette de l'anthélix 234
Fou 1065
fouet 310, 314
fouet à fil 314
fouet en spirale 314
fouet quatre pales 314
fouets 314
fougère 107
fougère, structure 107
fougère arborescente 107
fougère nid d'oiseau 107
fougères 107, 129
fouine 180
foulon 766
four 291, 292, 296, 376, 804
four à micro-ondes 296, 316
four électrique 577
four solaire 804
four tubulaire 782
fourche 24, 695, 699, 754, 755, 792, 1020, 1025
fourche à bêcher 412
fourche à fleurs 418
fourche avant 1020
fourche télescopique 697
fourchette 159, 171, 300, 464, 829, 1055
fourchette à découper 309
fourchette à dessert 300, 304, 305
fourchette à fondue 300
fourchette à huîtres 300
fourchette à poisson 300, 304
fourchette à salade 300
fourchette de table 300, 304, 305
fourchettes 300
fourgon postal 588, 589
fourgonnette 669
fourgon-pompe 902
fourmi 146
fourneau 483
Fourneau 20
fournisseur de services Internet 642
fournitures de premiers soins 911
fourragère 766
fourreau 395, 490, 983, 1047
fourreau de la langue 154
fourrures 875
fours à micro-ondes 293
fox-terrier 176
foyer 76, 239, 804
foyer, accessoires 337
foyer Cassegrain 28
foyer coudé 28
foyer des élèves 869
foyer primaire 28
foyers 541
frac 428
fraction 837
fracturation 783
fraise 254, 429
fraise, coupe 114
fraise à chanfrein 398
fraise à congé 398
fraise à feuillure 398
fraise à gorge 398
fraise à neige 421
fraise à quart-de-rond 398
fraise à queue d'aronde 398
fraises 398
framboise 254
framboise, coupe 114
français 583
France 56, 878
Francis, roue 787
francium 812
Francophonie 882
frange 427, 465
frange ovarienne 227
frappe, surface 941
frappe de tête 948
frappeur 939, 940
frégate 898
frein 578, 1020, 1039, 1059
frein, étrier 695
frein, levier 695
frein, pédale 694
frein à disque 672, 679, 695, 1024
frein à main 672
frein à tambour 679
frein arrière 698
frein avant 699
frein d'urgence 716
frein de chaîne 417
frein de talon 1045
frein hydraulique à disque 1020
frein rhéostatique 706
freineur 1034
freins 679
frelon 146
frêne 120
fréquence, mesure 835
fréquence, sélecteur 619
frère 929
frère/sœur 929
frères 929
fresque 502
frette 548, 549
frise 325, 364, 499, 500, 509, 541
frises 540
friteuse 291, 316
fromage 292
fromage à la crème 280
fromages à pâte molle 281
fromages à pâte persillée 281
fromages à pâte pressée 281
fromages de chèvre 280
fromages frais 280
fronçage tuyauté 369
fronce 440
fronde 107
front 158, 192, 771
front chaud en altitude 82
front chaud en surface 82
front de taille 771, 774
front froid en altitude 82
front froid en surface 82
front occlus 82
front stationnaire 82
frontal 154, 175, 196, 200, 205, 884, 1004
frontière 53
fronton 499, 501, 509, 510, 1071
fronto-pariétal 153
fronts 82
frotteur 717
frottoir 406
fruit 114
fruit charnu 114
fruit charnu : agrume 114
fruit charnu à noyau 115
fruit charnu à pépins 115
fruit de la Passion 258
fruit de mer 270
fruit sec 116
fruits 254, 288
fruits à noyau 254
fruits à pépins 255
fruits et desserts 293

INDEX FRANÇAIS

fruits secs 255
fruits tropicaux 258
fumée 83
fumer, défense 857
fumerolle 75
funicule 114, 116
furet 180
furet de dégorgement 402
fusain 524
fuseau 441, 574, 578
fusée 724
fusée à propergol solide 36, 39
fusée de proximité 894
fusée éclairante 907
fuselage 747, 1048
fusible 356, 793, 803
fusible à culot 355
fusible-cartouche 355
fusible-cartouche à lames 355
fusibles 355
fusil 309, 887
fusil à air comprimé 989
fusil automatique 891
fusil calibre 12 1010
fusil mitrailleur 891
fusilli 282
fusion 810
fût 118, 373, 390, 501, 556, 792, 887, 1009, 1010, 1069
futon 363

G

gâble 507
Gabon 61, 879
gâche 327
gâchette 408, 417, 527, 634, 903
gâchette de sécurité 417
gâchette d'accélérateur 411
gadolinium 814
gaffe 733, 903
gai lon 251
gainage du combustible défectueux 798
gaine 111, 445, 820, 989, 1057, 1058
gaine de dérivation 338
gaine de distribution 341
gaine de myéline 221
gaine de rancher 691
gaine de reprise 341
gaine du ressort 367
gaine d'air frais 663
gaine d'air vicié 663
gaine isolante 358
gaine principale 338
gaine-culotte 445
galaxie 19
galaxie elliptique 19
galaxie irrégulière de type I 19
galaxie irrégulière de type II 19
galaxie lenticulaire 19
galaxie spirale barrée 19
galaxie spirale normale 19
galère 720
galerie 507, 806
galerie de circulation 774
galerie de dérivation 785
galerie de liaison 663
galerie de visite 786
galerie en direction 774
galerie marchande 847
galerie sèche 67
galet 367, 535, 616
galets tendeurs 700
galettage 577
galettes de riz 283
galhauban 724
Galileo 30
galion 721
gallium 812
gallois 583
galon 457
galop 169
Gambie 60, 879
gamme 562
ganache 168
ganglion cérébropleural 136
ganglion lymphatique 230
ganglion lymphatique axillaire 230
ganglion lymphatique cervical 230
ganglion lymphatique inguinal 230
ganglion lymphatique intestinal 230
ganglion lymphatique poplité 230
ganglion lymphatique thoracique 230
ganglion spinal 220, 221
ganglion viscéral 136
ganse 1055
gant 33, 942, 944, 997, 1003, 1005, 1020, 1021, 1024, 1025, 1028, 1032, 1034, 1037, 1041, 1042
gant à crispin 406, 464
gant court 464
gant de baseball 941
gant de boxe 990
gant de conduite 464
gant de crin 475
gant de frappeur 940
gant de golf 1019
gant de plongée 989
gant de receveur 940
gant de ski 1038
gant de softball 941
gant de toilette 475
gant en caoutchouc 381
gant en latex 913
gant long 464
gant saxe 464
gantelet 884
gants 464, 1022
gants de boxe 991
gants de femme 464
gants de gardien de but 946
gants de jardinage 418
gants d'homme 464
Ganymède 14
garage 322, 328, 663, 864, 900, 905
garam masala 261
garant 459
garcette de ris 725
garde 537, 994
garde basse (lutte libre) 991
garde de clé 550
garde de culasse 550
garde droit 953
garde gauche 953
garde haute (lutte gréco-romaine) 991
garde volante 539
garde-boue 698, 764
garde-boue arrière 697
garde-boue avant 695
garde-corps 409, 511, 660, 662, 706
garde-fou 330, 331
garde-main 891
garde-manger 296, 329
garde-robe 330
gardien de but 944, 945, 947, 955, 960, 974, 1028, 1029
gardien de guichet 943
gare 52, 703, 842, 844
gare de marchandises 703
gare de triage 708, 842
gare de voyageurs 703, 704
gare maritime 718
gare routière 844
garniture 351, 488
garniture de frein 679
garrot 168, 174, 912
gastrocnémien 196, 197
gaufrier-gril 316
gaz 359, 782, 810
gaz à effet de serre 96
gaz carbonique 95
gaz carbonique de refroidissement 800
gaz de schiste 783
gaz inerte 359
gaz naturel 776, 783
gaz rares 814
Gaza, bande 58
gaze, bande 915
gazéification, usine 783
gazoduc 783
gazole 782
gazon 410, 968
geai 162
géante rouge 18
gecko 157
gel 925
gel pour la douche 475
gélule 914
Gémeaux 23
gemmule 105
gencive 206, 231
générateur d'air chaud 338
générateur d'air chaud électrique 338
générateur de rayons X 924
générateur de vapeur 775, 797, 800, 801, 804, 899
générateur d'air chaud 341
générateur thermoélectrique à radio-isotopes 32
générateurs 819
génératrice principale 706
genou 168, 174, 192, 194
genouillère 884, 940, 954, 999, 1008, 1030, 1032, 1044, 1045
genre 132
géographie 42
géologie 66
géométrie 836
Géorgie 57, 880
Géorgie du Sud 48
géothermie 770
géranium 113
gerbeur 755
gerboise 166
germanium 812
germe 122, 160
germe de blé 278
germes de soja 284
germination 104, 105
gésier 159
geyser 75
Ghana 60, 879
ghee 280
gi 996
gibbeuse croissante 17
gibbeuse décroissante 17
gibbon 185
gibier 271
gicleur 339, 781
gicleur de lave-glace 670
gicleurs 795
gigot 274
gigot à la française 274
gigoteuse 449
gilet 428, 430, 442
gilet de laine 437
gilet de sauvetage 733
gilet de stabilisation 989
gingembre 261
Giotto 30
girafe 173
Girafe 22
girelle 576
giron 335
girouette 84, 85, 807, 980
gisement 779
gisement de pétrole 775
givre 91
glace 92, 95, 671, 674, 734
glace de custode 671
glacier 72, 73
glacier suspendu 72
glacière 1056
glacis 505
glacis précontinental 67
glaive 883
gland 228, 368, 371
glande à venin 138, 145, 154
glande coxale 145
glande de l'albumine 137
glande digestive 103, 136, 137, 138, 139
glande endocrine 229
glande mammaire 227
glande parathyroïde 229
glande pédieuse 137
glande salivaire 137, 141, 143, 233
glande sébacée 236
glande surrénale 218, 219, 229
glande thyroïde 229
glandes digestives 145
glandes salivaires 216
glandes séricigènes 145
glissement de terrain 77
glisseur 1046
glissière 380, 571, 709, 888
glissière d'ajustement 618
glissière d'auvent 687
glissière de fixation 824
glissière du guide 393
glissoir 459
glissoire de recul 892
globe 1053
globe oculaire 152, 238
globe terrestre 868
globule blanc 209
globule rouge 209
glome 171
glotte 154
glouton 180
glucose 102
glycérine 784
gnocchi 282
go 1065
godet 408, 525, 759
godet à couleur 527
godet à poussière 374
godet de beurre 295
godet de lait/crème 295
godet rétro 759, 760
goéland 161
goélette 723
Goji 254
golden retriever 177
golf 1016
golf, équipement 1019
golf, parcours 1016
golfe 45
golfe de Botnie 49
golfe de Californie 47
golfe de Carpentarie 52
golfe de Guinée 50
golfe de Panamá 48
golfe du Bengale 51
golfe du Mexique 47
golfe d'Aden 50, 51
golfe d'Alaska 47
golfe d'Oman 51
golfe Persique 51
Golgi 102, 133
gombo 248
gomme 654
gonade 134, 135, 136, 138
gond 325, 364
gondole 289, 722
gondole, tête 289
gonfalon 873
gonfleur 989, 1054
gonfleur-dégonfleur 1054
gong 545, 557
gorge 67, 73, 158, 401, 1061
gorgerin 884
gorgonzola 281
gorille 184
gorille, morphologie 185
gorille, squelette 184
gouache 525, 528
gouda 281
gouffre 67
gouge 531, 533
gouge creuse 533
goujon 679
goujure 394
goulot de remplissage 673
goupille 903
gour 67
gourde 1056
gourmand 117
gourmette 471, 1004
gourmette d'identité 471
gousse 116
gousset de latte 980, 983
goût 231
goutte 500
gouttelette lipidique 102
gouttes ophtalmiques lubrifiantes 481
gouttière 322, 373, 671
gouvernail 37, 722, 728, 730, 806, 980, 984, 987
gouvernail de direction 896, 899
gouvernail de plongée avant 899
gouverne 894
gouverne de direction 747, 1048
gouverne de profondeur 747, 1048
goyave 259
GPS, récepteur 63
GPS, réseau de localisation 63
GPS, système de localisation 63
gracile 197
gradateur 358
gradin 771
gradins 498, 503
gradins mobiles 868
graduation 387, 827, 833, 912, 1057
graduation de la règle 832
graduation du vernier 832
grain 83, 122
grain d'amidon 102
grain de blé, coupe 122
grain de sable 778
graine 104, 105, 114, 115, 116
graine de soya 284
graines de pavot 261
grains de café torréfiés 264
grains de café verts 264
graisse 586
graisse animale 784
graisses 782
graisseur 772
grand adducteur 197
grand cacatois avant 725
Grand Canyon 47
Grand Chien 21
Grand Désert de Sable 52
Grand Désert Victoria 52
grand dorsal 197
grand duc d'Amérique 163
grand fauchage extérieur 992
grand fauchage intérieur 992
grand fessier 197
grand foc 725
grand hunier fixe avant 725
grand hunier volant avant 725
grand largue 982
grand mât 722
grand mât arrière 724
grand mât avant 724
grand miroir 734
grand os 202
grand pectoral 196
grand perroquet fixe avant 725
grand perroquet volant avant 725
Grand Prix, circuit 1024
grand rabat 483
grand rond 197
grand sésamoïde 170
grand tournant 1006
grand trochanter 201
Grande Baie australienne 52
grande échelle 902
grande galerie 498
grande lame 1055
grande lèvre 226, 227
Grande Ourse 23
grande roussette 266
grande sauterelle verte 147
grande sus-alaire 158
grande ville 53
grandes familles de langues 582
grand-mère 928
grand-père 928
Grands Lacs 47
grands-parents 928
grand-voile 980
grand-voile arrière 725
grand-voile avant 725
grand-voile d'étai arrière 725
grange 243
granulation 16
graphique circulaire 838
graphique linéaire 838
grappe 112
grappe, sarrasin 122
grappe de combustible 799
grappe de raisin 117, 889
grappin 732
gras 586
grasset 168
gratte-ciel 512
gratte-ongles 472
grattoir 408
grattoir à neige 421
graveur de DVD 638
gravier 333, 345
gravure en creux 534
gravure en relief 533
gravure sur bois de fil 533
gravure sur bois debout 533
grébiche 484
grec 583

Grèce 57, 878
grecquage 537
grecque 537
gréement 724
gréements 723
greffier 1010
greffier, table 862
greffoir 416
grêlon 90
grelots 557
grenade 258
Grenade 54, 877
grenade à main 893
grenadin 276
grenat 470
grenouille 152
grenouille, métamorphose 153
grenouille, morphologie 152
grenouille, squelette 153
grenouille des bois 153
grenouille léopard 153
grenouille mâle, anatomie 152
grenouille rousse 153
grenouillère 448
grésil 83, 90
grève 884
griffe 139, 140, 142, 155, 164, 165, 174, 178, 186, 189, 470
griffe à fleurs 418
griffe abaissée, chat 178
griffe d'entraînement 567
griffe porte-accessoires 592
griffe rétractée, chat 178
gril 606
gril barbecue 317
gril électrique 317
gril pliant 1057
grillage 340, 343
grillage de protection 404
grille 312, 342, 376, 479, 499, 560, 579, 609, 683, 786, 865, 940
grille à reine 144
grille antidiffusante 924
grille d'aération 380, 716
grille d'extrémité 799
grille d'habillage 339
grille de chauffage 716
grille de départ 1022, 1025
grille de sécurité 858
grille de sortie d'air 477
grille de vaporisation 342
grille de ventilateur 341
grille de ventilation 375
grille des programmes de télévision 590
grille d'éclairage 543
grille d'entrée d'air 477
grille métallique conductrice 802
grille stabilisatrice 1053
grille-pain 316
grimpeur 1050
Groenland 46, 47, 54
grondin 267
gros intestin 152, 217
gros sel 287
groseille à grappes 254
groseille à maquereau 254
grosse caisse 545, 556
grosse quille 1015
grotte 67, 70
groupe bulbe 794
groupe caméra 542
groupe de climatisation 744
groupe de démarrage pneumatique 744
groupe électrogène 744
groupe électropompe 679
groupe frigorifique 691
groupe turbo-alternateur 775, 786, 787
groupes instrumentaux 546
grue 777
Grue 20
grue à flèche 718
grue à tour 756
grue de bord 897
grue de caméra 606
grue sur ponton 718
grue sur porteur 756
grues 756
grume 125
gruppetto 563
gruyère 281
Guadeloupe 54
Guam 62
guarani 583
Guatemala 54, 876
guenilles 124
guépard 181
guêpe 146
guêpière 445
guerre, arsenal 889
guerrier gaulois 883
guêtre 429
gueules 875
gui 103, 724
guichet 859, 943
guichet automatique bancaire 849, 858, 859
guichet commercial 859
guichet de nuit 859
guichet de vente des billets 714
guide 316, 391, 392, 537, 638
guide à onglet 393
guide parallèle 392, 393
guide-bande 616, 654
guide-chaîne 417, 700
guide-fil 566, 567
guide-ligne 1060
guide-papier 637
guides de classement 652
guidon 419, 695, 699, 873, 887, 888, 891, 893, 917, 1001, 1011, 1021, 1026, 1043
guidon surélevé 1020
guillemet 587
guimbarde 561
guindant 873, 983
guindeau 728
Guinée 60, 879
Guinée équatoriale 60, 879
Guinée-Bissau 60, 879
guitare acoustique 548
guitare basse 549
guitare électrique 549
guivre 806
Gutenberg, discontinuité 66
Guyana 55, 876
Guyane française 55
guyot 67
gymnase 730, 865, 868, 900, 932
gymnastique 969
gymnastique rythmique 972
gymnote 151
gyoji 995
gyrophare 763, 902
gyroscope 894

H

habillage 533
habilleur 542
habit de neige 449
habitacle 36, 987, 1023
habitation 243, 520
hache 416, 903
hache en pierre polie 883
hachette 1057
hachoir 307
hachure 575
hackle 1059
hafnium 813
haie 323, 410, 934
haie barrée 1002
haie de steeple 934
haie rivière 1002, 1003
Haïti 54, 876
hakama 995, 996
halebas 980
halefis de culasse (16) 469
halefis de table (16) 469
hall 847, 853, 854
hall d'entrée 329, 522, 644
hall public 742
halo 19
halte-garderie 849
haltère court 1000
haltère long 999, 1000
haltérophile 999
haltérophilie 999
haltérophilie, aire de compétition 999
hameçon 1059, 1061
hameçon monté 1061
hameçon triple 1061
hampe 82, 873, 937, 1061
hamster 166
hanche 140, 142, 193, 195
hanche ailée 992
handball 960
handball, terrain 960
handicap de l'équipe 1008
handicap du joueur 1008
hangar 243, 741, 897
hangar de transit 718
hangar pour hélicoptères 898
hanneton 146
haoussa 582
haptère 107
hareng 267
haricot adzuki 253
haricot de Lima 253
haricot d'Espagne 253
haricot jaune 253
haricot mungo 253
haricot mungo à grain noir 253
haricot noir 253
haricot pinto 253
haricot romain 253
haricot rouge 253
haricot vert 253
haricots 253
harissa 287
harmonica 560
harnais 411, 491, 572, 686, 989, 1019, 1043, 1046, 1047
harnais de sécurité 366
harnais stabilisateur 607
harpe 545, 548
hassium 813
hastée 111
hauban 698, 724, 750, 807, 980, 1047, 1052, 1053
haubans 660
haubans en éventail 660
haubans en harpe 660
Haumea 15
hausse 144, 547, 887, 891, 893, 1011, 1043
hautbois 545, 550
haut-de-chausse 428
haut-de-forme 457
hauteur de chute 789
hauteur de la vague 77
hauteur de marche 335
hauteur du gradin 771
hauteur du plongeon 979
hauteur et inclinaison de la lame 393
haut-parleur 544, 559, 610, 613, 620, 621, 622, 624, 625, 630, 735, 748, 902, 1071
haut-parleur d'aigus 618
haut-parleur de contrôle 604, 605, 607, 608
haut-parleur de graves 20, 618
haut-parleur de médiums 20, 618
haut-parleur d'aigus 20
Havers, canal 199
hawaïen 583
hébergement 857, 1036
hébreu 582
hélice 728, 730, 731, 839, 899
hélice arrière 728
hélice bipale 750
hélice de propulsion 727
hélice de ventilation 819
hélice d'étrave 728
hélice tripale 750
hélices 898
hélicoptère 753, 898
hélicoptère bombardier d'eau 753
hélicoptère de transport tactique 753
hélicoptère-ambulance 753
hélicoptères 753
héliographe 84
hélisurface 777, 898
hélium 814
hélix 234
hémisphère 839
hémisphère austral 43
hémisphère boréal 43
hémisphère droit 223
hémisphère gauche 223
hémisphère occidental 43
hémisphère oriental 43
hémisphères 43
hendécagone régulier 839
hennin 429
Henri VIII 870
heptagone régulier 839
héraldique 873
herbe longue 1016, 1017
herbicide 97
herbivore 94
Hercule 23
hérisson 164
hermine 875
herminette 531
héron 161
herse 540
hertz 835
hétérotrophes 94
hêtre 119
hévéa 124
hexagone régulier 839
hidjab 429
hijiki 244
hile 105
hile du rein 218
hiloire 987
Himalaya 51
hindi 583
hindouisme 870
hippocampe 151
hippodrome 1006
hippopotame 173
hirondelle 162
histogramme 838
hiver 80
Hi'iaka 15
hockey sur gazon 944
hockey sur gazon, terrain 932, 945
hockey sur glace 1028
hockey sur glace, équipement 1030
hockeyeur 945, 1028
holmium 814
holothurie 135
homard 139, 266
homard, anatomie 139
homard, morphologie 139
homme 192
homo sapiens 131
Honduras 54, 876
Hongrie 56, 878
hongrois 583
honneurs 1066
hôpital 845, 856, 918
horaire des films 544
horizon de secours 748
horloge 1008
Horloge 20
horloge de parquet 829
horloge de production 604, 607
horloge programmatrice 316, 376
hors-bord 729
hors-d'œuvre 292
hôtel 844, 854, 1036
hôtel de ville 844
hotte 291, 292, 296, 336, 376
houe 413
houe rotative 765
hoummos 286
houppelande 428
houppette 473
houppier 118
housse à vêtements 488
housse d'oreiller 363
housse pour automobile 686
Hubble, classification des galaxie, 19
hublot 316, 317, 376, 730, 746
hublot d'atterrissage 753
hublot de chargement 798
hublot de déchargement du combustible irradié 798
hublot d'observation 37
huile, témoin 696
huile à friture 784
huile de lin 527
huile de maïs 284
huile de sésame 284
huile de soja 284
huile de tournesol 284
huile d'arachide 284
huile d'olive 284
huile végétale 123, 784
huiles 284
huiles lubrifiantes 782
huit avec barreur 985
huitième de finale : 16 joueurs 933
huitième de soupir 563
huître creuse du Pacifique 265
huître plate 265
huîtrier pie 161
humérus 153, 159, 164, 165, 170, 175, 182, 184, 187, 188, 200, 207
humeur aqueuse 238
humidificateur 341
humidificateur portatif 342
humidité 342
humidité, mesure 85
hune 724
hutte 520
Huygens 31
hybride 1017
hydratant 474
hydravion à flotteurs 750
Hydre femelle 21, 23
Hydre mâle 20
hydroélectricité 785
hydrogène 812
hydrolyse 784
hydromètre 685
hydroptère 731
hydrosphère 94
hyène 180
hygiène dentaire 482
hygromètre 342, 495
hygromètre enregistreur 85
hygrostat 342
hypergone 598
hyperliens 642
hypermétropie 239
hyphe 108
hypoderme 236, 237
hypophyse 222, 229
hypothalamus 222, 229
hyracothérium 131
hysope 262

I

ichtyosaure 130
ichtyostéga 129
icône d'application 622
identification du compte 859
igloo 520
igname 245
iguane 157
île 45
île barrière 70
île de sable 70
île de Terre-Neuve 47
île volcanique 67
iléon 217
îles Aléoutiennes 47
îles Cook 882
îles de Wallis et Futuna 62
îles Falkland 48
îles Fidji 52
îles Mariannes du Nord 62
Îles Marshall 62, 881
Îles Salomon 62, 881
ilion 153, 159, 165
îlot 296, 659, 897
îlot rocheux 70
image 1066
image, commande 614
image imprimée 532
image virtuelle 823
imagerie par résonance magnétique 924
immeuble résidentiel 845
immobilisation 992
impacteur 31
impair 1068
imparipennée 111
impériale 689
imperméable 435
impluvium 502
imposte 514
impressiom, modèle à plat 532
impression 532, 647
impression, modèle en creux 532
impression, modèle en relief 532

impression à plat 532
impression de l'écran 633
impression d'images 599
impression d'un album 599
impression en creux 532
impression en relief 532
impressionnisme 530
imprimante 599, 641, 649
imprimante à jet d'encre 637
imprimante laser 637
imprimante matricielle 636
impulsion 64
incendie de forêt 95, 97
incinération 99
incisive 164, 166, 167
incisive centrale 206
incisive latérale 206
incisives 206
inclinaison 23
inclinaison de la semelle 392
inclusion 837
Inde 58, 881
index 237, 734, 831
index de composition automatique 623
indicateur de charge 479
indicateur de ligne 688, 689, 717
indicateur de niveau 616
indicateur de niveau de carburant 677
indicateur de niveau d'eau 317
indicateur de position 519
indicateur de réglage 1039
indicateur de température 677
indicateur de tension 567
indicateur de virage et d'inclinaison latérale 1048
indicateur de vitesse 677, 696
indication du trajet 63
indice 586
indice d'exposition 597
Indien 20
indium 812
Indonésie 51, 59, 881
indonésien 583
inducteur à électroaimant 819
induit 819
industrie 643
industrie alimentaire 242
industrie céréalière 122
industrie du caoutchouc 124
industrie papetière 124
industrie textile 123
inertie 816
infiltration 95, 97
infini 837
infirmerie 864
infirmière 920
inflorescence, modes 112
influx nerveux 221
informations-navigation 748
informations-pilotage 748
informations-systèmes de bord 748
informatique, équipement 628
informatique, outils 639
infra-épineux 197
infrastructure 658
inhalateur-doseur 914
initiales de la banque émettrice 861
injecteur 681, 682
injecteur de lubrifiant 773
injection/explosion 681
insecte 103
insectes 140, 146
insertion 198, 633
insigne 906
insigne de grade 906
insigne d'identité 906
inspiration 975
installation 523
installation à air chaud pulsé 338
installation à eau chaude 339
installations de surface 779
installations sportives 932
instructeur, rectangle 938
instruments à clavier 552, 553
instruments à cordes 547
instruments à percussion 545, 556
instruments à vent 550
instruments de bord 677
instruments de mesure météorologique 84
instruments de vol 1049
instruments scientifiques 37
instruments traditionnels 560
intégrale 837
Intelsat 603
intensité lumineuse, mesure 835
interdiction de dépasser 664, 666
interdiction de faire demi-tour 664, 666
interlignage 586
interligne 562
interligne 1,5 586
interligne double 586
interligne simple 586
internaute 642
Internet 641, 642
interphone 604, 607
interrupteur 315, 318, 319, 358, 372, 374, 375, 377, 393, 395, 396, 398, 406, 408, 478, 479, 482, 558, 593, 597, 609, 610, 611, 615, 619, 620, 621, 622, 624, 625, 629, 634, 636, 818, 832
interrupteur à gâchette 389, 392, 393, 394, 396, 397
interrupteur d'accord 616
interrupteur d'éclairage 478
interrupteur de démarrage 379
interrupteur de fin de course 519
interrupteur de la porte 379
interrupteur de mise au point automatique 601
interrupteur d'émission 621
interrupteur moteur/éclairage 566
interrupteur principal 356
interruption 633
intersection 837
intersection avec priorité 664, 667
intertitre 590
intervalle 739
intervalles 562
interview 590
intestin 135, 136, 137, 139, 141, 145, 149, 154
intestin, gros 216
intestin grêle 152, 155, 159, 169, 216, 217
intestin moyen 143
intrados 514
inuktitut 583
inverseur de marche 390, 394
inverseur de signe 649
inverseur route-croisement 696
Io 14
iode 813
ionisation, chambre 926
Iran 58, 880
Iraq 58, 880
iridium 813
iris 238
irlandais 583
Irlande 56, 878
IRM 924
isba 520
ischion 153, 159, 165, 201
islam : Mahomet 870
islandais 583
Islande 46, 49, 56, 878
isobare 81
isolant 333, 334, 339, 348, 349, 380, 385, 802
isolant en caoutchouc-mousse 385
isolant en coquille 385
isolant en panneau 385
isolant en plastique 354
isolant en rouleau 385
isolant en ruban 385
isolant en ruban métallique 385
isolant en vinyle 385
isolant moussé 385
isolateur 683, 793
isolation, matériel 385
isoloir 859
Israël 58, 880
isthme 45
isthme du gosier 231
isthme du Panamá 47
Italie 56, 878
italien 583
italique 586

J

jabot 137, 138, 141, 143, 159, 455
jaboticaba 259
jachère 243
jack de sortie 549
jacquet 1063
jaguar 181
jalons de sécurité 1025
Jamahiriya arabe libyenne 879
Jamaïque 54, 876
jambage 336
jambe 168, 185, 193, 195, 207, 433
jambe élastique 434
jambette 333
jambière 940, 942, 944, 1030, 1051
jambière de gardien de but 1029
jambon cuit 277
jambon fumé 275
jan extérieur 1063
jan intérieur 1063
jante 684, 695, 699, 764, 937
Japet 15
Japon 51, 59, 881
japonais 583
jaque 258
jaquette 428, 1003
jardin 328, 410, 502
jardin d'agrément 410
jardin potager 243, 322
jardin public 847
jardinage 411
jardinière 410
jarlsberg 281
jarret 168, 174, 272, 273, 274, 275
jarret arrière 274
jarret avant 274
jarretelle 445
jas 732
jauge à aiguilles 570
jauge magnétique à lecture directe 781
jaune 160, 528, 821
jaune orangé 528
jaune vert 528
javelot 883, 937
jazz, formation 546
jean 433, 441
Jean Calvin 870
jeannette amovible 536
jéjunum 217
Jésus-Christ 870
jet d'air 527
jet d'eau 325, 327
jet de couleur 527
jet de vapeur, bouton 374
jetée 778
jets d'eau 978
jeu 968
jeu, bouton 1071
jeu de brides 909
jeu de dames 1065
jeu de dilatation 712
jeu de douilles 400
jeu de fléchettes 1069
jeu de l'oie 1064
jeu de petits outils 418
jeu de quilles 1015
jeu vidéo 1067
jeux de plateau 1063
jeux en ligne 643
jicama 245
jo 996
jockey 1006
jodhpurs 1003
joint 380, 584
joint à coulisse 399
joint d'étanchéité 352, 781
joint de bougie 683
joint de carter 682
joint de rail 712
joint magnétique 377
joint périmétral 791
joint torique 350
joker 1062
jonc 470
jonque 722
jonquille 113
Jordanie 58, 880
joue 174, 194, 388, 1059
jouets 851, 1004
joueur 1069
joueur de basketball 956
joueurs 968
joueuse de tennis 968
joug de portage 986
joule 835
journal 590
juchoir 494
judaïsme : l'Ancien Testament 870
judo 992
judogi 992
juge 972, 990, 991, 992, 997, 1005, 1009, 1043
juge, tribune 1006
juge à l'arrivée 985
juge arbitre 976, 978
juge arbitre de pas de tir 1010
juge arbitre principal 1010
juge au départ 984, 1033
juge de but 974, 1008, 1028
juge de champ arrière 953
juge de classement 976
juge de coin 993, 994
juge de départ 976
juge de faute de pied 967
juge de filet 967
juge de ligne 958, 959, 962, 964, 966, 970, 1029
juge de ligne en chef 953
juge de ligne médiane 966
juge de mêlée 953
juge de nage 976
juge de piste 1033
juge de service 962, 966
juge de touche 947, 951, 953
juge de voie 1050
juge d'arrivée 1033
juges 970, 971, 978, 1031
juges assistants 1033
juges au départ 1032
juges d'exécution 972
juges de coin 996
juges de difficultés 972
juges de valeur artistique 972
juges de virages 977
juges d'arrivée 1033
jugulaire 901, 954
ju-jitsu 996
jujube 259
jumelles à prismes 824
jupe 439, 443, 987
jupe à empiècement 439
jupe à lés 439
jupe à volants étagés 439
jupe de masque 909
jupe de piston 682
jupe droite 439
jupe fourreau 439
jupe froncée 439
jupe portefeuille 439
jupe souple 727
jupe-culotte 439
jupe-short 439
jupette 968
Jupiter 14
jupon 427, 444
Jurassique 131
jury 972, 999, 1003
jury, plateforme 1021
jus de soja 284
justaucorps 428
justice 862
jute 424

K

kaki 259
kangourou 188, 189
kangourou, morphologie 189
kangourou, squelette 188
Kaplan, roue 787
karaté 993
karatégi 993
karatéka 993
kayak 987
kayak de mer 987
kayak d'eaux vives 987
kayak monoplace (K1) 987
kayak récréatif 987
Kazakhstan 58, 880
kelvin 835
kendo 995
kendo, techniques 995
kendoka 995
Kenya 61, 879
kérosène 782
ketch 723
ketchup 287
kettle 71
kilogramme 835
kilt 439
kimono 429
kinyarwanda 582
kiosque 668, 715, 899
kippa 429
Kirghizistan 58, 880
Kiribati 62, 881
kirundi 582
kiwi 258
knicker 441
knickers 433
koala 189
kombu 244
kora 561
Kosovo 57
kote 995
kote-uchi 995
Koweït 58, 880
krypton 814
Kuiper, ceinture 14
kumquat 256
kung-fu 996

L

la 562
la universel 564
laboratoire 26, 28
laboratoire américain 34
laboratoire de conservation 523
laboratoire de pathologie 922
laboratoire européen 34
laboratoire japonais 35
laboratoire spatial 37
laboratoire supérieur 26
labrador 177
labre nettoyeur 151
labyrinthe 1035
lac 17, 45, 71, 73
lac artificiel 73
lac Baïkal 51
lac d'origine glaciaire 73
lac d'origine tectonique 73
lac d'origine volcanique 73
lac en croissant 73
lac Eyre Nord 52
lac Ladoga 49
lac Malawi 50
lac salé 74
lac Tanganyika 50
lac Tchad 50
lac Titicaca 48
lac Victoria 50
laçage à boucle 1045
laccolite 75
lacet 450, 459, 752, 941, 991, 1031
lacet de serrage 486
lacis 1043
lactaire délicieux 244
lacune latérale 171
lacune médiane 171
lagon 70
lagune 70
laine 424
laisse 493
lait 280
lait concentré 280
lait de chèvre 280
lait de vache 280
lait en poudre 280
lait homogénéisé 280
laiterie 243
laiton 78
laitue asperge 246
laitue de mer 244
laitue frisée 246
laitue iceberg 246
laitue pommée 246
laize 980
lama 172
lambourde 332

lame 298, 306, 315, 334, 358, 370, 371, 390, 391, 392, 393, 403, 408, 417, 419, 477, 479, 557, 561, 568, 572, 654, 677, 758, 761, 998, 1028, 1030, 1031, 1050
lame à deux biseaux 531
lame à double tranchant 479
lame basale 209
lame coudée 531
lame criblée de l'ethmoïde 232
lame d'étouffoir 553
lame de coupe 318
lame de danse sur glace 1031
lame de scie circulaire 392
lame de style libre 1031
lame de suspension 829
lame dentée 477
lame droite 477, 531
lame en cuiller 531
lame fixe 537
lame isolée 404
lame mobile 537
lame porte-objet 825
lame racleuse 760
lamelle 108, 334
lamelles concentriques 199
lame-ressort 912
lames, principales formes 531
lampadaire 372
lampe 404, 613, 803, 825
lampe à DEL 359
lampe à halogène 359
lampe à incandescence 359, 736
lampe à souder 402, 407
lampe au néon 404
lampe chauffante 495
lampe d'architecte 372
lampe de bureau 372
lampe de bureau halogène 372
lampe de chevet 855, 920
lampe de lecture 907
lampe de sanctuaire 871
lampe de table 372
lampe d'architecte 526
lampe fluocompacte 359
lampe frontale 33, 1051, 1057
lampe liseuse 372
lampe portative 901
lampes témoins 677
lampe-témoin 997
lampe-tempête 1056
lampe-torche 906
lance 407, 883, 903
lance à eau 902
lance d'arrosage 415
lance-bille 1071
lance-canon 902
lance-leurres 898
lance-missiles 897
lancéolée 111
lance-pots fumigènes 895
lancer 939, 943, 1014
lancer du disque 935
lancer du javelot 935
lancer du marteau 935
lancer du poids 934
lancers 937
lanceur 938, 939, 943
lanceur, enclos 938
lanceur, plaque 939
lanceur spatial 39
lanceurs spatiaux 39
lange 534
langouste 266
langoustine 266
langue 143, 149, 152, 216, 231, 232, 233, 276
langue bifide 154
langue d'affichage, choix 624
langue glaciaire 72
langues aborigènes d'Australie 583
langues afro-asiatiques 582
langues amérindiennes 583
langues bantoues 582
langues celtiques 583
langues du monde 582
langues d'Afrique centrale 582
langues d'Océanie 583
langues germaniques 583
langues indo-européennes 583
langues indo-iraniennes 583
langues isolées 583
langues malayo-polynésiennes 583
langues ouralo-altaïques 583
langues papoues 583
langues romanes 583
langues sino-tibétaines 582
langues slaves 583
languette 450, 459, 554, 1031, 1039
lanière 515, 553, 988, 989, 999
lanterne 410, 889, 1053
lanterne de phare 736
lanterne de pied 373
lanterne murale 373
lanterneau 323, 331
lanthane 814
lanthanides (terres rares) 814
Laos 59
lapiaz 67
lapin 167, 271
lapis-lazuli 470
lard 284
large 586
largue 982
larve 144
larynx 214
lasagne 282
laser à rubis pulsé 823
latex 124
latitude 24, 25, 42
latrines 502
latte 371, 565, 722, 806, 980, 983, 1047
lattis métallique à losanges 385
laurier 262
lavabo 344, 346, 855, 921
lavabo du chirurgien 922
lavage 425
lave-auto 668
lave-linge 344, 353
lave-linge à chargement frontal 378
lave-linge à chargement vertical 378
laver à la machine à l'eau chaude avec agitation normale 425
laver à la machine à l'eau chaude avec agitation réduite 425
laver à la machine à l'eau tiède avec agitation réduite 425
laver à la machine à l'eau très chaude avec agitation normale 425
laver à la main à l'eau tiède 425
lave-vaisselle 291, 293, 296, 353, 380
lawrencium 814
laye 555
lèchefrite 312
lecteur de carte 624
lecteur de carte mémoire 599, 628, 629, 637, 638
lecteur de CD/DVD-ROM 558, 628, 629, 630
lecteur de code-barres 634
lecteur de disque compact 599, 615, 619, 620
lecteur de disque compact, contrôle 620
lecteur de DVD 1067
lecteur de DVD portatif 610
lecteur de livres numériques 639
lecteur de microfilm 866
lecteur optique 289
lecteur optique de caractères 588
lecture 611, 615, 616, 625
lecture, touche 559
lecture aléatoire 615
lecture automatique/manuelle 404
lecture du disque compact 615
légende 590
légionnaire romain 883
légume fleur 251
légumes 288
légumes bulbes 245
légumes feuilles 246
légumes fruits 248
légumes racines 251
légumes tiges 250
légumes tubercules 245
légumier 303
légumineuse 252
légumineuses 252
lémurien 185
lentille 252, 483, 598, 655, 829
lentille biconcave 822
lentille biconvexe 822
lentille concave 822
lentille convexe 822
lentille de champ 824
lentille de macrophotographie 598
lentille de réception 832
lentille jetable 481
lentille objectif 24, 824
lentille plan-concave 822
lentille plan-convexe 822
lentille rigide 481
lentille souple 481
lentilles 822
lentilles convergentes 822
lentilles de contact 481
lentilles de mise au point 826
lentilles de redressement 824
lentilles divergentes 822
léopard 181
lépiote brune 108
Lesotho 61, 880
lessivage du sol 98
lest 756
Lettonie 57, 878
lettre 588
lettre de repère 1005
lettres 586
leucoplaste 102
lève-fil 374
lève-soupape 402
levier 350, 352, 399, 472, 478, 533, 535, 816, 887
levier à ressort 1070
levier coudé 759
levier d'armement 893
levier d'écartement 767
levier d'échappement 553
levier d'embrayage 413, 696
levier de blocage 401
levier de clé 550
levier de commande 395, 773
levier de commande manuelle 712
levier de conduite 755
levier de déclenchement 347
levier de dégagement 399
levier de dégagement du papier 648
levier de dégagement du presse-papier 648
levier de fixation de venturi 893
levier de frein à main 676, 709
levier de frein avant 696
levier de la lame 537
levier de manœuvre de la culasse 892
levier de manœuvre du mât 754, 755
levier de perçage 318
levier de réglage 564
levier de réglage latéral 397
levier de relevage du plateau de coupe 420
levier de serrage 401
levier de tissage 571
levier de verrouillage 709
levier de vibrato 549
levier de vitesse 676
levier de vitesses 421, 672
levier des aérofreins 748
levier des volets 748
levier du bloc 397
levier du piston 403
levier du protège-lame inférieur 392
levier du train d'atterrissage 748
levier plat 388
levier télescopique de dételage 709
lèvre 168, 178, 394
lèvre inférieure 231, 554
lèvre supérieure 143, 231, 554
lévrier 177
lézard 157
Lézard 22
liaison 563
liaison chimique 810
liaison frigorifique 341
Liban 58, 880
libellule 147
liber 118
Liberia 60, 879
libero 947, 958
liberté de langue 1004
librairie 848
Libye 60
lice 504
lichen 106
lichen, structure 106
lichen crustacé 106
lichen foliacé 106
lichen fruticuleux 106
lichens 106
Licorne 21
Liechtenstein 56, 878
liège 1042
liens de parenté 928
lierne 506
lieu noir 268
lieuse 766
lièvre 167, 271
Lièvre 21
ligament 136, 207
ligament alvéolo-dentaire 206
ligament élastique 178
ligament suspenseur 238
ligne 562, 959, 1071
ligne, grande 703
ligne arrière 955, 1027
ligne blanche 171
ligne bleue 1029
ligne câblée 643
ligne centrale 949, 961, 1029
ligne continue 658
ligne d'arrivée 935
ligne d'attaque 958
ligne d'ourlet 569
ligne de balayage 1027
ligne de ballon mort 950
ligne de bâti 569
ligne de boîte de service 964
ligne de but 944, 950, 952, 955, 960, 974, 1028
ligne de cadre 1012
ligne de centre 945, 952, 955, 1027
ligne de côté 949, 958
ligne de couloir 935
ligne de coupe 569
ligne de croissance 136, 137
ligne de démarcation 938
ligne de demi-court 965
ligne de départ 935, 982, 1022
ligne de départ du 500 m 1032
ligne de distribution à basse tension 356, 793
ligne de distribution à moyenne tension 356, 793
ligne de double 963, 966
ligne de fond 948, 952, 957, 958, 961, 962, 967, 977
ligne de force 817
ligne de jet franc 960
ligne de jeu 965, 1015, 1027, 1069
ligne de jury 1041
ligne de lancer franc 957
ligne de limite arrière 997
ligne de l'arbitre 993
ligne de mêlée 953
ligne de mise en garde 997
ligne de modification 569
ligne de périmètre 1070
ligne de piqûre de la fermeture 569
ligne de poursuite 1021
ligne de réception de service 964
ligne de restriction 948
ligne de retrait 943
ligne de sécurité 715
ligne de service 964, 965, 967
ligne de service court 963, 964, 965
ligne de service long 962
ligne de simple 963, 967
ligne de surface de but 960
ligne de surface de réparation 946
ligne de suture 136
ligne de tir 1009
ligne de touche 944, 947, 951, 952, 955, 956, 960, 1008
ligne de visée 1057
ligne dédiée 641, 642
ligne des compétiteurs 993, 995
ligne des sprinters 1021
ligne des trois points 957
ligne des verges 952
ligne discontinue 658, 659
ligne d'arrivée 982, 985, 1021, 1040
ligne d'arrivée du 500 m 1033
ligne d'avertissement 997
ligne isosiste 76
ligne latérale 150, 961, 965, 1027
ligne limite 994
ligne médiane 947, 951, 956, 960, 962, 974, 997
ligne médiane de service 967
ligne méridienne 1057
ligne neutre 817
ligne sous-marine 642
ligne supplémentaire 562
ligne téléphonique 642
ligne téléphonique/câblée/satellite 641
lignes droites 1021
Ligue des États arabes 882
limbe 107, 111, 734
lime 256, 398, 472, 1055
lime à ongles 472
limes-émeri 472
limitation de hauteur 665, 667
limite de retour 943
limite de terrain 1014
limite du batteur 943
limite du terrain 322
limite hors-terrain 965
limiteur de surchauffe 379
limon à crémaillère 335
limon à la française 335
limousine 669
lin 123, 424
linéaire 111
lingala 582
linge de maison 850
lingerie 705, 850, 854
linteau 325, 332, 336, 507
lion 181
Lion 23
lion passant 875
liquéfaction, usine 783
liquette 440
liquide 810, 811
liquide céphalo-rachidien 224
liquide digestif 103
liquides d'appoint 527
lis 113
lisière 569
lisse 333, 713
lisse d'assise 332, 333
lisses 572, 573
listel 394
lit 363, 493, 687, 1054
lit à barreaux 366
lit à deux places 855
lit à une place 855
lit de camp pliant 1054
lit de l'ongle 237
lit de presse 533
lit d'examen 924
lit d'hôpital 920
lit pliant 366
litchi 259
literie 363
lithium 812
lithographie 535
lithosphère 66, 94
litière 109, 493
littoral, configuration 70
Lituanie 57, 878
livèche 262
livraison, poste 783
livre 860
livre non relié 537
livre relié 539
livrée 943
livres pour enfants 866
loafer 462
lob 967
lobe 103, 160, 234
lobé 111
lobe du nez 231
lobe frontal 223
lobe inférieur 214, 215
lobe latéral inférieur 117
lobe latéral supérieur 117
lobe moyen 214
lobe occipital 223
lobe pariétal 223
lobe supérieur 214, 215
lobe temporal 223
lobe terminal 117

local d'entreposage 905
local d'entreposage du matériel 868
local d'entretien 854, 859, 868
local technique 663
localisateur universel de ressources 642
locaux administratifs 704
locaux de l'équipage 726
locaux de service 872
locomotive 706, 707
locomotive diesel-électrique 706
loge 114, 115, 541
loge d'artiste 541
loge privée 542
logement de cassette 616
logement de la carte mémoire 594, 595, 613
logement de la cassette 611
logement de rangement 601
logement des officiers 898, 899
logement droit 481
logement du barillet 327
logement du plateau 615
logement gauche 481
logiciel de courrier électronique 642
logiciel de mise en page 599
logiciel de stockage 599
lointain 540, 541
loisirs de plein air 1052
lombric 135
longane 258
longe 272, 273, 274, 275
longeron 691, 746
longeron de chenille 758
longeron latéral inférieur 757
longeron stabilisateur 755
longitude 42
longue piste 1032
longueur, mesure 833, 835
longueur d'onde 821
longueur de la vague 77
loquet 316
lordose 204
lorgnette 481
lorum 158
losange 839
louche 311
loup 181
Loup 21
loupe 824, 1055
loutre de rivière 180
louvoyage 982
lucarne 322
ludo 1063
Luer Lock, embout 912
luette 231, 232
luge 1034
luge double 1034
luge simple 1034
lugeur 1034
lumière 24, 25, 28, 209, 594, 594, 595, 739, 890
lumière de scène 911
lumière halogène 911
lumière perpétuelle 872
lumière stroboscopique 911
lumière visible 821
lumières de but 1029
luminaires 372
luminosité 597
lumisphère 597
Luna 1 30
Lune 14, 16, 17
Lune, cadran des phases 829
Lune, éclipse 17
Lune, phases 17
Lune, relief 17
lunette 833, 892
lunette astronomique 24
lunette de visée 824, 887
lunette d'approche 1009
lunette prismatique 734
lunettes 406, 480, 481, 1011, 1020, 1037
lunettes, accessoires 480
lunettes, parties 480
lunettes de nage 976
lunettes de protection 908, 964, 965, 1020, 1025
lunettes de sécurité 908
lunettes de ski 1038
lunettes de soleil 481
lunettes de vol 1046
lunule 136, 237
lupin 252
lustre 373
lutécium 814
luthérianisme : Martin Luther 870
lutrin 871
lutte 991
lutteur 991
lutz 1031
Luxembourg 56, 878
luzerne 252
lycra 424
lynx 180
Lynx 22
lyre 561
Lyre 23

M

macaque 185
macaroni 531
Macédoine 57
mâche 247
machette 886
mâchicoulis 504
machine à affranchir 651
machine à combustible 797
machine à coudre 566
machine à écrire électronique 648
machine à éliminer, à redresser et à oblitérer 588
machine à espresso 319
machine à faire les pâtes 307
machine à glaçons 291
machine à laver les verres 293
machine à papier 125
machine à sous 1070
machine à tricoter 571
machine à trier 589
machine de chargement 798, 800
machine de déchargement 798
Machine pneumatique 21
machinerie agricole 765
machinerie lourde 758
machiniste 542
mâchoire 143, 401, 405
mâchoire d'attelage 709
mâchoire dentée 399
mâchoire droite 399
mâchoire fixe 400
mâchoire incurvée 399
mâchoire mobile 400
mâchoires 401
Mackenzie 47
maçonnerie 402, 403
macronucleus 133
macula 238
Madagascar 50, 61, 880
magasin 844, 850
magasin à rayons 849, 850
magasin de bricolage 848
magasin de cadeaux 848
magasin de chaussures 849
magasin de décoration 849
magasin de jouets 848
magasin de lingerie 848
magasin de prêt-à-porter 848
magasin d'articles de sport 849
magasin d'électronique 848
magasins 647
magazine 590
mage 995
Magellan 30
magenta 821
magma 67, 75
magnésie 971
magnésium 812
magnétisme 817
magnétomètre 86
magnétoscope 611
mahi mahi 267
mah-jong 1066
Mahomet 870
maigre 586
mail 848
maille 961
mailles de montage 570
maillet 388, 531, 533, 1008
mailloche 556, 561
mailloches 557
maillon-gouge 417
maillot 935, 940, 945, 946, 951, 954, 956, 991, 1020
maillot de bain 450, 976
maillot de corps 434, 940, 999
main 185, 193, 195, 202, 237
main courante 335, 518, 519, 709, 729, 917
main pleine 1062
Maine coon 179
mains, protection 910
maïs 122, 263
maïs : épi 122
maïs fourrager 243
maison 320, 325, 328, 1027
maison, charpente 332
maison, extérieur 322
maison, fondations 333
maison, principales pièces 328
maison, structure 328
maison à étage 521
maison de plain-pied 521
maison en adobe 520
maison géothermique 770
maison jumelée 521
maison romaine 502
maison solaire 805
maison sur pilotis 520
maisons de ville 521
maisons en rangée 521
maisons traditionnelles 520
maître d'hôtel 290
maître-autel 871
maître-brin 1043
maître-cylindre 679
majeur 237
majuscule 632, 648
majuscule : sélection du niveau 2 632
Makemake 15
Malaisie 59, 881
malanga 245
Malawi 61, 880
Maldives 58, 880
mâle 834
malgache 583
Mali 60, 879
malle 488
malléole latérale 203
mallette d'ordinateur portable 489
mallette porte-documents 484
Malpighi, tubes 141, 143
Malte 56, 878
Malte, Ordre souverain militaire 882
mamelle 171
mamelon 192, 194, 227
mamelon double 351
mammifère marsupial 189
mammifère primate 184
mammifère rongeur 165, 166
mammifère volant 186, 187
mammifères carnivores 174, 180
mammifères insectivores 164
mammifères lagomorphes 167
mammifères marins 182, 183
mammifères marsupiaux 188
mammifères ongulés 168, 172
mammifères primates 185
mammouth laineux 131
manche 298, 299, 300, 375, 381, 388, 390, 398, 400, 403, 404, 407, 408, 427, 430, 452, 479, 482, 490, 538, 547, 548, 549, 553, 561, 568, 578, 733, 941, 942, 944, 949, 961, 962, 968, 984, 1008, 1013, 1017, 1030, 1051
Manche 49
manche à air 873
manche à balai 634, 753, 1048
manche ballon 453
manche bouffante 453
manche chauve-souris 453
manche chemisier 453
manche de commande 748
manche flottante 427
manche gigot 453
manche isolant 405
manche kimono 453
manche marteau 453
manche montée 431
manche pagode 453
manche pendante 428
manche raglan 435, 443, 448, 453
manche rotatif 634
manche tailleur 453
manche trois-quarts 453
mancheron 411, 413, 427, 453
manches à balai 1067
manches précédentes 968
manchette 590, 958, 1030
manchon 339, 351, 408, 487, 753, 984, 1000
manchon de cordon 394
manchon de culasse 892
manchon de refroidissement 891
manchon du cordon 396, 477, 478
manchon refroidisseur 823
manchot 161
mandarine 256
mandat-poste 589
mandibule 141, 143, 150, 153, 154, 158, 159, 164, 166, 167, 170, 175, 182, 184, 187, 188, 200, 205
mandoline 307, 561
mandrin 390, 394, 395
mandrin autoserrant 394
manette 316, 559
manette d'admission d'air 336
manette de blocage du plateau 395
manette de chasse d'eau 347
manette de contrôle 926
manette de dérailleur 699, 1020
manette de glissement 675
manette de jeu 1067
manette des gaz 634
manette du frein 1026
manette vapeur 319
manettes de poussée 748
manganèse 813
mangeoire 494
mangoustan 258
mangouste 180
mangue 259
manifold 777
manille 981
manioc 245
manivelle 307, 395, 401, 414, 572, 686, 691, 700, 885, 1060
manivelle d'orientation des lames 371
manivelle de la colonne 596
manivelle de lève-glace 674
manivelle de pointage en direction 892
manivelle de pointage en hauteur 892
manivelle d'enroulement 387
mannequin 568
mannequin articulé 526
manœuvre de la pelleteuse 759
manomètre 407, 780, 781, 902, 913, 989
manomètre d'accord 556
manque (1 à 18) 1068
mante religieuse 147
manteau 136, 138, 336, 443, 817
manteau inférieur 66
manteau supérieur 66
manteaux 435, 442
manteaux de femmes 850
manteaux d'hommes 851
manucure 472
manuel de premiers soins 915
manutention 754
maori 583
maquereau 267
maquillage 473
maquillage des lèvres 474
maquillage des yeux 473
maquillage du visage 473
maquilleuse 542
maquis 92, 93
marbre 533, 939
marchand de journaux 849
marche 335, 409, 518, 572, 622, 639, 995, 1000
marche avant/marche arrière 413
marche de départ 335
marche d'accès 763
marchepied 409, 690, 724, 753, 764, 1026
marchepied arrière 902, 911
marchepied en étrier 709
marchepied escamotable 687
marchepied latéral 706
margarine 284
marge continentale 67
margose 248
marguerite 113
mari 929
Mariner 30
marinière 440
maritime, transport 718
maritime arctique 81
maritime polaire 81
maritime tropical 81
marlin bleu 150
marmite 313
marmotte 166
Maroc 60, 879
maroquinerie 848
marque 933
marque cardinale est 739
marque cardinale ouest 739
marque cardinale sud 739
marque centrale 966
marque d'aire de prise de contact 743
marque d'axe de piste 742
marque d'eaux sécuritaires 739
marque de danger isolé 739
marque de distance constante 743
marque de jour 737
marque de point d'attente 742
marque déposée 587
marque des 7 m 960
marque latérale 739
marque spéciale 739
marques cardinales 738
marques d'identification 742
marques de jour (région B) 739
marques de nuit, rythme 739
marques de seuil de piste 743
marques latérales de piste 742
marqueur 524, 585, 956, 958, 959, 960, 965, 993, 997, 1014
marqueurs 992, 995, 996, 1009
marquise 725
marron 255
Mars 14, 15
Mars Odyssey 31
Mars Reconnaissance Orbiter 31
marsouin 183
marsupial 189
marteau 235, 552, 553, 937
marteau à endosser 538
marteau à panne ronde 388
marteau d'électricien 405
marteau de charpentier 388
marteau de maçon 403
marteau de menuisier 388
marteau perforateur 772
marteau perforateur à poussoir pneumatique 772
marteau pneumatique 773
marteau-piolet 1051
Martin Luther 870
martinet 162, 724
martingale 724, 1008
Martinique 54
martin-pêcheur 161
martre 180
mascara en pain 473
mascara liquide 473
masque 940, 942, 944, 954, 989, 997, 1029
masque à oxygène 911
masque bucco-nasal 909
masque complet 901
masque de chirurgie 913
masque de sélection des couleurs 609
masque respiratoire 909
masse 76
masse, mesure 830, 835
masse pendulaire 564
masse-tige 776
massette de réglage 564
massif 323
massif d'ancrage des câbles 660
massif de fleurs 410
massif de fondation 776
massif montagneux 45

massues 972
mât 503, 610, 713, 722, 754, 755, 980, 983, 1047
mât, grand 724
mât avant 729
mât d'artimon 724
mât de beaupré 724
mât de cacatois 724
mât de charge 729
mât de hune 724
mât de misaine 722, 724
mât de perroquet 724
mât de toit 1053
mât d'artimon 722
mât radar 728
matelas 363, 366, 913, 1054
matelas à langer 366, 492
matelas autogonflant 1054
matelas de protection 1033
matelas et sommiers 850
matelas mousse 1054
matelas pneumatique 1054
matelassure 1005
mâtereau 729
matériau absorbant les ondes radars 751
matériau de scellement 820
matériaux de base 384
matériaux de revêtement 385
matériel 533, 534, 535
matériel audiovisuel 850
matériel de camping 1055
matériel de chambre noire 600
matériel de laboratoire 815
matériel de lutte contre les incendies 903
matériel médical 911
mathématiques 837
matière 810
matière blanche 221, 222, 224
matière grise 221, 222, 224
matière inorganique 94
matières corrosives 910
matières dangereuses 910
matières explosives 910
matières grasses 284
matières inflammables 910
matières radioactives 910
matières toxiques 910
matraque télescopique 906
matrice de l'ongle 237
maturation, vigne 117
mâture 724
maturité 117
Maurice 61, 880
Mauritanie 60, 879
mawashi 995
maxillaire 150, 153, 154, 158, 159, 164, 166, 167, 175, 182, 184, 200, 205, 232
maxillaire basculant 154
maya 583
mazout domestique 782
mazout léger 782
mazout lourd 782
méandre 73
méat auditif externe 205, 234, 235
méat urétral 228
mécanicien 1023
mécanique 816
mécanique d'accordage 549
mécanique du piano droit 553
mécanique d'accordage 549
mécanisme à échappement 564
mécanisme d'engrenage 535
mécanisme d'enroulement 371
mécanisme d'octave 550
mécanisme d'ouverture de l'anse 1060
mécanisme de débrayage du tambour 1060
mécanisme de déplacement de la lame 761
mécanisme de l'horloge à poids 829
mécanisme de l'orgue 555
mécanisme de propulsion 700
mécanisme de tir 893
mèche 547
mèche à centre plat 394
mèche de tarière 411
mèche hélicoïdale 394
mèche hélicoïdale à âme centrale 394
mèche hélicoïdale à double torsade 394
mèches 394
médaille 493
médaillon 276, 468
médecin 920, 990
médecins 996
médiator 561
médicaments, formes 914
méditerranéen 87
médulla rénale 219
méduse 134
meganeura 129
mégazostrodon 130
mégot 483
meitnérium 813
Mélanésie 52
mélanésien 583
mélange 125
mélange au manganèse (cathode) 820
mélange d'épices cajun 261
mélange de zinc et d'électrolyte (anode) 820
mélange dépolarisant 820
mélange eau-vapeur 770
mélangeur 314
mélangeur à main 314
mélangeur à pâtisserie 310
mélangeur bain-douche 344
mélasse 285
mêlée : attaque 953
mêlée : défense 952
mêlée spontanée 951
mélèze 121
mélisse 262
melon 457
melon à cornes 258
melon brodé 257
melon Casaba 257
melon d'Espagne 257
melon d'hiver chinois 248
melon d'Ogen 257
melon miel 257
melons 257
membrane 618
membrane alaire 186
membrane artificielle 927
membrane coquillière 160
membrane cytoplasmique 102
membrane interfémorale 186
membrane médiane 116
membrane nucléaire 102
membrane pellucide 226
membrane plasmique 133
membrane squelettique 102
membrane synoviale 207
membrane vitelline 160
membrure inférieure 661
membrure principale 792
membrure supérieure 661
mémoire des patrons 571
mémorisation des données 404
men 995
mendélévium 814
meneur de jeu 957
ménisque convergent 822
ménisque divergent 822
menora 872
menthe 262, 264
menton 158, 194
mentonnière 547, 695, 884, 901, 1020, 1035
menu 291, 611, 622
men-uchi 995
menuiserie 387
méplat 570
mer 17, 45, 73, 794
mer Adriatique 49
mer Baltique 49
mer Caspienne 44, 51
mer de Barents 46, 49
mer de Beaufort 46, 47
mer de Béring 44
mer de Chine méridionale 44, 51
mer de Chine orientale 51
mer de Corail 52
mer de Kara 46
mer de Laptev 46
mer de Norvège 44, 46, 49
mer de Sibérie orientale 46
mer de Tasman 52
mer de Weddell 46
mer des Antilles 44, 47
mer des Tchouktches 46
mer du Groenland 46
mer du Japon 51
mer du Labrador 46
mer du Nord 44, 49
mer d'Aral 51
mer d'Irlande 49
mer d'Oman 51
mer Égée 49
mer Méditerranée 44, 49, 50
mer Noire 44, 49, 51
mer Rouge 44, 50, 51
mercaptan, injection 783
mercure 78, 359, 813
Mercure 14, 15
mère 928, 929
merguez 277
méridien céleste 23
méridien de Greenwich 42
méridien est 42
méridien ouest 42
méridienne 360
merlan 268
merlon de protection 781
mesa 74
mésocarpe 114, 115
mésoglée 134
mésopause 79
mésosaure 130
mésosphère 79
mésothorax 141
message précédent 625
message suivant 625
mesure 387
mesure, appareils 827
mesure, touche 832
mesure à deux temps 562
mesure à quatre temps 562
mesure à trois temps 562
mesure de l'ensoleillement 84
mesure de l'épaisseur 832
mesure de l'humidité 85
mesure de la charge électrique 835
mesure de la chute de neige 85
mesure de la différence de potentiel électrique 835
mesure de la direction du vent 85
mesure de la distance 832
mesure de la force 835
mesure de la fréquence 835
mesure de la hauteur des nuages 85
mesure de la longueur 833, 835
mesure de la masse 830, 835
mesure de la pluviosité 85
mesure de la pression 85, 835
mesure de la puissance 835
mesure de la quantité de matière 835
mesure de la radioactivité 835
mesure de la résistance électrique 835
mesure de la température 85, 827
mesure de la température Celsius 835
mesure de la température thermodynamique 835
mesure de la vitesse du vent 85
mesure de l'énergie 835
mesure de l'intensité lumineuse 835
mesure des angles 833
mesure du courant électrique 835
mesure du rayonnement du ciel 84
mesure du temps 828
mesure télescopique 1014
mesures 308, 562
métacarpe 153, 159, 165, 170, 175, 178, 182, 184, 188, 202
métacarpien 202, 208
métalloïde 812
métamorphose de la grenouille 153
métaphyse 199
métatarse 142, 153, 165, 170, 175, 184, 187, 188, 203
métatarsien 203
métathorax 141
métaux 875
métaux alcalino-terreux 812
métaux alcalins 812
métaux de transition 813
météores 83
météorite 18
météorite ferreuse 18
météorite métallorocheuse 18
météorites rocheuses 18
météorologie 79
météorologie, instruments de mesure 84
méthanol 784
métier à broder 565
métier de basse lisse 572
métier de haute lisse 573
métope 500
mètre 835
mètre à ruban 387, 568
métro 847
métronome à quartz 564
métronome mécanique 564
mets chauds 292
mets froids 292
meubles 875
meubles de classement 645
meubles de rangement 364, 645
meubles de travail 646
meubles d'enfants 366
meule 396
meuleuse 579
meuleuse d'angle 396
Mexique 54, 876
mezzanine 328, 331, 714
mi 562
mi-bas 433, 446
mi-chaussette 433, 446
micro 549
micro-cravate 604
microfilament 133
micromètre palmer 832
Micronésie 62, 881
micronucleus 133
micro-ondes 821
microphone 604, 613, 621, 622, 623, 624, 625, 635, 735, 906, 1048
microphone dynamique 604
microphone d'interphone 607
microphones 907
micropropulseur de contrôle d'attitude 32
microscope 825
Microscope 20
microscope binoculaire 825
microscope électronique 826
microscope électronique, composantes 826
microscope monoculaire 825
microtubule 133
miel 285
mihrab 872
mijoteuse 317
milieu défensif 947
milieu offensif droit 947
milieu offensif gauche 947
mille 836
mille-pattes 135
millésime 860
millet 122, 263
millet : épi 122
Mimas 15
minaret 872
minbar 872
mine de charbon 771
mine souterraine 774
minerai 771
minéraux 78
minichaîne portative 620
minichaîne stéréo 619
mini-four 316
miniski 1038
minislip 434
minute 836
minuterie 316, 317, 318, 355, 577, 600
minuteur 308
Miranda 15
mire 885, 1009, 1057
mire de réglage 606
mirette 576
miroir 346, 494, 655, 823, 825, 855, 917, 1057
miroir à réflexion partielle 823
miroir à réflexion totale 823
miroir d'éclairage 833
miroir de balayage 763
miroir de courtoisie 676
miroir de traversée avant 688
miroir double pivotant 478
miroir latéral 478
miroir lumineux 478
miroir parabolique 804
miroir plan 823
miroir plan rétractable 28
miroir primaire 27, 29
miroir primaire concave 25, 28
miroir reflex 594, 595
miroir secondaire 25, 27, 28, 29, 594
miroir tertiaire 29
misaine 725
mise à feu, accessoires 889
mise au jeu 949
mise en balles 99
mise en marche 625
mise en page 590
mise en pâte 125
mise en presse 538
mise sous tension 649
miso 286
missile, structure 894
missile air-air 894, 896
missile air-sol 894
missile antiaérien 898
missile antichar 894
missile antinavire 894
missile antiradar 894
missile anti-sous-marin 894, 898
missile mer-mer 898
missile sol-air 894
missiles 894
missiles, principaux types 894
Mississippi 47
mitaine 464, 1029
mite 146
mitigeur à bille creuse 350
mitigeur à cartouche 350
mitigeur à disque 350
mitigeur d'évier 352
mitigeurs 350
mitochondrie 102, 133
mitrailleuse 895
mitre 298, 306, 337
mitron 323
mixage 559
mobilier de bureau 645
mocassin 429, 462
mode 648
mode d'acquisition 592, 593
mode d'enregistrement 613
mode d'exposition 592
mode de mesure 593
mode de mise au point 592
mode de sortie des copies 647
mode d'écoute 614
mode d'emploi 668
mode manuel/automatique 577
modèle 536
modèle à plat, impression 532
modèle en creux, impression 532
modèle en relief, impression 532
modem 631, 641, 642
modem-câble 643
modérateur 795
modérateur : eau lourde 800
modérateur : eau naturelle 801
modérateur : graphite 800
modes d'inflorescence 112
modillon 501
modulateur de pression de freinage 679
modulation de la hauteur et du timbre du son 558
module d'injection de gaz 777
module de charge utile 64
module de commande 38
module de commande du moteur électrique 678
module de commande électronique 679
module de communication 602
module de descente 38
module de gestion de la puissance 678
module de propulsion 602
module de service 38, 602
module d'affichage et de commande 33
module d'affranchissement 651
module d'expérimentation externe 35
module d'habitation américain 34
module d'instrumentation et de propulsion 38

module d'instruments scientifiques 27
module extérieur 341, 343
module intérieur 341, 343
module lunaire 38
module orbital 38
module pressurisé 35
module pressurisé d'expérimentation 35
module régulateur de charge de la batterie 678
module russe 34
moelle 110, 118, 276
moelle épinière 149, 152, 220, 221, 224
moelle épinière, structure 224
moelle osseuse 199
moellon 384
Mohorovicic, discontinuité 66
moineau 162
moïse 492
Moïse 870
moissonneuse-batteuse 767
molaire 164, 166, 167, 206
molaires 206
Moldavie 57
mole 835
molécule 810
molécule odorante 232
molette 400, 402, 483
molette d'entraînement 318
molette de mise au point 824
molette de réglage 405
molette de réglage de la flamme 483
molette de réglage de la saillie 397
molette de sélection 597
molette d'ajustage 832
mollet 193, 195
mollusques 136, 265
molybdène 813
Monaco 56, 878
monarque 147
mongol 583
Mongolie 59, 881
moniteur de pression artérielle 925
moniteurs de contrôle du réalisateur 543
monnaie, pièce 860
monnaie et modes de paiement 860
monnayeur 1071
monocle 481
monocoques 981
mont de Vénus 226
mont Everest 79
montagnais 583
montagne 71
montagnes Rocheuses 47
montant 324, 325, 332, 361, 409, 454, 538, 561, 572, 573, 916, 936, 969, 971, 1031
montant d'angle 757
montant de bâti 364
montant de bride 1004
montant de ferrage 325, 364
montant de filet 1004
montant de la serrure 325
montant de rive 327
montant embrevé 327
montant latéral 671
montant mouton 327
montant rembourré 957
monte-boules 1015
montée arrière 1006
montée du spinnaker 982
Monténégro 57, 878
montgolfière 1049
monticule 939
montre 576
montre à affichage analogique 828
montre à affichage numérique 828
montre mécanique 828
montres 851
monts Oural 49
monts Transantarctiques 46
monture 381, 391, 401, 480, 560, 998
monture baïonnette 598
monture en fer à cheval 28
monture réglable 391
monument 52
moquette 334
moraillon 488
moraine de fond 72
moraine frontale 72
moraine latérale 72
moraine médiane 72
moraine terminale 72
mordache 537
mordant 563
morille 108, 244
morphologie de la chauve-souris 186
morphologie de la grenouille 152
morphologie de la perche 150
morphologie de la pieuvre 138
morphologie de la taupe 164
morphologie de la tortue 155
morphologie de l'abeille : ouvrière 142
morphologie de l'araignée 145
morphologie de l'escargot 137
morphologie de l'étoile de mer 135
morphologie de l'oiseau 158
morphologie du chat 178
morphologie du cheval 168
morphologie du chien 174
morphologie du coquillage bivalve 136
morphologie du coquillage univalve 136
morphologie du dauphin 182
morphologie du gorille 185
morphologie du homard 139
morphologie du kangourou 189
morphologie du lapin 167
morphologie du papillon 140
morphologie du rat 165
morphologie du requin 148
morphologie du serpent venimeux : tête 154
mors 390, 394, 395, 472, 539, 1008
mors à canon brisé 1004
mors à pompe 1004
mors anglais 1004
mors de bride 1004
mors de filet 1004
mors fixe 401
mors mobile 401
morse 183
mort 834
mortadelle 277
mortaise 483
mortier 307, 384, 890
mortier du XVIIe siècle 889
mortier moderne 892
morts-terrains 771
morue 94
morue de l'Atlantique 268
mosaïque 502
mosquée 872
moteur 338, 342, 378, 379, 380, 389, 392, 395, 398, 408, 411, 413, 419, 421, 695, 754, 761, 764, 767, 776, 895
moteur à deux temps, cycle 681
moteur à essence 673, 678, 682
moteur à turbocompression 680
moteur d'aiguillage 712
moteur de descente 32
moteur de disques 638
moteur de guides 638
moteur de manœuvre 37
moteur de propulsion 32
moteur diesel 706, 758, 759, 760, 761
moteur diesel, cycle 681
moteur diesel de propulsion 727
moteur diesel de sustentation 727
moteur du ventilateur 343
moteur électrique 339, 345, 417, 419, 678, 683
moteur électrique/générateur 678
moteur électrique auxiliaire 899
moteur électrique principal 899
moteur hors-bord 729
moteur hydraulique 762
moteur principal 37
moteur rotatif, cycle 681
moteur-fusée 39, 86
moteurs, types 680
moteurs diesel 898
motif 448
motif à chevrons 511
motif de faune tropicale 511
moto 694
moto, accès interdit 665, 666
moto de Grand Prix 1024
moto de motocross et supercross 1025
moto de rallye 1025
moto de tête 1020
moto de tourisme 697
moto de trial 1025
moto tout-terrain 697
moto-caméra 1020
motocross, circuit 1025
motoculteur 413
motocyclisme 1024
motoneige 1026
motos 697
motrice 716
mouche 103, 146, 1012
Mouche 21
mouche artificielle 1059
mouche centrale 1012
mouche de ligne de cadre 1012
mouche supérieure 1012
mouche tsé-tsé 146
moufette 180
moufle 406, 464, 885, 1051
moufle fixe 776
moufle mobile 776
moufles 448
mouflon 172
mouilleur 651
moule 265
moule à charlotte 311
moule à fond amovible 311
moule à gâteau 311
moule à muffins 311
moule à pain 311, 317
moule à quiche 311
moule à soufflé 310
moule à tarte 311
moulin à café 307, 318
moulin à légumes 307
moulin à poivre 307
moulin à vent 806
moulin blouse 806
moulin pivot 806
moulin tour 806
moulinet 534
moulinet à mouche 1059
moulinet à tambour fixe 1060
moulinet à tambour tournant 1060
moulure de pare-chocs 670
mousqueton 981, 1051, 1061
mousqueton à ressort 981
mousqueton à vis 1050
mousqueton en D 1050
mousse 106
mousse, réservoir 779
mousse, structure 106
mousse à raser 479
mousse bitumineuse 779
mousse d'Irlande 244
mousseline 308
mousses 106
moustaches 178
moustique 146
moutarde 116, 286
moutarde à l'ancienne 286
moutarde allemande 286
moutarde américaine 286
moutarde anglaise 286
moutarde blanche 260
moutarde de Dijon 286
moutarde noire 260
mouton 172, 1006
mouvement horizontal du sol 76
mouvement rotatif de la turbine 789
mouvement vertical du sol 76
mouvements de l'avion 752
mouvements de terrain 77
moyen 998
moyenne tectrice primaire 158
moyeu 654, 699, 787, 807, 917
moyeu rotor 753
Mozambique 61, 880
mozzarella 280
muguet 113
mule 462
mulet 172
mulot 166
multicoques 981
multimètre 404
multiplicateur de focale 598
multiplication 649, 837
multisegment 669
munster 281
muqueuse olfactive 232
muqueuse vésicale 218
mur 324, 1002, 1052, 1066
mur acoustique 605
mur arrière 964, 965
mur avant 964, 965
mur bajoyer 785
mur barré 1002
mur de batillage 790
mur de briques 333, 384
mur de fondation 332, 333
mur de l'œil 89
mur de la qibla 872
mur de nuages 89
mur de pierres 384
mur de virage 975, 977
mur d'arrivée 976
mur en béton 805
mur fortifié 872
mur latéral 964, 965, 977
muraille 729, 1066
mûre 254
muret 1014
mur-rideau 512
musaraigne 164
muscle 198, 207
muscle adducteur antérieur 136
muscle adducteur postérieur 136
muscle arrecteur 236
muscle bulbo-caverneux 228
muscle droit supérieur 238
muscle lisse 198, 209
muscle papillaire 213
muscle strié 198
muscles 196
muscles du manteau 138
museau 148, 152, 164, 174, 178, 189
musée 522, 845
muselière 493
muserolle 1004, 1008
musique 545
musique, accessoires 564
musique électronique 558
mutule 500
Myanmar 59, 881
mycélium 108
mye 265
mygale du Mexique 147
myocarde 213
myomère 149
myomètre 227
myopie 239
myrtille 254
myrtille d'Amérique 254

N

n'égale pas 837
n'est pas identique à 837
naan, pain 278
nacelle 662, 807, 1049
nacelle d'osier 1049
nacelle d'observation 28
nacelle élévatrice 744
nage sur le dos 975
nageoire anale 148, 150
nageoire caudale 139, 148, 150, 182
nageoire dorsale 148, 149, 182
nageoire pectorale 148, 150, 182
nageoire pelvienne 148, 150
nages, types 975
nahuatl 583
naine blanche 18
naine brune 18
naine noire 18
naissance 834
Namaka 15
Namibie 61, 880
naos 499
nappe phréatique 67, 98
napperon 304, 305
napperon en bambou 305
narine 148, 150, 152, 154, 158, 231
narval 183
nasal 205, 884
NASCAR, voiture 1023
naseau 168
natation 975
nationalité 971
Nations unies, Organisation 882
Nauru 62, 881
navaho 583
navet 251
navette 573
navette ferroviaire 742
navette spatiale 79
navette spatiale au décollage 36
naviculaire 203, 208
navigateur 642
navigation 624
navigation, appareils 734
navire 65
navire de forage 726, 778
navire de guerre 897
navire porte-conteneurs 718, 726
ne pas sécher par culbutage 425
ne pas utiliser avec un fauteuil roulant 856
ne pas utiliser de chlorure décolorant 425
NEAR Shoemaker 31
nébuleuse planétaire 18
nébulosité 81, 82
nécessaire à chaussures 463
nécrologie 590
nécrophore 146
nectarine 254
néerlandais 583
nef 507
nef centrale 872
nèfle du Japon 255
négatif 600, 834
négatoscope 655
neige 90
neige, enlèvement 421
neige continue faible 83
neige continue forte 83
neige continue modérée 83
neige intermittente faible 83
neige intermittente forte 83
neige intermittente modérée 83
neige roulée 90
neiges acides 98
neiges éternelles 71
néodyme 814
néon 814
Népal 58, 881
népenthès 103
néphridie 139
Neptune 14, 15
neptunium 814
nerf 225, 539
nerf axillaire 225
nerf cochléaire 235
nerf crânien 220
nerf cutané latéral de la cuisse 225
nerf digital 225
nerf fémoral 225
nerf fibulaire 225
nerf iliohypogastrique 225
nerf ilio-inguinal 225
nerf intercostal 225
nerf médian 225
nerf obturateur 225
nerf olfactif 149, 232
nerf optique 238
nerf radial 225
nerf saphène 225
nerf sciatique 225
nerf spinal 220, 221, 224
nerf tibial 225
nerf ulnaire 225
nerf vestibulaire 235
nerfs crâniens 225
nervure 140, 761, 908, 989
nervure d'aile 746
nervure d'emplanture 746
nervure médiane 107
nervure principale 111, 116
nervure secondaire 111
netball 955
netball, terrain 955
nettoyage, salle 900
neurone 221
neurone moteur 221
neurone sensitif 221
neutron 810
neutron incident 811
névé 72
neveu 929

New Horizons 31
newton 835
nez 165, 167, 194, 231, 397, 746, 1044, 1047, 1048, 1071
nez basculant 751
nez du guide 417
nez-de-marche 335
Nicaragua 54, 876
niche 510
niche de sécurité 663
nickel 78, 813
nid à couvain 144
nid d'ange 448
nièce 929
Niger 50, 60, 879
Nigeria 60, 879
Nil 50
nimbostratus 82, 88
niobium 813
Nioué 882
niveau 774
niveau à bulle 387
niveau d'eau 319, 342
niveau de la mer 66, 67, 79
niveau de la réception 854
niveau d'eau 342
niveleuse 761
nivelle d'alidade 833
nivelle d'embase 833
nivomètre 84, 85
nobélium 814
nœud 109, 575, 792, 818
nœud coulant 1058
nœud d'arrêt 1058
nœud d'écoute double 1058
nœud d'écoute simple 1058
nœud de cabestan 1058
nœud de chaise double 1058
nœud de chaise simple 1058
nœud de Franciscain 1058
nœud de jambe de chien 1058
nœud de pêcheur 1058
nœud de Ranvier 221
nœud de vache 1058
nœud d'arrimage de l'orbiteur 34
nœud papillon 431
nœud plat 457, 1058
nœud simple 1058
nœuds 1058
noir 586, 821, 1068
noir et blanc 593
noire 563
Noirs 1065
noisette 255
noisette, coupe 116
noix 255, 553, 571, 885
noix, coupe 116
noix de cajou 255
noix de coco 255
noix de cola 255
noix de ginkgo 255
noix de macadamia 255
noix de muscade 260
noix de pacane 255
noix de serrage 815
noix du Brésil 255
nom commun 834
nom de domaine 642
nom de la monnaie 861
nom de la station 714
nom du concurrent 977
nom du gymnaste 971
nom du titulaire 861
nombre de copies 647
nombril 192, 194
non parallèle 836
non-addition 649
non-appartenance 837
non-métal 813
nord 1066
Nord 738
Nord Est 738
Nord Ouest 738
nori 244
normal 586
Norvège 46, 56, 878
norvégien 179, 583
notation algébrique 1065
notation musicale 562
note 971
nothosaure 130
nouaison 117
nouille aux œufs 283
nouille de haricot mungo 283
nouille ramen 283
nouille soba 283
nouille udon 283
nouilles asiatiques 283
nouilles de riz 283
nouilles somen 283
Nouveau Testament 870
nouvelle Lune 17
Nouvelle-Calédonie 52, 62
Nouvelle-Zélande 52, 62, 881
Nouvelle-Zemble 46
nova 18
noyau 16, 18, 102, 115, 133, 221, 226, 554, 810, 887
noyau cellulaire 133
noyau d'argile 790
noyau d'induit 819
noyau externe 66, 817
noyau fissile 811
noyau galactique 19
noyau interne 66, 817
noyer 119
nuage 79, 91
nuage à développement 88
nuage de cendres 75
nuage de Oort 14
nuage en entonnoir 89
nuages 82, 88
nuages, mesure de la hauteur 85
nuages de basse altitude 88
nuages de haute altitude 88
nuages de moyenne altitude 88
nuancier 526
nucléole 102, 226
nuisette 447
numéro 1068
numéro 1 1008
numéro 2 1008
numéro 3 1008
numéro 4 1008
numéro atomique 812
numéro d'autoroute 53
numéro de carte 861
numéro de chambre 855
numéro de couloir 1043
numéro de l'abonné 355
numéro de la pompe 668
numéro de quai 704
numéro de route 53
numéro de série 861
numéro de tête 1007
numéro du joueur 954, 956, 1028
numéro plein 1068
numéroteur 651
nu-pied 462
nuque 158, 193, 195
nylon 424
nymphe 144

O

oasis 73, 74
Obéron 15
obi 993, 996
objectif 592, 594, 597, 598, 601, 615, 622, 635, 636, 825, 926
objectif d'agrandissement 600
objectif grand-angulaire 598
objectif macro 598
objectif normal 598
objectif super-grand-angle 598
objectif zoom 598, 613
objectifs 598
objets personnels 479
oblique externe 196, 197
obscurité 739
observation astronomique 20
observatoire astronomique 28
obstacle, parcours 1002
obstacle d'eau 1016, 1017
obstacles 1025
obstacles, sports équestres 1002
obturateur de baie 629
obusier moderne 892
occipital 175, 197, 201, 205
océan 17, 45, 95
océan, dorsale 67
océan Arctique 44, 46
océan Atlantique 44, 46, 49, 50
océan Indien 44, 46, 50, 51, 52
océan Pacifique 44, 46, 51, 52
Océanie 44, 62, 881
océanique 87
octaèdre régulier 839
Octant 20
octave 562, 998
octogone régulier 839
oculaire 24, 25, 594, 613, 824, 825, 909, 926
oculaire coudé 24
oculus 508
odomètre 832
odorat 231
œil 89, 137, 138, 139, 145, 154, 155, 164, 167, 174, 178, 182, 194, 238, 388, 573, 1005, 1050
oeil, protection 910
œil composé 140, 142, 143
œil primitif 135
œil simple 141, 143
œil témoin 713
œillère 1007
œillet 113, 367, 450, 459, 486, 1031, 1061
œillet d'attache 593
œsophage 135, 137, 141, 143, 145, 149, 152, 154, 155, 159, 169, 216
œuf 144, 160
œuf de caille 270
œuf de cane 270
œuf de faisane 270
œuf de poule 270
œuf d'autruche 270
œuf d'oie 270
œufs 149, 153, 270
office 746
officiel 949
officiels 945, 996
ogive 787
ohm 835
oie 163, 271
oignon à mariner 245
oignon blanc 245
oignon jaune 245
oignon rouge 245
oignon vert 245
oiseau 158
oiseau, anatomie 159
oiseau, morphologie 158
oiseau, squelette 159
oiseau aquatique 160, 161
Oiseau de Paradis 20
oiseau de proie 160
oiseau de rivage 161
oiseau échassier 160
oiseau granivore 160
oiseau insectivore 160
oiseau percheur 160
oiseau terrestre 162
oiseaux 158
oka 281
okapi 173
olécrane 170, 201
oléoduc 780
oléoduc d'évacuation 777
oléoduc sous-marin 780
oléoduc surélevé 780
olive 248
olivier 120
Oman 58, 880
ombelle 112
ombilic 72
ombilic inférieur 158
ombilic supérieur 158
omble de fontaine 269
ombre 828
ombre à paupières 473
ombrelle 134
omoplate 153, 159, 164, 165, 170, 175, 182, 184, 187, 188, 193, 195, 200, 201, 207
oncle maternel 929
oncle paternel 929
onde 821
onde de choc 775
onde lumineuse, trajectoire 822
onde radio 26
onde sismique 76
onde sismique, propagation 76
ondes radio 821
onduleur 638, 641
ongle 158, 237
onglet 295, 652, 1055
onglet à fenêtre 652
onguent 914
ONU 882
ONU, États membres 876
ONU, observateurs 882
Oort, nuage 14
opale 470
opéra 844
opérateur de régie d'éclairage 605
opération de base 649
opercule 103, 150, 153
opercule thermoscellé 294
Ophiuchus 21, 23
opisthodome 499
opossum 189
opticien 849
optique 821
optique, appareil 823
or 78, 813, 875
orage 83
orage fort 83
orange 256, 528
orange, coupe 114
orange sanguine 256
orang-outan 185
orbiculaire de la bouche 196
orbiculaire de l'œil 196
orbite 154, 159, 175, 182, 184, 188
orbite des satellites 86
orbite géostationnaire 86
orbite lunaire 16, 17
orbite polaire 86
orbite terrestre 16, 17
orbiteur 32, 36, 37
orchestre 498
orchestre symphonique 545
orchidée 113
ordinateur 599, 868
ordinateur à boîtier tour 629
ordinateur de bord 676, 907
ordinateur de bureau 640, 641, 642
ordinateur des données aérodynamiques 748
ordinateur portable 630, 641
ordinateur tout-en-un 628
ordonnées, axe 838
Ordovicien 128
ordre 132
ordre corinthien 501
ordre dorique 500
ordre ionique 500
ordures ménagères 97, 98
oreille 167, 174, 178, 186, 192, 361, 732
oreille, pavillon 234
oreille, structure 235
oreille externe 234
oreille interne 234
oreille moyenne 234
oreille-de-Judas 244
oreiller 363
oreillette 465, 604
oreillette droite 212, 213
oreillette gauche 212, 213
oreillette sans fil 622
oreillettes 1022
Orénoque 48
organeau 732
organeau de hissage 732
organes des sens 231
organes génitaux féminins 226
organes génitaux masculins 228
Organisation du Traité de l'Atlantique Nord 882
organisation gouvernementale 643
organisation international 882
organisme culturel 643
organisme de santé 643
organisme unicellulaire 133
orge 122, 263
orge : épi 122
orgue, mécanisme 555
orgue, production du son 555
orifice d'aération 408
orifice d'alimentation 902
orifice d'échappement 773
orifice de la bourse copulatrice 141
orifice de remplissage 374
orifice du pied 554
orifice excréteur 137
orifice génital 135, 137
orifice urétéral 218
orifice uro-génital 149
oriflamme 873
origan 262
origine 198
origine et évolution des espèces 128
Orion 21, 22, 38
orme 120
ormeau 265
ornement de proue 722
ornements 563
oronge vraie 244
orque 183
orteil 174, 192, 194
orthocère 128
ortie 247
os 207
os, types 199
os alvéolaire 206
os compact 199
os court 199
os crochu 202
os iliaque 200
os irrégulier 199
os long 199
os long, structure 199
os nasal 232
os plat 199
os sésamoïde falciforme 164
os spongieux 199
oscule 134
oseille 247
osmium 813
ossature métallique 512
osselet 235
osselets 235
ostéon 199
OTAN 882
otarie 183
otolithe 149
ouaouaron 153
oued 74
ouest 1066
Ouest 738
Ouganda 61, 879
ouïe 234, 235, 547
ouïe, protection 908, 910
ouistiti 185
ouragan 83, 89
ourdissoir 574
ourdou 583
ourlet 371
ours 590
ours noir 94, 181
ours polaire 94, 181
oursin 135
outil 773
outils pour arroser 414
outils pour couper 416
outils pour remuer la terre 412
outils pour semer et planter 418
ouverture 136, 593, 597, 1061
ouverture de la boîte à lumière 600
ouvrages de référence 866
ouvre-boîtes 307, 318, 1055
ouvrière 143
ouvrière, abeille 143
Ouzbékistan 58, 880
ovaire 104, 112, 141, 145, 226, 227, 229
oviducte 141, 145, 155
ovoïde 111
ovotestis 137
ovule 104, 112, 226
oxer 1002, 1003
oxygène 95, 813
oxygène, cycle 95

P

pack 295
paddock 1006
pagaie double 987
pagaie simple 986
page précédente 633
page suivante 633
pagne 429
pagode 513
paiement électronique, terminal 859
paille 295
pain 123, 278, 292
pain azyme 278
pain blanc 279
pain brioché 279
pain chapati 278
pain complet 279
pain de campagne 278
pain de maïs 279
pain de mie 279
pain de seigle allemand 279
pain de seigle danois 278
pain de seigle noir 279
pain grec 279
pain irlandais 279
pain multicéréales 279
pain naan 278
pain noir russe 278
pain parisien 279
pain pita 278
pain tchallah 279
pair 1068
paire 1062
pak-choï 246
Pakistan 58, 880
pal 874
palais de justice 844
palais des congrès 845, 852
palais des sports 932
palais dur 231, 232
palais mou 231, 232
palanque 1002
Palaos 62, 881
palatin 167
pale 342, 787, 794, 807
pale de rotor 753
Palestine 882
palet 1030
paletot 435, 443
palette 754, 961, 1061
palette à ailes 754
palette à alvéoles 525
palette à double face 754
palette à simple face 754
palette avec godet 525
palette-caisse 754
palettes 754
palier 330, 335
palier de butée 787
palier inférieur 518
palier supérieur 518
palissade 504
palla 426
palladium 813
palmaire, court 196
palmaire, long 196
palme 989
palmée 111
palmeraie 74
palmette 360
palmier 119
palmure 152, 160
palonnier 760
palonnier de slalom 988
palourde 265
palpe 136
palpe labial 140, 143
pampille 373
pamplemousse 256
pan 431, 435
pan arrière 431
pan avant 431
panais 251
panama 457
Panama 876
Panamá 54
pancetta 277
pancréas 152, 159, 216, 229
pangolin 164
panicule, avoine 122
panicule, sorgho 122
panier 319, 377, 380, 702, 941, 957, 1061
panier à couverts 380
panier à friture 308
panier cuit-vapeur 313
panier de lavage 378
panier de projection 601
panier de rangement 491
panne 406, 538, 1051
panne ronde 388
panneau 325, 370, 529, 774, 957, 1049
panneau à âme lamellée 386
panneau à âme lattée 386
panneau avant 343, 637
panneau d'accès 338
panneau de citerne 729
panneau de commande 317, 342, 625, 637, 902, 924
panneau de connexions 636
panneau de contrôle 636, 637
panneau de copeaux 386
panneau de disjoncteurs 748
panneau de distribution 354, 356
panneau de fibres 386
panneau de fibres perforé 386
panneau de garniture 674
panneau de particules 386
panneau de protection latéral 917
panneau de raccordement électrique 608
panneau de raccordement vidéo 608
panneau de refroidissement 37
panneau de séparation 489
panneau de vantail 364
panneau d'accès 348
panneau indicateur 704
panneau nombre de voies 713
panneau photovoltaïque 737
panneau publicitaire 714
panneau solaire 27, 32, 64, 86, 602
panneau solaire thermique 805
panneau-parachute 1049
panneaux de commandes radio 748
panneaux internationaux 664
panneaux nord-américains 666
panneaux solaires 35
pansement adhésif 915
pantalon 432, 433, 441, 451, 940, 954, 992, 1025, 1051
pantalon capri 441
pantalon cargo 441
pantalon convertible 433
pantalon molletonné 451
pantalon pattes d'éléphant 441
pantalon-cigarette 441
pantalons d'hommes 850
pantographe 606, 707, 717
paon 162
Paon 20
papaye 259
papeterie 851
papier 294, 483, 529, 532
papier, fabrication 125
papier, feuille 533
papier aluminium 294
papier buvard 651
papier de correspondance 124
papier de riz 584
papier de verre 396
papier goudronné 385
papier journal 124
papier paraffiné 294
papier recyclé 125
papier sulfurisé 294
papille 238
papille caliciforme 233
papille filiforme 233
papille fongiforme 233
papillon 140, 975
papillon, morphologie 140
papillon femelle, anatomie 141
Papouasie-Nouvelle-Guinée 52, 62, 881
paprika 261
papyrus 584
paquebot 730
paquet 295
parachute 36, 896, 1046
parachute de cabine 519
parachute de secours 1046
parachute principal 1046
parachutisme 1046
parachutiste 1046
paraffines 782
parafoudre 786, 793
parafouille 790, 791
Paraguay 55, 876
parallèle 42, 836
parallélépipède 839
parallélogramme 839
paramécie 133
paramètres moteurs/alarmes 748
Paraná 48
parapente 1047
parapentiste 1047
parapet 504, 505
parapharmacie et cosmétiques 289
parapheur 651
parapluie 490
parapluie télescopique 490
parapluie-canne 490
parasoleil 598
paratonnerre 323, 807
parc 52, 845
parc à charbon 775
parc à échelles 902
parc à vélos 869
parc de stationnement 1036
parc de stockage 780
parc de stockage terminal 780
parc des expositions 842
parc national 53
parcours d'obstacles 1002
parcours de sports équestres 932
parcours pittoresque 53
pardessus 435
pare-brise 670, 690, 695, 697, 746, 748, 1026
pare-chocs 375, 690, 691, 697, 917, 964
pare-chocs arrière 1026, 1035
pare-chocs avant 1035
pare-étincelles 411
pare-feu 337, 641
pare-jet 492
parement 386, 428
parement amont 791
parement aval 791
parenchyme cortical 110
parenthèses 587
parents 928, 929
paréo 439
pare-soleil 24, 491, 676, 686, 687, 734
pareur 973
parfum 851
parfumerie 848
pariétal 154, 165, 175, 201, 205
paripennée 111
parka 436, 442
parloir 864
parmesan 281
paroi 171, 754
paroi avant 691
paroi de bout 691
paroi latérale 691, 757
parquet 333, 334
parquet à bâtons rompus 334
parquet à coupe de pierre 334
parquet à coupe perdue 334
parquet Chantilly 334
parquet d'Arenberg 334
parquet en chevrons 334
parquet en vannerie 334
parquet mosaïque 334
parquet sur chape de ciment 334
parquet sur ossature de bois 334
parquet Versailles 334
parquets, arrangements 334
parterre 541
parti 874
partie intermédiaire 512
parties d'une chaussure 459
parties de l'arme, escrime 998
parties des lunettes 480
parties d'un bateau 984
parties d'une bague 470
parties d'une bicyclette 698
partitions 874
parure 468
parures de fenêtre 367
pas 168
pas alternatif 1042
pas de patineur 1042
pas de tir 1010
pascal 835
passage à niveau 665, 667, 703, 713
passage d'animaux sauvages 665, 667
passage de fourche 757
passage inférieur 660
passage pour piétons 665, 667, 846
passage souterrain 703
passage supérieur 659, 660
passant 431, 432, 435
passavant 729
passe 949
passe (19 à 36) 1068
passe à billes 785
passe-bras 443
passe-montagne 458
passerelle 504, 540, 641, 703, 715, 762, 897
passerelle de navigation 726, 730, 731
passerelle télescopique 741
passe-sangle 1056
passettes 573
passoire 308, 315, 318
passoire fine 308
pastels gras 524
pastels secs 524
pastèque 257
pastille de combustible 799
Patagonie 48
patate 245
pâte d'argile 576
pâte de tamarin 286
pâte phyllo 279
pateforme de sécurité 973
patelle 265
patère 360, 645
patère à embrasse 368
pâtes alimentaires 123, 282
Pathfinder 31
patient 920
patin 421, 713, 753, 763, 1028, 1034
patin à roues alignées 1045
patin acrobatique 1045
patin antidérapant 409, 969
patin arrière 1034
patin avant 1034
patin clap 1033
patin d'appui 799
patin d'espacement 799
patin de chenille 895
patin de courte piste 1033
patin de figure 1031
patin de gardien de but 1030
patin de hockey 1045
patin de joueur 1030
patin de vitesse 1045
patin mobile 1035
patinage artistique 1031
patinage de vitesse 1032
patineur 1032
patineur d'eau 147
patineuse 1045
patinoire 1028, 1031, 1036
patins de course 1033
pâtisson 249
patron 569, 578
patte 155, 167, 430, 432, 435, 484, 539, 732, 941
patte à boutons-pression 436
patte ambulatoire 141
patte anale 141
patte antérieure 140, 142, 152, 153, 164, 174, 189
patte autocollante 651
patte boutonnée 432
patte capucin 431, 452
patte d'entrejambe 440
patte d'épaule 435
patte de boutonnage 431
patte de coq 576
patte de serrage 435
patte d'épaule 906
patte locomotrice 145
patte médiane 140, 142
patte médiane (face externe) 142
patte polo 437
patte postérieure 140, 142, 152, 153, 164, 189
patte ventouse 141
pattes 160
pattes thoraciques 139
pâturage 243
paturon 168
paume 164, 237, 464, 941
paume d'un gant 464
paumelle 327
paupière 155
paupière inférieure 152, 178, 238
paupière interne 178
paupière supérieure 152, 178, 238
paupiette 276
pause 563, 615, 616, 633
pause, touche 559
pause/arrêt sur l'image 611
pavé alphanumérique 632
pavé numérique 633
pavé tactile 630
pavillon 165, 189, 235, 550, 551, 554, 671, 844, 912, 1016
pavillon, oreille 234
pavillon (8) 469
pavillon à deux pointes 873
pavillon à deux pointes et langue 873
pavillon de jardin 410
pavillon des skieurs 1036
pavois 724, 873
pavot 116
pavot, graines 261
pays 53
Pays-Bas 56, 878
peau 114, 115, 221, 236, 557
peau de batterie 556, 561
peau de chamois 463, 472
peau de couverture 539
peau de timbre 556, 561
pécari 172
pêche 242, 254, 1059
pêche, coupe 115
pêche, vêtements et accessoires 1061
pêche à la mouche 1059
pêche au lancer 1060
pédale 548, 556, 698, 700, 1001, 1020
pédale automatique 1020
pédale avec cale élargie 1020
pédale crescendo 554
pédale d'accélérateur 676
pédale d'ajustement 526
pédale de chaussage 1039
pédale de combinaisons 554
pédale de débrayage 676
pédale de déchaussage 1039
pédale de frein 420, 572, 672, 676, 679
pédale de frein arrière 696
pédale de marche arrière 420
pédale de marche avant 420
pédale de palonnier 1048
pédale de sourdine 552
pédale douce 552, 558
pédale d'effets 549
pédale forte 552, 558
pédales d'expression 554
pédalier 554
pédicelle 106, 114, 117
pédipalpe 145
pédoncule 112, 114, 115, 117
Pégase 22
peigne 518, 573, 766
peigne à crêper 476
peigne à pollen 142
peigne à tige 476
peigne afro 476
peigne de coiffeur 476
peignes 476
peignoir 447
peinture 408, 524, 525
peinture, style 529
peinture, support 529
peinture à l'huile 528
peinture d'entretien 408
pelage 164, 165, 167, 178, 185, 189
pèlerine 443
pélican 161
pelle 311, 337, 412, 493, 984
pelle à neige 421
pelle à poussière 381
pelle de montagne 1051
pelle hydraulique 760
pelle mécanique 771

pelle-grattoir 421
pelle-pioche pliante 1056
pelleteuse 759
pelle-traîneau 421
pellicule 591
pellicule, traitement 600
pellicule plastique 294
pelote 568
peloton 1020
peloton de tête 1020
pelouse 323, 1014
peltée 111
Pelton, roue 787
pelvis rénal 219
pelvis vestigial 182
pénalité, banc 1029
pénalité, préposé 1029
pendants d'oreille 468
pendeloque 373
pendentif 468
penderie 330, 365, 855
pendule 829, 868
pêne demi-tour 326
pêne dormant 326, 327
péninsule 45
péninsule Antarctique 46
péninsule des Balkans 49
péninsule du Yucatán 47
péninsule d'Arabie 51
péninsule Ibérique 49
péninsule Scandinave 49
pénis 137, 192, 228
penne 158, 282
pennée 111
pennon 873, 980
pennon double 873
pensée 113
pentagone régulier 839
pente 804
pente, bas 1036
pente difficile 1036
pente expert 1036
pente facile 1036
pente intermédiaire 1036
pépin 114, 115
pepino 259
péplos 426
pepperoni 277
perçage 394
perce-oreille 146
perceuse à colonne 395
perceuse électrique 394
perceuse-visseuse 394
perche 149, 269, 605, 606, 936
perche, anatomie 149
perche de ravitaillement 896
perche de tête 1007
perche truitée 269
perchiste 543, 936
percolateur 319
percolateurs 293
percuteur 893
perdrix 163, 271
père 928, 929
perforation 450, 459, 464
perforatrice 655
pergola 410
péricarpe 116
période 739, 933
périoste 199
périphérique 843
périphériques d'entrée 632
périphériques de sortie 636
périphériques de stockage 638
périscope 38
périscope d'attaque 899
périscope de veille 899
péristome 103, 133
péristyle 499, 502
péritoine 226, 228
Permien 130
péroné 153, 165, 170, 175, 184, 188, 200, 203, 207
Pérou 55, 876
perpendiculaire 836
perré 790
perron 323, 329
persan 179, 583
Persée 22
persienne 327
persil 262
personnel additionnel de production 605
perte de chaleur 96
pertuis de remplissage 719
pertuis de remplissage et de vidange 719
pèse-lettres 651
pèse-personne 831
peso 860
peson 831
pesticide 97, 98
pétale 112
pétanque 1014
pétanque, terrain 1014
pétiole 103, 107, 111
petit bois 327
petit cacatois 725
Petit Cheval 22
Petit Chien 23
petit foc 725
petit hunier fixe 725
petit hunier volant 725
petit largue 982
Petit Lion 23
petit miroir 734
petit perroquet fixe 725
petit perroquet volant 725
petit quartier 1005
petit rabat 483
Petit Renard 23
petit rond 197
petit sésamoïde 170
petite capitale 586
petite lame 1055
petite lèvre 226, 227
petite nyctale 163
Petite Ourse 22
petite quille 1015
petite sus-alaire 158
petite vrillette 146
petite-fille 928
petites annonces 590
petit-fils 928
petits outils, jeu 418
petits-enfants 928
pétoncle 265
pétrole 95, 775, 776, 779, 783
pétrole brut 782
pétrole et eau chauffés 779
pétrolier 718, 728
pe-tsaï 246
peul 582
peuplier 119
phalange 187
phalange distale 170, 178, 202, 203, 237
phalange moyenne 170, 178, 202, 203
phalange proximale 170, 178, 202, 203
phalanges 153, 159, 165, 175, 182, 184, 188, 202, 203
phalène du bouleau 147
phare 420, 421, 670, 690, 695, 696, 706, 718, 736, 764, 895, 917, 1026
phare arrière 764
phare avant 762, 763
phare central 707
phare d'atterrissage 753
phare de route 763
phare de travail 763
pharmacie 848, 856, 918, 923
pharynx 143, 214, 216
phase de glisse 1042
phase de poussée 1042
phases de la Lune 17
Phénix 20
phénomènes géologiques 75
Philippines 51, 59, 881
phloème 110
Phobos 14
Phoenix 31
phonothèque 867
phoque 183
phoque annelé 94
phosphore 813
photocopieur 647, 867
photodiode 594
photographe 848
photographe de plateau 543
photographie 591, 595
photographie, accessoires 596
photographie à la une 590
photographie numérique 599
photon 823
photopile 802, 803
photopile, circuit 803
photopile, module 803
photosphère 16
photosynthèse 95, 102
phyllo, pâte 279
physique : électricité 817
physique : magnétisme 817
physique : mécanique 816
physique : optique 821
phytoplancton 94
pi 836
piano 545
piano à queue de concert 553
piano demi-queue 553
piano droit 552
piano droit, mécanique 553
piano électronique 558
piano quart-de-queue 553
pic 71, 163
piccolo 545, 550
pichet 301, 318
picnic 275
pictogrammes 632
pie 163
pièce 1066
pièce d'embranchement 903
pièce d'estomac 427
pièce de coin 757
pièce de jonction 902
pièce intermédiaire 228
pièce terminale 228
pièces buccales 142
pièces honorables 874
pied 108, 136, 137, 185, 186, 189, 192, 193, 194, 195, 203, 250, 359, 362, 363, 366, 372, 411, 433, 483, 548, 554, 556, 628, 757, 792, 825, 961, 973, 1043, 1059, 1060
pied à coulisse à vernier 832
pied à perfusion 920
pied ambulacraire 135
pied amont 790
pied arrière 361
pied aval 790
pied avant 361
pied cambré 360
pied de fixation 596
pied de lit 363
pied de mât 983
pied de nivellement 378, 379, 380
pied presseur 567
pied-de-biche 566, 567
pied-mélangeur 314
piédroit 507, 514
pieds, protection 909
pie-mère 224
pière, lieu 864
pierre 384, 406, 470
pierre à affûter 309
pierre à aiguiser 534
pierre blanche 1065
pierre de Coyolxauhqui 513
pierre de curling 1027
pierre de taille 384
pierre en saillie 511
pierre lithographique 535
pierre noire 1065
pierre sacrificielle 513
pierres, taille 469
pierres fines 470
pierres précieuses 470
piètement 361, 409, 969
pieuvre 138, 265
pieuvre, anatomie 138
pieuvre, morphologie 138
pige 576
pigeon 163, 271
pignon 120, 255, 295, 322, 395, 829
pignon simple 1021
pika 167
pilastre 335, 518
pilastre corinthien 503
pilastre en saillie 510
pile 595, 660, 661, 678, 818, 894, 901
pile alcaline manganèse-zinc 820
pile bouton 595
pile carbone-zinc 820
pile rechargeable 613
piles sèches 820
pilier 76, 506, 513, 774
pilier droit 950
pilier gauche 950
pilon 307, 311
pilote 553, 894, 1022, 1024, 1025
pilote, vol libre 1047
pilotes 555
pilotin 555
pilotis 512
piment 248, 261
piment de la Jamaïque 260
piment Jalapeño 261
piment oiseau 261
pin blanc 121
pin parasol 121
pinacle 506
pince 139, 171, 309, 337, 367, 432, 478, 569, 1051
pince à boucles de cheveux 476
pince à cheveux 476
pince à cravate 471
pince à cuticules 472
pince à défriser 478
pince à dénuder 405
pince à échardes 915
pince à épiler 472
pince à escargots 309
pince à étiqueter 653
pince à filer 579
pince à fusible 405
pince à joint coulissant 399
pince à long bec 405
pince à spaghettis 309
pince avec noix de serrage 815
pince d'électricien 405
pince de ceinture 621
pince de mise en plis 476
pince de repérage 533
pince de taille 435
pince multiprise 399
pince noire 686
pince rouge 686
pince tibio-tarsienne 142
pince universelle 405
pince-aiguille 567
pinceau 408, 525, 534, 584
pinceau à lèvres 474
pinceau à pâtisserie 310
pinceau à sumi-e 525
pinceau éventail 473
pinceau pour fard à joues 473
pinceau pour poudre libre 473
pince-étau 399
pincement 359
pince-notes 654
pinces 399
pinçon 171
pingouin 161
pinnule 107
pinson 162
pintade 162, 271
pioche 413
piolet 1051
pion 1063, 1064
Pion 1065
Pioneer 30
pipe 483
pipette sérologique 815
piquant 135
pique 1051, 1062
pique-nique 856
pique-nique interdit 856
pique-notes 654
piquet 943, 1052, 1053
piquoir 578
piranha 150
pirogue à balancier 721
pirogue monoxyle 721
piscine 324, 730, 805, 932
piscine de condensation 801
piscine de déchargement 798
piscine de déchargement du combustible irradié 796
piscine de réception 798
piscine de stockage du combustible irradié 796, 798, 799
piscine du combustible défectueux 798
piscine enterrée 324
piscine hors sol 324
pisiforme 202
pissenlit 113, 247
pissette 815
pistache 255
piste 742, 934, 1022, 1024, 1033
piste d'atterrissage 897
piste d'avertissement 939
piste d'élan 935, 936, 1015
piste de compétition 1005
piste de décélération 1035
piste de décélération et de freinage 1041
piste de dégagement 1040, 1041
piste de glisse 1035
piste de réception 1040, 1041
piste de roulement 717, 757
piste de ski alpin 1036
piste de ski de fond 1036
piste de vitesse 1041
piste d'athlétisme 932
piste d'élan 937, 1040, 1041
pistes d'élan 970
pistil 104, 112
pistolet 403, 888, 906
pistolet 8 mm 1011
pistolet à air comprimé 1011
pistolet à calfeutrer 403
pistolet à impulsion électrique 888
pistolet à peinture 408
pistolet à souder 406
pistolet arrosoir 415
pistolet d'arrosage 415
pistolet de départ 934
pistolet de distribution 668
pistolet mitrailleur 891
pistolet pneumatique 1023
piston 551, 679, 680, 682, 912
piston à décorer 310
piton 1050
piton à expansion 1050
piton à glace 1051
piton sous-marin 67
pivot 405, 477, 479, 527, 564, 568, 734, 806, 816, 937, 957, 978, 1057
pivot d'attelage 691
placage déroulé 386
place d'armes 505
plaçure 537
plafond 337, 964, 965
plafond acoustique 541
plafond de cabine 519
plafonnier 372
plage 70
plage arrière 730
plage avant 727, 731
plage de séparation 617
plaine 45, 73
plaine abyssale 67
plaine d'inondation 73
plaine fluvio-glaciaire 72
plan 63
plan, élévation 328
plan à langer 366
plan de travail 291, 292, 296
plan du terrain 328
plan urbain 52
planche 386
planche à découper 309
planche à dessin 526
planche à roulettes 1044
planche à voile 983
planche de pied 984
planche de surf 988
planche de vol 144
planche d'appel 937
planche d'arrêt 1014
planche nautique 988
planche témoin 937
plancher 337, 697, 917, 964, 965, 1005
plancher de cabine 519
plancher inférieur 754
plancher supérieur 754
planchette à arches 653
planchette à pince 650
planchiste 1044
planétaire 20
planétarium 20
planètes externes 14
planètes internes 15
planeur 1048
planisphère 44

plantaire 197
plante 109
plante, croissance 105
plante, nouvelle 104
plante, structure 109
plante carnivore 103
plante céréalière 122, 784
plante grimpante 410
plante hôte 103
plante parasite 103
plante sucrière 784
plante textile 123
plantes à fleurs 131
plantoir 418
plantoir à bulbes 418
plaque 316, 478
plaque à aiguille 566
plaque à pâtisserie 310
plaque à pizza 313
plaque absorbante 802
plaque africaine 68
plaque antarctique 68
plaque antifriction 1039
plaque arabique 68
plaque chauffante 319
plaque costale 155
plaque d'identité 471
plaque d'instructions 394
plaque de base 892
plaque de commutateur 358
plaque de couche 887
plaque de cuisson 291, 292
plaque de cuivre 534
plaque de fixation 833
plaque de plâtre 385
plaque de protection 549, 1025
plaque de rouleau 1070
plaque de tôle 965
plaque des Caraïbes 68
plaque des îles Cocos 68
plaque eurasiatique 68
plaque indo-australienne 68
plaque madréporique 135
plaque marginale 155
plaque Nazca 68
plaque négative 685
plaque nord-américaine 68
plaque pacifique 68
plaque philippine 68
plaque positive 685
plaque Scotia 68
plaque signalétique 355
plaque sud-américaine 68
plaque supra-caudale 155
plaque tournante 662
plaque vertébrale 155
plaque-glissière 566, 567
plaque-numéro 1025
plaques convergentes 68
plaques divergentes 68
plaques tectoniques 68
plaques transformantes 68
plaquette 90, 480, 679
plaquette sanguine 209
plaqueur droit 952
plaqueur gauche 952
plasma 209
plasmodesme 102
plastique et acier 351
plastique et cuivre 351
plastron 155, 445, 884, 940, 944, 954, 994, 1009
plastron de gardien de but 1030
plastron métallique 997
plat 942
plat à escargots 303
plat à poisson 303
plat de dos 360
plat ovale 303
plat recto 539
plat verso 539
plat-bord 986
plateau 45, 71, 105, 342, 352, 366, 387, 395, 401, 409, 488, 498, 528, 537, 538, 559, 566, 600, 605, 606, 617, 691, 830, 831, 926, 1010, 1020, 1065, 1066
plateau à fromages 303
plateau continental 67
plateau de chargement 611, 638
plateau de clavier 552
plateau de coupe 420
plateau de frein 679
plateau de jeu 1064, 1071
plateau de ponçage 396
plateau de rangement 526
plateau de sortie 637
plateau de stockage 798
plateau de tournage 542
plateau de tri automatique 647
plateau des tremplins 1040
plateau d'alimentation 651
plateau d'alimentation en papier 637
plateau mobile 1068
plateau pivotant 536
plateau poisson 317
plateau pour accessoires 24
plateau réceptacle de paiement 1070
plateau récepteur 647
plateau simple 1021
plateau tournant 314
plateaux 292
plate-bande 410
plate-bande de culasse 890
plateforme 64, 324, 409, 596, 689, 705, 831, 976, 978, 999, 1044
plateforme auto-élevatrice 778
plateforme de production 777, 780
plateforme élévatrice automotrice 745
plateforme externe d'expérimentation 35
plateforme fixe 778
plateforme multifonctionnelle 27
plateforme semi-submersible 778
platéosaure 130
platine 78, 538, 813, 825, 1045
platine à silex 889
platine cassette 616
platine de projection 655
platine vinyle 604, 617
platine vinyle USB 559
plâtre, salle 919
plats à rôtir 312
platysma 196
pleine Lune 17
plénum 338
pleurote en forme d'huître 244
plèvre 215
plexus brachial 225
plexus lombaire 225
plexus sacral 225
pli 386, 432, 454, 685
pli creux 370, 454
pli d'aisance 454
pli pincé 370
pli plat 432, 454
pli rond 370
pli surpiqué 454
plie commune 268
plinthe 333, 335, 518
plinthe chauffante électrique 340
plioir 537
plis 370
plissé accordéon 454
pliure 569
plomb 78, 812, 1061
plomb de cheville 989
plomberie 344, 402
plomberie, circuit 344
plombs 887
plongée sous-marine 989
plongeoir 978
plongeon 978
plongeon, positions 978
plongeon arrière 978
plongeon avant 978
plongeon de départ 975
plongeon en équilibre 978
plongeon renversé 978
plongeon renversé avec tire-bouchon 979
plongeon retourné 978
plongeon synchronisé 979
plongeons 979
plongeur 291, 989
plot 359
plot de départ 976
pluie 90, 91
pluie, formes 90
pluie continue faible 83
pluie continue forte 83
pluie continue modérée 83
pluie faible 90
pluie forte 90
pluie intermittente faible 83
pluie intermittente forte 83
pluie intermittente modérée 83
pluie modérée 90
pluie verglaçante 83, 90
pluies acides 97, 98
plume 76, 465, 524, 585
plume creuse de roseau 584
plume d'oie 584
plume métallique 585
plume métallique romaine 584
plumeau 381
plus grand que 837
plus ou moins 837
plus petit que 837
plus-égalité 649
plutoïde 14
Pluton 15
plutonium 814
pluviomètre à lecture directe 84, 85
pluviomètre enregistreur 84, 85
pluviosité, mesure 85
pneu 124, 671, 684, 690, 699, 1020, 1024
pneu à carcasse diagonale 685
pneu à carcasse radiale 685
pneu à carcasse radiale ceinturée 685
pneu à crampons 684, 697, 1025
pneu autoroutier 684
pneu de performance 684
pneu d'hiver 684
pneu pluie 1022
pneu pour temps sec 1022
pneu toutes saisons 684
pneumatique de guidage 716, 717
pneumatique porteur 716, 717
pneus 684
poche 189, 387, 452, 1012, 1015, 1019
poche à douilles 310
poche à encre 138
poche à rabat 435, 436, 452
poche à venin 143
poche américaine 484
poche cavalière 432
poche centrale 1012
poche copulatrice 137
poche du dard 137
poche extérieure 484, 488
poche frontale 486
poche gastrique 134
poche gilet 430
poche inférieure 1012
poche intérieure 489
poche manchon 452
poche passepoilée 437, 452
poche plaquée 430, 448, 452
poche poitrine 431, 435
poche prise dans une couture 443, 452
poche prise dans une découpe 452
poche raglan 435, 443, 452
poche repose-bras 436, 443
poche secrète 484
poche soufflet 442, 452
poche supérieure 1012
poche tiroir 430
poche verticale 427
poche-revolver 432
poche-ticket 430
pochette 430, 484, 949
pochette avant 489
pochette d'allumettes 483
pochette d'homme 487
pochette d'information 652
pochette de classement 653
pochette de sécurité 487
pochette de transport 653
pocheuse 313
podium des épreuves 970
podomètre 832
poêle à combustion lente 336
poêle à crêpes 313
poêle à frire 313, 1055
poêlon 313, 317
poids 752, 829, 830, 831, 937, 1000, 1001
poignard 886
poignée 307, 314, 315, 316, 317, 318, 336, 350, 363, 364, 374, 375, 376, 377, 380, 381, 387, 390, 391, 392, 393, 395, 396, 397, 408, 411, 417, 477, 478, 484, 486, 488, 490, 491, 547, 619, 620, 654, 671, 697, 716, 773, 885, 887, 911, 916, 937, 962, 968, 984, 998, 1000, 1001, 1009, 1010, 1017, 1038, 1041, 1042, 1059, 1060, 1069
poignée antivibrations 417
poignée arrière 1060
poignée auxiliaire 394
poignée avant 893
poignée de blocage d'onglet 392
poignée de chariot 571
poignée de conduite 917
poignée de démarrage 411
poignée de départ (dos) 976
poignée de frein 699, 917, 1020
poignée de guidage 398
poignée de la manivelle 535
poignée de maintien 674
poignée de nacelle 1049
poignée de porte 325
poignée de sécurité 419
poignée de soulèvement 892
poignée de transport 489, 491, 891, 913, 987
poignée découpée 655
poignée du démarreur 417
poignée du guidon 1021
poignée escamotable 489
poignée intérieure 674
poignée isolante 317
poignée latérale 395, 396
poignée montoir 687, 690, 705, 902
poignée rentrante 484
poignée rétractable 1034
poignée supérieure 395
poignée thermique 1027
poignée-oxygène de coupe 407
poignée-pistolet 394, 406, 832, 891
poignées à ressort 1000
poignet 174, 186, 193, 195, 208, 237, 431
poignet de force 999
poignet mousquetaire 452
poil 236
poil sensible 103
poils absorbants 105, 109, 110
poinçon 333, 531, 1055
point 587, 1062
point critique 1041
point d'alimentation 356
point d'amure 983
point d'ancrage 1047
point d'arête 565
point d'articulation 760
point d'attache 111, 749
point d'écoute 983
point d'encochage 1009
point d'épine 565
point d'exclamation 587
point d'interrogation 587
point d'Orient 565
point de broderie 565
point de chaînette 565
point de chausson 565
point de chevron 565
point de côtes 570
point de damier 570
point de handicap 1065
point de jersey 570
point de mise au jeu 1028
point de nœud 565
point de norme 1041
point de poste 565
point de raccordement 356
point de réparation 946
point de repère 569
point de repère, touche 559
point de riz 570
point de torsades 570
point du chef 874
point d'appui 816
point d'attache 145
point d'encochage 885
point d'information 849
point d'orgue 563
point fixe 679
point mousse 570
point passé empiétant 565
point roumain 565
point végétatif 110
point vernal 23
pointage, manivelle 892
pointage de l'épreuve en cours 971
pointe 70, 111, 250, 300, 306, 388, 390, 391, 392, 432, 433, 454, 547, 553, 567, 570, 579, 584, 874, 887, 935, 937, 1009, 1018, 1030, 1038, 1051, 1061, 1069
pointe à graver 534, 535
pointe avant 374
pointe carrée 390
pointe cruciforme 390
pointe d'attache 552
pointe de centrage 394
pointe de col 431
pointe de dent 758
pointe de flèche en silex 883
pointe de hampe 873
pointe de poitrine 272
pointe de ski 1042
pointe fuselée 987
pointe plate 371, 390
pointe ronde 371
pointes 390
pointeur 1057
pointeuse 650
points 968
points bouclés 565
points couchés 565
points croisés 565
points de suspension 587
points de tricot 570
points noués 565
points plats 565
point-virgule 587
poire 255
poire à jus 309
poire à poudre 889
poire de gonflage 913
poireau 245
pois 116, 252
pois, petit 252
pois cassé 252
pois chiche 252
pois mange-tout 252
poisson, présentation 270
Poisson austral 20
poisson cartilagineux 148
poisson de mer 266
poisson d'eau douce 269
poisson en conserve 270
poisson fumé 270
poisson mariné 270
poisson osseux 149, 150
poisson rouge 150
poisson salé 270
Poisson volant 21
poisson-chat 151
poisson-clown 150
poisson-globe 151
poisson-lanterne 151
poisson-lune 150
poissonnerie 289
poissonnière 312
Poissons 22
poisson-scie 151
poitrail 168
poitrine 158, 272, 273, 274
poitrine roulée 274
poitrinière 572
poivre blanc 260
poivre moulu 261
poivre noir 260
poivre rose 260
poivre vert 260
poivrière 302
poivron jaune 248
poivron rouge 248
poivron vert 248
Polaroid® 591
pôle Nord 42, 817
pôle Nord céleste 23
pôle Nord géographique 817
pôle Nord magnétique 817
pole position 1022

pôle Sud 42, 46, 817
pôle Sud céleste 23
pôle Sud géographique 817
pôle Sud magnétique 817
police 856
polissoir d'ongles 472
politique 873
pollen, grain 104
pollinisation 104
polluants atmosphériques 97
polluants non biodégradables 97
pollution agricole 97
pollution automobile 97
pollution de l'air 97
pollution de l'eau 98
pollution domestique 97
pollution du sol 97
pollution industrielle 97
pollution par le pétrole 98
polo 437, 440, 968, 1008
polo, terrain 1008
polochon 363
Pologne 56, 878
polonais 583
polonium 812
polyester 424
polygones 839
polypode commun 107
polytric commun 106
pomelo 256
poméranien 176
pomme 255, 414
pomme, coupe 115
pomme d'Adam 192
pomme de douche 346
pomme de terre 245
pomme poire 259
pommeau 395, 397, 941, 998, 1005, 1011
pompage 779
pompe 324, 339, 378, 380, 408, 698, 800, 801, 804, 1053
pompe à air 495
pompe à boue 776
pompe à chaleur 341, 770
pompe à sang 927
pompe à venin 912
pompe de caloportage 797
pompe de circulation 339, 340, 805
pompe de puisard 345
pompe de recirculation 801
pompier 901
ponceuse à bande 396
ponceuse excentrique 396
poncho 443
poney 1008
poney de polo 1008
pont 52, 480, 641, 824, 1025
pont à béquilles 661
pont à poutre 660
pont à poutre simple 660
pont à poutres indépendantes 660
pont à tablier inférieur 661
pont à tablier intermédiaire 661
pont à tablier supérieur 661
pont Bailey 662
pont bain de soleil 731
pont basculant à double volée 662
pont basculant à simple volée 662
pont cantilever 661
pont d'appontage 897
pont d'envol 897
pont en arc 661
pont flottant 662
pont inférieur 781
pont levant 662
pont principal 729
pont roulant 786
pont supérieur 746, 781
pont suspendu à câble porteur 660
pont tournant 662
pont transbordeur 662
pontage 986
pontet 887, 888, 891, 986, 1010, 1011
pont-levis 504
pont-l'évêque 281
ponton 662, 777, 985, 1023
ponton de départ 984
pont-promenade 730
ponts à poutre 660
ponts en arc 661
ponts fixes 660
ponts mobiles 662
ponts suspendus à haubans 660
popote 1055
porc 172, 275
porc-épic 166
porche 323, 507, 508, 872
porcherie 243
pore 102, 116
pore inhalant 134
porque 729
Porro, prisme 824
port 843
port clavier 629
port de plaisance 932
port de sortie audio 628
port d'entrée audio 628
port d'interface ordinateur 638
port Ethernet 628, 630
port FireWire 628, 630
port infrarouge 630
port jeux/MIDI 629
port maritime 718
port modem interne 630
port parallèle 629
port pour adaptateur de courant 630
port réseau 629
port série 629
port souris 629, 636
port USB 558, 599, 619, 620, 628, 629, 630, 637, 638
port vidéo 628, 629, 630
portail 507
portance 752
portant 985
porte 316, 376, 378, 379, 519, 567, 687, 688, 718, 746, 831, 855, 872, 1043
porte à deux vantaux 688
porte à lanières 515
porte à tambour manuelle 515, 853
porte accordéon 515
porte amont 719
porte arrière 911
porte automatique 742
porte aval 719
porte avant 727, 730
porte classique 515
porte coulissante 346, 515
porte coulissante automatique 515
porte coupe-feu 515
porte d'extrémité 757
porte de contrôle 1040
porte de garage basculante 515
porte de garage sectionnelle 515
porte de la soute 36
porte de l'élévateur 689
porte d'accès de plateforme 705
porte d'entrée 689
porte étagère 377
porte extérieure 325
porte latérale 716
porte moustiquaire 687
porte pliante 515
porte-adresse 488
porte-avions 897
porte-bagages 488, 686, 687, 697, 698
porte-bagages arrière 697
porte-baguettes 305
porte-bébé à armature rigide 491
porte-bébé souple 491
porte-bidon 699
porte-bûches 337
porte-cartes 84, 484
porte-cassette 924
porte-chaussures 463
porte-chéquier 485
porte-clés 485
porte-coupures 485
porte-couteau 301
porte-documents à soufflet 484
porte-documents plat 485
portée 562
porte-électrode 406
porte-étiquette 653, 709
porte-étiquette d'acheminement 709
porte-fenêtre 296, 329, 330
portefeuille 485
portefeuille chéquier 484
porte-fil dentaire 482
porte-fils 572
porte-filtre 319
porte-foyer 336
porte-fusible 793
porte-jarretelles 445
porte-manteau 645
porte-marteau 387
porte-matraque 906
porte-mine 585
porte-monnaie 485
porte-moulinet 1059, 1060
porte-négatif 600
porte-outil 398, 773
porte-parapluies 490
porte-passeport 485
porte-pitons 1051
porte-râteau 535
porte-rouleau 346
portes 515
portes d'entrée 544
porte-sac 1019
porte-serviettes 346
porte-skis 686
porte-spécimen 826
porte-stylet 635
porte-stylo 484
porte-timbres 651
porte-tube 825
porte-vélos 686
porte-vent 555
portière 671, 674
portique 509, 661, 718, 756, 757, 785, 786, 872, 970
portique de chargement de conteneurs 718
portique de signalisation 703
portique détecteur de métal 864
portobello 244
portugais 583
Portugal 56, 877
posemètre 597
posemètre photoélectrique 597
positif 834
position à genoux 1011
position carpée 978
position couchée 1011, 1043
position debout 1011, 1043
position des joueurs 938, 947, 957, 960
position droite 978
position d'équilibre 821
position d'un caractère 586
position groupée 978
position neutre, témoin 696
positionnement du papier 648
positionneur 566
positions, escrime 998
positions de départ, lutte 991
positions de départ, plongeon 978
positions de tir 1011, 1043
poste 794, 857
poste à clavier 624
poste CB 621
poste d'aiguillage 703
poste de commandement 895, 899
poste de communication 716
poste de conduite de la propulsion 899
poste de contrôle 865, 904
poste de débranchement 708
poste de l'agent de sécurité 919
poste de patrouille 1036
poste de pilotage 746, 748, 753, 895
poste de police 845, 904
poste de secours 663, 1036
poste de soudage 406
poste de surveillance 522, 900
poste de tir 1010
poste de travail 644
poste de travail avec système Dalet 604
poste des infirmières (urgence ambulatoire) 919
poste des infirmières (urgence majeure) 918
poste d'observation 28
poste informatique 866
poste téléphonique à mémoire 623
postes d'écoute 867
postes téléphoniques 623
postillon 1063
pot 294
pot amovible 317
pot d'échappement 673, 694, 696, 697
potassium 812
poteau 332, 661, 958, 963, 966, 974
poteau cornier 332
poteau de but 953, 955, 1008
poteau du ring 990
poteau mural 333
potence 699, 825, 917
potentiomètre 604
potentiomètre de vitesse de lecture 559
poterie 576
poterne 504, 505
potiron 249
potterie, outils 576
pou 146
poubelle 293, 381
pouce 160, 186, 187, 208, 237, 464, 941
pouce opposable 185
poudre 887
poudre libre 473
poudre pressée 473
poudrier 473
pouf 361
poulailler 243
poulaine 884
poule 163
poulet 271
poulet de Cornouailles 271
poulie 367, 396, 409, 682, 816, 885, 1009
poulie basse 1001
poulie de chariot 756
poulie de tension du régulateur 519
poulie d'entraînement 819
poulie haute 1001
poumon 137, 145, 152, 154, 159, 169, 212, 215
poumon droit 214
poumon gauche 214
poumons 215
poupe 720, 730, 983
Poupe 21
pour broyer et râper 307
pour couper 315
pour cuire 316
pour la correspondance 651
pour la pâtisserie 310
pour le classement 652
pour mélanger et battre 314
pour mesurer 308
pour ouvrir 307
pour passer et égoutter 308
pour presser 315
pourcentage 649, 837
pourpier 247
pourpoint 428
pourpre 875
pousse 109
pousse de bambou 250
poussette 491
poussin 163
poussoir 307, 318, 326, 912
poussoir à pollen 142
poussoir d'arrêt 828
poussoir d'ouverture 490
poussoir de mise en marche 828
poussoir de remise à zéro 828
poussoir pneumatique 772
poutre 332, 513, 520, 792, 969, 970
poutre cantilever 661
poutre continue 660
poutre de levage 693
poutre de queue 753
poutre d'assurage 1050
poutre suspendue 661
poutre-châssis 761
poutrelle en saillie 512
praire 265
prairie 45, 243
prairie tempérée 92, 93
praséodyme 814
praticable 972
praticable pour exercices au sol 970
pratiquant, kung-fu 996
préblindage 895
Précambrien 128
précédent, bouton 634
précipitation 95
précipitations 90, 91
précipitations hivernales 90
pré-écoute, bouton 559
prélèvement sanguin, système 912
prémaxillaire 150, 166, 167
premier arbitre 958, 959
premier assistant-cadreur 542
premier but 938
premier croissant 17
premier de cordée 1050
premier quartier 17
premier tour : 128 joueurs 933
premier-but 938
première joueuse 1027
première ligne 950
première molaire 206
première prémolaire 206
premières feuilles 105
premiers soins 856
premiers soins, fournitures 911
premiers violons 545
prémolaire 164, 166, 167
prémolaires 206
préposé au contrôle des billets 522, 544
prépuce 228
près 982
près bon plein 982
près du ring 990
près serré 982
présélection de station 619
présentoir à revues 645
présentoir de brochures 858
présentoir des nouveautés 867
présentoir des périodiques 867
présentoir réfrigéré 290
président 997
président du jury 1050
presqu'île de Corée 51
presqu'île de Kola 49
presqu'île du Kamtchatka 51
pressage 125
presse 766
presse, lit 533
presse à épreuves 533
presse à pectoraux 1001
presse à percussion 538
presse à taille-douce 534
presse lithographique 535
presse-agrumes 307, 315
presse-ail 307
presse-café 319
presse-étoupe 350
presse-papier 648
pressing 849
pression, mesure 85, 835
pression au niveau de la mer 81
pression barométrique 81
pression devant 448
pressuriseur 800, 801
prétoire 863
prétraitement 784
prévention de la criminalité 904
prévention des incendies 900
prévision météorologique 80
primate 184
prime 998
primevère 113
principales formes de lames 531
principales pièces d'une maison 328
principales techniques 528
principaux organes des systèmes automobiles 672
principaux panneaux internationaux 664
principaux panneaux nord-américains 666
printemps 80
prise 937
prise antisurtension 638
prise audio 629
prise avec borne de terre 345
prise casque 558, 559, 614, 615, 620
prise classique 961
prise d'air 727, 1026
prise d'eau 786
prise de charge 479, 678
prise de courant 404
prise de courant américaine 358
prise de courant européenne 358
prise de force 764
prise de masse 406
prise de notes 650

prise de pied 1051
prise de raccordement 566
prise de sortie 614
prise de sortie audio 614
prise de sortie audio/vidéo 614
prise de synchronisation du flash 597
prise de télécommande 592, 593
prise de terre 354
prise de vue en fourchette 593
prise d'air 688, 695
prise d'air de refroidissement du moteur 1024
prise d'air du moteur 688
prise d'alimentation 628, 629
prise d'alimentation secteur 614
prise d'entrée 559, 638
prise d'entrée audio 614
prise d'entrée audio/vidéo 614
prise d'oxygène 920
prise électrique 687
prise microphone 559, 621
prise porte-plume 961
prises 992
prises antisurtension alimentées par batterie 638
prises de main 1051
prises téléphoniques antisurtension 638
prises vidéo et numérique 593
prisme de Porro 824
prisme pentagonal 594
prison 864
procédé 1013
processeur 595
proconsul 131
producteur 543
production d'électricité par énergie nucléaire 795
production d'électricité par énergie solaire 804
production d'électricité par l'alternateur 789
production de l'électricité, étapes 789
production des émissions 605
production du son 555
production d'électricité par énergie éolienne 807
production d'électricité par énergie géothermique 770
production d'électricité par énergie thermique 775
production d'électricité par l'alternateur 795
produits céréaliers 278
produits de fission (noyaux radioactifs) 811
produits de la raffinerie 782
produits de nettoyage 291
produits de traiteur 289
produits d'emballage 288
produits d'entretien 288
produits laitiers 280, 288
produits pétrochimiques 782
produits pour animaux familiers 289
profil de rail 713
profil du sol 109
profondeur du foyer 76
profondimètre 989
programmateur 378, 379
programmation des voix 558
programmes informatiques 307
projecteur 542, 544, 699, 707, 901
projecteur à miroir 606
projecteur asservi 606
projecteur auxiliaire 20
projecteur de diapositives 601
projecteur de plafond 85
projecteur d'ambiance 606
projecteur fixe 606
projecteur orientable 902
projecteur sous-marin 324
projecteurs 541
projectile antichar 893
projectiles 889
projection conique 43
projection cylindrique 43
projection d'épaule par un côté 992
projection en cercle 992
projection horizontale 43
projection interrompue 43
projections cartographiques 43
prolongation décorative 511
prométhium 814
pronaos 499
propagation 821
propane, réservoir 687
propulseur 64, 894
propulseur d'étrave 731
propulseurs de commande d'orientation 36
prosciutto 277
prospection en mer 775
prospection terrestre 775
prostate 228
protactinium 814
protecteur d'avant-bras 954
protecteur lombaire 954
protecteur pubien 994
protection 910
protection, périphérique 638
protection de l'ouïe 908
protection de la tête 908, 910
protection de l'ouïe 910
protection des mains 910
protection des pieds 909, 910
protection des voies respiratoires 909, 910
protection des yeux 908
protection d'usure 1024
protection isolante 33
protège-avant-bras 994
protège-cheville 940
protège-côtes 954
protège-cou 954
protège-coude 944, 1030, 1044
protège-dents 954, 991
protège-document 652
protège-doigts 1009
protège-gorge 940, 1030, 1032
protège-guidon 891
protège-hanche 954
protège-lame 392, 393
protège-lame inférieur 392
protège-lame supérieur 392
protège-main 1025
protège-matelas 363
protège-nuque 901
protège-orteils 909, 940
protège-poignet 1045
protège-poitrine 994
protège-tendon 1030
protège-tibia 945, 946, 994, 1032, 1037
protège-tympan 908
protestantisme 870
prothorax 141
protocole de communication 642
proton 810
protoptère 151
protubérance 16
proue 731, 983
province 53
provision d'eau 789
prune 254
pseudopode 133
psychromètre 85
ptérygoïde 154
pubis 159, 165, 192, 194
puce 146, 861
puisard 344, 345, 774
puissance, mesure 835
puissance, réglage 375
puits 498, 779, 783
puits d'accès 794
puits d'extraction 774
puits de dérive 983
puits de production 770, 779
puits de raccordement 357
puits d'injection 770, 779
puits sous-marin 780
puits vertical 774
pull 442
pull molletonné 451
pulls 442
pulpe 114, 115, 206, 237
pulsar 18
pulvérisateur 414, 775
pulvérisateur nasal 914
pulvériseur tandem 765
pulvino 791
puma 180
punaise 654
punaise d'eau 146
punaise rayée 146
pupille 178, 238
pupille verticale 154
pupitre 554, 558, 564
pupitre à musique 564
pupitre de commande 748
pupitre de commandes 20
pupitre de conduite 706
pupitre de régie 607
pupitre de son 604, 605, 608
pupitre dirigeur 624
pupitre du chef d'orchestre 545
pupitre d'aiguillage 607
pupitre d'éclairage 605
purgeur 339
purificateur d'air 342
purificateur d'eau 1056
puzzle 1066
pygostyle 159
pyjama 447, 449
pylône 660, 703, 751, 792
pylône classique 792
pylône du moteur 747
pylône nappe 792
pylône tubulaire 792
pyramidal 202
pyramide 498, 839
pyramide écologique 94
pyramide rénale 219
pyranomètre 84
Pyrénées 49
python 156

Q

Qatar 58, 880
qipao 429
quad 697
quadrant 838
quadrilatère 839
quadriporteur 917
quadruple croche 563
quai 703, 715, 718, 742, 842
quai d'embarquement 741
quai de chargement 847
quai de déchargement 523, 849, 853, 854
quai de gare 704
quais de déchargement 850
qualité d'enregistrement des images 593
quantité de matière, mesure 835
quark d 810
quark u 810
quart de finale : 8 joueurs 933
quart de soupir 563
quart-arrière 953
quart-de-rond 333
quarte 562, 998
quartier 17, 114, 171, 450, 459, 1005
quartier des affaires 842, 844
quartier des coureurs 1021
Quaternaire 131
quatre avec barreur 985
quatre sans barreur 985
quatre-mâts barque 724
quatuor 546
quechua 583
queue 114, 115, 154, 155, 164, 165, 168, 174, 178, 182, 186, 189, 228, 394, 539, 747, 806, 988, 1043, 1044, 1048, 1055, 1071
queue de billard 1013
queue de l'hélix 234
queue de poussières 18
queue ionique 18
queue-de-cochon 531
queusot 359
quillard 981
quille 1015, 1047
quille chandelle 1015
quille-reine 1015
quilles 1015
quilleur 1015
quilleuse 1015
quillier 1015
quinoa 263
quinte 562, 998, 1062, 1068
quinte royale 1062
quintette 546

R

rabat 430, 486, 655, 1056
rabatteur 766, 767
rabot 397
raccord 351
raccord à collet repoussé 351
raccord à compression 351, 352
raccord d'arrivée d'air 408
raccord de gaz 340
raccord de réduction 351
raccord de robinet 414
raccord de signalisation 687
raccord de tuyau 407, 415
raccord femelle 351
raccord hydraulique 340
raccord mâle 351
raccord té 353
raccord té d'égout 353
raccord union 351
raccordement du flexible 773
raccords 351
raccords mécaniques 351
rachis 158
racine 105, 110, 206
racine carrée 649
racine carrée de 837
racine de l'hélix 234
racine de l'ongle 237
racine du nez 231
racine motrice 220, 221, 224
racine pivotante 118
racine principale 105, 109
racine secondaire 105, 109, 110
racine sensitive 220, 221, 224
racine traçante 118
racine-contrefort 110
racine-crampon 110
racines adventives 107
racle d'impression 536
raclette 281
raclette creuse 536
raclette-gril 317
racloir 1042
racquetball 964
racquetball, court 964
radar 64, 726, 727, 730, 731
radar aéroporté 64
radar d'appontage 897
radar de contrôle aérien 897
radar de détection 898
radar de surveillance 898
radar de surveillance aérienne 897, 898
radar de veille de surface 897, 898
radar météorologique 80, 746
radeau de sauvetage 733
radiateur 339, 672, 683, 706
radiateur à colonnes 339
radiateur bain d'huile 340
radiateur rayonnant 340
radiateur soufflant 340
radiateurs 35
radicelle 109, 118
radicule 105
radier 717, 719
radio 604, 907, 1048
radio maritime VHF 735
radio portable 619
radioactivité, mesure 835
radiographie 924
radiomètre 86
radiomètre imageur 86
radiomètre sondeur 86
radio-réveil 619
radiosonde 85
radiotélescope 26
radiothérapie 926
radis 251
radis noir 251
radis oriental 251
radium 812
radius 153, 159, 164, 165, 170, 175, 182, 184, 186, 187, 188, 200, 202, 208
radôme 896
radon 814
radula 137
raffinerie 780, 843
raffineur 125
raglan 443
raie 148, 266
raie des fesses 193, 195
raie sourcilière 158
raifort 251
rail 367, 533, 571, 713
rail, profil 713
rail circulaire 26
rail d'éclairage 373
rail de glissement 675, 981
rail de guidage 26, 526, 691
rail de lancement de missile 896
rail de raccord 712
rail et retour de courant 717
rail-guide de contrepoids 519
rail-guide de la cabine 519
rails de travelling 542
rainette 153
rainure 309, 567, 571, 885, 1018, 1038
rainure du guide à onglet 393
rainure du guide parallèle 393
raisin 117, 254
raisin, coupe 114
rallonge 362, 375
rallonge de la table 393
ramasseur 766, 966
ramasseuse-presse 766
rambarde 728, 1044
ramboutan 259
rame 125
rame de métro 714, 716
rameau 109, 117, 118, 120
rameau dorsal 220
rameau ventral 220
ramequin 302
rameur 1001
ramille 118
rampant 499
rampe 329, 330, 335, 499, 503, 541, 771
rampe d'accès 660, 730
rampe d'éclairage 373
rampe de lancement 36
rampe de lavage 763
rampe de quai 718
rampe de signalisation 902, 907
rampe d'accès pour fauteuils roulants 522
ramure 118
rangée 541
rangement 705
rangement pour les gants 921
râpe 307, 398, 531
râpe à fromage cylindrique 307
râpe à muscade 307
rapière 886
rappel de la mémoire 649
rappel de mémoire 597
rapporteur d'angle 833
raquette 1043
raquette de badminton 962
raquette de racquetball 964
raquette de squash 965
raquette de tennis 968
raquette de tennis de table 961
raquette elliptique 1043
raquette traditionnelle 1043
rasage 479
ras-de-cou 437, 442, 468
ras-el-hanout 261
rasette 554
rasoir à manche 479
rasoir à tranchant multiple 479
rasoir effileur 478
rasoir électrique 479
rasoir jetable 479
rat 165, 166
rat, morphologie 165
rat, squelette 165
rat de cave 534
rate 149, 152, 155, 169, 230
râteau 413, 535, 766, 1013
ratissoire 412
raton laveur 180
ravier 303
ravioli 282
ravitaillement en vol 896
ravitailleur 896

rayon 145, 490, 699, 838
rayon de miel 144
rayon épineux 150
rayon incident 822, 823
rayon lumineux 239
rayon médullaire 118
rayon mou 150
rayon réfléchi 822, 823
rayon réfracté 822
rayonnement 811
rayonnement artificiel 65
rayonnement du ciel, mesure 84
rayonnement infrarouge 96, 821
rayonnement naturel 65
rayonnement solaire 95, 96
rayonnement solaire absorbé 96
rayonnement solaire réfléchi 96
rayonnement ultraviolet 821
rayons gamma 821
rayons X 821
ré 562
réacteur 795, 797, 798, 800, 899
réacteur à eau bouillante 801
réacteur à eau lourde 800
réacteur à eau sous pression 801
réacteur au gaz carbonique 800
réacteur nucléaire 799
réaction en chaîne 811
réaction réversible 834
réalisateur 543, 604, 605, 608
réalisme 529
rebobinage 616
rebord 376
rebras 464
récamier 360
réceptacle 107, 112, 114, 654
réceptacle pour les pièces refusées 1070
réceptacle séminal 141, 145
récepteur 26, 622, 623
récepteur/enregistreur numérique 610
récepteur de radio par satellite 620
récepteur de son 912
récepteur sensoriel 221
récepteurs du goût 233
réception 644, 854
réception des données 65
réception des émissions 609
réception directe 602
réception du fret 743
recette 774
receveur 938, 939, 940, 963, 965, 966
receveur éloigné 953
recharge 584
recharge amont 790
recharge aval 790
réchaud 312
réchaud à deux feux 1053
réchaud à un feu 1053
réchauffement planétaire 96
réchauffeur 796
recherche 643
recherche des canaux 611
récif de la Grande Barrière 52
récipient 85, 314
récipient collecteur 85
récipient pour le café moulu 318
récipient pour les grains de café 318
reconcentration de l'oxyde de deutérium 797
recourbe-cils 473
rectangle 839
rectrice 158
rectum 141, 143, 155, 159, 169, 217, 226, 228
recul rapide 610
récupérateur à jus 317
récupérateur d'énergie 341
récupération 949, 958
recyclage 99
redingote 442
réducteur de siège de toilette 492
réduction/agrandissement 647
réduction mâle-femelle 351
réduction mâle-femelle hexagonale 351
réfectoire 865
réflecteur 404, 596, 610, 691, 698, 699
réflecteur parabolique 26
réflecteur parabolique orientable 26
réflecteur radar 737
réflecteur secondaire 26
réflecteurs solaires 602
réflexion 65
réflexion de la lumière 822
Réforme 870
réformeur catalytique 782
refouloir 889
réfraction de la lumière 822
réfrigérateur 290, 292, 296, 377
réfrigérateurs 290
refroidissement 782
refroidisseur d'air 680
refroidisseur de la salle des générateurs de vapeur 797
regard 339
regard d'égout 846
régie 528, 541, 604
régie de l'image 608
régie de l'image et d'éclairage 605
régie de production 605, 607, 608
régie du son 605, 608
régie technique 852
région auriculaire 158
région malaire 158
région négative 802
région positive 802
régions de balisage 738
registre coulissant 555
registre de comptabilité 655
registre de réglage 338
registre des aigus 560
registre des basses 560
réglage 916
réglage, bouton 629
réglage de hausse 824
réglage de l'afficheur 623
réglage de l'angle 397
réglage de la balance 549
réglage de la hauteur 969, 1001
réglage de la pression d'oxygène 33
réglage de la température 342
réglage de la tension 1060
réglage de la tonalité 549
réglage de largeur de point 566
réglage de niveau d'enregistrement 616
réglage de pression 566
réglage de profondeur 398
réglage de tempo 558
réglage des températures 374
réglage du diaphragme 825
réglage du pas 832
réglage du pointeau du fluide 408
réglage du volume 549, 558, 611, 619, 621
réglage du volume des communications 33
réglage en hauteur 600, 601
réglage en hauteur du condenseur 825
réglage latéral 824
réglage micrométrique (azimut) 24, 25
réglage micrométrique (latitude) 24, 25
réglage sur demi-teinte 597
réglages 625
règle 526, 537, 832
Règle 20
règle d'équerrage 537
règle de couture 568
règle du guide parallèle 393
règle graduée 833, 1055
règle-point 566
réglette 573
règne 132
régulateur 349
régulateur de carburant 749
régulateur de pression 312, 407, 783, 1053
régulateur de vitesse 420, 519, 676
régulation numérique de la chaudière 340
rehausseur 366
rein 136, 137, 138, 149, 152, 154, 159, 169, 219, 229
rein droit 218
rein gauche 218
reine 143
reine, abeille 143
réinitialisation, touche 1067
reins 168, 193, 195
rejet 118
rejet d'oxygène 102
rejets industriels 97, 98
relais d'accessoires 749
relevé de transaction 859
relève-bras 617
releveur de fil 566
relief lunaire 17
religion 870
religions, chronologie 870
relish 286
reliure à anneaux plastiques 653
reliure à glissière 652
reliure à pince 652
reliure à ressort 652
reliure à vis 652
reliure d'art 537
reliure spirale 650
rembourrage 1049
rémige primaire 158
rémige secondaire 158
rémige tertiaire 158
remise 322, 328, 410
remise à zéro 647
remontoir 564, 828, 829
remorque 690, 716, 765, 766, 988
remorque de vélo pour enfant 700
remorqueur 728
rempart 17, 504, 505
remplage 507
remplissage 781
Renaissance 509
renard 180
rêne 1006
rêne de bride 1004
rêne de filet 1004
renfort de culasse 890
renfort de nuque 1024
renfort de pointe 1030
réniforme 111
renne 172
renseignements 857, 1036
rentré 569
renvoi automatique 1071
repassage 425
repasser à basse température 425
repasser à haute température 425
repasser à moyenne température 425
repérage, pince 533
repère de distance 1006
repère de ligne de marche 1057
repère de niveau d'eau 374
repère de touche 548, 549
repère de virage de dos 977
répertoire 642
répertoire téléphonique 623, 651
répéteur 603
repli 426
répondeur numérique 625
repose-bras 617
repose-main 634
repose-pied 694, 696, 917
repose-pieds 366, 646, 1021
repose-poignets détachable 632
repositionnement 648
repousse-chair 472
représentation graphique 838
reprise d'air 338
reprise de la diffusion en cours 610
reprise instantanée 610
reprise vidéo 933
reproduction 120
reproduction, cycle 104
reproduction de clés 849
reprographie 858
reptation 77
reptiles 154, 156
République arabe syrienne 880
République centrafricaine 60, 879
République de Corée 881
République de Moldova 878
République démocratique du Congo 879
République démocratique populaire lao 881
République dominicaine 54, 877
République populaire démocratique de Corée 881
République tchèque 56, 878
République-Unie de Tanzanie 879
répulsion 817
requin 148
requin, morphologie 148
requin blanc 148
requin-tigre 148
réseau aérien 356
réseau de postes sans fil 623
réseau de transport d'électricité 804
réseau en anneau 640
réseau en bus 640
réseau en étoile 640
réseau étendu 641
réseau national 602
réseau nerveux 206
réseau postal public 588
réseau privé 602
réseau souterrain 357
réseau téléphonique 603
réseautique 640
réseaux 640
réserve de papier 647
réserves alimentaires 854
réservoir 37, 319, 342, 345, 408, 483, 555, 579, 783, 785, 786, 788, 790, 791, 903, 1053
réservoir à carburant 690, 706, 753, 895, 896
réservoir à carburant, bouchon 411
réservoir à eau 762
réservoir à essence 678, 694, 697
réservoir à grain 767
réservoir à toit fixe 781
réservoir à toit flottant 781
réservoir auxiliaire 691
réservoir d'air comprimé 706
réservoir d'alcool 827
réservoir d'arrosage 795, 797
réservoir d'azote liquide 826
réservoir d'eau 342
réservoir d'essence 417
réservoir d'huile 417
réservoir de brut 782
réservoir de carburant de chauffage 678
réservoir de chasse d'eau 346
réservoir de liquide de frein 679
réservoir de mercure 827
réservoir de propergol 32
réservoir de sécurité 800
réservoir de stockage 805
réservoir d'air comprimé 1023
réservoir d'eau 319, 763
réservoir d'entreposage 783
réservoir d'hydrogène liquide 39
réservoir d'oxygène liquide 39
réservoir externe 36
réservoir magmatique 75, 770
réservoir tampon 780
réservoir ventral 753
réservoirs 781
résidente 920
résidus non recyclables 99
résistance, réglage 1001
résistance électrique, mesure 835
résistances 820
résonateur 618
respiration 95
responsable du décompte des tours 1033
responsable du démarreur 1023
ressort 76, 327, 350, 372, 399, 584, 893
ressort athlétique 1000
ressort compensateur de fil 567
ressort d'échappement 553
ressort de batterie 889
ressort de rappel 679
ressort de soupape 555, 682
ressort de suspension 378, 706
ressort de tension 677, 1000
ressort en spirale 371
ressort hélicoïdal 673
restaurant 290, 730, 844, 847, 848, 853, 856
restaurant libre-service 292
restaurant-minute 849
résultat 649
résurgence 67
retable 871
rétenteur 1007
réticule 824
Réticule 20
réticulum endoplasmique 102, 133
rétine 238, 239
retour 633, 646
retour de chariot 648
retour de courant 717
retrait 648
rétroprojecteur 655
rétroviseur 676, 689, 690, 695, 696, 697, 763, 1026
rétroviseur extérieur 670, 688
rétroviseur grand-angle 688, 689
rétroviseur parabolique 763
réunion 837
réverbère 846
revers 430, 432, 454, 459
revers à cran aigu 430
revers cranté 435
revêtement 332, 333, 781, 961
revêtement, matériaux 385
revêtement de sécurité 33
revêtement imperméable 449
revêtement intérieur 685
revêtement synthétique 968
revêtement thermique 36
revêtements de sol textiles 334
revitalisant capillaire 475
revolver 888
rez-de-chaussée 328, 329
Rhéa 15
rhénium 813
rhésus, facteur 834
rhinocéros 173
rhinopharynx 232
rhizoïde 106
rhizome 107, 110
rhodium 813
rhodyménie palmé 244
rhopalie 134
rhubarbe 250
rias 70
ribosome 102, 133
richelieu 459
ricotta 280
rideau 368
rideau ballon 369
rideau bonne femme 368
rideau brise-bise 368
rideau coulissé 369
rideau de fer 540
rideau de scène 540, 541
rideau de vitrage 368
rideau d'obturateur 594
rideau flottant 369
rideau gonflable 676
rideau noir 606
rideau séparateur 920
rideaux 369
rideaux croisés 369
ridoir 981
rifloir 531
rigatoni 282
rigole 1014
rillettes 277
rimaye 72
rinceau 360
ring 990
ris 276
risberme 790
rive 386, 794
rive externe 171
rive interne 171
rivet 306, 399
rivière 45, 73
rivière souterraine 67
riz 122, 263, 283
riz : panicule 122
riz basmati 283
riz blanc 283
riz complet 283
riz étuvé 283
riz sauvage 263
rizière 97
robe 438, 781
robe à crinoline 427
robe à paniers 427
robe à tournure 427
robe bain-de-soleil 438
robe chemisier 438
robe de cocktail 438
robe enveloppe 438
robe fourreau 438
robe princesse 438
robe taille basse 438
robe trapèze 438

robe tube 438
robe tunique 438
robe-manteau 438
Roberval, balance 830
robinet 346, 350
robinet d'acétylène 407
robinet d'arrêt 347, 352, 353
robinet d'arrêt général 344
robinet d'oxygène 407
robinet de réglage de débit 901
robinet de vidange 348, 349, 781
robinet d'arrêt 783
robinet flotteur à clapet 347
robinet relais 1053
robinets 376
robinets de carburant 748
robot boulanger 317
robot de cuisine 315
roc 76
rocaille 410
roche 92
roche mère 109
rocher 1050
roches d'intrusion 66
roches ignées 66
roches métamorphiques 66
roches sédimentaires 66
rochet 395, 828, 829
roentgenium 813
rognons 276
roi 1062
Roi 1065
romaine 246
roman 508
romano 281
romarin 262
rond de serviette 301
rond pronateur 196
ronde 273, 563
rondeau 576
rondelle 350, 820, 1038, 1042
rondelle à denture extérieure 399
rondelle à denture intérieure 399
rondelle à ressort 399
rondelle conique 347
rondelle de fibre 351
rondelle plate 399
rondelles 399
rondiste 469
rond-point 52
rongeur 165
roquefort 281
roquette 247
ros 572
rosace 548
rose 113, 507
rose des vents 734
rosée 91
rosette 326, 501
rossignol 162
rôti de côtes 272
rôti de filet 272
rôti de palette 273
rôti de soc 275
rôti d'épaule 273, 274
rôti picnic 275
rotini 282
rotodôme 751
rotonde 847
rotor 327, 681, 787, 806, 807, 1060
rotor à griffes 819
rotor anticouple 753
rotule 165, 170, 175, 184, 200, 401
roue 408, 411, 421, 684, 690, 787, 890, 895, 917, 1020, 1024, 1045
roue, boîtier 1001
roue à aubes 721
roue à rayons 1007
roue arrière 420
roue arrière pleine 1021
roue avant 420, 761, 764
roue d'échappement 828, 829
roue d'engrenage 395, 574
roue d'entraînement 574
roue de centre 828, 829
roue de champ 828
roue de jauge 420
roue de mesure 832
roue de poulie 367
roue de pression 767
roue de secours 687
roue de sécurité 717
roue de support 1026
roue de turbine 794
roue dentée 572, 816, 1026
roue d'exercice 494
roue folle 758
roue Francis 787
roue Kaplan 787
roue libre 700
roue motrice 762, 764, 829
roue Pelton 787
roue petite moyenne 828, 829
roue pivotante 917
roue stabilisatrice 701
rouelle 276
roues 787
roues motrices 761
rouge 528, 821, 1068
rouge à lèvres 474
rouge orangé 528
rouge violet 528
rouge-gorge 162
Rouges 1063
rouget barbet 267
rouleau 371, 408, 420, 476, 535, 1070
rouleau à pâtisserie 310
rouleau à vernir 534
rouleau compacteur 762
rouleau conditionneur 766
rouleau d'encrage 533
rouleau de guidage 402
rouleau de pellicule 591
rouleau principal 572
rouleaux de la Torah 872
roulement 1045
roulement à billes 807
roulette 366, 375, 488, 534, 556, 568, 755, 1044, 1068
roulette à frein 913
roulette à pizza 309
roulette américaine 1068
roulette de défilement 634
roulette de pâtissier 310
roulette française 1068
roulis 752
roumain 583
Roumanie 57, 878
roupie 860
roussette noire 187
route 53, 658, 659, 842
route d'accès 740
route secondaire 53
routeur 643
routeurs 641
Royaume-Uni 56
Royaume-Uni de Grande-Bretagne et d'Irlande du Nord 877
ruban 387, 567, 893, 972
ruban adhésif 654, 944
ruban blanc 961, 963
ruban correcteur 654
ruban de bouclage 907
ruban de Téflon® 402
ruban de tissu adhésif 915
rubidium 812
rubis 470, 828
ruche 144, 243
rue 52, 845, 846, 847
rue commerçante 844
ruelle 845
rugby 950
rugby, joueurs 950
rugby, terrain 950
rugbyman 951
ruisseau 73
ruissellement 95
russe 583
Russie 46, 56, 57, 58, 59
russule verdoyante 244
rutabaga 251
ruthénium 813
rutherfordium 813
Rwanda 61, 879
rythme des marques de nuit 739

S

sable 779, 790, 875, 959
sable bitumineux 778, 779
sablier 308
sablière 706
sablière double 332
sabot 168, 171, 401, 429, 691, 935, 944, 988
sabot à deux doigts 171
sabot à quatre doigts 171
sabot à trois doigts 171
sabot à un doigt 171
sabot de protection 758
sabots 171
sabre 886, 998
sabreur 997
sac 560
sac à bandoulière 487
sac à cagoule 1054
sac à collation 295
sac à dos 489, 1051, 1056
sac à langer 492
sac à légumes 295
sac à poussière 396
sac à provisions 486
sac à sandwich 295
sac à vêtements 489
sac accordéon 487
sac banane 487
sac besace 487
sac bivouac 1054
sac boîte 486
sac cartable 486
sac de congélation 295
sac de couchage 1054
sac de golf 1019
sac de sable 990
sac de sport 489
sac de transport 596
sac embryonnaire 104
sac fourre-tout 486, 488
sac gonflable 676
sac marin 486
sac messager 486
sac polochon 487
sac pour accessoires 1009
sac rectangulaire 1054
sac seau 486
sac semi-rectangulaire 1054
sac-filet 294
sachet 294
sachet de thé 295
sacoche 697, 700
sacristie 871
sacrum 184, 187, 200, 201, 204
sacs à main 486
sacs à provisions 289
safran 260, 728, 987
sagari 995
Sagittaire 20
Sahara occidental 60
saharienne 442
saillant 505
saindoux 284
saint-bernard 177
Sainte-Lucie 54, 876
Saint-Kitts-et-Nevis 54, 876
Saint-Laurent 47
Saint-Marin 56, 878
saint-pierre 268
Saint-Pierre 870
Saint-Vincent-et-les Grenadines 877
Saint-Vincent-et-les-Grenadines 54
saisie des données 826
saisons 1066
saisons, cycle 80
salades 292
saladier 303
salamandre 153
salami allemand 277
salami de Gênes 277
salchow 1031
salière 302
salle 541
salle à manger 290, 293, 329, 705, 730, 854, 899, 900
salle commune 865
salle d'embarquement 743
salle de bains 330, 346, 855, 920
salle de bal 731
salle de classe 865, 868, 869
salle de classe pour élèves en difficultés d'apprentissage 868
salle de commande 785, 797
salle de concert 845
salle de conférences 644, 852, 858
salle de contrôle 20
salle de contrôle des machines 728
salle de courrier 644
salle de lecture 866
salle de mise en détention 905
salle de musique 868
salle de prélèvements 922
salle de préparation chirurgicale 921
salle de prière 872
salle de projection 20, 523, 544
salle de quilles 848
salle de rangement du matériel médical 923
salle de réanimation 918
salle de réception 872
salle de rédaction des rapports 904
salle de référence 867
salle de repos des infirmières 922
salle de reprographie 644
salle de réunion 522, 854, 858, 869, 900
salle de réveil 921
salle de sciences 868
salle de séjour 329
salle de soins 922
salle de spectacle 540, 844
salle de stérilisation 921, 922
salle de stockage du combustible neuf 798
salle de stockage du matériel souillé 918, 921
salle de stockage du matériel stérile 918
salle de tir 905
salle de triage 919
salle de visionnement 867
salle des cartes 726
salle des congrès 852
salle des enseignants 869
salle des jurés 862
salle des machines 730, 785, 786
salle des microfilms 866
salle des ordinateurs 899
salle des pas perdus 704
salle des périodiques 867
salle du treuil 773
salle d'anesthésie 921
salle d'arts plastiques 868
salle d'atelier 852
salle d'attente 644, 904, 919
salle d'attente des familles 918
salle d'attente des visiteurs 864
salle d'attente du centre de prélèvements 922
salle d'attente principale 922
salle d'attente secondaire 923
salle d'entreposage 290, 292
salle d'examen 923
salle d'examen audiométrique 923
salle d'examen et de soins 919
salle d'examen gynécologique 919
salle d'exposition 853
salle d'habillage 542
salle d'informatique 868
salle d'interrogatoire 904
salle d'opération 921, 922
salle d'ophtalmologie et d'oto-rhino-laryngologie 919
salle polyvalente 605, 865
salles de réunion 852
salles d'entrevue 863
salles d'expositions permanentes 523
salles d'expositions temporaires 523
salomé 460
salon 329, 730
salon de coiffure 848
salon des employés 859
salon du personnel 904, 919
salon d'attente 854
salon d'honneur 852
salopette 441, 449
salopette à bretelles croisées 449
salopette à dos montant 448
salsifis 251
samarium 814
sambal oelek 287
Samoa 62, 881
samoan 583
sandale 450, 461, 883
sandalette 462
sandre 269
sang, composition 209
sang artériel 212
sang épuré 927
sang veineux 212
sangle 675, 901, 967, 970, 1001, 1003, 1005, 1006, 1049, 1050
sangle d'amortissement 908
sangle de brancard 1007
sangle de compression 1056
sangle de fermeture 1056
sangle de nuque 908
sangle de retenue 913
sangle élastique 488
sangle serre-vêtements 489
sangle sous-cutale 733
sangle sous-ventrière 1007
sanglier 172
sanglon 1005
sanguine 524
santé 911
São Tomé-et-Príncipe 61, 879
saphir 470
sapin 121
sapotille 259
sarcloir 412
sardine 267
sari 429
sarment 117
sarrasin 122, 263
sarrasin : grappe 122
sarriette 262
sartorius 196
sas 35, 515, 719
sas d'accès arrière 899
sas du bâtiment du réacteur 796
sas du laboratoire 37
sas pour équipement 798
sas pressurisé 663
sash 996
satellite 14, 39, 602
satellite à défilement 86
satellite artificiel 79
satellite de localisation 63
satellite de télécommunications 643
satellite géostationnaire 86
satellite météorologique 80
satellite Radarsat 64
satellites de télécommunications 602
satellites météorologiques 86
satin 424, 575
Saturn V 39
Saturne 14, 15
sauce aux prunes 287
sauce chili 287
sauce hoisin 286
sauce soja 286
sauce Tabasco® 286
sauce Worcestershire 286
saucière 302
saucisse de Francfort 277
saucisse de Toulouse 277
saucisson kielbasa 277
sauge 262
saule pleureur 119
saumon 94
saumon d'aile 1048
saumon de l'Atlantique 268
saumon du Pacifique 268
saupoudreuse 310
saut, zone 973
saut à la perche 934, 936
saut à ski 1041
saut à ski, piste 1040, 1041
saut d'obstacle 1002
saut en hauteur 935, 936
saut en longueur 934, 937
saut périlleux avant avec tire-bouchon 979
sauterelle 771, 775
sauteur 1041
sauteuse 313

sautoir 468
sautoir, longueur opéra 468
sauts 936, 1031
sauts multiples 1025
savane 87, 92, 93
savon de toilette 474
saxhorn 551
saxophone 550
scandium 813
scanneur 635
scanneur à hyperfréquences 86
scanneur de radiations terrestres 86
scaphandre spatial 33
scaphoïde 202, 208
scapulaire 158
scarabée 146
scare 151
scarole 246
scellement, matériau 820
scène 498, 540, 541
schéma du principe du tissage 575
schisme d'Orient 870
schiste 783
schnauzer 176
sciage 391
scie à chantourner 391
scie à dos 391
scie à grecquer 537
scie à guichet 391
scie à métaux 391, 402
scie à onglet électrique 392
scie à onglet manuelle 391
scie circulaire 392
scie circulaire à table 393
scie d'élagage 416
scie égoïne 391
scie pliante 1057
scie sauteuse 393
scierie 125
scion 1059
scion, tête 1059
scissure oblique 215
sclérotique 238
scooter 697
scooter de mer 1026
score doublé 1069
score triplé 1069
scorpion 147
Scorpion 20
scorsonère 251
scotie 500, 501
scratch, molette 559
scripte 543
scrotum 192, 228
sculpture 509, 523, 531, 764
sculpture, accessoire 531
sculpture, outil 531
sculpture sur bois 531
sculptures 684, 685
seaborgium 813
seau 381
seau isotherme 318
sébaste 268
sébile de remboursement 624
sébum 236
sécateur 416
séchage 125, 425
sèche-cheveux 477
sèche-linge 379
sécher à plat 425
sécher par culbutage à basse température 425
sécher par culbutage à moyenne température 425
séchoir à tuyaux 900
séchoir d'épreuves 600
second arbitre 958, 959
second assistant-cadreur 542
second renfort 890
seconde 562, 836, 998
secondeur 952
secondeur intérieur 952
seconds violons 545
secrétaire 364
secrétaire de direction 644
secrétaire du président 644
secrétaires 974
secrétariat 859, 869
secteur 838
secteur des civières 918
section de conduit 337
section de l'identité 904
section des monographies 866
section raffinerie 777
section tubulaire 777
sécurité 900
segment 679, 682
segment abdominal 141
seiche 265
seigle 122, 263
seigle : épi 122
sein 192, 194, 227
séisme 76
seizième de soupir 563
séjour 1052
sel 995
sel de bain 474
sel fin 287
sel marin 287
sélecteur 343
sélecteur de bandes 616
sélecteur de canaux 621
sélecteur de contrôle 614
sélecteur de coupe 479
sélecteur de décimale 649
sélecteur de fonctions 592
sélecteur de hauteur 375
sélecteur de micro 549
sélecteur de mode 593
sélecteur de niveau d'eau 378
sélecteur de points 566
sélecteur de programme 558
sélecteur de régime 419
sélecteur de rythme 558
sélecteur de stations 619, 620
sélecteur de température 316, 378, 379
sélecteur de vitesse 314, 393, 617
sélecteur de vitesse de rotation 394
sélecteur de vitesses 697
sélecteur de voix 558
sélecteur d'entrée 614
sélecteur d'inclinaison de la lame 393
sélecteur quadridirectionnel 593
sélecteurs de fonctions 623
sélection 611, 624
sélection de mode 597
sélection des canaux 611
sélection d'entrée 614
sélénium 812
selle 694, 697, 698, 969, 1001, 1003, 1005, 1006, 1008, 1026
selle de rail 712
sellette 531, 1007, 1047
sellette d'attelage 690
semelle 332, 333, 374, 392, 393, 397, 398, 433, 463, 988, 1018, 1031, 1038, 1039
semelle d'usure 450, 459
semelle de chargeur 888
semelle du battant 572
semelle intercalaire 450
semelle pivotante 401
semence 388
semi-épineux 197
semi-lunaire 202, 208
semimembraneux 197
semi-métal 812
semi-remorque 690
semi-remorque à copeaux 692
semi-remorque à grumes 692
semi-remorque benne 692
semi-remorque bétaillère surbaissée 692
semi-remorque citerne 692
semi-remorque fourgon 692
semi-remorque frigorifique 691, 692
semi-remorque plateau 691
semi-remorque porte-conteneur 692
semi-remorque porte-engins surbaissée 692
semi-remorque porte-véhicules 692
semi-remorques 692
semitendineux 197
semoir à main 418
semoir en lignes 767
semoule 123, 278
Sénégal 50, 60, 879
senestre 874
sens de déplacement des électrons 820
sensibilisateur 536
sensibilité 592, 593, 597
sep 765
sépale 112, 114, 115
séparateur 685, 728, 770, 796, 820
séparateur d'eau 772
séparateur de gaz 777
séparateur électrolytique 820
séparateur liquide/gaz 685
séparateur primaire 779
séparation 784
séparation magnétique 99
séparation papier/carton 99
séparation-classeur 484
septième 562
septime 998
septum interventriculaire 213
séquence 1062
séquence de manipulation du combustible 798
séquenceur 559
séquoia 121
sérac 72
serbe et croate 583
Serbie 57, 878
serfouette 412
serge 424
sergé 575
sérigraphie 536
sérigraphie, matériel 536
seringue 912
seringue pour lavage de cavités 912
serpe 416
serpent 154, 1064
Serpent 21, 23
serpent à sonnette 156
serpent corail 156
serpent venimeux, anatomie 154
serpent venimeux, morphologie 154
serpent venimeux : tête, squelette 154
serpentin 341, 1049
serpentin de l'évaporateur 343
serpentin du condenseur 343
serpents et échelles 1064
serpette 416
serrage 399
serre 160, 243
serré 586
serre-joint 391, 401, 574
serre-joint à tuyau 401
serre-livres 655
serre-poignet 968
serre-tête 465, 618, 908, 909
serre-tête antibruit 908
serrure 325, 326, 377, 486, 489, 671, 674
serrure à clé 484
serrure à combinaison 484
serrure à mortaiser 327
serrure tubulaire 326
sertissage 887
sertissure 470
serveur 290, 291, 640, 641, 642, 643, 962, 965, 967
serveur de fichiers 641
serveur d'accès 642
service 958, 966
service à fondue 312
service à la clientèle 859
service d'entretien 668
service de colis 704
service de sécurité 853
services de crédit 858
services d'assurance 858
services financiers 858
services sociaux 923
services techniques 866
serviette 484
serviette de table 301, 304, 305
serviette de toilette 475
serviettes 292
servofrein 672, 679
servomoteur 894
seuil 325
seuil de l'évacuateur 785
sextant 734
Sextant 21
sextuor 546
Seychelles 61, 880
shampooing 475
shekel 860
shenti 426
shiitake 244
shinai 995
shintoïsme 870
short 433, 441, 935, 945, 946, 951, 956
short boxeur 450
short de boxe 990
si 562
SI 835
siamois 179
siège 347, 350, 360, 361, 366, 420, 576, 675, 917, 986, 987, 1001, 1005, 1007, 1035, 1048
siège assis à genoux 646
siège coulissant 984, 1001
siège de l'ambulancier 911
siège de vélo pour enfant 700
siège double 716
siège du barreur 984
siège du commandant 748
siège du rabbin 872
siège du second-officier 748
siège d'auto 686
siège d'auto pour bébé 491
siège éjectable 896
siège réglable 705
siège simple 716
siège-baquet : vue de face 675
siège-baquet : vue de profil 675
sièges 361
Sierra Leone 60, 879
signal arrêt/marche 343
signal de position d'aiguille 712
signal de voie 703
signal lumineux 564
signal sonore 564
signalisation lumineuse 665, 667
signalisation maritime 736
signalisation routière 664
signature du titulaire 861
signature officielle 861
signes de ponctuation 587
signes diacritiques 587
silencieux 411, 773
silex 889
silicium 812
silique 116
sill 75
sillet 547, 548, 549
sillon 223, 233
sillon antérieur 234
sillon concentrique 617
sillon de départ 617
sillon de sortie 617
sillon médian 233
sillon naso-labial 231
sillon terminal 233
silo de chargement 772
silo-couloir 243
silos 718
silo-tour 243
Silurien 128
simulateur d'escalier 1001
Singapour 59, 881
sinogramme 585
sinople 875
sinus 426
sinus frontal 232
sinus lactifère 227
sinus latéral inférieur 117
sinus latéral supérieur 117
sinus pétiolaire 117
sinus sphénoïdal 232
siphon 344, 347, 351, 352
sirop 914
sirop de maïs 285
sirop d'érable 285
sismogramme 76
sismographe horizontal 76
sismographe vertical 76
sismographes 76
sistre 557
site d'enfouissement 97
sixain 1068
sixte 562, 998
skeleton 1035
ski 1026, 1038
ski acrobatique 1040
ski alpin 1038
ski de descente 1038
ski de figure 988
ski de fond 1042
ski de saut 1041
ski de slalom 988, 1038
ski de slalom géant 1038
ski de super-géant 1038
ski de vitesse 1041
ski nautique 988
skieur alpin 1038
skieur de fond 1042
skieur de vitesse 1041
skiff 985
skimmer 324
skip 774
skis 988, 1038
skis de saut 988
skis de tourisme 988
slalom géant 1039
slalom spécial 1039
slip 434, 445
slip de bain 450
slovaque 583
Slovaquie 56, 878
slovène 583
Slovénie 56, 878
smash 959, 967
smilodon 131
smog 97
snooker 1013
soc 275, 765
socle 76, 84, 314, 317, 318, 336, 355, 372, 395, 538, 617, 634, 635, 807, 815, 829, 830
socle chargeur 482
socle fixe 401
socle rembourré 957
socque 461
socquette 433, 446
sodium 812
sœur 929
softball 941
soie 298, 306, 398, 403, 424, 479, 1059
soies 408, 482
soigneur 957, 990
soins de la pelouse 419
soins du corps 474
soja 284
soja, germes 284
sol 98, 562, 791
sol naturel 658
solarium 729
sole 171, 268
soléaire 196
Soleil 14, 16, 17, 80, 94
Soleil, éclipse 16
Soleil, structure 16
soleret 884
solide 810, 811
solide amorphe 810
solidification 810
solin 337
solive 334
solive de plafond 332
solive de plancher 332, 333
solive de rive 332, 333
solstice d'été 80
solstice d'hiver 80
solution multifonctions 481
Somalie 61, 879
sombrero 429
sommaire 590
sommation 837
sommelier 290
sommet 71, 512, 1036
sommier 514, 552, 555
sommier tapissier 363
sonar 65, 735
sonar de coque 898
sondage en altitude 85
sonde 925, 927
sonde d'amarrage 38
sonde spatiale 30, 79
sondes spatiales 30
sonnerie de passage à niveau 713
sonnette 154
sorbetière 318

sore 107
sorgho 122
sorgho : panicule 122
sortie 144, 659
sortie d'air chaud 336, 338
sortie d'eau chaude 339
sortie de l'eau de refroidissement du condenseur 797
sortie de l'air frais 343
sortie de piste 743
sortie de piste à grande vitesse 740
sortie des billets 858
sortie des tickets 668
sortie du caloporteur 802
sortie du reflux du condenseur 797
sortie S-Video 630
soubassement 364, 513
souche 118
soucoupe 302, 305
soudage 406
soudage à l'arc 406
soudage oxyacétylénique 407
Soudan 60, 879
soudure 406, 579
soufflante 749, 800
soufflerie 555
soufflet 484, 487, 555, 560, 600
souffleur de feuilles 411
souffleuse 763, 766
souffleuse de fourrage 767
soufre 813
soulèvement 77
soulier à la poulaine 429
soulier à talon 429
soupape 312, 555, 773
soupape à air 408
soupape à pression et dépression 781
soupape d'admission 680, 682, 1049
soupape d'arrivée d'air 527
soupape d'échappement 680, 682
soupape d'évacuation 551, 913
soupape de gonflage 989
soupape de purge 989
soupape de réglage du fluide 408
soupape de sûreté 339, 348, 349, 795
soupape expiratoire 909
soupape inspiratoire 909
soupe 292
soupière 303
soupir 563
source 73
source alimentaire fondamentale 94
source de vie 103
source des images 599
source d'énergie 65
sourcil 511
sourcils 178
sourdine 551, 611, 639
souris laser 634
souris sans fil 634
sous-couche 334
sous-fondation 658
sous-gorge 1004
sous-main 646
sous-marin nucléaire 899
sous-ombrelle 134
sous-pied 441
sous-plancher 332, 333, 334
sous-sol 109, 328, 503, 847
sous-titre 590
soustraction 649, 836, 837
soustraction en mémoire 649
sous-vêtement 1022
sous-vêtement de refroidissement et de ventilation 33
sous-vêtements 434, 444
sous-vêtements d'hommes 850
soute 36, 747
soute à bagages 688, 727, 753
soute à eau 706
soute des bobines de câbles 608
soute d'équipement technique 608
soutien du cou et de la tête, système 1022
soutien informatique 644
soutien-gorge 445
soutien-gorge balconnet 445
soutien-gorge corbeille 445
Soyouz 38, 39
spa 324
spadice 112
spaghetti 282
spaghettini 282
spatule 311, 533, 988, 1037, 1038, 1042
spatulée 111
spécialiste technique 1031
spectre électromagnétique 821
spectromètre 826
spectromètre à ultraviolet 86
spencer 442
spermathèque 137
spermatozoïde 228
spermiducte 137
sphaigne squarreuse 106
sphénoïde 205
sphère 839
sphère céleste 23
sphère de verre 84
sphère terrestre 23
sphincter vésical 218
sphynx 179
spicule 16
spiral 828
spirale 145, 390, 600
spirale centrale 145
spiruline 244
splénius de la tête 197
spores 108
sports à roulettes 1044
sports aériens 1046
sports aquatiques 974
sports d'hiver 1027
sports de balle 938
sports de ballon 938
sports de combat 990
sports de force 999
sports de montagne 1050
sports de précision 1009
sports de raquette 961
sports équestres 1002
sports gymniques 969
sports motorisés 1022
sports nautiques 974
spot 373
spot à pince 372
squame 236
squash 965
squash, court 965
squelette 199
squelette de la chauve-souris 187
squelette de la grenouille 153
squelette de la taupe 164
squelette de l'oiseau 159
squelette du cheval 170
squelette du chien 175
squelette du dauphin 182
squelette du gorille 184
squelette du kangourou 188
squelette du rat 165
squelette du serpent venimeux : tête 154
Sri Lanka 58, 881
stabilisateur 747, 753, 756, 760, 896, 902, 1009, 1026, 1048
stabilisateur à triple plan vertical 751
stabilisateur de roulis 730
stabilo 1046, 1047
stade 843, 932, 934
stade de baseball 932
stade d'hiver 932
stade nautique 932
stalactite 67
stalagmite 67
stalle de départ 1006
stand de tir 932
stand de tir à l'arc 932
stand d'exposition 853
stands 1022, 1024
Stardust 31
statif 815, 924, 926
station de contrôle 63
station de métro 714, 844
station de pompage 780
station de pompage intermédiaire 780
station de pompage principale 780
station de ski 1036
station d'accueil 619, 622
station locale 602
station météorologique 84
station météorologique, disposition des informations 81
station météorologique d'aéronef 80
station météorologique océanique 80
station météorologique sur bouée 80
station spatiale internationale 34
station terrestre 80
station terrestre de télécommunications 643
stationata 1002
stationnement, parc 703, 718, 742, 842, 847, 869
station-relais 602
station-relais à micro-ondes 642
station-service 668, 845, 856
statistiques 838
stator 327, 787
stators extérieurs 749
stators intérieurs 749
statue 871
steeple 934
steppe 87
sterne 161
sternocléidomastoïdien 196, 197
sternum 153, 159, 164, 165, 170, 175, 187, 188, 200
stéthoscope 912
stigmate 104, 112, 116, 140, 141
stilton 281
stimulateur cardiaque artificiel 927
stimulation cyclique par la vapeur d'eau 779
stipule 111
stockage des missiles 898
stola 426
stolon 110
stop 174
stoppeur 947
store à enroulement automatique 371, 686
store à enroulement manuel 371
store bateau 371
store japonais 370
store vénitien 371
store vertical 370
stores 370
stratocumulus 82, 88
stratopause 79
stratosphère 79
stratus 82, 88
string 445
stroboscope 733
stromatolite 128
strontium 812
structure 658
structure antitonneau 1023
structure artificielle d'escalade 1050
structure d'un arbre 118
structure d'un champignon 108
structure d'un missile 894
structure d'une fleur 112
structure d'une plante 109
structure de la biosphère 94
structure de la moelle épinière 224
structure de la Terre 66
structure de lancement multiple 39
structure de l'oreille 235
structure du Soleil 16
structure du support 64
structure du tissu 569
structure d'un lichen 106
structure d'un os long 199
structure d'une algue 107
structure d'une feuille 111
structure d'une fougère 107
structure d'une maison 328
structure d'une mousse 106
structure en treillis 34
structure métallique 704
structure pivotante 29
structure tubulaire 737
studio 604
style 112, 114, 115, 116, 828
styles d'architecture 500
stylet 584, 635, 639, 886, 1067
stylo correcteur 654
stylobate 499, 500
stylo-bille 584
stylo-plume 585
subarctique 87
subduction 68
sublimation 810
substratum imperméable 770
subtropical humide 87
succursale bancaire 858
sucette 492
suceur 374, 375
suceur à tapis et planchers 375
suceur plat 375
suceur triangulaire à tissus 375
suçoir 103
sucre 285
sucre candi 285
sucre glace 285
sucre granulé 285
sucre semoule 285
sucre vanillé 285
sucrier 301
sud 1066
Sud 738
Sud Est 738
Sud Ouest 738
Suède 46, 56, 878
suédois 583
Suisse 56, 878
suivant, bouton 634
suiveur stellaire 32
sulky 1007
sumac 261
sumo 995
sumotori 995
sunnisme 870
super-géant 1039
supergéante 18
supermarché 242, 288, 845, 849
supernova 18
superposition d'originaux 647
superstructure 737
supplément en couleurs 590
supplément littéraire 590
support 85, 312, 359, 367, 371, 478, 495, 556, 573, 601, 754, 961
support à bagages 1026
support à tuyau 900
support avec fût réglable 926
support d'entrave 1007
support d'extrémité 367
support de câble 375
support de fixation 25, 367, 372
support de lisse 713
support de main 561
support de panneau 957
support de plafond 367
support de plaquette 480
support de pouce 550
support de sphère 84
support du filament 359
support du rouleau 572
support mural 367
support pliant 491
support pour bouteille d'oxygène 911
support pour fer 579
support-papier 648
suppositoire 914
suppression 625, 633
surcot 427
surf 988
surf acrobatique 1037
surf alpin 1037
surf des neiges 1037
surface centrale de lutte 991
surface de but 946, 960
surface de coin 947
surface de combat 992, 993
surface de cuisson 317, 376
surface de jeu 961, 1014
surface de la glace 1027
surface de protection 991
surface de réparation 946
surface de résine 615
surface de sécurité 992
surface dure 968
surface d'affichage 655
surface encrée 532
surface gravée 617
surface mouillée 532
surface pressée 615
surface réfléchissante 804, 822
surface verticale 1044
surfaces de jeu 968
surfeur 988, 1037
surfusion 810
surimpression 592
Suriname 55, 876
surligneur 585
surliure 1058
surlonge 272, 273, 274
suroît 458
surpiqûre 448, 450, 459
surtitre 590
survêtement 451
sus-alaire 158
sushi, ensemble 303
suspendre pour sécher 425
suspendre pour sécher sans essorer 425
suspension 372, 716
suspension arrière 1020
suspente 660
suspentes 1046, 1047
suspentes de nacelle 1049
suture 116
suture coronale 205
suture crânienne 208
suture lambdoïde 205
suture squameuse 205
swahili 582
Swaziland 61, 880
symbole 812, 1070
symboles, protection 910
symboles d'usage courant 856
symboles de sécurité 910
symboles d'entretien des tissus 425
symboles météorologiques internationaux 82
symboles scientifiques usuels 834
symphyse pubienne 208, 226, 228
synagogue 872
synapse 221
synsacrum 159
synthèse 836
synthèse additive 821
synthèse des couleurs 821
synthèse soustractive 821
synthétiseur 558
Syrie 58
système à deux poulies 816
système audio 676
système d'échappement 673
système de balisage maritime 738
système de chronométrage électronique 1033
système de climatisation 96
système de communications inter-orbitales 35
système de contrôle de la rampe de signalisation 907
système de direction 673
système de fixation 773
système de freinage 673
système de freinage antiblocage 679
système de graissage 706
système de jeux vidéo 1067
système de lentilles 824
système de pointage fin 27
système de refroidissement 673
système de remplissage et de vidange 719
système de retenue à sacs gonflables 676
système de suspension 673
système de transmission 673
système de verrouillage 375
système d'alimentation en essence 673
système d'éclairage 495
système électrique 673
système endocrinien 229
système filtre 483
système hydraulique 754
système international d'unités 835
système lymphatique 230
système nerveux 220
système nerveux, structure 220
système nerveux central 220
système nerveux périphérique 220
système racinaire 109, 117
système radar 896
système rotary 776
système routier 658
système solaire 14
systèmes automobiles 673

T

T.G.V. 707
T central 1008
tabac 483
tabernacle 871
table 293, 362, 392, 393, 469, 534, 535, 538, 1041
Table 20
table, console de contrôle 762
table à abattants 362
table à dessin 526
table à langer 366
table à rallonges 362
table aspirante 536
table basse 362
table chaude 291
table d'alimentation 767
table d'harmonie 547, 548, 552
table d'imprimante 646
table de billard 1012
table de chevet 365, 855, 920
table de cuisson 296, 376
table de lecture 872
table de lit 920
table de radiographie 924
table de rotation 776
table de roulement 712
table de saut 969, 970, 971
table de service 290
table de tennis 961
table de traitement 926
table de travail 331, 376
table des résultats 978
table dressée 304
table du sommier 555
table d'exposition 536
table d'impression à base aspirante 536
table d'opération 921
table gigogne 362
table lisseuse 762
table pour la vaisselle propre 291
table pour la vaisselle sale 291
tableau 523, 868
tableau américain des mises 1068
tableau blanc interactif 639
tableau d'affichage 971
tableau d'affichage des vols 743
tableau de bord 676, 695, 696
tableau de classement général 970
tableau de commande 316, 317, 343, 376, 378, 379, 647
tableau de commandes 826
tableau de manœuvre 519
tableau de tournoi 933
tableau des handicaps 1008
tableau des scores 1069
tableau du souvenir 872
tableau d'affichage 644, 655, 868, 968, 992, 996, 999
tableau d'affichage des expositions 522
tableau électronique 1001
tableau français des mises 1068
tableau horaire 704
tableau indicateur 933, 935, 977, 985, 1006
tableau marqueur 1015
tableau périodique des éléments 812
tables 362
tablette 336, 365, 409, 646
tablette coulissante 646
tablette de cire 584
tablette graphique 635
tablette numérique 639
tablette porte-outil 409
tablette pour unité centrale 646
tablier 660, 661, 697, 754, 767, 990
tablier-blouse 440
tablinum 502
tabloïd 590
tabouret 292, 296, 361, 990
tabouret de bar 290
tabouret-bar 361
tabouret-escabeau 409
tabulateur 648
tabulateur décimal 648
tabulation à droite 632
tabulation à gauche 632
tache 16
tachymètre 677, 696
tacle défensif 948
Tadjikistan 58, 880
taekwondo 994
taekwondo, aire de compétition 994
taekwondo, équipement 994
taekwondo, techniques 994
tagalog 583
tagliatelle 282
tahini 286
tahitien 583
taie d'oreiller 363
taillant 772
taille 193, 195
taille baguette 469
taille brillant 469
taille cabochon 469
taille d'un diamant 469
taille des pierres 469
taille émeraude 469
taille en ciseaux 469
taille en escalier 469
taille en goutte 469
taille en poire 469
taille en rose 469
taille en table 469
taille française 469
taille huit facettes 469
taille marquise 469
taille ovale 469
taille-bordures 419
taille-crayon 654
taille-crayon électrique 654
taille-haies 417
tailleur 443
tailleurs 850
tajine 312
talkie-walkie 621, 906
Talmud 870
taloche 403
talon 171, 193, 195, 306, 391, 397, 433, 450, 459, 460, 461, 480, 483, 547, 548, 567, 684, 765, 941, 962, 968, 1013, 1018, 1030, 1031, 1037, 1038, 1042, 1059, 1060
talon aiguille 461
talon bobine 461
talon chiquet 461
talon compensé 461
talon d'appui 314, 374
talon plat 461
talonnette de dessus 459
talonneur 950
talonnière 988, 1039, 1042
talus 658
talus continental 67
tamanoir 164
tamarillo 258
tamarin 185
tambour 307, 371, 379, 500, 565, 679, 734, 762, 763, 829, 832, 1059, 1060
tambour, support 762
tambour de basque 557
tambour d'aisselle 561
tambourin 458
tamia 166
tamis 308, 962, 968, 1043
tamis à farine 310
tamis vibrant 776
tampon 534
tampon démaquillant 474
tampon encreur 651
tam-tam 556
tandem 442, 702
tanga 445
tangage 752
tangerine 256
tantale 813
tante maternelle 929
tante paternelle 929
Tanzanie 61
taon 146
tapis 331, 334, 973, 990, 992, 1001, 1012, 1014
tapis amont 790
tapis antidérapant 1043
tapis de parade 973
tapis de plancher 686
tapis de réception 970
tapis de sécurité 973
tapis de selle 1003, 1006
tapis de souris 634
tapis drainant 790
tapis d'exercice 1000
tapis roulant 742, 1001
taquet 980, 981
taquet coinceur 981
taquet d'amarrage 719
tare 995
tarière 421
tarière, commande 421
tarière motorisée 411
tarlatane 534
taro 245
tarse 140, 142, 153, 158, 165, 170, 175, 184, 187, 188, 203, 208
tarso-métatarse 159
Tasmanie 52
tasse 1055, 1056
tasse à café 301
tasse à mesurer 308
tasse à thé 301, 305
tassergal 267
tassette 884
tatami 996
taupe 164
taupe, morphologie 164
taupe, squelette 164
Taureau 22
Tchad 60, 879
tchallah, pain 279
tchèque 583
té 351, 1017
té de base 337
technétium 813
technicien de son 605, 608
technique de saut 1041
technique du lancer 1014
techniques 958
tectrice 158
tectrice primaire 158
tectrice sus-alaire 158
teddy 444
tégument 105, 122
tégument de la graine 115
téléavertisseur numérique 621
télécabine 1036
télécommande 343, 601, 610, 611
télécommunications 602, 603
télécommunications par satellite 603
télécopieur 625
télédétection 63
télédétection par satellite 65
télédiffusion 602
télédiffusion par satellite 602
télémanipulateur 35, 36
télémètre 832
téléobjectif 598
téléphone 855, 857
téléphone Internet 624
téléphone multifonction 622
téléphone portable 622
téléphone public 290, 293, 544, 624, 849, 919
téléphone sans fil 623
téléphonie 622, 643
téléport 603
télescope 25, 28
Télescope 20
télescope binoculaire 29
télescope binoculaire du Mont Graham 29
télescope spatial 27
télescope spatial Hubble 27, 79
télescope spatial James Webb 27
télésiège 1036
télésiège, départ 1036
téléski biplace 1036
télésouffleur 606
téléviseur 855, 868
téléviseur à cristaux liquides 610
téléviseur à plasma 610
téléviseur à tube cathodique 609
téléviseur grand écran 612
télévision 605
télévision analogique 609
télévision numérique 610
tellure 812
telson 139
témoin 934
témoin d'ouverture de porte 677
témoin de bas niveau de carburant 677
témoin de ceinture de sécurité 677
témoin de charge 677
témoin de clignotants 677
témoin de niveau d'huile 677
témoin des feux de route 677
témoin du retardateur 592
témoin lumineux 903
tempe 192
température 342
température, mesure 85, 827
température ambiante 342
température Celsius, mesure 835
température de l'air 81
température désirée 342
température du point de rosée 81
température thermodynamique, mesure 835
tempête de sable ou de poussière 83
tempête tropicale 83
temple aztèque 513
temple de Huitzilopochtli 513
temple de Tlaloc 513
temple grec 499
templet 538, 573
temporal 200, 205
temps, mesure 828
temps d'exposition 597
tenaille 505
tendance barométrique 81
tendeur 969, 1052
tendeur de timbre 556
tendon 178, 198, 207
tendon d'Achille 197
tendron 272
tendu 1051
tennis 462, 966
tennis, court 966
tennis de table 961
tennis de table, prises 961
tenon 480, 483
tenseur du fascia lata 196
tensiomètre 913
tension, dégagement 396
tension, haute 910
tension, source 818
tentacule 138
tentacule marginal 134
tentacule oculaire 137
tentacule tactile 137
tente 733
tente canadienne 1053
tente deux places 1052
tente dôme 1053
tente familiale 1052
tente grange 1052
tente igloo 1053
tente individuelle 1053
tente rectangulaire 1052
tente-caravane 687
tentes 1052
tentoir 572
tenue d'intervention 900, 901
terbium 814
térébenthine 527
terminal à céréales 718
terminal à conteneurs 718, 842
terminal de paiement électronique 289, 859
terminal de vrac 718
terminal pétrolier 718
terminateur 640
termite 146
terrain de fondation 790
terrain de golf 842, 932
terrain de jeu 1069
terrain naturel 771
terrarium 495
terrasse 322, 328, 410, 743
terrasse extérieure 731
terrassement 658
Terre 14, 15, 16, 17, 66
Terre, relief 70
Terre, structure 66
terre battue 968
Terre de Baffin 47
Terre de Feu 48
Terre de la Reine-Maud 46
Terre de Wilkes 46
Terre Marie-Byrd 46
terre-plein 505, 846
terre-plein central 659
terres rares 814
terril 771, 772
terrine 312
Tertiaire 131
tertre de départ 1016, 1017
testicule 152, 228, 229
testicules 139
têtard 153
tête 18, 137, 140, 141, 143, 158, 186, 193, 195, 228, 388, 390, 400, 479, 482, 483, 539, 547, 548, 549, 566, 570, 578, 635, 792, 893, 937, 944, 949, 962, 968, 1008, 1013, 1017, 1043, 1051, 1059
tête, anneau 1060
tête, chauve-souris 186
tête, oiseau 158
tête, protection 908, 910
tête à œillets 369
tête à passants 369
tête à sens unique 390
tête amont 719
tête aval 719
tête avant du cylindre récupérateur 892
tête basculante 314
tête bombée 390
tête creuse 390
tête cruciforme 390
tête d'attelage 687, 706, 764, 765, 766
tête d'impression 648
tête d'injection 776
tête de coupe 407, 655
tête de détection 924
tête de dormant 327
tête de frappe 388
tête de l'humérus 201
tête de lecture 617
tête de lecture/écriture 638
tête de lit 363, 366
tête de marteau 1051
tête de mât 983
tête de métal 937
tête de meule 579
tête de projection 655
tête de puits 780, 783
tête de ramassage 32
tête de rotor 753
tête du fémur 201
tête du vérin de levage 754
tête en liège 963
tête flottante 479
tête froncée 369
tête panoramique 596
tête plate 390
tête plissée 369
tête ronde 390
têtes 369, 390
Téthys 15
têtière 326, 327, 1004
tétine 492
tétreau 362
texte 648
texte déroulant 606
textile 424
thaï 582
Thaïlande 59, 881
thalle 106, 107
thallium 812
thé 264
thé noir 264
thé oolong 264
thé vert 264
théâtre grec 498
théière 301, 305
théodolite 85, 833
thermocontact 683
thermomètre 85, 495, 781, 827, 914, 989, 1049
thermomètre à alcool 914
thermomètre à mercure 914
thermomètre à mesure instantanée 308
thermomètre à sucre 308
thermomètre à viande 308
thermomètre auriculaire 914
thermomètre bimétallique 827
thermomètre de four 308
thermomètre médical 827

thermomètre numérique 914
thermopause 79
thermosphère 79
thermostat 316, 317, 341, 343, 349, 377
thermostat d'ambiance 342
thermostat inférieur 348
thermostat programmable 342
thermostat supérieur 348
thon 268
thorax 140, 141, 142, 192, 194
thorium 814
thulium 814
thym 262
thymus 230
tibétain 582
tibia 140, 142, 153, 158, 165, 170, 175, 184, 186, 187, 188, 200, 203, 207
tibial antérieur 196
tibio-tarse 159
tierce 562, 998
tierceron 506
tige 102, 103, 105, 106, 109, 110, 250, 319, 342, 350, 388, 390, 482, 483, 564, 567, 570, 573, 815, 827, 829, 1031, 1039, 1042
tige carrée d'entraînement 776
tige de carbone (cathode) 820
tige de forage 776
tige de pendule 564
tige de selle 698
tige filetée 400
tige pour col 471
tigelle 105
tigre 181
tilapia 269
tilde 587
tilleul 120, 264
timbale 556
timbales 545
timbre 884
timbre caoutchouc 651
timbre dateur 650
timbre transdermique 914
timbre-poste 588
timon 687, 766
timonerie 728, 729
Timor oriental 59, 881
tipi 520
tique 147
tir à l'arc 1009
tir à la carabine 1011
tir au fusil 1010
tir au pistolet 1011
tirant 450, 556, 756
tirant de registre 555
tirant de réglage 430
tirant des cordes 990
tire-botte 463
tire-bouchon 1055
tire-bouchon à levier 307
tire-bouchon de sommelier 307
tire-bourre 889
tire-joint 403
tire-racine 418
tiret 587
tirette 565, 567
tireur 1010
tireur au but 955
tire-veille 983
tiroir 296, 362, 365, 366 376
tiroir de fichier 653
tisanes 264
tisonnier 337
tissage 572
tissage, accessoires 574
tissage, schéma de principe 575
tissu 424
tissu, structure 569
tissu adipeux 227, 236
tissu brodé 565
tissu conjonctif 236
tissu du vêtement 569
tissu musculaire 198
tissus de soutien 569
Titan 15
Titan IV 39
titane 78, 813
Titania 15
titre 590
titre des films 544
titre du journal 590
tofu 284
toge 426
Togo 60, 879
toile 371, 490, 529, 575, 601
toile de fond 540
toile de formation 125
toile de saut 973
toile de sol 1052, 1053
toile d'araignée 145
toile pour incrustation 606
toilette, accessoires 464
toilettes 290, 293, 329, 523, 544, 644, 705, 849, 853, 854, 856, 859, 862, 867, 904, 919, 923
toilettes des officiers 900
toilettes des pompiers 900
toit 144, 323, 337, 513, 687, 757, 762, 1053
toit à deux croupes 516
toit à l'impériale 516
toit à pignon 516
toit à quatre ailes 517
toit à redans 516
toit à tourelle à pans 517
toit avec lanterneau 516
toit de la couche 771
toit de protection 754
toit en appentis 516
toit en carène 517
toit en coupole 517
toit en dôme 517
toit en flèche 517
toit en pavillon 517
toit en pente 516
toit en poivrière 517
toit en rotonde 517
toit flottant 781
toit imperméable 770
toit mansardé 516
toit ouvrant 671
toit plat 511, 512, 516
toits 516
toiture 144
tôle pare-gouttes 781
tomate 248
tomate cerise 248
tomate en grappe 248
tomate italienne 248
tomatille 248
tombant 454
tombolo 70
ton de mât 724
tonalité des sons aigus 619
tonalité des sons gravec 619
tondeuse 478, 479
tondeuse à moteur 419
tondeuse autoportée 420
tondeuse mécanique 419
tong 462
Tonga 62, 881
topaze 470
topinambour 245
toque 458
torche 777
torchon 381
tore 500, 501, 839
tornade 83, 89
tornade marine 89
toron 1058
torpille 899
torrent 71
torsade 394
tortellini 282
tortilla 278
tortue 155
tortue, anatomie 155
tortue, morphologie 155
total partiel 649
totalisateur journalier 677
toucan 162
Toucan 20
touche 547, 549, 552, 553, 555, 560, 959
touche appareil photo 622
touche d'affichage 620
touche d'effacement 633
touche de confirmation 859
touche de contrôle 621, 632
touche de correction 571
touche de courriel 632
touche de défilement 621
touche de démarrage 632
touche de déplacement 342
touche de double zéro 649
touche de fin d'appel/interrupteur 622
touche de fonction 610
touche de lecture 621
touche de luminosité 621
touche de menu 613, 620, 621, 622
touche de mise au point 613
touche de navigation 611, 622
touche de pause/d'interruption 633
touche de pédalier 554
touche de préréglage 620
touche de prise de vues nocturne 613
touche de répétition 615
touche de retour 633
touche de rétroéclairage 613
touche de saut d'images 593
touche de sélection 620, 621
touche de sélection des menus 593
touche de suppression 633
touche de tabulation 632
touche de verrouillage 621
touche de verrouillage des majuscules 632
touche de verrouillage numérique 633
touche de visualisation des images 593
touche début 633
touche d'affichage des réglages 593
touche d'appel 621, 622
touche d'arrêt du défilement 633
touche d'échappement 632
touche d'éjection 1067
touche d'enregistrement 613
touche d'impression de l'écran/d'appel système 633
touche d'insertion 633
touche écran large/code de données 613
touche fin 633
touche fixe 832
touche fixe-majuscules 648
touche graphique 649
touche lecture/pause 620
touche mémoire 620
touche menu 620
touche mobile 832
touche multifonctionnelle 649
touche numérique 649
touche page précédente 633
touche page suivante 633
touche photo 613
touche précédent/retour rapide 620
touche programmable 622
touche suivant/avance rapide 620
toucher 236
touches de catégories 620
touches de déplacement du curseur 633
touches de fonction 632
touches de fonctions 611, 831
touches de fonctions programmables 859
touches de variation 571
touches directionnelles 1067
touches d'action 1067
touches d'opérations 858, 859
touches Internet 632
touches numériques 615, 620
toundra 87, 92, 93
toupet 168
toupie 315
tour 506, 736, 756, 804, 806, 807, 1008
Tour 1065
tour à bureaux 847
tour à pied 576
tour d'angle 504
tour d'extraction 773, 774
tour d'habitation 521
tour de contrôle 740, 897
tour de coquille 137
tour de cou 431
tour de croisée 508
tour de flanquement 504
tour de forage 726, 776, 777, 780
tour de fractionnement 782
tour de guidage 662
tour de refroidissement 770, 775
tour de spire 136
tour de tête 908
tour du plongeoir 978
tour d'émission 602
tour embryonnaire 136
tourelle 380, 504, 760, 898, 902
tourelle mobile 895
tourelle porte-objectif 825
tourillon 890, 1013
tourmaline 470
tournage 576
tournant de club-house 1006
tournedos 276
tournesol 113
tournette 576
tournevis 390, 1055
tournevis à spirale 390
tournevis cruciforme 1055
tournevis sans fil 390
tourniquet 1068
tourniquet d'accès 714
tourniquet de sortie 714
tournure 427
traçage 387, 531
traceur 636
traceur de route 735
trachée 159, 169, 214, 215
traçoir 394
tracteur 690, 745, 759
tracteur à chenilles 758
tracteur agricole 764
tracteur de piste 744
tracteur routier 690
tracteur-remorqueur 760
traction 752
tragus 186, 234
train 704
train à grande vitesse 707
train d'atterrissage avant 746, 896
train d'atterrissage principal 747, 896
train de banlieue 703
train de roulement à roues 762
train routier 690
traîneau 415, 1034, 1035
traînée 752
traînée lumineuse 17
trait de mise au jeu 952
trait d'union 587
traitement 784
traitement chimique 782
traitement des données 65, 80
traitement des photos 599
traitement médical 926
trajectoire de la lumière 29
trame 569, 572, 573
trampoline 973
trampoline de compétition 973
trampoline récréatif 973
trampoliniste 973
tramway 717
tranchant 298, 306, 477, 568
tranche 276, 860
tranché 874
tranche de gouttière 539
tranche de queue 539
tranche de ronde 273
tranche de surlonge 274
tranche de tête 539
tranchée 771
tranchefile 539
transactions financières 643
transbordeur 718, 730, 743, 745
transept 507, 508
transestérification 784
transfert de la chaleur 811
transformateur 339, 356, 357, 373, 786, 788, 793, 796, 804
transformateur principal 707
transmission 378, 678
transmission, commande 421
transmission des données 65
transmission du mouvement au rotor 789
transmission funiculaire 712
transmission hertzienne 602
transmission par câble aérien 602
transmission par câble sous-marin 603
transmission par câble souterrain 603
transpalette manuelle 755
transpiration 95
transplantoir 418
transpondeur 748
transport aérien 740
transport aérien du courrier 589
transport de l'électricité 792, 795
transport de l'électricité à haute tension 789
transport de l'énergie à la tension de l'alternateur 789
transport de l'électricité à haute tension 770, 775, 807
transport ferroviaire 703
transport ferroviaire urbain 714
transport maritime 718, 773
transport par taxi 857
transport routier 658, 718
transport routier automobile 668
transport routier cycliste 698
transversale pleine 1068
trapèze 196, 197, 202, 208, 839, 988, 1047
trapèze de figure 988
trapèzes 988
trapézoïde 202
trappe 503, 540
travaux 665, 667
travée centrale 660
travée latérale 660
travée levante 662
travers 275
travers-banc 774
traverse 362, 364, 505, 538, 561, 572, 573, 713, 792, 793, 916
traverse arrière 1043
traverse avant 1043
traverse d'extrémité inférieure 757
traverse d'extrémité supérieure 757
traverse de chargement 729
traverse inférieure 325, 364
traverse intermédiaire 325
traverse médiane 361
traverse supérieure 325, 361, 364
traverse supérieure d'ouvrant 327
traversée 793
traversée de transformateur 785, 786
traversin 363
trèfle 507, 1062
treillis 410, 618
treillis de protection 604
tréma 587
trémie 762, 767
trémie de chargement 693
tremplin 324, 969, 1041
tremplin de 1 m 978
tremplin de 3 m 978
tremplin pour sauts droits 1040
tremplin pour sauts périlleux 1040
tremplins 1040
trench 435
trépan 776
trépied 24, 556, 564, 596, 601, 1019
trépied de caméra 606
trépied de perche 606
trépointe 459
treuil 519, 693
treuil d'amarrage 729
treuil de forage 776
treuil de levage 756
tri des métaux 99
tri du papier/carton 99
tri du plastique 99
tri du verre 99
tri manuel 99
tri optique 99
tri primaire 588
tri sélectif des déchets 99
triangle 545, 557, 839, 1013
Triangle 22
Triangle austral 20
Trias 130
tribord 731, 738, 739
tribunal 862
tribune 590, 932, 1024
tribune des entraîneurs 1041
tribune des juges 1040, 1041
tribune du public 1006
triceps brachial 197
tricératops 131
triclinium 502
tricorne 429
tricot 570
tricots 437

tricots de femmes 850
tricots d'hommes 851
tricycle 702
tricycle d'enfant 701
trifoliée 111
triglyphe 500
trigone vésical 218
trille 563
trilobite 128
trimaran 981
tringle 685
tringle d'écartement 712
tringle de commande 712
tringle de pédale 552
tringle de tension 556
tringle double 367
tringle extensible 367
tringle métallique 653
tringle simple 367
tringle-barre 367
tringle-rail 367
tringles 367
Trinité-et-Tobago 54, 877
trio 546
tripe 483
tripes 276
triple croche 563
triple saut 934, 937, 1025
triple saut périlleux et demi avant groupé 979
triplure 569
tripode de stabilisation 745
trirème 720
triticale 263
triton 153
Triton 15
trochanter 140, 142
troisième but 938
troisième ligne 950
troisième tour : 32 joueurs 933
troisième-but 938
trois-portes 669
trombe marine 89
trombone 551
trombones 545, 654
trompe 140, 733
trompe d'Eustache 232
trompe de Fallope 226, 227
trompe d'Eustache 235
trompette 551
trompettes 545
tronc 107, 117, 118, 152, 193, 195
tronc, coupe transversale 118
tronc cérébral 222
tronc cœliaque 210
tronc pulmonaire 213
tronçon 270, 792
tronçonneuse 417
tropical humide 87
tropical humide et sec (savane) 87
tropique du Cancer 42, 47, 50, 51
tropique du Capricorne 42, 48, 50, 52
tropopause 79, 96
troposphère 79
trop-plein 344, 346, 347, 348, 349
trot 168
trotteur 460, 1007
trotteuse 828
trottoir 323, 846
trou 535, 1016, 1017, 1071
trou central 617
trou d'homme 781
trou de l'embout 483
trou de normale 3 1016
trou de normale 4 1016
trou de normale 5 1017
trou noir 18
trou vertébral 204
trous 1016
trousse de dépannage 700
trousse de fartage 1042
trousse de manucure 472
trousse de secours 907, 915
trousse de toilette 488
troussequin 1005
truelle de maçon 403
truelle de plâtrier 403
truffe 174, 178, 244
truite 269
trumeau 507
truqueur numérique 607
T-shirt 450
tsuki-uchi 995
tsunami 77
tuba 545, 551, 989
tubage de production 777
tubage de production/expédition 777
tubage de surface 780
tube 24, 25, 134, 295, 359, 478, 824, 890, 892, 893
tube à air 913
tube à éclairs 823
tube à essai 815
tube à prélèvement 912
tube capillaire 827
tube d'ajustement 970, 971
tube d'alimentation 352
tube d'alimentation en air 901
tube d'ensemencement 767
tube d'orientation des lames 371
tube de bord d'attaque 1047
tube de circulation 802
tube de déchargement 767
tube de direction 699
tube de force 799
tube de mines 654
tube de Pitot 1023
tube de poussée 584
tube de remplissage de la cuvette 347
tube de remplissage du réservoir 347
tube de résonance 557
tube de selle 698, 1021
tube droit 375
tube en Y 912
tube flexible 912
tube fluorescent 359, 536
tube horizontal 698
tube lance-torpilles 899
tube oblique 699
tube pollinique 104
tube porte-oculaire 24, 825
tube souple 926
tube transversal 1047
tube-image 609
tubes de Malpighi 141, 143
tubulure d'admission 681, 682
tubulure d'échappement 681
tuile 36, 385, 499, 502, 513
tuiles de bonification 1066
tuiles ordinaires 1066
tulipe 113, 319
tulle 424
tungstène 813
tunique 105, 440, 883
Tunisie 60, 879
tunnel 714
tunnel de communication 36
tunnel routier 663
turban 429, 458
turbine 421, 770, 796
turbine d'entraînement 680
turbine du compresseur 680, 749
turbine d'air de combustion 340
turbine hydraulique 787
turbine motrice 749
turbo-alternateur 804, 899
turboréacteur 747, 896
turboréacteur, fonctionnement 749
turboréacteur à double flux 749
turbot 268
turc 583
turion 250
Turkménistan 58, 880
Turquie 57, 880
turquoise 470
tuteur 410, 418
Tuvalu 62, 881
tuyau 401, 407, 483, 555, 903
tuyau à anche 554
tuyau à bouche 554
tuyau arrière 673
tuyau d'air 989
tuyau d'arrosage 414
tuyau d'aspiration 902
tuyau d'eau chaude 349
tuyau d'eau froide 349
tuyau d'échappement 672, 673, 680, 758
tuyau d'ensilage 767
tuyau d'évacuation 344, 352, 353, 378
tuyau de chute 344, 347, 353
tuyau de raccordement 343
tuyau de refoulement 903
tuyau de soufflage 411
tuyau de vidange 343, 353, 378, 380
tuyau d'eau chaude 348
tuyau d'eau froide 348
tuyau d'insufflation 560
tuyau flexible 375, 411, 773
tuyau perforé 414
tuyau souple d'arrivée 353
tuyauterie 555
tuyauterie de sortie de la vapeur des séparateurs 797
tuyauterie de vapeur primaire 797
tuyère 36, 39, 727, 753
tuyère à section variable 751
tuyère d'échappement 749
tuyère d'éjection 896
tuyère orientable 750
tweed 424
tympan 152, 235, 499, 500, 507, 509
type de carburant 668
type de la masse d'air 81
type de nuage bas 81
type de nuage élevé 81
type de nuage moyen 81
types d'avirons 984
types de bâtons de golf 1017
types de bouches 338
types de déplacements 1065
types de missiles 894
types de moteurs 680
types de nages 975
types de voitures 705
types d'éclipses 16, 17
types d'os 199
typhon 89
typographie 586
typon 536
tyrannosaure 131

U

UE 882
Ukraine 57, 878
ukrainien 583
ultimate, terrain 1070
Ulysses 30
Umbriel 15
un 836
une 590
UNESCO 882
uniforme 906
uniformes 900
Union africaine 882
Union européenne 882
unisson 562
unité astronomique 14, 15
unité d'extraction par solvant 782
unité de sauvegarde 641
unité de soins ambulatoires 922
unité de soins intensifs 921
unité mobile d'entretien télécommandée 35
unités monétaires 860
université 844
ununhexium 812
ununoctium 814
ununpentium 812
ununquadium 812
ununseptium 813
ununtrium 812
uranium 78, 814
Uranus 14, 15
uretère 137, 159, 218, 219
urètre 218, 226, 228
urgence ambulatoire 919
urgence majeure 918
urgences 918
urne 103
uropode 139
urostyle 153
Uruguay 55, 876
usager domestique 643, 783
usine 794, 842
usine à asphalte 782
usine de papier 125
usine de pâte à papier 125
usine de traitement 773, 783
usine de valorisation 779
usine des lubrifiants 782
usine marémotrice 794
usine pétrochimique 95, 782
ustensile de cuisine 311
ustensiles de campeur 1055
ustensiles de cuisine 306
ustensiles divers 309
utérus 226, 227
utilisation industrielle 122
utilisations d'Internet 643
utiliser un chlorure décolorant suivant les indications 425

V

vache 173
vacuole 102, 133
vacuole contractile 133
vacuole digestive 133
vacuole digestive en formation 133
vagin 137, 145, 226, 227
vague 77
vague déferlante 77
vainqueur 933
vair 875
vaisseau de sauvetage Soyouz 34
vaisseau d'exploration spatiale 36
vaisseau lymphatique 230
vaisseau sanguin 199, 209
vaisseau sanguin dorsal 141
vaisseau spatial 38
vaisseau spatial Orion 38
vaisseaux sanguins 186
vaisselier 329
vaisselle 301
vaisselle, verres et couverts 851
valet 825, 1062
valeur 860, 861
valeur des notes 563
valeur des silences 563
validation 648
valise fin de semaine 489
valise pullman 488
valise verticale 489
vallée 71, 73
valve 116, 136, 699
valve aortique 213
valve de réglage 339
valve mitrale 213
valve pulmonaire 213
valve tricuspide 213
valvule 209
vampire commun 187
vanadium 813
vanne 785, 786, 788, 794
vanne d'arrêt de la turbine 796
vanne d'arrosage 797
vanne de production 780
vanne maîtresse 780
vanneau 162
vantail 364, 515
Vanuatu 62, 881
vapeur 770, 779, 811
vapeur, injection 779
vapeur, réglage 374
vapeur à basse pression 796
vaporisateur 374, 414
vaporisateur de poivre, étui 906
vaporisation 810
vaporiseur 342
varan 157
variateur de puissance 375
variomètre 1049
variomètre électrique 1048
variomètre mécanique 1048
varlope 397
vase d'expansion 339, 340, 805
vaste latéral 196
vaste médial 196
Vatican, État de la cité 56
vautour 163
veau 172, 273
vedette 898
végétal simple 106
végétation 93
végétation, distribution 92
véhicule de secours 663
véhicule de service technique 744
véhicule porteur 763
véhicule tout-terrain 669
véhicule utilitaire sport 669
veille 622, 639
veine 209, 211, 212
veine axillaire 211
veine basilique 211
veine cave inférieure 211, 212, 213, 219
veine cave supérieure 211, 212, 213
veine céphalique 211
veine fémorale 211
veine iliaque 211
veine jugulaire externe 211
veine jugulaire interne 211
veine mésentérique supérieure 211
veine poplitée 211
veine pulmonaire 211, 212, 213
veine rénale 211, 219
veine saphène 211
veine subclavière 211, 230
velarium 503
vélo couché 702
vélo cross 701
vélo d'exercice 1001
vélo de bicross 1021
vélo de course et cycliste 1020
vélo de cross-country et cycliste 1020
vélo de descente et cycliste 1020
vélo de montagne 1020
vélo de poursuite et coureur 1021
vélodrome 932, 1021
velours 334, 424
vélum 142
Venera 30
Venezuela 55, 876
vent 82, 97, 98, 982
vent, direction 74
vent, mesure de la direction 85
vent, mesure de la vitesse 85
vent arrière 982
vent de travers 982
vent debout 982
vent dominant 89
ventail 884
ventilateur 338, 339, 341, 343, 379, 672, 678, 682, 683, 706, 767
ventilateur, tuyau 767
ventilateur de l'évaporateur 343
ventilateur de plafond 342
ventilateur de sustentation 727
ventilateur des radiateurs 706
ventilateur du bloc d'alimentation 629
ventilateur du boîtier 629
ventilateur du condenseur 343
ventilateur du moteur 762
ventilateur principal 772
ventilation 805
ventilation de la cabine 1048
ventouse 138, 153, 402
ventre 168, 192, 194
ventricule, troisième 222
ventricule droit 212, 213
ventricule gauche 212, 213
ventricule latéral 222
ventricule succenturier 159
vents 1066
venturi 893
Vénus 14, 15
véraison 117
verge 732
verger 243
vergette 555
verglas 91
vergue 724, 806
vérificateur de circuit 404
vérificateur de continuité 404
vérificateur de haute tension 404
vérificateur de prise de courant 404
vérificateur de tension 404
vérification de la profondeur de champ 592
vérin 693, 759, 762
vérin d'orientation de la lame 761
vérin de commande de volet 896
vérin de défonceuse 758
vérin de direction 760
vérin de dressage 756, 902
vérin de la flèche 759, 760
vérin de levage de la lame 758, 761
vérin du bras 759, 760

vérin du godet rétro 759
vérin hydraulique 687, 755, 764
vermicelles de riz 283
vernier 734, 830, 832
vernis 527
vernis à ongles 472
verre 480
verre à bordeaux 297
verre à bourgogne 297
verre à cocktail 297
verre à cognac 297
verre à eau 297, 304, 305
verre à gin 297
verre à liqueur 297
verre à mesurer 308
verre à porto 297
verre à vin 304, 305
verre à vin blanc 297
verre à vin d'Alsace 297
verre à whisky 297
verre de visée 594
verre transparent 536
verres 293, 297
verrière 329, 704, 750, 847, 896, 1048
verrou 72, 566
verrou d'onglet 391, 392
verrou tournant 692
verrouillage 374
verrouillage des majuscules 632
verrouillage numérique 633
versant 71
Verseau 20
verseuse 319
versoir 765
vert 528, 821, 1016, 1017
vert d'entraînement 1016
vertèbre 154, 182
vertèbre cervicale 201, 204
vertèbre lombaire 201, 204
vertèbre proéminente 204
vertèbre sacrée 153
vertèbre thoracique 201, 204
vertèbres 153
vertèbres cervicales 159, 165, 170, 175, 184, 187, 188
vertèbres coccygiennes 165, 170, 175, 184, 187, 188
vertèbres lombaires 165, 170, 175, 184, 187, 188
vertèbres sacrées 165, 170, 175, 188
vertèbres thoraciques 165, 170, 175, 184, 188
vertugadin 427
verveine 264
vésicule biliaire 152, 154, 216
vessie 149, 152, 155, 218, 226, 228
vessie natatoire 149
veste 428, 443, 992, 997, 1005
veste de pêche 1061
veste droite 430
veste polaire 451
veste traditionnelle 996
vestes 442
vestiaire 293, 329, 522, 644, 853, 859, 864, 868, 900
vestiaire de bureau 645
vestiaire des clients 290
vestiaire des mineurs 773
vestiaire du personnel 290, 705, 904, 923
vestibule 235, 329, 502, 851, 854, 858, 863
veston croisé 430
veston et veste 430
vêtement 123
vêtement de bébé 851
vêtement de fille 851
vêtement de garçon 851
vêtement de nuit 447
vêtement de sport 450
vêtement historique 426
vêtement isothermique 989
vêtement spécialisé 448
vêtement traditionnel 429
vêtement unisexe 437
vêtements d'enfant 448
vêtements d'homme 430
vêtements de bain 850
vêtements de femme 438
vêtements de nuit de femmes 850
vêtements de nuit d'hommes 851
vêtements de sport de femmes 850
vêtements de sport d'enfants 851
vêtements de sport d'hommes 851
vêtements décontractés de femmes 850
vêtements décontractés d'hommes 851
vétérinaires 1002
veuve noire 147
vexille 158
viaduc 660
viande 271
viande, présentation 276
viande hachée 276
vibration sonore 235
vibrisse 165, 167
vice-capitaine 1027
vidéoprojecteur 636, 639
vidéothèque 867
vide-poches 674
vide-pomme 309
vie végétale 102
viennoiseries 123
Vierge 21, 23
Viêtnam 59, 881
vietnamien 582
vigie 740
vigne 117
Viking 32
vilebrequin 395, 680, 682
villa Renaissance 509
village 842, 1036
ville 842
vin 288
vinaigre balsamique 287
vinaigre blanc 287
vinaigre de cidre 287
vinaigre de malt 287
vinaigre de riz 287
vinaigre de vin 287
violet 528
violette 113
violon 547
violon, famille 545, 547
violoncelle 547
violoncelles 545
vipère 156
virage 667
virage à 180 degrés 1035
virage à droite 664
virage de brasse 975
virage de papillon 975
virage-culbute 975
virgule 587
virole 408, 1013
virole femelle 1059, 1060
virole mâle 1059, 1060
vis 390, 402, 547
vis à glace 1051
vis calante 831, 833
vis centrale 538
vis d'alimentation 766, 767
vis de blocage 832
vis de blocage (azimut) 24, 25
vis de blocage (latitude) 24, 25
vis de fixation 596
vis de nivellement 84
vis de pince-aiguille 567
vis de pression 534, 535
vis de réglage 399, 407
vis de réglage de grand débit 355
vis de réglage de petit débit 355
vis de réglage de tension 654
vis de réglage du condenseur 825
vis de serrage 401
vis de support inférieure 84
vis de tension 556
vis macrométrique 825
vis micrométrique 734, 825, 832
vis sans fin 574, 763
visage 192
viscose 424
viseur 593, 833
viseur de caméra 606
viseur électronique 613
viseur périscopique 895
visière 457, 695, 713, 884, 901, 908, 1024, 1028, 1034
visière, charnière 695
visière antisolaire 33
vision, défauts 239
vision normale 239
visionnement télé/DVD 610
visiophone 624
visiophonie 643
vison 180
vissage 390
Vistule 49
vitesse, sélecteur 696
vitesse d'obturation 593
vitesse de rotation, commande 559
vitrage 736, 802
vitrail 507, 579, 871
vitre 803
vitre de numérisation 635
vitre de protection 1028
vitre d'exposition 637
vitre protectrice 609
vitrine 365
voie 714, 717
voie à sens unique 664, 666
voie d'accélération 659
voie de banlieue 703
voie de butte 708
voie de circulation 659, 740, 741
voie de circulation des locomotives 708
voie de décélération 659
voie de dépassement 659
voie de fond 774
voie de service 703, 740
voie de sortie 708
voie de tête 774
voie de transport 771
voie de tri primaire 708
voie de tri secondaire 708
voie des stands 1022
voie ferrée 704, 712, 773, 843, 844
voie ferrée, assise 713
voie ferrée bord à quai 718
Voie lactée 19, 23
voie latérale 659
voie pour véhicules lents 659
voies de circulation 659
voies respiratoires, protection 909
voilage 368
voile 684, 806, 980, 983, 1046, 1047, 1059
voile, parcours 982
voile à corne 723
voile à livarde 723
voile au tiers 723
voile bermudienne 723
voile carrée 723
voile d'étai de flèche 725
voile d'étai de grand cacatois arrière 725
voile d'étai de grand perroquet arrière 725
voile de flèche 725
voile latine 723
voiles 723
Voiles 21
voilure 725, 750, 989, 1047
voilure à géométrie variable 752
voilure delta 751, 752
voilure droite 752
voilure en flèche 752
voilure trapézoïdale 752
voilures 752
voiture 669, 716
voiture, location 857
voiture cellulaire 864
voiture classique 705
voiture de course 1023
voiture de formule 1 1023
voiture de formule 3000 1023
voiture de formule Indy 1023
voiture de NASCAR 1023
voiture de police 905, 907
voiture de rallye 1023
voiture micro-compacte 669
voiture restaurant 705
voiture sport 669
voiture sport-prototype 1023
voiture suiveuse 1020
voiture-lit 705
voitures, types 705
voiturette de golf électrique 1019
vol 979, 1041
vol libre 1047
volaille 271
volant 363, 368, 420, 538, 566, 576, 672, 676, 682, 764, 1023
volant de frein à main 709
volant de manche 748
volant de manœuvre 902
volant de plumes 963
volant synthétique 963
volcan 66, 75
volcan effusif 75
volcan explosif 75
volcans 75
volée 335, 890, 966
volet 37, 805
volet compensateur 86
volet coulissant 29
volet d'air 691
volet de bord d'attaque 896
volet de bord de fuite 746, 896
volet de contrôle thermique 86
volet d'inertie 27
volet mobile 27
volet transparent 484
volets d'intérieur 370
Volga 49
Volkmann, canaux 199
volleyball 958
volleyball, terrain 958
volleyball de plage, terrain 959
volt 835
voltigeur 938
voltigeur de centre 938
volume 622, 625, 639
volume, réglage 559, 614
volumes 839
volute 360, 500, 501, 510, 547
volve 108
voussure 507
voûte 506
voûte de projection 20
voûte en berceau 503
Voyager 30
voyant 316, 317, 318, 319, 374, 380, 478, 577, 629, 635
voyant conique 737, 738
voyant de charge 479
voyant de charge des piles 634
voyant de mise en circuit 623
voyant de mise en ondes 604
voyant de mise sous tension/détection du papier 859
voyants 633
voyants de contrôle 638
vraquier 726
vrille 117
vue 238
vulve 194
vumètres 604
VUS 669

W

w.-c. 330, 344, 346, 347, 855, 920
wagon 703, 709
wagon à bestiaux 710
wagon à copeaux 711
wagon couvert 709, 710
wagon de queue 710
wagon intermodal 710
wagon plat 711
wagon porte-automobiles 711
wagon porte-conteneurs 711
wagon réfrigérant 710
wagon-citerne 710
wagons 710
wagon-tombereau 710, 711
wagon-trémie 710
wagon-trémie à minerai 711
wakamé 244
wallaby 189
wasabi 287
water-polo 974
water-polo, bassin 974
water-polo, joueur 974
watt 835
wigwam 520
winch 981
wishbone 983
wok 312
wolof 582
won-ton, pâte 283

X

xénon 814
xylème 110
xylophone 545, 557

Y

yacht à moteur 729
yack 173
yaourt 280
Yémen 58, 880
yen 860
yeux, protection 908
yiddish 583
yorkshire-terrier 176
yoruba 582
yourte 520
ytterbium 814
yttrium 813
yuan 860

Z

Zambie 61, 880
zèbre 172
zénith 20
zéro 1068
zeste 114, 116
Zimbabwe 61, 880
zinc 78, 813
zirconium 813
zone centrale 955
zone commerciale 843
zone d'attaque 958
zone d'essai des réacteurs 897
zone de basse pression 89
zone de boule morte 1014
zone de but 952, 955, 1029
zone de chargement 798
zone de chronométrage 1041
zone de chute 934, 936, 937
zone de convection 16
zone de croissance 110
zone de danger 992, 995
zone de défense 955, 958
zone de départ 984, 1025
zone de freinage 1041
zone de garde protégée 1027
zone de haute pression 89
zone de lavage des wagons 708
zone de manœuvre 20
zone de passage du témoin 934
zone de passivité 991
zone de précipitation 81
zone de radiation 16
zone de ramification 110
zone de réception 708
zone de retrait des bagages 742
zone de sécurité 996
zone de service 964
zone de service droite 965
zone de service gauche 965
zone de triage 708
zone défensive ou offensive 948
zone d'arrivée 1041
zone d'atterrissage 1041
zone d'avertissement 996
zone d'entrée des joueurs expulsés 974
zone industrielle 843
zone libre 958, 959
zone neutre 952, 1029
zone pilifère 110
zone réservée 957
zone résidentielle 843
zone scolaire 665, 667
zones de service 963
zooplancton 94
zoulou 582
zygomatique 200, 205

Índice español

2° hueso metacarpiano 186
3er hueso metacarpiano 186
4° hueso metacarpiano 186
5° hueso metacarpiano 186
50 000 unidades astronómicas 14
50 unidades astronómicas 14

A

a buen viento 982
a un largo 982
ábaco 500
abadejo 268
abdomen 139, 140, 141, 142, 145, 158, 192, 194
abedul 119
abeja 142
abeja, anatomía 143
abeja trabajadora, morfología 142
abejorro 146
abertura 1061
abertura, doble 508
abertura con tirilla 431
abertura de llenado 719
abertura de llenado y vaciado 719
abertura del diafragma 826
abertura para el brazo 443
abertura para el cambio de gases 826
abertura para horquilla 757
abertura trasera central 430
abertura trasera lateral 430
aberturas branquiales 148
aberturas para los nudillos 464
abeto 121
abeto negro 124
abisinio 179
abocinamiento 507
abono compuesto, cajón 411
Abraham 870
abrazadera 24, 25, 358, 367, 488, 981
abrazadera inferior 84
abrebotellas 307, 1055
abrecartas 651
abrelatas 307, 318, 1055
abreviaciones de monedas 860
abrigo 435, 443
abrigo con esclavina 443
abrigo de tres cuartos 435
abrigo raglán 443
abrigo redingote 442
abrigos 435, 442
abrigos de hombre 851
abrigos de mujer 850
abscisas, eje 838
ábside 507, 508
absorción de agua y sales minerales 102
absorción por la superficie terrestre 96
absorción por las nubes 96
abuela 928
abuelo 928
abuelos 928
acabado 452, 531
acampada 1052
acanaladura 511
acantilado 70
acantodio 129
acceso 328
acceso a los andenes 704
acceso para minusválidos 856
accesorios 1009
accesorios de decoración 850
accesorios de disparo 889
accesorios de hombre 850
accesorios femeninos 851
accesorios fotográficos 596
accesorios para cerrar 567
accesorios para el objetivo 598
accesorios para las ventanas 367
accesorios personales 468
accidentales 563
acción del viento 95
accionador de presión del oxígeno 33
acedera 247
aceite, luz de advertencia 696
aceite de cacahuete 284
aceite de fritura 784
aceite de girasol 284
aceite de linaza 527
aceite de maíz 284
aceite de oliva 284
aceite de sésamo 284
aceite de soja 284
aceite vegetal 123, 784
aceitera 772
aceites 284
aceites lubricantes 782
aceituna 248
acelerador 417, 696
acelerador de electrones 926
acelerante de fundido de hielo 421
acelga 250
acento 563
acento agudo 587
acento circunflejo 587
acento grave 587
acera 323, 846
acerico 568
acero 78, 384
achicoria de Treviso 246
acicular 111
acidificación de los lagos 98
ácido acetilsalicílico 915
acolchado 1033
acolchado de seguridad 1033
acolchado protector 973
acometida aérea 793
acondicionador 475
acondicionador de aire 342, 343
acondrito 18
acoplamiento de pedal 554
acorazonada 111
acorde 563
acordeón 560
acromion 201
acrotera 499, 500
actínidos 814
actino 814
actor 542
actores, entrada 498
actriz 543
actuador 894
acuarela 525, 528
acuario 495
Acuario 20
acuífero confinado 770
acumulador 679, 803
acumulador, caja 917
adaptador 479
adaptador de acoplamiento 34
adaptador de carga útil 39
adaptador de corriente 630
adaptador de enchufes 358
adaptadores 351
adaraja 511
adarve 504, 505
adarve cubierto 504, 505
Adén, golfo 50, 51
adhesivo 449
adición 649
administración 522, 869
admisión 680, 681
admisión de los detenidos, oficina 864
adobes, casa 520
adormidera, semillas 261
adornos 563
Adriático, mar 49
aduana 718, 743
aductor mayor 196, 197
aerocisto 107
aerodeslizador (hovercraft) 727
aerofreno 896
aerógrafo 527
aeropuerto 53, 740, 842, 857
aeropuerto, equipo de tierra 744
afeitado 479
Afganistán 58, 880
afilador 309
afilador de diamante 579
afinación 556
afinador 554
afluente 73
África 44, 60, 69, 879
afuste 892
agar 244
agarrador 917
agarre 399
agavilladora 766
agencia de viajes 848
agenda 485, 650
agenda de caja 655
agenda telefónica 623, 651
agente de policía 906
agitador de aspas 378
aglomerado 386
agnato 128
agricultura intensiva 96, 98
agua 770, 778, 779, 834, 995
agua, castaña 245
agua, corriente 73, 134
agua, depósito 319
agua, sales minerales, absorción 102
agua a presión 789
agua bendita, pila 871
agua caliente a presión, sistema 339
agua de colonia 474
agua de deshielo 72
agua de nubes 98
agua de perfume 474
agua depurada 779
agua hirviente, refrigerante 801
agua natural 801
agua oxigenada 915
agua pesada 800
agua pesada, reactor 800
agua pesada a presión 800
agua pesada de refrigeración 800
agua pesada presurizada 800
agua presurizada, refrigerante 801
agua residual 98
agua y petróleo caliente 779
aguacate 248
aguamarina 470
aguanieve 83, 90
aguarrás 527
aguas seguras 738
aguaturma 245
aguijón 142
aguijón, saco 137
águila 163, 875
Águila 20, 22
aguja 74, 90, 506, 507, 508, 527, 566, 567, 568, 578, 712, 827, 912
aguja azul 150
aguja circular 570
aguja con lengüeta 571
aguja de cambio 703
aguja de control a larga distancia 712
aguja de coser 309
aguja de décimas de segundo 828
aguja de pícea 120
aguja de punto 570
aguja imantada 1057
aguja indicadora 342, 597
aguja picadora 309
agujas del abeto 120
agujas del pino 120
agujero 535
agujero apical 206
agujero ciego 233, 354
agujero de salida 1071
agujero negro 18
agujero vertebral 204
ahogadero 1004
ahumador 534
aikido 996
aikidogi 996
aikidoka 996
airbag 676
airbag, sistema de restricción 676
airbag de cortina 676
aire acondicionado 687
aire acondicionado de tierra 744
aire cálido ascendente 89
aire caliente 90
aire caliente, generador 338
aire caliente a presión, sistema 338
aire comprimido 527
aire comprimido, bombona 1023
aire frío 90
aire frío subsidente 89
aire inhalado 232
aire libre, ocio 1052
aislador 683, 793
aislador de suspensión 792
aislamiento 339
aislante 348, 349, 380, 385, 802
aislante de cera 347
aislante de gomaespuma 385
aislante plástico 354
aislante premoldeado 385
aislante vinílico 385
ajedrea 262
ajedrez 1065
ajedrez, piezas 1065
ajo 245
ajowán 261
ajuste 648
ajuste, botón 629
ajuste de altura 1001
ajuste de elevación 824
ajuste de la altura del condensador 825
ajuste de la lente de campo 825
ajuste de la llama 483
ajuste de profundidad 398
ajuste de tonos agudos 549
ajuste de tonos bajos 549
ajuste de volumen 621
ajuste del display 623
ajuste del tabulador 648
ajuste fino de la altura 24, 25
ajuste fino del acimut 24, 25
ajuste lateral 824
ajustes 625
ala 37, 141, 142, 158, 457, 458, 486, 747, 896, 1047, 1048, 1059, 1071
ala alta 750
ala cerrado 953
ala de la nariz 178
ala de popa 731
ala defensivo derecho 952
ala defensivo izquierdo 952
ala del cuarto 450, 459
ala delantera 140
ala delta 751, 1047
ala derecho 945, 950
ala en delta 752
ala en flecha 752
ala izquierdo 945, 950
ala plegable 1007
ala recta 752
ala superior 750
ala trapezoidal 752
ala trasera 140
ala variable 752
álabe 787
alacena 365
alamar 436
alambre del reborde 685
alambre para cortar 576
álamo 119
ala-pívot 957
alargada 586
alas 186, 750
alas, diferentes formas 752
alas, tarima 754
Alaska 46
Alaska, golfo 47
albahaca 262
albanés 583
Albania 57, 878
albañilería 402, 403
albaricoque 254
albatros 161
albóndiga 276
albornoz 447
albúmina 160
albumina, gándula 137
albura 118
alca 161
alcachofa 251
alcachofa de la ducha 346
alcantarilla 846
alcantarilla principal 846
alcaparra 286
alcaravea 260
alcaudón 163
alce 172
alcohol puro 915
aldabilla 488
aleación 78, 836
alemán 583
Alemania 56, 878
alerce 121
alero 499, 513, 955, 957, 1053
alero defensa 955
alerón 37, 746, 987, 988, 1023, 1041, 1048
alerón de hipersustentación 896
aleta 340, 379, 747, 750, 753, 989
aleta abdominal 150
aleta anal 148, 150
aleta caudal 148, 150, 182
aleta compensadora 86
aleta de fuselaje 37
aleta de la nariz 231
aleta de penetración superficial 731
aleta de proa 731
aleta del borde de fuga 746
aleta dorsal 182
aleta dorsal anterior 149
aleta dorsal posterior 149
aleta estabilizador 988
aleta fija 894
aleta hipersustentadora 747
aleta pectoral 148, 150, 182
aleta pélvica 148
Aleutianas, fosa 69
Aleutianas, islas 47
alfalfa 252
alfarería 576
alféizar 327, 332
alfil 1065
alfiler 476, 568
alfiler de corbata 471
alfileres 471
alfombra 331, 334
alfombrilla 686
alfombrilla de ratón 634
alga 107
alga, estructura 107
alga parda 107
alga roja 107
alga verde 107
algas 107, 244
algodón 123, 424, 474, 915
algodón hidrófilo 915
alheña 262
alianza 470
alicates 399
alicates de electricista 405
alicates de presión 399
alicates de punta 405
alicates para cutículas 472
alicates regulables 399
alidada 85, 734
alidada móvil 833
aligátor 157
alimentación, cordón 315
alimentador 610, 647
alimentador automático de documentos 625
alimentador de oxígeno, palanca 1048
alimento, origen 242
alimento, presentación 294
alimento de origen animal 265
alimento de origen vegetal 244
alimento procesado 277
alimentos para animales 289
alimentos selectos 288
alineador 984
alitán 266
aliviadero 785, 788
aljuba 428
alma 554, 713, 890
almacén 850, 868, 905
almacén de combustible nuevo 798
almacén de congelados 289
almacén de material estéril 918
almacén de material sucio 918
almacén del material sucio 921
almacenamiento de información, unidades 638
almacenamiento subterráneo 783
almeja 265

almena 504
almendra 115, 255
almidón 122
almirez 307
almohada 363
almohada de maternidad 492
almohadilla carpal 174
almohadilla del espolón 174
almohadilla digital 174, 178
almohadilla metacarpiana 174
almohadilla plantar 178
alojamiento 857
alojamiento de disco 638
alojamiento de la casete 616
alojamiento para el disco 615
alojamiento para la cinta 611
alojamientos 1036
alpargata 461
Alpes 49
alpinismo 1050
alpinismo, equipamiento 1050
alpinista 1051
alta montaña, climas 87
alta presión, área 89
alta velocidad, tren 707
Altar 20
altar, cruz 871
altar lateral 871
altar mayor 871
altavoces extremos de graves 612
altavoz 544, 559, 610, 613, 618, 619, 620, 621, 622, 624, 625, 630, 735, 748, 902, 978, 1071
altavoz central 612
altavoz de agudos 20
altavoz de comunicación 716
altavoz de frecuencias altas 618
altavoz de frecuencias graves 618
altavoz de frecuencias medias 618
altavoz de graves 20
altavoz de medios 20
altavoz del monitor 604, 605, 607, 608
altavoz principal 612
altavoz surround 612
alternador 672, 682, 807, 819
alternador de la turbina 804
alternador de turbina 899
alternativa 632
altímetro 897, 1046, 1048, 1049
altímetro de emergencia 748
altitud 45
alto de caña 1039
altocúmulo 82, 88
altostrato 82, 88
altramuz 252
altura 873
altura de la ola 77
altura de las nubes, medición 85
altura de salto 979
altura del agua 789
altura del banco 771
altura del peldaño 335
altura e inclinación de la hoja 393
altura máxima 665, 667
alubias 253
álula 158
aluminio 78, 812
alumno 868
alumno, pupitre 868
alveolo 358
alvéolo dental 206
alvéolo pulmonar 215
alza 144, 547, 887, 891, 893, 1009, 1043
alzada 454
alzado 328, 378
alzapaños 368
amanita muscaria 108
amanita virosa 108
amantillo 724
amantillo de botavara 724
amapola 113, 116
amaranto 263
amárico 582
amarillo 528, 821
amarillo verdoso 528
amarra 729, 1008
amarre 578, 981
amarre anterior retráctil 687
amasadora 317
amatista 470
Amazonas, río 48
ambiente 92
ambiente natural 1017
ambulancia 911, 918
ambulatorio 922
ameba 133
América Central 44, 47, 54
América del Norte 44, 54, 69
América del Sur 44, 55, 69
American shorthair 179
americana 442
americano, clavija de tipo 358
Américas 876
americio 814
Amery, Plataforma de Hielo 46
ametralladora 895
amígdala 230, 231
amígdala lingual 233
amígdala palatina 233
amoladora de ángulo 396
amortiguador 32, 519, 673, 1026
amortiguador de caucho 1069
amortiguador de fieltro 552
amortiguador delantero 697
amperio 835
ampliación del voltaje 795
ampliadora 600
amplificador 559
amplificador/sintonizador : vista frontal 614
amplificador/sintonizador : vista posterior 614
amplificador de voltaje 789
amplificador-sintonizador 619
amplitud 821
ampolla 135, 359, 914
amurada 724
anacardo 255
anaconda 156
anaquel 293, 365
anatomía 196
anatomía de un árbol 118
anatomía de un bogavante 139
anatomía de un caballo 169
anatomía de un caracol 137
anatomía de un hongo 108
anatomía de un pájaro 159
anatomía de un pulpo 138
anatomía de una abeja 143
anatomía de una araña hembra 145
anatomía de una concha bivalva 136
anatomía de una esponja 134
anatomía de una estrella de mar 135
anatomía de una mariposa hembra 141
anatomía de una perca 149
anatomía de una planta 109
anatomía de una rana macho 152
anatomía de una serpiente venenosa 154
anatomía de una tortuga 155
ancha 586
ancho de barrido del radar 64
anchura de la base 792
ancla 732
ancla Danforth 732
ancla de arado 732
ancla de cepo 732
ancla de hongo 732
ancla de tornillo 732
ancla flotante 732
ancla sin cepo 732
ancla succionadora 103
anclaje 660
anclaje, cadena 777
anclas 732
anclote 732
ancóneo 197
áncora 829
andador 916
andaduras 168
andamio sobre ruedas 409
andén 703, 715, 742
andén de pasajeros 704
Andes, cordillera 48
Andorra 56
andouillete 277
Andrómeda 22
anemómetro 84, 85, 807, 1048
anemómetro de emergencia 748
anémona 135
anfibios 152, 153
anfiteatro romano 503
Anglicanismo : Enrique VIII 870
Angola 61, 880
anguila 269
anguila eléctrica 151
ángulo 838
ángulo agudo 836, 838
ángulo entrante 838
ángulo horario 28
ángulo obtuso 836, 838
ángulo recto 836, 838
ángulo saliente 505
ángulos, medición 833
Anik 603
anilla 367, 828, 831, 970
anilla de la tuerca 351
anilla de sujeción 1059
anilla del cordón 368
anilla guía 1059
anilla para lanzado largo 1060
anillas 970, 971
anillo 108, 327, 367, 479, 490, 492, 551, 596, 640, 787, 1051
anillo, partes 470
anillo adaptador 595
anillo de ajuste 390, 408, 550
anillo de ajuste del enfoque 598
anillo de articulación 1061
anillo de bloqueo 892
anillo de carrillera 1004
anillo de cierre 601
anillo de compromiso 470
anillo de crecimiento 118
anillo de enfoque 824
anillo de graduación 470
anillo de gravedad 732
anillo de la leva 395
anillo de las riendas 1004
anillo de quijada 1004
anillo de reglaje del par de apriete 394
anillo de retención 345, 350
anillo de retención de la empaquetadura 350
anillo de unión del casco 33
anillo dióptrico 736
anillo distribuidor 787
anillo graduado de ascensión recta 24, 25
anillo graduado de declinación 25
anillo inferior 787
anillo ocular 158
anillo regulador 787
anillo sellador 781
anillos 470
anillos colectores 819
anillos de sonido 561
animal primitivo 133, 135
anís 262
anís estrellado 116
anjova 267
ano 135, 136, 137, 138, 139, 141, 145, 149, 155, 216, 226, 228
ánodo 348, 820
anorak 451, 1051
anotador 956, 958, 959, 960, 965, 993, 1010, 1014, 1069
anotadores 992, 996
Antártica 44, 46
Antártica, península 46
antebrazo 174, 193, 195, 1010
antefija 499
antehélix 234
antena 27, 86, 139, 140, 141, 142, 143, 620, 621, 622, 623, 671, 697, 733, 746, 753, 895, 897, 907, 958
antena de alta frecuencia 750
antena de alta ganancia 32
antena de baja ganancia 32
antena de banda S 86
antena de banda S de alta ganancia 86
antena de banda X 64
antena de comunicaciones 897
antena de control remoto 64
antena de emisión 602
antena de emisión/recepción 602
antena de radar 896, 899
antena de radio 726, 728, 730, 731, 777, 899, 1023
antena de telecomunicaciones 730, 731
antena del radar 64
antena doméstica 602
antena microondas 608
antena múltiple 899
antena parabólica 610
antena parabólica de recepción 602
antena parabólica de transmisión 602
antena telescópica 619
antena UHF 32, 86
antena VHF 898
antena-receptor GPS 735
antenas de exploración y rescate 86
anténula 139
anteojera 1007
anteojo buscador 24, 25
anteojo telescópico 734
antepista 1015
antera 104, 112
anterior 634
anti ojos rojos 593
anticiclón 81
anticlinal 776
Antigua República Yugoslava de Macedonia 878
Antigua y Barbuda 54, 876
Antillas 47
antílope 172
antimonio 812
antisalpicaduras 492
antiséptico 915
antitrago 234
anudado 575
anuncio 590
anuncios, tablero 655
anuncios por palabras 590
anzuelo 1059, 1061
añadir a memoria 649
aorta 212
aorta abdominal 210, 219
aorta dorsal 143
aorta torácica 210
aorta ventral 149
aovada 111
apagador 553
apagallama 891
Apalaches, montes 47
aparador 329, 365
aparador con vitrina 365
aparato compacto 592
aparato de Golgi 102, 133
aparato de navegación aérea 897
aparato de respiración autónomo 901
aparato digestivo 216
aparato diverso 318
aparato electrodoméstico 314, 374
aparato respiratorio 214
aparato ultracompacto 592
aparato urinario 218
aparatos 972
aparatos acondicionadores 342
aparatos de ejercicios 1000
aparatos de medición 827
aparcamiento 1036
aparcamiento de bicicletas 869
aparejo 1061
aparejo de juanete de estay 725
aparejo de mastelero de estay 725
aparejos 723, 724
apartado 290
apartamentos 1036
apéndice nasal 186
apéndice vermiforme 216
apéndices bucales 142
apéndices torácicos 139
apertura 593, 597
apertura terminal 136
apertura urogenital 149
ápice 136, 137, 206, 233
apilador hidráulico 755
apio 250
apio nabo 251
apisonadora 762
aplicador de emulsiones 536
aplicador de esponja 473
aplique 373
apófisis articular 204
apófisis espinal 204
apófisis espinosa 224
apófisis estiloides 205
apófisis mastoides 205
apófisis transversal 204
apófisis trasversa 204, 224
Apolo 38
apóstrofe 587
apotecio 106
apoyador 952
apoya-flecha 885
apoyatura 563
apoyo 791
apoyo, punto 145
apoyo de espalda 893
apoyo de la sordina 553
apoyo del macillo 552, 553
apoyo del pulgar 912
apoyo mejilla 1010, 1011
apoyo para el mentón 547
apuesta de cinco números 1068
apuesta en cuadro 1068
apuesta libre 1068
apuesta sobre dos columnas 1068
aquenio 114
árabe 582
Arabia, península 51
Arabia Saudí 58, 880
Arábigo, mar 51
arácnidos 140, 147
aracnoides 224
arado de vertedera 765
Aral, mar 51
arame 244
arameo 582
arándano 254
arándano agrio 254
arándano negro 254
arándano rojo 254
arandela 350, 373, 820, 1038
arandela de presión 399
arandela de presión de dientes externos 399
arandela de presión de dientes internos 399
arandela plana 399
arandelas 399
araña 145, 373
araña, morfología 145
araña, tela 145
araña cangrejo 147
araña de agua 147
araña hembra, anatomía 145
árbitro 938, 939, 943, 945, 947, 949, 951, 953, 956, 963, 964, 965, 966, 976, 990, 991, 993, 994, 996, 1014, 1027, 1029, 1032
árbitro a caballo 1008
árbitro adjunto 1032
árbitro auxiliar 960, 995, 1010
árbitro de la defensa 953
árbitro de lado 996
árbitro de recorrido 984
árbitro en jefe 995, 996
árbitro jefe 1033
árbitro principal 960, 974
árbol 118, 787, 816, 819
árbol, anatomía 118
árbol de caucho 124
árbol de la hélice 731
árbol de levas 682
árbol de Navidad 777, 780
árbol del turbocompresor 749
árbol frutal 243
árbol huésped 103
árbol ornamental 243, 322, 410
árbol oscilante, brazo de elevación 764
arboladura 724
árboles 1016

árboles latifoliados 119
arborización terminal 221
arbotante 506, 507, 985
arbusto 410
arca 872
arcabuz 889
arcada 503, 506
arcatura 508
arce 119
arce, jarabe 285
archaeognatha 129
archipiélago 45
archivador, gaveta 653
archivador colgante 652
archivador de fichas 653
archivador de fuelle 653
archivador lateral 645
archivador móvil 645
archivadores 645
archivar 652
archivo 642, 644, 905
archivo, formato 642
archivo médico 922
archivos 522
archivos, servidor 641
arcilla de modelar 576
arco 395, 509, 547, 561, 661, 838, 885
arco, puente 661
arco abierto 508
arco ciego 508
arco compuesto 1009
arco conopial 514
arco de dos articulaciones 661
arco de elevación 892
arco de entramado 661
arco de herradura 514
arco de la aorta 213
arco de medio punto 514
arco de tres articulaciones 661
arco dentario inferior 231
arco dentario superior 231
arco fijo 661
arco formero 506
arco insular 67
arco iris 91
arco lanceolado 514
arco moderno 885
arco natural 70
arco ojival 514
arco palatogloso 231
arco peraltado 514
arco rebajado 514
arco recto 1009
arco tensor 556
arco trebolado 514
arco Tudor 514
arco vertebral 204
arcón congelador 377
arcos 514, 661
arcos y ballesta 885
ardilla 166
ardilla listada 166
área de actividades al cubierto 865
área de alta presión 89
área de aterrizaje 1041
área de baja presión 89
área de caída 934, 937
área de cocina 292
área de competición 970, 995
área de descanso 53
área de gol 960
área de juego 1027, 1069
área de lixiviación 345
área de llegada 1035, 1041
área de lucha libre 991
área de peligro 992
área de penalti 946
área de procesamiento del petróleo 777
área de recepción 523, 850
área de servicio 53, 964
área de servicio derecha 965
área de servicio izquierda 965
área grabada 615
área lateral 948
área macular 238
área pequeña 946
áreas válidas de tocado 997
arena 503, 778, 779, 790, 959
arena bituminosa 778, 779
arenera 706
arenque 267
aréola 227
arganeo 732
Argelia 60, 879
Argentina 55, 876
argolla de izar 732
argolla de remolque 892
argón 814
Ariane IV 39
Ariane V 39
Ariel 15
Aries 22
arista 500
arma de asalto 891
arma de caza 887
arma de fuego 889
arma móvil 892
armadura 563, 884
armadura del techo 333
armario 296, 330, 364, 855
armario alto 296
armario bajo 296, 645
armario de fichas de grabación 604
armario de interruptor 357
armario del lavabo 346
armario para el personal 705
armario para la tabla espinal 911
armario para papelería 645
armas 883
armas blancas 886
armas de la Edad de Piedra 883
armas del imperio romano 883
armazón 332, 336, 339, 363, 364, 373, 374, 378, 379, 396, 408, 409, 488, 557, 572, 628, 695, 806, 1049
armazón de empuje 758
armazón de la máscara 940
armazón de madera 499
armazón de metal 552
armazón del quemador 1053
Armenia 58, 880
armeno 583
armiño 875
armónica 560
arnés 366, 411, 491, 686, 733, 1019, 1046, 1047, 1050
aro 480, 565, 733, 955, 957, 972, 1005
arpa 545, 548
arpegio 563
arpón submarino 989
arqueópteris 130
arquero 1009
arquitectura antigua 498
arquitectura asiática 513
arquitectura militar 504
arquitectura occidental 506
arquitectura precolombina 513
arquitrabe 499, 501, 509
arquivoltas 507
arranque 413, 999
Arrecifes, Gran Barrera 52
arrendajo 162
arriate 322, 410
arroba 587
arroyo 73
arroz 122, 263, 283
arroz, fideos 283
arroz, galletas 283
arroz, vermicelli 283
arroz: panícula 122
arroz basmati 283
arroz blanco 283
arroz integral 283
arroz silvestre 263
arroz vaporizado 283
arrozal 97
arsénico 812
art deco 511
arte abstracto 530
arteria 209, 210, 212
arteria axilar 210
arteria braquial 210
arteria carótida 210
arteria cubital 210
arteria dorsal del pie 210
arteria dorsoabdominal 139
arteria esternal 139
arteria femoral 210
arteria ilíaca común 210, 219
arteria ilíaca interna 210
arteria mesentérica 210
arteria mesentérica superior 210, 219
arteria peronea 210
arteria pulmonar 210, 212, 213
arteria radial 210
arteria renal 210, 219
arteria subclavia 210
arteria tibial anterior 210
arteria ventral 139
artes escénicas 540
artes gráficas 532
Ártico 44, 46
Ártico, océano Glacial 44
articulación 207, 677, 1013, 1059
articulación cartilaginosa 208
articulación condilar 208
articulación en bisagra 207
articulación en pivote 207
articulación en silla de montar 208
articulación esferoidea 207
articulación fibrosa 208
articulación plana/artrodial 208
articulación sinovial 207
artículo 590
artículos de cocina 850
artículos de escritorio 648
artículos de fumador 483
artículos de limpieza 288, 381
artículos de marroquinería 484
artículos de tocador 851
artículos para animales 289
artículos personales 479
artículos varios 654
artropleura 129
arzón 969, 1005
arzón de amarre 1047
as 1062
as de guía 1058
as de guía de eslinga doble 1058
asa 314, 315, 316, 317, 318, 363, 364, 375, 376, 381, 387, 391, 392, 398, 411, 414, 478, 482, 484, 486, 488, 491, 620, 1060
asa aislante 317
asa de la barquilla 1049
asa de levantamiento 892
asa de transporte 491, 913
asa extensible 484
asa retráctil 489, 1034
asa superior 489
asado de costilla 272
asado picnic 275
asadores 312
asafétida 261
asbesto 78
ascensión recta 23
ascensor 26, 519, 644, 847, 854, 897
ascensor, cabina 519
asegurador 1050
aseo 644
aseos 290, 293, 523, 705, 849, 853, 859, 862, 867, 904, 919, 923
aseos de los bomberos 900
aseos de los oficiales 900
aserradero 125
asfalto 782
Asia 44, 58, 69, 880
asidero 674, 687, 690, 705, 902, 976
asidero de transporte 987
asidero horizontal 709
asidero lateral 716
asidero vertical 716
asiento 347, 360, 361, 366, 420, 576, 658, 675, 694, 697, 911, 917, 987, 1007, 1026, 1035, 1048
asiento : vista frontal 675
asiento : vista lateral 675
asiento ajustable 705
asiento de corredera 1001
asiento de eyección 896
asiento de la válvula 350
asiento del auxiliar de ambulancia 911
asiento del capitán 748
asiento del comandante 895
asiento del copiloto 748
asiento del piloto 895
asiento del rabino 872
asiento del tapón 347
asiento del teclado 552
asiento del timonel 984
asiento doble 716
asiento individual 716
asiento portátil 1057
asiento trasero 675
asientos 361
asistente de presidente del jurado 1031
asistentes de los abogados 863
asno 172
aspa 342, 806, 807
aspirador 375, 536, 911
aspirador, accesorios 375
aspirador de aire 339
aspirador manual 374
aspiradora de fangos 693
asta 873, 1069
astada 111
ástato 813
astenosfera 66
asterisco 587
astigmatismo 239
astil 830
astil, balanza 830
astilla 125
astrágalo 201, 203, 501, 890
astronáutica 30
atacador 889
Atacama, desierto 48
atacante 955
ataque/defensa, área 948
atención al cliente 859
atenuador de tonos 559
aterrizaje 1041
aterrizaje, pista 742
atizador 337
Atlántico, océano 44, 46, 49, 50
Atlántico medio, dorsal 69
atlas 153, 165, 170, 175, 204
Atlas, cordillera 50
atleta de biathlón 1043
atletismo 932, 934
atmósfera 94, 98
atmósfera terrestre, corte 79
atolón 70
átomo 810
átomos 810
atornillado 390
atracción 817
atrecista 543
atril 554, 558, 564, 871
atrio 502, 508
atún 268
audiencia 863
audífono 622, 624
audífonos portátiles 622
audio player portátil digital 620
audioguía 522
auditorio 522, 852, 866
aula 865, 869
aula de artes plásticas 868
aula de ciencias 868
aula de informática 868
aula de música 868
aula para alumnos con dificultades de aprendizaje 868
aumentar 593
aumento de la tensión 770, 775
aumento del efecto invernadero 96
aurícula 142
aurícula derecha 212, 213
aurícula izquierda 212, 213
auricular 604, 618, 622, 623, 624, 735, 912
auriculares 158, 604, 618, 619, 620
aurora polar 79
Australia 62, 69, 881
Austria 56, 878
autobomba tanque 902
autobús 688, 847, 857
autobús articulado 689
autobús de transporte especial 689
autobús escolar 688
autobús urbano 688
autobuses, estación 844
autocar 688
autocar de dos pisos 689
autocaravana 687
autoclave 921
autodefensa antimisil 898
autoenfoque 593
autoescalera 902
autoinyector 914
automático 567
automóvil 669
automóvil, alquiler 857
automóvil eléctrico 678
automóvil híbrido 678
automóvil Indy 1023
automóvil urbano 669
automóviles, contaminación 97
automóviles : componentes principales 672
autopista 52, 53, 659, 843
autoservicio, restaurante 292
autótrofos 94
auxiliares ortopédicos para caminar 916
avambrazo 884
avance rápido 610
ave 158
ave acuática 160, 161
ave costera 161
ave de rapiña 160
Ave del Paraíso 20
ave granívora 160
ave insectívora 160
ave zancuda 160
avefría 162
avellana 255
avellana, corte 116
avellanador de tubos 402
avena 122, 263
avena, harina 278
avena : panícula 122
avenida 52, 845
aventador de forraje 767
aves 158
aves acuáticas 160
aves de corral 271
aves de rapiña 160
aves paseriformes 160
avestruz 162
avión, movimientos 752
avión, ruta 64
avión de carga 751
avión de combate 896
avión de despegue y aterrizaje verticales 750
avión de gran fuselaje 751
avión de línea 79
avión ligero 750
avión nodriza 896
avión particular 750
avión postal 589
avión radar 751
avión stealth 751
avión supersónico 751
avión turborreactor de pasajeros 746
aviones 750
avisador de alarma 901
aviso, zona 994
avispa 146
avispón 146
axel 1031
axila 192, 194
axila de la hoja 111
axiómetro 980
axis 165, 204
axón 221
aymara 583
ayocote 253
ayudante 289, 973, 990
ayudante de dirección 605
ayudante del atrecista 543
ayudante del director 543
ayutamiento 844
azada 412

azada de doble filo 412
azadón 413
azadón rotatorio 765
azafrán 260
Azerbaiyán 58, 880
azúcar 285
azúcar, termómetro 308
azúcar candi 285
azúcar de vainilla 285
azúcar en polvo 285
azúcar glas 285
azúcar granulado 285
azúcar moreno 285
azucarero 301
azucena 113
azuela 412
azuela para desbastar 531
azufre 813
azul 528, 821
azul danés 281
azul ruso 179
azul verdoso 528
azul violeta 528
azur 875

B

babera 884
babero 449
babilla 168
babor 731, 738, 739
babuino 185
baca 686
bacalao 94
bacalao del Atlántico 268
baches 1040
bacinilla 492
backgammon 1063
bacón americano 277
bacón canadiense 277
badén 665
bádminton 962
bádminton, cancha 962
Baffin, bahía 47
baguette 279
Bahamas 54, 876
bahía 17, 45
bahía de Baffin 46, 47
bahía de Bengala 51
bahía de Hudson 47
Bahrein 58, 880
Baikal, lago 51
bailarina 461
baile, cuchilla 1031
bajada de aguas 322
bajada peligrosa 665
bajada pronunciada 667
bajante 347
bajo 549
bala 887, 889, 890
bala con perdigones 889
bala de barra 889
bala de plomo 893
bala sólida 889
balalaika 561
balance de blancos 593
balancín 367, 682, 721
balanza de astil 830
balanza de precisión 831
balanza de Roberval 830
balanza para cartas 651
balas de paja 1025
balasto 713
balaustrada 513
balaustre 335, 510
Balcanes, península 49
balcón 330, 510, 541, 736, 872
baliza de socorro 733
Ballena 20, 22
ballena blanca 183
ballena franca del norte 183
ballena jorobada 183
ballenera 723
ballesta 885
ballesta, arcos 885
Balmoral 459
balón 815, 955, 974
balón de baloncesto 956
balón de balonmano 960
balón de ejercicios 1000
balón de fútbol 946
balón de fútbol americano 954
balón de rugby 951
baloncesto 932, 956
baloncesto, cancha 956
balonmano 960
balonmano, cancha 960
balsa salvavidas 727, 733
bálsamo labial 475
balso 1058
Báltico, mar 49
bambalina 540
Bambara 582
bambú, brote 250
bambúes 1066
banana 258
bancada 392, 986
banco 361, 715, 771, 844, 849, 871, 1001
banco de arena 77
banco de musculación 1001
banco de trabajo con tornillo 401
banco emisor, iniciales 861
banda 724, 947, 952, 955, 956, 958, 963
banda acolchada 618
banda antiadherente 1044
banda azul 1021
banda blanca 958
banda central 1068
banda continua 1001
banda de ajuste 618
banda de arquitrabe 500
banda de desgarre 1049
banda de goma 1012
banda de grapas 389
banda de identificación técnica 615
banda de jazz 546
banda de la cabecera 1012
banda de lija 396
banda de puntas 389
banda de retención 913
banda de rodamiento 764
banda de suspensión 908
banda de tensión 85
banda de ventilación 887, 1010
banda elástica 432
banda fotosensible 84
banda frontal 670
banda grabada 617
banda holográfica metalizada 861
banda lateral de la red 958
banda lateral protectora 691
banda magnética 861
banda nubosa en espiral 89
banda parasol 84
banda protectora 684, 685, 691
banda reflectante 733
banda reflectora 901
bandeja 317, 342, 366, 387, 488
bandeja de accesorios 526
bandeja de alimentación 637
bandeja de carga 611
bandeja de carga, control 611
bandeja de cassette 924
bandeja de correspondencia 651
bandeja de entrada de papel 637
bandeja de horno 312
bandeja de pago 1070
bandeja de pan 311
bandeja de pastelería 310
bandeja de pescado 317
bandeja de pintura 408
bandeja de pizza 313
bandeja de recepción de copias 647
bandeja de salida 625, 637
bandeja de sujeción 377, 712
bandeja de zumo 317
bandeja extraíble 646
bandeja para el papel 625
bandeja para herramientas 409
bandeja para los entremeses 303
bandeja pivotante 536
bandejas 292
bandejas para el papel 647
bandera 876, 882, 950
bandera, partes 873
bandera con Schwenkel 873
bandera cuadrada 873
bandera de cuadros 1022
bandera de dos puntas 873
bandera de dos puntas y lengua 873
bandera rectangular 873
banderas, formas 873
banderín 873, 1040
banderín de esquina 945
banderín de línea de centro 946
banderín de saque de esquina 947
banderín doble 873
banderín móvil 1017
banderola 873
banderola de la exposición en curso 522
banderola de la exposición futura 522
bandolera 487, 488, 489, 490
bandolera, botón 549
Bangladesh 58, 881
banjo 560
banqueta 361
banquillo 947, 990
banquillo de jugadores 938, 953, 958
banquillo de los acusados 862
banquillo de los jugadores 945, 955, 960, 1028
banquillo del equipo 974
banquisa de Ross 46
bañera 330, 344, 346, 855, 980
baño 329, 855, 920
baño de fijación 600
baño de revelado 600
baño de stop 600
baños de revelado 600
baobab 120
baqueta 557
bar 290, 541, 544, 844, 848, 853
bar, barra 290
bar, taburete 290
baranda 1012
barandilla 329, 330, 331, 335, 409, 510, 518, 662, 706, 728, 1044
barandilla abatible 913
barba 158, 483
barbacana 504
barbada 1004
Barbados 54, 877
barbecho 243
barbilla 158, 1061
barbiquejo 724
barboquejo 901
barbote 884
barcaza autopropulsada 729
barco de perforación 778
barco de vapor de ruedas 721
barco de vela de cuatro palos 724
barco perforador 726
barcos 726
bardana 251
Barents, mar 49
bario 812
barján 74
barniz 527
barógrafo 85
barómetro de mercurio 85
barqueta 295
barquilla 1049
barquilla de mimbre 1049
barra 70, 171, 292, 367, 419, 480, 557, 698, 765, 816, 827, 969, 988, 1000, 1001, 1063
barra acanalada 367
barra antivibración 417
barra colectora 786
barra con pesas 999
barra de acero 971
barra de alimentación 638
barra de arrastre 760
barra de camareros 705
barra de combustible 799
barra de compás 562
barra de cortina 367
barra de cuchillas 767
barra de dirección 672, 1047
barra de dorsales 1001
barra de equilibrio 969, 970
barra de escotas 981
barra de extensión de piernas 1001
barra de flexión de piernas 1001
barra de la aguja 567
barra de labios 474
barra de madera 971
barra de maniobra 767
barra de percusión 903
barra de rastrillos 766
barra de remolque 687, 744, 766
barra de repetición 562
barra de torsión 1000
barra de tracción 892
barra de varilla doble 367
barra de varilla simple 367
barra del bar 290
barra del prensatelas 567
barra deslizable 571
barra distanciadora 688
barra espaciadora 632, 648
barra estabilizadora 755
barra fija 970, 971
barra inferior 371, 970
barra irrigadora 763
barra lisa 367
barra sujetadora 556
barra superior 970
barra telescópica 1069
barra transversal 1047
barras paralelas 971
barras paralelas asimétricas 970
barredora 763
barrena 772, 773, 776
barrena de muro 394
barrenas 394
barrera 366, 1002
barrera de contención 1022
barrera de salida móvil 1007
barrera del paso a nivel 713
barroco 510, 530
barrote 366
basamento 513
báscula de baño 831
báscula de cocina 308
báscula electrónica 831
báscula romana 830
base 84, 250, 317, 318, 355, 359, 372, 393, 395, 397, 398, 478, 501, 512, 537, 538, 609, 617, 623, 634, 635, 651, 713, 807, 815, 825, 830, 873, 903, 957, 969, 971
base con protecciones 957
base de calefacción 317
base de cargador 482
base de cemento 334
base de cemento, parqué sobre 334
base de datos 643
base de la espiga 350
base de la lámpara 736
base de lanzamiento 939
base de prensado 538
base de silla portabebés de coche 491
base del cargador 888
base del hogar 336
base del plato 617
base del respaldo 360
base del telescopio 28
base del tronco 118
base del tubo 359
base exterior 1063
base fija 401
base giratoria 401
base impermeable 334
base interior 1063
base líquida 473
base meta 939
base rotativa 29
basilosaurus 131
Bass, estrecho 52
bastidor 144, 391, 401, 484, 488, 535, 565, 694, 734, 765, 802, 803, 819, 962, 968, 970, 1020, 1045
bastidor de coser 538
bastidor de los rodillos 758
bastidores 540
bastión 505
bastón 490, 996, 1041
bastón con empuñadura en T 916
bastón con empuñadura ortopédica 916
bastón cuadrangular 916
bastón curvo 916
bastón de esquí 1038, 1042
bastón del portero 1029
bastoncillo 238
bastoncillo de algodón 123, 474, 915
bastones 490, 1017
basura 493
basura, cubo 381
bata 447
batán 572
batata 245
bate 940, 942
bate de béisbol 941
bate de softball 941
bateador 939, 940, 942, 943
bateo, cuadro 941
batería 389, 390, 394, 556, 595, 672, 678, 685, 702, 706, 818, 894
batería auxiliar 678
batería de cocina 292
batería electrónica 558
baterías de tracción 678
batidor 310, 765
batidor mecánico 310
batidora 314
batidora de mano 314
batidora de pie 314
batidora de vaso 314
batiente 327
batímetro 989
batir 314
baúl 364, 488
bauprés 724
baya 103
bayas 254
bayas de enebro 260
bayeta, cocina 381
bayeta de cocina 381
bayoneta con empuñadura 886
bayoneta de cubo 886
bayoneta de mango 886
bayoneta integral 886
bazo 149, 152, 155, 169, 230
bazuca 893
Beaufort, estrecho 47
bebidas 288
becquerel 835
becuadro 563
begonia 113
béisbol 938
béisbol, campo 938
belfo 168
belfos 174
Bélgica 56, 878
Belice 54, 876
bellas artes 522
bemol 563
Bengala, bahía 51
Benín 60, 879
berberecho 265
berbiquí 395
bereber 582
berenjena 248
bergamota 256
bergantín 723
bergantín goleta 723
berilio 812
Bering, estrecho 47
Bering, mar 44
berlina 669
berma 790
bermudas 433, 441
berquelio 814
berro 247
berros de jardín 247
berzas 246
besuguera 312
betún 463
biathlon 1043
biberón 492
biblioteca 331, 523, 845, 864, 866, 868
bíceps 197

bíceps braquial 196
bichero 733
bicicleta 698
bicicleta, partes 698
bicicleta BMX 701, 1021
bicicleta de carreras 1020
bicicleta de carretera 701
bicicleta de ciudad 702
bicicleta de cross y ciclista 1020
bicicleta de descenso 1020
bicicleta de niño 701
bicicleta de persecución 1021
bicicleta de turismo 702
bicicleta eléctrica 702
bicicleta estática 1001
bicicleta reclinada 702
bicicleta todo terreno 701
bicicletas 701
bicornio 429
bidé 346
biela 680, 682
Bielorrusia 57, 878
bies 569
bígaro 265
bigotes 167, 178
bigudís con calor 478
billar 1012
billar francés 1012
billar inglés 1013
billete, recto 861
billete, verso 861
billete: recto 861
billete : verso 861
billetera 484, 485
billetero 485
billetes, emisión 858
bimah 872
binóculos de tijera 481
biodiesel 784
bioetanol 784
biología 834
biomasa 95
biomasa celulósica 784
biombo para soldar 406
biosfera, estructura 94
bióxido de carbono, reactor 800
biplano 750
bípode 891, 892
birimbao 561
Birmania 59
birmano 582
bisabuela 928
bisabuelo 928
bisabuelos 928
bisagra 316, 325, 327, 364, 380, 484, 577, 617, 674, 824
bisel 912
bismuto 812
bisonte 173
bita 729
bizna 116
bizniestos 928
biznieto 928
biznietos 928
blanca 563, 1062, 1063
blanca doble 1062
blancas 1065
blanco 64, 65, 821, 1011, 1043, 1069, 1071
blanco y negro 593
blanquear con cloro, siguiendo las indicaciones 425
blanqueo 125
blastodisco 160
blindaje 895
blindaje de hormigón 800, 801
blindaje térmico 27
blog 643
bloque 554
bloque corredizo 717
bloque de apartamentos 521, 845, 1036
bloque de cierre de la recámara 887, 892
bloque de cierre de recámara 887
bloque de cirugía 921
bloque de contención 799
bloque de hormigón 384
bloque de madera grabado 533
bloque de madera para grabar 533
bloque del motor 682
bloqueo 832, 994
bloqueo, tornillos 832
bloqueo corrimiento 633
bloqueo de inclinación lateral 596
bloqueo de la columna 596
bloqueo de la hoja 393
bloqueo de la plataforma 596
bloqueo de los cimientos 790
bloqueo de mayúsculas 632
bloqueo de movimiento horizontal 596
bloqueo eje 1044
bloqueo giratorio 692
bloqueo numérico 633
blusa caracó 427
blusón 440
blusón con tirilla 440
BMX 1021
boa 156, 465
bob 1034
bobina 125, 611, 1059, 1060
bobinado 819
bobinas 566
bobsleigh 1034
bobsleigh a cuatro 1034
boca 134, 135, 136, 137, 139, 152, 182, 194, 231, 388, 401, 554, 887, 888, 890, 892, 1004, 1010
boca de acceso 781
boca de aspiración de aire 727, 749
boca de llenado 673
boca de riego 846, 903
boca del depósito 419
boca para la manguera 415
bocado articulado 1004
bocado con la barbada 1004
bocado corredizo 1004
bocado de codo militar 1004
bocado de filete 1004
bocado del filete 1004
bocallave 327
bocamina 774
bocina neumática 690
bodega 290, 729
bodega de carga 36
bodega de contenedores 727
bodega de equipaje 747, 753
bodega de equipos 39
body 440, 444, 448
bogavante 139, 266
bogavante, anatomía 139
bogavante, morfología 139
bogie 706, 716, 717
bogie del motor 707
bohrio 813
boina 458
bokken 996
bol 315
bol mezclador 314
bol para ensalada 303
bola 350, 388, 1015, 1069
bola amarilla 1013
bola azul 1013
bola blanca 1012, 1013
bola de corcho 941
bola de hilo 941
bola de marfil 1068
bola de petanca 1014
bola de proa 985
bola de rodamiento 584
bola marrón 1013
bola negra 1013
bola pinta 1012, 1013
bola roja 1012, 1013
bola rosa 1013
bola verde 1013
bolas numeradas 1012
bolas rojas 1013
bolera 848, 1014
bolero 442
bolero con botones 442
boles para batir 310
boletus satanás 108
boliche 1014
bolígrafo 584
bolígrafo corrector 654
bolillo 578
bolillos 578
bolina 982
Bolivia 55, 876
bolo 1015
bolo chico 1015
bolo cilíndrico 1015
bolo delantero 1015
bolo pequeño 1015
bolos 1014, 1015
bolos sobre hierba 1014
bolsa 189, 294
bolsa, cajetín 375
bolsa copuladora 137, 141
bolsa de golf 1019
bolsa de lona 486, 489
bolsa de malla 294
bolsa de mensajero 486
bolsa de ropa 489
bolsa de té 295
bolsa de tinta 138
bolsa de veneno 143
bolsa de ventilación manual 911
bolsa de viaje 596
bolsa del polvo 396
bolsa gástrica 134
bolsa para aperitivo 295
bolsa para bocadillo 295
bolsa para congelados 295
bolsa para pañales 492
bolsa para verduras 295
bolsas 289
bolsillo 387, 437, 452, 484, 1012, 1019
bolsillo con cartera 430, 435
bolsillo de fuelle 442, 452
bolsillo de manguito 452
bolsillo de ojal 430, 436, 443
bolsillo de ojal con ribete 452
bolsillo de ojal de sastre 452
bolsillo de parche 430, 448, 452
bolsillo de parche con cartera 452
bolsillo de ribete 430
bolsillo de ribete ancho 435, 443
bolsillo de solapa 436
bolsillo del cambio 430
bolsillo delantero 432, 484, 489
bolsillo disimulado 443, 452
bolsillo exterior 486, 488
bolsillo lateral 674
bolsillo secreto 484
bolsillo simulado 443, 452
bolsillo superior 431, 435
bolsillo trasero 432
bolsillo vertical 427
bolso clásico 486
bolso de bandolera 487
bolso de fuelle 487
bolso de hombre 487
bolso de la compra 486
bolso de vestir 486
bolso de viaje 487, 488
bolso interior 489
bolso manguito 487
bolso saco 486
bolso tipo cubo 486
bolsos 486
bomba 324, 378, 380, 408, 800, 801, 804, 1053
bomba antiveneno 912
bomba de aire 495, 698
bomba de aire comprimido 989
bomba de calor 770
bomba de circulación 339, 340, 805
bomba de petróleo 339
bomba de sangre 927
bomba para lodos 776
bomba tipo pedestal para sumidero 345
bomba transportadora de calor 797
bomba volcánica 75
bombachos 441
bombardino 551
bombeamiento 779
bombero 901
bombilla 359, 404, 818
bombilla de bayoneta 358
bombilla de rosca 358
bombilla incandescente 359
bombilla reflectora 901
bombo 545, 556
bombona de aire comprimido 901, 1023
bombona de gas 402, 1053
bombona de gas desechable 407
bombona de gas médico 921
bombona de oxígeno portátil 911
bongos 557
boniato 245
boquerón 267
boquilla 339, 347, 374, 375, 403, 407, 408, 415, 483, 527, 550, 551, 558, 785, 786, 793, 903, 914, 989
boquilla de aspiración 392
boquilla de corte 407
boquilla de llenado 374
boquilla de riego 414
boquilla de vertido 324
boquilla del soplete 402
boquilla para concentrar la llama 407
boquilla para expandir la llama 407
boquilla para suelos y alfombras 375
boquilla para tapicería 375
boquilla pulverizadora 415
boquilla rinconera 375
boquilla rociadora 781
bordado 565
bordado plano 565
bordados planos 565
bordal 986
borde 111, 237, 366, 376, 579, 989, 1037, 1044
borde de ataque 747, 806, 1047, 1048
borde de fuga 746
borde de la punta 394
borde de salida 1047, 1048
borde del andén 704, 714
borde del lomo 394
borde externo 171
borde interno 171, 1051
borde marginal 1048
bordeado 982
bordes, podadora 419
bordillo 846, 1014
borla 368, 371, 473
borne 683
borne de enlace 354
borne negativo 685, 818
borne positivo 685, 818, 820
boro 812
borrado de memoria 597
borraja 262
borrar 625, 633
borrar, tecla 649
borrar memoria 649
borrén 1005
borrén trasero 1005
bosbsleigh de dos 1034
Bosnia y Herzegovina 57
Bosnia-Herzegovina 878
bosque 71
bosque boreal 92, 93
bosque templado 92, 93
bosque tropical 93
bosque tropical húmedo 92
bosques 52
Bostuana 880
bota 33, 124, 461, 989, 1024, 1025, 1028, 1030, 1031, 1038, 1046
bota alpina 1051
bota blanda 1037
bota de agua 462
bota de caña alta 460
bota de cowboy 459
bota de esquí de fondo 1042
bota de fútbol 946
bota de la aleta 989
bota de la corona del casco 1003, 1007
bota de montaña 450, 462
bota de montar 1005
bota de salto de esquí 1041
bota de seguridad 909
bota de trabajo 459
bota del pie delantero 988
bota externa 1039, 1045
bota híbrida 1045
bota rígida 1037
botador 388
botafuego 889
botalón 980
botas altas 1061
botas con clavos 1035
botas de caucho 901
botas de lucha 991
botas para esquiar 1039
botavara 724, 980, 983
botavara de cangreja 724
bote de conservas 295
bote salvavidas 724, 726, 730, 777
botella 474, 492, 699, 815
botella, vidrio 295
botella de vidrio 295
botella del termo 1056
botella deportiva 1056
botes herméticos 294
botín 448, 459, 460
botín interior 1039, 1045
botiquín 911, 923
botiquín de primeros auxilios 915
botiquín de urgencias 907
Botnia, golfo 49
botón 359, 431, 437, 547, 560, 998
botón de acoplamiento 554
botón de ajuste a cero del contador 616
botón de ajuste fino 825
botón de ajuste grueso 825
botón de alimentación del papel 859
botón de apagado 417
botón de avance rápido 616
botón de bloqueo 387, 393
botón de bloqueo de la pantalla 630
botón de bloqueo del eje 396
botón de cierre 374
botón de compensación de la exposición 592
botón de control del alojamiento del disco 615
botón de control remoto 593
botón de desbloqueo del objetivo 592
botón de encendido/apagado/test 638
botón de encendido del touch pad 630
botón de enclavamiento 396
botón de enfoque 24, 25, 613
botón de enfoque manual 601
botón de ensayo 903
botón de expulsión 593, 616, 1067
botón de expulsión de CD/DVD-ROM 629
botón de fantasía 567
botón de fijación del nivel principal 833
botón de funciones 610
botón de grabación nocturna 613
botón de grabación silenciosa 616
botón de inicio de grabación 616
botón de inicio de marcha 828
botón de inicio del contador 828, 832
botón de la culata 890
botón de la llave 550
botón de lectura 621
botón de llamada para peatones 846
botón de madera 436
botón de mando 376
botón de memoria 623
botón de nivel de grabación 616
botón de parada 828
botón de pausa 616
botón de presión 436, 448, 464, 490
botón de previsionado de profundidad de campo 592
botón de puntada 566
botón de rebobinado 616
botón de registro 554
botón de reiniciación 629
botón de repetición 615
botón de reproducción 616
botón de salto de imágenes 593
botón de seguridad 349
botón de selección 621
botón de selección de idioma 624
botón de selección del menú 593
botón de seta 634
botón de stop 611, 616
botón de visualización de ajustes 593
botón de visualización de imágenes 593

botón del menú 621
botón del seguro 674
botón del vaporizador 374
botón para ajustar la imágen horizontalmente 833
botón para ajustar la imágen verticalmente 833
botón sináptico 221
botonadura cruzada 435
botonera de cabina 519
botones comunes 567
botones de acción 1067
botones de búsqueda de canales 611
botones de dirección 1067
botones de presión de la pierna 448
botones de presión delanteros 448
botones de selección 380
botones para editar la voz 558
botones programables 634
Botswana 61
boubou 429
bóveda 506
bóveda, presa 791
bóveda de cañón 503
bóveda de proyección 20
bóveda del salpicadero 670
boxeador 990
boxeo 990
boxeo, equipo 991
boxes 1022, 1024
boya 982
boya cilíndrica 737
boya cónica 737, 739
boya de pértiga 736, 739
boya de plano focal elevado 737
boya torre 736, 739
boyas, regiones 738
boyas de llegada 985
boyas de recorrido 984
boyas de salida 984
boyas marítimas, sistema 738
Boyero 23
bozal 493
bráctea 116
brafonera 884
braga 445
braga de cuello 465
bragas 433
bragueta 432, 434
braille 585
branquia 138
branquias 136, 149
branquias externas 153
braquial 196
braquiópodo 128
braquiorradial 196, 197
brasero 513
Brasil 55, 876
braza 975
brazalete de identificación 471
brazalete neumático 913
brazalete tubular 471
brazaletes 471
brazas de sobrejuanete de mesana 725
brazo 135, 168, 185, 193, 195, 360, 372, 375, 411, 415, 464, 477, 561, 566, 571, 677, 732, 760, 825, 917, 924, 926
brazo actuador 638
brazo de arrastre 760
brazo de balancín 721
brazo de carga 729
brazo de disco 765
brazo de elevación 693
brazo de elevación del árbol oscilante 764
brazo de la horquilla 754
brazo de la plaqueta 480
brazo de la sierra 417
brazo de presión 401
brazo de suspensión 378, 673
brazo de tracción 764
brazo del cucharón 759
brazo del panel solar 86
brazo del raspador 535
brazo delantero 830
brazo elástico 1009
brazo elevador 395, 759, 762
brazo espiral 19
brazo extensible 577
brazo fonocaptor 559, 617
brazo metálico 415
brazo muerto 73
brazo oral 134
brazo retráctil 32
brazo telescópico 756
brazo trasero 830
brazos 366
brazos del delta 73
brea 778
brecha del muro 1066
brécol 251
bretón 583
brick 295
brick pequeño 295
brida 1004
brida de sujeción 735
brida de unión 737
brie 281
brillante 469
brisa leve 82
broca 390, 395, 772
broca de atornillado 394
broca de pala 394
broca helicoidal 394
broca helicoidal central 394
broca salomónica de canal angosto 394
brocas 394
brocha 122, 408, 473, 525
brocha aplicadora de colorete 473
brocha de afeitar 479
brocha en forma de abanico 473
broche 471, 484, 486
broche automático 484
brócoli chino 251
bromo 813
bronce 78
bronquio lobular 215
bronquio principal 215
bronquiolo terminal 215
brote 109
brote de bambú 250
brotes de soja 284
brújula 1048
Brújula 21
brújula líquida 734
brújula magnética 1057
Brunei 59, 881
bruñidor 534
bruñidor con rascador 531
bruza 534
buccino 265
buceador 989
buceo 989
buche 137, 138, 141, 143, 159
Budismo : Buda 870
Buena Esperanza, cabo 50
buey 173
búfalo africano 173
bufanda 465
bufete 364
buffet 290
búho real 163
buitre 163
buje 753
bujía 411, 681, 682, 683
bujías, cable 672
bulbillo 105
bulbo 19, 250, 729, 731, 794
bulbo, corte 105
bulbo capilar 236
bulbo de Krause 236
bulbo olfativo 149
bulbo olfatorio 232
bulbos 245
buldog 176
bulevar 52, 845
Bulgaria 57, 878
búlgaro 583
bulgur 278
bulldozer 758, 771
buque de carga 726
buque de guerra 897
buque portacontenedores 718
buque trasatlántico 730
burbujas de aire 651
burda 724
bureta con llave a la derecha 815
buril 533
Buril 21
Burkina Faso 60, 879
burra 1013
bursa 207
Burundi 61, 879
bus 640
buscapersonas 621
busco 719
búsqueda 643
butaca 360, 544
butacas 360, 541
Bután 58, 881
buzo 1051
buzón 588
buzón de depósito nocturno 859

C

caballa 267
caballerizas 1006
caballero 505
caballete 332, 526
Caballete del pintor 21
caballete lateral 694
caballete portapoleas 776
caballito de mar 151
caballo 168, 172, 969, 1065
caballo, anatomía 169
caballo, esqueleto 170
caballo, morfología 168
caballo con arcos 970
caballo con aros 969
caballo de paso 1007
Caballo Menor 22
cabeceo 752
cabecera 363, 366, 507, 539, 590, 948
cabecera de expositor 289
cabellera 18
Cabellera de Berenice 23
cabestrante 693
cabeza 18, 137, 140, 141, 143, 158, 186, 193, 195, 228, 306, 386, 388, 390, 400, 479, 482, 483, 518, 539, 547, 548, 549, 566, 570, 578, 635, 713, 949, 962, 968, 969, 1008, 1013, 1017, 1037, 1043, 1051, 1059
cabeza; tipos 390
cabeza cortadora 655
cabeza de cordada 1050
cabeza de empalme 706, 764, 765
cabeza de enganche 765, 766
cabeza de inyección 776
cabeza de la caja de iluminación 600
cabeza de la torre 792
cabeza de la tubería 780
cabeza de lectura/escritura 638
cabeza de martillo 1051
cabeza de mástil 983
cabeza de metal 937
cabeza de pozo 783
cabeza de proyección 655
cabeza del fémur 201
cabeza del gato elevador 754
cabeza del húmero 201
cabeza del martillo 937
cabeza del mastil 724
cabeza delantera del cilindro de recuperación 892
cabeza dirigida por rayos infrarrojos 894
cabeza hexagonal 482
cabeza móvil 314
cabeza panorámica 596
cabezada 539, 1004
cabezal 298, 332, 363
cabezal del colector 32
cabezal flotante 479
cabezuela 112
cabina 753, 758, 759, 760, 761, 762, 763, 764, 767, 859, 987
cabina, botonera 519
cabina, guía 519
cabina, suelo 519
cabina, techo 519
cabina de clase turista 747
cabina de control 20, 541, 604, 756, 852
cabina de interpretación simultánea 852
cabina de la ducha 346
cabina de la torre de control 740
cabina de mando 36, 727, 746, 753, 756
cabina de pasajeros 730, 731
cabina de primera clase 746
cabina de proyección 544
cabina del ascensor 519
cabina del maquinista 706, 707
cabina del piloto 1048
cabina del revisor 714
cabina en el foco primario 28
cabina giratoria 760
cabina para desvestirse 922
cabina para dormir 690
cabio alto 325
cabio bajo 325
cable 404, 577, 620, 635, 686, 693, 885, 925, 937, 970, 1009, 1058
cable coaxial 631
cable con funda metálica 624
cable de acero 1050
cable de alimentación 374, 389, 393, 394, 398, 404, 406, 417, 419, 478, 479
cable de alimentación de 240 voltios 354
cable de alta tensión 788
cable de alumbrado 687
cable de arrastre 988
cable de bujía 682
cable de conexión 618, 631
cable de corriente 406
cable de corriente de la aguja 712
cable de dirección 1009
cable de elevación 756
cable de enlace 354
cable de fibra óptica 631
cable de frenado 897
cable de interfaz digital para instrumentos musicales (MIDI) 559
cable de las bujías 672
cable de par 631
cable de tierra 354, 406
cable de tirante 970
cable de tracción 519
cable del acelerador 419
cable del auricular 623
cable del cambio 700
cable del esgrimista 997
cable del freno 699
cable distribuidor 602
cable eléctrico 676, 678, 846
cable neutro 354
cable portante 660
cable principal 354
cable principal neutro 354
cable torcido 1058
cable trenzado 1058
cable USB 599, 631, 649
cables 606
cables de anclaje 777
cables de baja tensión 356, 793
cables de conexión 356
cables de emergencia 686
cables de suministro 356
cables de tensión mediana 356
cabo 45, 534, 560, 1058, 1059
cabo de Buena Esperanza 50
cabo de Hornos 48
cabo de soporte 145
cabo del macillo 553
Cabo Verde 60
Cabo Verde, islas de 879
cabra 172
cabra, quesos 280
cabrestante 553
cabrio 332
cacahuete 252
cacahuete, aceite 284
cacao 285
cacatúa 163
cacerola 313
cacerola para baño María 313
cacerola para fondue 312
cacerola refractaria 313
cachalote 183
cadena 417, 698, 700, 829, 969, 1001, 1020
cadena, reacción 811
cadena, sierra 417
cadena, transmisión 700
cadena alimentaria 94
cadena de amarre 737
cadena de dunas 74
cadena de elevación 754
cadena de seguridad 687
cadena de transmisión 765, 767
cadeneta 565
cadenilla de la barbada 1004
cadenita del tapón 347
cadera 193, 195
cadmio 813
café 264
café, granos torrefactos 264
café, granos verdes 264
café expres, máquina 319
cafetera 319, 1055
cafetera de émbolo 319
cafetera de filtro automática 319
cafetera de infusión 319
cafetera expreso 319
cafetera napolitana 319
cafetería 844, 849, 856, 869
caftán 429
caída 454
caída, dirección 421
caída de popa 983, 1047
caída de proa 983
caída de tensión 775
caimán 157
caireles 1004
caja 84, 289, 293, 294, 387, 406, 411, 419, 479, 493, 549, 552, 564, 592, 604, 609, 736, 827, 829, 832, 1060, 1070
caja, palé 754
caja, queso 295
caja abierta 294
caja archivo 653
caja basculante 761
caja circular 560
caja clara 545, 556
caja colectora de polvo 396
caja de accesorios 571
caja de angulados 391
caja de arena 493
caja de cambios 672
caja de caracol 786
caja de cartón 655
caja de cartón, huevos 294
caja de cartón para huevos 294
caja de cerillas 483
caja de cinc (ánodo) 820
caja de compresión 766
caja de conexiones 358, 605
caja de control electrónico 678
caja de conversión de señal digital-analógica 609
caja de distribución 345
caja de doble fila de conexiones 820
caja de empalmes 713
caja de engranajes 535, 749
caja de herramientas 387
caja de ignición 749
caja de ingletes 391
caja de jeringuillas usadas 907
caja de la batería 685
caja de la pantalla 601
caja de llegada 125
caja de luz 606, 655
caja de pesca 1061
caja de resonancia 548, 560, 561
caja de seguridad 859
caja de servicio 356
caja de terminales 803
caja del acumulador 691
caja del aire 555
caja del cilindro 327
caja del motor 417
caja espiral 787

caja fuerte 859, 905, 1070
caja media pera 561
caja neumática 555
caja orza de quilla 983
caja para la ceniza 336
caja para queso 295
caja registradora 289
caja superior 371
caja triangular 561
cajas 289, 851
cajera 289
cajero automático 849, 858, 859
cajetín 327
cajetín de batida 936
cajetín de conexión 357
cajetín portabolsa 375
cajita reguladora 349
cajo 539
cajón 296, 362, 365, 366, 493, 765
cajón calientaplatos 376
cajón de abono compuesto 411
cajón del plano de sustentación 896
cajón para carnes 377
cajonera móvil 645
calabacín 249
calabaza bonetera 249
calabaza bonetera amarilla 249
calabaza botón de oro 249
calabaza común 249
calabaza de China 248
calabaza de cuello largo 249
calabaza de cuello retorcido 249
calabaza de invierno 249
calabaza de verano 249
calabaza romana 249
calamar 265
cálamo 158
cálamo egipcio 584
calandra 670, 690
calandria 797, 799
calapié 700
calcáneo 170, 186, 187, 201, 203
calce 890
calcetín 433, 446, 946, 951, 968
calcetín a media pantorrilla 433
calcetín con tirante 940
calcetín corto 433
calcetín largo 446
calcetín largo ejecutivo 433
calcetines 1028
calcio 812
calculadora 484
calculadora con impresora 649
calculadora de bolsillo 649
calculadora de gráficos 649
calcular 649
cálculo, tecla 649
caldera 339, 804, 805
caldera de aceite 339
caldera de gas 349
calderón 563
calefacción 336
calefacción auxiliar 340
calefacción de leña 336
calefactor de aceite 340
calefactor eléctrico a infrarrojos 340
calendario 650
calendario de sobremesa 650
calentador 344, 1049, 1053
calentador de agua eléctrico 348
calentador de gas 340
calentador de petróleo 339
calentador eléctrico 348
calentamiento, zona 938
calibrador 535, 679
calibre de ajuste de profundidad de corte 397
calículo 114
calidad de grabación de imágenes 593
California, golfo 47
californio 814
caliptra 109
Calisto 14
cáliz 112, 114, 116, 871
cáliz renal 219
calle 52, 845, 846, 847, 934, 976, 977, 1014, 1032
calle comercial 844
calle de calentamiento 1032
callejón 845
calor, producción 795
calor, transmisión 811
calor geotérmico 770
Calvinismo : Juan Calvino 870
calza de descarga 787
calzada 658, 846
calzado 459
calzado unisex 462
calzador 463
calzapié 698
calzas 428
calzo de la rueda 744
calzón 997
calzoncillos 434
calzoncillos largos 434
calzones 428
cama 363, 493, 538, 973
cama, coche 705
cama de hospital 920
cama de prensa 533
cama de reconocimiento 924
cama doble 855
cama elástica 973
cama individual 855
camaleón 157
Camaleón 21
cámara 32, 542, 606, 774, 911, 1023
cámara acorazada 859
cámara analógica 591
cámara anterior 238
cámara anular de combustión 749
cámara con objetivo gran angular 606
cámara de aire 160, 353
cámara de alta definición 605, 606
cámara de combustión 339, 680, 682
cámara de descarga 498
cámara de expansión 827
cámara de fotografía 826
cámara de fuelle 591
cámara de incubación 144
cámara de la esclusa 719
cámara de la pólvora 890
cámara de la reina 498
cámara de magma 75
cámara de mezcla 407
cámara de vacío 826
cámara de vigilancia 523
cámara del rey 498
cámara del timón 728, 729
cámara desechable 591
cámara digital 592, 599
cámara fría 292
cámara frigorífica 288, 289, 718
cámara magmática 770
cámara para la muestra 826
cámara Polaroid® Land 591
cámara posterior 238
cámara pulpar 206
cámara réflex 592, 593
cámara réflex con dos objetivos 591
cámara reflex de formato medio SLR 591
cámara reflex de un solo objetivo 591
cámara subterránea 498
camarera 290
camarero 290, 291
camarote 730
camarote del capitán 731
camarotes de la tripulación 726
camarotes de los oficiales 898, 899
camas y colchonetas 1054
cambiador 366, 492
cambiador manual de vía 712
cambio 857
cambio automático de bandejas 647
cambio de disco 615
cambio de marchas delantero 698, 700
cambio de marchas trasero 698, 700
cambio de pista/lectura rápida 611, 615
cambio de presión 81
cambio de signo 649
cambio de velocidades 1020
cambium 110, 118
Camboya 59, 881
Cámbrico 128
cambrillón 450
camello Bactriano 173
camembert 281
camerino 541, 542
camerino privado 542
Camerún 60, 879
camilla 911, 913
camilla de emergencia 913
camino de arrastre 771
camino de evacuación 663
camión articulado 690
camión basculante 693
camión bomba 783
camión cisterna 692, 693
camión cisterna de agua potable 744
camión cisterna de combustible 744
camión de aprovisionamiento 745
camión de bomberos 900
camión sanitario 744
camión tractor 690
camión volquete 692
camiones 690, 693
camiones articulados 692
camiones de bomberos 902
camioneta 669, 693
camioneta con canastilla telescópica 744
camioneta de mantenimiento de aviones 744
camisa 431, 440, 504, 533, 850
camisa de pistón 682
camisa marinera 440
camisera clásica 440
camiseta 434, 449, 450, 935, 940, 945, 946, 951, 954, 956, 991
camiseta interior 940
camiseta sin mangas 999
camisola 440, 444
camisón 447
campana 291, 292, 336, 376, 1008
campana de aviso de cruce 713
campana de cocina 296
campanario 507, 871
campanas tubulares 545, 557
campanillas 557
campo 843
campo, línea 817
campo de golf 842, 932
campo de juego 1069, 1070, 1071
campo de tiro 1009, 1010, 1043
campo de tiro al arco 932
campo de tiro al blanco 932
campo de visión, escala de profundidad 598
campo geotérmico 770
campo magnético 609, 817
campo magnético terrestre 817
campos de tenis 932
Can Mayor 21
Can Menor 23
Canadá 46, 54, 876
canal 394, 579, 885, 1015, 1068
canal, esclusa 719
canal, selección 611, 735
canal anular 135
canal circular 134
canal de ajuste 399
canal de carga 794
canal de competición 932
canal de descarga 786
canal de drenaje 781
canal de la Mancha 49
canal de Mozambique 50
canal del aliviadero 785
canal del sifón 136
canal del veneno 154
canal derecho 618
canal izquierdo 618
canal principal 739
canal radial 134, 135
canal salivar 143
canal secundario 739
canal transportador 798
canales de Wolkman 199
canalización de vacío 826
canalón 322
canasta 941, 957
cancelación, botón 593
Cáncer 23
Cáncer, trópico 42, 50
cancha de fondo 967
cancha del fondo 964
cancha delantera 964
candado para bicicleta 700
candela 835
candelabro de siete braz 872
canela 260
canelones 282
canesú 431, 440, 444
cangreja de popa 725
cangreja mayor popel 725
cangrejo de mar 266
cangrejo de río 266
canguro 188, 189
canguro, esqueleto 188
canguro, morfología 189
caniche 176
canilla 566, 567, 573
canoa 722, 986
canoa C1 986
canoa de aguas bravas 986
canoa de balancín 721
canoa recreativa 986
canoa-kayak : regata 986
canotier 457
cantidad de copias 647
cantidad de materia, unidad de medida 835
cantilever 791
cantimplora 1056
canto 386, 391, 860, 937, 1031, 1034, 1038
canto de la cabeza 539
canto de la cara 539
canto del pie 539
cantón diestro de la punta 874
cantón diestro del jefe 874
cantón siniestro de la punta 874
cantón siniestro del jefe 874
cantonera 539, 887
cánula orofaríngea 911
caña 168, 272, 273, 483, 554, 585, 732, 887, 890, 1061
caña del timón 980
caña delantera 272
caña para lanzado 1060
caña para mosca 1059
caña simple 550
cáñamo 123, 424
cañería 344
cañería de acometida 805
cañería de agua fría 353
cañería de desagüe 345
cañería del desagüe 344
cañería perforada 345
cañerías 344, 1049
caño 554
cañón 483, 887, 888, 891, 892, 893, 895, 1010, 1069
cañón de avancarga 890
cañón de electrones 609, 826
cañón de la presión 555
cañón del siglo XVII 889
cañón expulsor de espuma 729
cañón lanza agua 902
cañón sin retroceso 893
cañón submarino 67
cañonera 505
cañonería 555
capa 428, 443, 483
capa basáltica 66
capa de aluminio 615
capa de arcilla 790
capa de ozono 79
capa de rodadura 658
capa del casco 685
capa drenante 790
capa granítica 66
capa protectora 33
capa superficial del suelo 109
capa superior impermeable 770
caparazón 139
capas de residuos 97
capazo 487
caperuza 337, 349, 989
capilar 212
capilla 504
capilla axial 506, 507
capilla lateral 506
capilla radial 506, 507
capital 53
capitán 1027, 1034
capitel 501, 512
capó 420, 670, 690, 1026
capón 271
caponera 505
capota 491
Capricornio 20
Capricornio, trópico 42, 50
cápsula 106, 116, 230
cápsula articular 207
cápsula de gelatina 914
captura 1065
capucha 436, 442, 449
capucha de ventilación 736
capuchino 185
capuchón 448, 598, 600, 914, 1032
capuchón de bastones 1019
capuchón de plástico 405
capuchón de protección 824
capullo 109
caqui 259
cara 185, 192, 298, 386, 538, 961, 1017
carabela 721
carabina 22 1011
caracol 137
caracol, anatomía 137
caracol, morfología 137
caracol terrestre 265
carácter, posición 586
carácter chino 585
carácter cirílico 585
carácter griego 585
carácter hebreo 585
carácter latino 585
caracteres 1066
caracteres de una fundición 586
carambola 259
caramillo 560
caravana 687
caravana plegable 687
carbón 95, 813
carbón, minas 771
carbonato de magnesio en polvo 999
carboncillo 524
carboncillo, dibujo 528
carboncillo conté 524
carboncillo litográfico 535
Carbonífero 129
carbono, ciclo 95
carburador 694
carburante de calentamiento, depósito 678
carcaj 1009
carcasa 342
cárcel 864
carcoma 146
cardamomo 260
cardenal 162
cárdigan 437
cardo 113, 250
carena 148
Carena 21
carenado 694
careta 406, 909, 944
careta de esgrima 997
careta de mano 406
carga 39, 584, 816
carga, muelle 849, 850
carga, toma 678
carga de perdigones 887
carga del reactor nuclear 799
carga eléctrica, unidad de medida 835
carga explosiva 775, 893
carga y descarga 854
cargador 389, 394, 888, 891, 999, 1043
cargador de batería 622
cargador de contenedores y plataformas 745
cargador de documentos 647
cargador delantero 759
cargadora, retroexcavadora 759

cargadora-retroexcavadora 759
carguero portacontenedores 726
Caribe, islas del 876
Caribe, mar 44, 47
caricatura 590
carlota, molde 311
carne 271
carne, presentación 276
carne para asar 272, 273, 276
carne picada 276
carnívoro 94
Carón 15
carpa 269
Cárpatos, montes 49
Carpentaria, golfo 52
carpeta con guardas 652
carpeta con mecanismo de presión 652
carpeta de archivo 652
carpeta de argollas 652
carpeta de broches 652
carpeta de costilla de resorte 652
carpeta de espiral 650
carpeta de tornillos 652
carpintería 387
carpo 159, 165, 170, 175, 182, 184, 187, 188, 202
carrera con arneses 1007
carrera de caballos 1006
carreras de coches 1022
carrete 414, 578
carrete de bobina fija 1060
carrete de tambor 1060
carrete del cable 997
carrete giratorio 1059
carrete receptor de la cinta 616
carrete recogedor 766
carretera 53, 658, 659, 663, 842
carretera, túnel 663
carretera de acceso 740
carretera secundaria 53, 843
carreteras, sistema 658
carretilla 411, 755
carretilla elevadora de horquilla 754
carretilla transportadora 755
carril 717
carril circular 26
carril de aceleración 659
carril de adelantamiento 659
carril de desaceleración 659
carril de enlace 703
carril de salida 1071
carril de tránsito 659
carril de tránsito lento 659
carril para el tope de ingletes 393
carriles 659
carrillo 1059
carrito de golf 1019
carrito de libros 867
carrito del supermercado 289
carrito portamaletas 488
carro 367, 662, 981
carro de botellas 407
carro de combate 895
carro de encaje 571
carro de enrollado de manguera 414
carro de golf eléctrico 1019
carro deslizante 984
carro portaequipaje 704
carro principal deslizante 571
carrocería 670, 687, 1026
carrocería amovible 693
carrusel 601
carta 588
carta, juego 1062
carta de vinos 291
carta especial 1062
cartas al editor 590
cartas altas 1062
cartel 544
cartel comercial 716
cartelera de las exposiciones 522
cartelera de película 544
cárter 394, 681, 682
cárter del disco 396
cárter del embrague 696
cartera 484, 700
cartera de fondo plegable 484
cartera portadocumentos 485
carterita de cerillas 483
cartero 589
cartílago 232
cartílago articular 199, 207
cartílago costal 165
cartilla, puesta al día 858
cartografía física 45
cartografía política 53
cartógrafo infrarrojo térmico 32
cartón 124, 295, 529
cartón pequeño 295
cartuchera 906
cartucho 350, 403, 617, 888, 909
cartucho de escopeta 887
cartucho de la película 591
cartucho de plástico 1010
cartucho de rifle 887
cartucho de tinta 637
cartucho de tóner 637
cartuchos 1010, 1011
carúncula lacrimal 238
casa 320, 325, 328, 1027
casa, estructura 328
casa, exterior 322
casa club 1016
casa de adobes 520
casa de dos plantas 521
casa de una planta 521
casa flotante 729
casa geotérmica 770
casa renacentista 509
casa romana 502
casa solar 805
casaca 428, 440
casas adosadas 521
casas pareadas 521
cascabel 154, 557
cascabeles 557
cascada 67, 73
cascanueces 307
cáscara 105, 116, 122
cascarón 160
casco 33, 168, 171, 721, 781, 883, 901, 942, 944, 949, 954, 980, 986, 990, 994, 1003, 1008, 1020, 1021, 1022, 1025, 1026, 1028, 1037, 1038, 1041, 1044, 1045, 1046, 1051
casco de bombero 901
casco de salto 1047
casco de seguridad 908
casco del bateador 940
casco integral 695, 1024
casco protector 700, 1034, 1035
cascos antirruido 1011
caserna 505
casete 616
casi igual a 837
casilla 539, 1064, 1068
casilla de la oca 1064
casilla del dinero 1070
casillero 364
Casiopea 22
Caspio, mar 44, 51
casquete 350, 806
casquete de la palanca 350
casquete de seguridad 893
casquete del distribuidor 682
casquillo 358, 359, 887, 1010, 1013
cassette mini DV 612
Cassini 31
castaña 255
castaña de agua 245
castañuelas 545, 557
castas 143
castillete de extracción 774
castillo 504
castillo de proa 727, 731
castor 166
catáfilo carnoso 105
catalán 583
catalizador 784
catalogo online 867
catamarán 981
catapulta 897
catedral gótica 506, 507
catenaria 717
cátodo 820
Catolicismo 870
catre desmontable 1054
cauda helicis 234
cávea 498, 503
cavidad abdominal 226, 228
cavidad articular 207
cavidad bucal 159, 214, 216
cavidad gástrica 134
cavidad medular 199
cavidad nasal 154, 214
cavidad paleal 138
cavidad pleural 215
cayado de la aorta 210
cayena, pimienta 261
caza 242, 271
caza, arma 887
cazadora 436
cazo 311
cazoleta 483, 889, 890, 998
cazonete 873
cazuela 313, 1055
cazuela vaporera 313
cebada 122, 263
cebada : espiga 122
cebador 889, 893
cebolla amarilla 245
cebolla blanca 245
cebolla roja 245
cebolla tierna 245
cebolleta 245
cebollino 245
cebra 172
ceda el paso 664, 666
cedilla 587
cedro del Líbano 121
cefalotórax 139, 145
Cefeo 22
ceja 552
cejilla 547, 548, 549
celada 884
celda 140, 503, 865
celda de aislamiento 865
celda de hombres 904
celda de menores 904
celda de mujeres 904
celda fotoeléctrica 596
celdas 862
celdilla 114, 144
celdilla de la miel 144
celdilla del polen 144
celdilla operculada 144
celdilla sellada 144
cellisca 90
celosía veneciana 327
Celsius, grado 827
célula 1047
célula animal 133
célula convectiva 89
célula olfativa 232
célula solar 649, 802, 803
célula vegetal 102
cementerio 52, 845
cemento 206
cemento, consola de control 762
cenador 410
cenefa 368
cenefa drapeada 369
cenefa fruncida 369
cenefa plisada 369
cenefa plisada de canotillo 369
cenefas 369
cenicero 483
cenit 20
ceniza 483
Centauro 21
centavo 860
centeno 122, 263
centeno : espiga 122
central 788, 953, 960
central eléctrica 785
central eléctrica con depósito 788
central hidroeléctrica 786, 788
central hidroeléctrica de agua fluyente 788
central nuclear 796
central térmica 95
central térmica de carbón 775
centralita 624
centriolo 133
centro 541, 838, 955, 995, 1029, 1065
centro ciudad 843, 844
centro comercial 843, 848
centro de clasificación 588
centro de clasificación regional 589
centro de control 900
centro de documentación 522, 900
centro de la cancha 964
centro de la diana 1009
centro de la punta 874
centro de negocios 842, 844
centro del campo 947
centro del jefe 874
centro delantero 945
centro derecho 950
centro educativo 845
centro germinal 230
centro izquierdo 950
cep 108
cepa 117
cepilladora 397
cepillo 142, 381, 397, 463
cepillo aplicador de rímel 473
cepillo central 763
cepillo con base de goma 476
cepillo de baño 475
cepillo de curling 1027
cepillo de dientes eléctrico 482
cepillo de dientes manual 482
cepillo de espalda 475
cepillo de esqueleto 476
cepillo de púas 476
cepillo de setas 309
cepillo de suelo 763
cepillo de tejido 571
cepillo doble 493
cepillo interdental 482
cepillo para cejas y pestañas 473
cepillo para suelos 375
cepillo para verduras 309
cepillo redondo 476
cepillo-plumero 375
cepillos 476
cepo 732, 806
cera 1042
cera, dibujo 528
cerámica 576
cerámica, condensador 820
cerámica, herramienta 576
ceras 524
cerca 243
cercado 243
cerda 482
cerdas 381, 408, 479
cerdo 172, 275
cereal 123, 784
cereales 263, 278
cerebelo 222, 223, 224
cerebro 138, 139, 143, 145, 149, 152, 222, 223, 224
Ceres 14
cereza 254
cerilla 483
cerillas de seguridad 483
cerio 814
cero 1068
cerradura 325, 326, 484, 489, 671, 674
cerradura de combinación 484
cerradura embutida 327
cerradura tubular con seguro 326
cerrajería 326, 849
cerros 875
cerveza 288
cerviz 158
cesio 812
césped 323, 410
cesta 491, 702, 1042
cesta de freír 308
cesta de pescador 1061
cestillo 142
cesto 377, 380
cesto de cocción al vapor 313
cesto para cubiertos 380
cesto para verdura 377
Chac-Mool 513
Chad 60, 879
Chad, lago 50
chal 427, 465
chalaza 160
chaleco 428, 430, 442
chaleco de pescador 1061
chaleco de punto 437
chaleco salvavidas 733
chalecos 430
chalecos, jerseys, chaquetas 442
chalecos, jerseys y chaquetas 442
chalote 245
champiñón 244
champiñon café 244
champú 475
chancleta 461
chancleta playera 462
chanclo de goma 459
chándal 450
chapa 326, 493
chapa de madera de desenrollo 386
chaparrón 83
chapati 278
chapka 457
chaqueta 443, 1005
chaqueta blanca de esgrima 997
chaqueta cruzada 430, 440
chaqueta de montar 1003
chaqueta de punto 437, 442
chaqueta polar 451
chaqueta recta 430
chaqueta sin cruzar 430
chaquetas 430
chaquetón 443
chaquetón de tres cuartos 443
chaquetón marinero 443
chaquetones 442
charcutería 277
chasis 413, 754, 755, 760, 761, 765, 766, 913, 973, 1045
chasis del bogie 706
chasis delantero 761
chasis portador 763
chateo 643
chayote 249
checo 583
Cheddar 281
chef 291
cheque 860
cheque de viaje 860
chequera con calculadora 484
chesterfield 360
cheurón 874
chicana 1022
chifonier 365
chile 248
Chile 55, 876
chile jalapeño 261
chimenea 323, 329, 336, 337, 339, 577, 721, 726, 730, 774, 775
chimenea, conexión 336
chimenea, utensilios 337
chimenea de evacuación 774
chimenea lateral 75
chimenea principal 75
chimpancé 185
China 59, 881
China Meridional, mar 44, 51
China Oriental, mar 51
chinche 146
chinche acuática 146
chincheta 654
chino 308, 582, 1022
chip 861
chipolata 277
Chipre 57, 878
chirimoya 258
chirivía 251
chispa 680
chistera 457
chocolate 285
chocolate amargo 285
chocolate blanco 285
chocolate con leche 285
chorizo 277
chorrera 455

chorrillo, sembradora 767
chorro de agua 978
chow chow 176
chow mein, fideo 283
choza 520
choza indígena 520
chubasco 83
chubasco de nieve 83
chuleta 273, 275
chuleta de aguja 273, 274
chuleta de lomo 273
chuletón 272
chuletón de costilla 272
chumacera giratoria 985
chupete 492
churrasco 272
chutney, mango 287
chutney de mango 287
cian 821
cianobacterias 128
ciclismo 1020
ciclismo de montaña 1020
ciclismo en carretera 1020
ciclismo en pista 1021
ciclista 1020, 1021
ciclo de un motor de cuatro tiempos 680
ciclo de un motor de dos tiempos 681
ciclo de un motor diésel 681
ciclo de un motor rotatorio 681
ciclo hidrológico 95
ciclomotor 697
ciclón 89
ciclón tropical 89
ciclones tropicales, denominación 89
ciclorama 606
ciego 138, 145, 159, 217
ciego pilórico 135, 149
ciego rectal 135
cielo abierto, excavación 771
cielo abierto, mina 771
cielo completamente nuboso 82
cielo despejado 82
cielo ligeramente nuboso 82
cielo medio nuboso 82
cielo muy nuboso 82
cielo no observable 82
cielo sereno 82
cielo turbulento 91
ciempiés 135
cien 836
ciere, tapa 820
cierre 377, 486, 490
cierre con broche 490
cierre de cordones 1045
cierre de la bota 1039
cierre de polea 885
cierre de rosca 1050
cierre de velcro 1045
cierre en relieve 295
ciervo 172
ciervo de Virginia 172
cifosis 204
cifras 586
cigarra 147
cigarrillo 483
cigüeña 161
cigüeñal 680, 682
cilantro 262
ciliada 111
cilindro 327, 350, 680, 733, 759, 762, 763, 829, 839, 912
cilindro de contrapresión 533
cilindro de corte 419
cilindro de dirección 760
cilindro de elevación de la hoja 761
cilindro de elevación del zanco 758
cilindro de freno 679
cilindro de orientación de la pala 761
cilindro de recuperación 892
cilindro de recuperación, cabeza delantera 892
cilindro de rotación 578
cilindro del brazo 760
cilindro del brazo elevador 759
cilindro del cucharón 759, 760
cilindro del elevador 759, 760
cilindro del elevador de la pala 758
cilindro del gas 891
cilindro elevador 693, 756, 902
cilindro hidráulico 755, 764
cilindro inferior 534
cilindro maestro 679
cilindro neumático 772
cilindro recogedor 766
cilindro superior 534
cilio 133
cima 71, 118, 1036
cima bípara 112
cima unípara 112
cimacio 500
cimentación 333
cimiento del pilón 660
cimientos 333, 790
cimientos de una presa 790
cinc 813
cincel de rincón 533
cincha 1003, 1005, 1006, 1050
cincha de la limonera 1007
cinco 836
cinco especias chinas 261
cincuenta 836
cine 544, 844, 848
cinta 387, 457, 565, 567, 654, 893, 908, 909, 944, 961, 963, 972
cinta adhesiva 334
cinta aislante para tubería 385
cinta cargadora 771, 775
cinta central 967
cinta correctora 654
cinta de acordonamiento 907
cinta de grabación 616
cinta de la red 967
cinta de pelo 465
cinta de Teflón® 402
cinta exprés 1050
cinta magnética 611
cinta metálica 385
cinta métrica 387, 568
cinta transportadora 99, 742, 771, 773, 775
Cinto 870
cintura 193, 195, 792
cinturón 53, 387, 432, 435, 489, 685, 733, 992, 994, 999, 1056
cinturón acolchado 491
cinturón de alpinista 1051
cinturón de asteroides 15
cinturón de herramientas 387
cinturón de hombros 675
cinturón de Kuiper 14
cinturón de seguridad 675
cinturón de servicio 906
cinturón lastrado 989
cinturón porta dinero 487
cinturón subabdominal 675
cinturones, neumático radial 685
ciñendo el viento 982
ciprés 121
circo 17
circo glaciar 72
circuito de 120 voltios 354
circuito de 240 voltios 354
circuito de agua caliente 344
circuito de agua fría 344
circuito de desagüe 344
circuito de frenado 672, 679
circuito de ventilación 344
circuito eléctrico 359, 818
circuito eléctrico de los captadores 679
circuito en paralelo 818
circuito en serie 818
circuito impreso 820
circuito impreso, placa 820
circuito integrado 820
circulación, señales 664
circulación pulmonar 212
circulación sanguínea 209
circulación sistémica 212
circular 314
círculo 838
círculo 25 1069
Círculo Antártico 42, 46
círculo central 947, 955, 956, 1027
círculo de canasta 955
círculo de espera 938
círculo de la estación 81
círculo de lanzamiento 934, 935
círculo de los colores 528
círculo de reanudación del juego 1028
círculo de saque inicial 1029
círculo de tiro 944
círculo doble 1069
círculo exterior 1027
círculo graduado de declinación 24
círculo polar Ártico 46, 47, 49, 51
Círculo polar Ártico 42
círculo triple 1069
círculos 1066
circunferencia 838
circunvalación 52
circunvolución 223
cirro 82
cirrocúmulo 82, 88
cirros 88
cirrostrato 82, 88
ciruela 254
cirugía, sala 918
Cisjordania 58
cisne 161
Cisne 22
cisterna 692, 693
cisterna, camión 692
cisterna del inodoro 346
cisura oblicua 215
cítara 560
citofaringe 133
citoplasma 102, 133, 226
citoprocto 133
citostoma 133
cítricos 256
ciudad 53, 842
Ciudad del Vaticano 882
cizalla 537
cizallas para setos 416
clámide 426
claqueta 543
clarín 551
clarinete 550
clarinete bajo 545
clarinetes 545
clase 132, 868
clasicismo 529
clasificación 132
clasificación biológica 132
clasificación de Hubble 19
clasificación de plásticos 99
clasificación general, marcador 970
clasificador de fuelle 484
clasificadora, rectificadora, franqueadora 588
clasificadora-rectificadora-franqueadora 588
clavado 388
clavadora 389
clave 506, 514
clave de do 562
clave de fa 562
clave de sol 562
clavecín 553
clavel 113
clavera 171
claves 562
clavícula 153, 159, 165, 187, 200
clavícula 188
clavija 547, 548, 552, 618, 903
clavija de acorde 549
clavija de afinación 549
clavija de conexión 820
clavija de tensión 556
clavija de tipo americano 358
clavija europea 358
clavijero 547, 552
clavo 171, 260, 388, 1051
clavo común 388
clavo cortado 388
clavo de albañil 388
clavo fechador 712
clavo helicoidal 388
clavo sin cabeza 388
clavos 388
claxon 676, 696
clementina 256
clientes, entrada 290
clientes, guardarropa 290
climas áridos 87
climas de alta montaña 87
climas de montaña 87
climas del mundo 87
climas polares 87
climas templados cálidos 87
climas templados fríos 87
climas tropicales 87
climatizador automático 676
climatizador de doble bloque 343
clip 367, 654
clip de chupete 492
clips, distribuidor 654
clítoris 226
cloaca 145, 152, 155, 159
cloro 813
cloroplasto 102
cobalto 813
cobaya 166
cobertera 158
coberteras 158
coberteras mayores 158
coberteras menores 158
coberteras primarias 158
coberteras primarias medias 158
cobertizo 243, 322, 328, 410
cobertizo para ovejas 243
cobertor de piscinas 324
cobra 156
cobre 78, 813
cocción 577
cocción, placa 317
cocción, platos 317
cocción al vapor, cesto 313
cóccix 201, 204
coche 669
coche cama 705
coche celular 864
coche de carreras 1023
coche de cuatro puertas 669
coche de Fórmula 1 1023
coche de Fórmula 3000 1023
coche de NASCAR 1023
coche de policía 905, 907
coche de rally 1023
coche de tracción 716
coche del equipo 1020
coche familiar 669
cochecito 491
Cochero 22
cocina 291, 292, 293, 296, 329, 502, 644, 705, 853, 854, 864, 869, 899, 900
cocina, tijeras 309
cocina, utensilios 306, 311, 312
cocina de a bordo 746
cocina de campo 1053
cocina de gas 376
cocina eléctrica 291, 376
cocinar 316
cóclea 235
coco 255
cocodrilo 157
Cocos, placa 68
codal 884
codera 944, 954, 1030, 1044, 1045
código 648
código del producto 831
codillo 168, 174, 275
codo 174, 186, 193, 195, 207, 338, 480
codo de 45° 351
codo de 90° 351
codo de cambio de eje 351
codorniz 163, 271
coelophysis 130
cofia 39
cofia cónica 429
cofre 697
cohete anticarro 893
cohete de combustible sólido 39
cohete espacial 39
COI 882
cojín 363, 578
cojín para sellos 651
cojinete 706
cojinete de bolas 807
cojinete de empuje 787
cojinete móvil 983
col 247
col china 246
col de Bruselas 246
col lombarda 247
col marina 246
col ornamental 246
col rizada 246
col rizada de otoño 247
col verde 247
cola 139, 154, 155, 164, 165, 168, 174, 178, 182, 186, 189, 228, 334, 538, 539, 747, 937, 1037, 1038, 1042, 1043, 1044, 1059, 1071
cola de ion 18
cola de polvo 18
colada de lava 75
colador 315, 318, 352
colador fino 308
coladores 308
colchón 366, 913
colchón de muelles 363
colchones 850
colchoneta 936
colchoneta aislante 1054
colchoneta de aire 1054
colchoneta de espuma 1054
colchoneta de recepción 970
colchoneta de seguridad 973
colchoneta del ayudante 973
colector 777
colector de admisión 681, 682
colector de electrones 820
colector de escape 672, 680, 681, 682
colector de grasa 317
colector del reactor 797
colector principal 846
colector principal de vapor 797
colector solar plano 802
colegio 868
colgador de intravenosos 920
colgante 373
colgar al aire libre después de escurrir 425
colibrí 162
coliflor 251
colilla 483
colimador 924, 926
colina 71, 804, 1025
colina abisal 67
colina de salida 1017
colinabo 250
collar 408, 493
collar cortafuego 337
collar de 5 vueltas, peto 468
collar de perforación 776
collar de una vuelta, matinée 468
collar de una vuelta, ópera 468
collares 468
collarín 337, 398, 400, 1000
collarín cervical 911
collarino 500
colleja 247
collie 176
colmena 144, 243
colmillo 154, 164, 206
Colombia 55, 876
colon 141, 155, 169, 217
colon ascendente 217
colon descendente 217
colon transverso 217
colonette 508
colonia, agua de 474
color 1062
color pulverizado 527
colores 875
colores, círculo 528
colores, síntesis 821
colores aditivos síntesis 821
colores primarios 528
colores secundarios 528
colores sustractivos, síntesis 821
colores terciarios 528
colorete en polvo 473

columela 136
columna 67, 90, 373, 499, 501, 548, 566, 590, 596, 600, 661, 1063, 1068
columna central 807
columna con capuchón 90
columna corintia adosada 503
columna de alcohol 827
columna de control 748
columna de estabilización 777
columna de mercurio 827
columna de tensión 567
columna doble 510
columna dórica adosada 503
columna fraccionadora 782
columna jónica 509
columna jónica adosada 503
columna proyectada 510
columna renal 219
columna vertebral 149, 164, 200, 204, 224
colutorio 482
coma 587
comadreja 180
combate, zona 994
combatiente 994
combinación 444, 1002
combinación con sujetador 444
combinación ganadora 1070
combustible 795, 800, 801
combustible, luz de advertencia 696
combustible alternativo 784
combustible defectuoso envasado 798
combustible fósil 96, 98
combustible para aviones 782
combustible para calderas 782
combustible para calefacción 782
combustión 680, 681, 749
comedero 494
comedor 290, 293, 329, 705, 730, 854, 865, 899, 900
comedor, vagón 705
comedor de los empleados 644
comercio electrónico 643
cometa 18, 1071
comilla 587
comino 260
comisaría de policía 845
comisario 1025
comisario de obstáculos 1002
comisario de pista 1003
comisura labial 231
comité de arbitraje 993
Comité Olímpico Internacional 882
Commonwealth 882
cómoda 364
comodín 1062
Comoras 61, 880
compactadora 693
compartimento de bobina de cables 608
compartimento para almacenamiento 687
compartimento para equipaje 707
compartimento para los equipos 608, 707
compartimiento 515
compartimiento de almacenamiento 902
compartimiento de documentos 489
compartimiento de pasajeros 727
compartimiento del depósito del agua 750
compartimiento dormitorio 705
compartimiento motor 688
compartimiento para almacenamiento 601
compartimiento para el equipaje 705
compartimiento para lácteos 377
compartimiento para mantequilla 377
compartimiento para ordenador 489
compás 562
Compás 21
compensación de exposición 593
compensación de exposición al flash 593
compensador de flotación 989
competición 933
competición, canal 932
complejo hidroeléctrico 785
compluvio 502
componentes del portalámpara 358
composición de la sangre 209
compresa de gasa 915
compresión 99, 680, 681, 749
compresión, estación 783
compresor 341, 343, 653, 783, 800
compresor axial 749
compresor centrífugo 749
compresor de aire 408, 706, 707
compresor del aire acondicionado 682
compuerta 29, 718, 786, 788, 794
compuerta de llenado 719
compuerta del aliviadero 785
compuerta inferior 719
compuesto, representación 834
comulgatorio 871
comunicación, unidad 924
comunicación por escrito 584
comunicación sin hilos 621
comunicación vía satélite 602
comunicaciones aéreas 603
comunicaciones industriales 603
comunicaciones marítimas 603
comunicaciones militares 603
comunicaciones particulares 603
comunicaciones terrestres 603
concentración de gas de efecto invernadero 96
concentrado, tomate 286
concentrado de tomate 286
concentrador 641
concesionario de automóviles 845
concha 136, 137, 138, 234, 360, 556
concha bivalva 136
concha bivalva, anotomía 136
concha bivalva, morfología 136
concha univalva 136
concha univalva, morfología 136
conchitas 282
condensación 95, 810
condensación, planta 783
condensada 586
condensador 770, 775, 796, 804, 825, 826
condensador de cerámica 820
condensador de película plástica 820
condensadores electrolíticos 820
cóndilo 201
condimento 286
condimento de especias cajún 261
condimentos 286, 293
cóndor 163
condrito 18
conducción 811
conducción forzada 786
conducto de aire caliente 379
conducto de aire comprimido 527
conducto de aire fresco 663
conducto de aire viciado 663
conducto de desviación 749
conducto de distribución vertical 338
conducto de evacuación 340
conducto de eyección 421, 763
conducto de Havers 199
conducto de monedas 1070
conducto de retorno 341
conducto de salida de aire 749
conducto de ventilación 498
conducto deferente 228
conducto del aire 555
conducto espermático 137
conducto galactóforo 227
conducto hermafrodito 137
conducto linfático derecho 230
conducto principal 338
conducto principal del gas 846
conducto radicular 206
conducto secundario 338
conducto semicircular lateral 235
conducto semicircular posterior 235
conducto semicircular superior 235
conducto subterráneo 357
conducto torácico 230
conductor 1007
conductor de fase 356
conductor neutral 356
conector 351, 354, 620, 622, 902
conector de alimentación del adaptador 630
conector de boca de riego 903
conector de botella 407
conector de entrada 559
conector de línea cargada 793
conector de manguera 407
conector de salida 549
conector de tierra, macho 358
conector de tierra macho 358
conector del desagüe 344
conector del ordenador 636
conector del ratón 636
conector en T 640
conector HDMI 614
conector RS 614
conector USB 622, 638
conejo 167, 271
conexión 356, 792, 1065
conexión, clavija 820
conexión, dispositivo 631
conexión, galería 663
conexión a la red 356
conexión de agua 340
conexión de gas 340
conexión de la chimenea 336
conexión de tierra 356
conexión eléctrica 338, 348
conexión eléctrica a tierra 781
conexión para la manguera de aire 408
conexiones 351, 352, 691
conferencia Islámica, Organización 882
confesionarios 871
configuración de los continentes 44
configuración del litoral 70
confirmación, tecla 859
confitería 851
confluente 73
Confucianismo 870
congelador 290, 296
congelador incorporado 377
congelados 289
Congo 61, 879
Congo, República Democrática 61
Congo, río 50
congresos, palacio 845
congresos, sala 852
conífera 120
coníferas 121
conjuntiva 238
conjunto 442
conjunto vacío 837
conjuntos instrumentales 546
conmutador 641, 818, 819
conmutador de intensidad 358
conmutador de selección de decimales 649
cono 238, 609, 839
cono de admisión 749
cono de penumbra 17, 18
cono de sombra 16, 17
cono femenino 120
cono masculino 120
cono pirométrico 576
consejeros musicales 605
conservación, laboratorio 523
conservador, despacho 522
conservas 289
consigna 704
consola 548, 554, 917
consola central 676
consola de control 748
consola de DJ 559
consola de iluminación 605
consola de juego 1067
consola de juego portátil 1067
consola de producción de vídeo 607
consola de sonido 604, 605, 608
consola digital 607
consola electrónica 1001
consola para el sistema de vacío 826
constelaciones del hemisferio austral 20
constelaciones del hemisferio boreal 22
consultorio 919, 922
consultorio ginecológico 919
consumidor 603
consumidor doméstico 783
consumidor primario 94
consumidor secundario 94
consumidor terciario 94
contabilidad 644
contacto 358, 359, 1065
contacto, dispositivos 358
contacto central 592
contacto con conexión de tierra 345
contacto de conexión a tierra 358
contacto negativo 802, 803
contacto positivo 802, 803
contador 616, 832
contador de agua 344
contador de fotos/contador de tiempo 593
contador de gas 783
contador de kilovatio-hora 355
contador de pasadas 571
contador eléctrico 356
contaminación agrícola 97
contaminación de automóviles 97
contaminación de petróleo 98
contaminación del agua 98
contaminación del aire 97
contaminación del suelo 97
contaminación doméstica 97
contaminación industrial 97
contaminantes del aire 97
contaminantes no biodegradables 97
contenedor 727, 757, 760
contenedor de reciclado de aluminio 99
contenedor de reciclado de papel 99
contenedor de reciclado de vidrio 99
contenedor de recogida de papel 99
contenedor de recogida de vidrio 99
contenedores, terminal 842
contenedores de reciclaje 99
contera 488, 490, 601, 1018, 1059
contera de caucho 916
contestador numérico 625
continente 17, 67
continente húmedo 87
continentes, configuración 44
contorno del cuello 431
contrabajo 547
contrabajos 545
contrachapado 386
contraescarpa 505
contrafagot 545
contrafoque 725
contrafuerte 450, 506, 508, 510, 660, 661, 790, 1031, 1039
contrafuerte del talón 459
contrafuertes, presa 790
contraguardia 505
contrahílo de la tela 569
contrahoja 397
contrahuella 335
contramesana 724
contrapeso 24, 26, 519, 617, 662, 713, 756, 760, 761, 764
contrapeso, guía 519
contrapiso 332, 333, 334
contrapluma 756
contraquilla 729
contratuerca 352, 832
contraventana 327
contrincante 996
control 632
control, botón 314, 634, 1067
control : selección de grupo 632
control a larga distancia 601
control a larga distancia, aguja 712
control de alimentador de oxígeno 1048
control de altura 600
control de color 647
control de combustible 749
control de contraste 647
control de elevación de la caja de iluminación 600
control de fotocopias 647
control de la entrada de aire 336
control de la plataforma corrediza 825
control de oxígeno 407
control de pasaportes 743
control de posición de la muestra 826
control de producción, sala 607
control de secuencias 558
control de seguridad 743
control de sintonización 620
control de sonido 605
control de temperatura 339, 342, 349, 374, 577
control de velocidad 419, 634
control de volumen 549, 558, 611, 624
control de volumen del auricular 623
control de volumen del timbre 623
control del espejo retrovisor exterior 674
control del margen 648
control del sonido 549
control del tiempo 558
control del ventilador 343
control del volumen 549
control eléctrico de pago 1070
control electrónico, caja 678
control mecánico de agujas 712
control remoto 343
control remoto, unidad móvil de servicio 35
controlador de entradas 522, 544
controlador de funcionamiento 341
controlador de viento del sintetizador 558
controlador técnico 1031
controles de sintonización 609
controles de volumen de comunicaciones 33
controles del piloto automático 748
conurbación 842
convección 811
convección, corriente 811, 817
convertidor catalítico 673
convertidor de tensión 378
Cook, estrecho 52
cooksonia 128
coordenadas terrestres, sistema 42
copa 118, 294, 445, 457, 458
Copa 21
copa de agua 297, 304, 305
copa de champaña 297
copa de cóctel 297
copa de flauta 297
copa de vino 304, 305
copa para brandy 297
copa para licores 297
copa para oporto 297
copa para vino blanco 297
copa para vino de Alsacia 297
copa para vino de Borgoña 297
copa para vino de Burdeos 297
copete 168, 1059
copias anverso/reverso 647
copo de nieve 90
copyright (derechos de autor) 587
coquilla 954, 991, 994, 1030
coracoides 153, 159
Coral, mar 52
Corán 870
corazón 115, 136, 137, 138, 139, 141, 143, 145, 149, 152, 154, 159, 169, 213, 229, 276, 579, 874
corazones 1062
corbata 431
corbata inglesa 431
corbatas 850
corchea 563
corcheras 977
corchete 1031
corchetes 567, 587
corcho 963, 1042
cordada 1050
cordaje 962, 968, 987, 1043
cordal 547, 561
cordero 274
cordillera 17, 45, 66
cordillera de los Andes 48
cordillera del Atlas 50
cordón 367, 368, 371, 387, 436, 450, 459, 486, 621, 941, 1031, 1058
cordón de alimentación 315, 396
cordón de alimentación, corriente continua 630
cordón de alimentación de corriente alterna 630

cordón de alimentación de corriente continua 630
cordón de gafas 480
cordón de trazar 387
cordón del pedal 572
cordón litoral 70
cordón nervioso 143
cordón nervioso ventral 139
cordón para espirales 577
cordoncillo 860
cordones 991
cordones de listones 371
Corea, península 51
Corea del Norte 59
Corea del Sur 59
coreano 583
corimbo 112
corintio, orden 501
córnea 238, 239
córner 947
corneta 873
cornete inferior 232
cornete medio 232
cornete superior 232
cornetín 551
cornisa 323, 325, 364, 499, 500, 509
corno francés 545, 551
corno inglés 550
coro 506, 507
coroides 238
corola 112
corona 16, 168, 171, 206, 469, 527, 548, 556, 828
Corona Austral 20
Corona Boreal 23
corona radiata 226
corona rotatoria 761
coronación 790
coronamiento 791, 794
corpúsculo de Meissner 236
corpúsculo de Pacini 236
corpúsculo de Ruffini 236
corral 243
corral, aves 271
correa 396, 460, 472, 488, 493, 828, 901, 970, 983, 989, 999, 1005, 1043
correa de ajuste 1039
correa de amortiguación 1047
correa de barbilla 954
correa de cierre 1056
correa de compresión 1056
correa de distribución 682
correa de la cincha 1005
correa de la manga 435
correa de muñeca 1051
correa de retención 489
correa de seguridad 964, 988
correa de tiro 1043
correa de transmisión 727
correa de transporte 489, 491
correa del tambor 378
correa del ventilador 672, 682
correa elástica 488
correa para el cuello 908
correa para el pie 988
correa para escalera y manguera 903
correa para la mano 613, 1038, 1042
correa principal de sustentación 1047
correas 909
correas de los aparatos de buceo 989
corrección de caracteres 648
corrección de exposición 597
corrección de palabras 648
corrector 473
corrector de ortografía 648
corredera 367, 555, 567
corredera con enganches 367
corredera de afinamiento 551
corredera de ajuste 432
corredera de la guía 393
corredor 806, 1021, 1035
corredor de luge 1034
corredor de poder 953
corredora 935
corredores 1025
correo 588
correo aéreo 589
correo de masa 589
correo electrónico 643
correo electrónico, programa 642
correo internacional 589
correo no obliterado 588
correo obliterado 588
correo postal 589
correo regional 589
correos 588, 845, 857
correos, oficina 849
correspondencia 651
corriente 719
corriente, dirección convencional 818
corriente de agua 73, 98
corriente de convección 811
corriente eléctrica, unidad de medida 835
corriente subterránea 67
corrimiento 77
corrosivo 910
corsé 427
corsé de cintura de avispa 445
cortacésped 419
cortacésped con motor 419
cortacutículas 472
cortado 125
cortador de alambre 405
cortador de hielo 421
cortador de huevos duros 309
cortador de pizza 309
cortafuego 641
cortahilos 567
cortapastas 310
cortapatillas 479
cortar 315
cortasetos eléctrico 417
cortatubos 402
cortaúñas 472, 493
cortavidrios 579
corte, riel 713
corte de la atmósfera terrestre 79
corte de la corteza terrestre 66
corte de un bulbo 105
corte de un grano de trigo 122
corte de un melocotón 115
corte de un raíl 713
corte de un tronco 386
corte de una avellana 116
corte de una frambuesa 114
corte de una fresa 114
corte de una manzana 115
corte de una naranja 114
corte de una nuez 116
corte de una uva 114
corte oxiacetilénico 407
corte princesa 438
corte transversal de un tronco 118
corteza 114, 118
corteza cerebral 222
corteza continental 66
corteza oceánica 66
corteza renal 219
corteza terrestre 66, 76
corteza terrestre, corte 66
cortina 360, 368, 371
cortina abombada 369
cortina con ojales 369
cortina con pasadores 369
cortina de enrollamiento automático 686
cortina de inyecciones 790, 791
cortina de riel 367
cortina de ventana 368
cortina separadora 920
cortina suelta corrediza 369
cortina sujeta de doble barra 369
cortinas 369
cortinas corredera 368
cortinas cruzadas 369
cortinas recogidas 368
corvejón 168, 174
cosechadora trilladora 767
cosechera de forraje 766
coser, accesorios 568
coser, máquina 566
cosido 537
cosméticos 851
costa 77
Costa de Marfil 60, 879
Costa Rica 54, 876
costado 539, 684, 685, 754
costas 70
costero 386
costilla 154, 159, 164, 165, 170, 175, 182, 184, 187, 188, 272, 273, 274, 1059
costilla axial 136
costilla de encastre 746
costilla espiral 136
costilla falsa 201
costilla flotante 184, 200
costillar 272, 275
costillas 200, 274
costura 430, 459, 464, 483, 566, 941, 942
costura de corte princesa 444
costura invisible 431
cota de malla 884
cotiledón 105
cotilla 391
cotillo 388
coulommiers 281
coxa 140, 142
crampones 1043
cráneo 149, 159, 164, 170, 182, 184, 187, 188, 192, 205
cráter 17, 75, 771
creación y distribución de archivos de sonidodigital 643
creciente 875
cree 583
crema hidratante 474
cremallera 395, 436, 442, 472, 488, 567, 935
cremallera de fijación 824
cremáster 141
crepidoma 499, 501
cresta 71, 77, 821
cresta de la presa 785
cresta del aliviadero 785
crestón 884
Cretáceo 131
cricket 942
cricket, jugadores 943
criminalidad, prevención 904
crin 168, 547
criptón 814
crisálida 141, 144
cristal 802, 803
cristal de protección 1028
cristalería 297
cristales de nieve 90
cristales irregulares 90
cristalino 238
cristalización 810
Cristiandad : Nuevo Testamento 870
Croacia 57, 878
croco 113
crol 975
cromo 78, 813
cromosfera 16
cronista 604
Cronología de las Religiones 870
cronometrador 956, 960, 990, 993, 994, 995, 996, 997, 1031, 1033, 1050
cronometrador de calle 976
cronometradores 974, 992
cronómetro 604, 828, 933, 977
cronómetro digital 604
cronómetro electrónico automático 977
crosne 245
crosse 949
Crottin de Chavignol 280
cruasán 279
cruce 712
cruce con preferencia 664
cruce de animales en libertad 665, 667
crucero 506, 507
cruces de carreteras 658
cruceta 350, 980
crucifijo 871
crus hélix 234
crustáceo 94
crustáceos 139, 266
cruz 168, 174, 732, 874
cruz de San Andrés 713
cruz del altar 871
Cruz del Sur 21
Cruz Roja 882
cuaderna 729, 761
cuadernillo 537
cuaderno de taquigrafía 651
cuadrado 154, 839
cuadrante 355, 827, 828, 838
cuadril 276
cuadrilátero 839, 990
cuadro 323, 949, 1012
cuadro acolchado 973
cuadro de distribución 354
cuadro de saque 967
cuadro de saque derecho 967
cuadro de saque izquierdo 967
cuadro de servicio 964, 965
cuadro de servicio de dobles 963
cuadro de servicio de individuales 963
cuarta 562, 998
cuarta vuelta 933
cuarteto 546
cuartilla 168
cuarto 171, 450, 459
cuarto creciente 17
cuarto de baño 330, 346
cuarto de estar 1052
cuarto de la limpieza 859
cuarto menguante 17
cuartos de final 933
cuarzo, metrónomo 564
Cuaternario 131
cuatro palos, barco de vela 724
cuba 377, 378
Cuba 54, 876
cuba de lavado 380
cubertería 301, 1055
cubeta 600
cubeta colectora de gotas 319
cubeta congeladora 318
cubeta de alcohol 827
cubeta de mercurio 827
cubeta de precipitación 815
cubículo 502
cubierta 318, 340, 343, 358, 477, 495, 539, 616, 635, 637, 730, 891, 893, 986
cubierta antihumedad 449
cubierta cónica 517
cubierta de aterrizaje 897
cubierta de cabina, eyector 1048
cubierta de cuatro aguas 516
cubierta de cuatro aguas con canalera 517
cubierta de cúpula peraltada 517
cubierta de dos aguas 516
cubierta de la aguja 617
cubierta de la cabina 1048
cubierta de la correa 397
cubierta de linternilla 516
cubierta de pabellón 517
cubierta de rotonda 517
cubierta de seguridad 419
cubierta de sol 729
cubierta de tejas 499
cubierta de toldilla 724, 730
cubierta de torrecilla 517
cubierta de vertiente simple 516
cubierta de vuelo 897
cubierta del cubo 787
cubierta del mecanismo del freno 709
cubierta deslizable 734
cubierta en artesa 517
cubierta en diente de sierra 516
cubierta en pendiente 516
cubierta exterior de la cúpula 28
cubierta frontal 539
cubierta imperial 516
cubierta inferior 781
cubierta interior de la cúpula 28
cubierta mansarda 516
cubierta para automóviles 730
cubierta piramidal 517
cubierta posterior 539
cubierta principal 729, 897
cubierta protectora 761, 762
cubierta superior 731, 746, 781
cubierta superior de la turbina 787
cubierta térmica 36
cubiertas 516
cubiertos 292
cubilete 1063
cubismo 530
cúbito 159, 164, 165, 170, 175, 182, 184, 187, 188, 200, 202, 207
cubo 381, 654, 787, 807, 839, 917
cubo de basura 293, 381
cubo de basura reciclable 99
cubo del rotor 753
cuboides 203
cubre cazoleta 889
cubrebañeras 987
cucaracha oriental 146
cuchara 299, 531, 1055, 1061
cuchara de cerámica 305
cuchara de degustación 309
cuchara de helado 299, 309
cuchara de mesa 299, 304, 305
cuchara de postre 299
cuchara de té 299
cuchara sopera 299
cucharas 299
cucharas dosificadoras 308
cucharita de café 299
cucharón 759, 889
cucharón hacia atrás 760
cucharón trasero 759
cuchilla 314, 315, 318, 391, 405, 417, 419, 477, 654, 767, 1028
cuchilla, mecanismo de desplazamiento 761
cuchilla de baile 1031
cuchilla de corte 402, 758, 760
cuchilla de disco 765
cuchilla de patinaje artístico 1031
cuchilla del cucharón 759
cuchilla fija 537
cuchilla móvil 537
cuchilla para delimitar el césped 412
cuchillas, tipos 531
cuchillas para batir 314
cuchillo 298, 989, 1055, 1057
cuchillo de carne 298
cuchillo de carnicero 306
cuchillo de cocina 306
cuchillo de combate 886
cuchillo de contornear 531, 533
cuchillo de mantequilla 298
cuchillo de mesa 298, 304, 305
cuchillo de pan 306
cuchillo de pelar 306
cuchillo de pescado 298, 304
cuchillo de plomo 579
cuchillo de postre 298, 304, 305
cuchillo de queso 298
cuchillo de sílex 883
cuchillo de trinchar 306
cuchillo eléctrico 315
cuchillo filetero 306
cuchillo paleta 525
cuchillo para desbastar 576
cuchillo para deshuesar 306
cuchillo para jamón 306
cuchillo para ostras 306
cuchillo para pomelos 306
cuchillos 298
cuchillos de cocina 306
cuello 109, 155, 168, 193, 194, 195, 206, 228, 299, 300, 407, 430, 431, 434, 435, 454, 456, 609, 1018
cuello Berta 455
cuello camisero 455
cuello chino 455
cuello con puntas abotonadas 431
cuello de chal 455
cuello de cisne 335
cuello de doble vista 435
cuello de ganso 760
cuello de hechura de sastre 455
cuello de Holanda 429
cuello de la vejiga 218
cuello de lazo 455
cuello de pico 437

cuello de polo 455
cuello de tortuga 455
cuello de volantes 455
cuello del fémur 201
cuello del remo 984
cuello del útero 226, 227
cuello drapeado 456
cuello en V 430
cuello hechura sastre 443
cuello italiano 431
cuello Mao 455
cuello marinero 455
cuello mariposa 455
cuello plano tipo Peter Pan 455
cuello redondo 456
cuello redondo, jersey 442
cuello tipo cogulla 455
cuellos 454, 455
cuenca oceánica 67
cuenco 299
cuenco de queso blando 302
cuenco para arroz 303, 305
cuenta 291
cuentakilómetros 677
cuentalitros 668
cuentavueltas 1033
cuerda 123, 418, 547, 548, 553, 733, 816, 828, 885, 990, 1000, 1009, 1050
cuerda, instrumentos 547
cuerda de amarre 1050
cuerda de disparo 892
cuerda de elevación 409
cuerda de salida falsa 976
cuerda de tensión 561
cuerda inferior 661
cuerda maestra 1043
cuerda para el cosido 538
cuerda superior 661
cuerda vocal 214
cuerdas 552, 556, 561
cuerdas de acompañamiento 560
cuerdas de suspensión 1046, 1047
cuerdas melódicas 560
cuerno 471
cuerno inglés 545
cuero 432
cuerpo 318, 350, 394, 483, 550, 832, 937, 998, 1043, 1059
cuerpo calloso 222
cuerpo cavernoso 228
cuerpo celular 221
cuerpo ciliar 238
cuerpo de baquelita 893
cuerpo de guardia 504, 505
cuerpo de la colmena 144
cuerpo de la torre 792
cuerpo de la uña 237
cuerpo esponjoso 228
cuerpo humano 192
cuerpo metálico de la bujía 683
cuerpo sólido 549
cuerpo vertebral 204, 224
cuerpo vítreo 238
cuerpos celestes 14
cuerpos de Nissl 221
cuerpos sólidos 839
cuervo 163
Cuervo 21
cueva 70
cuidado de los tejidos 425
cuidado del césped 419
cuidado personal 474
culata 469, 550, 887, 888, 891, 1010, 1011
culata de los cilindros 682
culombio 835
culote 887, 893
cultivador 412, 765
cultivador de mano 418
cultivo 242
cúmulo 82
cúmulo globular 19
cumulonimbo 82, 88
cúmulos 88
cuna 366
cuna plegable 366
cuneta 658, 1014
cuña 461, 554, 892, 1050
cuñadas 929
cuñado 929
cupé 669
cúpula 116, 509, 517, 736, 896
cúpula del Mihrab 872
cúpula del pórtico 872
cúpula giratoria 28
cúrcuma 260
cureña 885, 890
curio 814
curling 1027
curling, pista 1027
curling, zonas de recreo 1027
curry 260
cursiva 586
cursor, desplazamiento 649
cursor abajo 633
cursor arriba 633
cursor hacia la derecha 633
cursor hacia la izquierda 632
curva 659, 667, 1061
curva a la derecha 664
curva de 180 grados 1035
curva del club 1006
curva lejana 1006
curvada 531
cuscús 123, 278
cuscuta 103
cúspide 206
cúter Marconi 723
cutícula 110, 236

D

dactilera 1009
dado 1063, 1064
dado común 1062
dado de póquer 1062
dado doble 1063
dados 1062
daga 886
dálmata 176
dama 1063, 1065
damas 1065
danés 583
Danubio, río 49
dardo 1069
darmstadtio 813
dársena de contención 783
dátil 254
datos, tratamiento 65, 80
David 870
David, estrella 872
de aspas 314
de cobre a acero 351
de cobre a plástico 351
de cuatro cuartos 562
de dos mitades 562
de gancho 314
de servicio 966
de tres cuartos 562
deambulatorio 507
decágono regular 839
decantador 297
declinación 23
decorador 543
decorador jefe de producción 542
dedal 568, 651
dedalitos 282
dedo 152, 160, 165, 189, 237, 464, 941, 1050
dedo anular 237
dedo de pata palmípeda 160
dedo del corazón 237
dedo del pie 192, 194
dedo externo 158
dedo índice 237
dedo interno 158
dedo lobulado 160
dedo medio 158
dedo meñique 237
dedo palmeado 152
dedo posterior 158, 160
dedos 159
dedos prensiles 185
Deep Impact 31
defectos de la visión 239
defensa 952, 955
defensa central 947
defensa derecho 945, 1028
defensa izquierdo 945, 1028
deflector 340, 343, 415, 419, 420, 763
deflector de barbilla 695
deflector de viento 690
deflector de viento de los aviones 897
deforestación 97
degustación, cuchara 309
Deimos 14
dejada 967
delantero 430, 431, 947
delantero derecho 950, 958
delantero izquierdo 950, 958
delantero medio 958
delantero número 8 950
delco 672
delegados técnicos 1031
delfín 182, 183
Delfín 22
delfín, esqueleto 182
delfín, morfología 182
delineador 473
delineador de labios 474
delta 70, 73
Delta II 39
deltoides 196
demarcación 1069
dendrita 221
dendrita espacial 90
denominación de los ciclones tropicales 89
dentada 111
dentadura humana 206
dentario 154
dentículo 500, 501
dentífrico 482
dentina 206
deportes acuáticos 974
deportes aéreos 1046
deportes de balón 938
deportes de combate 990
deportes de fuerza 999
deportes de invierno 1027
deportes de montaña 1050
deportes de motor 1022
deportes de pelota 938
deportes de precisión 1009
deportes de puntería 1009
deportes de raqueta 961
deportes ecuestres 1002
deportes náuticos 974
deportes sobre ruedas 1044
deportivo 669
depósito 579, 779, 788
depósito de aceite 417
depósito de agua 319, 706, 762, 763
depósito de aire comprimido 706
depósito de carbón 775
depósito de carburante de calentamiento 678
depósito de combustible 706, 896
depósito de contenedores 718
depósito de gas 483
depósito de gasolina 678, 694, 697
depósito de gasolina, tapón 671
depósito de lodos 776
depósito de los utensilios 868
depósito de mercancía en tránsito 718
depósito de mercancías 842
depósito de misiles 898
depósito de municiones 895
depósito de pintura 408
depósito de polvo 374
deposito de tinta 527
depósito de tinta 527
depósito del combustible 753, 895
depósito del grano 767
depósito del líquido de frenos 679
depósito del propulsor 32
depósito esterilizado 921
depósito externo de combustible 36
depósito nocturno, buzón 859
depósito para clarificación 779
depósito ventral 753
depósitos aluviales 73
depresión 81
depresión barométrica 81
derecha del actor 541
derecha del espectador 541
deriva 896
deriva móvil 981
derivación de la toma de aire 344
derivación en T 351, 353
derivación en T del desagüe 353
derivación en U 351
derivación en Y 351
dermis 236, 237
derrubios 67
derrumbamiento 77
desagüe 344, 346
desagüe de fondo 324
desagüe de la turbina 789
desagüe principal 344
desatascador 389, 402, 421
desbaste 531
descamador 1055
descanso del macillo 553
descapotable 669
descarga, cámara 498
descenso 1039
descenso del spinnaker 982
descensor de ocho 1050
descomponedor 94, 95
descompresor 989
descorazonador 309
descortezado 125
descote rapeado 456
desenganchador 403
desenganchador manual 1039
desértico 87
desfibrilador 911
deshidratación 125
deshuesador 309
deshumidificador 341, 342
desierto 74, 92, 93
desierto arenoso 74
desierto de Atacama 48
desierto de Gobi 51
desierto de Kalahari 50
desierto de Namibia 50
desierto del Sahara 50
desierto rocoso 74
deslizador 1046
desmenuzamiento 99
desodorante 474
despacho 331, 854
despacho de dirección 852
despacho de la enfermera jefe 919
despacho de la guardia de seguridad 867
despacho del administrador delegado 644
despacho del asistente social 919
despacho del bedel 869
despacho del bibliotecario 866
despacho del conservador 522
despacho del director 859, 864, 866, 869
despacho del gimnasio 868
despacho del inspector de prevención de incendios 900
despacho del jefe de bomberos 900
despacho del juez 862
despacho del oficial subalterno 904
despacho del oficial superior 904
despacho del secretario judicial 862
despacho del subdirector 864
despegue 1041
despegue, pista 742
despensa 290, 292, 329, 854
desplantador 418
desplazamiento 633, 821
desplazamiento vertical de agua 77
desplazar, ayuda 917
despojos 276
desprendimiento 77
desprendimientos 665, 667
desprendimientos de tierras 77
destellos, tubo 823
destilación 784
destilador para asfalto 782
destinos 704
destintado 125
destornillador 390, 1055
destornillador de trinquete 390
destornillador en cruz 1055
destornillador inalámbrico 390
desyerbador 418
detector 924
detector de alta tensión 404
detector de continuidad 404
detector de humo 903
detector de metales 864
detector de tensión 404
detonador 893
detritos 89
devanadera 574
devanado de inducido 819
devanado inductor 819
devanador 574, 1060
devanador de bobinas 574
devolución de libros, mostrador 867
devolución de monedas 624
devolución de monedas rechazadas 1070
devolvedor 1015
Devónico 129
diadema 908
diáfisis 199
diafragma 214, 594, 618
diafragma, escala de abertura 598
diafragma de vacío 682
diagonal 587, 792
diagramas de tejidos 575
diálisis 927
diálisis, líquido 927
dializador 927
diamante 470, 938
diamante, corte 469
diamantes 1062
diámetro 838
diana 1009, 1069
diapasón 547, 549, 564, 829
diapositiva 591, 601
diapositiva, visualización 601
diapositivas, proyector 601
diastema 166, 167
dibujo 448, 524, 578
dibujo, soporte 529
dibujo, tablero 526
dibujo a la cera 528
dibujo al carboncillo 528
dibujo de la superficie de rodadura 684, 685
dibujo de lápices de colores 528
dibujo de tinta china 528
diente 103, 148, 154, 300, 391, 392, 417, 477, 758, 760, 766, 767, 1026
diente de la desterronadora 758
diente de la rueda 816
diente de león 113, 247
dientes 206, 398, 567, 1031
dientes de la leva 567
dientes rectos, rueda cilíndrica 816
dientes rotor 819
diéresis 587
diésel 782
diésel para barcos 782
diez 836
diez mandamientos 872
diferencia de potencial eléctrico, unidad de medida 835
diferencial 673
diferentes formas de alas 752
difusión, sistema 602
difusión de información 643
difusor 477, 542, 597
difusor tubular 749
dijes 471
dilución 125
dimetrodon 130
Dinamarca 56, 878
dinamo 819
dínamo 698
dinamómetro 831
dinero 860
dinero en efectivo, provisión 859
dintel 325, 336, 507

diodo 803
Dione 15
dióxido de carbono 95, 102, 800
dique 75, 718
dique fijo 794
dique seco 718
dirección 708, 834
dirección de flujo de electrones 820
dirección del viento 81
dirección del viento, medición 85
dirección obligatoria 664, 666
dirección URL 642
director 543, 604, 605, 608
director, ayudante 604
director, despacho 522
director, monitor de control 543
director artístico 542
director de carrera 1020
director de fotografía 543
director de iluminación 605
director de personal 644
director de producción 644
director de tiros 1009
director técnico 608
directorio 642
disco 19, 315, 355, 392, 393, 535, 617, 638, 679, 684, 765, 783, 937, 1000, 1030
disco abrasivo 396
disco central 135
disco compacto 599, 615
disco compacto, lector 615
disco compacto, lectura 615
disco compacto regrabable, grabador 638
disco de articulación 690
disco de cálculo 597
disco de caucho 617
disco de modo 593
disco de tensión 567
disco desviador de calor 359
disco duro externo 638
disco duro interno 638
disco giratorio 314
disco intervertebral 204, 208
disco óptico 238
disco tapador 767
disco versátil digital (DVD) 611
disco volador 1070
discontinuidad de Gutenberg 66
discontinuidad de Mohorovicic 66
discos desmaquillantes 474
discus 151
diseño 452, 531, 536, 590
disminución de la tensión 807
disolución 95
disparador 415, 592, 593, 595, 903
disparador de cable 596
disparador de pago 1070
disparador de señuelo 898
disparador del tambor 1060
disparo, accesorios 889
dispensador de agua 377
display 342, 614, 619, 621, 623, 668, 859
display a colores 571
disposición 322
disposición de los bolos 1015
disposiciones de las velas 982
dispositivo antideslizante 617
dispositivo de amarre 691
dispositivo de bloqueo 409
dispositivo de control 342
dispositivo de inflado 733
dispositivo de protección 550, 638
dispositivo de punción 912
dispositivo de remolque 693
dispositivo para enmarcar 537
dispositivo USB 638
dispositivos de contacto 358
disprosio 814
distancia, medición 832
distancia recorrida 832
distribución, cuadro 354
distribución, tablero 356
distribución de la vegetación 92
distribución eléctrica aérea 356
distribución eléctrica subterránea 357
distribuidor de bebidas 293, 919
distribuidor de calor 339
distribuidor de clips 654
distribuidor de hielos 296
distribuidor de hojas de afeitar 479
distrito 52
divanes 360
división 649, 837
divisiones de los escudos 874
divisores 652
divisorio 907
diyiridú 560
Dniéper, río 49
do 995
do(C) 562
doble 1003
doble barra oblicua 642
doble bemol 563
doble caña 550
doble cero 1068
doble cortina 368
doble curva 664
doble dentada 111
doble filo, tijeras para entresacar 477
doble fuelle 560
doble scull sin timonel 985
doble sostenido 563
doble vía 664, 666
doble vidrio 805
dobles pares 1062
doblez 454, 569
doblez hacia el interior 887
dobok 994
docena (1 a 12) 1068
docena (13 a 24) 1068
docena (25 a 36) 1068
dodecágono regular 839
dohyo 995
dólar 860
dolichos 252
doma 1005
Dominica 54, 876
dominio 642
dominio, nombre 642
dominio de primer nivel 642
dominio de segundo nivel 642
dominó 1062
dominós 1062
domo de vidrio 734
dorada 267
dorado 267
Dorado 21
dórico, orden 500
dormitorio 330, 1052
dormitorio de los bomberos 900
dormitorio de los oficiales 900
dorsal 641
dorsal ancho 197
dorsal del Atlántico medio 69
dorsal del Índico medio 69
dorsal del Índico sureste 69
dorsal del Índico suroeste 69
dorsal del Pacífico oriental 69
dorsal del Pacífico-Antártico 69
dorsal oceánica 67
dorso 233, 237, 386, 885
dorso de la nariz 231
dorso de un guante 464
dos doble 1062
dos puntos 587
do-uchi 995
dovela 514
Dragón 23
dragón vikingo 720
dragones 1066
Drake, paso 46, 48
drenaje de aguas superficiales 846
drenaje por infiltración asistida por vapor 779
driza 725, 873
driza del timón 987
dromedario 173
drumlin 71
drupa 115
drupas 254
drupéola 114
dubnio 813
ducha 330, 855, 864, 920
ducha, bañera 344
ducha de teléfono 346
ducha y bañera 344
duchas de los bomberos 900
duchas de los oficiales 900
duchas de los presos 904
duerto 932
dulse 244
duna 70, 74
duna en estrella 74
duna parabólica 74
dunas 74
dunas longitudinales 74
dunas transversales 74
dúo 546
duodeno 159, 217
duramadre 224
duramen 118
durión 259
DVDregrabable 638
Dysnomia 15

E

eclipse anular 16
eclipse de Luna 17
eclipse parcial 16, 17
eclipse solar 16
eclipse total 16, 17
eclíptica 23
eclisa 712
eco 64, 65
ecografía 925
ecógrafo 925
economía 858
ectodermo 134
ectopterigoides 154
ecuador 23, 42, 48, 50, 89
Ecuador 55, 876
ecuador celeste 23
Edad de Piedra, armas 883
Edam 281
edición, tecla 649
edificio de hormigón 795
edificio de la administración 794
edificio de la turbina 796
edificio de oficinas 844, 847
edificio del reactor 797, 799
edificio público 52
edificio religioso 845
editor de imágenes 599
editorial 590
edredón 363
educación 866
efecto invernadero, aumento 96
efecto invernadero, concentración de gas 96
efecto invernadero, gas 96
efecto invernadero natural 96
efluente 73
Egeo, mar 49
Egipto 60, 879
eglefino 268
einstenio 814
eje 315, 326, 479, 482, 512, 574, 576, 706, 829, 898
eje de alta velocidad 807
eje de baja velocidad 807
eje de cuchillas 765
eje de dirección 755
eje de la rueda 699
eje de las aspas 806
eje de tiro 892
eje de toma de fuerza 765, 766
eje de transmisión 673, 727, 753
eje del pedal 700
eje del tambor 1060
eje delantero 761
eje horizontal, turbina de viento 807
eje planetario 763
eje polar 28
eje vertical, turbina de viento 807
el cuatro 985
el cuatro con timonel 985
el dos 985
el dos con timonel 985
El Gran Cisma 870
El Salvador 54, 876
elástico 363
electricidad 354, 404
electricidad, producción 795
electricidad, transporte 792
electrocardiograma 925
electrodo 359, 406, 925, 927
electrodo central 683
electrodo de masa 683
electrodoméstico 314, 374
electrodos de encendido 339
electroimán 819
electrón 810
electrón, dirección de flujo 820
electrones, cañón 609
electrones, colectores 820
electrones, dirección de flujo 820
electrónica 820
elefante 173
elemento calorífero 338, 339
elemento de cocción 376
elemento de combustible 799
elemento horizontal 792
elemento negativo 834
elemento positivo 834
elementos arquitectónicos 514
elementos del microscopio de electrones 826
elementos químicos 812
elevación, manivela 892
elevación continental 67
elevación de la cuchilla, cilindro 761
elevador 503, 759, 760, 767, 798, 857
elevador del brazo 617
elevador telescópico 902
embalaje 99
embalse 73, 785, 786, 790, 791, 794
embalse a monte 785
embalse de compensación 785, 786, 791
embarcación, partes 984
embarcación de emergencia 778
embarcaciones 726
embarcaciones antiguas 720
embarcaciones de punta 985
embarcaciones tradicionales 721
embarque teleférico 1036
emblema 873, 941
emblema del equipo 1028
embocadura 550
embocadura del cable 374
émbolo 766, 912
embrague 672
embrión 105
embudo 308
embudo colector 85
emergencia, estación 663
emergencia, vehículo 663
emerillón 1061
Emiratos Árabes Unidos 58, 880
emisión de ácido nítrico 98
emisión de ácido sulfúrico 98
emisión de billetes 858
emisión de dióxido de sulfuro 98
emisión de gases contaminantes 97
emisión de ondas ultrasónicas 65
emisión de óxido de nitrógeno 98
emisor-receptor de acceso a la red 631
emmenthal 281
empacadora de heno 766
empalizada 504
empalmadura 1058
empalme de rieles 712
empalme hidráulico 764
empaque 781
empaquetadora 693
empaquetadura 350
empate 933
empate de la boquilla 551
empavesado 873
empeine 192, 433
empella 450, 459
empenajes de cola 751
empleo del tiempo 650
empresa 643
empresas alimenticias 288
empresas distribución/venta 643
empujador 307, 318
empujador neumático, perforadora 772
empuje 661, 752
empuñaderas 1000
empuñadura 316, 392, 393, 396, 397, 408, 490, 654, 832, 885, 887, 891, 916, 937, 941, 962, 968, 988, 998, 1000, 1009, 1010, 1011, 1017, 1038, 1041, 1059, 1069
empuñadura de pistola 408
empuñadura del carro 571
empuñadura del dispositivo de cierre de ingletes 392
empuñadura del manillar 1021
empuñadura delantera 893
empuñadura lateral 396
empuñadura para esquí de figuras 988
empuñadura recortada 655
empuñaduras 988
emulsión fotográfica 536
en espiral 314
en prisión 1068
en tijera 469
enaguas 427
enana blanca 18
enana negra 18
enana parda 18
encaje 578
encaje de bolillos 578
encéfalo 220, 222
encendedor 406, 483
encendido 624, 649
encendido/espera 614
enceradora 463
enchufe 404, 566, 577
enchufe americano 358
enchufe de recarga 479
enchufe de tipo europeo 358
enchufe y selector desmontables 317
encía 206, 231
encimera 291, 292, 296, 376
encofrado metálico 820
encuadernación a mano 537
encuadernación de anillas 653
encuadernación en rústica 538
endecágono regular 839
endivia 247
endocardio 213
endocarpio 115
endodermo 134
endometrio 227
endoscopia 926
endoscopio 926
endosperma 105
endotelio 209
enebro, bayas 260
eneldo 262
energía, unidad de medida 835
energía calorífica 96
energía eólica 806
energía eólica, producción de electricidad 807
energía fósil 771
energía geotérmica 770
energía nuclear 795
energía nuclear, producción de electricidad 795
energía solar 102, 802
energía solar, producción de electricidad 804
energía térmica 775
enfermera 920
enfermería 864
enfoque 239
enfranque 459
enganche 567, 675
enganche, cabeza 709
enganche automático 709
enganche de bola 686
enganche del remolque 687
engaste 470

engranaje 572, 574, 1070
engranaje, diente 816
engranaje cónico 816
engranaje de avance 318
engranaje de piñón y cremallera 816
engranaje de tornillo sin fin 816
engranajes, sistemas 816
engrasador 309
enhebrador 568
enlace de arcén 658
enlace de diamante 658
enlace de glorieta 658
enlace de trébol 658, 659
enlace químico 810
enlaces de carreteras 658
enlomado 538
enlosado del jardín 322
enmarcado 594
enramada 410
enredadera 410
enrejado 410
enriquecimiento del agua pesada 797
ensaladas 292
ensaladera 303
ensamblaje a espiga 537
ensamble hembra 1059
ensamble macho 1059
entablado 332, 333
entablamento 325, 499, 501, 509
entarimado 333, 334, 990
entarimado sobre estructura de madera 334
entena 722
entera 111
enterramiento 99
entintado 532
entrada 144, 330, 659, 754, 853, 854, 858, 863, 948, 979
entrada a boxes 1022
entrada audio/video 614
entrada de actores 498
entrada de admisión de combustible 798
entrada de agua 350, 786
entrada de agua fría 349
entrada de aire 343, 753, 1026
entrada de cabeza 979
entrada de clientes 290
entrada de corriente 359
entrada de detenidos 864
entrada de la contracorriente 797
entrada de la estación 714
entrada de la pirámide 498
entrada de los visitantes 864
entrada de pie 979
entrada de público 498
entrada de servicio 866
entrada de sonido 614
entrada de vapor a alta presión 796
entrada de vapor a baja presión 796
entrada de vehículos 905
entrada del agua de refrigeración del condensador 797
entrada del garaje 323
entrada del personal 290, 864, 869, 904
entrada del refrigerante 802
entrada del residuo de combustible 798
entrada del suministro 356
entrada principal 329, 847, 867, 869, 904, 922
entradas, taquilla 544
entradas al agua 979
entradilla 590
entrecejo 174
entrecruzado 575
entrediente 300
entrega de equipaje 742
entremeses 292
entrenador 944, 957, 973, 974, 990, 1029
entrenador, banquillo 938
entrenador adjunto 957, 1029
entrenadores 1031, 1033
entrenamiento 932
entrenamiento, pelota 965
entrenudo 109
entrepaño 364, 409
entrepaño horizontal 325
entrepaño vertical 325
entrepierna 434, 440
entrepiso 714
entrerrosca 351
entresuelo 328, 331
entretela de abrigo 569
entretela de armado 569
entretela de refuerzo 569
entrevista 590
envasado del combustible defectuoso 798
envase 295
envergue de rizo 725
envero 117
envión 999
envoltorio 294
envoltorio de plástico 294
envoltura 1049
envoltura metálica 349
enyesado, sala 919
epeira 147
eperlano 94, 267
epicarpio 114, 115
epicentro 76
epicóndilo 201
epidermis 110, 236, 237
epidídimo 228
epífisis 229
epífisis distal 199
epífisis proximal 199
epiglotis 214, 233
epitelio olfativo 232
equilibrador 549
equilibrio, posición 821
equino 500
equinoccio de otoño 80
equinoccio de primavera 23, 80
equipaje 488
equipamiento 905
equipamiento de primeros auxilios 911
equipamiento para acampar 1055
equipamiento vario 411
equipo 533, 534, 535
equipo, handicap 1008
equipo de alimentación, ventilador 629
equipo de alta fidelidad 614
equipo de climatización 730
equipo de grabación 543
equipo de primeros auxilios 1003
equipo de protección 954
equipo de soldadura eléctrica 406
equipo de sonido 543
equipo electrobomba 679
equipo informático 628
equipo marcador electrónico 997
equipo médico 911, 992, 994
equipo salvavidas 733
equipo turboalternador 775
equipos de gas 1053
equitación 1004
equivalente a 837
erbio 814
erhu 561
Erídano 20
Eris 15
Eritrea 60, 879
erizo 164
erizo de mar 135
Erlenmeyer, frasco 815
erupción 16
es paralelo a 836
escabel 361
escafoides 202, 208
escala 387, 562, 912, 1057, 1064
escala Celsius 827
escala de abertura del diafragma 598
escala de ajuste 648
escala de altitud 79
escala de altura 392
escala de ampliación 600
escala de distancia 598
escala de inclinación 392
escala de ingletes 391, 392
escala de la regla 832
escala de profundidad de campo de visión 598
escala de temperaturas 79, 827
escala de tiempo 564
escala Fahrenheit 827
escala graduada 830, 831, 832, 833
escala graduada de vernier 832
escalador 1050
escalera 324, 335, 409, 520, 781, 806, 990, 1001, 1062
escalera, hueco 330
escalera común 409
escalera con boquilla telescópica 902
escalera de caracol 781
escalera de color 1062
escalera de cuerda 409
escalera de embarque 733
escalera de gancho 409
escalera de ganchos 903
escalera de mano 409
escalera de plataforma 409
escalera de recolección de fruta 409
escalera de tijera 409
escalera extensible 409
escalera extensible de buhardilla 409
escalera mecánica 518, 544, 714, 847, 857
escalera multiuso 409
escalera real 1062
escalera rodante 409
escalera telescópica 902
escaleras 329, 330, 541, 544, 644, 663, 714, 854, 857
escaleras de acceso 745
escaleras de mano 409
escalerilla 687, 719, 737, 761, 762, 781
escalerilla de estribo 709
escalerilla lateral 706, 709
escalerilla transportable 745
escalfador de huevos 313
escalinata 323, 513
escalón 690
escalón retráctil 687
escalones 324, 513
escama 150, 154, 155, 160, 236
escama ventral 154
escanda común 263
escandalosa 725
Escandinava, península 49
escandio 813
escáner 635
escáner óptico 289
escape 632, 680, 681, 749
escápula 153, 159, 164, 165, 184, 193, 195, 200, 201, 207
escapulares 158
escaque blanco 1065
escaque negro 1065
escarabajo 146
escarabajo necróforo 146
escarcela 884
escarcha 91
escarola 246
escarola rizada 246
escarpa 505
escarpe 884
escarpia 712
escarpín 884, 988
escena, número 543
escenario 498, 540, 541
escisión del núcleo 811
esclavina 443
esclerótica 238
esclusa 35, 794
esclusa, vista lateral 719
esclusa : vista lateral 719
esclusa científica de aire 37
esclusa de aire 899
esclusa de aire del edificio del reactor 796
esclusa de canal 718, 719
esclusa de materiales 798
esclusas de vaciado y desagüe, sistema 719
esclusas de vaciado y llenado, sistema 719
escoba 381
escoba de nieve con rascador 686
escoba eléctrica 375
escobén 727, 731
escobilla 337, 819
escobilla limpiadora 479
escobilla metálica 557
escobilla para secar 536
escobillas 819
escobillón 579, 889
escocés 583
escocia 500, 501
Escocia, placa 68
escofina 398, 531
escollo 70
escolta 957
escombrera 771, 772
escopeta 887
escopeta calibre 12 1010
escoplo 398, 531, 533
escoplo de acanalar 531
escoplo de macarrón 531
escoplo redondo 531
escorpión 147
Escorpión 20
escorrentía subterránea 95
escorrentía superficial 95
escorzonera 251
escota 725, 980
escota foque 980
escota mayor 980
escotadura 547
escotadura intertrágica 234
escote 454, 456
escote bajo 456
escote cuadrado 456
escote de barco 456
escote de corazón 456
escote de pico 456
escotera 981
escotero 980
escotilla 36, 37, 895
escotilla con bisagras 987
escotilla del depósito 729
escritorio 364, 855
escritorio, artículos 648
escritorio de ejecutivo 646
escritorio del celador 866
escritorio para el ordenador 646
escritura 584
escritura, instrumentos 584
escritura, sistema 585
escritura árabe 585
escroto 192, 228
escuadra 387
escucha previa, botón 559
escudilla 302
escudo 883, 1029
Escudo 20
escudo acuartelado 874
escudo cortado 874
escudo partido 874
escudo solar 27
escudo tronchado 874
escudos, divisiones 874
escuela de esquí 1036
escultura 509, 523
escurridera 311
escurridor 308
escurridores 308
escúter 697
esfera 829, 830, 839
esfera celeste 23
esfera de té 309
esfera de vidrio 84
esfera graduada 1057
esfera lunar 829
esfera terrestre 23
esfinge 179
esfínter interno de la uretra 218
esfuerzo 816
esgrima 997
esgrima, arma 998
esgrima, pista 997
esgrimista 997
eslabón 889
eslabón de compresión 764
eslabón de corte 417
eslalon especial 1039
eslalon gigante 1039
eslalon supergigante 1039
eslovaco 583
Eslovaquia 56, 878
Eslovenia 56, 878
esloveno 583
esmalte 206
esmalte de uñas 472
esmeralda 469, 470
esmeril 568
esófago 135, 137, 141, 143, 145, 149, 152, 154, 155, 159, 169, 216
espacio 562, 586, 632
espacio de almacenamiento 705
espacio de expansión 712
espacio epidural 224
espacio interior 377
espacio para almacenamiento 690
espacio para la chispa 683
espacio sin pausa 632
espada 883, 998
espadas 1062
espádice 112
espadín 886
espagueti 282
espalda 168, 193, 195, 430, 975, 976
espaldar 155
espaldarón 884
espaldera 1056
España 56, 877
español 583
esparadrapo 915
esparavel 403
esparcidor de paja 767
esparcidora de abono 418
esparcidora de estiércol 765
esparcimiento de fertilizante 97
espárrago 250
espátula 311, 525, 533
espatulada 111
espátulas de modelar 576
especialista técnico 1031
especias 260
especias para salmuera 261
especies 132
espectro electromagnético 821
espectrómetro 826
espectrómetro de rayos ultravioletas 86
espejo 346, 494, 655, 823, 825, 855, 917, 1026, 1057
espejo cóncavo primario 25
espejo de cercanías 688
espejo de cortesía 676
espejo de limpieza 763
espejo de reflexión parcial 823
espejo de reflexión total 823
espejo doble giratorio 478
espejo iluminador 833
espejo lateral 478, 670, 690
espejo luminoso 478
espejo mayor 734
espejo menor 734
espejo parabólico 804
espejo plano 28, 823
espejo primario 27, 28, 29
espejo réflex 594, 595
espejo retrovisor 676, 689, 695, 697, 763
espejo retrovisor exterior 688
espejo retrovisor parabólico 763
espejo secundario 25, 27, 28, 29, 594
espejo terciario 29
espermateca 137
espermatozoide 228
espesor, medición 832
espícula 134
espículas 16
espiga 112, 298, 306, 398, 403, 480, 483, 565, 574, 679
espiga de punta cuadrada 371
espiga de punta redonda 371
espiga del cartucho 350
espina 135

espina escapular 201
espina nasal anterior 205
espina neural 149
espinaca 247
espinillera 940, 945, 946, 1032
espira 137
espiráculo 182
espiral 136, 145, 390, 600, 828
espiral central 145
espiral de separación 617
espiral embrionaria 136
espirulina 244
esplenio de la cabeza 197
espoiler 695
espoleta 159, 893
espoleta de proximidad 894
espolón 142, 168, 174, 394, 556, 720, 765
esponja 134, 475
esponja, anatomía 134
esponja anti-viento 604
esponja natural 475
esponja sintética 473
esporas 108
esposa 929
esposo 929
espuma 77
espuma, depósito 779
espuma aislante 385
espuma de afeitar 479
espuma de brea 779
espumadera 311
esqueleto 199
esqueleto de un caballo 170
esqueleto de un canguro 188
esqueleto de un delfín 182
esqueleto de un gorila 184
esqueleto de un murciélago 187
esqueleto de un pájaro 159
esqueleto de un perro 175
esqueleto de un topo 164
esqueleto de una rana 153
esqueleto de una rata 165
esqueleto de una serpiente venenosa 154
esquí 1026, 1038
esquí, pista 1036
esquí acuático 988
esquí alpino 1038
esquí alpino, pista 1036
esquí artístico 1040
esquí de descenso 1038
esquí de eslalon 1038
esquí de eslálon 988
esquí de eslalon gigante 1038
esquí de figuras 988
esquí de fondo 1042
esquí de salto 988, 1041
esquí de slalon supergigante 1038
esquí de velocidad 1041
esquí normal 988
esquiador alpino 1038
esquiador de velocidad 1041
esquina 757, 1028
esquinera 709
esquinero derecho 952
esquinero izquierdo 952
esquís 988, 1038
estabilizador 730, 756, 892, 894, 896, 1009, 1026, 1046, 1047
estabilizador de cámara 607
estabilizador de dirección 1048
estabilizador horizontal 753, 1048
establo 243
estaca 524, 724, 943, 1052
estación, metro 714
estación, modelo 81
estación central de bombeo 780
estación de abastecimiento 783
estación de acoplamiento 622
estación de autobuses 844
estación de carga 703, 774
estación de clasificación 708
estación de control terrestre 63
estación de emergencia 663
estación de esquí 1036
estación de ferrocarril 703, 704
estación de ferrocarriles 842, 844
estación de metro 714, 844
estación de operaciones 762
estación de policía 904
estación de servicio 668, 845, 856
estación de trabajo del sistema Dalet 604
estación del ferrocarril 52
estación espacial internacional 34
estación local 602
estación meteorológica 84
estación meteorológica aeronaval 80
estación meteorológica de boya 80
estación meteorológica oceánica 80
estación repetidora 602
estación repetidora de microondas 642
estación terrestre 80
estación terrestre de telecomunicaciones 643
estacionamiento 703, 718, 742, 842, 847, 869
estaciones del año 80
estadio 843, 932, 934
estadio de baloncesto 932
estadio de natación 932
estadísticas 838
estado 53
estado actual del tiempo 81
estado de carga de las pilas 593
estados de la materia 810
Estados Unidos de América 54, 876
estalactita 67
estalagmita 67
estambre 112, 115
estanco 848
estanque 410, 1016
estante para revistas 645
estantería de periódicos 867
estaño 78, 812
estaño de soldar 406
estator 327, 787
estatores externos 749
estatores internos 749
estatua 871
estay 724
estay de proa 980
este 738
Este 1066
estela luminosa del cráter 17
esteparío 87
esterilla 1000
esterilla de lanzamiento 1014
esternocleidomastoideo 196, 197
esternón 153, 159, 164, 165, 170, 175, 187, 188, 200
estiercol, esparcidora 765
estigma 104, 112, 116, 140, 141
estilete 886
estilo 112, 114, 115, 116, 584, 828
estilóbato 499, 500
estilos arquitectónicos 500
estilos de natación 975
estimulación cíclica de vapor 779
estípula 111
estique 576
estocada, armas cortantes 886
estolón 110
estómago 134, 135, 136, 137, 138, 145, 149, 152, 154, 155, 169, 216
estómago cardiaco 139
estómago pilórico 139
Estonia 57, 878
estor japonés 370
estor veneciano 371
estor vertical 370
estornino 163
estrado 868
estrado de la acusación 863
estrado de los jueces 862
estrado de los testigos 863
estrado del abogado defensor 862
estrado del director 545
estragón 262
estrangulación 992
estrato 82
estrato basal 236
estrato córneo 236
estrato de cenizas 75
estrato de lava 75
estrato espinoso 236
estrato granuloso 236
estratocúmulo 82, 88
estratopausa 79
estratos 88
estratosfera 79
estrave 720
estrecha 586
estrechamiento 827
estrechamiento de la calzada 664, 667
estrecho 45
estrecho de Bass 52
estrecho de Bering 46, 47
estrecho de Cook 52
estrecho de Dinamarca 46
estrecho de Gibraltar 49
estrecho de Torres 52
estrella 18, 90, 875
estrella de David 872
estrella de frenado 1060
estrella de mar 135
estrella de mar, anatomía 135
estrella de mar, morfología 135
estrella de neutrones 18
estrella de secuencia principal 18
estrella fugaz 79
Estrella Polar 23
estría 500, 501
estribación 71
estribera 885
estribo 144, 235, 506, 576, 753, 1003, 1005, 1026
estribor 731, 738, 739
estroboscopio 733
estromatolito 128
estroncio 812
estropajo, esponja 381
estropajo con esponja 381
estructura 561
estructura de acero 512
estructura de la biosfera 94
estructura de la médula espinal 224
estructura de la Tierra 66
estructura de lanzamiento doble 39
estructura de madera, entarimado sobre 334
estructura de metal 704
estructura de soporte 26, 64
estructura de un alga 107
estructura de un helecho 107
estructura de un hueso largo 199
estructura de un liquen 106
estructura de un misil 894
estructura de un musgo 106
estructura de una casa 328
estructura de una flor 112
estructura de una hoja 111
estructura del ala 746
estructura del oído 235
estructura del Sol 16
estructura en K 792
estructura inferior 776
estructura interior 515
estructura pivotante 29
estructura protectora 1023
estructura tubular 737, 777
estuario 45, 70
estuche 387, 463, 472, 649, 828
estuche de encerado 1042
estuche de hilo dental 482
estuche de las esposas 906
estuche de manicura 472
estuche de minas 654
estuche portalentes 481
estuche sumergible 596
estudio 528, 604, 605, 606
estufa de leña a fuego lento 336
esturión 266
etanol combustible 784
etapa del propergol sólido 39
etapa principal criogénica 39
etapa superior del tanque de propergol 39
etapas de la maduración 117
etapas de la producción de electricidad 789
etilómetro 905
Etiopía 60, 879
etiqueta 523, 617
etiqueta de identificación 488
etiquetas adhesivas 652
Eurasia 44
euro 860
Europa 14, 44, 56, 69, 877
europeo, clavija de tipo 358
europio 814
Eutelsat 602
euthynteria 499, 500
evaporación 95, 810
evaporador, serpentín 343
Everest 79
evolución de la vida 128
evolución de las especies 128
examen médico 924
examen psiquiátrico, sala 918
excavación a cielo abierto 771
excavadora 759
excavadora de rueda de cangilones 771
excitador 787
excrementos de animales 98
exfoliante 474
exhalación 975
exlamación 587
exosfera 79
expedición de carga 743
expedidor de recibo 668
explanada 505
explorador de microondas 86
explorador de radiaciones terrestres 86
explosión 680
explosivo 887, 910
explotación minera 779
exposición, cartelera 522
exposición en curso, banderola 522
exposición futura, banderola 522
exposición permanente, salas 523
exposición temporal, salas 523
expositor de folletos 858
expositor de nuevas adquisiciones 867
expresionismo 530
exprimidor 307, 315
exprimidor de cítricos 315
exprimir 315
extensión 362, 994
extensión de la mesa 393
extensor 490
extensor común de los dedos 197
extensor corto 196
extensor cubital 197
extensor largo 196
extensor radial 197
exterior 939
exterior de una casa 322
exterior derecho 939
exterior izquierdo 939
extintor 907
extintor de incendios 856
extintor portátil 903
extracción de sangre, sistema 912
extracto, vainilla 286
extracto de vainilla 286
extractor de fusibles 405
extractor de humo 895
extra-fina 586
extra-negrita 586
extremidad delantera 153
extremidad posterior 153
extremo 480
extremo abocinado 351
extremo anterior 136
extremo del brazo 417
extremo derecho 960, 1029
extremo izquierdo 960, 1029
extremo posterior 136
exvoto 871
eyector de la cubierta de cabina 1048
eyector de las varillas 314
Eyre, lago 52

F

fa(F) 562
fábrica 842
fábrica de celulosa 125
fábrica de valorización 779
fábrica petroquímica 95
fábrica textil 123
faceta 751
faceta de pabellón (8) 469
faceta estrella (8) 469
faceta fundamental exterior (8) 469
faceta inferior del contorno (16) 469
factorial 837
facturación, máquina 742
facturación de equipaje 742
fáculas 16
fagot 550
fagotes 545
Fahrenheit, grado 827
fairway 1017
faisán 163, 271
faja 445
faja braga 445
faja con liguero 445
faja con sostén 444
faja corsé 444
faja de la culata 890
falange 178, 187
falange distal 170, 202, 203
falange media 170, 178, 202, 203
falange proximal 170, 202, 203
falanges 153, 159, 165, 175, 182, 184, 188, 202, 203
falangeta 178, 237
falcatus 129
falda 272, 443, 968
falda acampanada 439
falda combinación 444
falda cruzada 439
falda de piezas 439
falda de volantes 439
falda escocesa 439
falda fruncida 439
falda pantalón 439
falda posterior 272
falda recta 439
falda sarong 439
falda short 439
faldar 884
faldas 439
faldón 363
faldón de la camisa 431
faldón delantero 431
faldón flexible 727
faldón trasero 431
faldoncillo 1005
falla 76, 77
fallas transformantes 68
falsa doblez 448
falsa escuadra 387, 833
falso almohadón 363
falso registro 555
falso secreto 555
falta (1 a 18) 1068
faltas 933
falucho 722
familia 132, 928
familia de instrumentos de madera 545
familia de los metales 545
familia de los violines 545, 547
fangos, aspiradora 693
farallón 70
faringe 143, 214, 216
farmacia 848, 856, 918, 923
faro 420, 421, 718, 762, 763, 895, 917
faro, linterna 736
faro de carretera 907
faro de destello 902
faro de posición 911
faro delantero 670, 690, 695, 696, 706, 707, 764, 1026
faro estroboscópico 911
faro halógeno 911

faro marítimo 736
faro reflector 902
farol 373, 410, 846
farola 373
faros delanteros 674
faros intermitentes 688
faros traseros 764
fascia 198
fase de deslizamiento 1042
fase de impulsión 1042
fase de impulso 1042
fases de la Luna 17
fax 625
fecha 860
fecha de vencimiento 861
fechador 650
Federación Rusa 878
feijoa 259
femenino 834
fémur 140, 142, 153, 159, 165, 170, 175, 184, 187, 188, 200
fenec 180
Fénix 20
fenogreco 260
fenómenos atmosféricos 83
fenómenos geológicos 75
fermentación 784
fermio 814
ferrocarril, estación 703, 704
ferrocarril del muelle 718
fertilización 104
fertilización del suelo 97
fertilizante, esparcimiento 97
férula 915
festón 510
festoneada 111
feta 280
fetuchinas 282
fez 429
fiambrera de plástico 294
fibra 124, 424, 1058
fibra acrílica 424
fibra elástica 209
fibra muscular 198, 221
fibra muscular, haz 198
fibra natural 424
fibra sintética 424
fibra vegetal 123
fíbula 165, 426
ficha 1063, 1064
fichas 652
fichas de beneficio 1066
fichas de estaciones 1066
fichas de flores 1066
fichas de honor 1066
fichas ordinarias 1066
fichero giratorio 651
fideo chow mein 283
fideo de frijol 283
fideo soba 283
fideo udón 283
fideos 282
fideos asiáticos 283
fideos de arroz 283
fideos de somen 283
fiel 830, 831
fieltro 534
fieltro asfáltico 385
figura 1005, 1062
fijación 988, 1041
fijación de seguridad del esquí 1039
fijación para el pie 1042
fijaciones 1037, 1038
fijaciones blandas 1037
fijador 527, 1042
fijador de carrete 1060
Fiji 881
Fiji, islas 52
fila 541, 859
filamento 112, 359
filamento de tungsteno 359
filamento gástrico 134
filas de ventanas 512
Filchner,plataforma de hielo 46
filete 270, 276, 500, 501, 547, 548, 590
filete acodado elástico 1004
filete articulado 1004
filete de pescado 270
filete de quijada acodado 1004
filete ovoide acodado 1004
filetín 469
filigrana 861
Filipinas 51, 59, 881
Filipinas, fosa 69
Filipinas, placa 68
filmación, plató 542
filo 298, 306, 477, 568
filo simple, tijeras para entresacar 477
filón-capa 75
filtrado, sistema 341
filtro 319, 324, 338, 343, 350, 374, 376, 483, 734, 805, 1056
filtro coloreado 734
filtro de aire 342, 411, 417, 706, 758
filtro de color 598
filtro de focalización 594
filtro de pelusa 378, 379
filtro de polarización 598
filtro del aire 672
filtro rojo de seguridad 600
filtro selector del color 609
filum 132
filum terminal 224
filum terminal interno 224
fin 624, 633
fina 586
final 933
final de carrera 391, 519
finalista 933
finalizar, tecla 622
finanzas 858
finlandés 583
Finlandia 46, 56, 878
fiordo 70
firma del titular 861
firma oficial 861
firmas, libro 651
física : electricidad y magnetismo 817
física : mecánica 816
física : óptica 821
fisión nuclear 811
fisura longitudinal 223
fitoplancton 94
Fiyi 62
flagelo 137
flamenco 161
flanco 158, 505
flanco diestro 874
flanco siniestro 874
flash electrónico 596
flauta travesera 550
flautas traveseras 545
flecha 342, 885, 1009
Flecha 22
flecha indicadora de la dirección del viento 82
fleco 465
flexo 372
flexo extensible 526
flexor cubital 197
flexor radial 196
flip 1031
flipper 1071
flipper, botón 1071
flor 103, 104, 109, 112, 539
flor, estructura 112
flor de lis 875
floración 117
flores 113
florete 998
florete eléctrico 997
floristería 849
florón 513
flotador 345, 347, 733, 750, 892, 907, 1040, 1061
flotador de la portería 974
flotador del medidor 781
flujo de agua 134
flúor 813
Fobos 14
foca 183
foca ocelada 94
foco 33, 239, 373, 594, 595
foco Cassegrain 28
foco coudé 28
foco fijo 606
foco primario 28
foco subacuático 324
focos 541
fofoque 725
foie gras 277
foliador 651
folículo 116
folículo capilar 236
follaje 118, 360
fondista 1042
fondo 495, 540
fondo, zona 1070
fondo de la señal 713
fondo del escenario 541
fondo oceánico 67
fonendoscopio 912
fonoteca 867
fontanela anterior 205
fontanela esfenoidal 205
fontanela mastoidea 205
fontanela posterior 205
fontanería 344, 402
fontura 571
foque 725, 980
forma de los caracteres 586
formación profesional, oficina 858
formas de banderas 873
formas de lluvia 90
formas farmacéuticas de medicamentos 914
formato del archivo 642
formón 531
Fórmula 1, circuito 1022
fórmula química 834
foro 643
forraje, aventador 767
forraje, cosechera 766
forro 430, 431, 450, 459, 484, 569, 941, 1005, 1031, 1058
forro de cuero 942
forro de la lengua 154
forro y entretelas 569
forros 875
fortificación de Vauban 505
fosa abisal 67
fosa de agua 1017
fosa de almacenamiento de combustible agotado 796, 798, 799
fosa de combustible defectuoso 798
fosa de descarga de combustible agotado 796
fosa de Japón 69
fosa de Java 69
fosa de Kermadec-Tonga 69
fosa de Kuril 69
fosa de las Aleutianas 69
fosa de las Filipinas 69
fosa de las Marianas 69
fosa de Puerto Rico 69
fosa de recepción 798
fosa de refrigeración del condensador 801
fosa de vertido de residuos de combustible 798
fosa nasal 231, 232
fosa Perú-Chile 69
fosa Ryukyu 69
fosa séptica 98, 345
fosa triangular 234
fosas y dorsales oceánicas 69
fósforo 813
foso 504, 505
foso de arena 1016
foso de escenario 540
foso de orquesta 540
foso de recepción 1015
foso de tiro 1010
foto 590
fotocopiadora 647, 858, 867
fotografía 591, 595
fotográfia digital 599
fotógrafo 848
fotógrafo de plató 543
fotomatón® 849
fotómetro 597
fotón 823
fotosfera 16
fotosíntesis 95, 102
fotovoltaico, sistema 803
foul, poste 939
fox terrier 176
foyer 541
fracción 837
fractura 783
fragata 898
frambuesa 254
frambuesa, corte 114
francés 583
Francia 56, 878
francio 812
Francis, turbina 787
Francofonía 882
franela 424
franja del faldón 727
franqueado, módulo 651
frasco Erlenmeyer 815
frasco lavador 815
frecuencia, unidad de medida 835
fregadero 292, 296, 352
fregadero con triturador de basura 352
fregadero de prelavado 291
fregadero doble 344
fregadero para las cazuelas 291
fregona 381
freidora 291, 316
freno 917, 1004, 1008, 1020, 1039, 1059, 1060
freno, maneta 695
freno, pedal 694
freno, pinza 695
freno aerodinámico 807, 1048
freno de disco 672, 679, 695, 1024
freno de disco hidráulico 1020
freno de emergencia 716
freno de la cadena 417
freno de mano 672, 676
freno de quijada acodado 1004
freno de tambor 679
freno delantero 699
freno dinámico 706
freno trasero 698, 1045
frenos 679, 746
frente 158, 192, 505
frente ártico 81
frente cálido de superficie 82
frente cálido en las alturas 82
frente de corte 771, 774
frente estacionario 82
frente frío de superficie 82
frente frío en las alturas 82
frente ocluido 82
frente tropical 81
frentes 82
fresa 254
fresa, corte 114
fresa de acanalar 398
fresa de biselar 398
fresa de caveto 398
fresa de cola de milano 398
fresa de enrasar 398
fresa de redondeo 398
fresadora 398
fresas 398
fresco 502
fresno 120
frigorífico 290, 292, 296, 377
frigoríficos 290
frijol 253
friso 364, 499, 500, 509
fronda 107
frontal 154, 196, 871, 884, 1057, 1071
frontalera 1004
frontera interna 53
frontera internacional 53
frontis 964
frontón 499, 501, 509, 510
frontoparietal 153
frotador 406, 533
fructificación 117
fruncido 440
fruncidos 370
fruta 114, 288
fruta de jack 258
fruta de la pasión 258
frutas 254, 293
frutas pomo 255
frutas secas 255
frutas tropicales 258
fruto carnoso: baya 114
fruto carnoso: cítrico 114
fruto seco 116
fuelle 484, 487, 555, 600
fuente 73
fuente básica de alimentación 94
fuente de energía 65
fuente de servicio 590
fuente de servir 303
fuente de verdura 303
fuente para abluciones 872
fuente para pescado 303
fuertes lluvias 89
fuerza, unidad de medida 835
fuerza de sustentación 752
fuerza del viento, medición 85
fuerzas que actúan sobre un avión 752
fulani 582
fular portabebés 491
fulcro 553, 816
full 1062
fulminante 887
fumador, artículos 483
fumar, prohibido 857
fumarola 75
función, botón 639
función, tecla 649
funcionamiento 611
funciones programables, teclas 859
funda 490, 820, 1055, 1057
funda de almohada 363
funda de automóvil 686
funda de colchón 363
funda de cuero 1057
funda de gafas 480, 485
funda de goma 984
funda de guantes de látex 906
funda de la almohada 363
funda de mástil 983
funda del sable 980, 983
funda telescópica 395
fundición, caracteres 586
fungicida 97
funículo 114, 116
furgón de cola 710
furgón postal 588, 589
fusa 563
fuselaje 747, 1048
fusible 356, 793, 803
fusible de bayoneta 355
fusible de cartucho 355
fusible de rosca 355
fusible de seguridad de tierra 354
fusibles 355
fusil ametrallador 891
fusil automático 891
fusilli 282
fusión 810
fusta 1003, 1006
fuste 501
fuste del bastón 1042
fútbol 946
fútbol, campo 932, 946
fútbol, técnicas 948
fútbol americano 952
fútbol americano, campo 952
fútbol canadiense 955
fútbol canadiense, campo 955
futbolín 1069
futbolista 946
futón 363

G

gablete 507
Gabón 61, 879
gadolinio 814
gafa 480
gafas 480, 481, 989, 1020, 1046
gafas, accesorios 480
gafas : partes 480
gafas de baño 976
gafas de esquí 1037, 1038
gafas de protección 964, 1011
gafas de seguridad 908
gafas de sol 481
gafas de sol de clip 480
gafas protectoras 406, 908, 965, 1020
gaita 560
gajo 114
galaxia 19
galaxia elíptica 19
galaxia espiral barrada 19
galaxia espiral normal 19
galaxia irregular de tipo I 19
galaxia irregular de tipo II 19
galaxia lenticular 19
galeón 721
galera 720
galería 507
galería de acceso 774, 786
galería de arrastre 774
galería de conexión 663
galería inferior 774
galería seca 67
galería superior 774
galería transversal 774
galés 583
Galileo 30
galio 812
galletas de arroz 283
gallina 163
gallinero 243
gallineta 268
gallo 163
galope 169
gama de colores 526
gamba 266
Gambia 60, 879
gamuza 463
gamuza para limpiar lentes 480
ganadería 242
ganadería intensiva 96, 97
ganchillo 570
gancho 367, 387, 404, 570, 601, 693, 756, 831, 1011
gancho de amarre 719
gancho de arrastre 686
gancho de la barbada 1004
gancho de tracción 776
gancho del meñique 551
gancho del pulgar 550, 551
gancho del remolque 764
gancho para el platillo 830
gancho para la porra 906
ganchos peinadores 573
ganchoso 202
ganglio axilar 230
ganglio cerebropleural 136
ganglio espinal 220, 221
ganglio inguinal 230
ganglio intestinal 230
ganglio linfático 230
ganglio linfático cervical 230
ganglio linfático del tórax 230
ganglio pedal 137
ganglio poplíteo 230
ganglio visceral 136
Ganimedes 14
garabato 413
garaje 322, 328, 663, 864, 900, 905
garaje, entrada 323
garaje, puerta basculante 515
garam masala 261
garbanzo 252
garduña 180
garfio 733
garganta 67, 73, 158, 968, 1061
gargantilla 468
gargantilla de terciopelo 468
garita 504, 505
garlopa 397
garra 160, 164, 165, 174, 189, 470, 539, 1051
garrafa 297
garrapata 147
garrucha montacarga 756
garza 161
gas 782, 810
gas de efecto invernadero 96
gas de pizarra 783
gas inerte 359
gas natural 776, 783
gas natural, línea canalizada 783
gas propano, tanque 687
gas refrigerante de dióxido de carbono 800
gasa, venda 915
gases nobles 814
gasoducto 783
gasóleo 782
gasolina 782
gasolina, depósito 673
gasolina, tubo 673
gasolina pesada 782
gastrocnemio 196, 197
gatillo 403, 408, 417, 527, 634, 885, 887, 888, 889, 891, 893, 1010, 1011
gatillo de acelerador 411
gatillo de seguridad 417
gato 178, 179, 686, 902, 1023
gato, morfología 178
gato bosque de Noruega 179
gato de Bengala 179
gato doméstico 178
gato estabilizador 687
gato hidráulico 687
gato hidráulico, alerón de curvatura 896
gato hidráulico del alerón de curvatura 896
gaveta de archivador 653
gavia inferior proel 725
gavia mayor alta 725
gavia mayor baja 725
gavia proel alta 725
gaviota 161
Gaza, Franja 58
geco 157
géiser 75
gel 925
gel de baño 475
gel de ducha 475
gemelos 452
gemelos de teatro 481
Géminis 23
generador 678, 770, 787, 796
generador de aire caliente 338, 341
generador de rayos X 924
generador de vapor 775, 797, 800, 801, 804, 899
generador eléctrico de aire caliente 338
generador principal 706
generador termoeléctrico de radioisótopos 32
generadores 819
género 132
geografía 42
geología 66
geometría 836
Georgia 57, 880
Georgia del Sur 48
geranio 113
germanio 812
germen 122
germen de trigo 278
germinación 104, 105
Ghana 60, 879
gi 996
gibón 185
Gibraltar, estrecho 49
gigante roja 18
gimnasia 969
gimnasia rítmica 972
gimnasio 730, 865, 868, 900, 932
Giotto 30
girasol 113
girasol, aceite 284
giro 667
giro postal 589
giroscopio 894
glaciar 72, 73
glaciar suspendido 72
glande 228
glándula coccígea 145
glándula de albúmina 137
glándula de veneno 154
glándula digestiva 103, 136, 137, 138, 139
glándula endocrina 229
glándula mamaria 227
glándula paratiroides 229
glándula salival 137, 233
glándula salivar 141, 143
glándula sebácea 236
glándula suprarrenal 218, 219, 229
glándula tiroides 229
glándula venenosa 138, 145
glándulas digestivas 145
glándulas salivales 216
glándulas sericígenas 145
glicerina 784
globo 967, 1049, 1053
globo ocular 152, 238
globo sonda 80, 85
globo terráqueo 868
glóbulo blanco 209
glóbulo rojo 209
glotis 154
glotón 180
glucosa 102
glúteo mayor 197
go (sun-tse) 1065
Gobi, desierto 51
gofrera 316
gogi 254
gol 949, 953, 955, 1069
gola 884, 997
golden retriever 177
goleta 723
golf 932, 1016
golf, campo 1016
golf, equipo 1019
golfo 45
golfo de Adén 50, 51
golfo de Alaska 47
golfo de Botnia 49
golfo de California 47
golfo de Carpentaria 52
golfo de Guinea 50
golfo de México 47
golfo de Omán 51
golfo de Panamá 48
golfo Pérsico 51
Golgi, aparato 102, 133
golondrina 162
golondrina de mar 161
golpe de aproximación 1016
golpe de patín 1042
golpes 966
goma 654
goma de sujeción del talón 988
gombo 248
gónada 134, 135, 136, 138
góndola 289, 722, 807
gonfalón 873
gong 545, 557
gorgonzola 281
gorguera 429
gorila 184
gorila, esqueleto 184
gorila, morfología 185
gorra 457, 458, 906, 1006
gorra de cuartel 457
gorra noruega 457
gorrión 162
gorro 458, 1042
gorro de baño 974, 976
gorro de bebé 448
gorro de marinero 458
gorro de natación 450
gorrón 890
gota 373, 500
gotas oftalmológicas lubricantes 481
Gouda 281
GPS 63
GPS, receptor 63
GPS, red de navegación por satélite 63
GPS, satélite 63
grabación 610, 611
grabación nocturna, conmutador 613
grabadora de DVD 638
grabadora digital 654
grabadora DVD 611
gracilis 197
gradas móviles 868
grado 836
grado Celsius 827, 835
grado Fahrenheit 827
gráfico,tecla 649
gráfico de sectores 838
gráfico lineal 838
grafito 800
Gran Bahía australiana 52
Gran Barrera de Arrecifes 52
Gran Cañón 47
Gran Cordillera divisoria 52
Gran Danés 177
Gran Desierto de Arena 52
Gran Desierto Victoria 52
Gran Galería 498
gran roncón 560
gran siega interior 992
granada 258
Granada 54, 877
granada de mano 893
granadina 276
granate 470
Grand Prix, circuito 1024
grande 202
grandes almacenes 849, 850
grandes electrodomésticos 850
grandes familias linguisticas 582
Grandes Lagos 47
grandes titulares 590
graneador 534
granero 243
granizada 83
granizo 90
granja 243
grano 122
grano de almidón 102
grano de trigo, corte 122
granos torrefactos de café 264
granos verdes de café 264
granulación 16
gránulo de lípido 102
grapadora 389, 654
grapas 654
grasa, glóbulo 102
grasa animal 784
grasa para cocinar 284
grasas 284, 782
grasera 317
grava 333, 345
gravilla 1022
greba 884
Grecia 57, 878
green 1016, 1017
green de entrenamiento 1016
gregüescos 428
gres extraíble 317
griego 583
grieta 72
grieta de dedos 1051
grifo 346
grifo de bola 350
grifo de cartucho 350
grifo de cocina de tres vías 352
grifo de plato 350
grifos 350
grillete 981
grillete de resorte 981
grillo campestre 147
Groenlandia 46, 47, 54
grosella 254
grosella amarilla 254
grosella espinosa 254
grosella negra 254
grúa 729, 777, 783
grúa de caballete 785, 786
grúa de la cámara 606
grúa de la plataforma 897
grúa de muelle 718
grúa de pórtico 757
grúa de puente 786
grúa flotante 718
grúa móvil 756
grúa remolque 693
grúa torre 756
grúas 756
Grulla 20
grupa 168, 969
grupeto 563
grupo de cámaras 542
grupo de cola 1048
grupo electrógeno 744
grupo motor 707
grupo turboalternador 786, 787
gruta 67
gruyère 281
guacamayo 163
guache 525, 528
Guadalupe 54
guadaña 416
gualdera 890, 892
Guam 62
guante 33, 942, 944, 1003, 1020, 1021, 1024, 1025, 1028, 1032, 1034, 1037, 1041, 1042
guante, dorso 464
guante, palmo 464
guante a la muñeca 464
guante corto 464
guante de bateo 940
guante de boxeo 990
guante de buceo 989
guante de crin 475
guante de esgrima 997
guante de esquí 1038
guante de golf 1019
guante de goma 381
guante de montar 1005
guante de recogida 941
guante de softball 941
guante del portero 944
guante del receptor 940
guante largo 464
guante para conducir 464
guante rígido 1029
guantelete 884
guantera 676
guantes 406, 464, 1022
guantes de boxeo 991
guantes de hombre 464
guantes de jardinería 418
guantes de látex 913
guantes de mujer 464
guantes del portero 946
guantes protectores 1025
guaraní 583
guarda 306, 537, 539
guarda aguas 511
guarda del disco 392, 393
guarda fija del disco 392
guarda móvil del disco 392
guardabarros 670, 671, 690, 691, 698, 764
guardabarros delantero 695
guardafrenos 1034
guardamalleta 368
guardamano 891
guardamonte 887, 888, 891, 1010, 1011
guardanieve 1026
guardarropa 293, 329, 365, 522, 645, 853, 859, 864
guardarropa de los clientes 290
guardarropa del personal 290, 904, 923
guardería 849
guardia 994
guardia derecho 953
guardia izquierdo 953
guardín 984
guarnición 361, 362, 488, 1039
Guatemala 54, 876
guayaba 259
gubia 531, 533

guepardo 181
guerra, arsenal 889
guerrero galo 883
guía 391, 392, 571, 888, 894, 981
guía corrediza 709
guía de cabina 519
guía de cinta 616, 654
guía de corte 392, 393
guía de enganche 707
guía de escotas 981
guía de la cadena 700
guía de la máquina de dibujar 526
guía del contrapeso 519
guía del hilo 566, 567
guía papel 637
guía para enmarcar 537
guía pasacables 405
guías de archivo 652
guías en T 751
guías normales 751
guillotina 537, 655
guindilla 261
guindilla molida 261
Guinea 60, 879
Guinea, golfo 50
Guinea Ecuatorial 60, 879
Guinea-Bissau 60, 879
guiñada 752
guión 587, 984
guión largo 587
guisante 116
guisante arveja 252
guisante partido 252
guisante verde 252
guisantes 252
guitarra clásica 548
guitarra eléctrica 549
gules 875
gusano de tierra 135
Gutenberg, discontinuidad 66
Guyana 55, 876
Guyana Francesa 55
guyot 67
gyogi 995

H

haba 252
habitación de observación 918
habitación de aislamiento 918
habitación de hotel 855
habitación de un paciente 920
habitación doble 855
habitación individual 855
habitaciones principales 328
habitáculo 1023
hacha 416, 903, 1057
hacha de cocinero 306
hacha de piedra pulida 883
hafnio 813
Haití 54, 876
hakama 995, 996
halcón 163
half-pipe 1021, 1037, 1044
halibut 268
hall de entrada 329
halo 19
haltera 1000
halterofilia 999
halterofilia, zona de competición 999
hamada 74
hámster 166
handicap del equipo 1008
handicap del jugador 1008
handicaps, tablero 1008
hangar de helicóptero 898
hangar de mantenimiento 741
hapterio 107
harina 123, 278
harina común 278
harina de avena 278
harina de maíz 278
harina de trigo sarraceno 278
harina integral 278
harina sin blanquear 278
harissa 287
hassio 813
hastial 322
Haumea 15
hausa 582
hawaiano 583
haya 119
hayuco 255
haz 792
haz conductor 110
haz de electrones 609, 826
haz de láser, salida 832
haz del radar 64
hebilla 432, 435, 487, 733, 1039
hebilla de regulación 1056
hebilla niveladora 371
hebreo 582
heladera 318
helecho 107, 129
helecho, estructura 107
helecho arbóreo 107
helecho canela 250
helecho nido de pájaro 107
helechos 107
hélice 728, 730, 731, 839, 899
hélice bimetálica 827
hélice de dos aspas 750
hélice de proa 728
hélice de tres aspas 750
hélice de ventilación 819
hélice posterior 728
hélice propulsora 727
hélices 898
helicóptero 753, 898
helicóptero ambulancia 753
helicóptero contraincendios 753
helicóptero de transporte táctico 753
helicópteros 753
helio 814
heliógrafo 84
helipuerto 777
hélix 234
hembra 567
hemisferio 839
hemisferio cerebral 223
hemisferio Norte 43
hemisferio occidental 43
hemisferio oriental 43
hemisferio Sur 43
hemisferios 43
hendidura 538
henil 243
heptágono regular 839
heráldica 873
herbicida 97
herbívoro 94
hercio 835
Hércules 23
hermana 929
hermano 929
hermanos 929
herradura 171, 471
herraje 488
herraje de la esquina 757
herramienta informática diversa 639
herramientas 700
herramientas, cinturón 387
herramientas para cortar 416
herramientas para plantar 418
herramientas para regar 414
herramientas para remover la tierra 412
herramientas para sembrar 418
herrete 450, 459
hervidero 71
hervidor 318
heterótrofos 94
hexagonal 683
hexágono regular 839
híbrido 1017
Hidra Hembra 21, 23
Hidra macho 20
hidroavión 750
hidroavión cisterna 750
hidrocarburos, vertido 98
hidroelectricidad 785
hidrógeno 812
hidrólisis 784
hidróptero 731
hidrosfera 94
hielo 91, 92, 95
hielos, distribuidor 296
hielos perpetuos 87
hiena 180
hierba 968
hierbabuena 262
hierbas aromáticas 262
hierro 78, 813, 1017, 1018
hierro nº 3 1018
hierro nº 4 1018
hierro nº 5 1018
hierro nº 6 1018
hierro nº 7 1018
hierro nº 8 1018
hierro nº 9 1018
hierro para soldar 579
hifa 108
hígado 149, 152, 154, 155, 159, 169, 216, 229, 276
higiene dental 482
higiene personal 289
higo 259
higo chumbo 259
higrógrafo 85
higrómetro 342, 495
higróstato 342
hija 928, 929
hijiki 244
hijo 928, 929
hijuela 1061
hileras 145
hilio 105
hilio renal 218
hilo 578, 820, 1058
hilo de la tela 569
hilo de nailon 419
hilo de seguridad 861
hilo de trama 575
hilo dental 482
hilos de urdimbre 575
Himalaya 51
Hindi 583
Hinduismo 870
hinojo 250
hipermetropía 239
hipervínculos 642
hipocentro 76
hipocótilo 105
hipódromo 1006
hipófisis 222, 229
hipopótamo 173
hipotálamo 222, 229
hisopo 262
histograma 838
hitos 1025
hiyab 429
hocico 148, 164, 174, 178, 189
hockey, jugador 945
hockey sobre hielo 1028
hockey sobre hielo, equipo 1030
hockey sobre hierba 944
hockey sobre hierba, campo 932, 945
hogar 336
hoja 102, 103, 105, 106, 109, 111, 122, 250, 298, 306, 390, 391, 392, 393, 397, 403, 408, 477, 479, 515, 568
hoja, borde 111
hoja, estructura 111
hoja clorofílica 103
hoja corta 1055
hoja de acanto 360, 501
hoja de afeitar 479
hoja de cuchilla 1030, 1031
hoja de la vid 117
hoja de papel 533
hoja de parra 247
hoja del faldón lateral 1005
hoja dentada 477
hoja larga 1055
hoja niveladora 763
hojas 120
hojas compuestas 111
hojas escamadas del ciprés 120
hojas simples 111
hojita enrollada 107
holandés 583
holmio 814
holoturias 135
hombre 192
hombre, guantes 464
hombre, ropa de 430
hombre, sombreros 457
hombre, zapatos 459
hombrera 428, 435, 548, 893, 906, 954, 1030
hombrillo 436
hombro 192, 194, 207, 275, 968, 1059
home theatre 612
homo sapiens 131
hondón 1005
Honduras 54, 876
hongo 108
hongo, anatomía 108
hongo oreja de madera 244
hongos 244
horario de la programación televisiva 590
horario de película 544
horarios 704
horca 412
horma 463
hormiga 146
hormigón 384
hormigón armado 384
hormigón pretensado 384
hormigonera 693
hornillo 483, 1053
horno 291, 292, 296, 376, 804
Horno 20
horno, termómetro 308
horno de sobremesa 316
horno eléctrico 577
horno microondas 296, 316
horno solar 804
horno tubular 782
Hornos, cabo 48
hornos microondas 293
horquilla 24, 464, 476, 695, 699, 754, 755, 1020, 1025
horquilla, carretilla elevadora 754
horquilla de mano 418
horquilla de moño 476
horquilla frontal 1020
horquilla telescópica 697
horquilla trasera 698
horquillado 593
hortaliza 251
hortalizas 250
hortalizas de fruto 248
hortalizas de tallos 250
hospedería para esquiadores 1036
hospital 845, 856, 918
hotel 844, 854, 1036
hotel, habitación 855
hoyo 67, 1017
hoyo de par 3 1016
hoyo de par 4 1016
hoyo de par 5 1017
hoyos 1016
hoyuelo 1017
hoz 416
Hudson, bahía 47
hueco de la escalera 330
hueco del motor 754
huecograbado 532
huella 335
huerta 243
huerto 243, 322
huesecillo 235
huesillos auditivos 235
hueso 115, 207
hueso alveolar 206
hueso cigomático 200, 205
hueso compacto 199
hueso corto 199
hueso cuneiforme 203, 208
hueso esfenoides 205
hueso esponjoso 199
hueso falciforme sesamoideo 164
hueso frontal 175, 200, 205
hueso ilíaco 200
hueso irregular 199
hueso largo 199
hueso nasal 205, 232
hueso occipital 175, 205
hueso parietal 175, 205
hueso plano 199
hueso temporal 200, 205
huesos de la mano 202
hueva 149
huevo 144, 160
huevo de avestruz 270
huevo de codorniz 270
huevo de faisán 270
huevo de gallina 270
huevo de oca 270
huevo de pato 270
huevos 153, 270
Huitzilopochtli, templo 513
humedad, medición 85
humedad del aire 342
húmero 153, 159, 164, 165, 170, 175, 182, 184, 187, 188, 200, 207
humidificador 341
humidificador portátil 342
hummus 286
humo 83
humor acuoso 238
humus 109
húngaro 583
Hungría 56, 878
huracán 83, 89
hurón 180
husillo 350, 538, 832
huso 574
Huygens 31
hyracotherium 131
H'iaka 15

I

Ibérica, península 49
ichthyostega 129
icono de aplicación 622
ictiosaurio 130
idéntico a 837
identificación de cuenta 859
iglesia 871
iglesia barroca 510
Iglesia ortodoxa 870
iglesia románica 508
iglú 520
igual a 837
igual o mayor que 837
igual o menor que 837
igualdad 649
iguana 157
ijar 168
íleon 217
ilion 153, 159, 165
iluminación 359, 478, 495
iluminación de la placa de matrícula 674
imagen 1066
imagen de resonancia magnetica 924
imagen impresa 532
imagen virtual 823
imán 377, 568, 654, 817
impactador 31
impar 1068
imparipinnada 111
imperdible 567
Imperio romano, armas 883
impermeable 435
impermeables 435
impertinentes 481
impluvio 502
imposta 514
impresión 532
impresión de álbumes de fotos 599
impresión de imágenes 599
impresión de pantalla 536, 633
impresión de pantalla, equipo 536
impresión en huecograbado 534
impresión en relieve 532, 533
impresión litográfica 532
impresionismo 530
impresora 599, 641, 649
impresora, calculadora 649
impresora, mesa 646

impresora de líneas 637
impresora láser 637
impresora matriz 636
impulso, irrigador 415
impulso de lanzamiento 1014
impulso electromagnético 64
impulso nervioso 221
incendio forestal 95, 97
incensario 871
incineración 99
incisivo 164, 166, 167
incisivo central 206
incisivo lateral 206
incisivos 206
incisura angular 234
inclinación 23
inclusión 837
India 58, 881
indicación de la ruta 63
indicador 611, 615, 625, 652
indicador de ajuste 1039
indicador de batería 634
indicador de dedetección de papel 859
indicador de emergencia de inclinación 748
indicador de hora de salida 704
indicador de inclinación 1048
indicador de la mitad 648
indicador de línea 688, 689, 717
indicador de nivel de gasolina 677
indicador de número de andén 704
indicador de posición 519
indicador de puesta en marcha de papel 859
indicador de recarga 479
indicador de temperatura 677
indicador de tiempo 592
indicador de viraje 1048
indicador del importe total 668
indicador del nivel del agua 317
indicador del precio por litro/galón 668
indicador luminoso 316, 317, 318, 319, 374, 380, 478, 577, 629, 635, 831
indicador para viraje en nado de espalda 977
indicador transparente 652
indicadores de control 638
índice 734
Índico, océano 44, 46, 50, 51, 52
Índico medio, dorsal 69
Índico sureste, dorsal 69
Índico suroeste, dorsal 69
indio 812
Indio 20
Indonesia 51, 59, 881
indonesio 583
inducido 819
inducido, devanado 819
inducido, núcleo 819
industria 643
industria alimentaria 242
industria de cereales 122
industria del caucho 124
industria papelera 124
industria petroquímica 782
inercia 816
infiltración 95, 97
infinito 837
inflador 1054
inflamable 910
inflorescencias, variedades 112
información 849, 857, 858, 905, 919
infraespinoso 197
infraestructura 658
infusiones 264
ingeniero de sonido 543
ingle 192, 194
inglés 583
inhalación 975
inhalador-dosificador 914
iniciales del banco emisor 861
inicio 625, 633, 1002
inicio, botón 639, 1071
inmersión, piscina 932
inmovilización 992
inmovilización de brazo 992
inodoro 330, 344, 346, 347, 855, 920
insecto 103
insectos 140, 146
inserción 198
insert 633
insertar 633
insignia 906
insignia de grado 906
insolación, medición 84
instalación 523
instalaciones de la superficie 779
instalaciones deportivas 932
institución educativa 643
instrucciones operativas 668
instrumentos 1049
instrumentos científicos 27, 37
instrumentos de cuerda 547
instrumentos de inmersión 989
instrumentos de madera, familia 545
instrumentos de medición meteorológica 84
instrumentos de navegación 734
instrumentos de percusión 545, 556
instrumentos de teclado 552, 553
instrumentos de viento 550
instrumentos del salpicadero 677
instrumentos musicales tradicionales 560
integral 837
Intelsat 603
intensidad luminosa, unidad de medida 835
intercambiador 341
intercambiador de calor 340, 800, 805
intercambiador de calor de placas 340
intercambio de materia y energía 94
intercomunicador 604, 607
interior derecho 945, 947, 960
interior izquierdo 945, 947, 960
interlineado 586
interlineado 1.5 586
interlineado doble 586
interlineado sencillo 586
intermitente 674, 677, 691, 694, 695, 696
intermitente, indicador 696
intermitente de señalización 917
internauta 642
Internet 641, 642
Internet, usos 643
Internet USB 631
interpretación simultánea, cabina 852
interrogación 587
interruptor 315, 318, 319, 358, 372, 374, 375, 377, 379, 393, 395, 396, 398, 406, 408, 478, 479, 482, 558, 593, 597, 609, 610, 611, 615, 619, 620, 621, 622, 625, 629, 634, 636, 640, 641, 818, 832
interruptor alimentación/funciones 613
interruptor automático 341, 786
interruptor automático bipolar 354
interruptor automático principal 354
interruptor automático unipolar 354
interruptor de arranque automático 345
interruptor de comunicación 630
interruptor de emergencia 696
interruptor de emisión 621
interruptor de encendido 628, 629, 676, 696
interruptor de encendido/apagado 592, 601
interruptor de focalización automática 601
interruptor de gatillo 389, 392, 393, 394, 396, 397
interruptor de la puerta 379
interruptor de ráfagas 696
interruptor de sobretemperatura 348
interruptor de transmisión 621
interruptor del limpiaparabrisas 676
interruptor luminoso 566
interruptor on/off 375
interruptor principal 356
interruptor selector de velocidad 393
intersección 837
intertítulo 590
intervalo 739
intervalos 562
intestino 135, 136, 137, 139, 141, 145, 149, 154
intestino ciego 169
intestino delgado 152, 155, 159, 169, 216, 217
intestino grueso 152, 216, 217
intestino medio 143
intradós 514
inuktitut 583
invernadero 243
inversor 390, 394
invertido 717
invierno 80
inyección 681
inyector 682
inyector de combustible 681
Ío 14
ionización, cámara 926
Irán 58, 880
Iraq 58, 880
iridio 813
iris 238
Irish moss 244
Irlanda 56, 878
Irlanda, mar 49
irlandés 583
IRM 924
irrigación, tubo 763
irrigador de impulso 415
irrigador giratorio 415
irrigador oscilante 415
isba 520
isla 45, 296, 659
isla barrera 70
isla de arena 70
isla de Terranova 47
Isla Mauricio 61
isla volcánica 67
Islamismo : Mahoma 870
islandés 583
Islandia 46, 49, 56, 878
islas Aleutianas 47
Islas Cook 882
islas de Cabo Verde 879
islas del Caribe 876
islas Fiji 52
islas Malvinas 48
Islas Marianas del Norte 62
Islas Marshall 62, 881
Islas Salomón 62, 881
Islas Wallis y Futuna 62
islote 897
islote rocoso 70
isobara 81
isosista 76
isquion 153, 159, 165, 201
Israel 58, 880
istmo 45
istmo de las fauces 231
Istmo de Panamá 47
Italia 56, 878
italiano 583
iterbio 814
itrio 813

J

jabalí 172
jabalina 883, 937
jabón de tocador 474
jabonera 479
jaboticaba 259
jacuzzi 324
jaguar 181
Jamaica 54, 876
jamba 325, 336, 514
jamón ahumado 275
jamón de York 277
jamón serrano 277
Jápeto 15
Japón 51, 59, 881
Japón, fosa 69
Japón, mar 51
japonés 583
jarabe 914
jarabe de arce 285
jarabe de maíz 285
jardín 328, 410, 502
jardín, enlosado 322
jardín de rocalla 410
jardín público 847
jardinera 410
jardinería 411
jardinería, guantes 418
jareta 371
jarlsberg 281
jarra de agua 301
jarra de cerveza 297
jarra medidora 308
jarra para café 301
jarrita de leche 301
jaula 494, 503, 774
jaula de animal pequeña 494
jaula de protección 935
Java, fosa 69
jefe 874
jefe de cronometradores 976
jefe de los árbitros 1010
jefe de luminotecnia 543
jefe de mecánicos 1023
jefe de tapiz 991
jefe de vestuario 542
jengibre 261
jerbo 166
jeringa de decoración 310
jeringilla de Luer-Lock 912
jeringuilla 912
jeringuilla para irrigación 912
jerséis de hombre 851
jerséis de mujer 850
jersey 442
jersey de cuello de cisne 1042
jersey de cuello de tortuga 437
jersey de cuello redondo 437, 442
jerseys 437
Jesucristo 870
jet supersónico 79
jícama 245
jilguero 162
jinete 1003, 1005, 1008
jirafa 173, 606
Jirafa 22
jirafa del micrófono 605
jockey 1006, 1007
jockey club 1006
jojoba 259
jónico, orden 500
Jordania 58, 880
joyería 468, 848, 851
joystick 634
joysticks 1067
juanete de mesana de estay 725
juanete de proa alto 725
juanete de proa bajo 725
juanete mayor bajo 725
juanete mayor proel alto 725
jubón 428
Judaísmo : Antiguo Testamento 870
judía adzuki 253
judía amarilla 253
judía china larga 252
judía de Egipto 252
judía de Lima 253
judía de ojo 252
judía mungo 253
judía mungo negra 253
judía negra 253
judía roja 253
judía romana 253
judía verde 253
judo 992
judoji 992
judoka neutral 992
jueces 970, 971, 978, 1031
jueces asistentes 1033
jueces de ejecución 972
jueces de salida 1032
jueces de tapiz 996
jueces de valor artístico 972
jueces de virajes 977
juego 968
juego de bolos 1015
juego de casquillos 400
juego de dardos 1069
juego de la oca 1064
juego de pequeñas herramientas 418
juego en línea 643
juego limpiabotas 463
juegos 1062
juegos de mesa 1063
juez 953, 955, 972, 990, 991, 992, 997, 1005, 1009, 1043
juez, tribuna 1006
juez de ángulo 993, 994
juez de brazado 976
juez de dificultades 972
juez de faltas de pie 967
juez de gol 974, 1028
juez de línea 947, 951, 953, 958, 959, 962, 964, 966, 970, 1029
juez de línea de saque 966
juez de llegada 976, 985
juez de meta 1008, 1033
juez de pista 1033
juez de red 967
juez de salida 976, 984, 1033
juez de servicio 962, 966
juez de vía 1050
juez externo 953
juez-árbitro 978
juez-árbitro de tiro 1010
jugador 954, 1028, 1063, 1069
jugador, handicap 1008
jugador con el servicio 967
jugador de baloncesto 956
jugador de bolos 1015
jugador de primera base 938
jugador de rugby 951
jugador de saque 962, 965
jugador de segunda base 938
jugador de tercera base 938
jugador exterior 938
jugador exterior central 938
jugador medio 938
jugadora de bolos 1015
jugadores 968
jugadores, banquillo 955
jugadores, posición 947, 960
juguetería 848
juguetes 851
ju-jitsu 996
julio 835
junco 722
junta 350, 351, 380, 683
junta cónica 347
junta de estanquidad 350
junta de goma 352
junta del cárter 682
junta tórica 350
Júpiter 14
jurado 972, 999, 1003
jurado, tribuna 1021
Jurásico 131
justicia 862
Justicia, Palacio 844

K

kajak, regata 986
Kalahari, desierto 50
Kamchatka, península 51
Kaplan, turbina 787
karate 993
karategi 993
karateka 993
kayak 987
kayak de aguas bravas 987
kayak K1 987
kayak marítimo 987
kayak recreativo 987
Kazajistán 58, 880
kelvin 835
kendo 995
kendo, técnicas 995
kendoka 995
Kenia 61, 879
Kermadec-Tonga, fosa 69
ketchup 287
kicher 1040
kicker 944

kickers 1040
kilogramo 835
kimono 992
Kinyarwanda 582
kiosco 668, 715
Kirguizistán 58, 880
Kiribati 62, 881
kirundi 582
kiwano 258
kiwi 258
koala 189
Kola, península 49
kombu 244
kora 561
Kósovo 57
kote 995
kote-uchi 995
kung fu 996
Kuril, fosa 69
Kuwait 58, 880

L

la(A) 562
laberinto 1035
labio 168, 178
labio córneo 155
labio externo 136
labio inferior 231, 554
labio interno 136
labio mayor 226, 227
labio menor 226, 227
labio superior 143, 231, 554
laboratorio 26, 28
laboratorio, material 815
laboratorio alto 26
laboratorio de conservación 523
laboratorio espacial 37
laboratorio europeo 34
laboratorio japonés 35
laboratorio patológico 922
labrador retriever 177
lacolito 75
lacrosse 948
lacrosse, campo 948
lacrosse, técnicas 949
ladera 71
ladillo 590
lado 275, 541
lado de la reina 1065
lado del rey 1065
lado derecho 481
lado izquierdo 481
Ladoga, lago 49
ladrillo 384
ladrillo, marca 1070
ladrillo hueco 384
ladrillo macizo 384
ladrillo perforado 384
ladrillo refractario 336, 384, 577
ladrillo tabiquero 384
ladrillos refractarios 336
ladronera 504
lagarto 157
Lagarto 22
lago 17, 45, 71, 73
lago Baikal 51
lago Chad 50
lago de brazo muerto 73
lago Eyre Norte 52
lago glaciar 73
lago Ladoga 49
lago Malaui 50
lago Tanganyika 50
lago tectónico 73
lago Titicaca 48
lago Victoria 50
lago volcánico 73
lagomorfo 167
lagomorfos 167
lagos, acidificación 98
laguna 70
laguna lateral 171
laguna medial 171
laguna salada 74
lama 806
lámina 107
lámina adhesiva 650
lámina basal 209
lámina cribosa del etmoides 232
lámina de contacto de positiva 685
lámina de contacto negativa 685
lámina de simulación 579
láminas 386
laminillas 108
laminillas periféricas 199
lámpara 613, 716, 803, 825
lámpara de cabecera 372, 855, 920
lámpara de calefacción 495
lámpara de despacho halógena 372
lámpara de escritorio 372
lámpara de lectura 907
lámpara de LED 359
lámpara de mesa 372
lámpara de neón 404
lámpara de petróleo 1056
lámpara de pie 372
lámpara de pinza 372
lámpara de prueba de neón 404
lámpara de techo 372
lámpara del casco 1051
lámpara del santuario 871
lámpara fluorescente 359
lámpara halógena 359
lámpara incandescente 736
lámpara indicadora de tocado 997
lámpara orientable de pared 373
lámpara portátil 404
lámparas 372
lámparas en serie 373
lana 424
lana de vidrio aislante 385
lanceolada 111
lancha de motor 898
lancha pequeña 729
langosta marina 266
langostino 266
lantánidos 814
lantano 814
lanza 883
lanzadera 573, 1071
lanzadera plana 573
lanzado desigual 565
lanzador 938, 939, 943
lanzador de bombas fumígenas 895
lanzador espacial 39
lanzadores espaciales 39
lanzamiento 932, 939, 943, 1014, 1041
lanzamiento, plataforma 939
lanzamiento de disco 935
lanzamiento de jabalina 935
lanzamiento de martillo 935
lanzamiento de peso 934
lanzamientos 937
lanzamisiles 897
lanzaplatos 1010
Laos 59, 881
lapa 265
lapiaz 67
lápices de colores 524
lápices de colores, dibujo 528
lápida conmemorativa 872
lapislázuli 470
lápiz 585
lápiz adhesivo 654
lápiz blanco para uñas 472
lápiz corrector de piedra pómez 535
lápiz de cejas 473
lápiz de grafito 584
lápiz litográfico 535
larguerillo 754
larguero 327, 361, 409, 746, 806, 974
larguero de la bisagra 364
larguero del marco 364
larguero inferior 757
laringe 214
larva 144
lasañas 282
lasca doble 1058
láser de rubí pulsado 823
lata 295
latas 294
lateral derecho 947
lateral izquierdo 947
látex 124
latifolios 119
latiguillo 1005
latón 78
laurel 262
laurencio 814
lavabo 344, 346, 855, 921
lavabo de cirujano 922
lavado 425
lavado de automóviles 668
lavadora 344, 353
lavadora de carga frontal 378
lavadora de carga superior 378
lavandería 329, 854, 864, 900
lavar a mano con agua tibia 425
lavar a máquina con agua caliente, en el ciclo normal 425
lavar a máquina con agua caliente en el ciclo para ropa delicada 425
lavar a máquina con agua tibia en el ciclo para ropa delicada 425
lavar en lavadora con agua muy caliente, en el ciclo normal 425
lavavajillas 291, 293, 296, 353, 380
laya 412
lazo 457, 468
Lebreles 23
lebrero 177
leche 280
leche, suero 280
leche de cabra 280
leche de soja 284
leche de vaca 280
leche en polvo 280
leche evaporada 280
leche homogeneizada 280
lecho 719
lecho oceánico 66
lecho ungular 237
lechuga de cogollo 246
lechuga de tallo 246
lechuga iceberg 246
lechuga marina 244
lechuga rizada 246
lechuga romana 246
lechuza norteña 163
lector de código de barras 634
lector de disco compacto 615
lector de discos compactos 599, 619, 620
lector de discos compactos, control 620
lector de libros digitales 639
lector de microfilmes 866
lector de tarjeta 858, 859
lector de tarjeta de memoria 599, 628, 629, 638
lector de tarjetas 624
lector DVD 1067
lector óptico de caracteres 588
lectura 615, 625
lectura de disco compacto 615
lectura de tarjeta, ranura 668
LED 359
legionario romano 883
legumbre 116, 252
legumbres 252
lema 861
lémur 185
lencería 705, 848, 850, 854
lengua 143, 149, 152, 216, 231, 232, 233, 276
lengua bífida 154
lengua glaciar 72
lenguado 268
lenguas afro-asiáticas 582
lenguas aisladas 583
lenguas amerindias 583
lenguas australianas aborígenas 583
lenguas bantúes 582
lenguas célticas 583
lenguas centro-africanas 582
lenguas chinotibetanas 582
lenguas del mundo 582
lenguas eslavas 583
lenguas germánicas 583
lenguas indoeuropeas 583
lenguas indoiranias 583
lenguas malayo-polinesias 583
lenguas oceánicas 583
lenguas papúas 583
lenguas romances 583
lenguas uraloaltaicas 583
lengüeta 435, 450, 459, 484, 550, 554, 566, 567, 1031, 1039
lengüeta, tubo 554
lengüeta de cuero 432
lengüeta de la caña 561
lente 239, 480, 655
lente convexo-plana 822
lente de 180 grados 598
lente de acercamiento 598
lente de ampliación 600
lente de campo 824
lente de recepción 832
lente de visualización 594
lenteja 252
lenteja del péndulo 829
lentes 822
lentes bicóncavas 822
lentes biconvexas 822
lentes cóncavas 822
lentes cóncavo-planas 822
lentes convergentes 822
lentes convexas 822
lentes de contacto 481
lentes de contacto blandas 481
lentes de contacto desechables 481
lentes de contacto duras 481
lentes de enfoque 826
lentes de imágen recta 824
lentes divergentes 822
leñera 336
león 181
León 23
León Menor 23
león rampante 875
leopardo 181
lepiota cristata 108
Lesoto 61, 880
Letonia 57, 878
letra para marcar 1005
letras 586
letrero de número de vías 713
letrinas 502
leucoplasto 102
leva 561, 572
levantador de pesas 999
levantamiento 77
levantamiento del spinnarker 982
levita 428
Líbano 58, 880
libélula 147
líber 110, 118
liberación de energía 76
liberador del cable de remolque 1048
liberador del margen 648
liberador del seguro 399
Liberia 60, 879
libero 958
Libia 60, 879
libra 860
Libra 21
librería 848, 868
libreta 650
libro de firmas 651
libro encuadernado 539
libro sin encuadernar 537
libros, carrito 867
libros de consulta 866
libros para niños 866
lichi 259
licuadora 318
líder 1027
liebre 167, 271
Liebre 21
Liechtenstein 56, 878
lienzo 529
liga 445
Liga de los Estados árabes 882
ligadura 563
ligamento 136, 207
ligamento alveolo-dentario 206
ligamento elástico 178
ligamento suspensorio 238
ligamentos textiles básicos 575
liguero 445
lijado 396
lijadora de banda 396
lijadora excéntrica 396
lima 256, 398, 1055
lima de uñas 472
limbo 107, 734
limbo de la palma 171
limitador de velocidad 519
limitador de velocidad, polea tensora 519
limón 256
limonera 1007
limpiador 677
limpiador de antenas 142
limpiador de boquillas 406
limpiador de uñas 472
limpiaparabrisas 670, 677
limpiar la pantalla 649
limpieza 381
limusina 669
lince 180
Lince 22
lindero 322
línea 562, 959, 1068
línea azul 1029
línea cableada 643
línea central 945, 960, 1027
línea central de servicio 967
línea corta 964
línea de «touche» 951
línea de advertencia 997
línea de árbitro 993
línea de área de penalti 946
línea de ataque 958
línea de banda 944, 960, 961, 1008, 1027
línea de caída 454
línea de campo 817
línea de centro 947, 955
línea de competición 995
línea de corte 569
línea de costura 569
línea de crecimiento 136, 137
línea de cuadro 1012
línea de cuadro de servicio 964
línea de de advertencia 997
línea de devolución 943
línea de distribución de media tensión 793
línea de dobles 966
línea de flujo del pozo 777
línea de fondo 948, 950, 952, 957, 958, 961, 962, 967
línea de fuera 965, 994
línea de gol 952, 960, 1028
línea de juego 949, 965, 1014, 1027
línea de jurado 1041
línea de la calle 935
línea de lanzamiento 938, 943, 1015
línea de llegada 1006
línea de llegada 982, 985
línea de llegada de 500 m 1033
línea de los competidores 993
línea de los esprinteres 1021
línea de marca 950
línea de medio campo 949, 951, 956, 965
línea de melé 953
línea de meta 944, 955, 974
línea de perímetro 1070
línea de persecución 1021
línea de puesta en guardia 997
línea de recepción 964
línea de referencia 1057
línea de restricción 948
línea de retirada 943
línea de salida 934, 935, 982, 1022
línea de salida 800 m 935
línea de salida de 10.000 m 935
línea de salida de 100 m 934

línea de salida de 100 m vallas 934
línea de salida de 110 m vallas 934
línea de salida de 200 m 934
línea de salida de 400 m 935
línea de salida de 400 m vallas, línea de relevos de 4x100 m 935
línea de salida de 500 m 1032
línea de salida de relevos de 4 x 400 m 935
línea de seguridad 715
línea de servicio 964, 965, 967
línea de servicio corto 963
línea de servicio largo 962
línea de tee 1027
línea de tiro 1009
línea de tiro libre 957, 960
línea de tres puntos 957
línea de visión 1057
línea de vuelo 1071
línea del área de gol 960
línea del centro 997
línea del dobladillo 569
línea del fondo de la piscina 977
línea del medio campo 974
línea divisoria central 961, 962
línea lateral 150, 659, 965
línea lateral de dobles 963
línea lateral de individuales 963, 967
línea límite de inicio de jugada 952
línea límite de salida 997
línea media 952, 1029
línea meridiana 1057
línea neutra 817
línea para modificaciones 569
línea reservada 641, 642
línea submarina 642
línea suplementaria 562
línea telefónica 642
línea telefónica/cableada/satélite 641
línea trasera 1027
línea yardas 952
líneas de latitud 42
líneas de longitud 42
líneas rectas 1021
lingala 582
lino 123, 424
linterna 906, 1053
linterna del faro 736
linterna portátil 901
liquen 106
liquen, estructura 106
liquen custráceo 106
liquen foliáceo 106
liquen fruticuloso 106
líquenes 106
líquido 810, 811
líquido cerebroespinal 224
líquido digestivo 103
líquidos accesorios 527
lira 561
Lira 23
lista superciliar 158
listón 370, 371, 936
listón de madera 565
litera 687, 705
litio 812
litografía 535
litoral, configuración 70
litosfera 66, 94
Lituania 57, 878
lixiviación 98
liza 504
lizos 572, 573
llama 172, 811
llama perpetua 872
llamada 622, 624
llana 403
llanta 684, 695, 699, 764
llanta maciza 755
llanta neumática de tracción 716, 717
llanta neumática guía 716, 717
llanura 45, 73
llanura abisal 67
llanura de inundación 73
llave 327, 550, 551, 564, 587
llave a la derecha, bureta 815
llave ajustable 403
llave allen 402
llave combinada 400
llave de apriete 401
llave de boca de riego 903
llave de cadena 403
llave de carraca 400
llave de cincho 403
llave de embocadura 550
llave de estrella abierta 400
llave de estrella común 400
llave de estrella hexagonal 400
llave de fontanero 403
llave de gas 349
llave de inyección 420
llave de paso 344, 347, 352, 353, 783
llave de pedernal 889
llave de tuercas española 400
llave del mandril 394
llave en cruz 686
llave inglesa 400, 403
llave para agua 551
llavero 485
llavero USB 599
llaves 400, 403, 992
llegada 935, 1002, 1064
llegada del telesquí 1036
llovizna 90
llovizna fuerte continua 83
llovizna fuerte intermitente 83
llovizna helada 83
llovizna ligera continua 83
llovizna ligera intermitente 83
llovizna moderada continua 83
llovizna moderada intermitente 83
lluvia 90, 91
lluvia, formas 90
lluvia,medición 85
lluvia ácida 97, 98
lluvia fuerte continua 83
lluvia helada 83, 90
lluvia intensa 90
lluvia intensa intermitente 83
lluvia ligera 90
lluvia ligera continua 83
lluvia ligera intermitente 83
lluvia moderada 90
lluvia moderada continua 83
lluvia moderada intermitente 83
lob wedge 1018
lobo 181
Lobo 21
lobulada 111
lóbulo 103, 160, 231, 234
lóbulo frontal 223
lóbulo inferior 214, 215
lóbulo lateral inferior 117
lóbulo lateral superior 117
lóbulo medio 214
lóbulo occipital 223
lóbulo parietal 223
lóbulo superior 214, 215
lóbulo temporal 223
lóbulo terminal 117
local técnico 663
loción para después del afeitado 479
locomotora 706, 707
locomotora diésel eléctrica 706
lóculo 115
locutorio 864
lodo, depósito 779
lomera 1007
lomo 158, 168, 174, 272, 273, 274, 275, 298, 299, 300, 306, 381, 539
lomo con canal 394
lomo del libro 538
lona 806, 990
lona, semirremolque 692
longan 258
longitud, medición 833
longitud, unidad de medida 835
longitud de la ola 77
longitud de onda 821
loop de puntera 1031
lordosis cervical 204
lordosis lumbar 204
loriga 883
losa de piedra 384
losa de vidrio 579
loseta 36
lubina 268
lubrificador 773
lucernario 323
lucernas del campanario 507
luces de advertencia 677
luces de estado 633
luces de gol 1029
luces de seguridad 907
luces posteriores 911
luces traseras 674, 764
lucha 991
lucha greco-romana 991
lucha libre 991
luchadero 984
luchador 991
lucio 269
lucioperca 269
luge 1034
luge, corredor 1034
luge doble 1034
luge simple 1034
lumbrera de admisión 681
lumbrera de escape 681
lumbrera de transferencia 681
luminosidad media, botón 597
luminotécnico 543
Luna 14, 16, 17
Luna 1 30
Luna creciente 17
Luna llena 17
Luna menguante 17
Luna nueva 17
luneta 541
lúnula 136, 237
lupa 824, 1055
lutecio 814
Luteranismo : Martín Lutero 870
lutz 1031
Luxemburgo 56, 878
luz 24, 25, 28, 209, 597, 737, 739, 748
luz ámbar 846
luz anticolisión 746
luz antiniebla 674, 690
luz blanca 738
luz de advertencia de emisión 604
luz de advertencia de la gasolina 677
luz de advertencia de puerta abierta 677
luz de advertencia del aceite 677
luz de advertencia del alternador 677
luz de advertencia del cinturón de seguridad 677
luz de aterrizaje 753
luz de cruce 674
luz de encendido 479
luz de encendido/apagado 623
luz de freno 674
luz de la barrera 713
luz de marcha atrás 674
luz de navegación 727, 747, 753
luz de posición 674, 707
luz de seguridad 600
luz de tope 727
luz de trabajo 763
luz delantera 699
luz en movimiento 606
luz fluorescente 536
luz giratoria 763
luz indicadora de luz larga 677
luz intermitente 713, 763
luz larga 674
luz larga, luz indicadora 696
luz lateral 690, 691
luz roja 846
luz trasera 674, 691, 694, 696
luz verde 846
luz visible 821

M

macaco 185
Macedonia 57
maceta colgante 410
machete 886
macho 567
macillo 552, 553
macillo de fieltro 553
macizo 45
macizo de flores 410
Mackenzie, río 47
macronúcleo 133
Madagascar 50, 61, 880
madera 386, 1017
madera, pisos de 334
madera nº 1 1018
madera nº 3 1018
madera nº 5 1018
madre 928, 929
maduración, etapas 117
madurez 117
magacín 590
mage 995
Magellanes 30
magenta 821
magma 67, 75
magnesio 812
magnetismo 817
magnetómetro 86
mah-jongg 1066
Maine Coon 179
mainel 325
maître 290
maíz 122, 263
maíz, aceite 284
maíz, harina 278
maíz, jarabe 285
maíz, pelo 122
maíz : mazorca 122
maíz forrajero 243
Makemake 15
malanga 245
Malasia 59, 881
Malaui 880
Malaui, lago 50
Malawi 61
Maldivas 58, 880
maléolo lateral 203
maleta 697
maleta clásica 488
maleta de fin de semana 489
maleta vertical 489
maletas 851
maletero 671, 688
maletín 484, 488
maletín para ordenador portátil 489
maleza 1016
malgache 583
Mali 60
malla 961, 1020
malla de pantalla de tela 536
mallas de metal expandido 385
Malpighi, tubo 143
Malta 56, 878
Malta, Orden 882
Malvinas, islas 48
mamífero marsupial 189
mamífero volador 186, 187
mamíferos acuáticos 182
mamíferos carnívoros 174, 180
mamíferos insectívoros 164
mamíferos marinos 183
mamíferos marsupiales 188
mamíferos ungulados 168, 172
mampara de contención 691
mamut lanudo 131
Mancha, canal 49
mancha ocular 135
mancha solar 16
mandarina 256
mandíbula 141, 143, 150, 153, 154, 158, 159, 164, 166, 167, 175, 182, 184, 187, 188, 200, 205
mandíbula deslizante 832
mandíbula fija 832
mandíbula inferior 170
mandioca 245
mando 1067
mando, puente 748
mando a distancia 610, 611
mando de control del carro 571
mando de dirección 1067
mando de los frenos 1046
mando del freno aerodinámico 1048
mando suspendido 926
mandoble 886
mandolina 307, 561
mandos de la videocinta 613
mandos de los quemadores 376
mandos del cabestrante 693
mandril 390, 394, 395, 773
manecilla de las horas 829
manecilla de vapor 319
manejo del combustible, secuencia 798
maneta del embrague 696
maneta del freno delantero 696
manga 427, 430, 452, 873, 968, 997
manga colgante 428
manga común fruncida 453
manga corta 427
manga corta sencilla 453
manga de aislamiento 358
manga de camisa 453
manga de distribución 341
manga de hechura sastre 453
manga de jamón 453
manga de murciélago 453
manga de pagoda 453
manga de volante 427
manga empotrada 431
manga farol 453
manga flotante 427
manga japonesa 453
manga kimono 453
manga raglán 435, 443, 448, 453
manga recta de tres cuartos 453
manga y boquillas 310
manganeso 813
mangas anteriores 968
mangas de viento 1043
mango 259, 298, 299, 300, 306, 307, 374, 388, 390, 391, 394, 395, 396, 397, 398, 399, 400, 401, 403, 404, 406, 407, 408, 417, 477, 478, 479, 482, 538, 547, 568, 619, 733, 773, 942, 944, 949, 961, 962, 968, 1008, 1013, 1017, 1030, 1051, 1055, 1060
mango aislante 405
mango auxiliar 394
mango posterior 1060
mango retractable 489
mango térmico 1027
mangosta 180
mangostán 258
manguera 346, 352, 353, 407, 414, 903
manguera, secador 900
manguera de abastecimiento en vuelo 896
manguera de agua 772
manguera de aire 772
manguera de aislamiento 343
manguera de alimentación 380
manguera de aspiración 902
manguera de conexión 773
manguera de desagüe 353, 378, 380
manguera de incendios 903
manguera de inyección de lodo 776
manguera de líquido para frenos 679
manguera de riego 414
manguera de servicio 668
manguera de vaciado 378
manguera del rebosadero 347
manguera flexible 773
manguera hidráulica 765, 766
manguito 395
manguito de enfriamiento 891
manguito inferior del radiador 683
manicura 472
manicura, estuche 472
manija en cruz 1068
manilla 325, 336, 377, 380, 911
manilla de la puerta 671
manillar 411, 413, 695, 697, 699, 917, 1001, 1020, 1021, 1026

manillar, empuñadura 1021
maniobra de la excavadora 759
manipulación 754
maniquí 526, 568
manivela 307, 395, 401, 414, 535, 572, 686, 691, 700, 885, 1059, 1060
manivela de dirección 892
manivela de elevación 892
manivela de enrollado 387
manivela de la columna 596
manivela de la ventanilla 674
mano 185, 193, 195, 237, 307
mano abierta 1051
manojo 250
manómetro 339, 407, 780, 781, 902, 913, 989
manopla 464, 1051
manopla de baño 475
manoplas 406, 448
manos de póquer 1062
manta 363
manta de la silla 1003
manteca de cerdo 284
mantel de bambú 305
mantel individual 304, 305
mantenimiento 668
mantenimiento de pinturas 408
mantequera 302
mantequilla 280
mantequilla clarificada 280
mantis 147
manto 136, 138, 336, 817
manto, músculos 138
manto externo 66
manto freático 98
manto interno 66
manual 555
manual de primeros auxilios 915
Manx 179
manzana 255
manzana, corte 115
manzanilla 264
maori 583
mapa 63, 732
mapa de carretera 53
mapa de la ruta 714
mapa de ruta 716
mapa de rutas 715
mapa físico 45
mapa geográfico 868
mapa meteorológico 80, 81
mapa político 53
mapa urbano 52
mapache 180
maquillador 542
maquillaje 473
maquillaje labial 474
maquillaje para ojos 473
máquina 519
máquina abastecedora de combustible 797
máquina cargadora de combustible 798
máquina cargadora del combustible 800
máquina de afeitar eléctrica 479
máquina de café exprés 319
máquina de clasificación 589
máquina de correr 1001
máquina de coser 566
máquina de descarga 798
máquina de dibujar, guía 526
máquina de dibujar con guía 526
máquina de escribir electrónica 648
máquina de hielo 291
máquina de percusión 559
máquina de soldar eléctrica 406
máquina expendedora de bebidas 668
máquina expendedora de billetes 715
máquina franqueadora 651
máquina lava vasos 293
máquina para fabricar papel 125
máquina para hacer pasta italiana 307
máquina pisanieve 1036
Máquina Pneumática 21
máquina tragaperras 1070
máquina tricotar 571
maquinaria agrícola 765
maquinaria pesada 758
máquinas de propulsión, sala de control 899
máquinas de tejer 571
maquinilla desechable 479
maquinilla para cortar el cabello 478
maquinista 542
maquinista jefe 542
mar 17, 45, 73
mar, erizo 135
mar abierto 794
mar Adriático 49
mar Arábigo 51
mar Báltico 49
mar Caribe 44
mar Caspio 44, 51
mar de Aral 51
mar de Barents 46, 49
mar de Beaufort 46, 47
mar de Bering 44
mar de Caribe 47
mar de Chukotsk 46
mar de Coral 52
mar de Groenlandia 46
mar de Irlanda 49
mar de Japón 51
mar de Kara 46
mar de la China Meridional 44, 51
mar de la China Oriental 51
mar de Labrador 46
mar de Láptev 46
mar de Noruega 44, 46, 49
mar de Siberia Oriental 46
mar de Tasmania 52
mar de Weddell 46
mar del Norte 44, 49
mar Egeo 49
mar Mediterráneo 44, 49, 50
mar Negro 44, 49, 51
mar Rojo 44, 50, 51
marca central 966
marca de tope 737, 738
marca registrada 587
marcado 387
marcador 524, 568, 585, 933, 935, 968, 971, 977, 985, 992, 996, 997, 999, 1014, 1015, 1069
marcador automático 623
marcador de clasificación general 970
marcador de posición 548, 549
marcador del dobladillo 568
marcador del evento en curso 971
marcadores 995, 1009
marcapasos 927
marcapasos artificial 927
marchapié 724
marco 327, 523, 572, 964, 1043
marco ajustable 391
marco de aluminio 536, 1043
marco de pantalla de seda 536
marco para fotos digitales 596
marco vertical 573
marcos 572
margarina 284
margarita 113, 1058
Marianas, fosa 69
Marie Byrd, Tierra 46
Mariner 30
mariposa 140, 975
mariposa, morfología 140
mariposa de resorte 390
mariposa hembra, anatomía 141
mariposa monarca 147
mariquita 146
marisco 270
marítimo 87
marmota 166
marquesa 469
marquesina 846
marquesina del andén 703
marroquinería, artículos 484
Marruecos 60, 879
Mars Odyssey 31
Mars Reconnaissance Orbiter 31
marsopa 183
marta 180
Marte 14, 15
martillo 235, 405, 889, 937
martillo de albañil 403
martillo de bola 388
martillo de carpintero 388
martillo de encuadernador 538
martillo de uña 388
martillo mixto 1051
martillo para hielo 1051
martillo perforador 773
martín pescador 161
martinete 553
Martinica 54
más/igual 649
más o menos 837
masa 76
masa, unidad de medida 835
masa de aire 81
masa inerte 76
máscara 458, 901, 940, 942, 954
máscara antigás 909
máscara de oxígeno 911
máscara para el polvo 909
mascarilla 909
mascarilla de cirujano 913
mascarón de proa 720
mascota, cuidado 493
masculino 834
mastelero 724
mastelero de juanete 724
mastelero de mesana de estay 725
mastelero de sobrejuanete 724
mástil 503, 547, 548, 549, 561, 610, 754, 755, 980, 983, 1047
matacán 504
matemáticas 837
materia 810
materia, estados 810
materia blanca 221, 222, 224
materia gris 221, 222, 224
materia inorgánica 94
material aislante 333, 334, 385
material audiovisual 850
material de cierre 820
material de cuarto oscuro 600
material de laboratorio 815
material de lucha contra los incendios 903
material que absorbe las ondas radar 751
materiales básicos 384
materiales de revestimiento 385
materiales peligrosos 910
matraca 1059
matriz 536
matriz en relieve 532
matriz plana 532
matriz tallada 532
matriz ungular 237
Mauricio 880
Mauritania 60, 879
mawashi 995
maxilar 150, 153, 154, 158, 159, 164, 166, 167, 175, 182, 184, 200, 205, 232
maxilar separable 154
maxilar superior 143
maya 583
mayor que 837
mayúscula 586, 632, 648
maza 533, 557
mazas 972
mazo 388, 531, 561, 1008
mazorca 122
meandro 73
meato auditivo externo 205, 234, 235
mecánico 1023
mecánico de arranque 1023
mecanismo de avance y cambio de la diapositiva 601
mecanismo de cuerda 829
mecanismo de desplazamiento de la hoja 761
mecanismo de disparo 893
mecanismo de empuje 584
mecanismo de enrollado 371
mecanismo de escape 564
mecanismo de la barrera 713
mecanismo de la palanca 553
mecanismo de retroceso y cambio de la diapositiva 601
mecanismo del órgano 555
mecanismo del piano vertical 553
mecanismo del reloj de pesas 829
mecanismo para las octavas 550
mecedora 360, 361
mechero de gas 815
medallón 276, 468
medallones 276
media 446, 586, 954, 997
media antideslizante 446
media bota 459
media de malla 446
media faceta superior (16) 469
media luna 481
Media Luna Roja 882
media volea 966
media vuelta prohibida 664
medialuna 505
mediana 659, 846
medias 445, 446
medición, botón 832
medición de ángulos 833
medición de la altura de las nubes 85
medición de la dirección del viento 85
medición de la distancia 832
medición de la fuerza del viento 85
medición de la humedad 85
medición de la insolación 84
medición de la lluvia 85
medición de la longitud 833
medición de la presión del aire 85
medición de la temperatura 85, 827
medición de nevadas 85
medición del espesor 832
medición del peso 830
medición del tiempo 828
medición metereológica, instrumentos 84
médico 920, 990
médico interno 920
médicos 996
medida 387
medida de radiación del cielo 84
medida instantánea, termómetro 308
medida telescópica 1014
medidor automático 781
medidor de agua 685
medidor de altos niveles de frecuencia 616
medidor de luz 597
medio 953
medio central 945
medio centro 947
medio de apertura 950
medio de melé 950
medio izquierdo 945
medio lado 754
medio punto, arco 514
medir, utensilios 308
Mediterráneo, mar 44, 49, 50
médula 110, 118, 276
médula espinal 149, 152, 220, 221, 224
médula ósea 199
médula renal 219
medusa 134
meganeura 129
megazostrodon 130
meitnerio 813
Méjico 54
mejilla 194
mejillón 265
melanesia 583
Melanesia 52
melazas 285
melé 952, 953
melé espontánea 951
melisa 262
melocotón 254
melocotón, corte 115
melón 257
melón cantalupo 257
melón de miel 257
melón de Ogen 257
melón escrito 257
melón invernal 257
melones 257
membrana 114, 152
membrana artificial 927
membrana celular 102
membrana de plasma 133
membrana del ala 186
membrana del cascarón 160
membrana interdigital 160
membrana interfemoral 186
membrana mucosa de la vejiga 218
membrana nuclear 102
membrana plásmica 133
membrana secundaria del tímpano 235
membrana sinovial 207
membrana vitelina 160
membrillo 255
memoria 597
memoria, tarjeta 593
memoria de tipos de puntos 571
men 995
mendelevio 814
menisco convergente 822
menisco divergente 822
menor que 837
mensaje anterior 625
mensaje siguiente 625
ménsula 336, 513
menta 264
mentón 158, 194
mentonera 901, 1020, 1035
menú 291, 611, 622
men-uchi 995
menudillo 168
mercaptano, inyección 783
mercurio 78, 359, 813
Mercurio 14, 15
merguez 277
meridiano 360
meridiano celeste 23
meridiano occidental 42
meridiano oriental 42
meridiano principal 42
merlán 268
mesa 74, 293, 296, 362, 393, 395
Mesa 20
mesa acopable 362
mesa alimentadora 767
mesa arbitral 1029
mesa auxiliar de escritorio 646
mesa caliente 291
mesa centro 362
mesa de billar 1012
mesa de cama 920
mesa de estudio 331, 646
mesa de jueces 945
mesa de la impresora 646
mesa de producción 607
mesa de rayos X 924
mesa de servicio 290
mesa de tenis 961
mesa de tratamiento 926
mesa extensible 362
mesa operatoria 921
mesa para la vajilla limpia 291
mesa para la vajilla sucia 291
mesa plegable 362
mesa puesta 304
mesa rotatoria 776
mesas 362
meseta 45, 71
mesilla de cabecera 920
mesilla de noche 855
mesita de noche 365
mesita de servicio 362
mesocarpio 114, 115
mesoglea 134
mesopausa 79
mesosauro 130
mesosfera 79
mesotórax 141
meta 1021, 1037, 1040, 1063
metacarpiano 202, 208
metacarpo 153, 159, 165, 170, 175, 178, 182, 184, 188, 202
metafisis 199
metáfisis 199
metal, no 813
metal, selección 99
metales 875
metales, familia 545
metales alcalinos 812

metales alcalinotérreos 812
metales de transición 813
metaloide 812
metamórfosis de la rana 153
metanol 784
metatarso 142, 153, 165, 170, 175, 184, 187, 188, 203
metatórax 141
meteorito 18
meteorito ferroso 18
meteorito pétreo-ferroso 18
meteoritos pétreos 18
meteorología 79
metopa 500
metralla 889
metralleta 891
metro 714, 835, 847
metrónomo 564
metrónomo de cuarzo 564
México 876
México, golfo 47
mezcla 559
mezcla de agua y vapor 770
mezcla de cinc y electrolito (ánodo) 820
mezcla de manganeso (cátodo) 820
mezclado 125
mezclador 310, 559
mezclador de disco 350
mezclador de pastelería 310
mezcladores 350
mezclar 314
mezquita 872
mi(E) 562
micelio 108
microfilamento 133
micrófono 604, 613, 621, 622, 624, 625, 635, 735, 906, 1048
micrófono del intercomunicador 607
micrófono electrodinámico 604
micrófono lavalier 604
micrófonos 907
micrómetro 832
Micronesia 62, 881
micronúcleo 133
microondas 821
microscopio 825
Microscopio 20
microscopio binocular 825
microscopio de electrones 826
microscopio de electrones, elementos 826
microscopio monocular 825
microtúbulo 133
miel 285
miel, celdilla 144
mielga 148
migala 147
migas de pan 279
mihrab 872
mijo 122, 263
mijo : espiga 122
mil 836
Mimas 15
mimbar 872
mina, planta exterior 772
mina a cielo abierto 771, 779
mina subterránea 774
minarete 872
minas de carbón 771
mineral 78, 771
minerales 78
mini-cadena estéreo 619
minijoystick 559
miniporción, leche/nata 295
miniporción de leche/nata 295
minúscula 586
minutero 308, 317, 828, 829
minuto 836
miocardio 213
miometrio 227
miopía 239
mira 885, 888, 892, 1009
mira del tirador 895
mira periscópica 895
mira telescópica 887
mirador 743
Miranda 15
mirilla 713
misil, estructura 894
misil aire aire 894, 896
misil aire tierra 894
misil antiaéreo 898
misil anti-nave 894
misil anti-radar 894
misil antisubmarino 894, 898
misil antitanque 894
misil mar a mar 898
misil tierra aire 894
misiles, principales tipos 894
miso 286
Mississippi, río 47
mitocondria 102
mitocondrio 133
mitón 464
mitón largo 464
mobiliario 360
mocasín 429, 462
mochila 489, 1051, 1056
mochila portabebés 491
modalidad 648
modalidad de exposición 592
modalidad de exposición múltiple 592
modalidad de producción de copia 647
modelo de estación 81
módem 631, 641, 642
módem cableado 643
moderador 707, 795, 800, 801
modillón 501, 504
modo de escucha 614
modo de medición 593
modo dispositivo 592, 593
modo grabación 613
modo visual 614
modos de pago 860
modulación del volumen y del timbre del sonido 558
modulador de presión de frenado 679
módulo de aterrizaje (Viking) 32
módulo de comunicación 602
módulo de control de la potencia 678
módulo de control del motor 678
módulo de descenso 38
módulo de franqueado 651
módulo de habitación americano 34
módulo de instrumentación y propulsión 38
módulo de inyección de gas 777
módulo de mando 38
módulo de propulsión 602
módulo de servicio 38, 602
módulo de visualización y control 33
módulo del equipo 64
módulo experimental americano 34
módulo experimental de logística 35
módulo experimental japonés 35
módulo instrumental integrado científico 27
módulo lunar 38
módulo orbital 32, 38
módulo presurizado 35
módulo regulador de carga de la batería 678
módulo ruso 34
módulos de batería 86
mofeta 180
mogol 583
Mohorovic, discontinuidad 66
Mohorovicic, discontinuidad 66
moisés 492
Moisés 870
mol 835
molar 164, 166, 167, 206
molares 206
Moldavia 57, 878
molde 576
molde de carlota 311
molde de pan 317
molde de soufflé 310
molde para bizcocho 311
molde para magdalenas 311
molde para quiche 311
molde para tartas 311
molde redondo con muelles 311
moldeador de cutículas 472
moldes de pastas 310
moldura 684
moldura lateral 671
moldura superior 961
molécula 810
molécula de olor 232
moler 307
molibdeno 813
molinete 767, 806
molinillo, control 318
molinillo de café 307, 318
molinillo de pimienta 307
molino de plataforma 806
molino de plataforma giratoria 806
molino de torre 806
molino de viento 806
molleja 159
mollejas 276
moluscos 136, 265
Mónaco 56
moneda 860
monedero 485
Mongolia 59, 881
monitor de cámara 607
monitor de control del director 543
monitor de efectos especiales 607
monitor de programas 607, 608
monitor de visualización previa 607, 608
mono 439
monocascos 981
monóculo 481
monopatín 1044
monovolumen 669
montacargas 756, 774
montagnais 583
montante 324, 332, 450, 538, 572, 573, 750, 751, 765, 916, 969, 1031
montante central 327, 671
montante de la bisagra 325
montante de la cerradura 325
montante del filete 1004
montante del muro 333
montante embarbillado 327
montante esquinero 332
montante quicial 327
montaña 71, 1036
montaña, base 1036
montañas Rocosas 47
monte bajo 92, 93
monte de Venus 226
Montenegro 57, 878
montes Apalaches 47
montes Cárpatos 49
montes marinos 67
montes Transantárticos 46
montes Urales 49
montículo 1025
montura 480
montura de bayoneta 598
montura en herradura 28
monumento 52
moqueta 334
moras 254
morcilla 277
morcillo 272
mordaza 390, 391, 394, 395, 398, 399, 401, 405, 472
mordaza curva 399
mordaza fija 400, 401
mordaza móvil 400, 401
mordaza recta 399
mordazas 401
mordente 563
morel 108
morfología de un bogavante 139
morfología de un caballo 168
morfología de un canguro 189
morfología de un caracol 137
morfología de un delfín 182
morfología de un gato 178
morfología de un gorila 185
morfología de un murciélago 186
morfología de un pájaro 158
morfología de un perro 174
morfología de un pulpo 138
morfología de un tiburón 148
morfología de un topo 164
morfología de una abeja trabajadora 142
morfología de una araña 145
morfología de una concha bivalva 136
morfología de una concha univalva 136
morfología de una estrella de mar 135
morfología de una mariposa 140
morfología de una perca 150
morfología de una rana 152
morfología de una rata 165
morfología de una serpiente venenosa: cabeza 154
morfología de una tortuga 155
morilla 244
morillos 337
morral 487
morrena central 72
morrena de fondo 72
morrena frontal 72
morrena lateral 72
morrena terminal 72
morrillo 384
morro 746, 1048
morro abatible 751
morsa 183
mortadela 277
mortero 384, 734, 890
mortero del siglo XVII 889
mortero moderno 892
mosaico 502
mosca 103, 146, 1012
Mosca 21
mosca artificial 1059
mosca central 1012
mosca de la línea de cuadro 1012
mosca superior 1012
mosca tsetsé 146
mosquetón 981, 1051, 1061
mosquetón curvo 1050
mosquetón de bloqueo 1050
mosquito 146
mostaza 116, 286
mostaza alemana 286
mostaza americana 286
mostaza blanca 260
mostaza de Dijon 286
mostaza en grano 286
mostaza inglesa 286
mostaza negra 260
mostrador 742
mostrador, carne 288
mostrador, quesos 289
mostrador de autoservicio 292
mostrador de carne de autoservicio 288
mostrador de carne fresca 288
mostrador de devolución de libros 867
mostrador de préstamo 867
mostrador de quesos 289
mostrador frigorífico 290
motivo de fauna tropical 511
moto acuática 1026
moto con cámara 1020
moto de cabeza 1020
moto de carreras 1024
moto de motocross y supercross 1025
moto de nieve 1026
moto de rally 1025
moto de trial 1025
motocicleta 694, 1024
motocicleta, prohibito el paso 665, 666
motocicleta de turismo 697
motocicleta todo terreno 697
motocicletas 697
motociclista 1024, 1025
motocross, circuito 1025
motocultor 413
motor 32, 314, 315, 318, 342, 374, 378, 379, 380, 389, 392, 395, 398, 408, 411, 413, 419, 421, 695, 761, 764, 767, 776, 895
motor, bogie 707
motor a reacción 86
motor de arranque 419
motor de aterrizaje 32
motor de elevación diésel 727
motor de gasolina 673, 678, 682
motor de la bomba 345
motor de propulsión diésel 727
motor del brazo actuador 638
motor del cohete 39
motor del disco 638
motor del proyectil 894
motor del tractor 760
motor del ventilador 338, 343
motor diésel 706, 758, 759, 760, 761
motor eléctrico 339, 417, 419, 678, 683
motor eléctrico de emergencia 899
motor eléctrico principal 899
motor fueraborda 729
motor hidráulico 762
motor principal 37
motor turbocompresor 680
motores diésel 898
móvil para Internet 624
movimiento 597
movimiento diagonal 1065
movimiento en ángulo 1065
movimiento horizontal 1065
movimiento horizontal del suelo 76
movimiento vertical 1065
movimiento vertical del suelo 76
movimientos de un avión 752
Mozambique 61, 880
Mozambique, canal 50
mozzarella 280
mucosa olfatoria 232
mueble bar 365
muebles 875
muebles contenedores 364, 645
muebles de oficina 645
muebles de trabajo 646
muebles infantiles 366
muela 396
muela del juicio 206
muelle 327, 718, 778, 842, 912
muelle de carga 523, 847, 849, 850, 853
muelle de reproducción 619
muelle de servicio 668
muelle helicoidal 673
muelle para inflar y desinflar 1054
muérdago 103
muerte 834
muesca 430, 454, 830, 885, 1009, 1013
muesca de apertura 1055
muescas 537
muestra 570
muestreador 559
muflón 172
muguete 113
mujer 194
mujer, guantes 464
mujer, ropa 438
mujer, sombreros 458
mujer, zapatos 460
mula 172
muleta de antebrazo 916
muleta de sobaco 916
multicasco 981
multipack 295
multiplicación 649, 837
multiplicador 807
mundo, lenguas 582
munster 281
muñeca 186, 193, 195, 208, 237
muñequera 954, 968, 999, 1030, 1045
muralla 504, 505, 1066
murciélago 186
murciélago, morfología 186
murciélago hoja de lanza 187
murciélago vampiro 187
muro 17, 324, 1002, 1052, 1066
muro de abordaje 719
muro de cimentación 332
muro de encauzamiento 785
muro de la Qibla 872
muro de ladrillos 333, 384
muro de llegada 976
muro de nubes 89
muro de piedras 384
muro de rebote 965
muro del ojo 89
muro fortificado 872
musaraña 164
músculo 198, 207
músculo aductor anterior 136
músculo aductor posterior 136
músculo bulbocavernoso 228
músculo detrusor 218
músculo erector del pelo 236
músculo estriado 198

músculo liso 198, 209
músculo papilar 213
músculo recto superior 238
músculos 196
músculos del manto 138
muselina 308
museo 522, 845
museo, tienda 522
muserola 1004, 1006, 1008
musgo 106
musgo, estructura 106
musgo esfagnáceo 106
musgos 106
música 545
música, accesorios 564
música electrónica 558
muslera 954
muslo 158, 168, 174, 193, 195, 226, 228
musola 266
mútulo 500
mya arenaria 265
Myanmar 881

N

naan 278
nabiza 251
nabo 251
nabo sueco 251
nacimiento 834
nacionalidad 971
Naciones Unidas, Organización 882
nahualt 583
naïf 530
nailon 424
nalga 193, 195, 226, 228
Namaka 15
Namibia 61, 880
Namibia, desierto 50
naos 499
naranja 256, 528
naranja, corte 114
naranja amarillento 528
naranja china 256
naranja rojizo 528
naranja sanguina 256
narciso 113
narina 148, 150, 152, 154, 158
nariz 165, 167, 174, 194, 231, 887, 1071
narval 183
nasal 884
nasofaringe 232
nata 280
nata agria 280
nata de montar 280
natación 932, 975
Nauru 62, 881
navaja 265
navaja de barbero 479
navaja de injertar 416
navaja jardinera 416
navaja multiusos 1055
navaja para entresacar 478
navaja plegable 1057
navajo 583
nave 65, 507
nave central 872
nave de la iglesia 510
nave de rescate Soyuz 34
nave espacial 36, 79
nave espacial Orión 38
nave lateral 507
navegación 624
navegación, instrumentos 734
navegador 642
navicular 203, 208
Nazca, placa 68
NEAR Shoemaker 31
neblina 83, 91
nebulosa planetaria 18
neceser 488
necrológica 590
nectarina 254
nefridio 139
negativo 600
negra 563, 1068
negras 1065
negrita 586
negro 586, 821
Negro, mar 44, 49, 51
neodimio 814
neón 814
Nepal 58, 881
nepenthes 103
neptunio 814
Neptuno 14, 15
nervadura central 116
nervadura principal 111
nervadura secundaria 111
nervio 140, 225, 539
nervio abdominogenital mayor 225
nervio auditivo 235
nervio axilar 225
nervio central 107
nervio ciático 225
nervio coclear 235
nervio craneal 220
nervio cubial 225
nervio cutáneo femoral lateral 225
nervio de vela estay 724
nervio diagonal 506
nervio digital 225
nervio femoral 225
nervio intercostal 225
nervio mediano 225
nervio obturador 225
nervio olfativo 149
nervio olfatorio 232
nervio óptico 238
nervio peroneo 225
nervio radial 225
nervio raquídeo 220, 221, 224
nervio safena 225
nervio secundario 506
nervio tibial 225
nervio transversal 506
nervio vestibular 235
nervios craneales 225
netball 955
netball, campo 955
neumático 124, 671, 684, 690, 699, 1020, 1024
neumático de capas al sesgo 685
neumático de invierno 684
neumático de lluvia 1022
neumático de rendimiento 684
neumático de seco 1022
neumático de tacos 684, 697, 1025
neumático de todas las estaciones 684
neumático de turismo 684
neumático radial 685
neumático radial con cinturones 685
neumáticos 684
neurona 221
neurona motora 221
neurona sensorial 221
neutrón 810
neutrón incidente 811
nevadas,medición 85
nevera 668, 1056
neviza 72
New Horizons 31
newton 835
Nicaragua 54, 876
nicho 510
nicho de seguridad 663
niebla 83, 91
nieta 928
nieto 928
nietos 928
nieve 90
nieve, retirada 421
nieve ácida 98
nieve fuerte continua 83
nieve fuerte intermitente 83
nieve ligera continua 83
nieve ligera intermitente 83
nieve moderada continua 83
nieve moderada intermitente 83
nieves perpetuas 71
Níger 60, 879
Níger, río 50
Nigeria 60, 879
nimbostrato 82, 88
niño, cuidado 491
niños 929
niños, ropa 448
niobio 813
níquel 78, 813
níscalo 244
níspero 255
nitrógeno 813
Niue 882
nivel 774
nivel de agua 319, 342
nivel de aire 387
nivel de la recepción 854
nivel del agua 342, 374
nivel del mar 66, 67, 79
nivel del mar, presión barométrica 81
nivel el agua, indicador 317
nivel freático 67
nivel inferior 719
nivel superior 719
nivelación principal 833
nivelador 397
nivelador de la alidada 833
nivelador principal 833
niveladora 761
nivómetro 84, 85
no blanquear con cloro 425
no es idéntico a 837
no es igual a 837
no es paralelo a 836
no pertenece a 837
no secar en secadora mecánica 425
nobelio 814
nódulo 109, 792
nódulo de Ranvier 221
nogal 119
nombre común 834
nombre de la estación 714
nombre de la moneda 861
nombre del dominio 642
nombre del gimnasta 971
nombre del nadador 977
nombre del periódico 590
nombre del titular 861
nonágono regular 839
nonio 734, 830
noreste 738
nori 244
normal 586
noroeste 738
norte 738
Norte 1066
Norte, mar 44, 49
Noruega 46, 56, 878
Noruega, mar 49
noruego 583
notación del ajedrez 1065
notación musical 562
notas musicales, valores 563
nothosaurus 130
noticias breves 590
nova 18
nube 79, 91
nube alta, tipo 81
nube baja, tipo 81
nube de cenizas 75
nube de desarrollo vertical 88
nube de Oort 14
nube en forma de embudo 89
nube media, tipo 81
nubes 82, 88
nubes, absorción 96
nubes altas 88
nubes bajas 88
nubes medias 88
nubosidad 82
nuca 193, 195
núcleo 16, 18, 19, 102, 133, 221, 226, 810, 887, 1058
núcleo, escisión 811
núcleo de arcilla 790
núcleo de la célula 133
núcleo del inducido 819
núcleo del reactor 800, 801
núcleo externo 66, 817
núcleo fisionable 811
núcleo interno 66, 817
nucléolo 102, 226
núcleos radioactivos 811
nudo 818
nudo de dos cotes 1058
nudo de guía 1058
nudo de pescador 1058
nudo de rizo 1058
nudo de tejedor 1058
nudo llano 1058
nudo viario 843
nudos 1058
nuera 928
Nueva Caledonia 52, 62
Nueva Zelanda 52, 62, 881
Nueva Zembla 46
nuevas adquisiciones, expositor 867
nuevo shekel 860
nuez 192, 255, 815, 885
nuez, corte 116
nuez, pinzas 815
nuez de cola 255
nuez de ginkgo 255
nuez de macadamia 255
nuez del Brasil 255
nuez moscada 260
nuez moscada, rallador 307
nuez verde 116
número 1068
número, tecla 649
número 1 1008
número 2 1008
número 3 1008
número 4 1008
número atómico 812
número de calle 1043
número de habitación 855
número de identificación personal (PIN), teclado 859
número de la autopista 53
número de la carretera 53
número de la escena 543
número de la tarjeta 861
número de salida 1007
número de serie 861
número de tarjeta 861
número del consumidor 355
número del jugador 956, 1028
número del surtidor 668
número dorsal 935
números romanos 836
nutria de río 180

Ñ

ñoquis 282

O

oasis 73, 74
obenque 724, 980
Oberón 15
obi 993, 996
obispillo 158
objetivo 24, 592, 594, 597, 598, 601, 615, 622, 635, 636, 824, 825, 926
objetivo gran angular 598
objetivo macro 598
objetivo normal 598
objetivo ojo de pez 598
objetivo zoom 598, 613
objetivos 598
oblicuo externo 196, 197
oboe 550
oboes 545
obra muerta 981
obras 665, 667
obrera 143
observación astronómica 20
observatorio astronómico 28
obstáculo 1065
obstáculos 1002, 1025
obstáculos, pista 1040
obturador 1051
obturador de la cúpula 28
obturador de plano focal 594
obturador para la circulación del aire 805
obús moderno 892
oca 163, 271
occidental 961
occipital 197, 201
Oceanía 44, 62, 881
océano 17, 45, 95
océano Atlántico 44, 46, 49, 50
océano Glacial Ártico 44, 46
océano Índico 44, 46, 50, 51, 52
océano Pacífico 44, 46, 51, 52
ocelo 141, 143
ocho con timonel 985
ocio al aire libre 1052
octaedro regular 839
octágono regular 839
Octante 20
octava 562, 998
ocular 24, 25, 613, 824, 825, 926
ocular acodado 24
óculo 508
odómetro 677, 832
oeste 738
Oeste 1066
office 329
oficial 949
oficiales 996
oficina 290, 293, 644, 668, 704, 864
oficina, muebles 645
oficina administrativa 900, 905
oficina de admisión de los detenidos 864
oficina de correos 588, 589, 845, 849
oficina de formación profesional 858
oficina de los organizadores 853
oficina de objetos perdidos 857
oficina de quejas 904
oficina de recepción de visitantes 864
oficina de reservas de hotel 742
oficina de urgencias 918
oficina del gerente 644
oficina del puerto 718
oficinas administrativas 852
oficios 565
Ofiuco 21, 23
oftalmología y otorrinolaringología 919
ohm 835
ohmnio 835
oído 234, 235, 547
oído interno 234
oído medio 234
ojal 435, 486, 573, 1031
ojete 367, 432, 450, 459, 1061
ojete para la correa 593
ojiva 894
ojo 89, 137, 138, 139, 145, 154, 155, 164, 167, 174, 178, 182, 194, 238, 388, 477, 567, 568, 1005, 1050
ojo, protección 910
ojo compuesto 140, 142, 143
ojo de buey 730
ojos, maquillaje 473
okapi 173
olécrano 170
olécranon 201
óleo 525
óleo, pintura 528
oleoducto 780
oleoducto de exportación 777
oleoducto de superficie 780
oleoducto submarino 780
olfato y gusto 231
oliva, aceite 284
olivo 120
olla 313
olla a presión 312
olla de cocción lenta 317
olla para cuscús 313
olmo 120
Omán 58, 880
Omán, golfo 51
ombligo 72, 192, 194
ombligo inferior 158
ombligo superior 158
omoplato 170, 175, 182, 187, 188, 200, 201
omóplato 159

onda 77, 821
onda, longitud 821
onda de choque 775
onda luminosa, trayectoria 822
onda radioeléctrica 26
onda sísmica 76
onda sísmica, propagación 76
ondas hertzianas, transmisión 602
ondas radio 821
ONU 882
ONU, miembros 876
ONU, observadores 882
ópalo 470
opera 844
operación, teclas 858, 859
operación básica 649
operador de 30 segundos 956
operador de cámara 542
operador de jirafa 543
operario de la consola de iluminación 605
opérculo 103, 150, 153
opilión 147
opistodomo 499
oposum 189
óptica 849
óptica, dispositivo 823
oración, sala 864
orangután 185
orbicular 111
orbicular de la boca 196
orbicular del ojo 196
órbita 154, 159, 175, 182, 184, 188
órbita de los satélites 86
órbita geoestacionaria 86
órbita lunar 16, 17
órbita polar 86
órbita terrestre 16, 17
orbitador 36, 37
orca 183
orden 132
orden corintio 501
orden dórico 500
orden jónico 500
ordenadas, eje 838
ordenador 599, 868
ordenador: vista frontal 629
ordenador: vista posterior 629
ordenador de a bordo 676, 907
ordenador de tableta 639
ordenador de torre 629
ordenador de vuelo 748
ordenador portátil 630, 641
ordenador portátil, maletín 489
ordenador todo en uno 628
Ordovícico 128
orégano 262
oreja 167, 174, 178, 186, 192, 234, 459
oreja, pabellón 165
oreja de mar 265
orejera 457, 465
orellana 244
organismo cultural 643
organismo de salud 643
organismo unicelular 133
Organización del Tratado del Atlántico Norte 882
organización gubernamental 643
organización internacional 882
órgano, mecanismo 555
órganos genitales femeninos 226
órganos genitales masculinos 228
órganos sensoriales 231
orientación de la cuchilla, cilindro 761
oriental 961
orificio 585
orificio central 617
orificio de carga 893
orificio de entrada de aire 408
orificio de escape 773
orificio de la bolsa copuladora 141
orificio del pie 554
orificio excretor 137
orificio genital 137
orificio nasal 168
orificio uretral 218, 228
oriflama 873
origen 198
origen de imágenes 599
origen de las especies 128
origen de vida 103
orilla 794
orillo 569
Orinoco, río 48
Orión 21, 22, 38
orla 427
orla de púrpura 426
ornamento de proa 722
oro 78, 813, 875
oro, botón 113
oronja 244
orquesta 498
orquesta sinfónica 545
orquídea 113
ortiga 247
ortocerátido 128
oruga 141, 758, 895
oruga de polilla 147
orza de popa 983
orza de quilla 980, 983
orzada 982
Osa Mayor 23
Osa Menor 22
oscilación 752
ósculo 134
oscuridad 739
osmio 813
oso hormiguero 164
oso negro 94, 181
oso polar 94, 181
osoto-gari (gran siega) exterior 992
osteón 199
ostra 265
ostrero 161
OTAN 882
otaria 183
otolito 149
otoño 80
otros ligamentos textiles 575
otros metales 812
otros signos 563
ovario 104, 112, 141, 145, 226, 227, 229
oveja 172
oviducto 141, 145, 155
ovotestis 137
óvulo 104, 112, 226
óxer de barras 1002, 1003
oxígeno 95, 813
oxígeno, ciclo 95
oxígeno, producción 102

P

pabellón 469, 550, 551, 844
pabellón auricular 234, 235
pabellón de la oreja 165, 189
pacana 255
paciente 920
Pacífico, océano 44, 46, 51, 52
Pacífico, Placa 68
Pacífico Oriental, dorsal 69
Pacífico-Antártico, dorsal 69
padre 928, 929
padres 928, 929
página adelante 633
página atrás 633
pago electrónico, terminal 859
pagoda 513
país 53
Países Bajos 56, 878
paja, empacadora 766
pajarita 431
pájaro, anatomía 159
pájaro, esqueleto 159
pájaro, morfología 158
pájaro carpintero 163
pájaro terrestre 162
pajita 295
pak-choi 246
Pakistán 58, 880
pala 337, 412, 470, 493, 758, 761, 885, 892, 942, 944, 961, 984, 1038, 1051
pala de arrastre de nieve 421
pala de nieve 421
pala de timón 728
pala del rotor 753
pala del stick 1030
pala del timón 980
pala del ventilador de sustentación 727
pala hidráulica 760
pala mecánica 771
pala plegable 1056
pala quitanieves 421
palacio de congresos 845, 852
Palacio de Justicia 844
palacio de los deportes 932
paladar blando 231, 232
paladar duro 231, 232
paladio 813
palafito 520
palanca 316, 350, 352, 388, 472, 478, 533, 550, 816, 887, 1070
palanca conmutadora de puntos 571
palanca corrediza de selección de diapositivas 601
palanca de accionamiento de la recámara 892
palanca de accionamiento del freno de mano 709
palanca de aflojar el papel 648
palanca de alimentador de oxígeno 1048
palanca de armar 893
palanca de arranque 417
palanca de avance/marcha atrás 413
palanca de bloqueo 397
palanca de bloqueo de la altura 24, 25
palanca de bloqueo del acimut 24, 25
palanca de cambio 672
palanca de cambio de velocidades 676, 697
palanca de cambios 421
palanca de cierre 709
palanca de compensación 572
palanca de control 773
palanca de dirección 755
palanca de enclavamiento 401
palanca de espaciamiento de los discos 767
palanca de fijación del venturi 893
palanca de freno 748
palanca de inclinación 1048
palanca de la cisterna 347
palanca de la cuchilla 537
palanca de la cuña 397
palanca de levantamiento del tablero de corte 420
palanca de los alerones de hipersustentación 748
palanca de luces e intermitentes 676
palanca de mando 753, 1048
palanca de maniobra 754, 755
palanca de maniobra de la aguja 712
palanca de perforación 318
palanca de presión 535
palanca de regulación de altura 375
palanca de seguridad 419
palanca de vibración 549
palanca de viraje 1048
palanca del apagador 553
palanca del cambio de velocidades 699
palanca del cucharón 759
palanca del deslizador 675
palanca del embrague 413
palanca del freno 699, 1020, 1026
palanca del tapón 347
palanca del tren de aterrizaje delantero 748
palanca estabilizadora 917
palanca para graduar la altura 765, 766
palanca para liberar el sujetapapel 648
palanca retráctil de la guarda móvil 392
palanca rotativa 634
palanca tensora 566
palancas 1002
palatino 167
Palau 62, 881
palco 541
palé 754
palé con alas 754
palé de caja 754
palé de plataforma doble 754
palé de plataforma sencilla 754
palé extraíble 536
paleador de nieve 421
palés 754
Palestina 882
paleta 273, 274, 311, 787, 961
paleta con huecos para pintura 525
paleta con tarrito 525
paleta de albañil 403
paleta de la rueda 794
paleta de la turbina 787
paleta de relleno 403
paleta del rodete 787
paletas de la turbina 787
paletas del escape 749
paletilla 174, 272, 273, 274, 275
palillo 303, 305, 556
palla 426
palma 164, 171, 237, 464, 941, 989
palma de un guante 464
palmar 74
palmar corto 196
palmar largo 196
palmeada 111
palmera 119
palmeta 360
palo 381, 874, 1018
palo, 722
palo de la tienda 1053
palo de mesana 722, 724
palo de proa 729
palo de trinquete 722, 724
palo del jugador 1030
palo del portero 1030
palo del radar 728
palo macho 724
palo mayor 722, 724
paloma 163
Paloma 21
palos 950
palpo 136
palpo labial 140, 143
pamela 458
pan 123, 278, 292
pan, molde 317
pan ácimo 278
pan alemán de centeno 279
pan blanco 279
pan campesino 278
pan crujiente 279
pan danés de centeno 278
pan de centeno 279
pan de centeno negro 279
pan de huevo 279
pan de maíz 279
pan de pita 278
pan espiga 279
pan griego 279
pan inglés 279
pan integral 279
pan irlandés 279
pan jalá 279
pan multicereales 279
pan negro ruso 278
panadería 289, 849
panal 144
panamá 457
Panamá 54, 876
panceta 277
páncreas 152, 159, 216, 229
pandereta 557
panel 370
panel abatible 362
panel absorbente de frecuencias bajas 605
panel de acceso 338, 348
panel de cierre 629
panel de conexión 636
panel de conexión del video 608
panel de conexiones eléctricas 608
panel de control 317, 378, 379, 608, 636, 637, 924
panel de controles 592
panel de la puerta 674
panel de la vela 980
panel de mandos 316, 317, 376, 379
panel de monitores 605, 607
panel de publicidad 714
panel de separación 489
panel de yeso 385
panel fotovoltaico 737
panel frontal 343, 637, 691
panel indicador 937
panel lateral 691, 719, 757
panel protector 917
panel radiador 37
panel solar 27, 32, 64, 86, 602
panel solar de aire caliente 805
panel solar térmico 805
paneles de comunicación 748
paneles fotovoltaicos 35
pangolín 164
pantalla 337, 372, 404, 558, 593, 597, 601, 609, 610, 611, 613, 620, 622, 624, 625, 628, 629, 630, 637, 647, 648, 649, 650, 735, 831, 832, 858, 913, 924, 943, 1001, 1067, 1071
pantalla, tubo 609
pantalla croma key 606
pantalla de alarma de motor y tripulación 748
pantalla de control 826
pantalla de cristal líquido 828
pantalla de emisoras 619
pantalla de los sistemas 748
pantalla de navegación 748
pantalla de protección 938
pantalla de proyección 544, 601
pantalla del contador de pasadas 571
pantalla del radar 907
pantalla principal de vuelo 748
pantalla retroiluminada 649
pantalla táctil 622, 624, 639, 1067
pantalón 935, 940, 954, 992, 999, 1028, 1051
pantalón ciclista 450
pantalón corto 441
pantalón de boxeo 450
pantalón de chándal 451
pantalón de peto 448
pantalón peto 441, 449
pantalones 432, 433, 441, 451, 850, 883, 946, 1025
pantalones acampanados 441
pantalones capri 441
pantalones cargo 441
pantalones convertibles 433
pantalones cortos 433, 945, 951, 956
pantalones de boxeo 990
pantalones de montar 1003
pantalones de peto 449
pantalones de tubo 441
pantalones elásticos 1020
pantalones pitillo 441
pantis 446
pantógrafo 606, 707, 717
pantorrilla 193, 195
pantufla 462
pañal 449
pañal desechable 449
paño lateral 435
pañuelo de bolsillo 430
papaya 259
papel 483, 529, 532, 585
papel, fabricación 125
papel de aluminio 294
papel de arroz 584
papel de lija 396
papel de periódico 124
papel de reserva 647
papel encerado 294
papel para el horno 294
papel reciclado 125
papel secante 651
papelera 125, 655
papelería 124, 851
papila circunvalada 233
papila filiforme 233
papila fungiforme 233
papila gustativa 233
papiro 584
Papúa Nueva Guinea 52, 62, 881
paquete 295

paquete de placas fotográficas 591
paquete postal 589
par 333, 1068
parábola 610
parabrisas 670, 690, 695, 697, 746, 748, 750, 1026
paracaídas 519, 896, 1046
paracaídas auxiliar 36
paracaídas de reserva 1046
paracaídas piloto 1046
paracaídas principal 1046
paracaidismo 1046
paracaidismo en caída libre 1046
paracaidista 1046
parachoques 690, 691, 697, 917, 1026
parachoques anterior 1035
parachoques posterior 697, 1035
parada 610, 611, 615, 625
parada, botón 411, 924
parada de autobús 846
parafinas 782
paraguas 490
paraguas de bastón 490
paraguas plegable 490
Paraguay 55, 876
paragüero 490
paralelepípedo 839
paralelo 42
paralelogramo 839
paramecio 133
paramento de aguas contenidas 791
paramento de aguas corrientes 791
Paraná, río 48
parapente 1047
parapentista 1047
parapeto 505, 660
parapeto contra olas 790
pararrayos 323, 786, 793, 807
parasol 24, 676, 686, 687, 734
parche 557
parche inferior 556
parche superior 556
parche transdérmico 914
parchís 1063
pardillo 162
pared 171, 774
pared celular 102
pared de hormigón 805
pared de viraje 975, 977
pared frontal 965
pared lateral 171, 729, 964, 965, 977
pared transversal de contención 728
pared trasera 964
pareja 1031
parénquima de la corteza 110
paréntesis 587
pareo 429
parietal 154, 165, 201
paripinnada 111
parka 436, 442
parmesano 281
párpado 155
párpado inferior 152, 178, 238
párpado interno 178
párpado superior 152, 178, 238
parque 52, 845
parqué 334
parqué, tipos 334
parqué alternado a la inglesa 334
parqué Arenberg 334
parqué Chantilly 334
parque de bomberos 845, 900
parqué de cestería 334
parque de estacionamiento 741
parqué de mosaico 334
parqué en punta de Hungría 334
parqué espinapez 334
parque nacional 53
parqué sobre base de cemento 334
parqué sobrepuesto 334
parqué Versalles 334
parrilla 316, 376
parrilla antidifusora 924
parrilla de salida 1022, 1025
parrilla de ventilador 341
parrilla eléctrica 317
parrilla estabilizadora 1053
parrilla plegable 1057
parrilla raclette 317
parte plana 570
parte superior 409
parte superior de la pata 274
parteluz 327, 507
partes de un anillo 470
partes de un zapato 459
partes de una bandera 873
partes de una bicicleta 698
partes de una embarcación 984
partes del arma 998
particiones 874
partido 1068
pasa (19 a 36) 1068
pasadizo ascendente 498
pasadizo descendente 498
pasador 326, 327, 432, 476, 1056
pasahilos 571
pasaje subterráneo 703
pasajeros, avión turborreactor 746
pasajeros, terminal 742
pasajeros, vagones 705
pasamano 689, 729
pasamanos 335, 518, 519
pasamontañas 458, 1022
pasapuré 311
pasapurés 307
pasarela 504, 540, 641, 703
pasarela superior 715
pasarela telescópica 741
pascal 835
pase 949
paseo 410
pasillo 288, 848
pasillo central 705
pasillo de dobles 966
pasillo de enlace 705
pasillo de seguridad 862
paso 71, 168
paso a nivel 665, 667, 703, 713
paso alternativo 1042
paso de Drake 46, 48
paso de patinador 1042
paso de peatones 665, 667, 846
paso de popa a proa 729
paso elevado 660
paso inferior 660
pasta 123, 282
pasta filo 279
pastel 524
pastel al óleo 524
pastel al óleo, pintura 528
pastel blando, pintura 528
pastelería 849
pastelería, bandeja 310
pastelería, mezclador 310
pasteles 123
pastilla 914
pastilla de combustible 799
pastilla de fricción 679
pastor alemán 177
pata 155, 167, 185, 189, 273, 274, 275, 359, 361, 362, 363, 366, 411, 556, 573, 973, 1050, 1060
pata anal 141
pata anterior 164
pata curvada 360
pata de ajuste de altura 601
pata de cabra 491
pata de gallo 565
pata de la mesa 961
pata de locomoción 145
pata delantera 140, 142, 152, 189, 361
pata delantera (superficie exterior) 142
pata delantera del perro 174
pata media 140, 142
pata media (superficie exterior) 142
pata palmípeda, dedo 160
pata posterior 164, 189
pata principal 792
pata telescópica 596
pata torácica 141
pata trasera 140, 142, 152, 361
pata trasera (superficie interior) 142
pata ventosa 141
patada 994
patada de crol 975
patada de mariposa 975
patada de rana 975
Patagonia 48
patas 160
patas de ganso 1049
patata 245
pátera 360
Pathfinder 31
patilla 480
patín 421, 763, 1034
patín acrobático 1045
patín de aterrizaje 753
patín de cola 753
patín de deslizamiento 712
patín de jugador 1030
patín de los accesorios 592
patín de oruga 895
patín de pista corta 1033
patín de pista larga 1033
patín de retroceso 892
patín del portero 1030
patín delantero 1034
patín en línea 1045
patín en línea de hockey 1045
patín móvil 1035
patín para figuras 1031
patín trasero 1034
patinador 1032
patinadora 1045
patinaje, pista 1036
patinaje artístico 1031
patinaje de velocidad 1032
patinaje en línea 1045
patinaje sobre hielo, pista 1031
patines de carreras 1033
patio 328, 410, 865, 869, 872
patio de armas 504, 505
patio de butacas 541
patio de tanques 780
pato 161, 271
patrón 569
patrón cheurón 511
patrón de prueba 606
patrulla de primeros auxilios y puesto de socorro 1036
pausa 559, 615, 633
pausa/imagen fija 611
pauta A 564
pavimentadora 762
pavimento 410, 658
pavimento deslizante 665, 667
pavo 162, 271
Pavo 20
pavo real 162
PC 640, 641, 642
PC, 640
peatones, semáforo 846
pécari 172
pecho 168, 192, 273, 274
pechuga 158
pecíolo 103, 107, 111
pecorino romano 281
pectoral 954
pectoral mayor 196
pedal 548, 556, 572, 698, 700, 1001, 1020
pedal automático 1020
pedal crescendo 554
pedal de ajuste 526
pedal de efectos 549
pedal de expresión 554
pedal de la sordina 552
pedal de los bajos 558
pedal de los frenos 676
pedal de marcha adelante 420
pedal de marcha atrás 420
pedal de velocidad 566
pedal del acelerador 676
pedal del embrague 676
pedal del freno 420, 572, 672, 679
pedal del freno trasero 696
pedal del timón de mando 1048
pedal eléctrico 566
pedal fuerte 552, 558
pedal plano 1020
pedal suave 552
pedalero 554
pedernal 406, 889
pedestal 372, 395, 548, 935
pedestal de la cámara 606
pedipalpo 145
pedúnculo 106, 112, 114, 115, 117
Pegaso 22
peinado 476
peinado, acesorios 477
peinazo 364
peinazo de la cerradura 325
peinazo inferior 361, 364
peinazo superior 361, 364
peine 518, 572
peine afro 476
peine combinado 476
peine de cardar 476
peine de iluminación 543
peine de mango 476
peine de peluquero 476
peine de polen 142
peine de tapicería 573
peine para desenredar 476
peine y cuchilla 479
peines 476
pelacables 405
pelaje 165, 185, 189
pelapatatas 309
peldaño 335, 409, 518, 763, 764, 995
peldaño de arranque 335
peldaño inferior 709
peldaño posterior 902, 911
pelele 448
peletería 848
pelícano 161
película 591
película, proceso 600
película plástica, condensador 820
película termosoldada 294
peligro 738
pelillo 1059
pelo 193, 195, 236, 334
pelo de maíz 122
pelo sensitivo 103
pelos absorbentes 109
pelos de la raíz 110
pelos radicales 105
pelota 124, 961, 972
pelota de béisbol 940, 941
pelota de cricket 942
pelota de entrenamiento 965
pelota de golf 1017
pelota de hockey 944
pelota de lacrosse 949
pelota de polo 1008
pelota de raquetball 964
pelota de softball 941
pelota de tenis 968
pelota de torneo 965
pelota de voleibol 958
pelotas de squash 965
pelotón 1020
pelotón de cabeza 1020
peltada 111
Pelton, turbina 787
peluquería 848
peluquero 542
peluquero, tijeras 477
pelvis 164, 170, 184, 187, 188
pelvis renal 219
pelvis vestigial 182
penacho 158, 883
penacho de plumas 963
penalizaciones 933
penalti 948
penalti, banco 1029
penalti, oficial 1029
pendiente 468
pendiente de tuerca 468
pendientes 468
pendientes de aro 468
pendientes de clip 468
pendientes de espiga 468
pendolón 333
pendón 873
péndulo 564, 829
péndulo, reloj 829
pene 137, 192, 228
península 45
península Antártica 46
península de Arabia 51
península de Corea 51
península de Kamchatka 51
península de Kola 49
península de los Balcanes 49
península del Yucatán 47
península Escandinava 49
península Ibérica 49
penne 282
pensamiento 113
pentágono regular 839
pentagrama 562
peón 1065
pepinillo 248
pepino 248
pepino amargo 248
pepino dulce 259
pepino sin pepitas 248
pepita 114, 115
peplo 426
pepperoni 277
pequeños electrodomésticos 851
pera 255
pera asiática 259
pera de goma 912, 913
pera de maíz 990
perca 149, 150, 269
perca, anatomía 149
perca, morfología 150
percha 494, 1027
perchero 645
perchero de pared 645
perchero de pie 645
percoladora 319
percoladoras 293
percusión, instrumentos 545, 556
percusor 1011
percutor 887, 888, 893
pérdida de calor 96
perdiz 163, 271
perejil 262
perfil, suelo 109
perfil del suelo 109
perforación 450
perforación, torre 776
perforación marina 778
perforaciones 459, 464
perforadora 655
perforadora con empujador neumático 772
perfumería 289, 848
perfumes 851
pérgola 410
pericarpio 116
perifollo 262
perilla 392, 395
perilla de registro 555
periódico 590
periódico, nombre 590
periódicos 867
periodo 739
periostio 199
periscopio 38
periscopio de ataque 899
periscopio de navegación 899
peristilo 499, 502
peristoma 103, 133
peritoneo 226, 228
Pérmico 130
perno 326, 399, 400, 401
perno con collarín 400
perno de acoplamiento 787
perno de articulación del cucharón 759
perno de expansión 390
perno de fijación 679
perno de la bisagra 760
perno de la eclisa 712
perno difusor 415
perno maestro 691
perno para falso plafón 390
pernos 400
peroné 170, 175, 184, 188, 203, 207
peroné/fíbula 200
peroneo corto 197

peroneo largo 196
perpendicular 836
perro 174, 175, 176
perro, esqueleto 175
perro, morfología 174
perro, pata delantera 174
perro, prohibido 857
persa 179, 583
Perseo 22
persiana enrollable 371
persiana enrollable automática 371
persianas enrollables 370
persianas romana 371
Pérsico, golfo 51
personal, entrada 290
personal, guardarropa 290
personal suplementario de producción 605
pertenece a 837
pértiga 936
pértiga, saltador 936
pértiga de inclinación 371
Perú 55, 876
Perú-Chile, fosa 69
pesa 829, 830, 1001
pesa corrediza 830
pesa de tobillo 989
pesas 1000
pesas para muñecas y tobillos 1000
pesca 242, 1059
pesca, ropa y accesorios 1061
pesca con mosca 1059
pesca de lanzado 1060
pescado 289
pescado, conservas 270
pescado, presentación 270
pescado ahumado 270
pescado marinado 270
pescado salado 270
pescante 724, 728, 756, 757
pescuezo 1018
peso 752, 831, 860, 937
peso, medición 830
peso corredizo 564
pespunte 448, 565
pespunteado 450
pestaña 171, 238, 443, 569
pestaña de arrojo 912
pestañas 178
pesticida 97, 98
pestillo 326, 327
pestillo de ingletes 391, 392
pétalo 112
petanca 1014
petanca, campo 1014
petición del sistema 633
petifoque 725
petirrojo 162
peto 427, 448, 449, 884, 940, 944, 954, 994
peto del portero 1030
peto metálico 997
petral 1003, 1007
petróleo 95, 775, 776, 779, 782, 783
petróleo crudo 782
petrolero 718, 728
Pez Austral 20
pez cartilaginoso 148
pez de agua dulce 269
pez de colores 150
pez de mar 266
pez de San Pedro 268
pez espada 267
pez gato 151
pez globo 151
pez limpiador 151
pez linterna 151
pez loro 151
pez óseo 149, 150
pez payaso 150
pez pulmonado 151
pez sierra 151
pez volador 151
Pez Volador 21
pezón 192, 194, 227, 492
pezuña de cuatro pesuños 171
pezuña de dos pesuños 171
pezuña de tres pesuños 171
pezuña de un pesuño 171
pezuñas 171
Phoenix 31
pi 836
piamadre 224
piano 545
piano cuarto de cola 553
piano de cola de concierto 553
piano de media cola 553
piano electrónico 558
piano vertical 552
piano vertical, mecanismo 553
pica 167, 903
picadero 1006
picadora de carne 307
picardía 447
piccolo 545, 550
pícea 121
pichi 438
pichón 271
pickguard 549
pico 71, 138, 158, 413, 1051
pico de loro 732
pico de rey 832
pico muesca 569
picos 160
pictogramas 632
pie 108, 136, 137, 185, 186, 189, 192, 193, 194, 195, 203, 314, 359, 548, 554, 628, 825, 1059, 1060
pie ajustable 378, 379, 380
pie ambulacral 135
pie de apoyo 765
pie de foto 590
pie de la cama 363
pie de la torre 792
pie de montura 596
pie de voluta 360
pie del electrodo 359
pie del talud 790
pie derecho 332, 507
piedra 384, 470
piedra al aceite 534
piedra blanca 1065
Piedra Coyolxauhqui 513
piedra de afilar 309
piedra de curling 1027
piedra de sacrificio 513
piedra litográfica 535
piedra negra 1065
piedra tallada 384
piedras preciosas 470
piedras preciosas, tallas 469
piedras semipreciosas 470
piel 114, 115, 164, 167, 178, 221, 236, 561
piel armónica 561
piel de gamuza 472
piel para encuadernar 539
pierna 168, 193, 195, 207, 433
pierna al estilo francés 274
pierna elástica 434
pies de gato 1050
pieza 1066
pieza de talón 1042
piezas honorables 874
pigostilo 159
pijama 447, 449
pijama de una pieza 434
pijamas de hombre 851
pila 595, 678, 818, 901
pila alcalina de manganeso-cinc 820
pila bautismal 871
pila de agua bendita 871
pila de botón 595
pila de carbón-cinc 820
pila recargable 613
pilar 76, 506, 513, 660, 661, 774
pilar derecho 950
pilar izquierdo 950
pilas secas 820
pilastra corintia 503
pilastra proyectada 510
pilón 660
pilón de los tirantes 660
pilón del turborreactor 747
pilón guía 662
pilorriza 110
pilote 512
piloto 1022, 1047
pimentero 302
pimentón 261
pimienta 261
pimienta blanca 260
pimienta de Jamaica 260
pimienta molida 261
pimienta negra 260
pimienta rosa 260
pimienta verde 260
pimiento dulce amarillo 248
pimiento dulce rojo 248
pimiento dulce verde 248
pináculo 504, 506, 507
pinatífida 111
pinball, máquina 1071
pincel 525, 584
pincel de repostería 310
pincel para labios 474
pincel plano 525
pinchador 654
pinche de cocina 291
pingüino 161
pinna 107
pino blanco 121
pino piñonero 121
pintada 162, 271
pintalabios 474
pintura 408, 523, 524, 525
pintura, estilo 529
pintura, soporte 529
pintura al óleo 528
pintura al pastel al óleo 528
pintura al pastel blando 528
pintura con rotuladores 528
pinza 139, 140, 432, 435, 478, 533, 534, 584, 654, 832
pinza de cinturón 621
pinza de conexión a tierra 406
pinza de plomo 579
pinza del electrodo 406
pinza negra 686
pinza para el cabello 476
pinza para rizar 476
pinza roja 686
pinza sujetamuestras 825
pinza tibiotarsiana 142
pinzas 309, 569, 915
pinzas con nuez 815
pinzas multiuso 405
pinzas para caracoles 309
pinzas para depilar cejas 472
pinzas para espagueti 309
pinzas pelacables 405
pinzas universales 399
pinzas verticales 569
pinzón 162
piña 120, 258
piñón 120, 255, 395, 829
piñon, cremallera, engranaje 816
piñón libre 700
piñón simple 1021
piojo 146
piolet 1051
Pioneer 30
pipa 483
pipeta 815
piqueta 1052, 1053
piragua monóxilo 721
piramidal 202
pirámide 498, 839
pirámide, entrad 498
pirámide ecológica 94
pirámide renal 219
piranómetro 84
piraña 150
pirata 441
Pirineos 49
piruetas 1031
pisacorbatas 471
piscina 324, 730, 805, 932
piscina de inmersión 932
piscina olímpica 977
piscina para el exterior 324
Piscis 22
pisiforme 202
piso 337, 806, 964, 965, 1044
piso de operaciones 794
piso superior 689
pisos de madera 334
pista 932, 934, 1014, 1016, 1022, 1024, 1028, 1033
pista, equipo 934
pista, línea 741
pista corta 1032, 1033
pista de aterrizaje 897, 1040
pista de atletismo 932
pista de bolos 1015
pista de competición 1005
pista de deceleración 1035, 1041
pista de despegue 1040
pista de desvío 740
pista de esquí alpino 1036
pista de estacionamiento 740
pista de fondo 1036
pista de frenado 1041
pista de lanzamiento 937
pista de patinaje 1036
pista de patinaje sobre hielo 1031
pista de rodaje 740, 741
pista de salida 1041
pista de salto 935, 936
pista de velocidad 1041
pista hípica 932
pista larga 1032
pista para avanzados 1036
pista para expertos 1036
pista para intermedios 1036
pista para principiantes 1036
pista para salto de obstáculos 1002
pistacho 255
pistas de carreras 970
pistas de esquí 1036
pistilo 104, 112
pistola 403, 888, 906
pistola de 8 mm 1011
pistola de aire comprimido 1011
pistola de calor 408
pistola de pintar 408
pistola de salida 934
pistola del surtidor 668
pistola eléctrica 888
pistola para calafateo 403
pistola para soldar 406
pistola pulverizadora 415
pistolera 906
pistolete 891
pistón 551, 679, 680, 682
pit 615
pit stop 1023
pitón 156, 1050
pitón de expansión 1050
pitón de hielo 1051
pitorro 319, 381
pívot 957
pivote 405, 477, 527, 564, 568, 617, 734, 816, 937, 960, 1032, 1033, 1039, 1057
pivote de la rótula 709
pivote móvil 399
pizarra 783, 868
pizarra interactiva 639
placa 296, 350, 352, 596
placa africana 68
placa antártica 68
placa antifricción 1039
placa Arábiga 68
placa basal 105
placa base 84, 1039
placa blindada 895
placa calcárea 136
placa calientaplatos 291
placa corrediza (cubrecanilla) 567
placa corrediza de la canilla 566
placa costal 155
placa de absorción 802
placa de advertencias 394
placa de agujas 571
placa de apoyo 892
placa de asiento 712
placa de base 566
placa de circuito impreso 820
placa de cobre 534
placa de cocción 317
placa de Cocos 68
placa de Escocia 68
placa de fijación 833
placa de Filipinas 68
placa de freno 1039
placa de hielo 90
placa de identificación 471, 906
placa de la aguja 566
placa de la culata 892
placa de Nazca 68
placa de número 1025
placa de Petri 815
placa del Caribe 68
placa del interruptor 358
placa del Pacífico 68
placa espigadora 767
placa euroasiática 68
placa indicadora 355
placa indoaustraliana 68
placa madrepórica 135
placa marginal 155
placa negativa 685
placa norteamericana 68
placa para fusibles 793
placa positiva 685
placa protectora 1025
placa solar 803
placa sudamericana 68
placa supracaudal 155
placa térmica 319
placa terminal 799
placa vertebral 155
placas convergentes 68
placas divergentes 68
placas tectónicas 68
plafón 372
plana 531
plancha 317, 374, 478, 958
plancha de chapa 965
plancha de entintado 533
plancha de muelles 969
plancha de pelo 478
plancha de vapor 374
plancha eléctrica 317
plancha superior 316
planchado 425
planeador 1048
planetario 20
planetas externos 14
planetas internos 15
planicie 45
planicie fluvio-glaciar 72
planisferio 44
plano 516
plano de deriva 747
plano del terreno 328
plano focal elevado, boyas 737
plano horizontal 747
plano vertical 747
planta 109, 410, 433
planta, anatomía 109
planta, crecimiento 105
planta alta 328, 330
planta baja 328, 329
planta carnívora 103
planta de azúcar 784
planta de bombeo 780
planta de cereal 122
planta de energía maremotriz 794
planta de lubricantes 782
planta de reforma catalítica 782
planta de separación selectiva 99
planta de transformación 783
planta de tratamiento 773
planta exterior de una mina 772
planta huésped 103
planta intermedia de refuerzo 780
planta nueva 104
planta parásita 103
planta simple 106
plantador 418
plantador de bulbos 418
plantar 197
plantas de flor 131

plantilla 463
plantilla de desagüe 790
plaqueta 209, 480
plasma 209
plasmodesmo 102
plástico a acero 351
plástico transparente 484
plásticos, clasificación 99
plásticos transparentes 484
plastrón 155
plata 78, 813, 875
plataforma 64, 76, 324, 409, 495, 596, 658, 662, 689, 691, 705, 754, 762, 832, 976, 978
plataforma continental 67
plataforma de alimentación 651
plataforma de corte 420, 766
plataforma de explotación 777, 780
plataforma de gatos 778
plataforma de hielo de Amery 46
plataforma de hielo de Filchner 46
plataforma de instrumentos 86
plataforma de jaula 774
plataforma de lanzamiento 36
plataforma de nave espacial 27
plataforma de protección 973
plataforma de salida 976
plataforma de trampolines 1040
plataforma de unidad central 646
plataforma de vuelo del helicóptero 898
plataforma elevadora para silla de ruedas 689
plataforma fija 778
plataforma giratoria 902
plataforma giratoria, molino 806
plataforma inferior 754
plataforma móvil 755
plataforma para pesar 831
plataforma semisumergible 778
plátano 258
platea 498
plateosaurus 130
platija 268
platillo 302, 305, 830, 831
platillo high hat 556
platillo suspendido 556
platillos 545, 557
platina 535, 825, 826
platina mecánica 825
platino 78, 813
platisma 196
plato 304, 305, 559, 576, 617, 1010, 1055, 1068
plato corto 272
plato de cocción 292
plato de postre 302
plato de queso 303
plato de retroceso 679
plató de rodaje 542
plato giratorio 401, 760
plato lijador 396
plato llano 302
plato para caracoles 303
plato para pan y mantequilla 304, 305
plato sopero 302
platos calientes 292
platos de cocción 317
platos fríos 292
playa 70
plegadera 537
plegador de urdimbre 572
plegador del tejido 572
plegador posterior 572
plenum 338
pletina de casete 616
pletina de proyección 655
pleura 215
plexo braquial 225
plexo dental 206
plexo lumbar 225
plexo sacro 225
pliego 537
pliegue 426, 454
pliegue anal 193, 195
pliegue de cajón 370
pliegue de cajón invertido 370
pliegue de pinza 370
pliegue pespunteado 454
plisada 454
plomada 387
plomo 78, 737, 812, 1061
plotter 636
pluma 76, 158, 465, 524, 760
pluma de ave 584
pluma de caña 584
pluma de dirección 1009
pluma estilográfica 585
pluma metálica 585
pluma metálica romana 584
plumas timoneras 158
plumero 381
plumón 158
plúmula 105
plutoide 14
Plutón 15
plutonio 814
pluviómetro 84, 85
pluviómetro de lectura directa 84, 85
pocilga 243
podadera 416
podadera de árboles 416
podadora de bordes 419
podio 513, 847
podio de salida 976
podio y sótanos 847
podón 416
polaco 583
polaina 429, 1007, 1008, 1051
polainas 1007
polar continental 81
polar marítimo 81
pole position 1022
polea 367, 409, 682, 816, 885, 1009
polea alta 1001
polea baja 1001
polea de tracción 819
polea de transmisión 574
polea del montacargas 756
polea tensora 367
polea tensora del limitador de velocidad 519
poleas de tensión 700
polen, celdilla 144
polen, grano 104
polen, tubo 104
policía 856
polideportivo 843, 932
poliéster 424
polígono de tiro 905
polígono industrial 843
polígonos 839
polilla 146
polilla de abedul 147
polinización 104
polipasto 776
polipodio común 107
polisón 427
política 873
polítrico 106
pollo 271
pollo de Cornualles 271
polluelo 163
polo 437, 440, 968, 1008
polo, campo 1008
polo negativo 820
polo norte 817
polo Norte 42
polo Norte celeste 23
polo Norte geográfico 817
polo norte magnético 817
polo positivo 818
polo sur 817
polo Sur 42, 46
polo Sur celeste 23
polo Sur geográfico 817
polo sur magnético 817
Polonia 56, 878
polonio 812
polvera 473
polvo compacto 473
polvo de magnesio 971
polvos sueltos 473
poma 555
pomada 914
pomelo 256
pomerania 176
pomo 326, 361, 362, 395, 397, 998, 1030
pomo carnoso 115
pomo exterior 326
pomo interior 326
poncho 443
poni 1008
poni de polo 1008
Pont-l'Évêque 281
pontón 662, 777, 985
pontón de salida 984
pontones, puente 662
pool 1012
popa 720, 730, 983
Popa 21
popa, extremo 986
popieta 276
póquer 1062
por lo ancho 982
porcentaje 649, 837
porche 323
porcini 244
poro 102, 116
poro inhalante 134
porra 906
porta martillo 387
porta pasaportes 485
porta stilus 635
portaaguja 567
portaagujas 912
portaaviones 897
portabebé 491
portabicicletas 686
portabobina 566
portabobinas 574
portabolsa 1019
portabotellas 699
portabrocas de sujeción 394
portacanilla 566
portacarrete 1059, 1060
porta-celo 654
porta-cinta adhesiva 654
portaequipajes 687, 697, 698, 727, 1026
portaequipajes posterior 697
porta-esquí 686
porta-filtro 319
portafolios 653
portafusible 793
portahorquilla 754
portal 507, 661
portalámpara, componentes 358
portalámparas 358
portaleños 337
portamascotas 493
portaminas 585
portamonedas 485
portanegativos 600
portante 169
portaobjetivo rotatorio 825
portaobjeto 825
portaobjetos 825
portaocular 24
portapitones 1051
portaplumas 484
portarrollos de papel higiénico 346
portasellos 651
portatrajes 488
portatubo 825
portería 854, 944, 946, 949, 960, 974, 1008, 1029
portero 943, 944, 945, 947, 955, 960, 974, 1028, 1029
portero, guante 944
portero del equipo receptor 943
pórtico 507, 508, 509, 872
pórtico de tirantes 792
pórtico detector de metales 864
portobello 244
Portugal 56, 877
portugués 583
posición A - en plancha 978
posición B - hacer la carpa 978
posición C - cuerpo encogido 978
posición de equilibrio 821
posición de guardia: 991
posición de la cremallera 569
posición de los jugadores 938, 947, 960
posición de pie 1011
posición de rodillas 1011
posición de salida de espalda 975
posición de un carácter 586
posición del jurado 1037
posición en pie 1043
posición supina 1011, 1043
posición vertical 991
posiciones 998
posiciones de los jugadores 957
posiciones de salto 978
posiciones de tiro 1011, 1043
posiciones iniciales 991
postal 588
poste 335, 703, 713, 953, 958, 963, 974, 990
poste con protecciones 957
poste de canasta 955
poste de la grúa 729
poste de red 966
poste de salto 936
poste de sujeción 973
poste del asiento 698
poste indicador 1006
postigos interiores 370
postres 293
potasio 812
potencia eléctrica, unidad de medida 835
potenciómetro 604
potenciómetro de velocidad de lectura 559
poterna 504, 505
potro 969, 970, 971
pozo 498, 779, 783, 801
pozo, línea de flujo 777
pozo ciego 774
pozo de acceso 794
pozo de extracción 774
pozo de inyección 770, 779
pozo de producción 770, 779
pozo marino 780
pozo seco 801
practicable 972
practicable para ejercicios de suelo 970
practicante 996
pradera 243
praderas templadas 92, 93
prado 243
praseodimio 814
Precámbico 128
precipitación 90, 95
precipitación, cubeta 815
precipitaciones 91
precipitaciones invernales 90
precisión, balanza 831
precocinados 289
premaxilar 150, 166, 167
premolar 164, 166, 167
premolares 206
prenda refrigerante y de ventilación 33
prensa 537, 538
prensa de aguafuerte 534
prensa de brazos 1001
prensa de cajos 538
prensa de impresión textil 536
prensa de pruebas 533
prensa de tornillo 538
prensa en C 401
prensa litográfica 535
prensa-café 319
prensado 125, 538
prensatelas 566, 567
preparador 957
prepucio 228
presa 785, 788, 791
presa de bóveda 791
presa de contrafuertes 790
presa de gravedad 791
presa de tierra 790
presa móvil 794
presas 790
presas de mano 1051
presas de pie 1051
presentador 604
presidente 997
presidente de jurado 1031
presidente del jurado 1050
presilla 432, 1055
presilla de estaquilla 1052
presilla de la manga 435
presilla del cinturón 435
presión, unidad de medida 835
presión barométrica 81
presión barométrica a nivel del mar 81
presión del aire, medición 85
préstamo 867
presurizador 801
pretina 432, 436
pretina elástica 434, 436
prevención de incendios 900
prevención de la criminalidad 904
previsión meteorológica 80
primate 184
primates 185
primavera 80
primer árbitro 958, 959
primer aumento de la tensión 807
primer ayudante de cámara 542
primer jugador 1027
primer molar 206
primer pistón móvil 551
primer premolar 206
primera 998
primera aleta dorsal 148
primera base 938
primera cabina focal 26
primera clasificación 588
primera línea 950
primera plana 590
primera plana, foto 590
primera vía de clasificación 708
primera vuelta 933
primeras hojas 105
primeros auxilios, puesto de socorro 1036
primeros violines 545
primo 929
prímula 113
Principado de Andorra 877
Principado de Mónaco 878
principales movimientos 1065
principales señales de circulación internacionales 664
principales señales de circulación norteamericanas 666
principales tipos de cuchillas 531
principales tipos de misiles 894
prisma 594
prisma de Porro 824
prismáticos binoculares 824
proa 728, 731, 980, 983, 1047
proa afilada 987
proa apuntada 986
probador 850
probador de contactos con tierra 404
probeta graduada 85, 815
probóscide 140
procesador 595
proceso de imágenes digitales 599
procónsul 131
producción de electricidad, etapas 789
producción de electricidad por energía eólica 807
producción de electricidad por energía geotérmica 770
producción de electricidad por energía nuclear 795
producción de electricidad por energía solar 804
producción de electricidad por energía térmica 775
producción de electricidad por generador 789, 795
producción de oxígeno 102
producción del programa 605
producción del sonido 555
producción eléctrica 807
productor 543
productos, oferta 289
productos de fisión 811
productos de limpieza 291
productos de soja 284

productos del refinado 782
productos en oferta 289
productos lácteos 280, 288
productos para envasar 288
productos petroquímicos 782
profesor 868
profesor, pupitre 868
profundidad del hipocentro 76
profundo fuerte 952
profundo libre 952
programa de correo electrónico 642
programación de vuelta al directo 610
programación televisiva, horario 590
programador 342, 378, 379
programas informáticos 907
prohibido acampar 856
prohibido adelantar 664, 666
prohibido el cambio de sentido 666
prohibido el paso 664, 666
prohibido el paso de bicicletas 665, 666
prohibido el paso de camiones 665, 666
prohibido el paso de peatones 665, 666
prohibido hacer comidas campestres 856
prohibido usar silla de ruedas 856
prolongación decorativa 511
promecio 814
promontorio 70
pronador redondo 196
pronaos 499
propagación 821
proporción de nubes 81
propulsor 32, 36, 64
propulsor de maniobras 37
propulsor de proa 731
propulsor sólido 36
propulsores de control de actitud 36
proscenio 540
prospección marina 775
prospección terrestre 775
próstata 228
protactinio 814
protección 910
protección aislante de pies 33
protección contra salpicaduras 579, 781
protección de la cabeza 910
protección de las manos 910
protección de los oídos 910
protección de los pies 910
protección del sistema respiratorio 910
protección para el sistema respiratorio 909
protección para la cabeza 908
protección para los oídos 908
protección para los ojos 908
protección para los pies 909
protección para pecho 994
protector 417, 435, 942, 944, 990, 1069
protector bucal 954, 991
protector contra virutas 393
protector de antebrazo 954
protector de brazo 1009
protector de cable 394, 396, 477, 478
protector de cuello 954, 1030
protector de espuma 908
protector de folios 652
protector de garganta 1032
protector de la correa 395
protector de la culata 550
protector de la garganta 940
protector de mano 1025
protector de piernas 1029
protector del brazo 954, 1030
protector del cuello 901
protector del pie 940
protector del quemador 1049
protector del tendón 1030
protector del zanco 758
protector facial 1029
protector impermeable 449
protector lumbar 954
protector para antebrazo 994
protector para las costillas 954
protector pectoral 1009
protector solar 33
Protestantismo 870
protocolo de comunicación 642
protón 810
protórax 141
prototipo deportivo 1023
protuberancia 16
proveedor de servicios Internet 642
proventrículo 159
provincia 53
provisión de dinero en efectivo 859
provisión de guantes 921
próxima llamada 624
proyección, cabina 544
proyección, pantalla 544, 601
proyección, sala 544
proyección cilíndrica 43
proyección cónica 43
proyección en círculo 992
proyección interrumpida 43
proyección plana 43
proyección por encima del hombro con una mano 992
proyección primera de cadera 992
proyecciones cartográficas 43
proyectiles 889, 894
proyector 542, 544, 636, 639, 655, 707
proyector auxiliar 20
proyector de altura máxima 85
proyector de diapositivas 601
proyector de espejo en movimiento 606
proyector de luz difusa 606
proyector para planetario 20
proyectores 541
prueba 977
prueba de esfuerzo 925
pruebas 1039
psicrómetro 85
pterigoides 154
púa 561
púa de muelle 413, 765
pubis 159, 165, 194
público, entrada 498
pueblo 842, 1036
puente 52, 158, 367, 480, 547, 548, 549, 561, 641, 659, 718, 824, 1004, 1025
puente cantilever 661
puente colgante 660
puente de arco 661
puente de carga para contenedores 718
puente de ensamblaje 549
puente de la nariz 231
puente de los altos 552
puente de los bajos 552
puente de luces 902, 907
puente de luces, sistema de control 907
puente de mando 726, 729, 730, 731, 748, 897
puente de pontones 662
puente de portal 661
puente de señales 703
puente de tablero inferior 661
puente de tablero intermedio 661
puente de tablero superior 661
puente de viga 660
puente de viga de un tramo 660
puente de viga de varios tramos 660
puente desmontable tipo Bailey 662
puente elevador 662
puente giratorio 662
puente levadizo 504
puente levadizo doble 662
puente levadizo sencillo 662
puente transbordador 662
puentes de tirantes 660
puentes de vigas 660
puentes en arco 661
puentes fijos 660
puentes móviles 662
puerco espín 166
puerro 245
puerta 27, 316, 364, 376, 378, 379, 519, 671, 674, 687, 688, 746, 831, 855, 872, 943
puerta automática 742
puerta basculante de garaje 515
puerta convencional 515
puerta corredera 515
puerta corredera automática 515
puerta cortafuegos 515
puerta de acceso a la rejilla de las luces 605
puerta de balcón 330
puerta de control 1040
puerta de dos hojas 688
puerta de entrada 325, 689, 705
puerta de garaje seccional 515
puerta de la bodega de carga 36
puerta de la plataforma elevadora 689
puerta de librillo 515
puerta de proa 727, 730
puerta de salida 1006
puerta de tiras 515
puerta del fogón 336
puerta del refrigerador 377
puerta giratoria manual 515, 853
puerta inferior 719
puerta lateral 716
puerta mosquitera 687
puerta plegable 346, 515
puerta posterior 911
puerta superior 719
puerta trasera 329, 757
puerta ventana 296
puertas 515
puertas de entrada 544
puerto 718, 843
puerto de Ethernet 628, 630
puerto de infrarrojos 630
puerto de interfaz de ordenador 638
puerto de la pantalla 628
puerto de módem interno 630
puerto de red 629
puerto de salida de S-video 630
puerto de salida de TV 630
puerto de tarjeta de memoria 637
puerto de vídeo 629
puerto deportivo 932
puerto FireWire 628, 630
puerto juego 629
puerto MIDI 629
puerto paralelo 629
puerto ratón 629
Puerto Rico, fosa 69
puerto serial 629
puerto teclado 629
puerto USB 558, 599, 619, 620, 628, 629, 630, 637, 638
puesta en marcha 571, 647
puesto de bombeo 668
puesto de clasificación 708
puesto de control 522, 865
puesto de enfermeras (ambulatorio de urgencias) 919
puesto de enfermeras (urgencias) 918
puesto de información 742
puesto de la guardia de seguridad 919
puesto de los entrenadores 1041
puesto de los jueces 1040
puesto de observación 28
puesto de ordenadores 866
puesto de socorro 856
puesto de tiro 1043
puesto de trabajo 644
puesto del jurado 1041
puestos de escucha 867
puf 361
pujamen 983
pulga 146
pulgar 186, 187, 208, 237, 464, 941
pulgar oponible 185
pulidora 535
pulmón 137, 145, 152, 154, 159, 169, 212, 215
pulmón derecho 214
pulmón izquierdo 214
pulmones 215
pulpa 114, 115, 125, 206
pulpejo 171
púlpito 871, 872
pulpo 138, 265
pulpo, anatomía 138
pulpo, morfología 138
pulsador 326, 584
pulsador de llamada 519
pulsar 18
pulsera de dijes 471
pulsómetro 1001
pulverizador 380, 414, 775
pulverizador de agua 670
pulverizador tándem 765
puma 180
punta 111, 250, 298, 299, 300, 306, 388, 390, 391, 392, 403, 406, 432, 433, 469, 483, 490, 547, 567, 570, 579, 584, 585, 873, 874, 936, 937, 988, 1009, 1018, 1038, 1042, 1044, 1051, 1061, 1063, 1069
punta, guía 1059, 1060
punta cruciforme 390
punta de caja cuadrada 390
punta de flecha de sílex 883
punta de hoja plana 390
punta de la plancha 374
punta de plástico 478
punta de sujeción 552
punta del afilador 579
punta del ala 1047
punta del cuello 431, 454
punta del diente de la desterronadora 758
punta del esquí 1042
punta seca 535
puntal 332, 333, 556, 793
puntal trasero 806
puntales de refuerzo 332
puntas; tipos 390
punteado 575
punteo 531
puntera 397, 1030, 1039, 1042, 1043
puntera perforada 459
puntera protectora 909
puntera reforzada 1030
puntero 1057
punto 587, 1062
punto, tipos 570
punto crítico 1041
punto de apoyo 145
punto de apoyo variable 978
punto de arroz 570
punto de bordado 565
punto de concentración 804
punto de cruz 565
punto de despegue 1041
punto de empulgada 885
punto de escapulario 565
punto de espiga 565
punto de grabado 534
punto de información 849, 853, 867, 1036
punto de inserción 1009
punto de interés 53
punto de malla 570
punto de marcado 569
punto de mira 887, 888, 891, 893, 1011, 1043, 1057
punto de montaje 749
punto de norma 1041
punto de nudos 565
punto de ochos 570
punto de penalti 946
punto de referencia, botón 559
punto de respiguilla 570
punto de salida 1016
punto de saque 1028
punto del derecho 570
punto del revés 570
punto muerto, indicador 696
punto vegetativo 110
punto y coma 587
puntos 968
puntos cardinales, señales 738
puntos de cruz 565
puntos de malla 565
puntos de montado 570
puntos de relleno 565
puntos de relleno sueltos 565
puntos suspensivos 587
puntuación, signos 587
punzón 576, 578, 1055
puñal 886
puño 428, 431, 941, 968, 998, 1042
puño de amura 983
puño de escota 983
puño para gemelos 452
pupila 178, 238
pupila vertical 154
pupitre del alumno 868
pupitre del profesor 868
purificador de agua 1056
purificador de aire 342
puro 483
púrpura 875
putter 1017, 1018
puzle 1066

Q

Qatar 58, 880
qipao 429
quad 697
quark d 810
quark u 810
quarterback 953
queche 723
quechua 583
quelícero 145
quemador 312, 339, 340, 376, 777, 1049, 1053
quemador de gas 340, 349
queroseno 782
queso 292
queso, rallador cilíndrico 307
queso cottage 280
queso cremoso 280
queso de cabra 280
queso Oka 281
quesos azules 281
quesos blandos 281
quesos de cabra 280
quesos frescos 280
quesos prensados 281
quevedos 481
quiasma óptico 222
quijada 168, 174
quijada inferior 1004
quijada superior 1004
quijote 884
quilla 159, 722, 981, 1047
química 810, 834
quimono 429
quingombó 248
quinientos 836
quinta 562, 998
quinteto 546
quinto octante 17
quinua 263
quiosco 849
quirófano 921, 922
quitaesmaltes 472
quitagrapas 654
quitanieves 421, 763
quitapiedras 706, 707
quitón 426

R

rábano 251
rábano blanco 251
rábano daikon 251
rábano negro 251
rabillo 114, 115
rabiza 1059
racimo 112, 122
racimo de uvas 117
raclette 281
racor abocinado 351
racor por compresión 351
racores 351
racores mecánicas 351
radar 64, 726, 727, 730, 731
radar aéreo 898
radar aerotransportado 64
radar de aterrizaje 897
radar de búsqueda aérea 897
radar de control aéreo 897
radar de detección de blancos 898
radar de navegación 746
radar de vigilancia 898

radar de vigilancia de superficie 897, 898
radar meteorológico 80
Radarsat, satélite 64
radiación 811
radiación artificial 65
radiación del cielo, medida 84
radiación infrarroja 96, 821
radiación natural 65
radiación solar 95, 96
radiación solar absorbida 96
radiación solar refleja 96
radiación ultravioleta 821
radiador 339, 672, 683, 706
radiador, manguito 683
radiador de convexión 340
radiador eléctrico 340
radiador tubular 339
radiadores 35
radícula 105, 109
radio 145, 159, 164, 165, 170, 175, 182, 184, 186, 187, 188, 200, 202, 208, 604, 699, 812, 838, 907, 1048
radio blando 150
radio CB 621
radio despertador 619
radio espinoso 150
radio medular 118
radio portátil 619
radio VHF marítima 735
radio y cúbito 153
radioactividad, unidad de medida 835
radioactivo 910
radiómetro 86
radiómetro de imágenes 86
radiosonda 85
radiotelescopio 26
radioterapia 926
radomo 896
radón 814
rádula 137
raíces 109, 117, 251
raíces adventicias 107
raíces superficiales 118
raicilla 118
raíl 533, 713, 717
raíl de cierre 712
raíl eléctrico 717
raíl guía 26
raíles del travelín 542
raíz 105, 110, 206, 233, 300
raíz capilar 236
raíz contrafuerte 110
raíz cuadrada 649
raíz cuadrada de 837
raíz de la uña 237
raíz fúlcrea 110
raíz motora 220, 221, 224
raíz primaria 109, 118
raíz principal 105
raíz secundaria 105, 109, 110
raíz sensitiva 221
raíz sensorial 220, 224
rallador 306, 307
rallador cilíndrico de queso 307
rallador de nuez moscada 307
rallar 307
rally, coche 1023
rama 118, 120, 171, 912
rama con fruto 117
rama dorsal 220
rama inferior 885
rama madre 118
rama superior 885
rama ventral 220
ramaje 118
ramal de enlace 659
rambután 259
ramen 283
ramificación 117, 818
ramilla 118
rampa 503, 659
rampa de acceso 499, 660
rampa de lanzamiento 1041
rampa del muelle 718
rampa para sillas de ruedas 522
rampa plegable 730
ran, metamórfosis 153
rana 152
rana, esqueleto 153
rana, morfología 152
rana arborícola 153
rana bermeja 153
rana de bosque 153
rana leopardo 153
rana macho, anatomía 152
rana toro 153
ranilla 171
ranita 449
ranura 309, 390, 484, 567, 683, 935
ranura de alimentación 625
ranura de corte 393
ranura de depósito 858
ranura de la tarjeta 594, 595
ranura de la tarjeta de memoria 613
ranura de la tarjeta PC 630
ranura de lectura de tarjeta 668
ranura de puesta al día de la cartilla 858
ranura de registro de la transacción 858
ranura de ventilación 630, 637
ranura de visión 884
ranura guía 1038
ranura para el pan 316
ranura para monedas 624, 1070
ranura para toldo 687, 691
rape 267
rape abisal 151
raqueta de bádminton 962
raqueta de raquetball 964
raqueta de squash 965
raqueta de tenis 968
raqueta elíptica 1043
raqueta tradicional 1043
raquetas 1043
raquetball 964
raquetball, cancha 964
raquis 158
ras el hanout 261
rascacielos 512
rascador 534
raspador 535, 576, 760
rasqueta 408, 1042
rastrillo 413, 420, 766, 767
rastrillso 540
rasuradora multi-hojas 479
rata 165, 166
rata, esqueleto 165
rata, morfología 165
ratón de campo 166
ratón inalámbrico 634
ratón por láser 634
raviolis 282
raya 148, 266, 432
raya continua 658
raya discontinua 658, 659
rayo 91
rayo de luz 239
rayo incidente 822, 823
rayo láser 615, 823
rayo reflejado 822, 823
rayo refractado 822
rayos gamma 821
rayos X 821, 924
re(D) 562
Rea 15
reacción 834
reacción en cadena 811
reactivación 622
reactivado 639
reactor 795, 797, 798, 800
reactor de agua a presión 801
reactor de agua en ebullición 801
reactor de agua pesada 800
reactor de bióxido de carbono 800
reactor nuclear 899
reactor nuclear, carga 799
realismo 529
rebajo de escalón 335
rebobinado 610
rebobinador 566
reborde 541, 547, 548
reborde de la cabina 987
rebosadero 344, 347, 785
rebote 958
rebozuelo 244
recalentador 796
recalentamiento global 96
recámara 577
recámara, palanca de accionamiento 892
recepción 644, 854, 858, 900, 918, 922
recepción, nivel 854
recepción de carga 743
recepción de datos 65
recepción de programas 609
recepción directa en la casa 602
receptáculo 107, 112, 114, 654
receptáculo seminal 141, 145
receptor 26, 549, 553, 622, 623, 938, 939, 940
receptor/grabadora de vídeo digital 610
receptor alejado 953
receptor de radio vía satélite 620
receptor del sonido 912
receptor sensorial 221
receptores gustativos 233
recibo 831
recibo de transacción 859
reciclado 99
reciclado de aluminio, contenedor 99
reciclado de papel, contenedor 99
reciclado de vidrio, contenedor 99
reciclaje, contenedores 99
recinto ferial 842
recipiente 294, 318, 342, 493, 494, 495
recipiente con vertedor 315
recipiente de acumulación 85
recipiente de agua 342
recipiente de café molido 318
recipiente de granos de café 318
recipiente de vertido 85
recipiente del abrillantador 380
recipiente del detergente 380
recipiente inferior 319
recipiente para agua 494, 644
recipiente para almacenamiento 798
recipiente superior 319
recogedor 381, 419
recogepelotas 966
recogida 242
recogida de papel, contenedor 99
recogida de vidrio, contenedor 99
recogida diferenciada 99
recorrido deslizador 1035
recta de fondo 1006
rectángulo 839
recto 141, 143, 155, 159, 169, 217, 226, 228
recto anterior 196
recto del abdomen 196
recto entallado 438
recuadro 792
recubrimiento aislante 36
recubrimiento antirreflectante 802
recubrimiento de acero 341
recubrimiento de la primera tubería 780
recuperación 949
recuperación de aire 338
recuperar memoria 649
red 366, 640, 949, 957, 958, 959, 960, 961, 963, 967, 974
red de área amplia 641
red de cables telefónicos 846
red de distribución por cable aéreo 602
red de mano 1061
red de pesca 495
red de seguridad 973
red de servicio postal 588
red de teléfono inalámbrico 623
red de transmisión de electricidad 804
red de transmisión por cable subterráneo 603
red de transmisión privada 602
red en anillo 640
red en bus 640
red en estrella 640
red nacional de transmisión 602
red telefónica 603
redes 640
redonda 563
redondo 272
redondo mayor 197
redondo menor 197
reducción/ampliación 647
reductor 351
reductor con cabeza hexagonal 351
reductor de asiento de inodoro 492
reductor de calibre 351
reductor de entrada 144
reductor de flujo 780
reductor de voltaje 789
reenvío automático 1071
refinado, productos 782
refinador 125
refinería 780, 843
reflector 404, 691, 698, 699, 1026
reflector del radar 737
reflector parabólico 26
reflector parabólico móvil 26
reflector secundario 26
reflectores solares 602
reflejo de la luz 822
reflexión 65
reflexión parcial, espejo 823
reflexión total, espejo 823
Reforma 870
refracción de la luz 822
refrigeración, torre 770, 775
refrigeración, varilla 823
refrigerador de aire 680
refrigerante 770, 782, 795, 800, 801, 804
refrigerante caliente 795, 804
refrigerante de la cámara del generador de vapor 797
refrigerante frío 795, 804
refuerzo 445, 908, 1024
refuerzo de la culata 890
refuerzo del talón 459
refugio 494, 663
refugio de montaña 1036
refugio en la cima 1036
refugio meteorológico 84
refugio presurizado 663
refugio principal 1036
regadera 414
regalos 851
regata 982
regate 948
regatón 1051
región lumbar 193, 195
región malar 158
región negativa 802
región positiva 802
región púbica 192
regiones de boyas 738
registrador de datos 84
registro 355, 357
registro, cilindro 76
registro de altos 560
registro de datos 65
registro sísmico 775
registros de bajos 560
regla 537, 568, 1055
Regla 20
regla, escala 832
regla de corte 393
regla de escuadra 526
regla graduada 833
regla para medir puntos 570
regleta colectora térmica 354
regleta de neutro/de tierra 354
regulación, estación 783
regulador 402, 553
regulador de altura 969
regulador de ancho de puntada 566
regulador de aspiración 375
regulador de emergencia 989
regulador de entrada de agua 380
regulador de fluidos 408
regulador de la 1ª etapa de descompresión 989
regulador de la 2ª etapa de descompresión 989
regulador de la presión 555
regulador de largo de puntada 566
regulador de luminosidad 371
regulador de potencia 375
regulador de presión 312, 407, 566, 783, 901, 1053
regulador de tamaño de punto 567
regulador de temperatura 691
regulador de tensión 566, 571
regulador de vapor 374
regulador de velocidad 420, 676
regulador digital del calentador 340
reina 143, 1062, 1065
reina, cámara 498
Reina Maud, Tierra 46
reiniciación 647
reino 132
Reino Unido 56
Reino Unido de Gran Bretaña e Irlanda del Norte 877
reja 404, 765, 865
reja de entrada, pronaos 499
reja de entrada al pronaos 499
reja de seguridad 858
reja metálica de contacto 802
rejilla 312, 316, 339, 343, 376, 377, 560, 579, 604, 609, 683, 685, 786
rejilla de control térmico 86
rejilla de entrada de aire 477
rejilla de iluminación 606
rejilla de la calefacción 716
rejilla de pared 338
rejilla de piso 338
rejilla de salida 340
rejilla de salida de aire 477
rejilla de techo 338
rejilla de vaporización 342
rejilla de ventilación 343, 380
rejilla del ventilador 375
rejilla desmontable 312
rejilla frontal 342
rejilla protectora 618
rejilla regulable 338
rejillas, tipos 338
relámpago 83
religión 870
religiones, cronología 870
rellano 335
rellano de la escalera 330
rellano inferior 518
rellano superior 518
relleno alternado 565
relleno exterior 771
reloj 316, 376, 600, 868, 1008
Reloj 20
reloj automático 577
reloj de arena 308
reloj de péndulo 829
reloj de pesas, mecanismo 829
reloj de producción 604, 607
reloj de pulsera 828
reloj de sol 828
reloj digital 828
reloj mecánico 828
reloj programador 316
relojes 851
remache 306, 399
remate 335, 959
remate de chimenea 323
remate en T 337
remeras primarias 158
remeras secundarias 158
remeras terciarias 158
remo 720, 722, 984, 1001
remo de dirección 720
remo de dos palas 987
remo de una sola pala 986
remo en punta 984
remolacha 251
remolcador 728
remolque 687, 745
remolque de bicicletas para niños 700
remolque tipo caja 690
renacentisto 509
renacuajo 153
reniforme 111
renio 813
reno 172
repetidor 603
repisa 336
repisa para accesorios 24

repollo 247
repollo verde 247
reposabrazo 675
reposabrazos 917
reposacabezas 491, 675, 686, 917
reposa-cuchillos 301
reposamanos 632
reposamuñecas 634
reposa-palillos 305
reposapies 366, 697
reposapiés 401, 646, 694, 696, 917, 1001, 1021
reposarodillos 987
reposicionamiento 648
repostaje de combustible en vuelo 896
repostería, utensilios para 310
representación gráfica 838
reproducción 120, 559, 611
reproducción, ciclo 104
reproducción aleatoria 615
reproducción instantánea 610
reproductor/grabador de video VCR 611
reproductor de CD portátil 619
reproductor de video 933
reproductor portátil 620
reproductor portátil de DVD 610
reptación 77
reptiles 154, 156
República Centroafricana 60, 879
República Checa 56, 878
República de Corea 881
República de Malí 879
República de San Marino 878
República Democrática del Congo 879
Republica Democrática Popular de Corea 881
República Dominicana 54, 877
repuesto 584
repulsión 817
reseña gastronómica 590
resguardo del parachoques 670
residuos, separación selectiva 99
residuos domésticos 97, 98
residuos industriales 97, 98
residuos no reciclables 99
residuos nucleares 98
residuos primarios 782
resistencia 348, 379, 380, 406, 577
resistencia, ajuste 1001
resistencia aerodinámica 752
resistencia eléctrica, unidad de medida 835
resistencias 820
resma 125
resonador 554, 557, 618
resonador de rayos infrarrojos 86
resorte 76, 350, 367, 372, 378, 399, 490, 584, 706, 893
resorte de la válvula 682
resorte de retorno 679
resorte de suspensión 829
resorte de tensión 567, 1000
resorte de válvula 555
resorte del eslabón 889
resorte del martinete 553
resorte del sistema articulado 1070
resorte espiral 371
resorte tensor 677
respaldo 360, 361, 366, 675, 697, 917, 1001, 1026
respaldo reclinable 913
respiración 95
respiradero 144, 322, 343, 695, 781
respiradero lateral 687
responder, tecla 622
resta 837
restablecimiento 1067
restador 963, 965, 966
restaurante 290, 730, 844, 847, 848, 853, 856
restaurante de autoservicio 292
restaurante de comida rápida 849
resurgencia 67
retablo 871
retén 773
retén imantado 318
retención de datos 404
retícula 824
retícula, sistema 42
Retículo 20
retículo endoplasmático 102, 133
retina 238, 239
retiracutículas 472
retoño 118
retorno 633
retrato 861
retroceso 633
retrovisor 696
retrovisor de gran angular 688
retrovisor gran angular 689
revelado, baños 600
revelado, tanque 600
revestimiento 125, 679, 762, 790, 887, 961, 1017, 1049
revestimiento de fibra de vidrio 349
revestimiento de fósforo 359
revestimiento de la popa 27
revestimiento interior 674, 685
revestimientos textiles del suelo 334
revisor 704
revista sensacionalista 590
revólver 888
revólver portaobjetivos 825
rey 1062, 1065
rey, cámara 498
Rhesus, factor 834
ría 1002, 1003
ría, carrera de obstáculos 934
ría para la carrera de obstáculos 934
rías 70
ribete 430, 450, 457, 459
ribosoma 102, 133
ricotta 280
riel 367, 757
riel corredizo 380, 981
riel de iluminación 373
riel de lanzamiento de proyectiles 896
riel de rodamiento 756
riel deslizador 675
riel metálico 653
riel para las rejillas 377
rieles, empalme 712
rienda 1006
rienda del bocado 1004
rienda del freno 1004
riendas 1007
rifle 887
rifle de biathlon 1043
rigatoni 282
rillettes 277
rimaya 72
rímel en pasta 473
rímel líquido 473
rincón 990
rinconera 365
ringside 990
rinoceronte 173
riñón 136, 137, 138, 149, 152, 154, 159, 169, 219, 229
riñón derecho 218
riñón izquierdo 218
riñonera 487, 954
riñones 168, 276
río 45, 52, 73
río Amazonas 48
río Congo 50
río Danubio 49
río Dniéper 49
río Mackenzie 47
río Mississippi 47
río Níger 50
río Nilo 50
río Orinoco 48
río Paraná 48
río San Lorenzo 47
río Senegal 50
río Vístula 49
río Volga 49
ripia 385
risco 17, 71
ritmo de las señales nocturnas 739
rizador de mantequilla 309
rizador de pestañas 473
rizoide 106
rizoma 107, 110
róbalo 269
Roberval, balanza 830
roble 119
robot de cocina 315
roca 92, 1050
roca firme 76
roca impermeable 776
roca madre 109
rocas ígneas 66
rocas intrusivas 66
rocas metamórficas 66
rocas sedimentarias 66
rociador 352
rociadores 795
rocío 91
rocódromo 1050
Rocosas, montañas 47
roda 724
rodaballo 268
rodaja 270
rodamiento 1045
rodapié 333, 364, 518
rodete 787
rodete de la turbina 794
rodetes 787
rodilla 168, 174, 192, 194
rodillera 884, 940, 954, 999, 1005, 1007, 1008, 1030, 1032, 1044, 1045
rodillo 310, 371, 396, 408, 420, 535, 577, 648
rodillo, soporte 762
rodillo de entrada 766, 767
rodillo de pintor 408
rodillo entintador 533
rodillo guía 402, 616
rodillo para barnizar 534
rodillo triturador 766
rodio 813
rodrigón 410, 418
roedor 165, 166
roentgenio 813
roja 1063, 1068
rojo 528, 821
Rojo, mar 44, 50, 51
rojo violeta 528
rollo de película 591
rollos de la Torá 872
románico 508
rombo 839
romero 262
rompehielos 728
rompiente 77
ropa 123
ropa de bebé 851
ropa de cama 363
ropa de deporte 450
ropa de deporte de mujer 850
ropa de deportes de hombre 851
ropa de deportes para niños 851
ropa de dormir 447
ropa de hombre 430
ropa de mujer 438
ropa de niños 448
ropa de noche de mujer 850
ropa de protección 406
ropa especial 448
ropa informal de hombre 851
ropa informal de mujer 850
ropa interior 434, 444, 1022
ropa interior de hombre 850
ropa para el hogar 850
ropa para niñas 851
ropa para niños 851
ropa tradicional 429
ropa unisex 437
ropalio 134
ropero 365
roquefort 281
rosa 113
rosa de los vientos 734, 1057
rosca 350, 390, 400, 832
roseta 326, 414, 501, 548
rosetón 507
rosquilla 279
Ross, banquisa 46
rotación de la turbina 789
rotí de panceta 274
rotodomo 751
rotonda 52, 847
rotor 327, 681, 753, 787, 806, 807, 1060
rotor de cola 753
rotor de dientes 819
rótula 165, 170, 175, 184, 200
rótula de enganche 709
rotulador 524, 585, 653
rough 1017
router 643
routers 641
Ruanda 61, 879
rubí 470, 828
rubí, varilla 823
rubí pulsado, láser 823
rubidio 812
rubio 267
rueda 408, 411, 421, 535, 568, 684, 690, 755, 890, 895, 917, 1020, 1024, 1044, 1045
rueda, caja 1001
rueda central 828, 829
rueda central de enfoque 824
rueda cilíndrica de dientes rectos 816
rueda compresora 767
rueda de alabes 787
rueda de aspas 721
rueda de cadena 1026
rueda de calibrado 420
rueda de corona 829
rueda de desplazamiento 634
rueda de ejercicios 494
rueda de empuje 917
rueda de escape 828, 829
rueda de freno 913
rueda de la dirección 917
rueda de los segundos 828
rueda de medición 832
rueda de radios 1007
rueda de repuesto 687
rueda de selección 597
rueda de transmisión 1026
rueda de trinquete 828, 829
rueda de volante 576
rueda delantera 761, 764
rueda dentada 816
rueda estabilizadora 701
rueda frontal 420
rueda giratoria 366, 1068
rueda guía 758
rueda humedecedora 651
rueda lenticular 1021
rueda libre 682
rueda media 828
rueda metálica de seguridad 717
rueda motriz 758, 764, 829, 895
rueda para graduar el respaldo 675
rueda posterior lenticular 1021
rueda trasera 420
ruedas de tracción 761, 762
ruedecilla 375, 488, 534, 556
ruedecilla de la piedra 483
rugby 950
rugby, campo 950
rugby, jugadores 950
ruibarbo 250
ruiseñor 162
ruleta 1068
ruleta americana 1068
ruleta francesa 1068
rulo 476
rulo para el cabello 476, 478
Rumanía 57, 878
rumano 583
rupia 860
ruqueta 247
Rusia 46, 56, 57, 58, 59
ruso 583
rusula verde 244
ruta de servicio 740
ruta pintoresca 53
rutenio 813
rutherfodio 813
Ryukyu, fosa 69

S

sábalo 267
sabana 92, 93
sábana 363
sábana ajustable 363
sable 875, 886, 980, 983, 998, 1047
sacabotas 463
sacacorchos 282, 307, 1055
sacacorchos con brazos 307
sacapuntas 654
sacapuntas eléctrico 654
sacatrapos 889
saco de arena 990
saco de dormir 449, 1054
saco de Douglas 226
saco de marinero 486
saco de piel 560
saco de pilotaje 1047
saco del aguijón 137
saco embrionario 104
saco portabebé 448
saco rectangular 1054
saco semirrectangular 1054
saco tipo momia 1054
saco uterovesical 226
saco vivac 1054
sacrificio, piedra 513
sacristía 871
sacro 184, 187, 200, 201, 204
sagari 995
Sagitario 20
Sahara, desierto 50
Sáhara Occidental 60
sahariana 442
Saint Kitts and Nevis 876
sal 995
sal de baño 474
sal de mesa 287
sal gorda 287
sal marina 287
sala 329, 541
sala común 865
sala de alumnos 869
sala de anestesia 921
sala de audiencias 863, 872
sala de bombeo 728
sala de ceremonias 872
sala de cine 730
sala de clasificación 919
sala de conciertos 845
sala de conferencias 852, 858
sala de congresos 852
sala de consulta 867
sala de control 785, 797, 904
sala de control de la producción 608
sala de control de luces/de cámara 605
sala de control de máquinas de propulsión 899
sala de control de operaciones 899
sala de control de producción 607
sala de control de sonido 608
sala de control de vídeo 608
sala de coordinación 905
sala de correos 644
sala de curas 922
sala de equipajes 704
sala de espera 644, 904, 919, 923
sala de espera de embarque 743
sala de espera de visitantes 864
sala de espera del centro de extracción de sangre 922
sala de espera para la familia 918
sala de espera principal 922
sala de estar 329
sala de esterilización 921, 922
sala de examen de audiometría 923
sala de exposición 853
sala de extracciones 922
sala de interrogatorios 904
sala de lectura 866
sala de máquinas 728, 730, 785, 786, 899
sala de microfilmes 866
sala de navegación 726
sala de observación psiquiátrica 918

sala de oración 872
sala de ordenadores 899
sala de preparación quirúrgica 921
sala de producción de electricidad 899
sala de producción y control 605
sala de profesores 869
sala de proyección 20, 523, 544
sala de reanimación 918
sala de reconocimiento 923
sala de recuperación posoperatoria 921
sala de redacción de informes 904
sala de reposo de enfermeras 922
sala de reprografía 644
sala de reuniones 522, 644, 854, 858, 869, 900
sala de torpedos 899
sala de trabajo 852
sala de visión 867
sala del jurado 862
sala del montacargas 773
sala del personal 859, 904, 919
sala del reactor nuclear 899
sala multifunción 605
sala periódicos 867
sala polivalente 865
sala VIP 852
salamandra 153
salami alemán 277
salami de Génova 277
salas de entrevistas 863
salas de exposición permanente 523
salas de exposición temporal 523
salas de reuniones 852
salchicha de Frankfurt 277
salchicha de Toulouse 277
salchicha kielbasa 277
salchow 1031
salero 302
salida 338, 659, 1035, 1037, 1064
salida, casilla 1063
salida, plataforma 1041
salida audio/video 614
salida con viento contrario 982
salida de agua caliente 339, 349
salida de aire 343
salida de aire caliente 336, 338
salida de humo 336
salida de la contracorriente 797
salida de la pista 743
salida de la pista de alta velocidad 740
salida de sonido 614
salida de virutas 397
salida del agua de refrigeración del condensador 797
salida del refrigerante 802
salida multicanal 614
salientes 511
salmer 514
salmón 94
salmón del Atlántico 268
salmón del Pacífico 268
salmonete 267
salmuera, especias 261
salón 329, 854
salón bar 854
salón de baile 731
salón de pasajeros 730
salpicadero 676, 697
salsa de ciruelas 287
salsa de soja 286
salsa de tamarindo 286
salsa de tomate 286
salsa hoisin 286
salsa picante 287
salsa Tabasco® 286
salsa Worcertershire 286
salsera 302
salsifí 251
saltador 973, 1041
saltador de pértiga 936
saltamontes verde 147
salto, esquí 1041
salto, posiciones 978
salto, zona 973
salto de altura 935, 936
salto de esquí 1041
salto de esquí, pista 1040, 1041
salto de longitud 934, 937
salto de obstáculos 1002
salto de obstáculos, pista 1002
salto de pértiga 934, 936
salto de salida 975
salto en equilibrio 978
salto frontal 978
salto frontal con tirabuzón 979
salto hacia atrás 978
salto interior 978
salto inverso 978
salto inverso con tirabuzón 979
salto sincronizado 979
saltos 936, 978, 979
saltos de esquí 1041
saltos múltiples 1025
salud 911
salvavidas 731, 733
salvelino 269
salvia 262
samario 814
sambal oelek 287
Samoa 62, 881
samoano 583
San Bernardo 177
San Cristóbal y Nieves 54
San Lorenzo, río 47
San Marino 56
San Pedro 870
San Vicente y las Granadinas 54, 877
sandalia 461, 462, 883
sandía 257
sangre arterial 212
sangre limpia 927
sangre venosa 212
sanguina 524
Santa Lucía 54, 876
Santo Tomé y Príncipe 61, 879
santuario, lámpara 871
sapo común 153
saque 949, 958
sardina 267
sarga 424, 575
sargento 401
sari 429
sarmiento 117
sarraceno, trigo 122
sartén 313, 1055
sartén doble 313
sartén honda 313
sartén para crepes 313
sartén pequeña 313
sartorio 196
sash 996
satélite 14, 39, 602
satélite, comunicación 602
satélite, telecomunicaciones 603
satélite artificial 79
satélite de órbita polar 86
satélite de telecomunicaciones 643
satélite geoestacionario 86
satélite GPS 63
satélite meteorológico 80, 86
satélite Radarsat 64
satélites, órbita 86
satélites de telecomunicaciones 602
satén 424, 575
satinado 125
Saturno 14, 15
Saturno V 39
sauce llorón 119
saxofón 550
schnauzer 176
Schwenkel, bandera 873
scooter de cuatro ruedas 917
scratch, rueda 559
scull 984
seaborgio 813
sebo 236
secado 125, 425
secador de manguera 900
secador de mano 477
secadora 379
secadora de ensalada 308
secadora de pruebas 600
secar en secadora a baja temperatura 425
secar en secadora a temperatura media 425
secar extendido sobre una toalla después de escurrir 425
secar sin escurrir 425
sección 590
sección cartográfica 866
sección de carga del combustible 798
sección de flotación 737
sección de identificación 904
sección de monografías 866
sección del cañón 337
sección expuesta 35
sección frontal 909
sección infantil 866
sección inferior 39
sección presurizada del módulo experimental de logística 35
sección superior 39
sección vertical 1044
seco 1068
secretaría 859, 869
secretaria de dirección 644
secretaría de dirección 644
secretario 994
secretario/a de producción 543
secretario judicial, estrado 862
secretarios 974
sector 838
secuencia en el manejo de combustible 798
secuenciador 559
secuoya 121
seda 424
sedal 1059
segadora 766
segmento 682
segmento abdominal 141
segmento intermedio 228
segmento muscular 149
segmento terminal 228
seguimiento de la bola 1014
segunda 562, 998
segunda aleta dorsal 148
segunda base 938
segunda cabina focal 26
segunda línea 950
segunda vía de clasificación 708
segunda vuelta 933
segundero 828
segundo 836
segundo árbitro 958, 959
segundo aumento de tensión 807
segundo ayudante de cámara 542
segundo jugador 1027
segundo molar 206
segundo pistón móvil 551
segundo premolar 206
segundo refuerzo 890
segundos violines 545
seguridad 900
seguro 316, 375, 395, 399
seguro de inclinación del disco 392
seguro de la base 401
seguro de la guía 393
seguro de la mesa 395
seguro del brazo 571
seguro del cargador 888
seguro del cordón 371
seguro del fuelle 560
seguro del interruptor 394
seguro por contacto 389
seis doble 1062
selección 611, 624
selección auto/manual 404
selección de cartón 99
selección de control 614
selección de entrada 614
selección de metal 99
selección de nivel 2 632
selección de papel 99
selección de vidrio 99
selección manual 99
selección óptica 99
selector 343, 404, 477
selector automático/manual 577
selector cuadro-direccional 593
selector de canales 611, 621
selector de corte 479
selector de emisoras preseleccionadas 619
selector de entrada 614
selector de focalización 592
selector de frecuencias 619, 620
selector de la recepción 549
selector de la voz 558
selector de modalidad 597
selector de movimiento orbital 393
selector de nivel de agua 378
selector de posición de aguja 566
selector de programa 558, 592
selector de puntada 566
selector de sintonización 619
selector de temperatura 316, 378, 379
selector de tipo de cinta 616
selector de velocidad 314, 394, 617
selector de velocidades 314
selector de volumen 619
selector del premio 1070
selector del ritmo 558
selectores de funciones 623
selenio 812
sellado, tapa 820
sello de correos 588
sello de goma 651
semáforo 665, 667, 703, 846
semáforo de peatones 846
semáforo de señalización 1009
sembradora a chorrillo 767
sembradora de mano 418
semicírculo 838
semicírculo de la zona de tiro libre 956
semicírculo del área 946
semicorchea 563
semieje 673
semiespinoso 197
semifinal 933
semifusa 563
semilla 104, 105, 114, 115, 116
semilla, tegumento 115
semillas de adormidera 261
semilunar 202, 208
semimembranoso 197
semimetal 812
semi-negrita 586
semirremolque, caja, tipo 691
semirremolque bajo portamáquinas 692
semirremolque con lona 692
semirremolque frigorífico 691, 692
semirremolque furgón 692
semirremolque jaula bajo para transporte ganadero 692
semirremolque para el transporte de troncos 692
semirremolque porta container 692
semirremolque tipo caja 690
semirremolque tipo plataforma 691
semisótano 328
semi-tándem 701
semitendinoso 197
sémola 123, 278
Senegal 60, 879
Senegal, río 50
seno 77, 194, 227, 426, 821
seno del pecíolo 117
seno esfenoidal 232
seno frontal 232
seno lateral inferior 117
seno lateral superior 117
senos lactíferos 227
sensibilidad 592
sensibilizante 536
sensor 84
sensor activo 65
sensor de colisión primario 676
sensor de imagen 594, 595
sensor de láser 634
sensor de luz 594
sensor de movimiento 515
sensor de radiaciones terrestres 86
sensor de seguridad 676
sensor de temperatura 32, 683
sensor de velocidad de las ruedas 679
sensor del mando a distancia 609
sensor estelar 32
sensor infrarrojos 636
sensor pasivo 65
sensor solar 64, 86
sensor terrestre 64, 86
señal aislada de peligro 739
señal cardinal del este 739
señal cardinal del oeste 739
señal cardinal del sur 739
señal de aguas seguras 739
señal de dirección 715
señal de distancia fija 743
señal de eje de pista 742
señal de encendido 343
señal de identificación de pista 742
señal de posición de la aguja 712
señal de unión 667
señal de zona de contacto de pista 743
señal de zona de espera 742
señal del sonido 564
señal diurna 737
señal especial 739
señal exterior 714
señal lateral 739
señal luminosa 564
señales de circulación 664
señales de límite de la pista 743
señales de los puntos cardinales 738
señales diurnas (región B) 739
señales laterales de pista 742
señales marítimas 736
señales nocturnas, ritmo 739
sépalo 112, 114, 115
separacables 885
separación 784
separación cartón 99
separación entre bolos 1015
separación magnética 99
separación papel 99
separación selectiva de residuos 99
separador 484, 728, 767, 770, 796, 799, 820, 917
separador de agua 772
separador de gas y líquido 685
separador de petróleo y gas 777
separador de placas 685
separador de reinas 144
separador electrolítico 820
separador primario 779
sepia 265
séptima 562, 998
septum 116
serac 72
Serbia 57, 878
serbio y croata 583
serie, número 861
serpentín del condensador 343
serpentín del evaporador 343
serpiente 154, 1064
Serpiente 21, 23
serpiente coral 156
serpiente de cascabel 156
serpiente de jarretera 156
serpiente venenosa, anatomía 154
serpiente venenosa, esqueleto 154
serpiente venenosa, morfología, cabeza 154
serpientes y escalas 1064
serpollo 117
serrado 391
serrucho 391
serrucho de punta 391
servicio, estación 668
servicio de enlace ferroviario 742
servicio de mesa 301
servicio de seguridad 853
servicio de taxis 857
servicio di mesa 297
servicio para fondue 312
servicios 544, 854, 856
servicios de crédito 858
servicios de seguros 858
servicios financieros 858
servicios sociales 923
servicios técnicos 866
servidor 640, 641, 642, 643
servidor de acceso 642

servidor de archivos 641
servilleta 301, 304, 305
servilletas 292
servilletero 301
servofreno 672, 679
sésamo, aceite 284
sesamoideo mayor 170
sesamoideo menor 170
sesos 276
set 543
seta comestible 108
seta enoki 244
seta venenosa 108
seta venenosa mortal 108
seto 323, 410
setos, cizallas 416
seudópodo 133
sexta 562, 998
sextante 734
Sextante 21
sexteto 546
Seychelles 61, 880
Shiísmo 870
shinai 995
shitake 244
SI 835
si(B) 562
siamés 179
sien 192
sierra circular de mano 392
sierra circular de mesa 393
sierra de cadena 417
sierra de calado 393
sierra de ensamblar 537
sierra de ingletes 391
sierra de marquetería 391
sierra de podar 416
sierra ingletadora eléctrica 392
Sierra Leona 60, 879
sierra para metales 391, 402
sifón 138, 344, 347, 351, 352
sifón de desagüe 353
signos de puntuación 587
signos diacríticos 587
siguiente 634
silbato 706
silenciador 411, 673, 694, 697, 773
silencio 639
silencio de blanca 563
silencio de corchea 563
silencio de fusa 563
silencio de negra 563
silencio de redonda 563
silencio de semicorchea 563
silencio de semifusa 563
silencios, valores 563
silicio 812
silla 293, 361, 868, 969, 1003, 1006, 1008, 1047
silla alzadora 366
silla cabriolé 360
silla de brazos 360
silla de coche 686
silla de montar 1005
silla de ruedas 522, 705, 917
silla de secretaria 646
silla del director 543
silla ergonómica 646
silla escalera 361
silla plegable 361
silla plegable de lona 360
silla poltrona 360
silla portabebés de coche 491
silla porta-niño 700
silla sin brazos 361
silla Wassily 360
silla Windsor 361
sillas 361
sillas apilables 361
sillas de los actores 542
sillas de los jugadores 959
sillín 697, 698, 986, 1001, 1005, 1007
sillón 868
sillón baúl 361
sillón clásico 360
sillón de reposo 920
sillón giratorio 646
sillón plegable 1057
sillón Voltaire 360
silo 243
silo de carga 772
silos 718
Silúrico 128
símbolo 812, 1070
símbolos científicos 834
símbolos de seguridad 910
símbolos de uso común 856
símbolos del cuidado de los tejidos 425
símbolos meteorológicos internacionales 82
sinagoga 872
sinapsis 221
sinfín 421, 763
sinfín, control 421
sínfisis púbica 208, 226, 228
Singapur 59, 881
sinople 875
sinsacro 159
síntesis 836
síntesis de los colores 821
síntesis de los colores aditivos 821
síntesis de los colores sustractivos 821
sintetizador 558
sirena 733, 902
Siria 58, 880
sisa 434
sismógrafo 76
sismógrafo horizontal 76
sismógrafo vertical 76
sismógrafos 76
sismograma 76
sistema antibloqueo de frenos 679
sistema de acondicionamiento 911
sistema de agua caliente a presión 339
sistema de aire acondicionado 96
sistema de aire caliente a presión 338
sistema de alimentación de gasolina 673
sistema de alimentación ininterrumpida 638, 641
sistema de audio 676
sistema de audio-estéreo 614
sistema de bomba de calor 341
sistema de botones 558
sistema de boyas marítimas 738
sistema de carreteras 658
sistema de comunicación inter-orbital 35
sistema de control del puente de luces 907
sistema de coordenadas astronómicas 23
sistema de coordenadas terrestres 42
sistema de cronometraje electrónico 1033
sistema de dirección 673
sistema de disparo rápido 596
sistema de doble polea 816
sistema de elevación 757
sistema de escape 673
sistema de esclusas de vaciado y desagüe 719
sistema de esclusas de vaciado y llenado 719
sistema de frenado 673
sistema de lentes 824
sistema de lubricación 706
sistema de manipulación remota 35
sistema de navegación por satélite 735
sistema de posicionamiento global 63
sistema de refrigeración 673
sistema de registro de la información 826
sistema de restricción del airbag 676
sistema de retícula 42
sistema de soporte vital 33
sistema de suspensión 673
sistema de tensión 571
sistema de transmisión 673
sistema de tubería de producción/expedición 777
sistema eléctrico 673
sistema endocrino 229
sistema fino de guía 27
sistema hidraúlico 754
sistema internacional de unidades de medida 835
sistema linfático 230
sistema magnético de amortiguación 830
sistema manipulador remoto 35, 36
sistema nervioso 220
sistema nervioso, estructura 220
sistema nervioso central 220
sistema nervioso periférico 220
sistema reproductivo 226
sistema rotativo 776
sistema solar 14
sistemas de engranajes 816
sistemas de sonido portátiles 619
sistemas del automóvil 673
sistro 557
skateboard 1044
skeleton 1035
skiboard 1038
skiff 985
skimmer 324
slip 434
smash 967
smog/niebla tóxica 97
snooker 1013
snowboard 1037
snowboarder 1037
snsor de impacto 676
soba, fideo 283
sobre almohadillado 651
sobre con cierre de cremallera 653
sobrecincha 1007
sobrefusión 810
sobreimpresión del original 647
sobrejuanete de mesana de estay 725
sobrejuanete de proa 725
sobrejuanete mayor 725
sobrenudo 1058
sobretemperatura, interruptor 348
sobreveste 427
sobrina 929
sobrino 929
socorro, botón 735
sodio 812
sofá 331, 360
sofá cama 360
sofá de dos plazas 360, 855
sofá tipo imperio 360
softball 941
software de almacenamiento 599
software de diseño gráfico 599
soga 1051
soja 280, 284
Sol 14, 16, 17, 80, 94
sol(G) 562
solapa 430, 454, 483, 655, 1056
solapa autoadhesiva 651
solapa con ojal 435
solapa de inercia 27
solapa puntiaguda 430
soldador 406, 579
soldadura 406
soldadura oxiacetilénico 407
sóleo 196
solera 333
solera doble 332
solera inferior 332
solera interior 333
solideo 457
solidificación 810
sólido 810, 811
sólido amorfo 810
solitario 470
solomillo 272, 273, 274, 275
solomillo asado 272
solomillo Chateaubriand 272
solsticio de invierno 80
solsticio de verano 80
solución multipropósito 481
Somalia 61, 879
sombra 828
sombra de ojos 473
sombrero 108, 429
sombrero de campana 458
sombrero de fieltro 457
sombrero de hongo 457
sombrero sin alas 458
sombreros 457
sombreros de hombre 457
sombreros de mujer 458
sombreros unisex 458
somen, fideos 283
somier 363
somieres 850
sonar 65, 735
sonar del casco 898
sonda 925, 927
sonda atmosférica 86
sonda de acoplamiento 38
sonda destapacaños 402
sonda espacial 30, 79
sondas espaciales 30
sondeo 85
sonido, producción 555
sonido, sistemas portátiles 619
sopa 292
sopera 303
soplador 555
soplador de hojas 411
sopladora 763
soplete 402, 407
soplete de corte 407
soplete de soldadura autógena 407
soporte 25, 85, 312, 359, 367, 371, 392, 415, 478, 488, 556, 576, 601, 677, 697, 731, 754, 799, 815, 969, 971, 1019, 1057
soporte ajustable 926
soporte colgante 917
soporte de flecha 1009
soporte de hierro 579
soporte de la barrera 713
soporte de la cadena 698
soporte de la conexión 792
soporte de la esfera 84
soporte de la mano 561
soporte de la plaqueta 480
soporte de la plataforma 806
soporte de la red 961
soporte de manguera 900
soporte de panel 362
soporte de pared 367
soporte de techo 367
soporte del brazo 360, 617
soporte del cable 375
soporte del falso secreto 555
soporte del juego de marcos 572
soporte del papel 648
soporte del pie 935
soporte del plano fijo 760
soporte del rótulo 653
soporte del tablero 957
soporte informático 644
soporte para bombona de oxígeno 911
soporte para el antebrazo 916
soporte para el brazo 674
soporte para el cuello 1024
soporte para el equipo 604, 605, 608
soporte para el sobaco 916
soporte para pantalla 536
soporte plegable 564
soporte trípode de cola 745
soporte vertical 924
soportes para los pies 984
sordina 551, 611
sorgo 122
sorgo : panícula 122
soro 107
sortija de sello 470
sosegado 82
sostén de la traba 1007
sostenido 563
sota 1062
soufflé, molde 310
Soyuz 38, 39
spandex 424
spaniel 176
spray de pimienta, estuche 906
spray nasal 914
squash 965
squash, cancha 965
Sri Lanka 58, 881
stand de bolos 1015
stand de exposición 853
Stardust 31
step de aeróbic 1000
stick 944, 945
stilton 281
stola 426
stop 647, 664, 666
stylus 635, 639, 1067
Suazilandia 61, 880
subártico 87
subducción 68
subestación 794
subíndice 586
sublimación 810
submarino nuclear 899
substracción de la memoria 649
subsuelo 109
subterráneo 503
subtítulo 590
subtotal/sin adición 649
subtropical húmedo 87
subtropical mediterráneo 87
subumbrela 134
sucesos 590
sucursal bancaria 858
sudadera 451
sudadera con capucha 451
sudadero 1006
Sudáfrica 61, 880
Sudán 60, 879
Suecia 46, 56, 878
sueco 583
suegra 928
suegro 928
suegros 928
suela 397, 450, 459, 988, 1013, 1031
suela rígida 1039
suelo 98, 791, 917
suelo, capa superficial 109
suelo, fertilización 97
suelo, movimiento horizontal 76
suelo, movimiento vertical 76
suelo, revestimientos 334
suelo aislante 1052, 1053
suelo de cabina 519
suelo de madera 1049
suero de la leche 280
sueste 458
Suiza 56, 878
sujeción 367
sujeción de cabeza y cuello, sistema 1022
sujeción delantera 988
sujeción trasera 988
sujetador 445, 556, 825
sujetador de aros 445
sujetador de escote bajo 445
sujetador del pabellón 550
sujetador sin tirantes 445
sujetalibros 655
sujetapapel 648
sulky 1007
suma 837
sumario 590
sumidero 345, 774
sumie 525
sumiller 290
suministro 242
suministro de agua 789
sumo 995
sumotori 995
Sunnismo 870
superestructura 737
superficie acanalada 1018
superficie de cocción 317
superficie de deslizamiento 1038
superficie de fijación 655
superficie de juego 961
superficie de protección 991
superficie de refracción 822
superficie de resina 615
superficie de rodadura 685
superficie de rodamiento 712
superficie de trabajo transparente 536
superficie del terreno 771
superficie dura 968
superficie humedecida 532

superficie irregular 667
superficie lucha 991
superficie lunar 17
superficie reflectante 804, 822
superficie sintética 968
superficies de juego 968
supergigante 18
superíndice 586
supermercado 242, 288, 845, 849
supernova 18
suplemento a color 590
suplemento literario 590
supositorio 914
suprimir 633
sur 738
Sur 1066
surco 223, 233, 1018
surco concéntrico 617
surco de salida 617
surco en espiral 617
surco medio 233
surco nasolabial 231
surco terminal 233
sureste 738
surf 988
surfista 988
Surinam 55, 876
suroeste 738
surtidor 350, 352, 766
surtidor de gasolina 668
surtidor principal 339
sushi, combinado 303
suspensión 622, 639, 707, 716
suspensión, brazo 673
suspensión trasera 1020
sustancia despolarizante 820
sustracción 649, 836
sustrato impermeable 770
sutura 116, 136
sutura coronal 205
sutura craneal 208
sutura escamosa 205
sutura lambdoidea 205
swahili 582

T

T central 1008
tabaco 483
tábano 146
tabernáculo 871
tabique cortafuego 781
tabique de contención longitudinal 728
tabique interventricular 213
tabique móvil 644, 645, 853
tabique nasal 231
tabla 386, 469, 529
tabla abierta 454
tabla alpina 1037
tabla armónica 547, 548
tabla biselada 538
tabla con argollas 653
tabla con pinza 650
tabla de batida 937
tabla de cortar 309
tabla de exposición 536
tabla de freestyle 1037
tabla de impresión en vacío 536
tabla de los resultados 978
tabla de parada 1014
tabla de surf 983, 988
tabla de vacío 536
tabla delantera 454
tabla harmónica 552, 555
tabla periódica de los elementos 812
tablas 454
tablero 362, 401, 660, 661, 926, 957, 1043, 1065, 1066
tablero alistonado 386
tablero de ajedrez 1065
tablero de anuncios 644, 655
tablero de base 600
tablero de conmutadores 748
tablero de control 342, 343, 826
tablero de controles 647
tablero de corte, palanca de levantamiento 420
tablero de damas 1065
tablero de dibujo 526
tablero de distribución 356
tablero de fibra de madera 386
tablero de fibra de madera perforada 386
tablero de información 704
tablero de instrumentos 695, 696
tablero de juego 1064
tablero de llegadas y salidas 743
tablero de los handicaps 1008
tablero de mandos 20, 706
tablero de operaciones 902
tablero de partículas waferboard 386
tablero de rodillos y brazos 555
tablero de rótulo 709
tablero de ruleta 1068
tablero indicador 1006
tablero laminado 386
tablero rígido aislante 385
tableros 386
tableta de resonancia 554
tableta para gráficos 635
tablilla 646
tablilla de cera 584
tablillas 915
tablinum 502
tablón de anuncios 868
tabulación a la derecha 632
tabulación a la izquierda 632
tabulador 648
tabulador decimal 648
taburete 292, 296, 361, 531
taburete de bar 290
taburete escalera 409
tachuela 388
tachuelas para papel 654
tacita de café 301
tackle defensivo derecho 952
tackle defensivo izquierdo 952
tacle derecho 953
tacle izquierdo 953
taco 276, 887, 890, 935, 942
taco de billar 1013
taco de salida 935
tacómetro 677, 696
tacón 460, 461, 1031
tacón, medio 461
tacón bajo 461
tacón de aguja 461
tacón plano 461
tacos 935
tacos de rosca 946
tacto 236
taekwondo 994
taekwondo, equipo 994
taekwondo, técnicas 994
taekwondo, zona de competición 994
tafetán 575
tagalo 583
tagliatelle 282
tahitiano 583
Tailandia 59, 881
Tajikistán 880
tajín 286
tajina 312
taladrado 394
taladro 394, 411
taladro de mano 395
taladro de motor 411
taladro eléctrico 394
taladro neumático 1023
taladro percutor 772
taladro vertical 395
talio 812
talla 531
talla brillante de un diamante 469
talla en baguette 469
talla en briolette 469
talla en cabujón 469
talla en madera 531
talla en pera 469
talla en rosa holandesa 469
talla en tabla 469
talla escalonada 469
talla francesa 469
talla octógono 469
talla oval 469
tallar, accesorio 531
tallar, herramienta 531
tallas de piedras preciosas 469
talle corto 445
taller 864
Taller de Escultor 20
taller de mantenimiento 772
taller de máquinas diésel 703
taller de reparación 708
tallo 102, 103, 106, 109, 110, 250
tallo del bulbo 105
tallo lateral 109
tallo principal 117
Talmud 870
talo 106, 107
talón 171, 193, 195, 391, 394, 397, 433, 450, 459, 547, 548, 765, 917, 941, 962, 988, 1018, 1030, 1059, 1060
talón de aguja 567
talón de apoyo 314, 374
talón de la hoja 306
talonario de cheques 484, 485
taloneador 950
talonera 1039
talud 658, 771
talud continental 67
talud de aguas abajo 790
talud de aguas contenidas 790
tamaño 586
tamarillo 258
tamarino 185
tambor 307, 371, 378, 379, 500, 515, 679, 734, 762, 763, 832, 888, 1060, 1070
tambor distanciador 648
tambor giratorio 76
tambor hablante 561
tambor principal 572
tamboril 556
tamiz 308, 310
tamiz vibratorio para lodos 776
tampón 534
tam-tam 556
tándem 702
tanga 445
tanga brasileño 445
Tanganyika, lago 50
tanque 37, 345, 348, 729, 783, 903, 1053
tanque auxiliar 691
tanque de acetileno 407
tanque de agua 708
tanque de agua de rociado 795, 797
tanque de aire 408
tanque de aire comprimido 989
tanque de almacenamiento 782, 783, 805
tanque de expansión 339, 340, 805
tanque de hidrógeno líquido 39
tanque de oxígeno 407
tanque de oxígeno líquido 39
tanque de regulación de presión 780
tanque de revelado 600
tanque de seguridad 800
tanque de techo fijo 781
tanque de techo pontón 781
tanque del combustible 417, 690
tanque del nitrógeno 826
tanque del reactor 801
tanque moderador 800
tanques 781
tántalo 813
tanteo 933
Tanzania 61, 879
tapa 312, 314, 315, 316, 317, 318, 319, 326, 327, 342, 355, 358, 375, 377, 378, 381, 387, 459, 483, 489, 492, 527, 554, 555, 577, 585, 593, 600, 625, 647, 648, 683, 806, 820, 903, 1057
tapa de caucho 536
tapa de cierre 820
tapa de conexión 613
tapa de la batería 685
tapa de la cisterna 347
tapa de la culata 672
tapa de sellado 820
tapa del filtro 909
tapa del inodoro 346, 347
tapa del objetivo 598
tapa del tanque 690
tapa flotante 781
tapa guardapolvo 617
tapa inferior 820
tapa superior 555, 820
tapa terminal 799
tapacubos 671
taparrabos 426
tape 1067
tapeta con botones 431
tapete 1012
tapete antideslizante 1043
tapón 347, 351, 474, 959, 1056
tapón de registro 344
tapón de rosca 295
tapón de vaciado 682
tapón del depósito de gasolina 671
tapón del depósito de la gasolina 696
tapón del sifón 352
tapón del tanque de combustible 411
tapón hembra 351
tapón hermético 1053
tapón macho 351
tapones para los oídos 908, 1022
taquigrafía, cuaderno 651
taquilla 522, 544, 853
taquilla automática 544
taquillas de consigna 857
taquillas de consigna automática 704
taquillas de los alumnos 869
tare 995
tarima 999, 1044
tarjeta, número 861
tarjeta de circuito impreso 820
tarjeta de crédito 861
tarjeta de débito 861
tarjeta de interfaz de red 631
tarjeta de interfaz de red sin hilos 631
tarjeta de memoria 594, 599
tarjeta de ruta 709
tarjeta Digital Segura 594
tarjeta electrónica 343
tarjeta flash compacta 594
tarjeta Memory Stick 594
tarjeta xD Picture 594
tarjetero 484
tarlatana 534
taro 245
tarrito para pincel 525
tarso 140, 142, 153, 158, 165, 170, 175, 184, 187, 188, 203, 208
tarso metatarso 159
Tasmania 52
Tasmania, mar 52
tatami 992, 996
Tauro 22
Tayikistán 58
taza 301, 305, 347, 1055, 1056
tazas medidoras 308
té 264
té negro 264
té oolong 264
té verde 264
teatro 540, 844
teatro griego 498
techo 144, 337, 671, 687, 757, 964, 965, 1053
techo, armadura del 333
techo acústico 541
techo corredizo 671
techo de cabina 519
techo de protección 754
techo de vidrio 704
techo de vidrio 329, 847
techo fijo, tanque 781
techo plano 511, 512
techo ponton, tanque 781
tecla 552, 553, 555, 560
tecla anterior/volver rápido 620
tecla bloqueo numérico 633
tecla cámara de fotos 622
tecla correctora 571
tecla de arrastre del papel 649
tecla de bloqueo 621
tecla de bloqueo de mayúsculas 632
tecla de centrado 648
tecla de confirmación 859
tecla de contraluz 613
tecla de desplazamiento 621
tecla de dirección 342
tecla de doble cero 649
tecla de enter 633
tecla de final de llamada/interruptor 622
tecla de impresión de pantalla 633
tecla de inicio/stop de grabación 613
tecla de lectura/pausa 620
tecla de llamada 621, 622
tecla de luminosidad 621
tecla de memoria 620
tecla de menú 613, 620, 621, 622
tecla de navegación 611, 622
tecla de pedal 554
tecla de preselección 620
tecla de regreso del carro 648
tecla de retroceso 633
tecla de sangrado 648
tecla de seguro para las mayúsculas 648
tecla de selección 620
tecla de servicio 632
tecla de utilización múltiple 649
tecla de visualización 620
tecla de zoom 613
tecla decimal 649
tecla del menú 621
tecla email 632
tecla escape 632
tecla foto 613
tecla inicio 632
tecla menú 620
tecla pantalla ancha/código de datos 613
tecla pausa 633
tecla programable 622
tecla siguiente/avance rápido 620
tecla tabulación 632
teclado 552, 558, 622, 623, 624, 630, 632, 925, 1015
teclado, instrumentos 552
teclado alfanumérico 622, 624, 632, 668, 858, 859
teclado de bajos 560
teclado de funciones 831
teclado del número de identificación personal(PIN) 859
teclado del órgano de expresión 554
teclado del órgano mayor 554
teclado del órgano positivo 554
teclado numérico 625, 633, 831
teclado triple 560
teclados manuales 554
teclas 558
teclas conmutadoras de puntos 571
teclas de categorías 620
teclas de control 625
teclas de cursor 633
teclas de funciones 611, 632
teclas de funciones programables 859
teclas de Internet 632
teclas de operación 858, 859
teclas de selección 571
teclas numéricas 615, 620
tecnecio 813
técnica de salto 1041
técnicas 958
técnicas principales 528
técnico de control de sonido 605, 608
técnico de control de vídeo 605, 608
técnico de control del color 605, 608
tee 1017, 1027
tee de salida 1016
tegumento de la semilla 115
teijido, accesorios 574
teja 385, 502, 513
teja de asfalto 385
tejado 323, 337, 513
tejido 424, 572
tejido adiposo 227, 236
tejido conjuntivo 236
tejido de punto 570
tejido muscular 198

tejido nervioso 233, 236
tejido subcutáneo 236, 237
tejidos 569
tejidos, diagramas 575
tejón 180
tela 569, 1049
tela bordada 565
tela de araña 145
tela de formación 125
tela impermeable 490
tela vaquera 424
telar de cuatro marcos 572
telar de tapicería 573
telares 540
telecomunicaciones 602, 603
telecomunicaciones, satélites 602
telecomunicaciones vía satélite 603
telecontrol, antena 86
teleconvertidor 598
teledetección 63
teledetección por satélite 65
teleférico 1036
telefonía 622, 643
teléfono 855, 857
teléfono celular 622
teléfono con memoria 623
teléfono de teclado 624
teléfono inalámbrico 623
teléfono inteligente 622
teléfono público 290, 293, 544, 624, 849, 919
teléfonos 623
telemetría, antena 86
telémetro 591, 832
teleobjetivo 598
teleporte 603
teleprompter 606
telescopio 28, 833, 1009
Telescopio 20
telescopio binocular 29
telescopio binocular Mount Graham 29
telescopio espacial 27
telescopio espacial Hubble 27, 79
telescopio espacial James Webb 27
telescopio reflector 25
telescopio refractor 24
telesilla 1036
telesilla, embarque 1036
telesquí 1036
televisión 605, 855
televisión analógica 609
televisión digital 610
televisor 868
televisor con pantalla catódica 609
televisor de cristal líquido 610
televisor de pantalla panorámica 612
televisor plasma 610
telón cortafuegos 540
telón de boca 540, 541
telón de fondo 540
telón negro 606
telson 139
telurio 812
temperatura 342
temperatura, medición 827
temperatura, sensor 683
temperatura,medición 85
temperatura ambiente 81
temperatura Celsius, unidad de medida 835
temperatura del punto de rocío 81
temperatura deseada 342
temperatura real 342
temperatura termodinámica, unidad de medida 835
tempestad 82
templador 538
templazo 573
templo azteca 513
Templo de Huitzilopochtli 513
Templo de Tlaloc 513
templo griego 499
temporizador 316, 318
tenacillas 478
tenaza 505
tenazas 337
tenazas de sujeción 579
tendencia barométrica 81
tendón 178, 198, 207
tendón de Aquiles 197
tenedor 300, 1055
tenedor de ensalada 300
tenedor de fondue 300
tenedor de mesa 300, 304, 305
tenedor de ostras 300
tenedor de pescado 300, 304
tenedor de postre 300, 304, 305
tenedor de trinchar 309
tenedores 300
tenis 932, 966
tenis, cancha 966
tenis de mesa 961
tenis de mesa, formas de agarrar la paleta 961
tenista 968
tensiómetro 913, 925
tensión, alta 910
tensión, disminución 807
tensión, fuente 818
tensión, liberación 396
tensor 807, 969, 970, 971, 981, 990, 1052, 1060
tensor de la fascia lata 196
tensor de las cuerdas 556
tensores pectorales 1000
tentáculo 138
tentáculo marginal 134
tentáculo ocular 137
tentáculo táctil 137
teodolito 85, 833
terbio 814
tercelete 506
tercer octante 17
tercer pistón móvil 551
tercera 562, 998, 1027
tercera base 938
tercera línea 950
tercera línea derecha 950
tercera línea izquierda 950
terceravuelta 933
Terciario 131
tercio diestro 874
tercio siniestro 874
terciopelo 424
terminador 640
terminal 354, 358, 614, 780, 793
terminal de carga 718
terminal de contenedores 842
terminal de entrada 404
terminal de granos 718
terminal de mercancías 842
terminal de pago electrónico 289, 859
terminal de pasajeros 718, 741, 742
terminal de petróleo 718
terminal de sincronización de flash 597
terminal de tierra 358
terminal del altavoz 614
terminal del control remoto 592
terminales interactivos 523
terminar llamada, tecla 622
termita 146
termo 1056
termo con llave de servicio 1056
termómetro 85, 495, 781, 827, 914, 989, 1049
termómetro bimetálico 827
termómetro clínico 827
termómetro de alcohol 914
termómetro de azúcar 308
termómetro de horno 308
termómetro de medida instantánea 308
termómetro de mercurio 914
termómetro de oído 914
termómetro digital 914
termómetro para carne 308
termopausa 79
termosfera 79
termostato 316, 317, 341, 342, 343, 349, 377
termostato de seguridad 379
termostato inferior 348
termostato programable 342
termostato superior 348
ternera 273
ternero 172
terraja 402
terraplén 505, 658
terraplén de desenganche 708
terraplén de los helióstatos 804
terrario 495
terraza 322, 731
terremoto 76
terreno de juego 943
terreno de recubrimiento 771
terrina 312
terrina, mantequilla 295
terrina para mantequilla 295
testículo 228, 229
testículos 139, 152
testigo 934
testigo luminoso 903
testuz 168
tetera 301, 305
Tetis 15
textil 424
texto 648
texto de teleprompter 606
thai 582
tía materna 929
tía paterno 929
tibetano 582
tibia 140, 142, 165, 170, 175, 184, 186, 187, 188, 200, 203, 207
tibia tarso 159
tibia y peroné 153
tibial anterior 196
tiburón 148
tiburón, morfología 148
tiburón blanco 148
tiburón tigre 148
tiburones 282
tiempo 933
tiempo, medición 828
tiempo de exposición 597
tienda 502, 844
tienda de animales 848
tienda de artículos de decoración 849
tienda de bricolaje 848
tienda de campaña clásica 1053
tienda de campaña tamaño familiar 1052
tienda de deportes 849
tienda de discos 848
tienda de electrónica 848
tienda de regalos 848
tienda de ropa 848
tienda del museo 522
tienda libre de impuestos 743
tienda para dos 1052
tienda rectangular 1052
tienda tipo domo 1053
tienda tipo iglú 1053
tienda tipo vagón 1052
tienda unipersonal 1053
tiendas de campaña 1052
tiento 526
Tierra 14, 15, 16, 17, 66
Tierra, características 70
Tierra, estructura 66
tierra apisonada 658
tierra batida 968
Tierra de la Reina Maud 46
Tierra de Marie Byrd 46
Tierra de Wilkes 46
Tierra del Fuego 48
tierras raras 814
tifón 89
tigre 181
tigre de dientes de sable 131
tijeras 477, 915, 1055
tijeras con doble filo para entresacar 477
tijeras con filo simple para entresacar 477
tijeras de cocina 309
tijeras de modista 568
tijeras de pedicura 472
tijeras de peluquero 477
tijeras de podar 416
tijeras de punta roma 472
tijeras de uñas 472
tijeras para aves 309
tijeras para cutículas 472
tijeras para rematar 568
tijereta 146
tila 264
tilapia 269
tilde 587
tilo 120
timbal 556
timbales 545
timbradora 650
timo 230
timón 37, 722, 727, 728, 730, 747, 894, 896, 984, 987
timón de control 748
timón de dirección 899, 1048
timón de inmersión 899
timón de mando, pedal 1048
timón de profundidad 747, 899, 1048
timonel 985
Timor Oriental 59, 881
tímpano 152, 235, 499, 500, 507, 509, 534
tina de residuos 763
tinta 533, 584
tinta, bolsa 138
tinta china 524
tinta china, dibujo 528
tinta de color cambiante 861
tinta de impresión en pantalla 536
tinta litográfica 535
tinte capilar 474
tintorería 849
tío materno 929
tío paterno 929
tipi 520
tipo de combustible 668
tipo de nube alta 81
tipo de nube baja 81
tipo de nube media 81
tipo sans serif 586
tipo serif 586
tipografía 586
tipos de cabeza 390
tipos de eclipses 16, 17
tipos de huesos 199
tipos de motores 680
tipos de movimientos 1065
tipos de parqué 334
tipos de puntas 390
tipos de punto 570
tipos de rejillas 338
tipos de remos 984
tipos de varillas 314
tira 515
tira de solomillo 274
tira de tela 565
tirador 295, 376, 515, 1010
tirador de arranque 411
tirador de espada 997
tirador de florete 997
tirador de la puerta 674
tirador de sable 997
tiradora 955
tiraje 483
tiranosaurus 131
tirante 332, 333, 409, 445, 553, 660, 1007
tirante ajustable 448
tirante con botones 449
tirante de fijación 1047
tirante de la botavara 983
tirante de la cabeza 1007
tirante de la rodillera 1007
tirante del pescante 756
tirantes 432, 660
tirantes, puentes 660
tirantes en abanico 660
tirantes en forma de arpa 660
tirilla 437, 452
tirilla elástica 437, 448
tirita 915
tiritas 915
tiro 483
tiro al arco 932
tiro al blanco 932, 1011
tiro al plato 1010
tiro con arco 1009
tiro de aire caliente 336
tiro de penalti 960
tiro de pistola 1011
tiro libre 948
tiro vertical 774
tisanas 264
Titán 15
Titan IV 39
Titania 15
titanio 78, 813
tití 185
Titicaca, lago 48
titular 590
titular, firma 861
tiza 1013
toalla con capuchón 448
toalla de baño 475
toalla de lavabo 475
toalla para la cara 475
toallero 346
tobera 39
tobera de eyección 896
tobera de sección variable 751
tobera orientable 750
tobillera 433, 446, 940, 994, 1030, 1037
tobillo 192, 194
toca 458
tocadiscos 604, 617
tocadiscos USB 559
tocador 365
tocón 118
toe 1018
tofu 284
toga 426, 428
Togo 60, 879
toldo 687, 733
toldo, doble 1052
tolva 762, 767
tolva de carga 693
toma 414
toma audio 629
toma contra sobretensión 638
toma contra sobretensión alimentadas por baterías 638
toma de aire 353, 668, 688
toma de aire del motor 688, 896
toma de aire del tejado 344
toma de aire para el ventilador de sustentación 727
toma de aire para refrigeración del motor 1024
toma de aire principal 344
toma de alimentación 628, 629
toma de anotaciones 650
toma de carga 678
toma de corriente 687
toma de corriente CA 614
toma de entrada 638
toma de entrada de audio 628
toma de fuerza 764
toma de gases de combustión 680
toma de llenado 719
toma de oxígeno 920
toma de salida de audio 628
toma de tierra 354
toma del micrófono 559, 621
toma para auriculares 558, 559, 614, 620
toma para la boca de riego 902
toma para los auriculares 615
toma principal de llenado 781
toma secundaria 781
tomarrizos 725
tomas telefónicas contra sobretensiones 638
tomas vídeo 593
tomate 248
tomate cherry 248
tomate en rama 248
tomate italiano 248
tomatillo 248
tómbolo 70
tomillo 262
Tonga 62, 881
tonos agudos 619
tonos graves 619
top 440
top ribeteado 433

topacio 470
tope 367, 401, 477, 567, 703, 724, 909, 1071
tope amortiguador 375
tope de ingletes 393
tope de la escalera 902
tope de la puerta 709
tope de profundidad 394, 395
tope de puerta 377
tope fijo 832
tope móvil 832
topo 164
topo, esqueleto 164
topo, mofología 164
toque 959
toque con dos manos 975
Torá, rollos 872
tórax 140, 141, 142, 192, 194
torca 67
torio 814
tormenta 83
tormenta de polvo y arena 83
tormenta eléctrica 83
tormenta tropical 83
tornado 83, 89
torneo, pelota 965
tornillo 390, 400, 408, 547, 574
tornillo cruciforme (Phillips) 390
tornillo de ajuste 372, 399, 401, 405, 407, 564, 913
tornillo de ajuste de ranilla 397
tornillo de ajuste de tensión 654
tornillo de ajuste del condensador 825
tornillo de anclaje 935
tornillo de apriete 401
tornillo de banco 531
tornillo de cabeza achaflanada 390
tornillo de cabeza avellanada 390
tornillo de cabeza redonda 390
tornillo de caja cuadrada 390
tornillo de fijación 596
tornillo de fijación horizontal 833
tornillo de la aguja 567
tornillo de montaje 885
tornillo de presión 534, 535
tornillo de regulación para carga completa 355
tornillo de regulación para carga ligera 355
tornillo de soporte inferior 84
tornillo de sujeción 392
tornillo de un solo sentido 390
tornillo guía 394
tornillo macrométrico 825
tornillo micrométrico 734, 825, 832, 833
tornillo nivelador 84, 831, 833
tornillo sin fin, engranaje 816
tornillo sinfín 574
tornillos de bloqueo 832
torniquete 912
torniquete de entrada 714
torniquete de salida 714
torno 576
torno de banco 401
torno de mesa 576
torno de perforación 776
toro 500, 501, 839
toro intermedio 501
toronja 256
torpedo 899
torre 506, 736, 756, 757, 792, 804, 806, 807, 1008, 1065
torre, grúa 756
torre de control 740, 897
torre de cruz 508
torre de extracción 773
torre de fachada integral 512
torre de oficinas 847
torre de perforación 726, 776, 777, 780
torre de recepción 602
torre de refrigeración 770, 775
torre de retención angular 792
torre de saltos 978
torre de señales 703
torre de tensión de circuito doble 792
torre de transmisión 602
torre del homenaje 504
torre esquinera 504
torre flanqueante 504
torre tubular 792
torrecilla de lavado 380
torrente de montaña 71
Torres, estrecho 52
torreta 504, 898, 899
torreta de mando 899
torreta giratoria 895
torsión 394
tortellini 282
tortilla 278
tortuga 155
tortuga, anatomía 155
tortuga, morfología 155
tostador 316
touch pad 630
traba 1007, 1050
trabajo, muebles 646
trabilla 431, 432, 441, 450, 941, 1004
trabilla de la pretina 432
trabilla de suspensión 437
trabilla para el pie 1001
tracción, baterías 678
tracción, coche 716
tracería 507
trackball 634
tractor 762, 764
tractor, motor 760
tractor cortacésped 420
tractor de orugas 758
tractor de ruedas 759
tractor remolcador 745
tractor remolque 744
tragadero 67
tragaluz 322, 331
tragamonedas 1071
trago 186, 234
trailer para transporte de vehículos 692
trainera 728
traje 901, 1062
traje antiguo 426
traje con frack 428
traje cruzado 438
traje de baño 450, 976
traje de carrera 1032
traje de carreras 1024
traje de chaqueta 443
traje de entrenamiento 451
traje de esqui 1038
traje de esquí 1037, 1042
traje de esquí de velocidad 1041
traje de judo 992
traje de protección 1025
traje de salto de esquí 1041
traje de una sola pieza 1034
traje de vuelo 1046
traje espacial 33
traje ignífugo 1022
traje isotérmico 989
traje jublot 428
traje justaucorps 428
traje para nieve 449
traje tradicional 996
trajes de baño 850
trajes de hombre 850
trajes de intervención 900
trajes sastre de señora 850
trama 572, 573
tramo 335
tramo central 660
tramo de elevación 662
tramo giratorio 662
tramo lateral 660
tramo suspendido 661
trampa de agua 1016
trampa de petróleo 775
trampa petrolífera 775
trampas de arena 1017
trampilla 503, 540
trampilla de acceso 846
trampolín 324, 973
trampolín de 1 m 978
trampolín de 3 m 978
trampolín de competición 973
trampolín recreativo 973
transacción, recibo 859
transacciones financieras 643
Transantárticos, montes 46
transbordador 718, 730, 743
transbordador espacial 38
transbordador espacial en posición de lanzamiento 36
transepto 507, 508
transesterificación 784
transformador 356, 357, 373, 786, 788, 793, 796, 804
transformador de ignición 339
transformador principal 707
transición, metales 813
transmisión 378, 678
transmisión, interruptor 735
transmisión, mando 421
transmisión de cadena 700
transmisión de calor 811
transmisión de datos 65
transmisión de electricidad 795
transmisión de energía al generador de voltaje 789
transmisión de ondas hertzianas 602
transmisión del movimiento hacia el rotor 789
transmisión por cable submarino 603
transmisor 623
transmisor de bolsillo 604
transmisor-receptor radar 907
transpaleta 755
transpiración 95
transpondedor 748
transportador 833
transportador de equipaje 745
transporte aéreo 740
transporte de electricidad 792
transporte de electricidad de alta tensión 770, 775, 789, 807
transporte ferroviario 703
transporte ferroviario urbano 714
transporte marítimo 718, 773
transporte terrestre 658, 718
transporte terrestre de bicicletas 698
transporte terrestre de vehículos 668
tranvía 717
trapecio 196, 197, 202, 208, 839, 1047
trapecio de eslalon 988
trapezoide 202
trapos 124
traquea 159
tráquea 169, 214, 215
trasbordador 745
trasdós 514
traste 548, 549, 560
trastero 644
tratamiento 784
tratamiento de datos 65, 80
tratamiento médico 926
tratamiento previo 784
tratamiento químico 782
travelín 542
travelín, raíles 542
traversa 505, 720
travesaño 332, 361, 362, 409, 538, 561, 572, 573, 792, 793, 806, 916, 917, 943
travesaño de apoyo 807
travesaño delantero 1043
travesaño frontal 572
travesaño frontal interior 572
travesaño inferior 757
travesaño intermedio del batán 572
travesaño superior 327, 757
travesaño superior de la vidriera 327
travesaño superior del batán 572
travesaño trasero 1043
traviesa 713
trayectoria de la luz 29
tréboles 1062
tren de alta velocidad 707
tren de aterrizaje delantero 746, 896
tren de aterrizaje principal 747, 896
tren de pasajeros 704
tren de tracción 762
tren subterráneo 714, 716
tren suburbano 703
trenca 436, 442
trepadora 463
triángulo 545, 557, 839, 1013
Triángulo 22
Triángulo Austral 20
Triásico 130
tribuna 932, 1024
tribuna del jurado 863, 1040
tribuna para el público 1006
tribunal 862
tríceps braquial 197
triceratops 131
triciclo 701, 702
triclinio 502
tricornio 429
trifoliada 111
trifolio 507
triglifo 500
trigo 122, 263
trigo : espiga 122
trigo sarraceno 122, 263
trígono de la vejiga 218
trilladora, cosechadora 767
trilobites 128
trimarán 981
trincha 430
trinchera 435
trineo 1034, 1035
Trinidad y Tobago 54, 877
trino 563
trinquete 390, 395, 725, 828, 829
trío 546, 1062
tripa 276, 483
triple de barras 1002
triple plano vertical 751
triple salto 934, 937, 1025
triple salto mortal y medio hacia delante encogido 979
trípode 24, 556, 564, 596, 601
trípode de la jirafa para el micrófono 606
trirreme 720
triticale 263
tritón 153
Tritón 15
triturador de ajos 307
triturador de basura 352
trituradora 99, 775, 779
trituradora de documentos 655
trocánter 140, 142
trocánter mayor 201
troje 243
tromba marina 89
trombón 551
trombones 545
trompa 152, 545, 551
trompa de Eustaquio 232, 235
trompa de Falopio 226, 227
trompeta 551, 658, 733
trompetas 545
trona 366
tronco 107, 117, 118, 125, 152, 193, 195, 386
tronco, corte 386
tronco, corte transversal 118
tronco celíaco 210
tronco encefálico 222
tronco pulmonar 213
troncos, semirremolque 692
tronera 1012
tronera central 1012
tropical húmedo y seco (sabana) 87
tropical lluvioso 87
trópico de Cáncer 42, 47, 50, 51
trópico de Capricornio 42, 48, 50, 52
tropopausa 79, 96
troposfera 79
trote 168
trotón 1007
trucha 269
trufa 244
tsuki-uchi 995
tsunami 77
tuba 545, 551
tubérculos 245
tubería 483, 780
tubería ascendente 339
tubería de agua caliente 344, 352, 353
tubería de agua fría 344, 347, 352, 353
tubería de carga 785
tubería de escape del vapor 797
tubería de refrigeración 341
tubería de retorno 339
tubería descendente 339
tubería principal del vapor 797
tubo 295, 339, 349, 359, 401, 551, 555, 824, 890, 892, 893, 989
tubo ajustable 916
tubo alimentador 318
tubo articulado 677
tubo binocular 825
tubo capilar 827
tubo de agua caliente 348
tubo de agua fría 348
tubo de aire 339, 901, 913, 989
tubo de ajuste 970, 971
tubo de alimentación 767
tubo de aspiración 786, 787
tubo de circulación 802
tubo de conexión 343
tubo de cristal 827
tubo de desagüe 349, 352
tubo de descarga 767
tubo de destellos 823
tubo de drenaje 333
tubo de embocadura 554
tubo de empuje 584
tubo de ensayo 815
tubo de ensilaje 767
tubo de entrada 315
tubo de escape 359, 411, 672, 673, 680, 690, 696, 753, 758, 761, 764
tubo de extensión 375
tubo de flash 596
tubo de gasolina 678
tubo de la hélice 727
tubo de lengüeta 554
tubo de Malpighi 143
tubo de pantalla 609
tubo de perforación 776
tubo de Pitot 1023
tubo de presión 799
tubo de salida 345
tubo de sillín 1021
tubo de soplado 411, 560
tubo de subida del agua 319
tubo de suministro de agua 344, 352
tubo de suministro de petróleo 339
tubo de toma de agua 344
tubo de vapor 319
tubo del asiento 698
tubo del borde de ataque 1047
tubo del manillar 699
tubo del pistón 551
tubo en Y 912
tubo flexible 375, 411, 912, 926
tubo fluorescente 359
tubo inferior del cuadro 699
tubo lanzatorpedos 899
tubo para el grano 767
tubo portaocular 825
tubo principal 24, 25
tubo principal de observación 824
tubo rebosadero 348
tubo recolector de sangre 912
tubo rígido 375
tubos de Malpighi 141
tucán 162
Tucán 20
tuerca 326, 351, 399, 400, 712
tuerca cerrada 400
tuerca de ajuste 351, 352
tuerca de fijación 84
tuerca de mariposa 400
tuerca de seguridad 84
tuerca de sujeción 1059
tuerca de sujeción de la aguja 527
tuerca del prensaestopas 350
tuerca hexagonal 400
tuercas 400
tul 424
tulio 814
tulipán 113
tumbona 361
tundra 87, 92, 93
túnel 714

túnel de carretera 663
túnel de comunicación 36
túnel de desvío 785
túnel de embarque 741
Túnez 60, 879
tungsteno 813
túnica 105, 438, 883
túnica adventicia 209
túnica de manga larga 427
turbante 429, 458
turbina 421, 770, 796
turbina de aire de combustión 340
turbina de transmisión 680
turbina de viento de eje horizontal 807
turbina de viento de eje vertical 807
turbina del compresor 680, 749
turbina Francis 787
turbina hidráulica 787
turbina Kaplan 787
turbina motriz 749
turbina Pelton 787
turbinas de viento 807
turbo-alternador 775
turborreactor 747, 749, 896
turborreactor, ciclo de funcionamiento 749
turco 583
turión 250
turismo, neumático 684
turismo de tres puertas 669
Turkmenistán 58, 880
turmalina 470
turquesa 470
Turquía 57, 880
Tuvalu 62, 881
tweed 424

U

uapití 172
ubicación de la estatua 499
Ucrania 57, 878
ucranio 583
udón, fideo 283
UE 882
ued 74
Uganda 61, 879
uke (defensor) 992
Ulises 30
última recta 1006
ultimate, tablero 1070
umbela 112
umbo 136
umbral 72, 325
umbrela 134
Umbriel 15
un par 1062
una vía 664, 666
UNESCO 882
Unicornio 21
unidad astronómica 15
unidad CD/DVD-ROM 558, 628, 630
unidad cruciforme 751
unidad de aire 744
unidad de CD/DVD-ROM 629
unidad de control 926
unidad de control de cámaras 605, 608
unidad de control de la temperatura del cuerpo 33
unidad de control electrónico 679
unidad de copia de seguridad 641
unidad de cuidados intensivos 921
unidad de destilación al vacío 782
unidad de extracción de solventes 782
unidad de impresión 648
unidad de medición de volumen 604
unidad de medida de cantidad de materia 835
unidad de medida de carga eléctrica 835
unidad de medida de corriente eléctrica 835
unidad de medida de energía 835
unidad de medida de frecuencia 835
unidad de medida de fuerza 835
unidad de medida de intensidad luminosa 835
unidad de medida de la diferencia de potencial eléctrico 835
unidad de medida de la temperatura Celsius 835
unidad de medida de longitud 835
unidad de medida de masa 835
unidad de medida de potencia eléctrica 835
unidad de medida de presión 835
unidad de medida de radioactividad 835
unidad de medida de resistencia eléctrica 835
unidad de medida de temperatura termodinámica 835
unidad de refrigeración 691
unidad de registro 85
unidad del radar 896
unidad exterior 341, 343
unidad interior 341, 343
unidad móvil 602, 608
unidad móvil de rayos X 918
unidad móvil de servicio por control remoto 35
unidades de almacenamiento de información 638
unidades de entrada de información 632
unidades de salida de información 636
uniforme 906
uniformes 900
unión 351, 584, 837
Unión africana 882
unión de caña y brazos 732
Unión Europea 882
unión periférica 791
unísono 562
universidad 844
uno 836
ununbio 813
ununhexio 812
ununoctio 814
ununpentio 812
ununquadio 812
ununseptio 813
ununtrio 812
uña 142, 155, 158, 171, 174, 178, 186, 237, 388, 732
uña extendida 178
uña retraída 178
uñas, lima 472
Urales, montes 49
uranio 78, 814
uranio en fisión 795
uranio enriquecido 801
uranio natural 800
Urano 14, 15
urdidor 574
urdimbre 572, 573
urdimbre, hilos 575
urdu 583
uréter 218
uretra 137, 159, 218, 219, 226, 228
urgencias 918
URL localizador universal de recursos 642
urna 103, 831
urópodo 139
urostilo 153
Uruguay 55, 876
usar plancha caliente 425
usar plancha muy caliente 425
usar plancha tibia 425
uso común, símbolos 856
uso industrial 122
usos de Internet 643
usuario particular 643
utensilio de cocina 306
utensilios de cocina 306, 312, 1055
utensilios diversos 309
utensilios para abrir y descorchar 307
utensilios para la chimenea 337
utensilios para medir 308
utensilios para repostería 310
útero 226, 227
uva 117, 254
uva, corte 114
uvas, racimo 117
úvula 231, 232
Uzbekistán 58, 880

V

vaca 173
vaciador 309
vacuno 272
vacuola 102, 133
vacuola contráctil 133
vacuola digestiva 133
vacuola digestiva en formación 133
vade 646
vagina 137, 145, 226, 227
vagón 766
vagón cerrado 710
vagón cisterna 710
vagón comedor 705
vagón de carga 703, 709, 710
vagón de mercancías 711
vagón de pasajeros 705, 707, 716
vagón frigorífico 710
vagón intermodal 710
vagón máquina 716
vagón para automóviles 711
vagón para contenedores 711
vagón para ganado 710
vagón para madera 711
vagón plataforma 711
vagón tolva 710
vagón tolva para minerales 711
vagones 710
vagones de pasajeros 705
vaina 111, 116, 989
vaina de mielina 221
vajilla 301
vajillas, cristalerías, cuberterías 851
vajillas, cristalerías y cuberterías 851
valla 410, 846, 934
valla de la carrera de obstáculos 934
valla de madera 1028
valla de seguridad 1040
valla sobre muro 1002
valla sobre seto 1002
vallado 322
vallado del campo 939
valle 71, 73
valor 860, 861
valor de exposición 597
valores de las notas musicales 563
valores de los silencios 563
valva 136
válvula 209, 555, 699
válvula aórtica 213
válvula de aceleración 773
válvula de acetileno 407
válvula de admisión 680, 682
válvula de agua de rociado 797
válvula de aire 408, 527
válvula de aire comprimido 989
válvula de ajuste 408
válvula de alivio 339
válvula de control 345, 1053
válvula de drenaje 348, 349, 377
válvula de entrada 347
válvula de escape 680, 682
válvula de exhalación 909
válvula de inhalación 909
válvula de la tubería 780
válvula de liberación de aire 729
válvula de llenado 781
válvula de oxígeno 407
válvula de parada de la turbina 796
válvula de purga 339
válvula de regulación 339
válvula de seguridad 312, 348, 349, 795
válvula de vaciado 781
válvula del quemador 1049
válvula maestra 780
válvula mitral 213
válvula paracaídas 1049
válvula pulmonar 213
válvula tricúspide 213
válvulas de combustible del motor 748
válvulas de control de combustible 748
vanadio 813
Vanuatu 62, 881
vapor 770, 779, 811
vapor, botón 374
vapor, inyección 779
vapor, tubo 319
vaporera 292
vaporera eléctrica 317
vaporización, planta 783
vaporizador 342, 374
vaquería 243
vaqueros 433, 441
vara 547
varal 1007
varal de la cabeza 1007
varano 157
variedades de inflorescencias 112
varilla 359, 445, 490, 564, 570, 573, 815
varilla de batir 314
varilla de calada 573
varilla de cambio 712
varilla de carbón (cátodo) 820
varilla de contacto 404
varilla de control 800, 801
varilla de empuje 712
varilla de lizos 573
varilla de refrigeración 823
varilla de registro 555
varilla de riego 415
varilla de rubí 823
varilla de tensión 556
varilla del pedal 552
varilla del péndulo 564, 829
varilla reflectante 823
varilla rizadora 478
varilla telescópica de desenganche 709
varilla tensora 573
varillas 367, 555
varillas, tipos de 314
variómetro 1049
variómetro eléctrico 1048
variómetro mecánico 1048
vaso 324
vaso corto 297
vaso largo 297
vaso linfático 230
vaso medidor 308
vaso mezclador 314
vaso sanguíneo 209
vaso sanguíneo dorsal 141
vasos 293
vasos sanguíneos 186, 199
vástago 388, 390, 568, 699, 1012
vástago aislado 404
vástago de arrastre 776
vástago de elevación 764
vástago del macillo 553
vasto lateral 196
vasto medial 196
VAT 34
Vaticano, Ciudad 56
vatio 835
Vauban, fortificación 505
vegetación 93
vegetación, distribución 92
vehículo automatizado de transferencia 34
vehículo de aterrizaje lunar 38
vehículo de emergencia 663
vehículo mixto 669
vehículo todo terreno 669
vehículos, trailer 692
vejiga 152, 155, 218, 226, 228
vejiga natatoria 149
vejiga urinaria 149
vela 871, 980, 983, 1046
Vela 21
vela al tercio 723
vela áurica 723
vela Bermuda 723
vela cuadrada 723
vela flameante 982
vela latina 723
vela mayor 980
vela mayor proel 725
vela tarquina 723
velamen 725, 1047
velarium 503
velas 723
velero 980
veleta 84, 85, 807
veleta (grímpola) 980
velo 142, 1059
velocidad, palanca de cambio 696
velocidad, selector 314
velocidad de la película 593, 597
velocidad de obturación 593
velocidad del viento 81
velocímetro 677, 696
velódromo 932, 1021
vena 209, 211, 212
vena axilar 211
vena basílica 211
vena cava inferior 211, 212, 213, 219
vena cava superior 211, 212, 213
vena cefálica 211
vena del pulmón 213
vena femoral 211
vena ilíaca 211
vena mesentérica superior 211
vena poplítea 211
vena pulmonar 211, 212
vena renal 211, 219
vena safena 211
vena subclavia 211, 230
vena yugular externa 211
vena yugular interna 211
vencedor 933
vencejo 162
venda de gasa 915
venda elástica 915
venda triangular 915
vendaje 991, 1003
veneno 910
veneno, glándula 154
venera 265
Venera 30
Venezuela 55, 876
ventalla 116
ventalle 884
ventana 316, 317, 327, 330, 600, 687, 983
ventana a la francesa 518
ventana a la inglesa 518
ventana abajo 633
ventana acústica 604
ventana arriba 633
ventana basculante 518
ventana con rejas 865
ventana corredera 518
ventana de arco redondo 508, 510
ventana de celosía 518
ventana de esquina 511
ventana de eyección 891
ventana de guillotina 518
ventana de la torre 792
ventana de lectura 616
ventana de librillo 518
ventana del semisótano 323
ventana mirador 331
ventana oval 235
ventana panorámica 847
ventana pivotante 518
ventana protectora 609
ventanal de control 865
ventana-mosquitero 1052
ventanas 518
ventanas, accesorios para las 367
ventanilla 671, 674, 716, 746, 859
ventanilla comercial 859
ventanilla de aterrizaje 753
ventanilla de observación 37
ventanilla de ventilación del techo 687
ventanilla panorámica 705
ventanilla trasera 671
ventilación 676, 805
ventilación, hélice 819
ventilación, tubo 767
ventilador 338, 339, 341, 343, 379, 672, 678, 682, 683, 691, 706, 716, 749, 767
ventilador de aire caliente 340
ventilador de cabina 1048
ventilador de césped 420
ventilador de la carcasa 629
ventilador de recuperación de energía 341
ventilador de techo 342

ventilador del condensador 343
ventilador del equipo de alimentación 629
ventilador del evaporador 343, 800
ventilador del motor 762
ventilador principal 772
ventosa 138, 153
ventrículo, tercer 222
ventrículo derecho 212, 213
ventrículo izquierdo 213
ventrículo lateral 222
venturi 893
Venus 14, 15
venus atrapamoscas 103
verano 80
verano fresco 87
verano tórrido 87
verbena 264
verde 528, 821
verdolaga 247
verdugado 427
verdura 288
verduras de hojas 246
vereda 1016
verga 724
verja 511
vermicelli de arroz 283
vernier 832
versalita 586
vértebra 154, 182
vértebra cervical 201, 204
vértebra lumbar 201, 204
vértebra prominente 204
vértebra sacra 153
vértebra torácica 201, 204
vértebras 153
vértebras caudales 170, 175, 188
vértebras cervicales 159, 165, 170, 175, 184, 187, 188
vértebras coccígeas 165, 184, 187
vértebras lumbares 165, 170, 175, 184, 187, 188
vértebras sacrales 188
vértebras sacras 165, 170, 175
vértebras torácicas 165, 170, 175, 184, 188
vertedera 765
vertedera, arado 765
vertedero 843
vertedero autorizado 97
vertedor 318
vertical 575
vertical de barras 1002
vertido de hidrocarburos 98
vesícula biliar 152, 154, 216
vestíbulo 235, 329, 502, 644, 704, 730, 742, 847, 851, 853, 854
vestíbulo de entrada 522
vestido 438
vestido, accesorios 464
vestido acampanado 438
vestido camisero 438
vestido con crinolina 427
vestido con miriñaque 427
vestido con polisón 427
vestido cruzado 438
vestido de fiesta 438
vestido de talle bajo 438
vestido de tirantes 438
vestido tubo 438
vestidor 330, 644
vestimenta histórica 426
vestuario 542, 900
vestuario de los mineros 773
vestuarios 868
veta 386
veterinarios 1002
vía 714
vía, cambiador manual 712
vía de salida 708
vía de tren suburbano 703
vía férrea 52, 704, 712, 773, 843
vía férrea, base 713
vía ferroviaria 844
Vía Láctea 19, 23
vía locomotriz 708
vía principal 703
vía subsidiaria 703
vía] 717
viaducto 660
víbora 156
vibración sonora 235
vibrisas 165
Victoria, lago 50
vid 117
vida vegetal 102
videocámara 612
videocámara con disco duro 612
videocámara de hombro 607
videocámara DVD 612
videocámara miniDV 613
videocinta 611
videojuego 1067
videoteca 867
videotelefonía 643
videoteléfono 624
vidriera 736, 871
vidrio 327
vidrio, selección 99
vidrio del escáner 635, 637
vieira 265
viento 82, 97, 98, 982, 1052, 1053
viento, dirección 74, 81
viento, instrumentos 550
viento, velocidad 81
viento contrario 982
viento contrario, salida 982
viento de popa 982
viento de través 982
viento dominante 89
viento en proa 982
viento fuerte invernal alto 83
viento fuerte invernal bajo 83
viento moderado 82
viento suave 82
vientos 1066
vientre 168, 198
vierteaguas 671
vierteguas 325, 327, 337
Vietnam 59, 881
vietnamita 582
viga 502, 513, 520
viga, puente 660
viga cantilever 661
viga continua 660
viga de cola 753
viga de perfil en I 512
viga de sujección 1050
viga maestra 34, 332
vigilancia, botón 735
vigueta 334
vigueta del piso 332, 333
vigueta del techo 332
vigueta esquinera 332, 333
Viking 32
vinagre, arroz 287
vinagre, malta 287
vinagre, manzana 287
vinagre, vino 287
vinagre balsámico 287
vinagre blanco 287
vinagre de arroz 287
vinagre de malta 287
vinagre de manzana 287
vinagre de vino 287
vínculos familiares 928
vino 288
vinos, carta 291
viola 547
violas 545
violeta 113, 528
violín 547
violines, familia 545, 547
violoncelo 547
violoncelos 545
vira 459
virada por redondo 982
viraje de mariposa 975
Virgo 21, 23
virola 1013, 1018
virola hembra 1060
virola macho 1060
virotillo 333
viscosa 424
visera 457, 695, 713, 884, 901, 908, 1024, 1028, 1034
visera, bisagra 695
visillo 368
visillos 368
visión, defectos 239
visión normal 239
visitantes, oficina de recepción 864
visitantes, sala de espera 864
visón 180
visor 376, 593, 606, 833
visor electrónico 613
visor telescópico 824
vista 238
Vístula, río 49
visualización 624
visualización, botón 593
visualización de TV/DVD 610
vitola 483
vitral 579
vitrales 507
vitrina 365
vitrinas refrigeradas 288
viuda negra 147
vivienda 243, 520
viviendas plurifamiliares 521
viviendas tradicionales 520
viviendas urbanas 521
volador 1069
volante 368, 420, 538, 566, 672, 676, 764, 1023
volante de aspas 534
volante de control 902
volante de plumas 963
volante del freno manual 709
volante sintético 963
volcadora 761
volcán 66, 75
volcán efusivo 75
volcán en erupción 95
volcán explosivo 75
volcanes 75
volea 966
voleibol 958
voleibol, cancha 958
voley playa 959
voley playa, pista 959
Volga, río 49
volquete 693
volquete basculante 692
volt 835
voltímetro 404
voltio 835
volumen 622, 625
volumen, control 559, 614
volumen 639
voluta 360, 500, 501, 510, 547
volva 108
Voyager 30
vuelo 873, 979, 1041
vuelo del peldaño 335
vuelo en globo 1049
vuelo libre 1047
vuelta 432
vuelta de cabo 1058
vuelta de campana 975
vuelta de escota 1058
vuelta de escota doble 1058
vulva 194

W

wakame 244
wakeboard 988
walaby 189
walkie-talkie 621, 906
wasabi 287
waterpolo 974
waterpolo, jugador 974
waterpolo, piscina 974
webcam 624, 635
Weddel, mar 46
wedge para arena 1018
wedge para rough 1018
wigwam 520
Wilkes, Tierra 46
winch 981
windsurf 983
wok 312
Wolof 582
wonton 283

X

xenón 814
xilema 110
xilófono 545, 557

Y

y 587
yak 173
yarmulke 429
yate de motor 729
yelmo 884
yema 105, 160, 237
yema axilar 109
yema terminal 105, 109
yembé 561
Yemen 58, 880
yen 860
yerno 928
yeyuno 217
Yibouti 879
Yibuti 60
yidish 583
yodo 813
yogur 280
yorkshire terrier 176
yoruba 582
yuán 860
yugo 471
yugo de transporte 986
yunque 235
yurta 520
yute 424

Z

zafiro 470
zaguero 950
zaguero derecho 958
zaguero izquierdo 958
zaguero medio 958
zamarra 436
Zambia 61, 880
zampoña 561
zanahoria 251
zanca 335
zanca de contén 335
zanco 758
zángano 143
zanja 771
zapata 401, 679, 691, 1018
zapata antideslizante 409, 969
zapata de goma 409
zapatería 849
zapatero de alambre 463
zapatilla 935, 942, 945, 956, 999
zapatilla con tacos 940
zapatilla de tenis 462, 968
zapatilla deportiva 450
zapatillas de deporte 850
zapatillas de esgrima 997
zapato 459, 460, 1020, 1022
zapato a la polaca 429
zapato con cordones 460
zapato con tacos 951, 954
zapato de cordones 459
zapato de correa 460
zapato de salón 460
zapato de tacón 429
zapato de talón abierto 460
zapato Mary Jane 460
zapato para bolos 1015
zapatos de golf 1019
zapatos de hombre 459, 850
zapatos de mujer 460, 850
zapatos de niños 851
zapote 259
zarcillo 117
zarpa 332, 333
Zimbabue 880
Zimbabwe 61
zinc 78
zirconio 813
zócalo 333, 335, 829
zócalo de la bañera 346
zona central 955
zona comercial 843, 847
zona de anotación 952
zona de ataque 958
zona de atención 939
zona de aterrizaje 1041
zona de camillas 918
zona de clasificación 708
zona de combate 992, 993, 996
zona de comidas campestres 856
zona de competición 993, 996
zona de convección 16
zona de crecimiento 110
zona de cronometraje 1041
zona de defensa 958
zona de defensa protegida 1027
zona de entrada de los jugadores expulsados 974
zona de entrega 934
zona de entrenamiento 932
zona de espera 858
zona de fondo 955
zona de frenado 1040, 1041
zona de la portería 1029
zona de lanzamiento y de salto 932
zona de lavado de vagones 708
zona de marca 951
zona de pasividad 991
zona de peligro 995, 996
zona de pelos absorbentes 118
zona de precipitación 81
zona de preparación de productos 288
zona de prueba de motores de aviones 897
zona de radiación 16
zona de ramificación 110
zona de recepción 708
zona de recepción de mercancías 288
zona de recepción de productos lácteos 288
zona de recreo 730
zona de salida 984, 1025, 1063
zona de saque 963
zona de seguridad 992, 996
zona de servicio 741, 798
zona de trabajo 20
zona de traspaso de carga 729
zona de tres segundos 957
zona débil de la hoja 998
zona defensiva 955
zona del hoyo 1016
zona escolar 665, 667
zona fuerte de la hoja 998
zona libre 958, 959
zona media 998
zona neutral 952, 1029
zona ofensiva 955
zona para acampar 856
zona para acampar y para caravanas 856
zona para caravanas 856
zona para los ciclistas 1021
zona pelúcida 226
zona pilífera 110
zona residencial 52, 843
zona residencial de las afueras 843
zooplancton 94
Zorra 23
zorro 180
zorro volador 187
zueco 429
zulú 582
zumaque 261

Indice dei nomi Italiani

2° metacarpale 186
3° metacarpale 186
4° metacarpale 186
5° metacarpale 186

A

abaco 500
abat-son 507
abbaino 322
abbellimenti 563
abbeveratoio 494
abbigliamento, negozio di 848
abbigliamento antinfortunistico 406
abbigliamento bambini 851
abbigliamento casual femminile 850
abbigliamento casual maschile 851
abbigliamento femminile 438
abbigliamento maschile 430
abbigliamento ragazze 851
abbigliamento ragazzi 851
abbigliamento specializzato 448
abbigliamento sportivo 450
abbigliamento sportivo da uomo 851
abbigliamento sportivo femminile 850
abbigliamento sportivo per bambini 851
abbottonatura a doppiopetto 435
abbottonatura a polo 437
abbottonatura anteriore a pressione 448
abbottonatura della cintura 432
abete 121
abete, aghi d' 120
abete nero 124
abissino 179
abitacolo 987, 1023
abitazioni 520
abitazioni urbane 521
abiti da donna 438, 850
abiti da notte 447
abiti da uomo 850
abiti storici 426
abiti tradizionali 429
abiti unisex 437
abito 123
abito a trapezio 438
abito a tunica 438
abito a vestaglia 438
abito a vita bassa 438
abito con crinolina 427
abito con panieri 427
abito con sellino 427
abito da cocktail 438
Abramo 870
ABS, sistema frenante antibloccaggio 679
abside 507, 508
acagiù, noce di 255
acanto, foglia di 360, 501
acantodi 129
accappatoio 447
acceleratore, pedale dell' 676
acceleratore di elettroni 926
accelerazione, cavo di 419
accelerazione, grilletto di 417
accendino a gas 483
accensione, blocchetto di 676
accensione, chiave dell' 420
accensione, interruttore di 630
accensione, pulsante di 379
accensione, tasto 649
accensione/spegnimento, spia luminosa di 623
accensione/spegnimento, tasto 624
accento 563
accento acuto 587
accento circonflesso 587
accento grave 587
acceso/spento, tasto 597, 609, 610, 611, 615, 620, 621, 622, 625, 629, 634, 639, 832
accesso, pannello di 338
accesso, portello di 729
accesso, strada di 740
accesso alla griglia di illuminazione 605
accesso non consentito alle sedie a rotelle 856
accesso per i portatori di handicap 856
accessori, espulsore degli 314
accessori, scatola degli 571
accessori, slitta per gli 592
accessori, vano 601
accessori a propano o butano 1053
accessori da donna 851
accessori da uomo 850
accessori dell'obiettivo 598
accessori di abbigliamento 464
accessori di bellezza 468
accessori fotografici 596
accessori musicali 564
accessori per aspirapolvere 375
accessori per finestre 367
accessori per fumatori 483
accessori per il tiro 889
accessori per la sciolinatura 1042
accessori vari 477
accetta 416, 1057
accettazione 918, 922
accettazione, area d' 900
acchito 1012
acchito centrale 1012
acchito della linea di battuta 1012
acchito superiore 1012
acciaio 78, 384
acciaio, corpo d' 820
acciaiolo 309
acciarino 406, 889
acciarino, molla dell' 889
accidenti 563
acciuga 267
accompagnamento 1014
accompagnamento, corde per l' 560
acconciatura, articoli per 476
accoppiamento, adattatore di 34
accoppiatore idraulico 764
accordatura, anello d' 561
accordo 563
accordo, asta d' 554
accumulatore 679
acero 119
acero, sciroppo d' 285
acetilene, bombola d' 407
acetilene, valvola dell' 407
aceto balsamico 287
aceto balsamico bianco 287
aceto bianco 287
aceto di malto 287
aceto di mele 287
aceto di riso 287
aceto di vino 287
acetosa 247
achenio 114
acidificazione dei laghi 98
acido acetilsalicilico 915
acido nitrico, emissione di 98
acido solforico, emissione di 98
acino 117
acino, sezione di un 114
acondrite 18
acqua 770, 778, 779, 834, 995
acqua, altezza di caduta dell' 789
acqua, attacco del tubo di alimentazione dell' 414, 415
acqua, bicchiere da 297
acqua, bottiglia dell' 699
acqua, chiave dell' 551
acqua, contatore dell' 344
acqua, corso d' 73, 98
acqua, entrata dell' 350
acqua, flusso d' 134
acqua, getti d' 978
acqua, inquinamento dell' 98
acqua, livello dell' 319, 342
acqua, scarico dell' 789
acqua, serbatoio dell' 319, 342, 706
acqua bollente 801
acqua calda, colonna montante dell' 344
acqua calda, rete di distribuzione dell' 344
acqua calda, tubo di uscita dell' 349
acqua calda, uscita dell' 339
acqua di disgelo 72
acqua fredda, colonna montante dell' 344
acqua fredda, ingresso dell' 349
acqua fredda, rete di distribuzione dell' 344
acqua in pressione 789
acqua naturale 801
acqua ossigenata 915
acqua pesante 800
acqua pesante, riconcentrazione dell' 797
acqua pesante fredda 800
acqua pesante pressurizzata 800
acqua pressurizzata 801
acqua riciclata 779
acquamarina 470
acquaragia 527
acquario 495
Acquario 20
acquasantiera 871
acquascooter 1026
acque sicure 738
acquedotto per il riempimento della chiusa 719
acquerello 528
acquerello, pastiglie 525
acquerello, tubo 525
acquifero artesiano 770
acromion 201
acroterio 499, 500
acuti, ponticello degli 552
acuti, registro degli 560
acuti, tastiera degli 560
Adamo, pomo d' 192
adattatore 358, 479, 641
adattatore del carico utile 39
adattatore di accoppiamento 34
adattatori 351
addebito, carta di 861
addetto ai 30 secondi 956
addetto al controllo biglietti 522, 544
addetto alla panchina delle penalità 1029
addizione 836, 837
addizione, tasto 649
addome 139, 140, 141, 142, 145, 158, 192, 194
Aden, Golfo di 50, 51
Adriatico, Mar 49
aeratore 350
aerazione, canale di 498
aerazione, comando dell' 676
aerazione, griglia di 322
aereo antincendio anfibio 750
aereo da ricognizione meteorologica 80
aereo di linea 79
aerociste 107
aerocisterna 896
aerofreni, leva degli 748
aerofreno 896
aerografo 527
aerografo, sezione 527
aeronavigazione, dispositivo per 897
aeroplani 750
aeroplano, movimenti di un 752
aeroplano a decollo e atterraggio verticale 750
aeroplano da carico 751
aeroplano da combattimento 896
aeroplano leggero 750
aeroplano privato 750
aeroplano radar 751
aeroporto 53, 740, 842, 857
affari, quartiere degli 842, 844
affettauova 309
affettaverdure 307
affissione, superficie di 655
affluente 73
affrancamento, modulo di 651
affrancatrice 651
affresco 502
affusto 890, 892
Afghanistan 58, 880
afnio 813
Africa 44, 60, 69, 879
agar-agar 244
agenda 650
agente di sicurezza, postazione dell' 919
agente di sicurezza, ufficio dell' 867
agenti decomponenti 95
agenzia di viaggi 848
aggancio, pulsante di 393
aggetto, manopola di regolazione dell' 397
aggiunta in memoria, tasto 649
aggomitolatore 574
aghi d'abete 120
aghi di picea 120
aghi di pino 120
aglio 245
agnato 128
ago 90, 527, 566, 567, 568, 578, 712, 912
ago, barra dell' 567
ago, cappelletto dell' 527
ago, placca dell' 566
ago, selettore della posizione dell' 566
ago a linguetta 571
ago magnetico 1057
ago per legare 309
agricoltura intensiva 96, 98
agrippina 360
agrume 114
agrumi 256
aiguillette 276
aikido 996
aikidogi 996
aikidoka 996
air bag, sistema di ritenuta degli 676
air bag laterale a tendina 676
airbag frontali 676
airone 161
aiuola 323, 410
aiutante 289, 291
aiuto attrezzista 543
aiuto cuoco 291
aiuto regista 543, 605
ajowan 261
al gran lasco 982
al lasco 982
al traverso 982
ala 37, 141, 142, 158, 231, 428, 747, 896, 1047, 1048, 1059, 1071
ala a delta 751, 752
ala a freccia 752
ala a geometria variabile 752
ala alta 750
ala anteriore 140
ala attaccante 955
ala destra 945, 950, 960, 1029
ala difensore 955
ala grande 957
ala inferiore 750
ala piccola 957
ala pieghevole 1007
ala poppiera 731
ala posteriore 140
ala prodiera 731
ala rettangolare 752
ala semiimmersa 731
ala sinistra 945, 950, 960, 1029
ala superiore 750
ala trapezia 752
alamaro 436
alano 177
alari 337
Alaska 46
Alaska, Golfo dell' 47
albanese 583
Albania 57, 878
albatros 161
albedo 110
alberatura 724
albergo 844, 854, 1036
albergo, camera d' 855
alberi 1016
albero 118, 576, 722, 787, 806, 816, 819, 827, 829, 980, 983
albero, struttura di un 118
albero, supporto dell' 395
albero a bassa velocità 807
albero a camme 682
albero a gomiti 680, 682
albero ad alta velocità 807
albero da frutto 243
albero del coltro 765
albero del derrick 729
albero del radar 728
albero del turbocompressore 749
albero dell'elica 731
albero della gomma 124
albero delle pedivelle 700
albero di contromezzana 724
albero di controvelaccino 724
albero di esclusione dell'alimentazione 765, 766
albero di maestra 722, 724
albero di maestra, parti 724
albero di maestra, sezione 724
albero di mezzana 722, 724
albero di Natale 777, 780
albero di parrocchetto 724
albero di trasmissione 673, 727, 753
albero di trinchetto 722, 724
albero di velaccino 724
albero ornamentale 243, 410
albero oscillante, braccio di sollevamento dell' 764
albero ospite 103
albero prodiero 729
albicocca 254
albume 160
alburno 118
alca 161
alce 172
alcol puro 915
alcool, bulbo d' 827
alcool, colonna d' 827
alesatori per la pulizia degli ugelli 406
aletta 339, 430, 486, 747, 750, 894, 912, 1041
aletta, manica ad 453
aletta, tasca applicata con 431, 452
aletta, tasca interna con 430, 435, 436, 443, 452
aletta, tasca profilata con 430, 435
aletta, taschino con 430
aletta, taschino tagliato con 430
aletta a molla 390
aletta autoadesiva 651
aletta del bordo di attacco 896
aletta del parafango 690
aletta di compensazione 86
aletta fissa 894
aletta frontale 483
aletta parasole 676
aletta radiante 340
aletta staccata 435
alette 1069
alettone 746, 896, 1023, 1048
alettone del parafango 691
alettone parafango 691
Aleutine, Isole 47
alfiere 1065
alga 107
alga, struttura di un' 107
alga bruna 107
alga marina 244
alga rossa 107
alga verde 107
Algeria 60, 879
alghe 107
ali 186, 750
ali, tipi di 752
aliante 1048
alidada 85, 734, 833
alidada, livella fissata all' 833
alimentatore 630, 767
alimentatore, ventola dell' 629
alimentatore automatico 647
alimentatore automatico di documenti 625
alimentatore manuale 647
alimentazione, cavo a 240 volt 354
alimentazione, cavo d' 315, 396
alimentazione, cavo di 393
alimentazione, collettore dell'acqua di 797
alimentazione, condotto di 341
alimentazione, cordone dell' 479
alimentazione, filo neutro di 354
alimentazione, piano di 651
alimentazione, presa di 629
alimentazione, sistema di 673

alimentazione, tubo di 352
alimentazione del premio 1070
alimentazione dell'acqua, tubo di 380
alimentazione dell'aria 555
alimentazione dell'aria, tubo di 901
alimentazione dell'elettrodo, cavo di 406
alimentazione di ossigeno, indicatore dell' 1048
alimentazione di ossigeno, regolatore dell' 1048
alimenti, rete per 294
alimenti, vaschetta per 295
alimenti di origine animale 265
alimenti di origine vegetale 244
alimenti e prodotti per animali 289
alimenti trasformati 277
aliscafo 731
allacciamento 352, 805
allacciamento, punto di 356
allacciamento alla rete 356
allacciatura a stringhe 1045
allacciatura con bottoni a pressione 436
allargatubi 402
allarme, dispositivo di 901
allenamento, zona di 932
allenatore 944, 957, 973, 974, 990, 1029
allenatori 1031, 1033
allenatori, tribuna degli 1041
allevamento 242
allevamento intensivo 96, 97
alligatore 157
allineatore 984
alloggi 1036
alloggi dell'equipaggio 726
alloggiamento 515, 736
alloggiamento del bocchino 551
alloggiamento del mulinello 1059, 1060
alloggiamento della scheda di memoria 613
alloggiamento della strumentazione 39
alloggio degli ufficiali 898, 899
alloggio del comandante 731
alloro 262
alluminio 78, 812
alluminio, strato riflettente in 615
alone 19
alosa 267
Alpi 49
alpinismo 1050
alpinista 1051
Alt, tasto 632
alta pressione, area di 89
alta tensione 910
alta tensione, tester dell' 404
Altare 20
altare, croce dell' 871
altare, pala dell' 871
altare maggiore 871
altare secondario 871
alternato 632
alternatore 672, 682, 770, 795, 807, 819
altezza, indice di regolazione dell' 392
altezza, regolazione micrometrica dell' 24, 25
altezza, scala dell' 600
altezza del gradino 771
altezza del tuffo 979
altezza dell'onda 77
altezza delle nubi, proiettore per determinare l' 85
altezza di caduta dell'acqua 789
altimetro 1046, 1048, 1049
altimetro di riserva 748
altitudine 45
altitudini, scala delle 79
altocumulo 82, 88
altoparlante 610, 613, 620, 621, 622, 624, 625, 630, 716, 735, 748, 902, 1071
altoparlante per alte frequenze 20
altoparlante per basse frequenze 20
altoparlante per medie frequenze 20
altoparlate monitor 604, 605, 607, 608
altopiano 17, 45, 71
altostrato 82, 88
altre tecniche 575
altri metalli 812
altri segni 563
alula 158
alveolo della presa 358
alveolo dentario 206
alveolo polmonare 215
alzare lo spinnaker 982
alzata 335, 378, 379
alzatore destro 958
amanita muscaria 108
amanita virosa 108
amantiglio 724
amaranto 263
amarico 582
Amazzoni, Rio delle 48
ambiatore 1007
ambiente 92
ambiente naturale 1017
ambio 169
ambulanza 911, 918
ameba 133
America, Stati Uniti d' 876
America Centrale 44, 47, 54
America del Nord 54
America Meridionale 44, 55, 69
America Settentrionale 44, 69
Americhe 876
americio 814
Amery, Banchisa di 46
ametista 470
amianto 78
amido 122
ammainare lo spinnaker 982
ammasso globulare 19
amministrazione 522, 869
ammiraglia 1020
ammiragliato britannico, ancora tipo 732
ammortizzatore 32, 519, 673, 1026
ammortizzatore anteriore 697
amo 1059, 1061
amo, apertura dell' 1061
amo con setale 1061
ampere 835
ampiezza 821
ampiezza dei punti, selettore dell' 566
ampiezza della base 792
amplificatore 559
ampolla 135
ampolla della tuba di Falloppio 227
anaconda 156
analista 994
ananas 258
anatomia 196
anatomia di un astice 139
anatomia di un cavallo 169
anatomia di un persico 149
anatomia di un polpo 138
anatomia di un ragno femmina 145
anatomia di un serpente velenoso 154
anatomia di un uccello 159
anatomia di un'ape 143
anatomia di una chiocciola 137
anatomia di una conchiglia bivalve 136
anatomia di una farfalla femmina 141
anatomia di una rana maschio 152
anatomia di una spugna 134
anatomia di una stella marina 135
anatomia di una tartaruga 155
anatomia patologica, laboratorio di 922
anatra 161, 271
anatra, uovo di 270
ancia 550, 554
ancia, canna ad 554
ancia doppia 550
ancia semplice 550
anconeo 197
ancora 732, 829
ancora, parti 732
ancora a fungo 732
ancora a scatto 390
ancora a vite 732
ancora a vomere 732
ancora da nave 732
ancora Danforth 732
ancora galleggiante 732
ancora tipo ammiragliato britannico 732
ancoraggio 935
ancoraggio, sistema di 717
ancoraggio degli stralli 660
ancore 732
ancorina 1061
andata, tubazione di 339
andature 168
andature delle imbarcazioni a vela 982
Ande, Cordigliera delle 48
Andorra 56, 877
Andromeda 22
anelli 470, 970, 971
anelli addominali 1059
anelli collettori 819
anello 108, 327, 367, 477, 492, 551, 567, 568, 640, 733, 787, 828, 831, 955, 957, 970, 1042, 1050, 1051
anello, componenti di un 470
anello, orecchini ad 468
anello a fascia 470
anello a strappo 295
anello adattatore 595
anello centrale esterno da 25 punti 1069
anello con sigillo 470
anello d'accordatura 561
anello dei doppi 1069
anello dei tripli 1069
anello della camma 395
anello di ancoraggio 787
anello di arresto 601
anello di congiunzione 1061
anello di fidanzamento 470
anello di fondo 787
anello di regolazione 415
anello di regolazione della coppia di serraggio 394
anello di regolazione diottrica 824
anello di schermo 84
anello di sollevamento 732
anello di tenuta 350
anello di tenuta della guarnizione 350
anello diottrico 736
anello esterno 1027
anello fermadisco 1000
anello fermamulinello 1059
anello guida della lenza 1059, 1060
anello interno 1027
anello oculare 158
anello per le redini 1004
anello studentesco 470
anemometro 84, 85, 807, 1048
anemometro di riserva 748
anemone 135
anestesia, stanza per l' 921
aneto 262
anfibi 152, 153
anfiteatro romano 503
anglicanesimo 870
Angola 61, 880
angolare 488
angoli 838
angoli, lenzuolo con 363
angoli, misura degli 833
angoliera 365
angolo 539, 947, 990
angolo, giudice d' 993
angolo, giudici d' 996
angolo acuto 836, 838
angolo concavo 838
angolo cucina 644
angolo della pista 1028
angolo di elevazione, regolazione dell' 824
angolo ottuso 836, 838
angolo retto 836, 838
anguilla 269
anguilla elettrica 151
anice 262
anice stellato 116
anidride carbonica 800
anidride carbonica di raffreddamento 800
anidride solforosa, emissione di 98
Anik 603
anima 554, 890, 1058
anima, canna ad 554
animali, negozio di 848
animali domestici, cura 493
animali primitivi 133, 135
animali selvatici vaganti 665, 667
animelle 276
annaffiatoio 414
anno 860
anno, stagioni dell' 80
annodatura 431, 575
annotazioni 650
ano 135, 136, 137, 138, 139, 141, 145, 149, 155, 216, 226, 228
anodo 820
anta, pannello dell' 364
anta scorrevole 29
Antartide 44, 46
antefissa 499
antelice 234
antenna 27, 86, 139, 140, 141, 142, 143, 620, 621, 622, 623, 671, 697, 722, 733, 746, 753, 895, 897, 907, 958
antenna a basso guadagno 32
antenna a frequenza ultraelevata (UHF) 32
antenna ad alto guadagno 32
antenna ad alto guadagno in banda S 86
antenna comandata a distanza 64
antenna di captazione 707
antenna di casa 602
antenna di telecomando 86
antenna di telecomunicazione 897
antenna di telemetria 86
antenna di trasmissione/ricezione 602
antenna emittente 602
antenna in banda S 86
antenna in banda X 64
antenna microonde 608
antenna multifunzione 899
antenna parabolica di ricezione 610
antenna parabolica ricetrasmittente 602
antenna per telecomunicazioni 730, 731
antenna radar 64, 896, 899
antenna radio 726, 728, 730, 731, 777, 899, 1023
antenna ricevente GPS 735
antenna telescopica 619
antenna UHF 86
antenna VHF 898
antenne, stregghia per le 142
antenne per ricerca e soccorso 86
antennula 139
antera 104, 112
antiallagamento, dispositivo 380
anticlinale 776
anticollisione, luce 746
Antigua e Barbuda 54, 876
Antille, Isole delle 876
antilope 172
antimonio 812
antipasti 292
antipastiera 303
antisettico 915
antiskating, controllo 617
antitrago 234
antivento microfonico 604
antivibrazione, impugnatura con sistema 417
anulare 237
aorta 212
aorta, arco dell' 210
aorta addominale 210, 219
aorta dorsale 143
aorta toracica 210
aorta ventrale 149
ape 142
ape, anatomia di un' 143
ape operaia 143
ape operaia, morfologia di un' 142
ape regina 143
apertura 136, 401, 434, 464, 593, 1043
apertura, diaframma di 826
apertura dell'amo 1061
apertura di diaframma, scala dell' 598
apertura di termoregolazione 86
apertura per il riempimento della chiusa 719
apertura per il riempimento e lo svuotamento della chiusa 719
apertura per le braccia 443
aperture gemelle 508
apice 111, 136, 137, 206, 233, 469, 586
apofisi articolare 204
apofisi spinosa 204
apofisi trasversa 204
Apollo 38
apostrofo 587
apotecio 106
apparato del Golgi 102, 133
apparato digerente 216
apparato radicale 109, 117
apparato respiratorio 214
apparato urinario 218
apparecchi per il condizionamento dell'aria 342
apparecchio per dialisi 927
apparecchio telefonico a gettoni 624
apparecchio telefonico con memoria 623
appartamenti 1036
appartiene a 837
appendere per asciugare 425
appendere senza strizzare 425
appendice dattilo 646
appendice vermiforme 216
applicatore a spugnetta 473
appoggiamano 526, 916
appoggiapiedi 401, 697, 917
appoggiatura 563
appoggio 791
appoggio, barra d' 409
appoggio, filo d' 145
appoggio, guida di 392
appoggio, piano di 392, 754
appoggio, piastra d' 397
appoggio, piastra di 712, 892
appoggio, piede d' 573
appoggio, piede di 765
appoggio, punto d' 145
appoggio del mignolo 551
appoggio del pollice 550, 551
appoggio del polpaccio 1039
appoggio della spalla 893
appontaggio, pista di 897
appontaggio a poppa, zona di 897
approssimativamente uguale a 837
approvvigionamento 242
apribottiglie 307, 1055
apriscatole 307, 318, 1055
aptero 107
aquila 163, 875
Aquila 20, 22
aquilone 1071
Arabia Saudita 58, 880
Arabico, Mare 51
arabo 582
arachide 252
arachidi, olio di 284
aracnidi 140, 147
aracnoide 224
aragosta 266
Aral, Lago di 51
araldica 873
aramaico 582
arame 244
arancia 256
arancia, sezione di un' 114
arancia rossa 256
arancio 528
aratro a vomere-versoio 765
arazzi, navetta per 573
arbitro 943, 945, 947, 949, 951, 955, 956, 963, 964, 965, 974, 976, 978, 990, 991, 992, 993, 995, 996, 1009, 1010, 1014, 1029, 1032, 1033, 1043
arbitro, linea dell' 993
arbitro a cavallo 1008
arbitro ausiliario 995, 1010, 1032
arbitro centrale 994, 996
arbitro della linea di porta 960
arbitro di base 938
arbitro di campo 960
arbitro di casa base 939
arbitro di percorso 984
arbitro laterale 996
arborizzazione terminale 221
arca 872
arcata 503, 506
arcata dentale inferiore 231
arcata dentale superiore 231
arcate aperte 508
archaeopteryx 130
archeognato 129

archetto 547, 561, 832, 912, 1060
archetto, meccanismo di apertura dell' 1060
archetto d'arcione 1005
archi 514, 661, 885
archi, famiglia degli 545, 547
archibugio 889
architettura, stili di 500
architettura antica 498
architettura asiatica 513
architettura militare 504
architettura occidentale 506
architettura pre-colombiana 513
architrave 325, 336, 499, 501, 507, 509
archivi 522, 905
archiviazione 652
archivio 644
archivio, scatola per 653
archivio delle cartelle cliniche 922
archivolto 507
arciere 1009
arcipelago 45
arco 508, 509, 661, 838, 885, 1005
arco, saldatrice ad 406
arco, saldatura ad 406
arco a due cerniere 661
arco a ferro di cavallo 514
arco a lancetta 514
arco a sesto rialzato 514
arco a tre cerniere 661
arco a tutto sesto 514
arco aortico 210, 213
arco cieco 508
arco composto 1009
arco dentato di elevazione 892
arco diagonale 506
arco inflesso 514
arco insulare 67
arco longitudinale 506
arco moderno 885
arco naturale 70
arco nudo 1009
arco ogivale 514
arco palatoglosso 231
arco rampante 506, 507
arco reticolare 661
arco ribassato 514
arco senza cerniere 661
arco trasversale 506
arco trilobato 514
arco Tudor 514
arco vertebrale 204
arcobaleno 91
ardiglione 432, 1061
area commerciale 847
area d'accettazione 900
area d'attesa 858
area degli atleti 1021
area dei tre secondi 957
area di alta pressione 89
area di arresto 1040
area di attacco/difesa 948
area di atterraggio 934
area di bassa pressione 89
area di carico del combustibile nuovo 798
area di combattimento 991, 992, 993, 994, 996
area di controllo luci/video 605
area di cronometraggio 1041
area di decelerazione 1041
area di esercizio 972
area di frenata 1041
area di fuorigioco 1014
area di gara 993, 994, 995, 996, 999
area di gioco 730, 1027, 1069, 1070
area di lancio e di salto 932
area di lavaggio delle carrozze 708
area di lavorazione del greggio 777
area di meta 951, 952, 955, 1070
area di parcheggio 741
area di partenza 1025
area di partenza della seggiovia 1036
area di pericolo 996
area di porta 946, 960, 1029
area di precipitazione 81
area di ricevimento 523
area di ricevimento delle merci 850
area di rientro dei giocatori espulsi 974
area di rifornimento 668
area di rigore 946
area di servizio 53, 741
area di servizio destro 965
area di servizio sinistro 965
area di sicurezza 991, 992
area di smistamento 708
area di sosta 53
area di sosta dei veicoli 663
area operativa 20
area per campeggio e caravan 856
area per caravan 856
area per il ritiro dei bagagli 742
area per le attività interne 865
area per pic-nic 856
area registrata 615
area ricevitrice 708
aree di bersaglio 997
arena 503
areola 227
argani, sala degli 773
argani di perforazione 776
argano 519
Argentina 55, 876
argento 78, 813, 875
argine 658
argo 814
aria, cappellotto dell' 408
aria, compressore d' 408
aria, compressore dell' 706, 707
aria, condizionamento dell' 342
aria, condotto dell' 339
aria, depuratore d' 342
aria, filtro dell' 342, 417, 706
aria, flusso d' 527
aria, foro per l' 483
aria, griglia di uscita dell' 340
aria, inquinamento dell' 97
aria, misurazione della pressione dell' 85
aria, presa d' 727, 753
aria, serbatoio d' 408
aria, temperatura dell' 81
aria, tipo di massa d' 81
aria, tubo flessibile per l' 527
aria, valvola dell' 408, 527
aria calda 90
aria calda, deflettore dell' 336
aria calda, efflusso dell' 338
aria calda, uscita dell' 336
aria calda ascendente 89
aria compressa, bombola ad 1023
aria compressa, bombola di 901
aria compressa, serbatoio d' 706
aria fredda 90
aria fredda discendente 89
aria inalata 232
Ariane IV 39
Ariane V 39
Ariele 15
Ariete 22
aringa 267
arma, parti dell' 998
arma a impulsi elettrici 888
armadietti degli studenti 869
armadietto 645
armadietto per cancelleria 645
armadio 364, 379, 855
armadio appendiabiti 365
armadio di protezione e di sezionamento 357
armadio frigorifero 290
armamento, leva d' 893
armatura 884
armatura di chiave 563
armatura di sostegno 1049
armatura metallica 734
armatura protettiva del tronco 954
armature di base 575
Armenia 58, 880
armeno 583
armi 883
armi al tempo dei Romani 883
armi da caccia 887
armi da fuoco del XVII secolo 889
armi da lancio 886
armi da taglio 886
armi dell'età della pietra 883
armi della scherma 998
armi d'assalto 891
armi mobili 892
armonica a bocca 560
arnia 144, 243
aromatiche, piante 262
arpa 545, 548
arpeggio 563
arquata 1051
arrampicata, parete artificiale di 1050
arredamenti della casa 360
arresto 567
arresto, anello di 601
arresto, area di 1040
arresto, bagno di 600
arresto, blocco d' 397
arresto, dente d' 572
arresto, dispositivo di 578
arresto, pulsante 411
arresto, pulsante di 396, 828
arresto, ruota dentata d' 572
arresto, tasto 610, 611
arresto, tasto di 611, 616, 647
arresto, tavola di 1014
arresto della guida parallela 393
arresto di emergenza, pulsante 924
arricciaburro 309
arricciacapelli 478
arricciatura 440
arricciatura a cannoncino 369
arricciatura a pince 370
arricciature 370
arridatoio 981
arrivo 1002, 1035, 1037
arrivo, *zona di 1041
arrivo, boe di 985
arrivo, giudice di 985
arrivo, parete di 976
arrivo del combustibile 339
arrivo della sciovia 1036
arrosto di costata 272
arrosto di filetto 272
arrosto di spalla 273, 275
arrosto di spalla affumicato 275
arrosto di spalla disossato 273, 274
arsenale da guerra 889
arsenico 812
arte astratta 530
arte naive 530
arteria 212
arteria, sezione 209
arteria addominale dorsale 139
arteria ascellare 210
arteria brachiale 210
arteria carotide comune 210
arteria dorsale del piede 210
arteria femorale 210
arteria fibulare 210
arteria iliaca comune 210, 219
arteria iliaca interna 210
arteria mesenterica inferiore 210
arteria mesenterica superiore 210, 219
arteria polmonare 210
arteria polmonare destra 213
arteria polmonare sinistra 213
arteria radiale 210
arteria renale 210, 219
arteria sternale 139
arteria succlavia 210
arteria tibiale anteriore 210
arteria ulnare 210
arteria ventrale 139
arterie polmonari 212
arterie principali 210
arti grafiche 532
arti plastiche, aula di 868
arti sceniche 540
arti toracici 139
Artico 46
articolazione 677
articolazione a perno 207
articolazione a sella 208
articolazione artrodiale 208
articolazione condiloidea 208
articolazione del nodello 168
articolazione fibrosa 208
articolazione sinoviale, sezione 207
articolazioni 207
articolazioni cartilaginee 208
articolazioni sinoviali 207
articoli da cucina 850
articoli da regalo 851
articoli da regalo, negozio di 848
articoli di cancelleria 648
articoli di pelletteria 484
articoli per acconciatura 476
articoli per il bagno 851
articoli personali 479
articoli sportivi, negozio di 849
articoli vari 654
articolo 590
articolo di spalla 590
Artide 44
artiglio 160, 164, 165, 189
arto anteriore 152, 189
arto locomotore 145
arto locomotorio 141
arto posteriore 152, 189
artropleura 129
ascella 192, 194
ascella fogliare 111
ascensione retta 23
ascensione retta, cerchio graduato dell' 24, 25
ascensore 26, 519, 644, 774, 847, 854, 857, 897
ascensore, cabina dell' 519
ascensore, meccanismo 519
ascia 531
ascia levigata 883
asciugacapelli 477
asciugamano 475
asciugamano da bagno 475
asciugatoio per le manichette 900
asciugatrice 379
asciugatrice, meccanismo 379
asciugatura 425
ascolto, postazioni di 867
asfaltatrice 762
Asia 44, 58, 69, 880
asino 172
asola 432, 1055
asola per il picchetto 1052
asparago 250
aspirapolvere 375
aspirapolvere verticale 375
aspiratore 536, 911
aspiratore di fogliame 411
aspirazione 680, 681
aspirazione, tubo di 902
aspo 574
aspo abbattitore 767
assafetida 261
assale anteriore 761
assalto, pugnale d' 886
asse 165, 386, 706
asse della bobina 1060
asse delle ascisse 838
asse delle ordinate 838
asse di trasmissione del motore 315
asse orizzontale, regolazione micrometrica dell' 25
asse planetario 763
asse polare 28
asse portaelica 898
asse sterzante 755
assegni libretto degli 484
assegno 860
assicella 565
assicuratore 1050
assistente alla regia 604
assistente sociale, ufficio dell' 919
assistenti degli avvocati 863
asso 1062
assone 221
assorbimento attraverso le nuvole 96
assorbimento della superficie terrestre 96
assorbimento di acqua e sali minerali 102
asta 326, 350, 359, 482, 512, 555, 815, 827, 873, 887, 936, 984, 1009, 1010, 1013, 1017, 1030, 1042
asta d'accordo 554
asta del galleggiante 345
asta del martelletto 553
asta del meccanismo a scatto 584
asta del pendolo 564, 829
asta del registro 555
asta di comando per l'orientamento delle lamelle 371
asta di guida 571
asta di perforazione 776
asta di sostegno 716
asta di sparo 892
asta filettata 326
asta mobile 832
asta motrice quadra 776
asta telescopica 1069
astata 111
astato 813
astenosfera 66
asterisco 587
asteroidi, fascia degli 15
astice 139, 266
astice, anatomia di un 139
astice, morfologia di un 139
asticella 573, 936
asticella di testa 1007
astigmatismo 239
astista 936
astragalo 201, 203, 501, 890
astronautica 30
astuccio 463, 472
astuccio delle manette 906
astuccio per i guanti di lattice 906
astuccio per occhiali 480, 485
Atacama, Deserto di 48
atlante 153, 165, 170, 175, 204
Atlante, Monti dell' 50
Atlantico, merluzzo dell' 268
Atlantico, Oceano 44, 46, 49, 50
Atlantico, salmone dell' 268
atleti, area degli 1021
atletica, pista di 932
atletica leggera 934
atmosfera 94, 98
atmosfera terrestre, profilo dell' 79
atollo 70
atomi 810
atomizzatore 414
atomo 810
atrio 502, 508, 704, 847, 851, 854, 858, 863
atrio destro 212, 213
atrio sinistro 212, 213
attaccante 947
attaccante centrale 958
attaccante destro 953
attaccante di canestro 955
attaccante sinistro 953, 958
attaccapanni a muro 645
attaccapanni a rastrelliera 645
attaccapanni a stelo 645
attacco 338, 359, 480, 953, 988, 1037, 1041, 1042, 1044
attacco, leva di apertura dell' 1039
attacco a baionetta 358, 598
attacco a spina 359
attacco a vite 358
attacco anteriore 988
attacco degli attrezzi, snodo per l' 764
attacco del manubrio 699
attacco del tubo dell'aria 408
attacco del tubo di alimentazione dell'acqua 414, 415
attacco del tubo di scarico 336
attacco della barra di traino 765
attacco della campana 550
attacco di sicurezza 988, 1038, 1039
attacco girevole 937
attacco morbido 1037
attacco posteriore 988
atterraggio 1041
atterraggio, faro di 753
atterraggio, finestrino di 753
atterraggio, modulo di 32
atterraggio, motore di 32
atterraggio, pista di 1041
atterraggio, zona di 1041
attesa, area d' 858
attinidi 814
attinio 814
attività interne, area per le 865

attizzatoio 337
attore 542
attori, ingresso degli 498
attori, sedie degli 542
attraversamento pedonale 665, 667
attrazione 817
attrezzatura 533, 534, 535, 536
attrezzatura, magazzino per l' 900
attrezzatura, ripostiglio per l' 868
attrezzatura da alpinismo 1050
attrezzatura da boxe 991
attrezzatura da corsa 934
attrezzatura da golf 1019
attrezzatura da hockey sul ghiaccio 1030
attrezzatura da taekwondo 994
attrezzatura elettrica 404
attrezzatura informatica 628
attrezzatura medica 911
attrezzatura per camera oscura 600
attrezzatura per sagomatura 396
attrezzatura terminale 1061
attrezzatura varia 411
attrezzature 723
attrezzature da campeggio 1055
attrezzature da cucina 306
attrezzature di terra 744
attrezzature per il pronto soccorso 911
attrezzature sportive 932
attrezzi 972
attrezzi, kit di 700
attrezzi da muratore 403
attrezzi di lancio 937
attrezzi di serraggio 399
attrezzi domestici 381
attrezzi ginnici 1000
attrezzi idraulici 402
attrezzi per annaffiare 414
attrezzi per chiodare 388
attrezzi per piccoli lavori di giardinaggio 418
attrezzi per potare e tagliare 416
attrezzi per rimuovere la neve 421
attrezzi per sagomare 396
attrezzi per seminare e piantare 418
attrezzi per smuovere la terra 412
attrezzi per trapanare 394
attrezzista 543
attrice 543
audio, cabina di controllo 605, 608
audio, sistema di registrazione 543
audioguida 522
auditorium 522, 852, 866
augnatura, cassetta ad 391
augnatura elettrica, sega per 392
augnatura manuale, sega per 391
aula 865, 868, 869
aula di arti plastiche 868
aula di informatica 868
aula di musica 868
aula di scienze 868
aula di tribunale 863
aula per studenti con difficoltà d'apprendimento 868
aumento di tensione 770, 775, 789, 795
auricolare 604, 619
auricolare senza fili 622
aurora polare 79
ausili per il deambulamento 917
Australia 62, 69, 881
Australia, lingue aborigene dell' 583
Austria 56, 878
auto da Formula 1 1023
auto da Formula 3000 1023
auto da formula Indy 1023
auto da NASCAR 1023
auto della polizia 907
auto sport prototipo 1023
autoarticolati 692
autoarticolato 690
autobotte 693
autobotte di rifornimento del carburante 744
autobotte per il rifornimento dell'acqua potabile 744
autobus 688, 847, 857
autobus, fermata dell' 846
autobus, stazione degli 844
autobus a due piani 689
autobus articolato 689
autobus urbano 688
autocaravan 687
autocarro a cassone ribaltabile 761
autocarro a pianale 691
autocarro per il trasporto dei tronchi 692
autocarro per trucioli 692
autocisterna 692
autoclave 921
autofocus 593
autofocus, interruttore dell' 601
autogrù 693, 756
autogruista, cabina dell' 756
autoguida, sistema di 894
autoiniettore 914
autolavaggio 668
automezzo con braccio mobile 744
automezzo del catering 745
automezzo per l'assistenza tecnica 744
automobile 669
automobile elettrica 678
automobile ibrida 678
automobili 669
automobilismo 1022
autopompa 902
autoradio 676
autoreggente, calza 446
autorespiratore 901
autoscala 902
autoscatto, spia luminosa dell' 592
autostarter 1007
autostrada 52, 53, 659, 843
autostrada, numero di 53
autotrofi, organismi 94
autoveicoli industriali 690
autovetture, ponte per le 730
autunno 80
autunno, equinozio d' 80
avambraccio 174, 193, 195
avambraccio, protezione per l' 954
avampiede 988
avanti 950
avanzamento della carta, tasto di 859
avanzamento rapido, tasto di 616
avena 122, 263
avena, farina di 278
avena: pannocchia 122
avenue 52, 845
averla 163
aviogetto a lungo raggio 746
aviorimessa 741
avocado 248
avvertenze, targhetta delle 394
avviamento, manovella di 417
avviamento, motorino d' 413, 419
avvio, tasto 625
avvio, tasto di 647
avvisatore acustico 706, 713
avvisatore acustico a tromba 690
avvitatore pneumatico 1023
avvitatore senza fili 394
avvocati, assistenti degli 863
avvocati dell'accusa, banco degli 863
avvolgimento, bobina di 616
avvolgimento, manovella d' 387
avvolgimento, meccanismo di 371
avvolgimento dell'indotto 819
avvolgimento induttore 819
avvolgitore della bobina 566
avvolgitore telo di copertura 324
avvolgitubo 414
avvoltoio 163
axel 1031
aymara 583
Azerbaigian 58, 880
azienda 643
azienda commerciale 643
azione del vento 95
azoto 813
azoto liquido, serbatoio di 826
azzeramento, pulsante di 828, 832
azzeramento, tasto di 647
azzeramento ultimo dato, tasto 649
azzurro 875

B

babbuino 185
baby-doll 447
bacca 103, 114
bacca di ginepro 260
bacca di Goji 254
baccello 116
bacche 254
bacchetta 547, 557
bacchetta per il passo d'ordito 573
bacchetta telescopica 1014
bacchette 303, 305, 557
bacheca 644, 655, 868
bachelite, involucro esterno di 893
bacinella di raccolta della condensa 342
bacinella raccogligrasso 317
bacino 164, 184, 187, 188, 718, 719, 785, 786, 789, 790, 791, 794
bacino, porta del 718
bacino a monte 785
bacino a valle 785, 786, 791
bacino di canottaggio 984
bacino di carenaggio 718
bacino di contenimento 783
bacino per competizioni 932
backgammon 1063
backspace 633
bacon americano 277
bacon canadese 277
badile 412
badile pieghevole 1056
Baffin, Isola di 47
bagagli 488
bagagli, deposito 704
bagagli, nastro trasportatore dei 745
bagagli, scompartimento 707
bagagliai 727
bagagliaio 688, 747, 753
bagaglio a mano 488
bagher 958
bagni di sviluppo 600
bagno, costume da 450
bagno, slip da 450
bagno, stanza da 855
bagno, vasca da 346
bagno degli ufficiali 900
bagno degli uomini 644
bagno dei vigili del fuoco 900
bagno delle donne 644
bagno di arresto 600
bagno di fissaggio 600
bagno di sviluppo 600
bagnomaria, pentola per cucinare a 313
bagnoschiuma 475
baguette 279
baguette, taglio a 469
Bahama 876
Bahamas 54
Bahrain 58
Bahrein 880
baia 17, 45
Baia di Baffin 46
Baia di Hudson 47
Baikal, Lago 51
Bailey 662
baionetta, attacco a 358
baionetta a ghiera 886
baionetta a tappo 886
baionetta fissa ripiegabile 886
baita di montagna 1036
balalaica 561
balaustra 329, 330, 510, 511, 513, 518
balaustra della comunione 871
balaustre 1028
balaustro 335, 510
balconata 872
balconcino 377, 712
balconcino, reggiseno a 445
balcone 330, 510, 806
Balena 20, 22
balena bianca 183
balena franca boreale 183
baleniera 723
balestra 885
ballatoi 540
ballatoio 736
balle di fieno 1025
ballerina 461
ballerino 267
ballo, sala da 731
balsamo per capelli 475
Baltico, Mar 49
balze, gonna a 439
balze increspate 427
bambara 582
bambini 665, 667
bambini, vestiti per 448
bambino, cura 491
banana 258
banana plantain 258
banca 844, 849
banca di emissione, iniziali della 861
banchina 718
banchina di scarico 523, 853
banchina di scarico delle merci 849, 854
banchina laterale 658
banchine di scarico delle merci 850
Banchisa di Amery 46
Banchisa di Filchner 46
Banchisa di Ross 46
banco 868
banco, sega da 393
banco da scultore, vite di 531
banco degli avvocati dell'accusa 863
banco degli avvocati difensori 862
banco dei formaggi 289
banco dei giudici 862
banco dei testimoni 863
banco del self-service 292
banco del sorvegliante 866
banco dell'imputato 862
banco della carne fresca 288
banco della carne self-service 288
banco della giuria 863
banco della reception 858
banco delle informazioni 742, 849, 853, 858, 867, 905, 919
banco di registrazione 742
banco di sabbia 77
banco morsa 401
banco per il prestito dei libri 867
banco per la prenotazione degli hotel 742
banco per la restituzione dei libri 867
Bancomat 849, 858, 859
bancone 292
bancone del bar 290
banconota: dritto 861
banconota: rovescio 861
banconote, emissione di 858
banconote, scomparto per 484
banda 515, 617, 873
banda abrasiva 396
banda di identificazione tecnica 615
banda magnetica 861
banda nuvolosa a spirale 89
banda olografica 861
bandaggio 991
bande verticali, porta a 515
bandella di rinforzo 488
banderuola 82, 84, 85, 807
bandiera 1040
bandiera, parti della 873
bandiera, tipi di 873
bandiera a scacchi 1022
bandiera con Schwenkel 873
bandiera quadrata 873
bandiera rettangolare 873
bandiera rimovibile 1017
bandiera segnavento 1043
bandiere 876, 882
bandiere di organizzazioni internazionali 882
bandierina 950
bandierina centrale 946
bandierina del calcio d'angolo 945, 947
Bangladesh 58, 881
banjo 560
baobab 120
bar 290, 541, 844, 848, 853
bar, bancone del 290
bar, mobile 365
bar, sgabello da 290
barattoli 294
barattolo sottovuoto 295
barba 122, 158
barba, pennello da 479
barbabietola 251
barbacane 504
Barbados 54, 877
barbaforte 251
barbazzale 1004
barbazzale, gancio del 1004
barbetta 82, 122, 171
barbone 176
barbozza 884
barca a chiglia 981
barca a vela 980
barcana 74
barche 726
bardana 251
barella 911, 913
barella spinale, ripostiglio per la 911
barelle, deposito delle 918
Barents, Mar di 49
bariletto 828
bario 812
barista 290
barocco 530
barografo 85
barometro a mercurio 85
barra 171, 371, 806, 1063
barra collettrice 786
barra collettrice sotto tensione 354
barra d'appoggio 409
barra d'invergatura 573
barra dei licci 573
barra dei martelletti 552
barra del martelletto 553
barra del premistoffa 567
barra del timone 980
barra dell'ago 567
barra dello smorzatore 553
barra di comando 748, 753
barra di controllo 800, 801, 1047
barra di lavaggio anteriore 763
barra di manovra 767
barra di partenza 976
barra di percussione 903
barra di pressione 552
barra di stabilizzazione 755
barra di supporto 973
barra di traino 687, 744
barra di traino, attacco della 765
barra di trazione 988
barra distanziatrice 688
barra falciante 766, 767
barra inferiore 371
barra obliqua 587
barra per i dorsali 1001
barra per i pettorali 1001
barra spaziatrice 632, 648
barretta 480
barretta di combustibile 799
barriera 846
barriera di pneumatici 1022
barriere 1002
basamento 76, 393, 513, 833, 847, 971, 990
basamento, livella del 833
basamento del telescopio 28
basamento imbottito 957
baschina, gonna con 439
basco 458
base 296, 312, 314, 317, 318, 336, 350, 352, 355, 359, 372, 395, 398, 478, 488, 501, 512, 538, 556, 560, 617, 623, 634, 635, 651, 713, 807, 815, 825, 830, 873, 903, 935, 969
base, ampiezza della 792
base, piastra di 76, 392, 617
base del tergale 360
base dell'intelaiatura 327
base della lampada 736
base di legno duro 1049
base di ricarica 482

base di sostegno 364
base di supporto 735
base fissa 401
base fissa seggiolino per auto 491
base girevole 401
base inferiore 84
base rotativa 29
base scaldante 317
baseball 938
baseball, stadio di 932
basilico 262
basilosauro 131
Bass, Stretto di 52
bassa pressione, area di 89
bassa tensione, linea di distribuzione a 356
bassi, bottoniera dei 560
bassi, ponticello dei 552
bassi, registro dei 560
basso, chiave di 562
basso carico, vite di regolazione a 355
bastione 505
bastoncello 238
bastoncini di cotone 915
bastoncino di carbone (catodo) 820
bastoncino di cotone 123, 474, 915
bastone 367, 490, 944, 945, 1029
bastone, pomolo del 1030
bastone con impugnatura a T 916
bastone con impugnatura curva 916
bastone con impugnatura ortopedica 916
bastone da passeggio 490
bastone da sci 1042
bastone da tenda 367
bastone del giocatore 1030
bastone estendibile 906
bastone liscio 367
bastone scanalato 367
bastoni da tenda 367
battagliola 728
battello a vapore a ruote laterali 721
battente 515, 709, 873
battente, cassa 572
batteria 389, 390, 394, 556, 672, 678, 685, 702, 706, 803, 818, 894
batteria, contenitore della 685
batteria a pastiglia 595
batteria ausiliaria 678
batteria da cucina 292
batteria di eliostati 804
batteria elettronica 558
batteria ricaricabile 613
batterie 86, 595
batterie di trazione 678
battiscopa 333
battistrada 685
battistrada, scolpitura del 684, 685, 764
battitoia 556, 561
battitore 939, 940, 942, 943, 962, 965, 967
baule 488
bauletto 697
bavaglino 449
bazooka 893
Beaufort, Mar di 47
beccaccia di mare 161
beccatello 504
beccheggio 752
becchi 160
becchi lunghi, pinza a 405
becco 138, 158, 1051
becco Bunsen 815
becco corneo 155
beccuccio 318, 319, 381, 476
beccuccio, vaschetta con 315
becher 815
becquerel 835
begonia 113
Belarus 57
Belgio 56, 878
Belize 54, 876
belle arti 522
bellezza, prodotti di 851
belvedere, vela di straglio di 725
bemolle 563
benda adesiva 915
benda di garza 915
benda elastica 915
benda perioplica 171
benda triangolare 915
bende adesive 915
bende di garza 915
Bengala, Golfo del 51
Benin 60, 879
benna di caricamento 774
benzina auto 782
benzina avio 782
benzina leggera 782
benzina pesante 782
bequadro 563
berbero 582
berchelio 814
bergamotto 256
bergère 360
berillio 812
Bering, Mar di 44
Bering, Stretto di 47
berlina 669
berma 790
bermuda 433, 441
berretto 457, 458, 906, 1042
berretto con pompon 458
berretto da cacciatore 457
berretto da neonato 448
berretto impermeabile 458
bersaglio 64, 65, 1009, 1011, 1043, 1069, 1071
bersaglio, aree di 997
bersaglio, radar di acquisizione del 898
berta 455
bertesca 504
bestiame, carro 710
betoniera 693
betulla 119
beuta di Erlenmeyer 815
Bhutan 58, 881
biancheria, loale per la 854
biancheria, ripostiglio per la 705
biancheria da letto 363
biancheria da notte per donna 850
biancheria da notte per uomo 851
biancheria intima 434, 444
biancheria intima, negozio di 848
biancheria intima per donna 850
biancheria intima per uomo 850
biancheria per la casa 850
bianchi 1065
bianco 821, 1063
bianco costato 272
bianco e nero 593
biathleta 1043
biathlon 1043
biberon 492
bibita, bicchiere da 297
bibita, cucchiaio da 299
bibite 288
bibite, distributore automatico di 293
bibite, distributore di 919
biblioteca 523, 845, 864, 866, 868
bibliotecario, ufficio del 866
bicchiere 314, 1056
bicchiere da acqua 297, 304, 305
bicchiere da bibita 297
bicchiere da Bordeaux 297
bicchiere da Borgogna 297
bicchiere da brandy 297
bicchiere da porto 297
bicchiere da vino alsaziano 297
bicchiere da vino bianco 297, 304, 305
bicchiere da vino rosso 304, 305
bicchieri 293
bicchieri, macchina per lavare i 293
bicchierino da liquore 297
bicicletta 698
bicicletta, componenti di una 698
bicicletta a rimorchio 701
bicicletta BMX 1021
bicicletta da bambino 701
bicicletta da corsa 701, 1020
bicicletta da cross-country 1020
bicicletta da downhill 1020
bicicletta da inseguimento 1021
bicicletta da turismo 702
bicicletta elettrica 702
bicicletta reclinata 702
biciclette 701
biciclette, parcheggio per le 869
bicipite brachiale 196
bicipite femorale 197
bicorno 429
bidè 346
bidello, ufficio del 869
bidone carrellato per il riciclaggio del vetro 99
bidone carrellato per il riciclaggio dell'alluminio 99
bidone carrellato per il riciclaggio della carta 99
bidone dei rifiuti 381
biella 680, 682
Bielorussia 878
bietola da coste 250
bietta 547
biglia battente 1012, 1013
biglia battente dell'avversario 1012, 1013
biglia bianca battente 1013
biglia blu 1013
biglia gialla 1013
biglia marrone 1013
biglia nera 1013
biglia rosa 1013
biglia rossa 1012, 1013
biglia verde 1013
biglie da colpire 1012
biglie rosse 1013
biglietteria 522, 544, 742, 853
biglietteria automatica 544
biglietti, distributore automatico di 715
bigodini riscaldanti 478
bigodino 476, 478
bilancia 540
Bilancia 21
bilancia a molla 831
bilancia a sospensione inferiore 830
bilancia da analisi 831
bilancia da cucina 308
bilancia di precisione 830
bilancia elettronica 831
bilancia pesapersone 831
bilanciamento 549
bilanciamento del bianco 593
bilanciere 553, 682, 721, 999, 1000
bilanciere, braccio del 721
bilanciere, piroga a un 721
bilanciere, placchetta a 554
bilanciere di estensione 1001
bilanciere di trazione 1001
biliardo 1012
biliardo inglese 1013
biliardo per carambola 1012
bimah 872
binari del carrello 542
binario 367, 373, 526, 714, 717
binario, faretto da 373
binario, numero del 704
binario da tenda 367
binario di guida 26
binario di primo smistamento 708
binario di raccordo 703
binario di rampa 708
binario di secondo smistamento 708
binario di uscita 708
binario doppio 367
binario ferroviario 844
binario morto 703
binario per le locomotive 708
binario semplice 367
bindella ventilata 887, 1010
binocolo da teatro 481
binocolo prismatico 824
biodiesel 784
biodiesel, produzione 784
bioetanolo, produzione 784
biologia 834
biomassa 95
biomasse cellulosiche 784
biosfera, struttura della 94
bipiede 891, 892
biplano 750
bipolare, interruttore 354
birilli 1015
birilli, disposizione dei 1015
birillo 1015
birillo a candela 1015
birillo americano 1015
birillo canadese 1015
birillo centrale 1015
birillo grosso 1015
birillo piccolo 1015
birmano 582
birra 288
birra, boccale da 297
bisarca 692
biscaglina 409
biscroma 563
biscroma, pausa di 563
bismuto 812
bisnonna 928
bisnonni 928
bisnonno 928
bisonte 173
bistecca 276
bistecca, coltello da 298
bistecca con l'osso 272
bitta 729
bitume 778, 782
blastodisco 160
blatta orientale 146
blazer 442
bloccacorda 367
bloccaggio, dispositivo di 375, 537
bloccaggio, ghiera di 390, 892
bloccaggio, leva di 401
bloccaggio, manicotto di 596
bloccaggio, manopola di 392
bloccaggio, pulsante di 374
bloccaggio, viti di 832
bloccaggio della base 401
blocchetto 556, 1032
blocchetto di accensione 676
blocchetto di avviamento 696
blocchetto per stenografia 651
blocco 554, 754, 935, 994
blocco, dispositivo di 391, 392, 409
blocco, tasto di 621
blocco d'arresto 397
blocco da incastro 1050, 1051
blocco del movimento orizzontale 596
blocco del movimento verticale 596
blocco del ponticello 549
blocco della colonna 596
blocco della culatta 887
blocco della piattaforma 596
blocco delle maiuscole 632
blocco di ancoraggio dei cavi 660
blocco di calcestruzzo 384
blocco di chiusura 832
blocco di partenza 976
blocco di tensione 566, 567, 571
blocco motore 314, 315, 318, 374
blocco numerico 633
blocco operatorio 921
bloc-notes 650
blog 643
blu 528, 821
Blu di Russia 179
blu-verde 528
blu-viola 528
boa 156, 465, 982
boa a piano focale elevato 737
boa a pilastro cilindrico 736
boa cilindrica 737
boa conica 737
boa di ricognizione meteorologica 80
boa di salvataggio 733
boa di salvataggio a babordo 736
boa di salvataggio a tribordo 736
bob 1034
bob a due 1034
bob a quattro 1034
bobina 125, 566, 567, 611, 819, 997, 1059, 1060
bobina, asse della 1060
bobina, meccanismo di rilascio della 1060
bobina di avvolgimento 616
bocca 134, 135, 136, 137, 139, 152, 182, 194, 231, 388, 538, 554, 887, 888, 890, 892, 1010
bocca da fuoco 890, 892
bocca di carico 374
bocca di erogazione 350, 352
bocca laterale 343
boccaglio 914, 989
boccale da birra 297
boccaporto 37
bocce 1014
bocchetta 315, 318, 326, 327
bocchetta 326
bocchetta a soffitto 338
bocchetta del serbatoio 419
bocchetta dello scarico della polvere 392
bocchetta di estrazione 338
bocchetta di immissione 338
bocchetta di riscaldamento 716
bocchetta di ventilazione 676
bocchetta per fessure 375
bocchetta per tappezzeria 375
bocchette 310
bocchette, tipi di 338
bocchettone di riempimento 673
bocchino 483, 550, 551, 558
boccia 1015
boccia da pétanque 1014
boccola 1018
body 440, 444, 448
boe, sistema di segnalamento marittimo per mezzo di 738
boe di arrivo 985
boe di partenza 984
boe di percorso 984
bohrio 813
bokken 996
bolero 442
boleti commestibili 108
bolina, di 982
bolina larga, di 982
bolina molto stretta, di 982
bolina stretta, di 982
Bolivia 55, 876
bolla, livella a 387
bolle d'aria 651
bollitore 318
boma 724, 980, 983
bomba a mano 893
bomba vulcanica 75
bombetta 457
bombo 146
bombola 903, 1053
bombola ad aria compressa 989, 1023
bombola d'acetilene 407
bombola d'ossigeno 407
bombola del gas 402, 407
bombola di aria compressa 901
bombola di gas medicale 921
bombola di gas propano 687
bombola di ossigeno portatile 911
bombola di ossigeno portatile, supporto per la 911
bomboletta 733
bompresso 724
bompresso, briglia del 724
bongos 557
booster, paracadute del 36
Boote 23
bordame 983
Bordeaux, bicchiere da 297
bordeggio 982
bordo 366, 937, 1037, 1068
bordo, radar di 64
bordo a coste 433, 437, 448
bordo del piano di cottura 376
bordo del risvolto 454
bordo della scarpetta 1039
bordo di attacco 747, 1047, 1048
bordo di fuga 1047, 1048
bordo di porpora 426
bordo di rifinitura 488
bordo di uscita 746

bordo d'attacco 806
bordo interno 1051
bordo libero 237
bordo superiore 961
bordone 560
bordoniera 556
bordura 322
Borgogna, bicchiere da 297
boro 812
borra 887
borraccia 1056
borragine 262
borsa 207
borsa a manicotto 487
borsa a soffietto 484
borsa a telaio rigido 486
borsa a tracolla 487
borsa da postino 487
borsa da trasporto 596
borsa da viaggio 488
borsa della spesa 486, 487
borsa laterale 697
borsa melaria 143
borsa porta pannolini 492
borse 486
borsellino 485
borsello 486, 487
borsetta 555
borsetta per gli attrezzi 1009
borsone da viaggio 487, 489
boscaglia 92, 93
boschi, rana dei 153
bosco 52
Bosnia ed Erzegovina 878
Bosnia-Erzegovina 57
bossolo 887, 1010
bossolo di plastica 887
Botnia, Golfo di 49
botola 503, 540
Botswana 61, 880
botte igienica semovente 744
bottega 502
bottiglia 474, 492, 815, 1056
bottiglia da tavola 297
bottiglia dell'acqua 699
bottiglia di vetro 295
bottone 359, 431, 437, 547, 560, 890, 998
bottone a gambo 567
bottone a pressione 436, 464
bottone automatico 567
bottone del flipper 1071
bottone della tracolla 549
bottone di marcia indietro 566
bottone di regolazione 553
bottoni forati 567
bottoniera dei bassi 560
boubou 429
boulevard 52, 845
bowling 848, 1015
bowling, pista da 1015
bowling su prato 1014
box 1022, 1024
box doccia 346
boxer 434
bozzello 756, 981
bracci 555
braccia, apertura per le 443
bracciale 368, 1009
bracciale a cordoncino 368
bracciale con ciondoli 471
bracciale con piastrina 471
bracciale pneumatico 913
bracciale tubolare 471
bracciali 471
braccio 135, 168, 185, 193, 195, 372, 415, 477, 559, 561, 566, 571, 617, 638, 732, 756, 757, 765, 792, 793, 806, 825, 917
braccio, levetta per il sollevamento del 617
braccio, supporto del 617
braccio, tirante del 756
braccio d'attacco dell'occhione 892
braccio del bilanciere 721
braccio del disco 765
braccio del pennone di controbelvedere 725
braccio del tergicristallo 677
braccio del tremolo 549
braccio della forca 754
braccio della pala caricatrice 759
braccio della sospensione 673
braccio della spirale 19
braccio di caricamento 729
braccio di livellazione 762
braccio di posizionamento 760
braccio di scavo 760
braccio di sollevamento 693, 759, 760
braccio di sollevamento dell'albero oscillante 764
braccio di sospensione 378, 917
braccio di trazione 764
braccio distanziatore 409
braccio flessibile 1009
braccio inferiore 885
braccio manipolatore telecomandato 36
braccio metallico 415
braccio orale 134
braccio retraibile 32
braccio spruzzante 380
braccio superiore 885
braccio telescopico 756, 902
braccio telescopico di disaccoppiamento 709
bracciolo 360, 366, 674, 675, 917
bracciolo, sostegno del 360
brache 428
brachiale 196
brachiopodo 128
brachioradiale 196, 197
braciere 513
bracketing 593
braille 585
branca 399, 568
branca del corpo morto 737
branchia 138
branchie 136, 149
branchie esterne 153
branda 1054
brandina smontabile 1054
brandy, bicchiere da 297
branzino 268
Brasile 55, 876
Brasile, noce del 255
brattea 116
breccia 1066
bretella 740, 1047
bretella abbottonabile 449
bretella di raccordo 659
bretella di uscita 743
bretella di uscita della pista ad alta velocità 740
bretella regolabile 448
bretelle 432
bretone 583
bricco del latte 301
briciole di pane 279
brick 295
brick a tappo 295
bricolage, negozio di 848
brie 281
brigantino 723
brigantino goletta 723
briglia 1004
briglia del bompresso 724
briglia inferiore 661
briglia superiore 661
brillamento 16
brillantante, serbatoio per il 380
brillante, taglio a 469
brina 91
brioches 123
briolette, taglio a 469
broccolo 251
broccolo cinese 251
brochure, espositore di 858
bromo 813
bronchiolo terminale 215
bronco lobare 215
bronco principale 215
bronzo 78
browser 642
bruciatore 339, 340, 376, 534, 1049, 1053
bruciatore, paravento del 1049
bruciatore, telaio del 1053
bruciatore, valvola del 1049
bruciatore a corona 312
bruciatore a gas 340
bruciatore del gas 349
bruciatore per combustibile liquido 339
bruco 141
brugola, chiave a 402
bruma umida 83
Brunei 881
Brunei Darussalam 59
brunitoio 534
buca 1012, 1016, 1017, 1071
buca centrale 1012
buca inferiore 1012
buca par 3 1016
buca par 4 1016
buca par 5 1017
buca superiore 1012
buccia 114, 115
buccino 265
buche 1016
buco nero 18
buddismo: Budda 870
bue 173
bufalo cafro 173
buffet 290
bugna 983
bulbillo 105
bulbo 250, 359, 729, 731, 794
bulbo, fusto del 105
bulbo, sezione di un 105
bulbo d'alcool 827
bulbo di mercurio 827
bulbo olfattivo 232
bulbo olfattorio 149
bulbo pilifero 236
Bulgaria 57, 878
bulgaro 583
bulgur 278
bulino 531, 533
Bulino 21
bulldog 176
bulldozer 758, 771
bulletta 388
bullone 399, 400, 401, 679
bullone a espansione 390
bullone della ganascia 712
bullone di accoppiamento 787
bullone di spallamento 400
bullone zigrinato 408
bulloni 400
bunker di sabbia 1016, 1017
Bunsen, becco 815
Buona Speranza, Capo di 50
bure 765
buretta con rubinetto a destra 815
Burkina Faso 60, 879
burriera 302
burro 280
burro, coltello da 298
burro, scomparto per il 377
Burundi 61, 879
bus 640
bus per il trasporto speciale 689
bussola 1048
Bussola 21
bussola a liquido 734
bussola magnetica 1057
bussole, set di 400
bussolotto 1063
busta a foratura 652
busta con chiusura a zip 653
busta imbottita 651
busta per panino 295
busta per verdure 295
busta portadocumenti 485
bustina 457
bustina di fiammiferi 483
bustina di tè 295
bustine trasparenti 484
buttafuoco 889

C

C, morsetto a 401
cabina 730, 758, 759, 760, 761, 762, 763, 764, 767, 859
cabina, guida della 519
cabina, manopola per l'aerazione della 1048
cabina, pavimento della 519
cabina, soffitto della 519
cabina armadio 330
cabina conducente 763
cabina del fuoco primario 26
cabina del fuoco secondario 26
cabina del gruista 756
cabina dell'ascensore 519
cabina dell'autogruista 756
cabina della torre di controllo 740
cabina di classe turistica 747
cabina di controllo audio 605, 608
cabina di controllo della parigina 708
cabina di guida 706, 707
cabina di manovra 703
cabina di osservazione del fuoco primario 28
cabina di pilotaggio 36, 729, 746, 748, 753, 1048
cabina di pilotaggio, calotta della 1048
cabina di prima classe 746
cabina di proiezione 544
cabina di regia 541, 604, 605, 607, 608, 852
cabina passeggeri 753
cabina per l'interpretazione simultanea 852
cabine di regia 528
cabochon, taglio a 469
cabriolet 360
cacao 285
cacatua 163
caccia 242
cacciapietre 706, 707
cacciavite 390, 1055
cacciavite automatico 390
cacciavite con batteria incorporata 390
cacciavite con punta a croce 1055
cachi 259
caditoia 504
cadmio 813
caduta di poppa 983
caduta di prua 983
caduta massi 665, 667
caffè 264, 844, 849, 869
caffè, chicchi tostati di 264
caffè, chicchi verdi di 264
caffè, cucchiaino da 299
caffè, macchine per il 293
caffè, tazza alta da 301
caffè, tazzina da 301
caffè macinato 264
caffettano 429
caffettiera 1055
caffettiera a filtro 319
caffettiera a infusione 319
caffettiera a pistone 319
caffettiera napoletana 319
caffettiera per espresso 319
cagoule 458
caimano 157
calabrone 146
calamaro 265
calamita 568, 654
calamo 158
calamo vegetale 584
calandratura 125
calaza 160
calcagno 170, 201, 203, 433
calcagno, rinforzo del 450
calcagno, rinforzo esterno del 459
calcagno, rinforzo interno del 459
calcare 186, 187
calcatoio 889
calcestruzzo, blocco di 384
calcestruzzo e acciaio 384
calcestruzzo precompresso 384
calciatore 946
calcio 812, 887, 891, 946, 1010, 1011, 1013
calcio balilla 1069
calcio di punizione 948
calcio frontale 994
calcio volante laterale 994
calciolo 887
calcola 572
calcola, corda della 572
calcola di disinnesto 572
calcolatrice 484
calcolatrice da tavolo 649
calcolatrice grafica 649
calcolatrice tascabile 649
caldaia 339, 556, 804
caldaia a gas 340
calendario a fogli staccabili 650
calendario da tavolo 650
calibratura, ruota di 420
calibro 535
calibro a corsoio con nonio 832
calice 112, 114, 116, 871
calice da cocktail 297
calice gustativo 233
calice renale 219
calicetto 114
California, Golfo di 47
californio 814
Callisto 14
calma 82
calore 800
calore, dispersione di 96
calore, pompa di 341
calore, produzione 795
calore, scambiatore di 339, 805
calore, trasferimento di 811
calotta 355, 374, 375, 457, 458, 695, 806, 974
calotta, manopola per l'apertura della 1048
calotta della cabina di pilotaggio 1048
calotta della torretta 824
calotta di sicurezza 419
calotta filtrante 909
calotta polare, della 87
calottino estrattore 1046
calvinismo 870
calza 433, 445, 446
calza, parti 433
calza a rete 446
calza autoreggente 446
calza con reggicalze 940
calza dell'albero 983
calzare 989
calzascarpe 463
calze 433, 446
calzerotto 433, 446
calzettone 446, 946, 954, 997, 1028
calzino 446, 968
calzino corto 433
calzino lungo 433
calzoni 883, 997
calzoni a palloncino 428
camaleonte 157
Camaleonte 21
cambiaaperture 826
cambio 110, 118, 857
cambio, cavo del 700
cambio, leva del 672, 676, 699
cambio, pedale del 697
cambio, scatola del 672
cambio diapositiva avanti 601
cambio diapositiva indietro 601
cambio disco 615
cambio segno, tasto 649
Cambogia 59, 881
Cambriano 128
cambusa 899
Camciatca, Penisola di 51
camcorder da spalla 607
camembert 281
camera 774
camera, numero della 855
camera a ionizzazione 926
camera a secco 801
camera a spirale 786, 787
camera a umido 801

camera a vuoto 826
camera anteriore 238
camera blindata 859
camera d'albergo 855
camera d'aria 160
camera da letto 330, 1052
camera da letto principale 330
camera degli ufficiali 900
camera del re 498
camera della regina 498
camera di combustione 336
camera di combustione anulare 749
camera di compressione 766
camera di cottura 577
camera di equilibrio 35, 899
camera di equilibrio del reattore 796
camera di equilibrio delle apparecchiature 798
camera di espansione 827
camera di lancio 899
camera di manovra 899
camera di miscelazione 407
camera di pressione 338
camera di scarico 498
camera di scoppio 680, 682, 890
camera doppia 855
camera fotografica 826
camera magmatica 75, 770
camera matrimoniale 855
camera portacampioni 826
camera posteriore 238
camera pressurizzata 663
camera pulpare 206
camera sotterranea 498
cameraman 542
cameriere 290, 291
camerino 541, 542, 850
camerino privato 542
Camerun 60, 879
camicetta classica 440
camicetta incrociata 440
camicia 431
camicia, collo a 431, 455
camicia, lembo della 431
camicia, parti 431
camicia da notte 447
camicia di scarico 787
camicie da uomo 850
camicione 440
camiciotto 440
caminiera 336
camino 323, 329, 336, 337, 339
camino, ferri per il 337
camino principale 75
camion 693
camion a cassone amovibile 693
camion di produzione mobile 608
camion frigorifero 692
camion per spurghi 693
camion-pompa 783
camma, anello della 395
cammello 173
cammino di ronda 504, 505
cammino di ronda coperto 504
camomilla 264
camoscio, pelle di 463, 472
campagna 843
campana 550, 551
campana, attacco della 550
campana per la raccolta del vetro 99
campana per la raccolta della carta 99
campane tubolari 545, 557
campanelle 557
campanile 871
campata centrale 660
campata laterale 660
campeggio 856, 1052
campeggio, attrezzature da 1055
campi da tennis 932
campi solcati 67
campionatore 559
campione 570
campione, manopola di posizionamento del 826
campo 1014, 1028
campo da golf 842, 932
campo da hockey su prato 932, 945
campo da lacrosse 948
campo da pétanque 1014
campo da tennis 966
campo di allenamento 1016
campo di badminton 962
campo di baseball 938
campo di beach volley 959
campo di calcio 932, 946
campo di dispersione 345
campo di football americano 952
campo di football canadese 955
campo di gara 1002, 1005
campo di gioco 1027, 1069
campo di gioco per ultimate 1070
campo di netball 955
campo di pallacanestro 956
campo di pallamano 960
campo di pallavolo 958
campo di polo 1008
campo di racquetball 964
campo di rugby 950
campo di servizio del doppio 963
campo di servizio del singolo 963
campo di squash 965
campo di tiro 1009, 1010, 1043
campo di tiro a segno 932
campo di tiro con l'arco 932
campo geotermico 770
campo magnetico 609, 817
campo magnetico terrestre 817
campo per sport equestri 932
Canada 46, 54, 876
canale 579, 1015
canale, chiusa di un 718, 719
canale circolare 134, 135
canale del sifone 136
canale del vento 555
Canale della Manica 49
canale della radice 206
canale deltizio 73
canale destro 618
canale di aerazione 498
Canale di Drake 46, 48
canale di Havers 199
Canale di Mozambico 50
canale di scarico 786
canale di scolo 781
canale di trasporto 798
canale per le acque meteoriche 846
canale privilegiato 739
canale radiale 134, 135
canale secondario 739
canale semicircolare laterale 235
canale semicircolare posteriore 235
canale semicircolare superiore 235
canale sinistro 618
canale velenifero 154
canali, selettore dei 621
canali, tasti di selezione dei 611
canali di Volkmann 199
canapa 123, 424
cancella 625
cancellazione 633
cancellazione, pulsante 593
cancellazione, tasto 649
cancelleria, articoli di 648
cancellieri, ufficio dei 862
cancello 1002
Cancro 23
Cancro, Tropico del 42, 50
candela 681, 682, 683, 835, 871
candela, cavo della 672, 682
candela di accensione 411
candelotto 534
cane 174, 887, 888, 889, 1011
cane, morfologia di un 174
cane, scheletro 175
cane, scheletro di un 175
cane, zampa anteriore di un 174
Cane Maggiore 21
Cane Minore 23
canestro 957
canestro, zona di 955
canguro 188, 189
canguro, morfologia di un 189
canguro, scheletro di un 188
cani 176
canino 164, 206
canna 555, 698, 722, 887, 888, 891, 1008, 1010
canna, zucchero di 285
canna ad ancia 554
canna ad anima 554
canna da lancio 1060
canna da mosca 1059
canna della melodia 560
canna di imboccatura 551
canne 1066
canneggio 555
cannella 260
cannello 560
cannello per saldare 407
cannello per tagliare 407
cannelloni 282
cannocchiale 24, 734, 833
cannocchiale cercatore 24, 25
cannocchiale di mira 824
cannochiale, sezione 24
cannolicchio 265
cannone 168, 370, 895, 1004
cannone ad avancarica 890
cannone del XVII° secolo 889
cannone di antibraccio 884
cannone di braccio 884
cannone elettronico 609, 826
cannone senza rinculo 893
cannone snodato 1004
cannoniera 505
cannotto reggisella 698
cannuccia 295, 483
cannula orofaringea 911
canoa 722
canoa da rafting 986
canoa e kayak: regate fluviali 986
canoa monoposto (C1) 986
canoa ricreativa 986
canoe 986
canottaggio con uno e due remi 984
canottaggio di coppia (due remi) 984
canottaggio di punta (un remo) 984
canottiera 434, 450, 956, 999
canovaccio 565
cantalupo 257
cantarello 244
cantina dei vini 290
cantone destro del capo 874
cantone destro della punta 874
cantone sinistro del capo 874
cantone sinistro della punta 874
canyon sottomarino 67
cap 1003
capanna di fango 520
capanna di paglia 520
capannina meteorologica 84
capannoni delle merci in transito 718
capasanta 265
capelli 193, 195
capelli, pinza per 476
capelli, spazzole per 476
capezzale 363
capezzolo 192, 194, 227
capillari 212
capitale 53
capitano 1027, 1034
capitato 202
capitello 501, 539
capo 45, 137, 140, 141, 143, 158, 874
capo centrale 874
Capo di Buona Speranza 50
Capo Horn 48
capo meccanico 1023
Capo Verde 60, 879
capocchia 483
capocordata 1050
capocroce 507
capocuoco 291
capodoglio 183
capolino 112
capomacchinista 542
caposala, ufficio del 919
caposquadra 543
capotasto 547, 548, 549
capote 986
cappa 291, 292, 296, 336, 376, 428
cappa di raccolta dei gas combusti 349
cappa di ventilazione 736
cappa molle 265
cappella 504
cappella assiale 506, 507
cappella laterale 506
cappella radiale 506, 507
cappelletto 433
cappelletto dell'ago 527
cappello 108, 335, 515, 590
cappello a cono 429
cappello a falda larga 458
cappello da marinaio 458
cappello di feltro 457
cappello terminale 799
cappellotto 358
cappellotto dell'aria 408
cappero 286
cappio 1038, 1042
cappone 271
capponiera 505
cappotti 435, 442
cappotto 435, 443
cappotto alla raglan 443
cappotto con pellegrina 443
cappuccio 350, 436, 442, 448, 449, 492, 585, 806, 914, 989, 1032
cappuccio, collo a 455
cappuccio della leva 350
cappuccio di sicurezza 893
capra 172
capra, formaggi di 280
capra, latte di 280
capriata 333
Capricorno 20
Capricorno, Tropico del 42, 50
capsula 106, 230, 893
capsula, sezione 116
capsula a depressione 682
capsula articolare 207
capsula della bobina 566
capsula di gelatina molle 914
capsula di risonanza 912
capsula dura 914
capsula ermetica 1053
captazione, antenna di 707
carabina calibro 22 1011
carabina da biathlon 1043
caraffa 297, 301, 319
carambola 259
carapace 139, 155
carattere, extra-nero 586
carattere, grassetto 586
carattere, medio 586
carattere, molto sottile 586
carattere, nero 586
carattere, posizione di un 586
carattere, semi-grassetto 586
carattere, sottile 586
caratteri 1066
caratteri, forma dei 586
caratteri arabi 585
caratteri cinesi 585
caratteri cirillici 585
caratteri di un font 586
caratteri ebrei 585
caratteri greci 585
caratteri latini 585
caratteri sans serif 586
caratteri serif 586
caratteristiche della costa 70
caratteristiche della Luna 17
caravella 721
carboncino 524
carboncino, disegno a 528
carbone 95
carbone, deposito di 775
Carbonifero 129
carbonio 813
carburante, condotto del 678
carburante, serbatoio del 417, 694, 697, 706, 895, 896
carburante, serbatoio per il 690
carburante, tipo di 668
carburante, tubi del 1049
carburante, valvole di controllo del flusso del 748
carburante etanolo 784
carburante riscaldante, serbatoio del 678
carburanti alternativi 784
carburatore 694
carcassa 394, 396
carcere 864
carciofo 251
cardamomo 260
cardellino 162
cardigan 437, 442
cardigan con scollo a V 437
cardinale 162
cardine 674
cardio 265
cardo 113, 250
carello 578
carena 148, 1034
Carena 21
carena dello sterno 159
carenaggio, bacino di 718
carenatura 39, 694, 1026
carenatura laterale 1023
cargo 589
Caribico, Mar 44, 47
carica, indicatore di 479
carica, meccanismo di 829
carica, ruota di 828
carica di lancio 887
carica di scoppio 893
carica elettrica, unità di misura della 835
carica esplosiva 775, 894
carica negativa 834
carica positiva 834
caricabatteria 394
caricabatterie 622
caricabbasso 980
caricatore 389, 591, 601, 616, 888, 891, 1043
caricatore, fondello del 888
caricatore, vincolo del 888
caricatore di lamette 479
caricatori 999
carico 816
carico, aeroplano da 751
carico, bocca di 374
carico, piano di 754
carico, piattaforma di 831
carico, tubo di 347
carico utile 39
carico utile, adattatore del 39
carico utile, modulo del 64
cariosside 122
carne 271
carne, cassetto per la 377
carne, modi di presentazione 276
carne macinata 276
carnivori 94
Caronte 15
carota 251
carpa 269
Carpentaria, Golfo di 52
carpenteria 387
carpo 159, 165, 170, 175, 182, 184, 187, 188, 202
carré 436, 440
carreggiata 659
carrelli 289, 571
carrello 367, 407, 414, 542, 662, 706, 707, 716, 717, 755, 756, 888, 981, 1019
carrello, binari del 542
carrello, leva del 748
carrello, maniglia del 571
carrello, telaio del 706
carrello a forca per palette di carico 755
carrello a piattaforma 755
carrello a piattaforma per palette di carico 755
carrello anteriore 707, 746, 896
carrello della guida parallela 393
carrello di sormonto 367
carrello elevatore 754
carrello idraulico per palette di carico 755
carrello per i libri 867
carrello per merletti 571
carrello portabagagli 488, 704, 745

carrello portavivande 362
carrello principale 367, 571, 747, 896
carrello stivatore 766
carrello tenda 687
carri dei pompieri 902
carri merci 710
carriola 411
carro 766
carro a tramoggia 710
carro a tramoggia per minerali 711
carro armato 895
carro bestiame 710
carro bisarca 711
carro chiuso con tetto apribile 710
carro cisterna 710
carro dei vigili del fuoco 900
carro frigorifero 710
carro merci 703, 709
carro merci chiuso 709, 710
carro pianale 711
carro pianale a carrelli 711
carro pianale con stanti 711
carro pianale portacontainer 711
carro scoperto a sponde alte 711
carro scoperto a sponde basse 711
carrozza passeggeri 716
carrozze, area di lavaggio delle 708
carrozzella elettrica a quattro ruote 917
carrozzeria 670, 687, 1026
carrucola 367, 885
carrucola del carrello 756
carta 483, 529, 532, 585
carta, numero della 861
carta, vassoio di uscita della 647
carta assorbente 651
carta catramata 385
carta cerata 294
carta da forno 294
carta da giornale 124
carta da lettera 124
carta dei contintinenti 44
carta del tempo 80, 81
carta della rete metropolitana 715, 716
carta di riserva 647
carta di riso 584
carta geografica 868
carta più alta 1062
carta vetrata 396
carte, lettore di 858, 859
carte da gioco 1062
carte di credito, portafoglio per 484
carte di credito, scomparto per 484
carte geografiche, sezione delle 866
carte riciclate 125
cartella 486
cartella con linguetta 652
cartella con pressino 652
cartella per documenti 652
cartella sospesa 652
cartelletta 652, 653
cartellino di identificazione 906
cartellino indicatore di destinazione 709
cartellino orario 650
cartellino segnaletico 709
cartello del numero di binari 713
cartello indicatore delle stazioni della linea 714
cartello pubblicitario 714, 716
carter 681, 1060
carter della mola 396
cartiera 125
cartilagine 232
cartilagine articolare 199, 207
cartilagine costale 165
cartoccio 122
cartografia fisica 45
cartografia politica 53
cartoleria 851
cartolina 588
cartoncino 529
cartone 124, 295
cartone piccolo 295
cartonfeltro bitumato, listello di 385
cartucce 1010, 1011
cartuccia 350, 403, 584, 888
cartuccia, fusibile a 355
cartuccia, perno della 350
cartuccia del toner 637
cartuccia dell'inchiostro 637
cartuccia di chiodi 389
cartuccia di punti metallici 389
cartuccia per fucile a canna liscia 887
cartuccia per fucile a canna rigata 887
cartuccia sostituibile 888
cartucciera 906
caruncola lacrimale 238
carvi 260
casa 320, 328, 1027
casa, elementi 325
casa, esterno di una 322
casa, struttura di una 328
casa a due piani 521
casa a un piano 521
casa colonica 243
casa galleggiante 729
casa geotermica 770
casa in mattoni cotti 520
casa romana 502
casa solare 805
casacca 440
casalinghi 288
casatorre 521
cascata 67, 73
caschetto 990
casco 33, 940, 942, 944, 949, 954, 994, 1006, 1008, 1020, 1021, 1022, 1028, 1034, 1035, 1037, 1038, 1041, 1044, 1045, 1046, 1047, 1051
casco aerodinamico 1021
casco di protezione 700
casco integrale 1024
casco integrale da moto 695
casco per cross 1025
case a schiera 521
case tradizionali 520
casella 1064
casella bianca 1065
casella dell'oca 1064
casella di arrivo 1063
casella di partenza 1063
casella nera 1065
caserma 505
caserma dei vigili del fuoco 845, 900
Caspio, Mar 44, 51
cassa 289, 293, 406, 479, 549, 552, 564, 827, 828, 829, 1070
cassa, registratore di 289
cassa acustica 544, 559, 618, 619
cassa acustica centrale 612
cassa acustica principale 612
cassa acustica surround 612
cassa armonica circolare 560
cassa armonica piriforme 561
cassa armonica triangolare 561
cassa battente 572
cassa chiara 545, 556
cassa del cilindro 327
cassa di risonanza 548, 561
cassa d'afflusso 125
cassa piena 549
cassa portabatteria 691
cassaforte 859, 905
cassapanca 361, 364
casse 289, 851
cassero di poppa 730
casseruola 313
cassetta 294, 616
cassetta, coperchio della 347
cassetta, vano 611
cassetta, vano della 616
cassetta ad augnatura 391
cassetta aperta 294
cassetta d'appoggio 936
cassetta degli attrezzi 387
cassetta delle lettere 588
cassetta di pronto soccorso 907, 915
cassetta di sicurezza 859
cassetta filtro 319
cassetta mini-DV 612
cassette di deposito per bagagli 704, 857
cassetti della carta 625, 647
cassetti di smistamento automatico 647
cassettiera 365
cassettiera mobile 645
cassetto 296, 362, 365, 366, 376
cassetto di schedario 653
cassetto per la carne 377
cassetto per la verdura 377
cassiera 289
Cassini 31
Cassiopea 22
cassone 411, 760, 765
cassone ribaltabile, autocarro a 761
cassone alare 896
cassone di compattazione 693
cassone per legna da ardere 336
cassone ribaltabile 692, 693, 761
cassonetto 371
castagna 255
castagna d'acqua 245
caste 143
castelletto 773
castelletto di testa del pozzo 774
castello 504, 727
castello di prua 731
castello motore 747
castello per munizioni 895
castone 470
castoro 166
catalano 583
catalizzatore 784
catalogo on-line 867
catamarano 981
catapulta 897
catarifrangente 691, 698, 699, 1026
catarifrangente anteriore 699
catarifrangente posteriore 698
catena 333, 698, 700, 829, 969, 1001
catena, freno della 417
catena, guida della 417, 700
catena, trasmissione a 765, 767
catena alimentare 94
catena di ancoraggio 777
catena di dune 74
catena di isolatori sospesi 792
catena di ormeggio 737
catena di sicurezza 687
catena di sollevamento 754
catena montuosa 17, 45, 66
catena trinciante 417
catering, automezzo del 745
catodo 820
cattedra 868
cattedrale gotica 506, 507
cattolicesimo 870
cattura 1065
cavalcavia 659, 660
cavaliere 505, 1003, 1005, 1008
cavalletta 147
cavalletta verde 147
cavalletto 526, 553, 601
Cavalletto del Pittore 21
cavalletto laterale 694, 697
cavallo 168, 172, 434, 440, 969, 1008, 1065, 1068
cavallo, anatomia di un 169
cavallo, ferro di 171
cavallo, morfologia di un 168
cavallo, scheletro di un 170
cavallo con maniglie 969
cavallo da polo 1008
cavallo per volteggi 969, 970, 971
cavallo su due colonne 1068
Cavalluccio 22
cavalluccio marino 151
cavastivali 463
cavastracci 889
cavatappi 1055
cavatappi a leva 307
cavatappi da cameriere 307
cavatorsoli 309
cavea 498, 503
cavi 606, 1071
cavi, blocco di ancoraggio dei 660
cavi di accoppiamento 686
cavi di ancoraggio 777
cavi di collegamento 631
cavi di sospensione della navicella 1049
cavia 166
cavicchiera 547
cavicchio 547, 548, 549
caviglia 192, 194, 548, 552, 712, 873
cavigliera 552, 1000
cavigliere piombate 989
cavità addominale 226, 228
cavità articolare 207
cavità boccale 159
cavità midollare 199
cavità nasale 214
cavità orale 214, 216
cavità palleale 138
cavità pleurica 215
cavo 620, 621, 635, 686, 693, 821, 885, 925, 1009, 1058
cavo a fibre ottiche 631
cavo a treccia 631
cavo armato 624
cavo coassiale 631
cavo d'alimentazione 315, 396
cavo del cambio 700
cavo del freno 699
cavo del sartiame 1047
cavo del timone 984
cavo della candela 672, 682
cavo dell'antenna ad alta frequenza 750
cavo di accelerazione 419
cavo di acciaio 1050
cavo di alimentazione 393
cavo di alimentazione a 240 volt 354
cavo di alimentazione a corrente alternata 630
cavo di alimentazione a corrente continua 630
cavo di alimentazione dell'elettrodo 406
cavo di collegamento 618
cavo di connessione 577
cavo di frenaggio 897
cavo di interfaccia digitale per strumenti musicali (MIDI) 559
cavo di messa a terra 356, 406
cavo di potenza 354
cavo di raccordo per luci di segnalazione 687
cavo di sollevamento 756
cavo di sospensione 660
cavo di traino, manopola di sgancio del 1048
cavo di trasmissione 712
cavo di trazione 405
cavo d'alimentazione 374, 389, 394, 398, 404, 406, 417, 419, 478
cavo elettrico 676, 678, 846
cavo per la combustione del tabacco 483
cavo telefonico 846
cavo USB 599, 631, 649
cavolfiore 251
cavolini di Bruxelles 246
cavolo bianco 247
cavolo marittimo 246
cavolo ornamentale 246
cavolo rapa 250
cavolo riccio 246
cavolo rosso 247
cavolo verza 247
cavolo verzotto 247
cazzuola da muratore 403
cebo 185
cece 252
ceco 583
cediglia 587
cedro 256
cedro del Libano 121
cefalotorace 139, 145
Cefeo 22
celata 884
cella 140, 144, 503, 865, 1047
cella da miele 144
cella da polline 144
cella di isolamento 865
cella frigorifera 288, 289, 292
cella per gli uomini 904
cella per i minori 904
cella per le donne 904
cella reale 144
cella sigillata 144
cella solare 649, 802, 803
celle 862
cellula, membrana della 102
cellula, parete della 102
cellula animale 133
cellula convettiva 89
cellula del succo 114
cellula fotoelettrica 596
cellula olfattiva 232
cellula vegetale 102
cellulare 864
celofise 130
Celsius, grado 835
Celsius, scala 827
cemento 206
cemento, sottofondo di 334
cemento armato 384
cenere 483
ceneri, strato di 75
ceneri vulcaniche, nube di 75
cent 860
Centauro 21
centina 746
centina di radice alare 746
cento 836
Centrafricana, Repubblica 879
centrale 788, 953, 955
centrale ad acqua fluente 788
centrale con giacimento idrico 788
centrale elettrica 785, 794
centrale elettrica mareomotrice 794
centrale elettronucleare 796
centrale termoelettrica 95
centrale termoelettrica a carbone 775
centrali, tipi 788
centralina 624
centravanti 945, 960
centrifuga 318, 378
centrifuga scolainsalata 308
centrifugare a bassa temperatura 425
centrifugare a temperatura media 425
centriolo 133
centro 541, 838, 995, 1009, 1027, 1065, 1069
centro commerciale 843, 848
centro della città 843, 844
centro della ragnatela 145
centro di alta pressione 81
centro di bassa pressione 81
centro di documentazione 522, 900
centro di smistamento 588
centro di smistamento regionale 589
centro germinativo 230
centro prelievi, sala d'attesa del 922
centroattacco 1029
centrocampista centrale 947
centrocampista di destra 947
centrocampista di sinistra 947
centromediano 945
ceppo 117, 118, 732, 806
cera, pastelli a 524
ceramica 576
ceramica, condensatore di 820
cercafase 404
cercapersone 621
cerchi 1066
cerchia annuale 118
cerchietto 685
cerchio 684, 695, 699, 838, 972
cerchio azimutale, regolazione dell'immagine del 833
cerchio centrale 956
cerchio dei colori 528
cerchio del battitore successivo 938
cerchio di centrocampo 947, 955, 1029
cerchio di ingaggio 1028
cerchio di serraggio 556
cerchio di stazione 81
cerchio di tiro 944, 955
cerchio graduato dell'ascensione retta 24, 25
cerchio graduato della declinazione 24, 25
cerchio zenitale, regolazione dell'immagine del 833
cerchione 671, 764
cereali 123, 263, 784
Cerere 14
cerfoglio 262

cerimolia 258
cerio 814
cerniera 136, 316, 325, 327, 364, 380, 577, 617, 824
cerniera lampo 472, 488
cerniera regolabile 399
cerniera visiera 695
cerotto adesivo 915
cerotto transepidermico 914
cervella 276
cervelletto 222, 223, 224
cervello 138, 139, 143, 145, 152, 222, 223, 224
cervo dalla coda bianca 172
cesio 812
cesoie 416
cesoie da giardino 416
cespo 250
cespuglio 410
cestella 142
cestello 315, 318, 377, 378, 380
cestello di refrigerazione 318
cestello per friggere 308
cestello per la cottura a vapore 313
cestello per le posate 380
cestino 655, 1061
cestino per i rifiuti 293
cestino posteriore 702
cetriolino 248
cetriolo 248
cetriolo senza semi 248
Chac-Mool 513
chanel, scarpa 460
charleston 556
charlotte, stampo per 311
châssis: dorso 629
châssis: vista frontale 629
chat room 643
chateaubriand 272
chayote 249
Cheddar 281
chela 139
chelicero 145
chemisier 438
cherosene 782
Chesterfield, divano 360
chiamata, pulsante di 519
chiamata, tasti 624
chiamata, tasto 622, 624
chiamata, tasto di 621, 622
chiamata automatica, tasti di 623
chiamata successiva, tasto di 624
chiambrana 327
chiasma ottico 222
chiatta a propulsione autonoma 729
chiave 327, 550
chiave, leva della 550
chiave, serratura a 484
chiave a brugola 402
chiave a bussola a cricchetto 400
chiave a catena 403
chiave a croce 686
chiave a forchetta doppia 400
chiave a nastro 403
chiave a rullino 400
chiave combinata 400
chiave del chiver 550
chiave del mandrino 394
chiave dell'accensione 420
chiave dell'acqua 551
chiave di basso 562
chiave di carica 564
chiave di contralto 562
chiave di violino 562
chiave di volta 506, 514
chiave per idrante 903
chiave poligonale a cricco 400
chiave poligonale doppia 400
chiave poligonale doppia ad anello aperto 400
chiave regolabile 403
chiave regolabile da lavandino 403
chiave USB 599, 638
chiavetta Internet 631
chiavi 400, 403, 558, 562
chiavi, negozio per la riproduzione delle 849
chiavi, protezione delle 550
chiavi di tensione 556
chiavistello a scatto 326
chiavistello senza scatto 326, 327
chicchi di caffè tostati 264
chicchi di caffè verdi 264
chicco di grano, sezione di un 122
chiesa 871
chiesa barocca 510
Chiesa ortodossa 870
chiesa romanica 508
chiglia 1047
chilometro lanciato 1041
chimica 810, 834
chimono 429
chinois 308
chiocciola 137, 265, 587
chiocciola, anatomia di una 137
chiocciola, morfologia di una 137
chiocciola per nastro adesivo 654
chiocciole, molle per 309
chiocciole, tegamino per 303
chiodatrice senza fili 389
chiodi 388
chiodo 171, 388, 935
chiodo a espansione 1050
chiodo a spirale 388
chiodo comune 388
chiodo con data 712
chiodo da ghiaccio 1051
chiodo da muratore 388
chiodo da roccia 1050
chiodo di finitura 388
chiodo di garofano 260
chiodo troncato 388
chioma 18, 118
Chioma di Berenice 23
chiosco 668
chip 861
chirurgo, lavandino del 922
chitarra acustica 548
chitarra basso 549
chitarra elettrica 549
chitone 426
chiusa 794
chiusa, acquedotto per il riempimento della 719
chiusa, apertura per il riempimento della 719
chiusa, apertura per il riempimento e lo svuotamento della 719
chiusa, parti 719
chiusa, sistema di riempimento e di svuotamento della 719
chiusa, sistema di svuotamento della 719
chiusa di un canale 718, 719
chiusa di un canale: vista laterale 719
chiusino 357
chiusura 484, 486
chiusura, blocco di 832
chiusura, cordoncino di 486
chiusura, leva di 709
chiusura, valvola di 347
chiusura a occhiello 488
chiusura a scatto 316
chiusura in rilievo 295
chiusura lampo 436, 442, 567
chiusura lampo, linea della 569
chiusura metallica a pressione 484
chiusure 567
chiver 550
chiver, chiave del 550
chorizo 277
chow-chow 176
chroma-key 606
chutney al mango 287
ciabatta 638
Ciad 60, 879
Ciad, Lago 50
ciak 543
ciambella 279
ciano 821
cianobatteri 128
cibi pronti 289
cicala 147, 732
ciccioli 277
ciclismo 1020
ciclismo su pista 1021
ciclismo su strada 1020
ciclista 1020, 1021
ciclo biologico della rana 153
ciclo carbonio-ossigeno 95
ciclo del motore a due tempi 681
ciclo del motore diesel 681
ciclo del motore rotativo 681
ciclo di funzionamento 749
ciclo idrologico 95
ciclo riproduttivo 104
ciclomotore 697
ciclone 89
ciclone tropicale 89
cicloni tropicali, denominazione dei 89
ciclorama 606
cicogna 161
ciechi intestinali 145
cieco 169, 217
cieco intestinale 138, 159
cieco pilorico 135, 149
cieco rettale 135
cieletti 540
cieletto 541
cielo 771
cielo, copertura del 81
cielo coperto 82
cielo invisibile 82
cielo limpido 82
cielo molto nuvoloso 82
cielo nuvoloso 82
cielo poco nuvoloso 82
cielo sereno 82
cielo tempestoso 91
cifosi 204
cifre 586
ciglia 133, 178
ciglio 238
cigno 161
Cigno 22
Cile 55, 876
ciliato 111
ciliegia 254
cilindretto 679
cilindro 327, 350, 457, 680, 763, 839, 912
cilindro, cassa del 327
cilindro del braccio di scavo 760
cilindro del braccio di sollevamento 759, 760
cilindro del gas 891
cilindro della pala caricatrice 759, 760
cilindro dello scarificatore 758
cilindro di pressione 533
cilindro di raffreddamento 823
cilindro di regolazione 762
cilindro di riflessione 823
cilindro di rotazione della lama 761
cilindro di rubino 823
cilindro di sollevamento 693, 756, 759, 902
cilindro di sollevamento della lama 758, 761
cilindro di taglio 419
cilindro direzionale 760
cilindro graduato 815
cilindro idraulico 755
cilindro inferiore 534
cilindro principale 679
cilindro ricuperatore 892
cilindro rotante 578
cilindro superiore 534
cima 71, 118, 409
cima bipara 112
cima di recupero 983
cima unipara 112
cimasa 364
cime di rapa 251
cimice d'acqua 146
cimice delle piante 146
cimiero 883
ciminiera 775
cimino 1059
cimitero 52, 845
cimosa 569
Cina 59, 881
cinema 544, 730, 844, 848
cinepresa 606
cinepresa ad alta definizione 605, 606
cinepresa con obiettivo grandangolare 606
cinescopio 609
cinese 582
Cinese Meridionale, Mar 44, 51
Cinese Orientale, Mar 51
cinghia 901, 970, 1043
cinghia dei ginocchielli 1007
cinghia del mantice 560
cinghia del ventilatore 682
cinghia della pastoia 1007
cinghia della ventola 672
cinghia di compressione frontale 1056
cinghia di compressione laterale 1056
cinghia di distribuzione 396, 682
cinghia di sicurezza sottogamba 733
cinghia di tramissione 378
cinghia per i piedi 983
cinghia per il piede 988
cinghia per tubi e scale 903
cinghia ventrale 489
cinghia ventrale imbottita 491
cinghiale 172
cinghie 913
cinghietta posteriore di regolazione 908
cingolo 758, 895, 1026
cingolo, maglia del 895
cingolo, piastra di protezione del 895
cinquanta 836
cinque 836
cinque porte 669
cinque spezie, miscela di 261
cinquecento 836
cinquina 1068
cinta muraria 504
cintura 387, 432, 435, 469, 685, 733, 792, 992, 994
cintura, abbottonatura della 432
cintura, gancio della 621
cintura, passante della 435
cintura a vita 1056
cintura da sollevamento pesi 999
cintura da zavorra 989
cintura di Kuiper 14
cintura di servizio 906
cintura di sicurezza 675
cintura per bambino 491
cintura portautensili 387
cintura ventrale 675
cinturino 460, 490, 828, 941, 999
cinturino a T, scarpa con 460
cinturino della manica 435
cinturino di chiusura 490
cinturino regolabile 430
CIO 882
cioccolato 285
cioccolato al latte 285
cioccolato bianco 285
cioccolato fondente 285
ciondoli 471
ciondoli, bracciale con 471
ciotola 314, 493, 494
ciotola per cibo o acqua 495
ciotola per riso 303, 305
ciotole per mescolare 310
cipolla 414
cipolla bianca 245
cipolla d'inverno 245
cipolla di Spagna 245
cipolla rossa 245
cipolla verde 245
cipollina 245
cipresso 121
cipresso, foglie squamiformi del 120
cipria, piumino da 473
cipria compatta 473
cipria in polvere 473
cipria in polvere, pennello da 473
Cipro 57, 878
circo 17
circo glaciale 72
circolazione, pompa di 339
circolazione del sangue 209
circolazione polmonare 212
circolazione sistemica 212
circolo 1006, 1016
Circolo Polare Antartico 42, 46
Circolo Polare Artico 42, 46, 47, 49, 51
circonferenza 838
circonvallazione 52
circonvoluzione 223
circuito 1002
circuito a 120 volt 354
circuito a 240 volt 354
circuito di distribuzione 356
circuito di Formula 1 1022
circuito di Grand Prix 1024
circuito di motocross 1025
circuito elettrico 359, 818
circuito elettrico dei sensori 679
circuito fotovoltaico 803
circuito frenante 672, 679
circuito in parallelo 818
circuito in serie 818
circuito integrato 820
circuito integrato inscatolato 820
circuito stampato 820
circuito stampato, scheda del 820
cirro 82, 88
cirrocumulo 82, 88
cirrostrato 82, 88
Cisgiordania 58
cisterna 692, 693, 729
cisterna, carro 710
cisterna, nave 728
cistifellea 152, 154, 216
citofaringe 133
citopigio 133
citoplasma 102, 133, 226
citostoma 133
città 53, 842
città, centro della 843, 844
Città del Vaticano 882
city bike 702
ciuccio 492
ciuffo 168
ciuffolotto 162
civetta acadica 163
clacson 676, 696
clamide 426
clarinetti 545
clarinetto 550
clarinetto basso 545
classe 132
classicismo 529
classifica generale, tabellone della 970
classificatore a soffietto 653
classificazione, esempio 132
classificazione biologica 132
classificazione di Hubble 19
clavette 972
clavicembalo 553
clavicola 153, 159, 165, 187, 188, 200
clementina 256
clessidra per uova alla coque 308
climatizzatore biblocco 343
climatizzazione, sistema di 96
climi aridi 87
climi del mondo 87
climi di montagna 87
climi polari 87
climi temperati caldi 87
climi temperati freddi 87
climi tropicali 87
clip 832
clip, orecchini a 468
clip per ciuccio 492
clitoride 226
cloaca 145, 152, 155, 159
cloche 458, 1048
cloro 813
cloroplasto 102
cobalto 813
cobra 156
cocca 885, 1009
Cocchiere 22
coccia 998
coccige 201, 204
coccinella 146
cocco, noce di 255
coccodrillo 157

cocktail, calice da 297
coclea 235
cocomero 257
Cocos, placca delle 68
coda 139, 154, 155, 164, 165, 168, 174, 178, 182, 186, 189, 228, 539, 747, 892, 988, 1037, 1038, 1042, 1043, 1044, 1048, 1059, 1071
coda, pattino di 753
coda, supporto per la 745
coda, trave di 753
coda dell'elice 234
coda di polvere 18
coda di rondine 873
coda di rondine con una lingua 873
coda ionica 18
coda-palo 806
codetta 359
codice del prodotto 831
codice temporale 543
codolo 298, 306, 394, 398, 403, 1069
codrione 158
cofano 420
cofano anteriore 670, 690
cofano posteriore 671
coffa 724
cognate 929
cognato 929
coincide con 837
cola, noce di 255
colapasta 308
colata di fango 77
colata lavica 75
colbacco 457
colibrì 162
colino 308
colla in stick 654
collana 468
collana a cinque giri 468
collana lunga 468
collana lunga alla vita 468
collane 468
collant 446
collante 334
collare 337, 398, 490, 493, 984
collare del solaio 337
collare di chiusura del casco 33
collare tagliafuoco 337
collaretto 429, 455
collarino 351, 500, 911
collarino di velluto 468
collegamenti, scatola dei 605
collegamenti elettrici, pannello dei 608
collegamenti ipertestuali 642
collegamenti video, pannello dei 608
collegamento, cavo di 618
collegamento a molla 1070
collegamento elettrico 338, 348, 691
collegamento in rete 640
collegio arbitrale 993
colletti 454
colletto 109, 206, 431, 479
colletto, parti 454
colletto, punta del 431
colletto con punte arrotondate 455
collettore 777, 819
collettore a vuoto 826
collettore del vapore primario 797
collettore dell'acqua di alimentazione 797
collettore di alimentazione 682
collettore di aspirazione 681
collettore di elettroni 820
collettore di scarico 344, 672, 680, 681, 682
collettore principale 344, 345
collettore solare piatto 802
colli 431, 455, 456
collibia 244
collie 176
collimatore 924
collimatore multileaf 926
collimatore ottico 833
collina 71, 804
collina abissale 67
collinetta 1025
collo 155, 168, 193, 194, 195, 228, 299, 300, 430, 435, 450, 459, 539, 609, 732, 968, 1018
collo, parte superiore del 454
collo, protezione per il 901
collo, punta del 454
collo, sostegno per il 1024
collo a camicia 431, 455
collo a cappuccio 455
collo a listino 455
collo a polo 455
collo a scialle 455
collo a uomo 443, 455
collo alla coreana 455
collo alla marinara 455
collo alla Peter Pan 455
collo alto 1042
collo button-down 431
collo con sciarpa 455
collo d'oca 335, 760
collo del femore 201
collo del piede 192
collo dell'utero 226
collo della vescica 218
collo dell'utero 227
colloquio, sale di 863
collutorio 482
Colomba 21
Colombia 55, 876
colombino, tecnica a 577
colon 141, 155, 169
colon ascendente 217
colon discendente 217
colon sigmoideo 217
colon trasverso 217
colonna 67, 90, 373, 395, 499, 501, 508, 548, 566, 590, 596, 600, 1063, 1068
colonna centrale 807
colonna con lamelle terminali 90
colonna d'alcool 827
colonna di andata 339
colonna di frazionamento 782
colonna di mercurio 827
colonna di ritorno 339
colonna di stabilizzazione 777
colonna di superficie 780
colonna di ventilazione 344
colonna ionica 509
colonna montante dell'acqua calda 344
colonna montante dell'acqua fredda 344
colonna principale di scarico 344
colonna principale di ventilazione 344
colonna renale 219
colonna sporgente 510
colonna vertebrale 149, 164, 200, 204, 224
colonne gemelle 510
colore 1062
colore a olio 525
colori 875
colori, cerchio dei 528
colori, display dei 571
colori, sintesi dei 821
colori, tabella dei 526
colori primari 528
colori secondari 528
colori terziari 528
colpi 966
colpo di gamba a crawl 975
colpo di gamba a farfalla 975
colpo di gamba a rana 975
colpo di partenza 1016
colpo di pattino 1042
colpo di testa 948
colpo d'approccio 1016
coltelli 298
coltelli da cucina 306
coltello 298, 314, 405, 531, 533, 535, 1055, 1057
coltello baionetta 886
coltello da bistecca 298
coltello da burro 298
coltello da cucina 306
coltello da dessert 298, 304, 305
coltello da formaggio 298
coltello da ostriche 306
coltello da pane 306
coltello da pesce 298, 304
coltello da pompelmo 306
coltello da prosciutto 306
coltello da sub 989
coltello da tavola 298, 304, 305
coltello di selce 883
coltello elettrico 315
coltello miscelatore 314
coltello per affettare 306
coltello per disossare 306
coltello per piombo 579
coltivatore 412, 765
coltivazione 242
coltro 765, 767
columella 136
comandante, posto del 895
comandante, sedile del 748
comandante, ufficio del 900, 904
comandi 917
comandi, pannello dei 343
comandi del pilota automatico 748
comandi del retroescavatore 759
comandi del verricello 693
comandi della videocassetta 613
comandi di sintonia 609
comandi radio 748
comando, pannello di 706, 826
comando, ponte di 726, 727, 730, 731
comando, quadro di 316, 317, 376, 378, 379
comando, scatola di 349
comando a distanza, presa per il 592, 593
comando a pedale 566
comando del freno 1046, 1047
comando del freno aerodinamico 1048
comando del pannello solare 86
comando del tavolino traslatore 825
comando del tergicristallo 676
comando del tiraggio 336
comando del ventilatore 343
comando della trasmissione 421
comando della trivella 421
comando di direzione del condotto di espulsione 421
comando di selezione manuale 601
comando elettrico di erogazione della vincita 1070
comando macinatura 318
comando programmabile 342
comando zoom 613
combattimento, area di 991, 993, 996
combinazione 434, 1002
combinazione, serratura a 484
combinazione di volo 1046
combinazione vincente 1070
combinazioni del poker 1062
combustibile 795, 800, 801
combustibile, arrivo del 339
combustibile, barretta di 799
combustibile, condotto di alimentazione del 339
combustibile, manipolazione del 798
combustibile, pastiglia di 799
combustibile, pompa del 339
combustibile esaurito, portello di scarico del 798
combustibile esaurito, vasca di deposito del 796, 798, 799
combustibile esaurito, vasca di scarico del 796, 798
combustibile fossile 96, 98
combustibile nuovo, area di carico del 798
combustibile nuovo, sala di stoccaggio del 798
combustibile per motori diesel 782
combustibile per motori diesel marini 782
combustione 681, 749
combustione del tabacco, cavo per la 483
combustione lenta, stufa a 336
cometa 18
comignolo 323
Comitato Olimpico Internazionale 882
commessura labiale 174, 231
commissario di campo 1003
commissario di gara 1025
commissario di gara a ostacoli 1002
Commonwealth 882
commutatore 404, 641
commutatore delle luci 696
comò 364, 365
comodino 365, 855, 920
comodino, lampada da 855
Comore 61, 880
compact disc 599, 615
compartimento stagno 987
Compasso 21
compattatore 693
compattazione 99
compensato 386
compensazione dell'esposizione 593
compensazione dell'esposizione, pulsante di 592
compensazione dell'esposizione del flash 593
competizione 933
competizioni, bacino per 932
complesso scolastico 845
complesso sportivo 843, 932
compluvio 502
componenti del portalampada 358
componenti di un anello 470
componenti di una bicicletta 698
composizione del sangue 209
composta, contenitore della 411
composto, rappresentazione 834
compressa 914
compressa sterile 915
compresse sterili 915
compressione 680, 681, 749
compressore 341, 343, 783
compressore, turbina del 749
compressore assiale 749
compressore centrifugo 749
compressore d'aria 408
compressore del climatizzatore 682
compressore dell'aria 706, 707
compressore semovente 744
computer 599, 868
computer, programmi del 907
computer, sala dei 899
computer all-in-one 628
computer con unità centrale a torre 629
computer da tavolo 640, 641, 642
computer di bordo 676, 907
computer portatile 630, 641
computer tablet 639
comunicazione, modulo di 602
comunicazione, tunnel di 36
comunicazione scritta 584
comunicazione senza fili 621
comunicazioni aeree 603
comunicazioni industriali 603
comunicazioni marittime 603
comunicazioni militari 603
comunicazioni private 603
comunicazioni stradali 603
conca 234
conca fissa 1068
conca nasale inferiore 232
conca nasale media 232
conca nasale superiore 232
concentrato di pomodoro 286
concentrazione di gas serra 96
concessionaria di automobili 845
conchiglia 136, 137, 138, 360
conchiglia bivalve 136
conchiglia bivalve, anatomia di una 136
conchiglia bivalve, morfologia di una 136
conchiglia di protezione 954, 991, 994, 1030
conchiglia portatestina 617
conchiglia univalve 136
conchiglia univalve, morfologia di una 136
conchiglie 282
concime organico 98
concio d'imposta 514
concorrenti 933
concorrenti, elenco dei 933
condensa, bacinella di raccolta della 342
condensata 586
condensatore 770, 775, 796, 804, 825, 826
condensatore, ingresso del riflusso del 797
condensatore, ingresso dell'acqua di raffreddamento del 797
condensatore, manopola di regolazione del 825
condensatore, uscita del riflusso del 797
condensatore, uscita dell'acqua di raffreddamento del 797
condensatore, ventilatore del 343
condensatore a pellicola plastica 820
condensatore di ceramica 820
condensatori elettrolitici 820
condensazione 95, 810
condilo laterale del femore 201
condilo mediale del femore 201
condimenti 286, 293
condimento alle spezie cajun 261
condizionamento dell'aria 342
condizionamento dell'aria, sistema di 911
condizionatore 687
condizionatore d'aria da camera 343
condizionatore semovente 744
condominio 845
condor 163
condotta dell'acquedotto 846
condotta di produzione 780
condotta di produzione, testa della 780
condotta di raccolta 777
condotta fognaria 846
condotta fognaria principale 846
condotta forzata 785, 786, 794
condotti sotterranei 357
condotto 498
condotto del carburante 673, 678
condotto del flusso freddo 749
condotto dell'aria 339
condotto dell'aria di ritorno 338
condotto dell'aria di scarico 663
condotto dell'aria pulita 663
condotto della ventola 767
condotto di alimentazione 341, 344
condotto di alimentazione del combustibile 339
condotto di derivazione 338
condotto di distribuzione verticale 338
condotto di espulsione 421, 763
condotto di insilamento 767
condotto di passaggio della miscela 681
condotto di riscaldamento 379
condotto di ritorno 341
condotto di scarico 340, 766
condotto principale 338
condrite 18
conducente, posto del 895
conduttore di fase 356
conduttore di messa a terra 781
conduttore di terra 354
conduttore neutro 356
conduttori, fascio di 792
conduttura del gas 846
conduttura dell'acqua calda 352, 353
conduttura dell'acqua fredda 352, 353
conduzione 811
conferma, tasto di 859
confessionale 871
confezionamento, prodotti per 288
confezione in cartone per uova 294
confezione multipla 295
confezioni farmaceutiche di medicinali 914
confine di proprietà 322
confine internazionale 53
confine interno 53
confluente 73
confluenza a destra 664, 667
confucianesimo 870
Confucio 870
congegno di puntamento 892
congegno di sparo 893
congelatore 290, 296
congelatore, scomparto del 377
congelatore orizzontale 377

congiuntiva 238
Congo 61, 879
Congo, Fiume 50
Congo, Repubblica Democratica 61
Congo, Repubblica Democratica del 879
congressi, palazzo dei 845, 852
conifera 120
conifere 121
coniglio 167, 271
coniglio, mascella 167
coniglio, morfologia 167
connessione, cavo di 577
connessione, spinotto di 820
connessione aerea 793
connessioni elettriche 577
connettore 354, 622
connettore a T 640
connettore della linea attiva 793
connettore HDMI 614
connettore RS 614
connettore USB 622, 638
cono 120, 238, 839, 912
cono avventizio 75
cono d'ombra 16, 17
cono di emergenza 221
cono di penombra 17, 18
cono di spremitura 315
cono di uscita 144
cono femminile 120
cono maschile 120
cono pirometrico 576
conservatore, ufficio del 522
conservazione, laboratorio di 523
console 1067
console centrale 676
console del mixer audio 604, 605
console del punteggio 1015
console dell'organo 554
console di comando 748
console di comando della rasiera 762
console di gioco portatile 1067
console di regia 607
console digitale 607
console elettronica 1001
console luci 605
console per il vuoto 826
console switcher 607
consulenti musicali 605
consumatore domestico 783
consumatori primari 94
consumatori secondari 94
consumatori terziari 94
contachilometri parziale 677
contachilometri totale 677
contagiri 677, 696, 832
container 727, 757
containers 757
containers, deposito per 842
contaminuti 308, 316, 317, 376
contanti, rifornimento di 859
contarighe 571
contascatti/timer 593
contatore 616
contatore, tasto di azzeramento del 616
contatore del gas 783
contatore dell'acqua 344
contatore di kilowattora 355
contatore elettrico 356
contatto 359, 1065
contatto, dispositivi di 358
contatto caldo 592
contatto negativo 802, 803
contatto positivo 802, 803
contenitore 85, 294, 654
contenitore alimentazione 779
contenitore della batteria 685
contenitore della composta 411
contenitore delle siringhe usate 907
contenitore impermeabile 596
contenitore in calcestruzzo 795, 799
contenitore per alimenti in plastica 294
contenitore per filo interdentale 482
contenitore per il riciclaggio 99
contenitore termico 1056
contenitori per la raccolta differenziata 99
contenuto in 837
continentale artica 81
continentale umido - estate calda 87
continentale umido - estate torrida 87
continente 67
continenti, carta dei 44
continuità, tester di 404
conto 291
conto, tasti di identificazione del 859
contorno 860
contrabbassi 545
contrabbasso 547
contraffisso 333
contrafforte 506, 508, 510, 790
contrago 712
contralto, chiave di 562
contrappeso 24, 26, 519, 617, 662, 713, 756, 760, 761, 764
contrappeso, guida del 519
contrassegno per la virata a dorso 977
contrasto 948
contrasto, tasto regolatore di 647
controbocchetta 327
controbraccio 756
controdado 84
controfagotto 545
controferro 397
controfiletto 272
controfiocco 725
controfodera 569
controguardia 505
controller di funzionamento 341
controllo 632
controllo, posto di 865, 904
controllo, pulsante 314, 614, 634, 1067
controllo, tasto di 621
controllo, torre di 897
controllo, vetro di 865
controllo, video di 826
controllo: selezione di gruppo 632
controllo antiskating 617
controllo biglietti, addetto al 522, 544
controllo dei passaporti 743
controllo del sequencer 558
controllo del tempo 558
controllo del vassoio del disco 611
controllo del volume 558
controllo dell'accelerazione 634
controllo della copiatura 647
controllo della velocità di crociera 676
controllo di sicurezza 743
controllore 704
controllore tecnico 1031
contromarce 572
contromezzana, albero di 724
controporta attrezzata 377
contropunta 832
controranda 725
controscarpa 505
controstecca 490
controtelaio 327
controvelaccino 725
controvelaccino, albero di 724
controvelaccio 725
controvelaccio, vela di straglio di 725
controvento 332, 793
conurbazione 842
convertitore 610
convertitore catalitico 673
convertitore di coppia 378
convettore 340
convezione 811
convezione, corrente di 811
convogliatore 775
convogliatore a coclea 766, 767
Cook, Stretto di 52
cooksonia 128
coordinamento, stanza di 905
coordinate celesti, sistema di 23
coordinate terrestri, sistema di 42
coperchio 312, 315, 316, 317, 318, 319, 358, 377, 378, 381, 387, 483, 495, 527, 549, 577, 593, 600, 617, 635, 637, 647, 648, 685, 820, 903, 1057, 1067
coperchio, sostegno del 577
coperchio anteriore 625
coperchio cinghia dentata 397
coperchio del sedile 346, 347
coperchio della cassetta 347
coperchio della turbina 787
coperchio delle punterie 672, 682
coperchio di alimentazione 891
coperchio di protezione dell'obiettivo 598
coperchio in gomma 536
coperchio inferiore 820
coperchio scorrevole 734
coperchio superiore 820
copernicio 813
coperta 363
coperta, ponte di 729
copertina 483, 1003
copertina di spalla 275
coperto, accessori 301
copertura 490, 1017, 1059
copertura, sezione di 144
copertura boccaporto della cisterna 729
copertura del cielo 81
copia, modo di uscita della 647
copie fronte-retro 647
copiglia 327, 903
copiglia arrotondata 371
copiglia piatta 371
copilota, sedile del 748
coppa da spumante 297
coppa del reggiseno 445
coppa dell'olio 417, 682
coppa dell'olio, guarnizione della 682
coppa inferiore 319
coppa superiore 319
coppetta 373
coppetta per l'insalata 303
coppetta per latte/panna 295
coppia 1031, 1062
coppia, convertitore di 378
coppia, imbarcazioni di 985
coppia, remo di 984
coppia di serraggio, anello di regolazione della 394
coppo 884
copricanna 891
copricapi 457
copricapi femminili 458
copricapi maschili 457
copricapi unisex 458
copricerniera 480
coprifiltro 909
coprigiubbotto metallico 997
copriguanciale 363
coprilegno 1019
coprimaterasso 363
coprimolla 367
copriorecchie 465
copripolso 1030
copriprese 613
copripuleggia 395
copripunta 490
copriscodellino 889
copritrice primaria 158
copritrice primaria media 158
copritrici mediane 158
copritrici sopracaudali 158
copritrici sottocaudali 158
copyright 587
coracoide 153, 159
Coralli, Mar dei 52
Corano 870
corazza 895
corda 123, 367, 371, 547, 548, 553, 733, 885, 990, 1000, 1009, 1050, 1051, 1058
corda attorcigliata 1058
corda della calcola 572
corda di sicurezza 964, 1050
corda di sollevamento 371
corda di tensione 561
corda di trazione 988
corda intrecciata 1058
corda principale 1043
corda vocale 214
cordata 111, 1050
corde 552, 561
corde, strumenti a 547
corde per l'accompagnamento 560
corde per la melodia 560
cordiera 547, 556, 561
Cordigliera delle Ande 48
cordini di sospensione 1046, 1047
cordolo 846, 1022
cordoncino 436
cordoncino, bracciale a 368
cordoncino di chiusura 486
cordoncino per occhiali 480
cordone 404
cordone, supporto del 374
cordone del microtelefono 623
cordone dell'alimentazione 479
cordone litorale 70
cordone litoraneo 70
cordone nervoso 143
cordone nervoso ventrale 139
Corea, Repubblica Democratica Popolare di 881
Corea, Repubblica di 881
Corea del Nord 59
Corea del Sud 59
coreana, collo alla 455
coreano 583
coriandolo 262
corimbo 112
cornamusa 560
cornea 238, 239
cornetta 551
corni 545
cornice 325, 364, 499, 500, 509, 523, 949
cornice inclinata 499
cornice per foto digitale 596
cornicione 323, 511
corno 471, 551
corno inglese 545, 550
coro 506, 507
coroide 238
corolla 112
corona 16, 168, 206, 469, 548, 556, 662, 828, 860
Corona Australe 20
Corona Boreale 23
corona di penne 963
corona radiata 226
coronamento 785, 790, 791, 794
corpetti 440
corpi celesti 14
corpo 233, 318, 350, 394, 483, 550, 554, 585, 604, 792, 824, 937, 1043, 1059
corpo, cura del 474
corpo calloso 222
corpo cavernoso 228
corpo cellulare 221
corpo ciliare 238
corpo cilindrico 1069
corpo d'acciaio 820
corpo del pacemaker 927
corpo dell'arnia 144
corpo dell'unghia 237
corpo della chiesa 510
corpo della macchina fotografica 592
corpo della spoletta 893
corpo della valvola 551
corpo di guardia 504, 505
corpo isolante 683
corpo libero, pedana per il 970
corpo morto 737
corpo spugnoso 228
corpo stradale 658
corpo umano 192
corpo vertebrale 204, 224
corpo vitreo 238
corpuscolo di Krause 236
corpuscolo di Meissner 236
corpuscolo di Pacini 236
corpuscolo di Ruffini 236
correggia 989
corrente 719
corrente, doppio 332
corrente, presa di 404
corrente di convezione 811, 817
corrente di fondazione 332, 333
corrente elettrica, unità di misura della 835
corrente inferiore 333
corrente orizzontale 332
correttore 473
correttore a nastro 654
correttore liquido a penna 654
correzione, tasto di 571
corridoio 963, 966
corridoio centrale 705
corridoio di discesa 498
corridoio di salita 498
corridoio di sicurezza 862
corridoio intercomunicante 705
corridoio telescopico 741
corridore 935, 1021
corridore su slittino 1034
corridori 1025
corrimano 335, 518, 519, 689, 709, 729
corrimano di spinta 913
corrispondenza 651
corsa, bicicletta da 701
corsa, direttore della 1020
corsa, scarpa da 450
corsa al galoppo 1006
corsa al passo di ambio 1007
corsa di cavalli 1006
corsa di trotto 1007
corsetto 427, 445
corsia 288, 846, 934, 976, 977, 1032
corsia, numero di 1043
corsia d'appoggio 1015
corsia dei box 1022
corsia di accelerazione 659
corsia di decelerazione 659
corsia di entrata 659
corsia di gioco 1014
corsia di marcia lenta 659
corsia di marcia normale 659
corsia di riscaldamento 1032
corsia di sorpasso 659
corsia di uscita 659, 1071
corsia laterale 659
corsivo 586
corso d'acqua 73, 98
corso d'acqua sotterraneo 67
corsoio 564
corte dura 968
corteccia 118
corteccia cerebrale 222
corteccia renale 219
cortile 243, 504, 865, 869, 872
cortina 504
corvo 163
Corvo 21
coscia 168, 174, 189, 193, 195, 226, 228, 272, 274, 890
cosciale 884
cosciotto alla francese 274
costa 77, 250, 272, 273, 274, 298, 300, 306
costa, caratteristiche della 70
costa a rias 70
costa assiale 136
Costa d'Avorio 60, 879
Costa Rica 54, 876
costa spirale 136
costata di manzo 272
costate 272, 274
coste, bordo a 437, 448
costellazioni dell'emisfero meridionale 20
costellazioni dell'emisfero settentrionale 22
costine 272
costola 154, 159, 164, 165, 170, 175, 182, 184, 187, 188
costola fluttuante 184
costolatura 989
costole 200
costole fluttuanti 200
costolette 275
costolone dorsale 506
costolone intermedio 506
costruzione, pietra da 384
costume 542, 991
costume da bagno 450, 976
costumi antichi 426
costumi da bagno 850
costumista 542

cotiledone 105
cotoletta 273
cotoletta di costata 273, 274
cotone 424
cotone assorbente 474, 915
cotone idrofilo 915
cotta di maglia 884
cottage cheese 280
cottardita 427
cottura 577
cottura, camera di 577
cottura, piano di 296, 317, 376
cottura, piastra di 291, 317
cottura, piatti di 317
cottura, zona 292
cottura a vapore, cestello per la 313
coulisse 436
coulomb 835
coulommiers 281
coupé 669
couscous 123
coxa 140, 142
Coyolxauhqui, pietra di 513
cranio 149, 159, 164, 170, 182, 184, 187, 188, 192, 205
cranio di un bambino 205
cratere 17, 75, 771
Cratere 21
cratere, scia luminosa del 17
cravatta 431
cravatte 850
credenza 329, 365
credenza con vetrina 365
credito, carta di 861
cree 583
cremagliera 935
cremastere 141
crenato 111
crepaccio 72
crepaccio terminale 72
crêpe, padella per 313
crepidine 499, 501
crescente 875
crescione 247
crescione d'orto 247
cresta 71, 77, 821, 884
Cretaceo 131
cric 686
cricchetto 390, 828, 829
cricco 395
cricco, chiave poligonale a 400
criceto 166
cricket 942
crimine, prevenzione del 904
crinale 71
crine 547
criniera 168
crinolina, abito con 427
cripto 814
crisalide 141, 144
cristalleria 297
cristalli di neve 90
cristallino 238, 239
cristallizzazione 810
cristallo, goccia di 373
cristallo dendritico spaziale 90
cristallo di sicurezza 609
cristallo irregolare 90
cristallo lamellare 90
cristallo stellare 90
cristianesimo 870
Croazia 57, 878
croce 874
croce, punta a 390
croce, testa a 390
Croce del Sud 21
croce dell'altare 871
croce di sant'Andrea 332
Croce Rossa 882
crocetta 980
crochet 566
crociera 506, 507
crociera, maniglia a 534
crocifisso 871
croco 113
croissant 279
croma 563
croma, pausa di 563
cromo 78, 813
cromosfera 16
cronista 604
cronologia delle religioni 870
cronometraggio, area di 1041
cronometraggio elettrico, sistema di 1033
cronometrista 956, 960, 990, 993, 994, 995, 996, 997, 1031, 1050
cronometrista capo 976
cronometrista di corsia 976
cronometristi 974, 992, 1033
cronometro 828, 933, 977
cronometro di produzione 604
cronometro digitale 604
cronometro elettronico automatico 977
crosne 245
cross, motocicletta da 697
crossfader 559
crosta continentale 66
crosta oceanica 66
crosta terrestre 66, 76
crosta terrestre, sezione della 66
crostacei 139, 266
crostaceo 94
crottin de chavignol 280
cruna 567, 568, 573
cruschello di segale, pane 278
cruscotto 695, 696
Cuba 54, 876
cubetti 276
cubia 727, 731
cubicolo 502
cubismo 530
cubitiera 884
cubo 839
cuboide 203
cuccetta 690, 705
cucchiai 299
cucchiai, ruota dei 787
cucchiai dosatori 308
cucchiaia 889
cucchiaino da caffè 299
cucchiaino da tè 299
cucchiaino rotante 1061
cucchiaio 299, 787, 1055
cucchiaio, lama a 531
cucchiaio da assaggio 309
cucchiaio da bibita 299
cucchiaio da dessert 299
cucchiaio da tavola 299, 304, 305
cucchiaio da zuppa 299
cucchiaio forato 311
cucchiaio in ceramica 305
cucchiaio per gelato 309
cuccia 493
cucina 291, 292, 293, 296, 329, 502, 705, 853, 854, 864, 869, 900
cucina, batteria da 292
cucina, bilancia da 308
cucina, coltello da 306
cucina, forbici da 309
cucina, robot da 315
cucina, strofinaccio da 381
cucina, utensili da 306
cucina a gas 291, 376
cucina a vapore 292
cucina di bordo 746
cucina elettrica 291, 376
cucinare 316
cucito 566
cucito, accessori 568
cucitrice 654
cucitrice elettrica 389
cucitura 430, 464, 538, 941, 942
cucitura, linea di 569
cucitura, misuratore di 568
cucitura, tasca inserita nella 443, 452
cucitura, telaio di 538
cucitura a princesse 444
cucitura a sottopunto 431
cuffia 539, 618, 976
cuffia, presa per 558, 620
cuffia da nuoto 450
cuffia radicale 110
cuffie 604, 620
cuffie di sicurezza 908
cugina/cugina 929
cugino/cugina 929
culatta, blocco della 887
culatta, plinto di 890
culatta, rinforzo di 890
culatta mobile 892
culla 492, 892
culottes 428
cumino 260
cumulo 82, 88
cumulonembo 82, 88
cuneiforme intermedio 203, 208
cuneiforme laterale 203
cuneiforme mediale 203, 208
cuneo 401, 554
cuneo di mira 890
cuoio 942, 1013
cuore 136, 137, 138, 139, 141, 143, 145, 149, 152, 154, 159, 169, 213, 229, 276, 579, 712
cuore, scollatura a 456
cuore del legno 118
cuori 1062
cupola 116, 509, 517, 736
cupola, portellone della 28
cupola, volta esterna della 28
cupola, volta interna della 28
cupola di proiezione 20
cupola di vetro 734
cupola ovoide rialzata 517
cupola rotante 28
cupola sul mihrab 872
cupola sul porticato 872
cura del corpo 474
cura del prato 419
cura intensiva, unità di 921
curcuma 260
curio 814
curling 1027
curling, pietra da 1027
curling, scopa da 1027
curry 260
cursore 432, 567
cursore a destra 633
cursore a sinistra 632
cursore di regolazione del vapore 374
cursore in alto 633
cursore in basso 633
curva 550
curva, rinforzo della 550
curva a 180 gradi 1035
curva a destra 664, 667
curva del circolo 1006
curva doppia 667
curva lontana 1006
curvatura 480, 1061
cuscinetti 1045
cuscinetti antirumore 908
cuscinetto a sfere 807
cuscinetto assiale 787
cuscinetto carpale 174
cuscinetto dello sperone 174
cuscinetto digitale 174, 178
cuscinetto metacarpale 174
cuscinetto plantare 178
cuscinetto reggispinta 787
cuscinetto smerigliato 568
cuscino 363, 973, 1005
cuscino a rullo 363
cuscino da allattamento 492
cuscino da stadio 1057
cuscus 278
cuscus, pentola per 313
cuscuta 103
cuspide 206
custodia 649
custodia a pareti di vetro 831
custodia dello schermo 601
custodia per spray al peperoncino 906
cute 221
cuticola 110, 236
cuticole, forbicine per 472
cuticole, tronchesina per 472
cyclette 1001

D

dadi 400, 1062
dado 399, 400, 1063, 1064
dado cieco 400
dado comune 1062
dado da poker 1062
dado del braccio 571
dado del premistoppa 350
dado del raddoppio 1063
dado di bloccaggio 832
dado di fissaggio 352
dado di raccordo 407
dado di serraggio 351, 352, 712
dado esagonale 400, 683
daga 886
dalmata 176
dama 1065
damiera 1065
danese 583
Danforth, ancora 732
Danimarca 56, 878
danish blue 281
Danubio, Fiume 49
danza, lama per 1031
dardo 885
dardo, sacco del 137
dare precedenza 664, 666
darmstadtio 813
data base 643
data di scadenza 861
datario 650
dati, elaborazione dei 65, 80
dati, memoria 404
dati, piastrina dei 355
dati, registratore di 84
dati, registrazione dei 65
dati, ricezione dei 65
dati, sistema di registrazione dei 826
dati, trasmissione dei 65
dattero 254
davanti 430, 431
David 870
David, stella di 872
deambulatore 916
deambulatorio 507
deasfaltizzazione, impianto di 782
debole 998
decagono regolare 839
decelerazione, zona di 1035
decimi di secondo, lancetta dei 828
declinazione 23
declinazione, cerchio graduato della 24, 25
décolleté, reggiseno 445
décolleté, scarpa 460
decoratore scenico 543
decorazione a trifoglio 507
decorazione fauna tropicale 511
Deep Impact 31
defibrillatore 911
deflettore 340, 343, 415, 419, 420, 763
deflettore del fumo 336
deflettore dell'aria calda 336
deflettore di getto 897
deflettore di spinta 27
deflusso superficiale 95
deforestazione 97
degenza, stanza di 920
degenza postoperatoria, stanza di 921
Deimos 14
delfino 182, 183
Delfino 22
delfino, morfologia di un 182
delfino, scheletro di un 182
delimitazione, nastro di 907
della calotta polare 87
della tundra polare 87
delta 70, 73
Delta II 39
deltaplano 1047
deltoide 196
demi-volée 966
denaro 860
dendrite 221
denim 424
denominazione dei cicloni tropicali 89
densimetro 685
dentale 154, 765
dentato 111
dentatura nell'uomo 206
dente 103, 148, 154, 391, 392, 417, 430, 454, 477, 483, 758, 760, 766, 767, 1013
dente d'arresto 572
dente del giudizio 206
dente dello scarificatore 758
dente di ingranaggio 816
dente di leone 113, 247
dente di roccia 892
dente d'arresto 561
dente velenifero 154
dentellare, forbici per 568
dentello 500, 501
denti 206, 398
dentifricio 482
dentina 206
dentini 567
denunce, ufficio per le 904
deodorante 474
depositi alluvionali 73
deposito, fessura per il 858
deposito bagagli 704
deposito dei cereali 718
deposito dei containers 718
deposito dei missili 898
deposito del materiale medico 923
deposito del materiale sporco 921
deposito del materiale sterile 921
deposito del petrolio 718
deposito delle barelle 918
deposito delle rinfuse 718
deposito di carbone 775
deposito per containers 842
deposito sotterraneo 783
depuratore d'aria 342
depuratore d'acqua 1056
deragliatore 1020
deragliatore anteriore 698, 700
deragliatore posteriore 698, 700
deriva 747, 753, 896, 980, 981, 988
deriva a scomparsa 983
derma 236, 237
derrick 726, 729
derrick, albero del 729
desertico 87
deserto 74, 92, 93
deserto, volpe del 180
Deserto dei Gobi 51
Deserto del Kalahari 50
Deserto del Namib 50
Deserto del Sahara 50
Deserto di Atacama 48
deserto roccioso 74
deserto sabbioso 74
design 452
designer di produzione 542
desquamatore 1055
dessert, coltello da 298
dessert, cucchiaio da 299
dessert, forchetta da 300
destinazione 704
destra 874
detenuti, doccia dei 904
detenuti, ingresso dei 864
detenuti, ufficio d'ammissione dei 864
detersivo, vaschetta per il 380
detonatore 893
detriti 89
deumidificatore 341, 342
deviatore 351
Devoniano 129
di bolina 982
di bolina larga 982
di bolina molto stretta 982
di bolina stretta 982
di montagna 87
diafisi 199
diaframma 214, 594, 618
diaframma di apertura 826
diagonale 792
diagramma di carico 691
dialisi 927

diamante 470, 732, 938
diametro 838
diapason 564
diapositiva 591, 601
diastema 166, 167
dicco 75
didascalia 590
didgeridoo 560
dieci 836
dieci comandamenti 872
dieresi 587
diesel, motore 706
diesis 563
dietro 430
difensore ala destra 952
difensore ala sinistra 952
difensore centrale 958, 960
difensore destro 958, 960, 1028
difensore di canestro 955
difensore di seconda linea esterno destro 952
difensore di seconda linea esterno sinistro 952
difensore sinistro 958, 960, 1028
difesa 952
difesa antimissile 898
difetti della vista 239
differenziale 673
differenziale, interruttore 354
diffusione di informazioni 643
diffusore 477, 542, 597
diffusore della fiamma 407
diffusore tubolare 749
diga 785, 788
diga a contrafforti 790
diga a gravità 791
diga a terrapieno 790
diga a volta 791
diga fissa 794
diga in terra 790
diga mobile 794
dighe 790
digiuno 217
diluizione 125
dimetrodonte 130
diminuzione di tensione 775, 789, 807
dinamo 698, 819
diodo 803
Dione 15
diossido di carbonio 95
diossido di carbonio, assorbimento 102
directory 642
direttore, ufficio del 859, 864, 866
direttore artistico 542
direttore d'orchestra, podio del 545
direttore dei tiri 1009
direttore della corsa 1020
direttore della fotografia 543
direttore di tiro 1010
direttore luci 605
direttore tecnico 608
direzione, tasto di 342
direzione, timone di 896
direzione, ufficio della 852
direzione convenzionale della corrente 818
direzione del flusso di elettroni 820
direzione del vento 81
direzione della reazione 834
direzione e forza del vento 81
direzione obbligatoria a destra 666
direzione obbligatoria a sinistra 664, 666
direzione obbligatoria diritto 664, 666
direzioni obbligatorias 664, 666
disaccoppiamento, braccio telescopico di 709
discarica 843
discarica autorizzata 97
discenderia 774
discensore 1050
discesa, corridoio di 498
discesa libera 1039
discesa pericolosa 665, 667
dischetto 1030
dischetto del rigore 946
dischetto di centrocampo 947
dischetto struccante 474
dischi 315
dischi, negozio di 848
disco 19, 355, 535, 610, 617, 638, 679, 684, 765, 937, 1000
disco, braccio del 765
disco, freno a 1024
disco, vano del 615
disco abrasivo 396
disco abrasivo, supporto del 396
disco adesivo 153
disco centrale 135
disco deflettore del calore 359
disco del freno 695
disco di copertura 767
disco di tensione 567
disco intervertebrale 204, 208
disco ottico 238
disco regolatore 597
disco versatile digitale (DVD) 611
discontinuità di Gutenberg 66
discontinuità di Mohorovicic 66
disegno 524
disegno, piano da 526
disegno, tavolo da 526
disegno a carboncino 528
disegno a inchiostro 528
disegno a matite colorate 528
disegno a pastelli a cera 528
disegno a pastelli a olio 528
disegno a pastelli secchi 528
disegno a pennarelli 528
disegno stampato 448
disgelo, acqua di 72
disidratazione 125
disinchiostrazione 125
disinnesto, calcola di 572
disinnesto del pistone 403
Disnomia 15
dispari 1068
dispensa 296, 329, 365, 854
dispersione di calore 96
display 342, 404, 558, 592, 593, 597, 610, 611, 613, 614, 615, 619, 620, 621, 622, 623, 624, 625, 628, 630, 637, 647, 648, 649, 650, 668, 735, 831, 832, 858, 859, 913, 924, 1001, 1067, 1071
display, pulsante di apertura del 630
display, regolatore del 623
display a cristalli liquidi 828
display dei colori 571
display dei controlli di bordo 748
display dei parametri del motore e delle avarie 748
display del numero delle righe 571
display del radar 907
display delle stazioni 619
display di navigazione 748
display di pilotaggio 748
dispositivi di connessione 631
dispositivi di contatto 358
dispositivi di controllo 342
dispositivi di entrata 632
dispositivi di memorizzazione dei dati 638
dispositivi di protezione 638
dispositivi di uscita 636
dispositivo antiallagamento 380
dispositivo di agganciamento 706
dispositivo di arresto 578
dispositivo di bloccaggio 375, 537
dispositivo di blocco 391, 392, 409
dispositivo di blocco dell'inclinazione della lama 392
dispositivo di blocco dell'interruttore 394
dispositivo di comunicazione 924
dispositivo di fissaggio 367, 773
dispositivo di gonfiaggio 733
dispositivo di rilascio dei chiodi incastrati 389
dispositivo di rimorchio 693
dispositivo di serraggio 815
dispositivo di sicurezza per sovratemperatura 348
dispositivo di smorzamento magnetico 830
dispositivo per aeronavigazione 897
dispositivo segnapunti elettrico 997
disposizione 322
disposizione dei birilli 1015
disprosio 814
distanza, misura della 832
distanza percorsa 832
distanza tra le puntine 683
distanze, scala delle 598
distanziatore 885, 917, 1009
distanziometro 832
distendere per asciugare 425
distillazione 784
distillazione sotto vuoto 782
distintivo 906
distributore 787
distributore automatico d'acqua 377
distributore automatico di bibite 293
distributore automatico di biglietti 715
distributore del ghiaccio 668
distributore dell'acqua 644
distributore di bibite 668, 919
distributore di ghiaccio in cubetti 296
distributore via cavo 602
distribuzione, pannello di 354
distribuzione, quadro di 356
distribuzione del fertilizzante 97
distribuzione della vegetazione 92
distruggidocumenti 655
dita 159
ditale 568, 651
ditali 282
dito 152, 160, 165, 174, 189, 237, 941, 1050
dito, sezione 237
dito del guanto 464
dito del piede 192, 194
dito esterno 158
dito interno 158
dito lobato 160
dito medio 158
dito palmato 160
dito posteriore 158, 160
dito prensile 185
divanetto 361
divani 360
divano 360
divano a due posti 360, 855
divano Chesterfield 360
divano posteriore 675
diverso da 837
divieto di accesso ai cani 857
divieto di fumo 857
divieto di inversione di marcia 664, 666
divieto di sorpasso 664, 666
divisa di pronto intervento 901
divise di servizio 900
divisione 837
divisione, tasto 649
divisioni dello scudo 874
divisori 652
divisori alfabetici per schedario 652
divisorio 907
DJ console 559
djembè 561
Dnepr, Fiume 49
do 562, 995
dobok 994
doccetta 352
doccia 330, 346, 855, 864, 920
doccia, box 346
doccia a telefono 346
doccia degli ufficiali 900
doccia dei detenuti 904
doccia dei vigili del fuoco 900
docking station 622
docking station per lettore audio digitale portatile 619
documentazione, centro di 900
dodecagono regolare 839
dogana 718, 743
dohyo 995
dolcevita 455
dolcevita, maglione 437
dolci 293
dolci, miscelatore per 310
dolci, pennello per 310
dolci, stampini per 311
dolci, utensili per 310
dolciumi 851
dolichi 252
dolina 67
dollaro 860
Dominica 54, 876
Dominicana, Repubblica 877
dominio, nome del 642
dominio di livello superiore 642
dominio di secondo livello 642
domino 1062
dondolo, sedia a 360, 361
donna 194
donna, scarpe da 460
donnola 180
dopobarba 479
doppia coppia 1062
doppia curva, la prima a destra 664
doppiamente dentato 111
doppio bemolle 563
doppio corrente 332
doppio diesis 563
doppio lavello 344
doppio pennello 873
doppio senso di circolazione 664, 666
doppio slash 642
doppio zero 1068
doppione 1062
doppiopetto, abbottonatura a 435
doppiopetto, giacca a 430
doppio-sei 1062
doppio-zero 1062
Dorado 21
dormitorio dei vigili del fuoco 900
Dorsale Medio-Atlantica 69
Dorsale Medio-Indiana 69
Dorsale medio-oceanica 67
Dorsale Pacifico-Antartica 69
Dorsale Pacifico-Orientale 69
Dorsale Sud Occidentale Indiana 69
Dorsale Sud Orientale Indiana 69
dorsali oceaniche 69
dorso 158, 168, 174, 237, 299, 381, 391, 539, 885, 975, 976
dorso del guanto 464
dorso del libro 538
dorso del naso 231
dossiere 1007
dosso 1025
dotto deferente 228
dotto della spermateca 137
dotto ermafrodito 137
dotto galattoforo 227
dotto linfatico destro 230
dotto salivare 143
dotto toracico 230
do-uchi 995
dozzina (da 1 a 12) 1068
dozzina (da 13 a 24) 1068
dozzina (da 25 a 36) 1068
draglia 724
dragoncello 262
Dragone 23
dragoni 1066
drakar 720
Drake, Canale di 46, 48
drenaggio, tubo del 333
drenaggio, tubo di 378, 380
drenaggio, valvola di 377
drenaggio per gravità tramite vapore 779
dressage 1005
dribbling 948
dritta 731, 738, 739
dritto di prua 720, 986
drittofilo 569
drizza 725, 873
drizza di picco 724
dromedario 173
drum machine 559
drumlin 71
drupa 115
drupe 254
drupeola 114
dubnio 813
due con 985
due metà, tempo di 562
due punti 587
due senza 985
dulse 244
duna 70, 74
duna a stella 74
duna parabolica 74
dune 74
dune, catena di 74
dune longitudinali 74
dune trasversali 74
duo 546
duodeno 159, 217
dura madre 224
durian 259
duty free 743
DVD riscrivibile 638

E

e commerciale 587
eau de toilette 474
ebraico 582
eccitatrice 787
echino 500
eclissi anulare 16
eclissi di Luna 17
eclissi di Sole 16
eclissi parziale 16, 17
eclissi totale 16, 17
eclittica 23
eco 64, 65
ecografia 925
ecografo 925
e-commerce 643
economia 858
ectoderma 134
ectopterigoideo 154
Ecuador 55, 876
Edam 281
edicola 715, 849
edificio Art Déco 511
edificio dei servizi 794
edificio del reattore 797, 799
edificio delle turbine 796
edificio di Art Déco 511
edificio per uffici 844, 847
edificio pubblico 52
edificio religioso 845
editing del suono, tasti per l' 558
editor immagini 599
editoriale 590
effetto serra, incremento dell' 96
effetto serra naturale 96
effigie 861
effluente 98
efflusso dell'aria calda 338
Egeo, Mare 49
Egitto 60, 879
eglefino 268
einsteinio 814
El Salvador 54, 876
elaboratore dei dati aerodinamici 748
elaborazione dei dati 65, 80
elaborazione della pellicola 600
elaborazione immagini digitali 599
elastici stringitesta 909
elastico 363, 434
elastico antifuoriuscita 449
elastico ferma abiti 489
elastico regolabile per il capo 909
elefante 173
elementi architettonici 514
elementi chimici 812
elementi del microscopio elettronico 826
elementi di combustibile difettosi, incamiciatura degli 798
elementi di combustibile difettosi, vasca degli 798
elementi di combustibile difettosi incamiciati 798
elemento della canna fumaria 337
elemento di combustibile 799
elemento di cottura 376
elemento orizzontale 792
elemento riscaldante 338, 339, 379, 380, 406
elemento riscaldante inferiore 348

elemento riscaldante superiore 348
elemento tubolare 777
elemento verticale 792
elenco dei concorrenti 933
elettricità 354, 404, 789, 792, 795, 807
elettricità, produzione 795
elettricità, rete di trasmissione dell' 804
elettrocardiogramma 925
elettrodo 359, 406, 925, 927
elettrodo centrale 683
elettrodo di accensione 339
elettrodo di massa 683
elettrodo negativo 685
elettrodo positivo 685
elettrodomestici 374
elettrodomestici vari 318
elettromagnete di campo 819
elettrone 810
elettroni, collettore di 820
elettroni, direzione del flusso di 820
elettronica 820
elettronica, negozio di 848
elevatore 503, 760, 767, 798
elevatore a nastro 775
elevatore a nastro trasportatore 771
elevatore della granella 767
elevatore per container e palette di carico 745
elevatore per sedie a rotelle 689
elevone 37
eliambulanza 753
elica 394, 728, 730, 731, 839, 899
elica, albero dell' 731
elica, mantello d' 727
elica bipala 750
elica di propulsione 727
elica di prua 728
elica di ventilazione 819
elica posteriore 728
elica tripala 750
elice 234, 501
elice, coda dell' 234
elice, radice dell' 234
eliche 282, 898
elicotteri 753
elicotteri, hangar per 898
elicotteri, piattaforma di appontaggio per 898
elicottero 753, 898
elicottero antincendio 753
elicottero da trasporto tattico 753
elio 814
eliografo 84
eliporto 777
elmetto di protezione 908
elmo 883, 884, 901
elmo da vigile del fuoco 901
ematite, matita di 524
emblema 873
embrione 105
emergenza, freno di 716
Emirati Arabi Uniti 58, 880
emisferi 43
emisfero cerebrale destro 223
emisfero cerebrale sinistro 223
emisfero meridionale 43
emisfero meridionale, costellazioni dell' 20
emisfero occidentale 43
emisfero orientale 43
emisfero settentrionale 43
emisfero settentrionale, costellazioni dell' 22
emissario 73
emissione dello scontrino 668
emissione di acido nitrico 98
emissione di acido solforico 98
emissione di anidride solforosa 98
emissione di banconote 858
emissione di gas inquinanti 97
emissione di onde ultrasonore 65
emissione di ossido d'azoto 98
emittenti, tasti di ricerca 611
emmental 281
emulsione fotosensibile 536
en plein 1068
enartrosi 207
encefalo 149, 220, 222
endecagono regolare 839
endocardio 213
endocarpo 115
endoderma 134
endometrio 227
endoscopia 926
endoscopio 926
endosperma 105
endotelio 209
energia, fonte di 65
energia, unità di misura dell' 835
energia eolica 806
energia eolica, produzione di elettricità da 807
energia fossile 771
energia geotermica 770
energia geotermica, produzione di elettricità da 770
energia nucleare 795
energia nucleare, produzione di elettricità da 795
energia rilasciata 76
energia solare 102, 802
energia solare, produzione di elettricità da 804
energia termica 96, 775
energia termica, produzione di elettricità da 775
enneagono regolare 839
Enrico VIII 870
enti sanitari 643
entrata 144, 853, 979
entrata dell'acqua 350
entrata di piedi 979
entrata di servizio 866
entrata di testa 979
entrata principale 329
entrate 979
epeira 147
eperlano 94
epicarpo 114
epicentro 76
epicondilo laterale 201
epicondilo mediale 201
epidermide 110, 236, 237
epididimo 228
epifisi 229
epifisi distale 199
epifisi prossimale 199
epiglottide 214, 233
epistrofeo 204
epitelio olfattivo 232
equatore 23
Equatore 42, 48, 50, 89
equatore celeste 23
equilibratore 892
equilibratore orizzontale 753
equilibrio, posizione d' 821
equinozio d'autunno 80
equinozio di primavera 23, 80
equipaggiamento 905
equipaggiamento di salvataggio 733
equipaggiamento protettivo 954
equipaggio, alloggi dell' 726
équipe di pronto intervento 1003
equitazione 1004
equivalente a 837
erba 968
erba cipollina 245
erba medica 252
erbicida 97
erbio 814
erbivori 94
Ercole 23
erhu 561
Eridano 20
Eris 15
Eritrea 60, 879
Erlenmeyer, beuta di 815
ermellino 875
erogatore 903
erogatore, primo stadio dell' 989
erogatore, secondo stadio dell' 989
erogatore d'emergenza 989
erogatore del tubo della scala 902
erogazione, bocca di 350, 352
erpice doppio a dischi 765
esagono regolare 839
esame audiometrico, stanza per l' 923
esami medici 924
escape 632
escavatore idraulico 760
escavatrice a ruota di tazze 771
escludi regina 144
esclusione dell'alimentazione 764
esercizio, area di 972
esocarpo 114, 115
esoceto 151
esofago 135, 137, 141, 143, 145, 149, 152, 154, 155, 159, 169, 216
esosfera 79
espadrille 461
espansione, bullone a 390
espansione, camera di 827
espansione, vaso di 339
espansione fissa 832
espansione mobile 832
espirazione 975
esplosione 680
esposimetro 597
esposimetro digitale 597
espositore 645
espositore a gondola 289
espositore di brochure 858
espressione, pedali d' 554
espressionismo 530
espulsione, pulsante di 593
espulsione, tasto di 615, 616
espulsore degli accessori 314
essiccazione 125
est 738, 1066
estate 80
estate, solstizio d' 80
estensione 994
estensione decorativa 511
estensore 1000
estensore comune delle dita 197
estensore corto dell'alluce 196
estensore lungo delle dita dei piedi 196
estensore radiale corto del carpo 197
estensore radiale lungo del carpo 197
estensore ulnare del carpo 197
esterno centro (giocatore) 938
esterno centro (posizione) 939
esterno della miniera 772
esterno destro 938
esterno destro (posizione) 939
esterno di una casa 322
esterno sinistro 938
esterno sinistro (posizione) 939
estintore 856, 907
estintore portatile 903
estirpatore 418
Estonia 57, 878
estradosso 514
estratto conto, fessura di aggiornamento dell' 858
estratto di vaniglia 286
estrattore dei gas combusti 895
estrazione 779
estrazione a cielo aperto 779
estrazione del gas di scisto 783
estrazione dell'aria, tubo di 359
estremità del braccio 825
estremità della guida 417
estremo 950
estuario 45, 70
età della pietra, armi dell' 883
eterotrofi, organismi 94
etichetta 523, 617
etichetta adesiva 449
etichetta portaindirizzo 488
etichettatrice 653
etichette autoadesive 652
etilometro 905
Etiopia 60, 879
ettagono regolare 839
Eurasia 44
euro 860
Europa 14, 44, 56, 69, 877
europio 814
Eustachio, tuba di 232
Eutelsat 602
euthynteria 499, 500
evacuazione, percorso di 663
evaporazione 95, 810
evidenziatore 524, 585
evoluzione della vita 128
evoluzione delle specie 128
ex voto 871
expander 559
extra-nero 586
eye-liner 473
Eyre, Lago 52

F

fa 562
fabbrica di pasta per carta 125
faccetta 394, 751
faccetta scanalata 394
faccia 192, 386, 505, 961, 1017
faccia del padiglione (8) 469
faccia della stella (8) 469
faccia inferiore della cintura (16) 469
faccia principale della corona (8) 469
faccia superiore della cintura (16) 469
facciata di una chiesa barocca 510
facole 16
faggio 119
faggiola 255
fagiano 163, 271
fagiano, uovo di 270
fagioli 253
fagioli mungo 283
fagiolino 253
fagiolino giallo 253
fagiolo adzuki 253
fagiolo asparagio 252
fagiolo borlotto 253
fagiolo cannellino 253
fagiolo da brodo 253
fagiolo dall'occhio nero 252
fagiolo di Lima 253
fagiolo egiziano 252
fagiolo mungo 253
fagiolo mungo nero 253
fagiolo nero 253
fagiolo pinto 253
fagiolo romano 253
faglia 76, 77
fagotti 545
fagotto 550
Fahrenheit, scala 827
faina 180
fairway 1016, 1017
falange 187
falange, terza 237
falange distale 170, 178, 202, 203
falange media 170, 178, 202, 203
falange prossimale 170, 178, 202, 203
falangi 153, 159, 165, 175, 182, 184, 188, 202, 203
falcatus 129
falce 416
falcetto 416
falciacondizionatrice 766
falco 163
falda 435, 884
falda freatica 98
falda larga, cappello a 458
falena della betulla 147
falesia 70
falesia costiera 70
Falkland, Isole 48
falli 933
Falloppio, tuba di 226
falsa partenza, fune di 976
falsa zampa 141
falsa zampa anale 141
falsabraca 504
false costole 201
falso puntone 332
falso quartiere 1005
famiglia 132, 928
famiglia degli archi 545, 547
famiglia degli ottoni 545
famiglia dei legni 545
familiari, sala d'attesa dei 918
fanale 420, 706
fanale anteriore 699, 707, 917
fanale di testa 707
fanale di testa dell'albero 727
fanale posteriore 691, 694, 696
fango, colata di 77
fante 1062
fantino 1006
faraglione 70
faraona 162, 271
fard, pennello da 473
fard in polvere 473
faretra 1009
faretto a pinza 372
faretto da binario 373
faretto orientabile 373
farfalla 140, 975
farfalla, morfologia di una 140
farfalla femmina,anatomia di una 141
farina 123, 278
farina di avena 278
farina di grano saraceno 278
farina di mais 278
farina integrale 278
farina non trattata 278
farina semplice 278
faringe 143, 214, 216
farmacia 848, 856, 918, 923
faro 421, 718, 736, 762, 763
faro, lanterna del 736
faro di atterraggio 753
faro fendinebbia 674, 690
faro macchinario in funzione 763
faro subacqueo 324
farro 263
farsetto 428
fascetta 472
fascetta del sigaro 483
fascetta di fissaggio 85
fascia 198, 465, 483, 500, 547, 548, 682
fascia blu 1021
fascia catarifrangente 733
fascia degli asteroidi 15
fascia di chiusura 1039
fascia di cuoio 432
fascia di gravità 732
fascia di regolazione 618
fascia di sospensione 908
fascia elastica 436
fascia lata, tensore della 196
fascia laterale 671
fascia porta-bebè 491
fascia protettiva della fronte 909
fascia reggibraccio 915
fascia sopracigliare 158
fascia stringitesta 908
fasciatoio 366
fasciatoio con spondine 366
fasciatoio portatile 492
fasciatura in gomma 984
fascio di conduttori 792
fascio di fibre muscolari 198
fascio elettronico 609, 826
fascio radar 64
fascio vascolare 110
fascione anteriore 670
fase, conduttore di 356
fase di scivolamento 1042
fase di spinta 1042
fasi della Luna 17
fasi della produzione di elettricità 789
fasi lunari, quadrante a 829
fast food 849
fattore Rhesus negativo 834
fattore Rhesus positivo 834
fattoria 243
fattoriale 837
fauci, istmo delle 231
fava 252
favo 144
fazzoletto da taschino 430
fede nuziale 470
federa 363
Federazione Russa 878
fegato 149, 152, 154, 155, 159, 169, 216, 229, 276
feijoa 259

felce 107
felce, struttura di una 107
felce arborea 107
felci 107, 129
felpa 451
felpa con cappuccio 451
feltro, cappello di 457
feltro del martelletto 553
feluca 722
femmina 567
femminella 117
femminile 834
femore 140, 142, 153, 159, 165, 170, 175, 184, 187, 188, 200
femore, collo del 201
femore, testa del 201
fendinebbia, faro 674, 690
Fenice 20
fenicottero 161
fenomeni geologici 75
feritoia 316
feritoia di espulsione 891
ferma ago, vite 527
fermacampioni 654
fermacapelli 476
fermacolletto 471
fermacorda 371
fermacravatta 471
fermacravatta, spillo 471
fermaginocchia 987
fermagli 654
fermaglio 432, 584
fermaglio a molla 654
fermaglio equilibratore 371
fermapiedi 698, 700, 1001
fermaporta 377
fermarsi e dare precedenza 664, 666
fermata dell'autobus 846
fermentazione 784
fermio 814
fermo 367
fermo a molla 490
fermo del nastro 387
fermo della lama 477
fermo di testa 981
fermo girevole 692
ferodo 679
ferretto 445
ferri per il camino 337
ferro 78, 397, 813, 1017, 1018
ferro 3 1018
ferro 4 1018
ferro 5 1018
ferro 6 1018
ferro 7 1018
ferro 8 1018
ferro 9 1018
ferro circolare 570
ferro da maglia 570
ferro da stiro a vapore 374
ferro di cavallo 171, 471
ferrovia 52, 843
fertilizzante, distribuzione del 97
fertilizzazione 104
fertilizzazione del suolo 97
ferzo 980
fessura 193, 195, 300, 484, 538, 554, 575
fessura di aggiornamento dell'estratto conto 858
fessura di inserimento manuale 625
fessura di registrazione della transazione 858
fessura di sollevamento 655
fessura longitudinale 223
fessura oculare 884
fessura per gettoni 624
fessura per il deposito 858
fessura per l'introduzione delle monete 1070
fessura per la restituzione delle 1070
fessura per la scheda di memoria 594, 595, 637
fessura per la scheda PC 630
fessure, bocchetta per 375
fessure branchiali 148
festone 510
festone drappeggiato 369
feta 280
fettone 171
fettucce 369
fettuccia arricciata 369
fettuccia plissettata 369
fettuccine 282
fez 429
fiala 914
fiamma 811, 873
fiamma, regolatore della 483
fiammiferi, bustina di 483
fiammiferi, scatola di 483
fiammifero minerva 483
fiammifero svedese 483
fiancale 884
fiancata 917
fianco 158, 168, 193, 195, 272, 275, 505, 514, 539, 684, 685, 724
fianco destro 874
fianco esterno 335
fianco interno 335
fianco sinistro 874
fiasca da polvere 889
fiato, strumenti a 550
fibbia 432, 435, 487, 675, 733
fibbia del sottopancia 1005
fibbia di regolazione 1056
fibra 1058
fibra acrilica 424
fibra muscolare 198, 221
fibra muscolare liscia 198
fibra muscolare striata 198
fibra nervosa 233, 236
fibre 424
fibre elastiche 209
fibre naturali 424
fibre sintetiche 424
fibula 165, 170, 175, 184, 188, 426
fibulare corto 197
fico 259
fico d'India 259
fidanzamento, anello di 470
fienile 243
fieno, balle di 1025
fieno greco 260
Figi 881
Figi, Isole 52
figli 929
figlia 928, 929
figlio 928, 929
figura 1005
figure 875
figure e carte speciali 1062
fila 541
filamenti gastrici 134
filamento 112, 359
filamento, supporto del 359
filamento di tungsteno 359
Filchner, Banchisa di 46
file 642
file, formato del 642
file server 641
filettatura 350, 547, 548
filetti 1004
filetto 270, 275, 390, 590, 1004
filetto, parti 1004
filetto a D in gomma 1004
filetto a oliva 1004
filetto ad aste 1004
filetto con anello e giocattolo 1004
fili dell'ordito 575
filiera per tubi 402
filiere 145
filigrana 861
Filippine 51, 59, 881
Filippine, Fossa delle 69
filmpack 591
filo 298, 306, 386, 387, 578, 820, 1058
filo a piombo 387
filo conduttore 359
filo d'appoggio 145
filo da giardino 418
filo da taglio 576
filo della lama 477, 568
filo della trama 575
filo di guardia 792
filo di nylon 419
filo di sicurezza 861
filo di terra 354
filo di tracciamento 387
filo interdentale 482
filo interdentale, *contenitore per 482
filo metallico 937, 997
filo neutro 354
filo neutro di alimentazione 354
filo per saldatura 406
filo radiale 145
filo spirale 145
filone strato 75
filtrare 308
filtri 343
filtri dello specchio grande 734
filtri dello specchio piccolo 734
filtro 231, 324, 338, 374, 376, 483, 805, 909, 1056
filtro, cassetta 319
filtro, macchina da caffè a 319
filtro colorato 598
filtro dell'aria 342, 417, 672, 706
filtro dello scarico 352
filtro dell'aria 758
filtro di sicurezza rosso 600
filtro d'aria 411
filtro per il tè 309
filtro per lanugine 378, 379
filtro polarizzatore 598
filum terminale esterno 224
filum terminale interno 224
fimbrie della tuba di Falloppio 227
finale 933
finale, quarti di 933
finalista 933
finanza 858
fine 633, 1064
fine corsa, interruttore di 519
finecorsa 391
finestra 327, 330, 600, 792, 941, 983
finestra, traversa inferiore di 332
finestra, traversa superiore di 332
finestra a battenti 518
finestra a battenti con apertura all'interno 518
finestra a bilico orizzontale 518
finestra a bilico verticale 518
finestra a gelosia 518
finestra a ghigliottina 518
finestra a libro 518
finestra acustica 604
finestra ad arco tondo 508, 510
finestra angolare 511
finestra con sbarre 865
finestra del seminterrato 323
finestra di controllo 316, 317, 376
finestra di lettura 616
finestra ovale 235
finestra panoramica 847
finestra rotonda 235
finestra scorrevole 518
finestra zanzariera 1052
finestre 518
finestre, accessori per 367
finestrella per la restituzione dei gettoni 624
finestrino 671, 674, 687, 716, 746
finestrino di atterraggio 753
finestrino di osservazione 37
finestrino panoramico 705
finitura 531
finitura, chiodo di 388
finiture 452
finlandese 583
Finlandia 46, 56, 878
finocchio 250
finta 443
fiocco 457, 725, 980
fiocco di dentro 725
fioraio 849
fiordi 70
fiore 104, 109, 112
fiore, struttura di un 112
fiore del pinnacolo 513
fiorettista 997
fioretto 772, 773, 998
fioretto elettrico 997
fiori 103, 113, 1062, 1066
fiori, macchia di 410
fioriera 410
fioritura 117
fiosso 459
firewall 641
firma del titolare 861
firma ufficiale 861
fisarmonica 560
fish-eye 598
fisica: elettricità e magnetismo 817
fisica: meccanica 816
fisica: ottica 821
fissaggio, bagno di 600
fissaggio, dispositivo di 367, 773
fissaggio a muro, piastra di 367
fissativo 527
fissione dell'uranio 795
fissione nucleare 811
fitoplancton 94
fiume 45, 52, 73
Fiume Congo 50
Fiume Danubio 49
Fiume Dnepr 49
Fiume Mackenzie 47
Fiume Mississippi 47
Fiume Niger 50
Fiume Nilo 50
Fiume Orinoco 48
Fiume Paranà 48
Fiume San Lorenzo 47
Fiume Senegal 50
Fiume Vistola 49
Fiume Volga 49
flagello 137
flanella 424
flap 746
flap, leva dei 748
flash, tubo a 823
flash elettronico 596
flauti 545
flauto di Pan 561
flauto traverso 550
flessibile 596
flessometro 387
flessore radiale del carpo 196
flessore ulnare del carpo 197
flettente 885
flip 1031
flipper 1071
floema 110, 118
fluido, vite di regolazione del 408
fluido refrigerante 800, 801
fluido termovettore, pompa del 797
fluido vettore, ingresso del 802
fluido vettore, uscita del 802
fluido vettore caldo 770, 795, 804
fluido vettore freddo 770, 795, 804
fluoro 813
flusso d'acqua 134
flusso d'aria 527
flusso sotterraneo 95
flûte 297
Fobos 14
foca 183
foca dagli anelli 94
focale, moltiplicatore di 598
focena 183
focolare 336, 339
focone 890
fodera 430, 431, 450, 459, 484, 569, 1031
fodera del guanciale 363
fodero 490, 1055, 1057
fodero di pelle 1057
foglia 102, 103, 105, 106, 109, 111, 250
foglia, struttura di una 111
foglia carnosa 105
foglia clorofilliana 103
foglia di acanto 360, 501
foglia nasale 186
fogliame 118
foglie 120
foglie composte 111
foglie semplici 111
foglie squamiformi del cipresso 120
foglio 537
foglio di carta 533
foglio di risguardo 537, 539
fogliolina arrotolata 107
foie-gras 277
follicolo 116
follicolo, sezione 116
follicolo pilifero 236
fondale 540
fondale oceanico 67
fondamenta del pilastro 660
fondamenta strada ferrata 713
fondazione 658, 790
fondazione, corrente di 332, 333
fondazione, muro di 332, 333
fondazione, rinforzo della 790
fondazione naturale 658
fondazioni 333
fondello 609, 887, 962, 968, 1010
fondello del caricatore 888
fondello metallico 887
fondina 906
fondista 1042
fondo, pista da 1036
fondo abissale 66
fondo dell'onda 77
fondo impermeabile integrato 1052, 1053
fondo protettivo 1069
fondo refrattario 336
fondocampo 967
fondotinta fluido 473
fonduta, forchetta da 300
fonduta, servizio da 312
fonduta, tegame per 312
fonendoscopio 912
fonoteca 867
font, caratteri di un 586
fontana per le abluzioni 872
fontanella anteriore 205
fontanella mastoidea 205
fontanella posteriore 205
fontanella sfenoidale 205
fonte alimentare primaria 94
fonte battesimale 871
fonte del servizio 590
fonte di energia 65
fonte di vita 103
fonti di fibre 124
football americano 952
football canadese 955
forame cieco 233
forbice, taglio a 469
forbice sfoltitrice a doppia lama dentellata 477
forbice sfoltitrice a lama singola dentellata 477
forbici 477, 568, 915, 1055
forbici da cucina 309
forbici da parrucchiere 477
forbici di sicurezza 472
forbici per dentellare 568
forbici per unghie dei piedi 472
forbici tagliasiepi 416
forbicina 146
forbicine per cuticole 472
forbicine per unghie 472
forca 754, 755
forca, braccio della 754
forca di sollevamento, incastro per la 757
forcella 24, 699, 1020, 1025
forcella anteriore 1020
forcella inferiore 698
forcella superiore 698
forcella telescopica anteriore 695, 697
forchetta 300, 829, 1055
forchetta da dessert 300, 304, 305
forchetta da fonduta 300
forchetta da insalata 300
forchetta da ostriche 300
forchetta da pesce 300, 304
forchetta da tavola 300, 304, 305
forchette 300
forchettone 309
forcina 476
forcone 412
foresta 71

foresta boreale 92, 93
foresta pluviale tropicale 92, 93
foresta temperata 92, 93
foreste, incendio delle 97
forma 463
forma dei caratteri 586
formaggi a pasta dura 281
formaggi a pasta molle 281
formaggi di capra 280
formaggi erborinati 281
formaggi freschi 280
formaggio 292
formaggio, coltello da 298
formaggio cremoso 280
formaggio di capra 280
formato del file 642
formazione professionale, ufficio di 858
formica 146
formichiere 164
formina da forno 302
formula chimica 834
Fornace 20
fornellino 312
fornello 483
fornello da campo a due fuochi 1053
fornello da campo con un bruciatore 1053
fornello di accesso 774
fornello di getto 774
fornitore del servizio Internet 642
forno 291, 292, 296, 376, 804
forno, teglia da 310
forno a microonde 296, 316
forno a nafta 339
forno elettrico 577
forno solare 804
forno tubolare 782
foro 432, 450, 459, 464, 535
foro apicale 206
foro centrale 617
foro del piede 554
foro di riempimento 893
foro di risonanza 547
foro di tiraggio 339
foro per l'aria 483
foro vertebrale 204
forte 998
forti precipitazioni 89
fortificazione alla Vauban 505
forum 643
forza, linea di 817
forza, unità di misura della 835
forza del vento 81
forze che agiscono su un aeroplano 752
foschia 83, 91
fosforo 813
fossa biologica 345
Fossa del Giappone 69
Fossa delle Aleutine 69
Fossa delle Curili 69
Fossa delle Filippine 69
Fossa delle Marianne 69
Fossa delle Ryukyu 69
Fossa di Giava 69
Fossa di Kermadec-Tonga 69
Fossa di Puerto Rico 69
fossa di recupero 1015
fossa di tiro 1010
fossa oceanica 67
Fossa Perù-Cile 69
fossa settica 98
fossa triangolare 234
fossato 504, 505, 658, 1014
fosse nasali 232
fosse oceaniche 69
fossetta 154, 1017
foto in prima pagina 590
fotocamera a telemetro 591
fotocopiatrice 647, 858, 867
fotografia 591, 595
fotografia, direttore della 543
fotografo 848
fotografo di scena 543
fotone 823
fotosfera 16
fotosintesi 95, 102
fototessere, macchina per 849
fox terrier 176
foyer 541
frac 428
fragola 254
fragola, sezione di una 114
frana 77
francese 583
francese, taglio 469
francesina 460
Francia 56, 878
francio 812
francobollo 588
Francoforte, salsiccia di 277
frangente 77
frangia 427, 465
frangia, scopa a 381
frangiflutti 790
frangizolle 420
frantumatore 765, 775
frantumatrice 99, 779
frantumazione 783
frassino 120
fratelli 929
fratello 929
frattazzo 403
frazione 837
frecce direzionali 1067
freccetta 1069
freccette 1069
freccia 873, 885, 1009
freccia del vento 82
freccia di orientamento 1057
free safety 952
freestyle 1040
freestyle, snowboard per 1037
fregata 898
fregio 499, 500, 509
frenaggio, cavo di 897
frenata, zona di 1041
frenatore 1034
freni 679
freno 917, 1020, 1039
freno, cavo del 699
freno, comando del 1046
freno, disco del 695
freno, leva del 699, 1026
freno, pedale del 420, 672, 676, 679
freno, tubazione del 679
freno a disco 672, 679
freno a disco idraulico 1020
freno a mano 672
freno a mano, leva del 676
freno a mano, leva di azionamento del 709
freno a mano, ruota del 709
freno a tamburo 679
freno a tampone 1045
freno aerodinamico 807, 1048
freno aerodinamico, comando del 1048
freno americano 1007
freno anteriore 699
freno anteriore, leva del 696
freno della catena 417
freno di emergenza 716
freno dinamico 706
freno posteriore 698
freno posteriore, pedale del 696
frequenza, unità di misura della 835
fresa a coda di rondine 398
fresa a corona 398
fresa a quarto di anello 398
fresa da neve 421
fresa di raccordo 398
fresa per scanalare 398
fresa per smussare 398
fresatrice verticale 398
frese 398
friggitrice 291, 316
frigo portatile 1056
frigoriferi 290
frigorifero 290, 292, 296, 377
frigorifero, scomparto del 377
fringuello 162
frisbee 1070
frizione 672, 1059
frizione, leva d'innesto della 413
frizione, leva della 696
frizione, pedale della 676
frizione, regolazione della 1060
frizione, scatola della 696
frizione a stella 1060
fronda 107
fronda arrotolata 250
frontale 154, 196, 335, 884, 1004
fronte 158, 192, 774
fronte caldo al suolo 82
fronte caldo in quota 82
fronte dello scavo 771
fronte di abbattimento 771
fronte freddo al suolo 82
fronte freddo in quota 82
fronte occluso al suolo 82
fronte stazionario 82
fronti 82
frontone 499, 501, 509, 1071
frontone segmentale 510
frontone triangolare 510
frontoparietale 153
frontura 571
frontura, scanalatura della 571
frullare 314
frullatore 314
frullatore a immersione 314
frullatore elettrico a mano 314
frullino 310
frumento 263
frusta 310, 314
frusta a quattro bracci 314
frusta a spirale 314
frusta ad anello 314
fruste 314
frustino 1003, 1006
frutta 114, 288, 293
frutteto 243
frutti 254
frutti secchi 116, 255
frutti tropicali 258
fruttificazione 117
frutto, albero da 243
frutto carnoso 114
frutto carnoso: mela 115
frutto del jack 258
fucile 1010
fucile a canna liscia 887
fucile a canna rigata 887
fucile automatico 891
fucile subacqueo 989
fuco 143
fuga, via di 1022
fulani 582
fulcro 816, 978
full 1062
fulmine 83, 91
fumaiolo 721, 726, 730
fumarola 75
fumatori, accessori per 483
fumo 83
fumo, deflettore del 336
fumo, rilevatore di 903
fune 816, 970
fune di corsia 977
fune di falsa partenza 976
fune di sollevamento 409, 519
funghi 244
funghi commestibili 108
funghi mortali 108
funghi velenosi 108
fungicida 97
fungo 108, 713
fungo, ancora a 732
fungo, struttura di un 108
fungo coltivato 244
funicella 972
funicella di sparo 892
funicolo 114, 116
funivia 1036
funivia, partenza della 1036
funzionamento, pannello di 519
funzione, pulsanti 610, 639
funzione, selettori di 623
funzione, tasti 831, 858
fuoco 76, 239
fuoco, bocca da 890, 892
fuoco, profondità del 76
Fuoco, Terra del 48
fuoco Cassegrain 28
fuoco coudé 28
fuoco primario 28
fuoco primario, cabina del 26
fuoco primario, cabina di osservazione del 28
fuoco secondario, cabina del 26
fuoriscalmo 985
fuoriuscita di idrocarburi 98
furcula 159
furetto 180
furgone 693
furgone postale 588, 589
fuseau 441
fusello 578
fusibile 356, 793, 803
fusibile a cartuccia 355
fusibile a cartuccia con terminali a coltello 355
fusibile a tappo 355
fusibili 355
fusibili, pinza per 405
fusilli 282
fusione 810
fuso 574, 732
fusoliera 747, 1048
fusto 109, 250, 490, 501, 937, 961, 962, 968
fusto del bulbo 105
futon 363

G

gabbia 493, 503, 556, 1003
gabbia, vela di straglio di 725
gabbia del palcoscenico 540
gabbia di partenza 1006
gabbia di protezione 404, 935
gabbia fissa 725
gabbia per roditori 494
gabbia per uccelli 494
gabbia volante 725
gabbiano 161
Gabon 61, 879
gadolinio 814
gaffa 733
gagliardetto 873
galassia 19
galassia a spirale barrata 19
galassia a spirale normale 19
galassia ellittica 19
galassia irregolare di tipo I 19
galassia irregolare di tipo II 19
galassia lenticolare 19
galea 720
galeone 721
Galileo 30
galleggiante 345, 347, 733, 737, 750, 777, 974, 1061
galleggiante, asta del 345
galleggiante, valvola del 347
galleggiante dell'indicatore di livello 781
galleria 507, 663, 714
galleria, prima 541
galleria, seconda 541
galleria di collegamento 663
galleria di derivazione 785
galleria di fondo 774
galleria di ispezione 786
galleria di testa 774
galleria in direzione 774
galleria secca 67
gallese 583
galletta 279
galletta di segale 279
gallette di riso 283
galletto 400
gallina 163
gallina, uovo di 270
gallina della Cornovaglia 271
gallio 812
gallo 163
galloccia 980, 981
galloccia di ormeggio 719
galoppo 169
galoscia 459
gamba 168, 185, 193, 195, 207, 362, 363, 366, 433, 961, 973
gamba a capriolo 360
gamba anteriore 361
gamba posteriore 361
gamba ripiegabile 362
gamba telescopica 596
gambale 942, 944, 1039, 1045
gambaletto 446, 951
gamberetto 266
gambero di acqua dolce 266
Gambia 60, 879
gambo 106, 108, 319, 388, 390, 567, 568, 570, 713, 1060, 1061
gambo, bottone a 567
gambo filettato 400
ganasce 401
ganascia 401, 405, 472, 679, 712
ganascia curva 399
ganascia dentata 399
ganascia diritta 399
ganascia fissa 400, 401
ganascia mobile 400, 401
ganci, scala con 903
ganci del pettine 573
gancio 327, 367, 387, 404, 567, 601, 693, 756, 831, 1012, 1031, 1039
gancio del barbazzale 1004
gancio del manganello 906
gancio del piatto 830
gancio della cintura 621
gancio di chiusura 488
gancio di sollevamento 776
gancio di traino 687, 764
gancio di trazione 709
gancio di trazione automatico 709
gancio per l'impasto 314
gancio regolabile 1039
ganglio cerebropleurale 136
ganglio spinale 220, 221
ganglio viscerale 136
Ganimede 14
gara 977
gara, area di 993, 995, 996
gara, campo di 1005
gara, commissario di 1025
gara, numero di 1025
gara, ufficiali di 945, 996
gara di ciclismo su strada 1020
garage 322, 328, 864, 905
garage, porta basculante del 515
garage, porta sezionale del 515
garam masala 261
garitta 504, 505
garofano 113
garofano, chiodo di 260
garrese 168, 174
garretto 168, 174
gas 359, 782, 810
gas, accendino a 483
gas, manopola di regolazione del 1053
gas, rubinetto del 349
gas, scaldabagno a 349
gas, serbatoio del 483
gas combusti, cappa di raccolta dei 349
gas di scarico, immissione dei 680
gas di scarico delle automobili, inquinamento da 97
gas inerte 359
gas inquinanti, emissione di 97
gas naturale 776, 783
gas nobili 814
gas serra 96
gas serra, concentrazione di 96
gasdotto 783
gasolio 782
gassa d'amante 1058
gassa d'amante doppia 1058
gastrocnemio 196, 197
gastronomia 277
gateway 641
gatti 179
gatto 178
gatto, morfologia di un 178
gatto americano a pelo corto 179
gatto del Maine 179
gatto dell'isola di Man 179

gatto delle foreste norvegesi 179
gatto delle nevi 1026, 1036
gatto leopardo 179
gattone 507
gattuccio 391
gattuccio stellato 266
gazebo 410
geco 157
gel 925
gel doccia 475
gelatiera 318
gelone 244
Gemelli 23
gemello 452
gemma 105
gemma apicale 105
gemma ascellare 109
gemma fiorale 109
gemma terminale 109
generatore 678, 787, 796
generatore, gruppo del 786
generatore, produzione di elettricità dal 789
generatore d'aria calda 338
generatore d'aria calda elettrico 338
generatore di raggi X 924
generatore di tensione 818
generatore di vapore 775, 797, 800, 801, 804, 899
generatore d'aria calda 341
generatore principale 706
generatore semovente 744
generatore termoelettrico a radioisotopi 32
generatori 819
generatori elettrici, locale dei 899
genere 132
genero 928
gengiva 206, 231
genitali femminili, organi 226
genitali maschili, organi 228
genitori 928, 929
Genova, salame di 277
geografia 42
geologia 66
geometria 836
Georgia 57, 880
Georgia del Sud 48
geranio 113
gerboa 166
Germania 56, 878
germanio 812
germe 122
germe di grano 278
germinazione 104, 105
germogli di soia 284
germoglio 109
germoglio di bambù 250
gessetto 1013
gesso 524
gesso, piastrella di 385
gesso di carbonato di magnesio 999
gestione del tempo 650
gestione foto digitali 599
Gesù Cristo 870
getti d'acqua 978
getto di vapore, pulsante 374
gettoni, fessura per 624
gettoni, finestrella per la restituzione dei 624
geyser 75
Ghana 60, 879
ghepardo 181
gheriglio 116
ghetta 429, 1051
ghi 280
ghiacciaio 72, 73
ghiaccio 95
ghiaccio, macchina del 291
ghiaia 333
ghiandaia 162
ghiandola albuminogena 137
ghiandola coxale 145
ghiandola del veleno 138, 143
ghiandola digestiva 103, 136, 137, 138, 139
ghiandola mammaria 227
ghiandola pedale 137
ghiandola salivare 137, 141, 143, 233
ghiandola sebacea 236
ghiandola surrenale 218, 219, 229
ghiandola velenifera 145
ghiandola velenigena 154
ghiandole digestive 145
ghiandole endocrine 229
ghiandole salivari 216
ghiandole serigene 145
ghiera 351, 408
ghiera di bloccaggio 390, 892, 1050
ghiera di messa a fuoco 598
ghiera di tenuta 352
ghiera femmina 1059, 1060
ghiera maschio 1059, 1060
ghiottone 180
gi 996
giacca 443, 992, 1005
giacca a doppiopetto 430
giacca a un petto 430
giacca a vento 436, 1051
giacca alla marinara 443
giacca attillata 427
giacca da cavallo 1003
giacca in pile 451
giacca monopetto 430
giacca tradizionale 996
giacche 430, 442
giaccone 443
giacconi 435
giacimento 779, 788
giacimento minerale 771
giaguaro 181
giallo 528, 821
giallo-arancio 528
giallo-verde 528
Giamaica 54, 876
Giapeto 15
Giappone 51, 59, 881
Giappone, Fossa del 69
Giappone, Mar del 51
giapponese 583
giardinaggio, guanti da 418
giardinaggio, materiale 411
giardiniere, sega da 416
giardino 328, 410, 502
giardino, filo da 418
giardino pubblico 847
giardino roccioso 410
giarrettiera 445
Giava, Fossa di 69
giavellotto 883, 937
gibbone 185
Gibilterra, Stretto di 49
Gibuti 60, 879
gigante rossa 18
giglio 113, 875
gilè 430, 437, 442
ginco, noce di 255
ginepro, bacca di 260
ginglimo 207
ginnasta, nome del 971
ginnastica 969
ginnastica ritmica 972
ginocchielli, cinghia dei 1007
ginocchiello 1007
ginocchiera 884, 940, 954, 999, 1008, 1030, 1032, 1044, 1045
ginocchio 168, 174, 192, 194
giocatore 938, 951, 954, 956, 1027, 1028, 1069
giocatore, bastone del 1030
giocatore, handicap del 1008
giocatore, numero del 954, 956, 1028
giocatore di hockey 945
giocatore di pallanuoto 974
giocatore numero 1 1008
giocatore numero 2 1008
giocatore numero 3 1008
giocatore numero 4 1008
giocatori 968
giocatori, panchina dei 938, 945, 953, 955, 960
giocatori, posizioni dei 938, 947, 957, 960
giocatori, sedie dei 959
giocatori espulsi, area di rientro dei 974
giocattoli 851
giocattoli, negozio di 848
giocattolo 1004
giochi 1062
giochi con la racchetta 961
giochi da tavola 1063
gioco 968
gioco, area di 730
gioco, pulsante 1071
gioco del volano 962
gioco dell'oca 1064
gioco di liccioli 572
gioco online 643
giogo 830
giogo anteriore 830
giogo di supporto 24, 25
giogo di trasporto 986
giogo posteriore 830
gioielleria 848
gioielli 468, 851
Giordania 58, 880
giornale 590
giornale, nome del 590
Giotto 30
Giovanni Calvino 870
Giove 14
girabecchino 395
giradischi 604, 617
giraffa 173, 605, 606
Giraffa 22
giraffa, treppiede della 606
giraffista 543
girante 787
girante della turbina 794
giranti 787
girasole 113
giratubi 403
girella 1061
girello 272, 273, 276, 1013
girello di spalla 274
girino 153
giro 137
giro, manica a 453
giro della spira 136
giro embrionale 136
girocollo 456, 468
girocollo, maglia 442
girocollo, maglione 437
girocollo drappeggiato 456
girorizzonte di riserva 748
giroscopio 894
giubba 428
giubbetto equilibratore 989
giubbotto 997
giubbotto da pescatore 1061
giubbotto di salvataggio 733
giudaismo 870
giudice 990, 991, 992, 997, 1005
giudice arbitro 1008
giudice assistente 972
giudice del fallo di piede 967
giudice di arrivo 976, 985, 1033
giudice di campo 953
giudice di linea 951, 953, 958, 962, 966, 1027, 1029
giudice di linea centrale 966
giudice di partenza 1033
giudice di pista 1033
giudice di porta 974, 1028
giudice di rete 967
giudice di sedia 966
giudice di servizio 962, 966
giudice di stile 976
giudice d'angolo 994
giudice laterale 953
giudici 970, 971, 978, 1031
giudici, banco dei 862
giudici, tribuna dei 1040, 1041
giudici, ufficio dei 862
giudici assistenti 1033
giudici di arrivo 1033
giudici di gara, postazione dei 1037
giudici di partenza 1032
giudici di virata 977
giudici per la valutazione dell'esecuzione 972
giudici per la valutazione della composizione 972
giudici per la valutazione della difficoltà 972
giudizio, dente del 206
giuggiola 259
giunca 722
giunto 1013, 1059
giunto a compressione 352
giunto angolare 757
giunto di rotaia 712
giunto di sollevamento 764
giunto perimetrale 791
giunto scorrevole 399
giunto scorrevole, pinza a 399
giuntura 483
giunzione a linguetta del telaio 327
giunzione scanalata del telaio 327
Giurassico 131
giurati, stanza dei 862
giuria 999, 1003
giuria, banco della 863
giuria, presidente di 1050
giuria superiore 972
giustacuore 428
giustizia 862
giustizia, palazzo di 844
Glaciale Artico, Mar 44
gladio 883
glande 228
glicerina 784
globo di vetro 1053
globo oculare 152, 238
globulo bianco 209
globulo rosso 209
glomo 171
glottide 154
glucosio 102
gnocchi 282
gnomone 828
go 1065
gobba 1040
Gobi, Deserto dei 51
gocce oftalmiche lubrificanti 481
goccia 500
goccia di cristallo 373
gocciolatoio 325, 327, 671
gola 67, 73, 158, 554
golden retriever 177
goletta 723, 884
golf 1016
golf, campo da 842, 932
golf, vettura da 1019
golfo 45
Golfo del Bengala 51
Golfo del Messico 47
Golfo dell'Alaska 47
Golfo di Aden 50, 51
Golfo di Botnia 49
Golfo di California 47
Golfo di Carpentaria 52
Golfo di Guinea 50
Golfo di Oman 51
Golfo di Panama 48
golfo mistico 540
Golfo Persico 51
Golgi, apparato del 102, 133
gombo 248
gomiti 282
gomitiera 944, 1044, 1045
gomito 168, 174, 186, 193, 195, 207, 338
gomitolo 574
gomma 654
gomma, fasciatura in 984
gomma, guarnizione di 352
gomma, piedino di 409
gomma, tubo flessibile di 353
gomma da asciutto 1022
gomma da bagnato 1022
gomma di tenuta del grembiule 727
gomma espansa, isolante di 385
gomma piena 755
gommino 912
gonade 134, 135, 136, 138
gondola 722
gonfalone 873
gonfiaggio, dispositivo di 733
gonfiatore 1054
gonfiatore a soffietto 1054
gong 545, 557
goniometro 833
gonna 443
gonna a balze 439
gonna a portafoglio 439
gonna a teli 439
gonna a tubo 439
gonna arricciata 439
gonna con baschina 439
gonna diritta 439
gonna pantalone 439
gonna-pantalone 439
gonne 439
gonnellino 968
gorgiera 429, 997
gorgonzola 281
gorilla 184
gorilla, morfologia di un 185
gorilla, scheletro di un 184
Gouda 281
GPS 63
gracile 197
gradi 906
gradi Celsius 827
gradi Fahrenheit 827
gradini 324
gradini, taglio a 469
gradino 335, 409, 518, 690, 709, 771, 995
gradino, altezza del 771
gradino, larghezza del 335
gradino, lunghezza del 335
gradino di accesso 753
gradino posteriore 902, 911
gradino rientrabile 687
grado 836
grado Celsius 835
grafico circolare 838
grafico lineare 838
grafite 800
gramigna crestata 246
Gran Deserto Sabbioso 52
Gran Deserto Vittoria 52
gran dorsale 197
gran lasco 982
granaio 243
granato 470
grancassa 545, 556
granchio 266, 388
Grand Canyon 47
grande adduttore 196, 197
Grande Baia Australiana 52
Grande Barriera Corallina 52
Grande Catena Divisoria 52
grande copritrice secondaria 158
grande falciata esterna 992
grande falciata interna 992
grande galleria 498
grande gluteo 197
grande intestino 152
grande labbro 226, 227
grande pettorale 196
grande rotondo 197
grande squalo bianco 148
grande trocantere 201
grandi elettrodomestici 850
Grandi Laghi 47
grandi magazzini 849, 850
grandine 90
grandine, rovesci di 83
granella, elevatore della 767
granella, serbatoio della 767
grano 122
grano, chicco di 122
grano: spiga 122
grano saraceno 122, 263
granturismo 669
granulazione 16
granulo d'amido 102
granulo di polline 104
granulo lipidico 102
grappino 732
grappolo d'uva 117
grassella 168
grassetto 586
grassi 284
grassi lubrificanti 782
grasso alimentare 284

grasso animale 784
gratacielo stile internazionale 512
grattugia 307
grattugia per noce moscata 307
grattugiaformaggio 307
grattugiare 307
gravità, fascia di 732
grecaggio 537
Grecia 57, 878
greco 583
green 1016, 1017
greggio, area di lavorazione del 777
grembiule 727
grembiule, gomma di tenuta del 727
Grenada 54, 877
grenadin 276
griffa 390, 394, 395
griffa, rotore a 819
griglia 312, 343, 376, 479, 609, 618, 683, 685, 786, 865, 1053
griglia anteriore 342
griglia antidiffusione 924
griglia dei ripiani 377
griglia del radiatore 690
griglia di aerazione 322, 716
griglia di aspirazione aria 477
griglia di contatto metallica 802
griglia di illuminazione 543, 606
griglia di illuminazione, accesso alla 605
griglia di partenza 1022, 1025
griglia di rivestimento 339
griglia di sicurezza 858
griglia di uscita aria 477
griglia di uscita dell'aria 340
griglia di vaporizzazione 342
griglia di ventilazione 341, 375
griglia elettrica 316
griglia elettrica per interni 317
griglia per casco 940
griglia reversibile 579
griglia terminale 799
grill pieghevole 1057
grilletto 408, 417, 634, 887, 888, 889, 891, 893, 903, 1010, 1011
grilletto di accelerazione 417
grilletto di sicurezza 417
grillo 981
Groenlandia 46, 47, 54
gronda 513
grondaia 322
groppa 168, 539, 969
groppo 83
grotta 67, 70
groviera 281
gru 724, 728, 756, 777, 897
Gru 20
gru a ponte 786
gru a portale 718, 757, 785, 786
gru a torre 756
gru cinepresa 606
gru mobile a braccio 718
gru su pontone 718
gruccia 916
gruista, cabina del 756
gruppetto 563
gruppi strumentali 546
gruppo 1020, 1065
gruppo degli operatori alle macchine da presa 542
gruppo del generatore 786
gruppo del turbo-alternatore 775
gruppo dell'elettropompa 679
gruppo delle sospensioni 673
gruppo dello sterzo 673
gruppo di aggancio 38
gruppo di continuità 638, 641
gruppo di punti a cappio 565
gruppo di testa 1020
gruppo frigorifero 691
gruppo generatore 787
Guadalupa 54
guadino 1061
guaiava 259
guaina 111, 989
guaina della lingua 154
guaina di protezione 1058
guaina isolante 793
guaina mielinica 221
gualdrappa 1006
Guam 62
guancia 168, 174, 194, 388, 1010, 1011, 1059
guanciale 363
guanciale, fodera del 363
guanti 464, 1022
guanti da donna 464
guanti da giardinaggio 418
guanti da uomo 464
guanti del portiere 946
guanti di gomma 381
guanti di lattice, astuccio per i 906
guanti di protezione 406
guanto 33, 940, 941, 942, 944, 989, 997, 1003, 1005, 1019, 1020, 1021, 1024, 1025, 1028, 1032, 1034, 1037, 1038, 1041, 1042
guanto, dito del 464
guanto, dorso del 464
guanto, palmo del 464
guanto alla scudiera 464
guanto corto 464
guanto da baseball 941
guanto da guida 464
guanto da presa 1029
guanto da respinta 1029
guanto da sera 464
guanto di crine 475
guanto di lattice 913
guanto lungo 464
guantone 944
guantoni 991
guantoni da boxe 990
guarani 583
guardalinee 947, 953
guardamano 888, 891, 1010, 1011
guardaroba 293, 329, 330, 365, 522, 644, 853, 859, 864
guardaroba dei clienti 290
guardaroba del personale 290
guardia 306, 994, 998, 1004
guardia antischizzo 579
guardia bassa 991
guardia destra 953
guardia giurata, stanzino della 859
guardia in piedi 991
guardia sinistra 953
guardia tiratrice 957
guardinfante 427
guardolo 459
guardrail 1044
guarnizione 350, 351, 380, 781
guarnizione, anello di tenuta della 350
guarnizione ad anello 350
guarnizione conica 347
guarnizione della coppa dell'olio 682
guarnizione di gomma 352
guarnizione magnetica 377
Guatemala 54, 876
guazzo, pastiglie 525
guazzo, pittura a 528
guazzo, tubo 525
guepière 445
guerriero gallico 883
gufo reale 163
guglia 74, 506, 507, 508
guida 380, 533, 537, 571, 754, 755
guida, cabina di 707
guida, guanto da 464
guida, leva di manovra della 754, 755
guida, rullo di 616
guida, ruota di 716, 717
guida circolare 26
guida del contrappeso 519
guida del filo 1060
guida del nastro 616, 654
guida della cabina 519
guida della carta 637
guida della catena 417, 700
guida di appoggio 391, 392
guida di scorrimento 709, 981
guida di taglio 537
guida fine, sistema di 27
guida graduata 393
guida graduata, scanalatura della 393
guida metallica 653
guida metallica di protezione 691
guida parallela 392, 393
guida parallela, arresto della 393
guida parallela, carrello della 393
guida parallela, riga della 393
guida parallela, scanalatura della 393
guida per il pane 316
guidafilo 566, 567
guidatore 1007
guidone 873
Guinea 60, 879
Guinea, Golfo di 50
Guinea Bissau 879
Guinea equatoriale 60
Guinea Equatoriale 879
Guinea-Bissau 60
guinzaglio 493
guscio 116, 160, 489
gusto 231
Gutenberg, discontinuità di 66
Guyana 55, 876
Guyana Francese 55
guyot 67
gyoji 995

H

Haiti 54, 876
hakama 995, 996
halfback 953
half-pipe 1021, 1037, 1044
hall 853, 854
handicap, punto di 1065
handicap, tabellone degli 1008
handicap del giocatore 1008
handicap della squadra 1008
hangar per elicotteri 898
harissa 287
hassio 813
hat switch 634
Haumea 15
hausa 582
Havers, canale di 199
hawaiano 583
hertz 835
hijab 429
hijiki 244
Himalaya 51
hindi 583
Hi'iaka 15
hockey su ghiaccio 1028
hockey su prato 944
home 633
home, tasto 639
home theatre 612
Homo sapiens 131
Honduras 54, 876
Horn, Capo 48
host 604
hovercraft 727
hub 641
Hubble, classificazione di 19
Hudson, Baia di 47
Huitzilopochtli, tempio di 513
hummus 286
humus 109
Huygens 31
hyracotherium 131

I

ibrido 1017
icona dell'applicazione 622
identificazione, cartellino di 906
identificazione tecnica, banda di 615
identità, piastrina d' 471
Idra Femmina 21, 23
Idra Maschio 20
idrante, chiave per 903
idrante, presa dell' 902
idrante a colonna 903
idrante antincendio 846
idratante 474
idraulica 344, 352, 402
idrocarburi, fuoriuscita di 98
idroelettricità 785
idrogeno 812
idrogeno liquido, serbatoio dell' 39
idrolisi 784
idromassaggio 324
idrosfera 94
idrovolante 750
iena 180
ifa 108
igiene orale 482
igloo 520
igname 245
igrografo 85
igrometro 342, 495
igrostato 342
iguana 157
ileo 143, 153, 159, 165, 200, 217
illuminazione 359, 495
illuminazione, griglia di 543
illuminazione, lente di 833
ilo 105
ilo renale 218
imaging a risonanza magnetica 924
imballaggio 99
imballatrice 766
imbarcazione, parti di una 984
imbarcazioni a vela, andature delle 982
imbarcazioni antiche 720
imbarcazioni di coppia 985
imbarcazioni di punta 985
imbarcazioni tradizionali 721
imbarco, passerella di 741
imbarco, scaletta di 733
imbardata 752
imbianchimento 125
imboccatura 1008
imboccatura, canna di 551
imbottitura 1049
imbottitura dell'angolo 990
imbottitura di sicurezza 973
imbottitura per il petto 944
imbracatura 411, 491, 686, 989, 1019, 1043, 1046, 1047
imbracatura cosciale 1050
imbracatura da scalata 1051
imbracatura di sicurezza 366
imbuto 308, 609
imbuto collettore 85
immagine 1066
immagine, raddrizzatori di 824
immagine stampata 532
immagine virtuale 823
immagini, pulsante di visualizzazione delle 593
immagini, pulsante per il salto di 593
immagini stampate 599
immissione dei gas di scarico 680
impaginazione 590
impalcato 660, 661
impalmatura normale 1058
imparipennata 111
impastamento chimico 125
impastamento meccanico 125
impastatrice 317
impasto, gancio per l' 314
impattatore 31
impennaggi 751
impennaggio 1009
impennaggio a T 751
impennaggio con tre derive 751
impennaggio orizzontale basso con una deriva 751
impennaggio orizzontale rialzato con una deriva 751
impennaggio verticale 747
impermeabile 435
impiallacciatura 386
impianto, sezione 794
impianto di climatizzazione 730
impianto di deasfaltizzazione 782
impianto di estrazione con solventi 782
impianto di lavorazione 773
impianto di liquefazione, deposito e rigassificazione 783
impianto di produzione dei lubrificanti 782
impianto di raffreddamento 673
impianto di reforming catalitico 782
impianto di riscaldamento ad acqua calda 339
impianto di riscaldamento ad aria calda 338
impianto di smistamento 99
impianto di trivellazione 776
impianto di valorizzazione 779
impianto elettrico 673
impianto elettrico impermeabilizzato 345
impianto frenante 673
impianto hi-fi di riproduzione del suono 614
impianto idraulico 344
impianto idroelettrico 785
impianto idroelettrico, sezione 786
impieghi di Internet 643
impiombatura corta 1058
impluvio 502
impollinazione 104
importo da pagare 668
imposta 327, 661
imposta, concio d' 514
impostazioni 625
impostazioni, pulsante di visualizzazione delle 593
imposte ripiegabili 370
impressionismo 530
impugnatura 307, 314, 315, 318, 374, 390, 391, 392, 393, 395, 396, 397, 398, 404, 407, 408, 411, 417, 419, 478, 479, 482, 491, 547, 832, 885, 888, 916, 917, 937, 941, 942, 944, 984, 1000, 1009, 1017, 1038, 1041, 1042, 1059, 1060
impugnatura, schermo a 406
impugnatura, tipi 961
impugnatura a penna 961
impugnatura a pistola 394, 406, 887, 891, 1010
impugnatura a stretta di mano 961
impugnatura anteriore 396, 893
impugnatura con sistema antivibrazione 417
impugnatura da trasporto 987
impugnatura della cassa battente 572
impugnatura della pistola 408
impugnatura di sicurezza 419
impugnatura laterale 394, 395, 396
impugnatura per le figure 988
impugnatura posteriore 396
impugnatura principale 395
impugnatura rotante 634
impugnatura termica 1027
impugnature 988
impulsi, irrigatore a 415
impulso sensoriale 221
impuntura 448, 450, 459
imputato, banco dell' 862
in prigione 1068
inalatore-dosatore 914
incamiciatura 887
incamiciatura degli elementi di combustibile difettosi 798
incandescenza, lampadina a 359
incartamento 294
incasso, scatola da 358
incastellatura 572
incastonatura 470
incastro per la forza di sollevamento 757
incastro per montante 691
incavo 299
incendi, prevenzione degli 900
incendio delle foreste 95, 97
incenerimento 99
incernieramento, perno di 760
inchiostro 524, 533, 584
inchiostro, disegno a 528
inchiostro a colori cangianti 861
inchiostro litografico 535
inchiostro serigrafico 536
incisione 537
incisivi 206
incisivo 164, 166, 167
incisivo centrale 206
incisivo laterale 206

incisura anteriore 234
incisura intertragica 234
inclinazione 23
inclinazione, comando di 1048
inclinazione, indicatore di 1048
incocco, punto di 885
incordatura 962, 968
incordatura del ponte 987
incremento dell'effetto serra 96
incrocio 575
incudine 235
India 58, 881
Indiano 20
Indiano, Oceano 44, 46, 50, 51, 52
indicatore 597
indicatore del livello d'acqua 317
indicatore del livello dell'acqua 374
indicatore del livello di carburante 677
indicatore del piano 519
indicatore dell'alimentazione di ossigeno 1048
indicatore della pressione dell'acqua 902
indicatore della regolazione 1039
indicatore della temperatura del liquido di raffreddamento 677
indicatore di carica 479
indicatore di carica batterie 634
indicatore di destinazione 715
indicatore di direzione 674, 691, 917
indicatore di direzione, comando dell' 676
indicatore di direzione anteriore 695, 696
indicatore di direzione posteriore 694, 696
indicatore di linea 688, 689, 717
indicatore di livello, galleggiante dell' 781
indicatore di livello automatico 781
indicatore generale degli orari 704
indicatore luminoso 316, 317, 318, 319, 374, 380, 478, 577, 629, 635
indicazione del valore 860, 861
indicazione della rotta 63
indicazioni di tempo 562
indice 237, 342, 590, 734, 827, 830, 831
indice di profondità 394, 395
indice di regolazione dell'altezza 392
Indie Occidentali 47
indio 812
indivia riccia 246
Indonesia 51, 59, 881
indonesiano 583
indorsatura 538
indorsatura, pressa per 538
indorsatura, rotaia di 538
indotto 819
indotto, avvolgimento dell' 819
indotto, nucleo dell' 819
induismo 870
industria 643
industria alimentare 242
industria dei cereali 122
industria della carta 124
industria della gomma 124
industria petrolchimica 95, 782
industria tessile 123
inerzia 816
infermeria 864
infermiera 920
infermiere, *sedile dell' 911
infermieri, postazione degli 918, 919
inferriata 499
infila ago 568
infiltrazione 95, 97
infilzacarte 654
infinito 837
infiorescenze, tipi di 112
inforcamento, tasca di 754
informatica, aula di 868
informazioni 857
informazioni, banco delle 742, 849, 853, 858, 867, 905, 919
informazioni, diffusione di 643
infradito 462
infraspinoso 197
infundibolo della tuba di Falloppio 227
infusi 264
ingaggio, cerchio di 1028
ingaggio, punto di 1028
ingegnere del suono 543
inghiottitoio 67
inglese 583
ingluvie 137, 138, 141, 159
ingranaggi, scatola degli 535
ingranaggio, dente di 816
ingranaggio, sistemi di 816
ingranaggio a pignone e cremagliera 816
ingranaggio cilindrico a ruote dentate 816
ingranaggio conico 816
ingranaggio di trascinamento 318
ingranaggio per il moto orario 28
ingrandimento, pulsante 593
ingrandimento, tasto di 647
ingranditore 600
ingressi/uscite audio/video 614
ingressi audio multicanale 614
ingresso 329, 522, 644
ingresso, porte d' 544
ingresso/uscita audio digitale ottici 614
ingresso al marciapiede 704
ingresso alla piramide 498
ingresso aria ambiente 343
ingresso audio digitale coassiale 614
ingresso degli attori 498
ingresso dei clienti 290
ingresso dei detenuti 864
ingresso dei veicoli 905
ingresso dei visitatori 864
ingresso del fluido vettore 802
ingresso del personale 290, 864, 869, 904
ingresso del pubblico 498
ingresso del riflusso del condensatore 797
ingresso del vapore ad alta pressione 796
ingresso dell'acqua di raffreddamento del condensatore 797
ingresso dell'acqua fredda 349
ingresso dell'alimentazione dell'utente 356
ingresso della stazione 714
ingresso per il computer 636
ingresso principale 847, 867, 869, 904, 922
inguine 192, 194
iniettore 681, 682
iniezione 681
iniezione di vapore 779
iniziali della banca di emissione 861
inizio 1064
inizio del gioco 949
innesco 887
innestatoio 416
innesto marcia avanti/marcia indietro 413
inquartato 874
inquinamento agricolo 97
inquinamento da gas di scarico delle automobili 97
inquinamento del suolo 97
inquinamento dell'acqua 98
inquinamento dell'aria 97
inquinamento domestico 97
inquinamento industriale 97
inquinamento petrolifero 98
inquinanti atmosferici 97
inquinanti non biodegradabili 97
insalata, coppetta per l' 303
insalata, forchetta da 300
insalata belga 247
insalata riccia 246
insalate 292
insalatiera 303
insegna esterna 714
insegnante 868
inserimento 633
inserto 590
inserzione 198
inserzione pubblicitaria 590
insetti 140, 146
insetto 103
insieme vuoto 837
insilatrice 767
insolazione, lastra di 84
inspirazione 975
installazione 523
installazioni di superficie 779
intaglio 531
integrale 837
intelaiatura 336, 973
intelaiatura, base dell' 327
intelaiatura, parte superiore dell' 327
Intelsat 603
intensità luminosa, unità di misura dell' 835
interbase 938
interfodera 569
interfono 604, 607
interfono di produzione 604
interiora 276
interlinea 586
interlinea 1,5 586
interlinea doppia 586
interlinea singola 586
Internet 641, 642
interno destro 945
interno gamba con abbottonatura a pressione 448
interno sinistro 945
internodo 109
interpretazione simultanea, cabina per l' 852
interpunzione, segni di 587
interramento 99
interrogatori, stanza per gli 904
interruttore 315, 318, 319, 345, 358, 372, 374, 375, 377, 393, 395, 396, 398, 406, 408, 478, 479, 482, 640, 641, 818
interruttore, dispositivo di blocco dell' 394
interruttore, placca dell' 358
interruttore a grilletto 389, 392, 393, 394, 396, 397
interruttore acceso/spento 558, 593, 619, 636
interruttore automatico 341, 786, 793
interruttore bipolare 354
interruttore del portello 379
interruttore dell'autofocus 601
interruttore di accensione 592, 601, 628, 629, 630, 638
interruttore di accensione/funzioni 613
interruttore di avviamento 696
interruttore di emergenza 696
interruttore di fine corsa 519
interruttore di trasmissione 621
interruttore differenziale 354
interruttore motore/luce 566
interruttore principale 354, 356
interruttore rotativo 779
interruttore selettore simbolo dei decimali 649
interruttore unipolare 354
interruzione 633
intersezione 837
intersuola 450
intervalli 562
intervallo 739
intervista 590
intestino 135, 136, 137, 139, 141, 145, 149, 154
intestino crasso 216, 217
intestino tenue 169, 216, 217
intradosso 514
inuktitut 583
invergatura, barra d' 573
inverno 80
inverno, solstizio d' 80
invertitore 390, 394
invio 633
invito, scalino d' 335
involucro 336, 339, 387, 832, 912, 1049
involucro di copertura 340, 342, 343, 477
involucro di zinco (anodo) 820
involucro esterno di bachelite 893
Io 14
iodio 813
ipermetropia 239
ipersostentatore 37
ipersostentatore sul bordo di attacco 747
ipocotile 105
ipofisi 222, 229
iporachide 158
iposcopio 895
ipotalamo 222, 229
ippodromo 1006
ippoglosso 268
ippopotamo 173
Iran 58, 880
Iraq 58, 880
iride 238
iridio 813
Irlanda 56, 878
Irlanda, Mar d' 49
irlandese 583
IRM 924
irrigatore a impulsi 415
irrigatore oscillante 415
irrigatore rotativo a pioggia 415
isba 520
ischio 153, 159, 165, 201
islamismo 870
Islanda 46, 49, 56, 878
islandese 583
isobara 81
isola 45, 296, 659, 897
Isola di Baffin 47
isola di Man, gatto dell' 179
Isola di Terranova 47
isola vulcanica 67
isolamento, cella di 865
isolamento, stanza di 918
isolamento, tappo di 820
isolante 802
isolante a lamina metallica elastica 385
isolante di gomma espansa 385
isolante in plastica 354
isolante in rotolo 385
isolante preformato 385
isolante sciolto 385
isolante termico 36, 339
isolante vinilico 385
isolatore 793
isolatori sospesi, catena di 792
Isole Aleutine 47
Isole Cook 882
Isole delle Antille 876
Isole Falkland 48
Isole Figi 52
Isole Fiji 62
Isole Marianne Settentrionali 62
Isole Marshall 62, 881
Isole Salomone 881
isolotto roccioso 70
isolotto sabbioso 70
ispezione, tappo di 352
Israele 58, 880
issopo 262
istituzioni educative 643
istmo 45
istmo della tuba di Falloppio 227
istmo delle fauci 231
Istmo di Panama 47
istogramma 838
istruzione 866
istruzioni per l'uso 668
istruzioni sui tessuti, simboli delle 425
Italia 56, 878
italiano 583
itterbio 814
ittiosauro 130
ittiostegidi 129
ittrio 813
iurta 520
iuta 424

J

jabot 455
jaboticaba 259
jarlsberg 281
jazz-band 546
jeans 433, 441
Jemen 58
jet supersonico 79, 751
jicama 245
jo 996
jolly 1062
joule 835
joystick 634, 1067
judo 992
judogi 992
jujutsu 996

K

Kalahari, Deserto del 50
karatè 993
karategi 993
karateka 993
karateka, linea dei 993
kayak 987
kayak da mare a due posti 987
kayak da rafting 987
kayak monoposto (K1) 987
kayak ricreativo ad una pala 987
Kazakistan 58, 880
kelvin 835
kendo 995
kendoka 995
kendoka, linea dei 995
Kenya 61, 879
Kermadec-Tonga, Fossa di 69
ketch 723
ketch Marconi 723
ketchup 287
kilogrammo 835
kilt 439
kimono, manica a 453
Kinyarwanda 582
kippah 429
Kirghizistan 58, 880
Kiribati 62, 881
kirundi 582
kit di attrezzi 700
kiwano 258
kiwi 258
knicker 433
koala 189
Kola, Penisola di 49
kombu 244
kora 561
Kosovo 57
kote 995
kote-uchi 995
Kuiper, cintura di 14
kumquat 256
kung fu 996
Kuwait 58, 880
k-way 451

L

la 562
la centrale 564
labbra, trucco per le 474
labbro 168, 178, 579
labbro esterno 136
labbro inferiore 231, 554
labbro interno 136
labbro superiore 143, 231, 554
labirinto 1035
laboratorio 26, 28, 864
laboratorio, strumenti di 815
laboratorio americano 34
laboratorio di anatomia patologica 922
laboratorio di conservazione 523
laboratorio spaziale 37
laboratorio superiore 26
labrador retriever 177

labride pulitore 151
lacca 527
laccio 450
laccio di pelle 432
laccio emostatico 912
laccolite 75
lacrosse 948
Ladoga, Lago 49
laghetto artificiale 410
laghi 73
laghi, acidificazione dei 98
lago 17, 45, 71, 73
lago artificiale 73
Lago Baikal 51
Lago Ciad 50
Lago di Aral 51
lago di meandro abbandonato 73
Lago Eyre 52
lago glaciale 73
Lago Ladoga 49
Lago Malawi 50
lago salato 74
Lago Tanganica 50
lago tettonico 73
Lago Titicaca 48
Lago Vittoria 50
lago vulcanico 73
lagomorfi 167
laguna 70
lama 172, 298, 306, 315, 318, 390, 391, 392, 393, 403, 408, 417, 419, 477, 479, 567, 568, 654, 758, 761, 998, 1028, 1030, 1031, 1034, 1050
lama, cilindro di rotazione della 761
lama, cilindro di sollevamento della 758, 761
lama, dispositivo di blocco dell'inclinazione della 392
lama, fermo della 477
lama, filo della 477
lama, meccanismo di spostamento della 761
lama, regolatore dell'altezza della 393
lama, regolatore dell'inclinazione della 392
lama, vite di blocco della 392
lama a cucchiaio 531
lama dentellata 477
lama di sega circolare 392
lama di taglio 537
lama diritta 531
lama dritta 477
lama fissa 537
lama grande 1055
lama isolata 404
lama laterale 763
lama per danza 1031
lama per pattinaggio libero 1031
lama piccola 1055
lama ricurva 531
lama smussata 531
lame, tipi principali di 531
lamella 108, 370, 371
lamelle concentriche 199
lametta a due tagli 479
lamette, caricatore di 479
lamina 107, 111, 1031, 1038
lamina assorbente 802
lamina basale 209
lamina cribrosa dell'etmoide 232
lamina metallica elastica, isolante a 385
lampada 613, 803, 825
lampada, base della 736
lampada a braccio regolabile 372
lampada a LED 359
lampada a petrolio 1056
lampada a sospensione 372
lampada a stelo 372
lampada a tubo per flash 596
lampada ad incandescenza 736
lampada al neon 404
lampada alogena al tungsteno 359
lampada alogena da tavolo 372
lampada da comodino 855
lampada da lettura 372
lampada da notte 920
lampada da parete 373
lampada da parete con braccio estensibile 373
lampada da tavolo 372
lampada del presbiterio 871
lampada di riscaldamento 495
lampada fluorescente 536
lampada fluorescente compatta 359
lampada frontale 1051, 1057
lampada orientabile 526
lampada per saldare 407
lampada portatile 404, 901
lampada provacircuiti 404
lampadario 373
lampade in serie 373
lampadina 359, 404, 818
lampadina a incandescenza 359
lampadina alogena 359
lampeggiante 763, 902, 907
lampeggiante, sistema di controllo del 907
lampione 373, 410, 846
lampione da parete 373
lampone 254
lampone, sezione di un 114
lana 424
lanceolata 111
lancetta dei decimi di secondo 828
lancetta dei minuti 828, 829
lancetta dei secondi 828
lancetta delle ore 829
lancia 407, 883
lancia antincendio 902
lancia antincendio schiumogena 729
lancia biglie 1071
lancia di irrigazione 415
lancia di salvataggio 777
lanciafumogeni 895
lanciamissili 897
lanciarazzi civetta 898
lanciasiluri 899
lanciatore 896, 938, 939, 943, 1015
lanciatrice 1015
lancio 939, 943, 1014
lancio, area di 932
lancio, camera 899
lancio, rampa di 1041
lancio, struttura doppia di 39
lancio, tubo di 892, 893
lancio, zona di 1015
lancio del disco e del martello 935
lancio del giavellotto 935
lancio del peso 934
lander lunare 38
lantanidi 814
lantanio 814
lanterna 1053
lanterna del faro 736
lanugine, filtro per 378, 379
Laos 59, 881
lapide commemorativa 872
lapislazzuli 470
lardatoio 309
lardo 284
larga 586
larghezza, condensata 586
larghezza, larga 586
larghezza, normale 586
larghezza, spansa 586
larghezza, stretta 586
larghezza del gradino 335
larguezza 586
larice 121
laringe 214
larva 144
lasagne 282
lasco, al 982
lasco, al gran 982
laser a rubino pulsato 823
lastra di insolazione 84
lastra di rame 534
lastra di vetro 579
lastra inchiostratrice 533
lastrico, pietra da 384
latifoglie 119
latitudine 42
lato 298, 541, 754, 990
lato, mezzo 754
lato del re 1065
lato della regina 1065
lato destro 481
lato di destra 541
lato di sinistra 541
lato sinistro 481
latrine 502
lattario delizioso 244
latte 280
latte, bricco del 301
latte di capra 280
latte di soia 284
latte evaporato 280
latte in polvere 280
latte omogeneizzato 280
latte vaccino 280
latteria 243
latticello 280
latticini 288
latticini, scomparto per i 377
lattina 295
lattuga asparago 246
lattuga cappuccina 246
lattuga iceberg 246
lattuga marina 244
lattuga romana 246
laurenzio 814
lava, strato di 75
lavabiancheria a carica frontale 378
lavabo 344
lavaggio 425
lavaggio, torre di 380
lavagna 868
lavagna interattiva multimediale 639
lavallière 431
lavanderia 329, 854, 864
lavanderia a secco 849
lavanderia divise 900
lavandino 292, 346, 855, 921
lavandino del chirurgo 922
lavandino per il prelavaggio 291
lavandino per le pentole 291
lavaparabrezza, ugello del 670
lavapiatti 291
lavare a mano in acqua tiepida 425
lavare in lavatrice in acqua calda e velocità normale 425
lavare in lavatrice in acqua calda e velocità ridotta 425
lavare in lavatrice in acqua molto calda e velocità normale 425
lavare in lavatrice in acqua tiepida e velocità ridotta 425
lavastoviglie 291, 293, 296, 353, 380
lavastoviglie, meccanismo 380
lavatrice 344, 353
lavatrice con carica dall'alto, meccanismo 378
lavello 296, 352
lavello, doppio 344
lavello con tritarifiuti 352
lavorazione al tornio 576
lavori 665, 667
lavoro, piano di 296, 393, 401
lavoro, tavola di 566
lavoro a maglia 570
leccarda 312, 317
LED 359
LED indicatore del livello di picco 616
Lega Araba 882
legabagagli elastico 488
legame chimico 810
legamento 136, 207
legamento elastico 178
legamento periodontale 206
legamento sospensore 238
legatore 766
legatura 550, 563
leggio 554, 558, 564, 871
leggio da orchestra 564
leghe di metalli 78
legionario romano 883
legna da ardere, cassone per 336
legni, famiglia dei 545
legno 386, 1017, 1018
legno, materiali derivati dal 386
legno, scultura in 531
legno 1 1018
legno 3 1018
legno 5 1018
legume, sezione 116
legumi 252
legumi vari 252
legumiera 303
lembi paraorecchie 457
lembo 567, 655
lembo anteriore 431
lembo della camicia 431
lembo graduato 734
lembo posteriore 431
lemure 185
lente 480, 598, 615, 829, 1055
lente a contatto monouso 481
lente a contatto morbida 481
lente a contatto rigida 481
lente addizionale per macrofotografie 598
lente biconcava 822
lente biconvessa 822
lente concava 822
lente convessa 822
lente di campo 824
lente di illuminazione 833
lente di ingrandimento 824
lente obiettivo 824
lente piano-concava 822
lente piano-convessa 822
lenti 655, 822, 825, 926
lenti, sistema di 824
lenti a contatto 481
lenti convergenti 822
lenti di focalizzazione 826
lenti di ricezione 832
lenti divergenti 822
lenticchia 252
lenza 1059
lenzuolo 363
lenzuolo con angoli 363
Leoncino 23
leone 181
Leone 23
leone marino 183
leone passante 875
leopardo 181
lepiota brunneoincarnata 108
lepre 167, 271
Lepre 21
lepre fischiante 167
lesena corinzia 503
lesena dorica 503
lesena ionica 503
Lesotho 61, 880
lettera 588
lettera di riferimento 1005
lettere 586
lettere al direttore 590
lettiera 493
lettiga 913
lettino 973
lettino a sponde 366
lettino pieghevole con fasciatoio 366
letto 363, 687
letto, biancheria da 363
letto, parti 363
letto, scompartimento 705
letto, vagone 705
letto d'ospedale 920
letto matrimoniale 855
letto singolo 855
letto ungueale 237
Lettonia 57, 878
lettore audio digitale portatile 620
lettore CD 629, 630
lettore CD/DVD-ROM 558, 628
lettore CD portatile 619
lettore dei codici a barre 634
lettore di carte 668, 858, 859
lettore di compact disc 599, 615, 619, 620
lettore di libri digitali 639
lettore di microfilm 866
lettore di scheda di memoria 629, 638
lettore di schede 624
lettore DVD 1067
lettore DVD-ROM 629, 630
lettore ottico di caratteri 588
lettore portatile DVD 610
lettore schede di memoria 599, 628
lettura, luce di 907
lettura, tasto di 621
lettura di compact disc 615
leucoplasto 102
leva 316, 350, 352, 399, 472, 533, 535, 816, 887, 1070
leva, cappuccio della 350
leva a linguetta 566
leva d'armamento 893
leva d'innesto della frizione 413
leva degli aerofreni 748
leva dei flap 748
leva del cambio 676, 699, 1020
leva del carrello 748
leva del freno 699, 1020, 1026
leva del freno a mano 676
leva del freno anteriore 695, 696
leva del pedale 552
leva del pistone 403
leva della chiave 550
leva della frizione 696
leva della pinza 478
leva dello smorzatore 553
leva di accelerazione 411
leva di apertura dell'attacco 1039
leva di avanzamento 395
leva di avvio 411
leva di azionamento 773
leva di azionamento del freno a mano 709
leva di bloccaggio 401
leva di bloccaggio dell'altezza 24, 25
leva di bloccaggio dell'asse orizzontale 24, 25
leva di chiusura 709
leva di comando manuale 712
leva di fissaggio del venturi 893
leva di manovra dell'otturatore 892
leva di manovra della guida 754, 755
leva di regolazione 564
leva di regolazione dell'ossigeno 407
leva di regolazione della velocità 420
leva di regolazione laterale 397
leva di rilascio tensione 396
leva di sbloccaggio 399
leva di scatto 347, 527
leva di scorrimento 675
leva di serraggio 397, 401
leva di sollevamento della piastra di taglio 420
leva di svincolo del premicarta 648
leva di velocità 421
leva direzionale 755
leva liberacarta 648
leva per togliere il paralama inferiore 392
leva spaziatrice dei dischi 767
leva tirafilo 566
levapunti 654
levetta 307
levetta dello sciacquone 347
levetta dello spazzolino 571
levetta di erogazione della vincita 1070
levetta per il sollevamento del braccio 617
levigatrice 535
Levrieri 23
levriero 177
Libano 58, 880
libellula 147
liberacarta, leva 648
Liberia 60, 879
libero 947, 958
Libia 60, 879
libreria 331, 848, 868
libretto, scala a 409
libretto degli assegni 484
libri, banco per il prestito dei 867
libri, banco per la restituzione dei 867

libri, carrello per i 867
libri di consultazione 866
libri per bambini 866
libro, dorso del 538
libro contabile 655
libro delle firme 651
libro non rilegato 537
libro rilegato 539
licci 572, 573
licciolo 572
lichene 106
lichene, struttura di un 106
lichene crostoso 106
lichene fogliaceo 106
lichene fruticoso 106
licheni 106
Liechtenstein 56, 878
lima 398, 1055
lima curva 531
limetta 256, 472
limetta di cartoncino vetrato 472
limetta pieghevole 472
limite del campo 939
limone 256
limousine 669
lince 180
Lince 22
linea 562, 949, 959
linea, aereo di 79
linea, giudice di 959, 962, 964, 966, 970
linea, indicatore di 717
linea aerea di alimentazione 707, 717
linea attiva, connettore della 793
linea bianca 171
linea blu di zona 1029
linea cablata 643
linea centrale 961, 962, 997
linea centrale di servizio 967
linea continua 658
linea corta 965
linea d'acchito 1012
linea dedicata 641, 642
linea degli sprinter 1021
linea dei 7 metri 960
linea dei karateka 993
linea dei kendoka 995
linea dei tre punti 957
linea del battitore 943
linea del bersaglio 1027
linea del quadrato di servizio 964
linea del traguardo 935
linea dell'arbitro 993
linea dell'area di porta 960
linea dell'area di rigore 946
linea della chiusura lampo 569
linea della corsia 935
linea della fila di attesa 859
linea della giuria 1041
linea delle yards 952
linea dello scatto finale 1021
linea di accrescimento 136, 137
linea di arrivo 982, 985, 1006, 1021, 1040
linea di arrivo dei 500 metri 1033
linea di attacco 958
linea di avvertimento 997
linea di battuta 937
linea di battuta del salto in lungo 937
linea di battuta del salto triplo 937
linea di centro 1027
linea di centrocampo 945, 949, 952, 955, 956, 1029
linea di cucitura 569
linea di demarcazione 943
linea di direzione 1057
linea di distribuzione a bassa tensione 356, 793
linea di distribuzione a media tensione 356, 793
linea di fallo 1015, 1027
linea di fondo 944, 948, 952, 955, 957, 958, 961, 962, 967, 977, 1027
linea di forza 817
linea di foul 938
linea di fuoricampo 965
linea di lancio 1069
linea di limite posteriore 997
linea di messa in gioco 952
linea di messa in guardia 997
linea di meta 950, 952, 955
linea di metà campo 947, 951, 964, 965, 974
linea di mira, regolazione della 824
linea di mischia 953
linea di modifica 569
linea di pallone morto 950
linea di partenza 935, 982, 1022
linea di partenza degli 800 metri piani 935
linea di partenza dei 100 metri piani e dei 100 metri ostacoli 934
linea di partenza dei 10000 metri piani e della staffetta 4 x 400 metri 935
linea di partenza dei 110 metri ostacoli 934
linea di partenza dei 1500 metri piani 935
linea di partenza dei 200 metri piani 934
linea di partenza dei 400 metri piani, dei 400 metri ostacoli 935
linea di partenza dei 500 metri 1032
linea di partenza dei 5000 metri piani 934
linea di partenza della staffetta 4 x 100 metri 935
linea di piegatura 569
linea di porta 960, 974, 1028
linea di punizione 960
linea di puntamento 1057
linea di restrizione 948
linea di ricezione 964
linea di rimando 943
linea di rullaggio 741
linea di servizio 964, 965, 967
linea di servizio corto 963
linea di servizio lungo 962
linea di sicurezza 715
linea di spezzatura 454
linea di taglio 569
linea di tiro 1009, 1043
linea di tiro libero 957
linea di uscita laterale 951
linea elettrica ad alta tensione 788
linea ferroviaria locale 703
linea isosismica 76
linea laterale 150, 944, 947, 949, 952, 955, 956, 958, 960, 961, 965, 1008, 1014, 1027
linea laterale del doppio 963, 966
linea laterale del singolo 963, 967
linea limite 994
linea mediana 960
linea meridiana 1057
linea neutra 817
linea perimetrale 1070
linea sottomarina 642
linea telefonica 642
linea telefonica/cablata/satellitare 641
linea tratteggiata 658, 659
lineare 111
linebacker centrale 952
linee di costa 70
linee di forza 817
linee di gioco 965
linee ferroviarie principali 703
linfonodi ascellari 230
linfonodi cervicali 230
linfonodi inguinali 230
linfonodi intestinali 230
linfonodi poplitei 230
linfonodi toracici 230
linfonodo, sezione 230
lingala 582
lingua 143, 149, 152, 216, 231, 232, 233, 276
lingua, guaina della 154
lingua biforcuta 154
lingua di cervo 107
lingua di terra 70
lingua glaciale 72
lingue aborigene dell'Australia 583
lingue afroasiatiche 582
lingue amerindie 583
lingue bantu 582
lingue celtiche 583
lingue centrafricane 582
lingue del mondo 582
lingue dell'Oceania 583
lingue germaniche 583
lingue indoeuropee 583
lingue indoiraniche 583
lingue isolate 583
lingue maleopolinesiane 583
lingue papuane 583
lingue romanze 583
lingue sinotibetane 582
lingue slave 583
lingue uralo-altaiche 583
linguella 464
linguetta 435, 450, 459, 484, 561, 652, 1031
linguetta, ago a 571
linguetta a strappo 1045
linguetta con finestra 652
linguettone 1039
lino 123, 424
liquidi utilizzabili 527
liquido 810, 811
liquido cefalorachidiano 224
liquido dei freni, serbatoio del 679
liquido digestivo 103
liquore, bicchierino da 297
lira 561
Lira 23
liscio 111
lisciviazione 98
lista dei vini 291
lista serratura 552
listello 500, 501, 806
listello d'ingresso scorrevole 144
listello di cartonfeltro bitumato 385
listello rompitratta 327
listino, collo a 455
litchi 259
litio 812
litografia 532, 535
litosfera 66, 94
litri erogati 668
littorina 265
Lituania 57, 878
livella a bolla 387
livella del basamento 833
livella fissata all'alidada 833
livellatrice 761
livello 774
livello, vite di 831, 833
livello del mare 66, 67, 79
livello del suolo 771
livello dell'acqua 319, 342
livello dell'acqua, indicatore del 374
livello dell'acqua, selettore del 378
livello di carburante, indicatore del 677
livello inferiore 719
livello superiore 719
livello superiore, dominio di 642
lizza 504
lob wedge 1018
lobato 111
lobo 103, 160, 234
lobo frontale 223
lobo inferiore 214, 215
lobo laterale inferiore 117
lobo laterale superiore 117
lobo medio 214
lobo occipitale 223
lobo parietale 223
lobo superiore 214, 215
lobo temporale 223
lobo terminale 117
locale dei generatori elettrici 899
locale del reattore nucleare 899
locale delle pompe 728
locale macchine 899
locale per la biancheria 854
locale tecnico 663
locali per manutenzione 798
locomotiva 707
locomotiva, sezione 706
locomotiva diesel-elettrica 706
loculo 115
lombata 272, 273, 274
lombatina 274
lombo 168, 193, 195, 273, 274, 275
lombrico 135
longan 258
longherone 746
longherone laterale 691
longherone laterale inferiore 757
longitudine 42
lontra comune 180
lonza 273, 275
loop di punta 1031
lordosi cervicale 204
lordosi lombare 204
lorgnette 481
lorica 883
lotta 991
lotta greco-romana 991
lotta libera 991
lottatore 991, 992, 994, 996
lubrificanti, impianto di produzione dei 782
lubrificazione, sistema di 706
lucchetto 700
luccio 269
luce 24, 25, 28, 33, 478, 594, 595, 716, 737, 739, 748
luce alogena 911
luce anticollisione 746
luce bianca 738
luce della sbarra 713
luce della targa 674
luce di arresto 674
luce di aspirazione 681
luce di ingombro laterale 674, 690, 691
luce di lettura 907
luce di navigazione 727, 747, 753
luce di posizione 674, 707, 911
luce di posizione posteriore 674
luce di retromarcia 674
luce di scarico 681
luce di sicurezza 907
luce gialla 846
luce inattinica 600
luce intermittente 911
luce mobile 606
luce perpetua 872
luce rossa 846
luce rotante 902
luce segnapunti 997
luce solare, misurazione della 84
luce verde 846
luce visibile 821
lucernario 323, 331
lucertola 157
Lucertola 22
luci 372
luci, commutatore delle 696
luci, tecnico delle 543
luci anteriori 674
luci dei goal 1029
luci intermittenti 688
luci pedonali 846
luci posteriori 674, 911
lucidascarpe a batteria 463
lucidaunghie 472
lucido 463
lucido per labbra 474
lucioperca 269
ludo 1063
Luer-Lock, punta 912
lume 209
luminosità, tasto di 621
lumisfera 597
Luna 14, 16, 17
Luna, caratteristiche della 17
Luna, eclissi di 17
Luna, fasi della 17
Luna, orbita della 16, 17
Luna 1 30
Luna calante 17
Luna crescente 17
Luna gibbosa calante 17
Luna gibbosa crescente 17
Luna nuova 17
Luna piena 17
lunetta 459, 505, 946, 956
lunghezza, misura della 833
lunghezza, unità di misura della 835
lunghezza d'onda 821
lunghezza dei punti, regolatore della 566
lunghezza del gradino 335
lunghezza dell'onda 77
lunghezza della punta 1061
lunotto laterale 671
lunula 136, 237
lupino 252
lupo 181
Lupo 21
Lussemburgo 56, 878
luteranesimo 870
lutezio 814
lutz 1031

M

macaco 185
macadamia, noce di 255
macao 163
macchia di fiori 410
macchia oculare 135
macchia solare 16
macchina compatta 592
macchina da caffè a filtro 319
macchina da cucire 566
macchina da maglieria 571
macchina da scrivere elettronica 648
macchina del ghiaccio 291
macchina della polizia 907
macchina di carico 798
macchina di carico-scarico 797, 800
macchina di fabbricazione carta 125
macchina di lancio dei piattelli 1010
macchina di scarico 798
macchina di smistamento 589
macchina di smistamento-posizionamento-annullamento 588
macchina fotografica, corpo della 592
macchina fotografica, vite di fissaggio della 596
macchina fotografica a lastre 591
macchina fotografica digitale 599
macchina fotografica digitale non reflex 592
macchina fotografica reflex 591
macchina fotografica reflex (6X6) 591
macchina fotografica reflex a pellicola 592
macchina fotografica reflex biottica 591
macchina fotografica reflex digitale 593
macchina fotografica usa e getta 591
macchina per espresso 319
macchina per fare la pasta 307
macchina per fototessere 849
macchina per lavare i bicchieri 293
Macchina Pneumatica 21
macchina ultracompatta 592
macchine, locale 899
macchine, sala 728, 730
macchine agricole 765
macchine del caffè 319
macchine fotografiche a pellicola 591
macchine per il caffè 293
macchine pesanti 758
macchinetta 478
macchinista 542
Macedonia 57
machete 886
macinacaffè elettrico 318
macinacaffè manuale 307
macinapepe 307
macinare 307
Mackenzie, Fiume di 47
macrofotografie, lente addizionale per 598
macronucleo 133
macula 238
Madagascar 50, 61, 880
madre 928, 929

maestra, albero di 722, 724
maestra, vela di 725
magazzino 290, 292, 842, 850, 868, 905
magazzino dei surgelati 289
magazzino frigorifero 718
magazzino per l'attrezzatura 900
mage 995
Magellan 30
magenta 821
maggese 243
maggiolino 146
maggiore di 837
maggiore o uguale a 837
maglia 951, 961, 1020
maglia, ferro da 570
maglia, lavoro a 570
maglia a coste 570
maglia del cingolo 895
maglia dentata 417
maglia diritta 570
maglia girocollo 442
maglia rovescia 570
maglie da donna 850
maglie esagonali, reticella metallica a 385
maglieria, macchina da 571
maglietta 935, 940, 945, 946, 954
maglietta alla marinara 440
maglietta intima 449
maglione 442
maglione dolcevita 437
maglione girocollo 437
maglioni 437
maglioni da uomo 851
magma 67, 75
magnesia, polvere di 971
magnesio 812
magnete 817
magnete fermacoperchio 318
magnetismo 817
magnetometro 86
mahi mahi 267
mah-jongg 1066
maiale 172
mais 122, 263
mais, farina di 278
mais, olio di 284
mais, sciroppo di 285
mais: pannocchia 122
mais foraggero 243
maître 290
maiuscola 632
maiuscole, tasto 632, 648
maiuscoletto 586
maiuscolo 586
Makemake 15
malanga 245
Malawi 61, 880
Malawi, Lago 50
Malaysia 881
Maldive 58, 880
Malesia 59
malgascio 583
Mali 60
Mali, Repubblica del 879
malleolo laterale 203
malta 384
Malta 56, 878
malto, aceto di 287
mammella 171
mammiferi carnivori 174, 180
mammiferi insettivori 164
mammiferi marini 182, 183
mammiferi marsupiali 188, 189
mammiferi ungulati 168, 172
mammiferi volanti 186, 187
mammut lanoso 131
mancorrente 662
mandarino 256
mandibola 141, 143, 150, 153, 154, 158, 159, 164, 166, 167, 170, 175, 182, 184, 187, 188, 200, 205
mandolino 561
mandorla 115, 255
mandrino 394, 395
mandrino, chiave del 394
mandrino autoserrante 394
manetta 885
manette, astuccio delle 906
manette di accelerazione dei motori 748
manganello, gancio del 906
manganese 813
mango 259
mangostano 258
mangusta 180
manica 427, 430, 997
Manica, Canale della 49
manica a giro 431, 453
manica a kimono 453
manica a martello 453
manica a pagoda 453
manica a palloncino 453
manica a pipistrello 453
manica a prosciutto 453
manica a tre quarti 453
manica a vento 873
manica ad aletta 453
manica alla raglan 435, 443, 448, 453
manica corta 427
manica da vescovo 453
manica della camicia 453
manica di rifornimento 896
manica pendente 428
manica svolazzante 427
maniche 452
manichetta antincendio 903
manichette, asciugatoio per le 900
manichette, supporto per le 900
manichino da sarta 568
manichino snodabile 526
manico 298, 299, 300, 317, 375, 381, 388, 398, 400, 403, 408, 414, 477, 479, 482, 484, 486, 488, 490, 538, 547, 548, 549, 561, 568, 578, 654, 733, 949, 961, 962, 968, 998, 1001, 1051, 1055
manico a scomparsa 484, 489, 1034
manico della lama 537
manico della manovella 535
manico isolato 404, 405
manicotto 351, 452, 753
manicotto, borsa a 487
manicotto cavo 395
manicotto del cavo 477, 478
manicotto del cordone 394, 396
manicotto di attacco dello scalpello 776
manicotto di bloccaggio 596
manicotto di raffreddamento 891
manicotto di riduzione 351
manicotto inferiore del radiatore 683
manicotto isolante 358
manicure 472
manicure, set per 472
manifesto 544
manifesto della mostra in corso 522
manifesto della mostra successiva 522
maniglia 316, 317, 325, 363, 364, 375, 376, 377, 380, 387, 488, 619, 620, 671, 687, 705, 902, 911, 969
maniglia a crociera 534
maniglia del carrello 571
maniglia della navicella 1049
maniglia della porta 326
maniglia di salita 690
maniglia di sollevamento 892
maniglia di spinta 515
maniglia di traino 488
maniglia di trasporto 489, 491
maniglia fissa 674
maniglia interna 674
maniglia isolata 317
maniglia laterale 716
maniglia per il trasporto 891, 913
maniglia retrattile 489
maniglie, cavallo con 970
manioca 245
manipolazione a distanza, sistema di 35
manipolazione del combustibile 798
mannaia 306
mano 185, 193, 195, 237
mano, ossa della 202
mano, scudo di protezione della 417
mano aperta 1051
manometro 780, 781, 913, 989
manometro alta pressione 407
manometro bassa pressione 407
manopola 336, 350, 376, 464, 475, 695, 697, 884, 1051, 1069
manopola alzacristalli 674
manopola del manubrio 1021
manopola del volume 619, 621
manopola della messa a fuoco 24, 25, 600
manopola della sintonia 620
manopola dell'acceleratore 696
manopola di bloccaggio 392
manopola di bloccaggio del basamento 833
manopola di bloccaggio della lama 393
manopola di controllo 1067
manopola di messa a fuoco manuale 601
manopola di posizionamento del campione 826
manopola di regolazione del condensatore 825
manopola di regolazione del gas 1053
manopola di regolazione del micrometro 833
manopola di regolazione dell'aggetto 397
manopola di regolazione dell'altezza 375
manopola di regolazione della temperatura 577
manopola di regolazione dello schienale 675
manopola di selezione 597
manopola di sgancio del cavo di traino 1048
manopola di sintonizzazione 619
manopola distanziatrice 648
manopola per l'aerazione della cabina 1048
manopola per l'apertura della calotta 1048
manopole 406, 448
manopole di comando dei bruciatori 376
manovella 395, 401, 414, 572, 686, 885, 1060
manovella, manico della 535
manovella d'avvolgimento 387
manovella del supporto 691
manovella della colonna 596
manovella di avviamento 417
manovra, camera di 899
manovra, motore di 37
manque (da 1 a 18) 1068
mansardato, piano 331
mantella 443
mantello 136, 138, 817
mantello, muscoli del 138
mantello d'elica 727
mantello del pistone 682
mantello inferiore 66
mantello superiore 66
mantice 555
mantice a soffietto 560
mantide religiosa 147
manto di usura 658
mantovana 368
manuale 555
manuale, pistoncino del 554
manuale del grand'organo 554
manuale dell'organo espressivo 554
manuale dell'organo positivo 554
manuale di pronto soccorso 915
manuali 554
manubrio 413, 699, 773, 917, 1000, 1001, 1021, 1026
manubrio, attacco del 699
manubrio, manopola del 1021
manubrio rialzato 1020
Maometto 870
maori 583
mappa 63
mappa fisica 45
mappamondo 868
mappe politiche 53
mappe stradali 53
mappe urbane 52
Mar Adriatico 49
Mar Baltico 49
Mar Caribico 44, 47
Mar Caspio 44, 51
Mar Cinese Meridionale 44, 51
Mar Cinese Orientale 51
Mar dei Coralli 52
Mar del Giappone 51
Mar di Barents 46, 49
Mar di Beaufort 46, 47
Mar di Bering 44
Mar di Groenlandia 46
Mar di Norvegia 44, 46, 49
Mar d'Irlanda 49
Mar Glaciale Artico 44, 46
Mar Mediterraneo 44, 49, 50
Mar Nero 44, 49, 51
Mar Rosso 44, 50, 51
maracuja 258
marcatore per orli 568
marcatura, punto di 569
marchio registrato 587
marcia avanti, pedale della 420
marciapiede 323, 410, 703, 715, 724, 742, 846
marciapiede, ingresso al 704
marciapiede, margine del 714
marciapiede dei viaggiatori 704
Marconi, ketch 723
Marconi, vela 723
mare 17, 45, 73
mare, beccaccia di 161
mare, livello del 66, 67, 79
mare, orecchia di 265
mare, passera di 268
mare, pressione a livello del 81
mare, riccio di 135
mare, rondine di 161
mare, tartufo di 265
mare aperto 794
Mare Arabico 51
Mare dei Chukci 46
Mare del Labrador 46
Mare del Nord 44, 49
Mare della Siberia orientale 46
Mare di Kara 46
Mare di Laptev 46
Mare di Tasmania 52
Mare di Weddell 46
Mare Egeo 49
mare-mare, missile 898
margarina 284
margherita 113
margine 111
margine anteriore 136
margine continentale 67
margine del marciapiede 714
margine per la cucitura 569
margine posteriore 136
margini delle foglie 111
Marie Byrd, Terra di 46
marinaio, sacca da 486
Mariner 30
marino 87
marito 929
marittima artica 81
marittima polare 81
marittima tropicale 81
marlin blu 150
marmitta 71, 673
marmotta 166
Marocco 60, 879
marquise, taglio a 469
marra 732
Mars Odyssey 31
Mars Reconnaissance Orbiter 31
marsina 428
marsupio 189, 487
Marte 14, 15
martelletti, barra dei 552
martelletto 552, 553
martelletto, asta del 553
martelletto, barra del 553
martelletto, feltro del 553
martello 235, 405, 937
martello a penna tonda 388
martello da carpentiere 388
martello da falegname 388
martello da muratore 403
martello da rilegatore 538
martello perforatore 772
martello perforatore con servosostegno 772
martello piccozza 1051
martello pneumatico 773
Martin Lutero 870
martin pescatore 161
martinetto 1023
martinetto azionatore dell'ipersostentatore 896
martinetto idraulico 687, 764
martingala 1008
Martinica 54
martora 180
mascara, spazzolino per 473
mascara compatto 473
mascara liquido 473
mascella 143, 150, 153, 154, 158, 159, 166, 167, 175, 182, 184, 200, 205, 232
mascellare 164
mascellare mobile 154
maschera 901, 940, 942, 944, 954, 989, 997, 1029
maschera a pieno facciale bifiltro 909
maschera da saldatore 406
maschera forata 609
maschera per l'ossigeno 911
mascherina 560, 670, 909
mascherina chirurgica 913
mascherina perforata 459
maschile 834
maschio 504, 567
maschio della messa a terra 358
massa 76
massa, morsetto di collegamento a 354
massa, unità di misura della 835
massa d'aria, tipo di 81
massa pendolare 564
massaggiatore 957
massetto 332, 333
massicciata 713
massiccio montuoso 45
mastice di tenuta 347
mastra dell'abitacolo 987
matafione di terzarolo 725
matematica 837
materassi 850, 970
materassino 366, 913, 1054
materassino autogonfiante 1054
materassino isolante 1054
materassino pneumatico 1054
materasso 363, 366
materasso di protezione 1033
materia 810
materia, stati della 810
materia bianca 221, 222, 224
materia grigia 221, 222, 224
materia inorganica 94
materiale antincendio 903
materiale audiovisivo 850
materiale corrosivo 910
materiale esplosivo 910
materiale infiammabile 910
materiale isolante 333, 334, 348, 349, 380, 820
materiale medico, deposito del 923
materiale pulito, ripostiglio del 918
materiale radarassorbente 751
materiale radioattivo 910
materiale sporco, deposito del 921
materiale sporco, ripostiglio del 918
materiale sterile, deposito del 921
materiale tossico 910
materiali da costruzione di base 384
materiali derivati dal legno 386
materiali di rivestimento 385
materiali isolanti 385
materiali metallici, smistamento dei 99
materiali pericolosi 910
matita 585
matita correttrice di pomice 535
matita di ematite 524
matita litografica 535
matita per sopracciglia 473
matita sbiancante per unghie 472
matite colorate 524

matite colorate, disegno a 528
matite per il contorno delle labbra 474
matrice in rilievo 532
matrice incisa 532
matrice piana 532
matrice ungueale 237
matterello 310
mattone 384
mattone forato 384
mattone forato per tramezzo 384
mattone perforato 384
mattone pieno 384
mattone refrattario 336, 384, 577
maturazione 117
maturazione, stadi di 117
maturità 117
Mauritania 60, 879
Mauritius 61
Maurizio 880
mawashi 995
maya 583
mazza 556, 561, 940, 942, 949
mazza da baseball 941
mazza da softball 941
mazze 557
mazze, tipi di 1017
mazzo 250
mazzuolo 388, 531, 533, 1008
meandro 73
meandro abbandonato 73
meandro abbandonato, lago di 73
meato acustico esterno 205, 234, 235
meccanica del pianoforte verticale 553
meccanico 1023
meccanico dello start 1023
meccanismo a scatto 584
meccanismo antiritorno 1059
meccanismo dell'organo 555
meccanismo dell'orologio a peso 829
meccanismo dell'ottava 550
meccanismo di apertura dell'archetto 1060
meccanismo di avvolgimento 371
meccanismo di carica 829
meccanismo di regolazione dell'altezza e dell'inclinazione della lam 393
meccanismo di rilascio della bobina 1060
meccanismo di scappamento 564
meccanismo di spostamento della lama 761
mecchia 394
mecchia a doppia elica 394
mecchia a lancia 394
mecchia a tortiglione 394
mecchia elicoidale 394
mecchie da trapano 394
meda 737
medaglietta 493
medaglione 468
medaglioni 276
mede (regione B) 739
media 998
media tensione, linea di distribuzione a 356
mediano destro 945
mediano di apertura 950
mediano di mischia 950
mediano sinistro 945
medici 996
medicinali, confezioni farmaceutiche di 914
medicinali, scomparto dei 911
medico 920, 990
medico di guardia, ufficio del 918
medico interno 920
medio 237, 586
Mediterraneo, Mar 44, 49, 50
medusa 134
medusa, anatomia 134
medusa, morfologia 134
meganeura 129
megattera 183
megazostrodon 130
meitnerio 813
mela 255
mela, sezione di una 115
mela cotogna 255
Melanesia 52
melanesiano 583
melanzana 248
melario 144
melassa 285
mele, aceto di 287
melissa 262
melodia, canna della 560
melodia, corde per la 560
melograno 258
melone amaro 248
melone giallo canario 257
melone invernale 257
melone mieloso 257
melone Ogen 257
melone retato 257
meloni 257
membrana 557
membrana alare 186
membrana artificiale 927
membrana cellulare 102
membrana interdigitale 152, 160
membrana interfemorale 186
membrana mucosa della vescica 218
membrana nittitante 178
membrana nucleare 102
membrana plasmatica 133
membrana sinoviale 207
membrana testacea 160
membrana vitellina 160
memoria dati 404
memoria dei motivi 571
memorizzazione, tasto 597
memorizzazione, tasto di 623
memorizzazione dei dati, dispositivi di 638
men 995
mendelevio 814
menisco convergente 822
menisco divergente 822
menorah 872
mensa 899
Mensa 20
mensola 336, 513, 548, 791
mensola portaccessori 24
mensola portautensili 409
menta 262, 264
mento 158, 194
mento, protezione per il 901
mentoniera 547, 695
menu 291, 611
menu, pulsante del 593
menu, tasto 622
menu, tasto del 621
men-uchi 995
mercaptano, iniezione 783
merci, area di ricevimento delle 850
merci, banchina di scarico delle 849, 850, 854
merci, scalo 703
mercurio 78, 359, 813
Mercurio 14, 15
mercurio, bulbo di 827
mercurio, colonna di 827
merguez 277
meridiana 828
meridiano celeste 23
meridiano fondamentale 42
meridiano occidentale 42
meridiano orientale 42
meridienne 360
merlano 268
merluzzo 94
merluzzo dell'Atlantico 268
mesa 74
mesenchima 134
mesocarpo 114, 115
mesopausa 79
mesosauro 130
mesosfera 79
mesotorace 141
messa a fuoco, ghiera di 598
messa a fuoco, manopola della 24, 25, 600
messa a fuoco, selettore della 592
messa a fuoco manuale, manopola di 601
messa a terra, cavo di 406
messa a terra, maschio della 358
messa a terra, morsetto di 406
messa in onda, spia luminosa di 604
messaggio precedente 625
messaggio successivo 625
Messico 54, 876
Messico, Golfo del 47
mestichino 525
mestieri 565
mestolo 311
meta, area di 952, 955
meta, linea di 952, 955
metacarpale 202, 208
metacarpale, 2° 186
metacarpale, 3° 186
metacarpale, 4° 186
metacarpale, 5° 186
metacarpo 153, 159, 165, 170, 175, 178, 182, 184, 188, 202
metafisi 199
metal detector a porta 864
metalli 875
metalli alcalini 812
metalli alcalino-terrosi 812
metalli di transizione 813
metalloidi 812
metanolo 784
metatarso 142, 153, 165, 170, 175, 184, 187, 188, 203
metatorace 141
meteore 83
meteorite 18
meteorite ferro-rocciosa 18
meteorite ferrosa 18
meteoriti rocciose 18
meteorologia 79
meteorologia, simboli internazionali 82
meteorologia, strumenti di misurazione 84
metodi di pagamento 860
metodo di stampa in cavo 534
metodo di stampa in rilievo 533
metopa 500
metro 835
metro a nastro 568
metronomo 564
metronomo al quarzo 564
metropolitana 714, 716, 847
metropolitana, stazione della 714, 844
metropolitana, treno della 714
mezza barbetta 82
mezza sfera di sughero 963
Mezzaluna Rossa 882
mezzana, albero di 722, 724
mezzana, tronco di 724
mezzana, vela di 725
mezzana, vela di straglio di 725
mezzanino 714
mezzi integrativi di riscaldamento 340
mezzi occhiali 481
mezzo di pronto intervento 663
mezzo lato 754
mezzo manico 306
mezzoguanto 464
mi 562
micelio 108
microfilamento 133
microfilm, lettore di 866
microfilm, stanza dei 866
microfoni 604, 907
microfono 604, 613, 621, 622, 623, 624, 625, 635, 735, 906, 1048
microfono, presa del 621
microfono dell'interfono 607
microfono dinamico 604
microfono lavalier 604
micrometro, manopola di regolazione del 833
micrometro a vite 832
Micronesia 62, 881
micronucleo 133
microonde 821
microonde, forni a 293
microonde, forno a 316
microscopi 825
Microscopio 20
microscopio binoculare 825
microscopio elettronico, elementi del 826
microscopio elettronico, sezione 826
microscopio monoculare 825
microtelefono 623, 624, 735
microtelefono, cordone del 623
microtubulo 133
microvettura compatta 669
MIDI (cavo di interfaccia digitale per strumenti musicali) 559
midollo 118, 276
midollo osseo 199
midollo renale 219
midollo spinale 149, 152, 220, 221, 224
midollo spinale, struttura del 224
midrange 618
miele 285
miele, cella da 144
mietitrebbiatrice 767
migale del Messico 147
miglio 122, 263
miglio: spiga 122
mignolo 237
mihrab 872
mihrab, cupola sul 872
mille 836
millepiedi 135
milza 149, 152, 155, 169, 230
Mimas 15
minareto 872
minbar 872
minerali 78
minerali puri 78
minestra 292
mini forno 316
mini impianto hi-fi 619
mini sci 1038
miniaspiratutto 374
miniera, esterno della 772
miniera a cielo aperto 771
miniera coltivata con sbancamento 771
miniera di carbone 771
miniera sotterranea 774
minima 563
minima, pausa di 563
minore di 837
minore o uguale a 837
minuscolo 586
minuti, lancetta dei 828, 829
miocardio 213
miometrio 227
miopia 239
mira, cannocchiale di 824
mira, cuneo di 890
mira, tacca di 888, 891, 1011
miraglio 737, 738
Miranda 15
miretta 576
mirino 593, 606, 885, 887, 888, 891, 893, 1009, 1011, 1043
mirino a cannocchiale 887
mirino elettronico 613
mirtillo 254
mirtillo palustre 254
mirtillo rosso 254
miscela, condotto di passaggio della 681
miscela di cinque spezie 261
miscela di manganese (catodo) 820
miscela di sostanze depolarizzanti 820
miscela di zinco ed elettroliti (anodo) 820
miscelare 314
miscelatore 352
miscelatore a cartuccia 350
miscelatore a disco 350
miscelatore a sfera 350
miscelatore per dolci 310
miscelatore vasca/doccia 344
miscelatori 350
miscelatura 125
miscelazione, camera di 407
mischia 952, 953
mischia, linea di 953
mischia spontanea 951
miso 286
missile, struttura di un 894
missile antiaereo 898
missile anticarro 894
missile antinave 894
missile antiradar 894
missile antisommergibile 894, 898
missile aria-aria 894, 896
missile aria-terra 894
missile mare-mare 898
missile terra-aria 894
missili 894
missili, deposito dei 898
missili, principali tipi di 894
Mississippi, Fiume 47
misura degli angoli 833
misura del peso 830
misura del tempo 828
misura della distanza 832
misura della lunghezza 833
misura della temperatura 827
misura dello spessore 832
misuratore di cucitura 568
misuratore per ferri 570
misurazione, pulsante 832
misurazione dell'altezza delle nubi 85
misurazione dell'umidità 85
misurazione della direzione del vento 85
misurazione della forza del vento 85
misurazione della luce solare 84
misurazione della pressione dell'aria 85
misurazione della temperatura 85
misurazione delle precipitazioni 85
misurazione delle precipitazioni nevose 85
misurazione delle radiazioni solari 84
misure di protezione obbligatorie 910
misurini 308
mitilo 265
mitocondrio 102, 133
mitra 337
mitraglia 889
mitragliatrice 895
mitragliatrice leggera 891
mixaggio, accessori 559
mixer audio 608
mobile 609
mobile bar 365
mobile contenitore 645
mobile portaccessori 346
mobili contenitori 364, 645
mobili da lavoro 646
mobili di archivio 645
mobili per bambini 366
mobili per ufficio 645
mocassino 429, 462
mocassino classico 462
modalità d'acquisizione 593
modalità di ascolto, pulsanti 614
modalità di misurazione 593
modalità visiva, pulsanti 614
modanatura 670
modellatore aperto 444
modellatore sgambato 444
modello 536, 569
modello di stazione 81
modem 631, 641, 642
modem cablato 643
moderatore 795, 800, 801
modifica, linea di 569
modifica, tasti 649
modiglione 501
modo di acquisizione 592
modo di esposizione, tasto per il 592
modo di registrazione 613
modo di uscita della copia 647
modo manuale/automatico 577
modulatore della pressione dei freni 679
modulazione dell'altezza e del timbro del suono 558
moduli fotovoltaici 35
modulo abitativo americano 34
modulo degli strumenti scientifici integrato 27
modulo del carico utile 64
modulo del generatore di energia 64
modulo di affrancamento 651
modulo di atterraggio (Viking) 32

modulo di comando 38
modulo di comando del motore 678
modulo di comunicazione 602
modulo di controllo della potenza 678
modulo di discesa 38
modulo di propulsione 602
modulo di servizio 38, 602
modulo di sollevamento a mezzo gas 777
modulo di sperimentazione europeo 34
modulo di sperimentazione giapponese 35
modulo di strumentazione e di propulsione 38
modulo di visualizzazione e controllo 33
modulo logistico per esperimenti 35
modulo logistico per esperimenti pressurizzato 35
modulo lunare 38
modulo orbitale 38
modulo orbitante 32
modulo per esperimenti esterno 35
modulo per la regolazione della carica delle batterie 678
modulo pressurizzato 35
modulo russo 34
modulo sperimentale giapponese 35
moffetta 180
moglie 929
Mohorovicic, discontinuità di 66
mola 396
molare 164, 166, 167
molare, sezione 206
molari 206
molatrice angolare 396
Moldavia 57, 878
mole 835
molecola 810
molecola odorosa 232
molibdeno 813
molla 76, 327, 350, 372, 378, 399, 584, 893, 912
molla, aletta a 390
molla a spirale 371, 828
molla del ventilabro 555
molla dell'acciarino 889
molla della valvola 682
molla dello scappamento 553
molla di richiamo 679
molla di sospensione 706, 829
molla di tensione 567, 677, 1000
molla sturatrice per scarichi 402
molle 309, 337
molle, rete a 363
molle a forbice 1000
molle per chiocciole 309
molle per spaghetti 309
molletta 476
molletta fermavetrino 825
molluschi 136, 265
molo 778, 842
moltiplica, ruota della 1020
moltiplicatore 807
moltiplicatore di focale 598
moltiplicazione 837
moltiplicazione, tasto 649
molto sottile 586
monaco 333
Monaco 56
Monaco, Principato di 878
monarca 147
mondo, climi del 87
mondo, lingue del 582
moneta 860
monete, fessura per l'introduzione delle 1070
monete, fessura per la restituzione delle 1070
monete, slitta delle 1070
mongolfiera 1049
Mongolia 59, 881
mongolo 583
monitor 629
monitor, parete dei 605
monitor cinepresa 607
monitor della pressione sanguigna 913
monitor di anteprima 607, 608
monitor di controllo del regista 543
monitor di programma 607, 608
monitor effetti speciali 607
monitor pressione sanguigna 925
monoblocco 682
monocolo 481
monografie, sezione delle 866
monoscafi 981
monoscì da slalom 988
monosci per figure 988
monoscopio 606
monovolume 669
montagna 71
montagna, climi di 87
montagna sottomarina 67
montagnais 583
Montagne Rocciose 47
montante 324, 327, 332, 333, 409, 454, 503, 514, 538, 572, 671, 751, 792, 969
montante angolare 757
montante d'angolo 332
montante del filetto 1004
montante del morso 1004
montante del telaio 364
montante del timpano 332
montante dell'ala 750
montante della ferratura 325
montante della serratura 325
montante imbottito 957
montante scorrevole 970, 971
montante verticale 361, 364
montatura 470, 480
montatura a ferro di cavallo 28
monte, base 1036
monte di lancio 939
monte di venere 194
monte di Venere 226
Monte Everest 79
Montenegro 57, 878
montgomery 436, 442
Monti Appalachi 47
Monti Carpazi 49
Monti dell'Atlante 50
Monti Transantartici 46
Monti Urali 49
montone 436
monumento 52
moquette 334
mora 254
mordente 563
morena di fondo 72
morena frontale 72
morena laterale 72
morena mediana 72
morena terminale 72
morfologia di un astice 139
morfologia di un cane 174
morfologia di un canguro 189
morfologia di un cavallo 168
morfologia di un delfino 182
morfologia di un gatto 178
morfologia di un gorilla 185
morfologia di un persico 150
morfologia di un pipistrello 186
morfologia di un polpo 138
morfologia di un ragno 145
morfologia di un ratto 165
morfologia di un serpente velenoso: testa 154
morfologia di un uccello 158
morfologia di un'ape: operaia 142
morfologia di una chiocciola 137
morfologia di una conchiglia bivalve 136
morfologia di una conchiglia univalve 136
morfologia di una farfalla 140
morfologia di una rana 152
morfologia di una stella marina 135
morfologia di una talpa 164
morfologia di una tartaruga 155
morfologia di uno squalo 148
morsa 401, 579, 1051
morsa serratubi 401
morsettiera 803
morsettiera di terra 354
morsetto 358, 367, 390, 391, 574
morsetto a C 401
morsetto a mano 534
morsetto dei movimenti azimutali 833
morsetto dell'ago 567
morsetto di bloccaggio della tavola 395
morsetto di collegamento a massa 354
morsetto di messa a terra 406
morsetto di raccordo comune 357
morsetto inferiore della sfera 84
morsetto nero 686
morsetto regolabile 372
morsetto rosso 686
morsetto terminale a spina 683
morso 539, 1004
morso, parti 1004
morso a pompa 1004
morso inglese 1004
morso Pelham con cannone snodato 1004
mortadella 277
mortaio 307, 734, 890
mortaio del XVII° secolo 889
mortaio moderno 892
mortasa 483
morte 834
mosaico 502
mosca 103, 146
Mosca 21
mosca artificiale 1059
mosca tse-tse 146
moschea 872
moschettone 981, 1051, 1061
moschettone a D 1050
moschettone a ghiera 1050
Mosè 870
mosse principali 1065
mostra in corso, manifesto della 522
mostra permanente, stanze della 523
mostra successiva, manifesto della 522
mostra temporanea, stanze della 523
mostre, tabellone d'affissione delle 522
motivi 570
motivi, memoria dei 571
motivo 578
motivo chevron 511
moto da Grand Prix 1024
moto da motocross e supercross 1025
motocicletta 694
motocicletta con telecamera 1020
motocicletta da cross 697
motocicletta da turismo 697
motocicletta di testa 1020
motociclette e ciclomotore 697
motociclismo 1024
motocoltivatore 413
motocompressore, turbina del 680
motofalciatrice 419
motore 32, 342, 378, 379, 380, 389, 392, 395, 398, 408, 411, 413, 419, 421, 695, 764, 767, 776, 895
motore, asse di trasmissione del 315
motore, blocco 314, 315, 318, 374
motore, rivestimento del 417
motore, vano 754
motore, vano del 761
motore, yacht a 729
motore a benzina 673, 678
motore a benzina, sezione 682
motore a due tempi, ciclo del 681
motore a quattro tempi 680
motore a razzo 39, 894
motore del braccio 638
motore del disco 638
motore del ventilatore 338, 343
motore della pompa 345
motore di atterraggio 32
motore di manovra 37
motore di traino, vano del 760
motore diesel 706
motore diesel, ciclo del 681
motore diesel, vano del 759, 760, 761
motore diesel, ventilatore del 706
motore diesel del ventilatore di sostentamento 727
motore diesel di propulsione 727
motore elettrico 339, 417, 419, 678, 683
motore elettrico d'emergenza 899
motore elettrico principale 899
motore fuoribordo 729
motore idraulico 762
motore principale 37
motore rotativo, ciclo del 681
motore turbocompresso 680
motori, tipi di 680
motori a getto, zona di prova dei 897
motori diesel 898
motori diesel, combustibile per 782
motori diesel marini, combustibile per 782
motorino d'avviamento 413, 419
motoscafo da diporto 729
motosega 417
motrice 690, 716, 762
motto 861
mountain bike 701, 1020
mountain bike da cross 701, 1021
mouse, tappetino del 634
mouse laser 634
mouse senza fili 634
movimentazione 754
movimenti azimutali, morsetto dei 833
movimenti del terreno 77
movimenti di un aeroplano 752
movimento, rilevatore di 515
movimento a L 1065
movimento diagonale 1065
movimento orizzontale 1065
movimento orizzontale del suolo 76
movimento verticale 1065
movimento verticale del suolo 76
Mozambico 61, 880
Mozambico, Canale di 50
mozzarella 280
mozzicone 483
mozzo 654, 699, 787, 807, 917
mozzo del rotore 753
mucca 173
mucosa olfattiva 232
muffola 464
muflone 172
mughetto 113
mulinello 1059
mulinello, alloggiamento del 1059, 1060
mulinello a bobina fissa 1060
mulinello a bobina rotante 1060
mulini a vento 806
mulino a balaustra 806
mulino a pilastro 806
mulino a torre 806
mulo 172
multimetro 404
multiscafi 981
municipio 844
munizioni, castello per 895
munster 281
mura fortificate 872
muraglia 1066
murata 724, 729
muratura 402
muro 959, 1002, 1066
muro a secco 385
muro con barriere 1002
muro di fondazione 332, 333
muro di fondo 540, 541
muro di mattoni 384
muro di pietra 384
muro di sponda 785
muro di testata 719
muro in mattoni 333
muschi 106
muschio 106
muschio, struttura di un 106
muschio d'Irlanda 244
muscoli 196
muscoli del mantello 138
muscolo 198, 207
muscolo adduttore anteriore 136
muscolo adduttore posteriore 136
muscolo bulbocavernoso 228
muscolo detrusore 218
muscolo erettore del pelo 236
muscolo liscio 198, 209
muscolo papillare 213
muscolo retto superiore 238
muscolo striato 198
museo 522, 845
museo, negozio del 522
museruola 493, 1004, 1006, 1008
musica 545
musica, aula di 868
musica elettronica 558
muso 152, 164, 168, 174, 178, 185, 189, 746, 1047, 1048
muso abbassabile 751
mussolina 308
muta 989
mutande 434
mutandina 445
mutandina elastica 445
mutandoni 434
muting 616
muto, pulsante 639
mutulo 500
Myanmar 59, 881

N

n. 8 avanti 950
nacchere 545, 557
nahuatl 583
Namaka 15
Namib, Deserto del 50
Namibia 61, 880
nana bianca 18
nana bruna 18
nana nera 18
naos 499
nappa 368
narice 148, 150, 152, 154, 158, 168, 231
narvalo 183
nasale 884
nascita 834
nasello 480
nasello del paramartello 553
nashi 259
naso 165, 167, 168, 194, 231, 1071
naso, dorso del 231
naso, punta del 231
naso, radice del 231
nastratrice 654
nastro 387, 457, 565, 893, 944, 967, 972
nastro, chiave a 403
nastro, fermo del 387
nastro, selettore del 616
nastro adesivo 654
nastro adesivo, chiocciola per 654
nastro bianco 958, 961, 963
nastro centrale 967
nastro di delimitazione 907
nastro di registrazione 616
nastro di Teflon® 402
nastro magnetico 611
nastro trasportatore 99, 742, 771, 773
nastro trasportatore dei bagagli 745
nastro verticale laterale 958
natica 193, 195, 226, 228
NATO 882
Nauru 62, 881
navajo 583
navata centrale 507, 872
navata laterale 507
nave 65
nave appoggio 778
nave cisterna 728
nave da perforazione 726
nave da ricognizione meteorologica 80
nave di perforazione 778
nave per il trasporto delle merci 726
nave portacontainer 718, 726
navetta 573
navetta di salvataggio dell'equipaggio Soyuz 34
navetta per arazzi 573
navetta per il trasbordo dei passeggeri 743, 745

navetta piana 573
navetta spaziale 36, 79
navetta spaziale al decollo 36
navette spaziali 38
navi 726
navi da guerra 897
navicella 807, 1049
navicella, cavi di sospensione della 1049
navicella, maniglia della 1049
navicella, sezione 807
navicella in vimini 1049
navigazione, display di 748
navigazione, luce di 727, 747
navigazione, strumenti per la 734
navigazione, tasti 624
navigazione satellitare, sistema di 735
navone 251
Nazca, placca di 68
nazionalità 971
NEAR Shoemaker 31
nebbia 83, 91
nebulizzatore 415
nebulosa planetaria 18
necroforo 146
necrologia 590
nefridio 139
negativo 600
negozio 844
negozio del museo 522
negozio di abbigliamento 848
negozio di alimentari 288
negozio di animali 848
negozio di articoli da regalo 848
negozio di articoli sportivi 849
negozio di biancheria intima 848
negozio di bricolage 848
negozio di dischi 848
negozio di elettronica 848
negozio di giocattoli 848
negozio di oggettistica 849
negozio di scarpe 849
negozio per la riproduzione delle chiavi 849
nembostrato 82, 88
neo 814
neodimio 814
neon, lampada al 404
Nepal 58, 881
nepente 103
neri 1065
nero 586, 821, 875, 1068
Nero, Mar 44, 49, 51
nervatura 111, 539, 761, 908
nervatura alare 140
nervatura centrale 107, 111, 116
nervi cranici 220, 225
nervi principali 225
nervi spinali 220
nervo ascellare 225
nervo cocleare 235
nervo cutaneo laterale della coscia 225
nervo digitale 225
nervo femorale 225
nervo fibulare comune 225
nervo fibulare profondo 225
nervo fibulare superficiale 225
nervo ileoinguinale 225
nervo ileoipogastrico 225
nervo intercostale 225
nervo mediano 225
nervo olfattivo 232
nervo olfattorio 149
nervo ottico 238
nervo otturatorio 225
nervo radiale 225
nervo safeno 225
nervo sciatico 225
nervo spinale 220, 221, 224
nervo tibiale 225
nervo ulnare 225
nervo vestibolare 235
nervoso, sistema 220
nespola 255
netball 955
nettarina 254
nettunio 814
Nettuno 14, 15
neurone 221
neurone motorio 221
neurone sensoriale 221
neutrone 810
neutrone incidente 811
neutroni, stella di 18
nevato 72
neve 90
neve, cristalli di 90
neve, misurazione delle precipitazioni 85
neve, rovesci di 83
neve acida 98
neve forte continua 83
neve forte intermittente 83
neve leggera continua 83
neve leggera intermittente 83
neve moderata continua 83
neve moderata intermittente 83
nevi perenni 71
nevischio 83, 90
New Horizons 31
newton 835
Nicaragua 54, 876
nicchia 510
nicchia di sicurezza 663
nicchia per la saracinesca 719
nichel 78, 813
nido 144
nido d'ape, sezione 144
Niger 60, 879
Niger, Fiume 50
Nigeria 60, 879
niobio 813
nipote 928, 929
nipoti 928
nipplo 351
Niue 882
nivometro 84, 85
nobelio 814
nocciola 255
nocciola, sezione di una 116
nocciolo 115
nocciolo del reattore 800, 801
noce 119, 255, 571, 885
noce, sezione di una 116
noce del Brasile 255
noce di acagiù 255
noce di cocco 255
noce di cola 255
noce di ginco 255
noce di macadamia 255
noce di pecan 255
noce moscata 260
nodello 168
nodi 1058
nodo 109, 298, 306, 792, 818
nodo a margherita 1058
nodo bocca di lupo 1058
nodo del pescatore 1058
nodo di Ranvier 221
nodo di scotta doppio 1058
nodo di scotta semplice 1058
nodo parlato doppio 1058
nodo parlato semplice 1058
nodo piano 1058
nodo Savoia 1058
nodo scorsoio 1058
nodo semplice 1058
nodo vaccaio 1058
noleggio auto 857
nome comune 834
nome del dominio 642
nome del ginnasta 971
nome del giornale 590
nome del nuotatore 977
nome del titolare 861
nome della stazione 714
nome della valuta 861
non appartiene a 837
non candeggiare 425
non centrifugare 425
non coincide con 837
non metalli 813
non parallelo a 836
nonio 734, 830, 832
nonio, scala graduata del 832
nonna 928
nonni 928
nonno 928
nord 738, 1066
Nord, Mare del 44, 49
nord-est 738
nord-ovest 738
nori 244
normale 586
norvegese 583
Norvegia 46, 56, 878
Norvegia, Mar di 49
notazione degli scacchi 1065
notazione musicale 562
note, valori di durata delle 563
notizie 590
notizie in breve 590
notosauro 130
notte, camicia da 447
nottolino 395
nottolino a scatto 832
nova 18
Novaja Zemlja 46
novità, scaffale delle 867
nube 91
nube a proboscide 89
nube alta, tipo di 81
nube bassa, tipo di 81
nube di ceneri vulcaniche 75
nube di Oort 14
nube media, tipo di 81
nubi 88
nubi, misurazione dell'altezza delle 85
nubi a sviluppo verticale 88
nubi alte 88
nubi basse 88
nubi medie 88
nuca 158, 193, 195
nuclei radioattivi 811
nucleo 16, 18, 19, 102, 133, 221, 226, 810, 887
nucleo, membrana del 102
nucleo, scissione del 811
nucleo cellulare 133
nucleo centrale di argilla 790
nucleo dell'indotto 819
nucleo esterno 66, 817
nucleo fissile 811
nucleo interno 66, 817
nucleolo 102, 226
numeratore 355, 651
numeri romani 836
numero 935, 1068
numero atomico 812
numero del binario 704
numero del giocatore 954, 956, 1028
numero dell'utente 355
numero della camera 855
numero della carta 861
numero della pompa 668
numero delle copie 647
numero delle righe, display del 571
numero di autostrada 53
numero di corsa 1007
numero di corsia 1043
numero di gara 1025
numero di serie 861
numero di strada 53
nuora 928
nuotatore, nome del 977
nuoto 975
nuoto, stadio per il 932
nuoto, stili di 975
Nuova Caledonia 52, 62
nuova pianta 104
Nuova Zelanda 52, 62, 881
nuovo shekel 860
Nuovo Testamento 870
nuvola 79
nuvole 82
nuvole, assorbimento attaverso le 96
nuvole, parete di 89
nuvolosità 82
nylon 424

O

oasi 73, 74
Oberon 15
obi 993, 996
obice moderno 892
obiettivi 598
obiettivo 24, 592, 594, 597, 598, 601, 622, 635, 636
obiettivo, accessori dell' 598
obiettivo, coperchio di protezione dell' 598
obiettivo, lente 824
obiettivo, pulsante di sblocco dell' 592
obiettivo di ingrandimento 600
obiettivo grandangolare 598
obiettivo macro 598
obiettivo normale 598
obiettivo supergrandangolare 598
obiettivo zoom 598
obliquo esterno 196, 197
oblò 730
oboe 550
oboi 545
oca 163, 271
oca, uovo di 270
occhi, trucco per gli 473
occhiali 480, 481, 1020, 1037, 1038, 1046
occhiali, accessori 480
occhiali, astuccio per 485
occhiali, mezzi 481
occhiali, parti degli 480
occhiali a forbice 481
occhiali da sole 481
occhiali da sole clip-on 480
occhiali di protezione 406, 964, 965
occhiali di protezione con ripari laterali 908
occhiali di protezione panoramici 908
occhiali protettivi 1011, 1020, 1025
occhialini da nuoto 976
occhielli 567
occhiello 435, 450, 459, 486, 573, 590, 1031, 1050, 1061
occhiello diritto 567
occhiello per la tracolla 593
occhiello rotondo 567
occhio 89, 137, 138, 139, 145, 154, 155, 164, 167, 174, 178, 182, 194, 238, 388, 585, 1004, 1005
occhio, parete dell' 89
occhio composto 140, 142, 143
occhio di controllo 713
occhio semplice 141, 143
occhiolo 367
occhione 892
occhione, braccio d'attacco dell' 892
occhione di traino 686
occipitale 197
Oceania 44, 62, 881
Oceania, lingue dell' 583
oceano 17, 45, 95
Oceano Atlantico 44, 46, 49, 50
Oceano Indiano 44, 46, 50, 51, 52
Oceano Pacifico 44, 46, 51, 52
oculare 24, 25, 594, 613, 824, 825
oculo 508
odometro 832
offerta, prodotti in 289
officina di riparazione dei locomotori diesel 703
officina meccanica 668, 708
officina riparazioni 772
Ofiuco 21, 23
oftalmologia, sala di 919
oggetti smarriti 857
oggettistica 850
ogiva 749, 787
ohm 835
Oka 281
okapi 173
olandese 583
olecrano 170, 201
oleodotto 780
oleodotto di spedizione 777
oleodotto di superficie 780
oleodotto sottomarino 780
olfatto 231
oli 284
oliatore 772, 773
olii lubrificanti 782
olio, colore a 525
olio, pastelli a 524
olio, pittura a 528
olio, tappo di scarico dell' 682
olio combustibile leggero 782
olio combustibile per stufe 782
olio combustibile pesante 782
olio d'oliva 284
olio di arachidi 284
olio di frittura riciclato 784
olio di mais 284
olio di semi di girasole 284
olio di semi di lino 527
olio di semi di soia 284
olio di sesamo 284
olio vegetale 123, 784
oliva 248
oliva, olio d' 284
oliva auricolare 912
olivetta 436
olivo 120
olmio 814
olmo 120
oloturia 135
Oman 58, 880
Oman, Golfo di 51
ombelico 72, 192, 194
ombelico inferiore 158
ombelico superiore 158
ombra 828
ombreggiatura 575
ombrella 112, 134
ombrello 490
ombrello a bastone 490
ombrello pieghevole 490
ombretto 473
omero 153, 159, 164, 165, 170, 175, 182, 184, 187, 188, 200, 207
omero, testa dell' 201
onda 821
onda, altezza dell' 77
onda, fondo dell' 77
onda, lunghezza d' 821
onda, lunghezza dell' 77
onda d'urto 775
onda sismica 76
onda sismica, propagazione 76
onde, direzione 77
onde hertziane, trasmissione a 602
onde radio 821
onde ultrasonore, emissione di 65
onori supremi 1066
ONU 882
Oort, nube di 14
opale 470
Opera 844
opera morta 981
operatore console luci 605
operazioni di base 649
opercolo 103, 150, 153
opilione 147
opistodomo 499
opossum 189
orangotango 185
orari 704
orari, tabellone degli 704
orata 267
orbicolare 111
orbicolare della bocca 196
orbicolare dell'occhio 196
orbita 154, 159, 175, 182, 184, 188
orbita dei satelliti 86
orbita della Luna 16, 17
orbita della Terra 16, 17
orbita geostazionaria 86
orbita polare 86
orbiter 36, 37
orca 183
orchestra 498

orchestra sinfonica 545
orchidea 113
ordinata rinforzata 729
ordine 132
ordine corinzio 501
ordine dorico 500
ordine ionico 500
ordito 569, 572, 573
ordito, fili dell' 575
ordito, subbio dell' 572
ordito alto, telaio a 573
orditoio 574
Ordoviciano 128
ore, lancetta delle 829
orecchia di mare 265
orecchie, tappi per le 908
orecchini 468
orecchini a clip 468
orecchini a perno 468
orecchini a vite 468
orecchini ad anello 468
orecchini pendenti 468
orecchio 167, 174, 178, 186, 192, 732
orecchio, struttura dell' 235
orecchio di Giuda 244
orecchio esterno 234
orecchio interno 234
orecchio medio 234
orecchione 890
organi di senso 231, 234, 236, 238
organi di trasmissione 700
organi genitali femminili 226
organi genitali maschili 228
organismi autotrofi 94
organismi decompositori 94
organismi eterotrofi 94
organismi unicellulari 133
organizzatori, uffici degli 853
organizzazione culturale 643
Organizzazione del Trattato Nord Atlantico 882
Organizzazione della Conferenza Islamica 882
Organizzazione delle Nazioni Unite 882
Organizzazione delle Nazioni Unite per l'Educazione, la Scienza e la Cultura 882
organizzazione governativa 643
Organizzazione Internazionale della Francofonia 882
organo, meccanismo dell' 555
organo di raccordo 690
orientamento, tasto 735
Oriente, scisma d' 870
orifiamma 873
orifizio della sacca copulatoria 141
orifizio escretore 137
orifizio genitale 137
orifizio ureterico 218
orifizio uretrale 228
origano 262
origine 198
origine degli alimenti 242
origine delle specie 128
origine immagini 599
Orinoco, Fiume 48
Orion 38
Orione 21, 22
orlatura a stella 887
orlo 457, 569
orlo esterno 171
orlo interno 171
ormeggio, catena di 737
ormeggio, verricello di 729
ornamento di prua 722
oro 78, 813, 875
orologi 851
orologio 604, 607, 868, 1008
Orologio 20
orologio a pendolo 829
orologio a peso, meccanismo dell' 829
orologio analogico 828
orologio contaminuti 316
orologio digitale 828
orologio meccanico 828
orologio per la timbratura dei cartellini 650
Orsa Maggiore 23
Orsa Minore 22
orso bruno 181
orso nero 94
orso polare 94, 181
ortaggi da bulbo 245
ortaggi da foglia 246
ortaggi da frutto 248
ortaggi da fusto 250
ortaggi da radice 251
ortaggi da tubero 245
ortica 247
orto 243, 322
ortocera 128
orzo 122, 263
orzo: spiga 122
osculo 134
oscurità 739
osmio 813
ospedale 845, 856, 918
ospite 475
ossa, tipi di 199
ossa della mano 202
osservatore 973
osservatorio astronomico 28
osservatorio astronomico, sezione 28
osservazione, finestrino di 37
osservazione, punto di 28
osservazione, stanza di 918, 922
osservazione astronomica 20
osservazione psichiatrica, stanza per 918
ossicini dell'udito 235
ossido d'azoto, emissione di 98
ossigeno 95, 813
ossigeno, *presa dell' 920
ossigeno, bombola d' 407
ossigeno, leva di regolazione dell' 407
ossigeno, produzione di 102
ossigeno, regolazione della pressione dell' 33
ossigeno, valvola dell' 407
ossigeno liquido, serbatoio dell' 39
osso 207
osso alveolare 206
osso compatto 199
osso corto 199
osso frontale 175, 200, 205
osso irregolare 199
osso lungo 199
osso lungo, struttura di un 199
osso nasale 205, 232
osso occipitale 175, 201, 205
osso parietale 175, 201, 205
osso piatto 199
osso sesamoide falciforme 164
osso sfenoide 205
osso spugnoso 199
osso temporale 200, 205
osso zigomatico 200, 205
ossobuco 272, 273
ostacoli 1002, 1025
ostacolo 934
ostacolo d'acqua 1016, 1017
ostacolo per corsa a siepi 934
osteone 199
ostrica 265
ostriche, coltello da 306
ostriche, forchetta da 300
otolito 149
otorinolaringoiatria, sala di 919
ottaedro regolare 839
ottagonale, taglio 469
ottagono regolare 839
Ottante 20
ottava 562, 998
ottava, meccanismo dell' 550
ottavino 545, 550
ottico 849
otto con 985
ottone 78
ottoni, famiglia degli 545
otturatore 629
otturatore, leva di manovra dell' 892
otturatore a tendina 594
ovaia 226, 227, 229
ovale, taglio 469
ovario 104, 112, 141, 145
ovata 111
ovest 738, 1066
ovidotto 141, 145, 155
ovile 243
ovolo 333
ovolo buono 244
ovotestis 137
ovulo 104, 112, 226
oxer 1002, 1003
ozono, strato di 79

P

pacchetto 295
pacchetto, tenda a 371
pacco batteria 595
pacco postale 589
pacemaker artificiale 927
Pacifico, Oceano 44, 46, 51, 52
Pacifico, placca del 68
Pacifico, salmone del 268
paddock 1006
padella 1055
padella doppia 313
padella per crêpe 313
padella per friggere 313
padella per rosolare 313
padiglione 235, 469, 554, 844
padiglione auricolare 165, 189, 234
padre 928, 929
paese 53, 842
Paesi Bassi 56, 878
pagaia a doppia pala 987
pagaia a pala singola 986
pagamento elettronico, terminale per il 289
pagina precedente 633
pagina successiva 633
paglia, spargitore di 767
pagliaccetto 428, 444, 449
paglietta 457
pagoda 513
pagoda, manica a 453
pak-choi 246
Pakistan 58, 880
pala 342, 379, 787, 806, 807, 942, 984, 989, 1030
pala ausiliaria 806
pala caricatrice, braccio della 759
pala caricatrice, cilindro della 759
pala caricatrice anteriore 759
pala caricatrice posteriore 759
pala con raschietto 421
pala con slitta 421
pala da neve 421, 1051
pala del rotore 753
pala del timone 728
pala dell'altare 871
pala della girante 787, 794
pala direttrice 787
pala meccanica 771
palafitta 520
palanchino 388
palatino 167
palato duro 231, 232
palato molle 231, 232
Palau 62, 881
palazzetto dello sport 932
palazzo dei congressi 845, 852
palazzo di giustizia 844
palazzo in condominio 521
palazzo residenziale 504
palchetto 541
palcoscenico 498, 540, 541
Palestina 882
palestra 730, 865, 868, 900, 932
palestra, ufficio della 868
palestra da casa 1001
paletta 299, 311, 337, 381, 493, 548, 549, 1005, 1051, 1061
paletta di carico 754
paletta di carico a cassa 754
paletta di carico a due piani 754
paletta di carico a un piano 754
paletta di carico ad alette 754
paletta riempigiunti 403
palettatura dello statore esterno 749
palettatura dello statore interno 749
palette di carico 754
palette di carico, carrello a forca per 755
palette di carico, carrello a piattaforma per 755
palette di carico, carrello idraulico per 755
paletto 966, 990, 1052
paliotto 871
palizzata 504
palla 426, 889, 890, 940, 941, 942, 944, 964, 968, 972, 1017
palla cava 889
palla da allenamento 965
palla da baseball, sezione 941
palla da gara 965
palla da lacrosse 949
palla da polo 1008
palla di filo 941
palla di protezione 985
palla di sughero 941
palla ginnica 1000
palla ovale 951, 954
palla ramata 889
pallacanestro 956
palladio 813
pallamano 960
pallanuoto 974
pallavolo 958
palle 965
palleggio 959
pallet rimovibile 536
pallina 961, 1069
pallina d'avorio 1068
pallini 887
pallino 1014
palloncino, calzoni a 428
palloncino, manica a 453
pallone 124, 815, 946, 955, 956, 958, 959, 960, 974, 1049
pallone di ventilazione 911
pallone sonda 80
pallone-sonda 85
pallonetto 967
pallottola 887, 889
pallottoline di neve 90
palma 119
palmare breve 196
palmare lungo 196
palmata 111
palmeto 74
palmetta 360
palmo 164, 237, 464
palmo del guanto 464
palo 610, 713, 874, 953, 958, 963, 974, 1008
palo con canestro 955
palo di distanza 1006
palo di foul 939
palo frontale 1053
palombo liscio 266
palpebra 155
palpebra inferiore 152, 178, 238
palpebra superiore 152, 178, 238
palpo 136
palpo labiale 140, 143
pampino 117, 247
pan brioche 279
panama 457
Panama 54, 876
panca 871, 1001, 1005
panca degli ufficiali di gara 1029
pancetta 277
panchina 361, 715, 849, 911, 947, 974
panchina dei giocatori 938, 945, 953, 955, 958, 960, 1028
panchina delle penalità 1029
panciera 445
panciotto 428
panciotto lungo 428
pancreas 152, 159, 216, 229
pane 123, 278, 292
pane, coltello da 306
pane, guida per il 316
pane, stampo per 317
pane azzimo 278
pane bianco 279
pane chapati 278
pane d'argilla 576
pane di mais 279
pane di segale danese 278
pane di segale tedesco 279
pane ebraico 279
pane greco 279
pane in cassetta 279
pane integrale 279
pane irlandese 279
pane multicereali 279
pane naan 278
pane nero di segale 279
pane pita 278
panetteria 289, 849
pangolino 164
panieri, abito con 427
panna 280
panna acida 280
panna da montare 280
pannelli di vetro 736
pannelli isolanti 385
pannello 325, 370, 445, 529, 674
pannello anteriore 343, 637
pannello dei collegamenti elettrici 608
pannello dei collegamenti video 608
pannello dei comandi 343
pannello dell'anta 364
pannello di accesso 338, 348
pannello di assorbimento dei bassi 605
pannello di comando 342, 637, 647, 706, 826, 902
pannello di compensato impiallacciato 386
pannello di connessione 636
pannello di controllo 317, 636, 637, 924
pannello di copertura 670
pannello di distribuzione 354
pannello di funzionamento 519
pannello di mezzo 325
pannello di particelle 386
pannello di particelle laminato in plastica 386
pannello di protezione 697
pannello di truciolato 386
pannello di truciolato forato 386
pannello di truciolato grezzo 386
pannello divisorio 484, 489
pannello fotovoltaico 737, 803
pannello laminato in legno 386
pannello mobile 644, 645, 853
pannello solare 27, 32, 64, 86, 602
pannello solare, comando del 86
pannello solare ad aria calda 805
pannello solare termico 805
pannello superiore degli interruttori 748
panno 1012
panno pulisci-occhiali 480
pannocchia 122
pannolino 449
pannolino usa e getta 449
pantaloncini 935, 945, 946, 951, 956, 990, 999, 1020
pantaloncini da ciclista 450
pantaloncini da corsa 450
pantalone, parti 432
pantaloni 432, 433, 441, 451, 850, 940, 954, 992, 1025, 1028, 1051
pantaloni a sigaretta 441
pantaloni a zampa di elefante 441
pantaloni alla pescatora 441
pantaloni alla zuava 441
pantaloni capri 441
pantaloni cargo 441
pantaloni convertibili 433
pantaloni da cavallo 1003
pantaloni felpati 451
pantografo 606, 707, 717
papaia 259
papalina 457
papavero 113, 116

papavero, semi di 261
papilla circumvallata 233
papilla filiforme 233
papilla fungiforme 233
papillon 431
papiro 584
paprika 261
Papua Nuova Guinea 62, 881
Papuasia-Nuova Guinea 52
parabraccia 954, 1030
parabrezza 670, 690, 695, 697, 746, 748, 750, 1026
paracadute 519, 896, 1046
paracadute, valvola del 1049
paracadute del booster 36
paracadute di riserva 1046
paracadute principale 1046
paracadutismo 1046
paracadutismo in caduta libera 1046
paracadutista 1046
paracoccige 954
paracollo 954, 1030, 1032
paracolpi 964
paracolpi di gomma 1069
paracosce 954
paracostole 954
paradenti 954, 991
paradita 1009
parafango 670, 671, 690, 698, 764
parafango anteriore 695
paraffine 782
parafianchi 954
parafulmine 323, 786, 793, 807
parafuoco 337
paragambe 1029
paraglomo 1007
paragola 940, 1030
paragomiti 1030
paragomito 954
paragrilletto 887
Paraguay 55, 876
paralama 392, 393
paralama inferiore 392
paralama inferiore, leva per togliere il 392
paralama superiore 392
parallele 971
parallele asimmetriche 970
parallelepipedo 839
parallelo 42
parallelo a 836
parallelogramma 839
paraluce 24, 598, 734
paralume 372
paramano 1025
paramartello 553
paramartello, nasello del 553
paramecio 133
paramento a monte 791
paramento a valle 791
paramezzale centrale 729
Paranà, Fiume 48
paraneve 1026
paranocca 1008
paranocche 1003
paraocchi 1007
paraorecchie 465, 1011
parapendio 1047
parapetto 335, 504, 505, 660, 706
parapetto, pilastro del 335
parapunta 940
paraschizzi 492
parascintille 411
parasole 491, 686
parasole, aletta 676
paraspalle 954, 1030
paraspruzzi 781, 987
parastinchi 940, 945, 946, 994, 1030, 1032, 1037
paratia longitudinale 728
paratia trasversale 728
paratiroide 229
paratoia 786
paratoia della chiusa 788
paratoia dello sfioratore 785
paratrucioli 393
paraurti 690, 691, 697
paraurti anteriore 917, 1035
paraurti posteriore 697, 1026, 1035
paravento del bruciatore 1049
parcheggio 703, 718, 742, 842, 847, 869, 1036
parcheggio per le biciclette 869
parco 52, 845
parco nazionale 53
parenchima corticale 110
parentela, vincoli di 928
parentesi 587
parentesi graffe 587
parentesi quadre 587
pareo 429
parete 17, 114, 171, 324, 1052
parete, lampada da 373
parete, lampione da 373
parete anteriore 691, 964
parete artificiale di arrampicata 1050
parete cellulare 102
parete dei monitor 605, 607, 608
parete dell'occhio 89
parete della qibla 872
parete di arrivo 976
parete di calcestruzzo 805
parete di nuvole 89
parete di virata 975, 977
parete frontale 965
parete inferiore 781
parete laterale 691, 719, 757, 781, 964, 965, 977
parete posteriore 964, 965
parete superiore 781
pareti di vetro, custodia a 831
pari 1068
parietale 154, 165
parigina 708
parigina, cabina di controllo della 708
paripennata 111
parka 436, 442
parlatorio 864
parmigiano 281
parquet 333, 334, 965
parquet, tipi di 334
parquet a listelli 334
parquet a listoni 334
parquet a mosaico 334
parquet a spina di pesce 334
parquet a tessitura di vimini 334
parquet Arenberg 334
parquet Chantilly 334
parquet su sottofondo di cemento 334
parquet su struttura lignea 334
parquet Versailles 334
parrocchetto, albero di 724
parrocchetto fisso 725
parrocchetto volante 725
parrucchiere 542, 848
parrucchiere, forbici da 477
parte anteriore del quartiere 450, 459
parte inferiore del tronco 118
parte intermedia 228
parte piatta 570
parte superiore del collo 454
parte superiore dell'intelaiatura 327
parte terminale 228
partenza 1002, 1035, 1037
partenza, *piazzola di 1017
partenza, area di 1025
partenza, boe di 984
partenza, gabbia di 1006
partenza, griglia di 1022, 1025
partenza, piazzola di 1016
partenza, pontile di 984
partenza, posizioni di 991
partenza, pulsante di 828
partenza, zona di 984
partenza a dorso 975
partenza con vento contrario 982
partenza della funivia 1036
parti boccali 142
parti degli occhiali 480
parti dell'arma 998
parti della bandiera 873
parti di una imbarcazione 984
parti di una scarpa 459
partito 874
partizioni 874
pascal 835
pascolo 243
passacavo 981
passacinghia 1056
passaggio 949
passaggio a livello 667, 703, 713
passaggio a livello, segnale di 713
passaggio a livello con barriere 665
passaggio pedonale 846, 848
passamontagna 458, 1051
passante 431, 432, 437
passante del cinturino 435
passante della cintura 435
passascotte 981
passata di pomodoro 286
passavanti 729
passaverdure 307
passe (da 19 a 36) 1068
passeggeri, carrozza 716
passeggeri, sala 727, 730, 731
passeggeri, treno 704
passeggiata, ponte di 730
passeggino 491
passera di mare 268
passerella 504, 540, 715
passerella di imbarco 741
passerotto 162
passività, zona di 991
passo 71, 168
passo alternato 1042
passo d'ordito, bacchetta per il 573
passo d'uomo 781
passo pattinato 1042
pasta 123, 282
pasta, macchina per fare la 307
pasta di tamarindo 286
pasta wonton 283
pastelli a cera 524
pastelli a cera, disegno a 528
pastelli a olio 524
pastelli a olio, disegno a 528
pastelli morbidi 524
pastelli secchi, disegno a 528
pastello litografico 535
pasticceria 849
pastiglia 679
pastiglia di combustibile 799
pastinaca 251
pastoia 168, 1007
pastoia, cinghia della 1007
pastore tedesco 177
Patagonia 48
patata 245
patata americana 245
patch rack 604
patella 170, 265
patera 360
paterazzo 724
Pathfinder 31
patio 322, 328, 410
patio, porta del 329
patta 432
patta di abbottonatura 431
patta di chiusura 1056
pattinaggio artistico 1031
pattinaggio di velocità 1032
pattinaggio in linea 1045
pattinatore 1032, 1045
pattini per velocità 1033
pattino 421, 753, 763, 1028, 1034
pattino, colpo di 1042
pattino a rotelle 1045
pattino acrobatico 1045
pattino ad incastro 1033
pattino anteriore 1034
pattino da hockey 1045
pattino da short track 1033
pattino da velocità 1045
pattino del giocatore 1030
pattino del portiere 1030
pattino di coda 753
pattino distanziatore 799
pattino mobile 1035
pattino per pattinaggio artistico 1031
pattino posteriore 1034
paupiette 276
pausa 615, 633
pausa, tasto 559
pausa, tasto di 616
pausa di biscroma 563
pausa di croma 563
pausa di minima 563
pausa di semibiscroma 563
pausa di semibreve 563
pausa di semicroma 563
pausa di semiminima 563
pause, valori di durata delle 563
pavese 873
pavimenti, spazzola per 375
pavimento 337, 964
pavimento, rivestimenti in tessuto per 334
pavimento della cabina 519
pavoncella 162
pavone 162
Pavone 20
paziente 920
pecari 172
pecora 172
pecorino romano 281
pedale 548, 554, 556, 698, 700, 935, 1001, 1020
pedale, comando a 566
pedale, leva del 552
pedale, pistoncino del 554
pedale ad ampio appoggio 1020
pedale degli effetti 549
pedale del cambio 696, 697
pedale del crescendo 554
pedale del freno 420, 672, 676, 679, 1039
pedale del freno posteriore 694, 696
pedale del piano 552, 558
pedale del timone 1048
pedale dell'acceleratore 676
pedale della frizione 676
pedale della marcia avanti 420
pedale della retromarcia 420
pedale della sordina 552
pedale di regolazione 526
pedale di risonanza 552, 558
pedale di sollevamento 917
pedale senza fermapiedi 1020
pedali d'espressione 554
pedaliera 554
pedana 970, 1026
pedana del guidatore 696
pedana del lanciatore 939
pedana del passeggero 694, 696
pedana di lancio 934, 935
pedana di tiro 1010
pedana elastica 969
pedana per il corpo libero 970
pedane 1021
pedane di rincorsa 970
pedata 335
pedice 586
pedicello ambulacrale 135
pediera 363
pedina 1063, 1064
pedine 1063
pedipalpo 145
pedivella 700
pedivelle albero delle 700
pedometro 832
pedone 1065
pedula 450, 462
peduncolo 107, 112, 114, 115, 117
Pegaso 22
pelanda 428
peli assorbenti 110
peli radicali 105, 109
pelle 236
pelle, laccio di 432
pelle armonica 561
pelle da legatura 539
pelle di camoscio 463, 472
pellegrina 443
pelletteria 848
pelletteria, articoli di 484
pellicano 161
pellicce 875
pelliccia 165, 185, 189
pellicola d'alluminio 294
pellicola in rotolo 591
pellicola plastica, condensatore a 820
pellicola sigillata a caldo 294
pellicola trasparente 294
pellicole 591
pelo 164, 167, 178
pelo sensibile 103
peltata 111
pelvi 170
pelvi renale 219
pelvi vestigiale 182
penalità 933
pendenti 468
pendolo 829
pendolo, asta del 564, 829
pendolo, lente del 829
pendolo, orologio a 829
pene 137, 192, 228
penisola 45
Penisola Antartica 46
Penisola Arabica 51
Penisola Balcanica 49
Penisola Coreana 51
Penisola dello Yucatan 47
Penisola di Camciatca 51
Penisola di Kola 49
Penisola Iberica 49
Penisola Scandinava 49
penna 538
penna a sfera 584
penna con pennino metallico 585
penna copritrice 158
penna d'oca 584
penna del contorno 158
penna stilografica 585
penna timoniera 158
penna tonda 388
pennarello 524
pennatifida 111
penne 282, 1059
pennellino per labbra 474
pennello 408, 525, 534, 873
pennello, spazzola a 375
pennello a ventaglio 473, 525
pennello da barba 479
pennello da cipria in polvere 473
pennello da fard 473
pennello per dolci 310
pennello per scrivere 584
pennello piatto 525
pennello sumi-e 525
pennino 76, 524, 585
pennone 724
pennone di controbelvedere, braccio del 725
pensile 296
pensilina 703, 846
pentagono regolare 839
pentagramma 562
pentaprisma 594
pentola 313
pentola a pressione 312
pentola a vapore 313
pentola a vapore elettrica 317
pentola elettrica 317
pentola per cucinare a bagnomaria 313
pentola per cuscus 313
pentole, lavandino per le 291
pepaiola 302
pepe bianco 260
pepe della Giamaica 260
pepe macinato 261
pepe nero 260
pepe rosa 260
pepe verde 260
peperoncino 248, 261
peperoncino di cayenna 261
peperoncino in polvere 261
peperoncino rosso 261
peperoncino secco 261
peperoncino tritato 261
peperone giallo 248
peperone rosso 248
peperone verde 248
pepino 259
peplo 426

per aprire 307
per il conteggio 649
per misurare 308
pera 255
pera, taglio a 469
percento 837
percentuale, tasto 649
percorso, arbitro di 984
percorso, boe di 984
percorso da golf 1016
percorso di evacuazione 663
percorso di regata 982
percussione, barra di 903
percussione, strumenti a 545, 556
percussore 893
peretta per ingrassare 309
perforatore 394, 655
perforazione off-shore 778
pergola 410
pericarpo 116
pericolo 738
pericolo, area di 996
pericolo, zona di 995
periodici, sala dei 867
periodici, scaffale dei 867
periodo 739
periostio 199
periscopio 38, 895
periscopio di attacco 899
periscopio di esplorazione 899
peristilio 499, 502
peristoma 103, 133
peritoneo 226, 228
perizoma 426, 445
perlina di cristallo 373
Permiano 130
pernice 163, 271
perno 405, 477, 479, 483, 527, 553, 564, 568, 734, 816, 1057
perno, orecchini a 468
perno centrale 617
perno centrale a quattro manubri 1068
perno della cartuccia 350
perno di agganciamento 691
perno di ancoraggio 679
perno di incernieramento 760
perno di incernieramento del gancio di trazione 709
perno di incernieramento della pala caricatrice 759
perno oscillante 677
pernottamento 857
perone 200, 203, 207
peroneo lungo 196
perpendicolare 836
Perseo 22
persiana 327
persiana di ventilazione 343
persiano 179, 583
persico 149, 269
persico, anatomia di un 149
Persico, Golfo 51
persico, morfologia di un 150
persico trota 269
personale, ingresso del 864, 869, 904
personale, sala del 904
personale, spogliatoio del 904
personale, stanza del 919
personale ausiliario di produzione 605
personale viaggiante, stanza del 705
Perù 55, 876
Perù-Cile, Fossa 69
pesalettere 651
pesca 242, 254, 1059
pesca, abbigliamento 1061
pesca, sezione di una 115
pesca a mosca 1059
pesca al lancio 1060
pesca subacquea 989
pescatora, pantaloni alla 441
pesce 289
pesce, coltello da 298
pesce, forchetta da 300
pesce, modi di presentazione 270
pesce, piatto per il 303
pesce affumicato 270
Pesce Australe 20
pesce cappone 267
pesce discus 151
pesce gatto 151
pesce in scatola 270
pesce lanterna 151
pesce luna 150
pesce marinato 270
pesce pagliaccio 150
pesce palla 151
pesce pappagallo 151
pesce rospo 267
pesce rosso 150
pesce salato 270
pesce San Pietro 268
pesce spada 151, 267
Pesce Volante 21
peschereccio 728
Pesci 22
pesci cartilaginei 148
pesci di mare 266
pesci d'acqua dolce 269
pesci ossei 149, 150
pesciera 312
pesi 1001
peso 752, 829, 830, 831, 860, 937, 1000
peso, misura del 830
pestello 307
pesticida 97, 98
petalo 112
pétanque 1014
Peter Pan, collo alla 455
petroliera 718
petrolio 95, 775, 776, 779, 783
petrolio ed acqua caldi 779
petrolio greggio 782
pe-tsai 246
pettine 265, 572, 573, 767
pettine, ganci del 573
pettine a coda 476
pettine a forchetta 476
pettine afro 476
pettine da barbiere 476
pettine del polline 142
pettine per cotonare 476
pettine rado 476
pettini 476
pettinino per ciglia e spazzolino per sopracciglia 473
pettirosso 162
petto 158, 168, 272, 273, 274, 884
petto, imbottitura per il 944
petto, protezione del 1009
petto arrotolato 274
pettorale 572, 1003
pettorina 427, 448, 449
pettorina del portiere 1030
pettorina di protezione 940
pezze onorevoli 874
pezzi 272, 273, 274, 275
pezzi degli scacchi 1065
Phoenix 31
phylum 132
pi greco 836
pia madre 224
pialla 397
pialla elettrica 397
pialla lunga 397
piana da dilavamento glaciale 72
piana inondabile 73
pianale 917
pianella 462
pianerottolo 330, 335
pianeti 14
pianeti esterni 14
pianeti interni 15
piano 362, 534, 535, 806, 1044
piano, indicatore del 519
piano, pedale del 552, 558
piano, primo 328, 330
piano a scomparti 387
piano aggiuntivo 393
piano cottura 292
piano da disegno 526
piano della reception 854
piano di alimentazione 651
piano di appoggio 392, 754
piano di caricamento 847
piano di carico 691, 754
piano di cottura 296, 317, 376
piano di cottura, bordo del 376
piano di lavoro 291, 292, 296, 393, 401
piano di pressione 538
piano di proiezione 655
piano di servizio 794
piano di stampa 533, 600
piano elettronico 558
piano mansardato 328, 331
piano reggifoglio 648
piano stradale 658
piano superiore 689
pianoforte 545
pianoforte a coda da concerto 553
pianoforte a mezza coda 553
pianoforte a un quarto di coda 553
pianoforte verticale 552
pianoforte verticale, meccanica del 553
pianta 109, 328
pianta, crescita 105
pianta, parti 109
pianta, struttura di una 109
pianta di cotone 123
pianta ornamentale 322
pianta ospite 103
pianta rampicante 410
piantabulbi 418
piantana 572, 573
piantana per fleboclisi 920
piantatoio 418
piante a fiori 131
piante aromatiche 262
piante carnivore 103
piante da zucchero 784
piante di cereali 122
piante parassite 103
piante semplici 106
piante tessili 123
pianterreno 328, 329
piantone 325
piantone del volante 672
pianura 45, 73
pianura abissale 67
piastra 316, 374, 478, 538, 557, 596
piastra a pietra focaia 889
piastra costale 155
piastra d'appoggio 397
piastra del rullo 1070
piastra della valvola 350
piastra di appoggio 712, 892
piastra di base 76, 84, 392, 617, 833, 1039, 1057
piastra di cottura 291, 317
piastra di fissaggio a muro 367
piastra di fissaggio a soffitto 367
piastra di Petri 815
piastra di protezione 1025
piastra di protezione del cingolo 895
piastra di registrazione 616
piastra di scorrimento 712
piastra di taglio 420
piastra di taglio, leva di sollevamento della 420
piastra d'appoggio 397
piastra elettrica 317
piastra madreporica 135
piastra marginale 155
piastra negativa 685
piastra neurale 155
piastra portaforche 754
piastra positiva 685
piastra riscaldante 319
piastra sopracaudale 155
piastra stiracapelli 478
piastrella 36
piastrella di gesso 385
piastrina 209, 326
piastrina, bracciale con 471
piastrina d'identità 471
piastrina dei dati 355
piastrone 155
piattaforma 324, 409, 662, 689, 705, 762, 831, 976, 999, 1043, 1044
piattaforma, carrello a 755
piattaforma, scala con 409
piattaforma autoelevatrice 778
piattaforma continentale 67
piattaforma del veicolo spaziale 27
piattaforma della giuria 1021
piattaforma della vasca 346
piattaforma di 10 metri 978
piattaforma di 3 metri 978
piattaforma di 5 metri 978
piattaforma di 7,5 metri 978
piattaforma di appontaggio per elicotteri 898
piattaforma di carico 831
piattaforma di produzione 777, 780
piattaforma di sicurezza 973
piattaforma di strumentazione 86
piattaforma di taglio 767
piattaforma fissa 778
piattaforma girevole 314, 902
piattaforma inferiore 518
piattaforma per fotocamera 596
piattaforma semisommergibile 778
piattaforma superiore 518
piattaforma USB 559
piattelli, macchina di lancio dei 1010
piattello 576, 1010
piatti 545, 557
piatti caldi 292
piatti caldi, tavolo per i 291
piatti di cottura 317
piatti freddi 292
piatti puliti, tavolo per i 291
piatti sporchi, tavolo per i 291
piattino per pane e burro 304, 305
piatto 317, 556, 559, 617, 830, 831, 1055
piatto, gancio del 830
piatto anteriore 539
piatto da dolce 302
piatto da portata 303
piatto della casa-base 939
piatto fondo 302
piatto frutta / insalata 302
piatto girevole 576
piatto per il pesce 303
piatto piano 302, 304, 305
piatto portaceppi 679
piatto posteriore 539
piazza d'armi 505
piazzale 740
piazzola di partenza 1016, 1017
picche 1062
picchetti di sicurezza 1025
picchetto 1033, 1052, 1053
picchetto, asola per il 1052
picchio 163
picciolo 103, 111, 114, 115
piccione 163, 271
picco 71, 724, 792
piccola copritrice secondaria 158
piccola forca a mano 418
piccola vena safena 211
piccoli annunci 590
piccoli elettrodomestici 314, 851
piccolo intestino 152, 155, 159
piccolo joystick 559
piccolo labbro 226, 227
piccolo quartiere 1005
piccolo rotondo 197
piccolo tegame 313
piccone 413
piccozza 903, 1051
picea 121
pickup 669
pick-up 549
pick-up, selettore dei 549
pidocchio 146
piede 136, 137, 185, 186, 189, 192, 193, 194, 195, 203, 411, 433, 483, 548, 554, 792, 1059, 1060
piede, dito del 192, 194
piede, foro del 554
piede a monte 790
piede a valle 790
piede a voluta 360
piede antisdrucciolo 969
piede d'albero 983
piede d'appoggio 573
piede di appoggio 691, 765
piede palmato 152
piedino 275, 556
piedino di gomma 409
piedino di montaggio 596
piedino di regolazione dell'altezza 601
piedino premistoffa 566, 567
piedino regolabile 378, 379, 380
piedino snodato antiscivolo 409
piedistallo 829
piedistallo della telecamera 606
piedritto 507, 514
piega 426, 432
piega a coltello 454
piega impunturata 454
piega invertita 454
piega piatta 432
piega sovrapposta 454
piegaciglia 473
piegatura, linea di 569
pieghe 454
pieghetta 537
pieno carico, vite di regolazione a 355
pietra 384, 470
pietra affilacoltelli 309
pietra bianca 1065
pietra da costruzione 384
pietra da cote 534
pietra da curling 1027
pietra da lastrico 384
pietra da taglio 384
pietra di Coyolxauhqui 513
pietra di raccordo 357
pietra focaia 406, 889
pietra focaia, piastra a 889
pietra litografica 535
pietra nera 1065
pietra sacrificale 513
pietra sporgente 511
pietre preziose 470
pietre preziose, tagli di 469
pietre semipreziose 470
pietrina, rotella della 483
pietrisco 345
pigiama 447, 449
pigiamino 448
pigiatore 307
pignone 395, 829
pignone semplice 1021
pigostilo 159
pila 595, 660, 661, 678, 818, 901
pila a carbone-zinco 820
pila alcalina a manganese-zinco 820
pilastro 76, 506, 512, 513, 661, 774, 806
pilastro a I 512
pilastro corinzio 503
pilastro del parapetto 335
pilastro sporgente 510
pile a secco 820
pilone 660, 703
pilone destro 950
pilone sinistro 950
piloriza 109
pilota 1022, 1024, 1025, 1047
pilota automatico, comandi del 748
pilotaggio, cabina di 36, 746, 748, 753
pilotaggio, display di 748
pince 569
pince, arricciatura a 370
pince-nez 481
pinguino 161
pinna 983, 987, 988, 989
pinna anale 148, 150
pinna caudale 148, 150, 182
pinna dorsale 182
pinna dorsale, prima 149
pinna dorsale, seconda 149
pinna pelvica 148, 150
pinna pettorale 148, 150, 182
pinnacolo 504, 506
pinnacolo, fiore del 513
pinnula 107
pino, aghi di 120
pino bianco 121
pino domestico 121
pinolo 120, 255
pinza 367, 478, 533, 679
pinza, faretto a 372

pinza a becchi lunghi 405
pinza a giunto scorrevole 399
pinza a scatto 399
pinza del freno a disco 695
pinza del polline 142
pinza multiuso 405
pinza per capelli 476
pinza per fusibili 405
pinza spelafili 405
pinza universale 405
pinze 399
pinze di serraggio 815
pinze multipresa 399
pinzette 915
pinzette per sopracciglia 472
piogge acide 97, 98
pioggia 90, 91
pioggia, irrigatore rotativo a 415
pioggia, rovesci di 83
pioggia, tipologie di 90
pioggia congelantesi 83, 90
pioggia forte 90
pioggia forte continua 83
pioggia forte intermittente 83
pioggia leggera 90
pioggia leggera continua 83
pioggia leggera intermittente 83
pioggia moderata 90
pioggia moderata continua 83
pioggia moderata intermittente 83
piolo 409, 524, 565, 574, 943
piombo 78, 812, 1061
piombo, sfera di 893
Pioneer 30
pioppo 119
pioviggine 90
pioviggine congelantesi 83
pioviggine leggera continua 83
pioviggine leggera intermittente 83
pioviggine moderata continua 83
pioviggine moderata intermittente 83
pioviggine spessa continua 83
pioviggine spessa intermittente 83
pipa 483
pipa, sezione 483
pipetta sierologica 815
pipistrello 186
pipistrello, manica a 453
pipistrello, morfologia di un 186
pipistrello, scheletro di un 187
pipistrello vampiro 187
piramidale 202
piramide 498, 839
piramide, ingresso alla 498
piramide ecologica 94
piramide renale 219
piranha 150
piranometro 84
Pirenei 49
piroga monoxila 721
piscina 324, 730, 805, 932
piscina di pallanuoto 974
piscina fuori terra 324
piscina interrata 324
piscina olimpionica 977
piselli 252
pisello 116, 252
pisello mangiatutto 252
pisello secco spaccato 252
pisiforme 202
pista 742, 934, 1022, 1024, 1033
pista a difficoltà elevata 1036
pista a difficoltà intermedia 1036
pista a gobbe 1040
pista corta 1032
pista da bowling 1015
pista da fondo 1036
pista di appontaggio 897
pista di atletica 932
pista di atterraggio 1040, 1041
pista di chilometro lanciato 1041
pista di curling 1027
pista di gara 1037
pista di ghiaccio 1035
pista di lancio 1041
pista di pattinaggio 1031, 1036
pista di rincorsa 935, 936, 937
pista di rullaggio 740, 741
pista di salto con gli sci 1040
pista di scherma 997
pista lunga 1032
pista per esperti 1036
pista per principianti 1036
pista per sci alpino 1036
pistacchio 255
piste da sci 1036
pistillo 104, 112
pistola 403, 906
pistola, impugnatura a 394, 406, 891
pistola, impugnatura della 408
pistola, polverizzatore a 415
pistola, saldatore a 406
pistola a tamburo 888
pistola ad aria compressa 1011
pistola da 8 mm 1011
pistola dello starter 934
pistola di erogazione 668
pistola mitragliatrice 891
pistola per sverniciatura 408
pistola per verniciatura a spruzzo 408
pistola semiautomatica 888
pistola turapori 403
pistole 888
pistoncino 679
pistoncino del manuale 554
pistoncino del pedale 554
pistone 551, 680, 682
pistone, disinnesto del 403
pistone, leva del 403
pit 615
pitch fader 559
pitch slider 559
pitching wedge 1018
pitone 156
Pitot, tubo di 1023
pittogrammi 632
pittura 524
pittura, materiale 408, 525
pittura, stile 529
pittura a guazzo 528
pittura a olio 528
più/uguale, tasto 649
più o meno 837
piuma 465
Piumetta o plumula 105
piumino 381
piumino da cipria 473
pivot 957
pizzo al tombolo 578
placca africana 68
placca antartica 68
placca antifrizione 1039
placca araba 68
placca basale 105
placca caribica 68
placca del Pacifico 68
placca dell'ago 566
placca dell'interruttore 358
placca delle Cocos 68
placca di Nazca 68
placca di Scozia 68
placca euroasiatica 68
placca filippina 68
placca indoaustraliana 68
placca nordamericana 68
placca scorrevole 566, 567
placca sudamericana 68
placcatore destro 952
placcatore sinistro 952
placche convergenti 68
placche divergenti 68
placche tettoniche 68
placche trasformi 68
placchetta a bilanciere 554
placchetta del portanasello 480
plafoniera 372
plancia 676, 897
planetario 20
planetario, proiettore per 20
planisfero 44
plantare 197
plasma 209
plasmodesma 102
plastica, smistamento della 99
plastica e acciaio 351
platea 541, 781
platea del bacino 719
platea di fondazione 790
plateosauro 130
platino 78, 813
platisma 196
playmaker 957
plesso brachiale 225
plesso dentale 206
plesso lombare 225
plesso sacrale 225
plettro 561
pleura 215
pleura parietale 215
pleura viscerale 215
plinto di culatta 890
plissé 454
plotter 636
plutoidi 14
Plutone 15
plutonio 814
pluviale 322
pluviografo 84, 85
pluviometro a lettura diretta 84, 85
pneumatici 684
pneumatici, barriera di 1022
pneumatico 124, 671, 684, 690, 699, 1020, 1024
pneumatico, parti 684
pneumatico a carcassa radiale cinturata 685
pneumatico chiodato 684
pneumatico con carcassa a struttura diagonale 685
pneumatico con carcassa a struttura radiale 685
pneumatico granturismo 684
pneumatico invernale 684
pneumatico per tutte le stagioni 684
pneumatico scolpito 697, 1025
pneumatico sportivo 684
podcasting 643
podio 513, 868
podio del direttore d'orchestra 545
poggiabacchette 305
poggiafreccia 885, 1009
poggiamano 392, 561
poggiamano amovibile 632
poggiapiedi 366, 576, 646, 1001
poggiatesta 491, 675, 917
poker 1062
poker, combinazioni del 1062
polacchina 460
polacco 583
Polaroid® 591
pole position 1022
polena 720
poliambulatorio 922
poliestere 424
poligoni 839
poligono di tiro 905
polipodio comune 107
politica 873
politrico comune 106
polizia 856
polizia, *agente di 906
polizia, macchina della 905, 907
polizia, stazione di 845, 904
pollaio 243
pollice 186, 187, 208, 237, 464, 941
pollice, appoggio del 551
pollice opponibile 185
polline, cella da 144
polline, pettine del 142
polline, pinza del 142
polline, spazzola del 142
pollo 271
pollone 118
polmone 137, 145, 152, 154, 159, 169, 212, 215
polmone destro 214
polmone sinistro 214
polmoni 215
polo 437, 440, 968, 1008
polo, cavallo da 1008
polo, collo a 455
polo negativo 685, 818, 820
polo nord 817
Polo Nord 42
Polo Nord celeste 23
Polo Nord geografico 817
Polo Nord magnetico 817
polo positivo 685, 818, 820
polo sud 817
Polo Sud 42, 46
Polo Sud celeste 23
Polo Sud geografico 817
Polo Sud magnetico 817
Polonia 56, 878
polonio 812
polpa 114, 115, 206
polpaccio 193, 195
polpastrello 237
polpette 276
polpo 138, 265
polpo, anatomia di un 138
polpo, morfologia di un 138
polsiera 1000, 1045
polsino 431, 954, 968, 999
polsino doppio 452
polsino rivoltato 428
polso 174, 186, 193, 195, 208, 237
poltrona 331, 360
poltrona, parti 360
poltrona a sacco 361
poltrona crapaud 360
poltrona da salotto 360
poltrona girevole reclinabile 646
poltrona Voltaire 360
poltrona Wassily 360
poltrona-letto 360
poltroncina del paziente 920
poltroncina per bambini 366
poltrone 360
polvere, fiasca da 889
polvere di magnesia 971
polverizzatore 775
polverizzatore a pistola 415
pomello 362, 371, 1059, 1060
pomello della sicura 674
pomello in gomma 1059
pomelo 256
Pomerano 176
pomi 255
pomice, matita correttrice di 535
pomo 361, 941, 998, 1005, 1011
pomo d'Adamo 192
pomodoro 248
pomodoro, passata di 286
pomodoro a grappolo 248
pomodoro ciliegino 248
pomodoro italiano 248
pomolo 395, 397, 402
pomolo, serratura a 327
pomolo del bastone 1030
pomolo di chiusura 367
pomolo esterno 326
pomolo interno 326
pompa 324, 378, 380, 408, 698, 800, 801, 804, 989, 1053
pompa, motore della 345
pompa, numero della 668
pompa, tubo della 668
pompa antiveleno 912
pompa del combustibile 339
pompa del fluido termovettore 797
pompa della benzina 668
pompa dell'aria 495
pompa di calore 341, 770
pompa di circolazione 339, 340, 805
pompa di circolazione del fango 776
pompa di spurgo 345
pompa per gli pneumatici 668
pompa per il sangue 927
pompaggio 779
pompe, locale delle 728
pompelmo 256
pompelmo, coltello da 306
pompetta ad aria 913
pompieri, carri dei 902
poncho 443
ponte 52, 662, 824, 885, 1004, 1025
ponte a cantilever 661
ponte a portale 661
ponte a travata 660
ponte a trave continua 660
ponte a travi semplici indipendenti 660
ponte a via inferiore 661
ponte a via intermedia 661
ponte a via superiore 661
ponte ad arco 661
ponte di caricamento per containers 718
ponte di comando 726, 727, 730, 731
ponte di coperta 729
ponte di passeggiata 730
ponte di poppa 724, 986
ponte di raccordo 367
ponte di volo 897
ponte galleggiante 662
ponte girevole 662
ponte levatoio 504
ponte luce 541
ponte pedonale 703
ponte per le autovetture 730
ponte principale 897
ponte ribaltabile a due ali 662
ponte ribaltabile a un'ala 662
ponte segnali 703
ponte sollevabile 662
ponte sospeso 660
ponte superiore 746
ponte trasportatore 662
ponti a travata 660
ponti ad arco 661
ponti fissi 660
ponti mobili 662
ponti strallati 660
ponticello 480, 547, 548, 549, 561
ponticello, blocco del 549
ponticello degli acuti 552
ponticello dei bassi 552
pontile di partenza 984
pontile galleggiante 985
pont-l'évêque 281
pontone 662
pool 1012
poppa 720, 730, 983
Poppa 21
porcellana 247
porcile 243
porcino 244
porcino malefico 108
porcospino 166
poro 102, 116
poro genitale 135
poro inalante 134
porpora 875
porpora, bordo di 426
porro 245
Porro, prisma di 824
porta 364, 519, 687, 716, 855, 872, 943, 944, 946, 949, 950, 953, 955, 960, 974, 1029, 1069
porta, area di 1029
porta a due battenti 688
porta a fisarmonica 515
porta a infrarossi 630
porta a libro 515
porta a un battente 515
porta a zanzariera 687
porta antincendio 515
porta automatica 742
porta del bacino 718
porta del laboratorio a tenuta stagna 37
porta del modem interno 630
porta del mouse 629, 636
porta del patio 329
porta dell'elevatore 689
porta della chiusa 794
porta della tastiera 629
porta di controllo 1040
porta di entrata 689
porta di interfaccia del computer 638
porta di prua 727
porta di rete 629
porta di rete telefonica 603
porta esterna 325
porta Ethernet 628, 630
porta FireWire 628, 630
porta giochi 629

porta girevole manuale 515, 853
porta ingresso audio 628
porta MIDI 629
porta parallela 629
porta per l'alimentatore 630
porta per la connessione del monitor 628
porta scorrevole 346, 515
porta scorrevole automatica 515
porta seriale 629
porta terminale 757
porta USB 558, 599, 619, 620, 629, 637, 638
porta uscita audio 628
porta video 629, 630
portaaccessori, vaschette 526
portabagagli 686, 687, 1026
portabatteria, cassa 691
porta-bebè morbido 491
portabici 686
portabiti 488, 489
portablocco 485, 653
portablocco, tavoletta 650
portabottiglia 699
portabracciale 368
portacalcolatrice 484
portacarte a soffietto 484
portacenere 483
portaceppi 337
portachiavi 485
portachiodi 1051
portacipria 473
porta-coltelli 301
portacoltello 535
portaelettrodo 406
portaerei 897
portaetichetta 653
portafermagli 654
portafili 572
portafiltro 319
portafinestra 330
porta-finestra 296
portafioretto 773
portafoglio 485
portafoglio per carte di credito 484
portafusibili 793
portaindirizzo, etichetta 488
portalampada 358
portalampada, componenti del 358
portalampada, testa 600
portale 507
portalenti 481
portamartello 387
porta-merenda 295
portamine 585, 654
portamonete 485, 487
portanasello 480
portanasello, placchetta del 480
portanegativi 600
portanza 752
portaobiettivi a revolver 825
portaoculare 24
portaoggetti 825, 826
portaombrelli 490
portapacchi 697, 698
portapacchi posteriore 697
portapassaporto 485
portapenne 484
portarocchetto 566
portarotolo 346
portasacca 1019
portasci 686
portasciugamano 346
portassegni 484, 485
portastanghe 1007
portastilo 635
portastrumenti 989
portata, piatto da 303
portatabulati 652
portatimbri 651
portatovagliolo 301
portautensili 398
porte 515
porte d'ingresso 544
porte USB 628, 630
portello 378, 379, 688, 746, 895
portello, interruttore del 379
portello di apertura 27
portello di carico del combustibile nuovo 798
portello di scarico del combustibile esaurito 798
portellone della cupola 28
portellone dello scomparto di carico 36
portellone laterale 36
portellone posteriore 911
portellone prodiero di carico 730
porticato 872
porticciolo 932
portico 323, 507, 508, 509
portico coperto 872
portiera 671, 674
portiera, telaio interno della 674
portiere 943, 944, 945, 947, 955, 960, 974, 1028, 1029
portiere, bastone del 1030
portiere, pattino del 1030
portiere, pettorina del 1030
portiere, stanzino del 854
porto 843
porto, bicchiere da 297
porto marittimo 718
portobello 244
Portogallo 56, 877
portoghese 583
posate 292, 1055
posate, cestello per le 380
posizionamento, braccio di 760
posizionamento, tubo di 760
posizionamento del cursore, tasti 649
posizione, luce di 707
posizione, tasto di 548, 549
posizione a terra 1011
posizione carpiata 978
posizione d'equilibrio 821
posizione della statua 499
posizione di un carattere 586
posizione in ginocchio 1011
posizione in piedi 1011, 1043
posizione prona 1043
posizione raggruppata 978
posizione tesa 978
posizioni 998
posizioni dei giocatori 938, 943, 947, 950, 957, 960
posizioni di partenza 978, 991
posizioni di tiro 1011, 1043
posizioni di volo 978
posta 588, 857
posta a tariffa ridotta 589
posta aerea 589
posta annullata 588
posta elettronica 643
posta elettronica, software di 642
posta internazionale 589
posta locale 589
posta non annullata 588
posta regionale 589
postazione degli infermieri (pronto soccorso ambulatoriale) 919
postazione degli infermieri (pronto soccorso principale) 918
postazione dei giudici di corsa 1006
postazione dei giudici di gara 1037
postazione dell'agente di sicurezza 919
postazione di lavoro 644
postazione di sorveglianza 522
postazioni computer 866
postazioni di ascolto 867
posti, divano a due 360
posti a sedere 541
postierla 504, 505
postino 589
postino, borsa da 487
post-it 650
posto a sedere 544
posto del comandante 895
posto del conducente 895
posto del guidatore 694, 697
posto del passeggero 694, 697
posto di controllo 865, 904
posto di sorveglianza 900
potassio 812
potatoio 416
potenza, cavo di 354
potenza elettrica, unità di misura della 835
potenziale elettrico, unità di misura della differenza di 835
potenziometro 604
pouf 361
pozzetto 345, 980, 987
pozzetto d'ispezione 846
pozzo 67, 779, 783
pozzo, entrata del 773
pozzo del minerale 774
pozzo di accesso 794
pozzo di drenaggio 774
pozzo di estrazione 774
pozzo di iniezione 770, 779
pozzo di produzione 770, 779
pozzo off-shore 780
pozzo verticale 774
pranzo, sala da 900
praseodimio 814
prataiolo marrone 244
prateria 45
praterie temperate 92, 93
praticante 996
prato 243, 323, 410
prato, cura del 419
preascolto, pulsante 559
preavviso di direzione obbligatoria a sinistra 664
Precambriano 128
precipitazione 90, 95
precipitazione, area di 81
precipitazioni 91
precipitazioni, forti 89
precipitazioni, misurazione delle 85
precipitazioni invernali 90
predellino 144, 763, 764
predisposizione sbocco cavi 354
prelavaggio, lavandino per il 291
prelievi, sala dei 922
premascellare 150, 166, 167
premi-apri, serratura 326
premicarta 648
premicarta, leva di svincolo del 648
premio, alimentazione del 1070
premio, scatola del 1070
premistoffa, barra del 567
premistoppa 350
premistoppa, dado del 350
premolare 164, 166, 167
premolari 206
prendisole 438
preparazione chirurgica, stanza per la 921
prepuzio 228
presa, *alveolo della 358
presa, tester di 404
presa a croce 992
presa a terra 992
presa antisovratensione 638
presa audio 629
presa CA 614
presa con i piedi 1051
presa cuffie 615
presa d'acqua 786
presa d'aria 688, 691, 727, 753, 1026
presa d'aria del motore 688, 896
presa d'aria del ventilatore di sostentamento 727
presa d'aria laterale 687
presa d'aria per il raffreddamento del motore 1024
presa d'aria sul tetto 687
presa d'uscita 549
presa del microfono 559, 621
presa dell'idrante 902
presa dell'ossigeno 920
presa di alimentazione 628, 629
presa di carica 678
presa di connessione 566
presa di corrente 404, 687
presa di corrente a strisciamento 717
presa di corrente americana 358
presa di ingresso 638
presa di ricarica 479
presa di strangolamento 992
presa di terra 354
presa d'aria 695, 749
presa d'entrata 559
presa europea 358
presa per cuffia 558, 559, 614, 620
presa per il comando a distanza 592, 593
presa sincro 597
presbiterio, lampada del 871
prese 992
prese antisovratensione di alimentazione della batteria 638
prese con le mani 1051
prese digitali 593
prese telefoniche antisovratensione 638
prese video 593
presentazione degli alimenti 294
preside, ufficio del 869
presidente 997
presidente di giuria 1031, 1050
presidente di giuria, assistente del 1031
presidente di tappeto 991
pressa per indorsatura 538
pressa tipografica in tessuto 536
pressa verticale 538
pressacaffè 319
pressatore 318
pressatura 125, 538
pressione, bottone a 436
pressione, pentola a 312
pressione, regolatore di 312, 566
pressione, unità di misura della 835
pressione, variazione di 81
pressione, vasca di abbattimento della 801
pressione, vite di 534, 535
pressione a livello del mare 81
pressione alta, centro di 81
pressione atmosferica 81
pressione bassa, centro di 81
pressione dei freni, modulatore della 679
pressione sanguigna, monitor della 913
pressore 653
pressurizzatore 800, 801
pretrattamento 784
prevenzione degli incendi 900
prevenzione del crimine 904
previsioni meteorologiche 80
preziose, pietre 470
prezzemolo 262
prezzo per litro/gallone 668
prima 998
prima base 938
prima base (posizione) 938
prima galleria 541
prima linea 950
prima maglia 940
prima pagina 590
prima pagina, foto in 590
prima pinna dorsale 148, 149
primati 184, 185
primavera 80
primavera, equinozio di 23, 80
prime foglie 105
primi violini 545
primo 836
primo arbitro 953, 958, 959
primo assistente cameraman 542
primo aumento di tensione 807
primo giocatore al lancio 1027
primo molare 206
primo piano 328, 330
primo premolare 206
primo quarto 17
primo stadio dell'erogatore 989
primula 113
princesse 438
princesse, cucitura a 444
principali famiglie linguistiche 582
principali segnali stradali internazionali 664
principali segnali stradali nordamericani 666
principali tipi di missili 894
Principato di Monaco 878
prisma astronomico 24
prisma di Porro 824
prisma otturatore 892
proboscide 140
processo mastoideo 205
processo spinoso 224
processo stiloideo 205
processo trasverso 204, 224
processore 595
procione 180
proconsul 131
prodotti caseari 280
prodotti cerealicoli 278
prodotti della soia 284
prodotti di bellezza 851
prodotti di fissione 811
prodotti di raffinazione 782
prodotti in offerta 289
prodotti per confezionamento 288
prodotti per la pulizia 291
prodotti petrolchimici 782
prodotto, codice del 831
produttore 543
produzione, designer di 542
produzione, personale ausiliario di 605
produzione, segretaria di 543
produzione del suono 555
produzione di carta 125
produzione di elettricità 807
produzione di elettricità, fasi della 789
produzione di elettricità da alternatore 795
produzione di elettricità da energia eolica 807
produzione di elettricità da energia geotermica 770
produzione di elettricità da energia nucleare 795
produzione di elettricità da energia solare 804
produzione di elettricità da energia termica 775
produzione di elettricità dal generatore 789
produzione di ossigeno 102
produzione di programma 605
profilo del suolo 109
profilo dell'atmosfera terrestre 79
profilo dello spacco 431, 452
profilo di sostegno 518
profilo sbieco 448
profondimetro 989
profondità, indice di 395
profondità, regolatore di 398
profondità del fuoco 76
profondità di campo, pulsante di controllo della 592
profondità di campo, scala delle 598
profumeria 848, 851
profumeria e igiene personale 289
profumo 474
programma, selettore di 558
programmatore 378, 379
programmi del computer 907
programmi televisivi 590
proietti 889
proiettile anticarro 893
proiettore 542, 544, 636, 639, 655, 670, 690, 695, 696, 764, 895, 1026
proiettore a specchio mobile 606
proiettore abbagliante e anabbagliante 674
proiettore ausiliario 20
proiettore orientabile 902
proiettore per determinare l'altezza delle nubi 85
proiettore per diapositive 601
proiettore per planetario 20
proiettore posteriore 764
proiettori 541
proiettori, comando dei 676
proiezione, cabina di 544
proiezione, piano di 655
proiezione, sala di 523, 544
proiezione, schermo di 544
proiezione cilindrica 43
proiezione conica 43
proiezione di spalla e braccio 992
proiezione interrotta 43
proiezione piana 43

proiezioni cartografiche 43
prolunga 362
prolunga, tubo rigido di 375
promezio 814
promontorio 70
pronao 499
pronatore rotondo 196
pronipote 928
pronipoti 928
pronto intervento, équipe di 1003
pronto intervento, mezzo di 663
pronto soccorso 856, 918, 1036
pronto soccorso, attrezzature per il 911
pronto soccorso, cassetta di 907, 915
pronto soccorso, manuale di 915
pronto soccorso, stazione di 663
propagazione 821
propellente, serbatoio del 32
proprietà, confine di 322
propulsione, modulo di 602
propulsore 32, 64
propulsore a reazione 86
propulsore di prua 731
propulsori per il controllo direzionale 36
proscenio 540
prosciugatoio 536
prosciutto 277
prosciutto, coltello da 306
prosciutto, manica a 453
prosciutto affumicato 275
prosciutto cotto 277
prospetto 328
prospezione off-shore 775
prospezione terrestre 775
prossimità, spoletta di 894
prostata 228
proteggicavo 405
proteggitendine 1030
protestantesimo 870
protezione, gabbia di 404
protezione, guanti di 406
protezione, occhiali di 406, 964, 965
protezione, palla di 985
protezione, piastra di 1025
protezione, schermo di 406, 938
protezione antisfregamento 1024
protezione antiurto 375
protezione del dente 758
protezione del petto 994, 1009
protezione del seno 994
protezione delle chiavi 550
protezione dell'avambraccio 994
protezione esterna 358
protezione isolante 33
protezione per gli occhi 908, 910
protezione per i piedi 909, 910
protezione per il collo 901
protezione per il mento 901
protezione per il pube femminile 994
protezione per l'avambraccio 954
protezione per la testa 908, 910
protezione per le mani 910
protezione per le orecchie 908, 910
protezione per le vie respiratorie 909, 910
protezione posteriore 27
protoattinio 814
protocollo di comunicazione 642
protone 810
protorace 141
protottero 151
protuberanza 16
prova, pulsante di 903
prova in corso, tabellone della 971
provacircuiti, lampada 404
proventricolo 159
provetta 815
provincia 53
prua 724, 728, 731, 980, 983, 986
prua, castello di 731
prua, diritto di 986
prua, elica di 728
prua, ornamento di 722
prua, porta di 727
prua, propulsore di 731
prua affusolata 987
prugna 254
prugne, salsa di 287
pseudopodio 133
psicrometro 85
pterigoideo 154
pubblico 863
pubblico, ingresso del 498
pube 159, 165
pugilato 990
pugile 990
pugnale 886
pugnale d'assalto 886
pulanti di selezione 477
pulce 146
pulcino 163
puleggia 396, 409, 682, 816, 885, 1009
puleggia, sistema a doppia 816
puleggia alta 1001
puleggia bassa 1001
puleggia conduttrice 819
puleggia di tensione del regolatore 519
pulisci unghie 472
pulizia, prodotti per la 291
pullman 688
pullover 442
pulpito 871, 872
pulsante 326, 490, 584
pulsante blocca-mandrino 396
pulsante del menu 593
pulsante del touch pad 630
pulsante del vaporizzatore 374
pulsante di accensione 349, 379
pulsante di aggancio 393
pulsante di apertura del display 630
pulsante di arresto 396, 417, 828
pulsante di azzeramento 828, 832
pulsante di bloccaggio 374
pulsante di chiamata 519
pulsante di chiamata pedonale 846
pulsante di compensazione dell'esposizione 592
pulsante di controllo della profondità di campo 592
pulsante di espulsione 593, 1067
pulsante di espulsione del CD 629
pulsante di espulsione del DVD-ROM 629
pulsante di inizio del motivo 571
pulsante di partenza 828
pulsante di prova 903
pulsante di reset 629
pulsante di sblocco dell'obiettivo 592
pulsante di scatto 592
pulsante di visualizzazione delle immagini 593
pulsante di visualizzazione delle impostazioni 593
pulsante d'attacco 559
pulsante per il salto di immagini 593
pulsanti di azione 1067
pulsanti direzionali 1067
pulsanti programmabili 634
pulsar 18
puma 180
Pumpernickel russo 278
punching ball 990
pungidito 912
pungiglione 142
punta 171, 250, 298, 299, 300, 306, 374, 388, 390, 391, 392, 395, 397, 403, 406, 432, 547, 567, 570, 579, 584, 874, 887, 912, 936, 937, 988, 1009, 1018, 1030, 1037, 1038, 1042, 1043, 1044, 1051, 1059, 1061, 1063, 1069
punta, imbarcazioni di 985
punta, lunghezza della 1061
punta, remo di 984
punta, sezione 584
punta a croce 390
punta a testa quadra 390
punta anteriore del rampone 1051
punta articolata 884
punta centrale 874
punta da muro 394
punta del colletto 431
punta del collo 454
punta del naso 231
punta dell'ala 1047, 1048
punta della trivella 411
punta dello sci 1042
punta dentellata 1031
punta di centratura 394
punta di freccia in selce 883
punta di petto 272
punta elicoidale 394
punta fredda 478
punta Luer-Lock 912
punta per piastra 552
punta piana 390
punta tritatore 579
puntale 390, 404, 450, 459, 490, 601, 916, 1039, 1047, 1051
puntale di protezione 909
puntale rinforzato 909
puntalino 1059, 1060
puntapiedi 984
puntasecca 535
puntaspilli 568
punte, tipi di 390
punte da trapano 394
punteggio 933, 971
punterie, coperchio delle 672, 682
punteruolo 578, 1055
punti 968
punti, selettore dei 566
punti, tasti di impostazione dei 571
punti annodati 565
punti avviati 570
punti cardinali, segnalamento dei 738
punti di ricamo 565
punti incrociati 565
punti metallici 654
punti piatti 565
punti stuoia 565
puntine 654
puntine, distanza tra le 683
puntini di sospensione 587
punto 587, 1062
punto catenella 565
punto coronato 563
punto d'appoggio 145
punto d'Oriente 565
punto decimale, tasto 649
punto del brick 1070
punto del cuore 874
punto di alimentazione 356
punto di allacciamento 356
punto di attacco 749
punto di handicap 1065
punto di incocco 885, 1009
punto di ingaggio 1028
punto di intaglio 534
punto di interesse 53
punto di marcatura 569
punto di mura 983
punto di osservazione 28
punto di ristoro 856
punto di sospensione 1047
punto e virgola 587
punto esclamativo 587
punto gallone 565
punto interrogativo 587
punto K 1041
punto nodi 565
punto piatto intercalato 565
punto riso 570
punto rumeno 565
punto spina 565
punto spina di pesce 565
punto strega 565
punto teorico 1041
punto vapore 565
punto vegetativo 110
puntone 333, 764, 807
punzone 388
punzone e motivo 531
pupilla 178, 238
pupilla verticale 154
putter 1017, 1018
puzzle 1066

Q

Qatar 58, 880
qibla, parete della 872
qipao 429
quadrante 355, 783, 827, 828, 829, 830, 838
quadrante a fasi lunari 829
quadrante graduato 1057
quadrata, scollatura 456
quadrato 154, 839, 990, 1068
quadrato di servizio 964, 965
quadri 1062
quadrilatero 839
quadripode 916
quadro 523
quadro degli strumenti di controllo 677
quadro di comando 20, 316, 317, 376, 378, 379
quadro di distribuzione 356
quaglia 163, 271
quaglia, uovo di 270
qualità di registrazione delle immagini 593
quantità di sostanza, unità di misura della 835
quarantottore 489
quark d 810
quark u 810
quarta 562, 998
quarterback 953
quartetto 546
quartiere 52, 450, 459, 1005
quartiere, parte anteriore del 450, 459
quartiere degli affari 842
quartiere fieristico 842
quartiere residenziale 843
quarto 171
quarzo, metronomo al 564
Quaternario 131
quattro alberi, veliero a 724
quattro con 985
quattro quarti, tempo di 562
quattro senza 985
quechua 583
quercia 119
quinoa 263
quinta 562, 998
quinte 540
quintetto 546

R

rabarbaro 250
rabbino, seggio di 872
raccattapalle 966
racchetta 961, 962, 964, 965, 968, 1038, 1041, 1043
racchetta, giochi con la 961
racchetta da neve ellittica 1043
racchetta tradizionale 1043
raccoglierba 419
raccoglipolvere 396
raccoglisucco 317
raccoglitore a molla 652
raccoglitore ad anelli 652
raccoglitrice di foraggio 766
raccolta 242, 537
raccolta, vaschetta di 319
raccolta del lattice 124
raccolta del vetro, campana per la 99
raccolta della carta, campana per la 99
raccolta differenziata 99
raccolta differenziata, contenitori per la 99
raccordi 351
raccordi del gas e dell'acqua 340
raccordi meccanici 351
raccordo 584, 658, 902
raccordo, fresa di 398
raccordo a collarino pressato 351
raccordo a compressione 351
raccordo a due vie 903
raccordo a gomito di 45° 351
raccordo a gomito di 90° 351
raccordo a losanga 658
raccordo a quadrifoglio 658, 659
raccordo a rotatoria 658
raccordo a T 337, 351, 353
raccordo a T del tubo di scarico 353
raccordo a tromba 658
raccordo a U 351
raccordo a Y 351, 912
raccordo anulare 53
raccordo del tubo flessibile 773
raccordo di tubazione 407
raccordo femmina 351
raccordo maschio 351
raccordo per unione meccanica 351
racemo 112, 360
rachide 117, 158
rack apparecchiature 605
rack per apparecchiature 604, 608
raclette 281
raclette grill 317
racquetball 964
radar 64, 726, 727, 730, 731, 896
radar, aeroplano 751
radar, albero del 728
radar, antenna 896, 899
radar, display dei 907
radar di acquisizione del bersaglio 898
radar di appontaggio 897
radar di bordo 64
radar di controllo aereo 897
radar di quota 897
radar di ricerca aerea 897, 898
radar di sorveglianza 898
radar meteorologico 80, 746
radar nautico 897, 898
raddrizzatori di immagine 824
radiatore 37, 339, 672, 683, 706
radiatore, griglia del 690
radiatore, manicotto inferiore del 683
radiatore a colonne 339
radiatore elettrico a olio 340
radiatori 35
radiazione 811
radiazione artificiale 65
radiazione infrarossa 96, 821
radiazione naturale 65
radiazione solare 95, 96
radiazione solare assorbita 96
radiazione solare riflessa 96
radiazione ultravioletta 821
radiazioni solari, misurazione delle 84
radiazioni terrestri, scanner delle 86
radiazioni terrestri, sensore delle 86
radicchio 246
radice 105, 110, 206, 233, 300
radice, struttura 110
radice a fittone 118
radice del naso 231
radice del pelo 236
radice dell'elice 234
radice dell'unghia 237
radice filettata 683
radice laterale 105
radice motoria 221
radice motrice 220, 224
radice principale 105, 109
radice quadrata, tasto 649
radice quadrata di 837
radice secondaria 109, 110
radice sensoriale 220, 221, 224
radice superficiale 118
radichetta 105, 109, 118
radici 110
radici aggrappanti 110
radici avventizie 107
radici fittonanti del vischio 103
radici fittonanti della cuscuta 103
radici fulcranti 110
radio 159, 164, 165, 170, 175, 182, 184, 186, 187, 188, 200, 202, 208, 604, 812, 907, 1048
radio, antenna 728, 899, 1023
radio, comandi 748
radio CB 621
radio portatile 619
radio VHF marina 735
radioattività, unità di misura della 835

radiografia 924
radiometro 86
radioonda 26
radiosonda 85
radiosveglia 619
radiotelefono portatile 906
radiotelescopio 26
radioterapia 926
radio-ulna 153
radome 896
radon 814
radula 137
rafano giapponese 251
raffinatrice 125
raffinazione, prodotti di 782
raffineria 780, 843
raffreddamento 782
raffreddamento, cilindro di 823
raffreddamento, manicotto di 891
raffreddamento del motore, presa d'aria per il 1024
raffreddatore d'aria 680
raganella 153
raggi gamma 821
raggi infrarossi, testa cercante a 894
raggi X 821
raggio 699, 838
raggio incidente 822, 823
raggio laser 615, 823
raggio luminoso 239
raggio midollare 118
raggio molle 150
raggio riflesso 822, 823
raggio rifratto 822
raggio spinoso 150
ragnatela 145
ragnatela, centro della 145
ragno 145
ragno, morfologia di un 145
ragno acquatico 147
ragno femmina, anatomia di un 145
ragno-granchio 147
ralla di rotazione 760, 761
rallentamento, zona di 1040, 1041
rally, auto da 1023
rally, motocicletta da 1025
rambutan 259
rame 78, 813
rame, lastra di 534
rame-acciaio 351
ramen 283
rame-plastica 351
rami 118, 818
ramo 117, 118, 120, 171
ramo con frutti 117
ramo dorsale 220
ramo primario 118
ramo secondario 118
ramo ventrale 220
rampa 499, 503, 659, 660, 771
rampa ad anello 659
rampa di accesso 730
rampa di lancio 36, 1040, 1041
rampa di partenza 1041
rampa di scale 335
rampa per sedie a rotelle 522
ramparo 505
rampicante, pianta 410
rampone 463, 903, 1043
rana 152, 975
rana, ciclo biologico della 153
rana, morfologia di una 152
rana, scheletro di una 153
rana comune 153
rana dei boschi 153
rana leopardo 153
rana maschio, anatomia di una 152
rana pescatrice abissale 151
rana toro 153
randa 725, 980
ranuncolo 113
Ranvier, nodo di 221
rapa 251
rappresentazione grafica 838
ras el hanout 261
rasatura 479
raschiatoio 142
raschietto 408, 534, 576
raschietto metallico 1042
raschietto per neve 421
rasiera 762
raso 424, 575
rasoio a mano libera 479
rasoio elettrico 479
rasoio multitaglio 479
rasoio sfoltitore 478
rasoio usa e getta 479
raspa 398, 531
rastrelliera 600
rastrelliera dei rocchetti 574
rastrelliera di stoccaggio 798
rastrello 413
rastrello meccanico 766
rastrello scopa 420
ratto 165, 166
ratto, mascella 166
ratto, morfologia di un 165
ratto, scheletro di un 165
ravanello 251
ravanello nero 251
ravioli 282
razza 148, 266
razzi spaziali 39
razzo, motore a 894
razzo a propellente solido 36, 39
razzo illuminante 907
razzo spaziale 39
razzo spaziale, sezione 39
re 562, 1062, 1065
re, camera del 498
re, lato del 1065
Rea 15
realismo 529
reattore 795, 797, 798
reattore, edificio del 797
reattore, nocciolo del 800, 801
reattore, recipiente del 797, 799, 801
reattore ad acqua in ebollizione 801
reattore ad acqua pesante 800
reattore ad acqua sotto pressione 801
reattore ad anidride carbonica 800
reattore nucleare 799, 899
reattore nucleare, locale del 899
reattori, tipi 800
reazione, direzione della 834
reazione a catena 811
reazione reversibile 834
rebbio 300, 413, 765
recensione gastronomica 590
reception 644, 854
reception, banco della 858
reception, piano della 854
recettore sensoriale 221
recettori gustativi 233
recinto 243, 410
recinzione 243, 939
recinzione di sicurezza 1040
recipiente del moderatore 800
recipiente del reattore 797, 799, 801
recipiente di raccolta 85
recipiente graduato 308
recipiente per caffè in chicchi 318
recipiente per caffè macinato 318
recupero 949
redine 158, 1006
redingote 442
redini 1007
redini, anello per le 1004
redini del filetto 1004
redini del morso 1004
referenti tecnici 1031
refill 584
reforming catalitico, impianto di 782
refrattario, mattone 336
refrigerante 795, 804
refrigerante, tubo del 341
refrigeratore della sala del generatore di vapore 797
refrigerazione, cestello di 318
reggicalze 445
reggicoperchio 484
reggilibri 655
reggipiccozza 1051
reggiseno 445
reggiseno, coppa del 445
reggiseno, sottoveste con 444
reggiseno a balconcino 445
reggiseno a bustino 445
reggiseno décolleté 445
regia, cabina di 541, 605, 607, 608, 852
regina 1062, 1065
regina, camera della 498
regina, lato della 1065
Regina Maud, Terra della 46
regione auricolare 158
regione malare 158
regione pilifera 118
regione pubica 192
regioni con segnalamento mediante boe 738
regista 543, 604, 605, 608
regista, monitor di controllo del 543
regista, sedia da 360
regista, sedia del 543
registratore 85
registratore/ricevitore video digitali 610
registratore di cassa 289
registratore di dati 84
registratore di DVD 638
registratore digitale 654
registratore DVD 611
registrazione, banco di 742
registrazione, nastro di 616
registrazione, tasto 610, 611
registrazione, tasto di 616
registrazione, tasto di avvio/arresto 613
registrazione dei dati 65
registrazione notturna, tasto di 613
registrazione sismografica 775
registro, asta del 555
registro, tasto di 554, 555
registro degli acuti 560
registro dei bassi 560
registro di regolazione 338
regno 132
Regno Unito 56
Regno Unito di Gran Bretagna e Irlanda del Nord 877
regolatore 916, 1052
regolatore, puleggia di tensione del 519
regolatore dei toni alti 619
regolatore dei toni bassi 619
regolatore del display 623
regolatore del volume 559, 624
regolatore del volume di ricezione 623
regolatore dell'alimentazione di ossigeno 1048
regolatore dell'altezza 1001
regolatore dell'altezza della testa 600
regolatore dell'inclinazione della lama 392
regolatore della fiamma 483
regolatore della lunghezza dei punti 566
regolatore della pressione 407
regolatore della resistenza 1001
regolatore della temperatura 339
regolatore della tensione 572
regolatore della velocità 419, 566
regolatore delle testine 479
regolatore di alimentazione 749
regolatore di comando del carrello 571
regolatore di luminosità 1053
regolatore di pressione 312, 566, 783
regolatore di profondità 398
regolatore di tensione 567, 571
regolatore di velocità 314, 519
regolatore di volume 614
regolatore staccabile 317
regolatori di pressione 407
regolazione, anello di 415
regolazione, bottone di 553
regolazione, indicatore della 1039
regolazione, leva di 564
regolazione, pedale di 526
regolazione, tasti 629
regolazione, vite di 397, 399, 405
regolazione dei toni 549
regolazione dei toni alti 549
regolazione dei toni bassi 549
regolazione del diaframma 825
regolazione del livello sonoro delle comunicazioni 33
regolazione del passo 832
regolazione del vapore 319
regolazione del volume 549
regolazione dell'altezza 765, 766
regolazione dell'altezza, *manopola di 375
regolazione dell'angolo di elevazione 824
regolazione dell'immagine del cerchio azimutale 833
regolazione dell'immagine del cerchio zenitale 833
regolazione della frizione 1060
regolazione della linea di mira 824
regolazione della pressione dell'ossigeno 33
regolazione della temperatura 342, 349
regolazione della temperatura corporea 33
regolazione dello specchietto retrovisore esterno 674
regolazione di potenza 375
regolazione digitale della caldaia 340
regolazione in altezza del condensatore 825
regolazione laterale, leva di 397
regolazione micrometrica dell'altezza 24, 25
regolazione micrometrica dell'asse orizzontale 24, 25
regolazione sulle medie luci 597
reinvio automatico 1071
religione 870
religioni, cronologia delle 870
relish 286
remi, tipi di 984
remigante primaria 158
remigante secondaria 158
remigante terziaria 158
remo 720, 722
remo di coppia 984
remo-timone 720
rene 136, 137, 138, 149, 152, 154, 159, 169, 229
rene destro 218
rene sinistro 218
reni 219
reniforme 111
renio 813
renna 172
reostato 358
replay 933
replay, pulsante 610
replo 116
reptazione 77
Repubblica Ceca 56, 878
Repubblica Centrafricana 60, 879
Repubblica del Mali 879
Repubblica Democratica del Congo 879
Repubblica Democratica Popolare di Corea 881
Repubblica di Corea 881
Repubblica di San Marino 878
Repubblica Dominicana 54, 877
Repubblica Ex Jugoslava di Macedonia 878
Repubblica Sudafricana 880
repulsione 817
reset, pulsante 1067
residuo lungo 782
resina, superficie trasparente in 615
resistenza 752
resistenza elettrica, unità di misura della 835
resistenze 820
respingente 703, 1071
respiratore 989
respiratorio, apparato 214
respirazione 95
responsabile per il conteggio dei giri 1033
rete 958, 959, 960, 961, 963, 967, 974
rete, supporto della 961
rete a bus 640
rete a molle 363
rete a stella 640
rete ad anello 640
rete aerea 356
rete del sistema postale 588
rete di distribuzione dell'acqua calda 344
rete di distribuzione dell'acqua fredda 344
rete di gasdotto 783
rete di scarico 344
rete di sicurezza 973
rete di trasmissione dell'elettricità 804
rete di ventilazione 344
rete dorsale 641
rete estesa 641
rete per alimenti 294
Rete satellitare per la navigazione GPS 63
rete sotterranea 357
rete stabilizzante 334
rete telefonica 603
rete trasmittente nazionale 602
rete trasmittente privata 602
reti 640, 850
reticella metallica a maglie esagonali 385
reticolato geografico 42
reticolo 824
Reticolo 20
reticolo endoplasmatico 102, 133
retina 238, 239, 366, 957
retino 495
retino di protezione 604
retro 386
retro benna 760
retroescavatore 759
retroescavatore, comandi del 759
retromarcia, pedale della 420
rettangolo 839
rettangolo degli allenatori 938
rettangolo destro di servizio 967
rettangolo di battuta 1012
rettangolo sinistro di servizio 967
rettili 154, 156
rettilinei 1021
rettilineo delle tribune 1006
rettilineo opposto alle tribune 1006
retto 141, 143, 155, 159, 169, 217, 226, 228
retto addominale 196
retto della coscia 196
revers 430, 435, 454
revers a punta 430
revolver, portaobiettivi a 825
rialzo continentale 67
rianimazione, sala di 918
riavvolgimento, tasto di 616
riavvolgimento rapido, pulsante 610
ribalta 362, 364
ribaltabile 692, 693
ribes 254
ribes del capo 254
ribes nero 254
ribosoma 102, 133
ricalco, rotella da 568
ricamo 565
ricarica, presa di 479
riccio 164, 547
riccio di mare 135
ricerca 643
ricerca traccia/riproduzione rapida 611, 615
ricetrasmettitore radar 907
ricetrasmittente di accesso alla rete 631
ricettacolo 107, 112, 114
ricettacolo seminale 141, 145
ricevimento, area di 523
ricevimento merci 743
ricevitore 26, 622, 623, 938, 939, 940, 963, 965, 966
ricevitore auricolare 618, 622, 624
ricevitore esterno 953
ricevitore GPS 63
ricevitore radio satellitare 620
ricevuta della transazione 859
ricezione, linea di 964
ricezione dei dati 65
ricezione di programma 609
ricezione privata diretta 602

richelieu 459
richiamo/cancellazione della memoria, tasto 649
riciclaggio 99
riciclaggio, contenitore per il 99
riciclaggio del vetro, bidone carrellato per il 99
riciclaggio dell'alluminio, bidone carrellato per il 99
riciclaggio della carta, bidone carrellato per il 99
ricognizione meteorologica, aereo da 80
ricognizione meteorologica, boa di 80
ricognizione meteorologica, nave da 80
riconcentrazione dell'acqua pesante 797
riconoscimento, sezione di 904
ricotta 280
riduttore per WC 492
riduzione, manicotto di 351
riduzione, tasto di 647
riduzione esagonale 351
riduzione maschio/femmina 351
riduzione occhi rossi 593
riempimento, foro di 893
riempimento, tubo di 347
rifilatura 537
rifiuti, bidone dei 381
rifiuti, smistamento selettivo dei 99
rifiuti, strati di 97
rifiuti domestici 97, 98
rifiuti industriali 97, 98
rifiuti non riciclabili 99
rifiuti nucleari 98
riflessione 65
riflessione, cilindro di 823
riflessione della luce 822
riflessione parziale, specchio a 823
riflessione totale, specchio a 823
riflettore 404, 606, 901
riflettore fisso 606
riflettore parabolico 26
riflettore parabolico orientabile 26
riflettore radar passivo 737
riflettore secondario 26
riflettori solari 602
Riforma 870
rifornimento di contanti 859
rifornimento in volo 896
rifrazione della luce 822
rifugio 663
rifugio in vetta 1036
rifugio principale 1036
riga 526, 537
riga della guida parallela 393
rigatoni 282
righello 832, 833, 1055
righello, scala graduata del 832
rigonfiamento 19
rigore 948
rilascio, tasto 735
rilegatore, martello da 538
rilegatura a mano 537
rilegatura con spirale 650, 653
rilevatore agli infrarossi 86
rilevatore di fumo 903
rilevatore di movimento 515
rilievo, matrice in 532
riloga estensibile 367
riloga sagomata 368
rimessa 243, 322, 328, 410
rimorchi 687
rimorchi, carro pianale per il trasporto di 710
rimorchiatore 728
rimorchio 690, 716
rimorchio, dispositivo di 693
rimorchio per bambini 700
rimozione della neve 421
rinario 178
rincorsa, pedane di 970
rincorsa, pista di 937
rinculo, slitta di 892
rinforzo, bandella di 488
rinforzo, secondo 890
rinforzo a crociera 917
rinforzo del calcagno 450
rinforzo della curva 550
rinforzo della fondazione 790
rinforzo di culatta 890
rinforzo di cuoio 1030
rinforzo di plastica 1018
rinforzo esterno del calcagno 459
rinforzo interno del calcagno 459
rinforzo per serratura 325
rinforzo posteriore 1031
rinfuse, deposito delle 718
ringhiera 330, 331
rinoceronte 173
rinofaringe 232
rinvio 1050
Rio delle Amazzoni 48
riparo 494
ripetitore 603
ripetizione, tasto di 615
ripiani, griglia dei 377
ripiano 365, 377, 409, 646
ripiano estraibile per tastiera 646
ripieno 483
riposizionatore automatico 1015
ripostiglio 644, 705
ripostiglio per il materiale pulito 918
ripostiglio per il materiale sporco 918
ripostiglio per l'attrezzatura 868
ripostiglio per la barella spinale 911
ripostiglio per la biancheria 705
ripresa 435
ripresa programmazione live, pulsante 610
riprese, set delle 542
riproduttori portatili 619
riproduzione 615, 625
riproduzione, modalità 120
riproduzione, tasto 559, 611, 615
riproduzione, tasto di 611, 616
riproduzione rapida, pulsante 610
riquadro 484, 1049
risaia 97
riscaldamento 336
riscaldamento, comando del 676
riscaldamento, condotto di 379
riscaldamento, mezzi integrativi di 340
riscaldamento a legna 336
riscaldamento ad acqua calda, impianto di 339
riscaldamento ad aria calda, impianto di 338
riscaldamento geotermico indipendente 770
riscaldatore 577
riscontro 1005
risguardo, foglio di 537, 539
risma 125
riso 122, 263, 283
riso, aceto di 287
riso, gallette di 283
riso, spaghetti di 283
riso, vermicelli di 283
riso: pannocchia 122
riso basmati 283
riso bianco 283
riso integrale 283
riso nero selvatico 263
riso parboiled 283
risonanza, cassa di 548, 561
risonatore 557, 618
risorgiva 67
ristorante 290, 705, 730, 844, 847, 848, 853, 856
ristorante, vagone 705
ristoro per sciatori 1036
risultati, tabella dei 978
risvolto 371, 432, 454
ritmo, selettore del 558
ritmo dei segnalamenti notturni 739
ritornabocce 1015
ritornello 562
ritorno, tubazione di 339
ritto 936, 971
riunioni, sala 900
riva 794
rivestimenti in tessuto per pavimento 334
rivestimento 125, 294, 332, 333, 533, 539, 790, 820, 961
rivestimento, griglia di 339
rivestimento, materiali di 385
rivestimento antiriflettente 802
rivestimento del motore 417
rivestimento esterno 349, 941
rivestimento fluorescente 359
rivestimento impermeabile 449
rivestimento in acciaio 341
rivestimento interno 685
rivestimento isolante 781
rivestimento isolante per tubi 385
rivetto 306, 399
riviera 1002, 1003
rivista 590
rizoide 106
rizoma 107, 110
robe-manteau 438
robot da cucina 315
roccatrice 574
rocce ignee 66
rocce intrusive 66
rocce metamorfiche 66
rocce sedimentarie 66
rocchetti, rastrelliera dei 574
rocchetto 578
rocchio 500
roccia 1050
roccia e ghiaccio 92
roccia impermeabile 776
roccia in posto 109
rocker 534
rodio 813
roditori 165, 166
roentgenio 813
rognone 276
rollio 752
Romania 57, 878
romano 830
rombo 268, 839
rompigetto, vite 415
rompighiaccio 728
roncola 416
rondella 350, 820
rondella di taglio 402
rondella di tenuta 683
rondine 162
rondine di mare 161
rondone 162
ropalio 134
roquefort 281
rosa 113
rosa dei venti 734, 1057
rosetta 326
rosetta, taglio a 469
rosetta a dentatura esterna 399
rosetta a dentatura interna 399
rosetta elastica 399
rosetta piatta 399
rosette 399
rosmarino 262
rosone 507, 511, 548
rospo comune 153
Ross, Banchisa di 46
rossetto 474
rosso 528, 821, 875, 1063, 1068
Rosso, Mar 44, 50, 51
rosso-arancio 528
rosso-viola 528
rostro 148, 720
rotaia 713
rotaia, giunto di 712
rotaia del carrello di scotta 980, 981
rotaia di guida e di alimentazione di corrente 717
rotaia di indorsatura 538
rotaia di rotolamento 717
rotaia di scorrimento 675, 756, 757
rotaia di sicurezza 717
rotatoria 52
rotazione, sistema a 776
rotazione della turbina 789
rotella 568, 701, 755, 1038, 1045
rotella centrale di messa a fuoco 824
rotella da ricalco 568
rotella della pietrina 483
rotella di regolazione 832
rotella orientabile 556
rotella per pizza 309
rotella tagliapasta 310
rotellina di scorrimento 634
rotodome 751
rotolamento, superficie di 712
rotoli della Torah 872
rotonda 847
rotore 327, 681, 787, 789, 806, 807, 1060
rotore, mozzo del 753
rotore, pala del 753
rotore, testa del 753
rotore anticoppia 753
rotta dell'aereo 64
rotula 165, 175, 184, 200
rough 1016, 1017
roulette 534, 1068
roulette americana 1068
roulette francese 1068
roulotte 687
router 641, 643
rovesci di grandine 83
rovesci di neve 83
rovesci di pioggia 83
rovesciata all'indietro 992
Ruanda 61, 879
rubidio 812
rubinetti 350
rubinetto 346
rubinetto a valvola 350
rubinetto del gas 349
rubinetto di arresto 352, 353
rubinetto di regolazione della pressione 901
rubinetto di scarico 348
rubinetto generale 344
rubino 470, 828
rubino, cilindro di 823
rubino pulsato, laser a 823
rubrica telefonica 623, 651
rubriche 590
rucola 247
rugby 950
rugiada 91
rugiada, temperatura di 81
rullaggio, pista di 740, 741
rulli dei cingoli, telaio dei 758
rullini tenditori 700
rullino 400
rullo 367, 371, 408, 420, 476, 478, 535, 648, 1070
rullo, cuscino a 363
rullo, piastra del 1070
rullo, supporto del 408
rullo compressore 762
rullo di compressione 767
rullo di guida 402, 616
rullo inchiostratore 533
rullo per verniciare 534
rullo schiacciaforaggi 766
rumeno 583
runner 579, 1063
ruota 408, 411, 421, 488, 535, 684, 690, 890, 917, 1020, 1024, 1044, 1045
ruota a denti di sega 829
ruota a pale 721
ruota a raggi 1007
ruota ad una sola moltiplica 1021
ruota anteriore 420, 761, 764
ruota dei cucchiai 787
ruota dei secondi 828
ruota del freno a mano 709
ruota dell'ingranaggio 395
ruota della moltiplica 1020
ruota dentata 574, 816
ruota dentata d'arresto 572
ruota dentata motrice 895, 1026
ruota di calibratura 420
ruota di carica 828
ruota di centro 828, 829
ruota di esercizio 494
ruota di guida 716, 717
ruota di misura 832
ruota di scappamento 828, 829
ruota di scorta 687
ruota di sicurezza 717
ruota di spinta 917
ruota elicoidale 816
ruota folle 1026
ruota girevole 366, 1068
ruota intermedia 828, 829
ruota lenticolare 1021
ruota libera 700
ruota motrice 574, 758, 764, 829
ruota motrici 762
ruota orientabile 375
ruota piena o gonfiabile 917
ruota pivotante 917
ruota portante 716, 717, 895
ruota posteriore 420
ruota tendicingolo 758
ruote bloccabili 913
ruote motrici 761
rupe 71
rupia 860
ruscello 73
ruspa 760
Russia 46, 56, 57, 58, 59
russo 583
rutenio 813
rutherfordio 813

S

sabbia 778, 779, 790, 959
sabbie bituminose 778, 779
sabbiera 706
sacca 1019
sacca a tracolla 487
sacca copulatoria 137, 141
sacca copulatoria, orifizio della 141
sacca da marinaio 486
sacca dell'inchiostro 138
sacca gastrica 134
saccatura 81
sacchetti 289
sacchetto 294
sacchetto, scomparto del 375
sacchetto per freezer 295
sacchi a pelo 1054
sacco 560, 941, 990
sacco a pelo a mummia 1054
sacco a pelo rettangolare 1054
sacco a pelo semi-rettangolare 1054
sacco del dardo 137
sacco embrionale 104
sacco imbottito 1047
sacco per polvere 396
sacconanna 449
sacrestia 871
sacro 184, 187, 200, 201, 204
Saetta 22
sagari 995
Sagittario 20
sagoma 538
Sahara, Deserto del 50
Sahara Occidentale 60
sahariana 442
saia 575
Saint Kitts e Nevis 54, 876
Saint Lucia 876
Saint Vincent e Grenadine 54, 877
sala 541, 730
sala audiovisiva 867
sala concerti 845
sala congressi 852
sala controllo psichiatrico 918
sala d'attesa 904, 919
sala d'attesa dei familiari 918
sala d'attesa dei visitatori 864
sala d'attesa del centro prelievi 922
sala d'attesa principale 922
sala d'attesa secondaria 923
sala da bagno 920
sala da ballo 731
sala da pranzo 290, 293, 329, 730, 854, 865, 900
sala da pranzo del personale 644
sala degli argani 773
sala degli infermieri 922
sala dei computer 899
sala dei periodici 867
sala dei prelievi 922

sala del generatore di vapore, refrigeratore della 797
sala del personale 859, 904
sala della preghiera 864, 872
sala delle esposizioni 853
sala di attesa 644
sala di comando 20
sala di comando dell'apparato propulsore 899
sala di consultazione 867
sala di controllo 785, 797
sala di imbarco 743
sala di ingresso 329, 872
sala di lettura 866
sala di proiezione 523, 544
sala di rianimazione 918
sala di ricreazione 865
sala di servizio 872
sala di sterilizzazione 922
sala di stoccaggio del combustibile nuovo 798
sala gessi 919
sala macchine 728, 730, 785, 786
sala nautica 726
sala operatoria 921, 922
sala operatoria per chirurgia minore 918
sala passeggeri 727, 730, 731
sala per conferenze 852, 858
sala per i cocktail 854
sala per il pubblico 20
sala per riunioni 854, 858, 869
sala polivalente 865
sala riunioni 522, 644, 900
sala secondaria 852
sala vip 852
salamandra 153
salame di Genova 277
salame di Tolosa 277
salame tedesco 277
salchow 1031
saldatore 402
saldatore, maschera da 406
saldatore a pistola 406
saldatore elettrico 406
saldatrice 579
saldatrice ad arco 406
saldatura 406, 407, 579
saldatura, filo per 406
saldatura, materiale 406
saldatura ad arco 406
sale 995
sale di colloquio 863
sale fino 287
sale grosso 287
sale marino 287
sale per riunioni 852
sali da bagno 474
salice piangente 119
saliente 505
saliera 302
salita, corridoio di 498
salmerino di fontana 269
salmone 94
salmone del Pacifico 268
salmone dell'Atlantico 268
salmone rosso 268
Salomone 62
salone 730, 742
salopette 441, 448, 449
salopette a tutina 448
salopette con bretelle incrociate 449
salotto 329, 854
salotto, poltrona da 360
salsa chili 287
salsa di prugne 287
salsa di soia 286
salsa hoisin 286
salsa Tabasco® 286
salsa Worcestershire 286
salsefica 251
salsiccia alle cipolle 277
salsiccia di Francoforte 277
salsiccia di trippa 277
salsiccia kielbasa 277
salsiccia piccante 277
salsiera 302
saltatore 1041
salterello 553
salti 936, 1031
salti multipli 1025
salto, tecnica di 1041
salto con gli sci 1041
salto con l'asta 934, 936
salto in alto 935, 936
salto in lungo 934, 937
salto ostacoli 1002
salto triplo 934, 937
salute 911
salvagente 731, 733, 907
salvatacchi 459
salvataggio, boa di 733
salvataggio, equipaggiamento di 733
salvataggio, giubbotto di 733
salvataggio, scialuppa di 726, 730
salvataggio, zattera di 727, 733
salvia 262
samario 814
sambal oelek 287
Samoa 62, 881
samoano 583
San Lorenzo, Fiume 47
San Marino 56
San Marino, Repubblica di 878
san Pietro 870
sanbernardo 177
sand wedge 1018
sandalo 450, 461, 462, 883
sandalo indiano 462
sangue, circolazione del 209
sangue, composizione del 209
sangue arterioso 212
sangue depurato 927
sangue venoso 212
sanguinaccio 277
sanguinaccio bianco 277
Santa Lucia 54
santoreggia 262
São Tomé e Príncipe 61, 879
sapone da barba, tazza per 479
saponetta 474
sapotiglia 259
saracco 391
saracinesca, nicchia per la 719
saracinesca a monte 719
saracinesca a valle 719
sarchiello 412
sarchiello a mano 418
sarchio 412
sardina 267
sari 429
sarong 439
sartia 724, 980
sartorio 196
sash 996
sassofono 550
satellite 39, 602
satellite artificiale 79
satellite geostazionario 86
satellite GPS 63
satellite in orbita polare 86
satellite meteorologico 80
satellite per le telecomunicazioni 643
satellite radarsat 64
satelliti, orbita dei 86
satelliti meteorologici 86
satelliti per telecomunicazioni 602
Saturn V 39
Saturno 14, 15
savana 87, 92, 93
saxhorn 551
sbadacchio 332
sbarra 366, 713, 816, 1000
sbarra, luce della 713
sbarra, scatola di comando della 713
sbarra, sostegno della 713
sbarra di acciaio 971
sbarra inferiore 970
sbarra orizzontale 970, 971
sbarra pieghevole 1000
sbarra superiore 970
sbattitore con supporto 314
sbieco 569
sblocco istantaneo 596
sbuccialimoni 306
sbucciatore 309
scacchi 570, 1065
scacchi, notazione degli 1065
scacchiera 1065
scaccianeve alto 83
scaccianeve basso 83
scacciapensieri 561
scadenza, data di 861
scaffale 289, 293
scaffale dei periodici 867
scaffale delle novità 867
scafo 721, 980, 986, 1026, 1039
scafoide 202, 203, 208
scaglia 150
scaglione 874
scala 329, 387, 520, 541, 544, 562, 687, 719, 737, 806, 1062, 1064
scala a chiocciola 781
scala a libretto 409
scala a palchetto con ruote 409
scala a pioli 409, 781
scala a pioli con ganci 409
scala aerea 902
scala Celsius 827
scala con ganci 903
scala con piattaforma 409
scala dei passi di scrittura 648
scala dei tempi 564
scala dell'altezza 600
scala dell'apertura di diaframma 598
scala delle altitudini 79
scala delle distanze 598
scala delle profondità di campo 598
scala delle temperature 79
scala di accesso 745
scala di apertura 597
scala di correzione di esposizione 597
scala di frequenza immagini/ secondo 597
scala di sensibilità 597
scala estensibile 409
scala esterna 323
scala Fahrenheit 827
scala graduata 391, 392, 827, 830, 831, 833, 912, 1057
scala graduata del nonio 832
scala graduata del righello 832
scala lettura luce 597
scala mobile 518, 544, 714, 847, 857
scala multiuso 409
scala per agricoltura 409
scala reale 1062
scala reale massima 1062
scala retrattile 409
scala sgabello 409
scala tempi di esposizione 597
scala valori di esposizione 597
scalanatura 511
scalata, imbracatura da 1051
scalatore 1050
scaldabagno 344, 348, 805
scaldabagno a gas 349
scaldabagno elettrico 348
scaldacollo 465
scale 330, 335, 409, 513, 644, 663, 714, 781, 854, 857
scale, rampa di 335
scale, tromba delle 330
scale a libretto 409
scale a pioli 409
scaletta 324, 761, 762, 990
scaletta di imbarco 733
scaletta laterale 706, 709
scaletta posteriore 709
scaletta semovente 745
scalfo 434
scalinata 513
scalini 324
scalino d'invito 335
scalmo 985
scalo ferroviario 718
scalo merci 703, 842
scalogno 245
scalpello 533, 776
scalpello da falegname 398
scalpello dello scarificatore 758
scambiatore di calore 339, 340, 800, 805
scambiatore di calore a piastre 340
scambiatore esterno 341
scambio 703
scambio, segnale di 712
scambio automatico 712
scambio di materia e di energia 94
scambio manuale 712
scamiciato 438
scampo 266
scanalatura 309, 394, 500, 501, 567, 683, 885, 1018, 1038
scanalatura della frontura 571
scanalatura della guida graduata 393
scanalatura della guida parallela 393
scandagliamento ad alta quota 85
scandio 813
scandola 385
scanner 635, 924
scanner a microonde 86
scanner all'infrarosso 32
scanner delle radiazioni terrestri 86
scanner ottico 289
scapo 236
scapola 153, 159, 164, 165, 170, 175, 182, 184, 187, 188, 193, 195, 200, 201, 207
scapola, spina della 201
scapolare 158
scappamento 553, 673
scappamento, meccanismo di 564
scappamento, molla dello 553
scappamento, ruota di 828, 829
scappamento, tubo di 694, 696, 697, 764
scarabeo 146
scaricatore 324
scarichi, molla sturatrice per 402
scarico 324, 344, 680, 681, 749, 773
scarico, banchina di 523
scarico, camera di 498
scarico, colonna principale di 344
scarico, rete di 344
scarico, rubinetto di 348
scarico, tappo di 344
scarico, tubatura di 345
scarico, tubazione di 353
scarico, tubo di 344, 347, 353, 378, 753, 758, 761, 767
scarico, ugello di 896
scarico, valvola di 349
scarico dell'acqua 789
scarico polvere 397
scarificatore 758
scarificatore, cilindro dello 758
scarificatore, dente dello 758
scarificatore, scalpello dello 758
scarola 246
scarpa 505, 935, 942, 945, 956, 991, 999, 1020, 1022, 1030, 1031, 1050
scarpa, parti di una 459
scarpa a collo alto 459
scarpa a lame 884
scarpa alla polacca 429
scarpa Carlo IX 460
scarpa chanel 460
scarpa con cinturino a T 460
scarpa con tacchetti 940, 951, 954
scarpa con tacco 429
scarpa da bowling 1015
scarpa da corsa 450
scarpa da tennis 462, 968
scarpa décolleté 460
scarpa stringata 459
scarpata 17, 658
scarpata continentale 67
scarpe 459, 460, 1019
scarpe, kit per la pulizia delle 463
scarpe, negozio di 849
scarpe con chiodi 1035
scarpe da donna 460, 850
scarpe da ginnastica 850
scarpe da uomo 459, 850
scarpe per bambini 851
scarpe unisex 462
scarpetta 989, 997
scarpetta, bordo della 1039
scarpetta da calcio 946
scarpetta interna 1039, 1045
scarpiera 463
scarponcino 448, 459
scarponcino di sicurezza 909
scarpone 1038, 1039, 1041, 1046, 1051
scarpone da lavoro 459
scarpone da sci da fondo 1042
scarpone ibrido 1045
scarpone morbido 1037
scarpone rigido 1037
scassa di deriva 983
scatola a doppia linea di connessione 820
scatola americana 655
scatola convertitore digitale-analogico 609
scatola da incasso 358
scatola degli accessori 571
scatola degli ingranaggi 535
scatola degli ingranaggi del freno a mano 709
scatola degli ingranaggi del moltiplicatore 807
scatola dei collegamenti 605
scatola dei comandi ausiliari 749
scatola del cambio 672
scatola del premio 1070
scatola dell'asse 706
scatola della frizione 696
scatola dello scambio 712
scatola di accensione 749
scatola di collegamento 713
scatola di comando 349
scatola di comando della sbarra 713
scatola di fiammiferi 483
scatola di servizio 356
scatola elettronica di comando 678
scatola per archivio 653
scatola per formaggio 295
scatola portaesche 1061
scatola portaprisma 825
scatolame 289
scatto, ancora a 390
scatto, chiavistello a 326
scatto, chiavistello senza 326, 327
scatto, chiusura a 316
scatto, pulsante 593, 595
scatto, pulsante di 592
scavamelone 309
scavo 771
scavo, braccio di 760
scavo di Douglas 226
scavo vescico-uterino 226
scena 498
scena, fotografo di 543
scheda compact flash 594
scheda del circuito stampato 820
scheda di memoria 593, 599
scheda di rete 631
scheda di rete senza fili 631
scheda elettronica 343
scheda Memory Stick 594
scheda PC, fessura per la 630
scheda Secure Digital 594
scheda xD Picture 594
schedario 653
schedario, cassetto di 653
schedario, divisori alfabetici per 652
schedario a visibilità laterale 645
schedario mobile 645
schedario rotativo 651
schede 652
schede di memoria 594
scheletro 199
scheletro di un cane 175
scheletro di un canguro 188
scheletro di un cavallo 170
scheletro di un delfino 182
scheletro di un gorilla 184
scheletro di un pipistrello 187
scheletro di un ratto 165
scheletro di un serpente velenoso 154
scheletro di un uccello 159
scheletro di una rana 153
scheletro di una talpa 164
schema della tessitura 575
scherma 997
schermatura in calcestruzzo 800, 801

schermidore 997
schermo 27, 601, 609, 610, 943
schermo, anello di 84
schermo, custodia dello 601
schermo a impugnatura 406
schermo di aiuto della visibilità 713
schermo di messa a fuoco 594
schermo di proiezione 544, 601
schermo di protezione 406, 938
schermo retroilluminato 649
schermo serigrafico 536
schermo superiore 1067
schiaccianoci 307
schiacciapatate 311
schiacciata 959, 967
schiena 193, 195
schienale 361, 366, 675, 697, 917, 1001, 1026
schienale, manopola di regolazione dello 675
schienale regolabile 913
schiniere 884, 940
schiuma 77
schiuma da barba 479
schiuma di bitume 779
schiuma isolante 385
schiumaiola 311
schizzetto 912
schnauzer 176
Schwenkel, bandiera con 873
sci 1026, 1038
sci, piste da 1036
sci, scuola di 1036
sci alpino 1038
sci alpino, pista per 1036
sci alpino, snowboard per 1037
sci da chilometro lanciato 1041
sci da discesa libera e supergigante 1038
sci da fondo 1042
sci da salto 988, 1041
sci da slalom 1038
sci da slalom gigante 1038
sci doppio 988
sci nautici 988
sci nautico 988
scia, punta dello 1042
scia luminosa del cratere 17
sciabola 886, 998
sciabolatore 997
sciacquone 346
sciacquone, levetta dello 347
scialle 427, 465
scialle, collo a 455
scialuppa 898
scialuppa di salvataggio 724, 726, 730
sciarpa 465
sciarpa, collo con 455
sciatore 1038
sciatore di chilometro lanciato 1041
sciavero 386
scienze, aula di 868
sciismo 870
scimpanzé 185
scintilla 680
scintoismo 870
sciogli-ghiaccio 421
scioglimento 95
sciolina 1042
sciolinatura, accessori per la 1042
sciovia 1036
sciovia, arrivo della 1036
sciroppo 914
sciroppo d'acero 285
sciroppo di mais 285
scisma d'Oriente 870
scissione del nucleo 811
scissura obliqua 215
scisto 783
scivolamento 1041
scivolamento, fase di 1042
scivolo della banchina 718
scivolo dello sfioratore 785
scivolo per tronchi d'albero 785
sclera 238
scocca 419, 687
scodella 302
scodellino 889
scoglio 70
scoiattolo 166
scolainsalata, centrifuga 308
scolare 308
scollatura a cuore 456
scollatura a V 456
scollatura drappeggiata 456
scollatura profonda a V 456
scollatura quadrata 456
scollature 456
scollo 434
scollo a barchetta 456
scollo a V 430, 437
scolpitura del battistrada 684, 685, 764
scompartimento bagagli 707
scompartimento letto 705
scomparto 364
scomparto bobine cavi 608
scomparto dei medicinali 911
scomparto del congelatore 377
scomparto del frigorifero 377
scomparto del sacchetto 375
scomparto della strumentazione 608, 707
scomparto di carico 36
scomparto di carico, portellone dello 36
scomparto per banconote 484
scomparto per carte di credito 484
scomparto per i documenti 489
scomparto per i guanti 921
scomparto per i latticini 377
scomparto per il burro 377
scomparto per il computer 489
scomparto portadocumenti 484
scontrino 831
scooter 697
scopa 337, 381
scopa, rastrello 420
scopa a frangia 381
scopa da curling 1027
scoppio 680, 681
scoppio, carica di 893
scorpione 147
Scorpione 20
scorrimento 633
scorrimento, piastra di 712
scorrimento, tasto di 621
scortecciamento 125
scorza 114
scorzetta 114
scorzonera 251
scossalina 337
scotta 725
scotta, rotaia del carrello di 980, 981
scotta del fiocco 980
scotta della randa 980
scovolo 579, 889
scozia 500, 501
Scozia, placca di 68
scozzese 583
scratch jog wheel 559
scrittura 584, 585
scrivania 331, 646, 855
scrivania del cancelliere 862
scrivania direzionale 646
scrivania per computer 646
scroto 192, 228
scrub 474
scuderie 1006
scudo 883
Scudo 20
scudo, divisioni dello 874
scudo di protezione della mano 417
scudo termico 27, 36
scultura 509, 523
scultura, accessori 531
scultura, strumenti 531
scultura in legno 531
scuola 868
scuola di sci 1036
scuolabus 688
scutello 136
seaborgio 813
sebo 236
secchiello con cordoncino 486
secchiello piccolo con cordoncino 486
secchio 381
seconda 562, 998
seconda base 938
seconda base (posizione) 938
seconda galleria 541
seconda linea 950
seconda linea destra 950
seconda linea sinistra 950
seconda pinna dorsale 148, 149
secondi, lancetta dei 828
secondi, ruota dei 828
secondi violini 545
secondo 836, 990
secondo allenatore 1029
secondo arbitro 953, 958, 959
secondo assistente cameraman 542
secondo aumento di tensione 807
secondo giocatore al lancio 1027
secondo livello, dominio di 642
secondo molare 206
secondo premolare 206
secondo rinforzo 890
secondo stadio dell'erogatore 989
secrétaire 364
sedano 250
sedano di monte 262
sedano rapa 251
sede della valvola 350
sede della valvola di tenuta 347
sedia 293, 361, 868
sedia, parti 361
sedia a dondolo 360, 361
sedia a rotelle 705, 917
sedia a sdraio 361
sedia con braccioli 868
sedia da regista 360
sedia dattilo 646
sedia del regista 543
sedia ergonomica 646
sedia pieghevole 361, 1057
sedia scala 361
sedia Windsor 361
sedie 361
sedie a rotelle, rampa per 522
sedie degli attori 542
sedie dei giocatori 959
sedie impilabili 361
sedile 347, 360, 361, 366, 420, 576, 917, 986, 987, 1035, 1048
sedile: vista anteriore 675
sedile: vista laterale 675
sedile del comandante 748
sedile del copilota 748
sedile del timoniere 984
sedile dell'infermiere 911
sedile doppio 716
sedile eiettabile 896
sedile mobile 984
sedile regolabile 705
sedile scorrevole 1001
sedile singolo 716
sedili 361
sedimentazione 784
seduta 675, 917
seduta del divano posteriore 675
sega a dorso 391
sega a serramanico 1057
sega circolare 392
sega circolare, lama di 392
sega da banco 393
sega da giardiniere 416
sega per augnatura elettrica 392
sega per augnatura manuale 391
segale 122, 263
segale, pane danese di 278
segale, pane nero di 279
segale, pane tedesco di 279
segale: spiga 122
seggio 1005
seggio del rabbino 872
seggiolino 1007
seggiolino per auto 491, 686
seggiolino per bambini 700
seggiolone 366
seggiovia 1036
segheria 125
seghetto 391, 402
seghetto alternativo 393
seghetto da traforo 391
seghetto per dorsi 537
segmento addominale 141
segmento muscolare 149
segmento orientato 82
segnalamenti notturni, ritmo dei 739
segnalamento dei punti cardinali 738
segnalatore di nebbia 733
segnalatore di pericolo 901
segnale accensione/spegnimento 343
segnale acustico 564
segnale cardinale: passare a est 739
segnale cardinale: passare a ovest 739
segnale cardinale: passare a sud 739
segnale dell'area di attesa 742
segnale di acque sicure 739
segnale di distanza fissa 743
segnale di identificazione della pista 742
segnale di passaggio a livello 713
segnale di pericolo isolato 739
segnale di scambio 712
segnale di zona di contatto 743
segnale emesso 64
segnale laterale 739
segnale laterale: boa a palo 739
segnale laterale: boa a pilastro cilindrico 739
segnale laterale: boa conica 739
segnale luminoso 564
segnale speciale 739
segnali dell'asse della pista 742
segnali della soglia della pista 743
segnali laterali 742
segnali marittimi 736
segnali stradali 664
segnali stradali internazionali 664
segnali stradali nordamericani 666
segnali visivi 1009
segnapunti 956, 958, 959, 960, 965, 992, 993, 995, 996, 997, 1009, 1010, 1014, 1069
segnatura 537
segnavento 980
segni di interpunzione 587
segno centrale 966
segretari 974
segretaria, ufficio della 859
segretaria di produzione 543
segreteria scolastica, ufficio della 869
segreteria telefonica digitale 625
selce, coltello di 883
selce, punta di freccia in 883
selenio 812
selettore automatico/manuale 404
selettore dei canali 621
selettore dei pick-up 549
selettore dei programmi 592
selettore dei punti 566
selettore del livello dell'acqua 378
selettore del livello di registrazione 616
selettore del movimento orbitale 393
selettore del nastro 616
selettore del ritmo 558
selettore del timbro 558
selettore dell'ampiezza dei punti 566
selettore della messa a fuoco 592
selettore della posizione dell'ago 566
selettore della temperatura 316
selettore di funzione 343
selettore di ingresso 614
selettore di modalità 593
selettore di programma 558
selettore di stazioni preselezionate 619
selettore di velocità 314, 393, 394, 617
selettore quadridirezionale 593
selettore stazioni 620
selettori di frequenza 619
selettori di funzione 623
selettori di modo 597
selezione 611
selezione, tasto di 621
selezione dei canali, pulsanti 611
selezione dei canali, tasti 735
selezione della lingua del display, tasto di 624
selezione delle sorgenti, tasto 614
selezione e navigazione, tasto 624
selezione manuale, comando di 601
self-service 292
self-service, banco del 292
sella 697, 698, 969, 1001, 1003, 1005, 1006, 1008, 1026
selletta 1047
sellino 427, 1007
sellino, abito con 427
selvaggina 271
semafori 846
semaforo 665, 667, 703
semaforo a luce intermittente 713
seme 104, 105, 114, 115, 116
seme, sezione 105
semi 1062
semi di girasole, olio di 284
semi di lino, olio di 527
semi di papavero 261
semi di soia 284
semiasse 673
semibiscroma 563
semibiscroma, pausa di 563
semibreve 563
semibreve, pausa di 563
semicerchio 838
semicroma 563
semicroma, pausa di 563
semifinale 933
semi-grassetto 586
semilunare 202, 208
semimembranoso 197
semimetalli 812
semiminima 563
semiminima, pausa di 563
seminatoio a mano 418
seminatrice 767
seminterrato 328
seminterrato, finestra del 323
semipreziose, pietre 470
semirimorchio 690
semirimorchio frigorifero 691
semirimorchio furgonato 692
semirimorchio portacontainer 692
semirimorchio ribassato per il trasporto del bestiame 692
semirimorchio ribassato per il trasporto di mezzi corazzati 692
semisfera 839
semispinale 197
semitendinoso 197
semola 123
semolino 278
senape 116
senape americana 286
senape bianca 260
senape di Digione 286
senape in granuli 286
senape in polvere 286
senape inglese 286
senape nera 260
senape tedesca 286
Senegal 60, 879
Senegal, Fiume 50
seno 192, 194, 227, 426
seno frontale 232
seno laterale inferiore 117
seno laterale superiore 117
seno lattifero 227
seno peziolato 117
seno sfenoidale 232
seno urogenitale 149
sensibilità 592, 593
sensibilità pellicola, pulsanti 597
sensibilizzatore 536
senso vietato 664, 666
sensore 84, 594, 595
sensore attivo 65
sensore del telecomando 609
sensore delle pulsazioni 1001
sensore delle radiazioni terrestri 86
sensore di collisione laterale 676
sensore di collisione principale 676
sensore di sicurezza 676
sensore di temperatura 32, 683
sensore di velocità delle ruote 679
sensore esposimetrico 594

sensore laser 634
sensore passivo 65
sensore solare 64, 86
sensore terrestre 64, 86
sepalo 112, 114, 115
separatore 685, 728, 767, 770, 796, 820
separatore dell'acqua 772
separatore elettrolitico 820
separatore gas / petrolio 777
separatore liquido/gas 685
separatore primario 779
separazione del cartone 99
separazione della carta 99
separazione magnetica 99
séparé 290
seppia 265
sequencer 559
sequencer, controllo del 558
sequenza principale, stella della 18
sequoia 121
seracco 72
serbatoi 781
serbatoi di stoccaggio 780
serbatoio 37, 319, 342, 348, 408, 527, 555, 678, 783
serbatoio, bocchetta del 419
serbatoio, sportello del 671
serbatoio, tappo del 690, 696
serbatoio a espansione 805
serbatoio a tetto fisso 781
serbatoio a tetto galleggiante 781
serbatoio ausiliario 691
serbatoio d'aria 408
serbatoio d'aria compressa 706
serbatoio del carburante 417, 673, 694, 697, 706, 753, 895, 896
serbatoio del carburante riscaldante 678
serbatoio del gas 483
serbatoio del liquido dei freni 679
serbatoio del propellente 32
serbatoio dell'acqua 319, 342, 706, 708
serbatoio dell'acqua, vano del 750
serbatoio dell'acqua di raffreddamento 795
serbatoio dell'idrogeno liquido 39
serbatoio dell'impianto di allagamento 797
serbatoio dell'ossigeno liquido 39
serbatoio della granella 767
serbatoio dell'acqua 762, 763
serbatoio di accumulo 805
serbatoio di azoto liquido 826
serbatoio di deposito esterno 783
serbatoio di sicurezza 800
serbatoio di stoccaggio 782
serbatoio di stoccaggio temporaneo 780
serbatoio esterno del combustibile 36
serbatoio per il brillantante 380
serbatoio per il carburante 690
serbatoio rimovibile 579
serbatoio ventrale 753
serbatoio vetrificato 349
Serbia 57, 878
serbo e croato 583
serge 424
serie, lampade in 373
serie, numero di 861
serigrafia 536
serpente 154, 1064
Serpente 21, 23
serpente a sonagli 156
serpente corallo 156
serpente giarrettiera 156
serpente velenoso, anatomia di un 154
serpente velenoso, scheletro di un 154
serpente velenoso: testa, morfologia di un 154
serpenti e scale 1064
serpentina del condensatore 343
serpentina del vaporizzatore 343
serpentina di riscaldamento 1049
serpentina interna 341
serra 243
serraggio, dispositivo di 815
serraggio, leva di 397, 401
serraggio, pinze di 815
serraggio, vite di 401
serratura 325, 326, 377, 486, 489, 671, 674
serratura a chiave 484
serratura a combinazione 484
serratura a pomolo 327
serratura premi-apri 326
server 640, 641, 642, 643
server d'accesso 642
servizi assicurativi 858
servizi di credito 858
servizi finanziari 858
servizi sociali 923
servizi tecnici 866
servizio 958, 966
servizio, cintura di 906
servizio, entrata di 866
servizio, fonte del 590
servizio, giudice di 962, 966
servizio, linea centrale di 967
servizio, linea di 964, 965, 967
servizio, modulo di 602
servizio, quadrato di 964, 965
servizio, stazione di 845
servizio, tavolo di 290
servizio, zona di 964, 967
servizio, zone di 963
servizio corto, linea di 963
servizio da fonduta 312
servizio da tavola 297
servizio da wok 312
servizio del doppio, campo di 963
servizio del singolo, campo di 963
servizio destro, area di 965
servizio di assistenza ai clienti 859
servizio di babysitteraggio 849
servizio di navetta 742
servizio di sicurezza 853
servizio lungo, linea di 962
servizio manutenzione 668
servizio mobile a distanza, unità di 35
servizio pacchi 704
servizio per scarpe 463
servizio sinistro, area di 965
servofreno 672, 679
servomotore 894
servosostegno 772
sesamo, olio di 284
sesamoide distale 170
sesamoide prossimale 170
sesta 562, 998
sestante 734
Sestante 21
sestante automatico 32
sestetto 546
sestina 1068
set 543, 968
set delle riprese 542
set di bussole 400
set di utensili da cucina 311
set per cucinare 1055
set per manicure 472
set per sushi 303
set precedenti 968
seta 424
setaccio 308, 310
setale 1061
setola 479, 482
setole 381, 408
settima 562, 998
setto 116, 231
setto interventricolare 213
settore 838
Seychelles 61, 880
sezione 774
sezione della crosta terrestre 66
sezione delle carte geografiche 866
sezione delle monografie 866
sezione di copertura 144
sezione di riconoscimento 904
sezione di rotaia 713
sezione di un acino 114
sezione di un bulbo 105
sezione di un lampone 114
sezione di un tronco 386
sezione di un'arancia 114
sezione di una fragola 114
sezione di una mela 115
sezione di una nocciola 116
sezione di una noce 116
sezione di una pesca 115
sezione inferiore 39
sezione per i bambini 866
sezione principale 1068
sezione superiore 39
sezione trasversale di un tronco 118
sezione variabile, ugello a 751
sfaccettature del taglio a brillante 469
sfagno 106
sfera 350, 584, 839
sfera, penna a 584
sfera, supporto della 686
sfera celeste 23
sfera di piombo 893
sfera di vetro 84
sfera terrestre 23
sfiatatoio 182, 380, 408
sfiato 344
sfiato, tubo di 349
sfiato, valvola di 729
sfintere uretrale interno 218
sfioratore 785, 788
sfioratore, paratoia dello 785
sfioratore, scivolo dello 785
sfioratore, soglia dello 785
sfoglia 279
sfondo 495
sfondo piega 370
sforzo 816
sgabello 292, 296, 361, 990
sgabello da bar 290
sgambatura elasticizzata 434
sgarzino 576
sgombro 267
sgorbia 531
sgorbia a U 533
sgorbia a V 533
sgorbia diritta 531
sgorbia incurvata 531
sgrossatura 531
shampoo 475
shekel, *nuovo 860
shiitake 244
shinai 995
short track 1033
shorts 433, 441
si 562
SI 835
siamese 179
sicura a contatto 389
sicurezza 900
sicurezza, area di 991
sicurezza, cassetta di 859
sicurezza, corridoio di 862
sicurezza, griglia di 858
sicurezza, grilletto di 417
sicurezza, impugnatura di 419
sicurezza, linea di 715
sicurezza, luce di 907
sicurezza, picchetti di 1025
sicurezza, ruota di 717
sicurezza, servizio di 853
sicurezza, simboli di 910
sicurezza, spilla di 567
sicurezza, termostato di 379
sicurezza, valvola di 312, 349
sicurezza, zona di 996
siepe 323, 410, 934
siepe con barriere 1002
Sierra Leone 60, 879
sifone 138, 344, 347, 351, 352
sigaretta 483
sigaro 483
silenziatore 411, 773
silicio 812
siliqua, sezione 116
silo del minerale 772
silo orizzontale 243
silo per il trattamento della schiuma 779
silo verticale 243
silos 718
Siluriano 128
siluro 899
sima 500
simboli comuni 856
simboli delle istruzioni sui tessuti 425
simboli di sicurezza 910
simboli di valute 860
simboli diacritici 587
simboli meteorologici internazionali 82
simboli scientifici 834
simbolo 812, 1070
simbolo della squadra 1028
sinagoga 872
sinapsi 221
sinfisi pubica 208, 226, 228
Singapore 59, 881
singolo 985
sinistra 731, 738, 739, 874
sinsacro 159
sintesi 836
sintesi additiva 821
sintesi dei colori 821
sintesi sottrattiva 821
sintetizzatore 558
sintetizzatore a fiato 558
sintoamplificatore 619
sintoamplificatore: dorso 614
sintoamplificatore: vista frontale 614
sintonia, comandi di 609
sintonia, manopola della 620
sintonizzazione, manopola di 619
sipario 540, 541
sipario tagliafuoco 540
Siria 58, 880
siringa 912
siringa per decorazioni 310
siringhe usate, contenitore delle 907
sismografi 76
sismografo orizzontale 76
sismografo verticale 76
sismogramma 76
sistema, tasti di 558
sistema a doppia puleggia 816
sistema a rotazione 776
sistema di alimentazione 673
sistema di ancoraggio 717
sistema di autoguida 894
sistema di climatizzazione 96
sistema di comunicazione interorbitale 35
sistema di condizionamento dell'aria 911
sistema di controllo 926
sistema di controllo del lampeggiante 907
sistema di coordinate celesti 23
sistema di coordinate terrestri 42
sistema di cronometraggio elettrico 1033
sistema di filtrazione 341
sistema di guida fine 27
sistema di lenti 824
sistema di localizzazione globale via satellite 63
sistema di lubrificazione 706
sistema di manipolazione a distanza 35
sistema di navigazione satellitare 735
sistema di prelievo sanguigno 912
sistema di registrazione audio 543
sistema di registrazione dei dati 826
sistema di regolazione dell'altezza 969
sistema di riempimento e di svuotamento della chiusa 719
sistema di riproduzione stereo 614
sistema di ritenuta degli air bag 676
sistema di segnalamento marittimo per mezzo di boe 738
sistema di sollevamento 757
sistema di sopravvivenza 33
sistema di sostegno per la testa ed il collo 1022
sistema di svuotamento della chiusa 719
sistema di telecomunicazione 603
sistema di trasmissione 602, 673
sistema endocrino 229
sistema idraulico 754
Sistema internazionale di unità di misura 835
sistema linfatico 230
sistema nervoso 220
sistema nervoso, struttura 220
sistema nervoso centrale 220
sistema nervoso periferico 220
sistema riproduttivo 226
sistema solare 14
sistema stradale 658
sistemi dell'automobile 673
sistemi dell'automobile: componenti principali 672
sistemi di ingranaggio 816
sistro 557
skateboard 1044
skater 1044
skeleton 1035
skeletonista 1035
skimmer 324
slalom gigante 1039
slalom speciale 1039
slalom supergigante 1039
slancio 999
slancio in avanti 1014
slider 1046
slip 434, 445
slip da bagno 450
slitta 415, 1035
slitta delle monete 1070
slitta di fissaggio 824
slitta di rinculo 892
slitta per accessori 592
slittino 1034
slittino doppio 1034
slittino singolo 1034
slot-machine 1070
Slovacchia 56, 878
slovacco 583
Slovenia 56, 878
sloveno 583
smalto 206, 472
smeraldo 470
smeraldo, taglio a 469
smerigliatrice a nastro 396
smerigliatrice eccentrica 396
smilodonte 131
sminuzzamento 99
smistamento, centro di 588
smistamento, macchina di 589
smistamento dei materiali metallici 99
smistamento del cartone 99
smistamento del vetro 99
smistamento della carta 99
smistamento della plastica 99
smistamento manuale 99
smistamento ottico 99
smistamento primario 588
smistamento regionale, centro di 589
smistamento selettivo dei rifiuti 99
smistamento-posizionamento-annullamento, macchina di 588
smog 97
smorzamento magnetico, dispositivo di 830
smorzata 967
smorzatore 553
smorzatore, barra dello 553
smorzatore, leva dello 553
smottamento 77
snack bar 544
snocciolatore 309
snodo 1039
snodo per l'attacco degli attrezzi 764
snooker 1013
snowboard 1037
snowboard per freestyle 1037
snowboard per sci alpino 1037
snowboardista 1037
soba 283
sobborghi 52
sodio 812
soffiante 749, 763, 800
soffietto 484, 487, 600
soffietto, borsa a 484
soffietto, mantice a 560
soffietto, portacarte a 484
soffietto, tasca applicata a 442, 452
soffitto 964, 965
soffitto, travetto del 332
soffitto, ventilatore da 342
soffitto acustico 541
soffitto della cabina 519
softball 941

softbox 606
software di archiviazione 599
software di grafica 599
software di posta elettronica 642
soggiorno 329
soglia 325
soglia dello sfioratore 785
soglia glaciale 72
sogliola 268
soia, germogli di 284
soia, salsa di 286
sol 562
solaio 337
solaio, collare del 337
solaio, travetto del 333
solarium 729, 731
solco 223, 233
solco concentrico 617
solco di separazione 617
solco finale 617
solco iniziale 617
solco laterale 171
solco mediano 171, 233
solco terminale 233
Sole 14, 16, 17, 80, 94
Sole, eclissi di 16
sole, occhiali da 481
Sole, struttura del 16
soleo 196
soletta 433, 463
solidi 839
solidificazione 810
solido 810, 811
solido amorfo 810
solitario 470
sollevacuticole 472
sollevamento 77
sollevamento, braccio di 759, 760
sollevamento, catena di 754
sollevamento, cavo di 756
sollevamento, cilindro di 756, 902
sollevamento, corda di 371
sollevamento, fessura di 655
sollevamento, fune di 519
sollevamento, giunto di 764
sollevamento, sistema di 757
sollevamento pesi 999
sollevatore di pesi 999
solstizio d'estate 80
solstizio d'inverno 80
soluzione dializzante 927
soluzione dializzante usata 927
soluzione multiuso 481
solvente per unghie 472
solventi, impianto di estrazione con 782
Somalia 61, 879
sombrero 429
somiere 555
somiere, tavola del 555
sommatoria 837
sommelier 290
sommità 512
sonagli 557
sonaglio 154
sonar 65, 735
sonar a scafo 898
sonda 925, 927
sonda ottica 926
sonda radiometrica 86
sonda spaziale 30, 79
sonde spaziali 30
soprabiti da donna 850
soprabiti da uomo 851
sopraccapo 1004
sopracciglia, matita per 473
sopracciglia, pinzette per 472
soprafusione 810
soprascarpa 944
soprasponda 1012
soprastruttura 658
soprattenda 368
sopravveste 427
sopravveste a grembiule 440
sopravvivenza, sistema di 33
sordina 551, 552, 611
sordina, pedale della 552
sorella 929
sorgente 73
sorgo 122
sorgo: pannocchia 122
sormonto totale, tende con 369
soro 107
sorvegliante, banco del 866
sorveglianza, postazione di 522
sorveglianza, posto di 900
sorveglianza, telecamera di 523
sospensione 673, 716
sospensione, braccio di 378
sospensione, lampada a 372
sospensione, molla di 829
sospensione posteriore 1020
sospensioni, gruppo delle 673
sosta ai box 1023
sostegno 85, 361, 1031
sostegno, base di 364
sostegno del bracciolo 360
sostegno del coperchio 577
sostegno dell'ala 731
sostegno della sbarra 713
sostegno per il collo 1024
sotterraneo 503, 847
sottile 586
sottocanestro, zona di 955
sottocasco 1022
sottocoppa 302, 305
sottofondo 332, 333, 334
sottofondo di cemento 334
sottofondo di cemento, parquet su 334
sottogola 901, 954, 1004, 1020, 1035
sottogonna 427, 444
sottomano 646
sottomarino nucleare 899
sottopalco 540
sottopancia 1003, 1005, 1006, 1007
sottopassaggio 703
sottopunto, cucitura a 431
sottospalla 275
sottostruttura 776
sottosuolo 109
sottotitolo 590
sottotuta 1022
sottotuta di raffreddamento e
ventilazione 33
sottoveste 444
sottoveste con reggiseno 444
sottovia 660
sottrazione 836, 837
sottrazione, tasto 649
Sovrano Militare Ordine di Malta 882
sovrapposizione automatica degli
originali 647
sovrastruttura 737
sovratemperatura, dispositivo di
sicurezza per 348
Soyuz 38, 39
spacco centrale 430
spacco laterale 430
spada 998
spada da lato 886
spadice 112
spadista 997
spadone a due mani 886
spaghetti 282
spaghetti, molle per 309
spaghetti alle uova 283
spaghetti asiatici 283
spaghetti di riso 283
spaghetti somen 283
spaghettini 282
Spagna 56, 877
spagnolo 583
spago 538
spalla 168, 174, 192, 194, 207, 272,
273, 274, 506, 548, 660, 661, 968,
1059
spalla a monte 790
spalla a valle 790
spallaccio 884, 1056
spallamento 400
spalliera 410
spalliera ad arco 410
spallina 435, 445, 906
spalto 505
spandex 424
spandiconcime 418
spandiletame 765
spaniel 176
spansa 586
spargisale 310
spargitore di paglia 767
sparo, funicella di 892
spartitraffico 659, 846
sparviero 403
spatola 311, 525, 533, 1038, 1042
spatola metallica 677
spatola serigrafica 536
spatolata 111
spaziatore 799
spazio 562, 632, 1015
spazio epidurale 224
spazio per la dilatazione 712
spazio unificatore 632
spazzaneve a turbina 763
spazzata d'anca 992
spazzatrice 763
spazzola 309, 381, 463, 819
spazzola a dorso piatto 476
spazzola a pennello 375
spazzola antistatica 476
spazzola centrale 763
spazzola da bagno 475
spazzola da neve con raschietto 686
spazzola del polline 142
spazzola di gomma 677
spazzola doppia 493
spazzola laterale 763
spazzola metallica 557
spazzola per funghi 309
spazzola per la schiena 475
spazzola per pavimenti 375
spazzola per tappeti e pavimenti 375
spazzola ragno 476
spazzola rotonda 476
spazzole 819
spazzole per capelli 476
spazzolino, levetta dello 571
spazzolino di pulizia 479
spazzolino di tessitura 571
spazzolino elettrico 482
spazzolino interdentale 482
spazzolino manuale 482
spazzolino per mascara 473
speaker 978
specchietto 1026
specchietto anteriore di
accostamento 688
specchietto di cortesia 676
specchietto per il punto cieco 688, 689
specchietto per manovre 763
specchietto retrovisore 676, 689, 695,
696, 697, 763
specchietto retrovisore esterno 670, 688,
690
specchietto retrovisore parabolico 763
specchio 346, 494, 655, 823, 825, 855,
917
specchio a riflessione parziale 823
specchio a riflessione totale 823
specchio di puntamento 1057
specchio doppio girevole 478
specchio grande 734
specchio laterale 478
specchio luminoso 478
specchio parabolico 804
specchio piano 28, 823
specchio piccolo 734
specchio primario 27, 28, 29
specchio primario concavo 25
specchio reflex 594, 595
specchio secondario 25, 27, 28, 29, 594
specchio terziario 29
specialista tecnico 1031
specialità 1039
specialità gastronomiche 288
specie 132
spedizione merci 743
spegnifiamma 891
spelafili 405
spelafili, pinza 405
spelucchino 306
spencer 442
sperlano 267
spermateca 137
spermatozoo 228
sperone 71, 142, 174, 1011
sperone tarsale 142
spesa, borsa della 486, 487
spessore 401
spessore, misura dello 832
spettro elettromagnetico 821
spettrometro 826
spettrometro agli ultravioletti 86
spettroradiometro 86
spezie 260
spezie cajun, condimento alle 261
spezie marinate 261
spezzatura, linea di 454
sphynx 179
spia cinture di sicurezza non
allacciate 677
spia dei proiettori abbaglianti 677, 696
spia dell'indicatore di direzione 677
spia della batteria 677
spia della posizione di folle 696
spia della pressione dell'olio 677, 696
spia della riserva di carburante 677, 696
spia dell'indicatore di direzione 696
spia di accensione 859
spia di rilevamento della carta 859
spia luminosa 903
spia luminosa dell'autoscatto 592
spia luminosa di accensione/
spegnimento 623
spia luminosa di carica 479
spia luminosa di messa in onda 604
spia luminosa rotante 763
spia porte aperte 677
spiaggia 70
spicchio 114
spicola 134
spicole 16
spider 669
spie 677
spie di controllo 638
spie luminose 633
spiga 112, 279
spigolo 500
spigone 724
spilla 471
spilla di sicurezza 567
spille 471
spillo 568
spillo fermacravatta 471
spillone 471, 476
spina 135, 618, 620
spina americana 358
spina della scapola 201
spina europea 358
spina nasale anteriore 205
spina neurale 149
spinacio 247
spinarolo 148
spingicuticole 472
spingistantuffo 912
spinnaker, *alzare lo 982
spinnaker, *ammainare lo 982
spinotto 358, 359
spinotto di connessione 820
spinotto di messa a terra 358
spinta 752
spinta, fase di 1042
spinta, maniglia di 515
spinta, telaio di 758
spinterogeno 672, 682
spirale 390, 600
spirale, braccio della 19
spirale bimetallica 827
spirulina 244
splenio del capo 197
spogliatoio 868, 900, 922
spogliatoio dei minatori 773
spogliatoio del personale 904, 923
spoiler 690, 695, 746
spola 573
spoletta, corpo della 893
spoletta di prossimità 894
sponda 1014
sponda frontale 691
sponda inferiore 1012
sponda protettiva 366
sponda superiore 1012
spondina rimovibile 913
spongocele 134
spore 108
sporgenza 335
sport, palazzetto dello 932
sport a motore 1022
sport acquatici 974
sport aerei 1046
sport alpini 1050
sport con la palla 938
sport di combattimento 990
sport di forza 999
sport di precisione 1009
sport equestri 1002
sport equestri, campo per 932
sport invernali 1027
sport nautici 974
sport su rotelle 1044
sporta 486
sportello 316, 376, 831, 859
sportello commerciale 859
sportello del serbatoio 671
sportello di accesso 705
sportello di carico 336
sportello notturno 859
sportello per il check-in automatico 742
spostamento 821
spostamento d'acqua verticale 77
spray nasale 914
spremere 315
spremiaglio 307
spremiagrumi 307
spremiagrumi elettrico 315
spremitura, cono di 315
sprinter, linea degli 1021
sprone 431
spruzzatore 414
spruzzatore d'acqua 781
spruzzatori 795
spruzzetta 815
spruzzo, vite di regolazione dello 408
spruzzo di vernice 527
spugna 134
spugna, anatomia di una 134
spugna, morfologia 134
spugna abrasiva 381
spugna naturale 475
spugna sintetica 473
spugna vegetale 475
spugnetta 651
spugnetta, applicatore a 473
spugnola 108, 244
spumante, coppa da 297
spurgo, pompa di 345
squadra 387
Squadra 20
squadra, handicap della 1008
squadra, simbolo della 1028
squadra falsa 387, 833
squalo 148
squalo, morfologia di uno 148
squalo tigre 148
squama 154, 155, 160, 236
squama ventrale 154
squash 965
Sri Lanka 58, 881
stabilimento di lavorazione 783
stabilimento industriale 842
stabilizzatore 747, 756, 760, 896, 902,
1009, 1026, 1046, 1047
stabilizzatore del rollio 730
stabilizzatore orizzontale 1048
stabilizzatore verticale 1048
stabilizzazione, barra di 755
staccionata 322
stacco 1041
stadera 830
stadi di maturazione 117
stadio 843, 932, 934
stadio a propellente solido 39
stadio criogenico principale 39
stadio di baseball 932
stadio per il nuoto 932

stadio superiore a propellente di riserva 39
staff medico 992, 994
staffa 235, 441, 885, 1003, 1005
staffa di blocco finale 367
staffa di lancio 1027
staffile 1005
staggio 409, 971
stagioni 1066
stagioni dell'anno 80
stagno 78, 812, 1016
stalagmite 67
stalattite 67
stalla 243
stame 112, 115
stampa 171, 532, 633
stampa, torchio di 534
stampa album di foto 599
stampa in cavo 532
stampa in rilievo 532
stampa in rilievo, metodo di 533
stampante 599, 641, 649
stampante a getto di inchiostro 637
stampante ad aghi 636
stampante laser 637
stampella canadese 916
stampini per dolci 311
stampo per charlotte 311
stampo per pane 311, 317
stampo per torta 311
stand espositivo 853
standby/acceso, pulsante 614
stanga 411, 1007
stanghetta 480, 562, 1004
stantuffo 912
stanza controllo video 608
stanza da bagno 329, 330, 346, 855
stanza degli insegnanti 869
stanza degli studenti 869
stanza dei giurati 862
stanza dei microfilm 866
stanza del personale 919
stanza del personale viaggiante 705
stanza del triage 919
stanza della fotocopiatrice 644
stanza della gestione della posta 644
stanza della segretaria dell'amministratore delegato 644
stanza della segretaria di direzione 644
stanza di coordinamento 905
stanza di degenza 920
stanza di degenza postoperatoria 921
stanza di isolamento 918
stanza di osservazione 918, 922
stanza di sterilizzazione 921
stanza multiuso 605
stanza per gli interrogatori 904
stanza per l'anestesia 921
stanza per l'esame audiometrico 923
stanza per la preparazione chirurgica 921
stanza per le terapie 922
stanza per le visite mediche 923
stanza per osservazione psichiatrica 918
stanza per stilare i rapporti 904
stanza per visite ginecologiche 919
stanze del supporto informatico 644
stanze della mostra permanente 523
stanze della mostra temporanea 523
stanze principali 328
stanzino del portiere 854
stanzino della guardia giurata 859
Stardust 31
start, meccanico dello 1023
starter 976, 984
starter, pistola dello 934
stati del latte 280
stati della materia 810
Stati Uniti d'America 54
station wagon 669
statistiche 838
stativo 815
stato 53
stato di carica delle batterie 593
stato presente del tempo 81
statore 327, 787
statua 871
statua, posizione della 499
stazione, cerchio di 81
stazione, ingresso della 714
stazione, modello di 81
stazione, nome della 714
stazione dei viaggiatori 703, 704, 718
stazione della metropolitana 714
stazione di caricamento 774
stazione di compressione 783
stazione di controllo 762
stazione di controllo terrestre 63
stazione di distribuzione 783
stazione di lavoro Dalet system 604
stazione di pattugliamento 1036
stazione di polizia 904
stazione di pompaggio 780
stazione di pompaggio intermedia 780
stazione di pompaggio principale 780
stazione di pronto soccorso 663
stazione di regolazione 783
stazione di servizio 668, 856
stazione di smistamento 708
stazione di superficie 80
stazione di trasformazione 785, 786, 794
stazione ferroviaria 52, 703, 842, 844
stazione locale 602
stazione meteorologica 84
stazione ripetitrice 602
stazione ripetitrice a microonde 642
stazione sciistica 1036
stazione spaziale internazionale 34
stazione terminale 780
stazione terrestre per le telecomunicazioni 643
steadicam 607
stealth 751
stecca 445, 490, 915, 980, 983, 1008, 1013, 1047
stecca scorrevole 555
stecche 576, 915
stecche per modellare 576
steli 110
stella 18, 875
stella cadente 79
stella della sequenza principale 18
stella di David 872
stella di neutroni 18
stella marina 135
stella marina, anatomia di una 135
stella marina, morfologia di una 135
Stella Polare 23
stelle di massa maggiore 18
stelle di massa minore 18
stelo 102, 103, 106, 110, 342, 390, 564
stelo, lampada a 372
stelo, sezione 110
stelo laterale 109
stemma 941
stencil 536
step 1000
stepper 1001
steppico 87
stereo portatile 620
sterilizzazione, sala di 922
sterilizzazione, stanza di 921
sterlina 860
sterno 153, 159, 164, 165, 170, 175, 187, 188, 200
sterno, carena dello 159
sternocleidomastoideo 196, 197
sterzo, gruppo dello 673
stick labbra 475
stigma 104, 112, 116, 140, 141
stile libero o crawl 975
stiletto 886
stili architettonici 500
stili di nuoto 975
stilo 112, 114, 115, 116, 584, 635, 639, 1067
stilo di canna 584
stilo di piombo 584
stilo metallico romano 584
stilobate 499, 500
stilton 281
stimolo ciclico del vapore 779
stinco 274
stipite 325, 336
stipola 111
stirare a bassa temperatura 425
stirare a media temperatura 425
stirare ad alta temperatura 425
stiratura 425
stiva 729
stiva per i containers 727
stivale 33, 124, 461, 554, 1005, 1024, 1025
stivale alla coscia 460
stivale da cowboy 459
stivale da pioggia 462
stivale di gomma 901
stivaletto 988, 1003, 1007, 1008
stivaloni impermeabili 1061
stoccaggio, serbatoi di 780
stoccaggio, serbatoio di 782
stoccaggio temporaneo, serbatoio di 780
stola 426
stolone 110
stomaco 134, 135, 136, 137, 138, 145, 149, 152, 154, 155, 169, 216
stomaco cardiaco 139
stomaco pilorico 139
stop 174, 615, 625
stoppaccio 890
stopper 947
storione 266
stornello 163
stracci 124
strada 53, 663, 842, 847
strada, numero di 53
strada, sezione 658, 846
strada a senso unico 664, 666
strada coperta 505
strada deformata 665, 667
strada di accesso 740
strada di servizio 740
strada ferrata 704, 712, 773
strada panoramica 53
strada sdrucciolevole 665, 667
strada secondaria 53
stradina 1016
stralli 660
stralli, ancoraggio degli 660
stralli a ventaglio 660
stralli ad arpa 660
strallo 720, 724, 807
strallo di prua 980
strambata 982
strappo 999
strappo, tenda a 369
strati di rifiuti 97
strato 82, 88, 386
strato basale 236
strato basaltico 66
strato corneo 236
strato di base 658
strato di ceneri 75
strato di collegamento 658
strato di lava 75
strato di ozono 79
strato di sabbia a monte 790
strato di sabbia drenante 790
strato di tetto 774
strato drenante 790
strato granitico 66
strato granulare 236
strato impermeabile 334
strato inferiore confinante 770
strato protettivo 33
strato riflettente in alluminio 615
strato spinoso 236
strato sterile 771
strato superficiale del suolo 109
strato superiore confinante 770
stratocumulo 82, 88
stratopausa 79
stratosfera 79
strega 1013
stregghia per le antenne 142
stretta 586
stretto 45
Stretto di Bass 52
Stretto di Bering 46, 47
Stretto di Cook 52
Stretto di Danimarca 46
Stretto di Gibilterra 49
Stretto di Torres 52
strettoia simmetrica 664, 667
stringa 459, 941, 991, 1031
stringhe 1043
striscia antiabrasiva 684, 685
striscia catarifrangente 901
Striscia di Gaza 58
striscia di gioco 943
striscia di sfregamento 406
striscia di sicurezza 704
striscia esplorata 64
stroboscopio 733
strofinaccio da cucina 381
stromatolite 128
strombatura 507
strong safety 952
stronzio 812
strozzascotte 981
strozzatura 547, 827
strumentazione, alloggiamento della 39
strumentazione, piattaforma di 86
strumentazione scientifica 37
strumenti a corde 547
strumenti a fiato 550
strumenti a percussione 545, 556
strumenti a tastiera 552, 553
strumenti da disegno 524
Strumenti dello Scultore 20
strumenti di laboratorio 815
strumenti di misura 827
strumenti di misurazione e tracciamento 387
strumenti di misurazione meteorologica 84
strumenti di scrittura moderni 584
strumenti di scrittura tradizionali 584
strumenti di volo 1049
strumenti musicali tradizionali 560
strumenti ottici 823
strumenti per la lavorazione della ceramica 576
strumenti per la navigazione 734
strumenti scientifici 27
strumento di pulizia del condotto di espulsione 421
struttura 332, 594
struttura a K 792
struttura del midollo spinale 224
struttura del Sole 16
struttura del tessuto 569
struttura dell'orecchio 235
struttura della biosfera 94
struttura della Terra 66
struttura di lancio doppia 39
struttura di sostegno 26, 64
struttura di un albero 118
struttura di un fiore 112
struttura di un fungo 108
struttura di un lichene 106
struttura di un missile 894
struttura di un muschio 106
struttura di un osso lungo 199
struttura di un'alga 107
struttura di una casa 328
struttura di una felce 107
struttura di una foglia 111
struttura di una pianta 109
struttura esterna 377, 378
struttura girevole 29
struttura in acciaio 512
struttura in alluminio 536, 1043
struttura lignea, parquet su 334
struttura metallica 704
struttura protettiva 1023
struttura tubolare 737
strutture per i tuffi 978
struzzo 162
struzzo, uovo di 270
studente 868
studenti, armadietti degli 869
studenti, stanza degli 869
studio 331, 528, 605, 606
stufa a combustione lenta 336
stufa a gas 1053
stufa radiante 340
stufe, olio combustibile per 782
sturalavandini 402
sub 989
sub, coltello da 989
sub woofer 612
subartico 87
subbio del tessuto 572
subbio dell'ordito 572
subbio superiore 572
subduzione 68
sublimazione 810
subombrella 134
subtropicale mediterraneo 87
subtropicale umido 87
suburbio 843
successivo/precedente, pulsanti 634
succursale bancaria 858
sud 738, 1066
Sudafrica 61
Sudafricana, Repubblica 880
Sudan 60, 879
sud-est 738
sud-ovest 738
sufflè, tegamino per 310
sughero 1042
sulky 1007
sumac 261
sumo 995
sumotori 995
sunnismo 870
suocera 928
suoceri 928
suocero 928
suola 171, 450, 459, 713, 988, 1018, 1031, 1038, 1039
suolo 98, 791
suolo, fertilizzazione del 97
suolo, inquinamento del 97
suolo, movimento orizzontale del 76
suolo, movimento verticale del 76
suolo, profilo del 109
suolo, strato superficiale del 109
suoneria, regolatore della 623
suono, ingegnere del 543
suono, produzione del 555
superfici di gioco 968
superficie, stazione di 80
superficie antiscivolo 1044
superficie centrale di lotta 991
superficie del tavolo 926
superficie di affissione 655
superficie di gioco 961, 1071
superficie di lavoro trasparente 536
superficie di riflessione 822
superficie di rifrazione 822
superficie di rotolamento 712
superficie freatica 67
superficie inchiostrata 532
superficie inumidita 532
superficie riflettente 804
superficie sintetica 968
superficie trasparente in resina 615
superficie verticale 1044
supergigante 18
superjumbo 751
supermercato 242, 288, 845, 849
supernova 18
superstrada 659
supplemento a colori 590
supplemento letterario 590
supporti per camminare 916
supporti principali 529
supporto 25, 359, 367, 371, 478, 495, 555, 556, 628, 832, 1019
supporto, base di 735
supporto, telaio di 761
supporto a tre braccia 576
supporto anteriore retrattile 687
supporto del braccio 617
supporto del cordone 374
supporto del disco abrasivo 396
supporto del filamento 359
supporto del rullo 408
supporto del tabellone 957
supporto del tamburo 762
supporto dell'albero 395
supporto della lastra 84
supporto della rete 961

supporto della sfera 84, 686
supporto della tavola forata 555
supporto elastico 618, 908
supporto in stoffa 536
supporto per cavo 375
supporto per ferro 579
supporto per il braccio 916
supporto per il tallone 917
supporto per la bombola di ossigeno portatile 911
supporto per la coda 745
supporto per la testa 686
supporto per le manichette 900
supporto per l'orecchio 622
supporto per unità centrale 646
supporto pieghevole 491
supporto retrattile 691
supporto schermo 536
supporto sottoascellare 916
supporto stabilizzatore 687
supporto verticale 924
supposta 914
surf 988
surf, tavola da 988
surfista 988
surgelati 289
surgelati, magazzino dei 289
Suriname 55, 876
surriscaldamento globale 96
surriscaldatore 796
sutura 116, 136
sutura coronale 205
sutura coronaria 205
sutura cranica 208
sutura di rinforzo 1049
sutura lambdoidea 205
sutura squamosa 205
SUV 669
svedese 583
sverniciatura, pistola per 408
svettatoio 416
Svezia 46, 56, 878
sviluppatrice 600
sviluppo, bagni di 600
sviluppo, bagno di 600
svincolo 843
Svizzera 56, 878
svuotamento della memoria, pulsante 597
swahili 582
Swaziland 61, 880

T

T centrale 1008
tabaccheria 848
tabacco 483
tabella dei colori 526
tabella dei risultati 978
tabellone 957
tabellone, supporto del 957
tabellone d'affissione delle mostre 522
tabellone degli arrivi e delle partenze 743
tabellone degli handicap 1008
tabellone degli orari 704
tabellone dei salti 937
tabellone del totalizzatore 1006
tabellone della classifica generale 970
tabellone della prova in corso 971
tabellone segnapunti 933, 935, 968, 971, 977, 985, 992, 996, 999, 1069
tabernacolo 871
tablino 502
tabloid 590
tabulazione a destra 632
tabulazione a sinistra 632
tacca 569, 830, 935
tacca di mira 887, 888, 891, 893, 1011, 1043
tacchetto 450, 942
tacchetto intercambiabile 946
tacchi 461
tacchino 162, 271
tacco 459, 460, 744, 1018, 1031, 1059
tacco a rocchetto 461
tacco a spillo 461
tacco a zeppa 461
tacco basso 461
tacco piatto 461
tachimetro 677, 696
taekwondo 994
tafano 146
tagalog 583
Tagikistan 58, 880
tagli di agnello 274
tagli di maiale 275
tagli di manzo 272
tagli di pietre preziose 469
tagli di vitello 273
taglia fissa 776
taglia mobile 776
tagliabasette 479
tagliabiscotti 310
tagliabordi 412, 419
tagliacarte 651
tagliacuticole 472
tagliafili 405
tagliafilo 567
tagliaghiaccio 421
tagliare 315
tagliasiepi 417
tagliasiepi, forbici 416
tagliatelle verdi 282
tagliatubi 402
tagliaunghie 493
tagliavetro 579
tagliente 318, 394, 758, 759, 760, 772
tagliere 309
tagliere per formaggi 303
taglierina 537, 655
taglio 390
taglio, filo da 576
taglio, lama di 537
taglio, linea di 569
taglio, piastra di 420
taglio, pietra da 384
taglio a baguette 469
taglio a brillante 469
taglio a briolette 469
taglio a cabochon 469
taglio a forbice 469
taglio a gradini 469
taglio a marquise 469
taglio a pera 469
taglio a rosetta 469
taglio a smeraldo 469
taglio a tavola 469
taglio addizionale 562
taglio anteriore 539
taglio francese 469
taglio inferiore 539
taglio ossiacetilenico 407
taglio ottagonale 469
taglio ovale 469
taglio superiore 539
taglione 790, 791
tahini 286
tahitiano 583
tailandese 582
Tailandia 59, 881
tailleur 443
tajina 312
tallio 812
tallo 106, 107
tallonatore 950
tallone 171, 193, 195, 306, 391, 397, 450, 547, 548, 684, 765, 941, 1030
tallone d'appoggio 314
tallone di appoggio 374
talloniera 988, 1039, 1042
Talmud 870
talpa 164
talpa, morfologia di una 164
talpa, scheletro di una 164
tamarillo 258
tamarindo , pasta di 286
tamarino 185
tamburello 557
tamburo 307, 371, 379, 679, 734, 762, 763, 829, 832, 888
tamburo, pistola a 888
tamburo parlante 561
tamburo raccoglitore 766
tamburo rotante 76
tamburo tenore 556
tamia 166
tampone 533, 534, 651
tandem 702
tanga 445
Tanganica, Lago 50
tangenziale 843
tangerino 256
tantalio 813
Tanzania 61, 879
tapis roulant 1001
tappeti e pavimenti, spazzola per 375
tappetino 686
tappetino del mouse 634
tappetino di gomma 617
tappetino ginnico 1000
tappetino in gomma 1014
tappeto 331, 334, 990, 1001
tappeto, presidente di 991
tappeto di osservazione 973
tappeto di salto 973
tappeto di sicurezza 973, 1043
tappezzeria, bocchetta per 375
tappi per le orecchie 908
tappi per le orecchie/cuffie 1022
tappo 314, 474, 600, 683, 1056
tappo, fusibile a 355
tappo a vite 295
tappo del fondello 893
tappo del serbatoio 690, 696
tappo del serbatoio di carburante 411
tappo di isolamento 820
tappo di ispezione 352
tappo di scarico 344
tappo di scarico dell'olio 682
tappo femmina 351
tappo femmina a vite 351
tappo maschio a testa quadra 351
tarchia, vela a 723
tare 995
targhetta delle avvertenze 394
tarlatana 534
tarlo 146
taro 245
tarso 140, 142, 153, 158, 165, 170, 175, 184, 187, 188, 203, 208
tarso-metatarso 159
tartaruga 155
tartaruga, anatomia di una 155
tartaruga, morfologia di una 155
tartufo 174, 244
tartufo di mare 265
tasca 310, 387, 484, 949, 1019
tasca anteriore 432
tasca applicata 430, 448, 452
tasca applicata a soffietto 442, 452
tasca applicata con aletta 431, 452
tasca della stecca 983
tasca di inforcamento 754
tasca esterna 484, 488
tasca finta 443
tasca frontale 486, 489
tasca inserita nella cucitura 443, 452
tasca interna 489
tasca interna con aletta 430, 435, 436, 443, 452
tasca nascosta 484
tasca per la stecca 980
tasca portaoggetti 674
tasca posteriore 432
tasca profilata 437, 452
tasca profilata con aletta 430, 435, 436
tasca sagomata 452
tasca tagliata in verticale 443
tasca verticale 427
tasche 452
taschino 435
taschino, fazzoletto da 430
taschino con aletta 430
taschino tagliato con aletta 430
Tasmania 52
Tasmania, Mare di 52
tasso 180
tasti calcolatrice scientifica 649
tasti del cursore 633
tasti del lettore di compact disc 620
tasti di accesso diretto 615
tasti di categorie 620
tasti di chiamata automatica 623
tasti di comando 380, 625
tasti di identificazione del conto 859
tasti di impostazione dei punti 571
tasti di regolazione del volume 611
tasti di ricerca emittenti 611
tasti di selezione dei canali 611
tasti di sistema 558
tasti di variazione 571
tasti funzione 611, 632, 831, 858, 859
tasti funzione programmabili 859
tasti funzioni avanzate 649
tasti grafici 649
tasti Internet 632
tasti numerici 620
tasti per l'editing del suono 558
tastiera 547, 549, 552, 558, 560, 623, 624, 630, 632, 925, 1015
tastiera, strumenti a 552
tastiera alfanumerica 624, 632, 668, 858, 859
tastiera degli acuti 560
tastiera scorrevole 622
tastierina per il codice di identificazione personale (PIN) 859
tastierino alfanumerico 622
tastierino numerico 625, 633, 831
tasto 550, 552, 553, 555, 560
tasto Avvio 632
tasto backspace 633
tasto colore 647
tasto Control 632
tasto del blocco delle maiuscole 648
tasto del menu 621
tasto del paragrafo rientrato 648
tasto di alimentazione della carta 649
tasto di arresto 611, 616, 647
tasto di arresto e di scorrimento 633
tasto di avanzamento della carta 859
tasto di avanzamento rapido 616
tasto di avvio 647
tasto di avvio registrazione 613
tasto di azzeramento 647
tasto di azzeramento del contatore 616
tasto di blocco 621
tasto di blocco delle maiuscole 632
tasto di blocco numerico 633
tasto di cancellazione 633
tasto di centratura 648
tasto di chiamata 621, 622
tasto di chiamata successiva 624
tasto di conferma 859
tasto di conferma della tabulazione 648
tasto di controllo 621
tasto di correzione 571
tasto di correzione del carattere 648
tasto di correzione della parola 648
tasto di correzione ortografica 648
tasto di direzione 342
tasto di doppio zero 649
tasto di espulsione 615, 616
tasto di impostazione degli arresti di tabulazione 648
tasto di lettura 621
tasto di luminosità 621
tasto di memorizzazione 623
tasto di memorizzazione del testo 648
tasto di messa a fuoco 613
tasto di movimento di mezza interlinea 648
tasto di navigazione 611, 622
tasto di pagina giù 633
tasto di pagina su 633
tasto di pausa 616
tasto di pausa/fermo immagine 611
tasto di posizione 548, 549
tasto di preselezione 620
tasto di registrazione 616
tasto di registrazione notturna 613
tasto di registro 554, 555
tasto di riavvolgimento 616
tasto di ripetizione 615
tasto di riposizionamento 648
tasto di riproduzione 611, 616
tasto di ritorno del carrello 648
tasto di scorrimento 621
tasto di selezione 620, 621
tasto di selezione della lingua del display 624
tasto di selezione dello stato di stampa 648
tasto di subtotale/non-addizione 649
tasto di tabulazione 632
tasto di tabulazione decimale 648
tasto di visualizzazione 620
tasto email 632
tasto Esc 632
tasto Fine 633
tasto fine chiamata/interruttore 622
tasto foto 613
tasto Home 633
tasto Ins 633
tasto Invio 633
tasto liberamargine 648
tasto macchina fotografica 622
tasto marginatore 648
tasto memoria 620
tasto menu 613, 620, 622
tasto multifunzionale 649
tasto numerico 649
tasto pausa 633
tasto per il modo di esposizione 592
tasto per le esposizioni multiple 592
tasto precedente/indietro veloce 620
tasto programmabile 622
tasto regolatore di contrasto 647
tasto retroilluminazione 613
tasto riproduzione/pausa 620
tasto schermo panoramico/inserimento data 613
tasto selezionatore di comandi 648
tasto stampa 633
tasto successivo/avanti veloce 620
tasto tabulatore 648
tatami 992, 996
tavola 395, 469, 537, 555, 983, 1064, 1066
tavola, coltello da 298
tavola, cucchiaio da 299
tavola, forchetta da 300
tavola, morsetto di bloccaggio della 395
tavola, taglio a 469
tavola, vasellame da 301
tavola apparecchiata 304
tavola armonica 547, 548, 552, 560, 561
tavola da surf 988
tavola del somiere 555
tavola di arresto 1014
tavola di lavoro 566
tavola di rotazione 776
tavola di stacco 1041
tavola esterna 1063
tavola forata 555
tavola forata, supporto della 555
tavola inferiore 555
tavola interna 1063
tavola periodica degli elementi 812
tavola superiore 555
tavole 1002
tavoletta 334
tavoletta di cera 584
tavoletta grafica 635
tavoletta portablocco 650
tavoli 362
tavolini a incastro 362
tavolino 362
tavolino da letto 920
tavolino traslatore 825
tavolino traslatore, comando del 825
tavolo 293, 362
tavolo, lampada da 372
tavolo a ribalta 362
tavolo allungabile 362
tavolo aspirante 536
tavolo da biliardo 1012
tavolo da disegno 526
tavolo da roulette francese 1068

tavolo di roulette americana 1068
tavolo di servizio 290, 705
tavolo di stampa aspirante 536
tavolo di trattamento 926
tavolo d'esposizione 536
tavolo operatorio 921
tavolo per i piatti caldi 291
tavolo per i piatti puliti 291
tavolo per i piatti sporchi 291
tavolo per il paziente 924
tavolo per radiografia 924
tavolo portastampante 646
tavolozza con vaschette 525
tavolozza con vasetto 525
taxi 857
tazza 1055
tazza alta da caffè 301
tazza da tè 301, 305
tazza graduata 308
tazza per sapone da barba 479
tazzina da caffè 301
tè 264
tè, cucchiaino da 299
tè, filtro per il 309
tè, tazza da 301
tè nero 264
tè oolong 264
tè verde 264
teatro 540, 844
teatro, binocolo da 481
teatro greco 498
tecnezio 813
tecnica a colombino 577
tecnica a nastro 577
tecnica di salto 1041
tecniche 948, 949, 958, 994, 995
tecniche principali 528
tecnico controllo audio 605, 608
tecnico controllo colore 605, 608
tecnico controllo video 605, 608
tecnico delle luci 543
tecnigrafo 526
tedesco 583
tee 1017
tegame 313, 1055
tegame di ghisa 313
tegame per fonduta 312
tegame per pizza 313
tegame per uova in camicia 313
tegamino per chiocciole 303
tegamino per sufflè 310
teglia con fondo staccabile 311
teglia da forno 310
teglie da forno 312
tegola 385, 499, 502, 513
tegole bonus 1066
tegole di testa 1066
tegumento del seme 115
tegumento seminale 105, 122
teiera 301, 305
tela 529, 575, 806
tela di formazione 125
tela radiale 685
telaio 144, 327, 360, 361, 362, 363, 364, 391, 401, 413, 484, 488, 535, 557, 561, 565, 601, 628, 694, 754, 755, 760, 761, 765, 766, 802, 803, 806, 819, 916, 962, 968, 970, 1020, 1043, 1045
telaio, giunzione a linguetta del 327
telaio, giunzione scanalata del 327
telaio, montante del 364
telaio, traverso superiore del 327
telaio a ordito alto 573
telaio a ordito basso 572
telaio circolare 565
telaio dei rulli dei cingoli 758
telaio del bruciatore 1053
telaio del carrello 706
telaio di cucitura 538
telaio di spinta 758
telaio di supporto 761
telaio di supporto regolabile 926
telaio interno della portiera 674
telaio metallico 552
telaio per tenda esterna 687
telaio regolabile 391
telaio rigido, borsa a 486
telaio verticale 573
telecamera 32, 542, 911, 1023
telecamera, piedistallo della 606
telecamera di sorveglianza 523
telecomando 343, 601, 610, 611
telecomando, sensore del 609
telecomunicazione, antenna di 898
telecomunicazioni 602
telecomunicazioni, satelliti per 602
telecomunicazioni via satellite 603
telefax 625
telefoni 623
telefonia 622, 643
telefono 855, 857
telefono a tastiera 624
telefono cellulare 622
telefono internet 624
telefono pubblico 290, 293, 544, 849, 919
telefono senza fili 623
telefono senza fili, rete 623
telefono smartphone a tastiera 622
telefono smartphone touch screen 622
telemanipolatore 35
teleobiettivo 598
teleprompter 606
telerilevamento 63
telerilevamento mediante satellite 65
telescopio 25, 28, 1009
Telescopio 20
telescopio, basamento del 28
telescopio, sezione 25
telescopio binoculare 29
telescopio binoculare Mount Graham 29
telescopio spaziale 27
telescopio spaziale Hubble 27, 79
telescopio spaziale James Webb 27
telesensore 636
teletta 569
televisione 605, 855, 868
televisore a cristalli liquidi 610
televisore a tubo catodico 609
televisore ad ampio schermo 612
televisore al plasma 610
televisore analogico 609
televisore digitale 610
teli, gonna a 439
tellurio 812
telo di spugna con cappuccio 448
telo esterno 1052
telone proteggiauto 686
telson 139
temperamatite 654
temperamatite elettrico 654
temperatura 342
temperatura, manopola di regolazione della 577
temperatura, misura della 827
temperatura, misurazione della 85
temperatura, regolatore della 339
temperatura, regolazione della 342, 349
temperatura, selettore della 316
temperatura, sensore di 32
temperatura ambiente 342
temperatura Celsius, unità di misura della 835
temperatura corporea, regolazione della 33
temperatura del liquido di raffreddamento, indicatore della 677
temperatura dell'aria 81
temperatura desiderata 342
temperatura di rugiada 81
temperatura termodinamica, unità di misura della 835
temperature, scala delle 79
temperino multiuso 1055
tempesta di sabbia o di polvere 83
tempesta tropicale 83
tempia 192
tempiale 573
tempio azteco 513
tempio di Huitzilopochtli 513
tempio di Tlaloc 513
tempio greco 499
tempo 933
tempo, carta del 80, 81
tempo, controllo del 558
tempo, indicazioni di 562
tempo, misura del 828
tempo, stato presente del 81
tempo dei Romani, armi al 883
tempo di due metà 562
tempo di quattro quarti 562
tempo di tre quarti 562
tempo libero all'aria aperta 1052
temporale 83
temporale forte 83
temporizzatore 577, 600
tenaglia 505
tenda 368, 733
tenda, bastoni da 367
tenda a cupola 1053
tenda a due posti 1052
tenda a igloo 1053
tenda a occhielli 369
tenda a pacchetto 371
tenda a palloncino 369
tenda a rullo 371
tenda a strappo 369
tenda a un posto 1053
tenda a vetro 369
tenda avvolgibile 371
tenda canadese 1053
tenda con passanti 369
tenda da campo 1052
tenda da cucina 1052
tenda di tipo familiare 1052
tenda giapponese 370
tenda nera 606
tenda per finestra 368
tenda trasparente 368
tende 369, 1052
tende avvolgibili 370
tende con sormonto totale 369
tendenza barometrica 81
tendina a mezzovetro 368
tendina arricciata 368
tendina divisoria 920
tendina parasole avvolgibile 686
tendine 178, 198, 207
tendine di Achille 197
tenditore rapido 969
tendone oscurante 368
teniere 885
tennis 966
tennis, campi da 932
tennis, scarpa da 462
tennis da tavolo 961
tennista 968
tenone 1050
tensione, *aumento di 770, 775
tensione, *diminuzione di 775, 807
tensione, *primo aumento di 807
tensione, *secondo aumento di 807
tensione, aumento di 789, 795
tensione, blocco di 566, 567, 571
tensione, chiavi di 556
tensione, corda di 561
tensione, diminuzione di 789
tensione, disco di 567
tensione, molla di 567
tensione, regolatore della 572
tensione, regolatore di 567
tensione di produzione 789
tensore della fascia lata 196
tentacolo 137, 138
tentacolo marginale 134
tentacolo oculare 137
tenuta, anello di 350
tenuta, mastice di 347
tenuta, valvola di 347
teodolite 85, 833
tepee 520
terapie, stanza per le 919, 922
terbio 814
tergale 360
tergale, base del 360
tergicristallo 670, 677
tergicristallo, comando del 676
terminal dei passeggeri 741, 742
terminal satellite 741
terminale 354, 358, 480, 793
terminale di ingresso 404
terminale di messa a terra 358
terminale di pagamento elettronico 859
terminale per il pagamento elettronico 289
terminale sinaptico 221
terminali altoparlanti 614
terminali antenna AM e FM 614
terminali interattivi 523
terminalia coltello, fusibile a cartuccia con 355
terminatore 640
termite 146
termoconvettore 340
termometri 914
termometro 495, 781, 827, 989, 1049
termometro a lettura istantanea 308
termometro a mercurio 914
termometro ad alcol 914
termometro auricolare 914
termometro bometallico, sezione 827
termometro clinico 827
termometro del forno 308
termometro digitale 914
termometro massimo e minimo 85
termometro per carne 308
termometro per zucchero 308
termopausa 79
termosfera 79
termostato 316, 317, 341, 343, 349, 374, 377, 378, 379
termostato ambiente 342
termostato dell'acqua 339
termostato di sicurezza 379
termostato inferiore 348
termostato programmabile 342
termostato superiore 348
termoventilatore 340
terna 759
terra 354
Terra 14, 15, 16, 17
Terra, caratteristiche 70
terra, conduttore di 354
terra, filo di 354
terra, lingua di 70
Terra, orbita della 16, 17
Terra, sezione 66
terra, spinotto di messa a 358
Terra, struttura della 66
terra, terminale di messa a 358
terra battuta 968
Terra del Fuoco 48
Terra della Regina Maud 46
Terra di Marie Byrd 46
Terra di Wilkes 46
terrapieno 505, 658
terrario 495
terrazza 743
terrazza scoperta 731
terre rare 814
terremoto 76
terreno, trivella a motore per 411
terreno di scarico 771, 772
terrina 312
terrina amovibile 317
terza 562, 998
terza base 938
terza base (posizione) 938
terza falange 237
terza linea 950
terzarolo 725
terzarolo, benda di 725
terzarolo, matafione di 725
Terziario 131
terzina 1068
terzino 953
terzino destro 945, 947
terzino di destra 952
terzino di sinistra 952
terzino sinistro 945, 947
terzo ventricolo 222
tesa 457, 458
tessera 1066
tessili 424
tessitura 572
tessitura, accessori 574
tessitura, schema della 575
tessitura, spazzolino di 571
tessuti 424
tessuti di rinforzo 569
tessuto, struttura del 569
tessuto, subbio del 572
tessuto adiposo 227, 236
tessuto connettivo 236
tessuto elastico 432
tessuto gommato 534
tessuto muscolare 198
tessuto per abiti 569
tessuto ricamato 565
tessuto sottocutaneo 236, 237
test da sforzo 925
testa 18, 186, 193, 195, 228, 386, 388, 390, 400, 482, 483, 539, 566, 570, 578, 635, 893, 937, 944, 949, 962, 968, 969, 1013, 1017, 1051, 1059
testa, regolatore dell'altezza della 600
testa a croce 390
testa bombata 390
testa cercante a raggi infrarossi 894
testa concava 390
testa d'albero 724, 983
testa d'angolo 709
testa del cilindro ricuperatore 892
testa del collettore 32
testa del femore 201
testa del martello 1051
testa del martinetto elevatore 754
testa del rotore 753
testa dell'omero 201
testa della condotta di produzione 780
testa di attacco 766
testa di iniezione del fango 776
testa di proiezione 655
testa di taglio 655
testa di un cane 174
testa di un gatto 178
testa metallica 937
testa non svitabile 390
testa orientabile 401
testa panoramica 596
testa piatta 390
testa portalampada 600
testa pozzo 783
testa quadra, punta a 390
testa ribaltabile 314
testa tonda 390
testata 590, 792
testata, muro di 719
testata di collegamento 765
testatina 590
teste, tipi di 390
tester dell'alta tensione 404
tester di continuità 404
tester di presa 404
testicoli 139, 152
testicolo 228, 229
testiera 363, 366
testimone 74, 934
testimone, zona del passaggio del 934
testimoni, banco dei 863
testina 479, 547, 617
testina di lettura/scrittura 638
testina di ricambio 482
testina di stampa 648
testina rotante 479
testo a scorrimento 606
Teti 15
tettarella 492
tetti 516
tetto 144, 323, 337, 513, 671, 687, 757, 761, 762, 1053
tetto, strato di 774
tetto a bracci 517
tetto a capanna 516
tetto a carena 517
tetto a cono 517
tetto a falda unica 516
tetto a ghimberga 516
tetto a mansarda 516

tetto a ombrello 517
tetto a padiglione 516
tetto a padiglione da torre 517
tetto a piramide 517
tetto a schifo 516
tetto a shed 516
tetto a vetro 329
tetto con lucernario 516
tetto di vetro 847
tetto galleggiante 781
tetto piano 511, 512, 516
tettoia vetrata 704
tettuccio 687, 896
tettuccio apribile 671
tettuccio di protezione 754
thermos 1056
tibetano 582
tibia 140, 142, 158, 165, 170, 175, 184, 186, 187, 188, 200, 203, 207
tibiale anteriore 196
tibia-tarso 159
tibiofibula 153
tifone 89
tight end 953
tiglio 120, 264
tignola dei panni 146
tigre 181
tilapia 269
tilde 587
timbro, selettore del 558
timbro di gomma 651
timer 316, 318
timo 230, 262
timone 37, 722, 727, 728, 730, 806, 894, 980, 984, 987
timone, barra del 980
timone, cavo del 984
timone, pala del 728
timone, pedale del 1048
timone di direzione 747, 896, 899, 1048
timone di profondità 747, 899, 1048
timone di traino 766
timone orizzontale 899
timoneria 728, 729
timoniere 985
timoniere, sedile del 984
Timor Est 59
Timor Orientale 881
timpani 545
timpano 152, 235, 322, 499, 500, 507, 509, 556
timpano, montante del 332
tin 965
tinello 329
tinta per capelli 474
tipi di ali 752
tipi di bandiera 873
tipi di bocchette 338
tipi di eclissi 16, 17
tipi di infiorescenze 112
tipi di mazze 1017
tipi di motori 680
tipi di movimenti 1065
tipi di ossa 199
tipi di parquet 334
tipi di punte 390
tipi di remi 984
tipi di teste 390
tipi di vagoni passeggeri 705
tipi principali di lame 531
tipo di carburante 668
tipo di nube alta 81
tipo di nube bassa 81
tipo di nube media 81
tipografia 586
tipologie di pioggia 90
tirabozze 533
tirafilo, leva 566
tirannosauro 131
tirante 347, 450, 553, 556, 567, 660, 712, 970, 971, 1052, 1053
tirante a vite 556, 990
tirante comandato 712
tirante d'unione 712
tirante del braccio 756
tirante della cordiera 556
tiratore 955, 1010
tirella 1007
tiri, direttore dei 1009
tiro, accessori per il 889
tiro, campo di 1009, 1010
tiro, direttore di 1010
tiro, fossa di 1010
tiro, linea di 1009
tiro, pedana di 1010
tiro, posizioni di 1011, 1043
tiro a segno, campo di 932
tiro con carabina 1011
tiro con fucile 1010
tiro con l'arco 1009
tiro con l'arco, campo di 932
tiro con pistola 1011
tiroide 229
tisane 264
Titan IV 39
Titania 15
titanio 78, 813
Titano 15
Titicaca, Lago 48
titolare, firma del 861
titolare, nome del 861
titoli dei film e programmazione 544
titolo 590
titolo a caratteri cubitali 590
Tlaloc, tempio di 513
tocco 458
tofu 284
toga 426
Togo 60, 879
toilette 290, 293, 523, 705, 849, 853, 859, 862, 867, 919, 923
toilette del personale 904
toilette donne 544, 854, 856
toilette uomini 544, 854, 856
Tolosa, salame di 277
tom tom 556
tomaia 450, 459
tomatillo 248
tombolo 70, 578
tonaca avventizia 209
toner, cartuccia del 637
Tonga 62, 881
toni, regolazione dei 549
toni alti, regolazione dei 549
toni bassi, regolazione dei 549
tonno 268
tono 586
tonsilla 231
tonsilla linguale 233
tonsilla palatina 233
tonsille 230
top 440, 444
topazio 470
topinambur 245
topo campagnolo 166
toporagno 164
toppa 327
toppo 125
toque 458
torace 140, 141, 142, 192, 194
Torah, rotoli della 872
torchio di stampa a due cilindri 534
torchio litografico 535
torcia 777, 906
torio 814
tormalina 470
tornado 83, 89
tornelli di entrata 714
tornelli di uscita 714
tornietto da tavolo 576
tornio 576
toro 500, 501, 839
Toro 22
toro centrale 501
torre 506, 736, 757, 804, 806, 807, 924, 926, 1065
torre a traliccio 756
torre angolare 504
torre campanaria 507
torre cortina muraria 512
torre di controllo 740, 897
torre di controllo, cabina della 740
torre di estrazione 773, 774
torre di fiancheggiamento 504
torre di guida 662
torre di lavaggio 380
torre di mezzo 508
torre di perforazione 776, 777, 780
torre di raffreddamento 770, 775
torre di trivellazione 783
torre per i tuffi 978
torre per uffici 847
torre trasmittente 602
torrente montano 71
Torres, Strettodi 52
torretta 504, 506, 507, 760, 895, 898, 899, 1008
torretta, calotta della 824
torretta spiovente 517
torsolo 115
tortellini 282
tortiera 311
tortilla 278
tosatrice meccanica 419
tostapane 316
touch pad 630
touch pad, pulsante del 630
touch screen 622, 624, 639
touch screen inferiore 1067
tournedos 276
tovaglietta all'americana 304, 305
tovaglietta di bambù 305
tovaglioli 292
tovagliolo da tavola 301, 304, 305
trabattello 409
trabeazione 325, 499, 501, 509
tracciamento, filo di 387
tracciato per il salto con gli sci 1041
tracciatore 1050
tracciatura 531
trachea 159, 169, 214, 215
trackball 634
tracolla 487, 488, 489, 490, 491, 613
tracolla, borsa a 487
trafilato in piombo a U 579
trafilato in piombo ad H 579
traforo 507
traghetto 718, 730
trago 186, 234
traguardo 1057
traiettoria della luce 29
traiettoria delle onde luminose 822
traino, barra di 744
traino, timone di 766
traino, trattore di 744, 745
tralcio 117
tralicci 792
traliccio, torre a 756
traliccio a configurazione orizzontale 792
traliccio classico 792
traliccio tubolare 792
tram 717
trama 569, 572, 573
trama, filo della 575
tramezzo, mattone forato per 384
tramoggia 767
tramoggia, carro a 710, 711
tramoggia degli scarti 763
tramoggia di alimentazione 762
tramoggia di caricamento 693
trampoliere, uccello 160
trampolini 1040
trampolini, zona dei 1040
trampolinista 973
trampolino 324, 973, 1040, 1041
trampolino da competizione 973
trampolino di 1 metro 978
trampolino di 3 metri 978
trampolino per i salti diritti 1040
trampolino ricreativo 973
tranciatura 125
trancio 270
trancio di pesce 270
transatlantico 730
transazione, fessura di registrazione della 858
transazione, ricevuta della 859
transazioni commerciali 643
transesterificazione 784
transetto 507, 508
transito vietato agli autocarri 665, 666
transito vietato ai motocicli 665, 666
transito vietato ai pedoni 665, 666
transito vietato ai veicoli con altezza superiore a 665, 667
transito vietato alle biciclette 665, 666
transizione, metalli di 813
transponder 748
trapano a colonna 395
trapano a mano 395
trapano elettrico 394
trapezio 196, 197, 202, 208, 839, 988, 1047
trapezio, abito a 438
trapezoide 202
trapiantatoio 418
trappola petrolifera 775
trapunta 363
trascinamento, ingranaggio di 318
trasferimento di calore 811
trasformatore 356, 373, 786, 788, 793, 796, 804
trasformatore di accensione 339
trasformatore principale 707
trasformatore su zoccolo 357
trasmettitore tascabile 604
trasmissione 378, 678
trasmissione, cinghia di 378
trasmissione, organi di 700
trasmissione, sistema di 673
trasmissione, tasto 735
trasmissione a catena 765, 767
trasmissione a cinghia 727
trasmissione a onde hertziane 602
trasmissione dei dati 65
trasmissione del movimento rotatorio al rotore 789
trasmissione dell'elettricità 795
trasmissione di elettricità 792
trasmissione di elettricità ad alta tensione 770, 775, 789, 807
trasmissione di energia alla tensione di produzione 789
trasmissione via cavo aereo 602
trasmissione via cavo sotterraneo 603
trasmissione via cavo sottomarino 603
trasmissione via satellite 602
traspirazione 95
trasportatore 567
trasportino 493
trasporto aereo 740
trasporto marittimo 718, 773
trasporto su rotaia 703
trasporto su strada 658, 718
trasporto su strada automobilistico 668
trasporto su strada ciclistico 698
trasporto tattico, elicottero da 753
trasporto urbano su rotaia 714
trattamento 784
trattamento chimico 782
trattamento medico 926
trattino 587
trattore 764
trattore cingolato 758
trattore di traino 744, 745
trattore gommato 759
trattore tosaerba 420
travata a cantilever 661
travata a portale 661
travata appoggiata 661
travata continua 660
travata sollevabile 662
travatura reticolare 34
trave 332, 513, 520, 969
trave di coda 753
trave di colmo 332
trave di equilibrio 969, 970
trave di sicurezza 1050
trave in legno 499, 502
traveller's cheque 860
traversa 325, 361, 362, 364, 505, 538, 561, 573, 713, 774, 792, 943, 974
traversa anteriore 572, 1043
traversa del cancello 362
traversa della cassa battente 572
traversa inferiore 364
traversa inferiore di finestra 332
traversa laterale 572
traversa mediana 361
traversa orizzontale 754
traversa portadenti 766
traversa posteriore 1043
traversa superiore 361, 364
traversa superiore di finestra 332
traversa terminale inferiore 757
traversa terminale superiore 757
traversina 548, 549
traverso, al 982
traverso superiore del telaio 327
travertino 67
travetto 334
travetto del soffitto 332
travetto del solaio 332, 333
travetto di testata 332, 333
trazione, braccio di 764
trazione integrale 4x4, veicolo a 697
tre braccia, supporto a 576
tre quarti, manica a 453
tre quarti, tempo di 562
treccia 570
trefolo 1058
tremolo, braccio del 549
trench 435
treno ad alta velocità 707
treno della metropolitana 714
treno di rotolamento a ruote 762
treno locale 703
treno passeggeri 704
treppiede 24, 556, 564, 596
treppiede della giraffa 606
trequarti 435
trequarti centrodestro 950
trequarti centrosinistro 950
trespolo 494, 531
triage, stanza del 919
trial, motocicletta da 1025
triangolo 545, 557, 839, 1013
Triangolo Australe 20
Triangolo Boreale 22
triangolo con maniglia per slalom 988
triangolo divisorio 445
Triassico 130
tribuna coperta 1006
tribuna degli allenatori 1041
tribuna dei giudici 1040, 1041
tribunale 862
tribunale, aula di 863
tribune 932, 1024
tribune mobili 868
triceratopo 131
tricheco 183
triciclo 701
triciclo per adulti 702
tricipite brachiale 197
triclinio 502
tricorno 429
trifogliata 111
triglia 267
triglifo 500
trigono della vescica 218
trillo 563
trilobite 128
trimarano 981
trincarino 986
trinchettina 725
trinchetto, albero di 722, 724
trinchetto, vela di 725
trinciante 306
trinciapollo 309
trinciato 874
Trinidad e Tobago 54, 877
trio 546
triplice 1002
triplo salto 1025
triplo salto mortale e mezzo in avanti raggruppato 979
trippa 276
trippa, salsiccia di 277
trireme 720
tris 1062

tritacarne 307
tritarifiuti 352
tritatore 579
triticale 263
tritone 153
Tritone 15
trivella 421, 763
trivella, punta della 411
trivella a motore per terreno 411
trivellazione, impianto di 776
trocantere 140, 142
trolley 489
tromba 551, 733, 902
tromba delle scale 330
tromba di Eustachio 235
tromba marina 89
tromba militare 551
trombe 545
trombone 113, 551
tromboni 545
troncato 874
tronchesina per cuticole 472
tronchesina per unghie 472
tronco 107, 117, 118, 152, 193, 195, 386
tronco, armatura protettiva del 954
tronco, parte inferiore del 118
tronco, sezione di un 386
tronco, sezione trasversale di un 118
tronco celiaco 210
tronco cerebrale 222
tronco di mezzana 724
tronco di testa della scala 902
tronco polmonare 213
tropicale della foresta pluviale 87
tropicale umido e secco (savana) 87
Tropico del Cancro 42, 47, 50, 51
Tropico del Capricorno 42, 48, 50, 52
tropopausa 79, 96
troposfera 79
troppopieno 344, 346
troppopieno, tubo del 347, 348, 349
trota 269
trottatore 1007
trotto 168
trousse 488
truccatore 542
trucco 473
trucco per gli occhi 473
trucco per il viso 473
trucco per le labbra 474
trucioli 125
trumeau 507
T-shirt 450
tsuki-uchi 995
tsunami 77
tuba 545, 551
tuba di Eustachio 232
tuba di Falloppio 226
tubatura di scarico 345
tubazione del freno 679
tubazione di allacciamento 344
tubazione di andata 339
tubazione di immissione principale 781
tubazione di immissione secondaria 781
tubazione di produzione e di
spedizione 777
tubazione di riempimento 781
tubazione di ritorno 339
tubazione di scarico 353
tubazioni del vapore primario 797
tubazioni di scarico del vapore 797
tube di raccolta del sangue 912
tubetto 295
tubi, filiera per 402
tubi, rivestimento isolante per 385
tubi del carburante 1049
tubi di soffiaggio 411
tubi malpighiani 141
tubino 438
tubo 359, 401
tubo a flash 823
tubo annaffiatore 763
tubo anodico 348
tubo aspirante 786, 787
tubo capillare 827
tubo del bordo di attacco 1047
tubo del drenaggio 333
tubo del refrigerante 341
tubo del troppopieno 347, 348, 349
tubo dell'acqua calda 348
tubo dell'acqua fredda 347
tubo dell'aria 989
tubo della pompa 668
tubo della prima valvola 551
tubo della scala, erogatore del 902
tubo della seconda valvola 551
tubo della terza valvola 551
tubo dell'acqua fredda 348
tubo di accordo 551
tubo di alimentazione 352
tubo di alimentazione dell'acqua 380
tubo di alimentazione dell'aria 901
tubo di aspirazione 902
tubo di caduta del seme 767
tubo di carico 347
tubo di circolazione 802
tubo di drenaggio 378, 380
tubo di estrazione dell'aria 359
tubo di iniezione del fango 776
tubo di lancio 892, 893
tubo di Pitot 1023
tubo di posizionamento 760
tubo di raccordo 343
tubo di riempimento 347
tubo di scappamento 673, 690, 694, 696,
697, 764
tubo di scarico 343, 344, 347, 352, 353,
378, 672, 673, 680, 753, 758, 761,
767
tubo di scarico, attacco del 336
tubo di sfiato 349, 353
tubo di sterzo 699
tubo di uscita dell'acqua calda 349
tubo flessibile 346, 352, 375, 407, 411,
414, 773, 903, 912, 926
tubo flessibile, raccordo del 773
tubo flessibile di gomma 353
tubo flessibile per l'acqua 772
tubo flessibile per l'aria 527
tubo flessibile per l'aria compressa 772
tubo fluorescente 359
tubo graduato 85
tubo idraulico flessibile 765, 766
tubo in pressione 799
tubo malpighiano 143
tubo metallico 1044
tubo obliquo 699
tubo per irrigazione 414
tubo per l'orientamento delle lamelle 371
tubo per l'aria 913
tubo perdente 345
tubo piantone 1021
tubo pollinico 104
tubo portaoculare 825
tubo principale 24, 25
tubo rigido 375
tubo rigido di prolunga 375
tubo telescopico principale 824
tubo trasversale 1047
tubo verticale 353, 698
tubolatura di carico trasversale 729
tucano 162
Tucano 20
tuffi 978, 979
tuffi, strutture per i 978
tuffi, torre per i 978
tuffi, vasca per 932
tuffo 958
tuffo, altezza del 979
tuffo all'indietro 978
tuffo di partenza 975
tuffo in avanti 978
tuffo in avanti con avvitamento 979
tuffo ritornato 978
tuffo rovesciato 978
tuffo rovesciato con avvitamento 979
tuffo sincronizzato 979
tuffo verticale 978
tulio 814
tulipano 113
tulle 424
tumbler 297
tundra 92, 93
tundra polare, della 87
tungsteno 813
tungsteno, filamento di 359
tungsteno, lampada alogena al 359
tunica 105, 883
tunica, abito a 438
Tunisia 60, 879
tunnel di comunicazione 36
tuorlo 160
turapori, pistola 403
turbante 429, 458
turbina 421, 770, 796
turbina, coperchio della 787
turbina, girante della 794
turbina, rotazione della 789
turbina, valvola di arresto della 796
turbina ad asse verticale 807
turbina del compressore 749
turbina del motocompressore 680
turbina di alimentazione 680
turbina eolica ad asse orizzontale 807
turbina Francis 787
turbina idraulica 787
turbina Kaplan 787
turbina motrice 749
turbina Pelton 787
turbine, edificio delle 796
turbine eoliche 807
turboalternatore 804, 899
turbo-alternatore, gruppo del 775
turbocompressore, albero del 749
turboreattore 747, 896
turboreattore a doppio flusso 749
turchese 470
Turchia 57, 880
turco 583
turibolo 871
turione 250
turismo, bicicletta da 702
Turkmenistan 58, 880
turno 933
tuta 439, 1032, 1037, 1038, 1041, 1042
tuta da competizione 1024
tuta da sci 449
tuta ignifuga 1022
tuta monopezzo 1034
tuta protettiva 1025
tuta spaziale 33
tuta sportiva 451
tutina a sacco 448
tutore 410, 418
Tuvalu 62, 881
tweed 424
tweeter 618
twin-set 442

U

uadi 74
uccelli 158
uccelli acquatici e marin 161
uccelli terrestri 162
uccello 158
uccello, anatomia di un 159
uccello, morfologia di un 158
uccello, scheletro di un 159
uccello acquatico 160
Uccello del Paradiso 20
uccello granivoro 160
uccello insettivoro 160
uccello passeriforme 160
uccello predatore 160
uccello trampoliere 160
Ucraina 57, 878
ucraino 583
udito, meccanismo 235
udon 283
UE 882
uffici 668, 704, 718
uffici, edificio per 844, 847
uffici, torre per 847
uffici amministrativi 852
uffici degli organizzatori 853
ufficiali, alloggio degli 898, 899
ufficiali, camera degli 900
ufficiali di gara 945, 949, 996
ufficio 290, 293, 644, 854, 864
ufficio, mobili per 645
ufficio, organizzazione 644
ufficio amministrativo 900, 905
ufficio d'ammissione dei detenuti 864
ufficio dei cancellieri 862
ufficio dei giudici 862
ufficio del bibliotecario 866
ufficio del bidello 869
ufficio del caposala 919
ufficio del comandante 900, 904
ufficio del conservatore 522
ufficio del contabile 644
ufficio del direttore 522, 859, 864, 866
ufficio del direttore della produzione 644
ufficio del direttore generale 644
ufficio del medico di guardia 918
ufficio del preside 869
ufficio del responsabile del
personale 644
ufficio del vicecomandante 904
ufficio del vicedirettore 864
ufficio dell'agente di sicurezza 867
ufficio dell'amministratore delegato 644
ufficio dell'assistente sociale 919
ufficio dell'ufficiale addetto alla
formazione dei vigili del fuoco 900
ufficio della direzione 852
ufficio della palestra 868
ufficio della segretaria 859
ufficio della segreteria scolastica 869
ufficio delle informazioni 1036
ufficio di accettazione dei visitatori 864
ufficio di formazione professionale 858
ufficio per le denunce 904
ufficio postale 588, 589, 845, 849
Uganda 61, 879
ugello 36, 39, 339, 402, 403, 407, 408,
415, 527
ugello a sezione variabile 751
ugello amovibile 374
ugello del lavaparabrezza 670
ugello di annaffiamento 414
ugello di scarico 749, 896
ugello di taglio 407
ugello orientabile 750
ugello per tappeti e pavimenti duri 375
ugello vaporizzatore 319
ugola 231, 232
uguale, tasto 649
uguale a 837
uistiti 185
ulna 159, 164, 165, 170, 175, 182, 184,
187, 188, 200, 202, 207
ultimo quarto 17
Ulysses 30
umbone 136
Umbriel 15
umidificatore 341
umidificatore portatile 342
umidità 342
umidità, misurazione dell' 85
umidità contenuta nelle nuvole 98
umor acqueo 238
uncinato 202
uncinetto 570
uncino 570, 733
UNESCO 882
ungherese 583
Ungheria 56, 878
unghia 139, 140, 142, 155, 158, 174,
178, 186, 237, 531, 539, 732
unghia, corpo dell' 237
unghia per apertura 1055
unghia protratta 178
unghia retratta 178
unghie, forbicine per 472
unghie, matita sbiancante per 472
unghie, tronchesina per 472
unghie dei piedi, forbici per 472
unguento 914
Unicorno 21
uniforme 906
uniformi 900
unione 837
Unione Africana 882
Unione Europea 882
unipolare, interruttore 354
unisono 562
unità astronomica 15
unità astronomiche 14
unità di backup 641
unità di controllo 926
unità di controllo elettronico 679
unità di controllo video 605, 608
unità di cura intensiva 921
unità di misura dell'energia 835
unità di misura dell'intensità
luminosa 835
unità di misura della carica elettrica 835
unità di misura della corrente
elettrica 835
unità di misura della differenza di
potenziale elettrico 835
unità di misura della forza 835
unità di misura della frequenza 835
unità di misura della lunghezza 835
unità di misura della massa 835
unità di misura della potenza
elettrica 835
unità di misura della pressione 835
unità di misura della quantità di
sostanza 835
unità di misura della radioattività 835
unità di misura della resistenza
elettrica 835
unità di misura della temperatura
Celsius 835
unità di misura della temperatura
termodinamica 835
unità di servizio mobile a distanza 35
unità esterna 341, 343
unità hard disk esterna 638
unità hard disk interna 638
unità interna 341, 343
unità mobile 602
unità motrice 707
unità radiologica mobile 918
università 844
uno 836
ununhexio 812
ununoctio 814
ununpetio 812
ununquadio 812
ununseptio 813
ununtrio 812
uomo 192
uomo, collo a 443, 455
uomo, scarpe da 459
uova 149, 153, 270
uova, confezione in cartone per 294
uova alla coque, clessidra per 308
uova in camicia, tegame per 313
uovo 144, 160
uovo di anatra 270
uovo di fagiano 270
uovo di gallina 270
uovo di oca 270
uovo di quaglia 270
uovo di struzzo 270
uragano 83, 89
uranio 78, 814
uranio arricchito 801
uranio naturale 800
Urano 14, 15
urdu 583
uretere 137, 159, 218, 219
uretra 218, 226, 228
urinario, apparato 218
URL 642
URL (localizzatore universale di
risorse) 642
urna 103
uropodio 139
urostilo 153
Uruguay 55, 876
usare il candeggiante secondo le
istruzioni 425
uscita, bordo di 746
uscita aria fresca 343

uscita del fascio laser 832
uscita del fluido vettore 802
uscita del flusso di scarico 749
uscita del riflusso del condensatore 797
uscita dell'acqua calda 339
uscita dell'acqua di raffreddamento del condensatore 797
uscita dell'aria calda 336
uscita S-Video 630
uscite multicanale 614
usignolo 162
uso industriale 122
utensili da cucina 306
utensili per avvitare 390
utensili per cucinare 312
utensili per dolci 310
utensili per segare 391
utensili vari 309
utente 603
utente, ingresso dell'alimentazione dell' 356
utente di Internet 642
utente privato 643
utero 226, 227
utero, collo dell' 226
uva 254
uva, grappolo d' 117
uvaspina 254
Uzbekistan 58, 880

V

V, scollatura profonda a 456
vacuolo 102, 133
vacuolo digerente 133
vacuolo digerente in formazione 133
vacuolo pulsante 133
vagina 137, 145, 226, 227
vaglia postale 589
vagone di coda del personale viaggiante 710
vagone intermodale 710
vagone letto 705
vagone ristorante 705
vagone viaggiatori 705, 707
vagoni, officina di manutenzione dei 708
vagoni passeggeri, tipi di 705
vaio 875
valerianella 247
valigetta per il computer portatile 489
valigia 488
valigie 851
valle 71, 73
valore, indicazione del 860, 861
valori di durata delle note 563
valori di durata delle pause 563
valuta, nome della 861
valute, simboli di 860
valva 116, 136
valvola 209, 551, 577, 699, 805
valvola, corpo della 551
valvola, molla della 682
valvola, piastra della 350
valvola, sede della 350
valvola a saracinesca principale 780
valvola aortica 213
valvola del bruciatore 1049
valvola del galleggiante 347
valvola del paracadute 1049
valvola dell'acetilene 407
valvola dell'aria 408, 527
valvola dell'impianto di allagamento 797
valvola dell'ossigeno 407
valvola della pompa 989
valvola di arresto 783
valvola di arresto della turbina 796
valvola di aspirazione 680, 682
valvola di chiusura 347
valvola di distribuzione 773
valvola di drenaggio 377
valvola di espirazione 909
valvola di inspirazione 909
valvola di produzione 780
valvola di regolazione 339, 780
valvola di regolazione della pressione 913
valvola di ritenuta 345
valvola di scarico 349, 680, 682
valvola di sfiato 729, 781
valvola di sfogo dell'aria 339
valvola di sicurezza 312, 339, 348, 349, 795
valvola di spurgo 781, 989
valvola di tenuta 347
valvola di tenuta, sede della 347
valvola mitrale 213
valvola polmonare 213
valvola tricuspide 213
valvole di controllo del flusso di carburante 748
vampiro dalla lancia 187
vanadio 813
Vanessa atalanta 147
vanga 412
vaniglia, estratto di 286
vano 515
vano accessori 601
vano cassetta 611
vano del disco 615
vano del motore 761
vano del motore di traino 760
vano del motore diesel 758, 759, 760, 761
vano del serbatoio dell'acqua 750
vano della cassetta 616
vano della ruota 1001
vano monete 1071
vano motore 688, 754
vano portabagagli 705
vano portabatteria 917
vano portamateriale 902
vano portaoggetti 491, 676, 690
vano portattrezzi 687
vano raccoglipolvere 374
Vanuatu 62, 881
vapore 770, 779, 811
vapore, *generatore di 775
vapore, ferro da stiro a 374
vapore, generatore di 800, 801, 804, 899
vapore, pentola a 313
vapore, regolazione del 319
vapore, tubazioni di scarico del 797
vapore a bassa pressione, ingresso del 796
vapore ad alta pressione, ingresso del 796
vapore primario, collettore del 797
vapore primario, tubazioni del 797
vaporizzatore 342, 374
vaporizzatore, serpentina del 343
vaporizzazione, griglia di 342
varano 157
variante 1022
variatore di potenza 375
variazione, tasti di 571
variazione di pressione 81
varie strumenti del computer 639
variometro 1049
variometro elettrico 1048
variometro meccanico 1048
vasca 345, 378, 380
vasca, piattaforma della 346
vasca/doccia, miscelatore 344
vasca da bagno 330, 344, 346, 855
vasca degli elementi di combustibile difettosi 798
vasca del fango 776
vasca di abbattimento della pressione 801
vasca di deposito del combustibile esaurito 796, 798, 799
vasca di raccolta 798
vasca di scarico del combustibile esaurito 796, 798
vasca per immersione 324
vasca per tuffi 932
vaschetta 408, 493, 600, 1068
vaschetta con beccuccio 315
vaschetta di distribuzione 345
vaschetta di raccolta 319
vaschetta filtrante 315, 318
vaschetta per alimenti 295
vaschetta per burro 295
vaschetta per il detersivo 380
vaschetta per lettiera 493
vaschetta per mangime 494
vaschetta portacorrispondenza 651
vaschette, tavolozza con 525
vaschette portaaccessori 526
vasellame, cristalleria e argenteria 851
vasellame da tavola 301
vasetto 294, 525
vasetto, tavolozza con 525
vasi sanguigni 186
vasino 492
vaso 347, 410
vaso di espansione 339, 340
vaso linfatico 230
vaso sanguigno 199, 209
vaso sanguigno dorsale 141
vaso sospeso 410
vassoi 292
vassoio 366, 488
vassoio del disco 611
vassoio delle vincite 1070
vassoio di alimentazione 637
vassoio di alimentazione carta 637
vassoio di frutti di mare 270
vassoio di uscita 637
vassoio di uscita dei documenti 625
vassoio di uscita della carta 647
vassoio girevole 536
vassoio lastre 924
vassoio pesce 317
vassoio portadischi 638
vasto laterale 196
vasto mediale 196
Vaticano, Città del 882
Vaticano, Stato della Città 56
Vauban, fortificazione alla 505
Vecchio Testamento 870
vedova nera 147
vedretta 72
vegetazione, distribuzione della 92
vegetazione, tipi 93
veicoli, ingresso dei 905
veicolo a trazione integrale 4x4 697
veicolo crossover 669
veicolo da fuori-strada 669
veicolo di trasferimento automatico 34
veicolo spaziale Orion 38
vela 980, 983, 1046, 1047
Vela 21
vela al terzo 723
vela aurica 723
vela di maestra 725
vela di mezzana 725
vela di straglio di belvedere 725
vela di straglio di controvelaccio 725
vela di straglio di gabbia 725
vela di straglio di mezzana 725
vela di straglio di velaccio 725
vela di trinchetto 725
vela latina 723
vela Marconi 723
vela quadra 723
velaccino, albero di 724
velaccino fisso 725
velaccino volante 725
velaccio, vela di straglio di 725
velaccio fisso 725
velaccio volante 725
velario 503
velatura 724
vele 723, 725
veliero a quattro alberi 724
velluto 334, 424
velluto, collarino di 468
velo 1059
velocità, regolatore della 566
velocità, regolatore di 314, 519
velocità, selettore di 314, 393, 394, 617
velocità di crociera, controllo della 676
velocità di otturazione 593
velodromo 932, 1021
vena 212
vena, sezione 209
vena ascellare 211
vena basilica 211
vena cava inferiore 211, 212, 213, 219
vena cava superiore 211, 212, 213
vena cefalica 211
vena femorale 211
vena giugulare esterna 211
vena giugulare interna 211
vena iliaca comune 211
vena mesenterica superiore 211
vena polmonare 211
vena poplitea 211
vena renale 211, 219
vena safena grande 211
vena succlavia 211, 230
venatura 386
vendita dei biglietti 714
vene polmonari 212
vene polmonari destre 213
vene polmonari sinistre 213
vene principali 211
Venera 30
Venere 14, 15
Venere, monte di 226
Venere acchiappamosche 103
veneziana 371
veneziana verticale 370
Venezuela 55, 876
ventaglia 884
ventaglio, pennello a 525
venti 1066
ventilabro 555
ventilabro, molla del 555
ventilatore 338, 339, 341, 343, 379, 555, 682, 683, 706, 767
ventilatore, comando del 343
ventilatore, motore del 338, 343
ventilatore da soffitto 342
ventilatore del condensatore 343
ventilatore del vaporizzatore 343
ventilatore di sostentamento 727
ventilatore principale 772
ventilatore-recuperatore di energia 341
ventilazione 805
ventilazione, cappa di 736
ventilazione, colonna principale di 344
ventilazione, elica di 819
ventilazione, griglia di 375
ventilazione, rete di 344
ventiquattrore 484
vento 82, 97, 98, 982
vento, azione del 95
vento, direzione 74
vento, direzione del 81
vento, direzione e forza del 81
vento, forza del 81
vento, freccia del 82
vento, giacca a 436
vento, misurazione della direzione del 85
vento, misurazione della forza del 85
vento contrario, partenza con 982
vento in poppa 982
vento in prua 982
vento predominante 89
ventola, cinghia della 672
ventola del radiatore 762
ventola dell'alimentatore 629
ventola dello châssis 629
ventola dell'aria di combustione 340
ventola di raffreddamento 630, 637, 672, 678
ventola di raffreddamento dei radiatori 706
ventosa 138
ventre 168, 198
ventricolo destro 212, 213
ventricolo laterale 222
ventricolo sinistro 212, 213
ventriglio 159
venturi 893
venturi, leva di fissaggio del 893
verbena 264
verde 528, 821, 875
verdone 244
verdura 288, 309
verdura, cassetto per la 377
verdure da fiore 251
Vergine 21, 23
vermicelli di riso 283
vernice, spruzzo di 527
verniciatura: manutenzione 408
verniciatura a spruzzo, pistola per 408
verricello 693
verricello, comandi del 693
verricello di ormeggio 729
versante 71
versoio 765
vertebra 154, 182
vertebra cervicale 204
vertebra lombare 204
vertebra prominente 204
vertebra sacrale 153
vertebra toracica 204
vertebre 153
vertebre cervicali 159, 165, 170, 175, 184, 187, 188, 201, 204
vertebre coccigee 165, 170, 175, 184, 187, 188
vertebre lombari 165, 170, 175, 184, 187, 188, 201, 204
vertebre sacrali 165, 170, 175, 188
vertebre toraciche 165, 170, 175, 184, 188, 201, 204
vertice 158
vescica 155, 218, 226, 228
vescica natatoria 149
vescica urinaria 149, 152, 218
vescovo, manica da 453
vespa 146
vessillo 158
vestaglia 447
vestaglia, abito a 438
vestibolo 235, 502
vestiti per bambini 448
veterinari 1002
vetrata 331, 871
vetrate 512
vetrina 365
vetrinette refrigerate apribili 288
vetrino 825
vetro 327, 802, 803
vetro, cupola di 734
vetro, smistamento del 99
vetro, tenda a 369
vetro, tetto a 329
vetro colorato 507, 579
vetro di controllo 865
vetro di esposizione 637
vetro di protezione 1028
vetro di scansione 635
vetro doppio 805
vetrone 91
vetta 1036
vettura a tre porte 669
vettura da golf 1019
vetture da corsa 1023
VHF, antenna 898
via 52, 845, 846
via commerciale 844
via di carreggio 771
via di fuga 1022
Via Lattea 19, 23
viadotto 660
viaggi, agenzia di 848
viaggiatori, marciapiede dei 704
viaggiatori, stazione dei 703, 704, 718
viaggiatori, vagone 705, 707
viaggio, borsa da 488
viaggio, borsone da 487
vialetto 410
vialetto del giardino 322
vialetto di accesso 323, 328
vibrazioni acustiche 235
vibrissa 165, 167
vibrisse 178
vibrovaglio per la depurazione del fango 776
viceallenatore 957
vicecapitana 1027
vicecomandante, ufficio del 904
vicedirettore, ufficio del 864
vicolo 845
video, unità di controllo 605
video di controllo 826
videocamera 612

videocamera con disco fisso 612
videocamera DVD 612
videocamera miniDV 613
videocassetta 611
videocassetta, comandi della 613
videogiochi 1067
videogioco 1067
videoregistratore 611
videoteca 867
videotelefonia 643
videotelefono 624
vietato fare campeggio 856
vietato fare pic-nic 856
Vietnam 59, 881
vietnamita 582
vigile del fuoco 901
vigili del fuoco, carro dei 900
vigili del fuoco, caserma dei 845, 900
vigili del fuoco, dormitorio dei 900
vignetta 590
Viking 32
villa rinascimentale 509
villaggio 1036
villetta bifamiliare 521
vinacciolo 114
vincita, comando elettrico di erogazione della 1070
vincita, levetta di erogazione della 1070
vincite, vassoio delle 1070
vincitore 933
vincoli di parentela 928
vincolo del caricatore 888
vini, cantina dei 290
vini, lista dei 291
vino 288
vino, aceto di 287
vino alsaziano, bicchiere da 297
vino bianco, bicchiere da 297
viola 113, 528, 547
violacea 113
viole 545
violino 547
violino, chiave di 562
violoncelli 545
violoncello 547
vipera 156
virata, comando di 1048
virata, giudici di 977
virata, indicatore di 1048
virata, parete di 975, 977
virata a capriola 975
virata a dorso, contrassegno per la 977
virata a farfalla 975
virata a rana 975
virgola 587
virgolette caporali 587
virgolette doppie 587
virgolette semplici 587
vischio 103
viscosa 424
visiera 457, 695, 713, 884, 901, 908, 1024, 1028, 1034
visiera antisolare 33
visiera parasole 687
visitatori, ingresso dei 864
visitatori, ufficio di accettazione dei 864
visite ginecologiche, stanza per 919
visite mediche, stanza per le 919, 923
visone 180
visore 655, 909
vista, difetti della 239
vista normale 239
Vistola, Fiume 49
visualizzazione, pulsante 593
visualizzazione diapositive 601
visualizzazione TV/DVD, pulsante 610
vita 193, 195
vita bassa, abito a 438
vita vegetale 102
vite 117, 326, 390, 547
vite, attacco a 358
vite centrale 538
vite da ghiaccio 1051
vite del morsetto dell'ago 567
vite del supporto inferiore 84
vite di banco da scultore 531
vite di bloccaggio 1059, 1060
vite di blocco della lama 392
vite di fissaggio 885, 1009
vite di fissaggio della macchina fotografica 596
vite di livello 84, 831, 833
vite di pressione 534, 535
vite di regolazione 397, 399, 405, 407
vite di regolazione a basso carico 355
vite di regolazione a pieno carico 355
vite di regolazione del fluido 408
vite di regolazione della tensione 654
vite di regolazione dello spruzzo 408
vite di serraggio 401
vite ferma ago 527
vite macrometrica 825
vite micrometrica 734, 825, 832
vite rompigetto 415
vite senza fine 574
vitello 172
viti di bloccaggio 832
viticcio 117
Vittoria, Lago 50
vogatore 1001
volano 576, 682
volano, gioco del 962
volano a penne naturali 963
volano sintetico 963
volant 363, 368
volante 420, 538, 672, 676, 764, 1023
volante, piantone del 672
volante di direzione 902
volantino 566, 748
volantino di puntamento in direzione 892
volantino di puntamento in elevazione 892
volantino per l'elevazione 892
volata 890
volatili 271
volée 966
Volga, Fiume 49
Volkmann, canali di 199
volo 979, 1041
volo, ponte di 897
volo, rifornimento in 896
volpe 180
volpe del deserto 180
volpe volante nera 187
Volpetta 23
volt 835
volta 506
volta a botte 503
volta esterna della cupola 28
volta interna della cupola 28
volume 625
volume, controllo del 558
volume, manopola del 619, 621
volume, regolatore del 623, 624
volume, regolazione del 549
volume, tasti 639
volume, tasti di regolazione del 611
volume, tasto 622
volume di ricezione, regolatore del 623
voluta 360, 500, 501, 510
voluta, piede a 360
volva 108
vomere 765, 892
vongola 265
Voyager 30
vulcani 75
vulcano 66, 75
vulcano effusivo 75
vulcano esplosivo 75
vulcano in eruzione 95
vulva 194
vumetri 604
vuoto, camera a 826
vuoto, collettore a 826
vuoto, console per il 826

W

wakame 244
wakeboard 988
walkie-talkie 621
wallaby 189
Wallis e Futuna 62
wapiti 172
wasabi 287
Wassily, poltrona 360
water 330, 344, 346, 347, 855, 920
watt 835
webcam 624, 635
Weddell, Mare di 46
wigwam 520
Wilkes, Terra di 46
winch 981
windsurf 983
wok 312
wok, servizio da 312
wolof 582
woofer 618

X

xeno 814
xilema 110
xilofono 545, 557
xilografia di filo 533
xilografia di testa 533

Y

yacht a motore 729
yak 173
yards, linea delle 952
Yemen 880
yen 860
yiddish 583
yogurt 280
Yorkshire terrier 176
yoruba 582
yuan 860

Z

zafferano 260
zaffiro 470
zaino 489, 700, 1051, 1056
zaino da bivacco 1054
zaino porta-bebè 491
Zambia 61, 880
zampa 155, 167, 273, 274, 275, 539
zampa anteriore 140, 142, 153, 164
zampa anteriore (superficie esterna) 142
zampa anteriore di un cane 174
zampa di elefante, pantaloni a 441
zampa mediana 140, 142
zampa mediana (superficie esterna) 142
zampa posteriore 140, 142, 153, 164
zampa posteriore (superficie interna) 142
zampe 160
zanzara 146
zappa 413
zappa a quattro denti 413
zappa rotante 765
zappetta tridente 412
zattera di salvataggio 727, 733
zavorra 756
zebra 172
zecca 147
zenit 20
zenzero 261
zero 1062, 1068
zia materna acquisita 929
zia paterna acquisita 929
zigrinatura 518
Zimbabwe 61, 880
zinco 78, 813
zio materno 929
zio paterno 929
zirconio 813
zither 560
zoccoli 171
zoccolo 168, 171, 325, 335, 358, 429, 461, 518, 548
zoccolo bidattilo 171
zoccolo monodattilo 171
zoccolo tetradattilo 171
zoccolo tridattilo 171
zolfo 813
zona abitabile 1052
zona centrale 955, 964
zona commerciale 843
zona convettiva 16
zona cottura 292
zona d'attacco 964
zona dei trampolini 1040
zona del passaggio del testimone 934
zona di allenamento 932
zona di appontaggio a poppa 897
zona di arrivo 1041
zona di attacco 958
zona di atterraggio 1041
zona di battuta 941
zona di caduta 936, 937
zona di canestro 955
zona di crescita 110
zona di decelerazione 1035
zona di difesa 958, 964
zona di fascia 948
zona di frenata 1041
zona di lancio 1015
zona di partenza 984, 1063
zona di passività 991
zona di pericolo 992, 995
zona di preparazione dei prodotti 288
zona di prova dei motori a getto 897
zona di rallentamento 1040, 1041
zona di ramificazione 110
zona di ricevimento dei latticini 288
zona di ricevimento delle merci 288
zona di riscaldamento dei lanciatori 938
zona di salto 973
zona di servizio 964, 967
zona di sicurezza 996
zona di sottocanestro 955
zona d'allerta 994
zona focale 804
zona industriale 843
zona libera 958, 959
zona negativa 802
zona neutra 952, 1029
zona pellucida 226
zona pilifera 110
zona positiva 802
zona pranzo 296
zona protetta 1027
zona radiativa 16
zona riposa-mano 634
zone di servizio 963
zoom 613
zooplancton 94
zucca 249
zucca a collo allungato 249
zucca berettina 249
zucca bianca 248
zucca pasticcina 249
zucca spaghetti 249
zucca torta 249
zucche estive 249
zucche invernali 249
zuccheriera 301
zucchero 285
zucchero a velo 285
zucchero candito 285
zucchero di canna 285
zucchero in grani 285
zucchero raffinato 285
zucchero vanigliato 285
zucchetta 249
zucchina 249
zulu 582
zuppiera 303